U0944298

房地产策划师案例报告精选

第 2 版

广州万欣房地产代理有限公司　组织编写
黄福新　主编

机 械 工 业 出 版 社

本书是《房地产策划师职业培训教程》（2版）的配套教材，收录案例报告53篇，分为九章。第一章是房地产总体策划报告，第二章是房地产主题策划报告，第三章是房地产市场策划报告，第四章是房地产投资策划报告，第五章是房地产概念规划报告，第六章是房地产营销策划报告，第七章是房地产广告策划报告，第八章是房地产二次策划报告，第九章是物业管理策划报告。

本书由国内知名策划咨询专业机构和房地产开发营销策划部门撰写，内容涉及住宅房地产、商业房地产、旅游房地产、工业房地产等投资领域，本书具有全面性、系统性、专业性和可操作性等特点，适合房地产策划师职业资格培训机构作为培训教材，也适合有志于从事房地产策划职业的人士阅读，还可作为普通高校、成人高校、职业技术院校的房地产类、建筑类、工程管理类、企业管理类等专业或相关学科的参考教材。

图书在版编目（CIP）数据

房地产策划师案例报告精选/黄福新主编. —2版. —北京：机械工业出版社，2016. 10

ISBN 978-7-111-57121-6

Ⅰ. ①房…　Ⅱ. ①黄…　Ⅲ. ①房地产-策划-案例　Ⅳ. ①F293. 35

中国版本图书馆CIP数据核字（2017）第139171号

机械工业出版社（北京市百万庄大街22号　邮政编码100037）
策划编辑：闫云霞　责任编辑：闫云霞　李宣敏　责任校对：刘志文
封面设计：张　静　责任印制：李　昂
三河市宏达印刷有限公司印刷
2017年10月第2版第1次印刷
184mm×260mm · 76. 25印张 · 2插页 · 2084千字
标准书号：ISBN 978-7-111-57121-6
定价：258.00元

凡购本书，如有缺页、倒页、脱页，由本社发行部调换

电话服务	网络服务
服务咨询热线：010-88361066	机 工 官 网：www.cmpbook.com
读者购书热线：010-68326294	机 工 官 博：weibo.com/cmp1952
010-88379203	金 书 网：www.golden-book.com
封面无防伪标均为盗版	教育服务网：www.cmpedu.com

广州万欣房地产代理有限公司简介

广州万欣房地产代理有限公司成立于2008年，是集产业地产策划代理、产业地产营销代理、产业地产策划培训于一体的专业房地产策划代理专业服务机构。公司秉承“万欣地产，服务万家”的理念，立足珠三角，足迹遍及全国20多个省市。八年耕耘，操作产业地产项目100多个，总结出既有实践基础又有理论提升的房地产策划理念、策划方法和策划规程，为企业房地产项目提供专业、科学、规范的策划咨询和代理服务。

公司专注于产业地产策划运营，特别擅长住宅地产、商业地产、文化地产、旅游地产、汽车地产、物流地产以及专业市场7大板块的前期策划、营销策划、招商运营及销售代理工作。在项目招商与销售代理方面，总结出招商销售代理的指导模式、联合模式、独家模式、精英模式和分销模式，为企业提供优质的专业服务。公司下设策划中心、营销中心、培训中心、行政中心等业务部门。

在2009年第六届“诸葛亮”策划奖颁奖盛典和首届“中国智慧经济论坛”上，公司和黄福新总经理经过层层选拔，以其务实、活跃、独特的思想方法和操作实战，凭借多年来在业界的出色表现，入围“2009中国十大最具影响力策划机构”和“2009中国十大房地产策划专家”双项提名，并最终获得第六届“诸葛亮”策划奖。

公司经营范围：房地产中介服务；房地产咨询服务；物业管理；房屋租赁；汽车产业园的招商、开发、建设；房地产评估；土地评估；企业管理咨询；策划创意服务；投资咨询服务；市场调研服务；市场营销策划服务；工程技术咨询服务；工程造价咨询服务；城乡规划编制；城市规划设计。

公司地址：广州市天河区瘦狗岭路379号北岸商务大厦A1004室

联系方式：020-37398913、37399519

公司网址：www.wxfdcch.com

电子邮箱：wxfdcch@163.com

第2版前言

房地产策划师职业培训，除了学习基本知识和基础原理外，关键是掌握房地产策划的操作技能，这样才能在实战中融会贯通，取得实效。要掌握熟练的操作技能，除了懂得策划各个环节的操作规程和操作方法外，还要通过大量的案例学习，特别是经典案例报告的学习和分析，吸取优秀报告的精华（因为策划师的策划成果都是通过案例报告体现的），为我所用。只有这样，才能真正得到策划"真经"，达到职业培训的至高境界。《房地产策划师案例报告精选》（2版）一书，就是为学习者架起一座便捷的桥梁，达到通往实战的"自由王国"。

作为《房地产策划师职业培训教程》（2版）的配套教材，编写时力求与教程融为一体，相互配合。读者可交叉学习，互相印证，了解各种策划方案的成功与欠缺之处。通过学习和分析，读者可以在较短时间内掌握策划报告和方案的编写流程和技巧，开拓思路，在此基础上，结合深入的实践经验，编写出具有自己独特创意和鲜明风格的报告方案来。这就是本书编者的最大祈望。

本书是从全国近万份案例报告中精选出来的，不强求水平至高，只要求典型和全面，最大限度地反映房地产策划实际。收录的案例报告有来自著名的策划咨询机构和专家学者之手，也有新锐的策划师及策划代理公司之作。为便于读者学习和借鉴，一般不作修改，原汁原味地呈现给大家，案例报告水平如何，留给读者判断。"熟读唐诗三百首，不会作诗也会吟"。不同风格、不同水平的案例报告看多了，读者的鉴赏能力和编写水平就会相应提高。为使读者对案例报告有较为深入的理解，编者在每份案例报告后都有简短的点评，意在揭示同类报告的编写内容和方法，同时也会指出该报告的优点和美中不足之处。

全书案例报告共有53篇，分为九章：

第一章是房地产总体策划报告，包括战略策划报告和总体定位报告两类。

第二章是房地产主题策划报告，包括项目主题定位报告和楼盘推广主题方案两类。

第三章是房地产市场策划报告，包括项目市场调研报告、房地产市场分析报告、项目市场定位报告三类。

第四章是房地产投资策划报告，包括项目建议书、项目投资可行性分析、项目可行性研究报告三类。

第五章是房地产概念规划报告，包括项目产品设计建议书、项目设计定位报告、户型策划方案三类。

第六章是房地产营销策划报告，包括楼盘营销策划总体方案、楼盘营销策划书、楼盘营销推广方案、楼盘销售执行报告、楼盘价格策划报告、楼盘开盘方案、楼盘活动方案、项目招商方案八类。

第七章是房地产广告策划报告，包括楼盘广告策划书、楼盘广告推广提案、楼盘广告文案、楼书文案四类。

第八章是房地产二次策划报告，包括项目定位调整报告、楼盘推广调整方案两类。

第九章是物业管理策划报告，包括物业管理顾问方案、物业管理策划方案两类。

案例报告涉及住宅房地产（普通住宅、高级公寓、别墅）、商业房地产（写字楼、大型商场、商铺、专业市场）、旅游房地产（酒店、公园、旅游度假区）、工业房地产（工业园、产业园区）等投资领域，为读者开阔视野提供方便。

本书在编写过程中，得到了国内众多策划咨询专业机构和房地产开发营销策划部门的热情帮助，他们是（以文序为序）：

海南锦诚房地产咨询策划有限公司、济南世联怡高房地产营销策划公司、北京龙行天下传媒文化有限公司、广州万欣房地产代理有限公司、深圳世联行地产顾问股份有限公司、戴德梁行物业顾问有限公司、上海聚泰房地产经纪有限公司（新聚仁机构）、成都雅本房地产顾问有限公司、绿地集团京津房地产事业部市场研究部、南京抉策置业服务有限公司地产研究中心、郑州（河南）世创房地产营销策划有限公司、北京中投信德国际信息咨询有限公司、北京鼎峰地产投资顾问有限公司、山东盛世行房地产投资顾问有限公司、中原地产代理（深圳）有限公司、南宁恒创房地产经纪有限公司、天津新创汇业房地产经纪咨询有限公司、深圳市天同房地产顾问有限公司、河北捌零房地产经纪有限公司、郑州深蓝房地产咨询有限公司、烟台市安居房产代理有限公司、杭州尚锐房地产策划有限公司、深圳德思勤投资有限公司、合肥合纵连横房地产营销策划有限公司、贵州伟业地产营销策划有限公司、平顶山市爱家房地产营销策划有限公司、武汉亚展地产顾问有限公司、湖南省卓越汇房地产营销策划有限公司、江苏风行今日营销策划有限公司、沈阳道一房地产营销策划有限公司、西宁国册房地产营销策划机构、中国烨隆集团（青岛）有限公司营销策划部、房策网、广西南宁金日房地产营销策划有限公司、河南金石地产有限公司策划部、保利地产香槟国际项目组、山东黑马房地产顾问有限公司、广州珠江实业开发股份有限公司营销部、深圳市中海物业管理有限公司、贵阳永诚物业管理有限公司、惠州市德威物业管理有限公司、北京市北宇物业服务公司。

借此机会，对这些策划咨询专业机构和房地产开发营销策划部门的帮助和支持再次表示由衷的谢意！

《房地产策划师案例报告精选》（2版）由广州万欣房地产代理有限公司组织编写，王翠绿、刘志强、张涛、罗嘉瑜编辑，刘志强统稿，黄福新审定。

由于各种原因，书中肯定有不少错误和缺点，期盼不吝指正。

编　者

作 者 简 介

黄福新，男，广西蒙山人。毕业于广东省社会科学院，经济学研究生学历。中国注册房地产估价师、房地产培训师、中国管理科学研究院学术委员会特约研究员、资深房地产策划师。

1993年进入房地产策划与营销领域，在房地产企业历任售楼员、估价师、销售经理、策划经理、副总经理、总经理及营销总监等职务，曾任广东省房地产行业协会市场研究部主任，同时担任全国10多个省、市房地产策划师的职业培训讲师，以及一些房地产开发项目的营销策划顾问。现任广州万欣房地产代理有限公司总策划师、总经理。

黄福新对房地产开发项目策划、营销策划的运作以及房地产估价技术较为娴熟，主持、参与策划与营销的有广州远洋明苑、沈阳中远颐和丽苑、济南七里堡综合市场等三十多个项目，成绩斐然。同时，总结、研究珠江三角洲地区及全国各地房地产策划理论与实践，着力创建房地产策划学的新兴学科理论体系，10万余字科研成果发表于《中国房地产》《城市开发》《南方房地产》等专业刊物，在中国房地产策划理论界颇有建树和影响。2004年1月，在全国“首届中国房地产策划大奖赛”评选活动中，黄福新以研究房地产策划的系列论文荣获“中国房地产理论研究贡献奖”。出版《房地产策划师职业培训教程》（2006年9月）等著作。2006年5月起，主编国家劳动和社会保障部组织编写的《国家职业资格培训教程——房地产策划师》系列教材。

其获奖代表作品：论文《对房地产策划学科建设的构想》，获全国第四届房地产及住宅研究优秀论文二等奖（2004年11月）；专著《房地产策划》，获广东省第四届房地产研究优秀成果二等奖（2005年1月）。

作者联系方法：hfuxin@ 163.com
个人主页：www.wxfdcch.com

目　录

第一章

房地产总体策划报告

指引

一、海南文昌华诚项目总体策划定位报告

二、山东济南浪潮茗筑•美嘉项目定位报告

三、天津蓟县玉石庄项目市场调研与定位分析报告

四、辽宁沈阳中海国际社区8A$^{\#}$地定位报告

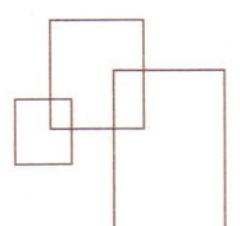

一、海南文昌华诚项目总体策划定位报告

报告目录

报告正文

第一部分　市场定位

1.1　形象定位

1. 关于形象定位

对形象的重视或许正标志着一个新的营销时代的开始。传统的营销理论（无论是4P还是6P）是理性和全面的，然而在面对现实世界时，却显得不那么有说服力。从音乐效果来看，苹果iPod不是最好的MP3播放器，然而iPod却是最成功的；SOHO中国的系列项目在北京的CBD取得了令人瞩目的成就，然而关于项目的评价一直毁誉不一，但这也没有妨碍他们的成功。在新的时代，到底是什么样的因素在左右着消费者们“用脚投票”呢？

当代社会一个最重要的特征就是消费的风格化，许多学者都认为，当代消费主要是意义的消费，“生产者试图将意义商品化，也就是说他们想把概念和符号变成可以买卖的东西；另一方面，消费者试图赋予买来的商品和服务自我并且全新的含义”。所以，人们购买iPod，更多地赋予自己一种符号，创新、另类、艺术化、不媚俗；同样，很多选择住在十七英里[㊀]的人，也是为了体会那一代人意向里“面向大海，春暖花开”的日子，而不仅仅是一套住宅。

所以，我们说的“项目形象”与定位不同，定位明确了项目是哪一个细分市场，哪一群人，而“形象”则是把定位概念化和符号化，使定位获得文化、心理、社会阶层范围内的明确特征以供辨别；另一方面，“项目形象”也非案名、标语和平面设计、电视广告，那是它的表现形式，而非其本身。

值得注意的是，概念和符号并非恒定不变，首先它因人而异，来自于生产者和消费者对概念

㊀　1英里=1609.344m。

符号的理解就未必相同，所以，体察消费者角度的符号判断是最重要的；再次，时间的推移也是有影响的，所以，长期和有意识的观察对我们提炼形象是必需的。

2. 形象定位出发点

海南文昌项目的市场形象定位主要从以下几个方面着手：

（1）项目定位必须与地理位置和现有条件相结合，充分利用项目自身优势，使价值最大化。项目地块位于内陆地区，无海景，但项目规模较大且地下水资源丰富，可以有效利用，打造项目核心优势。

（2）项目定位必须要符合海南市场消费者的需求。目前海南房市消费者以外来人口为主，以休闲、度假、养老为主要目的。因此，我们的定位应该与消费者需求匹配。

（3）项目定位要体现与海南在售楼盘的差异化，并填补海南市场的空白。目前海南在售楼盘中以温泉度假养生概念作为主打的项目甚少，因此我们的定位要紧紧抓住这个巨大的市场。

3. 整体形象定位

根据项目所处的区域位置、占地规模以及海南房地产市场发展的特殊情况等综合因素考虑，本项目整体形象定位为：休闲度假温泉小镇。

中国的温泉文化源远流长，有着五千多年灿烂的历史。温泉因帝王而闻名，温泉与帝王的故事，成为古代温泉文化的主流。中国温泉延续几千年都是贵族化的疗养，到了现在温泉已走进普通大众的生活当中。我们需要做的是普及温泉文化和知识。温泉小镇，从本质上来讲是以感受温泉沐浴文化为目的，将原先温泉单一疗养的物化享受，提升到符合现代消费的文化和精神层面，成为一种以健康为主题、达到养生和休闲效果的时尚生活。中国的温泉小镇开发模式已经走过疗养型温泉、沐浴型温泉、度假型温泉与文化型温泉几个阶段，开始进入休闲养生时代。

目前，地球人类平均寿命70多岁，现在中国国民平均寿命是73岁，日本国民平均寿命是83岁，中国比日本整整差10岁。日本的先进经验是以社区为单位，每一个月讲一次保健课，普及健康保健知识。没来听的还得补课，并要身体力行。保健的具体方式为温泉沐浴、健康饮食、SPA美容瘦身、健身、按摩。这些均已成为他们健康生活的方式，值得中国借鉴。根据世界卫生组织报告，人类的寿命应该是100~175岁，专家提出口号“千万不要死于无知”，号召人类在有生之年重视保健养生、健康生活，养成良好的生活方式。

花团锦簇的休闲广场、供人歇息的长凳、碧波荡漾的泳池里三三两两的人们在嬉笑着游泳，温泉泡池温烟袅绕，几位游客惬意地躺在里面享受着。来自地底下的温泉水含有丰富的矿物质，对人体非常有益，也给本项目注入许多活力元素。现代人渐渐把泡温泉作为休闲养生、解压甚至治疗的方法，这种趋势逐渐在全球蔓延。

海南作为中国最大的热带省份，以健康岛、美丽岛、没有冬天的海南岛而享誉中外，历来是外来人口休闲、度假、养老的理想场所。新鲜的空气、充足的阳光、温暖的气候、良好的水质，大自然赋予了海南“人间天堂”的一切良好条件，这些自然天赋为海南所独有的，是其他地方无法复制和模仿的。因而海南是全国最有条件开发休闲度假型社区的地方。诺贝尔物理学奖获得者、美籍华人杨振宁先生表示，海南是全球华人最为理想的养老胜地。而台湾著名文学大师李敖也表示，希望以后到海南养老。由于海南地下温泉资源丰富，本项目可以温泉小镇的形象面世。

本项目要传达的核心理念是“健康、休闲、度假、养生”。在开发过程中应该在细节上进行把握和提炼，将度假、养生文化渗透到产品、规划、配套里的每一个细节。凭借良好的温泉资源优势，结合良好的园林景观，多处组团室外温泉泡池、戏水池，以多种溪水形式，任业主游弋其间一边欣赏夕阳余晖，一边畅享亲水乐趣，充分体现本项目以人为本、人性化的居住理念。使顾客来到这里，就能从快节奏的生活里解脱出来，放慢新陈代谢的速度，与大自然一起呼吸，可以尽情体验"慢"节奏的养生妙境。

到海南养生，其实也不仅仅是泡泡海水、晒晒日光而已。因为想取得最佳效果除需优越的自然环境外，更需配合各种专业、全方位的养生设施。本项目在充分利用现有温泉资源的基础上，打造以休闲养生为主题的会所与泛会所，运用饮食、运动、调养加专业理疗的方式，提供现代化全方位的深度养生服务，使业主在享受度假休闲乐趣的同时，达到调养生息、益寿延年的目的。

我们的核心优势就是将温泉和休闲养生文化与社区完美结合，让所有人参与进来。将身体放松，忘记一切，融入自然。

本项目的形象定位就是在充分了解市场的情况下紧抓市场，用休闲度假型温泉小镇的形象打造为海南楼市的一大亮点。

1.2 产品档次定位

本项目是双拼别墅、花园洋房和小高层物业相结合的中高档休闲度假养老住宅区，产品定位应与项目形象相匹配，主要有以下特征：

——冲击市场差异化的优势产品。

——可持续发展的产品。

——在文昌成为高知名度的中高端、休闲度假养老社区的产品。

1. 档次定位

根据本项目的整体形象定位，将产品定位为中高档物业。

我们的定位是基于满足海南市场消费者普遍需求的基础之上而设定的。本着以人为本，精益求精的原则，营造和谐的社区环境，塑造邻里和谐、尊重生命、享受生活的社区文化，成为社区业主日常生活与精神文化生活的双重寓所。

2. 产品定位

(1) 住宅。本项目住宅定位为中高档住宅。鉴于海南房地产市场行情以及本项目作为度假休闲住宅的特殊性，我们项目的品位和档次主要体现在对建筑、园林、配套、户型、规划布局方面细节的重视。例如赠送大面积入户花园，体现项目附加值；户型设计双层大阳台，增加采光通风；双拼的两户入户门不并排，营造出独栋的感觉等。处处从细节表现出人性化的设计理念。

在产品的户型方面，以70~90m^{2}两房小户型为主，此户型是目前市场接受度最高的；其次是110~130m^{2}中等户型三房；另外做少量125~200m^{2}的大户型，其中大户型一部分做成复式。此外，本项目丰富的户型种类除了能够广聚对户型有不同需求的消费者之外，还能够为后期开发的户型配比提供准确的需求信息。

(2) 四星级高档温泉酒店。以体验温泉，感悟温泉养生文化为主题，达到温泉养生、休闲、度假为目的的旅游度假型酒店。温泉酒店就属于体验式酒店，消费者在体验温泉过程中所感悟的主题就是温泉沐浴文化。温泉酒店的核心文化是温泉沐浴文化、养生文化、休闲文化、度假文化。

(3) 风情商业街。商业街是人流聚集的一个主要场所。建筑立面采用塔楼、骑楼、雨罩的元素使空间产生新的划分，室内空间既可以设置集中商业，也可以设置零散店铺，是西方现代mall与中国传统商铺的有机组合。主街道可保留狭窄的风格，沿街排布许多特色小店，出售的物品类型多样化。街边的咖啡厅与餐馆把桌子摆放在沿街的空地上，居民与游人闲适地享受午后的阳光。

在这里可以看到风情各异的小店铺，既有满足日常生活的家居用品、电子商品、服装、照片洗印、餐馆、理发馆，又有艺术品、陶瓷、香水等纪念品店，能够让人流连忘返。

1.3 目标客户群定位

1. 目标客户群定位

根据市场及消费者调研的结果，海南房地产市场上主要是以季候性度假、冬季养老、投资三大需求为主体。消费者调研显示：季候性度假需求与养老需求比例相当，度假占39.83%，养老需求占38.19%，其次是投资目的占13.28%。因此，本项目未来可能的目标客户群体也主要包括以下三种需求人群：

第一类人群：有较强经济实力的中青年人，有意在海南置业以满足其季候性度假及养老需求。

第二类人群：55岁以上，自身收入稳定，子女生活水平也较好，对晚年生活质量有一定追求的老年人。

第三类人群：看好海南房地产的投资客。

2. 目标客户群特征分析

（1）第一类人群（主力客户）。

1）年龄特征：30~55岁。

2）生活区域：东北、华北、华中、西北、华东为重点区域。

3）职业特征：企事业单位领导或高级管理层/个体私营企业老板/高薪金融、贸易、IT、证券等金领/政府高级公务员等。

4）经济特征：中产以上富裕人群，家庭年收入在30万元以上，有足够支付能力。

5）居住状况：至少有两套以上住房，少部分可能在海南已经购买同类度假房产。

6）置业目的：短时度假、兼有自己日后养老或投资升值、孝敬给父母颐养天年、频繁商业或工作往来的自己暂住、招待朋友的居所。

7）支付习惯：一次性支付为主，少量按揭月供。

8）产品需求特征：偏爱中高档产品，如类别墅、空中别墅、花园洋房等；除了平层以外尤其喜好复式、跃层；100~160m^2的中等户型及大户型需求较大。

9）配套需求：非常注重休闲配套及物业管理水平，如运动健身场地、泳池温泉、会所各种康乐服务等，反映出休闲、舒适、享受、放松身心的度假特点。

10）购房信息来源：互联网、报纸、电视、朋友介绍、交通枢纽广告、房交会。

11）心理及生活行为特征：

经常参加各种商务活动、会议，出入能显示自己身份与地位的场所：高档酒店、会所、高尔夫球俱乐部等。

使用高档消费品，注重享受及生活品质。

休闲、度假已成为其生活的一部分，在紧张工作之余，有时间就会出去度假、旅游，放松身心。

投资理财意识较强，消费注重产品品质及阶层心理暗示。

关心国家大事和商务信息，有阅读新闻和经济类报刊的习惯；上网浏览资讯，紧跟时代潮流。

（2）第二类人群（次主力客户）。

1）年龄特征：55岁以上。

2）生活区域：东北、华北、华中、西北为重点区域。

3）身份特征：离退休的领导干部、医生、教师等。

4）经济特征：有稳定较好的退休福利，有长期储蓄积累，经济负担相对较轻，或者子女收入水平较好。

5）居住状况：至少有一套以上住房，或者单位分房，少部分可能在海南已经购买同类房产。

6）置业目的：冬季养老，兼顾家庭度假。

7）支付习惯：一次性支付为主，少量子女按揭月供。

8）产品需求特征：两房两厅，75~100m^2 需求旺盛；喜好平层及电梯楼。

9）配套需求：非常注重社区丰富的老年活动内容及医疗服务配套，希望社区的保健、养老、医疗服务能一体化，希望社区能配备紧急医疗设施或者用车。

10）购房信息来源：接收信息来源较少，主要靠亲友介绍、报纸。

11）心理及生活行为特征：

退休后极易产生失落感、孤独感，渴望参与群体活动、邻里交往，丰富晚年生活。

文化素质较高的老人独立意识较强，不再盲目地以小辈为生活重心，希望有自己的晚年生活。

渴望发挥余热，积极发展个人兴趣爱好，参与社会活动，学习、娱乐热情很高，即“老有所学，老有所为，老有所用”。

重实用而少冲动，不奢侈的成熟消费心理。

有固定的生活习惯，对私密性要求较高。

注重生态环境，喜欢封闭而管理有序的住宅环境。

（3）第三类人群。

1）年龄特征：25~55 岁。

2）置业特征：有多套房产。

3）经济特征：拥有富余闲散资金。

4）置业目的：希望通过升值获得预期回报。

5）支付习惯：以按揭贷款为主，少量一次性支付。

6）产品需求特征：低总价，区域前景、配套、品质较好的优质升值产品。

7）购房信息来源：各种渠道都有接触留意。

但是，本项目不同于一般的住宅项目，属于度假地产项目，与传统住宅地产的目标市场有明显的不同之处：传统住宅地产的购买者通常就是使用者，而度假产品的购买者如上所述，其购买者可以有多种人群。度假地产产品的终端消费者才是支撑整个市场的“载舟之水”，终端消费者才是我们产品的真正使用者，本项目的三大类目标客户群中，大部分消费终端都指向养老人群，不管是中年还是老年客户，实际上海南市场上的季候性休闲度假产品大多数终端消费者就是养老人群。因此，在本项目的开发设计过程中，不能只针对购买者这一层面的目标客户，而忽略真正的终端消费者，一叶障目，终失天下。

第二部分　产品规划定位

2.1　规划布局定位

1. 总体规划布局考虑因素

（1）充分利用地块现有资源，提升项目价值。将地块现有的部分池塘作为重要的地域价值元素保留下来，充分考虑地块及周边环境的关系，以使得它们能够有机地相融，成为项目景观的价值体系重要构成部分。

（2）“价值定位”原则。规划过程中，不单追求平面构图，更重要的是确定价值区域，依照地块外部、内部环境的价值区域确定项目功能规划布局，重视人工湖景、生态广场、园林、草地等硬质景观的价值。

（3）凸显项目的人性化和特色。特色是进行差异化竞争的重要内容之一，人性化的规划原则是规划理念中的一个基本的要求。创造宜人的居住环境应从规划到景观、建筑群体到建筑装饰细部整体考虑。本项目的规划布局必须紧扣着“休闲度假温泉小镇”的整体形象定位进行细化，通过精心的设计，把人性化的理念彻底贯彻到细节层面，以提升项目的整体品质。并在此基础上，努力为项目营造具有差异化竞争优势的特色。

（4）可持续发展原则。由于当前市场发展形势尚不明朗，并且本项目规模体量不小，因此，在规划布局上应注意为以后不可预知的市场变动预留弹性空间。毕竟，规划不是一成不变的，它是一个动态的自我完善的过程。

2. 方案一的整体布局定位及思路

（1）整体布局定位。整体规划布局描述——“一环拢花蕊，四片向心聚”（图 1-1-1）。

在地块中间设置一个大的中心园林景观，以此为核心，用一个花形内环道路将高档物业聚拢在地块价值最高的核心位置。以高档物业为花蕊，四边排布花园洋房组团。地块北部设置小高层

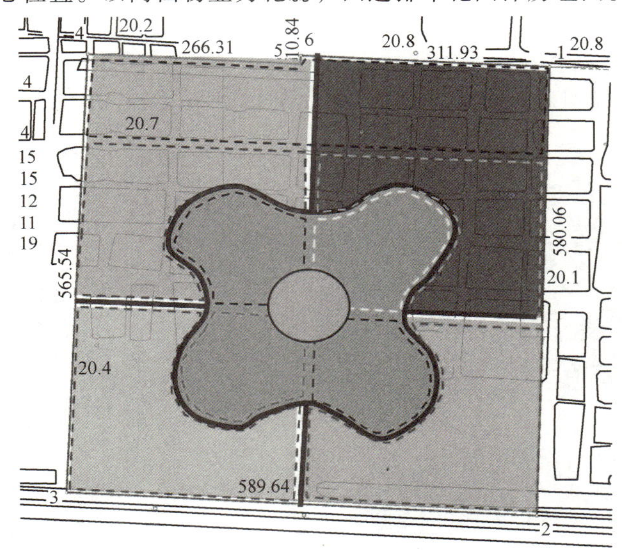

图 1-1-1 整体规划布局图

组团，用地经济。中高档物业及高档物业均能享受较多的私密性，价值品质得到保证，最大化实现地块经济价值。内环道路将几个组团有效联系起来，既相对独立又相互联系，同时有利于开发分期时分为四大片区，将不同物业类型相互配置，各种产品组合销售。海南岛四季如春，花开四季，这种规划结构可以较好地兼顾建筑的合理采光通风及经济价值最大化，突出项目舒适宜人的生态、气候优势。

（2）规划布局思路。拟将项目分为四大片区，北部两大片区分别由小高层组团、花园洋房组团、双拼别墅组团构成。南部两大片区主要由双拼别墅组团和花园洋房组团构成。整体规划布局由内及外、由南至北有序高低排布，不同建筑形态有序起伏变化。所有物业朝中心园林向心式排布（图 1-1-2）。

以一条环形社区主干道组织各个片区组团间的交通（图 1-1-3）。

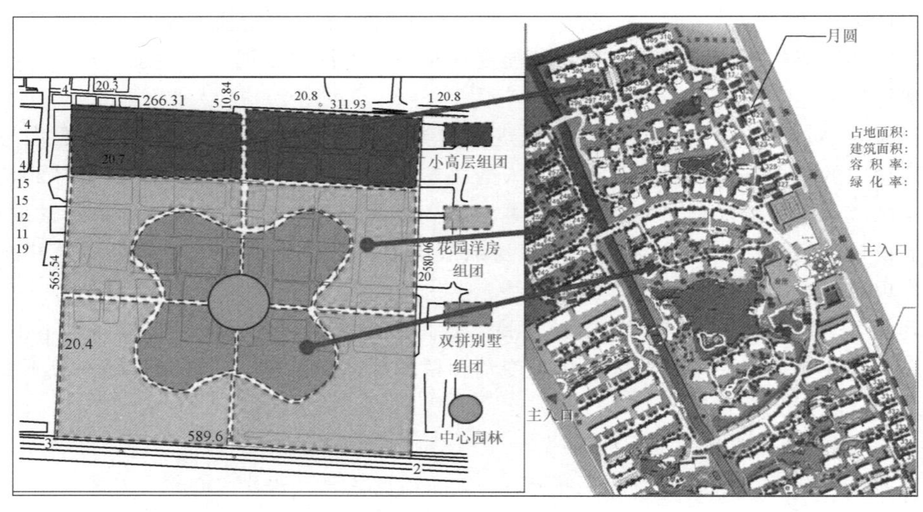

图 1-1-2　四大片区规划图

小高层组团采取点板结合、错接式的半围合布局，有利于营造私密性较好的半封闭式组团院落空间。

花园洋房及双拼别墅组团可以采取灵活、自由的行列加散点式布局，使南北朝向舒适且用地经济（图 1-1-4）。

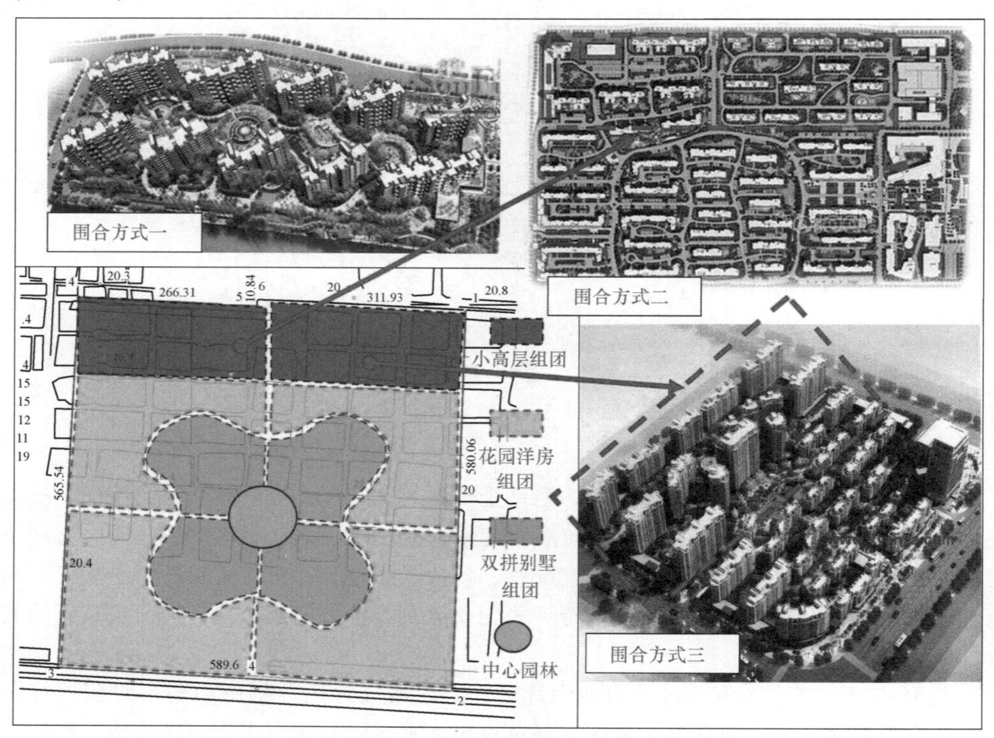

图 1-1-3　各个片区组团间的交通

商业街的布局可以采取两种思路，一是垂直于南边规划主干道的布局方式，二是沿街布置。第一种方案可以形成较好的内街氛围，有效利用主入口的人流，并且两边商铺可以形成很好的互

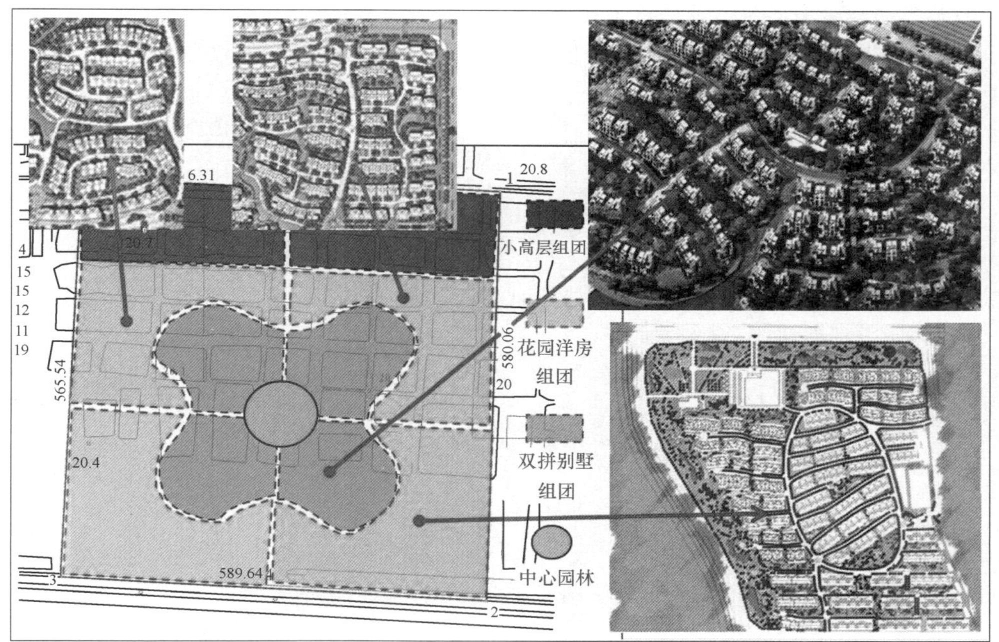

图 1-1-4　各组团产品布局示意图

动。第二种方案用地经济，有效减少主干道对于花园洋房组团的干扰，但是商业沿街面会相对拉长，人流聚集的效果会相对减弱。

将温泉酒店布置在地块东南角，处于两条规划路交叉处，南边的主干道未来也会有比较好的展示面。

会所建议设置在南边靠近主干道附近，与商业街结合相互辉映，有利于一期开发形成较好的展示面。方案一，会所布置在垂直商业街的终点，作为公共开放空间的收点，同时又是社区半公共空间的转折点。方案二，会所布置在沿街商业街的入口广场中，成为商业街一个视觉中心，形成较好的入口景观及气势氛围（图 1-1-5）。

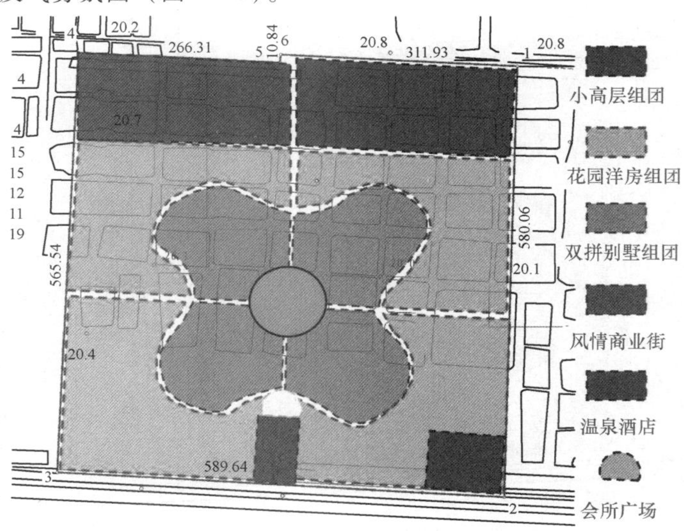

图 1-1-5　业态布局图

3. 方案二的整体布局定位及思路

（1）整体布局定位。整体规划布局描述——“两点一线，四心四片”（图 1-1-6）。

图 1-1-6　整体规划布局图

这种方案采取了多组团多中心的布局思路，将项目地块规整划分为四大片区，每一大片区分别享有一个中心园林景观，如此形成了“四心四片”的规划结构。而“两点一线”则概括出了社区中最重要的三大公建配套，“两点”是指会所、酒店，“一线”是指沿街商业街。

（2）规划布局思路。在每一片区中，多种物业形态有机组合，便于多种产品组合销售。片区内部，中心园林景观周边、景观视线及私密性较好，地块价值较高，应布置双拼别墅这一高档物业，周边以花园洋房排布，基本上遵循景观价值最大化及物业价值均好性原则。在北部两大片区中设置一部分小高层提高容积率，用地经济，且丰富了社区北高南低的天际线韵律（图 1-1-7）。

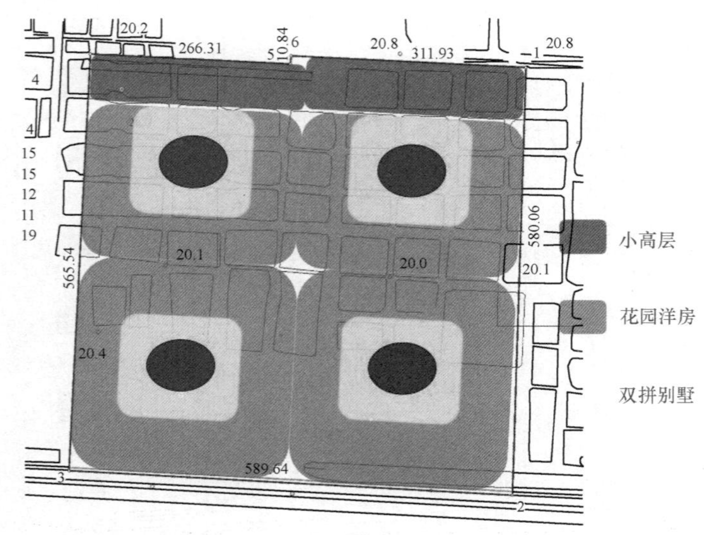

图 1-1-7　规划结构示意图

以“环环相套”的方式实现交通，一条大环形干道成为各个片区组团间的交通，四个片区内部再各自以小环形道路分隔不同物业类型，成为片区内部的交通（图 1-1-8）。

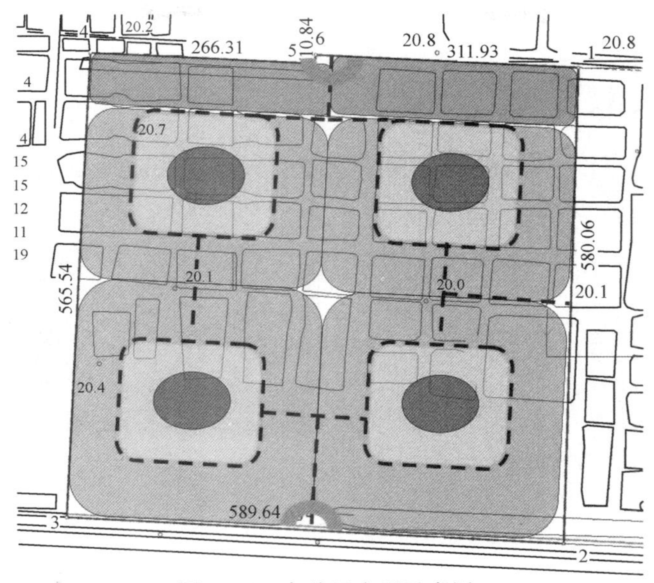

图 1-1-8　各片区交通示意图

将温泉酒店布置在地块东南角，处于两条规划路交叉处，南边的主干道未来也会有比较好的展示面。

商业街的布局同样可以有两种思路，一是垂直于主干道的内街方式，二是平行于主干道的沿街布置。关于两种布局方式的优劣前文已经分析，此处不再赘述。会所的设置也应同时结合商业街的布局方式，与商业街形成互动或者较好的展示面。其一，会所布置在垂直商业街的终点，作为公共开放空间的收点，同时又是社区半公共空间的转折点。其二，会所布置在沿街商业街的入口广场中，成为商业街一个视觉中心，形成较好的入口景观及气势氛围（图 1-1-9）。

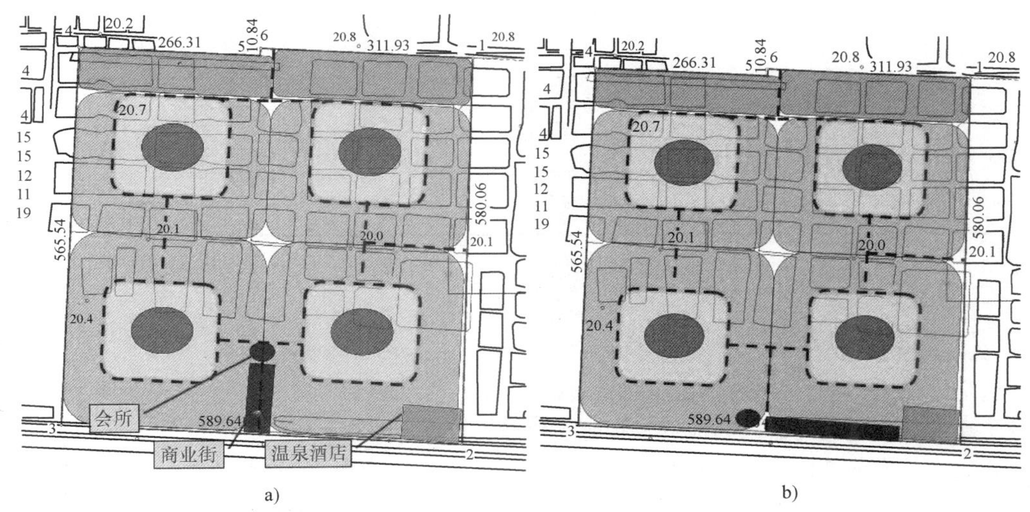

图 1-1-9　商业街布局示意图

a）方式一　b）方式二

花园洋房及小高层可以采取行列式、组团式布局；双拼别墅可以采取灵活、自由的布局，使南北朝向舒适且用地经济，景观视线较好（图 1-1-10）。

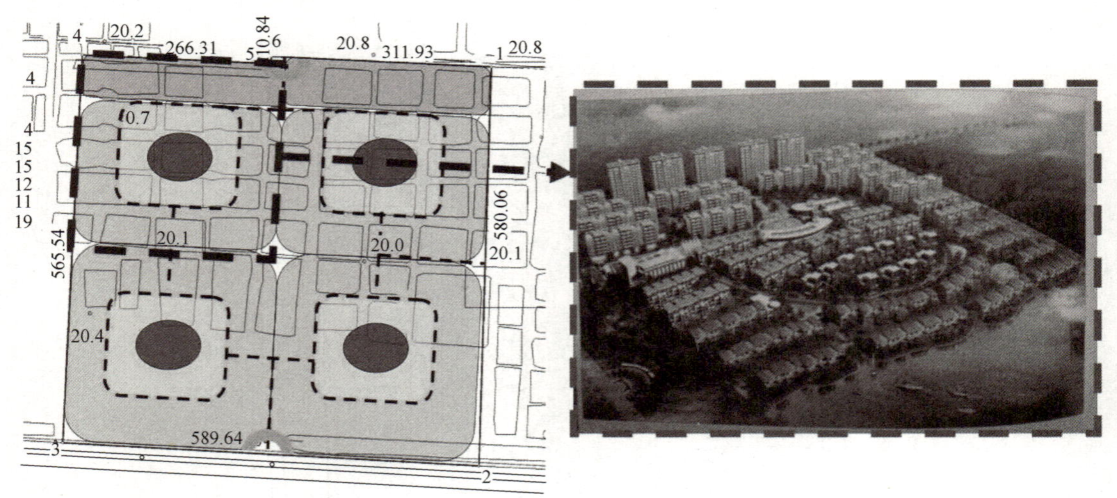

图 1-1-10 产品布局思路示意图

4. 楼型配比

（1）产品设置考虑因素。经过前期的市场调研及结合经验，我们给出初步的产品建议：基本定位是以花园洋房作为产品主力，并有一部分市场主流的小高层及双拼别墅满足市场。

当地市场产品供应以小高层、高层及别墅为主力，尤其是小高层、高层，在中高档市场上占据绝对主力，花园洋房相对供应较少，属于中高档物业类型的稀缺产品。这些产品组合以满足容积率 1.2 的前提进行粗略配比。

（2）具体产品配比建议，见表 1-1-1。

表 1-1-1 产品配比建议

楼型配比指标			
物业类型	预计占地面积/亩⊖	预计容积率	占总建筑面积百分比
双拼别墅	75	0.6	7%
电梯洋房	326.269	1.0	55%
小高层	75	2.2	29%
商业及公建配套	80	2.0	3%
温泉酒店	12	3	6%
总计	502.269	8.8	100%

2.2 交通系统定位

1. 交通定位原则

结构清晰简明，道路级别明确，建造经济。

满足小区日照通风的需求和地下工程管线的埋设要求。

以人为本，充分考虑项目本身的特点与外界之间的联系，设计出科学合理的交通动线。

便于小区内外交通的联系，各功能分区间交通组织合理，处理好各组团区域之间的交通疏导

⊖ 1 亩 = 666.666m²。

关系，通而不畅，顺而不穿。

2. 交通系统定位

交通系统是规划布局的骨架。本项目交通系统定位为：整体人车共存，局部人车分流。

本项目定位为休闲度假温泉小镇。顾名思义，其所有的物业就是以休闲、度假为首要实现的功能，最基本的要求就是要营造出宜居的生活环境氛围，交通的便利性和通达性是其中一项重要参考内容。本项目大部分为高档产品，如双拼别墅、电梯洋房，只有实现车停自家庭院才能体现人性化。对于中档产品，如小高层组团物业则可实行地下停车，其组团内实行彻底的人车分流，以步行作为组团内的交通方式。因此，“整体人车共存，局部人车分流”的交通系统规划定位为实现以上的交通功能需求提供了可能。

3. 交通系统设置思路

（1）方案一的交通设置思路——建议采用四级道路体系。

1）出入口及小区级主干道（图 1-1-11）。项目共设置四个出入口，北面及东北角的出入口主要承担北面小高层和花园洋房的出入。南面和东面中间的出入口主要承担所有高档物业的车辆和人行出入，尽量在管理上限制这两个出入口的人流性质，使其只为高档组团服务，避免北面小高层组团的人流穿越高档组团的这两个出入口出行，影响高档组团的私密性。

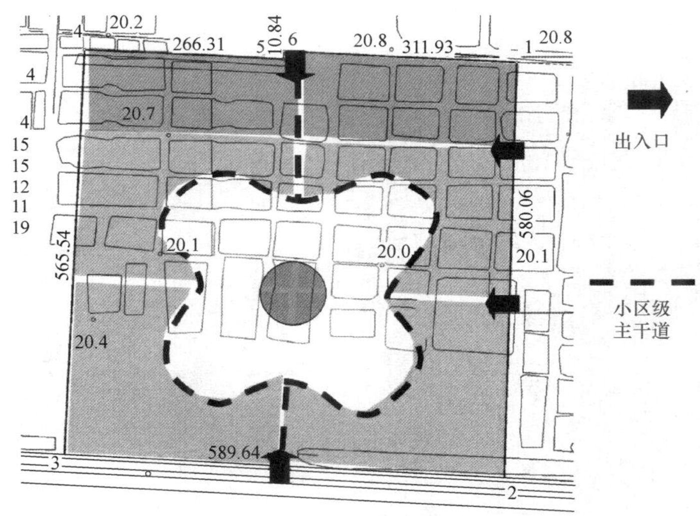

图 1-1-11 出入口及小区级主干道示意图

项目规划布局内低外高，为有效连接各个组团，建议采用内环式交通布局。如图 1-1-11 所示，小区主干道主要为小区的车行干道，将各个组团有机连接在一起。同时，内环式交通能够最大限度节约用地。建议小区内部的环式主干道不通过小高层组团的边缘。

2）小区级次干道（图 1-1-12）。小区级次干道与东面的两个出入口以及小区主干道直接相连，为车行线与人行线兼备。南侧的小区级次干道，由于一端的出入口平时封闭，主要用于消防，因此，东面花园洋房的两个组团可以在该条次干道上设置出入口。北侧的小区级次干道，建议作为小高层组团业主车辆的主要出入口通道。

3）组团级道路（图 1-1-13）。组团级道路，根据不同的物业组团，采取不同的设置方式。小高层组团的出入口设置于北侧的次入口附近，车辆直接进入地下车库，可避免小高层组团业主的车辆横穿整个小区带来的不良影响。小高层组团级道路，主要采用步行交通，道路设置宜遵循可视距离较大的原则，使步行于其中的人，特别是老年业主产生一定的空间感、安全感。

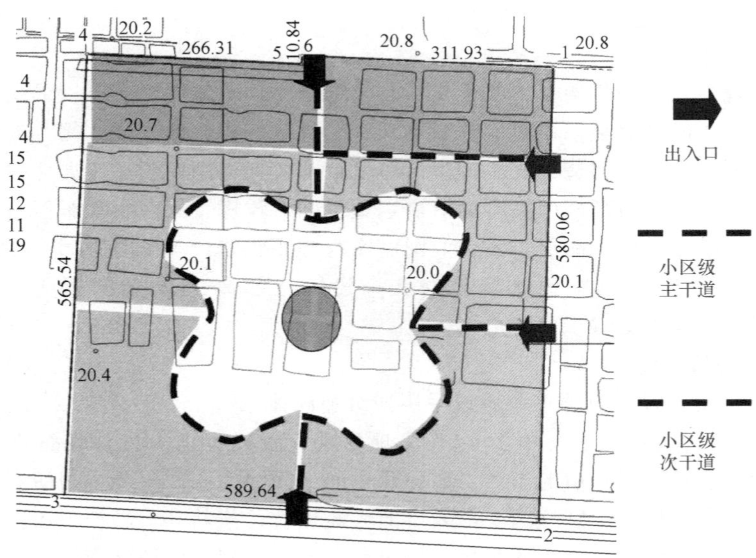

图 1-1-12　小区级次干道

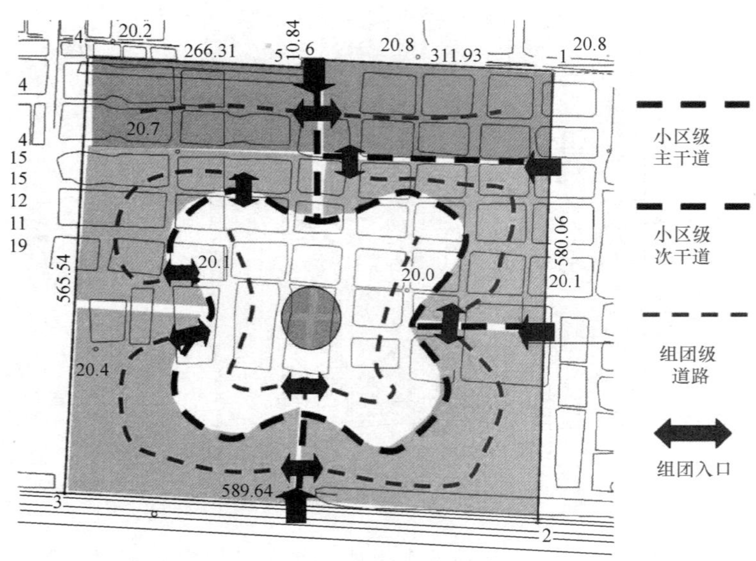

图 1-1-13　组团级道路示意图

花园洋房组团，业主车辆宜直接通达各家楼下，建议将花园洋房组团的出入口设置于小区级主干道或者次干道上，内部采用半环式道路，与社区干道一起形成一个小内环。小内环的设置能够最大限度地方便业主通达各出入口和中心园林。

中心区的别墅组团，其组团级道路，建议尽量减少与社区主干道的交叉，避免其他物业业主车辆进入。其组团出入口建议设置于小区主入口的主干道延伸路段上。组团内部采取半环式尽端路的方式，既能使得业主车辆通达各家各户，又能避免过多的车辆干扰。

4）人行散步道（图 1-1-14）。人行散步道主要包含园林区散步道和组团内散步道。组团内散步道可根据物业排布灵活设置，具体设置原则将在规划设计建议书中阐述。在此主要对园林散步道进行设置说明。方案二规划一个中心园林，需满足业主通达中心园林的需求。建议在中心园林的边缘设置环形散步道，一方面使业主充分共享园林的景观，另一方面，中心园林应当是一个聚集人气的场所，是众多业主休闲娱乐的场地，设置环形散步道有利于聚留人气。在环形散步道的四个方向，需要有人行步道通达各个组团。该道路不宜过宽，并且应当做好道路景观，使得行人在通往中心园林的途中，同样享有一番美的感受。

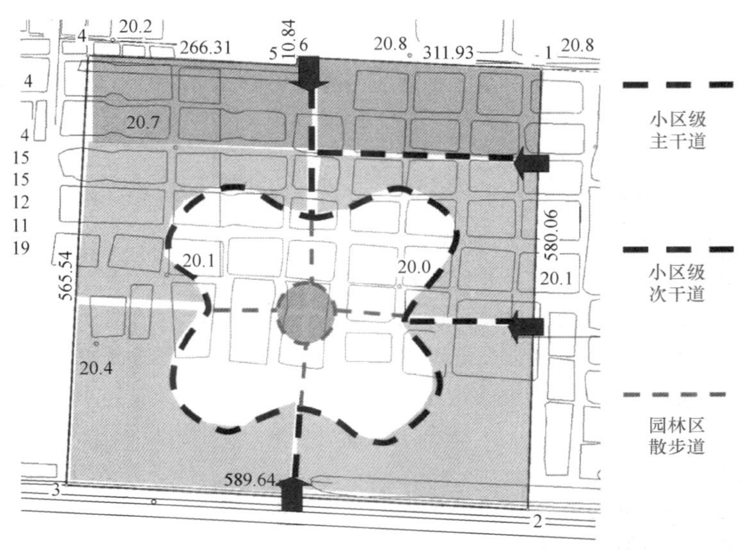

图 1-1-14 人行散步道示意图

（2）方案二的交通设置思路。由于实行整体人车共存与部分人车分流的交通系统定位，建议采用三级道路体系（图 1-1-15）。

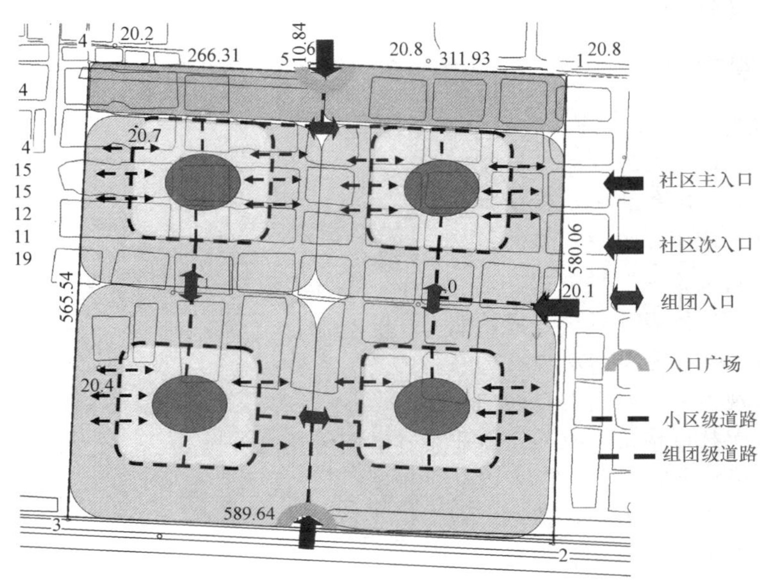

图 1-1-15 交通设置思路示意图

本项目地块共设置三个出入口，主入口设在地块南边，主要承担南面两个片区的出行要求。

东边、北边是次入口，可以帮助分担北组团片区的出行人流。

本项目小区级主干道的规划排布采取组团内内环式交通，各组团之间以一条主干道相连。出于保护双拼别墅物业组团的私密性以及尽量降低外来交通对其影响的考虑，小区级主干道不通过双拼别墅物业组团内部，只沿着各类物业组团边缘环绕。这样既能满足各种不同类型物业组团之间出入交通的需要，又能实现不同类型物业独立形成组团的设想，还能尽量把交通带来的影响降到最低。

组团级道路是组团内的主要通道，分布在各个物业类型组团中，并与小区主干道连接。在不同的组团中主路两侧以叶脉式道路向两旁延展，使各支路尽端直接通达各楼栋。

组团内的人行散步道是小区内的人行主要脉络。将散步道于组团内设置，设计完善的人性化步行系统，使居民休闲、交流更为便捷。要充分考虑老年人、儿童及残疾人的出行特点，进行无障碍步行道路设计。花园小径主要于组团庭院内及相关绿化地带设置。建议辅以林木、小品、音乐及座椅、亲水平台，增强休闲功能和曲径通幽的感觉。

以上两种方案的小区级主干道主要以机动车、非机动车与人行交通为主，同时要兼顾铺设管道的功能需求，还要注意尽可能实现最大的出行便利性以及尽量高的用地经济性。

组团级道路在小高层组团内日常主要考虑以非机动车与人行交通为主，但是必须预留出应急性交通的功能，如消防车和救护车的通达性；在电梯洋房和双拼别墅组团内则要考虑人车混行的交通方式。

4. 静态交通组织

停车是交通的一种静止方式，道路的末端是停车设施和场地。小区机动车停车场的规划布置应根据整个小区的整体交通组织来安排，以经济、方便、安全为规划布置原则。

我们建议采用地上与地下停车相结合的方式，在小高层物业类型组团内采取地下停车的方式，但由于地下车库的建设成本较高，不建议盲目做大面积，宜多个组团规模集中建造。

部分电梯洋房组团可以结合园林绿化采取分散式地面停车或小型停车场地解决。而双拼别墅组团内可以采用以私人停车库为主，分散式路边停车位为辅的办法解决。

2.3　园林景观定位

1. 园林风格定位

(1) 方案一：中式园林（图 1-1-16)。

1) 风格诠释。中式园林以再现自然山水为设计的基本原则，追求建筑和自然的和谐，达到“天人合一”的效果。这一思想在造园当中的具体表现就是“因地制宜”和“依山就势”，善于利用现有的自然环境条件，体现出人工建造对自然的尊重与利用。中式园林风格是写意的造景手法，讲究在依山傍水之地，修建亭台楼阁、水榭、藤架、石凳石桌，或高山流水，或曲径通幽，以小中见大的格调，塑造富有“咫尺山林”的意境。

图 1-1-16　中式园林示意图

2) 特点。中式园林追求的“天人合一”、再现自然的理念和设计手法与传统养生学强调环境对于养生的重要性，遵从天人相应，形神合一、顺应自然的原理非常相宜，有利于养生主题的实现与形象宣传。注重对居住者的养生和趣味性相结合，在公共活动空间里，石子小径、凉亭、曲廊等园林小品能够兼顾不同年龄层次的人的活动需要。

中式园林的不足在于对客户的品位、欣赏水平相对要求较高。在实际操作中，设计得过于细腻，则会使得成本大大增加，若过于简洁，则特点不明显，整体效果趋于平庸。

（2）方案二：现代园林（图 1-1-17）。

1）风格诠释。现代风格园林平面与空间布局自由且设计手法丰富，易于把握尺度，更强调景观艺术功能、生态环境调节功能、景观与防护作用的速成功能、休闲功能和大众化功能的有机统一。这种搭配既不拘泥于现代园林风格的简洁形式，又不像一般的欧式园林刻意追求烦琐的装饰，同时兼顾简洁自由与丰富性。

图 1-1-17　现代园林示意图

2）特点。现代风格园林符合大众的审美情趣，同时也是不同阶层的消费者接受度最高的一种园林景观风格。能够很好地与各种不同的建筑风格搭配，同时也能较方便地插入其他风格的部分元素，而不会给人不伦不类的感觉。这些手法在各地包括海南当地都较为常见。在成本控制方面也较为理想。

不足之处在于正是因为现代风格较为常见、大众化，比较难以形成较突出的特色。在园林的文化主题、内涵等方面的营造难度相对较大，对比较有品位的客户吸引力相对较小。

2. 园林景观主题定位——“休闲养生”

休闲是当今人们谈论的时髦话题，指在非劳动及非工作时间内以各种“玩”的方式求得身心的调节与放松，达到生命保健、体能恢复、身心愉悦的目的的一种业余生活。养生，就是指通过各种方法颐养生命、增强体质、预防疾病，从而达到延年益寿的一种医事活动。所谓生，就是生命、生存、生长之意；所谓养，即保养、调养、补养之意。如今，“休闲”与“养生”这两个词，往往是同时出现、一体化的，从休闲中获得养生，融养生与休闲于一体，聚鱼翅与熊掌兼得之乐。

本项目为旅游度假物业，业主购房目的以享受闲暇时光，追求身心愉悦，养身健体为主。园林景观的设计应该满足业主的这些需求特点，通过园林布局、植物搭配、环境构造等多方面，给业主提供一个舒适、优美的社区居住环境。这也与项目“休闲度假温泉小镇”的形象定位是一致的，故园林景观主题定位为“休闲养生”。

因此，园林设计应该具备较好的观赏性，较强的参与性，有一定的特色，方便业主进行散步、观景、娱乐、健身、运动等一系列活动，从而实现园林的“休闲”性。温泉疗养是现代养生的主要方式之一，也是本项目的一大特色，是对本项目园林养生理念的最佳诠释。另外还可以结合现代一些其他养生理念，如饮食文化养生、鲜花疗法等，与温泉疗养一起，实现多种养生文化的交融，共同打造园林的“养生”概念。“休闲养生”的主题内涵广泛丰富，建议在“休闲养生”这一大主题的方向下，设计一系列与“休闲养生”相契合的系列小主题，如茂林修竹、果园、花卉、饮食文化、温泉等，形成多种园林特色，充分满足业主休闲娱乐的需求；同时又结合了多种养生健体理念，给业主提供一个健康、宜居的生活环境，真正实现“休闲养生”主题的定位。

3. 园林景观设计原则

(1) 环境布局应雅、静。传统养生学要求的理想环境中包括幽雅的山水环境，提到人类适宜的自然环境应具备洁净而充足的水源、新鲜的空气、充沛的阳光、良好的植被以及幽静秀丽的景观等。中国园林养生也偏重于“静”。这些与中老年人以“静、闲适”为主的行为特点是一致的。因此，本项目园林景观布局总体上应该突出“雅、静”的特点，营造出一种曲径通幽的感觉。但是“静”不等于孤寂，在一些景观节点的布置上应注意各年龄层次活动场所的相互呼应，做到老中少各得其乐而又相互呼应，营造一种积极向上的生活氛围。

(2) 植物配置——“草木茂，人少疾”。植物作为园林中最具自然属性且最为生动的造园要素，在园林中起着不可替代的作用。事实上有很多植物本身就具有养生保健功能，如：银杏挥发物对胸闷心痛、心悸忧郁等心肺疾病有天然疗效，樟树能帮助人们祛风湿、止痛行气血、暖肠胃，松柏科植物具有杀死结核菌的作用等。大面积植被对人们的健康十分有益。养生学主张顺天应时，在掌握四时规律的情况下，调理养生。园林景观在花木的配置上同样应注意四时的变化，“春则花柳争妍，夏则荷榴竞放，秋则桂子飘香，冬则梅花破玉”。另外，应考虑植物间的强弱关系。

(3) 筑亭理水。园林中水的作用，除了给人以赏心悦目的视觉感受，同时也兼具养生作用。亭阁在园林景观中的作用不可小视，适当设计对丰富园林布局体系，提升园林的观赏、休闲性较有好处，同时亭阁与水又是相宜、相益的。本项目地块目前主要分布着许多大小不一的鱼塘，在今后的开发过程中，合理、适量的保留，打造成一个个小水系，并设计一些亭阁的穿插、装饰，配合各种温泉、水景等，可以很好地打造出一个兼具观赏、养生、休闲、游乐多功能的综合水景园林。

(4) 温泉疗养。在我国，发现和应用温泉治病，已有数千年的悠久历史。早在先秦的《山海经》里就有了关于“温泉”的记载。特别是现代，温泉疗养已成为养生、健体的重要方式之一。温泉主题将是本项目的重要特色之一，应该从全盘把握、设计，尽可能地广泛和充分利用。

4. 组团园林主题设计建议

组团园林采用茂林修竹、水果、鲜花、饮食文化、温泉等系列主题布场，既保证了良好的观赏性，又能较好地与水果养生、鲜花疗法、饮食文化养生、温泉养生等现代养生健体理念结合，给业主提供养生、健体的宜居环境。

(1) 茂林修竹。建议本主题园林设计以“静”为特点，植物选取可以考虑以茂林修竹等古朴典雅的植物为主，营造一种绿意盎然的感觉，配合一些室外棋牌、座椅、健身器材，以及书法练习场所等，营造一种流金岁月的闲适安宁。同时应留出一定的平整空间、场地，以供老年人练习武术、太极拳等保健运动。棋牌、座椅等可以艺术化处理，还可以在地面雕刻一些棋盘，设置一些石雕棋子，布置成情景小品式物件，充满情趣。另外可以在林木较深处设置一些鸟巢，吸引鸟儿前来，满足中老年业主鸟啼虫鸣的生活情趣。这个主题主要是为社区老年人考虑的，重点在于环境布局与休闲、运动、娱乐、健身场所的一体化设计，而不仅仅是单方面的注重园林景观或者配套本身。

(2) 果园。以“果园”作为园林主题，意在给人收获、欣喜、陶醉之感。建议选取多种海南特色水果，如椰子、莲雾、人参果等，打造一个充满收获喜悦而又颇具观赏性的特色园林。“遍尝百果能成仙”是一句脍炙人口的谚语，说明常吃各种水果有利健康，这也是水果养生主题的体现所在。园林的休息座椅可以做成水果形状，其间安放一些水果雕塑，艺术化处理。

(3) 花卉主题园林。鲜花使人愉悦，产生积极向上的联想，又具有较强的观赏性，用来作园林主题是较为合适的。设计中应以四季有景为指导原则，注重多种花卉合理搭配，从色、香、形、韵等多方面为业主提供完整的视、嗅觉感受。根据花卉的不同属性，还可以打造出一个个各具特色的花圃。如“火”主心，以火属性花卉为主布置“养心区”园林；“金”主肺，以金属性花卉为主打造“养肺区”园林等。以花卉的观赏性与现代“鲜花疗法”养生理念结合，并形成组团园林的不同特色，可以说是一举多得。为了让园林更具观赏性，可以在花丛中点缀一些昆虫小品，如蝴蝶、蜜蜂等，营造一种生机盎然、充满活力的氛围。

（4）温泉主题。温泉养生概念是本项目的特色之一，可以在某个组团园林中重点打造，通过各种温泉文化的展示、营造，共同形成园林的主题特色，也给业主更多的亲水空间。在设计中可以与喷泉、水景雕塑相搭配，树立一些文化墙，宣传一些温泉典故、趣闻，设置一些参与性较强的小温泉池等，丰富园林内容，使主题得到更好的体现。温泉主题还可以多方面结合，温泉会所将可以满足全体业主的需要，让全体业主只要花很少的钱就能感受温泉的魅力。各个组团园林分别引入小型温泉水景，丰富园林景观的构造。

5. 其他节点、元素设计建议

（1）入口广场。建议设置一个小型广场，现代风格园林建议可设置小型水景，点缀一些较具海南特色的观赏性椰子树及其他海岛风情元素；中式风格园林建议可多运用一些中式文化元素作衬托。

另外，主入口广场不仅是人们通过和逗留的场所，也是社区居民生活交流休闲的重要节点，因此应适当预留出一些空间给社区居民聚会活动，适当摆布一些凉亭、座椅等。

（2）道路景观与设计。本项目没有明显的景观轴线，各园林景观基本由小区道路串联，故小区道路除构架了整个小区的交通系统外，亦是观景通道。因此，道路绿化应该具备一定的观赏性，多设置休息的亭、廊、座椅，可以设置一些花廊与休息座椅相结合。这些园林构件都可以跟植物相搭配，同时又可自成一处处小景观。所有人行道路均应采用无障碍的设计理念，另外还应照顾到中老年人锻炼、散步的需求，应配置一些慢跑步道、健身场。

（3）鱼塘的利用与设计。项目地块中分布着大量的鱼塘，可以适量留下一些作为水资源景观。可根据实际需要调整鱼塘面积的大小，鱼塘间可用小溪流相连，形成情景小水系，并设计一些可供业主散步、休闲的小径。

（4）地下车库的美化。地下车库在满足工程需要的前提下尽量艺术化处理。将地下车库的美化与园林景观结合起来。如采取地下车库内布置直通地表的绿化、出入口用绿化装饰、在地表设置地下车库的采光井，既丰富了地下车库景观，大大改善了地下车库的通风、通气、采光等实际问题，同时也丰富了地表景观体系。同时要做好安全防护，防止幼儿在玩耍中发生意外。

（5）公用设施小品。公用设施小品包括文化墙、路灯、交通导示牌、信箱、垃圾桶、公告栏、单元牌、电话亭、自行车棚等。这些设施如加以艺术化、趣味化处理，不但不会影响小区景观的观赏性，反而能与周边环境和谐融为一体。

2.4　建筑风格定位

1. 建筑外立面风格影响因素

（1）地块自身的综合定位。

（2）地域气候。

（3）区域大环境（经济、文化、产业、区域发展……）。

（4）目标消费群的文化偏好。

（5）自然环境（山、湖、林、海……）。

目前海南市场上在售楼盘较多，楼盘质量普遍较高且营销理念多样化，出现了一些国际先进的产品概念和定位。海南的房地产市场已经处于快速发展水平，对于建筑风格、园林景观的审美以及户型的舒适度要求较高。

在我们项目调查小组实地调研的竞争楼盘中，海南的多层、小高层、高层项目的建筑外立面以现代风格和东南亚风格为主。

2. 建筑风格定位

鉴于目前海南房地产市场上在售楼盘众多且同质化竞争严重，本项目拟定以差异化竞争战略入市。以丰富多变、现代创新且独具特色的现代风格或者北美风格打造创新型产品，抓住消费者眼球。

（1）风格定位。

1）方案一：现代建筑风格。现代建筑风格是西方建筑界居主导地位的一种风格，也是中国地产市场目前较为盛行的建筑形式。它主张建筑摆脱传统建筑形式的束缚，强调建筑的使用功能和经济效应，主张积极采用新材料、新结构，并在建筑设计中发挥新材料、新结构的特性；主张坚决摆脱过时的建筑样式，放手创造新的风格；提倡新的建筑美学原则，强调表现手法和建筑手段的统一，强调建筑形体和内部功能的配合，建筑形象的逻辑性；崇尚采用灵活均衡的非对称构图，简洁的处理手法和纯净的体型，从而在建筑外观上获得新的视觉效果。

之所以将建筑风格定位于现代建筑风格，出于以下理由：

① 海南房地产在建筑风格上，要么是无主题风格，要么是东南亚风格，甚至出现了与城市肌理完全不搭界的欧陆风格，没有真正意义上的现代风格。市场在呼唤一种清新的、具有强烈现代生活气息的社区。

② 现代风格容易使产品迅速跳离目前地产市场产品的平庸，使产品具有鲜明的个性特征。

③ 现代风格立面上轻盈飘逸，色彩上跳跃鲜艳，易于吸引消费者眼球，从而达到快速吸引人的目的。

④ 现代建筑风格主张除旧创新，可以充分表现积极、健康、向上的生活理念，而这种生活方式最符合目标客户的生活状态。

当然，运用现代风格也存在一定的风险，如果创新不够，很容易落入俗套，使项目变得平庸。

2）方案二：现代北美建筑风格。美国是一个移民国家，几乎世界各主要民族的后裔都有，带来了各样建筑风格，其中尤其受英国、法国、德国、西班牙以及美国各地区原来传统文化的影响较大。互相影响、互相融合，并且随着经济实力的进一步增强，适应各种新功能的住宅形式纷纷出现，各种绚丽多姿的住宅建筑风格应运而生。因此美国的建筑风格呈现出多元的丰富多彩的国际化倾向。美国的建筑，尤其是住宅，集当今世界住宅建筑精华之大成后又融合了美国人自由、活泼、善于创新等一些人文元素，使得美国的住宅成为国际上先进的、人性化的、创意的住宅。北美建筑风格实际上是一种混合风格，它具有注重建筑细节、古典情怀、外观简洁大方、融合多种风情于一体的鲜明特点。而现代北美建筑在传统北美风格的基础上与现代新型的建筑进行了完美的融合，去除了坡屋顶、阁楼等陈旧符号，但是像诸如大窗、富于变化的立面以及丰富的色彩和流畅的线条，追求悠闲活力、自由开放的氛围等优势元素仍然沿用。在北美建筑中，既有私密性强的个体居住单位，又有恢宏大气的整体社区气氛。这不仅满足了居住的需要，更要满足一个阶层心灵归属、文化认同、邻里回归的需要。

北美风格别墅成为既简约大气，又集各种建筑精华于一身的独特风格，充分体现了简洁大方、轻松的特点，让居住变得更人性化。

由于现代北美建筑风格多运用于别墅等低层物业，小高层及高层的建筑风格可以在北美风格的基础上充分注入现代元素，只是在色彩、材料上延续别墅所采用的北美格调，仍然可以营造出和谐统一的社区建筑格调。

（2）建筑整体。讲究明快、新颖，功能组织简洁，细部简明完整，有明确的特征和一贯性；注意发挥结构构成本身的形式美，造型简洁，反对多余装饰，崇尚合理的构成工艺，尊重材料的性能，讲究材料自身的质地和色彩的配置效果，以功能布局为依据的不对称构图手法突出建筑风格，强化高层差异，从而展现“积极、健康、向上”的生活状态，同时也迎合主流消费群时尚、简约的审美情趣。

（3）建筑要素。

1）色彩。明快、跳跃，以白色或灰色为基本主调，以跳跃的红、黄、蓝等色涂料粉刷建筑构件作为点缀，以形成小区及各组团的强烈的识别性。建议采用新型建筑涂料，利用其“自洁”功能，在雨天自行冲刷灰尘，3~5年后由物业管理公司重新刷新。目前市场上此类新型涂料很多，且质量较好，如德国的矿牌等。

2）立面处理。住宅采用表现主义手法，在确保建筑经济实用的同时，适当融入象征意义。可以建造双层大阳台，立面采用价廉的天然石材，局部配以少量的铝板、钢结构玻璃雨篷等现代装饰材料，利用空调机位、窗口、阳台等功能要素，使建筑立面既有韵律的重复，又有体块的穿插，从而强化其现代感，迎合本项目主导消费群体的审美取向，达到建筑立面的完美和谐。

另外，四星级高档温泉酒店作为项目的增值物业，以度假休闲为主要目的，应以体现时代特征为主，不用过分的装饰，一切从功能出发，讲究造型比例适度，强调外观的明快、简洁。体现现代生活快节奏、简约和实用，但又富有朝气的生活气息。

3）顶部处理。建议采用简单明了的椭圆形葡萄架式构架，视觉上体现出现代建筑的轻盈。一般的框架顶看上去没有生动的感觉，不耐看，现在已被逐渐淘汰。太复杂的弧形飘板会让人觉得过分夸张，使楼体有头重脚轻之感。而葡萄架式飘板设计从整体组合效果看来比较大气，有特色，也不觉得太夸张。

4）底层处理。底层分建筑类型和建筑所处位置进行不同的处理：

① 小高层建筑局部底层采用架空层，以自由间隔的方式，设置泛会所的服务设施，通透的架空绿化视线景观的延伸，将景观空间和视觉延伸到整个小区的每一个角落；且利用道路的迂回曲折，营造“曲径通幽”的意境。

② 花园洋房底层为住宅，并设置私家花园。

③ 沿街设置商业裙房，打造风情商业街。

④ 其他所有住宅设置半地下停车库。

5）天际线。利用双拼别墅、花园洋房和小高层的高差，形成具有一定节奏韵律的丰富的天际线走势，突显本项目的远观形象。

建筑呈外高内低分布。建筑高度由小区内向外逐渐升高，这样一方面可以充分保证中心园林景观视线，二则可以在内部保持一个开敞的共享空间。

从南北方向上，北高南低。中高层住宅均设置于小区北侧，使小区内更多的住宅得以最大限度地拥有最好的朝向和最好的园林景观。

6）商业街。建议打造“格拉斯风情商业街”。格拉斯为法国东南的普罗旺斯阿尔卑斯蓝色海岸大区滨海阿尔卑斯省的一个小城镇，位于距地中海20km的山麓上，海拔200~500m，被誉为“世界香水之都”。格拉斯小镇商业街拥有极具亲和力的田园风情、柔和的色调和组合搭配上的大气，别具一番风情。

由于本项目距离海边尚有一段距离，若使用沿海楼盘常见的东南亚风格商业街则相比于其他海景楼盘优势不会太明显，而现代风格的商业街略显平庸。本项目自身规模较大，有不同于其他楼盘的自身特色，因此商业街的风格应该具有“宁静、安逸、情调”等内涵。而同样是海边城市内陆地区的格拉斯小镇商业街的风格模式具有一定参考作用，可以借鉴。

本项目建筑的立面以梨黄（明亮）为主色调，建筑功能入口用骑楼来区别，色彩为红色砖墙（仿红色砖墙瓷砖），其整体为明亮的暖色调。设计的铺装、小品、附属设施等都采用暖色调设计，从色彩上达到统一的效果。总体设置上呈线条型分布，各种顶棚、悬旗、灯光等搭配应独有韵味，让人感受到不同寻常的人文内涵和小资情调。

2.5 户型定位

1. 概念定位——舒适·超值·人性化

舒适——采光、通透、方正实用，给客户带来舒适的生活享受。

超值——设置各种赠送面积，给客户提供更多超值空间。

人性化——考虑休闲度假对景观的需求，同时满足老年人的部分需求，在细节处体现人性化。

2. 户型定位考虑

户型定位除了要考虑目标客户群的居住特点，还要参考目前市场在售楼盘主力户型、对中老年人群户型偏好的问卷调研以及地块经济指标制约等多方面因素，以此确定本项目户型配比。

（1）市场考虑（表1-1-2）。从表1-1-2可以看出，市场内在售中高档楼盘的70~100m^{2}两房、100~130m^{2}三房是主力产品，比较受市场欢迎。另外在市场上也有一定的小户型需求，面积一般在50~70m^{2}之间，小户型能够有效满足一部分度假型客户需求，同时能够降低总价，赢得市场份额。

表1-1-2 市场考虑因素

楼盘名称	物业类型	户型定位	销售进度
波溪·丽亚湾	高层、别墅、酒店	36~57m^{2}一房、71~96m^{2}两房、70m^{2}一房两厅	在售
外滩中心	公寓、写字楼、酒店、商业	70m^{2}一房、99~108m^{2}两房两厅、215m^{2}四房两厅、120m^{2}复式	剩余几十套
江南城	多层、高层、独栋、联排	50~55m^{2}一房、70~113m^{2}两房、86~103m^{2}三房两厅、180m^{2}四房、193~472m^{2}别墅	尾盘销售
紫园	小高层	91~93m^{2}两房、124~149m^{2}三房两厅、178m^{2}四房、251~304m^{2}空中别墅	B区在售
中南·森海湾	高层、小高层、多层、别墅	44~50m^{2}一房、78~100m^{2}两房两厅、128m^{2}三房、145m^{2}别墅	三期前期咨询、未开售
东海椰苑	高层、小高层	55~67m^{2}一房、76~99m^{2}两房、124~140m^{2}三房	一期已交房，二期八九栋在售
白金海岸	小高层、高层、花园洋房、别墅	81m^{2}两房、106~120m^{2}三房两厅、216~238m^{2}跃层	一期售罄、二期未开售
城市海岸三期	小高层、高层、别墅	61~70m^{2}一房、85~91m^{2}两房两厅、131~154m^{2}三房两厅、180~190m^{2}别墅	二期已售罄

以上所选楼盘在产品档次、物业类型上与本项目较为接近，可为本项目户型面积定位提供一定参考价值。本项目的户型在此基础上，还需要根据物业自身特质进行推定。

（2）客户户型偏好的调研。在前期消费者调研结论中参考消费者对户型的偏好：

1）喜好平层的消费者过半（图1-1-18）。

2）绝大多数消费者喜好一梯两户（图1-1-19）。

3）两房一厅一卫比较受欢迎（图1-1-20）。

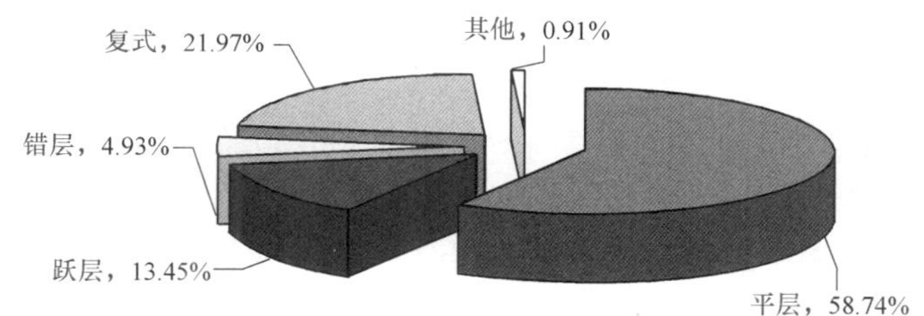

图 1-1-18 户型喜好对比图（一）

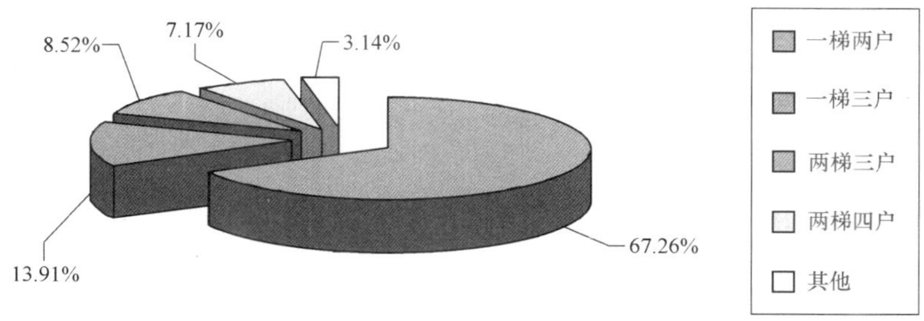

图 1-1-19 户型喜好对比图（二）

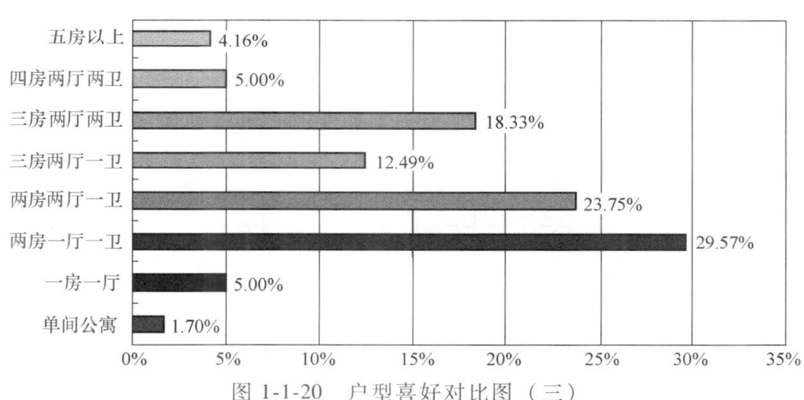

图 1-1-20 户型喜好对比图（三）

4）96～110m^2 面积段的户型比较受追捧（图 1-1-21）。

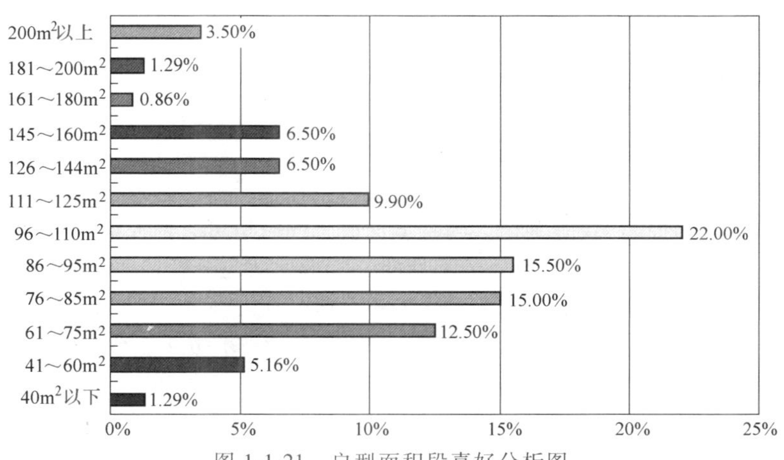

图 1-1-21 户型面积段喜好分析图

以上消费者调研结论显示，消费者最喜爱的依然是平层；类似错层这类实用率不高的户型对海南购房者没有吸引力。同时，出于中老年人安静的需要，每层住户数越少越好，一梯两户的接受度最高。75～125m² 的两房、三房这类中等户型是消费主流，其中两房的需求明显大于三房等其他户型。对于四房及一房等则需求较小。

从上述对海口可参考楼盘调研可以看出小户型产品较为盛行，有较大的供应与需求，销售不错。本项目适当推出少量小户型产品，可以有效补充市场需求。

以上问卷调研结论具有一定局限性，在户型面积及房型的配比上，还应结合市场经验及同质楼盘调研等综合因素来酌情考虑。

3. 户型配比

在户型结构上应尽量迎合目标客户群的消费偏好，不能偏离市场主流的供应结构。针对本项目的目标客户需求特点，以及根据项目的物业形态、市场竞争态势的综合考虑，将本项目的户型配比定位见表 1-1-3。

鉴于海南整体市场的特点，小户型占据较大比重，两房两厅以下的户型具有较好的销售潜力。同时，由于项目自身容积率的限制，部分两房两厅的户型可以设置于花园洋房当中，加强两房的品质感。144m² 以上的花园洋房与别墅，可以满足少部分客户对高端品质物业的需求，提升项目自身的档次。

表 1-1-3　户型配比定位

户型	面积区间/m²	占总建筑面积比	备注
一房一厅一卫	45～65	5%	满足部分度假需求
两房两厅一卫	70～90	12%	养老需求
两房两厅两卫	80～95	25%	主力户型
三房两厅一卫	95～110	15%	经济型户型
三房两厅两卫	110～130	25%	主力户型
四房两厅两卫	144～160	10%	花园洋房
别墅	250～300	8%	满足少数客户对高端物业的需求

不论在任何一个城市，两房、三房可以说基本都是市场的主流，我们大比重设置该类户型，一方面是出于市场的要求，降低市场风险。另一方面，本项目不同于一般的住宅项目，属于度假地产项目，项目的特点决定了目标消费群对户型的要求，既要经济又要舒适。在控制总价的前提下，110～130m² 的三房可以很好地满足这个要求。

4. 户型设计要点

（1）居住的舒适性。评价一个住宅好坏的最重要的标准就是居住起来舒适，通常评价舒适性的标准有：四大光明、七大分区、尺寸合理、布局科学。

1）“四大光明”——所谓“四大光明”，即：厅、卧、厨、卫，四大功能空间一定要有明窗采光通风。良好的采光通风不仅有利于人的身体健康，同时也可以使人保持良好的心情。

2）“七大分区”——所谓“七大分区”指的是室内的功能分区，即：动静分区、干湿分区、洁污分区、公私分区、内外分区、主次分区、卫浴分区。

3）尺寸的合理性——户型的尺寸合理与否不能仅仅看一堆数字，数字只能显示出一般情况下合理户型的标准。笼统地说，大户型单位注重的是，在面积增加的同时是否相应增加了功能空间，如工人房、储物间、工作阳台、休闲运动空间等；而小户型单位则不同，其户型设计应关注是否具备了必要的功能空间，同时要关注功能空间在使用上的灵活性、舒适性。

4）布局的科学性——户型的设计应尽量做到方正，各功能空间的衔接应科学合理，功能布局要紧凑，走道面积或功能不确定的面积应尽量减少。

（2）景观的均好性。本项目在户型设计时，应周全考虑景观的最大化及均好性，入户花园、阳台、窗户设计都要充分考虑观景面。

阳台——中高档住宅要在阳台上做足文章，观景阳台的面积大且造型新颖多变。小高层的阳台做成开放式，增加景观视野，但同时必须考虑文昌的气候条件。本项目阳台，在当地规划许可的条件下，我们建议尽量做错落式的 6m 高双层大阳台，具有很好的空间与景观效果。并且尽量将阳台面积做大，使得业主在阳台上从事简单的娱乐休闲活动时具有足够的空间。

窗——我们建议多设凸窗，凸窗不仅可以增加通风采光面，便于观景，又可计入赠送面积中，受到多数消费者的喜爱。按照实际情况，可以设置 180°飘窗、270°飘窗，端头户型设计八角窗等，既能丰富立面空间变化，也可借此增加亮点。

（3）户型的创新性。“买不买房看环境，掏不掏钱看户型。”户型对于消费者是至关重要的。在消费者问卷调研中显示中老年购房者对于创新户型的接受度正逐渐提高。海口市场上的在售项目，户型创新的也较多。因此可以紧跟市场的主流，对于一些市场接受度较高的创新户型大胆引进，同时创造出自身的特点。

一些具有高创新价值的产品，经过营销的引导，会获得更高的价值。比如万科的情景花园洋房就是一种非常好的创新户型，同样是多层住宅，只是楼层低一点，但是经过良好的设计和宣传，最后按照接近别墅的价格来卖，而且还得到市场的追捧。这样通过户型的创新可以获得一部分新的利润空间。这些边际产品只要抢得先机，顺利过关，一般都能创造边际投资效益。

从平层到跃层，从错层到“一错再错”，从阳光室到空中花园，从小户型到空中别墅，无疑户型的创新给人们更多的选择机会和更丰富的生活空间体验，但并非所有的创新都经得起时间的考验。其根本原因就在于这些创新设计偏重于商业宣传和销售的需要，重形式、轻内容，为变而变。如有的户型面积本不充裕，却设计成多个标高的错层，造成每个空间过于狭促，频繁的上下楼也给生活带来不便。有的户型设计了空中花园，其提供人们更多户外活动机会的本意无可厚非，但花园本身在高度、面积、通风、采光方面却存在着许多先天不足。又比如有的户型层高 3.6m，在宣传时说可以一层变两层，但实际上若变成两层则第二层的层高不足，使用效果大打折扣，居住起来非常不舒适。因此，户型需要合理的创新求变，其根本的目的在于真正提高居住的舒适度。

户型的创新主要表现在两个方面，一方面是户型的新型概念的应用，另一方面是赠送面积。

（4）户型的赠送。赠送面积在南方沿海特区城市已经成为不言而喻的行业规定动作，所谓“前送后送，左送右送，上送下送，里送外送”。能够得到一些赠送面积，购房者是非常高兴的。市场营销学有一条基本定理：没有哪一个消费者不欢迎额外赠送的商品。

在本项目中，建议考虑以下几种赠送手法：

步入式凸窗、隐藏式衣橱（在日本大行其道）、可拆卸凸窗、空中院馆、入户花园、放空调机位的生活阳台、前庭后院等。通过其中任意几种的组合赠送，可以使每户业主多得到 $10m^2$ 以上的赠送面积。

在小户型中建议多设凸窗，凸窗、飘窗不仅可以增加通风采光面，还可以凸显小高层的景观视野优势，又可计入赠送面积中，受到多数消费者的喜爱。按照实际情况，还可以设置 180°飘窗、270°飘窗，端头户型设计八角窗等，既能丰富立面空间变化，也可借此增加亮点。

5. 适老化通用户型简述

海南具有天然的优越气候，适宜老年人休闲度假养老。本项目定位休闲度假 · 温泉养生小镇，虽然没有做专门的养老社区，但是纵观海南市场，基本将养老概念与休闲度假一起提出，以争取更多的客户资源。这些项目大多有其形而无其实，适老化设计严重不足。

海南房协做过一个统计，海口岛外购房者的比例是73%，三亚岛外购房者的比例是85%，而在众多的岛外购房者中，“候鸟型”养老居住者占到大多数，其中海口为62%，三亚为57%。来自全国的“候鸟型”购房者，主要有上海、浙江、江苏、山西、北京、天津、辽宁、吉林、黑龙江、新疆维吾尔自治区、陕西等地。如此庞大的外来“候鸟型”养老居住购买者，却无法在海南找到品质好的，能够照顾不同地区老年人养老习惯的养老社区。

同时根据市场调研的结论显示，中老年消费者对于两房的户型有很大的偏好，这些消费者购房的目的主要都是养老。因此，适当地在两房和三房的部分户型当中，进行一些适老化设计，将能很好地抓住这一部分目标消费者，解决老年人的多样化需求。

所谓适老化通用住宅，就是要建立全寿命的概念，在住宅开始设计和建造时，就把老人的各种需要考虑进去，贯彻老年住宅的必要技术措施，使得居住者一旦变老，各方面体能衰弱，就能根据需要增加必要的设施和设备，以此来提高老人的自理能力，让老人能自己照顾自己。

适老化通用住宅具有普遍适用性，面向所有人，营造没有障碍和歧视的居住环境。良好的设计不带有专用性，是所有人都可以通用的。适老化通用住宅，重点是消弭了使用者人与人之间的差别。从住宅的全寿命角度看，适老化的通用住宅不需要更换，对消费者是经济的，不仅减少了消费者搬家次数，而且也减少了老年人消费者搬家所带来的对新环境的不确定性。随着人口老龄化的加剧，市场对于产品的适用性能要求稳步增加，适老化通用住宅更具有保值增值性。

当然，出于成本的考虑，我们所做的适老化通用住宅，在设计的细节方面无须做到与专业老年住宅区一样，只要能够满足基本老年人必需的配套要求，注入一些人性化的构想即可。建议可考虑：

（1）社区及小区出入口的无障碍设计；入户门预留轮椅通行的宽度。

（2）内部结构平层设计，无过多凹凸转角；宽大阳台。

（3）玄关扶手设计；紧急医疗报警系统；低按键、高插座。

（4）煤气防泄露报警装置；楼板、墙体、管道的隔声性能考虑。

（5）单元楼设置可以安放担架的无障碍电梯，电梯厅设等候座位。

（6）每个出入口、通道、门厅的防滑设置。

以上适老化设计建议的提出，能够兼顾一般大众的需求，不会影响普通客户对此造成抵触的心理，同时又能在细节上照顾到老年人的部分需求。这即是我们提出的适老化通用设计。

本项目适老化通用设计应当做到什么程度？根据市场调研报告的结论显示，消费者选择在海南购房的目的中，大约有三分之一是用于自己养老，这表明中老年人对此类住宅有一定的需求（图1-1-22）。

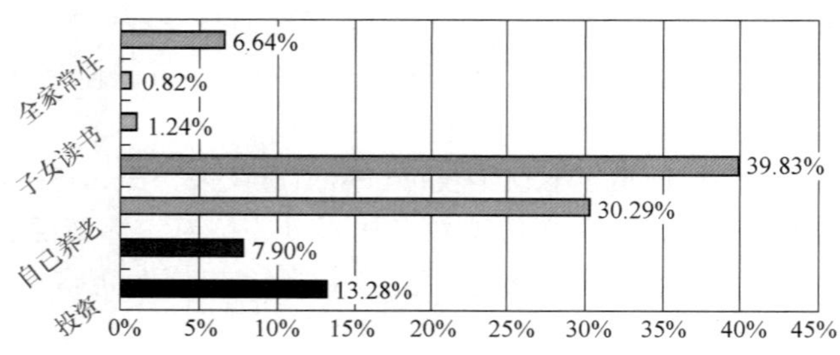

图1-1-22　购房用途分析图

因此，根据本项目的户型配比，结合市场调研报告的结论，建议进行适老化通用设计的比例，见表1-1-4。

表1-1-4　户型适老化通用设计

户型	面积区间/m^2	占总建筑面积比	适老化通用设计占总建筑面积比
两房两厅一卫	70~90	12%	12%
两房两厅两卫	80~95	25%	10%
三房两厅一卫	95~110	15%	5%
三房两厅两卫	110~130	25%	5%

以上比例的设置，两房占总建筑面积的22%，三房占总建筑面积的10%，用于适老化通用设计，主要出于养老需求的特点考虑，两房的需求量较大。而三房进行适老化通用设计，可以解决部分全家季节性度假养老以及对舒适性有一定要求的老年人的需求。

2.6　开发分期定位

1. 划分开发周期的考虑因素

（1）受国家政策对房地产市场的调控影响，全国市场观望情绪浓厚，未来走势还不明朗。海南房地产市场一方面价格保持稳定甚至有部分上涨，另一方面成交量下滑较大，总体呈现有价无市的状态。在这样的市场形势下，建议本项目应适当放缓开发节奏，拖长开发周期，不应急于在今明两年内大量推出市场，应根据未来市场走向调整步伐。

（2）要综合考虑城市布局及周边规划、道路情况，将利于展示项目形象的区块先期开发，以利于销售。考虑因素——临现有主要路段交通顺畅的区块；社区规划展示面较好的区块；前期尽量集中开发，以便于园林景观等“五个一工程”的集中、有效展示。

（3）注重复合性、多元化的产品组合；注重地块价值的最大化；注重一些价值较高产品的后期储备和优化，以实现最大经济效益。

2. 初步分期设想

（1）方案一如图1-1-23所示。

一期开发东南临路组团和商业配套、会所部分。东南临路组团在前期交通较为便利，展示面较好，有利于项目的形象传播；商业部分风情商业街的定位，在一期同时推出对项目的形象展示是极大的补充。将会所放在一期开发，在项目初入市场即可首先作为售楼中心使用，同时一个有特色的会所，能为项目销售带来促进作用。

二期开发西南组团。二期开发的西南组团同样是临路区域，开发完成后，项目的正面形象展示就可成型。同时，会所、商业街均在正面，有利于二期的销售。

三期开发东北组团。这时项目已经有了一定的人气，交通系统、园林景观等也已有了一定的完善，适合实现小高层产品的快速去化。相比西北组团，东北组团拥有现有规划路，宜比西北组团优先开发。

四期开发西北组团。待到四期开发时，项目

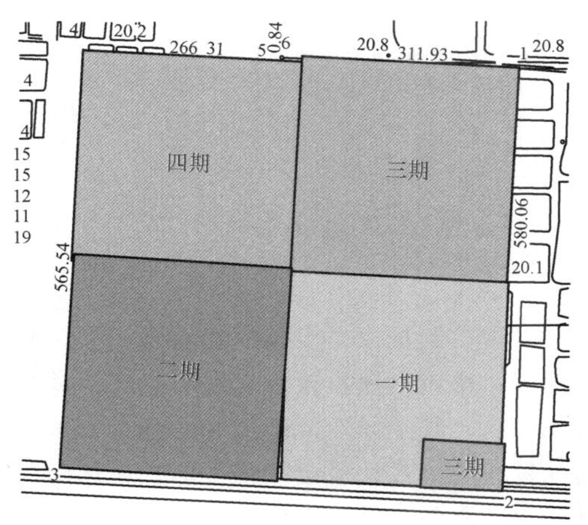

图1-1-23　开发分期示意图（一）

已基本成熟。该组团地块价值得以提升，能够实现产品的升值。

（2）方案二如图 1-1-24 所示。

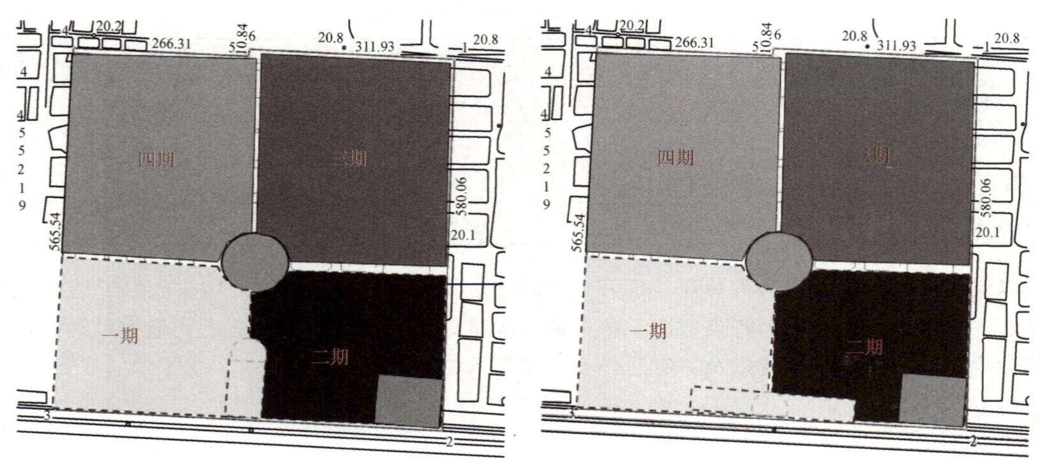

图 1-1-24　开发分期示意图（二）

一期开发西南临路区域花园洋房、别墅、会所和商业配套部分。西南区域在前期交通较为便利，展示面较好，有利于项目的形象传播；部分别墅可以丰富一期的产品种类，同时对市场进行试探摸底；在一期同时开发风情商业街、会所，对项目的形象展示是极大的补充。

二期开发东南区域花园洋房和部分别墅。东南区域交通便利，且与一期工程能够顺利交接，展示面也较好，适合二期开发；别墅产品可卖可留，可根据一期情况随机应变。

三期开发东北区域花园洋房、别墅和小高层。此阶段地块东面、北面的规划路应至少有一条修通，适合东北区域的产品开发。随着一、二期的开发进程，项目已经具有了一定的人气，交通系统、园林景观等也已部分完成，地块价值提升，适合推出小高层产品。

四期开发西北区域剩余花园洋房、别墅、小高层和酒店。这时项目的产品体系较为齐全，内部园林、交通框架基本形成，有利于西北区域的开发和展示。这时推出部分花园洋房、别墅产品，主要是为了提升产品的价值，实现利益的更大化。酒店的开发主要是根据外部环境考虑。考虑到周边环境完善所需要的时间周期，以及未来可能面对的竞争因素，故酒店也放在后期开发，以方便根据未来形势做出调整。

第三部分　配套定位

3.1　社区公共服务配套定位

1. 配套定位

合理控制规模，多样配套组合。社区的配套规模不能盲目做大，不管是商业配套还是休闲娱乐配套，都应以项目投入后期的经济效益为前提，合理控制各种配套规模。本项目不同于一般的居住社区，其季候性休闲度假的特点非常突出，因此，在社区的公共配套上，应不同于以往一般的配置，应该将社区资源集中配置在休闲、康乐、人性化的设施配套上，注重社区升级服务甚于日常生活服务。另一方面，本项目周边商业配套缺乏，生活氛围很差，不能依靠周边商业解决居民的日常生活所需，本项目的社区必须适当保证居民的基本日常生活所需。总体来说，即是以满

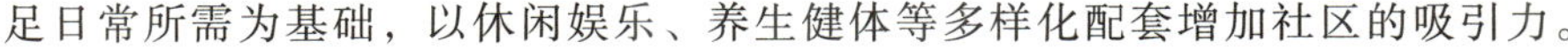

足日常所需为基础，以休闲娱乐、养生健体等多样化配套增加社区的吸引力。

2. 基本社区公共及商业配套

本项目拟在社区中做一条风情商业街，商业服务类配套旨在满足小区内部业主日常生活购物需求，业态应包括小型超市、干洗店、餐饮、美容美发、药店、银行、邮局等，建议以沿街商业的形式为社区内的业主提供便利。商业面积不宜超过建筑面积的2%为宜，在1.2容积率的前提下，应控制在8000m^{2}左右。另外，社区的物业管理用房中还应设置社区医疗服务中心，满足社区居民日常医疗，做到大病上医院，小病解决在社区。

（1）生态农产品市场。可与华侨农场合作，利用项目周边的农产资源，在沿街商业街中设立一个小型的生态“菜市场”，便利业主，面积300~400m^{2}即可。

（2）小型超市。设立一个500m^{2}左右的小型超市，满足业主日常生活所需。

（3）银行及邮局。本项目周边市政配套极度缺乏，因此邮局及银行必不可少。银行面积500m^{2}即可；并设立小型邮政代办所，面积300~400m^2。

（4）社区医疗中心。项目周边已有华侨农场医院，未来将会改建成完善的大型医院，为本项目解决了急诊、急救的医疗问题。但是，社区中应有一个社区内部的医疗中心，满足居民日常诊疗、保健需求。根据市场调研，目前海南同类项目中，虽然休闲娱乐配套做得五彩纷呈，但社区医疗一直是一个为人诟病的软肋之一。而消费者调研也显示，社区医疗已经成为社区配套中关注最为迫切的第一配套。本项目的医疗配套虽不能做到尽善尽美，但是可以与华侨农场医院合力，协商服务内容，利用其医务人力为本项目服务，并多采取一些特色、人性化的社区医疗服务，详细建议将在下节提出。若能做好与华侨农场医院的医疗对接，可以实现经济化、人性化的医疗配套，这将成为本项目的特色服务配套。

3. 休闲度假享受型配套

消费者调研显示，除了医疗配套及物业服务之外，社区配套需求呈现出舒适、享受、休闲、疗养等特征。在海南丰富完善的休闲配套成为客户主要吸引力之一。除了日常基本公共及商业配套，本项目还应充分考虑购买者对度假、养生、休闲运动等多方面需要，力争满足目标消费者对生活品位的追求。

（1）休闲养生会所。配合本项目“休闲度假温泉小镇”的定位及目标消费者养生度假的需求特征，拟在社区设一个休闲养生会所，以休闲及养生为主题理念，配置运动健身类、休闲娱乐服务类、特色疗养类配套设施，麻雀虽小，五脏俱全。如健身房、乒乓球室、桌球室、棋牌室、温泉泳池、桑拿室、养生会馆等。但是会所的服务配套应与温泉酒店的服务形成差异化，应小心区分消费人群及档次，避免不良竞争。

还可以考虑在养生会所中拿出一间用房，设立为养生咨询中心，聘请一两个专业的健康管理专家（擅长健康调理和养生的资深中西医、健康管理师），定期来坐诊，为社区居民提供日常健康管理和养生起居饮食咨询。

社区内不必设置标准泳池，可以设置成特色的漂积状泳池，用地灵活，尺度适宜，以温泉为特色，做成多样化的温泉养生项目，如温泉鱼疗、温泉水疗等。

（2）室外泛会所。本项目规模较大、环境优美，建议设置融合绿化、生态、休闲、娱乐、健康、养生等主题的一体化概念“泛会所”。可以结合宅间绿地、组团中心园林设置一些运动健身场地，如儿童游乐场地、网球场、篮球场、排球场、老年健身场地，以及利用架空层设置棋牌桌椅、乒乓球桌、健身器材等。

4. 适老化、人性化配套

由于本项目很大一部分目标客户为中老年的养老客户，在本项目的配套设施中，除了考虑休闲娱乐方面需求之外，还需要针对养老人群的一些特点进行适老化、人性化配置，这可以作为本项目配套方面的一个突破。根据老年目标客户群的行为特点，如知识型老人的爱好多集中在电视广播、读书看报上；管理型老人则更侧重于种花养鸟、书法绘画、体育锻炼等；劳动型和闲居型老人多把闲暇时间用于戏曲影视、棋类、扑克、闲谈聊天等消遣性活动。在本社区中，积极寻求一定空间，兴办老年活动俱乐部，配置一些老年体育设施，提倡“老有所健”比“老有所医”更为积极。

可以在项目会所中开辟一部分功能空间专为老年俱乐部活动场所，并且利用社区室外泛会所空间，开设各种老年兴趣学习班，如太极拳、棋牌、书画、茶道、交际舞、门球俱乐部等多种形式。

为一些知识型老人在会所或者管理用房中设立小型图书阅览室，满足其读书看报、以书会友的需求。

还可以在社区园林中开辟一处绿色农庄，面积 200～400m^2 即可，可以使社区中的老人侍弄花草，栽种蔬果，享受田园之乐，可视之为本项目养生理念的又一体现。

另外，本项目的特色医疗服务可从老年医疗保健入手，邀请华侨农场医院合作，免费为社区内所有业主建立电子健康档案，定期免费提供健康及养生咨询，开设养生讲座，定期、定量提供免费保健服务以及有偿、优惠体检服务。并在社区内配备业主班车，可来往于海口市区及海口美兰机场，方便业主出行，必要时可转变为紧急用车，将需急救急诊的业主送去华侨农场医院就医，极大弥补本项目的地域劣势。

3.2　温泉酒店定位

1. 形象定位——“四季温泉”主题酒店

以四季常润的温泉作为酒店的形象内涵，拟将酒店打造成一个四星级的“四季温泉”主题酒店。海南地热温泉资源，其国际旅游岛的定位规划未来将招徕大量的休闲度假客人，温泉酒店的定位顺延了本项目的社区文化，并符合市场环境及自然环境。

然而，仅仅有温泉是不能作为主题的，“温泉”某种程度上是资源，在这一资源的基础上建成温泉相关产品、温泉的文化才是主题。主题酒店的核心就是文化，有了文化才有生命力、才有灵魂、才能具有自己的核心竞争力。当今中国的温泉项目总计有 3159 个之多，海南的温泉酒店可以说是遍地开花，但真正具有文化内涵的温泉酒店并不多。要使酒店具有生命力，就必须不断地给它注入文化，突出独特的文化品位，使来酒店的每一位客人都能感受到酒店的文化氛围。日本著名的温泉旅馆——加贺屋，对客人无微不至地体贴服务及其独具魅力的温泉文化，成为日本国民和海外游客心目中的最向往的温泉居所。我国的御温泉独创了一种温泉沐浴的艺术及文化“御泉道”——将传统的温泉沐浴程序加以科学化、丰富化、完善化，融合御温泉特有的“御式文化”而形成尊贵独有的温泉沐浴仪式，赋予了温泉沐浴文化新的内涵，成为御温泉品文化的特色内容之一。

本项目的温泉酒店如何能在市场上形成独特竞争力？只能从“文化”着手，深入挖掘人文内涵、升级产品服务，形成真正的主题文化。要把温泉转化成产品，在产品的基础上转化为温泉文化，才可能真正成为主题。因此，我们在打造本项目的温泉主题酒店时，要采用文化表现形式将主题酒店的文化深化，形成经营的灵魂。

我们所指的“温泉文化”实质上是一种“保健养生”的文化。温泉文化主题酒店就是以“温泉”为载体，以“保健养生”为文化主题延展，围绕温泉文化提供具有保健养生功能的特色服务、专项产品等，并营造一种健康的文化氛围，从而形成集保健、休闲娱乐、度假为一体的酒店。酒店从设计、建造、装修到产品开发、经营管理、服务都应以四季温泉的养生文化为主题。“四季温泉”的形象表达，旨在为客户创建一种四季享受温泉养生、四季休闲的健康生活方式，使人们活得更加健康、更加美丽、更加愉快、更加智慧。

2. 目标客户群定位

本项目的温泉酒店主要的客源是以养生、休闲、度假为目的的旅游者（包括情侣、家人、朋友、单位团体）或商务、会议旅游者。由于温泉文化主题酒店是以保健养生为服务内涵，提供个性化产品服务，吸引来的度假旅游者绝大多数是对生活有较高品位并有消费能力的人士，他们到此消费的目的就是要寻求一种健康的生活方式。

现代社会人们对拥有身心健康和延缓衰老的渴望也越来越强烈，尤其是一些高收入人群，他们注重生活品质，更深层的需要是保健养生。经常去温泉洗浴的都是为了保健强身的健康人，而非渴望治病的病人，温泉酒店实现了让健康的头脑与健康的身体合而为一。

在温泉文化主题酒店这种健康的生活方式是通过以下主要形式表现的：温泉沐浴有氧运动达到休闲、康复、养生的功能；温泉 SPA 疗程达到减压、美容、瘦身的功效；营养配餐达到身体营养的动态平衡；自然疗法、心理疗法恢复健康的心态。温泉酒店提供从正确合理的饮食方式到健身瘦身，从按摩、温泉沐浴到各类美容疗法，应有尽有。可说是人体的健康保养站，为生命充电，为健康加油，为有追求的人打造健康生活。

3. 产品定位

(1) 酒店档次定位：四星级的标准，即装修与提供服务等均按照四星级酒店标准提供。

一般四星级酒店设计标准参照：

布局合理；功能划分合理；设施使用方便、安全。

内外装修采用高档材料，工艺精致，具有突出风格。

气氛豪华，风格独特，装饰典雅，色调协调，光线充足。

虽然酒店的定位是四星级，但是温泉的形象内涵及客户精神需求都将决定，温泉酒店所提供给客人的氛围应该是舒适幽静、回归自然的。因此，建议本项目的酒店在设计中应尽量融合周边整个良好的生态大环境，融合自然，所制造出来的人工环境风格也应亲近自然，而不宜设计得富丽堂皇。要给人以回归自然的宽松环境氛围，形成人与自然和谐共处的度假境界。比如将客房的窗户设计成大面落地窗户，客人躺在床上便可欣赏窗外风景。室内温泉也可设计成大幅玻璃窗，在沐浴的同时也可观赏自然美景，给客人提供更多与自然融合的空间，最终达到人与自然和谐共处的度假境界。

(2) “温泉产品/服务”的开发。许多温泉酒店设置的服务项目大相径庭，无非就是洗一洗、泡一泡，配套的娱乐设施也不过就是卡拉 OK、棋牌室等。但是做温泉文化的主题酒店就有所不同，我们的客源市场主要是以保健养生为目的的休闲度假客人，他们来此消费的目的主要在于追求身心疗养和宜人的精神享受，所以配套产品必须以温泉为载体，提供保健、休闲、疗养等多样化产品及服务。要求尽可能地完善休闲度假设施功能以满足不同需求的客人，这样才能留住度假的客人。在业态服务设置上，要刺激游客的体验兴致，将观光、游乐、泡汤、SPA、健身、美食、购物之间形成有机的互动。

将温泉这种“素材”和“资源”转化成产品，我们所追求的这种“文化服务/文化产品”要注意两点：一是具有实际可操作性，在开发商本身能力可达范围内；二是对顾客有消费吸引力，即必须是首先能够带给顾客基本食宿体验，同时又能够得到顾客的进一步理念认同。入住温泉酒店的客人比商务酒店、旅游饭店的客人更注重个性化，他们追求的是具有特色的温泉产品，所以温泉文化主题酒店也需要研究客人的个性化需求，提供一些个性化产品，比如：减压、美容、理疗等，以满足客人的差异化需求。

一般温泉文化所享有的健康生活方式可以通过以下主要形式表现：温泉沐浴有氧运动达到休闲、康复、养生的功效；温泉SPA疗程达到减压、美容、瘦身的功效；营养配餐达到身体营养的动态平衡；自然疗法、心理疗法恢复健康的心态。

如何将温泉转化为具有特色和个性化的产品及服务呢？且不说温泉到底有多少种泡法，这还不是关键，关键是如何利用创意挖掘温泉产品的附加值。本项目的温泉水很可能只是普通的地热温泉水，在矿物质含量及疗养功效上很难与海南其他特色火山温泉相竞争。近年来温泉产品不断出新，延伸产品更是不拘一格，有万物皆可用的趋势。我们应该更多地借助现代科学理论开发出进化型的“温泉产品”，可以从以下三个方面来突破、开发温泉文化的特色产品。

一是普通的温泉洗浴延伸到特色温泉水疗，在传统泥浴、药浴等浴法和按摩、桑拿等物理水疗的基础上，又有奶浴、茶浴、葡萄酒浴甚至巧克力浴、咖喱浴等洗浴类型。可以结合传统中草药，利用当地的草本药物打造温泉药疗等，这些都可以是借以丰富温泉文化主题的创意项目。

二是温泉烹饪食疗、温泉鱼疗、超声波温泉按摩、温泉玉石桑拿房、温泉辅助减肥、美体等温泉延伸产品的开发等。除了一些常见的温泉产品之外，还可以开展会议旅游，根据海南及文昌当地的民俗文化举办节庆活动如温泉文化节、地热科普节等，既可调节酒店的温泉产品的淡旺季平衡，又可以丰富温泉文化主题酒店的旅游功能。

三是将本项目的温泉与休闲运动对接。国外几乎所有的滑雪场都有温泉或水疗产品的配套，温泉成了高尔夫球场、健身中心、训练营、拓展基地的宠儿。这部分市场的关键，并不是怎么享受温泉，而是要结合温泉达到科学治疗和恢复的目的，这需要专业的设备、专业的服务和系统的管理模式。与普通温泉产品相比较，这类温泉更具备品牌的输出性，面对专项市场的服务有非常广阔的市场前景。因此，在人力、物力、财力、专业化能力允许的情况下，与项目周边休闲运动产业链对接开发更加专业的温泉康复服务，是最具有可持续发展竞争力的理想方式。

在温泉产品的开发上，应根据后期的地质勘查结论，再咨询专业的温泉酒店管理公司，作进一步的可行性分析。在此仅对温泉酒店的产品竞争力做初步设想，开发商可根据自身实际情况选择开发方案。

（3）其他裙商定位。一般四星级酒店配套业态标准参照：

有布局合理、装饰豪华的中餐厅。至少能提供两种风味的中餐。

有独具特色、格调高雅、位置合理的咖啡厅。

有适量的宴会单间或小宴会厅，能提供中西式宴会服务。

有位置合理、装饰高雅、具有特色、独立封闭式的酒吧。

有布局合理、装饰豪华、格调高雅的西餐厅。

有至少容纳200人正式宴会的大宴会厅，配有专门的宴会厨房。

有至少10个不同风味的餐厅（大小宴会厅除外）。

有24小时营业的餐厅。

有至少容纳200人会议的专用会议厅，配有衣帽间。

至少配有两个小会议室。

有至少5000m^2的展览厅。

至少有40间（套）可供出租的客房；有单人间、有套房、有至少3个开间的豪华套房、有残疾人客房，该房间内设备能满足残疾人生活起居的一般要求；70%客房的面积（不含卫生间）不小于20m^2。

室内游泳池（水面面积至少40m^2）；室外游泳池（水面面积至少100m^2）。

本项目的温泉酒店占地面积有限，很难做到大规模、低密度的温泉度假村形式，因此在大型休闲配套上具有局限性，可以与项目周边未来规划的高尔夫球场等休闲旅游项目联动发展，通过多样化的资源整合，实现片区的共赢。

4. 营销操作

本项目的温泉酒店可以有两种操作模式，一是开发商自行经营，二是聘请有经验的、专业化酒店管理公司进行规划及管理，开发商与酒店管理公司按约定比例利润分成。国内有经验的温泉酒店管理可以从温泉酒店规划设计、温泉景观施工监理、全权委托经营管理、温泉酒店顾问咨询、专业培训等方面提供服务。鉴于上述温泉酒店的操作难点及产品多元化、复杂化，以及开发商并无类似开发经验，操作起来风险较大，因此我们建议采取第二种方案，聘请专业酒店管理公司进行规划及经营。

在国内市场上，品牌口碑和连锁规模做得最好的就是御温泉国际度假酒店管理公司。御温泉国际度假酒店管理公司是在中国温泉旅游行业里的先导型企业，具有很好的温泉旅游项目策划、规划、设计、开发、建设、装修、经营、管理能力。其管理、服务的旅游知名品牌珠海御温泉享誉全国。“御温泉国际”可以从“特许经营”“委托管理”“品牌无形资产加盟管理”“投资咨询”“顾问管理”等多种形式同业主方开展友好合作。对温泉旅游、度假村（酒店）、商旅酒店项目从策划、筹建到开业经营、评星评级、市场营销等全过程实行专业而卓有成效的运作。开发商可以考虑与其合作，利用其成功的品牌效应和客户群，可以最大程度地节约资源和成本，提升竞争能力，减少开发经营风险，实现可持续发展。

3.3 物业管理定位

（1）物业管理定位为人性化、灵活化、适老化、专业化的管家型物业管理。

现在市场上流行的服务理念，有英国管家式服务，有酒店五星级服务，有贴心保姆式服务等。本项目物业管理定位不能脱离自身季候性度假养老产品的特点。在物业管理上，要考虑业主多为季候性居住的特点，做到灵活、人性化，并以前瞻的眼光考虑养老需求的适老化服务需求，以专业化、管家式的贴心服务业主。

（2）物业管理内容设想。本项目的物业管理服务内容主要包括常规的物业管理、专项贴心服务、适老化特约服务几种类型（表 1-1-5）。

表 1-1-5 物业管理内容

项目	内 容
常规公共服务	(1)物业的公共场地、设施、设备的管理，包括日常运行、保养、维护 (2)物业公共清洁卫生的管理，包括物业公共场所的日常清扫、保洁、外运、清除、灭杀“四害”等 (3)物业公共绿地的管理，包括除草、修剪、施肥、杀虫等 (4)治安管理，配合当地公安机关对物业及其管辖区域进行安全保卫，预防和减少危害、损失 (5)安防管理，内容包括进行火灾的预防和监控，发生火警及时向消防部门报告和组织扑救，预防和避免业主、使用人的生命财产损失等 (6)车辆和道路管理，内容包括交通秩序的管理和车辆停放的管理；有专门停车场的，可开展车辆保管业务 (7)协助有关部门制止违章、违规的各种行为 (8)协助主管部门做好物业区域的供水、供电、供气、通信等设施的正常运行
专项贴心服务	(1)代办类服务，如代缴水电费、煤气费、电话费，代订机票、火车票，代办邮寄业务等 (2)经营性服务，如报纸杂志订阅，家电维修保养，代订机票、火车票，洗衣，鲜花速递等 (3)贴心便利性服务，如送餐；电话唤醒留言；提供室内清扫、维修、装修等服务 (4)中介服务，如物业租售代理等

（续）

项目	内　容
适老化特约服务	适老化特约服务是为满足老年业主的生活便利、安全所提供的特别服务。可以考虑有以下几种： 家务服务：老人可以委托社区服务中心帮助他们做琐碎的家务杂事，比如清洁打扫、晾晒被褥等 养生保健咨询、营养配餐服务 代购物服务：为老人代购大型重物品，并送货上门 电话叫车服务：有条件的情况下，为老人提供门对门的灵活交通工具服务，可以提前24小时预约用车时间及地点，安排用车将老人送去银行、商场、医院等

3.4　智能化及节能系统定位

1. 智能化定位

本项目的形象定位为休闲度假温泉小镇，属于度假产品，目标客户群主要针对外来购买。外地客户的一大特点为对当地环境并不熟悉，居住方式也主要为“候鸟式”的，对小区管理的安全性、智能化要求较高。同时，海南楼盘的物业管理、小区智能化水平整体较高。因此，本项目的智能化建设需体现出一定的高度和品位，较全面考虑，建议采取准三星级标准。之所以是“准”三星级标准，主要是考虑到一方面智能化系统要符合项目水准，体现出一定的高科技水平，另一方面又不宜过多浪费，增添一些不实用的设备、技术，要坚持经济性原则。总体方针应为“家居环境高档领先、应用技术成熟可靠、不同功能优化组合、综合成本经济合理”。

2. 智能化具体内容

智能化系统的用途为利用现代4C（即计算机、通信网络、自控、IC卡）技术，通过有效的传输网络，将多元化信息服务与管理、物业管理与安防、住宅智能化系统集成，为住宅小区的服务与管理提供高技术的智能化手段，以期实现快捷高效的超值服务与管理，提供安全舒适的家居环境。该系统必须满足以下基本标准：

（1）提供舒适安全、高品位且宜人的家庭生活空间。

（2）住宅内部具备完善的安保防灾措施。

（3）住宅小区与社会之间具有高度的信息交互功能。

（4）小区内部具备完善的安保措施，全面的公用设施监控管理和信息化的社区服务管理。

（5）能够为小区内住户提供多媒体的各种信息服务。

智能化系统主要分为安全防范系统、物业管理系统、通信自动化系统三个子系统，其中各个子系统又分别由多个系统组成，具体结构图如图1-1-25所示。

特别需要重视的是智能一卡通系统和安防系统的完善。老年人的行为特点、外地业主的居住特点、对文昌市的熟悉度，决定了让他们像平常那样携带很多钥匙开门，去各个对应部门交费等繁杂的操作是十分不方便的。让用户通过一张IC卡便可完成日常的资金结算和开启房门、支付电费等控制操作的智能一卡通系统无疑是十分人性化的措施。“候鸟式”度假物业的特点，老年人自我保护能力的薄弱，都要求周边、社区环境的高安全性，从而决定了安防系统的重要性。

另外，小区的高档物业还可以再加进一些实用的高科技应用，如地下车库出入口远距离蓝牙车辆管理系统、指纹密码锁等，提升业主的高科技体验，增加项目亮点。

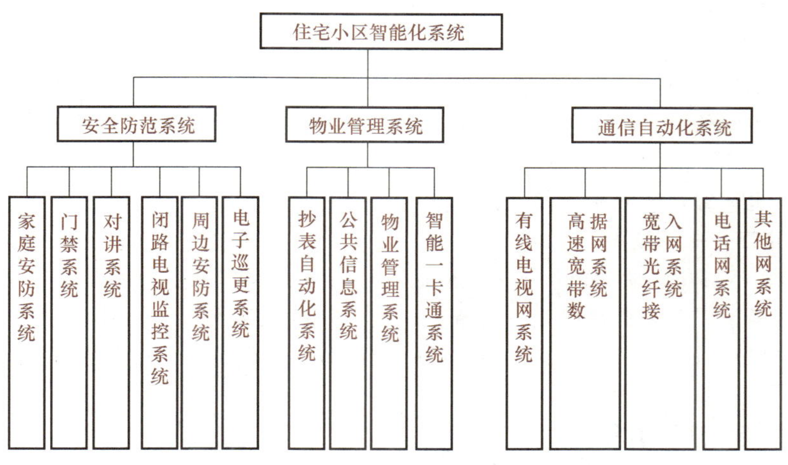

图 1-1-25　住宅小区智能化系统结构图

3. 养老居家的智能化考虑

（1）老年一按通系统。本项目将会有相当一部分客户为老年客户，因此小区的智能化建设在满足常规人群需要的同时，也应考虑到老年客户的特殊需求。室内设计除一些通用的适老化设计外，老年一按通系统的完善也是需要特别重视的。老年一按通系统使老年人只需轻轻一按就能方便、快捷地获得医疗、服务、咨询、求助等各方面服务。特别是在医疗急救方面，在小区建立一套完善的老年一卡通系统，对老人，尤其是“空巢”老人的医疗保障价值是不可估算的。

另外，可考虑建设快捷的信息调度系统，建立和完善完备的老人档案（细到老人的性格、易受打扰程度等），同时在服务前台安装调度软件，实现快速查找、调度、回访、记录一条龙服务。

（2）摄像监控系统。在尽量创造良好的户外生活条件，以满足老人室外休闲、散步、健身、娱乐要求的同时，也应该重视全住区范围内摄像监控设施的建设，以及时发现户外紧急情况并实施紧急救援。

第四部分　营 销 定 位

4.1　推广案名建议

1. 案名建议一：华诚·温泉小镇

目前海南市场上在售楼盘众多，案名多是大气恢宏，如“外滩中心”“江南城”“波溪丽亚湾”等。然而海南的优势在于其优美的生态和怡人的气候，而那些如雷贯耳的案名往往与项目自身的形象气质不符，仅为玩弄概念以自慰，最终只是“过耳云烟”。本项目因其较大的规模和独特的地理位置无可复制，温泉养身的内涵具有自身特点。所以“温泉小镇”四个字却是返璞归真，直接表达了项目宁静养生、生态休闲的居住本质，不落于俗套却更显档次。而“华诚”二字则为开发商树立品牌打下了基础。

2. 案名建议二：华诚·悠然居

“采菊东篱下，悠然见南山”。这是一幅优美的世外桃源的画面，迎面扑来的是质朴的乡间田野的气息。在远离喧嚣的城市里，一片安静、祥和的土地，是上天赐给我们的财富。该案名直接将本案的质朴的特质传递给消费者，将项目适合度假、养老、养生的内涵融入一幅画卷当中，给消费者造成一种视觉的冲击，契合本案的形象定位。

3. 案名建议三：佳景天城

佳景，说明本项目园林景观的秀美，这也是判断旅游度假物业好坏的一个重要因素。天，主要是指园林设计中对传统养生理念讲究“天人合一”境界的注重，体现本项目的养生主题。城，表明项目的规模、体量。“佳景天城”又与“佳景天成”同音，体现项目设计以人为本、追求自然的规划理念，也让客户读起来朗朗上口，直观感受强烈。

4. 案名建议四：一品汤城

“一品”彰显项目高品质的档次感，“汤城”形象地显示出项目的规模优势及温泉特色。此案名大气且简洁易记，并巧借汤臣一品之谐音，汤臣一品曾经号称“中国第一豪宅”，其案名含金量及尊贵感早已深入人心，相似的案名容易引起目标客户群的共鸣及产品档次的对号入座，借势营销。

5. 案名建议五：恬园水乡

恬，具有闲适之含义，表现出一种超然脱俗的境界。同时，“恬”可通“田”，田园，是多少城市人梦寐以求的回归自然的去所。择水而居是人们的天性，水乡，就是理想的居所之地。该案名展现本案的闲适、宁静之特点，能引起度假养老一族的共鸣。同时，文昌素以文化之乡、华侨之乡、椰子之乡、排球之乡、将军之乡、名人之乡、国母之乡扬名海内外，加上一个恬园水乡，可以有更多的外延宣传。

6. 案名建议六：小城故事

“小城”二字体现项目宏大的规模。项目以其独特的地理位置和以温泉为核心的内涵是许多项目所无法企及的。温泉养生的独特定位带给消费者的不仅仅是住宅，更是在营造一个故事。居住不是主要目的，目的是享受，享受一座城。小城故事，要表达的是人与城的交流与融合，与项目形象定位不谋而合。

4.2 价格定位

1. 价格策略

价格策略应根据项目本身的市场情况、成本状况、目标消费群体构成、市场竞争情况等多方面因素来制订。

(1) 低价入市，小步慢跑策略。在本项目首次面市时以平价入市，配合“五个一工程”的展示，初期吸引人气，引起市场的关注。待形成一定的市场关注度后，视开发节奏逐步提升后期销售价格，以保证开发商的利润。

(2) 稳步提价策略。前期入市要预留一定的价格空间吸引客户。待项目聚集了一定人气之后，也不宜追赶利润，频繁提价，可以视项目销售率和销售时机实施稳健提价策略。由于目前政府又对房地产市场掀起新一轮的调控风暴，尤其打击投资性需求，消费者对价格的变动较为敏感。本项目在这一风雨飘摇的时期要注意提价的策略，不可操之过急，提价速度过快。应稳健小幅提升价格，既抓住置业者“买涨不买跌”的消费心理，给客户营造一种物业不断升值的价值空间，同时又不挑战消费者的价格敏感极限。稳健销售，稳健回笼资金。

(3) 控制总价策略。由于全国再掀楼市调控风暴，对二次置业以上购房打击最为猛烈；实际上在海口多是二次置业以上购房者，虽然这些购房者支付能力较好，有实力一次性付款，但限制贷款还是会影响他们买房的能力与欲望。总价的高低直接影响了楼盘的销售率。降低总价，可以有效提高销售率，实现快速消化，缩短销售周期。为了在本项目中避免滞销现象，在制订价格策略的时候应当注意对总价的控制。

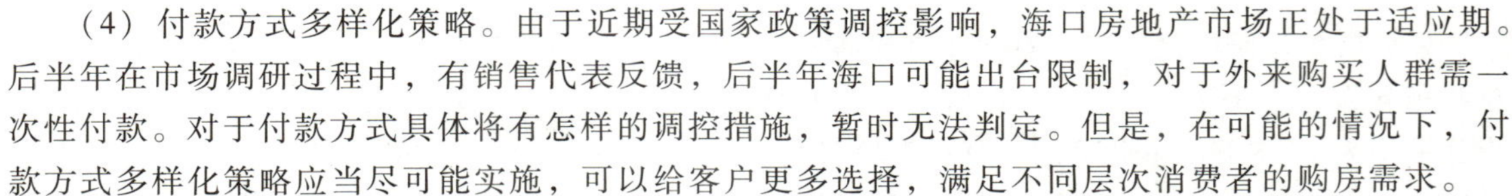

（4）付款方式多样化策略。由于近期受国家政策调控影响，海口房地产市场正处于适应期。后半年在市场调研过程中，有销售代表反馈，后半年海口可能出台限制，对于外来购买人群需一次性付款。对于付款方式具体将有怎样的调控措施，暂时无法判定。但是，在可能的情况下，付款方式多样化策略应当尽可能实施，可以给客户更多选择，满足不同层次消费者的购房需求。

2. 定价方法的选择与确定

（1）制订可选择定价方法。在制订定价策略时，需要考虑多方面的因素，主要包括项目成本、客户需求、竞争对手的价格三方面，根据这三方面的原因，有三种价格的制订：

1）认知价值定价法：根据产品认知的价值来制订价格，它要求价格水平与购买者心中的产品价值相一致。

2）评估定价法（市场比较定价法）：以市场定价为基准，以竞争对手的价格为定价基础，进行各个方面条件的对比进行定价。

3）成本加成法：统计项目产品的成本，在成本的基础上加上预期的利润来确定商品的售价。

（2）确定定价方法。根据本项目的特点，建议采取评估定价法进行定价。

3. 价格定位

（1）评估定价法制订原则。把项目周边若干范围内可以类比的同类楼盘价格收集整理，与本项目做对比，分别在地理位置、临路状况、交通便利度、周边环境配套、商业氛围成熟度、产品自身综合素质、开发商知名度等多个大项上一一打分，然后加权平均，最后计算出本项目的价格定位。

（2）制订标准（表1-1-6）。

表1-1-6　价格制订标准等级

等级	优	较优	一般	较劣	劣
分数	4	3	2	1	0

（3）楼盘的选定。根据市场调研的楼盘，选取五个文昌市与本项目在地理位置和定位有参考性的楼盘，进行打分。由于该项打分存在较大的个人主观因素，因此进行多人打分，最终加权平均，以确保数据的准确性（表1-1-7）。

表1-1-7　楼盘选定权重

影响因素	文方家园	东海椰苑	天海紫贝	月亮城	绿岛	本项目
地理位置	3	3	3	3	3	2
交通状况	3	3	3	2	2	2
周边配套	3	2	2	1	2	1
内部配套	2	1	2	2	2	3
居住氛围	1	2	3	2	2	1
景观规划	3	1	3	2	3	3
建筑风格	2	2	2	2	3	3
户型设计	3	2	3	3	2	3
产品特色	2	2	2	2	3	3
物业管理	2	2	2	2	2	2
规模效应	2	2	2	2	2	3
升值潜力	3	2	3	3	3	2
价格定位	3	2	3	3	3	3
开发商品牌	2	2	2	2	2	3
总积分	34	28	35	31	34	34
近期均价	6200	6700	7600	6500	5500	—

依据市场调研楼盘考察，根据多组数据加权平均，最终六个案例的总共价格为32500元/m^2，总共积分为168.6分，由此可计算出每一分所承载的价格指标为192.8元/m^2，再由本项目的总积分平均为32.5分，由此可以计算出本项目的初步均价约为6266元/m^2。此价格是以文昌目前的房地产市场现状为依据测算出来的，可以等到项目开盘时再根据当时的具体情况做调整。

（4）项目均价定位综述。根据以上价格测算结果，结合“低价入市小步慢跑、稳步提价”的定价策略，由于项目在一期开盘时周边的配套缺乏，周边环境杂乱，居住氛围也不浓，因此项目一期以较平稳的价格打入市场。初步拟定价格如下：一期入市均价6250元/m^2。

其中：花园洋房6500元/m^2；小高层5500元/m^2。

以上各价格仅为初步定位思路，随后可根据情况深化调整价格。

4.3 营销模式定位

1. 营销定位

本项目旨在打造一个“休闲度假温泉小镇”，但是目前海南房地产市场竞争激烈，各具特色的、甚至同类型的项目层出不穷，实际上本项目的差异化竞争力并不雄厚。

另外，本项目还面临着一系列不利的因素制约：区域价值尚未凸显，不处于海南房地产的热点板块，无山水、海景自然资源，目前还不是首选的理想度假居住区域；周边配套不足，生活氛围较差，人气不足；加上开发商远道而来，初次涉足海南市场，并没有品牌及市场信誉积累。

在目前全国房地产市场宏观调控及海南房地产市场过热、竞争激烈的大背景下，本项目的营销推广之路充满迷茫和变数，尤其入市初期的市场推广及客户积累是本项目营销工作的难点。

切实根据本项目的品质、开发商客观条件及市场情况，将本项目的营销战略初步拟定为：

以品质提升价值预期，情境体验先行销售。

以价格破冰市场，以升值前景截流客户。

以人脉圈牢人气，以休闲文化打动消费者。

这一定位包含了体验营销、价格营销、人脉营销、前景营销、文化营销、休闲营销等营销策略。在正式开盘销售之前，运用体验营销打造项目的品质感，以此提升客户的价值预期。在入市初期，以低价破冰市场，销售中期运用人脉营销圈牢项目人气等，以销售节点为逻辑主线，层层布局，逐步网罗客户，终立足于市场。在这一战略定向的基础上，可以再多方运用网络营销、物管营销等辅助手段，助推本项目的销售。

2. 策略解码

在消费者调研中显示的几点特征非常值得关注，对本项目的营销策略有着决定性的影响。

一是消费者虽然支付能力较强，可承受的价格较高，但是对于目前市场上价格飞涨过高普遍有不满情绪，持币观望态度浓厚，尤其是海南一些热点区域首当其冲。

二是虽然短期观望情绪严重，但消费者普遍长期看好海南国际旅游岛规划及海南房地产市场。

三是互联网和亲友介绍成为大多数外来购买的首要信息渠道。

四是从消费者对户型面积、配套需求等特征来看，消费者对度假产品的需求已经由短时度假兼投资阶段过渡到长时度假、居家养老的阶段。对度假居所的需求逐渐与国际消费习惯接轨，更倾向于有居家感、能常年居住的产品，不再是纯粹的度假那么简单，已经上升到精神生活享受的层次。度假产品对于他们除了是生活质量的升级、财富的增值，更重要的是身心健康的增值。

由以上分析可以看出价格、人脉、前景预期、精神需求升级成为目标消费群购房特征的关键词。以上几点特征也许大多数海南的开发商都明了于心，可是将之提炼到战略高度，并强而有力地贯彻实行的开发商恐怕不多。

本项目自身所处的区位及整体海南外部市场环境短期内并不为消费者所认同，若要改变消费者对本产品的价值预期，最直接的办法就是以感官体验打动消费者。在营销中，没有什么比真实的感官体验更能打动消费者了。现在逛任何一个商场，试吃、试穿、试用模型、体验馆等各种免费体验产品的招数无处不在。现代营销早就进入了一个全方位感官体验的时代。在入市前期，必须要把项目的品质感做出来，使呈现的品质感大于品质，才能切实打动消费者。这就是体验营销，即应以真实的情境体验先行于销售，以呈现的品质感提升消费者对产品价值预期。

在本项目中，体验营销的做法就是在开盘之前先行将情境样板区推广展示，把项目最美、品质感最强的“五个一工程”做出来，改变消费者对项目的预期。

本项目的“五个一工程”应该包括：一个装饰典雅、品位突出的温泉养生会所；一处精心设计、环境优美的园林景观示范区；一组明亮温馨具有强烈感染力的样板房；一片具有特色、饶有生活情调的风情商业街；一个漂亮、有气势的项目主入口广场。

西安融侨城在首次开盘就劲销超过两亿元的秘诀就是将情境展示做到淋漓尽致。融侨城位于西安高新区，在高新区中地产大鳄早已经济济一堂。融侨城自身定位为大型国际级现代都市综合体，目标客户面向高新区内的上流高端客户。为了突破激烈的市场竞争重围，融侨城不惜血本打造了一个 6 万 m^2 的臻品样板示范区与 $6000m^2$ 的四季会馆。在开盘销售前两个月，融侨城就举行了一场盛大的开馆典礼，名为“世界风情嘉年华之旅”，邀请政府、金融、媒体等西安各个领域的上流人士齐聚一堂。在体验区里做出了精美纷呈的园林景观，四季会馆中有室内恒温泳池、红酒吧、高尔夫推杆练习室、瑜伽室等一应俱全，武装到每一处细节。令到场的 3000 多位高端客户都惊叹不已。开放当天就派发了 3000 余份认筹卡，受欢迎程度可见一斑。在开盘前两个月一直不间断举行各种活动，邀请客户前来样板间实景体验。开盘之后一路屡创佳绩，每次都是推出多少房源都一抢而空，由开盘 4500 元/m^2 的价格三个月之内一路飙升到 6500 元/m^2，如今二期均价已经达到 8000 元/m^2。

同时，在目前市场过热，成交遇冷，买卖双方胶着的情况下，经验证明，价格营销策略是最好的破冰之道。

真正明智的开发商是善于利用价格营销的，在市场形势风云莫测的今天，显得更为重要。2008 年的楼市寒冬让全国的开发商都“刻骨铭心”。当时最先敢于直面压力，站出来向市场买方（购房者）低头的是万科。在 2007 年年底万科首刮降价风之时，引起行业内外一片哗然。但识时务者为俊杰，万科在 2008 年全国市场上累积销售面积 557 万 m^2，销售金额 478.7 亿元，排名行业第一，全国市场占有率从一年前的 2%上升到 2.6%，在市场调整期实现了高歌猛进的增长。而早先誓言要当“朱坚强”的开发商大佬们，其实更多失去的是在弱市中储存过冬粮食的大好机遇。

本项目目前的区域劣势自不多说，但是可以利用消费者对市场价格涨幅过高过快有抵触情绪的特点，以及海南目前热点区域板块价格水平骑虎难下的现状，大打“价格突围战”，用低价优势将潜在观望客户吸引过来，从激烈的市场竞争中突围而出，将项目的劣势转化为升值优势。

本项目的价格策略应侧重于低价入市，以高性价比冲击市场，与竞争区域市场形成相对的价格优势和升值优势，在某些营销节点可以适当运用促销手段。但切勿以打折降价作为常用伎俩，反而容易深陷消费者观望的泥沼。许多经验及教训证明，价格策略是在激烈同质化竞争中突围而出，在销售初期迅速聚集人气的不二法门。价格营销若能与前景营销完美联动运用，更将是促进营销的利器。

海南国际旅游岛的前景价值大家都了然于胸；而文昌未来的城市发展也将因航天卫星城、铜鼓岭、高隆湾、木兰湾等一系列生态旅游区的泱泱规划大放异彩；本项目未来周边也将形成生态绿化、休闲旅游、高尔夫运动及滨水高档住宅等多样化综合优质区域，这些都可视之为本项目集于一身的前景优势。本项目若能在销售初期与海南热点城市及文昌其他竞争楼盘形成明显的低价优势，再大打前景价值，一高一低的升值空间不言而喻，自会受到消费者追捧，需求就有可能从热点城市对流到本项目。开发商必须达成共识，不过分追求超高利润，把升值空间留给一期客户，不仅可以让销售初期尽快聚集人气，也可以让本项目在面对市场困境的时候，有进退的空间。

一方面海南房地产市场外来购买、异地购房的特点，决定了人脉关系、亲友口碑传播、网络营销渠道等因素成为海南房产销售的主要“根茎脉络”，不容忽视。

事实上，华诚公司在河南平顶山已经成功开发多个项目，在当地具有品牌效应，长久以来已经积累了相当庞大的业主人脉资源，其中的富裕阶层必然会有度假养老的需求，这都是人脉营销可以拿来发挥作用的基础。建议在平顶山设立一个外销点，放置一套沙盘模型，有效地笼络住平顶山的老业主人脉，吸引平顶山的潜在客户。

另一方面，人的圈子本身有一种过滤的特点，一个人的背后就是一张张社会关系网。一般情况下，一个圈子里的人，经济层次和文化品位必然有共通之处，这也意味着相类似的购买能力和消费偏好。在海南这个大市场里，虽然客户群体来自五湖四海，但是同乡情结、文化教育水平、成长的社会经历背景等，总有某一共通的精神文化圈层。人脉营销背后牵动的，不仅仅是口碑传播效应这么简单，还隐含有相似的文化品位、休闲喜好。每一种类型的人群，必有其庞大的人脉关系网、相同的精神文化纽带。

20世纪五六十年代出生的高级知识分子有什么共通的文化爱好呢？这一代人成长于中苏亲密建交的鼎盛时期，他们深受苏联文化的影响，小时候最爱的流行歌曲是苏联民歌，《三套车》和《莫斯科郊外的晚上》等旋律成为他们挥之不去的青涩美好记忆。西安湖滨花园面对的正是这样一群目标客户：西安地区的成功人士，四十岁以上的年龄层多出生于20世纪五六十年代，具有较高的收入水平和社会地位，同时也具有较高的文化修养，苏联文化是他们共通的审美品位。开发商为此专门举办了一场苏联民歌演唱会，事先做足广告，果然吸引来预期的目标客户群。虽然演员没有太大名气，但观众依然如痴如醉，演出大获成功，营销推广效果十分显著。

海南房地产市场的主力消费大军中，东北老年军团的规模不容小觑。在三亚，每到清晨和傍晚，退居三亚的东北老人就自发组织起来，搞一些老年秧歌舞、老年联谊活动，排遣晚年生活的寂寞，成为三亚街头和小区里一道亮丽的风景线。本公司曾经在策划三亚鹿回头项目时，针对养老人群的这一休闲活动特点，提议在项目营销过程中组织一些秧歌舞大赛、门球大赛、太极拳大赛等老年休闲活动，以此把该项目变成当地老年人关注的热点，吸引更多潜在目标客户。这同时是休闲营销，也是文化营销。

而现在中国的中上层阶级也已经逐渐形成自己固定的休闲文化潮流，如高尔夫、马术、红酒鉴赏等，他们有固定的人际关系网络，相同的文化品位，相同的休闲兴趣活动。

因此，本项目的人脉营销同时具有三层含义，一是重视新老业主的人脉关系、口碑效应的带动；二是寻找目标人脉圈层共通的文化审美品位；三是抓住目标客户群的休闲活动特征。可以说，人脉营销、文化营销、休闲营销是环环相扣的连锁策略，以人脉营销为主线，开展休闲、文化营销。

本项目的精神文化内涵可概括为“休闲度假温泉养生文化”，温泉养生文化可以作为文化营销的主题之一。养老大军的孤独怀旧心理、渴望交往的需求以及各类富裕阶层热衷的休闲度假活动可以成为展开休闲营销的活动线索。

综上所述，本项目以体验营销为主导，价格营销加前景营销突围竞争，运用人脉营销、文化营销、休闲营销巩固项目品牌、立足市场，强化竞争力。具体营销手法的实际应用及文化主题线索的挖掘，将在营销策划报告中进一步论证。

（海南锦诚房地产咨询策划有限公司）

【报告点评】

作为一篇总体策划报告，此报告可以说是“与众不同”。通篇看似缺乏市场调研部分的内容，但细细阅读，就会发现其实不然，报告以“定位”为主线，以“论据分析+定位结论”为结构来编写，其中“论据分析”就是对市场的调研、分析和总结的精髓，可以给定位结论提供可行的支撑点，这样可以很清晰明了地让读者知道为什么要这么定位，这也是此报告最大的特点和创新点。例如在户型定位部分，报告详细地对竞品的户型情况、目前客户户型偏好和适老化户型等各方面进行了调研分析，方得出项目户型的各方面定位。

另外在规划定位部分，在论据分析后，给出两个不同的定位方案，这也是此报告可取之处。作为策划建议性质的报告方案，在未知业主真正想法之前或存在争议性较大的部分，应当给出两个及以上的建议方案供参考与讨论，方能得出最为理想的方案。

项目不足之处是缺乏对项目自身的分析与研究，导致对项目定位存在一定的不确定性。

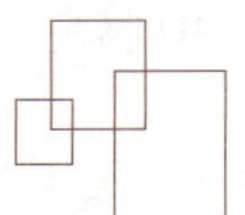

二、山东济南浪潮茗筑·美嘉项目定位报告

报告目录

报告正文

第一部分　项目地块分析

1.1　项目概况

该项目是由济南浪潮置业有限公司开发，是浪潮集团进军房地产界的第一个大型住宅类开发项目。项目位于济南国际会展中心的北部，沿康虹路以北，新宇路以东的区域内，项目地块西侧紧靠新东方花园，总占地面积 91916m^2，总规划建筑面积约为 25.78 万 m^2。

1.2　项目地块分析

1. 区位及配套分析

（1）区位分析。本项目位于济南市的东部，济南高新技术开发区的北部，处于以国际会展中心为中心的综合居住区板块的中央，升值潜力无限，发展空间巨大。

济南市深受传统文化的影响，古人居住，以东为尊，对济南市来讲就是住在东部城区。济南人“住南不住北，住东不住西”的传统观念虽与济南市独特的地理形态有关，但更多的还是受此思想的影响。本项目位于济南市的东部城区，其区位优势不言自明（图 1-2-1）。

（2）配套分析。由于历史和现实的诸多原因，到目前为止本项目所处的区域与济南市市区仍存在较大的差距，主要体现在城市基础设施建设和生活配套的完善等方面。

1）配套一：教育、商业配套——新城建设，配套奇缺。通过调研发现，项目周边的商业设施集中分布在项目的南面，包括国际会展中心沿线和高新区管委会附近。总体来说，这些商业设施无论在规模上还是在档次上都比较低，经营业态比较原始。但是随着东城万象等商业项目的建

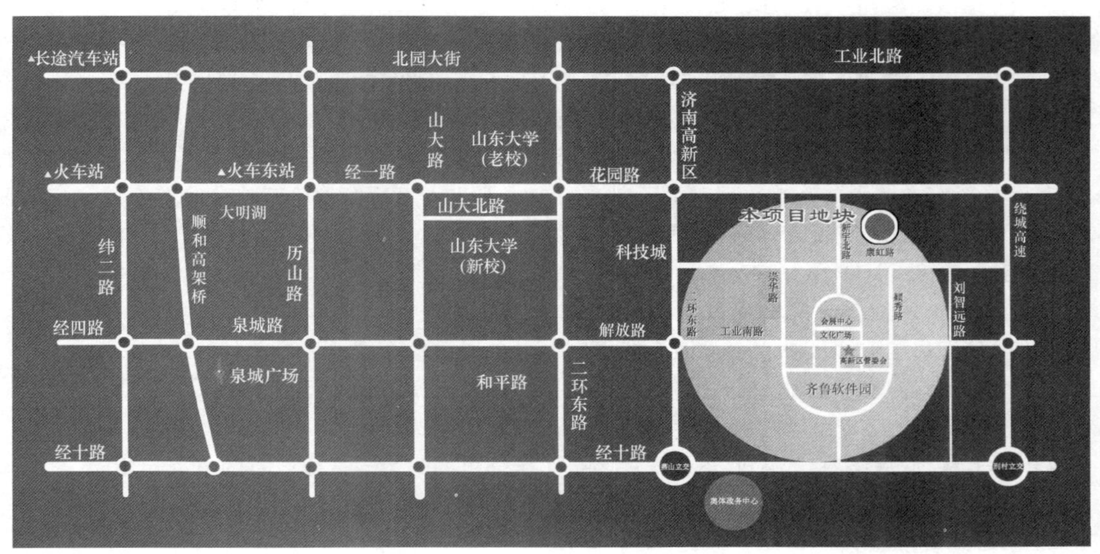

图 1-2-1　项目区位图

设，这一情况将得到很大程度上的改善。

项目周边现有学校主要有银座双语幼儿园、济南市高新区第一实验学校、济南市高新区第二实验学校、济南市高新区实验学校、山东师范大学附属小学雅居园校区、山东大学齐鲁软件学院。学校的教学设施较为完善，师资力量较好，可以说学校在数量和质量上基本能够满足当地生源的就学需求。

面对大部分的三人家庭，家长十分关注自己孩子的教育情况。“望子成龙、望女成凤”，讲究节俭的中国人在教育上却毫不吝啬，随着人们对教育重视程度的不断增加，教育资源将成为人们购买房产的一大因素。

本项目北侧紧邻济南市高新区实验学校。学校自成立以来，先后被命名为“山东省学生评价与考试改革研究实验基地”“山东省青少年科普教育实验基地”和“济南市艺术教育示范学校”等称号。硬件设施和师资力量都有一定的水平，因此，独特的教育资源优势是本项目的一大特点。

2）配套二：医疗、餐饮配套——医疗齐全、餐饮原始。项目的周边主要有齐鲁医院高新区分院、汇丰医院、历下区第三人民医院，在距离本项目南部高新区管委会附近就是该区域最大的医院——齐鲁医院高新区分院。而且高新区内零星分布着若干小型药店。综合来看项目附近的医疗设施齐全，便于当地居民就医。

项目所在区域的大型餐饮场所主要分布在齐鲁软件园附近以及国际会展中心的周边。邢氏海参馆、上岛咖啡、两岸咖啡、金兆大酒店、济南国际会展酒店等都集中在这些区域里。东城万象及天业工业南路项目是本区域最大的商业项目，当这两个项目的商业启动以后，本项目区域的配套设施就能够进一步的加强。

3）配套三：金融配套——银行网点零散，金融配套不足。该区域主要的金融网点多集中在高新区管委会和齐鲁软件园附近，由于这些地方是本区域所在区域的交通枢纽，这交通便捷，汽车流量大，人气旺盛，商业氛围比较浓厚，因此金融机构也多集中于此。国有的建设银行、中国银行，私有股份制的民生银行、招商银行等都在此设有分行或储蓄所。

4）配套四：道路、公交配套——未来道路通达，交通便捷。项目西临新宇路，南邻康虹路，另有工业南路、经一路向市区延伸。从项目向东距绕城高速公路仅3分钟车程，与济青、济邯、京沪高速公路、104国道融会贯通；距济南国际机场18km，国际机场现已开通了赴韩、港的国际、国内航线600余条，对外交通非常方便。

新宇路和康虹路是本项目最主要的交通道路。项目西侧的新宇路是本项目的主入口所在地，虽然南面受新东方花园的影响，但南面不是项目的主要出入口所在，应该不会给本项目的推广带来大的阻碍。项目门前有138路公交车经过，可从项目直达红楼地区。项目周边还有10路、47路、99路、116路、119路、122路、123路、318路等多条公交线路连接本区域与济南市市区。

（3）项目区域综合分析。

1）项目周边工业园区林立，交通资源丰富，人口素质较高，整体形象较好。

2）高档生活配套、商业配套缺乏，制约项目的形象提升。

3）区域购买力不足，高品质住宅消费乏力，限制项目的区域消化力。

4）靠近济钢、炼油厂等大型企业，这些企业所排出的烟尘，造成严重的空气污染。

5）临近工业南路景观大道以及经一路延长线，连通济南市城区，交通便捷。

2. 项目地块形状分析

（1）地块地理位置如图1-2-2所示。

图1-2-2　地块地理位置图

（2）项目周围地块分析。

1）项目东边。项目东边地块属于原牛旺村旧村改造的区域，根据济南市的城市规划，此处将成为济南市东部的居住区，因此新的大规模的建筑很多，未来几年里，东边地块将成为本项目最重要的竞争对手。

2）项目西边。自项目往西越过新宇路的莱因小镇、贤文居住组团等，此区域已经具备基本的居住条件。成规模的建筑有莱茵小镇、悉尼花乡等，建筑已经构成一定规模，加上即将开发的海信项目和天业工业南路项目，本区域未来规划会越变越好。由于莱茵小镇、悉尼花乡开发已进入后期，与本项目几乎不存在竞争，但是海信、天业这两个项目竞争力不可小视。

3）项目南边。项目南边为济南市高新开发区的核心，包括国际会展中心、高新区管委会、工业园区等。区域内部道路资源交错，具备成熟配套，区域内的人们受教育程度较高，收入水平较高，购买力强劲。尤其是南边许多高新技术企业已经处于国内领先的行列。未来将会新增一定的企业厂区，大量的就业人员，对房地产发展带来大量客户资源。

4）项目北边。项目北边地处经一路延长线区域。道路的拓宽，旧村的改造，老工业工厂破产或搬迁，都会留下很多市场机会，但是，此地块环境很差、配套较少、人们收入落后，加上经一路尚未贯通的影响，地块分散，形势不容乐观。因此只有等到经一路的贯通，此区域才能够顺利地发展。

（3）项目地块内部现状。整个地块地形呈“刀”形，地块西南侧紧邻新东方花园，地块东侧紧邻部分村居民宅，地块内已经没有建筑，地块的北侧尚有部分土堆。

地块内东侧有部分居民种植的农作物以及生活垃圾，地块中部更是杂草丛生，地块的西侧和北侧尚有建筑物拆除后的土砖石方。整体看来地块内部已经没有建筑物，基本上地块条件成熟。

3. 项目所在地块城市形象分析

（1）地块在济南市的位置及形象。该地块位于二环东路以东的区域，本区域属于新开发的地区，虽然住宅项目林立，但是生活配套设施不够完善。在济南人“住东不住西”的观念影响下，项目位置离济南市的市区较远，但是在济南人心目中的形象不差，不过由于项目所处区域属于新城开发的区域，因此这对项目的定位和后期宣传推广会产生很多影响（图 1-2-3）。

济南市东部的高新技术开发区是在济南市长期的发展中，由于济南市的市政规划、老城区发展、居民的生活习惯等原因，以高新技术产业为依托，逐步发展起来的。

项目处于高新技术开发区北部区域，周围景观和生活配套都很不完善，人气不足，交通不畅，空气落尘较多，这些不利因素都严重地影响着项目。从项目所处的区域看，这些现实情况不可避免。

从地块在未来济南市的发展来说，由于济南市东部将发展成为济南市的新城区，在奥体中心、高新技术产业区等区域支持下，有力地摆脱了项目在济南市东部与济南市市区相脱节的问题，大大提升了项目在济南市的地位，给人以全新认识。从而提升项目在人们心目中的心理价位。

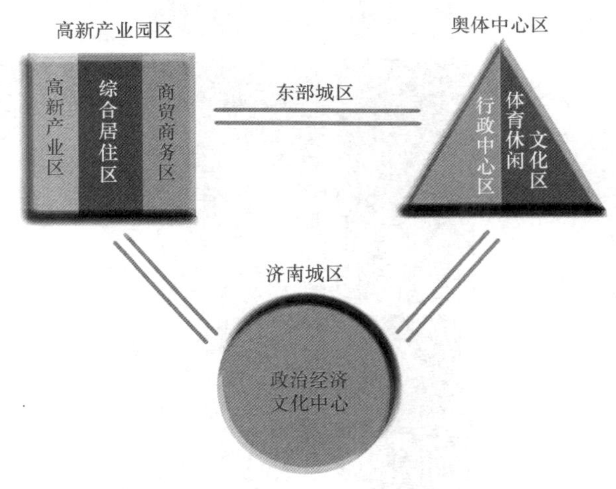

图 1-2-3 项目在济南市的位置及功能示意图

（2）地块在东部位置、形象定位。项目地块地处高新技术开发区的北部，紧靠工业南路和经一路延长线（图 1-2-4）。

项目上市正逢济南市东部改造，市政府建设东部新城区的大规模规划进程，处于非常有利的历史时机，面临很好的发展机遇。项目本身处于高新技术开发区中的中心区。项目东部有东部新城、孙村新区的规划，南部有奥体政务中心，旅游路居住片区等大面积改造开发。

项目在高新技术开发区的中心位置，处于政府大规模的规划发展，在济南经济飞速发展的大好形势下，项目定位为东部大型住宅项目。项目未来的前景是美好的。

（3）地块在高新技术开发区位置及形象。根据济南市的规划，高新技术开发区将规划建设中心区、新区和出口加工片区三个区域，其中中心区面积 22km^2，是济南市新的东部新城核心。经十路、旅游路穿区而过，世纪大道贯穿东西，实现了新城与老城的对接（图 1-2-5）。

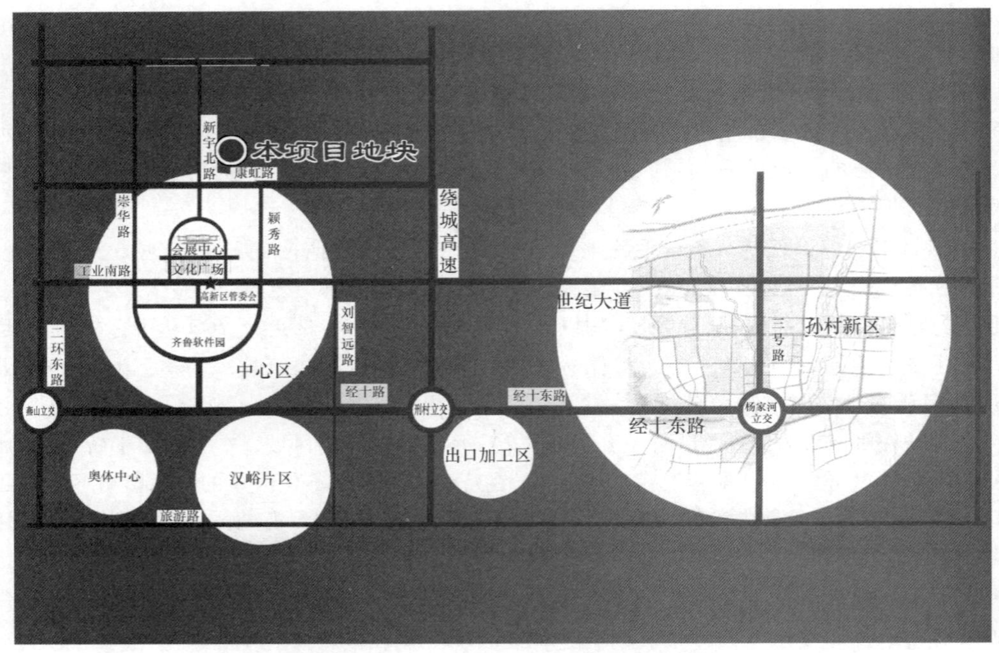

图 1-2-4　项目在东部的地理区位图

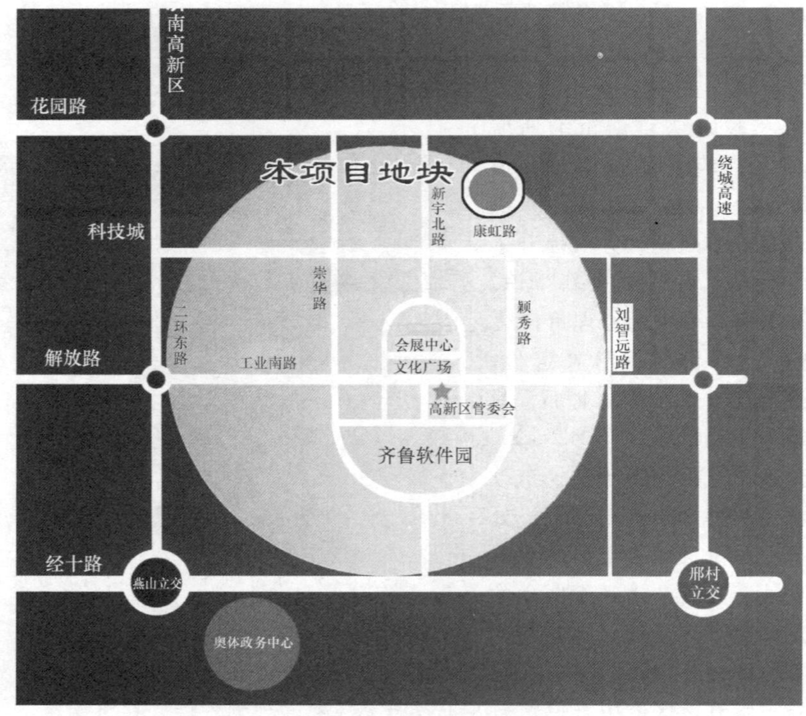

图 1-2-5　项目在高新区的地理区位图

国际会展中心周边区域是高新技术开发区东西、南北发展轴线的交汇处，是高新技术开发区中心区的核心区域。根据高新技术开发区规划，此区域将成为济南市东部的中心商务区。

项目地处中心区的东北角，位于康虹路与经一路之间的位置，周边住宅项目林立，是济南市东部的居住板块之一。

正因项目位置和周边住宅项目较多的特点，项目代表了高新技术开发区中心区的住宅整体形象的核心地位。项目在机遇众多、潜力无限的中心区内，将吸引大量的目光。因此要把项目建设成济南市中心区具有代表性的特色住宅项目。

第二部分　SWOT 分析

2.1　项目 SWOT 分析（表 1-2-1）

表 1-2-1　项目 SWOT 分析

SWOT 分析模型	
Strength 优势分析	Weakness 劣势分析
S1:符合城市的发展方向,区域优势明显 S2:邻近中心区,占尽地利 S3:东部城市建设,易于进行配套改造 S4:济南地域观念浓厚、分支购买力强劲	W1:区域生活配套匮乏;现有的配套档次普遍偏低 W2:区域住宅项目较多,项目同质化严重 W3:浪潮品牌在地产界缺乏号召力 W4:地块缺乏自然景观
Opportunity 机会分析	Threat 威胁分析
O1:市场总体趋势供小于求,卖方市场具有盈利空间 O2:东部开发、高新技术开发区改造,提升项目期望值,具备宣传热点 O3:浪潮品牌对该项目的强大正面支撑	T1:规划的风险 T2:竞争对手较多,目标客户群重合 T3:环境和配套的改造效果难料

2.2　项目优势分析

1. 符合城市的发展方向，区域优势明显

在城市的演进过程中，东部发展迅猛，汇聚了科技、教育、人文、生活配套等多方面的能量，是济南传统的经济、科教文化区，而且一些政府部门的办公场所也地处东部，尤其济南本地人，奉行“住东不住西”的居住理念。人们在选择住宅时，往往选择东部的住宅项目，即使价格较高，人们对此也乐于接受。

2. 邻近中心区，占尽地利

作为济南市高新技术开发区的重点规划区域，中心区所被赋予的含义已不再是一个区域的范围，而是融入了经济、自然、人文甚至政治等多方面复杂的元素。如果把发展中的济南市东部比作一条腾飞的巨龙，中心区就是它的心脏。未来中心区的发展不可限量。并且该项目是开发区龙头企业的浪潮集团所开发的大型住宅类项目，独有的卖点无可比拟。

本项目位于中心区的东北部，与高新技术开发区管委会相邻，是济南市高新技术开发区发展的重点区域，项目本身的需求市场恰好位于东部及高新技术开发区周边区域，与大规划不谋而合，占尽地利。

3. 东部城市建设，易于进行配套改造

与济南市的城区相比，济南市东部区域是非常容易改造的，正因为现在的东部建设，所以项目未来存在很大的上升空间。

高新技术开发区、国际会展中心周边的建设也为项目引进新配套、整合现有配套、改造周边环境提供了可能性，操作起来更加方便。

4. 济南地域观念浓厚、分支购买力强劲

虽然高新技术开发区在济南一般的居住观念内不是一个十分有优势的区域，但传统济南人的

地域观念浓厚，一般来说都尽量在区内置业，加上未来大规模的园区建设，将会有大量的人员进入开发区，这些人对区内优质住宅有强大的需要。

2.3 项目劣势分析

1. 区域生活配套匮乏，现有的配套档次普遍偏低

项目所处区域基本生活配套匮乏，中高档大型购物设施很少，附近区域的购物设施只有小型便民超市，项目以北档次偏低的集贸市场，现有的配套档次普遍偏低，难以支撑项目的高档定位。

2. 区域住宅项目较多，项目同质化严重

随着东部开发力度的加大，一系列的改革措施先后出台，东部住宅的开发热度已经迅速飙升，区域发展前景被普遍看好，大量的市场供应由此产生。此区域上市楼盘以中档偏高楼盘为主，其中的莱茵小镇、盛世花城销售业绩不俗，纵观本项目，在产品规划上与它们具有一定的同质性，可以推断本项目在上市时将面临极大的竞争，而且项目周边还有海信、牛旺村等多个竞争项目，因此项目上市时将面临极大竞争压力。

3. 浪潮品牌在地产界缺乏号召力

和浪潮在IT界良好的声誉相比，其在地产界的品牌号召力偏弱。市场上品牌知名度高、号召力强的公司，多是在地产界从业多年，并有一定良好业绩、信誉的公司。浪潮的品牌号召力偏弱，使该项目在策划、推广和宣传的过程中缺少发展商品牌力的有效支撑。

4. 地块缺乏自然景观

济南市东郊及南部的生态住宅区，一般要不是环山拥抱，就是泉声了了。而市中心的项目大都拥有完善的配套，每个项目都尽可能做到“有山、有水、有人气”，纵然不可同时拥有三者，但基本上都拥有两者，反观本项目，三者均缺，只有透过对未来环境的描述、对小区内部造景，去解决“无山、无水、无人气”的不利条件。

2.4 优势劣势战略——如何更有利地突出项目优势，化解劣势

虽然最好能够做到完美，但是很多时候因为时间等各方面客观因素的阻挠，面面俱到其实是不可能的，要在把握主要原则的基础上，最大限度地突出优势、化解劣势。

本项目尤其如此，它的优势和劣势都非常突出，在实际运用中更是要避实击虚，不在自己的劣势上和竞争项目作正面的冲撞，只是尽最大可能地突出项目的优势。

把地理优势作为定位和推广的利器；把握本项目在所处区域的空位优势，找准项目的客户群。

2.5 项目机会分析

1. 市场总体趋势供小于求，卖方市场具有盈利空间

当前，济南市房地产业正处在高速发展的时期，房价持续稳定上升，旧城改造、人员流入等因素导致产生一批持币观望的房屋买主，供应小于需求，是典型的卖方市场。按济南市最近的统计数字，人均住房面积仅为25m^2，其中还包括部分旧房面积，存在一定的市场缺口。在这种大环境下，进行房地产项目开发，具备了“天时”的优势。另外作为省会城市的济南，房地产占整个城市的GDP只有15%，远差北京、上海等地的30%~40%。

随山东经济的不断发展，济南市作为城市的中心，人口对房屋的需求是不会终结的。

2. 东部开发、高新技术开发区改造，提升项目期望值，具备宣传热点

东部开发、高新技术开发区改造目前是家喻户晓的热点，项目所在区域正好位于工程带上，所以能够分享到改革带来的成果。这些改革大动作给项目带来了优越的附加值，提升了消费者对该项目的期望，使项目具备了宣传推广的基点。

同时，为规避人们对开发区的偏见，在宣传上，紧跟东部开发，尤其是高新技术开发区改造的步调，从多方面宣传炒作，引发注意力经济。

3. 浪潮品牌对该项目的强大正面支撑

浪潮品牌在地产界虽然知名度不高，但是在 IT 界声名显赫，其国有企业的背景，以及技术领先、诚信的理念一直给人非常正面的印象。在一般消费者的感觉里，发展商的正面形象非常重要，所以在宣传上要突出该点，增加项目的可信度。

2.6　潜在威胁分析

1. 规划的风险

按照规划的预期，高新技术开发区的高速发展是一项可以提升济南市形象、为济南市发展注入新动力的重点工程，东部开发也是当前的热点。但是重大的规划项目成败往往受到多种客观因素的影响，需要多种配套改革的支撑和人们观念的转变，在实际的运作中，规划的效果可能并不尽如人意。而我们的项目定位、策划、宣传推广等都是建立在对规划的良好预期之上的，一旦实际效果与预期相去甚远，围绕其开展的多项工作都将受到阻碍。

2. 竞争对手较多，目标客户群重合

在项目邻近区域，中档偏高的楼盘数量不少，且均具相当实力，其中的莱茵小镇、盛世花城、海信慧园是其中的典型代表。

因为这些项目的定位、档次相类似，加之东部的客群并不丰富，所以在目标客户群方面有较大的重合。这就使项目在各个方面面临竞争的包围，能否突破重围还是个未知数。

3. 环境和配套的改造效果难料

开发区的固有劣势影响深远，通过宣传推广规避其对项目的不利影响具有相当的难度，可能耗费较大的人工、财力，最终效果还难以预料。周边竞争激烈、配套稀缺，这是长期历史发展造成的，凭该项目一己之力，能否达到预期目的较难预料。

2.7　劣势和威胁规避方法

1. 定位成中心区项目，规避区域性劣势

中心区意义非凡，客观上，它的设置将给项目带来最直接的影响，工业南路使交通变得非常便利，而位置和交通是对住宅类房地产影响最大的因素。此外，向东发展是时下的热点，关系到老百姓的切身利益，所以也是老百姓最关心的问题之一，将其定位成中心区的项目，不仅可以规避项目本身的劣势，而且因为注意力经济的作用，宣传推广的理念对目标客户的到达率会非常高。

2. 宣传项目填补空位，细分客群，深挖配套

在宣传中，可将“向东”作为其辅助支撑点。东部也是城市开发的热点，消费者普遍对东部有一种升值预期，“向东”的观点易于被接受。

客群偏小，所以要对其做深入细分，找准主力目标客群，此后所有的工作围绕其展开。配套缺乏，是本区域的致命硬伤，在找准主力目标客群的基础上深挖配套，从细处着手，做目标客群迫切需要的配套，例如教育设施、购物设施等。

(1) 细分客群的原则:

1) 尽量全面,避免遗漏。

2) 找准特性。

(2) 配套设置的原则:

1) 顺序从基本—特色设置。

2) 按客群敏感性程度大小设置。

3. 用宣传包装规避地块周边环境影响,用聚群效应弱化劣势

周边环境对该地块影响很大,用宣传包装的手段来规避地块周边环境的影响,在外立面设计、户外广告设计、平面媒体宣传等方面强调整个区域的独特性和整体性。此外,在宣传上运用聚群效应,虽然该地块存在地处开发区、周边环境不佳、配套不完善等不利因素,但附近开发了很多小区,着力宣传“别人住得您也可以住得很好”的观念,提醒其看好发展前景。

2.8 结论

总体上,这是一个特色鲜明的项目,它的优势和劣势都非常明显,其成败的关键在于对优势的把握程度和对劣势的规避效果。

在前期大量细致工作的基础上,相信我们能做到这一点,能保证项目达到预期的效果。

2.9 项目机会点提取

1. 济南市住宅市场供小于求,促生新住房需求

当前,济南市的住宅市场类似股票市场上的“牛市”,整体市场价格稳步上升,市场供给小于需求,还有很大一部分人的住房需求得不到满足。随着济南市市区的住房供应量的减少,房价的提高,大批有住房需求的客户,在市区无法找到合适的住房,由此产生对开发区住房的需求。

机会利用:多种促销手段组合运用,适时促销,激发购买欲望,尽快达成交易。

2. 邻近工业南路交通方便,中心区少有的高档住宅

随着现代生活节奏的日益加快,对交通便利的要求越来越高,工业南路在承载这一任务方面具有得天独厚的优势。东部区域的人均收入并不平衡,存在对各种档次住房产品的需求,目前中档住宅的供应量较大,高档住宅供应量明显偏少。

机会利用:整个宣传推广基点定为开发区热点住宅项目。进行具体项目开发的时候,对产品和园林精益求精,加强项目和周边配套的建设,做小而全的高档项目。

3. 产品富有特色:新生活概念,产品定位体现生活本色、挖掘人们最深层次的需求

营造新生活概念,项目能吸引人们的眼球。当前济南市市场上住宅项目和种类繁多,但宣传理念和实际产品经常相去甚远,并且有大量的住宅项目实际并不适合人居住,本项目的定位立足居住和生活本身,挖掘到了人们心中对居住的最深层次的需求。

机会利用:要做到做出来的产品和挖掘的深层定位相符合,和园林相符合,和周边相符合。在宣传中,要将项目平民化的舒适风格和它的高档定位完美结合。

4. 中心区将定位为中央商务区

根据高新技术开发区规划,高新技术开发区将以中心区为基地,打造济南软件城,大力发展总部基地,以国际会展中心为依托大力发展会展业及其配套,并建设研发基地,搭建技术平台。该项目区域内未来将建设大批具有一定规模档次的写字楼或酒店式公寓。

机会利用:新建的写字楼或酒店式公寓具备一定的档次,形成一定的规模,将为整个区域带来极佳的人气。充分利用区域的发展前景,借势销售,从而形成良好的销售氛围。

第三部分　市场定位

在坚持“创新性”和“可执行性”两个原则的前提下，以项目地块SWOT分析和产品特性分析为基础，结合市场实际情况，就项目定位的四个方面展开研究，确定项目发展的方向。

3.1　市场定位

1. 关于市场定位

（1）市场定位的目的。市场定位是勾画企业形象和所提供的产品价值的行为。它依据产品的消费对象、消费对象对产品的需求特征及其竞争产品、替代产品的状况而为产品自身设计、塑造的区别于其他产品的个性和形象，它最终要向消费者阐明本产品与其他产品的区别。产品的市场定位将会指导我们完成以下房地产开发前期的具体工作：

1）什么样的产品？即产品的特征和个性，这种个性应具有巨大的吸引力，是其他竞争者无法模仿的。

2）为什么人生产？即产品所面对的目标客户群。

3）如何生产本产品？在产品的规划设计过程中，寻求利润与成本合理的结合点，实现利润最大化。

应当提醒注意的是，产品的市场定位不是去创造某种新奇或与众不同的事物，而是去整合已经存在的联系。市场定位将通过一系列的营销努力把产品的与众不同之处有效地传达给目标客户群，从而使产品在市场中具有其适当的位置。

（2）市场定位需要考虑的几个因素。切合实际的市场定位，对于任何物业而言，都是至关重要的。定位过高会使消费者望而却步，失去许多潜在的顾客。定位过低会造成顾客对物业的印象模糊，看不出与其他物业的差别。只有对整体市场状况、物业自身特点及同类物业市场情况作出正确分析，确定了物业合理的市场定位，才能为物业的销售工作奠定坚实的基础。确定一个物业的综合素质、最终市场定位以及由它们所引发的销售业绩，基本上是由如下几个方面的因素确定的。

1）物业的整体状况及物业规模。

2）物业的地理位置。

3）发展商及物业管理商的实力及信誉。

4）物业的硬件设施及装修水平。

5）物业配套附属设施。

6）物业推广上市时机。

2. 本项目市场定位

（1）具体定位。本项目顺应市场的需求，本着以人为本的开发理念，更好地满足人们对居住环境的要求。致力于社区内部环境方面的营造，建造倍受青睐的“人性化住宅”。在市场定位方面充分考虑市场的供应和需求情况，迎合当今住宅发展的潮流，本项目整体定位为“人性化大型高档社区”（图1-2-6）。

根据前面对项目的矩阵分析，本项目的具体市场定位为：济南市东城中央新生活社区。

（2）定位支撑点。

1）东部开发。根据济南市东部的规划与城市设计，综合改造与开发后的东部，将是一片整合了交通功能、景观功能、市民休闲娱乐功能、城市经济发展动脉等多项功能的分段多功能新城区。好比浦东在上海，是促进城市建设、加速城市发展的发动机；是更新城市环境、代表城市形象的对外窗口；更是整合城市功能、提升城市价值的战略桥梁。

项目位于济南市东部，具备如下优势：

① 坐拥十分便捷的出行条件，可以迅速地出行到市中心、济南国际机场及其他任何地方，与外界的联系畅通无阻。

② 紧靠济南市东部新城区，配套资源优势，外在景观优势独一无二。

以上两点，不但可以有效提升项目的档次和形象，也是本项目区别于其他项目的最大特点。东部作为项目的最大的机会点和卖点，会成为客户选购项目时其中最具说服力的理由，从而促进销售。

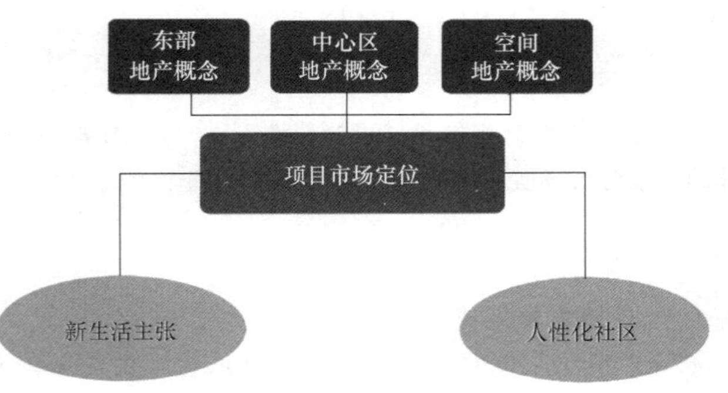

图 1-2-6　项目定位模型

2）中央商务区。从地理位置上看，东西狭长的济南，就像一条巨龙横卧在山水之间，济南的开发区像龙头昂首在济南的东部，而项目正好位于龙头的核心位置，即该新开发区的中心区——中央商务区。借助于中央商务区独有的景观优势，加之本项目倡导的新生活方式，是区域内少有的亮点住宅项目。

开发商只有通过科学的规划，超前的建筑设计、园林景观设计，打造项目成为城市对外的样板居住区工程，成为龙头上的点睛之作，方能显示出开发商雄厚的经济实力和技术优势，才能树立良好的企业形象。

3）新生活社区。就房地产项目来说，与其说卖给客户的是一栋房子，不如说给予客户的是一种新的生活方式。

项目地处东部新城区和济南城区的交界地带，既是济南城市在东部繁荣的缩影，也是对济南城市文化的重新理解。通过新城市、新生活理念的引导，将有效吸引东部中对城市生活向往而又具有浓厚的区域情节的人群，这将成为项目销售中的重要卖点之一。

在住宅建设中，一个项目的规模往往决定它的配套程度，成为影响项目档次的重要因素。根据济南市城市规划，济南市的东部将有日新月异的变化，凭借新城建设的优势完善自身配套，有效提升项目的档次和形象。

3. 本项目蕴涵的三大独有概念

（1）东部新城区概念。根据济南市城市规划，济南市东部将大量建设生活居住区，通过对经十路、工业南路的建设，逐步形成“奥体中心”和“国际会展中心”的两大居住格局，并成为济南市新的生活居住区。项目依托于地理位置和规模优势，是高新区中心区的亮点项目，是将来真正意义上的市中心项目。

随着房地产市场的不断发展，大盘项目社区配套完善、物业管理规范等规模优势带来的好处越来越受到市场的青睐，大盘较之小盘更容易为消费者所接受。因此，在项目销售推广中一直坚持项目 25 万 m^2 的形象，有助于项目的顺利销售。

此外，未来高新技术开发区大量的写字楼、高新技术开发区周边林立的企业，为项目建设带来大量区域外人口支撑。

（2）中心区地产概念。“中心区地产”是高新区因对国际会展中心、高新区管委会区域改造而独有的地产概念。作为高新区重要的组成部分，中心区重新诠释了高新区的概念，在济南，国际会展中心、高新区管委会象征的意义不言而喻。作为无再生性的黄金区域，中心区的辐射区域将影响济南人的社会生活，变天在即、升值潜力无限。

本项目作为中心区 20 万 m^2 城市样板工程小区，是浪潮集团最高统合力表现。

（3）“空间地产”概念。鉴于济南市城区东西狭长、南北窄的特殊性，经一路的改造开通和工业南路的东西通达性将彻底颠覆“距离”的概念，以“时间空间”取代“地域空间”，使地域功能分配更合理，可以有效吸纳工业南路、经一路沿线，二环东路以西区域的巨大消费人群。“空间地产”推翻了传统的“地域地产”。

交通的便利性彻底消除了项目位置偏西带来的生活不便，从项目出发 5~10 分钟便可以达到济南市城区，以及到达济南市商业繁华中心泉城广场。造就了本项目便利日常生活的“5 分钟生活圈”和“10 分钟生活圈”。“空间地产”使项目远离尘嚣和交通拥塞，而坐拥便利交通带来的方便生活。

项目秉承“空间地产”的精髓，引入“传统济南”文化。项目本身并非是单纯的住宅项目，而是“住宅 VS 生活方式”的代表。它代表的是一种生活态度、是居住概念的升级、本地化居住理念的传承。

3.2 目标客户定位

通过对区域内调查分析和竞争项目客户群分析发现，受项目所处区域位置因素的影响，项目未来的目标客户群具有较大的区域情节。因此，客户群分析也将主要从区域角度入手进行分析。

1. 目标客户分布

项目的目标客户分布以济南市东部区域，主要是山大路以东的区域，包括山大路沿线，二环东路沿线，工业南路沿线，高新区周边等区域为主。山大路以西区域，以及经一路、经十路沿线及其他区域为辅（图 1-2-7）。

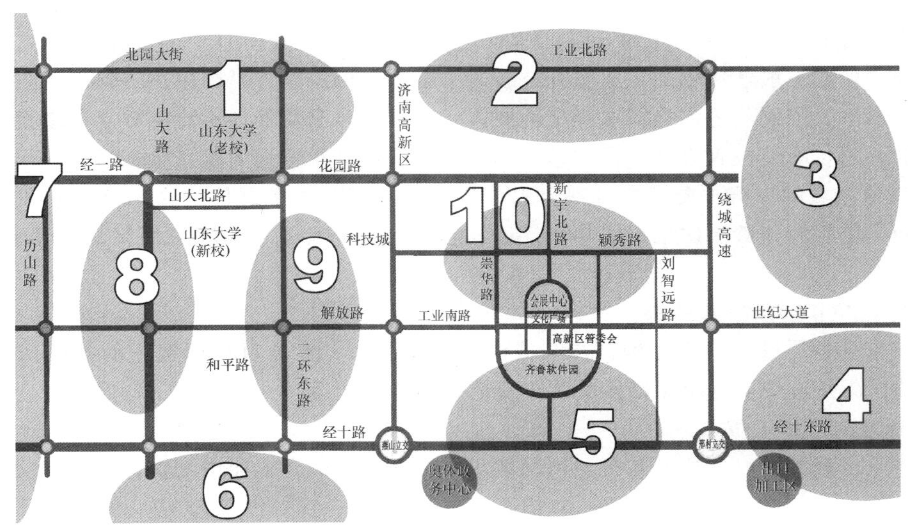

图 1-2-7 目标客户分布图

在图 1-2-7 的客户分布中，2、3 片区为济南市低收入片区，大多为济南市郊区村落，区内客户收入多在 1500 元/月以下，购买力差。而且根据济南市城市规划，这些郊区村落建设大规模的旧村改造工程，这部分客户将获得新的住房，因此仅有较少的人能成为本项目的目标客户，可作为本项目的辅助客群。

4、5、10 片区主要是高新开发区的客户，收入较高，购买力强，是本区域项目争夺的重点，竞争激烈。本项目在其中有利因素不多，但通过多渠道积极争取，将成为项目客户构成的主要构成。

1、8、9片区也是济南市东部收入较高的几个区域，而且目前这几个片区的购买力尚未得到完全挖掘，市场空间较大。本项目将把主要客户争取放在8、9片区的众多人中，并充分挖掘1片区的购买市场。8、9片区将成为项目客户构成的主要构成。

济南市的东部是城市未来的发展方向，因此客户都对东部比较认同。但是由于高新区建设配套等原因，山大路周边区域，并不完全认同本项目所在的区域，因此这部分人只能作为项目的一个不确定客户群体。但随着高新区改造工程的竣工，整个东部的交通状况得以极大的改进，有效缩短了客户的出行时间，山大路周边工作的部分中等收入人群，及其他区域中对项目的文化内涵具有共鸣的人群，从交通便捷和项目未来升值潜力方面考虑，会选择购买项目，成为项目的主要客群之一。

由于济南市客户的区域情节比较重，决定了济南市1和7片区过来的较高收入人群是很有限的，只能作为项目的辅助目标客户。

2. 目标客户职业构成

本项目的目标客户职业构成也按区域划分标准进行分析：

（1）对于项目所处的开发区周边区域的目标客户，其职业构成主要是开发区企事业单位中高层领导，东部工作的技术专业人员、私营企业老板或商人，及家庭收入较高的本地居民。他们的收入在东部处于一个比较高的阶层，具有一定的购买力，同时由于工作和区域情感的原因使他们的生活范围主要控制在东部这个范围内。

（2）二环东路沿线、工业南路沿线的目标客群的职业构成则主要是此区域内的部分私营企业老板或商人。这部分人一般学历水平参差不齐，经过个人的拼搏奋斗，成就了一定的事业基础，对城市居住生活比较向往，但又不愿离生活的区域太远，因此项目所在区域便成了他们的首选之地。

（3）而对于山大路沿线工作的人群，其职业构成则主要是依托IT产业的私营业主及部分新兴城市白领。他们一般学历较高，思想开放，追求生活品位，懂得享受生活，但由于收入还达不到高端收入水平，限制了他们只能选择交通便捷、项目综合品质和性价比都较高的项目。高新区的改造完成、项目所处位置以及项目的综合品质和性价比都很好地满足了他们这种需求。

（4）其他区域的人群主要是指对项目倡导的文化具有共鸣的群体。这部分人的职业构成比较复杂，知识结构和年龄层次也不尽相同，但具有一个共同特点：对项目倡导的文化非常认同，能够产生共鸣。

3. 目标客户年龄及家庭结构

从区域内竞争项目的客户分析，及区域调查分析可知，本项目目标客户的年龄构成集中于25~50岁的中青年客户。这个年龄段的客户家庭结构相对简单，一般以两三口人为主。

4. 目标客户最终定位

针对本项目产品的自身情况和区域市场状况综合分析，以及上述市场定位，把本项目的目标客户定位如下：

济南市中西部区域、25~40岁之间的中高收入人群。

（1）本项目主力客群：东部区域企事业单位中高层领导；在东部工作的技术专业人员、私营企业老板或商人；家庭收入较高的本地居民。

（2）本项目的辅助客群：山大路以西区域的部分私营企业老板或商人；经一路、经十路沿线收入水平较高的人士。其他区域中与项目倡导的文化产生共鸣的中高收入人群。

随着项目的宣传推广，项目的品牌形象获得树立，在市场中的影响将进一步扩大到其他区域。

（3）目标客户需求特征（表1-2-2）。

（4）目标客户总结描述。以上客户定位分析，比较详细具体，在推广中较难应用，为了在推广中更准确形象地描述出客户，使目标客户产生感情共鸣，找到归属感，我们将客户进行了更细致的分类。

表 1-2-2　目标客户需求特征

	需求特征
居住区域	济南人传统的“住东不住西”的观念比较浓厚，由于长年工作生活在东部区域，对东部具有较深的感情，区域情节浓厚，希望继续生活居住在东部。随着济南市东部的国际会展中心、奥体中心改造，对济南市东部的发展潜力充满了信心
购房目的	购房客户大多以自住为主，其中区域内客户购房动机大多是为了改善居住条件；工业南路沿线客户则更多的向往城市生活，提高生活质量；山大路沿线及其他区域客户则看中区域升值潜力和便捷的出行条件
交通方面	对所购房屋与工作地点的通勤成本和时间比较关注，希望出行方便快捷
购房方式	大多数客户仍然以按揭购房为主。因为部分目标客户已经在社会上打拼多年，具有一定的事业和经济基础，因此选择一次性付款的也占有相当的比例
房价	所能承受总房价款集中在 40 万~50 万元之间，月供还款在 2000~3000 元之间
户型结构	受传统居住习惯的影响，大部分人选择平层结构。受总房价的影响，选择复式、越层结构的较少
喜好的户型	户型要求集中于两居面积在 80~110m² 之间，三居面积在 110~140m² 之间。此外，还要求户型设计功能齐全、通透采光性好，方正实用
朝向	按照北方人的居住习惯，均对房子的朝向比较关注，偏好主卧和客厅朝南，或至少主卧室朝南
配套设施	本项目区域在配套、环境等方面较市区落后，他们需要比较完善的商业配套，如小区必备的超市、洗衣服务等来提供便利的生活条件；需要休闲娱乐的设施，以弥补区域休闲娱乐配套的不足；需要有具有格调的园林及景观，可以在紧张的工作之余在社区内放松心情
智能化系统	由于日常工作节奏紧张、繁忙，工作之后更渴望一种休闲、安适的生活，因此对于日常生活智能化要求更多一些，如一般的安防系统、远程抄表、背景音乐等智能化系统，以及能适应未来科技发展趋势的综合布线系统，Inter 网系统等现代化社区必备的智能化系统
装修标准	在装修方面，区域内客户从装修性价比和装修风格考虑，比较倾向于自己装修，因此比较喜欢初装修的房子。而山大路沿线工作的城市新兴白领由于工作紧张、繁忙，比较喜欢开发商提供精装修的服务
车位配置	虽然现阶段大部分客户不具备私家车，但他们大多具有将来买车的打算，在选择房屋时较关注车位数量。但受经济的影响，对地上车位的需求相对更多一些

根据项目目标客户的主体及需求特征，结合项目的市场定位，把本项目推广中的目标客户归纳描述为两大类：

1）成熟型（35~50 岁）。成熟型具有沉稳、内敛、高收入、高追求的特点，属于“闲居董事”一族。这部分人大多 20 世纪 60 年代出生，80 年代上大学或开始创业，具有自己的独特主见，对中国优良的传统文化比较认可，正在稳步发展，收入在济南市处于中高层，有稳定的经济基础。以三口之家为主。这类客户是 110~140m² 三室户型的主要客户。

2）成长型（25~35 岁）。相对于成熟型而言，成长型比较年轻，有创业的激情，凡事都力争上游，生活节奏紧张、忙碌，属于“都市飞人”一族。这部分人一般属于城市新兴白领，受过良好的教育，具有体面的工作，丰厚的薪酬，讲究生活质量和生活品位，容易接受新鲜事物，给人亮丽、挺拔、活力的印象，积蓄不是太多，正处于创业阶段。一般以两人居住为主。这类客户是 70~90m² 二室户型的主要客户。

5. 基本客户策略

根据项目现在的市场定位及客户定位，在将来的宣传推广中应立足项目所处东部区域，然后由会展中心向外辐射扩展，并影响其他区域与本项目提倡的文化具有共鸣的人群，抢占东部及高新区中高端客户。

6. 汇总分析表（表 1-2-3、表 1-2-4）

表 1-2-3　目标客户群汇总分析表

购房动机	年龄	家庭结构	居住人口	客户来源	职业	心理特点	生活状态	购买需求
自住（改善居住条件）	30~50岁	三口、五口	3~5人	地块周边区域为主 高新区（部分） 经十路沿线（一定比例）	普通职员 白领 工人 个体业主 公务员 教师	长时间居住于地块周边地区，习惯了片区内的氛围（地块周边） 习惯并喜欢东部区域环境，不愿意离开东部 希望到更临近城区且有发展潜力的片区置业 希望离开市区中心拥挤、喧嚣的环境，到自然环境和绿化环境较好的地方生活	事业发展到一定阶段有一些积蓄，但仍将持续固定的工作 有较好的收入和积蓄，喜欢一次性付款	注重户型、小区环境、价格 注重区域发展潜力与市中心距离交通
自住（家庭结构发生变化，如子女成家等）	25~32岁	单身、二口	1~2人 2~3人	地块周边区域为主 高新区（部分） 山大路（一定比例） 历下区其他片区（一定比例）	普通职员 白领 公务员	创建自己生活的新天地	长期与父母同住，要重新组建自己的家庭，或诞生了自己的下一代 事业处于起步阶段或已发展了一定时期，积蓄不多，但收入较稳定，购房首期需父母赞助，一般办银行按揭	关心小区配套与小区服务、价格 注重交通 小区环境 价格
自住（父母养老）	45~50岁	四口、五口	2~5人	周边区域（为主） 高新区（部分） 工业南路沿线及其他片区		给父母寻找一个环境较好的养老之地	与父母同住或分居，但时刻关心父母的生活 事业发展到一定阶段，要报答父母养育之恩	注重小区环境 与子女居住地点的距离
投资	30~45岁	不定	无	历下区 历城区 地块周边地区	私营业主 公务员	将房地产作为投资方向 将购房作为转移不明收入的很好途径 将租赁自购物业作为投资方向	闲置资金较多 工作稳定，灰色收入较多	有增值潜力 不计较价格 关注租赁市场及租赁行情

表 1-2-4　户型需求汇总分析表

房型	面积	置业次数	置业动机	备注
二居	75～90m^2	首次置业 二次置业	原居住地拆迁 家庭结构变化 工作方便 区域情节 投资（租赁收租）	首次置业指该客户虽为首次置业，但前期与父母同住，具有一定家庭生活经验 此类客户多考虑未来投资功能，为过渡型客户 二次置业者多选择小二房，投资（租赁收租）功用
三居	110～130m^2	首次置业 二次置业	原居住地拆迁 区域情节 改变居住环境 工作方便 投资动机	此类客户大都较关注小区内部环境 投资动机的客户在购买时多考虑其升值、保值性
大三居	130～160m^2	首次置业 二次置业 多次置业	区域情节	首次置业和二次置业客户以二至三代同居的人口家庭为多
一居	55～65m^2	首次置业 二次置业	工作方便 养老 投资	以工作方便为置业动机的客户以年轻人为主

3.3　项目形象定位享受济南新生活主义人性化社区

1. 享受

不言而喻，“享受”是一种生活态度，是一种生活追求，是一种生活品位。往往只有懂得享受的人，才能真正体会到生活的乐趣和真谛。

本着以上突出要点，本项目将通过科学的规划，超前的建筑、园林景观设计，从生活品质方面入手，为业主打造一种可以真正“享受”的人性化现代居住生活条件，引导业主去追求生活、享受生活。

2. 新生活主义

“新生活主义”不是特立独行，也不是另类文化，而是回归生活的文化，是一种生活格调，是紧张、繁忙生活的反面，是享受生活的一种态度。

现代社会是一个快节奏的社会，是一个紧张、繁忙的社会，这个社会中的现代人是一辆辆高速行驶的列车，在高速行驶中丧失了欣赏美景、享受生活的乐趣。因此，在一天紧张的奔波忙碌后，人们更渴望拥有一种舒缓、轻松的生活方式。

正是基于此，本项目将致力于从生活方式方面出发，倡导一种舒缓、休闲、安逸、舒适的生活方式，为未来业主一整天的奔波忙碌后创造一个休憩养神、享受生活乐趣的港湾。

3. 人性化社区

人性化社区生活是现代化、人性化居住条件下的一种尊贵、安逸的生活，是一种传统文化底蕴下的生活方式。

本项目不管是整体规划，还是建筑设计、园林景观设计，都本着人性化的规划设计原则进行设计施工。与此相对应，本项目融合一种舒适、缓慢、轻松的居住文化于建筑和园林，全力为业主打造一种现代化、人性化居住条件下真正的尊贵、安逸的生活。

第四部分　价格定位及经济估算

4.1　价格制订原则

市场价格评估的方法有多种，如市场比较法、综合品质评定法、成本法、收益还原法、基准地价修正法等。对于住宅项目来说，定价一般采用市场比较法、综合品质评定法、成本法三种方法。

为了能够科学合理地制订出本项目的售价，将结合本项目物业的特点，以及区域房地产市场中与估价对象类似的房地产交易实例较多的情况，分别使用“市场比较法”和“综合品质评定法”作为主要定价方法，辅助以“成本法”，对本项目的价格定位进行估算。

1. 市场比较法

比较法是将定价对象与在定价时点的近期有过交易的类似房地产进行比较，对这些类似房地产的成交价格做适当的修正，以次估算估价对象的客观合理价格或价值的方法。

因此市场比较法的原则要求房地产估价结果不得明显偏离类似房地产在同等条件下的正常价格。

类似房地产是指与估价对象处在同一供求范围内，并在用途、规模、档次、建筑结构等方面与估价对象相同或相近的房地产。同一供求范围是指与估价对象具有替代关系，价格会互相影响的房地产所处的区域。

根据经济学原理，在同一市场上，相同的商品，具有相同的价值。所以任何有理性的买者在购买商品时，都会选择效用最大而价格最低的。

房地产价格也符合这一规律，只是由于房地产的独一无二性，使得完全相同的房地产项目几乎没有，但是同一市场上具有相近效用的房地产，其价格是相近的。在现实房地产交易中，任何理性的买者和卖者，都会将其拟买或拟卖的房地产与类似房地产进行比较，任何买者不会接受比市场上正常价格过高的价格成交，任何卖者不会接受比市场上正常价格过低的价格成交，最终是类似的房地产，价格互相牵制，互相接近。

2. 综合品质评定法

综合品质如何是消费者所关心的问题，小区的交通位置（包括周边的环境）、整体的规划水平、户型设计的合理性、小区内部的配套设施的状况以及小区的物业管理水平都将直接影响小区的综合品质。为了能够更为科学、客观地反映济南市各个地产项目的综合品质，并将其量化。综合品质评定法应用了住宅产品综合品质指标评测系统，建立数学计算模型，对各个项目的综合品质进行评定。

系统以层次分析法为基本原理，经过分析论证确定影响项目的重要因素，用层次分析法（AHP）确定其权重，运用德尔菲法对各项目要素综合评定打分，最终得出各项目的综合品质指标。

3. 成本法

成本法是求取估价对象在估价点时的重新构建价格，然后扣除折旧，以此估算估价对象的客观合理价格或价值的方法。所以成本法也可以说是以房地产价格各构成部分的累加为基础来估算房地产价格的方法。

成本法的理论依据，可以分为从卖方的角度来看和从买方的角度来看。从卖方的角度来看，成本法的理论依据是生产费用价值论，即房地产的价格是基于其“生产费用”，重在过去的投入。具体一点讲，就是卖方愿意接受的最低价格，不能低于其为开发建造该房地产已花费的代价，如果低于该代价，他就要亏本。

从买方的角度来看，成本法的理论依据是替代原理，即买方愿意支付的最高价格，不能高于他所预计的重新开发建造该房地产所需花费的代价，如果高于该代价，他还不如自己开发建造。

买卖双方可接受的共同点必然是等于正常的代价。由此可以根据开发建造估价对象所需的正常费用、税金和利润之和来估算其价格。

只要是新近开发建造、计划开发建造或者可以假设重新开发建造的房地产，都可以采用成本估价法。

4.2 价格制订参考因素

1. 市场比较法参考因素

市场比较法是房地产估价中最常见、最重要、应用最多的方法之一。市场比较法适用的前提是有充分发达的市场和市场交易频繁，在这个前提下，市场比较法评估结果的准确程度，主要与所收集的交易案例是否具有可比性、确定评估参数以及如何进行评估参数的合理修正有关。

使用市场比较法进行价格制订首先必须选取周边的项目作为可比案例。选取的可比案例应符合四个方面的要求：①区位、权益和实物状况均与估价对象的相同或相近，即为估价对象的类似房地产；②交易的类型与估价目的吻合；③成交日期与估价时点接近；④成交价格为正常价格或可修正为正常价格。

参考因素主要是案例项目的价格，并对项目的价格、项目的销售周期、项目的建筑面积、项目的建筑结构四大因素进行修正。

2. 综合品质评定法参考因素

按照综合品质评定法的原则来评定本项目的价格定位。首先也必须选取参考案例，然后对所选取的案例项目进行打分。

综合品质评定法所需要考虑的因素主要包括区位优劣、周边环境、小区配套、楼型户型、整体规划、物业管理、道路交通七个方面。

3. 成本法参考因素

本项目是在已购得土地上建成房屋进行销售。利用成本法所需要考虑的因素主要包括通过招拍挂所取得土地的费用、开发建设造成的费用、土地建筑管理造成的费用、在实际操作中不可预见的费用、投资利息费用、销售过程中产生的税费、销售过程产生的费用、开发所取得的利润八个方面。

新建房地产的评估价格=土地取得成本+开发成本+管理费用+不可预见费+财务费用+税费+销售费用+利润

4.3 “市场比较系数法”制订总体参考均价

为了评定本项目的价格定位，将按照市场比较法、综合品质评定法、成本法三种方法进行定位。

市场比较法、综合品质评定法需要进行样本选择。在样本的选择上，主要针对区域内的楼盘，选用了盛世花城、莱茵小镇 11 栋、汇展香格里拉、鑫苑国际城市花园和黄金时代五个楼盘作为评定样本。

1. 利用“市场比较法”对本项目进行估价

将按照市场比较法的原则对本项目进行价格定位（表 1-2-5）。

表 1-2-5 市场比较法比较各项目

项目名称	销售均价/(元/m^2)	楼盘价格修正	销售周期修正	建筑面积修正	建筑结构修正
盛世花城	5200	+4%	+4%	+3%	+3%
莱茵小镇 11 栋	5200	-2%	+1%	+2%	+3%
汇展香格里拉	4800	+3%	+3%	-2%	-4%
鑫苑国际城市花园	5200	+2%	-1%	+1%	+2%
黄金时代	5700	-3%	+1%	-2%	+1%

通过案例项目的实际售价以及修正因素得出：

盛世花城的基准价格 = 5200×(1+4%+4%+3%+3%) = 5928 元/m^2

莱茵小镇 11 栋的基准价格 = 5200×(1−2%+1%+2%+3%) = 5480 元/m^2

汇展香格里拉的基准价格 = 4800×(1+3%+3%−2%−4%) = 4800 元/m^2

鑫苑国际城市花园的基准价格 = 5200×(1+2%−1%+1%+2%) = 5480 元/m^2

黄金时代的基准价格 = 5700×(1−3%+1%−2%+1%) = 5529 元/m^2

将上述五个项目的基准价格进行算术平均得出本项目的估价 = (5928 + 5480 + 4800 + 5480 + 5529)/5 = 5443.40 元/m^2

由市场比较法得出：本项目的销售均价约为 5443 元/m^2。

2. 利用“综合品质评定法”对本项目进行估价

各要素权重见表 1-2-6 和表 1-2-7。

表 1-2-6 综合品质评定法权重

区位优劣	周边环境	小区配套	楼型户型	物业管理	道路交通	整体规划
25%	10%	15%	15%	5%	10%	20%

表 1-2-7 项目综合品质评定

项目名称	区位优劣	周边环境	小区配套	楼型户型	物业管理	道路交通	整体规划	综合品质
本项目	70	65	70	70	85	70	70	70.25
盛世花城	70	65	70	60	85	70	70	68.75
莱茵小镇 11 栋	70	65	85	70	85	85	80	76
汇展香格里拉	60	60	65	65	65	75	65	64.25
鑫苑国际城市花园	60	65	75	80	70	65	70	68.75
黄金时代	80	70	70	55	60	75	90	74.25

通过对本项目的各权重因素打分并计算得出本项目的综合品质为 70.25。

3. 项目可比均价（表 1-2-8）

表 1-2-8 项目可比均价

项目名称	销售均价/(元/m^2)	综合品质	可比值(各项目均价/各项目综合品质)
本项目	3714.747	70.25	74.23393(各项目可比均价之和求平均值)
盛世花城	5200	68.75	75.63636
莱茵小镇 11 栋	5200	76	68.42105
汇展香格里拉	4800	64.25	74.70817
鑫苑国际城市花园	5200	68.75	75.63636
黄金时代	5700	74.25	76.76768

本项目的可比均价 = 各项目可比均价之和求平均值 = (75.63636 + 68.42105 + 74.70817 + 75.63636+76.76768)/5 = 74.23393

本项目的销售均价 = 本项目综合品质×本项目可比均价 = 70.25×74.23393 = 5214.934 元/m^2

由综合品质评定法得出：本项目的销售均价应在 5215 元/m^2 左右。

4.4 项目价格定位

根据估价目的及其估价对象的特点，结合本市房地产市场的状况，本次估价结果的确定采用加权平均的方法，即市场比较法的评估结果所占权值为 40%，综合品质评定法的估价结果占权值为 60%。因此本项目的价格定位为：

$$5443\times 40\% + 5215\times 60\% = 5306 \text{ 元/m}^2$$

通过市场比较法、综合品质评定法两种计算方法计算，并加权平均得到本项目的价格是 5300 元/m^2。

考虑到项目位置地处国际会展中心北侧。而济南市东部未来的规划前景十分广阔，根据高新区的规划与城市设计，综合改造与开发后的东部，将是一片整合了交通功能、景观功能、市民休闲娱乐功能、城市经济发展动脉等多项功能的分段多功能新城区。改造完成后本项目的所在地将被突显，成为绝佳的地段。

随着济南市东部的开发，济南市的房地产将处于第二波的上升浪潮。考虑项目时间的延后性，当本项目正式推出市场时，区内的平均楼价将向上调 100～200 元/m^2，此利好因素，对本项目的推广，将带来十分有利的帮助。

最后本项目属于浪潮集团进军房地产界的第一个项目。浪潮以其优异的企业形象，强大的整体实力，将赢得市场的认同。

综合以上三个因素，通过计算方法得出的结果低于实际的销售价格，所以需要对价格进行修正。通过修正，本项目的最终价格定位为 5300～5500 元/m^2。

第五部分　项目产品规划建议

5.1　配套设施规划建议

配套设施作为一个成熟物业的重要组成部分，直接关系到物业的品质，成为人们选择物业时一个重要的衡量标准。对于一个纯居住社区而言，配套设施的完备程度显得尤为重要。为了提高本项目在东部市场中的竞争力，应谨慎考虑物业配套设施，既要显现物业档次，又要考虑开发成本的增加，以及引发的后期业主物业管理费用的增加。物业配套一般包含项目配套设施和服务配套设施两部分。

综观周边项目，除个别项目受规模和档次的限制没有小区配套外，大多数中高档项目基本具有社区内配套和会所。其中，社区内配套最多的为区内幼儿园、区内商业设施、中老年活动场所；会所功能基本根据项目周边配套情况安排，一般较多的为各种球类运动场所、西式餐饮、网吧、书吧及美容美发等。可见，随着济南市房地产迅速发展，购房者越来越关注社区的配套设施，社区配套的完善程度已经成为衡量一个项目档次的重要标尺。

项目现有配套的情况是：区域内配套严重不足、档次偏低，和项目的高档定位不符，而且这种情况还将持续较长的时间，因此做好配套设施对该项目非常重要，也是重要的利润点。

配套设施作为一个成熟物业的重要组成部分，直接关系到物业的品质，成为人们选择物业时的一个重要的衡量标准。对于一个纯居住社区而言，配套设施的完备程度尤为重要。为了提高项目的竞争力，应谨慎考虑物业配套设施，既要显现物业档次，又要考虑开发成本，以及后期的物业管理费用。

5.2　配套设施规划特征

1. 系统化

在规模、项目功能设置方面，能满足入住业主的物质与精神生活的多层次需求。

2. 综合化

紧张的生活节奏使人们对闲暇生活提出了更多的要求，丰富多彩、应有尽有是消费时尚。因而公共服务设施将购物、饮食、娱乐、文化、健身、休憩等多种功能综合配置，这样不仅能方便使用和提高设施效率。同时，集中建设可节约用地、减少费用且利于经营管理。

3. 步行化

保证购物环境安全、舒适，将车行和步行分离，创造宽松的购物环境和氛围，闹中取静。

4. 景观化

在保证使用功能的基础上组织环境景观，适当配置绿化、铺地、小品等，提高公共设施环境的文化艺术品味，可活跃社区空间，便于展现社区的风采。

5. 设备完善化

适应公共活动和购物行为的需要，从安全、卫生、交通、休息、交往等行为所需，配置相应设施和设备。

从居民生活规律上分析，居民日常的行为轨迹决定了他们对配套设施的使用频率。在居住区规划设计中，要掌握好居民的生活规律，安排好各项公共设施，满足居民的多种生活需求。

各项配套设施由于与居民生活的密切程度不同，其使用频率也不尽相同。配套设施按居民的使用频率可分为三类：

（1）日常性使用的——与居民日常生活活动关系十分密切、具有一定的规律性和明显的行为轨迹。如小学、托儿所、幼儿园、自行车库以及基层上的服务设施等。

（2）经常使用的——虽非日常使用，但具有周期性使用的特点。如理发、洗澡、换煤气罐、采购粮食等。

（3）偶然性使用的——为居民生活所需，但无固定要求，呈无规律性现象。如看病就医、看电影、选购耐用消费品等。

配套设施的使用频率是随着生活水平的发展而变化的，日常使用的配套设施也有可能演变成经常性使用的配套设施。

而且配套设施的使用频率随着年龄、爱好、生活习惯和生活规律的变化会出现差异，同一类配套设施对某些人来说是偶然的，而对另外一些人来说则可能是经常性的，反之亦然。门诊部对身强力壮的年轻人来说是偶然性使用的设施，而对年老体弱的人则是经常性使用的设施。服装店最受年轻人欢迎，经常光顾；对老年人可能是另外一种情况。

济南市房地产发展较快，房地产整体水平迅速提高，出现了多个产品档次较高、规模较大的社区，小区内配套设施不断完善，使购房者在小区内即可以享受到完善的配套服务。但是，大多数项目内部的配套设施无法完全满足购房者的需要，仍然需要借助于外部配套设施。

虽然项目周边配套设施相对落后，但随着济南市城市规划的逐步开展，中心区不断向四周扩散，济南市中心区的外来人口将不断增多，经济将不断发展，城市建设将会迅速地崛起，从而更有利于促进地产业的投资建设。

现在济南市的楼盘项目配套较完善，有线电视接口、电话接口、宽带接口、煤气、暖气、三表远抄、单元防火防盗门等楼宇配套基本配备；而像幼儿园、学校、医院、超市、银行、背景音乐、健身房、乒乓球室、网球场、篮球场、咖啡厅、书吧、老年活动中心、儿童游乐场所等高档设施在不同小区里呈现；而会所作为一个体现小区档次的新兴组成部分在众多小区内出现，会所囊括了众多的休闲娱乐元素，是精神满足的集中体现。

5.3 装修标准建议

1. 前言

随着人们对物质和精神需求的不断提高，人们不仅要求物质上的享受，更要求精神上的满足。而对装修的艺术处理，比如造型、色彩、布局的要求也就越来越高，因为居室与每个人的生活都是息息相关的。居室的美化，包括布局、室内装饰装修、家具摆设、物品的装饰，都反映着家庭每个成员的个性、爱好和审美情趣。

建筑本身是僵硬的、刚性的，而装修是灵活的、柔性的。在刚性的建筑中融进装修的细腻元素，建筑才会变得活泼、生动，才会具有更浪漫的艺术生命力。随着生活水平的不断提高，人们对装修的要求更加严格，更加个性化，装修设计风格逐渐由繁趋简，朝着时尚、简约、高雅、实用的方向发展，同时更加注重质感。富有美感、情趣、个性的装修，越来越为人们所青睐。

时下，济南市市场上商品房的装修标准多为初装修、厨卫精装，精装修的不多，但凡是精装修的楼盘都是高品质的项目。初装的价格比精装低，购房者易于接受，为购房者留下广阔的自由空间，可以充分满足其对装修的个性化需求，适合那些资金充裕且空闲时间较多的小资一族。精装修常被视为楼盘品质和业主身份的体现，适合收入较高但工作繁忙的成功人士，他们无暇顾及琐碎劳神的装修事务，希望开发商能够帮他们完成豪华精致的装修工作。厨卫精装介于初装和精装之间，适宜的客户范围较广。

济南人在家居装修方面表现为以下几个特点：

一是装修个性化趋势明显，这在年轻人中反映得十分突出。年轻人多希望通过居室的美化反映自己的某种追求，从而在精神上得到满足。

二是对装修简、新、巧的追求。以少胜多，用一两件精品达到点缀空间的目的，追求新颖别致、引人注目，在表现形式上力求生动巧妙。花钱不多，但收到的效果却是绝妙动人的。

三是装修设计的实用性与艺术性结合的追求。实用性与艺术性的结合是装修设计的较高境界。只讲实用性，达不到美化的目的，相反，如果只讲艺术性，没有实用价值，也是不会受到人们欢迎的。

四是对装饰品艺术风格的追求。现代人大都喜欢一些引人注目的工艺美术品，追求一种反映自然情趣的艺术风格，强烈要求社区内的每一件物品都是美化家居的艺术品。

另外，在装修装饰上对线条变化的简单化追求、对华贵金色系列的追求、对自然材料平衡搭配的追求和对装修材料高档化的追求也日趋明显。

2. 思路

项目的定位已经决定项目不可能走低价格路线。项目要想取得良好的销售业绩，必须从产品品质上下功夫，加入更多附加值，寻找更多的价格支撑点。在所有可能的附加值中，装修是边际利润最高的。做好装修的文章，有利于项目的品质提升和价格上扬。

装修标准要符合项目的形象定位，装修风格要与项目推崇的居住文化暗和，做到内部与外部的协调统一。

（1）充分反映济南人的幸福生活。装修设计要力求做到重点突出，风格鲜明，视觉冲击力强烈。凡是客户目光所能及之处，装修都要做细做精；而人们视觉通常无法触及的内部装配如上下水管道、预留管线等，则可以在保证质量的前提下尽可能地减少投入。好钢用到刀刃上，用钱用到点子上，在保证项目品质的同时，最大限度地节约装修投资，降低成本，提高性价比，这是装修标准的基本思路和出发点。

（2）个性化命名的装修套餐。针对不同的客群，提出个性化的装修套餐，例如 HI-TECH（高科技）一族，书香世家（包括书房），BOBOS 族等，增加客户参观时的娱乐性。

（3）发挥团购效应，将价格模糊化。以团购名牌家电为名，以优惠价格将有关的家电算入楼价中，将价格模糊化。

5.4　物业管理建议

就像买电器一定会关心保修一样，物业管理作为商品房售后服务的重要作用已越来越被人们所重视。物业管理水平是衡量项目品质的重要软性指标，物业管理的好与坏直接影响到物业的品质、产品的价格。

目前，济南市大多数房地产项目都没有专业的物业管理公司，而是由开发商自己组建的物业队伍负责管理，管理水平参差不齐，因物业管理混乱而引发的纠纷也时有发生。济南市消费者对物业管理品质的认知程度还尚显不足，他们在买房时对物业管理价格似乎更为敏感。诚然，物业管理是一项长期的工作，物业费是业主的一项长期支出，其收费高低关乎业主的长远利益，但是物业管理的品质更为重要，它直接影响到业主的日常生活。

为提高项目的物业管理水平，提升项目的档次，在充分考虑物业管理费的前提下，建议聘请知名物业管理公司作项目的物业管理顾问。有关的形式，是以国际的物业管理公司为本项目的顾问、派3~5人的专家队伍、对贵司自行组建的物业公司进行组建及培训，一方面价钱比较相宜，对于现在济南市的物业管理水平来说应付有余。另一方面，在宣传上可以作为一个重要卖点。更重要的是，作为一家有长期发展打算的房地产公司，物业管理是十分重要的一环，好物业要建、更要管，故此、越早建有自己的物业管理公司，经过数个项目的国际专业公司培训后，对发展商的长期最有利益。如深圳万科、金地，起步时也是先由物业管理做起，树起名堂后建设的小区，比原来聘请他们的公司更有名气。提高自己人的物业管理水平，为成立自己的物业管理队伍打好坚实的基础。

随着房地产行业的日趋完善和消费心理的日渐成熟，购房者的注意力已不仅仅停留在实物品质上，他们将更加关注入住后与之长期相伴的物业服务品质。一流的物业、一流的管理、一流的服务不仅能够提升物业的附加值，而且在很大程度上决定着客户的最终消费行为。因此，高品质的物业、高品质管理已经成为众多开发商吸引目标客户的重要手段之一。物业管理部门的资质和业务专业化程度也是影响项目物业管理水平的主要因素。

1. 物业管理建议

本项目要成为有影响力的知名社区，物业管理更应是行业中最具代表性的标志性范本。故建议在物业管理服务上要结合市场实际需要，积极探索，大胆创新，按照塑造品牌的高标准、严要求，以创建整洁、文明、高雅、安全、方便、舒适的人居环境为目标，通过严谨、高效的科学管理，倡导“国际级全方位人性化管家式服务”理念。从质量上、档次上与周边的楼盘拉开距离。

第一、建议聘请知名的专业物业管理公司来管理，为项目在市场中树立良好的品牌形象铺平道路。

第二、除了提供最基本的物业管理服务外，还应提供各种专项服务、代办及代理服务等其他更为丰富的内容（针对不同服务项目可适当收费）。

第三、在销售过程中根据销售现场情况，不定期地进行关于物业管理方面的培训。

此外，建议聘请物业管理公司介入项目前期的规划设计阶段，并从物业管理的角度给出专业建议，消除潜在的物业管理隐患。

一是在进行规划设计时，不仅要从住宅区的总体布局、使用功能、环境布置上来考虑，还要安排诸如小区的封闭管理、垃圾点的设置、监控设施的安装、防盗系统的设置、园林绿化设计、物业管理用房定位等。

二是在工程建设中参与验收，一方面监督施工单位按原设计意图进行建设，保证工程质量，制止一些开发建设单位不顾今后物业管理的难度和广大业主的利益，而随意改变设计的现象发生；另一方面，可以熟悉了解物业的基础设施情况，提前做好准备，使建设寓于管理。

三是物业建成后至业主委员会成立之前，仍由前期物业管理公司介入，对居民的装修、公有设施环境等进行前期管理，以便于业主进一步熟悉环境和入住装修。待业主委员会成立后，可改聘物业管理公司进行管理，这样安排，可以避免在这段时间中出现管理“真空”。

2. 物业管理服务内容建议

物业管理服务一般分为公共性服务、特约性服务和公众代办性服务。具体到本项目，建议物业管理提供如下服务内容：

（1）公共性服务。

1）信件报刊收发、分拣、递送服务。

2）公共区域的保洁、保安、绿化。

3）化粪池清掏。

4）房屋/楼宇及小区/楼宇周边共用部位共用设施设备的日常运行维护。

5）小区/楼宇的日常管理。

注：业主必须缴纳公共性服务费。

（2）特约性服务内容。

1）定期室内清洁、绿化养护服务。

2）室内设施设备（电器、管道、家具）的维修、定期保养服务。

3）园艺培植及保养、租摆。

4）信函电报及报刊速递。

5）物品搬运服务（特指在社区内）。

6）订餐及送餐服务。

7）衣物洗熨。

8）家政服务。

9）接送子女上学。

10）幼儿托管及老人陪伴。

11）各种代办及代理服务（如代购商品，代聘家教，预订飞机票、火车票、船票，报刊订阅，电话安装，房屋转让出售、出租并代办手续……）。

注：特约性服务费用应由双方协定，实行调节价管理。

（3）公众代办性服务。

物业管理公司可接受委托，提供代收水、电、气、有线电视等费用的服务。

3. 物业服务常规管理工作

物业管理公司遵照物业管理公约为业主提供管理服务、维护物业的价值和保障业主的整体利益。其工作主要包括：

（1）成立与业主的联络和公关机制，接受业主对物业管理的合理要求，不断改善服务、扩展服务的项目与范围。

（2）维持及不断完善物业的管理服务机构、人力资源管理和行政管理。

（3）执行物业管理公约、租约、业主守则及其他规定，防止违建和违约行为。

（4）维修及保养管理。

1）维持物业配套设施的维修和保养，长期设立大修、中修、小修及翻修工程施工组织，保证所有设备的正常运作和延长物业的寿命。

2）制订保养期内的补修程序。

3）制订保养维修计划，包括大修、中修、小修及翻修工程，编制修缮工程预算。

4）根据设备装置，选聘专业公司及承包商，进行定期保养维修。

5）制订24小时紧急维修措施，设立应急施工组织。

（5）保安、消防系统及车辆管理。

1）制订或修订值班守卫制度，设定工作岗位及编制，防止发生罪案。

2）聘用及训练保安人员，熟悉保安监察系统。

3）协助制订交通管理措施，防止车辆乱停乱放。

4）防止侵占公共地方，维持通道畅通及公众安全。

（6）环境卫生、绿化管理。

1）建立清洁工作标准及选购清洁用品及器材。

2）确保社区内环境整洁、优美和舒适，制止乱丢、乱放、乱堆、乱倒，保持卫生和环境美化。

3）安排专业清洁公司或招聘清洁队伍，巡逻保洁，清理垃圾杂物。

4）安排专业灭虫公司定期为公共地方进行灭虫工作。

5）维持绿化及园艺服务，美化环境。

6）审查社区内的招牌和指示牌的质量、形状及位置，并且定期检查，作必要的更新或改善。

7）检查公共照明系统的安全和运作，作必要的修理和更新。

（7）保险。

1）办理物业和附属设备的财产保险，规避因自然或人为灾害带来的巨大的财产损失。

2）检定投保手续。

（8）建立物业档案，维护物业的完整和统一管理。

1）协助设立会计财务制度，包括各级员工的财务权限及支出批准程序，务求有效控制管理收支。

2）按中国现行法规，制订处理欠缴管理费及其他费用的程序，以确保稳定的管理收入。

3）选用财务管理系统及收费发票形式，以便收取客户管理费用、公共费用及追讨费用等。

4）设定管理账户结算方式及每年报表的规格，编制财务用文件。

5）安排会计师作年度审核。

6）建立财务及住户资料库，以提供标准资料及财政状况预测，作为未来发展及投资的根据。

7）为物业开设必需的银行账户，制订有关收取费用安排。

8）为管理资金开设独立银行账户，负责管理资金。

9）搞好财务管理，安排管理费的核收和使用，适当处理维修及储备基金，为业主的长远利益制订妥善的安排。

第六部分 结 语

目前济南市的楼盘众多，各具特色，很多发展商把力气花在了炒作上，有些宣传广告甚至让消费者不知所云，不知道究竟卖的是什么。

虽然目前济南市的房地产消费市场还是不成熟的，但是对很多人来说，房子毕竟是一生中最大的购买品，在购买的时候必定会慎之又慎，所以首先要做到尊重消费者，如果低估消费者的智商，最后受伤害的只能是自己。

因为项目的外在环境不佳，要提升项目的品质和价值，只能内部挖潜。

提出“适宜人居”的概念，把很大的力气用在提高生活的便利度和舒适度上，想顾客之所想，不做太多的花样文章，重视细节方面的设计，在细节处充分体现对客户的居住关怀，包括户型的功能分配、景观的均好性、居住的安全性、交通的便利性、对隐私的尊重性、生活的舒适度，一分耕耘一分收获，在方方面面充分考虑客户的利益，将会达到预期的目的。

（济南世联怡高房地产营销策划公司）

【报告点评】

报告从项目地块分析入手，紧接着是对项目详细的SWOT分析，从而得出项目的市场定位、客户群定位、形象定位、价格定位等，再由此进行规划建议、装修建议和物业管理建议。通篇报告思路明确且清晰。不足之处是在定位之前对市场的调研和分析比较缺乏，支撑项目的定位概念的市场资料和数据不够充足。

不过其中所提到的“秉承空间地产的精髓，引入传统济南文化”，从而定位为“享受济南新生活主义人性化社区”的定位理念，却也能让人耳目一新，特别是报告最后用详细的规划建议、装修标准建议、物业管理建议等方面为维系和打造项目主题，从理念到物质落实打造，最后用管理维系。

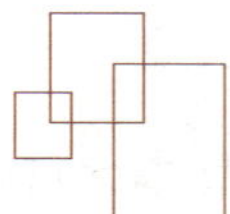

三、天津蓟县玉石庄项目市场调研与定位分析报告

报告目录

报告正文

第一部分　项目概况

玉石庄商业地产项目是天津蓟县新农村建设试点项目。天津玉石投资管理有限公司（由天津市玉石庄经济发展总公司、天津市石趣游乐园、天津市盘山房地产开发公司共同组建），作为投融资主主要负责本项目的建设，该公司成立于 2007 年 3 月 2 日，注册资本为 1000 万元人民币。

为推进实施玉石庄新农村建设，在蓟县县政府、官庄镇镇政府的直接领导下，天津玉石投资管理有限公司作为项目投资开发主体总投资 2.68 亿元。项目占地面积约 19.024hm^2，包括 6hm^2 回迁区建设（主要用于玉石庄村民安置）、10.17hm^2 开发区建设（主要建设生态式旅游用房、配套商业建筑）和 2.854hm^2 复垦区建设。玉石庄新农村建设项目是天津市政府批准的第二批以宅基地换房启动城镇建设用地增加与农村建设用地减少挂钩试点示范的新农村项目。

项目的回迁区和开发区合称建新区（两区之间仅由村内规划路相隔），即玉石庄楼盘项目。项目位于国家 5A 级风景名胜区正南中心位置，是三盘胜境水胜之地，地理位置十分优越。规划范围北至盘山路，南至玉安路，东至公安培训中心，西至盘富庄。总占地面积 16.17hm^2，规划总建筑面积 81000m^2。项目分成两部分，其一是村民拆迁房部分，占地面积 6hm^2，建筑面积 34560m^2，主要用于安置现有回迁村民。其二是可销售商品房部分，占地面积 10.17hm^2，建筑面积 41000m^2。本项目市场研究和定位分析均是以 108 栋商业地产为对象，安置区忽略。

本报告主要内容包括项目的自身条件分析、市场环境分析、竞争者分析和消费者分析，在此基础上进行玉石庄商业地产的定位分析，并围绕该定位进行相关建议。

第二部分 玉石庄商业地产分析

首先，立足于本项目的自身条件和资源进行梳理，主要包括区位交通、别墅特点、生态环境、文化环境和地域特点等，将其中的要点和关键进行分析。

2.1 区位交通，京东胜地

项目所处区位，属于京东城市群的腹地和5A级风景区内，交通发达、商业齐全、基础设施完备，能充分满足居住和工作的便利性要求，周边配套齐全，有高级会所、高端娱乐体育活动和文化休闲体验，可以维系较高生活品位。

1. 交通区位

项目位于京、津、唐、承四大城市腹心以及天津市蓟县、北京市平谷区、河北省三河市结合处，天津市蓟县城西北12km的国家级风景名胜区盘山主峰正南中心处。

蓟县，蕴含8000年的人类居住传承历史与发展，史上“兵家必争之地”，被称为“天津的后花园”。北京，具有国际影响力的中国政治文化中心；天津，环渤海地区的经济中心。京津的快速发展联手带动了轨道交通版图的扩大和强大的客流。京平高速、黄金走廊开通时，蓟县将使京津真正连为一体。蓟县已成为京、津、冀大版图中的战略要地，环渤海经济发展的核心重地，吸引中国北方客群目光的价值核心，一个最具备投资价值的热地。

项目位置，有盘山公路与蓟县县城和津蓟高速、马盘公路及京蓟高速公路连接，交通极为便利，多条高速、铁路与京、津、承、唐四市相通，开车到首都机场的时间不到30分钟。盘山开通的长途客运汽车有到天井和北京的。盘山至北京、天津均有旅游专线。

2. 商业条件

该项目具有优越的商业条件和生活便利性。别墅区内设有综合商业一处，建筑面积3480m^2，主要兼顾区位功能性配套服务和旅游商贸的多重使用功能。供水供热便利，项目区内有180m深饮水井两眼，北部有盘山水库，蓄水量约为4万m^3；景区内主要以天然气、地源热泵、太阳能三种供热方式为主，本项目拟采用太阳能供热方式。

盘山景区积聚了大量服务机构和设施，包括天津市纺织局疗养院、天津市荣复军人疗养院等疗养院和休养所，天津市财税干部培训中心、天津市公安局培训中心等培训中心，天津市盘景大酒店、盘山金碧国际旅游度假中心、盘龙文化城、憩园山庄等度假宾馆和农家院等。其中，盘山金碧国际旅游度假中心是包括铂金五星级酒店以及国际会议中心、运动中心、娱乐中心、饮食中心、商业中心、健康中心的高端大型会所；当代亚洲最大的盘龙谷影视文化城坐拥其中，盘龙谷是以一条文化产业带为轴，贯穿“文化创意区”“配套服务区”“艺术家聚落”和“人才培育基地”四个功能区，包括综合演艺中心、影视制作中心、国际电影节、国际会议论坛中心、传媒总基地、动漫总部基地、大型室内拍摄基地、世界风情室外拍摄基地、艺术培训基地及配套五星级酒店、大型商业服务设施。玉石庄依托盘山风景区和自己景区优势也发展旅游服务业。

盘山旅游区每年都举行盘山庙会、登山滑雪比赛；2009年盘山和玉龙两个滑雪场举办了第二届盘山冰雪旅游节暨盘山魅力之冬首届滑雪大赛活动。

2.2 别墅风格，江南神韵

依山傍水临园，采用江南徽派风格，所有建筑根据不同地势、落差、海拔、土质的特点设计，依着自然元素而栖，强化建筑、环境、人居三种关系的合理结合，有机促进；针对青睐山郊别墅的住户，展示幽雅别致、温馨舒缓、修身养性的格调，形成吸引客群调性的产品标签，演绎自觉自信的传统文化。

1. 整体规划

面积：玉石庄地产项目总占地 16.17hm^2，包括两部分：村民回迁安置区，占地面积 6hm^2，建筑面积 45164.5m^2，容积率 0.6，建筑密度为 20%，绿地率达到 35%，规划安置村民 83 户，376 人；商业地产开发区，占地面积 10.17hm^2，主要建设生态式旅游用房，商品房建筑面积 5.6 万 m^2，3 层独栋别墅 108 栋，配套商业房 7 栋，建筑面积 0.74 万 m^2，容积率为 0.55，建筑密度为 16%，绿地率达到 50%。

整体空间：以树状道路网络系统为主脉，以聚落式居住建筑空间形态为特色，形成中部生活区和南北两个公共服务区的总体规划布局。结合生态、景观和功能，以人为本，采用聚落式建筑组合，与开放式村落空间有机结合。充分挖掘文化内涵，步移景异，将自然环境景观与人文建筑景观融为一体。

商业地产三个区域：位于开发区北段的是坡地和溪谷旁边的山庄别墅区；位于开发区南入口景观大道两旁的是传统的合院别墅区；位于开发区南部的是地势平台的田园别墅；玉石庄项目回迁部分的景观设计主要以生态水巷的概念形成回迁区——溪巷。

2. 建筑设计

（1）建筑风格。整体项目将采用新中式的建筑风格，即中国传统的中式建筑与现代建筑的完美结合，重点借鉴徽派风格。

（2）功能使用。主要考虑回迁后的村民能够利用部分房屋用于旅游接待，使新农村建成后的农民能够安居乐业，生活有保障。

（3）套型设计。以聚落式合院住宅为主要形式，局部采用独栋或联排式住宅的形式；层数一般为 3 层，部分 4 层；采用“院中院”的聚落式布局，依山就势，配合丰富的建筑形态，形成独具魅力的山地村落建筑群。

（4）外檐设计。住宅建筑风格以简洁、稳重、大方的处理手法与玉石庄村特色相结合。在统一的建筑风格中又具有自己特定的建筑符号和颜色，既有可识别性又具有变化当中求统一、统一当中求变化的建筑风格。

（5）文化内涵。在彰显中国传统文化的同时，继承和发扬盘山的历史文脉，把盘山的文化融入每家每户。

3. 环境营造

（1）环境营造。充分利用盘山水胜的优越条件，在环境营造中做好水系设计。景观和设施以采用天然材料为主。

（2）节能环保。考虑采用太阳能设备和地源热泵、燃气设备，解决取暖、洗浴、做饭的问题；利用现代处理技术和生物技术解决排污处理和循环利用的问题。

（3）景观设计。保护和发扬玉石庄自然环境，借鉴和发扬其历史文化传承，着力营造一个“原生态中的璞玉”——在原生态的环境中涵养精致的生活品质，传达一种豁达、深厚、自然的文化内涵。对这些别墅的地形特点、生态特点，在尊重原生态的原则下通过景观设计手段挖掘并发扬传统文化审美精华。

（4）道路。贯通南北的树状路网体系，道路系统包括主干道、次干道和支路三级道路，并设专用绿色步行系统；通过一种树杈状的道路系统把每一个建筑都规划在道路的尽头，创造出一种幽深的效果。玉石庄别墅的路网非常像一棵树，而每一个建筑都像一个果实一样在树的近端。

（5）绿化。

1）生态绿化网络。在村庄周边规划环状绿化带，形成整个村庄的绿色生态屏障。内部的三条主干道路作为绿色廊道，与聚落式建筑组群内部的公共绿地形成点、线、面相结合的多层次生态绿化网络。

2）景观结构框架。以南北两侧的公共服务区和主干道路为景观主线，形成“树、枝、果”的多重景观空间，引入历史、文化、艺术的元素，创造以现代服务业经济为主体的人文景观构架，构筑村庄的精神空间。

2.3　生态环境，灵韵气息

项目享有盘山的生态价值、景观价值、旅游价值、居住价值，尽有盘山集聚的灵韵。

1. 盘山胜景

盘山风景区是国家重点风景名胜区，首批国家5A级旅游景区，步步有景，名胜遍布。被誉为“京东第一山”，包括游览区13个，景点300多处。有十峰、八岭、三盘、五台、八峪、九岩、十一洞、二十六名石、一淀、八泉、三井、五桥、四沟、二潭、五地、一塘、百余座塔（三座佛塔，百余座僧骨塔）、四亭、二轩、七十二寺、庙、庵。

盘山之名最早见于北魏郦道元的《水经注》，又名四正山、盘龙山、无终山、东五台山、田盘山。灵石山经地壳运动亿万年——天工造物26处，百吨以上形象石点缀着山川龙脉。其中以“五峰八石”“三盘胜境”最为著名。

五峰：九华峰、舞剑台、紫盖峰、自来峰、挂月峰为东西南北中五台，与山西著名佛教圣地五台山相对，称“东五台山”。五峰攒簇，怪石嶙峋，形成三盘之胜。

松：上盘松胜、盘曲翳天；奇松。

石：中盘石胜，怪异神奇；怪石。风蚀斑驳、深浅不一的岩石。雕像众多，以千像寺石刻造像群（位于千像寺周围岩石和崖壁上，共124处）最有名。

水：下盘水胜，溅玉喷珠；秀水。矿泉水资源丰富。万佛寺的圣水，神仙湖的湖水，麦饭石的井水，千尺雪的溪水，山中的泉水，都是低钠高硅的矿泉水。

石趣园有石胜、水胜。

盘山三胜，亦称“上盘雪、中盘雨、下盘斜阳”。

2. 生态优境

（1）自然条件。位于平原及山区的过渡带，属暖温带季风型大陆性气候，四季分明。年平均气温11.43℃，年平均相对湿度59.75%，年平均气压1015.56MPa。蓟县地下水资源较为丰富。

（2）盘山生物资源。盘山景区106km^2，植物区系成分以华北区系为主，代表植物有油松、侧柏、栓皮栎，盘山地区特有的植物有大百合、独角莲、独根草等。

（3）植被。本项目地处蓟县官庄镇境内，官庄镇镇内生物资源非常丰富，植物种类近千余种，其中被列为国家重点保护的银杏、杜仲等名贵稀有植物几十种。野生动物中名贵稀有动物有环颈鹿、飞鼠、中国林蛙等。

（4）天然氧吧。玉石庄在1km^{2}的山区，建有生态休闲走廊、石趣园森林走廊、水库库滨带、盘山生态旅游观光带等总面积近1027.5亩的壮丽森林景观，为盘山成为天津市最大的郊野公园做出了贡献。玉石庄林木绿化率达到78%，林地面积达66.963hm^2，每年吸收固定的二氧化碳452.67t，绝对是个天然大氧吧，含有丰富的负氧离子。

（5）石趣园风景区。环境宜人，群山环抱，流水潺潺，绝品奇观，纯净自然，湖光山色，绿色阳光，环境非常好。

（6）噪声情况。根据《2007年天津市环境质量年报》资料显示，蓟县的声环境质量状况较好，本项目所在地区声环境属于2类区，蓟县噪声全年均值为50dB（A），夜间全年均值为46dB（A），均低于《声环境质量标准》（GB 3096—2008）中2类标准昼间60dB（A）、夜间50dB（A）的限值要求，说明项目建设地区具有良好的声环境质量。

盘山景区自然风光让生活在闹市区的人们走进大山、回归自然，尽情品味返璞归真的情趣。

3. 玉石庄四季景色

玉石庄位于国家级五A级名胜风景区盘山环抱中心位置，坐拥“大盘山之胜、大风水之脉、北少林之圣、众景点共享、大生态之优、深呼吸之氧、自然水之纯、唯盘山之墅、大京津之心、盘山口之利”。盘山著名的紫盖峰、晾甲石、万佛寺、乾隆御题“千尺雪”均坐落在玉石庄。盘山三胜之二的石胜及水胜在玉石庄。

玉石庄山岩嶙峋，溪帘垂瀑，满目青碧，花果飘香。时时变景，季季换韵。在春夏秋冬中幻化出不同的风韵。阳光下，健美刚劲；月光下，朦胧典雅；雾岚里，温婉羞涩；细雨里，迷离柔和；一岩一石，一屋一瓦，一花一草，纵千般妙语华章，也难赋其万种风情。

春天，满山遍野的桃红杏白如期而至，如一团团绚丽的云霞，一瓣瓣、一朵朵、一枝枝、一树树、一簇簇，游弋在四溢的芬芳中，如一个娇艳怒放、青春饱满的少女，散发着玉石庄特有的山野清新。没有谁能够躲得过这摄人魂魄的美丽，没有谁能够拒绝一场花事带给春天的魅惑。迷离的风姿让人急于撩开玉石庄那层历史悠久、乡风纯朴、民俗雅致的面纱，一睹千年流芳的妩媚。

夏天，蝶舞蜂飞，花红柳绿，炊烟袅袅，此起彼伏的云霞。泉水叮咚，声声如乐，汩汩成韵。青岩璞石中容不得半点尘埃的一溪潋滟，踏着清脆的足音，随一条幽幽的山径穿过桃花灿烂的笑声、鸟儿清脆的啼鸣，在一溪古朴秀丽、清韵流碧的典雅里，在蝶儿翩跹的舞蹈中，流淌出玉石庄宁静、坚毅的情怀。

秋天，研清泉润墨，撕白云铺宣，将万壑幽谷的松涛、灵动飘香的硕果摄入画中，起笔入画，落墨成景，个中画意，悠然成趣。如同写意的风景荡出韵律，荡出诗情，荡出玉石庄人美景幽的深邃。

冬天，雪花如絮，苍松落玉，祥瑞漫天。玉石庄在雪白的寂静中，幸福地躺在雪花的怀抱，享受游人如醉的目光。冰清玉洁的世界孕育着玉石庄繁花似锦的明天，储藏着玉石庄扬起风帆的愿景。

2.4　皇家文化，历史龙脉

在盘山积淀厚重的文化中，皇家文化最为显耀。盘山的历史就是中国的皇族青睐史，始自汉代，帝王宸游，将相宦游，有唐太宗、乾隆留下足迹。

皇室观光“始于汉、兴于唐、盛于清”。自东汉始，唐、辽、金、元、明、清等历朝皇室在此大兴土木，辟山建寺，七十二座寺庙，一座皇家园林。

唐太宗与玉石庄：贞观十九年（645年）唐太宗亲自统领六十万大军东征高句丽，当时的蓟州作为唐军后方基地，一代明君唐太宗李世民驻跸玉石庄，留下了账房石、晾甲石、饮马潭、龙亭石、东征石井等遗迹遗址。东征归来，在玉石庄写下了脍炙人口的诗句：“翠野驻戎轩，卢龙转征旆。遥山丽如绮，长流萦似带。海气百重楼，崖松千丈盖。兹焉可游赏，何必襄城外。”唐太宗为了犒赏玉石庄村护驾有功，保佑村民祛疫辟邪、明辨贵贱、康乐吉祥赐名“玉石庄”。

万佛寺：原名千佛殿、石佛殿，是唐太宗李世民东征高句丽，为超度死亡将士修建的。始建于唐贞观末年（650年），乾隆二十年（1755年）重修。

清顺治帝钦赐“玉石庄”。

清乾隆年间，皇族打造气势恢宏的“静寄山庄”。静寄山庄又称盘山行宫，位于盘山南麓玉石庄东。占地面积400hm^2，乾隆九年（1774年）兴建，乾隆十九年竣工。有内八景、外八景和新六景等，现仅存部分遗址。

历代帝王文人墨客都在这里留下墨宝，清乾隆皇帝有史料记载的就来32次，亲临盘山，诗作1700余首。在山中游客还可以看到乾隆手书的“千尺雪”和“贞观遗踪”等墨迹。

皇家贵族的目光始终没有离开盘山，盘山史是一部中国皇族青睐史，赋予了这里独特的尊崇价值。

玉石庄与历史名人结下了不解之缘，在这里云集了无数政治家、军事家、艺术家、哲学家、谋略家，借仙山附体，在历史风云变幻中以不变之心应百变之身。李白、杜甫、东坡、田畴、智扑等古人在这里潇洒出入。

2.5　佛教文化，源远流长

盘山是著名的佛教圣地之一，被誉为“东五台山”，与山西著名佛教圣地五台山相对。早在东汉时期佛教就传入盘山，唐代得以发展，清康乾时期达到鼎盛，晚清走向衰落。天成寺、万松寺、云罩寺、万佛寺重新辟为佛教活动场所。在这里，可以尽情领略全国最大的西方三圣佛石雕，世界上最大的独幅人物群像石刻岩画以及载入吉尼斯世界纪录的“八十七神仙卷”。

万佛寺：是盘山被毁的七十二座寺庙中现恢复的四座名寺之一，原名千佛殿、石佛殿，始建于唐贞观末年（650年），乾隆二十年（1755年）重修，后毁于战火。寺内供奉有四大天王、大肚弥勒佛、韦陀、阿弥陀佛、观世音、大势至等佛像。其中万佛殿供奉的三尊主佛是全国供奉西方三圣最大的石雕立佛，殿中供奉着10960尊栩栩如生、形态各异的小佛。

其他主要寺庙有：天成寺、万松寺、云罩寺、上方寺、法藏寺、东后子峪朝阳庵、东甘涧观音庵。寺庙遗址有感化寺、天香寺、少林寺（旧名：法兴寺）、静室、五明山道观等。古塔有定光佛舍利塔、古佛舍利塔、多宝佛塔、太平禅师塔、普照禅师塔、普济寺塔、观音庵石塔、彻公长老灵塔、故因和尚塔。

佛教活动：往日法会有盂兰盆会、顺兴会、香火会，至今举办有盘山庙会。

2.6　民俗文化，乡土风情

玉石庄积淀了其特有的地域风情和民俗文化，不仅有淳厚的乡土气息，还有奋进的创造激情。

1. 淳厚的乡土民俗

村名：据《日下旧闻考》第1885页记载，清朝顺治帝亲赐“玉石庄”，寓意美丽、美德、坚强诚实的玉石庄。

玉石庄人：实在、厚道、诚信、文明。全村80户280口人。全村80岁以上的老人能背柴、推车、做针线活。景区及周围卫生整洁，没有半点杂物，这里恬然宁静，没有超过20dB的声音，村民遗失物品会马上送还失主。

特色农产：玉石庄是重要的果产品基地；这里的柿子、核桃、油栗，昔日都是朝廷的供品，土特产品让人大饱口福。个大皮薄的核桃，汁清、无核、甜度高的盘山磨盘柿，酸甜可口的红果、蜜梨、酸枣让人涎水。村南建造了采摘、耕作、娱乐、吃北方特色大餐的设施农业。在麦饭石浴场嬉水可强身健体。

石趣园：天津市第一家村办旅游项目，以独具特色的石胜、水胜、佛门圣地及所创造的世界之最而闻名。既可游览旖旎的自然景观，享大自然鬼斧神工之造化，踏寻帝王墨迹，朝圣供奉西方三圣最大石雕立佛。唐代画圣吴道子的《八十七神仙卷》被放大50倍后雕刻在由数万块花岗石砌成的巨大石壁上，成为世界上最大的独幅人物群像石刻岩画。鬼斧神工的灵石山上，酷似各种动物、人物的怪石遍布满山，每块石都有一个古老而神奇的传说。以及当年的“抗战到底”和“誓雪国耻”等抗战石刻。在这里游客可以朝拜万佛，住农家院与农家人同劳动，同炊共进农家院，采摘果品。

泥塑文化：世界民间工艺美术大师于庆成的泥塑艺术馆具有“惊世三绝”、巧夺天工的艺术魅力。于庆成的泥塑作品，以夸张、自然的手法把中国的泥塑文化、性文化、民俗文化淋漓尽致地表现出来，被人们称为“中国一绝”，受到了海内外游人纷纷的称赞并留下了墨宝，其作品远销国外。

全国首家青少年性教育基地：为了传播扩散新型的生育文化，用艺术的魅力吸引人、塑造人，矫正性的认识误区，科学地了解性、把握性，促进人的全面发展。

玉石庄传说：相传，玉石庄的“盘古寺”（被乾隆皇帝误写为“盘谷寺”）是盘古开天辟地的“大荒山”；玉石庄还有“女娲庙”，相传是“娲皇”炼五色石“补天”的地方，山中著名的“摇动石”，传说就是“娲皇”炼后未用的一块。

2. 社会主义新农村

玉石庄积极推动社会主义新农村建设，探索新农村科学发展的规律，打造富裕文明、亲民爱民的和谐社会，成绩斐然。玉石庄先后获得的荣誉有：天津市明星小康村、全国创建文明村镇先进单位、富民活动增收致富先进村、天津市文明村标兵、中国绿色村庄、中国村庄名片、中国乡村文化遗产地标等几十项。

玉石庄村依托盘山风景区和自身景区优势发展旅游服务业，创建集观光、度假、休闲于一体的旅游新村。全村村（居）民主要以旅游业为收入来源，年接待游客5万多人次，年综合收入600多万元。2010年全村人均收入19760元。玉石庄定期举办“村歌”联唱演唱会，鼓励大众创造、全民参与、人人享受，推动乡村生态文化，提高质量和档次；充分挖掘农村各类文化资源，广泛吸纳乡村文艺专业人员或各类业余爱好者，培育组建文艺、书画、体育等各类民间文化组织，并利用多种形式在乡村开展形式多样的文化艺术活动。

规划建设中的玉石庄新村即将建成，伴随山涧涓涓，恍然如世外桃源，仁者乐山，智者乐水，坡地与生俱来就有动感且丰富的园林景观层次。根植于原生满坡，与原生植物为伍，成为独具江南特色魅力的北方村庄。遵循“减量化、再利用、资源化”的原则，通过1~2年投资6920.27万元，建设了绿色设施生态示范工程、节能型建筑材料综合利用示范工程、废弃物再利用示范工程、旅游循环经济示范工程、农业循环经济园示范工程和实施吸引人才战略及科技创新工程，将玉石庄村打造成“环境优美、生态和谐、文明开放”的北方旅游城镇。村庄中心地带为江南风情小镇，品位北方农民耕读食宿修心养性的生活。村南建造由中国农科院规划设计的占地面积200亩且投资3600万元集餐饮住宿、采摘娱乐于一体的设施农业，将于2012年完工。

3. 其他参考

此外，还有其他文化和旅游资源，简要陈述如下：

（1）古诗词文化。文人墨客漫游、僧侣道士方游，络绎不绝。在这里，可以欣赏到上自皇帝下至百姓留下的无数首妙文华章，诗文字字珠玑，歌则成曲，吟则成诵，古朴典雅。著名碑刻近百处，崖壁上有众多题字和诗文。

（2）红色英雄文化。盘山抗日根据地遗址如千像寺会议遗址；盘山烈士陵园与浩气长空的石刻——爱国主义教育基地，烈士陵园位于盘山南麓，占地面积21万m^2，现由牌楼、园门、盘山抗日斗争陈列馆、盘山革命纪念馆、烈士墓区、烈士纪念碑、抗日英雄雕像等组成。冀东《救国报》

分社、电台遗址等；盘山英烈如包森（抗战名将）、李子光、杨妈妈、莲花峰七勇士等。

（3）盘山名人。燕昭王（葬于盘山）、田畴、曹操（路过盘山）、陶渊明（在盘山作《拟古》诗）、郦道元、李靖、李世民、高适、陈子昂、张商英、耶律德光（辽太宗）、完颜雍（金世宗）、马祖常、朱棣、戚继光、乾隆等。

（4）遗址、墓葬。张家园遗址、西城子遗址、燕昭王墓、邦均汉墓群、小米庄墓地、云罩寺墓群、营房村北辽墓、挂月庄墓葬、智朴墓、东后子峪墓群。

（5）盘山民间传说。善蛇洞的来历、悬空石与断喝石、万松寺与神牛坟传说、康熙与智朴、孙膑得天书、乾隆对句、名空扬水玉净瓶等。

第三部分　市场环境分析

3.1　宏观环境分析

中国的房地产市场是当今世界上最大的房地产市场。改革开放以来，特别是1998年进一步深化城镇住房制度改革以来，伴随着城镇化的快速发展，中国的房地产业得到了快速发展。

仅2006~2010年五年间，我国城镇房地产竣工面积总量为31.59亿m^2，年均竣工6.32亿m^2；其中住宅竣工面积总量为25.77亿m^2，年均竣工5.15亿m^2；房地产销售总量为39.69亿m^2，年均销售7.94亿m^2，其中住宅销售总量为35.77亿m^2，年均销售7.15亿m^2。

中国房地产市场在市场化的过程中，本身受市场规律左右，即由供需决定供应量、销售量和价格。政策的作用只是在供需决定模型之上附设条件而已，并不直接改变价格走势，但政策的影响将在短时间内改变市场的供求状况，特别是改变供方和需方的预期，从而影响到市场的成交量和成交价格。

2010~2011年间，随着实体经济的企稳回升，遏制通货膨胀成为宏观经济调控的重中之重，连续多个月上涨的CPI加剧了消费者资产贬值的担忧。而2010年“新国十条”和“新五条”等调控重拳纷纷出台，使中国房地产市场的住宅成交量出现下滑。尽管别墅的购买需求也在一定程度上受到抑制，但别墅作为稀缺产品，显示出了更具抗跌性与保值性的特性。

纵观2010年，中国别墅市场出现了“价升量跌”的现象，主要是由需求进一步旺盛和供给严重不足双重影响造成的。2009年需求释放消化了大量库存，同时，受通胀预期的影响和资产保值增值的压力，购买不动产成为主要的投资渠道，供应日益稀缺的别墅产品，也因此受到不少投资者青睐。另一方面，受“限地令”的影响，别墅的供应日渐稀少，而地段、环境、人文价值、物业管理俱佳的项目更是少之又少。

玉石庄项目辐射京津冀城市群中的主要城市，随着京津冀经济圈一体化的实现，在资源、产业、技术、人才等多方面优势因素的作用下，势必会出现多区互通、多城联动的景象。特别是北京、天津、唐山这三座具有比较优势的城市，汇集了一大批社会精英阶层，玉石庄项目正处于京津唐城市带轴心位置，显现了得天独厚的地缘优势。

所以，根据玉石庄项目的地缘属性，以及目标人群密度的划分，北京、天津、唐山应为本项目的主力市场，且北京、天津为着重分析区域。

3.2　北京别墅市场

北京别墅市场的发展可追溯到20世纪90年代。1991~1993年，北京出现了一批外销花园式别墅，其目的主要是为了满足久居国内的外籍人士对居住生活的需求。它们的出现揭开了中国别墅市场发展的序幕，带动了整个国内别墅市场的发展。

北京传统的别墅带有“一山”“二河”“三线”“四高”之说。“一山”指西山，“二河”指潮白河、温榆河两河流域别墅带，“三线”指立汤、京顺、京通三条线，“四高”则指京昌、京沈、京开、京密四条高速路。其中“三线”和“四高”是传统概念里的别墅区域，而“一山”和“二河”则是北京新兴的别墅带。

1. 别墅市场成交走势

（1）成交数量。2011 年 1~6 月，受市场供应不足及限购等调控政策的持续影响，北京别墅市场需求明显萎缩，成交状况略显冷清。2011 年 1~6 月累计成交套数 582 套，面积 22.41 万 m^2，同比降幅分别为 44.99%和 38.94%，高于商品住宅市场下降幅度（同期商品住宅成交套数、面积同比分别下降 24.49%和 24.46%）。从别墅成交占商品住宅比重来看，北京别墅市场份额继续缩减，2011 年上半年成交占比仅为 2.41%。

2011 年北京别墅市场供求差距进一步扩大，上半年累计销供比为 0.47：1，与 2010 年同期水平相比（0.69：1）明显下滑（图 1-3-1）。

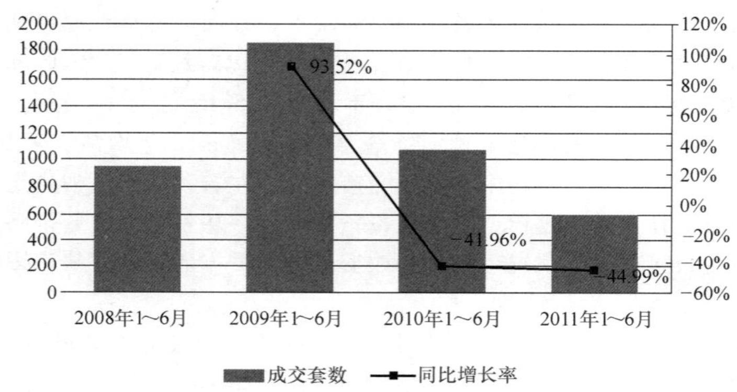

图 1-3-1　2008~2011 年上半年北京别墅成交套数及同比增长率

（2）成交价格。2011 年 1~6 月，由于高端别墅成交比重持续上升（2.8 万元/m^2 以上别墅成交比重达 43.81%），北京别墅市场 2011 年上半年成交均价接近 3 万元大关，为 29998 元/m^2，同比上涨 26.48%。其中，2011 年 5 月价格达到近三年来北京别墅单月成交价格最高点，为 30930 元/m^2，环比上涨 6.55%，同比上涨 30.79%（图 1-3-2）。

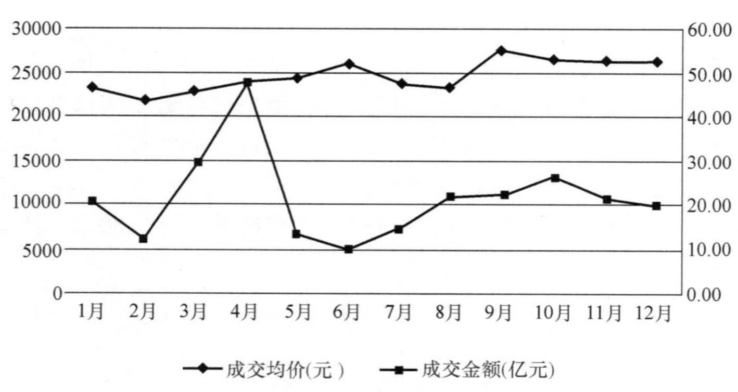

图 1-3-2　2010 年北京别墅市场成交均价金额走势图

（3）成交区域。从别墅成交的区域分布来看，虽然各个别墅区域均有成交，但主要还是集中在中央别墅区、奥北别墅区、城南别墅区和潮白河别墅区这四个区域内，这四个别墅区的成交套数总计占总成交套数的 54.91%。

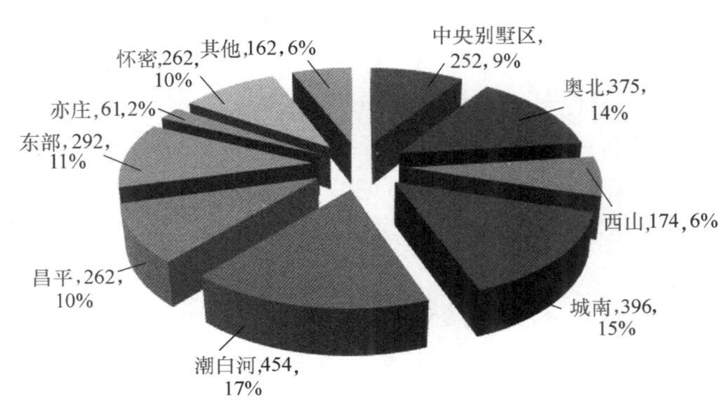

图 1-3-3　2010 年北京各区域别墅成交套数分布图

从成交金额来看，西山别墅区、奥北别墅区、中央别墅区和潮白河别墅区形成了第一集团，成交金额分别达到了 43.25 亿元、41.08 亿元、34.21 亿元和 31.23 亿元，这四个区域的成交金额之和占总成交金额的 62.61%（图 1-3-3、图 1-3-4）。

（4）产品结构分析。2010 年，北京独栋别墅成交 1337 套，同比下降 44.75%，非独栋别墅成交 1353 套，同比减少 57.90%。由于 2006 年“停止独栋别墅用地出让”政策的再次出台，独栋别墅总体供应量下降，因而总体成交量进一步减小。在 CPI 连续多个月走高的通胀预期下，独栋别墅的保值增值性受到更多消费者的青睐，成为抵抗通货膨胀的良好工具。因此，2010 年下半年独栋别墅的成交量有所放大，特别是在 10 月和 11 月独栋别墅的成交量甚至超过了非独栋别墅（图 1-3-5）。

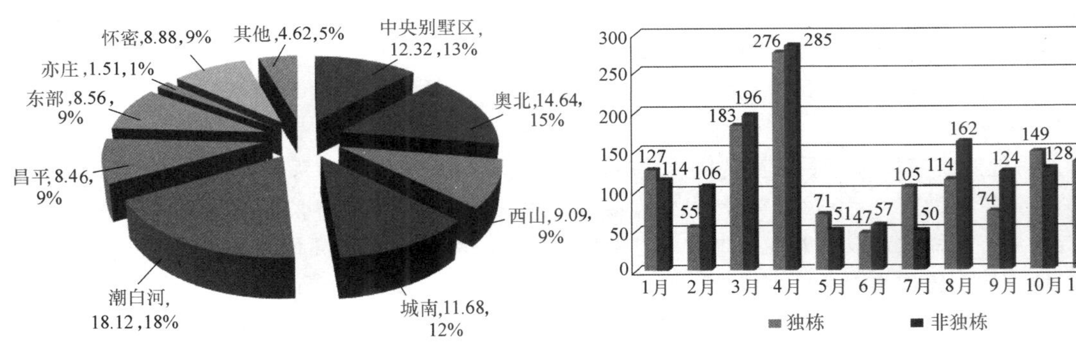

图 1-3-4　2010 年北京各区域别墅成交面积分布图

图 1-3-5　2010 年北京独栋别墅和非独栋别墅成交套数对比图

（5）政策调控对北京别墅市场的影响。2011 年前后“新国八条”和“京十五条”调控政策的出台，对于北京别墅市场的影响比较大。2011 年上半年北京别墅市场新增供应继续回落，新增套数及面积同比降幅均保持在 20%左右。

调控前，1 月的日均成交量为 8.29 套；新政颁布后，2 月的日均成交量就仅有 4.25 套，当然这其中也不乏春节长假的因素，到了 3 月，日均成交量就下跌至 3.52 套；4 月日均成交量仅剩 1.9 套，5 月的成交情况有所好转，日均成交量为 3.35 套，6 月日均成交量为 4.6 套。

（6）别墅新增供应与市场存量。

1）新增供应。2011 年，房地产政策调控力度加大，特别是“京十五条”的出台，有效限制了大量投资及改善型需求。北京别墅市场新盘信心明显减弱，2011 年上半年仅 9 个别墅项目获得预售许可证，累计新增供应 1238 套，面积 41.18 万 m^2，同比分别下降 19.19%和 21.04%。其中，6月新增量最高682套，4月无别墅供应。从北京别墅占商品住宅（包括普通住宅、公寓、别墅）的比重来看，2011年上半年北京别墅市场比重回升至4.45%（图1-3-6）。

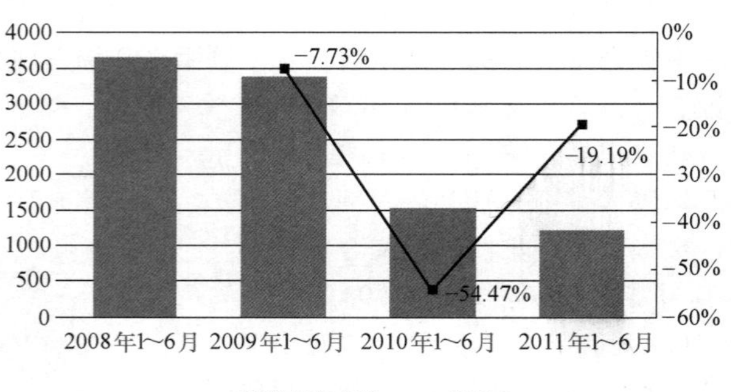

图1-3-6　2011年1~6月北京别墅新增供应套数及增长率

2）市场存量。根据北京市房地产交易管理网和中国不动产研究中心数据显示，截止到2010年12月30日，北京别墅市场存量套数为2889套，较2009年12月30日减少12.61%，存量面积为118.41万m²，下降13.95%。

在存量套数区域分布方面，中央别墅区、城南别墅区、东部别墅区和奥北别墅区存量套数位居前列，分别为557套、413套、401套和394套，一共占整个市场存量套数的61.09%。亦庄别墅区、潮白河别墅区的存量则位居第二集团，可售别墅套数分别为342套和335套，占整个市场存量套数的34.00%。怀密别墅区、昌平别墅区、西山别墅区和其他区域的存量较小，可售别墅套数分别只有190套、161套、53套和43套。

存量面积方面，中央别墅区和奥北别墅区可售面积较大，分别达到了29.03万m²和22.10万m²，占整个市场存量面积的43.20%。潮白河别墅区、城南别墅区、东部别墅区和昌平别墅区可售面积分别为14.10万m²、13.63万m²、10.43万m²和8.74万m²，分别占整个市场存量的11.91%、11.51%、8.81%和7.38%。而亦庄别墅区、怀密别墅区、西山别墅区和其他别墅区的存量面积较小，四个区域存量别墅面积之和仅为20.38万m²。

2. 别墅销售渠道和信息传播渠道

（1）销售渠道。

1）房地产直销模式。顾客直接从开发商销售部门取得所需物业的营销渠道方式，称为直销或自销。由于房地产产品不经过任何中介直接从开发商流向消费顾客，实际运作中体现诸多的优势和特点：直销模式可以使开发商更及时、准确地掌握顾客的购买动机和需求特点；可以使开发商更好地控制销售成本以及管理成本。

2）委托给专业代理公司的代理销售模式。开发商委托房地产代理商寻找顾客，顾客再经过代理商中间介绍而购买物业的营销渠道方式，就是委托代理销售模式。其优势主要体现为：简化了商品市场的交易活动，节约开发商和顾客共同的时间和精力；分散了开发商开发房地产的风险；代理商一般都有较多的销售业务员和更为广泛的客户关系，将产品更快地推向市场并为顾客了解，实现房地产商品的销售。

（2）传播渠道。现在北京房地产营销有多种传播渠道，主要形式有：平面广告、视频广告片、软文广告、户外广告、网络推广、公关活动、楼书、宣传册等。

3. 北京人群消费偏好

根据市场调研数据，从了解别墅信息渠道的习惯、购买别墅最关心的因素、对别墅风格的喜好以及购买别墅的动因，这四方面来了解北京别墅市场消费人群的偏好。

（1）了解别墅信息渠道的习惯（图1-3-7）。

（2）购买别墅最关注的因素（图1-3-8）。

（3）对别墅风格的喜好（图1-3-9）。

（4）购买别墅的动因（图1-3-10）。

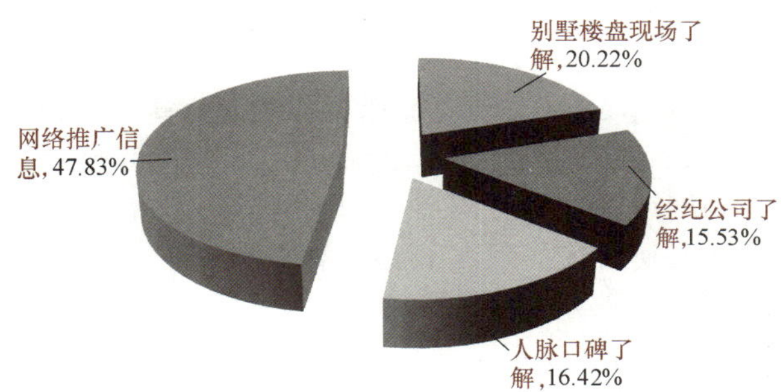

图 1-3-7　北京别墅市场消费人群了解别墅信息的渠道

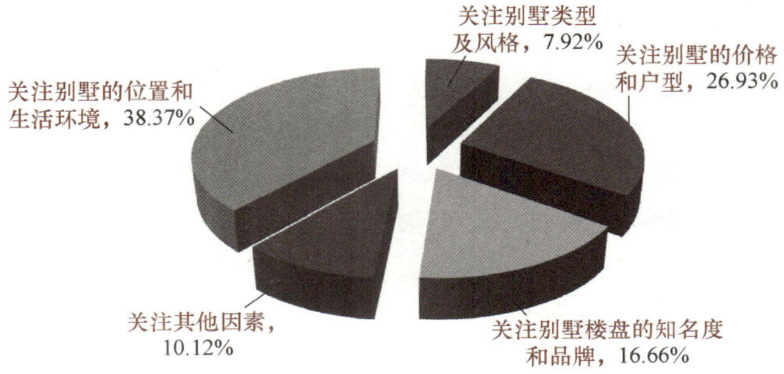

图 1-3-8　北京别墅市场消费人群购买别墅最关注的因素

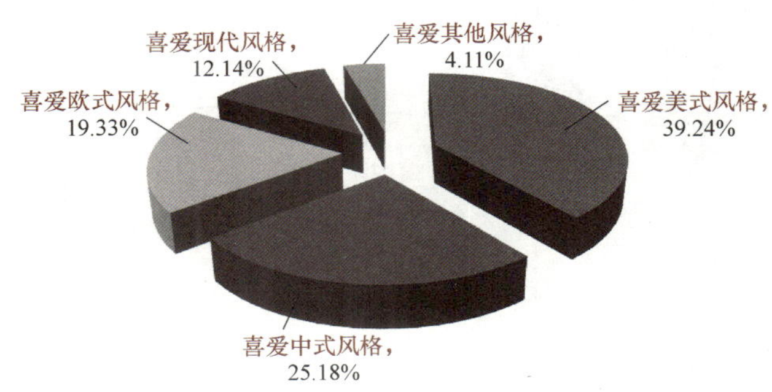

图 1-3-9　北京别墅市场消费人群对别墅风格的喜好

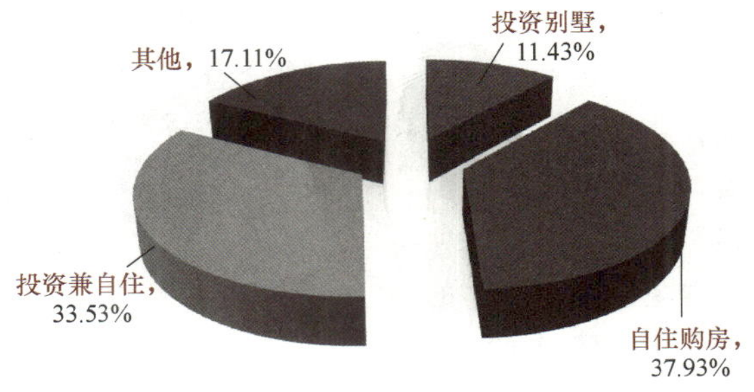

图 1-3-10　北京别墅市场消费人群购买别墅的动因

3.3 天津别墅市场

1997年，以花园别墅、翠泉别墅为代表的首批别墅项目上市，与同期投放市场的高档涉外公寓一起填补了天津地产行业高端住宅的空白，开启了天津别墅市场的发展历程。

在天津别墅市场上，别墅项目以一个同心圆的规律进行城市分布，大多是围绕着城市环线进行发展的。在天津，不是所有的环线区域都适合做别墅，可以做别墅的地方，有些是依靠交通条件，有些是依靠所谓的资源条件，所以说别墅实际上是以板块形式来出现的。

天津的别墅项目比较复杂，社区实际上非常分散，所以主要是依靠土地的资源形成别墅板块。因为每个板块都有一些自身的特点，所以别墅项目的竞争都是各个项目所在板块不同资源、不同特色的竞争。

天津别墅市场根据与市中心的距离共分九大板块，其中：城市别墅包括中心城区板块、梅江南板块；近郊别墅包括后梅江板块、东丽湖板块、空港板块、西青板块；远郊别墅包括宝坻蓟县板块、津南板块、团泊湖新城板块。

1. 别墅市场成交走势

截至2011年3月，天津别墅市场受到政策调控影响，市场出现速冻期。成交和供应量均较2010年同期以及上月有明显下降，同时均价小幅上扬。

（1）成交数量（图1-3-11）。

（2）成交价格（图1-3-12）。

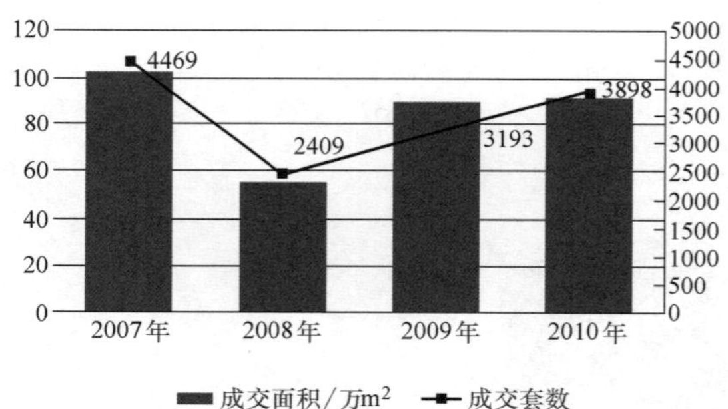

图1-3-11 天津市2007~2010年别墅成交面积与套数

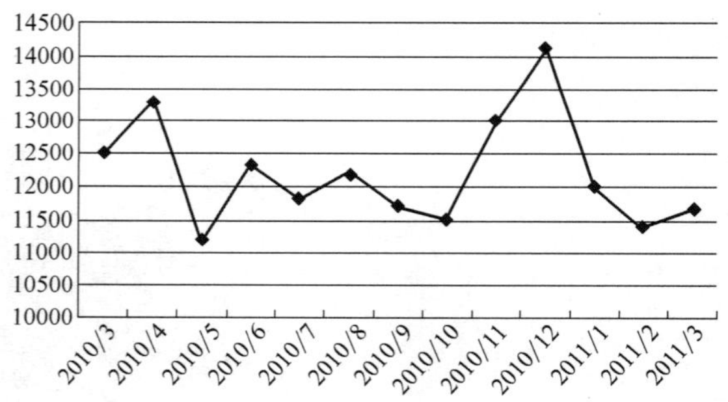

图1-3-12 天津市2010年3月~2011年3月别墅成交均价走势

（3）成交区域（图1-3-13）。

（4）政策调控对天津别墅市场的影响（图1-3-14）。2010年，经历了起起伏伏，楼市再度承载了一个相对高位的运行空间，随着2011年的天津楼市开启，面对整体的天津住宅及商业化的产品，“国八条”以及地方版限购令陆续出台。随着“津十条”的出台，对于住宅产品的限购已经影响到了住宅及别墅产品的销售量。且政府加大了对保障房的建设和供给力度。政府紧缩政策的潜在不确定性明显减少了新开盘项目的数量，特别是抑制了高级住宅市场的新增供应和潜在需求，价格的增速开始放缓，且交易量现冷。

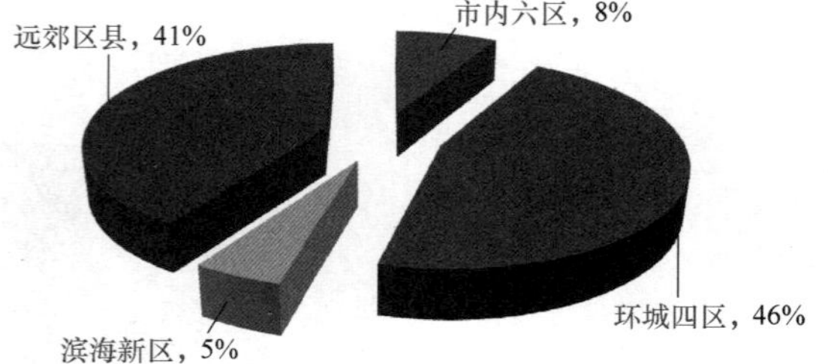

图1-3-13 天津市2010年别墅成交各区占比

（5）别墅市场存量（图1-3-15）。截至2011年6月，天津商品住宅共454个，其中包含别墅产品项目的个数达到100个。占整体楼盘放量的18%。在这100楼盘中：纯别墅项目有52个，占别墅总量的52%，住宅中包含别墅产品的项目有48个，占别墅总量的48%；2011年新增别墅项目个数为12个，占别墅总量的12%。

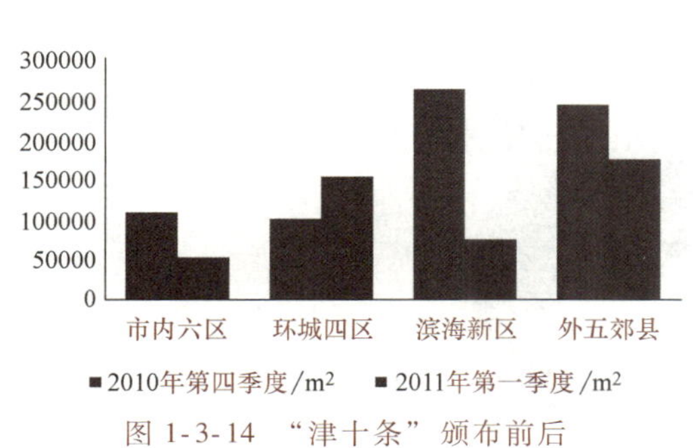

图1-3-14 “津十条”颁布前后天津别墅市场成交面积比

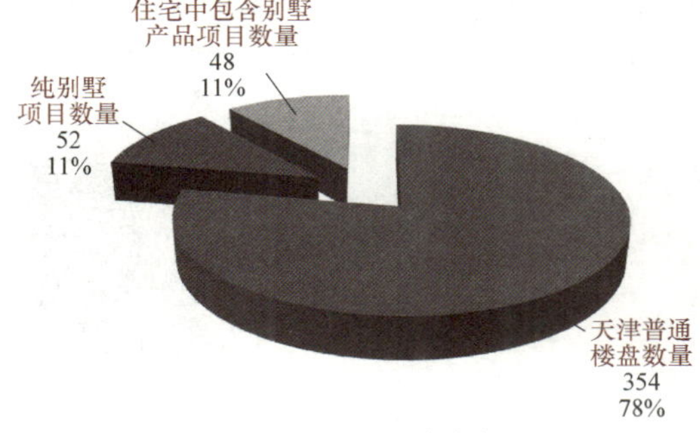

图1-3-15 天津市场别墅存量比例

与市区别墅相比，近郊别墅占了更多的自然资源。据监控数据可知，放量前三甲的区域分别为西青、东丽、滨海三大区域，分别占别墅总量的15%、13%、13%。津南别墅的占有量也达到了11%的大比例（图1-3-16）。

据监控数据可知，联排别墅占总体别墅放量的40%；双拼别墅占总体放量的20%；叠拼别墅达到10%（图1-3-17）。

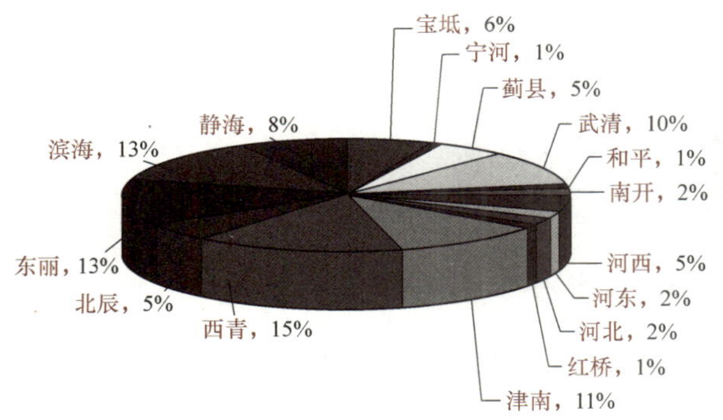

图1-3-16 天津别墅市场存量区域分布比例

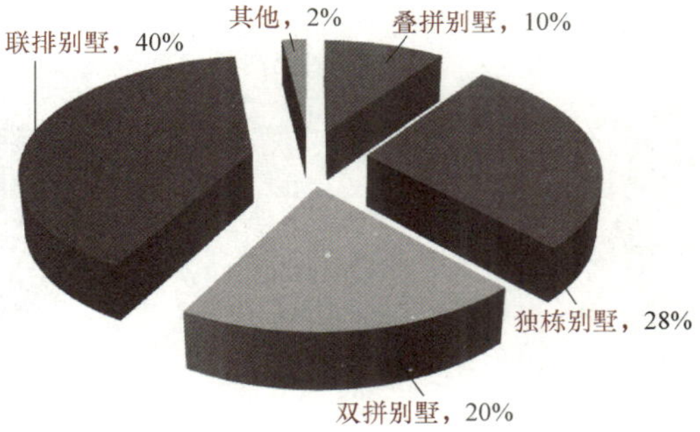

图1-3-17 天津别墅市场存量类型分布比例

2. 别墅销售渠道和信息传播渠道

（1）销售渠道。

1）房地产直销模式。顾客直接从开发商销售部门取得所需物业的营销渠道方式，称为直销或自销。由于房地产产品不经过任何中介直接从开发商流向消费顾客，实际运作中体现诸多的优势和特点：直销模式可以使开发商更及时、准确地掌握顾客的购买动机和需求特点；使开发商更好地控制销售成本以及管理成本。

2）委托给专业代理公司的代理销售模式。开发商委托房地产代理商寻找顾客，顾客再经过代理商中间介绍而购买物业的营销渠道方式，就是委托代理销售模式。其优势主要体现为：简化了商品市场的交易活动，节约开发商和顾客共同的时间和精力；分散了开发商开发房地产的风险；代理商一般都有较多的销售业务员和更为广泛的客户关系，将产品更快地推向市场并为顾客了解，实现房地产商品的销售。

(2) 传播渠道。现在天津房地产营销有多种传播渠道，主要形式有：平面广告、视频广告片、软文广告、户外广告、网络推广、公关活动、楼书、宣传册等。

3. 天津人群消费偏好

根据市场调研数据，从了解别墅信息渠道的习惯、购买别墅最关心的因素、对别墅风格的喜好以及购买别墅的动因，这四方面来了解天津别墅市场消费人群的偏好。

(1) 了解别墅信息渠道的习惯（图 1-3-18）。

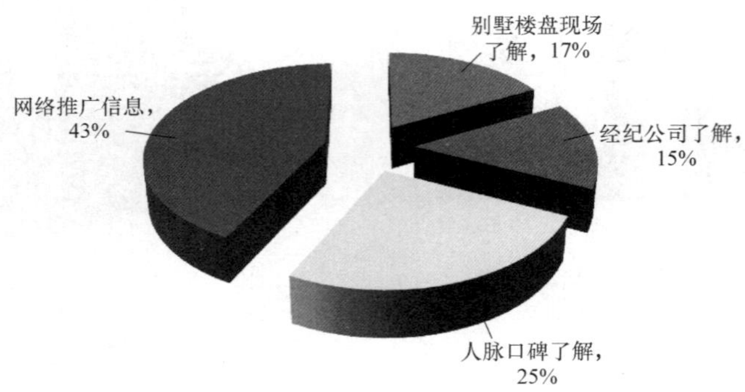

图 1-3-18　天津别墅市场消费人群了解别墅信息的渠道

(2) 购买别墅最关注的因素（图 1-3-19）。

(3) 对别墅风格的喜好（图 1-3-20）。

(4) 购买别墅的动因（图 1-3-21）。

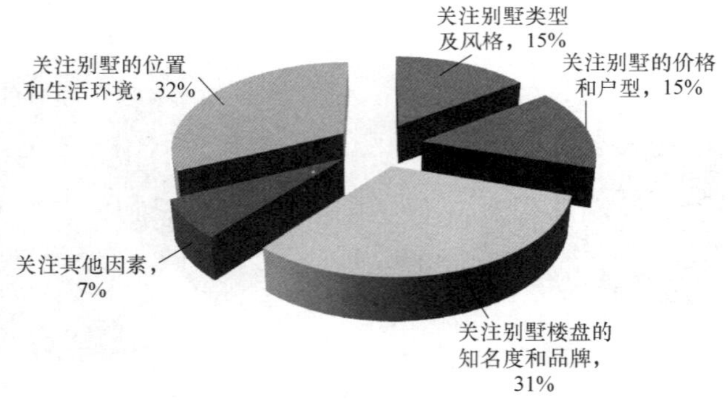

图 1-3-19　天津别墅市场消费人群购买别墅最关注的因素

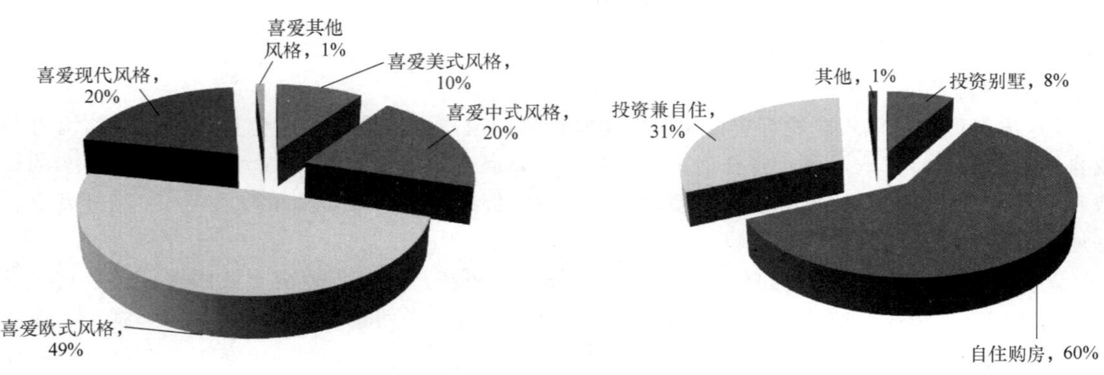

图 1-3-20　天津别墅市场消费人群对别墅风格的喜好

图 1-3-21　天津别墅市场消费人群购买别墅的动因

第四部分 竞争者分析

在当前我国房地产市场趋于复杂的情势下，国家政策不断地推陈出新，作为新入市的项目一定要审时度势，缜密分析市场大势，从不同层面审视，切切实实做到知己知彼，尤其要做到“知彼”，即竞争者的强项优势，分析市场需求空白，才能准确出击、稳操胜券，最终成为项目开发的赢家。

玉石庄别墅项目地处“京津唐”金三角核心地带，位置冲要、环境优美、人文深厚、交通便利、都市远郊，这些优势的含金量为项目注入了许多活力。别墅作为稀缺产品，具有明显的抗跌性和保值性。针对玉石庄别墅项目如何成功运作，我们把目光转向北京、天津及其周边正在运作和即将运作的别墅项目，分析这些竞争者方方面面的状况，为玉石庄别墅项目的目标市场定位找准入市时机和营销宣传运作等工作的确定提供科学依据和决策参照。

4.1 竞争者总体分析

2011年初以来，我国房地产市场调控政策频出，住宅的成交量出现明显下滑。尽管别墅的购买需求也在一定程度上受到抑制，但别墅作为稀缺产品，整体呈现量减价增的趋向。玉石庄别墅项目的目标市场及消费者主要锁定于北京、天津及周边的高端人群及较有实力的团体组织。从总体上看，能够和玉石庄别墅项目形成竞争关系的项目，最直接的竞争者及潜在竞争者集中于该区域在售和待售的别墅项目。现将主要竞争者分析如下：

1. 北京别墅项目竞争分析

截至2011年7月底，北京市独栋存量2265套，面积约117万m^2，全市独栋分布区域共计12个区，其中按独栋套数划分，存量较大的分别为顺义区、昌平区、大兴区，依次存量分别为730套、485套和316套，共占据了67%。

市场供应决定着项目的整体竞争环境。从“2010~2011年北京别墅新增供应走势”图（图1-3-22）可以看出，新增面积的数据点在新增套数之上，9月的新增预售房源主要为大户型别墅。9月北京别墅市场供销比为3.48：1，市场呈现供大于求的局面。

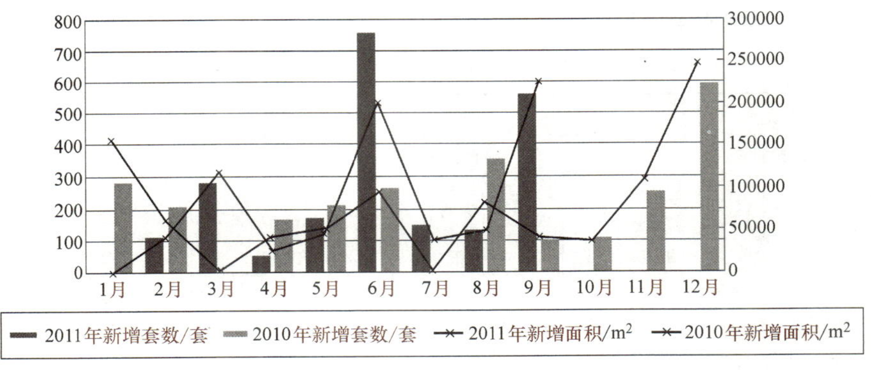

图1-3-22 2010~2011年北京别墅新增供应走势

供应量增加：在北京别墅市场中，2011年9月北京别墅市场有6个项目获批准预售（表1-3-1），新增预售套数共561套，环比增加334.88%，同比增加450.00%；新增预售面积为225432.44m^2，较8月增加174562.32m^2，环比上涨343.15%，同比2010年9月增加448.49%。

表 1-3-1　2011 年 9 月北京 6 个获批准预售别墅项目

项目名称	新增套数/套	新增面积/m^2	建筑类别	所属别墅区
京基鹭府	199	92005.06	联排、双拼	亚奥京北别墅区
温哥华森林·北郡	70	22552.38	独栋、联排	亚奥京北别墅区
远洋·天著	66	26701.68	联排	亦庄开发区别墅区
江南山水	43	11872.26	联排	东部泛 CBD 别墅区
天恒·半山世家	34	10104.35	独栋	怀密别墅区
首创·澜茵山	149	62196.71	独栋	怀密别墅区

2011 年 9 月，北京别墅市场在售的主要项目销售均价排行见表 1-3-2。

表 1-3-2　2011 年 9 月北京别墅市场在售的主要项目销售均价排行

排名	所属别墅区	项目	成交均价/(元/m^2)
1	亚奥京北别墅区	金科王府	66121
2	西山别墅区	檀香山别墅	55116
3	中央别墅区	丽宫	51340
4	亚奥京北别墅区	润泽庄园	50425
5	亚奥京北别墅区	东方普罗旺斯	41276
6	东部泛 CBD 别墅区	龙湖·蔚澜香醍	39816
7	西山别墅区	燕西台	38842
8	城南阳光别墅区	中海九号公馆(御龙府)	35832
9	亚奥京北别墅区	温哥华森林·北郡	32574
10	中央别墅区	誉天下二期誉皇殿	32054

2011 年 9 月，北京别墅市场共有 44 个项目实现成交，成交量大幅减少。9 月，累计成交别墅 146 套，成交面积 5.3 万 m^2；别墅成交均价为 25200 元/m^2，环比 8 月有小幅上涨。

单价上升：北京别墅市场错失“金九”后，2011 年 10 月迎来逆转。10 月，北京市累计成交别墅 314 套，创下 2011 年以来的高点。10 月北京别墅市场成交均价为 24510 元/m^2，环比 9 月小幅下跌。10 月别墅销售排行榜中第一的誉天下项目前期宣传预售均价为 35000 元/m^2，实际成交均价仅为 22000 元/m^2 左右；排名第二成交 50 套的中海尚湖世家成交均价为 16900 元/m^2，比预期也有大幅下滑。2011 年 10 月北京别墅的销售套数、销售面积、销售金额的排行榜见表 1-3-3，能够和玉石庄形成竞争关系的可略见一斑。

表 1-3-3　2011 年 10 月北京别墅市场相关排行榜

北京别墅								统计时间:2011 年 10 月			
销售套数排行榜				销售面积排行榜				销售金额排行榜			
排名	项目名称	区县	成交套数/套	排名	项目名称	区县	成交面积/m^2	排名	项目名称	区县	销售金额/万元
1	誉天下	顺义	129	1	誉天下	顺义	50460	1	誉天下	顺义	112070
2	上湖	昌平	53	2	上湖	昌平	24080	2	上湖	昌平	40770
3	温哥华森林	昌平	19	3	万通天竺新新家园	顺义	6130	3	远洋花园	朝阳	30700
4	万通天竺新新家园	顺义	16	4	温哥华森林	昌平	4840	4	紫玉山庄	朝阳	13950
4	龙熙顺景	大兴	16	5	远洋花园	朝阳	3680	5	万通天竺新新家园	顺义	13090
6	富力丹麦小镇	大兴	12	6	龙山新新家园	怀柔	3610	6	温哥华森林	昌平	10780
7	远洋天著	大兴	8	7	远洋天著	大兴	3300	7	远洋天著	大兴	10150
7	远洋傲北	昌平	8	8	龙熙顺景	大兴	3160	8	丽宫	顺义	7430
9	龙山新新家园	怀柔	7	9	远洋傲北	昌平	2800	9	龙山新新家园	怀柔	6620
9	君山高尔夫别墅	密云	7	10	富力丹麦小镇	大兴	2530	10	远洋傲北	昌平	5550

2. 天津别墅项目竞争分析

2011年，天津房产项目中别墅项目可谓异军突起，各具特色的建筑风格、丰富的产品类型跃入人们的视野中，成为天津房产的一大亮点。别墅市场走势好，目前市场上别墅项目不少，独栋别墅极为稀缺，依据国家政策别墅用地禁批以后，这种稀缺的态势会越来越明显，这样下来土地供应的断档造就了别墅项目的稀缺，尤其是独栋别墅更是将成为珍藏品。据相关统计数据显示，2011年天津市别墅产品供应量充足，并形成了团泊湖、东丽湖、天嘉湖、双港、津港公路沿线等较为集中的别墅板块。

2011年，天津有20个左右的别墅项目入市销售。就目前天津别墅分布情况来看，出现近郊板块别墅集中放量。与市区别墅相比，近郊别墅占了更多的自然资源。天津别墅项目放量前三甲的区域分别为西青、东丽、滨海三大区域，依次占别墅总量的16%、14%、14%。津南的别墅的占有量也达到了12%的大比例（图1-3-23），在近郊形成的版块如团泊湖、东丽湖、天嘉湖等受到热捧。

对于别墅产品，据统计市场上双拼、联排、叠拼等经济型别墅因其总价低而成为众多中产阶层青睐的选择。联排别墅占总体别墅放量的37%；双拼别墅占总体放量的19%；叠拼别墅达到15%。这些近郊的经济型别墅的平均价值在300万~500万元（图1-3-24）。

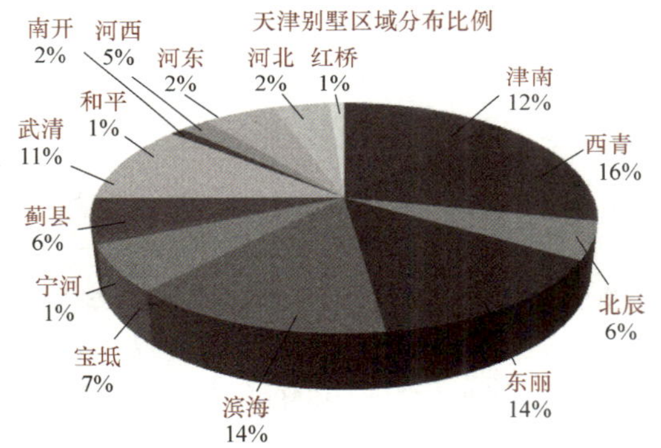

图1-3-23　2011年天津别墅区域分布比例

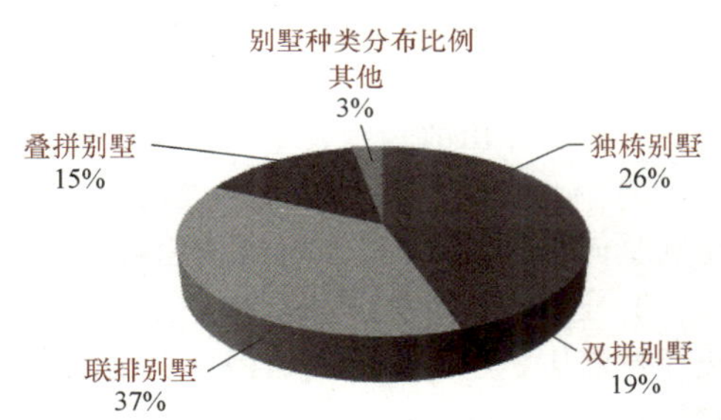

图1-3-24　2011年天津别墅种类分布比例

天津远郊别墅分析如下：

区域：远郊别墅规模大，容积率低，并且拥有自身明显的特色，因交通距离上的抗性让本类产品一般成为第二居所。

价格：独栋产品价格在20000元/m^2左右，双拼、联排面积区间在150~260m^2，作为总价区间相对较低的产品形成了充分的补充（表1-3-4）。

表1-3-4　2011年天津别墅市场部分项目情况

项目名称	销售价格	别墅类别	户型面积	套数	备注
京津新城	10000~13000元/m^2（200万元起/套）	独栋、联排	190~430m^2	1600	剩350套
盘龙谷	14000元/m^2（500万元起/套）	独栋	420~500m^2	108	—
星耀五洲	25000元/m^2（900万元起/套）	独栋、联排	300~900m^2	326	剩40
东丽湖万科城	13000元/m^2（350万元起/套）	联排、双拼	260~400m^2	260	剩180套
朗巨天城	12000/m^2（230万元起/套）	联排、双拼、叠拼	206~266m^2	60（二期）	剩34套
团泊湖光耀城	11000元/m^2（200万元起/套）	联排	230~360m^2	300	还剩100套
中惠团泊湾	11000元/m^2（300万元起/套）	联排、独栋	280~400m^2	300	还剩220套

总结：远郊别墅主要集中在宝坻、蓟县板块、津南板块、东丽板块、团泊湖板块，主要产品类型以独立、联排为主，联排面积以150~260m^2为主，独栋别墅为200~900m^2，联排销售价格

为10000~15000元/m²，独栋别墅售价为20000元/m²左右，叠排别墅售价为8000~11000元/m²。

4.2　个案分析

面对竞争激烈的房产市场，并结合玉石庄别墅项目的具有特征，筛选出对玉石庄别墅项目构成竞争关系的在售和待售项目，做出相对科学精准的分析，条分缕析，为玉石庄别墅项目的准确定位做足文章和准备。

1. 盘龙谷文化城项目

（1）地理位置。盘龙谷文化产业城位于环渤海经济圈核心腹地，天津蓟县盘山国家5A级风景区西坡五盆沟景区内。项目西距北京市53km，南距天津市区110km，东临唐山市100km，北到承德市200km。本项目居住配套面积38万m²，共计1345套住宅。目前有在售项目，是玉石庄别墅项目的最直接竞争者。

（2）总体定位。盘龙谷总体定位为以影视文化产业为核心，力图打造影视基地、音乐基地、艺术创作基地与传媒总部基地四大产业基地。空间布局分为"一轴+四区"，即文化产业轴、文化创意区、配套服务区、艺术家聚落和人才培育基地。

"亚洲梦工厂，东方好莱坞"，是战略大旗，作为项目的价值核心来贩卖。

身居高位，视界大有不同。(定位)

风光千年醉王侯，不是真龙不入谷。

名流时代，谁将入主盘龙谷？

不是所有靠山的别墅，都是山谷别墅。(产品)

（3）户型概况。蓟县盘龙谷文化城三期星梦工坊别墅在售，容积率为0.5，绿化率为50%，联排别墅面积为220m²，类独栋别墅面积为268m²。

（4）配套设施。配合庞大的产业规模，项目还将打造各类产业配套设施，如观礼剧院、五星级商务酒店、超五星级度假酒店、山泉SPA、国际学校、双语学校、医院；国际品牌步行街、大型体验式shopping mall、餐饮酒吧等商业配套；符合国际赛事标准的山地高尔夫、室外网球场等运动配套。

（5）交通介绍。驾车沿京平高速可直达本项目，30分钟抵达首都机场T3航站楼，50分钟抵达北京东五环。沿蓟平高速50分钟，可抵达天津城区。并计划开通24小时不间断往返京津城区的穿梭巴士，解决园区与京津市区的联系以及项目内各区块的联系。

（6）开发商介绍。该项目由绿地集团和华人文化集团联手打造。绿地集团是中国企业500强和中国房地产龙头企业之一，华人文化集团是中国文化产业的行业龙头企业之一。

（7）四周道路。东：盘山风景区核心区界线；南：许家台乡；西：蓟县与平谷交界处；北：山区。

（8）其他参考信息：

城区——蓟县

板块——风景旅游区

地址——蓟县盘山国家5A级风景区西坡五盆沟景区内

价格详情——均价8800元/m²

开发商——绿地集团、华人文化集团

建筑类型——联排别墅

物业类型——别墅

方位——外环外

容积率——0.5

绿化率——50%

物业公司——高力国际物业管理公司

物业费——二期 3.80 元/m^2 · 月

车位数——二期 216 个

交通状况——京平高速或津蓟高速，至蓟平高速，西距北京 T3 航站楼 53km，距离北京市区 70km，南距天津市区 110km，东临唐山市 100km，北到承德市 200km。

投资商——上海绿地集团、华人文化集团

2. 恒大金碧天下项目

恒大金碧天下项目在售，是玉石庄别墅项目的直接竞争者。位于 5A 级风景区盘山脚下，地处首都地区腹心地带。京平高速转津蓟高速延长线、津蓟、京沈三线纵横交汇，距北京只有 80km 路程，35 分钟即可到达北京中心城区。

恒大金碧天下项目位于紫禁城龙脉东段延伸线上，山脉走势起伏有序，北高南低，三面环山一面临水。恒大金碧天下项目总规划面积近万亩，一期在 1000 亩原生山地之上，构筑 20 万 m^2 生态别墅，10 万 m^2 配套设施，产品主要以独栋、双拼、联排为主，15 种户型；原生欧洲皇家园林的设计理念；五星级酒店、国际会议中心、运动中心、健康中心、娱乐中心、饮食中心、商业中心，配套设施齐全。

城区——蓟县

板块——风景旅游区

地址——蓟县盘山国家 5A 级风景区内

售楼地址——津蓟高速延长线出口

均价——12000 元/m^2

开发商——恒大地产集团

建筑类型——独栋别墅，双拼

物业类型——别墅

建筑面积——300000m^2

占地面积——666670m^2

开盘时间——2010 年 6 月

入住时间——2011 年 12 月 30 日

方位——外环外

装修情况——毛坯

产权年限——70 年

付款方式——银行按揭贷款，一次性付款

容积率——0.47

绿化率——52.25%

物业公司——金碧物业，戴德梁行担当顾问

物业费——3 元/m^2 · 月

车位数——每户独立车位，公共车位 120 个

车位配比——1

饮用水——集中供水

供暖方式——分户壁挂炉

交通状况——项目周边已有津蓟高速、京沈高速、102国道和即将通车的京平高速，以及盘山路、石佛镇、津蓟高速延长线和盘富庄村。

销售代理——易居中国

投资商——恒大地产集团

景观设计——上海园林工程有限公司、山水比德景观设计有限公司

3. 团泊湖光耀城项目

天津团泊湖光耀城属二期待售项目，由天津光耀投资有限公司旗下天津团泊置业有限公司开发建设，位于天津市静海县团泊镇，地块西临津王公路，北侧和南侧均为规划道路，东侧为待开发用地。项目南侧眺望天津大学仁爱学院，西北侧为部分已开发的温泉度假村及高尔夫球会。项目总建设用地约1000亩，一期项目规划总占地面积8.2万m^2，其中计入容积率建筑面积为6.07万m^2，容积率0.77，绿化率45.1%，建筑密度25%。

城区——静海

板块——团泊湖

地址——天津市静海区团泊镇

售楼地址——南开区红旗南路582号濠景国际A座6层

价格详情——二期均价待定

开发商——天津团泊置业有限公司

建筑类型——联排别墅

物业类型——别墅

建筑面积——一期项目规划总占地面积8.2万m^2

占地面积——1000亩

开盘时间——2011年8月

入住时间——2012年

方位——外环外

装修情况——毛坯

付款方式——银行按揭贷款，一次性付款

容积率——0.77

绿化率——45.1%

交通状况——卫津路延长线

销售代理——世联地产

4. 万科朗润园项目

万科朗润园是天津别墅的待售项目。位于天津市芥园西道与外环线交口西行1.5km处。朗润园社区内将建造400余套联排别墅，均有前庭后院，是万科天津首次将别墅落户西部的项目。项目的正式接待中心将于2011年8月上旬开放，并将有三个实体示范单位开放，供到访者参观感受。朗润园项目总设计师为肖楠先生。

城区——西青

板块——中北镇

地址——天津市芥园西道与外环线交口西行1.5km处

均价——26000元/m^2

价格详情——待定

开发商——天津中天万方投资有限公司

建筑类型——联排别墅

物业类型——别墅

建筑面积——75000m²

开盘时间——2011 年 10 月

入住时间——预计 2012 年

方位——外环外

装修情况——毛坯

产权年限——70 年

付款方式——银行按揭贷款，一次性付款

绿化率——40%

总户数——400 套

物业公司——天津万科物业服务有限公司

物业费——3.5 元/m²

饮用水——市政供水

供暖方式——壁挂式采暖

交通状况——现有新津杨公路、外环线、西青道、芥园西道、复康路；未来随着西半环快速路、地铁二号线曹庄站、京沪高速铁路等的相继建成，所处区域将形成立体交通动线，使项目与市区的交通联系更加紧密，出入市区更加便捷。

5. 懿品府项目

懿品府项目位于密云县果园街道西大桥路 38 号（北院），距离密云水库仅 6km，距北京城区 65km，距首都国际机场 40km，周边交通便捷。

城区——密云

地址——密云县果园街道西大桥路 38 号（北院）

售楼地址——密云县滨河路 138 号（太杨家园小区大门口南侧）

价格详情——别墅均价 15000 元/m²

开发商——北京密狮房地产开发有限责任公司

建筑类型——别墅

物业类型——别墅

建筑面积——71341.52m²

占地面积——26480m²

户型面积——二期 200~400m² 联排和叠拼别墅

开盘时间——2010 年 10 月~2011 年 7 月 2 日

入住时间——预计 2012 年 5 月 1 日

方位——东北六环以外

装修情况——毛坯

容积率——2.0

绿化率——31.5%

物业费——待定

车位费——待定

车位数——240 个

供暖方式——集中供暖

采暖费——待定

6. 海阔·水岸花项目

海阔·水岸花别墅项目距北京三元桥约70km，1小时车程。项目叠层及平层别墅共288套，地上四层地下一层，配备电梯，一梯两户，顶层为复式结构，首层下跃结构，户型从130~230m^2供业主选择，12m超大面宽，户户朝阳。本项目着眼于经济快速发展之后的高端客户对于休闲的迫切需求。

城区——密云

地址——密云县密溪路西侧（白河公园北约200m）

售楼地址——密溪路西侧（白河公园北约200m）海阔水岸花别墅会所

价格详情——均价16000元/m^2

开发商——海阔地产

建筑类型——叠拼别墅、联排别墅

物业类型——别墅

建筑面积——66977m^2

占地面积——42987m^2

户型面积——220~253m^2叠拼别墅，320m^2左右联排别墅

开盘时间——2010年10月1日

方位——北六环以外

装修情况——精装

产权年限——70年

付款方式——银行按揭贷款，一次性付款

容积率——1

绿化率——35%

总户数——288套

物业公司——待定

物业费——3.5元/m^2

车位费——待定

车位配比——1：0

饮用水——市政供水

供暖方式——分户式燃气炉，风机盘管系统

采暖费——待定

交通状况——项目距三元桥约70km，1小时车程经高速到达项目所在地

销售代理——北京大地顾问

建筑设计——UDS联合设计北京笙竹装饰设计有限公司

建筑施工——北京建工一建工程建设有限公司

景观设计——北京源树景观设计事务所

7. 京基·鹭府项目

京基·鹭府项目坐落于北京昌平区北七家镇中心，紧邻定泗路南侧，通过立汤路、京承高速两条城市干道的连通，京承高速北七家出口以西1000m，通达北京CBD的时间仅为20分钟左右，经机场北线15km畅达首都国际机场。别墅旨在打造北京当今仅有的城市湿地豪宅生活圈。本项目总户数为194户。

该项目建筑面积 61800m^2，占地面积 86700m^2，项目三面环绿一面环水，项目西侧拥有 22.7 万 m^2 私家公园，南侧紧临城市极度稀缺的生态资源——1600 亩海鹊落湿地公园，公园水体面积达到 20 万 m^2，绿地面积 76 万 m^2，自然资源极其丰富，是北京最大的城市生态绿地之一。

城区——昌平

地址——昌平定泗路与东北路交界处，京承高速北七家出口以西 1000m

售楼地址——昌平区京承高速北七家出口向西

板块——机场高速

最高总价——1500 万元

最低总价——1200 万元

开发商——北京京基房地产开发有限公司

户型面积——410~560m^2 双拼别墅

建筑类型——独栋别墅，双拼，联排

物业类别——别墅

建筑面积——61800m^2

占地面积——86700m^2

开盘时间——2011 年 11 月

入住时间——2013 年

方位——东北，五环至六环

城铁沿线——5 号线

装修——毛坯

产权年限——70 年

容积率——0.7

绿化率——35%

总户数——194 户

物业公司——北京京基物业管理有限公司

物业费——6.8 元/月·m^2

采暖方式——燃气壁挂炉

交通状况——项目紧邻定泗路南侧，通过立汤路、京承高速两条城市干道的连通，通达北京 CBD 的时间仅为 20 分钟左右，经机场北线 15km 畅达首都国际机场。

8. 金科·西府项目

金科·西府项目位于北京市昌平九华山庄向东 300m，传统的小汤山温泉度假区核心位置；南侧紧邻北六环，东距京承高速 3km。项目产品为 125~230m^2 平排别墅和叠排别墅，建筑形式为法式宫殿风格，配以精心雕琢的社区宫廷园林，从而形成风格浓郁的法式温泉别墅群。项目位于奥北地区不可多得的顶级生态豪宅住区。项目东、北两侧临近温榆河的支流葫芦河，两水蜿蜒交汇，生命被自然浸养。更兼之小区内部百余株百年以上树龄的参天古树，使得整个项目成为一个名副其实的依山傍水之地。在项目周边，遍布成熟居住社区和高档休闲设施，如纳帕溪谷、龙脉温泉度假中心、小汤山疗养院、九华山庄等。种种得天独厚的条件保证了项目优厚的人居价值，是重视居住理念、崇尚品质生活的人们上佳的选择。

城区——昌平

板块——京昌线

地址——昌平小汤山九华山庄东 300m 路南

售楼地址——昌平小汤山九华山庄东 300m 路南

价格详情——均价 20000 元/m²，最低总价 260 万元/套

开发商——北京金科纳帕置业有限公司

物业类型——平排别墅、叠排别墅

建筑面积——99200m²

占地面积——79000m²

开盘时间——12~24 号楼 2011 年 10 月 23 日开盘

入住时间——2013 年 9 月

方位——北六环以外

产权年限——70 年

付款方式——银行按揭贷款，分期付款，一次性付款

容积率——1.26

绿化率——35%

总户数——651 户

物业公司——金科物业管理公司

物业费——3.00 元/(月 · m²)

车位配比——1∶1

饮用水——温泉入户，市政供水

交通状况——南侧紧邻北六环，西距帕提欧项目仅 1km 之遥，东距京承高速 3km。

投资商——金科股份

4.3 竞争者分析综述

别墅作为稀缺产品，具有明显的抗跌性和保值性，越来越成为财富的聚集地。通过对北京及天津别墅市场的整体分析及个案分析，可以得知现有楼盘的各种优势，但直接和玉石庄远郊别墅项目形成竞争关系的除了盘龙谷和金碧天下项目外，在天津市场别的别墅项目都不构成同类项目的直接威胁，只存在分流潜在客户的可能。在北京别墅市场，远郊别墅项目虽有存在，但具有玉石庄各种优势资源的项目并不存在，北京在售和待售别墅项目同样存在分流潜在客户的可能。

主要竞争性别墅项目的相关数据见表 1-3-5。

表 1-3-5 主要竞争性别墅项目数据

项目名称	地址	户型	容积率	绿化率	价格	开发商	销售状态
盘龙谷文化城项目	蓟县盘山国家 5A 级风景区西坡五盆沟景区内	联排	0.5	50%	8800 元/m²	绿地集团、华人文化集团	阶段性盘尾
恒大金碧天下项目	蓟县盘山国家 5A 级风景区内	独栋，双拼	0.47	52.25%	12000 元/m²	恒大地产集团	在售
团泊湖光耀城项目	天津市静海区团泊镇津王公路	联排	0.77	45.10%	待定	天津团泊置业有限公司	待售
万科朗润园项目	天津市芥园西道与外环线交口西行 1.5km 处	联排	—	40%	26000 元/m²	天津中天万方投资有限公司	在售

（续）

项目名称	地址	户型	容积率	绿化率	价格	开发商	销售状态
懿品府项目	密云县果园街道西大桥路38号(北院)	联排和叠拼	2	31%	15000元/m^2	北京密狮房地产开发有限责任公司	在售
海阔·水岸花项目	密云县密溪路西侧（白河公园北约200m）	叠拼和联排	1	35%	16000元/m^2	北京大地海阔房地产开发有限公司	在售
京基·鹭府项目	昌平定泗路与东北路交界处,京承高速北七家出口以西1000m	独栋、双拼、联排	0.7	45%	25000元/m^2	北京京基房地产开发有限公司	在售
金科·西府项目	昌平小汤山九华山庄东300m路南	平墅和叠排别墅	1.26	35%	20000元/m^2	北京金科纳帕置业有限公司	在售

第五部分　别墅消费者分析

5.1　别墅市场细分

别墅的价格之高非一般中低产阶层可以承受，因此，别墅主要的客户群体还是集中在高收入人群和具有实力的机构组织。这些买家都积累了殷实的物质财富，具有购买别墅的经济基础。同时，他们对别墅有着各种强烈的购买动机，或是因为自身生活品位需求、居住要求等，或是看中别墅的保值增值潜力。

1. 细分方法

本项目周边主要消费市场——京津冀区域别墅市场的客户群中，仅个人消费者而言也是高收入人群。根据《2011财富报告白皮书》，中国大陆千万富豪（资产过千万）的人数已达96万人，北京有17万位千万富豪，排名第一。京津冀区域为富豪集聚区之一，占据了21.0%（表1-3-6、图1-3-25）。

表1-3-6　2011年京津冀地区千万富豪分布情况

	北京	天津	河北	全国
人数	170000	16000	15500	960000
增长率	12.6%	10.3%	6.9%	9.7%

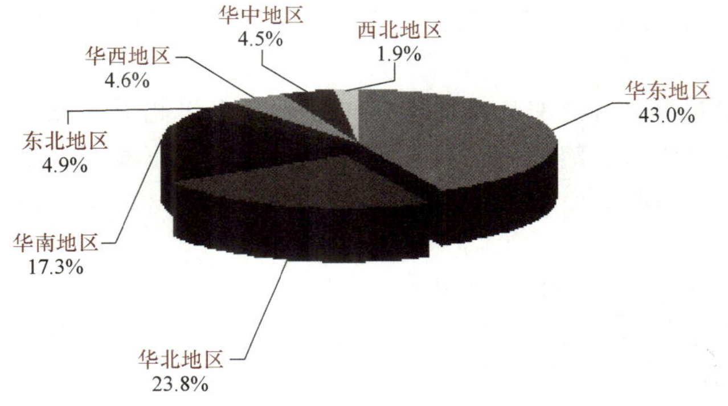

图1-3-25　2011年全国千万富豪分布情况

对这些群体（京津冀区域别墅市场）的细分研究，主要可以从法人类型、行业、职业、文化水平、生活方式、购买动机和行为等维度对总体市场进行市场细分。其中，主体类型主要分为机构客户和个人客户（包括家庭）。其中个人客户职业主要可能有企业主和投资者（私营企业主、公司总裁、公司股东、企业投资者）、高级经理人（包括跨国公司 CEO）、高知识技术人员（会计师、律师、高级工程师）、演艺界人士、建筑承包人，其购买动机可能涉及居住、休闲、养生、度假、办公（创作灵感）、商务、投资、出租等，其生活方式可能包括紧追潮流时尚、理性但仍尾随潮流、趋于保守等方式。

2. 细分类别

根据获得的专项抽样调查数据分析，并结合国内外知名市场研究机构的相关数据，最终将别墅客户群体划分为以下 6 个细分市场，并作进一步的说明（图 1-3-26）。

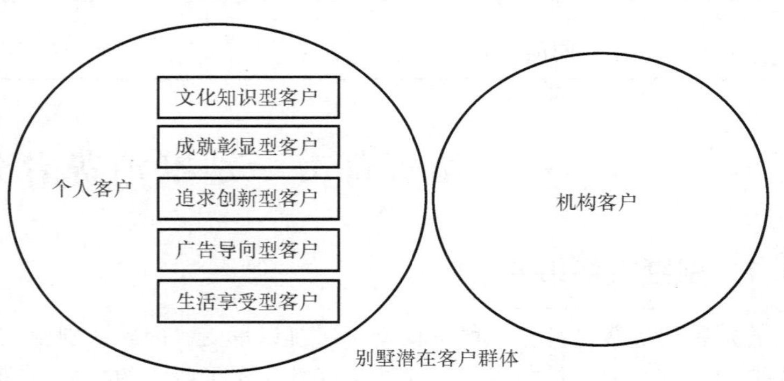

图 1-3-26　别墅市场细分示意图

(1) 机构客户。这类细分市场客户是机构组织，一般为两类：一是党政机关、事业单位（包括大型国企单位）以及他们的业务关联企业，购买别墅等作为高层领导人等的培训中心（主要用于度假、休养）或者接待等；另一类是公司企业等商业机构，主要是用于创意工作和特殊接待等，或也有看中别墅未来升值空间用于投资，一般拥有多套别墅，不仅限于一个地区楼盘。

(2) 文化知识型客户。这类细分市场客户一般学历水平较高，有着海外留学、培训和教育的经历，个人和家庭收入水平均较高，同时对艺术和各地文化感兴趣，喜欢接触大自然和到有文化氛围的地方去。

(3) 成就彰显型客户。这类细分市场客户一般以男士居多，30~55 岁人群为主，个人收入水平高，多为企业/公司的老板和高管，视工作为事业，希望被视为领导并能得到各界人士的关注和尊重。这类客户偏向于稀缺资源占有型客户，购买别墅主要用于居住和会客。

(4) 追求创新型客户。这类细分市场客户一般以 25~40 岁的年轻人为主，个人和家庭收入水平较高，有着较高文化教育水平，一般有着海外留学、培训和教育经历，担任公司老板/董事长的比重较高，喜欢挑战、独特、新奇和变化，紧追潮流时尚，偏好房地产等高价值高风险投资。这部分客户最看重的是别墅的保值增值潜力，他们把占有稀缺资源的别墅当作投资品。他们特别关注别墅的物业维护及别墅周边区域成熟度。

(5) 广告导向型客户。这类细分市场客户一般学历水平相对较低，个人和家庭收入相对较高，经常阅读报纸及杂志中的广告，信任广告中的商品，以私营老总、个体户、演艺人士为主，希望成为潮流时尚的上层名流，得到各界人士的关注。这类客户购买别墅主要用于居住和会客。

(6) 生活享受型客户。这类细分市场客户一般讲究生活的舒适，偏好安静、自然和养生。他们购买别墅主要用于自住，而且看中居所的环境及舒适度。一般为两类人群：一类为长期处于高压工作状态下的高知识人群，购买别墅主要用于度假、休闲；另一类为老年人群，购买别墅主要用于养老。

5.2　目标市场分析

在对细分市场描述的基础上，运用GE分析法（注意将行业吸引力指标替换为市场吸引力指标，两者具有一定通用性，项目的资源条件，包括资金），对细分市场进行对比分析，进行优先级排序，并确定目标市场（注意可能不止一个细分市场）。

1. 别墅目标市场确定方法——GE分析法

玉石庄房地产项目组和相关专家组，通过对玉石庄房地产项目和别墅细分市场的深入了解和剖析，决定选择GE分析法作为目标。

市场选择工具。针对玉石庄房地产项目，依照可行性和科学性原则，通过头脑风暴法选定市场吸引力因素和楼盘项目竞争力因素指标，并通过AHP层次分析法计算得出各因素权重（重要性）。

GE分析法是按照市场吸引力和楼盘项目竞争力两个维度来评估各细分市场并最终确定细分市场为目标市场。同时，每个维度分三级，分成九个格以表示两个维度上不同级别的组合。

（1）市场吸引力因素和权重（表1-3-7）。

表1-3-7　市场吸引力因素与权重

市场吸引力因素	权重	市场吸引力因素	权重
市场容量	0.30	竞争对手	0.15
市场增长率	0.20	市场进入	0.15
盈利性	0.20		

（2）楼盘项目竞争力因素和权重（表1-3-8）。

表1-3-8　项目竞争力因素与权重

项目竞争力因素	权重	项目竞争力因素	权重
知名度	0.05	生活便利性	0.09
楼盘均价	0.08	商务功能	0.05
区域位置	0.08	产品品质	0.10
文化资源	0.15	营销能力	0.12
生态资源	0.18	财务资源	0.10

2. 细分市场分析和排序

依据收集的资料数据，各专家通过头脑风暴法针对六个细分市场分别评价各市场吸引力因素和楼盘项目竞争力因素的级数。其中，市场吸引力因素级别分为五级，数值1~5分别依次表示“绝对不吸引”“相对不吸引”“无结论”“相对吸引”和“绝对吸引”；楼盘项目竞争力因素级别也分为五级，数值1~5分别依次表示“绝对不重要”“相对不重要”“无结论”“相对重要”和“绝对重要”。

（1）六个细分市场的市场吸引力分析（表1-3-9、表1-3-10）。

表1-3-9　六个细分市场的市场吸引力分析

市场吸引力因素 \ 细分市场	权数	机构客户	文化知识型客户	成就彰显型客户	追求创新型客户	广告导向型客户	生活享受型客户
市场容量	0.30	5	4	4	3	2	3
市场增长率	0.20	3	5	4	3	2	4
盈利性	0.20	4	4	3	3	5	5
竞争对手	0.15	3	4	4	2	4	4
市场进入	0.15	3	4	4	3	5	3

表 1-3-10　六个细分市场的市场吸引力

细分市场	市场吸引力	细分市场	市场吸引力
机构客户	3.80	追求创新型客户	2.85
文化知识型客户	4.20	广告导向型客户	3.35
成就彰显型客户	3.80	生活享受型客户	3.75

（2）玉石庄房地产项目在六个细分市场中的竞争力分析（表 1-3-11 和表 1-3-12）。

表 1-3-11　六个细分市场的项目竞争力分析

项目竞争力因素 \ 细分市场	权数	机构客户	文化知识型客户	成就彰显型客户	追求创新型客户	广告导向型客户	生活享受型客户
知名度	0.05	5	2	4	4	5	2
楼盘均价	0.08	4	3	4	5	3	2
区域位置	0.08	5	1	4	5	3	2
文化资源	0.15	2	5	3	4	2	4
生态资源	0.18	3	4	3	4	2	5
生活便利性	0.09	3	3	4	4	4	4
商务功能	0.05	5	1	4	4	1	1
产品品质	0.10	4	5	5	5	3	5
营销能力	0.12	1	4	3	2	4	4
财务资源	0.10	2	4	2	2	3	4

表 1-3-12　六个细分市场的项目竞争力

细分市场	项目竞争力	细分市场	项目竞争力
机构客户	3.05	追求创新型客户	3.82
文化知识型客户	3.59	广告导向型客户	2.88
成就彰显型客户	3.45	生活享受型客户	3.71

（3）玉石庄房地产项目 GE 矩阵。依据玉石庄房地产项目的市场吸引力和项目竞争力绘制 GE 矩阵，如图 1-3-27 所示。

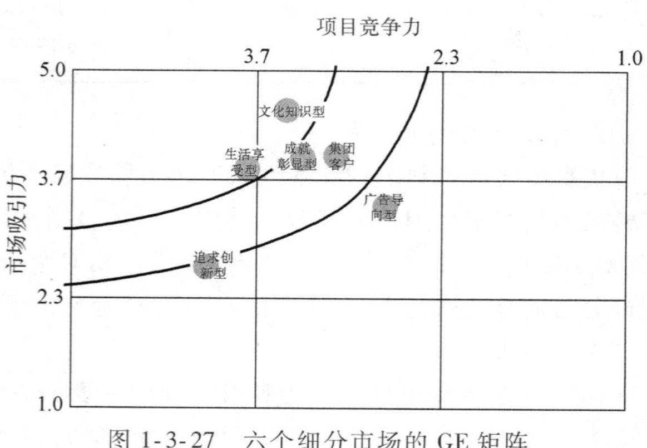

图 1-3-27　六个细分市场的 GE 矩阵

以等效曲线划分六个细分市场，得出玉石庄房地产项目细分市场优先级。文化知识型客户、生活享受型客户为一类客户群体（文化知识型为主）；机构客户、成就彰显型客户为二类客户群体；追求创新型客户、广告导向型客户为三类客户群体。

六个细分市场的目标性排序见表 1-3-13。

表 1-3-13　六个细分市场的目标性排序

市场优先级	细分市场	市场优先级	细分市场
1	文化知识型客户	4	成就彰显型客户
2	生活享受型客户	5	追求创新型客户
3	机构客户	6	广告导向型客户

5.3 文化知识型客户

文化知识型客户较为突出的特征是对艺术和各地文化感兴趣，极可能为此兴趣付出大量的精力和资金等。一般他们有着高学历水平，对艺术和文化有着较高的鉴赏能力，而且喜欢接触大自然，到充满文化气息的地方去，沐浴在文化氛围中，修养身心。

1. 购买力：以个人收入为主

文化知识型客户对于别墅的购买，一般依靠个人收入为主。大致分为两类：

一类是文化艺术家。这类客户京津冀地区人群较多，特别是北京（尤其在文化创意产业大发展的背景下）。北京是成熟的艺术家聚居地（如宋庄小堡村等艺术家聚集地），吸引了众多艺术家云集于此。据 2010 年胡润艺术排行榜，成交额前 50 名上榜艺术家有 32 位现居北京，比 2011 年增加 5 位。同时，一般知名文化艺术家的收入较高，有的艺术家一年的海外收入就能达到亿元以上，一年缴纳的个人所得税就高达 300 万元。这类文化艺术家除了自身作品拍卖所得外，还经常受聘于高等院校授课，有着较为稳定的收入，已经被各省区市地税部门视为同演艺、体育明星等一样受关注的高收入人群（表 1-3-14、表 1-3-15）。

表 1-3-14 北京市文化创意产业发展情况（除软件、网络及计算机服务外）

项目	从业人员平均人数/万人		资产总计/亿元		收入合计/亿元		增加值/亿元	
	2010	2009	2010	2009	2010	2009	2010	2009
合计	71.3	69.8	6718.6	5904.3	4626.0	3688.7	850.6	779.4
文化艺术	5.3	5.2	340.1	348.1	139.0	144.5	53.7	48.8
新闻出版	14.9	15.6	1065.9	970.7	620.3	565.8	171.8	159.8
广播、电视、电影	4.4	4.8	1235.8	1085.2	491.1	437.3	138.6	124.5
广告会展	10.1	9.4	847.6	705.3	971.7	777.0	127.4	98.5
艺术品交易	2.2	1.9	344.1	208.0	354.0	131.2	43.0	30.9
设计服务	10.9	10.0	1084.8	1042.6	343.9	245.3	84.2	76.4
旅游、休闲娱乐	9.9	10.3	577.5	553.0	458.4	440.7	69.5	60.7
其他辅助服务	13.6	12.6	1222.8	991.4	1247.6	946.9	162.4	179.8

表 1-3-15 天津市文化、体育和娱乐产业发展情况

年份	2010	2009	2008
生产总值/亿元	45.81	37.74	31.76
组织机构/个	748	690	690
从业人数/人	7751	7310	6824

另一类是喜好文化艺术，同时消费偏于理性但仍尾随潮流的企业高管层和投资人。企业占其所有资产的 65%。他们拥有 200 万元以上的自住房产，30 万元的汽车，以及 300 万元以上的可投资资产（包括现金、股票和其他投资）（表 1-3-16）。

表 1-3-16 四个行业高管年收入

行业	高科技行业	通信产品行业	房地产业	证券业
高管薪酬/年收入	60 万元	54 万元左右	20 万元	54 万~130 万元

2. 购买动机：癖好消费动机

文化知识型客户购买别墅，主要是出于他们内在的需要，除显性动机外，深层次的隐形购买动机对他们影响较大。

文化知识型客户对于别墅这一产品的购买是以癖好消费动机为主显动机的。这类客户尊崇“原则取向”的自我价值，在进行消费购买选择时主要由他们的信念和原则指导，而不是依据情感、事件或获得认可的愿望而做出取舍。一般而言，他们的购买动机为创意需要或者心灵寄托（图1-3-28）。

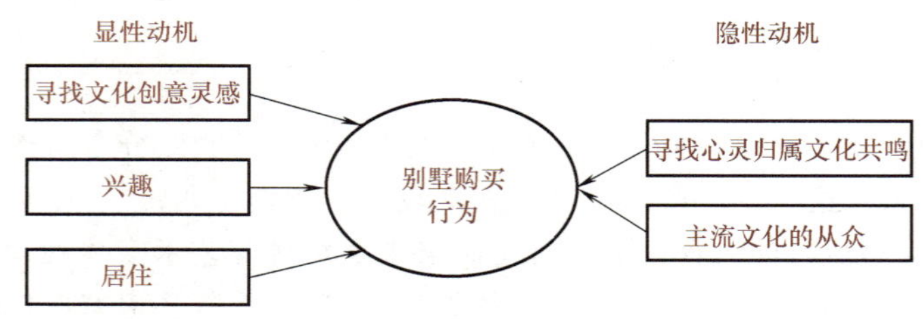

图1-3-28　文化知识型客户的消费动机

他们对购买别墅的价格、户型、住宅面积、容积率等没有较大偏好，对装修和住宅环境较为关注并且有着自己的独到看法和要求，更加看重周边文化氛围，比如周边住户人群（是否遵循同一文化价值）和社区文化（表1-3-17）。

表1-3-17　文化知识型客户的消费关注度

	价格	户型	面积	容积率	装修	外环境	周边住户	配套设施	社区文化
关注度	弱	弱	弱	弱	中	强	强	中	强

3. 购买行为

从购买时间来看，文化知识型客户一般为早期购买者或者是较早期购买者。一般会在文化氛围形成之后介入。

从购买信息渠道来看，这类客户倾向于朋友推荐（尤其是文化造诣上志同道合者的推荐）或者自身体验。

从购买方式和购买地点来看，他们会选择先到楼盘现场体验，或者直接购买二手房，或者在楼盘现场直接敲定。在购买方式上，可能略区别于其他群体，他们是最可能形成组团采购的群体（即合买一套别墅，或者同时购买多套）。

从购买数量来看，所购置的别墅可能不是他们首先拥有房产的住宅。

4. 购买影响因素：圈内群体+楼盘生态文化资源

这类客户群体对别墅的购买决策除了受朋友等社会因素影响较大外，还有自身体验，主要是周边文化和环境的感受。所以，对于这一潜在消费群体而言，影响其购买因素主要有：圈内（尤其是文化活动圈）评价，别墅楼盘周边生态资源，别墅楼盘周边文化资源。

5.4　生活享受型客户

生活享受型客户较为突出的消费特征是讲究生活的舒适，偏好安静、自然和养生。他们购买别墅主要用于自住，而且看中居所的环境及舒适度，这类群体与其他客户群略有不同，较为看重家庭生活，喜欢花较多的时间与家人在一起。同时，此类人群较为讲究饮食，喜欢健康积极的生活方式。

1. 购买力：以家庭收入为主

这类客户群体主要有两类人群（高知识专业人群、老年人群），相对其他群体而言，购买力较弱。这类人群购买别墅等商品一般依靠家庭力量和个人积蓄购买。

2. 购买动机：健康消费动机

生活享受型客户购买别墅这一产品，用作度假、休闲甚至养老的场所。深层次的购买动机就是追求健康和生活舒适，提高生活品质（图 1-3-29）。

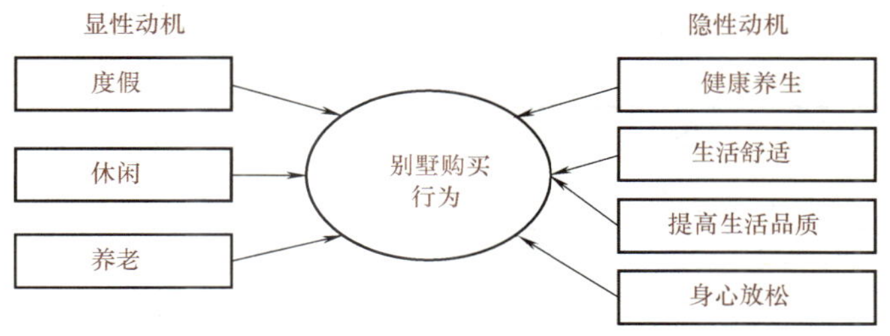

图 1-3-29 生活享受型客户的消费动机

所以，他们对购买别墅的价格、户型、住宅面积、容积率、装修、周边住户、社区文化等有要求但并不高，而是更注重别墅周边环境（生态环境）、配套设施（休闲娱乐设施）（表 1-3-18）。

表 1-3-18 生活享受型客户的消费关注度

	价格	户型	面积	容积率	装修	外环境	周边住户	配套设施	社区文化
关注度	中	中	中	中	中	强	中	强	中

3. 购买行为

从购买时间来看，生活享受型客户购买时间分布较为均匀，一般受限于自身资金实力。

从购买信息渠道来看，这类客户所信任的消息渠道较多，有广告、网络、人员销售、朋友推荐或者自身体验等，没有主要核心渠道。

从购买方式和购买地点来看，他们一般到售楼处购买，采用分期付款方式。

4. 购买决策影响因素：家庭因素为主

这类客户群体对别墅的购买决策除了对别墅本身产品和环境有要求指标外，还主要受到家庭影响。生活享受型客户群体一般为别墅购买决策的发起人。通常这类客户比较注重家庭，一般视别墅等为家庭共同财产。所以，别墅购买决策还是取决于其是否为该客户群体在家庭中的一般耐用消费品或大件商品。

5.5 机构客户

机构客户的别墅消费特征：决策时间长，购买量大。他们一般拥有多套别墅，而且不仅限于一个地区楼盘。

1. 购买力

这类客户群体，相对于个人客户（其他客户群体）而言，客户数量最多，而且购买力最强。如果对某个别墅楼盘满意，批量购买可能性最大。

2. 购买动机

机构客户购买别墅，主要是配合机构的某种特定使用功能，例如，文化公司的创意基地，用作接待、培训、疗养、度假、休闲的场所等；也可能有个别情况

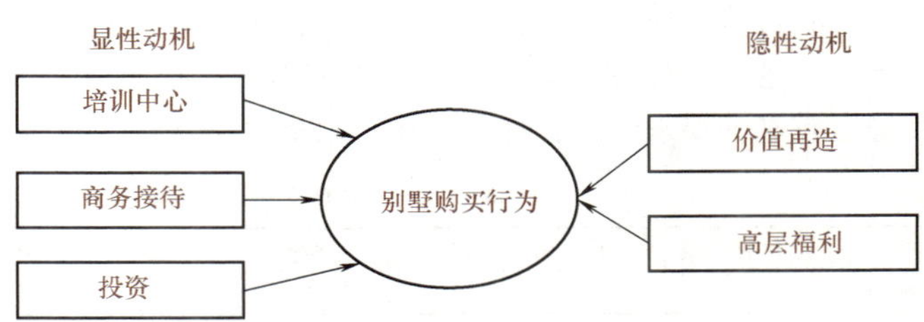

图 1-3-30 机构客户的消费动机

是纯粹看中别墅潜在价值，作储蓄投资之用。深层次的购买动机就是再创造价值（图1-3-30）。

不同用途对别墅的关注度也就不同。自用时，他们对所购买的别墅周边环境和配套设施有高要求，其他方面要求较弱些。而作为投资储蓄品，这类客户对别墅整体硬性指标都很关注，注重价格、面积、容积率、周边环境和配套设施等，会综合考虑是否值得拥有（表1-3-19）。

表 1-3-19 机构客户的消费关注度

	价格	户型	面积	容积率	装修	外环境	周边住户	配套设施	社区文化
自用	中	弱	中	中	中	强	弱	强	弱
投资	强	弱	强	强	弱	强	弱	强	弱

3. 购买行为

从购买时间来看，机构客户分布较为均匀。机构客户购买别墅的决策时间相对其他客户群体较长，是一个多决策者博弈的过程。

从购买信息渠道来看，这类客户所信任的消息渠道较多，有广告、网络、人员销售等，没有主要核心渠道。

从购买方式和购买地点来看，他们一般直接购买，而且购买形式较为复杂，除了直接货币购买外，还可能采用与开发商以其他形式的合同购买。同期的购买量也可能不仅限于一套。

4. 购买决策影响因素：领导者倾向为主

这类客户群体对别墅的购买决策除了对别墅本身产品和环境要求指标外，还主要受到高层领导者偏好影响。

同时，机构客户的高层领导者在整个购买决策过程中处于一个有限型决策状态。一般由高层领导者发起购买需求，下属员工依据高层领导者喜好收集信息筛选有限的备选产品（数量不多）以供高层领导决策。高层领导者依据简单的选择规则对相对较少的几个层面进行评价，决定购买。除非在使用过程中出现问题或者后续物业服务等不尽如人意，否则很少会对购买和使用进行评价。

5.6 成就彰显型客户

成就彰显型客户较为明显的特征是，一般以男士居多，30~39 岁人群为主，这类群体多为凭借自身努力发家，对社会尊重和自我实现的需求表象突出。视工作为事业，希望被视为领导并能得到各界人士的关注和尊重。整洁、礼貌、高雅等是他们所推崇的行为模式。

1. 购买力：以个人收入为主

这类客户群体，一般个人收入水平高，多为企业/公司的老板，大型企业集团、跨国公司的高层人士。他们拥有高额年薪、公司分红等来保证稳定的高收入。

2. 购买动机：地位成就动机

成就彰显型客户购买别墅产品，主要用于会客，将别墅作为工作的另一个场所（交际场所），兼有居住功能。希望借此来获得客户的认同，社会各界的尊重。这类客户尊崇“地位取向”的自我价值，他们的选择严重地受到他人行为、赞许和他人想法的影响（图1-3-31）。

所以，他们对购买别墅的户型、住宅面积、容积率、装修、周边住户、配套设施（商务设施）等有较高的要求，对社区文化关注较弱（表 1-3-20）。

表 1-3-20 成就彰显型客户的消费关注度

	价格	户型	面积	容积率	装修	外环境	周边住户	配套设施	社区文化
关注度	中	强	强	强	强	中	强	强	弱

3. 购买行为

从购买时间来看，成就彰显型客户群体相对其他客户群体偏晚。一般会在楼盘成为高端成功

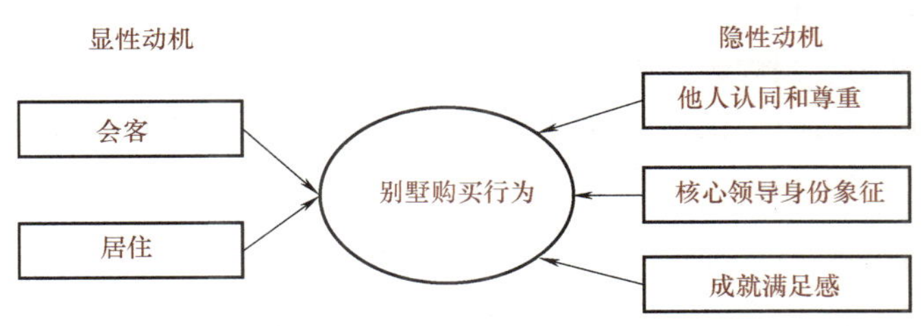

图 1-3-31　成就彰显型客户的消费动机

人士象征后介入。

从购买信息渠道来看，这类客户倾向于专业高档管理杂志广告、商务会所朋友的推荐等。

从购买方式和购买地点来看，他们一般直接与开发商联系购买，一次付款结清（也可能通过公司资金购买）。

4. 购买决策影响因素

这类客户群体对别墅的购买决策主要是受社会阶层对该别墅的评价影响，也就是别墅本身的品牌定位和品牌价值。

5.7　追求创新型客户

追求创新型客户较为明显的特征是，喜欢流行与时尚，消费决策比较率性而为，在投资过程中愿意冒一定的风险，不太恋家。偏好房地产等高价值高风险投资。

1. 购买力：家庭收入+个人收入

一般以 20~40 岁的年轻人为主，有着殷实的家庭背景，多为富二代、官二代，也包括少部分年轻的创业成功者。

2. 购买动机：利益驱使

一般而言，追求创新型客户最看重的是别墅的保值增值潜力，他们把占有稀缺资源的别墅当作投资品。大多数情况下，他们特别关注别墅的物业维护及别墅周边区域的成熟度（图 1-3-32、表 1-3-21）。

图 1-3-32　追求创新型客户的消费动机

表 1-3-21　追求创新型客户的消费关注度

	价格	户型	面积	容积率	装修	外环境	周边住户	配套设施	社区文化
关注度	强	强	强	中	弱	强	中	强	中

3. 购买行为

从购买时间来看，追求创新型客户一般为最早购买者。他们相信自己的眼光，希望以低价位早介入市场，借以在别墅升值期间转手获益。

从购买信息渠道来看，这类客户所信任的消息渠道较多，有广告、网络、人员销售、朋友推荐等，没有主要的核心渠道。

从购买方式和购买地点来看，他们一般到售楼处购买，采用分期付款方式。

4. 购买决策影响因素：别墅的升值空间判断

这类客户群体对别墅的购买决策主要是受自己对别墅的升值空间判断以及自己对利润的追求。

5.8　广告导向型客户

广告导向型客户消费的主要特征是具有较大的彰显财富的心理，一般以私营老总、个体户、演艺人士为主，希望成为潮流时尚的上层名流，得到各界人士的关注。

1. 购买力

这类客户群体个人收入较高，而且愿意购买奢侈品等高端商品。

2. 购买动机：彰显财富

广告导向型客户购买别墅这一产品，用作居住和会客的场所。他们购买别墅主要还是借此来彰显财富、提升自己身份地位（图 1-3-33）。

图 1-3-33　广告导向型客户的消费动机

所以，他们可能不惜花费大价钱，购买和打造一个体面的别墅。对别墅的文化资源并不在意，更在意的是别墅小区内所居住的其他客户的社会阶层是否为高端名流（表 1-3-22）。

表 1-3-22　广告导向型客户的消费关注度

	价格	户型	面积	容积率	装修	外环境	周边住户	配套设施	社区文化
关注度	弱	强	强	强	强	强	强	强	弱

3. 购买行为

从购买时间来看，广告导向型客户一般为较早期的别墅购买者。有统计数据表明，大量的一期别墅购买者为私营企业主。

从购买信息渠道来看，这类客户所信任的消息渠道较多，以广告为主，还有网络、人员销售、朋友推荐等，没有主要核心渠道。

从购买方式和购买地点来看，他们一般到售楼处购买，采用一次付款方式。

4. 购买决策影响因素：楼盘知名度

这类客户群体对别墅的购买决策主要是楼盘的知名度。

第六部分　玉石庄商业地产定位

6.1　市场定位

1. 目标市场选择

汇集专家咨询及问卷调查结果，综合全方位信息的整合及梳理、归纳，通过对市场的细分、比较、深入研究，并结合玉石庄别墅项目和其他竞争性别墅的分析，最终确定文化知识型客户和生活享受型客户应该作为目标客户群体，并以文化知识型客户作为核心目标客户。

把高端文化知识型客户作为核心目标客户，理由可以简要概括为如下：

第一，这是最有潜力的目标市场，北京作为全国政治、文化中心，积聚了全国首屈一指的文化知识型群体，目标市场的容量、质量足够，对天津乃至华北等地足够辐射。

第二，该项目的资源条件中最大的亮点是文化资源，包括了生态文化、皇脉文化、佛教文化、民俗文化、诗词文化、红色文化、养生文化等极为丰厚的文化资源。

第三，打造以文化为核心的高端价值，对机构客户、成就彰显型客户、追求创新型客户等同样具有较大的感召和吸引。

2. 目标客户描述

（1）人群特点。教育程度较高，高收入，有一定的知名度和社会地位，有一定的交际圈子，但比较注重个人隐私和生活品质，注重文化，看重养生。

（2）职业。多数为文艺创作者、自由作家、文化创业者以及文体明星等，也包括从事或追求文化品位的企业主、高级管理者、乐意享受郊居休闲的生活者，多为富豪与明星。

（3）行为特点。善于接触“郊居文化”，理解城市空心化的未来趋势，是崇尚安逸、闲暇、自由生活的理想消费者，同时，他们也追求事业顶峰，力求在工作中获取更优异的业绩，以博得上级、同事、亲属、朋友的支持与赞许。他们比较注重家庭布置与和谐，喜爱招待朋友和同事，并试图努力在事业与家庭之间寻找平衡。

（4）购买动机。希望摆脱普通生活和杂务的干扰，渴望高品质的生活质量，注重心灵体验和文化共鸣，有利于文化创意，重视健康养生和家庭幸福，保护个人隐私，渴望自然生态环境，又需要有物业服务保障，满足家庭休闲娱乐和居家需求，同时也是对自己的肯定和对美好生活的向往。也有一定程度是出于二次置业或投资的需要。

（5）购买形态。理智成熟的选购态度，十分注重产品的性价比，特别是在文化品位和文化氛围方面，在购买决策前容易听取亲朋好友的建议，但更有自我决断力。购房时较看重环境、配套及物业管理等。

（6）媒介形态。报纸、电视、休闲杂志是其重度消费媒介，媒体中新闻、文化、保健、旅游、体育等是最为关注的内容。因其外出活动频率一般，户外广告及看板对其影响不易确定。

6.2　产品定位

1. 功能价值

别墅作为产品，其产品定位的核心是功能价值的定位。本项目别墅，针对目标客户要实现两个最大的功能价值：

一是，文化的价值，来自文化体验与心灵共鸣，即文化归属感。

二是，便利的价值，来自生活便利与促进事业，即人生舞台感。为此，拟定如下功能价值描述：

“比江南更灵动的盘山志!”

“特供懂得享受人生品位的人!”

“最贴近繁华的心灵净土!”

“比邻都市繁华，纯然休闲境界!”（备选）

“有品位的成功者的休闲生活空间——都市边缘的纯然休闲庄园。”（备选）

该别墅不仅是“心灵净土（纯然的休闲境界）”，有文化归属感，也“最贴近繁华（比邻都市繁华)”，有人生舞台感。

成功的文化知识型名流，渴望拥有一块真正属于自己的休闲式社会交往和融入自然的居住环境，使他们可以在轻松而无拘无束的环境和气氛中与各界名流，在笑谈中寻找灵感和建立友谊，增进人生体验和事业圈子，得以在网球场或桌球室笑谈财富与人生，在花园式的居室里享受抚爱和亲情。

他们除了追求高尚休闲、文化品位和轻松娱乐的生活方式外，也需要面对子女的教育问题，对长辈的赡养，对健康的渴望，对度假的需求，对浪漫的怡情等。同时，城市的喧嚣与拥挤、嘈杂、污染、交通等问题使成功人士和中产阶级们烦扰，他们要寻找新的生活空间。

2. 产品属性

依盘山腹地而建的别墅，有“山庄”别墅、“合院”别墅和“田园”别墅，从产品属性上看，是山脚过渡带的别墅组合，它体现富有、有闲的生活家们对别墅居住的心灵回归，对土地的膜拜，代表一种更优质的生态、环保、养生的居住方式。

在盘山景区，有风景旅游地产的属性。根据本身的稀缺资源，将以生态环境建筑作为项目的总体设计理念。以人与自然的亲和沟通，居住者生活环境品质的改善，有效地组织人们的活动空间为主要设计目的。

在北京郊区，有都市休闲度假别墅的属性。项目由其地理位置的优越和北京市的城市功能辐射的加强以及发展前景，加之把人和自然的语言凝练成建筑语言，进行标志性建筑的理念缔造。

紧贴玉石庄，有农庄别墅的特点。

项目将按照“文化品位，生态环境，别墅度假，养生会所”等进行设计，营造一个与城市相区别、与自然环境相亲和的人居环境，并体现高品位的文化知识型群体，实现“自我价值”的理想家园。

6.3　品牌定位

1. 核心价值

出，则读取繁华，创造人生精彩；

入，则安于净界，温存心灵真意！

这是切换自如的天然、健康、积极的生活模式，超越所谓形式上的亚假日生活模式，更超越机械的“5+2”生活模式，展现一种积极的、有文化内涵的高尚生活方式，尽显文化品位，同时配合广告语“享受生命的真意”来打动目标客户的心灵。其特点是：

（1）居住人群是有文化品位和文化追求的中高端人士。

（2）不单纯是二次置业人士，有文化情怀，寻心灵归宿。

（3）不是完全意义上的单纯居所（第一居所），有深厚的文化功能。

（4）带“移动”办公性质又有假日休闲性质的生活模式。

（5）在休假功能上休假日多于法定假日，在工作功能上周工作日少于国家法定工作日（每周少于5天）的生活居所。

（6）地处优美的环境中，如山、水、景等。

（7）住宅产品的设计更看重业主的休闲功能与文化特质。

（8）别墅的配套设施更能满足休闲的娱乐性、文化的创意性，项目的容积率比较低。

（9）在结构形式上以独栋别墅为主，兼有联排别墅、低层住宅形式。

（10）居住地与城市距离不超过100km，车程在60分钟以内。

2. 别墅案名

重点推荐五个案名，按推荐力度排序说明如下。

（1）方案一：盘山志·润园。解读：

“盘山”，作为该项目的最大亮点和卖点，作为该项目的所有资源中最可识别的标签，把因盘山而积淀的自然生态、历史文化、人文情韵等价值都一一带出，直接标记在该项目的名称中，取得最大的宣传效应和沟通效率。

“志”，是历史记录和岁月积淀，指寓含着盘山的丰厚历史文化；是现实全景和综合表达，浓缩了盘山的独特地域精华；是积极奋斗和美好愿景，彰显着宏图大志、创造着伟大成就；有“士”有“心”，人杰地灵，精神丰满，文化充盈，善聚善居之佳地。

“润”，滋润之地，润泽万物，水盛而润，润植物，有松有果；润石成景，有奇峰，有怪石；润身，有大氧吧、健康水、绿色农业、北少林武功等；润心，静谧幽雅，佛心抚润，文心雕龙；润家，美好家园；润业，良好事业；润泽后代，福及子孙，家园世代兴旺。

“盘山志”，尽取天赐之精华，舒张心灵，取向阳刚；“润园”，专注地域之呵护，滋润生机，趋向阴柔；两相脚注，阴阳平衡，和谐共进。

据此，“早知有盘山，何必下江南”，宣传自然而效果自成。

（2）方案二：盘山志。解读：

方案一的简约版。舍弃“润”，虽弱化“润泽”主义，但更聚焦于“盘山志”本意，可延伸解读为更广阔的空间，更进取和阳刚，少了阴柔之气。不过，略显单薄和空泛。

据此，“早知有盘山，何必下江南!”，宣传自然而效果自成。

（3）方案三：御江南。解读：

“江南”，一派江南温情、婉约、浪漫、幽雅、诗画、富足、悠闲的风格与情韵，实为北国之稀奇和渴求，反显其珍。“山庄”“合院”和“田园”均采用江南徽派，是为适得其所。

“御”，一为皇家气象，尊贵所在，契合皇派文化；二来有“统御”“压制”之意，赛过江南之意，更好地吻合了乾隆名句“早知有盘山，何必下江南!”，宣传自然而效果极佳。

（4）方案四：紫润缘。解读：

“紫”，朝气、天然、荣贵，代表天，阳而不烈，以“阳”蕴“阴”，正气焕然；①从方向讲，紫气东来、大道将至！朝气，希望；②从颜色讲，红得发紫，含有绿色、青色之意，阳光下发紫，代表阳光下的天然；③从“紫禁城”到“紫润园”，从皇宫到皇郊，一路向东，皇家紫气一脉相承，乾隆文字、顺治赐名、唐太宗诗句，都显荣贵紫气；④佛有紫气，以紫为上，常有佛寺兴旺、紫气缭绕；⑤紫松为吉祥之松，紫石为吉祥之石，紫水为吉祥之水；⑥家居有紫，为徽派别墅多了些家庭紫色，趋于浪漫、富贵、天然、温馨、兴旺；⑦事业大紫大红，趋于自信、成就、尊严、成熟、兴盛。

“润”，根育、滋润、颐养，代表地，阴而不寒，以“阴”孕“阳”，生机盎然；①水润，滋润生机，湖水、圣水、溪水、麦饭石水——四水环绕，恬静而安宁，水能滋体，又可润心；②地润，地势滋润万物，天然物成，勤作物产，绿色农产，滋养身体；③松润，大氧吧，负氧离子，净化心肺；④石润，物自天成，绝品奇观，纯净自然，石趣成灵，沐浴人心；⑤佛润，清净旷达，涤荡心灵；⑥家润，温馨、舒适、健康，润于人；⑦雅润，文化润于心，诗词、乾隆文字等；⑧健润，少林健身，强身健体，身心俱润；⑨幽润，幽静清闲，静谧而沉稳，悠悠颐养；⑩润身润体，润心润肺，润人润己。

“缘”，化缘、修缘、聚缘，代表人，阴阳和谐，道法自然，薄厚悠远；①缘，谐音于八缘（园/院/圆/愿/原/源/苑/渊），各有蕴意，家园/院落/圆满/心愿/归真存本/来头/生机/深度）；

②化缘，自然结缘，先天性，被动性；③修缘，自觉结缘，后天性，主动性；④聚缘，成功聚缘，综合体现；⑤成缘，阴阳平衡，功德圆满，和谐健康，人生足于斯；⑥水缘、石缘、松缘；⑦口缘、眼缘、鼻缘、心缘；⑧皇缘、佛缘（东五台山、72寺庙）、道缘；⑨天缘、地缘、人缘；⑩因缘悦缘。

（5）方案五：卧龙府。解读：

“龙”，彰显皇家文化，体现荣贵气象；“卧”，指休养生息，积蓄能量。“卧龙府”，又与“盘龙谷”相呼应，低调含蓄却不同凡响，更胜一筹。

意指“飞龙在天，卧龙在野”，泛指高端人士不凡举止。

以下其他参考案名，仅供参考：

玉灵山庄

龙泉别墅

龙泽庄园

龙庐

禅灵懿庭

灵水龙盘

六悦秀庭（注：六悦包括悦景、悦情、悦人、悦心、悦灵、悦己）

微云轩

御盘山水

秀灵盘山

玉麒麟

灵动江南

龙望居·朗润

紫润庭园

紫灵韵

朗润苑

和润山庄

玉润园

3. 别墅“润园”解读

文化主题定位是该项目的画龙点睛之笔，源于文化主题的内涵与寓意直指目标客户群的文化品位追求，精准的定位能够驱动潜在客户的购买欲望。

基于盘山风景区丰厚的文化底蕴及玉石庄特殊的地域风貌，别墅定名为“润园”。

“润园”集盘山人文龙脉之大成，开皇家田园生态之先导，占京津冀、环渤海之地利，汇聚世界高端人群之人和，润和今生，泽被后世，演绎生命传续薪火图腾愿景，书写和记录人生豁达、清净、灵空之轨迹。

“润园”是包含养生的精神家园，身心回归生命的本意；注重生态文化对身心灵的养育；汲取佛教文化对精神世界熏陶的智慧；传承皇家文化对生命天地主宰博大胸怀的尊贵。

“润园”演绎面对渤海，安居山林，仁智兼备而精神生活通达世界的生活景象，将现实生活意境化、艺术化、雅致化。

4. 品牌形象

“盘山志，慢生活的诗意栖息地！”

“宁静致远，而又积极作为。”

"一个最贴近繁华的心灵净土!"

"一个比邻都市繁华的纯然休闲境界!"

"一个有品位的成功者的休闲生活空间——都市边缘的纯然休闲庄园。"

一走进"盘山志·润园",节奏立即就慢了下来,包括心跳,凝神定步,空气中弥漫着负氧离子、水分子和幽悦的音符,让你油然而生一种不一样的感觉,有点温馨、有点放松,有点沉醉,有通身的愉悦,有心灵的甘润……这里有恬静,有灵动,有畅快,有舒爽,有生活,有艺术,有美,唯独没有压力和凌乱。

我们修身(少林功夫、传统锻炼等),我们养性(自然、佛法等),我们结缘(积极地生活,家庭生活,朋友等)。

5. 宣传口号

"早知有盘山,何必下江南!"

"盘山志,志在天下;江南景,景居盘山"

"一个最贴近繁华的心灵净土!"

"盘山有志,就在盘山志!"

"享受生命的真意。"

"灵动江南!"(御江南)

第七部分　玉石庄商业地产建议

7.1　产品包装建议

围绕项目定位,要对产品进行系统的、精心的包装,其中产品组合、产品配套、文化主题包装、产品生命周期管理值得特别重视。

1. 产品组合

对108栋别墅要进行系统组合,三个系列"山庄"别墅、"合院"别墅和"田园"别墅,既要具有统一特色,又要各显系列特点,乃至为每一栋别墅设定特意。

2. 产品配套

注重产品的后期维护、保养,以细心、精致、安全的服务来满足居住者的生活需求,在保证绝对原生、自然的基础上,实现居住的安全性、私密性和舒适感,从周边道路交通、供水供电、采暖、安防多方面,提升产品的附加属性和增值。

3. 文化主题

必须给每栋别墅注入文化和心灵,根据每一栋的具体条件和特殊性,确立差异化识别点,并将之主题化,寓意适当的文化标签,提升文化品位。每一栋别墅都是独特的,都是有个性的,都要区别对待、用心包装。

4. 生命周期

在整个楼盘的销售过程中,往往分为投入期、启动期、成长期、成熟期和衰退期,在不同的阶段,每一栋别墅都应有相应的产品策略,要适时而动,价值最大化。

7.2　品牌塑造建议

品牌塑造主要是做好品牌的设计和传播两大部分工作,真正把产品做成品牌,树立品牌影响力和品牌价值,实现项目目标。

1. 品牌设计

围绕项目的品牌定位，应进行品牌的核心价值、案名、宣传口号、软文解读等理念系统和效果图、示范图、销售场等视觉系统的具体设计，品牌要素齐全，突出鲜明的品牌特色，形成独特的品牌形象。

要有积极的创意，拉近品牌和目标消费者之间的沟通距离和心灵距离，充分体现品牌核心价值。

2. 品牌传播

要制订完善的品牌传播方案，建立高效的品牌传播系统。

传播方式要有效组合，除了高性价的媒体策略外，还要注重针对性强的公关活动，要有精准的专题性，不要搞大众化的活动。

广告策略，在广告的主题、广告诉求点、广告策划上下功夫和创新，实现精准、高效的广告效力。

7.3　营销管理建议

项目的营销管理是系统工程，涉及包括产品和品牌在内的诸多方面，再次特别强调价格策略、促销策略和销售策略。

1. 价格策略

针对所有楼盘制订具体的价格体系，合理科学，要较好地反映市场价值，体现品牌定位，有利于推进销售逐步进行。在不同的销售周期，价格策略要适当调整。实现整体收益最大化。

2. 促销策略

谨慎和灵活使用促销方式，包括价格折扣、有奖销售、联合促销、展销会等多种方式。并且不同的销售阶段，促销策略不同。

3. 销售策略

销售推广的方式，要根据特定的目标市场灵活展开，包括在销售渠道、销售队伍、销售服务、销售流程等方面要合理有效，不可简单模仿。

（北京龙行天下传媒文化有限公司）

【报告点评】

《天津蓟县玉石庄项目市场调研与定位分析报告》是一篇典型的总体策划定位报告，其中所用的分析方法、定位方式、行文格式等是典型的方法之一。此报告先分析自身情况、整体市场情况以及市场客户消费情况，其次对竞争性项目进行详细分析，再进行项目总体定位，最后补充其他后期运营与营销方面的建议，运用“了解自己、摸清对手、把握市场、锁定需求、精准定位、全面把控”的策划思路。再次，此报告中对目标市场和客户群的分析相当详细与周密，这对项目策划和定位的把控提供了有力的支撑点，使之项目定位更吻合市场和需求。

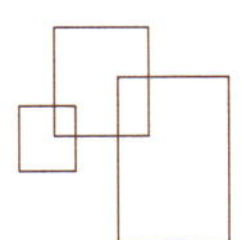

四、辽宁沈阳中海国际社区8A#地定位报告

报告目录

报告正文

第一部分　项目概况

1.1　地块主要经济指标

8A#地容积率为：2.66%（表 1-4-1）。

表 1-4-1　地块主要经济指标

8A#地块(住宅)技术经济指标		数值	单位
用地面积		32028.33	m^2
总建筑面积		100084.48	m^2
地上总建筑面积		85084.48	m^2
其中	住宅	78552.48	m^2
	住宅商业网点	6532	m^2
地下总建筑面积		15000	m^2
容积率		2.66	
机动停车位		468	辆
其中	地上	93	辆
	地下	375	辆

1.2　地理位置及自然环境（图 1-4-1）

项目 8A#地块位于项目最东北端，相对偏远，远离项目核心，东侧紧邻广电园（未动工），未来将依附项目整体配套，南侧紧邻 8B#地中海国际商业中心，西侧为待开发地块（非中海用地），北侧远眺浑河。

图 1-4-1　项目环境图

1.3　配套情况（图 1-4-2）

图 1-4-2　项目配套情况图

8A#地块周边商业配套丰富，南邻 8B#地中海国际商业中心。从规划指标上看，商业比例为65%以上，大体量的商业用地面积，会提升本区域的商业价值，但是从高端住宅的居住安静度、私密性上看，商业的大体量规划会影响住宅的居住品质。同时该地块内还规划有社区商业；景观资源，北望浑河、沈水湾高尔夫球场；教育资源，邻近南宁幼儿园；路网，周边为市政规划路，皆未开通，无公交线路。

1.4 地块分析（表 1-4-2）

表 1-4-2 项目地块分析

类别	8A#地
占地面积	地块总占地面积较小，适合作独立小组团发展
位置	东：临规划路、辽宁广电中心北方传媒文化产业园（以下简称广电园）；南：紧邻 7B#地及规划路；西：规划路，待开发地块；北：紧邻 8B#地中海国际中心、滨河路，远望沈水湾高尔夫球场
环境	由于受 8B#地中海国际中心超高层遮挡，部分楼栋可北望浑河、沈水湾高尔夫球场，邻近南宁幼儿园，辽宁广电传媒中心，以及 8A#地块内的中海国际商业中心配套丰富，但影响居住的私密性；三面临路，噪声、灰尘等居住品质受影响，所以该地块较适宜作中端小组团产品
发展	8A#地为项目的东北端，随着辽宁广电传媒中心的开发与进驻（未动工，具有不确定性），长白岛生活配套将日益完善（临南京南街，其为核心区，该地块相对偏远），同时中海国际社区相邻 6B#（2012 年 10 月开盘）、7B#地（2013 年 9 月开盘），该地块周边配套将会得以丰富和完善。故该地块具有一定的发展潜力和升值空间，但同时受不可确定因素影响较大

1.5 小结

8A#地：规模偏小，受商业影响，适合做中端小组团开发。

8A#地块，从规模来看，适合做独立组团发展；从道路来看，三面临路，受道路噪声、灰尘等不利因素影响；从配套来看，北邻中海国际商业中心配套，影响居住私密度；从景观来看，受 8B#地中海国际中心遮挡，部分楼栋可北望浑河、18 洞高尔夫球场；从指标来看，决定着高层住宅产品形式；从发展来看，由于长白岛的发展规划，受辽宁广电传媒中心未动工，以及周边规划地块的不确定性等因素影响，该地块的发展具有较高不确定性。

第二部分 市场环境分析

2.1 2012 年 1~6 月商品房供求状况分析

1. 沈阳市 2012 年 1~6 月，商品房供求情况分析（表 1-4-3）

表 1-4-3 沈阳市 2012 年 1~6 月商品房供求情况分析

项 目	面积/万 m^2		同比增长		商品住宅套数/套	同比增长
	商品房	商品住宅	商品房	商品住宅		
批准销售	809.81	623.16	-2.53%	-14.02%	—	—
实际销售	634.60	513.72	-21.9%	-27.2%	56645	-28.1%

从表 1-4-3 可以看出，2012 年 1~6 月商品房和商品住宅批准销售量分别比实际销售量多 175.21 万 m^2 和 109.44 万 m^2，商品房和商品住宅供销比例分别为 1.28 : 1 和 1.21 : 1。

2. 2012 年 1~6 月商品房和商品住宅批准入市情况分析（表 1-4-4、表 1-4-5）

表 1-4-4 2012 年 1~6 月商品房批准入市情况分析

	1 月	2 月	3 月	4 月	5 月	6 月	1~6 月
面积/万 m^2	118.65	50.64	90.42	172.38	239.39	138.33	809.81
环比增长（%）	—	-57.32	78.55	90.65	38.87	-42.21	—
同比增长（%）	7.3	-17.97	45.46	-29.95	66.36	-32.98	-2.53

表 1-4-5 2012 年 1~6 月商品住宅批准入市情况分析

	1 月	2 月	3 月	4 月	5 月	6 月	1~6 月
面积/万 m^2	80.35	44.96	70.58	135.62	185.83	105.81	623.16
环比增长(%)	—	-44.04	56.98	92.15	37.02	-43.06	—
同比增长(%)	-13.51	-6.35	26.22	-41.36	68.02	-43.13	-14.02

从表 1-4-4 和表 1-4-5 看出，2012 年 1~6 月商品房供应量与 2011 年相比呈下降趋势，6 月入市面积环比及同比降幅均较大。各月入市量变化趋势如图 1-4-3 所示。

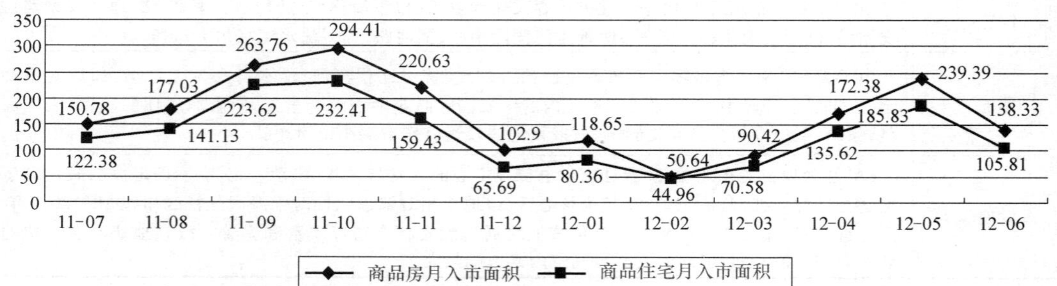

图 1-4-3 2011 年 7 月~2012 年 6 月商品房、商品住宅月批准入市量趋势图（单位：万 m^2）

从图 1-4-3 可以看出，2012 年 3~5 月商品房和商品住宅供应量明显上涨，6 月出现了大幅下滑。

3. 2012 年 1~6 月商品房和商品住宅销售量对比分析（表 1-4-6、表 1-4-7）

表 1-4-6 2012 年 1~6 月商品房销售量对比分析

	1 月	2 月	3 月	4 月	5 月	6 月	1~6 月
面积/万 m^2	65.48	63.39	80.00	142.17	135.65	147.90	634.59
环比增长(%)	—	-3.2	26.2	77.72	-4.59	9.03	—
同比增长(%)	-54.70	-59.40	-45.63	29.65	13.99	8.58	-21.92

表 1-4-7 2012 年 1~6 月商品住宅销售量对比分析

	1 月	2 月	3 月	4 月	5 月	6 月	1~6 月
面积/万 m^2	50.38	52.22	67.40	105.97	114.76	122.98	513.71
环比增长(%)	—	3.7	29.1	57.24	8.29	7.17	—
同比增长(%)	-59.12	-64.06	-47.6	18.65	13.30	4.06	-27.24

从表 1-4-6、表 1-4-7 中可以看出，2012 年 1~6 月沈阳市商品房市场销售量大幅下滑，商品房及商品住宅分别同比下降 21.92%和 27.24%。各月具体销售量变化趋势如图 1-4-4 所示。

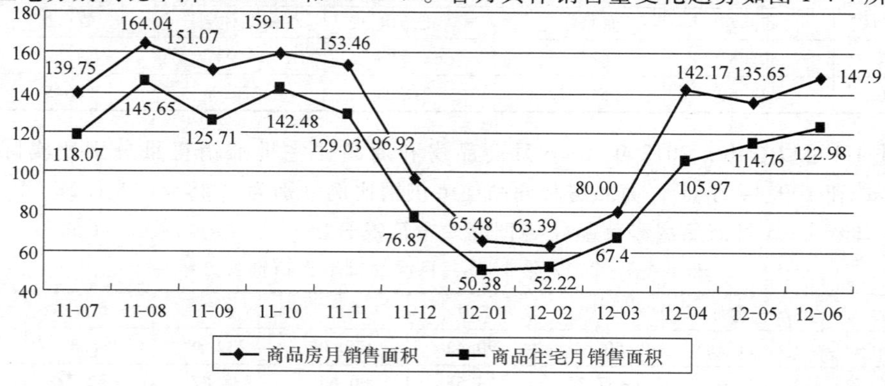

图 1-4-4 2011 年 7 月~2012 年 6 月商品房、商品住宅月登记销售量趋势图（单位：万 m^2）

2.2　2012年1~6月沈阳市房地产市场销售结构分析

2012年1~6月沈阳市商品房销预售面积分析见表1-4-8。

表1-4-8　2012年1~6月沈阳市商品房销预售面积分析

项目类别			销预售面积/万 m^2	所占比例(%)	比2011年增长(%)
总计			634.60	100	-21.9
其中	住宅	小计	513.72	80.95	-27.2
		普通住宅	513.68	占住宅的99.99	-27.0
		别墅	0.03	占住宅的0.01	-98.6
		经济适用房	0.00	占住宅的0	0
	商业营业用房		68.60	10.81	-9.5
	办公用房、写字楼		15.30	2.41	151.2
	车库及其他		36.99	5.83	49.3

从表1-4-8中看出，2012年1~6月，商品房销量同比大幅下滑，其中只有办公用房、写字楼、车库及其他呈现上涨趋势。

2012年1~6月沈阳市商品房销预售金额分析见表1-4-9。

表1-4-9　2012年1~6月沈阳市商品房销预售金额分析

项目类别			销预售金额/亿元	所占比例(%)	比2011年增长(%)
总计			408.36	100	-15.7
其中	住宅	小计	312.54	76.54	-20.8
		普通住宅	312.50	占住宅的100	-20.5
		别墅	0.04	占住宅的0	-97.5
		经济适用房	0.00	占住宅的0	0
	商业营业用房		62.30	15.26	-9.1
	办公用房、写字楼		15.57	3.81	332.5
	车库及其他		17.95	4.40	0.7

2012年1~6月沈阳市商品住宅不同价格区段销预售套数分析见表1-4-10。

表1-4-10　2012年1~6月沈阳市商品住宅不同价格区段销预售套数分析

价格类别/m^2	套数/套	所占比例(%)
2000元以下	1916	3.38
2001~3000元	3958	6.99
3001~4000元	4620	8.16
4001~5000元	11127	19.64
5001~6000元	12111	21.38
6000元以上	22913	40.45
总计	56645	100

从表1-4-10中可以看出，每平方米4000元以下的商品住宅销售套数占总销售套数的18.53%。

2012年1~6月沈阳市商品住宅不同价格区段销预售面积分析见表1-4-11。

表 1-4-11　2012 年 1~6 月沈阳市商品住宅不同价格区段销预售面积分析

价格类别/m²	销预售面积/万 m²	所占比例(%)
2000 元以下	16.24	3.16
2001~3000 元	31.85	6.20
3001~4000 元	40.85	7.95
4001~5000 元	96.08	18.70
5001~6000 元	105.34	20.51
6000 元以上	223.36	43.48
总　计	513.72	100

从表 1-4-11 中可以看出，每平方米 4000 元以下的商品住宅销售面积占总销售面积的 17.31%。

2012 年 1~6 月沈阳市商品住宅不同价格区段销预售面积分析如图 1-4-5 所示。

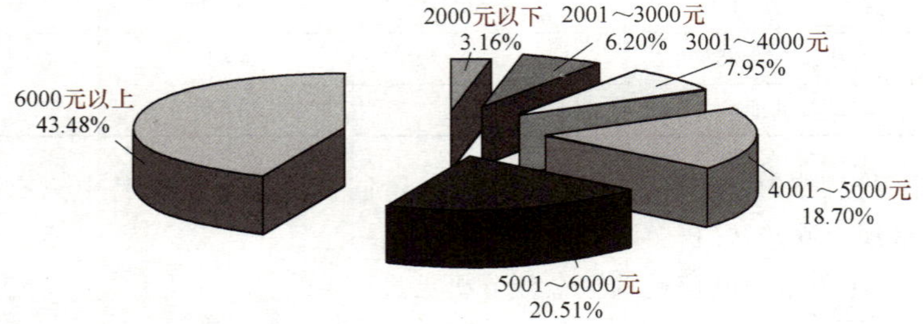

图 1-4-5　2012 年 1~6 月沈阳市商品住宅不同价格区段销预售面积分析

2012 年 1~6 月沈阳市商品住宅不同价格区段销预售金额分析见表 1-4-12。

表 1-4-12　2012 年 1~6 月沈阳市商品住宅不同价格区段销预售金额分析

价格类别/m²	销预售金额/亿元	所占比例/%
2000 元以下	2.81	0.90
2001~3000 元	8.04	2.57
3001~4000 元	14.78	4.73
4001~5000 元	43.73	13.99
5001~6000 元	58.23	18.63
6000 元以上	184.94	59.18
总　计	312.53	100

从表 1-4-12 可以看出，每平方米 6000 元以上的商品住宅在销预售金额中占比最大，达到 59.17%。

2012 年 1~6 月沈阳市商品住宅不同面积销预售套数分析见表 1-4-13。

表 1-4-13　2012 年 1~6 月沈阳市商品住宅不同面积销预售套数分析

建筑面积类别	销预售套数/套	所占比例/%
60m² 以下	9055	15.99
60~90m²	25426	44.88
90~120m²	13915	24.56
120~150m²	4368	7.71
150~180m²	2190	3.87
180m² 以上	1691	2.99
总　计	56645	100

从表 1-4-13 中可以看出，建筑面积 90m^2 以下套型的销售套数占总销售套数的 60.87%；建筑面积 120m^2 以下套型的销售套数占总销售套数的 85.43%。

2012 年 1~6 月沈阳市商品住宅不同套型面积销预售面积分析见表 1-4-14。

表 1-4-14　2012 年 1~6 月沈阳市商品住宅不同套型面积销预售面积分析

建筑面积类别	销预售面积/万 m^2	所占比例(%)
60m^2 以下	44.61	8.68
60~90m^2	195.08	37.97
90~120m^2	140.26	27.30
120~150m^2	58.11	11.32
150~180m^2	35.43	6.90
180m^2 以上	40.22	7.83
总　计	513.71	100

从表 1-4-14 中可以看出，套型建筑面积 90m^2 以下套型的商品住宅销售面积占总销售面积的 46.65%；120m^2 以下套型的占 73.95%（图 1-4-6）。

2012 年 1~6 月沈阳市商品住宅不同套型面积销预售面积分析如图 1-4-6 所示。

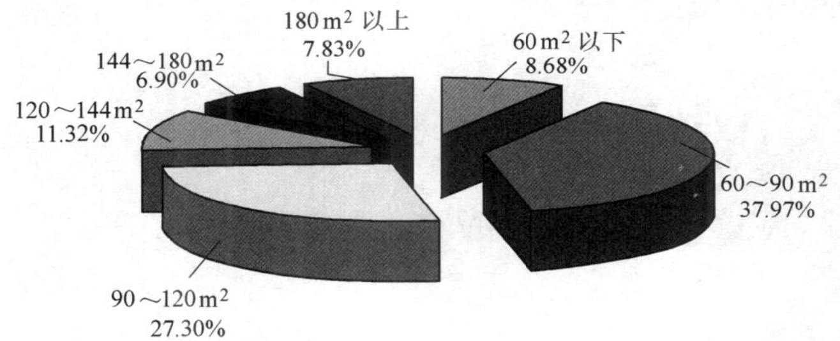

图 1-4-6　2012 年 1~6 月沈阳市商品住宅不同套型面积销预售面积分析

2012 年 1~6 月沈阳市商品住宅不同套型面积销预售金额分析见表 1-4-15。

表 1-4-15　2012 年 1~6 月沈阳市商品住宅不同套型面积销预售金额分析

建筑面积类别	销预售金额/亿元	所占比例(%)
60m^2 以下	26.09	8.35
60~90m^2	103.18	33.01
90~120m^2	81.21	25.98
120~150m^2	35.35	11.32
150~180m^2	25.01	8.00
180m^2 以上	41.70	13.34
总　计	312.54	100

从以上各表中可以看出：

第一，户型方面：套型建筑面积在 60~120m^2 这一区间的商品住宅，是 2012 年 1~6 月全市商品住宅销售的主要户型，其销售套数、面积和金额分别占总量的 69.46%、65.27%和 58.99%。套型建筑面积在 60~90m^2 区间的商品住宅销售套数、面积和金额分别占总量的 44.88%、37.97%和 33.01%；套型建筑面积在 90~120m^2 区间的商品住宅销售套数、面积和金额分别占总量的 24.56%、27.30%和 25.98%。

第二，价格方面：销售价格在每平方米6000元以上和5000~6000元间的商品住宅占据主体地位。其中价格在每平方米6000元以上的商品住宅，销售套数、销售面积和销售金额分别占40.45%、43.48%和59.17%；其次是5000~6000元/m^2区间商品住宅销售套数、销售面积和销售金额分别占21.38%、20.51%和18.63%。4000元/m^2以下的商品房，无论是销售套数还是销售面积，占比都不到两成，由此可以看出，低价位的商品房越来越少。

2.3　主要竞争楼盘分析（图1-4-7）

图1-4-7　主要竞争楼盘分布图

长白岛区域主要竞争项目数据包括：万科城、远洋天地、万科鹿特丹、新加坡城、格林英郡、新世界花园、首创国际城。

1. 区域市场整体高层住宅供销情况（表1-4-16）

表1-4-16　区域市场整体高层住宅供销情况

区域市场整体高层住宅供销情况						
面积区间	供应套数/套	销售套数/套	去化率	供应面积/m^2	销售面积/m^2	去化率
60m^2以下	968	955	99%	52037	51368	99%
60~90m^2	5212	4907	94%	418961	393248	94%
90~120m^2	9087	7981	88%	918274	806847	88%
120~144m^2	4607	3225	70%	611009	427706	70%
144~180m^2	2508	978	39%	397269	154935	39%
180m^2以上	1471	220	15%	357342	53601	15%
合　计	23853	18266	76%	2754892	2093720	76%

区域市场整体高层住宅供销情况分析为：120m² 以下产品高去化率，为市场主力；180m² 以上产品去化率相对较低。

2. 区域市场整体高层住宅产品供应结构（表 1-4-17）

表 1-4-17 区域市场整体高层住宅产品供应结构

区域市场整体高层住宅产品供应结构				
面积区间	供应套数/套	套数比	供应面积/m²	面积比
60m² 以下	968	4%	52037	2%
60~90m²	5212	22%	418964	15%
90~120m²	9087	38%	918274	33%
120~144m²	4607	19%	611009	22%
144~180m²	2508	11%	397269	14%
180m² 以上	1471	6%	357342	14%
合 计	23853	100%	2754895	100%

区域市场整体高层住宅供销结构分析为：90~120m² 产品为各面积区间去化率最高的产品。

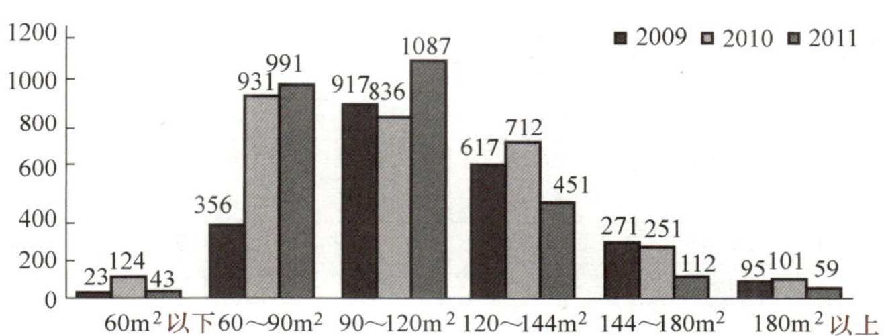

图 1-4-8 重点项目近三年销售走势图

3. 岛内重点项目近三年销售走势（图 1-4-8）

岛内重点项目近三年销售走势分析：120m² 以下刚需产品需求稳定；120~144m² 首改产品受市场因素影响较大；144~180m² 产品需求逐年递减；180m² 以上产品，销量有限，受市场波动影响较大。

4. 2011 年至今区域市场销售结构分析（表 1-4-18）

表 1-4-18 2011 年至今区域市场销售结构分析

户型面积	面积/m²	配比	套数/套	配比
60m² 以下	16828	3%	329	7%
60~90m²	65834	10%	845	15%
90~120m²	261323	41%	2629	48%
120~144m²	97606	15%	719	13%
144~180m²	69698	11%	432	8%
180m² 以上	131528	20%	516	9%
合 计	642817	100%	5470	100%

2011 年至今区域市场销售结构分析：90~120m² 占整体销售的 48%；其次是 60~90m² 为 15%，及 120~144m² 为 13%。

5. 区域细分市场供销统计（表 1-4-19）

表 1-4-19 区域细分市场供销统计

产品功能	户型面积	供应面积/m^2	销售面积/m^2	去化率	供应套数/套	销售套数/套	去化率
一房	$60m^2$ 以下	52037	51368	99%	968	955	99%
小二房	$60\sim70m^2$	68879	68081	99%	1092	1080	99%
	$70\sim80m^2$	73817	69830	95%	978	926	95%
	$80\sim90m^2$	276268	255336	92%	3142	2901	92%
大二房	$90\sim100m^2$	497682	429598	86%	5230	4514	86%
	$100\sim110m^2$	217114	199834	92%	2092	1926	92%
	$110\sim120m^2$	203478	177415	77%	1765	1541	77%
中小三房	$120\sim130m^2$	189726	178930	84%	1508	1421	84%
	$130\sim140m^2$	368779	338372	62%	2729	2505	62%
	$140\sim150m^2$	103986	70611	68%	722	489	68%
大三房	$150\sim160m^2$	154069	134187	67%	999	872	67%
	$160\sim170m^2$	161066	128184	50%	978	779	50%
	$170\sim180m^2$	30652	11819	29%	179	69	29%
中四房	$180\sim190m^2$	23187	8116	35%	123	43	35%
	$190\sim200m^2$	38524	35035	31%	199	181	31%
	$200\sim220m^2$	10604	9317	48%	51	45	48%
大四房	$220\sim240m^2$	115179	73178	34%	496	314	63%
	$240\sim260m^2$	58198	53623	42%	238	219	92%
	$260\sim280m^2$	51700	38508	34%	192	143	74%
五房	$280\sim300m^2$	5994	4498	35%	20	15	75%
	$300\sim320m^2$	32083	24144	35%	105	79	75%
	$320\sim340m^2$	2320	1312	57%	7	4	57%

6. 市场小结

（1）整体市场为纯刚需市场。

（2）户型方面：$90m^2$ 以下产品畅销且供不应求；$90\sim120m^2$ 产品为区域内第一主力产品，去化率最高。据统计，$120m^2$ 以下产品全线畅销，且相对稳定。

（3）供应方面：$90m^2$ 以下产品供应比例仅为 9%~10%，供应严重不足；$90\sim120m^2$ 产品供应比例也仅为 29%。区域市场及岛内市场以 $120m^2$ 以上的三房、四房产品供应为主。

（4）销售方面：$90\sim100m^2$ 产品销售套数最多，$80\sim90m^2$ 产品销售套数第二，$100\sim110m^2$ 产品销售套数第三。

2.4 浑南区域主要竞争项目

1. 万科城

（1）万科城 2011 年推售产品配比（表 1-4-20、图 1-4-9）。

表 1-4-20 万科城 2011 年推售产品配比

户型面积	面积/m^2	套数/套	比例
$60\sim90m^2$	3402	81	53%
$90\sim120m^2$	1350	18	12%
$120\sim144m^2$	1836	18	11%
$144m^2$ 以上	6120	36	24%
总 计	12708	153	100%

（2）万科城的销售概况。万科城截至2012年8月共推出153套产品，总面积为12708m²，其中住宅产品72套，面积为9306m²，公寓产品81套，面积为3102m²。两房产品占到近65%。从推售可见，万科城已进入尾盘销售，住宅价格为10500元/m²（含3000元精装），公寓价格为8300元/m²（含1000元精装）。

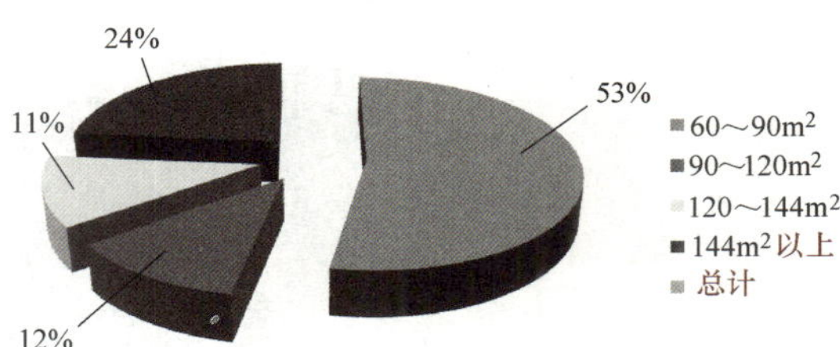

图 1-4-9　万科城 2011 年推售产品配比

2. 远洋天地

（1）远洋天地2012年推售产品配比（表1-4-21、图1-4-10）。

表 1-4-21　远洋天地 2012 年推售产品配比

户型面积	面积/m²	套数/套	比例
60m² 以下	16550	331	32%
60～90m²	30712	349	33%
90～120m²	40850	190	18%
120～144m²	12350	95	9%
144m² 以上	17440	82	8%
总　计	117902	1047	100%

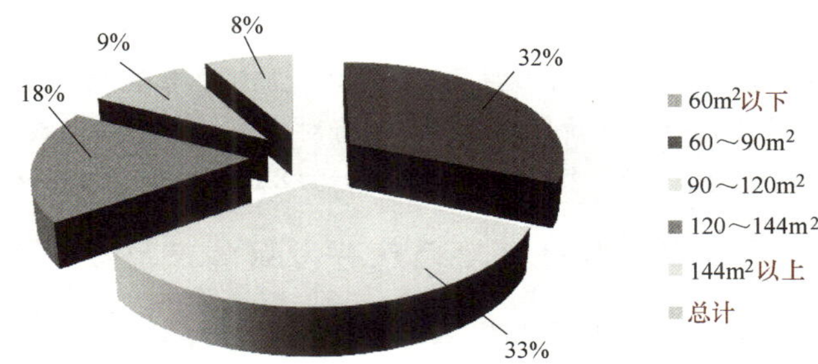

图 1-4-10　远洋天地 2012 年推售产品配比

（2）远洋天地的销售概况。远洋截至2012年7月共推出1047套产品，总面积为101352m²，其中120m²以下两房产品占到推售总量的83%。

2012年远洋从3月开始，采用的是小组团加推，频繁开盘，低价入市的推售手段，均价在7100元/m²，每周推出特价房，小高产品仅售7000～7300元/m²。以价取量，90m²以下住宅产品销售情况火爆。

3. 万科鹿特丹

万科鹿特丹2012年推售产品配比见表1-4-22、图1-4-11。

表 1-4-22　万科鹿特丹 2012 年推售产品配比

户型面积	面积/m²	套数/套	比例
60～90m²	2160	24	4%
90～120m²	29450	310	54%
120～144m²	26226	186	32%
144m² 以上	10200	60	10%
总　计	68036	580	100%

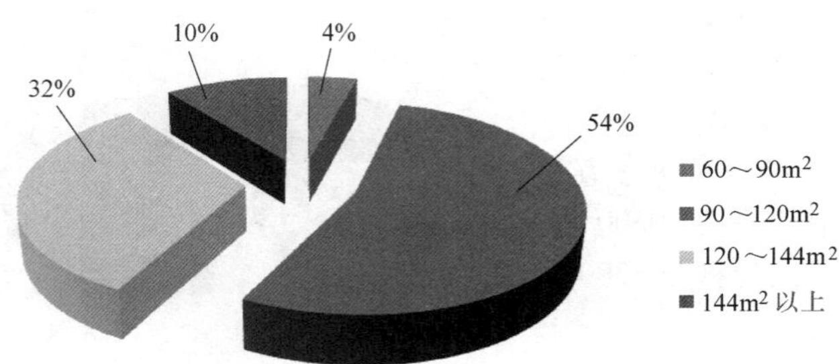

图 1-4-11　万科鹿特丹 2012 年推售产品配比

4. 万科鹿特丹的销售概况

万科鹿特丹截至 2012 年 8 月 3 日前共推出 580 套产品，总面积为 68036m²，其中 120m² 以下两房产品占到推售总量的 57%。

2012 年万科鹿特丹推售策略共分两个阶段，第一阶段示范区开放前，采用的是以价换量，是长白岛首个特价促销的项目，以 6500 元/m² 含 1000 元精装（临路临高压线）的超低价格，引爆市场；第二阶段 6 月示范区开放，推出较好的位于园区中央的组团，其价格仅略上涨，均价为 8000 元/m² 含 1000 元精装，且 120m² 以下面积段销售较好，120m² 以上滞销。

5. 小结

因本次定位 8A#地产品开发时间为 2012 年 9 月，上市时间预计为 2013 年 6 月，从此上市时间及区域内主要竞品 2013 年产品供应判断，2013 年 6 月后，区域内竞品唯有华润欢乐颂。同时，临近项目的新世界花园 2012 年末或 2013 年将有大量新品现房入市，将对本项目产生一定威胁。为应对未来两年内，即 2012~2013 年的区域竞争市场研究及主要产品预测，为 8A#地的定位做好分析指导。

2.5　截至 2013 年 6 月中海国际社区项目已开发可售产品统计分析

截至 2012 年 7 月，中海国际社区项目高层可供应产品分别为 1#、2#、3#、4#、5#、6A#（高层）所有产品，库存产品货量统计见表 1-4-23。

表 1-4-23　中海国际库存产品货量统计

产品功能	户型面积	库存套数/套	库存面积/m²	库存金额/元	比例
小二房	79~90m²	39	3386.22	29920253	4%
大二房	100~123m²	60	6503.08	60437982	7%
中三房	127~145m²	375	43314.32	313411063	42%
大三房	150~180m²	212	41403.25	337627026	24%
中四房	180~200m²	142	27563.43	217366966	16%
大四房	225m²	57	12564.52	98787898	6%
总　计		885	134734.82	1057551188	100%

6B#地新品货量统计见表 1-4-24。

表 1-4-24　6B#地新品货量统计

产品功能	户型面积	库存套数/套	库存面积/m²	比例
大二房	96~120m²	361	35713	50%
中三房	125~141m²	294	40439	41%
大三房	142~165m²	64	10570	9%
总　计		719	86722	100%

2011 年中海国际社区的销售数量及去化率见表 1-4-25。

表 1-4-25　2011 年中海国际社区的销售数量及去化率

产品类型	总供应套数/套	销售套数/套	产品去化率
80～100m^2	1084	844	78%
120～144m^2	604	392	65%
144m^2 以上	542	212	39%
合　计	2230	1448	65%

按 2011 年中海国际社区的销售数量以及结构分析，参考 2012 年中海国际社区销售任务为 20 亿元，预计至 2013 年 6 月底，中海国际社区项目结构预测见表 1-4-26。

表 1-4-26　2013 年 6 月底中海国际社区项目结构预测

产品功能	户型面积	库存套数/套	库存面积/m^2	比例
小二房	79～90m^2	0	0	0%
大二房	100～123m^2	0	0	0%
中三房	127～145m^2	277	83753. 32	52%
大三房	150～180m^2	106	18973. 25	20%
中四房	180～200m^2	92	27563. 43	17%
大四房	225m^2	57	12564. 52	11%
总　计		532	142854. 52	100%

从上面的统计表可以看出，参考目前国际社区项目的销售速度（2012 年的销售目标为 20 亿元），2013 年预计为 22 亿～25 亿元，如果按照如上销售速度，目前已开发产品的货量在 2013 年下半年 125m^2 以下产品将全部售罄，剩余三房、四房产品可满足 1～2 年内去化，本次定位产品 8A#地产品的开发时间为 2012 年 9 月，可售时间预计为 2013 年 6 月，因此，按照此开发节奏及销售节奏，在 8A#地产品定位中的产品配比中，担当的是整体项目快销的重任，补充整个项目二房产品的不足及小三房产品的空白。

第三部分　项目 SWOT 分析和企业目标要求

3.1　项目 SWOT 分析

1. 优势分析

区位优势：地块位于和平区长白岛的中部，整个项目的东北端，东临广电园，南临中海国际中心，北望浑河及沈水湾 18 栋高尔夫球场（部分受中海国际中心遮挡）。

地块优势：该地块相对独立，规模小，项目适宜做短周期快速去化的中小面积段产品。

品牌优势：随着中海地产 2012 年的品牌发力，中海国际社区、中海城、中海寰宇天下三个大盘全面入住，中海品牌实力已获得全城市民的认同与关注，品牌影响力持续提升。

2. 劣势分析

地块位置：8A#地位置偏远，远离项目整体，处于长白岛中部，周边现状荒芜。

河景观景优势较差：由于中海国际中心的遮挡，以及地块自身条件，仅有一栋楼，可在中海国际中心的夹缝位置北望到浑河。

未来不确定性高：东侧的广电园未动工，西侧的规划用地未拍卖，未来承担较大风险。

项目土地成本较高：项目土地成本较高，直接影响项目收益。

三面临路存在严重噪声影响：地块基本全部临路，对于开发高端产品来说，噪声及私密性均存在劣势。

高容积率影响项目舒适度：因高土地成本，同时因为别墅产品的规划，致使项目地块容积率均较高，随着项目进入成熟期，高容积率带来的产品问题将会逐渐显现。

商业干扰突出：8A#地内有中海国际商业中心及南宁幼儿园，噪声干扰将在一定程度上影响项目的整体品质与售价。

3. 机会分析

政策扶持：政策导向“扶持刚需”，目前，住建部已经要求地方政府加快对中低价位、中小套型普通商品房的审批，以增加普通商品房供给；与此同时，支持中低价位、中小套型普通商品房建设，供应的相关政策也在抓紧研究当中。

细分市场出现空白点：中小户型产品供应稀缺消化速度较快，特别是 90m^2 以下二房产品供不应求，且目前同档次竞争项目小户型产品供应较小，此外，110~115m^2 小三房为细分市场空白点。

周边区域潜在客群集中：三好桥开通以及长白 CBD 的规划，大大缩短了项目与三好街商圈及五里河商务区的距离，带动了三好街 IT 产业与五里河白领潜在客户群体以及传媒产业的聚集。

4. 威胁分析

竞品市场潜在风险：新世界大量新品（约 7 栋楼）将全部现房销售，预计于 2012 年 10 月及 2013 年集中上市，同时华润欢乐颂项目的中小面积产品也将于 2012 年 10 月或 2013 年集中上市，且上市量较大，将成为本项目的主要竞品。

3.2　企业目标要求

1. 公司经营目标分析

不同的项目发展目标排序直接影响和制约项目的定位，任何一个定位都是在一定的资源和约束条件下进行的。发展目标一般来说有三种，第一、收益最大化，即在一定的成本下售价最高；第二、资金回收时间即销售速度要求高；第三、品牌形象即口碑要求，如公司进入新的陌生区域市场。

2. 利润回报要求

我们应当充分利用规模和地价优势，获取满意的利润回报。

作为一个容积率面积近 120 万 m^2 的项目，在开发模式的选择上，需要考虑其可持续的发展，要考虑到市场不断成熟，客户的成长、换血以及多样化扩展化解开发风险，产品价值提升的支撑。所以物业类型的多样化，开发顺序中利用产品类型的变化进行跳跃式提升。

3. 销售速度要求

按照公司对项目销售任务要求，结合本项目的特点，总体的年平均消化目标量约为 20 万 m^2，甚至更高。

4. 公司品牌形象

2007 年，中海地产高调进入沈阳市场，2009 年首批次产品开盘，2010 年迎来首批业主入住，2011 年项目高层产品销售额过 15 亿元，2012 年项目全成熟（长白岛健身公园 2012 年 5 月 1 日开放，和平一校、小哈津幼儿园 2012 年 9 月开学），作为中海地产在沈阳的第一个项目，开发成功的意义不仅在于项目自身的热销，更是在于中海地产品牌在沈阳的落地生根与发扬光大。

第四部分　市场定位结论

由于 8A#地在位置、规模与资源的差异，目标客户群体应为不同的两阶层群体，与产品将有着较为明显的差异性，故应结合地块分别定位。

4.1　客户定位

1. 项目已成交客户分析

2011 年中海国际社区成交客户分析如下：

（1）和平区为成交客户集中居住区域（图 1-4-12）。

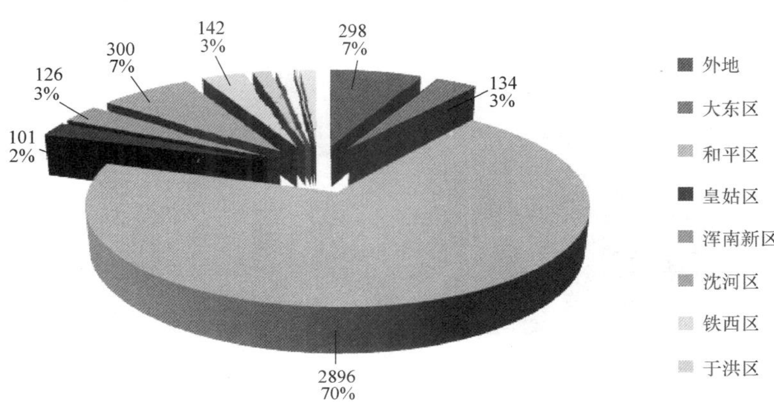

图 1-4-12　居住区域分布图

（2）和平区为成交客户集中工作区域（图 1-4-13）。

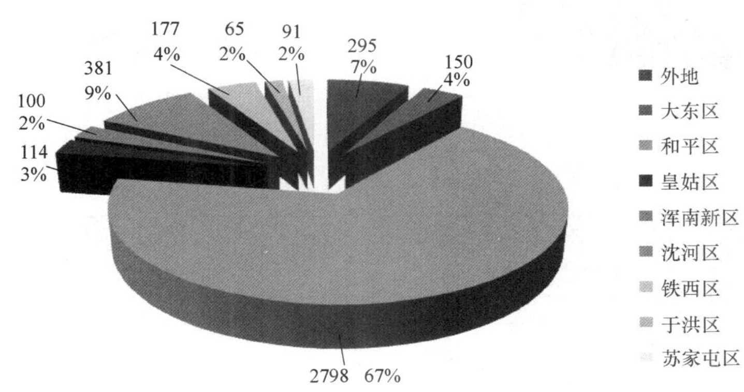

图 1-4-13　工作区域分布图

（3）成交客户以三口之家为主（图 1-4-14）。

（4）成交客户 48%需求 80～100m^2 住宅（图 1-4-15）。

（5）成交客户 32%集中在总价 60 万～70 万元间（图 1-4-16）。

（6）成交客户 35%通过围挡途径（图 1-4-17）。

（7）成交客户 89%投资兼自住（图 1-4-18）。

（8）经过对已成交客户的分析，预判 8A$^{\#}$地的目标客户群见表 1-4-27。

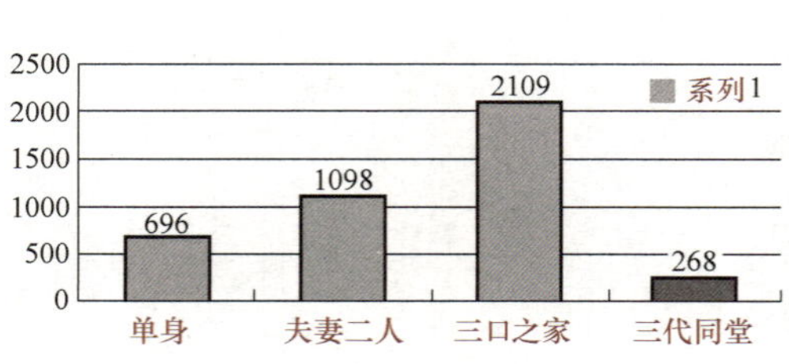

图 1-4-14　家庭结构图

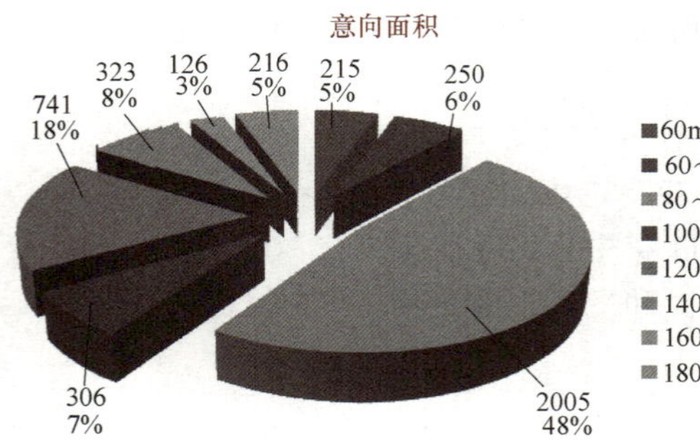

图 1-4-15　购买意向面积

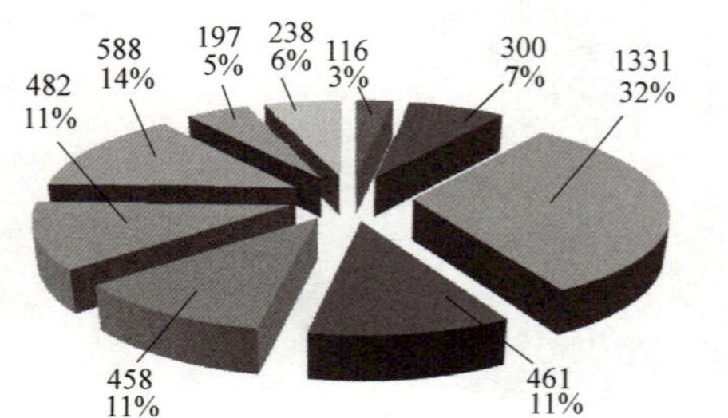

图 1-4-16　购买意向总价

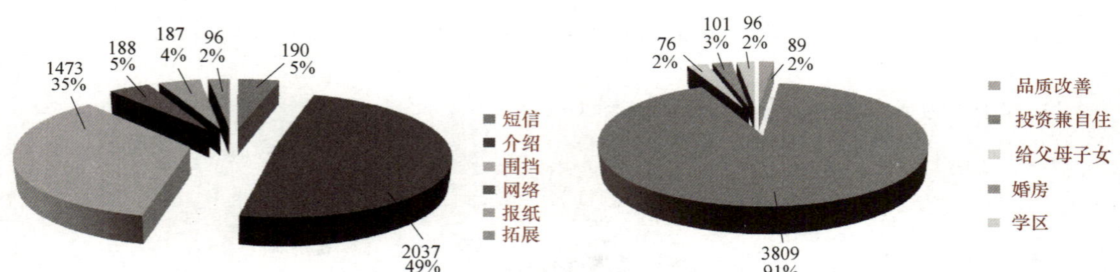

图 1-4-17　楼盘信息来源

图 1-4-18　置业目的

表 1-4-27　目标客户群预判

目标客户	青年精英(三好街 IT 或辽台职工)	老业主(给父母、子女)	投资客
购买目的	刚需、婚房	父母养老并兼顾投资	投资
年龄	25~32 岁	35~45 岁	35~50 岁
文化程度	本科以上学历	大专以上学历	大专以上学历
家庭人口	单身、二人世界	多为三口之家	多为三口之家
家庭月收入	3000 以上	6000 以上	6000 以上
置业次数	一次置业较多	二次以上置业	二次以上的置业
职业特征	辽台及传媒相关从业人员 企业白领 房地产业及其他行业高收入者	企事业单位管理者 政府机关等多年从业者 私营企业主	企事业单位管理者 政府机关等多年从业者 私营企业主 高风险投资转型者
意识形态	观念超前,对新鲜事物接受能力强 生活中乐于消费,追求品位 注重物质层面的满足感,崇尚树立并展示个人品牌	喜好品牌消费,追求品牌与品位的对应	投资时理性观念强 投资意识强,追求高回报率
生活习惯	乐于社交和信息交流 生活区域多集中于城市中心 喜爱健康、时尚的生活方式	乐于家庭或家族式生活,将父母、兄弟姐妹等聚集一处,相互关照,共享生活	喜欢到中高档场所消费 结识更高层次的人士 品牌消费意识较强

（9）客户定位结论。

1）青年精英或投资客：年龄在25~40岁，在创意、IT、辽台、商业等领域内，已经或将要成为主要生力军和行业先锋。以单身、新婚为主，子女与父母不同住（制约产品面积需求）。

2）刚需客户为主：对需求体现在品牌、配套、服务、户型功能上（户型功能是达成销售的要点）。

3）消费观念俱进：不单一受价格因素主导，能接受新鲜事物，能够综合的评定商品价值（卖点的多样化定位）。

4.2 档次定位

1. 8A#地由地块规模决定、地块素质综合因素考虑

项目占地小，体量较小，决定了客群、居住需求、产品形态的单一性。

长白岛作为和平区的南拓空间及沈阳市政规划的商贸中心区域，其发展前景无限广阔。

岛内目前开发的楼盘档次普遍较高，以万科城、远洋天地为代表的中高端产品，已经形成了区域高端格局。

2. 8A#档次定位结论

中端滨水时尚社区

关键词：中端、滨水、时尚、社区

中端：基于品牌形象及中海国际社区项目整体形象，明确本地块产品档次，与竞争项目建立区隔。

滨水：北望浑河、18洞高尔夫球场，景观优势显著。

时尚：紧邻中海国际中心地标建筑与广电园，现代时尚氛围浓郁。

社区：强调产品属性的舒适性。

3. 8A#地档次定位

综合以上因素8A#地营销概念定位结论国际城。

关键词：国际、城

国际：简要清晰，与中海国际中心联动，同时切合广电园、三好街等周边配套特点，具有现代感。

城：依托于中海国际社区大城的概念，有延续性。

4. 根据地块规模、地块价值、片区市场环境综合因素考虑

8A#地占地小，决定了客群、居住需求、产品形态的集中性特征。同时，由于紧邻8B#地中海国际商业中心项目，对于项目的档次来说，应是较为纯粹的阶层社区，可视为8B#地中海国际中心及辽宁广电传媒中心的配套。

4.3 楼型定位（表1-4-28）

从8A#地经济指标推算，8A#地的楼型可有如下规划：

8A#楼楼型规划可行性方案：

4栋33层高层+1栋24层高层+1栋18层高层（南侧为3栋33层高层+西北侧1栋33层高层+北中间栋为1栋24层高层+东北侧为1栋18层高层）。

根据33层产品、24层产品、18层产品售价，以及临近的中海国际中心（北侧）产品规划的产品楼栋高度综合因素分析，可以确定：8A#楼楼型规划结论为1栋24层高层+1栋18层高层+4栋33层高层（北侧中间1栋33层高层），经济性最高。

表 1-4-28　主要经济指标

8A#地块(住宅)技术经济指标		数值	单位
用地面积		32028.33	m^2
总建筑面积		100084.48	m^2
地上总建筑面积		85084.48	m^2
其中	住宅	78552.48	m^2
	住宅商业网点	6532	m^2
地下总建筑面积		15000	m^2
容积率		2.66	
机动停车位		468	辆
其中	地上	93	辆
	地下	375	辆

4.4　地块价值分析（图 1-4-19、表 1-4-29）

表 1-4-29　地块价值分析

分类	价值排序	价值点
A类	最高	核心
B类	次高	较中心位置,享园区内景观
C类	较好	邻路、紧邻7B#地
D类	较差	东、南两面邻路,噪声污染严重

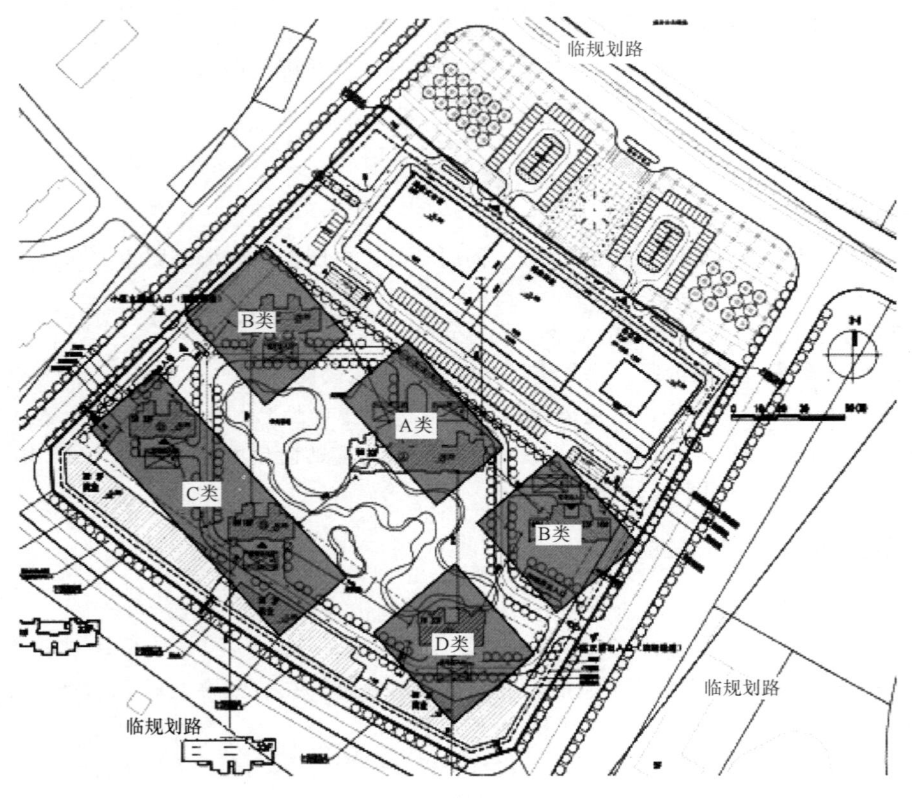

图 1-4-19　地块价值分析

户型排布建议如图 1-4-20 所示。

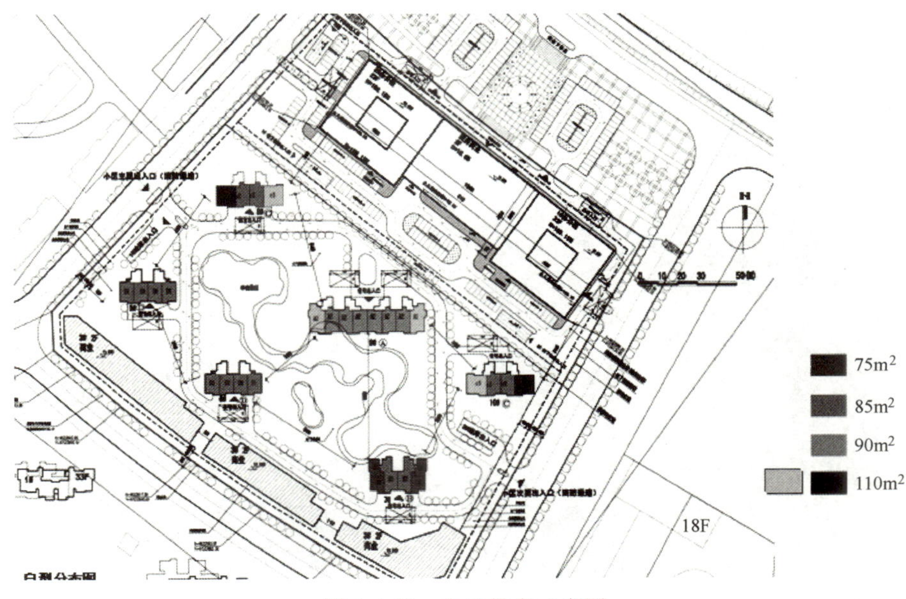

图 1-4-20　户型排布示意图

4.5　8A#地户型配比（表 1-4-30）

表 1-4-30　户型配比

户型	户型面积/m^2	套数/套	比例	面积/m^2	比例
2/2/1	70~75	62	6%	4030	4%
2/2/1	80~85	434	44%	36890	41%
2/2/1	90~95	310	31%	27900	31%
3/2/2	110~115	186	19%	21390	24%
总计		992	100%	90210	100%

4.6　8A#地户型建议（表 1-4-31）

表 1-4-31　户型建议

客户针对各产品线的需求和建议					
面积区间	产品类型	产品功能	产品亮点	适合人群	备注
70~75m^2	小两房产品	两室两厅一卫	户型方正；飘窗设计；有阳台等赠送空间；客厅空间设计较大	刚性需求客户，且购买力较弱	户型也可设计为东北、西北朝向
80~85m^2	中两房产品	两室两厅一卫	户型方正（最好南北通透，也可双阳）；飘窗设计；有阳台等赠送空间；客厅、餐厅通透；主卧空间大	刚性需求客户，且购买力较弱	户型也可设计为东南、西南朝向，比纯南向产品客户接受程度高
90~95m^2	大两房产品	两室两厅一卫	南北通透；飘窗设计；有阳台等赠送空间；客厅、餐厅通透；主卧、次卧（窗户大）通透	刚性需求客户，及首次改善客户，婚房	户型南北通透，客户认可程度高
110~115m^2	小三房产品	三室两厅一卫	南北通透；赠送一个房间（书房）；南向主卧；飘窗设计或阳光房；有储物空间	刚性需求客户，及首次改善客户	客户对三房功能比较在意，对于两个卫生间需求不大

4.7 建筑立面定位

从 8A#地整体风格考虑，建议与地块内中海国际中心（现代风格）以及辽宁广电传媒中心的现代风格统一，同时区隔于整体地块，易于独立组团推广。

整体简洁流畅，注重点、线、面的设计，创造内敛的华丽感，在简洁处见丰盛，巍峨挺立的外立面，具有厚重宽阔的时代感（图 1-4-21）。

图 1-4-21 立面示意图

4.8 景观定位

有鲜明的景观设计主题，建议以日式风格为景观设计的主题风格，风格明晰、凝练，富有自然的生命之美。

四季色彩绚丽多姿，有层次；在植物的选择上，注重色彩搭配，尽量避免景观的单一化。

注重小品、亭台、曲径等的细节设计，一步一景（图 1-4-22）。

图 1-4-22 景观示意图

4.9 商业定位

独立商业：建议 8A#地商业设计为独立商业形式，位置如图 1-4-23 所示（参考中海寰宇天下商业），商业面积适中，建议以一层商业为主，可有部分二层商业，总层高 8m，一层 4.5m，二层 3.5m，柱距 6m，进深 15~18m，面积段在 80~120m^2 之间，少梁柱，大门面。

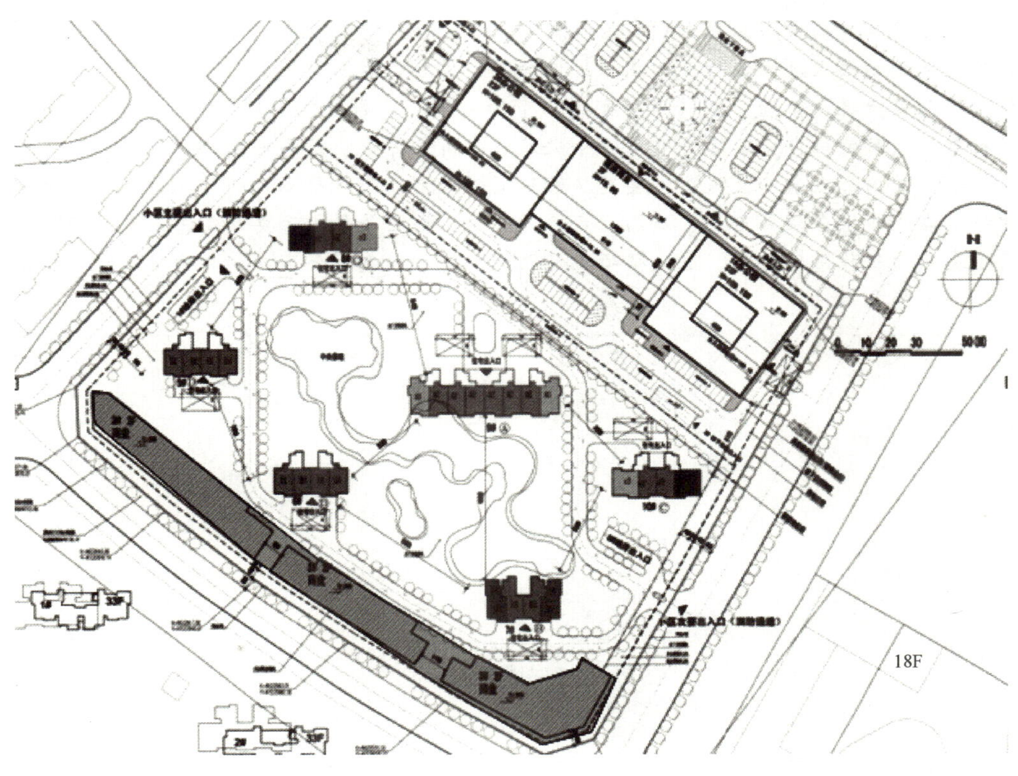

图 1-4-23 商业分布图

4.10 车位配比及公交车配套定位

按地方设计规范要求：小于 150m² 住宅，车位配比不低于 1∶0.6（表 1-4-32）。

表 1-4-32 2#地数据统计

地块	户数	车位数	配比	销售数	未售
2#地	576	184	1∶0.32	79	105

由于该组团建议以中、小户型为主，在车位配比方面建议参考 2#地地下车位配比1∶0.3，不满足车位规范，建议用地上停车位解决。

同时，建议引进公交车站等配套资源。

4.11 8A#地整体均价初步建议

综合市场比较、客户预期和成本利润等多方面的分析结果，综合建议本次推出的 8A#地的整体销售均价为 8000 元/m²。

（中海地产集团有限公司营销策划部）

【报告点评】

“辽宁沈阳中海国际社区8A#地定位报告”是一篇较为完整的土地开发前期策划报告，它主要是从营销的角度来进行分析定位，包含了项目分析和项目定位两大方面，其中项目分析包含了项目概况、市场分析（市场概况、市场需求、竞品分析等）、项目SOWT分析、企业目标等；项目定位包含了客户定位、档次定位、商业定位、产品定位、价格定位等。

从报告的内容上看，此报告主要是从营销策划的角度来进行项目的总体策划定位的。项目的亮点在于能综合项目自身、市场、竞品、客户、企业等各方面要求或需求，用营销策划的角度去给项目作总体定位，这使得项目定位更加精准，更吻合市场，为项目后续营销或招商打下坚实的基础。

第二章

房地产主题策划报告

指引

一、山东潍坊龙泉街项目总体定位策划报告

二、广东东莞高尔夫国际度假山庄项目核心主题策划报告

三、广东广州南国奥林匹克花园策划报告

四、广东深圳国际健康养生园养老主题策划报告

五、湖北武汉新聚仁保利康桥主题策划报告

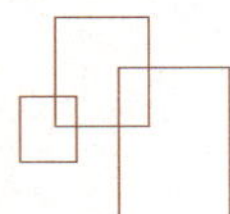

一、山东潍坊龙泉街项目总体定位策划报告

报 告 目 录

报 告 正 文

第一部分　潍坊房地产市场分析

1.1　近年潍坊房地产市场回顾

1. 近年潍坊经济发展迅速

潍坊经济基础较好，发展平稳，近年更是以较快速度增长。2012 年潍坊生产总值（GDP）达到 4012.43 亿元，同比增长 10.6%，呈现平稳上升且持续发展的趋势。从 2010 开始，国家蓝色经济带、潍坊综合保税区、轻轨工程等一系列经济政策相继出台，为潍坊经济的快速发展提供了良好的外部环境。2012 年全市实现高新技术产业产值 2899.5 亿元，同比上升 10.6%。2012 年人均 GDP 同比上升 9.8%，人均可支配收入同比上升 14.7%（表2-1-1）。

2. 近年潍坊房地产市场日益活跃

（1）房地产市场发展有所减缓（表 2-1-2）。

表 2-1-1　2011~2012 年潍坊各项经济指标（同比增长）

年份＼内容	生产总值（GDP）	人均 GDP	三大产业所占比例	人均可支配收入	人均消费性支出
2011 年	3541.85 亿元	38833 元	10.14：55.38：34.48	22508 元	15169 元
	11%	9.6%	第三产业 1.6%	14.4%	9.8%
2012 年	4012.43 亿元	43681 元	9.73：53.99：36.28	25817 元	16100 元
	10.6%	9.8%	第三产业 1.8%	14.7%	6.1%

表 2-1-2　近两年潍坊房地产发展水平分析（同比增长）

年份＼内容	房地产开发投资额	住宅开发投资额	商品房销售额	商品房销售面积	总建筑施工面积
2011 年	405.9 亿元	313.3 亿元	446.6 亿元	1242.1 万 m^2	5818.5 万 m^2
	10.4%	15.6%	7.7%	-10.6%	10.1%
2012 年	468.8 亿元	336.9 亿元	427.2 亿元	1107.9 万 m^2	6386.6 万 m^2
	15.5%	7.6%	-4.3%	-10.8%	9.5%

2012 年全市共完成房地产开发投资 468.8 亿元，同比增长 15.5%。其中，住宅投资 336.9 亿元，增长 7.6%。但是，全年商品房销售额 427.2 亿元，下降 4.3%；商品房销售面积 1107.9 万 m^2，下降 10.8%。从商品房的销售情况来看，潍坊近年房地产市场发展有所减缓。

（2）潍坊经济实力与其房地产市场价格不匹配。2012 年中国社会科学研究所研究表明：山东 17 个地级市的综合经济实力排名中，潍坊位居第四。而潍坊 2012 年商品房均价为 4435 元/m^2，房价水平倒数第七（山东各市房价情况如图 2-1-1 所示）。房价与经济实力之间的矛盾，造成了潍坊市经济实力强、工业发达，但房地产市场相对落后，房价长期较低徘徊的奇特现象。从经济发展潜力来看，该市房地产市场发展空间较大，房价也具有与其经济实力相匹配的补涨空间，房地产市场发展具有较大机会。

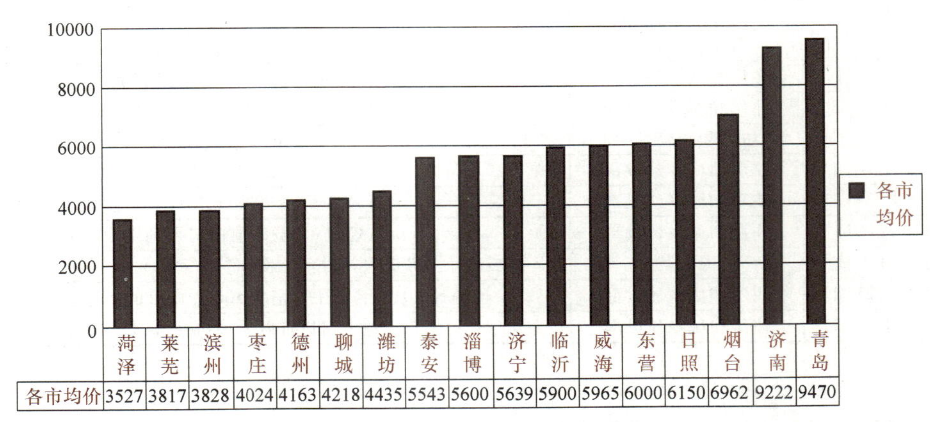

图 2-1-1　2012 年山东各地级市房产均价图（单位：元/m^2）

（数据来源：世联怡高）

（3）国内大型开发商强势进驻。从 2010 年开始，万达集团、恒大集团、亚特尔地产、阳光 100、绿城地产、中信集团等国内房地产巨头纷纷抢滩潍坊，为传统潍坊房地产市场带来新的活力和挑战。

（4）欧美建筑风格盛行。目前潍坊商品房市场的产品建筑风格以欧美风格为主，其中有代表性的如潍京、盛世华庭、亚特尔·庞庭等；而中式风格产品相对较少，主要有天同·宜江南、宝地·御园、浮烟山国际社区等。

(5) 楼盘规划注重外部环境，忽视内部园林景观设计。由于潍坊自然景观资源丰富，很多楼盘在规划设计时主要都围绕外部景观资源做文章，使项目环境更加宜居。但很多本土开发商的项目都忽视内部园林景观的设计，大大降低了楼盘的品质。

(6) 房地产市场主要为潍坊市本地居民消费，外地购房者较少。潍坊房地产市场对外地购房者吸引力较弱，房地产市场需求主要集中体现在市内本地居民的消费，外地购房者相对较少，所占比例不高。

(7) 刚性需求占主导地位。潍坊购买市场以刚性需求为主，改善性需求为辅。近两年潍坊楼价上涨过快，大大超出居民收入增长及心理接受度，购买面积小、总价低的产品成为消费者可接受的选择。随着居民对生活品质的不断追求，近年市场对中大户型面积的产品需求也有所增加。

(8) 产品设计单一，设计理念较为保守。近三年市场上的房地产产品单一性高，户型设计重复，面积集中在一定范围内，缺少选择性。虽然有个别项目引进一些先进的设计理念，但尚未形成规模，难以引导市场消费。

3. 2011~2013 年潍坊市房地产政策分析（表 2-1-3）

近三年国家对房地产市场的调控力度不断加大。2011 年 1 月国务院颁布的“国八条”规定二套房贷首付提至 6 成，对潍坊改善性需求及投资性需求的客户有所抑制。2013 年 3 月“国五条”出台，再次提高二套房住房贷款首付款比例和贷款利率，进一步加大了对房地产市场的调控，这将对潍坊市的中高端市场产生一定影响。但综观近年房地产市场情况，调控政策影响不大，潍坊房地产市场发展相对稳健（表 2-1-3）。

表 2-1-3　2011~2013 年潍坊市房地产政策主要内容

时　间	部　门	主要内容
2011 年 1 月 26 日	国务院	“国八条”二套房贷首付提至 6 成
2011 年 5 月 4 日	山东潍坊物价局	商品房必须明码标价
2011 年 10 月 18 日	潍坊各大银行	首套房贷利率调至基准利率的 1.2 倍
2012 年 7 月 2 日	住房和城乡建设部	个人住房信息系统联网至 500 地级市
2012 年 7 月 24 日	住房和城乡建设局	预售新办法，延期交房三个月可退房
2012 年 8 月 22 日	潍坊公积金管理中心	扩大公积金制度覆盖范围
2012 年 8 月 24 日	住房和城乡建设部	落实“7090”政策，落实中小户型的比例
2012 年 8 月 24 日	住房和城乡建设部	将开展现房销售试点，9 月 1 日起实行
2013 年 2 月 7 日	住房和城乡建设部	山东规定 12 层以上楼房须利用太阳能
2013 年 3 月 1 日	国务院	提高二套房住房贷款首付款比例和贷款利率。卖房征 20% 个人所得税
2013 年 3 月 21 日	住房和城乡建设部	预计 2013 年 6 月底完成 500 个城市的信息联网工作
2013 年 3 月 22 日	住房和城乡建设部	国有土地上房屋征收补偿办法 4 月 1 日起实施

（数据来源：潍坊搜房网）

4. 2012~2013 年潍坊土地市场供需分析

2012 年度潍坊土地推出总量为 325 宗，成交 193 宗。土地成交率为 59.3%，相对较低，说明开发商拿地较为谨慎（图 2-1-2）。

2012 年潍坊土地供给信息分析见表 2-1-4。

表 2-1-4　2012 年潍坊土地供给信息分析

总计	土地宗数/块	建设用地面积/m^2	规划建筑面积/m^2	推出土地均价/元/m^2	推出楼面均价/元/m^2
2012 年 1 月	16	1142792	2100431	323	230
2012 年 2 月	30	1169913	3568704	547	194

（续）

总计	土地宗数/块	建设用地面积/m²	规划建筑面积/m²	推出土地均价/元/m²	推出楼面均价/元/m²
2012 年 3 月	19	812313	2621094	323	230
2012 年 4 月	8	68530	202534	—	—
2012 年 5 月	39	4676584	4601579	594	280
2012 年 6 月	37	1481152	3535729	612	191
2012 年 7 月	14	2131150	2180537	782	261
2012 年 8 月	38	2227907	3085964	687	378
2012 年 9 月	22	2677466	3672834	31	12
2012 年 10 月	27	373564	1010011	—	—
2012 年 11 月	13	583909	1715474	—	—
2012 年 12 月	62	4052620	5639117	—	—
合计	325	21397900	33934008	—	—

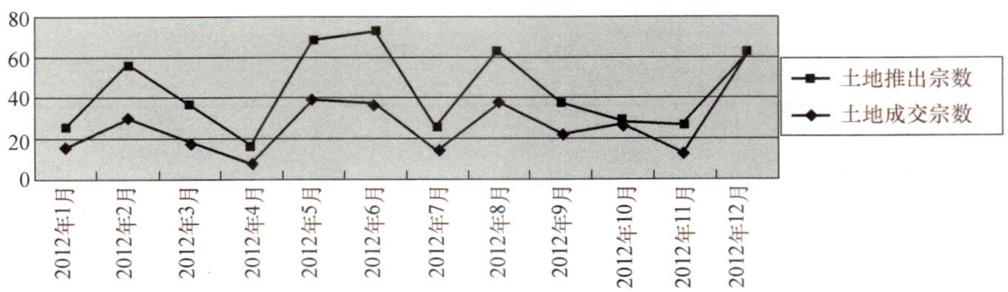

图 2-1-2　2012 年土地推出量及成交量分析

2012 年潍坊土地成交信息分析见表 2-1-5。

表 2-1-5　2012 年潍坊土地成交信息分析

时　间	土地宗数/块	建设用地面积/m²	规划建筑面积/m²	土地均价/元/m²	楼面均价/元/m²	土地出让金/万元
2012 年 1 月	9	538849	1143179	1164	549	62708
2012 年 2 月	27	1118391	3406306	1116	366	124770
2012 年 3 月	18	727820	1872214	642	250	46745
2012 年 4 月	8	68530	202534	2472	837	16943
2012 年 5 月	30	4244406	3935201	298	321	126346
2012 年 6 月	35	1233081	3133032	1299	511	160134
2012 年 7 月	10	2039614	1972857	270	279	55040
2012 年 8 月	25	1121361	1216749	344	317	38599
2012 年 9 月	15	1940738	2776115	433	302	83949
2012 年 10 月	2	56997	150775	1536	581	8756
2012 年 11 月	13	539796	1263209	1009	431	54450
2012 年 12 月	1	18722	37444	600	300	2246
合　计	193	13648305	21109615	11183	5044	780686

（数据来源：潍坊市国土资源局）

2013 年一季度土地推出总量为 27 宗，土地成交量为 12 宗。由于 2013 年一季度“国五条”的颁布及春季市场成交状况等原因，3 月推出 14 宗，而成交只有 3 宗。土地市场成交相对冷淡，开发商拿地热情有所减弱（图 2-1-3）。

2013 年第一季度潍坊土地供给信息见表 2-1-6。

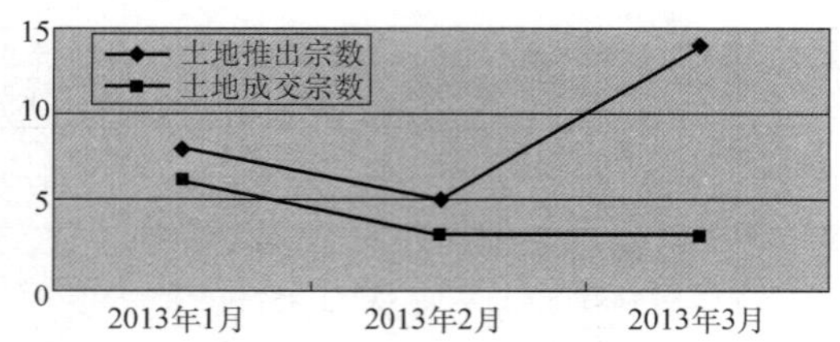

图 2-1-3　2013 年潍坊土地推出量及成交量分析（单位：宗）

表 2-1-6　2013 年第一季度潍坊土地供给信息

时　间	土地宗数/块	建设用地面积/m^2	规划建筑面积/m^2	土地均价/元/m^2	楼面均价/元/m^2
2013 年 1 月	8	153036	393749.72	—	—
2013 年 2 月	5	161286	178168.18	—	—
2013 年 3 月	14	448655	677948.96	—	—
合　计	27	762977	1249866.86	—	—

（数据来源：潍坊市国土资源局）

2013 年第一季度潍坊土地成交信息见表 2-1-7。

表 2-1-7　2013 年第一季度潍坊土地成交信息

时间	土地宗数/块	建设用地面积/m^2	规划建筑面积/m^2	土地均价/元/m^2	楼面均价/元/m^2	土地出让金/万元
2013 年 1 月	6	320763	734272.22	898.61	392.55	28824.1
2013 年 2 月	3	42900	115561	1068.74	396.75	4584.88
2013 年 3 月	3	30617	99221.78	2139.14	660.08	6549.42
合　计	12	394280	949055	4106.49	1449.38	39958.4

（数据来源：潍坊市国土资源局）

近两年潍坊土地供应量充足，市场成交率仅 6 成，流拍、低价成交现象经常发生，开发商拿地热情不高。但住宅用地成交率接近 9 成，住宅市场仍是潍坊房地产市场的热点。开发商对住宅土地的需求说明房地产市场对住宅的需求量依然很大，住宅市场竞争会异常激烈。

5. 近年潍坊住宅市场价格分析

（1）2011～2012 年潍坊住宅成交价格情况　近两年潍坊市区平均房价为 4300 元/m^2。2011 年全年房价波动最大为 775 元/m^2，潍坊总体房价上涨 23.91%，上涨较快。2012 年全年房价波动最大仅为 65 元/m^2，各月房价变动不大（图 2-1-4）。

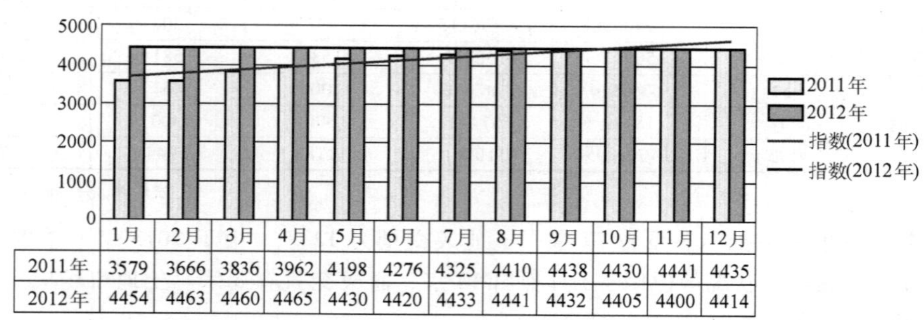

	1月	2月	3月	4月	5月	6月	7月	8月	9月	10月	11月	12月
2011年	3579	3666	3836	3962	4198	4276	4325	4410	4438	4430	4441	4435
2012年	4454	4463	4460	4465	4430	4420	4433	4441	4432	4405	4400	4414

图 2-1-4　2011～2012 年潍坊各月住宅成交均价（单位：元/m^2）

（2）2013 年第一季度市内六区房价水平区域分析。2013 年一季度潍坊市区六区中，潍城、奎文、高新、经济开发区房价均有不同程度的微降，坊子和寒亭则呈现上涨态势。其中，经济开发区房价跌幅达 1.02%，为六区中跌幅最大区域；潍城区紧随其后，跌幅为 0.13%。但是，坊子区房价依然坚挺，房价上涨 2.75%；一季度潍坊市区六区房价中，坊子表现最为抢眼。2013 年一季度潍坊房地产市场回暖预期加大，楼市成交反弹，房价有所上扬（表 2-1-8）。

表 2-1-8 2013 年一季度潍坊六区房价水平一览 （单位：元/m^2）

月 份	2013 年 1 月		2013 年 2 月		2013 年 3 月	
区 域	市场价格	成交价格	市场价格	成交价格	市场价格	成交价格
奎文区	5313	4782	5263	4837	5338	4496
潍城区	4436	4388	4458	4299	4430	4257
高新区	4832	4283	4839	4498	4851	4283
经济开发区	4218	3982	4263	3645	4175	3872
坊子区	4043	3898	4069	4064	4154	3936
寒亭区	3891	3493	3919	3511	3921	3618
总均价	4455	4138	4469	4142	4478	4160

截至 2013 年 4 月 19 日，潍坊地区在售住宅项目共 126 个。近一个月内，共有 4 个项目的销售价格出现上涨，2 个项目的销售价格出现下跌，另外 120 个项目的销售价格与之前持平。在售住宅项目的销售均价为 4792 元/m^2，与近半年来持平。由此可见，近年潍坊房地产市场均价相对平稳。

1.2 潍坊城区近年房地产供需分析

1. 2011 年 4~12 月潍坊住宅成交套数分析

2011 年 4~12 月潍坊住宅共成交 34140 套。住宅商品房成交总面积 343 万 m^2。奎文区、潍城区及经济开发区占据 2011 年潍坊住宅成交的 65%（图 2-1-5）。

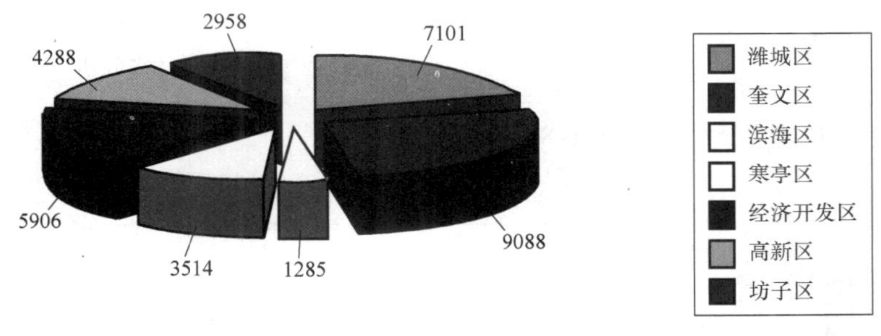

图 2-1-5 2011 年 4~12 月潍坊住宅成交套数分析（单位：套）

2. 2012 年潍坊住宅成交分析

2012 年 1~12 月潍坊住宅总成交面积为 324 万 m^2，成交面积与成交量基本持平。下半年推盘量增加，且以市区房源居多，这一定程度上刺激了销量的上涨；同时开发商大打折扣牌，优惠力度较大，低首付极大地减轻了购房者特别是刚需客户的购房压力。购房者观望情绪有所缓和，不再一味地等待“房价拐点”和“房价下跌”（图 2-1-6）。

3. 2013 年一季度潍坊住宅成交分析

2013 年一季度住宅共成交 8652 套。年后刚需客户集中爆发，购房者的观望态度逐渐消除，

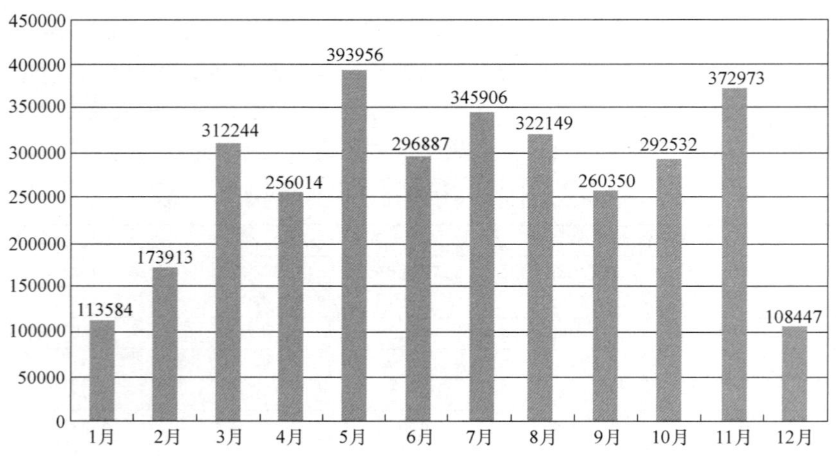

图 2-1-6　2012 年潍坊住宅成交面积分析

特别是 3 月初二手房新政的出台，部分有二手房购买意向的购房者开始将选择范围转向新房，很大程度刺激了新房的成交。2013 年一季度成交量多出 2012 年同期 3009 套，同比涨幅高达 53%；除 2 月以外（春节假期），整体成交量较高，自 2012 年年底开始的楼市回暖态势，在 2013 年一季度得到有效巩固（图 2-1-7）。

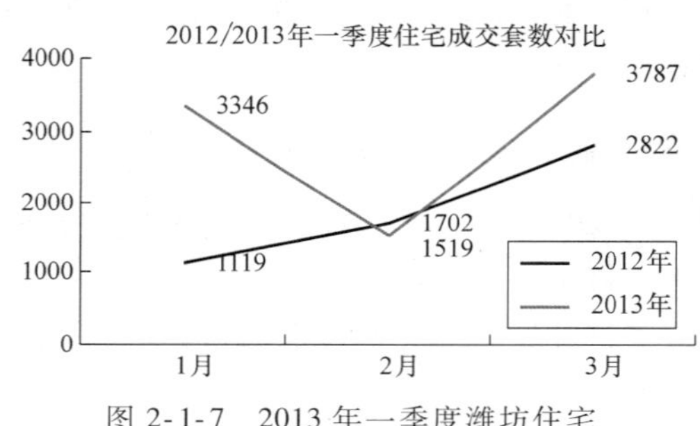

图 2-1-7　2013 年一季度潍坊住宅成交套数对比分析（单位：套）

4. 近三年潍坊各区开盘信息分析

2011 年全年开盘共 145 个，2012 年全年开盘共 126 个，较 2011 年减少 13%；从各月开盘数量来看，2011 年开盘最高的 7 月共开盘 29 个，而 2012 年开盘数量最高的 10 月仅有 20 个。但从 2012 年整个开盘数量走向来看，虽然楼市与 2011 年相比略显低迷，但是开发商开盘力度在“金九银十”同样为全年最高（图 2-1-8）。

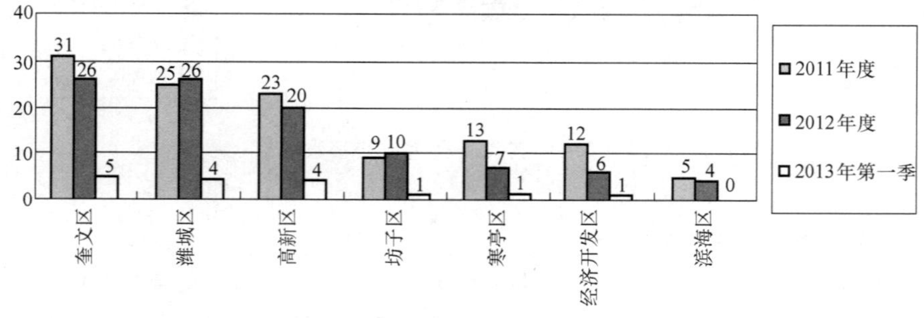

图 2-1-8　近三年潍坊各区开盘量信息分析（单位：个）

虽然政府楼市调控不放松，但随着累积的刚性需求不断爆发，预计 2013 年潍坊楼市将逐步回暖，各开发商也将加快推盘速度。2013 年一季度，潍坊楼市开盘项目达到 16 个，其中 3 月推盘数量达到 12 个，占到了一季度推盘总量的 75%，潍坊楼市“小阳春”悄然引爆。

5. 2013 年潍坊可售期房数据统计

目前潍坊住宅市场的存量约有 61524 套，可售面积达 677 万 m^2。其中，坊子区的住宅存量有 6269 套，可售面积达 73 万 m^2，仅次于高新区、奎文区和潍城区，名列第四。2013 年潍坊商品住宅供应充足，随着中建集团、亚特尔集团、恒大集团的产品陆续入市，潍坊楼市进入“大盘时代”，竞争压力再度升级（表 2-1-9）。

表 2-1-9　2013 年潍坊可售期房数据统计

区　域	可售套数/套	可售面积/m^2	可售住宅套数/套	可售住宅面积/m^2
滨海经济开发区	2976	342433.56	1935	220738.28
高新技术开发区	15153	2409423.84	11264	1440666.67
寒亭区	11317	1174644.78	5548	547245.15
经济开发区	4301	522266.77	3547	349474.29
奎文区	24710	2744321.7	15758	1762816.17
潍城区	19529	2023949.47	14148	1414228.19
经济技术开发区	88	7902.68	88	7902.68
峡山生态经济区	231	31083.4	207	24781.86
潍城经济开发区	4540	377390.24	1830	168078.39
坊子区	8485	1001250.67	6269	733182.8
出口加工区	974	113668.47	930	103707.47
合　计	92304	10748335.58	61524	6772821.95

1.3　潍坊城区 2013 年房地产市场发展走向

1. 房地产投资、开发、销售规模将小幅攀升

中央房地产调控政策对属于三线城市的潍坊来说，直接影响相对较小；另一方面，潍坊的刚性需求和改善性需求依然旺盛，持续压抑后房价回落的愿望破灭，将进一步刺激和释放住房需求，预计开发投资规模和新房供应将小幅攀升。

2. 房价整体理性上扬，稳中有升

潍坊经济实力在山东位列第四，但平均房价水平则相对较低，房价仍有较大上涨空间。随着潍坊经济的加速发展，土地、建安、税费和营销管理费用等刚性成本费用将不断上涨，房价也将随之增长。另外，恒大、中建、亚特尔等一批高端项目的持续开发并相继推出市场，也会拉高整体房价，而潍坊房地产市场也将迎来一轮品质大餐。

3. 房企洗牌加剧，市场将呈现出规模化和品牌化局面

近年来，多数一线开发企业开始进行偏向三线城市的战略转移。随着大企业越来越多地占据市场，潍坊房地产市场将逐步呈现出规模化、品牌化的良性态势。而一些不具备品牌开发实力和开发资质的企业将会被洗牌，甚至被淘汰出局。

4. 位于城市东南部的坊子新区升值空间较大

坊子新区位于城区东南部，占据了“一心一环一廊一轴”的辐射区域的城市框架优势。而随着政府行政中心的东移，主城区向东南快速推进，中心区的位置也向东南发展，坊子区与城市中心的联系更加紧密，房地产升值潜力较大。

5. 刚性需求占主导，改善性、投资需求比例逐步增大

随着潍坊城市化进程的加快，城市人口将持续增加，刚性需求仍将为 2013 年潍坊房地产市场发展提供稳定的动力。但投资性需求、改善性需求有所增加，预计潍坊中大户型产品会逐年增多。

第二部分　潍坊城区中高端住宅市场分析

2.1　潍坊城区中高端住宅市场竞争格局与特征分析

1. 城区中高端住宅区域分布

潍坊城区中高端住宅主要分布在白浪河、虞河两岸，以及白沙河（虞河支流）与张面河（虞河支流）两岸景观带旁，另一分布在潍坊城区东西两侧（图 2-1-9）。

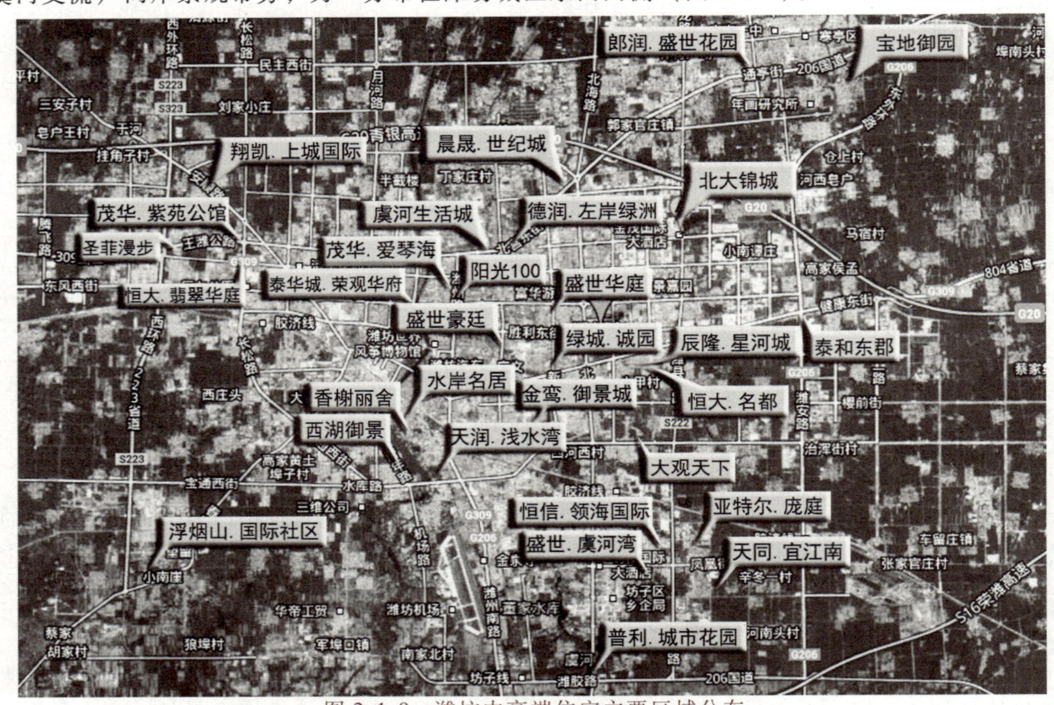

图 2-1-9　潍坊中高端住宅主要区域分布

2. 城区中高端住宅市场的竞争格局与特征分析

1）区域集中性。潍坊城区中高端住宅市场的竞争主要集中在白浪河、虞河两岸以及两河之间。目前此区域的房地产市场相对活跃，中高端住宅市场在此表现鲜明突出，竞争激烈。

2）品牌竞争性。目前潍坊中高端住宅项目大多数为知名品牌产品，各品牌的市场占有率相当，竞争实力相当，市场的品牌化竞争明显。

3）竞争激烈性。近年来，国内众多知名品牌房地产企业纷纷进驻潍坊，为潍坊房地产市场注入新的活力的同时也带来挑战，促使潍坊中高端房地产市场竞争更加激烈。

4）日益成熟性。外地开发公司的到来，为潍坊地产市场带来新颖的建设开发理念，促进当地原有市场机制、竞争机制、营销模式的改革，促进潍坊房地产市场科学、理性的发展，中高端房地产市场日益成熟。

2.2　潍坊城区中高端住宅市场供需分析

1. 城区中高端住宅项目分析

潍坊市城区中高端住宅项目比较稀缺。目前在售的住宅楼盘项目共有 261 个，中高端住宅楼盘仅有 32 个，占整个市场份额的 12%左右。据实地调研分析，潍坊市区中高端楼盘中含有别墅的楼盘共有 17 个，在中高端楼盘中占到一半以上。但别墅产品在单个楼盘项目中所占比例较小，平均比例仅为 18%（图 2-1-10）。

1）潍坊市中高端产品的形式主要以高层或者多层的大面积户型、复式为主，别墅产品较少。

2）中高端项目主要是集高层、多层、别墅等多种产品业态为一体的住宅项目。

3）奎文区和高新区是城区内中高端住宅需求最为旺盛的区域，产品表现形态主要以多层、高层的大面积户型为主。而坊子区与寒亭区的中高端住宅产品类型则以别墅形态为主。

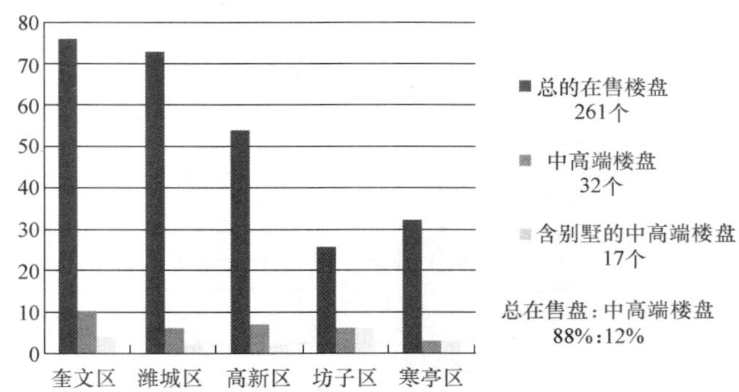

图 2-1-10　目前潍坊在售楼盘项目分析（单位：个）

2. 城区中高端住宅供应分析

2012 年，城区住宅市场供应活跃，特别是 5 月、12 月表现尤为明显，都出现了激增现象。2012 年城区新批准预售面积 226 万 m^2（图 2-1-11）。

根据《潍坊登记与交易》报告统计，2012 年潍坊市预售普通住宅预售面积约 196.62 万 m^2，中高端住宅的预售面积约 29.38 万 m^2。中高端住宅供应所占市场份额相对较小，约 13%左右（图 2-1-12）。

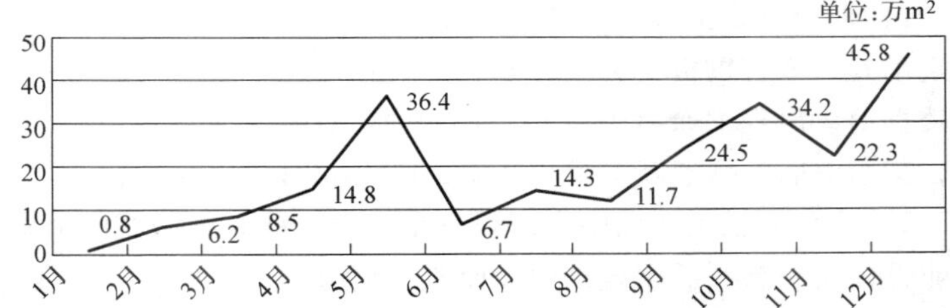

图 2-1-11　2012 年城区批准商品房面积趋势分析

根据《潍坊登记与交易》报告统计，2013 年 1～3 月，商品住宅预售总建筑面积 59 万 m^2。其中，中高端住宅预售总建筑面积约 7.3 万 m^2，所占比例仅为 12%。一般住宅预售建筑面积则占到 88%（图 2-1-13）。

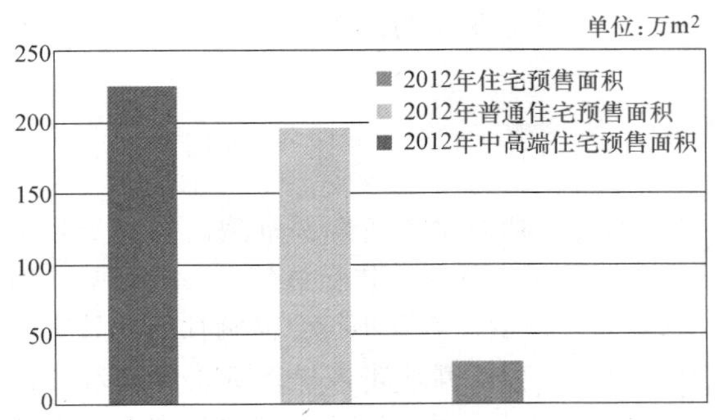

图 2-1-12　2012 年城区住宅预售建筑面积分析

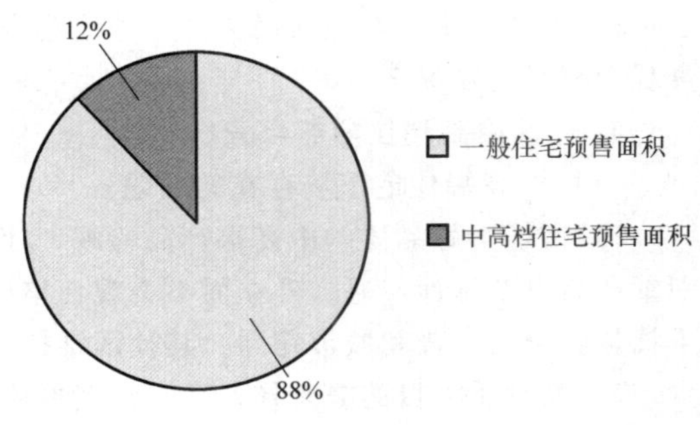

图 2-1-13　2013 年一季度商品住宅的预售面积分析

3. 城区中高端住宅需求分析

（1）根据2012年潍坊楼盘网签销售排行统计，2012年潍坊住宅市场去化面积约163.35万m^2。

（2）2013年1~3月城区住宅总成交面积91.11万m^2。其中，一般住宅面积约79.25万m^2，多层、高层的中高端住宅成交面积约10.61万m^2，别墅成交面积约1.23万m^2（图2-1-14）。

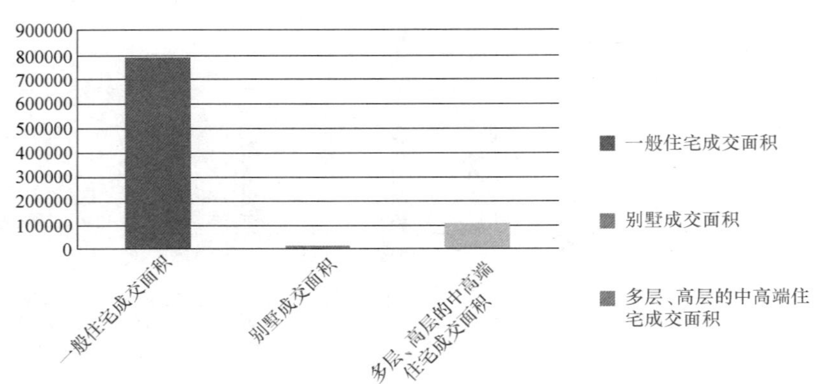

图2-1-14 2013年1~3月住宅成交量分析

（3）中高端住宅需求特征分析。

1）形成“南北通透，住东不住西”的需求习惯。潍坊市民买房子特别注重南北通透，这就决定了其住宅多以板楼为主，多成兵营式排列。另外，在同一栋楼中潍坊市民更偏爱东山墙，以致楼盘销售出现“余西不余东”的现象。以绿城·诚园为例，自2012年11月开盘至今不足五个月，其东山墙的房子基本销售一空，西山墙则剩余较多。

2）户型面积主要以中大面积户型为主。针对潍坊城区消费者的需求特征及置业习惯，开发企业设计的户型产品主要以中大面积户型为主。其中主力户型面积为140~230m^2，别墅户型面积一般在300~500m^2之间。

另外，在中高端楼盘中，小户型住房相对比较畅销。原因主要有以下几点：第一，小户型多在高层中，单价虽高，总价却低，人们易于接受；第二，中高端住宅社区无论是景观配套、生活配套，还是物业管理、售后服务等都相对高端、完善、有档次，更加适于居住。当然，这也说明潍坊市民在考虑经济承受能力的同时，也追求更加舒适的居住环境、追求住房的质量与档次，购房的品牌意识和投资意识逐渐增强。

3）市场需求以本地居民为主，外地购房者较少；需求主体主要为改善型、自住性需求，投资观念相对比较保守。

4. 城区中高端住宅综合分析

（1）中高端住宅市场存在的问题。

1）市场上好品质的中高端产品稀缺，社区总体质量差，影响消费者购买欲望。特别是某些别墅产品户型设计普通、外立面不美观，整体社区管理不达标，社区整体质量较差。最鲜明的例子就是坊子区的普利城市花园，其社区维护较差，物业管理滞后，完全不符合高端社区的品质。

2）高品质项目的缺乏导致高端消费群体外流现象严重。由于潍坊市区缺乏真正的高端居住小区，加上其交通便利的区位优势，那些位于金字塔上部最具购买力的高端消费群体在购买高端舒适型住宅时往往更倾向于沿海地区，这导致了高端消费群体的外流。

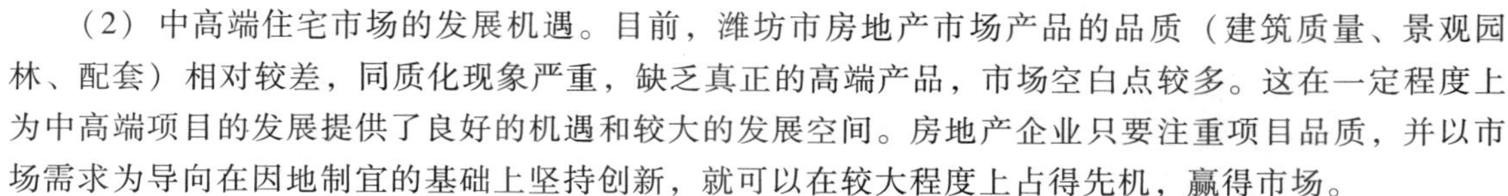

（2）中高端住宅市场的发展机遇。目前，潍坊市房地产市场产品的品质（建筑质量、景观园林、配套）相对较差，同质化现象严重，缺乏真正的高端产品，市场空白点较多。这在一定程度上为中高端项目的发展提供了良好的机遇和较大的发展空间。房地产企业只要注重项目品质，并以市场需求为导向在因地制宜的基础上坚持创新，就可以在较大程度上占得先机，赢得市场。

2.3　潍坊城区中高端住宅市场形态分析

1. 物业类型

潍坊中高端项目大多数是集高层、多层、别墅为一体的综合业态，比如华安·庭岸风景、德润·康城、金銮御·景城、天同·宜江南等。另外，也有少数纯高层项目的市场定位为中高端，如绿城·诚园、恒大·名都等。

2. 建筑风格

本市中高端房地产项目的建筑风格多以欧式为主，具有代表性的如绿城·诚园的法式新古典主义高层，亚特尔·庞庭的意大利托斯卡纳风格，潍京的 Art Deco 风格等；而中式建筑风格相对较少，具有代表性的有天同·宜江南，比较传统的江南徽派建筑风格，宝地·御园为新中式，北大·锦城是皇家园林与苏州园林相结合的现代中式建筑风格。

3. 规划布局

奎文区、高新区的中高端项目规划以多层、高层为主的楼型结构较多，呈兵营式或单排沿街的总体楼盘布局，大部分楼盘规模较小，绝大多数项目建筑面积在 30 万 m^2 以下。坊子区的中高端项目规划以高层、多层、别墅为一体的综合业态分布较多，比如：亚特尔·庞庭、恒信·领海国际、普利城市花园、圣栖 1 号等。这些中高端项目的相对容积率在 0.7~2.0 之间，文体设施、康乐服务设施等小区配套设施相对短缺，小区配套主要依赖市政配套。另外，新建及在建的中高端楼盘建筑造型开始重视色彩的表现，外立面趋于品质感及层次性，但主要以现代风格、简欧风格为主。园林规划设计与布局和前几年相比有很大提高，小区绿化多样性增强，规模较大项目的园林设计具有立体感及冲击力，如亚特尔·庞庭、恒大·名都、圣菲漫步等。

4. 物业管理

调研发现潍坊消费者尚未意识到物业管理的重要性和便利性，物业管理意识不强。而当地开发商自己的物业管理水平相对较低，物业管理滞后。多数楼盘的物管服务内容仅限于一般的保安、保洁等基本功能，尚不能提升到社区文化氛围的营造和生活方式引导的高级物管水准。

目前市区的房地产项目物业管理费平均仅为 1.5 元/(m^2·月)，甚至有些项目的费用低于 1 元/(m^2·月)，较低的物业管理费用，除了维持物业管理公司一般日常运营开支之外，其他维护管理费用支出很少，无法提供丰富多样、先进的物业管理服务。

2.4　潍坊城区中高端住宅项目案例研究

1. 金鸾·御景城

（1）项目区位、周边配套。该项目位于奎文区樱前街与宝通街中心，毗邻虞河，主干道新华路、樱前街、文化路、宝通街构成快捷的交通网。

学校：潍坊二中、樱园小学、新华中学、广文中学、德润双语学校。购物：农贸市场、中百超市、大润发。医院：人民医院。银行：农行、建行、潍坊银行、中国银行。

（2）项目规划（图 2-1-15）。项目分南北两个组团，分别采取单独的物业管理、满足不同消费群体需求。北区的翰林府组团由建设中的 7 栋 56000m^2 的多层和 10 栋 17 万 m^2 的高层组成。南区的漪岚府组团由 21 栋建筑面积 10 万 m^2 的双层叠拼别墅组成。

图 2-1-15 金鸾·御景城规划图

(3) 项目数据。项目由 10 万 m^2 户均面积 300m^2 的叠式建筑群和 20 万 m^2 的平层官邸组成(表 2-1-10),分别管理。

表 2-1-10 金鸾·御景城项目数据

楼盘地址	樱前街、宝通街	楼盘形态与栋数	别墅 21 栋,多层 7 栋,高层 10 栋
总占地面积	203 亩	总建筑面积	32.61 万 m^2
楼盘类型	住宅	建筑类型	多层、高层、别墅
开发商	潍坊鸿基房地产开发公司	物业管理费	南区:0.8 元/m^2 北区:1.8 元/m^2
绿化率	33%	得房率	90%
容积率	0.0239	车位数	1:1 以上
开工时间	2009.6.6	竣工时间	一期 2010.12.31
预计开盘时间	一期 2010.3 二期 2014.4	预计交房时间	一期 2011.2
总规划套数	920 套	销售率	一期 75% 二期正在认筹

(4) 项目整体质素评价。

1) 项目优势。

① 区位优势:项目东临虞河景观带、湿地公园,周边市政配套、生活配套齐全,拥有快捷的交通网(由新华路、樱前街、文化路、宝通街构成)。

② 景观优势:位于市规划建设的虞河生态景观廊道,毗邻生态景观公园,景观资源优越,居住环境休闲舒适。

③ 项目目标市场定位为中高端住宅市场很是恰当。基于优越区位、景观环境,结合潍坊目前房地产市场来分析定位;区位优越、配套齐全、临河景观优美,并且目前优质的中高端住宅市场缺少。

2) 项目不足方面。

① 项目内部绿化、配套设施与项目定位不符合。项目定位为中高端住宅,广告语为“潍坊最贵的房子”,户型设计几乎都是大面积的户型,面对的客户群体是改善、二次置业型住房人

群。但小区绿化较差，景观休闲设施较少。

② 营销策略不协调。经过一期开发与销售以及广告宣传，人们对本项目的形象认知为：高端、有档次、居住环境优美、物业管理服务良好。但项目的营销中心装修相对简陋，与其高端住宅的定位落差较大，不能体现其高端品质。

2. 恒大·名都

（1）项目区位、周边配套。项目位于金马路以东、樱前街以南、潍县中路以西、宝通街以北。

周边配套设施齐全：国家级示范性中学潍坊一中，全日制综合性普通本科高校——潍坊学院，已建成的实验学校、东明学校、北海学校、双语学校等，教育投入力度大，医疗设施完善的潍坊人民医院，以及方便市民休闲娱乐购物的富华游乐园、佳乐家金马店、中百益家园、潍坊植物园、银座购物广场等都在15分钟生活圈内。

（2）项目规划（图2-1-16）。项目占地面积约29万 m^2，总建筑面积约127万 m^2，其中包括高层住宅、沿街商业、高档写字楼、全天候运动中心、五星级会所、双语幼儿园、星级剧场等，规划社区住户为6332户。项目整体拟分四期开发，首期工程除未拆迁区域部分，其余已于2011年5月20日全面开工，二期工程计划于2011年9月1日开工，整个项目计划于2014年开发完毕。首期开发建筑面积32万 m^2，包括10栋33层高层住宅、大门、综合楼、运动中心和中央湖区。

图2-1-16 恒大·名都规划图

潍坊恒大·名都将建成拥有世界级皇家园林以及近万平方米的中央内湖，自然环境极其优越，集居住、休闲、娱乐、购物、文化、教育于一体的、无可比拟的现代化都市综合大城。以东部首席中央居住区的定位高度，呈现都市生活名城。

（3）项目调研数据（表2-1-11）。

表2-1-11 恒大·名都项目的数据

楼盘地址	潍县中路、宝通街	楼盘形态与栋数	35栋高层、写字楼
总占地面积	289000m^2	总建筑面积	1270000m^2
楼盘类型	住宅	建筑类型	板楼高层
开发商	恒大金碧置业	装修情况	精装
物业公司	恒大金碧物业	物业管理费	1.8元/m^2
绿化率	36%	得房率	78%
容积率	4.3	车位数	1∶3
开盘时间	2012.5.1	销售率	70%
均价		5100元/m^2	

（4）整体评价。

1）开发商实力雄厚，开发经验丰富，开发手法：先做小区绿化、配套，再做实体建筑。营销理念成熟，对潍坊房地产开发营销有借鉴作用。

2）景观实景绿化率高，恒大自己物业有品质保证，小区内部配备幼儿园，业主子女就学有保证，是集居住、休闲、娱乐、购物、文化、教育于一体的城市综合体。

3）距离市中心距离较远，周边的生活配套设施较欠缺。

4）房价过高，项目认同度较低。

3. 盛世·华府

（1）项目规划及户型。盛世·华府项目位于奎文区健康东街与文化路交汇处西南侧，整个项目总用地面积 60695m^2，总建筑面积 219319m^2，地上建筑面积 178600m^2，其中住宅建筑面积 142272m^2，商业建筑面积 33634m^2，幼儿园建筑面积 1300m^2，会所建筑面积 910m^2，地下建筑面积 40719m^2。整个社区容积率为 4.1，绿化率超过 35%，建筑密度 27.6%。社区规划设计户数 1112 户，建成后可容纳居住 3336 人，小区共设计配备停车位 1434 个（图 2-1-17）。

图 2-1-17 盛世·华府项目规划图

盛世·华府户型面积从 95~161m^2，多种户型可供选择，户型方正大气，空间开阔明亮，观景视野好，内部设计自由灵动，极具格调，成就居者优雅惬意的品质生活。

（2）区位及周边配套。项目所在地为城市行政和商业核心区，城市快速干道健康街可通达火车站、汽车站和济青高速，是进出城市的重要出入口，周边交通方便，配套设施齐全。并且紧邻虞河景观带，周边有新华路佳乐家、银座购物中心、南下河市场等商业配套，有人民广场、植物园、虞河公园等城市景观，有新华书城、日向友好、新华中学、广文中学等名校和人民医院等文化医疗配套，坐拥文化路餐饮文化特色街区，与新华路商业、商务城市新中心毗邻，是真正的奎文中央商务区核心地段。

（3）开发定位及建筑风格。该项目以“富有新古典风格，具有和睦、共融的住区文化，轻松、休闲的社区功能和宁静、浪漫的社区品位”为开发定位，旨在打造一处城市 CBD 核心区内的具有浓郁英伦风情的都市领袖阶层高端华府美宅。项目毗邻虞河城市景观带，产品建筑采用纯正英伦新古典主义 Art Deco 风格。社区内部按照原味英式风情进行设计，以围合式中庭园林景观打造出一种地道的欧式尚品生活空间。

（4）项目整体评价。

1）项目优势。

① 区位优势明显，奎文中央商务区核心地段，属于商业氛围成熟、人文气息浓郁、城市管理水平高的地块。

② 潍坊首创智能生活体验。将引进智能触屏阅览设备、智能互动游戏设备、智能化健身器材及 wifi 无线网络公共空间覆盖。并配备四大尖端智能体系：智能安防系统、智能归家系统、智能共享空间、智能物业平台。

2）项目劣势。

① 项目以纯高层为主，人口居住密度大，可能会影响居住环境的舒适度。

② 缺乏样板间展示，楼盘形象不被具体化。

4. 天同·宜江南

（1）楼盘概况。天同·宜江南位于坊子新区龙山路与双羊街交汇处，白沙河畔，紧邻双羊新城。项目定位为中式徽派建筑风格，占地面积 65522m^2、总建筑面积 49848.80m^2，户型建筑面积 220~360m^2（表 2-1-12、图 2-1-18~图 2-1-20）。

表 2-1-12　天同·宜江南项目数据

建筑类型	独栋、双拼、联排、多层	均价	洋房：4800 元/m^2 别墅：206 万/套起
物业公司	潍坊国泰物业管理有限公司	物业费	0.42 元/（m^2·月）
开盘时间	2012.7	入住时间	2013.12
客户印象	认同度不高	销售速度	缓慢

图 2-1-18　天同·宜江南项目规划

（2）项目整体质素评价。

1）建筑风格采用中国传统的徽派建筑风格，潍坊首席纯中式楼盘。

2）项目位于坊子新区，具有较好的区位优势。

3）纯中式建筑，房子外立面采用灰色屋顶、白色的外墙等冷色调，缺乏温馨感，未做到因

图 2-1-19　天同·宜江南项目的洋房外景

图 2-1-20　天同·宜江南项目的别墅外景

地制宜，造成项目认同度与认知度不匹配的局面。

4）项目整体质量档次不高，产品与中高端项目要求尚有一定差距。户型设计较为普通，与其他市场产品差别不大，没有明显优势。

5. 亚特尔·庞庭

（1）楼盘概况。项目位于坊子区北海路与金山街交叉口东路南 500m。总占地 1000 多亩，总建筑面积 1000000m^2，容积率仅为 1.1，绿化率高达 45%，是一个低密度、高品质、高绿化的百万平方米大盘，也是目前潍坊市区范围内建成体量最大的一座洋房社区。洋房均价 5300 元/m^2，别墅均价 8000 元/m^2（图 2-1-21）。

（2）产品形态。亚特尔·庞庭整个项目分为 D 和 F 两个区，包括情景电梯洋房和独栋类联排两种产品。项目整盘融合了阶梯花园洋房、电梯洋房、别墅以及后期 25 万 m^2 的文化产业总部基地城市综合体等多种物业形态。

（3）建筑风格与外观（图 2-1-22~2-1-24）。项目采用托斯卡纳风格，在设计上注重对线条、造型和颜色块面的灵感性运用，将淡黄色的 STUCCO 建筑外立面和红色陶土瓦屋顶相结合，并融入意大利建筑风格五大元素：红色坡屋顶、一步式阳台、铁艺栏杆、手工抹灰墙和文化石外墙。建筑材料以天然材质为主，以木头、石头、抹灰来表现建筑机理，给人以直观的视觉感和生态性。

图 2-1-21　亚特尔·庞庭项目规划图

图 2-1-22　亚特尔·庞庭项目外景观

图 2-1-23　亚特尔·庞庭项目外立面

（4）内部配套。内设一座学校（12000m^2 小学），两个幼儿园（均为伊顿双语幼儿园），三处会所，四条商业街（115000m^2）。在硬件的打造上采用了世界上多项最先进的低碳环保技术，是山东省首家通过国家 2A 级住宅性能认证的社区，也是潍坊首席千亩低碳生态科技示范社区，可谓是打造了“千亩城市洋房，万人时代之城”，其已逐步成为潍坊极具发展潜力的一公里中央生活区，带动了区域的繁荣和价值增值。

图 2-1-24　亚特尔·庞庭项目外景观

（5）项目整体质素评价。

1）项目优势。

① 本项目是百万平方米成熟社区凤凰太阳城的升级产品，高端居住区，依托太阳城成

功的知名度和高认同度，营造了良好的产品形象。庞庭项目全封闭式独立管理，同时又享有凤凰太阳城成熟的配套。

② 项目西侧是潍坊最著名的第一景观大道——北海路，南侧为龙泉街，北侧是金山街，它与北海路主干道的打通，更加便捷地连接了奎文区和高新区，出行非常方便。项目东侧紧邻白沙河，白沙河总长 5km，距离庞庭项目 1.5km 处是湿地公园，使业主可以零距离的接触白沙河。

2）项目劣势。白沙河景观湿地公园建设还不完善、成熟，景观优势尚未发挥出来。

第三部分 项目目标市场分析

3.1 项目地块现状分析

1. 地块宏观现状分析

项目扼山东内陆腹地通往半岛地区的咽喉，占据蓝、黄经济发展机遇最重要的战略空间，成为环渤经济圈的重要支点。

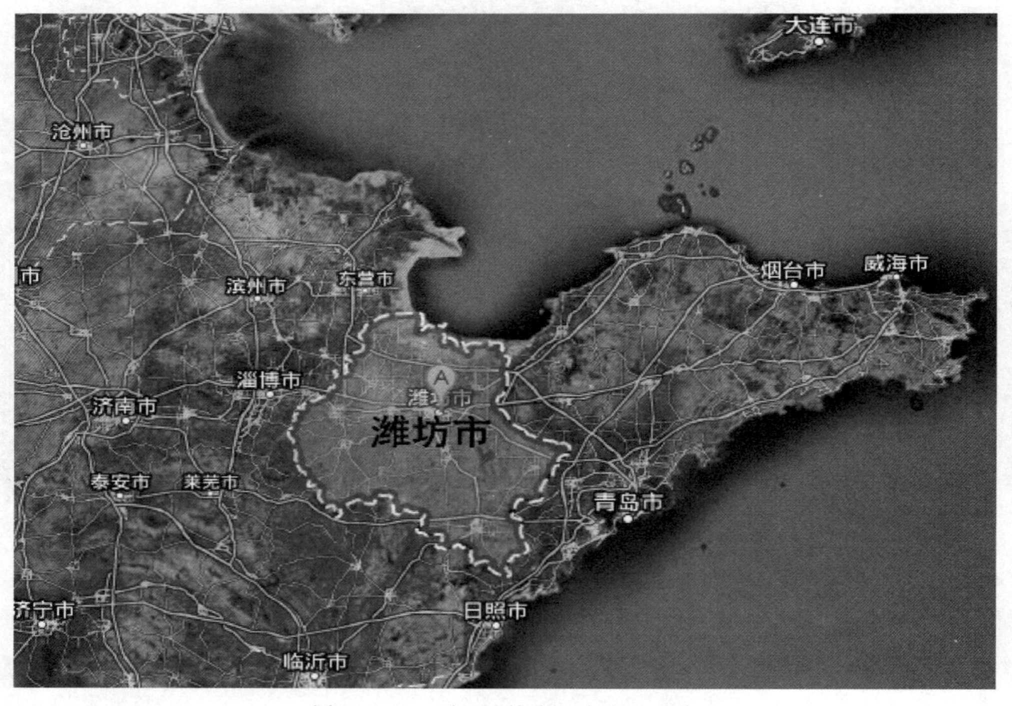

图 2-1-25 项目地块在山东省的区位

潍坊市位于山东半岛中部，南依泰沂山脉，与临沂、日照两市相邻，北濒渤海莱州湾，东与青岛、烟台两市相接，西与东营、淄博两市为邻。向东与青岛相连，进入黄海领域；向西与黄河三角洲中心区域相连；向北广阔的海域为实现蓝色海洋经济战略提供了巨大空间。未来城市地块价值明显。

2. 地块中观现状分析

项目位于城市未来发展主方向的东南板块，地块价值突出（图 2-1-26）。

项目所在的坊子区位于城区东南片区，占据了“一心一环一廊一轴”的辐射区域的城市框

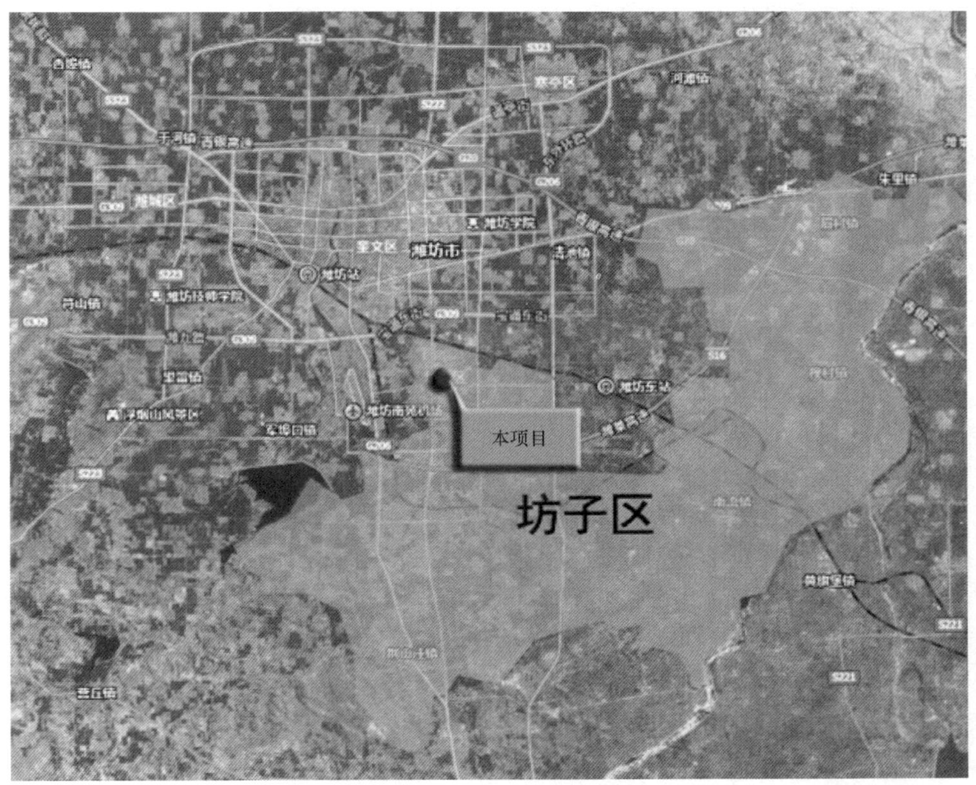

图 2-1-26　坊子区在潍坊市区的区位

架优势，同时具有土地资源丰富、高标准、高起点发展的空间优势。此外，政府行政中心东移，主城区向东南快速推进，中心区的位置也向东南发展。作为以“生态城市居住社区”为特色的“现代化综合城市功能区”，处于潍坊东部南板块的坊子区站在了历史机遇的起点上。

3. 微观地块现状分析

地块周边人居氛围不够成熟，但是景观资源丰富，区域价值有待开发，升值空间较大。

1）项目周边生活配套稀缺。本项目距离城市主景观干道——北海路仅 200 余米，靠近坊子区政府以及其他政府机关单位，生活配套主要分布在地块东部，相对较少。

2）项目地块市政配套完善。项目靠近坊子区政府，周围较多成熟小区，水、电、天然气等市政配套完善并已投入使用。

3）项目地块自然环境资源丰富。项目位于虞河东岸，占据虞河湿地公园生态景观优势。另外，本地块位于坊子区生态文化休闲区，政府正致力将其打造成为一个以旅游、休闲健康、生态绿色、低碳环保为理念的高端住宅区域。这都为本项目提供了良好的外部环境和景观资源。

3.2　项目 SWOT 分析

1. 项目优势（S）

1）大区位优势：项目位于潍坊市未来城市发展方向的东南板块的坊子区。根据城市规划，潍坊市委、市政府中心驻地都将逐步东移，使坊子新区与城市中心更加紧密相连。

2）大交通优势：境内交通纵横交错，胶济铁路、青银和潍莱高速、206 和 309 国道贯穿全区，潍莱高速公路起点就在境内；区驻地与潍坊机场毗邻，东连青岛港、烟台港，南近日照港，北临潍坊港，离潍坊飞机场3km，距青岛机场、青岛港仅1小时车程。

3）地块区位优势：项目地块东面离城市交通主干道北海路仅两百多米，拥有快捷的交通网（由龙泉街、凤华街、凤中街构成）。项目西临虞河景观带，湿地公园，周边市政配套齐全。

4）景观优势：项目位于虞河上游西岸。优越的自然景观，是生活定居的首选。虞河与白浪河贯穿潍坊市区南北，共同构成了城市中心的绿色走廊，南部是潍坊市政府重点规划建设的生态湿地公园。景观环境效果已经明显，建设颇有成效。

2. 项目劣势（W）

1）目前周边生活配套缺乏，居住条件不够成熟。

2）项目地块较为平整，缺少高端项目应有的地块特点。

3）项目地块的南面是安居房小区，拉低了项目作为高端住宅社区的环境氛围。

3. 项目机遇（O）

1）本项目的开发建设符合城市未来走向，迎来政府致力打造“以生态城市居住社区”为特色的“现代化综合城市功能区”的机遇。

2）消费观念不成熟，有一定的市场引导和操作机会。

3）高端住宅市场的不成熟为项目带来了有利的发展空间。

4. 项目威胁（T）

1）房地产企业纷纷引进先进开发理念、逐渐认识到营销策略的重要性，竞争将相当激烈。

2）项目所在地区位优势日趋明显，可能存在拟建设项目与本项目同期推出的情况，竞争难免。

3）市场上中高端住宅空置率高，房源充足，并且坊子区目前已有如亚特尔·庞庭、天同·宜江南、恒信·伯爵公馆等高端楼盘，项目在营销推广及争取客户方面将面临较大挑战。

3.3 项目核心竞争力分析

1. 环境优美、景观资源丰富

项目位于虞河东岸景观带，环境优美、风景宜人。潍坊城市的地势是南高北低，从地理科学的角度来看，本项目位于虞河的上游，靠近“九龙问源”主题景区源头，符合“择上游而居”的传统居住观念，是健康生态居住的最佳选址（图2-1-27）。

2. 深厚的“桃文化”历史人文底蕴

项目地处“孔孟之乡”，受“孔孟文化”影响较深，具有深厚的历史文化底蕴。而作为中国传统文化的重要组成部分，“桃文化”在此处也具有良好的人文基础，有利于将项目的文化价值赋予灵魂。

3. 具有创新型本土开发企业优势

作为本土房地产开发企业，可林奇在潍坊市耕耘多年，熟悉本地房地产市场状况及当地消费习惯、人文风俗等，同时又注重创新、引入先进的开发理念。这决定了其在实际开发建设过程中既能创新，又能推出适合本地居民喜爱的房子。

3.4 项目目标市场分析

1. 消费者的消费观念转变，为本项目市场定位提供依据

通过调查，市民普遍对小区的景观设计、园林规划、物业管理等小区内在因素十分重视、期盼度较高，认为住房不再仅仅是冰冷的钢筋、混凝土，而是代表一种人际关系和生活方式。随着经济发展，特别是市民消费观念的改变，改善型住宅、高端品质住宅的需求逐渐增多，这就为本项目目标市场提供了参考方向。

图 2-1-27　虞河景观带实景图

2. 潍坊市中高端住宅市场初见端倪，项目市场定位应填补市场空缺

潍坊市中高端住宅市场相对薄弱，中高端产品稀缺。大部分项目定位为高端住宅却并未达到高端的品质，有购买力的客户群体的需求没有得到真正满足。本项目的建设应该抓住市场机遇，填补这部分市场空缺，开发建设有品质、符合居民需求的品质住宅项目。

3. 根据本项目情况，结合市场，找准项目的目标市场

从项目的区位优势、环境资源优势说，项目占据四通八达的交通优势，市政配套齐全，生态宜人、景观资源突出，具备了高端纯别墅的一些优势，确实可以将项目目标市场定位为：纯高端的别墅社区。但从另一方面来说，项目周围多是已成熟的普通住宅小区，并且项目西南部为在建安居小区，这不免会对社区的高端品质造成一定的负面影响，影响其高端形象。

从项目所处的竞争环境来说，项目周边多是定位相对低端的高层住宅区，若是将项目作同样定位，建成普通的高层住宅小区，这样的确可以增大小区的容积率，提高经济效益。并且以项目的环境资源优势，其在竞争中肯定能够脱颖而出，占得较大市场份额。但是这样一来不免浪费项目的地块价值，不能将其价值体系最大化。

综合以上分析，同时考虑到市场的不确定性，建议本项目市场定位为：集高层、多层、别墅为一体的中高端住宅社区。以充分利用项目区位优势和环境资源，做到项目价值最大化的同时，也可以做到尊重市场原则，规避市场风险。

第四部分　项目目标客户群分析

4.1　目标客户群分布与类型

1. 目标客户群的分布区域

根据对潍坊市中高端房地产的调查与研究分析，我们发现其客户群体的分布区域比较广泛，其中50%的客户来源于潍城区、奎文区和高新区，而坊子区等其他潍坊城区的客户约占到30%左右。另外，还有约20%的客户来自潍坊市周边县市区及其他区域，其中有5%的客户属于跨市甚至跨省的客户群体（图2-1-28）。

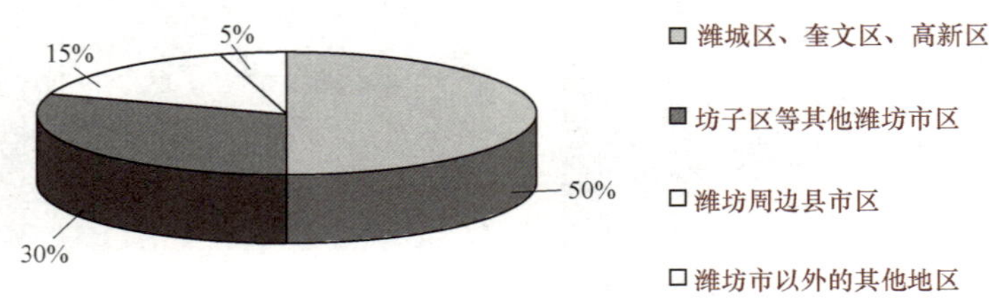

图2-1-28　目标客户群分布区域示意图

2. 目标客户群的类型

在市场调研中，我们选择8个具有代表性的中高端楼盘对目标客户群进行类型研究，其主要数据见表2-1-13。

由此我们可以总结出潍坊市中高端房地产市场的目标客户群体主要为：

1）涵盖中等及以上的所有阶层，涵盖各行各业人士。

2）年龄在22~60岁之间，主力群体的年龄在35~50岁之间。

3）以经商人士、政府公务员、事业单位管理人员、企业中高层管理人员、私营业主等中高收入人群为主。

表2-1-13　目标客户群类型统计

项目名称	物业类型	主力客户群分析				
		客户描述				
		职业	年龄	收入	比例	动机
亚特尔·庞庭	别墅，洋房	公务员，商人，事业单位人员，国企中高层	35~50岁	较高	70%	改善
天同·宜江南	别墅，小高层	商人，公务员	35~50岁	较高	70%	改善
金銮·御景城	别墅，多层小高层	公务员，商人，事业单位人员，国企中高层	22~60岁	较高	60%	改善
恒大名都	高层	公务员，商人	22~60岁	中等或以上	50%	改善首次
盛世华府	高层	公务员，商人，事业单位人员，私营业主	22~60岁	中等或以上	50%	改善首次
北大锦城	高层	公务员，商人，事业单位人员，私营业主	22~60岁	中等或以上	50%	改善
绿城·诚园	高层	公务员，商人，事业单位人员，教师，国企中高层	35~50岁	较高	80%	改善
潍京	高层	公务员，商人，事业单位人员，国企中高层	35~50岁	较高	80%	改善

4.2　目标客户群特征

通过大量的数据研究，我们发现潍坊市中高端房地产市场的目标客户群总体上特征较为明显（表2-1-14）。

表 2-1-14　目标客户群特征统计

项　目	内　　容
社会背景	社会阶层中等偏上，社会阅历丰富，消息灵通，同时富有商业投资观念
文化背景	参差不齐，公务员、教师等较高，自主创业者较低
年龄层次	以中年为核心线向两边分散，但相距不远，主要集中在 35~50 岁
生活态度	①责任心较强，希望为家人创造更好的生活条件；②在追求舒适和高品质的生活基础上，强调个性化的生活方式；③关注细节，懂得享受生活
生活品位	①性格沉稳内敛，注重仪表，但相对低调；②生活品位相对较高，拥有其身份和个性的标志物；③对自己所追求的理想境界欲望强烈
消费心理	①对商业价值有自己的判断；②追求性价比比较高的产品；③容易受到媒体、专业人士及朋友的引导
消费行为	①个人判断力较强，一般不受从众心理的影响；②容易受到同层次朋友的消费影响
居住观点	①认同项目的产品形式，追求超越现有居住环境的新天地；②实用、美观、配套完善、交通便捷，追求投资回报

4.3　目标客户群定位

根据研究分析，我们将本项目的目标客户群定位为：

1）热爱中国传统文化，对西式建筑产生审美疲劳的群体。

2）热爱生活，追求有情调、高品质生活的群体。

3）具有“桃花源”情节，追求闲舒、传统生活的群体。

4）具有“隐士”情节，希望返璞归真，向往平淡自然的田园生活的群体。

第五部分　项目主题分析及命名

5.1　项目命名及演绎

本项目命名为：——可林奇 · 桃花源

1. “桃花源”象征着一种和平宁静的生活，是中国人的理想生活境界

自陶渊明的《桃花源记》开始，“桃花源”在中国人心中已经成为“世外桃源”的代名词，那种与世无争、怡然自乐的生活境界令无数人心生向往。中国人大抵是有隐士情节的，而现代人的生活节奏较快，压力巨大，当人们被这种快节奏的生活逼得无路可退的时候，当人们面临种种诱惑而身心俱疲的时候，当人们整日为烦恼、恩怨、包袱和羁绊所累却无法找到心灵慰藉的时候，则更是容易对那种闲云野鹤、恣意遨游的美妙田园生活产生憧憬与向往。

2. 项目正临虞河景观带，风景宜人，景观资源优越

潍坊市政府自 2005 年开始花数亿打造了虞河景观带，自南向北依次建成九龙问源、虞水帆影、虞河古道、北宫春早、踏雪寻梅等十二个主题景区，形成了珍珠项链式的城市风景带。而本项目正处于最南端的“九龙问源”主题景区的源头，沿河景观带长达近 700m。周围水、石、树、花、草交相辉映、相得益彰，水景相融，如诗似画、碧水绿妆，多处景色“虽由人作，宛自天开”，非“世外桃源”四字不足以道其妙。

3. “桃文化”在我国源远流长，博大精深

自夸父逐日，“弃其杖，化为邓林（即为桃林）”继有桃树开始，“桃”在中国文化中承载了太多的含义。中国古代尊称桃树为“仙木”，桃则被认为是“仙家之物”，有延年益寿之功效。《诗经 · 桃夭》一文最早对桃花进行了审美意识的描述，开以桃花比喻婚姻爱情之先河。王安石的诗句“千门万户曈曈日，总把新桃换旧符”中的“桃符”逐渐演变为现在的春联。经过历代文人的演绎与挖掘，“桃文化”包含了吉祥、长寿、健康、福禄、富贵、爱情、忠贞等美好的寓意。

4. 潍坊市作为“中国蜜桃之乡”，具有良好的历史人文基础

本项目地以南，相去不过30km的安丘，自古便以出产俗称“笑桃”或“喜桃”的蜜桃闻名，并于1996年被中国特产之乡组委会命名为“中国蜜桃之乡”。潍坊市现已形成石堆、担山、安丘、贾戈四大基地，发展种植安丘蜜桃达6.5万余亩，成为名副其实的“中国蜜桃之乡”。作为潍坊的主要特产之一，桃子在潍坊人心中也具有特殊的情结和历史文化意义，这不仅为本项目的开发提供了一定的人文环境基础，也为社区园林的栽培与后期维护提供了可借鉴的因素。

综合以上各方面因素，将本项目命名为“可林奇·桃花源”。

5.2 项目主题概念体系与内涵

项目主题——中国（潍坊）首席“桃文化”主题社区。

中国的“桃文化”博大精深，蕴含着多重含义。在本项目的主题阐释和规划设计中，我们将选择其最具代表性的三大元素进行重点打造。

1. 桃花——给爱情一个美好的归宿

人们对于桃的喜爱，首先是源于桃花。桃花是春天早发的花卉，它粲如锦浪，艳如红霞，盎然春意。桃花在人们心中代表了三个最美丽的意象，即女性、爱情和春天。《诗经·桃夭》用春水般美妙而明媚的语言，描写了美好而悱恻、单纯而坚定的爱情，赞美了男女婚姻宜室宜家之美好。后世便以“桃夭”比喻婚姻，用桃花形容爱情的美好绚烂。桃花同时也表现了最完美的女性气质：艳丽、妩媚却又飘零。世人常将其与女性相提并论，如崔护的《题都城南庄》，短短四句诗既表现了爱情的朦胧美好又写出了爱情的淡淡忧伤和些许惆怅。于是，后人便将女子得到称心的郎君，或男子得到女子的特别爱恋称为“桃花运”，是为天下熙熙皆有所盼的一种缘分。将“桃花”作为主题概念体系之一，就是要向人们展示生活与爱情的美好，表现生活的美好希望。同时，也是向人们传达一种浪漫的爱情宣言。

2. 桃林——莫愁无知己，相知在桃林

孔子是赞扬桃子的，《论语》中有多处提到桃子，并且他还以“桃李不言，下自成蹊”来形容有才之士。而刘备、关羽和张飞三位志士意气相投，选在一个桃花盛开的季节，在一个桃花绚烂的园林，举酒结义，对天盟誓，希望共同实现美好理想。其中所表现出的优秀气节——忠孝节义，也是我们中华民族崇尚的文化精髓，而“桃园”也逐渐成为友谊与忠贞的象征。作为“桃文化”主题概念体系中的重要子系统，“桃林”体系所要表达的正是这样一种理念：因为对居住环境的追求和品位相同，邻居也可以变成知己。

3. 寿桃——深藏功与名，悠然享天年

在中国的神话中，桃树是由逐日英雄的手杖幻化而来，这就肯定了桃树的生而不凡，是为人们所认同的“神木”。而在传统观念中，桃始终被作为福寿吉祥的象征。在我国尊老祝寿的习俗中，晚辈就常以“寿桃”相赠，或画一幅“寿星捧桃”图案以表达祝福和吉祥。当然，这也有一定要求，如画桃要画双不能画单、画的桃越多越象征长寿等。

在中国传统文化中，桃子承载着吉祥、长寿、健康、福禄、富贵等文化内涵。“寿桃”体系所推崇的是那种“似出复似入，非忙亦非闲”和“种杏栽桃拟待花”的生活方式，一方面表现了对人们美好愿望的祝愿，同时也传达给人们一种豁达的生活境界：不求长生不老，但愿健康平安。

5.3 项目主题概念支撑

1. 规划设计系统

在项目的整体布局方面，根据项目主题概念体系将整个社区自东向西划分为桃花、桃林、寿桃等三大片区，分别表现爱情、友谊以及健康三大主题。而三大片区之间以及各片区内部都修建较大面积的园林景观，以营造出符合“桃花源”意境的田园式园林景观。在建筑风格方面，则采用现代中式建筑风格，通过中式建筑的典雅与稳重，突出“桃花源”以及“桃文化”的历史厚重感。同时在吸取中式建筑精华的基础上，对中式建筑中的重要元素如马头墙、山墙、垂花门、游廊等进行改进，使其更加符合现代审美。而社区内建筑物的布局与排列，则错落而又整齐，呈“屋舍俨然”之势，使整个社区形成类似于传统村落形态且具有人情味的丰富的邻里空间。在建筑色彩上则采用尊贵、典雅的暖色调，以求与周围环境相协调，构建一个田园式园林社区。

2. 园林景观系统

社区在植物景观的营造上主要以桃花林为主，并利用临河的优势引入虞河之水修建小桥溪水，营造桃林“夹岸数百步，中无杂树，芳草鲜美”、良田美池、小桥流水人家的“世外桃源”景观。在小区的主入口处设计小桥流水、两岸桃花林的景观，一方面复原《桃花源记》中的景观，另一方面也表现出曲径通幽、别有洞天之感。同时，小区还根据三大片区不同主题的要求打造出不同主题的园林景观。桃花片区以表现浪漫爱情为主，修建小岛、溪水环绕，岛上遍植桃林，体现出爱情的绚烂多彩；桃林片区园林则以桃林及红叶李为主，其间溪水穿行，临水修亭，并修建小型“桃园三结义”主题雕塑广场；在寿桃片区叠砌假山石洞及“一线天”，造“桃花流水，福地洞天”之景，同时修建庭宇，造就“偶闻黄发石中语，时有白云衣上生”之意境。另外，在寿桃片区采用中国传统的吉祥符号——蝙蝠，与寿桃交映，体现“福寿双全”之意。

3. 人文生活系统

社区内配备三个分别以《桃花源诗》中的诗句命名的文化会所——高举馆、蹑风馆和怡然馆，馆内建设分别有面向青年、中年和老年等不同群体的娱乐设施，鼓励大家加强锻炼，健康生活。同时，社区内还建有一座小型的“桃文化”博览园，以展览、视频等不同形式向人们展示“桃文化”的博大精深，并不定期举办相关“桃文化”的主题讲座、知识竞赛、绘画展等。另外，小区内的幼儿园命名为“行歌学堂”，一方面表现了孩子的童真活泼，另一方面也向人们传达“娱乐+学习”的教育理念，让孩子的童年生活更加丰富多彩。小区内建有桃花街，街上设有便利店、茶馆、酒馆等完整齐全的商业配套，与其他生活设施、园林景观等和谐统一，构成一切悉如外界却又相互独立的“世外桃源”。

4. 视觉识别系统

首先，在小区的整体视觉效果方面，小区入口立一巨石，并以隶书书写“可林奇 · 桃花源”，以突出小区的文化底蕴。小区内的建筑外观也多采用尊贵、典雅的暖色调。其次，小区内的建筑、道路、流水等均以“桃”的各种意象或者历代著名“桃花诗”中的诗句命名，如桃源路、桃花街、悠然亭、高举馆、桃花溪等。另外，小区以桃花作为象征图案，并用抽象或简化的手法，运用多种形式镶刻于小区景墙、大门、廊架、景亭、地面铺装、坐凳上。VI 设计均体现“桃文化”元素。

5. 营销推广系统

首先，在售楼部装修方面，装修风格典雅别致，并在墙上悬挂《桃花源记》和相关桃花、桃子的书法字画以及“桃文化”相关故事，如“桃园三结义”“王母蟠桃会”等的故事简介及连环画。其次，在营销推广活动方面，不定期举办相关“桃文化”主题活动，如“桃园相亲会”“桃花茶品鉴会”“寿星生日会”等。第三，在广告推广方面，以陈思思《梦入桃花源》作为主题推广歌曲，同时做好“桃文化”的推广宣传工作。最后，对售楼部人员进行专业培训，全部人员必须掌握《桃花源记》以及“桃文化”相关知识，能对客户进行熟练解说。

5.4　项目备用案名

1. 可林奇·维也纳森林——生活无处不音乐

（1）项目内涵与主题。作为世界音乐之都，维也纳的美丽与神圣成为音乐的全部。同时，维也纳又是建筑之都，音乐与建筑达到了完美的融合。而因小约翰·施特劳斯的《维也纳森林的故事》闻名于世的维也纳森林，则又为这座城市增添了无限的妩媚。在这点上，位于虞河之畔、正临虞河景观带的项目地块与之达到完美契合，虞河之水碧波荡漾，岸上植物绿意盎然，水景相融，正可谓“东方维也纳森林”。

可林奇·维也纳森林，引自维也纳生活风情，让音乐融入生活，打造“潍坊首席音乐主题社区。可林奇·维也纳森林——生活无处不音乐。

（2）项目主题支撑与规划。社区的建筑、广场、街区、景观等处处营造如“维也纳森林”般优美的居住空间。同时更注重“建筑、生活、艺术”的完美融合。在整体规划布局方面，自东向西划分为小夜曲、圆舞曲和交响曲三大片区，分别表达音乐·爱情、音乐·生活、音乐·人生三大主题，建筑布局与音乐元素完美融合，高低跃动，富于变化。而社区建筑、景观、绿化等均以音乐为设计灵感来源，如乐器型建筑及绿植等，并以乐曲名或音乐家名字等命名。社区建筑风格则采用地中海建筑风格，并打造极富韵律感的建筑立面，如吉他式走廊、竖琴式屋顶、钢琴键盘式阳台等。采用清新淡雅、简洁明快的暖色调，与周围环境协调，构建一个田园式皇家园林社区。

社区在园林景观设计方面，则以欧式景观为主导，打造高品质的欧式皇家园林景观。社区景观以中央水景为主线，融入音乐视觉元素，打造社区入口——组团景点——宅间小路三重音乐主题景观，社区入口景观带以音乐喷泉、露天剧场、休闲广场、音乐主题雕塑等多处景点构成，各景点由一条五线谱乐韵花带相连，并点缀层次丰富的水景等。水景贯穿社区，打造各种喷泉、水景墙以及各式“音乐符号”的喷水小品等，营造社区被“蓝色多瑙河”碧波环绕之美景。

社区配备豪华星级会所，为业主提供至尊级高贵服务，建有茶室、水疗养生馆、音乐视听室等以满足不同客户需求。并首创潍坊国际艺术幼儿园，提供专业化的音乐艺术训练，为培养孩子的艺术天赋创造良好条件。同时社区还将打造名为“金色大厅”的多功能音乐厅，利用亲水平台创造出宽敞的公共空间，打造可变化的多种空间模式，不定期举办小型音乐会、戏剧演出等多种活动，带给社区业主足以媲美维也纳金色大厅的高级视听享受。另外，社区在配备完善齐全的传统商业配套的同时，社区将引进专业的乐器行、唱片行等相关音乐产业，力图打造一条艺术氛围浓厚的社区型商业风情街。

2. 可林奇·美景宫——缔造原味法式浪漫

（1）项目内涵与主题。美景宫（*Schloss Belvedere*），维也纳最著名的宫殿之一，为巴洛克建筑风格，是哈布斯堡家族成员欧根亲王以凡尔赛宫为蓝图为自己建造的宫殿，分为上、下两宫。如今，上美景宫是以十九和二十世纪艺术为主题的美术馆，下美景宫是以中世纪艺术和巴洛克艺术为主题的美术馆。

Belvedere 这个拉丁文名字原意为美丽景色的意思，可直译为“美景”。而“美景宫”则蕴含两方面的含义，一方面其体现了项目周边环境的优越，可理解为“美景中的宫殿”，另一方面也

代表着皇室生活的尊贵以及其所蕴含的艺术文化底蕴。可林奇·美景宫采用法式风情建筑风格和法式宫廷园林景观，打造“潍坊首席法式浪漫社区”。

（2）项目主题支撑与规划。项目在建筑规划布局上突出轴线的对称，建筑也多采用对称造型，突出建筑的恢宏气势和高贵典雅的贵族风格。建筑外立面采用现代法式新贵风格，在采用法式建筑元素基础上大量采用斜坡面，线条鲜明、凹凸有致，尤其是外观造型独特，华贵轻快简洁的立面线条、宽银幕观景窗、通透的护栏阳台、造型简朴的屋顶构成独具时尚、贵气的建筑气质，庄重大方、典雅气派充分彰显主人的高贵身份与地位。色彩稳重大气、清新优雅，建筑整体造型变化丰富多彩，每栋建筑因造型的细微变化而使整体内涵更加丰富，并增强了项目的识别性。

在景观园林设计上采用法式宫廷园林景观，利用18世纪欧洲法式宫廷园林设计手法，通过严格轴线对称形式的景观分布，配以高度整齐的修剪植物，运用自然的手法营造出精致而华丽的园林景观系统，使社区大气开阔富有构图感，与园区建筑完美交融。同时，在园区修建一条中央景观大道——法式景观主轴，起始于社区大门入口处且贯穿整个社区，采用精美的地面铺装，严谨的对称分布以及恢宏的大型雕塑共同给人以视觉冲击。景观主轴视觉中心为主水系，并搭配严谨规整的种植、精致的喷泉设计与奢华的雕塑尽显祥瑞贵气。另外，园区引进普罗旺斯花海，种植大面积的薰衣草，营造出诗意浪漫的氛围。

3. 可林奇·英伦庄园——追寻纯正贵族生活

（1）项目内涵与主题。英国知名记者杰瑞米·帕克斯曼说：“英国人坚持认为他们不属于城市，而属于并不居住的乡村。他们觉得真正的英国人是乡下人。”因此，一座有着边际遥远的绿草坪和点缀其间的各种百年老树，房舍附近的花园里有灿烂的英国玫瑰，而自己则坐在养着盆栽秋海棠的小客厅里喝茶、看书，等待访客按铃，这种生活方式是绝大多数英国人的梦想。这个代代相传的梦想也催生了英国的“庄园文化”。

不同于罗马人的奢华，也不同于法国人的浪漫，英国的贵族庄园完全是远离喧嚣、回归宁静，有着低调的奢华。可林奇·英伦庄园，通过利用原生景观的优势并融合异域人文的浓香，将纯正英伦风情注入生态之中，充分利用现有水域，塑造一个高尚生态度假式社区，打造具有纯粹式生活和人文特征的新英伦庄园，打造“潍坊首个纯英伦风情”的新庄园人文社区，追寻纯正的贵族生活。

（2）项目主题支撑与规划。项目可分为格林区、伊顿区、牛顿区三大主题组团，建筑风格则采用英式传统风格与现代风格相结合，并通过明丽的色彩和特色造型使建筑与景观和自然环境高度融合。同时，采用诸多曲线造型来体现艺术感和装饰作用，并将传统的英伦风格进行改良，利用人字形坡屋顶、暖色系材质外立面等英伦建筑语言和符号，体现沉稳厚重、高贵优雅、尊荣内敛的英伦气质，营造一种尊贵、休闲的生活方式和生活情调，体现理想主义建筑的优雅与“度假村”式的休闲轻松。

在园林景观方面，则塑造英伦风韵浓郁的“图画式园林”，通过大量运用水系、喷泉、英式廊柱、英式雕塑、英式花架、精心布局的植物迷宫等景观小品，并有机结合地块的天然高差进行景区转换和植物高低层次的布局，形成浪漫的英伦情调和坡式园林景观的浪漫气质，体现英国小镇庄园的超然、恬静、幽雅、淳朴、古典之美。

另外，社区依托广场和营销中心（会所）的打造来体现贵族的气派与高贵，并打造一条集购物、餐饮、休闲为一体的纯英式商业风情街，为业主提供尊贵服务。

4. 可林奇·北宸之光——尽显一座城市的荣光

（1）项目内涵与主题。“北宸”是“北极星”的代名词。北极星是接近北天极的一颗星星，北半球可以用它来定位，正因为北极星的位置相对稳定，所以给人的感觉是忠诚，有着自己的立场。

从人生的角度来说，北极星有着引领我们到达目标的意义，正如它可以让我们分辨方向一样。从爱情的角度来说，北极星象征着坚定、执着和永远的守护。如果将它拟人化，那么它一定对离它近的那个星有承诺，不然也不会不离不弃地守护，而离“北宸”最近的“星星”，就是入住在可林奇·北宸之光的人们。迷路的人们都会抬头寻找北极星，而他们会知道，北宸之光，就是我们最温暖的家，一所尽显城市所有荣光的家。

可林奇·北宸之光，通过建筑展现出的尊贵和景观营造出的温馨氛围，让居住在此的人们不仅感受到现代都市的便捷与繁华，还有处于心灵港湾的美好享受。本项目精心打造的主题社区将引领潍坊市场，走向国际品质，展现大家风范。

（2）项目主题支撑与规划。本项目建筑风格采用现代中式建筑风格，项目建筑强调突破旧传统，创造新建筑，重视功能和空间组织，注意发挥结构构成本身的形式美，造型简洁，反对多余装饰，崇尚合理的构成工艺，尊重材料的性能，讲究材料自身的质地和色彩的配置效果，发展非传统的以功能布局为依据的不对称的构图方法，使之具有简洁实用、结构布局合理的优点。还应结合北方市场的特殊原因，将北方皇家宫廷的建筑特色融入到现代中式风格里，做到入乡随俗，适应整个潍坊市场。

本项目园林景观采用现代中式园林风格。通过对空间、色彩、植物的灵活运用，恰到好处的来表达北宸之光在潍坊的引领地位，奢华繁荣但却低调内敛。在空间上，通过对院落式构成来设计居住区的空间序列，住区中开放空间、半开放空间、半私密公建、私密空间安排合理，从不同空间层次上满足了业主的心理需求，让在此居住的人们感受到被守护的安全感以及品质生活下的荣耀。

5. 可林奇·福景康城——兼蓄天地灵气，享受幸福生活

（1）项目内涵与主题。儒家提倡积极进取、奋发有为的人生，向内修身养性，形成仁、义、礼、智良好的道德品质，向外要齐家、治国、平天下，求取功名，行中庸之道，不走极端，处理好人际关系等，这样的人生才是幸福的人生，即所谓“福”。“高山仰止，景行行止”指的是德如高山人景仰，德如大道人遵循。“景”取义为“大”。《礼记·乐记》中提到“民康乐”，“康”乃安乐、安定之象。“福景康城”遵循了幸福、安乐、大成的精华，打造众所向往的人居价值高地，给世人呈现一种具有荣耀和品质的生活。

（2）项目主题支撑与规划。本项目建筑风格采用新中式建筑风格，通过玻璃、铁艺等现代材料和手法修改传统建筑中的各个元素，并在此基础上进行必要的演化和抽象化，外貌上看不到传统建筑的原来模样，但在整体风格上，仍然保留着中式住宅的神韵和精髓。空间结构上遵循传统住宅的布局格式，延续传统住宅一贯采用的覆瓦坡屋顶，但不循章守旧，根据潍坊当地特色吸收当地的建筑色彩及建筑风格，使之自成特色。从而打造从陈旧社区空间到新生活空间的完美过渡，体现具有中式文化现代风格的品质社区。

本项目园林景观采用中式自然风格。这是一种独有精神人文景观高于自然景观的手法。在景观的表现上将自然山水用升华的方式再次营造，“虽为人做，宛自天开”，“源于自然却高于自然”。园路的布置宜曲不宜直，在有限的空间内营造出无限的空间感，达到曲径通幽处的效果。园区中心可采用大量的假山、喷泉小溪等自然的景观形态。植物的选择应高乔搭配灌木，灌木搭配地被，形成自然的过渡景观。并且以中式的婉约感来营造出“幸福城”品质美与自由的古典美。

另外，社区通过营销中心贯穿中国文化，并打造出独具一格的文化长廊、文化街、文化博览园等一条中国文化商业街，为人民提供与众不同的品质服务。

可林奇·福景康城远离城市的喧嚣和嘈杂，回归隐居式的庭院生活，传承中国文人士大夫的隐逸精神，邀三五好友，来院子相聚，在自然山水之间，在亭台楼阁之中，在古今文化里，秋天中秋赏月、冬天踏雪寻梅、宴饮雅集、品茗把酒，回归中国传统的生活方式，品味可进可退的超然生活庭居梦想。

第六部分　项目总体定位

结合项目现状及潍坊房地产市场未来发展趋势，并遵循充分发挥项目核心竞争力，顺应市场需求，产品差异性、适应性、独特性、动态性、互动性（产品与市场互动、产品与客户互动）等原则，以及根据项目定位的逻辑线：定位前提（市场状况、项目状况、开发商实力）→项目SWOT综合分析→项目进行初步定位→市场定位→客户定位→产品定位，我们将项目作如下定位。

6.1　战略定位

通过对潍坊房地产的调查和研究，我们认为目前潍坊房地产需要一个引导潍坊城市发展方向的标志性楼盘，因此，建议将项目定位为：中国（潍坊）首席“桃文化”主题社区，利用地块资源较好（地块大、区位好、景观美）、开发商实力雄厚等有利条件把项目打造成潍坊城市住宅标杆，一个真正反映潍坊人民居住追求的楼盘，建成潍坊唯一的“世外桃源”。并且根据潍坊城市人居特点与项目规划特点，强势打造项目的卓越品牌，形成强大的市场切入点，为项目的后续发展奠定基础。同时，充分发挥完善的物业服务，实现项目知名度与美誉度的统一，将本项目打造成为潍坊市的知名品牌。当然，项目的最终发展也要回归到企业的品牌发展战略上，我们也希望通过打造此楼盘为可林奇公司的长远发展战略构筑新的平台和支撑点，为山东可林奇房地产有限公司在潍坊市以至山东省和全国赢得良好的口碑。

6.2　功能定位

可林奇·桃花源在项目功能定位上，是集“独栋别墅、双拼别墅、叠拼别墅、联排别墅、高层观景洋房、风情商业街、星级会所、国学幼儿园、生态停车场、现代中式园林、桃文化博览园”等功能主题，占地面积202亩，总建筑面积约为20万m^2的“桃文化”主题社区。

本项目自东向西分为桃花、桃林、寿桃三大片区。其中，桃花片区的住宅类型主要是小高层，主要满足初婚年轻人或三口之家的居住要求。桃林片区的住宅类型主要是联排别墅及少量的双拼和叠拼别墅，主要满足三世同堂以及经济条件较好的家庭居住。寿桃片区的住宅类型包括双拼别墅、叠拼别墅、联排别墅和独栋别墅，主要针对四世同堂以及具有较高经济能力的家庭。

6.3　形象定位

本项目的形象定位为：可林奇·桃花源，潍坊虞河岸边的世外桃源。

不论是初出茅庐、新婚的青年人，还是功成名就、妻贤子孝的中年人，又或者是淡泊名利、含饴弄孙的老年人……在这里，任何人都可以找到心中的“桃花源”。清新自然是我们的生活环境，时间缓缓是我们的生活节奏，优雅安逸是我们的生活情调，离尘不离市是我们的生活状态。“桃花源”不只是生活，更是一种境界。

6.4　产品定位

本项目的产品主要分为三大类型进行定位：

第一，桃花片区，以小高层为主、联排别墅为辅。小高层主要以刚需为主，户型面积在 90~120m^2 之间，主要针对初婚年轻人或者三口之家。少量联排别墅的户型面积在 180~250m^2，主要针对三世同堂或经济条件较好的家庭。

第二，桃林片区，以联排别墅为主，叠拼别墅、双拼别墅和独栋别墅为辅。户型面积在 200~280m^2 之间，主要面向三世同堂或者经济条件较好的家庭。

第三，寿桃片区，以叠拼别墅、双拼别墅为主，联排别墅、独栋别墅为辅。户型面积在 250~400m^2 之间，主要面向四世同堂或有较高经济能力的家庭。

6.5　项目总体定位

本项目的总体定位为：中国（潍坊）首个集人文居住、生态休闲、健康养生于一体的中高端“桃文化”主题社区。

第七部分　项目用地分析

7.1　区位现状分析

项目地块位于潍坊市坊子区，西接虞河东岸，东邻规划路，南北介于龙泉街与风华街之间。具体地块的四周情况如下：

东至：东面是雷沃花苑、龙居甲苑。往东数百米就是城市交通主干道——北海路景观大道。区政府等行政事业单位均分布在本项目东面一千米左右的半径范围内。

西至：本项目地块东面紧邻虞河绿化带，环境资源丰富。

南至：本地块南面是风华街，盛世·虞河湾项目的安居工程小区与本地块刚好被风华街隔开。

北至：项目西北地的北面邻龙泉街，雷沃企业与本地块隔龙泉街相望；东北地块的北边是凤中街、凤中街将本项目东北地块与雷沃花园（已入住）分开。经过雷沃花苑往南依次是龙泉街、恒信·领海国际在建项目。

7.2　地块价值分析

本项目的地块形状呈不规则状（图 2-1-29）。项目地块中心处最窄，长 80m 左右。从整个地块来考虑，此中心正对虞河最开阔处，面对优雅的观景吊桥、曲折别致的水上观景大平台，水景资源、绿化资源、景观配套最为丰富，是本项目地块的最优位置。

目前地块的外部主要交通路线有龙泉街、凤中街、泰和路、风华街及环虞河绿化带的顺河路。龙泉街长约 300m，凤中街到规划路约 420m 左右，风华街长约 500m、东西最宽处约 720m，南北长度约 350m。顺河路的虞河绿化带长达 640m 左右。

从地块形状图可以看出，贯穿整个项目地块中心的凤中街，东、西距离约 500m，刚好把整个地块分为西北地块（约 80 亩）、东南地块（约 120 亩）。其中，西北地块临虞河湿地生态公园且三面临绿化带，价值高于景观资源相对逊色的东南地块。

图 2-1-29 项目地块形状

7.3 用地条件分析

1. 项目地貌条件

本项目地块地面基本平整，地势从东往西到虞河带存在略微高差，但相对较小。

2. 项目周边配套条件

1）项目周边生活配套稀缺。生活配套主要分布在地块东面，坊子区区政府以及其他政府机关单位多分布在向东一千米左右的半径范围内。因此，本项目开发建设时，需要配套建设对应的生活配套。

2）市政基础配套设施齐全。道路交通四通八达。距北海路入口仅 200m，建设好的道路有泰和路、龙泉街、凤中街、凤华街等。水、电、暖等供应齐全完善。

3. 项目周边景观条件

占地 100 多亩的虞河生态湿地公园，围绕着项目的整个西面，自然景观得天独厚。近年来，政府巨额投资，加大力度对虞河进行治理和对湿地生态公园进行建设，景观环境更加优美、宜人，休闲娱乐设施也渐趋于完善。

综合项目地貌条件、周边配套条件、周边景观条件分析，本地块适合开发建设成为风景宜人、水景资源丰富、休闲健康的中高端生态居住社区。

7.4 景观资源分析

本项目地块的景观资源丰富多样。

1）自身环境资源——虞河岸自然景观绿化带、水景资源。

2）景观配套资源：亲水榭亭、水堤坝、正在修建的吊桥等。现场景观如图 2-1-30~图 2-1-35 所示。

项目地块的景观资源优势突出。自然环境优美，加上政府近年来重点投资建设，休闲娱乐配套也将逐渐增多。在不久的将来，这里将会是人们休闲健身、生态吸氧的“九龙问源”主题景区。而我们的项目正处于主题景区旁，升值潜力无限。

图 2-1-30　亲水榭亭

图 2-1-31　虞河生态公园小径景观

图 2-1-32　建设中的虞河

图 2-1-33　虞河生态公园树木

图 2-1-34　正在修建的吊桥

图 2-1-35　虞河生态公园草地

第八部分　项目开发策略

8.1　项目开发周期

根据项目的价值分析，本项目可分三期开发，并在三年内开发完毕。一期首先开发位于项目东南部沿泰和路及凤华街的部分；二期开发项目中部沿虞河绿化带部分；三期重点开发项目东北部沿龙泉街和虞河绿化带部分。

8.2 项目开发次序

本项目总的开发次序建议先做配套后做主体。即在项目开发过程中，首先建设项目最核心的营销中心、园林景观以及商业配套，然后再按照项目周期要求进行住宅主体的开发建设。并且在每一期项目的开发过程中都坚持这样的原则：先做园林，后做主体。

8.3 土地利用分析

土地利用规划示意如图 2-1-36 所示。

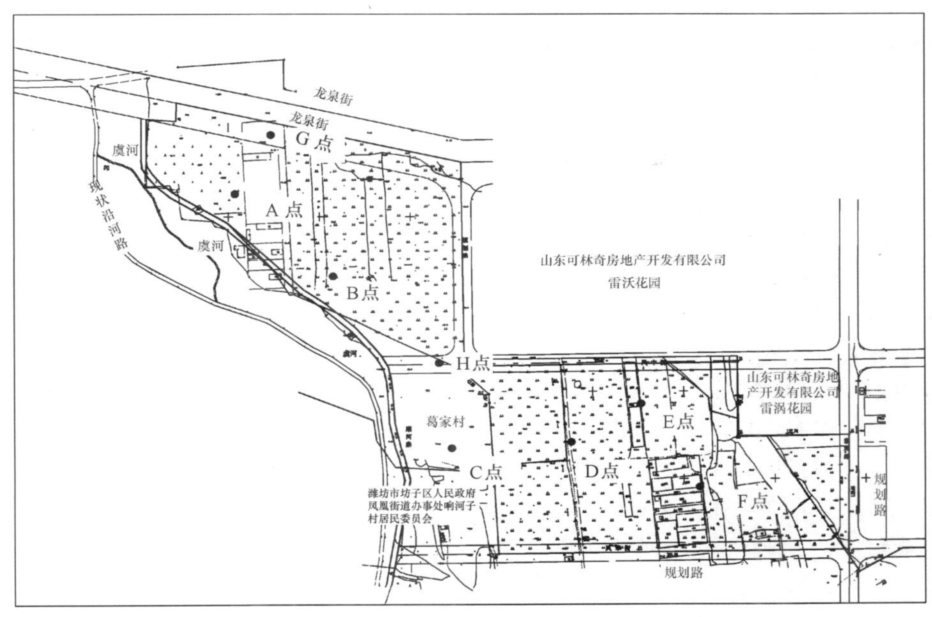

图 2-1-36 土地利用规划示意图

根据项目用地的实际情况，我们选择 A~H 这 8 个点进行土地利用规划分析。

1）A 点、B 点和 C 点所处的大片区域，地形平整，正临虞河，沿虞河景观带长达 700m，虞河美景尽收眼底，是整个项目用地中价值最大的区域。在这片区域开发各种类型的别墅住宅，可以最大化体现其价值。

2）D 点所处的区域位于价值最优与相对较差的两个地块的过渡地带，可以规划少量的联排别墅和叠拼别墅等经济型别墅。

3）E 点和 F 点所处区域的北部和东部是已经成熟的普通高层住宅社区，而其南部则是在建的安置小区，这就在整体上拉低了此区域的地块价值。因此，可以在此地块建设高不过 15 层的小高层。既能合理有效地利用土地，又能增加小区的容积率。

4）在临龙泉街的 G 点，可以规划临街商铺和小高层。一方面可以将别墅区与外界隔离，保证其私密性；另一方面也可以提高小区的容积率。

5）H 点所处的区域，基本处于整个项目用地的中心位置。此处可以做成小区代表性的景观轴，并在两边开发商铺，将其打造成小区的商业步行街。

8.4 开发建设分析

本项目位于坊子区区政府以西，交通便利、水电等基础设施完善，房地产开发建设所需的基本条件均已具备。而其周围多为已经成熟或在建小区，已经形成良好的居住环境，为项目开发的后续宣传和营销工作提供了一定的人文基础。另外，本项目用地地形平坦而完整，便于大型机械作业。

第九部分 规划案例借鉴

9.1 案例一

1. 项目基本情况（图 2-1-37～图 2-1-40）

项目名称：晋合水巷邻里花园

项目地址：江苏省苏州市吴中区金鸡湖路 1 号

物业类别：独栋、联排、多层、小高层

均价：30000 元/m^2（包 4000 元/m^2 装修）

容 积 率：0.99

绿 化 率：50%

建筑密度：18%

总住户数：519 户

总用地面积：104687m^2

住宅总建筑面积：147803.24m^2

形象定位：国际亚洲 · 人文生态居住地

建筑风格：新古典现代主义风格

客户群定位：工业园外资企业的 CEO、高层、港澳台人士、海归派、新加坡人士等，其次是华东地区社会各界精英与江浙地区投资客等。

产品户型：别墅：精装独栋 28 套（带电梯，300～400m^2）

洋房：精装 10～14 小高层，两梯两户（125～400m^2）

公寓：精装 18 层（50～180m^2）

图 2-1-37 项目整体规划效果图

图 2-1-38 小高层实景

图 2-1-39　现代简约建筑风格的双拼别墅

图 2-1-40　外部与水接壤

2. 项目可借鉴之处

1）新古典现代主义建筑风格容纳自然景观，蜿蜒中央水系贯穿小区，亲水效果明显。

2）依河三层规划，阶梯式、环抱式布局让景观视觉最大化，层次错落。

3）由东向西、由低至高的空间建筑布局，结合对社区整体的抬高，可以获得开阔的观景视野，同时保障内部良好私密性。

4）项目建筑设计以单体双塔式坡屋面造型为主，拥有稳重精致的坡屋面和下方挑板的承托。

5）外立面运用高级石材及特质面砖丰富立面层次和品位，注重材料的质感与色彩比例的巧妙运用。

6）通过特质造型墙将南北立面统一于同一建筑元素中。整个建筑的立面风格韵律中有对比，简洁中富有个性。

9.2　案例二

1. 项目基本情况

项目名称：城开汤城公馆

项目地址：江宁汤山街道温泉路 6 号（温泉路以南，汤铜路以北）

物业类别：别墅、多层、公寓

均价：12800 元/m^2

容 积 率：0.80

绿 化 率：50%

总住户数：750 户

总用地面积：145142m^2

住宅总建筑面积：150000m^2

形象定位：具有特色的现代中式住宅

建筑风格：民国建筑风格

客户群定位：极具学知的高收入者，家教氛围浓郁。有较深的中国文化情结，但同时比较喜欢现代的生活方式。注重人情沟通，向往山水田园、较亲人文、对生活理解能力强，有个人的观点与主见。

产品户型：公寓 40~89m^2，别墅 150~330m^2

2. 项目可借鉴之处

1）建筑风格带有民国时期的高贵气质和大家风范，融入了现代建筑的流行风格，使建筑有传统韵味，又带有浓郁的现代气息，改写了黑白灰的中国传统风格。

2）前庭后院中天井，高密度兼容错落围合形成街道、院落、溪流，层面以丁字街为骨架，平面基本为方形，外观多以水平形高墙封闭，少门窗，无太多装饰，重自家内院的视觉效果。

3）汤山之温泉，入户到家。以温泉为动脉，连贯整个社区。亲水效果好。

4）组团围合式建筑布局，形成内部小庭院。各组团外围组合，构成大组团建筑布局。小庭院与大庭院相辅相成，承续了传统“家”的精华（图 2-1-41～图 2-1-44）。

图 2-1-41　项目整体规划效果图

图 2-1-42　联排实景

图 2-1-43　中式民国建筑风格

图 2-1-44　连廊设计的双拼别墅

9.3　案例三

1. 项目基本情况（图 2-1-45～图 2-1-47）

项目名称：中建·瀛园

项目地址：济南市长清区大学城紫薇路西园博园南邻

物业类别：花园洋房、独栋别墅、双拼别墅

均价：6700 元/m^2

容积率：1.5

绿化率：45%

总住户数：1314 户

总用地面积：13.82 万 m^2

住宅总建筑面积：22.8 万 m^2

图 2-1-45　项目整体规划效果图

形象定位：济南首个纯中式高端山水生活之“园”

建筑风格：现代简洁中式建筑风格

客户群定位：以本地高端客户群为主，重点客户为大学城教职工，本地企业高管，政府事业单位负责人及开发区高级技术人才。以改善居住生活条件为置业目的的。

产品户型：独栋别墅 470～500m^2

联排别墅 400～410m^2

花园洋房 150～220m^2

2. 项目可借鉴之处

1）前、中、后、空中庭院和沉式庭院，一宅五院的多位立体的变化空间。

2）重视内院空间的设计，庭院、大面积的阳台、入户花园和露台，既丰富了建筑空间，又达到了自然入室的目的。

3）对原生地貌做了完好保留，充分体现尊重自然的本质，所有的建筑布局均依照原有坡地地形而建，重现中式建筑与自然元素的贴合关系。

4）以现代简洁中式建筑风格为主要设计元素，在规划设计中引入传统特色的套花窗棂、屋檐、筒瓦、灰砖墙面、灰砖院落、实木宅门、抱鼓石等中式元素，构成丰富立面的进退关系，承袭古典韵律，展现现代艺术。

图 2-1-46　独栋别墅效果图

图 2-1-47　小高层阳台实景

第十部分　项目整体布局

10.1　设计理念及指向

1）首创性：打造一个“桃文化”主题社区体系与邻里中心服务体系的交叉结合运营模式。

2）唯一性：潍坊城市唯一的“桃文化”高尚社区，成熟配套的基础之上，保留片区的精华之作。

3）人文性：配套服务设施一应俱全，项目采用高标准运营。规划、建筑、服务以人为本，高档不失亲切，处处体现人文关怀。

10.2　空间结构规划

1. 项目总体空间规划思路

1）整个项目地块规划为三大块，形成三大片区。犹如世外桃源的曲径通幽之美，结合项目周边的环境及气候，“世外桃源” 的形象便映入眼帘。

2) “世外桃源”，是理想中环境幽静、不受外界影响、生活安逸的地方，是超脱社会现实的安乐美好的境界。这也是本项目接近自然，环境清幽的一个体现。

3) 通过对项目的地块形状及周边环境的理解，我们将 “桃文化” 这一主题贯穿于项目的整体规划中。项目的目标是给业主一个环境清幽、美轮美奂的 “世外桃源”，让厌倦了迷蒙的尘途，渴望着心灵涤荡的人们享受这份稀缺的宁静。

2. 项目总体空间规划

项目空间结构：一心两轴三片区。

以桃花街与桃源路交汇处为中心，以桃花街（商业街）和桃源路（景观路）为两轴，分桃花片区、桃林片区和寿桃片区三大片区。

一心——以桃花街与桃源路交汇处为中心，形成本项目的人流中心、商业中心、活动中心、博览中心、景观中心。

两轴——以桃花街（商业街）和桃源路（景观路）为两轴。

桃花街作为本项目的商业街，将其打造成一个以" 桃文化" 为主题的文化商业街。

桃源路作为本项目的景观路，与虞河景观带相辅相成，把虞河景观一直延伸到社区，形成具有标志性、唯一性的景观带。

三片区——根据本项目的地形、环境、价值等因素，把本项目的整个地块划分为三个片区：桃花片区、桃林片区、寿桃片区。每个区域所包含的物业种类不同，尽量满足市场的需求，以规划来提升项目的档次，增加消费者的购买信心，将生态环保理念融入项目中，提升项目的物业价值。

10.3　项目整体布局

项目整个规划的总平面（图 2-1-48），强调合理的功能分区，便捷的交通组织，优秀的景观空间处理。规划用地北边的龙泉街设计了门面商业，并在商业街的右端断开，形成小区的主入

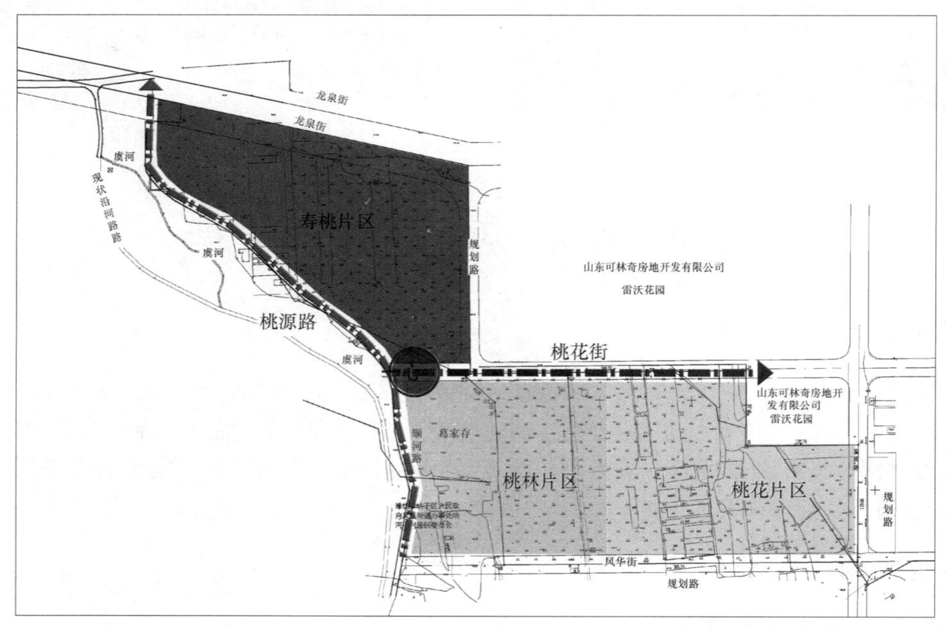

图 2-1-48　项目总体空间规划图

口，以满足住户的出入要求。北面的桃花街中部和南面的凤中街中部均设置了小区次入口，以满足不同片区住户的出入。

居住整体上的建筑布局和龙泉街形成平行关系，局部错落有致，讲究景观的空间效果。住宅设计是自东向西依次排布小高层、联排别墅、叠拼别墅和独栋别墅。整个小区的建筑布局采用朴素的坐北朝南平行布置方式，具有显著的节约用地、保证住户日照通风均好的优点。

户外景观设计的规划布局讲究园林化景观的塑造，打造步移景异的景观效果，并追求现代中式自然园林化的空间意境。在满足交通等功能需求的同时，空出精良绿地作为景观。为了塑造“世外桃源”的景象，本项目的三个片区分别做了小岛，小岛被小溪围绕，岛上种满以桃为主的植被，桃花岛的意境就显现出来，使得小区安静、深邃、更加私密（图 2-1-49）。

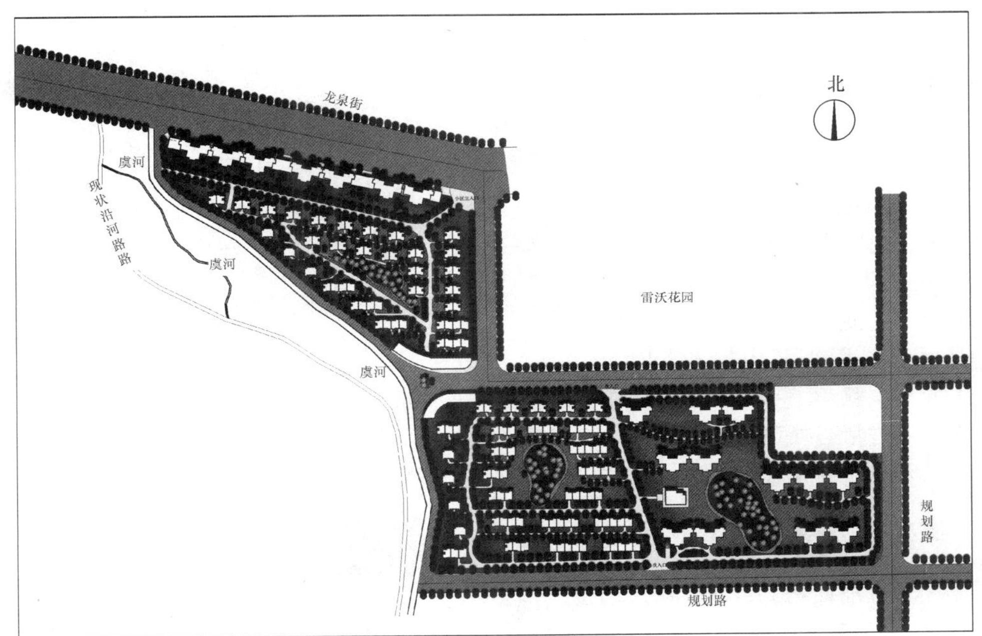

图 2-1-49 项目规划总平面图

第十一部分 项目功能分区

11.1 项目主要经济技术指标

项目规划公建用地面积约 19421m^2，住宅约 142419m^2（具体经济技术指标见表 2-1-15）。由此可见，项目的住宅建筑面积所占的比例较大，而且相对高端，因此项目在规划设计中应充分考虑项目物业种类、物业档次、物业面积及物业价格，要符合当地市场的需求。

表 2-1-15 项目具体经济技术指标

序号	项目	指标	单位
1	总占地面积	134867	m^2
2	总建筑面积	161840	m^2
3	容积率	1.2	—

（续）

序　号	项　目	指　标	单　位
4	建筑密度	30%	—
5	总配套面积	约 19421	m^2
6	住宅面积	约 142419	m^2

11.2　桃花片区规划

桃花片区占地面积约 42904m^2，总建筑面积约 64356m^2。该片区由 12 栋小高层以及一栋约 1500m^2 的幼儿园组成。其中小高层为 12 层，面积为 85～120m^2 之间不等。桃花片区的西北角和西南角分别设置了一个小区次入口，以满足人们日常生活的出入需求和方便消防车的进出（图 2-1-50）。

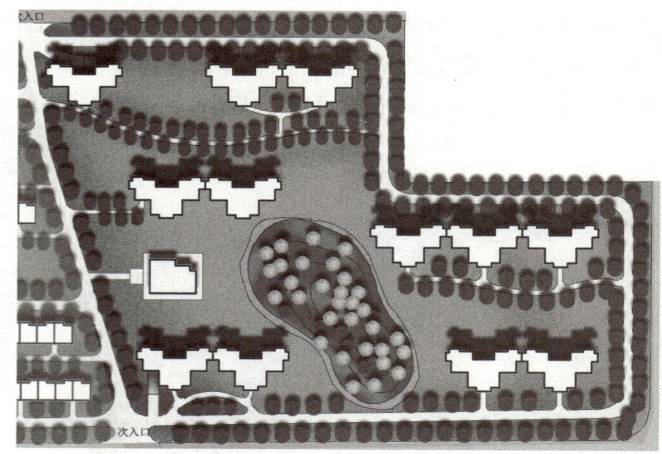

图 2-1-50　桃花片区规划平面图

片区中央设置一座景观小岛，小岛由小溪围绕，突出桃花岛的效果和意境。西面有一所小区内部幼儿园，方便业主的小孩就学。片区道路环绕住宅区，具备良好的可达性，方便居民出行。围绕园路的视线和景观，通过精心处理，使得每户住户在家都能享受到居住区的中央景观，以及社区外围的虞河景观。同时道路的布置也解决了疏散要求，打造了良好的现代中式景观形象。

11.3　桃林片区规划

桃林片区占地面积约 42904m^2，总建筑面积约 34323m^2。该片区以联排别墅为主，以叠拼别墅、独栋为辅。所有建筑坐北朝南。联排别墅共 16 栋，分布在此片区的南面。叠拼别墅 5 栋，分布在此片区的北面。独栋别墅 4 栋，分布在此片区的西面，并且西面邻近虞河景观带。桃林片区中心有一座景观山坡。东北角和西北角各有一个小区次入口，方便桃林片区和桃花片区的住户进出。西北处有一条商业街，作为小区的商业配套（图 2-1-51）。

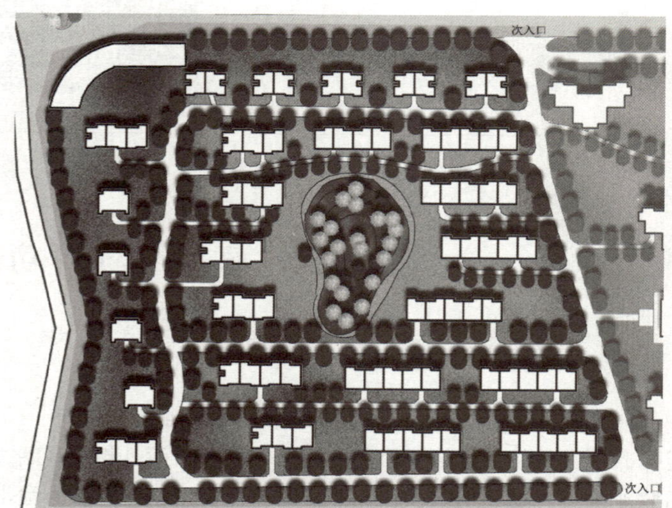

图 2-1-51　桃林片区规划平面图

11.4　寿桃片区规划

寿桃片区占地面积约 49059m^2，总建筑面积约 43740m^2。该片区的东北口是小区的主入口，方便整个小区的居民出入。建筑以叠拼双拼别墅为主，以联排别墅、独栋别墅、小高层为辅。20

栋叠拼别墅在寿桃片区的中间带，由西往东分布。五栋联排别墅分布在寿桃片区的南面。3栋独栋别墅沿西面虞河景观带分布。7栋小高层分布在该片区的北面，沿龙泉街依次排列，小高层的一、二层为商铺，规划成对外开放的商业中心。为了不使该片区的环境受到影响，完全将小高层和别墅分开隔离（2-1-52）。

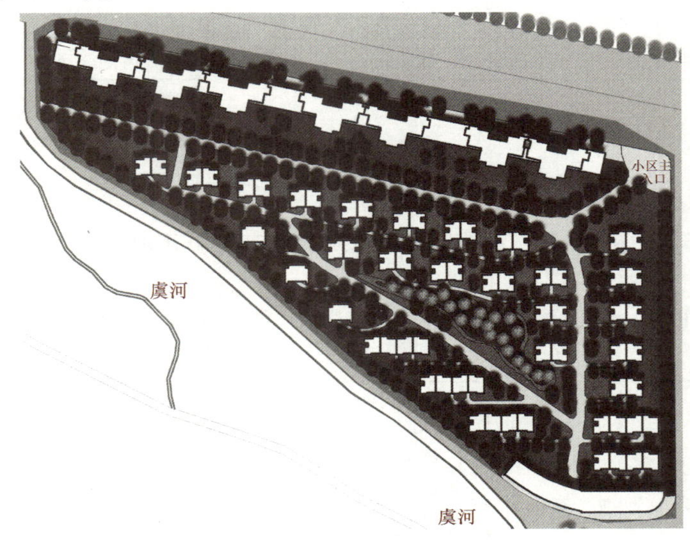

图 2-1-52 寿桃片区规划平面图

第十二部分 规划产品定位

12.1 桃花片区

1. 产品类型

根据市场分析建议，桃花片区产品类型为12层小高层。

2. 面积配比

从市场角度出发，依据主力户型及所需实现的功能，建议小高层的主力面积为100m^{2}左右。其详细套型配比见表2-1-16。

表 2-1-16 桃花片区面积配比

物业类型	层数	总面积/m^2	户型面积/m^2	户 型	数量配比	占比面积/m^2
小高层	12层	64356	85～95	两居室	15%	6436
			95～110	三居室	65%	41831
			110～120	四居室	25%	16089

12.2 桃林片区

1. 产品类型

根据市场分析建议，桃林片区产品类型以联排为主，以叠拼、双拼、独栋为辅。

2. 面积配比

从市场的角度出发，依据主力户型及所需实现的功能，建议联排别墅的主力面积为200m^{2}左右。其详细套型配比见表2-1-17。

表 2-1-17　桃林片区面积配比

物业类型	层数	总面积/m^2	户型面积/m^2	户型	数量配比	占比面积/m^2
联排别墅	3 层	34323	170～220	四居室	69%	23683
			225～280	五居室		
叠拼别墅	5 层		170～220	四居室	27%	9267
			220～280	六居室		
独栋别墅	3 层		300～400	六居室	4%	1373

12.3　寿桃片区

1. 产品类型

根据市场分析建议，寿桃片区产品类型以叠拼别墅为主，以联排别墅、独栋别墅、小高层为辅。

2. 面积配比

从市场的角度出发，依据主力户型及所需实现的功能，建议细化套型配比见表 2-1-18。

表 2-1-18　寿桃片区面积配比

物业类型	层数	总面积/m^2	单体面积/m^2	户型	数量配比	占比面积/m^2
联排别墅	3 层	43740	170～220	四居室	14%	6124
			225～300	五居室		
叠拼别墅	5 层		220～300	五居室	57%	24932
			300～400	六居室		
独栋别墅	3 层		300～400	六居室	9%	3936
			400～550	六居室		
小高层	12 层		85～95	两居室	20%	8748
			95～110	三居室		
			110～120	四居室		

12.4　桃花街区

1. 产品类型

根据市场分析建议，桃花街区产品类型以商铺和会所为主。

2. 面积配比

从市场的角度出发，商铺及会所需实现的功能，建议细化面积配比见表 2-1-19。

表 2-1-19　桃花街区面积配比

物业类型	层数	占地面积/m^2	建筑面积/m^2	占总面积比例
商铺	两层	2547	5093	3%

第十三部分　各项规划建议

13.1　环境景观建议

1. 风格建议

园林景观以现代中式风格为主，以“桃文化”为园林主题，建议围绕桃花街区、公共绿地打造景观核心区，与虞河景观带形成互动，体现世外桃源的特色。

景观整体设计可遵循主题鲜明，风格清晰的原则，打造强势中式现代园林——“桃文化”的主题风格。

多组团园林：各组团之间采用不同的小主题，主题要与产品在项目中的级次相匹配。加强品质感，注重细节处理，以细节体现品质。

2. 风格说明

水系的运用：本身具备观赏性的同时，强调人的参与性及自然结合。

植被的搭配：草坪、野花丛、桃林、古树。

色彩的穿插：丰富的色彩来源与多样化布置。

人文自然元素：主题下特有的图腾，纹饰；原生态材质的使用，独具特色风情的园林小品。

具体景观示意图如图 2-1-53～图 2-1-55 所示。

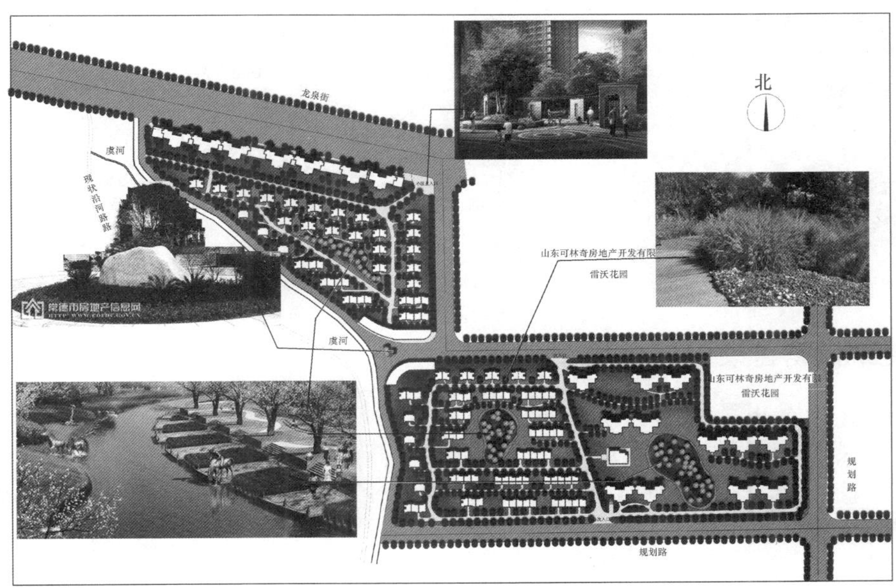

图 2-1-53　园林景观示意图（一）

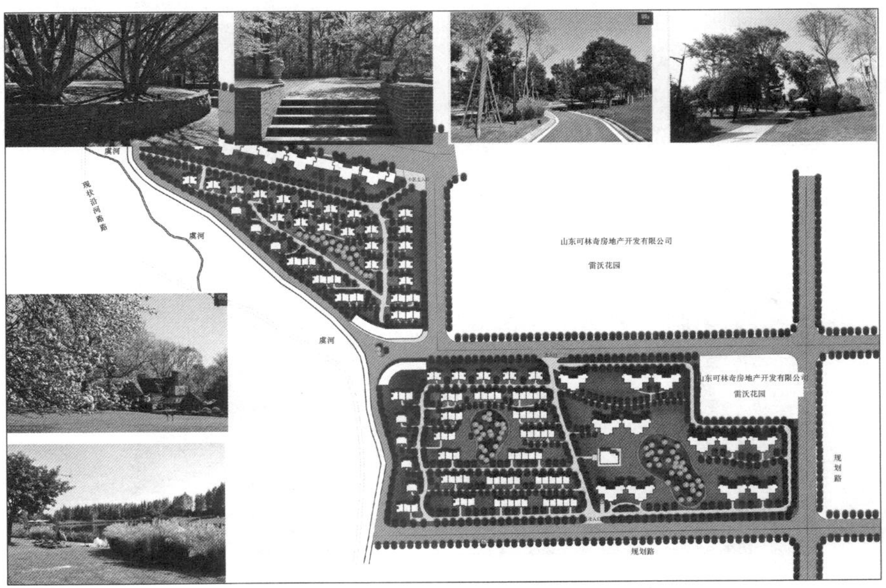

图 2-1-54　园林景观示意图（二）

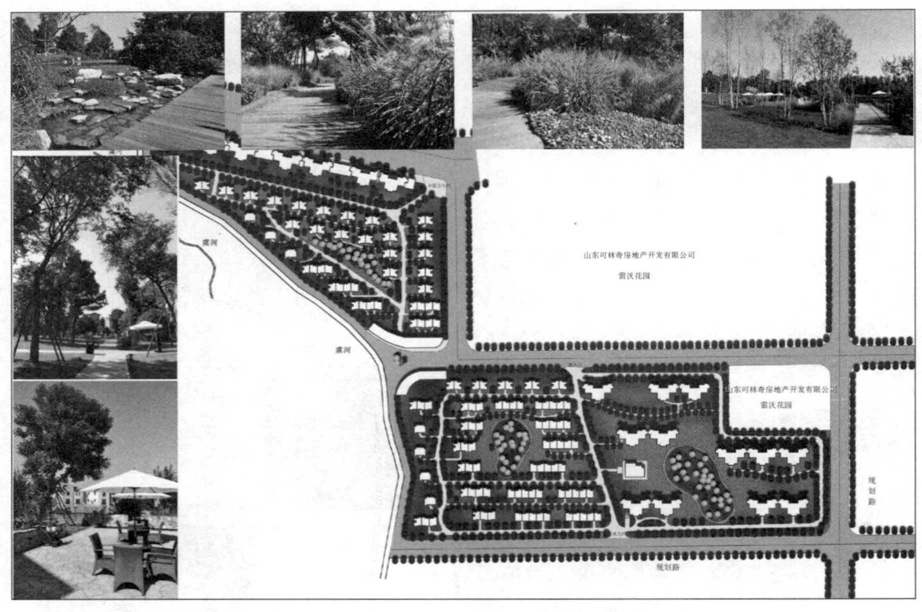

图 2-1-55　园林景观示意图（三）

13.2　建筑风格建议

整体建筑设计采用现代中式风格。可以使用形态简洁、具有冲击力的建筑外形，采用暖色调，以体现几何感、挺拔感来适应潍坊市场。建筑细节体现中式风格元素，以国际上著名的现代中国风主题为基调。

建筑设计时还需要注意建筑主题一定要通过建筑形象明确传达，给消费者以直观的感受。建筑设计开阔、开放，整体感强、通透性好，体现出“桃文化”的中国特色。建筑外部彩色为对比强烈、清爽的明亮色系，以弥补北方冬天色彩单一的缺陷。建筑风格通过外观色彩和线条传达。具体建筑风格示意图如图 2-1-56~图 2-1-58 所示。

图 2-1-56　建筑风格示意图（一）

图 2-1-57　建筑风格示意图（二）

图 2-1-58　建筑风格示意图（三）

13.3　配套设施建议

配套设施应符合高档社区总体定位，通过“桃文化”艺术气息的配套设施，积聚人气和提高影响力，以商业和生活配套创造价值和制造亮点。具体情况如图 2-1-59 所示。

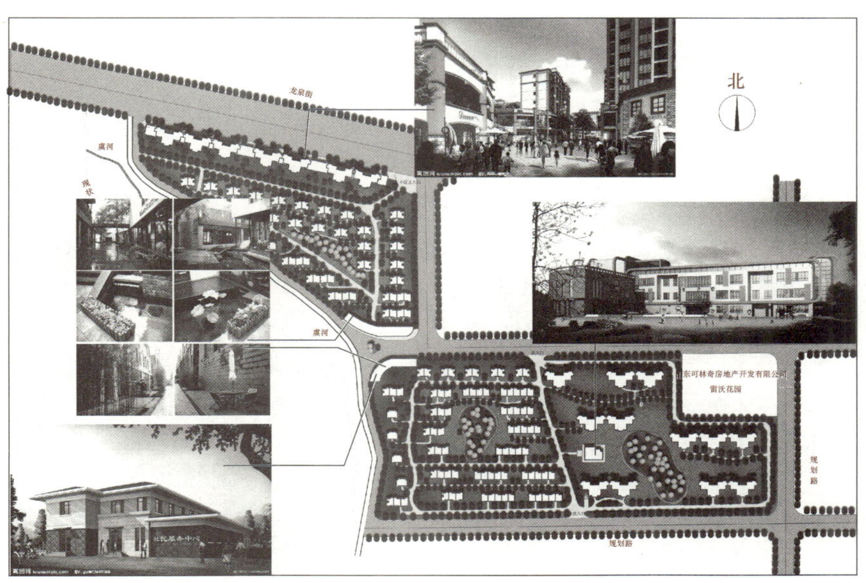

图 2-1-59　配套设施示意图

13.4　交通动线建议

1. 设计原则

1）人车分流：人行和车行道路完全分离。车辆通过小区的地下车库出入口进出行驶，地上行人，使小区有个安静舒适的环境。

2）人行道路避免过多弯路。

2. 人行道路铺设

1）道路功能便利通达性好，避免过于复杂，注重与景观的结合。

2）别墅步行道宜曲不宜直，突出蜿蜒形态，加强铺装的精致度。

3）要体现人工雕琢的价值感，配合高档社区形象。具体情况如图 2-1-60 所示。

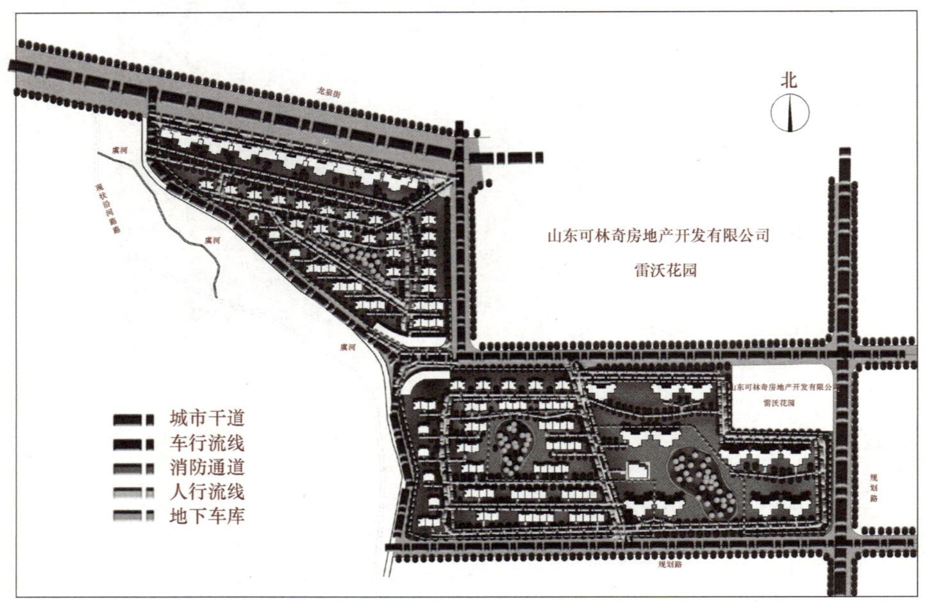

图 2-1-60　交通流线分析图

（广州万欣房地产代理有限公司）

【报告点评】

“山东潍坊龙泉街项目总体定位建议书”是完整的项目开发前总体策划报告，此报告形式也是当前最为流行的总体策划报告形式之一，包含了三大部分：市场调研、总体定位、概念规划。

同时，此报告更是一篇主题地产策划报告，项目从整体市场情况、供需情况、项目情况、周边环境、客户需求等方面进行主题的挖掘和总结，再根据周边虞河的优美与宁静，提出以“桃花文化”为主题，打造独一无二的“桃花源”。而项目更难能可贵的是，这不同于其他所谓的主题地产，是真正意义上从前期策划定位到后期规划均贯彻“桃花源”的主题地产。报告从项目命名为“桃花源”开始，就产生了一系列完整的主题支撑体系：规划设计、园林景观、人文生活、视觉识别、营销推广五大系统。

报告更是结合市场需求、客户群定位、地块现状等，根据项目“桃花源”的主题定位，通过规划设计，布局三个区域：桃花片区、桃林片区、寿桃片区，分别对应项目三大客户类型：刚需型客户、改善型客户、高端客户。这点更让人拍案叫绝，值得学习和借鉴。

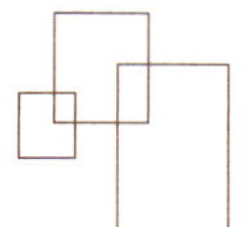

二、广东东莞高尔夫国际度假山庄项目核心主题策划报告

报告目录

报告正文

第一部分 项目开发核心建议

1.1 我们卖什么

1）我们卖一种生活方式——“5+2”休闲度假生活，高尔夫运动生活。

2）我们卖一种自然资源——森林公园，山水情怀。

3）我们卖产品的规划设计——森林度假山庄，超凡的森林建筑景致。

4）我们卖一种文化——高尔夫品位文化，青山碧水旁与自然对话。

5）我们卖专业的服务——尊贵、舒适、体贴。

1.2 我们的核心竞争力

1）价格优势——比赛维纳的价格更低（7000 元/m^2 VS 13000 元/m^2）。

2）设计优势——建筑群体高低错落，层叠有致，自然与建筑的美学结合。

3）管理优势——引进星级酒店式物业管理模式，尽显业主尊贵。

4）文化优势——具有森林公园旅游、度假与高尔夫品质的生活文化。

5）环境优势——同赛维纳相比，更具自然特色，紧靠东莞观澜高尔夫球场，尽享森林公园山水豪情，自然的登山旅游资源，青山绿水，果岭飘香的超凡生活环境。

6）综合优势——比浪琴花园更具竞争力：环境上，森林公园与高尔夫的有利结合、自身主题山水环境的规划；设计上，公寓、别墅部分以度假模式设计；管理上，酒店式物业管理更迎合业主的生活需求。

通过上述两个层面的分析挖掘，我们的产品需要更为鲜明，更具个性色彩，更具文化穿透力，才能在市场竞争中突显出来。

1.3 本项目核心建议

1）倡导度假文化，走差异化路线，在休闲度假形态上有所提升，在具备高尔夫高尚生活品质的同时，明确提出纯自然生活的主题，以回避类似赛维纳的竞争。

2）产品力要强，这主要体现在规划设计、景观气氛营造、户型设计等上。

3）销售力要强，营销要有针对性，有的放矢，不做无用功，这就要求销售执行力要强，要善于造势，引导市场。

4）经营力要强，这主要针对配套服务，形成良性互动，以良好服务促进形象的传播，形成口碑效应。

第二部分 营销核心思想策划

2.1 高尔夫度假文化的推广和鲜明诉求

任何一个项目的运作，在实际操作过程中都存在不确定性，因此在前期的策划中须留有可选择的余地，本项目即面临这种问题，结合前面的基本面分析，确定以下营销核心思想：将休闲度假升级为高尔夫度假休闲概念，在现有市场环境下，更具渗透力，也更迎合珠三角及香港人的休闲度假的理想追求。

1. 森林公园，自然生态的胜地

森林公园本身是个大卖点，自然山水，生态园林，野趣天成。

近年来，地理学界大力倡导的一种新型生态概念，是指无污染，景观、环境保持自然风貌的山水之地，是一种理想的度假之所。因此，这一概念一经提出，业界，尤其在建筑界和房地产界，得到广泛响应。因此，本项目既然有得天独厚之珍贵资源，就应放大利益点，利势加以引导宣传其独特的生态环境。

2. 产品与自然“融合”，体现“森林生活”

这里强调的是一种适宜性，在项目开发过程中，不宜过分渲染人工痕迹，应更强调与自然相融合，无论是规划设计、建筑风格、园林布置都不要人为破坏地态地貌，保持自然环境的和谐统一，尤其值得注意的是立面色调不宜过于鲜明，而打破视觉景观的平衡。规划布局也不宜过于呆板，从而造成堆砌。在设计中，要导入“森林生活”的理念，将自然与房屋，房屋与自然融为一体，彼此共生，这才是现代意义上的“流水别苑”。

3. 目标营销，精确制导

很显然，本项目并不是面向普通大众的产品，而是相对富裕的社会阶层，相对于本地经济发展水平，属于有钱有闲阶层，客户群体相对集中于香港、深圳、东莞区域的有休闲度假需求，或有打高尔夫爱好的群体，从目前市场调查的情况来看，香港人中退休公务员客户应成为最主要的目标客户群体，因此有了明确的目标客户，在营销推广方面就应该更具针对性、实效性、应采取精确制导、重点攻击的营销策略。

4. “戴帽”与“嫁接”

作为本项目的开发商，由于自身品牌效应不具明显优势，尤其是香港客户对大陆一般地产商的诚信怀有戒备心理，而且从稳妥角度考虑，他们也会谨慎行事，因此建议开发商在项目营销推广中，发挥人脉优势，对项目进行政策性包装，树立项目的权威性，如项目申请为“广东省或东莞市休闲度假一级示范区”等，即所谓的“戴帽”。

本项目在“戴帽”同时，也要善于借势，主要借观澜高尔夫球会的“势”，除了享受其会籍的权益外，还应考虑与其联手展开宣传和促销活动，这样既省时间，又省财力，而且事半功倍。

2.2　项目品牌主题形象定位

本项目应该界定为“珠三角最具森林特色的休闲度假山庄”，将其中的“森林建筑”和“纯自然、休闲、度假”作为核心卖点展示出来，以此来区别于周边现有项目的正面竞争。

对外宣传时，以项目名作为项目品牌形象，如“高尔夫假日会”，此案名以假日经济为依托，号召人们劳逸结合，懂得享受生活，分享快乐，在假日里偷闲，回归自然。在这里，可以享受到真正闲云野鹤般的自由度假生活。“高尔夫假日会”的中心点在于“在假日里我们于此相会”。

第三部分　项目推广方案

3.1　推广策略原则

针对性要强，加大炒作力度，通过渗透式宣传，达到口碑广告的作用，发挥网络优势，依托发展人脉优势，横向传播。

1）成立“高尔夫假日会”作渗透式宣传。

2）项目营销过程中，通过诸多各种形式的活动，使各目标客户逐步靠拢，待时机成熟，本项目有一定认知度之后，再成立“高尔夫假日会”。并以此为契机，扩大社会影响层面，积极储备客户资源，予以培养、挖掘，以先期达到广告预热的效果。

3）借助“高尔夫假日会”物业品牌。

4）利用森林公园有利资源，组织“登山活动”“攀岩活动”或“钓鱼活动”等，借活动之势宣传项目的生活内容，给目标客户以最真实的感受，这往往达到事半功倍的效果。

5）该物业暂无品牌基础，在推广高尔夫假日会的同时，可以同时宣传地产。

6）培养忠实客户，奖励以旧带新。

7）一个好的产品后面有一批忠实客户，这是建立在对产品的满意的基础之上。以口碑传播为核心，释放连环效应。

8）以房展会和大型高尔夫或大型休闲活动为场所，把握时机打攻坚战。

9）纯自然休闲生活模式研讨：通过崭新的主题式休闲生活方式的研讨，加大社会认知度，通过权威消费者——业界专家的影响力，扩大宣传面，引领消费时尚。

10）针对本项目的主力层面在外销市场，因此建议可考虑在香港人最热衷的赛马、旅游、高尔夫杂志上宣传，当然也同时可在观澜球会杂志上做广告。

11）VCD、CD—ROM、4D 动画。

12）VCD、CD—ROM 便于普及推广，仔细查阅。4D 动画，生动、逼真、形象，便于现场渲染、讲解，作全面细致的感性认识。

13）网络信息传播。

14）将信息有效地发布于网上，便于更多人浏览。

15）DNI 直邮。

3.2 传播概念（图 2-2-1）

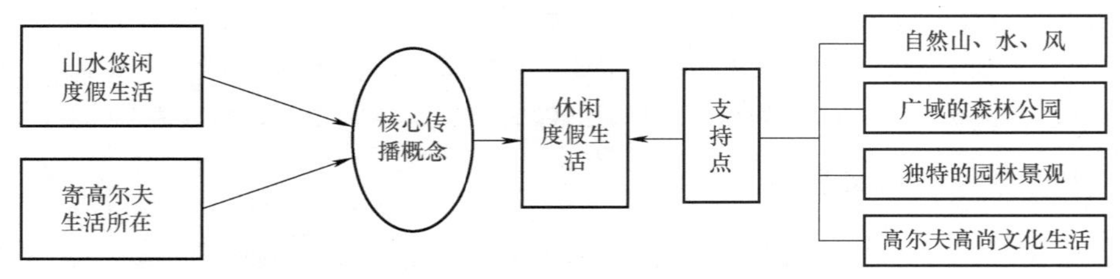

图 2-2-1　传播概念结构图

3.3 传播渠道（图 2-2-2）

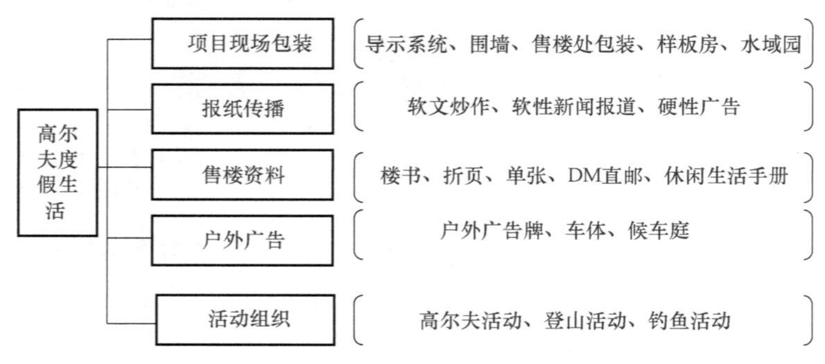

图 2-2-2　传播渠道结构图

3.4 推广目标（模拟时间）

推广的时间安排和目标如图 2-2-3 所示。

蓄势铺垫	形象树立	形象丰满	强势销售	持续销售	收尾清盘
通过概念炒作吸引目标受众关注，积累客户资源	通过导示形象、现场包装的建立，展示项目物业定位品质特征	建立项目的个性形象，增强目标客户的购买信心，内部认购力争别墅达到 30%	开盘通过硬性报纸广告阐述项目卖点，力争别墅销售量达到 60%，公寓达到 50%	在开启深圳、香港及东莞购买欲后，带动大部分港人置业。力争总销售量达到 90%	发布抛售促销信息，挖掘新卖点促成尾盘销售

12 月　1 月　2 月　3 月　4 月　5 月　6 月

图 2-2-3　推广时间安排和目标

3.5 项目个性形象的塑造——概念传播+视觉形象

1. 项目个性形象：玩山、玩水、玩高尔夫——高尔夫假日山庄

本项目是以山水为景观大环境，以高尔夫度假旅游的休闲生活为基调进行项目的价值提升，以酒店式物业服务管理为线贯穿整个生活，因此利用概念传播项目的特性是一个必要手段，一个新颖的概念只要符合目标受众心声，就很容易形成焦点，引起规模性探讨，目标受众关注率高，

易于建立项目的知名度，传播项目特征。

1）概念一：山水度假物业概念。

2）概念二：高尔夫投资物业概念。

2. 视觉形象

整个项目的视觉形象应该是个性化的统一，设计风格、色彩的统一，这样可与竞争对手区分开来，整体个性形象容易加深受众的记忆，易于传播。依据本项目的物业特征和目标客户特征，在设计风格上应体现高尔夫、森林公园的山水品质生活的状态，和目标客户渴望的休闲个性生活，与“玩山、玩水、玩高尔夫”的品质感相对应。

(1) 项目周边导示形象。要点：在整体导示系统的建立中，一定要将项目的物业特征和品质感体现出来。诉求内容：

1）主题广告语：玩山、玩水、玩高尔夫。

2）项目定位：高尔夫国际度假山庄。

3）形象画面主题：高尔夫生活品质。

4）户型特征：别墅和公寓。

(2) 项目的现场包装。要点：广阔的山水和度假山庄的建筑特色是本项目的最大特征，可以利用围墙将山的广博、水的灵秀充分的展现。

诉求内容：将田园生活汇编成故事片段，利用围墙展示这里大山、大水、大自然的休闲生活，并可以引入高尔夫生活。

(3) 售楼现场的包装。感觉：本项目的售楼处应该尽可能地接近山水，建议采用通透宽阔的落地玻璃幕墙；内装饰素雅温馨，点缀以花草盆景，清风袭来（空调不要太冷，用隐藏的风扇吹自然风）散发着阵阵野花清香（野花芳香剂）。通往售楼处的通道口建议树立具有独特个性的方向标，例如：类似“漾日湾畔”的大风车。

诉求内容：

1）形象主题：高尔夫度假休闲生活。

2）卖点展板：送会籍、环境、配套、物业管理、户型、销控表。

工作人员：

1）所有工作人员的着装要求统一，服装设计上要能体现具有品质感的亲和形象。

2）所有工作人员应具有良好的工作态度，要主动服务客户。

(4) 售楼资料。

1）楼书。

2）折页、单张、DM 直邮。

(5) 样板房。本项目的样板房主要介绍这里的生活方式，强调功能、景观上的特色。良好的山水景观、清爽的通风感觉、阔野的葱郁密林，一个完全的休闲空间。在装饰摆设上，体现出都市自然的时尚个性，同时将“玩山、玩水、玩高尔夫”延续到样板房中展现，完全感染参观客户情绪，促使其产生购买欲。

(6) 户外广告牌。是项目形象的展示舞台，是物业品质、发展商实力的体现，围绕“高尔夫假日会”这一主题，以置身于“玩山，玩水，玩高尔夫”这一特定环境为形象，营造一种渴望、一种释放、一种清爽。

3.6　各阶段工作内容（模拟时间）

各阶段工作内容如图 2-2-4 所示。

蓄势铺垫期	形象树立期	形象丰满期	强势销售期	持续销售期	收尾清盘期
1）高尔夫生活带 2）山水物业巡礼信息发布	1）导示形象现场包装 2）售楼资料设计 3）网站论坛建立 4）户外广告发布	1）售楼处、样板房装修完毕 2）售楼资料派发，开始内部认购	1）开盘系列广告发布 2）流动售卖场建立完毕	1）卖点广告发布 2）垂钓活动开展 3）网站论坛评奖 4）吸引香港买家	1）促销广告发布 2）新卖点挖掘广告传播

12月　1月中　2月中　3月中　4月中　5月中　6月中

图 2-2-4　各阶段工作内容

第四部分　项目主题整合推广方案

4.1 “高尔夫假日会”推广名

将“高尔夫假日会”作为品牌名推广，其意义在于：

1）高起点，与“观澜高尔夫球会”并行不悖，而不是附属于它。

2）本案主题定位“森林生活、休闲度假”，以此区别于观澜的“纯高尔夫生活”主题，具有明显的差异，客户群体可以共融，不相矛盾。

3）在推广过程中，可以大肆宣扬在国外“森林生活”普及度和流行性，是一种高尚文明生活的代表，并以场景作为案例示范。

4）可以挖掘传统，引经据典，将中国传统的山林纯自然休闲文化再次发扬光大。

5）可以将营销主题作文化传播的切入点，打文化牌，打传统牌，打时尚牌，打经典牌，从不同角度、围点打圆，将项目卖点突显出来。

6）将项目卖点从各个层次、各个方面逐步展示出来，即可以通过主题活动展示，也可以通过主题文化展示。

4.2 本项目周边环境全面解读，演绎“观山、观水、观天下”

1）过去被人们所忽略的山水环境，在本项目中得以新发现，带给客户的将是一种豁然开朗的全新感觉：空气的指数、环境的幽雅是别处无法比拟的。凭借森林公园的优势，推出“观山、观水、观天下”的主题和文化内涵，将会很深刻地感染目标客户，很成功地说服目标群，使本项目充分得到市场的认同。

2）对本项目的园林景观规划采用自然整体布局、局部点景的手法，以营造出本项目高质量的文化品位，以求迎合本项目目标客户“附庸风雅”的心理需求，甚至与真正高素质、高品位的人士之身份相匹配。

4.3 自生态社区“观山、观水、观天下”带给市场的影响

1）目标定位面向“玩山、玩水、玩高尔夫”的目标群体。

2）市场中强势品牌的推出。

3）“高尔夫假日会”品牌名。

4）因风格高雅，展示本项目建筑风格，增加建筑文化价值，以求加深目标客户入住后的一种尊贵感。

5）通过专家对楼盘的综合评判，增加本项目的说服力和感染力，从周边环境及配套、地理位置、周边景观、市政配套、小区整体素质、楼盘素质、建筑风格、立面建筑布局和空间规划，整体的环境艺术规划，户型设计、小区内配套等方面评判。从而带给本项目目标客户一种成就感。

4.4　整合形象建设，形成深圳、东莞、香港三地品牌营销

本项目整体形象规划（CI）：对本项目的译码以及表象性的阐释；VI的规范应用、营销推广活动与新闻炒作等，以此强化本项目整合“三地”推广在市场的轰动效果。

4.5　自然的、生态的（环境），令人向往的山水休闲度假生活

1）山水灵秀，自然天成。对社区周边建筑物、绿化带、自然景观、历史人文景观和环境污染状况进行调查。通过各种手法改善环境，使客户感到“大山、大水、大自然”正是自己理想的度假胜地。

2）保护自然环境，大屏障森林公园已受到政府的明文保护且即将对外开放旅游。通过一系列题材的炒作使客户产生购买欲。

4.6　“山水相约”系列推广活动

在深圳、香港、东莞等地组织客户参观考察本项目，观察反馈听取意见，紧贴报道。并组织在深圳和香港各大机构、团体、马会等各大协会的有效客户到本项目进行实地考察，以刺激销售。

4.7　“高尔夫假日会”环境推荐——专家研讨会

组织专家学者，对本项目的人文、环境、发展前景进行研讨；将会议信息、观点通过媒体在“三地”进行炒作。

第五部分　项目整体营销策略大纲

5.1　营销策略大纲

1）差异化营销策略。

2）制造亲善式人为宣传。

3）延展式营销策略。

4）借势互动营销。

5）打文化牌，走促销路。

6）截流分销策略。

7）软性炒作。

8）走内涵式渗透营销。

5.2　销售执行方案框架

1）项目包装执行。

2）入市时机的选择。

3）整体销售策略。

4）目标分解与阶段性计划。

5）销售节奏的控制。

6）卖场组织。

7）推广格调与文化的导入。

8）售后服务建议。

9）广告主题与媒体选择。

10）促销活动。

第六部分　深圳、香港、东莞三地联合销售策略

6.1　目标客户定位

1）香港公务员群体：香港公务员由于收入较为稳定，工作繁忙，压力较大，都有休闲度假的需求，出于成本因素考虑，他们大都选择在珠三角地区置业度假，深圳、东莞更是其首选之地。这一客户群体中的第一拨人群已经在本区域市场扎下根，做好了市场铺垫。由于市场中缺乏明确的公务员住宅区，因此这一市场前景开发空间较大，据香港工会组织（目前该组织成员已逾56万人）的一份调查显示，大部分的会员都有到内地置业的意愿，并刻意追求休闲度假生活。

2）高尔夫爱好者：根据我们对市场调查研究，尤其是对观澜高尔夫球会会员的了解和赛维纳项目的经验分析，会员对度假公寓面积要求不高，作为打球之余临时休息的场所，但其对环境、交通以及户型内部布局要求甚高，这就要求平面布局简明、方便，带精装修，并要求平面设置，如摆放高尔夫球袋的专柜，落地观景台，环境色调等，都有一定讲究。在平面上的功能特点：由于高尔夫运动是西洋文化，适宜配套现代开敞式布局，强调空间的舒适，落地宽大的露台、开放式的厨房、宽敞卫浴间，尤其是与运动相关的沐浴间要方便、简洁。

3）会议接待群体：珠三角，尤其是深圳、东莞，是一个外向型的经济区域，商务活动是最为频繁的日常经营活动之一，因此会议接待、商务聚会成为地产开发经营的重要内容。会务经济商机无限。首选是这类群体规模庞大，平均每次聚会的人次较多，无论是企业活动中、会议，都必须有一定人数的支撑。而且它涵盖私有企业、股份企业、机关单位，这些单位往往财力足、实力强，有较强消费能力，是不容忽视的客户群体。

4）度假一族：由于度假群体的不断增加，特别是短期、定时、定点客户群体的大量涌现，使得市场需求向即时休闲、定期休闲转变，这也是生活方式和生活观念不断转变的结果。本项目由于地理位置的独特性，区域地块日趋成熟，升值潜力和投资价值日渐突显，因此针对这一市场空白，利用区位影响力，通过创新，深挖这一部分客户的需求。

6.2　销售方式

1. 深圳、香港、东莞三地联合销售

根据市场定位，本项目在外销市场占有一定份额的比例。建立深圳、香港、东莞三地的销售网络，建议与销售过程同时公开发售，充分发挥内、外销力量，刺激市场，营造市场轰动效果，促进内、外销客户银行登记认购的热烈场面。

2. 香港各大工会、团体联合推广

通过香港纪律部队内部认购（40%）尽快回笼资金。同时，在香港利用与各大工会、商会、马会等团体的广泛关系，进行系统的推荐活动，并组织大量的香港客户集体看楼，以加大促销力度。

3. 展销会促销活动

在不同的销售阶段，建议以不同形式的促销活动及展销地进行营销。展销会送家电，办理深港两地车牌等。举行开放日活动：在销售中期、后期，将各类俱乐部、酒店、样板房向外开放，以期豪华气派的各种活动，通过老客户带新客户，双方都获优惠的方式，促成销售达到双赢的目的。

4. 采取在深港两地开展销会的形式销售

1）深圳楼市表现有外销带内销的趋势，在深港同时开展销会，双向促进，达到市场的联动效应。

2）设立口岸展销厅。

3）在皇岗、罗湖口岸设立展销厅，为本项目的外销建立据点。

5. 各旅游公司联合推广

利用深圳、香港各大旅游公司进行推介活动，把本项目作为一个旅游景点进行推广，来刺激销售。

6.3　外销初步推广策略

根据本项目之市场定位及外销目标客户定位，建议本项目在香港推广时实行“低成本，高绿化率”的推广策略，并根据港人在深置业时多选购现楼或准现楼的特点，将香港推广期安排在取得预售许可证后的强销期，推广思路如下：

1. 推广总体思路

以具有生态、自然、人文环境特色的高尔夫休闲、度假、旅游为主推广概念，以投资及养老为次推广概念，将各推广线路相融合分期分阶段推广。

2. 推广思路之一——活动促销

（1）活动方案之一——森林公园旅游活动。大屏嶂森林公园依山傍水，山清水秀，地势以环形山脉和中高丘陵为主，主峰海拔约为348.3m，旅游资源丰富，规划设计有登山游览区、青少年野营区、探险娱乐区、仿古建筑观赏区、翠顶游览娱乐区等。

本项目可以利用森林公园的天然旅游资源优势，组织森林公园的旅游活动，如：登山活动。登山活动是一种十分有助身心健康的自然运动。近几年来，随着都市生活节奏的加快与工作的压力越来越大，人们对大自然越来越向往，野外郊游活动已成为一种时尚，人们对登山活动也越来越热衷。

促进目标客户对项目所处环境的进一步认识，获得好感，促进项目的销售。

（2）活动方案之二——高尔夫文化的健康休闲运动。体育运动是一种文化现象。高尔夫运动是一项根植于大自然又最亲近大自然的户外运动，它的场地本身可以说是经过休整了的大自然，充满泥土的芬芳，远离都市的喧嚣，获得心灵的宁静。高尔夫的种种特点使它成为一种讲求文化含量的竞技与娱乐，从而造就了高尔夫文化。

本项目可以借势临近东莞观澜高尔夫球场的优势，以高尔夫文化为主题内涵进行组织活动，同时由于项目靠近虾公岩水库，也可以组织健康休闲的户外活动，比如钓鱼。

钓鱼是一种休闲户外活动，在中国已有很长的历史，古有云：“赏画的绚丽，吟诗的飘逸，弈棋的睿智，游览的旷达”，是一种寄情山水的情怀，是一种不为名利的淡泊，是一种对时世的领悟。

本项目可以将沿水库的部分依山环湖建一个钓鱼台（或租用现有钓鱼场）和一些休闲的木屋，组织沿湖钓鱼活动，以吸引深圳、东莞、香港等地的大量钓鱼爱好者。借此建立项目融于自然的山水生活形象，使目标客户产生在此生活的强烈愿望，达到宣传的效果。

（3）活动方案之三——组织东莞旅游参观活动。项目附近的东莞，保存了完好的明清时的古居，祠堂密布，进士牌匾林立，有着浓郁的岭南风俗，现今的“南社明清民居”“可园”“东莞农具展馆”和“黄旗古庙”等完整地记录了时代的特色。

从20世纪80年代以来，城、乡、企业、服装、农、贸无不发生了巨大的变化，万商云集，休闲娱乐业飞速发展，星级酒店遍布全市，四座国际标准高尔夫球场享誉东南亚。入夜，灯光高尔夫球场如白昼，各大酒店灯火辉煌，大街小巷食肆林立，这已成为东莞改革开放的东莞一景。“珠三角不夜城”“灯光高尔夫球场”和“银城酒店（五星级）”等，是东莞如今辉煌的见证。

本项目可以不失时机地组织“认识东莞一日游”和“认识东莞两日游”等活动，使人们在认识东莞的过程中得到旅游的乐趣，在旅游的过程中寻找商机、创造商机；同时，更深地体会到项目度假休闲的文化内涵，加深目标客户对项目的认知度。

3. 推广思路之二——建立概念炒作体系

（1）主题表现脉络：倡导一种绿色、自然的生态度假生活模式；引导产权式酒店公寓的消费观念。

（2）媒介组合策略：软文炒作+名人访谈+客户访谈。

（3）媒介组合方式：

1）软文炒作：主选香港的报纸媒体，发布频次可依广告费预算而定。

2）名人访谈：联系以深港两地环保为主的节目，如凤凰卫视以“寻找远去的家园”为主题的专题片，以此推广休闲度假的趋势——自然生态互动；聘请香港知名人士讲评，例如组织“张立平常谈”和“名嘴郑经瀚”等名人对产权式酒店公寓消费模式的发展进行讨论。

3）客户访谈：针对本项目的特点，配合目前港人在深置业的需求，进行项目炒作。

4. 推广思路之三——建立个性形象炒作体系

（1）主题表现脉络：树立项目的生活方式——休闲的高尔夫、森林公园度假生活。树立项目的自然资源——高尔夫与森林公园环境的特有性。树立项目的品位文化——含有高尔夫休闲、度假生活生活模式的西洋文化。

（2）媒介组合策略：电视广告+报纸广告+活动促销。

（3）媒介组合方式：

1）电视广告：由于香港客户对本项目所在区域缺乏概念，建议由专业广告公司拍摄11分钟电视广告，全面展示项目周边情况。该拍摄片可以剪切成15秒、10秒的电视广告，供后期播放。该广告将投放于翡翠台以及在展销厅播放，并可制成VCD碟派送。将项目予香港无线及亚洲电视做广告杂志，在晚会及收视率高的电视节目作冠名赞助，加深客户对项目的印象。

2）报纸广告：报纸。

3）活动促销：如思路一所列举的活动。在香港举行展销，可选择下列酒店：尖沙咀区的凯悦酒店、喜来登酒店、金城假日酒店、美丽华酒店；旺角区的雅兰酒店等。

（深圳世联行地产顾问股份有限公司）

【报告点评】

此报告主要突出的是营销策略和整合推广，而这两大重要部分均是围绕项目的主题——高尔夫度假而展开的，所有的营销动作和推广内容均与“高尔夫度假文化”紧密联系，使得整个项目营销推广过程中更有凝聚力和渗透力，起到了极为重要的作用。报告最后更是根据项目客户群和项目主题策划了香港、深圳、东莞三地的一系列营销推广活动，从而将项目的市场辐射到更大的范围，加速销售去化。

营销推广主题的创意是每个策划师经常困惑的问题，要想做得好，不接触大量的项目推广案例和经过长期的创作时间是不可能达到的。为此，策划师不单要深入到创作实践中，而且还要加强自己的创意修养，即运用科学的创作思维去指导创作实践，才能在创作“王国”自由翱翔。

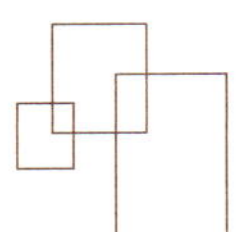

三、广东广州南国奥林匹克花园策划报告

报告目录

报告正文

第一部分　南国奥林匹克花园主题理念诠释

南国奥林匹克花园是一个具有“体育产业+旅游业+房地产业”的产业模式的新型现代化社区，其开发理念定位为大众高尔夫生活社区。

1）将奥林匹克生活社区与高尔夫运动紧密结合，为消费者提供大众化高尔夫运动，让更多中国人享受高尔夫这项高尚运动，并以此作为一大卖点。

2）将奥林匹克文化及体育运动融入社区之中，培养引导人们在生活中自发形成平等的人际关系、共同的生活理念和以体育运动为主要沟通交流方式的习惯，从而实现发展商创造新的健康生活方式的构想。

3）整个社区应体现健康向上、自觉参与群体运动的良好气氛。

4）在社区当中，以家庭为单位的体育活动、家庭与家庭之间的体育竞赛，是一种惯常的人文景观。

5）在社区内，应有受欢迎的各种体育消费以满足人们的运动需求。体育消费划分为两大系统：体育公园系统、社区体育系统。其中体育公园系统是一个对外开放系统，内设网球中心及18洞公众高尔夫球场，社区体育系统以室外及半室外运动为主，其中含体育中心、室外泳池、街区健身场。

6）应挖掘奥林匹克文化及奥林匹克建筑的形式及精神，使不同区域形成各具特色的环境特征与可识别特征。

7）奥林匹克文化、体育、健康、趣味、参与是贯穿社区规划的精神主线，通过对上述理念的理解和挖掘，我们试图：

构建：亲人山水家园+运动、居住、休闲、享乐、旅游综合社区。

创造：充满健康精神和运动气息、蓬勃向上、优美自然、休闲舒适的环境和氛围。

缔造：健康人生、科学运动与自然完美结合的大型居住+度假型人居社区。

整合：奥林匹克品牌+主题公园+大众高尔夫球场+连锁+旅游+居住+消费+休闲+度假+自然山水+……

第二部分 南国奥林匹克花园市场策略宏观分析

2.1 对复合房地产开发模式的理解

在美洲和欧洲某些西方发达国家，通过产业嫁接模式形成的复合房地产开发模式并不鲜见，比如汽车城、钢铁小镇、花卉农庄、电影城等，已经是国外大型楼盘持续开发经常使用的策略之一。在中国，广州奥林匹克花园的成功，使国人第一次见证了复合房地产的精彩，其推广手法令人耳目一新。

短短一年多的时间，奥园这个房地产品牌已经树立，随着品牌推广和连锁经营的快速推行，有必要对复合房地产的运作模式进行深入研究，吸取国内外成功与失败的经验，扬长避短，使对品牌的管理更加到位。

在考察外国的复合房地产项目过程中，我们发现有如下有趣现象。

1）房地产产业与其复合产业之间的关系在项目发展初期体现出较强的相互依存关系，一荣俱荣，一损俱损。但随着时间的推移，复合产业之间相关程度将会降低，房地产项目的原有市场个性将逐步丧失。

2）复合房地产的核心消费者群特征相当显著，特别在项目经营的初期。也就是说，项目的核心消费者群对复合产业有良好的适应性，这种适应性能够促进复合产业的发展。但在项目经营的后期，这种适应性对复合产业的促进逐步显得不明显。

3）复合房地产项目受到规模的制约。房地产业的规模与其复合产业的经营产值密切相关。如果房地产业的规模远远超出其所复合产业的产业规模，那么项目的市场个性将会很快丧失。

根据我们近十年的推广经验总结，产品本身所营造的竞争差异性必将是短暂的，因为由产品差异所获得的成功必然会招致大量的模仿，从而使这种差异很快丧失。因此，大型楼盘必须挖掘到隐性的竞争优势，并且通过成功的市场推广塑造出项目坚强而持续的市场个性，只有这样，项目才能获得持续发展的动力。复合房地产开发模式往往能满足地产项目对持续而坚强的市场个性的要求。所以，从今以后，复合房地产这种开发模式必然会在大型房地产项目中被大量采用。

2.2 关于广奥

对于广奥的成功，社会上流传着各式各样的故事版本，广奥已成为业界经典的成功案例。我们一直认为，从广奥的发展与营销经验中可以吸取到现阶段房地产市场最新鲜的养分，这些养分能滋长我们的推广能力，并使我们对“奥林匹克花园”这个房地产营销品牌的全国连锁经营充满信心。

从我们的营销推广理论出发，在现阶段对广奥的成功得失进行归纳总结，无疑有益于奥园这个品牌的下一阶段推广。

1. 从成功中获取的经验

（1）产品是竞争的基础。产品是竞争的载体，是最直观、最容易被量化的东西，是买家购买的核心内容。因此，对产品的设计、制造是最重要的，无论多么好的策划都必须首先通过产品来进行表达。

（2）概念的成功创新会提升产品本身的价值。概念如果不通过产品来体现，那么概念与产品之间就失去了必然的联系，项目就难以获得珍贵的市场个性；同样，成功的理念将提升产品的升值空间，增加产品的附加值。

（3）竞争，是差异化策略的动力。赢得竞争的胜利是一切策划的目的，营造产品的差异性是为了让竞争获得更大的胜利保障。因此，比对手快出半步的目的就基本达到了，如果快得太多就要考虑是否经济的问题了。

2. 从成功中感受到的不足

（1）发展需要更周密的布置。有时候，周密的布置需要来自信心的支持，但面对可能出现的各种风险，多准备几套方案总是正确的。

（2）产业化经营需要规模支持。产业化经营意味着需要向规模要效益，这是经济学的基本规律。也许理论与实际执行之间永远存在着距离，但阶段性的总结和深入研究是任何领导人都必须重视的问题，也是任何企业都应该进行成本投入分析的问题。

（3）对产业之间的适应性研究应加强。我们相信，复合房地产在大规模运作的初始阶段，复合产业之间的关系是一荣俱荣，一损俱损。对产业之间的适应性研究有助于获得营销推广的动力源泉。

通过以上分析，我们深切认识到“奥林匹克花园”这个房地产营销品牌在连锁推广的现阶段还需要进行大量的理论研究，只有这样才能树立该品牌长期的市场魅力。我们认为目前最急切要进行的工作是：

——对产品与运动健康产业进行必要的细分工作。

——对连锁经营进行系统的产业经营研究。

——将品牌的推广尽快模块化。

前文我们已经讲到理念创新是广奥成功的关键，而产品的杰出是基础，是基本功；吸引人靠概念，打动人则一定是“产品”。这个“产品”是大产品，包括环境、建筑、配套……同时，我们还应当注意到：

——产业一定要具有规模，太小则形不成产业。

——不同功能之间其差异性越大，则其整合难度越大，所以不能进行简单叠加、穿插、包括融合。

2.3　对奥林匹克品牌所倡导的生活方式的理解

1. 对奥林匹克精神的理解

奥林匹克所代表的体育竞技文化是人类文明的重要组成部分，奥林匹克精神体现了人类对平等、公正、团结、友爱、上进等美好愿望的追求。对此，我们有如下理解：

1）奥园倡导的文化是奥林匹克文化，奥林匹克文化的要义当然需要贯彻，并进行与居住文化之间恰当的嫁接、移植。奥林匹克所奉行的种族平等、公平竞争、力争上游的精神主张使众生为之倾倒。奥园所刻意营造的人际关系必然会是居住文化的一个理想境界。

2）奥园倡导一种科学的健康生活，并给予实在而专业的关怀。奥园所倡导的科学健康生活是一个具有吸引力的卖点。特别是“健康处方”的策划，令买家有较大的遐想空间。

3）奥园让运动充满趣味性，成为人们生活中不可或缺并且随手可得的一部分，这一点相当重要。我们认为，广奥与番奥的运动产业构思没有发挥预想的效果，与当初的趣味性设计不明确和不完善密切相关。奥林匹克花园所倡导的崭新生活模式本来就应该打破传统居住文化中的某些东西，比如对公共活动的漠视、不参与、不负责任。假如认为广奥体育馆里的攀岩活动很少人参与，就断定这项项目的失败，那可能是个错误；设想一下，如果修改一下游戏的规则，规定每一个能到达终点的人均可获得十元钱的奖励，后果会怎样？然后再科学调整参与活动的难度和收费标准就可完成这个项目的趣味性设计。这个道理就跟打保龄球一样。

2. 奥园所提倡的生活方式具有广泛适应性

我们认为奥林匹克花园所倡导的这种生活模式，现阶段对消费者具有广泛的适应性，主要体现在如下几个方面。

1）平等是人权最主要的体现，是人类社会最难以实现的东西之一。而倡导一种平等的观念，形成一种独特的居住社区文化（奥林匹克文化），这无疑给出了一个梦想，令人们拥有了一片遐想的空间。

2）将运动变成一种随手可得的东西，对消费者具有难以抵挡的诱惑力。

3）健康管理是目前的一种时尚，是人们普遍追逐着的一样东西。同时，她带给消费者的是一种安全保障，而且其价值大得难以量化。

2.4 对奥林匹克花园品牌管理的意见和建议

奥林匹克花园的品牌已经确立，马上要进行全国范围内的连锁经营。为配合这个品牌战略扩张的要求，对这个品牌的研究与管理就显得十分重要。奥林匹克花园这个品牌诞生至今不到一年，从经营的角度看，任何经营项目如果不经过一年四个季度的风雨锤炼是不能断言其长期经营的成功概率的。一个营销品牌也是如此，必须经历市场的反复蹂躏才能涅槃。因此，对品牌的研究就不能儿戏，必须有一个班子来执行这个工作。

对于品牌的研究，我们认为应该从以下几个方面深入进行：

——住宅产业需要进行进一步的细分工作。如规模、档次、功能组合对品牌的适应性研究。

——运动、健康产业也需要进行功能细分的工作，并且要系统部署。从现在的认识水平看，运动、健康产业必须形成规模才能产生效益。同时，运动、健康产业的经营必须进行创新才能获得超额利润。

——住宅产业中的人是运动、健康产业中获得成本最低的人群，因此，如何吸引、利用这一部分人以及所带动的辐射人群来进行运动、健康产业的消费显得十分重要。

根据我们现阶段粗浅的研究和认识，特提出如下意见和建议供参考：

（1）奥园要获得连锁经营的持续成功，则必须重视运动、健康产业的经营问题。因为，从产品本身而获得的竞争差异正变得越来越少，复合产业的良好经营能大幅度增强住宅产业的市场差异性。因此，对于运动、健康产业的经营问题，我们有如下建议：

1）将运动产业的经营根据城市、区域的不同进行功能的细分，使之有机组成一个运动、健康产业系统，避免资源的重复浪费。

2）运动、健康产业如果仅仅是通过受益人的消费来获得收入是较难实现盈亏平衡的。我们建议充分参考外国体育明星的“造星”机制，通过利用奥园连锁所积累下来的运动、健康硬件设施体系，取得国家的体育特许经营权，自己“造星”，通过体育明星的吸引力来带动奥园运动、健康产业消费，同时获得体育特许经营项目的高附加值的利益。

3）作为与住宅产业紧密相连的奥园运动、健康产业，是两个主要的市场利益点。从现实操作的角度来看，要对这两个利益点进行必要的人群细分，比如，运动趣味性对少儿是否更具吸引力，健康关怀对老年人是否更具吸引力，等等。

（2）产品的升级换代是没有止境的，依靠产品的急速升级换代来换取竞争的差异性不是长久之计，甚至是饮鸩止渴的作法。奥园这个品牌要进行全国范围的大规模连锁经营，则必须尽快形成独具奥园特色的成熟的产品观念，并努力提升产品的标准化程度，从而努力达到降低成本与缩短建设周期的目的。

（3）奥林匹克花园所倡导的居住文化根植于奥林匹克文化，如何将这种极具人性的文化积淀通过巧妙的转换，成为一种能够轻易被量化的、成为被目标客户所接受的某种行为规范，将是一个较大的课题。在国内十多年的房地产营销历史中，将文化作为主要的市场利益点进行操作鲜有成功案例，而且文化底蕴越深厚，一般实际操作难度将越大。我们认为，在奥园品牌经营的初期应将奥林匹克居住文化通俗化或庸俗化，比如强调运动参与的方便性和趣味性、健康观念功利性（具即时兑现效果的检测、速效治疗等特点）。

2.5　对南奥三产业复合开发模式的理解和探讨

1. 可能遇到的问题

南奥将创多产业复合的房地产开发先河。房地产业、运动健康产业与旅游产业三者的复合无疑将对开发商的经营能力提出更高的要求。房地产项目可以进行销售，但运动、健康产业与旅游产业必须进行持续性的经营，只要经营活动正常进行就必须支付经营成本。最佳的结果是：三项产业均能良性运行，自负盈亏，相互扶持和促进。现在可能会遇到的问题是：

1）南奥地块缺乏稀缺性的自然资源，进行旅游产业经营意味着前期大量的资金投入。

2）南奥所在区域的房地产市场竞争激烈，明星盘林立，如果期望在早期即要获得超额利润的难度较大。

3）奥园的运动、健康产业未能在市场上树立相对独立的品牌，其经营在现阶段未成气候，难以独立生存，对房地产项目的依赖性较强。

4）旅游业、运动健康产业对住宅项目的促进效果有待评估，效果的好坏应该与总体的策划思想与推广力度密切相关。

2. 南奥策划的要点

1）通过弘扬奥林匹克文化，倡导一种全新的平等、公正、乐观向上的社区生活模式。

2）以高尔夫运动平民化的策略作为先导，从而启动旅游业与住宅产业，并使三产业形成良性循环。

3）通过科学设置社区内、外两个体育运动系统，将运动产业规模化，并成为南奥核心的竞争力之一。

3. 对于南奥三产业之间嫁接问题的探讨

1）一千多亩的奥林匹克体育公园无疑是旅游业的唯一资源，因此，南奥的旅游业是一种主题式旅游。旅游产业与运动产业的嫁接较容易进行。

2）旅游产业能够带来大量人流，这些人流逗留时间越长对南奥住宅的销售就越有利，因此，将部分住宅设为度假或公寓（如设立样板街、样板小区，模拟理想化的奥林匹克社区文化），吸引以家庭为单位的潜在客户进行旅游消费，这都将有利于房地产的销售。

3）体育运动项目的设计必须有足够的吸引力，将高尔夫运动摆在过分重要的位置并非十分合适。因为它难以吸引大量的人流，并且侧重于休闲，非久经训练的人难以体验其趣味性。建议将建设重点放在趣味性、竞技性较强的体育娱乐项目上，并周密设计，统筹安排。

4）如果运动产业形成了城市之间的有机互动，通过体育产业“造星（明星）”计划顺利地进行，那么，南奥的体育运动、主题旅游将可以形成城市化的营销网络体系，到那个时候，奥林匹克居住文化的推广将会极其容易。

2.6 关于“旅游”的思考

何谓旅游？简言之，就是“旅行+游玩”。

旅游的要素包括主题、规模和足以吸引人的内容。旅游应具有连续性、综合性、观赏性、娱乐性和参与性，可以连续消费，可以传播、不易模仿，并能产生良好的经济效益。同时，还应注意项目的生命周期及其时代特征性。

简单地说，就是有东西可玩，有东西可看，有东西可吃，有钱可花，而且来过了还想再来。其主客体双方由大众化的消费者和专业化的经营者构成。

现时，到广州奥园参观的人很多，“旅游者”中有有意买楼的客户、看楼团和众多的学习参观者。他们的确旺了人气、做了宣传，但并不能产生直接经济收益。如果也可称之为一种旅游，则可暂且称为无直接收益型旅游。

2.7 南国奥园目标消费群体分析观察

在此，我们将南国奥园的两个姊妹项目——广州奥园和番禺奥园提出进行相关分析；并将对本项目的几个相关竞争对手进行必要分析。

1. 对购买广州奥园客户统计

1）年龄族群分布：19~29 岁占 42%，为最高；30~39 岁占 35%，次之；40~49 岁占 13%，列第三；50~59 岁占 6%；60~68 岁占 4%。

2）客户区域分布：广州地区 94.2%，番禺 5.8%。其中海珠区 24.4%；东山区 23.8%；越秀区 9.4%；其余区 15.3%。

3）付款方式选择：一次性 22%；即供按揭 43%；特惠按揭 15%；轻松按揭 20%。

4）通过对上述购买广州奥园客户统计分析显示：

① 年龄族群：以 19~39 岁为主力消费族群（占 77%）。

② 区域分布：广州地区客户占绝对主要比例。

③ 付款方式：选择即供按揭比例最高。

2. 对购买番禺奥园客户统计显示

1）年龄族群分布：19~29 岁占 29.81%；30~39 岁占 31.73%；40~49 岁占 32.69%；50~59 岁占 5.77%。

2）区域分布：番禺占 51.92%；香港占 24.04%；广州占 14.42%；其他 9.62%。付款方式统计：一次性 20.20%；即供按揭 65.40%；轻松按揭 14.40%。

3）年龄族群：主力消费群体为 19~49 岁青年、中年人群，其中分为三个阶段，各段比例大致相同，但每一个 10 岁年龄区段呈轻微递增趋势。

4）地区分布：番禺地区占一半，其次为香港占 1/4，广州约占 1/7。

5）付款方式：选择即供按揭同样比例最高。

3. 对上述统计的相关分析

1）购买客户所处区域距项目交通距离与购买客户数量呈反比，但番禺地区敏感度明显大于广州地区。

2）年龄族群分布随距广州交通半径加大呈略为递增趋势。

3）选择即供按揭付款方式比例随距广州交通半径加大呈递增趋势。

4. 南国奥园目标消费群定性特征

1）年龄族群：以 19~49 岁年龄族群为主且略偏后，即应以 25~50/55 岁年龄区段为主。

2）区域分布：广州地区为第一主力诉求市场，香港次之，番禺第三。

3）付款方式：即供按揭为首选，其次为一次性付款。若有更优惠付款方式则将更加有利于产品促销。

4）文化层次：根据我们对广州奥园和番禺奥园消费者观察了解，南国奥园的目标消费群整体文化层次应为适中而略偏高。

5）年龄：19~50 岁，其中密集集中段为 35~45 岁。

6）特征：事业有成的、年富力强的、有相应经济实力的、喜爱运动的、喜爱交际的人群。

7）文化程度：整体中高档（介于丽江花园与广州碧桂园之间且偏向于丽江花园）。

5. 消费群将会逐渐形成的趋势

1）年龄段构成：从偏年轻化（约 25~40 岁）开始逐渐过渡并稳定在以中年段（约 35~45 岁）为主，并相应带动其上、下两极消费群。

2）户型平均面积：由小渐大，平均从 70~110m^2 过渡到平均 100~200m^2 之间。

3）使用功能：从以“休闲度假”型为主逐渐转为“居住+休闲度假”混合型。

第三部分　南国奥园项目竞争对手分析

3.1　潜在市场供给量分析

1. 潜在市场供给情况分析（表 2-3-1）

表 2-3-1　潜在市场供给量分析

地产商名称	占地面积	楼盘名称	位　　置
宏富房地产有限公司	约 1200 亩	锦绣花园	番禺大桥附近
中山稚居乐集团	约 4700 亩	广州稚居乐花园	不详
合生创展集团	约 4000 亩	未定	不详
番禺锦江房地产有限公司	约 3000~4000 亩	未定	迎宾路西侧
番禺祈福新村房地产公司	约 6500 亩	祈福新村(已建)	市桥市广路
碧桂园物业发展有限公司	约 2000 亩	华南碧桂园(已建)	番禺迎宾路
番禺广地房地产开发公司	约 1000 亩	广地花园(已建)	番禺迎宾路塘西段
番禺南英房地产有限公司	占地未详	珠江花园(已建)	番禺沙窖岛东南部

从潜在市场供给分析表可以看出，房地产界的各路诸侯已屯集在华南板块这片土地上，一场智慧的较量即将开场。知彼知己，方能百战不殆，通过调查，现对部分潜在竞争项目的规划和建设作大概分析。

1）广州雅居乐花园，该项目占地 4700 亩，总体规划与中山雅居乐相类似（包括类型、比例），现地产商正对靠近利泰度假区的 1000 亩地进行规划论证。

2）开源住宅小区占地约 1000 亩，其土地三通工作已经完成，初步规划成洋房别墅混合型住宅小区。

3）广泰花园，该项目处于建设阶段，其中已建好 28 幢别墅，其推出对市场有一定冲击力。

3.2　南奥项目主要竞争对手个案分析

1. 案例一

1）项目名称：华南碧桂园。

2）地理位置：华南快速干线迎宾路段。

3）发展商：碧桂园物业发展有限公司。

4）设计单位：碧桂园建筑设计事务所。

5）小区规模：一期规划总用地1038亩，总建筑面积25.6万m^2，总建筑密度为18%，小区的规划依山势布局，视野宽阔。

6）相关技术指标：小区绿化率高过45.5%，容积率0.87，是一个建筑密度较低的居住小区。

7）产品主要特点：在规划上，华南碧桂园依山就势布局，利用东、南、北三面均有植被良好的自然山体环境，形成视野开阔、风景秀丽的大型居住小区。

① 洋房面积从80.7~272.5m^2不等，共有28个型号，有首层复式连花园，首层连花园、顶层复式连天台、两房两厅、三房两厅、五房两厅六种间隔。装修标准与广州碧桂园二期基本相似，不同之处是地板采用柈木，外墙使用浅颜色，色泽更鲜艳明快。别墅均为独立式，有A、B、C、D、F、J六种型号，面积148.8~646.3m^2，以毛坯房为交楼标准，可以满足不同消费层人士的需求。

② 园林绿化方面，引进主题园林概念，在每个组团园舍的中心绿地广场上，分别以棋、茶、鱼、音乐、春、夏、秋、冬等营造18个风格各异的主题园林，以形成小区绿色无限、缤纷多彩的意境。

③ 华南碧桂园物业管理的宗旨是“给家五星级的感受”，管理处设有客户服务部、家政服务部、保安部、绿化部、维修部、工程管理部、乐队、房屋管理部、社区文化部等部门，从居家到出行、从清洁到保安、从环境到文化，华南碧桂园物业管理处各个部门都相应提供专门的服务。

④ 在智能化方面，在楼盘开发之际，碧桂园物业发展有限公司同时投入巨资，启动网络社区工作，利用现代4C技术，准备建立“Eliving”网络社区，使用户感受e时代的生活方式。

8）产品市场定位：华南碧桂园秉承富有市场号召力的品牌效应，建设起点高、规划超前、布局合理、环境优美、配套完善、售后服务优秀，是现代人尤其是金领一族追求“城市工作，郊区生活”的离城不离市的生活方式的选择。因此，华南碧桂园是专为成功人士、金领阶层建造的五星级大型生活屋村。体现的是一种未来“5+2”的新生活模式，即五天工作两天休闲，具有这些优势的华南碧桂园将成为市场的追捧对象。

9）产品主要目标消费群及相关特点分析。

① 事业成功人士特点：经济富足，在巨大的工作压力之下追求休闲、度假的生活方式，以体现其高贵的人生价值。

② 城市金领、高级白领特点：经济条件宽松，工作能动性大，拥有较多休闲、度假、交往的时间，是追求“市区工作，市郊生活”主力军，文化层次高，向往高品位的生活方式。

③ 目标客户特征分析。

年龄分布：20~30岁10%；30~40岁60%；40~50岁20%；50岁以上10%。

区域分布：广州人70%；港澳人士30%。

置业动机：度假60%~70%；居住30%~40%。

选择该物业原因：品牌、环境好，价格适中，配套齐全。

10）产品主要卖点分析。

①“给您一个五星级的家”的品牌，富有巨大的市场号召力。

② 具有“环境优美、配套完善、星级服务，严密保安”的屋村特色，市场影响力和辐射力强。

③ 华南碧桂园所在板块前景诱人。

④ 以“人本”思想进行设计，倡导新的生活方式。

11）产品主要通路及销售策略。

因为华南碧桂园是碧桂园公司成功开发顺德碧桂园和广州碧桂园后向社会推出的又一个以“给您一个五星级的家”为诉求的大型居住小区，具有很好的市场认知力，因此在产品推广和销售上，碧桂园公司以自销形式、仅通过设置专线看楼车的销售措施就吸足了人气，赚足了眼球，当然销售业绩也不差，实行的是一种传统销售方式的策略。

12）后续供应分析：华南碧桂园靠近东南部，正拟建小高层住宅，现为建造基础阶段，估计约在今年年底或明年年初推出。所以华南碧桂园后续供应量较大，对于同区同类物业会造成较大的竞争威胁。

13）华南碧桂园凭借碧桂园这个品牌，仍然高举“给您一个五星级的家”这个大旗，对市场具有很大的震撼力，以其规模庞大、规划合理、设计先进等优势，形成了很大的影响力，其以成功人士、城市金领、白领阶层为核心客户群，顺应西方国家城市化运动，努力倡导“在市区工作，在郊外生活”的生活方式。

2. 案例二

1）项目名称：丽江花园。

2）项目位置：番禺洛溪南浦岛。

3）发展商：广州市粤海房地产有限公司。

4）总代理：粤海物业代理有限公司。

5）项目策划：胡周黄建筑设计（香港）有限公司。

6）建筑设计：胡周黄建筑设计（香港）有限公司、番禺市城市建筑设计院。

7）小区规模：小区占地 81.35 万 m^2，绿化面积 28 万 m^2，绿化率达到 33%。

8）小区配套：幼儿园、学校、人工湖、公园、会所、商场、医务所、银行、停车场、超市、公交车站，还有在建中的大型会所——丽江广场。

9）开发情况：丽江花园经过近十年的发展，先后开发了丽字楼、康城居、华林居、花溪别墅、萃锦苑、星海洲、九如通津、玉树别院、王台别墅。现今发售的是九如通津、玉树别院、王台别墅。

10）产品定位：“一方水土一方人，美善相随丽江人”和“营造人与自然和谐，人与人融洽，天地人合一的生活空间”，是丽江花园的经营理念，不是用房子留人，而是用居住氛围留人，即融洽的邻里关系，人性化的环境和个性化的建筑。丽江花园是用自己独特的文化氛围来吸引客户，把产品定位于高文化、高收入的人士。考虑他们的需要，去满足需求。

11）简评：有一位知名的地产策划人曾经说过“品牌的后面是文化”，丽江花园的成功真正用事实说明了这一点。丽江花园也与祈福和广奥一样，是少数几个在全国叫得响的楼盘，是外省考察者入广州后取经必看的经典项目。它在 1000 多亩的土地上居然营造出了四五个泾渭分明的住宅组团，而且相得益彰，总推销率在 95% 以上，为房地产市场提供了难能可贵的实践经营经验，这个楼盘在专家眼中的地位非常高，很好地体现了专业开发的优越模式。丽江花园的成功主要表现为：

① 始终如一以同一个品牌进行开发，易于累积品牌价值。

② 组团式专业化开发模式。

③ 早期进入洛溪板块，获得了较为优越的地理位置，并率先扩大了规模，获得了具有优势的竞争壁垒。

④ 完善的生活配套设施也是丽江花园一个不小的亮点。

⑤ 最后一点最为重要，那就是丽江花园独特的开发理念，丽江花园虽然没有提什么“以人为本”的口号，但它最早在实践中以现实行为体现了这一点，在丽江非常重视人性化的关怀，非常热衷社区文化的培育和宣导，如同广州奥林匹克花园一样，丽江花园非常重视在社区推广“健康的人际关系”，“一方水土一方人，美善相随丽江人”就是这种社区文化精神的生动体现。

12）主要目标消费群：年轻的白领阶层为丽江花园主力客户群，据调查丽江花园业主普遍年轻：介于20~34岁的人士占到74.7%；学历高：大学以上学历占74%；收入高：个人月收入在3000元以上占了75%，家庭月收入在5000元以上占61%。这类人年轻，素质高，收入高，追赶时代潮流，他们喜欢良好的环境，方便的交通，和一些新潮的事物。但因年轻人多，故多为选择中小户型的房屋。

13）产品的主要卖点：以现在销售的九如通津为例加以说明。

① 品牌：丽江花园的人文、居住氛围较为突出，“一方水土一方人，美善相随丽江人”已成为丽江花园最为显著的标识，成为一种文化。再加上发展商实力雄厚，提供了保障，免除了人们的后顾之忧。

② 成熟的社区配套：丽江花园经过近十年的发展，已成为一个成熟的社区，给后来之人带来生活上的便利。

③ 产品：间隔方正，实用率高达9成，底层架空；绿化率高达60%；隐形梁柱，地下停车场，人车分流。

④ 不足：部分户型采光不够良好，装修不够精心，结果不伦不类，吸引不了人注意，价格偏高。

14）产品主要特点。

① 环境：丽江花园位于番禺洛溪南埔岛，三面环水，比邻洛溪新城，周围社会配套较为成熟。

② 户型：有两房两厅、三房两厅（套房）、四房两厅（多功能房以及复式间隔方正，面积从72.78~222.90m^2）。

③ 建材：采用了多项新技术。

④ 装修。

厅：顶板、墙面刷乳胶漆，装豪华吊灯；地面铺金花米黄抛光砖；户门为豪华离火木门及门套；出阳台门为香槟色铝框浅玻璃推拉门；预留空调机安装位。

房：顶板、墙面刷乳胶漆，装吸顶灯；地面铺实木地板（四房两厅单元多功能房铺金花米黄抛光砖)；空芯木夹板门及门套。香槟色铝框浅绿玻璃窗；预留空调机安装位。

卫生间：顶板刷乳胶漆，装吸顶灯；墙面贴瓷片到顶；地面铺仿古砖；装排气房扇、镜；香槟色铝框磨砂玻璃窗；空芯木夹板及门套（门下部带百页)；冷热水管全部暗敷；双卫单元主卫配浴缸、花洒、坐厕、洗脸盆连柜，客卫设隔断或淋浴间、坐厕、洗脸盆连柜；单卫单元设隔断式淋浴间、坐厕、柱式洗脸盆。

厨房：顶板刷乳胶漆；装吸顶灯；墙面贴瓷片到顶；地面铺仿古砖；装变压式烟道；配高级人造石台面；橱柜、吊柜，装有抽油烟机、燃气灶、洗盆；冷热水管全部暗敷；空芯木夹板门及门套；通阳台为香港槟色铝框浅绿色玻璃门。

物业管理：由专业物业管理公司提供专业的管理，24 小时的保安，保持小区整洁及提供全套家居化的服务。

15）产品主要销售通路及策略。

① 丽江花园于 2000 年 6 月初开始出现于报端，称“九如通津，如诗如画的居住理想”，在接下来的日子一直持续出现于人们眼中，专车接送参观现场优雅环境，却不见效果。

② 6 月 15 日刊登“九如通津，6 月 17 日花落谁家”广告拉开了6 月 17 日~6 月 25 日的内部认购期。

③ 6 月 26 日九如涌津公开发售，根据人们需要推出“一成收楼”的付款方式，以减轻业主首期负担。

④ 9 月 20 日，丽江花园推出“轻轻松松做业主，我的生活我做主”的精巧户型推广计划——Ulife计划，首期 0.5 成即可轻松做业主，中行提供 8 成 30 年按揭，以增强吸引力。

16）在售情况分析：丽江花园最近推出九如通津溪畔单位 5、7、9 座十二层电梯洋房。已封顶，处于装修阶段，将于 2001 年 6 月 28 日交付使用。宣传上以“轻松做业主，我的生活我自主”为营销诉求，推出 Ulife 计划内容。以营造其轻松置业的利好，吸引年轻城市白领前往置业。推出单位标准层均价为 4359 元/m^2，复式均价为 4140 元/m^2，9 月 23 日正式推出即取得成交 23 套的好成绩，销售率达 19%。

17）后继供应分析：丽江花园九如通津除 5、7、9 座正在推出之外，其他楼座均还有少量剩余单位。此外，玉树别院也正在推出，但销售情况一般。丽江花园西南部、东南部以及区域内均有预留发展用地，但据销售人员介绍，在未来三年内，暂时不会有新的单位推出。只是在东南部可能会建设一个购物中心。

18）竞争力分析：丽江花园是一个较为成熟的超大型小区，其配套设施齐全，且辅以先进智能化设计，吸引了香港客户和广州客户前往置业，楼盘辐射力较强，对广地花园、广州奥林匹克花园、华南碧桂园、祈福新村等大型小区楼盘构成了威胁，但鉴于其后供应较少，所以其构成的竞争威胁会降低。

3. 案例三

1）项目名称：广州碧桂园。

2）项目地址：广州番禺洛溪南浦岛。

3）小区规划：广州碧桂园，占地超过 1000 亩，总投资超过 20 亿，绿化率达 35.5%。现开发至第二期，有绿茵苑、雅苑、花苑、丽苑、美苑（一期）、锦苑、翠苑、乐苑、福苑、康苑（二期）。

4）配套设施：豪华会所内有运动项目、娱乐项目、会议厅、休闲项目、饮食、购物设施等，此外还有停车场、银行、邮局、泳池、屋村穿梭巴士等。

5）主要特点：一是绿化率高，地面绿化占总面积的 35%；二是突出文化层次和生活层次，每个大型街心湖景花园，都置有雕像盆景，以园林小品点缀其中，小桥流水，亭台榭阁。二期单位则较首期在建筑、材料、装修和设计上均有较大的优化。在价格方面则比一期有所上升，达 4155 元/m^2（按揭均价）；户型比例方面，增加了复式单位的数量；而单体仍然和一期一样是一梯四户，但套内面积则比第一期大；建筑造型及外立面清雅亮丽，更具时代色彩。

6）市场定位：广州碧桂园是顺德碧桂园的延伸，定位为高档、舒适的“五星级的家”，强调楼盘环境优美、配套完善（大型会所），五星级物业管理。

7）简评：广州碧桂园是顺德碧桂园之后的又一神话。不到两个月的时间就售出 3600 套，这无论如何是一个惊人的业绩。广州碧桂园取得如此骄人的成绩，原因是多方面的，其表现为：

① 较高的绿地率，优雅的园林小景。

② 社区周边的自然环境秀色迷人。

③ 住宅郊区化的潮流外加该小区优越的度假功能，有效地吸引了大批买家。

④ 数以千计的现楼同时涌现在人们眼前，社区配套一步到位，增加了买家的信心。

⑤ 首度内部认购时，豪华装修的洋房只售 3000 元/m^2 左右，低开高走的策略获得了成功，引发了买家的“羊群效应”。但广州碧桂园的不足也是明显的，比如外立面不够靓丽、户型较为单调、间隔缺少变化，如此好的销售业绩还是大为令人费解。其实说穿了，广州碧桂园的成功最主要的还是源于它的品牌保证。当时顺德碧桂园的旋风刚刚刮至广州，碧桂园的品牌气势如日中天达到巅峰状态，正是“万人迷”的品牌魅力迷倒了万千广州购楼者。广州碧桂园的成功案例再一次证明，营造一个好的品牌比获得一时的营销业绩要重要得多。

8）产品主要目标消费群及相关特点分析。

① 置业者类型：

——事业成功人士。特点：喜欢并懂得享受，对生活质量有较高要求，对物业管理水平的要求极高，在市区可能有另外的房子。

——城市金领。特点：拥有经济基础，拥有享受生活的时间。

② 置业者年龄构成：20~30 岁占 23%；30~40 岁占 50%；40~50 岁占 19%；50 岁以上占 8%。

③ 消费偏好：

——发展商的品牌（信誉和服务）。

——钟情碧桂园的大型会所。

——明星楼盘的附加值。

——价格适中。

——环境好（园林、泳池）。

9）产品主要通路及销售策略。农历新年刚过，广州碧桂园第一期就用铺天盖地的电视、报刊广告强烈地冲击着所有行内、行外的感观，大手笔地建造超大会所，宣传价格优势，连豪华装修只售 2620 元/m^2 起，到了 3 月 19 日正式开卖，更开通七条免费看楼专线车，租赁广东旅游公司的日野牌大汽车，在广州设七个免费看楼点，共 31 台豪华大巴来回穿梭南浦岛与广州城，该七个免费看楼站点为锦汉停车场、江南大酒店、文化假日酒店、天河城广场停车场、黄埔区海员俱乐部、荔湾浮溪酒家、六榕寺。响当当的品牌使展销期间的碧桂园内热闹非常，样板房内更是摩肩接踵，要排队分批进入样板房，从内部认购到 3 月底，广州碧桂园就销售了 3600 多套，但是碧桂园的轰动效应是以庞大的推广费用为代价的，据统计广州碧桂园第一期的广告费用已达 2000 多万元。

广州碧桂园二期推出市场之际，正是其超级会所向大众开放之后的时间，利用其一期打响的知名度，直接在广告上点出“广州碧桂园二期推出、想买楼请找一期业主”，大肆进行炒作，抬高自己物业的身价。而形象定位依然沿用“碧桂园，给您一个五星级的家”和“懂得享受生命——碧桂园”。

10）主要卖点。一是楼价较便宜，一套 80.5m^2 的带豪华装修的洋房最低价售 24 万元，一般收入阶层承受得起；二是环境很优美，匠心独运的园林，花园泳池相映成趣，各种小品遍布园中；三是交通很方便，车辆穿梭来往于市区各地；四是星级设施，星级管理，星级服务，拥有一支 2000 多人的队伍；五是五星级封闭式管理，令小区安全有保障。

11）优势分析。

①为一个成熟社区，各种配套设施较为完备。

②有较多人入住，人气较旺。

③物业管理有特色——“五星级的服务”。

④发展商实力雄厚。

12）劣势分析。

① 离洛溪新城较远，生活配套不宜共享。

② 周围楼盘质素较高，“五星级的服务”优势不再那么明显。

③ 配套生活设施如给水排水有点跟不上发展需要。

3.3　南奥项目主要竞争对手比较分析

1. 户型分析

南奥对手户型分布：三房两厅占 44.2%，二房两厅占 31.4%，复式占 11.4%，别墅占 6.6%，四房两厅占 4.5%，一房一厅占 0.4%。

分析：从对手户型分布可以得出，三房两厅是市场供给的主体，两房两厅和复式为其次。

2. 价格分析

别墅：最高价 8600 元/m^2，最低价 1300 元/m^2，均价 5000 元/m^2。

二房二厅：最高 4600 元/m^2，最低 1400 元/m^2，均价 3900 元/m^2。

复式：最高 4800 元/m^2，最低 3700 元/m^2，均价 4200 元/m^2。

三房二厅：最高 4500 元/m^2，最低 3800 元/m^2，均价 4200 元/m^2。

四房二厅：最高 4100 元/m^2，最低 1500 元/m^2，均价 4000 元/m^2。

五房二厅：400 元/m^2。

一房一厅：3900 元/m^2。

分析：无论是两房两厅、三房两厅、四房两厅和复式，其价格均为 3500~4500 元/m^2 左右。

3. 成交率分析

三房两厅、两房两厅为较受欢迎的户型。

第四部分　南国奥园产品的核心竞争

4.1　奥园的内涵

思考一：不同产业和功能之间如何真正达到整合？

思考二：怎样真正做到“运动就在家门口”？

我们认为，奥林匹克品牌从创立至今，已经历了从“概念引进并整合—社区+组团体育设施—健康管家中心—奥林匹克文化—健康生活方式—全程健康教育工程+健康生活方式—真正的健康生活方式”这一由量变到质变不断飞跃的过程。因此，我们可以确立南国奥林匹克花园的项目内涵：健康人居+健康生活科学运动+健康旅游+健康呵护+全健康人生。其构成和体现为：社区+设施+高尔夫+主题公园+健康管家中心+全健康系统工程。体育主题、科学运动、健康人生、奥林匹克文化，由此形成了南国奥园项目的唯一性和独特性优势；同时，奥林匹克体育产业从这个项目上真正开始有了鲜明而全方位的体现，那就是：大众高尔夫球场+体育主题公园+社区内体育场馆设施（包括健康管家中心）；南国奥园的旅游模式是：体育产业旅游+奥林匹克文化旅游+家庭休闲度假旅游。

4.2　奥园的制胜法宝——四大系统板块

仅靠本项目的体育公园系统和社区体育系统，尚不足以与竞争对手拉开较大距离；而居住功能、公共旅游功能和体育场所功能三者之间，不能直接穿插或融合，这对各自的功能和使用会有较大干扰。

因此，我们在此基础上，经过反复思考讨论后提出南国奥园大比分抛开对手的四大法宝。

1. 法宝一：大众高尔夫运动系统

为什么花这么大气力建大众高尔夫球场？谁来消费？在思索中，我们就产生了下面的想法：缩写版标准高尔夫球场——大众高尔夫球场。

（1）思考一：建大众高尔夫球的目的是什么？

目的一：体育概念的继续整合，嫁接，延伸，细分。

目的二：提前/超前消费——平民化，变两极消费为中间消费。

目的三：提供和创造交流沟通的极佳方式和场所（以上各点充分体现南国奥园理念）。

目的四：吸引积聚人气，扩大影响、带动消费。

即让在这里居住的每个人都有条件享受这项高尚且原本昂贵的贵族运动，让高尔夫真正成为贵族的享受、平民的消费；而且只有在这里，高尔夫运动才能成为平民化消费的贵族运动。

相关定位：全国首个大众高尔夫生活社区。

（2）思考二：谁来消费？就如阅读过原版《水浒传》的人，再去读简写版/缩写版/精华版《水游传》会觉得不够味道一样，这里不应该成为贵族们消费的主要场所；这里吸引的是有相应消费能力者、相应程度或水平者、练习者、即兴或随意者、初学者。

（3）思考三：大众高尔夫 VS 贵族高尔夫，哪个？

大众高尔夫与贵族高尔夫对比见表 2-3-2。

表 2-3-2　大众高尔夫 VS 贵族高尔夫对比

名　称	贵族高尔夫	大众高尔夫
规模	应在 1000 亩以上	建议 500~600 亩
洞数	18 洞	18 洞或 9 个洞或迷你家庭型
地形及坡度	国际标准	基本标准
草皮	国际标准	基本标准
设施	国际标准	基本标准
收费	贵族标准	白领标准
其他	贵族标准	白领标准/部分大众标准

（4）思考四：卖点在哪里？

1）把售楼与售高尔夫会员证结合起来：买南国奥园，送一年永久高尔夫会籍（会费另计），钻石卡、金卡、普通卡费用计入房价并适当优惠。

2）高尔夫豪宅——建在高尔夫球场中的豪宅。

3）高尔夫运动文化长廊/高尔夫文化园（亦可与体育主题公园结合）：

——高尔夫运动的起源、发展沿革、流变及历史演变。

——特点及内容，相关知识。

——历届高尔夫比赛简介及相关资料。

——著名人物及相关事件；设施、场所；图片、文字；雕塑；声光演示。

——会所——高尔夫馆/“南国高尔夫之家”俱乐部。

——南国高尔夫网：上网浏览、查询、交流。

——高尔夫运动普及示范基地。

——高尔夫主题广场。

2. 法宝二：体育主题公园系统。

（1）奥林匹克健康运动百老汇——体育主题公园系统。

（2）遵循原则

原则一：品牌统一、项目规模大、内涵丰富、内容全面及细分、经营专业。

原则二：相对独立、紧密联系、适当过渡穿插。

（3）品牌：奥林匹克产业。

（4）相关定位：全国乃至世界首个奥林匹克体育主题旅游公园。

（5）名称：南国奥林匹克城/南国奥林匹克体育主题公园。

（6）规模：800~1000亩。

（7）内涵：全面兼容奥林匹克文化。

（8）内容：新奇、刺激、趣味、观赏、参与、消费——全面兼容。

（9）经营：按照专业化、产业化要求提早建立管理机制和系统，并兼顾未知性和预测差异性原则，分期分步开发，并及时调整。

（10）具体设置：

1）吃与喝。世界各色饮食、小吃（喝）、饮品。尤其历届奥运会举办国其风格及特色各异的饮食与相关文化，如澳洲餐馆、美国餐馆、希腊餐馆、韩国餐馆、德国餐馆，或奥林匹克饮食一条街、自助式、教育式饮食、各国烹调方法及手艺学习培训。

2）玩乐观赏及参与。七大类：专业训练及表演类、运动员及游客休息度假类、出租经营类、公众参与类、运动文化历史类、运动与健康研究类、健康人生开发管理类。

① 专业训练及表演类：若干体育项目集训基地，如国家女排、中国男女足球、羽毛球等；并可适当对公众开放；相关比赛；各种体育运动项目及相关内容表演、示范、展示；各种体育运动项目培训。

② 运动员及游客休息度假类可在社区及体育公园适当位置修建运动员公寓、运动员度假村等。

③ 经营出租类：对外开放出租场馆设施及组织比赛。

④ 公众参与类：

——上述体育运动馆及设施对公众开放。

——室外攀岩。

——野战、野外生活及生存。

——运动俱乐部、球迷会、欢乐聚会基地。

⑤ 运动文化历史类：奥林匹克文化馆/奥林匹克文化基地（奥林匹克理念）。奥林匹克运动史、体育运动项目集成、有关人类与运动历史及相关资料库。

⑥ 运动与健康研究类：体育科学研究基地。

⑦ 健康人生开发管理类：健康培育开发研究基地与健康管理中心，以健康管家中心思路、内容、设施、管理为核心和基础，逐步进行扩大、延伸、升级和全面整合。

3. 法宝三：社区体育系统

（1）运动就在家门口——社区体育系统。

(2) 相关定位：全国首个大型体育社区健康生活至爱首选。

(3) 体育设施系统：奥林匹克体育中心——室外泳池——街区健身场——组团宅前运动步径与设施——健康管家中心。

(4) 奥林匹克体育中心：是社区的标志性建筑，南国奥林匹克花园的象征。

(5) 室外游泳池：面积要足够，最好在 3000m^2 以上，而且应紧邻奥林匹克体育中心。既是独特组合景观，又是独特语言，而且是法宝。两者相辅相成，相映生辉。

(6) 奥林匹克文化场馆：球类、田径、游泳、柔道、击剑等运动项目，利用图片、壁画、雕塑、声光、奥林匹克网、社区网等渠道介绍。

(7) 社区健康系统：健康管家中心、健康直饮水等建立完善。

4. 法宝四：健康人生全程教育、培养与呵护工程

(1) 关爱你一生——健康人生全程教育、培养与呵护工程。

(2) 相关定位：全国首个社区健康人生全程教育培养与呵护工程系统。

(3) 内容。

1) 生命街/生命长廊。从精子、卵子产生与结合，到胚胎发育、婴儿出生，直至人的全部成长过程演示。

2) 健康人生全记录。胎儿资料记录——宝宝成长记录——成长印记——成长档案——成功档案/辉煌史——老年再成长工程。

3) 健康人生园。

幼儿：宝宝开心园——幼儿版。

儿童少年：快乐年华园——全儿童样板房——少年版。

青年：青春活力园——青年版。

成年：经典人生园——经典版。

老年：寄情山水园/金秋养生园——老年版。

4) 健康人生全程素质教育开发系统。

胎教："健康人生从零岁开始"产期全程指导、监护、护理；系统胎教帮助。

幼儿：婴幼儿全程指导、护理；婴幼儿智力开发帮助。

青年：健康人生成长工程/情商教育。

成年：成功人生教育与开发工程。

老年："60 岁人生开始"工程——金秋：人生的第二个春天。

健康关怀，为你一生；健康呵护，伴你一生！

注意：以上各年龄结构中，30~45 岁年龄段为主力消费群，其余两端为边际消费群。

4.3　四个系统板块间的关系

1. 原则：各自独立、专业经营、互相补充、适当衔接渗透、循环消费、整体融合

1) 各自独立：主要表征在各自功能的独立完整、空间的相对独立（尤其居住功能不可与公众旅游功能简单混合）。

2) 专业经营：各板块均强调及充分重视其经营的专业性和在其所属行业的权威。

3) 互相补充：指功能、内容的相互补充性。

4) 适当衔接渗透：除指各功能之间外，在各板块之间，空间上要保持视觉的连续、空间过渡自然和功能渗透。如可在大众高尔夫球场和居住社区之间建高尔夫文化长廊、社区会所、高尔夫俱乐部等。

5）循环消费：居住功能—社区运动设施—大众高尔夫球场—体育主题旅游公园之间自然构成循环消费链，且有各自权重比例：社区消费 & 居住者，权重 100%；高尔夫 & 外来者+居住者，权重 60% + 40%；体育公园 & 旅游者+居住者，权重 80%+20%。

6）整体融合：各功能之间通过上述组织原则和手段，形成一个非常完整、非常全面、内容非常丰富的“居住+运动+健康+旅游”产业和消费链，并在整体上达到极高的融合程度。

2. 四大系统板块的优势

1）四项全国第一：

全国首个大众高尔夫生活社区

全国首个千亩奥林匹克体育主题旅游公园

全国首个千亩大型体育社区

全国首个社区健康人生全程教育培养与呵护工程系统

2）五大竞争法宝：

有山有水——寄情山水之间，俯仰氰氯之气

组团体育设施——运动就在家门口

大众高尔夫球场——瞧，高尔夫球场边上的漂亮洋房就是我家

体育主题公园——从我家到全国唯一大型体育主题公园只需走上三分钟

全健康人生开发培养呵护系统工程——健康人生就在家门口

3）如此四项全国第一、五大超级强档组合，才能真正全面贯彻体现：运动就在家门口！健康人生就在家门口！

4.4 产品品质定位

1）特征及寓意：健康的、积极的、开放的、明快的、大气而精致的。

2）标志性：奥林匹克体育中心——室外泳湖——自然山水——大面积水景——主题雕塑。

3）建筑色彩主系：白色、淡粉、红褚、绿色系列（自然、生态、奥林匹克标志色）。

4）参照风格及模式：澳式生活。

5）澳式生活仍然是一种上佳的生活模式——关键要解决好本土化问题，并同时注意消费观念的滞后性与超前性研究。

4.5 产品市场定位——占领制高点

因为我们有了上述这么多大比分抛离竞争对手的要素：理念、品牌、环境、产品、产业链，我们的市场定位一定是：占领制高点、从高位势上全面进攻，与竞争对手不在同一个层面上竞争。这绝不是一种姿态，而是有实实在在的强大依托和支撑！

4.6 产品其他创意

1. 主题创意文案

从“运动就在家门口”到“健康人生就在家门口”

南国奥林匹克花园：大众体育运动基地/大众体育教育基地

2008 申奥示范社区

后小康计划

健康身体幸福生活

新健康新人生

2. 产品意境：俯仰动静天地，笑看云卷云舒

3. 终极目标：身心全方位成长，达至高峰体验

人，与房子、与环境有一种因缘关系，更是一种密不可分的共生关系。与广奥和番奥相比，南国奥园的自然环境确有可用之处，因此，我们希望南国奥园的环境语言：

——虽由人做，宛自天开。

——拥有自然气息、运动精神与生态和谐。

一个好的建筑，会给人一种自然、贴切、含蓄、藏而不露又恰到好处的气质。它不为形式所左右，没有对偶像的崇拜，一切均现于生活的细节之中，一切都在自然而然之中。以不浩劫资源、保持生态平衡，在自然山水间获得身体的放松和心灵的回归。在积极向上的运动中和对健康的呵护中获得人生的全面体验，并达至高层次的升华——高峰体验，这就是我们所追求的产品意境和终极目标。

第五部分　南国奥园产品若干建议

5.1　主体宗旨

（1）以奥林匹克精神为主题，贯穿整个规划与设计流程。

（2）居住空间（硬环境）与居住生活（软环境）紧密结合。

（3）公用空间与私有空间既有严格的区分，又有密切的联系。

（4）局部景观、设施的突出与整体环境的协调。

5.2　规划原则

1. 根据以上宗旨，我们首先在规划上提出两点原则

（1）用途复合化。在小区的平面及空间的设计与规划中，要求尽量避免相同用途的重复或简单的排布罗列，要尽量在某一个区域实现多重用途，以便节省空间，使内容更紧凑，形式更丰富。例如：小区的集会广场可实现喷泉观景之功能，即将喷水口设于地下，并辅以地灯照明，周边辅以水渠，通过地下形成水循环，在某一时段，这里是小区公用的集会、沟通场所，而另一时段，这里是喷泉观景场所。

（2）功能分区化。为了避免不同年龄层次而产生的活动内容的相互干扰，应根据人的活动性质及形式实现功能分区化，使区域功能更适宜某一类或几类人群，产生相对有序的环境，且便于设施的配置。

例如：将晨运区分为动态与静态，分别适应于幼儿、青年人和中老年人。动态区以健康步道、运动设施、儿童游乐为主，实现运动健身功能。静态区则以观景亭台，休闲桌椅为主，实现沟通、聊天、观景功能。

2. 在设施、场所的配置上，我们遵循如下原则（表2-3-3）

表2-3-3　设施、场所的配置原则

类型	重要程度	排　　布	设　　施
必备性	绝对需要	贯穿小区主线或重要位置	如医院会所、集会广场、商业街等
附加性	如有更好	散布于空间	如家政服务所等
选择性	兴趣问题	零星设置于周边	如雕塑等

另外，根据项目功能定位所设定的由度假型向居家型的转化，我们希望对其进行差异化处理，即：

度假型：偏重休闲、娱乐、康体及观景设施的建设，简化室内空间功能分隔，使平面结构更趋紧凑，且对使用频率较低的设备（如电梯、公用照明、智能化设备）作简化处理，在户型的设定上更要考虑与度假型边际消费的购买诱因相结合。

居住型：偏重饮食等相关必备性设施的配备，室内空间上要求主佣、主客分区及到位的储藏空间，对电梯等常用设备要求较高，同时作为主动消费的特征，在户型面积、建筑用材及装修标准上应更充实。

5.3 产品定位

1）方案一：全部洋房公寓；方案二：公寓为主，别墅为辅。考虑后期提升项目整体形象及档次，可规划适当比例的别墅，设置在临水区域，且须保证别墅与公寓区管理上的独立性和差异性。

2）建筑形态以多层为主，后期可采用小高层的辅助项目功能，向居家型转化。

3）建筑风格：现代、活泼，色调明快。

5.4 建筑部分产品建议

1. 道路

1）尽量避免长距离直线车道，希望以弧形车道来控制车速，以减弱噪声及废气污染。

2）以道路作为纽带，串联以奥林匹克为主题的地标以达到视觉的连续感。

2. 建筑布局

1）以区域景观为中心，采用半围合方式形成组团，并采取弧形排布的方式。

2）部分楼层可作空中走廊，以丰富立面观感。

3）建筑单体的走线尽量平行，以保证小区的秩序感及避免因漏斗效应而产生强风带。

3. 门厅及周边

1）作为公共部分与私人空间的纽带，要求有缓冲空间。

2）设置美观的进户台阶。

3）充分体现特色感，创造一种可在夜间感到温馨的氛围。

4. 阳台

宗旨：从住宅内部延长利用室外的生活空间，在比较和谐且积极地与住宅内部紧密联系的同时，应考虑如何将其改善为休闲、观景、娱乐空间并对立面造型起到丰富与改善作用。

1）在考虑住宅内部日照条件的同时，尽量加大阳台部分的进深（可将其调整至1.8~2.0m），以供住户作为休闲空间。

2）休闲及服务功能分别设置。

3）在立面处理上避免无目的地单调重复，为求将其分段并配合色彩设计，使大面积墙壁富于变化。

5. 中庭及楼门绿化

宗旨：在高密度化的住宅中，以人工方法创造尽可能接近自然环境的舒适感，以强烈追求与自然的密切联系。

1）在不妨碍私生活的基础上扩大开口部分，以增强其开放的程度。

2）尽可能吸取以自然光为主的光源。

3）设置辅助功能，如儿童、老人活动空间。

6. 立面（窗、墙壁）

1）小高层以基座、腰线、线板等进行分段化处理。

2）除釉面砖及涂料外，可考虑运用部分仿真石材砖、蘑菇石贴面等。

3）女儿墙壁希望以弧形走线处理，以增强立面的流线感。

4）山墙部分可采取一些以奥林匹克为主体精神的浮雕设计。

5）在不影响住户私密性的前提下，希望尽量缩小墙面率，加大开放强度，以满足采光与通风需求。

6）窗的形式可采取多样化处理（飘窗、角窗等），开闭方式除平移和外开外也可考虑在洗手间部分采用下开式窗。

7. 楼顶

宗旨：体现空中轮廓的美感，与自然环境包容后可起到景观和个性化效果，对提高住宅档次有相当意义。

1）不主张采用浓厚家庭气息的坡顶。

2）希望以拱形顶来突出建筑流线与层次感，并可设计空中庭园作为小区景观。

3）在部分坡地上，可采用段状或后退式顶，并与地形紧密结合，创造具有特色的景观。

8. 停车场

1）采用与住宅区有适度距离的集中停车场，其比例不小于总户数的40%。

2）不打扰行人的活动路线，并与儿童、老人的活动区域保持一定距离。

3）在不妨碍司机视线的前提下，尽可能地采用如挡土墙、树木、雕塑等方式掩蔽处理。

9. 户型变化

1）一梯一户设计，更好地保证私密性及丰富立面观感，底层架空或半架空。增强通风，延续绿化，增加邻里相遇与交流的平台。

2）错层设计。

3）复式设计。

10. 其他建议

1）建筑摆设、朝向、布局尽量向景观资源。

2）立面及道路的配置及几何造型，尽量体现活泼向上，并大胆采用曲线及几何造型。

3）度假型公寓可采取餐厅与厨房连通的方式，即允许利用厨房部分空间。以一扇折叠门隔离，做饭时关闭，进餐时打开。

4）居家型公寓，主卫生间须采取干湿分区，以增强功能，并防止室内湿气。

5）为防止因小区内娱乐、观景设施在后期管理上所造成的负面影响，建议整体布局上采取由小区向高尔夫公园过渡的形式。

5.5　景观部分产品建议

1. 植物配置（园林组团化概念）

园林方面我们需要提出的是：园林与建筑的有机配合，为小区营造多元化、立体化的氛围，并能充分接受市场的认证与考验。

风格自然化、园林主题化。即局部不同风格的园林与建筑风格融合一致，相辅相成，形成数个园区，而每个园区均有其相应主题，为其塑造特殊的文化背景，别具一格，趣味无穷。具体做法是运用各类植物的独有风味，进行人格化配置，形成各种风格的景观，如松柏之挺拔傲然，芭蕉之潇洒阔度，合欢之纤巧妩媚，杨柳之婀娜多姿，竹之潇洒风流，莲之亭亭玉立等（表2-3-4）。

2. 文化长廊规划建议

遵从地势，充分利用自然景观、风向、日照等因素，以2km左右螺旋形为步行径道围合成一组团，从径道起点开始，浓缩奥林匹克文化、体育、健康、趣味，产生视觉的连续感和丰富感，并有可观赏性、可参与性，使整个区域体现一种健康向上自觉参与群体活动的良好气氛。

表 2-3-4　景观部分产品建议

组团名称	植物类型	观景效果	地形
玉艳冰姿	木兰科：如白玉兰、桂花	清稚秀丽	平原
月照松林	松柏类植物	松涛阵阵	坡地
秋色嘉实	银杏、芒果、荔枝等	秋实累累	任意
四面荷风	荷花、睡莲等	清悠高雅	临水
梧竹幽居	文竹、斑竹等	秀丽挺拔	任意

3. 广场景观

1）要求用途复合化。

2）人车分流，尊重行人活动空间。

3）以几何形地砖图案构筑视觉焦点。

4. 建筑外观

1）多元化表现手法。

2）采取丰富的建筑物件表现（如窗体、门、排驾、屋顶、山墙、浮雕、线板、阁楼等）。

3）以明快、活泼、向上的色彩进行诉求，体现奥运精神。

4）将会所作为小区部分的焦点加以包装。

5. 雕塑景观

1）体现奥运风格及情调。

2）分布于小区组团内部及公园主要观景点。

3）表现形式上应尽量突出动感。

6. 亲水景观

从不同角度、位置，充分利用每一景点，创造更为丰富的视觉效果，如以喷、流、落花流水及地底、地缘等手法的体现，造就多变化的视觉焦点。

1）构造绿色的圆。

在水面与周边的焦点中心，用同心圆、放射线等手法，以湿生植物围合塑造。

2）人水之间的丰富互动。

以小桥流水、观景亭台、水边坡地、景观连廊来构建人的活动与水紧密结合的互动景观。

3）光与彩的运用。

以风耸微波、莲花摇曳及各类湿生植物的争奇斗艳使光线与色彩相辅相成，创造景致。

7. 高尔夫公园景观

步道景观区：游客服务区及自然生态景观区须采取自然分隔的方式。

（戴德梁行物业顾问有限公司）

【报告点评】

这是一篇较为典型的主题定位策划报告，项目为南国奥林匹克花园，其主题定位跟其他奥园一脉相承，南国奥林匹克花园是一个“体育产业+旅游业+房地产业”的新型现代化社区，其开发理念定位：大众高尔夫生活社区。报告详细地诠释了奥园的主题理念和文化特色，也根据项目主题特色对产品提出若干建议。同时也运用营销策划的角度去分析奥园的市场策划、核心竞争力和竞争对手。

此报告主题定位上虽与其他奥园在创意上没多大突破，但奥园的主题创意却是全国知名，影响广泛，值得广大策划师学习和借鉴。

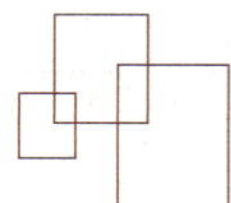

四、广东深圳国际健康养生园养老主题策划报告

报告目录

报告正文

第一部分 摘要

假日海景家园位于深圳龙港区葵涌镇沙鱼涌海岸线，紧邻沙鱼涌港区，属于大鹏半岛。中达集团计划在这里兴建度假村与老年公寓。

深圳东部旅游项目是中达集团可持续发展的新里程碑，对东部项目的综合开发需集思广益，博采众长，不仅有利于集团的战略转型，而且有利于提高项目开发的水准。

根据策划的唯一性、权威性、排他性原则，结合本项目地理位置与自然条件实际情况，理性地把握深圳旅游与住宅市场的实际需求，我们运用泛地产理论，大胆创新，将健康休闲产业、旅游产业、房地产业有效嫁接，形成独具特色的策划方案。

在度假村中设立深圳国际健康养生园项目，改变传统的会所面貌，提炼中西健康养生文化，设立系统的健康养生服务项目，其中海水健康保养重心设置个性化 SPA，充分利用深层海水与普通海水的保健功能，开展海洋深层海水健康食品等食疗项目，填补我国海洋文化的空白。

建筑用地 30 万 m^2，建议规划五星级酒店 5 万 m^2，高档别墅区 3 万 m^2 左右，老年公寓 15 万 m^2，针对普通游客市场的三星级标准度假公寓 5 万 m^2，形成深圳最具特色的老年社区，吸引深圳、香港以及广东地区较为富裕的老年退休人群居住。

第二部分　项目地理位置与特点

假日海景家园位于深圳龙港区葵涌镇沙鱼涌海岸线，紧邻沙鱼涌港区，属于大鹏半岛。大鹏半岛位于深圳市东部，毗邻香港，东濒大亚湾，有 31km 的蔚蓝海岸和天然良港，自然景观优美，是名副其实的黄金海岸。

假日海景家园总占地面积 30 万 m^2，规划酒店建筑面积 5 万 m^2，公寓式住宅与别墅群建筑面积 25 万～30 万 m^2。

本项目远离市区，距离市区 50 多公里，离大亚湾距离较近。新建成的深圳东部海滨高速公路、盐坝高速公路即将在 2003 年 10 月前通车，高速公路已经为本项目留有出口。本项目度假区可与小梅沙、大梅沙度假旅游区、盐田港和龙岗区高新技术产业带相连，与市中心距离为半小时车程，有充足的客源保证。

葵涌发展前景广阔，有着丰富的土地、海洋和旅游资源，是深圳市政府规划的深圳东部大旅游区和深圳市下世纪初高科技开发区，是深圳未来十五年的重点开发区，随着东部沿海高速公路的建成开通，将给葵涌带来一次新的发展机遇。

葵涌镇旅游资源丰富，东江纵队司令部位于土洋村，东江纵队北上纪念亭位于本项目区域，依山傍海，沙滩细软，适合发展旅游业。

假日海景家园三面环海，用地范围内海岬、海湾、峡湾、河沟、台地、山谷、山峰一应俱全，地形地貌独具特色，现有树木和野草，随着添土抬高地面，绿化条件更加理想。本项目符合“深圳旅游区规划发展纲要”和“大鹏半岛旅游区总体规划”。

本住宅项目符合深圳市把东部滨海地区建成国际水准生态型滨海旅游胜地的规划目标，其老年公寓与度假别墅以及配套五星级海景酒店项目，将填补深圳东部旅游、房地产的空白，有益于打造深圳东部海岸新景观，具有广阔的市场前景。

第三部分　中国房地产发展现状与突破口

中国房地产从 20 世纪 90 年代末期以后，进入地产家用时代，炒家纷纷退出市场。珠江三角洲的地产发展可以用三级跳来形容，第一级从本地市场开始创立品牌，例如金业别墅主要针对港澳客户，创造了 3 亿销售额的佳绩。碧桂园初期主要针对老板阶层，具有巨大的品牌影响力。第二级，开发大型楼盘向广州市郊等进军，例如广州奥林匹克花园、广州碧桂园。第三级，走上人才经营的康庄大道，例如广州奥林匹克花园开始向北京上海输出品牌和策划。在市场孕育发展过程中，王志纲工作室参与策划碧桂园，“给你五星级的家”成为地产策划佳话，广州奥林匹克花园更是王志纲工作室泛地产概念的精神产物，王志纲工作室培养了一批高级策划人才，为地产企业打造知名品牌是他们的拿手好戏。

从房地产的发展来看，过剩的市场呼唤新的突破，必须跳出房地产做房地产，从新的角度、新的思路，在更广的范围内整合各种资源，寻找房地产开发新的制高点。

分析购买别墅的主要人群是成功人士。

经过20多年的改革开放，珠江三角洲的许多人士认识到，事业成功之前，透支健康换取成功，事业成功之后用金钱赎回健康，尽管有部分老板还是陶醉在山珍海味中，但是大部分老板和白领阶层认识到，健康对于人生的重要意义，克服亚健康，精力充沛的健康状态是人们非常迫切的需求，人们渴望返璞归真。

健康产业大有可为，特别是传统医疗体系无法解决，而人们生活中广泛面对的"亚健康"问题，是一个巨大的市场空白。

杨宝民先生在健康养生课题方面进行多年的探索，运用知识集成策划理论，采用多学科知识，完成了中华国际健康养生园策划课题。

该课题提炼中西健康文化与知识，能够协助房地产开发商建设健康住宅，在房地产市场通过知识附加值获取较高利润。

结合中达集团东部项目的实际情况，在原有策划基础上，进行重要的创新，充分考虑深圳东部项目的具体特点，进行针对性策划。

第四部分 深圳及周边老龄住宅市场需求分析研究

4.1 深圳老龄住宅市场需求分析

与世界相比，中国老龄化社会虽然进入得较晚，中国老年住宅问题却是一项不可忽视的工程和特征。一是绝对数字大、来势猛、问题多。据有关部门预测，到2000年我国有1.3亿60岁以上的老人（占总人口的10.7%），其中65岁以上的0.9亿人，约占7%。到2025年，60岁以上老人为2.78亿人，其中65岁以上的老人1.91亿。至2040年，60岁以上老人3.74亿人，而65岁以上老人达到2.87亿。二是老年住宅设施差，急待完善。

1998年，我国老年人口为1.24亿，男性老年人占48.25%，女性老年人占51.75%。

银发人群在我国的出现，说明市场出现新的机遇，针对养老问题，新加坡的财团曾经委托王志纲工作室进行专门研究，研究结论是养老住宅产品满足成功人士为父母尽孝心的心理，市场潜力大，需要突破传统的疗养院与养老院模式。

深圳虽然是"最年轻的城市"，第五次人口普查资料显示，15~64岁的人口占了90.39%，65岁以上的人口为7.8万人，但有专家估计，随着经济的发展，一方面深圳的平均年龄将会增大；另一方面，还会有更多的内地老年人"回流"深圳，"老年住宅"也日益受到人们的关注。深圳特区已经成功走过20年的历程，第一代创业者已经有相当一批退休人群，许多中年人已经事业有成，将父母接到深圳旅游观光度假已经成为时尚，为内地父母购买住房来深圳定居也成为潮流。

以深圳万科四季花城为例，从内地来深圳的老年人占有相当大的比例。

4.2 香港老龄住宅市场分析

香港目前是老龄化人群比较密集的城市，由于香港地域的狭小，老年人缺乏空气清新，环境优美，活动地域开阔的老人社区。

纵观目前比较平淡的房地产市场，面对这一新兴的房地产消费，发展前景是诱人的。虽然它没有巨额的回报，但其长远性和稳定性也是其他产业难以相比的，不失为一项良机。而且它是一项民心工程，值得我们充分关注。

根据老年客户的不同类型需求，建议采用产权销售与出租服务相结合，开发老年住宅可以争取深圳老龄委的指导，争取开发的优惠政策。

第五部分　深圳老板阶层健康状况与娱乐方式变迁

5.1　深圳第一代老板娱乐方式

1）本地农民，依靠炒卖土地发财，建农民房出租成为百万富翁。

2）购买股票发财，利用借款购买原始股票发财，造就 20 世纪 80 年代的第一批富翁 IT 公司或第一批作柜台生意发财致富。

3）喜欢看财经节目，喜欢聚会和旅游。

5.2　第二代老板：一批农民企业家在市场竞争中开始成长

1）卡拉 OK 文化带来娱乐，但是喝过量啤酒以及过晚的休息有害健康。

2）一批高学历年轻设计师，利用 1992 年房地产热从事装修行业，通过装修工程成为百万富翁。

3）酒吧文化开始兴起，蹦迪给年轻人带来刺激，满足年轻人发泄情绪的需要，但是老板阶层为显示稳重很少参加这类年轻人的活动。

4）咨询公司、广告公司年青知识分子创业成功，他们主要进行体育运动与休闲娱乐活动，例如自驾车游览活动。

5）高科技公司，利用深圳良好的科技环境，造就一批高收入白领，在深圳以华为公司、中兴新公司为代表。

5.3　深圳东部黄金海岸度假市场分析

1. 深圳旅游市场情况

1999 年接待海内外游客 1700 万人，其中，海外游客 230 万人，旅游收入 150 亿元，创汇 11 亿美元，占全国旅游收入的十分之一，占广东省的三分之一。

2000 年深圳市旅游业总收入实现 301.60 亿元，比 1999 年增长 21.22%，相当于当年全市国内生产总值的 18%，占全国旅游总收入的 6.66%。

2001 年春节、“五一” 和 “十一” 三个黄金周期间，我市共接待外地来深游客 817.35 万人次，比 2000 年增长 6.86%，占全年游客接待量 17.76%，其中海外游客 170.70 万人次，国内游客 646.65 万人次。2001 年三个黄金周共实现旅游收入 59.14 亿元，占全年旅游总收入的 18.48%，比 2000 年增长 14.15%。其中，外汇收入 2.06 亿美元，国内旅游收入 41.86 亿元。

2002 年，深圳市共接待中外游客 5069.12 万人次，比 2001 年同期增长 10.18%，旅游总收入 353.96 亿元，比 2001 年同期增长 10.61%，其中旅游外汇收入 16.79 亿美元，同比增长 11.12%。在过去的一年里，三个黄金周给深圳旅游业带来丰硕成果，共实现旅游收入 64.63 亿元，在全国 25 个重点旅游城市中居第二位。截至 2002 年年底，深圳旅游业在每年接待海外过夜游客人次、年旅游外汇收入等指标方面已连续 10 年位居全国主要旅游城市前四名。深圳市委、市政府高度重视旅游产业的发展，东部海滨休闲度假片区的规划和建设已经被列为深圳 “十五” 期间的重点工程，将把 “滨海度假” 旅游打造成继 “主题公园” 之后的又一张深圳旅游名片。政府的重视再加上 “广深珠旅游合作”“深港旅游合作”“24 小时通关” 和 “144 小时免签” 等一系列政策的推行以及盐坝高速公路的开通、沙头角口岸至香港粉岭的直通巴士开通等一些利好因素的刺激，将在很大程度上加快深圳旅游业尤其是东部旅游业的发展速度。

在2003年全市旅游工作会议上，市旅游局称，将与市规划、国土资源局、市城管办以及龙岗、盐田两区紧密配合，搞好海滨旅游规划，通过部门联手，打造深圳旅游“海滨度假”新形象和黄金海岸新热点，共同规划、开发和宣传好东部的山海旅游资源，争取在不长的时间内，使海滨度假成为继“主题公园”之后又一张旅游名片。

2. 同类产品竞争分析

深圳万科开发大梅沙度假物业，是本项目的竞争对手之一，但是两个项目之间距离较远，定位存在差异。本项目直接与大海岸线连接，而万科大梅沙项目位于盐田到大梅沙高速公路的西北面，与大梅沙海面存在1km距离。

本项目同类竞争对手距离最近的是金海滩旅游度假俱乐部，它位于深圳的东部海岸，小梅沙以东是葵涌镇溪涌村的溪涌湾。碧蓝的海水、优质的沙滩和轻柔的海风，造就了这里优美的自然环境。而占地200亩和一百栋半山海景度假别墅和一个豪华会所更是为这里增添了神韵之笔。这些别墅依山势而建，呈阶梯式排列，高低错落，户户望海。

美国KPF事务所设计师把欧美古典风格和海滨山地自然景观相融合，营造出一个充满西洋情调的休闲胜地。该俱乐部还拥有最完美的会所设施，为会员提供至善至美的健身、休闲、娱乐、餐饮和康乐等服务；俱乐部为会员提供国际水准的豪华大别墅；俱乐部山下的游艇码头、山顶的观海公园以及溪涌湾沙质优良的海滨浴场将把用户带入如诗如画、如梦如幻的境地。

四星级的金沙湾大酒店是深圳东部档次最高的酒店。与本项目中酒店存在一定竞争，由于本项目是五星级酒店，定位存在较大差异性。

第六部分　深圳5000年健康养生文化

根据文献考证，可以说中国养生学萌芽于商周时期，在漫长的历史长河中，它随着人们对发病学原理认识的逐步深化，以及中国古代哲学和各种自然科学的不断渗透而不断充实完善，所以有关养生的理论与实践有着鲜明的中国式特点。

6.1　中国养生学的特点

中国养生学的特点，主要讲究形神兼备，首重养神。

(1) 养形。

1) 动以养形是关键。

2) 体欲常劳，毋使过极。

3) 养精血就是养形体。

(2) 养神。

1) 养神的关键是清静。

2) 清虚静定，才能发挥人的潜在力，表现出更大的智慧。

3) 清虚静定，积极思维，才能有所作为。

4) 清虚静定，并非教人去世离俗。

5) 清净养神既所以固精。

6.2　掌握适度，重视调节

(1) 精神情志活动的适度。

（2）饮食五味的适度。
（3）体力房事的适度。

6.3　强调先天因素，重视后天调摄

明朝的张景岳说："先天强厚者多寿，后天薄弱者多夭；后天培养者寿者更寿，后天削者夭者更夭"。

6.4　因年龄而异，注意分阶段养生

（1）婴幼儿期注意优育。
（2）青少年期是培育期。
（3）婚孕期主张晚婚少育：
1）晚婚。
2）少育。
3）节制房事。
4）男女健康情况。
（4）中年开始抗衰老。如同电影《人到中年》所说，上有老，下有小，自己的事业也处于顶峰期间，这一阶段抗衰老至关重要。
（5）老年设法延缓衰老：调神，饮食，房事，老则长虑，经常用脑思考。

6.5　顺应自然，保护生机

顺应自然界阴阳变化以护养调摄，顺乎自然之理，顺应自然而然以养生。

6.6　重视环境与健康长寿的关系

早在秦汉时期，古人就已经认识到地理、环境水质等与健康长寿密切的关系。《黄帝内经》也认为，地理位置不同，环境气候不同，物产也不同，人们的饮食习惯就不同，多发病也不同。现代工业的发展，造成对自然环境巨大的破坏，许多恶性疾病的产生就是环境恶化的产物。故深圳国际健康养生园在各地推广品牌时，非常重视选址，要求在森林覆盖率较高的山谷中，具有泉水资源，具有新鲜的空气，注重环保住宅与周围生态环境的和谐。

以上概括了中国养生学的特点。中国养生学体现了中国传统文化心态内省力的高度发展，主张凝练内在的生命深度，充分调动自身体内潜在的生命力，体现了防止"物极必反"的中和思想，主张节与和，无过不及，使人体各种机能不受伤害；体现人们执着追求的"形与神俱而终其天年"，即对生死的达观态度；体现了中国人民讲究道德修养、始终奋斗不息，养生而不苟生的大无畏精神。

第七部分　健康养生理念房地产项目的成功实例

7.1　东方太阳城项目的出世背景与理念设计

1. 开发商简介

北京东方太阳城房地产开发有限责任公司作为中国希格玛有限公司的控股子公司，北京东方太阳城房地产开发有限责任公司通过三年规划设计，精心打造了中国首个大规模成熟退休社区

——东方太阳城。已建成项目有：位于顺义潮白河畔的北京乡村高尔夫别墅；位于海淀区知春路的希格玛中心（包括希格玛大厦及希格玛公寓），决策人是投资方希格玛公司总裁王晓岩。项目负责人分别是项目总经理余刚先生、公关部经理高玲女士、销售部经理 Simon 先生。

2. 项目借鉴美国太阳城

太阳城中心是美国最大的老年社区之一。它位于佛罗里达州坦帕市郊，从 1961 年开始建设，占地 $10km^2$，太阳城中心历经 40 年的开发建设，不断繁荣，现有来自全美及世界各地的住户约 17000 名，而且一直处于持续增长的态势。

这里的居民必须是 55 岁以上的老人，18 岁以下的陪同人士一年居住不能超过 30 天。社区内设计建造了各种户型以适应不同类型老人的要求。

这里空气新鲜、绿草如茵、6 个大型开发式社区围绕着有 126 个洞的高尔夫球场和无数个碧绿湖水，一座座独立的别墅或两层的公寓就是老人们的家。

这里的房价比正常的市面上的价格便宜 70%，老年人都把这里比作自己的天堂。老年人在这里每天最美好的事是清晨的高尔夫球、中午的鸡尾酒会，晚上的舞会。这里的几个大会所里，每天安排了丰富多彩的活动，读书、上课、手工制作、绘画、音乐、聊天、表演、种植、健身等各种文体项目都能参与。老年人在这里，精神上得到了安慰、自我价值得到了实现。

太阳城中心，是高尔夫球爱好者的天堂，伴随清晨的鸟鸣，人们踏进拥有 126 个洞的高尔夫球场，挥杆远望，舒展身心。这里大约三分之一的居民是活跃的高尔夫球爱好者。无论您是初学者还是高手，都可以享受高尔夫球。在交纳入会费后，每年每人费用大约为 9800 元。太阳城中心是世界闻名的 BENSUTTON 高尔夫学校的本部。全美草地保龄球锦标赛也在这里举行。

不少老年人有过这样的经历，从广阔天地回到家庭的小圈子，感到六神无主，英雄无用武之地，因此，心情烦躁甚至加快了生命的衰老，而一旦住进了太阳城中心，就像返老还童一样，寿命比外界平均延长了近 10 岁，生活充实而又富有光彩，从心理的失衡到新的平衡，其中的原因就在于在这里得到了精神的安慰，真正享受到了生活。

3. 东方太阳城项目理念设计

东方太阳城是“全新退休生活的领跑者”，是一个以美国太阳城中心为蓝本设计建设的符合中国特色的大型退休生活社区。旨在创建和实现一种全新的家庭生活结构观念和全新的退休生活理念，简单地概括可以总结为全新退休生活的四个现代化。

（1）环境生活自然化。

1）美国 Sasaki 名匠心血，倾力巨作 7000 亩林地毗邻 2000 亩潮白河水面。近 3500 亩规划面积，拥有 0.23 容积率的社区内近 $200000m^2$ 水面与潮白河相通，微波泛舟，恍似江南。起居生活便捷化，所有建筑不高于 4 层，公寓必备电梯，光纤入楼，连通世界。

2）点式、板式、联廊、联体别墅和 $69 \sim 250m^2$ 的多种建筑形式，尽数傍水而立，提供最大选择可能。房屋设计着眼于一生的方便使用，无障碍设计，电子安防与呼救，突显持续的人性关怀。中日友好医院与东方太阳城联袂出手，为业主建立健康跟踪档案。处于主中心和分中心会所内的家政服务部、餐饮购物中心，提供许多生活服务。

（2）社区生活丰富化。社区组织和自发性质的俱乐部和协会，层出不穷。老年大学、图书馆、园艺区、自娱农场……专门提供有电瓶车，为住户去社区内任何地方提供方便，提供健身房、室内游泳池、室内网球场、桌球室，更有高尔夫球场等体育场所。

（3）家庭生活层次化。丰富的活动区域，提供与母亲郊游垂钓，与父亲竞技挥杆的可能。社区内的酒店为观光旅游的人们提供完善的服务。规范化社区幼儿园，添一份祖孙情深，减一份日常烦琐。

7.2 东方太阳城项目的建筑规划

1. 东方太阳城规划设计

占地 3500 亩 234 万 m^2，总建筑面积 70 万 m^2，公建面积为 40000m^2，0.23 容积率，Sasaki 在东方太阳城项目上的规划设计理念源于中国的桃花源记，它注重整体的景观效果，强调自然、建筑、人文景观的和谐统一，并提出了一系列崭新的设计思路，如“组团围合设计”和“视觉走廊设计”，确保进入社区的人，站在社区的任何一个地点，都会有通透的视觉景观感受；一个 18 洞的标准高尔夫球场环绕整个社区，使东方太阳城成为名副其实的“绿色高尔夫社区”；20 万 m^2的社区水面更让东方太阳城充满灵气。人行、车行交通系统的划分充分确保社区内交通的有序化和人性化。

东方太阳城一期位于整个社区的西南角，占地 18.6 万 m^2，建筑面积约 9 万 m^2，绿化率为 50.8%，容积率为 0.69。一期建筑围绕着 3 万 m^2 的水面呈辐射状排列，以 2~4 层的低层建筑物业为主。建筑形式包括联体别墅、点式公寓、板式公寓和连廊式公寓四种，面积在 69~250m^2 之间不等，4 层公寓带电梯，层高 2.9m。户型多样，可满足客户不同需求。

2. 规划设计单位

（1）外方设计。国际著名的美国 Sasaki 设计公司担纲“东方太阳城”的景观规划及建筑设计。Sasaki 公司在城市与园林设计、度假休闲开发、都市环境、道路和交通项目设计方面享有盛誉：马萨诸塞州波士顿的滨水花园、意大利撒丁岛 Costa Smeralda、伊利诺斯大学等世界知名设计即出自 Sasaki。

在国内，美国 Sasaki 设计公司承接了上海黄浦江两岸地区的总体规划、广州珠江口地区的城市设计及宜昌市城区和滨江概念规划，皆身手不凡。在社区规划、景观建筑方面，Sasaki 阅历丰富，从中山市山区度假村、雅居乐园到广州汇景新城，从宜昌市唐基山森林公园到北京万柳世纪广场，Sasaki 挥毫之处，即会呈现壮观美景。

（2）中方设计。北京市维拓时代建筑设计院在北京市住宅规划与设计领域具有较高声誉，并且具有丰富的与国际著名建筑师事务所合作设计的经验。它曾经与美国 HOK、澳大利亚 DCM、考克思 COX 及德国 GM 等合作完成许多知名小区，包括阳光 100 国际公寓、锦秋知春住宅小区、鑫兆佳园、远洋天地（一期）等。

田兵作为北京东方太阳城中方项目建筑师、国家一级注册建筑师，现任北京市维拓时代建筑设计院建筑专业总工程师，主持设计的万泉新家园（二期）及回龙观住宅区 A08 均获得北京市及建设部优秀设计奖，其具有丰富的住宅设计经验。

3. 建筑设计

（1）户型设计。建筑形式多样，一期房屋面积从 69~250m^2 的公寓和联体别墅大开间设计 6.3m 的豪华面宽，落地大窗明厨明卫，采光通透。4 层带电梯设计，品质一流。设计布局合理洁污、干湿、动静分区，充分利用有效面积，联体别墅中庭花园设计。

（2）建筑设计。地面平坦，无高差，通道不设门槛。户内外门的宽度均为 1m，方便轮椅通过。开关、门铃和门窗把手等位置适当降低，便于老人使用。地面做防滑处理。老人视觉功能下降，提高房间、走廊照明度，部分区域设置长明灯。老人听力降低，提高报警声响。各种提示标志字体加大，以利老人辨识。房内设置报警系统，使老人可以随时求助。

4. 系统设计

公寓对讲门禁系统

安防呼叫系统

压缩天然气泄漏报警

社区电子巡更系统

社区入口 IC 卡闸门

网络光纤入社区、电话线入户

社区集中供暖（30 元/m^2/一个采暖季）

市政电网供电（国家标准收费）

社区自建天然气站（市政管线连接后使用市政燃气，收费标准不高于国家收费标准）

社区深层地下水供水系统

7.3 东方太阳城的运作模式分析

运作模式总体规划精雕细琢，先开发景观、会所样板房，提前通过客户营销方式销售，目的是加速资金回收，后开发实际建筑项目。

大门入口，漂亮的接待中心首先做好，售楼工作是要注重形象。样板间给客户留下局部印象；湖面给客户留下景观印象。

第八部分　海景金色家园建筑策划

根据中华国际养生园设计构思场地要求：面积 500～1000 亩之间，具有茂密森林资源的山谷，水源无污染，拥有泉水或温泉资源，能够形成小型湖面。拥有适宜种植观赏花卉的土地 20 亩更佳。拥有海水与海景资源更佳。用地特点：农业高科技用地与房地产用地相结合，房地产用地 200 亩以内。

深圳东部沙鱼涌项目地块具有无污染的海岸线资源，用地有小山也有流向大海的溪流，此地人文背景甚佳，东江纵队等革命旧址均在项目区域。

经过项目实地考察以及对市场的调查与分析，考虑到深圳东部海岸度假物业的大量兴建因素，很有必要进行市场细分，集团公司应该在市场差异化方面下功夫，关注老年住宅与度假市场，通过大胆创新赢得属于中达集团的市场份额。

8.1 规划要点

建筑用地 30 万 m^2，建议规划五星级酒店 5 万 m^2，高档别墅区 3 万 m^2 左右，老年公寓 15 万 m^2，针对普通游客市场的三星级标准度假公寓 5 万 m^2，形成深圳最具特色的老年社区，吸引深圳、香港以及广东地区较为富裕的老年退休人群居住。

本项目规划 5000m^2 深圳国际健康养生园，中西健康养生文化融为一体，不仅能够为老年人提供健康医疗与服务，而且能够为游客提供健康服务，起到生命加油站，人体大修厂的作用。

沙鱼涌海滨环境关系到本项目未来的成败，因此，我们有必要高起点按照国家生态住宅评估手册开发整个旅游项目。

① 大面积绿化，绿化率超过 40%，增加健康养生花卉的种植量。

② 注重自然采光与太阳能利用，全面注意节水、节电，污水连入市政管道，避免直接对海滨造成污染。

③ 积极采用适合生态住宅的新工艺、新产品与新设备，例如积极采用绿色建材。

④ 所有房间采用绿色装饰材料，由深圳装饰协会监督装饰，实现绿色装修。

⑤ 度假村的水景采用循环利用方式，在路径中有目的设置净化湿地，种植具有水质净化作

用的植物。

生态住宅与度假村等开发要有所创新，实现社会、环境、经济效益的统一。建议项目开发前请国家建设部住宅产业司的生态住宅专家给予指导，开发过程中开始中国生态健康住宅的认定工作，为项目的营销奠定坚实的基础。

8.2　老年住宅建筑规范

1. 关于建筑出入口

1）老年人居住建筑出入口，宜采取阳面开门。出入口内外应留有不小于1.50m×1.50m的轮椅回旋面积。

2）老年人居住建筑出入口造型设计，应标志鲜明，易于辨认。

3）老年人建筑出入口门前与室外地面高差不宜大于0.40m，并应采用缓坡台阶和坡道过渡。

4）缓坡台阶踏步踢面高不宜大于120mm，宽不宜小于380mm，坡道坡度不宜大于1/12。台阶与坡道两侧应设栏杆扶手。

5）当室内外高差较大，行经坡道有困难时，出入口前可设升降平台。

6）出入口顶部应设雨篷，出入口平台、台阶踏步和坡道应选用坚固、耐磨、防滑的材料。

2. 关于过厅和走道

1）老年人居住建筑过厅应具备轮椅、担架回旋条件，并应符合下列要求。

① 户室内门厅部位应具备设置更衣、换鞋用橱柜和椅凳的空间。

② 户室内面对走道的门与门、门与邻墙之间的距离，不应小于0.50m，应保证轮椅回旋和门扇开启空间。

③ 户室内通过式走道净宽不应小于1.20m。

2）老年人公共建筑，通过式走道净宽不宜小于1.80m。

3）老年人出入经由的过厅、走道、房间不得设门槛，地面不宜有高差。

4）通过式走道两侧墙面0.90m和0.65m高处宜设40~50mm的圆杆横向扶手，扶手离墙表面间距40mm；走道两侧墙面下部应设0.35m高的护墙板。

3. 关于坡道和电梯

1）老年人使用的楼梯间，其楼梯段净宽不得小于1.20m，不得采用扇形踏步，不得在平台区设踏步。

2）缓坡楼梯踏步踏面宽度，居住建筑不应小于300mm，公共建筑不应小于320mm；踏面高度，居住建筑不应大于150mm，公共建筑不应大于130mm。踏面前缘宜设高度不大于3mm的异色防滑警示条，踏面前缘前凸不宜大于10mm。

3）不设电梯的三层及三层以下老年人建筑宜兼设坡道，坡道净宽不宜小于1.50m，坡道长度不宜大于12.00m，坡度不宜大于1/12。坡道设计应符合现行行业标准的有关规定。并应符合下列要求：

① 坡道转弯时应设休息平台，休息平台净深度不得小于1.50m。

② 在坡道的起点及终点，应留有深度不小于1.50m的轮椅缓冲地带。

③ 坡道侧面凌空时，在栏杆下端宜设高度不小于50mm的安全档台。

4）楼梯与坡道两侧离地高0.90m和0.65m处应分别设连续的栏杆与扶手，沿墙一侧扶手应水平延伸。扶手宜选用优质木料或手感较好的其他材料制作。

5）设电梯的老年人建筑，电梯厅及轿厢尺度必须保证轮椅和急救担架进出方便。轿厢沿周边离地0.90m和0.65m高处设介助安全扶手。电梯速度宜选用慢速度，梯门宜采用慢关闭，并内装电视监控系统。

4. 关于居室

1）老年人居住建筑的起居室、卧室，老年人公共建筑中的疗养室、病房，应有良好朝向、天然采光和自然通风，室外宜有开阔视野和优美环境。

2）老年住宅、老年公寓、家庭型老人院的起居室使用面积不宜小于 $14m^2$，卧室使用面积不宜小于 $10m^2$。矩形居室的短边净尺度不宜小于 3.00m。

3）老人院、老人疗养室、老人病房等合居型居室，每室不宜超过三人，每人使用面积不应小于 $6m^2$。矩形居室短边净尺寸不宜小于 3.30m。

5. 关于厨房

1）供老年人自行操作和轮椅进出的独用厨房，使用面积不宜小于 $6.00m^2$，其最小短边净尺寸不应小于 2.10m。

2）厨房操作台面高不宜小于 0.75~0.80m，台面宽度不应小于 0.50m，台下净空高度不应小于 0.60m，台下净空前后进深不应小于 0.25m。

3）厨房宜设吊柜，柜底离地高度宜为 1.40~1.50m，轮椅操作厨房，柜底离地高度宜为 1.20m。吊柜深度比案台应退进 0.25m。

6. 关于卫生间

1）老年住宅、老年公寓、老人院应设紧邻卧室的独用卫生间，配置三件卫生洁具。其面积不宜小于 $5.00m^2$。

2）独用卫生间应设坐便器、洗面盆和浴盆淋浴器。坐便器高度不应大于 0.40m，浴盆及淋浴座椅高度不应大于 0.40m。浴盆一端应设不小于 0.30m 宽度的坐台。

3）卫生间内与坐便器相邻墙面应设水平高 0.70m 的“L”形安全扶手或“Π”形落地式安全扶手。贴墙浴盆的墙面应设水平高度 0.60m 的“L”形安全扶手，入盆一侧贴墙设安全扶手。

4）卫生间宜选用白色卫生洁具、平底防滑式浅浴盆。冷、热水混合式龙头宜选用栏杆式或掀压式开关。

5）卫生间、厕位间宜设平开门，门扇向外开启，留有观察窗口，安装双向开启的插销。

7. 关于阳台

1）老年人居住建筑的起居室或卧室应设阳台，阳台净深度不宜小于 1.50m。老人疗养院、老人病房宜设净深度不小于 1.50m 的阳台。

2）阳台栏杆扶手高度不应小于 1.10m，寒冷和严寒地区宜设封闭式阳台。顶层阳台应设雨篷。阳台板底或侧壁应设可升降的晾晒衣物设施。

3）供老人活动的屋顶平台或屋顶花园，其屋顶墙护栏高度不应小于 1.10m；出平台的屋顶突出物，其高度不应小于 0.60m。

8. 关于门窗

1）老年人建筑公用外门净宽不得小于 1.10m。

2）老年人住宅户门和内门（含厨房门、卫生间门、阳台门）通行净宽不得小于 0.80m。

3）起居室、卧室、疗养室、病房等门扇应采用可观察的门。

4）窗扇宜镶用无色透明玻璃，开启窗口应设防蚊蝇纱窗。

9. 关于建筑设备与室内设施

1）老年人居住建筑居室之间应有良好的隔声处理和噪声控制，允许噪声级不应大于 45dB，空气隔声不应小于 50dB，撞击声不应大于 75dB。

2）起居室、卧室应设多用安全电源插座，每室宜设两组，插孔离地高度宜为 0.60~ 0.80m；

厨房、卫生间宜各设三组，插孔离地高度宜为0.80~1.00m。

3）老年人专用厨房应设燃气泄漏报警装置；老年公寓、老人院等老年人专用厨房的燃气设备宜设总调控阀门。

4）电源开关应选用宽板防漏电式按键开关，高度离地宜为1.00~1.20m。

5）老年人居住建筑每户应设电话，居室及卫生间厕位旁应设紧急呼救按钮。

8.3 项目定位

海景金色家园总建筑面积：30.5万m^2。

项目定位：根据本项目地处深圳东部黄金海岸大鹏湾片区及其地块的特点，拟建高档酒店与老年公寓、豪华别墅以及度假公寓，目标客户以二次置业及成功人士、老年退休人群为主，兼顾外销市场。老年公寓主力户型为50m^2一房一厅，两房一厅60m^2，主力户型在120~150m^2之间，另外建有160~260m^2的别墅。

第九部分　深圳国际健康养生园的理念设计

9.1 房地产开发同样存在开发战略的创新问题

寻求项目开发模式的突破，就是要打破房地产建筑与环境的局限，跳出房地产狭小的专业范畴，把握新世纪客户的精神追求，挖掘区域文化的精华，达到将旅游、体育、文化产业等与房地产大胆嫁接。开发战略创新是根本目标，专业房地产开发创新是实施的手段，客户的满意才是成功的检验标准。

9.2 战略创新是房地产企业的竞争灵魂

战略创新是房地产企业的竞争灵魂，只有理念突破才能避免大量同质化地产项目，才能繁荣建筑文化，避免国家的巨大经济损失。例如杭州宋城旅游房地产项目的成功，就是成功地将旅游文化向房地产成功嫁接的实例，它不仅挖掘了宋代文化精华，而且在其他项目也博采欧美文化之所长。

9.3 灵感可广泛运用

灵感曾经是诗人和文学家的专利，初唐的著名诗人王勃曾经在27岁以前写出千古名句：落霞与孤鹜齐飞，秋水共长天一色。随着人们对思维科学的深入钻研，人们对灵感思维的认识发生了深刻的变化，灵感思维不仅存在于文学创作中，而且普遍存在科学实践中，甚至以抽象思维为主的数学家研究抽象的数学时也需要诗人的想象力和灵感。在1978年的全国科技大会上，中国科学院院长郭沫若先生号召广大科技者向科学进军，指出科学的春天来到了，要敢下五洋捉鳖，敢上九天揽月，不要把想象和灵感都让诗人独占了。

9.4 理念设计是项目的灵魂

鉴于项目地块优美的海滨环境，特别是深圳海滨资源属于稀缺资源，通过专家的策划，以海滨山水景观和活水保养为特征的健康养生理念，具有权威性和排他性。

9.5 项目理念分析

本地块属于东部黄金海岸片区，但是远离工业区，自成一体，和葵涌片区项目差异性较大。

因此，根据本项目客户与策划定位，建议本项目小区内设立深圳国际健康养生园。

9.6　推广主打广告语

生命加油站　健康储蓄所

迈着自信的脚步走入深圳国际健康养生园　容光焕发地走向社会

第十部分　深圳国际健康养生园的人才经营规划

10.1　人才是地产企业生产要素中最活跃的因素

人才是地产企业生产要素中最活跃的因素，人才的经营要求不仅要把人才当作智力资本，而且是特殊的资本。让员工满意是企业领导人的责任，因为外部顾客的满意是依靠内部高效率和忠诚的员工提供的，企业有责任为员工提供满意的服务，不断根据企业的发展满足员工物质待遇、精神激励与学习的需求。

我们在企业经营实践中，不仅要吸引真正有创造力的优秀人才加盟，而且将研究生培养机制与企业人才培训机制相互结合，将员工的日常工作与研究工作相互结合。

对于员工的培养具体采取如下措施：

① 结合工作岗位，提倡按照工作需要进行学习。

② 制订培训导师与研究导师。

③ 重视心理训练，培养员工良好的心理素质。

④ 鼓励与国外大学、一流公司的交流，开阔员工的视野。

⑤ 我们不仅提倡个人的成才，而且也培养团队成功。

10.2　深圳国际健康养生园人才规划

深圳国际健康养生园是现代科技与传统养生文化、现代会所经营相结合的产物，只有优秀的经营人才，才能按照系统工程的要求经营好深圳国际健康养生园。

深圳在健康会所经营方面已经做出有益的探索，例如中航健身会进行健身会所连锁经营，颇有成绩。新浩健康城在房地产与健康的结合方面已经做出成功的探索。

深圳国际健康养生园的人才规划如下：

① 项目负责人一名，要求是职业经理人，具备丰富的健康养生知识，非常擅长客户营销经营。

② 医疗专家两名，要求对高血脂、高血压、高胆固醇具有较深研究。

③ 食疗专家两名，要求是配餐专家。

④ 中药美容专家一名，要求是中医美容咨询系统专家的专业人才。

⑤ 针灸美容专家一名，要求精通针灸美容，且为中医学院本科生。

其中养生园，采用与老年病治疗有特长的医院创办的分院的形式为主。

第十一部分　深圳国际健康养生园的项目规划

项目规划原则，注重健康养生理念设计与项目的一致性，注重不同项目之间服务健康养生，例如针对减肥采用健身、营养配餐、中药与针灸综合方法达到安全减肥目的。项目注重计算机技术应用，方便人们使用。注重天然养生环境与室内健康服务项目的配合，注重健康服务项目的独创性。

11.1　健康检测中心

引进国外先进的人体成分分析仪，结合国家体育总局颁发的全民健身身体素质达标标准和医疗机构的常规项目，开展独具特色、全面反映人群健康状况的检测套餐服务。我们将组织多名医疗与健康养生专家，根据住户的检测和评价结果，为其量身定制出一套集运动健身指导、营养配餐、心理调节、养生服务为一体的健康养生指导方法，全面科学地指导住户保养好自己的健康，为生命加油。

具体有如下的检测指导套餐：

① 成长发育检测指导套餐。形体保持检测指导套餐。

② 减肥塑身指导套餐。

③ 健美健身检测指导套餐。

④ 动力源泉检测指导套餐。

⑤ 疾病预防检测指导套餐。

⑥ 膳食营养检测指导套餐。

⑦ 养生保健检测指导套餐。

⑧ 心理保健与精神卫生检测指导套餐。

⑨ 儿童学习障碍检测指导套餐。

11.2　活水保养中心

将海水以及泉水引入到深圳国际健康养生园，以活水保养为中心，设置海水室内沐浴，满足游客与业主冬季海水浴的需求，起到血管体操的作用。对心、肺、肾及消化系统和体内的重要器官都有良好的效果。

阳光浴与活水保养中心相连，方便沐浴的人们做阳光浴。

深圳国际健康养生园的水疗中心独具特色，是集运动、健身、水疗、养生、美容、塑身、餐饮、休息及戏水之全方位顶级功能设施于一体的健康水疗中心。

参考汤泉高尔夫 SPA，针对不同客户需求，采用个性化 SPA 方案设计，分为深层海水、普通海水、淡水 SPA 区等。

11.3　茶文化中心

茶文化是中国的专利，日本对中国的茶文化进行深入研究并改进为茶道。德国医学专家在癌症治疗的研究过程中，发现中国绿茶对于癌症预防具有重要作用，导致中国绿茶在德国出口量急剧上升。正确饮茶不仅有利于身体健康，而且通过茶文化，有利于文化交流。

大量的事例证明，茶的确具有养生保健、延年益寿、强身美容、防治疾病等功效，但饮茶不当也会损害健康。

通过专家配置不同种类的养生保健茶叶，指导客人正确选用。

11.4　200 亩养生花卉种植园

200 亩花卉种植园提供给老年人闲时用于种植花草树木，有助于其调整心态，提高身体素质。

11.5　中医减肥美容中心

(1) 中医美容室：在引进人才的基础上，重点开展中药美容配方，针对常见美容问题，提供美容的服务。

1）黄霏莉教授主持开发的中医美容咨询系统软件中，收集治疗和保健美容方剂9600余种，药膳食谱800余张，药物与食物1200余味，并利用计算机优势，对于这些药方从内服、外用、功效、主治等多方面进行了分类，为中药美容的临床应用及中药美容产品的研制开发提供了全面的文献资料。

2）引进山东大学全息生物学研究所天然减肥产品张颖清328机理：均衡营养，调动体内的自行反馈能力，使脂肪的吸收与消耗达到动态平衡，该减肥产品由纯天然食品原料制成的全息胚分化促进剂等组成。

（2）针灸美容室：为人们提供针灸美容服务，将养生保健与美容结合起来。针灸美容美体与其他美容方法相比具有如下特点。

1）简便易行，经济安全。

2）标本兼治，疗效可靠。

3）防治一体，强身保健。

唐代大医学家孙思邈在《备急千金要方》和《千金翼方》中专门开辟“面药”和“妇人面药”之篇，集中刊载美容秘方。

针灸美容美体，遵循中医的辨证论治理论，通过疏通经络、运行气血而达到治疗损美性疾病、美化容颜、延缓衰老的目的，从内调节脏腑功能而达到外部美化容颜，促进皮肤新陈代谢，从根本上解决皮肤老化的问题，使人们在健康的基础上更美丽。

针灸美容的原理：调和阴阳、扶正祛邪、疏通经络。针灸美容美体的治法原则是不离“实则泻之，虚则补之，寒则热之，热则寒之”的治法总纲，但又有自身的特点。损美性疾病的致病因素主要以风、火、湿、毒、瘀、虚为主。

健康刮痧：引进吕教授的刮痧疏经法，与全息生物学理论结合，利用人体第二掌骨侧相同的穴位群获得相同的穴位分布规划，升华绿氏刮痧法。

11.6　营养配餐与食疗中心

营养配餐的作用在于，营养成分能够满足运动的需要，控制过量热量的摄取。引进运动员与大众营养配餐软件，可以指导社区人民群众的科学配餐。

与国家体育总局运动医学研究所运动营养研究中心、武汉体育学院等建立良好合作关系，针对不同类型运动员的营养配餐和口味进行指导，力争达到满足营养需要，适合学生口味，提高运动成绩的目的。

聘请杨则宜、黄光明为顾问，引进运动员及大众膳食营养分析与管理系统计算机软件，进行运动员的膳食营养分析和系统管理。

运动员及大众膳食营养分析与管理系统计算机软件是用于运动员膳食营养分析与管理的应用软件，也适用于一般人。其主要功能包括：

① 营养分析：对运动员和普通人的饮食进行计算，并与相应营养供给参考值进行比较，对其膳食做出评价。

② 食谱制订：可以手工及自动配餐方式，按照营养供给参考值制订食谱，并对其进行分析评价。

③ 营养调查：可选择多种方法记录个体或群体在一段时间内的膳食摄入，同时对其合理性做出分析评价。

④ 体重控制：对需增体重或减体重者，根据体力活动情况、预定的目标体重，计算出每日热能需要量及增减体重速度，依此制订食谱；也可结合膳食制订减控体重的运动方案。

⑤ 菜谱制订：可将日常菜谱成分录入数据库，制成菜谱。该菜谱可供营养配餐、营养调查、营养计算时使用。

⑥ 膳食管理：对食堂入库、出库进行管理，并对库存物资进行统计汇总。

⑦ 食物查询：可按营养素含量查询食物，找到某种营养素含量丰富的理想食物。

11.7　特色钓鱼中心

根据钓鱼爱好者的需要设置钓鱼内容，具体方向是增加钓鱼爱好者喜欢的鱼虾类，增加观赏鱼新品种。增加少量游艇，满足在海面中间钓鱼的个性化要求。

11.8　健身中心

在会所内设立齐全的体育设施，设置阳光浴与吸氧室。

11.9　数字化图书馆与文化交流中心

博览群书可以陶冶心灵，体育锻炼可以强身，健康养生可以延缓衰老，消除疲劳。设立统一数字化商务会所，除了具有咖啡厅等传统设施外，设立网吧，与深圳图书馆等合作建立数字化图书馆服务环境，根据客户行业分类，重点为客户提供行业数字资料服务，例如金融、地产、法律、计算机等。

数字化图书馆项目建议引进超星五大领先技术：读书笔记、全文检索、文本图书、多媒体资源、数字化制作系统。

数字图书馆是一项前无古人的开创性事业，需要长远目光，需要探索精神，需要脚踏实地的工作，更需要团结和协作。数字图书馆每一项技术成就的取得和应用，都是建立在无数心血和汗水以及对图书馆事业的深刻理解基础之上的，它能够给客户提供良好的专业化服务。

11.10　理疗室与抗衰老中心

健康与长寿是生命科学研究永恒的主题，衰老机制的研究近年来由于遗传学和分子生物学的结合，使其在分子水平上获得可喜的进展，甚至突破进入了基因时代。

通过健康养生项目的开展，可以延缓衰老的过程，提高生命的质量。

将抗衰老的研究成果应用于社区健康服务，对客户提供衰老状况诊断服务。

开展理疗服务将是健康养生园的一个特色，其中水疗中心也属于理疗范畴。理疗中心将配套一流的理疗师，购买一批先进的理疗仪器。例如引入生物全息治疗仪、磁疗设备、高压氧治疗设备等。

第十二部分　深圳国际健康养生园的服务体系

深圳大鹏湾优美的环境，令人耳目一新的建筑固然重要，但是，优质服务是更稀缺的资源，高尚社区以人为本。建议假日海景家园开展知识型社区服务，引进世界最佳酒店实践，发挥度假区具有五星级海景酒店的优势，将五星级酒店服务与社区物业服务相结合，建立充满爱心和欢乐的社区。

建立以深圳国际健康养生园为核心的健康养生特色服务，结合一流的物业服务，塑造优秀的社区文化。一个成功的小区不仅仅是将住宅销售出去，而且要销售给指定的客户人群，将客户组织起来，建立文明的高尚生活环境，这是更重要的风景，也是现代高尚社区生活质量的保障。

第十三部分　深圳国际健康养生园的知识产权保护与品牌输出

中达集团正在从区域品牌走向全国的旅游地产品牌，因此走品牌输出之路，无形资产经营与有形资产经营并重将是今后的战略重点。

假日海景家园、海景假日酒店以及深圳国际健康养生园不仅策划方案具有创新，更重要的是策划服务及专家群体，深圳国际健康养生园是重大系统工程项目，涉及多个学科，是旅游房地产与健康养生、休闲娱乐相结合的产物。

由于本项目能够向多个海滨城市输出，因此，作为重要的知识产权，我们将采取计算机软件登记、技术机密等多种方式进行知识产权保护。

第十四部分 项目建议结论

本项目（度假公寓、老人公寓与别墅）地处大鹏半岛葵涌镇沙鱼涌港旅游区，地理位置优越、交通便利，不仅有充足的度假和商务客源市场，而且具有深圳较大规模的老年公寓，填补深圳房地产市场空白且与东部同类项目错位经营。处于大鹏半岛的中心及葵涌镇的交通咽喉，本项目与中达集团筹建的海景五星级酒店、游艇码头可以共享资源，为老人和度假人群提供高水平物业管理服务与酒店服务，本项目充分考虑到老年人与游客的特殊要求与消费偏好，建立大型医疗与健康服务中心，深圳健康养生园策划具有重大创新意义，对于本项目成功具有重要保证。

本项目所在地，优美的自然景观和良好的基础设施，在深圳首屈一指。酒店临海而建，有专用的海滨泳场，有海滨、沙滩、阳光（国际流行的3S）等突出的优势资源。整个大鹏半岛旅游区空气清新，海水湛蓝，环境质量甚佳。周边具有滨海山地景观，山海相依相伴，景观独特，优势明显。当地可提供大量海鲜美食，是旅游区中不可忽视的重要资源。自然环境质量较好，开发程度低，资源类型丰富，利于开发多种旅游房地产项目。

本酒店符合国家宏观经济形势和深圳市行业发展趋势，符合深圳市把东部滨海地区建成国际水准生态型滨海旅游胜地的规划目标。

（杨宝民）

【报告点评】

此报告是一篇典型的主题策划定位报告，策划思路明确清晰，行文流畅。策划思路如下：先分析自身——市场需求情况——客户需求的变迁——成功案例借鉴——项目策划与定位建议。

报告的另一大亮点是项目在主题定位确定后，真正落实到具体的产品和服务上。从建筑策划和项目规划中可看出一些产品规划和设计均是紧密围绕“养老”而进行的，产品细节的处理更是用心。而作为养老地产主题的项目，仅仅有产品体现是不足的，因此报告最后也着重阐述项目后续的运营和服务，打造一个真正的以养老为主题的地产项目。

近几年，我国的老龄化问题日益突出，养老地产逐渐成为房地产开发的热门，有能力的策划师可在有条件的城市，考虑尝试这一类的地产主题策划，或许可得到意想不到的收获。

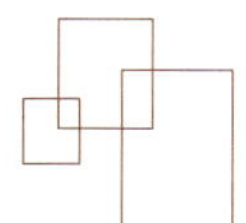

五、湖北武汉新聚仁保利康桥主题策划报告

报 告 目 录

报 告 正 文

第一部分　项目产品主题策划背景

1.1　宏观政策背景

1）源起：2008 年 4 万亿元投资拉动宏观经济并带动了活跃的房地产投资，形成房地产市场与价格持续发展格局。

2）现状：房地产新政与限购令下，组合保障性住房意图再次稳定房地产市场与价格。

3）项目自身开发条件。

① 地段条件：未来地段增值潜力大。

② 开发体量：87 万 m^2 的大盘开发。

③ 开发周期：跨越 5 年左右的长周期开发。

1.2　项目产品主题策划目标

1）项目开发目标：实现保利产品线的新升级。

2）项目产品主题总策略的制订。

① 对应变化的宏观政策环境：新政与限购令。

② 符合项目用地的开发特征：大盘长周期开发。

③ 响应项目的开发目标：保利产品升级。

第二部分　项目背景篇

新政解析及应对策略
项目自身开发特点
保利康桥品牌沿革

2.1　宏观政策背景

1. 限购令的影响

1）限购令后市场成交量下滑。

2）改善性需求遭遇限贷与限购的双重压力。

3）但在限购范围之外的针对首次置业的刚性需求依然表现出较强的购买力。

2. 限购令实施周期的预测

1）政策调控在限制商品房需求的同时，2011 年和 2012 年共计有 2000 万套巨量的保障性住房投入到市场，其效应像 2008 年 4 万亿元投资一样，最终会形成对商品房市场消费的替代。

2）预期其对住房市场的调解作用会在一年到一年半左右发挥替代效益，实现商品房市场平衡发展的过渡。

3）在实现这一行政调解目的之后，限购令完成其稳定房地产市场的行政使命而退出市场，改善性需求会再次入市，形成需求爆炸。

3. 宏观政策背景——产品策略

1）项目开发在早期限购令背景下，抓住刚性需求持续释放的市场机会，配置首次置业的产品。

2）项目开发在中、后期，改善性需求随限购令取消而释放，增强改善性置业需求的比例。

2.2　开发特点

1. 项目开发特点

1）地段条件：未来地段增值潜力大。

2）开发体量：87 万 m^2 的大盘开发。

3）开发周期：跨越 5 年左右的长周期开发。

2. 产品策略

1）项目的地段价值与项目自身价值逐步兑现，支撑项目的销售价格上扬。

2）跨越 5 年的长周期开发，要保证长期竞争力以实现项目的持续快速销售，需要引领市场竞争持续提升产品力配置。

3）以首置的一房、两房为主力，同时考虑户型多样化；首次改善性的紧凑、常规三房为次主力；配以小比例的舒适三房与常规四房为再改产品后期开发（表 2-5-1）。

2.3　保利康桥系沿革

1. 保利康桥系沿革

1）三大城市：广州、重庆、沈阳。

2）中心地段、水岸景观、中小规模、高容积率。

3）文化地产营销路线，突出水岸文化内核、彰显英伦贵族生活理念。

表 2-5-1 户型分析统计

<table>
<tr><th>物业类型</th><th colspan="2">户型</th><th>面积范围/m²</th><th>面积中值/m²</th><th>套数</th><th colspan="2">套数比</th><th>户均面积/m²</th><th>建筑面积/m²</th><th colspan="2">面积比</th></tr>
<tr><td rowspan="9">高层</td><td rowspan="2">一房</td><td>紧凑型一房</td><td>40~50</td><td>45</td><td>473</td><td>5%</td><td rowspan="2">12%</td><td>2.25</td><td>21300.33</td><td>2.45%</td><td rowspan="2">6.64%</td></tr>
<tr><td>舒适型一房</td><td>50~60</td><td>55</td><td>663</td><td>7%</td><td>3.85</td><td>36447.23</td><td>4.19%</td></tr>
<tr><td rowspan="3">两房</td><td>紧凑型两房</td><td>70~80</td><td>75</td><td>1420</td><td>15%</td><td rowspan="3">48%</td><td>11.25</td><td>106501.6</td><td>12.24%</td><td rowspan="3">43.85%</td></tr>
<tr><td>常规两房</td><td>80~90</td><td>85</td><td>2177</td><td>23%</td><td>19.55</td><td>185076.2</td><td>21.27%</td></tr>
<tr><td>舒适型两房</td><td>90~100</td><td>95</td><td>947</td><td>10%</td><td>9.5</td><td>89934.71</td><td>10.34%</td></tr>
<tr><td rowspan="3">三房</td><td>紧凑型三房</td><td>95~110</td><td>100</td><td>1893</td><td>20%</td><td rowspan="3">35%</td><td>20</td><td>189336.2</td><td>21.77%</td><td rowspan="3">41.35%</td></tr>
<tr><td>常规三房</td><td>110~120</td><td>115</td><td>947</td><td>10%</td><td>11.5</td><td>108868.3</td><td>12.51%</td></tr>
<tr><td>舒适型三房</td><td>120~140</td><td>130</td><td>473</td><td>5%</td><td>6.5</td><td>61534.28</td><td>7.07%</td></tr>
<tr><td>四房</td><td>常规四房</td><td>140~160</td><td>150</td><td>473</td><td>5%</td><td>5%</td><td>7.5</td><td>71001.09</td><td>8.16%</td><td>8.16%</td></tr>
<tr><td>总计</td><td></td><td></td><td></td><td></td><td>9466</td><td colspan="2">100%</td><td>91.9</td><td>869999.94</td><td colspan="2">100.00%</td></tr>
</table>

2. 三大康桥项目

1）广州康桥——一线江景豪宅，仅在营销推广上打出英伦贵族概念。

2）重庆康桥——首次以剑桥大学的社区为模型，设计了与之一脉相承的园林景观。通过“学风、热情、运动、社会”四大主题设计波士顿台阶、牛顿林荫道、梅克星庭院、布林顿水池四重景观。

3）沈阳康桥——楼体采用 Art Deco 经典建筑风格，90~240m² 全精装大宅，沈阳顶级标准，英伦风情园林规划，定位沈阳顶级一线水景豪宅。

3. 康桥主题沿革

从广州、重庆到沈阳，从营销到建筑，康桥系列产品在升级，逐步将康桥的风情和文化气质反映到项目当中，但产品表现并不明晰，仍然以水景豪宅为核心卖点，“康桥”主题未得到充分的挖掘和展现。

4. 武汉康桥产品策略

武汉保利康桥——传承了康桥系列中心城区、“水岸”景观特点，同时肩负着武汉保利品牌升级和产品升级的双重使命。我们希望，将“康桥”这样一种鲜明而美好的人文主题应用到我们项目的建筑规划中，塑造保利，在武汉乃至全国历久弥新的“经典个案”中，实现康桥系列开发理念的升级，重新塑造康桥系的产品价值体系。

5. 总结：产品总策略的形成

1）系统阐释康桥主题，以鲜明的规划主题传递康桥主题的精神内核，实现产品线全面升级与大盘开发的持久竞争力。

2）产品类别的分期开发配置顺应项目开发周期内的市场变化以及地段与项目价值的成长曲线。

3）依据地段价值的成熟进度、价格的增长表现以及项目自身影响力的深化，递进地配置产品力要素的广度。

2.4 产品价值体系的突破方向

通过前两轮的项目报告沟通，项目的产品价值体系突破方向：规划、精装修、新技术以及对客户的产品价值展示（图 2-5-1）。

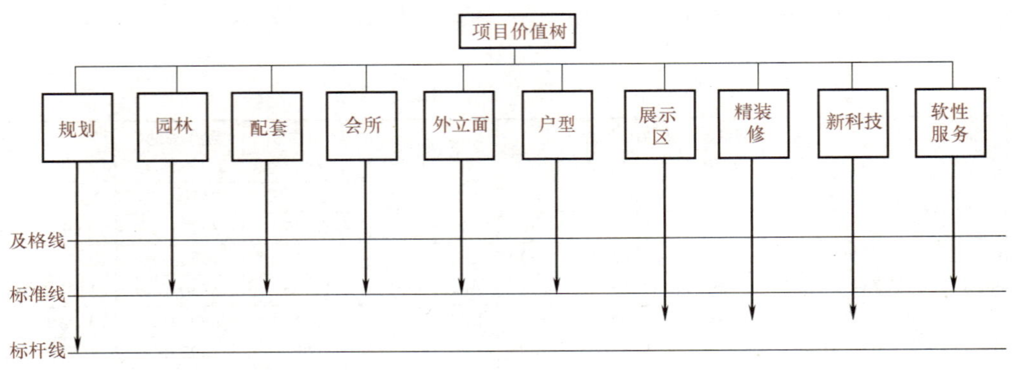

图 2-5-1　项目价值体系

第三部分　规划的主题营造系统

3.1　主题溯源

1. 康桥主题演绎出发点：大盘开发，市场呼吁

1）作为大盘开发，必须在规划主题上、开发理念上赋予一定的主题概念。

2）主题概念既是项目的灵魂所在，也是始终保持市场调性的筹码。

2. 自身产品升级需求

1）从保利康桥系列产品线看，广州、重庆、沈阳的康桥产品表现并不明晰，仍然以水景豪宅为核心卖点。

2）只是停留在英伦风情这个层面，“康桥”主题未得到充分的挖掘和展现。

3）结合大盘开发、产品升级要求，我们保利康桥项目以“康桥”为主题概念，并且肩负着康桥产品系的升级和完善的使命。

3. 康桥溯源

似乎一提到康桥，徐志摩就是一个绕不过去的话题，徐志摩的《再别康桥》《我所知道的康桥》是所有人共同的记忆。究竟是怎样的一座康桥，让徐志摩挥一挥衣袖，不忍心带走一片云彩？带着这样的思绪，一点一滴地去揭示康桥的独特魅力，进行一场发现之旅……

（1）剑河——剑桥大学的精神主轴和灵魂，是剑桥大学的象征。

1）垂柳成荫，巨大的草坪，生机勃勃，绿意葱葱，风景如画、令人心醉……

2）1400 年历史的巡司河，2015 年即将华丽蜕变，水面拓宽为 58.4~76m，水深 2.6~3.0m，河流沿岸将建成宽约 200~300m 的绿化带，这将成为我们的生态景观轴。

（2）桥——剑河上最重要的元素，每座桥都有着不一样的故事。

桥是本项目必须嫁接的元素之一，在桥上叹息，或者在桥上思考。

剑河上修建了许多设计精巧、造型美观的桥梁，千姿百态，各具特色，剑桥因此而得名。

1）位于圣约翰学院的叹息桥：以此警示学生要勤奋学习，不可懈怠。

2）位于皇后学院的数学桥，另外一个名字叫作牛顿桥。

3）克莱尔桥：缺失 15°角的完美。

（3）剑河撑篙——领略剑桥美景独有和最好的旅游方式，满载一船星辉，在星辉斑斓里放歌。

划船不仅是剑桥人特有的休闲活动，也是剑桥一项历史悠久的体育项目。剑桥每年都会举行各种各样的划船比赛。其中最著名就是剑桥大学和牛津大学的划船比赛，已经延续了180年之久。

1）泛舟在静静的剑河上，两岸是郁郁葱葱的绿地和参天的大树，不时会看见天鹅悠闲地躺在草地上或缓缓地在船舷边游过，丝毫不理会游人。

2）泛舟剑河增添了剑桥的亲切与悠然自得的气息，即使无法泛舟巡司河，我们也要为样板区注入活力和生活气息，注重参与性。

3.2　主题营造

1. 空间结构表现——大开放、小围合

(1) 城市中有大学——大开放。没有围墙，没有校牌，各个学院散落在整个剑桥市，整个城市被称之为剑桥大学，而且所有的学院均对外开放，成为旅游景点。

(2) 学院结构——围合式，围出一片碧草蓝天。剑桥大学的学院，最初大都是四合院形式的格局，正中是一个绿草如茵的院落，周边是四幢围合式的建筑。

圣约翰学院拥有5个庭院，其中以1589年始建的第二庭院最为闻名，被誉为是“英格兰最漂亮的都铎式庭院”。

在开敞整齐的大草坪上，静谧地享受阳光，或是看孩童逐闹欢笑，夫复何求。

2. 建筑形态和人文表现

(1) 建筑特色——古朴、传统。剑桥建筑并无统一的风格，保留了中世纪以来的众多建筑风格，哥特式、古典、现代派与后现代建筑比比皆是。

我们无法复制剑桥的建筑风格，但是可以将局部的建筑元素如门廊、窗等运用到项目的某些公建产品中，增加学院气质的建筑质感。

(2) 精神堡垒——学院人文气息。图书馆——与教室相比，图书馆倒像是更为重要的课堂。

剑桥大学的图书馆系统纷繁复杂，每个系或研究所都有自己专门的图书馆，31座学院也都建有或大或小的图书馆。而且，这座城市有着与之人口不相称的书店、剧场，美术馆、博物馆等文化配套设施，使得这座大学城散发出一股浓浓的人文气息。

学校生活场景的再现，未来，我们的图书馆也将给予人们社区人文的关怀，成为无数人的精神归宿。

3. 主题渲染

她并无世界顶级学府将人拒之千里的傲慢，这里自由、包容，没有围墙，也没有校牌。

这里古朴而宁静，充满着浓厚的学术气息，到处都是历史悠久的建筑，教堂、钟楼、图书馆、红砖庭院……

但这里似乎嗅不到学术战场的硝烟，更多的是一个富有生活情调，同时也浓缩了英国文化的旅游之都。

康河的灵气与柔美，演绎着康桥美轮美奂，而康河撑篙，也展现了剑桥最亲切和最独特的魅力。

这里仍然有繁华的商业，将康桥前卫、时尚的味道点缀在康河内外，与这里悠然自得的气息，显得没有间隙……

第四部分　主题传承

源于康桥深厚的人文内涵和精神感召力，致力于传承800多年辉煌的剑桥人文，将其演绎到

本案的建筑规划当中，营造淳厚的社区文化氛围，让我们项目的每一个角落都充满人文气息和生命力，品味八百年传承而来的人文情怀。

4.1 主题的核心

建筑核心主题——康桥水岸原筑。

核心要素——水岸风情、学院气质、心灵归宿。

4.2 产品营造体系

1. 水岸风情

1）依托巡司河打造纯粹的康桥风情样板区。

2）具有康河气质的巡司河。

3）具有开放性的广场空间。

4）内在人文气息的集中体现——精神堡垒。

5）外在古老建筑的嫁接呈现——风情商业。

2. 学院气质

1）具有康桥踪影的学院派主题景观。

2）装饰学院的建筑与景观，展示社区的内在人文精神。

3. 心灵归宿

和谐融洽人文氛围的营造，给予客户人文关怀，让客户产生强烈的归属感。

第五部分 主题实现

5.1 人文主题理念体系

“康桥”人文主题理念在产品面的落实：

1）规划理念。

2）水岸风情。

3）学院气质。

4）心灵归宿。

5.2 剑桥大学空间结构特点

1）剑桥各学院分散在全城各处，没有通常意义上的完整校园，但是又可以说整个剑桥市都是它的校园，因为市中心几乎被学院所包围，好像成了剑桥的生活区——大开放。

2）各个学院之间相对独立，拥有独立的庭院空间——小围合。

3）康河作为大学主要景观轴，贯穿整个校区——精神主轴。

5.3 康桥主题表现

规划理念：项目规划理念来自于剑桥大学空间规划结构——大开放、小围合。

(1) 大开放：精神主轴串联各个组团空间，形成开放空间。

精神主轴的塑造：

1）精神主轴串联各个绿化广场，形成对外联系的开放空间。

2）康桥水岸风情景观轴通过挖掘能够体现康桥特质的元素，包括桥梁、流水、撑篙、草坪、建筑等，通过嫁接到本项目上以体现休闲、舒适、浪漫的学院生活。

（2）小围合：通过组团式布局，赋予主题性的围合空间，注重邻里式交流空间的打造。

组团式布局：将欧洲适居的生活方式，引入到武汉：没有围墙的社区，邻里式、开放、包容的社区。

1）打造围合式、组团式的布局空间，体现邻里互动性。

2）赋予各个组团相应的主题，可以取剑桥大学各个学院名称作为各组团主题名称。

5.4 人文主题理念的实现

1. 主题景观

景观要融合项目人文气质，体现主题化、情景化，以及景观参与性与科普性。主题景观的塑造：

1）主题景观布置在宅前绿地与公共广场之间，兼顾开放性的同时，尽量减少对住宅的直接干扰。

2）针对本项目，建议设置四个主题景观。

3）示范区是项目最直接的形象展示，必须设置一个形象强烈的主题景观。

2. 水岸风情

（1）水岸风情生活方式。剑桥大学因为有了康河而变得细腻柔美，保利康桥因为有了巡司河而变得耐人寻味。项目作为高层项目，在住宅建筑形态不容易表现康桥人文气质的时候，建议把样板示范区做得纯粹一些，通过嫁接康桥的代表性原型，给客户呈现一幅徐志摩笔下的风情康桥。而样板示范区是一个项目气质最直接的反映，在这里，需要构筑一幅全新的生活场景，演绎一种全新的生活方式："康桥水岸风情生活示范区"。

（2）水岸风情元素。源自剑桥，在本案康桥水岸风情的主题下，通过对剑桥各个元素的嫁接与汉化。通过示范展示区，集中演绎康桥的内在柔美、优雅；外在亲切、浪漫，重点是无处不在的人文气息……

1）具有康河气质的巡司河。

2）具有开放性的广场空间。

3）内在人文气息的集中体现——精神堡垒。

4）外在古老建筑的嫁接呈现——风情商业。

（3）水岸风情元素体现。

1）具有康河气质的巡司河。通过巡司河的改造，结合水岸资源，两岸以大面积草坪和垂柳为主要绿化景观，同时把徐志摩雕像与诗词雕刻在草坪上，配置部分休闲桌椅，将这些作为主要的景观小品，增加客户对康桥的感官认识，第一时间感受保利康桥的人文气息。

2）康桥水岸最重要的元素——桥。毋庸置疑桥在本案中的重要性，建议在巡司河上设置一座叹息桥或者牛顿桥，因为这是本案精神原著，也为后期营销作铺垫。

3）具有开放性的广场空间。广场大面积的草坪，四周散落的雕着大波斯菊的木制长椅，精致的喷泉和静静伫立的文人塑像，繁复精美的铜艺店招，精心修剪的园艺植物，纯粹校园风格的路灯、指示牌、老邮筒和报亭，敲着铜钟穿行的红色巴士……

4）内在人文气息的集中体现——精神堡垒。

① 精神堡垒之一——图书馆。会所兼做图书馆，同时具有文化感与高尚品质感的会所，兼具配套休闲与社交功能。

② 精神堡垒之二——教堂。打造武汉第一家可举办教堂婚礼的场所。大草坪、垂柳、河流、教堂共同构筑了一个浪漫而优雅的场景，形成未来城市的新地标，和最具形象感的约会中心。

5）外在古老建筑的嫁接呈现——风情商业。

① 风情商业布置原则。

a. 风情商业：剑桥大学古老建筑元素嫁接表现；开放、活力、休闲的商业氛围的营造；商业构成以特色的生活休闲业态为主。

b. 商业建筑表情：尖屋顶、铁艺店招；充分利用室外空间，营造舒适的室外休闲环境；店招的材质、样式统一。

② 风情商业业态建议。商业不只是单纯的建筑外观，还应该多设置露天的商业景观，以草坪和植物绿化为主，配以桌椅，营造美丽轻松愉悦的商业氛围。

建议以主题餐厅、精品店、酒吧、咖啡吧等生活配套为主，同时也要符合康桥主题概念，一定程度上设置一些读书吧、书店等业态。

6）水岸风情演绎。

康桥的活力是因为注重人的参与性——开展撑篙活动。

划船项目——“一人一舟一篙，做一回真正的剑桥人”。

室外 Party——在浪漫而温馨的大草坪上，在充满异域风情的广场上举办婚礼、生日聚会等活动。

3. 学院气质

古老的建筑，是剑桥人的见证；牛顿、达尔文、霍金……一个个名字如雷贯耳，他们都是剑桥人的骄傲；保利康桥通过嫁接剑桥大学里的灵魂元素，来追忆剑桥大学，同时也注入了人文气息。

你可以说这里是新南湖与老南湖的交汇地。

你也可以说这里是巡司河畔。

但是我说这里是最具学院气质的康桥学院城邦。

具有康桥踪影的主题景观。

具有康桥烙印的“百年建筑”。

（1）主题景观。

1）主题景观设计原则与建议。

① 景观设计原则：主题化景观、生活化景观、科普性景观、人景互动原则。

② 景观设计建议：

挖掘剑桥大学景观元素，作为主题景观的表现载体。

大草坪绿化+垂直绿化。

流动的、丰富的园林景观设计。

景观设计上以自然、健康、风情为总体风格。

2）四大主题景观总述。四大主题景观，打造成武汉第一个露天文学博物馆社区，体现文学气质。主题景观集中展示：

① 三一广场：剑桥大学最权威学院之一。

② 达尔文植物园：剑桥大学著名自然科学家，发现了生物进化论。

③ 牛顿苹果树：牛顿在苹果树下发现万有引力的故事众所周知。

④ 霍金时空隧道：剑桥大学著名科学家之一。

3）四大主题景观营造。

① 三一广场：以皇后水池、国王草坪为主景打造开放的都市广场。主要组成部分：三一广场、皇后水池、国王草坪。

三一学院：是剑桥最著名、最具实力的学院。

皇后学院：是国王的两位妻子出资建立的，举世闻名的数学院就在学院旁边。

国王学院：国王学院教堂，是剑桥最具代表性的标志性建筑，就在剑河边上，与大自然近乎完美的结合让人叹为观止。

主题特色处理：水景作为主体景观+宽阔的大草坪+硬质铺装+细部雕塑小品。在对称中寻求变化的大型叠水设计、领域感的大台阶、便捷通道、考究的地面铺砖以及细部雕塑小品，形成繁华、便利、开放、融合的前广场，昭示都市气质。

主题特色关键词：开放、大气、休闲。

② 达尔文植物园：项目重塑的不仅仅是住宅景观，更是一种科普文化。

达尔文简介：英国生物学家，进化论的奠基人，达尔文小时候对学校教的经文不感兴趣，常常去野外捕捉昆虫或者观察矿石，对动植物很感兴趣，从而发现了生物进化论的奥秘。

主题特色处理：突出植物景观+树之城的概念+雕塑小品体现文学气质。浓郁的文化氛围不仅仅是为了孩子的培育，同时也是对自己的一种文化熏陶。

主题特色关键词：科普。

③ 牛顿苹果树：体现景观的趣味性与科普性。

牛顿简介：1665 年秋季，牛顿坐在自家院中的苹果树下苦思着行星绕日运动的原因，这时，一只苹果恰巧落下来，落在牛顿的脚边。牛顿终于获得了顿悟，他的问题也逐渐被解决。

主题特色处理：中心雕塑及浮雕墙设计+艺术休闲园+小尺度空间提供亲切交流。

主题特色关键词：趣味、娱乐、休闲、教育。

④ 霍金时空隧道：绿化景观轴的展示。

霍金简介：剑桥大学教授，当代最重要的广义相对论和宇宙论家，是当今享有国际盛誉的伟人之一，被称为在世的最伟大的科学家，还被称为“宇宙之王”。

主题特色处理：大尺度开放休闲空间+运动设施+绿化景观。用非理性造景，园林源于对自然的还原，由一条景观大道，将交通、休闲、运动、娱乐、沟通、赏玩等功能融合在一起，在互动中，人与空间形成最终的圆满与和谐。

主题特色关键词：参与、休闲、沟通。

（2）建筑符号。因为本项目是高容积率为 3.8 的高层住宅，从建筑形态上不容易表现纯粹的学院建筑；恰好，项目有与之相匹配的巡司河，所以建议把示范展示区建筑风格打造得纯粹一些，运用具有剑桥大学建筑特色的元素符号，展示项目精神特点与气质。

1）建筑元素：连廊。

① 公共建筑之间相互独立，通常通过连廊进行连系。

② 当时的建筑技术要实现连续的大跨度空间只能依靠拱券技术，因此连廊的形式都比较接近。尖形拱券为哥特式建筑的明显标志。

2）建筑元素：窗棂。

① 精美雕刻。

② 宽度比一般住宅窗棂要大。

③ 局部要做较为繁复的线脚。

3）建筑元素：门。

① 深色金属。

② 米黄色大理石门套。

③ 局部要做较为繁复的花纹。

4）建筑元素：栏杆。

① 深色金属。

② 局部要做较为繁复的花纹。

5）建筑元素：墙体。

① 大量装饰性元素。

② 米黄色大理石贴面体现厚重感与历史感。

（3）标识系统。

1）保利康桥标识系统设置原则。

① 材质：金属材质，尽量使用熟铜材质，个别地方可采用石材。

② 形式：结构形式稳重，中英双语。

2）保利康桥标识系统设置建议。

① 材料与形式：深色金属构件、深色金属版面，个别地方可考虑米黄色石材。版面文字与构件的材质保持一致。

② 布置位置：入口位置的地面上，铺深色金属质感的地贴。道路名称包括规划道路沿线，用深色金属质感的指引牌。社区地图，用深色金属质感的地图或方位图。

③ 景观：用独具艺术气息的雕塑；花草树木，用爬满墙壁的藤草；还有独具英国气息的电话亭。

④ 商业：用质朴且有韵味的砖式墙身，以及独具西方风格的店招。

4. 心灵归宿

独特的社区人文，在这里能够找到家的感觉，给客户营造强烈的归属感，邻里之间不再陌生，这就是心灵的归宿，也是保利康桥人文主题所要营造的精神内核。

（1）社区氛围的探索。

1）回想：现在我们所买到的房子是什么感受？

① 仅仅是换了一个新家，一个新的环境，居住品质升级而已。

② 虽然搬进了新的社区，但是依然怀恋以往的邻里感情。

③ 现在的社区跟我没太大的关系，反正是回来睡觉而已，所谓的邻里仅仅是邻我而居。

2）或许我们应该静静地想一想，家是什么？家不是简简单单的一间房子，而是靠居住其中的人去营造温馨的家的氛围，家是灵魂的港湾，是你疲惫时休憩的场所。但是随着人口的急剧膨胀，人们的生活节奏也越来越快，一座座冰冷的住宅拔地而起，家忽然间变成了一个个供人吃饭睡觉的精致盒子，冰冷的防盗门挡住了别人，也关上了你的心。

3）对于家的理想其实每个人都在寻找。每个人都想拥有这种理想中的家，也在不停地寻找，希望在满足居住空间需求的同时得到更多精神上的满足，找到心灵的归宿和一种家的感觉。

（2）社区整体氛围营造系统。通过社区整体氛围营造体系，有效地加深人与人之间的了解，增进相互的感情，让业主产生精神的依托和归宿感（图 2-5-2）。

5.5　人文主题理念的愿景

1）保利康桥产品演绎。

2）以剑桥大学为蓝本，以康桥为精神原筑。

3）将欧洲适居的生活方式，引入到武汉。

4）打造成唯美，富有人文气息，又不乏浪漫的理想家园。

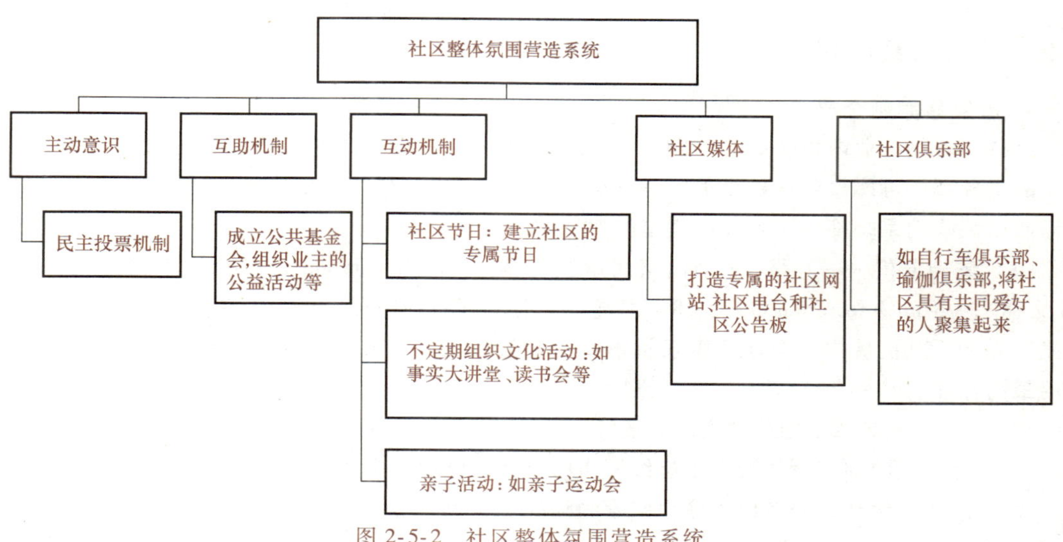

图 2-5-2 社区整体氛围营造系统

第六部分 产品增值篇

6.1 产品的发展规划

康桥主题尽管赋予了项目独特的人文气质，但这并不足以支撑项目的成功，我们需要去塑造更多的卖点，而精装修，代表着先进人居理念和未来发展方向，无疑给我们提供了这样一个契机（图 2-5-3）。

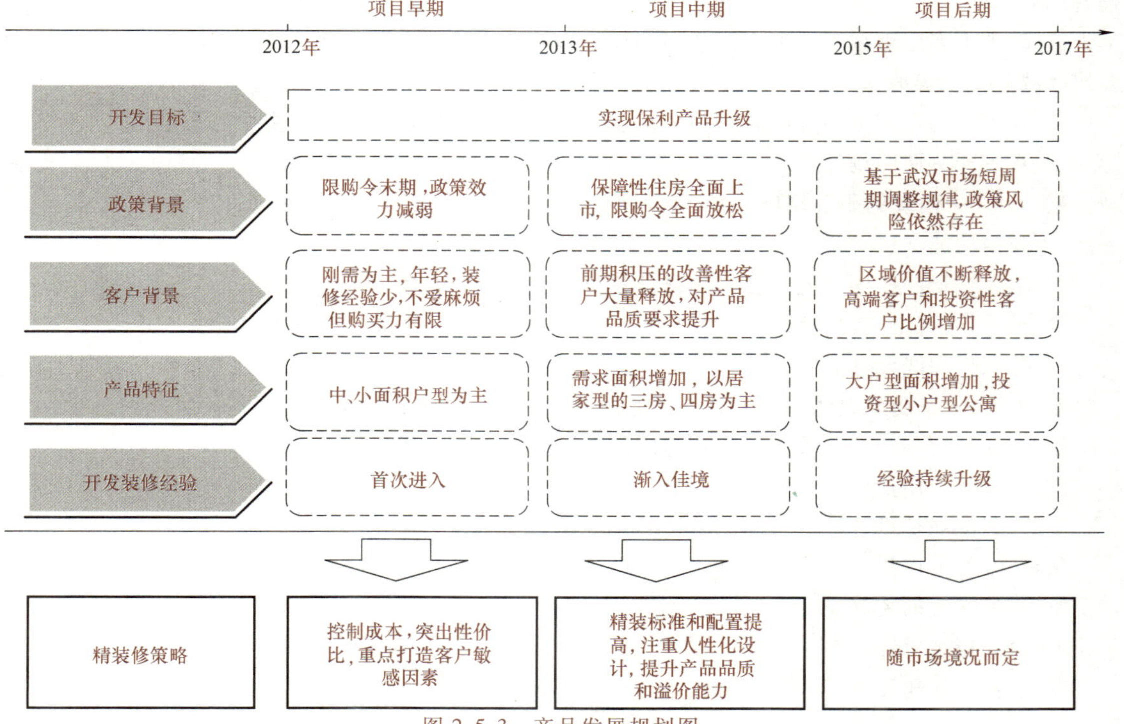

图 2-5-3 产品发展规划图

6.2 精装修系统解决方案

1. 精装修案例介绍

万科一直是行业内精装修的领跑者，无论是在建筑品质 、装修细节、人性化设计方面还是物业的服务都尽可能做到尽善尽美，一直遥遥领先，所以万科从户型功能划分、空间布局到闻名各地的精装收纳系统都成了行业内借鉴的典范。

（1）案例分析——万科 U8 全面家居解决方案。Unit Integration 是单元一体化的英文解释，U8 又称之为 Unit Integration of 8。U8 是住宅 8 大创新体系的简称，代表了在“万科全面家居解决方案”集团系列品牌中一个标准体系和集成化创新模式。其成为目前万科新住宅高品质居住解决的最高标准。

1）U1——星级感受的公共空间系统。

① 电梯大堂的细节设计融合了星级酒店的风格，体现业主尊贵的身份感。

② 入户大堂设计充分考虑了住户归家的动线和沿路放松的心情，从进入大堂起，即可体验到“回家即是享受的开始”。

2）U2——趣味玄关空间系统。

① 玄关空间系统根据家庭成员数与鞋类，分别设置与之匹配的鞋盒放置单元。

② 具有人性化设计的钥匙扣与雨伞架。

③ 创新设计的强大收纳空间让客户从踏进家门的第一步起就开始享受。

3）U3——神奇的厅房空间系统：五大细节升级。

① 在餐厅设计了自由备餐柜的放置区，增强厨房空间与餐厅区域之间的交流。

② 户内门框装上了防撞橡胶条，保护户内门扇、门框，延长其使用寿命及满足室内消音、隔音的效果。

③ 改进了客厅可挂平板电视的墙面多媒体设备线露在外面的情况，在电视墙上安装了铺设多媒体线路的隐藏管道。

④ 卧室的每个床头柜都配置了两个插座：一个为台灯准备，另一个供手机充电用。

⑤ 双控开关照明设计。

4）U4——愉快的厨房空间系统。

① 橱柜功能分区。

② 超大容量的储纳空间，让锅碗瓢盆各得其所、井井有条。

③ 70%节能餐厨动线设计，使烹饪程序更加流畅轻松，85cm 台面省力设计。

④ 排水挡污线设计。

5）U5——享受型卫浴空间系统：贴心的卫浴空间 7 大舒适突破。

① 设计采用创新的流线布局和合理的干湿功能分区、分类收纳。

② 吹风机专用插座。

③ 专用镜前灯设计。

④ 开敞的毛巾架设计。

⑤ 开关内置的浴霸设计。

⑥ 台面挡水设计。

⑦ 镜柜一体化设计。

6）U6——功能强大的收纳空间系统：全方位收纳系统。厨房 U 型存储系统、餐边柜多空间储物系统、卫浴多重收纳柜系统、卧室大容量收纳系统、书房海量收纳系统、走廊收纳系统。

7）U7——独具创意的家政空间区域。解决传统户型把居家杂物堆放于厨房内外的杂乱与不雅问题，创新设置了一个独立的家政空间，使日常家政琐碎与生活空间分离、互不干扰。

8）U8——更加人性化的家居智能化系统。在客厅与厨房区域创新设置了一个集成化终端系统，科技不仅能为主人提供安全保障，同时还具有轻松的娱乐功能。比如厨房可视终端系统，同时具备可视对讲、电话、电视、DVD 等功能。

2. 武汉精装修发展历程

1）2005 年：万科香港路 8 号。万科首次将沿海先进的精装修房的居住理念带入武汉市场。

2）2007 年：晋合世家。晋合集团将原仁恒十几年的装修经验带入武汉，是武汉市最早的成品房住宅开发商。

3）2008 年：恒大华府。恒大集团携宣传 9A 级、4000 元/m^2 的豪华装修登陆武汉光谷，为当时武汉市场最高装修标准。

4）2009 年：纳帕溪谷。纳帕集团将精装修带入到武汉别墅市场，为武汉第一个精装修别墅。

5）2010 年：万达公馆。万达不惜工本，打造 5000 元/m^2 标准的殿堂级精装豪宅。

6）2011 年：金地圣爱米伦、金地澜菲溪岸。金地由中端向高端转型的重要标志——全线精装修。

3. 精装修的好处

（1）精装修对开发商的好处。

1）提升溢价空间，弱化产品本身的价格竞争。

2）差异化竞争，弥补产品户型或其他方面的不足，增强产品竞争力，避免同质化竞争，提升产品附加值。

3）与国际知名品牌嫁接，提升项目档次，拔高项目形象。

（2）精装修对购房者的好处。

1）节省时间，减少精力的浪费。

2）由于集中采购，可以用同样的价格选择最好的优质材料，为业主提供最佳性价比。

3）即买即住即收益，省却了毛坯房装修期的空置。

4）装修款算入房价，可以利用银行贷款，减轻购房压力。

4. 精装修发展模式

精装修的发展内容见表 2-5-2。

表 2-5-2　精装修发展内容

装修模式	特　点	市场案例
部分装修	厨卫精装修+地面+顶板	万科系列（万科金色家园、万科金域蓝湾、万科城、万科朗苑）
全装修，又称成品房装修	基本装修+墙面处理	晋合世家、晋合金桥世家、万达公馆
拎包入住	全装修+家具+家电（包括厨卫、卧室和客厅的电器）	恒大华府洋房产品、汉宫银座

（1）部分装修——万科城。成本较低，性价比较高，需要后期通过样板间软装去演绎居家生活氛围，主要用在中高端楼盘，优化户型设计，提高溢价。万科城的精装修实际为厨卫装修加卧室的地板装修，品质感一般，主要是通过样板间装修优化户型使用功能，样板间大量居家道具

的运用增强客户现场体验感。

(2) 全装修——晋合金桥世家。全屋精装，成品交房，包括墙纸和部分电器，细节处理处于武汉市场前沿，客户认可度不断提高。

(3) 拎包入住——汉宫银座。独创拎包入住装修模式，品牌家电、全精装厨卫、艺术软装一应俱全，实际装修成本较高，未能实现溢价，且消化速度较慢，目前武汉市场运用较少，主要用在小户型投资型产品，方便出租。

5. 本案装修模式建议：部分装修+全装修模式

由于本案目标主力客户为首置和首改这类刚需客户，大多比较年轻，装修经验较少，不爱麻烦，购买力有限，部分装修利于控制总价，突出性价比；但是他们同时有个性和时尚的追求，并不喜欢统一的装修风格，希望有更多的发挥空间。保利首次进入精装修市场，应该循序渐进，因此建议本项目在前期采用部分装修。后期随着项目周边区域的发展和成熟，高端客户会逐步增多，对装修品质和细节要求提高，并且投资客户也会增多，全装修房更易出租，所以建议后期产品采用全装修模式，注重细节打造。

6. 精装修档次标准

(1) 装修标准分类。武汉市场多以毛坯交房为主，精装修主要应用在品牌开发商、豪宅以及部分小户型产品，中高端楼盘装修标准在 1200 元/m² 以下，豪宅装修标准在3000 元/m² 以上（表 2-5-3）。

表 2-5-3　各项目装修标准

	项目名称	户型面积段 /m²	售价 /元/m²	装修报价 /元/m²	装修成本 /元/m²	比例	装修级别
万科	万科城	70~110	9500	1000	600	6.3%	经济型装修
	金域蓝湾	65~79、90~105	8800	1200	800	9%	
	金色城市	82~104	6200	1000	600	9.6%	
	万科红郡	87~135	8700	1200	800	8.7%	
晋合	金桥世家	92~145	11000	2500	1200	10.9%	中高端装修
瑞安	武汉天地	250~300	35000	2000	1300	3.7%	
万达	万达公馆	240-320	24000	5000	3500	16.7%	豪华装修

1) 万科系列产品。万科在武汉市场上并未将装修作为核心卖点打造，而主要依靠装修作为增加项目附加值的一个因素，装修成本多在 600~800 元/m² 之间，占其单价的6%~10%，所以装修都较为一般，但都为项目带来了较高的溢价。

① 装修标准——万科金域蓝湾：成本 800 元/m²，报价 1200 元/m²。

物业地址：汉阳经济技术开发区三角湖路与博学路交汇处（江汉大学旁）。

建筑面积：530000m²。

物业类型：住宅。

户型面积：85~152m²。

售价：9200 元/m²。

装修报价：1200 元/m²。

装修成本：800 元/m²。

销售情况：开盘 4 小时即售罄。

② 厨卫装修材料主要为国产品牌或工厂定制，部分采用科勤等国际品牌却也是仅少量使用常规低价款，成本较低（表 2-5-4、表 2-5-5）。

表 2-5-4　卫生间装修材料

部位	设施设备	材质	品牌类型	备　注
卫生间	地砖	地砖	马可波罗	—
	墙砖	均质瓷砖	马可波罗	—
	顶板	铝扣板顶板设成品灯具		—
	门	PVC 覆膜成品门	定制	—
	窗	塑钢单层玻璃窗		—
		坐便器	科勒	常规低价款
		面盆	科勒	常规低价款
		面盆龙头	摩恩	常规低价款
		淋浴隔断	定制	常规低价款
		淋浴龙头/花洒	摩恩	常规低价款
		五金件	摩恩	常规低价款

表 2-5-5　厨房装修材料

部位	设施设备	材质	品牌类型
厨房	地砖	地砖	马可波罗
	墙砖	均质瓷砖	马可波罗
	顶板	铝扣板顶板设成品灯具	—
	门	PVC 覆膜成品门	定制
	窗	塑钢单层玻璃窗	—
	橱柜	橱柜	定制
	电器	水槽、水槽龙头	摩恩
		抽油烟机	方太
		灶具	方太

③ 成本大部分花在客户比较在意的部位，如窗户玻璃，主卧和客厅均采用双层中空玻璃。样板间电器和家具均不作为交楼标准，通过大量居家道具形成居家氛围，造成鱼目混珠的效果（表 2-5-6）。

表 2-5-6　客厅装修材料

部位	设施设备	材质	品牌类型
客厅	地板	强化复合地板	德尔
	墙面	涂料	立邦
	顶板	局部顶板、其他涂料	—
	门	PVC 覆膜成品门	定制
	窗	塑钢双层中空玻璃	—
	开关 、面板		西蒙
	电视背景墙		定制
	黑白可视对讲		—
主卧	地板	强化复合地板	德尔
	墙面	涂料	立邦
	顶板	局部吊顶、其他涂料	—
	门	PVC 覆膜成品门	定制
	窗	塑钢双层中空玻璃	—
	开关 、面板		西蒙
	成品衣柜		定制
	紧急按钮		—

2）晋合金桥世家。晋合世家和晋合金桥世家将原仁恒十几年的装修经验带入武汉，是武汉市当前发展最为领先的成品房住宅开发商，早期销售不太理想，经过了大量的现场推广和入住者的口碑传播，目前已产生一批回头客。晋合金桥世家以高端装修和优良的精装工艺，销售单价高达 11000 元/m^2，高于周边楼盘 3500 元/m^2，完全跳脱后湖区域。

装修标准：1200～1500 元/m^2。

物业地址：武汉市江岸区武汉大道（金桥段）三金潭立交处。

建筑面积：420000m^2。

物业类型：高层。

户型面积：92～145m^2。

售价：11000 元/m^2。

装修报价：2500 元/m^2。

装修成本：1200 元/m^2。

① 全配，仅卫浴和电器选用国际主流品牌，门和橱柜等均为定制（表 2-5-7、表 2-5-8）。

表 2-5-7　厨房装修材料

部位	设施设备	材质	品牌类型
厨房	地面	实木复合地板	—
	墙面	高级乳胶漆	—
	顶板	双层纸面石膏板	—
	门	沙比利饰面高级木门	定制
	窗	氟碳烤漆优质断桥隔热铝合金窗	定制
	橱柜	整体橱柜	定制
	电器	燃气灶	西门子
		微波炉	西门子
		净水器	西门子

表 2-5-8　卫生间装修材料

部位	设施设备	材质	品牌类型
卫生间	地面	优质瓷砖	—
	墙面	优质墙面砖	—
	顶板	双层防水纸面石膏板中间铝质顶板修饰	—
	门	沙比利饰面高级木门	定制
	窗	氟碳烤漆优质断桥隔热铝合金窗	定制
	坐便器	科勒	科勒
	洗脸盆	科勒	科勒
	浴缸	科勒	科勒
	暖气片	凯迪沃尔凯	凯迪沃尔凯

② 实木复合地板，晋合在上海拥有相当规模的家居研发及制造基地，所以集团旗下物业的门、窗、整体厨房、衣柜等都是量身定做的，配备了德国威能的壁挂炉（表 2-5-9）。

3）万达公馆。万达公馆将精装修作为独特、核心的产品卖点打造，为目前武汉市场最高标准装修。

装修标准——成本 3500 元/m^2，报价 5000 元/m^2。

物业地址：武昌积玉桥临江大道。

建筑面积：612500m^2。

物业类型：高层。

表 2-5-9　客厅和卧室装修材料

部位	设施设备	材　质	品牌类型
客厅 卧室	地面	实木复合地板	—
	墙面	高级乳胶漆	—
	顶板	双层纸面石膏板	—
	门	沙比利饰面高级木门	定制
	窗	氟碳烤漆优质断桥隔热铝合金窗	定制
	空调	直流变频家庭中央空调	大金
	电器	燃气灶	西门子
	壁挂炉	德国威能	德国威能

户型面积：230~320m^2。

售价：24000 元/m^2。

装修报价：5000 元/m^2。

装修成本：3500 元/m^2。

销售情况：卖出 60 套，销售额 3 亿。

① 厨房和卫浴全部配置国际顶级品牌——杜拉维特和汉斯格雅，充分彰显高贵与气派（表 2-5-10、表 2-5-11）。

表 2-5-10　卫生间装修材料

部位	设施设备	品牌类型
卫生间	坐便器	汉斯格雅
	面盆	汉斯格雅
	面盆龙头	杜拉维特
	淋浴隔断	杜拉维特
	淋浴龙头/花洒	杜拉维特
	五金件	汉斯格雅
	浴缸	杜拉维特
	灯具	施华洛世奇

表 2-5-11　厨房装修材料

部位	设施设备	材质	品牌类型
厨房	地砖	地砖	马可波罗
	墙砖	均质瓷砖	马可波罗
	顶板	铝扣板顶板设成品灯具	—
	门	—	定制
	窗	塑钢单层玻璃窗	—
	橱柜	意大利 MITON	MITON
	电器	微波炉	Smeg
		抽油烟机	Smeg
		灶具	Smeg

② 实木复合地板，精装配饰，少量石材，配大金中央空调（表 2-5-12）。

（2）本案精装修建议。

1）武汉市精装修特征回顾（表 2-5-13）。

2）本案装修标准成本建议。本案地段条件和周边环境不支持项目豪宅定位，豪华装修与本案的产品特征和目标客户相差较大。万科在武汉市场装修成本较低，品质都较为粗糙，但是由于其成熟的精装体系和人性化设计受到武汉市场的认可，而由于保利在武汉市场缺少精装修经验，成本控制暂时处于弱势，600~800 元/m^2 的装修成本过低。尽管本项目的目标档次为高端，但是

表 2-5-12　客厅和主卧装修材料

部　位	设施设备	材　质	品牌类型
客厅	空调	—	大金
	吊灯	—	施华洛世奇
	家具	—	范思哲
	门	—	定制
	窗	—	定制
	开关、面板	—	西蒙
	电视背景墙	—	定制
主卧	空调	—	大金
	墙面	墙纸	—
	地面	地毯	—
	门	—	定制
	窗	—	定制
	开关、面板	—	西蒙
	成品衣柜	—	定制
	家具	—	范思哲

表 2-5-13　武汉市精装修特征回顾

	地段背景	开发商背景	装修标准/(元/m^2)	代表项目	精装修目的
豪宅	武昌滨江 CBD，拥有一线江景资源	背景强，拥有较高的豪宅精装修经营	3500	万达公馆	作为其独特核心卖点，与国际品牌嫁接提升产品
高端公寓	后湖区域，周边环境和配套较差	新加坡企业，拥有 10 多年的成品房开发经验	1200~1500	晋合金桥世家	作为提升品质和溢价的核心卖点，弥补地段不足
中高端公寓	地段条件一般	万科拥有 15 年精装修经验，全面解决家居生活的精装系统领先市场	600~800	万科金色城市、金域蓝湾等	不作为核心卖点，作为万科产品的增值点，提升溢价

精装修仅作为项目的附加卖点，现阶段，保利也难以将精装修上升到核心卖点，所以建议适当控制成本。

因此建议装修成本标准：800~1200 元/m^2。

（3）本案装修建议。

1）控制成本的基础上要重点地提升产品品质，注重细节化。

由于集中装修的规模效益，开发商 800~1200 元/m^2 的装修，可以达到用户 1200~2000 元/m^2的装修水平；同时，在实际销售中通过提升装修报价，也可以增加产品的价值感，提高项目的溢价能力。

2）装修配置建议：精装设计输入条件，建议以国内一线品牌为主，在客户重点关注的部位使用国际一线品牌（表 2-5-14）。

3）本案精装原则。

① 由于本项目定位首次置业的公寓客群年龄相对较低，客户基本无装修经验。因此要求重点打造客户敏感部位，通过有选择地应用控制总体成本；建议注重对品牌的罗列，将本案公寓精装用材提高一个档次，并考虑到装修成本问题，建议选用国内一线品牌的低价位系列，尽量避开新款。

表 2-5-14　厨房和卫生间装修建议

部位	设施设备	材质	品牌类型	备注
厨房	地砖	防滑均质瓷砖	国内一线，如马可波罗	—
	墙砖	均质瓷砖	—	—
	顶板	烤漆金属铝板顶板	—	—
	电器	橱柜	国内一线，如海尔、方太	—
		水槽、水槽龙头	国际品牌，如科勒、摩恩	—
		抽油烟机	国际品牌，如西门子	—
		灶具	国际品牌，如西门子	—
卫生间	地砖	防滑均质瓷砖	—	—
	墙砖	均质瓷砖	—	—
	顶板	烤漆金属铝板顶板	—	—
	电器	热水器	国际品牌，如阿里斯顿	电热水器
	卫浴	坐便器	国际品牌，如科勒	常规低价款
		面盆、面盆龙头	国际品牌，如科勒	常规低价款
		浴缸龙头	国际品牌，如科勒	常规低价款
		淋浴房	国际品牌，如科勒	常规低价款
		淋浴龙头/花洒	国际品牌，如科勒	常规低价款
客厅	地板	实木复合地板	国内一线，如大自然、圣象	—
	百合窗	—	—	全自动
	灯具	—	松下、西门子、飞利浦	常规低价款
	开关	—	国际一线，如西门子	常规低价款
	门	—	国内普通品牌	注重人性化设计

② 由于户型的装修标准较低，不建议做太过明显的风格导向，建议通过样板间的塑造去阐释高层公寓的装修品质；选择知名设计师设计风格不同的样板房，样板间重点演绎居家生活氛围。

③ 由于主力户型面积较为紧凑，这类自住客户一般追求使用空间的实用性，因此利用精装创造更多人性化设计，增加目标客户体验感，提高项目品质。

（4）本案装修注重细节打造。

1）聚焦客户重点感知的功能空间——厨房。

① 厨房装饰材料及设备：配置基本厨房电器，采用国内品牌或国产的知名品牌，如方太、樱花的灶具，国产科勒的龙头水槽等。在品牌的选用上有要求但不强调。客户对厨房精装修的需求基本一致，可操作性大，争议小，注意厨房的人性化设计，如 U 形厨房。

② 橱柜：模拟主人作业过程思考物品摆放，体现人性化设计。

2）聚焦客户重点感知的功能空间——卫生间。

① 卫浴洁具：配置齐全，此部分为客户最为关注的重点之一，因此建议较多的采用国产的外国品牌，如国产科勒洁具和龙头花洒。

② 空间小但功能齐全，分隔合理。分离式卫生间设计，马桶和洗漱区分区域设置，使早上起床不再为抢厕所而苦恼——为青年客户量身定制。

（5）营销展示建议：消除客户对精装的顾虑。武汉市场客户或多或少对精装修房心存顾虑，有必要对精装修的材料、工艺进行展示或讲解，以消除客户心理顾虑。

1）材料展示。

① 施工工艺样板房：通过工艺样板房的展示，将装修用材及品牌详尽地呈现在购房者眼前，打消购房者对工程质量的疑虑。

② 现场展板：各类装修材料展示与资料说明。

2）利害规避。销讲说辞：销售人员或接待人员样板房进行主次讲解，避重就轻。

3）现场沟通。销售文本：销售合同、装修标准等讲解文本。

7. 绿色科技设备应用策略

综合考虑设备成本与效益之后，建议本案选取如下科技方案——保利康桥科技产品 KPI 体系。后期需要配合相应的推广和形象包装，突出创新的绿色节能的形象，重视现场展示和体验。

（1）必配：

外墙、外窗保温

屋顶地面保温材料

外窗隔热隔噪材料

隔音降噪系统

太阳能系统

置换式新风系统

中央生活热水

暖气片

（2）选配：

同层排水

生态灭蚊

第七部分　项目主题总论

7.1　项目主题意义

对客户来说，人生注入一个全新的阶段！

对保利来说，产品进入一个新的里程碑！

7.2　项目推广语

里程碑式人生。

康桥水岸风情。

唯美人文之城。

7.3　项目主题定位

宣传语：里程碑式人生。

形象主题：保利康桥系，唯美水岸人文艺术之城。

建筑主题：在学院与河岸之间的康桥风情原筑。

7.4　项目主题价值体系

1. 地段价值：潜力区位

1）内二环之间，城市价值巨大。

2）居住环境和生活配套的不断完善，居住价值提升。

3）五横五纵的道路体系，交通配套的不断完善，地铁 7 号线的规划。

4）创意产业园的产业规划同时带动区域发展。

2. 产品价值

1）人文水岸：源于剑桥 800 年的人文内涵，打造原汁原味的康桥风情主题，为武汉市场带来全新的感受。

2）学院气质：装饰学院的建筑与景观，展示社区的内在人文精神。学院派建筑景观的深层内涵：对居住者的人文关怀。

3）心灵归宿：和谐融洽人文氛围的营造，给客户强烈的归属感，成为客户置业首选的终极居住之所。

4）节能环保：绿色科技的运用，生态、节能、环保，让客户体验的超前高舒适度。

精装家居：全部精装修，缩短了交房时间，节约装修成本，同时免去了分散装修的噪声污染，为客户提供了便利，省事省心省力。

3. 品牌优势：强势品牌

1）央企第一名。

2）地产公司综合实力第二名。

3）武昌区域城市运营商。

4）南湖第一品牌开发商。

7.5　项目命名

1. 命名演绎

缘起，中国的探月，让世人知晓了月球的“红湾”，篆刻着新的里程碑记忆。

保利康桥系，在武汉实现产品线的里程碑式的新生塑造。保利新里程碑的着陆点，保利湾。

“*Hinc lucem et pocula sacra.*” 翻译为此地乃启蒙之所、智识之源，是剑桥大学校训。水岸与人文，实现融合演绎。以智慧的科技系统，诠释新的居住方向。以系统化的精装修，启迪未来生活空间。

在房地产市场发展中，开发商经历了从建设单独项目到经营多个项目，从布局本地到布控全国。而如今逐渐转变成一种全新的地产经营之路——迈向产品系。

2. 其他产品系

产品系的形成，既能继承同系住宅的优点，也有利于延续品牌影响力，以及购房者的忠实度。纵观当今房地产，创造产品系已为突围市场起到了关键作用。例如金地、绿地等地产商都开发了自己的产品系列，成功地扩张了品牌战略布局，加深品牌形象，在激烈的市场竞争环境中，抢夺消费者记忆。从而在业绩上不断创造新高。

（1）金地天字系——金地天御、金地天逸、金地天境。2009 年的天字系，涉水豪宅市场，将创新和产品价值推到了新的高度。金地天字系列作为金地产品链的转型之作，成功演绎了豪宅梦想，是全面升级项目战略布局的经典案例。

（2）万科金字系——万科金色家园、万科金色蓝湾。金色系列，是 20 世纪 90 年代末期万科的另一个产品体系，揭开了万科在城市中心区的住宅开发的序幕。

（3）保利系列。十八年二十城，和谐生活绽放大江南北，康居、珍品、山水、尊享、国际商务五大系列，因地制宜，道法自然，为当代都市谱就一曲“和谐、自然、舒适”的生活华章。

保利康居——城市家庭的健康人居：保利花园、百合花园。

保利珍品——都市精英珍藏的城央领地：香槟花园、保利心语。

保利山水——有识之士的山水大宅：保利林语系列、保利十二橡树庄园。

保利尊享——层峰人士的人居名片：保利国际高尔夫花园。

3. 命名定位

随着稳健发展和经验的积淀，保利地产的品牌知名度日益增大，成为知名房地产品牌。而在保利众多产品中，始终缺少一个打响市场的产品系。保利作为开发规模大、业主数量多、业绩表现佳的房地产发展商，理应创造自己的产品系，以此作为品牌发展的坚强后盾。

在以往的产品系中，保利超豪华大体量的豪宅系鲜少所见。而保利 80 万 m^2 超大体量的产品风范，需要一个符合产品特色的案名来诠释气度，并以此形成保利独有的产品系列，这将更吸引购房者的目光以及形成全新的品牌经营之路。保利十年，应该有一个划时代的作品。

如今保利，需要一个为自己正名的产品系。

一座城市的巅峰之作——保利湾。将成功使该地告别红旗村时代，全新升级为极具时代意义的地理方位名称——保利湾。

4. 命名诠释

为武汉城市正名，潜心十载，保利终于有了以自身名义命名的品牌。保利房地产（集团）股份有限公司成立于 1992 年，是全国知名房地产品牌，历经十年砥砺，终于为自己正名。

大武汉，只有一个保利湾。传承剑桥 800 年的历史文化，沉浸在艺术、文化与意境的简史之中，武汉，唯有保利湾。

一座城，一湾水。

三大支柱支撑着项目的精神。

巡司河康桥水岸风情景观轴耐人寻味，大气派精装修，大景观观景园。

仁者乐山，智者乐水。

保利湾以水的气派、灵性、智慧，最好地诠释了项目的核心精神。

（上海聚泰房地产经纪有限公司（新聚仁机构））

【报告点评】

或许跟项目的主题“康桥”有关，此报告跟传统的房地产策划报告不同，报告语言充满浪漫气息，辞藻优美。此类策划报告语言形式，并非人人可驾驭，也并非适合每个项目策划报告，不可一味效仿。

报告阐述了“康桥”主题的来源和传承，很清晰也很透彻地阐述了“康桥”的理念和文化蕴涵。并根据主题进行项目一系列的规划设计，使得项目主题得以实现，也让项目更有文化韵味。

然而报告缺乏对市场调研分析，客户需求也不明确，这就让项目定位少了支撑点。不可否认项目的主题定位很好，但项目成功与否仍未可知。

第三章

房地产市场策划报告

指引

一、 2015年四川成都市房地产市场调研报告

二、 2011年北京市房地产市场年度研究报告

三、贵州贵阳商业项目开发定位前期市场调研报告

四、 2014年南京市房地产市场研究报告

五、云南昆明市盘龙区白龙寺地块开发前期市场调研报告

六、 2015年江西南昌商业市场调研报告

七、吉林长春市别墅项目消费者调研报告

八、 2015年河南周口市房地产市场调研报告

九、湖北宜昌汽车市场调研报告

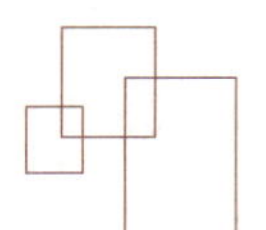

一、2015年四川成都市房地产市场调研报告

报告目录

报告正文

第一部分　城市概述

1.1　城市概况

1）位置。成都市位于我国西部、四川省中部、四川盆地西部，东北与德阳市、东南与资阳地区毗邻，西南与雅安地区、西北与阿坝藏族羌族自治州接壤，南面与眉山地区相连。成都市西高东低，落差较大，海拔最高为5346m，最低为387m。

2）土地资源。成都市土地面积为1.239万km^2，占四川省土地面积的2.6%，可利用的土地面积为1.1669万km^2，占土地总面积的94.2%。

3）气候。成都属亚热带湿润季风气候，热量丰富，雨量充沛，四季分明，雨热同季，冬暖春早，夏无酷暑，气候资源的总量及其组合具有明显的优势。

4）水资源。成都市地表水系发达，主要有岷江、沱江等12条河流及几十条支流。世界闻名的都江堰水利工程使得成都平原灌渠纵横交错，为成都利用丰富的水资源创造了良好的条件。全市年均水资源总量为304.72亿m^3。

5）生物资源。成都主要动、植物资源共11纲、200科、764属、3000余种，种子植物有2682种，分别占全国、四川省的11%和31%，特色和珍稀资源较多，农作物、经济林木、水果、家禽、中药材资源丰富。

6）矿产资源。成都目前已探明的矿产资源40多种，大小矿产地400余处，有丰富的钙芒硝、水泥用石灰石、水泥黏土、蛇纹岩、沙砾等优质矿种。

7）能源资源。目前探明的储量看，煤炭 1.46 亿吨；水能可开发量 65.3 万千瓦；成都平原具有较好的“生油成气”条件，天然气探明储量 16.77 亿 m^3，远景储量 42.21 亿 m^3。

8）环境：成都是国家级卫生城市，绿化覆盖率和绿地率分别为 22.6% 和 21.8%。1998 年府南河整治工程获得联合国人居中心颁发的“联合国人居奖”。成都市的空气质量非常好，全年有 51 周的时间空气污染指数为良。

1.2　人口及行政区划

1）人口：2014 年末，成都市总人口为 1028 万人，在全国特大城市中，仅次于北京、上海、重庆，位居第四。其中，市区人口 440 万人，县（市）人口 588 万人；农业人口 662 万人，非农业人口 366 万人。全市共 325 万户，其中，市区为 145 万户，县（市）为 180 万户。全市平均每户 3.2 人，其中市区平均每户 3 人。全市人口密度为每平方公里 827 人，其中，市区人口稠密，平均每平方公里达 2020 人。

2）行政区划：成都市现辖 9 区 4 市（县级市）6 县，即：锦江区、青羊区、金牛区、武侯区、成华区、龙泉驿区、青白江区、新都区、温江区，都江堰、彭州市、邛崃市、崇州市，金堂县、双流县、郫县、大邑县、蒲江县、新津县。

1.3　汇聚能力与辐射能力

成都市作为四川省省会，是四川唯一的特大型城市。从 1949～2014 年年底，全市人口从 501.3 万人，增加到 1028.48 万人；城区人口由 112.5 万人，增加到 439.79 万人；建成区面积由 $18km^2$，增加到 $228.1km^2$。成都市不仅是四川省的政治、经济、文化中心，而且正发展成为中国西南地区的科技、商贸、金融中心和交通、通信枢纽，更是全国知名的历史文化名城和旅游中心城市，成都市具有一种强势的汇聚能力与辐射能力。

1）交通通信方面：成都市建成区面积 $228.1km^2$，公路密度为 $1.08km/km^2$，双流国际机场年客流量居全国第五位，现有国际航线 245 条，并开通至新加坡、曼谷、广岛、香港、东京等国际（地区）航线 8 条。成都是西南地区的交通枢纽，宝成、成渝、成昆和成达铁路在成都交会。北京—昆明、上海—拉萨和兰州—昆明 3 条国道相汇成都，成渝、成灌、成绵、成乐、成南、成雅高速公路建成通车，已基本形成了以城区干道为依托、国道公路为干线、四条铁路为动脉、国际空港为支撑的立体交通格局。成都是八大通信、交换中心之一，可与世界 180 多个国家和地区、国内 600 多个城市直接通话。并且是全国七大邮政通信一级处理中心之一，业务总量、通信总量居全国省会城市前列。交通的发达造就了人流、物流的欣茂，形成了巨大的辐射力与汇聚力。

2）生活环境方面：成都是国家级卫生城市，绿化覆盖率和绿地率分别为 22.6% 和 21.8%，1998 年成都市投资 27 亿元的府南河综合整治工程，使城市生态环境得到较大的改善，并获得联合国颁发的国际“人居奖”。成都市全年有 51 周的时间空气污染指数为良。成都市的城市管理、园林绿化、环境保护等工作水平居全国前列，并连续多年被评为国家卫生城市和全国城市环境综合整治优秀城市，可以看出成都市的气候、自然环境、地理位置非常的适合人居住。成都是一个具有良好生活环境的城市，它的生活环境对周边的人口具有巨大的吸引力。

3）商业贸易方面：成都市现有生产资料和消费品市场达 929 个，全年商品交易市场成交额 532.1 亿元。年成交额上亿元的商品交易市场达 31 个，其中上 10 亿元的市场 5 个。已形成规模的有荷花池市场、成都生产资料交易区、成都城隍庙电子电器市场、五块石商贸大市场以及人民商场、红旗商场、粮食批发市场、蔬菜批发市场等一批大型商品市场。当前正在抓紧与国家有关部门合作，加快成都生产资料交易区、成都农产品中央批发市场等一批大市场。整个市场建设已初步形成以城市为中心、市区县结合的市场网络，其辐射范围已由过去川西100多个市县扩展到全国，甚至辐射到东南亚一些国家和地区，市场规模及容量位居西部城市之首。截至2003年，已有34家世界500强企业投资设立了38家外商投资企业，投资额达42301万美元。

4）金融方面：中国人民银行成都大区分行设在成都，现有银行类金融机构2536个，新加坡大华银行、英国标准渣打银行、巴黎国民银行、东京三菱银行、东亚银行、花旗银行等在成都设立了代表处，新加坡华侨银行设立了分行。国家证监委大区证监办设在成都，现有证券营业部87家，证券投资者187万人，2014年全年证券交易额1668亿元。2014年年末成都市金融机构存款余额为2635.61亿元，其中企业存款为985.49亿元，城乡居民储蓄存款为1225.98亿元，其中城镇居民储蓄存款为107.02亿元；2014年年末贷款余额为2181.78亿元，其中短期贷款为1134.98亿元，中长期贷款为689.28亿元。基本上形成了以成都为中心，川西为依托，辐射西南和全国部分省市的融资网络。

5）文化教育方面：成都市科教实力雄厚，全市有各类科研机构2700多个。截至2014年年底，全市现有高等院校28所，在校生为256267人，毕业生数为33348人。具有大专学历以上的人才，占全市总人口的9.8%。

第二部分　城市经济发展状况

2.1　经济运行现状分析

成都作为西南地区的商贸、金融、科技中心和重要的交通、通信枢纽，是整个西南地区的经济中心。近年来，成都市抓住西部大开发的机遇，积极扩大内需，进一步对内、对外开放，经济运行总体质量和效益不断改善。2014年，全国国内生产总值达到1667亿元，在全国15个副省级城市中，仅次于广州、深圳和杭州，位居第四，GDP总量比1978年增长12.6倍，年平均增长11.5%，用14项小康指标衡量，成都市城市居民于1993年、农村于1997年基本实现小康。成都市的经济结构不断调整优化，第一、二、三产业比例关系为8.4∶45.5∶46.1，以商品流通、交通运输、邮电通信、金融保险、房地产、技术服务、旅游等为主的第三产业成为经济发展的主导力量。

2000~2014年成都市的国内生产总值每年都是以百分之十几的速度不断增高，其中2014年更是达到了1667亿元，比2013年增加了13.1%，2014年全国的经济增长率为8%，成都高于全国水平（图3-1-1）。

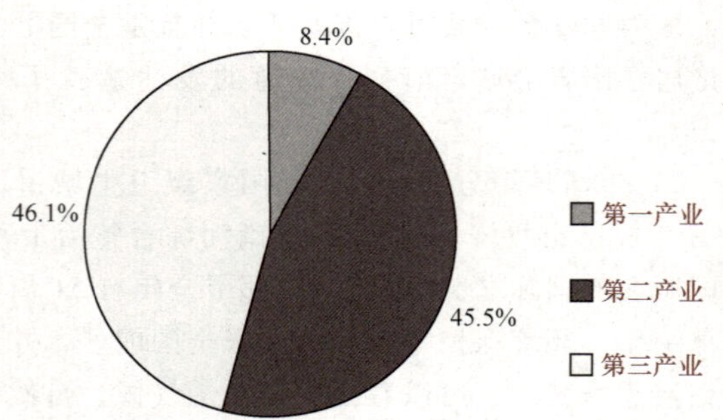

图3-1-1　2014年成都市各产业占比图

2014年第三产业在整个成都市国内生产总值中所占比重为46.1%，高于其他产业。成都市从三个层次出发，调整和确立第三产业发展格局。一是大力发展旅游业、房地产业，确立其在经济发展中的主导地位。二是加快改造提升传统商业服务业，形成现代化的商贸流通格局。三是规范发展金融保险、信息产业、咨询、设计等新兴行业（2014年房地产占成都市整个国内生产总值的3.9%，在3%的重要产业分界点以上，房地产业已成为成都市国民经济中的重要支撑产业）。

成都市作为西南地区物流、资金流和信息流聚集的一个特大中心城市，以稳定发展第一产业、优化发展第二产业、加快发展第三产业为指导思想，加快结构调整，有效推动了第三产业的快速发展。在1999年，第三产业增加值首次超过第二产业，成为成都市经济增长的重要动力。

2014年成都市全社会固定资产投资额为702.15亿元，比2013年增长了20.6%，2013年全社会固定资产投资额为582.22亿元，比2000年增长了22.3%，2000年为475.9亿元，相当于1990年的11.86倍，这些数字表明，成都市的城市建设快速发展，各项基础设施建设越来越完善。城市的发展将带来投资的更大化，这对成都市的经济将是一个有力的推动，并且会吸引更多的外地人到成都来投资、工作与居住。

2014年成都市完成房地产开发投资额203.31亿元，与2013年相比增长了19.4%，其中住宅投资148.88亿元，与2013年相比增长了21.2%，房地产业已成为推动成都市经济发展的重要力量。

根据恩格尔系数表明，当恩格尔系数在40%时，住房消费在消费结构中比重会达到15%～20%；当恩格尔系数达到30%时，住房消费在消费结构中所占的比重在25%～30%。成都市城镇居民恩格尔系数在1999年为43.9%，2000年就下降到38.8%，2013年为37.4%，2014年略有回升为39.1%。住房消费在消费结构中所占的比重在1999年为9.2%，2000年为11.9%，2013年为10.8%，2014年为11.4%，可以发现，成都市居民住房消费在消费结构中所占的比重与国际标准项比较还存在着不小的差距，随着成都市经济建设的飞速发展，成都居民的消费结构也将不断调整，居民的生活质量也将不断提高，“住”在整个消费结构中的比重也将不断提升。

2.2　与其他城市主要经济参数对比（表3-1-1、表3-1-2）

表3-1-1　与其他城市主要经济参数对比一

城市	年末总人口/万人	国内生产总值/亿元		第一产业增加值/亿元		第二产业增加值/亿元		第三产业增加值/亿元	
年份	2014年	2014年	增长/%	2014年	增长/%	2014年	增长/%	2014年	增长/%
成都	1028.48	1667.1	13.1	140.75	5.2	758.78	14.8	768.24	12.8
重庆	3113.8	1971.1	10.3	315.78	4.1	826.45	13.8	828.87	9.2
武汉	764.42	1493.09	11.8	89.53	3.8	660.49	12.2	743.07	12.5
西安	702.6	823.46	13.3	47.04	2.6	372.59	14.5	403.83	13.5
天津	919.5	2022.6	12.5	83.85	6.1	978.75	14.3	960	11.2

表3-1-2　与其他城市主要经济参数对比二

城市	全社会固定资产投资总额/亿元		社会消费品零售总额/亿元		金融机构存款余额/亿元		金融机构贷款余额/亿元		城乡居民储蓄存款余额/亿元		城镇居民人均可支配收入/亿元	
年份	2014年	增长/%	2014年	增长/%	2014年	增长/%	2014年	增长/%	2014年	增长/%	2014年	增长/%
成都	702.15	20.6	709.51	13.1	2635.61	16.8	2181.8	24.4	1226	23.2	8972	10.4
重庆	995.66	24.2	763.05	9.1	2821.04	23	2244.7	19.9	1595	21.1	7238	10.1
武汉	570.43	12.2	770.08	12.3	2539.03	18.4	2004.8	20.8	1080	29.7	7820	7.1
西安	338.15	17.5	409.39	11.9	2191.47	34.5	1598.4	20.3	988.04	23.4	7184	7.1
天津	811.6	15.1	941.36	13.1	3018.26	17.8	2519	16.6	1486.4	15.7	9338	11.6

2.3 预测与展望

1）经济总量目标：国内生产总值年均增长10%以上，2005年人均国内生产总值达到2500美元。经济质量和效益明显提高，财政收入增长幅度高于国内生产总值幅度。

2）结构调整目标：调整优化所有制结构，逐步提高非公有制经济的比重，建立适应生产力发展水平的所有制结构。调整优化产业结构，2005年第一、二、三产业增加值比例为7：45.5：47.5，高新技术产业增加值占国内生产总值的比重达到15%以上。调整优化城乡经济结构，加快城市化进程，2005年城市化水平达到38%以上。

3）人口就业目标：人口自然增长率控制在4‰以内，2005年全市总人口控制在1070万人，非农业从业人员比重达到60%，城镇登记失业率控制在4%以内。

4）城市建设目标：加快建设城市中央商务区和城市副中心，城市功能分区总体合理，基础设施配套完善，城市管理科学规范有序，形成现代化城市的基本框架；建成以中心城区为核心、卫星城市（镇）为纽带、远郊中等城市为支撑、小城镇和中心村为基础的城镇体系。2005年城市生活污水处理率达70%，城区生活垃圾处理率达100%，城市绿地覆盖率达30%。

5）生态环境目标：基本实现城市环境优美、生态良性循环，城区空气质量稳定在Ⅱ级，国家级和省级风景名胜区稳定在Ⅰ级，工业废水排放达标率、工业烟尘排放达标率和工业固体废物综合利用率分别达到90%、90%和85%。

6）居民收入目标：城乡人民收入水平和生活质量稳步提高，城镇居民人均可支配收入年均增长8%；农民人均可支配收入年均增长6%。

7）社会发展目标：2005年恩格尔系数加权平均值降到43%，其中城市为37%，农村为47%。人均期望寿命达到74岁，城镇社会保障体系基本健全，基本普及高中阶段教育，各项社会事业全面发展。

第三部分 成都市房地产市场发展概述

3.1 成都市房地产市场发展历程及现状

1. 成都市房地产市场发展历史概况

从历史数据可以看到，1990年成都市房地产业产值仅为2.13亿元，仅占当年国内生产总值（GDP）的1.1%。90年代成都房地产行业发展速度几乎两倍于全市国民经济的增长速度，2014年房地产业产值达64.8亿元，房地产占成都市整个国内生产总值的3.9%，在3%的重要产业分界点以上，房地产业已成为成都市国民经济中的重要支撑产业。

（1）十年经历的三个重要阶段。从产业发展的轨迹来看，成都市房地产业发展在过去的十年经历了三个重要阶段。

1）1992~1995年：高速发展阶段。1992年成都市房地产开发投资额为9.44亿元，与1991年相比增长204.5%；1995年投资额为54.54亿元，增长率为61.5%。这其中以邓小平同志南方讲话为契机，顺应着成都市府南河综合整治工程、二环路建设、天府广场拆建等一系列的重点工程，成都房地产业乘势获得了决定性的基础性发展。

2）1996~2000年：相对平稳发展阶段。随着成都市住房制度改革的不断深化，实物分房制度在1998年年底寿终正寝，成都房地产消费结构从集团性消费向散户时代全面过渡，2000年全市个人购买商品房比例达到81%，总体市场环境发生了质的变化。2000年，成都房地产市场以全年完成投资额129.2亿元，增长29.2%的骄人成绩吹来一股新风，预示着成都房地产业新一轮的腾飞。

3）2013年至今：竞争性持续发展阶段。2013年以来，成都市在经过自1996年之后相对平稳发展时期，开发商和消费者呈现理性投资与消费特征。在加入WTO和西部大开发战略的宏观利好环境下，成都市逐步确定了西部最佳经济火车头和最佳居住城市的明显地位。2003年1~6月全市（含郊区、市、县）累计完成房地产开发投资96.63亿元，同比增长35.2%，其中住宅投资68.6亿元，同比增长26.8%，合计商品房销售面积为623.16万m^2，销售金额为149.96亿元。市场环境保持较好的持续性发展势头，但在供需之间的竞争性特征也越来越明显（表3-1-3、表3-1-4）。

表3-1-3 成都市房地产业十年主要经济指标

指标 年份	国内生产总值/亿元	房地产业产值/亿元	房地产业产值占国内生产总值比率/%	房地产开发投资完成额/亿元	商品房销售额/亿元	商品房销售面积/万m^2
1990	194.1	2.13	1.1	2.99	—	—
1991	236.9	2.89	1.22	3.10	2.97	39.0
1992	300.7	4.68	1.56	9.44	5.27	59.4
1993	418.6	6.75	1.61	20.73	16.49	102.6
1994	558.4	9.11	1.63	33.75	19.39	126.7
1995	713.7	12.24	2.0	54.54	20.42	128.4
1996	869.3	18.44	2.12	68.44	32.48	231.1
1997	1007.0	22.96	2.28	73.01	44.19	292.4
1998	1102.6	32.17	2.9	79.97	49.17	331.6
1999	1190.0	36.34	3.1	99.86	68.26	370.5
2000	1313.0	42.03	3.2	129.16	78.21	433.6

表3-1-4 成都市房地产业十年主要经济指标增长情况

指标 年份	国内生产总值/%	房地产业产值/%	房地产开发投资/%	商品房销售额/%	商品房销售面积/万m^2
1991	14.3	35.8	3.8	—	—
1992	17.6	61.6	204.5	77.4	74.7
1993	20.6	44.2	119.5	213.0	72.7
1994	15.2	34.9	65.8	17.6	23.5
1995	12.5	34.4	61.6	5.3	1.3
1996	11.6	50.7	25.5	59.1	80.0
1997	11.5	24.5	6.7	36.1	26.5
1998	10.1	40.1	9.5	11.3	13.4
1999	10.2	12.9	24.9	38.8	11.7
2000	10.8	15.7	29.2	14.6	17.0

可见，成都市房地产业在十几年的历史内并未出现其他省市的随国家宏观经济政策及产业政策的调整而大起大落的情况，相反走出一条相对平稳的发展轨迹。因此，我们有理由相信，正如投资额的大幅增加显示了投资者的信心，在未来的五~十年时间里，成都房地产业仍将在进一步的良性但却更为激烈的竞争环境中，不断优化产业结构和市场配置，在另一新的发展水平上获得快速发展，更充分地在国民经济发展中发挥先导性作用。

（2）市场产品不断更新，开发模式升级换代。对应着成都市房地产业三个历史发展阶段，成都商品住宅市场也呈现出具有明显特征的三个阶段。

1）第一阶段：数量扩张阶段。1993～1995年，成都市房地产市场大梦初觉，“商品房”的概念正式走入寻常百姓家，压抑了多年的市场需求在住房商品化、市场化驱动下急剧膨胀，卖方市场的特征导致了数量型扩张的产品特征。

1993年，由成都市民用建筑统一建设办公室开发建设的“棕北小区”，无异于成都市商品房小区的一面旗帜。该小区立项时即为全国第二批城市住宅小区建设试点小区，总建筑面积16.6万m^2。建成后，荣获建设部“住宅试点金奖”和4个单项一等奖，后又荣获“全国优秀物业管理小区”奖。今天的棕北小区，已然成为“南富”区域定位的代言人和发起人，并成为与九眼桥、磨子桥等历史地名齐名的“地标”。棕北小区首度在成都建设了小区内中央绿地广场，直接带动了城南区域房地产业的兴起。以今天的眼光看，棕北小区有着小区停车位不足、小区私密性不高、户型不尽合理、配套欠完善的缺憾。但在当时的条件下，一环路外的区域至少是现在二环接近三环的概念。而且，相对于20世纪80年代大量修建的形态单一、外墙简单处理且色调灰暗的工矿企业职工住宅，其蝶形布局、米黄色外墙、颇具规模的小区形象等物业品质已然形成了风景。

这其后，号称成都第一个高级居住区的“锦绣花园”，其开发商——成都华新国际城市发展有限公司，以其新加坡温兄弟集团及沈阳华新国际实业有限公司的背景，打出“开奔驰车，住锦绣花园”的口号，直面成都最高收入阶层和驻蓉外国人客户群体，在2000元/m^2市场价情况下，开创了4000元/m^2以上的市场神话。

以1993年9月的“中国·四川·成都93国际熊猫节房地产交易博览会”为起步标志，成都市商品房市场开始进入全面发展阶段。按照“统一规划、统一建设、统一配套、统一开发”的建设方针，一大批配套设施较为齐全、住房功能较为完善的商品住宅拔地而起，在强劲的市场需求支撑下，获得了快速的数量发展。

2）第二阶段：数量与品质同步发展阶段。1995～2000年，成都市房地产市场开始进入市场化的平稳发展时期，供需相对均衡。市场产品除注重价格、户型、区位等因素外，消费者逐步开始关注产品的物业管理、小区环境乃至项目品牌。

以1997年9月的“‘中国·四川·成都’97国际熊猫节房地产展示交易会”为标志，成都市以追求住宅品牌效应和营造舒适环境为开发理念的居住小区有了进一步发展，涌现了中华园、置信花园、银都花园、锦城苑、交大智能小区等一大批既在居住空间上满足消费者的居住需求，又在产品的多元化品质上求得一定创新，且具有一定项目品牌内涵的商品住宅。

3）第三阶段：品牌年代发展阶段。2013年以来，随着市场化、商品化市场特征的显化，成都市80%以上的个人消费比例直接导致了买方市场的出现。在产品特征上，随着深万科、大连万达、中海外等强势企业的进入，成都市房地产市场进入了品牌化发展时期。以万科城市花园、万达成都花园、中海名城、中房蜀风花园城、置信逸都花园等为主导市场，引导成都市房地产市场步入企业品牌与项目品牌的主流化发展时期。

十几年来，伴随着商品住宅的蓬勃发展，成都市商业物业及写字楼物业等综合性房地产开发也获得了空前的发展。据统计，20世纪90年代全市共建成高层建筑超过500幢，其中20层以上的超高层建筑150多幢。成都是传统的商业城市，也是国家重点发展的西南地区“三中心两枢纽”之一，其形成的以盐市口、春熙路、骡马市和顺城街四大传统CBD商业圈，集聚成重要的黄金商业口岸。以冠城广场、新时代广场为代表的办公类物业，以总府皇冠假日大厦、天府丽都喜来登大厦为代表的酒店类物业，以成都商业大世界、百脑汇电脑商城为代表的商业类物业，以民兴金融大厦、中银大厦为代表的金融类物业，以成都房地产大厦、规划管理大楼为代表的行政办公类物业等，无不展示着成都房地产业欣欣向荣的景象。

2. 成都市房地产市场发展现状

依托成都市的悠久历史文化底蕴和优良人居环境，成都市房地产市场拥有强劲的发展动力，据有关数据显示2003年1~6月全市（含郊区、市、县）累计完成房地产开发投资96.63亿元，同比增长35.2%，住宅投资68.6亿元，同比增长26.8%。土地购置费达27.58亿元，同比增长69.8%，增幅过大。购置土地面积354.32万m^2，同比减少11.7%，土地购置单价同比上升92.3%，几近翻番。同期商品房施工面积1758.44万m^2，比2002年同期增长27%，其中新开工面积566.77万m^2，同比增长33.3%；商品房竣工面积263.93万m^2，同比增长37.5%，其中住宅类竣工面积244.60万m^2，同比增长46.8%。全市（除崇州外）合计商品房销售面积为623.16万m^2，销售金额为149.96亿元。其中，住宅的销售面积为545.31万m^2，销售金额为112.2亿元。办公用房销售面积为7.32万m^2，销售金额为2.59亿元；商业营业用房销售面积为59.94万m^2，销售金额为29.53亿元。可以看出，成都市的房地产投资是活跃的，尤其是住宅类用房的投资与开发是成都市房地产开发的重点和热点。

另据资料显示，2003年1~6月五城区房地产市场的供求关系发生了根本性转变，需求首次超过供给。市场供应面积（批准预售商品房面积）为350.64万m^2，销售面积为353.04万m^2，供销比为0.993。供小于求这一状况有力地证明了成都地产消费市场强劲的需求动力，就全国目前的省会城市来看，供给小于需求的这种状况很难出现，一些城市的积压商品房问题越来越严重，而成都市的商品房供求关系第一次出现供小于求，结合现今房地产界的讨论焦点——“泡沫”问题，可以看出成都市房地产业正处于一个高速发展的安全通道中。在保持高速增长的同时成都地产也出现了一些新的特点。

1）房地产开发投资资金来源实现多元化，成都市房地产开发资金从过去主要依赖政府转到现在政府、银行、企业、个人广泛参与房地产开发，而且政府资金逐步淡出，企业自筹资金、银行贷款、预付款、定金等成为房地产开发投资的主要来源。2003年1~6月成都市房地产开发资金138.91亿元，其中国内贷款36.67亿元，占26.4%，自筹资金39.64亿元，占28.54%，定金及预付款53.9亿元，占38.8%。资金来源的多元化表明成都市房地产开发已进入主要依靠企业自身力量和市场力量发展的阶段（表3-1-5）。

2）个人成为购房主力，外地个人购买面积上升，2003年1~6月个人购买五城区商品房合同备案登记成交面积320.67万m^2，同比增长25.8%；成交金额106.9567亿。同比增长41.7%，成交均价3335元/m^2，同比增长12.6%。个人购房面积占总销售面积的90.4%。说明个人已经成为购房的主力军（表3-1-6）。

表3-1-5　近几年成都市房地产开发资金来源情况　（单位：亿元）

年份	本年资金来源合计	资金来源小计					
		自筹资金	所占比例	定金及预付款	所占比例	利用外资	国内贷款
2000	188.9	52.5	27.8%	52.18	27.62%	2	30.78
2013	240.89	44.45	18.45%	77.04	31.98%	1.6	39.89
2014	254.27	71.2	28%	99.1	38.97%		
2003.1~6	138.91	39.64	28.54%	53.9	38.8%	0.01	36.67

（资料来源：成都市房产管理局　　成都统计年鉴2014）

3）地产抵押大幅增加，贷款金额增幅远低于抵押面积、抵押价值增幅，金融风险得到有效控制。2015年上半年，五城区共办理房地产抵押登记12194件，同比增长125%；抵押面积336.58万m^2，同比增长37%；抵押房地产价值134.36亿元，同比增长32%；贷款金额69.61亿元，同比增长21%；贷款抵押比为0.520，同比下降7.8%，抵押保障作用更强。抵押件数增幅高于抵押面积、抵押价值增幅，主要缘于个人住房贷款等小额房地产抵押贷款的大量增加，这使得风险更加分散，金融风险得到有效控制。

表 3-1-6　成都市 2003 年 1~6 月个人购房统计情况

项目		合计			其中:住宅		
		面积/万 m^2	成交金额/万元	均价/(元/m^2)	面积/万 m^2	成交金额/万元	均价/(元/m^2)
合计	交易量	353.04	1206921	3419	302.6	904915	2990
	同比增长	32.0%	52.8%	15.6%	29.70%	50.50%	16%
个人购买	交易量	320.67	1069567	3335	289.36	865581	2991
	同比增长	25.80%	41.70%	12.60%	26.40%	46.90%	16.20%

（资料来源：成都市房产管理局）

3.2　成都市房地产市场供需分析

1. 市场供给特点

1）开发趋向大盘化。大盘开发渐渐成为成都楼市的一大趋势，几百亩、上千亩甚至数千亩的项目越来越多，市区的有万科城市花园、河滨印象等，由于市区土地资源的缺乏与零散分布，致使这些上千亩的整块土地主要还是来源于成都市郊的卫星城，尤以华阳、龙泉和温江的大盘竞争最为白热化。无论是四川万达、华新国际、四川深长城等外地开发商还是建信、置信、浩林、天祥等本地开发商所申报的生态示范项目，都无一例外是几百亩乃至上千亩的大盘。

2）商业地产高速成长。成都的商业地产起步较晚，与国内一些大城市相比，亦有不小差距。2014 年的商业地产呈现爆炸式增长，社区商业地产、专业市场发展迅猛，商业地产的专业化趋势和高品质的经营管理成为开发商关注的重要方面。随着旧城改造的推进和 2004 年中国对外放开零售业，商业地产将有很大的市场前景。

3）小户型项目增多。小户型作为一种过渡兼投资型户型越来越受开发商的青睐，2014 年有数十个项目涉及小户性或是纯小户性。

4）郊县房产开发提速。郊县房产在 2014 年下半年开发热度很高，房价也提高较快，由于存在着市区与郊县融合这一大方向的转变，郊县的交通与配套越来越完善，随着二次置业的兴起，郊县房产向市区靠拢将成为未来的一个趋势。

2. 空置问题

据市统计局数据显示，截至 2003 年 6 月底，商品房空置房中空置一年及一年以上的为 74.78 万 m^2，同比增长 62.6%，比 2002 年年底增加了 15.45 万 m^2，其中商业营业房的空置面积有所增加，且增幅较大，应当引起重视（表 3-1-7）。

从上表可以看出，成都市五城区空置住宅主要集中在高层 2700~3600 元/m^2 以及多层 1800~2700 元/m^2 这两个价位上，2003 年 1~5 月的空置面积与 2014 年年底对比，可以看出一些比较明显的变化。

1）高层物业价位在 3600 元/m^2 以上的住宅空置面积上升很快，值得注意，高层物业的高档房在市场供应量上有很大的升温。

2）多层面积在 120m^2 以上、价位在 3600 元/m^2 以上的空置面积大幅减少，说明多层的中、大面积的高价位房的销售状况较好。

所以我们要注意考虑价格因素对消费者的影响，应根据市场变化和消费者的承受能力进行目标市场的定位。

表 3-1-7 2003 年 1~5 月成都市五城区商品住宅空置情况 （单位：m^2）

年份	结构	面积	价位/(元/m^2)	住宅	2014 年年底空置量	增长量
2003 年 1~5	高层	120 以上	<1800	218	12375	-12157
			1800~2700	96659	142628	-45969
			2700~3600	148733	231860	-83127
			>3600	70829	7354	63475
		120 以下	<1800	0	9879	-9879
			1800~2700	73147	114610	-41463
			2700~3600	177652	89506	-88146
			>3600	88319	11346	76973
	多层	120 以上	<1800	9188	10204	-1016
			1800~2700	103481	77193	26288
			2700~3600	71476	42054	29422
			>3600	10165	157098	-146930
		120 以下	<1800	45589	54653	-9064
			1800~2700	131248	65555	65693
			2700~3600	5587	33190	-27603
			>3600	0	1114	-1114

（资料来源：成都市房产管理局）

3. 供销比状况

空置率只能说明过去，但我们更关心现在的供求状况以及下一年度的供求趋势。用同一年度内新增供应量与实售供应量作比较，即用同一年度内批准预售面积与实际销售面积之比来反映，不妨称之为供销比。为了反映实时情况，实际销售面积拟用合同备案数据。显然，供销比不但能间接反映当年供求状况，还能间接反映将来的供求趋势。当供销比在 1 左右时，商品房市场供求基本平衡；当供销比大于 1 较多时，供大于求，下一年度商品房空置面积会有所增加；当供销比小于 1 较多时，供小于求，下一年度商品房空置面积会有所减少。据房产管理局数据显示，2003 年 1~6 月的五城区市场供应面积（批准预售商品房面积）为 350.64 万 m^2，销售面积为 353.04 万 m^2，供销比为 0.993，供销比小于 1，五城区房地产市场的供求关系发生了根本性转变，需求首次超过供给。其中住宅供销比为 0.816，偏低；非住宅供销比为 2.153，偏高。供小于求这一状况有力地证明了成都市房地产消费市场强劲的需求动力。

以上数据说明成都市五城区（含高新区）的房地产供求关系处于平稳状态，综合近几年的供销比状况，可以得出成都市的房地产供需平衡的结论。

4. 供求结构分析

据成都市房产管理局数据显示，2003 年 1~6 月的五城区批准预售商品房中户型面积为 120m^2 以下的供应量为 137.19 万 m^2，户型为 120m^2 以上的供应量为 112.56 万 m^2。销售中（以合同备案为准）户型为 120m^2 以下的销售面积为 131.64 万 m^2，户型为 120m^2 以上的销售面积为 170.24 万 m^2。由此可以看出，户型面积为 120m^2 以下的供销关系很平衡，户型面积在 120m^2 以上的销售状况较好，1~6 月的该部分销售面积比批准预售面积多出 57.68 万 m^2（表 3-1-8）。

表 3-1-8 2003 年 1~6 月的供求情况 （单位：m^2）

预售商品房户均面积	供应量	销售量
120 以上	112.56 万	170.24 万
120 以下	137.19 万	131.64 万

3.3　成都市房地产市场发展预测

可以预计成都市房地产二级市场将进入可持续发展的机遇期。未来成都市房地产将保持持续平稳发展的势头，而竞争也将更为激烈。其主要理由如下。

(1) 房地产已经成为成都国民经济的重要支柱产业，对国民经济的拉动作用强劲。新一年，国家将继续实行扩大内需政策，政府将采取一系列政策措施促进市民增收，刺激消费，房地产发展空间仍然巨大。成都市政府有关领导已经在各种场合表示，政府将继续从政策上支持房地产业的发展，并尽可能为本地和外来的开发商在成都市发展创造条件，提供优质服务。成都房地产的政策环境将得到进一步的改善。

(2) 住宅需求。随着四川省经济持续增长，居民收入不断提高，住宅需求趋于稳定，一直处于警戒线之下相对较低的住房空置率水平，代表了四川特别是成都的市场需求对住房开发具有较强的消化力。

(3) 房价水平。四川特别是成都稳中有升的房价水平孕育着一个良性健康发展的房地产市场。尤其是成都房地产开发商的开发水平在全国名列前茅。

(4) 住房分配制度改革。四川省将以满足广大中低收入家庭住房需求为出发点，推进住房补贴强化公积金管理，逐步建立以经济适用住房和廉租住房为主体的社会住房供应体系。住房分配的货币化，将引导住房消费观念的转变，从而扩大购房需求，使部分购房潜能转化为现实的市场购买力。

(5) 政策方面。四川省已将经济适用房为重点的房地产业作为扩大内需、拉动经济增长的支柱行业，制订了一系列促进发展的政策措施。正是得力于良好的经营环境，四川特别是成都以住宅为主体的房地产呈现出产销两旺的局面。

(6) 旧城改造规划。城市改造一方面将极大缓解日益稀缺的土地供应瓶颈，另一方面将产生大规模的住房购置需求。

第四部分　成都市城市规划及其效应分析

4.1　成都市城市规划目标

1. 城市向东发展规划

城市向东发展规划范围：西至沙河、成仁公路，南至三环路、成龙路南侧用地控制界，东至龙泉驿区东侧成环路，北至成南高速路。

成都向东发展区域是以城市副中心为核心，各项城市功能协调发展的区域，本规划将该区域划分为9个功能区。

城市东部与中心城之间的交通主要通过现状40m宽的成龙路及50m宽的老成渝路解决。同时与成洛路、成渝高速公路形成东西向快速联系通道，与南北向的三环路、外环路、成环路共同形成方格网式快速交通支撑系统。

中心城东部城市新区的界定：指城市向东发展规划范围中外环路以内部分，即外环路以西，西至沙河、成仁路，北至牛龙公路、成南高速路，南至三环路、成龙路南侧控制用地界。建设用地面积62km^2，人口规模为70万~90万人。东部新区是以生活居住、旅游休闲、教育科研等功能为主的生态型城市新区。

轨道交通：区内有成昆铁路由北向南穿过，规划考虑结合成都环形大铁路公交，发挥国铁优势，加强与其他城区之间的联系。规划区内共设 6 个站点。

路网格局：道路系统采用五纵五横干道网为骨架的方格网形式。其中，五纵：机场路东延线、三环路、规划东洪路、规划十洪大道、外环路，五横：成南高速路、成洛路、成渝高速路、老成渝路、成龙路。

居住用地：居住用地性质占主导地位，主要分布在沙河堡、成龙路沿线及三环路以外。在十洪大道以东的三圣及洪河片区各规划了部分居住发展用地，以居住用地为主，配套公共规划范围内，根据城市主干道及按每 35 万人为一个居住区的规模，划分为 15 个居住区，分设居住区中心。居住用地面积 2197hm^2，占规划建设用地的 35.3%。

工业用地：成昆铁路以内，沙河至成昆铁路以内的工业用地，应逐步改造为高效益、高技术、低污染、低能耗、占地少的高新技术企业或迁出中心城区。将成渝高速路以北的现状工业企业列为规划改造对象，要求降低污染，将该用地改造道路及其他基础设施，条件成熟时需逐步迁出城区，迁往成都经济技术开发区。

成昆铁路以外：规划除保留十陵现状工业用地外，不再新增工业用地。其他工业用地逐步改变用地性质成为以居住为主。工业用地总面积 185.2hm^2，占规划建设用地 3.0%。

绿地：绿地由生态绿地及城市绿地构成。生态绿地包括组成楔形绿地的耕地、林地、园地等，以及外环路两侧各 500m 的生态保护带，用地面积为 1129.6hm^2。

城市绿地面积 2248.1hm^2，占规划建设用地 33.1%，人均绿地面积 30.5m^2。

绿地系统：规划绿地系统将以十陵历史文化风景区、塔子山公园、凉风顶郊野公园为主体形成绿地景观区，以贯穿城市副中心的绿带为绿地景观轴线，以外环路以内大面积的生态绿地及沿道路、高压走廊、燃气管线走廊、带状绿地契入城市内部，结合铁路两侧防护绿地及公共绿地形成绿色开放空间，并结合居住区、小区绿地形成点、线、面相结合的绿地系统。

行政办公用地：主要在东部副中心的老成渝路沿线和十陵片区中心的东洪路沿线设置。

医疗卫生用地：医院结合功能区设置，基本满足 2~3 个居住区范围内设一所医院。

教育科研用地：在锦江区教育产业园区集中设置高校及科研用地，与狮子山农科院等科研院所共同组织形成其教育科研功能。十陵片区内的成都大学、洪河片区内的四川师范大学、四川省商业专科学校等可以为该片区的启动建设起到积极的带动作用。

公共设施用地：主要结合城市副中心、片区中心及居住区中心设置。用地总面积 886.1hm^2，占规划建设用地 14.2%。

文化娱乐用地：除在东部副中心设置大型文化娱乐、博览设施之外，规划结合十陵片区中心，集中设置与十陵风景区配套的文娱设施。

体育用地：规划在东部副中心、40m 规划道路以北设集中的体育设施，同时在三环路与成龙路交叉口东北侧设大型体育设施一处。

2. 城市向南发展规划

范围北起火车南站，南至华阳，西至牧马山，东至成仁路。

成都向南发展区域中组团式布局较为突出，故采用“组团轴向”的发展模式，结合发展轴线、主要交通干线形成三条发展轴线、“四横六纵”的现代快速交通网络、七个城市综合组团的布局形式。

四横：指三环路、外环路（绕城高速公路）、双华路（双流—华阳）、城环路四条横向主要交通主轴。

六纵：指机场高速、大件路、成雅高速、元华路、天府大道、成仁路六条纵向主要交通主轴。

规划东西向快速通道为：三环路、双华路。规划南北向快速通道为：成仁路、天府大道、元华路、大件路。

规划范围：北至火车南站成昆线，南至大源组团，西至太平寺机场，东至成仁路，规划控制范围约 $52km^2$，用地规模 $42km^2$，规划人口 35 万人。

规划性质：以城南城市副中心为核心，发展行政办公、科技商务、商贸金融、生活居住及高新技术产业，使其发展成为信息化、生态型、综合性新城区。

规划结构：中心城南部新区采用“组团轴向”的发展模式，四个城市综合组团结合三条发展轴线、“三纵四横”的主要交通网络进行布局。

路网规划：新区道路分四个等级，快速路、主干道、次干道及支路。快速路有三环路、天府大道（三环路至华阳，规划宽度 80m），元华路（规划宽度 40m）。主干道有新成仁路、站华路、机场东路、武侯大道（规划宽度 40~60m）。

居住用地：主要布置于新北居住区、光华居住区及新北三期。

站南组团：主要布置于石羊居住区、站南居住区、石墙居住区、仁和居住区、和平居住区及五洲花园居住区。

琉璃组团：主要布置于皇经楼、卷子树、柳江、琉璃四个居住区。

大源组团：规划于出口加工贸易区西北铁相寺一带，配套一个居住小区。用地总面积 $808.6hm^2$，占规划建设用地 19.4%。

工业用地：规划工业用地集中于大源组团及新园组团的冯家湾工业园区（高新起步二期）、新加坡工业园区、光华工业园区以及琉璃组团的乌龟碑工业园区。工业用地总面积 $938.6hm^2$，占规划建设用地 22.5%。

行政办公用地：主要集中于武侯大道以南，天府大道下穿段两侧作为市级行政办公用地。其他区级行政办公用地分别在各组团、园区布置。

医疗卫生用地：于武侯大道南侧、元华大道以东规划一区域性综合医院，其余在各居住区布置相应医疗卫生用地。

商业金融业用地：主要集中布置在副中心的商务区、交通枢纽区、南站贸易园区及各居住园区中心。

文化娱乐用地：主要集中布置在副中心的文博区及其他各居住园区中心。

体育用地：于站南组团南端，天府大道东侧各规划一体育用地，形成新区体育运动中心。以上用地总面积 $555.9hm^2$，占规划建设用地 13.9%。

绿地布局：南部新区的绿地布局形式采用“网络节点”的布局方式，由公园、街头绿地、防护绿地及生态绿地四种主要绿地构成。利用三环路、武侯大道、外环路、元华大道、站华路、府河的绿化带形成遍布全区的“绿网”，以体育公园、国防公园、地铁公园、新世纪公园等大型公园形成绿网上的“节点”，共同构成具有良好生态效益的绿地布局。绿地用地总面积 $825.9hm^2$，占规划建设用地 19.8%。

4.2　成都城市规划对房地产行业的影响

1. 市政建设对房地产行业的影响

城东工业结构调整：2013 年政府全面启动东郊工业的结构调整，这将彻底改变城东的整体功能定位和居家环境。新规划结合城市用地布局，东部工业区整体搬迁和调整，使城东的产业结构趋于合理，在城东形成若干个居住区，设立居住中心及片区公共服务中心，完善城市公共服务结构体系，强化城市功能。改造后的东郊，将形成以城市中心、城市副中心、片区中心、居住中心等四级中心组的模式，其空间形式将形成以沙河为纽带，向东放射道路为轴线，连系各级中心的形式。改造后，其用地性质将转变为以生活居住、公共服务、绿地等用地为主。

总之，通过用地置换及改造，将增加片区中心，设大型商业、文化娱乐、图书博览、商务办公及宾馆等设施，完善公共服务设施配套体系，提升东部城市形象，增强东部的吸引力，带动城市向东发展。

工业结构调整后，置换出来的土地可供开发的就达数千亩，这为房地产开发提供了可观的土地资源。

向南发展：成都市政府提出向南发展的城市规划，准备从2003年开始三年内把所有政府部门迁到城南沿线区域，政府的迁移无疑给很热的南部区域又加了一把火，城南版块、华阳版块的房地产市场也将随着政府的南部规划继续升温。

沙河改造：是成都实现城市向东、向南发展战略的关键之举，是带动成都东郊工业区结构调整，实现“腾笼换鸟”的关键性基础工程。同时沙河综合整治工程将成为继府南河工程后成都推出的第二张“城市名片”，这将极大地提升成都的城市形象。本规划范围内总用地为10.4km^2。规划范围为沙河全线沿岸的最近一个城市街坊。沙河改造将极大提高沙河沿岸的人居环境，沙河改造接合东湖公园等配套市政设施的开发，使该区域成为未来成都房地产开发的重点。

2. 危旧房屋对房地产行业的影响

根据市委市政府要求，成都市将花三年时间对二环路内的危旧房屋改造完毕（以下简称旧城改造）。此次旧城改造有以下特点：

（1）规模大。据调查测算，本次旧城改造需拆迁危旧房屋410万m^2，是前三年全市房屋拆迁量的4.2倍，分别是2000年、2013年全市房屋拆迁量的13.6倍、8.6倍。拆迁后可在市中心形成开发建设用地7000亩。

（2）危旧房改造全面、彻底。本次旧城改造完成后，全市二环路内将不再有20世纪80年代前的危旧房屋。

（3）政府行为，市场运作。本次旧城改造的实质是政府的决策行为，也只有政府才有能力和动力完成如此大规模又具公益性的系统工程；同时在具体运作中又完全依照市场规律，政府部门只是作为业主发挥经济作用，从而将行政行为和经济行为有机地结合在一起，充分发挥行政工具强力、公益的作用和经济工具高效的作用。

（4）化零为整，组合成群，成片拆迁。本次旧城改造拟将零星散落的危旧房组合成45个片区，成片进行拆迁。拆除后，45个地块的总面积约为7000亩左右，面积分布在50~1500亩之间，有利于实现城市规划目标。

（5）综合效益明显。①可以从投资和消费两方面促进国民经济的增长。②提高了人民群众的居住水平。③改善了城市交通、环境状况。④提升了城市的整体形象。

（6）政府行为逐渐规范。从本次旧城改造可以看出，政府部门在管理城市和发展经济中，正不断转变观念，树立服务意识，减少行政干预，较多地运用经济调控等手段。

3. 对商品房市场的影响

（1）对商品房供应的影响。此次旧城改造对商品房供应的影响，主要表现在供应量的增加和产品结构的变化。

一方面，以市中心旧城区商品房开发平均容积率为2.2计算，此次旧城改造向市场提供的7000亩开发用地，可在未来几年内向市场提供高达1026.67万m^2的商品房（7000亩×666.67m^2/亩×2.2=10266718m^2）。从商品房合同登记备案系统的统计数据看，2013年全市五城区实际销售商品房为549.33万m^2，以此为基数，假设市场状况保持不变且没有其他在售项目，要消化1026.67万m^2的商品房，也需要差不多两年的时间（1026.67/549.33=1.9（年））。

另一方面，随着市中心出现大规模和超大规模，环境优美、配套完善、建筑密度适宜的房地产开发项目，商品房的供应结构将发生根本性的改变。

（2）对商品房需求的影响。对商品房需求的影响主要表现在三个方面。

1）房屋拆迁中对拆迁房的需求，以35%的拆迁户选择实物安置、拆迁膨胀系数为2计算，拆迁410万m^2的危旧房屋，可以消化拆迁安置房287万m^2（410×35%×2=287（万m^2）），这一数据是2013年全市空置商品房152.3万m^2的1.88倍。

2）拆迁中货币化补偿金通过市场直接或间接转化为对商品房的需求。以65%的拆迁户选择货币化补偿计算，假设其中10%直接购买了商品房（设为商品房需求A），面积膨胀系数为2，即"拆1m^2买2m^2"，则商品房需求A为：410×65%×10%×2=53.3（万m^2）。假设其中另外90%用于购买二手房，面积膨胀系数为1.4，则共购买二手房335.79万m^2（410×65%×90%×1.4=335.79（万m^2））；假定其中50%的二手房售房人又购买了商品房（设为商品房需求B），面积膨胀系数为1.5，即"卖1m^2买1.5m^2"，则商品房需求B为：335.79×50%×1.5=251.84（万m^2）。则货币化补偿带来的商品房需求为：商品房需求A+商品房需求B=53.3+251.84=305.14（万m^2），相当于2013年成都五城区商品房实际销售面积549.33万m^2的56%。

3）市中心出现大规模和超大规模，环境优美、配套完善、建筑密度适宜的商品房项目，一部分对市中心居住有偏好的高收入消费者的潜在需求将转化为实际需求。假设该部分占销售量的5%，以2013年成都市五城区商品房实际销售面积549.33万m^2为基数，其需求量为：549.33×5%=27.47（万m^2）。

4）对商品房价格的影响。本次旧城改造增加商品房供应1026.67万m^2，需求619.61万m^2（287+305.14+27.47=619.61（万m^2）），供需相抵，增加静态净供应量407.06万m^2，受此影响，商品房价格将下降；但市中心交通、环境状况的改善，商品房公共附加值的增加，以及土地成本的增加等因素，又使得商品房价格上升。价格将在这些因素的共同作用下求得平衡，所以正常情况下价格应略有上升，原因在于，如果供求关系失衡使得价格随品质的提高而下降，甚至于低于成本，说明供应失控，市场状况已严重恶化，市场调节已不起作用。

4. 对房地产开发投资的影响

此次旧城改造对房地产开发投资的影响，主要表现在投资额的增加和投资结构的变化。

（1）房地产开发投资额的增加。

1）由7000亩旧城地投入开发建设带来的投资额（设为投资额A）的增加。以平均每平方米商品房开发投资额为2500元、容积率为2.2计算，投资额A为：2500×7000×666.67×2.2=25666795000（元）=256.67（亿元）。

2）由房屋拆迁引起的拆迁房建设投资（设为投资额B）和拆迁补偿金购房涉及的商品房开发投资（设为投资额C）的增加。以拆迁房建设面积287万m^2、单位投资额为1500元/m^2计算，投资额B为：1500×287=430500(万元)=43.05(亿元)。以拆迁补偿金购房涉及的商品房开发投资额为2200元/m^2、面积为305.14万m^2计算，投资额C为：2200×305.14=671308(万元)=67.13(亿元)。

投资额A+投资额B+投资额C=256.67+43.05+67.13=366.85（亿元）

由此可见，此次旧城改造引起的房地产开发投资估算为366.85亿元，是2013年全年开发投资170.76亿元的两倍多，相当于1997~2000年四年房地产开发投资的总和。

（2）房地产开发投资结构的变化。由于此次旧城改造地块大多位于市中心，有些地块还处于黄金口岸的位置，适宜于开发营业、办公用房，因此将给房地产开发投资带来结构调整：①开发投资的重心将由城郊向市中心转移，由新区向旧城区转移。②非住宅的投资比重会有所提高。③投资主体会呈现多样化趋势，个别大型商业企业从自己的经营需要出发，选择较好的口岸修建自己的经营基地，部分资金实力雄厚但苦于拿不到土地的民营企业和外地企业，也会借此机会介入旧城改造地块的开发。

5. 对土地市场的影响

此次旧城改造对土地市场的影响，分直接影响和间接影响两部分，前者主要影响土地的供应，后者主要影响土地的需求。

（1）直接影响。本次旧城改造拆迁工作完成后，可为市场提供位于市中心的约 7000 亩开发用地，将直接对土地市场的供应造成巨大的影响。

土地市场新增巨量土地供应，可能造成短期内土地供求关系失衡，形成供大于求的局面，从而对土地的价格和市场走势造成不良影响。据统计局数据，2000 年、2013 年，全市商品房新开工面积分别为 769.48 万 m^2、765.28 万 m^2，取平均数 767.38 万 m^2、平均容积率 2 计算，近两年房地产开发实际用地量为 383.69 万 m^2/年（折合为 5755.35 亩/年），7000 亩的土地供应相当于全市 1.2 年（15 个月）的房地产开发用地量。若将 7000 亩土地在三年内均匀供应市场，每年的供应量约为 2333 亩，相当于年实际用地量的 41%，由此可见，要么使得土地需求量增加 40% 以上，要么减少 40%其他土地如新征地的供应，否则，在现有的市场状况下，要消化这 7000 亩的新增土地供应量，从而推动旧城改造工程顺利进行，是有困难的。

新增的 7000 亩土地供应，都位于市中心的旧城区，这将直接提高市中心土地供应的比重，改变以前城郊新区地较多、市中区土地较少的土地供应结构。

（2）间接影响。旧城改造中的房屋拆迁，将间接刺激对土地的需求。

1）拆迁安置房的建设需要土地。以 35% 的拆迁户选择实物安置、拆迁膨胀系数为 2、拆迁安置房建设容积率为 2 计算，拆迁 410 万 m^2 的危旧房屋，需建拆迁安置房 287 万 m^2，需要建设用地 143.5 万 m^2（折合为 2152.5 亩）。

2）房屋拆迁中部分货币补偿金将流入商品房市场，或先流入二手房市场，再通过二手房市场又流入商品房市场，从而带动商品房开发用地的增加。以商品房面积为 305.14 万 m^2、容积率为 2 计算，带来的土地需求为 152.57 万 m^2（折合为 2288.5 亩）。

综上，此次旧城改造中的房屋拆迁带来的土地需求为 2152.5 亩 + 2288.5 亩 = 4441 亩，比 7000 亩供应量少 2559 亩，即静态地看，净增加土地供应量 2559 亩，将造成短期内土地市场供大于求。

4.3　几个值得关注的问题

1. 土地供应

此次旧城改造的 7000 亩开发用地能否被市场接纳，是旧城改造能否顺利进行的关键。但如不对土地供应总量加以控制，旧城改造地块因其成本较高，会难以被市场消化。

2. 商品房价格平衡

房价下跌，商品房销售无利润，将直接影响到旧城地块的出让；房价上涨，拆迁成本提高，旧城地块价格上升，也要影响旧城地块的出让。

3. 已拆迁区域建设问题

此次旧城改造需要建设拆迁安置房 287 万 m^2，这么大面积的拆迁房的出现，相当程度上已代表了一个城市在某一时期居民住房的水准，因此，政府必然会在规划建设要求及审批上严格控制建设区位，并适当提高住宅质量的标准和水平，防止土地资源的浪费。

第五部分　房地产市场供需情况

5.1　市场供应

1. 房地产开发情况

房地产开发面积情况见表 3-1-9。

表 3-1-9　房地产开发面积情况　　（单位：万 m²）

	1995 年	1996 年	2000 年	2013 年	2014 年
施工房屋面积	881.50	1046.52	1553.51	1991.38	2219.39
房屋新开工面积	382.32	366.94	769.46	765.28	890.08
房屋竣工面积	228.3	372.1	541.81	815.62	957.34

2014 年房地产开工面积为 809.08 万 m^2，同比增长 16%，其中，商品住房新开工面积 768.06 万 m^2，同比增长 16.3%。尤其值得关注的是，2014 年成都开发商完成土地购置 44.54 亿元，同比增长 71%，表明成都房地产市场未来 1~2 年强劲的供给量。

2. 2014 年成都商品住房市场供给的特征

（1）总体供给规模大，产品结构趋向合理。随着成都房地产开发环境日益成熟，作为整个中国西部的投资热土，成都吸引了越来越多的房地产开发商投资，商品住房投资增幅近两年均在 30%左右。在持续的消费需求支持下，全市商品住房供给规模不断扩大，呈现供销两旺的良性发展局面。从产品结构上，成都商品住房一直占据房地产市场的主体地位，达 90%左右，各物业类型、物业档次和分布区域均较为合理。

（2）旧城改造和新城区开发互动发展，城区市场正逐步向郊县市场拓展。加大旧城改造力度是成都 2014 年的重大举措。除低洼棚户区旧房改造工程顺利实施外，沙河综合整治工程、东郊工业结构调整、城市综合环境整治工程等重点工程的相继实施，有效推动了成都城区商品住房市场的发展。同时，随着三环路的建成通车及绕城高速路、人民南路南延线、红星路南延线、光华大道西延线、羊市街西延线、老成渝路、成龙路、成洛路等重点市政工程的实施完成，成都华阳、温江、龙泉、新都等郊县（区）市场供给不断加大，并获得了良好的反应。

（3）产品供给呈多元化和精品化方向发展。成都商品住房除在房型、户型、面积、质量、功能等内在品质上越来越走向市场细分的多元化发展外，品牌、环境、企业形象等也日益成为楼盘重要品质指标。同时，高品质而不是高档化的精品住房越来越赢得消费者的认同，竞争的加剧也使开发商更为注重产品的内涵质量和外在形象。

（4）商业地产高速成长。成都的商业地产起步较晚，与国内一些大城市相比，亦有不小差距。2014 年的商业地产呈现爆炸式增长，社区商业地产、专业市场发展迅猛，商业地产的专业化趋势和高品质的经营管理成为开发商关注的重要方面。随着旧城改造的推进和 2004 年中国对外开放零售业，商业地产将有很大的市场前景，但也要预防过热倾向。

5.2　市场需求

1. 房地产开发销售情况

近几年房地产开发销售情况见表 3-1-10。

表 3-1-10 近几年房地产开发销售情况

	单位	1996 年	1997 年	2000 年	2013 年	2014 年
商品房实际销售面积	万 m^2	231.09	292.42	433.62	701.21	815.55
商品房实际销售价格	万元	324788	441953	782108	1297318	1617149
商品房空置面积	万 m^2	105.36	170.87	152.301	188.24	211.55

2. 成都商品住房市场需求分析

据统计，2014 年成都商品房销售面积 815.55 万 m^2，销售额 161.72 亿元，分别同比增长 16.3%和 24.7%。其中商品住房完成销售 743.58 万 m^2，销售额 132.48 亿元，分别同比增长 16.5%和 25.9%，销售增幅大于新开工增幅。

3. 消费群体特征

（1）年龄结构需求特征。从购房者的年龄结构看，40 岁以下的消费者住房需求最大。30 岁以下消费者以过渡性居住为主，主要考虑居住的方便性，所购住房多以中小户型为主，住房总价一般不是很高，购房资金主要靠银行贷款和家里赞助，40 岁以下这部分消费者很多是出于事业有成，经济富裕后改善居住环境的考虑，多为二次置业，较之 25~30 岁年龄层购房者而言他们更看中居住的舒适性。这一年龄层购房人群的特点是大多具有一定的经济实力，部分人可以考虑分期或一次性付款。但他们对住房的综合素质要求较高，既要考察项目的配套、物管等方面，又要顾及项目所处区位的大环境。从统计数据上看，30 岁以下的消费者由 35%上升到 38%，可见成都商品住宅市场呈年轻化发展趋势较为明显。

（2）本地与外地人需求结构特征。成都优越的自然条件，厚重的人文底蕴，繁荣的商业贸易，丰富的都市生活及其在西部大开发中所处的重要地位，强力的汇聚能力使其成为中国最适合居住的城市之一。每年大批外地人前往成都发展，在一定程度上刺激了成都商品住宅需求的增长。2014 年外地人购房比例进一步增大，达到 42%。外地人买房可以优惠办理户口等政策在其中起到一定推波助澜的作用。

（3）产品区域需求特征。在 2015 年秋季房交会上进行了一个 300 人的调查，经调查城西项目目前欢迎程度超过了城南，约占 300 多名被调查者的 33.5%；而城东因为市政规划、环境改造等利好因素也受到消费者的关注，首次达到了 19.4%；而市中心、城北的项目在此次房交会上倍受冷落。

（4）物业类型需求特征。目前市场上多层住宅仍然是消费者的最爱，所占的市场份额最高，基本上达到了 80%左右，其次是小高层。别墅、高层电梯公寓的受欢迎程度不足 3%。

（5）户型需求特征。两房、三房依然是消费者关注的热门户型，同时也是最近投放市场的主力户型。尤其是 81~110m^2 的套二、套三户型最受欢迎。

（6）房地产交易情况。

1）成都市五城区新建商品房交易情况。2003 年 1~6 月成都市五城区新建商品房成交面积 353.04 万 m^2，同比增长 32%，成交金额 1206921.13 万元，同比增长 52.8%。其中住宅类商品房成交面积 302.6 万 m^2，同比增长 29.66%，成交金额 904915 万元，同比增长 50.47%，成交住宅 27581 套；非住宅类商品房成交面积 50.44 万 m^2，同比增长 52.16%。住宅类交易中成交面积和成交金额最大的是面积为 120~180m^2 的住宅，其成交面积为 130.05 万 m^2，占总成交面积的 43.0%，其成交金额为 359617 万元，占总成交金额的 39.7%；排在第二位的是面积为 90~120m^2 的住宅，其成交面积为 67.88 万 m^2，占总成交面积的 22.4%，成交金额为 188706 万元，占总成交金额的 20.9%。

2）成都五城区二手房交易情况。成都二手房市场的发展受到一系列利好因素的影响，成都五城区的二手房买卖日益活跃。2003 年 1~6 月成都五城区二手房成交 9928 套，同比增长 64.2%，其中住宅类 9764 套，同比增长 73.4%。办公楼成交 13 套，商业营业用房 128 套，成交面积 73.94 万 m^2，同比增加 23.2%。其中住宅类成交面积 72.91 万 m^2，同比增加 65.7%，办公楼成交面积 0.2 万 m^2，商业营业用房成交面积 0.66 万 m^2；总成交金额 78983.87 万元，其中住宅类成交 76198.99 万元，占到 96.47%，办公楼成交 428.86 万元，商业营业用房成交 2013.47 万元。平均成交价格为 1068.22 元/m^2，其中住宅类平均价格 1045.11 元/m^2，办公楼平均价格 2136.82 元/m^2，商业营业用房平均价格 3042.41 元/m^2。

3）郊县（市）新建商品房交易情况。随着交通、环境、基础设施的日益完善，成都市各郊县（市）房地产市场近几年呈现高速发展的态势。2014 年郊县（市）商品房成交面积 282.18 万 m^2，同比增长 26.8%，成交金额达 40.91 亿元，同比增长 50.3%。2003 年 1~6 月成都郊县（市）（除崇州外）的新建商品房成交面积达 97.79 万 m^2，成交金额达 124326 万元，成交套数达 9575 套。2003 年 6 月底举办的第三届城房会，也对郊县（市）房地产市场的发展起到推波助澜的作用。据统计，5 天之中城房会现场成交和意向成交近 8000 套，涉及金额约 8 个亿。在郊县（市）中，双流在成都向东向南的政策指引下房地产业发展迅速，2003 年 1~6 月新建商品房成交面积达到 25.49 万 m^2，成交金额达 28950.26 万元，居各郊县（市）之首；都江堰在其旅游房产的定位下商品房市场发展很快，2003 年上半年商品房成交面积达到 19.15 万 m^2，成交金额为 27212 万元，郫县和新津两地商品房成交面积分别为 9.7 万 m^2 和 9.17 万 m^2，成交金额分别为 15436 万元和 11739.8 万元。

4）郊县（市）二手房交易情况。2003 年上半年成都市各郊县不仅在新建商品房的销售上取得不错的成绩，而且在二手房市场上交易量也呈上升趋势。1~6 月二手房成交面积达 98.39 万 m^2，成交金额达 89410.12 万元，成交套数达 7465 套。在各郊县（市）中，都江堰高居首位，成交套数为 2908 套，成交面积 34.12 万 m^2，成交金额 39416 万元，平均成交价 1155.22 元/m^2；其次为龙泉驿区，成交套数为 955 套，成交面积 13.58 万 m^2，成交金额为 11862.13 万元，平均成交价 873.5 元/m^2。

第六部分　房地产产品描述

6.1　概述

2013 年开始，成都房地产市场进入平稳而快速发展的阶段。国内外实力地产机构（如万科、中海、万达、远大、深长城、华润、新加坡公司等）抢滩蓉城，蓉城地产开始步入品牌时代与大盘时代，使市场上的产品不断创新。

6.2　成都房地产产品市场分析

以下结合我们对成都房地产产品的认识和对市场的认知，对其进行一个概括性的特征描述和总结。

1. 规划设计

成都最近开发的房地产项目在规划设计上主要采用组团式的平面规划组合，而划分组团的标准也是多种的，围合式是较惯用的模式，而在大盘项目中以景观绿化带自然分隔的半围合式、行列式以及错动式总规划布局是近年来的主流，强调景观与建筑的融合。

道路系统采用人车分流的规划形式，人流从正门入，车流从侧门入，地下设计车库，也有采用设置地面停车楼的形式。入口广场除少数外，并没有特别的突出，规划上都配套有会所、幼儿园等，少数还配备有商务中心及体育运动配套设施，但运动设施种类比较单调。

以下从建筑总体布局、建筑形式、绿化景观系统、道路交通系统、公共配套系统五个方面加以阐述。

（1）建筑总体布局。目前成都的房地产项目，尤其是成规模的楼盘已经逐步从围合式的总平面规划布局形式过渡到组团布局与行列布局以及错动式布局为主的时代，其特点是在组团内营造更多层次更丰富的绿化空间，做到户户开窗见景，但目前组团式布局的变化形式还不够丰富。

平面布局形式的丰富与创新是新项目拉开市场差距，体现项目品质与形象的一大卖点，是成都商品房开发步入新阶段的一大特征。

（2）建筑形式。成都的建筑形式有三个区域划分：二环内以高层与小高层电梯公寓为主，二环外以多层、小高层为主，近郊项目以低密度多层住宅为主。在大规模项目中，建筑类型趋向丰富多样化，小区内往往包括单体别墅、联排别墅、花园洋房、多层公寓、小高层电梯公寓等多种物业形态。

总结：由于成都房地产开发开始进入品牌时代与大盘时代，产品建筑形式的丰富不仅是市场发展的需要，也是市场细分的必然结果。丰富的建筑形态将继续在各大中型楼盘体现出来，而多层住宅与花园洋房仍然是成都地区消费者普遍接受的产品形式。同时开发商也越来越重视普通建筑形式上的创新，如退台式设计和低密度住宅入户线路的设计的创新就是其表现。

（3）绿化景观系统。目前开发的项目中，开发商不仅越来越重视绿化景观的营造，并且开始向营造主题性、层次丰富的景观系统发展，开始将树木、草地、水景、建筑小品与园艺小品共同融入绿化景观系统里，聘请境外景观设计单位也成为市场趋势，绿化景观建设开始进入新的阶段。

由于气候原因，成都园景很难做到长青，几乎没有项目采用纯正的中式园林，绿化形态以一般绿化为主，混合式与欧式园林为辅。又由于湿度大，空气中粉尘容易黏结，经常使绿色植物蒙上一层灰，所以对园林的维护与植物的选取就显得更为重要。

总结：在这方面近年来进入成都的外地开发企业总体表现相对成熟，强调景观的整体规划协调，突出鲜明主题与层次感，万科城市花园、置信丽都花园、春天花园都是不错的项目。由于组团式布局成为主流，必然带动景观绿化的发展与精进，但缺乏精致与层次感并存的项目。就项目开发而言，景观营造是树立项目品牌与抢占市场的一个突破点。

（4）道路交通系统。

1）动态交通系统。在成都近年新开发的中高档楼盘中，开始采用人车分流、局部人车分流的动态交通系统规划。人车分流系统中大部分采用一个主入口，车行线路在组团外，直接到达车库或地面停车位，车行道宽度在4~7m之间，其中部分车道旁设有绿化带。

人行步道常规性地结合绿化景观设计，连系各组团内部的步行道宽度在2~4m之间。

2）静态交通系统。成都中小项目停车位数量明显不足，平均在1∶4以上，对车位的处理方式，除高密度项目设地下车库外，一般低密度项目均采用室外地面绿化停车位，也有部分建小型地下车库。地下车库一般设在小区主入口附近，地面停车位一般采取铺设绿化广场砖的形式，但甚少有做成立体绿化停车场的形式。近年来多层项目中半地下车库的形式也比较常见。

（5）公共配套系统。

1）生活配套。生活配套与一个小区的成熟与否密切相关，目前成都在售楼盘的生活配套设施，对大中规模的项目而言，可谓较为完备。

总结：缺乏完备的教育配套和主题型会所是比较突出的一个问题，另外小区内生活配套布局上比较分散，缺乏集中统一的作法。

2）休闲娱乐配套。休闲娱乐配套的设施与场地一般设在会所内，也有部分户外活动设施设在小区内，但不多，而且没有在小区内形成系统性的休闲运动场地。表3-1-11对成都住宅项目休闲娱乐配套情况介绍如下。

表 3-1-11　休闲娱乐配套情况

	大型项目	中型项目		大型项目	中型项目
游泳池	√	√	棋牌室	√	×
羽毛球场	√	○	阅览室	○	○
网球场	√	√	儿童游戏区	√	○
篮球场	○	○	健身器械场地	√	○
茶房	√	√	健身步道	√	○
健身房	√	○	桑拿	○	×
壁球	○	×	卡拉OK	○	×
咖啡厅	○	○	网吧	○	○

√基本有　○部分有　×欠缺

2. 建筑设计

（1）户型设计。成都在售项目的户型设计基本上均采用平层、错层及顶层跃式的形式，错跃式的设计也出现在市场上，尤其是错层式设计比较流行，也受到市场的广泛欢迎。

从户型功能看，采光与通风条件、动静分区、干湿分区的设计越来越合理，2014年以来的商品房项目开始更加注重个性化空间的开发和细部处理（如玄关、鞋柜的位置，储物间的设计，衣帽间的设计，生活阳台、空中花园的设计），对南北朝向的要求不高，只要采光、通风与景观、价格取得动态平衡既可。对观景阳台、顶层空间的利用，首层空间布置花园也越来越多地运用到产品中来。

就目前市场销售情况看，平错层住宅中90~130m² 三室两厅户型以及160~180m² 左右的复式或跃层式户型较受市场青睐。其中110~130m² 三室两厅户型各功能房间面积分布统计详见表3-1-12。

表 3-1-12　.110~130m² 三室两厅户型各功能区面积分布

客厅	22.1~30.5m²	主卧	15.8~24m²	主卫	4.5~6.7m²
饭厅	8.9~10.8m²	次卧	9.9~16m²	次卫	3.5~5.5m²
厨房	6.7~8.5m²	书房	5.3~8.5m²	阳台	6.7~8.5m²

成都在售项目户型设计中，客厅最少保持在20m² 以上，4.2~4.5m的客厅开间受到市场的普遍欢迎。双阳台（景观阳台与生活阳台）的设计越来越普遍，飘窗成为项目基本的设计元素，而且景观阳台已经逐渐演变为面积更大、更体现休闲气息的空中花园。户型中普遍设计有储物间，面积在1.5~2m² 左右，主卧带主卫的作法也很受欢迎，成都在售大盘项目的主力户型均在100m² 以上，户型面积偏大，不利于控制总价和快速销售，但从2014年以来在城区内刮起了一股小户型旋风，主要为30~40m² 一室户型和60m² 左右两室户型，总体销售情况不错，主要针对年轻白领和投资者。在成规模的项目中，户型面积有逐步缩小的趋势，80~100m² 的两室和三室户型市场反应较好。这证明了目前成都市场消费群体开始出现分流，一部分还是停留在“大即是好”的概念上，另一部分已认识到“够用就好”，已逐渐向简单、实用、实惠的方向转变。

小结：总地来看，成都在售项目的户型设计无论从功能、布局及空间利用上都较为合理和先进，只是户型偏大，不利于快速推售，这是普遍存在的问题。在市场上户型较合理和先进的状况下，户型功能和布局创新尤为重要。

（2）装修标准。目前成都在售楼盘的交房标准一般为毛坯房（清水房），现在有部分中高档楼盘送厨具、卫浴用具或采用厨卫带装修的形式，也有项目采用成品房形式（如奥林匹克花园），但市场接受程度不理想。以下是成都在售项目装修标准。

毛坯房（清水房）的装修标准：

① 室内部分：

门：防火防盗入户门，室内预留门洞、无门框，阳台多为塑钢或铝合金推拉门配白玻璃或有色玻璃。

窗：铝合金推拉窗或塑钢钻合金推拉窗，配白玻璃或有色玻璃。

内墙及顶板：水泥砂浆抹灰。

地面：水泥砂浆找平。

阳台：多采用开放式阳台，配护栏。

② 公共部分：

地面：防滑地砖。

墙面及顶板：可擦洗高级乳胶漆。

厨房：送装修。

（3）外墙材料。目前成都在售中高档项目中，其外墙主要材质为条形砖，并且新开发项目多采用彩色条形砖，也有少量项目采用涂料或釉面砖。就成都空气质量而言，选用条形面砖比选用涂料更能保持建筑立面的耐久性。

2003 年 10 月政府出台新政策，规定今后三环路之内禁用外墙瓷砖，改用外墙涂料，三环以外地区尚未强制执行。

（4）立面风格、色彩。目前成都市场上的立面形式大部分采用欧式风格，横向三段式分色与竖向分色相结合或单纯的横三段分色为主要的立面分色处理手法。市场上也有相当数量的新项目采用现代主义和后现代主义风格的立面形式，体现简明、轻快的特点，它们主要采用竖向分色与二段式分色的处理手法。

近年来开发商越来越重视产品立面形式的创新，这不仅是项目的卖点，更是吸引消费者关注、缩短项目销售周期和快速树立项目品牌的重要因素。“芙蓉古城”和“清华坊”不仅创造了良好的经济效益，更为开发企业获得了巨大的社会效益，短期内迅速提升了企业品牌。

（5）立面细节处理。成都高端市场产品，比较注重外立面的营造与效果，尤其是立面上的细节处理。

重视入口和大堂的装修设计，但目前大部分楼盘对住宅入口和大堂的装饰较为注重，而在外形设计上，与整个立面风格甚至楼盘主题的配合不是很到位。

较为重视窗台、空调机位、阳台的装饰，但同质化现象严重。观景阳台用大面积加厚玻璃或弧形玻璃加钢护架，其构型大多为平板式。

窗户的处理上，一般都有窗套加以装饰。空调预留机位，以铁花或美工挡板围起，强调美观；各种管线的走向注重利用空间进行隐蔽化处理，集中方向布局。

小结：立面细节处理得较为到位，飘窗、景观阳台运用得较为广泛，色彩搭配较为合理、得体，一定程度上反映小区主题，但从立面细节深度处理上，还有挖掘空间。

3. 智能化

（1）高级智能化。设立一个中心控制室，形成小区局域网，网络主干线采用光缆。提供以下的功能与服务。

① Internet 快速接入。

② 与能提供日常生活服务的供应商联网接入服务。

③ VOD视频点播服务。

④ 金融机构联网与接入服务（网上银行、证券）。

⑤ 物业管理：报送水电、煤气数量。

⑥ BBS电子公告服务。

⑦ 社区服务与家政服务。

⑧ 防卫系统：户内防盗、求救呼叫系统、可视对讲、电子巡更、周边红外监控及防越界报警系统。

小结：目前成都在售项目，能够完全提供高级智能化系统的，数量大多集中在高端市场的大型楼盘，如中海名城等项目，可以肯定目前成都房地产高端市场的智能化程度较高。智能化已经成为高端市场的必备基本配套，而不是一个卖点。

（2）标准型智能化。不具备局域网，只从使用出发，具备以下功能。

① Internet信息浏览。

② 物业管理网络化。

③ 防卫系统自动化。

小结：标准型智能化系统是目前成都市场大中型项目的普遍标准。代表着成都市房地产项目智能化系统目前达到的平均水平。而且对目前市场需求来说，对齐全完善的高级系统的需求不大，标准配置对消费者而言是最适用的。这说明在项目操作上，标准型智能化系统是小区基本配套的一部分，而高级系统目前就成为组成项目卖点的一部分。

6.3　成都房地产产品的特点

（1）规划设计趋向成熟，但缺乏鲜明的规划主题。目前的项目总体规划形式比较单调，但多数只是为规划而规划，极少考虑与开发形象主题或项目总体主题相结合或协调。分期开发缺乏明显的规划界线，造成后期开发与前期开发割裂，组团组合变化形式不丰富，同质化现象严重。

（2）景观园林系统上，市场普遍力度不足，缺乏房地产景观精品。目前房地产市场已日益注重景观的重要性，但在景观营造上缺乏经验与指导，生搬硬套、克隆严重，导致做出的景观成不了景观系统，缺乏层次与内涵，引用树种不适当，忽视成都本土现实等问题。故目前成都房地产景观设计还处于起步阶段，还有很大程度的挖掘空间。

（3）户型设计形式多样化，功能与空间划分合理化，较多考虑到创新功能。

（4）小区配套设施较完备，物业管理体制还有进一步提升空间。

（5）建筑设计各方面做得较为到位，从外立面形式到细部处理都考虑得较为周详。

（6）标准型智能化系统基本普及但高级智能系统普及力度不大。

（7）建筑风格处于一个更新换代的阶段。

第七部分　政策法规

7.1　土地获取方式

获取方式：招标、拍卖、挂牌、收购、置换。

主要方式：拍卖。

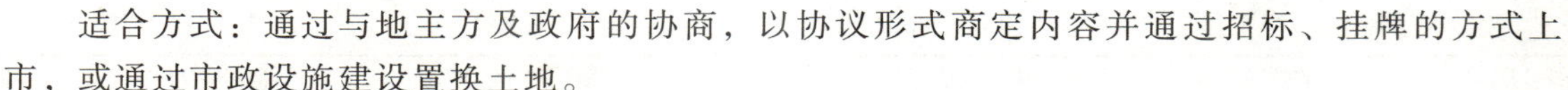

适合方式：通过与地主方及政府的协商，以协议形式商定内容并通过招标、挂牌的方式上市，或通过市政设施建设置换土地。

7.2　房地产开发税、费一览表

1. 国家税收

房地产开发国家税收情况见表 3-1-13。

表 3-1-13　房地产开发国家税收情况一览表

税费名称	收费标准	收费单位
企业所得税	所得额的 33%	国税、地税局
营业税	销售不动产收入的 5%	地税局
城市维护税	营业税的 7%	地税局
土地使用税	0.5~5 元/m^2	地税局
印花税	合同印花万分之五	地税局
教育费附加	营业税的 3%	地税局
主要副食品价格调控基金	销售收入的 0.1%	地税局
个人所得税	20%	地税局
房屋契税	房屋成交额的 3%	地税局

2. 成都建设项目部分行政事业性收费标准

成都建设项目部分行政事业性收费标准见表 3-1-14。

表 3-1-14　成都建设项目部分行政事业性收费标准

<table>
<tr><th>序号</th><th colspan="2">收费项目</th><th>收费标准</th></tr>
<tr><td rowspan="5">1</td><td rowspan="5">建设项目报建费</td><td>特大城市市政基础设施配套费</td><td rowspan="5">120 元/m²</td></tr>
<tr><td>中小学改善办学条件附加费</td></tr>
<tr><td>文物勘探发掘费</td></tr>
<tr><td>工程定额测定费</td></tr>
<tr><td>建筑工程质量监督费</td></tr>
<tr><td>2</td><td colspan="2">异地绿化建设费</td><td>3 元/m²</td></tr>
<tr><td>3</td><td colspan="2">城区人防工程异地建设费</td><td>10 元/m²</td></tr>
<tr><td>4</td><td colspan="2">新建房屋白蚁防治费</td><td>1 元/m²</td></tr>
<tr><td>5</td><td colspan="2">新型建筑材料专项基金</td><td>5 元/m²</td></tr>
<tr><td>6</td><td colspan="2">散装水泥专项基金</td><td>1 元/m²</td></tr>
<tr><td colspan="3">合计</td><td>140 元/m²</td></tr>
</table>

3. 行政事业性收费

房地产开发行政事业性收费见表 3-1-15。

表 3-1-15　房地产开发行政事业性收费

序号	收费项目	执收单位	收费依据	收费标准
1	劳动合同、建筑合同、工程承包合同签证费	工商局合同办		建筑合同万分之 0.5
2	城市房屋拆迁管理费	成都市房屋拆迁管理处	国家计委、财政部计价费（1997）2500 号	不超过房屋拆迁补偿安置费用的 0.2%~0.4%（转让双方各一半）
3	房屋产权总登记费	市产权监理处	成计综合（2014）2 号	非住宅房产价的 0.7%（最高不超过 1.4 万元）

（续）

序号	收费项目	执收单位	收费依据	收费标准
4	房屋转移登记费	市产权监理处	成计综合（2014）2号	非住宅房产价的0.7%（转让双方各半，最高不超过2.1万元）
5	房屋交易手续费	市产权监理处	成计综合（2014）2号	新建商品房3元/m^2（转让方）
6	国有土地使用权出让金	市国土局		40~800元/m^2
7	新菜地开发基金	市农牧局		征占一级保护区（标准地）蔬菜基地每亩2万元，征占二级保护区（普通）蔬菜基地每亩1万元
8	征地管理费	成都市国土局	川价字非（91）116号	土地面积2元/m^2
9	耕地开垦费	成都市国土局	土地管理办法	一级耕地征地费综合2倍 二级耕地征地费综合1倍 三级耕地征地费综合0.5倍
10	农转非退养人员、安置统筹费	成都市土地统一征用办公室	川府函(91)31	安置费总额1.5%
11	土地权属调查、地籍测绘费	成都市地籍事务部	川价字非（91）116号	200m^2以下80元，每500m^2加收13元
12	土地闲置费	成都市土地监察执法大队	四川省《中华人民共和国土地管理法》实施办法	划拨地：征地费5%~15% 出让地：出让金10%~20%
13	土地复垦费	市土地局	四川省《中华人民共和国土地管理法》实施办法	10~20元/m^2
14	环保超标排污费	成都市环境污染监理所		GB 12523—1990
15	城市地下水资源费	市公用局（市节水办）	省物价、财政、建委川价字非(92)107号	0.02元/吨
16	绿化损失赔偿费	市容园林管理局	省物价、财政、建委川价字非(92)107号	详见文件
17	公路损失补偿费	公路产权单位	省物价局、财政厅川价字非(98)94号	《关于高速公路损坏补偿收费项目及标准的通知》（川价字费<2000>6号）
18	市政设施赔偿费	市政公用局	省物价、财政、建委川价字非(92)107号	设施重置价120%~150%
19	地产交易手续费	成都市地产交易所	川府函(99)31号，成价函(93)167号	按土地交易总额分段计算，50万元以下按1.8%收取，50万~150万元按1.35%收取，150万以上按0.9%收取，转让双方各50%

4. 服务性收费

房地产开发服务性收费见表3-1-16。

表 3-1-16 房地产开发服务性收费

序号	收费项目	执收单位	收费依据	收费标准
1	环境影响评价费	评价单价	计价格（2014）125 号	详见计价格[2014]125 号文
2	招标投标业务费	招标代理机构		
3	测绘收费	成都市勘察测绘研究院	收费许可证：川费 A0016041 国家物价局、财政部（93）价费字 134 号；省物价、财政测绘川价字非（94）71 号	详见国策发（93）082 号文
4	代办手续费（代办拆迁、建房）	市房地产管理局	川价字非（92）107 号	见文件
5	地震安全性评价费	成都市地震局工程地震研究所	国家物价局、财政部（1992）价费字 399 号文件	按《工程场地地震安全性评价技术规范》（GB 17741—1999）的分级和国家物价局、财政部（1992）价费字 399 号文件规定进行收费
6	环境监测收费	成都市环境监测中心站	省物价、省环保局、省财政厅川价字非（1992）108 号	川费 A0045003
7	建筑垃圾处置费	市容园林局	省物价局、财政厅川价函〈99〉251 号	2 元/吨
8	公路工程质监及检测收费	成都市交通局公路工程质量监督站	川价函（1999）126 号《关于成都市交通局公路工程质量监督站实验检测及质量监督收费（试行）的批复》	建安工程费总额 0.15%
9	新建项目（建、构筑物）防雷装置安全性能检测费	成都市气象局（具体由成都市防雷中心实施）	川价函（1999）29 号 川价函（1992）121 号	建筑物一般为 80 元一套，小塔、烟囱及油库、仓库、古建筑物等 200 元/套，计算机系统，每个机房 200~300 元

第八部分 市场分析结论

8.1 结论

通过深入感受城市并经过细致、详尽的市场调研，我们得出应当进入成都市场并选择向东、向南发展的有力判断。

8.2 判断依据一：房地产的原动力（客户）

（1）人口及市场容量。成都作为四川省省会，是四川唯一的特大型城市。从 1949~2014 年年底，全市人口从 501.3 万人，增加到 1028.48 万人；城区人口由 112.5 万人，增加到 439.79 万人；建成区面积由 $18km^2$，增加到 $192.4km^2$。所占人口在全国特大城市中，仅次于北京、上海、重庆，位居第四。其中，市区人口 440 万人，县（市）人口 588 万人；农业人口 662 万人，非农业人口 366 万人。全市共 325 万户，其中，市区为 145 万户，县（市）为 180 万户。全市平均每户 3.2 人，其中市区平均每户 3 人。全市人口密度为每平方公里 827 人，其中，市区人口稠密，平均每平方公里达2020人。随着城市的快速发展，城市化进程空前加快，成都的房地产业具有很大的潜力。目前，虽然成都的房地产发展得很快，但是在房价方面成都一直是比较平稳，没有价格泡沫问题，从1999~2014年成都的均价每年只有几十元的增值，扣除物价变动等因素后，实际并无太大变化；如果以人均面积为20m^{2}计算，1998年成都房价是家庭收入的8.14倍，1999年为7.42，2000年为7.11，2013年为6.74，可见，成都的房价与家庭收入之比呈一种下降的态势，按世界银行提出的合理房价为家庭收入的3~6倍的标准来衡量，成都的房价正逐步趋于正常和合理；成都恩格尔系数为39.1%，其住房消费占整个消费结构中的11.4%，（在恩格尔系数达到40%时，住房占25%~30%），与标准数据还有一定差距；人均居住面积方面，20世纪90年代初，高收入国家人均居住面积为46.6m^2，中高收入国家为29.3m^2，中等收入国家为17.6m^2，低收入国家为8m^2。成都2014年人均居住面积为26m^{2}左右，要达到中高收入国家水平，市场还大有潜力可挖。城市化进程方面，1998年成都非农业人口占全市人口的比例为21.53%，1999年为22.04%，2000年为22.47%，2013年为22.96%，2014年为30%左右，2010年中国城市化水平将由现在的30%多提升到45%左右，以现在成都人口为1028万人左右来计算的话，则需要新增加面积3000万m^{2}左右。旧城改造，成都共有需要改造的旧城面积为410万m^2，总户数为6万户左右，每年要增加100万m^{2}左右的商品房建设，若再考虑人口的自然增长等因素，保守计算未来10年共有约4000万m^{2}左右的住宅需求，由此可见成都房地产市场有着巨大的市场容量。

（2）GDP及购买力。2014年，全国国内生产总值达到1667亿元，人均国内生产总值达到16277元，城市居民人均纯收入为8972元，农村居民人均纯收入为3377元，在全国15个副省级城市中，仅次于广州、深圳和杭州，位居第四，GDP总量比1978年增长12.6倍，年平均增长11.5%，用14项小康指标衡量，成都城市居民于1993年、农村于1997年基本实现小康。成都的经济结构不断调整优化，一二三产业比例关系为8.4∶45.6∶46，以商品流通、交通运输、邮电通信、金融保险、房地产、技术服务、旅游等为主的第三产业成为经济发展的主导力量。2000~2014年成都的国内生产总值每年都是以10%以上的速度不断增高，其中2014年更是达到了1667亿元，比2013年增加了13.1%，高于全国水平。预计至2015年城镇居民人均可支配收入年均增长8%，农民人均可支配收入年均增长6%，国内生产总值年均增长10%以上，2015年人均国内生产总值达到2500美元，经济质量和效益明显提高，财政收入增长幅度高于国内生产总值幅度。这些数据说明了成都经济在飞速发展的运行轨道之中，人民生活水平的不断提高，对物质生活的更高要求给房地产市场带来巨大的发展空间。

8.3　判断依据二：辐射能力和汇聚能力

成都作为西南地区的商贸、金融、科技中心和重要的交通、通信枢纽，是整个西南地区的经济中心。近年来，成都抓住西部大开发的机遇，积极扩大内需，进一步对内对外开放，经济运行总体质量和效益不断改善。

从购房比例来看我们会发现，2014年外地购房者在成都购房占整体购房比例的42%，购房者主要来自于云、贵、川、西藏、重庆、西藏、新疆、青海等周边省市。这一数字有力地证明了成都作为西部重要城市的辐射及汇聚能力。

8.4　判断依据三：企业价值最大化

1. 有利于提供资金支持

随着市政基础设施建设的加快及大规模的城乡改造工程，并且凭借政府部门对城市建设的决心及政策上的扶持，我们相信这个市场上升空间巨大，可以为我们提供强大的资金支持，为我们向周遍地区扩展提供有利的资金保证。

2. 有利于操作水平的提高

成都房地产市场可以说比较成熟，随着十六大之后的换届选举（指出打造服务型政府的口号）及国土资源部的11号令、央行121号文件的出台。这些对市场的扶持性政策及控制性政策吸引着大量的优秀房地产开发企业来到这里投资。在这个竞争激烈的市场中，我们相信对操作水平的提高具有深远的意义。

3. 有利于完善和提高管理模式

由于市场潜力巨大并随着人员及在售项目的增加，迅速完善并提高我们的管理模式是当前首要的课题。我们会在现有的管理模式基础上不断学习、不断提高，不断吸取其他优秀企业的管理精髓，以最快的速度总结并完善具有异地开发特色的管理模式，及时反馈，实现资源信息共享。

4. 有利于干部、队伍的培养和锻炼

作为西部开发的战略平台，这个地区有着无数发展锻炼的机会，致使大量的人才涌入这个地区，为这个地区的发展提供了有利的人才保证。这也正是我们企业最需要的，企业要发展，人才是根本。在这里培养、锻炼队伍的同时，也有利于我们增加人才的储备，为今后的再发展，打造一艘不可动摇的顺驰航母。

8.5　向东、向南发展的战略意义

与政府未来的发展方向吻合，会为我们在政策上提供有力的支持，降低投资风险。东南部正处于大规模搬迁改制过程中，改制后会置换出大量优质地段的土地，具备可持续发展的战略意义。

以上几点有力地说明了“战略进入，而不是项目进入”的战略指导思想。

（成都雅本房地产顾问有限公司）

【报告点评】

进行房地产市场调研，目的多是为房地产开发项目投资做前期准备。该报告是为了开发商进入成都市场而做的一份市场调研报告，为开发商进入成都市场做战略市场调研。

房地产市场调研报告内容很多，运用的调查技术也比较复杂，涉及的内容和范围也很广泛，需要大量的人力、物力和时间方能完成。因此，在进行调研之前，应明确调研的目的和范围，有的放矢，不可面面俱到。此报告主要目的是对成都整体经济情况、房地产的发展情况、城市规划情况、房地产市场供需情况、房地产产品情况、房地产政策法规等内容进行调研，其他方面省略或者略写，并且报告在最后提出市场调研分析结论，且给出了开发商进入成都市场的初步建议。

报告资料整理条理清晰，数据充分，内容完善，并对市场调研资料进行了分析和判断，提出初步结论，为开发商进入成都市场制订战略提供市场依据，不失为一份好的调研报告。

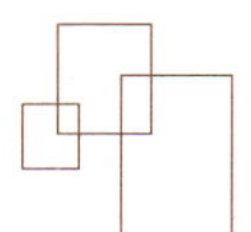

二、2011年北京市房地产市场年度研究报告

报告目录

报告正文

第一部分　北京市宏观经济运行情况

从整体来看，北京市经济运行情况稳定，各类投资持续增长。但与此同时，CPI 和 PPI 等价格指数也继续上涨，通货膨胀不容忽视。2011 年，中央政府对宏观政策的描述为“转方式调结构保民生，采取积极稳健审慎的宏观政策”。因此，我国整体宏观经济在 2011 年将采取积极的财政政策和稳健的货币政策。

1.1　国民生产总值 GDP 增长 10.2%

据北京市统计局公布的数据，2010 年北京市实现地区生产总值 13777.9 亿元，按可比价格计算，比 2009 年增长 10.2%。在国家宏观调控政策的作用下，2010 年北京市的投资规模保持继续增长。全社会固定资产投资 5493.4 亿元，同比增长 13.1%。出口继续保持恢复性增长，北京地区进出口总值达到 3014.1 亿美元，同比增长 40.3%。北京市实现社会消费品零售额 6229.3 亿元，同比增长 17.3%，增幅比 2009 年提高 1.6 个百分点。整体经济形势比较乐观，预期仍然高速增长（图 3-2-1）。

1.2　全社会固定资产投资增长 13.1%

2010 年，北京市完成全社会固定资产投资 5493.5 亿元，比 2009 年增长 13.1%。其中，城镇固定资产投资完成 5002.6 亿元，比 2009 年增长 14.3%，城镇投资中房地产开发投资完成 2901.1 亿元，增长 24.1%。农村投资完成 490.9 亿元，增长 2.2%。全年投资规模随宏观经济的强势增长而扩大（图 3-2-2）。

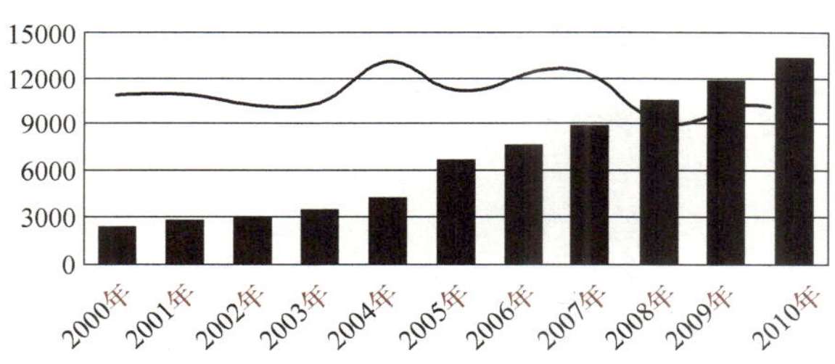

图 3-2-1　2000~2010 年北京市国民生产总值 GDP 走势（单位：亿元）
（数据来源：北京市统计局）

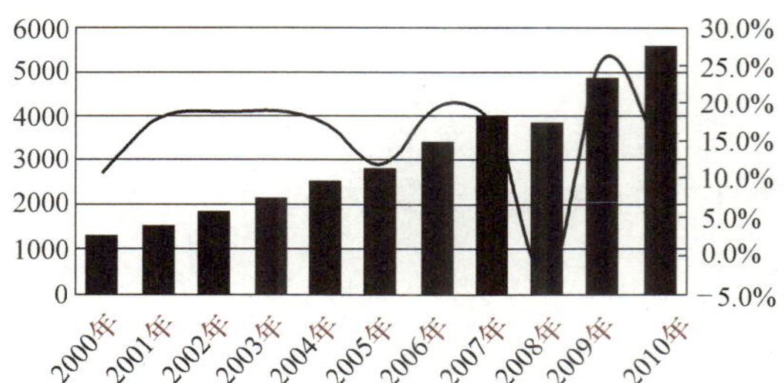

图 3-2-2　2000~2010 年北京全社会固定资产投资额走势（单位：亿元）
（数据来源：北京市统计局）

1.3　城市居民人均可支配收入增长 8.8%

2010 年，北京市城市居民人均可支配收入为 26719 元，同比增长 8.8%。人均工资性收入为 21009 元，同比增长 11.2%；人均转移性收入为 7994 元，同比增长 3.0%，是拉动居民收入增长的主要因素。其中，20%低收入家庭人均可支配收入为 12019 元，同比增长 12.3%；20%高收入家庭人均可支配收入为 50715 元，同比增长 8%（图 3-2-3）。

1.4　消费品价格指数 CPI 上涨 2.4%

2010 年，北京 CPI 总体同比上涨 2.4%，12 月北京市 CPI 同比上涨 4.7%。其中，消费品价格上涨 4.1%，服务项目价格上涨 6.3%。不断高涨的 CPI 导致连续 10 个月实际利率为负，居民正在为手中的钱寻找更多的增值渠道，而房地产投资再度成为居民的投资首选（图 3-2-4）。

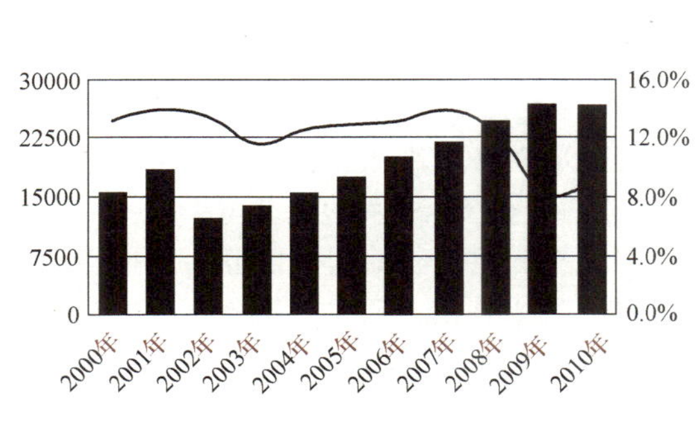

图 3-2-3　2000~2010 年北京城市居民人均可支配收入走势（单位：元）
（数据来源：北京市统计局）

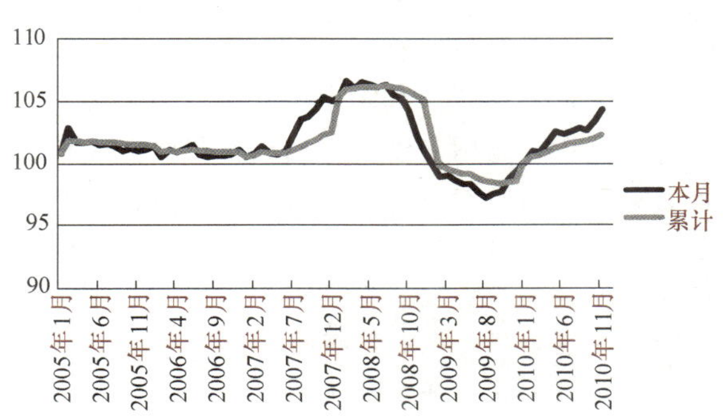

图 3-2-4　2005~2010 年北京市月度 CPI 同比走势
（数据来源：北京市统计局）

从中央经济发展思路来看，2011 年我国经济增长将呈现适度减速。作为经济发展三驾马车的投资和出口的要素成本都面临大幅度上升。从经济发展结构来看，我国将进入新的经济增长结构模式，在新模式和旧模式过渡的过程中 GDP 增长必然将有所减速。我国面临流动性内部存量大、外部增量大，人民币升值预期内需不足、外需萎缩的严峻形势，紧缩性货币政策和稳健性财政政策将是政策基调。

第二部分　房地产行业政策

2.1　国家调控政策方向

在2011年1月26日的“新国八条”出台之前，2010年房地产市场已经经受了政府严厉的调控，主要以4月的“国十条”和9月的“国十条增强版”为导向。总体回顾来看，政府出台的一系列房地产调控措施包括土地、金融、税收、限购等多种手段，重点都在抑制投机，遏制房价上涨，恢复住宅的居住本质上。

1月“国十一条”规定，购买二套房的家庭，贷款首付比例不得低于40%；房地产企业必须“公开房源，明码标价”。4月，“国十条”出台，之后三个月各地成交量明显下降。9月，因市场出现回暖，政府又出台了“国十条增强版”，强调房产税改革、对首套房一律执行首付30%及以上的信贷政策。

2010年，在全球经济一体化的影响下，中国经济既面对内部巨大的民生压力、实体经济的转型，也面临外部货币升值及全球的通货膨胀。针对中国经济对房地产行业的依赖性，国家必须采用调控政策，从保民生、促增长，以及投资渠道的引导上，以抑制房价上涨和实现住房供应体系的变革为目标，大力着手房地产行业改革。

2.2　北京市政策细则

1. 土地政策

(1) 保障性及中小户型用地不得低于住宅用地总供应量的70%。城市申报住宅用地时，经济适用房、廉租房、中小普通住房用地占比不得低于70%，并应按照产业政策严控高污染、高能耗及过剩项目用地；还要求提高用地报批效率，缩短报批周期，同时，城市申报下一年度用地时，完成征地率和供地率分别应达60%及40%；通知还明确了各级政府部门权责。

(2) 开、竣工日期不申报，将被公示开发商至少一年不得拿地。5月21日，北京市国土局发布《关于实施国有建设用地开发利用申报和信息公示制度的通知》。通知明确，2011年4月1日起签订《国有建设用地使用权出让合同》的开发企业，应在该地块开工、竣工时向国土部门申报土地开发利用情况。对不执行申报制度的开发商，将向社会公示，并限制其至少在一年内不得参加土地购置活动；截至2011年4月1日，凡是已超过土地出让合同约定期限满一年还未开工的，开发企业要在本月底前申报延迟原因。自2011年4月1日起，凡在出让合同约定期限内未开工、竣工的，开发企业要在出让合同约定到期前15日内，申报延迟原因。

2. 税收政策

中央各部委下发94号文，增加交易性税收，抑制投资需求。财政部、国家税务总局、住房和城乡建设部下发了《关于调整房地产交易环节契税个人所得税优惠政策的通知》（财税(2010) 94号）(以下简称94号文) 对房地产交易环节中契税和个人所得税的征收做出了调整。其主要内容包括两个方面。

1) 关于契税规定：对个人购买普通住房，且该住房属于家庭（成员范围包括购房人、配偶以及未成年子女，下同）唯一住房的，减半征收契税。对个人购买90m^{2}及以下普通住房，且该住房属于家庭唯一住房的，按1%税率征收契税。

2) 关于个人所得税的规定：对出售自有住房并在一年内重新购房的纳税人不再减免个人所得税。

3. 行业政策

（1）“京十一条”颁布，引导并促进北京房地产市场持续健康发展。为进一步加强和改善房地产市场调控，遏制房价过快上涨势头，促进北京市房地产市场平稳健康发展，北京市结合实际制订了《北京促进房地产市场平稳健康发展实施意见》并于2月21日发布。该意见对政策性住房建设、普通商品住房供应、住房信贷和税收政策以及商品房销售管理等方面都做了明确规定。

（2）4月“京十二条”颁布，出台了严厉的调控细则。4月30日，继《国务院关于坚决遏制部分城市房价过快上涨的通知》下发后，北京市政府迅速制定并发布《北京市人民政府贯彻落实国务院关于坚决遏制部分城市房价过快上涨文件的通知》，再推十二条措施，通知严格贯彻落实国务院关于坚决遏制住房价格过快上涨的情况，加强住房保障工作，增加住房用地有效供应，实行更加严格的差别化住房信贷政策，抑制投机性购房等各项要求，坚决抑制不合理住房需求，规定自本通知发布之日起，暂定同一购房家庭只能在本市新购买一套商品住房；商业银行根据风险状况暂停发放第三套及以上住房和不能提供一年以上本市纳税证明或社会保险缴纳证明的非本市居民购房贷款；增加住房有效供给，其中政策性住房建设用地占全市住房供地50%以上；加快保障性安居工程建设；加强市场监管，对取得预售许可或者办理现房销售备案的房地产开发项目，要在3日内一次性公开全部销售房源，并严格按照申报价格明码标价对外销售。

（3）禁止酒店式公寓向个人出售。5月14日，北京市住建委联合北京市发改委、规划委、北京市国土局共同发布《关于加强酒店类项目销售管理有关问题的通知》。通知规定，2010年5月31日后签订土地出让合同的增量酒店项目，一律不得分层、分套（间）办理酒店类项目的测绘成果备案、预售许可和现房销售确认手续。同时，规划设计单位将严格按照酒店项目的设计规范要求进行设计，经审查合格的施工图不得擅自修改；如果未经施工图审查机构审查合格的，建设主管部门不得颁发施工许可证。通知规定今后酒店式公寓禁止向个人出售。

（4）预售资金监管新政出台，开发商资金链承受考验。10月25日，北京市正式出台了《商品房预售资金监督管理暂行办法》，该办法的出台，旨在落实中央调控措施，加强北京市商品房预售资金的监督管理，完善商品房预售制度，防范市场风险，保障购房人合法权益。其核心内容包括，自2010年12月1日起，房地产企业将不能直接收存预售资金，资金必须直接打入监管账户，用款计划需经施工单位、监理单位加以确认。资金使用分为基础完成、结构封顶、竣工验收、登记申请四个节点，每个节点用款额度不得高于重点监管资金总额的25%，每个资金使用节点只能提出一次用款申请。若出现以下情况，将暂停拨付专用账户内的全部商品房预售资金：房地产开发企业存在违法违规行为导致工程停工；预售项目存在严重质量问题；预售项目未按期交付使用；市和区县住房城乡建设主管部门认定应当暂停拨付的其他情形；其他违反商品房预售资金监管的行为。

（5）北京率先出台商品房预售方案监管办法，杜绝内部认购。11月9日，北京市住建委发布《关于加强我市商品房预售方案管理的通知》，对商品房预售整体方案进行监管。除再度强调商品房预售资金监管外，首度明确了今后开发商须公示预售商品房的优惠幅度、自留商品房的楼号、房号、套数及原因，并明确开发商破产、解散等清算情况发生后的商品住房质量责任承担主体。此外，还首度要求开发商须上报项目的开盘应急预案。开发商在申请商品房预售许可时，必须提交商品房的预售方案，在取得了预售许可证后，预售方案要在售楼场所显著位置公示。预售方案不但要包括该项目的基本情况，还要包括项目建设的进度安排，如何时封顶、竣工交付，以及预售计划，每期开盘的时间、房屋套数、采用何种预售方式等。

4. 金融政策

（1）存款准备金率上调。2010年1月12日晚间，央行出人意料地宣布将于1月18日起上调存款类金融机构人民币存款准备金率 0.5 个百分点。这是央行自 2008 年年底宣布实施适度宽松货币政策之后，首次上调存款准备金率。这一措施主要是针对市场上资金过多，回收资金，仅仅具有象征意义，并不表示 2011 年货币政策适度宽松的基调将有任何改变。也是中央在明确表示 2011 年保持积极的财政政策和适度宽松的货币政策同时，政策的针对性和灵活性的充分表现。

（2）二套房贷的首付比例不得低于 40%。2010 年，对已利用贷款购买住房又申请购买第二套（含）以上住房的家庭（包括借款人、配偶及未成年子女），贷款首付款比例不得低于 40%，贷款利率严格按照风险定价。并要求加大差别化信贷政策执行力度，规定金融机构在继续支持居民首次贷款购买普通自住房的同时，要严格二套住房购房贷款管理，合理引导住房消费，抑制投资投机性购房需求。

（3）二套房认定标准“认房又认贷”出台。2010 年 6 月 4 日，住房和城乡建设部、中国人民银行、中国银行业监督管理委员会联合发布了《关于规范商业个人住房贷款中二套住房认定标准通知》。通知明确了二套房认定的最终标准，通知规定，商业性个人住房贷款中居民家庭住房套数，应依据拟购房家庭（包括借款人、配偶及未成年子女）成员名下实际拥有的成套住房数量进行认定。有下列情形之一的，贷款人应对借款人执行第二套（及以上）差别化住房信贷政策：借款人首次申请利用贷款购买住房，如在拟购房所在地房屋登记信息系统（含预售合同登记备案系统）中其家庭已登记有一套（及以上）成套住房的；借款人已利用贷款购买过一套（及以上）住房，又申请贷款购买住房的；贷款人通过查询征信记录、面测、面谈等形式的尽责调查，确信借款人家庭已有一套（及以上）住房的。对不能提供一年以上当地纳税证明或社会保险缴纳证明的非本地居民申请住房贷款的，贷款人按第二套（及以上）的差别化住房信贷政策执行。

（4）北京严格公积金贷款细则。11 月 3 日，中国住房城乡建设部、财政部、人民银行、银监会联合印发《关于规范住房公积金个人住房贷款政策有关问题的通知》，规定住房公积金个人住房贷款只能用于缴存职工购买、建造、翻建、大修普通自住房，严禁使用住房公积金个人住房贷款进行投机性。通知规定二套房公积金个人住房贷款首付款比例不得低于 50%，贷款利率不得低于同期首套房公积金房贷利率 1.1 倍；同时停止发放购买三套及以上住房的公积金房贷。11 月 29 日，北京市住房公积金管理委员会随即发布《关于规范北京住房公积金个人住房贷款政策有关问题的通知》，除提高二套房首付款比例及利率外，还规定第二套住房的个人贷款发放对象仅限于现有人均住房建筑面积低于 28.81m^2（不含）的缴存职工家庭。对于借款申请人所购房屋属于第三套及以上住房的，停止受理其个人贷款申请。该通知明确表示，二套房贷款仅限于购买改善居住条件的普通自住住房，公寓、别墅及其他高档住宅，将不发放贷款。

2.3　北京市行业发展及市政建设

1. 行业发展

（1）加强保障性住房建设。

1）促进产业结构调整，推进住宅产业化。3 月 31 日，北京市住房和城乡建设委员会、北京市规划委员会和北京市国土资源局等八部门联合发布了《关于推进本市住宅产业化的指导意见》。意见中指出，北京将大力推动住宅建设模式的革新，今明两年，在土地供应计划中将安排建筑面积不少于 150 万 m^2 的土地用于产业化住宅建设，其中 2011 年北京就将“装配”50 万 m^2 的政策房。住宅产业化有利于实现节能减排、提高住宅工程质量、促进产业结构调整，是住宅建设发展的趋势。北京市住宅建设水平近年来有了很大提升，现在推进住宅产业化的条件已经成熟，推进住宅产业化，对于实现建设繁荣、文明、和谐和宜居的世界城市目标具有重要意义。

2）顺义区将建设35144套保障性住房。顺义区2010年将建设340万m^2，折合35144套的保障性住房，其中多数将用于辖区内拆迁农村居民的定向安置。定向安置房尽量选择邻近城区、生活便利、环境良好的地方统一建设。

3）北京市住建委规定保障房申请将更严格。9月29日，北京市住建委制定了《关于加强廉租住房、经济适用住房和限价商品住房审核配租配售管理等问题的通知》，对保障房申购家庭成员范围、资格审核、配售政策、瞒报家庭退房程序等方面作了进一步细化。通知规定，申请经适房和限价房的家庭，其家庭成员不再包括父母，申请时家庭成员还须提供社保、公积金、地税等部门出具的申请前12个月缴纳情况证明，无法提供的须填写未缴纳上述各种费用的书面承诺。拒绝提供或虚假提供材料的视为放弃本次购房资格甚至骗购，骗购者5年内不得再申请。在摇号配售方面，新规定也更加人性化。如对子女年满10岁的单亲两人户家庭，家庭无原住房的可配售两居室经济适用住房或限价房；申请家庭成员年龄超过60周岁的，优先配售。

（2）限制商品房建设。

1）北京商品房招拍挂不以价高为获取标准。4月16日上午北京市土地局通报了今年一季度北京居住及政策性住房土地供应情况。相关负责人表示，北京2010年将出台完善土地招拍挂制度新举。今后，商品住宅用地出让将不再只是“价高者得”，更多采用“综合条件最优者得”的综合评标方式，同时进一步试点采用“不设评标委员会”的招标方式，即“限房价、竞地价”或“限地价、竞政策性住房面积”的方式，引导企业理性拿地，抑制非理性竞价和地价房价过快增长。此外，将缩小单宗商品住宅用地出让规模，限制企业拿地规模，原则上单宗商品住宅用地土地出让面积控制在10hm^2左右，商品房建筑面积控制在20万m^2以下。房地产开发一级资质企业原则也不超过40万建筑平方米。

2）“十二五”期间北京商品房建设比重将降低。“十二五”期间，本市将加大政策性住房的比例，相应地降低商品房的比重。而在政策房中，公租房建设将成为重点。市住建委表示，“十二五”北京市住房发展的初步思路是，加大政策性住房的比例，降低商品住房的结构比重。“十二五”期间，市政府将着力加大保障性住房，尤其是公租房的建设规模。除了政府投入外，还将拓展社会资金的投入渠道，包括通过基金公司、REITS、国有资本等方式来落实长短期建设资金。租赁性住房建设规模达到如此大的比例可以说是史无前例。这也明确显示出北京市将提高租赁性住房的供应比例，引导住房保障向租售并举转变。

2. 市政建设

（1）新兴区域规划。

1）大兴区、亦庄经济技术开发区联合打造北京南部新区。北京市委十届七次全会做出了推动大兴区和北京经济技术开发区行政资源整合、建设南部现代制造业新区的重大决策，“两区”按照“机制新、活力大、效率高”和“高水平、超常规、跨越式发展”的要求迅速推进整合工作。为做大做强开发区，使开发区的产业优势和大兴区的资源优势充分结合，形成全市新的经济增长点，市委、市政府做出了推动大兴区和开发区行政资源整合、建设北京南部现代制造业新区的重大战略决策。目前，“两区”发展态势良好，企业生产运转平稳，项目建设迅速推进。据统计，2010年上半年，“两区”规模以上工业总产值实现783.4亿元，同比增长17.7%；全社会固定资产投资实现145.1亿元，同比增长48.2%；财政收入大兴区实现11.1亿元、增幅达73.5%，开发区完成92.1亿元、增幅达66.5%。

2）优化整合中关村科技资源，有意识地培育产业集聚。北部以统筹优化海淀、昌平两个区的资源为基础，重点建设北部高新技术产业带，规划范围1000km^2，通过形成北清路—七北路高端研发创新产业集群带辐射带动区域发展，形成中国科技创新的重要创新策源中心。

（2）大型社区建设。

1）东坝地区将建超大型社区。北京市朝阳区将在东北部农村地区兴建一座占地6.2km^2的大型国际商贸中心，中心位于朝阳区东坝北区，具体范围北至东坝路（北马坊中街）、南至坝河、东至机场二通道、西侧临近五环路，规模相当于东扩后的北京CBD。按照初步规划，朝阳区将在东坝地区兴建全市最大的高端商务功能区——东坝北区，该商务区将集高端商业娱乐、总部商务办公和国际交流服务功能于一体，建成后的占地面积6.2km^2，其中商务楼宇建筑面积约500万m^2。根据最新规划，东坝将成为类似于望京地区的超大型社区，充分发挥边缘集团为北京城市发展预留拓展空间的功效。按计划，东坝高端商务区一半为纯商务区，一半为配套的低密度、生态型高端住宅。

2）长辛店生态城将建北京首个低碳社区。长辛店生态城规划获得了市规划委的批复。在长辛店生态城中，将建设北京首个低碳社区示范项目，这也是北京首个低碳社区示范项目，这个容纳两万多人口的大型社区，将采用多种低碳的建设和生活方式，二氧化碳排放将比常规小区至少减少50%。数据显示，该社区的绿地率可以达到超过50%，生活垃圾百分百分类，二氧化碳的排放比常规社区至少减少50%。此外，该社区20%的住宅将建设为符合乘轮椅者居住的无障碍住房套型。

3）北京市朝阳区最大示范学校落户常营两限房社区。京东目前最大的两限房社区，将拥有朝阳区最大的示范学校。由北京住总房地产公司承建的学校已经开工建设，总建筑规模约5.7万m^2。常营两限房是京东目前最大的两限房社区，分为北辰、保利和富力三个小区。从规划之初，孩子教育问题就是业主最关注的焦点之一。随着两限房业主的不断入住，朝阳规划分局用最短时间办结该示范学校的规划验线手续，并于日前正式开工建设。学校占地约6.2hm^2，总建筑规模约5.7万m^2，含九年一贯部（24班小学和15班初中）及高中部（职业高中）。项目建成后，不仅是朝阳区建设规模最大的示范学校，同时也是本市政策性住房小区配套学校中档次最高的一所学校，可为常营地区10万居民提供更为充足的优质教育资源。

（3）交通建设。

1）地铁10号线二期开工。将于2012年正式通车试运营地铁10号线二期，2月22日上午其首台盾构机下井，开始在地下“钻洞”。10号线二期起于一期工程终点劲松站南端，止于一期工程起点八沟站西侧，完工后将与现有的10号线一期构成北京市地铁第二环线。

2）广渠路二期将开工2011年通车。2011年从通州进城不用再挤京通快速路一条“独木桥”，广渠路二期修建即将启动，预计2011年下半年通车。朝阳区2月26日在广渠路二期施工现场启动105个道路项目建设，其中，全长约17.3km的温榆河大道有望国庆通车，将大大方便东坝、常营地区近10万两限房住户的出行。

3）地铁大兴线全线贯通。4月28日，与4号线相连的地铁大兴线轨道全线贯通，预计年底通车运营，这是2010年本市计划通车的新线中第一条全线轨道贯通的线路。大兴线全长21.8km，共设车站11座，80%为地下线。大兴线列车采用6节车厢编组，5月底该线列车将进入位于南兆路地区的车辆段，预计在7月中下旬全线进行冷热滑动车调试，9月底按计划进行空车试运行。

4）地铁14号线破土动工。4月29日上午举行的城南计划丰台区项目开工仪式上，地铁14号线西局站破土动工，标志着地铁14号线的建设正式开工。地铁14号线在丰台串起了2013年园博会园址、永定河绿色生态发展带、丽泽金融商务区、北京南站、蒲黄榆商圈等重点地区，并与9号线、10号线、亦庄线相交，预计2014年年底竣工通车。

5）国贸桥地下打通东西走廊。22日，穿越三环的银泰—航华地下通道投入使用。该通道投入使用后，国贸桥下长期以来存在的人车混行、交通堵塞等问题将得到缓解。通道将国贸桥周边项目进行有效连接，并通过地下通道与国贸桥下公交总站、地铁 1 号线、10 号线相连，以缓解地面交通压力。

6）地铁房山线跨越京港澳高速。房山线 5 月 5 日开始高空跨越京港澳（原京石）高速公路。房山线终点站苏庄大街站向西连接阎村车辆段时，须跨越京港澳高速公路以及京周路。整个跨越长度为 64m，凌空高度 7m。“高空跨越”部分于 5 月 5 日起进行，预计于 5 月 7 日完成。房山线 7 月将全线轨通，同期开始设备调试。

7）地铁亦庄线全线贯通。5 月 20 日在亦庄线宋家庄站，轨道交通亦庄线的隧道和高架全线贯通，这为亦庄线 2010 年 12 月 28 日通车试运营打下基础。亦庄线全长 23.2km，途经丰台、朝阳、大兴、通州 4 个辖区和亦庄开发区。工程于 2008 年 10 月 16 日正式开工，仅用一年零七个月的时间，就完成全部结构工程，提前了 16 个月。

8）地铁大兴线开始车辆调试。5 月 22 日，北京地铁大兴线开始车辆调试，开通后将与北京地铁 4 号线实现贯通运营，实现贯通运营后，“地铁大兴线”的名称也将取消，统称为 4 号线，整条线路全长将达到 50km，成为国内最长的城市地下轨道线路。

2.4 “京十五条”的出台及政策展望

1. “新国八条”将是 2011 年行业政策的主基调

2011 年 1 月 26 日，由温家宝总理主持召开的国务院常务会议，研究部署进一步做好房地产市场调控工作。“新国八条”出台，其主要内容为：①进一步落实地方政府责任。地方政府要切实承担起促进房地产市场平稳健康发展的责任。②加大保障性安居工程建设力度。各地要通过新建、改建、购买、长期租赁等方式，多渠道筹集保障性住房房源，逐步扩大住房保障制度覆盖面。加强保障性住房管理，健全准入退出机制。③调整完善相关税收政策，加强税收征管。调整个人转让住房营业税政策，对个人购买住房不足 5 年转手交易的，统一按销售收入全额征税。④强化差别化住房信贷政策。对贷款购买第二套住房的家庭，首付款比例不低于 60%，贷款利率不低于基准利率的 1.1 倍。⑤严格住房用地供应管理。各地要增加土地有效供应，落实保障性住房、棚户区改造住房和中小套型普通商品住房用地不低于住房建设用地供应总量的 70% 的要求。大力推广以“限房价、竞地价”方式供应中低价位普通商品住房用地。对已供房地产用地，超过两年没有取得施工许可证进行开工建设的，及时收回土地使用权，并处以闲置一年以上罚款。依法查处非法转让土地使用权行为。⑥合理引导住房需求。原则上对已有一套住房的当地户籍居民家庭、能够提供当地一定年限纳税证明或社会保险缴纳证明的非当地户籍居民家庭，限购一套住房；对已拥有两套及以上住房的当地户籍居民家庭、拥有一套及以上住房的非当地户籍居民家庭、无法提供一定年限当地纳税证明或社会保险缴纳证明的非当地户籍居民家庭，暂停在本行政区域内向其售房。⑦落实住房保障和稳定房价工作的约谈问责机制。对于执行差别化住房信贷、税收政策不到位，房地产相关税收征管不力，以及个人住房信息系统建设滞后等问题，也纳入约谈问责范围。⑧坚持和强化舆论引导。对各地稳定房价和住房保障工作好的做法和经验，要加大宣传力度，引导居民从国情出发理性消费。

2. 北京市“京十五条”细则

2011 年 2 月 16 日，北京正式公布了关于贯彻“国八条”的通知。北京市执行了全国最严格的“限购令”。主要相关政策有：

（1）建立和完善基本住房制度。逐步形成符合首都实际的保障性住房体系和商品住房体系。加快实施保障性安居工程，“十二五”期间全市计划建设、收购各类保障性住房 100 万套。

（2）大力发展公共租赁住房。在加大政府投入的同时，完善体制机制，运用土地供应、投资补助、财政贴息或注入资本金、税费优惠等政策措施，合理确定租金水平，吸引机构投资者参与公共租赁住房的建设和运营。

（3）加强税收征管。严格执行国家关于个人转让住房的营业税、个人所得税征收政策。财政部门会同税务、住房城乡建设等部门根据市场情况及时动态调整存量房交易最低计税价格，坚决堵塞“阴阳合同”产生的税收漏洞。

（4）实行差别化土地增值税预征率。房地产开发企业应当在新开盘项目销售前，将项目的土地成本、建安成本和销售价格等报送住房城乡建设部门备案，经税务部门核定，对定价过高、预计增值额过大的房地产开发项目提高土地增值税预征率，具体办法由税务部门会同住房城乡建设部门制定公布。

（5）加强对土地增值税清算情况的监督和检查。对已经达到土地增值税清算标准但不申请清算、定价明显超过周边房价水平的房地产开发项目，进行重点清算和稽查。

（6）提高二套房首付和贷款利率。对贷款购买第二套住房的家庭，要切实执行“首付款比例不低于60%，贷款利率不低于基准利率的1.1倍”的政策。

（7）增加住房用地有效供应。全面落实本市2011年国有建设用地供应计划，优先保证保障性住房建设用地，确保保障性住房建设用地占全市住房供地的50%以上，各类保障性住房和中小套型普通商品住房用地不低于住房建设用地年度供应总量的70%。商品住房用地计划供应量不低于前两年年均实际供应量。总结本市“限房价、竞地价”的经验，并在中低价位普通商品住房用地供应中全面施行。

（8）加强对企业土地市场准入资格和资金来源的审查。参加本市土地竞买的单位或个人，必须说明资金来源并提供相应证明。对擅自改变保障性住房用地性质的，要坚决纠正和严肃查处。开展商品住房用地使用情况专项检查，对超过两年没有取得施工许可证进行开工建设的，必须及时收回土地使用权，并处以闲置一年以上罚款。依法查处非法转让土地使用权的行为，对房地产开发建设投资达不到25%以上的（不含土地价款），不得以任何方式转让土地及合同约定的土地开发项目。

（9）最严格的限购令。对已拥有一套住房的本市户籍居民家庭（含驻京部队现役军人和现役武警家庭、持有有效北京市工作居住证的家庭，下同）、持有本市有效暂住证在本市没拥有住房且连续5年（含）以上在本市缴纳社会保险或个人所得税的非本市户籍居民家庭，限购一套住房（含新建商品住房和二手住房）；对已拥有两套及以上住房的本市户籍居民家庭、拥有一套及以上住房的非本市户籍居民家庭、无法提供本市有效暂住证和连续5年（含）以上在本市缴纳社会保险或个人所得税缴纳证明的非本市户籍居民家庭，暂停在本市向其售房。

（10）建立健全约谈问责机制。各区县政府要按照本通知要求，认真落实房地产市场调控各项政策措施，确保完成住房保障目标责任书规定的各项任务。

（11）坚持和强化舆论引导。新闻媒体要强化舆论宣传和正面引导。要大力宣传本市住房保障和房地产市场调控工作取得的进展与成效，深入解读政策措施，引导居民理性消费，为促进房地产市场平稳健康发展和加快推进住房保障体系建设提供有力的舆论支持，防止虚假信息或不负责任的猜测、评论误导消费预期。对制造、散布虚假消息的，要追究有关当事人的责任。

“京十五条”细则对限购的规定，相较于“国八条”更加直接，对不满足条件的购房者停售，其力度之大，足见北京市政府对于调控的决心。据相关机构统计，2008年外地人购房占比北京房地产市场交易总量的26%，2009年这一比例急剧上升到38%，2011年1月北京卖出的住房，外地人购房达到了44.8%，创造了历史新高，“十五条”细则的出台，直接覆盖了40%以上的准购房者。

满足条件的购房者在选择上则更加谨慎。受之前政策引导，大部分年轻人在初次置业中考虑到低总价的原因，往往会选择小户型，三、五年后改善住宅条件，初次置业只是一个短期过渡的需求。“十五条”的出台使日后改善住宅需求增加了很多不确定因素，购房指标很难得，因此更多人在初次置业时除了会考虑总价外，更加注重产品的功能性。甚至还会考虑到，此次置业是否能满足未来十年的生活需求。预计2011年北京商品住宅市场的需求仍然较大，但是较之前市场容量减少近半，竞争将更为激烈。购房者将以刚性需求为主，在价格适当的情况下，这部分需求对房地产项目仍会表现出相当的热情。

第三部分　土地市场情况

3.1　土地市场供应分析

1. 政府土地供应计划分析

根据北京市国土资源局公布的数据，2010年北京市土地供应计划为6400万m^2，比2009年供应计划增加700万m^2，同比上涨12.3%；其中基础设施用地2300万m^2、保障性住房用地1250万m^2、商品住宅用地1250万m^2（图3-2-5）。

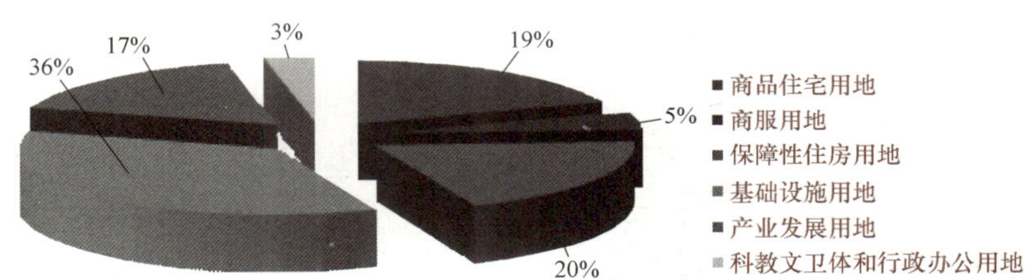

图3-2-5　2010年北京市土地供应计划结构

（数据来源：北京市土地整理储备中心）

2. 公告出让地块走势分析

2010年，北京市土地公开出让市场公告土地261幅，面积为2783.89万m^2，同比上涨102.9%；公告的建筑规划面积为3230.10万m^2，同比上涨38%（图3-2-6）。

3. 公告出让地块区位分析

2010年，北京市土地公开出让市场公告土地面积为2783.89万m^2。其中，顺义区、大兴区、房山区和通州区作为热点区域，四者供给量占到总体的72%，土地供给外延趋势明显；作为传统热点的海淀区2010年土地供给量为80.6万m^2，占总体供给量的3%，不足10%；而城中心四区的公告量仅0.3万m^2（图3-2-7）。

4. 公告出让地块性质分析

2010年，北京市土地公开出让市场公告的土地性质宗地数相差较大。根据北京市土地整理储备中心的数据，2010年所有公告土地中，工业用地公告量为1023.47万m^2，同比上涨92.90%，占总量的37%；居住类用地为780.42万m^2，同比上涨21.71%，占总量的28%；综合类用地为523.78万m^2，同比上涨33倍以上，占总量的19%；其余各性质用地占比较小，共占16%（图3-2-8）。

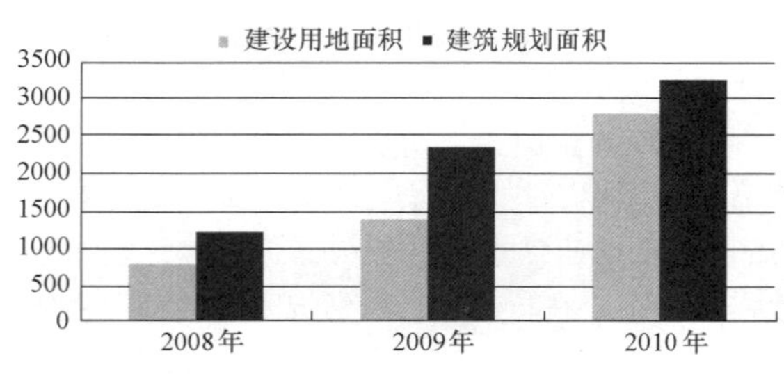

图 3-2-6　2008～2010 年北京市土地市场公告量对比（单位：万 m^2）

（数据来源：北京市土地整理储备中心）

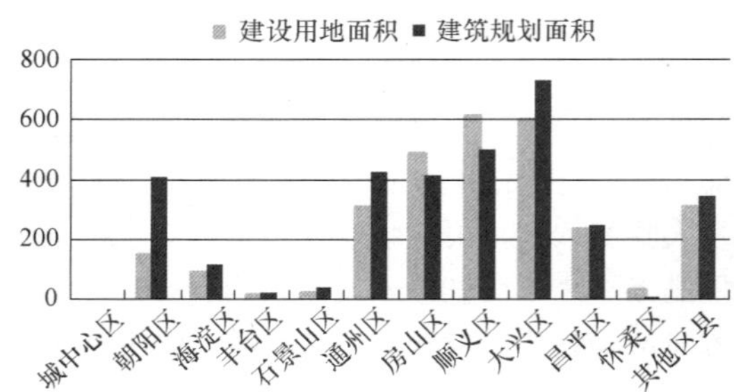

图 3-2-7　2010 年北京市各区域公告土地数量（单位：万 m^2）

（数据来源：北京市土地整理储备中心）

3.2　土地市场成交分析

1. 土地面积成交分析

2010 年，北京市共成交土地 209 宗，同比下降 1.4%；成交的土地面积为 2229.70 万 m^2，同比上涨 106.2%；按规划建筑面积计算，成交量为 2328.26 万 m^2，同比上涨 25.8%。从容积率变化来看，2010 年全年成交土地的平均容积率水平为 1.25，比 2009 年平均容积率 1.95 略有下降。从统计数据结构分析，2010 年全市土地成交面积呈现上涨的态势，主要原因是工业用地成交量和居住用地成交量在不断地上升（图 3-2-9）。

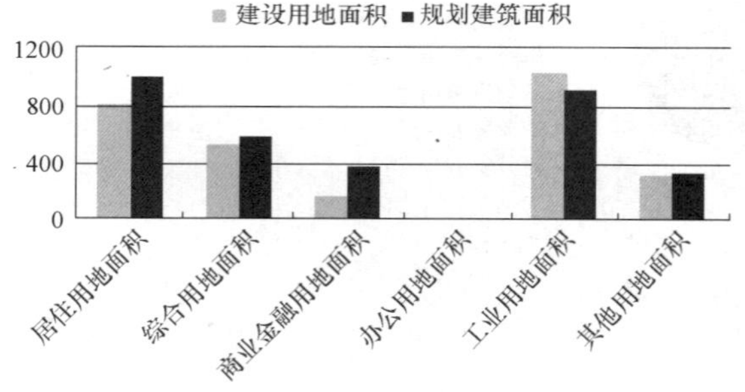

图 3-2-8　2010 年北京市各性质土地公告数量图（单位：万 m^2）

（数据来源：北京市土地整理储备中心）

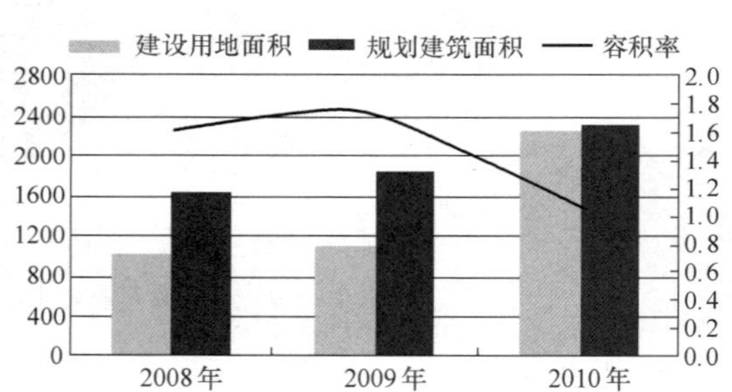

图 3-2-9　2010 年北京市土地成交量及容积率走势（单位：万 m^2）

2. 土地区域成交分析

2010 年从各区县成交土地面积来看，成交土地总量最大的是顺义区，该区成交土地的建设用地面积达 552.37 万 m^2，占全市土地成交总量的 25%；其次是大兴区和房山区，其成交的建设用地面积分别为 447.90 万 m^2 和 320.75 万 m^2；然后是通州区和其他区县（密云、平谷、延庆、门头沟）；除以上区域外，其余各区成交相对较小（图 3-2-10）。

3. 土地性质成交分析

2010 年，北京成交的土地中以工业用地的成交量最多，达 969.45 万 m^2，占总成交量的 44%；其次是居住类用地成交 675.25 万 m^2，占总成交量的 30%；其余性质用地占比较小，均不足 10%（图 3-2-11）。

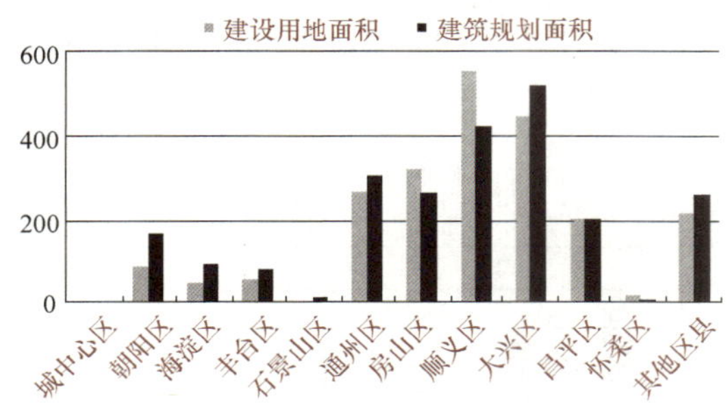

图 3-2-10　2010 年北京市土地各区域成交量走势（单位：万 m^2）

（数据来源：北京市土地整理储备中心）

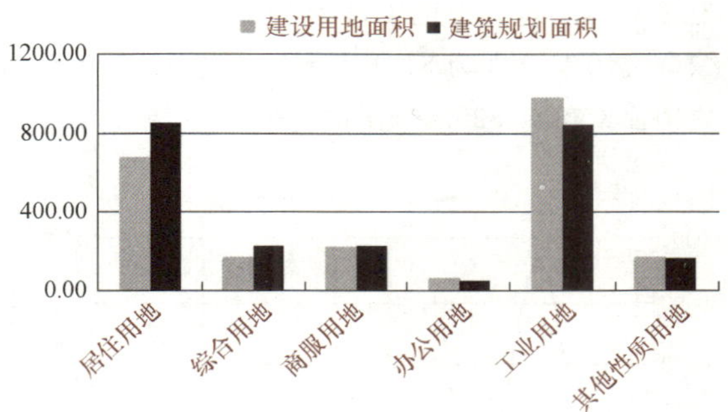

图 3-2-11　2010 年北京市各土地性质成交量（单位：万 m^2）

（数据来源：北京市土地整理储备中心）

4. 土地交易方式分析

2010 年，在成交的 209 块宗地中，以招标方式出让的为 45 宗，以挂牌（包括挂牌改拍卖）出让的为 164 宗。从成交的建设用地面积来看，2010 年以招标方式出让的建设用地面积为 590.15 万 m^2，占总成交量的 26%，以挂牌方式出让的建设用地面积为 1639.55 万 m^2，占总成交量的 74%。因此，不论从成交宗数还是从成交面积来评价，挂牌出让已成为主要的交易方式（图 3-2-12）。

3.3　土地市场价格分析

1. 土地成交价格及溢价率变化分析

2010 年北京市成交的土地单价为 10274 元/m^2，同比上涨 3.01%；成交的楼面地价为 8191 元/m^2，同比上涨 60.35%。溢价率方面，2010 年成交土地溢价率平均高达 238.5%，同比上涨 169%（图 3-2-13）。

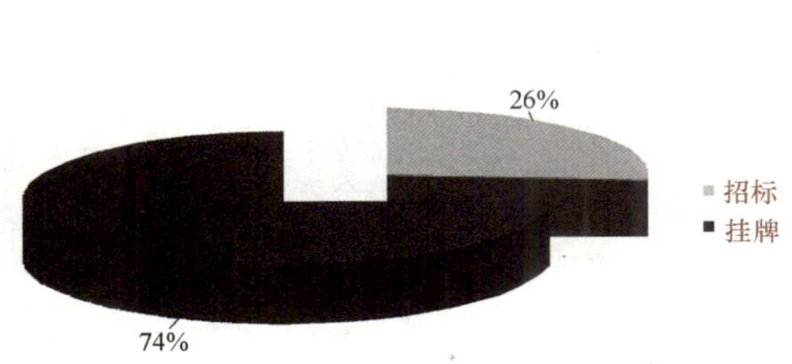

图 3-2-12　2010 年北京市土地交易方式对比

（数据来源：北京市土地整理储备中心）

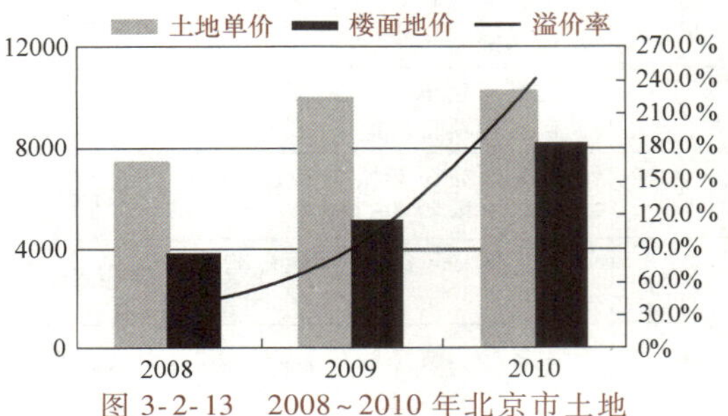

图 3-2-13　2008~2010 年北京市土地成交价格及溢价率变化走势（单位：元/m^2）

2. 土地区域成交价格及溢价率变化分析

2010 年，各区域成交土地价格波动相对较小。从具体区域来看，城中心区土地单价 36400 元/m^2，居于所有区域的首位，其次是朝阳区、海淀区，而顺义区、大兴区、昌平区等区县在 5000 元/m^2 左右。另外，从楼面地价来看，区域之间的价格波动度相对变大，丰台区楼面地价 12792.4 元/m^2，居于所有区域首位，其次为城中心区、海淀区和朝阳区。其余区县基本上在 5000 元/m^2 左右（图 3-2-14）。

3. 土地性质成交价格及溢价率变化分析

2010 年成交的土地中以居住类用地价格最高，为 10274.5 元/m^2，溢价率为 238.5%；其次为综合类用地，土地单价为7168.9元/m²，溢价率为293.4%；按楼面地价评价，居住类用地和综合类用地分别为8191.5元/m²和5283.9元/m²，位于各类性质用地中的前两位，而工业用地的楼面地价仅823.4元/m²（图3-2-15）。

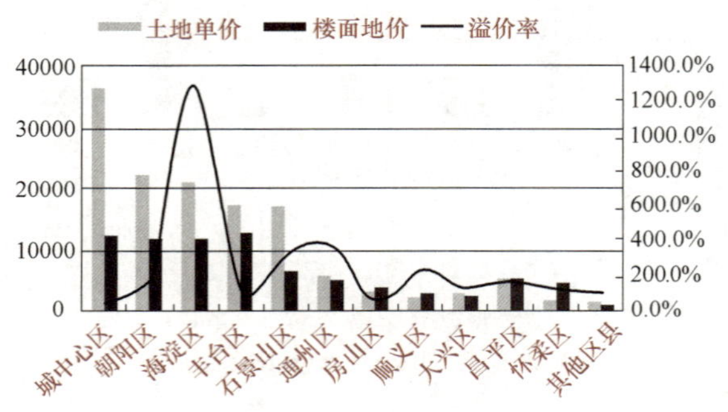

图3-2-14 2010年北京市各区域土地成交价格及溢价率变化走势（单位：元/m²）

（数据来源：北京市土地整理储备中心）

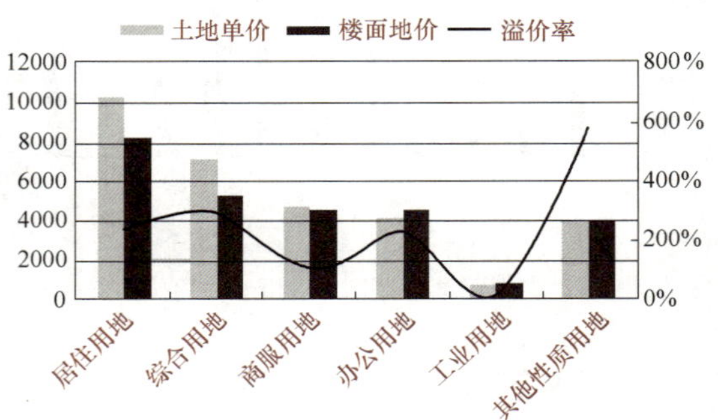

图3-2-15 2010年北京市不同土地性质成交价格及溢价率变化走势（单位：元/m²）

（数据来源：北京市土地整理储备中心）

4. 居住用地溢价率排行

2010年，北京市土地市场排名前十的土地溢价率均超过了130%。从区域看，这些溢价高的土地主要位于通州、朝阳、丰台，属于目前北京房地产市场的热点板块；从拿地情况看，大型央企背景以及国有企业的开发商成为主要买家（表3-2-1）。

表3-2-1 2010年北京市居住用地溢价率排行前十

序号	地块名称	溢价率	楼面地价/（元/m²）	建设用地面积/m²	开发商
1	北京市通州区梨园镇其他多功能用地	698%	8291	50558	北京金隅嘉业房地产开发有限公司
2	北京市密云县密云镇城后街北侧居住项目用地	288%	4183	13946	北京慧友房地产开发有限责任公司
3	北京市亦庄新城V街区B-3-1、B-3-2、B-3-3用地	273%	7462	14900	北京水木天成房地产开发有限责任公司
4	房山区良乡镇住宅（通尚苑二期）	200%	9302	35589	北京森阳房地产开发有限责任公司
5	丰台区六圈A居住项目用地	195%	17153	283865	北京嘉益德房地产开发有限公司
6	海淀区东升乡居住、商业项目	193%	16836	44508	北京世博宏业房地产开发有限公司
7	北京市朝阳区崔各庄乡大望京村环境整治土地储备项目1号地	172%	24066	206270	北京远豪置业有限公司
8	朝阳区常营大型居住区三期土地一级开发项目A-001～A-005地块	167%	9807	175670	北京通瑞万华置业有限公司
9	通州区半壁店（旧村改造）居住及居住区配套教育用地	156%	10635	199939	北京天旭运河房地产开发有限责任公司
10	北京市昌平区常兴庄组团北部地区B地块居住项目用地	130%	15101	207906	北京金科兴源置业有限公司、北京纳帕投资有限公司

（数据来源：北京市土地整理储备中心）

第四部分　房地产行业运行情况

4.1　房地产开发投资额

2010 年北京市房地产开发投资继续呈增长态势，但上涨幅度有所下降。全市全年累计完成房地产开发投资 2901.1 亿元，比 2009 年增长 24.1%。其中，住宅完成投资 1509 亿元，增长 66.4%；写字楼完成投资 259.1 亿元，增长 55.4%；商业及服务业等经营性用房完成投资 336.3 亿元，增长 67.5%（图 3-2-16）。

4.2　房地产施工面积

1. 房地产施工面积同比增长 5.3%

2010 年，北京全市商品房施工面积为 10300.9 万 m^2，比 2009 年末增长 6%。其中，住宅施工面积为 6176 万 m^2，增长 11.2%；写字楼为 1054.8 万 m^2，同比下降 6.8%；商业及服务业等经营性用房为 1229.3 万 m^2，下降 7.1%（图 3-2-17）。

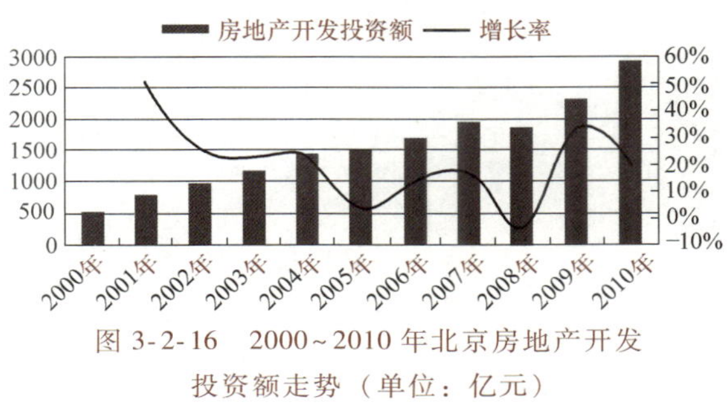

图 3-2-16　2000~2010 年北京房地产开发投资额走势（单位：亿元）

（数据来源：北京市统计局）

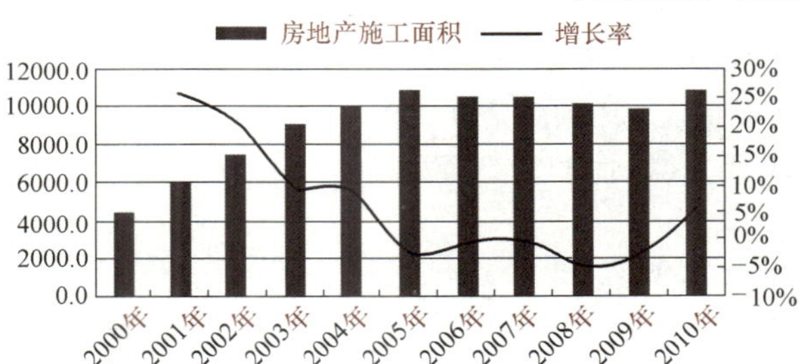

图 3-2-17　2000~2010 年北京房地产施工面积走势（单位：万 m^2）

（数据来源：北京市统计局）

2. 房地产新开工面积

（1）商品房新开工面积同比上涨 44.6%。2010 年，全年商品房新开工面积为 2974.2 万 m^2，比 2009 年增长 32.4%。其中，住宅新开工面积为 2063.4 万 m^2，增长 49.5%；写字楼为 203.3 万 m^2，同比下降 20.6%；商业及服务业等经营性用房为 242.4 万 m^2，增长 6.1%（图 3-2-18）。

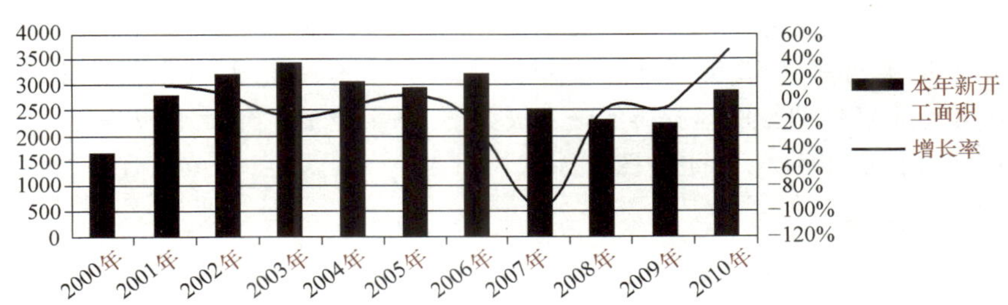

图 3-2-18　2000~2010 年北京房地产新开工面积走势（单位：万 m^2）

（2）房地产竣工面积。商品房竣工面积同比增长 2.3%。2010 年，全市全年商品房竣工面积为 2386.7 万 m^2，比 2009 年下降 10.9%。其中，住宅竣工面积为 1498.5 万 m^2，下降 7.1%；写字楼为 198.4 万 m^2，下降 37.3%；商业及服务业等经营性用房为 271.9 万 m^2，下降 15.7%（图 3-2-19）。

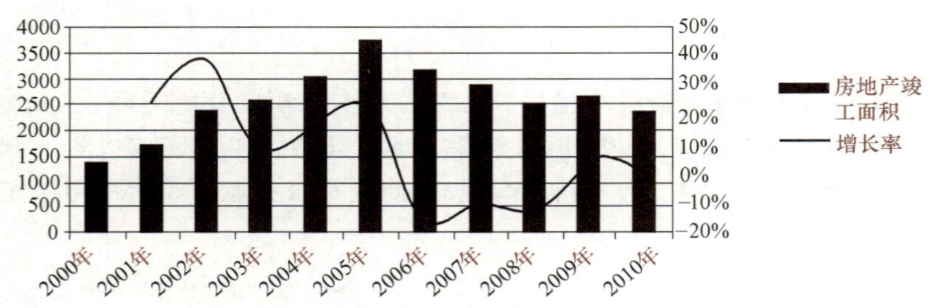

图 3-2-19　2000~2010 年北京房地产竣工面积及增长率走势（单位：万 m^2）

（数据来源：北京市统计局）

第五部分　房地产市场情况

5.1　商品房市场

1. 市场供应分析

商品房总体供应量自 2004 年以来继续下降。从商品房 2000~2010 年度供应面积走势图（图 3-2-20）上可以看出，北京商品市场供应量自 2004 年达到最高峰，达到 3303.90 万 m^2，从 2005 年开始逐渐下滑，到 2010 年下滑到 1338.23 万 m^2。

2. 市场需求分析

2010 年商品房需求量较 2009 年下降，主要受调控的影响大。自 2005 年的 2733 万 m^2 后，需求量持续下降，直至 2008 年的 1175.6 万 m^2。之后随着国内经济逐渐走出低谷和政策刺激，商品房市场成交再度迅速上扬，2009 年达到 2436.62 万 m^2。2010 年，商品房需求量为 1639.5 万 m^2，比 2009 年下降 30.6%（图 3-2-21）。

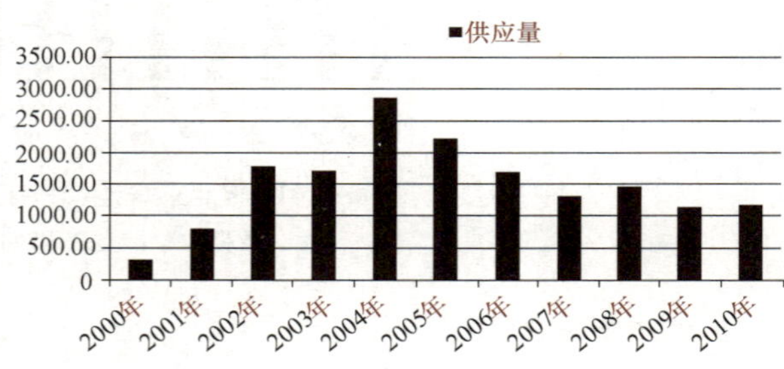

图 3-2-20　商品房年度供应面积走势（单位：万 m^2）

（数据来源：北京市房地产交易网）

3. 成交均价分析

商品房成交均价持续上涨，本年均价已达 20515 元/m^2。北京市商品房均价始终呈现持续上涨，2000~2005 年维持平稳增长趋势，2006、2007 两年涨幅较大，涨幅分别达到 20.5% 和 40.5%，2008 年受市场影响，涨幅有所下降，仅为 5.8%，之后两年随着市场迅速回暖，涨幅再次攀升，目前均价已达 20515 元/m^2（图 3-2-22）。

5.2　商品住宅市场

1. 市场供应分析

（1）2000~2010 年，北京商品住宅市场供应在 2004 年达到峰值，2010 年供应量基本与 2009

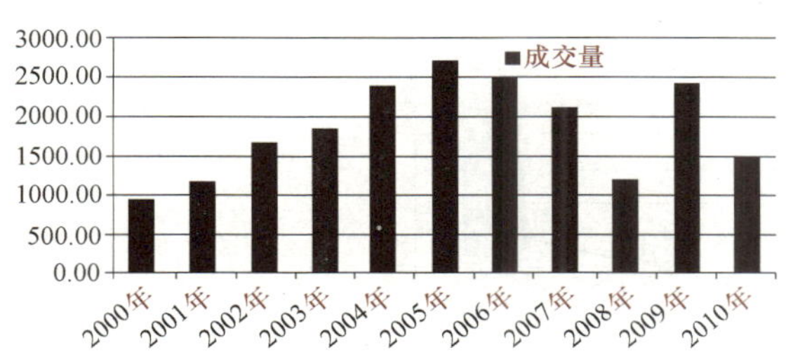

图 3-2-21　商品房 2000~2010 年度成交面积走势（单位：万 m^2）
（数据来源：北京市房地产交易网）

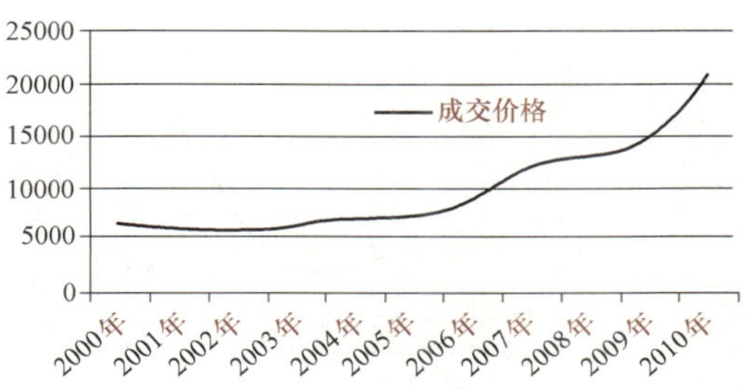

图 3-2-22　商品房 2000~2010 年度成交均价走势（单位：元/m^2）
（数据来源：北京市房地产交易网）

年持平。北京商品住宅市场供应量在 2004 年最高，达到 2862.9 万 m^2，从 2005 年开始逐渐下滑。主要是由于当年《招标拍卖挂牌出让国有土地使用权规定》的出台，导致“8.31”土地大限后的拿地成本提高。2007 年北京楼市的火爆导致 2008 年的供应量大幅上涨；2009 年因受 2008 年“拐点论”的影响，各开发商较为谨慎，而导致本年供应量再次下滑；2010 年又因 2009 年房地产回暖的情况下，供应量为 1183.67 万 m^2，呈现小幅增长（图 3-2-23）。

（2）2010 年各物业类型供应占比变化不大，普通商品住宅占 76%，酒店式公寓占 16%，别墅占比 8%。2010 年受通货膨胀影响，央行开始收紧银根，房地产转变为限制房价过快上涨的调控政策，在购房者通胀预期和刚性需求的影响下，对未来市场走势看法不一。在开发商推盘总量和各物业类型上，和 2009 年相差不大（图 3-2-24、图 3-2-25）。

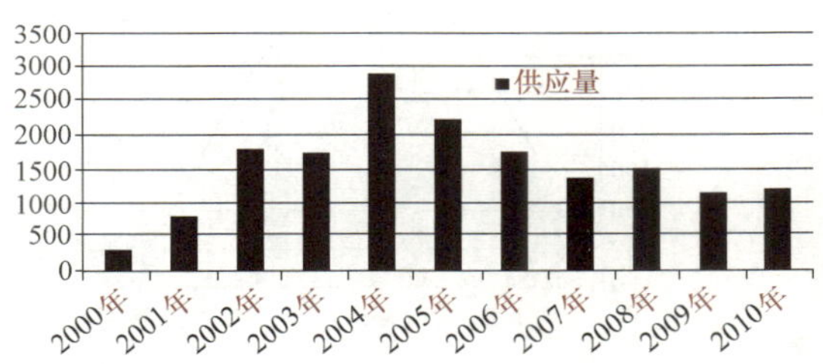

图 3-2-23　商品住宅年供应量走势（单位：万 m^2）
（数据来源：北京市房地产交易网）

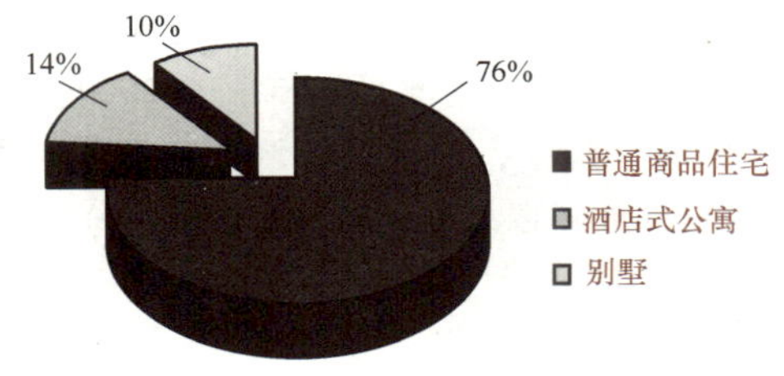

图 3-2-24　商品住宅 2009 年各物业占比情况

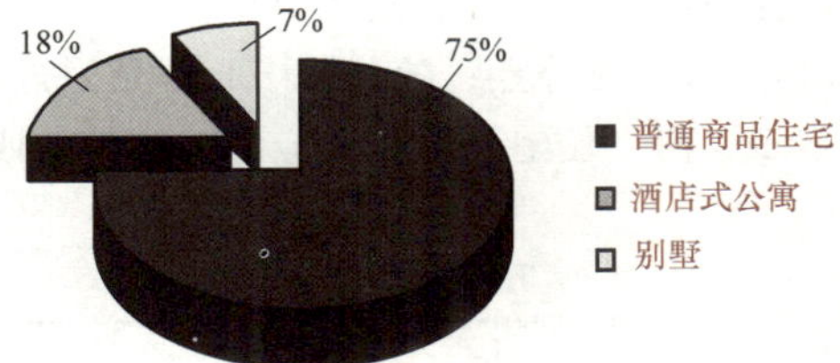

图 3-2-25　商品住宅 2010 年各物业占比情况

（3）2010 年 80（含）~100m^2 和 140m^2 及其以上两个面积段供应量最大，两者合计占总供应量的 61%。其中，140m^2 及其以上面积段新增供应量为 366.1 万 m^2，占总供应量的 30.9%；80（含）~100m^2 面积段新增供应量为 356.0 万 m^2，占总供应量的 30.1%。从供应套数上来看，80（含）~100m^2 面积段以 39732 套位居首位（图 3-2-26）。

（4）2010 年，商品住宅新增供应以二居室为主，占 33% 市场份额。2010 年，二居室以 393.83 万 m^2、42815 套的新增供应量为商品住宅市场上主力户型，占据市场 33% 的份额。三居室以 381.42 万 m^2、28907 套的新增供应量位居第二；别墅和四居室户型供应量有所减少，供应

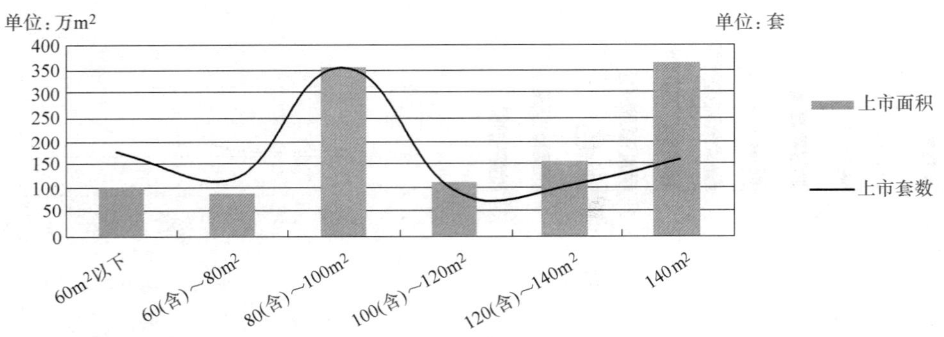

图 3-2-26　商品住宅 2010 年供应量各面积段分布情况（单位：万 m^2）

（数据来源：北京市房地产交易网）

面积分别为 84.75 万 m^2 和 58.91 万 m^2，分别占整体市场供应量的 7% 和 5%。复式户型 2011 年供应量有所增长，供应面积为 137.64 万 m^2，较 2010 年占比增长 5%（图 3-2-27）。

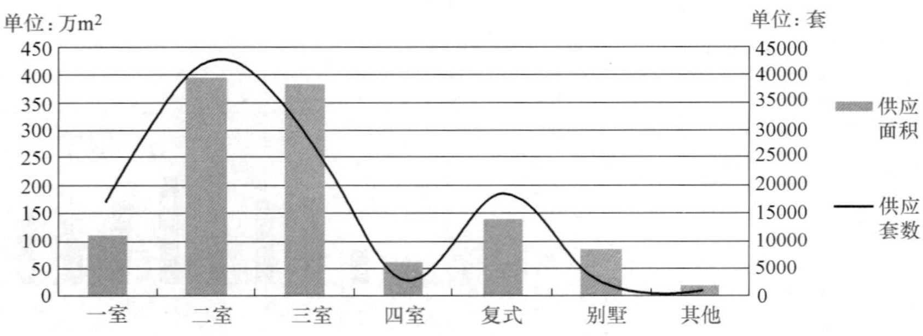

图 3-2-27　商品住宅 2010 年各户型新增供应分布情况

（5）2010 年，商品住宅新增供应量主要分布在五环外地区，占比 76%，郊区外移趋势更加明显。在 2010 年的商品住宅新增供应中，供应面积呈现出由二环向五环逐渐增多的趋势。五环外地区商品住宅供应套数为 79070 套，供应面积 847.80 万 m^2，占供应总量的 76%，与 2009 年占比增长 12 个百分点；随着城中心区及附近区域土地供应的越来越少，五环外区域的商品住宅供应增多，商品住宅的主力供应由前两年的四五环间，基本移到五环以外郊区县（图 3-2-28）。

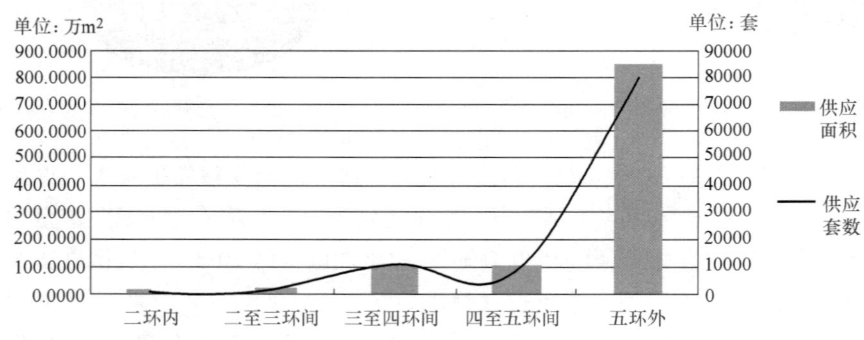

图 3-2-28　商品住宅 2010 年新增供应量各环线分布情况

（数据来源：北京市房地产交易网）

（6）2010年，住宅新增供应以朝阳区为主，区域分布不平衡。2010年，朝阳区住宅新增供应面积为251.94万m^2，新增供应套数为24651套，占供应总量的21%，是2011年的供应主力区域；近郊区县中大兴区为仅次于朝阳区的供应大户，供应面积为215.56万m^2，供应套数21712套，通州、顺义供应分别在142.84万m^2和117.97万m^2，供应套数分别为13472和8642套；其余昌平、房山、丰台、海淀、密云供应量分别为79.25万m^2、93.90万m^2、55.10万m^2、73.04万m^2、51.15万m^2（图3-2-29）。

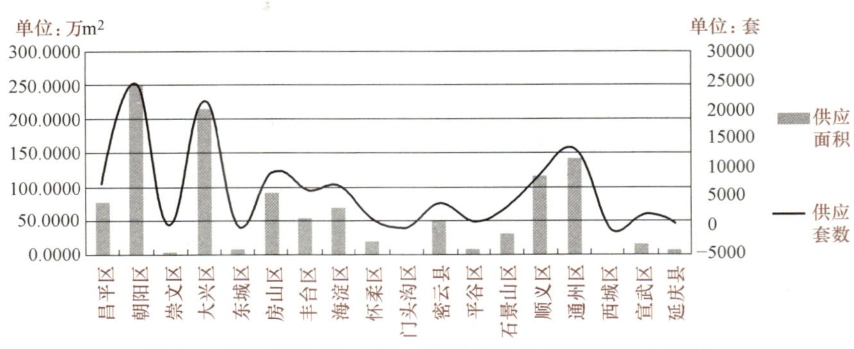

图3-2-29　商品住宅2010年新增供应各区域分布情况

（数据来源：北京市房地产交易网）

2. 市场需求分析

（1）2010年商品住宅成交量因政策影响再次下滑，为1201.4万m^2，下降36.1%。从2006年始，随着国家宏观调控力度的加大，住宅市场成交量出现了逐年下降的现象。2009年，国家出台了针对楼市的刺激性经济政策，当年商品住宅成交量达到1832.80万m^2。2010年，政府开始调控房地产过热，取消了多种买房优惠政策，并开始实行限购、限贷，使成交量有较大幅度下滑（图3-2-30）。

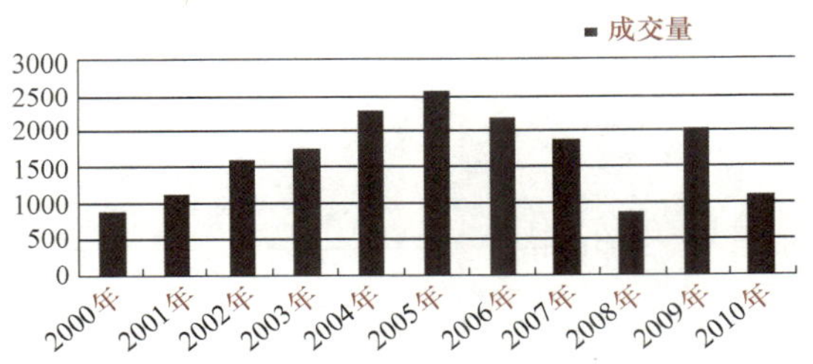

图3-2-30　商品住宅2000~2010年度成交量走势（单位：万m^2）

（数据来源：北京市房地产交易网）

（2）2010年，80（含）~100m^2为需求套数最多，而140m^2及其以上为成交面积的最高值。2010年，北京住宅成交面积中占比最大的是140m^2及其以上面积段，成交面积为391.81万m^2，成交套数为17406套；其次是80（含）~100m^2面积段的，成交面积为326.43万m^2（图3-2-31）。

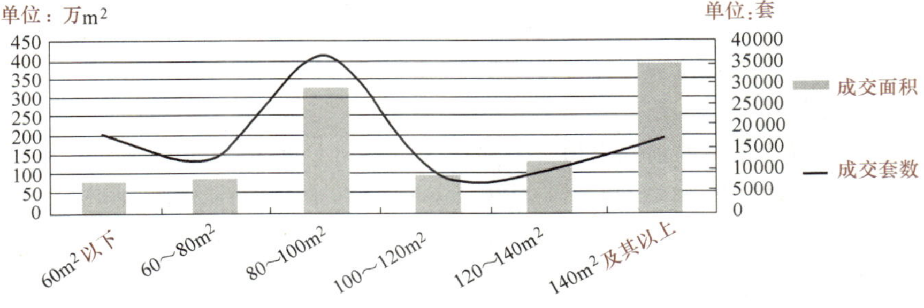

图3-2-31　商品住宅2010年各面积段成交走势

（数据来源：北京市房地产交易网）

（3）2010 年，商品住宅成交户型以二居室为主，占市场总需求 32.9%，成交面积达 369.81 万 m^2，销售套数为 39809 套；三居室成交量为 320.78 万 m^2、24299 套；一居室、别墅和复式的成交量分别为 122.77 万 m^2、119.23 万 m^2 和 107.75 万 m^2（图 3-2-32）。

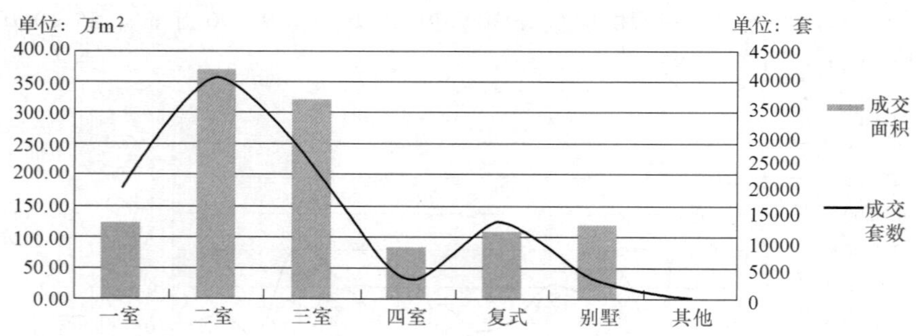

图 3-2-32 商品住宅 2010 年各户型成交走势

（数据来源：北京市房地产交易网）

（4）2010 年，商品住宅市场成交量分布呈现出向五环外增加的趋势。2010 年，商品住宅成交主要集中在五环外，成交面积为 745.12 万 m^2，占总量的 66%，成交套数为 69469 套；四环至五环间其次，成交面积为 167.97 万 m^2，占总量的 15%，成交套数为 15436 套；二环内成交量最低，成交面积为 33.85 万 m^2，仅占总量的 3%，成交套数为 2823 套（图 3-2-33）。

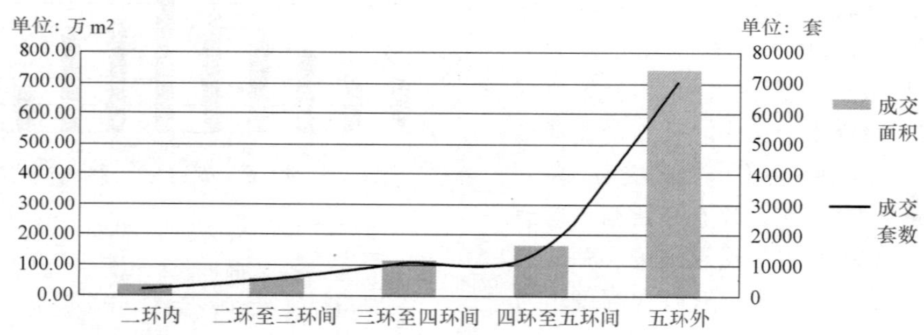

图 3-2-33 商品住宅 2010 年各环线成交走势

（数据来源：北京市房地产交易网）

（5）2010 年，商品住宅成交仍以朝阳区最多，成交面积为 566.45 万 m^2，占成交总量的 30.9%，成交套数为 48647 套；其次海淀区、通州区和顺义区的成交面积相当，都在 160 万～170 万 m^2 之间，均占成交总量的 9%左右（图 3-2-34）。

3. 成交均价分析

（1）2010 年，商品住宅市场成交均价上涨幅度较大。北京市自 2006 年以来商品住宅价格大幅上扬，房地产市场成交活跃。2008 年，受国内外经济环境的综合影响，住宅成交市场陷入低迷，商品住宅价格小幅调整。2009 年房地产市场再次迅速回暖，价格随之快速上涨，2011 年仍然出现较大涨幅，成交均价为 20273 元/m^2（图 3-2-35）。

（2）2010 年，20000 元/m^2（含）以上的商品住宅为成交主力，共计成交440.40 万 m^2，占整体比重的 39%（图 3-2-36）。

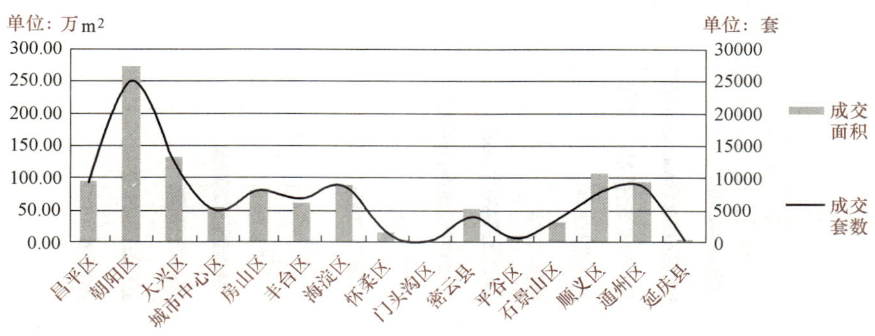

图 3-2-34 商品住宅 2010 年各环线成交走势

（数据来源：北京市房地产交易网）

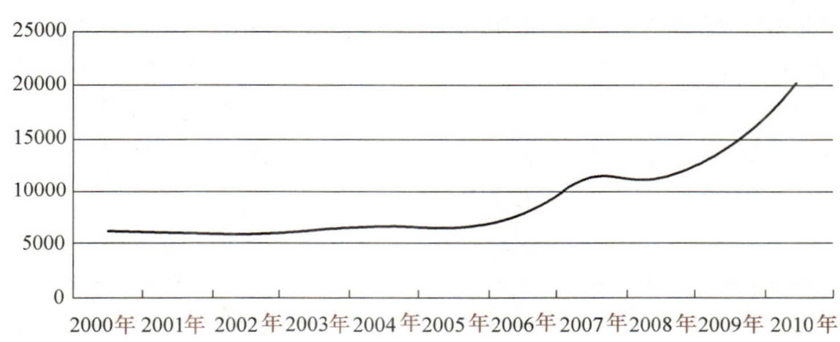

图 3-2-35 商品住宅成交价格走势（单位：元/m²）

（数据来源：北京市房地产交易网）

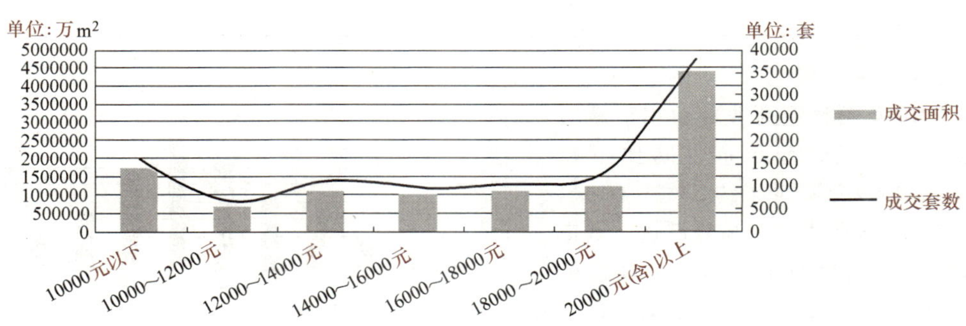

图 3-2-36 商品住宅 2010 年各价格段成交走势

（数据来源：北京市房地产交易网）

（3）2010 年，城市中心区、朝阳区和海淀区的成交价格位列商品住宅市场的前三甲，城中心区、朝阳区和海淀区分别以 31150 元/m²、28371 元/m² 和 26475 元/m² 的价格位列商品住宅市场的前三位。此外，除密云县、平谷区、延庆县外，其他成交价格都在10000 元/m²以上（图 3-2-37）。

5.3 商业物业市场

北京商业物业市场 2010 年仍然保持活跃，大量海外及国内零售商积极扩张或进入本地市场。

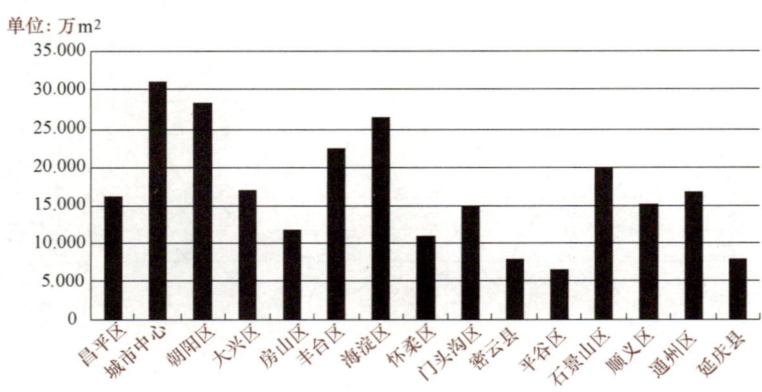

图 3-2-37 商品住宅 2010 年各区域成交均价对比

（数据来源：北京市房地产交易网）

但是从房地产开发角度，销售型商业营业用房新增供应量下跌 47.7%，商铺租赁市场的竞争日益加剧。但 2010 年北京中高端购物中心市场整体空置率较 2009 年下降 1.79 个百分点，平均固定租金水平与 2010 年基本持平。全年共有 11 家大型商业开业，随着传统商圈内竞争的加剧及有限的商业项目土地供应，北京商圈开始呈现分散化趋势。开发商将项目开发转移到北京新兴零售节点或近郊，使一批新兴商圈逐渐成形（表 3-2-2）。

表 3-2-2 2010 年北京市部分品牌商业租赁成交交易

承租方	租赁项目	租赁面积/m^2
Burberry	翠微广场	439
Versace	华贸购物中心	80
Emporio Armani	三里屯北区	1683
GAP	朝阳大悦城、新东安广场、首地大峡谷	1165、1800、1000
hq 尚客百货	大钟寺国际广场	45000
Zara	北京富力广场	1180

1. 市场供应分析

1）2010 年销售型商业营业用房新增供应总面积为 50.05 万 m^2，同比下跌 47.7%，较 2009 年减少了约 53.21 万 m^2。随着 2006~2008 年供应量高峰已过，城市核心商圈商业用地数量趋减，且规模较小。新增推案数量减少及新增推案项目主要以住宅社区商业为主，体量规模较小，是造成供应量下跌的主要原因；再次，2010 年北京新开业的商业项目中，商业面积在 2 万 m^2 以下的项目占有较大比例，绝大多数商业营业用房是社区商业和写字楼底商，大体量购物中心项目较往年供应减少（图 3-2-38）。

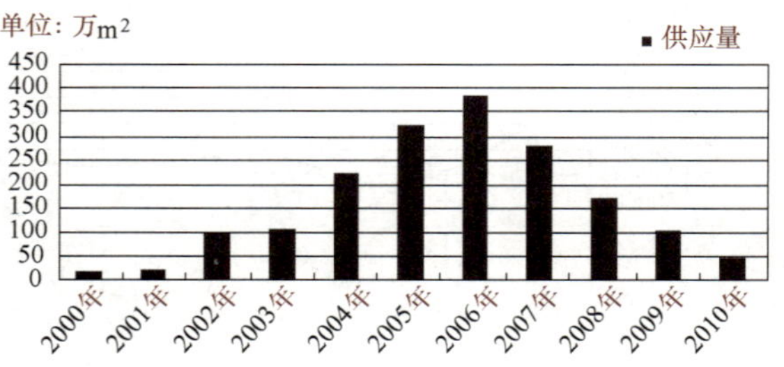

图 3-2-38 2000~2010 年北京销售型商业营业用房供应走势

2）可售商业物业中体量规模较大的项目主要集中在朝阳区和海淀区。2010 年销售型商业营业用房供应前 10 名，项目供应量总计为 23.26 万 m^2，占到了总量的 42.9%，主要新增项目分布区域为朝阳、海淀，可以看出商业项目仍主要分布在城市核心商圈。

随着城市的发展，非核心区以外的大兴、通州等区，将出现更多的新兴住宅区域，由此兴起的新兴商圈将成为商家拓展开店的重点（表3-2-3）。

表3-2-3　2010年北京销售型商业营业用房供应TOP10

项目名称	区域	入市时间	环线	供应面积/m^2	供应套数/套
朝阳门SOHO	东城区	2006	二环内	87341	421
朝阳新城	朝阳区	2007	五环外	32785	78
公园1872	朝阳区	2010.04	四至五环间	21030	17
学院派	海淀区	2010.09	二环至三环间	20582	16
金隅大成玲珑天地	海淀区	2010.08	三环至四环间	13309	59
和平里de小镇	朝阳区	2010.08	二环至三环间	12677	32
金隅美和园	海淀区	2010.03	五环外	12595	1
富力阳光美居	朝阳区	2010.11	五环外	11332	56
都市节奏	昌平区	2003	五环外	11043	45
东亚马赛公馆	大兴区	2010.09	五环外	9895	182

2. 市场需求分析

1）2010年，销售型商业营业用房成交总量上扬，同比上涨6%，成交面积193.46万m^2，较2009年成交量增加了26.15万m^2，一方面是由于商品住宅市场受政策调控影响，部分投资客户开始关注销售型商业营业用房，成交量相对增加；另一方面在商品房供给量逐年下挫的情况下，市场对商业市场前景看好（图3-2-39）。

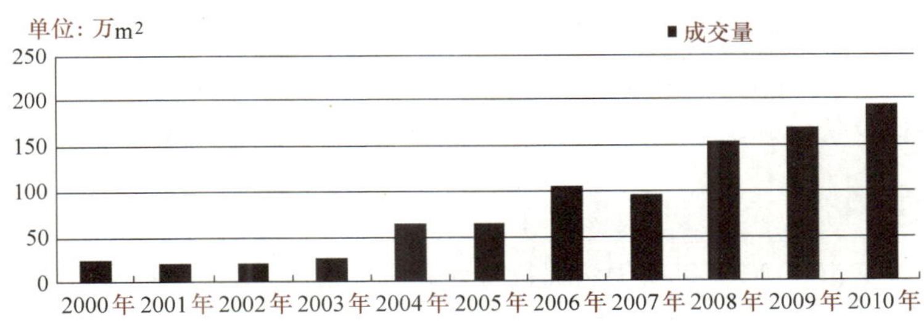

图3-2-39　2000~2010年北京销售型商业营业用房成交走势

2）2010年，朝阳门SOHO、北亚国际中心是商业用房项目成交面积的前两名，朝阳门SOHO成交面积最大达到了73089m^2，成交金额几乎是其他九个项目的成交总和，达到了54亿，占到了前十名项目成交金额的48.2%。此外，北亚国际中心成交面积也较大（表3-2-4）。

表3-2-4　2010年北京销售型商业营业用房成交面积排行榜

项目名称	板块	成交面积/m^2	成交金额/亿元	成交均价/(元/m^2)
朝阳门SOHO	东城板块	73089	54.0	73929
北京北亚国际中心	昆玉河板块	72649	15.1	20808
林达海渔广场	东四环板块	49196	12.4	25105
双全广场	太阳宫板块	41106	4.9	11819
北京国际中心	CBD板块	37777	7.9	20861
长安驿	CBD板块	32160	6.6	20549
远洋自然商街	洋桥板块	28751	1.6	5704
柳岸方园	南通州板块	26910	2.5	9392
光耀东方广场	昆玉河板块	26655	5.7	21327
艺水芳园	京通沿线板块	25750	1.4	5351

3. 成交价格分析

2010年销售型商业营业用房成交均价为17736元/m²，成交均价小幅走高，一方面是由于年内楼市政策调控频繁，投资客退出商品住宅市场，转而关注销售型商业营业用房；另一方面，鉴于国内商品房市场的严厉调控，国内著名房企开始将商业地产提升至企业发展的战略高度，利好消息进一步刺激市场，市场普遍看好商业营业用房前景，从而带动成交价格上涨（图3-2-40、表3-2-5）。

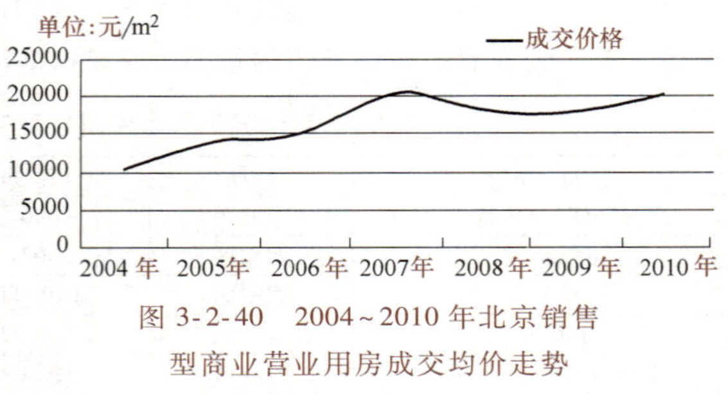

图3-2-40　2004~2010年北京销售型商业营业用房成交均价走势

表3-2-5　2010年北京销售型商业营业用房成交均价TOP10

项目名称	板块	成交面积/m²	成交金额/亿元	成交均价/(元/m²)
加华印象街	新华大街板块	160	0.20	124696
昆仑公寓	使馆区板块	516	0.58	112299
三里屯SOHO	CBD核心板块	3789	3.47	91760
星源汇	使馆区板块	254	0.23	90533
朝阳门SOHO	东城板块	73089	54.03	73929
工三PLAZA	CBD核心板块	7210	5.29	73422
铂晶豪庭	东城板块	212	0.14	67765
霄云中心	朝阳公园板块	1302	0.86	66200
北京one	新华大街板块	451	0.28	62370
西堤红山	宣武板块	1525	0.90	59144

纵观2010年，北京商业物业投资市场表现平静，但是投资机会仍然存在。值得注意的是，更多的大型零售商及传统开发商开始涉足大型商业物业市场，苏宁置业和万科地产即为代表。

5.4　写字楼市场

北京写字楼投资市场2010年度仍然保持活跃，全年总计15宗整售交易签约。由于在交易结构上的灵活性和对本地交易操作的熟悉程度，内资投资者继续占据市场主导地位。但与此同时，外资机构投资者在年内亦完成了3宗交易，显示出北京写字楼市场对海外投资者依然极具吸引力。另一方面，内资投资者的背景变得更为多元化，除大型上市公司与国有企业外，之前专注住宅物业开发的开发商、汇集民间资本的私募基金、保险公司的身影亦出现在写字楼投资市场上。

1. 市场供应分析

（1）2010年新增写字楼项目数量同比减少，环比下降59%。2010年，北京有17个销售型写字楼项目取得预售许可证，与2009年相比有所减少，环比下降59%。代表项目有：总部基地、朝阳门SOHO、朝阳广场、珠江摩尔公元、北方中惠国际中心、融科资讯中心、方恒大厦等。

（2）2010年写字楼新增供应量为96.1万m²，同比下降21.95%。从2000~2006年，北京写字楼市场新增供应量一直保持上涨走势。2006年达到高峰，当年新增供应量为419万m²，其后2007年、2008年、2009年、2010年新增供应量逐年减少，这主要是由于城市核心商务区的办公类用地供地数量及规模减小，因此本年虽然销售型写字楼推案数量增加，但是大部分办公物业规模较小，因此整体供应量呈现下跌（图3-2-41）。

（3）甲级写字楼项目入市较多，单体项目规模普遍较小。新增供应集中入市带来的冲击波被需求的反弹有所抵消，来自金融、科技、服务、制造、能源、医药和传媒等行业的内外资企业需求尤为突出。2010年入市的销售型写字楼中单体规模较大的以甲级写字楼项目居多。如总部

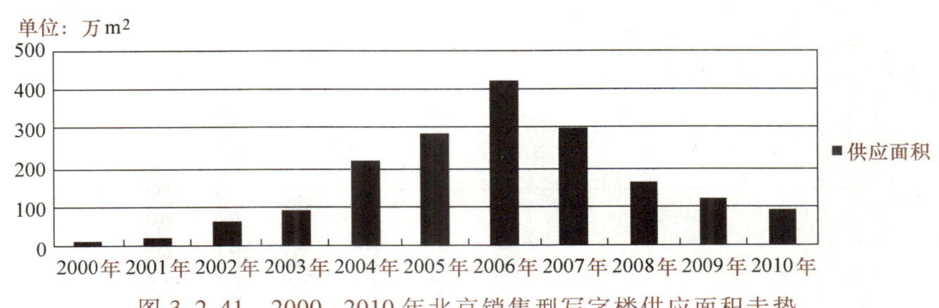

图 3-2-41 2000~2010 年北京销售型写字楼供应面积走势

基地、朝阳门 SOHO、珠江摩尔公元等，体量规模前十名的项目供应量总计为 68.2 万 m^2，主要新增项目分布区域为丰台区、东城区、昌平区、石景山区、大兴区、门头沟区、朝阳区、海淀区，可以看出甲级写字楼项目新增供应量仍是分布在城市核心商务区的（表 3-2-6）。

表 3-2-6 2010 年北京销售型写字楼供应 TOP10

项目名称	入市时间	区域	项目面积/m^2
总部基地	10 月	丰台区	272578
朝阳门 SOHO	3 月	东城区	161034
珠江摩尔公元	4 月	昌平区	87665
西山汇	6 月	石景山区	39466
融科资讯中心	8 月	海淀区	29856
方恒国际中心	1 月	朝阳区	24113
亦城国际中心	7 月	大兴区	19818
紫御国际	6 月	石景山区	18657
石龙高科大厦	10 月	门头沟区	17624
大成时代中心	5 月	丰台区	10972

2. 市场需求分析

北京甲级写字楼物业市场在 2010 年强势复苏，并在全年表现优于预期。作为写字楼市场传统需求来源的跨国公司于年内加速扩张和兼并的步伐，需求回升态势明确。与此同时，内资企业成为推动甲级写字楼市场升温的另一重要因素。截至 2010 年年底，北京甲级写字楼市场存量超过 475 万 m^2，同比增加 5.36%（表 3-2-7）。

表 3-2-7 2010 年北京写字楼市场大宗交易

承租方	租赁项目	租赁面积/m^2
中信集团	盈科中心	20000
金杜律所	环球金融中心	9000
甲骨文	远洋光华国际 C 座	9000
松下电器	远洋光华国际 C 座	7000
宝马汽车	佳程广场	12000(续租)
易车网	腾达大厦	3500
杜比	环球金融中心	3000
通用电气	嘉里中心	1250

（1）2010 年销售型写字楼成交量为 174.9 万 m^2，环比下降 25%。2000~2010 年北京销售型写字楼的成交面积走势整体表现为小幅震荡、稳步上扬。2010 年 1~4 月销售型写字楼成交量增长较慢，2010 年 5~11 月销售型写字楼成交量大幅增长，主要是因为城市核心商务区优质写字楼的继续放量，市场供应增加，如朝阳门 SOHO、总部基地、西杉创意园（曾用名：中间建筑）等；一方面是国家实施较为宽松的货币政策，增加信贷投放金额，在一定程度上刺激了投资市场的发展；另一方面经济回暖迹象逐步显现，低迷的北京写字楼销售市场正在逐步走出低谷，投资者信心不断提高，推动了成交量的上扬（图 3-2-42）。

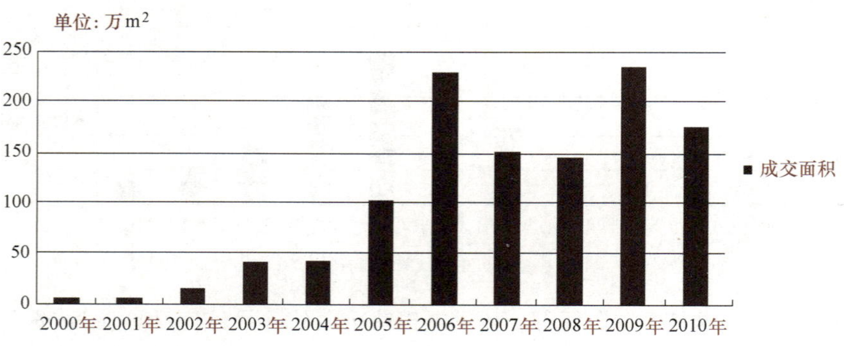

图 3-2-42　2000~2010 年北京销售型写字楼成交面积走势

（2）成交面积较大项目大多在传统核心区。2010 年成交面积居前 10 位的销售型写字楼项目，朝阳、西城各 2 个、东城、宣武、朝阳、昌平、丰台、大兴各 1 个，传统核心区域优势明显。在所有成交项目中，朝阳门 SOHO 单个项目的成交面积最大，超过 19 万 m^2，总部基地、西杉创意园（曾用名：中间建筑）分别以 13.1 万 m^2 和 7.5 万 m^2 的成交面积排在二、三位（表 3-2-8）。

表 3-2-8　2010 年北京销售型写字楼成交面积 TOP10

项目名称	区域	板块	成交面积/m^2	成交金额/亿元	成交均价/(元/m^2)
朝阳门 SOHO	东城区	东城板块	190039	105.4	55471
总部基地	丰台区	外丰台板块	131333	17.5	13288
西杉创意园	海淀区	西山板块	74542	12.4	16649
中冶大厦	朝阳区	太阳宫板块	60761	16.7	27513
北环中心	西城区	西城板块	47247	10.9	23067
光耀东方广场	海淀区	昆玉河板块	42842	11.3	26409
bda 国际企业大道	大兴区	亦庄板块	42183	3.5	8308
金祺大厦	西城区	西城板块	40896	7.7	18700
珠江摩尔公元	昌平区	昌平板块	38830	10.1	28282
富力信然	宣武区	宣武板块	37644	7.3	19387

3. 成交价格分析

（1）2010 年，北京销售型写字楼成交均价为 15727 元/m^2，较 2009 年下跌 6.76%。2010 年，由于金融危机对房地产业尤其是写字楼市场造成很大冲击，但出于对中国和北京未来经济发展良好的预期，随着成交量的回升，投资者信心的增强，写字楼成交价格保持相对稳定（图 3-2-43）。

（2）写字楼市场保持核心板块均价较高的状态，西城、CBD 板块、东城领先。从 2010 年销售型写字楼成交均价排行榜中可以看出，其中 CBD 板块的项目占了 4 个、西城核心板块 3 个、东城板块 2 个。在成交均价前 10 名排行项目中，三里屯成交均价最高，成交均价达到 65600 元/m^2，朝阳门 SOHO 和 F1 大厦分别以 55471 元/m^2、52500 元/m^2 排在二、三位，整体成交均价高于 2009 年（表 3-2-9）。

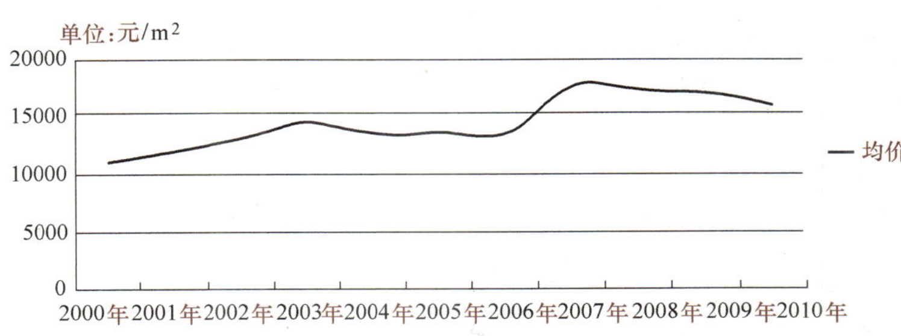

图 3-2-43 2000~2010 年北京销售型写字楼成交均价走势

表 3-2-9 2009 年北京销售型写字楼成交均价 TOP10

项目名称	区域	板块	成交面积/m^2	成交金额/亿元	成交均价/(元/m^2)
屯三里	朝阳区	CBD 板块	67	0.04	65600
朝阳门 SOHO	东城区	东城板块	190039	105.40	55471
F1 大厦	西城区	西城板块	4338	2.30	52500
三里屯 SOHO	朝阳区	CBD 板块	9255	4.30	46437
工三 PLAZA	朝阳区	CBD 核块	19816	8.30	41858
新保利大厦	东城区	东城板块	1312	0.50	41500
世纪财富中心	朝阳区	CBD 板块	7202	2.90	40000
凯晨广场	西城区	西城板块	8725	3.40	38511
新盛大厦	西城区	西城板块	868	0.30	38000
亿城中心	海淀区	昆玉河板块	54	0.20	36480

2011 年，北京市场将会有总建筑面积 55.33 万 m^2 的 7 个写字楼项目计划入市，市场总体空置率预计将小幅上升。CBD、东二环、燕莎区域的写字楼空置率最高，预计分别在 22%、20%、16%左右。但鉴于业主的强势姿态和对市场表现的高度乐观，预计后市租金将会普遍上涨。

5.5 二手房市场

1. 二手房优势越来越明显，成为购房者特别是首套房的首选

据北京房地产交易管理网数据显示，2010 年北京二手房市场总成交量达到 212466 套，较 2009 年下降 23.6%。2010 年北京二手房成交量最高的前 50 个商品房小区换手率平均高达 6%，市场投资氛围较浓。二手房相比商品房的总价及区位优势越来越明显，成为购房者特别是首套房的首选。

2010 年北京二手房成交最活跃的前 50 个小区，合计成交为 14361 套，50 个小区总户数为 239294 套。合计总换手率为 6%。这意味着 50 个小区中，在 2010 年全年内，每 100 户有 6 户发生了产权转移。而在 2009 年这一比例为 4.8%，换手率相比之前明显增加。其中，值得注意的是，有 14 个楼盘换手率甚至在 10%以上。部分小区甚至达到了 15%以上（表3-2-10）。

表 3-2-10 2010 年北京市二手房换手率排行榜

楼盘	销售总套/套	入住时间	项目总套/套	年内换手率(%)
世纪茶贸中心	333	2008.6.30	2008	16.6

（续）

楼盘	销售总套/套	入住时间	项目总套/套	年内换手率(%)
智学院	200	2001.10.15	1300	15.4
荣丰2008	874	2006.7.23	6000	14.6
瑞都公园世家	184	2005.12.31	1300	14.2
兴隆家园三期	240	2005.11.30	1700	14.1
九龙花园	313	2000.12.31	2340	13.4
玉海园	185	2001.5.1	1400	13.2
旭辉·奥都	351	2009.5.30	2682	13.1
CBD传奇	182	2007.4.8	1500	12.1
媒体村	239	2009.6.1	2112	11.3
远洋新干线	228	2005.8.31	2121	10.7
后现代城	500	2008.6.30	4672	10.7
樱花园	391	1998.12.1	3800	10.3
华龙小区	254	2000.12.31	2500	10.2

2010年楼市调控，特别是9月以后对刚需首套房的限制贷款，使得房产投资占比增长。而部分城区交通便利区域的中小户型成交量明显增长。而且连续两次调控使得部分投资者出现对楼市转向的判断异同，吞吐加速也导致了热点小区换手率上涨。

2. 2010年北京二手房最高涨九成

2010年楼市调控政策频出，但二手房房价总体仍呈上涨之势，鹿鸣苑、新世界家园、立恒名苑分列2010年北京二手房项目单价最高涨幅前三甲，居于首位的鹿鸣苑12月均价19000元/m^2，较2009年同比上涨90%。2010年度二手房涨幅冠军楼盘鹿鸣苑在2009年12月成交均价仅为10000元/m^2，然而由于大兴新出让地块的拉动效应以及地铁利好、户型多样、可免二手房营业税等利好，截至2010年12月，楼盘成交均价达到19000元/m^2。2010年北京前10名二手楼盘价格涨幅都是单价在20000元/m^2以上的中高档楼盘，且大多位于四环以内，区域板块多位于年底新开通地铁线的亦庄等区域。同时，八成的项目位于传统意义上的南城，以南中轴、永定河、丽泽金融商务区为首的“一轴一带多园区”的经济发展区将会越来越受到购房者的青睐，发展潜力巨大。

3. 二手房成交集中表现在中低总价、中小户型热

在抑制市场投机需求的同时，也影响着住宅市场各居室成交的变化。2010年4月以来，北京市住宅市场调控政策不断，一直到10月，两次调控政策的收紧，提高首付、加息、严控二套、暂停三套、收紧贷款、提高交易税费等政策，影响楼市成交中的客户。5月之后，受调控政策的影响，60~80m^2的小户型成交占比呈现不断上涨的趋势，而这个面积段主要为两居室小户型，面积小、总价低、能够满足大家基本生活需求，成为众多购房者选择的目标。

4. 品牌开发商品牌项目成为二手房市场热点

在北京二手房交易量前50个项目中，知名房企占比达到了6成以上。特别是城区项目，大部分均为品牌开发商开发。在热点小区中，富力地产、北京城建、远洋地产、华润置地、合生创展、首开地产等大开发商的存量项目较多。品牌开发商开发的项目相比同地段其他小区一般而言设计更合理、质量更好，特别是入住后期的物业管理更到位，使得小区的保值升值功能更高。

第六部分　2011年房地产市场预测

6.1　土地市场预测

1. 商品住宅土地供应量或有所下降

北京土地市场供应量历史数据显示，从2005年至2009年，无论是总住宅用地的计划供应量，还是商品住宅用地的计划供应量，都在逐年减少。2005~2009年，北京市住宅土地计划供应量分别为1950hm²、1900hm²、1600hm²、1700hm²、1300hm²，其中商品住宅的计划供应量分别为1750hm²、1600hm²、1200hm²、1000hm²、700hm²。由于从2009年年底开始，中央对房地产市场进行严厉调控，因此，北京2010年的住宅土地供应计划与往年相比有所调整。2010年，住宅土地供应计划是商品住宅和保障房各占1250hm²，保障房土地供应计划则与过去的5年相比大幅上涨；商品住宅土地供应计划也超过了2007年以来逐年的数据。

结合2010年北京商品住宅土地供应情况，以及历年北京土地市场的特点，另外考虑到政府调控向保障性住房倾斜的实际情况，预计2011年商品住宅土地供应量将会有所下降。

2. 保障性住房用地供应将大幅增加

2010年，国土资源部多次强调要大力发展保障房市场，更要求各城市在土地申报时，必须确保保障性住房、棚户改造和中小套型商品房建房用地比例，不低于住房建设用地供应总量的70%。2010年，全市住宅用地供应1811hm²，同比增长81%。其中，保障性住房用地供应1263hm²，完成计划指标（1250hm²）的101%。廉租房及公租房、限价商品房、定向安置房供地依次为55hm²、182hm²和862hm²，分别完成计划的110%、101%和105%。经济适用住房用地供应164hm²，完成计划的82%。可见，2011年，北京住宅用地供应将以保障性住房用地供应为主。

但是，结合北京历年的供地计划，以及计划完成情况，预计2011年上市成交的住宅用地特别是商品房用地或面临减少的困局。再加上开发商资金宽裕，可以预计2011年北京土地市场将热度不减，而且优质地块争夺将更加激烈。价格方面，由于大量保障性住房用地上市，一定程度上影响周边整体土地市场的价格，预计2011年北京土地市场成交价格将呈相对稳定状态，但不排除个别优质地块将创出高价的可能。

6.2　房地产市场预测

中央经济工作会议指出，2011年经济工作中，各方面要切实把重点放到加快转变经济发展方式上来，使经济增长速度与结构质量效益相统一。会议要求，2012年宏观经济政策的基本取向要积极稳健、审慎灵活，重点是更加积极稳妥地处理好保持经济平稳较快发展、调整经济结构、管理通胀预期的关系，加快推进经济结构战略性调整，把稳定价格总水平放在更加突出的位置，切实增强经济发展的协调性、可持续性和内生动力。要继续实施积极的财政政策，并且实施稳健的货币政策。

1. 商品住宅市场走势研判

（1）保障性住房大量上市，将成为未来住宅市场的主流。2011年1月16日中央出台的“新国八条”及上海、重庆的房产税试点，包括了金融、土地、财政等方面的多项措施。尤其对于加快推进住房保障体系建设，逐步形成符合国情的保障性住房体系和商品房体系，是中央政府首次在正式文件中强调我国将实行双体制的住房体系，未来大力发展保障房已经是必然的事实。

2010年，北京全面推进旧城人口疏解和棚户区改造。市政府统筹调度资源，在朝阳、丰台、昌平、顺义、通州、大兴等区划拨建设用地 300hm²，专项用于首都功能核心区对接安置和住房保障。目前已开工建设5个项目，218万 m²，可提供房源2.5万套。同时创新合作机制，将中心城区教育、医疗、文化等优质资源引入发展新区，使新区居民能享受均等化的公共服务。同期，北京加快了丰台、通州、门头沟的“三区三片”棚户区改造，目前已建设筹措安置房源266.8万 m²，累计搬迁居民1.6万户，并积极落实棚户区改造优惠政策，扩大棚户区改造范围，将符合改造条件的5片棚户区统一列入改造计划，指导有关区县加快实施。“十一五”期间，北京投放保障性住房用地3603hm²，建设收购各类保障性住房4392万 m²、48.5万套，保障性住房在全市住房供应中所占比重从2006年的5.8%提高到2010年的61.5%，5年间共解决40余万户中低收入家庭住房困难。

2011年将成为北京市历年来保障性住房竣工交用规模最大的一年。2011年北京保障性住房的工作目标是：实现“两个60%”——新开工建设、收购保障性住房20万套，占全市新开工住宅套数60%以上，其中公开配租配售的保障性住房10万套中，公租房占60%以上。同时，力争全年竣工各类保障性住房10万套，保障性住房建设用地占全市住宅供地的50%以上。

在保障房体系由“以售为主”逐渐过渡到“租售并举”的过程中，公租房成了当前北京住房建设的新亮点。按照“租赁突破、保障优先”的思路，2010年北京多渠道建设公租房，除了市区政府组织建设外，还组织产业园区、国有企业、高校科研院所以及农村集体经济组织，多渠道建设筹集公租房。2010年全市共落实公租房及租赁房项目19个，建筑面积172万 m²，可提供房源2.6万套，比原计划翻了一番。

“十二五”期间，北京市将建设、收购保障房100万套，比“十一五”期间翻一番。2011年北京住房保障的工作目标是：保障性住房建设用地占全市住宅供地的50%以上。新开工建设、收购保障性住房20万套，占全市新开工住宅套数60%以上，其中公开配租配售的保障性住房10万套中，公租房占60%以上。用于重点工程拆迁、旧城人口疏解、棚户区改造、城乡接合部整治等定向安置房10万套。对保障房申请家庭来说，2011年也是个交房“大年”，因为，北京已定下力争全年竣工各类保障性住房10万套、租赁补贴2万户保障家庭的目标。

（2）2011年商品住宅价格或有所调整，限购令导致客户群体大幅萎缩，刚性需求仍然旺盛，商住类项目将成为市场热点。“京十五条”调控政策相当程度上遏制了房价上涨的势头，业内普遍认为成交量会有所下降，但远郊区低总价盘始终是购房者关注的焦点。知名开发商、交通配套好、性价比高的项目有可能保持热销。2011年3月后，北京市新房竣工率会大幅度升高，市场的供给增幅会很大。一方面是刚性需求的旺盛以及企业对市场的信心，另一方面是供应及存量的不断上升还有最严格的限购令执行，使得2011年整体商品住宅市场的走势难以准确判断。结合宏观经济走势向好，以及通胀预期仍然在增强的经济环境，预计2011年北京商品住宅市场成交量会有所下降，价格走势难以判断，可能会短期调整。

2. 非住宅市场走势研判

（1）住宅市场受到严厉打压，商业地产必将成为投资新热点。中央出台的一系列房地产调控政策主要都是针对住宅市场，而商业地产一直处于楼市调控空白。因此，商业地产开始受到越来越多开发商和投资者的关注。北京销售型商业用房的供求显示，2010年，北京全市商业营业用房新增供应量仅为54.05万 m²，但成交面积达到193.46万 m²，供不应求现象明显。主要是由于此前开发商对住宅的依赖性比较强，商业开发比重相对较少。另一方面，2011年住宅市场受到政策打压比较明显，很多投资者转向商业用房的投资，从而拉高了整个商业用房市场的成交量。

另外，从近期成交土地类型来看，不少开发企业出手，积极购入商业用地、综合体地块及旅游地块，这也在一定程度上意味着在住宅市场遭遇深度调控的环境下，不少房企已经在产品类型、战略布局上做出积极的调整。而且，北京未来的发展规划也显示，将大力发展商业地产市场，并增加商业用地的供应。预计2011年商业地产将成为市场热点，无论是土地市场还是商业用房的成交量面积，都将呈现上涨态势，成交价格则逐渐走强，可能会使商住价格长期倒挂的局面产生变化。

（2）随着经济的进一步回暖，写字楼市场将有所回升，成为投资热点。受前两年全球金融危机和国内经济低迷的影响，越来越多的企业租户缩减或推迟扩租计划，北京写字楼市场一直面临着严峻的市场考验，空置率上涨，租金下跌。虽然2010年我国乃至全球经济逐步回暖，但是北京写字楼市场表现仍然不乐观。2011年，随着我国经济的强势回暖，预计写字楼市场将回升，成交价格也有进一步上涨空间。

（3）开发企业发展趋势。虽然政府不断限制房企融资之路，但房企资金链仍然相对宽裕。

2010年4月“国十条”新政以来，房企在股市的融资之路被基本限制。但是大型房企通过多种金融合作、项目合作方式，也能够得到国际金融机构提供的数十亿资金。加之销售金额与往年相比更是明显上升，使得绝大多数开发商手头资金相对宽裕。据搜房网数据监控中心发布的《2010年北京房企商品住宅销售金额排行榜》显示，万科地产以101.49亿元夺得头名，这是万科近几年来在北京市场获得的最好成绩。龙湖地产以93.8亿元、远洋地产以67.51亿元分别位列第二、第三。保利地产、绿地集团、富力地产、中国铁建、中海地产、首开地产和北京城建均跻身前十。排行榜前十销售总金额为617亿元（表3-2-11）。

表3-2-11　北京房企2010年商品住宅销售金额排行榜

排名	房企	成交金额/亿元
1	万科地产	101.49
2	龙湖地产	93.80
3	远洋地产	67.51
4	保利地产	63.70
5	绿地集团	63.27
6	富力地产	55.66
7	中国铁建	49.86
8	中海地产	48.60
9	首开地产	39.13
10	北京城建	33.81

从12月北京开始实行预售资金监管后的市场表现来看，预售资金监管政策的实施并未对开发商尤其是品牌开发商形成太大压力。在刚性需求旺盛、通胀预期更加增强的大环境下，2011年开发商的预售资金受到严重影响的可能性有所减弱。

在我国开始实行住房双轨体制下，开发企业参建保障房项目是大势所趋。

2010年以来，北京保障房市场包括万科、远洋、华润、中海、保利等在内的诸多大型房企都频繁参与保障性住房建设，绿城集团还成立了专门的项目公司主导运营。更多地主动进入保障房领域已成为各大主流开发企业的共识。

虽然参建保障房项目的利润率较低，但由于国家政策对住房保障的重视程度越来越高，扶持政策比较多，而且保障房的需求群体稳定。所以，对企业来说收益相对稳定，尤其是在房地产政策密集出台的时候，能够保证未来一段时间内稳定的资金回流和盈利空间。从土地供应方面考虑，2010 年国土资源部多次强调，各城市在土地申报时，必须确保保障性住房、棚户区改造和自住性中小套型商品房建房用地比例，不低于住房建设用地供应总量的 70%。而且，根据政府规划，2010~2012 年期间全国保障性住房计划建设 1880 万套，而从 2010 年各主要城市的实际执行情况来看，基本都能顺利完成年度建设指标。可以预见，未来保障房的建设量必然将继续呈现大规模增长，在保障房用地在土地供应总量的占比逐渐上升的情况下，更多地加入保障房建设对于开发企业来说是必然趋势。

（绿地集团京津房地产事业部市场研究部）

【报告点评】

此篇报告是年度的房地产市场调研报告，内容丰富，涉及面广泛，包含了经济情况、房地产一二级市场情况、房地产政策情况、房地产情况和住宅、商业、写字楼三大房地产业态详细情况，更有根据现在的市场情况而预测下半年房地产的市场情况。

这是一篇宏观的市场研究报告，不能为任何一个项目开发建设提供建议或依据，但却为企业进行战略定位或进入北京市场提供依据，更可以给北京任何一个项目策划提供基础，倘若增加具体的项目地块及周边环境分析、区域市场调研分析、竞品分析等方面内容，即可成为一篇高质量的房地产项目策划报告。

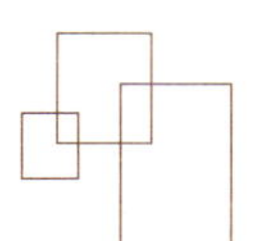

三、贵州贵阳商业项目开发定位前期市场调研报告

报告目录

报告正文

第一部分 贵阳城市基本属性简析

1.1 贵阳城市总体定位

1. 国际生态文明城市

贵阳市将打造全体系的生态文明城市：绿色的经济生态，宜居的城镇生态，和谐的社会生态，自强的文化生态，友好的自然生态，协调的政治生态，开放的文明生态。

2. 打造西南电子商务中心城市

贵阳市正抢抓创建国家电子商务示范城市机遇，树立“电子商务与生态文明融合发展”的创新理念，通过完善政策法规、基础设施，打造良好的电子商务环境，以构建支撑体系为核心，按照电商惠民、电商惠农、电商惠企的发展思路，发展具有贵阳特色的电子商务服务应用，努力将贵阳建设成为服务全省、辐射西南、面向东南亚的西南电子商务中心城市。

1.2 贵阳经济发展状况

1. 2010~2014 年贵阳市 GDP 走势

2010~2014 年间，贵阳市 GDP 均保持 12.6%以上的增长率。2014 年贵阳市 GDP 达 2497.3 亿元，同比增长 13.9%（图 3-3-1）。

2. 2014 年贵阳市城镇化率

据贵阳市统计局信息，2014 年贵阳市城镇化率高达 73.2%。

3. 2014 年贵阳市 CPI 走势

2014 年 4 月起，贵阳市 CPI 增幅均高于全国 CPI 增幅，下半年通货膨胀压力明显高于上半年，但下半年的 CPI 增速趋缓，通货膨胀压力得到了一定程度的减缓（图 3-3-2）。

4. 2010～2014 年贵阳市固定资产投资走势

2010～2014 年间，贵阳市固定资产投资增长起伏较大。2014 年贵阳市固定资产投资达 2336.06 亿元，同比增长 19.3%，但仍低于 2012 年的水平（图 3-3-3）。

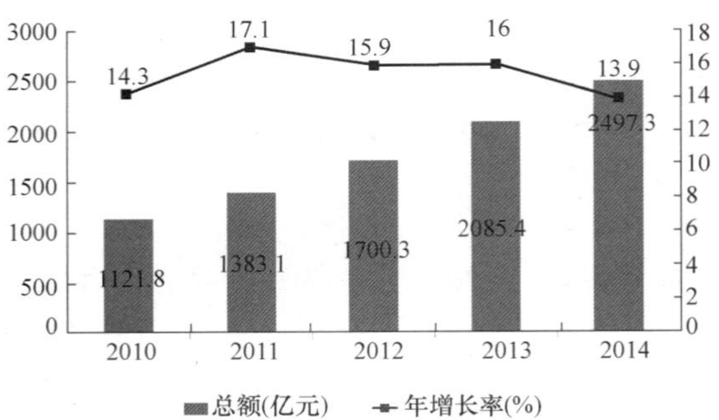

图 3-3-1　2010～2014 年贵阳市 GDP 走势

（数据来源：贵阳市统计局）

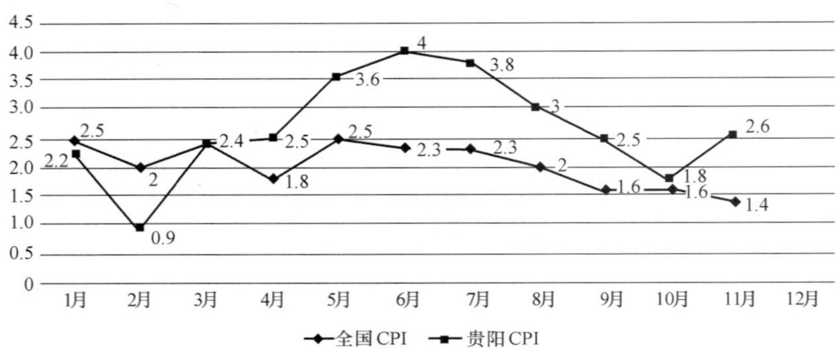

图 3-3-2　2014 年贵阳市与全国 CPI 对比走势图

（数据来源：贵阳市统计局）

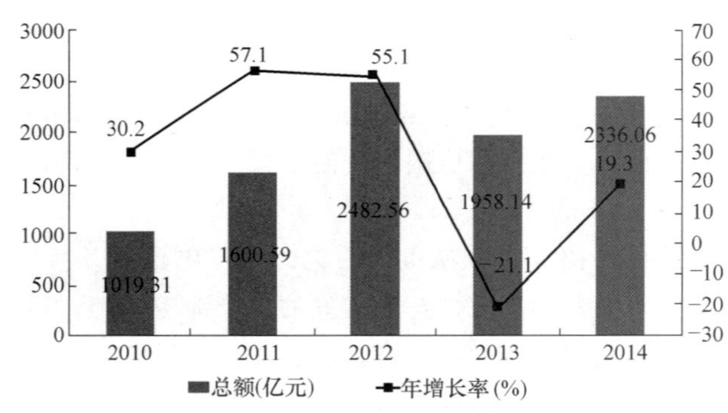

图 3-3-3　2010～2014 年贵阳市固定资产投资走势图

（数据来源：贵阳市统计局）

1.3　贵阳城市人口规模与收入水平

1. 2012～2014 年贵阳市常住人口规模

2012～2014 年间，贵阳市人口自然增长率均保持在 5.7‰左右。2014 年贵阳市常住人口数量 455.6 万人，自然增长率为 5.48‰（图 3-3-4）。

2. 2010~2014 年贵阳市城镇居民收入水平

2010~2014 年间，贵阳市城镇居民收入均保持 6.8%及以上的增长率。2014 年贵阳市城镇居民人均收入达 24961 元，同比增长 6.8%（图 3-3-5）。

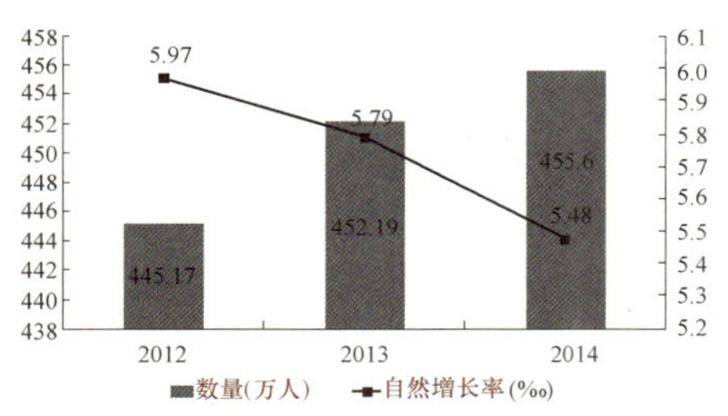

图 3-3-4　2012~2014 年贵阳市人口规模

（数据来源：贵阳市统计局）

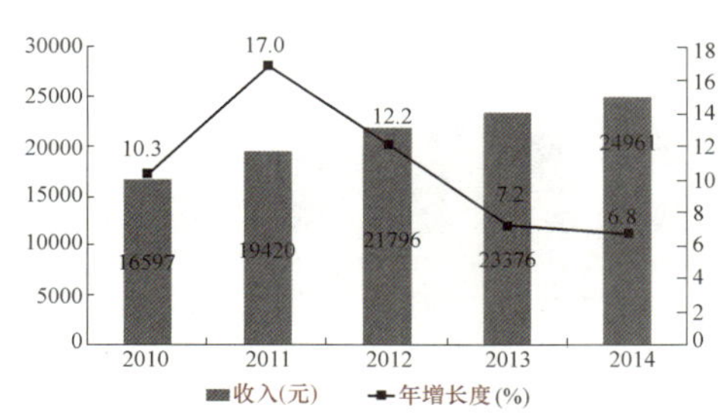

图 3-3-5　2010~2014 年贵阳市城镇居民人均收入水平

（数据来源：贵阳市统计局）

1.4　贵阳产业构成与产业分布

贵阳市的产业结构主要以第二产业为支撑，大力发展第三产业，进入城市产业结构调整的稳固阶段（图 3-3-6）。

1.5　贵阳房地产市场简析

1. 2010~2014 年贵阳市房地产投资走势

2010~2014 年间，贵阳市房地产投资逐年增长。2014 年贵阳市房地产投资达 1017.60 亿元，同比增长 3.5%（图 3-3-7）。

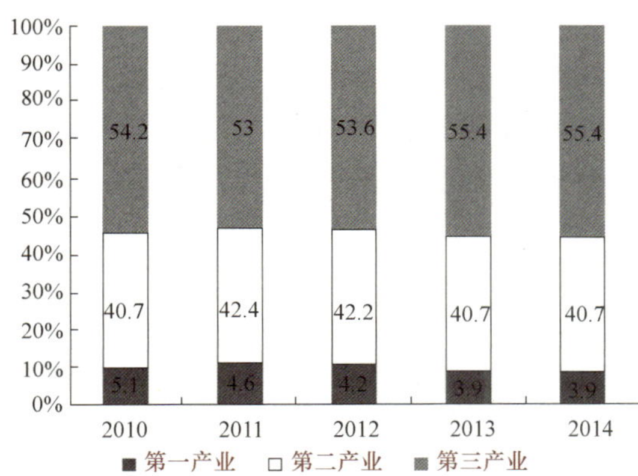

图 3-3-6　2010~2014 年贵阳市产业结构动态

（数据来源：贵阳市统计局）

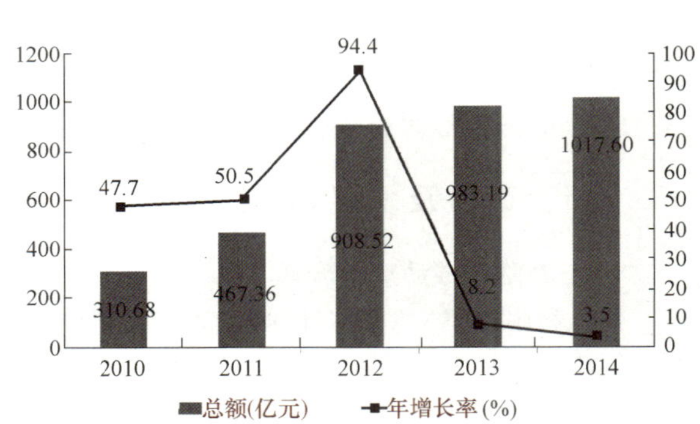

图 3-3-7　2010~2014 年贵阳市房地产投资走势

（数据来源：贵阳市统计局）

2. 2010~2014 年贵阳市商业物业投资走势

相较 2011 与 2012 年贵阳市商业物业投资增长翻番的涨势，2013 年与 2014 年的涨势相对稳健。2014 年贵阳市商业物业投资达 156.63 亿元，同比增长 13.1%（图 3-3-8）。

3. 2010~2014 年贵阳市办公楼物业投资走势

2011~2013 年间，贵阳市办公楼物业投资涨势猛。2014 年微涨，达 115.88 亿元，同比增长

13.1%（图 3-3-9）。

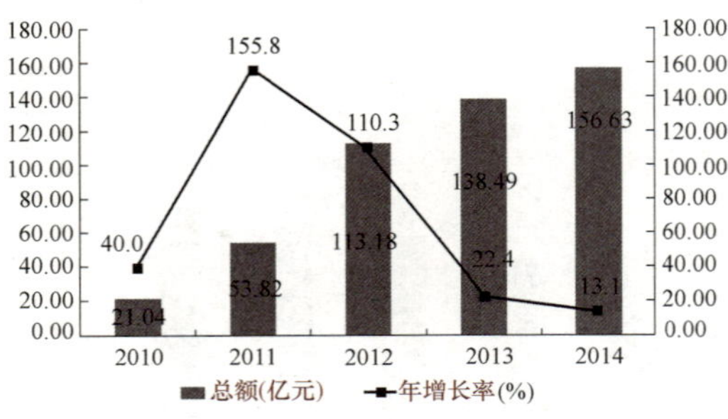

图 3-3-8　2010～2014 年贵阳市商业物业投资走势

（数据来源：贵阳市统计局）

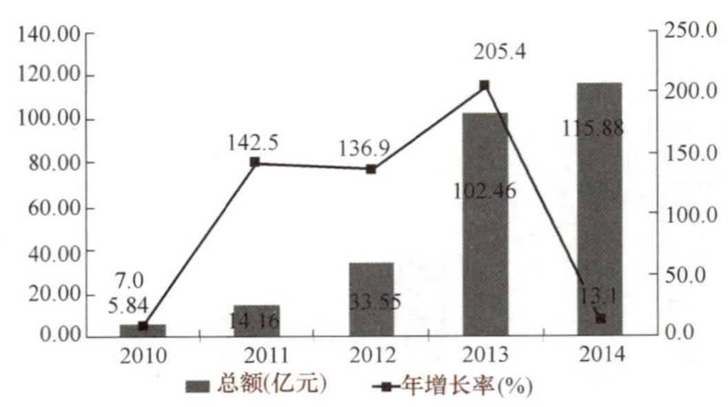

图 3-3-9　2010～2014 年贵阳市办公楼物业投资走势

（数据来源：贵阳市统计局）

4. 2010～2014 年贵阳市住宅物业投资走势

2011 年与 2012 年，贵阳市住宅物业投资涨势较猛。2014 年基本与 2013 年持平，达 633.26 亿元，同比增长 0.2%（图 3-3-10）。

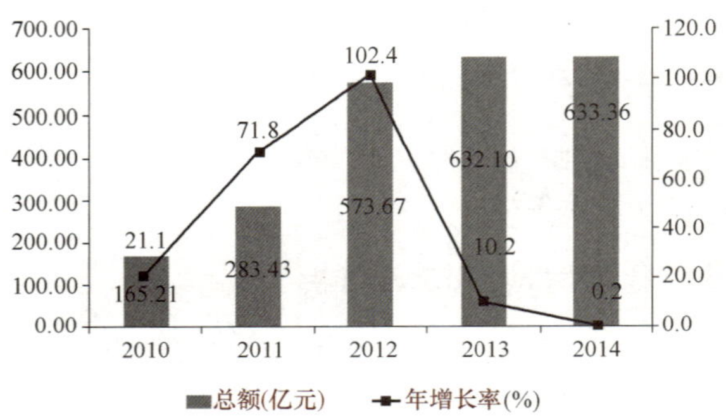

图 3-3-10　2010～2014 年贵阳市住宅物业投资走势

（数据来源：贵阳市统计局）

5. 2014 年贵阳市各类物业成交量及成交均价

2014 年贵阳市住宅成交量是 616.37 万 m^2，占整体销售物业比重为 76%，成交均价为 5292 元/m^2；商业成交量是 59.97 万 m^2，占整体销售物业比重为 7%，成交均价为 17238 元/m^2；写字楼成交量是 84.61 万 m^2，占整体销售物业比重为 10%，成交均价为 8423 元/m^2；公寓成交量是 54.15 万 m^2，占整体销售物业比重为 7%，成交均价为 5909 元/m^2。

1.6　重大政策及发展机遇影响

1. 开放窗口推动产业升级

充分利用生态文明贵阳国际论坛、贵阳国际大数据产业博览会等重要开放窗口的作用，营造大众创业、万众创新的社会氛围，聚集优质发展要素，推动大数据产业与商业、金融、服务业等深度融合和创新运用，推动产业全面转型升级。

2. 智慧城市推动创新

贵阳整合全市人口、法人、宏观经济和基础地理空间数据资源，搭建智慧贵阳数据平台，统筹推进智慧生态、智慧社区、智慧城管、智慧旅游、智慧交通、智慧医疗、智慧教育等的示范应用，打造西部科技金融创新城市和互联网金融创新城市。

3. 现代商贸进入“十百千”计划

贵阳市坚持“主导产业高端化、新兴产业规模化、传统产业品牌化”，围绕“大数据与信息产业、现代金融、医药健康、现代物流、旅游文化、特色食品、现代商贸、高端装备制造业、都

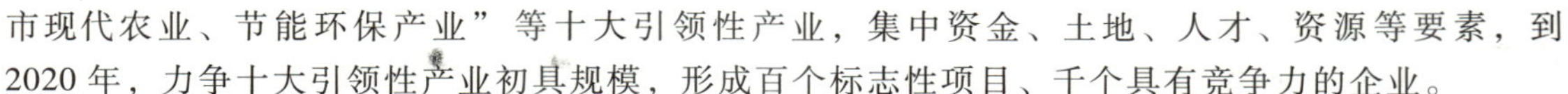

市现代农业、节能环保产业”等十大引领性产业，集中资金、土地、人才、资源等要素，到2020年，力争十大引领性产业初具规模，形成百个标志性项目、千个具有竞争力的企业。

4. 加快建设西南商贸服务业聚集区

贵阳市加快建设西南商贸服务业聚集区，推进产城互动、以产促城，提升城镇化发展水平。

5. 新老城区和谐发展，两项目发展潜力足

贵阳市加快城市轨道建设，优化中心城区路网结构，促使城市交通流由“中心集聚”向“环网分担”转变，推进老城区疏解和新城区发展。

6. 焕发“一带一路”重要节点城市商贸活力

贵阳市深化与广西、广东的合作，深化与港澳台、东南亚在运输、旅游、经贸、文化等方面的合作，并依托贵州“金三角”旅游区，打造成为焕发商贸活力“一带一路”的重要节点城市。

1.7　分析小结

1）贵阳市建设国际生态文明城市，绿色的经济生态，宜居的城镇生态，为本项目建设打下夯实的基础。

2）近几年贵阳市GDP增长稳健，城市化率高，焕发活力。

3）城镇居民收入逐年增长，购买力不断增强。

4）第三产业占比超50%，经济发展后劲充足。

5）众多重大政策及发展机遇为项目带来更多机会。

第二部分　观山湖区和云岩区基本属性简析

2.1　观山湖区基本属性

1. 区域功能构成与发展

区域城市功能：着力发展高新技术产业、现代制造业和现代服务业，重点打造“交通枢纽、会展金融、总部经济、商贸物流、文化体育、生态宜居”之城。

城市区域地位：贵阳市新的政治、经济、文化中心。

发展战略：一个以行政办公、居住、文教科研和高新科技产业为主的园林式、生态型、可持续发展的现代化新城区，成为贵阳市西部大开发的一个重要增长极。

与其他区域的关系：作为贵阳市的新中心城区，是老城区的升级换代，在抢夺老城区的部分资源的同时，更与其共享资源。

2. 人口构成与人口分布

观山湖区人口数量在持续增长，是一个多流动人口的区域。

2014年，全区总人口超40万人，其中流动人口超15万人，常住人口23.66万人。规划至2020年，常住人口达40万人；至21世纪中叶，常住人口达50万人。

观山湖区人口分布呈东多西少，南多北少的格局。流动人口多为省内乃至全国到观山湖区经商和从业的人员。

3. 产业构成与产业分布

第三产业增加值增速快，现代服务业规模继续壮大。

全年地区生产总值131.87亿元，比2014年增长15.4%。第一产业增加值2.46亿元，比2014年增长6.00%；第二产业增加值47.56亿元，增长14.3%；第三产业增加值81.85亿元，增

长 16.60%（图 3-3-11）。

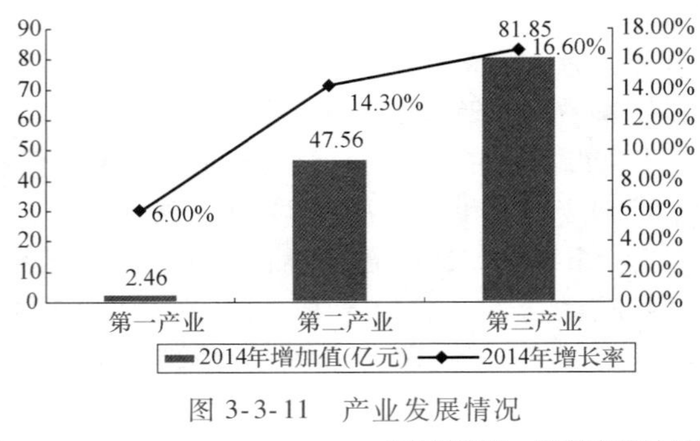

图 3-3-11　产业发展情况

（数据来源：贵阳市统计局）

第一、二产业比重下降，第三产业反而提升 0.60 个百分点。与 2014 年比，第一产业比重下降 0.02 个百分点，第二产业比重下降 0.58 个百分点（图 3-3-12）。

观山湖区将大力引进各类金融机构、类金融机构、金融中介服务机构等。

在大数据产业的助力下，观山湖区发展以金融业为龙头的现代服务业，重点发展科技商务、科技金融、技术交易、金融总部、会展商贸、信息服务等服务业。

4. 房地产市场简析

观山湖区较老城区的商业投资门槛更低，产品更多样化；区位优势也仅次于老城区，受到了更多投资者的青睐，其已经成为贵阳商业的投资主场。

2014 年，商业占比达到了 60%。其中办公写字楼占比上升，达到了 35%，公寓达到 10%，商铺则下降到 15%。住宅成交占比从 2011 年的 83% 下降到 2014 年的 40%（图 3-3-13）。

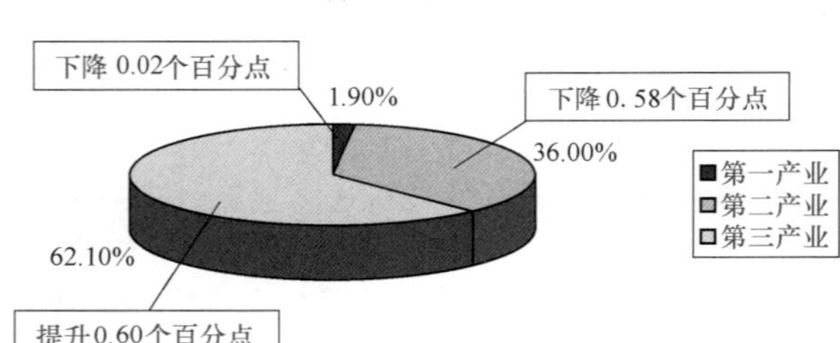

图 3-3-12　产业占比情况和增长情况

（数据来源：贵阳市统计局）

5. 分析小结

1）观山湖区是贵阳市新的政治、经济、文化中心。有着得天独厚的优势资源，经济发展迅速。

2）第三产业增加值增速快，现代服务业规模继续壮大。

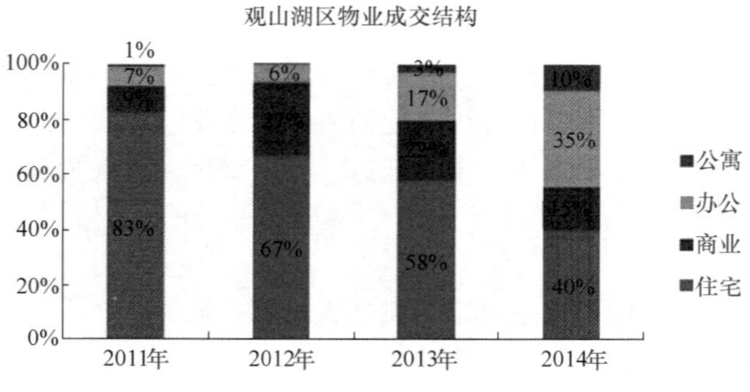

图 3-3-13　观山湖区物业成交结构

（数据来源：贵阳市统计局）

3）在大数据产业的助力下，观山湖区将大力发展以商务商贸金融为龙头的现代服务业。

4）2014 年，住宅成交比重降低。商业市场增长迅速，比重首超住宅市场。其中办公写字楼增速最为明显，比重也超商业部分的一半。

5）观山湖区人口数量在持续增长。

2.2　云岩区基本属性

1. 区域功能构成与发展

城市区域功能：依托中心城区优势，云岩区选择重点发展总部经济和金融、高端商务、中介服务、高技术服务，以电子商务、科技研发、旅游会展为辅的现代服务业和高新技术产业，打造都市功能核心区。

区域城市地位：贵阳老城区的主体部分，是全省主要的政治、经济、金融、文化、信息、科技、教育、商贸中心。

发展战略：依托人流、物流、资金流、信息流等要素，以及“吃住行、娱购游”特色资源，大力发展以总部经济、会展旅游、金融服务、信息中介、服务外包为重点的现代服务业，大力发展为城镇化战略配套的生活性服务业和为工业强省战略配套的生产性服务业，加快片区开发，坚持项目带动，努力打造黔中经济区商贸、旅游、文化、金融、物流、信息集散中心。

与其他区域的竞争关系：云岩区和南明区作为贵阳市的两个老城区，两区之间存在较大的竞争关系，但又密不可分。同时在政府主导的“疏老城、建新城”的政策下，与观山湖区存在较大的竞争关系。

2. 人口构成与人口规模

2014 年年末，全区总人口 62.82 万人（户籍人口数），其中男 31.08 万人，女 31.74 万人，非农人口 58.02 万人，农村人口 4.78 万人，城镇化率 93.16%。另外有超过 30 万的流动人口。

3. 产业构成与产业分布

2014 年全区实现地区生产总值 615.91 亿元。全区一、二、三产业比重为 0.08 : 30.25 : 69.67，与 2013 年 0.09 : 35.56 : 64.35 相比，第一产业下降 0.01 个百分点，第二产业下降 5.31 个百分点，第三产业增长 5.32 个百分点，体现出我区以服务业为主的第三产业持续加快发展。人均生产总值为 62117 元，增长 13.3%。非公有制增加值 316.56 亿元，增长 13.7%（图 3-3-14）。

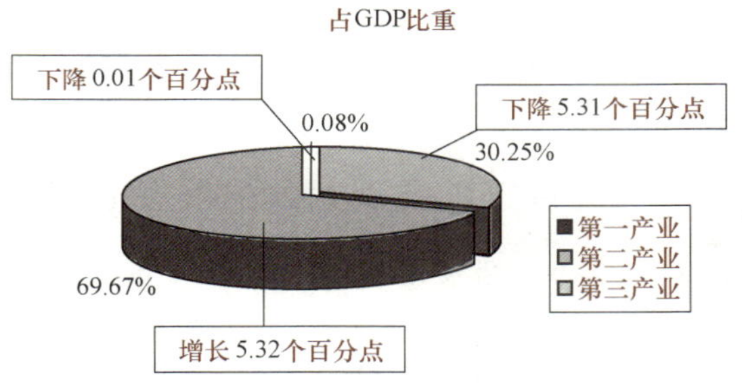

图 3-3-14　各产业占比和增长情况

（数据来源：贵阳市统计局）

4. 综合商业市场简析

（1）商业市场现状。

1）云岩区和南明区为贵阳的老城区，是贵阳传统的商业集聚地，云岩区的商业市场跟南明区的商业市场密不可分，是贵阳最传统的火热商圈聚集地。

2）整体商业氛围活跃，发展迅速，商业分布集中，如喷水池，大、小十字等。

3）人均消费水平和消费理念处于中国西南前列，消费需求旺盛，商业发展空间良好。

4）商业尤其是零售业同质化明显，缺乏特色商业形式和商业项目。

5）传统商圈近年来开始出现增长缓慢，甚至下滑的趋势，如大十字。

6）随着 Mall、休闲商业街等新形态项目和知名商业、商品品牌的出现，贵阳商业的升级呈加速态势。

（2）市场需求及消费倾向。

1）贵阳市是一个典型的休闲消费型城市，市民消费观念新，消费能力强，消费主要集中在吃、穿、娱乐等方面。

2）贵阳市是一个文化多元并存的移民城市，虽地处内陆，消费习惯却并不保守，甚至呈现出一种超前消费的现象。

3）从“需求层次”看，中高收入层的消费层次相比城市整体水平已有提升，逐步向更高层次过渡。

4）中高收入家庭关于孩子的消费层次也有提升，娱乐与业余教育支出逐渐增加。

5）基础型消费（购买服装/日常生活用品、在外就餐）活跃，在总消费支出中的比例较高。

6）休闲娱乐消费（健身/运动、美容/护肤、桑拿/洗浴、KTV、酒吧、咖啡/茶馆、电影院）活跃，市场需求大，逐渐向更高档次过渡，在总消费支出中的比例逐渐增高。

7）更看重知名特色商户、知名品牌、服务质量和环境（包括装修设计、休息区的设置等），与城市整体水平相比，更青睐时尚小资、风格现代的商业项目。

8）在理智适度消费的基础上，更偏向品牌与品质。

5. 分析小结

1）云岩区是贵阳市的老城区，城市功能完善，商圈林立，在贵阳商业中占重要地位。

2）云岩区外来流动人口多，城镇化率高。

3）第一产业占比非常小，第三产业占主导地位，比重在逐渐地提升。

4）商业市场需求逐渐向更高档次过渡。

5）消费市场更看重知名特色商户、知名品牌、服务质量和环境，也更青睐时尚小资、风格现代的商业项目。

第三部分　观山湖区和云岩区发展规划简析

3.1　交通系统发展现状及发展规划

1. 交通系统发展现状

1）老城区主要道路流量压力持续增长，城市交通拥堵情况的出现日渐呈现“常态”。

2）观山湖区属于新区，与贵阳市各区之间的交通资源不足，公交系统不完善，公交客运服务水平较低。

2. 交通系统发展规划

1）未来贵阳市城市交通中心由老城为核心向“老城+金阳”共同构成的“双交通吸引中心”过渡。

2）贵阳市域公路网规划的目标：远期贵阳市域内规划的骨架干线公路呈现“一环一横九射线”的布局形态。建立贵阳市经济圈2小时交通圈、市域1小时交通圈的发展目标。

3）中心城区道路网规划的目标：实现城区30分钟交通圈的发展目标。

4）公交骨干线网规划：近期规划修建轨道1号线，从贵阳铁路客运北站至小河段，规划建设4条BRT线路。远期根据城市发展需要，结合城市主要客流走廊的分布，规划9条轨道线路，7条BRT线路。

5）第二轮轨道交通规划：第二轮轨道交通规划由轨道交通2号线二期、3号线一期、S1号线一期、S2号线一期工程组成。其中2号线二期由一期终点油榨街站至水淹坝站，建成后与一期工程贯通运营，贯穿白云区、观山湖区、老城区和龙洞堡临空经济区，衔接龙洞堡国际机场和贵阳客运东站。3号线是贵阳市中心城区的地铁骨干线，贯穿新添寨、贵阳老城区和花溪，与1号线和2号线共同形成中心城的轨道交通骨干线网。3号线一期工程由新添寨的东风镇站至花溪的省电子工业学院站。

S1 号线为市域快线，连接贵安生态城、贵阳老城区和新添寨组团。

S2 号线为市域快线，连接贵安新区内的马场、贵安生态城、清镇和贵阳市观山湖区，衔接贵阳北站和贵阳东站。

6）贵阳铁路枢纽建设：贵阳中心城区规划形成“一环、七射、二主、七辅”为特征的铁路客运枢纽布局。

7）1.5 环道路建设工程。项目于 2015 年启动建设，由原“东二环及北二环局部——朝阳洞路——黔春大道——南垭路”构成，全长 29km，其中新建或改建 19km。1.5 环单层道路为双向 8 车道，双层道路为双向 12 车道（上下两层各 6 车道）。全线规划建设立交桥 15 座，4 座已建。除道路建设外，1.5 环还同步规划建设快速公交系统（BRT）。

3. 对发展区域及项目的影响

1）紫延区间：交通系统的完善，特别是轨道交通的建设，极大缓解双城区的道路拥堵问题，促进区域发展，特别是为项目创造了更好的交通条件，更多的客流量，从而创造了良好的商业机遇。

2）西南商贸城商业综合体：完善了金阳的交通网络，加强与贵阳各地区的联通，也为项目创造更好的交通条件，更多的客流量，从而创造了良好的商业机遇。

3.2　区域规划

1. 贵阳整体商业布局规划

构建“一轴延伸，两核辐射，三圈分工，七星拓界”的总体商业格局。

“一轴”是指城市商业发展轴，商业布局沿东北—西南向逐层展开。

“两核”是指老城区商业中心区和观山湖区中央商务区。

“三圈”是指由两核向外逐层扩散形成的三个商业圈层。

“七星”是指主城区周边的外围城区及郊县相对独立的七个区域，即龙洞堡、乌当、花溪、清镇、修文、息烽和开阳。

2. 两核辐射规划——老城区和观山湖区

（1）老城区商业中心区。在延安中路、中华中路、中山西路、瑞金中路围合而成的四边形区域内建立商业区域——“中华中路高端商业区”。引进大型百货商店、购物中心、大型综合超市等现代化高级业态，以及高端餐饮、娱乐等配套商业，形成高规格、一体化、一站式的高端商业区。

（2）观山湖区中央商务区。形成贵阳市的商务核心区。在中央商务区密集布局商务写字楼，同时为中小企业和创业期企业预留商务设施。重点发展金融、咨询、中介等产业服务业。在此基础上，发展高端商务配套商业，即服务于商务人群和商务活动的商业、餐饮、住宿、接待服务业。

观山湖区中央商务区交通将形成“轻轨+出租+快速巴士”的交通格局。改善金阳的交通，增强市场辐射力。

3. 观山湖区将着力打造“五大商圈”，铸就“四大中心”

观山湖区将科学划分为东、西、南、北、中五大商业板块。其中，中部板块由贵阳国际金融中心、金阳商业步行街等多个超大型商业地产项目组成，按照规划定位重点引进国际金融机构入驻，打造高端金融商圈；西部区域以中国西南国际商贸物流城为主，打造现代物流商圈；南部区域以世纪金源国际商务中心和世纪金源时代购物中心为主，将该区域打造成为时尚休闲购物商圈；东部区域以商务配套、快铁商业功能区为主，打造国际会展商圈；北部区域以金阳新世界配套商业等高端商务办公为主，打造高级商务办公商圈。

四大中心：现代物流中心（贵阳西南国际商贸物流城）、会展中心（贵阳国际会展中心等）、金融中心（多栋70层左右的超高层写字楼等）、休闲娱乐中心（金阳世纪城等）。

4. 云岩区大力推进“疏老城、建新城”工作，着力打造“四大片区”

云岩区被划分为中心区、东片区、西片区和北片区四大片区。中心区方面，着力打造融商贸购物、餐饮娱乐、酒店办公等于一体的新经济带；东片区方面，将打造成承接航空港经济区功能辐射的重要板块，建设成为集跨国总部、商务办公、科技研发、教育培训、专业会展、旅游休闲为一体的旅游商贸服务聚集区；西片区方面，打造成集医药研发、通信信息服务和大宗商品交易为一体的高新技术服务聚集区；北片区方面，打造成集生态旅游、医疗康复、休养度假为一体的综保区外围商贸服务平台和贸易主题生活聚集区。

5. 贵阳市专业市场集群布局规划

依托贵阳市由环城快速铁路、环城高速公路以及市域骨干路网组成的交通网络，着力打造“一环、两带、三星”专业市场总体格局。到2020年基本形成“三群多点”的总体布局结构：西南国际商贸城大型专业市场群、贵阳大宗生产资料大型专业市场群、贵阳国际汽车贸易城大型专业市场群。

3.3 重大建设项目

1. 贵阳市汽车客运西站交通综合枢纽

贵阳市汽车客运西站交通综合枢纽是国家公路枢纽项目之一，集公路客运、铁路、城市轻轨、城市公交、出租、社会车辆等多种交通运输方式于一体，实现贵阳市内外交通高效连接及出行换乘的生活愿景，是现代化、智能化的综合客运枢纽。项目位于观山湖区观山西路与环城高速公路互通北侧、宾阳大道与迎宾西路交叉口的西侧位置，与环城快速铁路金阳站、轨道交通1号线将军山站接驳。规划用地面积约350亩，长途客运站总投资10亿元。

2. 物联网平台下的智慧城市和智慧社区设备生产基地

定位为国内首家物联网智能楼宇产业园区，计划用五年时间投资5亿元建设，同时向国家发改委申请建立智能楼宇控制工程中心，引入联想、海信、康佳、长虹、TCL等国内知名企业入驻，并将现有深圳等地生产基地回迁，形成从市场调研、产品研发、测试、生产到服务等一条龙园区基地。

3. 贵阳京东电商产业园

贵阳京东电商产业园项目选址在观山湖区现代制造产业园内，位于金清线以北，金华镇何官村一带，用地面积503亩，投资约10亿元，厂房建筑面积30.6万m^2，主要建设内容包括物流、配送、运营、生产等，项目建成后将完善贵阳市电子商务业态功能，提升电商发展潜力，并将力争打造成为贵阳乃至西南地区的电子商务产业集群。

4. 贵阳金融中心建设项目（贵州国际金融中心）

该项目由中天城投集团贵阳国际金融中心有限责任公司投资修建，项目总投资150亿元，规划总用地面积为1998亩，总建设规模为429.54万m^2，主要建设一个设施齐全、功能完善的金融机构聚集中心、金融市场中心和金融后台服务中心。高度集中金融、服务、会展、商务、酒店和高级公寓等设施，形成畅通的城市轻轨、开阔的公共空间、繁华的步行街和宏伟的高层建筑组合而成的大都市景观。目前已签约确定8家金融单位，20余家银行正紧密洽谈有望入驻。在金融城体验中心项目中对这些单位将以各种形式体现。

3.4　分析小结

1）贵阳将完善交通系统，从市域公路网、主干道交通网、BRT、轨道交通、铁路枢纽等方面完善贵阳市内外交通情况。

2）交通系统的发展和完善，为项目带来便利的交通和创造良好的商业机遇。

3）区域内发展规划和重大项目建设，为项目创造良好的开发环境和商业氛围，同时也带来了一定竞争。

4）观山湖区商业规划完善，功能明确。

5）延安中路和中华中路将打造高端商业区。

第四部分　贵阳各大商圈简析

4.1　贵阳商圈概况

贵阳商圈主要集中在双城区和观山湖区。双城区主要有：喷水池商圈、大小十字商圈、大西门商圈、大南门商圈四大传统商圈，而新兴的商圈有：大营坡商圈、花果园商圈等。观山湖区主要的商圈有：金阳世纪城商圈、金阳新世界商圈、国际金融商圈、中天会展商圈、西南国际商贸城商圈（图 3-3-15、图 3-3-16）。

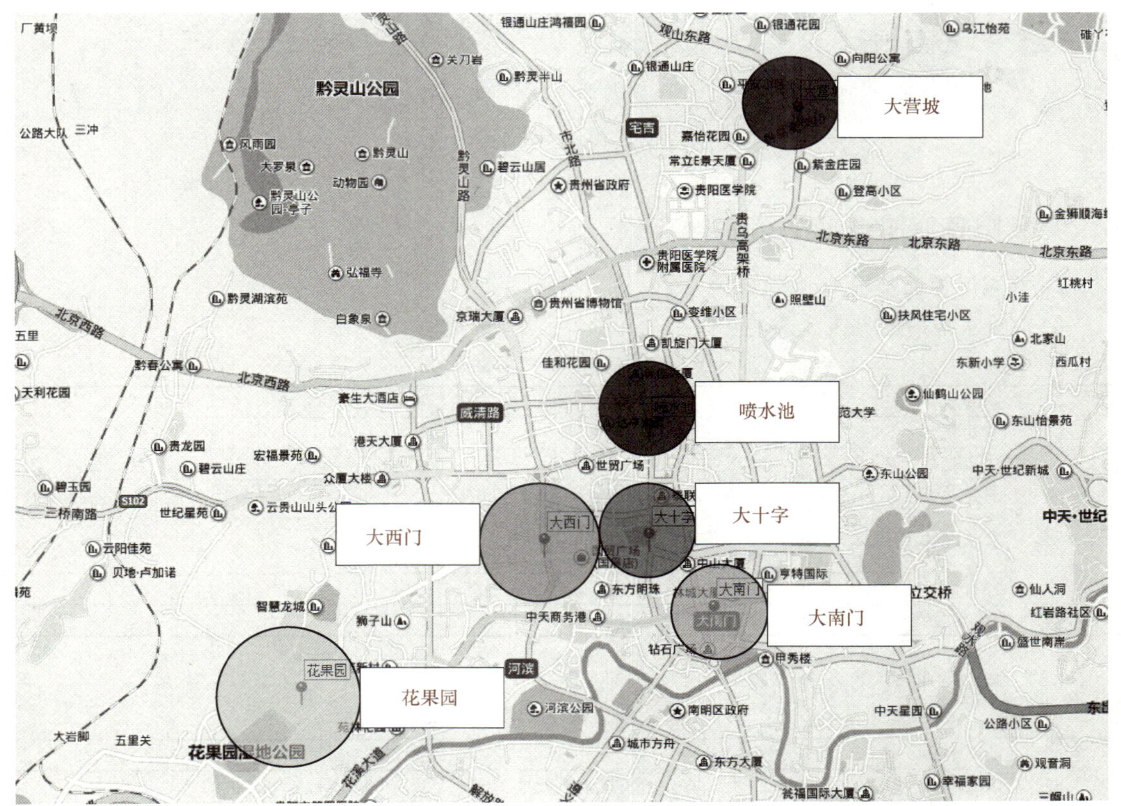

图 3-3-15　双城区各商圈分布

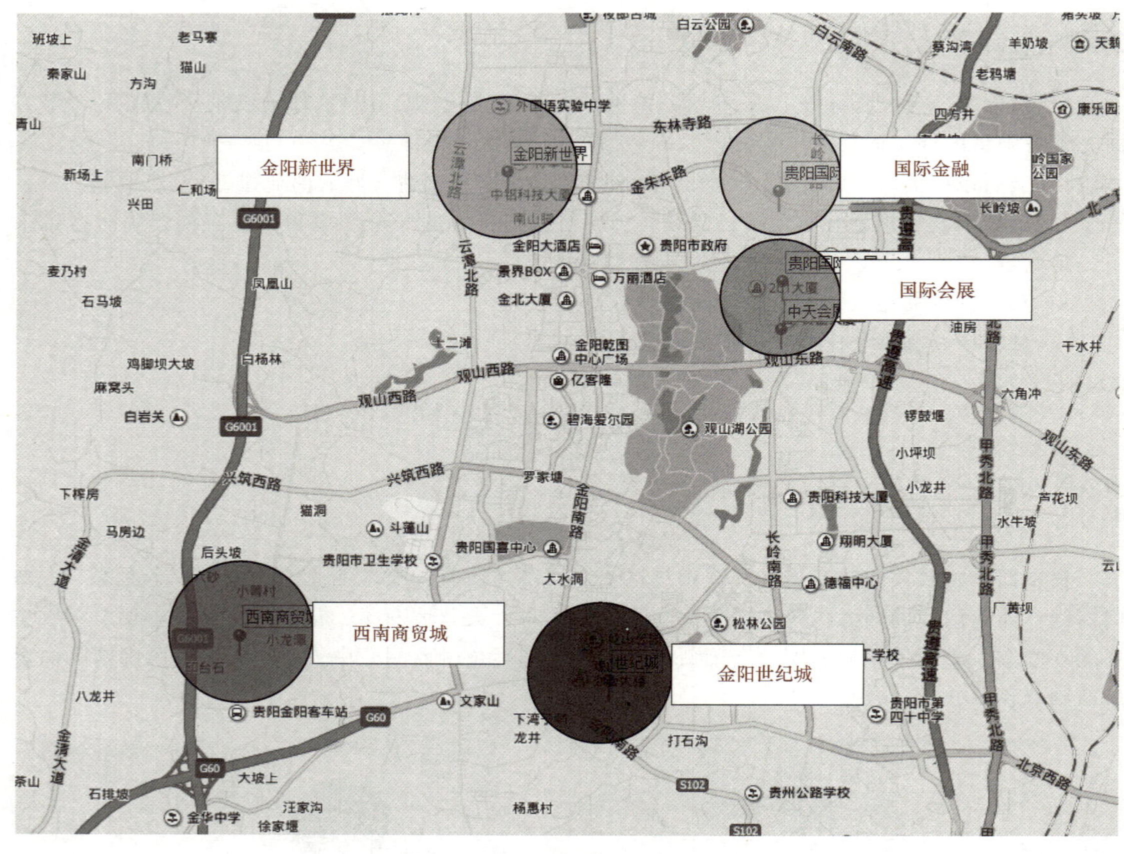

图 3-3-16　观山湖区各商圈分布

4.2　贵阳各商圈情况

1. 双城区商圈情况简介

（1）喷水池商圈见表 3-3-1。

表 3-3-1　喷水池商圈概况

商圈名称	喷水池
主要项目	国贸、智诚星力百货
档次定位	中档、中高档
主要业态	街铺+专业卖场+高端百货+写字楼
消费群体	1)沿街商铺主要面向年轻消费者的中低消费群体 2)购物商城主要面向高收入的高端消费群体
特点	贵阳最成熟,业态完整、一站式
变化和发展	商圈地位稳定、有待进一步升级

（2）大十字商圈见表 3-3-2。

表 3-3-2　大十字商圈概况

商圈名称	大十字
主要项目	时代广场、百盛、智诚星天地
档次定位	中档、中高档
主要业态	百货+专业卖场+街铺+写字楼

（续）

消费群体	面向全市中端消费客群为主
特点	商业氛围浓厚、同质化竞争严重
变化和发展	商业空间有限、商业氛围近几年来有所减弱，有待进一步升级

（3）大西门商圈见表3-3-3。

表3-3-3　大西门商圈概况

商圈名称	大西门
主要项目	市西路商业街、星力百货
档次定位	中档、中低档
主要业态	百货+专业市场+街铺
消费群体	面向周边广大普通消费群体
特点	商业氛围浓厚、客流量巨大
变化和发展	商业空间已经饱和、向中档时尚方向发展

（4）大南门商圈见表3-3-4。

表3-3-4　大南门商圈概况

商圈名称	大南门
主要项目	荔星名品、荔星名店、星力百货、沃尔玛
档次定位	中档、高档
主要业态	专业卖场+街铺+高端百货+写字楼
消费群体	专业大卖场以中低端消费为主；以荔星名店为代表的高端商场以高收入的高端消费群体为主
特点	以超市和名店为主、商圈范围相对模糊
变化和发展	向南有一定发展空间

（5）大营坡商圈见表3-3-5。

表3-3-5　大营坡商圈概况

商圈名称	大营坡
主要项目	中大国际广场、中建华府、万达影城、沃尔玛
档次定位	中档、高档
主要业态	高端百货+街铺+专业市场
消费群体	1）沿街商铺主要面向年轻消费者的中低消费群体 2）购物商城主要面向中高端消费群体
特点	商业氛围逐渐形成
变化和发展	由原先的“城中村”主标发展成商业新中心，市级商业中心

（6）花果园商圈见表3-3-6。

表3-3-6　花果园商圈概况

商圈名称	花果园
主要项目	Garland花果园购物中心、环球购物中心和贵阳街（规划）
档次定位	中档、高端
主要业态	百货+街铺+街区+写字楼
消费群体	以花果园业主消费为主，以其他地域中端消费群体为辅
特点	超级大盘决定了商圈的人流量基础和商业契机
变化和发展	新兴的一级商圈，庞大的人流基础给商圈一定的发展空间

2. 观山湖区商圈情况简介

（1）世纪城商圈见表3-3-7。

表 3-3-7　世纪城商圈概况

商圈名称	世纪城
主要项目	世纪金源购物中心、福州街
档次定位	中档、高档
主要业态	专业市场+街区+高端百货+大卖场+写字楼
消费群体	1)购物广场以家庭为单位,中高端消费群为主,打造一站式购物环境 2)沿街街铺消费群主要为世纪城消费者及其附近居民,以年轻人为主
特点	观山湖区南核心商业中心,远离老城区
变化和发展	观山湖目前最成熟的商圈,政府打造的休闲娱乐商圈,发展潜力大

(2) 金阳新世界商圈见表 3-3-8。

表 3-3-8　金阳新世界商圈概况

商圈名称	金阳新世界
主要项目	迈德国际、富力中心、新世界百货(规划)、香港 K11 购物广场(确定进驻)
档次定位	中档、高档
主要业态	高端写字楼+街铺+百货
消费群体	写字楼主要面向高端企业客户群体;百货主要面向周边区域的中高端客户群体
特点	金阳北核心商业中心,辐射观山湖区和白云两区,临近市行政中心
变化和发展	政府打造的高端办公商圈,现已建成多幢高端写字楼,目前人气不足

(3) 国际金融商圈见表 3-3-9。

表 3-3-9　国际金融商圈概况

商圈名称	国际金融
主要项目	贵阳国际金融中心、金阳商业步行街、中渝第一城
档次定位	中高档、高档
主要业态	高端写字楼+街区
消费群体	主要客户群为高端客户群,辅以中端客户群
特点	金阳中部次核心商业中心,临近市行政中心
变化和发展	政府打造的金融商圈,国际金融中心目前基本建成,需一定时间发展

(4) 国际会展商圈见表 3-3-10。

表 3-3-10　国际会展商圈概况

商圈名称	国际会展
主要项目	中天会展城、贵阳国际会展中心、东原财富广场
档次定位	中档、中高档
主要业态	会展展馆+中高端写字楼+街铺
消费群体	写字楼主要面向区域内中高端企业客户群体;展馆主要面向有展览需求的企业群体
特点	金阳中部次核心商业中心,临近市行政中心
变化和发展	政府打造的会展商圈,现已初步形成规模

(5) 西南国际商贸城商圈见表 3-3-11。

表 3-3-11　西南国际商贸城商圈概况

商圈名称	西南国际商贸城
主要项目	西南国际商贸城
档次定位	中档、低档
主要业态	专业市场群+街铺
消费群体	面向贵阳市及周边城市的中端和低端客户群体
特点	集中了除汽车市场外的大型、多专业市场集群
变化和发展	庞大的专业市场群吸引了大量的客流量,政府打造的现代物流商圈,发展前景可期

4.3　简析小结

1）贵阳商圈主要集中在双城区和观山湖区。

2）双城区各大商圈发展成熟，商业氛围活跃，档次以中档、中高档、高档为主。

3）观山湖区商圈布局明确，多数商圈仍处于建设阶段，唯一成熟的商圈是世纪城商圈，西南商贸城商圈已初具规模。

第五部分　项目地块分析

5.1　紫延区间地下商业地块分析

1. 所处城市区位及价值

紫延区间地下商业地块指贵阳地铁2号线紫林庵站与延安路口站间的地下商业部分。地上部分位于贵阳市云岩区延安中路至延安东路之间，是贵阳市最为火热的喷水池商圈范围内的地下部分，商业氛围浓厚，具有极高的商业价值。

2. 周边区域发展现状及趋势

（1）现状。紫延区间地上部分位于喷水池商圈的核心位置及大西门商圈的外围辐射范围。

喷水池商圈发展较早，是贵阳最大的商业中心。大部分商业均为传统的商业模式，很难为消费者提供较高的购物乐趣，纯属于消费式购物，现代新型休闲式、体验式购物发展缓慢。历经多次改造的喷水池商圈交通依然压力较大。

（2）趋势。贵阳市多个新型商圈实力逐渐增强，喷水池商圈实力将逐渐被新兴的世纪城、花果园追赶上。

3. 地块发展价值空间分析

（1）地铁加码，商业持续增温。地铁站点及换乘站点的设置，将从各地带来大量人流客流，不仅为地上商业部分导流，也带动地下商业部分的兴起与发展。

（2）自我更新，价值重新定义。新的地铁商业类型的增加，促使紫延区间的商业种类扩展，商业模式优化，完成老商圈的自我改造升级。

4. 地块开发条件分析

（1）商业氛围浓厚。喷水池商圈作为贵阳市最大的商圈，地上商业已不能完全满足贵阳市市民需求，其地下商业部分可分流。

（2）交通网络健全。处于老城区核心地带，地面延安路及中华路四通八达，地下地铁2号线及地铁1号线在延安路站交汇。

（3）地上可开发土地较少。老城区商业中心地上可供开发的土地较少，向下开发成为必然趋势。

5. 地块周边竞品简析（表3-3-12、表3-3-13）

表3-3-12　世贸广场信息

名称	世贸广场	地址	云岩紫林庵商圈延安中路48~56号
开业时间	一期2002.09.28	开盘时间	三期2006.01.01
建筑面积	43600m^2		
容积率	2.50	绿化率	20%
物业	项目总高为25层，地下2层为停车场，1~5层为裙楼商业配套，6层为园林式商务会所及会议中心，7~15层为纯商务写字楼		
商业业态	服饰、餐饮、娱乐		

表 3-3-13　汇金国际广场信息

名称	汇金国际广场	地址	云岩紫林庵商圈延安西路 66 号
竣工时间	2015.10	开盘时间	2014.06.30
占地面积	28332m²	建筑面积	244936m²，其中商业 65000m²
容积率	7.50	绿化率	30%
物业	地下 4 层，商业裙楼 8 层，写字楼 40 层，住宅 33 层，精英 office25 层		
商业业态	服装、珠宝、精品、儿童用品、咖啡馆、餐饮、书店、影院、SPA 馆、KTV		
进度	已修建至 20 层	性质	城市综合体
定位	贵阳真正意义上集时尚购物、餐饮、休闲娱乐为一体的“一站式生活体验中心”，是城市中心休闲、时尚聚会的首选之地		

世贸广场与汇金国际广场与紫延区间地下商业部分在一定程度上有部分商业业态重合，但差异化经营可以互相导流，促进地上与地下的联动发展。

5.2　西南商贸城交通综合体商业地块分析

1. 所处城市区位及价值

西南商贸城交通综合体商业地块位于贵阳市西南国际商贸城区域内，地处宾阳大道东侧，是贵阳市重点开发建设的城市新区位置。

2. 周边区域发展现状及趋势

1）金阳客车站已整体搬迁至西南商贸城南侧，将与商贸城交通综合体构筑集长途客运、轻轨、快铁和城市干道、城市公交“五位一体”的现代综合交通集散枢纽。

2）西南商贸城专业市场板块中 1～4 号广场已开业，入驻超过 30 个业态过万商户，日均人流量稳定在 6 万人以上。

3）西南商贸城交通枢纽已破土动工，直接完善商贸城物流体系。

3. 地块发展价值空间分析

1）宜商：与火热的西南商贸城专业市场版块一路之隔，拥有大量潜在商业机会。

2）宜居：交通便利，特别是轨道交通拉近了与主城区商圈距离，现阶段的价格洼地将不复存在，价值增长空间巨大，价格向主城区看齐。

4. 地块开发条件分析

1）地块交通条件优越，不仅可以便捷连接贵阳主城区，还可以通过快速交通体系提高生活效率：如有金阳客车站、城市公交总站规划其中的 S2 号线轻轨路线就还设有西南商贸城站。绕城高速与贵黄高速位于地块边缘，交通便利。

2）地理位置优越，贵阳新城市中心概念加持。政府政策各方面大力支持。

3）政府大力支持西南商贸城的发展，所有除蔬菜农副产品及汽车销售外的专业市场都将搬迁至此。

4）西南商贸城市场容量巨大，该地块为西南商贸城配套部分。

5. 地块周边竞品简析（表 3-3-14）

表 3-3-14　西南国际商贸城信息

名称	西南国际商贸城	地址	观山湖区西北部，西至百花山脉、北至观山西路、南至贵黄高速、东至省广播电视大学
竣工时间	2015.10	开盘时间	2015.09，5 号广场开盘
占地面积	14500 亩	建筑面积	1420 万 m²
容积率	1.20	绿化率	20%
物业	商业建筑群、酒店群、住宅群		

（续）

商业业态	一期涵盖服装、小商品鞋帽百货、装饰建材、五金机电和食品土特产五大类专业商贸批发市场及必要的商业配套共计约136000个商铺，项目整体涵盖除蔬菜农副产品批发及汽车销售之外的各类商贸市场经营业态		
进度	一期220万m^2已建成	性质	城市综合体
定位	集市场经营、国际贸易、现代物流、电子商务、次级CBD于一体的大型综合性商业集群		

本地块作为西南商贸城的重要组成部分，将完善西南商贸城的交通、运输、生活、办公等业态类型，丰富板块内涵。

第六部分　异地类似综合型商业地产案例分析

改革开放以来，广州和深圳的经济发展程度一直处于全国前沿，也是中国轨道交通最便利的地区之一。经过多年的摸索与发展，广州和深圳已形成一套较为完善的轨道商业运作体系，俨然成为国内的轨道商业的标杆，特别是广州地铁已成为全国最商业化的地铁。下面将结合本项目情况，对广州、深圳运营较为成功的类似案例进行研究分析，为本项目的开发运营提供借鉴。

6.1　广州类似综合型商业地产案例分析

广州的商贸流通业规模连续二十多年稳居全国第三，仅次于北京、上海且差距逐渐缩小。广州地铁于1997年开通，是中国第一个拥有地铁的副省级城市和省会城市。目前，地铁共有9条营运路线（1号线~6号线、8号线、广佛线及APM线），总长为260.5km，共164座车站，日均客流量超630万人次，全国排名第三。其中3号线体育西站及体育中心站、1号线公园前站客流量最多，所处商圈商业也最为发达。

1. 地铁上盖综合型商业

广州在开发综合型购物中心上处于全国发展前沿，购物中心的区域覆盖率高达到67%。广州购物中心的选址以市中心为主，而且布局相对比较密集，主要分布在CBD天河区、老区越秀区，两个区加起来占据了55%的比例。目前广州以天河商圈、北京路商圈最为繁华，仅天河商圈就聚集了10家规模较大的购物中心，其中处于地铁上盖的综合型商业有天河城、正佳广场、万菱汇、太古汇等。越秀区比较出名的地铁上盖的综合型商业中心有中华广场和五月花广场等。

（1）天河城广场——广州乃至国内最早的购物中心，营业面积珠三角之最（表3-3-15~表3-3-18）。

表3-3-15　天河城概况

项目概况			
地铁站点	1号线体育西路站（天河商圈）	开业年份	1996年2月9日建成试营业
区位	坐落于广州城市新中轴线上，位于广州地铁3号线两条支线的交接点及其与地铁1号线、广州机场快线的转接站上，毗邻广州CBD中央商务区、天河体育中心和广州火车东站		
定位	广东最大的现代大型购物中心	功能	购物、美食、娱乐、休闲、商务
规模	占地面积4.1万m^2，建筑面积16万m^2	物业类型	商业+写字楼+酒店公寓
盈利模式	只租不售，单一产权		

表 3-3-16　天河城商业情况

商　　业			
建筑形态	-1~7 层营业面积为 10 万 m^2 的商业裙楼	业态比例	零售 57%，餐饮 29%，休闲娱乐 14%
主力店	天河城百货、吉之岛超市、ZARA	目标客群	以中高收入的中产阶级为主，时尚白领居多，消费群体平均年龄在 24~28 岁左右
业态布局	-1 层：吉之岛百货；1 层：国际品牌的服饰、鞋类、化妆品、钟表饰品；2 层、3 层：天河城百货、知名品牌服饰、珠宝钟表、餐饮、眼镜；4 层：天河城百货、知名品牌电器专卖店、数码通信、五星级电影院；5 层：天河城百货、书籍音像、精品玩具；6 层：餐饮、娱乐；7 层：餐饮、名牌折扣店		
经营情况	入场租户超 300 家，入驻率达 100%，租金收入 1999~2009 年 10 年间上涨了 4 倍。日均客流量达到 30 万人次，高峰期接近 81 万人次。2014 年营业额达 55 亿元，一直位列广州前三		

表 3-3-17　天河城写字楼情况

写　字　楼			
名称	粤海天河城大厦	定位	建造世界超甲级智能化办公楼的典范
建筑形态	45 层建筑面积 10.3 万 m^2 的超甲级办公楼	建设指标	单层面积约 2270m^2，层高 4.05m。共设有 22 台电梯
经营情况	已成为地标性建筑，房源抢手，入驻率超 95%	目标客群	全球著名企业，90%租户是全球 500 强企业华南地区区域总部

表 3-3-18　天河城酒店及公寓情况

酒店及公寓			
名称	粤海喜来登酒店	定位	五星级豪华高档商务型酒店
建筑形态	33 层建筑面积为 5 万 m^2 的五星级酒店	建设指标	单层面积约 1500m^2，共有 450 间客房
经营情况	被评为广州最受欢迎的星级酒店前 5 名	目标客群	收入高的商务人士、休闲旅游度假人士

项目亮点：

1）运营管理方面：采取“只租不售，单一产权”模式，更便于日后的经营；借助知名品牌，盘活商业环境。招商初期先引进知名主力店，以其知名度盘活商场，建立自主品牌，并同场经营；结合“互联网+”“大数据”和“电商”等新元素，使项目永葆青春。

2）规划设计方面：采用挑空设计，顶棚玻璃采光，大面积使用节能环保材料，营造大空间的同时减少日常的成本开支；办公、酒店与商业均独立设置入口，既保证私密性，又达到资源共享的目的。

3）业态布局方面：以商业为先，其他（如洗手间）放置于较不起眼位置，大型超市类布置在场内，以引导人流。

（2）太古汇见表 3-3-19~表 3-3-22。

表 3-3-19　太古汇概况

项 目 概 况			
地铁站点	1 号线体育中心站、3 号线石牌桥站（天河商圈）	开业年份	2011 年 9 月 23 日
区位	位于天河中央商务区核心地带，毗邻城中文娱及金融商业区，连通地铁 1 号及 3 号线，70 条公交线路行经		
定位	广州高端购物中心	功能	购物、美食、娱乐、休闲、商务
规模	占地面积 4.9 万 m^2，建筑面积 41.6 万 m^2	物业类型	商业+写字楼+酒店+文化中心
营销模式	只租不售，单一产		

表 3-3-20　太古汇商业情况

商　业			
建筑形态	-2~3 层营业面积为 13.8 万 m^2 的商业裙楼	业态比例	零售 57%，餐饮娱乐 43%
主力店	Chanel、Prada、LV、Dior 等国际知名品牌	目标客群	以中高收入的时尚白领、国内外游客购物为主
业态布局	-2 层：中高档流行时尚服饰，高端精品超市；-1 层：高档流行时尚服饰、情调餐饮；1、2 层：国际顶级一线品牌名店；3 层：餐饮、空中花园		
经营情况	云集约 170 家国际知名品牌，其中约 70% 为国际品牌，30% 为国内品牌。租用率为 99%，2014 年营业额 31 亿元，居广州第三		

表 3-3-21　太古汇写字楼情况

写　字　楼			
名称	太古汇写字楼	定位	甲级智能化办公楼
建筑形态	一座：4~39 层建筑面积 10 万 m^2 的甲级办公楼 二座：4~28 层建筑面积 6.5 万 m^2 的甲级办公楼	建设指标	一座：4~39 层，单层面积 2780~2870m^2 二座：4~28 层，单层面积 2530~2680m^2
经营情况	入驻率超 90%	目标客群	全球著名企业，中国知名企业

表 3-3-22　太古汇酒店及公寓情况

酒店及公寓			
名称	文华东方酒店	定位	全球顶级豪华酒店
建筑形态	33 层建筑面积为 5 万 m^2 的五星级酒店	建设指标	单层面积约 1500m^2，共有 450 间客房
经营情况	被评为福布斯旅游指南“十大最令人期待开幕的酒店”，入住率超 80%	目标客群	收入高的商务人士、休闲旅游度假人士

项目亮点：

1）商业。

① 运营管理方面：物业只租不售，统一经营，根据租户情况进行租金设计。

② 规划设计方面：使用采光中庭，单层多处挑空，公共回廊无柱式设计，既节能又美观舒适。

③ 业态布局方面：在建筑内部设置景观公园，公园周边设置部分酒吧及餐饮，补充业态，弱化建筑冰凉感，为市民提供休憩净土。

④ 配套方面：设置智能停车场，便于管理。

2）办公楼及酒店公寓。

① 注重物业管理，对物业进行 24 小时的监察。

② 组建专业的楼宇管理及技术人员团队，确保大楼正常运作。

③ 引进全球连锁酒店集团管理，吸收其优秀的管理理念。

（3）广州正佳广场见表 3-3-23~表 3-3-26。

表 3-3-23　正佳广场概况

项 目 概 况			
地铁站点	1、3 号线体育中心站（天河商圈）	开业年份	2005 年 5 月 1 日
区位	天河路与体育东路交汇处，直驳地铁一号线与三号线换乘站，与广佛地铁、珠三角城市轻轨网络连为一体		
定位	亚洲首席家庭时尚体验中心	功能	零售、娱乐、餐饮、会展、康体、休闲、旅游、商务
规模	占地 5.7 万 m^2，总建筑面积 42 万 m^2	物业类型	商业+写字楼+酒店式公寓
配套	特色夏威夷棕榈广场，中国最高音乐喷泉，香港直通车，华南屋村巴士，广州新机场巴士上下站点		
经营模式	租售结合。销售夹层商铺及转让写字楼地块获得资金回笼，其余部分只出租		

表 3-3-24　正佳广场商业情况

商业			
建筑形态	-1~7 层总建筑面积 30 万 m^2 的商业裙楼	业态比例	餐饮 18%，娱乐 30%，零售 52%。销售面积占总面积的 3%
主力店	广州友谊商店、百佳、季后风名牌折扣店、永乐生活家电、屈臣氏、万宁、龙粤数码、哇哇哇娱乐城、飞扬影城、开心果玩具城等	目标客群	以年龄分布在 3~60 岁的珠三角及港澳、境外旅游团体为主力消费层
业态布局	-1 层：超市、小吃街、零售散铺；1 层：百货、服饰、钟表、珠宝、化妆品、咖啡厅；2 层、3 层：百货、服饰、眼镜、餐饮、食品特产；4 层：运动服饰、数码通信、眼镜、餐饮、KTV；5 层：儿童服饰、琴行、餐饮、娱乐；6 层：家居建材、餐饮；7 层：电影院、娱乐		
经营情况	良好，日均客流量超 80 万人次，2014 年营业额为 64 亿元，广州第一		

表 3-3-25　正佳广场写字楼情况

写字楼			
名称	正佳广场写字楼	定位	超甲级智能化办公楼
建筑形态	建筑面积约 3.7 万 m^2 的 25 层超甲级写字楼	建设指标	单层面积约 1850 m^2，户型面积介于 120~500 m^2 之间，层高 3.5m
经营情况	入驻率超 90%	目标客群	全球著名企业，全国大中型企业

表 3-3-26　正佳广场酒店及公寓情况

酒店及公寓			
名称	万豪酒店	定位	超五星级酒店、服务式公寓品质的中小型高档公寓
建筑形态	建筑面积约 11 万 m^2 的 41 层五星级酒店及公寓		
楼层分布	9~23 层：万豪酒店（总建筑面积约 3 万 m^2）；25~41 层：万豪金殿公寓（总建筑面积约 8.5 万 m^2），共 368 套，其中一层 27 户	产品类型	小复式：面积在 61~200m^2 之间，层高 4.6m；单间至四房：面积在 47~140m^2 之间。均带 6500 元/m^2 精装修
经营情况	酒店入住率超 80%，公寓已全部售罄	目标客群	国内外高端商务人士、对广州有较高投资回报要求的高端人群

项目亮点：

1）商业。

① 策划理念方面：精准定位，丰富业态，注重客户体验性（引进娱乐城、室内真冰溜冰场、室内水族馆和室内喷泉、美食广场等业态）；注重文化与商业融合，树立自身活动名牌，借此强势吸引人流。

② 业态布局方面：各层皆布置餐饮，与地铁出口连通处可布置适宜大众消费的零售及餐饮特色店铺，吸引人流进入商城内部。电影院、娱乐城等布置在高层，吸引人流。

③ 运营管理方面：关注大数据运营，商圈内覆盖 wifi 系统，不断深化 O2O 商业模式，满足智能化消费需求。

2）办公及酒店公寓。

① 户型选择多样，全方位满足客户的要求。

② 以装修及服务配套体现项目品质。

（4）中华广场见表 3-3-27~表 3-3-29。

表 3-3-27　中华广场概况

项目概况			
地铁站点	地铁 1 号线烈士陵园站(越秀商圈)	开业年份	2000 年 8 月 28 日
区位	天河路与体育东路交汇处,直驳地铁一号线与三号线换乘站,与广佛地铁、珠三角城市轻轨网络连为一体		
定位	广州城内最潮流的多功能购物商城之一,最潮流的数码产品展示场	功能	购物、娱乐、餐饮、商务
规模	占地面积 3.5 万 m^2,建筑面积约 30 万 m^2	物业类型	商业+写字楼
经营模式	整租与散租结合		

表 3-3-28　中华广场商业情况

商　业			
建筑形态	-1~9 层总建筑面积 17 万 m^2 的商业裙楼	业态比例	服饰 40%,餐饮 15%,娱乐 15%,百货 30%
主力店	中华百货、H&M、高端超市 Taste、百佳超市、电影院	目标客群	以爱好时尚潮流的青年男女居多,消费群体平均年龄在 18~28 岁左右
业态布局	-1 层:餐饮美食、服装玩具、运动用品、影音数码;1 层:百货超市、美容美发、餐饮美食、服装鞋帽、珠宝精品、休闲娱乐;2 层:百货超市;3 层:百货超市、生活家居、美容美发、服装鞋帽、影音数码、珠宝精品;4 层:影音数码;5 层:生活家居;6 层:生活家居、美容美发、服装鞋帽、餐饮美食、珠宝精品;7 层:餐饮美食、休闲娱乐;8 层:运动用品、休闲娱乐;9 层:KTV		
经营情况	很多店铺撤场,个别业主降租转手		

表 3-3-29　中华广场写字楼情况

写字楼			
名称	中华国际中心	定位	甲级办公楼
建筑形态	建筑面积为 12 万 m^2,高 62 层的甲级写字楼	建设指标	单层面积约 2000m^2,层高 3.85m
经营情况	入驻率达 98%	目标客群	内资企业为主业

不足之处：

1）招商不足。商场内同个品牌拥有多个店面，显示招商效果一般。

2）业态组合混乱。中高端店铺对面设置低端店铺；餐饮店铺紧挨美容美发店铺，气味混杂难闻；主力店放置在二楼，影响吸引人流的效果。

3）不注重形象维护。商城内空置待租店铺没有用围挡装饰，店铺内杂乱不堪，影响商场整体形象。

4）品牌档次跨度较大，各层业态分布不合理，中高档品牌与低档品牌混杂。

本项目反思：

1）商业。

① 策划理念方面：应依据定位树立良好形象，在日常运营中注重形象的宣传及维护。

② 业态规划方面：应参考国内外成功案例，制订合理的业态规划。

③ 运营管理方面：应重视招商工作，精确目标客群，维持品牌档次。

2）办公。

① 与在物业管理、商场运营领域具有一定知名度的公司合作经营，吸取有利资讯。

② 在办公楼内部设置豪华会所，满足文娱休闲及商务活动需求。

2. 地铁地下商业

（1）时尚天河见表 3-3-30。

表 3-3-30 时尚天河概况

项目概况			
地铁站点	1号线体育中心站(天河商圈)	开业年份	2012年12月4日
区位	广州市天河体育中心南门负一、负二层,处于天河商圈核心位置,地铁1、2号线、APM线交汇点,周边有百余条公交线路,临近多个大型购物中心及超甲级办公楼		
定位	时尚、年轻	功能	购物、美食、娱乐、休闲
建筑形态	地下一层商业街	经营模式	只租不售,单一产权
业态及配比	餐饮30%、娱乐8%、服饰54%、鞋包5%、美容美发3%	主力店	Sasa、屈臣氏等
规模及规划	占地面积12万m^2,建筑面积22万m^2,商铺数量3000个。分两期开发,一期设置"主题餐饮美食区""潮流百货区""精品华服区"及"文化品质体验馆"四个主题区域。二期除商业街外,还设有影城、美食广场及艺术长廊		
目标客群	15~35岁,追求时尚潮流的年轻消费群体	经营情况	入驻率超95%

项目亮点:

1) 策划理念方面:凭借深入的市场调研,将目标客群锁定在年轻消费群体,弥补天河商圈消费空白。

2) 业态规划方面:注重以丰富的业态提升地下格局。在传统地下商业街业态的基础上,融入超市、影城、美食广场以及艺术长廊等多种业态,一站满足消费者的购物体验。

3) 规划设计方面:不同人流过道采用不同装修风格,便于客户对区域进行区分;过道设置一定弧度,转折处设置景观,增加客户停留时间;端点处设置精品超市,有效引导人流,减少商业死角;在装修中为客户提供艺术享受,增强感官体验,增加记忆点;随处可见的特色休息区,心系客户;设置性价比高的配套,如时尚天河拥有整个商圈最多、性价比最低的停车位,有力吸引客流。

4) 运营管理方面:最大化利用周边资源。如时尚天河位于体育中心下盖,因此其承接各种歌友会,与广州最大的球迷会合作,项目内商户都可参加球迷优惠活动,促进招商工作开展。

(2) 流行前线——广州首家接驳地铁的地下商业街(表3-3-31)。

表 3-3-31 流行前线概况

项目概况			
地铁站点	1号线烈士陵园站(越秀商圈)	开业年份	1999年6月28日
区位	位于广州传统商圈,与广州"烈士陵园"相对,直驳地铁一号线烈士陵园站		
定位	中低档时尚、年轻聚集地	功能	购物、美食、娱乐、休闲
建筑形态	地下一层商业街	经营模式	只租不售,单一产权
业态及配比	餐饮15%、娱乐12%、服饰54%、鞋包5%、美容美发3%、首饰精品8%、其他(银行、通信)3%	主力店	屈臣氏、KFC、绿茵阁餐厅、数码MP3店等
规模及规划	营业面积1.5万m^2,设置500间店铺。由"南梦宫(娱乐)""男士街""贴纸廊""前卫街""精品街""名店街""日本街、韩国街、欧洲街"和"兰桂坊"多个特色部分组成		
目标客群	15~35岁的学生、地铁流动人群、周边居民	经营情况	现时租金水平为开业初期的8倍左右,日均客流10万人次

项目亮点：

1）策划理念方面：定位明确，目标客户群明确，产品档次围绕定位设定，丰富业态，形成一站式服务体系。

2）运营管理方面：设置旺场营销点，汇聚人气。流行前线是广州唯一一个与电视台合作，设置玻璃展播厅，邀请DJ驻点的场地。

（3）动漫星城——中国首个动漫商场（表3-3-32）。

表3-3-32 动漫星城概况

项目概况			
地铁站点	1号线公园前站(越秀商圈)	开业年份	1999年6月28日
区位	处于广州最传统最繁华的北京路商圈,紧邻北京路步行街,紧接东南亚最大的地铁换乘站公元前站,接驳1、2号线,拥有9个地铁联通口		
定位	广州至IN的潮流、时尚基地	功能	购物、美食、娱乐、休闲
建筑形态	地下三层商场	经营模式	只租不售,单一产权
业态及比例	餐饮6%、数码4%、服饰69%、鞋包10%、美容美发6%、精品15%	主力店	星巴克、耐克、赛百味、仙踪林、万宁等
规模及规划	营业面积3.2万m^2。分为东、西两区,拥有377间商铺		
目标客群	东区:“准白领”阶层 西区:青少年群	经营情况	入驻率超95%,人流量为50万人次/日

项目亮点：

1）策划理念方面：定位创新、引领潮流。动漫星城以动漫主题成为广州最大的动漫产业基地，知名度较高。

2）规划设计方面：设置空间较大的中庭，后期可酌情设置活动摊位或增加特色摆设，更具灵活性。

6.2 深圳类似综合型商业地产案例分析

深圳的商贸流通业规模稳居全国第四，仅次于北京、上海、广州。深圳地铁于2004年12月开始试运营，是中国大陆地区继北京、天津、上海、广州后第5个拥有地铁系统的城市。目前深圳地铁日均达380万人次，地铁占公交出行比例达27.8%，成为深圳人出行的主要交通工具。

因为不同的消费层次与消费习惯，深圳的购物场所被划分为八大区域，称八大商圈，其中：东门商圈、华强北商圈、南山商圈为三大传统商圈；人民南商圈、深南中商圈、华侨城商圈为三大特色商圈；宝安商圈、龙岗商圈为关外新兴商圈。

1. 地铁上盖物业

（1）益田假日广场——深圳唯一双地铁上盖物业（表3-3-33~表3-3-36）。

表3-3-33 益田假日广场概况

项目概况			
地铁站点	世界之窗站(华侨城商圈)	开业年份	2008年8月30日
区位	位于华侨城核心,正对世界之窗,旁临欢乐谷。商场处于1、2号地铁线交汇处		
定位	国际购物体验中心	功能	餐饮、购物、娱乐、办公、休闲观光
规模	占地面积3.5万m^2,建筑面积13.6万m^2	物业类型	商业+写字楼+酒店公寓
经营模式	只租不售,单一产权		

表 3-3-34　益田假日广场商业情况

商　业			
建筑形态	-2~3 层建筑面积为 7.3 万 m^2 的商业裙楼	业态比例	零售 74%，餐饮 15%，休闲娱乐 11%
主力店	Apple Store 零售店、OLE 精品超市、ZARA、H&M、无印良品、俏江南、江南厨子、四海一家、翠园、全明星滑冰俱乐部、玩具反斗城、中影等	目标客群	周边高收入居民、周边主题公园的旅游资源
业态布局	-2 层：特色餐饮、家居、保健品、小型数码、超市、冰场；-1 层：休闲餐饮、快时尚；1 层：国内一线品牌服饰、儿童业态品牌、餐饮、超市、酒店、家居；2 层：超市、影院、餐饮、服饰、酒店、家居		
经营情况	开业率已达 95%以上，周末客流量达 5 万~6 万人次，高峰时客户提袋率达 90%。2014 年营业额 20 亿元		

表 3-3-35　益田假日广场写字楼情况

写　字　楼			
名称	益田假日广场写字楼	定位	生态写字楼
建筑形态	建筑面积 1.2 万 m^2 的生态办公楼	建设指标	单层面积约 2270m^2，层高 4.05m。共设有 22 台电梯
经营情况	良好，入驻率超 90%	目标客群	全球知名企业，本地大中型企业

表 3-3-36　益田假日广场酒店及公寓情况

酒店及公寓			
名称	益田威斯汀酒店	定位	五星级豪华高档商务型酒店
建筑形态	25 层建筑面积为 2.3 万 m^2 的五星级酒店	建设指标	单层面积约 1500m^2，共有 353 间客房
经营情况	良好，入住率达 90%	目标客群	收入高的商务人士、休闲旅游度假人士

项目亮点：

商业。

① 业态规划方面：引进具有极大影响力的国际知名品牌，如 Apple Store。

② 规划设计方面：利用地块形态为项目注入设计灵魂，益田假日广场因借助狭长地形，将项目造型打造为“城市中豪华游轮”而获得中国商业房地产首个策划金奖；利用地势差，打造多首层结构，导入外部人流，从而实现商业利益最大化；注重景观设计，突出项目定位。

（2）华润中心见表 3-3-37~表 3-3-41。

表 3-3-37　华润中心概况

项 目 概 况			
地铁站点	大剧院站（东门商圈）	开业年份	2004 年 12 月
区位	位于深圳市金融商业核心区域，地处深圳市东西贯通的两条主干道深南大道和滨河大道之间。直驳地铁一号线大剧院站，周边有 30 多条公交线路		
定位	集零售、餐饮、购物、娱乐、办公、酒店、居住等多功能于一体的大规模、综合性、现代化、高品质的标志性建筑群	功能	零售、餐饮、购物、娱乐、办公、酒店、居住

（续）

项目概况			
规模	占地面积 7.6 万 m^2，建筑面积 55 万 m^2	物业类型	商业+写字楼+酒店公寓
经营模式	只租不售，单一产权		

表 3-3-38　华润中心商业情况

商　　业			
名称	华润・万象城		
建筑形态	-2～3 层建筑面积为 7.3 万 m^2 的商业裙楼	业态比例	零售 67%，餐饮 14%，休闲娱乐 8%，服务 11%
主力店	嘉禾电影院、REEL 百货、OLE 超市	目标客群	中上收入的年轻人及海内外游客
业态布局	-1 层：休闲餐饮、百货、超市；1 层：百货；2 层：百货、停车场；3 层：百货、影院、餐饮、停车场；4 层：电子数码、影院、溜冰场；5 层：餐饮		
经营情况	开业一年销售额便达到 15 亿元，90%以上租户盈利，目前商场出租率达 97%，2014 年营业额 18.6 亿元，成为深圳新地标		

表 3-3-39　华润中心写字楼情况

写　字　楼			
名称	华润大厦	定位	国际标准、金融区标杆 5A 甲级写字楼
建筑形态	29 层建筑面积为 4.2 万 m^2 的甲级写字楼，标准层面积为 1835m^2		
楼层布局	1～3 层为高档国际时装旗舰店，4 层为开放式屋顶花园，5～28 层为写字楼，29 层为多功能厅，屋顶为室外花园		
经营情况	良好，入驻率 100%	目标客群	金融机构及国内外大型企业

表 3-3-40　华润中心酒店情况

酒　　店			
名称	君悦酒店	定位	超五星级酒店
建筑形态	38 层建筑面积为 4.6 万 m^2 的五星级酒店	建设指标	491 间宽敞雅致的客房，包括 53 间设计独特的套房和 48 间酒店式公寓，客房面积 46～328m^2，层高 3.5m
经营情况	被评为“国际酒店业公认的标志性酒店”，高峰期入住率达 100%	目标客群	收入高的商务人士、休闲旅游度假人士

表 3-3-41　华润中心公寓情况

公寓住宅			
名称	幸福里	定位	以居住为主导功能，具备商务特征的城市资源型高尚住宅
建筑形态	占地面积 1.4 万 m^2，建筑面积为 11 万 m^2 的 3 栋 49 层住宅，共 768 户，容积率为 7.76%，拥有 1000 个停车位。楼高 164.4m，是深圳最高的住宅建筑之一		
户型分类及特点	90～95m^2 的二室二厅，观景小阳台，双卫，主卧带卫生间，追求实用率 140～145m^2 的三室二厅，10m^2 空中花园，大厅大主卧小房是其特点 180m^2 以上的三室二厅、四室二厅，15m^2 空中内庭园，中、西厨设计，带工人房等特点		
经营情况	被评为“全国的高端住宅物业典范”，全部售罄	目标客群	收入高的商务人士、休闲旅游度假人士

项目亮点：

1）商业。

① 策划理念方面：注重超前性，为了获得适度超前的理念，万象城在前期策划规划阶段便与港、澳等地的公司合作，使项目更能展现个性化，增强客户记忆点。

② 规划设计方面：用空中走廊、地下商业街连通商业及写字楼，有效引导写字楼内中高收入人士进入商场消费；设置立体停车场，立体停车场与万象城仅相隔一道玻璃门，层高最高达5.8m。

2）写字楼。

① 业态规划方面：在入口处设置高档商业，华润大厦1~3层作为高档国际时装旗舰店，入口周围为4层国际精品时尚店，这样的设置既体现了写字楼的档次，同时也为商业提供了写字楼内中高收入人群这样的目标客户，堪称“双赢”。

② 规划设计方面：巧用下沉式广场，以玻璃为主体的花园式入口，透明顶棚、室内花园、流动水景等贴近自然的设计，减少写字楼的冰冷感，给予用户舒适感受。

3）酒店。设置两个大堂。酒店运营面积占据了建筑的上半部，因此分别在一层及空中“一层”设置两个大堂，有助于保护客户的私密性。

4）公寓住宅。

① 设置三个入口：两个人行入口与车行入口连接主干道，一个人行入口连接商业综合体。

② 使用多种材质处理外立面，保证质感的同时节约成本。

③ 外立面入户门头和一层大堂都做挑高处理，入户门头设质感标识，体现项目档次。入户门无门禁，电梯厅门设门禁，接待访客的同时保证私密性；大堂设置休息区，供访客等待；设置管家柜台，提供接待业主、收发包裹等贴心服务。

2. 地铁地下商业

（1）连城新天地见表3-3-42。

表3-3-42　连城新天地概况

项目概况			
地铁站点	购物公园站、会展中心站（龙岗商圈）	开业年份	2012年6月28日
区位	CBD核心地段，邻深圳市国际会议展览中心。500m范围内写字楼将近20座，周边就业人口超12万；与周边5家五星级酒店、2家四星级酒店直接相连；与四家Shopping Mall相连；周边有多个高档住宅楼盘。直驳地铁购物公园站和会展中心站，与地铁1、2、3号线、广深港高铁福田站直接连通，20条公交线路接驳		
定位	主题购物休闲商业街	功能	购物、餐饮、娱乐、休闲、聚会
建筑形态	地下一层商业街	经营模式	只租不售，单一产权
业态及比例	餐饮50%，服饰25%，精品13%，化妆品8%，休闲、便利店4%		
规模及规划	建筑面积2.6万m^2，商业面积1.3万m^2，总长度630m，层高3.2m。分A、B、C三个区，其中A区定位为动感流行坊，主要经营3C品牌、电子产品、动漫卡通等；B区定位为风尚名品坊，集合名品馆、流行彩妆店、精品百货服装、皮件饰品店、时尚咖啡吧等；C区定位为缤纷美食坊		
目标客群	商务人群、来往商场人群、地铁人流	经营情况	入驻率近100%

项目亮点：

1）策划理念方面：通过市场调研分析市场环境，抓住市场空白，精确定位。尽管连城新天地处于高档商圈，但其没有盲从，而是通过市场调研抓住了中低档商业这个市场空白点。

2）业态规划方面：各出入口设置轻食餐饮，吸引人流进入商场内部；注重内部景观设置，尽量引入地面自然元素，如喷泉、阳光。

3）运营管理方面：不定期举办贴合项目定位或营销主题的活动。

（2）乐淘里——华强北站首席步行街见表3-3-43。

表3-3-43　乐淘里概况

项目概况			
地铁站点	华强北站（华强北商圈）	开业年份	2010年1月
区位	位于深圳最传统、最繁华商圈，纵贯南北华强北商业圈核心，直驳地铁华强北站。项目为华强电子世界负一层，为城市综合体华强广场的一部分，具备浓厚的商业氛围		
定位	华强北商业圈首个中端主题式室内步行街	功能	休闲娱乐、消费购物、餐饮美食
建筑形态	地下一层商业街	经营模式	只租不售，单一产权
业态及比例	餐饮50%，百货25%，配套13%，休闲娱乐5%	主力店	卡西欧、迪士尼一线潮流名品，以及肯德基、大家乐等餐饮店
规模及规划	商业面积6000m²，长216m。分为饕餮域（餐饮）、尚品廊（时尚品牌汇聚地）、衣风尚（服饰产品）、恋物志（精品饰品）、憩乐汇（休憩区）		
目标客群	18～35岁之间，追求时尚的人群	经营情况	良好，入驻率近100%，日均人流量超50万人次，高峰期可达80万人次

项目亮点：项目应顺应潮流，适时进行调整。乐淘里开业五年，虽经营状况良好，但为了更吻合消费者的需求，需不断对商场进行升级改造。

（3）丰盛町商业步行街——全国首个露天地下阳光街区，车公庙商圈首个集中式商业项目，见表3-3-44。

表3-3-44　丰盛町商业步行街概况

项目概况			
地铁站点	车公庙站（福田圈）	开业年份	2010年1月
区位	位于车公庙区段深南大道两侧，直驳地铁车公庙站。途径42条交通线路，距广深高速入口仅100m。临近高档住宅区，两侧共19座写字楼，集聚中高收入群体		
定位	车公庙首个中高端主题式室内步行街	功能	休闲娱乐、消费购物、餐饮美食
建筑形态	地下两层商业街	经营模式	开发商自持70%，出售30%
业态及比例	餐饮20%，零售55%，休闲娱乐15%，其他10%	主力店	万宁、屈臣氏、面点王、牛状元等
规模及规划	商业面积6000m²，长1.3km，有535个商铺。分为A、B、C、D四个区域，A区体现美国曼哈顿风格，主要经营数码电玩产品、流行饰品、个性服饰、运动休闲及户外用品；B区体现欧式古典风格，经营咖啡、西餐、酒吧、时尚饰品、特色服饰、化妆品等；C区体现欧式现代风格，经营个人护理、服饰、皮具、鞋类、餐饮等；D区体现地中海风格，经营各项服装精品玩具、皮鞋手袋等		
目标客群	18～35岁之间，追求时尚的人群，投资客户	经营情况	良好，入驻率超90%

项目亮点：

1）规划设计方面：负一层“天窗式”商业街，引入自然光模糊地上、地下概念，制造舒适感；四大商业区域以四种风格进行装饰设计，成就项目的独特性。

2）运营管理方面：开发商自持大部分物业，使商户心理有保障，便于项目招商运营；配备顶级商业物管团队，对项目进行统一管理。

6.3　小结

综合以上内容，从策划理念、业态布局、规划设计和运营管理四个方面整理归纳出本项目开发运营过程中可参考的借鉴点。下面将以不同物业类型分类阐述。

1. 商业部分

（1）策划理念方面。

① 准确的定位——项目定位应在深入的市场调研后确定，定位应明确且具有适度超前性，避免反复定位。

② 学习先进的理念——关注经济发达地区的类比项目，多接触先进地区的企业，学习其新颖理念。

③ 独特的项目品牌——建立独特的项目品牌应注重感官体验、品牌文化与商业的融合。

④ 敏锐的市场触觉——时刻关注市场的变化，适时合理调整项目内容，为项目注入新能源。

（2）业态布局方面。

① 多功能体验式业态——一次性满足客户多种需求，形成一站式服务体系。

② 地下入口主打“亲民牌”——布置适宜大众消费的零售及餐饮特色店铺，吸引人流进入商城内部。

③ 合理的业态布局——各层皆布置餐饮，涵盖不同档次；电影院、娱乐城等布置在高层，大型超市置于场内，以引导人流；以商业为先，功能性物业置于较偏位置。

（3）规划设计方面。

① 以形象塑造标杆——以独特的形象设计将项目塑造成地标，放大记忆点。

② 独特的设计工艺——挑空、玻璃采光、无柱式公共走廊、连廊、材料拼接及环保材料等设计工艺都既可减少项目的日常成本开支，又美观舒适。

③ 巧借自然环境——如利用地势的高低建成多首层结构建筑，或利用布局巧妙布置物业，形成独特的商业景观。

④ 新奇完善的配套——如设置立体停车场，既给客户一种高端、时尚的感觉，又能从根本上解决停车问题。

⑤ 景观与商业结合——设置景观公园，公园周边可设置部分酒吧及餐饮，弱化建筑冰凉感，为市民提供休憩净土。

（4）运营管理方面。

① 量力制订运营模式——开发商使用大比例自持或完全自持的经营模式，更有利于项目的招商，也更便于项目的经营管理。

② 多渠道招商，专注维护商家品质——结合传统渠道与互联网渠道进行招商，根据定位对进驻商家资质进行把控，维持品牌档次的统一。

③ 主力店先行，大力培育自主品牌——招商初期先引进知名主力店，以其知名度盘活商场，也可建立自主品牌，并同场经营。

④ 关注市场动态——关注“互联网+”“大数据”和“电商”等新元素，商圈内覆盖 wifi 系统，不断深化 O2O 商业模式，满足智能化消费需求。

⑤ 灵活的租金设计体系——建立人性化的租金设计体系，根据租户情况进行租金设计。

⑥ 重视旺场营销——设置旺场营销点，定时举办营销活动。

2. 写字楼及酒店公寓部分

（1）业态布局方面。堪称双赢的业态布置——写字楼设置裙楼，裙楼内布置符合项目定位的商业，既体现了写字楼的档次，写字楼也为商业提供了客户。

（2）规划设计方面。

① 贴心的配套——办公楼内部设置豪华会所，满足文娱休闲及商务活动需求；设置立体停车场，缓解停车难题。

② 巧妙的设计细节——下沉式广场、花园式入口、透明顶棚、室内花园、流动水景、多种材质拼接的外立面等设计巧思，既减少了建筑的冰冷感，又在保证质感的同时节约成本，给予用户舒适感受。

③ 注重隐秘性——双大堂设置，酒店及办公楼同属于一栋物业时，可分别在地面及空中设置大堂，保护客户或企业的私密性。

④ 人性化的设计——不同物业设置独立入口，既保证私密性，又达到资源共享的目的。

（3）运营管理方面。

① 有保障的物业管理——引进在物业管理领域具有一定知名度的公司合作经营，吸取有利资讯。组建专业的楼宇管理及技术人员团队，对物业进行 24 小时的监察，确保大楼正常运作。

② 贴心的管家服务——大堂设置管家柜台，提供接待业主、收发包裹等贴心服务。

（广州万欣房地产代理有限公司）

【报告点评】

此报告是为贵阳一处地下商业和一处商业综合体提供开发建设前期市场调研分析报告，报告详细地分析了城市整体情况和项目所属区域的房地产情况，含住宅、商业、办公等方面的具体情况分析。同时由于贵州属较落后地区，为了项目策划更为准确和更具可操作性，报告更是对广州和深圳这两个一线城市同类项目进行调研分析，并得出可借鉴观点。报告内容丰富，资料完善，数据充分，更有资料的呈现，也有分析和判断结论，不失为一份高质量的市场调研分析报告。

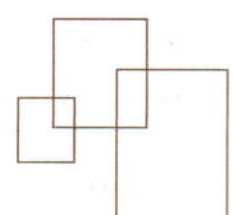

四、2014年南京市房地产市场研究报告

报告目录

报告正文

第一部分　前　　言

2013 年是南京市房地产业波澜起伏、众说纷纭的一年，随着长三角都市圈的形成、南京市沿江大开发方案的全面启动、众多重大市政建设项目的完工与建设，南京市作为地区性政治、文化、经济中心城市的地位日趋显现、各方面已驶上高速发展的快车道。从房地产市场的具体表现来说，2013 年南京市地价、房价涨幅惊人，交易量更是突破了历史最高水平。开发商与运营商在惊喜高利润回报的同时受制于土地拍卖造成的高地价，在品牌运营、土地储备资金实力的更高要求下，一些企业开始考虑兼并与整合的长期战略；另一方面，消费者愿望与实际差距越拉越大，很多人在猜测、犹豫中未能实现买房的愿望，而就在 2013 年，我国人均 GDP 首次突破 1000 美元，GDP 是衡量一个国家经济发展水平的总量尺度，人均 GDP 评价的是一个国家的富裕程度，人们根据这个数字的变化来划分经济发展阶段，这说明我国真正进入了“脱贫”致富的阶段，在新的历史时期，社会将会发生更多积极的变化，比如在日益发展完善的市场经济环境下，过去人们生活中的奢侈品逐渐成为今后的日常生活必需品，消费结构将向发展型、享受型升级，住房、轿车、电子、通信等大宗消费品市场将出现爆炸性增长，更加缤纷多样的消费方式即将在膨胀的消费时代成为现实。

2013 年的岁末，众多有关房地产市场的报道中，最吸引读者眼球的是 2014 年房价有可能走向平稳甚至回落的种种预测。决策地产研究中心本着四年房地产市场研究、经纪服务的经验，纵观 2013 年房地产市场发展轨迹，重申自己的观点：市场经济是过剩经济，商品的短缺永远只是暂时的，商品过剩是市场经济的常态。随着市场的发展成熟，竞争会愈演愈烈，不久的将来，房地产市场一定会全面进入供过于求的局面。

房地产市场目前远未成熟，产品（商品房）又是相当复杂的特殊商品，相关影响因素如国内外宏观政治、经济形势、金融政策、相关法律法规的变化都会直接影响其微观市场表现，片面的以某些经济指标作为房价与房市的预测依据进行市场预测是不可取的，所谓的预测是会产生错误的引导甚至是欺骗的。

供需关系是房地产市场的主导因素。了解市场供求关系及其变化趋势，深入研究微观经济走势、消费者需求特征、消费行为特征、消费心理的变化是极具意义的，市场调查的意义在于揭示市场真实表现，分析市场发展变化的原因，通过科学的研究模型研究市场的历史和现在，对影响未来市场发展的相关因素进行分析，提出促进市场及企业健康发展的意见与建议。

2013 年最具影响力的“一对”文件，即中国人民银行发布的《关于进一步加强房地产信贷业务管理的通知》（121 号文）和 9 月国务院发出的《关于促进房地产市场持续健康发展的通知》（18 号文），121 号文件降低了银行信贷风险，但也提高了门槛，一些规模小、自有资金率低、融资渠道不畅的中小开发企业无疑会由于实力不济而被淘汰，也促成了实力强的品牌开发企业向规模化方向发展。18 号文肯定房地产是国民经济的支柱产业，强调“对符合条件的房地产开发企业和房地产项目要继续加大信贷支持力度”。影响房地产价格的因素是比较复杂的，目前房地产市场还处在初级阶段，高增长的同时，存在着这样那样的不成熟和不规范，未完全按照市场规律运行，随着市场的成长发展，这些不规范和不成熟会逐步消失。对于这样一个高成长中的初级市场，政府应该在逐渐规范的同时关怀和扶持，创造公平、公正的市场环境，使它能够健康的成长，18 号文正是体现了国家的这种精神。

本期报告通过分析过去一年南京房地产市场的供需状况、价格走势及购房需求变化等微观市场表现，结合宏观经济、政策形势和发展态势及消费者调查、媒体监测数据分析研究了 2013 年南京市房地产市场，以期从市场研究的角度为消费者、房地产相关企业提供公正有价值的研究成果，有瑕疵之处，敬请指正。

第二部分　研究方法简介

2.1　研究背景说明

随着房地产市场化进程的加速，产生了对专业房地产进行研究、咨询服务机构的需求，特别是迫切需要对目前房地产市场状况成体系的市场研究评价模型，决策地产研究中心自 2011 年开始组建决策购房会员俱乐部，并在会员服务、信息反馈等数据基础上于 2013 年推出决策房地产市场研究指标体系及研究模型，研究模型主要建立在决策地产研究中心独有的购房会员俱乐部会员数据库、南京 70 典型楼盘数据库、媒体监测数据库基础之上，主要从微观角度，利用专业统计软件，对三大数据库进行统计分析，从而获得研究报告所需的总量及分量数据。

决策地产研究中心三大市场研究数据库的运行说明：

1）购房会员俱乐部会员数据库：决策地产研究中心的会员俱乐部建立于 2011 年中，截至 2013 年年底已经拥有会员 13585 名，这些会员共同具有的最大特征就是他们均为近期有实际购房需求的准购房者。所有的会员资料都经过中心数据采集人员回访校验以确保其真实性，并提供一系列的服务吸引会员及时更新会员资料。在所有会员中，26~45 岁中青年人群占到会员总数的

2/3，70%的会员家庭年收入在3万~8万元之间，大专以上学历会员超过60%，会员资料中涉及会员的家庭基本情况（如基本收入、人口结构、现有住房情况等），购房意向情况（如意向购房区域、楼型、面积、单价、总价等），购房行为及心理特征（如购房决策权、购房决策依据、信息获取渠道、房价接受度、涨跌主观判断等），数据库现有数据量14余万条，每月更新量26%。

2）南京70典型楼盘数据库：主要包括楼盘基本信息、价格数据跟踪、销售进程、周边生活便利程度等，依据决策地产生活指数指标系统进行数据收集和分数评定，对项目全程的营销投放进行监测，目前建立起的比较健全的是南京市70典型楼盘价格指数数据库。收录楼盘数据近300家，签订典型楼盘价格指数数据合作协议近100家。每家数据收集项目近100项。决策地产研究中心将在2014年构建较为全面的长三角地区重点城市楼盘数据库系统，并对全国范围内具有代表意义的各类楼盘进行个案资料收集以建立项目案例库。

3）媒体监测数据库：决策房地产营销投入监测模型是针对开发企业及楼盘项目，对能够反映房地产营销投放特征的相关数据进行的长期监测，目前监测范围包括报纸、电视、网络媒介等。监测对象：南京市所有房地产开发企业的所有项目，每个监测对象的监测数据近30项。

2.2　决策地产研究指标体系说明

考虑到目前南京市房地产市场各区域的开发状态，本研究报告研究范围为南京房地产市场七大片区：城中、城北、城东、城南、河西、江宁、江北。

研究报告的指标体系包括市场容量、产品结构、价格指数、消费者调查、生活指数、媒体监测六大部分。本报告以六大指标全面衡量南京市房地产市场的现状及发展水平，研究和评价开发企业及商品（商品房）的市场地位及竞争力，分析市场的未来发展趋势。

1）市场容量——即总需求量。需求决定供给。以决策购房俱乐部会员数据为基础，从整体的角度，根据购房动机等因素，获得南京市房地产市场的市场容量，在该基础上，分析南京市房地产市场总容量及分季度容量、各区域市场容量、价格层次市场容量、楼型市场容量，及各分量的变化和发展趋势。

2）产品结构——主要分析南京房地产市场的开发状况、存量房、经济适用房供应状况、土地供应状况、从多角度分析楼盘供应状况，并结合需求状况，对南京市房地产市场的供需结构作深入分析，找出类别产品需求旺盛区和供给压力区。

3）价格指数——以决策地产研究中心南京70典型楼盘价格指数数据监测平台的数据为依据，监测南京房地产市场的价格走势、总体均价、各片区均价、分物业均价，结合片区及个案销售状况，分析其现状及原因，研究市场价格成因。

4）消费者调查——通过对会员数据进行抽样统计，在了解购房会员即准购房者的基本特征的基础上，分析消费者购房需求、购房行为特征及其变化趋势。

5）生活指数——决策地产研究中心区域及典型楼盘生活指数评价系统，就影响商品房生活便利程度的因素进行指标量化分析，分析片区及典型楼盘的生活便利程度，并结合商品房价格研究楼盘的性价比。

6）媒体监测——通过对南京各大报刊的房地产类广告投放量、投放频率、投放额等数据的监测，分析开发商的营销投放特征，结合楼盘的开发及销售状况从营销投入的角度研究开发企业、各楼盘的市场营销状况，并对媒体影响度、媒体偏好、消费者决策影响等做相关研究。

以上六大指标构成全面衡量南京市房地产市场、某区域、某楼盘发展水平、市场地位及市场

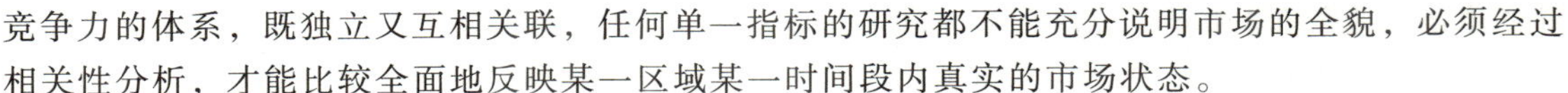

竞争力的体系，既独立又互相关联，任何单一指标的研究都不能充分说明市场的全貌，必须经过相关性分析，才能比较全面地反映某一区域某一时间段内真实的市场状态。

2.3　报告摘要

1. 房地产需求上升势头强劲

2013 年南京市的房地产市场总容量为 1400 万 m^2，其中商品房的市场容量为 850 万 m^2，存量房的市场容量为 550 万 m^2。在需求构成中，拆迁购房需求占市场容量的 32.85%，居民拆迁购房需求具有刚性，始终是需求上升的基础；投资需求增加快，是需求上升的主要动力，至 2013 年年底投资需求比例达到 24%，全年的比例为 17%，这部分人的需求极不稳定，是影响供求关系波动以及整个房地产市场稳定的因素。

2. 房地产投资上升幅度很大，但商品房供给不足，存量房供需两旺

2013 年房地产投资为 183.8 亿元，创历史纪录，同比增长 33.6%。但竣工面积仅为 392.8 万 m^2，同比下降了 10%，加上期房供给上市销售面积为 598 万 m^2。尽管 2013 年土地供应达到 658hm^2，但由于存在开发周期的客观因素因此不会很快形成供给，且 2002 年土地供给仅为 173hm^2，2001 年土地供给为 27hm^2，受到土地的约束使商品房供应速度增长较慢。存量房市场供需均飞速增长，交易件数达到 5.9 万件，同比增长 90.4%，交易面积为 430 万 m^2，均超过商品房。

3. 在供需矛盾十分突出的情况下，商品房价格飙升

2013 年南京市所有片区商品房价格都大幅上升，最低涨幅 14%，涨幅最高的河西片区房价上涨 23%，各片区涨幅平均为 1000 元/m^2 上下；存量房价格也在商品房的带动下上升很快，除了城中、城南片区外，其他片区存量房价格基本接近商品房的价格。

4. 商品房总体供不应求外，存在结构性供过于求情况

尽管商品房整体市场供应不足，但还是出现了有的商品房销售困难，甚至滞销的状况，说明存在结构性不平衡状况。特别是价格层次需求结构不平衡状况比较明显，中低价位商品房供不应求，而 5000 元/m^2 以上的商品房整体供过于求。片区结构中，河西地区的供需差距较大，而江宁、江北片区却供过于求。

5. 商品房成本不断上升

作为商品房成本的主要构成，土地的成本增长很快，已占商品房售价的一半，2013 年土地出让平均价格达到 281 万元/亩，同比上涨 12.1%。建筑原材料上涨行情一直持续，钢材、水泥、石子等材料价格上升 20%～40%。此外拆迁新法规的实施也使拆迁成本大幅上升。成本的上升不仅影响了开发商的利润，也促使商品房价格的上涨。

6. 商品房均价和商品住宅均价超过 4000 元/m^2

2013 年年底南京商品房均价达到 4537 元/m^2，商品住宅均价为 4378 元/m^2，在全国各主要城市中排名前列。

第三部分　市场容量分析

产品（商品房）需求量直接影响市场供求双方的地位，不断上升的需求量是南京市房地产市场高速发展的主要动力。本节市场容量主要分析了 2013 年南京市房地产市场对商品房的总需求量，即市场的有效潜在需求量。对市场容量统计的方法主要从准购房者角度得出有实际购买意愿的需求量。分析角度包括总体容量、已实现的市场容量、区域需求结构、价格需求结构等，市

场容量分析是房地产市场研究的基础，总量及层次结构的变化及趋势对把握房地产市场的发展具有举足轻重的意义。

3.1 2013年南京市房地产市场容量分析

房地产的市场容量是指有现实需求的购房者准备购买房屋的面积总量，购房者对于房屋的类型选择可以分为商品房（开发商新建商品房、政府推出的经济适用房和中低价商品房）和存量房（包括二手房、上市公房等）。决策地产研究中心数据分析表明，2013年南京市全年房地产市场商品房市场容量为850万m^2，存量房市场容量为550万m^2，2013年南京市房地产市场总容量约为1400万m^2。

购房者购买住房的需求动因主要包括拆迁安置购房、结婚购房、改善居住购房、投资购房以及城市化进程等方面所带来的购房需求。根据对2013年会员数据库购房者商品房需求信息的分析，购房者全年对商品房的需求动机比例构成如图3-4-1所示。

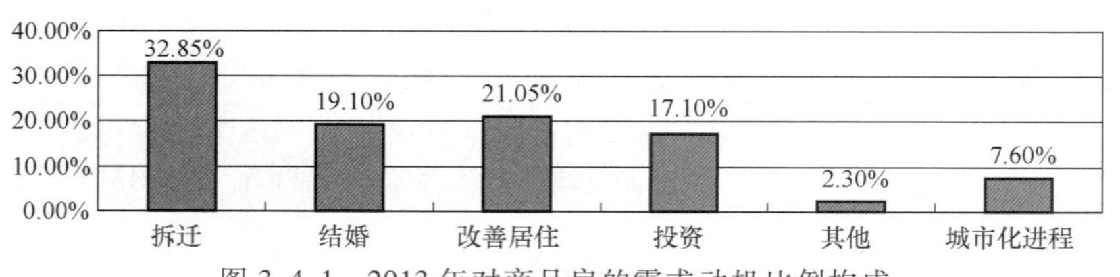

图3-4-1 2013年对商品房的需求动机比例构成

1. 2013年的商品房市场容量

（1）拆迁购房仍然处于南京房地产需求的主导地位。据统计南京市2013年实施拆迁项目115个，拆迁房屋面积179万m^2，共拆迁居民2.4万多户，拆迁工企单位1320个。由于2013年三季度拆迁矛盾激化，导致国家要求加强对拆迁的管理，南京有44个拆迁项目停拆缓拆，比计划4万户少拆迁了近1.6万户，因此拆迁购房的比例与上半年相比下降比较大。

据决策地产中心2013年的会员数据库资料显示，接近83%的拆迁居民有购买商品房意向。因此，拆迁居民需购买商品房的数量在2万户左右，这部分居民购买的住宅面积较小，按照户均购房面积85m^2计算，拆迁居民购买商品房170万m^2；此外，每个拆迁工企单位中按平均购买1000m^2面积计算，拆迁单位需购买商品房130万m^2左右。因拆迁而需购买商品房的数量为300万m^2。

（2）投资者比例波动较大较快。投资需求是一种引致需求，并不是建立在居民自己实际需要基础之上的，因此投资购房需求受到其他购房者的心理影响甚大。而购房者的心理是很难预测和估计的，心理因素非常复杂并且波动较大，因此投资购房的比例季度间变动比较大，第四季度投资的比例达到24%，2013年全年投资购房需求所占比例在17%左右。总人数接近1.28万人，按照人均购房110m^2计算，这部分人群购买商品房的需求约为140万m^2。

（3）结婚购房比例比较稳定。根据市民政部门资料，南京每年约有2万对青年进行结婚登记，其中60%～70%新婚者有购房需求。在购房者中所占比例各季度变动不大，在20%左右。全市大约有1.4万户将购买商品房，这部分人群全年商品房需求面积在155万m^2左右。

（4）改善居住环境群体需求比例变化较小。随着我国经济的快速增长，居民收入也显著提高，因此，对于改善居住条件，提高生活质量的购房需求也在相应的逐步增加。不少高收入者开始拥有第二居所、第三居所，以小换大，以旧换新的消费理念也为普通消费者所接受。2013年这部分人群所占比例仅次于拆迁购房需求的人群比例，大约为1.53万余人，总需求面积为170

万 m^2。

(5) 城市化进程等购房需求。目前，南京的城市化水平约为45%，按照规划，南京每年城市化水平要增长2%，每年城市人口将增加11万多人，该群体将带来巨大的购房需求。

南京每年高等院校毕业生在7万人左右，有相当一部分留在南京工作；每年大量农村和外地人口迁入到南京城区定居工作，都会新增一定量的商品房需求。由于大部分人会租赁或购买小套住房作为过渡，因此这部分人群购买商品房数量不太大。根据决策地产研究中心的购房会员数据库资料，这部分人对商品房需求面积约在85万 m^2。

2. 存量商品房市场容量

存量房的面积、总价与商品房相比有明显的优势。以城中为例，超过70%的商品房的面积在 $110m^2$/套以上，而存量房面积大部分在 $50\sim80m^2$/套，城中同样位置的一套商品房和存量房的总价相差几乎一半。因此，随着近几年商品房价格的上升，商品房的需求比例不断下降，而作为替代品的存量房的需求比例上升迅速。2013年南京市居民有购买商品房意向的户数约8.7万户左右，意向购买存量商品房的户数近7.4万户，按照户均购房面积 $75m^2$ 计算，2013年南京市存量房的市场容量为550万 m^2。

3.2　2013年南京房地产市场交易状况分析

1. 2013年商品房已实现需求状况

市场容量可分为已经实现的需求和其他由于房价、产品结构等原因还没有实现的需求。在已经实现的需求中，可以分为商品房、存量商品房、经济适用房、商铺和办公楼几个类型，以下分别论述。

2013年南京市商品房市场非常旺盛，商品房销售面积创出历年最高纪录。2013年合同销售商品房的面积达到739万 m^2，同比增长34%。2013年南京市完成产权登记的商品房交易3万余件，交易金额近130亿元，交易面积超过400万 m^2。

存量房交易件数和面积超过商品房，2013年南京市存量房交易达到5.9万件，交易额为118.4亿元，与2012年相比分别增长了90.4%和135.7%，创历史最高纪录，交易面积也超过商品房交易面积30万 m^2，达到430万 m^2。

2013年经济适用房基本上供不应求，拆迁居民为2.4万户，而全年建成经济适用房91.76万 m^2 仅能满足1.2万户家庭的需要，要满足拆迁居民的需求还需加大经济适用房的建设。由于中低价商品房于2013年9月刚刚启动，至年底尚无供应和交易。

从物业分类情况来看，住宅仍然是一枝独秀，但办公楼和商铺等销售却苦乐不均。2013年商铺成为南京楼市的一匹黑马，2013年商铺投资额为13.27亿元，比2012年增长25%。从南京住宅的涨幅来看，无论什么地段都没超过商铺的涨幅。因此，在排队购房中，有不少人是冲着小区的商铺去的，投资商铺的收益要大于住宅，已被众多投资者所认识。

和商铺的旺销相反，办公楼的需求相对低迷，2013年全市办公楼开发投资仅为13.69亿元，大约是住宅投资的一成，与2012年相比下降了16.1%。甚至有的地段办公楼的价格反而低于住宅的价格。当前国内消费品消费仍然低迷，经济增长主要受投资拉动所致，导致国内办公楼需求不足，因此才会有开发商把原来作为办公楼用途的用地开发为商住两用楼、酒店式公寓等形式，迎合不断增强的商品住宅的需求。

2. 商品房交易量的历年增长情况

2013年南京市房地产市场无论是签约交易金额还是交易数量，都创历史最高水平，增幅也居历史之冠。历年商品房成交面积和增长率如图3-4-2所示。

从南京市商品房成交历史记录可以看出，南京市商品房需求近几年来非常旺盛，增长速度屡屡创造纪录，表明近年高速发展的南京市房地产市场有着强劲的需求支撑。商品房交易数量在2009年增速相当平稳，每年增长率维持在10%以上，2013年更是达到了17%。由于老城改造城市建设等因素的强劲拉动，南京房地产市场在未来1~2年内仍具有较大的市场发展前景。

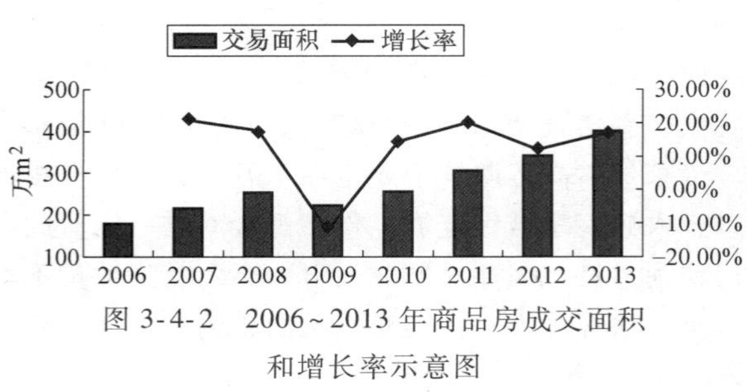

图 3-4-2 2006~2013年商品房成交面积和增长率示意图

3. 2013年未实现需求状况的分析

2013年南京市房地产市场容量为1400万m^2，而2013年商品房合同销售面积为738万m^2，存量房完成交易近430万m^2，再加上经济适用房91.76万m^2，市场容量中仍有140万m^2未能实现。除了由于总体上供应不足以外，房地产产品结构也存在着不平衡状况。普通老百姓急需的小套型、中低价商品房供不应求，而大套、高价房的供应较多以致这类项目销售周期相对较长。

3.3 2013年需求结构分析

1. 各片区的结构比例及季度变化情况

房地产是一种特殊的商品，由于地理位置的不同，造成每个商品房都有其独特性和不可替代性，从而导致了不同区域商品房的不同需求。南京房地产市场主要分为城中、城南、城东、城北、河西、江北和江宁，各区的市场容量表现出很大差异。根据决策地产研究中心购房会员俱乐部数据库数据统计，2013年各季度购房者对区域的选择比例及变化如图3-4-3所示。

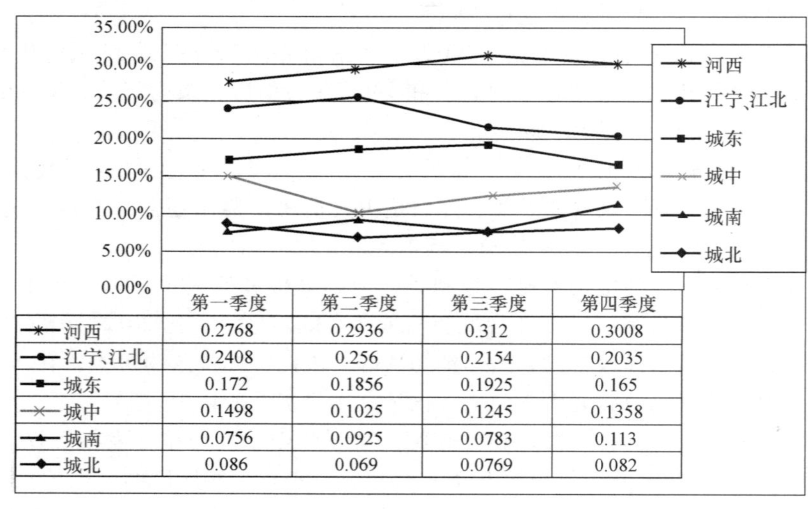

	第一季度	第二季度	第三季度	第四季度
河西	0.2768	0.2936	0.312	0.3008
江宁、江北	0.2408	0.256	0.2154	0.2035
城东	0.172	0.1856	0.1925	0.165
城中	0.1498	0.1025	0.1245	0.1358
城南	0.0756	0.0925	0.0783	0.113
城北	0.086	0.069	0.0769	0.082

图 3-4-3 2013年各季度购房者对区域的选择比例及变化

图3-4-3显示，购房者的区域需求以河西片区的比例最高，而且比较稳定。一系列市政基础设施的陆续开工建设，河西地区奥体中心等十大标志性建筑的开工建设，为河西板块市场注入了新鲜的活力，推动楼盘的销售持续火爆。随着金马骊城、奥体新城等超级大盘的开发上市，2013年河西地区吸引了30%左右的总需求，这表明河西地区房地产市场需求非常旺盛。但是由于河

西地区 2013 年年底商品房均价已经超过 5000 元/m²，低价位楼盘供应不足，和消费者价格意向需求相背离，因此河西地区需求份额在第三季度达到最高之后出现下降趋势。

城北地区在河西大规模开发的辐射下，也逐渐受到广泛关注，市场需求份额有所提高。江宁地区仍然是全年商品房上市量最大的一个区域，凭借其价格优势仍然是南京销售量较大的区域，但是江宁个别楼盘住宅销售价格已经突破 3000 元/m²，逐渐失去高性价比的优势，配套设施建设进展相对过慢与房价的上涨太快，使需求量出现下滑迹象。其他各片区的需求比例变化甚微，需求结构稳定。

2. 楼型层次及季度比例变化分析

房子的楼型也是影响购房者决策的另一重要因素。房产从楼型角度看主要包括多层、小高层、高层和别墅。根据决策地产研究中心的会员数据库资料统计分析楼型需求的比例如图 3-4-4 所示。

	一季度	二季度	三季度	四季度
多层	58.64%	59.63%	51.50%	52.57%
小高层	28.63%	26.12%	28.60%	29.64%
高层	9.30%	10.25%	13.80%	12.65%
别墅	3.43%	4.00%	6.10%	5.14%

图 3-4-4　2013 年南京市楼型需求比例对比

可见，2013 年南京商品房市场中各楼型的需求以多层为主，小高层次之。高层、小高层的得房率较低、电梯问题、习惯心理等使多层的选择比例超过了一半。当前房地产整个市场是供方市场，产品的供给主导了需求，开发商占主导地位。由于高层、小高层的供给比例较高，购房者的选择余地不大，在供不应求的情况下，购房者较能够容忍对楼型的不满意，因此小高层、高层的需求比例有一定的提高。相对而言，多层的供给不足，导致对多层的需求比例下降，尤其是意向需求量较大的城中和河西地区。

3. 商品房价格档次及季度变化情况

价格是商品需求实现的主要制约因素，商品房的需求对房价非常敏感。对南京购房者的期望价格区间比例统计如图 3-4-5 所示。

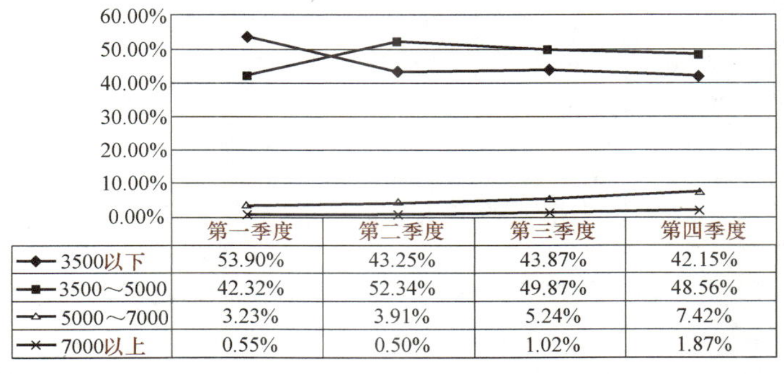

	第一季度	第二季度	第三季度	第四季度
3500以下	53.90%	43.25%	43.87%	42.15%
3500～5000	42.32%	52.34%	49.87%	48.56%
5000～7000	3.23%	3.91%	5.24%	7.42%
7000以上	0.55%	0.50%	1.02%	1.87%

图 3-4-5　购房者期望价格区间比例统计（单位：元/m²）

由图 3-4-5 可见，3500~5000 元/m^2 之间的中档房的市场需求比例最高，接近 50%。消费者对房价的心理接受价位逐渐提高，一方面是因为消费者收入在增加，更主要的是消费者在商品供不应求的情况下被迫慢慢接受了目前商品房不断上涨的价格，所以 5000 元/m^2 以上商品房的期望比例相应有上升的趋势，而对 3500 元/m^2 以下的期望比例趋于下降。

第四部分　产品结构分析

产品（商品房）从供给角度来看，主要包括新开发商品房、政府扶持与鼓励建设的中低价商品房和经济适用房、存量商品房几部分。本部分主要分析了 2013 年南京市房地产市场中的产品供给情况，并结合市场容量结构，对商品房的供给状况进行多角度深入分析，以探寻目前存在的结构性矛盾和供应缺口。内容主要包括南京市房地产市场的开发供应状况、供应结构，并分析了 2014 年的房地产产品的供给情况。

4.1　2013 年市场供给总量

1. 商品房开发持续增长

房地产开发投资作为南京固定资产投资的组成部分，一直扮演着主导角色，尤其是近几年房地产市场持续升温，使开发投资年年上升，而且出现加速趋势。2013 年的全年房地产开发投资额创出历年的最高纪录，2013 年房地产开发投资额为 183.8 亿元，比 2012 年增长 33.6%。房地产开发投资中，2013 年住宅投资 129.33 亿元，同比增长 33.9%；商业营业用房投资 13.69 亿元，同比增长 25.2%；办公楼投资 13.27 亿元，同比下降 16.1%。2013 年全市房地产施工面积 1556.85 万 m^2，其中新开工面积 780 万 m^2，商品房竣工面积 392.82 万 m^2，与 2012 年相比下降了 10%。2013 全市批准上市商品房面积为 598 万 m^2（包括江宁、江北和六合），其中城中地区为 368 万 m^2，与 2012 年数据持平（表 3-4-1）。

表 3-4-1　2005~2013 年房地产开发投资、面积等指标一览表

年份	房地产业直接指标							
	固定资产投资/亿元	房地产开发投资/亿元	住宅开发投资/亿元	房地产施工面积/万 m^2	住宅施工面积/万 m^2	房地产竣工面积/万 m^2	住宅竣工面积/万 m^2	住宅交易面积/万 m^2
2005	233.86	59.45	29.2	863.24	602.36	277.12	230.78	—
2006	317.95	69.7	33.94	864.51	543.78	348.25	275.67	178
2007	351.66	72.89	36.17	850.16	535.75	274.91	207.87	215
2008	376.6	101.06	58.79	944.34	611.82	357.58	270.46	253
2009	373.36	97.91	62.21	992.38	686.93	385.29	314.33	222.2
2010	412.2	99.34	66.42	970.66	658.59	383.11	297.55	254.2
2011	464.91	111	75.28	1053	743.95	402.78	308.96	305.23
2012	602.95	137.63	96.57	1184.4	909.6	434.59	374.43	341.92
2013	783.43	183.8	129.3	1556.9	1255.0	392.82	336.24	400.16

从表 3-4-1 可以看出：2010 年以来，南京市房地产投资占固定资产的比例保持在 24%左右，和全国的平均水平基本一致，并且房地产开发投资基本上和固定资产投资同步增长。从这个角度看，南京房地产的投资并不能说是过热。此外，住宅开发投资占房地产开发投资的比例近几年一直呈上升趋势，主要是因为办公楼投资开发处于低谷时期，不但没有赶上整个房地产高速发展的

步伐，甚至出现投资下滑现象（图 3-4-6）。

从图 3-4-6 可以看出，南京房地产投资屡屡创造高潮，特别是从 2009 年以来，投资增速不断上升。目前南京房价增长太快的呼声不绝于耳，从销售面积增长速度和竣工面积增长速度对比可以看出，虽然南京的竣工增长率与销售面积增长率与 2011 年之前差不多，竣工面积增长率在 2009 年以后表现得相当平稳，维持在 10%以下，不过由于老城改造等因素的强劲拉动，销售面积增长率自 2009 年以来增长的势头非常强劲，表明需求非常旺盛，相对而言，竣工面积增长缓慢，在 2013 年甚至出现负增长的现象，这就不难解释 2013 年供需矛盾十分突出的现象。开发投资从 2009 年以来增长速度不断上升，高于同期的竣工增长速度，表明 2014 年的商品房供给将会有大的增速。

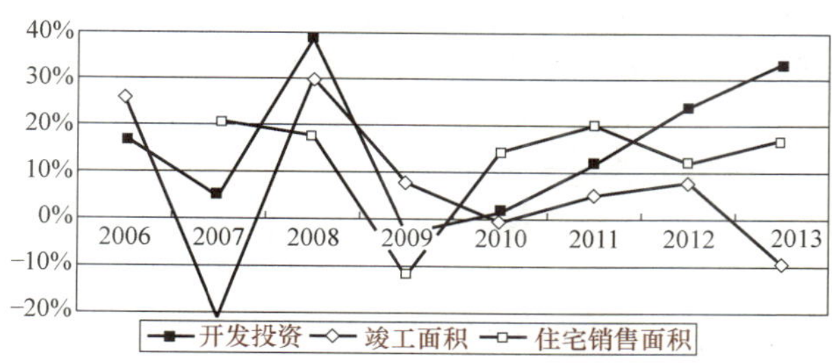

图 3-4-6　历年房地产开发投资、面积增长率示意图

2. 土地资源的供给状况

南京土地市场实施招标拍卖制度以来，对于促进土地市场发育、完善土地市场建设、规范土地市场交易起到了积极作用。但是 2013 年南京土地市场圈地运动异常热乎，炒地成风。土地作为不可再生资源日益稀缺，尤其是市中心的黄金地段更是奇货可居，不仅是南京本地开发商，且不少实力非凡的外地房地产巨子也纷纷抢滩南京，不惜在市中心繁华地段重金圈地。市区已经基本没有空置土地可供出让开发，而通过转手交易得到的地块价格涨幅较大。

土地是开发商生存和发展的基本条件之一，自 2010 年以来，南京房地产市场交易日益火爆，需求高速增长。然而土地供应量增长的速度跟不上房地产开发建设需求增长的速度，土地的供应不足导致目前土地市场的火爆。面对老百姓对不断增长房价的不满和要加快城市化进程的缘故，政府部门加大了土地的供应量。2013 年经营性项目土地出让面积出现前所未有的增长，采用招标、拍卖和挂牌等市场化运作方式共出让土地 1386.41hm^2，其中市区（不含江宁、浦口和六合）转让面积 62 幅，共 658.4hm^2，成交金额 113.56 亿元，几乎是前三年转让土地的三倍（表 3-4-2）。

表 3-4-2　2010~2013 年南京城区土地转让面积和金额一览表

年份	转让面积/万 m^2	转让面积增长率(%)	转让金额/亿元
2010	12.24	—	3.70
2011	27.18	122	6.90
2012	172.93	536	32.86
2013	658.40	281	110.69

3. 2013 年存量房供应状况

从整个房地产市场来看，存量房（即二手房）市场表现最为活跃。房地产中介公司如雨后春笋般地出现，大有赛过超市、银行之势。由于商品房价格不断走高，供应无法满足需求，而且总房价超过部分居民的承受能力，导致一部分购房者购买存量商品房。2013 年存量房交易全面超过商品房，2013 年全市存量房交易共 5.9 万件，交易金额 118.4 亿元，比 2012 年分别增长 90.4%和 135.7%，交易面积达到 429 万 m^2，存量房交易各项指标均有大幅增长。

价格不断走高的存量房吸引了部分居民卖掉陈旧狭小的老房再买新房用于改善居住，还有一部分短线投资者由于房价上涨急于套现退出市场，存量房的供应量因此逐月增加，存量房供需紧张状况得到缓解。到了 2013 年年底，存量房供需形势发生逆转，整个存量房市场供大于求。供需比也从上半年的0.54逐渐缩小到1.12，相应存量房的交易量不断上升，2013年存量房交易面积、件数均超过了商品房。随着存量房的供应不断增加，存量房的供需逐渐走向平衡。根据发达国家房地产业发展的经验，在一个成熟的房地产市场，其商品房、存量房市场的交易量大致为1∶3~1∶4，因此，南京的存量房市场还将继续高速发展。

4. 经济适用房和中低价商品房开发建设情况

面对不断上涨的房价，普通老百姓的购房压力逐渐加大，对中低收入和拆迁无处安身的居民尤为如此。南京市城镇居民的2013年人均可支配年收入刚刚超过万元，中低收入居民和很多拆迁居民的收入尚且低于这个收入水平，让他们购买均价在4000元/m^2以上的商品房对于家中有限的存款来说几乎是不可能，即使能够购买商品房的中低收入居民，他们的生活压力也可想而知。因为关系到社会稳定，普通老百姓的住房问题成为政府必须要解决的问题。而房地产业是国民经济的支柱产业，这几年的投资高速增长，房地产业功不可没，同时也有力地拉动了居民的消费。希望房价下跌来满足中低收入居民的需求在短时间内不太可能，因为房地产业出现大幅波动是各方面都不愿意看到的情景。

因此经济适用房和中低价商品房是解决中低收入居民购房和房地产市场平稳发展矛盾的比较好的方法。面向被拆迁困难户和低收入家庭的经济适用房建设速度在2013年骤然加快，2012年全市仅仅开工建设20万m^2经济适用房，到2013年年底竣工包括6个项目91.76m^2经济适用房，安置了12900户低收入家庭。除此以外，2013年全年共划拨9个片区近600亩规划土地用于经济适用房建设，建设面积将达到370万m^2近4.8万套住房，将有效地缓解部分低收入家庭的购房压力，改变目前中低价商品房供应严重不足的不平衡状况。

尽管2013年经济适用房建设力度在加大，但仍然无法满足市场的需要，2013年拆迁2.4万多户居民，预计2014年拆迁量将达到4万户。除了经济适用房的建设力度应加大加快以外，也应加大建设位置条件较好的中低价商品房，以满足多层次收入水平居民的需要。

4.2 2013年房地产供应结构以及供需分析

1. 2013年南京市房地产市场总体供需分析

2013年商品房的市场容量为850m^2，存量房的市场容量为550万m^2左右。根据南京市房产管理局的资料，2013年全市新商品房的上市面积为598万m^2，经济适用房供应91.76万m^2，整个商品房市场需求大于供给。

尽管2013年全年南京房地产市场总量上供不应求，但是仍然存在着结构性矛盾。局部片区房地产市场供需状况比较紧张，排队购房现象屡见不鲜，每期开盘的价格总是高于上一期的价格，而有些类型的商品房销售却比较缓慢，在部分市场存在着供大于求的现象。随着二级市场的高速发展以及各种鼓励政策出台，存量房交易快速上升，同时市政府加大经济适用房和中低价商品房的建设力度，以及2013年土地的放量上市将有效缓解以往土地资源制约房地产开发的状况，2014年商品房供给量将比2013年的供给量大幅增加，使总体供不应求的房地产市场状况得到改善。

2. 各区域供需结构分析

在对南京商品房供需结构的统计分析中，主要采用供给份额和需求份额的比较模型来分析，通过比较供给份额、需求份额，能够反映市场结构是否平衡，判断各片区的供需状况。片区容量供需比：该片区内总供给面积与在该片区内总需求面积之比。数值小于1，说明该区域市场供不应求，数值大于1说明该区域市场供给过剩。2013年尽管全年供需基本平衡，但是在区域供需结构不平衡状况最突出的表现在各片区的供求不平衡现象上，通过比较各片区供需状况，市场各方能够准确地把握不同片区市场状况，避免造成资源的浪费。

根据决策地产研究中心的70典型楼盘数据库对南京楼盘销售状况的监测资料，结合我中心会员数据库购房需求数据，得出2013年南京市各片区商品房供需状况（图3-4-7）。

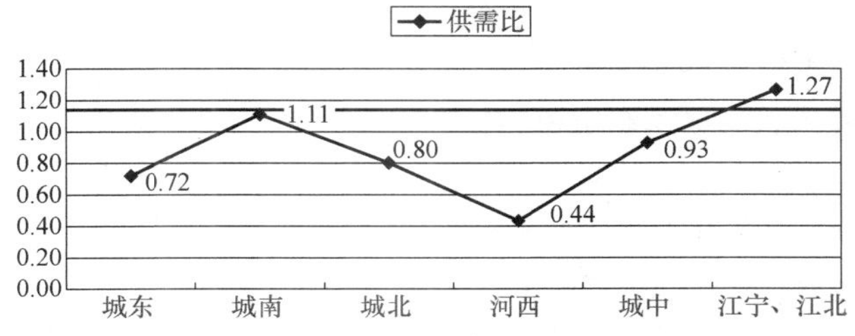

图3-4-7　2013年南京市各片区商品房供需状况

决策地产研究中心数据显示，2013年各片区房地产市场中，产品供需基本平衡的地区为城中区。城东、城北地区供不应求，城南地区，特别是宁南楼盘的供给比较大，但是受到交通、生活配套等条件的限制，供大于求。而供需差距比较大的地区为江宁和河西地区。江宁地区由于前几年土地供应比较充足，商品房供应量比较大，表现为市场压力区，供给份额比需求份额高27%；尽管河西是南京房地产市场的热点，有数个大盘在开发，但2013年能够上市表现为供给的仍占少数，凭借自身的优势河西地区需求非常旺盛，需求份额仅能满足需求的44%。随着供应的增加，河西地区的供需矛盾突出状况在2013年发生了一些变化，如图3-4-8所示。

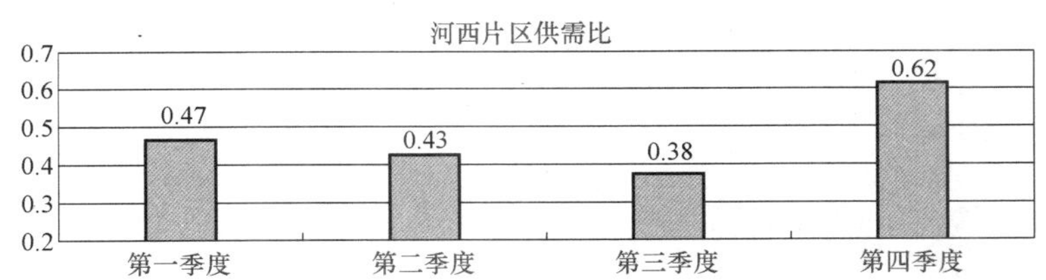

图3-4-8　2013年河西片地区全年供需比走势

2013年年底，河西地区土地供应大幅上升，同时奥体中心地区楼盘开始全面启动，有数个大盘即将开盘，供给有所增加，也影响了消费心理，致使供给紧张状况有所缓解。

3. 价格层次供需结构分析

毫无疑问，无论消费者还是开发商都对市场价格非常敏感，商品房价格层次的供需结构同样存在结构性矛盾，这里所引用的价格层次容量供需比是该价位档次内总供给面积与该价位档次内总需求面积之比。数值小于1，说明该价格层次市场供不应求，数值大于1，说明该价格层次市场供给过剩。根据决策地产研究中心楼盘数据库及购房会员数据库数据统计如图3-4-9所示。

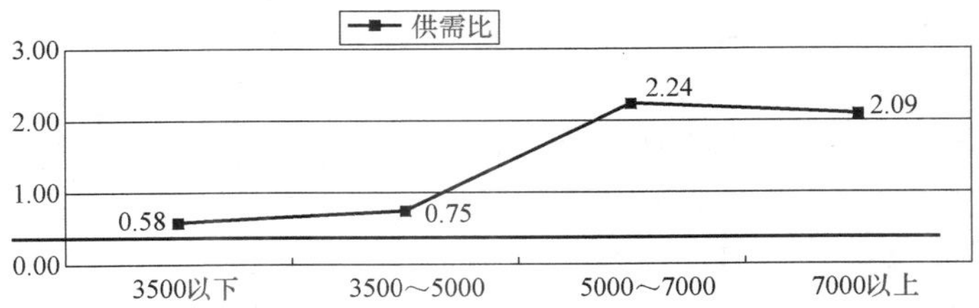

图3-4-9　价格层次供需结构（单位：元/m^2）

决策地产研究中心数据显示，中低档价位区间商品房供不应求，3500 元/m² 以下区间价位段商品房供给仅能满足需求的 58%；5000 元/m² 以上价位段区间为供给过剩区，供给份额大大超过需求份额。然而在 3500 元/m² 以下区间价位段的商品房中，除了在江宁和江北地区有供给外，其他地区基本没有供给。但是这个价位上却有超过 15%的消费者有意向选择在宁南和仙林购房。

因此进一步结合购房者购房意向地区指标进行交叉分析，我们就会发现更多问题。下面以 3500～5000 元/m² 价位区间为例（图 3-4-10）。

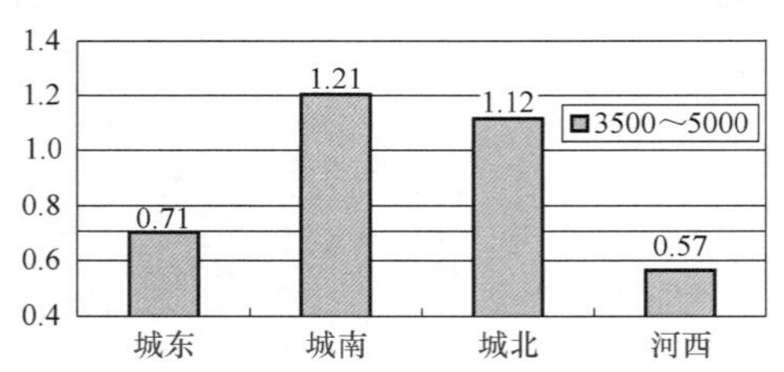

图 3-4-10 3500～5000 元/m² 价位区间区域供需比例

尽管总体 3500～5000 元/m² 价位段区间供稍小于求，但如果分区域考察就会发现在这个价位区间上城南和城北片区供应大于需求的比例较大，出现结构性过剩的不平衡现象。

4. 楼型供需结构分析

利用决策地产研究中心数据对楼型供需结构进行分析。这里所引用的楼型容量供需比是该楼型总供给面积与该楼型总需求面积之比。数值小于 1，说明该楼型市场供不应求，数值大于 1，说明该楼型市场供给过剩。

根据决策地产研究中心楼盘数据库及购房会员数据库数据统计如图 3-4-11 所示。

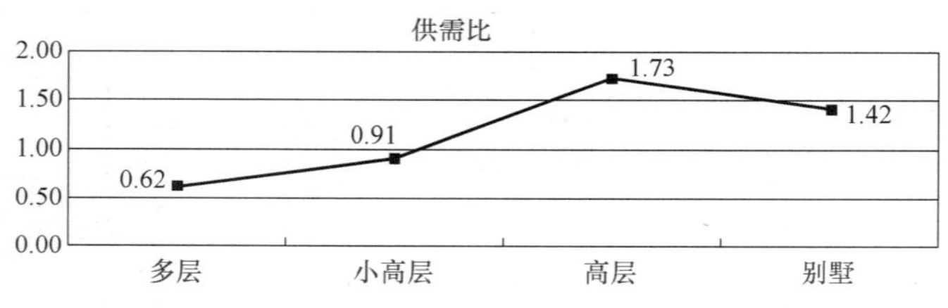

图 3-4-11 楼型供需结构

可以看出，多层的楼型需求非常旺盛，供给仅能满足需求的 62%，预示多层楼型的价格将要继续坚挺；在高层区域中，表现为市场供给过剩，这部分楼盘的销售压力将会比较大；别墅区供给稍微过剩；小高层区域供需基本达到均衡。

由于土地资源非常稀缺，地价在商品房成本构成中比例较高，只有建设高层建筑，才能降低单位建筑面积所分摊的土地费用。因此高层、小高层楼型的市场供给较多，特别是在城中一些地价很高的区域，这与消费者的消费习惯心理有些差距，导致供需不平衡。

5. 商品房总价与区域供需交叉分析

消费者在购买商品房的时候，单价是重要的因素，但毫无疑问，消费者的选择还要受到总价的制约。消费者对于不同区域所能接受的总价是不同的，因此即使某个总价区间上总体供不应求，如果结合区域进一步进行交叉分析，就

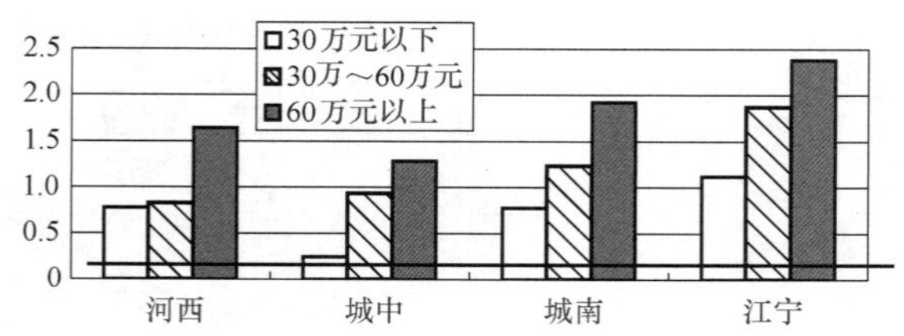

图 3-4-12 商品房总价与区域交叉供需比例（总价单位：万元/套）

会发现市场的结构性过剩。

根据决策地产研究中心楼盘数据库及购房会员数据库数据统计如图 3-4-12 所示（仅列举河西、城中、城南和江宁地区）。

市场中单套总价 30 万元以下的商品房基本供不应求，其中河西片区供需差距比较大，除了单身公寓和公寓式酒店之外基本没有其他类型供给；单套总价 30 万~60 万元区间上的商品房江宁片区供大于求，城中供需基本平衡，河西和城南供需矛盾稍大；单套总价 60 万元以上的商品房区间四个区域都供大于求，其中江宁地区供给与需求相差比较大。

4.3　2014 年南京市商品房供给总量分析

1. 商品房

2013 年南京房地产施工面积为 1255 万 m^2，比 2012 年增长 38%，而竣工面积仅为 392.82 万 m^2。由于房地产从动工之日起一般在一年之内可以竣工，2013 年年底大量的在建商品房可以在 2014 年内完工交付使用；此外南京计划 2014 年新开工住宅面积 1000 万 m^2，按照南京市 2014 年城市规划，将重点建设宁南、长巷、河西、仙林几大片区，再加上 2014 年开工建设并竣工的商品房，2014 年的商品房上市量估计将达到 900 万 m^2。

2013 年，南京市存量房、商品房的交易量相当，并且存量房交易量上升速度超过商品房的趋势，其他城市如北京、上海的房地产市场中存量房交易量都已经或有趋势超过商品房，因此 2014 年的存量房供给量和交易量应和商品房相当。

2. 经济适用房

按照政府的规划，2014 年要继续加大经济适用房和中低价商品房的建设力度和规模。2014 年南京将全面开展宝善、门东、南捕厅、冶山道院等地区的旧城改造和黄泥岗、扇骨营、热河路、永宁街等片区的危旧房改造，共约 26 个片区，50 万 m^2。继续建设景明佳园、兴贤佳园二期、尧化门等 6 个片区经济适用房，2014 年年底将竣工面积 120 万 m^2 以上；建设仙鹤门、幕府西路、南湾营、宋家洼等中低价商品房，当年完成 90 万 m^2。这样 2014 年的经济适用房和中低价商品房的供给量将达到 210 万 m^2，按照户均 75m^2 计算，可以解决 2.8 万户居民的住房问题。

3. 片区状况分析

2015 年的“十运会”日益临近，由于开发商担心河西的房地产市场会出现北京亚运会之后的亚运村地区房地产市场长期低迷的状况，2014 年河西特别是奥体中心附近将会出现楼盘放量供应的现象。规模达到 41 万 m^2 的超级大盘金马郦城已经开始发售，占地 100hm^2 的奥体新城也将在 2014 年春开盘，除此之外，2014 年河西上市的项目包括顺驰奥城、万科光明城市、雨润项目、四季仁恒、万达项目等，推出的住宅小区规模基本上都比较大。2014 年河西仅奥体中心附近推出的住宅体量就将达到 120 万 m^2 以上，预计 2014 年河西商品房上市面积 150 万 m^2，在 2013 年基础上翻番。

江宁近几年始终是商品房上市面积最多的片区，以建筑面积达到 75 万 m^2 的新盘拖乐嘉街区为代表的一批新盘将在 2014 年上市。此外一些老盘如 30 万 m^2 明月港湾、66 万 m^2 天地新城、40 万 $m^2$21 世纪现代城、80 万 m^2 武夷绿洲等项目也会一期期地开发建设上市。预计江宁在 2014 年的供应面积将超过 200 万 m^2。

第五部分　价格研究

本期价格研究根据决策地产研究中心从 2013 年 8 月开始推出的 70 典型楼盘价格指数系统，

我们对年度南京市70典型楼盘销售状况进行连续性跟踪分析，从市场供应价格、销售变化率等得出价格指数，从价格层次、供需状况等多方面研究2013年南京市商品房市场价格特征。

本期价格研究内容主要包括：2013年12月决策70典型楼盘价格指数，2013年南京市商品房总体价格水平、商品住宅价格水平以及分物业、土地、二手房和经济适用房价格水平分析，2013年价格走势分析，2013年南京市商品房价格成因分析。

5.1　供应价格水平分析

2013年8月，决策地产研究中心创立了南京市第一个比较完善的监测商品房价格行情与销售成交状况的南京市70典型楼盘指数评价系统，已有90余个房地产项目与我中心签订了数据交换协议，并已陆续从2013年8月起每月提供一次其最新的楼盘信息、价格信息、销售动态和业主信息，信息将汇总在我中心的70楼盘数据库中，相关研究将定期发布在决策地产研究中心南京市70典型楼盘指数报告中。

注：70指数并不是单纯使用价格为变量，销售进程、空置比例、出租行情及相关市场动态行情都是重要的参考项目。

我们把2013年8月第一期70指数值定为100，根据2013年10月公布的第一期决策地产南京70典型指数数据，运用系统模型得到2013年第二期决策南京70典型指数。

（1）总指数见表3-4-3。

表3-4-3　总指数表

发布时间	南京市70典型楼盘价格总指数值	比上期增长率
2013年12月	111↑	5.7%
2013年10月	106↑	6%
2013年8月	100	—

（2）分区指数见表3-4-4。

表3-4-4　分区指数

发布时间	分区域指数					
	城北	城东	城南	城中	河西	江宁
2013年12月	111↑	112↑	110↑	108↑	115↑	110↑
2013年10月	106↑	107↑	106↑	105↑	109↑	105↑
2013年8月	100	100	100	100	100	100

（3）分物业指数见表3-4-5。

表3-4-5　分物业指数

发布时间	住宅	商住写字楼	别墅
2013年12月	115↑	108↑	110↑
2013年10月	108↑	105↑	106↑
2013年8月	100	100	100

从本期决策地产研究中心70典型楼盘价格指数分析，各项变化表明，2013年10~12月南京市房地产产品市场总指数、分区指数、分物业指数都上升了3~7个点，与2013年8~10月涨幅基本相当。

2013年，南京市商品房市场前三个季度呈现的供不应求局面，由于年末大量新盘涌入市场，形成了短期内某几个片区的供大于求，使市场价格涨速有所放缓，代表区域如城南、城中区域，但市场整体持续升温的迹象依然。

目前供应结构性失衡还是南京市房价的主导决定因素，在高价位段产品如城中区域的商住写字楼项目价格增速有所放缓的局部现象背后，中低价产品的结构性供不应求导致的价位整体拉升现象仍是市场的主流。根据决策地产研究中心 70 典型楼盘数据平台监测统计，2013 年 11、12 月度的 70 指数各项数据全线上升，再加上接近年关，市场上准现房供应比例有一定量的增加，带动了整体商品房价格的上升。

据国家发展改革委、国家统计局对全国 35 个大中城市房地产市场调查显示，2013 年四季度与 2012 年同季相比，房屋销售价格上涨 5.1%，土地交易价格上涨 8.9%，房屋租赁价格上涨 2.2%，涨幅均高于三季度。比较全国水平，根据国家统计局 2013 年 11 月“国房景气指数”公布，全国房地产开发景气指数为 106.45，开发及投资都保持上扬势头；2013 年 1~10 月我国房地产总投资额增长 25%，全国商品房平均销售价格同比上涨 5%，再比较其他一线及重要二线城市房价，2013 年四季度与前年同季相比，全国房屋销售价格上涨 5.1%，比三季度涨幅增加 1 个百分点，其中，涨幅排名前四位的上海、青岛、沈阳、南京上涨幅度分别为 29.1%、17.6%、15.8%和 13.4%，涨幅比三季度分别增加 7.6、1.7、6.4 和 4.5 个百分点，南京市 2013 年房价涨幅居全国第四。2013 年，南京市共办理房地产交易登记 9.14 万件，实现房地产交易额 249 亿元，分别比 2012 年增长 71.1%和 105%。参考近期中房指数公布的北京、上海、重庆等 7 大城市住宅综合指数数据（表 3-4-6）从涨跌点数上比较，全国平均涨幅较低，南京市属于城市发展速度领先、涨幅较大的城市，比较决策地产南京市 70 指数的行情，说明南京是 2013 年第四季度的长三角地区房地产市场发展较快的代表城市。

数据显示，2013 年南京市主要经济指标创十年来最好水平，2013 年以来南京市人均 GDP 增长超过 15%、城镇居民人均可支配支出增长了 12%以上，社会消费品零售总额增长 15.3%，房地产投资总额比 2012 年同期增长 47%，房贷方面，2013 年全市个人购房贷款量及个人购房按揭登记件数比 2012 年分别增长 29.9%和 79.8%。2013 年，南京市房地产的几个重要指标水平如销售金额等均比 2012 年超过了 60%。而房价的年度涨幅接近 20%，高于各项经济指标的增长率。各项经济数据显示，2013 年南京市在目前中国长三角经济圈的重要地位开始显示，在加入 WTO 之后的形势以及经济增长预期都是平稳健康的。2014 年，南京市城市建设总投资规模将超过 400 亿元，重点建设 16 个单项投资在 20 亿元以上的大项目，新开工住宅将达 1000 万 m^2，建成 500 万 m^2，全年人均住宅建筑面积要达到 $24m^2$。经济的持续快速增长、居民消费力的提高使得以房地产基金、债券上市为特征的新型的房地产投资途径崭露头角，种种迹象都使楼市全面向好的方向发展（表 3-4-6）。

表 3-4-6　中房 11 月典型城市房地产综合指数

地区	11 月综合指数	升降
北京	1126	7
上海	1086	20
南京	1306	3
广州	967	-1
天津	637	0
重庆	532	1
成都	372	2

5.2　商品房价格水平分析（图 3-4-13）

根据决策地产研究中心 70 指数楼盘数据库数据和 2013 年 12 月 70 典型价格指数，以南京市七大片区作为统计对象，根据供给面积与市场价格的加权计算，参考得出南京市 2013 年 12 月商

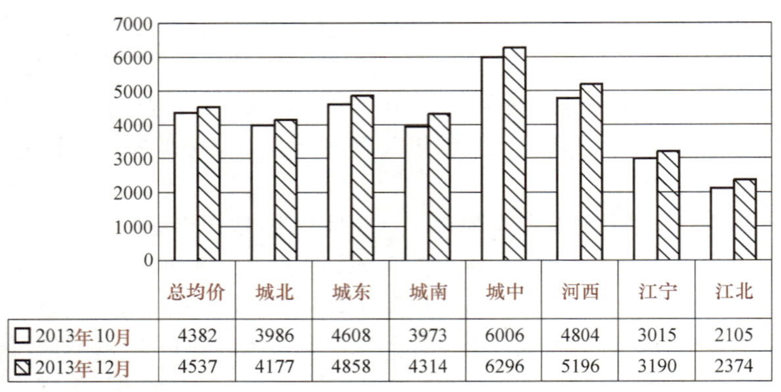

	总均价	城北	城东	城南	城中	河西	江宁	江北
□2013年10月	4382	3986	4608	3973	6006	4804	3015	2105
▨2013年12月	4537	4177	4858	4314	6296	5196	3190	2374

图 3-4-13　2013 年 10~2013 年 12 月商品房价格走势（单位：元/m²）

品房平均价格为 4537 元/m²，七大片区均价如图 3-4-13 所示。比较 10 月价格，南京市商品房总均价及所有大片区均价都呈上涨态势，上涨幅度比较如图 3-4-14 所示。

本期数据显示，城中、城北、江宁、城东片区价格上涨幅度基本与 8~10 月涨幅接近，本期 70 典型楼盘指数各片区入选项目中商住写字楼项目比例较上期低 10%左右，从而从总体涨幅统计上看，城南、城中片区由于近期供给量较大、销售形势也比较良好，涨幅较平稳在 5%~9%之间；江北片区涨幅较为明显超过 10%，以旭日华庭为代表的江北片区项目的价格上涨形势是南京沿江经济全面启动的一个信号；河西片区也是沿江大开发的直接受益范围，迎接十运会、打造新市区的节奏明显加快，河西区价位的上涨在情理之中；城北片区继续受到消费者的追捧，两个月内均价上涨超过 200 元/m²。根据 70 典型楼盘提供的历史数据，与 2013 年上半年的价格数据相比，2013 年下半年，各片区楼盘价格普遍上涨 300~600 元/m² 左右，年度内各片区的平均涨幅渐趋一致，平均上涨近 1000 元/m²。房价涨幅超过居民收入涨幅。从 2008 年至今，南京房价一直维持着高速增长，已经超过了收入增长速度（图3-4-15）。

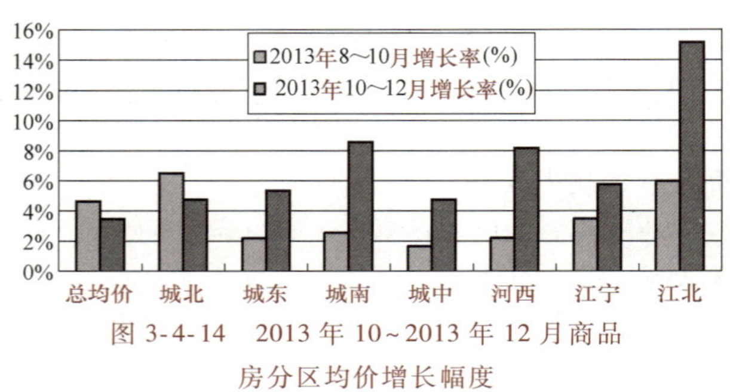

图 3-4-14　2013 年 10~2013 年 12 月商品房分区均价增长幅度

5.3　商品住宅价格水平分析

根据决策地产研究中心 70 指数楼盘数据库数据统计。2013 年 10~12 月商品住宅价格走势统计如图 3-4-16 所示。

可以看出，2013 年 12 月南京七大片区总体均价为 4378 元/m²，与 10 月比较上涨 216 元/m²，在近 3 个月里，月均上涨近 70 元/m²，涨幅较上季度增快，高于商品房总均价的涨幅，住宅均价接近在 6000 元/m² 以上的是城中区域达到 5850 元/m² 的高位，值得关注的是均价从 3000~4000 元/m² 价位段越升至 4000~5000 元/m² 价位段的片区有城北、城南两个片区，江宁片区近期住宅均价总体涨幅较小，而江宁片区几个优势大盘的涨势与城区涨幅的差异并不大，四季度江北片区涨幅较大，近三个月来上涨 200 元/m² 以上。

从 2013 年全年来看，南京市商品住宅均价涨幅超过 20%的楼盘数不胜数，各片区房价普遍上涨 1000 元/m² 左右，领涨片区是城中、河西、城东，江宁，城北、城南、江北在下半年涨幅

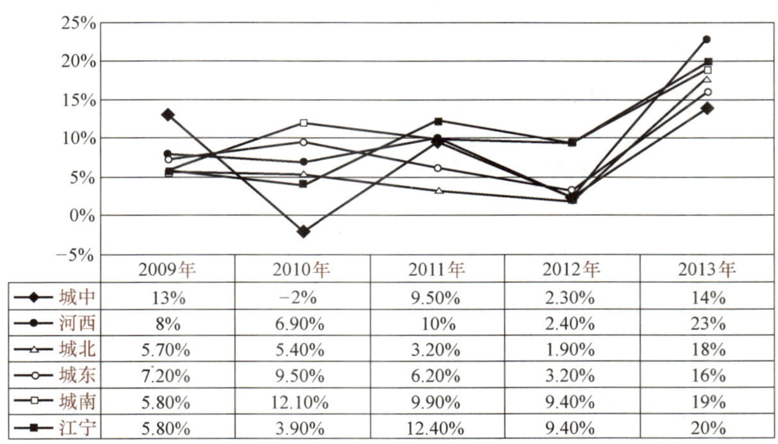

图 3-4-15 2009~2013 年南京市房价年度涨幅比较

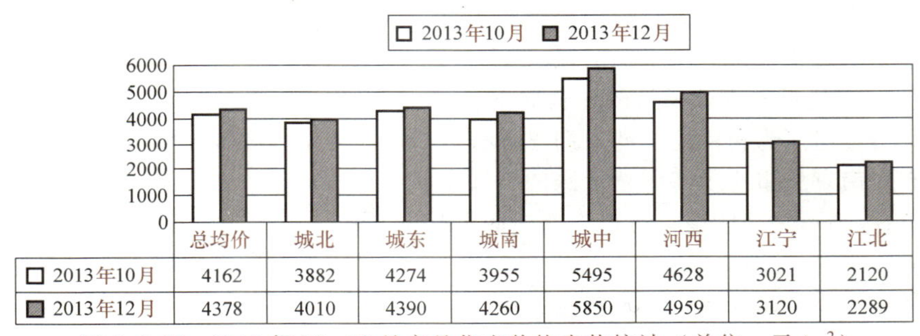

图 3-4-16 2013 年 10~12 月商品住宅价格走势统计（单位：元/m^2）

提升也较为明显，2013 年商品住宅价格飞涨的主导因素是供求关系的力量拉升和楼盘品质化倾向的提升。下表为 2010~2013 年时间段内，南京市商品住宅典型大盘价格走势（表 3-4-7）。

表 3-4-7 2010~2013 年南京市商品住宅典型大盘价格走势

年度		2010 年（及 2010 年以前）	2011 年	2012 年	2013 年
项目名称	所属片区	售价/元/m^2			
武夷花园	江宁	1800	2010	2400	3300(别墅式公寓)
明月花园	江宁	1400~1680	2100	明月港湾:3380	
湖滨世纪花园	江宁	1600~1900	2100	2300	2600
太阳城	城东	—	—	2300	3000
天地新城	江宁	1700	2010	2200	3050
云锦美地	河西	一期:4200;二期:4600;三期:5200			

有关 70 典型楼盘各项目的销售跟踪详情及相关研究，详见 2014 年 1 月底发布的《决策南京市 70 典型楼盘价格指数报告》（2013 年 12 月），报告详细分析了 2013 年 10~12 月南京市各片区商品房、商品住宅的价格走势及销售状况，并给予多角度的相关性分析。

5.4 分物业商品房价格水平分析

根据决策地产研究中心 70 典型楼盘价格指数数据库数据统计。2013 年 10~12 月南京市分物业商品房价格走势统计如图 3-4-17 所示。

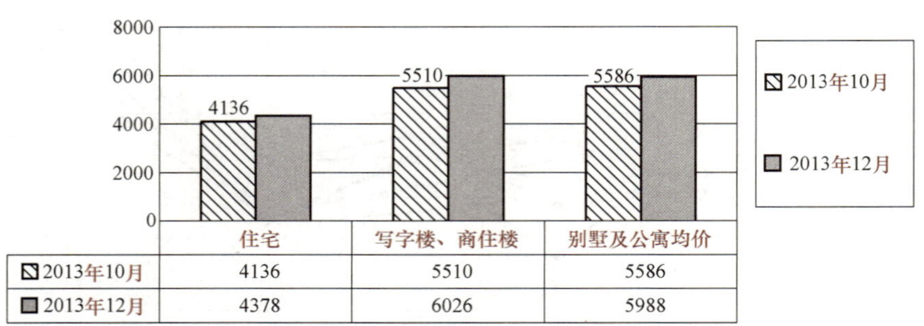

	住宅	写字楼、商住楼	别墅及公寓均价
2013年10月	4136	5510	5586
2013年12月	4378	6026	5988

图 3-4-17　分物业商品房价格走势统计（单位：元/m²）

本期 70 指数写字楼均价为 6026 元/m²，略高于城中住宅均价。近期南京市酒店式公寓销售状况良好，供给量加大，12 月别墅及公寓均价为 5988 元/m²，这个价格基本代表了城区公寓住宅及郊区中档别墅的价格面貌，与写字楼、商住楼项目相比，小户型的城区公寓项目尤其热销，有的项目 3 个月内价格涨幅达 20%以上，但鉴于物业管理费用较高等因素，小户型公寓项目与城中区优质住宅项目的比较优势还不够明显。

2013 年南京市场近郊别墅项目的销售状况良好，很多是业主在已有两至三处房产的情况下以休闲度假、第二居所为目的进行的长期投资行为，这在一定程度上说明消费者对经济的长期乐观预期，并有对南京房市房价将继续上涨的心理预期。

本期 70 指数项目跟踪的南京市典型商铺销售状况平稳，一方面说明市场对接受投资型产权商铺的模式有一定的等待期，一方面也说明近期炒商铺的大笔游资没有冲击南京商铺市场。但值得关注的是江宁区商铺供应面积大大超过市场需求，如果区域经济发展预期继续滞后，除个别规划设计合理的项目，江宁片区商铺有价无市的局面可能即将形成。

从 2013 年全年来说，南京市分物业商品房价格走势的明显特点是，商铺价格涨幅最大，并出现了产权式零售商铺热销的情况，承诺高额投资回报的销售方式促进了商铺价格的进一步上涨，与商铺价格走势比较，2013 年南京市住宅价格涨幅较平稳，季度涨幅较为平均。2013 年南京市别墅、写字楼价格走势比较理性，上涨幅度较小，高附加值的产品供给较多。

5.5　存量房（即二手房）价格水平分析

根据决策地产研究中心对南京房地产市场 2013 年 11、12 月二手房价格监测数据，城中、河西、城东三个区域二手房均价仍然遥遥领先，均在 4000 元/m² 以上，较上半年，河西二手房价格上涨约 200 元/m²，二手房均价在 3500~4000 元/m² 区间内有城南、城北两个片区，城北地区价位升幅较大且成交活跃，主导因素是地铁通车在即，江宁片区是目前南京市二手房均价盆底区域，仅为 2960 元/m²（图 3-4-18）。

10000
0
3790　4382　3960　4850　4740　2960

	城北	城东	城南	城中	河西	江宁
2013年10月	3568	4271	3798	4786	4589	2896
2013年12月	3790	4382	3960	4850	4740	2960

2013年10月　2013年12月

图 3-4-18　2013 年 10~12 月二手房分区均价比较图（单位：元/m²）

结合2013年年底南京市二手房价格走势，进一步对12月二手房与商品住宅均价做对比分析（图3-4-19）。

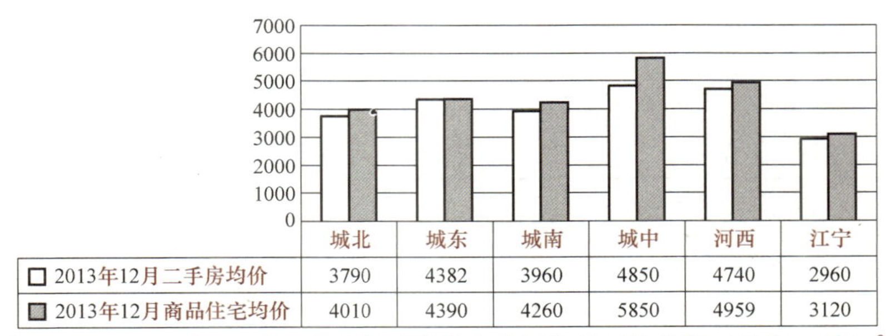

	城北	城东	城南	城中	河西	江宁
□ 2013年12月二手房均价	3790	4382	3960	4850	4740	2960
■ 2013年12月商品住宅均价	4010	4390	4260	5850	4959	3120

图3-4-19 2013年12月二手房与商品住宅分区均价对比分析（单位：元/m^2）

受新商品住宅价格涨幅及拆迁新法的刺激，2013年12月南京市二手房价格继续上扬，例如河西、城南等区域二手房均价涨幅与商品住宅涨幅都很接近，比较2013年10月数据，目前南京房地产市场二手房均价仅仅略低于商品住宅均价。拆迁新法的公布刺激了原先持币观望的人群，拆迁均价的上调及城区众多地块的“升级”现象，让大部分期望淘到价格低廉的二手房的观望者下决心实施购买行为，但这一部分需求被年末新开盘的商品住宅项目分流，所以导致了二手房价格上升幅度放缓，这并不代表目前南京市二手房市场的降温。

2013年全年，南京市二手房交易登记5.9万件，交易额118.4亿元，分别比2012年增长90.4%和135.7%。南京市二手房交易量增幅高于新商品房，交易价格涨幅基本与新商品房价格涨幅同步，对于城中生活品质较高的某些地段，设施完善的二手房价格在过去一年里上涨了1000元/m^{2}以上也已不是特例。由于二手房的供给受市场价格走势影响较大，2013年下半年，南京市二手房的供给总量较上半年增多，市场状态由明显的供不应求向供求基本平衡过渡。

5.6 经济适用房、中低价商品房价格水平分析

南京市2013年度供应市场的经济适用房价格普遍在1600~1800元/m^{2}左右，因为占商品房供应总量的比例较低，对目前南京市整体房价没有体现出下拉效应。经济适用房虽然解决了一部分低收入人群、被拆迁户的居住需求，但因全年供应量只有90万m^2，而对较低价位住宅的需求量远远超出这个水平，并且住房已成为居民生活的第一必需品，因此这让很多中低收入的人群转而购买中等价位段且位置较偏的商品房。

2014年南京市中低价商品房和经济适用房新开工规模将达到210万m^2，全年将完成180万m^2，将解决2.8万多户困难家庭及中低收入家庭的住房问题，总量几乎是2013年的3倍，也就是说，2014年中低收入家庭和拆迁户家庭购得中低价商品房、经济适用房的比例将大大增加，形成二手房价格与新商品房价格的这一主要压力源将在2014年有所缓解。

2014年南京市经济适用房价格：由于经济适用房旨在解决低收入家庭和拆迁困难家庭的住房问题，因此上浮的幅度不会太大，预估应在150元/m^{2}左右。近期正式拉开申购序幕的南营湾地块楼盘售价采用了2600元/m^{2}的政府定价，而南京保障拆迁补偿款在20万元以下、住房困难家庭的第二幅中低价商品房用地——幕府西路地块顺利挂牌出让，市场限价为3100元/m^2。2013年南京中低价商品房楼盘的可售面积平均价格标准确定在2600~3200元/m^2。这个价格水平在目前选址的地块附近大约有500~800元/m^{2}的价格优势。2013年中低价商品房对南京市各片区商品房均价的拉低效应尚未显现，但其在近两年内中低价商品房供应放量的可能性是影响未来南京房价走势的重要因素之一，近期有关数据显示，2014年经适房、中低价商品房的供应比例将占新建商

品房总量的20%左右。

5.7 土地价格水平分析（表3-4-8）

表3-4-8 南京近四年土地出让价格统计

年份	成交均价/(万元/亩)	年份	成交均价/(万元/亩)
2010	193	2012	229
2011	187	2013	281

2013年以来，南京市土地出让与成交价格升幅较大，根据统计，各类建设用地平均出让价格已达281万元/亩。2013年，南京市土地供应量较上两年加大许多，统计数字显示，2013年以来，南京市共出让土地1386.41hm^2，是2012年的8倍，虽然土地供应量放量但土地价格仍然节节攀高。

从楼面地价的统计来看，2013年各区域成交土地的楼面地价水平较2012年上涨约12.1%（图3-4-20）。

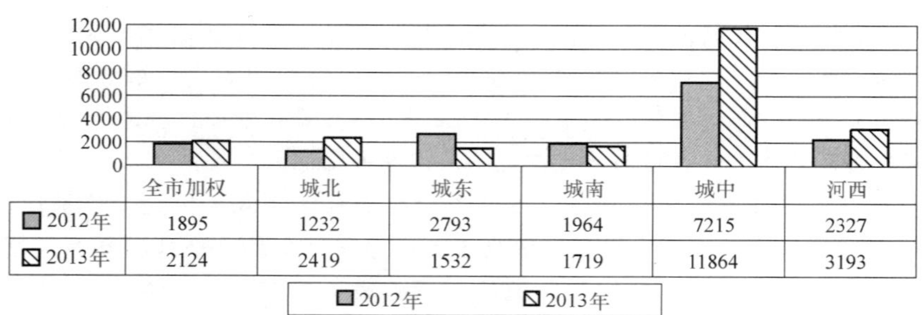

	全市加权	城北	城东	城南	城中	河西
2012年	1895	1232	2793	1964	7215	2327
2013年	2124	2419	1532	1719	11864	3193

图3-4-20 2012、2013年南京市各区域楼面地价水平比较

根据相关数据资料，2013年南京市土地出让楼面均价达2124元/m^2，比2013年上涨近150元/m^2。2013年城东片区由于出让位置较偏的地块所占比例较高，楼面地价平均值有所下降，而城中、河西区的天价地块较大幅度拉升了两个片区2013年均价，城中拍卖地块由于商业用地比例较高所以楼面地价较高，总体上2013年南京市拍卖地块中住宅用地比例较高、楼面地价增长较快。

5.8 房地产三级市场——租赁市场价格水平分析

从房屋售价和租价比来看南京市房地产租赁市场行情，目前租赁价格水平较低，此项数据对房地产投资有一定参考意义。目前南京市市区住宅租赁价格约20~30元/(m^2·月)，商住写字楼租金水平比较稳定约为40~80元/(m^2·月)，别墅和商铺的租赁水平因地域位置与实际品质的影响，差异较大，但总体投资收益偏低（表3-4-9）。

表3-4-9 地区住宅房价租金比统计

地区	商品房均价/(元/m^2)	房价租金比
北京	7500	100∶1
上海	5500	150∶1
广州	4000	160∶1
南京	4400	210∶1

与全国各地租赁市场类似，南京市房屋租赁市场结构性供给失衡现象比较明显，中高档供给相对过剩，小户型、中低档产品供不应求，决策地产研究中心将在2014年开始分物业类型月度

租赁行情监测。

5.9 2013年南京市商品房价格因素及相关分析

1. 供需结构性失调仍是南京市商品房价格上涨的主要动因（图3-4-21）

供需结构性失调主要表现在市场供应的商品房的单价、总价、区域供给与实际价位、区位需求之间的差异。

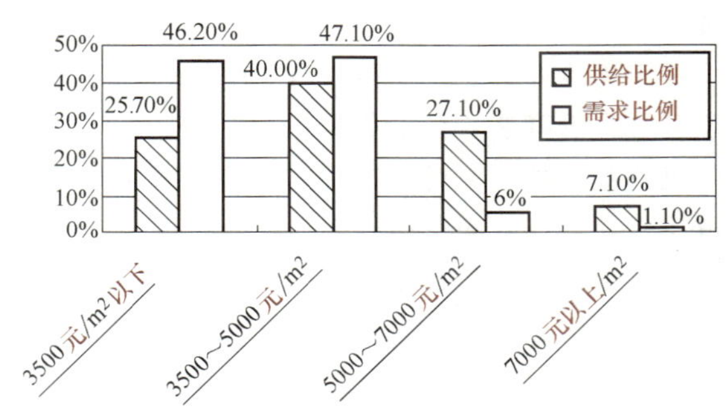

图3-4-21 2013年度南京市商品住宅期望单价份额与实际供给份额比较

本期决策地产研究中心消费者调查数据显示，居民对房价的期望值与市场价差距甚远。调查总体对每平方米的价格预期如下：需求3500元/m^2以下价位段的占46.20%，严重供不应求，需求3500~5000元/m^2价位段的占40%，供求基本平衡，但区域供给结构失衡，需求5000元/m^2以上价位段的仅占总量的7.10%，而实际供给比例达34.2%，属于严重供大于求。结合片区实际供给，2013年全年，南京市商品房价格供应的结构性失调现象较为突出，在需求量较大的区域，单价普遍高于消费者期望水平，消费者不得不购买期望单价水平以上的商品房，房价由此节节升高。

供需结构性失调也表现为总价供应与需求的结构性矛盾，2013年南京市二手房、经济适用房、中低价商品房的供应严重不足，在新建商品房中，由于楼盘项目中大套型、单套面积在120m^2以上的产品比例较高，造成单价低而总价高的商品房供应较多，在有的区域存在供应大于需求，而大多数单价较高的商品房总价更高，个别单价高、套型小、总价相对较低的酒店式公寓项目目前受到市场的追捧，例如许多购房者不得不舍弃近郊价优但总价较高的大套型新商品房转而购买总价较低的市区小套型二手存量房，二手房价格由此攀升强劲，甚至直追新商品房单价，诸多表现说明，目前南京市商品房市场的价格攀升形式与总价供需失调有关。

另外，2013年全年南京市房价供需结构性矛盾表现还有，市场供应的商品房与消费者对楼盘学习、生活品质等的需求不合，在城区学区好的地段，新建商品房的供给奇缺，导致区域房价水涨船高。

2. 经济增长及消费者信心——价格支撑面之一

2013年我国GDP的增长率为8.5%，同时，国内市场的迅速扩张和以城市为中心的消费变革正在进行中。据有关国际机构调查，目前消费者信心指数达到历史较高水平，反映了中国经济的强大动力。消费者高度乐观的情绪主要来自对国民经济、固定收入、生活质量的信心。近几年南京的恩格尔系数已达40%以下，这个数据表明目前南京经济已进入消费高增长与变革的小康阶段。2010~2013年，南京市实现商品住宅的销售额以年平均30%左右的速度递增，商品住宅销售额与四大类商品销售额呈现同步增长态势，新大三件耐用消费品（计算机、轿车、商品住宅）时代到来了。

南京市正处在房地产发展的高增长时期——南京是省会城市，人口集中、经济发达，人们的生活水平近年提高较快，对住宅的需求量大。国外经验证明，当一个地区城市化水平达到40%以上，该地区的住宅产业将会快速发展，而南京现在城市化水平约为45%。另据世界银行统计，当一个国家人均GDP达到600~800美元之间时，住宅产业也将进入高速增长阶段；达到1300美元时，进入稳定的快速发展阶段；超过 1500 美元时，住宅建设投资占 GDP 的比重将达到顶峰，而南京目前人均 GDP 约在 2010 美元左右。经济增长最直接的后果是收入增长，购、换房成为可能的需求，间接地拉动房价。

3. 投资拉动——价格支撑面之二

投资拉动效应主要体现三个方面：投资型物业形成、投资型购房比例的增长、投资心理的形成。

投资型物业形成——南京市 2013 年上市的投资型物业超过前几年的总量，例如小户型物业特别是小户型酒店式公寓成为热点，小户型回收比较稳定、风险较小，市场对小户型住宅、商住两用型商品房的需求越来越大。商铺、商住两用楼、小户型酒店式公寓是 2013 年投资型物业的市场重点，产权式固定回报率返租模式成为 2013 年推广较为广泛的模式，而旅游型房产也有升温迹象。由于有各类特色产品的供给，2013 年是南京市房地产市场投资型物业形成气候的一年。

投资型购房比例的增长——统计数据表明，2013 年全市个人购房贷款量大幅度上升，共办理个人购房按揭登记 3.4 万件，担保债务价值 102.2 亿元，分别比 2012 年增长 29.9%和 79.8%。其中个人住房贷款余额与年初相比增幅为 55%。决策地产研究中心数据显示，2013 年四季度购置新商品房的投资型业主占总量的 20%以上，购置二手房的投资型业主占总量的 30%以上，是 2012 年的一倍左右，特别值得注意的是其中外地购房者的比例约为 40%左右，这个比例说明城市化进程在吸引投资方面的效应显现，南京沿江经济带的辐射及影响吸引了大批外来置业人群，在本地普通中低收入者买不起房，短期内供需结构性失调状况尚未改观之前，投资型购房比例的增长是 2013 年房价上涨的重要支撑面。

投资消费心理的形成机制——受到高额投资回报的诱惑以及其他投资回报风险加大的影响，居民进行物业投资的心理日趋成熟，随着房地产市场服务业务的推陈出新，通过卖旧买新、押旧买新、租旧养新以及转按揭买新等方式，以及通过银行商业贷款的多种投资理财形式、购置第二套住房手段的投资观念已为越来越多的普通市民所认可。

4. 商品房直接成本的上升带动房价上涨

土地成本——以 2013 年南京市实际出让土地楼面地价计算，商品房开发中土地成本已占商品房总价的 50%左右，土地价格涨幅较大是带动 2013 年房价上升的直接动力。2013 年以来土地供应量逐步上升将在一定程度上缓解了房地产市场土地供求关系紧张的问题，对抑制房价有一定的作用，但另一方面只要一、二级市场存在供求矛盾，在市场大势平稳的状态，房价将与土地价格同时上行，因为土地是稀缺资源，城市化进程中将消耗大量的土地，很长一段时期南京市土地资源仍将处在供不应求阶段。

建材大涨价——2013 年建筑原材料上涨行情一直持续，价格普遍上涨 20%~40%，按建筑原材料涨幅至少二成计算，建筑原材料上涨导致建设成本提高 20%，将导致总成本增长 7%。如某种建筑用钢材上涨 1200 元/吨，达到 3400 元/吨，增长幅度超过 50%。其他如水泥、砂子、石子、混凝土等所有盖楼用得着的建筑施工原材料价格全部上涨。建安成本提高使得开发商被迫升价，建材原料价格的上涨是导致楼价上涨的直接因素，建材成本的提高，使房屋开发的成本增加 100~200 元/m^2，开发商成本压力增大，会导致楼价合理性上升，但 2013 年 8 月以前开发的商品房没有受建材涨价的影响，因此开发商不会对其大幅度提价，而 8 月以后开发的产品也不会在春节前后上市，根据决策地产研究中心数据监测，2013 年春节前后楼价上调的幅度不会太大。另外，楼盘景观设计费用和营销费用比重增加较快已达到 300~400 元/m^2 的水平，而且这一部分成本增加的趋势较为明显。

5. 城市化战略与房价水平——地区中心效应显现

南京市正积极推进城市化进程，到 2015 年，南京城市化率将达到 65%，意味着需要大量新建住宅；随着交通规划的逐步落实、南京都市圈的形成，中心型城市地位将得到进一步巩固，中心城市地位拉动房价上涨；随着京沪高速铁路的修成，上海、南京、杭州形成的 3 小时的经济圈，是世界制造业的中心。长江经济圈的地理位置决定了南京市未来城市发展的速度将会更快。近期沿江大开发战略已直接拉动南京市河西、江北、城北等片区房价上涨。2013 年后，南京市城市化战略与房价水平已密切相关。

6. 开发商保利因素——楼盘品质化倾向

随着房地产金融政策的变化，对开发商运作项目的实力要求有提升趋势，为了保持较高的利润，开发商在提升楼盘品质的同时提升房价已成为普遍作法。

7. 拆迁新法等政策影响

拆迁新法的直接效应在于地级的跃升，导致 2013 年四季度直接拉动了南京市二手房均价 200 元/m^2 左右，可以预见在 2014 年，这一政策对新建商品房开盘价的影响将超过对二手房价格的影响。

以上对影响近期南京市房价的相关因素分析，是从多角度对房地产市场价格状况及走势进行的研究，目前的各项相关数据显示，短期内南京市房价的变动将相对稳定。

5.10 南京市房价展望

1. 2013 年房价总体特征

2013 年南京国民经济进入了新一轮发展周期，基建投资急剧扩张拉动了贷款的快速增长，城市建设步入了高峰期，沿江开发、老城改造、十运会场馆建设、地铁、秦淮河整治、三桥、塞虹桥立交等数亿元以上投资大项目不断涌现；房地产开发持续升温扩大了信贷资金的需求，消费层次明显提升促进了消费信贷业务的发展，良好的宏观经济环境、中心城市地位、居住环境要求逐渐提高、住宅产品升级换代、外来的购买力的持续强化、市区土地资源紧缺、旧区改造进程等诸多推进因素，不可避免地造成南京市 2013 年房价飙升。

2. 2014 年市场环境及房价趋势

基本判断：①从微观市场表现分析，2014 年商品房供应量增长较快，但需求量也会增长，供求关系不会发生根本性转折，但在有些区域可能会出现供应量大于需求量从而出现区域性供过于求的局面。②诸多宏观经济表现显示，2014 年南京市房价上涨可能性较大。从经济发展角度分析，2010 年以来房地产业已成为拉动 GDP 的重要因素，政策面鼓励房地产业的持续平稳增长；从消费走向来说，住宅标准提高与家庭大件耐用消费增长、商品房消费增长直接带动其他行业增长趋势明显；从城市发展阶段性规划来说，住宅人均面积达到小康化标准是各地政府的追求。③房地产产品品质化与多元化时代到来。④2014 年二手房市场将继续繁荣，房价理性发展的可能性增大。

2014 年商品房供求关系不会发生根本性转折——南京已公布的 2014 年拆迁量可见，整体数量超过 2013 年，2014 年将出现更多的购房者；南京市作为长江中下游区域中心城市，对外有一定的辐射及影响力，这就决定了南京会吸引大批外来创业者，而这部分人群就构成了 2014 年南京房地产市场的潜在购房者；自 2013 年开始，市政府为解决贫困户及收入较低的拆迁户居住问题，启动了“三房”工程，中低收入阶层住房问题备受关注，从已公布的 2014 年建设计规划来看，此“三房”的总体供应量不会少于 200 万 m^2，中高档商品房所占比例会下降，经济适用房所占比例会上升；南京市 2014 年将达到人均住宅建筑面积 $24m^2$。

房价走势影响面分析——①政策综合力量（国土资源部45文件、央行121文件、国务院18号文）出台会导致房地产价格继续上涨。首先，政策面对房地产行业规范化的要求将使房地产产品的实际供给减少，因为进入房地产开发行业的门槛提升了，所以2014年房地产的价格下行可能性很小；其次，由于房地产市场的需求仍然处于快速增长的态势，城镇化进程加快、外来人口增长等因素，将增加房地产市场需求。②消费者的消费观念发生变化，将增加市场需求。随着居民消费观念的变化，换购住房的需求逐年增长且增幅较大。③城市发展带来的需求，拆迁安置、城市危旧住房改造、城市基础设施建设产生的购房需求量将保持稳定的增长。④政府在2014年对房地产市场的发展将起推动作用，同时为了控制房产泡沫的出现，将会出台一系列政策，如抑制炒房的相关政策等。

房地产产品品质化与多元化趋势——由于上一个发展时期南京市像全国许多城市一样涌现了一大批同质化很严重的楼盘，而在未来真正有独特优势的楼盘才能适应新形势，避免被市场所淘汰，良性竞争提升楼盘品质才是未来的发展之路，地产商将不可避免地出现分化，未来的区域市场带动效应将不复存在，具有独特卖点的个盘发展将成为市场亮点，对潜在需求的开发与引导，通过产品差异化和理念创新来满足购房需求，成为开发商占领市场先机并在竞争中取胜的有效途径。随着行业利润不断降低和市场环境的变化，行业格局将重新洗牌，市场将通过竞争的方式将一些地产商淘汰出局，在竞争良性发展的范围之内，性能价格比高的房子会越来越多，创造高性价比产品将是2014年南京市房地产业的发展动向。2014年，符合市场细分需求的特色产品会有很大市场，商品房结构调整越来越受到市场需求的引导，品质化与多元化的倾向将提升产品价值，间接起到拉动房价的作用。

二手房市场发展速度继续——活跃的二手房市场是房地产市场繁荣的一个重要标志，不论是从供应格局还是房价水平，2014年二手房市场发展速度将继续2013年的较高水平，繁荣的二手房市场将有益地促进新商品房价格向理性回归，也是房地产市场发展的有机组成部分。

第六部分　消费者调查研究

目前购房会员俱乐部拥有会员总数近14000名，这些会员共同特征是他们均为近期内打算购房的准购房者。为了能够准确地了解购房者的购房心理、行为及其需求变化，推进南京房地产市场的健康发展，让开发商开发出能够适合市场需求的楼盘，决策地产研究中心在此基础上做了深入的消费者调查研究。

消费者调查是本报告的重要内容，决策地产研究中心所拥有的14000多名准购房者的样本特征是本报告的价值所在，准确了解和把握消费者心理特征及变化情况，可以为房地产相关产业、开发商等开发及投资提供重要参考。另外，消费者调查数据与其他指标数据的相关分析，使我们能得到很多非常有价值的资讯。

根据购房会员俱乐部会员数据库的资料，从购房者年龄、学历、收入等基本特征，面积、单价等需求特征和付款方式等行为特征三方面进行分析。

6.1　背景资料

调查时间：在购房会员俱乐部所拥有的会员中，选取入会时间跨度为2013年1月1日~2013年12月31日。

1）在南京居住两年以上的常住人口。

2）打算在近一两年内购房的准购房者。

3）所选择的购房意向区域为南京城区七大片区（六合、溧水等不包括在内）。

4）样本容量：从总共拥有 13585 名购房会员的俱乐部会员数据库中通过随机抽样方法获取样本，样本大小为 5724 名，通过样本的甄选，获得有效样本为 5531 名。电话回访会员 280 名，获得有效样本 232 名。样本容量可信度在 95%以上，误差范围控制在 3%以内。

6.2　研究方法

1）调研方法：本次调研除从会员数据库抽取样本之外，还采用了电话回访老会员的调研方法。

2）分析方法：通过对数据进行甄别编码，录入数据库，利用 SPSS、Excel 等软件进行统计分析。

3）研究指标。

① 购房者基本特征。

② 购房者购房需求特征。

③ 购房者购房行为特征。

6.3　购房者基本情况分析

1. 年龄结构分析

将购房者按年龄分成 25 岁以下、26~35 岁、36~45 岁、46~55 岁和 55 岁以上五个年龄组。各年龄组结构比例如图 3-4-22 所示。

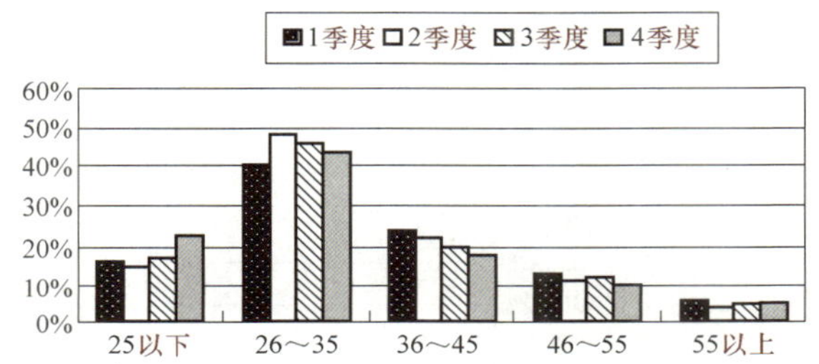

图 3-4-22　购房者年龄结构比例

由图 3-4-23 可见，购房者年龄主要以 26~45 岁年龄段的中青年为主，其比例达到总人数的 2/3，显示这个年龄段的购房能力和欲望都非常高，这与该年龄段的收入水平、投资、消费观念和支付能力是相一致的。

通过全年四个季度的变化情况可以看出，除了 25 岁以下年龄组购房比例明显上升外，其余年龄组的需求比例则有不同程度的下降。表明 25 岁以下年龄组对商品房市场有着比较强的信心。

2. 学历分析（图 3-4-23）

图 3-4-23 表明，购房者学历为大专的比例最大，本科以上学历的比例最小。这与他们购房的能力并不一致，原因是本科以上学历在总人口中的分布较小。

通过上、下半年的购房者学历变化情况可以看出，大专及以下学历的购房人数明显下降。2013 年快速上涨的房价抑制了他们的购房需求，因为他们的购房能力一般来说要低于其他两类人群。

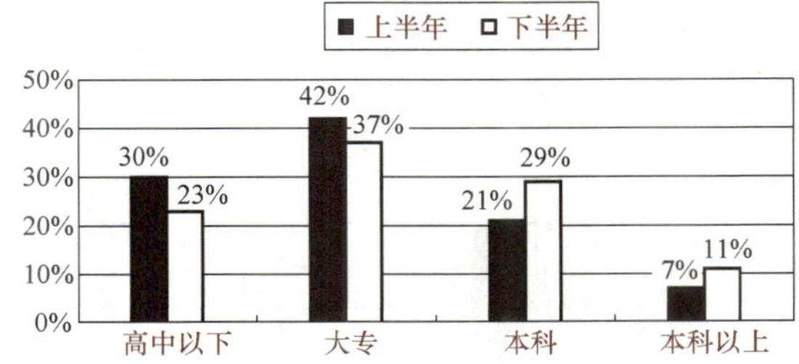

图 3-4-23　购房者学历结构

3. 收入结构分析（图 3-4-24）

图 3-4-24 表明，购房群体中家庭收入主要集中在 3 万~8 万元之间，大约占总购房群体的 70%左右；其中 3 万~5 万元中等收入购房者的购房比例最高；8 万元以上的购房者比例维持在 10%左右。各收入阶层的变化趋势并不太明显。

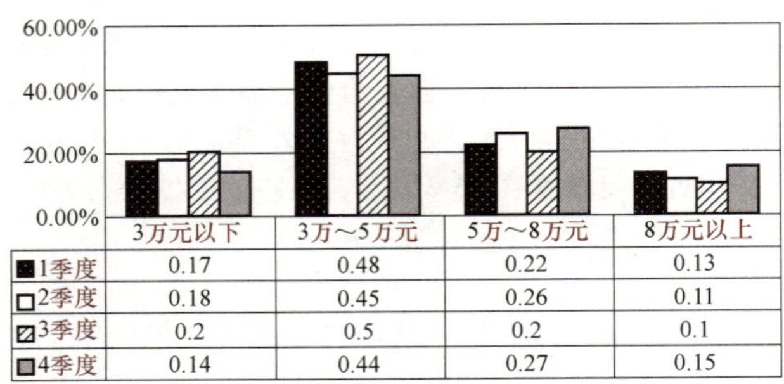

	3万元以下	3万～5万元	5万～8万元	8万元以上
1季度	0.17	0.48	0.22	0.13
2季度	0.18	0.45	0.26	0.11
3季度	0.2	0.5	0.2	0.1
4季度	0.14	0.44	0.27	0.15

图 3-4-24 购房者收入水平结构对比

6.4 购房需求分析

1. 面积需求分析（图 3-4-25）

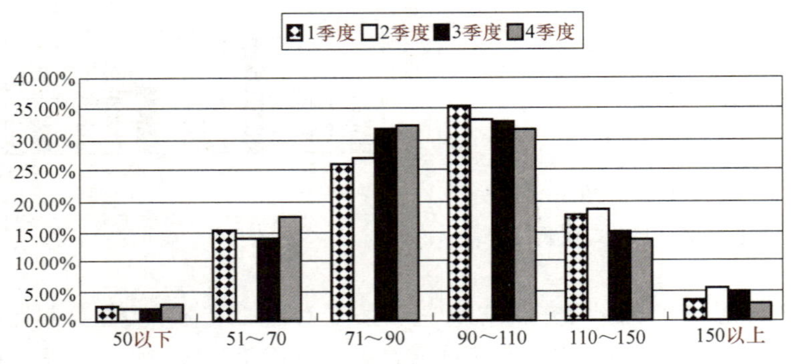

图 3-4-25 购房者面积需求对比

从全年的面积需求状况来看，目前购房者对面积的需求仍然主要以 71～110m^2 为主。从四个季度比例的变化情况可以看出 110m^2 以下的需求有所上升，110m^2 以上商品房需求下降明显。

2. 收入与可承受价位交叉分析

按家庭收入的高低对购房者进行分组，采用全年的数据进行统计，然后对各组家庭的不同期望购房价格进行分析（图 3-4-26）。

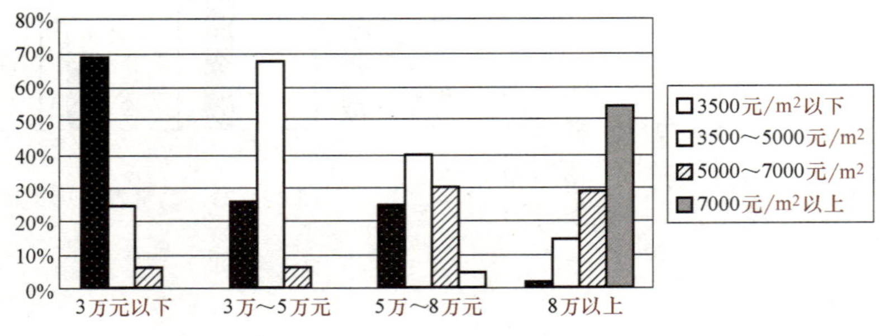

图 3-4-26 2013 年购房者的家庭收入与期望价格的交叉比较

由图 3-4-26 可以得出，对高价房的需求比例随着家庭收入的增长而增加。除了 5 万～8 万元家庭收入组的主要期望价格不明显外，其他三组的主要意向购房价格比较明显。3 万元以下家庭主要购买单价 3500 元/m^2 以下住宅；3 万~5 万元家庭收入组主要需求 3500~5000 元/m^2 单价的住宅；8 万元以上家庭收入组主要需求 7000 元/m^2 以上住宅。可见对高价位房的需求与较高的收入水平家庭的承受能力的相关性较强。

3. 套型选择（图 3-4-27）

由图 3-4-27 可知。需求量较大的几种套型分别为三室二厅一卫、三室一厅一卫，需求量超过 20%，三室一厅一卫、二室一厅一卫、二室二厅一卫套型需求也都超过 10%，其他的套型市场需求比例十分有限。各种套型在全年四个季度间的需求比例变动不大，反映消费者对套型的需求比较稳定。

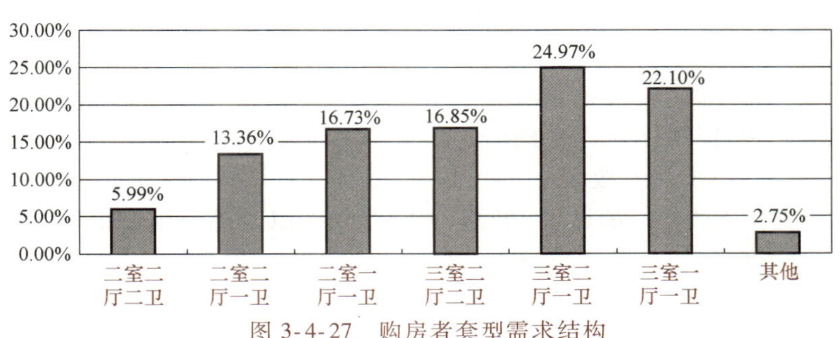

图 3-4-27 购房者套型需求结构

4. 消费者可承受商品房总价分析（图 3-4-28）

从图 3-4-28 可以看出，由于南京城镇居民人均收入仅在万元左右，因此能承受总价在 60 万元以上商品房的消费者的比例不到 20%；30 万~60 万元的比例接近一半，30 万元以下的需求比例超过 1/3。

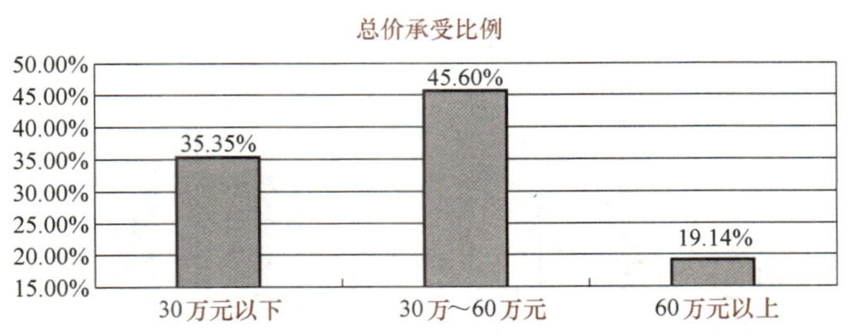

图 3-4-28 购房者承受总价需求结构

6.5 购房者行为分析

1. 付款方式分析（图 3-4-29）

如图 3-4-29 所示，购房者对所购住房的付款方式主要以按揭付款为主，比例超过 2/3，比上半年提高了 4 个百分点，分期付款的比例下降了 3 个百分点，一次性付款的比例也有所下降。由于货币支付能力等因素的影响，大部分的购房者仍然选择按揭付款方式实现安居生活。

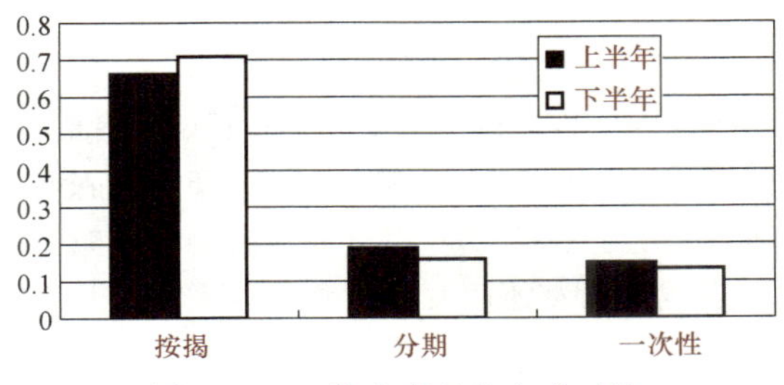

图 3-4-29 购房者付款方式对比

2. 收入与媒体影响度交叉分析（图 3-4-30）

不同媒体对不同的收入阶层的影响程度是不同的，因为不同收入阶层的消费习惯、消费心理

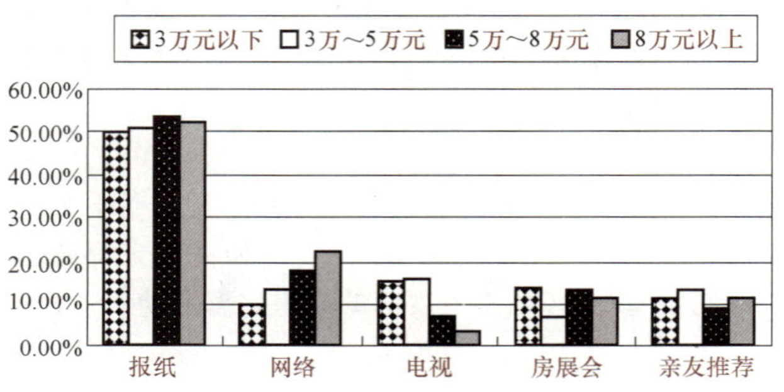

图 3-4-30　收入与媒体影响度交叉分析

和信息来源渠道是有差异的。这里所用的媒体影响度是指各种媒体对消费者影响程度，我们运用决策地产中心的数据库对不同收入段的购房群体对不同媒体的接受度作交叉分析。

如图 3-4-30 所示，无论哪个收入段，报纸始终是消费者了解商品房信息的首要渠道，超过一半的人认为报纸是影响力最大的媒体。网络的影响处于报纸之后，随着收入的增长，报纸的影响也随之增长。由于网络，特别是房地产专业网的受众针对性强，有较大的发展前景。电视媒体在中低收入阶层中占有重要的地位。

3. 年龄与购房区域交叉分析

不同年龄的受众对不同的住宅区域的偏好是不同的，受很多因素影响，仅从经验并不能判断，而了解他们的偏好却是非常重要的，可以避免商品房的结构性不平衡。我们运用决策地产中心的数据库对不同年龄段的购房群体对不同区域的接受度作简单交叉分析（不包括仙林、江北、55 岁以上年龄段），如图 3-4-31 所示。

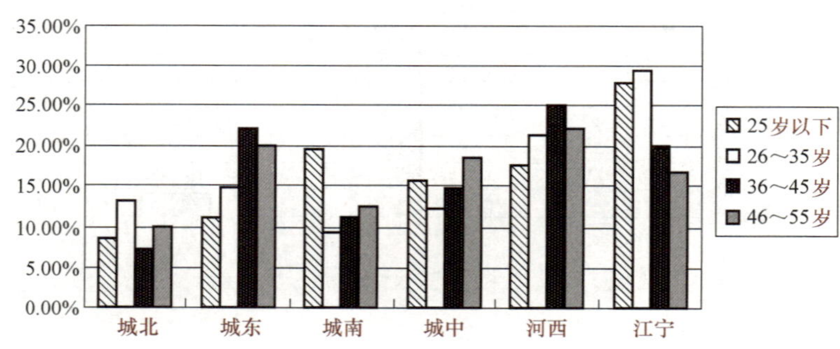

图 3-4-31　年龄与购房区域交叉对比

由图 3-4-31 看出，25 岁以下年轻购房者的主要意向购房区域是江宁地区；城东和河西的主要消费群体是 36~45 岁年龄段；46~55 岁年龄段的意向购房者更趋向于在河西和城东购房。

4. 购房者对 2014 年房价变化的心理预期和接受能力分析

商品房的价格不仅受消费者的收入水平及供求关系的影响，消费者对房价趋势的预期也极大的影响着房价，因为商品房不仅是居民生活的必需品，也是投资品，作为投资品不仅要考虑资产当前的价格，更受到其他人对价格预期的心理影响。

因此了解消费者对未来房价走向的预期心理就非常重要了。决策地产中心利用电话回访老会员以及最近的 11、12 月会员登记数据作为样本进行统计分析，结果如图 3-4-32 所示。

从统计结果可以看出，仅仅 11.3%左右的消费者对 2014 年的房地产市场持悲观态度，认为由于

2014年经济适用房、商品房供给大幅增加，房地产市场将出现转折，商品房价格会下降。

然而2013年各片区涨幅均超过1000元/m²，河西片区月均涨幅超过100元/m²。如此高的上涨速度必然有很大的惯性，使2014年房价出现逆转的可能性比较小。还有许多其他利好的因素在支撑着房价的坚挺，因此消费者提高了2014年的房价走高的心理承受能力和心理预期，有接近45%的消费者认为2014年房价将继续走高。

还有40%的消费者认为由于土地供应、供给增加等不确定因素的影响，2014年的房价涨跌相当。

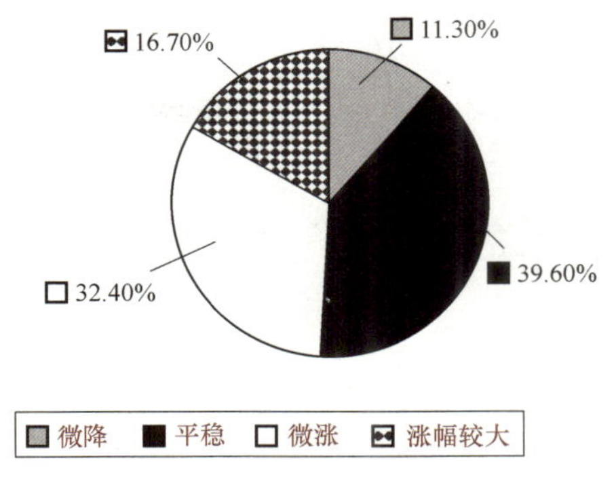

图3-4-32 消费者对2014年房价走势预期结构

第七部分 生活指数评价

2013年12月修订的决策地产研究中心南京市区域生活指数评价系统和南京市典型楼盘生活指数评价系统，是经过科学设计的模型，主要用来评价城市各片区、各楼盘的生活便利程度，并给出区域生活便利指数、区域发展综合评价和专项分析，可以为房地产开发商楼盘开发提供理性的参考。在前期模型的基础上，我中心对模型进行了进一步的发展与应用。

7.1 生活指数评价

1. 区域生活指数模型

生活指数模型是决策地产研究中心2013年8月继南京市房地产70典型楼盘指数数据库建立后，建立的影响生活便利程度的各项信息分析系统；运用德尔菲法经过对各指标的计算打分，同时利用MATLAB软件，来评定区域生活便利程度的方法。双层加权指标共7项，这些指标项目为：区域交通设施完备程度、区域环境保护程度、区域商业设施完备程度、区域医疗设施完备程度、区域休闲设施完备数、区域教育设施完备程度、典型社区居民满意程度。对这些因素建立了双重加权监测项目模型，计算得分以量化的评价结果来说明所属地域的市场价值。

自该模型推出以来，这一对商品住宅的价值评价体系已为社会各界所接受，本期生活指数评价是我中心对模型进行了进一步的应用：在南京市人口地理进行板块划分的基础上，选取城中六个小地理片区进行了生活指数评价（表3-4-10）。

表3-4-10 区域生活指标双重加权评定模型（5分制）

影响因素	总权重(w)	分级指标及分权重(w)		
区域交通设施完备程度	0.15	公交线路总里程(0.45)	区域中心点距市中心直线距离(0.35)	是否有轻轨、地铁、快速交通环线的规划(0.20)
区域环境质量	0.15	周边植被覆盖率(0.50)	地域风貌(0.30)	属几级地(0.20)
区域商业设施完备程度	0.15	超市、便利店密度(0.45)	大型商贸场所密度(0.25)	农贸易市场密度(0.30)
区域医疗设施完备程度	0.15	10km范围医疗机构数(所)(0.50)	距离片区中心最近的三级以上医院的距离及名称(0.50)	

（续）

影响因素	总权重(w)	分级指标及分权重(w)		
区域休闲设施完备程度	0.15	每平方公里体育场馆数(0.45)	每平方公里中档餐饮服务机构数(0.25)	每平方公里文化娱乐场所数(0.30)
区域教育设施完备程度	0.15	大学、展览馆密度(0.25)	中小学密度(0.45)	幼教服务机构密度(0.30)
代表社区居民居住满意程度(5分制)	0.10	通过小型抽样调查获得有关居民对社区保安标准、物业收费标准、保洁标准的态度得出的综合分		

利用这个模型，我们可以对更大范围内的片区进行生活指数评价。

2. 应用与测评结果

本期评价的六个城中小片区为地理位置较为接近的三牌楼片区、紫竹林片区、许府巷片区、高云岭片区、西家大塘片区、四牌楼片区共六个小片区，对其进行了生活指数评定，评定结果见表3-4-11。

表3-4-11　小型片区生活便利指数评定结果列表

小片区名称	三牌楼片区	紫竹林片区	许府巷片区	高云岭片区	西家大塘片区	四牌楼片区
所属大区	城中					
生活指数	4.35	4.30	4.45	4.60	4.55	4.65
房屋均价/(元/m^2)	6500	5800	5900	6300	6000	6500

以上测评结果对消费者评价楼盘价值、开发商进行楼盘项目规划、中介机构评价租赁行情都有参考价值。决策地产研究中心即将在开通的网站中公布更多有关区域生活指数评价结果，将对社会各界开放使用生活指数评定、楼盘信息查询、南京市房地产专用人口地理信息平台功能。

7.2　典型楼盘生活指数评价

1. 典型楼盘生活指数模型

决策地产研究中心典型楼盘生活指数模型是建立在区域生活指数模型基础上，对典型楼盘进行的生活指数评定。该系统充分考虑到房地产产品的价值构成，对购房者的购房过程可提供有效指导，并可为房产投资项目预期销售、收益状况提供参考。楼盘生活指数评价指标系统包括：建筑质量、发展商水平、周边环境、交通环境、医疗教育环境、楼盘套内设施完备数、小区内设施完备数、业主情况、楼盘物业服务水平及其分级指标，对影响楼盘生活便利程度的各指标建立打分标准，并在70楼盘数据库的数据平台上对模型所涉及的信息项目进行每月信息跟踪，本期生活指数评价添加了衡量建筑质量、发展商水平的评价指标，总模型见表3-4-12。

表3-4-12　典型楼盘生活指标双重加权评定模型（5分制）

影响因素	总权重	分级指标	分权重(W)
开发商评价	0.05	资金实力	0.20
		销售状况	0.30
		品牌知名度	0.25
		相似项目经验	0.25

（续）

影响因素	总权重	分级指标	分权重(W)
项目建筑质量	0.10	建筑设计等级	0.20
		实施施工企业级别	0.30
		室内布局合理性评估	0.20
		项目验收评价	0.30
楼盘套内设施完备数	0.10	对设施完备数量化评级打分	
小区内设施完备数	0.10		
周边环境	0.15	周边文化场馆设施数	0.30
		周边植被覆盖率	0.20
		周边治安	0.25
		所处大片区生活指数	0.25
交通环境	0.15	距市中心直线距离	0.35
		1km 内设站点的公交线路条数	0.45
		交通规划	0.20
医疗教育环境	0.20	10km 范围医疗机构数	0.30
		是否有社区医疗救助机构	0.20
		距离社区最近的三级以上医院的距离及名称	0.30
		幼儿园、小学、中学、大学	0.20
业主情况	0.10	职业结构比例	0.25
		业主入住满意度	0.30
		职业结构比例	0.25
		购房目的比例即客层分析	0.20
楼盘服务水平	0.05	保安标准	0.25
		保洁标准	0.25
		物业收费标准	0.25
		可提供的其他服务项目	0.25

根据以上楼盘生活指数评定模型，可计算某楼盘生活便利程度，该指数可作为判断某楼盘便利程度的标准。

2. 应用与测评结果

根据测评标准，经过 MATLAB 软件的计算，对 5 个典型楼盘进行了楼盘生活指数的评定，结果见表 3-4-13。

表 3-4-13 典型楼盘生活指数结论

楼盘名称	花神美境	市政天元城	罗马假日	金源太古城	城市桃源
物业类型	住宅	住宅	住宅	住宅	住宅
所属大区	城南	江宁	城中	城北	河西
生活指数	4.10	4.15	4.25	4.20	4.25
楼盘均价/(元/m^2)	4200	3100	5900	5500	6200

决策地产研究中心建议，在相同价位段的楼盘项目中选择生活指数得分较高的项目，近期我们将与媒体合作，推出 2014 年度南京市楼盘生活指数系列评定。

7.3 典型楼盘性价比分析

以下是根据楼盘价位与典型楼盘生活指数值的相关性分析所设计的楼盘性价比分析模型，区间标尺为数值 1~5，同样价位下楼盘生活指数较高，说明其生活便利程度较高，对开发商而言，开发这样的楼盘较有市场竞争力。我们对五个典型楼盘进行了楼盘性价比测评，结果如图 3-4-33 所示。

图 3-4-33 显示，在统一价格区间内（本期参评五个楼盘价位分布以 1400 元/m² 为一个价位区间），如代表楼盘价位区间的方形点落在代表楼盘生活指数的菱形点内层，说明其性价比较高，生活便利程度较高，反之如落在外层，说明相对同等价位的楼盘，其生活便利程度较低，性价比也较低。从生活指数评定到性价比模型的设计，其主要宗旨就是合理的评价房地产产品的市场价值及市场竞争力，为市场提供参考，对开发商项目开发与消费者理性消费来说，都是有积极意义的。

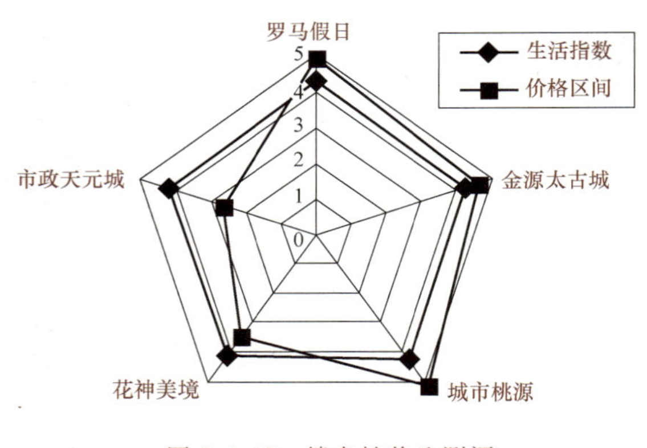

图 3-4-33　楼盘性价比测评

7.4　决策地产研究中心生活指数专项研究

1. 典型楼盘生活指数及性价比综合分析报告

报告组成：成熟地理概念区域内及 5km 范围内典型楼盘项目生活指数评价、性价比分析、周边项目比较分析工作表、发展商背景分析、特殊卖点分析。

2. 楼盘项目前期定位研究

依据人口地理整合信息，结合楼盘数据库、生活指数评价模型，决策地产研究中心可提供商品房开发前期需要的市场调查和项目定位研究专项报告。

第八部分　广告监测与研究

决策地产研究中心媒体监测数据库是运用科学的监测模型、借助数据库软件对南京市房地产广告投放进行的监测研究，定期公布南京市房地产市场的广告动态信息。在六大指标体系中，决策广告投放监测工作的意义在于，分析开发企业的营销策略，对比其销售动态进行相关性分析，从而更加深入地分析市场。

8.1　第三季度南京市房地产平面广告投放监测

本期报告以 2013 年 10 月 1 日～12 月 31 日的广告监测统计数据为基础，对第三季度南京市房地产广告的投放排名、投放总额、投放频率、各区域楼盘广告发布量排名、各开发商投放量排名及媒体分布、南京市房地产营销广告主题跟踪等多方面进行统计分析，对南京各平面媒体影响度、消费者的媒体偏好与媒体影响度排名进行进一步的研究。

本期平面媒体监测范围包括《南京日报》《周末》《星期五》《扬子晚报》《南京晨报》《金陵晚报》《现代快报》《服务导报》《江南时报》和《江苏商报》。

2013 年 11、12 月南京房地产广告主要由住宅、商铺和商住写字楼构成，其中住宅、商住写字楼类项目的广告刊登量较高。

2013 年 11、12 月南京房地产广告仍然主要集中在《金陵晚报》《扬子晚报》和《现代快报》等都市类报纸上，其中《金陵晚报》和《现代快报》在房产广告市场中的市场份额较其他媒体大。

2013 年 11、12 月投放总量前三名的区域仍然是江宁、城中和河西三大区域。2013 年 11、12

月南京地区房产广告主要以较大规格的双通栏、半版、通栏、10.5 通栏全彩色广告为主。

8.2　2013 年 11、12 月南京市楼盘报纸平面广告投放统计分析

根据决策地产研究中心媒体监测数据库数据统计，得出 2013 年 11、12 月南京市房地产平面广告投放各项统计与分析。

1. 投放量排名

11、12 月南京楼盘平面广告投放总量为 2430 个通栏广告，其中翠岛花城以 120 个通栏的总投放量排名第一，盘谷亚泰广场以 73.5 个通栏的总投放量排名第二，旭日华庭以 62.5 个通栏的总投放量排名第三。

2. 投放频率排名

从投放频率角度统计，翠岛花城、盘谷亚泰广场、旭日华庭三个楼盘排名前三位，分别达到每隔 0.52 日、0.83 日和 0.98 日投放一个通栏广告，单次投放版面最高的楼盘是翠岛花城、钟山银城东苑和汇杰广场。相关统计见表 3-4-14。

表 3-4-14　2013 年 11、12 月南京市楼盘报纸平面广告投放量统计

楼盘名称	投放版面总量	投放总额排名/元	投放总量排名	投放总次数	投放频率（每隔几日投放一个通栏广告）	单次投放版面
翠岛花城	120	840000	1	24	0.52	5.00
盘谷亚泰广场	73.5	514500	2	20	0.83	3.68
旭日华庭	62.5	437500	3	14	0.98	4.46
江山万欣翠园	61.5	430500	4	24	0.99	2.56
万科金色家园	53.5	374500	5	19	1.14	2.82
汇杰广场	52	364000	6	11	1.17	4.73
武夷绿洲	52	364000	7	17	1.17	3.06
钟山银城东苑	50	350000	8	10	1.22	5.00
明月港湾	47.5	332500	9	18	1.28	2.64
君临国际	44	308000	10	18	1.39	2.44

注：本报告中所有平面广告发布版面量统计以数值 1 表示一个通栏广告，广告价格计算标准采用 7000 元/通栏的平均水平。

8.3　分区域投放量统计（表 3-4-15）

表 3-4-15　2013 年 11、12 月南京市楼盘平面广告分区域投放量统计

楼盘所属大区	投放广告次数	投放广告版面总量	投放广告总量排名
江宁	244	649.5	1
城中	183	500.5	2
城南	86	289	3
河西	110	288	4
城东	74	234.5	5
其他地区	66	234	6
江北	36	127	7
城北	35	107.5	8

南京楼盘平面广告投放总量分区域统计显示，2013 年 11、12 月投放总量前三名的区域是江宁、城中和城南三大区域，分别达到 649.5、500.5 和 289 个通栏广告，河西区域广告投放版面达 288 个通栏，城东区域广告投放版面达 234.5 个通栏，城北、江北楼盘广告投放版面总量则相对较低，值得关注的是周边地区及外地商铺、旅游房产的投放量较大，达到 234 个通栏。

8.4　物业类广告投放量统计（表3-4-16）

表3-4-16　2013年11、12月南京市分物业楼盘平面广告投放量统计

物业类型	投放总量/通栏数	占总量百分比	投放广告的楼盘总数/家	投放次数最多区域
别墅	160	6.9%	12	江宁
公寓	141.5	5.8%	7	城中
旅游房产	68.5	2.8%	7	黄山
商铺	178.5	7.4%	20	城中
商住楼、写字楼	302	12.4%	29	城中
住宅	1572	64.7%	129	江宁

2013年11、12月，按投放广告楼盘的物业类型统计，住宅类广告占投放量的64.7%，按区域排名，江宁地区的住宅和别墅的广告投放量仍然是各区中最高的，城中的商铺和商住楼、写字楼的广告投放总量最高，外地旅游房产中黄山地区的楼盘投放总量最高。

8.5　开发商楼盘平面广告投放量统计（表3-4-17）

表3-4-17　2013年11、12月开发商楼盘平面广告投放量前五名统计

开发商排名	投放广告次数	投放广告版面总量	投放广告版面总量排名
雨花城建综合开发总公司	24	120	1
银城房地产	19	95	2
振宏民防开发公司	20	73.5	3
南京21世纪房地产开发有限公司	22	67.5	4
南京百家湖房地产开发有限公司	20	64	5
南京红太阳房产	14	62.5	6
南京江山房产	24	61.5	7
南京明月建设集团	21	55	8
南京万科置业有限公司	19	53.5	9

2013年11、12月南京楼盘平面广告开发商投放总量统计显示，投放总量前三名的开发商是雨花城建综合开发总公司、银城房地产、振宏民防开发公司，这三个开发商2013年11、12月投放各自楼盘平面广告总量各达120、95和73.5个通栏。

8.6　南京地区各平面媒体影响度分析（表3-4-18）

表3-4-18　2013年11、12月南京平面类媒体发布房地产广告量统计

媒体排名	发布广告次数	发布广告量排名	发布广告量	平均日发布广告量
金陵晚报	268	1	720	11.80
现代快报	245	2	709.5	11.63
南京晨报	135	3	386	6.33
扬子晚报	96	4	298.5	4.89
南京日报	46	5	126.5	2.07

2013年11、12月，这两个月的监测数据显示，南京平面类媒体接受房地产类平面广告月总量达2430个通栏广告，其中金陵晚报以月发布720个通栏的发布量排名第一，平均日发布广告量达11.80个通栏，现代快报以发布709.5个通栏的发布量排名第二，平均日发布广告量达11.63个通栏，南京晨报以发布386个通栏的发布量排名第三。从发布广告次数和平均日发布广告量两个角度统计，现代快报、金陵晚报和南京晨报分列前三位。

8.7　楼盘形象宣传主题跟踪分析

1. 2013 年 11、12 月楼盘平面广告投放主题类型分析

从总体来说，近期楼盘营销宣传有两个主要趋势，一个是宣传楼盘的购买诱惑，采取这一策略的广告一般使用较为煽动的语言，强调投资回报价值；另一个明显趋势是从社会分层角度提出项目可为入住者追求高生活品质、差异化的生活方式及个性化的生活空间的可能。

2. 2013 年 11、12 月楼盘平面广告投放主题宣传用语一览（表 3-4-19）

表 3-4-19　房地产广告营销主题对比

楼盘名称	广告宣传主题
百家湖印象威尼斯	不应错过的机会
	经济领袖的选择
百家湖花园	是房子让家更幸福
	欧式水岸风情,生活纯色彩
	自然的理想居所
大地豪庭沿街旺铺	引领财富风暴
	至高视野至高境界
翠岛花城	第三次签约风景
	以货真价实的好产品,赢得市场
	双水景住宅
德基大厦	国际,新锐,人文
	400 棵梧桐树与会呼吸的玻璃幕墙
独立年代	世界太大,可惜太空了,城市太大,而自我太小
	商务会馆酒店生活
	投资型酒店式商务公寓
	利润最大化
东恒阳光嘉园	假日里的选择,度假风情住宅!
	回家・就是享受度假
夫子庙大世界商业城	地铁必经口,抢到即赚到
谷阳世纪大厦	IT 核心身份标签
	我们不能给您一个奇迹但能给您一个创造奇迹的空间
翰海翠庭	园林・别墅・自然・境界
	专属中产阶级的山水别墅升级版,惊世呈现
君临国际	我的黑夜比白天多
	纵情智慧,成就明天
	预约都市繁华,预演自由人生
	Happy 2014
	君临国际酒店式单身公寓国际自由部落
	预约都市繁华预演自由人生
	在君临国际学会珍惜现在
名嘉佳园	名嘉佳园春节后铁定上涨
	机会只等有眼光的人
	名家俊雅名嘉的凝眸相惜
	热烈祝贺名嘉佳园三天销售额突破 3000 万元
仁恒玉兰山庄	一种成功境界,一层人生体会
	别墅式公寓,别墅的生活空间
苏宁馨瑰园	卓越房型　实用为尊
	品味河西首席生活美宅
	都市新贵生活即将缤纷上演

8.8　从购房者相关特征分析媒体影响度

1. 购房者媒体偏好分析

根据购房会员俱乐部数据分析，对当前消费者获取楼盘信息的六个渠道的比例进行比较，如图 3-4-34 所示。

图 3-4-34 表明，目前购房者的信息获取渠道仍以报纸广告、电视广告、房产交易会三大渠道为主，报纸与电视的发布较为及时，但信息发布时间较为零散，而房地产交易会则将楼盘的模型、景观体现得较为直观，会员俱乐部数据显示，准购房者对这一渠道的认可有提高的趋势。从图3-4-34还可以看出，网络这种集合视、听、文本、图片、动态影像的集大成之新兴媒体，已受到越来越多房地产企业及营销代理机构的重视，动态文字、画面配上音乐的短片成为众多房地产网站年末页面的重要组成部分．我中心对南京市房地产网（WWW. E-NJHOUSE. COM）12 月某日的页面进行了统计，发现其各类房地产类、装修类产品广告及时条数已达 90 条，非高峰时刻在这个网站上同时在线的网民、准购房者的人数达 300~400 人，该网站日均发布二手房求购出售信息及房屋求租租赁信息达 500 条，网下成交速度为两周左右。

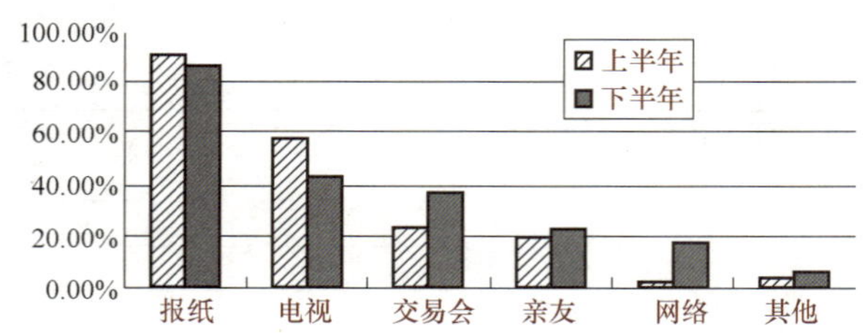

图 3-4-34　消费者获取楼盘信息的六个渠道的比例比较

决策地产研究中心建议，楼盘项目应适当加大网上信息发布量，因为毫无疑问，未来购买新商品房的主力群体，是追求新的生活方式、全面进入数字时代的人群。

2. 媒体广告对购房者决策的影响分析

据购房会员俱乐部最新数据，对就媒体宣传影响购房者决策程度统计见表 3-4-20。

表 3-4-20　媒体对购房决策影响程度统计

	比较大	一般	没有影响
报纸	25. 00%	61. 67%	13. 33%
电视	30. 00%	40. 00%	30. 00%
房产交易会	33. 33%	61. 11%	5. 56%
亲友推荐	55. 00%	38. 33%	6. 67%
网络	28. 70%	57. 00%	14. 30%

由表 3-4-20 可知，房地产广告投放组合已成为企业营销中面对的难题，很多开发商都明白，在实施的广告投放中，有一半广告费浪费了，根本没有效果或效果甚微，但哪一半浪费了却不知道。如何有效地制订媒介组合投放计划，实施广告投放，决策地产研究中心提供以下广告专项调研报告：分类媒介影响力分析、广告投放策略与销售实际相关性分析、不同投放时间与形式的实际受众反映、投放预案与前期受众反映测试、典型楼盘形象设计与广告创意研究。

决策地产研究中心可提供的其他广告专题研究项目：①广告投放及营销投入相关性研究；②广告创意研究；③分类项目广告案例研究。

第九部分 结 束 语

2013年房地产市场是纷争不安的一年，从年初的央行121号文和国务院18号文的房地产过热之争，到年底的土地市场整治规范、拆迁矛盾激化引出拆迁条例更新，尽管每一次事件都引起市场各方的诸多反应，但2013年南京市房地产市场仍然保持着高速增长。房地产开发投资创出历年的最高纪录，2013年房地产开发投资为183.8亿元，比2012年增长33.6%。全年南京商品房合同销售面积达到673万m^2，比2012年增长33.6%。商品房的价格继续一路高歌，2013年商品房价格比2012年增长20%。

几家欢喜几家忧，房地产开发商也都赚个盆满钵盈，但是人均年收入万元左右的老百姓购买均价超过4000元/m^2的住宅却感到非常吃力，尤其是无房可住的拆迁居民和低收入居民。为此政府采取了一系列的措施，满足中低收入居民的住房需求。2013年政府减缓并规范了市政拆迁，提高了拆迁的补偿标准，加大土地的供给，以缓解商品房供需矛盾，并且加大了经济适用房和中低价商品房建设力度，满足各收入层次的安居需求。

南京的房地产市场仍然处于初级市场阶段，初级市场的典型特征是高增长速度和市场秩序的不规范，根据中国其他市场的成长经验，任何一个初级市场，基本上都要经历8~10年的高速成长期（增长率在15%以上）。由于处在房地产高速发展时期，市场为卖方市场，开发商占主导地位，在这样难得的市场机遇前，几乎所有的开发商都可以轻松的获取利润。然而，市场经济的常态是过剩的经济，当房地产市场进入买方市场，市场环境和秩序逐渐规范后，现存的60%以上的开发商将被无情的市场淘汰。地产大战硝烟散，黄沙吹尽始见金，只有真正注重信誉、不断提高自身实力的开发商才能在规范后的房地产市场中继续发展。所以真正有长远眼光的开发商不仅仅考虑抓住当前的大好时机，也会真正对社会、消费者担负责任，建立起自己信誉、品牌，确保立于长久不败之地。

与2013年相比，2014年南京房地产市场的发展将面临很多变数。随着股市的复兴，必将有部分房地产投资者套现投入股市，投资者的退出将从两个方面影响房地产市场，一方面增加了市场的供给，一方面减少了房地产投资的需求，影响消费者信心，引起房地产供需连锁反应。城市建设拆迁也是影响房地产市场的一大因素，因为拆迁居民的需求缺乏弹性，拆迁购房的数量是需求量变化的主要动因。尽管房地产市场面临很多变数，但是受宏观经济形势继续向好的有利影响，以及随着城市建设和城市化进程的推进，居民改善居住环境的需求不断增加，南京房地产市场仍将继续快速地发展。

（南京抉策置业服务有限公司地产研究中心）

【报告点评】

本报告为一篇基础性常规研究报告，是常规层次的市场研究，比较浅显。但涉及面广，内容较为丰富，基础数据充分，而且报告涉及的内容多偏向房地产后期营销的市场调研，是了解南京整体房地产情况的一份很好的资料。若要作为房地产定位策划或战略策划的依据，则要再次对资料进行分析整理，并补充具体详细的对应资料，同时加以对资料进行判断与结论。

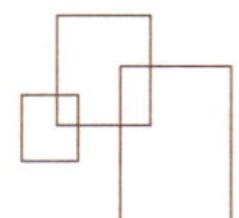

五、云南昆明市盘龙区白龙寺地块开发前期市场调研报告

报告目录

报告正文

第一部分 项目地块概况

1.1 地理位置

1. 区位状况

白龙寺项目地块位于昆明市盘龙区世博片区腹心地带，地处三环，临近二环路，坐落于白龙路与龙庆路交汇处。

2. 地块四至

项目地块东至昙小路，临近西南林业大学；南至枫桥尚院，临近龙华路；西至白龙路和世界花苑；北至南院路临近宁静小区和昆明理工大学白龙苑。

3. 交通状况

1）地块处于二环路和三环路之间，临近二环、三环高速路口，市域交通便捷。

2）地块周边除了白龙路是城市主干道外，其余周边道路多为小路，行车多有不便。

3）地块周边公交系统完善，出行方便。

4）未来地铁5、8号线经过，交通将更为便利。

4. 现状及规划状况

1）现状：项目地块相对规整，地面上多为棚户区，棚户面积接近地块面积的三分之二，需拆迁面积达到244106m^2，拆迁密度较高。

2）规划：2013年，国家发改委正式批准的《云南省旅游产业改革发展规划纲要》中提出，将昆明世博旅游板块作为云南四个旅游产业发展和改革综合试验区之一，打造城市康体休闲度假旅游试验示范区。世博旅游试验区，作为国家发改委批准建设的新区，以传统意义上的世博板块为核心，拓展至东部、东北部 27km² 的范围，并以生态旅游为引导，力求建成一个世界级的康体旅游休闲度假新区。

5. 周边环境情况

1）教育配套齐全：西南林业大学、昆明理工大学、博英学校、建华学校、灵芝幼儿园、云兴文武学校等。

2）居住氛围浓厚：项目方圆 1km 范围内分布着大量居住小区，如宁静小区、世界花苑、金色俊园、金昙花园、佳园小区、南亚未来城、郦岛嘉园、晨曦街洋房等。

3）人口密集、人文气息浓厚：地块周边不仅居住小区多，更是临近西南林业大学和昆明理工大学，人口密集，但人文气息却很浓厚。

4）生活配套齐全、商业有待升级：周边没有成型大型商圈，但各类生活设施配套齐全，商业多为临街小店，存在规模小、分布乱、环境差、档次低等缺点，急需升级换代。

5）环境优美，旅游资源丰富：昆明世博园、昆明金殿国家森林公园、白龙寺、昙华寺等。

1.2　基本数据

1）白龙寺项目规划占地面积约 153.97 亩，其中棚户区占地 93.32 亩，净用地面积约 126.35 亩，需拆迁建筑面积为 244106m²。

2）地块规划建设容积率为 4.5，建筑密度为 23%，绿地率为 36%，底商建筑面积为 379051.90m²。

第二部分　市场调研与综合分析

说明：此次市场调研分析在区域上不采用实际行政区划的区域来分析，而是采用概念上的区域划分，即把昆明主城区分成中市区、东市区、南市区、西市区、北市区和呈贡新区、空港区。

此市场调研中数据基本来自昆明市统计局、昆明市房管局，其他特殊来源在文中会特别注明。

2.1　昆明市房地产市场情况

1. 昆明市房地产概况

（1）从供应关系看：供大于求，供应和成交量均下滑。

从 2011~2014 年数据可看出，昆明商品房市场仍处于供大于求的状态。2014 年供求比由 2013 年的 1.44 上升至 1.54，企业库存压力进一步增大。

2015 年上半年，新批准预售面积相比 2014 年同期减少了 41.03%。全市各类商品房成交面积与 2014 年同期相比减少 10.25%（表 3-5-1）。

（2）从成交均价看：逐步下跌，跌到 8000 元/m² 以下。

2014 年，成交均价 8178 元/m²，同比下滑 2.1%。

2015 年上半年，昆明的住宅均价环比出现了下跌，且跌幅达到 1.15%。6 月，昆明新房均价跌到 8000 元/m² 以下。

表 3-5-1　2015 年上半年和 2014 年上半年供求增幅情况

	2014 年上半年	2015 年上半年	增幅
新增预售面积/万 m²	899.6	530.49	-41.03
成交面积/万 m²	481.5	536.5	-10.25

（3）各物业供应与成交情况：住宅为主导，成交价格均有所下跌。

供应情况：2014年，住宅供应面积782.14万m^2，占整体供应的43.39%；因房管局系统问题新增供应出现370.77万m^2的差额部分，此差额部分无法区分物业类型，差额部分占整体供应的20.57%，商业物业供应面积153.36万m^2，占整体供应的8.51%，办公物业供应面积214.12万m^2，占整体供应的11.88%。

成交情况：2014年住宅成交面积760.66万m^2，占整体成交的64.81%，商业物业成交面积97.63万m^2，占整体成交的8.32%，办公物业成交面积126.03万m^2，占整体成交的10.74%。

2. 昆明市房地产各业态发展情况

（1）昆明市商品住宅发展情况。

1）南市区供应和成交均遥遥领先。从区域来看，南市区供应、成交遥遥领先，其次为北市区、西市区，东市区及空港经济区供应、成交量较小。

2）90~144m^2的户型最受推崇。从市场情况看，2014年，开发商推盘销售的房源中90~144m^2的户型占51%，其次为90m^2以下面积的户型占比23%。而商品住宅去化的情况来看，90~144m^2的户型也最受推崇，占比52%，90m^2以下面积的户型占比25%。

3）2014年年底各区域、板块住宅存量情况。截至2014年年底，昆明全市二级市场商品住宅库存量为856.63万m^2，若以2014年1~12月的平均销售速度来计算的话，存量面积需近14个月的时间进行消化，库存压力较大。

4）2015年上半年住宅成交情况。以刚需类产品去化为主，在利好政策的刺激下改善户型出现短暂的回升。成交面积主要集中在80~90m^2和120~144m^2这两个区间。

整个市场以刚需类产品去化为主，80~90m^2的刚需类型产品在市场下行中抗风险能力较强。

120~144m^2的改善类产品一方面受利好政策刺激，部分改善型客户进入市场；其次，部分改善型客户选择在市场下行期进行换房，可降低后期换房成本。教育、品质成为吸引改善型客户的核心因素。

（2）昆明市商业物业发展情况。

1）南市区商业成交量最大，中市区价格最高。从各区域来看，2014年供应主要来自南市区、中市区、西市区、北市区，4区域占据全市商业总供应量的83%；成交方面南市区居首，成交面积为36.61万m^2，其次为中市区，成交面积为23.7万m^2；从成交均价看，中市区最高为26108元/m^2，其次是南市区21339元/m^2，最低为空港经济区仅14249元/m^2。

2）南市区商业存量最大。截至2014年年底，昆明全市二级市场商业物业库存量为307.26万m^2，从库存的区域分布来看，南市区库存量最大，为101.01万m^2，其次为中市区、北市区、呈贡，存量分别为61.47万m^2、48.83万m^2、47.41万m^2；空港存量最少，为1.06万m^2，其次为东市区，存量为7.83万m^2。

3）2015年上半年商业物业发展情况。2015年上半年受经济大环境影响，投资市场不旺，投资者信心不足，倾向低风险项目，因此整体商业市场较为冷清。

2015年上半年商业市场成交的面积主要集中在10~30m^2、30~50m^2、50~80m^2，去化占比达18%~27%，整体商业市场销售难度较大，去化项目统计达58个，整体去化呈现零散状态；200m^2以上的去化主要集中在项目大客户方面，数量极少，属于可遇不可求。

商业运营风险是目前客户考虑的主要因素，纯销售的商业难度大于自持部分的商业项目。

（3）昆明市办公物业发展情况。

1）南市区办公成交最多，中市区价格最高。从各区域来看，各区供应、成交差距均较大。2014年南市区办公供应、成交均最多，分别为68.45万m^2、46.90万m^2，空港区无办公物业供应，成交也仅为 0.15 万 m^2。从成交均价看，中市区最高为 12727 元/m^2，其次是东市区 11784 元/m^2，最低的是呈贡区仅 7946 元/m^2。

2）南市区办公物业存量最大。截至 2014 年年底，昆明全市二级市场办公物业库存量为 346.56 万 m^2，从库存的区域分布来看，南市区库存量最大，为 142.89 万 m^2，其次为西市区、中市区，存量分别为 67.84 万 m^2、66.24 万 m^2；东市区存量最少，为 1.58 万 m^2，其次为呈贡区，存量为 31.52 万 m^2。

3）2015 年上半年办公物业发展情况。2015 年上半年办公物业成交难度剧增，部分客户转向投资股市，整体市场缺乏办公物业投资氛围。办公物业成交面积主要集中在 30~100m^2，主要集中在南市区和西市区，整个办公物业市场略显冷清。整个办公物业市场主要呈现供大于求的状态，城市承载商务办公需求方面的能力较弱，随着面向东南亚城市的拓展，或将迎来新的发展机遇。

3. 昆明市房地产发展趋势

1）在供求关系方面，昆明在近几年的房地产市场上均呈现供大于求的局面，特别是 2014 年供应量达到了顶峰，但成交量却在下滑，而在 2015 年政府在源头控制了市场供应量。未来几年内，昆明市场将以去化库存为主。

2）在成交和价格方面，昆明市场处于供大于求的状态，且近年来经济大环境下行，房地产成交难度巨大，价格上涨的概率也极低。因此未来 2~3 年，昆明市场成交情况相对平稳，价格波动不大。短期内，可能会出现发展商“甩货走量、以价换量”的方式降低售价，促进销量。

3）住宅物业方面，未来几年内仍以小户型、刚需类产品为主导，部分改善类产品为辅助补充市场。

4）商业物业方面，受经济大环境下行的影响，未来短期内商业市场仍持续不旺的低迷局面，小户型、低风险的商业产品比较受客户青睐。

5）办公物业方面，在整个办公市场供大于求的状态和经济下行的情况下，昆明办公市场将持续低迷，但随着面向东南亚城市的拓展，或将迎来新的发展机遇。

2.2 东市区房地产市场情况

说明：项目位于世博板块，属于东市区范围内，故下面以分析东市区房地产市场情况为主。

1. 东市区房地产概况

（1）东市区房地产发展情况。东市区是昆明市房地产开发最早的区域，但目前开发相比其他片区略显落后，且区域环境杂乱，交通拥堵，市政配套滞后。而随着最近这几年新机场的修建、二环的改造、东三环的通车以及城中村改造的陆续推进，东市区迎来了重大发展机遇。

东市区房地产项目较为集中的板块主要为世博板块、东白沙河板块、空港经济区板块。但与其他区域房地产市场发展情况不同的是，除了这三个板块外，东市区其他区域的房地产发展并不突出，房价水平也相对较低。

（2）东市区城市定位与规划。东市区区域定位为：以城市居住为主要功能，兼有商业金融、贸易咨询、旅游服务、教育科研等功能，依托空港经济区及周边区域，发展相关配套产业的城市综合区域。

2011 年，昆明市提出的《城市近期建设规划 2011~2015》中，东白沙河片区被确定为重点发展区。在盘龙区确定的“十二五”规划中，明确指出东白沙河片区是昆明向东发展的依托地区，承担疏解主城人口和城市功能的职能，形成以旅游休闲和高品质居住为主导的主城东市区生态社区。

2013 年，国家发改委正式批准的《云南省旅游产业改革发展规划纲要》中提出，将昆明世博旅游板块作为云南四个旅游产业发展和改革综合试验区之一，打造城市康体休闲度假旅游试验示范区。世博旅游试验区，作为国家发改委批准建设的新区，以传统意义上的世博板块为核心，拓展至东部、东北部 27km^2 的范围，并以生态旅游为引导，力求建成一个世界级的康体旅游休闲度假新区。

（3）2014 年东市区房地产概况。2014 年，东市区房地产供应面积达 135.89 万 m^2，占昆明整体房地产供应量的 7%。成交面积达 60.88 万 m^2，占昆明整体房地产成交量的 5%。成交均价为 8043 元/m^2，仅次于中市区的 10280 元/m^2 和南市区的 9174 元/m^2，位居昆明各区域第三。

2. 东市区房地产各业态发展情况

（1）东市区住宅物业情况。

1）2014 年东市区住宅供应与成交方面。住宅新增供应量为 85.57 万 m^2，成交面积为 50.52 万 m^2，成交销售均价为 7656 元/m^2。在全市各区域中供求量和售价均位居中位。

2）2014 年东市区住宅存量情况。住宅累计存量面积达 64.22 万 m^2，共计 5303 套。若以 2014 年的销售趋势计算，还需 1 年 4 个月时间方能完全去化。

（2）东市区商业物业情况。

1）2014 年东市区商业供应与成交方面。商业新增供应为 7.55 万 m^2，成交面积为 2.20 万 m^2，是全市各区中成交量最少的一个区域，成交销售均价为 21170 元/m^2。

2）2014 年东市区商业存量情况。商业累计存量面积达 7.83 万 m^2，共计 639 套。若以 2014 年的销售趋势计算，还需 3 年 6 个月时间方能完全去化。

（3）东市区办公物业情况。

1）2014 年东市区办公供应与成交方面。办公新增供应面积为 1.80 万 m^2，成交面积为 3.45 万 m^2，是供应和成交量在全市各区域中较少的一个，仅比空港区多。成交销售均价为 11784 元/m^2。

2）2014 年东市区办公存量情况。办公累计存量面积达 1.58 万 m^2，共计 166 套。若以 2014 年的销售趋势计算，不用 1 年时间就能完全去化。

3. 东市区房地产发展趋势

1）随着东市区的逐渐成熟，这个依托完善周边配套的区域将逐渐被唤醒。目前，东市区楼市正在向着城市化高速发展，东市区将更好地发挥优势，将区域居住、商业、旅游等功能不断完善，成为一块真正的价值洼地。

2）随着东市区的发展，必将涌入大量来此工作、经商、居住的人群，其中以年轻群体为主，因此未来 5 年内东市区的住宅需求以刚需小户型为主。

3）商业方面，未来几年内，商业需求将会逐步扩大，档次需求以中端偏上的商业为主导。

4）办公方面，目前区域内办公物业相对较少，未来几年中端、中高端的写字楼需求会增加。

5）房价方面，现阶段房地产大环境低迷，未来三年内，房价会持续平稳，略有小幅度上扬。

2.3　主要竞争性项目分析

1. 住宅类主要竞争性项目分析

（1）俊发盛唐城见表 3-5-2。

表 3-5-2　项目情况

项目名称	俊发盛唐城
项目地址	盘龙区穿金路与北辰大道交汇处
物业类型	住宅、公寓、写字楼、商业
建筑类别	塔楼、高层
装修状况	毛坯
占地面积/m^2	485333
建筑面积/m^2	2250000
销售均价/(元/m^2)	8300
项目定位	项目采用了“两区一街”的前瞻性规划理念，通过时尚的建筑设计风格、别致的物业形态，用7大体系构筑一个全新时尚艺术之都
项目特色	俊发盛唐城商业街区长度约为1km，街区以时尚艺术生活为主题，将独栋式的商业与立体化的垂直交通体系相结合，打造了4条不同功能的全业态步行街区

（2）世博首岸见表3-5-3。

表 3-5-3　项目情况

项目名称	世博首岸
项目地址	盘龙区龙庆路佳园上居旁
物业类型	住宅、酒店
建筑类别	塔楼、高层
装修状况	精装修
占地面积/m^2	26642
建筑面积/m^2	92654
销售均价/(元/m^2)	16000
项目定位	为城市财富知识阶层打造的高端住宅
项目特色	大平层豪宅。项目为精装修房，由国际巨头HBA倾力打造，媲美国际奢华五星级酒店，全国际用材用品，造价5500元/m^2

（3）誉峰国际见表3-5-4。

表 3-5-4　项目情况

项目名称	誉峰国际
项目地址	盘龙区金辰街道办事处清泉村（铂金大道与昆曲路交叉口东南地块）
物业类型	住宅、商铺、写字楼
建筑类别	板楼、高层、超高层
装修状况	简装修
占地面积/m^2	170473
建筑面积/m^2	654782
销售均价/(元/m^2)	7800
项目定位	项目打造成为一个以健身、休闲、生态、娱乐、购物、商务办公和居住功能相结合的建筑群
项目特色	以生态、绿色为建设宗旨

（4）朝九晚五见表3-5-5。

表 3-5-5　项目情况

项目名称	朝九晚五
项目地址	盘龙区东三环与寺瓦路交汇处
物业类型	住宅、小型综合体
建筑类别	板楼、小高层、高层

（续）

装修状况	毛坯
占地面积/m^2	70000
建筑面积/m^2	206033
销售均价/(元/m^2)	8100
项目定位	人性化、生态化、低密度、高品质住宅小区
项目特色	人性化、生态化、低密度、高品质

（5）瑞鼎城见表3-5-6。

表3-5-6　项目情况

项目名称	瑞鼎城
项目地址	盘龙区石闸立交桥旁周家营
物业类型	住宅、商业
建筑类别	板塔结合、高层
装修状况	毛坯
占地面积/m^2	133334
建筑面积/m^2	805000
销售均价/(元/m^2)	待定
项目定位	集国际化商业体、198m商务地标写字楼、时尚公寓、五星级商务酒店、精品标杆华宅、城市景观公园的全功能城市综合
项目特色	全功能城市综合体

2. 办公类主要竞争项目分析

（1）中企万派中心见表3-5-7。

表3-5-7　项目情况

项目名称	中企万派中心
项目地址	盘龙区龙华路与昙小路交叉口
物业类型	标准写字楼
建筑类别	高层
装修状况	毛坯
占地面积/m^2	25666
建筑面积/m^2	110000
销售均价/(元/m^2)	14000
项目定位	“昆明首座，花园里的美学立体商务体”，打造出一种能够引领商务潮流的产品
项目特色	纯粹的LOFT产品、3层底层商业中心

（2）亚洲创意产业城见表3-5-8。

表3-5-8　项目情况

项目名称	亚洲创意产业城
项目地址	盘龙区白龙路与龙庆路交叉处
物业类型	标准写字楼
建筑类别	高层
装修状况	毛坯
占地面积/m^2	63715
建筑面积/m^2	266140
销售均价/(元/m^2)	9000
项目定位	集甲级写字楼、娱乐购物中心、五星级酒店的高端城市综合体、城市次中心
项目特色	超大规模，一座国际豪华五星级酒店；一个亚洲创意产业论坛；两座大师级艺术博物馆；三大核心创意产业升级；四大城市板块发展中心；五大娱乐购物中心群；七大城市交通主干线；八座国际甲级写字楼

（3）金恒财富广场见表3-5-9。

表3-5-9　项目情况

项目名称	金恒财富广场
项目地址	盘龙区白云路官房广场旁
物业类型	标准写字楼
建筑类别	高层
装修状况	毛坯
占地面积/m^2	66666
建筑面积/m^2	270000
销售均价/(元/m^2)	12000
项目定位	全新打造办公自动化系统、通信自动化系统、消防自动化系统、安保自动化系统、楼宇自动控制系统5A型写字楼，配备7部高速品牌电梯，采用双Low-E玻璃幕墙技术，具有防尘、隔声减噪、防止紫外线等功能的智能化自动化写字楼
项目特色	真正5A型写字楼

3. 商业类主要竞争项目分析

（1）车行天下国际汽车城见表3-5-10。

表3-5-10　项目情况

项目名称	车行天下国际汽车城
项目地址	盘龙区机场高速与寺瓦路交汇处
物业类型	综合体/购物中心
建筑类别	大卖场，小高层
占地面积/m^2	55622
建筑面积/m^2	110280
销售均价/(元/m^2)	25000
项目定位	涉及汽车全业态：新车4S店集群、新车展示、二手车整车评估交易、汽车主题商业街区、其他后市场业态、商务活动会议会展配套、商务酒店、办公功能配套等，致力打造领袖级汽车全产业平台
项目特色	汽车全业态的大型汽车主题公园

（2）置地广场见表3-5-11。

表3-5-11　项目情况

项目名称	置地广场
项目地址	盘龙区北京路与人民路交汇处
物业类型	住宅底商、社区商铺
建筑类别	塔楼、群楼
占地面积/m^2	27207
建筑面积/m^2	217657
销售均价/(元/m^2)	18000
项目定位	置地广场将建成集甲级写字楼、住宅为主，融合裙楼、地下商业等多种配套设施为一体的昆明城市核心区标志性建筑
项目特色	办公主塔楼高267m，世博板块标志性建筑

2.4　昆明市房地产市场综合分析

1）供应和成交均以住宅为主导。

2）成交以刚需类产品去化为主，改善类产品为辅。

3）整体市场仍处于供大于求状态。

4）近两年来，供应面积和成交面积均在减少。

5）成交均价从8字头跌到7字头。

6）南市区存量最大，其次是北市区、呈贡新区、东市区、空港区。

第三部分 项目地块价值评估分析

3.1 项目地块优劣势分析

1. 项目地块优势

（1）地理区位优越。位于盘龙区中心的世博片区，处于三环中心，临近二环。

（2）交通条件便利。地块三面临路，公交系统便利；地处二环、三环高速路口，市域交通便捷；未来地铁5、8号线经过，出行更为方便。

（3）居住氛围浓厚。周边住宅小区环绕，人口集聚，居住氛围浓厚。

（4）生活配套成熟。地块周边各类生活配套发展成熟，种类齐全。

（5）人文气息浓厚。地块临近西南林业大学和昆明理工大学，人文气息浓厚。

（6）休憩空间广阔。临近世博生态园和昆明金殿国家森林公园。

（7）地块相对规整。地块相对方正平整，规划布局相对容易。

2. 项目地块劣势

（1）拆迁密度较高。地面上多为棚户区，棚户面积接近地块面积的三分之二，需拆迁面积达到244106m^2，拆迁密度较高。

（2）区域社区商业有待升级。地块周边没有形成规模的大型商圈，整体形象偏低，有待升级换代。

（3）市场竞争大。地块周边分布着不少房地产项目，项目二级开发带来一定的竞争。

3.2 项目地块核心价值

区位决定价值。项目位于盘龙区世博片区腹心地带，更是三面临路，临近两所高校、世博园、生态园，人口密集，周边各类配套齐全。

3.3 区域土地市场分析

1. 区域土地市场概况

1）近年来，昆明市的土地供应和成交情况均呈下滑趋势。2014年昆明主城区及周边郊县土地供应量同比2013年减少36.63%，成交量同比下跌32.42%。

2）近年来，昆明市郊县区成土地供应大户，但成交量仍比主城区少。2014年昆明主城区及呈贡新区共供应占全市整体供应的47.5%，成交占全市整体成交的55.39%。据不完全统计，2014年昆明市郊县区供应土地占到全市整体供应的52.5%，成交量占全市整体成交量的44.61%。

3）近几年，昆明市土地成交结构，以住宅为主，商业用地逐年上升。

4）昆明市土地交易市场中，属盘龙区成交均价最高。2014年，盘龙区成交均价为611.42万元/亩，而昆明主城区及呈贡新区商品房用地成交均价仅为189.23万元/亩。

5）昆明土地成交主要集中于官渡区、呈贡新区。2014 年，住宅用地主要集中在呈贡新区、五华区及官渡区；商业用地以呈贡新区成交最多。2015 年至今，土地成交分布平衡，西山和呈贡成交量最大。

2. 2014 年区域土地市场情况

（1）2014 年昆明市土地供应和成交情况均比 2013 年下滑。2014 年昆明市主城区及周边郊县共供应 315 宗土地，供应面积为 18643.58 亩，同比 2013 年的 29421.28 亩，下跌 36.63%；2014 年昆明及周边郊县共成交 242 宗土地，总成交面积 14861.65 亩，与 2013 年全年成交总面积 21992.62 亩相比，同比下跌 32.42%；成交金额为 183.88 亿元，与 2013 年成交金额 424.40 亿元相比，同比下跌 56.67%。昆明郊县数据为不完全统计。

（2）2014 年昆明市城区土地供应量少于郊县区，但成交量大于郊县区。2014 年昆明市主城区及呈贡新区共供应 159 宗土地，供应面积为 8856.21 亩，占整体供应的 47.5%；昆明市主城区及呈贡新区共成交 138 宗土地，成交面积为 8231.98 亩，占整体成交的 55.39%，成交金额为 155.77 亿元。2014 年昆明市郊县区成为供地大户，据不完全统计，昆明郊县区供应土地 157 宗，供应面积 9787.37 亩，占到整体供应的 52.5%。

（3）历年昆明市土地成交结构，以住宅为主，商业用地逐年上升。2010～2014 年，昆明市土地成交仍然以住宅为主，商业用地成交逐年上升。2014 年昆明市住宅用地成交面积为 8790.71 亩，与 2013 年的 18770 亩相比，下跌了 53.16%。商业用地成交面积为 8514.08 亩，同比上升 18.48%。

（4）昆明市主城区土地成交单价中盘龙区成交均价最高。2014 年昆明市主城区及呈贡新区商品房用地成交面积为 8231.98 亩，成交单价为 189.23 万元/亩。盘龙区土地成交面积为 102.66 亩，成交均价为 611.42 万元/亩，成交均价仍居各行政区之首；其次是官渡区和西山区，成交均价分别为 337.198 万元/亩和 330.48 万元/亩，五华区和呈贡新区成交均价相对较低。土地成交主要集中于官渡区及呈贡新区，分别成交 3608.59 亩和 1854.36 亩。

（5）2014 年昆明市住宅用地成交主要集中在呈贡新区、五华区及官渡区。2014 年昆明市主城区及呈贡新区共成交住宅用地 5594.58 亩，成交区域主要集中在呈贡新区、五华区及官渡区，面积分别为 2063.81 亩、1524.19 亩、1254.88 亩。盘龙区成交面积最少，仅为 94.23 亩，但成交均价最高，为 607.46 万元/亩。

（6）2014 年昆明市商业用地成交以呈贡新区最多。2014 年昆明市主城区及呈贡新区共成交商业用地 2242.78 亩，成交区域最多为呈贡新区，面积为 1485.12 亩，其次为官渡区，面积为 566.93 亩。成交均价最高的区域为西山区、五华区，分别为 376.65 万元/亩、355.08 万元/亩，2014 年盘龙区无商业用地成交。

（7）盘龙区土地供求量少，仅有住宅用地成交，无商业用地成交。2014 年，盘龙区土地供应和成交量均是昆明主城区中最少的，土地供应量仅有 251 亩，土地成交量仅有 103 亩，成交均价为 611.42 万/亩，为全市土地成交价最高。其中，住宅用地成交量有 94.23 亩，成交均价为 607.46 万/亩，为全市住宅用地成交价最高。

3. 2015 年上半年土地市场情况

（1）2015 年上半年昆明市的土地供地量及成交量亦呈锐减态势。土地成交面积 3342.22 亩，与 2014 上半年成交总面积 12523.94 亩相比，同比下跌 73.3%；成交金额为 70.32 亿元，与 2014 年上半年成交金额 108 亿元相比，同比下跌 34.9%。据搜房网统计，2015 年上半年昆明（主城及呈贡新区）土地市场共 89 宗土地入市交易，其中，流拍共计 9 宗，80 宗地块顺利成交，总成交面积 3342.22 亩，成交金额为 70.32 亿元。

(2) 土地成交分布平衡，西山和呈贡成交量最大。2015 年上半年，昆明主城及呈贡新区供地 89 宗，土地成交宗地数量为 80 宗。各行政区中，土地成交数量最多的是西山区，共 27 宗，占总成交数的 27%；其次是呈贡新区，24 宗，占总成交数 24%；官渡区排第三，15 宗，占总成交数的 15%。

4. 2015 年前三季度盘龙区土地市场情况

2015 年前三季度，土地供应面积 115958.7m²，成交面积为 108526.89m²，成交均价为 633.54 万/亩。其中住宅用地成交面积为 93175.48m²，成交均价为 669.20 元/亩，楼面地价为 3387 元/m²（表 3-5-12）。

表 3-5-12　2015 年前三季度盘龙区土地市场情况

<table>
<tr><th>宗数</th><th>地块位置</th><th>交易时间</th><th>面积/m²</th><th>规划用途</th><th>容积率</th><th>成交价/万元</th><th>成交均价/万元/亩</th><th>楼面地价/(元/m²)</th><th>竞得人</th></tr>
<tr><td rowspan="3">1</td><td rowspan="3">盘龙区穿金路 715 号</td><td rowspan="3">2015/1/29</td><td>31765.34</td><td>城镇住宅用地</td><td>>1 且≤3.9</td><td rowspan="3">91100.4</td><td rowspan="3">901.73</td><td rowspan="3">3581.94</td><td rowspan="3">昆明产业开发投资有限责任公司</td></tr>
<tr><td>4692.46</td><td>科教用地</td><td>≤0.74</td></tr>
<tr><td>30894.19</td><td>城镇住宅用地</td><td>>1 且≤4.11</td></tr>
<tr><td rowspan="2">2</td><td rowspan="2">昆明市盘龙区青云街道办事处</td><td rowspan="2">2015/5/8</td><td>10658.95</td><td>批发零售用地、住宿餐饮用地、商务金融用地</td><td>≤1.53</td><td>4892.94</td><td>306.03</td><td>3000.30</td><td rowspan="2">昆明农投置业有限公司</td></tr>
<tr><td>30515.95</td><td>城镇住宅用地</td><td>>1 且≤1.17</td><td>7140.12</td><td>155.99</td><td>1999.83</td></tr>
</table>

（数据来源：昆明市国土资源局盘龙区分局）

第四部分　项目运营及开发模式

4.1　项目运营模式

1. 订单式开发模式

此开发模式主要以商业地产开发为主，需经过四个环节，即联合协议、共同参与、平均租金、先租后建。简单来说，就是开发商联系好相应的品牌商家共同对地块进行考察，当品牌商家对该地块达至一定的满意度时，开发商就对该地块开发建设。此模式以万达的开发模式为代表。

2. 单一的出售模式

这是时下最为基础的运营模式，开发商拿地开发建设后直接出售房产。

3. 出售后统一管理

此模式叫售后返租和包租。这种模式不同于商业管理，为了使得投资与收益能够对买家产生吸引力，散售式商铺通常会定位为专业市场或者百货类租金收益高的商业形态，承诺包租或者投资回报。由于公摊大，如果按照大公摊出售总价过高，为了控制总价，开发商将项目切成小产权，增加销售数量，提高单价，降低总价。

4. 以租代售

所谓的以租代售方式就是将空置的商品房进行出租，并与租房者签订一个合同，在合同期内买所租的房，开发商即以租房时的价格卖给租房者，而租房者在租房期内所交的房租，可以抵冲部分购房款，待租房者付清所有房款后，便获得该房的全部房产权；如果租房者在合同期限内不购房，则作退租处理，先期交纳的租金可以作为房产开发商收取的房租。

5. 开发商出售加持有

开发商出售部分物业后，自持一部分物业自行运营管理。

6. 开发商完全持有

开发商不出售物业，全部由开发商自持运营管理。

7. 出售使用权

有些开发项目由于土地性质原因而不能出售，只能出租。开发商为快速回笼资金，降低风险。可选择一次性出售多年使用权，即一次性收回多年的租金。

4.2　项目土地一级开发模式

1. BT 模式（固定收益模式或工程总包模式）

土地一级开发的 BT 模式又称固定收益模式或工程总包模式，指土地一级开发企业接受土地储备中心的委托，按照土地利用总体规划、城市总体规划等，对确定的存量国有土地、拟征用和农转用土地，统一组织进行征地、农转用、拆迁和市政道路等基础设施的建设，土地储备中心按照总建设成本的一定百分比作为经营加成。

很多地区对利润加成部分进行了相应规定，如昆明市规定，市级国有投资公司组织实施的土地一级开发整体项目，统一按照审计所确定的总投资额的 16% 给予投资回报，并计入土地收储成本。

2. 土地补偿模式

土地补偿模式指土地一级开发商在完成规定的土地一级开发任务后，土地储备中心并不是给予现金计算，而是给予开发企业一定面积土地作为补偿（可能需要走形式上的招拍挂）。在土地补偿模式下，项目竣工后需由第三方审计机构、第三方土地评估机构对开发成本及土地价值进行科学评估，以便合理结算。

土地补偿模式从 BT 模式的基础上演变而来，是开发商曲线拿地，实现一二级联动开发的典型的商业模式。对于开发商而言，该模式有利于获取优质土地，从二级开发市场获取远多于一级开发的资金回报，但要承担巨大的现金流压力；对于政府而言，该模式无须政府财政兜底，减轻了财政压力，同时拥有该地块的规划权和土地经营权，有利于确保项目的整体发展方向，但土地补偿绕开了招拍挂，或使招拍挂形式化，有悖公开、公平、公正原则，具有一定的灰色性和政治风险，因此，土地补偿属于较为隐秘的商业模式，市场上公开的此类案例几乎没有。

3. 利润分成模式

利润分成模式指土地一级开发商接受政府的委托进行土地一级开发，将生地做成熟地后移交给政府，政府以招拍挂的形式进行土地出让，土地出让金扣除土地开发成本、国有土地收益基金、农业土地开发资金、征地农民基本生活保障资金、教育资金、农田水利资金、市集中资金等计提款项后的收益部分在政府和企业之间按照一定的比例进行分成，一般而言，在土地出让金无法弥补土地开发成本的情况下，政府会承诺给予开发商较低的保本收益。

在分成模式下，分成比例因政府和企业博弈的结果而不同，不同的项目之间分成比例差别很大，有政府与企业按 6：4 分成的较低的比例，也有政府与企业按 1：9 分成的极高的比例。通常情况下，分成比例跟土地一级开发的难度大小有关，一些拆迁难度比较大，或者是地理位置相对较偏的地块，土地一级开发商的分成通常要高些。

利润分成模式有利于充分利用开发商的土地经营能力，调动开发商进行土地深度经营的积极性，获取较高的土地增值收益，是近年来十分流行的土地一级开发商业模式。

4. PPP 模式

PPP 模式也叫公私合营模式，即政府授权民营部门代替政府建设、运营或管理基础设施

（如道路、桥梁、电厂、水厂等）或其他公共服务设施（如医院、学校、监狱、警岗等），并向公众提供公共服务，利益共享、风险共担的一种商业模式。土地一级开发包含大量的基础设施和公共设施建设内容，是理想的PPP模式运行领域。土地一级开发的主要收入来源为土地出让收入，目前我国还没有允许私营部门出让土地、分享收益的法律法规，因此，真正意义上的PPP模式尚未在土地一级开发中明确使用，也没有公开的操作案例，现根据PPP模式的权责分配、投入产出等方面，模拟一个案例，以供参考。

A地方政府与B土地一级开发商就C地块（一般为十几平方公里甚至几十平方公里）的开发达成合作协议，在规定的合作年限内，B开发商负责地块内的土地平整、道路、管廊等基础设施建设工作，学校、医院、文化、体育公共设施建设及运营管理工作，产业规划、项目招商、宣传推广等产业发展服务工作，空间规划、建筑设计、物业管理、公共项目维护等基础性服务工作等；与此同时，B开发商以C地块内所新产生收入的该级政府地方留成部分的一定比例（即扣除上缴中央、省、市级部分后的收入）作为投资回报，如新产生的土地出让金、税后、非税收入及专项资金等；合作期限内，A政府只有监督监管的权利，不得随意干扰B开发商的合理经营，政府也不必为开发商的投资进行担保、兜底；合作期限结束后，开发商将C区块的基础设施、公共设施产权及经营权无条件交给政府。

在PPP模式下，开发商成为土地开发、土地经营甚至区域经营的绝对主力，其既有土地规划权也有土地经营权，不仅负责常规的基础设施建设，也负责公共设施的建设管理，还要负责产业规划、产业招商等产业服务工作，其收益主要来自由区域经营而新产生的土地、税收等收入，合作期限完成后，将项目所有权、经营权无偿移交给政府。政府将土地开发、土地经营、区域经营的权利授权给开发商，掌控区域发展方向的难度增大，但政府无资金投入，也无须兜底，没有任何财政压力，但需要制订严密、周全的监督监管措施，以防项目失败或发生重大发展偏差。

5. 各模式的利弊对比表（表3-5-13）

表3-5-13　各模式的利弊对比

		BT模式	土地补偿模式	利润分成模式	PPP模式
土地规划权		无	无	有	有
土地经营权		无	无	有	有
增值分配权		无	无	有	有
开发任务领域		部分	部分	全部	全部
政府财政兜底		需要	不需要	需要	不需要
主要盈利点		固定收益	二级开发	土地经营	区域经营
优点	政府	拥有土地规划、经营权，能够把控项目的发展方向，享受土地增值收益	无须财政兜底，减少财政负担，保证项目发展方向，享受土地增值收益	引入社会力量参与土地经营，有利于深度挖掘土地的潜在价值	只监管、不开发、不兜底，有利于减轻财政压力，增强经营水平
	开发商	任务清晰、风险小、收益稳定	获取优质土地，实现联动开发	深度参与土地经营，参与分享土地增值收益	多元化盈利
缺点	政府	需要兜底、财政压力及后续土地经营压力大	具有一定的政治风险	需要兜底、财政压力较大	失去了对于土地经营的控制权，掌握区域发展方向难度加大
	开发商	难以深度挖掘土地价值、不能享受增值收益	现金流压力大，政治风险	前期投入较多、现金流压力较大	资金压力较大，有一定亏损概率

4.3 项目一级土地开发模式建议

建议首先考虑 PPP 模式，其次考虑利润分成模式。

第五部分 融资渠道选择建议

5.1 银行贷款

银行信贷是房产企业融资渠道的主要途径。其具有便捷、实际经济成本较低、财务杠杆作用大，并可以通过调整长期负债和短期负债的负债结构来规避还债压力大等特点。但在当前形势下，银行贷款的门槛被大大抬高，面对资金瓶颈，开发商亟待开拓新的融资渠道。

5.2 房地产债券融资

发行房地产债券，直接向社会各方借债筹措资金。向投资者发行，同时承诺按一定利率支付利息并按约定条件偿还本金。

5.3 房地产信托

房地产信托是房地产企业融资的重要手段之一。现阶段，信托产品主要有两种模式：第一种是债权式房地产信托计划，即信托公司通过信托产品融集资金借贷给房地产企业，其优点是操作简便，管理简单，收益比较稳定；但资金的募集范围与数量均受到了制约，规模比较小。第二种是股权式房地产信托计划。这种方式是信托公司在集合资金后，以增资的方式，向房地产企业注资，持有房地产企业部分股权，房地产企业承诺两年后以溢价方式将股权回购，这种方式实质是阶段性股权融资的方式。

5.4 夹层融资（介于股权与债权之间的投资形式）

“夹层融资”（mezzanine financing）是指从风险与收益角度来看，介于股权与债权之间的投资形式。“夹层融资”可创新的金融产品很多，一部分可以转让成股份，一部分可以转让成债券；在结构上，可以是本金和利息按月付给投资人，也可以在前期急需资金的时候只支付利息，最后才归还本金。因此，其灵活性非常适合于房地产业。

“夹层融资”模式大致分为四种：

第一种是股权回购式，就是募集资金投到房地产公司股权中，然后再回购，这是比较基础的。

第二种是房地产公司一方面贷款，另一方面将部分股权和股权受益权给信托公司，即“贷款+信托公司+股权质押”模式。

第三种模式是贷款加认股期权，到期贷款作为优先债券偿还。

第四种模式是多层创新。在“夹层融资”，这种大的制度安排下，房地产金融创新空间很大，可在债权、股权、收益权方面进行多种创新组合。

夹层融资是一种准房地产信托投资基金。夹层融资可以绕开银监会 212 号文件规定的新发行房地产集合资金信托计划的开发商必须“四证”齐全、自有资金超过 35%、同时具备二级以上开发资质的政策，开发商可根据自身的偏好选择投资。而对于房地产商来说，夹层融资是一种非常灵活的融资方式，可以根据募集资金的特殊要求进行调整。夹层融资的提供者可以调整还款方式，使之符合借款者的现金流要求及其他特性。外来资金的投资加上自有资金的进入构成了夹层融资信托模式。该模式大量采用了基金要素进行设计，是我国房地产信托发展的主要方向之一。

5.5 其他多元融资

1. 房地产信托投资基金

房地产信托投资基金（Real Estate Investment Trusts，REITs），是一种以发行收益凭证的方式汇集特定多数投资者的资金，由专门投资机构进行投资经营管理，并将投资综合收益按比例分配给投资者的一种信托基金制度。

2. 合作开发

寻找有实力、有财力的单位进行合作开发，共同分享收益，共同承担风险。

3. 其他融资方式

此外，房地产企业还有建设单位垫资、房地产资产证券化、联合开发、典当融资、私募融资、开发商贴息贷款、售后回买及回租、海外融资、融资租赁、项目融资等众多融资渠道和途径。

5.6 融资渠道建议

综合考虑各种融资渠道的优劣性和项目公司的实际情况。建议采用融资渠道为“银行贷款+房地产信托”的组合融资模式，即是利用信托制度的特殊性、灵活性以及独特的财产隔离功能与权益重构功能，可以财产权模式、收益权模式以及优先购买权等模式进行金融创新，之后再与银行贷款充分结合起来，以达到最优的融资方式。

（广州万欣房地产代理有限公司）

【报告点评】

报告是为昆明一住宅土地作开发前期的市场调研报告，因此报告内容除了包含房地产一二级情况和地块研究之外，还有涉及房地产开发模式和融资渠道的内容。报告通篇有市场调研资料的呈现，也有对资料的整理分析，并能针对每个部分内容提出建设性建议，这是市场调研报告的正确形式，目前有不少市场调研报告，仅仅只是市场资料的堆砌，没有进行分析，更没有提出结论或者建议。

市场调研报告也并非一概而论，格式或者内容也并非可以照搬，而是根据调研的目的而定，涉及的内容要必不可少，不涉及的内容可以不要，或者略写。例如报告涉及的房地产开发模式和融资渠道，是绝大多数市场调研报告所没有的。

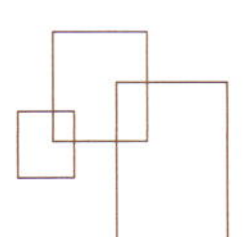

六、2015年江西南昌商业市场调研报告

报告目录

报告正文

第一部分　南昌市概况

1.1　城市概况

南昌市，江西省的省会，全国35个特大城市之一，自古以来就有“物华天宝、人杰地灵”的美誉。它有着2200多年的历史和深厚的文化底蕴，是国务院命名的“历史文化名城”。南昌不仅是生态环境优美的“江南水乡”，还是“军旗升起的地方”，是一座举世闻名的英雄城。多次荣获“全国文明城市”“全国卫生城市先进市”“中国优秀旅游城市”和“全国双拥模范城”称号。南昌市地处长江中下游，鄱阳湖西南岸，是唯一一个与长江三角洲、珠江三角洲和闽东南经济区相毗邻的省会城市，承东启西，纵贯南北。京九、浙赣、皖赣三条铁路线交汇于此，是京九线上唯一的省会城市；105、320、316国道纵贯南昌；昌北国际机场可达全国各大城市；水运经赣江入长江出东海。从经济学意义上看，南昌市已成为国际和东部沿海发达地区产业梯度转移的理想地区。

1.2　南昌市的宏观环境

全市50万元以上固定资产投资中第一产业完成24.04亿元，比2009年增长111.4%；第二产业完成785.49亿元，增长19.4%；第三产业完成1126.07亿元，增长41.2%。三大产业投资比例由2009年的0.8∶44.8∶54.4调整为1.2∶

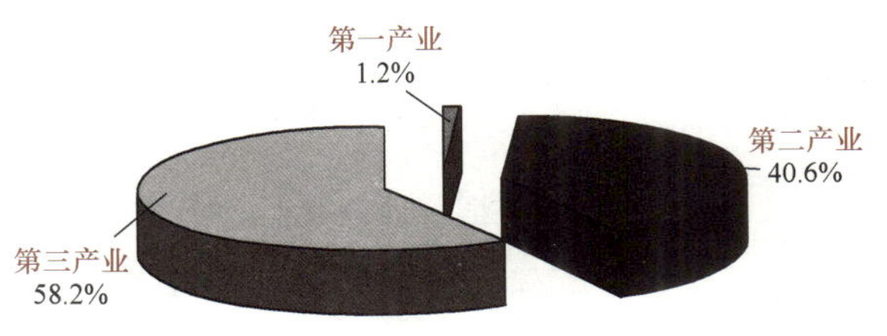

图3-6-1　南昌市三大产业投资比例

40.6∶58.2（图 3-6-1）。

1.3 南昌市人口

2010 年 11 月 1 日零时，全市常住人口总数为 5042565 人（不包括中国人民解放军现役军人和居住在市内的港澳台居民以及外籍人员），同 2000 年第五次全国人口普查的 4434160 人相比，十年共增加了 608405 人，增长 13.72%，平均每年增加 60840 人，年平均增长率为 1.29%（表 3-6-1）。

表 3-6-1 全市按行政区划分四县五区常住人口数

县、区	人口数/人	县、区	人口数/人
东湖区	575489	南昌县	1018675
西湖区	503822	新建县	795412
青云谱区	316723	进贤县	690446
湾里区	63963	安义县	180194
青山湖区	897841		

1.4 交通状况

南昌历来是华东地区的重要交通枢纽，也是国内外游客进出江西的主要集散地，铁路、公路、航空、水运相结合的立体交通网络四通八达，方便快捷。

1. 航空

昌北机场距市区 23km（昌九高速公路经过），每周有近百个航班抵达各地，航班主要通达线路有南昌至北京、福州、广州、海口、深圳、厦门、温州、西安、上海、香港等 25 条航线。

2. 铁路

京九铁路与浙赣铁路在境内贯穿交汇，南昌火车站每天有上百对直发或中转客运列车至全国各大中城市。

3. 公路

昌九、昌樟高速公路是连接赣江两岸的纽带，南昌各长途汽车线路有省际客车，通达广州、深圳、南京、合肥、义乌等近百个外省大中城市；有省内客班车，通达江西省内各个大、中、小城市或城镇。

1.5 南昌商业分布

南昌商业集中在以八一广场为核心的中心片区商业中心区，包含中山路、北京路、八一大道、福州路、胜利路等特色专业街，与其形成了商业网点密集、业态多样的市中心零售业网络，及以洪城大市场为核心的洪城板块，再依靠地段便利的交通形成了辐射全省的专业批发市场商圈。其余片区的商业特性多为单业态主导，零星商业配合的格局（表 3-6-2）。

表 3-6-2 南昌商业分布格局

板块	商业分布核心		主要业态
中心片区	八一广场为中轴，横贯穿中心路、胜利路、广场北路、孺子路	零售商业	服装、餐厅、酒楼、影楼、大型百货
洪城片区	洪城大市场	商品批发	服装、五金、家电、快速消费品
青云谱片区	井冈山大道	产品批发	建材、石材、五金、轻工业的产品批发
青山湖、京东片区	青山湖文化公园	产品批发	家居、家纺、汽车、摩托车、产品零售
红谷滩片区	红谷滩中心区	复合	汽车、商场产品零售

第二部分 南昌商圈分布

2.1 南昌商业布局现状（图 3-6-2）

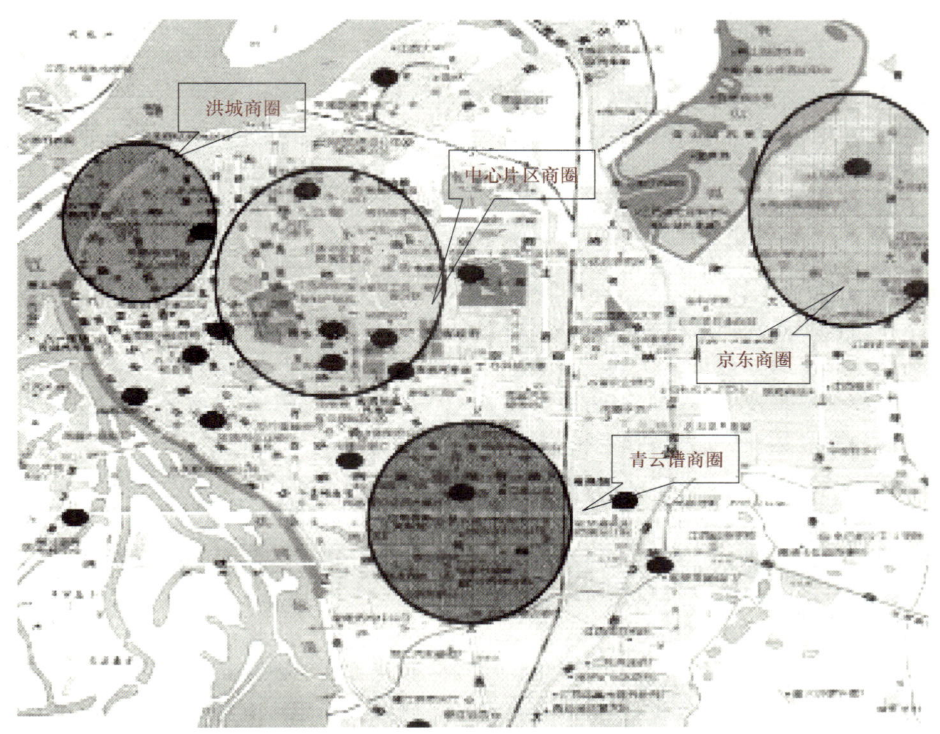

图 3-6-2 南昌商业布局现状

目前南昌市拥有商业网点 3 万余个，并拥有营业面积超万平方米的大型百货 10 多家、销售额超亿元的大型零售企业，太平洋（百盛）、沃尔玛、北京华联、上海农工商、上海华联等国内外知名零售企业也先后进驻，全市现已初步建成胜利路、中山路、抚河路、渊明路、孺子路、福州路等 8 条市级品牌特色一条街。

从整体商业布局看，南昌市商业正由市区向周边区域突破，在地域上大型百货、产业导向上形成多点核心的商业中心发展趋势。

2.2 中心片区商圈

中心片区已形成了以八一广场为核心的商圈，商业主要分布在以广场为中心，分别向北京西路、中山路、八一大道延伸的十字形商业圈内，大型商场主要云集在八一大道周边，而中山路、胜利路、孺子路、展览路等各类特色商业街则与之相互呼应。

1. 八一广场

八一广场作为南昌市第一个核心中心区，是江西最具现代大都市气派的地方。在重新改造后，以其为中心的 1km 商圈内，南昌百货大楼、新洪客隆商场、八一大道上紧邻广场的万达购物广场、财富广场、丽华购物广场、洪城大厦、太平洋购物广场呈七足鼎立之势。这七大百货类零售商场均分布在八一大道、北京西路和中山路上，车行较方便。八一大道与中山路、北京西路以广场为中心点呈十字形相交，而南昌百货大楼正位于八一大道与中山路的交汇点，是这七家商场中地理位置最好的一家。其他均在八一广场的周边 500m 范围内，其中新洪客隆商场、万达购物广场、丽华购物广场沿八一大道分布；太平洋购物广场坐落在中山路与象山北路的交汇点上；洪城大厦位于北京西路上。另外，沿八一大道，依托电信大楼而形成的电子通信商城及小型街铺、新大地会展中心的家电、计算机及其耗材产品市场进一步丰富了八一广场商圈的商品类型。

2. 中山路

中山路是一条自然形成的商业街，多为中高档品牌专卖店，中山路的大型商场自东向西依次为百货大楼、太平洋购物广场、金童女人城、万寿宫，但大型商场分布较错落，其间通过商业街来贯通，西段与沿江路交叉口一带为金融中心。中山路上各项配套完善，有八一公园、东湖、八一起义纪念馆等自然及人文景观，集购物、饮食、娱乐、参观等为一体，因而其人流量位居南昌市之首。

3. 胜利路

胜利路步行街北起八一大桥，南与中山路相交，主要经营服装、钟表、黄金珠宝，是在旧城改造的基础上建起来的，自从 2001 年开放以来，日渐成为来昌游客和市民的最佳选择之一。然而步行街的建设水准虽说一流，但因为缺乏商业规划，没有大商家，没有经营特色，随着胜利广场和时代广场的起步运营，会得到改善。

4. 展览路

广场北路又名展览路，是南昌市早期形成规模的商业街，南北连接八一广场与福州路，专营品牌女装，因其公交不便，周边配套不全，近几年在中山路的日益繁荣后日渐衰退，如今在八一广场商业发展的带动下，商业氛围有所回升。

5. 福州路

福州路是南昌市较具影响的运动、娱乐、餐饮一条街，由于省体育馆坐落于此，形成了相关的体育用品及运动服饰专卖店，并聚集了金昌利、圣陶沙等一系列高档娱乐场所，其间还分布了尚厨、王子音乐餐厅，而一些小吃、茶座等也日渐兴盛，大型平价药店开心人大药房、汇仁大药店也落户其中。

6. 孺子路

孺子路是誉满南昌及全省的饮食、娱乐一条街，整条街聚集了家常饭、玉兔、真真、民间饭庄等数十家餐饮店，其间有绿茵阁、大观园等酒吧和茶楼娱乐场所。另外，由于孺子路西端是南昌电信大楼，故沿西向东 50m 处还分布了一些经营通信器材的街铺。

2.3　洪城板块商圈

洪城路是南昌市主要对外交通的中心和枢纽，随着洪城大市场的建设与发展，洪城板块逐步形成了以洪城大市场为龙头的批发市场大商圈，商圈内的各大综合及专业市场几乎涵括了各门类商品，并辐射到全省乃至周边城市。

1. 综合批发市场

位于南昌大桥以东、洪城路以南的洪城大市场，成立至今 8 年，已成为综合批发市场的龙头，洪城大市场的逐步繁荣还带动其周边大市场的相继形成和发展，并形成了辐射全省的洪城板块批发市场商圈。

五华大市场是紧邻洪城大市场西侧市场四路而建的以机电类产品为主的综合性大市场，因配套设施的落后及经营管理不善而日渐萧条。洪城商圈内的抚生路上 10 万 m^2 的豪威大市场正在建设招

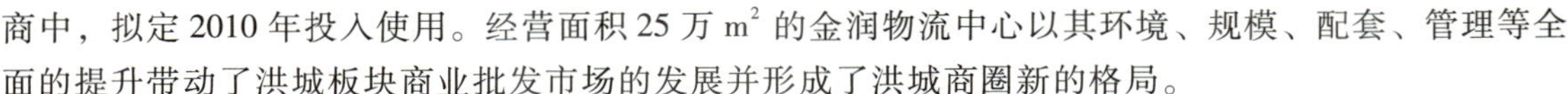

商中，拟定2010年投入使用。经营面积25万m^2的金润物流中心以其环境、规模、配套、管理等全面的提升带动了洪城板块商业批发市场的发展并形成了洪城商圈新的格局。

2. 专业批发市场

围绕着洪城大市场，周边相继建设了联信大市场、省家电市场、华东商贸城等三家专业大市场，总营业面积超过12万m^2。同时，在相距不远的司马庙立交桥附近，相继建成了江西省建材市场、南昌市建材市场两个专业市场，总体而言，这些批发大市场经营档次都不高。而近期相继建成的鸿顺德皮具市场、盛世东方服装城在内外部环境、经营管理等方面都有一定的提升。

2.4　青云谱片区

南昌市城南的青云谱区位于城乡接合部，商业业态主要以小型的临街店铺和专业市场为主，由于缺乏统一规划，商铺分布零散，而且规模小，装修及经营档次普遍偏低，商业氛围淡，尤其缺乏餐饮、娱乐以及大型零售商业设施，但片区内专业市场却具有一定规模和辐射力。青云谱区在新南昌市商业规划的定位是南昌向南向东物流集散中心和大市场聚集地。

1. 批发贸易市场

青云谱区全区共有商品市场16个，其中肉类制品批发市场、深圳农产品市场和水果批发市场都分布在井冈山大道上，而南昌建材大市场、摩托车交易市场，迎宾家具广场分别位于沿江南路、洪都南大道、迎宾大道上。另外在建的昌南大市场位于井冈山大道旁的包佛路上，定位为工业品市场。

2. 社区商业

本区域商业网点1100余个，新溪桥——包家花园商业街所在的井冈山大道是青云谱区的主干道，也是该区人口最密集的地方，分布了以北京华联为首的几个中型超市，此类超市已完全能满足当地居民的基本生活需求，由于超市所处位置交通方便，而且本身又有一定品牌知名度，已成为本区域居民主要的购物场所。

其他临街小商店主要沿井冈山大道分布，数量约300多家，消费对象主要为周边居民，其经营种类以日用消费品和小百货为主，档次低，分布比较零散，规模小，无法满足购物者一次性购物的需求。

2.5　京东片区

青山湖——京东片区位于南昌市东北部，面积较大，而且开发时间较短，故商业较分散，而且呈现小型化、低档次特点。

1. 社区商业

在南昌大学等大中专院校较集中的上海路、南京路一带，消费人口较多，消费层次不低，并且有时尚消费的需要。因而在南京西路中段有金阳光百货商场，南昌大学北院对面有来自深圳的大型零售商场——天虹商场，此外各沿街店铺及中小型超市，大部分餐饮业相对集中在上海路。另外，在高新开发区内，火炬广场周边聚集了一批为居民提供日常生活服务的超市、餐馆、日杂等社区商业，而居民的休闲购物以及大宗消费则一般选择在八一广场商圈进行。

2. 建材、家居专业市场

京东片区的人文景观资源十分丰富，整个区域近年的房地产开发量达到空前规模，2002年至今，已建、在建项目达21个之多，吸引了本地及外地家居业巨头的目光，由此引发了家居建材市场的争夺战。在原有的南京西中段的京东家具大市场外，又紧挨着兴建了京东·鹿鼎家居博览中心。另外高新大道上由港商投资的占地25万m^2的江西国际家居港已成功引进了东方家园，预计部分市场将于2011年初开业；再有就是解放东路与青山湖大道交汇处，由国内商业流通巨头——香江集团投资30亿全力打造的2000亩“南香江家居建材城”。如此巨大的商业体量一方面说明家居、建材类市场的发展潜力，但同时也预示着家居、建材市场将会面临的激烈竞争。

3. 其他

洪都北大道上还分布了众多汽车专卖店及维修店，虽然南昌市目前有三个大中型汽车城，但因为该路段形成较早、交通方便、形象展示效果好，而且社会认知度较高，所以仍有许多汽车经营商选择在此自建专卖店。

2.6 红谷滩新城商业中心

红谷滩作为南昌城市发展新区，正在以高标准、高起点进行建设，原有老昌北城区均改建，目前该地段的商业仅有八一大桥北引桥周边及丰和大道与庐山南大道交汇段服务于附近居民的社区商业。庐山南大道北段，南昌大桥北引线形成了昌北城的批发贸易体系。

1. 汽车贸易中心

建立在南昌大桥北引线的江西新建汽车交易广场开发较早，市场内集聚了一定的整车销售中心，另外在舍利甲收费站以北，已建成了占地约30万m^2的江西国际汽车城，该区域已经成为南昌市的专业汽车交易中心。

2. 商业中心

牛行片区是“一江两岸”格局的精华地段，现已进行全面拆建，作为南昌的陆家嘴来建设，起点高、未来消费层次高。根据南昌市政府规划，该片区将建设成昌北的市级商业服务中心，并集购物、休闲娱乐、餐饮于一体，也是继昌南城八一广场商圈后的又一南昌核心商业中心区，该规划预计将于2010年形成。

第三部分　南昌商业主要零售业态

3.1 大型商场当前业态分析（表3-6-3）

表3-6-3　南昌大型商场当前业态分析

商场名称	位置	经营面积/m^2	层数	经营类别	经营品种	经营状况	经营方式
百货大楼	八一大道与中山路交叉口	35000	5层	百货	家电、百货、服装、超市	自开业来状况良好	自营/出租赁
财富广场	八一大道（原文化宫旁）		写字楼30层、商铺5层	百货	服装、皮革、鞋帽		自营/出租赁
万达购物广场	八一大道（原文化宫内）		5层（包括地下层）		服装、超市、手机、餐饮		出租
百盛购物广场	中山路177号	30000	6层（包括地下层）	百货	超市、服装、珠宝、家电	开业前夕出现人气不足，现经营良好	自营/出租赁
洪城大厦	北京西路	32000	6层	百货	化妆品、日用百货、服装、家电	自开业来状况良好	自营/出租赁
洪客隆八一店	八一大道	30000	6层（包括地下层）	百货	食品、日用百货、化妆品、服装、精品	自开业10年来状况良好	自营/出租赁

（续）

商场名称	位置	经营面积/m^2	层数	经营类别	经营品种	经营状况	经营方式
大众购物中心	叠山路		四层（包括地下层）	百货	化妆品、家电、超市、服装	自开业来状况良好	自营/出租赁
金童商厦	中山路万寿宫对面	980 左右	3 层	百货	女装、饰品	状况良好	出租
国美电器	南京西路		5 层（包括地下层）	家电	计算机、小家电、家电	状况一般	自营
苏宁电器	老福山		3 层	家电	计算机、小家电、家电	开业来状况良好	自营
天虹百货中山路店	胜利路	54000	5 层	百货	超市、服装、家电、化妆品	良好	自营

3.2　生活超市（表 3-6-4）

表 3-6-4　南昌生活超市业态分析

名称	经营规模/m^2	经营内容	经营年限	经营现状	配套
沃尔玛广场店	10000	生鲜、日用、居家、进口百货等	6 年	优良	停车场，购物班车等
洪客隆象山店	10000	生鲜、日用、居家等	6 年以上	优良	—
万事达	5000	生鲜、日用、居家等	5 年以上	良好	—
家乐福	不详	生鲜、日用、居家、进口百货等	1 年	良好	停车场，购物班车等
麦德龙	不详	生鲜、日用、居家、进口百货等	1 年	良好	停车场，购物班车等

3.3　餐饮（表 3-6-5）

表 3-6-5　南昌餐饮业态分析

名称	规模	经营内容	经营现状	配套	人均消费/元	容客量/人
家常饭孺子店	不详	川菜、湘菜、浙江菜、粤菜、江苏菜、江西菜	良好	残疾通道、停车场等	25～50	600
0791 福州路店	1200m^2	江西菜、西式快餐	良好	残疾通道、停车场、TV 服务	25	1000
玉兔孺子店	不详	川菜、湘菜、粤菜、福建菜、江西菜	良好	残疾通道、停车场、TV 服务	25	700
一觉渔味	1000m^2	江西菜	良好	残疾通道、停车场	25～50	600
远东半岛	8000m^2	粤菜、江西菜、老字号、海鲜	良好	残疾通道、停车场	50～100	1200

3.4　娱乐（表 3-6-6）

表 3-6-6　南昌娱乐业态分析

名称	规模	经营类别	经营现状	配套	包房数量/个
天上人间	不详	夜总会	良好	停车场	60
环球嘉年华	1000m^2 以上	夜总会	良好	停车场	100
迪卡乐	不详	KTV	良好	停车场	81
方糖量贩	不详	KTV	良好	停车场	50
天圆钱柜	不详	KTV	良好	停车场	30

第四部分 南昌专业市场

南昌专业市场分析见表3-6-7。

表3-6-7 南昌专业市场分析

类别	市场
综合类	洪城大市场、金润物流中心、万寿宫
计算机类	东方电脑城、新大地电脑城、新华群电脑城
农产品类	农产品批发市场、赣昌水产大市场
建材类	洛阳路建材市场、省装潢建材大市场、南昌市建材大市场、司马庙建材市场、金屋装饰城、香江建材大市场
汽配类	洪城汽配市场、红谷滩汽配城、洪城路汽配街、洪都摩托车交易市场、洪都摩托车配件市场、江西国际汽车城
服装鞋帽、皮具类	华东商贸城、王家巷皮鞋市场、盛世东方、鸿顺德国际商贸城
家居类	香江家具城、迎宾国际家具广场、京东家具市场、欧亚达京东店、京东鹿鼎家居
家电类	江西省家电市场

第五部分 南昌小商品城

5.1 项目介绍

1. 项目基本数据

开发商：南昌小商品城有限公司

项目地址：南昌县生米大桥东桥头

占地面积：1600800m^2

建筑面积：1000000m^2

户型面积：商铺 130~140m^2

建筑类型：底层

物业类别：商铺

物业公司：江西恒通物业管理有限公司

绿化率：35

总户数：407

装修情况：毛坯

物业费：商铺 1.5元/(月·m^2)

车位数：一期约800个，二期数据未统计

2. 项目概况

南昌小商品城项目地处南昌县象湖新城西面，距离生米大桥东桥头仅500m左右的距离。项目总规划占地面积约2400亩，总建筑面积约100万m^2，总投资预算超过20亿元人民币。整个项目规划集商品批发、购物、物流、会展、休闲、娱乐、商务公寓等于一体。项目一期由76栋组成，共计1605户；三层结构商铺；分为1梯4户以及1梯1户的户型 。

5.2 交通概况

从市内可乘坐241路公交至昌南大道下车；项目位于生米大桥东桥头，距生米大桥东桥头仅

500m 左右；项目以南 3km 为规划中的千吨无水港码头东新港码头，项目以西为生米大桥，有昌樟、昌九、乐生、温厚、黎温多条高速公路，可迅速接驳全国高速公路网，一江之隔即为铁路西客站，经车程 25 分钟可到达昌北机场。

（南昌天和房地产策划代理有限公司）

【报告点评】

此篇报告虽说是南昌商业市场调研报告，内容也涉及了南昌商圈、专业市场、零售业态等内容，但内容浅显，资料不足，缺乏数据。报告是典型资料的堆砌，“只见树干，不见枝叶，更不得花果”，而且“树干”还千疮百孔。

此报告放于此处，是作为负面教材案例，望各位同行加以谨记，切勿犯同类错误。

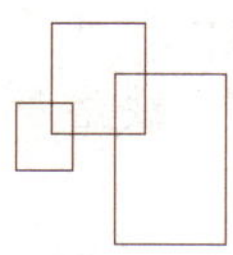

七、吉林长春市别墅项目消费者调研报告

报告目录

报告正文

第一部分　调查方案

1.1　调查目的

本次调查旨在通过一定数量调查问卷信息反馈的方式对长春市高端收入人群的别墅式住宅购买行为及消费特点做出分析，得到具有科学依据的定量分析结果和定性分析结论，为本地块的开发商正确进行项目决策提供第一手参考资料。

1.2　调查对象

本次调查除符合市场调查的一般过滤条件（不在报社、杂志社、电台、电视台、广告公司、策划公司、调查公司展开市场调查）外，还特别需要被访问对象符合以下条件：

1）家庭年收入在10万元以上。

2）拥有私家车或可供其长期支配的公车。

3）对本项目感兴趣，有初步购买意向。

1.3　调查内容

1）目标客户的初步购买计划，其包括价格、面积、户型、付款方式、按揭比例、首付款、月供款、景观配套、建筑风格、交屋标准、采暖方式、车位数量等。

2）目标客户对会所各项服务设施的需求程度。

3）目标客户对智能化设施的需求程度。

4）目标客户个人信息。

1.4　调查质量控制

由于本项目的目标客户为高端收入人群，数量较少，同时考虑到客户群识别的问题，我们决定选取长春市同类物业成交客户和能够识别身份的其他客户作为样本，本次调查共获得有效问卷107份。

第二部分 单项统计分析

2.1 拟选择别墅式住宅的规划形式（表3-7-1、图3-7-1、图3-7-2）

表3-7-1 别墅式住宅统计

选 项	统计结果	所占比例
纯别墅式居住区	76	71.03%
与普通商品房规划在一起的混合式居住区	31	28.97%
合计	107	100%

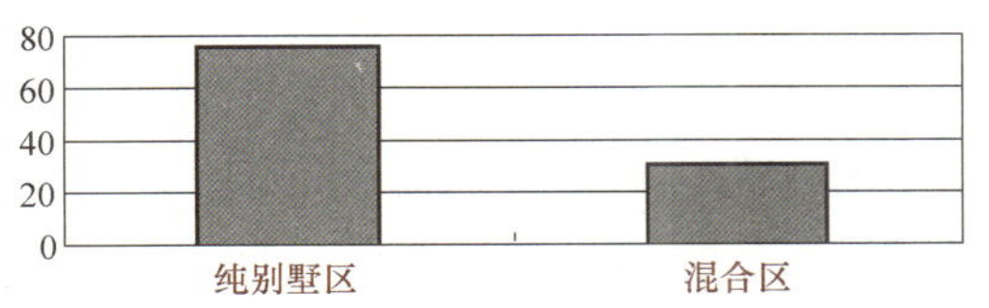

图3-7-1 纯别墅区和混合区对比

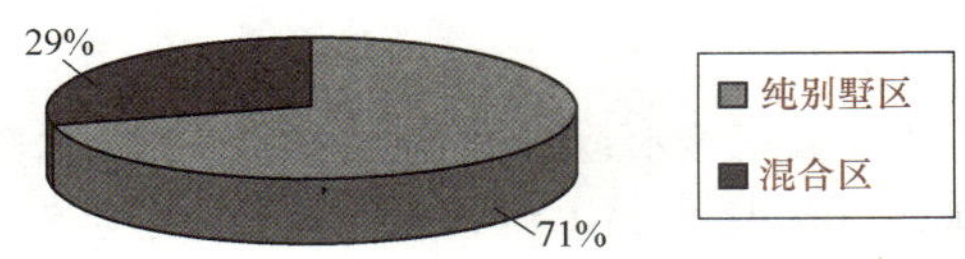

图3-7-2 纯别墅区和混合区对比

调查数据显示，被访问者希望别墅式住宅的规划形式为纯别墅式居住区的有76人，占71.03%；希望规划形式为与普通商品房规划在一起的混合式居住区的有31人，占28.97%。这反映出目前长春市虽然有一些高档小区规划建设了别墅，但往往是与多层住宅混合在同一个小区内，只是为别墅规划了一个相对独立、相对封闭的区域。而对于别墅的目标客户来说，除了要求别墅区有极佳的景观规划、户型设计以外，他们会更看中别墅的私密性和周围邻居的身份，希望周围居住者与其身份、地位相当，而且居住在一个相对安静、私密性好的社区。这反映出纯别墅式居住区存在一定的市场空间。

2.2 拟选择别墅式住宅的类型（表3-7-2、图3-7-3、图3-7-4）

表3-7-2 别墅式住宅的类型统计

选项	独立别墅	双拼别墅	连体别墅	叠加别墅	合计
统计结果	57	18	24	8	107
所占比例	53.27%	16.82%	22.43%	7.48%	100%

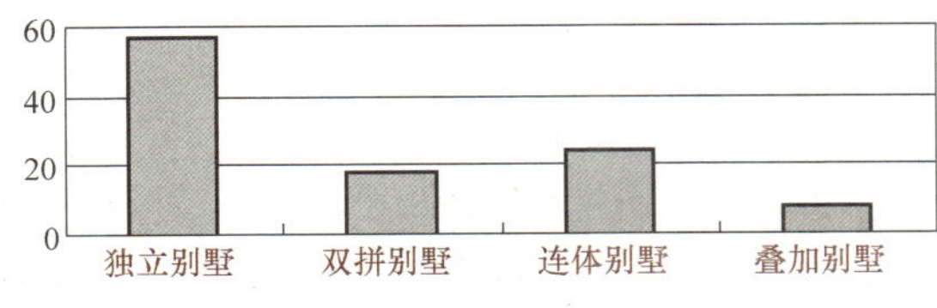

图3-7-3 别墅类型对比（一）

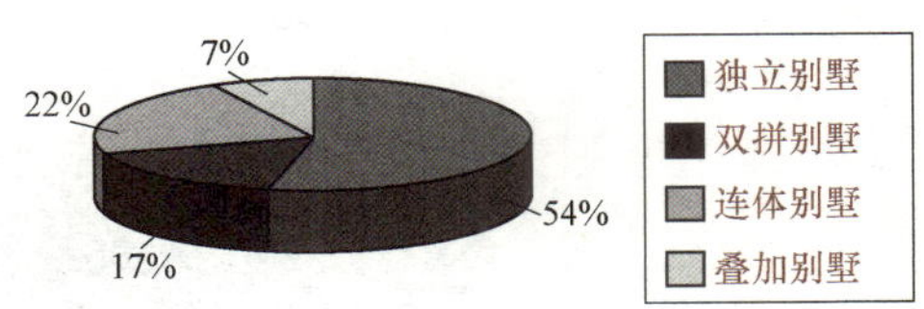

图3-7-4 别墅类型对比（二）

调查数据显示，被访问者打算购买独立别墅的有57人，占53.27%；打算购买双拼别墅的有18人，占16.82%；打算购买联体别墅的有24人，占22.43%；打算购买叠加别墅的有8人，占7.48%。独立别墅和双拼别墅的购买意向共占70.09%，体现出这一特殊人群对私密性和领域感的普遍追求。别墅对私密性和领域感的要求远胜于多、高层住宅。这既是别墅这一特定居住形态的本身要求，也是满足业主更多的心理需求、精神需求和居住文化的要求。

2.3　拟购买别墅式住宅的时间（表 3-7-3、图 3-7-5、图 3-7-6）

表 3-7-3　拟购买别墅式住宅的时间

选项	1 年以内	1~3 年内	3~5 年内	合计
统计结果	5	38	62	105
所占比例	4.76%	36.19%	59.05%	100%

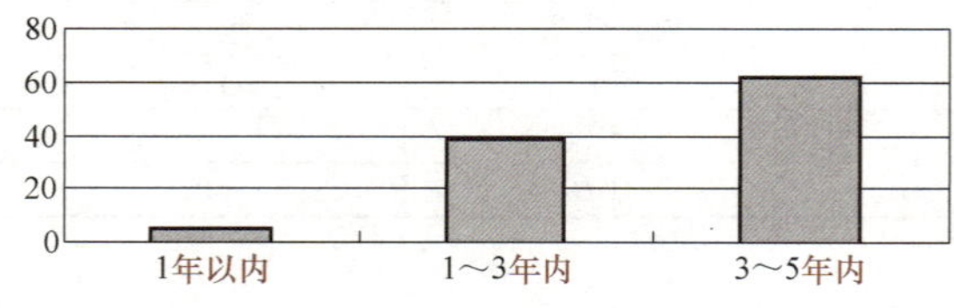

图 3-7-5　拟购买别墅式住宅的时间（一）

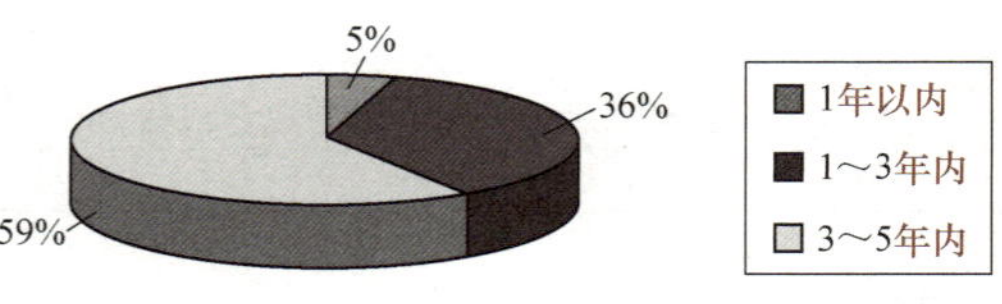

图 3-7-6　拟购买别墅式住宅的时间（二）

调查数据显示，被访者中打算一年以内购买别墅的有 5 人，占 4.76%；打算在 1~3 年内购买别墅的有 38 人，占 36.19%；打算在 3~5 年内购买别墅的有 62 人，占 59.05%；打算 3 年以内购买别墅的人共 43 人，占 40.95%，这在一定程度上反映出这一高收入人群中相当一部分人近期三年内对别墅产品存在着购买需求。

2.4　拟选择别墅式住宅的单价（表 3-7-4、图 3-7-7、图 3-7-8）

表 3-7-4　拟选择别墅式住宅的单价　（单位：元/m²）

选项	2500~2800	2800~3500	3500~4000	4000~4500	4500~5000	5000 以上	合计
统计结果	34	24	27	9	7	5	106
所占比例	32.08%	22.64%	25.47%	8.49%	6.60%	4.72%	100%

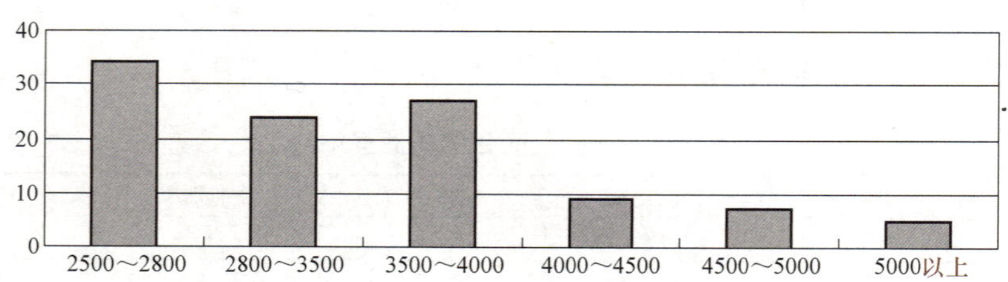

图 3-7-7　拟选择别墅式住宅的单价（单位：元/m²）（一）

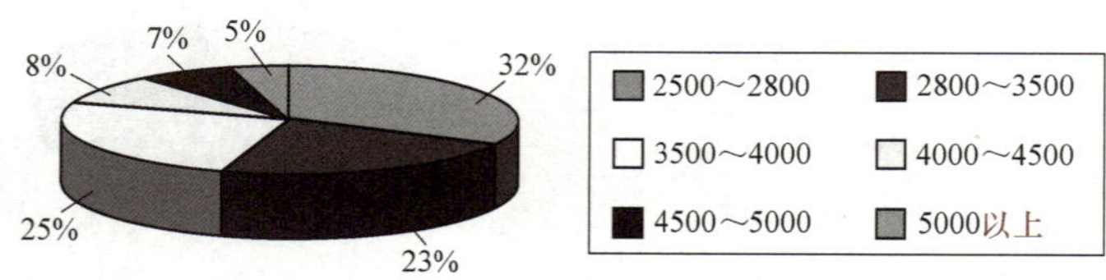

图 3-7-8　拟选择别墅式住宅的单价（单位：元/m²）（二）

调查数据显示，被访问者打算选择 2500~2800 元/m² 的有 34 人，占 32.08%；打算选择 2800~3500 元/m² 的有 24 人，占 22.64%；打算选择 3500~4000 元/m² 的有 27 人，占 25.47%；打算

选择 4000～4500 元/m^2 的有 9 人，占 8.49%；打算选择 4500～5000 元/m^2 的有 7 人，占 6.60%；打算选择 5000 元/m^2 以上的有 5 人，占 4.72%。其中打算选择 2500～2800 元/m^2 和 2800～3500 元/m^2 两个区间的共 58 人，占 54.72%。大量的被访问者都趋向于较低价位，这在一定程度上反映出长春市别墅市场已经开始了进一步的市场细分。从单价 15800～16800 元/m^2 的威尼斯花园单体别墅，到单价 8000～9000 元/m^2 的富苑华城单体别墅，再到单价 4680～4880 元/m^2 的鸿城国际双拼别墅，再到单价 4880 元/m^2 的天安第一城双拼别墅，各类别墅的价格落差悬殊，别墅档次拉大，高低两极分化的现象已趋于显著。但总体上讲，现有别墅的最大缺憾是缺乏自然景观的支持。从本项目情况看，自然景观是最大的竞争优势。如果能够有效地控制成本，使单价保持在 2800～3500 元/m^2 之间，高性价比将会成为本项目畅销的有力支撑。

2.5　拟购买别墅式住宅的建筑面积（表 3-7-5、图 3-7-9、图 3-7-10）

表 3-7-5　拟购买别墅式住宅的建筑面积　（单位：m^2）

选项	150～200	200～250	250～300	300～350	350 以上	合计
统计结果	27	34	25	11	9	106
所占比例	25.47%	32.08%	23.58%	10.38%	8.49%	100%

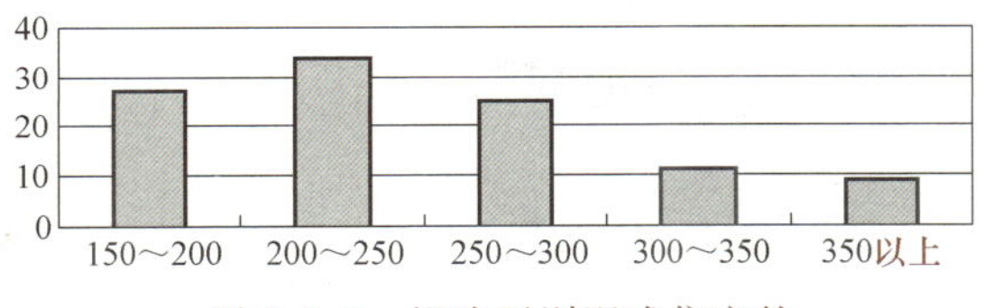

图 3-7-9　拟购买别墅式住宅的建筑面积（单位：m^2）（一）

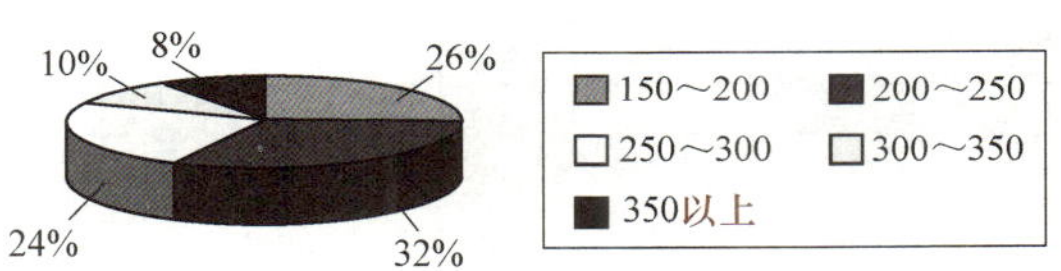

图 3-7-10　拟购买别墅式住宅的建筑面积（单位：m^2）（二）

调查数据显示，被访问者打算购买建筑面积为 150～200m^2 的有 27 人，占 25.47%；打算购买 200～250m^2 的有 34 人，占 32.08%；打算购买 250～300m^2 的有 25 人，占 23.58%；打算购买 300～350m^2 的有 11 人，占 10.38%；打算购买 350m^2 以上的有 9 人，占 8.49%。由于目标客户购买本项目后将其作为第二甚至第三居所，所以在户型面积的控制上，不仅要考虑到客户的支付能力，还要在进行户内格局设计时充分考虑到其作为第二或第三居所与第一居所之间存在的差别，从扩大目标客户群的角度对建筑面积进而对总价有所控制。

2.6　拟选择的总价区间（表 3-7-6、图 3-7-11、图 3-7-12）

表 3-7-6　拟选择的总价区间　（单位：万元）

选项	40～60	60～80	80～100	100～150	150 以上	合计
统计结果	41	31	16	14	4	106
所占比例	38.68%	29.25%	15.09%	13.21%	3.77%	100%

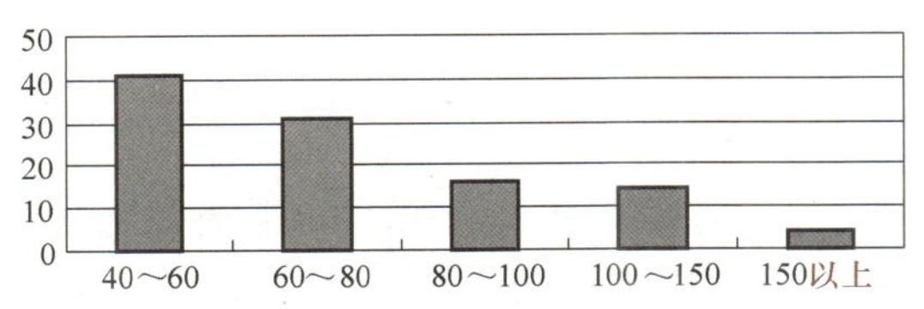

图 3-7-11　拟选择的总价区间（单位：万元）（一）

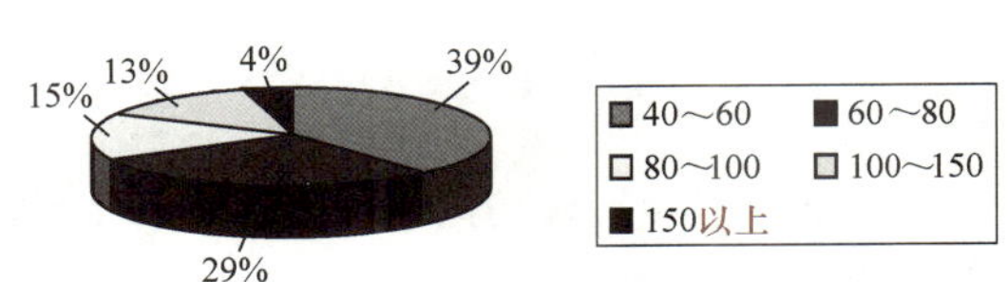

图 3-7-12　拟选择的总价区间（单位：万元）（二）

调查数据显示，被访问者能接受的总价区间为 40 万~60 万元的有 41 人，占 38.68%；能接受的总价区间为 60 万~80 万元的有 31 人，占 29.25%；能接受的总价区间为 80 万~100 万元的有 16 人，占 15.09%；能接受的总价区间为 100 万~150 万元的有 14 人，占 13.21%；能接受的总价区间 150 万元以上的有 4 人，占 3.77%。总价是划分客户群的最有效标准，不同总价反映着客户的不同身份和社会阶层。从本项目各方面情况分析看，客户购买后会将其作为第二甚至第三居所，其主要功能是休闲度假、享受人生。为最大限度扩大本项目的目标客户群，控制总价仍是需要侧重考虑的一个重要方面。问卷调查的统计结果也充分显示出其必要性。

2.7　拟选择的付款方式（表 3-7-7、图 3-7-13、图 3-7-14）

表 3-7-7　拟选择的付款方式

选项	一次性付款	银行按揭	建筑分期付款	合计
统计结果	21	66	17	104
所占比例	20.19%	63.46%	16.35%	100%

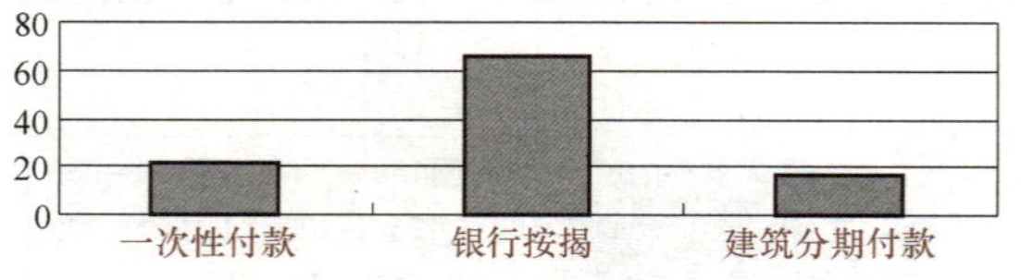

图 3-7-13　拟选择的付款方式（一）

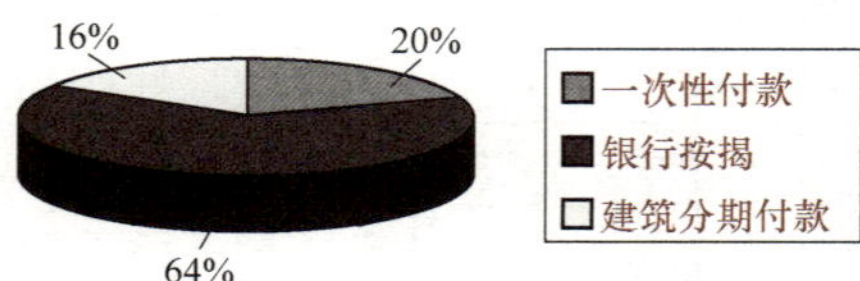

图 3-7-14　拟选择的付款方式（二）

调查数据显示，被访问者打算选择一次性付款方式的有 21 人，占 20.19%；打算选择银行按揭付款方式的有 66 人，占 63.46%；打算选择建筑分期付款的有 17 人，占 16.35%。选择按揭付款方式的被访问者占较大比重，体现出这一客户群体对消费信贷持认可态度。而在现实支付能力许可的条件下，相当一部分人倾向于简便且没有利息成本的一次性付款方式。

2.8　拟选择的按揭比例（表 3-7-8、图 3-7-15、图 3-7-16）

表 3-7-8　拟选择的按揭比例

选项	五成	六成	七成	八成	合计
统计结果	12	15	17	22	66
所占比例	18.18%	22.73%	25.76%	33.33%	100%

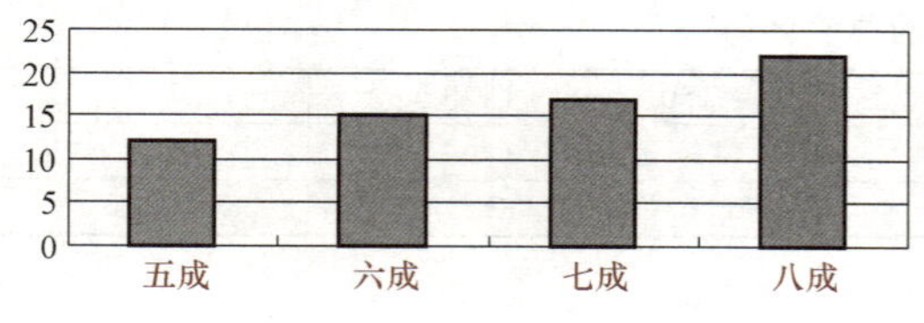

图 3-7-15　拟选择的按揭比例（一）

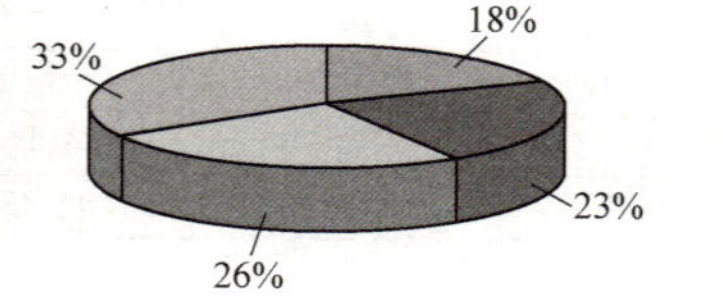

图 3-7-16　拟选择的按揭比例（二）

调查数据显示，被访问者打算选择的按揭比例为五成的人有 12 人，占 18.18%；打算选择的按揭比例为六成的人有 15 人，占 22.73%；打算选择的按揭比例为七成的人有 17 人，占 25.76%；打算选择的按揭比例为八成的人有 22 人，占 33.33%。较大比重的被访问者倾向于选择高按揭比例，反映出这一客户群体对住房贷款有较强的依赖性。

2.9　拟选择的按揭年限（表 3-7-9、图 3-7-17、图 3-7-18）

表 3-7-9　拟选择的按揭年限

选项	5 年以下	5～10 年	10～15 年	15～20 年	20～30 年	合计
统计结果	3	15	20	13	15	66
所占比例	4.55%	22.73%	30.30%	19.70%	22.72%	100%

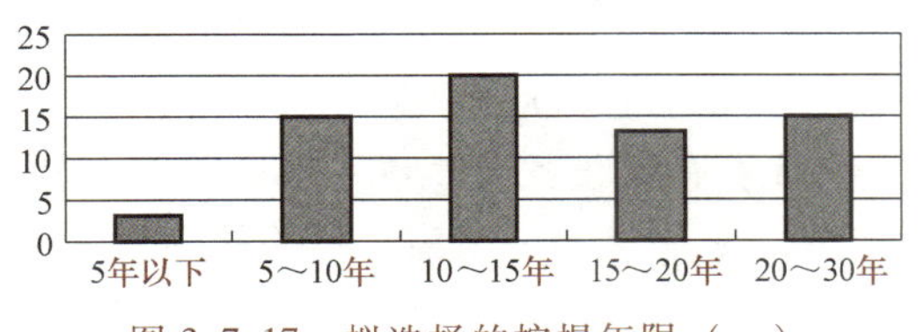

图 3-7-17　拟选择的按揭年限（一）

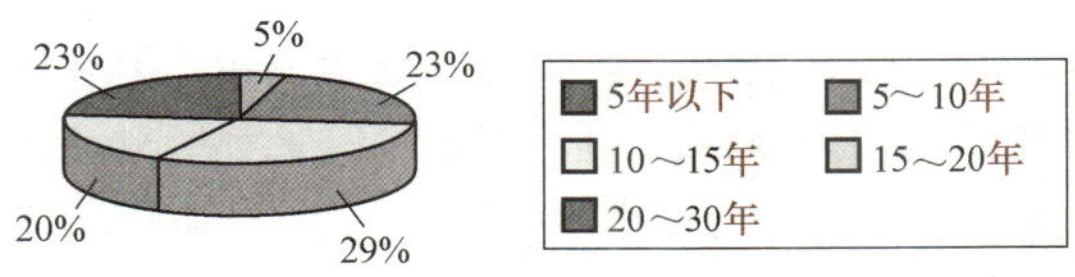

图 3-7-18　拟选择的按揭年限（二）

调查数据显示，被访问者打算选择的按揭年限为 5 年以下的占 4.55%；打算选择的按揭年限为 5～10 年的占 22.73%；打算选择的按揭年限为 10～15 年的占 30.30%；打算选择的按揭年限为 15～20 年的占 19.70%，打算选择 20～30 年的占 22.72%。

从银行的角度看，按揭比例和按揭年限反映出银行对贷款风险的控制；而从别墅购买者的角度看，则反映出人们对当前消费、未来预期及贷款利息成本的一种权衡。

2.10　可承受的首期付款（表 3-7-10、图 3-7-19、图 3-7-20）

表 3-7-10　可承受的首期付款　　（单位：万元）

选项	10 以下	10～20	20～30	30～40	40 以上	合计
统计结果	14	32	8	5	7	66
所占比例	21.21%	48.48%	12.12%	7.58%	10.61%	100%

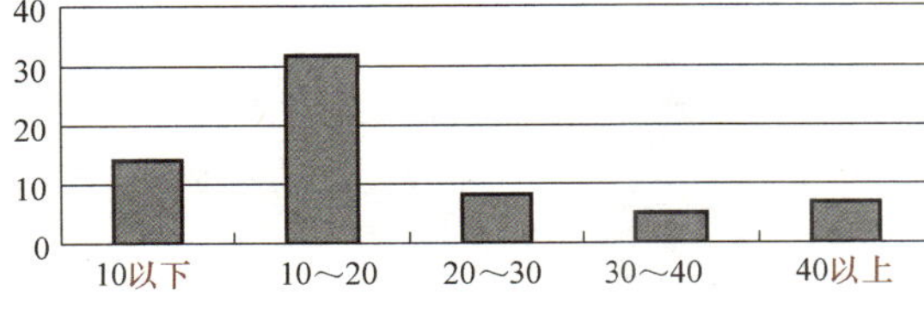

图 3-7-19　可承受的首期付款（单位：万元）（一）

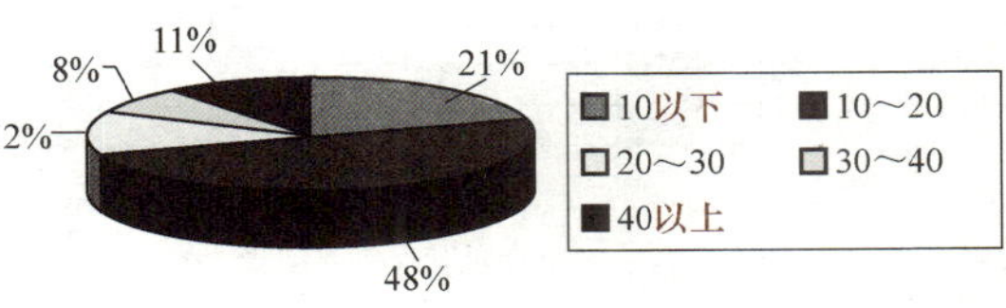

图 3-7-20　可承受的首期付款（单位：万元）（二）

调查数据显示，被访问者愿意负担的首付款在 10 万元以下的有 14 人，占 21.21%；愿意负担的首付款在 10 万～20 万元之间的有 32 人，占 48.48%；愿意负担的首付款在 20 万～30 万元之间的有 8 人，占 12.12%；愿意负担的首付款在 30 万～40 万元之间的有 5 人，占 7.58%；愿意负担的首付款在 40 万元以上的有 7 人，占 10.61%。不难发现目标客户愿意负担的首付款主要集中在 20 万元以下，共占总样本的 69.69%。

2.11　可承受的月供款（表 3-7-11、图 3-7-21、图 3-7-22）

表 3-7-11　可承受的月供款　　（单位：元）

选项	1000 以下	1000～2000	2000～3000	3000～4000	4000 以上	合计
统计结果	8	21	3	7	27	66
所占比例	12.12%	31.82%	4.54%	10.61%	40.91%	100%

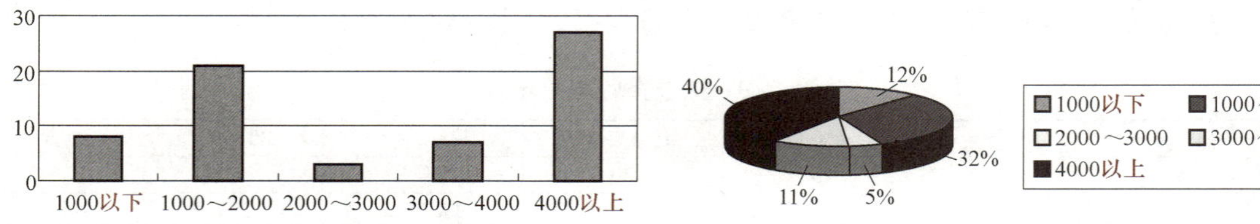

图 3-7-21　可承受的月供款（单位：元）（一）　　图 3-7-22　可承受的月供款（单位：元）（二）

调查数据显示，被访问者愿意负担的月供款在 1000 元以下的有 8 人，占 12.12%；愿意负担的月供款在 1000~2000 元的有 21 人，占 31.82%；愿意负担的月供款在 2000~3000 元的有 3 人，占 4.54%；愿意负担的月供款在 3000~4000 元的有 7 人，占 10.61%；愿意负担的月供款在 4000 元以上的有 27 人，占 40.91%。

2.12　影响因素（表 3-7-12、图 3-7-23、图 3-7-24）

表 3-7-12　购买影响因素

选　　项	统计结果	所占比例
发展商的实力、信誉及物业品牌	47	11.38%
物业所处地段及交通情况	38	9.20%
自然生态景观	71	17.19%
完善的会所康乐设施	34	8.23%
有健全的休闲、娱乐购物场所	41	9.93%
物业周边环境情况	52	12.59%
治安良好及有先进的保安系统	77	18.64%
噪声及空气污染指数低	53	12.83%
合计	413	99.99%

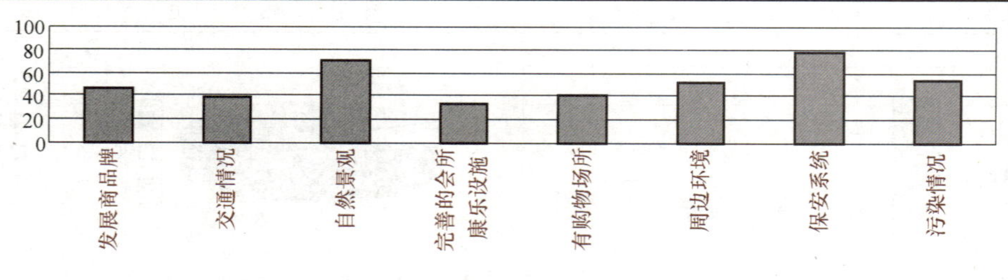

图 3-7-23　购买影响因素（一）

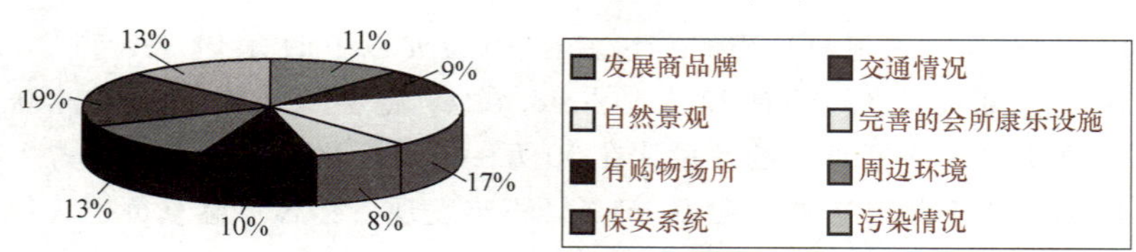

图 3-7-24　购买影响因素（二）

调查数据显示，被访问者认为影响购买别墅式住宅的因素按重要程度从高到低依次为治安良好及有先进的保安系统占 18.64%，自然生态景观占 17.19%，噪声及空气污染指数低占 12.83%，物业周边环境情况占 12.59%，发展商的实力、信誉及物业品牌占 11.38%，有健全的休闲、娱乐购物场所占 9.93%，物业所处地段及交通情况占 9.20%，完善的会所康乐设施占 8.23%，。从以上数据可以看出，别墅式住宅因其特殊性而对安全性要求非常高，据调查，相当一部分业主因为安全原因建了别墅而不敢入住。这说明了安全保障对别墅的重要性。此外，调查数据还显示出目标客户要求别墅周边有较好的自然生态景观，从这一角度考虑，本项目相对于市区的同类型产品具有一定的竞争优势。

2.13 景观及户外配套建设（表 3-7-13、图 3-7-25、图 3-7-26）

表 3-7-13 景观及户外配套建设

选 项	统计结果	所占比例
喷泉、雕塑等建筑小品	48	19.20%
种植名贵树木	57	22.80%
中心广场	43	17.20%
环绕社区水系	65	26.00%
网球场	37	14.80%
合计	250	100%

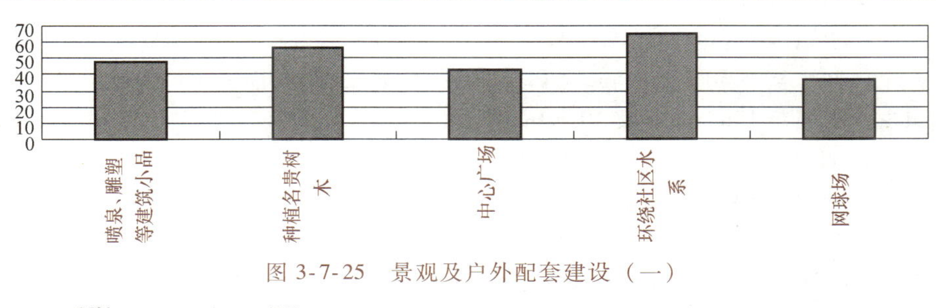

图 3-7-25 景观及户外配套建设（一）

15%
19%
26%
23%
17%
喷泉、雕塑等建筑小品
种植名贵树木
中心广场
环绕社区水系
网球场

图 3-7-26 景观及户外配套建设（二）

调查数据显示，被访问者对别墅景观及户外配套设施必要性的认识依次为建造环绕社区的水系占 26.00%，种植名贵树木占 22.80%，建造高档精美的喷泉、雕塑等建筑小品占 19.20%，建造豪华中心广场占 17.20%，建造高档专业网球场占 14.80%。

2.14 功能分区的需求面积与需求数量（表 3-7-14）

表 3-7-14 功能分区的需求面积与需求数量

	需求面积（使用面积）														合计
	$10m^2$ 以下		10～$20m^2$		20～$30m^2$		30～$40m^2$		40～$50m^2$		50～$60m^2$		$60m^2$ 以上		
	数量	所占比例/%	数量	所占比例/%	数量	所占比例/%	数量	所占比例/%	数量	所占比例/%	数量	所占比例/%	数量	所占比例/%	数量
主卧室	0	0	29	28.71	42	41.58	21	20.79	7	6.93	2	1.98	0	0	101
客卧室	13	12.75	49	48.04	30	29.41	10	9.8	0	0	0	0	0	0	102
客厅	2	1.83	4	3.67	11	10.09	24	22.02	40	36.70	17	15.60	11	10.09	109
厨房	30	29.13	49	47.57	22	21.36	0	0	1	0.97	1	0.97	0	0	103
餐厅	17	17.35	54	55.10	20	20.41	5	5.10	0	0	1	1.02	1	1.02	98
洗手间	65	63.11	31	30.10	6	5.83	1	0.97	0	0	0	0	0	0	103
浴房	57	57.00	32	32.00	10	10.00	0	0	0	0	0	0	1	1.00	100

（续）

	需求面积（使用面积）														合计
	10m² 以下		10~20m²		20~30m²		30~40m²		40~50m²		50~60m²		60m² 以上		
	数量	所占比例/%	数量	所占比例/%	数量	所占比例/%	数量	所占比例/%	数量	所占比例/%	数量	所占比例/%	数量	所占比例/%	数量
工人房	46	60.53	24	31.58	5	6.58	1	1.32	0	0	0	0	0	0	76
书房	10	10.64	48	51.06	32	34.05	3	3.19	0	0	0	0	1	1.06	94
儿童房	12	14.46	40	48.19	28	33.73	2	2.41	0	0	1	1.21	0	0	83
吧台	33	51.56	23	35.94	6	9.38	2	3.13	0	0	0	0	0	0	64
屋顶花园	6	8.33	11	15.28	11	15.28	16	22.22	14	19.44	6	8.33	8	11.11	72

调查数据显示，主卧室的需求面积（使用面积）主要集中在10~20m²、20~30m²及30~40m²三个区间，其中10~20m²占28.71%；20~30m²占41.58%；30~40m²占20.79%；客卧室的需求面积主要集中在10m²以下、10~20m²及20~30m²三个区间，其中10m²以下占12.75%；10~20m²占48.04%；20~30m²占29.41%；客厅的需求面积主要集中在30~40m²、40~50m²及50~60m²三个区间，其中30~40m²占22.02%；40~50m²占36.70%；50~60m²占15.60%；厨房的需求面积主要集中在10m²以下及10~20m²，分别占29.13%和47.57%；餐厅的需求面积主要集中在10~20m²及20~30m²，分别占55.10%和20.41%；洗手间的需求面积主要集中在10m²以下及10~20m²，分别占63.11%和30.10%；浴房的需求面积主要集中在10m²以下及10~20m²，分别占57.00%和32.00%；工人房的需求面积主要集中在10m²以下，占60.53%；书房的需求面积主要集中在10~20m²及20~30m²，分别占51.06%和34.05%；儿童房的需求面积主要集中在10~20m²及20~30m²，分别占48.19%和33.73%；吧台的需求面积主要集中在10m²以下及10~20m²，分别占51.56%和35.94%；屋顶花园的需求面积相对比较分散，以30~40m²和40~50m²两个区间所占比例稍大，分别为22.22%和19.44%。

从需求数量上看，工人房、儿童房、吧台和屋顶花园需求数量相对稍低，分别为76、83、64和72个，以总数107计，需求比例分别为71.03%、77.57%、59.81%和67.29%。除此以外，其他功能分区的需求比例基本上在90%以上。

2.15 建筑风格（表3-7-15）

表3-7-15 建筑风格

选项	统计结果	所占比例
欧式风格	26	24.30%
中式古典风格	6	5.61%
现代风格	35	32.71%
中式古典和现代相结合	15	14.02%
欧式与现代相结合	25	23.36%
合计	107	100%

调查数据显示，被访问者对建筑风格的偏好依次为现代风格占32.71%，欧式风格占24.30%，欧式和现代相结合占23.36%，中式古典和现代相结合占14.02%，中式古典风格占5.61%。总体上以现代风格所占比重较大，但与其他建筑风格相比较差距较小，这反映出目标客户对于建筑风格需求的多样化，同时也预示着长春市未来别墅建筑风格的发展趋势。但无论哪一种建筑风格，就别墅居住形态本身而言，是一种舶来品，必须与本地的居住文化相结合和融合，才能够为市场所接受。

2.16　交屋标准（表 3-7-16）

表 3-7-16　交屋标准

选项	毛坯房	厨卫有装修	精装修	其他	合计
统计结果	48	20	31	7	106
所占比例	45.28%	18.87%	29.25%	6.60%	100%

调查数据显示，被访问者希望交屋标准为毛坯房的占 45.28%；希望交屋标准为精装修的占 29.25%；希望交屋标准为厨卫有装修的占 18.87%；其他占 6.60%。别墅是个性化极强的房地产产品，其本身是客户人生观、生活观和价值观的一种体现和宣泄，而装修风格是个性化的最重要表现。正是由于这种原因，被访问者希望交屋标准为毛坯房的所占比重较大。

2.17　采暖方式（表 3-7-17）

表 3-7-17　采暖方式

选项	统计结果	所占比例
集中供热	72	67.92%
电热膜采暖	14	13.21%
自家油炉，单独供暖	5	4.72%
自家电锅炉，单独供暖	15	14.15%
合计	106	100%

调查数据显示，被访问者希望采暖方式为集中供热的占 67.92%，为自家电锅炉单独供暖的占 14.15%，为电热膜采暖的占 13.21%，为自家油炉单独供暖的占 4.72%。不难看出希望采用集中供热的占 67.92%，主要原因在于其经济性。经济性仍然是目标客户在选择采暖方式时重点考虑的因素。

2.18　需要的车位数（表 3-7-18）

表 3-7-18　需要的车位数

选项	1 个	2 个	合计
统计结果	72	33	105
所占比例	68.57%	31.43%	100%

调查数据显示，被访问者需要 1 个车位的有 72 人，占 68.57%；需要 2 个车位的有 33 人，占 31.43%。目标客户对车位的大量需求表明这一特殊群体的共同特征即拥有私家车或拥有长期可供其使用的公车，本项目以此为识别目标客户身份的标准之一。在进行项目规划时，应设置充足的车位以满足客户需求。

2.19　保安系统（表 3-7-19）

表 3-7-19　保安系统产品需求

	非常需要		比较需要		一般需要		不需要		合计
	数量	所占比例/%	数量	所占比例/%	数量	所占比例/%	数量	所占比例/%	
可视对讲系统	61	57.01	29	27.10	15	14.02	2	1.87	107
红外线防盗系统	55	52.38	30	28.57	18	17.14	2	1.90	105
电视监控系统	37	38.14	32	32.99	22	22.68	6	6.19	97

（续）

	非常需要		比较需要		一般需要		不需要		合计
	数量	所占比例/%	数量	所占比例/%	数量	所占比例/%	数量	所占比例/%	
电子巡更系统	31	33.33	28	30.11	27	29.03	7	7.53	93
门禁系统	38	39.18	31	31.96	19	19.58	9	9.28	97
室内安全防范系统	41	42.27	28	28.87	21	21.65	7	7.22	97
全天候摩托车保安巡逻服务	27	30.34	18	20.22	27	30.34	17	19.10	89
社区110服务系统	59	58.42	28	27.72	13	12.87	1	0.99	101

调查数据显示，被访者对保安系统的需求程度为：

1）可视对讲系统。被访问者认为可视对讲系统非常需要和比较需要的分别占57.01%、27.10%。

2）红外线防盗系统。被访问者认为红外线防盗系统非常需要和比较需要的分别占52.38%、28.57%。

3）电视监控系统。被访问者认为电视监控系统非常需要和比较需要的分别占38.14%、32.99%。

4）电子巡更系统。被访问者认为电子巡更系统非常需要和比较需要的分别占33.33%、30.11%。

5）门禁系统。被访问者认为门禁系统非常需要和比较需要的分别占39.18%、31.96%。

6）室内安全防范系统。被访问者认为系统非常需要和比较需要的分别占42.27%、28.87%。

7）全天候摩托车保安巡逻服务。被访问者认为全天候摩托车化保安巡逻服务非常需要和比较需要的分别占30.34%、20.22%。

8）社区110服务系统。被访问者认为社区110服务系统非常需要和比较需要的分别占58.42%、27.72%。

从以上数据可以看出，除全天候摩托车化保安服务外，被访问者对其他安全防范系统的需求都比较强烈，认为非常需要和比较需要的都远远超过50%，基本上达到百分之七八十或以上，这反映出目标客户对安全保障的特殊需求。

2.20　会所服务设施（表3-7-20）

表3-7-20　会所服务设施需求

	非常需要		比较需要		一般需要		不需要		合计
	数量	所占比例/%	数量	所占比例/%	数量	所占比例/%	数量	所占比例/%	数量
儿童游乐场	48	42.48	21	18.58	22	19.47	22	19.47	113
健身房	52	40.31	53	41.09	22	17.05	2	1.55	129
高档美容院	24	24.74	26	26.80	31	31.96	16	16.49	97
球吧	16	17.39	25	27.17	29	31.52	22	23.91	92
咖啡厅	12	14.45	34	40.96	29	34.94	8	9.64	83
桑拿浴室	28	30.77	45	49.45	13	14.29	5	5.49	91
医疗保健中心	51	52.58	30	30.93	10	10.31	6	6.19	97
商务中心	28	30.77	31	34.07	23	25.27	9	9.89	91
棋牌室	16	19.28	18	21.69	33	39.76	16	19.28	83
麻将室	15	19.23	22	28.20	23	29.49	18	23.08	78
恒温泳池	48	45.29	31	29.25	22	20.75	5	4.72	106
老年康体中心	42	47.73	20	22.73	18	20.45	8	9.09	88

调查数据显示，被访问者对会所服务设施的需要程度为：

1）儿童游乐场。被访问者认为儿童游乐场非常需要和比较需要的分别占 42.48%、18.58%。

2）健身房。被访问者认为健身房非常需要和比较需要的分别占 40.31%、41.09%。

3）高档美容院。被访问者认为高档美容院非常需要和比较需要的分别占 24.74%、26.80%。

4）球吧。被访问者认为球吧非常需要和比较需要的分别占 17.39%、27.17%。

5）咖啡厅。被访问者认为咖啡厅非常需要和比较需要的分别占 14.45%、40.96%。

6）桑拿浴室。被访问者认为桑拿浴室非常需要和比较需要的分别占 30.77%、49.45%。

7）医疗保健中心。被访问者认为医疗保健中心非常需要和比较需要的分别占 52.58%、30.93%；

8）商务中心。被访问者认为商务中心非常需要和比较需要的分别占 30.77%、34.07%。

9）棋牌室。被访问者认为棋牌室非常需要和比较需要的分别占 19.28%、21.69%。

10）麻将室。被访问者认为麻将室非常需要和比较需要的分别占 19.23%、28.20%。

11）恒温泳池。被访问者认为恒温泳池非常需要和比较需要的分别占 45.29%、29.25%。

12）老年康体中心。被访问者认为老年康体中心非常需要和比较需要的分别占 47.73%、22.73%。

以上调查数据表明，被访问者对健身房、桑拿浴室、医疗保健中心、恒温泳池、老年康体中心的需求比较强烈，认为这些设施非常需要和比较需要的均达到百分之七八十或以上。

2.21　智能化设施（表 3-7-21）

表 3-7-21　智能化设施需求

智能化系统	非常需要		比较需要		一般需要		不需要		合计
	数量	所占比例/%	数量	所占比例/%	数量	所占比例/%	数量	所占比例/%	数量
火灾报警系统	87	84.47	10	9.71	6	5.83	0	0.00	103
楼宇可视对讲系统	53	55.21	31	32.29	9	9.38	3	3.13	96
宽带网	66	65.35	29	28.71	4	3.96	2	1.98	101
VOD 点播系统	23	23.00	25	25.00	30	30.00	22	22.00	100
家居智能系统	23	27.38	31	36.90	22	26.19	8	9.52	84
“三表一卡通”系统	35	38.46	37	40.66	17	18.68	2	2.20	91
社区局域网	28	31.11	38	42.22	17	18.89	7	7.78	90
园区背景音乐系统	14	15.56	28	31.10	32	35.56	16	17.78	90

调查数据显示，被访问者对智能化设施的需求程度为：

1）火灾报警系统。被访问者认为火灾报警系统非常需要和比较需要的分别占 84.47%、9.71%。

2）楼宇可视对讲系统。被访问者认为可视对讲系统非常需要和比较需要的分别占 55.21%、32.29%。

3）宽带网。被访问者认为宽带网非常需要和比较需要的分别占 65.35%、28.71%。

4）VOD 点播系统。被访问者认为 VOD 点播系统非常需要和比较需要的分别占 23.00%、25.00%。

5）家居智能系统。被访问者认为家居智能系统非常需要和比较需要的分别占 27.38%、36.90%。

6）“三表一卡通”系统。被访问者认为“三表一卡通”系统非常需要和比较需要的分别占 38.46%、40.66%。

7）社区局域网。被访问者认为社区局域网非常需要和比较需要的分别占31.11%、42.22%。

8）园区背景音乐系统。被访问者认为园区背景音乐系统非常需要和比较需要的分别占15.56%、31.10%。

以上调查数据表明，被访问者对各项智能化设施的需求均比较强烈，认为这些设施非常需要和比较需要的达到百分之七八十以上。

2.22　物业管理服务（表3-7-22）

表3-7-22　物业管理服务需求

物业管理服务项目	非常需要		比较需要		一般需要		不需要		合计
	数量	所占比例/%	数量	所占比例/%	数量	所占比例/%	数量	所占比例/%	
私家花园维护服务	27	29.03	29	31.18	27	29.03	10	10.75	93
私家车辆维护服务	23	23.23	28	28.28	33	33.33	15	15.15	99
客人接送服务	7	7.69	23	25.27	38	41.76	23	25.27	91
代订报刊服务	14	15.05	33	35.48	33	35.48	13	13.98	93
代订车、船、机票服务	19	21.35	33	37.08	25	28.09	12	13.48	89
特别保安服务	12	13.79	24	27.59	26	29.89	25	28.74	87
PARTY代办服务	4	5.33	16	21.33	26	34.67	29	38.67	75
学生班车服务	30	31.25	30	31.25	19	19.79	17	17.71	96
送餐服务	28	25.93	35	32.41	23	21.30	22	20.37	108
代购商品服务	12	14.81	21	25.93	26	32.10	22	27.16	81

调查数据显示，被访问者对各项物业管理服务的需要程度为：

1）私家花园维护服务。被访问者认为私家花园维护服务非常需要和比较需要的分别占29.03%、31.18%。

2）私家车辆维护服务。被访问者认为私家车辆维护服务非常需要和比较需要的分别占23.23%、28.28%。

3）客人接送服务。被访问者认为客人接送服务非常需要和比较需要的分别占7.69%、25.27%。

4）代订报刊服务。被访问者认为代订报刊服务非常需要和比较需要的分别占15.05%、35.48%。

5）代订车、船、机票服务。被访问者认为代订车、船、机票服务非常需要和比较需要的分别占21.35%、37.08%。

6）特别保安服务。被访问者认为特别保安服务非常需要和比较需要的分别占13.79%、27.59%。

7）PARTY代办服务。被访问者认为PARTY代办服务非常需要和比较需要的分别占5.33%、21.33%。

8）学生班车服务。被访问者认为学生班车服务非常需要和比较需要的分别占31.25%、31.25%。

9）送餐服务。被访问者认为送餐服务非常需要和比较需要的分别占25.93%、32.41%。

10）代购商品服务。被访问者认为代购商品服务非常需要和比较需要的分别占14.81%、25.93%。

以上数据调查表明，被访问者对私家花园维护、私家车维护服务、代订报刊服务、代定车船机票服务、学生班车服务、送餐要求相对较强，本项目在进行物业管理策划时，应优先考虑设置这些服务项目。

2.23　物业管理收费（表 3-7-23）

表 3-7-23　物业管理收费　　（单位：元/(月·m^2)）

选项	1.0 以下	1.0~1.5	1.5~2.0	2.0~2.5	2.5~3.0	3.0 以上	合计
统计结果	37	23	11	1	1	17	90
所占比例	41.11%	25.56%	12.22%	1.11%	1.11%	18.89%	100%

调查数据显示，被访问者愿意承担的物业管理费在 1.0 元/(月·m^2) 以下的占 41.11%；在 1.0~1.5 元/(月·m^2) 之间的占 25.56%；在 1.5~2.0 元/(月·m^2) 之间的占 12.22%；在2.0~2.5 元/(月·m^2) 之间的占 1.11%；在 2.5~3.0 元/(月·m^2) 之间的占 1.11%；在 3.0 元/(月·m^2) 以上的占 18.89%。不难看出，被访问者愿意承担的物业管理费集中在 1.5 元/(月·m^2) 以下共占 66.67%；而愿意承担的物业管理费在 1.5 元/(月·m^2) 以上的仅占 33.33%。

第三部分　交叉统计分析

3.1　行业与年收入（表 3-7-24）

表 3-7-24　行业与年收入分析

家庭年收入＼行业	IT 行业		房地产业		艺术与文化传播		市场与销售		金融证券业		广告		建筑业		其他	
	数量	所占比例/%	数量	所占比例/%	数量	所占比例/%	数量	所占比例/%	数量	所占比例/%	数量	所占比例/%	数量	所占比例/%	数量	所占比例/%
10 万元以下	0	0.0	3	100.0	2	66.7	4	33.3	0	0.0	0	0.0	3	33.3	23	56.1
10 万~20 万元	1	33.3	0	0.0	0	0.0	5	41.7	0	0.0	0	0.0	1	11.1	15	36.6
20 万~30 万元	1	33.3	0	0.0	0	0.0	3	25.0	1	100.0	0	0.0	1	11.1	0	0.0
30 万~40 万元	1	33.3	0	0.0	1	33.3	0	0.0	0	0.0	0	0.0	3	33.3	1	2.4
40 万~50 万元	0	0.0	0	0.0	0	0.0	0	0.0	0	0.0	1	100.0	1	11.1	1	2.4
50 万元以上	0	0.0	0	0.0	0	0.0	0	0.0	0	0.0	0	0.0	0	0.0	1	2.4
合计	3	99.9	3	100.0	3	100.0	12	100.0	1	100.0	1	100.0	9	99.9	41	99.9

调查数据显示，从事各行业的被访问者中，家庭年收入在 40 万元以下者占绝大多数。其中从事房地产业、IT 行业、金融证券业及市场与销售等行业的被访问者家庭年收入在 40 万元以下的比例均到达 100%；从事建筑业的被访问者年收入在 40 万元以下的占 88.9%，年收入在40 万~50 万元的占 11.11%；从事其他行业的被访问者中，家庭年收入在 40 万元以下的占 95.2%，年收入在 40 万元以上的占 4.8%。

3.2　家庭年收入与可承受总价（表 3-7-25）

表 3-7-25　家庭年收入与可承受总价分析

总价＼家庭年收入	10 万元以下		10 万~20 万元		20 万~30 万元		30 万~40 万元		40 万~50 万元		50 万元以上	
	数量	所占比例/%	数量	所占比例/%	数量	所占比例/%	数量	所占比例/%	数量	所占比例/%	数量	所占比例/%
40 万~60 万元	21	56.8	6	25.0	2	25.0	1	16.7	0	0.0	0	0.0
60 万~80 万元	11	29.7	12	50.0	2	25.0	1	16.7	2	50.0	0	0.0
80 万~100 万元	4	10.8	3	12.5	3	37.5	1	16.7	1	25.0	0	0.0

（续）

总价 \ 家庭年收入	10万元以下		10万～20万元		20万～30万元		30万～40万元		40万～50万元		50万元以上	
	数量	所占比例/%	数量	所占比例/%	数量	所占比例/%	数量	所占比例/%	数量	所占比例/%	数量	所占比例/%
100万～150万元	0	0.0	2	8.3	1	12.5	3	50.0	1	25.0	0	0.0
150万元以上	1	2.7	1	4.2	0	0.0	0	0.0	0	0.0	1	100.0
合计	37	100.0	24	100.0	8	100.0	6	100.1	4	100.0	1	100.0

房屋总价是划分客户群最有效的因素，它与家庭年收入有着密切的关系。调查数据显示，家庭年收入在10万元以下的被访问者，可承受的总价主要集中在40万～60万元，占56.8%；家庭年收入在10万～20万元的被访问者，可承受的总价主要集中在60万～80万元，占50%；家庭年收入在20万～30万元的被访问者，可承受的总价主要集中在80万～100万元，占37.5%。

调查所选样本中，家庭年收入在30万元以上的被访问者数量较少，且可承受的总价比较分散，无法确定其可承受总价的区间。

3.3　家庭年收入与愿付单价（表3-7-26）

表3-7-26　家庭年收入与愿付单价分析

总价 \ 家庭年收入	10万元以下		10万～20万元		20万～30万元		30万～40万元		40万～50万元		50万元以上	
	数量	所占比例/%	数量	所占比例/%	数量	所占比例/%	数量	所占比例/%	数量	所占比例/%	数量	所占比例/%
2500～2800元/m^2	15	39.5	8	34.8	2	25.0	0	0.0	1	33.3	0	0.0
2800～3500元/m^2	12	31.6	7	30.4	1	12.5	2	33.3	1	33.3	1	50.0
3500～4000元/m^2	6	15.8	5	21.7	3	37.5	1	16.7	1	33.3	0	0.0
4000～4500元/m^2	1	2.6	0	0.0	2	25.0	2	33.3	0	0.0	0	0.0
4500～5000元/m^2	2	5.3	1	4.3	0	0.0	1	16.7	0	0.0	1	50.0
5000元/m^2	2	5.3	2	8.7	0	0.0	0	0.0	0	0.0	0	0.0
合计	38	100.1	23	99.9	8	100.0	6	100.0	3	99.9	2	100.0

调查数据显示，家庭年收入在10万元以下的被访问者可接受的单价主要集中在2500～2800元/m^2和2800～3500元/m^2两个区间，分别占39.5%和31.6%，能够接受3500～4000元/m^2单价的比重占15.8%；家庭年收入在10万～20万元的被访问者可接受的单价主要集中在2500～2800元/m^2和2800～3500元/m^2两个区间，分别占34.8%和30.4%；能够接受3500～4000元/m^2单价的比重有所提高，占21.7%；家庭年收入在20万～30万元的被访问者可接受的单价主要集中在3500～4000元/m^2和4000～4500元/m^2两个区间，分别占37.5%和25.0%。

调查所选样本中，家庭年收入在30万元以上的被访问者数量较少，且可承受的单价比较分散，无法确定其愿付单价的主要集中区间。

3.4　欲购房面积与单价（表3-7-27）

表3-7-27　欲购房面积与单价分析

面积 \ 单价	2500～2800元/m^2		2800～3500元/m^2		3500～4000元/m^2		4000～4500元/m^2		4500～5000元/m^2		5000元/m^2以上	
	数量	所占比例/%	数量	所占比例/%	数量	所占比例/%	数量	所占比例/%	数量	所占比例/%	数量	所占比例/%
150～200m^2	13	50.0	3	12.0	2	12.5	0	0.0	1	25.0	2	50.0
200～250m^2	7	26.9	15	60.0	8	50.0	1	20.0	0	0.0	0	0.0

（续）

面积＼单价	2500~2800元/m²		2800~3500元/m²		3500~4000元/m²		4000~4500元/m²		4500~5000元/m²		5000元/m²以上	
	数量	所占比例/%	数量	所占比例/%	数量	所占比例/%	数量	所占比例/%	数量	所占比例/%	数量	所占比例/%
250~300m²	3	11.5	6	24.0	4	25.0	2	40.0	0	0.0	0	0.0
300~350m²	2	7.7	1	4.0	2	12.5	2	40.0	2	50.0	1	25.0
350m²以上	1	3.8	0	0.0	0	0.0	0	0.0	1	25.0	1	25.0
合计	26	99.9	25	100.0	16	100.0	5	100.0	4	100.0	4	100.0

调查数据显示，愿接受单价在2500~2800元/m²之间的被访问者，欲购买的面积主要集中在150~200m²和200~250m²，分别占50.0%和26.9%；愿接受单价在2800~3500元/m²之间的被访问者，欲购买的面积主要集中在200~250m²和250~300m²，分别占60.0%和24.0%；愿接受单价在3500~4000元/m²之间的被访问者，欲购买的面积主要集中在200~250m²和250~300m²，分别占50.0%和25.0%。

调查所选样本中，愿接受单价在4000元/m²以上的被访问者数量较少，且欲购买的面积比较分散，无法确定其欲购面积的主要集中区间。

3.5 欲购房单价与决策影响因素（表3-7-28）

表3-7-28 欲购房单价与决策影响因素

影响因素＼单价	2500~2800元/m²		2800~3500元/m²		3500~4000元/m²		4000~4500元/m²		4500~5000元/m²		5000元/m²以上	
	数量	所占比例/%	数量	所占比例/%	数量	所占比例/%	数量	所占比例/%	数量	所占比例/%	数量	所占比例/%
发展商实力、信誉及物业品牌	17	14.2	9	9.5	11	9.6	5	14.7	5	15.2	1	4.8
地段及交通情况	13	10.8	9	9.5	10	8.7	3	8.8	1	3.0	2	9.5
自然生态景观	22	18.3	17	17.8	16	13.9	4	11.8	6	18.2	5	23.8
完善的会所康乐设施	8	6.7	7	7.4	10	8.7	4	11.8	2	6.1	2	9.5
有健全的休闲、娱乐购物场所	10	8.3	12	12.6	16	13.9	3	8.8	2	6.1	2	9.5
物业周边环境情况	13	10.8	14	14.7	11	9.6	4	11.8	6	18.2	2	9.5
治安良好及有先进的保安系统	24	20.0	16	16.8	22	19.1	7	20.6	7	21.2	4	19.0
噪声及空气污染指数低	13	10.8	11	11.7	19	16.5	4	11.8	4	12.1	3	14.3
合计	120	99.9	95	100.0	115	100.0	34	100.1	33	100.1	21	99.9

调查数据显示，无论选择哪一个区间单价的被访问者，都非常注重治安良好及有先进的保安系统和自然生态景观这两个因素，这是由别墅这种产品的特殊性决定的。选择2500~2800元/m²单价区间的被访者最为注重的三个影响因素分别为治安良好及有先进的保安系统、自然生态景观、发展商实力、信誉及物业品牌；选择2800~3500元/m²单价区间的被访者最为注重的三个影响因素分别为自然生态景观、治安良好及有先进的保安系统、物业周边环境情况；选择3500~4000元/m²单价区间的被访者最为注重的三个影响因素分别为治安良好及有先进的保安系统、噪声及空气污染指数低、自然生态景观。

3.6　面积与户型（表 3-7-29）

表 3-7-29　面积和户型分析

户型 \ 面积	150~200m²		200~250m²		250~300m²		300~350m²		350m² 以上	
	数量	所占比例%	数量	所占比例%	数量	所占比例%	数量	所占比例%	数量	所占比例%
两室一厅	0	0.0	0	0.0	0	0.0	0	0.0	0	0.0
两室二厅	2	7.6	1	2.8	0	0.0	0	0.0	0	0.0
三室一厅	0	0.0	0	0.0	0	0.0	0	0.0	0	0.0
三室二厅	6	23.4	4	11.1	1	4.8	0	0.0	0	0.0
四室二厅	11	42.3	20	55.5	10	47.6	8	72.7	7	77.8
四室三厅	2	7.6	2	5.6	0	0.0	1	9.1	0	0.0
五室两厅	3	11.5	4	11.1	3	14.3	0	0.0	0	0.0
五室三厅	2	7.6	5	13.9	7	33.3	2	18.2	2	22.2
合计	26	100	36	100	21	100	11	100	9	100

调查数据显示，拟购买的建筑面积为 150~200m² 的被访问者，希望设计的户型主要集中于三室二厅和四室两厅，共有 17 人，所占比重为 65.7%，其中希望设计成三室两厅的人数为 6 人，占 23.4%，希望设计成四室两厅的人数为 11 人，占 42.3%；拟购买的建筑面积为 200~250m² 的被访问者，希望设计的户型集中于四室二厅和五室三厅，比重分别为 55.5%、13.9%；拟购买的建筑面积为 250~300m² 的被访问者，希望设计的户型集中于四室二厅和五室三厅，分别占 47.6%和 33.3%。选择面积为 300m² 以上的被访问者所希望设计的户型均集中在四室两厅和五室三厅，但是选择四室两厅的比重要远远大于五室三厅的比重，可见四室两厅将是本项目目标客户的首选户型，其次是五室三厅的户型。

3.7　欲购房面积与类型（表 3-7-30）

表 3-7-30　欲购房面积与类型分析

面积 \ 类型	独立别墅		双拼别墅		联体别墅		叠加别墅	
	数量	所占比例%	数量	所占比例%	数量	所占比例%	数量	所占比例%
150~200m²	12	20.7	6	35.3	6	25.0	4	57.1
200~250m²	17	29.3	5	29.4	9	37.5	3	42.9
250~300m²	12	20.7	5	29.4	8	33.3	0	0.0
300~350m²	8	13.8	1	5.9	1	4.2	0	0.0
350m² 以上	9	15.5	0	0.0	0	0.0	0	0.0
合计	58	100	17	100	24	100	7	100

调查数据显示，拟购买独立别墅的被访问者，希望设计的建筑面积在 300m² 以下的占 70.7%，希望建筑面积在 300m² 以上的只占 29.3%；拟购买双拼别墅的被访问者，希望设计的建筑面积主要集中在 300m² 以下，占 94.1%，希望建筑面积在 300m² 以上的只占 5.9%；拟购买联体别墅的被访问者，希望设计的建筑面积也主要集中在 300m² 以下，占 95.8%，希望建筑面积在 300m² 以上的只占 4.2%；拟购买叠加别墅的被访问者，希望设计的建筑面积完全集中在 250m² 以下。以上数据表明，在进行建筑设计时，应对套均建筑面积严格控制，尤其是叠加别墅，应将其建筑面积严格控制在 250m² 以下以扩大本项目的客源覆盖面。

3.8　家庭年收入与欲购房时间分析（表3-7-31）

表3-7-31　家庭年收入与欲购房时间分析

家庭年收入 / 购房时间	10万元以下		10万~20万元		20万~30万元		30万~40万元		40万~50万元		50万元以上	
	数量	所占比例%	数量	所占比例%	数量	所占比例%	数量	所占比例%	数量	所占比例%	数量	所占比例%
1年内	2	5.3	0	0.0	0	0.0	1	16.7	1	33.3	0	0.0
1~3年内	8	21.0	10	43.5	4	50.0	3	50.0	1	33.3	2	100.0
3~5年内	28	73.7	13	56.5	4	50.0	2	33.3	1	33.3	0	0.0
合计	38	100.0	23	100.0	8	100.0	6	100.0	3	99.9	2	100.0

调查数据显示，家庭年收入在10万元以下的被访问者欲购房时间在3年内的占26.3%，家庭年收入在10万~20万元之间的被访问者欲购房时间在3年以内的占43.5%，家庭年收入在20万~30万元之间的被访问者欲购房时间在3年以内的占50%，家庭年收入在30万~40万元之间的被访问者欲购房时间在3年以内的占66.7%，呈现出欲购房时间随着家庭年收入的不断提高而逐步拉近的趋势。但从总体上看，在近期（一年）内有购买意向的被访问者所占比重相对较低。有中长期购房计划（3~5年内）的被访问者所占比例较大，可见被访问者的欲购房时间直接受其经济实力的影响，这也预示着别墅式住宅在今后较长的一个时期内将呈现较为稳定的需求态势。

3.9　家庭年收入与付款方式分析（表3-7-32）

表3-7-32　家庭年收入与付款方式分析

家庭年收入 / 付款方式	10万元以下		10万~20万元		20万~30万元		30万~40万元		40万~50万元		50万元以上	
	数量	所占比例%	数量	所占比例%	数量	所占比例%	数量	所占比例%	数量	所占比例%	数量	所占比例%
一次性付款	5	13.2	3	13.6	1	12.5	3	50.0	1	33.3	0	0.0
银行按揭	25	65.8	17	77.3	7	87.5	1	16.7	2	66.7	1	50.0
建筑分期付款	8	21.0	2	9.1	0	0.0	2	33.3	0	0.0	1	50.0
合计	38	100.0	22	100.0	8	100.0	6	100.0	3	100.0	2	100.0

调查数据显示，家庭年收入在10万元以下的被访问者，拟选择的付款方式为银行按揭的占65.8%，为一次性付款的占13.2%；家庭年收入在10万~20万元的被访问者，拟选择的付款方式为银行按揭的占77.3%，为一次性付款的占13.6%；家庭年收入在20万~30万元的被访问者，拟选择的付款方式为银行按揭的占87.5%，为一次性付款的占12.5%。以上数据表明，家庭年收入越高者按揭购房比例越大，这主要是由于其所欲购买的房产总价较大，需要贷款支持实现消费，而且从其收入水平上看，足以承受月供压力，所以对银行贷款也比较认同。

调查所选样本中，家庭年收入在30万元以上的被访问者数量较少，且选择的付款方式较为分散，无法确定其付款方式的主要集中区域。

3.10 购房总价与付款方式（表 3-7-33）

表 3-7-33 购房总价与付款方式分析

付款方式 / 总价	一次性付款		按工程进度		按揭付款	
	数量	所占比例/%	数量	所占比例/%	数量	所占比例/%
40 万～60 万元	7	33.3	6	42.9	28	41.2
60 万～80 万元	6	28.6	4	28.6	21	30.9
80 万～100 万元	4	19.0	3	21.4	8	11.8
100 万～150 万元	3	14.3	1	7.1	9	13.2
150 万元以上	1	4.8	0	0.0	2	2.9
合计	21	100.0	14	100.0	68	100.0

调查数据显示，在选择一次性付款方式的被访问者中，可承受的总价在 100 万元以内的占 80.9%，其中有 33.3%的被访问者表示，如果房价在 40 万～60 万元之间，有能力并愿意一次性付清价款；在选择按工程进度付款（分期）的被访问者中，可承受的总价在 100 万以内的占 92.9%；在选择银行按揭付款方式的被访问者中，可承受的总价在 100 万元以内的占 83.9%，可承受总价在 100 万～150 万元之间的升至 13.2%。

3.11 家庭年收入与贷款年限（表 3-7-34）

表 3-7-34 家庭年收入与贷款年限分析

家庭年收入 / 贷款年限	10 万元以下		10 万～20 万元		20 万～30 万元		30 万～40 万元		40 万～50 万元		50 万元以上	
	数量	所占比例%	数量	所占比例%	数量	所占比例%	数量	所占比例%	数量	所占比例%	数量	所占比例%
5 年以下	1	3.3	1	5.6	2	33.3	0	0.0	0	0.0	0	0.0
10 年	7	23.3	5	27.8	0	0	0	0.0	0	0.0	1	50.0
15 年	11	36.7	5	27.8	2	33.3	0	0.0	0	0.0	0	0.0
20 年	5	16.7	5	27.8	1	16.7	0	0.0	1	50.0	0	0.0
30 年	6	20.0	2	11.0	1	16.7	0	0.0	1	50.0	1	50.0
合计	30	100.0	18	100.0	6	100.0	0	0.0	2	100.0	2	100.0

调查数据显示：家庭年收入在 10 万元以下的被访问者中，选择贷款期限为 10 年、15 年和 20 年的分别占 23.3%、36.7%和 16.7%；家庭年收入在 10 万～20 万元的被访问者中，选择 10 年、15 年和 20 年的分别占 27.8%、27.8%和 27.8%。比较而言，选择贷款年限在 10 年以下和 20 年以上的被访问者较少，这主要是由于贷款期限太短则月供压力过大，贷款期限太长则利息负担过高，且期限太长隐含着很多不可预见的风险。

调查所选样本中，家庭年收入在 20 万元以上的被访问者数量较少，且所选贷款年限较为分散，无法确定其贷款年限的主要集中区间。

3.12　家庭年收入与最高首付款（表 3-7-35）

表 3-7-35　家庭年收入与最高首付款分析

家庭年收入 / 首付款	10 万元以下		10 万~20 万元		20 万~30 万元		30 万~40 万元		40 万~50 万元		50 万元以上	
	数量	所占比例%	数量	所占比例%	数量	所占比例%	数量	所占比例%	数量	所占比例%	数量	所占比例%
10 万元以下	14	48.3	3	16.7	0	0.0	0	0.0	0	0.0	0	0.0
10 万~20 万元	10	34.4	12	66.7	2	33.3	0	0.0	1	50.0	0	0.0
20 万~30 万元	3	10.3	1	5.6	2	33.3	1	100.0	1	50.0	0	0.0
30 万~40 万元	1	3.5	2	11.0	0	0.0	0	0.0	0	0.0	0	0.0
40 万元以上	1	3.5	0	0.0	2	33.3	0	0.0	0	0.0	1	100.0
合计	29	100.0	18	100.0	6	99.9	1	100.0	2	100.0	1	100.0

调查数据显示，家庭年收入在 10 万元以下的被访问者，其可承受的最高首期付款在 10 万元以下的占 48.3%，在 10 万~20 万元之间的占 34.4%，在 20 万~30 万元之间的占 10.3%；家庭年收入在 10 万~20 万元的被访问者，其可承受的最高首期付款在 10 万元以下的占 16.7%，在 10 万~20 万元之间的占 66.7%，在 20 万~30 万元之间的占 5.6%，在 30 万~40 万元之间的占 11.0%。调查数据表明，随着家庭年收入的提高，购房者对首期付款额度的敏感性逐渐降低，承受能力逐步提高。

调查所选样本中，家庭年收入在 20 万元以上的被访问者数量较少，且所选最高首付款较为分散，无法确定其最高首付款的主要集中区间。

3.13　家庭年收入与最高月还款额（表 3-7-36）

表 3-7-36　家庭年收入与最高月还款额分析

家庭年收入 / 月还款	10 万元以下		10 万~20 万元		20 万~30 万元		30 万~40 万元		40 万~50 万元		50 万元以上	
	数量	所占比例%	数量	所占比例%	数量	所占比例%	数量	所占比例%	数量	所占比例%	数量	所占比例%
1000 元以下	9	30.0	1	5.9	0	0.0	0	0.0	0	0.0	0	0.0
1000~2000 元	11	36.7	2	11.8	1	16.7	0	0.0	0	0.0	0	0.0
2000~3000 元	2	6.6	5	29.3	0	0.0	0	0.0	1	50.0	0	0.0
3000~4000 元	3	10.0	2	11.8	0	0.0	0	0.0	0	0.0	0	0.0
4000 元以上	5	16.7	7	41.2	5	83.3	1	100.0	1	50.0	1	100.0
合计	30	100.0	17	100.0	6	100.0	1	100.0	2	100.0	1	100.0

调查结果显示，贷款偿还能力直接受家庭年收入的制约。家庭年收入 10 万元以下的被访问者中，月还款能力在 1000~2000 元之间的占 36.7%，其中月还款能力在 1000 元以下的占 30.0%。家庭年收入在 10 万~20 万元之间的被访问者月还款能力比前者有所提高，月还款能力在 2000 元以上的占 82.3%，月还款能力在 2000 元以下的仅占 17.7%。以上数据表明，随着家庭年收入的提高，被访问者的月还款能力也在逐步增强。

调查所选样本中，家庭年收入在 20 万元以上的被访问者数量较少，且其选择的月还款能力较为分散，无法确定其月还款能力的主要集中区间。

3.14　欲购房单价与物管费用（表 3-7-37）

表 3-7-37　欲购房单价与物管费用分析

单价 / 物业费	2500~2800 元/m^2		2800~3500 元/m^2		3500~4000 元/m^2		4000~4500 元/m^2		4500~5000 元/m^2		5000 元/m^2 以上	
	数量	所占比例/%	数量	所占比例/%	数量	所占比例/%	数量	所占比例/%	数量	所占比例/%	数量	所占比例/%
1.0 元/(m^2·月)以下	20	69.0	12	54.5	13	54.2	4	66.7	3	37.5	2	40.0
1.0~1.5 元/(m^2·月)	1	3.4	2	9.1	2	8.3	2	33.3	1	12.5	0	0.0
1.5~2.0 元/(m^2·月)	1	3.4	4	18.2	4	16.7	0	0.0	1	12.5	2	40.0
2.0~2.5 元/(m^2·月)	0	0.0	0	0.0	1	4.2	0	0.0	0	0.0	0	0.0
2.5~3.0 元/(m^2·月)	2	6.9	0	0.0	1	4.2	0	0.0	0	0.0	0	0.0
3.0 元/(m^2·月)以上	5	17.2	4	18.2	3	12.5	0	0.0	3	37.5	1	20.0
合计	29	99.9	22	100.0	24	100.1	6	100.0	8	100.0	5	100.0

调查数据显示，选择的购房单价在 2500~2800 元/m^2 的被访问者，其愿意支付的物业管理费主要集中于 1.0 元/(m^2·月）以下，占 69.0%；选择的欲购房单价在 2800~3500 元/m^2 和 3500~4000 元/m^2 的被访问者，其愿意支付的物业管理费也主要集中于 1.0 元/(m^2·月）以下，分别占 54.5%和 54.2%，但愿意支付的物业管理费在 1.0 元/(m^2·月）以上的被访问者明显增多，这表明支付能力较强的被访问者，其对物业管理的要求也较高，因而他们愿意支付的费用也稍高。

调查所选样本中，欲购房单价 4000 元以上的被访问者数量较少，且所选愿付物业管理费较为分散，无法确定其愿付物业管理费的主要集中区间。

（深圳世联行地产顾问股份有限公司）

【报告点评】

此报告是一个专项市场调研报告，专项调研吉林长春市别墅项目消费者。报告详细且周密地对消费者进行系统调研分析，调研分析内容包含了消费者需求别墅的类型、面积、价格区间、风格、影响购买的因素等诸多方面的情况，更有许多细小方面的调研分析，例如消费者对配套设施、物业管理等方面的调研。

报告采用了单项统计分析和交叉统计分析两种方法对消费者进行调研分析，得出的调研分析数据应是准确、符合市场情况的，但报告最终都没给出具体的调研分析结论，这是此报告的一个缺憾。

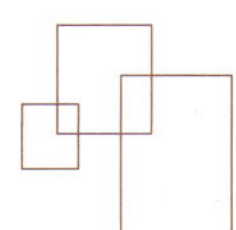

八、2015年河南周口市房地产市场调研报告

报告目录

报告正文

第一部分　项目基本概况

1.1　地理位置及现状

1. 地理位置

项目位于周口市迎宾大道东、开元路北，从项目位置经 1000m 就到南部新区行政区中央公园，所在区域属周口市南开发区与商水开发区的结合部位；属于南部新区商户和行政单位所在地，项目西侧为迎宾大道，南侧紧邻周口市第六人民医院。项目距离最近的商业中心比较远，有 1.5km。

2. 项目土地情况

项目总用地面积为 63495.8m^2（95.23 亩），现有土地规划两面临路，东西长，南北狭窄，这些给总体规划发挥的空间比较小。土地现状属于平整土地。

目前设计院规划的指标：

容积率：2.9

绿地率：30%；

建筑密度：暂无

建筑限高：居住 60m，商业 100m；

建筑风格：无要求

车位配比：按照周口城市规划要求

其他要求：按照周口城市规划要求

3. 交通及地形、地貌等其他条件

(1) 交通条件。项目位置交通十分便利，迎宾路是贯通周口市南北的主干道路，道路宽阔、平坦、干净，路面为双向4车道；开元大道是贯通周口东西道路的西部主干道之一，进入老城区商业的主要南北交通道路有迎宾路、八一路等，能方便地到达市区商业中心；项目能通过南北道路迎宾路快速到达商水县城及南部众多乡村；通过就近的宁洛高速快速到达郑州。

(2) 项目基地状态。基地方正平整，紧邻开发区南部，生活配套相对不太便利，但各种城市管网配套十分齐全，市政管网配套相对完善，这些都为项目的快速开发、总体设计带来了极大的便利。

1.2 项目所在区域特征

1. 项目所在区域规划

项目所在区域主要定位为南区，紧邻周口市南部新区，四周分布有多家工厂商户，而项目位置本身就位于开发区，项目所在地三面分布工厂和主题市场，东部为规划用地，现在为耕地，所在区域的特点，首先定位是新区，然后是居住区。

2. 项目区域环境分析

(1) 周边生活配套。项目周边1km之内缺乏大型的农贸市场和购物超市，距离项目最近的中型购物中心为1.5km外，在项目周边，不方便购物；饭店集中在黄河路附近。

(2) 项目周边单位及环境。项目位于周口市南开发区和商水区的结合地带，四周已经有的和正在建设的有几大建材市场、汽车配件市场，东部有职业技术学院，城市配套第六人民医院、长途汽车站、周口市新火车站、永辉社区的学校配套以及购物和餐饮等配套。

(3) 项目周边市政配套。从项目位置到南部新区行政区中央公园约有1000m左右距离，在项目半径1km之内，比较集中的公共休闲运动设施暂时没有。

1.3 用地平衡及敏感性分析

根据提供的用地信息，暂定土地价格为1000元/m^2，土地敏感性分析见表3-8-1。

表3-8-1 土地敏感分析

容积率	土地单价/万元	单位建筑面积/m^2	楼面地价/(元/m^2)
2.0	100	133334	747.99
2.2	100	1466.67	681.81
2.5	100	1666.67	599.99
2.8	100	1866.67	535.71
3.0	100	2000.1	499.97

1) 每降低0.2个容积率，楼面土地价格增加66元/m^2，每亩单位销售面积减少133m^{2}左右，整个社区减少1万m^2，楼面地价增加得不是很大，但是销售面积减少得比较多，这说明在设计过程中，对容积率的变动影响最大的是利润，而不是成本；说明本项目不能过大地降低容积率，也就是不适合建设纯多层产品。

2) 容积率从2.8增加到3.0，增加了0.2个容积率时，楼面土地成本减少了35元左右，销售面积增加了1.4万多平方米，所以本项目适宜做高层产品；这样可以比较大地增加销售面积，从而增加了项目的利润，但是结合市场的销售价格和市场的销售速度，适合做多层和高层混合

产品。

3）根据对土地敏感性的分析，提高容积率会改善销售面积，定位高层产品，本项目成本最大的部分在于建筑成本，提高容积率就要提高建筑层数，但是提高建筑层数会影响建筑的造价，所以应该从建筑成本上最大限度地节省成本，这是设计必须要重点考虑的事情，所以要重视建筑设计和结构等设计方面对成本的节省，节省部分就是产生利润的最大部分。

4）户型部分也是提高建筑容积率的关键部分，但是这里有个度，在市场接受的产品和户型的基础上，最大限度提高容积率，而不是在保障容积率的基础上，提供户型。

1.4　用地规划及条件的分析思考

因素一：紧邻开发区。

项目紧临开元路和迎宾路，从目前的在建项目提供的商业数据分析，附近临近道路可以提供出售商业面积小，而周边市场提供的商业面积比较多，这些条件决定，该开元路和迎宾路位置商业价值比较大。商业的规划和设计要充分考虑该特点，在可以销售的范围内，最大限度发挥商业的价值，提高项目的利润率，从整个项目的规划中就要充分考虑商业的功能布局和用途，从而对商业部分的设计做到、容易分割和使用。

因素二：项目紧邻车辆进城主干道。

由于开元路是环线，迎宾大道是下高速的主要出入口，导致了项目周边车辆流速和车辆数量大，传统的商业可能在此不容易经营，必须要考虑到使用和销售的问题，商业的使用对象也会受到比较大的限制。

因素三：基地南北长（分为三块土地）。

项目的基地南北宽度小，要最大限度发挥土地的价值就不能在东西向规划太宽的道路，这样才可以比较大的提高容积率，所以在设计过程中，要充分利用东西两个出口，最大限度减少东西道路的距离，充分利用市政道路。

1.5　综合分析

在设计和产品布局中，要充分考虑以上几个因素，同时结合客户需求、市场竞争、区域位置特点等作综合的规划和设计，在产品定位和设计过程中不能撇开这些因素闭门造车，以免造成设计产品不对路而造成项目滞销，或者是设计的成本过高、浪费过大，造成项目的利润空间被设计压缩，从而给整个项目带来风险。

以下我们就是要对整个市场进行深入的探讨和研究，在对市场需求和市场供应分析研究中，为项目的产品定位和设计定位做出合理判断。

第二部分　周口宏观环境分析

2.1　城市发展潜力及规划

截至 2014 年 1 月，周口市下辖 1 个市辖区、8 个县、代管 1 个县级市。33 个街道办事处周口（8 张）、170 个乡镇、243 个居委会、740 个村委会。所辖 9 个县市区是川汇区、扶沟县、西华县、商水县、沈丘县、郸城县、淮阳县、太康县、项城市。总人口 1130.84 万人，居全省第二位（表 3-8-2）。

表 3-8-2　各地区人口

行政区划	川汇区	扶沟县	西华县	商水县	沈丘县	郸城县	太康县	项城市	淮阳县
人口/万	50.5	70.52	90	116.21	123	131	135.9	116.9	135

世界城镇化的一般规律表明，当一个国家或地区人均生产总值达到 1000 美元、城镇化率超过 30%时，城镇化将进入加速发展阶段；当人均生产总值超过 2000 美元时，城镇化率应在 60%以上。周口市 2010 年人均生产总值达到 3995 美元，城镇化率达到 39.3%。这表明周口市城镇化处于加速发展阶段，也处于向更高阶段发展的关键时期。周口市城镇化进程明显滞后。

2010 年，中国的城市化率为 46.6%，周口市城镇化率低于全国水平 7.3 个百分点，为 39.3%。2015 年，全国城镇化率将达 52%左右，2030 年将超过 65%。我省提出今后 3 年城镇化率年均提高 1.7 个百分点以上，力争达到更快一些的目标。按照这个增长速度，周口市要在 5 年内接近全国水平或达到全省平均水平，必须每年保持两个百分点的增长速度。

2.2　城市总体规划

1. 空间拓展规划

新城市空间规划提出“东拓西控，南连北伸”的空间发展战略，以向东发展为主，适度扩展南、北两翼。

东拓：优先发展区。交通区位条件优越，有大广高速公路和 106 国道，是周口城区未来的核心地区，将建设成为综合性新城区。

西控：生态控制区。西部有沙河、颍河、贾鲁河的阻隔，对外交通联系困难，西部地区作为水源地和生态保护区，不宜进行大规模开发建设。

南联：引导建设区。该地区为川东工业基地，有漯周高速公路，用地有限，不是城市未来的主要发展区域。但基础设施配套完善，城市建设具有一定的基础。

北伸：有限建设区。北部地区地势平坦，建设条件良好，周商高速公路对城市发展有一定吸引力。但由于背离主要经济流向，不宜大规模发展，远景可作为城市发展的战略储备空间（表 3-8-3）。

表 3-8-3　河南省各市经济发展情况

城市	GDP/元	人均 GDP/元	城镇人均收入/元	农民人均收入/元
郑州	4000 亿	54000	18897	9225
洛阳	2380 亿	36000	17639	5556
南阳	2065 亿	19000	15000	4894
许昌	1362 亿	29000	15010	6806
平顶山	1320 亿	25000	16208	5504
焦作	1309 亿	38000	15781	7512
周口	1305 亿	13000	12455	4270
安阳	1292 亿	24000	16394	6359
新乡	1243 亿	22000	15752	6421
商丘	1215 亿	15000	14177	4674
信阳	1150 亿	14000	12914	5125
驻马店	1000 亿	12000	13204	5211
开封	891 亿	18000	13695	5390
三门峡	845 亿	36000	15032	5787
濮阳	760 亿	21000	15138	5077
漯河	674 亿	26000	14528	6070
鹤壁	420 亿	29000	15120	6813
济源	328 亿	49000	16330	7784

2. 布局结构规划

城市规划城市布局结构为：一河穿城、两轴拓展、三点互动、四区共荣，优先发展区，引导建设区，生态控制区，有限建设区。

一河穿城：沙颍河从周口市穿城而过，已成为周口市独特的自然环境特征；水与城相互交融，城因水而更富动感与灵气，水因城而承载了更多的历史与人情。

两轴拓展：两条城市功能拓展轴。

东拓轴：规划以东部新区拉动城市功能东移。文昌街形成串连外围生态林地、文教区、老城区、城市综合公园、新区，并向大三角方向推进的“东进轴”。南联轴：八一路南北延伸，串联了城市的主要功能核心区，集中体现现代化城市建设风貌，并和商水连为一体。以八一路生活性主干道为中轴，以周商路、大庆路交通性主干道为边界的区域是城市的核心区域，该区域包括了川汇区新区、中原国际商贸城、老城商业金融中心、南部新区。随着城市规模的扩大，市区和商水联合发展。规划确定该发展轴线为“南联轴”。

三点互动：城市远期将形成多中心的紧密组团式结构形式。

川东工业基地、川汇区行政办公中心和东行政办公中心（周口市级行政办公区）将形成远期城市发展的增长极核。三点建设将带动城市新区的建设，并促进旧城的改造，使城市建设充满生机与活力。

2.3　周口市经济概况

1. 各城市 GDP、收入等指标对比分析

从 2010~2014 年河南省各市经济发展和收入对比，周口的人均 GDP 在城市中排行倒数第二，仅排列在驻马店之前，城镇人均收入在城镇排行中排行倒数第三，农民人均收入中排行倒数第一。从这些数据对比中，可以看出当地经济收入对房地产支持的后劲不是很雄厚，对价格的承受力不够。

周口 2014 年 GDP 是 1992.08 亿元，排名第五。2013 年 GDP 是 1790.65 亿元，增量 201.43 亿元，增长 11.24%。说明周口增长较快，有一定的后劲。

2. 2005~2010 年 GDP（图 3-8-1）

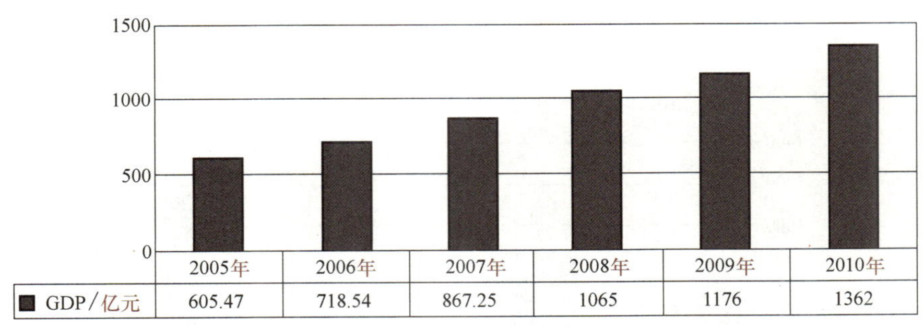

	2005年	2006年	2007年	2008年	2009年	2010年
GDP/亿元	605.47	718.54	867.25	1065	1176	1362

图 3-8-1　2005~2010 年周口市 GDP 情况

（数据来源：周口市统计局）

周口 2014 年 GDP1992.08 亿元。从 2010~2014 年的年均增长率均在 10% 以上。增长力度不减。

3. 城镇居民人均可支配收入（图 3-8-2）

周口人均收入从 2013 年后有递减的趋势。

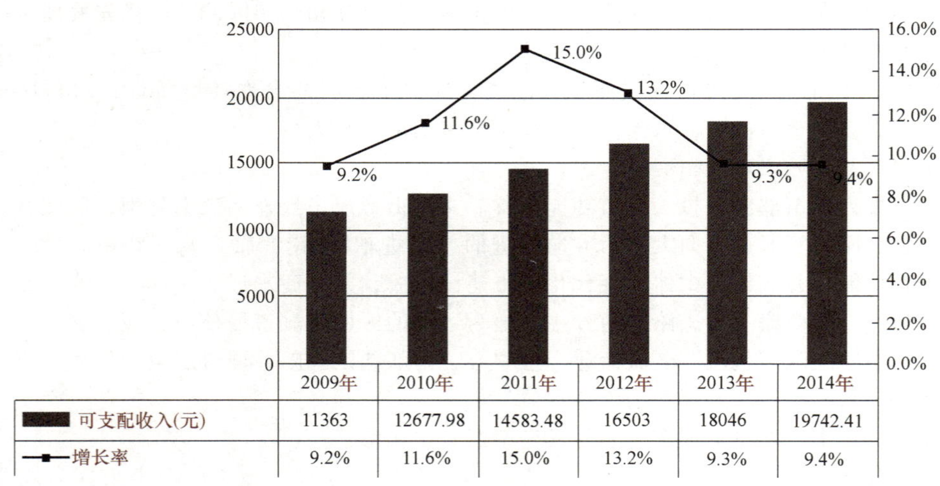

	2009年	2010年	2011年	2012年	2013年	2014年
可支配收入(元)	11363	12677.98	14583.48	16503	18046	19742.41
增长率	9.2%	11.6%	15.0%	13.2%	9.3%	9.4%

图 3-8-2　2009~2014 年城镇居民人均可支配收入

第三部分　周口房地产市场分析

3.1　周口房地产总体概况

（1）房地产投资情况。2014 年房地产开发投资增长速度，周口市房地产开发投资增长趋缓，施工面积继续扩大，商品房销售面积和商品房销售额快速增长，全市房地产市场呈现销售旺盛的态势，房地产市场整体平稳。全市房地产开发投资完成额 209. 87 亿元，同比增长 1. 3%；全市住宅投资完成 196. 81 亿元，同比增长 1. 3%，占全市房地产开发投资的 93. 8%，仍牢牢占据主体地位；商业营业用房投资完成 12. 15 亿元，同比增长 33. 5%，占全市房地产开发投资的 5. 8%（图 3-8-3）。

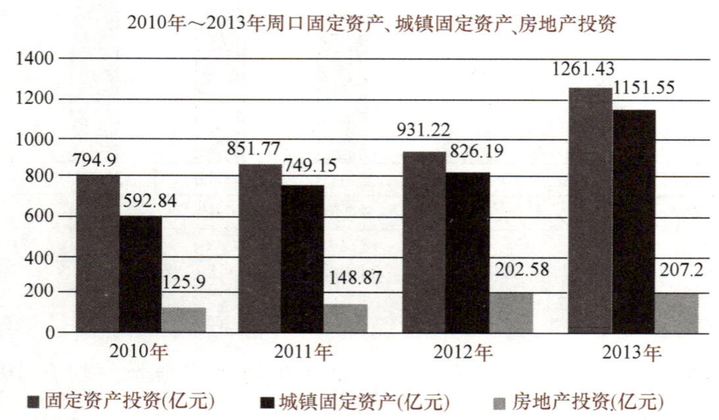

图 3-8-3　2010~2013 年周口市投资情况

（2）房地产开发投资增长速度如图 3-8-4 所示。

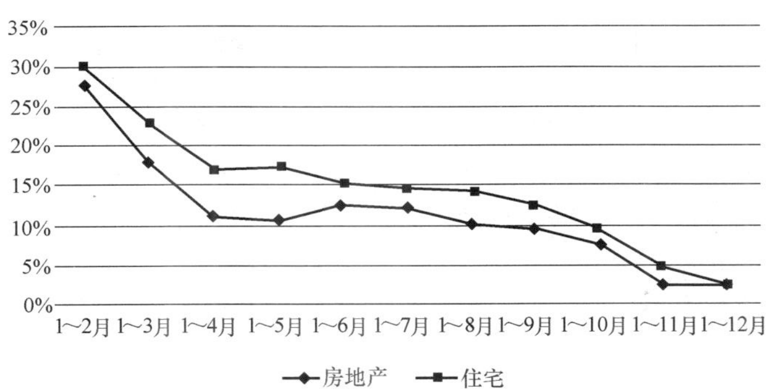

图 3-8-4　2014 年以来房地产开发投资增长速度趋势

2014 年，周口市房地产开发投资增长趋缓，施工面积继续扩大，商品房销售面积和商品房销售额快速增长，全市房地产市场呈现销售旺盛的态势，房地产市场整体平稳。

（3）近几年的竣工面积和销售面积对比如图 3-8-5、图 3-8-6 所示。

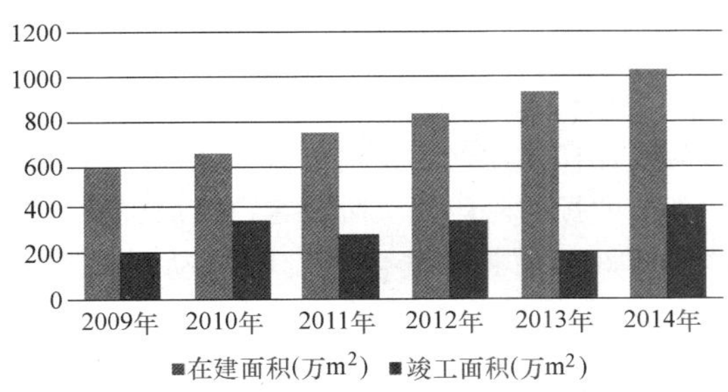

图 3-8-5　2009~2014 年周口市在建和竣工房屋面积

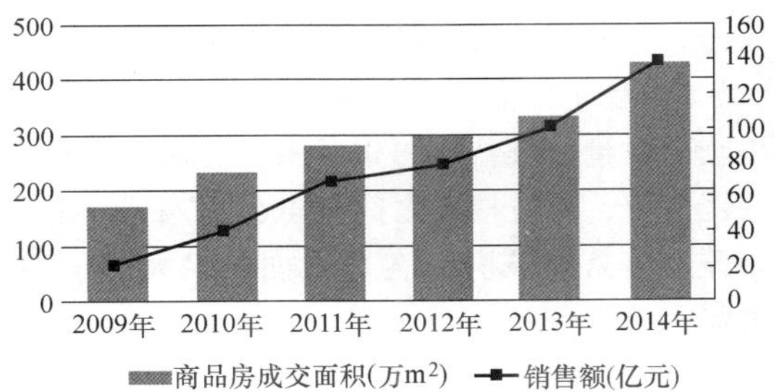

图 3-8-6　周口市商品房销售情况分析

2014 年，全市房屋施工面积 1025.287 万 m^2，同比增长 12.8%，其中住宅施工面积 917.70 万 m^2，同比增长 7.8%。全市新开工面积 554.06 万 m^2，同比增长 17.0%，其中住宅施工面积 485.32 万 m^2，同比增长 10.8%。全市竣工面积 408.36 万 m^2，同比增长 27.7%，其中住宅施工面积 386.81 万 m^2，同比增长 26.3%；2014 年，全市商品房销售面积为 429.96 万 m^2，同比增长 30%；商品房销售额 139.20 亿元，同比增长 38.1%。在商品房销售中，现房销售面积 326.25 万 m^2，同比增长 34.7%，销售额 102.18 亿元，同比增长 40.8%。期房销售面积 103.71 万 m^2，销售额 37.02 亿元，同比分别增长 17.4%和 31.1%。当前全市房屋销售明显升温，但商品房价格整体保持稳定，市场表现平稳。

（4）房产市场综合分析。周口城市分区：A 是指沙北古城区（沙河以北、大庆北路以西的区域）；B 是指沙南古城区（沙河以南、黄河路以北、大庆路以西区域）；C 是指南新区（政府职能部门南迁集聚形成行政新区）；D 是指东新区（城市东向发展的新区域）。

周口市当前大规模的项目主要集中在沙南区域；沙北随着近两年政府北伸政策，项目有所增多；另外，随着东外环路的通车，被规划为城市主干道，成为城区外环系统的重要组成部分，东区项目将在竞争力上有进一步的提升。

1）建筑形式与风格：市场产品多以高层和小高层为主，其次是多层；现代和欧式为主要建筑风格。

2）产品面积与户型：市场产品三房为主导，其次二房与四房；三房面积主要集中在110~130m^2。

3）价格：沙北城区主力均价为3500元/m^2，沙南城区主力均价3800元/m^2，东新区主力均价4000元/m^2，行政新区主力均价3700元/m^2，周口市均价3750元/m^2。

4）客源：各项目仍以区域客户为主，东部和南部区域、周边县城客户占较大比重。

5）品质：市场更趋向于中高档品质楼盘。从规划、品质、景观、社区配套等方面，打造品质和卖点，提升市场竞争力。

（5）周口房地产市场发展的几个阶段。从周口楼盘的发展分析，同样也可以明显看出周口地产到现在经历了以下三个阶段。

1）起步阶段（2001~2004年） 该阶段市楼盘刚刚出现，当时人们还对楼盘还没有深刻认识，虽然有大量的居住需求，但是大量的人还是在自建阶段，有需求，没有市场，原因还有购买实力也在一定的范围，销售价格很低，销售速度慢。客户基本没有住商品房的经历。开发商也相当不成熟，缺乏楼盘开发的策略，更缺乏对整个房地产市场的认识。

2）快速发展阶段（2005~2010年） 2005年开始快速出现大量的楼盘，每年递增速度不断增加，到2010年，在销楼盘达到了60家之多，销售量也是快速增加，出现了供需两旺的局面。这个阶段，客户对产品的认识相对成熟，各个楼盘如果没有自身问题，基本的销售场面都是火爆场面，开发商对楼盘的竞争意识不是太强。

3）稳定发展阶段（2011~2015年） 从2011年后，预计周口市场将进入稳定的阶段，新增楼盘的数量会维持在一定的水平，而不会像快速发展阶段那样快速增加，销售量也会维持在一定的范围内，同时楼盘之间竞争会进入到一个从概念到细节的操作阶段。该阶段客户更加成熟，很多开发楼盘如果没有客户认同，很大可能会出现销售问题。而且市场随时都有波动和调整的可能。

3.2 市场供应楼盘分析

1. 在销楼盘总体分析（图3-8-7）

在售基本特点：

1）分布区域：项目集中度高，主要集中在三个区域：新东区、老城区、新南区，其他地方都是零星分布楼盘。

2）供应房型：在售项目中，高层住宅供应较多，房型和面积为二房二厅95~110m^2，三房二厅二卫120~130m^2，四房二厅二卫170~200m^2。多层供应较少，以110~130m^{2}的二房三房为主。另外有别墅和花园洋房。

3）规模和分布：周口市的小项目住宅项目分布较分散，但新区新建项目多，且集中分布在新东区和南区。多数项目占地面积在100亩左右，200亩以上的楼盘也有，现有小区为中等规模，大规模的住宅小区已经开始施工，如碧桂园、联盟新城、融辉城、泰地现代城等都是超过60万m^{2}的大盘，另外华耀城是超过500万m^{2}的大盘。

4）建筑类型：高层建筑进入市场到主导市场，已经得到中高档消费者的接受。建筑上部分产品都有各自卖点，建筑风格多为现代式和欧式，建业森林半岛为简欧式。

5）物业类型：住宅始终占据市场主导地位，但每个项目均有一定的商业配套，临街1~2层多为底商。办公、酒店多种业态综合体开始出现，公寓分布在大学附近。

6）畅销房型：目前市场上销售速度较快的是125m^{2}三房二厅二卫，这种产品面积适中，功

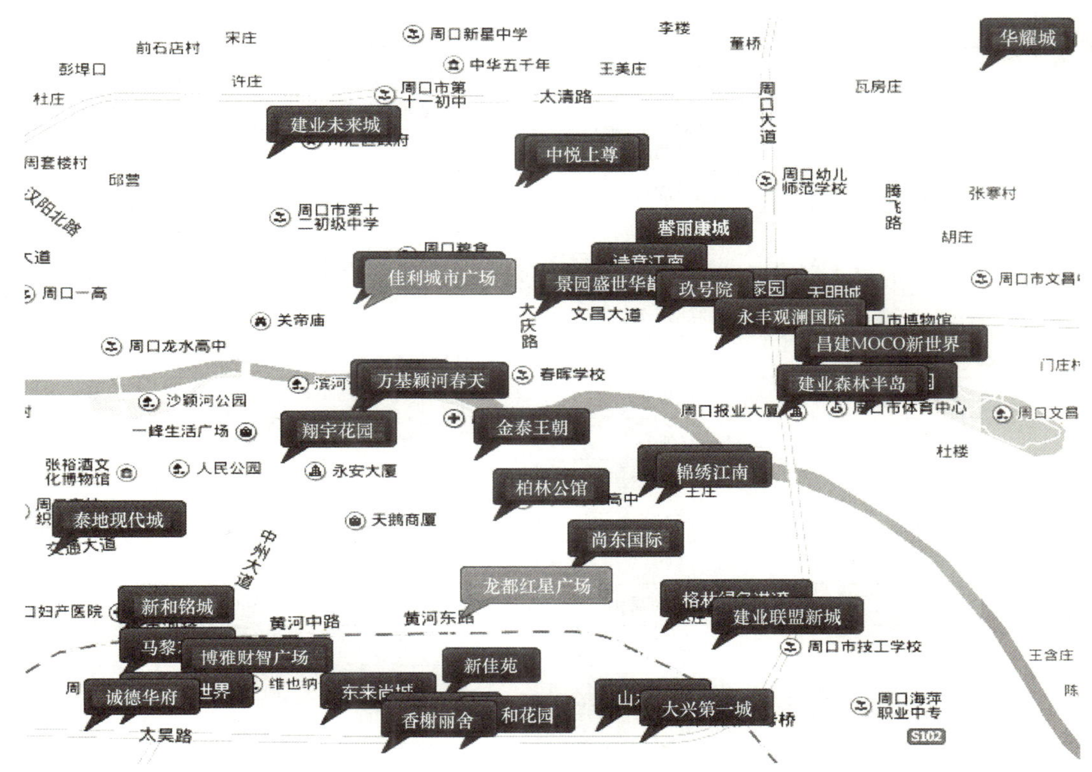

图 3-8-7　在售楼盘分布图

能齐全，价格适中，总价不高，又能满足舒适生活的居住愿望。消化速度较慢的是四房 140～170m² 的高层，150～200m² 的花园洋房等产品，由于总价较高，令部分中层收入者望而却步。

2. 重点楼盘个案

区域代表性楼盘见表 3-8-4。

表 3-8-4　区域代表性楼盘

板块	代表楼盘	物业类型	主力户型面积/m²	单价/(元/m²)	主力总价/万元
南新区	融辉城	高层(现房)	90～150	3700	30～40
	天篷皇朝	高层(准现房)	80～140	3760	30～48
	升禾宽天下	高层(准现房)、多层	85～160	3700	30～50
	巴黎左岸	高层(准现房)	85～140	3900	30～55
	东来尚城	高层(准现房)	100～145	3900	30～55
	阳光花墅	多层、高层	90～150	4000	30～55
	泛华新城	多层、高层(现房)	90～135	3700	30～50
	诚德华府	小高层	90～135	3500	30～50
南新区	新和铭城	高层	80～140	3780	30～50
	泰地现代城	别墅洋房高层	85～400	4000	35～180
	大兴第一城	多层、高层	85～135	3500	29～50
	商水板块	高层	85～135	2900	25～48

（续）

板块	代表楼盘	物业类型	主力户型面积/m^2	单价/（元/m^2）	主力总价/万元
沙北古城区		高层（期房）	85～130	3200	30～45
		高层（期房）	100～170	4200	42～75
		高层（准现）	83～130	4000	33～50
		小高层（准现）	100～146	3800	47～60
		高层（期房）	45～90	3800	18～36
		高层（期房）	90～145	3400	30～45
东新区		小高层、高层	90～145	4200	36～60
		高层（准现）	90～126	4400	38～50
		多层别墅	246～400	3800	140～280
		多层、高层	90～145	4100	38～70
		高层	90～145	4800	38～70
		高层	100～150	3800	40～70
		多层、高层	80～300	3800	35～70
		小高层、高层（期房）	90～148	4000	—
		小高层、高层	50～280	4100	—
		高层	67～195	4600	36～70
		高层	100～150	3900	—
		别墅、小高层、高层	100～150	4700	45～70
		多层、小高层、高层	90～160	5000	40～70
		高层（准现）	90～139	4000	36～56
沙南古城区		小高层、高层	85～146	3600	—
		多层、小高层、高层	83～140	—	—
		多层、小高层、高层	80～140	3500	28～50
		多层、小高层、高层	80～145	3500	30～55
		高层	80～140	3300	30～55
		高层	—	—	—

3. 竞争性个案

（1）融辉城。

1）项目基本情况见表3-8-5。

2）项目规划定位：项目定位中高档住宅产品。

3）项目配套及资源：周口同济医院、周口人合医院、夏威夷生态园、夏威夷温泉俱乐部，规划中的新火车站、周口职业技术学院、川汇区人民法院会所、幼儿园、小学、室外温泉泳池、室内温泉泳池、羽毛球场、篮球场、高尔夫球练习场，另有20多万平方米的商业配套等。

4）产品分析：项目以高层及小高层为置业新亮点，更重点设计了抗震性良好的框剪结构，改变了周口地区目前缺少抗震设防的现状，并有多种风格各异的户型供业主选择。中央公园景观用地高达50000m^2，规划大型人工湖3个，湖与湖之间由人工河相连，小桥流水、碧波映荷、水绕景环。

表 3-8-5 融辉城概况

物业类别	住宅、住宅物业	项目特色	低密居所，花园洋房，湖景地产
建筑类别	板楼、塔楼、低层、多层、小高层、高层	装修状况	毛坯
容积率	1.50	绿化率	39%
开盘时间	2013-9-24	交房时间	二期二段 2014-12-31
物业费	1.00 元/(m^2·月)	物业公司	盛华物业
开发商	商水源盛房地产开发有限公司		

5）竞争分析：该项目位于南新区，由于该项目量体比较大，项目的规划和配套完善，融辉城由商水源盛房地产开发有限公司投资开发，位于城区主干道周商大道西侧，北接周口市区，南临南洛高速出口，地理位置优越、交通便利、环境优美。融辉城，这个设计人性化、配套设施齐全、管理先进的现代化卫星城，引进了国际全新超前的设计理念，以高起点、高规格、高要求致力建设成为周口市品质楼盘。融辉城规划总建筑面积近 150 万 m^2，设计总户数为 1.3 万户，可同时容纳近 5 万人生活居住，预计总投资额逾 20 亿元人民币。中央公园景观用地高达 50000m^2，规划大型人工湖 3 个，湖与湖之间由人工河相连，小桥流水、碧波映荷、水绕景环、惬意无限。计划投资近 1000 万元打造清水河滨河观光带。环高速休闲运动绿化带占地 60000m^2。项目以人、家、城市、自然完美融合的设计理念进行建筑物及环境的高标准规划设计。

6）客户分析。二房面积主要集中在 80～90m^2；三房面积主要集中在 110～130m^2；四房面积主要集中在 140～160m^2。二房均价集中在 3500～3800 元/m^2；三房均价集中在3500～4000 元/m^2；四房集中在 3400～3700 元/m^2；客户特征区域内各项目销售情况良好，该区域内靠近商水县，区域客群的支撑成为产品去化良好的基础。客户多为私营业主、周口所辖县内购房者，其中商水县占大部分。他们多为改善性需求客户，以自住为主，投资比例低。

（2）东来尚城。

1）项目基本情况。项目在建，位于周口市太昊路与五一路交汇处东北角，高层 20 层住宅 1 栋、18 层住宅楼 2 栋、9+1 层住宅楼 3 栋、7 层住宅楼 11 栋、2 层社区服务用房 1 栋，一层、二层是前庭后院式私家庭院，总建筑面积 7 万多平方米。其中地上建筑面积 6 万多平方米。一期 11 栋 7 层带电梯洋房。

项目规模：项目总共规划建设 18 栋楼；总建筑面积约 6 万 m^2 左右。

产品类型：全部为电梯高层。

户型面积：80～130m^2。

雾森系统：将水雾化喷洒到空气中，空气中的尘埃和悬浮颗粒被雾森形成的雾粒覆盖，颗粒自重增大而坠落，保障人们呼吸新鲜纯净的空气。

直饮水系统：经过棉纤维、活性炭以及反渗透等多重过滤净化，将水净化成可以直接饮用的标准。

螺旋消音系统：让生活远离卫生器具的冲水噪声，真正起到消声作用，让休息和生活更舒适。

双开门电梯：不惜代价与成本，不以赢利为目的，采用高标准双开门电梯，一楼大堂电梯门北开，流畅交通动线，开阔大堂空间；乘电梯直达所在楼层，电梯门南开方便入户，真正树立别墅级居住标准。

建筑风格：建筑风格为 ArtDeco 新装饰风格。

销售情况：销售情况比较好，目前销售的是项目的二期。

2）项目规划定位。中国铁建东来尚城地处五一路与太昊路交会处（市人大政协西侧），紧邻千亩市政广场，周边道路通达，教育、生活、金融配套齐全。整个项目由国际级设计单位英国JALP（捷派联合），以围合式造园理念，将项目整体规划为一轴两带三庭院的典雅布局。景观方面又充分结合项目的规划布局和建筑特点，创新性地引入了“庄园式景观”概念，将中式园林和西式景观融于一身。小区内部实行人车分流，旗下东来物业为业主提供星级服务。中国铁建对客户吸引力比较大。

3）项目配套及资源。五洲假日酒店、向日葵酒店、恒丰建材市场、万果园超市。周边景观（自然景观，公园绿化）：东面是市人大政协广场，南面是千亩市政公园。周边医院（就医条件）：铁路医院、防疫站、周口骨科医院。周边学校（就学条件）：新加坡英苗幼儿园、周口市直一小、韩营小学、五中、九中。

4）产品分析。户型主要以85～90m^2两房两厅，125～135m^2三房的户型为主。产品设施有天然气，暖气，闭路监控、单元对讲，老年活动区、儿童乐园，中央广场、中心水系，休闲长廊、雕塑小品、健身乐园等。项目定位为青春艺术生活城邦，主要面向广大青年置业者和首次购房者。

5）竞争分析。项目位于周口南新区，位置相对距离市区近，前面可以鸟瞰千亩城市广场，项目外观设计合理，客户需求定位清晰，加上优秀的兼职品牌的支持，所以项目有较强的竞争力。有部分户型设计有一定问题，比如在110m^2和125m^2左右的两房屋设计不是很合理，部分差户型会有一定量的滞销出现。

6）客户分析。二房面积主要集中在80～125m^2，三房面积主要集中在120～130m^2，四房面积主要集中在140～160m^2。二房均价集中在3500～3800元/m^2，三房均价集中在3500～4000元/m^2，四房集中在3400～3700元/m^2。该区域内政府机关较多，再加上靠近商水县，区域客群的支撑成为产品去化良好的基础。客户多为周边公务员、私营业主，周口市所辖县内购房者占一部分。他们多为以刚性需求为主的客户，以自住为主，投资比例低。

（3）阳光花墅。

1）项目基本情况。20层住宅1栋、18层住宅楼2栋、9+1层住宅楼3栋、7层住宅楼11栋、2层社区服务用房1栋，一层、二层是前庭后院式私家庭院，总建筑面积7万多平方米。其中地上建筑面积6万多平方米。一期11栋7层带电梯洋房。

项目规模：项目由内部拆迁户、外部销售房组成。

产品类型：产品由小高层和高层公寓以及底商组成。

户型面积：主力户型面积在80～150m^2之间。

建筑风格：建筑风格为地中海风格。

销售情况：项目开始对外销售。

2）项目规划定位：中等住宅产品。

3）项目配套及资源。

雾森系统：将水雾化喷洒到空气中，空气中的尘埃和悬浮颗粒被雾森形成的雾粒覆盖，颗粒自重增大而坠落，保障人们呼吸新鲜纯净的空气。

直饮水系统：经过棉纤维、活性炭以及反渗透等多重过滤净化，将水净化成可以直接饮用的标准。

螺旋消音系统：让生活远离卫生器具的冲水噪声，真正起到消声作用，让休息和生活更舒适。

双开门电梯：不惜代价与成本，不以赢利为目的，采用高标准双开门电梯，一楼大堂电梯门北开，流畅交通动线，开阔大堂空间；乘电梯直达所在楼层，电梯门南开方便入户，真正树立别墅级居住标准。

4）产品分析。产品为紧凑型户型，项目品质做得好，绿化和配套质量做得好，所以总体价格相对高，大部分属于开发房屋，产品价格下不下来。

5）竞争分析。该项目的产品具备强有力的竞争能力，不管是建筑形式还是社区景观，都致力营造富有深度人文底蕴的意境与情致。建筑外立面采用意大利托斯卡纳风格，通过底部、中部、顶部的三段式设计，形成了自由多变、错落有致的视觉感受，与阳台、露台、退台、小坡顶交互辉映。

6）客户分析。二房面积主要集中在 80~90m²，三房面积主要集中在 110~130m²，四房面积主要集中在 140~160m²。区域内各项目销售情况良好，该区域内政府机关较多，区域客群的支撑成为产品去化良好的基础。他们多为刚性需求客户，以自住为主，投资比例低。

（4）天鹏王朝概况见表 3-8-6。

表 3-8-6　天鹏王朝概况

物业类别	住宅、住宅、商铺	项目特色	低密居所，景观居所
建筑类别	板楼、塔楼、多层、小高层	装修状况	毛坯
环线位置	暂无资料	所属商圈	暂无资料
容积率	2.61	绿化率	34.20%

1）项目基本情况。

16#28 层 2 单元，一单元 2 电梯 4 户，主推户型：52m²，80m²，106m²。17#18 层 1 单元 2 电梯 3 户，主推户型：124.84m²。

产品类型：产品由高层公寓和底商组成。

户型面积：主力户型面积在 80~150m² 之间的户型组成。

周边配套：商业步行街、火车站、汽车站、规划中小学、职业技术学院、第六人民医院、行政事业单位等，地暖、天然气、太阳能、直饮水，会所、幼儿园、老年活动中心、体育休闲场地、阅览室等。

2）项目规划定位：项目定位住宅+商铺。

3）竞争分析：该项目的产品不具备竞争能力，产品定位问题比较多，商业和居住功能冲突，商业街的设计问题比较大。

4）客户分析：二房面积主要集中在 100~105m²，三房面积主要集中在 125m² 左右；有小面积户型，产品定位混乱。在以自住为购买目的的当前，该项目住宅和商业都比较危险。

3.3　未来三年房产发展展望

周口市总人口数为 50 万人，根据周口市 2014 年的政府公布数据（市长讲话中公布数据），城镇化率达到 43%左右，根据周口房管局的统计，当地城镇居民人均住房建筑面积，大致为 30m² 左右，2020 年，城镇化率达到 70%以上，城镇人口数量为 80 万，年均增长 6 万多人，那么年平均需求住宅的面积为 180 万 m²。根据政府提供的 2014 年住宅销售面积为 145 万 m²，竣工面积 300 万~400 万 m²，基本已经和年需求的住宅面积持平，住宅供应需求矛盾已经经过从 2005~2012 年的 7 年，得到了基本释放，所以未来将是房地产拼产品的阶段。

2015 年，国家从政策上将是对房地产开发期，而周口的房地产基本进入了相对供销平衡的阶段，所以各个楼盘的销售和开发都将会面临困难，或者根据市场需求进行有针对性地开发阶段，而从项目供应上，未来三年也将是大盘频出的阶段，超过 50 万 m² 大项目 10 个左右，如碧桂园、联盟新城、融辉城、天明城、现代城等几十个重点项目。这些大盘的推出必定带给市场更大的供应量和高品质的产品。小楼盘要想在市场具有良好的销售业绩也会不断在产品和经营方面具备自己的特点，所以从总体上分析未来，第一，未来三年市场将是大楼盘竞争的时代；其次，小楼盘的个性化也将是必然的一个趋势；第三，低价楼盘也会稳占市场一定的份额，楼盘之间的价格差距不断拉大。

第四部分　周口房地产需求分析

4.1　需求分析

1. 周口购房客户需求的特征

客户选择住宅的位置更倾向自己原来居住的周边区域，在周边县城对购房区域的选择中，东区、南区成为选择的主要区域。

客户倾向于购买多层，面积在 120~135m² 之间的 1 层和 4 层。

小高层产品和高层产品需求的户型主要为 2 室 2 厅面积在 85~100m²，3 室 2 厅 1 卫的小三室，面积集中在 110~130m² 之间。

沙北城区主力均价为 3500 元/m²，沙南城区主力均价为 3800 元/m²，东新区主力均价 4000 元/m²，行政新区主力均价 3700 元/m²。周口市均价 3750 元/m²。价格的接受空间为30 万~50 万元之间。

客户对城区的理解：老城区为商业中心，东北区为行政区，有高档楼盘，南部为新区，商水区连接南城是城市发展趋势。

周口在销楼盘 40%以上集中在东北区，由于这个区域集中了政府机构、学校、公共建筑等资源，同时也是重点发展区域，所以在售项目比较集中。

2. 周口当地客户群体行为分析

（1）客户消费特征（购买时间）如图 3-8-8 所示。

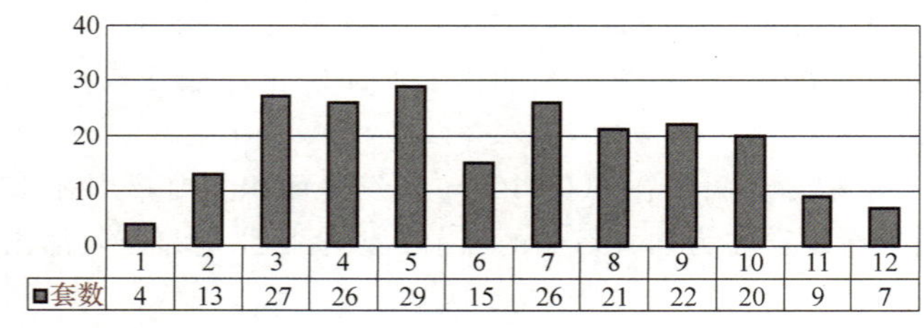

图 3-8-8　2014 年客户每月消费情况

（2）心理分析。目前，周口市新房的价格在 3500~4500 元/m² 之间，小面积产品开始受欢迎，尤其是 100m² 以下的小户型。周口楼市出现了资源错配的情况，90m² 以下的小户型虽然非常受欢迎，但每平方米的价格普遍偏高，令众多购房者无从下手；120~130m² 的房子虽然每平方米的价格差不多，但总价偏高，也让很多购房者承受不了。

不管是权威统计数据还是普通购房者以及业内人士的切身感受，大户型销售陷入困境已是不争的事实。周口也是如此，很多购房者都被“每平方米的价格尚可”，但是折合到总价上面，很多人就开始计较面积了，从经济和社会发展的分析，刚需一旦开始就成了一种趋势，总价将是购买要考虑的头等事情，面积适当缩减将成为持久的现象。

4.2 需求潜力及发展演变

1. 2006~2015 年住房需求的变化

（1）购买面积的变化。2007 年之前，当地人对面积的选择是有 47.0% 的住户选择 $120m^2$ 以上的住房，40.5%的住户选择 $90\sim120m^2$ 之间的住房，而选择 $90m^2$ 以下的住户只有 12.5%；2010 年左右人们的购房面积：户型主要为 2 室 2 厅面积在 $90\sim110m^2$，3 室 2 厅 1 卫的小三室，面积在 $110\sim125m^2$；价格的接受空间为 25 万~40 万元之间，人们开始对 $90m^2$ 以下的住宅接受的比例不断增加。改变的原因是由于价格的提升而被动接受。

（2）选择产品的变化。2007 年之前，当地人购买多层产品为主，人们首选喜欢购买的是多层，其次是小高层产品，2012 年左右的时间，人们接受小高层和高层的产品逐渐增多，且接受度不断增加。改变原因主要是由于市场提供的多层产品逐渐减少的原因，客户是被动接受。

（3）选择品牌（产品）变化。2007 年之前，当地人购买产品不太注重产品的品牌和产品，2010 年后，消费者开始关注产品的品牌和产品细节。

（4）对住房价格的变化。2012 年之前，当地人接受主力价格为 3000 元以内，2014 年，客户接受的产品主力价格为 3800 元左右，改变的原因是因为市场改变的原因，接受是被动的。

（5）按揭贷款比例。2013 年之前，按揭贷款接受的比例为 53.6%，具备一次性付款能力的仅占 37.1%。目前在实际楼盘的销售比例中不断降低。

2. 2015 年后住房需求的潜力和发展方向

1）未来市场的供应和需求会出现基本持平和阶段性的供应“过剩”。

2）房屋开发量仍旧有一个增大的过程。

3）未来供应房屋的成本逐渐在提升，销售价格提升的空间会受到限制。

4）但新项目的开发会受政策的影响比较大，房产政策对房地产开发的表现逐渐显现。

5）未来住房消费的主力军是城市新增人口和刚性需求者。

第五部分 项目威胁和机会分析

5.1 项目的位置优势分析

1. 项目位于南西区的优势

受政府行政规划和行政新区的影响，周口东北方向成了周边县到市区买房的首选之地，但本项目紧邻开发区，且开发区有一定量的商户，这样众多的商户在选择居住位置时，首选的位置必然是靠近工作的区域，那么本区域的位置必然成为在开发区就业人员的首选。

2. 接近商水新区的优势

由于本项目南部是周商新区，该区域对商水购房群具有比较大的吸引力，开元路和迎宾大道会容易形成醒目的地标优势。这样会吸引来周口市区置业的商水人群。

3. 便捷的交通优势

本项目位于迎宾大道和开元路的交叉位置，该位置具备非常好的交通优势，该部分已经在前面得到充分论述。

4. 开元路和迎宾大道具有开发商业的先天优势

由于本项目周边主题市场、学校以及单位情况，给我项目的商业带来了比较丰富的客户资源，而项目南和东部紧临的两条路已经具备相对成熟的汽车商业优势，这为本项目的商业销售和租赁会带来比较好的前景。

5.2　项目劣势和威胁分析

1. 项目的劣势分析

（1）生活配套设施不足。项目所在地处于新南部新区和商水老工业区，在众多的周口人的观念中，该位置相对偏僻，近距离缺少生活配套，工厂较多，居住气氛缺乏，缺少运动休闲设施和场地，近距离休闲娱乐配套相对距离远，使用起来并不很方便。这些都给人们的生活带来不便（该部分已经在前面论述）。

（2）居住氛围不够。在对周边项目的调研中，我项目周边工厂商户比较多，其负面作用也显现出来，白天人员比较多，夜晚该新区的人流相对比较少，很多已经销售完的项目都没有人进住部分居住项目的居住率不足10%，居住氛围严重不足。

2. 项目的威胁分析

（1）市场进入稳定期的大盘竞争时代。市场进入了大盘时代，产品、品质、品牌的竞争会异常激烈，而这个阶段的销售又相对稳定，所以本项目将会受到比较大的考验。50万m^2以上的项目众多，这些会形成对项目的威胁。

（2）项目受到低价产品的威胁。南面商水新区的房产项目众多，而且价格较低，也是形成对我项目威胁的一个重要因素。

（3）项目受到品牌产品的威胁。大盘品牌项目往往影响的面积比较大，可以覆盖到全城，像碧桂园等项目的影响往往是跨区域的。

（4）项目受到准现房产品的威胁。我项目周边存在着大量的准现房待销楼盘，所以项目也会面对这些项目的竞争。

5.3　项目的机会分析

对市场和项目的充分研究和分析，目的是要在市场中找到本项目的机会，我们的机会在于找到市场中没有满足的需求。

1. 临近商水而又位于市区

我项目临近商水新区，而又是周口市区的项目，这样会被众多的商水置业者看中，住在周口市区，而又能快捷地回家，融辉城的成功，很大一部分的地缘原因是来源于此。

2. 商业项目量体和销售方式带来的机会

在对周边项目的调研中，由于本项目处于开发区和商水区的结合位置，商业布局不完善；而项目周边的车流和人流量也比较大，存在大量的商业消费客户，另外本项目未来周边也必然存在大量的居住人群，这些人群和单位都将是本项目商业服务的对象，所以未来本项目商业的规模和商业的经营也必将是带动项目的利润点和卖点。必须考虑竞争项目的商业销售模式、经营模式以及量体给本项目商业造成的影响，以免形成项目的资金沉淀，这不但没有带动整个项目的销售，反而成了整个项目累赘，所以这个度在产品定位中要进行说明。

第六部分　项目产品定位分析研究

6.1　竞争项目产品分析

本节说明：从第五部分中已经对竞争项目进行过简单分析，下面对这些竞争项目再次分类，找出这些项目的优点和劣势，从而找出项目的定位依据。

将楼盘分为三个类型的竞争，一是直接竞争项目，二是间接竞争项目，三是潜在竞争项目。

1. 直接竞争项目分析

由于这些项目距离我项目近，产品和我项目接近，所以会直接形成对我项目的竞争。

（1）永辉城项目。该项目处于南部新区的独特位置，项目已经成型，该项目配套大气且完整，本项目无法和他们相抗衡，但与该项目的竞争不可避免，所以要走差异化的竞争策略。

（2）东来尚城项目。该项目会和我们项目形成直接竞争，尤其是高层产品，我们从位置和配套上也无法与其直接竞争，走户型的差异化比较好。

（3）阳光花墅项目。该项目虽然距离本项目远，但是该项目的理念比较先进，走的是中高端价格路线，性价比比较高，而本项目也走的是这个策略，这样凡是周边出现类似的策略项目，都将成为项目的竞争项目。

2. 间接竞争项目分析

间接和我项目形成竞争的项目有商水区北部项目、迎宾路西成熟的在售项目。

（1）南城其他成熟项目。该类项目比如像“巴黎左岸”和“东来尚城”等项目，大区域位置相同，产品定位相差不大，这些项目属于成熟社区，该项目距离本项目距离近，会分流本项目一部分客户。

（2）商水其他项目。该项目距离虽然远，但是同样属于一个竞争区，属于南部新区，这些项目价格低，会分流一部分刚性客户。

另外东区、市中心区项目的销售进度和价位变化也会形成对本项目的间接影响，如果这些区域项目的价格高，对本项目是促进作用，如果这些项目位置价格降低，则对本项目是个抑制作用，会形成负面影响。

3. 潜在竞争项目分析

与我项目形成潜在竞争的项目有开元路造纸厂待开发项目、许继路待开发项目。

（1）开元路待开发项目。开元新城项目随时会进行二期的开发，从而形成和本项目的直接竞争，要避免和其竞争，就要密切关注该项目的动工，从时间上避免与其竞争。

（2）周边待开发项目。由于项目周边还有一些空地未开发，根据周边的土地供应状况，随时可能会有新的项目面市。

4. 竞争项目分析总结

综合分析我项目处于东西大项目的合围竞争区内，东西北有周口市区项目，南有商水项目，所以要在竞争中成功突围，就必须在产品和营销策略上做足文章，总体分析，项目面临有竞争的压力，但是整个项目也不失自有优良因子，有压力的同时也有机会。

6.2 目标客户群分析

1. 刚性客户群分析

以自住为目的：私营业主、教师、医生，周口南部西部工厂和商户的职工和中层。商水农村进城买房的客户群将成为本项目的刚性需求客户。

（1）主力客群一。来自南部商水县城和乡镇客户，成为主力客户的原因是收入有保证，到达本项目便捷，人口群体大。

（2）主力客群二。来自城区项目周边的客户，成为主力客户的原因是到达本项目便捷，而本项目又是成熟且距离近的项目。

2. 非刚性客户分析

购买第二套以上住房：周边企事业单位及私营业主，由于便利性的原因购买住房或者是升级需求的群体。

1）次主力客群一。进城工作人群。

2）次主力客群二。私营业主（周边范围内做自营的群体）。

3）次主力客群三。单位人员（医院、行政、学校等事业单位）。

6.3　项目产品定位分析

1. 项目的总体定位

总体定位：升级型公寓式居家产品。

具体描述：首先能满足正常家庭的居家需求，在此基础上要提升服务，将服务提升到公寓级居家服务，部分小面积产品可提升到酒店服务的内容（酒店式服务公寓）。

2. 项目主要基本功能定位

（1）基本定位。

1）主要公寓产品：二室二厅一卫、三室二（一）厅一卫、三室二厅二卫（表 3-8-7）。

表 3-8-7　面积范围与对应比例

功　能	二室二厅一卫	三室二(一)厅一卫	三室二厅二卫
面积	70～90m^2	90～120m^2	120～135m^2
比例	20%	50%	30%
说明	小面积可装修	毛坯	毛坯

2）主要配套产品：接待大堂、多功能会所、公寓家政服务单元，超市休闲商务接待。

（2）经营和功能服务定位。

1）90m^2 以上的产品主要以公寓级的居家为主，当然根据客户需要可以提供酒店公寓级别的菜单服务内容。

2）90m^2 以下的产品主要提供酒店公寓的服务，当然根据客户的需要，同样可以提供公寓级别的服务内容。

3）同时对这两类的产品和客户除提供居家需要的超市、家政服务、正常的社区功能的会所外，还要提供综合的服务商务和休闲功能，如会见场所、健身及娱乐室等方面为服务内容的公共空间；另外提供菜单酒店服务内容。

（郑州（河南）世创房地产营销策划有限公司）

【报告点评】

报告前半部分内容较为浅显，资料和数据不够充分，作为房地产策划前期市场调研报告显得有点缺乏，不足以给房地产策划足够的支撑点。

但报告也有可取之处，最大的亮点在于后半部分，目的性很强，所有资料或数据均是为了调研目的而去，如第六部分的项目产品定位分析研究，先是分析了竞争项目的产品，后进行目标客户群分析，先了解了对手，再摸清了市场，最后还给出项目产品定位建议。如若报告通篇均是这般，那么此报告将具有很高的实用价值。

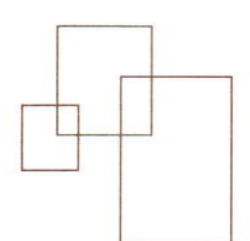

九、湖北宜昌汽车市场调研报告

报告目录

报告正文

第一部分　宜昌国际汽车城投资环境分析

1.1　湖北汽车市场环境分析

1. 湖北省近几年经济发展状况

2013年湖北实现地区生产总值24668.49亿元，按可比价格计算，同比增长10.1%，增幅高于全国平均水平2.4个百分点，经济运行稳中有进、总体向好。从产业角度看，第二产业贡献最大，增加值12171.56亿元，增长11.3%。第三产业居次，增加值9398.77亿元，增长10.0%。第一产业增加值3098.16亿元，增长4.7%（图3-9-1）。

图3-9-1　2008～2013年湖北省国民生产总值及增长率

工业增加值首破万亿元。2013 年全年全省规模以上工业企业实现增加值 11159.66 亿元，比 2012 年增长 11.8%。其中，高新技术产业实现增加值 3604.96 亿元，增长 16.1%（图 3-9-2）。

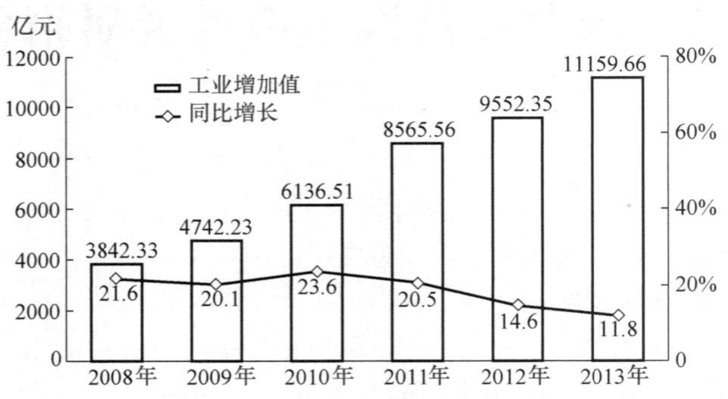

图 3-9-2　2008～2013 年湖北省工业增加值及增长率

固定资产投资突破 2 万亿元。2013 年全年全省完成固定资产投资 20177.45 亿元，比 2012 年增长 25.8%。其中，民间力量贡献大，累计完成 13822.31 亿元，增长 32.4%，占全省比重为 68.5%，比 2012 年提高 3.6 个百分点（图 3-9-3）。

图 3-9-3　2008～2013 年湖北省固定资产投资及增长率

城乡居民收入继续增加。2013 年全年城镇居民人均总收入 25180.49 元。其中，城镇居民人均可支配收入 22906.42 元，增长 9.9%。农村居民人均纯收入 8866.95 元，增长 12.9%（图 3-9-4、表 3-9-1）。

图 3-9-4　2008～2012 年湖北省城镇居民人均可支配收入及增长率

表 3-9-1 2013 年湖北城镇居民收入与广东以及全国的对比

省 份	湖北	广东	全国
2013 年城镇居民人均可支配收入/元	22906	33090	26955
同比增长	9.9%	9.5%	7.0%

2013 年全年国内生产总值是 568845 亿元，按可比价格计算，同比 2012 年增长 7.7%。全国人均 GDP 为 41804.71 元。据初步统计，湖北省 2013 年 GDP 全国排名第九名（表 3-9-2）。

2. 湖北省汽车产业现状及发展趋势

湖北是中国第三大汽车生产基地，湖北汽车产业的发展历程基本与中国汽车产业发展同步并可被认为是中国汽车发展的一个缩影。

2013 年湖北省累计生产汽车 158.7 万辆，同比增长 9.6%，产量占全国汽车总量的 7.2%。其中，乘用车累计产量 98.5 万辆，同比增长 24%；商用车累计产量 60.1 万辆，同比下降 8%；专用汽车累计产量 21 万辆，同比增长 14%（图 3-9-5）。

表 3-9-2 2013 年全国各（市、区）GDP 排名情况

GDP 排名	省(市、区)	GDP /亿元	增长率	GDP 排名	省(市、区)	GDP /亿元	增长率
1	广东	62163.97	8.5%	17	黑龙江	14800.00	8.0%
2	江苏	59162.00	9.6%	18	广西	14378.00	10.2%
3	山东	54684.30	9.6%	19	天津	14370.16	12.5%
4	浙江	37568.50	8.2%	20	江西	14338.50	10.1%
5	河南	32155.86	9.0%	21	吉林	12981.46	8.3%
6	河北	28301.40	8.2%	22	重庆	12656.69	12.3%
7	辽宁	27100.00	9.0%	23	山西	12602.20	8.9%
8	四川	26260.77	10.0%	24	云南	11720.91	12.1%
9	湖北	24668.49	10.1%	25	新疆	8510.00	11.1%
10	湖南	24501.70	10.1%	26	贵州	8006.79	12.5%
11	福建	21759.64	11%	27	甘肃	6300.00	12.1%
12	上海	21602.12	7.7%	28	海南	3146.46	9.9%
13	北京	19500.60	7.7%	29	宁夏	2600.00	10.0%
14	安徽	19038.90	10.4%	30	青海	2103.00	11.0%
15	内蒙古	16832.38	9%	31	新疆	1480.00	18.0%
16	陕西	16045.21	11%	32	西藏	802.00	12.5%

（1）湖北省汽车产业在全国的地位。湖北省汽车产业依托东风汽车集团公司，属于中部集群，在全国具有重要地位，综合实力位居全国前三强，零部件产值和成本控制两项全国排名前两位。

图 3-9-5 2008~2013 年湖北省汽车产量及增长率

受惠于国家对汽车工业的支持，与一汽、上汽并称我国“三大汽车集团”的东风汽车公司，在湖北省内建立了武汉—襄阳—十堰绵延千里的零部件产业带。如今，湖北省从十堰、襄阳到武汉，从宜

昌、荆州到黄石的两条汽车工业长廊已具规模，初步形成了“重、中、轻、轿、微、专、农”的生产格局。汽车工业已成为了湖北省的第一支柱产业。目前形成了武汉、襄阳、十堰3个省内“集群”（图3-9-6）。

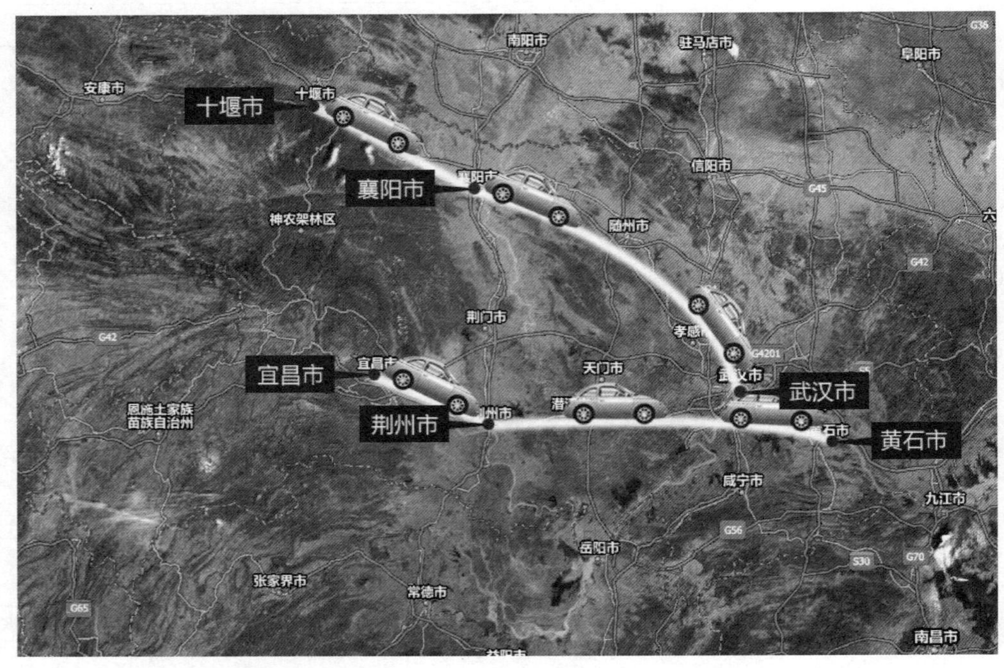

图3-9-6　湖北汽车工业长廊：十堰—襄阳—武汉，宜昌—荆州—黄石

（2）十堰、襄阳、武汉汽车产业群特点。

1）武汉：主导总部经济，突出自主创新。武汉作为东风公司总部的所在地，突出总部经济。

武汉整车规模将快速翻番：2010年12月，东风本田第二工厂开建，投产后预计产值500亿元，年产整车总规模从24万辆升至48万辆；2011年，神龙第三工厂开建，计划年产轿车30万辆，3个工厂的总产能在75万辆。在自主创新方面，未来5年，东风乘用车武汉工厂产能提升15万辆，东风渝安年产微型车约20万辆，武汉新未来科技公司还将贡献年产10万辆的纯电动车生产基地，再加上引进15万辆特种改装车生产基地，总计180万辆左右。

2）襄阳：壮大传统汽车，打造新能源汽车。2010年，风神襄樊汽车公司完成轿车扩能改造，产能由10万辆扩大到15万辆；神龙襄樊工厂动力总成扩能项目顺利完成，形成64万台和45万台产能。同时，随着东风股份、风神襄樊公司、神龙襄樊工厂、东风德纳车桥新一轮扩能项目的启动，襄阳将实现“三个百万”目标，汽车工业发展后劲将进一步增强，进入新一轮高速发展时期。

在壮大传统汽车产业的同时，重点发展新能源汽车。目前，襄阳是国务院批准的“国家公共领域节能与新能源汽车示范推广试点城市”，也是国家工信部确定的“新兴工业化——新能源汽车产业示范基地”，国家质检局也批准设立了国家动力蓄电池检验检测中心。襄阳现有新能源汽车研发和生产的企业及院所15家，已启动了整车、动力电池、驱动电机、驱动系统模块、控制器等大型项目建设。按照规划，到2015年末，全市新能源汽车产业整车达到2万~5万辆的产能，形成11个系列的整车型谱，动力电池达到30亿~60亿AH产能，驱动电机驱动系统和驱动模块（含控制器）达到5万~10万套产能，形成30家以上企业的产业集群，实现产值1000

亿元。

3）十堰：主导商用车产业，发展装备制造业。在“十二五”规划内，十堰市大力发展以汽车为主导的先进制造业。以汽车主导产业，将十堰打造成为国内最具规模、最具实力的中重型商用车制造基地，最重要的微型车、专用车、客车汽车零部件及汽车装备生产基地。积极发展装备制造业，把十堰建设成为全国机械及汽车工艺装备的重要生产基地。继续提升地方汽配工业自主创新发展能力，做大整车、做强总成、做精零部件，打造国家级商用车及零部件产业集群创新示范区。

遵照“三线建设”的指示，国家在十堰投资建设中国第二汽车制造厂（现东风汽车公司），十堰成为湖北省汽车工业的发源地。经过40年的发展，十堰汽车工业形成了“五车齐头并进”，中重型商用车为支撑，零部件多元化配套，整车与零部件同步发展的产业格局。十堰市曾经是湖北省汽车及零部件工业的中心，但随着产业的发展，十堰的地理和区位环境与汽车产业资本密集、技术密集、劳动力密集和产业关联度高的特征已不相适应，其资源已不能满足东风公司发展的需求，这个中心正由十堰经襄阳逐渐向武汉转移，在襄阳先后建立了轻型商用车企业、神龙汽车有限公司发动机工厂和汽车试验场（图3-9-7）。

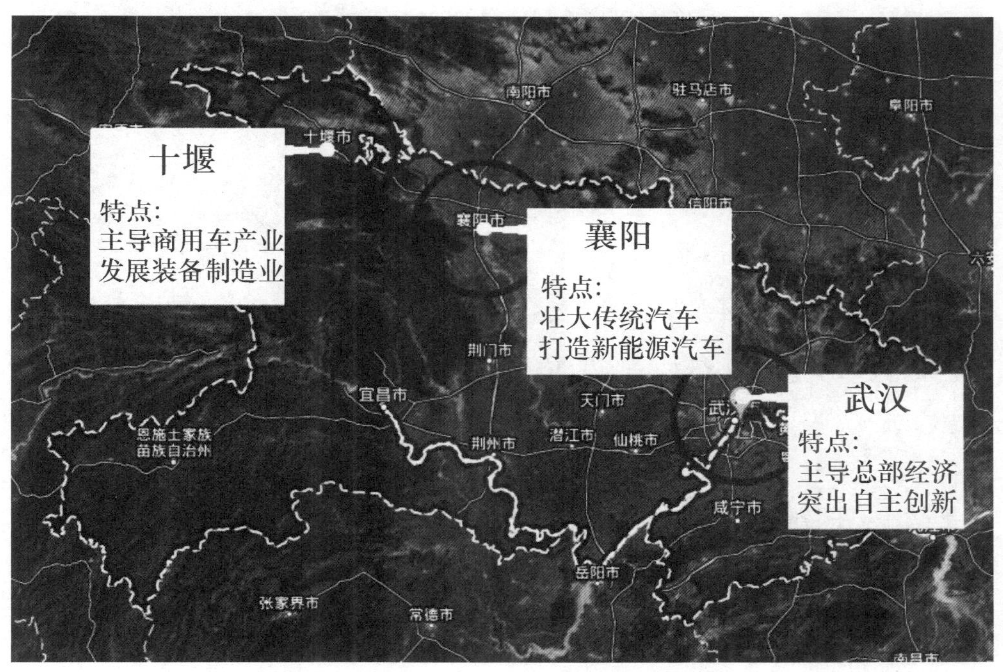

图3-9-7 十堰、襄阳、武汉汽车产业群特点

（3）湖北省汽车产业发展方向。

1）建设四大整车制造基地。

① 武汉乘用车制造基地。以乘用车为发展方向，以建设“国内一流乘用车制造基地”为发展目标，不断丰富产品品种，提高产品品质，增加市场竞争力。充分发挥神龙、东风本田、东风乘用车等企业现有优势，加快神龙第三工厂、东风本田第二工厂、东风自主品牌第二期等一批新项目建设，预计2015年形成汽车综合生产能力170万辆。

② 十堰商用车制造基地。以重型商用车为发展方向，以建设“世界著名商用车制造基地”为发展目标，瞄准世界一流产品技术，打造一流品牌。充分发挥东风有限商用车公司、东风实业

公司等企业现有优势，加快东风商用车新建重型车、东风小康汽车有限公司和三环汽车工业园等一批新项目建设，预计 2015 年形成汽车综合生产能力 100 万辆。

③ 襄阳轻型商用车及中高档轿车制造基地。以轻型商用车和中高档轿车为发展方向，以建设“国内有影响力的汽车制造基地”为发展目标，加大市场开拓，加大技术创新，加快东风汽车股份有限公司、东风有限襄阳轿车基地扩建等一批新项目建设，预计 2015 年形成汽车综合生产能力 80 万辆。

④ 随州专用汽车产业基地。以专用汽车为发展方向，以全面繁荣“中国专用汽车之都”为发展目标，加大自主创新能力建设，加大新产品开发力度，加快企业技术改造，不断提升制造能力，发挥专用汽车产业聚集优势，积极承接国内外、省内外专用汽车资源转移，预计 2015 年形成专用汽车综合生产能力 28 万辆以上（图 3-9-8）。

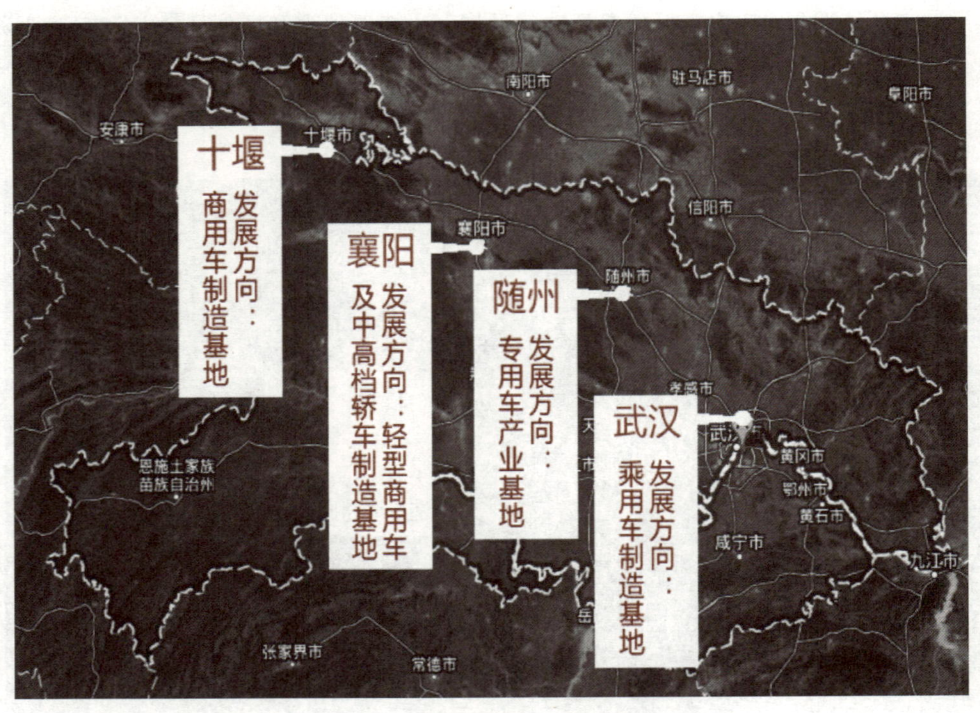

图 3-9-8　湖北四大整车制造基地

2）培育三大汽车零部件聚集区。

① 武汉及周边城市汽车零部件“环状”聚集区。以为乘用车配套的高端零部件为发展方向，以打造“国内核心汽车零部件聚集区”为目标，充分发挥“8+1”城市圈的区位优势，依托武汉经济技术开发区和武汉东湖高新技术开发区等汽车零部件园区，辐射汉阳区、汉南区、蔡甸区、东西湖区，以及仙桃、黄冈等市，加快东风本田和东风自主品牌发动机等一批零部件项目和重点零部件产业集群建设，力争 2015 年实现产值 1500 亿元。

②“十襄随”汽车零部件“带状”聚集区。以为重中轻型商用车、专用汽车和发动机配套总成零部件为发展方向，以打造“国内重要汽车零部件聚集区”为目标，充分发挥襄阳高新技术开发区和国家级汽车工业园、丹江、谷城、枣阳等特色零部件产业群优势，以及东风汽车公司零部件产业优势，加快轿车自动变速器、重型车及专用车车身、车桥等关键总成等一批零部件项目和重点零部件产业集群建设，预计 2015 年实现产值 1200 亿元。

③"荆荆宜"汽车零部件"三角状"聚集区。以外向型和特色零部件为发展方向，以打造"省内汽车零部件出口基地和聚集区"为目标，充分发挥荆州、荆门、宜昌等地现有汽车零部件产业优势和一批外向型汽车零部件企业海外市场优势，加快汽车转向器、空调等一批零部件项目和重点零部件产业集群建设，预计 2015 年实现产值 300 亿元（图 3-9-9）。

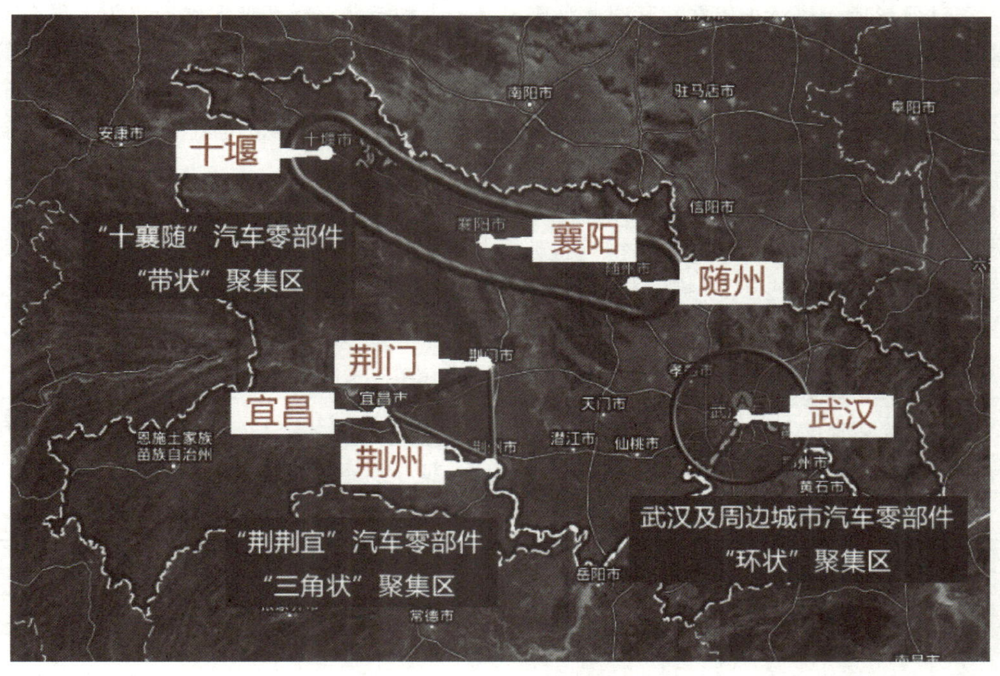

图 3-9-9　湖北三大汽车零部件聚集区

（4）湖北省汽车产业发展阶段特征。湖北的汽车产业起步于 20 世纪 60 年代末，到 20 世纪 80 年代初开始步入辉煌，但随后又经历了一些起伏。发展过程大体可以分为四个阶段。

第一阶段（1969～1978 年）：湖北汽车产业的起步。

湖北的汽车产业源于 20 世纪五六十年代全国范围内的大规模三线建设。在当时的指导思想下，国家将大批的重工业企业迁往内地较为隐蔽的山区，汽车企业也不例外。在此历史背景下，原吉林长春第一汽车制造厂的部分职工进驻湖北十堰建设了中国的第二个汽车厂——东风汽车公司。而湖北也因为这个非常偶然的机遇获得了发展汽车工业的机会。1975 年 7 月 1 日下线了湖北第一辆汽车——东风牌汽车，这标志了湖北汽车的起步。

第二阶段（1979～1993 年）：湖北汽车产业的辉煌和汽车产业带的初步形成。

在 1975 年成功出产第一辆汽车后，湖北汽车代表企业——东风公司不断成长壮大。到 1979 年由于其经典车型"东风 140"在对越反击战中的优异表现，"二汽"一举夺下了中国汽车市场的半壁江山。

第三阶段（1994～1999 年）：湖北汽车产业的调整酝酿期。

这一时期的湖北汽车产业是中国汽车产业的一个缩影。①市场上的供应商良莠不齐，汽车生产厂家众多，但绝大多数规模过小，典型的例子是原武汉汽车工业大学的一个汽车制造厂一年的产量竟然仅两辆。②新生的较大型或合资公司由于其体制先进，工艺先进，不断冲击传统的汽车巨头，改变着中国的汽车产业格局。上汽大众是其中一颗最引人注目的新星。而作为湖北汽车的龙头企业，东风汽车公司在这几年连年亏损，经历着痛苦的蜕变，直到 1999 年才扭亏增盈，但这一年总体盈利也仅有1600万元。

第四阶段（2000年以后）：汽车产业集群的形成期。

在完成了体制改革、组织重组后，湖北汽车开始步入良性发展，汽车产业集群已初具规模。而这一汽车集群的龙头企业东风汽车公司的销售业绩也呈现出蓬勃向上的势头，十堰——襄樊——武汉已形成千里汽车走廊。其中武汉成了真正带动湖北汽车产业发展的龙头。现在东风汽车集团在武汉已拥有包括东风汽车有限公司、神龙公司、东风本田（武汉）汽车公司、东风电动车辆股份有限公司、东风设计研究院、东风裕隆汽车销售公司、东风伟世通公司、武汉东风冲压件公司等在内的十多家单位，神龙、日产、东风本田（武汉）等世界汽车巨头牵手的企业带动了湖北汽车产业的进一步发展壮大。

3. 湖北省主要城市汽车市场分析

湖北省统计数据显示，湖北省历年汽车拥有量和新注册汽车拥有量逐年增长，2012年湖北省民用汽车拥有量为293.64万辆，私人汽车拥有量为227.45万辆，新注册民用汽车拥有量为51.50万辆（表3-9-3~表3-9-8）。

表3-9-3　2008~2012年湖北省民用汽车拥有量一览

指　标	2008年	2009年	2010年	2011年	2012年
民用汽车拥有量/万辆	136.86	168.32	207.49	249.49	293.64
同比增长	15.64%	22.98%	23.27%	20.24%	17.70%

表3-9-4　2008~2012年湖北省私人汽车拥有量一览

指　标	2008年	2009年	2010年	2011年	2012年
私人汽车拥有量/万辆	83.30	113.26	148.65	185.38	227.45
同比增长	25.50%	35.97%	31.25%	24.70%	22.70%

表3-9-5　2008~2012年湖北省新注册民用汽车拥有量一览

指　标	2008年	2009年	2010年	2011年	2012年
新注册民用汽车拥有量/万辆	22.78	34.58	42.85	38.88	51.50
同比增长	95.20%	51.80%	23.92%	-9.26%	32.46%

表3-9-6　2008~2012年湖北省民用汽车拥有量（万辆）对比

年份 / 省份	2008年	2009年	2010年	2011年	2012年
湖北	136.86	168.32	207.49	249.49	293.64
广东	573.46	658.90	782.26	910.93	1037.42
山东	426.31	553.51	705.89	851.12	1027.16
江苏	349.51	436.81	550.80	675.18	802.20
浙江	352.84	431.73	542.05	656.80	773.56
全国	5099.61	6280.61	7801.83	9356.32	10933.09

表 3-9-7 2008~2012 年湖北省私人汽车拥有量（万辆）对比

年份 省份	2008 年	2009 年	2010 年	2011 年	2012 年
湖北	83.30	113.26	148.65	185.38	227.45
广东	435.14	516.11	628.12	745.37	863.46
山东	315.72	433.94	577.11	708.53	877.56
江苏	240.28	317.52	418.13	528.86	646.69
浙江	258.55	332.05	431.52	534.70	643.34
全国	8838.60	7326.79	5938.71	4574.91	3501.39

表 3-9-8 2008~2012 年湖北省新注册民用汽车拥有量（万辆）对比

年份 省份	2008 年	2009 年	2010 年	2011 年	2012 年
湖北	22.78	34.58	42.85	38.88	51.50
广东	78.15	95.24	131.94	137.45	136.36
山东	69.81	125.33	140.07	139.70	167.16
江苏	56.18	86.39	122.26	131.12	137.47
浙江	53.28	88.09	122.47	124.49	127.70
全国	763.18	1245.95	1528.82	1624.25	1772.50

（1）武汉市汽车市场现状。武汉市是湖北省省会，华中地区特大中心城市，旺盛的消费，繁荣的市场，九省通衢的交通，武汉市向来是商家的必争之地。武汉汽车贸易经历了从计划经济到市场经济的两个阶段。计划经济时代，汽车作为战略物资属于国家统一调配，并存放在各级物资部门的仓库内，当时并没有真正意义上的汽车市场。改革开放以后，计划经济逐步向市场经济过渡，汽车生产企业获得了自主经营权，可以在自己企业内经销自产汽车，汽车贸易初现端倪。

武汉市汽车贸易经过十几年的发展和市场化竞争，经历了从无到有、从小到大、从“井喷”到降价潮之后，已经形成了六大汽车市场，三大汽车 4S 店群，遍布武汉三镇的汽车营销网络，至此武汉品牌汽车贸易网点布局基本形成，汽车贸易作为一个新兴的行业在武汉贸易市场占有重要地位。

武汉六大汽车市场分别为竹叶山汽车市场、华中汽车批发市场、升官渡汽车市场、湖北汽车市场、江南汽车市场和物产汽车市场。其中竹叶山汽车市场最为著名，规模最大，品牌最多，影响最大，人气最旺；华中汽车批发市场建立时间最早，神龙公司一落户武汉，华中汽车批发市场就紧临神龙公司总部所在地的汉阳王家湾建成；在汉阳还有湖北汽车市场，物产汽车市场。2004 年武昌结束了没有汽车市场的历史，江南汽车市场由烽火集团投资组建成立，至此武汉三镇都有了自己的汽车市场，消费者足不出户自然分界区就可以买到汽车了。汽车有形市场的优势越来越显著：品牌集中度高；消费者可比度大，选择性高；经销商营运成本低，风险小；汽车有形市场营销业态具有中国特色，符合中国国情，合乎经济发展规律。

1）武汉市三大汽车 4S 店群。汉阳龙阳汽车 4S 店群、汉口黄埔汽车 4S 店群和武昌沙湖汽车 4S 店群。其中龙阳汽车 4S 店群是由汉阳经济开发区中国武汉汽车城规划形成的汽车一条街，有汽车 4S 店 25 家，是武汉市汽车 4S 店最多最集中的地方；汉口的黄埔汽车 4S 店群是江岸经济开发区组织建设的，有汽车4S店18家；武昌沙湖汽车4S店群是近3年开发的汽车4S店一条街，有汽车4S店19家。三大汽车4S店群汇聚汽车4S店共62家。

武汉市汽车经销商有这样几种：品牌汽车专营经销商，地区汽车总代理商和各级分销商。车市鼎盛时期，武汉市有汽车经销商422家，这几年车市由高潮走向低潮，又逐步走向平稳发展，其间淘汰了几十家汽车经销商，现有的汽车经销商主要分布在五大汽车市场。五大汽车市场、三大汽车4S店群、几百家汽车经销商共同形成了武汉汽车贸易的大格局。武汉汽车贸易经历了从无形到有形，从计划经济到市场经济，从低端到高端，从商用车到乘用车高速发展的历程。

武汉市巨大的汽车消费潜力吸引着各大汽车厂商和经销商，各品牌厂商都把武汉纳入重点销售地区，制订销售计划，布置销售网点，建立办事处派驻人员，收集信息制订谋略，开展铺天盖地的广告宣传攻势。除三大系列合资强势品牌之外，自主品牌也不甘示弱纷纷抢滩武汉车市，目前在武汉经营的主要品牌有：东风雪铁龙、东风标致、东风日产、东风本田、东风悦达起亚、东风风行、一汽大众、一汽奥迪、一汽丰田、一汽马自达、上海大众、上海通用别克、上海通用五菱、上海通用雪佛莱、上海华普、广州本田、广州丰田、海马汽车、北京现代、长安铃木、长安福特、南京菲亚特、天津夏利、华晨、长城、奇瑞、吉利、哈飞、昌河、比亚迪、中华、宝马、奔驰、VOLVO、雷诺、捷豹等国产合资、进口、自主品牌计100余个300多种车型。国内所有品牌汽车和国外著名品牌汽车在武汉车市都能买到。

2）武汉市六大汽车销售市场。竹叶山汽车市场以销售乘用车为主，华中汽车批发市场、湖北汽车市场、江南汽车市场、物产汽车市场，升官渡汽车市场以销售商用车为主。竹叶山汽车市场百款名车云集，是华中地区汽车销售的晴雨表和风向标，其销量占全市销量的二分之一，武汉市几乎所有的4S店都在竹叶山汽车市场设有经销点。

3）武汉汽车贸易市场类型及分布。经过十几年的发展，武汉市汽车贸易网点基本完成布局，并以每年200亿元左右的交易额在武汉贸易市场中占据重要地位。截至2009年，已形成了六大汽车市场和三大4S店群。六大汽车市场分别是汉口竹叶山汽车市场、汉阳华中汽车批发市场、武昌江南汽车市场、扁担山湖北汽车广场、升官渡汽车市场、物产汽车市场。其中，竹叶山汽车市场以轿车等乘用车贸易为主，另外五大汽车市场以商用车贸易为主。三大4S店群分别是汉阳龙阳大道4S店群（龙阳大道汽车长廊）、汉口黄埔4S店群（黄埔科技园汽车市场）和武昌沙湖4S店群（武昌的沙湖汽车一条街）。具体见表3-9-9。

表3-9-9 武汉主要汽车城概况

武汉汽车市场名称	类　型	分　布
汉口竹叶山汽车市场	乘用车贸易为主	武汉市江岸区黄孝路中环商贸城汽车市场。占地405亩
汉阳华中汽车批发市场	商用车贸易为主	武汉市汉阳大道582号
武昌江南汽车市场	商用车贸易为主	武汉市余家湾江南汽车交易市场
升官渡汽车市场	商用车贸易为主	武汉市汉阳龙阳大道211号
龙阳大道汽车长廊	4S店群	武汉市龙阳大道
汉口黄埔科技园汽车市场	4S店群	竹叶山汽车城旁边
武昌沙湖汽车一条街	4S店群	武汉市沙湖
盘龙汽车城	名牌车4S店群	武汉黄陂区盘龙城经开区巨龙大道
黄金口汽车市场	品牌乘用车，商用车	汉阳大道地铁四号线二期孟家铺站旁
物产汽车市场	商用车为主	武汉市汉阳区汉阳王家湾十升路

4）武汉盘龙汽车城发展特征分析。

① 历史沿革。武汉盘龙汽车城是由武汉康顺集团开发建设而成，武汉康顺集团有限公司于1996年9月6日注册成立。2003年7月，经武汉黄陂区发展计划委员会核准，同意集团公司申

报的“盘龙汽车城”建设项目，拟在盘龙城经济开发区投资兴建华中地区首家以进口汽车品牌为主、国产强势品牌为辅的集汽车博览、销售、服务、仓储物流、商务办公、文化休闲、餐饮娱乐为一体的汽车4S店大卖场。2004年3月2日，集团公司在盘龙城经济开发区举办“盘龙汽车城”项目奠基开工典礼（图3-9-10）。

② 地理位置及周边环境。盘龙汽车城位于武汉市黄陂盘龙经济开发区内，毗邻巨龙大道，离机场只有15分钟路程。到达武汉市区大概需要40分钟。

③ 经营开发公司和规模。盘龙汽车城由武汉康顺集团开发，总占地面积约420亩，建筑总面积高达7万多平方米。

④ 建设时间。2004年开始动工建设，2005年正式运营。

图3-9-10　盘龙汽车城广告牌

5）武汉竹叶山汽车城发展特征分析。

① 历史沿革。1997年，武汉竹叶山中环商贸城有限公司建立了武汉竹叶山汽配市场，“竹叶山”从此步入汽车商贸行列。1998年，在竹叶山汽配市场的基础上扩建，建立了武汉竹叶山汽车市场，市场规模初具雏形。

② 地理位置及周边环境。竹叶山中环商贸城汽车市场，它紧靠武汉中环线，位于中环线与金桥大道交汇处，南距市中心区约4km，西至汉口新火车站5km，东离长江二桥5km，北到天河机场仅十几分钟车程，扼据武汉北大门，独特的区位优势和便捷的交通条件，是湖北省规划的一个重要物流节点。

③ 经营开发公司和面积规模。竹叶山汽车城由竹叶山集团投资建设。总占地面积405亩，其中汽车经营占地205亩，汽车主题公园200亩总经营面积8.3万m^2，是老竹叶山汽车市场的2.4倍，引进品牌200多个，经销商200多家，4S店2家。由整车经营区、货车经营区、二手车及汽车美容（用品）经营区组成。

④ 建设时间。2007年开建，2010年3月正式运营（图3-9-11）。

（2）十堰汽车市场现状。从十堰现有汽车市场现状来看，一些汽车4S店要么零散分布，要么位置偏远，要么缺乏相关品牌，群聚效应不够明显，遍访分布在城区各处的汽车4S店，甚至相关品牌汽车的销售、维修和保养均依赖襄阳及武汉等地市场，总的来看十堰汽车消费市场并没有形成理想的助推产业发展的态势和格局。但是十堰已经发展成为以汽车产业为主导的工业城市，汽车产业化程度高，是产业集群优势最为明显的地区之一。十堰汽车工业在带动十堰汽车产业发展的过程中，起到了不可或缺的作用。十堰不仅是一座汽车生产之城，更是一座汽车消费之城。

图3-9-11　竹叶山汽车城正门

1）十堰北·国际汽车贸易城概况。十堰北·国际汽车贸易城位于十堰郧县长岭新区汉江大道东侧、陡坡河口与鹰卧沟口之间，项目临郧十一城际公路，从郧县至十堰走城际公路仅需8

分钟。目前已开通城际交通，5~8 分钟一趟公交。总占地面积近千亩，建筑面积近 30 万 m^2，是华中地区最大的汽车商贸综合体，项目集汽车展示、销售、装饰美容、检验维修、物流仓储、商务及生活配套服务等多功能于一体，囊括汽车、商用车、二手车及汽车零配件等多种品类，30 万 m^2 级城市级商业，汽车配件、汽车维修、汽车美容、五金机电、汽车配套六大业态联动经营，互为补充，打造一站式汽车汽配交易平台，人气共享，人潮汇钱潮（图 3-9-12）。

2）中国（十堰）汽配城概况。中国（十堰）汽配城占地 200 亩，总投资 1.8 亿元，总建筑面积 12 万 m^2，其中营业面积 9.5 万 m^2，仓储 2.5 万 m^2，可容纳客商 1200 家。中国（十堰）汽配城是一座规模巨大、设计合理、功能齐全、管理规范、集产品展示、交易、仓储及食宿娱乐为一体的大型汽车零部件交易市场。其建设规模居全国之首，也是全国唯一注册冠名“中国”字样的汽配城。中国（十堰）汽配城自 1999 年 9 月 9 日隆重开业以来，随老市场规模的扩大、市场服务功能的日趋完善，基本形成了汽配交易、产品展示、信息网络、仓储配送、商务办公、住宿娱乐及后工业生产为一体的集约化管理和规模化经营的格局。

（3）襄阳光彩国际汽车城概况。光彩国际汽车城处于配套设施非常齐全的襄阳北，拥有得天独厚的地理位置。国道、省道、高速、火车站、机场五大枢纽连通全国的密集资源，项目紧邻奔驰大道、汉十高速襄阳北出入口，通十大城市，与周边 1000km 左右的城市，形成“一日经济圈”。它还是武樊经济对接区，财富中转站。该项目占地 150 多亩，建筑面积 28 万 m^2。光彩国际汽车城内有独立的企业办公总部，以及 2S、3S、4S 汽车专营店、标铺等各种形式，提供集一、二、三线轿车形象展示，汽车检测和办证、销售、修理、汽车美容、二手车交易为一体的服务（图 3-9-13）。

图 3-9-12　十堰北国际汽车贸易城

图 3-9-13　光彩国际汽车城效果图

4. 湖北汽车市场环境分析小结

1）湖北省的汽车产业发达，在我国一直处于领先地位，在这个产业基础上，湖北省的汽车消费市场每年呈逐步增长的态势。

2）随着近几年我国宏观经济形势的长期向好，湖北省经济也在高速发展，人民消费水平逐渐提高，未来对汽车市场的消费能力也将得到进一步的提升，而宜昌顺应行业大势的时代背景，本土汽车市场也将迎来蓬勃发展的高潮。

3）从湖北省主要城市的汽车市场调研情况来看，现如今汽车专业市场正逐步走向专业化、规模化、区域化、集约化，所以本项目的市场总体定位无论从规划设计还是经验管理理念都应该提高对市场反应的敏锐度，走在市场前沿，不断创新。

1.2　宜昌市汽车专业市场环境分析

1. 宜昌市总体经济状况

宜昌市 2013 年经济社会发展稳中有进、总体向好，主要经济指标增幅领先于中部地区及长江沿岸同等城市。

2012年全市实现生产总值2508.89亿元，比2011年增长12.6%，连续第九年实现两位数增长。2013年生产总值达2816亿元，同比增长11.5%（图3-9-14）。

图3-9-14 2008~2013年宜昌市生产总值以及增长率

2013年宜昌市固定资产投资2100亿元，增长30%，2012年完成全社会固定资产投资1620.98亿元，比2012年增长36.2%，较上一年提高3.1个百分点（图3-9-15、图3-9-16）。

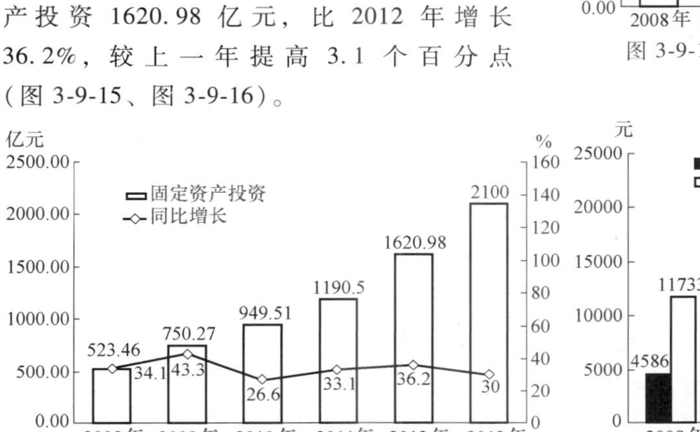

图3-9-15 2008~2013年全社会固定资产投资总额及增长速度

图3-9-16 2008~2013年农民人均纯收入和城镇居民人均可支配收入

2013年城镇居民人均可支配收入20840元，农村居民人均纯收入9052元，分别增长11%和12.5%。全年城镇居民人均可支配收入达到18775元，比2012年增长14.1%，其中城区城镇居民人均可支配收入20510元，增长13.8%。城镇居民人均消费性支出13159元，增长9.5%（图3-9-17）。

2012年全市规模以上工业增加值1298.90亿元，比2011年增长16.7%，增幅同比下降9.9个百分点。其中国有及国有控股企业实现增加值280.84亿元，增长18.0%，集体企业实现增加值5.96亿元，增长23.7%，股份合作企业实现增加值1.17亿元，增长21.3%，股份制企业实现增加值881.71亿元，增长16.4%，外商及港澳台商企业实现增加值87.65亿元，增长7.6%，其他经济类型企业实现增加值41.22亿元，增长35.6%。

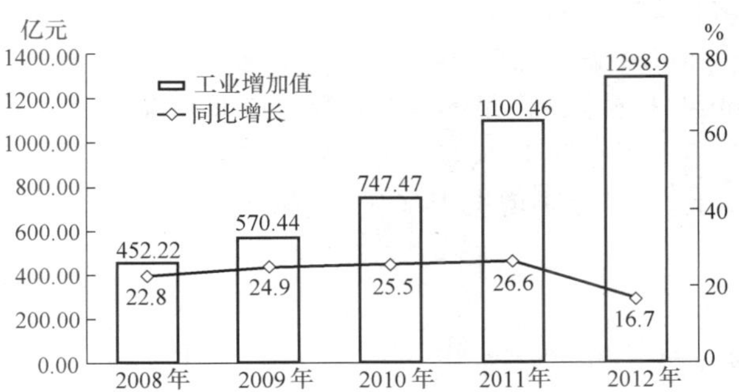

图3-9-17 2008~2012年宜昌市规模以上工业增加值及增长速度

2013年，湖北经济总量达到24668.49亿，全省人均GDP为42686.43元，高于全国平均水平，从各地级市来看，首府武汉GDP遥遥领先，宜昌和襄阳GDP逼近3000亿关口，荆州、黄冈、孝感、荆门、黄石、十堰六市超过1000亿。从人均GDP来看，武汉、宜昌和鄂州位列前三，共有8个地级市人均GDP超过全国平均水平，较上一年增加两个，仍有9个地市和直管县人均 GDP 低于全国平均水平，恩施州人均 GDP 最低，为 16334.93 元（表 3-9-10）。

表 3-9-10 2013 年湖北各地级市 GDP 排名和人均 GDP 排名

2013 年 GDP 排名	地级市	2012 年 GDP/亿元	2013 年 GDP /亿元	2012 年 常住人口/万	2013 年人均 GDP/元	人均 GDP 排名
1	武汉	8003.82	9000	1012	88932.81	1
2	宜昌	2508.89	2816	408.83	68879.49	2
3	襄阳	2501.96	2814	555.14	50689.92	5
4	荆州	1196.02	1334.9	571.94	23339.86	15
5	黄冈	1192.88	1332.55	623.19	21382.72	16
6	孝感	1105.16	1230	483.31	25449.50	13
7	荆门	1085.26	1215	288.52	42111.47	8
8	黄石	1040.95	1144	244.07	46871.80	6
9	十堰	955.68	1080	335.68	32173.50	10
10	咸宁	760.99	872	247.5	35232.32	9
11	随州	590.52	661.94	217.81	30390.71	11
12	鄂州	560.39	630.5	105.35	59848.13	3
13	恩施	482.19	540	330.58	16334.93	17
14	仙桃	444.2	503	118.49	42450.84	7
15	潜江	441.76	492.7	95.04	51841.33	4
16	天门	321.22	370	133.9	27632.56	12
17	神农架	16.81	19.3	7.65	25228.76	14
	湖北省	22250.16	24668.49	5779	42686.43	

2. 宜昌市汽车行业现状

宜昌也是湖北省“汽车产业走廊”中的重要一环。

2002~2012 年的这十年间，宜昌市汽车由较少的车型向多种类型，由单一的、少有的品牌向多元素、多品牌方向更新，由孤立的、单独的汽车销售店面向专业的完善的 4S 店面方向发展。

2013 年宜昌市全年汽车保有量为 32 万辆，汽车上牌量达 6 万多辆，2012 年末全市民用汽车保有量为 26.40 万辆，比 2012 年末增长 16.2%。其中私人汽车拥有量为 21.56 万辆，比 2012 年末增长 20.8%（图 3-9-18）。

近几年猇亭区汽车保有量略有起伏，2010 年更是出现了负增长，不过 2011 年迅速增长。2009 年末猇亭区民用汽车拥有量达到 1212 辆，比 2008 年末增长 29.63%。2010 年末猇亭区民用汽车拥有量达到 1190 辆，比 2008 年末下降 1.82%。2011 年末猇亭区民用汽车拥有量达到 1495 辆，比 2008 年末增长 25.63 %（图 3-9-19）。

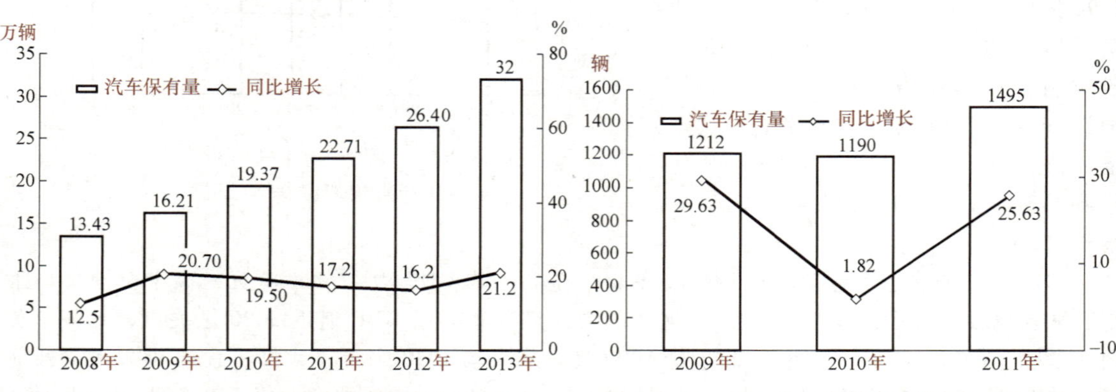

图 3-9-18 2008~2013 年宜昌市汽车保有量及增长率　　图 3-9-19 2009~2011 年猇亭区汽车保有量及增长率

3. 宜昌市汽车市场特征

（1）分散状态向集群片区发展。据了解，以前宜昌本土汽车产品销售店面主要呈分散状态，分别存在于市区较为偏僻的道路支线的片区。经营零散、不专业、街边店，都曾是过去宜昌汽车行业经营格局的典型特征，店面小、车型少、产品不全、货源不足、服务跟进差、品牌垄断成了当时汽车行业的常态。

随着本土经济的加速发展，国家对于汽车行业发展在政策上进行了倾斜与鼓励，现在宜昌汽车行业呈现了一片繁荣发展的态势。位于港窑路的宜昌汽贸城是本土建立的第一个较为完善与立体的综合性汽车销售服务基地。与此同时，发展大道沿线成了各大品牌汽车 4S 店的聚集之地，以便利的交通区位优势、相对较低的地价成为汽车企业争相拿地建店的首要之选，这里也成了如今宜昌汽车产品最为重要与核心的产品集散地。

（2）本土汽车品牌繁盛，汽车品牌越来越丰富。全球各大知名的汽车合资品牌、进口品牌与自主突围的国内知名汽车品牌云集在这里，组成了一道汽车品牌交融荟萃的长廊。比如德国的宝马、奔驰、奥迪、大众等品牌的强势入驻，以及美国的别克、雪佛兰，韩国的起亚，国产的帝豪、奇瑞等品牌以及旗下的系列车型产品。

据统计，目前宜昌车市已有汽车品牌 100 多个，车型涵盖丰富，包括轿车、跑车、SUV、MPV 等多种类型的汽车，很好地满足了宜昌地区对于汽车的需要。

（3）本土车商与外来车商竞争日益激烈。以往宜昌市本土除了汽车产品单一，汽车品牌很少之外，售卖汽车产品的地方几乎都是清一色的小门面，一家门面里面停放 2~3 辆车，成了那个时期汽车交易市场真实的写照。

一个地区汽车行业的发展壮大，必然会涌现更多专业的有实力的汽车销售公司，这些公司能很好地将地区分散的汽车卖场整合，并以专业的、权威的 4S 店面的营运模式进行，给消费者提供更多的技术支持与服务保障。

随后本土汽车行业的发展，宜昌本土成立了多家汽车销售公司，一家汽车公司独掌多家品牌汽车 4S 店成了本土汽车行业发展的现状。宜昌宜顺汽车销售服务有限公司、湖北恒信德龙实业有限公司、宜昌交运集团旗下的民富汽车公司等一大批实力汽车企业进入了人们的视野，成了宜昌汽车行业的先行者，为本土汽车行业的发展繁荣做出了重要贡献。

（4）汽车市场服务更专业、更规范。以往，大多汽车品牌并没有在宜昌建设专门的 4S 店，不能满足宜昌市汽车市场的需求，同时也没有形成完善的售后服务。而今，宜昌不仅形成了发展大道——4S 店汽车大道，更有完善、大型的汽车后市场。4S 店标准的售后管理和汽车后市场的完善给人们带来了更多的方便，也加快了汽车行业标准化精细化的步伐。宜昌汽车行业的服务日益向精细化、标准化、规范化、人性化靠拢，包括整车销售（Sale）、零配件（Sparepart）、售后服务（Service）、信息反馈（Survey）等。4S 店是一种以“四位一体”为核心的汽车特许经营模式，它除了拥有统一的外观形象、统一的标识、统一的管理标准、只经营单一的品牌的特点，更是一种个性突出的有形市场，具有渠道一致性和统一的文化理念。

1.3　宜昌市汽车市场案例分析

宜昌市汽车市场发源于港窑路，由最初零散、单一的形态，逐渐发展形成一个汽贸城综合市场，而位于西陵经济开发区的发展大道 91 号 4S 店集群正兴旺起来，临近的宜洋汽车后市场也以新兴专业化的经营管理理念逐步引领该区域的汽车市场。位于宜昌市较为大型专业化的汽车市场还有伍家岗区的三峡鑫物汽车城和鑫鼎汽配机电城。宜昌下辖县市的还有当阳飞达汽车城、枝江汽车城，以及宜都市的天宇汽车城、民富汽贸城（图 3-9-20）。

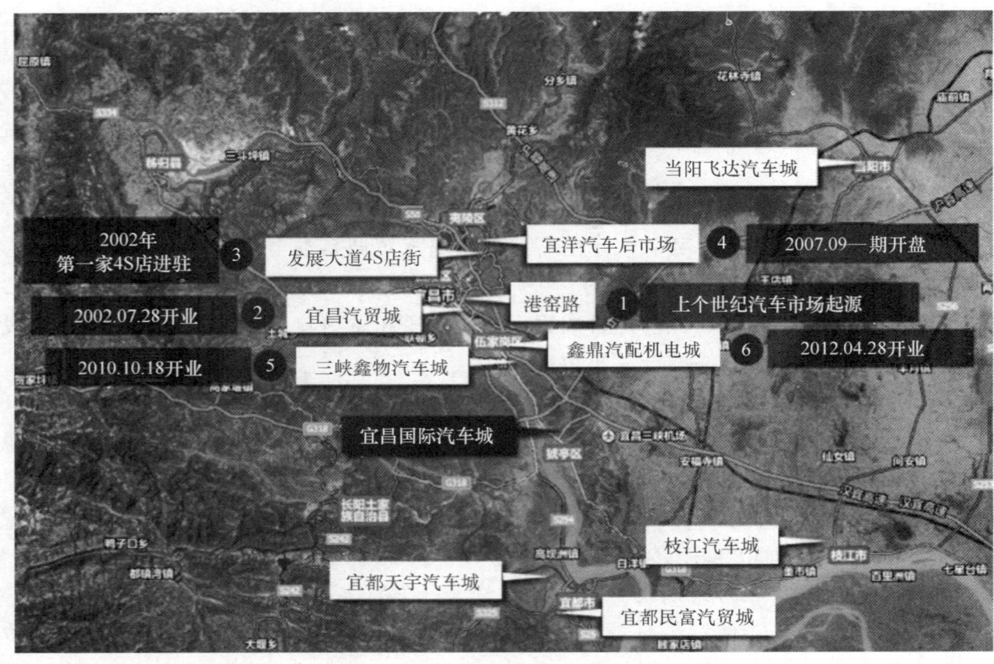

图 3-9-20　宜昌汽车市场分布

1. 宜昌汽车贸易城

（1）项目概况。宜昌汽车贸易城位于港窑路 5 号，是宜昌市最早的汽车交易市场。共设有 31 个展厅，办公室 20 间，汽修厂 1 家，东风日产 4S 店 1 家，展场 $15000m^2$，场内可停放展车 600 余辆。场内没有汽配类店面，场内店面销售车辆中二手车辆占大部分，也有中低档自主品牌新车销售。目前进驻汽贸城的知名经销商有 39 家，经营的车辆品牌型号 80 余个，以自主品牌为主。现门面出租率达 100%，年销售车辆 5000 余辆，销售收入近 3 亿元，实现税收 300 余万元（图 3-9-21）。

（2）项目规划特点。四周为商铺店面，共设有 31 个展厅，办公室 20 间，汽修厂 1 家。中间为停车场和二手车露天展示场，约 $15000m^2$

图 3-9-21　宜昌汽车贸易城正门

（3）项目整体素养评价。

1）项目优势。

① 该项目所在的港窑路是宜昌市汽车市场的起源地，市场发展成熟，现已成行成市，在当地有一定的知名度和不错的口碑。

② 该项目为宜昌市最先的汽车交易市场，发展相当成熟，积累了一定的客户源。

③ 项目周边生活配套设施完善，交通便利。

2）项目劣势。

① 该项目规模小，容量低，影响力有限。

② 场内无汽配类和美容装饰类商铺，未能形成一站式服务。

③ 项目内建筑老化，且所经营的绝大多数是中低档自主品牌的新车和二手车，整体形象偏低。

2. 宜洋汽车后市场

（1）项目概况。宜洋汽车后市场位于湖北宜昌西陵经济开发区发展大道91号。总投资额2.5亿元，用地面积10万m^2，地上总建筑面积13万m^2。80000m^2商铺，20000m^2仓储空间，1000个停车位，9000m^2维修中心，30000m^2商务中心，容纳办公、酒店、休闲等各项服务，20000m^2园林式绿化景观，汽车文化广场。

目前入驻多为中高档汽车品牌，集汽车销售、二手交易、汽车维修（含快修）、汽车美容、汽配用品多种业态相互补充，有着完整的汽车消费服务体系，是区域最大、最全的汽车综合服务市场。

商铺面积最小有64m^2，大的有120m^2左右。每月租金为35元/(m^2·月)。目前一期剩下保留的少数街铺；二期剩下少量汽车展厅，美容装饰区和配件区正在接受租赁、购买预定；三期正在建设之中；四期在规划中（图3-9-22）。

（2）项目规划特点。

1）场内主要设有汽配用品市场和摩配用品市场的两大市场、商务中心、维修中心、仓储中心和大型露天停车场。

2）场内商铺多为三层建筑设计，一层为商铺，二、三层可作为住所或商铺仓库。作为住宅的为一梯二户，两房一厅设计。

3）该项目中心规划建设在最外围的发展大道边，其中宜阳大厦写字楼为高层建筑。

4）该项目地势呈一定的坡度，目前分三级场平。原最高处为一座山头，现是开山场平。最低处现被填平，建设写字楼和广场。

图3-9-22　宜洋汽车后市场正门

（3）项目整体素养评价。

1）项目优势。

① 该项目规划理念先进，为渝东鄂西地区第一个大型一站式汽车后市场服务综合市场，也是目前区域内最大的汽车后市场，具有相当的知名度和影响力。

② 宜洋汽车后市场于2009年4月当选为第一届中国汽车配件用品市场协会副会长单位，其董事长杨坚林荣任中国汽车配件用品市场协会副会长。这在一定程度上提升了该项目的信誉度和知名度。

③ 宜洋汽车后市场所属的宜洋集团，是集房地产开发、旧机动车交易、小汽车出租、汽车销售服务的集团公司，拥有丰富的行业经验和资源。

2）项目劣势。该项目地处西陵经济开发区发展大道91号，地理位置较偏，周边配套不完善。

3. 三峡鑫物汽车城

（1）项目概况。三峡鑫物汽车城位于宜昌东大门伍家岗区伍临路，临近荆宜、沪蓉、沪渝、襄宜高速公路出口，是宜昌重点商贸物流建设项目，占地85000m^2，建筑面积42000m^2，现一期已基本建成，建筑面积28000m^2。该项目集国内外品牌轿车、货车、专用车、工程机械整车交易的专业市场，目前已入驻25家汽车品牌经销商，均属自住品牌，以展厅销售为主。并且场内设有大型二手车交易市场和少量汽车配件店面（图3-9-23）。

（2）规划特点。

1）该项目内设有政务中心、新车销售区、二手车露天展示场、维修间和露天停车场。

2）其规划借鉴一线城市先进理念，打造汽车廊桥直通二楼，安装汽车货运电梯。

3）项目整体规划规规矩矩，但其楼间距大，楼与楼之间存在较大的空间可作为停车场或者商户车辆展示用地。

（3）项目整体素养评价。

1）项目优势。

① 项目位于宜昌东大门伍家岗区伍临路，临近荆宜、沪蓉、沪渝、襄宜高速公路出口，交通发达。

② 该项目由物资总公司投资新建的，是宜昌重点商贸物流建设项目，受到政府政策扶持。

2）项目劣势。

① 项目周边生活配套设施不完善，且现有配套设施环境差，档次低。

② 项目现在以二手车销售为主，中低端自主品牌新车销售为辅的汽车城，整体形象偏低。

4. 发展大道——4S店汽车大道

（1）项目概况。2002年全市第一家汽车4S店——恒龙汽车在发展大道开张，并在随后的2003、2004年，海南马自达、东风雪铁龙、北京现代、奥迪等品牌纷纷进驻。到目前已有30多家国内外中高端品牌入驻，是宜昌市中高档汽车品牌最大的集结地。

图3-9-23　三峡鑫物汽车城

（2）项目整体素养评价。

1）项目优势。

① 发展大道集结了国内外30多家中高端汽车品牌4S店，是宜昌市最大的中高端汽车品牌集结地，具有相当高的知名度和口碑。

② 发展大道为宜昌主要交通干道，且临近市区，地理位置优越，交通便利。

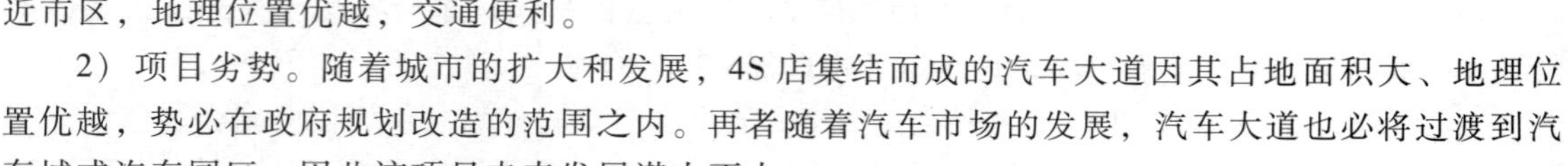

2）项目劣势。随着城市的扩大和发展，4S店集结而成的汽车大道因其占地面积大、地理位置优越，势必在政府规划改造的范围之内。再者随着汽车市场的发展，汽车大道也必将过渡到汽车城或汽车园区，因此该项目未来发展潜力不大。

5. 鑫鼎汽配机电城

（1）项目概况。鑫鼎汽配机电城位于伍临路33号，项目占地340亩，总建筑面积41万m^2。鑫鼎汽配机电城市场面积加商业配套服务区域共25万m^2，有700多商家在这座专业市场经营。项目主要融合汽车配件、机电机械城两个部分。其中汽车配件部分整合整车销售、汽车零配件、汽车用品、汽车装饰美容等十多种与汽车相关服务的业态，囊括汽车行业售前、售中、售后服务所有环节，实现了上中下游商业资源的有效承接。据粗略统计，目前鑫鼎汽配机电城拥有机电类知名品牌126个，汽配类知名品牌128个。

整个市场氛围汽配区较好，少有空置的商铺，机电区比较而言，较差一筹，但整体情况也属于良好。商铺租金为35元/(m^2·月)，再加上3元/(m^2·月)公摊费，网上所看到一个转租商铺，53m^2 的商铺 1800 元/月。整个项目电费为 1.5 元/度，管理费为 9 元/(m^2·月)(图 3-9-24)。

(2) 规划特点。

1) 该项目根据商铺经营产品方向的不同，鑫鼎汽配机电城将市场合理划定。其中 B、D 是机电区域，C、E 为汽配区域，商户以代理或销售汽配商品为主。

2) 商铺规划中有些有中庭设计，中庭场地可作为停车场；道路宽阔，两边保留有停车的位置。

3) 商铺设计多为两层建筑，一层为商铺，二层可作为住所或者商铺仓库。

4) 场内设有高层写字楼和地下停车场。写字楼目前大多数处于空置状态。

(3) 项目整体素养评价。

1) 项目优势。

① 该项目处于政府打造三峡区域重要的商贸物流大区的范围之内，也是“城市东扩”中的重要项目之一，得到政府政策的关照和扶持。

② 利用汽配市场和机电市场相结合，拉动人流，增加人气和知名度。

③ 项目周边大型专业市场云集，商业氛围浓厚，市场经济发达。

2) 项目劣势。项目自身配套不齐全，未能满足自身的需求。

6. 天宇汽车城

(1) 项目概况。天宇汽车城位于宜都市清江二桥头沿陆渔一级公路前行 300m 处，该项目正门口对面的清江商城是宜都市极具规模的装饰装修材料的集散地。项目总占地 68.88 亩，总建设面积为 58900m^2，总投资大约为 1.83 亿元。并规划有 30 多亩地作为项目第四期，第四期作为工程车、货车销售区。项目定位为宜昌江南一站式汽车消费广场，内设小车交易区、旧车交易区、零配件区、维修区、地下停车场、生活区和综合服务区（汽车酒店）。该项目临近江南车管所，并有计划引进车管所代办点。天宇汽车城现已有 50 多个汽车品牌进驻，占宜都市商乘车汽车品牌总数量的 95%，目前是宜都市最大的汽车贸易市场。进驻品牌以自主品牌为主，少数合资品牌为辅。

图 3-9-24 鑫鼎汽配机电城正门

该项目商铺为上、下二层，一小间面积为 65~81m^2，未售商铺都还未分割成固定面积的商铺，可根据租赁方或购房方的真实需求（需要几小间）而再进行分割。目前一期剩下保留的少数街铺；二期剩下少量汽车展厅，美容装饰区和配件区正在接受租赁、购买预定；三期正在建设之中；四期在规划中（图 3-9-25）。

(2) 营销模式。当前租赁优惠政策是：签三免一和签五免三两种，租金是 30 元/(m^2·月)，管理费是 1.8 元/(m^2·月)，2、4、6、7 号楼汽车展厅公摊面积达 30%以上，而 3、5 号楼街铺公摊则低于 1%。购买价格根据不同的位置而定，价格区间在 6000~8200 元/m^2。购买优惠政策是：购房即得五年租金，每年返租 6%，五年总返租 30%。在这五年期间，业主没有经营权，而是由天宇汽车城统一招商，统一管理，五年之后业主想拿回经营权或者继续租给天宇汽车城皆可以。

(3) 规划特点。

1）场内设小车交易区、旧车交易区、零配件区、维修区、地下停车场、生活区和综合服务区。

2）该项目商铺为上、下二层，一小间面积为65~81m²（一层），一层作为商铺，二层可以作为住所或仓库。

3）商铺设计成可分割式，可根据租赁方或购房方的真实需求而再进行分割。

4）商铺规划中有些有中庭设计，中庭场地可作为停车场或汽车展示场地。

5）所有门面都用玻璃墙，显得现代化、上档次；外立面略显灰旧。

图 3-9-25　天宇汽车城

（4）项目整体素养评价。

1）项目优势。

① 该项目是宜都市规模最大的汽车贸易市场，其在宜都市具有一定的知名度和影响力。

② 项目内规划中功能分区明确，业态完善，能构成一站式服务。

③ 该项目临近江南车管所，并有计划引进车管所代办点。

2）项目劣势。项目处于宜昌市下辖的宜都市，且项目规模小，辐射范围仅限于宜都市。

7. 民富汽贸城

（1）项目概况。民富汽贸城位于宜都市五宜大道行政中心正对面，是宜都市委市政府决策引进的重点商业服务项目，项目总规模超过10万m²，以信息、交易、仓储、物流四大功能为主体，集汽车4S店、汽车整车及零配件销售、汽车售后服务及维修、二手车置换、汽车装饰及用品、汽车租赁、会展等业务于一体，建成后将成为宜都市最大的汽车专业市场。民富汽贸城首批城市展厅由A1、A2两栋独立整车销售厅组成，总建筑面积近4000m²共11个独立展厅，均为标准的城市展厅，单个展厅的开间8~9m；进深17~25m，层高6.5m，是民富汽贸城临近宜都五宜大道最主要的形象展示面（图3-9-26）。

图 3-9-26　民富汽贸城效果图

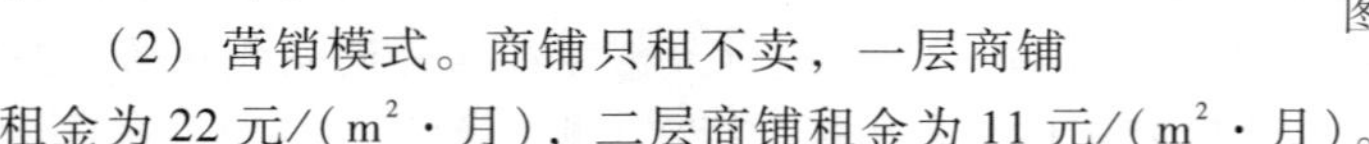
（2）营销模式。商铺只租不卖，一层商铺租金为22元/（m²·月），二层商铺租金为11元/（m²·月）。

（3）规划特点。

1）该项目目前只是拿出小部分规划为汽贸城，而其余部分均为住宅小区和生活配套设施。

2）汽贸城商铺有三层，一、二层捆绑为汽车展厅，三楼为办公写字间。

3）汽贸城商铺利用高大柱子和玻璃墙设计，显得较为宏伟和现代化。

4）整个项目地下均设计有地下停车场。

（4）项目整体素养评价。

1）项目优势。

① 项目自身商业配套和生活配套完善，能满足自身需求的同时也能满足周边居民的生活需求。

② 交通发达，道路宽阔。东临五宜大道，是宜都市区南北纵向景观主干道；南临 9 号路，是市区重要的东西横向交通要道；西面为楠竹园路，是穿越姚家店镇至五峰的主要干道。

③ 临近宜都市行政中心。

2）项目劣势。

① 汽贸城规划设计理念超前，不符合当地基本情况，未来发展潜力不大。

② 该项目只有小部分规划为汽贸城，汽贸城规模小，影响力有限。

③ 项目处于宜昌市下辖的宜都市，且项目规模小。

8. 飞达汽车城

（1）项目概况。飞达汽车城属当阳市人民政府招商引资项目，由当阳市飞达机车销售有限公司全额投资兴建，位于当阳市环城南路子龙转盘处，是当阳市唯一的标准化专业汽车市场。汽车城目前拥有标准化汽车展厅 18 个，已有五十余个国际国内知名品牌入驻。同时，汽车城还在湖北省县级市场率先引入博士汽车专业维修，可实现汽车销售、保险、上牌、维修、保养、装饰、美容的一站式服务（图 3-9-27）。

（2）项目整体素养评价。

1）项目优势。

① 项目属当阳市政府招商引资项目，得到政府的支持。

② 项目是当阳市唯一的汽车专业市场。

2）项目劣势。项目处于当阳市，且项目规模小，辐射范围仅限于当阳市部分地区。

图 3-9-27　飞达汽车城

9. 枝江汽车城

（1）项目概况。枝江汽车城位于枝江市开发区江汉大道中段汇海名流汽车城。由宜顺汽车销售集团开发，以自建自营的模式，是集汽车市场销售以及维修服务为主的汽车城，项目占地约 30 亩，分两期建设，现有一期开发展厅 2 个，以及维修服务区，占地约 6000m^2。二期尚未启动建设，总体市场规模较小，主要辐射枝江市本地市场。主要经营中低档品牌，如海马、现代、丰田、本田、东风标致、东风雪铁龙等（图 3-9-28）。

（2）规划特点。该项目前面为两个大汽车展厅，后面为维修场地。

（3）项目整体素养评价。

1）项目优势。目前枝江市唯一一个汽车交易市场。

2）项目劣势。项目处于宜昌市下辖的枝江市，且项目规模很小，辐射范围仅限于枝江市部分地区。

图 3-9-28　枝江汽车城

10. 宜昌市汽车市场发展的借鉴

1）宜昌市高档汽车品牌集中在发展大道 4S 店汽车大道，其他汽车市场多数是以自主品牌和少数合资品牌为主的新旧汽车展厅，只存在少数的中低档自主品牌 4S 店。故自主品牌和少数中低档合资品牌 4S 店存在巨大的市场潜力。

2）宜昌市汽车市场营销模式大致分成两种，一是只租不卖；二是以“返租”的形式统一招商、统一管理。建议本项目采用第二种营销模式，这样能在最短时间回笼资金和有效提高项目经营管理水平以及项目形象，使得项目后期能顺畅、成功运营。

3）在规划设计方面，商铺采用两层建筑，一、二层捆绑联营，一层为商铺店面，二层为仓库或住所。品牌展厅可借鉴类似天宇汽车城汽车展厅“中庭”的设计。宜昌各汽车市场普遍把项目中心放置在路边最繁华处，但经营效果不佳，建议项目把中心（政务中心）放置在项目内部，一是增加项目内部人气，二是将土地价值最大利用化。

4）宜昌各汽车市场大部分属于综合性比较强的项目，虽能在业务上起到互补的作用，但是各方面比重多数持平，没能形成向心力很强的中心业务。例如鑫鼎汽配机电城的汽配部分和机电部分的比重接近 1∶1，三峡鑫物汽车城新车与二手车销售占比也几乎持平。故建议本项目建设成以新车销售为主，汽车后市场为辅的汽车市场。

第二部分 宜昌汽车市场的发展

2.1 宜昌市汽车市场发展历程

宜昌市汽车市场起源于港窑路，并在这里得到发展和壮大。上个世纪末，港窑路开始出现了最初的零散汽车店面、汽配销售店面。整个宜昌市汽车市场存在分布散乱、功能不明确、经营不专业等特点。

2001 年中国加入 WTO 后，伴随着宜昌经济爆发式的增长和汽车行业的快速发展，宜昌汽车市场进入了一个市场规模、生产规模迅速扩大的时期。宜昌汽车市场也迎来了巨大的发展契机，进入一个黄金高速发展时期。2002 年 7 月 28 日，宜昌市第一家专业化汽车交易市场——宜昌汽车贸易城建成开业，标志着宜昌汽车交易市场开始走向专业化和规模化。该汽贸城以自主品牌新车和二手车销售为主，场内配有一间维修厂。同是 2002 年，宜昌市第一家汽车 4S 店恒龙汽车在发展大道盛大开张，并在随后的 2003 年、2004 年，海南马自达、东风雪铁龙、北京现代、奥迪等知名品牌纷纷进驻，汽车 4S 店迅速在发展大道聚集，到如今发展大道已有 30 多家 4S 店入驻，形成了渝东、鄂西最大的一条汽车零售汽车大道。

2007 年，位于西陵经济开发区发展大道 91 号的宜洋汽车后市场奠基，该市场成为宜昌市首个专业化汽车配件用品市场，同时“汽车后市场”的概念进入了宜昌市汽车市场，给宜昌汽车配件用品市场带来了一次颠覆性的格局升级。该项目同时也配套了公寓、写字楼和酒店，并带小部分新车销售。

2008 年，宜昌市开始出现二手车交易市场——万民二手车市场。

2011 年 10 月 18 日，三峡鑫物汽车城建成并开业。其集合了新车整车销售、二手车销售、汽车办证上牌、汽车配件用品销售、汽车维修和美容，成为宜昌市首家汽车一站式服务专业化汽车市场。

2012 年 4 月 28 日，坐落在伍临路 33 号的鑫鼎汽配机电城开业。该项目主要融合汽车主题 MALL、机电机械城两个部分。

近年来，宜昌市下辖的三个县级市也开始出现综合性专业化汽车交易市场，如宜都市的天宇汽车城和当阳市的飞达汽车城等（图 3-9-29）。

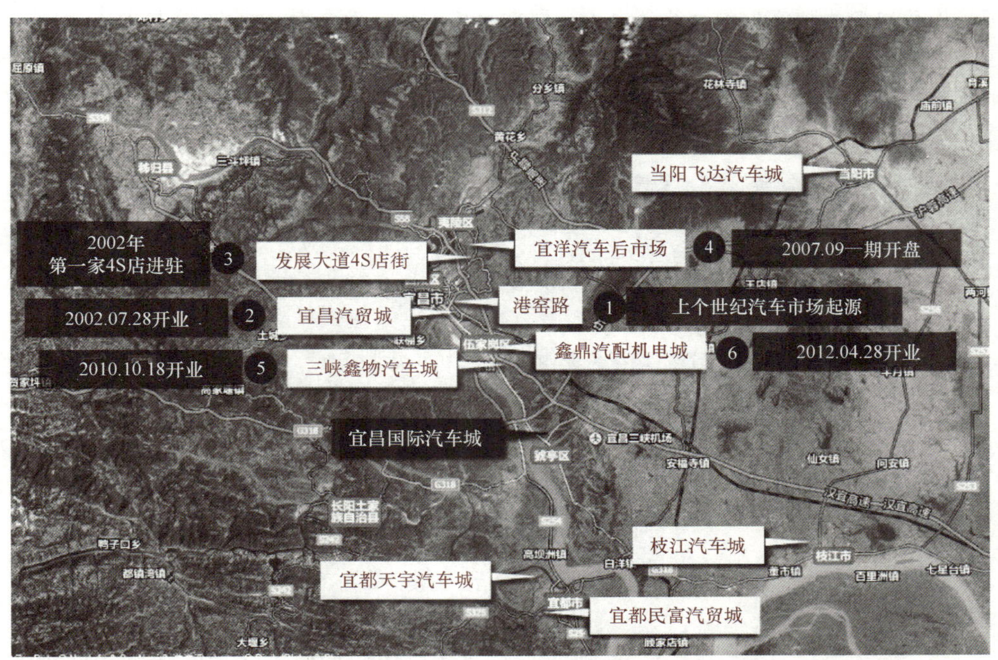

图 3-9-29　宜昌各大汽车市场发展历程

2.2　宜昌市汽车市场发展趋势

宜昌市汽车市场由最初的零散店面逐步发展成综合性专业化市场；由单一的汽车销售市场到配有生活配套设施的汽车城；由单一的整车、汽配销售到一站式销售服务；由单一的汽车行业市场运营到综合其他行业联合运营；从地理位置看宜昌市汽车市场也正逐步往东部发展。汽车有形市场的发展基本路径为：汽车市场→汽车城→汽车服务园区→汽车商业综合体→汽车城市综合体，而今宜昌市汽车市场“汽车城”阶段逐渐成熟，目前正逐步往国际汽车服务园区发展。

2.3　国际汽车园区理念

汽车行业是当今社会行业集中度最高，国际化经营特点最强的行业，因此抢占国内这一市场的制高点，将为该地区确立中心城市重点城市的地位奠定坚实的基础。汽车消费对某一区域经济拉动十分巨大。

国际汽车园区是一个以展示、销售、信息、配套服务为主，并配套以汽车展览、城市休闲旅游，面向全市、全省及国内区域性的，具有国际、国内一流水平的，集汽车、汽配、汽车用品的物流集散地，包括汽车展示、汽车博览、汽车休闲、汽车一站式服务、汽车拍卖、汽车保养维修、汽车改装、汽车体验运动、汽车零配件交易。

第三部分　宜昌国际汽车城现状分析

3.1　宜昌国际汽车城概况

项目地址位于湖北省宜昌市猇亭区猇亭大道（318 国道猇亭区路段）与先锋路的交汇处。

项目地块以西为国家电网湖北省电力公司技术培训中心宜昌分中心（变电站），以东为在建富程生物科技园，北至为宜昌三峡机场，以南为兴发集团、宜昌精细化工园。

地块较为方正平整，北部靠近小山头，地势略高于南部。地块内现存在10kV和110kV两条高压线，需进行改造迁移，据预算需1100万元迁移改造费（图3-9-30）。

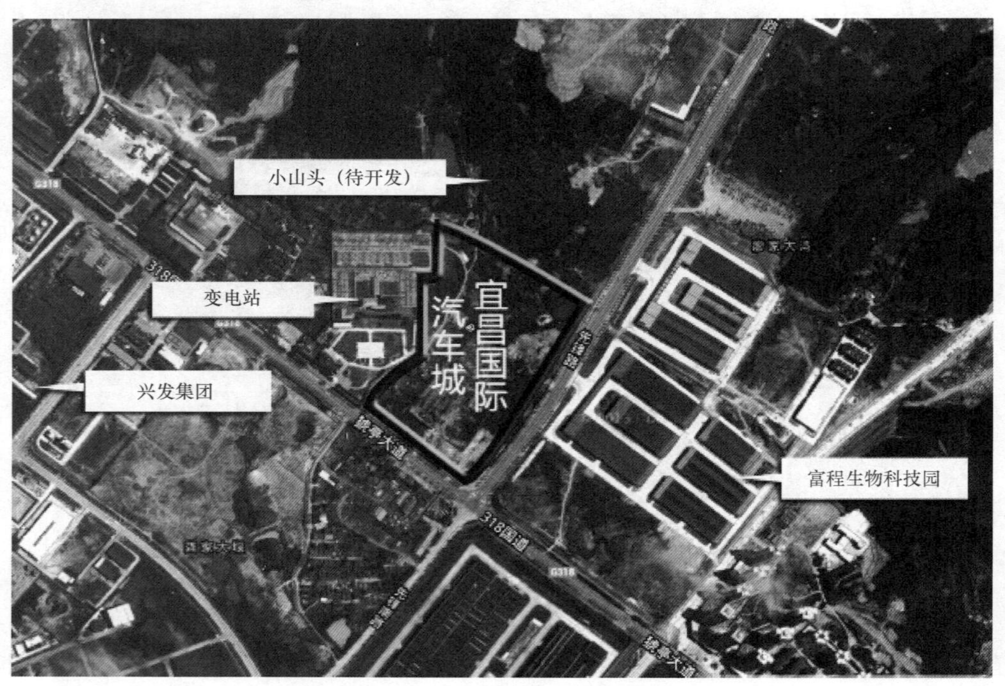

图3-9-30　项目位置图

3.2　宜昌国际汽车城资源分析

（1）临近猇亭空港经济圈所在地，为该区域的大发展奠定了基础。宜昌城市重心东移，猇亭区将进入宜昌城市10分钟核心圈，区位优势得到进一步提升。在现有25km² 城市骨架上，紧临三峡机场的近20km² 机场新区骨架业已基本形成，为该项目招商引资、加速市场扩张打下良好基础。

（2）先锋路周边良好的产业基础，为该区域的发展储备了强劲动力。“十二五”期间，猇亭区将紧紧围绕打造“兴业宜居生态工业新城”的目标，着力培育六大特色产业园区，即以汽车整车和零部件产业为主的汽车产业园、以高端化工产业为主的精细化工产业园、以先进装备制造业为主的装备制造产业园、以战略性新兴能源产业为主的新能源产业园、以新型材料生产为主的新材料产业园、以高精尖电缆产品为主的电工电缆产业园。

良好的产业基础，完善的园区配套，20km² 机场新区骨架，10分钟宜昌城市核心圈，现有的坚实发展基础，未来的机遇优势叠加，在多种效益的叠加之下，为该区域的发展储备强劲动力（图3-9-31）。

（3）开发商行业背景资源优势，为该项目的开发经营提供软实力。爱奔集团和华康集团从事汽车相关行业多年，行业经验、资源丰富。爱奔集团已开发宜昌爱奔物流园、恩施爱奔汽车汽配城等多个汽车、物流主题商务商业综合体。华康集团是湖北颇具影响力的汽车销售企业集团之一，综合实力位居宜昌行业三甲之列。两家企业内部管理较为规范，在汽车领域积累了一定的市

图 3-9-31　猇亭区产业规划布局图

场开发与经营管理经验（图 3-9-32）。

（4）交通路网四通八达，水陆空三线齐头并进。项目地处猇亭咽喉地带——先锋路，是猇亭北部工业园区的一条主干，该道路改建以后，园区投产环境进一步优化。该项目距沪渝高速约 3km，距宜黄高速公路约 2.6km，距三峡机场路仅 4km，更与长江黄金水道相距不远，而高铁使这里的地理位置更加四通八达，并可由此辐射川渝湘贵等西南地区。

图 3-9-32　爱奔物流园实景图

巨大的综合交通枢纽及网络化、高效率的交通干线为该项目提供了最优的通达性和集聚辐射条件，加速了物流、人流、资金流、信息流的集聚。

（5）政府宏观政策的支持，重点规划汽车产业园。汽车工业是猇亭区乃至宜昌市的新型产业，猇亭区作为宜昌建设省域副中心城市的重要经济增长极，政府重点着力打造六大现代特色产业，其中汽车产业是重点规划的产业之一，该项目符合猇亭区建设新型产业区的规划构想，必将得到政府的高度重视以及社会各界的大力帮助和积极配合。

（6）市场需求较大，迎合了宜昌城区和周边县市区对汽车产品的消费需求。随着宜昌市未来向好的社会发展趋势，广大市民经济收入水平和生活水平的不断提高，宜昌城区和周边县市区对汽车产品的消费需求，消费水平和消费能力都在不断提高。该项目正吻合了该区域大发展的时代背景，蕴含着巨大的市场潜力。

3.3　宜昌国际汽车城区位分析

1. 宜昌交通网络水陆空三线齐头并进

宜昌将依托长江黄金水道和宜昌独特的区位优势，立足三峡，着力打造水运、公路、铁路、空运等多形式联运格局，建设三峡航运中转中心、区域性交通中心、鄂西渝东商贸中心和三峡游客服务中心，服务鄂渝川湘云贵陕等中西部地区乃至全国经济社会发展。

公路：构建高速公路主骨架形成宜昌区域1小时经济圈。

铁路：扩网大动脉，增强宜昌与外界铁路交通联系。

港口：打造三峡航运中转中心，打造亿吨大港沿江强港。

机场：构架大走廊，建空港口岸物流中心。

2. 区位发展机遇分析

1）宜昌廉价的水电及旅游业都要依托三峡，三峡仍是宜昌发展最大、最重要的机遇。

2）宜昌的沿江工业走廊，从城区下至枝城大桥，东可承接沿海及武汉的辐射，西可连接重庆的发展。拥有丰富的长江沿线资源、良好的基础设施，聚集了一批国内外知名的大型工业企业，具备发展工业密集区的良好条件。

3）距武汉和重庆几乎等距。架构与汉渝的城市结构关系，促进与汉渝的交通对接，可借汉渝之力，发展壮大自己。

3. 猇亭区空港经济圈路网规划完善

猇亭区是宜昌市唯一的空港经济所在地，除了辖区的三峡国际机场，还拥有云池港、毗邻白洋港，辖区内有3条高速公路、2条铁路以及318国道，交通区位优势明显，这些也为猇亭的大发展奠定了坚实的基础。

3.4　宜昌国际汽车城地块分析

项目地块较为方正平整，地块东北面为一待开发的小山头，地势略高于南部，略有坡度，不过绿化资源、景观配套丰富。西边有变电站，地块内部存在高压线穿过，对项目建筑与规划存在一定影响。

项目周边工业氛围浓厚，工业产业园汇集，其中有处于猇亭大道的有爱奔物流、兴发集团、联邦电缆、新希望饲料等产业园。而处于先锋路的产业园大多为正在建设之中，其中有将近竣工的富程生物科技园，处于建设之中的有黑马物流、经纬机械公司车间厂房、彪派家居、锂电池工业园、三峡国际汽车城等，目前已投入使用的有葛洲坝车辆制造公司、（先锋路9号的）徐工集团的工程机械4S店、宜昌博勒工程机械有限公司（三一重工代理商）、福田雷沃重工、金太阳运输、海格机械等。

项目地处于宜昌猇亭区空港经济圈的范围之内，该片区内道路目前除了先锋一路和车站路还未竣工通车外，其他基本都竣工，且道路宽阔、四通八达。现阶段该片区道路绿化和观景台绿化景观工程也正在进行之中，由龙腾园林施工建设（图3-9-33）。

3.5　宜昌国际汽车城SWOT分析

1. 优势分析S

（1）地理区位优越。位于宜昌市猇亭区空港经济圈，区域经济发展起到带动作用，在现有$25km^2$城市骨架上，紧临三峡机场的近$20km^2$机场新区骨架业已基本形成，为该项目招商引资、加速市场扩张打下良好基础。

（2）交通网络发达。该项目具备水运、铁路、公路、航空的综合交通优势。项目地址位于先锋路，是猇亭北部工业园区的一条主干，该道路改建以后，园区投产环境进一步优化。该项目距沪渝高速约3km，距宜黄高速公路约2.6km，距三峡机场路仅4km，更与长江黄金水道相距不远，而高铁使这里的地理位置更加四通八达，并可由此辐射川渝湘贵等西南地区。

图 3-9-33　项目周边现状

(3) 开发商资源丰富。爱奔集团和华康集团从事汽车相关行业多年，行业经验、资源丰富。爱奔集团已开发宜昌爱奔物流园、恩施爱奔汽车汽配城等多个汽车、物流主题商务商业综合体。华康集团是湖北颇具影响力的汽车销售企业集团之一，综合实力位居宜昌行业三甲之列。两家企业内部管理较为规范，在汽车领域积累了一定的市场开发与经营管理经验。

(4) 市场潜力较大。广大市民经济收入水平和生活水平的不断提高，宜昌城区和周边县市区对汽车产品的消费需求、消费水平和消费能力都在不断提高。该项目正迎合了该区域大发展的时代背景，蕴含着巨大的市场潜力。

(5) 填补区域市场空白。随着宜昌城市重心东移，未来该区域的汽车市场也将迎来蓬勃发展的态势，而目前该区域并没有发展中的大型汽车市场园区。

2. 劣势分析 W

1) 位于宜昌市新开发区域，该地的经济发展水平总体偏低，本地居民生活消费水平较低，附近商圈还没完全形成，汽车消费市场需求还未兴旺。

2) 地理位置较偏，人口较少，区域商业氛围较淡，周边生活配套较少，难以聚拢人气，严重影响了目标客户对本项目的价值判断。

3) 项目地块以西方向有变电站，对项目建筑规划有一定影响，而且地块内现存在两条高压线，需进行改造迁移，会造成一笔较大的开发成本。

4) 目前猇亭区还没有规模化、专业化的一站式汽车服务市场，作为猇亭区第一个专业化汽车市场，存在培育市场的时间周期。

3. 机会分析 O

1）项目处于宜昌市唯一的空港经济圈内，随着当地经济的蓬勃发展，蕴含着巨大的市场发展前景，区域经济发展起到带动作用。

2）政府扶持政策，本项目的建设符合当前广大内需和发展民族工业的总体氛围，符合宜昌“加快建设省域副中心城市”和发展现代物流产业的战略目标，也符合了猇亭区建设新型产业区的规划构想。

3）汽车市场需求迫切，行业前景兴旺，随着当前经济的不断发展，宜昌市不断向省域副中心城市迈进，宜昌当地居民对汽车市场的消费需求越来越旺盛，市场潜力巨大。

4）目前该区域缺乏规模化、专业化、集中化的汽车产业园，本项目取得了该区域的市场先机，具有良好的发展前景。

4. 威胁分析 T

1）未来该区域的竞争者将越来越多，市场竞争日渐趋向激烈。宜昌经营中的竞争性项目对本项目也造成了一定威胁，抢占了市场先机，分流了客户群体，规划中的同类型项目对本项目未来的市场收益造成潜在威胁。

2）区域市场的认知度较小，本项目是该区域的唯一一个汽车园区市场，存在培育市场的时间周期。部分综合类市场将分流目标客户。

3）项目周边的配套设还不完善，该区域未来的规划发展进度尚不明确。

4）对比宜昌其他的竞争性项目，汽车长廊已经成形，本项目在规划上必须更具创造性和差异性，否则会造成后期招商运营困局。

5. SWOT 综合分析

（1）优势机会战略。

1）借助地块优越位置，建设区域品牌项目，提高知名度。

2）凭借便捷的交通，提升项目居住氛围。

3）抓住市场空缺机会，顺应发展趋势，开发设计出创新实用的产品，引领汽车市场。

4）依靠开发商资源，迅速打开市场。

5）借助空港经济圈的影响力，提升项目知名度。

（2）优势威胁战略。

1）综合项目各项优势，降低市场竞争激烈所带来的威胁，差异化竞争，挖掘市场空白点，避免同质竞争。

2）借助项目所处区位的发展趋势和潜力及规划利好，提高项目整体素养，减少空置率威胁。

（3）劣势机会战略。

1）利用政府对该区域的规划与建设的机遇，提升区域汽车市场的知名度。

2）抓住市场需求迫切的机遇，打造项目品牌，吸引人流，增加生活配套。

3）优化规划方案，不迁移高压线，降低成本。

4）引进先进经营管理理念，提高经营管理质量，提升管理水平。

（4）劣势威胁战略。

1）彰显项目个性形象，提升项目知名度，推广区别于竞争项目的市场形象。

2）完善项目生活配套，提高本项目的竞争力。

3）提升规划、经营和管理的水平。

第四部分　宜昌国际汽车城目标客户群分析

4.1　宜昌国际汽车城客户群类型

1. 商户类型

（1）自营客群。

1）品牌汽车企业直营店（含4S店）。直营店是指连锁公司的店铺均由公司总部投资或控股，在总部的直接领导下统一经营。总部对店铺实施人、财、物及商流、物流、信息流等方面的统一管理。直营店作为大资本运作，实行集中管理、分散销售，充分发挥规模效应。

目前，国内品牌汽车企业的直营店处于起步发展阶段，多以合资品牌为主，如铃木中国、陆风汽车、东风悦达起亚、众泰汽车等。虽然直营店建设投入大，筹备时间长，运营成本高，但涉及企业直接营销及服务，优惠力度大，品牌意识强，这种销售模式将是未来品牌汽车企业发展趋势。

2）品牌经销企业4S店。经销企业是指品牌汽车企业授权某单位或个人在特定区域设立专门的4S店经销其汽车产品和推广事宜，事实上是区域品牌拥有者。

在国内，品牌经销企业专营是轿车市场主流销售渠道。

3）一般汽车经销商和代理商。所谓汽车二级经销商，即一般汽车经销商和代理商，是针对厂家特约维修店、4S店而言的，即二级经销商是没有厂家认证的小汽车经销商，二级经销商一般是一级代理或地区总代的分销处，他本身是没有车辆的，拿车也是从4S店拿车，但由于没有像4S店那样受厂家限制，而且本身投资也比4S店低，所以二级经销商的价格会比4S店低一些。

4）汽车后市场服务配套商。

汽车类：维修、装饰品、美容、洗车、改装、汽配、检测中心、汽车租赁、加油站等。

行政类：车管所、国税地税、金融信贷、工伤保险等。

电子商务类：汽车城网站等。

（2）投资客群。

1）当地与周边具有超前投资理念的投资商。

2）中型以上寻找资金出路的投资者。

3）汽车行业实力雄厚有自主投资意向的经营商、代理商、厂商等。

2. 消费类型

1）汽车购买者：准购车族、有车族、无车族、游客和玩车人。

2）主要面向有汽车公寓（住宅）、酒店、办公等配套服务需求的客户。

4.2　宜昌国际汽车城客户群特征

1. 商户类型特征

（1）自营客群。

1）本地自营客。本地自营客主要集中在自发形成的汽车街里，这部分客户对本地汽车行业的经营环境有所了解，对客户的需要有一定的把握，并积累了一定的消费客户群，但是由于受地区市场环境的影响，他们大多处于分散的、无序的经营状态，整体经营档次与经营管理水平不高。在招商过程中要对入驻商户进行有效识别，对不符合项目整体产业布局规划与档次定位的经营者要妥善安置，既不可浪费客户资源，亦不可为项目整体的繁荣经营带来不利因素。

2）异地自营客。包括对异地成功的大型经营商户的招商引资和异地汽车产业品牌代理与经销商的引进。这是一种客源补充，更是项目启动后繁荣运营的重要保证。本案应在符合项目整体规划的领域内积极寻求知名品牌的介入和经营，为项目升值创造先决条件。

（2）投资客群。

1）本地投资客。投资选择，地段要求强烈。这部分客户的投资潜力不容低估，其关注点在产品内容及其升值潜力，亦即投资回报率，如何打动其投资欲望是本项目成功运作的关键。无论在产品规划设计和营销策略中都应积极体现这个内容。

2）异地投资客。从房地产市场发展的情况来看，异地投资客对于异地有投资价值的房地产项目，特别是商业物业项目，起到的作用越来越大。这类人群进行异地投资时除了看项目的升值潜力外，对投资的安全保障也更为在意，一定年限内的返租回报是打消他们疑虑的最有效办法之一。要想争取到这些客户，在创造项目特色的同时进行异地行销推广应成为项目顺利去化的有效补充手段。

2. 消费类型特征

1）他们有一定的经济能力。

2）他们要求最丰富、最方便的产品比较。

3）他们要求完善、舒心的购车环境。

4）他们要求最公道、最优惠的价格筛选。

5）他们要求最超值的配套服务。

4.3 宜昌国际汽车城客户群分布与定位

1. 商户客群定位

1）本地与异地各汽车品牌一级、二级、三级代理、经销商。

2）汽车生产厂家和零配件生产厂家。

3）市区已有的无序、开放性经营的汽车、汽配店商户。

4）酒店经营商、有写字楼需求的公司或者集体。

2. 消费客群定位

1）本项目市场消费客群以购买中低档汽车品牌的客户群为主，区域分布以宜昌本地为主，其他县市如枝江市、宜都市、当阳市为辅（图 3-9-34）。

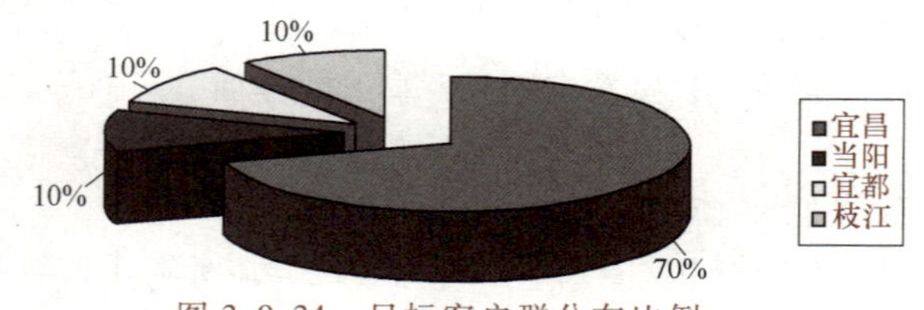

图 3-9-34 目标客户群分布比例

2）项目公寓部分以周边有住房需求的刚需型客群为主，改善型客群为辅。

第五部分 宜昌国际汽车城竞争性项目分析

5.1 潜在竞争性项目分析

1. 三峡国际汽车城

三峡国际汽车城项目位于宜昌市猇亭区机场路与先锋路交会处，总占地面积 1800 亩，是国内首家将汽车销售服务与汽车运动娱乐有机结合的汽车主题商业综合体项目，是集汽车销售、汽车服务、汽车展示、汽车运动、汽车教育、汽车娱乐、汽车旅游等多功能于一体的“一站式”汽车文化产业园，是倡导人、车、生活对话与交流的体验式汽车文化主题公园。它囊括了众多知名品牌汽车4S店，规划设立了目前最先进的室内汽车展厅、二手汽车卖场、汽车美容中心，以及汽车餐厅、汽车影院、汽车俱乐部、汽车旅馆、汽车公寓和超五星级的汽车酒店等。拥有国际标准F3赛道、高端驾培中心和专业化试驾体验中心。并规划有室内卡丁车馆、汽车模拟驾驶仪、遥控模型赛道和大型汽车主题公园等（图3-9-35）。

图3-9-35 三峡国际汽车城

项目计划分两期开发建设，一期总投资超过30亿元。项目建成后，将为“宜荆荆”城市圈及鄂西生态文化旅游圈提供功能最完善、理念最先进、内容最丰富的互动体验式汽车营销服务平台和国际顶尖的、辐射范围广的大型体验式汽车文化主题商业CBD。尤其值得关注的是三峡国际汽车城将建成宜昌首个赛车场，赛车场占地面积500亩，赛道全长2.4km，路面宽度12m，共14个右弯、9个左弯，设计最高时速达280km/h。

此竞争项目规划定位更为前沿，项目占地更大，建设周期较长，且与本项目存在时间错层，因此对本项目的市场发展还不能造成明显的威胁。

2. 广汽汽车产业园

宜昌与广汽集团签订《政府扶持汽车产业协议》，广汽、中兴两大车企在宜昌联手投资百亿元，可实现广汽年产30万台整车，远期年实现45万台整车的能力，年可实现300亿元产值，带动1800亿元的产业。同时，广汽集团投资20亿元，新引进15家以上关联企业入驻，使宜昌汽车产业园达到8440亩，形成完整的汽车及零部件产业链。广汽集团、中兴汽车、中国汽车零部件落户宜昌，正是宜昌抓住国家实施中部崛起战略、振兴装备制造业和国际国内产业转移的重大历史机遇的一个缩影。

该项目重点发展汽车整车装备制造和汽车零部件产业群，是以汽车零部件检测研发与生产、新能源汽车研发生产、汽车及零部件市场为产业链的汽车产业园，与本项目的市场定位方向不同，不存在竞争威胁，反而可形成市场互利互补关系（图 3-9-36）。

图 3-9-36　广汽汽车产业园

3. 宜昌东部汽车产业园

项目位于伍家岗区共强村、共同村的城乡路以北、东站路以西地块，用地面积 500 亩，属于东站物流园区规划范围。该项目将以汽车 4S 店集群化发展为依托，采取产业化发展方式，形成以汽车 4S 店、2S 店、品牌汽车展示厅、二手汽车专业市场、汽车用品市场、汽车零部件市场、维修保养、上牌办证、装饰物流、汽车金融为一体的大型汽车商业综合体。

宜昌市政府与湖北恒信德龙实业公司签订宜昌东部国际汽车城项目投资 20 亿元。该项目规模较大，市场定位更为全面前沿，目标市场辐射更广泛，因此未来该市场兴旺起来对本项目的市场竞争也较大（图 3-9-37）。

图 3-9-37　宜昌东部汽车产业园效果图

5.2　经营中的竞争性项目分析

随着这几年宜昌市汽车行业的发展，目前宜昌汽车专业市场已呈现了一片繁荣发展的态势。

其中位于港窑路的汽贸城率先在本土建立一个较为完善与立体的综合性汽车销售服务基地，主要是自主品牌为主，是最早发展起来的汽车专业市场，分流了较多的客户。而发展大道沿线成了各大高档品牌汽车4S店的簇拥之地，与本项目的目标客群不一样，存在的竞争较小。宜洋汽车后市场其先进的规划以及经营管理理念对本项目也是有较大的借鉴意义。位于伍家岗的三峡鑫物汽车城规模庞大，正逐渐兴旺起来，而距本项目市场距离也较近，因此也分流了较多的客户。

目前猇亭区并未有经营中的统一规划、统一管理的汽车贸易专业市场，所以本项目将是该区域第一个兴起的专业化汽车贸易市场，通过对比宜昌市目前经营中的几大汽车专业市场，无论是经营格局还是市场管理理念，都对本项目的开发管理有一定帮助（表3-9-11）。

目前宜昌市汽车市场重心在西陵区和伍家岗区一带，该地带具备成熟的新旧汽车销售市场和完善的汽车后市场，占据宜昌市绝大部分汽车市场。而项目所在的猇亭区目前并未有成型的汽车贸易专业市场，且项目地旁边的三峡国际汽车城规划为体验式汽车文化主题乐园，但目前部分地块还未拿到开发权。由于紧挨着本项目，三峡国际汽车城未来的市场可能给本项目的市场带来冲击，不过本项目属于“短、平、快”项目，其目前对本项目的影响反而不是最大的。

宜都市和当阳市近年来已有汽车交易市场，现在仍处于发展期初始阶段，已经具有一定的规模和人气，并且市场知名度开始在当地逐渐形成，汽车销售都以展厅销售为主，进驻的汽车品牌也以自主品牌为主。目前两市的汽车交易市场仅仅是辐射到所在地区的部分而已。

枝江市汽车市场尚处于最初步阶段，目前只有一家汽车城——枝江汽车城，但是该汽车城当前只有两个销售展厅，对本项目的影响可以忽略不计。

表3-9-11　竞争性项目概况

项目名称	开发商	占地面积/m^2	运营时间	业态规划	地理位置
三峡鑫物汽车城	宜昌物资集团	85000	2011年10月18日	国内外品牌轿车、货车、专用车、工程机械整车交易	宜昌东大门伍家岗区伍临路
宜昌汽车贸易城	宜昌交运集团	24763	2002年7月18日	整车销售，低档自主品牌二手车市场交易为主	港窑路5号
宜洋汽车后市场	宜昌宜洋置业有限公司	100000	2009年9月19日	集汽车销售，二手交易，汽车维修，汽车美容，汽配用品多种业态	西陵经济开发区发展大道91号
鑫鼎汽配机电城	鑫鼎汽配机电城	226667	2012年4月28日	整车销售、汽车零配件、汽车用品、汽车装饰美容等	伍临路33号
宜都天宇汽车城	宜都天宇置业公司	45920	2012年11月18日	车辆展示、汽车交易、综合服务	宜都市清江二桥后陆渔一级公路旁

注：宜昌市下辖的五个县域目前没有较成熟的汽车交易市场。

（广州万欣房地产代理有限公司）

【报告点评】

此报告是为一汽车市场策划定位而作的市场调研报告，报告先从经济和行业方面分析了项目的投资环境，接着详细调研了宜昌汽车市场的发展历程、现状和预测未来发展趋势，也详细分析了项目的现状和客户群，最后调研分析了竞争性项目。

项目数据分析很好地运用了横向对比分析和纵向对比分析，真正了解宜昌汽车市场的发展现状和未来发展趋势。

报告作为区域性汽车市场专项市场调研报告，为汽车交易市场策划定位提供依据和论据，重点紧抓汽车市场的发展现状和发展趋势、竞争性项目、客户群和项目自身情况，做到了“知己知彼，吻合市场，预测未来”的地步，报告将会为策划定位提供有力的依据。

第四章

房地产投资策划报告

指引

一、江苏南京市仙鹤门006号地块投资可行性研究报告

二、山东青岛某地块房地产开发项目可行性研究报告

三、山东烟台嘉信福汽车博览园可行性研究报告

四、广东深圳光明商业中心旧改项目可行性研究报告

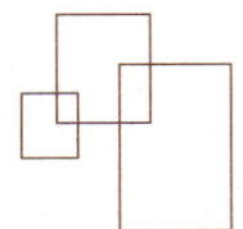

一、江苏南京市仙鹤门006号地块投资可行性研究报告

报 告 目 录

报 告 正 文

第一部分　项目决策背景

1.1　内部因素

1）项目处于城东仙林板块，占地约 321 亩，容积率 1.2，建筑面积为 25.73 万 m^2。规模适中，拟开发产品类型丰富，有洋房、叠加、联排以及双拼别墅等。

2）项目紧邻地铁二号线仙鹤门站，属地铁周边楼盘。

3）集团正全力拓展住宅项目，寻求新的利润增长点。该项目作为城东低密度纯住宅项目且紧邻徐庄总部基地，可联动开发，产生规模效应。

4）南京市重点发展方向为河西和城东，项目所处南京城东的仙林区域将成为仅次于河西的政府重点投资和开发区域。

5）钟山高尔夫别墅、苏宁银河索菲特酒店、天启花园等项目的成功开发为集团全面启动南京市场奠定了基础，也为下一步开发中高档项目创造了条件。

1.2　外部因素

1）本项目处于城东仙林板块，该区域未来将成为南京城东的中心、行政中心、居住中心和文化中心，构筑“校在城中、城在校间”的城市布局，9月底，栖霞区四套班子将搬入仙林新城区，该区域在功能配套、城市内涵、产业发展等方面将取得新的突破。

2）本项目西眺紫金山，周边有钟山36洞高尔夫球场、国际赛马场以及仙林大学城等。自然风景优美，人文氛围浓郁，交通出行便利，居住品质优越。

3）项目距离仙林商业中心约2km，距离新街口、湖南路商圈约12.5km，约二十分钟车程均可抵达。

4）城东区域是南京人心目中理想的宜居地，环境优美、空气清新、人文氛围浓郁。适宜打造低密度高端产品。

第二部分　项目概况

2.1　宗地位置

地块位于南京绿肺——紫金山东侧，仙林新城西南角。处于城东板块和仙林板块结合部，西眺紫金山，东邻大学城，北靠地铁二号线仙鹤门站。距新街口CBD直线距离约12.5km，离湖南路商圈约12.5km，至火车站约10km，到仙林商业中心约2km。周边自然风景优美，人文氛围浓郁，居住环境优越，交通出行便利。

2.2　宗地现状

（1）四至范围。宗地北靠仙林大道，南至灵山北路，东起土城头路，西到凯旋路。

基地西、北侧为地铁二号线，其中仙鹤站隔仙林大道与宗地相邻，西北侧为我司徐庄总部基地，距钟山高尔夫约2.5km，离金鹰仙林天地约2km。

（2）宗地形状。宗地北侧长度约390m，南侧约600m，西侧约380m，东侧约500m，呈梯形。

（3）宗地标高。据现场踏勘，基地东、北侧高，向西、南逐渐平缓。北侧高出仙林大道约5m，东侧土城头路高出中豪仙龙湾约5m。

（4）地块现状。目前地块内除东北角有一处垃圾回收站、东南侧有一处马群合成油厂外，西侧尚存有电线杆若干。地块内基本上为杂草丛生，并有部分沟渠及河塘，除此之外，基本上为净地。

2.3　项目周边社区配套

1. 交通状况

（1）公共交通。目前公交线路共5条，其中往市区方向的主要为50路、310路，平均每条间隔时间10~15分钟，末班车为22:00（表4-1-1）。

表4-1-1　项目公共交通线路及行车时间

线路	通行区间	通行时间	班次间隔
50路	亚东新城区—公交总公司	往公交总公司5:40~21:10 往亚东新城区6:30~22:00	高峰10分钟 低峰10~15分钟
138路	太阳城—栖霞寺	往栖霞寺05:20~19:20 往太阳城06:00~20:00	高峰10分钟 低峰15分钟

（续）

线路	通行区间	通行时间	班次间隔
139 路	柳营—金尧路	往金尧路 5:45～19:15 往柳营 6:30～20:00	高峰 10 分钟 低峰 10～20 分钟
166 路	亚东新城区—元化路	往元化路 05:40～20:00 往亚东新城区 06:00～20:20	平均 1 小时
310 路	九乡河西路—孝陵卫	往九乡河西路 6:00～21:00 往孝陵卫 6:00～20:10	高峰 5 分钟 低峰 5～15 分钟

（2）轨道交通。地铁二号线仙鹤门站位于宗地北侧，2010 年 5 月二号线将建成投入运营。

（3）快速交通。仙林大道、马群立交、绕城公路、宁镇公路、沪宁高速公路。

2. 周边院校资源

宗地处于仙林大学城西南部。仙林大学城由江苏省和南京市共同开发建设，规划总面积 47km²，建设总投资 50 亿元，集中 9 至 10 所大学，吸收 15 万高校师生。规划建成一个高水平的现代文化教育新城。目前已经入驻的有南京大学、南京师范大学、南京财经大学、南京邮电学院、南京工业职业技术学院、中北学院、森林公安学校、紫金学院、信息技术学院、应天学院等高校以及南京外国语学校仙林分校，南师大附属实验中学、仙鹤门小学、仙林中学、仙林小学、亚东第一幼儿园等。

3. 周边医疗、商业、文化娱乐等配套

目前，建设中的有鼓楼医院仙林国际医院（年底竣工）。商业配套有亚东商业广场（以餐饮、娱乐、休闲为主）、钟山生活广场（目前正在建设）、仙林中心商业（目前正在建设，将建有金鹰购物中心以及南京最大的苏果仓储购物中心）、大成名店（特色餐饮、文体用品、休闲服饰、时尚饰品博览会、酒吧、茶艺、咖啡吧、网吧）、徐庄软件园商业（规划中）。麦当劳、“得来速”汽车餐厅、苏果超市、ADIDAS、NIKE、李宁、百姓人家餐饮、老妈火锅、新仙林大酒店、名典咖啡、朝晖美容、克丽缇娜美容等国内外知名商业品牌已经入驻上述商圈，商业配套逐渐完善。

2.4　道路现状及发展规划

对外联系道路主要为仙林大道、绕城公路、宁镇公路以及沪宁高速公路。

1）仙林大道：道路红线宽 100m，为仙林新城区连接市区的主要通道。

2）绕城公路：时速可达 110km/小时，可通往主城区各个区域以及通往沪宁高速公路和长江大桥二桥，是对外联系的主要通道。

3）宁镇公路：作为南京市东西向的主干道，又发挥城市对外交通联系的功能，宗地通过其可通往新庄立交抵达老城区。

4）沪宁高速：城际间高速通道，是连接长三角各城市的主要通道。地块周边另有凯旋路（规划中）、灵山北路（规划中）、土城头路等城市干道，对外联系便捷。

2.5　规划设计要点

1. 基本规划指标

地块出让面积 214443.7m²（合约 321.67 亩），规划用地性质为二类居住用地，具体规划指标见表 4-1-2。

表 4-1-2 项目规划设计指标

序号	项　　目	指标	备注
1	总用地面积	294070.9m²	合约 441.11 亩
1.1	建设用地面积	214443.7m²	合约 321.67 亩
2	规划指标		
2.1	规划用地性质	二类居住用地	集中绿地≥4000m² 12 班幼儿园≥4700m² 社区中心≥7000m²
2.2	容积率	≤1.2	
2.3	限高	≤18m	
2.4	覆盖率	≤28%	
2.5	绿地率	≥35%	

2. 详细规划设计要点（表 4-1-3）

表 4-1-3 规划设计要点

项目名称		马群大庄 6 号地块
建设地点		南京市栖霞区马群大庄 6 号
规划概要		规划地块位于仙林新市区仙鹤片区西南部，南临新市区东西向生态主廊道；北侧的仙林大道是新市区重要的景观主干道，其北侧控制绿化带内有规划轨道交通高架通过；东侧的土城头路是明代的城市外廊，在仙林新市区规划中是作为步行系统保留，两侧各保持 50m 绿化带，以后将开发旅游、展示等功能
规划指标	公共配建	(1)配建一座拥有 12 个班的幼儿园，且用地面积不小于 4700m² (2)基层社区中心一处，用地面积不少于 7000m²。具体设置内容及规模要求如下 1)社区管理服务设施 400m² 2)医疗卫生设施 120m² 3)托老所 1000m² 4)文化活动设施 600m² 5)体育设施用地 600m²，可与绿地结合设置，用地中应保证不少于 150m² 的全民健身点 6)公厕 60m²，应结合社区中心主体建筑设置，并应有独立的出入口和管理室 7)垃圾收集站占用面积 100m²，环卫用房 20m² 8)菜市场建筑面积 2000m² 9)其他配套设施：小型商业金融服务设施不少于 500m² (3)配套设施的布置应避免对居民生活的干扰，保证环境的洁净与安宁，按不同功能要求进行合理安排
	停车配建	规划建筑应按《南京市建筑物配建停车设施设置标准与准则》要求配建停车场库，其中机动车地面停车位不得超过总停车位数的 20%，非机动车一律室内停放
	指标说明	(1)指标中用地面积以实际出让面积为准 (2)指标中建筑高度计算至建筑屋面 (3)用地边界以实际土地权限边界为准 (4)总用地面积约为 294070.9m²，其中建设用地面积约 214443.7m²，代征道路约 35820.7m²，代征绿地约 43806.5m²；规划控制指标以建设用地计算，代征城市道路、绿地用地不纳入规划控制指标计算
规划要求	交通组织	合理组织好用地内外交通，防止不同类型交通之间和人、车流之间的相互干扰，沿仙林大道和土城头路不得设置机动车出入口，设置的机动车出入口与道路交叉口的距离应不少于 80m
	空间景观	(1)规划设计应注重居住小区的整体环境设计和空间布局，规划建筑布局和建筑风格应充分考虑景观上的要求，注意和周边环境整体空间的协调 (2)单体建筑应结合地形和空间关系要求，有机地融入整体环境 (3)规划设计应注意北侧沿仙林大道及东侧土城头路的景观组织，并应充分考虑第五立面设计

（续）

规划要求	间距退让	规划建筑退让北侧仙林大道控制绿线不小于15m，规划建筑退让其他周边道路红线，道路控制绿线应符合《南京市城市规划条例实施细则（2007年版）》的规定
	其他要求	规划引导要求 （1）规划设计应符合国家现行的有关法规和规范的规定 （2）建筑色彩的设计应结合建筑功能与体量，按照《仙林新市区建筑色彩控制引导规划导则》1～11地块的要求进行控制，并可在建筑总平面上进行色彩分区
报审要求	报审图件	（1）建设项目建设基本信息登记表 （2）建筑设计方案自审表 （3）规划设计说明 （4）总平面图（落放1∶500或1∶1000地形图上，含主要经济技术指标） （5）建筑单体平、立、剖面图 （6）沿仙林大道及土城头路的整体立面图 （7）交通流线组织规划图 （8）绿化布置及绿地系统规划图 （9）表达设计意图的效果图
	部门意见	方案审定前应取得：人防、教育、文物，环保部门的同意意见
	其他要求	（1）方案必选：申请方案审查前应进行设计方案必选，由南京规划委员会专家咨询委员会进行评选。组织不少于3家设计单位，送选方案不得少于3个 （2）专项论证方案审定前应完成公示程序 （3）统一设计和安装太阳能热水系统

2.6　土地价格

宗地面积约294070.9m^2（合约441.11亩），其中可建设用地面积约214443.7m^2（合约321.67亩）。挂牌起始价为9.5亿元，折合楼面价为3692元/m^2，约合295.4万元/亩。宗地所属城东马群地块与仙林地块交汇处，2005年至今住宅类土地共出让13幅，净地平均楼面地价约3890元/m^2。紧邻宗地东侧的仙鹤门007地块于2008年11月以总价6.1亿被南京中豪房地产发展有限公司获取，约256万/亩，折合楼面地价3196元/m^2。规划建设多层住宅64栋（六层住宅44栋，三层住宅20栋），社区中心以及六班幼儿园等。

2.7　综述

项目位于城东仙林板块，自然风景优美，区位优势明显。东邻仙林大学城，人文气息浓厚。北靠地铁二号线仙鹤门站，交通出行便捷。根据规划指标，可开发建设洋房、叠加别墅、联排别墅以及双拼别墅。城东历来就是南京人心目中最适宜居住的地区，市场接受度高。我司徐庄总部紧邻地块，可联动开发，形成规模效应。

第三部分　区域概况

3.1　南京市概况

南京地处长江下游的宁镇丘陵山区，总面积6597平方km。东连富饶的长江三角洲，西靠皖南丘陵，南接太湖水网，北接辽阔的江淮平原。

南京是华东地区重要的交通、通信枢纽，建立了全方位、立体化、大运量的交通运输网络，铁路、公路、水运、空运、管道五种运输方式齐全，拥有现代化的通信体系。

市辖8个主城区（玄武区、白下区、秦淮区、建邺区、鼓楼区、下关区、栖霞区、雨花台区），3个郊区（浦口区、江宁区、六合区）以及2个县（溧水县、高淳县）。

2008年年末全市户籍总人口为624.46万人，其中市区541.24万人，2008年全市GDP为3775亿元，人均GDP为50327元（表4-1-4）。

表4-1-4　南京市2002~2008年经济情况

	2002年	2003年	2004年	2005年	2006年	2007年	2008年
市区人口/万人	480.4	489.8	501.2	513.4	524.6	534.4	541.24
GDP/亿元	1295.0	1576.2	1910.0	2413.0	2774.0	3275.0	3775
人均GDP/元	22858	27307	35769	40887	46113	53683	50327
固定资产投资额/亿元	603.0	954.0	1201.9	1402.7	1613.6	1868.0	2154.2
社会消费品零售总额/亿元	525.2	600.2	711.4	1005.0	1166.9	1380.5	1651.8
人均可支配收入/元	9157.1	10195.6	11601.7	14997.5	17537.7	20317.0	23122.7
人均消费性支出/元	7322.6	7725.0	8349.7	10704.3	12233.6	13278.0	15132.7
人均住房面积/m^2	21.4	21.1	21.6	24.3	25.21	30.03	30.84

3.2　城东、仙林板块概况

1）城东板块。城东一直是南京人心目中最理想的居住场所，素有“紫气东来”之意。历来是成功人士的聚集地，已形成高档低密度住宅的整体氛围。城东将是继河西新城之后政府重点打造的区域，发展潜力巨大。

2）仙林新市区，南至沪宁高速公路、北至宁镇公路、西至绕城公路、东至七乡河，规划总用地面积80km^2。是最新版南京城市总体规划确定的“三副城”之一。此区域将成为南京城东的中心，集行政中心、居住中心和文化中心等于一体，构筑“校在城中、城在校间”的城市布局。

3.3　区域规划

1. 南京城市总体规划

最新版南京城市总体规划提出打造“一主城三副城八新城”的新南京，规划为“中心城——新城——新市镇”三级体系。为了保持规划的延续性，东山、仙林、江北将继续保持其新区的地位，且升级为“副城”。同时，主城区的范围进一步扩大，南部边界将调整到秦淮新河，面积扩大到278km^2。此外，还有滨江、汤山、禄口等八个新城，都市区将形成城市中心、城市副中心、新城（地区）中心组成的公共活动中心体系。其中城市中心由“新街口—河西—南站地区”共同构成，承载南京区域中心城市服务职能。

2. 仙林板块发展规划

仙林新市区总体规划范围，南至沪宁高速公路、北至宁镇公路、西至绕城公路、东至七乡河，规划总用地约80km^2。仙林新市区是南京三大新市区之一，是南京都市发展区内的区域副中心，是南京以发展高等教育和高新技术产业为主、集中体现现代城市文明和绿色生态环境协调发展的新市区。新市区发展目标是建设绿色城市、文化城市、科技城市和适居城市。规划以“紫金山—宝华山”“栖霞山—青龙山”“十”字形绿色生态廊道为骨架，形成“四个综合片区及两个IT产业园”的组团式总体空间布局结构。

新市区近期将集中建设仙鹤片区（即大学集中区）和玄武徐庄软件园、马群科技园，并结合基础设施的发展按自西向东、自北向南的建设时序，有序推进各项建设。仙鹤片区是仙林大学城的主体地区，也是近期建设的重点地区。仙鹤片区是以发展高等院校、居住和公共设施等为主的综合社区，规划目标是在仙林新市区发展目标的基础上，充分发挥高校集聚的优势，创造产、学、研、居住为一体的城市空间布局结构和舒适宜人的人居环境。

2009年9月底栖霞区委、区政府、区人大、区政协四套班子将陆续搬迁至仙林，致力打造城东的行政、居住和文化等中心，带动区域快速发展。

3. 项目周边道路交通规划

（1）仙林地区道路规划见表4-1-5。

表4-1-5　仙林地区道路规划

方向	道路链接
向西与主城联系	1)仙林大道:道路红线宽100m,为仙林新城区连接市区的主要通道 2)绕城公路:可通往主城区各个区域以及通往沪宁高速公路和长江二桥,是对外联系的主要通道 3)宁镇公路:作为南京市东西向的主干道,又发挥城市对外交通联系的功能,宗地通过其可通往新庄立交抵达老城区 4)地铁二号线连接仙林—主城—河西
向南与机场联系	通过绕城公路接机场路至机场

（2）项目周边交通规划见表4-1-6。

表4-1-6　仙林周边交通规划

方向	道路状况
北面	仙林大道是仙林新市区重要的景观主干道 地铁二号线
东面	土城头路是明代的城市外廓,在仙林新市区规划中是作为步行系统保留,规划100m绿带,今后将开发旅游、展示等功能
西面	西侧凯旋路尚在规划当中
南面	灵山北路尚在规划中

3.4　综述

项目位于南京市重点建设的城东仙林副城区域内，周边配套正在逐渐完善，鼓楼医院仙林国际医院2010年即可投入运营，亚东商业广场、钟山生活广场、金鹰购物中心、大成名店、徐庄软件园商业也将先后投入运营。9月底，栖霞区委区政府等政府四套班子将迁入仙林，将极大地促进该区域又好又快的发展。

第四部分　房地产市场分析

4.1　南京市房地产市场分析

1. 土地市场情况（图4-1-1、图4-1-2）

2009年1~8月南京土地市场整体情况：土地成交总面积1706530m^2，其中居住类用地1054877m^2，占比61.8%；土地成交总金额724335万元，居住类总成交500865万元，占比69.1%；土地成交平均单价283万元/亩，其中居住用地成交单价约317万元/亩。

同比2008年前8个月，2009年1~8月全市总出让面积减少了181194m^2（约合271.7亩），降幅为9.6%；同比2007年，则减少了1466379m^2（约合2198.5亩），降幅为46.2%。

随着2008年下半年房地产市场的大幅回落，土地市场随之变冷，土地流拍现象频现，政府相应放缓土地供应，且这一趋势一直延续到2009年上半年，前8个月的土地成交数据说明了这一现象。不过，随着房地产市场回暖，政府方面压抑的土地供应压力随之释放，南京市国土局从2009年8月开始至今，近乎每周的土地出让公告在一定程度上反映了南京土地市场由冷淡转向活跃。与此同时，近期全国出现多个由央企造就的地王，进一步导致土地市场过热，这已引起政

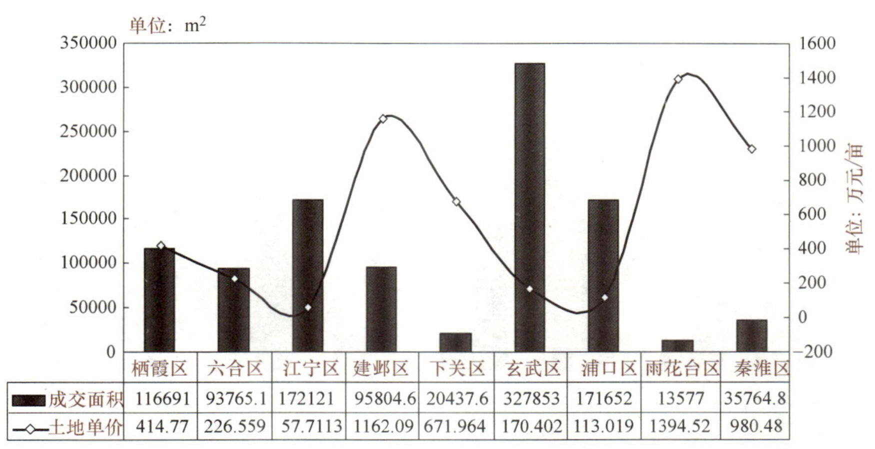

	栖霞区	六合区	江宁区	建邺区	下关区	玄武区	浦口区	雨花台区	秦淮区
成交面积	116691	93765.1	172121	95804.6	20437.6	327853	171652	13577	35764.8
土地单价	414.77	226.559	57.7113	1162.09	671.964	170.402	113.019	1394.52	980.48

图 4-1-1　2009 年南京各区土地出让情况示意图

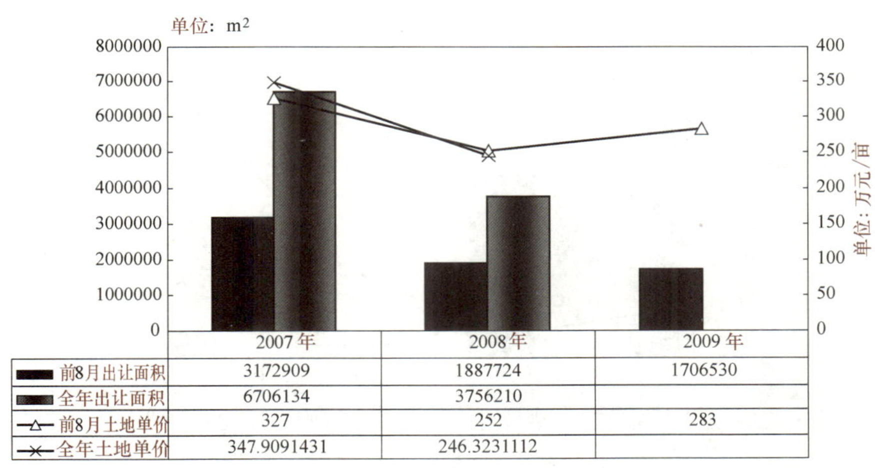

	2007 年	2008 年	2009 年
前8月出让面积	3172909	1887724	1706530
全年出让面积	6706134	3756210	
前8月土地单价	327	252	283
全年土地单价	347.9091431	246.3231112	

图 4-1-2　2007～2009 年南京土地出让情况示意图

府相关部门的关注，后期将可能出台相关政策，抑制土地市场过热，使之健康平稳发展。

2. 商品房市场情况

（1）房地产开发经营如图 4-1-3 所示。

自 2004 年开始，南京房地产投资额占全市总投资额的 20%以上，虽受宏观政策等影响，2005、2006 年占比有所下降，但随着市场对调控政策的逐渐适应，2007、2008 年有所回升，最近几年均相对平稳发展。

2009 年 1～8 月南京房地产投资达到 342.88 亿元，继续保持稳步上涨态势，同比增幅 13.1%，其中住宅投资 277.51 亿元，占比 80.94%（图 4-1-4）。

（2）商品房供销情况如图 4-1-5 所示。

2009 年前 8 个月全市新建商品住宅累计上市 34977 套，同期成交 59183 套，全市住宅新增房源供求比约为 0.59。

前 8 个月除了 1 月份上市套数高于成交套数外，其余月份成交套数均远高出上市套数，其中

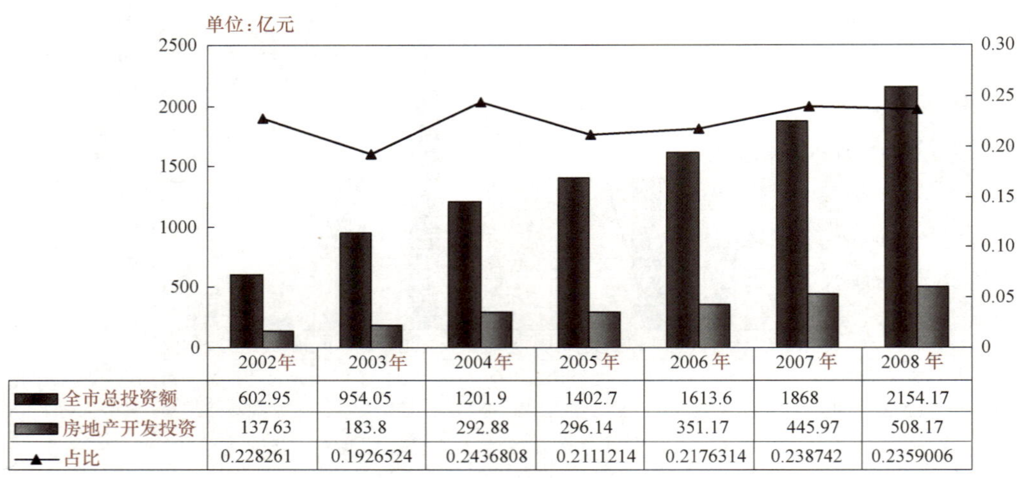

	2002年	2003年	2004年	2005年	2006年	2007年	2008年
全市总投资额	602.95	954.05	1201.9	1402.7	1613.6	1868	2154.17
房地产开发投资	137.63	183.8	292.88	296.14	351.17	445.97	508.17
占比	0.228261	0.1926524	0.2436808	0.2111214	0.2176314	0.238742	0.2359006

图 4-1-3　2002~2008 年南京房地产投资情况图

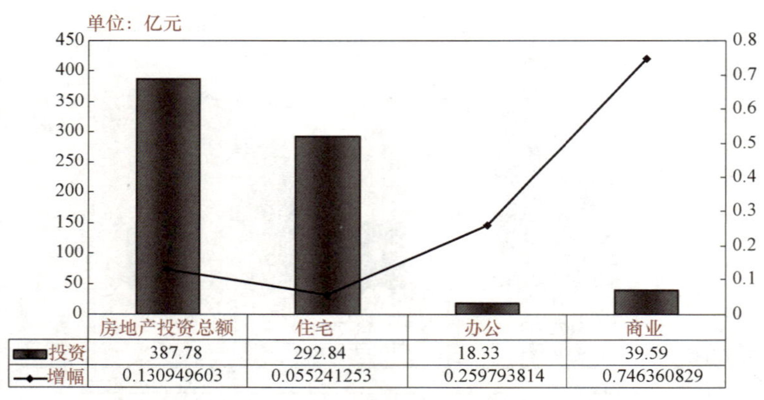

	房地产投资总额	住宅	办公	商业
投资	387.78	292.84	18.33	39.59
增幅	0.130949603	0.055241253	0.259793814	0.746360829

图 4-1-4　2009 年 1~8 月南京市房地产投资图

2 月份成交套数是上市套数的 1893%，库存快速去化导致可售房源逐月递减。同时，开发商调整推盘节奏，加大上市房源供应，7、8 月新增房源量明显放大，但仍低于当月成交量（图 4-1-6）。

截至 8 月底，存量房为 26109 套，相比年初的 52129 套，去化比例为 40.9%。同期商品住宅累计上市量和成交量（统计数据可能存在退房情况）相差 24206 套，即前 8 个月大约消化了 24206 套存量房，约占成交量的 40.9%，去库存化成效显著。

受全球金融危机影响，2008 年成交量急速萎靡，导致开发商推迟楼盘的上市时间，放缓上市量；另一方面，2008 年积累的刚性需求在 2009 年得到释放，成交量快速回升。刚性需求消化库存促使房价稳定之后，在二套房贷政策松绑的刺激下，改善型需求开始入市，成交量进一步放大。前期开发商减缓开发上市节奏致使新增上市量短缺，供求比逐步降低后房价开始小幅上涨，成交量回升逐渐转化为房价回升，通胀预期等使得投资房产实现保值增值的需求同时爆发。形成供应短缺、需求持续性放大、房价上涨的相互推动趋势。

（3）二手房交易情况如图 4-1-7 所示。

截止统计日，南京二手房市场总成交 64443 套，成交总面积 5171212m^2，套均 80.2m^2。随着

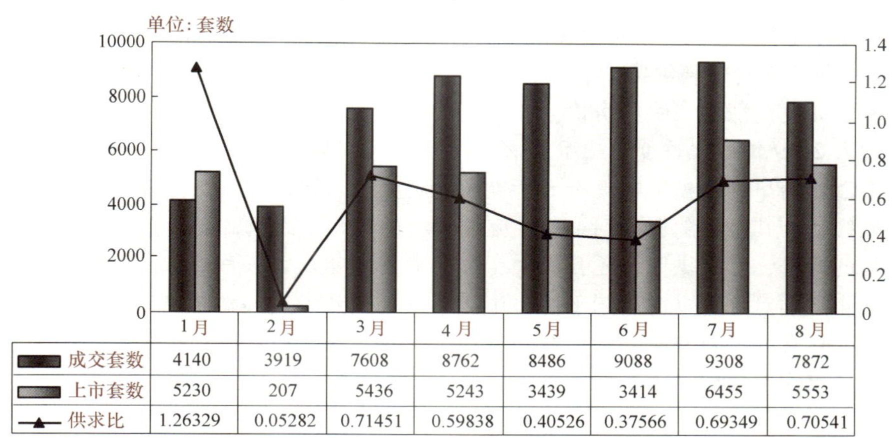

	1月	2月	3月	4月	5月	6月	7月	8月
成交套数	4140	3919	7608	8762	8486	9088	9308	7872
上市套数	5230	207	5436	5243	3439	3414	6455	5553
供求比	1.26329	0.05282	0.71451	0.59838	0.40526	0.37566	0.69349	0.70541

图 4-1-5　2009 年 1~8 月南京市房屋上市成交情况

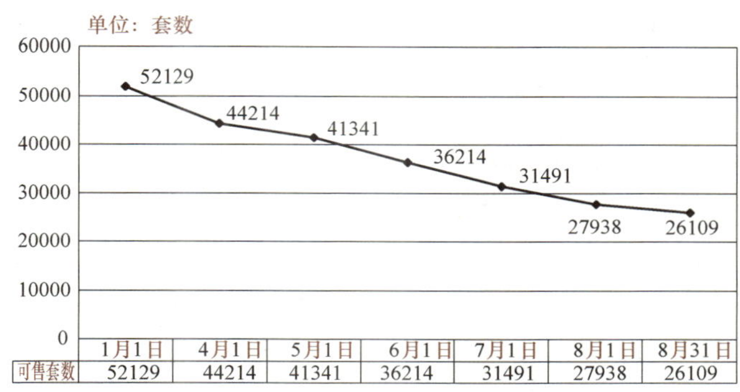

	1月1日	4月1日	5月1日	6月1日	7月1日	8月1日	8月31日
可售套数	52129	44214	41341	36214	31491	27938	26109

图 4-1-6　2009 年 1~8 月南京市可售房源统计图

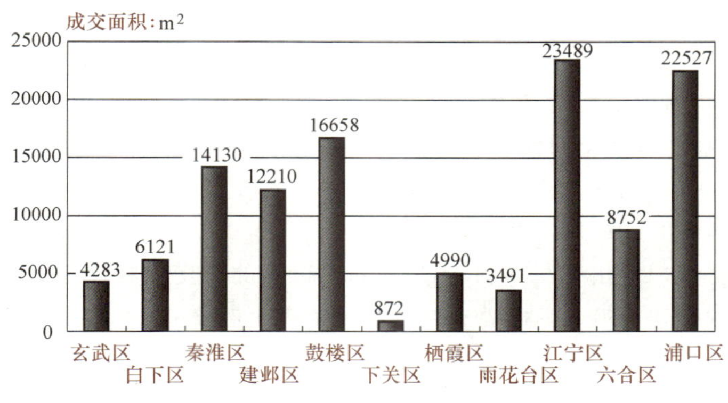

图 4-1-7　2009 年南京市二手房成交面积情况图

南京土地拍卖价格的节节高，以及新楼盘价格节节攀升，甚至开始出现购房排队的现象，导致二手房市场成交量和成交价格激增，一方面是 2009 年至今南京市二手房交易量达 6.4 万套，远远超过 2008 年全年 3.7 万套的交易量，另一方面是二手房价格自 4 月开始上涨，某些区域二手房报价超过 2008 年最高点。

二手房价格方面，据南京网上房地产统计，4 月全市二手房个人挂牌均价为 7085 元/m^2，5、6 月的挂牌价格均有 100 元/m^2 左右的涨幅，7 月则急剧上涨到 7798 元/m^2，9 月上旬均价已达到 8350 元/m^2，目前二手房挂牌价格已全面超过新建商品住宅的销售价格。但是目前的市场和未来的趋势支撑不了如此高涨的二手房房价。

首先，进入 2009 年第二季度，二手房需求开始显现出疲态。一方面，首次置业的刚性需求基本已经集中消耗殆尽，而投资客没有大量进场的迹象，同时，受到二套房政策的困扰，改善性购房需求释放缓慢。其次，随着近期土地供应量的增加和开发商项目开发自有资金比例门槛的降低，在可预见的将来，房屋供应量还会加大。对于本身就处在“去库存化”时期的房地产而言，供应量的进一步增加对房价只能起到平抑作用。第三，虽然宏观经济形势有转好的迹象，但是，很多潜在购房人对自身就业和收入的预期并不乐观，购房意愿并不强烈，观望情绪再次抬头。

（4）房价走势分析如图 4-1-8 所示。

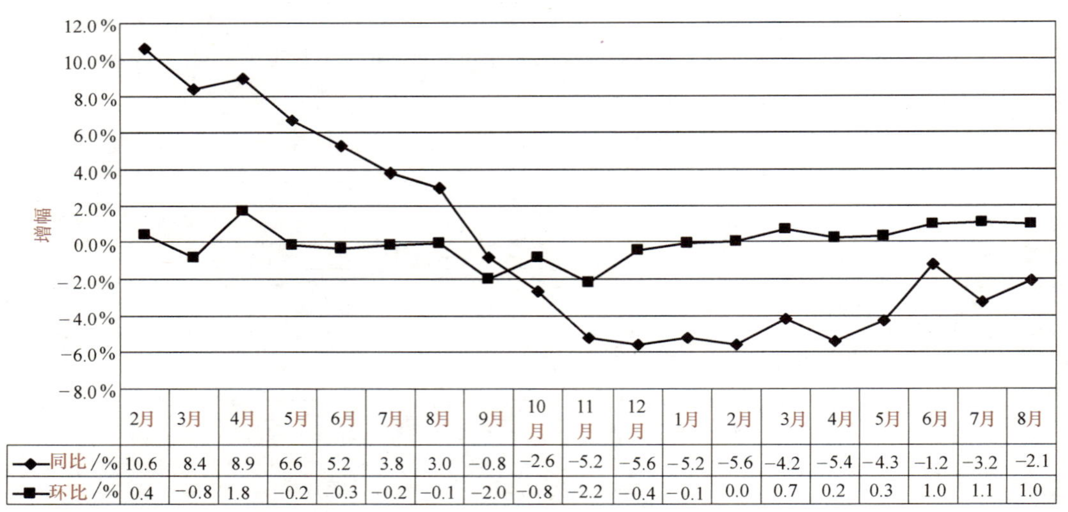

	2月	3月	4月	5月	6月	7月	8月	9月	10月	11月	12月	1月	2月	3月	4月	5月	6月	7月	8月
同比/%	10.6	8.4	8.9	6.6	5.2	3.8	3.0	-0.8	-2.6	-5.2	-5.6	-5.2	-5.6	-4.2	-5.4	-4.3	-1.2	-3.2	-2.1
环比/%	0.4	-0.8	1.8	-0.2	-0.3	-0.2	-0.1	-2.0	-0.8	-2.2	-0.4	-0.1	0.0	0.7	0.2	0.3	1.0	1.1	1.0

图 4-1-8　2008~2009 年南京新建住宅价格走势图

2009 年 1~5 月南京新建商品住宅价格同比涨幅基本稳定在-4%~-5%之间，6~8 月减少至-2%左右。同比数据受 2008 年同期房价影响较大，在一定程度上，环比数据更能真切反映当期房价的月度变化，6~8 月同比上涨幅度均超过了 1%，成交量回升和供应量短缺共同推动了房价的普遍性回升（图 4-1-9、图 4-1-10）。

从单月的价格走势可以看出，7、8 月 8000 元/m^2 以上的成交面积增长迅速，表明南京房市中改善型、投资型需求逐步升温。同时从 5~8 月整体销售比例情况来看，6000 元/m^2 以上的成交比例高达 52%，可见南京住宅价格向高位发展的趋势基本形成。

（5）市场发展前景预测。

1）供应。截至 2009 年 9 月，南京市可售房源 26019 套，相比年初的 53129 套，去化超过了 50%，按照现在的去化速度，后期存量房去化压力较小。

2）成交。2009 年 3 月以来，每月成交量基本达到 8000 套，7 月更是超过了 9000 套。7、8月日均认购约 310 套，超过了南京上半年的日认购均值 279 套。改善型和投资型需求的进入，高端楼盘的热销，使得成交量维持在高位。但 8、9 月成交数据与 7 月相比，成交量出现了较为明显的跌幅，

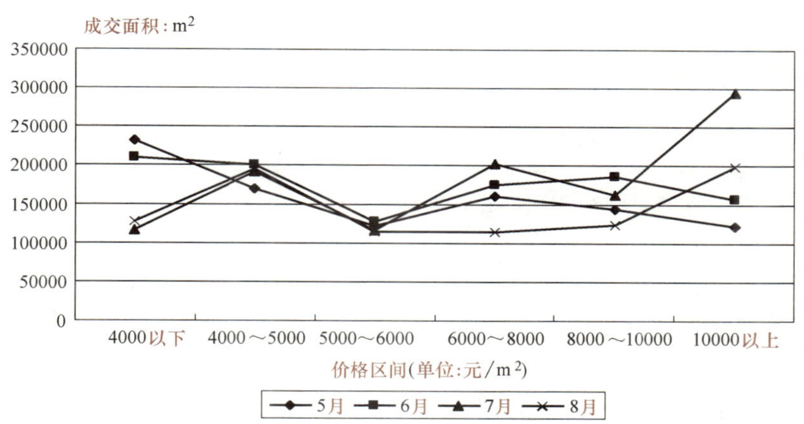

图 4-1-9 2009 年 5～8 月南京住宅价格分段面积价格走势图

相比上半年而言将会出现明显的回落。

3）价格。供应短缺和需求持续放大，6～8月新增住宅价格环比都增长超过了 1%，房价上涨态势基本形成。最近市场“量降价升”的形势，加之房贷政策的变化，使得很多购房者转为观望，因此后期房市仍存在较大的不确定性。考虑到经济的发展，收入水平的提高以及近几年土地成本的上涨等因素，从长远看来，房价还是有很大提升空间的。

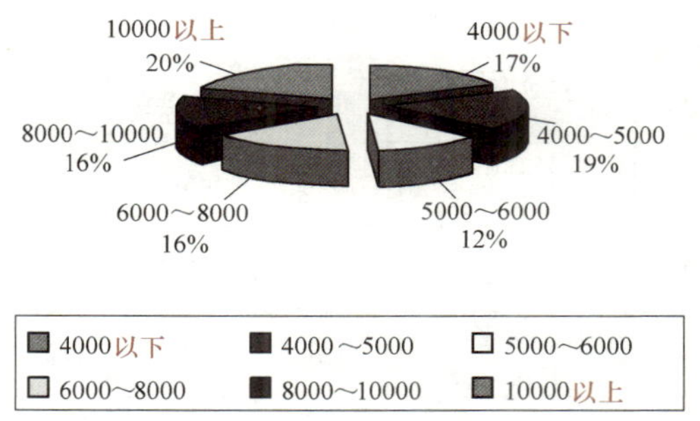

图 4-1-10 2009 年 5～8 月各价格段销售比例情况（单位：元/m²）

4.2 区域房地产市场分析

本项目紧邻我司徐庄项目，位于仙林区域仙鹤门板块，同时又紧邻城东区域马群板块，两板块对本项目未来的销售存在着直接的竞争关系，因此将上述区域列入重点研究区域。

1. 土地市场分析

项目区域内的马群地块与仙林地块，2005 年至今住宅类用地出让共 13 宗，合计出让土地约 288.63 万 m²，规划总开发面积约 358.29 万 m²，土地出让净地平均单价约 322 万元/亩，净地楼面均价 3890 元/m²。

其中 2005 年出让的土地多为毛地，且距今时间较长，参考价值有限。2007 年 12 月仙林湖周边出现一系列“地王”，但距本项目较远。综合分析，对本项目最具参考意义的是紧邻项目地块的仙鹤门 007 号地块，该地块于 2008 年 11 月由南京中豪房地产竞得（表 4-1-7）。

2. 商品房市场分析

（1）区域供应情况。

1）存量供应。根据对现已开盘楼盘的统计，区域内已开盘项目总体量约 236.56 万 m²，截至 2009 年 9 月 25 日已销售面积约 159.23 万 m²，剩余未销售（含已开盘但未开发）面积约 77.95m²，具体见表 4-1-8。

表 4-1-7　2005~2009 年项目所在板块住宅类用地出让情况

序号	地块具体位置	规划用途	建筑用地面积/m^2	容积率	建设面积/m^2	成交价/万元	土地单价/万元/亩	楼面地价/(元/m^2)	成交日期	竞得单位
1	紫园(毛地)	住宅	93645	1.2	114247	6000	43	525	2005.3	南京建发
2	宏图上逸园(毛地)	居住	26823	1.4	37552	1850	46	493	2005.11	欣美置业
3	顾家营地块	居住	296002	1.4	399602	65000	146	1627	2005.7	国浩房地产/福中
4	钟鼎山庄	居住	184978	1.0	186828	129000	465	6905	2006.5	中冶置业
5	马术场 B2 地块(紫金·上林苑)	居住	54222	1.1	59644	12000	148	2012	2006.6	紫金房地产
6	徐庄软件园北侧地块(翠屏·紫气钟山)	公寓及基层社区中心用地	94866	1.0	94866	25000	176	2635	2007.2	中惠地产
7	仙林湖西 A1、A2 地块	居住	57395	0.8	45916	25950	301.6	5652	2007.12	仙林房地产
8	仙林湖西 C2 地块	居住	70873	1.8	127571	71000	668.2	5566	2007.12	荣盛置业
9	仙林湖西 C3 地块	居住	104684	1.8	188432	111000	707.2	5891	2007.12	栖霞建设
10	仙尧路南侧海子口 E-1 地块	商住	72396	1.3	94115	40000	368.5	4250	2008.2	南京城建，钱塘房地产
11	仙林 312 国道南、学府路西地块	居住	146946	1.1	154294	60000	272.2	3889	2008.6	恒基中国
12	(仙鹤门 007 号地块)	居住	159074	1.2	190889	61000	256	3196	2008.11	南京中豪房地产
13	我司徐庄项目住宅部分	居住	162513	1.2	195016	—	—	—	2009.2	苏宁银河
合　计		居住	1524417	1.24	1888972	607800	322 净地	3890 净地	—	—

注：我司徐庄项目总用地面积为 258080m^2，容积率地块 1≤1.2，总建筑面积 406048m^2。成交价格 3.76 亿元，因该项目用地性质为居住、商业、文化娱乐用地，故表中仅统计地块 1 住宅开发量，单项价格也未列入统计，表格中土地出让总金额仅是 1~12 项汇总。

表 4-1-8　项目所在区域住宅存量情况

楼盘名称	项目位置	物业类型	住宅总体量/m^2	已开发		待开发体量/m^2
				已销售/m^2	存量供应/m^2	
紫园	环陵路 99 号	洋房、别墅	110000	10633	32450	66917
天泓山庄	栖霞区环陵路 1 号	高层、洋房、别墅	230000	197126	12026	20848
紫金·上林苑	金马路 16 号	洋房、别墅	83000	46490	18268	18242
钟山美庐	金马路 18 号	别墅	44835	34764	10331	—
钟山晶典	栖霞区金马路、石狮路交界处	高层	233538	59960	1778	171800
依云溪谷	仙林大道南侧，汇通路西侧	别墅	168691	125970	7177	35544
东墅山庄	栖霞区东至学子路，南达灵山北路	别墅	53536	18158	6091	29287
汇杰文庭	栖霞区仙林大道 128 号	洋房、别墅	92000	58267	2899	30834
山水风华	栖霞区汇通路 9 号	别墅	88113	68404	4058	15651
尚东区	栖霞区仙林大道 118 号	洋房、别墅	140000	138704	964	—
东方天郡	仙林大学城杉湖西路 8 号	高层、小高层	286000	225504	66751	—
赛世香樟园	仙林大学城杉湖西路 9 号	高层、小高层	241000	181048	20520	39432
亚东城	仙林大学城仙隐北路 18 号	高层、小高层	500000	396455	67289	36256
翠屏紫气钟山	南京紫金山东麓，徐庄软件园内	洋房	94865	30804	7610	56451
合　计			2365578	1592287	779474	521262

2）潜在供应。2005 年至 2009 年本区域内成交但尚未开发的住宅用地共计 9 幅，可开发住宅体量约 127.26 万 m^2，本部分作为潜在供应量统计见表 4-1-9。

表 4-1-9 项目所在区域潜在供应量

楼盘(地块)	开发面积/m^2	备 注
仙龙湾	170000	15 万 m^2 左右的大学教师公寓，近 2 万体量的高档住宅
徐庄住宅	275230	花园住房为 34 栋、双拼和叠加 14 栋、联排 7 栋
鸿雁名居	160528	计划建 9~11 层小高层住宅 15 栋，5~6 层多层住宅 7 栋
三味公寓	16267	项目为精装修多层公寓，预计 10 月底 11 月初开盘
学仕风华苑	239661	共建有 81 栋建筑，大多数为大学教职工公寓
仙林湖以西、仙林大道以北 A1、A2 地块	57394.7	南京仙林房地产开发有限公司
仙林湖以西、仙林大道以北 B1、B2 地块	177961.5	招商局与九龙仓合作项目
仙林湖以西、仙林大道以北 C2 地块	70872.6	南京荣盛置业有限公司
仙林湖以西、仙林大道以北 C3 地块	104684.3	南京栖霞建设股份有限公司
合 计	1272599.1	

根据 1）和 2)，估算本区域目前潜在房地产供应量约 205.21 万 m^2。

（2）区域总体销售情况。经统计，2009 年年底至今该区域内新增供应量约 18.77 万 m^2，截至目前已成交 15.06 万余 m^2，销售率约 80.25%。去化速度较快的为本区域的新开楼盘，如钟山晶典（8389m^2/月)、依云溪谷（12698m^2/月)、亚东城（2306m^2/月）等。目前在售楼盘基本情况见表 4-1-10。

表 4-1-10 在售楼盘销售情况

序号	项目名称	最近开盘时间	供应量/m^2	销售量/m^2	销售率	月均销售/m^2	销售均价/元/m^2
1	紫园	2009.7.17	3558	2866	65.5%	1433	11882
2	紫金·上林苑	2009.9.10	4075	134	3.3%	268.96	10000
3	钟山美庐	2009.8.27	5000	1802	36.0%	1801	15086
4	钟山晶典	2009.4.19	33556	33556	100.0%	8389	7280
5	依云溪谷	2009.5.1	50792	50792	100.0%	12698	8500
6	东墅山庄	2009.1.23	9732	7639	78.5%	1091	8610
7	山水风华	2009.6.6	13313	10913	82.0%	3637	11000
8	尚东区	2008.6.23	4614	1938	42.0%	646	8500
9	东方天郡	2009.7.1	420	0	0.0%	0	9500
10	赛世·香樟园	2008.7.9	18110	7097	39.2%	2365	12276
11	亚东城	2009.6.16	5984	3052	51.0%	2306	7824
12	翠屏·紫气钟山	2008.10.7	38505	30804	80.0%	5134	7168

注：开盘时间以 2009 年各期为准，若 2009 年未开盘，则从 2008 年最后一期开始统计。

4.3 区域内主要楼盘分析（表 4-1-11）

表 4-1-11 项目所在区域在售楼盘基本情况

项目名称	天泓山庄	紫园	紫金·上林苑	招商·依云溪谷	汇杰文庭
项目地址	栖霞区环陵路 1 号	环陵路 99 号	金马路 16 号	仙林大道南侧，汇通路西侧	栖霞区仙林大道 128 号
占地面积	200000m^2	104836m^2	54222m^2	241864m^2	133332m^2
建筑面积	230000m^2	110000m^2	83000m^2	168691m^2	92000m^2
产品类型	高层、小高层、别墅	花园洋房、别墅	花园洋房、别墅	别墅	花园洋房、别墅
容积率	1.2	1.06	1.1	0.47	0.69

（续）

项目名称	天泓山庄	紫园	紫金·上林苑	招商·依云溪谷	汇杰文庭
绿化率	50%	43%	35%	40%	45%
得房率	83%		87%	90%	
总户数	2500	543	377	470	660
车位比例	1∶1.67	1∶1.29	1∶1.3	1∶1.54	1∶2
当前销售均价/元/m^2	小高层、高层 9000~10000元/m^2 观山别墅 1.6万元/m^2	花园洋房 1.35万元/m^2 联排别墅 1.8万元/m^2	花园洋房 1万~1.3万元/m^2 叠加别墅1.3万~1.5万元/m^2（洋房送单车位，别墅送双车位）	双拼 1.5万~1.7万元/m^2 独栋 2.1万元/m^2	花园洋房尾房 8000元/m^2 叠加别墅 1万元/m^2 双拼别墅 1.3万元/m^2 独栋450万~500万/套
成交面积/m^2	197234	5082.65	45022.28	125081.73	58267.37
成交比例	94.3%	19.30%	69.52%	94.07%	95.26%
开发商	栖霞建设	建发华海	紫金房地产	招商局地产	南京交通置业
开盘时间	2005:5、2007:2、2007:5	2009:8	2009:3	2007:12、2008:6	2007、2009
项目名称	东墅山庄	山水风华	尚东区	亚东城	翠屏紫气钟山
项目地址	栖霞区东至学子路，南达灵山北路	栖霞区汇通路9号	栖霞区仙林大道118号	仙林大学城仙隐北路18号	南京紫金山东麓，徐庄软件园内
占地面积	82363m^2	109001m^2	146449m^2	290000m^2	94865.8m^2
建筑面积	53536m^2	88113m^2	146449m^2	500000m^2	94865.8m^2
产品类型	独立别墅、联排别墅	别墅	花园洋房、联排别墅	高层、小高层	科技公寓、花园洋房
容积率	0.65	0.7	1	1.42	1
绿化率	46%	50%	45%	45%	40%
得房率				83%	86%
总户数	218	389	1552	2611	1222
车位比例		1∶1		1∶1.14	1∶1
当前销售均价/元/m^2	联排别墅，面积270~330m^2，价格在220万~420万元每套	叠加13000元/m^2，联排14500元/m^2	花园洋房 7700元/m^2，联排别墅 11000元/m^2	8500元/m^2	多层电梯洋房 9000元/m^2
成交面积/m^2	17612	68404	138704	396455	30359
成交比例	72.63%	94.40%	92.31%	85.49%	79.03%
开发商	栖霞房地产	高科置业（原仙林地产）	南京新城创置房地产	江苏亚东建设发展集团	南京中惠建设
开盘时间	2008:5、2008:9、2009:1	2007、2008、2009	2006、2007	2005~2009	2008:10:7、2009

1. 天泓山庄

（1）项目概况见表4-1-12。

表4-1-12 天泓山庄项目概况

项目地址	栖霞区环陵路1号
项目占地面积	20多万平方米
总建筑面积	23万m^2
物业形态	花园洋房、叠加别墅、电梯别墅、高层、小高层公寓除少量高层公寓外，所有房源皆为复式结构
规划户数	约2500户

（2）推盘节奏。天泓山庄共分 A、B、C、D、E 五大组团，分两期开发。一期开发 A、B 两个组团（A 组团命名为香山苑，B 组团命名为秀山苑），二期开发 C、D、E 三个组团（云山苑、竹山苑、怡山苑、丽山苑）其中 A 区占地 18433m^2，B 区占地 13825m^2。A、B 区采用围合封闭式管理的全景式别墅型公寓。其中 A 区（香山苑）共 8 栋，B 区（秀山苑）共 6 栋，已入住。

该项目自从 2005 年开盘以来，一直保持着市场的热度，缓慢持续推出产品，期间穿插各种业主活动与促销活动，使得市场认同度比较高。目前项目仅余 180~260m^2 的观山别墅、现房，此外还有 142m^2 和 147m^2 错层房型高层房源在售。

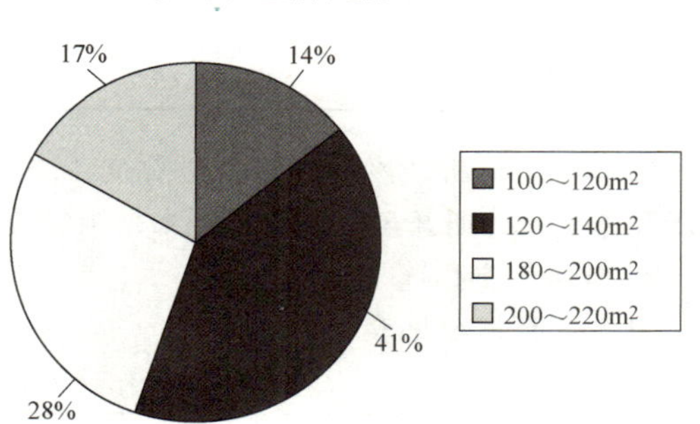

图 4-1-11 天泓山庄各产品面积户型占比

（3）产品特征。复式户型设计较为新颖，上下层多面宽景阳台，大尺度入户花园。其客厅多为挑空设计，形成了超越其他房间的空间高度和体量，将室内空间的舒适和气度展现无遗，别墅的豪华也由此展现，此外，主卧卫生间隐于衣帽间内侧，私密性极好。

（4）销售情况。目前项目小高层、高层均价约为 9000~10000 元/m^2，观山墅单价 16000 元/m^2（表 4-1-13、图 4-1-11、表 4-1-14）。

表 4-1-13 天泓山庄销售情况

入网总套数	可售套数	认购套数	成交套数	销售面积	均价	成交比例
2035	251	117	1667	197126m^2	12494 元/m^2	94.25%

表 4-1-14 天泓山庄产品各面积户型占比

套型/m^2	100~120	120~140	180~200	200~220
销售面积/m^2	27000	78000	53000	32000

（5）物业管理。本项目物业管理公司为南京栖霞建设集团物业有限公司，物业费 2 元/（m^2·月）。

（6）竞争分析。该项目整体品质较高，特别是其中电梯别墅及空中别墅规划为当时南京市场上的开山之作，其产品推售模式对本项目具有很大借鉴意义。该项目处于尾盘期，待续房源无多。

2. 紫园

（1）项目概况见表 4-1-15。

（2）推盘节奏。项目共有 33 栋，其中 1 栋两层高的会所和 32 栋住宅。包括 10 栋联排别墅、7 栋叠加别墅、5 栋花园洋房、10 栋山景洋房所组成，共 543 户，其中山景房（多层+小高层）占大多数，有 308 套，面积从 90~200m^2 不等，主力户型是 130m^2 的三房两厅两卫；联排别墅有 69 套，面积 250~320m^2，主力户型是 319m^2 的五房四厅五卫；此外还有 116 套叠加别墅和 50 套平层花园洋房。2009 年 8 月开盘，首期开盘为 5 栋和 9 栋联排别墅，17、18、20、21 栋小高层山景洋房，最小户型面积 136m^2，已销售过半。

表 4-1-15 紫园项目概况

项目地址	环陵路 99 号
项目占地面积	10.5 万 m^2
总建筑面积	11 万 m^2
物业形态	小高层、别墅
规划户数	约 543 户

(3) 产品特征。采用中式建筑风格，入口处环境优雅，设计特点明显。客厅挑高设计；三层主卧南向设计，与大开间阳台相连；客卧亦设置卫生间、衣帽间；顶层特设娱乐区，拥有大尺度阳台与露台。

(4) 销售情况。目前项目花园洋房均价约为14000元/m^2，观山墅单价20000元/m^2（表4-1-16）。

表4-1-16 紫园销售情况

入网总套数	可售套数	认购套数	成交套数	销售面积	均价	成交比例
218	68	65	71	10633m^2	12555元/m^2	24.68%

(5) 竞争分析。该项目整体品质较高，建筑风格为中式风格，小区特色比较明显。并且属于新开楼盘，二期开盘时间未定，未来销售价格及销售状况对本项目参考意义较大。

3. 紫金·上林苑

(1) 项目概况见表4-1-17。

表4-1-17 紫金·上林苑基本情况

项目地址	金马路16号	物业形态	花园洋房、别墅
项目占地面积	5.4万m^2	规划户数	约377户
总建筑面积	8.3万m^2		

(2) 推盘节奏。一期推出花园洋房与叠加别墅，已售罄。9月18日二期房源最后50套全面放开，133~190m^2五层电梯洋房，9800元/m^2起售，项目最大特色为买房赠送产权车位，别墅送双车位，洋房送单车位。

(3) 产品特征。紫金·上林苑在产品户型设计中，采用别墅户型的设计精髓，以大面积飘窗、观景露台、入户花园等元素为主，强调户内与户外自然景观的交流。部分户型设计还加入了双主卧设计，为三代共居考虑细致周到，部分户型还设置了电梯双开门入户设计，更加突显尊贵感。七层立体景观：绿色草坪层、地被苗层、灌木球类层、乔木层、中高乔木层、高大树木层和超高树木层，七个层次树木花卉的层叠、排列、交融、组合、穿插、错落，横、竖平面细微有景，步异景异，予人的感受如同观赏交响乐组曲，全方位立体效果，过滤喧嚣，清澈心神。

(4) 销售情况。目前项目花园洋房均价约为10000元/m^2，叠加别墅单价13000元/m^2（表4-1-18、图4-1-12、表4-1-19）。

表4-1-18 紫金·上林苑销售情况

入网总套数	可售套数	认购套数	成交套数	销售面积	均价	成交比例
704	371	20	313	46490m^2	9907元/m^2	71.79%

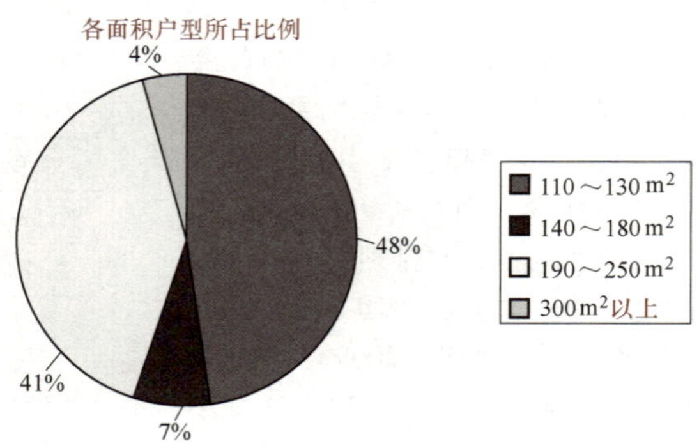

图4-1-12 紫金·上林苑产品各面积户型占比

表 4-1-19　紫金·上林苑产品面积户型占比

套　型	110~130m²	140~180m²	190~250m²	300m² 以上
销售面积/m²	34000	5000	29000	3000
所占比例	47.89%	7.04%	40.85%	4.23%

（5）物业管理。本项目物业管理公司为南京海外物业管理有限公司，物业费 1.5 元/m²·月。

（6）竞争分析。该项目以花园洋房为主，配以叠加别墅，户型设计合理，住宅品质较高，且社区绿化较好，绿地面积较大。但经过实地考察，该项目建筑密度较大，目前该项目所剩房源不错。

4. 招商·依云溪谷

（1）项目概况见表 4-1-20。

表 4-1-20　招商·依云溪谷项目概况

项目地址	栖霞区仙林大道南侧，汇通路西侧
项目占地面积	24.2 万 m²
总建筑面积	16.9 万 m²
物业形态	主要由联排别墅、双拼别墅组成，配以少量独栋别墅。规划有少量空中别墅产品
规划户数	约 470 户

（2）推盘节奏。双拼产品主力面积在 230~260m² 之间，主力面积较为紧凑，总价较低，独栋主力面积在 700m² 以上。2007 年 12 月 24 日开盘，首推 90 套双拼别墅，4 套独栋别墅，2008 年 6 月 22 日再推 54 套双拼，目前双拼累计去化 200 多套。

（3）产品特征及卖点。招商·依云溪谷秉承“现代印象派”风格，其中主力推出的 250~300m² 户型的双拼别墅，采用双拼独栋化造型，充分利用不同材质的组合，使建筑色彩浓烈，风格独具。在空间的处理上进退有致，既保证了生活的私密感，也让建筑风格显得活泼起来。花园式露台，多重立体式开阔庭院，阳光地下室让您和自然一起呼吸。招商地产作为“绿色地产”论坛的倡导者，于细节处采用国际最新进的环保节能材料，让居住者成为“绿色时尚”的力行者。另外，开发商品牌实力与价格优势也是该项目主要卖点。

（4）销售情况。项目双拼开盘价格 13500 元/m² 起，均价二批房源 14800 元/m² 起，均价 15000 元/m²，独栋均价 21000 元/m²（表 4-1-21、表 4-1-22、图 4-1-13）。

表 4-1-21　招商·依云溪谷产品销售情况

入网总套数	可售套数	认购套数	成交套数	销售面积	均价	成交比例
469	23	2	444	125970m²	12667 元/m²	94.61%

表 4-1-22　招商·依云溪谷产品各面积户型占比

套型	联排别墅	200~300m² 双拼别墅	300~400m² 双拼别墅	独栋别墅
销售面积/m²	51000	58000	20000	3000
所占比例	38.64%	43.94%	15.15%	2.27%

（5）物业管理。本项目物业管理公司为南京招商物业管理有限公司，物业 2.9 元/m²/月。

（6）竞争分析。该项目开发商具有一定品牌背景，且产品具有一定价格优势，其双拼主力总价相对较低，具有价格优势。但别墅空间略显紧凑，会影响到项目品质。

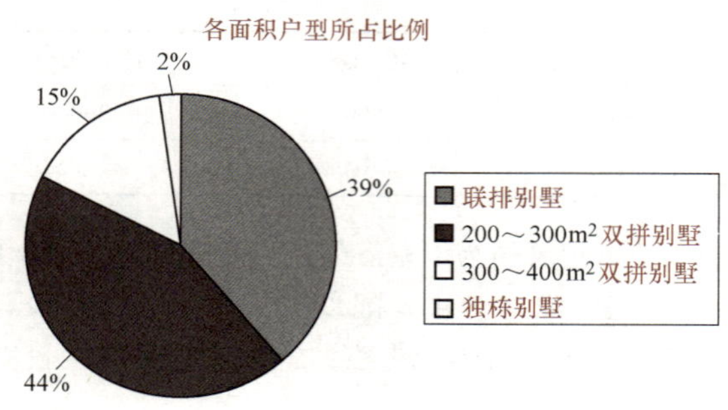

图 4-1-13　招商·依云溪谷产品各面积户型占比

5. 新城·尚东区

（1）项目概况见表 4-1-23。

表 4-1-23　新城·尚东区项目概况

项目地址	栖霞区仙林大道 118 号	物业形态	花园洋房、叠加别墅、联排别墅
项目占地面积	14.6 万 m^2	规划户数	约 1552 户
总建筑面积	14 万 m^2		

（2）推盘节奏。叠加别墅产品主力面积在 160~180m^2 之间，主力面积较为紧凑，总价较低；花园洋房主力面积在 80~130m^2（其中 80~100m^2 两房户型占 58%）。2006 年 6 月开盘，首推 40 套花园洋房，2006 年 6 月 22 日再推 30 套叠加别墅与 60 套花园洋房。目前该楼盘已售完。

（3）产品特征及卖点。该项目主力户型为花园洋房，搭配以叠加别墅与联排别墅，采用现代中式风格，在继承传统人居精华的同时适当地融入了现代居住概念，并巧妙地将花园洋房、联排别墅、叠加别墅三种建筑形态有机地组合在一起，把传统、现代灵巧地融合呈现，创造出轻灵飘逸、简约淡雅的建筑。灰与白的搭配高雅而简洁，配以深红色的挑梁在其中，再现了古代建筑精髓的同时又不乏高雅。此外，尚东区还创造性推出结合中央景观院落、组团院落、私家小院落的三重院落空间。

（4）销售情况。前期项目花园洋房均价 7700 元/m^2 起，叠加别墅均价 8500 元/m^2，联排别墅均价 11000 元/m^2（表 4-1-24、图 4-1-14、表 4-1-25）。

表 4-1-24　新城·尚东区销售情况

入网总套数	可售套数	认购套数	成交套数	销售面积	均价	成交比例
1552	332	20	1200	138704.52m^2	8222 元/m^2	99.31%

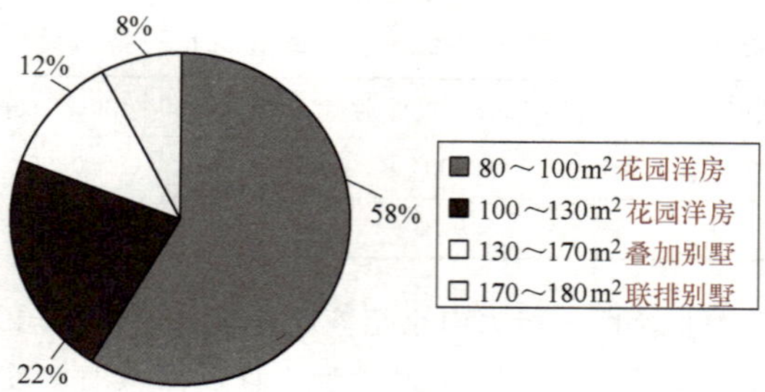

图 4-1-14　新城·尚东区产品各面积户型占比

表 4-1-25 新城·尚东区各户型面积占比

套　型	$80\sim100m^2$ 花园洋房	$100\sim130m^2$ 花园洋房	$130\sim170m^2$ 叠加别墅	$170\sim180m^2$ 联排别墅
销售面积/m^2	75000	28000	15000	10000
所占比例	58.59%	21.88%	11.72%	7.81%

（5）物业管理。本项目物业管理公司为江苏新城物业管理有限公司，物业费别墅 1.8 元/（m^2·月），花园洋房 0.8 元/（m^2·月）。

6. 翠屏·紫气钟山

（1）项目概况见表 4-1-26。

表 4-1-26 翠屏·紫气钟山项目概况

项目地址	南京紫金山东麓，徐庄软件园内	物业形态	科技公寓、花园洋房
项目占地面积	9.5 万 m^2	规划户数	约 1222 户
总建筑面积	9.5 万 m^2		

（2）推盘节奏。科技公寓主力面积在 $30\sim70m^2$ 之间，2008 年 11 月开盘，面向青年置业者，总价低；花园洋房主力面积在 $90\sim130m^2$，目前一期花园洋房已售完，尚有小户型科技公寓在售，二期洋房将于 11 月份推出。

（3）产品特征及卖点。该项目全部采用精装修形式，面向城市主流青年家庭专门设计，强调生活感、时尚观、科技性、舒适度和亲人尺度。设计与建设中引入保温节能、新风置换、垃圾处理、电子智能等多项前沿居家智能化技术，全面提升居住品质，打造真正的科技之家。紫气钟山的景观设计整体构思上采用南京少有的自然主义园林景观理念，注重景观、植物、小品的亲地性与原生，在充分保证绿化的层次性与丰富性同时，力求空间的层次感与节奏感，确保了项目与环境、建筑与园林、人与自然的和谐共生。

（4）销售情况。目前在售房源主要为面积 $30\sim65m^2$ 小公寓，均价 7700 元/m^2。花园洋房所剩不多，只剩 $220m^2$ 的花园洋房，均价 9000 元/m^2（表 4-1-27、表 4-1-28、图 4-1-15）。

表 4-1-27 翠屏·紫气钟山销售情况

入网总套数	可售套数	认购套数	成交套数	销售面积	均价	成交比例
562	80	45	390	$30804.3m^2$	7168 元/m^2	80.19%

表 4-1-28 翠屏·紫气钟山产品各面积户型占比

套　型	$90\sim130m^2$ 花园洋房	$30\sim70m^2$ 公寓
销售面积/m^2	21000	10000
所占比例	67.74%	32.26%

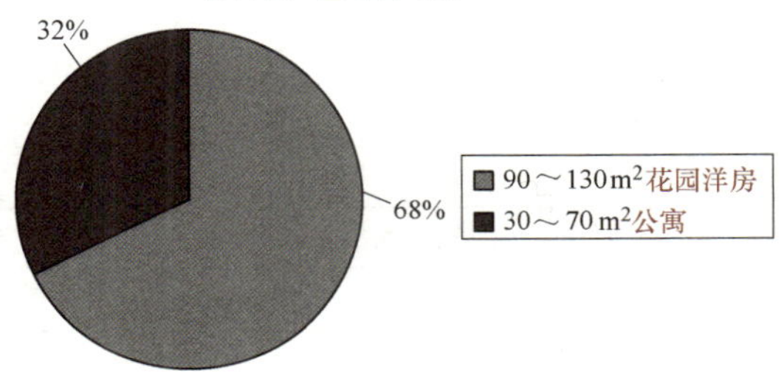

图 4-1-15 翠屏·紫气钟山产品各面积户型占比

(5) 物业管理。本项目物业管理公司为深圳市莲花物业管理有限公司，物业费科技公寓1.75元/(m^2·月)，电梯洋房1.6元/(m^2·月)。

7. 钟山美庐

(1) 项目概况见表4-1-29。

表4-1-29 钟山美庐项目概况

项目地址	金马路18号	物业形态	双拼别墅、独栋别墅
项目占地面积	10万m^2	规划户数	约102户
总建筑面积	4.5万m^2		

(2) 推盘节奏。独立别墅50套，双拼别墅52套。双拼主力户型在395m^2左右，独栋主力户型在400~460m^2之间。2008年6月4日推出10套双拼、4套独栋。2009年每月陆续推出，目前还剩24套别墅可售。

(3) 产品特征及卖点。

1) 民国建筑国粹人文价值，南京历史文化精髓。

2) 紫金山的贵气血统及高端物业氛围。

3) 自然景观资源。

(4) 销售情况。独栋主力总价1200万~4800万元/套，双拼主力总价600万~780万元/套(表4-1-30)。

表4-1-30 钟山美庐销售情况

入网总套数	可售套数	认购套数	成交套数	销售面积	均价	成交比例
102	24	1	77	34764m^2	17799元/m^2	77.09%

(5) 物业管理。本项目物业管理公司为高力国际物业，物业5元/(m^2·月)。

(6) 竞争分析。高品质纯别墅是本项目最大的优势，秉民国之风而成，参酌中西精髓，兼容古今。在艺术的基础上，保护与再生城市生活形态。在传统的经典之上，实践当代都市的生活理想。用最富有生活体验风格的现代表达方式，承载最醇厚的民国建筑精髓，用今天的思维和今天的手法，复苏国粹建筑。目前项目销售接近尾盘，但对我司地块项目高端产品具有较大的参考意义。

8. 汇杰文庭

(1) 项目概况见表4-1-31。

(2) 推盘节奏。别墅于2007年6月15日开盘，首批推出80套叠加别墅。2007年7月15日推出24套联排，2007年7月15日~8月12日推出42套双拼，2007年10月3日推出2幢花园洋房、30套双拼、1套独栋，2008年1月1日推出4栋挂角式独栋。二期预计2009年下半年推出。

表4-1-31 汇杰文庭项目概况

项目地址	栖霞区仙林大道128号
项目占地面积	13.3万m^2
总建筑面积	9.2万m^2
物业形态	包括花园洋房、联排、叠加、双拼和独立别墅多种住宅形式
规划户数	约660户

(3) 项目特点及卖点。

1) 户型面积。在售花园洋房主力户型：85~86m^2二室二厅一卫，123~133m^2三室二厅二卫，叠加别墅 150~170m^2，联排别墅面积 230m^2，双拼别墅面积 272~365m^2，新推挂角式（两套独栋有一角相连，实际为双拼的升级版）独栋含地下室，面积 365m^2。

2）项目特点。该项目的设计富有特色，项目定位“新人文院落住宅”。最大产品卖点是院落和户型空间，院落面积达到将近 100m^2，客厅、餐厅、主卧、次卧、书房甚至厨房均连接花园，如别墅，有前院、中院、内院、后院四重庭院。并且客厅、书房和四间卧室全部朝南，大面积顶部采光地下室是南京市场上罕见的，可以设置成健身房、家庭影院、私人酒窖等多功能空间。另外，仙林人文特性与小区水景也是重要卖点。

（4）销售情况。花园洋房尾房 8000 元/m^2，主力总价 70 万~130 万元左右。叠加别墅尾房 10000 元/m^2。双拼别墅均价 13000 元/m^2，总价 300 万~470 万元/套。新推挂角式（两套独栋有一角相连，实际为双拼的升级版）独栋 13900 元/m^2，总价 510 万元/套（表 4-1-32）。

表 4-1-32　汇杰文庭销售情况

入网总套数	可售套数	认购套数	成交套数	销售面积	均价	成交比例
346	75	334	334	58267.37m^2	12667 元/m^2	95.26%

（5）物业管理。本项目物业管理公司为南京华友物业管理有限公司，物业 2.2 元/（m^2·月）。

（6）竞争分析。项目产品类型比较复杂，其中部分产品对我司项目有参考意义，且项目景观设计有可取之处，但开发商品牌实力一般。

第五部分　规划设计分析

5.1　宗地地块分析

1. 宗地自然条件对规划设计的影响

1）宗地位于城东区域仙林板块，仙林大道南侧，土城头路西侧，灵山北路北侧，凯旋路东侧。宗地呈梯形，北侧约 390m，南侧约 600m，西侧约 380m，东侧约 500m。

2）宗地西南可眺望紫金山，故部分建筑应在西南向取景紫金山，最大化利用山景资源。

3）宗地东侧按规划要求需预留 50m 绿化带，土城头路作为明代的城市外廓，将规划为 100m 宽的步行景观带，今后将开发成旅游、展示等功能带。故东侧建筑应面向东南以此能充分借此景观。

4）宗地地表水形态主要为水塘，规模普遍较小，总体来看，宗地内现有地表水形态可利用的价值不大。

5）宗地北侧为该区域的主干道仙林大道，东侧和北侧为地铁二号线（高架），对地块主要是噪声影响，根据规划要求，北侧需退让 40m 建设住宅、学校等。但由此将会带来建造成本的增加。设计中可考虑将多层布置在地块的东侧和北侧，同时对宗地北侧的建筑应考虑采取植被绿化，采用建筑吸声材料、双层中空玻璃的隔声降噪方式减弱对别墅项目的影响。

2. 宗地社会条件对规划设计的影响

1）宗地西侧、北侧存在较大的噪声，且北侧需退让 40m，可在规划中考虑将社区管理服务设施、医疗卫生设施等布置在小区北侧，并结合绿化处理。

2）根据规划要点要求，需配置一个拥有 12 个班的幼儿园，考虑到地块的特点，建议布置在小区的西南角。

3）根据规划要求，小区出入口应设置在小区的南侧和西侧。

4）此项目将规划为高档居住小区，故设计的多层为带电梯的洋房，叠加别墅亦采用电梯。所有别墅项目均配备中央空调。

5）宗地对外联系道路比较便捷，考虑到距离大型生活配套设施有一定的距离，未来规划需充分考虑足够的停车位。规划洋房按 1∶1 配置，别墅按 1∶2 配置。

5.2　规划设计分析

1. 规划设计形态分析

1）住宅由多层（六层）、叠加别墅（四层）、联排别墅（三层）和双拼别墅（局部三层）四种建筑形态构成。

2）多层及别墅主要朝向控制在南偏东方向，部分多层朝向控制在南偏西方向，未来规划中可根据具体的设计予以调整。

3）多层、叠加、联排和双拼自北向南布置，形成南低北高的层次。

4）多层主要布置在宗地北侧及西侧，主要考虑此区域受地铁、仙林大道噪声影响，在此布置多层可减少噪声对别墅的影响。

5）叠加别墅主要布置在地块中部。

6）联排和双拼布置在地块的南侧。

7）社区配套设施、医疗设施等主要布置在噪声控制线北侧。

8）幼儿园布置在西南角位置，其相对独立于住宅，且符合规划要求。

9）小区主入口依据规划要求，可布置于西侧和南侧。

2. 绿化系统分析

1）小区东侧规划建设 100m 宽的明城墙步行系统，北侧布置集中树木，形成与仙林大道和地铁的有效隔离，将噪声影响降至最低。

2）沿小区环路形成主要现状绿化，并在局部空间形态上进行缩放，结合景观设计可设置植被、园林小品。

3）小区各居住总体也设置有集中的点状绿带，成为小区主要现状绿带的延伸和辐射。

3. 交通系统分析

1）小区主要出入口设置在宗地西侧和南侧。

2）小区主要道路东西、南北走向。

3）小区实行人车分流，停车位主要设置在地下车库和部分集中停车场地。

4）小区内的车行道路均考虑设置双车道。

4. 综合经济技术指标（表 4-1-33）

表 4-1-33　项目综合经济技术指标

项目名称		NO. 2009G52 仙鹤门 006 号地块		
项目规划总用地		294070. 9m²	容积率	1. 2
可建设用地		214443. 7m²	建筑密度	28%
总建筑面积		257332m²	绿地率	35%
住宅总建筑面积		250000m²	建筑高度	18m
公建配套面积		7332m²	住宅总户数	1390 户
地下建筑面积		42384m²	地下车位	1413 个
住宅	洋房	141000m²	联排	24000m²
	叠加	65000m²	双拼	20000m²

（续）

项目名称		NO.2009G52 仙鹤门006号地块		
公建配套	幼儿园	2592m² 用地面积不小于47000m²	体育设施用地	用地600m²，不少于150m²的全民健身点
	社区管理服务设施	400m²	托老所	1000m²
	文化活动设施	600m²	公厕	60m²
	医疗卫生设施	120m²	垃圾收集站	40m²，用地面积100m²
	环卫用房	20m²	小型商业金融服务设施	500m²
	菜市场	2000m²		

第六部分　项目SWOT分析

6.1　STRENGTH（优势）

1）项目规模大，产品类型丰富。

2）毗邻城市快速干道及地铁二号线，交通便捷，为城东低密度高档项目。

3）该项目周边环境优美，西眺紫金山，东临明城墙外廓景观带。

4）城东一直是南京市民心目中最佳居住选择区域。

5）紧邻我司徐庄总部基地，可联动开发，形成规模效应。

6.2　WEAKNESS（劣势）

1）目前土地市场火热，溢价率较高，竞争对手可能会非理性竞拍，致使土地成本增加。

2）地铁从地块西、北侧高架通过，对仙林大道的噪声影响较大。

3）大型生活配套设施缺乏。

4）地块内北侧需退让40m噪声控制线，这将影响整个项目的规划设计。

5）周边的配套设施（如水、电、气等）后期存在接入问题。

6.3　OPPORTUNITY（机会）

1）仙林新城区建设步伐的加快，将吸引更多的人口向此集聚，为项目带来更多的中高端客群。

2）地铁二号线的通车对于消费者心理距离的拉近有较大的提升。

3）与徐庄总部基地住宅项目联动开发，形成规模效应。

6.4　THREAT（威胁）

1）区域内以中高档低密度住宅为主，上市楼盘及土地供应量将逐步增多，在售及新增项目势必对项目客源进行分流。

2）整个仙林板块聚集了招商、栖霞建设、亚东建设、九龙仓等国内一线或省内一线开发商，威胁较大。

3）针对目前土地市场和房地产市场出现的过热情况，国家可能会出台相关政策调控房地产市场，在一定程度上将影响多次置业及投资热情。

第七部分　项目开发计划

7.1　项目指标情况

项目用地面积214443.7m²（约322亩），容积率1.2，估算项目未来总建筑面积约299716m²，其中地上建筑面积257332m²，地下建筑面积42384m²（表4-1-34、表4-1-35）。

表4-1-34　项目技术经济指标

序号	项目	数值/m²	备注
1	总占地面积	214444	约321.67亩
1.1	建设用地面积	214444	
2	规划指标		
2.1	容积率	≤1.2	
2.2	建筑密度	≤28%	
2.3	绿地率	≥35%	
2.4	建筑高度	≤18m	
3	地上建筑面积	257332	
3.2	住宅	250000	
3.2.1	洋房	141000	
3.2.4	叠加	65000	
3.2.5	联排	24000	
3.2.6	双拼	20000	
3.3	公建配套	7332	
4	地下建筑面积	42384	按30m²/车位计
4.1	车位数	1413	地下车位数按总车位数的80%计算
5	总建筑面积(地上+地下)	299716	

表4-1-35　花园洋房和别墅产品配比

物业类型	开发面积/m²	占地面积/m²	户数	户均面积/m²	车位数	备注
多层	141000	23490	1014	135	1014	6层3单元,1车位/户
叠加	65000	16225	236	275	472	4层,2车位/户
联排	24000	10400	80	300	160	4联排3层,2车位/户
双拼	20000	6900	60	333	120	2~3层,2车位/户
合计	250000	57015	1390	—	1766	地下车位数约1413位

规划公建配套用地指标见表4-1-36。

表4-1-36　规划公建配套用地指标

<table>
<tr><th>公建</th><th>用地面积/m²</th><th colspan="4">地上建筑面积/m²</th></tr>
<tr><td>幼儿园</td><td>4700</td><td colspan="4">2592</td></tr>
<tr><td rowspan="5">基层社区中心</td><td rowspan="5">7000</td><td>社区管理服务设施用房</td><td>400</td><td>托老所</td><td>1000</td></tr>
<tr><td>医疗卫生设施用房</td><td>120</td><td>文化活动设施</td><td>600</td></tr>
<tr><td>公厕</td><td>60</td><td>体育设施用地</td><td>0</td></tr>
<tr><td>垃圾收集站用地</td><td>40</td><td>菜市场</td><td>2000</td></tr>
<tr><td>环卫用房</td><td>20</td><td>小型商业金融服务设施</td><td>500</td></tr>
<tr><td>合计</td><td>11700</td><td colspan="4">7332</td></tr>
</table>

7.2 项目开发计划

项目地上可售面积约 250000m²，我部拟将项目分三期开发建设，考虑到回笼资金的需要，拟先期开发花园式洋房，后期开发别墅，各期开发量及开发情况见表 4-1-37、表4-1-38。

表 4-1-37 项目各期开发量

期数	物业类型	开发面积/m²	建设周期	销售周期
一期	洋房、部分叠加、地上配套	133332	2010 年年初~2011 年年底	2010 年年底~2012 年年底
二期	洋房、叠加	73000	2011 年年底~2012 年年底	2012 年年底~2013 年年底
三期	叠加、联排、双拼	51000	2012 年年底~2013 年年底	2013 年年底~2014 年年底
合计	洋房、叠加、联排、双拼	257332	2010 年年初~2013 年年底	2010 年底~2014 年底

注：开发计划包含住宅和公建配套的总地上开发面积，销售计划仅指住宅可销售面积。

表 4-1-38 项目开发计划

<table>
<tr><th rowspan="2">前期工作</th><th>2009 年</th><th colspan="2">2010 年</th><th colspan="2">2011 年</th><th colspan="2">2012 年</th><th colspan="2">2013 年</th><th>2014 年</th></tr>
<tr><th>下半年</th><th>上半年</th><th>下半年</th><th>上半年</th><th>下半年</th><th>上半年</th><th>下半年</th><th>上半年</th><th>下半年</th><th>上半年</th></tr>
<tr><td>土地获取</td><td></td><td></td><td></td><td></td><td></td><td></td><td></td><td></td><td></td><td></td></tr>
<tr><td>前期手续办理</td><td>一期</td><td></td><td></td><td></td><td>二期</td><td></td><td>三期</td><td></td><td></td><td></td></tr>
<tr><td>规划设计方案</td><td></td><td></td><td></td><td></td><td></td><td></td><td></td><td></td><td></td><td></td></tr>
<tr><td>开发计划</td><td></td><td colspan="4">一期建设开发</td><td colspan="2">二期建设开发</td><td colspan="2">三期建设开发</td><td></td></tr>
<tr><td>洋房</td><td>141000</td><td>45000</td><td colspan="3">55000</td><td colspan="2">41000</td><td colspan="2"></td><td></td></tr>
<tr><td>叠加</td><td>65000</td><td>4000</td><td colspan="3">22000</td><td colspan="2">32000</td><td colspan="2">7000</td><td></td></tr>
<tr><td>联排</td><td>24000</td><td></td><td colspan="3"></td><td colspan="2"></td><td colspan="2">24000</td><td></td></tr>
<tr><td>双拼</td><td>20000</td><td></td><td colspan="3"></td><td colspan="2"></td><td colspan="2">20000</td><td></td></tr>
<tr><td>公建配套</td><td>7332</td><td></td><td colspan="3">7332</td><td colspan="2"></td><td colspan="2"></td><td></td></tr>
<tr><td rowspan="2">合计</td><td rowspan="2">257332</td><td>49000</td><td colspan="3">84332</td><td colspan="2">73000</td><td colspan="2">51000</td><td></td></tr>
<tr><td colspan="4">133332</td><td colspan="2">73000</td><td colspan="2">51000</td><td></td></tr>
</table>

7.3 项目销售计划

1）先期推出花园式洋房和部分别墅产品，首先满足资金快速回笼的需要，同时通过别墅产品了解市场反应，根据市场反应调整后期别墅产品的推出节奏和类型。

2）根据项目自身产品类型及周边楼盘销售信息，结合市场未来形势，预估本项目一期花园式洋房年均销售面积约 50000m²（约 4100m²/月）、别墅 20000m²（约 1600m²/月）。

3）项目配套设施在一期内建设完成，增加项目价值。

4）随着配套完善、认可度提高以及规模效应等因素，项目逐渐得到认可，但为求产品品质和价值，项目销售速度平稳发展：二期产品包含洋房和叠加别墅，推出销售面积 70000m²（约 5800m²/月）；三期为叠加、联排、双拼等别墅产品，项目保持销售面积 50000m²（约 4100m²/月）。

5）项目后一期开发依据前一期销售进展做相应调整，在资金方面达到滚动开发（表4-1-39）。

表 4-1-39　项目分期销售计划

销售计划	合计		一期销售				二期销售		三期销售	
		2010 年	2011 年		2012 年		2013 年		2014 年	
		下半年	上半年	下半年	上半年	下半年	上半年	下半年	上半年	下半年
洋房	141000		45000		55000		41000			
叠加	65000		4000		22000		32000		7000	
联排	24000								24000	
双拼	20000								20000	
销售合计	25000		49000		77000		73000		51000	
地下车位销售	1130		226		355		337		212	

注：一期开发 7332m² 配套面积不销售，地下车位按地下总数的 80% 销售。

7.4　项目销售收入预测

项目处于城东区域和仙林区域的过渡带，项目本身既代表着城东住宅低密度的规划特征，又具有仙林住宅板块浓郁的人文教育氛围（地块东面在建的小区仙龙湾主要为南京中医药大学的教师住宅群），因此，我司项目客群定位和销售价格均参考两区域内的同业态产品。

目前区域内花园式洋房以紫金·上林苑、天泓山庄、紫园等为代表，市场售价在 0.95 万~1.1 万元/m² 之间。依托紫金山自然景观，区域内别墅项目众多，如依云溪谷、山水风华、紫园、紫金·上林苑等，市场售价在 1.2 万~1.8 万元/m² 之间。

根据实地调研，并结合项目定位，且考虑未来三年房地产市场趋势，项目起售价拟定如下：

洋房——10000 元/m²（2009 年），销售价格年增长率 6%，整体价格约 11903 元/m²。

叠加——12500 元/m²（2009 年），销售价格年增长率 6%，整体价格约 15474 元/m²。

联排——13500 元/m²（2009 年），销售价格年增长率 6%，整体价格约 18066 元/m²。

双拼——16000 元/m²（2009 年），销售价格年增长率 6%，整体价格约 21412 元/m²。

车位——12 万元/位，每年价格保持不变。

项目销售收入预测见表 4-1-40。

表 4-1-40　项目销售收入预测

序　　号	项　　目	合计	2011 年	2012 年	2013 年	2014 年
花园洋房	销售收入/万元	167830	50562	65506	51762	0
	销售面积/m²	141000	45000	55000	41000	0
	平均售价/元/m²	1.19	1.12	1.19	1.26	1.34
叠加别墅	销售收入/万元	100579	5618	32753	50499	11709
	销售面积/m²	65000	4000	22000	32000	7000
	平均售价/元/m²	1.55	1.40	1.49	1.58	1.67
联排别墅	销售收入/万元	43359	0	0	0	43359
	可销售车位/个	24000	0	0	0	24000
	平均售价/万元/个	1.81	1.52	1.61	1.70	1.81
双拼别墅	销售收入/万元	42823	0	0	0	42823
	可销售车位/个	20000	0	0	0	20000
	平均售价/万元/个	2.14	1.80	1.91	2.02	2.14
地下车位	销售收入/万元	13563	2708	4265	4049	2541
	可销售车位/个	1130	226	355	337	212
	平均售价/万元/个	12.00	12.00	12.00	12.00	12.00
收入合计/万元		368153	58888	102523	106310	100432

综合客群定位及销售价格，本项目总收入为368154万元。

第八部分　项目投资测算

8.1　项目总投资预测

1. 土地价格

暂按土地起拍价95000万元（单价295万元/亩，楼面地价3692元/m^2）估算。

2. 工程总造价

项目总开发面积约299716m^2，地上建筑面积257332m^2，地下建筑面积42384m^2，估算项目造价约47971万元（含工程造价5%的不可预见费），折合楼面成本3348元/m^2（表4-1-41）。

表4-1-41　开发成本表（详细）

序号	项　目	金额/万元	计算依据
1	前后期工程费	7412	
1.1	筹开市调可研费	30	
1.2	报批报建费	5506	含基础设施配套费、白蚁防治费、新型墙体专项基金、建筑施工安全监督管理费、城规技术服务费、人防易地建设费、供电贴费、水电增容费、测绘费、消防专项基金等费用
1.3	规划建筑设计费	968	洋房300元/m^2,别墅500元/m^2
1.4	工程地质勘查费	257	按12元/m^2计算
1.5	施工图预算编制费 建设工程标底审核费	71	按建筑安装工程费用的0.12%计算
1.6	工程监理费	580	按总造价(一般为土建安装)的1.4%计提
2	临时工程费	1429	
2.1	三通一平费用	429	按20元/m^2计算
2.2	临时设施费	1000	
3	基础设施建设费	13623	
3.1	综合管网费	8991	按300元/m^2计算
3.2	环境景观费用	4632	按300元/m^2计算
4	建筑安装工程费	59180	
4.1	基础工程	6588	
4.1.1	土石方工程费	593	按40元/m^3计 土方量=可建设用地面积×地下高度(深度+1m)
4.1.2	基坑支护工程费	5994	200元/m^2,按总建筑面积计算
4.1.3	桩基工程(工程桩)费		
4.2	主体结构工程	39152	
4.2.1	正负零以上主体工程	28862	1122元/m^2
4.2.2	正负零以下主体工程	8901	2100元/m^2
4.2.3	外立面装修工程(幕墙或石材)	1390	60元/m^2
4.3	住宅内部装修工程	2500	按公共部分面积500元/m^2、得房率80%计算
4.4	中央空调	3270	本项目别墅使用中央空调,300元/m^2计算

（续）

序号	项　目	金额/万元	计 算 依 据
4.5	电梯	3175	洋房 85 部，20 万元/部；叠加别墅 59 部，25 万元/部
4.6	安装工程费	4496	包含电气工程费、给水排水工程费、通风工程费、消防工程费、弱电工程费、主要设备工程费
5	其他费用	389	
5.1	煤气建设费	389	2800 元/户，共计 1390 户
6	不可预见费	4102	按工程造价的 5%计
合计		86135	折合地上楼面单价 3348 元/m^2

（1）开发建设投资成本。按上述估算成本，则本项目总投资额约 119795 万元，具体见表 4-1-42。

表 4-1-42　开发成本表

序号	项　目	金额/万元	计 算 依 据
1	土地费用	98832	
2	工程造价	82034	两项之和为项目工程总造价
3	不可预见费	4102	
4	财务费用	14757	项目贷款 90000 万元，至 2013 年还清
5	管理费用	1641	按工程造价的 2%计
6	销售费用	11045	按销售收入的 3%计
合计		212411	

在此基础上，项目开发总成本约为 212411 万元。

（2）项目分期投资估算见表 4-1-43。

表 4-1-43　项目分期投资估算

序号	项　目	开发总成本	分期计划进度					
			2009 年	2010 年	2011 年	2012 年	2013 年	2014 年
1	土地费用、契税等/万元	98832	69183	29650				
2	拆迁费用/万元	0						
3	前后期工程费/万元	7412	7412			0		
4	临时工程费/万元	1429	857	110	186	163	112	0
5	基础设施建设费/万元	13623	0	2612	4439	3893	2679	0
6	建筑安装工程费/万元	59180	0	11346	19283	16913	11638	0
7	其他费用/万元	389	0	17	96	140	136	0
8	不可预见费/万元	4102	413	704	1200	1055	728	0
9	财务费用/万元	14757	1440	4032	5184	3928	173	0
10	管理费用/万元	1641	165	282	480	422	291	0
11	销售费用/万元	11045	0	0	1767	3076	3189	3013
合计		212410	79471	48753	32636	29590	18947	3013
上述 3~8 项合计/万元		86135	折合地上楼面单价/（元/m^2）			3347		
上述 3~11 项合计/万元		113578	折合地上楼面单价/（元/m^2）			4414		
上述 1~11 项合计/万元		212410	折合地上楼面单价/（元/m^2）			8254		

（3）投资计划与资金筹措见表 4-1-44。

表 4-1-44　投资计划与资金筹措　　单位：万元

序号	项　　目	合计	2009 年	2010 年	2011 年	2012 年	2013 年	2014 年
1	总投资	212410	79471	48753	32636	29590	18947	3013
1.1	开发产品投资	212410	79471	48753	32636	29590	18947	3013
	其中：不含财务费用	197654	78031	44721	27452	25663	18774	3013
	财务费用	14757	1440	4032	5184	3928	173	0
2	资金筹措	212410	79471	48753	32636	29590	18947	3013
2.1	资本金	38224	29471	8753	0	0	0	0
2.2	预售、出租收入（扣除经营税金、增值税、所得税、房产税等）	84186	0	0	32636	29590	18947	3013
2.3	借款	90000	50000	40000				
	固定资产长期借款	90000	50000	40000				
	流动资金借款	0						
借款占总投资比例		42.37%						
借款/（借款+资本金）		70.19%						
资本金/（借款+资本金）		29.81%						

（4）资金来源与运用表见表 4-1-45。

表 4-1-45　资金来源与运用　　单位：万元

序号	项　　目	合计	2009 年	2010 年	2011 年	2012 年	2013 年	2014 年
1	资金来源	496377	79471	48753	58888	102523	106310	100432
1.1	销售收入	368154	0	0	58888	102523	106310	100432
1.2	出租收入	0	0	0	0	0	0	0
1.3	长期借款	90000	50000	40000	0	0	0	0
1.4	短期借款	0						
1.5	资本金	38224	29471	8753	0	0	0	0
1.6	回收固定资产余值	0						
1.7	净转售收入	0	0	0	0	0	0	0
2	资金运用	362192	79471	48753	58888	102523	39502	33055
2.1	房地产投资（含利息）	212410	79471	48753	32636	29590	18947	3013
2.2	流动资金	0						
2.3	经营税金及附加	20433	0	0	3268	5690	5900	5574
2.4	土地增值税	7363	0	0	1178	2050	2126	2009
2.5	房产税	0	0	0	0	0	0	0
2.6	所得税	31987	0	0	0	0	9528	22459
2.7	房地产长期借款本金偿还	90000	0	0	21807	65192	3001	0
2.8	短期借款本金偿还	0						
3	盈余资金	134185	0	0	0	0	66808	67377
4	累计盈余资金		0	0	0	0	66808	134185

全部投资现金流量见表 4-1-46。

表 4-1-46　全部投资现金流量　　单位：万元

序号	项　目	合计	2009 年	2010 年	2011 年	2012 年	2013 年	2014 年
1	现金流入	368154	0	0	58888	102523	106310	100432
1.1	销售收入	368154	0	0	58888	10523	106310	100432
1.2	出租收入	0	0	0	0	0	0	0
1.3	出租转销售净收入	0	0	0	0	0	0	0
1.4	回收流动资金	0	0	0	0	0	0	0
2	现金流出	272192	79471	48753	37082	37331	36501	33055
2.1	开发产品投资	212410	79471	48753	32636	29590	18947	3013
2.3	流动资金	0	0	0	0	0	0	0
2.4	售房营业税金及附加	20433	0	0	3268	5690	5900	5574
2.5	土地增值税	7363	0	0	1178	2050	2126	2009
2.6	房产税	0	0	0	0	0	0	0
2.7	所得税	31987	0	0	0	0	9528	22459
3	净现金流量	95961	-79471	-48753	21807	65192	69809	67377
*	累计净现金流量		-79471	-128224	-106417	-41225	28584	95961
4	所得税前净现金流量	127948	-79471	-48753	21807	65192	79337	89836
*	所得税前累计净现金流量		-79471	-128224	-106417	-41225	38112	127948
计算指标			所得税前	所得税后	备注			
财务内部收益率(FIRR)			22.05%	18.00%	$i_c=5.94\%$			
投资回收期/年			4.52	4.59				
财务净现值			74642	51615				

8.2　项目损益分析

按上述预测项目销售收入及总投资额，则本项目销售净利润率约 26.07%，项目税后利润约 95961 万元，动态测算中，税后内部收益率约 18.00%，远高于银行同期贷款利率，从财务角度而言，项目具有可操作性（表 4-1-47）。

表 4-1-47　损益表

序号	项　目	合计/万元	估 算 说 明
1	经营收入	368154	
2	经营成本	212410	
2.1	土地成本	98832	
2.2	建安成本	86135	
2.3	财务费用	14757	
2.4	管理费用	1641	
2.5	销售费用	11045	
3	经营税金及附加	20433	按销售收入的 5.55%缴纳

（续）

序号	项　目	合计/万元	估算说明
4	土地增值税	7363	按销售收入的2%预缴
5	房产税	0	按出租收入的12%预缴
6	利润总额	127948	
7	弥补以前年度亏损		
8	应纳税所得额	127948	
9	所得税	31987	按利润总额的25%缴纳
10	税后利润	95961	
经济指标	销售利润率	34.75%	
	投资利润率	60.24%	
	销售净利润率	26.07%	
	投资净利润率	45.18%	
	税后财务内部收益率	18.00%	

8.3　敏感性分析

我部将项目土地成本变动及项目销售收入的变动对项目整体收益的影响进行了分析，具体见表4-1-48。

表4-1-48　敏感性分析

土地成本变动	销售净利润率	变动幅度	税后内部收益率	变动幅度
+10%	24.05%	-7.75%	15.73%	-12.61%
+5%	25.06%	-3.87%	16.84%	-6.44%
0(9.5亿元)	26.07%	0.00%	18.00%	0.00%
-5%	27.07%	3.84%	19.24%	6.89%
-10%	28.08%	7.71%	20.56%	14.22%
销售价格变动	销售净利润率	变动幅度	税后内部收益率	变动幅度
+10%	29.88%	14.61%	22.13%	22.94%
+5%	28.08%	7.71%	20.10%	11.67%
0(洋房1万元/m^2、叠加1.25万元/m^2、联排1.35万元/m^2、双拼1.6万元/m^2、车位12万元/位起售)	26.07%	0.00%	18.00%	0.00%
-5%	23.78%	-8.78%	15.82%	-12.11%
-10%	21.25%	-18.49%	13.59%	-24.50%

项目销售收入的变动对项目收益影响相对较大，在注重土地成本的同时，本项目更应重视对未来项目区域市场风险的控制。

未来市场风险的可控性可以从产品类型和结构上考虑，目前的风险主要在土地成本中，考虑地块的资源独特性和开发潜力，受到市场关注度较高，真正拿地时土地成本可能会出现变动，对本地块的收益构成影响，就项目敏感性变化分析见表4-1-49。

表 4-1-49　土地成本敏感性分析

土地溢价比	土地总价/万元	土地单价/(万元/亩)	楼面地价/(元/m²)	总投资/万元	销售净利润率	税后利润/万元	税后内部收益率
0.00%	95000	295	3692	212410	26.07%	95961	18.00%
0.53%	95500	297	3711	212930	25.96%	95571	17.88%
1.05%	96000	298	3731	213450	25.85%	95181	17.75%
1.58%	96500	300	3750	213970	25.75%	94791	17.63%
2.11%	97000	302	3769	214490	25.64%	94401	17.50%
2.63%	97500	303	3789	215010	25.54%	94011	17.38%
3.16%	98000	305	3808	215530	25.43%	93621	17.26%
3.68%	98500	306	3828	216050	25.32%	93231	17.14%
4.21%	99000	308	3847	216570	25.22%	92841	17.02%
4.74%	99500	309	3867	217090	25.11%	92451	16.90%
5.26%	100000	311	3886	217610	25.01%	92061	16.78%
5.79%	100500	312	3905	218130	24.90%	91671	16.66%
6.32%	101000	314	3925	218650	24.79%	91281	16.54%
6.84%	101500	316	3944	219170	24.69%	90891	16.42%
7.37%	102000	317	3964	219690	24.58%	90501	16.31%
7.89%	102500	319	3983	220210	24.48%	90111	16.19%
8.42%	103000	320	4003	220730	24.37%	89721	16.08%
8.95%	103500	322	4022	221250	24.26%	89331	15.96%
9.47%	104000	323	4041	221770	24.16%	88941	15.85%
10.00%	104500	325	4061	222290	24.05%	88551	15.73%
11.05%	105500	328	4100	223330	23.84%	87771	15.51%
12.11%	106500	331	4139	224370	23.63%	86991	15.29%
13.16%	107500	334	4177	225410	23.42%	86211	15.07%
14.21%	108500	337	4216	226450	23.21%	85431	14.85%
15.26%	109500	340	4255	227490	22.99%	84651	14.64%
16.32%	110500	344	4294	228530	22.78%	83871	14.43%
17.37%	111500	347	4333	229570	22.57%	83091	14.22%
18.42%	112500	350	4372	230610	22.36%	82311	14.01%
19.47%	113500	353	4411	231650	22.15%	81531	13.80%
20.53%	114500	356	4449	232690	21.93%	80751	13.60%
21.58%	115500	359	4488	233730	21.72%	79971	13.40%
22.63%	116500	362	4527	234770	21.51%	79191	13.20%
23.68%	117500	365	4566	235810	21.30%	78411	13.01%
24.74%	118500	368	4605	236850	21.09%	77631	12.81%
25.79%	119500	372	4644	237890	20.87%	76851	12.62%
26.84%	120500	375	4683	238930	20.66%	76071	12.43%
27.89%	121500	378	4722	239970	20.45%	75291	12.24%
28.95%	122500	381	4760	241010	20.24%	74511	12.05%
30.00%	123500	384	4799	242050	20.03%	73731	11.87%
31.05%	124500	387	4838	243090	19.82%	72951	11.69%
32.11%	125500	390	4877	244130	19.60%	72171	11.51%
33.16%	126500	393	4916	245170	19.39%	71391	11.33%
34.21%	127500	396	4955	246210	19.18%	70611	11.15%
35.26%	128500	399	4994	247250	18.97%	69831	10.97%

（续）

土地溢价比	土地总价/万元	土地单价/(万元/亩)	楼面地价/(元/m²)	总投资/万元	销售净利润率	税后利润/万元	税后内部收益率
36.32%	129500	403	5032	248290	18.76%	69051	10.80%
37.37%	130500	406	5071	249330	18.54%	68271	10.63%
38.42%	131500	409	5110	250370	18.33%	67491	10.46%
39.47%	132500	412	5149	251410	18.12%	66711	10.29%
40.53%	133500	415	5188	252450	17.91%	65931	10.12%
41.05%	134000	417	5207	252970	17.80%	65541	10.03%
41.58%	134500	418	5227	253490	17.70%	65151	9.95%
42.63%	135500	421	5266	254530	17.48%	64371	9.78%
43.68%	136500	424	5304	255570	17.27%	63591	9.62%
44.74%	137500	427	5343	256610	17.06%	62811	9.45%
45.79%	138500	431	5382	257650	16.85%	62031	9.29%
46.84%	139500	434	5421	258690	16.64%	61251	9.13%
47.89%	140500	437	5460	259730	16.43%	60471	8.97%
48.95%	141500	440	5499	260770	16.21%	59691	8.81%
50.00%	142500	443	5538	261810	16.00%	58911	8.66%
51.05%	143500	446	5576	262850	15.79%	58131	8.50%
52.11%	144500	449	5615	263890	15.58%	57351	8.35%
53.16%	145500	452	5654	264930	15.37%	56571	8.20%
54.21%	146500	455	5693	265970	15.15%	55791	8.05%
54.74%	147000	457	5712	266490	15.05%	55401	7.97%
55.26%	147500	459	5732	267010	14.94%	55011	7.90%
56.32%	148500	462	5771	268050	14.73%	54231	7.75%
57.37%	149500	465	5810	269090	14.52%	53451	7.60%
58.42%	150500	468	5848	270130	14.31%	52671	7.46%
59.47%	151500	471	5887	271170	14.09%	51891	7.32%
60.53%	152500	474	5926	272210	13.88%	51111	7.17%
61.58%	153500	477	5965	273250	13.67%	50331	7.03%
62.63%	154500	480	6004	274290	13.46%	49551	6.89%
63.68%	155500	483	6043	275330	13.25%	48771	6.76%
64.74%	156500	487	6082	276370	13.04%	47991	6.62%
65.79%	157500	490	6120	277410	12.82%	47211	6.48%
66.84%	158500	493	6159	278450	12.61%	46431	6.35%
67.89%	159500	496	6198	279490	12.40%	45651	6.21%
68.95%	160500	499	6237	280530	12.19%	44871	6.08%
70.00%	161500	502	6276	281570	11.98%	44091	5.95%

综合本项目土地成本敏感性分析，我部建议土地价格应控制在以下几个节点：

土地成本9.5亿元（出让底价）时，楼面地价3692元/m²，税后财务内部收益率为18.00%。

土地成本13.4亿元（溢价41.05%）时，楼面地价5207元/m²，税后财务内部收益率为10.03%。

土地成本14.65亿元（溢价54.21%）时，楼面地价5693元/m²，税后财务内部收益率为8.05%。

土地成本16.15亿元（溢价70.00%）时，楼面地价6276元/m²，税后财务内部收益率为5.95%。

第九部分　初步结论与建议

1）本项目地块位于栖霞区与下关区交界处，北至幕府山，南至幕府东路，东至金陵科技学院，西临山麓谷地，距新街口直线距离约 8.5km、南京火车站直线距离约 3.4km，位于我司伯乐项目西南约 2.5km。

2）地块为幕府山凸出山体，现状为山林地，植被覆盖良好，北面紧挨幕燕风景区，其余三面皆比周边生活区高出一定高度。地块原为幕燕风景区用地，目前已由幕燕建设发展有限公司（幕燕建设为幕燕风景区建设方）市场化运作，以此平衡幕燕风景区开发建设所需资金，计划于2009 年 4 月挂牌上市。

3）项目用地面积 135046m^2（约 203 亩），容积率 1.05，估算项目未来总建面积约168689m^2，其中地上建筑面积 141798m^2，地下建筑面积 26891m^2，作为高档住宅项目，项目体量较大，依托于市政规划以及自然资源稀缺性，未来升值空间大。

4）地块周边迈皋桥、五塘广场区域商品住宅存量供应和潜在供应共计约 150 万 m^2，整体市场需慎重。但项目周边区域以金域中央、大地·伊丽雅特湾、中电·颐和家园、新城·尚座花园等为代表，产品面向改善性需求的中端阶层。与此类项目充斥周边市场相对应的是，项目周边高端市场缺乏，因此，150 万 m^2 供应量对本项目存在着较小的竞争，本项目需考虑的是，如何将高档客群从城东、江北、江宁吸引到幕府山中。

5）南京紫金山、老山、将军山等均已有别墅项目，唯幕府山尚未开发。我部目前在幕府山有两幅意向地块（金陵科技学院地块、白云石矿天坑地块），可先后运作，率先打造幕府山中别墅，从产品、市场等角度赢得先入者优势。

6）暂按土地运作方初步报价 60771 万元（单价 300 万元/亩，楼面地价 4286 元/m^2）估算，则本项目总投资约 119195 万元。预测销售收入约 172706 万元，项目税后利润约 29903 万元，销售净利润率约 17.31%，动态测算中，税后内部收益率约 11.95%，远高于银行同期贷款利率，从财务角度而言，项目具有可操作性。

（北京中投信德国际信息咨询有限公司）

【报告点评】

该报告的基本框架比较吻合可行性研究报告的基本框架，通篇逻辑思维清晰，是一篇值得阅读的房地产策划报告。但随着房地产策划的发展，项目可行性研究报告已不仅仅局限于市场分析、投资分析等内容，还融合了项目分析、项目定位、SWOT 分析、营销策划等内容，使报告内容更为全面。若该报告也能在原有基础上补充以上几点，则可参考性会更高。

敏感性分析是该报告的一大亮点。结合项目目前情况选取土地成本和销售收入两个因素，分析这两个因素变动对项目整体收益的影响，再对其进行多次测算，对比分析测算结果，观察其敏感性变化，给予房地产开发商最为有利的土地价格建议，为其开发工作的开展担当“顾问”的角色。

需要注意的是，在投资分析部分，该报告单纯以陈列表格的形式来表示内容，缺少对应的文字说明，会让读者有些莫名其妙，不知就里，读者在参考时应注意这一点。

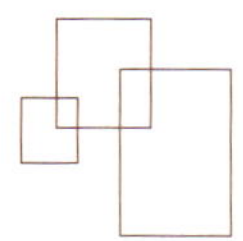

二、山东青岛某地块房地产开发项目可行性研究报告

报告目录

报告正文

第一部分 项目总说明

1.1 项目背景

青岛位于山东半岛南端、黄海之滨，东北与烟台市毗邻，西与潍坊市相连，西南与日照市接壤，是中国东部重要的海滨城市，也是国家五个计划单列市之一。全市海岸线（含所属海岛岸线）总长为870km，其中大陆岸线730km。青岛现辖七区五市，总面积10654km^2，第六次人口普查全市常住人口为871.51万人，其中市区1159km^2，市区人口371.88万人。

青岛是一座滨海名城，优越的自然环境、独到的人文环境和适宜的气候条件都使之成为一处很适宜居住的城市。近来，旅游经济的火热和外地人的大量涌入，临近日本、韩国等独特的海滨环境区域优势以及青岛要建成区域性中心城市，争取进入全国大中城市前列的定位，使越来越多的外国人、外地人纷纷到青岛投资、安家落户，也有很多本地人和外地人看好青岛的发展潜力，到青岛投资房产。由于综合因素的影响，青岛的房地产投资和开发得到了快速的发展。成为最为火热的行业。经济的发展拉动了住房的需求，从而引发价格的上涨。短短几年的时间里，青岛房产价格翻了1~2倍，甚至更多。

据《2011年青岛市国民经济和社会发展统计公报》，2011年，面对复杂的国内外环境，在市委、市政府的正确领导下，以科学发展为主题，以加快转变经济发展方式为主线，全面落实中央一系列宏观调控政策，全市经济实现了平稳较快发展，社会事业全面进步，民生状况进一步改善。初步核算，全市实现生产总值（GDP）6615.60亿元，比2010年增长11.7%。全年财政总收入实现2407.76亿元，增长20.3%；地方财政一般预算收入566.00亿元，增长25.1%；地方财政一般预算支出658.68亿元，增长23.7%。全年居民消费价格上涨5%，八大类商品价格不同程度上涨，其中居住上涨3.5%。12月市区新建住宅价格同比上涨0.5%，环比下降0.3%；二手住宅同比下降1.2%，环比下降0.7%。

统计公报指出，2010年全年房地产开发完成投资782.7亿元，增长29.9%。商品房竣工905.9万m^2，下降11.2%；全市销售房屋面积1028万m^2，下降24.5%。经济适用房施工面积208.31万m^2，竣工面积43.64万m^2。

李沧区是青岛市内四区之一，2014年青岛世园会主办地，东枕崂山山脉，西临胶州湾，南接四方区，北连城阳区与流亭国际机场相连，是进出青岛市的咽喉之地。面积98km^2，人口51万。李沧区东部自然环境优越，生态宜居，有白果山、李村河等自然景观和人文景观，是青岛市最宜居的区域之一。中部商业发达，形成了多流通渠道、多经济成分并存的大商贸格局，成为与市南区相媲美的青岛两大购物中心之一。西部工业基础雄厚，集中了青岛市近百家大中型骨干企业。2011年全年实现地方生产总值240亿元，同比增长10.8%。完成固定资产投资178亿元，同比增长30%，总量首次跃居市内四区第一。

1.2 编制依据

编制依据是国家有关部门的法规、政策、规程和规范，其主要依据为：

1）《青岛国民经济和社会发展第十二个五年规划纲要》。

2）《青岛市2008~2012住房建设发展规划》。

3）《青岛市城市总体规划（2006~2020）》。

4）建设部建标（2000）205号《房地产开发项目经济评价方法》。

5）《山东省城市房地产开发经营管理条例》。

6）其他相关专业设计规范。

7）青岛市统计局、房产局等政府部门发布的相关信息资料。

8）青岛市国土资源与房屋管理局国有土地使用权挂牌出让公告。

第二部分 项目概况

2.1 项目名称

青岛市李沧区九水路以北，汉川路以西地块开发项目。

2.2 宗地位置

本地块位于青岛市李沧区，东临汉川路，南瞰双峰山，北依世园会主园区，小区出入口紧靠九水广场，距九水东路交通主干道不足百米，外享繁华，内得幽静。

2.3 土地价格

李沧区九水路以北，汉川路以西地块的挂牌起始价（楼面地价）为2665元/m^2。

2.4 宗地现状

根据《青岛市人民政府关于李沧区东部违法建筑处置工作有关问题的会议记录》，李沧区九水路以北、汉川路以西地块为违法建筑处置用地。本地块是青岛市国土资源和房屋管理局拍卖出让的土地，系国有建设用地使用权连同地上建筑物共同拍卖出让。

地块权属条件：权属清楚，四邻无争议。

地下没有影响房地产开发的构筑物、电缆、暗渠。

2.5 市政配套

该地块东临汉川路，西临九水广场，南临九水东路与现状住宅区相隔，北临青岛恒大实业集团公司，用地西侧为沥青路面的现状道路，东侧为沙土路面的大车路。

该地块水、电、通信配套齐备，将引入天然气、暖气、有线电视入户，生活成本贴近大众。

九水东路现状管线有煤气一条、给水一条、邮电一条。管线说明如下：

煤气：位于九水东路道路南侧。材质为钢，管径为400mm。

给水：位于九水东路道路北侧。材质为铸铁，管径为400mm。

邮电：位于九水东路北侧人行道上。材质为PVC，管径为（50cm×36cm+12cm×12cm）。

2.6 项目周边社区配套

1）交通出行：该地块分别有112、113、128、326、361、365、385等多路公交车经过，去往市区、崂山、城阳等方向均十分方便。未来即将建成的地铁M2号线将快速拉近项目与市区的距离，届时不出半个小时即可到达市区的主要区域（表4-2-1）。

表4-2-1 项目周边公交线路

公交车	路 线	公交车	路 线
112路	卧龙村——沧海路	361路	恒星学院——唐河路
113路	流清河——沧海路	365路	北九水——大港二路
128路	南王家上流——沧口公园	385路	海大崂山停车场——李村公园
326路	恒星学院——利津路		

2）医疗：青岛401医院北院区距离项目仅2km，周边还有市第八人民医院、409医院等多所三级甲等医疗机构，就医方便。

3）教育：海洋大学崂山校区、青岛酒店管理学院、恒星职业学院、青岛体育运动学校、广播电视大学、规划建设的潜艇学院等高校学府毗邻项目。前往青岛二中、青岛五十八中和青岛六十四中更是方便快捷。

4）购物：与现有刘家下河商业中心、规划苏家商圈相临。前往李村商业圈仅10分钟车程，前往枯桃花卉市场交通便利快捷，是未来业主休闲购物的理想去处。

5）休闲、娱乐场所：北侧睡莲世界和白果山公园；南侧为李村河生态区；虎山城市生态公园、十梅庵风景区、崂山风景区东西环抱；青岛世博园园林花卉博览会暨世博大道项目，与项目仅几分钟之遥，是业主消遣、散步、放松身心的好地方。

2.7 规划控制要点（表4-2-2）

规划用地性质：居住用地。

用地使用强度：容积率1.8，建筑密度27.45%，绿地率>35%。

出让年限：70年。

产权类型：大产权房。

设计要求：

1）建筑高度：多层住宅建筑，建筑限高20m满足机场净空要求。

2）建筑间距：按照现行法规要求与周边规划及现状建筑保持合法间距。

3）退后道路红（绿）线：退后周边道路红（绿）线10m以上。

4）退后周边地界：退后周边地界6m以上。

5）交通出入口位置：机动车出入口设置在小区西侧，交通出入口间距要符合有关道路交叉口设置规范的技术要求，组织好用地周边动静态交通。

停车规模：配备充足的停车位，停车形式为地上停车场。

表4-2-2　小区主要经济技术指标

项　　目	单　　位	数　　量
规划总用地	m^2	23134.4
总建筑面积	m^2	41622.13
标准层建筑面积	m^2	36325.51
阁楼层建筑面积	m^2	2060.15
半地下储藏室建筑面积	m^2	1575.35（按1/2计算）
总居住户数	户	312
建筑密度	%	27.45
容积率	—	1.8
绿地率	%	35
日照间距系数	—	1.5
停车位（地上）	辆	108

第三部分　市场调研及分析

3.1　宏观政策分析

1）2011年1月26日，国务院常务会议再度推出八条房地产市场调控措施（简称“新国八条”），拉开了第三轮房地产宏观调控的序幕。新国八条要求强化差别化住房信贷政策，对贷款购买第二套住房的家庭，首付款比例不低于60%，贷款利率不低于基准利率的1.1倍。

2）政府打出“2011调控组合拳”，形成连续高压调控政策。2011年4月6日，再次调息，上调金融机构人民币存贷款基准利率，金融机构一年期存贷款基准利率分别再上调0.25个百分点，其他各档次存贷款基准利率相应调整，由6.6%上调到6.8%，后期存贷款利率仍不断上调。5月，国家发改委要求开发商进行“一房一价”公示。7月，央行年内第三次加息，房贷利率十年最高点。8月，建设部公布二、三线城市限购“五条标准”。12月，中央明令限购令续期，房产税试点范围将扩大。现在的国家政策力度远超以往，连续不放松的调控也取得了显著的效果，这从一定程度上也坚定了中央持续进行宏观调控的决心。

3）2011年1月30日下午，青岛市政府发布了《青岛市人民政府办公厅关于进一步做好房地产市场调控工作促进房地产市场平稳健康发展的意见》（简称“十二条”），“十二条”对“限购令”执行作了详细要求，并将从住房用地供应、中低价位中小套型商品房供应、保障性住房建设、房地产经纪机构管理、房屋销售和转让管理、个人住房信息系统建设和完善住房工作责任制等十二个方面，贯彻落实国家房地产市场调控部署，持续推进岛城房地产市场健康发展。

4）2011 年 2 月，青岛市政府出台青岛限购令，规定对已有 1 套住房的青岛市户籍居民家庭（含部分家庭成员为本市户籍居民的家庭，包括夫妻双方及未成年子女）、能够提供本市一年以上纳税证明或社会保险缴纳证明的非本市户籍居民家庭，限购 1 套住房（含新建商品住房和二手住房）；对已拥有两套及以上住房的本市户籍居民家庭、拥有 1 套及以上住房的非本市户籍居民家庭，无法提供一年以上本市纳税证明或社会保险缴纳证明的非本市户籍居民家庭，暂停向其售房。2012 年将继续严格执行住房限购政策。

新国八条、央行频繁调息和青岛市限购令，在增高了购房者购房门槛的同时也严重打击了购房者购房信心，市场观望情绪浓厚。

3.2　青岛市近期规划发展方向

1）根据 2011 年 4 月 15 日青岛市人民政府办公厅印发的《青岛市国民经济和社会发展第十二个五年规划纲要》，青岛市城市发展布局为：立足提升全市城镇化水平，优化整合全市国土空间资源，以环胶州湾区域为核心，以组团布局为主要形态，形成各组团布局有机衔接、功能定位清晰的网路化城市空间结构，构建“环湾型、组团式、多层次”的大城市发展新格局。重点发展崂山、黄岛、城阳，优化提升市南、市北、四方、李沧。

2）《青岛市城市总体规划（2006~2020）》提出“环湾保护、拥湾发展”的战略思想，将城市空间资源的利用向集约化、内涵式方向引导、控制与发展。并正式确立了“依托主城、拥湾发展、组团布局、轴向辐射”的全新空间发展战略，致力于积极构建青岛、黄岛、红岛、崂山“一主三辅”的现代化城市框架，以强化主城的内涵式发展、稳步提升老城区功能、有序推进新城区建设为目标，以改造和提升青岛主中心、崂山及黄岛副中心为重点，全面增强主城的综合实力，提升主城的辐射和带动能力。

新一轮总体规划勾画出一幅宏大绚丽的未来城市蓝图。到 2020 年，青岛将成为拥有近 1200 万人口、城市建设用地规模将近 540km^2、城镇化水平达到 77.8%的富强、文明、和谐的现代化国际城市；到 2050 年，建设成为现代化国际滨海城市，社会经济发展主要指标达到当时发达国家水平。

3.3　青岛市房地产现状及价格走向

2011 年青岛市全市生产总值达到 6615.6 亿元，同比增长 11.7%，经济运行平稳，主要经济指标均快速增长。青岛市固定资产投资额同比增长 23.6%至 3225.8 亿元，其中房地产开发完成投资 782.7 亿元，增长 29.9%。全市商品房施工面积为 5690 余万 m^2，增长 12.5%；新开工面积为 1813.1 万 m^2，增长 5.9%；商品房竣工 905.9 万 m^2，下降 11.2%；全市销售房屋面积 1028 万 m^2，下降 24.5%，待售商品房面积增加 23.1%。经济适用房施工面积 208.31 万 m^2，竣工面积 43.64 万 m^2。

在限购、限价、加息等宏观政策下，青岛市商品住宅销售量受到一定的遏制，但由于在成交楼盘中不乏高端楼盘，销售价格仍持续在高位。房贷利率 7 折优惠政策的取消以及央行的几次连续加息，增加了购房成本，作为楼市主力的刚性需求在一定程度上也受到抑制，楼市市场的不明朗也会进一步加剧刚性需求用户的观望情绪。5 月 18 日，国家统计局发布了 2012 年 4 月 70 个大中城市住宅销售价格变动情况。根据最新的统计数据，青岛房价连续第 6 个月出现环比下降，降幅达 1.7%。与 2010 年同期相比，青岛房价下降 3.8%，为近年来最大跌幅（图 4-2-1、图 4-2-2）。

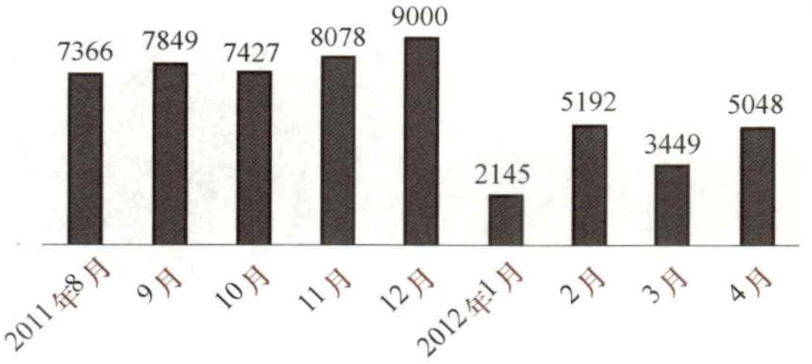

图 4-2-1　青岛市近期新建住宅成交套数（单位：套）

3.4 李沧区房地产现状及价格走向

李沧区是青岛市内四区之一，2014年青岛世园会主办地，是进出青岛市的咽喉之地。李沧区东部自然环境优越，生态宜居，是青岛市最宜居的区域之一。目前在岛城，人口迁徙和城市中心也在潜移默化中向北转移，逐渐在李沧聚集，在不远的将来，李沧将成为新的城市中心。众多大型房企落户李沧，新的居住区正在形成，“创城”级别的房地产项目在李沧

就有6个之多，万科生态城、绿城、中海国际社区、时代城、中南世纪城、海岸华府，这些项目地处李沧重要地段，定位大多面向刚需，必会吸引大批年轻的刚需群体，新的中央居住中心会逐步从浮山后等传统岛城居住区转入李沧九水路、金水路、虎山东侧等区域。针对较为惨淡的楼市，李沧区最新做出降价调整，一些中小型项目的降价直接推动了房价的下行（图4-2-3）。

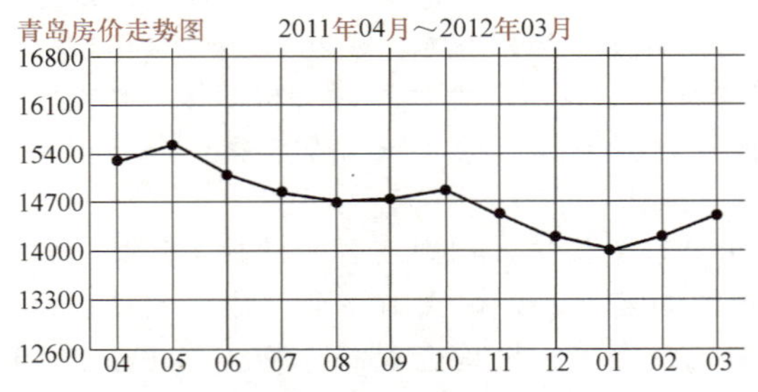

图4-2-2 青岛市近期房价走势（单位：元/m^2）

图4-2-3 李沧区新建住宅均价走势（单位：元/m^2）

目前，李沧楼市刚性项目为主流产品，从销售情况来看，一季度末，楼市回暖已显成效，刚需逐渐由观望转为出手。二季度刚需购买需求会愈加强烈。加上李沧区隶属政府重点规划区域，价值潜力无限，伴随着铁路青岛北客站周边区域的开发，沧口区域总投资高达50多亿元板桥新城的逐步建设，李沧区域规划将无限利好。商业上万达、苏宁、宝龙等大型综合体项目落地，让刚需购房者纷纷把目光投向李沧。

李沧区刚需项目云集，大型房企不断落户，商业密集，交通便捷，加上世园会不断推进，区域的无限利好使得无数购房群体纷纷向往。3月李沧区更是拔得头筹，新房成交了776套，成交面积为74245m^2，其中住宅成交746套，面积为71058m^2，荣登三月青岛楼市成交套数第一名。由图4-2-4也可以看出，4月青岛各区楼市成交套数中，李沧区仍保持第一名的好成绩，市场前景较好。

2012年4月青岛各区市新房销售比例

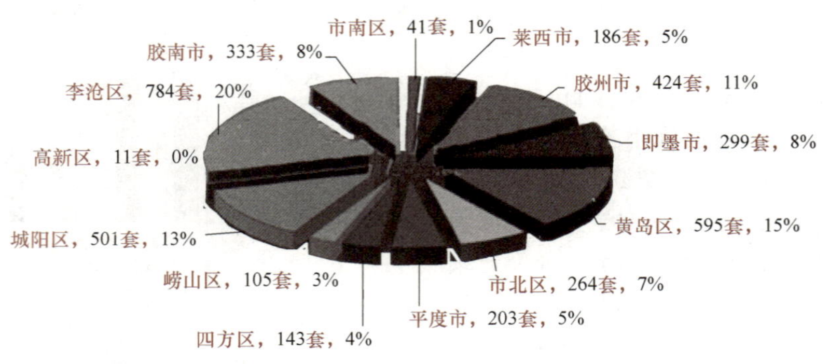

图4-2-4 2012年4月青岛各区市新房销售比例

3.5 主要竞争楼盘分析

本项目有万科生态城、和达和城、绿城理想之城三个主要的竞争项目。

其中和达和城的占地面积与本项目相当，万科生态城和绿城理想之城相较本项目来说均为大项目，竞争性不容忽略。针对这一点，本项目的宗旨即为把该项目做精，充分考虑购房者的需求，以人为本，提升住房品质。本项目将从规划设计、居住环境、住宅性能、营销策划、物业管理等方面加强项目优势，可以从建筑设计方面彰显项目特色。

1. 万科生态城

项目地址：李沧金水路 128 号（青岛生态商住区）。

项目占地：161.1 万 m^2。

建筑面积：349.8 万 m^2。

容积率：2.20。

建筑类型：住宅、别墅、蚂蚁工房、低层、多层、高层。

开盘时间：2011 年 11 月 20 日。

当前售价：起价 7000 元/m^2，均价 9000~13000 元/m^2，最高 14600 元/m^2。

物业费：2.59 元/(m^2·月)。

绿化率：40%。

装修标准：精装。

开发商：青岛万科置业有限公司。

物业服务：青岛万科物业服务公司。

2. 和达和城

项目地址：李沧区九水东路 496 号。

项目占地：13.5 万 m^2。

建筑面积：28.23 万 m^2。

容积率：1.80。

建筑类型：住宅、高层。

开盘时间：三期 2011 年 4 月 9 日开盘，二期花园洋房 2010 年 8 月 7 日开盘。

当前售价：起价 8000 元/m^2，平均价 9300~9400 元/m^2。

物业费：0.96 元/(m^2·月)。

绿化率：40.70%。

装修标准：毛坯。

开发商：青岛和达置业有限公司。

物业服务：中房物业公司。

3. 绿城．理想之城

项目地址：李沧灵川路 6 号（九水东路以北）。

项目占地：273 万 m^2。

建筑面积：209 万 m^2。

容积率：1.47。

建筑类型：住宅、多层、小高层、高层。

开盘时间：2011 年 11 月 17 日。

当前售价：均价 10000 元/m^2（不同户型差别较大）。

物业费：2.10 元/(m^2·月)。

绿化率：35.60%。

装修标准：精装。

开发商：青岛绿城华川置业有限公司。

物业服务：浙江绿城物业管理有限公司。

3.6　目标市场选择与市场定位

根据本项目特点，设计出“住房需求调查问卷”一份，通过到宗地附近对居民做调查以了解购房者需求，共调查 50 人，做出有效调查问卷 36 份，通过对调查结果、调查问卷的分析以及了解到的住宅市场现状，进行目标市场定位、产品定位。

1. 购房价格分析（图 4-2-5）

从单价方面来看，普遍能接受的单价为 10000 元/m^2 以下的占 86%，其中 7000~9000 元/m^2 的占 61%，能承受 10000 元/m^2 以上的占 14%。

2. 产品类型分析（图 4-2-6~图 4-2-8）

（1）户型。随着家庭结构向小规模发展，户型相应的以小户型为主。目前最受欢迎的是二室二厅，占 47%，一室一厅占 17%，三室二厅占 11%，二室一厅占 9%，三室一厅和小别墅各占 8%。

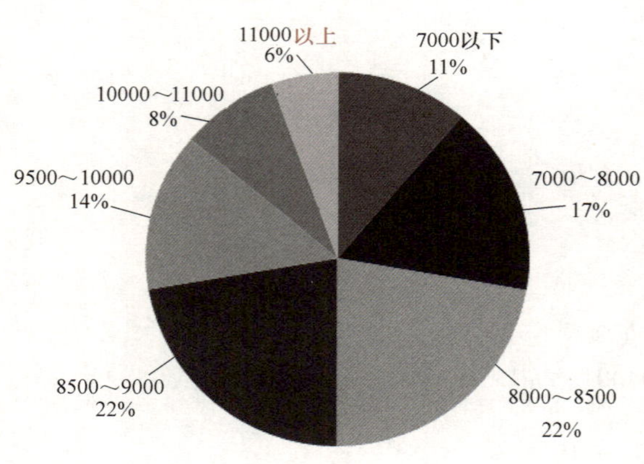

图 4-2-5　可接受住房单价分布（单位：元/m^2）

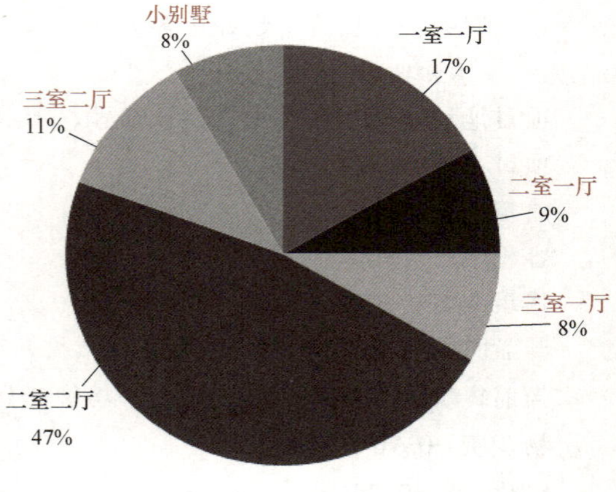

图 4-2-6　可接受住房户型选择分布

（2）建筑面积。人们在偏爱小户型的同时，追求空间的宽阔、实用，不再盲目追求很大的建筑面积。与户型相对应，51~90m^2 最受欢迎，占 59%，91~110m^2 占 22%，110m^2 以上占 14%，50m^2 以下占 5%。

（3）楼层。随着越来越多的小高层、高层住宅的出现，小高层住宅逐渐被人们所接受。在调查中，喜欢 8 层及以下的占 48%，9~11 层的占 22%，12~16 层的占 14%，17~20 层的占 11%，21 层及以上的占 5%。

3. 目标客户层选择

通过分析调查结果以及对周边竞争楼盘的对比分析，该项目的主要目标客户层确定如下。

1）在李沧区、崂山区工作的，月薪在 3500~6000 元之间的中等收入的工薪阶层是主要的潜在客户群。由于该项目的地理位置优越，交通便利，环境优雅，故在李沧区及崂山区工作的年轻人也是该项目的潜在客户群。

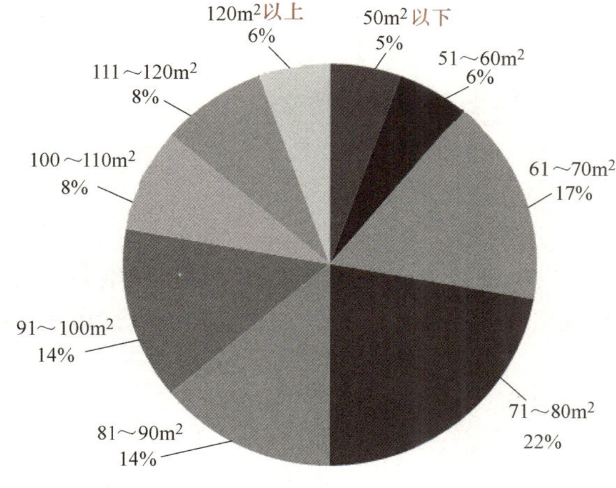

图 4-2-7 可接受住房建筑面积分布

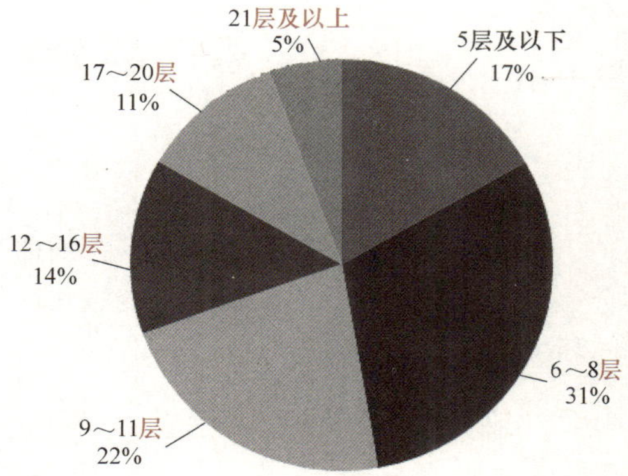

图 4-2-8 可接受住房楼层选择分布

2）该项目的目标客户群主要是首次置业以满足居住的潜在购房者。

4. 项目的 SWOT 分析

SWOT 分析：优势劣势同在，机会威胁并存。

（1）Strengths（优势）。

1）地理位置优越，交通便利。

2）地块周边社区配套完善。

3）土地平整，便于规划及施工。

4）优质的服务，名牌物管。

（2）Weaknesses（劣势）。

1）销售受季节等影响较大。

2）产品形式单一。

3）开发周期长，后续施工会影响先期入住客户的生活质量。

（3）Opportunities（机会）。

1）李沧区环境不断发展完善。

2）旅游度假客群不断增加。

3）交通的不断改善。

（4）Threats（威胁）。

1）区域内竞争楼盘众多，有较大的竞争压力。

2）限购政策影响。

3）房地产市场不断冷却。

5. 项目产品初步定位

根据以上分析，将该项目产品定位为普通住宅。结合周边竞争楼盘分析，拟建设七层的多层住宅六栋，板楼。户型面积分布在 60～105m² 之间，户型以套一、套二户型为主，建筑面积与之相对应。户型设计坐北朝南，方正实用，适宜居住（表 4-2-3）。

表 4-2-3　户型分配

户　　型	面积/m^2	户　　型	面积/m^2
1室1厅1卫1厨1阳台	60	2室2厅1卫1厨1阳台	85
2室1厅1卫1厨1阳台	70	3室2厅1卫1厨1阳台	105

第四部分　项目规划设计分析

4.1　项目规划目标

充分协调经济、环境、技术等方面的相互关系，发挥创造力，深入细致地考虑建筑空间的组合、建筑风格形式、内在居住功能、住区景观等方面，创造舒适、优美、方便且具有丰富居住空间环境的宜住社区。

4.2　规划设计特点

1）本建设项目特点为公园地产，低密、观景居所。小区内部景观自成一体，水声潺潺的中心水景景观成为社区的亮点，充分利用社区的地面高差，将绿植、雕塑有机地结合，为社区业主提供了宽敞惬意的休憩空间，内外双景观，绿色生态，悠然宜居。

2）本项目地块毗邻九水公园，位置重要，建筑形式、体量、色彩应与周围环境相协调，处理好与东侧小区的空间关系，避免互相形成遮挡，创造错落有致、统一而富于变化的建筑群体空间，新建建筑应体现青岛建筑风貌特色，屋顶应采用红瓦坡屋顶形式。

3）充分利用好自然地形，做好竖向设计，避免大填大挖，保护好用地内的水面、树木、岩石、植被及其他良好的自然景观要素。以丰富的形态和细节突显楼盘的高档精致，并相应形成富有特色的庭院环境，体现社区整体的休闲氛围。

4.3　项目建筑布局

1）本项目采用色彩明快的现代建筑风格，共6栋多层，且带有阁楼及半地下储藏室，通过错落的布局构建形态丰富的景观建筑群。户型配置根据现有市场调查情况，户型60~105m^2不等，使得户型多样化，满足不同消费者的需求。小区会所、物业管理与商铺布置在裙房里。

2）规划配套：根据小区的规模，小区会所和物业管理结合东侧综合建筑布置。换热站、清洁站、居委会、治安联防、物业管理、煤气调压站、公厕、自行车停车篷等分别依照服务半径分散布置在小区内。小区内设100余个地上停车位，可满足业主的停车需求。

4.4　项目结构形式

该地块项目拟采用框架剪力墙结构，板楼。

第五部分　项目进度安排

5.1　工程进度计划（图 4-2-9）

工程进度安排如下：

前期准备：2011 年 1 月～2011 年 6 月。

土建施工：2011 年 7 月～2012 年 6 月。

安装及配套工程：2012 年 6 月～2012 年 9 月。

装修工程：2012 年 8 月～2012 年 10 月。

设备调试：2012 年 11 月～2013 年 1 月。

竣工并交付：2013 年 2 月～2013 年 4 月。

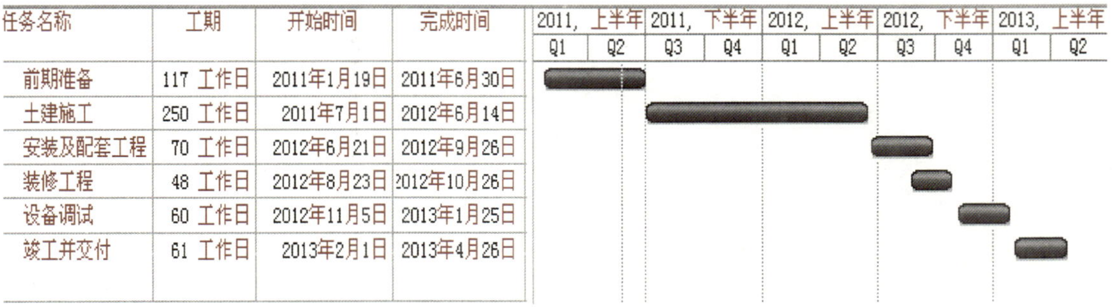

任务名称	工期	开始时间	完成时间
前期准备	117 工作日	2011年1月19日	2011年6月30日
土建施工	250 工作日	2011年7月1日	2012年6月14日
安装及配套工程	70 工作日	2012年6月21日	2012年9月26日
装修工程	48 工作日	2012年8月23日	2012年10月26日
设备调试	60 工作日	2012年11月5日	2013年1月25日
竣工并交付	61 工作日	2013年2月1日	2013年4月26日

图 4-2-9 项目实施进度横道图

5.2 销售计划

将该住宅小区销售分为筹备期、亮相及蓄客期、开盘热销、持续热销等几个阶段。

1）筹备期：2011 年 1 月～6 月。2 月底，青岛媒体推广全面铺开，在全青岛范围内宣传。

亮相及蓄客期：2011 年 6 月～9 月。6 月底，现场售楼处对外开放，着重在李沧区和崂山区推广。

2）开盘热销：2011 年 10 月～2012 年 3 月。10 月初开盘，借势热销。

3）持续热销：2012 年 4 月～9 月。持续推广，回笼资金。

4）持续销售期：2012 年 10 月～2013 年 6 月。持续推广，清盘。

第六部分 项目投资收益分析

6.1 项目总投资及开发成本估算

1. 土地费用

土地费用：房地产项目土地费用是指为取得房地产项目用地而发生的费用，包括土地出让金、土地征用费、城市建设配套费用、拆迁安置补偿费等。该地块是以出让方式获得的，故土地费用即为土地出让地价款。土地费用预估为 7206 万元（表 4-2-4）。

表 4-2-4 土地费用估算

序号	项目	价格
1	土地出让金	6145 万元（23134.4m^2×2656 元/m^2
2	拆迁安置补偿费	—
3	城市基础设施建设费	1061.36 万元（41622.13m^2×255 元/m^2）
合计		约 7206 万元

2. 建安工程费

建安工程费：建筑安装工程费是指建造房屋建筑物所发生的建筑工程费用、设备采购费用和安装工程费用等。预估为 10485 万元，多层单位住宅建筑面积建安工程费用组成详见表 4-2-5。

表 4-2-5 建安工程费用估算

序号	项目	价格/(元/ m^2)	序号	项目	价格/(元/ m^2)
1	桩基础	90	7	通信	20
2	土建工程	1200	8	公用开线	16
3	一般装修	773	9	消防	80
4	水电安装	240	10	对讲机系统	35
5	天然气	35	合计		2519
6	暖气	30			

建安工程费计算如下：41622. 13×2519 = 10485 （万元）。

3. 基础设施建设费

基础设施建设费：基础设施建设是指建筑物 2m 以外和项目用地规划红线以内的各种管线和道路工程。其费用包括供水、供电、供气、排污、绿化、道路、路灯、环卫设施等建设费用，以及各项设施与市政设施干线、干管、干道的接口费用。预估为 761 万元（表 4-2-6）。

表 4-2-6 基础设施建设费用估算

序号	项　　目	价格/万元	序号	项　　目	价格/万元
1	供电工程	416	5	路灯工程+环卫工程	12
2	供水工程	167	6	绿化工程	35
3	供气工程	62	8	外部道路	23
4	排污工程+道路工程	46	合计		761

计算过程如下：

1） 供电工程：按 100 元/m^2×总建筑面积 41622m^2 估算，约为 416 万元。

2） 供水工程：按 40 元/m^2×总建筑面积 41622. 13m^2 估算，约为 167 万元。

3） 供气工程：按 15 元/m^2×总建筑面积 41622. 13m^2 估算，约为 62 万元。

4） 排污工程+道路工程：按 20 元/m^2×土地面积 23134. 4m^2，约为 46 万元。

5） 路灯工程+环卫工程：按 5 元/m^2×土地面积 23134. 4m^2，约为 12 万元。

6） 绿化工程：按 15 元/m^2×土地面积 23134. 4m^2，约为 35 万元。

7） 外部道路：100 元/m^2×土地面积 23134. 4m^2×10%，约为 23 万元。

合计费用约为 761 万元。

4. 前期工程费

预估为 381. 96 万元。详见表 4-2-7。

表 4-2-7 前期工程费用估算

序　　号	项　　目	计算依据	价格/万元
1	规划设计费	建安工程费×3%	315
2	可行性研究费	建安工程费×0. 15%	14
3	水文、地质勘查费	按占地面积 3 元/m^2	7
4	“三通一平”费	按占地面积 20 元/m^2	46
合计			382

5. 开发间接费用

开发间接费用是指房地产开发企业所属独立核算单位在开发现场组织管理所发生的各项费用。主要包括工资、福利费、折旧费、修理费、办公费、水电费、劳动保护费、周转房摊销和其他费用等。

以建筑安装工程费的 0.6%估算，开发间接费用约为 63 万元。

6. 管理费用

管理费用是指房地产开发企业行政管理部门为组织和管理房地产开发经营活动而发生的各项费用。预估为 567 万元，取以上 5 项之和的 3%。计算：(7206+10485+761+382+63)×3%=567 万元。

7. 公共配套设施建设费

公共配套设施建设费是指居住小区内为居民服务配套建设的各种非营利性的公共配套设施的建设费用，主要包括居委会、派出所、托儿所、幼儿园、公共厕所、停车场等。本项目不设派出所、托儿所及幼儿园。

1）居委会、公共厕所等公建设施：2200×(101.08+226.98+100)=94(万元)。

2）停车场：按 120 元/m^2×停车场面积（按 10%占地面积计）估算，约为 28 万元。

合计为 122 万元。

8. 财务费用

财务费用是指房地产开发企业为筹集资金而发生的各项费用。本项目共向银行融资 15000 万元，贷款 2 年，自 2011 年 1 月~2012 年 12 月，贷款季利率为 1.7%，2012 年 1 月开始采用等额还本付息法还款，2012 年 12 月还清。建设期借款利息计算根据表 4-2-8 得到。

表 4-2-8　借款还本付息计划　（单位：万元）

序号	项目名称	合计	计算期							
			2011 年				2012 年			
			1~3 月	4~6 月	7~9 月	10~12 月	1~3 月	4~6 月	7~9 月	10~12 月
1	期初借款余额		5000	15255	15514	15778	12726	9623	6466.7	3257
2	当期还本付息	16592				3320	3320	3320	3320	3312
	其中：还本	5778				3052	3104	3156	3210	3257
	付息	813				268	216	164	110	55
3	期末借款余额		15255	15514	15779	12727	9623	6467	3257	0

由表 4-2-8 得知，本项目的银行利息共为 1592 万元。本项目利息以外的其他财务费用，以占利息的 1%左右计算，约为 16 万元。故财务费用为 1607 万元。

9. 销售费用

销售费用是指房地产开发企业在销售房地产产品过程中发生的各项费用以及专设销售机构的各项费用。预估为 534 万元（表 4-2-9）。

表 4-2-9　销售费用估算

序号	项　目	计算依据	价格/万元
1	广告宣传及市场推广费	销售收入×0.53%	176.7
2	预售许可证申领费	销售收入×0.53%	176.7
3	其他销售费用	销售收入×0.54%	181.02
合计			534.42

10. 开发期间税费

开发期间税费是指与房地产投资有关的各种税金和地方政府或有关部门征收的费用。预估697万元。

表 4-2-10　开发期间税费估算

序号	类　　别	计算依据	交纳税额/万元
1	固定资产投资方向调节税	—	—
2	配套设施建设费	建安工程费×6%	629
3	供水管网补偿费	按0.3t/人,600元/t	17
4	供电贴费、用电权费	按3kVA/户,480元/kVA	45
5	电话初装费	按200元/户	6.24
合计			697.24

11. 不可预见费

不可预见费又称为预备费，是指考虑建设期可能发生的风险因素而导致的建设费用增加的这部分内容。按照风险因素的性质划分，预备费又包括基本预备费和涨价预备费两大种类型。不可预见费分别按以上各项费用合计3%的比例核定。总计674万元。

12. 其他费用（表 4-2-11）

表 4-2-11　其他费用估算表

序号	项　　目	计算依据	价格/万元
1	临时用地费和临时建设费	—	—
2	标底编制费	建安工程费×0.12%	12.58
3	标底审查费	建安工程费×0.03%	3.15
4	招标管理费	建安工程费×0.03%	3.15
5	合同公证费	—	—
6	工程监理费	建安工程费×0.08%	8.35
7	建设工程质量监督费	建安工程费×0.15%	15.75
8	施工许可证费	—	—
9	工程保险费	建安工程费×0.03%	3.15
合计			46.13

13. 项目开发总成本（表 4-2-12）

表 4-2-12　项目开发总成本估算　（单位：万元）

序号	项目名称	总投资	序号	项目名称	总投资
1	土地费用	7206	8	财务费用	1607
2	前期工程费	382	9	销售费用	534
3	基础设施建设费	761	10	开发期间税费	697
4	建筑安装工程费	10485	11	不可预见费	674
5	公共配套设施建设费	122	12	其他费用	46
6	开发期间接费用	63	13	合计	23144
7	管理费用	567			

项目开发总成本为23144万元。

14. 经营资金估算

经营资金是指用于开发企业日常经营的周转资金。该项目不考虑经营资金。

15. 项目总投资

李沧区九水路以北、汉川路以西地块项目总建筑面积为 4.16 万 m^2，总投资预估为 23144 万元，为项目开发成本与经营成本之和（表 4-2-13）。

表 4-2-13 投资估算汇总

序号	项 目 名 称	成本总额/万元	单位成本/(元/ m^2)
1	土地费用	7206	1731
2	前期工程费	382	92
3	基础设施建设费	761	183
4	建筑安装工程费	10485	2519
5	公共配套设施建设费	122	29
6	开发期间间接费用	63	15
7	管理费用	567	137
8	财务费用	1607	386
9	销售费用	534	128
10	开发期间税费	697	167
11	不可预见费	674	162
12	其他费用	46	11
13	合计	23144	5560

6.2 销售收入估算

1. 销售收入估算

（1）住宅销售收入估算。用市场法确定住宅销售单价。为预估该项目住宅的销售价格，在该项目附近调查选取了 3 宗类似楼盘作为可比实例，分别为万科生态城、和达和城、绿城理想之城。这 3 宗楼盘的住宅价格市场法系数修正见表 4-2-14。

表 4-2-14 住宅价格市场法系数修正

序号	项目名称	标准价/(元/m^2)	交易情况修正	交易日期修正	区域状况修正					实物状况修正				本项目住宅售价/(元/m^2)
					位置	交通	环境	配套	小计	装修	平面格局	建筑规模	小计	
1	万科生态城	9000	100/100	100/100	0	+1	+2	+1	100/104	+4	0	+2	100/106	8164
2	和达和城	9300	100/100	101/100	0	0	+1	+2	100/103	+2	0	0	100/102	8852
3	绿城理想之城	10000	100/100	100/100	+1	+1	−1	+2	100/103	+4	+2	+2	100/108	8989

这 3 个可比实例的比准价格（单价）分别为 9000 元/m^2、9300 元/m^2、10000 元/m^2，权重分别为 0.2、0.5、0.3。将这 3 个比准价格的加权平均数作为市场法的测算结果，计算 $8164\times0.2+8852\times0.5+8989\times0.3=8756$（元/$m^2$）。

由于现有政策的影响和竞品众多，市场压力大，且青岛市目前房地产业处于低迷阶段，为保证本项目能够及时回收资金，故该项目住宅的销售单价预估为 8000 元/m^2，现售单价为 8100 元。

本项目总建筑面积为 41622m^2。根据销售进度安排，2011 年 10 月实行预售，销售单价为 8000 元/m^2，2013 年 4 月开始为现售，销售单价为 8100 元/m^2。住宅销售收入为 33341 万元（表 4-2-15）。

表 4-2-15　住宅销售收入估算

序号	销售比例	销售面积/m^2	销售单价/(元/m^2)	销售收入/万元
1	10%	4162.21	8000	3330
2	15%	6243.32	8000	4995
3	15%	6243.32	8000	4995
4	15%	6243.32	8000	4995
5	15%	6243.32	8000	4995
6	20%	8324.4	8000	6660
7	10%	4162.24	8100	3371
合　计				33341

（2）销售收入确定。住宅销售收入为 33341 万元，销售收入分期估算见表 4-2-16。

表 4-2-16　销售收入分期估算　　（单位：万元）

2011 年	2012 年				2013 年		合计
10~12 月	1~3 月	4~6 月	7~9 月	10~12 月	1~3 月	4~6 月	
3330	4995	4995	4995	4995	6660	3371	33341

2. 销售税金及附加估算

销售税金及附加预估为 1833.63 万元，土地增值税预估为 1837.52 万元。销售收入和销售税金及附加见表 4-2-17。

表 4-2-17　销售收入和销售税金及附加　　（单位：万元）

序号	项目	2011 年				2012 年				2013 年		合计
		1~3 月	4~6 月	7~9 月	10~12 月	1~3 月	4~6 月	7~9 月	10~12 月	1~3 月	4~6 月	
1	销售收入	0	0	0	3330	4995	4995	4995	4995	6660	3371	33339
2	税金及附加	0	0	0	183	275	275	275	275	366	185	1834
2.1	营业税	0	0	0	166	250	250	250	250	333	169	1667
2.2	维护建设税	0	0	0	12	17	17	17	17	23	12	117
2.3	教育费附加	0	0	0	5	7	7	7	7	10	5	50
3	土地增值税	0	0	0	184	294	294	294	294	294	184	1838

关于土地增值税：

土地增值税是对有偿转让国有土地使用权及地上建筑物和其他附着物并取得收入的单位或个人征收的一种税。

扣除项目：

取得土地使用权所支付的金额 = 6144.5 万元

房地产开发成本 = 1061 + 385 + 10485 + 761 + 122 + 63 = 12874（万元）

房地产开发费用 = 1607 + (6144 + 12874) × 5% = 2558（万元）

与转让房地产有关的税金 = 1834 万元

财政部规定的其他扣除项目（加计 20% 的扣除）= (6145 + 12874) × 20% = 3804（万元）

增值额 = 销售收入 − 扣除项目 = 33339 − (6145 + 12874 + 2558 + 1834 + 3804) = 6125（万元）

因为增值额未超过扣除项目金额的 50%，所以土地增值税 = 6125 × 30%，为 1838 万元。

6.3　投资使用计划与资金筹措方式

1. 投资使用计划

该项目各季度的投资使用计划见表 4-2-18。

表 4-2-18　投资使用计划　（单位：万元）

序号	项目	合计	2011 年				2012 年				2013 年	
			1~3 月	4~6 月	7~9 月	10~12 月	1~3 月	4~6 月	7~9 月	10~12 月	1~3 月	4~6 月
1	总投资	23144	2708	3113	3051	3168	3168	1727	1727	1697	1493	1292
1.1	开发成本	23144	2708	3113	3052	3168	3168	1727	1727	1697	1493	1292
1.1.1	土地费用	7206	1441	1441	1441	1441	1441	0	0	0	0	0
1.1.2	前期工程费	382	127	1272	127	0	0	0	0	0	0	0
1.1.3	建安工程费	10485	1000	1000	900	1084	1084	1084	1084	1084	1084	1084
1.1.4	基础设施建设费	761	0	109	109	109	109	109	109	109	0	0
1.1.5	公共配套设施建设	122	0	0	24	24	24	24	24	0	0	0
1.1.6	开发间接费用	63	0	0	8	8	8	8	8	8	8	8
1.1.7	管理费用	567	57	57	57	57	57	57	57	57	57	57
1.1.8	财务费用	1607	0	201	201	201	201	201	201	201	201	0
1.1.9	销售费用	534	0	0	0	76	76	76	76	76	76	76
1.1.10	开发期间税费	697	0	95	101	101	101	101	101	95	0	0
1.1.11	其他费用	46	15	15	15	0	0	0	0	0	0	0
1.1.12	不可预见费	674	67	67	367	67	67	67	67	67	67	67
1.2	经营成本	0	0	0	0	0	0	0	0	0	0	0

2. 资金筹措方式

该项目开发投资的资金来源有三个渠道：一是自有资金，二是银行贷款，三是预售收入用于投资部分。具体安排如下：

1）自有资金投资为 4672 万元，约占总投资（不含财务费用）的 20%。

2）预售收入扣除与销售有关税费后用于投资，销售收入再投入为 3472 万元，约占总投资（不含财务费用）的 15%。

3）其余资金向银行贷款，贷款额为 15000 万元，约占总投资（不含财务费用）的 65%，银行贷款季度利率为 1.7%，按等额偿还本金和利息。资金筹措见表 4-2-19。

该项目向银行贷款 15000 万元，2011 年 10 月初开始采用等额还本付息法还款，2012 年 12 月还清。银行贷款季度利率为 1.7%，按等额偿还本金和利息。

表 4-2-19　资金筹措　　（单位：万元）

序号	项目	2011 年				2012 年				2013 年		合计
		1~3 月	4~6 月	7~9 月	10~12 月	1~3 月	4~6 月	7~9 月	10~12 月	1~3 月	4~6 月	
1	总投资	2708	3113	3051	31687	3168	1727	1727	1697	1493	1292	23144
2	资金筹措	15000	1672	1778	1615	2	719	665	611	555	347	24735
2.1	自有资金	0	1672	1000	1000	1000	0	0	0	0	0	4672
2.2	销售收入	0	0	0	347	555	555	555	555	555	347	3471
2.3	银行贷款	15000	0	778	268	216	164	110	55	0	0	16592
2.3.1	用于建设投资	15000	0	0	0	0	0	0	0	0	0	15000

6.4　项目财务评价

1. 项目财务报表

（1）损益表。该项目的所得税按利润总额的 25%计提。税后利润由三部分组成：盈余公积金、公益金、可分配利润，其中盈余公积金、公益金分别按税后利润的 10%、5%计提。损益表见表 4-2-20。

表 4-2-20　损益表　　（单位：万元）

序号	项目	2011 年				2012 年				2013 年		合计
		1~3 月	4~6 月	7~9 月	10~12 月	1~3 月	4~6 月	7~9 月	10~12 月	1~3 月	4~6 月	
1	销售收入	0	0	0	3330	4995	4995	4995	4995	6660	3371	33341
2	总成本费用	0	0	0	2449	2849	2849	3849	3449	4849	2849	23143
3	土地增值税	0	0	0	184	294	294	294	294	294	184	1838
4	销售税金及附加	0	0	0	183	275	275	275	275	366	185	1834
5	利润总额	0	0	0	514	1577	1577	577	977	1150	153	6525
6	所得税	0	0	0	128	394	394	144	244	288	38	1630
7	税后利润	0	0	0	385	1183	1183	433	733	863	115	4895
8	盈余公积金	0	0	0	39	118	118	43	73	86	11	488
9	公益金	0	0	0	19	59	59	22	37	43	6	245
10	可分配利润	0	0	0	327	1005	1005	368	623	733	98	4159

（2）全部投资现金流量表。全部投资现金流量见表 4-2-21，年基准收益率取 12%，季度基准收益率为 2.87%。

表 4-2-21　全部投资现金流量　　（单位：万元）

序号	项目	2011 年				2012 年				2013 年	
		1~3 月	4~6 月	7~9 月	10~12 月	1~3 月	4~6 月	7~9 月	10~12 月	1~3 月	4~6 月
1	现金流入	0	0	0	3330	4995	4995	4995	4995	6660	3371
1.1	销售收入	0	0	0	3330	4995	4995	495	4995	6660	3371

（续）

序号	项目	2011 年				2012 年				2013 年	
		1~3 月	4~6 月	7~9 月	10~12 月	1~3 月	4~6 月	7~9 月	10~12 月	1~3 月	4~6 月
2	现金流出	2708	3113	3051	3535	3737	2296	2296	2265	2153	1661
2.1	建设投资	2708	3113	3051	3168	3168	1727	1727	1697	1493	1292
2.2	土地增值税	0	0	0	183.75	294	294	294	294	294	184
2.3	销售税金及附加	0	0	0	183	275	275	275	275	366	185
3	税前净现金流量	-2708	-3113	-3051	-206	1258	2699	2699	2729	4507	1710
4	累计税前净现金流量	-2708	-5821	-8872	-9077	-7820	-5121	-2422	307	4813	6524
5	所得税	0	0	0	128	394	394	144	244	288	38
6	税后净现金流	-2708	-3113	-3051	-334	863	2305	2554	2485	4219	1672
7	累计税后净现金流	-2708	-5821	-8872	-9206	-8342	-6038	-3483	-998	3221	4893
8	税前净现金流量现值	-2632	-2941	-2803	-184	1092	2277	2214	2176	3493	1289
9	累计税前净现金流量现值	-2632	-5574	-8377	-8560	-7469	-5191	-2978	-801	2692	398
10	税后净现金流量现值	-2632	-2941	-2803	-298	749	1945	2095	1982	3270	1260
11	累计税后净现金流量现值	-2632	-5574	-8377	-8675	-7925	-5981	-3885	-1904	1367	2627

（3）自有资金现金流量表。自有资金现金流量见表 4-2-22，年基准收益率取 12%。

表 4-2-22 自有资金现金流量 （单位：万元）

序号	项目	2011 年				2012 年				2013 年	
		1~3 月	4~6 月	7~9 月	10~12 月	1~3 月	4~6 月	7~9 月	10~12 月	1~3 月	4~6 月
1	现金流入	0	0	0	3330	4995	4995	4995	4995	6660	3371
1.1	销售收入	0	0	0	3330	4995	4995	4995	4995	6660	3371
2	现金流出	0	1672	1000	5162	5838	4838	4588	4680	1503	755
2.1	自有资金	0	1672	1000	1000	1000	0	0	0	0	0
2.2	销售收入再投入	0	0	0	347	555	555	555	555	555	347
2.3	偿还贷款本金	0	0	0	3052	3104	3156	3210	3257	0	0
2.4	偿还贷款利息	0	0	0	268	216	164	110	55	0	0
2.5	土地增值税	0	0	0	184	294	294	294	294	294	184
2.6	销售税金及附加	0	0	0	183	275	275	275	275	366	185
2.7	所得税	0	0	0	128.43	394	394	144	244	288	38
3	净现金流量	0	-1672	-1000	-1833	-844	156	406	314	5156	2617

2. 项目财务评价

（1）盈利能力分析。

1）投资利润率。该项目的投资利润率=利润总额/总投资×100%=6524/23144×100%=28.19%。

2）资本金净利润率。该项目的资本金净利润率=所得税后利润总额/资本金×100%=4893/4672×100%=104.72%。

3）财务净现值。财务净现值是指按照投资者最低满意收益率或设定的折现率 i，将房地产项目开发经营期内各期净现金流量折现到开发初期的现值之和。该项目基准收益率取 12%。

由全部投资现金流量表得出税后财务净现值 FNPV = 2627 万元，税前财务净现值 FNPV = 3981 万元。

4）财务内部收益率。财务内部收益率是指房地产项目在整个开发经营期内各期净现金流量现值累计等于零时的折现率。

由全部投资现金流量表得出季度税后财务内部收益率 FIRR = 8%，季度税前财务内部收益率 FIRR = 10%，均大于季度基准收益率 2. 87%。

5）盈利能力分析。该项目的静态评价指标：投资利润率为 28. 19%，资本金净利润率为 104. 72%，与房地产同行业相应指标比较，可以接受，故该项目从静态盈利能力分析来看是可行的；该项目的动态评价指标：全部投资税后财务净现值为 2627 万元>0，税前财务净现值为 3981 万元>0，税后财务内部收益率为 36%>12%，税前财务内部收益率为 46%>12%，故该项目动态盈利能力评价是可行的。

（2）清偿能力分析。由借款还本付息表可以看出，该项目向银行贷款 15000 万元，2011 年 10 月初开始采用等额还本付息法还款，2012 年 12 月还清。银行贷款季度利率为 1. 7%，按等额偿还本金和利息。资金来源为销售收入，具有很强的借款偿还能力，故该项目从清偿能力分析来看是可行的。

（3）项目财务评价结论。综上，由该项目的盈利能力分析、清偿能力分析来看，该项目在经济上是可行的。

第七部分　项目风险分析

7. 1　敏感性分析

影响该项目经济效益的不确定性因素中最有可能发生波动的是建安工程费和销售价格。因而，该项目针对建安工程费和销售价格分别上下波动 5%、10%。进行敏感性分析，评价指标为财务净现值变化值和财务净现值变化幅度。计算结果详见表 4-2-23 和表 4-2-24。

表 4-2-23　建安工程费变动对财务指标的影响

建安工程费变动比例	-10%	-5%	0%	5%	10%
建安工程费/(元/m^2)	2267. 1	2393. 05	2519	2644. 95	2770. 9
财务净现值/万元	4638. 13	4315. 75	3981. 15	3627. 29	3302. 12
财务净现值变化值	656. 98	334. 6	0	353. 86	679. 03
财务净现值变化幅度	16. 5%	8. 4%	0	8. 89%	17. 06%

表 4-2-24　销售价格变动对财务指标的影响

销售价格变动比例	-10%	-5%	0%	5%	10%
销售价格/(元/m^2)	7200	7600	8000	8400	8800
财务净现值/万元	2981. 17	3035. 14	3981. 15	4883. 18	5741. 25
财务净现值变化值	999. 98	946. 01	0	902. 03	1760. 1
财务净现值变化幅度	25. 12%	23. 76%	0	22. 66%	44. 21%

由表 4-2-23 和表 4-2-24 可以看出，售价和建安工程费都是本项目的敏感因素，相比之下，售价因素更为敏感，且本项目敏感因素变化过程中财务净现值一直保持大于零，故该项目具有较好的抗风险能力。

7.2 盈亏平衡分析

该项目销售的为住宅产品，销售单价平均为 8000 元/m^2，总投资为 23143.75 万元。假设该项目的总投资不变，则盈亏平衡点为：

1）以销售量表示盈亏平衡点（BEPQ）：BEPQ = 231437500/8000 = 28929.69（m^2）。

2）以生产能力利用率表示盈亏平衡点（BEPR）：BEPR = 28930/41622 = 69.51%。

3）以保本单价表示盈亏平衡点（BEPP）：BEPP = 231437500/41622.13 = 5560（元/m^2）。

由以上可知，当销售量为 28929.69m^2，销售率达 69.51%，或销售价格为 5560.44 元/m^2 时，可以保本。

7.3 风险管理

1. 风险因素

（1）政策和市场风险。政策风险主要指国内外政治经济条件发生重大变化或者政府做出政策的重大调整时，项目原定目标难以实现甚至无法实现。由于政策的变化，导致了市场供需实际与预测情况发生偏离。

（2）进度风险。影响本项目进度的因素主要有有关部门或单位的影响、施工条件的变化、技术失误、施工组织管理不力及意外事件的发生。

（3）工程建设风险。本项目的工程建设风险主要来自可能发生工程地质条件与预测发生重大变化的情况，导致工程量加大、投资额增加、工期拖长，以及交通运输、供水、供电等外部协作配套条件发生重大变化，给项目建设和运营带来困难。

（4）资金风险。资金风险主要是指建设资金供应不足或者来源中断，以及其他原因导致本项目中止或无法实施的风险。

2. 应对措施

针对上述潜在风险因素，应及时采取对应措施，努力将项目的风险降到最低。

（1）政策和市场风险。现在的国家宏观调控房地产业的政策力度远超以往，连续不放松的调控也取得了显著的效果，这从一定程度上也坚定了中央持续进行宏观调控的决心。要持续密切关注国家继续出台的相关政策，并根据政策及时转变项目方向，有效降低风险。

（2）进度风险。重视项目前期准备阶段，即重视事前控制：优化设计，减少不必要的设计变更；选择优良的施工单位；制订切实可行的施工方案。在工程实施过程中，加强项目管理工作，使项目的实施按照计划执行，以降低进度风险。

（3）工程建设风险。针对本项目来说，工程风险较小。因为项目建设地区场地较为平整，地形简单，发生工程地质条件与预测条件不符的可能性较小。此外，本项目拟用地所处的地理位置及交通运输方便，运输风险较小。当地有充足的水、电供应。

（4）资金风险。由于该项目实行预售，因此在项目前期做好详细、周全的营销计划与宣传计划，在销售阶段加强管理，使资金快速回收以降低资金风险。同时，应采用多种付款方式促销，也可以加速资金回收，降低资金风险。

第八部分 结论与建议

8.1 结论

1）李沧区九水路以北、汉川路以西地块项目位于青岛市李沧区，李沧区的住宅市场发展看好，将成为青岛市未来的居住重心，因此该项目的建设背景与发展市场良好。

2）李沧区九水路以北、汉川路以西地块项目的地理位置优越，处于李沧区的重点发展区域，交通便利，配套设施齐全。

3）李沧区九水路以北、汉川路以西地块项目已进行了充分的市场研究，市场与产品定位明确。

4）李沧区九水路以北、汉川路以西地块项目的规划方案符合规划指标，有其鲜明的规划特点。

5）本项目的开发优势明显。就项目在自身所处主、客观环境而言，通过SWOT分析，开发优势明显。

6）由盈利能力分析、清偿能力分析、资金平衡能力分析来看，李沧区九水路以北、汉川路以西地块项目在经济上是可行的。投资利润率为28.19%，全部投资税后财务内部收益率为36%，具有较高的盈利能力。

7）由敏感性分析、盈亏平衡分析及概率分析来看，该项目具有较好的抗风险能力。

综上所述，本项目依据可行性分析结果，做出如下结论：根据目前的市场情况和未来市场预测，开发条件成熟。建议实施该项目，严格管理过程，争取最大效益。

8.2　建议

1）在宏观政策把握上，要有敏感性。及时了解国内及青岛市有关房地产发展的新动向，运用最先进的管理、技术手段，降低风险，提升产品品质，有效增强核心竞争力。

2）由于李沧区九水路以北、汉川路以西地块项目周围竞争性项目较多，因此应进一步规划，强调设计，突出特色，将该项目做精细，从而提高该项目的竞争能力。

3）在项目管理上，要规范、有序。尽快在人、财、物上做好准备，建立一套规范、有序和高效的制度。严格依据国家有关法规，对工程规划、策划、管理、质量严格把关，并加强安全管理。重视住宅产品的附加值，以最大限度的提高效益为最终目标。

（北京鼎峰地产投资顾问有限公司）

【报告点评】

可行性研究是在项目的主要内容和配套条件（如市场需求、资源供应、建设规模、环境影响、资金筹措、盈利能力等）的基础上，对市场进行调查研究和分析比较，并对项目日后可能获得的财务、经济效益及社会环境影响进行预测，从而提出该项目是否值得投资和如何投资的意见建议，为项目的决策提供依据的一种策划报告。

在房地产开发的过程中，可行性研究是在前一阶段的项目建议书审批通过后再做出的，要对项目市场、技术、财务、工程、经济和环境等方面进行全面的分析，研究所有对项目开发存在影响的风险，若经过研究发现某一方面的缺陷，就要找出来，提供更好的替代方案，提高项目可行性。

该报告基本吻合可行性研究报告的要求，是一篇可参考性较高的可行性研究报告，读者可认真品读，从中取舍。

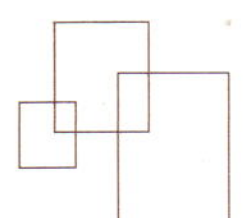

三、山东烟台嘉信福汽车博览园可行性研究报告

报告目录

报告正文

第一部分　项目总论

1.1　项目概况

1. 项目名称

项目名称：烟台嘉信福国际汽车博览园。

2. 项目建设单位

项目建设单位：深圳市嘉信福实业集团有限公司。

3. 报告编写单位

报告编写单位：广州万欣房地产代理有限公司。

4. 项目位置

（1）项目地址。山东省烟台市芝罘区机场路北段东侧，加德士加油站北侧。

（2）项目四至。项目东至规划路，往东为荆子山和通世南路；西至机场路，往西为交运驾校；南至加德士加油站和鸿运汽车交易广场；北至高压线走廊边。

5. 项目周边目前现状

项目位于机场路北段东侧，沿机场路汽车交易市场活跃，相比之下汽车后市场氛围稀缺。项目所在区域房地产开发力度大，存在众多的居住楼盘，但商业房地产开发项目较少，商业氛围不浓。项目东靠荆子山，地势较高，但绿化好，自然景观环境良好。

6. 项目性质及主要特点

项目位于烟台市芝罘区机场路，是烟台真正意义上的综合性一站式汽车专业市场，是烟台首个以中高档汽车及用品交易为主的国际汽车博览园，并规划建设烟台首个汽车超市、首个汽车博览中心。

7. 项目地块面积及边界长

项目地块面积：13.33hm^2（合199.95亩，约133300m^2）。

项目可建设用地面积：10.98hm^2（合164.7亩，约109800m^2）。

项目地块边界长：边界总长为1475m。东边长约422m，南边长约341m，西边约422m，北边约290m。

1.2　可行性研究结论

1. 市场分析预测

目前烟台市新车销售主要集中在芝罘区机场路和福山区北京南路、衡山路，机场路新车销售主要以4S店为主，汽车展厅为辅。据不完全统计，机场路约有40家4S店，近70个品牌，主要以自主品牌为主，中低档合资品牌为辅，也有少量的高档车。北京南路和衡山路新车销售全部都是4S店，目前衡山路有5家4S店，北京南路有15家，且进驻的品牌主要以中高档为主。目前烟台汽车市场正处于快速发展时期，但目前烟台汽车有形市场仍处于初级阶段——汽车大道和汽车贸易市场的阶段，而仍未出现大型的综合性强的汽车城或汽车园区。根据烟台汽车市场的发展趋势和烟台火热的汽车交易市场，预计烟台将在近期形成理念先进、综合服务性强、具有巨大竞争力的汽车城或汽车园区。同时根据烟台现所进驻的汽车品牌和市场的需求，中高档品牌的汽车展厅也将迅速发展以弥补市场空白，满足市场的需求。

烟台二手车市场主要集中在幸福南路，分散在烟台各区，较大型的二手车市场有烟台汽车城和交运集团二手车交易市场，这两个市场总共就能提供一千多台二手车展销，所销售的以中低档品牌为主，基本能满足烟台中低档二手车的需求。因此在短期内烟台不会出现同类的二手车交易市场，或将出现中高档汽车品牌的小规模二手车市场。

烟台汽车后市场主要集中在芝罘区幸福南路和福山区福海路，目前现有的市场有6家：芝罘区的烟台果品汽配市场、烟台石油汽配市场、烟台中山汽配城、烟台港物流园区汽配城、三站芝罘屯汽车配件市场、幸福汽配城，和福山区的北方汽配交易中心，但其所经营的汽配档次多属于中低档，只存在少量的中高档汽车装潢、美容店面。导致多数中高档汽车需购买汽车零配件、美容装潢等都需到4S店。而今烟台汽车交易逐渐趋向于中高档车，中高档车也将逐渐成为烟台车市的主力军。故预测烟台在近几年将会出现以中高档精品汽配、美容的汽车后市场，以满足日益增长的市场需求。

2. 项目地块分析

项目地块地势呈东高西低，高差最大可达30m，但地块西部坡度不大，地势平缓。地块东南角和东北角因靠荆子山，坡度较大。地块上现存绿化植被繁盛，存在大量的树木。项目地块内同时也存在少量民房，且北边临近高压线，在地块边上立有两个高压线架。项目地块是机场路临近市中心路段所剩下的少数可供开发的地块之一。

3. 项目规划方案

项目中部的中心景观大道和外围的两条环形道路将整个地块分成四大部分。

项目西面紧邻机场路，地块的价值最高，因此适宜布置利润空间大的零售业和汽车展厅，同时在其上面增加三栋高层写字楼和一栋高层酒店，彰显项目形象和实力，满足业态分布需求。

地块的南面是项目地块的主入口，承担着来自机场路的所有人流和车流的疏散功能，发挥着交通节点的作用。而且地块紧邻荆子山，拥有得天独厚的生态资源条件，因此适宜布置城市展厅、公寓和汽车轮胎市场等零售商业。

地块北面紧邻双回 110kV 高压线，东边规划的通世路还未修建。因此适合布置汽车快修、贴膜、装潢、保养等以配套功能为主的业态，既可以降低高压线带来不利的影响，也符合业态分布的基本要求。

地块中部由于在交通等先天性区位方面较其他地区稍差，因此就要通过精心策划，引入先进的开发理念和开发模式，规划建议在此打造一个以中高档新车展示、销售，进口二手车展示、销售，汽车用品销售和汽车文化娱乐城于一体的汽车大卖场。打造烟台汽车消费的首选地和汽车消费、汽车文化体验的标杆，全面提高本区域的辐射能量，增强整个项目在烟台的竞争力。

4. 项目开发进度（表 4-3-1）

表 4-3-1　项目开发进度

类目	时间进度	具体内容
文件审批 方案设计	2014 年 10 月	获取土地使用权
	2014 年 11 月 ~2015 年 1 月	项目规划设计方案及规划审批完成
	2015 年 2 月 ~4 月	项目建筑施工方案及项目立项报建完成
建设一期 临机场路和 北边部分	22015 年 5 月 ~7 月	项目一期完成前期及基础工程建设
	2015 年 8 月	项目一期招商工作开始全面展开
	2015 年 8 月 ~2016 年 3 月	项目一期环境及配套工程完成
	2015 年 11 月 ~2016 年 4 月	项目一期完成建安工程及内外装潢工程
建设二期 大卖场和南边 规划路部分	22016 年 5 月 ~7 月	项目二期完成前期及基础工程建设
	2016 年 8 月	项目二期招商工作开始全面展开
	2016 年 11 月 ~2017 年 3 月	项目二期环境及配套工程完成
	2016 年 11 月 ~2017 年 4 月	项目二期完成建安工程及内外装潢工程
项目验收	2017 年 5 月	项目竣工验收完成
开业准备	22017 年 6 月 ~8 月	商户进驻装潢
	2017 年 9 月	商户试营业
	2017 年 10 月	正式开业

注：建设一期约 83209.9m^2，建设二期约 147188.9m^2。

5. 销售与自持物业比例

本项目可租售的总建筑面积为 230398.8m^2，自持部分面积占总建筑面积的 28.9%，为 66531.7m^2，业态是汽车博览中心 75% 的物业。出售部分占总面积的 71.1%，面积为 163827.1m^2，业态有展厅、写字楼、公寓、商务酒店及汽车博览中心 25%的物业，销售与自持的比例将近 7∶3。

6. 项目财务评价

（1）出售部分财务内部收益率。根据现金流量表，可以测算出所得税后财务内部收益率（FIRR）为-0.09%。

（2）出售部分财务净现值。根据预计的现金流量表计算，在基准收益率为 12%的前提下，其净现值为-167 万元。

(3) 项目出售部分利润。根据损益和利润分配表测算，本项目出售部分利润总额为-187万元。

(4) 项目自持部分利润。根据测算，项目自持部分完成100%，招商时的年利润为400万元。

7. 项目可行性研究结论

(1) 经济评价。本项目的销售总收入为158257万元，成本利润率为-0.15%，销售利润率为-0.12%。项目全部投资税前、税后财务内部收益率为-0.09%，自有投资税前、税后内部收益率为-10.28%，远远小于基准收益率12%；全部投资税前、税后财务净现值为-167万元，自有资金税前、税后财务净现值为-7443万元；在计算期内没有投资回收期。因此，本项目销售部分在经济上是不可行的。

(2) 社会评价。项目整体建成后将完善板块规划功能，总计提供约272个商铺，可为社会提供近3000个就业岗位。项目正常运营后将有利于增加区域经济收入，也可为各级政府提供相当的税收来源。根据对所在区域各业态的营业额调研分析，预计项目运营成熟后，年营业额达到167亿元，完成年政府税收8000万元，并呈逐年上升态势。

(3) 环境评价。本项目为烟台首个综合性、大规模的汽车专业市场，也是烟台首个国际汽车博览园区，将作为领头羊带动烟台地区汽车产业的兴旺发展，促进烟台汽车市场的升级换代。同时也带动周边配套环境设施的兴建与改善，对周边环境的整顿和带动起着显著的作用。促进芝罘区产业升级、完善产业结构、增加经济效益、提升区域经济价值，对整个烟台市的环境都将有历史性的提升。

1.3　主要经济技术指标（表4-3-2）

表4-3-2　主要经济技术指标

项目		指标	备注
规划用地面积/m^2		133300.0	可建设用地面积为1098800.0
规划总建筑面积/m^2		230398.8	
其中	沿街商业面积/m^2	37332.2	
	汽车大卖场面积/m^2	88709.0	中庭面积为2667.1×4
	办公建筑面积/m^2	35568.4	包括政务中心2088.2
	酒店建筑面积/m^2	11856.2	可兼容其他业态、在底层设出入口
	快修市场面积/m^2	10963.8	
	公寓建筑面积/m^2	45929.2	
	附属建设面积/m^2	40.0	公厕、垃圾站、配电房等
地下室总建筑面积/m^2		54228.1	车位面积为50000、其他为设备空间
建筑占地面积/m^2		39386.3	
建筑密度		35.0%	按可建设用地面积计算
容积率		2.10	按可建设用地面积计算
绿地率		20.5%	按可建设用地面积计算
总停车位/个		2500	
其中	地上停车位/个	1250	大卖场650个车位
	地下停车位/个	1250	每个地下停车位按40m^2计算

1.4　项目存在的问题与建议

1) 通过估算，项目总投资达12.5亿元，投资资金大，占用开发商巨大的流动资金，同时也将还银行巨额的贷款利息。建议积极与政府沟通联系，尽量缩短项目在土地取得、立项、开发建设、销售等方面的相关手续申办时间，使得项目能尽快地开发建设，顺利销售，资金快速回笼，减小资金风险。

2）根据测算，如自持28.9%的物业，销售71.1%的物业，在预计的销售价格、销售率条件下，本项目的利润总额为-187万元，处亏损状态。故建议与政府协商，适当降低自持比例，提高销售比例，以达到项目前期盈亏平衡。

3）通过测算，本项目在前期开发建设与销售阶段，利润总额为负数，处于亏损状态。在后期正式运营阶段，第一年运营年利润为-904万元（首年收入按40%计），第二年运营年利润为-252万元（第二年收入按70%计），到第三年运营年利润数值才转正数（第三年收入按100%计）。建议争取得到政府的扶持，减免一部分的税费或规费，如土地出让费、基础设施建设费、基础设施配套费用、房产税、营业税、教育费附加等，则可降低本项目的成本，降低资金风险。

4）项目所在的机场路区域汽车市场发展已成规模、交易火热，存在市场竞争大、市场进入难度大等问题。建议项目自身应挖掘市场空白点，差异化竞争，并积极寻得政府政策支持与引导，使得项目能更好地融入当地汽车市场，迅速打开市场，确保销售招商的顺利进行和后期运营的顺畅。

第二部分 项目背景

2.1 项目提出背景

1. 项目所在区域汽车行业发展情况

（1）烟台市汽车行业现状。据烟台统计局统计数据显示，近年来烟台市汽车产量持续高速发展，2013年烟台汽车产量达60.09万辆，同比2012年增长30.20%。同时烟台汽车拥有量和每年上牌量也持续快速上升，2013年烟台民用汽车拥有量和上牌量分别是109.72万辆和14.44万辆，同比2012年分别增长13.50%和10.10%（图4-3-1~图4-3-3）。

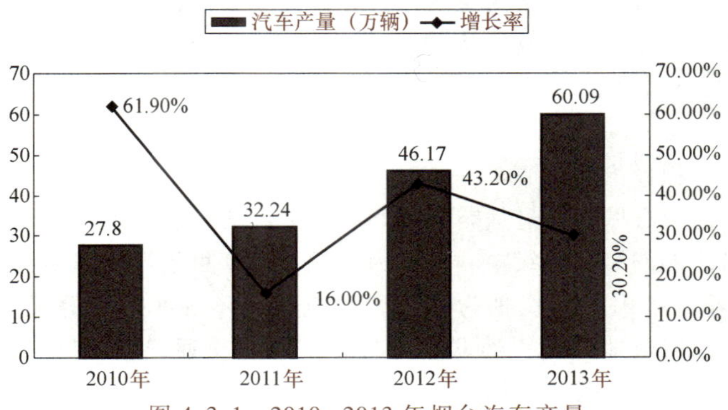

图4-3-1 2010~2013年烟台汽车产量

（2）烟台汽车专业市场概况。烟台汽车市场约在2000年就开始起步，形成了最早的汽车交易市场——山东鸿运汽车交易广场，最早的汽配市场——北方汽配交易中心。然而在十几年过去后的今天，烟台除了在幸福周边增加了几个汽配市场而形成汽配一条街外，再无规划建设新的汽车专业市场。烟台汽车专业市场主要是沿着城市主干道发展，形成汽车大道和汽配一条街，如以新车销售为主的机场路、衡山路、北京南路，和以汽配、装潢美容为主的幸福南路和福海路。

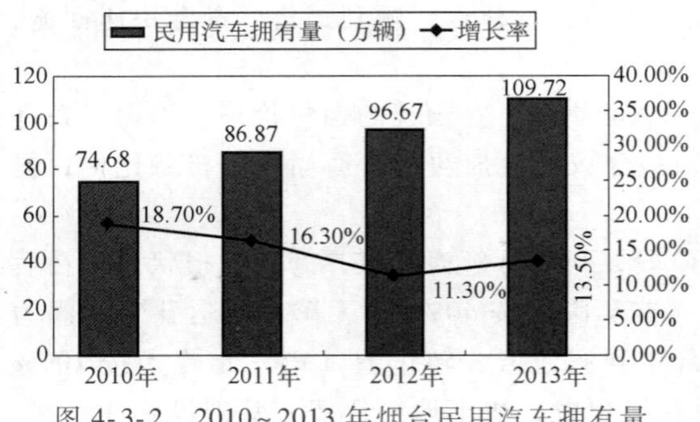

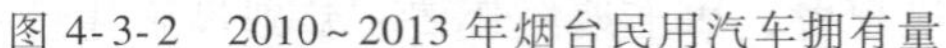
图 4-3-2　2010～2013 年烟台民用汽车拥有量

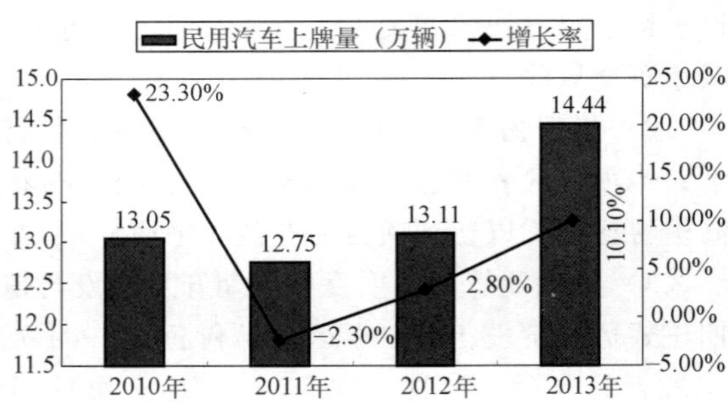

图 4-3-3　2010～2013 年烟台民用汽车上牌量

机场路汽车市场有山东鸿运汽车交易广场、烟台汽车交易广场，其普遍存在形象低、档次低、规模小等特点。机场路汽车交易主要以 4S 店展销为主，汽车展厅为辅，目前约有 40 家 4S 店，进驻品牌达 70 个。衡山路原是汽车 4S 店一条街，由于城市发展规划而需搬迁所有的 4S 店。近年来衡山路有部分 4S 店陆续迁往北京南路，现仍有 5 家 4S 店在营业。而北京南路将规划建设成汽车 4S 店聚集区，目前已经进驻 15 家。

幸福南路和福海路形成了汽配一条街，其所经营销售的产品及其所提供的服务档次均偏低，未能满足中高档次客户的需求。中高档汽车需维修保养、装潢美容则需到 4S 店去。

烟台市汽车市场主要集中在芝罘区和福山区，其他几个城区和下辖县市到目前为止仍未出现成规模的汽车专业市场或汽车聚集区，汽车销售店门和汽配店门零散分布在路边。

2. 项目所在区域政策、经济及产业环境

（1）烟台市城市规划。

1）确定发展方针，促进城市发展。烟台继续大力提升中心城市辐射带动能力，在空间战略上坚持“东拓、西联、南进、北展、中优”的方针，促进城市快速发展。

2）努力培育支柱产业簇群，承接外来产业辐射。努力培育支柱产业簇群，大力发展第三产业，建立以先进制造业和现代服务业为主的产业体系，提升产业结构，强化中心城市的功能。积极接受外来产业转移，主动融入全球经济。

3）推进“青—烟—威”协调发展。在环渤海层面，积极参与区域城市群的整合，共同构建环渤海城市群。

在山东半岛层面，积极推进“青岛—烟台—威海”的产业协作和一体化发展。

在市域层面，实施中心城市促进战略和空间结构集聚战略。促进中心城市的发展，培育烟台的中心职能。同时以北部滨海的各级中心城市为依托，培育集聚性空间结构。

4）市域航空运输。莱山机场规划为民用干线机场，飞行区技术等级指标达到 4E 级标准。规划加强机场与城区及周边地区的交通联系，将城市轨道交通线与城际轨道换乘站、火车客运站、机场等相衔接，扩大机场吸引范围。

5）商品交易市场体系规划。规划建设 6 个市场群，分别为黄务市场群、珠玑市场群、三站市场群、西山市场群、开发区市场群、澳柯玛市场群。规划若干专业市场包括：黄务汽车交易市场、福山汽车零配件市场。

6）产业区布局。规划形成五大工业区，分别为八角工业区、开发区工业区、福山工业区、莱山工业区、牟平工业区。其他小型工业区包括夹河东侧的 APEC（只楚）工业区、黄务卧龙工业园、APEC 马山工业园等。规划要求在现有基础上控制其整体规模，逐步调整产业结构。

7）城市远景用地布局结构。进一步完善已有的带状组团结构，芝罘、莱山、开发区、福山、牟平、八角六大组团相应拓展、完善功能，同时将西部的蓬莱和南部的回里、桃村纳入城市建设范围，形成“T”型城市结构，而项目正好处于该范围内。

8）烟台规划建设烟台国际汽车文化产业城。2010 年 8 月，烟台市规划建设国际汽车文化产业城，并做初步规划方案。项目位于芝罘区世回尧办事处马山与荆子山之间，机场路东侧，通世南路西侧，与青年南路相邻，南北长约 1800m，东西宽约 300~500m，占地面积超过 1000 亩。项目定位为汽车商务、汽车运动和旅游、娱乐等多种功能于一体的汽车贸易服务及汽车经济文化综合型生态园区，并将配套建设一处汽车主题森林公园。

9）芝罘区建设南部新城。在芝罘区“北隆、南展、西延”的城市发展规划下，芝罘区规划建设南部新城。南部新城东至芝罘区与莱山区区界，西至机场路，北至红旗中路，南至夹河，规划面积约 19km^2。

规划结构为四轴四片一核心，有机聚合多中心。“四轴”是指依托港城西大街、机场路、化工南路和篆山路（接永安街）形成功能联系轴、商务集聚轴和公共服务轴；“四片”是指生态宜居片区、站前服务综合片区、南部新城核心区和产业升级带动片区；“一核心”是指依托机场路，在机场路与港城西大街交汇区域形成整个基地的发展核心；“有机聚合多中心”是指将居住、商贸、新型产业及城市服务等多种功能进行融合，从而使城市功能更丰富，城市生活更加富有活力。

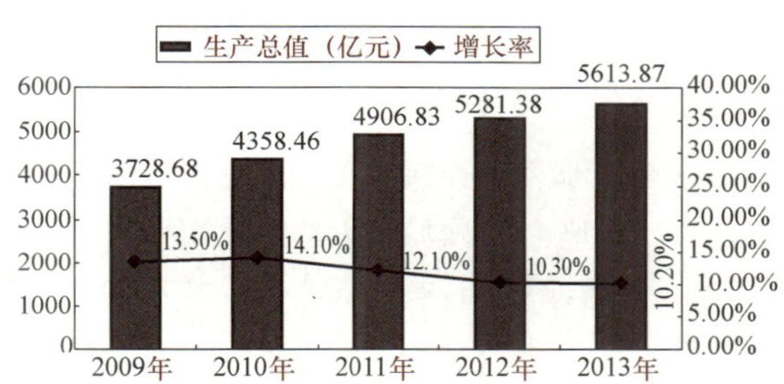

图 4-3-4　2009~2013 年烟台生产总值及增长率

（2）烟台市总体经济状况。2013 年，烟台市经济总量达到 5613.87 亿，高于全国平均水平，同比增长 10.20%，经济运行稳中有进、总体向好。2013 年，烟台国内生产总值在山东省地级市排名中仅次于青岛市，排名山东第二。人均 GDP 是 80424 元，排名山东第四（图 4-3-4、表 4-3-3）。

表 4-3-3　2013 年山东省各地级市 GDP 及排名

2013 年 GDP 排名	地级市	2013 年 GDP /亿元	人均 GDP /元	人均 GDP 排名
1	青岛	8007	90281	3
2	烟台	5613	80424	4
3	济南	5230	75255	6
4	潍坊	4421	48125	12
5	淄博	3801	79639	5
6	济宁	3502	42997	14
7	临沂	3337	33093	16
8	东营	3250	15786	1
9	泰安	2791	50474	9
10	威海	2550	90905	2
11	德州	2461	44190	13
12	聊城	2400	41451	15
13	滨海	2156	57035	7
14	菏泽	2052	24610	17
15	枣庄	1831	49088	11
16	日照	1500	52929	8
17	莱芜	654	49753	10
	全省	54684	56464	

近五年来，烟台市固定资产投资稳步上升，持续五年固定资产投资增长率均超过 20%（图 4-3-5）。

从产业角度看，第二产业贡献最大，增加值 27422.5 亿元，增长 10.7%；第三产业居次，增加值 22519.2 亿元，增长 9.2%；第一产业增加值 4742.6 亿元，增长 3.8%。经济运行稳中有进。2013 年全年全省规模以上工业企业实现增加值 24222.16 亿元，比 2012 年增长 10.9%。其中，高新技术产业实现增加值 39582.74 亿元，增长 14.7%（图 4-3-6）。

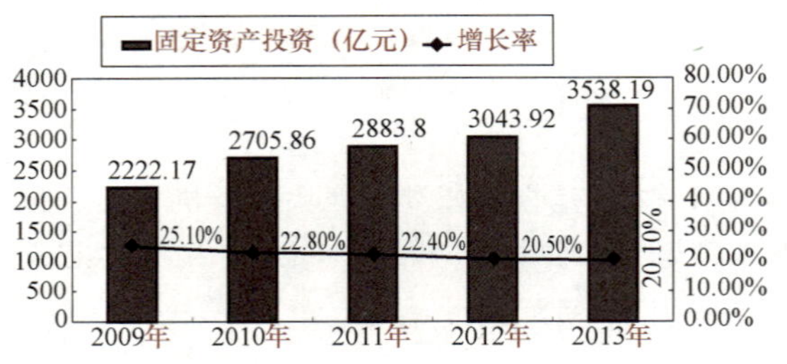

图 4-3-5　2009～2013 年烟台固定资产投资及增长率

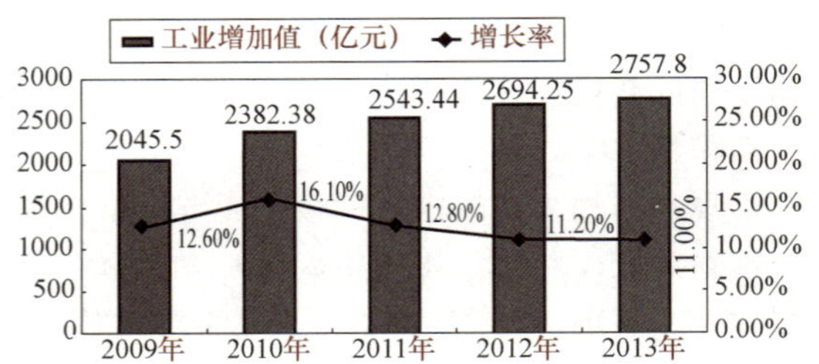

图 4-3-6　2009～2013 年烟台工业增加值及增长率

2013 年，烟台城镇居民人均可支配收入达 32956 元，增长 9.70%，均高于全国城镇人均可支配收入。2013 年全国城镇人均可支配收入为 26955 元，增长 7.0%（图 4-3-7）。

（3）烟台经济状况小结。2013 年，烟台国内生产总值 5613 亿元，在山东省地级市排名中仅次于青岛市（8007 亿元），排名山东第二；人均 GDP 达 80424 元，排名山东第四。烟台市固定资产投资持续保持超过 20% 的增长率快速增长。烟台市第一产业增长有所减缓，第二产业和第三产业增长相对较快，居民人均可支配收入逐年稳步增长，2013 年城镇居民人均可支配收入达 32956 元。烟台总体经济运行稳中有进、总体向好，居民人均收入逐年增加，生活水平不断上升，为项目的发展提供了良好的经济环境，也提供了良好的市场环境。

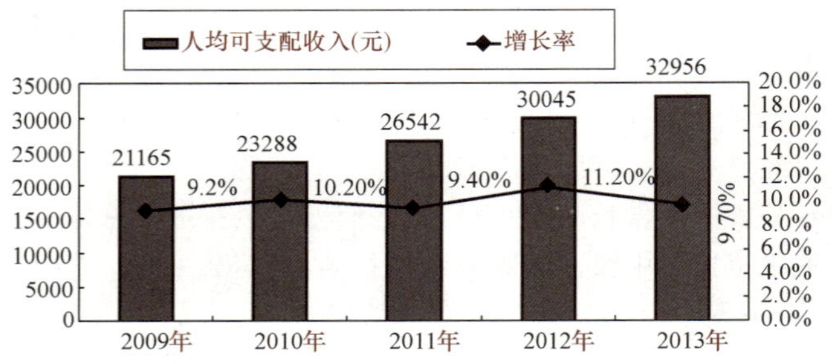

图 4-3-7　2009～2013 年烟台城镇人均可支配收入及增长率

3. 项目发起人及发起缘由

（1）项目发起人：深圳市嘉信福实业集团有限公司。

（2）项目发起人简介：深圳实业嘉信福集团创建于 1993 年，注册总资本 1.5 亿元，现有员工 300 多人。嘉信福是一家集房地产开发、建筑装饰设计、商业贸易、物流仓储于一体的多元化集团公司，下属子公司有深圳市嘉信装饰设计工程有限公司、深圳市中银信置业有限公司、深圳市嘉信松山置业有限公司、深圳市太谷投资发展有限公司、清远市深嘉投资开发有限公司、深圳市深汇贸易有限公司等，形成了多产业并进的发展格局。

嘉信装饰以“嘉誉信诚，基业长青”为发展理念，以高层次、高品位、高质量的建筑装饰市场需求为导向，全方位服务于中国公共建筑装饰及规模化住宅精装修领域，先后成立了北京、上海、江苏、辽宁、广西、东莞、昆明、烟台、天津、广州等分公司，形成了一个覆盖全国的市场网络，同时与深国投、华南城、保利、中建八局、北京城建集团、鸿洲、兰江地产、中银信地产等知名企业建立了战略合作伙伴关系，扩大市场占有率。公司承接的工程屡获全国建筑工程装饰奖、广东省优秀建筑装饰工程奖、深圳“金鹏奖”、国际环艺创新设计大赛奖、设博会最具影响力设计机构等大奖，且连年跻身中国建筑装饰行业百强企业前列、获中国建筑装饰行业AAA级信用企业、广东省重合同守信用企业等荣誉。年营业额达24亿元。由公司设计和施工的“全国人大机关宪法墙”获得了全国人大常委会吴邦国委员长、王兆国副委员长、李建国副委员长兼秘书长的高度评价，行业知名度、美誉度持续提高。

中银信置业是一家信誉优良、实力雄厚、团队精干的“城市更新专业开发商”。深圳盐田区“中英街壹号”是深圳市第一批、盐田区首个城市更新项目，按照绿色、生态、环保的理念设计开发，是滨海最具标志性的建筑物之一，获得美国LEED、国家绿色建筑一星级和深圳市绿色建筑一星级认证，荣获2012年度最具有投资价值楼盘、最优户型、年度十大人气楼盘、2012年深圳地产冠军等大奖。

嘉信松山置业投资的“嘉信松山智慧综合产业园”项目占地20余万平方米，投资50亿元，规划建筑面积100万m^2，打造“深圳西大门”的地标建筑和绿色、低碳、节能、环保的集高端商业、文化、宜居、信息化于一体的综合产业园，解决上万个就业岗位，每年税收上亿元。

（3）项目发起缘由。目前烟台市新车交易市场仍处于汽车有形市场初级阶段——汽车大道和汽车贸易市场。且目前现有的汽车市场普遍存在形象低下、产品及服务档次低、规模小等特点，相比烟台火热的汽车市场，烟台急需一个综合性、大型的汽车市场来引领烟台汽车市场，带动汽车市场的升级换代，项目的建设弥补市场空白、顺应行业大势。项目地块位于机场路北段东侧，处于2010年政府规划的烟台汽车文化产业城项目区域范围内，项目的建设吻合政府对汽车行业的规划发展方向。

同时，深圳嘉信福实业集团是一家集房地产开发、建筑装饰设计、商业贸易、物流仓储于一体的多元化、多产业并进的集团公司，其房地产开发与建设、项目运营和管理均有丰富的经验和资源，为项目开发建设与后期运营管理提供可靠保障。

2.2　项目发展概况

1. 已进行的调查研究项目及成果

2014年4月，嘉信福集团派专家组对项目及周边汽车市场进行初步考察。2014年5月，嘉信福集团就对市场初步调研做项目初步策划方案。2014年6月，嘉信福集团委托广州万欣策划机构对项目及烟台汽车市场进行专业、具体、系统的调研论证。2014年7月，广州万欣策划机构完成项目策划定位、概念规划和可行性研究报告。

2. 项目地块初勘及初测工作情况

2010年有关政府对机场路汽车文化产业项目（项目地块所在区域）进行初勘及初测，并请中国汽车流通协会有关专家对该项目进行论证，提出了该地块及周边地块建设烟台汽车文化产业城的概念规划。

3. 项目建议书编制、提出及审批过程

2014年4月，嘉信福集团初步跟政府相关部门就项目进行洽谈和沟通，并取得政府的支持，政府有意向将烟台汽车文化产业城项目中的200亩地块交给嘉信福集团进行开发建设，并将此项目列为2014年芝罘区政府重点项目，并发文进行督办。

2.3　项目投资的必要性与可行性

1. 项目投资的必要性

（1）促进区域发展。政府重点着力完善芝罘区等六大组团城市结构，建立黄务市场群等六

个商品交易市场体系，建设南部新城。项目作为综合性的大型汽车交易市场，将有利于加速芝罘区组团城市结构的建设、加快黄务市场群体系的建立、促进南部新城的建设，同时也将加快机场路汽车市场的发展。未来五年，随着烟台市“完善六大组团城市结构”“建立六大市场群体系”“东拓、西联、南进、北展、中优”和芝罘区“北隆、南展、西延”的城市发展、“加速建设南部新城”的相关政策发布实施，芝罘区将会调整优化产业结构，转变经济增长方式，实施产业聚集、产业升级，形成产业规模化。而项目的建设，无疑将促进芝罘区产业升级、完善产业结构、增加经济效益、促进区域发展。

（2）促进行业升级换代。烟台汽车市场虽然起步较早，但因没有整体规划布局，导致后期发展不佳。目前烟台市新车交易市场仍处于汽车有形市场初级阶段——汽车大道和汽车贸易市场。且目前现有的汽车市场普遍存在形象低下、产品及服务档次低、规模小等特点，相比烟台火热的汽车市场，烟台急需一个综合性、大型的汽车市场来引领烟台汽车市场，带动汽车市场的升级换代。本项目的建设顺应烟台汽车市场的发展大势，也弥补市场的空白，将有力地整合烟台整个汽车行业资源，进一步优化，加快烟台汽车市场的发展和进一步升级。

（3）促进区域规划的实现。本项目是芝罘区重点规划打造项目之一，项目作为烟台市首个大规模综合性汽车专业市场，其建设不仅符合烟台汽车文化产业项目的规划和汽车产业的整体发展规划要求，也符合芝罘区组团城市结构、黄务市场群体系和芝罘区南部新城的规划建设要求，也将全面促进芝罘区经济结构优化升级，带动区域经济，丰富区域市场体系，完善烟台市汽车产业布局，促进区域整体规划目标的更好实现。

（4）促进区域性商圈的形成。目前项目所在区域区商业氛围缺乏，未形成大型的商圈。虽然现有楼盘都有相关的商业配套，但由于目前整体商业氛围不浓，导致多数处于关闭状态。通过项目的建设，承担区域商业功能划分，带动区域商业发展，提升区域商业氛围和形象。对区域商业发展、土地价值提升必将产生积极影响。

（5）产生社会效益。项目整体建成后将完善板块规划功能，待市场运营成熟时，可提供3000个就业机会，提供并有利于增加区域经济收入，同时可为各级政府提供相当的税收来源。预计项目正式运营之后，整体总销售额将会达到167亿元，完成税收8000万元，并呈逐年上升态势。

2. 项目投资的可行性

（1）政府大力支持。项目的建设，符合烟台“完善六大组团城市结构”“建立六大市场群体系”“东拓、西联、南进、北展、中优”和芝罘区“北隆、南展、西延”的城市发展，以及“加速建设南部新城”的战略目标；符合芝罘区“建设汽车文化产业城项目”的规划构想；符合汽车行业发展趋势和市场需求。因此该项目必将得到各级政府和各级职能部门的高度重视和大力支持，同时也将得到社会各界的大力帮助和积极配合。

（2）行业大势所趋。目前烟台汽车市场虽然火热，但整体市场还不够完善，影响了综合效应的发挥。现有的汽车服务贸易商业没有整体规划，各汽车销售和汽配店面各自为政，不利于规范管理，行业资源得不到整合和优化，制约了烟台市汽车市场的发展。且不少汽配、美容店面零散分布在路边，严重影响市容。项目可建设成一个综合性的标志性汽车市场来整合、优化汽车市场资源，加快汽车市场的升级换代。

（3）市场需求迫切。随着我国宏观经济形势的长期向好，烟台社会各界和广大市民收入水平不断提高，烟台城区和周边县市区对汽车产品的消费需求、消费水平和消费能力都在不断提高。2013年，烟台市民用汽车拥有量达109.72万辆，上牌量达14.44万辆，增长10.10%，市场蕴藏着巨大的潜力。现有市场供给量和服务水平已无法满足烟台汽车交易的进一步发展和人民日益增长的需求。

（4）商业地理环境优越。本项目位于芝罘区机场路，机场路于 2000 年开始布局汽车市场，经过 14 个年头的发展，到如今已聚集近 70 个汽车品牌 4S 店或汽车展厅，俨然成为烟台汽车市场氛围最为浓厚、汽车交易最繁华的地带。且项目临近市中心，商业氛围浓厚。项目所在的机场路属于国道 204 的一段，项目距离火车站约 10km，距离机场约 10km，距离黄务立交约 3km，路网四通八达，交通便利。

（5）建设条件完善。该项目地理位置优越，面积大小合理，土地可满足车辆交易和发展的多种需求。项目建设地方正平整，建设规模及投资较少，建设施工和设备安装技术成熟，水电设施配套，能够确保项目按期投入运营，尽快产生经济效益。

（6）经营管理可靠。深圳嘉信福集团是一家集房地产开发、建筑装饰设计、商业贸易、物流仓储于一体的多元化、多产业并进的集团公司，有着房地产开发建设深厚的实力和丰富的项目运营管理经验。其旗下的中银信置业是一家信誉优良、实力雄厚、团队精干的“城市更新专业开发商”。其开发建设的深圳盐田区“中英街壹号”是深圳市第一批、盐田区首个城市更新项目，按照绿色、生态、环保的理念设计开发，是滨海最具标志性的建筑物之一，获得美国 LEED、国家绿色建筑一星级和深圳市绿色建筑一星级认证，荣获 2012 年度最具有投资价值楼盘、最优户型、年度十大人气楼盘、2012 年深圳地产冠军等大奖。

第三部分　市场研究

3.1　项目投资环境分析

1. 山东总体经济状况

2013 年，山东省经济总量达到 54684.3 亿元，全省人均 GDP 为 56463.64 元，高于全国平均水平，同比增长 9.6%，经济运行稳中有进、总体向好（图 4-3-8、表 4-3-4）。

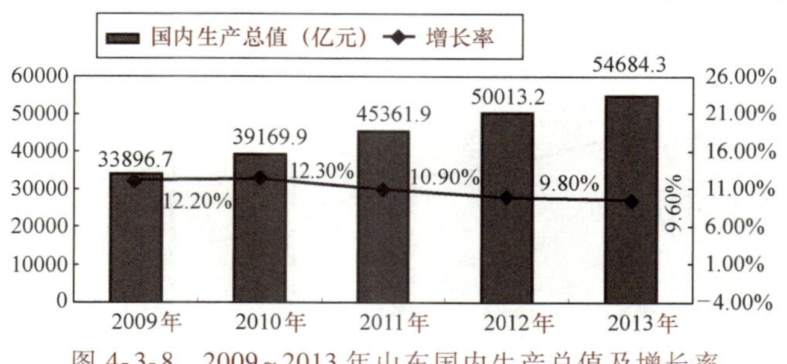

图 4-3-8　2009~2013 年山东国内生产总值及增长率

表 4-3-4　2013 年全国各省市 GDP 排名情况

GDP 排名	省 份	GDP /亿元	增长率	GDP 排名	省 份	GDP /亿元	增长率
1	广东	62163.97	8.5%	8	四川	26260.77	10.0%
2	江苏	59162.00	9.6%	9	湖北	24668.49	10.1%
3	山东	54684.30	9.6%	10	湖南	24501.70	10.1%
4	浙江	37568.50	8.2%	11	福建	21759.64	11%
5	河南	32155.86	9.0%	12	上海	21602.12	7.7%
6	河北	28301.40	8.2%	13	北京	19500.60	7.7%
7	辽宁	27100.00	9.0%	14	安徽	19038.90	10.4%

（续）

GDP排名	省份	GDP/亿元	增长率	GDP排名	省份	GDP/亿元	增长率
15	内蒙古	16832.38	9%	24	云南	11720.91	12.1%
16	陕西	16045.21	11%	25	新疆	8510.00	11.1%
17	黑龙江	14800.00	8.0%	26	贵州	8006.79	12.5%
18	广西	14378.00	10.2%	27	甘肃	6300.00	12.1%
19	天津	14370.16	12.5%	28	海南	3146.46	9.9%
20	江西	14338.50	10.1%	29	宁夏	2600.00	10.0%
21	吉林	12981.46	8.3%	30	青海	2103.00	11.0%
22	重庆	12656.69	12.3%	31	新疆	1480.00	18.0%
23	山西	12602.20	8.9%	32	西藏	802.00	12.5%

2013年，从产业角度看，第二产业贡献最大，增加值27422.5亿元，增长10.7%；第三产业居次，增加值22519.2亿元，增长9.2%；第一产业增加值4742.6亿元，增长3.8%。经济运行稳中有进。2013年全年全省规模以上工业企业实现增加值24222.16亿元，比2012年增长10.90%（图4-3-9）。

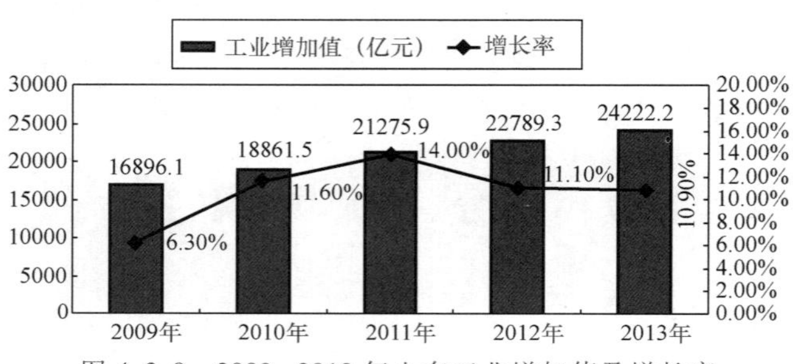

图4-3-9 2009~2013年山东工业增加值及增长率

2013年山东省固定资产投资（不含农户）35875.9亿元，比2012年增长19.60%。其中，民间力量贡献大，累计完成28998.5亿元，增长20.8%，占全省比重为80.8%（图4-3-10）。

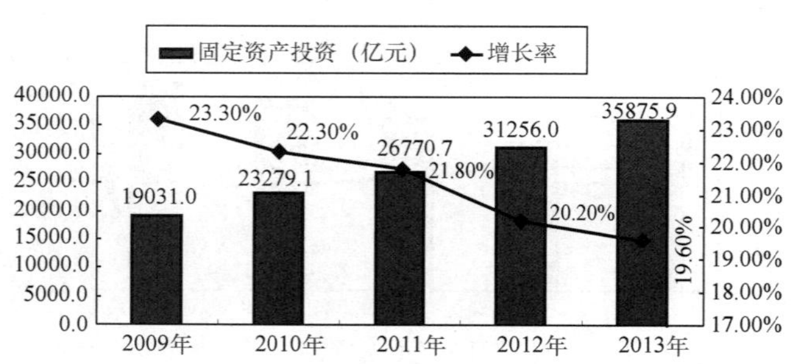

图4-3-10 2009~2013年山东固定资产投资及增长率

2013年城镇居民人均可支配收入28264元，实际增长7.40%。居民生活质量稳步提升，整体水平略高于全国人均可支配收入26955元，但仍低于一线城市，如2013年广东人均可支配收入达33090元（图4-3-11、表4-3-5）。

表4-3-5 2013年山东城镇居民收入与广东以及全国的对比

省份	山东	广东	全国
2013年城镇居民人均可支配收入/元	28264	33090	26955
同比增长	9.7%	9.5%	9.7%

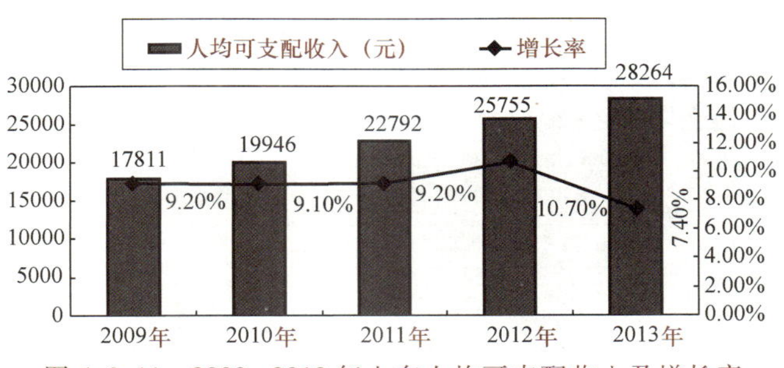

图 4-3-11 2009~2013 年山东人均可支配收入及增长率

2. 山东汽车产业状况

（1）山东省汽车产业规划布局。山东省在“十二五”规划中，大力发展汽车制造业，并重点规划建设济南基地、潍坊基地、青岛基地、烟台基地四个千亿级的整车生产点。同时在四个千亿级的汽车生产基地的基础上，加快培育淄博、威海、日照、聊城四个百亿级的汽车生产基地。

1）山东在“十二五”规划中，大力发展汽车制造业，重点建设济南、潍坊、青岛、烟台四个千亿级整车生产基地。

① 济南基地：以新型高技术性能重型载货车和中高档轿车为发展重点。积极支持中国重汽、济南吉利、济南青年汽车加快新建生产能力建设，优先保证企业用地、电、汽等生产要素供应。支持零部件配套企业加快向整车企业集聚，提高配套能力，扩大本地配套比重。

② 青岛基地：以高性能重中型货车和功能全、用途多、款式新的交叉型乘用车为发展重点。支持上汽通用五菱青岛公司加快二期产能扩建工程建设，增加新品种，扩大生产规模；支持一汽解放青岛汽车厂加快技术改造，优化产品结构，扩大生产能力。

③ 烟台基地：以节能环保型轿车和高性能中重型卡车为发展重点。支持上海通用东岳汽车公司搞好三期产能扩建工程，扩大轿车生产能力，加快推出新产品，提高中高档轿车生产比重。支持山东上汽汽车变速器公司等相关零部件配套企业搞好技术改造和配套新产品开发建设，增强零部件配套能力。支持北奔重汽蓬莱分公司进一步扩大重卡产能，形成产业规模。支持东岳动力总成、华源莱动扩大产能，开发生产新型节能环保发动机。到 2014 年，烟台市汽车生产规模已达到 60.09 万辆。

④ 潍坊基地：以轻型载货车、新能源汽车、发动机、变速器为发展重点，支持北汽福田诸城汽车厂和山东凯马汽车加快技术改造，进一步提高工艺技术装备水平，扩大轻卡生产能力。支持北汽福田加快新能源汽车项目建设，及早形成产业规模。支持潍柴动力扩大新型高性能大功率发动机产能，增产适合中小功率载货汽车用发动机品种，提高载货车省内发动机配套能力。支持盛瑞传动加快发展先进变速器，形成规模优势。

2）在“十二五”规划中，山东省在建设四个千亿级的汽车生产基地外，同时也加快培育淄博、威海、日照、聊城四个百亿级生产基地。

① 淄博生产基地：山东唐骏欧铃汽车公司加快技术改造，扩大生产能力，形成以轻型载货车为重点、以唐骏欧铃为中心的汽车生产基地。

② 威海生产基地：东安黑豹和荣成华泰加快技术改造，扩大生产能力，增加产品品种，形成以 SUV 乘用车和微型载货车为重点的生产基地。

③ 日照生产基地：山东五征加快技术改造，增加新品种，拓宽发展领域，扩大汽车生产规模，形成以中轻型卡车和三轮汽车为重点、以五征集团为核心的生产基地。

④ 聊城生产基地：中通集团和山东新产品开发基地，调整产品结构，扩大生产规模，形成

中高档客车、新能源客车和载货车为重点、由中通集团和山东时风辐射带动的生产基地。

（2）山东省近几年汽车产量情况。据山东省统计局数据显示：山东作为汽车大省，虽然在2011年产量有所下降，但在随后的2012年和2013年，山东汽车产量稳步增加，2013年山东汽车产量达150.9万辆，同比2012年增长14.30%（图4-3-12）。

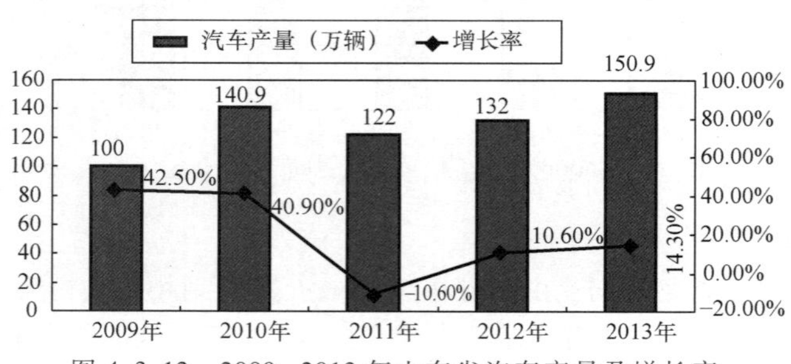

图4-3-12　2009~2013年山东省汽车产量及增长率

3. 山东汽车市场环境分析

近几年，山东省汽车产量不断增加的同时，山东省的汽车销量也不断提高，2013年全省汽车零售额为2478.2亿元，并持续四年增长率达10%以上，呈现产销两旺的大好局面（图4-3-13）。

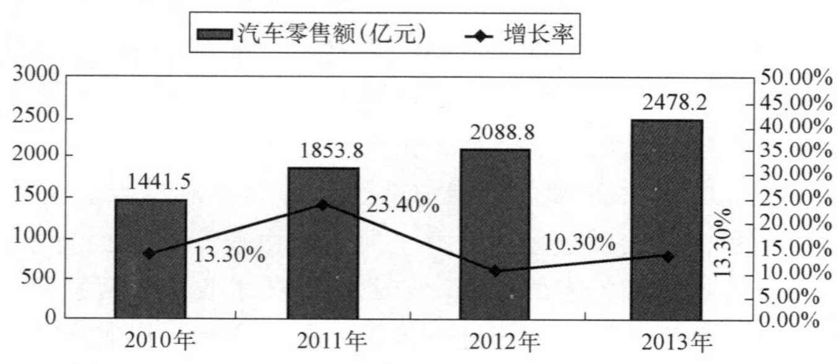

图4-3-13　2010~2013年山东省汽车零售总额及增长率

2013年，山东省民用汽车拥有量为1277.4万辆，同比2012年增长13.80%，连续五年增长率达13.50%以上。其中私人轿车拥有量为644.1万辆，同比2012年增长21.30%，持续五年增长率超20%（图4-3-14、图4-3-15）。

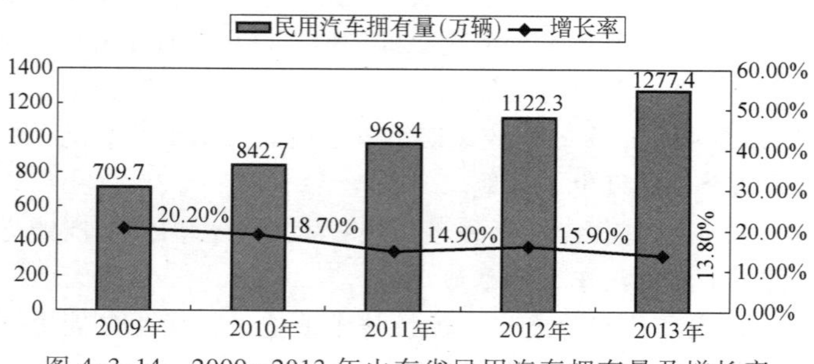

图4-3-14　2009~2013年山东省民用汽车拥有量及增长率

据山东省统计局数据显示，2011年山东省民用汽车上牌量出现负增长现象，但在2012年猛然增长，增长率高达19.70%。到了2013年，山东省乘用车以137.26万辆的上牌量高居全国第一（图4-3-16）。

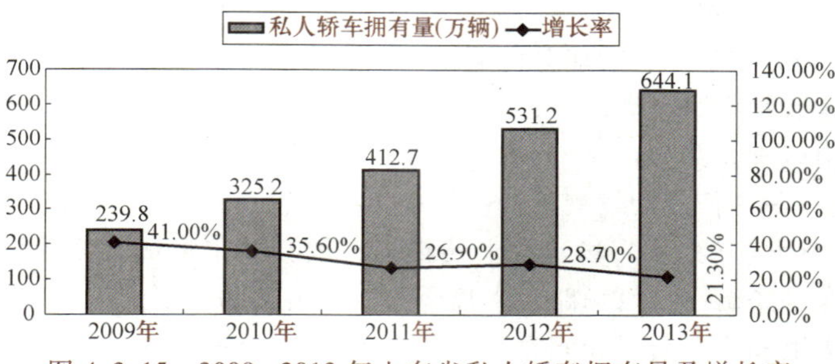

图 4-3-15　2009~2013 年山东省私人轿车拥有量及增长率

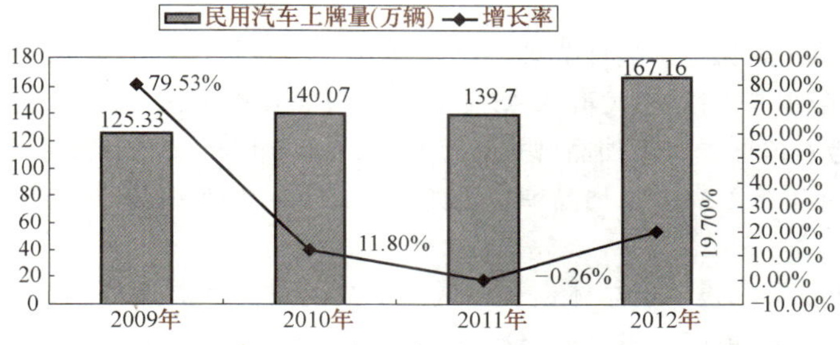

图 4-3-16　2009~2012 年山东省民用汽车上牌量及增长率

4. 烟台汽车专业市场分析

（1）烟台汽车市场分布。根据地理分布、规模大小和市场类型可将烟台市汽车市场划分为四个片区：开发区 4S 店片区、福海路汽配片区、幸福二手车—汽配片区、机场路新车交易片区。

开发区 4S 店片区主要指衡山路和北京南路，衡山路为开发区最早的 4S 店一条街，近年来由于城市发展规划的需要，而需将 4S 店全部搬迁至北京南路。而今北京南路于 2013 年开始建设，到如今已有 15 家 4S 店进驻，所进驻的品牌有自主品牌也有进口品牌。

福海路汽配片区由福海路沿街汽配商铺组成，主要以北方汽配交易中心为主，以提供汽车零部件、维修保养、美容装潢为主，但其所销售的产品及其所提供的服务档次均为中低档。

幸福二手车—汽配片区由幸福地区汽配市场和二手车市场组成，其中又以幸福南路为主轴。该片区现有的汽配市场有：烟台果品汽配市场、烟台石油汽配市场、烟台中山汽配城、烟台港物流园区汽配城、三站芝罘屯汽车配件市场、幸福汽配城等，二手车市场有：烟台汽车城、烟台交运集团二手车交易市场。

机场路新车交易片区主要指机场路自红旗中路至空港路之间路段。机场路汽车市场以新车交易为主，且以 4S 店展销为主，以汽车展厅辅。据不完全统计，机场路“红旗中路到空港路之间”进驻品牌多达 70 个。目前机场路形成的汽车市场有：山东鸿运汽车交易市场、烟台汽车交易广场。

机场路南段，临近莱山机场路段存在一个高档车的 4S 店群，目前已确定进驻 9 家，其中两家正在建设当中。

芝罘区除了机场路有大量的 4S 和城市展厅外，还有部分零散的汽车 4S 店，如只楚路和红旗西路两侧分布约有 4 个品牌 4S 店。

（2）烟台汽车市场发展特征。烟台汽车市场发展起步相对比较早，分布集中，功能分区明确。但后期发展不佳，到目前仍未形成大规模综合性强的汽车专业市场，烟台汽车有形市场仍处于初级阶段——汽车大道和汽车贸易市场。新车销售方面主要以 4S 店为主，以自主品牌为主，汽车后市场整体档次偏低。

1）烟台汽车市场分布集中，功能分区明确。烟台市汽车分布集中，新车销售主要集中在芝罘区机场路和福山区北京南路、衡山路，二手车集中在幸福南路，烟台汽车后市场主要集中在芝罘区幸福南路和福山区福海路。

2）汽车市场起步早，但后期发展不佳。早在十几年前，烟台就规划建设有汽车市场，如北方汽配交易中心和鸿运汽车交易广场。但十几年来，烟台并未形成大规模的综合性汽车专业市场，而是形成了汽车一条街——机场路、幸福南路、衡山路和北京南路。目前烟台汽车有形市场仍处于初级的汽车大道和汽车贸易市场的阶段。且目前烟台所存在的汽车市场普遍存在形象较低、产品档次偏低、规模较小等特点。更有因经营管理不善而导致商铺大量空置的北方汽配交易中心。

3）新车销售以4S店为主，展厅为辅。机场路新车销售以4S店为主，展厅为辅，而北京南路则全部都是汽车4S店。相对于集群的4S店，展厅分布比较零散，并没有形成展厅集群。

4）汽车品牌越来越丰富，高档品牌也逐渐增多。如今烟台汽车品牌主要以自主品牌和少数合资品牌为主，但近年来不少中高档品牌也纷纷入驻烟台，如保时捷、宝马、奔驰等。且目前中高档汽车销量逐年增加。

5）汽车后市场较具规模，但总体档次偏低。幸福南路及其周边已形成大大小小六家汽配市场，俨然成行成市，已具规模，但总体档次偏低，同时在福海路沿路也存在大量的汽配市场和店面，如北方汽配交易中心。但烟台现有的汽车后市场所经营的汽配和所能提供的服务档次多数都相对较低。中高档的汽车一般都要去4S店保养和维修，而不是选择现有的汽车后市场。

3.2　项目市场供需分析

1. 市场供给

（1）所在区域内汽车市场现有供给量及结构情况调查。据调研了解，烟台市现有的汽车市场中新车销售主要集中在芝罘区机场路和福山区北京南路、衡山路，二手车集中在幸福南路，烟台汽车后市场主要集中在芝罘区幸福南路和福山区福海路（表4-3-6）。

表4-3-6　所在区域内汽车市场现有供给量及结构情况调查

现有市场	供给量情况	业态情况
山东鸿运汽车交易广场	区域最早的汽车贸易市场，发展成熟，目前共进驻35个商户，现约有3间空置	中低档汽车销售、二手车交易、汽车维修，汽车美容，汽配用品多种业态相互补充
烟台汽车交易广场	沿街底商均有商户入驻，且场内停车场停满新旧汽车。场内一楼均有维修车间进驻	中低档品牌汽车销售、汽车维修、保险中心
机场路	区域内新车交易最为集中的道路，进驻品牌约70个，机场路最南段正在建设高档车4S店集群	以各类汽车品牌销售为主，辅以汽车维修、汽车美容、汽配销售
北京南路—衡山路	开发区4S店集聚区，约20个品牌4S店进驻，目前仍有4S店在规划建设	汽车4S店
北方汽配交易中心	开发区最大的汽配市场，共有618间商铺，在营业的有120家，其余多数处于关门状态	中低档的汽车零部件销售、汽车维修、汽车美容
烟台果品汽配市场	共有11栋，约250间商铺，全部开门营业，没有空置	中低档的汽车零配件销售、汽车维修、汽车美容
中山汽配城	规模小，约20间商铺，目前仅有一间空置	中低档的汽车零配件销售、汽车维修、汽车美容

（续）

现有市场	供给量情况	业 态 情 况
幸福汽配城	规模小，约 20 间商铺	中低档的汽车零配件销售、汽车维修、汽车美容
烟台汽车城	商铺总面积共 2500m^2，约 40 间。场内约有 500 个车位	中低档的二手车销售、汽修美容
交运集团二手车交易市场	商铺约 50 个，场内车位约 700 个	中低档的二手车销售、汽修美容、汽车检测

由表 4-3-6 看出，汽车交易市场现有量充足，且基本满场，少有空置，但仍以中低档品牌为主，中高档汽车交易市场还有较大的发展空间。汽车后市场档次属中低档，虽单个规模不大，但数量多，总量大，目前各汽车后市场基本进驻满场，少有空置。二手车市场目前有两个大型的卖场，规模大，且少有空置。

（2）所在区域内汽车市场未来供给量及结构情况调查。据调研了解，目前在新建汽车市场的有两处，一是芝罘区机场路和空港路交汇处西侧的高档车 4S 店群，二是开发区北京南路南侧的 4S 店集群园区。目前这两处大部分 4S 店已经建设完工并入驻营业，但其规模不大，还未建成的约剩下不到 10 间。烟台市除了本项目外，短期内未有规划建设新的大型汽车市场。从长远的发展看，随着可建设用地的减少，用地变得紧张，由于 4S 店建设占用土地规模大，所以其不会得到长久且大规模的发展；从汽车销售发展趋势来看，未来市场将以城市展厅为主流。城市展厅集群有着 4S 店无法比拟的品牌集聚效应，令更多的品牌得以集聚展示，给以客户更多的选择，将比 4S 店集群产生更多的经济效益，带来更多的社会效益。因此未来的汽车市场将是以城市展厅集群为主的汽车专业市场。

2. 市场需求

（1）所在区域内汽车市场租赁情况调查。据调查了解，目前烟台汽车市场中汽车展厅的租赁情况良好，市面上少有空置。山东鸿运汽车交易广场目前仅有 3 间商铺在招租，同在机场路的烟台汽车交易广场临街商铺均有商户入驻，场内的停车场也停满新旧车。在汽车后市场方面，汽车用品市场整体租赁情况好，市场需求量大，除北方汽配交易中心因管理不佳而导致大量空置外，其他汽车市场空置率较低，基本满场。烟台果品汽配市场共有 250 间商铺，均有商户入驻，没有空置。同在幸福路的汽配市场，也几乎没有空置。区域内汽车市场租用情况良好，表 4-3-7 为汽车市场个案租金情况。

表 4-3-7　所在区域内汽车市场个案租金情况调查

项 目 名 称	租 金 情 况
鸿运汽车交易广场	临街：每月租金为 83 元/（m^2·月）
交运集团二手车市场	场内：每月租金为 30 元/（m^2·月）
中山汽配城	临街：每月租金为 51 元/（m^2·月）
北方汽配交易中心	中心大道：每月租金为 22 元/（m^2·月）

（2）所在区域内在售汽车市场销售情况调查。据调查得出，烟台近十年来没有新建大规模汽车专业市场，而新建的 4S 店或展厅均是汽车经销商自己买地新建的。因此目前烟台市没有正在新建的或正在销售的汽车市场，只有少数的汽车市场在招租，且数量不多。

3.3　项目市场价格分析

1. 所在区域内商铺租售价格情况调查

目前项目所在区域内的商铺均有底商，且大多数正在销售，项目周边只有少数专业市场在招租。区位决定价格，不管是销售价格还是租赁价格均是越往北靠近市中心价格越高，而项目处于市中心和郊区的交界，价格中等，项目南部地区较远离市中心，价格偏低（表4-3-8）。

表 4-3-8　所在区域商铺租售价格情况

项目名称	项目地址	售价情况	租金情况
富顺苑·星都	芝罘机场路与大东夼路交汇处西南角	23500～28000 元/m^2	104 元/(m^2·月)
怡丰佳苑	芝罘通世路 20 号	均价:27600 元/m^2	—
九开家居	烟台市芝罘区机场路 80 号	—	场内:35 元/(m^2·月) 门头房:250 元/(m^2·月)
怡聚德广场	芝罘卧龙中路 21 号	均价:15800 元/m^2	33～42 元/(m^2·月)
天鹅堡	芝罘机场路黄务立交桥南 500m	均价:17000 元/m^2	—
爱汀堡	芝罘机场路以西,青年南路以东,绕城高速路北侧	均价:9000 元/m^2	—
山水龙城-天悦	芝罘通世南路与卧龙中路交汇处北以东	13800～14200 元/m^2	30 元/(m^2·月)
天和大厦	莱山凤凰西路与双河西路交汇处以北	均价:23000 元/m^2	90 元/(m^2·月)
悦海中心	莱山迎春大街 96 号	—	75 元/(m^2·月)
三站经纬广场	芝罘前进路 7 号	沿街底商:50000～60000 元/m^2 内首层:40000 元/m^2 二楼和三楼:20000 元/m^2	—

2. 所在区域内公寓、住宅租售价格情况调查

项目所在区域存在众多楼盘，特别是青年南路和通世南路两侧，因市中心在北部，故房价是北高南低（表 4-3-9）。

表 4-3-9　所在区域公寓、住宅租售价情况

项目名称	项 目 地 址	售 价 情 况
富顺苑星都	芝罘机场路与大东夼路交汇处西南角	均价:7500 元/m^2
怡丰佳苑	芝罘通世路 20 号	均价:6900 元/m^2
桦林·颐和苑	芝罘青年南路与魁玉路交汇处西行 1000m	6200 元/m^2
吉祥家园	交警三大支队北侧 100m	均价:6900 元/m^2
山水龙城·天悦	芝罘通世南路与卧龙中路交汇处北以东	6500～7600 元/m^2
天鹅堡	芝罘机场路黄务立交桥南 500m	70 年产权:6100～6300 元/m^2 40 年产权:4100～4600 元/m^2
阳光 100 城市广场	芝罘海港路 26 号	12000～13000 元/m^2
三站经纬广场	芝罘前进路 7 号	均价:8000 元/m^2
中盛国际	牟平滨海路 506 号	起价 7150 元/m^2,楼差 50 元/m^2

3. 所在区域内写字楼租售价格情况调查

目前项目周边几乎没有写字楼，也少有新建的。烟台写字楼主要集中在芝罘区中心和莱山区中心，且芝罘区中心写字楼租售价格均比莱山区中心的价格要高，售价和租金均相差近一倍（表 4-3-10）。

表 4-3-10 所在区域写字楼售价情况

项目名称	项目地址	售价情况	租金情况
万达广场	芝罘西南河路与建昌南街交汇处东北角	均价：12500 元/m^2	—
金长城数码大厦	芝罘区芝罘屯路 14 号	均价：13000 元/m^2	60 元/(m^2·月)
鲁东国际	芝罘南大街 158-3 号	均价：13000 元/m^2	60~70 元/(m^2·月)
第一国际 96 号	芝罘环山路 96 号	均价：16500 元/m^2	67 元/(m^2·月)
阳光 100 城市广场	芝罘海港路 26 号	均价：15000 元/m^2	60 元/(m^2·月)
金融国际大厦	莱山新苑路与迎春大街交汇处向西 100m	均价：8500 元/m^2	—
悦海中心	莱山迎春大街 96 号	起价：7150 元/m^2 楼差：50 元/m^2	—
天和大厦	莱山凤凰西路与双河西路交汇处以北	—	34 元/(m^2·月)
润华大厦	莱山迎春大街 170 号	均价：8200 元/m^2	—

3.4 项目市场预测

1. 未来该区域内汽车专业市场需求预测

根据对烟台汽车市场的详细调研及分析得出，烟台汽车市场现阶段交易火热，现有的汽车市场空置率较少，但整体存在规模小、形象低、档次低等特点。随着汽车市场的进一步发展和人民生活水平的提高，对产品和服务的要求也会越来越高，现有的汽车市场并不能满足日渐庞大且要求更高的需求。预计未来几年内，区域内将掀起一场汽车行业升级换代的热潮，届时将出现综合性强、规模大、档次高的汽车城或汽车园区。同时，由于如今的市场已经制约了行业的发展和影响城市形象，预计未来五年内，现有汽车市场将会进行一次升级改造。

如今进驻烟台的汽车品牌多数为自主品牌，合资品牌有将近一半未进驻，进口品牌只是进驻少部分，因此随着烟台汽车市场的发展，未来五年，烟台将会出现更多的中高档品牌（表 4-3-11、表 4-3-12）。

2013 年烟台的汽车上牌量达 14.44 万辆，增长率为 10.10%，未来几年内，烟台汽车上牌量年增长率 10%，预计 2014 年的上牌量将达 15.88 万辆，市场需求量大。

表 4-3-11 烟台各汽车品牌进驻情况

德系品牌								
奥迪	宝马	奔驰	保时捷	巴博斯	大众	MINI	欧宝	smart
泰卡特	威丝曼	西雅特						
日韩品牌								
本田	丰田	光冈	铃木	雷克萨斯	马自达	讴歌	日产	三菱
斯巴鲁	英菲尼迪	起亚	双龙	现代				
美系品牌								
别克	道奇	福特	菲斯克	GMC	jeep	凯迪拉克	雪佛兰	克莱斯勒
林肯	特斯拉							
欧系其他品牌								
标致	DS	Decia	雷诺	雪铁龙	菲亚特	依维柯	沃尔沃	斯柯达
捷豹	宾利	布加迪	法拉利	弗那萨利	兰博基尼	玛莎拉蒂	科尼塞克	劳斯莱斯
路虎	路特斯	摩根	阿尔法·罗密欧		阿斯顿·马丁			

（续）

合资品牌								
上海大众	上海别克	上海通用雪佛兰		上海通用凯迪拉克		上海通用五菱		一汽大众
上海依维柯红岩		一汽奥迪	一汽马自达	东风日产	东风标致	东风雪铁龙		东风本田
东风悦达起亚		长安福特	长安马自达	长安铃木	长安沃尔沃		长安雪铁龙	
北京现代	北京奔驰	北京克莱斯勒		北京三菱	北京 jeep	广汽本田	广汽丰田	长丰三菱
广汽菲亚特		华晨宝马	郑州日产	华泰现代	东南三菱	东风丰田	广汽三菱	华晨宝马
东风本田	广汽丰田	南京依维柯	上海大众斯柯达					
自主品牌								
比亚迪	一汽奔腾	宝骏	北京汽车	北汽幻速	北汽制造	北汽威旺	北汽新能源	
长安轿车	长城	长安商用	昌河	东风风行	东风小康	东南汽车	东风风神	东风风度
东风御风	福田	福迪	飞驰商务	福汽启腾	广汽	观致	广汽吉奥	广汽日野
哈弗	海马	华泰	红旗	黄海	哈飞	海马商用	恒天汽车	海格
汇众	吉利	江淮	江铃	金杯	江南	九龙	金龙联合	金旅客车
卡威	开瑞	科瑞斯	陆风	力帆	猎豹汽车	青年莲花	理念	蓝海房车
MG	纳智捷	欧朗	奇瑞	启辰	庆铃	荣威	帝豪	绅宝
上汽大通	双环	陕汽通家	腾势	五菱	威麟	潍城英致	新凯	一汽
野马汽车	永源	扬州亚星客车		众泰	中华	中兴	中欧	之诺
浙江尔森	中通客车	全球鹰	苏州金龙	广汽传祺				
注：		为机场路周边进驻品牌			～～～	为开发区进驻品牌		

据不完全统计，机场路共进驻品牌达 72 个，其中展厅 31 个，4S 店 41 个。开发区共进驻 20 家 4S 店，其中有 10 个品牌是在机场路或项目周边未设有展厅的。因此随着烟台汽车市场的发展和市场的需求扩大，将有 115 个品牌可能进驻。

表 4-3-12　品牌进驻需求统计

品牌	数量	已进驻	未进驻	开发区可能进驻的品牌数
德系品牌	12	5	7	2
日韩品牌	14	6	8	1
美系品牌	11	2	9	0
欧系其他品牌	23	3	20	0
合资品牌	39	24	15	3
自主品牌	84	38	46	4
总计	183	78	105	10

2. 未来该区域内汽车专业市场销售及租赁价格预测

目前，该区域内汽车专业市场的沿街商铺（首二层）销售价格为 13000～28000 元/m^2，售价平均为 18000 元/m^2，沿街商铺（首二层）租赁价格平均为 70 元/(m^2·月)，随着近几年经济不断发展，市场的需求不断扩大，本地的汽车市场还有很大的发展空间，需求决定价格，巨大的市场需求和市场潜力将带动区域内的汽车专业市场销售以及租赁价格的上升。根据烟台汽车市场的价格增长规律，未来三年汽车专业市场销售及租赁价格将会逐年以6%～8%的年增长率上涨，价格预测见表 4-3-13。

表 4-3-13　未来三年汽车专业市场沿街商铺（首二层）销售及租赁价格预测

预测价格	2013 年	2014 年	2015 年	2016 年	2017 年
销售价格/(元/m^2)	17000	18000	19080	20225	21439
租赁价格/(元/(m^2·月))	66	70	74	78	83

3.5　项目市场营销策略

1. 汽车城招商营销方式及措施

1）深入分析本项目的各项基本情况（如地理特点、开发商优势等），结合政府宏观政策和市场的发展趋势，赋予项目更多的品牌附加值，挖掘项目独有的内质，升华项目主题和形象，建立强有力的品牌个性和独特的营销主张，提升品牌的核心竞争力。

2）充分理解分析项目品牌的个性，并紧密结合消费者的实际需求，达成最有效的诉求。

3）深度挖掘项目的优势卖点，拟定一个营销主题，统一形象，统一口径，最终达到最优的营销推广目标。

4）寻求最适合本项目的传播载体、传播渠道，精选最优宣传推广方案，最大化发挥传媒效果，最大限度提升项目的知名度。

5）价格策略方面，建议采用“低开高走”的价格策略。

6）差异化营销策略，以“人无我有，人有我优”的策略，达到“抢夺先机、出奇制胜”的目的。

7）整合主题包装与传播，优化营销策略、手法，旨在让品牌迅速深入人心，迅速打开市场销路，短平快地完成前期销售任务。

8）摸清现有市场品牌情况及其分布情况，需找市场空白点，确定最精准的目标客户群。

2. 汽车城招商营销计划安排

项目营销计划安排进度见表 4-3-14。

表 4-3-14　项目营销计划安排进度

阶段	类目	时间进度	具体工作
筹备期		2015 年 5 月 ~6 月	项目 VI 系统建立、售楼部建设、建立营销团队、编写营销方案、内部认购
一期临机场路部分和北边部分	公开期	2015 年 7 月 ~9 月	树立一期形象、宣传推广、招商蓄势、客户蓄水、开盘准备、开盘造势
	开盘期	2015 年 10 月	强势开盘。完成一期总量 40%以上的营销任务
	热销期	2015 年 11 月 ~2016 年 7 月	持续招商销售、加强宣传广告维护。期间再度开盘，引爆市场热点。完成一期总量 90%以上的招商任务
	持销期	2016 年 8 月 ~9 月	做好物业管理，维系老客户。完成一期 100%的营销任务
二期南边部分和中心部分	公开期	2016 年 8 月 ~9 月	树立二期形象、宣传推广、招商蓄势、客户蓄水、开盘准备、开盘造势
	开盘期	2016 年 10 月	强势开盘。完成二期总量 40%以上的营销任务
	热销期	2016 年 11 月 ~2017 年 7 月	持续招商销售、加强宣传广告维护。期间再度开盘，引爆市场热点。完成二期总量 90%以上的招商任务
	持销期	2017 年 8 月 ~9 月	做好物业管理，维系老客户。完成二期 100%的营销任务
开业期		2017 年 10 月	项目盛大开业

第四部分　项目研究

4.1　项目选址及地块分析

1. 项目概况分析

项目地块是烟台汽车文化产业城项目规划地块的一部分，位于芝罘区机场路北段东侧。地块东至规划路，往东为荆子山和通世南路；西至机场路，往西为交运驾校；南至加德士加油站和鸿运汽车交易广场；北临高压线，往北为芝罘区殡仪馆。

2. 项目资源分析

（1）环境资源：周边环境汽车市场氛围浓厚。项目所在的机场路为烟台市汽车交易最为火热的地带，也是汽车交易市场规模最大的地区。机场路几乎汇聚了各种车型的交易、各类汽车品牌的展销。机场路汽车大道具有一定的知名度和固定客户群，为项目的发展提供良好的市场环境。

（2）市场资源：市场需求较大，市场空白点大。随着烟台市未来经济社会的发展，市民经济收入水平和生活水平的不断提高，对汽车消费的要求也随着增大，而现有的汽车市场档次均偏低，逐渐不能满足市场的需求。该项目正吻合该区域行业发展和行业升级换代的时代背景，蕴含着巨大的市场潜力。

（3）交通资源：交通路网四通八达，水路空三路齐头并进。项目所在的机场路属于国道204的一段，并通过黄务立交与绕城高速连通，距离黄务立交约3km；项目距离火车站约10km；项目距离莱山机场约10km；项目距离烟台港约9km，路网发达，交通便利。

巨大的综合交通枢纽及网络化、高效率的交通干线为该项目提供了最优的通达性和集聚辐射条件，加速了物流、人流、资金流、信息流的集聚。

（4）区位资源：位于市中心地带，芝罘区规划发展区域。项目位于烟台市芝罘区机场路北段，地段优越，处于烟台市中心地带。且项目同处于芝罘区正在建设的“南部新城”的规划范围内，更是处于烟台汽车文化产业城的规划范围内，未来发展潜力足。

（5）政策资源：政府宏观政策的支持，重点规划汽车产业园。早在2010年，政府就打算在机场规划建设大型的烟台汽车文化产业项目，而本项目正是在这样的前提下而开始筹备规划建设的，这势必得到政府的大力扶持。并且项目的规划建设正符合烟台“建立黄务市场群体系”“建设黄务机场路汽车专业市场”的有关政府法规，这也同样会得到政府和社会的支持。

（6）开发商资源：开发商房地产行业实力雄厚。深圳嘉信福集团是一家集房地产开发、建筑装饰设计、商业贸易、物流仓储于一体的多元化集团公司，下属子公司有深圳市嘉信装饰设计工程有限公司、深圳市中银信置业有限公司、深圳市嘉信松山置业有限公司、深圳市太谷投资发展有限公司、清远市深嘉投资开发有限公司、深圳市深汇贸易有限公司等。嘉信福在房地产开发建设、房地产投资和市场管理具有相当丰富的经验和资源。为项目先期开发建设与后期运营管理提供有力的保障。

3. 项目区位分析

项目位于烟台市芝罘区机场路北段东侧，地段优越，处于烟台市中心地带。且机场路沿路汽车交易市场繁华，市场氛围浓厚。同时项目同处于芝罘区正在建设的“南部新城”和“烟台汽车文化产业城”的规划范围内，未来发展潜力大。

4. 项目周边环境现状

（1）项目周边汽车市场情况。

1）项目所在的机场路从红旗中路到空港路之间的路段，存在大量的汽车交易门店，其类型有4S店、城市展厅、二手车市场、汽配店面等。其中所销售的汽车品牌多为自主品牌，含少量的合资品牌，共约70个品牌。

2）机场路汽车市场存在形象较低、规模偏小、各自为政等缺点，但是由于起步得早，拥有一定的客户源和知名度，但目前出现跟不上市场变化和不能满足中高档市场日益增长需求的现象。

3）机场路现有的汽车市场有山东鸿运汽车交易广场、烟台汽车交易广场，但由于经营时间较长，外立面显旧，市场整体档次较低。所经营品牌皆为自主品牌，所销售的车型种类繁多，有商用车、乘用车、货车、卡车等。

4）机场路现有的汽配店面集中在交运驾校周边（项目西侧），目前皆为零散店面，是没形成规模的汽车后市场，且档次低。

5）机场路进口高档车4S店集中在机场路与空港路交界西侧，距离项目地约8km。其并非是一个4S店集群的汽车城，而是由政府导向、汽车品牌经销商拍得土地而自建的4S店，其地块小，进驻品牌有限，目前进驻品牌有9个，分别是凯迪拉克、奥迪、宝马、奔驰、雷克萨斯、红旗、奇瑞、路虎与捷豹。

（2）项目周边房地产开发情况。

1）项目地块周边存在大量在售楼盘，目前多数都已经是现房或者准现房。主要集中在青年南路、黄务立交桥、通世南路周边。

2）项目周边多数楼盘均有公寓或小户型（一房一厅或二房一厅），销量良好。但40年产权的公寓价格要比70年产权的便宜。

3）项目周边楼盘均有底层商铺，商铺在住宅方面基本售罄后才销售。且多数大型卖场是只租不售，发展商自持物业。商铺基本是“一拖二”形式，分上、下两层。

4）目前周边房地产开发项目中，多数未规划建设写字楼和酒店。目前除了“怡丰佳苑”有两座写字楼和“东和科技园”有写字楼群外，周边楼盘中均没有写字楼。酒店方面，也只有奥特莱斯（烟台现代国际新城）有规划建设。

5）项目北面由于靠近市中心，而南面地理位置较偏，故北面的房价、租金都要比南面的高。

（3）项目周边配套情况。

1）机场路两边项目周边酒店缺乏，现正经营的酒店几近没有，而正规划建设的酒店也几乎没有。烟台酒店集中在市中心地带。

2）项目周边未存在写字楼，而在建的“怡丰佳苑”有两座写字楼已被社保局租用。同样在建的“东和科技园”虽存在大量的写字楼，但其距离本项目较远，地理位置较偏。

3）项目周边商业配套集中在魁玉路两侧，其基本能满足人们生活需求，但档次均不高。且项目周边楼盘都规划有沿街商铺，待开发成熟，能满足项目所在片区的生活需求。

5. 项目周边规划

（1）机场路东侧地块将建桦林集团汽配车间。该项目位于芝罘区机场路以东，天航汽车销售服务有限公司以南，勤河以北。规划可建设用地面积约5885m^2。规划总建筑面积20621.03m^2。

（2）芝罘区原塑料六厂地块规划8组高层。芝罘区原塑料六厂地块规划建筑设计方案显示，芝罘区机场路以东，蓁山屯路以北，原塑料六厂厂区范围内，规划了8组高层，规划总用地面积约3万m^2，其中可建设用地面积约2.8万m^2。规划总建筑面积近7万m^2。

（3）芝罘区将建嘉诚蓝海科技港。该项目位于芝罘区卧龙北路以南，烟台嘉诚油脂食品有限公司榨油车间以北，威利发食品有限公司以东，隆泰塑料包装制品有限公司以西。规划总用地面积约1.23hm^2，其中可建设用地面积约1.14hm^2。规划总建筑面积近5万m^2。

（4）芝罘区将建宏伟管业研发园。根据宏伟管业研发园规划建筑设计方案，该项目位于芝罘区卧龙园区内，通世南路以东，劳教所以北，东和新城以南。规划可建设用地面积约5.3万m^2。规划总建筑面积达10万m^2。

4.2 项目SWOT分析

1. **项目优势分析**（Strength）

（1）区位环境优越，市场氛围浓厚。项目所在的机场路为烟台市汽车交易最为火热的地带，也是汽车交易市场规模最大的地区，为项目的发展提供良好的市场环境。市场培育周期短，收益见效快。

（2）地理位置良好，交通网络发达。项目所在的机场路属于国道204的一段，并通过黄务立交与绕城高速连通，项目距离黄务立交约3km；项目距离火车站约10km；项目距离莱山机场约10km；项目距离烟台港约9km，路网发达，交通便利。

（3）开发商实力雄厚，保障项目规划建设和运营管理。嘉信福集团在房地产开发建设、房地产投资和市场运营管理方面具有相当丰富的经验和资源。为项目前期开发建设与后期运营管理提供有力的保障。

（4）市场空白大，市场机遇大。目前烟台汽车市场未形成大规模的综合性汽车专业市场，市场资源得不到充分的整合和优化。随着市场的发展和需求的不断增加，项目将得到巨大的发展潜力，打开广阔的发展空间。

（5）行业总体规划，政府大力支持。早在2010年8月，政府便对烟台汽车文化产业城项目进行总体规划布局，而本项目位于总体规划范围内，政府将大力支持，并得到众多优惠政策扶持。

2. **项目劣势分析**（Weakness）

1）项目北边因临近高压线，并存在高压线，故需退让，造成项目可建设用地面积减少。

2）项目北边临近芝罘区殡仪馆，对地块价值带来严重影响，导致北面业态难以卖出或租赁。

3）项目东靠荆子山，地势最高处高于西边机场路约30m，这将对项目的规划建设带来一定的困难。

4）作为一个新兴的汽车市场，项目在区域内的认知度较小，存在培育市场的时间周期。

5）外来企业进入市场难度不小。由于地方均有区域保护政策，保障本地企业利益，且烟台本地汽车商家在烟台汽车商会的引导下已抱作一团，影响外部企业的招商。

6）项目东边和南边规划道路目前规划不明确，影响项目规划及周边物业招商销售。

3. **项目机会分析**（Opportunity）

1）项目处于机场路，市场交易火热，汽车市场氛围浓厚。浓厚的市场环境必将带动项目的良好发展。

2）政府宏观政策扶持，前景无限。政府在机场规划建设大型的烟台汽车文化产业项目，项目正是在这样的前提下开始筹备规划建设的，这势必得到政府的大力扶持。并且项目的规划建设正符合烟台“建立黄务市场群体系”“建设黄务机场路汽车专业市场”和“加速建设南部新城”的有关政府法规，这也同样会得到政府和社会的支持。

3）中高档汽车及用品市场需求迫切，行业前景兴旺，随着当前经济的不断发展，烟台当地居民对汽车市场的消费需求越来越旺盛，要求也越来越高，市场潜力巨大。

4）目前该区域缺乏规模化、专业化、集中化的一站式汽车专业市场，本项目作为首个国际汽车博览园将取得该区域的市场先机，具有良好的发展前景。

4. **项目威胁分析**（Threat）

1）项目所处区域汽车市场发展良好，现有市场抢占了市场先机，分流了客户群体，对本项目的市场收益造成威胁。

2）开发商作为外来企业，跟当地政府和本土企业需要一定的磨合期，才能适应当地政策和市场。

3）对比烟台其他的竞争性项目，汽车市场已经成型，本项目在规划上必须更具创造性和差异性，否则会造成后期招商运营困局。

4）烟台下辖县市汽车市场正处发展期，其对汽车市场未来的规划与建设，会对项目存在潜在的威胁。

5. 项目综合分析

（1）优势机会战略。

1）借助地块优越位置，建设区域品牌项目，提高知名度。

2）抓住市场空缺机会，顺应发展趋势，开发设计出创新实用的产品，引领汽车市场。

3）借助开发商资源，加强前期规划建设和后期运营管理，打造精品工程。

4）借助机场路浓厚的市场氛围，提升项目知名度。

（2）优势威胁战略。

1）综合项目各项优势，降低市场竞争激烈所带来的威胁，差异化竞争，挖掘市场空白点，避免同质竞争。

2）借助项目所处区位的发展趋势和潜力及规划利好，提高项目整体素养，减弱空置率威胁。

3）积极寻求政府的扶持，得到政策的支持，顺利进入本地市场，充分利用当地资源，迅速打开市场。

4）抓住目前市场的空白点，优化规划设计，提升经营管理理念，使得项目在未来几年内不落后于新建的市场。

（3）劣势机会战略。

1）利用政府对该区域的规划与建设的机遇，提升区域汽车市场的知名度。

2）抓住市场需求迫切的机遇，打造项目品牌，打造区域标志性汽车市场，引领区域汽车市场潮流。

3）利用优化规划方案，规避地块存在的不利因素。

4）引进先进经营管理理念，提高经营管理质量，提升管理水平。

（4）劣势威胁战略。

1）彰显项目个性形象，提升知名度，推广区别于竞争项目的市场形象。

2）完善项目自身功能，提高本项目的竞争力。

3）提升规划、经营和管理的水平。

4.3 竞争性项目分析

1. 山东鸿运汽车交易广场

（1）项目概况。山东鸿运汽车交易广场于2001年开业，是机场路沿线众多汽车市场中做得最久的一个市场，也是附近汽车市场的标杆。场内被划分为A、B、C、D、E、F、G、H八个区域，其中E座和D座是用于住宅商务，H座是新车展场，此外还划分了专门的维保停车和维保车间。场内招商的主要是A、B、C、H、F、G六个区域，共28户商家，进驻的商家多为自主经营的本土品牌，如长安轿车、长安铃木、郑州日产、广汽传祺、中华华晨、长安商用、五菱汽车、金杯轻卡等。场内多为自主经营品牌的总部。鸿运汽车市场是机场路沿线知名度最高、最成熟的一个市场。

（2）租赁价格情况。

1）二层商铺租金是46元/(m^2·月)。现在招租的是靠近加德士加油站的东风小康4S二层，面积为900多平方米。

2）维修车间租金约是27元/(m^2·月)。现正招租的是东风小康4S店东面，面积为1200m^2。

3）首层沿街底商租金约是83元/(m^2·月)。现正招租的是机场路沿路的商铺（原双环汽车展厅），面积约为200m^2，租金为一年一付，店前提供四个车位。

4）场内进大门商铺租金约是95元/(m^2·月)。现正招租的是鸿运汽车交易市场内部的商铺（原福田汽车展厅），商铺面积约为140m^2。

5）管理方面，鸿运汽车市场管理方免收物业费，商户水电开支需自理，要求商户为车买保险。

6）场内角落商铺租金约42元/(m^2·月)。

7）场内有配套的公寓，位于项目南面，租金300~500元/间。

2. 烟台汽车交易广场

烟台汽车交易广场主要业态有汽车展销、汽车维修、配套保险中心和公寓。项目临街首层为汽车展厅，所销售的汽车多为自主品牌。二层均是维修车间，并有建设通道可直接让车驶进二层场内，层高约9m。场内有天航汽车销售服务有限公司汽车超市，可是从外观看来十分低端，经营不善，缺少人气。场内中心停放了很多中低端品牌汽车，如比亚迪、众泰汽车、金杯汽车、福田汽车、解放牌、南京依维柯、东风标致等，多为小皮卡和轿车。

3. 机场路汽车大道

项目所在的机场路从红旗中路到港城西大街之间的路段（约5.5km），存在大量的汽车市场，其类型有4S店、城市展厅、二手车市场、汽配店面等，据不完全统计，该路段进驻品牌达70个。其中所销售的汽车品牌多为自主品牌，含少量的合资品牌。而且，机场路所有的汽车市场存在形象较低、规模偏小等缺点，但是由于起步得早，拥有一定的客户源和知名度，但目前出现跟不上市场变化和不能满足市场日益高端的需求。

机场路展厅以自主汽车展厅为主，少数合资汽车展厅为辅。目前机场路现有的汽配店面皆为零散店面，没形成规模性的汽车后市场，且档次低。

机场路进口高档车4S店集中在机场路与空港路交界西侧，距离项目地约8km。其并非是一个4S店集群的汽车城，而是由政府导向，汽车品牌经销商拍得土地进而自建的4S店，由于地块小，进驻品牌有限，目前进驻品牌有9个，分别是凯迪拉克（在建）、奥迪（在建）、宝马、奔驰、雷克萨斯、红旗、奇瑞、路虎与捷豹。

据芝罘区招商科介绍，2013年机场路全年汽车销售总额达140亿元。

4. 烟台交运集团二手车交易市场

（1）项目概况。烟台交运集团二手车交易市场隶属于烟台交运集团的全资子公司，位于烟台市芝罘区幸福南路4号（原车管所地址），于2011年5月投入使用。市场占地面积约43亩，可出租房屋57间，租赁车位700余个。该市场可为交易用户提供二手车交易、二手车评估鉴定、车辆检测、维修、保养、美容，以及代办过户、转籍、上牌、保险等全方位服务。目前该市场所销售的二手车以自主品牌二手车为主，兼少数合资品牌。

（2）租赁价格情况。

1）城市展厅：350元/(m^2·年)（约合30元/(m^2·月)）。如288m^2，共计年租金10.8万元。

2）场内办公室：A 区 3 万元/(年·间)，房间实用面积 $20m^2$；C 区 1.5 万元/(年·间)，房间实用面积 $15m^2$。

3）场内停车位：每车位租金 2400 元/年（约合 200 元/月），适宜经营二手车业户租用。

5. 烟台汽车城

烟台汽车城位于幸福南路 9 号，占地约 2.5 万 m^2，可提供办公用房 50 间、汽车展示厅 $2500m^2$、场内空旷场地可提供二手车展位 500 多个。汽车城以服务性管理为主，兼自营。进驻单位可自主经营、自主交易，也可委托经营。并可办理烟台地区旧机动车市场交易、转籍过户。

目前该市场所销售的二手车以自主品牌二手车为主，兼少数合资品牌，并存在及少量的高档二手车。

6. 北方汽配交易中心

（1）项目概况。项目位于烟台市福山区福海路，建筑面积 12.6 万 m^2，占地面积约为 5 万 m^2，大约 75 亩。项目自 2004 年开始营业至今已经将近 10 年，规划的商铺约有 618 间，商铺为“一拖二”形式，且均有私人地下室。但由现场营业情况看，在场经营的商户约为 120 多家，多数商铺处于关门状态。

当初开发商是以销售的形式把商铺都售罄后就离场，店铺的业主再把场地进行转租，造成场地缺乏管理，地面坑坑洼洼，有的商户甚至出现地下室渗水情况，由于没有对业态有一个统一的规划，汽修的店铺四处分布，造成环境卫生脏乱差。店铺多空置，有一些被租作商铺，有一些被租作居住用途，商铺的二、三楼基本空置。

（2）租赁价格情况。

1）公寓租售价：三楼面积为 $44.2m^2$ 的公寓楼售价为 22 万元。

2）门口位置商铺租金约 16 元/(m^2·月)。如市场门口位置一润滑油商铺，共三层，其中一层为地下室，面积约为 $340m^2$（含地下室），租金是 65000 元/年，一年一付。

3）中心大道商铺租金约 15 元/(m^2·月)。如面积约为 $225m^2$ 的商铺（含地下室），租金为 4 万元/年，每平方每月租金约为 22 元。

4）场内商铺租金约 8 元/(m^2·月)。如场内临街的区域只有西边的角落（靠近汽修店的区域）有商铺出租，面积为 $150m^2$，租金为 15000 元/年。

5）物业管理费为 0.4 元/(月·m^2)，水电费用需自行到物业管理处缴纳。

7. 衡山路和北京南路

（1）衡山路。衡山路是开发区老 4S 店一条街，前两年存在 10 家 4S 店，分别是大成的荣威、奇瑞，金德的北京现代、富金帝豪，裕华的长安福特，福日的广东本田、东风本田，中升的奥迪、雪佛兰、别克。占地面积 18.92 万 m^2。近年来由于城市化进程加快，衡山路上 4S 店将集体迁移，目前只剩下雪佛兰、别克、奇瑞、福特、北京现代五家。

（2）北京南路。北京南路是开发区唯一的汽车 4S 店指定集聚区，总体规划面积 27 万 m^2。目前已进驻 15 家 4S 店，高档品牌的有国际高档品牌，低档品牌的有自主品牌。如今进驻的品牌有：名爵、荣威、吉利帝豪、北京现代、东风本田、长安福特、奔驰、哈弗、奥迪、保时捷、广汽丰田、进口现代、五菱、雷诺、东风日产。根据现场观察，北京南路 4S 店群周边还有些许空地，预计在未来几年还有新的 4S 店在这里建设开业。

8. 烟台果品汽配市场

烟台果品汽配市场是由三站汽配城整体搬迁至幸福南路而形成的汽配市场，新的汽配城改名烟台果品汽配城，位于车管所原址对面，营业面积 7000 余 m^2，分为 A 区和 B 区，A 区共 11 栋，B 区共 9 栋，共有约 250 个商铺，规模较大但装修老旧，场内经营的大部分都是中低端车辆的汽车配件，高端的很少，只有一家经营奔驰、宝马、沃尔沃、路虎、捷豹的汽配销售店面。

4.4　市场调研访谈录

1. 果品汽配市场烟台广盛源汽配——于基文经理

（1）访谈对象简介。于基文经理是果品汽配市场中烟台广盛源汽配的老板，是上海通用纯正品牌零件供应商，其店面是从三站市场搬迁到果品市场，并参与果品市场招商。

（2）访谈要点记录。

1）拥有两个店面，店面位于果品汽配市场正门旁边，年产值 120 万元。

2）汽配市场已饱和，烟台汽配市场辐射范围小。

3）当地汽配价格偏高，济南汽配价格相对便宜，所以不少客户会直接到济南拿货。

4）很多汽配经销商，都争一手资源，争取竞争优势最大化，取得利益最大化。

5）关于本项目，汽配市场规模不宜过大，中高档汽配客户会偏重于选择 4S 店购买汽配，因他们注重品质。

2. 果品汽配市场烟台淳联汽车用品商行——淳于怀波经理

（1）访谈对象简介。淳于怀波经理是果品汽配市场中烟台淳联汽车用品商行的老板，是“标榜”系列汽车养护用品烟台总代理。其店面从三站市场搬迁到果品市场，在鸿运市场经营汽配一年，但由于市场不佳，而退场。其曾从事建设行业。

（2）访谈要点记录。

1）拥有两个店面，店面位于果品汽配市场正门旁边（广盛源汽配旁边）。

2）果品汽配市场大多数汽配店面年产值约 50 万～60 万元。

3）烟台汽配市场饱和，中高档汽配有市场。

4）关于本项目，项目地价受殡仪馆及东边规划道路影响，如殡仪馆迁移、规划路开通，本地块价值大幅上升。

5）建议本项目做中高档汽车展厅销售和中高档汽配销售，汽配占比不宜过高，两者比例仍需琢磨。

6）在项目规划方面，应规划建设成开放式市场，道路通畅。

7）项目如汽修方面的，因其脏、乱等特点，应集中安置在地块较偏位置。

8）汽配店面一般在一层，不宜安置在二层或以上。

9）其透露当初鸿运对本项目地块早有意向投资开发，因殡仪馆问题、东部规划路等特殊原因而最终没实施。

10）其对于本项目将近 2.5 的容积率，表示作为专业市场，难度很大。当地住宅容积率达到 2.0 的也不多。

3. 长安马自达展厅

（1）访谈对象简介。长安马自达机场路店隶属烟台裕顺汽车服务有限公司旗下的一个 3S 店，其公司共经营 4 个汽车品牌，分别是长安马自达、长安福特、海马、长城。本次访谈的对象是长安马自达店的销售主管——李良。

（2）访谈要点记录。

1）车价 10 万～20 万元，月销 50～60 台，周边大点的中低档汽车销售门店业绩好时，能月销 100 台左右。店铺面积接近 $300m^2$。

2）周边没有较集中的以汽车展厅为主、汽车美容为辅的市场，所以本项目有一定的可行性。高档汽车美容售后，有市场的发展前景。

3）机场路沿线基本涵盖不同层次的汽车品牌，机场路高档车4S店集群还将继续往南发展。

4）新车销售在烟台市区基本趋近于饱和，如今有向县市发展的趋势。并有汽车经销商在拓展县市汽车市场。

5）同一经销商在烟台不同区域都设有展厅汽车售后点或展厅，以弥补汽车美容售后市场的空白。

6）汽车美容装潢的经营理念需要配套娱乐休闲服务，目前在烟台做得较好的只有两家。

7）烟台本地汽车经销商基本都是烟台汽车商会的成员，内部相对比较团结，面对外来汽车市场投资商会采取一定的区域保护政策。若本项目无政府或相关协会的支持，则难以顺利打开本地市场。

4. 进口现代展厅

（1）访谈对象简介。进口现代汽车展厅，是机场路少数纯进口汽车展厅的其中一个。本次访谈对象是展厅前线销售人员。

（2）访谈要点记录。

1）进口现代汽车展厅拥有三个门面，约450m^2。月销售量可达40~50台，单价约20万~30万元/部。

2）在烟台开发区设有亚洲旗舰店，他们所需的售后、美容都有相应的配套服务。

5. 进口企业汽车展厅

（1）访谈对象简介。进口企业汽车展厅，是机场路少数纯进口汽车展厅的其中一个。本次访谈的对象是其客户经理。

（2）访谈要点记录。

1）拥有六个门面，约400m^2。月销20辆，单价16万~42万元/部。一年只有200~300台的固定销售配额。

2）如今4S店、展厅新车销售基本配套装潢和美容。

3）目前市场上高档车销量比低档车低。

4）汽配方面可考虑引进4S店没配备的产品，如电子狗、导航仪等。

5）烟台每年4月和9月都有政府举办的大型车展。烟台所有的品牌都会参加。

6. 超越名车行

（1）访谈对象简介。超越名车行位于大海阳路民航大厦斜对面，其所销售的均为高档名车。本次访谈的对象是一线销售人员。

（2）访谈要点记录。

1）面积约120m^2，月销量约10台，平均单价约60万元/部。

2）其同个公司的一个4S店，月销量约20台。

3）其进货渠道是直接从国外市场购入。

7. 金百利汽车美容服务中心

（1）访谈对象简介。金百利汽车美容服务中心位于机场路28号，中石油加油站旁，提供洗车美容、装潢贴膜、四轮定位、保养换油、轮胎修补等服务，并有相关汽车用品出售，所提供产品和服务档次中等。本次访谈对象是一贴膜师傅。

（2）访谈要点记录。

1）拥有三个工作车间，共约300m^2。年营业额为80万~100万元不等。

2）3km范围内如车辆抛锚，可拨打金百利电话，店主将派人上路救援。

3）现在烟台做汽车保养美容，高档点的不多，还是有市场的。

8. 烟台永和工程造价咨询事务所——吕超群总经理

（1）访谈对象简介。烟台永和工程造价咨询事务所拥有山东省建设厅的“工程造价咨询乙级资质”“工程招标代理机构乙级资质”。自2002年以来被烟台市中级人民法院聘为“经济案件技术鉴定审计”单位；2004年被评为烟台市十大诚信中介之一；2010年被山东省造价协会纳为理事企业。业务范围：承接工程项目的预算、结算、竣工决算、工程招标标底、投标报价的编制和审核；提供建设项目实施阶段工程造价监控及工程索赔业务服务；接受司法机关与仲裁机构委托，对建设项目工程经济纠纷进行鉴定；建设工程的勘察、设计、施工、建设监理及建筑材料采购招标的代理。

（2）访谈要点记录。烟台不同类型的建筑的建安造价见表4-3-15。

表4-3-15　烟台不同类型的建筑的建安造价

建筑类型	建安造价	备　注
20层以下写字楼	约2800元/m²	毛坯包设备、电梯及公共装修包给水排水、电缆及消防
小高层	约2500元/m²	
酒店	约2800元/m²	
3层市场类	地上约2300元/m² 地下约2600元/m²	包地下室

4.5　项目发展思路与方向

1. 项目目标市场定位

根据以上对烟台市汽车交易相关市场及周边汽车市场的调研分析，整合地区汽车市场发展需求的相关要素和本项目的实际情况。本项目市场定位为以中高档品牌的汽车及用品展销、汽车博览为主，以精品汽配、中高档汽车装潢美容、汽车快修保养为辅，引进相关的金融信贷、办证上牌、行政办公等行政服务，并配套相关特色主题的汽车商务酒店、汽车公寓、汽车餐饮娱乐等的国际汽车博览园。

项目目标市场定位为立足烟台市区，辐射烟台地区下辖七个县级市及周边城市，进而影响胶东地区。

2. 项目发展战略和方向

（1）项目发展战略和方向依据。根据以上对烟台市汽车市场的发展和特点分析，秉着实事求是、适度超前、差异化竞争的理念，并结合烟台市汽车市场的发展趋势和项目的实际情况，本项目的发展战略和发展方向如下。

1）填补市场空白，差异化竞争，抢占先机，立足烟台市区，辐射烟台下辖七个县级市及周边城市，影响胶东地区。建设以中高档品牌汽车及用品展销、汽车博览为主，以中高档汽车美容保养、汽车快修为辅的国际汽车博览园。

2）引进与汽车销售相关的工商、税务、银行、保险、车管、商会协会等部门进驻本项目，建立能为消费者提供全过程、全方位、便捷高效的一站式服务体系。

3）以办公、居住、生活等于一体的一站式生活服务中心。

（2）项目发展目标。打造烟台市首个规模化、专业化、集中化的综合性国际汽车博览园区。利用各种有利条件，整合各项优势资源，将项目打造成烟台汽车交易市场的标杆，引领烟台汽车市场的潮流。

（3）企业发展目标。通过打造此项目快速进入汽车行业，并迅速打开烟台市乃至山东省市场，为深圳嘉信福集团的长远发展战略构筑新的平台和支撑点，为嘉信福集团在烟台市以至山东省和全国赢得良好口碑。

4.6　项目总体定位

1. 项目主题定位

现代都市汽车生活体验中心、汽车博览中心，引领胶东地区汽车文化新潮，全面展示汽车风采魅力，品味汽车文化时尚，享受汽车休闲娱乐、生活乐趣，创建汽车多元文化的消费天堂。

本项目主题定位为以中高档新旧车及用品销售、汽车博览为主，以维修保养、装潢美容、试驾体验、物流配送等为辅的综合性、体验式、节能环保、多元化国际汽车博览园。

2. 项目总体商业定位

（1）总体商业定位依据。本项目应紧密结合市场基本情况、政府宏观政策、目标客户群、竞争性项目和本项目自身的特点及各方面相关情况，方能精准得出项目总体商业定位。

1）烟台市汽车市场正处于高速发展的阶段，市场潜力巨大，且项目处于市场氛围浓厚的机场路，市场机遇大。

2）项目目标客户群为汽车经销商和代理商、汽车市场服务配套商。

3）烟台市新车销售集中在机场路、衡山路和北京南路，目前未有成规模的汽车交易综合市场，且所经营的品牌以自主品牌和中低档合资品牌为主。

4）烟台市汽车后市场主要集中在幸福南路和福海路，但存在整体形象低、档次低、规模小等特点。

（2）总体商业定位原则。本项目总体商业定位原则为实事求是，适度超前，填补市场空白，差异化竞争，抢占先机，出奇制胜。

（3）总体商业定位。本项目总体商业定位为以中高档汽车及用品交易、汽车博览为主，以中高档二手车、中高档汽车装潢美容、汽车快修保养为辅的国际汽车博览园。

3. 项目功能定位

根据对市场的调查分析和项目的实际情况，本项目功能定位为集汽车博览、汽车展销、精品汽车用品销售、汽车快修美容、商务酒店、公寓住宅、餐饮娱乐、金融信贷、办证上牌、行政办公等服务功能于一体的高层次、全方位、多元化的国际汽车博览园。

4. 项目产品类型定位

（1）汽车博览中心。汽车博览中心借鉴专业市场大卖场和会展中心的规划设计理念，在地块中间建设4层的汽车博览中心，一层作为高档车展厅，二、三层作为精品汽配超市，四层作为娱乐餐饮等配套。整个汽车超市采用中部镂空形式，在中央形成一巨大中空场地，连同一层可作为汽车博览场地，用以举办汽车博览会、汽车展销会、新车发布会的活动场地。在设计方面追求现代简约时尚、流线性动感美。

（2）汽车展厅。汽车展厅是自主品牌或合资品牌汽车集中展示、销售、交流的平台，是品牌角逐的竞技场。汽车展厅在设计方面应注重宽敞、明亮、时尚等特点，为各品牌提供一个高端上档次的展厅。并在外围保留可作为露天展示的车位和停车位。

（3）汽车公寓。汽车公寓包含公寓和住宅两大部分。根据市场需求，以公寓住宅为主，辅以部分小户型。在设计方面应追求精品、精致、时尚，以区别于现在传统的住宅产品设计。

（4）汽车商务酒店。酒店属商务型酒店，包含住宿、会客室、宴会厅、商务中心等。这部分处于城市主干道旁，代表着本项目的形象，在设计方面必须有品位、时尚、大气、上档次。

（5）汽车企业总部。汽车企业总部为汽车行业企业、政府相关部门、汽车相关协会提供行政办公、商业管理的场所，且这部分在城市主干道旁，代表项目的形象。在设计方面应注重品位、档次的追求。

（6）汽车快修、汽车美容。该部分市场涵盖了汽车快修、汽车保养美容、汽车用品销售，产品采用一般专业市场的设计模式，采用“一拖二”形式，二楼可作为休息室或者仓库。产品设计时应注重实际使用过程的各方面便利，如快修部分应注意一层的楼高，道路设计要确保商铺门口有停车位等。建议用“U”字形建筑设计。

5. 项目形象定位

本项目定位形象于成为烟台首个汽车专业化、规模化、集中化的综合性国际汽车博览园，烟台首个汽车文化主题汽车超市，胶东地区最具潜力的都市汽车文化生活休闲主题博览中心，汽车流通贸易的重要集散地，烟台市汽车交易市场的领头羊、风向标，同时也是烟台市生态环保、节能减排的典范。一站式购车消费服务、一站式工作生活服务，人性化配套服务的典范。更是广大汽车厂家展销汽车品牌的博物馆，商家经营汽车的聚宝盆，爱车族车主的天堂，市民居住休闲的绿洲。

6. 项目招商与营销定位

（1）招商总体策略。

1）“借势而上、借力打力”，借助已经引进的知名汽车品牌经销商，借助其品牌优势和影响力，扩大知名度和认知度，造大声势，带动其他品牌代理、经销商入场，或引进更具知名度的汽车品牌进驻。

2）“先主力、后散户”，首先将具有号召力的品牌骨干一级代理、经销商引入，并给予适当的租金或价格优惠，并再借助其品牌优势和影响力，带动散户入场。

3）“先收紧、后放松”，遵循高品位、低门槛策略，对目标主力客户适当放松，严格挑选吸纳客户，在开业前再放松各级散户，力求“满场开业”效果。

4）“精挑细选、保障品质”，对整车销售、汽车配件、货卡车配件、摩托车配件等每一类进行细分，采取铺位限额招商，鼓励竞争，烘托品牌，创造差异化，以符合本项目的特点。

5）“联合招商、互利共赢”，招商除由招商部或代理公司招商外，还可以由开发商联合当地骨干汽车代理、经销商负责委托招商，以加大招商范围和力度，力求满场开业。

（2）营销总体策略。

1）深入分析本项目的各项基本情况（如地理特点、开发商优势等），结合政府宏观政策和市场的发展趋势，赋予项目更多的品牌附加值，挖掘项目独有的内资，升华项目主题和形象，建立强有力的品牌个性和独特的营销主张，提升品牌的核心竞争力。

2）充分理解分析项目品牌的个性，并紧密结合消费者的实际需求，达成最有效的诉求。

3）深度挖掘项目的优势卖点，拟定一个营销主题，统一形象，统一口径，最终达到最优的营销推广目标。

4）寻求最适合本项目的传播载体、传播渠道，精选最优宣传推广方案，最大化发挥传媒效果，最大限度提升项目的知名度。

5）价格策略方面，建议采用“低开高走”的价格策略。

6）差异化营销策略，以“人无我有，人有我优”的策略，达到“抢夺先机、出奇制胜”的目的。

7）整合主题包装与传播，优化营销策略、手法，旨在让品牌迅速深入人心，迅速打开市场销路，短平快地完成前期销售任务。

第五部分　项目规划方案

5.1　项目规划思路及地块分析

1. 地块区位分析

项目地块位于烟台市芝罘区机场路北段东侧，规划中的通世路（城市干道）南延西侧，地块南边和北边均有规划道路连接机场路和通世路，交通便利；地块东面是荆子山，生态环境优越。

2. 地块现状及四至分析

（1）地块现状分析。规划地块呈梯形，规划面积约为 13.33hm^2，整体地势东高西低，东西高差最高达 30m，为未开发的生地，以林地为主。有二十多户村民民宅和一个沙砖厂，建筑比较破旧，可以拆迁，有双回 110kV 的高压线从地块北面穿过。

（2）地块四至。规划项目东至规划的通世路、西至机场路、南至加德士加油站和鸿运汽车交易广场、北至 110kV 双回高压走廊。

（3）地块周边环境分析。项目位于机场路北段东侧，沿机场路汽车交易市场活跃，相比之下汽车后市场氛围稀缺。项目所在区域房地产开发力度大，存在众多的居住楼盘，但商业房地产开发项目较少，商业氛围不浓。项目西临机场路，地势平坦，路边两侧均有绿化带。而东靠荆子山，地势较高，但绿化好，自然景观环境良好。

（4）地块利用规划分析。根据项目用地的实际情况，选择 A～H 这 8 个点进行土地利用规划分析（图 4-3-17）。

图 4-3-17 土地利用规划分析图

A-G 点区域形状规则，地势平坦、生态环境良好，且正临机场路，交通便利，因此适宜开发面对普通消费群体的业态，如零售商业、餐饮、酒店、办公等，同时也可以开发高利润的城市展厅，以带动项目开发的回报。

A-B 点区域正临南面规划路，近期机场路的所有人、车流都要从此经过到达项目其他区域，具有交通节点的优势，因此首先建议开发利润空间大的汽车展厅，同时为了提高土地的使用效率和解决职工的居住需求，建议开发高层公寓。

E-F-G 点一带靠近高压线，且其北面有芝罘区殡仪馆，不适宜布置建筑高度较高、人流量集中的建筑。因此建议在此布置专业性较高、人流量较少的汽车快修、装潢市场。同时可以利用高压走廊缓解停车问题。

C-D-H 点区域虽然处于地块的中心位置，但是其目前交通区位不如 A-G 点、A-B 点明显，待东边规划路开通后，该区域价值将仅次于 A-G 点区域。通过对国内外先进汽车综合体的研究以及对烟台市汽车发展情况的研究，可在此布置一个规模强度大、环境品质好、集聚效益高、辐射范围广的汽车博览中心。这样一可为项目提供汽车展览场地，二可提高项目整体形象水平，特别是东边规划路整体形象。业态可以为新车展示销售、汽车博览、高档二手车展示销售、汽车用品卖场和汽车文化娱乐城等。同时该区域将会成为项目块集聚人气的中心，有利于将人流吸引进项目内部，增加内部氛围，带动项目的发展。

5.2　总体规划和整体布局

1. 规划设计理念

（1）市场导向理念。本项目规划方面遵循市场导向，填补市场空白，满足市场发展需求，项目规划总体定位为集汽车品牌展示、汽车用品、汽车快修、汽车文化酒店、公寓和行政、商务办公等功能于一体的高档次、全方位、多元化的国际汽车博览园。凭借功能的优越性、服务的全面性、种类的齐全性和品质的高端性将其打造成符合烟台汽车市场发展需求，满足烟台市民消费需求的汽车专业市场。

（2）个性差异理念。经过调研发现，烟台市的汽车市场数量很多，但是这些所谓的汽车市场城档次均不高、功能不齐全，设施的配套和环境的塑造都无法形成集聚效应。因此，本项目应避开走这些低端“汽车市场”的老路，规划方面寻求差异化和个性化，打造成功能齐全、档次高端、配套完善、景观良好、适宜汽车经营和汽车消费的场所。

（3）适度超前理念。汽车城的规划设计不能放眼于眼下，要往前看，要想到汽车城的未来能不能适应时代的变化。本汽车城总体定位是高层次、全方位、多元化的国际汽车博览园，而项目的定位要领先一般汽车城，但是又能立足烟台市的实际，即“适度超前”的规划定位。所以本项目规划设计理念要适度超前，确保在未来 10 年内，不会落后于其他新建的汽车市场，同时也不会脱离市场。

（4）效益优先理念。根据本项目的具体情况及市场实际情况，合理组织交通网络、布局功能业态、完善功能配比，使项目带来的经济效益、社会效益达到最大化。

（5）因地制宜理念。本案遵循“敬重自然”和“因地制宜”的设计原则，首先充分利用现状高差形成台地式空间布局，可以降低土石方量；其次为了更好地利用机场路这一城市交通性主干道的优越条件，在地块的西侧布置中高档的商业、写字楼、酒店等，同时也向城市展示了本项目的独特魅力；再次，布置东西向的景观轴线，将荆子山的景观引入本项目，提高本项目的景观环境质量。

2. 规划空间结构

本项目空间结构为：“一心、二轴、三片区”。

“一心”：即汽车博览中心。以大卖场的形式全力打造成本项目的汽车文化博览中心、汽车交易中心、汽配销售中心、景观中心和文化娱乐中心。

“二轴”：即东西走向的中心景观轴和南北走向的功能发展轴。中心景观轴的宽度最少为 36m，以拓展开放空间。通过精心设计具有汽车文化内涵的景观小品，来提升本区域的活力，为打造烟台市的汽车消费市场标杆创造条件。纵向的功能发展轴可以使汽车消费者和汽车文化体验者沿着此轴体会功能空间的变化，领略汽车文化的魅力。

“三片区”：即汽车商务区、快修美容区和汽车生活区。

汽车商务区：位于地块的西面，可以充分发挥本片区沿机场路的区位优势打造集汽车展示、交易、娱乐、餐饮、酒店、商务办公等于一体的复合功能区。

快修美容区：位于地块的北面，紧邻双回110kV高压线，规划的通世路还未修建，其北面现状为芝罘区殡仪馆，对消费人群会产生消极的心理影响。因此适合布置汽车快修、贴膜、装潢、保养等业态，将不利的影响降至最低。

汽车生活区：位于地块的南面，紧邻近期地块主出入口，东面是荆子山，生态环境良好。因此可以在此处布置公寓、展厅以及轮胎市场等（图4-3-18）。

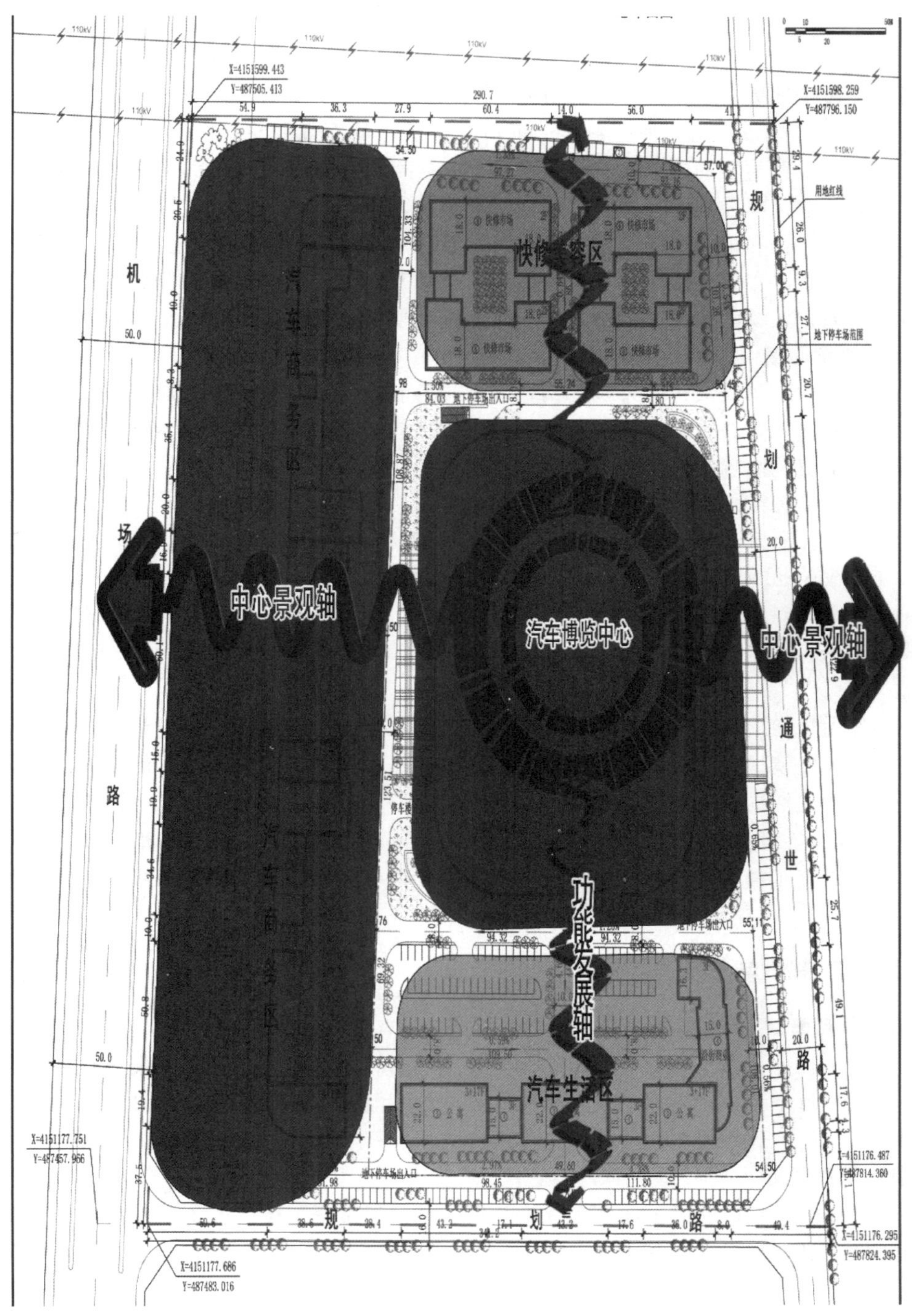

图4-3-18 项目空间结构规划图

3. 规划整体布局

本项目是中高档的国际汽车博览园，首先考虑的是业态布局，规划应该充分考虑中高档汽车销售展示和汽车用品、装饰及汽车快修、美容等主要业态布局，其次还要布局办公楼（含政务中心）、商务酒店、酒店式公寓、餐饮娱乐、物流配送、工商、税务、金融、保险等服务配套类业态。

本项目还应该考虑到机场路作为一条景观性交通干道，在为项目的开发带来便利的同时，也要求项目在城市设计方面考虑沿街景观，所以汽车商务区宜布置在机场路旁边，这样可以利用机场路独特的交通条件提高项目开发的经济效益，也可以展示本项目高档、一流、专业的形象。

汽车用品（装饰品）因为种类繁多，不适宜分散布局，规划建议将其与汽车展厅和汽车文化娱乐城一起采用大卖场的形式进行布局，这样不仅可以形成规模经济和集聚经济效益，而且可以利用大卖场的中空部分举办大型车展，增加项目知名度，吸引人流。这样可以使本项目成为烟台市汽车文化的标杆和消费者的首选之地，为烟台市创造更多的社会效益。

汽车快修、配件、物流配送类业态等因为对环境和对其消费者的负面影响较大，不宜布局在外部，所以布局在较偏的北部，能适应本市场的配套服务所需即可。

4. 项目总平面图

项目中部的中心景观大道和外围的两条环形道路将整个地块分成四大部分。

项目西面紧邻机场路，地块的价值最高，因此适宜布置利润空间大的零售业和汽车展厅，同时在其上面增加三栋高层写字楼和一栋高层酒店，彰显项目形象和实力。

地块的南面是近期地块的主入口，承担着疏散来自机场路的所有人流和车流的功能，发挥着交通节点的作用。而且地块紧邻荆子山，拥有得天独厚的生态资源条件，因此适宜布置城市展厅、公寓和汽车轮胎市场等零售商业。

地块北面紧邻双回 110kV 高压线，东边规划的通世路还未修建。因此适合布置汽车快修、贴膜、装潢、保养等以配套功能为主的业态，既可以降低不利的影响也可以带来丰厚的经济效益。

地块中部由于在交通等先天性区位条件较其他地区稍差，因此就要通过精心策划，引入先进的开发理念和开发模式，立足烟台市的消费实际情况，将劣势向优势转化，使其成为带动整个项目甚至周边区域发展的增长极核。规划建议在此打造一个以中高档新车展示、销售，进口二手车展示、销售，汽车用品销售和汽车文化娱乐城于一体的汽车博览中心。打造烟台人民汽车消费的首选地和烟台市汽车消费和汽车文化体验的标杆，全面提高本区域的辐射能级，增强整个项目在烟台的竞争力。

5.3 项目实施进度与开发策略

1. 工程项目管理

设置管理工程部，由工程部负责组织和管理本项目，全面负责项目施工现场监督、管理与协调工作，确保项目工程质量、建设进度、施工安全，以及工程成本控制的建议工作，实行目标责任管理制。本机构的人数控制在十人左右。

2. 项目实施进度

项目自 2014 年 10 月取得土地使用权，并用半年时间做开工建设筹备，完成各项手续申办和各类设计方案设计。项目开工建设周期为两年，分两期完成。2017 年 5 月，项目竣工后，用半年时间做项目开业准备，完成商户进驻、商铺装修、商户试营业。2017 年 10 月，项目盛大开业（图 4-3-19）。

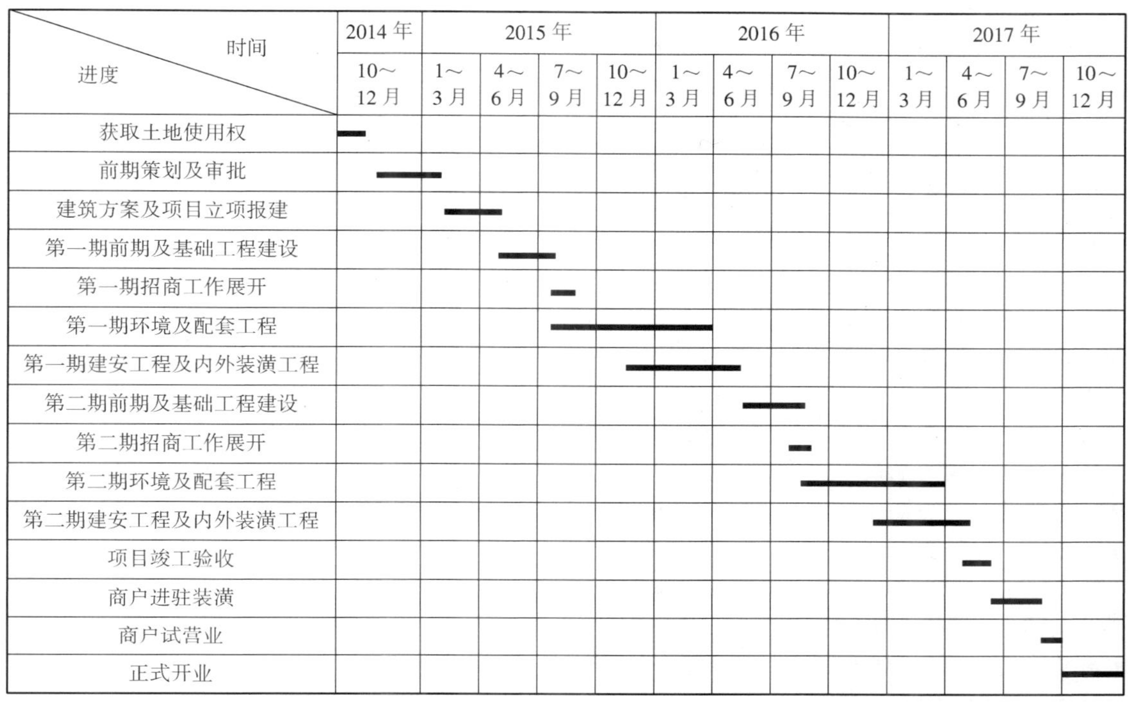

图 4-3-19　项目开发进度横道图

3. 开发策略

（1）开发次序。项目总共分两期开发，一期是机场路沿线的汽车商务区和北边的快修美容区，二期是南边的汽车生活区和地块中部的汽车博览中心。

开发机场路沿线（地块西边）的汽车商务区和地块北边的快修美容区，因为该部分是项目临街部分，是项目的形象所在，先开发可提高项目形象，增加项目的知名度。同时该部分占项目销售部分的绝大部分，是项目最大的利润点所在。故先开发此部分，可以尽快回笼资金，为项目的后期建设提供有力的资金来源。同时这两部分，分别是以展厅和快修美容为主，二者可相辅相成，形成互补关系，有利项目的招商与销售。

其次开发用品汽车博览中心和汽车生活区，汽车博览中心由于规模效益大、集聚强度高、品质档次高、经营环境好，所以是该项目发展的极核，也是项目后期招商的重要组成部分。同时开发汽车生活区可为日渐成型、成熟的项目提供满足居住需求的条件。

（2）开发周期。本项目预计 2014 年 10 月取得土地使用权，用半年开工筹备，计划于 2015 年 5 月开工建设，项目共分两期开发，每期开发周期为一年，项目总共开发建设时间为两年，计划于 2017 年 4 月完成建安工程及主体封顶建设。并经过半年开业筹备，计划于 2017 年 10 月建成并投入运营。预计开发周期为 3 年。

5.4　功能分区与分区规划

1. 功能分区

本项目功能分区主要分为四大部分：即汽车商务区、汽车生活区、快修美容区和汽车博览中心区。

2. 分区规划

（1）汽车商务区。充分利用紧邻机场路的区位优势重点打造中高档零售商业、城市展厅和商务办公等业态。使其成为本项目的形象窗口。建议采用沿街一层的建筑布局形式，裙楼为4层，1、2层临机场路为中高档零售业，3、4层临内街为中高档城市展厅，每个店铺的面积建议为300m^{2}左右。高层建筑的高度在80m左右，可以发展中高档商务办公及中高档酒店。同时为了提升本项目的景观品质，在地块中部沿机场路布置人行出入口和宽敞的阶梯，在满足对人流进行集散的同时，可以引导人流到其他区域进行体验、消费。

（2）汽车快修美容区。建筑形式建议为“U”形，两栋“U”形建筑中空部分可以给客户停车及作为绿化地带。建筑为两层，第二层可以通过与大卖场之间的平台对接，使车辆可以到达二层，从而提高店铺的运营价值。建筑层高建议在4.5~6m之间，每个店铺的面积建议在300m^{2}左右。

（3）汽车生活区。充分利用近期地块主出入口的交通节点优势，打造中高档城市汽车展厅，提高地块主出入口的形象。建筑层数建议为3层，首二层为展厅、第三层可用作办公和仓储等。同时在该区域融合档次较高的公寓，使得整个项目的功能更加完善，既避免了夜间出现空城的现象，也减少了不必要的出行距离，符合城市低碳和可持续发展的要求。

（4）汽车博览中心区。汽车博览中心区是整个项目的核心区域，是以中高档新车展示、销售，高档进口二手车展示、销售，中高档汽车用品销售和汽车文化娱乐城于一体的综合区域。因此要将其打造成为最具交通设计、最佳环境设计和最具综合体设计于一体、具有国际品质的区域性汽车博览中心。

为了疏解活动期间来自不同方向的人口，规划在大卖场西面和东面设置集散广场，并且通过精心设置景观小品以整体提升该区的环境品质。

主体建筑占地面积为22177.2m^2，中庭占地面积为2667.1m^2，宽敞的中庭可以为举办各种大型的展览活动创造良好的条件。建筑层数为四层，第二、三、四层采用平层停车，每一层的停车位在100个左右。第一层的业态以高档新车和进口二手车为主；第二层的业态以汽车电子用品、改装用品和户外用品为主；第三层的业态以汽车内外装饰市场、养护用品和美容用品为主；第四层的业态以汽车文化娱乐为主，打造集餐饮、电影、游戏、员工餐厅、KTV、汽车俱乐部等于一体的“汽车文化娱乐城”。

3. 功能及面积配比（表4-3-16~表4-3-19）

表4-3-16　功能配比

名　　称		占地面积/m^2	占　　比
总用地面积/m^2		133000.0	100%
绿化占地面积/m^2		12300	9.2%
道路占地面积/m^2		11200	8.4%
可建设用地面积/m^2		109800.0	82.4%
其中	汽车商务区面积/m^2	32052.3	29.2%
	汽车快修美容区面积/m^2	17010.1	15.4%
	汽车生活区面积/m^2	13621.6	12.4%
	汽车综合区面积/m^2	47116.0	43.0%

表4-3-17　业态功能配比

名　　称	建筑面积/m^2	占　　比
总建筑面积/m^2	230398.8	100%
沿街商业面积/m^2	37332.2	16.2%
汽车博览中心面积/m^2	88709.0	38.5%

（续）

名　　称	建筑面积/m^2	占　　比
办公建筑面积/m^2	35568.4	15.4%
酒店建筑面积/m^2	11856.2	5.1%
快修市场面积/m^2	10963.8	4.8%
公寓建筑面积/m^2	45929.2	19.9%
附属建筑面积/m^2	40.0	0.1%

表 4-3-18　自持（租赁）与销售部分占地面积配比

自持或出售	项　　目	面积/m^2
自持部分	汽车博览中心×75%	36299.7
	附属建筑	40.0
自持部分总面积/m^2	36339.7	可建设用地面积 109800.0
出售部分总面积/m^2	73460.3	
自持部分占总面积比例/%	33.1%	
出售部分占总面积比例/%	66.9%	

表 4-3-19　自持（租赁）与销售部分建筑面积配比

自持或出售	项　　目	面积/m^2
自持部分总面积(66571.7m^2)	汽车博览中心×75%	66531.7
	附属建筑	40.0
出售部分总面积(163827.1m^2)	沿街商业建筑	37332.2
	办公建筑面积	35568.4
	快修市场面积	10963.8
	公寓建筑面积	45929.2
	汽车博览中心×25%	22177.3
自持部分占总面积比例/%	28.9%	
出售部分占总面积比例/%	71.1%	

4. 主要技术经济指标（表 4-3-20）

表 4-3-20　主要技术经济指标

项　　目		指　　标	备　　注
规划用地面积/m^2		133300.0	可建设用地面积为 1098800.0
规划总建筑面积 m^2		230398.8	
其中	沿街商业面积/m^2	37332.2	
	汽车大卖场面积/m^2	88709.0	中庭面积为 2667.1×4
	办公建筑面积/m^2	35568.4	包括政务中心 2088.2
	酒店建筑面积/m^2	11856.2	可兼容其他业态、在底层设出入口
	快修市场面积/m^2	10963.8	
	公寓建筑面积/m^2	45929.2	
	附属建设面积/m^2	40.0	公厕、垃圾站、配电房等
地下室总建筑面积/m^2		54228.1	车位面积为 50000,其他为设备空间
建筑占地面积/m^2		39386.3	
建筑密度		35.0%	按可建设用地面积计算
容积率		2.1	按可建设用地面积计算
绿地率		20.5%	按可建设用地面积计算
总停车位/个		2500	
其中	地上停车位/个	1250	大卖场有 650 个车位
	地下停车位/个	1250	每个地下停车位按 40m^2 计算

5.5　产品规划定位

1. 产品类型与产品特征

本项目产品分为汽车展厅、汽车博览中心、汽车公寓、汽车商务酒店、汽车企业总部和汽车快修、美容、用品市场六大类。

汽车展厅要求重点考虑整个展厅的宽阔性、采光性，以及展厅空间分割的灵活性，以满足不同目标企业的使用要求。该类产品每个店铺在 300～400m^2 之间，在机场路两侧的店铺采用“一拖二”的形式，在南面沿规划路的展厅也采用“一拖二”，并增加一层裙楼作为办公或仓储空间。

汽车博览中心要从交通、采光、开敞空间的角度为经验者和消费者提供舒适、上档次的交往空间。平均每个汽车展厅的面积在 400m^2 左右、平均每个汽车用品店铺的面积在 160m^2 左右。同时在四角设计环形车道，使车辆直达楼上，在二、三、四层和屋顶均设有停车场，总计停车场为 650 个左右。

汽车公寓作为主楼托在汽车展厅上。建筑层数为 17 层，户型以 70m^2 左右的小户型和 50m^2 左右的公寓为主。设计方面应追求精品、精致、时尚，以区别于现在传统的住宅产品设计。

汽车商务酒店作为主楼托在汽车展厅上。此类产品要求有多元化的功能，能够为顾客提供住宿、餐饮、购物、娱乐、会议等一站式服务；同时主题要明确，要突出汽车文化这一主题；在设计方面必须有品位、时尚、大气、上档次。

汽车企业总部作为主楼托在汽车展厅上。此类产品主要为汽车相关企业、协会及政府部门提供办公场所。建议里面写字间划分为大小不一的面积，以满足不同规模企业的办公需求。风格设计建议采用时尚、大气点的风格。

汽车快修、美容、用品市场采用“一拖二”形式，二楼可作为休息室或者仓库。产品应注重实际使用的方便性，如快修部分应注意一层的楼高，要确保商铺门口有停车位等。建议用“U”字形建筑设计，可为商铺周边预留出停车位。

2. 产品定位与产品分布

1）汽车展厅分布于地块西面沿机场路的汽车商务区的第三、四层和地块南面沿规划路的汽车公寓区首二层，第三层作为裙楼可以作为办公或仓储用房。对此类产品的定位为档次高、形象好，具有汽车展示、办公和仓储等功能，主要销售对象为中高档汽车的经销商。

2）汽车博览中心分布在项目地块中部，共有四层，第一层作为高档车展厅，并连同中空场地，可举办大型车展，第二、三层作为精品汽配超市，第四层作为项目配套餐饮、娱乐、购物大卖场。对此类产品的定位为集聚效益高、使用灵活性强，具有汽车波浪、汽车展销和中高档汽车用品销售等功能。

3）汽车公寓分布于地块南面沿规划路边的汽车生活区，作为主楼托在汽车展厅上。对此类产品的定位为环境优雅、品质出众，为年轻消费者提供理想生活地的活力型公寓。

4）汽车酒店位于地块的西南角，作为主楼托在汽车展厅上。对此类产品的定位为时尚卓越、尊贵典雅，为商务人士提供住宿、会议、娱乐、餐饮等一站式服务的综合型商务酒店。

5）汽车企业总部分布在地块西面沿机场路的汽车商务区，作为主楼托在汽车展厅上。对此类产品的定位为引领时代、驾驭未来，为办公族提供舒适、便捷办公场所的精品型、高端型写字楼。

6）汽车快修、美容、用品市场位于地块北面的汽车快修美容区。对此类产品的定位为技术一流、服务周到，能为消费者提供快捷、高效的便捷型、智能型市场。

5.6　产品设计要点

1. 汽车商务区设计要点

汽车商务区由四层沿街底商、三座写字楼和一座酒店组成。沿机场路一至四层均为商铺，首二层可作为汽车展厅或普通商业，三、四层为中高档车的展厅，由于进驻的商户对店面的要求不同（特别是对店铺的面积大小要求），因此建议采用框架或类框架的通透结构，以提高店铺划分的灵活性，从而提升销售价值及未来经营使用价值。对于展厅而言，一楼和三楼分别作为场内外的首层，其层高要高，用来展示和销售车辆，二楼和四楼分别作为场内外的第二层，可以作为办公场所。外部需要预留一定空间以供客户停车。高层建筑以中高档商务办公和中高档酒店为主，整体建筑以现代风格为主。

2. 快修美容区设计要点

采用“U”形建筑，“U”形相对，中部设计成中庭，纵向两边保留通道。中庭位置可作为临时停车场或者绿化用地。建筑的第二层可作为办公或仓储用房，整体建筑以现代风格为主。

3. 汽车生活区设计要点

汽车生活区由三层底商和三座公寓组成。首二层为展厅，可设计成为可分割的形式，可随客户的需求而进行面积分割，而不是预先分割好具体的面积再出售。第三层可作为办公或仓储用房。配套中高档次的公寓，为职工提供舒适的居住环境。

4. 汽车博览中心设计要点

汽车博览中心为大卖场和汽车博览场地。在设计之初，首先要解决车辆到各楼层停车的问题，车行交通方面在博览中心的西南角和东北角设置了螺旋上升的车行道，使汽车可以从地面开往第四层，并且在二、三、四层，设置每层约 4000m^2 平层停车场，以更好地解决平时及活动期间的停车问题，人行交通则通过自动扶梯进行垂直空间的联系。横向的交通联系主要是通过各层的交通廊道进行联系。

（1）大卖场首层设计要点。大卖场第一层店铺数量约为 32 个，平均每个店铺的面积约为 415.7m^2（不含公共交通面积），店铺净建筑面积为 13302.8m^2（包括可公摊面积总计为 16160.7m^2）。

（2）大卖场二层设计要点。大卖场第二层店铺数量约为 46 个，平均每个店铺的面积约为 167.5m^2（不含公共交通面积），店铺净建筑面积为 7705.9m^2（包括可公摊面积总计为 11187.0m^2）。

（3）大卖场三层设计要点。大卖场第三层店铺数量约为 46 个，平均每个店铺的面积约为 167.5m^2（不含公共交通面积），店铺净建筑面积为 7705.9m^2（包括可公摊面积总计为 11187.0m^2）。

（4）大卖场四层设计要点。大卖场第四层店由于企业的经营面积较大，而且具有不确定性，本次规划只在这里做意向性的店铺划分。店铺净建筑面积为 7705.9m^2（包括可公摊面积总计为 11187.0m^2）。

（5）大卖场顶层设计要点。大卖场屋顶设有 350 个停车位和两组出入口，总计面积为 15000m^2。中间是 2667.1m^2 的穹顶，其他空间用作管道等设施的布置。

5.7　项目交通规划

1. 主入口和次入口规划

主入口建议布置地块南面中央位置，宽度为 15m，采用左右单行的方式，中间设置 3m 的绿化带以及左右各3m的停车位。入口位置可以放置汽车城标志性的形象，同时作为一个景观节点，与荆子山的自然景观进行对话，从而增强场所的吸引力。

2. 中心大道和干道规划

1）中心大道为东西向的景观大道，宽度最小为36m，在出入口和重要的地方用广场进行空间扩大，在提升景观环境质量的同时也可以疏解这些地方的人流。在下台与上台之间用阶梯连接（两旁设置自动扶梯），可以有效引导来自机场路的人流进入大卖场和其他区域。

2）整个园区的主干道为10m的环状道路、次干道为7~8m的纵向或横向道路。

3）通过中心大道和干道网络的规划形成“三横、两纵、一环”的道路系统结构，使地块各个区域与外界都有便捷的联系。

5.8 项目配套设施规划

1. 停车场规划

本项目停车规划本着安全、高效、方便的原则，采用地面停车与地下、地上停车相结合、室内停车与室外停车相结合、集中停车与分散停车相结合、机动车与非机动车相结合的停车方式，立足为客户及经营者提供便捷的停车环境。本次规划停车位总共为2500个，其中地上停车位为1250个（包括在大卖场二、三、四层的每层100个平层停车位，顶层350个）、地下停车位为1250个，地下停车场的面积约为54228.1m^2，根据《烟台市城市规划管理若干规定》，每个地下停车位的面积为40m^2，地面停车的车位尺寸为3m×6m，每个停车位占地25m^2。

2. 配套公寓、购物娱乐场所及其他规划

配套酒店以及写字楼建议设置在临机场路旁边，以高层建筑来展示项目的形象，配套公寓设置在地块的南面，既可以与地块南边未来的居住区形成良好的呼应，又可以解决职工的居住需求、提高土地的开发效益。同时项目也将配套购物、娱乐、休闲、餐饮等生活配套，满足项目自身需求的同时也满足周边市民的生活需求。

本项目在地块的北面规划20m^{2}的垃圾收集点和公共厕所，同时在地块西面的道路防护绿地上设置一个20m^{2}的变配电室，满足本项目供电的需求。

5.9 项目景观规划建议

1. 沿机场路绿化带

沿机场路绿化带设计应最大限度地满足道路的安全要求，以灌木和草坪为主，形式也应简洁。

2. 中心景观大道绿化

中心景观大道绿化的设计在满足交通安全的前提下，应重点考虑美化的作用。形式多样，色彩丰富，有一定的高度变化。地面可由硬质铺地、绿化和水体构成。建议用水景联系东西景观，在上、下台之间形成跌水，并在节点处设置雕塑和其他小品，展示项目的文化内涵，使中心景观大道成为本项目的一条充满活力的生态文化长廊。

5.10 项目建筑风格建议

建筑风格建议按产品类型来区分。如沿街的店铺采用现代风格，前门统一用玻璃形式。汽车快修美容区采用庭院式建筑风格，留有一定空间的停车位。而配套住宅和汽车酒店可以采用现代简约时尚的建筑风格。

第六部分　项目招商运营

6.1　项目招商思路

1. 招商总体思路

1）分析行业经销规则，摸清经销区域划分和品牌分布规律。

2）分析汽车分类，品牌分类，寻找市场空白及适合于本项目的汽车品牌。

3）营销操作：招商先行、租售并举，招商与销售联动。

4）宣传推广：挖掘热点，事件营销，造大声势；升华卖点，宣传推广，提升知名度；活动营销，办车博会，吸引人流，引爆市场热点。

5）向规模经销商政策倾斜，先期引入主力店，形成品牌效应。

6）行业招商顺序：私人轿车——商务车——汽配、美容行业——车辆售后服务业——政府、商务配套——服务业配套。

7）区域招商顺序：本地招商——本地商户挤压选择——周边及附近城市招商。

8）规模招商顺序：先品牌商，后普通商户；先大户，后小户。

2. 招商初步方案思路

1）以招租经营为主线，销售为暗线。

2）以汽车相关主题活动引起市场注意力，促进营销、招商进度。

3）积极招商，本地及异地招商，挖掘自买自营客户，签订进场协议，客户缴纳一定经营保证金。

4）优惠引进行业品牌经销店，为后续带租约销售做好准备，经营意向确定，签订进场协议，缴纳进场保证金。

5）以活动（客户会、车博会）为引，预热市场，将项目首次推向市场。

6）对首期认购的经营户给予开盘总价一定的优惠经营扶持。

7）对投资商制定一定年限的投资回报率，并为其做前期出租及经营管理。

8）激励进驻客户带动新客户，赠送物业管理费优惠或其他奖励。

3. 招商运营策略

（1）市场商业定位。结合本项目所处区域，组织专业人员展开前期市场调研工作，做好本项目区域定位和内部商业部分定位；进一步做好各楼层定位和楼层平面定位。

（2）组建项目前期招商部，培养招商人员，展开前期商户拜访。项目启动后招商部由本公司组织汽车行业专业人员负责，成立招商小组，组织日常工作的开展，先期以市场调研工作为主。

（3）展开对主力店、大客户的前期招商工作。在做市场调研的基础上，同期展开对主力店、大客户的前期招商工作，做好相关行业协会和行业专业媒体的沟通工作。

（4）各个区域分布和经营业态的划分。根据详细的市场调研分析，给具体区域和楼层定位。

（5）制订市场租金和招商优惠政策。市场租金收入目标一般定为三年一个周期，市场招商优惠免租期建议为3~6个月。收入目标也需经调研后根据实际情况制订。各项招商优惠政策及政府相关优惠政策根据实际情况制订。

（6）筹备招商发布会。建议在项目开业前3个月内召开招商发布会，在发布会召开前，做好相关行业协会和专业汽车媒体的互动工作，须与各主力店和大客户签订租赁协议。在发布会召开时进行现场签约活动造势，以便在发布会召开后根据招商情况进行租金的提升。

（7）招商文件及相关合同的制订。需制订市场招商手册、定铺协议、租赁合同、消防责任书等。在发布会召开前须制订经营户手册、员工手册等。

（8）展开招商工作，签订招商合约。招商发布会召开后，力争在2~3个月内完成招商签约工作，为开业做好准备。

（9）督促经营户进场装修。市场通过相关部门验收后，极力推进经营户进场装修工作。掌握经营户进场装修的进度，保证定期开业。

（10）协商确定开业日期及相关开业筹备工作。应明确工程完工及验收日期，讨论确定开业日期，并以开业日期为节点，安排相关工作日程表及开业筹备工作。

6.2　目标客户群分析与定位

1. 目标客户群类型及分布

项目目标客户群类型可分为两大类型，一是针对项目前期销售的商户类型，二是针对后期消费的消费类型。其中商户类型再细分成自营客户群和投资客户群。

（1）商户类型。

1）自营客户群。

① 品牌汽车企业直营店和经销企业4S店——展示分销处。直营店是指连锁公司的店铺均由公司总部投资或控股，在总部的直接领导下统一经营。总部对店铺实施人、财、物及商流、物流、信息流等方面的统一管理。直营店作为大资本运作，实行集中管理、分散销售，充分发挥规模效应。

经销企业是指品牌汽车企业授权某单位或个人在特定区域设立专门的4S店经销其汽车产品和推广事宜，事实上是区域品牌拥有者。

由于直营店和4S店辐射范围有限，故需在远距离处设立分销处或展示窗口，以增大辐射范围，扩大业务规模。

② 一般汽车经销商和代理商。所谓汽车二级经销商，即一般汽车经销商和代理商，是针对厂家特约维修店、4S店而言的，即二级经销商是没有厂家认证的小汽车经销商，二级经销商一般是一级代理或地区总代理的分销处，他本身是没有车辆的，拿车也是从4S店拿车，但由于没有像4S店那样受厂家限制，而且本身投资也比4S店低，所以二级经销商的价格会比4S店低一些。

③ 汽车后市场经销商。汽车后市场指车主在使用汽车的过程中所发生的与汽车有关的所有服务，如快修、保养、零配件、美容、油品等服务。

④ 二手汽车经销商。二手汽车是指办理完注册登记手续达到国家制度报废标准之前进行交易并转移所有权的汽车。

二手汽车经销商是指从事将合法的二手车通过回购、评估、检测、更改等程序，在特定的场所转让给购买者的某经营单位或个人。

⑤ 汽车市场服务配套商。

行政类：车管所、国税地税、金融信贷、工商保险等。

电子商务类：汽车城网站等。

餐饮娱乐类：员工餐厅、休闲餐厅、汽车俱乐部、汽车电影城、汽车休闲吧。

2）投资客户群。

① 当地与周边具有超前投资理念的投资商。

② 中型以上寻找资金出路的投资者。

③ 汽车行业实力雄厚有自主投资意向的经销商、代理商、厂商等。

（2）消费类型。

1）汽车购买者：准购车族、有车族、无车族、游客和玩车人。

2）主要面向有汽车住宅（公寓）、酒店办公、餐饮娱乐等配套服务需求的客户。

3）目标客户群分布。

① 商户客户群分布。

机场路：有意向将店面搬迁进本项目的汽车展厅、距离项目较远的4S店。

开发区：在项目周边开设展厅（展示窗口）的4S店。

烟台各汽车市场：看中本项目发展潜力而有意向在项目设点的汽配美容店、二手车行、汽车快修店等。

烟台地区：有进入汽车行业、投资专业市场的人群；烟台除了芝罘区和开发区外其他零散汽车展厅或4S店。

周边城市：未进驻烟台的汽车品牌、有意向进入烟台汽车市场的汽车经销、代理商。

② 消费客户群分布。

烟台城区，如芝罘区、福山区、莱山区、牟平区、开发区等。

烟台下辖七个县级市，如栖霞市、蓬莱市、海阳市等。

2. 目标客户群特征分析

（1）商户类型特征。

1）自营客户群。

① 本地自营客：本地自营客主要集中在自发形成的汽车街里，这部分客户对本地汽车行业的经营环境有所了解，对客户的需要有一定的把握，并积累了一定的消费客户群，但是由于受地区市场环境的影响，他们大多处于分散的、无序的经营状态，整体经营档次与经营管理水平不高。在招商过程中要对入驻商户进行有效识别，对不符合项目整体产业布局规划与档次定位的经营者要妥善安置，既不可浪费客户资源，亦不可为项目整体的繁荣经营带来不利因素。

② 异地自营客：包括对异地成功的大型经营商户的招商引资和异地汽车产业品牌代理与经销商的引进。这是一种客源补充，更是项目启动后繁荣运营的重要保证。本案应在符合项目整体规划的领域内积极寻求知名品牌的介入和经营，为项目升值创造先决条件。

2）投资客户群。

① 本地投资客：投资选择，地段要求强烈。这部分客户的投资潜力不容低估，其关注点在产品内容及其升值潜力，亦即投资回报率，如何打动其投资欲望是本项目成功运作的关键。无论在产品规划设计和营销策略中都应积极体现这个内容。

② 异地投资客：从房地产市场发展的情况来看，异地投资客对于异地有投资价值的房地产项目，特别是商业物业项目，起到的作用越来越大。这类人群进行异地投资时除了看项目的升值潜力外，对投资的安全保障也更为在意，一定年限内的返租回报是打消他们疑虑的最有效办法之一。要想争取到这些客户，在创造项目特色的同时进行异地行销推广应成为项目顺利去化的有效补充手段。

（2）消费类型特征。

1）他们有一定的经济能力。

2）他们需要最丰富、上档次的产品。

3）他们要求完善、舒心的购车环境。

4）他们要求最公道、最优惠的价格筛选。

5）他们要求最优质的配套服务。

3. 各业态目标客户群定位

（1）汽车展厅客户群定位。

1）本地与异地各汽车品牌一级、二级、三级代理、经销商。

2）未进驻烟台的汽车品牌、未在项目周边有汽车展厅的4S店。

3）烟台各汽车交易市场有意向进驻本项目的商家。

4）有意向进入烟台汽车市场的汽车经销、代理商。

（2）快修市场、用品市场客户群定位。

1）有进入汽车行业或投资商业市场的人群。

2）汽车生产厂家和零配件生产厂家。

3）烟台已有的有序或无序、开放性的精品汽配商户、装潢美容商户、快修保养商户。

（3）写字楼目标客户群定位。

1）政府相关汽车部分办公、汽车相关协会办公。

2）区域内有写字楼需求的汽车行业公司。

3）区域内有写字楼需求的企业或集体。

（4）公寓客户群定位。

1）项目内部有住宿需求的工作人员。

2）项目周边有员工宿舍需求的企业。

3）芝罘区及其周边有刚性需求的客户群。

（5）配套设施客户群定位。

1）酒店属商务酒店，招商面向国内外各大连锁酒店。

2）餐饮类经营者，快餐店、餐厅、酒楼。

3）娱乐休闲类经营者，游戏厅、休闲会所、饮品店。

4）日用百货类经营者，本地中小型超市、便利店。

（6）消费客户群定位。

1）有购买中高档汽车品牌需求的人群。

2）需求精品汽配、中高档服务的车主。

3）周边日常消费需求的人群。

6.3 价格方案策划

1. 销售价格方案策划

通过对项目周边同类业态的销售价格利用市场比较法和市场导向定价法分析，从而确定项目各业态的定价。

（1）公寓销售价格：5500元/m^2（表4-3-21）。

表4-3-21 公寓价格方案

	修正因素	地段因素	交通因素	品质因素	规划因素	配套因素	工程进度	报价
天鹅堡（香槟小镇二期）	权重	20%	20%	10%	20%	20%	10%	—
	案例权重系数	75	75	80	85	75	88	4100元/m^2
	本案权重系数	100	100	100	100	100	100	3230.8
	价格修正系数	0.15	0.15	0.08	0.17	0.15	0.088	0.788

（续）

	修正因素	地段因素	交通因素	品质因素	规划因素	配套因素	工程进度	报价
金长城数码大厦	权重	20%	20%	10%	20%	20%	10%	—
	案例权重系数	101	101	80	85	90	88	10500 元/m²
	本案权重系数	100	100	100	100	100	100	9681
	价格修正系数	0.202	0.202	0.08	0.17	0.18	0.088	0.922
怡聚德广场	修正因素	地段因素	交通因素	品质因素	规划因素	配套因素	工程进度	报价
	权重	20%	20%	10%	20%	20%	10%	—
	案例权重系数	101	101	80	80	85	88	5700 元/m²
	本案权重系数	100	100	100	100	100	100	5141.4
	价格修正系数	0.202	0.202	0.08	0.16	0.17	0.088	0.902
合创·烟台公馆	修正因素	地段因素	交通因素	品质因素	规划因素	配套因素	工程进度	报价
	权重	20%	20%	10%	20%	20%	10%	—
	案例权重系数	75	75	80	80	101	88	5200 元/m²
	本案权重系数	100	100	100	100	100	100	4316
	价格修正系数	0.15	0.15	0.08	0.16	0.202	0.088	0.83
富顺苑星都	修正因素	地段因素	交通因素	品质因素	规划因素	配套因素	工程进度	报价
	权重	20%	20%	10%	20%	20%	10%	—
	案例权重系数	85	85	80	80	101	88	6500 元/m²
	本案权重系数	100	100	100	100	100	100	5655
	价格修正系数	0.17	0.17	0.08	0.16	0.202	0.088	0.87
本案公寓最终价格							5604.84 元/m²	

（2）写字楼销售价格：8000 元/m²（表 4-3-22）。

表 4-3-22　写字楼价格方案

	修正因素	地段因素	交通因素	品质因素	规划因素	配套因素	工程进度	报价
三站经纬广场	权重	20%	20%	10%	20%	20%	10%	—
	案例权重系数	101	101	75	80	101	80	8800 元/m²
	本案权重系数	100	100	100	100	100	100	8104.8
	价格修正系数	0.202	0.202	0.075	0.16	0.202	0.08	0.921
金长城数码大厦	修正因素	地段因素	交通因素	品质因素	规划因素	配套因素	工程进度	报价
	权重	20%	20%	10%	20%	20%	10%	—
	案例权重系数	101	101	80	80	85	80	11000 元/m²
	本案权重系数	100	100	100	100	100	100	9834
	价格修正系数	0.202	0.202	0.08	0.16	0.17	0.08	0.894
金融国际大厦	修正因素	地段因素	交通因素	品质因素	规划因素	配套因素	工程进度	报价
	权重	20%	20%	10%	20%	20%	10%	—
	案例权重系数	102	80	80	85	80	80	7600 元/m²
	本案权重系数	100	100	100	100	100	100	6490
	价格修正系数	0.204	0.16	0.08	0.17	0.16	0.08	0.854
鲁东国际	修正因素	地段因素	交通因素	品质因素	规划因素	配套因素	工程进度	报价
	权重	20%	20%	10%	20%	20%	10%	—
	案例权重系数	101	101	80	80	101	80	11200 元/m²
	本案权重系数	100	100	100	100	100	100	10371.2
	价格修正系数	0.202	0.202	0.08	0.16	0.202	0.08	0.926
润华大厦	修正因素	地段因素	交通因素	品质因素	规划因素	配套因素	工程进度	报价
	权重	20%	20%	10%	20%	20%	10%	—
	案例权重系数	102	75	80	80	85	80	7280/m²
	本案权重系数	100	100	100	100	100	100	6144.32
	价格修正系数	0.204	0.15	0.08	0.16	0.17	0.08	0.844
本案写字楼最终价格：							8189 元/m²	

（3）外临街商铺首二层销售价格：20000 元/m²（表 4-3-23）。

表 4-3-23　外临街商铺首二层价格方案

富顺苑星都	修正因素	地段因素	交通因素	品质因素	规划因素	配套因素	工程进度	报价
	权重	20%	20%	10%	20%	20%	10%	—
	案例权重系数	101	101	85	85	101	85	21300 元/m²
	本案权重系数	100	100	100	100	100	100	20149.8
	价格修正系数	0.202	0.202	0.085	0.17	0.202	0.085	0.946
天和大厦	修正因素	地段因素	交通因素	品质因素	规划因素	配套因素	工程进度	报价
	权重	20%	20%	10%	20%	20%	10%	—
	案例权重系数	102	85	85	85	80	80	21500 元/m²
	本案权重系数	100	100	100	100	100	100	18684
	价格修正系数	0.204	0.17	0.085	0.17	0.16	0.08	0.869
怡丰佳苑	修正因素	地段因素	交通因素	品质因素	规划因素	配套因素	工程进度	报价
	权重	20%	20%	10%	20%	20%	10%	—
	案例权重系数	103	85	101	85	85	80	24800 元/m²
	本案权重系数	100	100	100	100	100	100	22246
	价格修正系数	0.206	0.17	0.101	0.17	0.17	0.08	0.897
开元新村	修正因素	地段因素	交通因素	品质因素	规划因素	配套因素	工程进度	报价
	权重	20%	20%	10%	20%	20%	10%	—
	案例权重系数	80	85	80	85	101	85	24000 元/m²
	本案权重系数	100	100	100	100	100	100	20808
	价格修正系数	0.16	0.17	0.08	0.17	0.202	0.085	0.867
南大街购物城	修正因素	地段因素	交通因素	品质因素	规划因素	配套因素	工程进度	报价
	权重	20%	20%	10%	20%	20%	10%	—
	案例权重系数	102	102	101	80	101	80	23000 元/m²
	本案权重系数	100	100	100	100	100	100	21873
	价格修正系数	0.204	0.204	0.101	0.16	0.202	0.08	0.951
本案外临街商铺首二层最终价格：20000 元/m²							20752 元/m²	

（4）内临街商铺首二层销售价格：13000 元/m²（表 4-3-24）。

表 4-3-24　内临街商铺首二层价格方案

现代国际新城	修正因素	地段因素	交通因素	品质因素	规划因素	配套因素	工程进度	报价
	权重	20%	20%	10%	20%	20%	10%	—
	案例权重系数	85	85	102	102	85	85	12500 元/m²
	本案权重系数	100	100	100	100	100	100	11262.5
	价格修正系数	0.17	0.17	0.102	0.204	0.17	0.085	0.901
天鹅堡（香槟小镇二期）	修正因素	地段因素	交通因素	品质因素	规划因素	配套因素	工程进度	报价
	权重	20%	20%	10%	20%	20%	10%	—
	案例权重系数	85	85	102	85	85	101	17000 元/m²
	本案权重系数	100	100	100	100	100	100	15011
	价格修正系数	0.17	0.17	0.102	0.17	0.17	0.101	0.883
怡聚德广场	修正因素	地段因素	交通因素	品质因素	规划因素	配套因素	工程进度	报价
	权重	20%	20%	10%	20%	20%	10%	—
	案例权重系数	98	98	105	101	105	101	15800 元/m²
	本案权重系数	100	100	100	100	100	100	15958
	价格修正系数	0.196	0.196	0.105	0.202	0.21	0.101	1.01
机场路商铺	修正因素	地段因素	交通因素	品质因素	规划因素	配套因素	工程进度	报价
	权重	20%	20%	10%	20%	20%	10%	—
	案例权重系数	85	85	80	80	98	95	11700 元/m²

（续）

机场路商铺	本案权重系数	100	100	100	100	100	100	10190.7
	价格修正系数	0.17	0.17	0.08	0.16	0.196	0.095	0.871
幸福河市场附近商铺	修正因素	地段因素	交通因素	品质因素	规划因素	配套因素	工程进度	报价
	权重	20%	20%	10%	20%	20%	10%	—
	案例权重系数	102	102	80	85	101	95	14100 元/m²
	本案权重系数	100	100	100	100	100	100	13465.5
	价格修正系数	0.204	0.204	0.08	0.17	0.202	0.095	0.955
本案内临街商铺首二层最终价格：13000 元/m²								13178 元/m²

（5）南部临街商铺第三层销售价格：6000 元/m²（表 4-3-25）。

表 4-3-25　南部临街商铺第三层价格方案

爱汀堡	修正因素	地段因素	交通因素	品质因素	规划因素	配套因素	工程进度	报价
	权重	20%	20%	10%	20%	20%	10%	—
	案例权重系数	90	85	85	102	85	102	8500 元/m²
	本案权重系数	100	100	100	100	100	100	7743.5
	价格修正系数	0.18	0.17	0.085	0.204	0.17	0.102	0.911
松霞新苑	修正因素	地段因素	交通因素	品质因素	规划因素	配套因素	工程进度	报价
	权重	20%	20%	10%	20%	20%	10%	—
	案例权重系数	85	85	85	102	102	101	6000 元/m²
	本案权重系数	100	100	100	100	100	100	5604
	价格修正系数	0.17	0.17	0.085	0.204	0.204	0.101	0.934
泰晤士新城	修正因素	地段因素	交通因素	品质因素	规划因素	配套因素	工程进度	报价
	权重	20%	20%	10%	20%	20%	10%	—
	案例权重系数	103	85	101	85	101	85	6000 元/m²
	本案权重系数	100	100	100	100	100	100	5604
	价格修正系数	0.206	0.17	0.101	0.17	0.202	0.085	0.934
现代国际新城	修正因素	地段因素	交通因素	品质因素	规划因素	配套因素	工程进度	报价
	权重	20%	20%	10%	20%	20%	10%	—
	案例权重系数	85	85	102	80	80	101	6200 元/m²
	本案权重系数	100	100	100	100	100	100	5350.6
	价格修正系数	0.17	0.17	0.102	0.16	0.16	0.101	0.863
本案南部临街商铺第三层最终价格：6000 元/m²								6076 元/m²

（6）快修市场首二层销售价格：12000 元/m²（表 4-3-26）。

表 4-3-26　快修市场首二层价格方案

三站经纬广场	修正因素	地段因素	交通因素	品质因素	规划因素	配套因素	工程进度	报价
	权重	20%	20%	10%	20%	20%	10%	—
	案例权重系数	102	102	101	80	101	102	16000 元/m²
	本案权重系数	100	100	100	100	100	100	15568
	价格修正系数	0.204	0.204	0.101	0.16	0.202	0.102	0.973
幸福路商铺	修正因素	地段因素	交通因素	品质因素	规划因素	配套因素	工程进度	报价
	权重	20%	20%	10%	20%	20%	10%	—
	案例权重系数	102	101	85	80	85	85	12000 元/m²
	本案权重系数	100	100	100	100	100	100	10872
	价格修正系数	0.204	0.202	0.085	0.16	0.17	0.085	0.906
通世新城	修正因素	地段因素	交通因素	品质因素	规划因素	配套因素	工程进度	报价
	权重	20%	20%	10%	20%	20%	10%	—
	案例权重系数	85	80	101	85	85	85	11300 元/m²
	本案权重系数	100	100	100	100	100	100	9673
	价格修正系数	0.17	0.16	0.101	0.17	0.17	0.085	0.856
本案快修市场首二层最终价格：12000 元/m²								12037.6 元/m²

2. 租赁价格方案策划

通过对项目周边同类业态的租赁价格利用市场比较法和市场导向定价法分析，从而确定项目各业态的定价。具体业态租赁价格如下：

大卖场一层租金：55 元/(m^2・月)，见表 4-3-27。

表 4-3-27　大卖场一层租赁价格方案

	修正因素	地段因素	交通因素	品质因素	规划因素	配套因素	工程进度	报价
九开家居	权重	20%	20%	10%	20%	20%	10%	—
	案例权重系数	101	101	93	90	102	101	32 元/(m^2・月)
	本案权重系数	100	100	100	100	100	100	31.42
	价格修正系数	0.202	0.202	0.093	0.18	0.204	0.101	0.982
红星美凯龙全球建材生活馆	修正因素	地段因素	交通因素	品质因素	规划因素	配套因素	工程进度	报价
	权重	20%	20%	10%	20%	20%	10%	—
	案例权重系数	90	90	102	101	90	101	80 元/(m^2・月)
	本案权重系数	100	100	100	100	100	100	75.60
	价格修正系数	0.18	0.18	0.102	0.202	0.18	0.101	0.945
本案大卖场一层最终租金:55 元/(m^2・月)								55 元/(m^2・月)

根据市场中大卖场租金定价规律得出：大卖场第二层的租金是 28 元/m^2・月，第三层的租金是 23 元/m^2・月，第四层的租金是 18 元/m^2・月。

6.4　招商推广策划

1. 招商广告策略

(1) 推广计划。项目总体分两期销售，两期周期均为一年时间，均是从 2014 年的 10 月至第二年的 9 月。因 10 月定为开盘期，故需 7~9 月共三个月作为公开认筹期，5~6 月共两个月作为认筹筹备期。下表以一期为例做项目推广计划表（表 4-3-28）。

表 4-3-28　一期推广计划

阶段划分	筹备期	公开期	开盘期	热销期	持销期
时间划分	2015.05~06	2015.07~09	2015.10	2015.11~2016.07	2016.08~2016.09
重点工作	各类平面宣传广告准备、项目 VI 系统建立、形象树立、招商蓄势、客户蓄水、内部认购	各类项目宣传广告上线，展开第一推广热潮、筹备开盘活动、开盘造势	项目盛大开盘、通过各类媒体对项目开盘活动进行跟踪报道	持续招商销售，加强对上线广告的维护。寻找市场新热点，适时再度引爆市场	做好物业管理，二期宣传广告上线，同时筹备二期开盘活动

(2) 媒体策略。

1) 广告宣传。

公开期：宣传重点主要是定向招商，向主要目标商发出邀请，并做形象类的宣传广告，其目的是以品牌产业带动其他的非品牌产业及相关行业的入住。

开盘期：部分汽车商都已入住，是广告强势期，带动相关产业的商家加入。

热销期：主要是维护性的概念性广告加以巩固，并寻求新的宣传热点。

持续期：对本项目的概念进行主要宣传，为以后项目做一个延续及铺垫。

2) 新闻媒体。新闻媒体是介于广告和新闻之间的一种宣传方法，虽不同于广告，但效果却远远超过广告。对于本项目来说，可以抓住适当节点，以软文的形式在报纸上发布，如动工开始、开盘、营业等。

3）媒体选用分析见表 4-3-29。

表 4-3-29 媒体选用分析

分析媒体	使用成本	目标到达率	目标针对性	综合传播效果	选用意向
户外大牌	0.7	0.8	0.2	0.8	★★★★
报纸	1	0.8	0.3	0.5	★★
车身	0.6	0.9	0.3	0.7	★★★
电视字幕	0.8	1	0.3	0.3	★
DM 夹报	0.3	0.6	0.6	0.6	★★★★
短信	0.3	1	1	0.6	★★★

2. 招商活动策略

（1）项目奠基。项目奠基是树立项目形象的一笔浓墨，为后期营销推广奠定基础。

（2）汽车博览会。为广大汽车经销商提供汽车展示销售平台，带动项目人流，提升项目知名度。

（3）车迷俱乐部。为车迷爱好者提供交流、互动的平台，带旺汽车城人气氛围。

（4）节假日复合促销活动。形式有很多种，可以有文艺节目、汽车知识讲座、竞技比赛、汽车嘉年华。

（5）公关活动（名人代言、行业协会活动）。

（6）开业庆典。

3. 招商政策制订

1）协调解决无小轿车经营权办理注册手续。

2）为投资商代租商铺，统一管理、统一招商，以返租或包租的形式确保投资回报。

3）招商优惠政策制订，首期进驻商享受租售价格或物业管理费优惠。

4）第一经营年度，汽车城统一举办大型宣传推广活动，为汽车城聚集人气，提高知名度，确保进驻商首年能获利。

5）为进驻商提供促销活动硬件支持，定期提供区域汽车市场交易信息、动态分析和促销活动。

6）创建专属于汽车城的网站，并创办汽车刊物，在线上、线下为经营单位和消费者之间提供一个交流的信息平台，同时也是为经营单位提供一个宣传和产品展示的平台。

4. 项目运营策略

（1）前期做好项目销售的相关辅助工作。以销售为中心，配合销售部做好相关市调、业态定位、客流动线、商铺划分、价格定位、公共部位装修等服务工作。

（2）搭建运营团队及做好组织架构图。建议采取总经理负责制下的部门负责制，下辖部门：招商部、综合管理部、人力资源部、保安部、办公室和财务部。综合管理部下辖营销部、市场管理办、工程部。

（3）制订公司各项管理章程和管理制度。在开业前制订的制度有：市场经营管理制度、各岗位责任制度、市场商品准入制度、商品先行赔付制度、商品价格管理及售后服务制度、装修管理条例、员工管理流程及奖惩条例、财务管理制度等。

（4）明确各岗位工资及员工福利制度。建议员工收入分两大块，分别为工资和奖金。工资由基本工资、三金、岗位津贴和各项补贴组成，每月按时发放；奖金为年终奖励，年底一次性发放。

（5）市场宣传推广策略的制订和实施。招商前须做好招商手册一批、市场主楼户外广告位、道路指路牌若干、高炮广告若干、周边墙体广告若干、媒体广告若干，具体计划另行书面报告申请。

（6）与政府相关部门进行沟通联络。在沟通联络的过程中，积极要求政府展开协调，使项目能划行规市，错位经营，避免引起其他同类市场的恶意竞争。

第七部分 投资估算与资金筹措

7.1 开发成本估算

1. 土地费用

土地成本由土地出让金及税费组成。结合项目在烟台的地理位置，参照目前市场上土地拍卖价格标准并以此为依据，本项目的土地成本 60 万元/亩，经测算土地费用总额为人民币 11997 万元。

2. 前期工程费用

前期工程费主要包括项目前期策划、规划、设计、勘测费用等，费用确定主要参考区域及国内房地产开发项目的情况，估算为人民币 2532 万元。

3. 建筑安装工程费用

建筑安装工程费用包括土建工程费、水电工程费、设备工程及安装工程费等，参考烟台市建筑工程概预算和区域同类房地产开发项目的实际建造成本，经估算为人民币 72614 万元。

4. 基础设施建设费用

基础设施建设费用包括给水排水工程、供电工程、燃气工程、供热工程、室外绿化及照明等，参考烟台市区域同类房地产开发项目的实际基础设施建设费用及公共设施建设标准进行估算，约为人民币 6125 万元。

5. 政府行政性收费

主要包括基础设施配套费、工程交易服务费、安全监督费以及房地产开发管理费等，经估算为人民币 8796 万元（表 4-3-30）。

表 4-3-30 开发成本估算

序 号	项 目	费用/万元
2	开发成本	90067
2.1	前期工程费	2532
	筹建开办费	200
	勘察费	267
	策划及可行性研究	100
	三通一平	400
	设计费	1565
2.2	建安工程费	72614
	土建工程费	64076
	水电工程费	5693
	设备及安装工程费	2846
2.3	基础设施费	6125
	室外供水供电供热工程	2846
	道路、绿化工程	1428
	排污、排污水工程	854
	弱电、防雷工程	285
	智能化工程	712

（续）

序　　号	项　　目	费用/万元
2.4	政府税收及行政收费	8796
	基础设施配套费	7201
	工程交易服务费	1452
	安全监督费	
	房地产开发管理费	142

7.2　开发费用估算

1. 管理费用

管理费用是指房地产开发企业的管理部门为组织和管理房地产项目的开发经营活动而发生的各项费用，如管理人员工资、职工福利费、办公费、差旅费、咨询费等。按烟台市同类房地产项目的水平和本项目的具体情况，管理费按开发成本的3%计取，经估算为人民币2702万元。

2. 销售费用

包括广告宣传费用及代理费等，参考目前烟台市一般房地产开发项目的标准，经估算为人民币8071万元。

3. 财务费用

主要指银行贷款利息及各种税费。假设本项目向银行贷款46000万元，期限为3年，贷款年利率按10%计（含各种资金成本），经估算为人民币8149万元（表4-3-31）。

表4-3-31　开发费用估算

序　　号	项　　目	费用/万元
3	开发费用	18922
3.1	开发商管理费	2702
3.2	销售费用	8071
3.2.1	销售代理费	3165
3.2.2	广告宣传费	4748
3.2.3	交易管理费	158
3.3	财务费用	8149

7.3　土地增值税估算

通过销售收入、销售成本、销售费用及销售税金及附加的计算得到增值额，并确定增值率及增值税税率，经估算土地增值税约为24172万元（表4-3-32）。

表4-3-32　土地增值税估算表

序号	项　　目	计算依据	计算结果/万元
1	销售收入		158257
2	扣除项目金额	以下3项之和	86958
2.1	开发成本		63177
2.2	开发费用		14998
2.3	销售税金及附加		8783
3	增值额	(1)-(2)	71299
4	增值率	[(3)/(2)]×100%	81.99%
5	增值税税率	50%≤(4)≤100%	40%
6	土地增值税	(3)×40%-(2)×5%	24172

7.4 不可预见费估算

不可预见费按开发成本的5%计取，经估算为人民币4503元。

7.5 项目总投资估算（表4-3-33）

表4-3-33 项目总投资估算

序 号	项 目 名 称	总投资/万元
1	土地费用	11997
2	开发成本	90067
2.1	前期工程费	2532
	筹建开办费	200
	勘察费	267
	策划及可行性研究	100
	三通一平	400
	设计费	1565
2.2	建安工程费	72614
	土建工程费	64076
	水电工程费	5693
	设备及安装工程费	2846
2.3	基础设施费	6125
	室外供水供电供热工程	2846
	道路、绿化工程	1428
	排污、排污水工程	854
	弱电、防雷工程	285
	智能化工程	712
2.4	政府税收及行政收费	8796
	基础设施配套费	7201
	工程交易服务费	1452
	安全监督费	
	房地产开发管理费	142
3	开发费用	18922
3.1	开发商管理费	2702
3.2	销售费用	8071
3.2.1	销售代理费	3165
3.2.2	广告宣传费	4748
3.2.3	交易管理费	158
3.3	财务费用	8149
4	不可预见费用	4503
5	项目总投资	125489

7.6 项目总成本估算

项目总成本包含项目开发总投资及土地增值税、销售税金及附加、所得税等税金，由于本项目利润总额为负，因此应缴纳的所得税为零，项目总成本为158444万元（表4-3-34）。

表4-3-34 项目总成本估算

项 目 名 称	总成本/万元
项目开发总投资	125489
土地增值税	24172

（续）

项目名称	总成本/万元
销售税金及附加	8783
所得税	0
合计	158444

7.7　资金筹措与使用计划

1. 项目投资计划及资金筹措计划

根据以上分析测算，本项目总投资由开发成本和开发费用两大块组成，投资的资金来源包括自有资金、银行融资、预收销售回款。

本项目总投资预计为人民币 125489 万元，按企业自有资金为 30000 万元计，结合项目投资计划和资金来源与运用分析，本项目申请 46000 万元的信贷额度，期限为 3 年。

自有资金：30000 万元；银行融资：46000 万元；本项目按半年为一个计算期，从 2014 年 10 月开始到 2017 年 9 月结束，共六个计算期。预计在建设期内第三个计算期有销售回款（表 4-3-35）。

表 4-3-35　资金筹措与投资计划

序号	项目名称	合计	计算期					
			1	2	3	4	5	6
1	建设投资/万元	125489	55000	7500	23321	18357	12140	9171
2	资金筹措/万元	125489	55000	7500	23321	18357	12140	9171
2.1	自有资金/万元	30000	9000	7500	6000	4500	1500	1500
2.2	借贷资金/万元	46000	46000	0	0	0	0	0
2.3	预售收入再投入/万元	49489	0	0	17321	13857	10640	7671

2. 贷款本息偿还计划

本项目申请 46000 万元的信贷额度，一次投于项目初期的建设，以半年为一个计算期，从 2014 年 10 月开始到 2017 年 9 月结束，共六个计算期，按 10%的年利率分期进行偿还。预计在建设期内第三个计算期有销售回款，3 年内偿还完（表 4-3-36）。

表 4-3-36　借款还本付息估算

序号	项目名称	合计	计算期					
			1	2	3	4	5	6
1	借款还本付息/万元							
1.1	年初借款累计/万元	139977	0	47150	49508	24754	12377	6188
1.2	本年借款/万元	46000	46000	0	0	0	0	0
1.3	本年应计利息/万元	8149	1150	2358	2475	1238	619	309
1.4	年底还本付息/万元	54149	0	0	27229	13615	6807	6498
1.5	年末借款累计/万元	139977	47150	49508	24754	12377	6188	0
2	借款还本付息的资金来源/万元							
2.1	投资回收/万元	54149	0	0	27229	13615	6807	6498

7.8　政府行政性收费估算

政府行政性收费包括基础设施配套费、工程交易服务费、安全监督费、房地产开发管理费等。

1. 基础设施配套费用

基础设施配套费用以建筑面积计，单价为 253 元/m^2，即基础设施配套总费用为 284626.9m^2×253 元/m^2 = 7201 万元。

2. 工程交易服务费、安全监督费

工程交易服务费和安全监督费二者之和为建安费用的 2%，即 72614 万元×2% = 1452 万元。

3. 房地产开发管理费

房地产开发管理费用的计算以建筑面积为基础，单价为 5 元/m^2，即房地产开发管理费用为 284626.9m^2×5 元/m^2 = 142 万元。

4. 政府行政性收费合计（表 4-3-37）

表 4-3-37　政府行政性收费合计

项目	基础设施配套费用	工程交易服务费用	安全监督费	房地产开发管理费用
费用/万元	7201	1452		142
合计/万元	8795			

第八部分　销售收入及税金

8.1　租售收入预测

1. 汽车商务区租售收入

汽车商务区进行销售的业态有沿街商铺（首二层）、内部临街商铺（首二层）、办公楼、酒店，销售收入合计 75275 万元（表 4-3-38）。

表 4-3-38　汽车商务区租售收入

用途	可售数量/m^2	预测销售单价/(元/m^2)	销售收入/万元
沿街商铺(首二层)	13086.8	20000	26174
对内街商铺(首二层)	11694.7	13000	15203
办公建筑	33480.2	8000	26784
酒店	11856.2	6000	7114
合计	70117.9	—	75275

2. 快修美容区销售收入

快修美容区的业态为汽修市场，建筑面积为 10963.8m^2，销售收入合计 13157 万元（表 4-3-39）。

表 4-3-39　快修美容区销售收入

用途	建筑面积/m^2	预测销售单价/(元/m^2)	销售收入/万元
快修美容	10963.8	12000	13157
合计	10963.8	12000	13157

3. 汽车博览中心区租售收入

汽车博览中心区的业态为四层的汽车大卖场，开发商自行持有 75%的建筑面积，25%的建筑面积作为销售，销售部分和租赁部分的建筑面积分别为 22177.25m^2 和 66531.75m^2，销售收入为 22177 万元（表 4-3-40），租赁总收入为 2395 万元/年（表 4-3-41）。结合目前市场上的租赁情况，商铺出租存在一定的空置率，假定空置率为 20%，预测汽车大卖场的租赁收入为 1916 万元/年。地下车库为公寓和写字楼配套的 900 个车位可以出售，车位销售收入为 900 个×100000 元/个 = 9000 万元。

表 4-3-40　汽车博览中心租售收入

用途	建筑面积/m^2	预测销售单价/(元/m^2)	销售收入/元
大卖场 75%的物业	22177.25	10000	221772500
合计	22177.3	—	22177 万

表 4-3-41　汽车博览中心租赁收入

用途	建筑面积/m^2	预测租赁单价/元/(m^2·月)	租赁收入/(元·年)
大卖场 25%的物业	66531.75	30	23951430
合计	66531.75	—	2395 万

4. 汽车生活区销售收入

汽车生活区的销售部分为东南侧的汽车展厅，总建筑面积为 12550.8m^2，总销售收入为 38648 万元（表 4-3-42）。

表 4-3-42　汽车生活区销售收入

用途	建筑面积/m^2	预测销售单价/(元/m^2)	销售收入/万元
公寓建筑	45929.2	5500	25261
南侧规划路商铺(首二层)	5470.7	13000	7112
南侧规划路商铺(三层)	4183.6	6000	2510
东南角沿通世路商铺	2896.5	13000	3765
合计	58480	—	38648

5. 各物业及分期销售一览表

根据以上各项销售收入，项目预计销售总收入为 151652 万元。依据市场实际情况及各个时间段的特点，本项目物业分为一期、二期进行销售（表 4-3-43）。

表 4-3-43-1　物业分期销售一览表（一期）（一）

销售分期	时间阶段 / 物业类型	销售总收入预测			2015.10~2015.11			2015.12~2016.01		
		总销售面积/m^2	预测销售单价/(元/m^2)	预测销售总收入/元	销售占比	销售面积/m^2	销售收入/元	销售占比	销售面积/m^2	销售收入/元
一期临机场路部分-西边及北边部分	展厅(里临街)	11694.7	13000	152031100	30%	3508.41	45609330	15%	1754.205	22804665
	展厅(外临街)	13086.8	20000	261736000	30%	3926.04	78520800	15%	1963.02	39260400
	写字楼	33480.2	8000	267841600	20%	6696.04	53568320	10%	3348.02	26784160
	酒店	11856.2	6000	71137200	20%	2371.24	14227440	10%	1185.62	7113720
	快修市场	10963.8	12000	131565600	20%	2192.76	26313120	15%	1644.57	19734840
	停车位	400 个	100000 元/个	40000000	20%	80	8000000	10%	40	4000000
	总计	81081.7	—	924311500	23%	18774.49	226239010	12%	9935.435	119697785

6. 销售与自持物业比例

本项目可租售的总建筑面积为 230398.8m^2，自持部分面积占总建筑面积的 28.9%，为 66585.3m^2，业态是汽车博览中心 75% 的物业。出售部分占总面积的 71.1%，面积为 163813.5m^2，业态有展厅、写字楼、公寓、商务酒店及汽车博览中心 25%的物业，销售与自持的比例将近 7∶3。

表 4-3-43-2　物业分期销售一览表（一期）（二）

销售分期	时间阶段 / 物业类型	2016.02~2016.03			2016.04~2016.05			2016.06~2016.07			2016.08~2016.09		
		销售占比	销售面积/m^2	销售收入/元	销售占比	销售面积/m^2	销售收入/元	销售占比	销售面积/m^2	销售收入/元	销售占比	销售面积/m^2	销售收入/元
一期临机场路部分-西边及北边部分	展厅(里临街)	15%	1754.205	22804665	25%	2923.675	38007775	15%	1754.205	22804665	0%	0	0
	展厅(外临街)	15%	1963.02	39260400	25%	3271.7	65434000	15%	1963.02	39260400	0%	0	0
	写字楼	10%	3348.02	26784160	30%	10044.06	80352480	15%	5022.03	40176240	15%	5022.03	40176240
	酒店	10%	1185.62	7113720	30%	3556.86	21341160	15%	1778.43	10670580	15%	1778.43	10670580
	快修市场	15%	1644.57	19734840	15%	1644.57	19734840	20%	2192.76	26313120	15%	1644.57	19734840
	停车位	10%	40	4000000	30%	120	12000000	15%	60	6000000	15%	60	6000000
	总计	12%	9935.435	119697785	27%	21560.865	236870255	16%	12770.445	145225005	10%	8505.03	76581660

表 4-3-43-3　物业分期销售一览表（二期）（一）

销售分期	时间阶段 / 物业类型	销售总收入预测			2016.10~2016.11			2016.12~2017.01		
		总销售面积/m^2	预测销售单价/(元/m^2)	预测销售总收入/元	销售占比	销售面积/m^2	销售收入/元	销售占比	销售面积/m^2	销售收入/元
二期一期剩余部分	公寓	45929.2	5500	252610600	40%	18371.68	101044240	20%	9185.84	50522120
	大卖场	22177.25	10000	221772500	0%	0	0	0%	0	0
	展厅(首二层)	8367.2	13000	108773600	40%	3346.88	43509440	15%	1255.08	16316040
	展厅(三层)	4183.6	6000	25101600	40%	1673.44	10040640	15%	627.54	3765240
	停车位	500个	100000元/个	50000000	40%	200	20000000	20%	100	10000000
	总计	80657.25	—	658258300	29%	23592.00	174594320	14%	11168.46	80603400

表 4-3-43-4　物业分期销售一览表（二期）（二）

销售分期	时间阶段 / 物业类型	2017.02~2017.03			2017.04~2017.05			2017.06~2017.07			2017.08~2017.09		
		销售占比	销售面积/m^2	销售收入/元	销售占比	销售面积/m^2	销售收入/元	销售占比	销售面积/m^2	销售收入/元	销售占比	销售面积/m^2	销售收入/元
二期一期剩余部分	公寓	15%	6889.38	37891590	10%	4592.92	25261060	10%	4592.92	25261060	5%	2296.46	12630530
	大卖场	20%	4435.45	44354500	30%	6653.175	66531750	20%	4435.45	44354500	30%	6653.175	66531750
	展厅(首二层)	15%	1255.08	16316040	25%	2091.8	27193400	5%	418.36	5438680	0%	0	0
	展厅(三层)	15%	627.54	3765240	25%	1045.9	6275400	5%	209.18	1255080	0%	0	0
	停车位	15%	75	7500000	10%	50	5000000	10%	50	5000000	5%	25	2500000
	总计	16%	13282.45	109827370	18%	14433.795	130261610	12%	9705.91	81309320	11%	8974.635	81662280

注：一期所销售的停车位与同期所销售写字楼相应配套，车位配比为 100m^2：1.2 个；二期所销售的停车位与同期销售公寓相应配套，车位配比为 1：1。

8.2 销售税金估算

销售税金分为营业税、城市建设维护税、教育附加及印花税，其中营业税占销售收入的5%，比重最大。

1. 营业税

项目预计销售收入为151652万元，营业税为销售收入的5%，即151652万元×5%＝7582.6万元。

2. 城市建设维护税

城市建设维护税为营业税的7%，即7582.6万元×7%＝530.782万元。

3. 教育附加

教育附加税为营业税的3%，即7582.6万元×3%＝227.478万元。

4. 印花税

印花税为销售收入的0.05%，即151652万元×0.05%＝75.826万元。

8.3 招商运营费用估算

1. 运营收入

（1）大卖场租赁收入预测。项目大卖场四层可租赁的建筑面积共66531.75m²，其中根据对烟台市租赁价格及租赁情况的综合分析，预测目前项目大卖场的均价为30元/m²·月（表4-3-44）。

表4-3-44 预测大卖场运营收入

用途	建筑面积/m²	预测租赁单价/(元/m²·月)	租赁收入/(元/年)
大卖场一层	66531.75	30	23951430
合计	66531.75	—	2395万

结合实际情况，大卖场商铺招商存在一定的空置情况，经调查空置率约为20%，因此预测大卖场年租赁收入为2395万元×80%＝1916万元。

（2）车展收入预测。本项目预计每年举办4次车展，每次车展收入30万元，即年收入为30万元×4＝120万元。

（3）物业管理费收入。本项目建筑面积为230398.8m²，物业管理费为0.5元/(m²·月)，即物业管理费年收入为230398.8m²×0.5元/(m²·月)×12个月＝138万元。

（4）运营收入合计见表4-3-45。

表4-3-45 运营收入汇总

	大卖场	车展	物业管理费
运营收入/万元	1916	120	138
合计/万元	2174		

预计一年的运营收入为2174万元，经过对烟台房地产市场的调查，开始运营后三年依次约能获得40%、70%、100%的运营收入，即运营后第一年的运营收入为870万元，第二年运营收入为1522万元，第三年运营收入为2174万元。

2. 运营成本及税金

（1）行政管理费预测。行政管理费包括水电费、办公费等，预测费用为30万元。

（2）人员工资福利。预测人员工资福利年支出为424万元（表4-3-46）。

表 4-3-46 人员费用年支出成本预算

项目		人数/人	费用/元	合计费用/万元	总计/万元
人员年工资支出(含年终奖)	管理人员	8	经理:8000 元/月×14 月×1 人=112000 副经理:6600 元/月×13 月×1 人=85800 主管:5600 元/月×13 月×6 人=734000	93. 18	408
	人力人员	3	3900 元/月×13 月×3 人=152100	15. 21	
	工程人员	5	4900 元/月×13 月×5 人=318500	31. 85	
	保洁人员	20	2400 元/月×13 月×20 人=624000	62. 4	
	秩序维护人员	42	2800 元/月×13 月×42 人=1528800	152. 88	
	运营人员	6	4600 元/月×13 月×6 人=358800	35. 88	
	财务人员	3	4200 元/月×13 月×3 人=163800	16. 38	
人员福利支出	管理人员	8	经理:600 元/次×7 次×1 人=4200 副经理:500 元/次×7 次×1 人=3500 主管:400 元/次×7 次×6 人=16800	2. 45	16
	基层人员	79	250 元/次×7 次×79 人=138250	13. 825	
合计		87			424

(3) 折旧费。运用直线折旧法求得本项目的折旧费用，其中钢筋混凝土的残值以 0%计算，公式为：

折旧费用=[固定资产原值-(固定资产原值×0%)]/产权年限

=[16633-(16633×0%)]万元/40年=416万元/年

(4) 物业维护费 (表 4-3-47)。

表 4-3-47 物业维护费用

项目	费用/万元
物业公共部位、设施设备日常运行维护费	25
绿化养护费	6
清洁卫生费	5
秩序维护费	1
特种设备年检费	4
合计	41

(5) 招商费用

1) 宣传费用。宣传费用为运营收入的 12%，即宣传费用为 2174 万元×12%=261 万元。

2) 代理费用。招商代理费用为运营收入的 10%，即代理费用为 2174 万元×10%=217 万元。

(6) 税金。经调查目前烟台房地产租赁需要交纳房产税、印花税、营业税、城建税及教育费附加，单位出租经营用房综合税率为 17. 70%，出租物业的运营收入为 1916 万元，即本项目进入运营后需要交纳 17. 70%×2174 万元=385 万元的税金。

(7) 运营成本及税金合计见表 4-3-48。

表 4-3-48 运营成本及税金合计

项目	费用/(万元/年)
行政管理费	30
人员工资福利	424
折旧费	416
物业维护费	41
税金	385
招商费用	478
合计	1774

（8）收入支出分析。本项目年运营收入为 2174 万元，年运营成本为 1774 万元，进入运营后正常年利润为 400 万元。预计开始运营后三年依次能获得约 40%、70%、100%的运营收入，即运营后第一年的运营收入为 870 万元，第二年运营收入为 1522 万元，第三年运营收入为 2174 万元。

第一年运营收益=运营收入-运营支出=870 万元-1774 万元=-904 万元

第二年运营收益=运营收入-运营支出=1522 万元-1774 万元=-252 万元

第三年运营收益=运营收入-运营支出=2174 万元-1774 万元=400 万元

综上所述，本项目在开始运营的第三年及以后可以获得年收益 400 万元。

第九部分　项目财务评价

9.1　投资收益评价

1. 成本利润率

本项目的成本利润率为-0.15%。

2. 销售利润率

本项目的销售利润率为-0.12%。

9.2　静态收益分析

投资收益率（R）：

本项目投资收益率为-0.15%。

利润总额为-187 万元。

9.3　动态收益分析

1. 财务净现值（FNPV）

税后全部投资财务净现值为-167 万元。

税后自有资金财务净现值为-7443 万元。

2. 财务净现值率（FNPVR）

财务净现值率=财务净现值/项目总投资×100%

税后全部投资净现值率：-0.13%。

3. 财务内部收益率（FIRR）

税后全部投资内部收益率：-0.09%。

税后自有资金内部收益率：-10.28%。

全投资现金流量见表 4-3-49。

表 4-3-49　全投资现金流量

序号	项目名称	投资收益率	*i*=12%					
		合计	计算期					
			1	2	3	4	5	6
1	现金流入/万元	158257	0	0	46563	45868	36503	29323
1.1	汽车展厅/万元	54764	0	0	24826	16551	9371	4016
1.2	写字楼/万元	26784	0	0	10714	16070	0	0
1.3	快修市场/万元	13157	0	0	6578	6578	0	0

（续）

序号	项目名称	投资收益率	i=12%					
		合计	计算期					
			1	2	3	4	5	6
1.4	公寓/万元	25261	0	0	0	0	18946	6315
1.5	大卖场/万元	22177	0	0	0	0	4435	17742
1.6	停车位/万元	9000	0	0	1600	2400	3750	1250
1.7	酒店/万元	7114	0	0	2845	4268	0	0
2	现金流出/万元	158444	55000	7500	33017	27908	19741	15277
2.1	建设投资/万元	125489	55000	7500	23321	18357	12140	9171
2.2	销售税金及附加/万元	8783	0	0	2584	2546	2026	1627
2.3	土地增值税/万元	24172	0	0	7112	7006	5575	4479
2.4	所得税/万元	0	0	0	0	0	0	0
3	净现金流量（1）-（2）/万元	187	55000	7500	13546	17959	16761	14046
4	累计净现金流量/万元	211869	55000	62500	48954	30994	14233	187
5	折现净现金流量/万元	167	49107	6696	12095	16035	14965	12541
6	累计折现净现金流量/万元	189168	49107	55804	43709	27674	12708	167
13	税后全部投资净现值/万元	167						
14	税后全部投资内部收益率	-0.09%						

自有资金现金流量见表4-3-50。

表4-3-50　自有资金现金流量

序号	项目名称	投资收益率	i=12%					
		合计	计算期					
			1	2	3	4	5	6
1	现金流入/万元	158257	0	0	46563	45868	36503	29323
1.1	销售收入/万元	158257	0	0	46563	45868	36503	29323
2	现金流出/万元	166593	9000	7500	60246	41523	26549	21775
2.1	自有资金/万元	30000	9000	7500	6000	4500	1500	1500
2.2	预售收入再投入/万元	49489	0	0	17321	13857	10640	7671
2.3	贷款还本付息/万元	54149	0	0	27229	13615	6807	6498
2.4	销售税金及附加/万元	8783	0	0	2584	2546	2026	1627
2.5	土地增值税/万元	24172	0	0	7112	7006	5575	4479
2.6	所得税/万元	0	0	0	0	0	0	0
3	净现金流量/万元	8336	9000	7500	13683	4345	9954	7548
4	累计净现金流量/万元	105741	9000	16500	30183	25838	15884	8336
5	折现净现金流量/万元	7443	8036	6696	12217	3879	8887	6740
6	累计折现净现金流量/万元	94412	8036	14732	26949	23070	14182	7443
13	税后全部投资净现值/万元	7443						
14	税后全部投资内部收益率	-10.28%						

9.4　项目损益与利润表

项目损益与利润见表4-3-51。

表 4-3-51　项目损益与利润

序号	项目名称	合计/万元
1	销售收入	158257
2	总成本费用	125489
3	土地增值税	24172
4	销售税金及附加	8783
5	利润总额	187
6	所得税(25%)	0
7	税后利润	187
8	全部投资的投资利润率(5)/(2)×100%	-0.15%
9	全部投资的投资利税率[(3)+(4)+(5)]/(2)	26.11%
10	资本金投资利润率(5)/资本金	-0.53%
11	资本金净利润率(7)/资本金	-0.53%

第十部分　项目风险评价

10.1　盈亏平衡分析

1. 保本销售均价

本项目销售部分的保本销售均价为 8013 元/m^2。意味着在售价不变、成本不变的前提下，项目的销售价格至少需要为 8013 元/m^2，项目才能达到静态盈亏平衡，也即投资刚能保本。

2. 保本销售率：100.09%

本项目销售部分的销售率的盈亏平衡点为 100.09%。意味着在售价不变、成本不变的前提下，项目的销售率要达到 100.09%，项目才能达到静态盈亏平衡，也即投资刚能保本。对于商业项目而言，盈亏平衡点不超过 70%为较好，可见开发本项目具有一定的风险。

10.2　敏感性分析

从经济效益分析的评价指标及现时的市场情况看来，在各主要成本要素中，本项目的土地成本、税费等因素相对固定，而建安成本是其中对项目收益影响最大的一项。另外，项目的推出面临一定的市场竞争，预期售价的变化会对项目产生影响。因此，本项目的敏感性分析确定是通过选取物业销售价格及建安成本两项进行考察的，分别算出上述两个因素各自在其他条件不变的情况下，分别计算售价上下波动 5%、10%和建安成本上下波动 5%、10%时，对主要经济评价指标的影响，在正常的变化范围之内，售价的变化对指标的影响尤其明显。

1. 变动因素一：销售价格

以变动 10%为例。在售价变动率上升 10%时，本项目的经济指标变化如下：项目总成本从 125489 万元增加为 126295 万元，成本利润率从-0.15%上升为 6.34%，上升了 6.19%；售价变动率下降 10%时，项目总成本减少为 124682 万元，投资利润率为-6.73%，下降了 6.58%（表 4-3-52）。

2. 变动因素二：建安费用

以变动 10%为例。在建安工程费用变动率上升 10%时，本项目的经济指标变化如下：项目总成本从 125489 万元增加为 132741 万元，成本利润率从-0.15%下降为-4.15%，下降了 4%；建安工程费变动率下降 10%时，项目总成本减少为 118225 万元，投资利润率为 3.78%，上升了 3.93%（表 4-3-53）。

表 4-3-52　敏感性分析（销售价格表敏感性分析）

售价 变动率	销售收入 /(元/m^2)	项目总成本 /万元	成本利润率 /(税后利润/总成本)
10%	8803	126295	6.34%
5%	8403	125892	3.10%
0	8003	125489	-0.15%
-5%	7603	125085	-3.43%
-10%	7203	124682	-6.73%

表 4-3-53　敏感性分析（建安费用表敏感性分析）

建安工程费变动率	建安费用 /(元/m^2)	项目总成本 /万元	投资利润率 /(税后利润/总成本)
10%	2806	132741	-4.15%
5%	2679	129126	-2.34%
0	2551	125489	-0.15%
-5%	2423	124088	1.63%
-10%	2296	118225	3.78%

3. 变动因素总结

销售价格与建安费用的变动二者比较，从销售价格与建安工程费用对经济效益影响程度的比较中可以看出，销售价格的影响程度比建安工程费用的影响程度大。因此，在项目运行中，不仅要注意成本控制，还要注意销售计划的实现。

10.3　项目风险及防范建议

1. 项目风险

（1）项目本身风险。

1）项目销售报批中的不确定因素。

2）项目开发模式对项目的影响。

3）项目所处地块内部情况和区位的影响。

4）政府政策指导对本项目的影响。

（2）市场风险。

1）烟台当地的汽车市场和汽车消费人群对该类型产品的接受程度。

2）汽车行业的波动或者市场价格暴跌等因素对本项目的影响。

3）预期金融政策的调整对投资性物业销售的影响。

4）烟台当地政府对本项目的支持力度的影响。

（3）经营风险。

1）烟台汽博园的盈利能力直接决定对承诺投资回报的实现，所以汽车城的经营也承担了一定的风险。

2）烟台汽车业未来竞争形势较大，项目周边分布着多个较专业化的汽车城和汽配城，这些当地的汽车城对本项目有可能构成威胁。

（4）资金风险。

1）本项目需申请 46000 万元的信贷额度，在项目投资过程中由于资金不按计划到位有可能影响项目的实施过程，错过时机，造成项目的投资失败。

2）在项目投资过程中，本项目总投资大约预计为人民币 125489 万元，由于项目本身规模较

大，配套资金的压力较大，如配套资金不落实，会造成项目的投资失败。

2. 防范建议

1）加快汽车城的销售准备工作，在目前烟台市汽车行业竞争较小时抢占市场先机。

2）加大汽车城的营销推广力度，缩短销售周期，规避政策调整对房地产市场的冲击。

3）优化营销策略，引导当地人群更好地对汽车进行消费。

4）提高对汽车城的经营管理水平，保证未来合理的投资回报。

5）项目投资过程中，与有关部门密切合作，确保自有资金、国家配套资金按时按计划足额到位。

第十一部分　项目综合评价

11.1　经济评价

本项目的销售总收入为158257万元，成本利润率为-0.15%，销售利润率为-0.12%。项目全部投资税前、税后财务内部收益率为-0.09%，自有资金税前、税后财务内部收益率为-10.28%，远小于基准收益率12%；全部投资税前、税后财务净现值为-167万元，自有资金税前税后财务净现值为-7443万元；在计算期内没有投资回收期。因此，本项目销售部分在经济上是不可行的。

11.2　社会评价

项目整体建成后将完善板块规划功能，总共能提供将近272个商铺（每个商铺面积约300~400m^2），可为社会提供近3000个就业机会。项目正常运营后将有利于增加区域经济收入，也可为各级政府提供相当的税收来源。根据对所在区域各业态的营业额调研分析（表4-3-54），预计项目运营成熟之后，整体年总产值将达167亿元，完成年政府税收8000万元，并呈逐年上升态势（表4-3-55）。

表4-3-54　所在区域各业态年产值调研情况

调研案例	车辆单价/(万元/辆)	月销量/台	年营业额/万元
长安马自达展厅	10~20	50~60	9900
进口现代	20~30	40~50	13500
进口起亚	16~42	平均:20	7200
超越名车行	均价:60	平均:10	7200
果品广盛源汽配	—	—	平均:120
果品淳联汽车用品	—	—	平均:120
果品内场店面	—	—	50~60
金佰利汽车美容	—	—	80~100

表4-3-55　项目各业态年产值统计

项目业态	外临街展厅	内临街展厅	卖场展厅	汽车用品	快修美容	卖场四层	酒店	合计
数量/个	43	84	17	92	36	—	—	272
年营业额/万元	14000	11000	8000	60	80	—	—	—
总计/万元	602000	924000	136000	5520	2880	2000	1500	1673900

11.3 环境评价

本项目为烟台首个综合性、大规模的汽车专业市场，也是烟台首个国际汽车博览园区，其将作为领头羊带动烟台地区汽车产业的兴旺发展，促进烟台汽车市场的升级换代。同时也带动周边配套环境设施的兴建与改善，对周边环境的整顿和带动起着显著的作用。促进芝罘区产业升级、完善产业结构、增加经济效益、提升区域经济价值。对整个烟台市的环境都将有历史性的提升。

第十二部分 可行性研究结论

12.1 总体结论及建议

通过对当前宏观经济形式、烟台市经济发展状况分析、烟台市及其周边汽车市场的调查与分析，综合本项目实际情况，市场进入时机也已经成熟，吻合地区发展趋势，顺应行业发展大趋势，市场发展潜力巨大。

经过详细的投资估算与资金筹措、销售收入与税金等各方面的财务估算与预测。项目全部投资财务内部收益率为-0.09%，自有资金内部收益率为-10.28%，远小于基准收益率12%；全部投资财务净现值为-167万元，自有资金财务净现值为-7443万元；在计算期内没有投资回收期。

总体结论，项目在市场环境和市场潜力上是可行的，但由于项目自持28.9%的物业不能销售，导致在财务评价上亏损。建议适当调整自持比例、给予相关的规费或税费优惠，使得项目在自持部分物业的同时，尽可能达到盈亏平衡。同时建议争取政府政策的扶持，使得项目能更好地融入市场、打开市场。

12.2 存在问题与建议

1）经过估算，项目总投资达12.5亿元，投资资金大，占用开发商较大的流动资金，同时也将偿还银行高额的贷款利息。建议积极与政府沟通联系，尽量缩短项目在土地取得、立项、开发建设、销售等方面相关手续的申办时间，使得项目能尽快地开发建设，顺利销售，快速回笼资金，减少资金风险。

2）根据测算，如自持28.9%和销售71.1%的物业，在预计的销售价格、销售率条件下，本项目的利润总额为-187万元。故建议适当降低自持比例，提高销售比例，以达到项目盈亏平衡。

3）通过测算，本项目在前期开发建设与销售阶段，利润总额为负数，处于亏损状态；在后期正式运营阶段，如若完成100%的招商，则年运营利润为400万元。建议争取得到政府扶持，以减免一部分的税费或规费，如地价优惠、基础设施配套费优惠、税收优惠等，可降低本项目的投资成本，减少资金风险。

4）本项目作为专业市场，一般专业市场的容积率最大不超过1.5，绿地率最大不超过15%，如若超过，项目只能建设高层来提升容积率和扩大绿地率，但专业市场建设高层或多层，不符合市场规则，将导致大量的空置。目前本项目规定的容积率为大于2.4且不大于2.5，绿地率为35%。经过多次的规划设计与测算，项目在确保能满足项目形象、功能分区、业态分布和适应市场环境的情况下，最大容积率只能达到2.10，绿地率最大为20.5%。建议规划部门适当放宽规划指标，以便本项目建成后能更好地适应市场，确保后期运营顺畅。

5）项目作为烟台市首个大规模综合性的汽车专业市场，定能引领烟台汽车市场升级换代、带动区域发展。但项目开发商作为外来企业，且在必须自持物业的情况下开发运营，有着明显的劣势。建议争取当地政府相关的政策扶持，使项目正常运营，避免其他同行引起的不良竞争，快速融入当地市场，迅速打开烟台汽车市场，以带来最大的经济效益和社会效益。

（广州万欣房地产代理有限公司）

【报告点评】

该报告整体框架吻合可行性研究报告的要求，逻辑思维清晰，既属于可行性研究报告，研究的深度又大于一般的可行性研究报告。在阅读中不难发现，该报告研究的重点应是市场及规划部分，市场调研的深度，概念规划的细度，项目定价的细度等都足以使其成为一篇值得策划人品读的可行性研究报告。

一般的可行性研究报告结论都是项目具有可行性。但是该报告的投资分析结果为负，即项目不盈利，项目不可行，这较为罕见。因为可行性报告的报送对象是政府有关部门及房地产开发商，若报告结论为不可行，会直接或间接影响项目开发工作的开展，因此目前市场上有相当一部分的房地产策划机构为了应付，无论结果如何，均是可行，这对项目方和编写方都是有害的。

阅读过该报告后发现，可行性报告表明“不可行”结论的同时，建议房地产开发商与政府协商，获取一些优惠以降低土地成本，仔细一想，若开发商真的能和政府达成共识，其实这个“不可行”的结论倒是帮了开发商一个大忙。

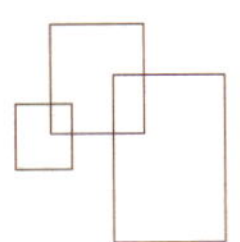

四、广东深圳光明商业中心旧改项目可行性研究报告

报告目录

报告正文

第一部分 投资环境和市场研究

1.1 区域市场概况

（1）光明新区作为深圳市北部社会经济发展的引擎，将有力推动第三圈层房地产市场的发展。目前深圳市的房地产市场呈圈层结构，特区内为第一圈层，最早完成从启动到成熟的发展历程，成为目前深圳市房地产市场最为发达的核心区域；宝安龙岗临近特区的街道组成第二圈层，直接接受特区内社会经济的辐射，同时政府加大了关外基础设施建设的力度，引发了的第二圈层房地产市场的快速发展；第三圈层是深圳市的边缘地带，介于第二圈层和城际线之间的区域。开发量很少，且档次在中等和中下等水平，整个区域形象较为落后，其房地产市场的发展需要社会经济发展的支持。光明新区即位于第三圈层。

光明新区于2007年5月成立，是四大新城之一，将是深圳市西北部经济的领跑者。参照深圳市中心区和宝安中心区的发展速度及历程，可以假设5年内基础设施完善，房地产开发启动，速度加快，公共市政工程也稳步展开。而房地产市场的成熟度及开放度与政府对基础设施和市政工程投入紧密相关。

光明新区将有助于改变边缘地带落后的现实状况，并推动第三圈层房地产市场的繁荣。新区的综合服务基地会成为房地产开发建设的热点区域，辐射石岩、沙井、松岗等街道。

（2）光明新区房地产市场现状仍处于启动期，发展前景良好。光明新区房地产市场处于启动期，开发量和交易量少，仍具有封闭市场的典型特征。物业类型以村民自建、福利房及微利房为主，产权不完整，综合品质较差，开发成本低，商品住房仍为稀缺产品。产品的形式多为1~2栋7~8层的兵营式排列多层，部分顶层为复式，无小区、无园林景观、生活配套不足、住宅质素较低、同质化严重。

建筑类型多层及小高层仍为客户的传统选择，高层住宅需进一步引导。房产交易以本地客户为主。

住宅的交易价格不同地段价格差异性不大，村民自建、福利房及微利房由于其产权不完整，资产价值得不到完全体现，而且综合素质又较差，因此其价格水平总体较低，约为3000~4000元/m^2；但有产证的二手房价格相对较高突破了7000元/m^2（表4-4-1）。

表4-4-1　光明新区房地产市场现状

发展阶段	房地产市场启动期
市场总体特征	相对封闭，住宅的开发量和交易量均较少
产品特征	以村民自建、福利房及微利房为主，综合品质较差，开发成本低，商品住房仍为稀缺产品
客户特征	在光明新区工作和生活的人群
价格特征	非商品房价格约为3200~4000元/m^2，普通二手商品房价格约为5000~8000元/m^2

未来商品房需求增加，置业要求超越初级市场住宅产品诉求，追求高品质生活，房地产开发成本增加。

光明新区2003~2004年有商品房推出，由于具备完整的产权、较高的品质，获得市场的高度认可，推出后短期内即被市场消化。进入二级市场后，交易量占市场总量的绝对比重，交易价格及租金成为市场的标杆。

主力客户包括两大类：一类是光明新区本地人，另一类是非光明新区的定居人口，以企业主和中高层管理人员为主，辅以当地公务员及部分港、澳、台投资者。这部分消费人口，支付能力强，置业升级需求增加。

消费户型以三房、四房为客户的主要置业目标，其中三房比重较大，主要为改善居住条件而产生的换房需求，受此影响，市场对小户型的产品需求较少；面积需求以80~120m^2的面积区间为主。购房目的以自住为主，占55%以上。

对产品的要求已经超越了位置、交通、采光等初级房地产市场诉求点，而是要求具备良好的景观环境、配套设施、建筑品质、社区人文环境等条件，并愿意为此支付相应的价格。因此，未来市场的房地产开发商面临更高的挑战，需增加产品成本投入打造优质项目。随着产业的集聚及规模的扩大，社会经济的发展，区域对外开放程度的提高，这一趋势将日益明显。

1.2　光明市场环境

1. 区域概况

光明新区光明街道位于深圳市西北部，地处深圳、东莞、惠州三市的交界处，生态环境优美。总面积55.8km^2，分为南、北两个片区，下辖9个居委会，7个自然村，人口规模约10万人，其中户籍人口约1.9万人。

2. 区域建设

（1）对比宝安区其他街道，光明街道建设用地面积最小，工业产值水平最低。

两个最低：面积规模、地均规模以上工业产值水平。

对比宝安区其他街道，光明整体工业水平不高。

由于光明街道现有工业规模小、工业化程度不高、高新技术产业园尚处于初期建设阶段等原因，导致光明的整体工业产值水平低下。

(2) 产业结构现状不合理，第二产业、第三产业发展滞后。

光明产业结构现状：处于第一产业比例较大、第二产业不发达、第三产业滞后的不合理状态。

产业结构优化策略：

“保一”：保持稳定。

“进二”：利用光明高新技术园区发展，加快工业化发展进程。

“带三”：利用第二产业发展带动第三产业发展。

3. 固定资产投资

固定资产投资增速明显，但主要集中在工业和基础设施行业。

光明投资规模从 2006 年的全区第 7 位，截至 2007 年 5 月，升至全区第 3 位。

光明固定资产投资增速惊人，居全区首位。

光明固定资产投资主要集中在工业和基础设施行业，房地产投资为零，房地产市场发展处于停滞状态（表 4-4-2）。

表 4-4-2 光明各街道 2007 年 1~4 月房地产开发投资完成情况

街道名称	计量单位	房地产开发投资额
合计	万元	383323
新安	万元	121039
民治	万元	102210
西乡	万元	72024
龙华	万元	56214
松岗	万元	10000
观澜	万元	9190
沙井	万元	5863
福永	万元	4700
石岩	万元	2083
公明	万元	0
光明	万元	0
大浪	万元	0

注：资料来源为宝安政府在线网。

4. 总结

1）建设用地及人口规模居全区最低。

2）工业产值低、产业结构不合理，第二产业、第三产业发展滞后。

3）自高新技术产业园启动后，近年固定资产增幅明显，但集中在工业和基础设施行业，基本无房地产开发投资。

4）相比宝安区内其他街道，本片区经济发展落后，但随着高新技术产业园的建设，光明新区的成立，人口规模及经济水平有望持续提升，受此影响，房地产市场发展将有所突破。

1.3 光明市场概况

1. 区域发展背景

“新政”促动：光明新区成立，无疑将进一步促进片区的快速发展，同时加大与公明一体化

的发展程度。

“双规”利好：现代化新城规划、西部高新组团规划，区域规划起点高，政府关注及重视度高。

“核心”区位：规划区域的核心位置，未来的城市中心区。

高起点规划发展的背景下，现阶段的城市建设、区域交通改造、旧城改造将有效促进片区居住面貌改善、加大土地供应，刺激房地产市场突破性发展，本项目将掀起光明房地产市场发展的新篇章。

2. 房地产市场

（1）土地供应。目前光明商住用地供应量少，但土地储备丰富，未来随着新城建设启动，土地供应将逐渐放量。

未来商住用地供应：从2006年开始，光明市场有光侨路西侧8.6万m^2（容积率2.5）的商品房土地出让，预计在2008年或2009年推向市场。另挂牌交易光明高新园东片区的限开发对象、限购买对象、限90/70的三限地块。而高新园区在2010年前也将陆续有近27万m^2的土地供应（表4-4-3）。

表4-4-3 光明商住用地出让情况

宗地编号	用地位置	用途	土地面积/m^2	建筑面积/m^2	容积率	出让方式	竞得单位/人	日期
A510-0119	光明高新园东片区	居住用地	46040.66	88640	≤1.92	挂牌	深圳世纪晶源激光技术有限公司	2007.09.10
A511-0023	宝安光明街道办	商住用地	67079.85	134150	2.0	招标	深圳富泰宏精密工业有限公司	2006.09.15
A510-0040	宝安区光明街道（原光明农场）中心区	酒店用地	50027.09	60000	1.3	挂牌	深圳市宝利来贸易有限公司	2004.10.29

注：资料来源为政府公布信息。

（2）住宅市场。

1）市场供应现状。开发真空地带，无在售项目。

楼型：光明住宅市场现无在售正规商品房项目。有少量无产权证的集资房供应，多为1~2栋7~8层的兵营式排列多层，部分顶层为复式，无园林景观，住宅质素较低，同质化严重。

除少量自建的别墅，townhouse、叠拼、花园洋房等产品类型在该片区尚属空白。

户型：100~110m^2的三房两厅是当地最受市场欢迎的户型，主力客源是30岁左右的一家三口；其次受欢迎的是80m^2左右的两房，主要是光明的外来人口就近为父母而购置。

高正豪景花园50~60m^2的一房租售情况较好，主要租客是在高新园区工作的高层管理人员。在户型上，当地人比较注重南北通透，尤其是园区投资厂房的港台老板。

2）市场价格现状。光明市场不同地段价格差异性不大，无产证集资房的价格水平在3200~3600元/m^2（无产证），二手房的最高价格约为3300元/m^2（无产证），但有产证的二手房（高正豪景花园）价格可达4000~5000元/m^2（表4-4-4）。

表4-4-4 租金、二手房售价情况对比

产品类型	代表项目	租金情况/(元/套)			二手房价/(元/m^2)
		一房	二房	三房	
商品房	高正豪景花园	700左右	1000左右	1400左右	4000~5000
集资房	清怡花园	400	700左右	1000左右	3000

注：上述资料为实地市场调研而得。

3）楼盘案例——高正豪景花园。

项目概况：

开发商：光明房地产开发公司

建筑面积：3.776 万 m^2

建筑类别：6 栋 6 层公寓

总户数：332 户

容积率：1.36

开盘日期：2003 年 4 月 28 日

平均价格：开盘 2500 元/m^2，目前二手楼价 4000~4500 元/m^2。

车位：地上车位，月租 100 元/月，光明唯一的收费停车场所。

备注：本项目原计划修建二期，约 4 万~5 万 m^2 体量，但因拆迁及资金问题，迟迟没有进展。据了解，前期进行意向登记的客户已达 200 多号人，市场需求旺盛。

户型：该项目的面积跨度很大，且各户型在比例上较为均匀，市场接受度都很高（表 4-4-5）。

表 4-4-5　高正豪景花园户型及面积

面积	40~50m^2	约 58m^2	90m^2	110m^2	160m^2
房型	1 房 1 厅	2 房 1 厅	3 房 2 厅 1 卫	3 房 2 厅 2 卫	4 房 2 厅 2 卫

主力客户群：公务员、原住民、私营业主、高新区企业以及富士康工业园（临近观澜处）中高级管理人员。两房和三房的客户一般是三口之家，年龄在 30~40 岁左右。

项目点评：高正豪景花园是光明的第一个商品房项目，也是目前最高端的项目。目前三级市场表现理想，价格和租金都是当地的标杆，是本项目最直接、最重要的参照。

3. 总结

（1）房地产市场。

1）处于房地产市场发展的早期阶段：居住以安居房和自建房为主，商住混杂、居住品质差；土地供应量少，无开发项目，产权房稀缺。

2）市场供应量少，求大于供：市场供应少量的无产权证房，规模小，同质化严重，难以满足市场需求。

3）同比其他街道价格较低：受大区域价格影响，市场稀缺优质产品未来价格攀升空间较大。

4）最佳机会：有钱买不到，市场稀缺的优质产品面市时，长期得不到满足的大量改善居住品质的换房需求将在第一时机得到释放。

（2）商业市场。

1）传统聚集内向型商业，业态分散杂乱，档次不高。

2）光明街道的商业受消费人群、历史积累、发展规划等限制因素影响，发展较为滞后，规模较小，主要集中在河心路、光明大街一带区域，形式为“商业街+中小型集中商业”，商业网点少，业态分散杂乱，档次中低。

3）传统聚集商业，档次低、业态分散。由社区商业组成一处较为集中的商圈，以传统的街铺形式为主，少量中小规模集中商业，现有商业业态分布零散、杂乱，缺乏品牌和集聚效应，经营状况一般。

4）商业规模介于社区型商业和区域型商业之间。相对公明片区，商业发展严重滞后。

5）商业网点规模小、类别单一。缺乏大型中高档百货商场以及规模化的专业市场，文化娱乐类商业比较缺乏，书店、文具店围绕学校周边零星分布。中高档消费娱乐场所仅有怡康乐休闲中心，经营情况尚可。

6）商业辐射范围少，区域内高端消费流失。消费人群相对独立封闭，仅满足光明本地住户以及周边工厂打工人群的日常基本消费。本地的高端消费和大宗购物需求大多依赖公明消费（表 4-4-6、表 4-4-7）。

表 4-4-6　商业街基本情况

街道名	经营种类	面积范围	租金	经营状况
光明大街（塘明路与光翠路中间段）	银行、电子通信、晨光牛奶专卖店、餐饮娱乐、五金装饰等，业态杂乱分布，单店规模较小，塘明路与光翠路中间段商业较旺	多在 60～100m^2，少数为 100～200m^2	客运站周边商铺租金约为 50～70 元/m^2，以客运站为中心向周边递减，约为 30～50 元/m^2	临客运站段车载人流较旺，经营情况较好
河心路	主要由高正豪景、青怡花园、侨新花园、滨河苑等社区商业及华泰百货、光明综合市场组成，河心南路业态以日常消费配套、中低档服装服饰为主，河心北路以装饰建材类为主	多在 30～50m^2	高正豪景商铺租金为 20～30 元/m^2；滨河路住宅底商租金为 50 元/m^2 左右；项目临商租金为 30 元/m^2 左右，现二手售价为 7000～8000 元/m^2	临华泰百货路段经营情况较好，高正豪景商铺档次稍高
光翠路	业态有五金日杂、粮油、服饰皮具等 延伸段包括光明农贸市场和康之宝超市	多 10～40m^2，少数 120～180m^2	租金为 30～70 元/（m^2·月），近光明大街段租金较高；工会楼商铺 2002 年售价为 4000 多元/m^2	经营情况较好，档次中低混杂

注：上述资料来源于实地市场调研。

分析：

1）街道商业主要集中在光明大街、河心路、光翠路以及光明农贸市场周边，由社区商业组成。

2）业态以日常消费类为主，零散分布，档次中低档。

3）街铺面积多集中在 30～50m^2，有 5～6 家店，单店规模在 100～180m^2。

4）客运站周边商铺租金最高，约为 50～70 元/m^2，以客运站为中心向周边递减，约为 30～50 元/m^2。

5）较少售卖店铺，高正豪景街铺二手售价在 7000～8000 元/m^2。

表 4-4-7　集中商业基本情况

类别	代表性商家	地址	服务对象	经营范围	面积	经营状况
百货超市	康之宝超市	光明笔架山农贸市场综合楼一楼	笔架山附近居民	日用百货、家电、食品、烟酒、化妆品	3200m^2	一般
百货超市	华泰百货商场	河心路与光翠路交汇处	周边住户以及外来流动人员	日用百货、手机、服装、副食	约 2000m^2	尚可
超市	华润超市	光明大街	周边住户	日用百货	300m^2	尚可
集贸市场	光明综合市场	华泰百货二楼	周边住户以及外来流动人员	低档服饰鞋帽	约 1800m^2	一般
集贸市场	光明农贸市场	笔架山旁	周边住户	日常生鲜粮油、廉价服饰鞋类等	1000m^2	尚可

分析：

1）缺乏大型百货店和购物中心等高档商业网点，现有集中商业以传统集贸市场和规模中小百货超市为主，普遍档次不高，与公明的商业相比缺乏竞争力。

2）消费人群大多依托社区，以周边住户为主，经营情况稳定而平淡，经营绩效变化不大。

3）未来随着高新产业园区的发展和光明中心区旅游业的带动，大量外来人口流入，商业配套设施会日趋完善，商业网点将会呈现两极分化的趋势，出现大中型高档购物中心，改变光明人多前往公明消费的境况。

第二部分　项目背景

本项目为宝安区旧城改造办公室于2007年1月10日公布的光明商业中心旧城改造项目，位于宝安光明街道塘明公路与光明汇食街交汇处南侧一用地。

2007年5月31日，光明新区正式宣告诞生，负责管理现宝安光明、公明两个街道。这一政策动向进一步加快光明的城市化建设进程和也提升了其城市地位，本项目作为新区成立后的中大规模旧改项目，且位于光明中心区的核心位置，承担着重建老城中心区价值的重要使命，对整个区域的房地产市场发展，具有举足轻重的作用。

第三部分　项目分析

3.1　地块解析

项目用地位于塘明大道与河心南路的交汇处，本身无景观资源、地势平坦，两面临路，进入性与昭示性较好。

1. 四至

北面：东侧为滨河路（河心南路），道路右侧是居民住宅小区滨河苑。

南面：隔水泥围墙与晨光乳业公司相邻。

东面：高正豪景花园小区商铺和光明农贸市场。

西面：隔4车道的主干道塘明大道，正对维他食品饮料厂。

2. 现状

地块临塘明大道地块上的危民房和临建商铺，靠光翠路近高正豪景花园侧地块空置。

3. 配套

位于光明街道中心区域，周边配套齐全。

（1）商业配套。临商业旺地，河心路商业街、光明大街商业、华泰百货、康之宝超市和光明农贸市场。

（2）教育配套。共有1所中学（光明中学）和6所小学。

（3）医疗配套。共有两个医院（光明医院和光明新医院）。

（4）其他配套。其他配套包括两个派出所、金融机构（有中国银行与农业银行）、邮电（邮政支局、电信、移动、联通营业厅）等。

3.2 基本指标（表 4-4-8）

表 4-4-8 项目技术经济指标

项目	备注
用地面积/m^2	32800
住宅/m^2	占总建筑面积 58%，其中政策性用房占住宅面积的 8%
商业办公/m^2	占总建筑面积 38%
其他配套/m^2	占总建筑面积 4%

注：建筑限高为 80m。

3.3 SWOT 分析（表 4-4-9）

表 4-4-9 项目 SWOT 综合分析

优势 Strength 与劣势 Weak	优势 Strength 1）位于光明中心区，升值潜力大 2）地块两面临街，西临主干道塘明路，交通便利 3）紧邻商业集中区域，生活配套全 4）周边居住氛围浓厚 5）大型综合项目，利于树立标杆形象	劣势 Weak 1）西面受噪声影响较大 2）东南侧临工厂，环境杂乱，影响项目形象 3）三面临路，无景观资源
机会 Opportunity 1）光明新城的规划定位，给本项目带来良好的发展前景 2）目前市场上商品房基本无供应，缺少竞争，存在市场空白机会点 3）片区近期供应以旧改为主，与当地政府关系良好将获取更多的开发机会	发挥优势，抢占机会 抓住市场机会点与空白点，通过物业类型组合，全产品线占领市场 打造光明标志性项目，树立片区第一地位	利用机会，克服劣势 按地块不同位置的属性分别规划产品，规避劣势 通过开街造坊、内外街铺或两层商铺联体销售，有效解决大体量商业的销售问题 通过产品适当创新和品质的打造，加强项目自身优势
威胁 Threaten 1）宏观调控因素将会对本项目产生一定的影响 2）观光路地块将对本项目产生一定的威胁	发挥优势，转化威胁 规范操作，积极应对以规避政策风险 抢夺先机，利用现有市场空白点，规避市场风险	减小劣势，避免威胁 争取光翠路更改为小区内道路 采取降噪措施，提升临路产品价值 密切关注对手动向，争取主动

（1）综合判定。本项目属于光明最核心的居住、商业中心区，是政府规划的重要旧改项目，承载光明街道繁荣商业的使命。

项目所在地是光明集团下属晨光乳业公司，是光明集团企业昭示的主力点。

目前片区的居住氛围、相关配套较好，整体大环境发展前景乐观。

项目通达性很好，昭示性好，但是有可能面临南面交通噪声的干扰。

区位、规模、容积率指标、临主干道、定位决定了项目具备建成中高档、低密度、混合社区的潜质。

（2）属性判定。发展前景巨大的新城中心区域中有大规模的旧改项目，居住及商业价值高。

光明新城中心区域新区成立，助力光明中心区快速发展。

光明新城中心区核心高新区是生活配套服务中心、全市重要的技能及人才培训中心和旅游休闲中心。

该区是西部高新组团的行政、商贸、信息、文化和服务中心。

（3）项目属性。该项目为首个大型综合性商住项目，包含较大商业办公面积；生活配套设施齐全，周边文化、教育、医疗、商业、交通齐全；居住氛围浓厚，临滨河苑、青怡花园、高正豪景等住宅区。

第四部分　市场定位及评估

4.1　市场定位

根据光明本地实际市场情况，结合项目自身资源情况，本项目定位为："城市核心综合体项目"——精品居家户型为主，包括酒店、公寓和商业。

精品居家户型：填补目前光明商品房供应的空白，提升光明居住生活水平。

高端酒店及酒店式公寓：根据光明未来旅游产业规划方向，并填补目前市场上缺乏高端酒店配套的空白，打造光明市场上唯一的四星级酒店，且考虑酒店规模，控制经营风险，设置部分酒店式公寓，宜租宜居，可有效规避风险。

商业：临街商铺+集中商业，集中商业拟引入品牌百货超市店，形成光明集中的高端商业消费场所。街铺对外销售，集中商业持有出租。

物业类型安排见表 4-4-10。

表 4-4-10　项目物业类型安排

物业类型	配　比	备　注
中等居家户型住宅	商品房住宅	可售
	政策性住房	政府按成本价购买
四星级酒店		持有经营
酒店式公寓		可售
商业	街铺	可售
	集中商业	持有

4.2　价格定位

1. 住宅及酒店式公寓价格

根据市场参考价值，考虑到市场供应稀缺及一手商品房质素，在光明街道较陈旧小区现有有产权证二手商品房 4000~5000 元/m^2、公明街道品质较高档社区突破 8000 元/m^2 的基础上，结合正常市场增值因素，预估可实现价格为：住宅——8000 元/m^2、酒店式公寓——8500 元/m^2。

2. 商业租金及售价

参考周边商业租金，采取收益还原法进行商业售价测算。

商业租金确定：参考客运站周边商铺租金 70 元/m^2，预计本商业建成后，受商业档次及集中商业的良性影响，租金可达 80 元/m^2。

售价计算取 80 元/(m^2·月)，收益还原利率取一般商业贷款利率结合社会平均利润率，取 6%，空置率取 5%，收益年限 68 年，则项目商业的价格计算如下：

$$年租金收益=80\times(1-5\%)\times12=912(元/m^2)$$

$$经营成本费用=912\times[5\%\times(1+3\%+1\%)+2\%+10\%]=156.86(元/m^2)$$

经营成本费用包括营业税（年租金收益的 5%）、教育费附加（营业税的 3%）、城市建设维护税（营业税的 1%）、房屋租赁管理费（年租金收益的 2%）、维修与保险费用（一般为租金收益的 8%～10%，取 10%）

$$所得税=(912-156.86)\times25\%=188.784(元/m^2)$$

$$年租金纯收益=912-156.86-188.784=566.35(元/m^2)$$

$$销售价格=566.35/\{6\%\times[1-1/(1+6\%)68]\}=9308(元/m^2)$$

参考：高正豪景街铺二手房售价在 7000～8000 元/m² 之间。

预估商业可实现均价为 10000 元/m²。

第五部分　项目开发实施计划

5.1　工程计划

工程进度的快慢直接影响项目销售进度，因为它直接反映开发商的资金实力，并影响置业者的入市信心。为树立本项目良好的工程形象，公司制订了严密的工作计划，并在工程进度方面做到快捷、高速、保质保量。

预计总日期：约 18 个月（2008 年 7 月～2009 年 12 月）。

5.2　施工进度（表 4-4-11）

表 4-4-11　工程（18 个月）进度计划

序号	项目名称	持续时间	进度安排																	
			2008 年						2009 年											
			7 月	8 月	9 月	10 月	11 月	12 月	1 月	2 月	3 月	4 月	5 月	6 月	7 月	8 月	9 月	10 月	11 月	12 月
1	征地拆迁																			
2	前期工程	3																		
3	基础工程	2																		
4	主体结构工程	6																		
5	设备安装工程	4																		
6	室内外装修	4																		
7	红线内外工程	3																		
8	建配套工程	3																		
9	竣工验收	1																		
10	销售	13																		

第六部分　地价拆迁成本分析

基于政策分析及改造案例研究，对项目地价以及拆迁成本进行估算。

6.1　拆迁补偿成本

1. 项目地块普查数据

地块现状建筑调查数据见表 4-4-12。

表 4-4-12　光明商业中心项目旧改调查统计

序　　号	物 业 类 型	建筑面积/m^2
1	永久性建筑	
1.1	住宅（有房地产证）	2029.3
2	临时性建筑	
2.1	商业（铁皮房）	11385.99
2.2	无证（扑克行加建）	4131.96

从调查统计表可以得到，改造前该地块的用地性质为居住商业用地，地上建筑物主要为临时商业与住宅，现状容积率较低。从城市功能分区及土地本身的利用效率来看，均不符合城市发展的要求。

2. 旧改项目相关研究

（1）宝安旧改项目特点和风险分析。

1）宝安旧改项目特点。从 2004 年 8 月宝安首批旧改项目的确立，宝安的旧改呈现出以下几个特征。

① 从最初的大规模全面改造到梯次地逐步推进。2004 年，宝安确立旧改项目 37 项，总占地面积 150 多公顷，2005 年缩减到 5 个项目共 33.15hm^2，2006 年和 2007 年分别为 34 个项目和 11 个项目，面积分别为 29.55hm^2 和 10.32hm^2。

② 2004 年的商业旧改项目明显。在 2004 年第二批确立的旧改项目中，其中商业中心项目 8 项，占总面积的 86%。根据《宝安区旧城旧村（城中村）改造项目公告》，2004 年和 2005 年宝安区旧改计划推出的商业建筑规模达到 252 万 m^2，推出的商业建筑将在 2007 年后进入市场。

基于上面的情况，宝安旧改项目是较正常的房地产开发项目，有着其独特的优势。

③ 随着深圳城市的发展，市区内新增土地供应量不断减少，招拍挂的土地大多处于郊区以及市政配套不完善的区域。而旧改项目一般处于市区较好的地段，具有一定的区位优势。

④ 旧改旧目开发，意味着改善城市面貌、改变产业结构等，社会效益和影响力较强，可以很好地提升公司的品牌价值。

2）宝安旧改项目的风险。但是，宝安旧改项目虽然是较正常的房地产开发项目，也有着自身的局限性，主要表现在以下几点。

① 目前宝安的大量旧改项目整体规模较大，容积率类似，自身配套类似，同受 90m^2 影响，同类化现象严重；大批项目同期进行，市场竞争激烈，宝安区域客户比较封闭，客户量有限，各项目如何突破竞争，成为其成败的关键。

② 目前大规模旧改项目都带有较强的社会责任职能，因而项目会有较为完善的社会配套建设要求，包括学校、商业等；配套中学对项目的宣传推广较为有利，但是商业上具有一定的销售难度。

③ 旧改项目要求开发商提高社会职责和增加社会效应。改变落后的生活习惯、区域面貌，引导新的舒居生活标准也是旧改项目义不容辞的责任。社会职责不仅仅体现在规划中的社会配套设施，确保中低收入家庭购房、建设和谐社会，也是旧改项目在运作的时候所必须要考虑的因素。

④ 旧改项目能否顺利拆迁关系到项目工期以及销售的重要节点确定，否则难以预计项目的进度和竞争策略的制订；解决措施就是快速补偿、快速拆迁、避免“夜长梦多”，因为随着旧改项目及城市化进程的推进，地块价值很可能迅速提升，假如拆迁滞后，原住地居民要求提高补偿

金额，或者成为钉子户，则对项目整体进度和开发投入就会造成重大影响，甚至导致项目失败。

（2）物业拆迁补偿政策。跟本项目拆迁相关的政策性文件为《深圳市公共基础设施建设项目房屋拆迁管理办法》（深府 161 号文）。

1）第三十三条：拆迁下列住宅房屋，以其房地产市场评估价格与同区域普通住宅商品房交易平均价格（以下简称商品房交易均价）二者之中价高者确定货币补偿金额：

① 拥有完全产权的商品住宅。

② 安居房或者其他具备相关房地产权利证书的不完全产权的住宅。

③ 市政府规定的应当按照完全产权商品住宅补偿的其他住宅。

本市各区域商品房交易均价由市拆迁办每季度定期公布。

2）第三十八条：拆迁经批准未到期的临时建筑，只给予货币补偿。补偿金额根据临时使用土地合同或者临时建设工程规划许可文件规定的使用性质和剩余使用期限，及土地使用人支出的土地开发成本、收益等实际情况，经评估后确定。但临时使用土地合同对处理方式已有约定的，按约定办理。

3. 物业补偿方案及初步测算

本项目的拆迁内容包括永久性建筑物和临时性建筑物，依据保守原则，本项目补偿方案制订如下：

（1）全部采取货币补偿。

（2）永久性建筑与临时性建筑考虑拆除费、过渡安置费、物业补偿费以及停业损失费的补偿。其中住宅物业补偿费暂按区域商品房交易均价计算（最新公布第三季度的光明片区交易均价为 4500 元/m^2），其他按照市场重置价格计算。

具体建筑物拆迁补偿标准见表 4-4-13。

表 4-4-13 光明商业中心项目拆迁补偿标准

序号	补偿明细	补偿单价/(元/m^2)			补偿金额合计/万元
		住宅	商业	无证加建	
1	拆除费	45	30	30	56
2	过渡安置费	150	0	0	91
3	物业补偿费	4500	1000	500	2258
4	停业损失费	0	45	0	137
5	合计	4695	1075	530	2542

经过初步核算，本项目货币补偿总额为 2542 万元。

6.2 地价初步测算

本项目为旧村（城中村）改造，符合享受旧村（城中村）的地价优惠政策相关规定。测算方案如下：

地价测算在深圳市 2006 年公布的公告基准地价标准的基础上，按照相应的地价优惠进行测算。详情见表 4-4-14。

考虑三种容积率方案下，即 $R=4.5$、5.0、5.5 三种不同情况下的地价。

根据深圳市国土资源和房地产管理局 2004 年发布的地价测算说明，住宅容积率存在地价修正问题，修正系数为 1.50～0.1。

具体地价测算结果见表 4-4-15。

表 4-4-14　光明商业中心项目参考基准地价及旧改优惠政策

标　准 （统一按深圳国土资源局公布的地区基准楼面地价计）	
单位基准地价	A）住宅：810 元/m^2 B）商业：1324 元/m^2 C）酒店、办公：参考商业楼面地价
旧改优惠政策	宝安城中村改造优惠政策 建筑容积率在 1.5 及以下部分——免收地价 建筑容积率在 1.5~3.0 之间部分——按现行地价标准的 20% 收取地价 建筑容积率超过 3.0 部分——按现行地价标准收取地价（无优惠）

表 4-4-15　地价测算

容积率 R	物业类型	建筑面积/m^2	基准地价/（元/m^2）	修正系数	地价/万元	优惠后地价/万元
4.5	住宅	85608	810	1.05	7281	6084
	商业	56088	1324	1	7426	
	相关配套	5904	810	1.05	502	
	合计	147600	—	1	15209	
5.0	住宅	95120	810	1	7705	7584
	商业	62320	1324	1	8251	
	相关配套	6560	810	1	531	
	合计	164000	—	1	16487	
5.5	住宅	104632	810	0.95	8051	9002
	商业	68552	1324	1	9076	
	相关配套	7216	810	0.95	555	
	合计	180400	—	—	17683	

注：其中配套物业相应地价测算根据地价测算容积率修正政策规定，纳入住宅范围内进行地价测算。

通过测算得出，容积率分别为 4.5、5.0、5.5 下的地价经优惠后依次为 6084 万元、7584 万元、9002 万元。

第七部分　项目整体经济评价

7.1　经济评价说明

本项目为旧改项目，其经济接近平衡是可操作的基础性前提之一。对于经济评价的衡量标准，根据宝安区旧城改造相关资料，一般旧改项目的税后利润率约为 13%~18%。因此，本报告的测算将以此为衡量标准。另外，项目根据要求须配备 8% 的政策性住房，因此，本报告在进行经济分析时将以配备政策性住房情况下的税后成本利润率为主要评价对象。

7.2　不同容积率下项目的测算指标（表 4-4-16、表 4-4-17）

表 4-4-16　项目技术测算指标

序号	项　目	指标	指标	指标	备注
1	用地面积/m^2	32800	32800	32800	—
2	容积率	4.5	5	5.5	—
3	计容积率总建筑面积/m^2	147600	164000	180400	—

（续）

序号	项　　目	指标	指标	指标	备注
3.1	总住宅/m^2	85608	95120	104632	占总建筑面积的58%，其中政策性用房占住宅面积的8%
3.1.1	可售商品房/m^2	78759	87510	96261	
3.1.2	政策性住房/m^2	6849	7610	8371	
3.2	商业办公/m^2	56088	62320	68552	占总建筑面积的38%
3.2.1	酒店/m^2	20000	20000	20000	—
3.2.2	酒店式公寓/m^2	25000	30000	30000	—
3.2.3	商业/m^2	11088	12320	18552	—
3.3	其他配套/m^2	5904	6560	7216	占总建筑面积的4%
4	地下车库/m^2	36800	41000	45000	根据政府规划指标初步核算

表 4-4-17　各类型物业面积配比　（单位：m^2）

序号	容积率	高层住宅	酒店公寓	酒店	商业	配套	地下车库
1	4.5	85608	25000	20000	11088	5904	36800
2	5	95120	30000	20000	12320	6560	41000
3	5.5	104632	35000	20000	18552	7216	45000

7.3　不同容积率下的投资估算与资金筹措

1. 不同容积率下的投资估算

根据测算，R 在4.5~5.5之间时，预计总投资在64585万~79402万元之间（含拆迁补偿以及土地成本），估算依据见表4-4-18，成本构成见表4-4-19。

表 4-4-18　开发成本估算依据说明

	说　　明	费　　用
土地及货币补偿	本项目的土地及货币补偿包括需交纳的地价以及现有建筑物的拆迁补偿费用	8626万~11544万
前期工程费	前期工程费主要包括项目前期规划、设计、勘测费用、土地平整费等，费用的确定主要参考近期《深圳市建筑工程价格信息》和区域同类房地产开发项目实际情况	2184万~2670万元
建安工程费	包括基础、主体、水电安装、室外配套等，此项费用根据项目开发情况，结合工程施工进度计划投入。根据《深圳建设工程价格信息》中相关指标核算	47911万~58047万元
管理费用	管理费用是指房地产开发企业的管理部门为组织和管理房地产项目的开发经营活动而发展的各项费用，如管理人员工资、职工福利费、办公费、差旅费、咨询费、房地产税等。按深圳市同类房地产项目的水平和本项目的具体情况，项目管理费按前述土地成本、前期工程费、建安工程费之和的3%收取	1762万~2168万元
不可预见费	不可预见费按前述前期工程费与建安工程费之和的3%计较为合理	1503万~1821万元
其他费用	主要指工程监理费、工程咨询费、与政府建设管理部门发生的费用	1503万~1821万元
财务费用	指为开发项目融资而发生的各项费用，主要为借款利息	
销售费用	包括广告及代理费，参考目前深圳市房地产开发项目的标准和同类中高档房地产项目的具体情况，取销售费用为销售额的5%	

（续）

	说　明	费　用
公用设施专用基金	根据《深圳市房屋公用设施专用基金管理规定》：有关开发建设单位在房屋竣工交付时，应当按规定将专用基金划拨到市、区管理部门指定的银行专户。专用基金交纳标准按以下规定执行：①1999年6月30日以后竣工交付的项目，按除地价以外的建设总投资2%的比例执行。②特区外：凡1994年11月1日以后竣工交付的房屋项目，均按建设（物业）总投资2%的比例执行	1097万～1331万元

表4-4-19　开发成本估算

序号	项　目　名　称	金额/万元		
		$R=4.5$	$R=5.0$	$R=5.5$
1	土地成本	8626	10126	11544
1.1	地价成本	6084	7584	9002
1.2	货币补偿	2542	2542	2542
2	前期工程费	2184	2427	2670
3	建筑安装工程费	47911	53180	58047
3.1	土方及桩基础	2103	2343	2569
3.2	地下室工程	7912	8815	9675
3.3	主建成本	23077	25641	28055
3.4	水电安装	1737	1930	2113
3.5	消防	1181	1312	1443
3.6	空调	800	800	800
3.7	电梯	2409	2677	2819
3.8	通信	292	325	357
3.9	有线电视	148	164	180
3.10	煤气管道	230	260	280
3.11	室外配套	4428	4920	5412
3.12	智能系统	738	820	902
3.13	装修工程	2856	3173	3441
4	管理费用	1762	1972	2168
5	不可预见费	1503	1668	1821
6	其他费用	1503	1668	1821
7	合计（不含土地成本）	54862	60916	66527
8	公用设施专用基金	1097	1218	1331
9	总开发成本	64585	72260	79402

2. 不同容积率下的资金筹措

项目投资的资金来源包括自筹资金、银行融资及销售回款。

项目前期需要银行融资，后续各期均可通过自筹资金以及项目前期和当期实现的销售收入解决资金问题。其中，自筹资金总投资比例均须超过35%，满足银行贷款对自筹资金的要求。

经测算需投入资金包括自筹资金、银行融资及销售回款，其中自筹资金23000万～27000万元，银行融资12000万～16000万元，销售回款29355万～33164万元。具体指标见表4-4-20。

表4-4-20　项目资金来源　（单位：万元）

序号	资金明细	$R=4.5$	$R=5.0$	$R=5.5$
1	自筹资金	23000	25000	27000
2	银行融资	12000	14000	16000
3	销售回款	29355	31483	33164
4	总投资	64355	70483	76164

3. 不同容积率下的财务评价

（1）收益估算。根据项目设计指标及市场分析，预计销售净收入为 83358 万～105211 万元。销售税金及附加按规定，深圳市房地产二级市场转让税费主要是营业税（销售额的 5%）、教育费附加（营业税的 3%）、城市建设维护税（营业税的 1%）、印花税（销售额的 0.05%），合计为销售额的 5.225%。

根据深圳房地产开发项目的正常销售情况及本项目的实际情况，预计销售进度，计算各时期的销售收入金额项目。销售收益测算标准见表 4-4-21，销售收入见表 4-4-22。

表 4-4-21　销售收益测算标准

	标　　准
单位销售价格	估算依据： 纯住宅：8000 元/m^2 酒店式公寓：8500 元/m^2 商业：10000 元/m^2
其他	酒店经营收入暂不计入 集中商业招商租金低廉，本次核算不包括租金收入

（2）项目销售收入与经营税金及附加估算表。

表 4-4-22　销售收入与经营税金及附加估算

序号	项目名称	金额/万元		
		$R=4.5$	$R=5.0$	$R=5.5$
1	销售收入	88915	100589	112225
1.1	高层住宅销售收入	59857	66508	73159
	销售面积/m^2	74821	83135	91448
	平均售价/元/m^2	8000	8000	8000
	销售率	95%	95%	95%
1.2	酒店公寓销售收入	20188	24225	24225
	销售面积/m^2	23750	28500	28500
	平均售价/元/m^2	8500	8500	8500
	销售率	95%	95%	95%
1.3	商业销售收入	8870	9856	14842
	销售面积/m^2	8870	9856	14842
	平均售价/元/m^2	10000	10000	10000
	销售率	80%	80%	80%
2	当期销售回款	88915	100589	112225
3	销售税金及附加	4668	5281	5892
3.1	营业税	4446	5029	5611
3.2	城市建设维护税	44	50	56
3.3	教育费附加	133	151	168
3.4	印花税	44	50	56
4	土地增值税预征	889	1006	1122
5	销售净收入	83358	94302	105211

（3）政策性住房回收所得。政策性住房成本价测算标准如下：

本次测算中政策性住房比例测算标准：住宅建筑总面积的 8%。

计算办法：开发成本价回收。

成本价＝地价及拆迁成本＋开发成本。

成本支出见表 4-4-23。

成本价回收所得：2997 万～3684 万元之间。

表 4-4-23　成本支出

R	总建筑面积/m^2	总开发成本/万元	开发成本单价/元/m^2	政策性住房面积/m^2	成本金额/万元
4.5	147600	64585	4376	6849	2997
5.0	164000	72260	4406	7610	3353
5.5	180400	79402	4401	8371	3684

（4）土地增值税核算。土地增值税费用区间约在 6507 万～8758 万元之间，计算依据如下，具体数据见表 4-4-24。

土地增值税：按照四级超额累进税率计征。

应纳税额＝增值额×税率－扣除项目金额×速算扣除系数

增值额未超过扣除项目金额 50%：应纳税额＝增值额×30%。

增值额超过扣除项目金额 50%，未超过 100%：应纳税额＝增值额×40%－扣除项目金额×5%。

增值额超过扣除项目金额 100%，未超过 200%：应纳税额＝增值额×50%－扣除项目金额×15%。

增值额超过扣除项目金额 200%：应纳税额＝增值额×60%－扣除项目金额×35%。

表 4-4-24　土地增值税计算

序号	项　　目	金额/万元		
		$R=4.5$	$R=5.0$	$R=5.5$
1	销售收入	88915	100589	112225
2	政策用房政府成本价回购	2997	3353	3684
3	扣除项目金额	70223	78715	86715
3.1	总开发成本	64585	72260	79402
3.2	销售费用	4446	5029	5611
3.3	财务费用	1192	1425	1702
4	增值额	21689	25227	29194
5	增值额占扣除项目比例	31%	32%	34%
6	土地增值税	6507	7568	8758

（5）综合效益评价见表 4-4-25。

表 4-4-25　销售收入与损益

序号	项 目 名 称	金额/万元		
		$R=4.5$	$R=5.0$	$R=5.5$
1	销售收入	88915	100589	112225
2	政策用房政府成本价回购	2997	3353	3684
3	开发成本	64585	72260	79402
4	销售费用	4446	5029	5611
5	销售税金及附加	4668	5281	5892
6	土地增值税预征	889	1006	1122
7	土地增值税结转	5617	6562	7636
8	财务费用	1192	1425	1702
9	营业利润	10514	12378	14544
10	补前期亏损	0	0	0
11	利润总额	10514	12378	14544
12	所得税（20%计）	2103	2476	2909
13	净利润	8411	9902	11635
14	税前成本利润率	12.92%	13.52%	14.35%
15	税后成本利润率	10.33%	10.81%	11.48%

经测算项目的结果指标见表 4-4-26。

表 4-4-26　财务评价结果指标

序号	项目名称	容积率		
		$R=4.5$	$R=5.0$	$R=5.5$
1	项目总投资/万元	82309	92614	102572
2	项目经营收入/万元	91912	103942	115910
3	利润总额/万元	10514	12378	14544
4	税后利润/万元	8411	9902	11635
5	成本利润率(税前)	12.92%	13.52%	14.35%
6	成本净利润率(税后)	10.33%	10.81%	11.48%
7	财务净现值(FNPV)/万元	9858	10447	13151
8	财务内部收益率(FIRR)	25.87	25.8	30.45

经济分析结果表明：

$R=4.5$ 时，税后成本利润率为 10.33%，财务净现值较低，该方案下项目盈利能力不足，经济效益较差。

$R=5.5$ 时，税后成本利润率为 11.48%，经济效益相对较高，但容积率提高，品质提升遇到瓶颈，竞争压力增大，且商业办公类面积持续增大，考虑到市场容量的问题，在收益上风险相应较大。

$R=5.0$ 时，经济收益较 $R=4.5$ 可行，同时品质及收益风险相应减少，可保证项目获得合理利润。

4. 合理规划设计指标的确定

合理建设方案的确定将以价值最大化为前提。本项目位置处于光明中心区核心地带，居住商业价值高，作为光明新区成立后的率先操作的旧改项目，对于区域发展意义重大，基于经济收益、价值诉求、综合品质保障的综合考虑，在经济可行的前提下，追求产品附加品质的最大化，优先可行容积率 R 值为 5.0。

第八部分　项目风险防范建议

8.1　项目风险

1. 建筑工期及本体风险

项目涉及拆迁安置工作，能否按照计划顺利完工并顺利进入市场，存在一定的不确定性，因此项目存在一定的建筑工期及本体风险。

本项目为旧城旧村改造项目，拆迁改造工作能否顺利进行是项目顺利推动的关键因素。

2. 市场风险

片区发展相对于宝安其他各街道较为落后，光明新区刚成立不久，光明高新技术产业园处于前期招商建设阶段，真正运营起来能给区域房地产市场带来大量市场需求尚需要 3~5 年时间。本项目存在以下市场风险。

1）商业办公体量大，存在销售难度，项目收益存在风险。

2）新区内未来一定量的住宅供给，给项目带来一定的市场竞争压力。

3）未来房地产政策新动向，会给项目带来一定的影响。

3. 政策风险

国务院提高房地产项目资本金比例到35%。中央银行宣布严格控制个人投资用住房贷款和联排住宅住房贷款，提高个人购买第二套及以上住宅的首付比例及贷款利率。商业银行向中央银行的存款准备金率已经上调。2005年3月以来，国务院出台了《关于切实稳定住房价格的通知》《加强房地产市场引导和调控的八项措施》《关于做好稳定住房价格工作的意见》《关于深圳市开征土地增值税的通告》（深地税告（2005）6号）等一系列文件。2007年以来，深圳市出台了《关于开展违反社会主义精神文明建设要求的广告专项整顿工作方案》《深圳市房地产市场秩序专项整治工作方案》以及《关于进一步规范我市商品房销售行为的通知》等管理办法，旨在规范房地产市场。诸多因素，对未来房地产市场发展有着巨大影响。

8.2 风险防范措施

1）积极做好拆迁安置工作。
2）确定合理容积率，改善经济可行性。
3）按照计划施工，施工期间严格控制开发成本。
4）做好项目前期的市场调研和客户需求调查。
5）根据项目资金运作情况向银行融资，保证资金充足。
6）协调各方关系，保证开发进度。
7）加强项目自身品质，完善和营造良好的住宅环境，提高市场竞争力。
8）聘请专业的销售代理公司，提高营销竞争力，保证销售速度。

第九部分 结论及建议

9.1 项目市场条件

项目所处位置、周边配套、环境条件较为优异，周边区域商品房项目供给空白，使该项目具备了成功开发的重要前提。

项目的商业办公部分面积较大，具有一定的发展潜力，但短时期内难以全部消化，其商业经营、管理是项目商业部分成功与否的关键。

9.2 经济分析结论

合理建设方案的确定将以价值最大化为前提。本项目位置处于光明中心区核心地带，居住商业价值高，作为光明新区成立后的率先操作的旧改项目，对于区域发展意义重大，基于经济收益、价值诉求、综合品质保障的综合考虑，在经济可行的前提下，追求产品附加品质的最大化，优先可行容积率 R 值为5.0。

通过项目经济技术指标测算及分析，在 $R=5.0$ 的情况下项目总投资92614万元，政府政策性住房成本价回收所得3353万元，项目销售总收入100589万元，利润总额12378万元，扣除税后净利润9902万元，投资净利润率10.81%，一般房地产项目此项指标在10%～15%均表示可行，本项目测算指标中尚未包括酒店经营收入，在酒店经营状况一般的情况下，本项目的盈利水平已充分可行。

（中原地产代理（深圳）有限公司）

【报告点评】

项目可行性研究报告是房地产策划报告体系最早的一种报告形式，房地产策划人员大多都接触过，其经过长久以来的发展已经形成了一套较稳定的格式。传统的可行性研究报告主要注重市场分析和投资分析两部分内容，后来随着市场要求不断提高，补充了项目分析、项目定位、SWOT分析营销策略等内容，使其变得更加丰满。

这是一篇“旧改”项目的可行性研究报告，所谓“旧改”，顾名思义就是对宗地上已有建筑进行整改，开展定位及规划重建工作，务求使项目能以新面貌再次投入使用，焕发生机。对于像深圳这样的发达城市来说，随着城市化的发展，并不缺少残旧、烂尾的建筑，但土地资源却严重短缺（深圳近年来已鲜有土地出让），这种矛盾的局面该如何打破？“旧改”在这种情况下便应运而生了。这份报告以三种不同的容积率对项目财务情况进行比选，分别计算了三种情况下项目需支出的成本及所能获得的利润，最后给予对开发商最为有利的建议，一切皆以数据说话，掷地有声。

第五章

房地产概念规划报告

指引

一、广西钦州黄金海岸商业广场项目定位及规划设计报告

二、天津金地国际广场项目产品建议书

三、安徽芜湖两湖项目规划设计建议书

四、河北唐山城市公园创意产业园项目定位及产品建议书

五、河南柘城项目产品设计建议书

六、山东烟台俊城国际项目户型设计建议书

七、江苏昆山淀山湖项目方案及深化设计任务书

八、广东深圳绿景梅林项目规划设计任务书

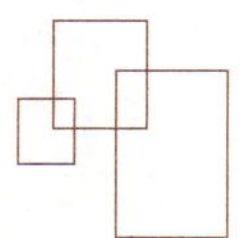

一、广西钦州黄金海岸商业广场项目定位及规划设计报告

报告目录

报告正文

第一部分　项目用地周边环境分析

1.1　项目土地情况

1. 项目用地面积

“黄金海岸商业广场”（以下简称本项目）总用地 279.871 亩。共分为 A、B、C、D 四个地块。其中：商业用地 223.871 亩（包括 A 地块 53.393 亩、B 地块 108.494 亩、D 地块 61.984 亩。），容积率 1.6，建筑密度 35%；配套住宅用地 56 亩（C 地块）。容积率 3.0，建筑密度 30%。

2. 地理位置

本项目位于钦州市金海湾大道中段。项目东临扬帆大道、钦南区政府和新汽车总站，南邻 1600 亩白石湖公园，西临安州大道和金海湾大桥，北面与北部湾国际建材商贸城隔路相望。

3. 地质地貌状况

项目用地基本上是农田，土地平整，高低差很小，没有大量的土方工程，施工难度小。

1.2　项目区域交通

1. 地块周边的市政路网与其公交现状

项目处在钦州市主干大道金海湾大道中段，西接南北高速公路，东出北海和钦州港，北连河

东新区钦州市行政文化中心，处在市政交通的枢纽位置，扼守钦州市南大门。

钦州市新的汽车总站在金海湾大道东面的钦南区政府对面，距离本项目只有300m远，目前建设工作接近尾声，几个月后将启用。届时，车站将成为钦州市新的交通中心、物流中心，公交车、的士、货运等交通会变得非常发达。

2. 规划交通

按照市政规划，项目门口的扬帆大道将向南拓展延长线，直达钦州港。扬帆大道的全线贯通，将会大大缩短钦州市至钦州港的距离。

1.3　市政配套设施完善

1. 社区建设

项目周边目前正在建设的住宅小区有远辰·金湾蓝岸等10多个住宅项目，其中最大的有钦南新城（2000亩），可以预见，项目所在片区将会很快成为成熟社区。

2. 文化教育

钦州市第三中学位于本项目的西侧200m处，正在建设中，项目住户子弟可就近入学。

3. 医疗卫生

钦州市妇幼保健医院在安州大道上，距离本项目只有1km的距离，社区医疗得到保障。

4. 娱乐休息

正在建设中的白石湖旅游公园紧靠本项目，占地1600亩，是一个很好的娱乐休闲去处。项目临水而建，临水而居，环境良好。

1.4　片区商业

项目对面的大型项目——北部湾国际建材商贸城即将建成开业，有力地带动本区域的商业发展，安周大道的长荣新城商业街交付使用过半，其他后进项目也正在规划建设中，片区商业日渐成熟。

第二部分　市场调研分析

2.1　项目SWOT分析

1. 项目优势

（1）区位优势。钦州市以“大港口、大工业、大旅游”为主要建设目标，为广西沿海城市中心城市，项目处在钦州市的交通主枢纽金海湾大道上，区位优势得天独厚。

（2）交通优势。钦州市海上交通近年得到大发展，目前10万吨级航道已开通，20万吨航道也在建设中，与东盟各国的海上贸易往来日渐频繁，海上交通前景广阔。

（3）工业大发展。随着大港口建设，以中石油1000万吨炼油项目和310万吨林浆纸项目为首的临港大工业陆续上马，钦州市正在大量地吸纳全国各地的投资资源和国际资本，发展本地工业项目，地方工业发展体系已逐渐形成。

2. 项目劣势

钦州市基础工业相对薄弱，项目所在地片区商业刚刚起步，距离成为成熟的区域专业批发市场还有一个过程，建设有一定难度，在很大程度上考验开发企业的经济实力和开发水平。

3. 项目机会点

钦州市是一个新兴的沿海港口城市，是我国最后一块未开发的沿海处女地，充满发展机遇，目前城市正以高速发展，对外贸易、工业产值及工业发展速度连续三年获得广西第一。

2008 年 5 月国家正式批准钦州港设立 $10km^2$ 的保税港区，大大地加快了钦州市港口工业的发展，为钦州市大发展起到了里程碑的作用。

4. 项目威胁

项目威胁点目前主要来自全国地产行情，在深圳、北京地产相继降价的情况下，许多地方的地产发展受到了影响。目前钦州房产开发速度很快，大有超过城市发展速度的势头，市场形势严峻。

北部湾国际建材商贸城是本项目的一个参考指标，它的成败对本项目影响将会比较大。目前该项目的销售和招商工作进展并不顺利，存在一定的负面作用。

2.2 项目市场竞争状况分析

目前项目存在的竞争比较小，带有一定同质性的项目只有北部湾国际建材商贸城，它的定位是以建材为主，吸收了部分五金商家。从消极角度看，它与本项目存在客户竞争，从积极角度看，它能与本项目共同做旺本项目所在的片区商业。

可以说，北部湾国际建材商贸城与本项目的关系是竞争与合作的关系，合作大于竞争。

第三部分 项目市场定位

3.1 项目总体定位

钦州湾地区综合性商业地产项目，以销售汽车、机械产品、机电产品以及汽车配件等为主，全力打造一流的直接面向北部湾地区和东盟市场的专业的机电产品市场。

3.2 项目案名：黄金海岸·商业广场

案名说明：

1）定位为商业广场，市场灵活性强，可以为汽车城、机电城，也可以为百货商贸城等，市场建设可根据开发情况最后确定。

2）钦州市是海滨城市，大型商业项目开发要有海洋文化，海洋文明代表冒险和进取。黄金海岸是金色海岸的意思，充满机遇和希望，有理想有抱负的各界人士都会到这里来淘金、拾贝。

3.3 主力客户群定位

项目开发起点高，建设大市场，因而市场内将会有大量的商铺。钦州城市不大，经营户消化商铺能力有限，但钦州市在快速发展，许多外地客商正源源不断地涌进来，因而购买住宅和商铺的主力客户除了本地客户外，投资客和外地客商也是很重要的客源对象。

3.4 功能定位

由于客观原因，本方案只针对 A、B 地块做功能定位，两区域一层建设为商铺，二层以上为普通住宅，其中商铺规划建设如下。

A 区建设为汽车销售市场和二手车交易市场，主要销售小轿车整车、微型车、大货车、小货车、工程机械、建筑机械、农业机械和二手车。

B 区建设为汽车配件、汽车用品及汽车相关附属服务行业、五金机电行业、摩托车电动车销售行业等行业的销售市场。

为更好发展商业，发挥项目的最大价值，A、B 地块的临街铺面可以设计两层商业。

3.5 建筑面积安排

建筑面积安排见表 5-1-1。

表 5-1-1 建筑面积安排

区域	物业	面积	合计
A 区	商铺	12340m^2	56953m^2
	住宅	44613m^2	
B 区	商铺	25753m^2	115728m^2
	住宅	89975m^2	

第四部分 建筑风格定位

4.1 项目总体建筑风格及色彩计划

1. 建筑风格表现

建筑外立面建议采用国际较为流行的法式现代风格，局部采用中式现代化线条处理进行总体设计。一、二层建筑建议采用法式骑楼风格设计。

钦州为港口城市，在设计外立面及楼顶标识风格表现时，增加一些海洋文化要素，这样更能体现项目的属地特性。

2. 项目总体布局构思

项目为一大型商业市场，里面设定主题市场和各分类市场，建议项目整体规划时体现这一主题倾向。

A、B 地块均临近金海湾大道，但地块形态上有巨大差别，A 地块临近金海湾大道，界面长，适宜展示高档商品，腹地由于有配套住宅用地 C 地块，在商业上缺乏纵深，不宜做大卖场规划设计。B 地块临近金海湾大道，界面长，纵深大，并处在金海湾大道与扬帆大道交汇处，商业表现容易展开，因而建议将此设计为主题市场形态，市场标志性建筑物、大门前广场、展示厅等可以安排在这里。

B 地块长约 430m，宽约 570m，作为商业开发，内铺将会比较多，对于销售和经营都会有很大压力，为扭转这一倾向，建议牺牲部分其他利益，在 B 地块内部规划建设一条主干大道（20~30m 即可），与外面的市政规划大道相通，把项目里面的内铺临街化，这样有利于盘活整个项目的商业氛围。

3. 建筑色彩计划

项目为机电类市场，可兼容其他百货商业，建筑物色彩采取银白色调较好，这一色调明快、富有、突出，跟海洋城市文化吻合，与项目文化匹配。

4.2 建筑单体外立面设计提示

1. 商品住宅房及外立面设计提示

项目 A、B 地块均为开发商业铺面，住宅建在二层以上，根据容积率要求，最多只能建设 5

层。项目为商业项目，依附于项目之上的住宅套房不一定都作为居家使用，因此在设计上要考虑到居家和办公均适宜的户型设计方案。外立面建议设计成带有公寓办公楼性质较好。

屋顶、窗户等外立面局部设计可根据项目整体的法式现代风格进行设计。

2. 商业物业建筑风格设计提示

一层商铺建设要符合使用，根据市场调查结果，商铺规格为开间4m，纵深8~10m，层高4.5~5m最为合适，这一规格对于二层以上的住宅户型规划也很有好处，中间不用进行转换层结构的调整，减少建筑成本，提高项目的抗震能力。

商铺内均为独立铺面，设置洗手间，以方便商家办公使用。

4.3 建筑材料应用

据建设部要求，在进行住宅节能改造的同时，将启动绿色建筑的认证制度，通过五个等级来对住宅“验明正身”，并通过五个等级向社会公布住宅建筑在节能生态方面的质量状况。

建议本项目建设在环保及节能技术应用的基础上，精益求精，最大程度地运用新材料、新技术、新工艺、绿色环保材料、节能材料及智能化配置，塑造绿色、环保、节能的地产精品。

第五部分 主力户型选择

5.1 项目所在区域同类楼盘户型比较

项目所在区域同类楼盘见表5-1-2。

表5-1-2 项目所在区域同类楼盘

楼盘	户型	面积
北部湾国际建材商贸城	2房2厅1卫	80~107m^2
	3房2厅1卫	101~146m^2
	1房1厅1卫	58~63m^2
	4房2厅2卫	135m^2
长荣新城	3房2厅2卫	120m^2
	2房2厅	95m^2
	4房2厅3卫	140m^2
	楼中楼(2房、3房、4房)	90~200m^2
远辰·金湾蓝岸	3房2厅2卫	101~116m^2
	2房2厅1卫	84.57m^2
	楼中楼(5房)	210m^2

5.2 项目业态分析配置

A地块为汽车销售市场，场地要求高一些，建议层高为5m。

B地块为汽车配件、五金机电等销售市场，建议层高为4.5m。

5.3 项目户型配置比例

根据项目所在区域楼盘户型规划比例和销售情况，大致安排见下表5-1-3。

表 5-1-3 项目户型配置

分 类	户 型	面 积
主力户型	2房2厅1卫	80～100m^2
其他户型	3房2厅1卫	95～125m^2
	4房2厅2卫	130m^2

5.4 主力户型设计提示

1. 一般住宅套房户型设计

层高3m，户型方正，面积使用率高，采光及通风良好。厨卫设计美观实用，窗户明亮大方。

2. 复式户型设计

顶层户型采用复式户型设计，注重时尚实用，采光和通风良好。

5.5 商业物业户型设计

一层商铺为全框架结构，层高5m，户型方正，预留卫生间接口。

第六部分 室内空间布局

6.1 室内空间布局提示

住宅室内空间布局方正，注重通风和采光，干湿区区分明显，室内柱子不能留有死角，占据有效使用面积，不能影响家居摆设。横梁高低要统一，要整齐，不能影响住房美观。

6.2 公共空间主题选择

公共空间主要为过道和楼梯，楼梯宽度采取通用标准即可，过道采用明亮的地砖铺设，墙面刮白色腻子，置壁灯，装饰要求与建筑风格一致的文化艺术标志和饰品等。

第七部分 装修标准提示

7.1 住宅装修标准提示

外墙涂料，内墙砂浆抹平；地板全现浇楼板，水泥砂浆过面；厨房通水，预留排水口，墙面为水泥砂浆抹平；卫生间置蹲式便器，预留洗手盆排水口，墙面为水泥砂浆抹平；阳台为封闭式，低开铝合金窗，墙面刮白色腻子，地面砂浆抹平；单元楼梯入口设电子对讲防盗门，进户设防盗门；独立水电表，水进户内，电表装至户门外。

7.2 商铺

地板水泥砂浆过面，卫生间预留排水口，墙面为水泥砂浆抹平。

7.3 项目展示大厅和办公楼

面积可以从B地块里面支配，具体待定。

第八部分 项目街道规划提示

1）本项目大型露天广场平时用作车辆展示，设置要有气势，适合举办大型展示会。

2）小街道宽度大于或等于 10m。

3）大街道宽度最大不许大于 30m。

4）大街道与小街道之间要方便穿插交通。

5）主要街道路口设立消防栓等公共安全设施。

6）在广告位置比较好的路口，要预留足够广告牌的展示位置。

（南宁恒创房地产经纪有限公司）

【报告点评】

该规划设计报告有点类似于规划报告里的文本，整体内容高度精简概括，主要分为两个部分：产品定位及规划设计建议。整个报告主要通过纲领性的条款进行指导规划设计报告所应该涉及的要点。规划设计建议不是凭空出现的建议，而是基于对项目自身条件及周边主客观环境分析之后，进而确定产品各项定位后给出的实事求是的建议，这样的产品才应该是满足开发商要求的产品，才能是符合市场需求的产品。

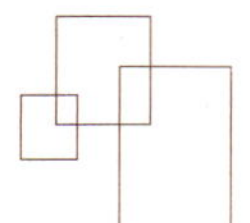

二、天津金地国际广场项目产品建议书

报告目录

报告正文

第一部分 项目概况

1.1 项目区域城市规划发展

传统的天津中心小白楼CBD地区地域狭小，空间有限，城市功能过度集中，人口、交通和环境压力不断加大，发展局限性较大。因此，沿城市发展主轴向东西两侧扩展CBD的范围十分必要。

市政府对中心城区空间发展战略提出“一主两副、沿河拓展、功能提升”发展策略。将以小白楼CBD为主中心，向东西两端延伸设置城市新中心，向北为西站城市新中心，向南则为天钢柳林城市新中心。天钢柳林片区的战略地位由原先海河上游开发改造六大节点之一——智慧城板块提升为天津天钢柳林城市新中心，城市定位大幅提升。中外建项目正位于天钢柳林片区中心位置。

根据最新规划定位，天钢柳林城市新中心将建成面向国际，集商务办公、会议展览、商业娱乐、创智产业及高端居住（国际社区）于一体的，集中展现天津城市形象的生态型城市新中心，也必将成为天津对外开放及国际化程度最高的区域。天钢柳林城市新中心整体建设规划范围约15km^2，规划“一带七区”，总开发建筑面积约1260万m^2，其中住宅（含还迁房）建筑面积605.5万m^2；公寓211万m^2；办公占214.5万m^2；公建（含会展、柳林公园）176.5万m^2；商业52.5万m^2。目前，该区建设指挥部已成立，已完成“5路3桥1堤岸”及轻轨等基础设施的建造，会展中心即将开建。

天钢柳林城市新中心道路功能明确，交通组织有序，对接快速交通系统。区域轨道交通密集、发达。过境轨道交通线路有M1、M9、M7、M10和Z1（市域快速铁路线）等。本项目距离M9、M7、Z1的换乘站仅300m，出行便捷，亦可通过轨道交通换乘到达全市各角落。

区域定位的大幅度提升，使该区域发展前景广阔，对本项目的定位提出了更高的要求，也为本案调整规划，提升项目档次提供了充足的发展空间。城市功能定位提升，也将使得天钢柳林区域成为继水上奥体、梅江、老城厢后的又一高端居住区的聚集地。

此外，河东区沿海河开发力度不断加大，南站 CBD 中的嘉里项目、中信项目、中粮六纬路等项目的开发建设必将提升河东区整体城市形象与地位。

1.2　项目规划条件概述

宗地位于天津市东南区域，东南半环快速路与外环之间，行政隶属于市内六区之一的河东区。宗地地处中心城区—滨海新区的城市发展主轴带上，北侧紧邻连接天津市区与滨海新区核心区的主干道——津塘路和地铁 9 号线（原津滨轻轨）一号桥站，同时规划地铁 7 号线也在项目东侧设站，南侧距海河约 1.2km，地理位置优越。规划条件见表 5-2-1。

表 5-2-1　项目规划条件

<table>
<tr><th>规划性质</th><th colspan="3">土地面积/m²</th><th>建筑面积/m²</th><th>建筑密度</th><th>绿地率</th></tr>
<tr><td rowspan="2">居住</td><td>A</td><td>66337.9(包括小学用地 10000)</td><td rowspan="2">142364.7</td><td rowspan="2">容积率不大于 1.8，建筑面积 235302.1（不含小学、幼儿园）</td><td rowspan="2">不大于 20%</td><td rowspan="2">不小于 45%</td></tr>
<tr><td>B</td><td>76026.8(包括幼儿园用地 2400)</td></tr>
<tr><td>商业 金融业</td><td>A-1 地块</td><td>36518.9</td><td>36518.9</td><td>不大于 100000</td><td>不大于 40%</td><td>不小于 20%</td></tr>
<tr><td>合计</td><td colspan="3">178883.6(含幼儿园小学用地)</td><td>335302.1(不含小学幼儿园)</td><td></td><td></td></tr>
</table>

1.3　地块价值分析

本地块四面临路，北侧为津塘路，南侧规划为先锋路，东侧为变电所路（规划为武当路），西侧为钢厂路。周边这四条路均有拓宽改造的规划，津塘路将进一步拓宽，路两侧进行大规模绿化，变电所路拓宽后将更名为武当路，直通即将开建的柳林桥，道路通达性极佳，南侧先锋路及西侧钢厂路也将于近期动工改造，这两条路均将建设成为区域内的重要交通干线。

地块周边为传统的居民区与企事业单位混杂的地区。地块北侧与津塘路隔路相望的是万客隆超市和二号桥居民区，以及一些企事业单位；地块西侧为待整理的一机床厂、月牙河及新建居住区；东侧与居民区和科研单位临近，再向东 3km 左右就到达东丽区区中心；地块南侧是正在拆迁改造的天钢分厂、村庄等，向南 1km 为海河。从未来规划看，周边地区除了一些刚刚出让的土地之外，其余的企事业单位及村庄都将被拆迁、搬离这一地区。地块西南侧的天津钢厂已完成拆迁，土地基本平整，准备重新出让。

地块南侧靠近海河及河滨公园，交通便捷，闹中取静，景观资源好，居住舒适度较好，适合安排低密度高端产品。地块北侧靠近津塘路一号桥，津塘路不但有地铁 9 号线在此设站，而且有多条公交线路通达市内各地及滨海地区，此外在地块北部还规划有商业综合体，生活便利性非常好，适合安排高层产品，这样布置也可最大限度地避免项目内部各物业类型间的互相遮挡问题。

地块东西两侧紧邻交通主干线，恐怕会有一定的噪声干扰，规划时应加以考虑。

第二部分　项目产品定位

2.1　项目市场定位

项目客户总体定位于讲究生活品位，追求生活品质，高学历、高素质、高收入，现代、时尚、有国际化视野的客户。因此，本项目产品应充分迎合这部分客户的偏好，努力营造项目品味，追求建筑品质，项目总体风格现代、时尚、国际化，别墅产品不失典雅、稳重、大气的气质。

此外，本项目年龄较长的客户则对于健康配置十分关心，年轻客户大都有良好的教育背景，对于环保类技术十分关注。因此，对于建筑新技术方面侧重健康、环保，提升居住舒适度等技术的应用。

本项目别墅部分定位为：大隐于市的官邸型城市别墅。

本项目高层住宅部分定位为：五星级城市公馆。

本项目商业部分定位：生活主题的休闲商业公园。

2.2　产品定位

1. 项目规划原则

从2006年至今，市区内成交的土地平均容积率达2.5，本项目住宅部分容积率仅为1.8，为市区内非常稀缺的低容积率项目，也是唯一具备拆分容积率，规划高附加值产品的项目，而这样的高附加值产品同样将是市区非常稀缺的产品类型。

1）天津市区内的别墅产品即将绝迹，本项目应抓住这一市场机遇，规划城市别墅类产品，填补市场空白，迎合高端客户对于城市中的高档次、低密度社区的向往，因而获得极大的产品溢价能力。

2）近来，天津高端公寓市场正被逐步激发，一些高品质、高舒适度的公寓产品也取得了很好的业绩，这些公寓也是一种高附加值、高溢价能力的产品类型。

在以上两种主要的住宅类产品中，我们应尽量多的排布别墅类产品，剩余面积安排景观高层产品。

在A-1地块内，根据容积率、覆盖率等规划指标，规划约6万m^2经济型公寓类产品，以满足当地普通客户需求。

规划4万m^2地上商业面积，2万m^2地下商业面积。

通过合理的规划设计，保持基地原有的规划肌理和原生树木，让建筑散落于树木之间，力争将其建设成为现代建筑、原生地貌及人文积淀完美结合的经典项目。

项目规划注重主题营造，为后期推广铺垫。

具体物业类型分布见表5-2-2。

表5-2-2　物业类型布置

物业类型	面积/万m^2	位置
联排别墅	9	B地块及A地块南侧
景观高层	14.5	A地块
公寓	6	A-1地块
商业（地上+地下）	4+2	A-1地块

2. 别墅部分总体规划形式

1）建议采用合院别墅的规划形式概念，形成组团的围合感，加强土地利用效率，同时注意避免合院形式的别墅对居住私密性等方面的影响，在小院范围、开窗方式、入户方式等细节处理上应充分考虑。

2）尽量保证三级院落的空间体系，即社区空间、合院空间、私家庭院空间，每一层空间强调不同的功能。社区空间为完全开放空间，社区内所有人均可享受，让老人和儿童有相对较开阔的空间活动；合院空间为半开放空间，提供邻里交流、小型聚会的空间；私家庭院则为完全私密的空间。

3）A 区靠近景观高层的 1、2 排布置经济型产品，其余布置舒适型产品，端户或景观位置较好的也可出现少量高端型产品。B 地块最南侧靠近主路的一排及两侧临路位置安排经济型户型，其余大部分位置安排舒适型产品，中心位置安排高端型产品，以上各类产品端户可变异出面积稍大的户型。

3. 别墅户型面积区间

别墅户型面积配比见表 5-2-3。

表 5-2-3　别墅户型面积配比

类型	地上部分户均面积/m^2	户数比
经济型	180~190	35%
舒适型	225	45%
高端型	250	15%
旗舰型	280	5%

B 区联排别墅（容积率：不低于 0.7）布置见表 5-2-4。

表 5-2-4　B 区联排别墅布置

类型	户数比	位置
经济型	15%	外围,环形车道边
舒适型	50%	中心位置
高端型	30%	中心位置,靠近主景观
旗舰型	5%	靠近主景观端户

A 区联排别墅（容积率：不低于 0.75）布置见表 5-2-5。

表 5-2-5　A 区联排别墅布置

类型	户数比	位置
经济型	50%	外围,环形车道边
舒适型	40%	中心位置
高端型	10%	中心位置,靠近主景观

4. 别墅部分户型设计要求

（1）地下室。

1）所有户型设计地下室，充分理解政策规定，地下室须为全部赠送面积，不计入容积率，有分割产权。

2）地下室面积与首层面积基本相同，在空间上预留较宽敞的活动空间。

3）除经济型外，所有户型配工人房及专用卫生间，设置于地下。

4）地下室空间应充分利用，结合规划设计下沉式院落，保证地下部分充分采光与良好的空气流通。

5）给水、排水、强弱电、暖气等各种配套设施可在地下室正常使用。

（2）赠送面积。所有户型可适当考虑赠送附加值，不超过总面积10%，但前提是要保证户型使用的合理性。A地块最靠近景观高层的一排利用第四层作为赠送面积，提升这排户型的附加值。

（3）层高。户型层高——首层3.3m，二层3.0m，三层坡顶室内最低处3.0m，地下室2.8m。可根据户型面积适当调整。

（4）户型设计具体要求。

1）经济型户型设计原则——主要针对三口之家，开间5.1m起，三室格局，首层不设居室，二层两个居室（未必设套房），三层主卧套（主卧、卫生间、书房、衣帽间，保证主卧舒适度，书房、衣帽间尺度可适当控制）。

2）舒适型户型设计原则——主要针对三口之家，开间6m起，三室格局，首层不设居室，二层两个套房，三层主卧套房（主卧、卫生间、书房、衣帽间，保证主卧舒适度，书房、衣帽间尺度可适当控制），室内可设计中庭、吹拔等情趣空间。

3）高端型户型设计原则——针对三代同堂，开间6.6m以上，四室格局，首层设父母房，二层两个套房，三层主卧套房（主卧、卫生间、书房、衣帽间，保证主卧舒适度，书房、衣帽间尺度可适当控制），室内可设计成中庭、吹拔、家庭厅等情趣空间。

5. 停车方式及车位配比（表5-2-6、表5-2-7）

表5-2-6 B区联排别墅停车配比

类型	停车方式	车位配比
经济型（最南一排）	小院停车	1∶1
舒适型	地下	1∶2
高端型	地下	1∶2
旗舰型	地下	1∶2

表5-2-7 A区联排别墅停车配比

类型	停车方式	车位配比
经济型	地下	1∶1
舒适型	地下	1∶2
高端型	地下	1∶2

6. 采暖及制冷

热源采用市政集中供暖，室内采用地辐射采暖方式。

制冷，预留户式中央空调位置。

7. 高层户型建议

A区超高层建筑设计建议见表5-2-8。

表 5-2-8　A 区超高层建筑设计建议

楼座	单层户数	层数	户型面积/m²	停车方式及车位配比
中间双塔	4 户	43	117(两室)+80(一室)+180(舒适三室)+240(四室)	全地下,1∶1.2
第二及第五栋	4 户	43		
最外侧高塔	4 户	33	145+145+105+105	全地下,1∶1

在两个超高层之间，可用低于 24m 的 7 层舒适型公寓连接，该公寓为舒适型产品，两梯两户户型（表 5-2-9～表 5-2-11）。

表 5-2-9　A 区超高层建筑户型配比设计建议

居室	位置	面积/m²	户数	户数比		总面积/m²	面积比	
一居	43F	80	172	17.3%	17.3%	13760	9.4%	9.4%
二居	33F	105	132	13.3%	30.6%	13860	9.5%	23.2%
	43F	117	172	17.3%		20124	13.7%	
三居	33F	146	132	13.3%	33.4%	19272	13.1%	37.3%
	7F	162	28	2.8%		4536	3.1%	
	43F	180	172	17.3%		30960	21.1%	
四居	7F	209	14	1.4%	18.7%	2926	2.0%	30.1%
	43F	240	172	17.3%		41280	28.1%	
合计		1239	994	100%	100%	146718	100%	100%

表 5-2-10　A 区超高层建筑户型统计

层数	栋数	居室	面积/m²	户数	户数比	总面积/m²		面积比	
43	4	一居	80	172	17.3%	69.2%	13760	9.4%	72.3%
		二居	117	172	17.3%		20124	13.7%	
		三居	180	172	17.3%		30960	21.1%	
		四居	240	172	17.3%		41280	28.1%	
33	2	二居	105	132	13.3%	26.6%	13860	9.4%	22.6%
		三居	146	132	13.3%		19272	13.2%	
7	3	三居	162	28	2.8%	4.2%	4536	3.1%	5.1%
		四居	209	14	1.4%		2926	2.0%	
合计			1239	994	100%	100%	146718	100.0%	100%

表 5-2-11　A 区建筑大堂设计建议

物业类型	面积要求/m²	高度	装修
景观高层(43F、33F)	120 以上	两层(南北贯通)	高档精装
公寓	80 以上	一层(随商业首层高度)	时尚精装

大堂管理应考虑满足后期提升服务品质的需要，应考虑设置大堂助理等，提升服务品质。

8. 会所

（1）同类型项目会所配置见表 5-2-12。

表 5-2-12　同类型项目会所配置

项目名称	面积/m^2	主要功能	备注
钻石山	6000	国际标准恒温泳池、壁球馆、健身房、瑜伽、SPA、足浴	共两层，地下一层
时代奥城	3000	游泳池、健身房、瑜伽、壁球馆、乒乓球、台球、棋牌室	地下一层
仁恒海河广场	2500 左右	游泳馆、健身房、乒乓球、羽毛球，其余未定	不确定
江胜天鹅湖	5000	游泳池、西餐厅、会客区、办公区(局部二层部分)	地上一层，局部两层
富力城	3000	游泳馆、健身房、乒乓球、羽毛球，其余未定	地下三层

（2）本项目会所定位。

1）会所主题：健康休闲会所。

2）总面积：3000m^2，基本全部地下，注意结合下沉广场、小院考虑自然通风、采光需求。

3）位置：安排在 A 地块与 A-1 地块之间，结合商业及超高层大堂入口，预留出入口。

4）主要功能见表 5-2-13。

表 5-2-13　会所功能区划

游泳池	4 泳道 25m 泳池+儿童戏水池或按摩池，约 800m^2，有加热功能，可四季使用	泳池在高档商品房项目中仍为标志型设施，是档次的象征，对客户心理影响很大，形成独特优势
SPA	健康 SPA	依托泳池，高档次定位
台球/棋牌/乒乓球	占用较小面积，200m^2 左右	
健身房	选用名牌设备，面积适中，200m^2 左右	

9. 幼儿园、小学

子女教育问题是影响客户置业的重要因素。景观高层和公寓部分的客户较年轻，其子女会有部分在幼儿园及小学年龄段。

尽量引入优质教育资源，丰富周边配套。

在布置操场与教学楼位置时应充分考虑学校操场、教学楼与住宅的相互影响。

10. 其他配置

（1）常规配置。

1）别墅部分舒适型以上面积户型，预留私家电梯位置，并可改造为储藏空间。

2）智能化：家居智能集成——温度、对讲、安防、信息交流等。

3）一卡通：实现车库、门禁、电梯、缴费的全功能覆盖。

4）入户门电子锁——可选择密码、指纹等形式。

5）加强安防系统配备：电子防护设备、室内保险柜位置预留等，希望能有某项特别能值得说的配置。

6）国际卫星电视系统。

7）分户中央空调机位预留。

（2）健康配置。

1）LOW-e 低辐射玻璃。

2）全置换式新风——新风机组将室外新鲜空气经过滤、除尘、加热（降温）、加湿（除湿）等处理后，以低速地面送风的方式送到每一个房间，相对污浊的空气从卫生间、厨房的排气系统有组织的排除室外。

3）光导照明——对于本项目大量的地下室空间而言，本项技术实际应用效果较好。

4）地源热泵——地下水源中央空调系统是利用地球表面浅层的地热能资源（地下水）进行制冷的高效、节能、环保的系统。地下水源热泵通过输入少量的高位能源——电能，实现低位热能向高位热能的转移。地热能在夏季作为热泵制冷的冷源，也可在冬季作为热泵供热的热源。

5）毛细网栅采暖制冷系统。该类技术确实具有一定的溢价能力，对于项目品质起到很好的提升作用，而且在天津市场目前基本上是空白，具有一定的新鲜度和号召力。在不影响建筑平面布局的情况下，结合各项技术目前的成熟度，可在充分调查研究的基础上，对部分分项技术适当使用。

11. 立面风格建议

（1）别墅部分。

1）稳重、典雅、大气、时尚的总体风格，突出项目品质感。

2）减弱高度感，突出层次变化。

3）采用三段式手法。

4）采用米黄系列颜色，底层采用石材，上层可考虑涂料。

5）采用灰色调坡屋顶。

6）可考虑北美风情立面。

（2）高层部分。

1）采用竖线条的哥特式建筑风格。

2）强调公建感，体现品味与档次。

3）强调高层建筑的背景感。

4）突出典雅、时尚、现代的风格。

5）在前期设计中充分考虑灯光效果的设计。

6）提升公共区域的档次，大堂的面积、高度、装修标准、入口形式感等。

12. 景观概念以及风格方向

1）强调与社区建筑形式的和谐统一。

2）追求景观种植密度的同时，注重精细操作。

3）别墅部分社区入口强调仪式感。

4）社区围墙采用较厚重、不可透视围墙，增强私密性及专属感。

5）重视对外公共设计。社区外退绿带上也应有所设计，提升总体项目品质及客户感受，龙涵道短期内无过境交通，可作为我项目内街重点考虑景观设计。

6）项目地块内有大量几十年树龄的原生大树，在规划时可将一部分树木保留，打造项目景观环境。

7）除了基地内保留的部分原生树木外，可移栽大量品种优良的成树，在树型、花期等方面统筹考虑，协调统一。

8）社区内可规划小型水系，不做大面积水景，增加项目景观的情趣性。

第三部分　项目商业部分定位

3.1　商业主题定位

打造以家庭为主题的 Life style 型商业公园。

1）打造中高档次，以家庭消费为主题，以“品位时尚、精致生活”为理念，缔造区域型一站式休闲、娱乐、购物中心，兼顾本社区配套型需求及周边地区中高端目的型消费需求，将住宅的配套需求与时尚的零售理念相结合。在商业类型上既满足小区高档人员的生活需要，又能够将比较时尚的零售理念引入，以聚集高消费人流为目的，提升项目的市场地位。

2）在这里休憩、社交、购物、美食、欣赏艺术、享受都市 DAY+NIGHT 生活。通过将自身的建筑特色与时尚的零售理念相结合，发展成为河东区最具有特色的时尚中心。

3）公园式休闲购物中心，美国购物中心协会将其定义为：购物中心是由开发商策划、建设、统一管理的商业设施，拥有大型的主力店，多元化商业街和足够的停车场，能满足消费者的购物需求与日常活动的商业场所。

4）购物公园是购物中心的另一种形态。购物公园既是市民节假日购物、休闲、娱乐的理想去处，又是游客了解地方风俗民情、采购特色商品的旅游观光进店，具有文化性、平民性、休闲性。购物公园个性鲜明的园林小品，具有趣味性的建筑物色彩、风格，与绿色植物相映成趣，质朴亲切。

5）购物公园具有购物中心的集中商业和实现物业整体商业价值的优点，也具有商业街灵活、分散、多变的优点，同时又兼有公园的绿色、放松、休闲、舒适的特征。它集三种城市功能于一身，是一种创新、有生命力的商业形式。

3.2　规划理念

1）中央下沉式露天广场，加强地下一层商业的风情感及可视可达性，达成双首层概念。

2）自由曲折式内街，增强游人停留的兴趣。

3）动态空中走廊，强调各个楼层之间的交通联系，最大限度提高高层商业价值。

4）考虑与轻轨通道的连接，有利于引导轻轨人流进入商业。

5）对于一些有一定需求，租金承受能力一般的业态，可以规划至 3 层以上，从首层直接设置扶梯直达该区域，提升其价值。

3.3　业态分布

分层业态分布见表 5-2-14、图 5-2-1。

表 5-2-14　分层业态分布

位置	业态	单铺面积/m^2	位置及形态	形态	主力店	运营方式
地下 2 层	停车场					
地下 1 层	超市	12000	东侧		主力店	自持
	翻斗乐	2500	西侧		主力店	自持
	散铺	60~100	下沉广场周边	双街布置		自持
地上	电影院	2500	四层	飘板	主力店	自持
	餐饮主力店	1500	一拖三	一拖三	主力店	自持后期出售
	金融业形象店	300~400	沿街，公寓下	一拖二		出售
	生活主题商街	100~200	商业广场周边	一拖二		出售
		30~50	三层及以上，靠近影院或超市	散铺		出售，部分铺位考虑包租，便于业态整体规划

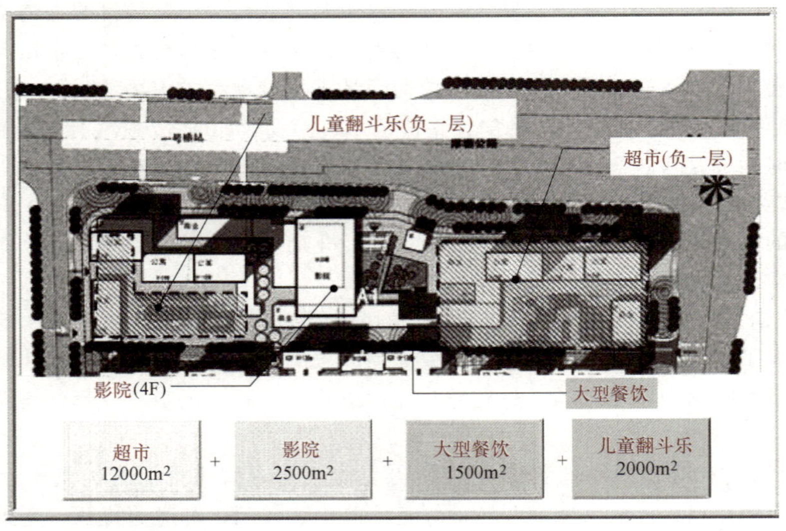

图 5-2-1 自持主力店示意图

3.4 停车及车位

项目停车考虑地面结合地下，项目地下二层全部为停车场，至少可以停放500辆机动车。地面可利用绿化带建成草皮砖停车场，约可建设300个停车位。共建设约800个停车位。

第四部分 项目公寓部分定位

4.1 天津写字楼与小户型公寓总结

1. 天津写字楼市场小结

天津重点商务区主要集中在南京路沿线、小白楼地区、友谊路沿线、鞍山西道沿线、十一经路沿线、后广场等区域，并且随着滨海新区的开发，有向滨海新区核心区发展的趋势。项目所属片区目前并非天津传统的商务区，商务氛围尚有待培育。

区域内写字楼全部为销售型，自用与出租比例约为7∶3，自用客户多为中小公司，自用面积150~400m^2较多，行业有贸易物流、设计咨询、金融证券、大企业或外地政府驻津办等单位。

天津写字楼市场未来一段时间将呈现供过于求的局面，较大的市场供应容易形成激烈的竞争，对租金水平和销售价格产生较大压力，未来写字楼物业将面临较大的招租和销售压力。

2. 天津小户型公寓市场小结

天津市小户型公寓发展迅速，但由于各项目产权年限和所处区位的不同，在产品形式上也各有不同。平层投资型酒店式公寓一般依托良好的自然景观资源或商务氛围浓厚的CBD区域，而在缺乏上述资源的区域，则以LOFT居住型为主。

在销售方面，公寓类依靠其较高的性价比，一般能获得较理想的销售速度。而与同期周边的住宅价格相比，公寓类产品基本可与周边住宅产品价格持平。

同时，由于土地性质和产权年限的不同，在后期销售过程中的贷款政策及后期费用上也有所差异。特别是对于偏居住性质的小户型公寓，贷款政策和后期生活成本会直接影响到项目的销售速度及价格。

4.2 公寓发展建议

1. 总体建议

LOFT 公寓+多层商业+平层公寓。

LOFT 公寓是客户接受度最好、市场基数最大的一类公建类高层产品，是适宜开发的物业类型，应尽量多布。

平层公寓产品受所处地区商务氛围及租赁市场活跃度的限制，难以获得较理想的销售价格与速度，但可以以较小的面积，超低的总价，吸引部分投资客。这种物业类型作为 LOFT 公寓的补充，可少量开发。

写字楼产品在这一片区内为市场空白，但市场的巨大供应及所处地区商务氛围尚不成熟，短时期内较难获得理想的销售价格与销售速度，不宜大量开发。在底层商业 3 层以上的部分，也可作为办公需求。

2. 公寓类产品公寓建议

（1）物业类型。10 万 m^2 公共建筑可配置约 4 万 m^2 的商业建筑，其余为公寓类产品，其中尽量多排布 LOFT 产品，其余安排平层公寓。

（2）户型面积。LOFT 产品以一室户型为主，面积控制在 40~55m^2，约占总户数比 60%，配以适量两室户型，面积控制在 60~70m^2，约 40%，平层公寓面积为30~40m^2。

（3）层高。LOFT 层高为 4.8m，平层公寓层高为 2.9m。

（4）装修状况为毛坯交工（或精装）。

（5）产权年限为 40 年。

（6）政策支持。如能在办证过程中实现备案设计用途为公寓，则可极大降低客户的贷款政策抗性及后期生活成本，提高销售速度。

第五部分 示范区建议

1）本项目各部分产品类型差异较大，客户层次有所不同，开发周期也存在较大差异，因此，决定设立两个销售示范区及两个接待中心。

2）别墅示范区设于 B 地块西北角，考虑此处成树密集，便于营造良好的景观氛围，不临主路，私密感较强。别墅示范区包括接待中心、样板楼、各种户型的样板间、样板景观等内容。

3）高层示范区设置于景观高层中间两栋楼及附近商业地块范围，此处为商业人流主入口，可视可达性较好，便于营造热络的销售氛围。高层示范区包括接待中心、实楼样板房、样板景观、地下运动型会所等内容。

4）示范区应设置较开敞空间，便于销售期活动等。

5）充分考虑示范区景观、建筑的夜景灯光营造。

示范区展示区域如图 5-2-2 所示。

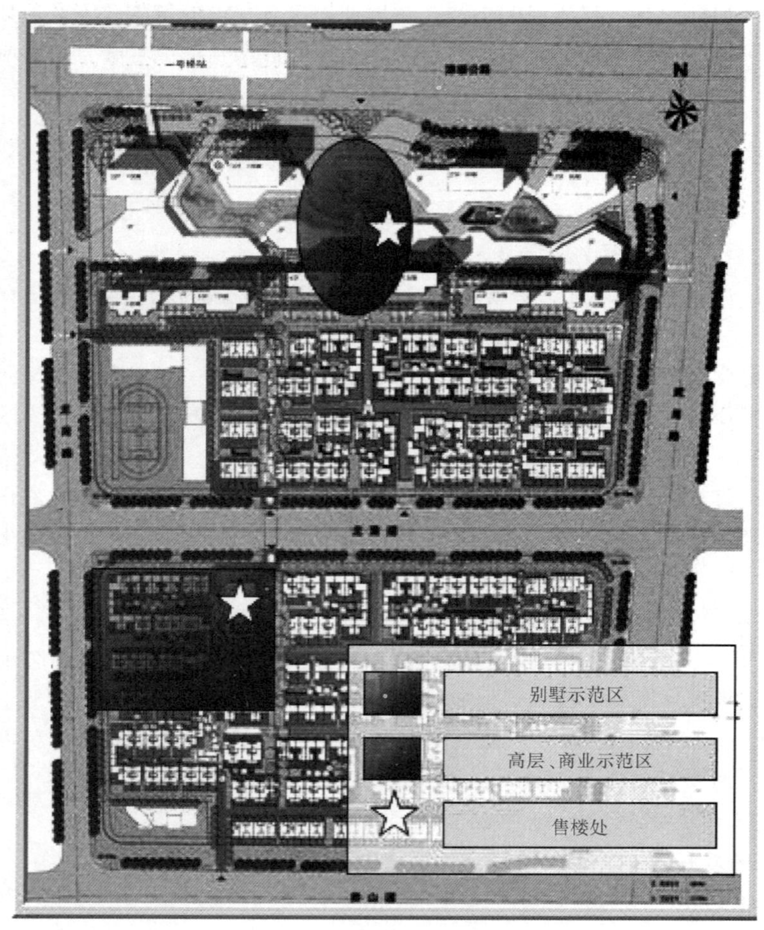

图 5-2-2　示范区展示区域示意图

（天津新创汇业房地产经纪咨询有限公司）

【报告点评】

对于商住两用型物业类型要认真对待，因为该处住宅部分与商业部分的销售状况会互相影响，特别是住宅对商业的影响：一般住宅销售较好会带动该处商业部分销售，形成良好的商业气氛，商业气氛的塑造反过来哺育住宅的销售，形成良性循环，从这个角度来说，产品设计能否促进商住物业的联动就显得至关重要了。

无论是上文的别墅、商业还是普通公寓和底商的组合，都要从当地实际情况出发，热点产品要去追随，市场空白点产品要去开发占领，做到人无我有、人有我优、人优我强，切切实实为委托企业做好相关专业工作。

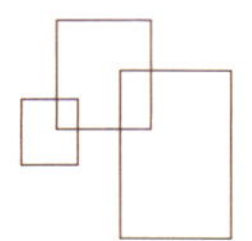

三、安徽芜湖两湖项目规划设计建议书

报告目录

报告正文

第一部分　项目概况

本项目地块位于芜湖市弋江区南端，北至火龙岗镇，南达芜铜铁路与芜马高速路交汇处，西邻芜铜城际铁路，东望青弋江。总占地面积陆地加水面共 14273.05 亩。地块中有芜马高速南北穿越，高速公路将地块分割成东西两大片区。地块内大部分地势平坦，有少量丘陵，遍布湖泊，植被丰富，自然条件优越。地块内有南塘湖、黑砂湖两个天然湖泊，水面面积超过 4000 亩。

第二部分　设计依据

依据国家及安徽省、芜湖市现行的规范、规定等。详见项目所属规划局文本、立项审批文本、项目用地许可证等文件，以及国家有关设计、消防规范。

第三部分　设计理念

3.1　规划设计理念

我们要打造的是第五代高档居住区，即最新一代节能生态低碳环保型高档住宅区。在本项目的整个设计过程中，要牢牢抓住的核心理念就是“节能生态、低碳环保”，在项目的方方面面应该贯彻实施这一理念，在这一核心理念的引领下，本着“以人为本”的人文思想，为居住者细心体贴营造舒适的生活环境。

1. 节能生态、低碳环保理念

1）贯彻实施生态型规划布局在空间中的体现。

2）强化建筑空间与绿色空间的合理比例。

3）满足节能生态型建筑立面、材料等方面的生态环保要求。

4）满足节能环保户型的设计要求。

5）营造生态、低碳、环保型的园林环境体系。

6）要推广可再生绿色能源系列技术的实施运用。

2. 人文思想

1）强调规划设计中多元建筑文化、园林文化的融合。

2）倡导社区以人为本，注重公众参与。

3）倡导渐进式的城市开发方式，关注宜人小空间的营造。

4）以多元文化主题建设社区精神内涵，创造充满人文气息的生活、活动场所。

5）提倡各功能空间的互补互融，鼓励城市环境的混合使用。

6）在建筑空间布局、交通体系、园林景观、服务配套等设计中要突出人性化考虑，以人为本，坚持符合人的尺度设计，注重“人”这一居住区主体的需求。

7）强调生态环保低碳文化在社区中的推广运用，倡导居民追求生态环保低碳型生活，为保护地球共尽一己之力。

3.2　规划设计原则

在以上两种设计理念的指导下，在本项目的规划设计中，应遵循如下几个原则。

1）尽可能尊重项目自身生态环境特点的原则。

2）要以城市运营的高度考虑片区未来可持续的规划发展。

3）建筑、景观、配套等有机分散与紧凑集中原则。

4）强调居住区多功能全面发展的原则。

5）强调规划设计中节能生态低碳环保的原则。

6）注重多种建筑风格、园林风格的多元文化融合原则。

第四部分　规划布局设计建议

在定位报告中，我们已经对本项目的总体规划布局进行了初步定位，对规划布局的原则进行了阐述，并且给出了一个总体规划布局思路，此处不再赘述。本章主要详细论述在本项目规划设计中，如何体现项目的总体立意，如何营造开放与私密共存的城市街区，以实现社区开放、组团封闭的定位，如何把握在东方水乡与西方威尼斯的布局形态中水与人、水与建筑的和谐、舒适，如何营造中西水乡的宜人生活空间形态、尺度以及各项规划布局指标和细节的把握。

4.1　总体立意的体现

本项目总体立意“东方威尼斯”，我们要做的不是在东方复制一个威尼斯，照搬威尼斯的建筑和景观。在规划布局的设计上，我们要掌握两湖之水对于本项目的重要意义。一定程度上可以说，两湖的水，是本项目的命脉所在。我们需要思考如何更好地对本项目的水资源加以利用，如何对水景进行设计，如何让本项目的水更加千变万化，如何体现水之于人的特别魅力。

本项目在规划布局中，有以下几点需加以把握。

（1）运用生态型规划设计。要用生态建筑原理进行科学的规划设计，形成生态建筑与完善的基础设施构成的生活环境以及包括精神文明在内的社会生态系统。

（2）生态型规划设计需坚持以下原则。一是合理布局。综合考虑地理特征和水、气、地质等条件及长远发展要求，要保护地块原有的生态系统。二是节能低耗无污染。在规划布局上，要避免由于周边环境的原因造成如噪声污染、尾气污染等。要充分考虑建筑物的朝向、间距等，以解决住宅采光、室内通风等卫生问题。三是应用生态技术处理生活垃圾，对垃圾的处理不能影响到居民的日常生活。四是通过增加居住区绿地，推广屋顶绿化、垂直绿化、湖体坡岸绿化等，大幅度提高绿化覆盖率。五是设置居住区文化体育设施。

（3）水景资源最大化。本项目的两湖水资源，是项目内最大的自然景观资源，应当将此作为整个居住区的公共资源进行规划布局设计。

以本项目的地块条件来看，水系密布，并且被陆地部分包围于中央，已经具备天然的地理条件让居住区居民与水亲近。除去滨水别墅区私密性的需要，在总体规划布局上，要有非滨水别墅区居民亲湖亲水的空间。同时，建筑物的排列组合，应最大限度地不去阻挡居民在家中的湖面景观视线，凭窗而眺，可让水景资源的价值最大化。

4.2　规划空间结构

私密性活动是人的精神活动的一个普遍现象。空间的划分影响着私密感与公共领域的形成。较小和有遮蔽的空间易形成私密控制，但公共空间的划分及其内部半公共空间的尺度不能太小，以免使人们觉得侵入了一个私人空间；也不应该尺度大到独自坐着或仅有几个人存在时，让人感到恐惧或疏远的宽阔。大量的实践经验都证明：为了保持不同领域的各自属性，保证居住的安全和让居民有安全感，有效的办法是将社区空间按领域性质分出层次。

对本项目而言，街区的空间序列由城市公共开放空间——居住区开放空间——组团内半公共空间——邻里间半私密空间，四级空间层次组成。其特点在于：利用市政道路和居住区规划道路，划分道路等级，再以适宜尺度的组团对各个片区进一步划分，使得各个片区之间相互独立又通过公共空间以及道路相互联系。

居民进入居住区内住宅要经过城市道路——街区——组团——住宅楼这一过程，即由开畅、热烈、社会性强的城市空间一步一步地进入狭窄、安静、私密的居住空间，形成一种由外向内、由表及里、由动到静、由公共性质向私有性质渐进的空间序列。通过空间序列，层层深入，步步为营，其领域界限十分清楚，易于使居民产生领域感。

1）城市公共空间——开放而无拘无束。横穿地块东西的市政道路以及地块四周呈围合状的市政道路构成项目主体的城市公共空间。该公共空间的主要目的是为市民交通、散步等服务，在空间感上具有开放、无拘无束、自由自在的特点。

2）居住区公共空间——开放并兼具领域感。居住区级公共空间的范围较广，且部分与市政道路相互贯通、部分面向市民经营开放。主要由两个具有龙凤呈祥寓意的S型的中央景观大道、西侧商业街、高尔夫、湿地公园、居住区级道路、公共亲湖空间等组成。其特点是开放并具有一定的领域感。

3）半公共空间——可参与性、可视别性及高档住宅一定的私密性。本居住区中的半公共空间，主要是指小区级道路、组团级道路、组团间的公共园林景观节点、组团内的景观空间等区域，对于居民来说，起到“公共起居室”的作用。中高档住宅区，这一区域是社区居民公共活动最为频繁的区域，尤其早晚的高峰期，邻里们常常在上下班、上学放学时于组团级道上相遇打招呼，在园林景观节点中散步时驻足、谈天、交往。高档住宅区，这一区域空间的营造，应注重追求更高的生活品质，注意业主的私密性和景观资源的最大化。高档住宅的业主对于私密性的要求更高，因此私密空间的范围亦比中高档住宅区更为广泛。一般意义上可以认为进入高档住宅的组团，业主在心理上就有一种开始进入私密空间的预期。

4）邻里间半私密空间——宜人小尺度、私密性和领域感更强。组团内三两建筑单体围合而成的中庭空间即是私密性较强的院落空间，称为基本院落空间。儿童可以在院落内安全地玩耍。对于中高档产品，院落空间的营造是非常重要的。在居民心理上，会认为住宅周围的某一区域是属于他们所有，即在意念上属于他们的半私密空间。在这一空间的营造中，其尺度宜小、私密性宜强、通达性宜弱，使空间收缩到安静的私密尺度，具有更强的领域感，同时应该特别注意楼间中庭景观的营造，以促进居民之间更亲密的邻里交往。

4.3　规划布局细节提要

（1）规划布局要充分利用有利的自然资源，规避不利条件。两湖水域辽阔，湖岸蜿蜒，半岛密布，是地块最有利的自然资源，规划布局中要尽力加以利用。地块内有一定的低坡度山丘，可以设计建造半山别墅，增加土地的利用价值。另外，地块西侧的铁路和贯穿地块南北的高速公路所造成的不利影响要加以规避，要设置隔声墙降低火车过境的影响，设置绿化带降低高速公路的噪声污染和灰尘污染。

（2）规划布局要充分考虑到本项目为践行低碳经济，实现“节能生态低碳环保”定位的需求配套的合理设置。在规划布局中，应率先考虑到变电站、风力发电机、太阳能接收板的布置，这对于本项目的平面布局具有重要的意义，同时对未来电缆的铺设提供一定的方向性依据。根据项目实际情况，大面积成片的太阳能接收板和风力发电机的布置，建议沿北部湖岸布置或者布置于北部组团内的摇头山上。如果数量不足，不足以产生足够发电量，亦可考虑增加在高尔夫球场周边湖岸、滨水酒店湖岸及湿地公园湖岸的布置。需要注意的是，滨水别墅区的湖岸不要布置此类装置。

（3）要有市场意识，对分期的产品设置要能被市场接受，只有适合市场的产品才是最好的产品。目前，短期内芜湖市场的高层产品接受度不高，小高层具有一定的接受度。建议从一期开始，首先开发市场接受度较高的花园洋房、独栋别墅、联排别墅等；随着开发节奏的推进，中后期开发的产品可适当逐步考虑小高层和高层，提高项目容积率。

（4）规划布局要注意院落空间营造与朝向的关系，不可因为平面构图的漂亮牺牲朝向，而造成大量东西向产品，造成销售困难。中国传统的朝向观念是根深蒂固的，南北朝向的房子通常被认为是好房子的基本条件之一。如若因为平面布局的美观而牺牲朝向，将会为项目开发带来较大风险，引发市场抗性。

（5）规划布局中，建筑物的摆放需注意楼房的视线，以达到景观最大化的要求，同时能为

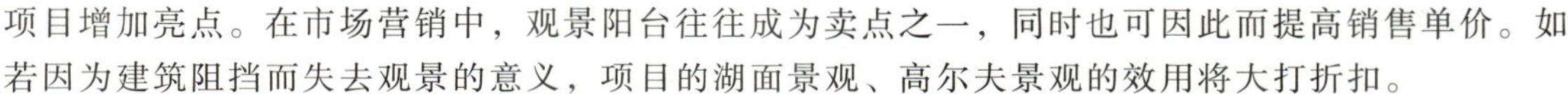

项目增加亮点。在市场营销中，观景阳台往往成为卖点之一，同时也可因此而提高销售单价。如若因为建筑阻挡而失去观景的意义，项目的湖面景观、高尔夫景观的效用将大打折扣。

（6）要掌握好居住区的空间尺度问题。空间尺度的设置，直接关系居住区居民的生活舒适度。关于空间尺度的问题，有以下一些数据供参考：建筑间距（*D*）与建筑高度（*H*）之比例，关系到空间的心理感受。过大的 *D/H* 值会使人失去围合感，过小的 *D/H* 值会使人感到压抑。一般来说，住宅区外部空间的 *D/H* 值在 1~3 之间为宜。一般认为，一种使人感到亲切舒适并适宜生活的街道空间的 *D/H* 值为 1，而 *D/H* 值大于 4 的空间会使人感觉是一个广场。一般一个城市感觉亲切的外部空间距离为 20~25m。在住宅区中街道的宽度不宜超过这个尺度。同时，一个能够观察人行为的最大距离一般是 150~200m，所以，住宅区里低等级的街道其直线段一般也不宜大于这个距离。

（7）商业、教育及各类基础配套应小规模地集中、有序分布，制订合理服务半径，保证各大片区的居民生活便利。居民在居住区里享受配套服务设施的适宜步行时间距离，一般来说，可遵循以下的规范数据，同时结合项目具体情况作安排。居民从家中步行出发，5 分钟之内应到达老人活动场和儿童游戏场，10 分钟之内应到达幼儿园和文化活动站，15 分钟内应到达小学和商业中心，20 分钟之内应到达中学和超市，30 分钟之内应到达医院。居住区各种配套设施的服务半径，在组团级应保持 150~200m，小区级应保持 300~500m，居住区级应保持 800~1000m。同时，商业街的规模不应盲目做大，根据国际经验来看，一个城市适宜的步行街长度在 630~670m 之间，本项目不是中心城区的商业地段，商业街的长度建议可控制在 100m 以内，根据分期开发的原则灵活设置。

4.4 主要经济指标和分期细化

1. 分区细化及主要经济指标

（1）项目用地总指标见表 5-3-1。

表 5-3-1 项目用地总指标

<table>
<tr><td colspan="4">用地总指标</td></tr>
<tr><td colspan="4">包含高尔夫、湿地、水上俱乐部的总占地面积 636.34 万 m^2</td></tr>
<tr><td colspan="3">计算容积率的占地面积/万 m^2</td><td>522.09</td></tr>
<tr><td colspan="3">总建筑面积/万 m^2</td><td>602.56</td></tr>
<tr><td colspan="3">容积率</td><td>1.2</td></tr>
<tr><td colspan="3">以上面积不包括：高尔夫</td><td>76.69 万 m^2</td></tr>
<tr><td colspan="3">湿地</td><td>34.78 万 m^2</td></tr>
<tr><td colspan="3">水上俱乐部</td><td>2.78 万 m^2，建筑面积 5 万 m^2</td></tr>
<tr><td colspan="2">其中包括</td><td>占地面积/万 m^2</td><td>建筑面积/万 m^2</td></tr>
<tr><td rowspan="3">住宅</td><td>别墅</td><td>134.29</td><td>80.57</td></tr>
<tr><td>多层住宅</td><td>125.04</td><td>175.06</td></tr>
<tr><td>高层住宅</td><td>90.05</td><td>225.13</td></tr>
<tr><td colspan="2">商业及公共配套</td><td>26.58</td><td>47.84</td></tr>
<tr><td colspan="2">代建部分市政配套</td><td>1.5</td><td>待定</td></tr>
<tr><td colspan="2">休闲配套设施</td><td>14.86</td><td>26.75</td></tr>
<tr><td colspan="2">学校</td><td>23.27</td><td>34.91</td></tr>
<tr><td colspan="2">医院</td><td>8.2</td><td>12.3</td></tr>
<tr><td colspan="2">公共绿地</td><td>34.18</td><td>—</td></tr>
<tr><td colspan="2">区间道路用地</td><td>约 64.12</td><td>—</td></tr>
</table>

（2）分区细化指标及功能配置见表 5-3-2。

注：下表的商业及公共配套包含代建部分市政配套（垃圾转运站及公交总站）。

表 5-3-2　分区细化指标及功能配置

编号	用地类型	占地/万 m^2	容积率	建筑面积/万 m^2
A	住宅	107.83	2.02	217.36
	别墅	4.96	0.6	2.98
	多层	38.9	1.4	54.46
	高层	63.97	2.5	159.93
	商业及公共建筑配套	3.95	1.8	7.11
	公共绿地	31.23	—	—
	医院	8.2	1.5	12.3
	总用地面积	151.21	总建筑面积	236.77
B	别墅住宅	26.51	0.6	15.91
	商业及公共建筑配套	3.14	1.8	5.65
	学校	5.32	1.5	7.98
	总用地面积	34.97	总建筑面积	29.54
A+B 总道路		38.63	—	—
C	住宅（不含安置区）	71.27	1.14	81.15
	别墅	23.29	0.6	13.97
	多层	47.98	1.4	67.17
	商业及公共建筑配套	6.77	1.8	12.19
	学校	6.27	1.5	9.41
	道路	7.09	—	—
	总用地面积	91.4	总建筑面积	102.74
D	住宅	53.33	0.98	52.04
	别墅	28.28	0.6	16.97
	多层	25.05	1.4	35.07
	配套服务	5.17	1.8	9.31
	学校	5.02	1.5	7.53
	道路	8.67	—	—
	总用地面积	72.19	总建筑面积	68.88
E	住宅	63.71	1.54	98.27
	别墅	24.52	0.6	14.71
	多层	13.11	1.4	18.35
	高层	26.08	2.5	65.20
	配套服务	9.05	1.8	16.29
	学校	6.66	1.5	9.99
	公共绿地	2.95	—	—

（续）

编号	用地类型	占地/万 m²	容积率	建筑面积/万 m²
E	道路	9.73	—	—
	总用地面积	92.05	总建筑面积	124.55
F	高尔夫	76.69	—	—
	高尔夫别墅	26.73	0.6	16.04
	酒店会所配套	6.94	1.8	12.49
	总用地面积	110.36	总建筑面积	28.53
G	滨水酒店	7.92	1.8	14.26
H	水上运动俱乐部	2.78	1.8	5
I	湿地	34.78	—	—

（3）关于地块用地指标数据变动说明。

1）我司的地块编码与开朴设计公司大致相同，但个别地块的包含范围有少许出入，主要是：我司的 B 地块不包含滨水酒店（另编码 G 地块）；C 地块不包含安置区；E 地块不包含湿地公园（另编码 I 地块）；F 地块不包含水上运动俱乐部（另编码 H 地块）。我司的地块编码不仅是为了区分地块的便利，还考虑到区分功能模块的简便。

2）我司在住宅用地面积、建筑面积及所有面积的测算中，不包含安置区，此为与开朴设计公司住宅用地及建筑面积（尤其是 C 地块的相关数据）有出入的部分之一，特此说明。

3）在总建筑面积、容积率的计算中，我司与开朴设计公司有出入。

我司在计算容积率及总占地面积时不包括高尔夫球场、湿地、水上运动俱乐部。

而开朴公司的总建筑面积计算中不包括湿地公园、高尔夫球场，但是计算容积率的总用地面积中包括了湿地公园、高尔夫球场，导致容积率计算结果偏低。故与我司有出入。

2. 各物业分期细化

（1）一期开发物业类型配比见表 5-3-3。

表 5-3-3　一期开发物业类型配比

物业类型	占地面积/Ha	建筑面积/万 m²	物业配比（占总建筑面积）
商业	5.08	9.14	19.91%
别墅	37.52	22.51	49.03%
滨水酒店	7.92	14.26	31.06%
总计	50.52	45.91	100%

（2）二期开发物业类型配比见表 5-3-4。

表 5-3-4　二期开发物业类型配比

物业类型	占地面积/Ha	建筑面积/万 m²	物业配比（占总建筑面积）
商业	4.83	8.69	7.78%
高尔夫酒店	6.94	12.49	11.17%
别墅	39.01	23.41	20.95%
多层住宅	47.98	67.17	60.10%
总计	98.76	111.76	100%

(3) 三期开发物业类型配比见表5-3-5。

表5-3-5　三期开发物业类型配比

物业类型	占地面积/Ha	建筑面积/万 m^2	物业配比(占总建筑面积)
商业	2.4	4.32	4.32%
别墅	4.96	2.98	2.98%
多层住宅	33.96	47.54	47.55%
高层住宅	18.05	45.13	45.15%
总计	59.37	99.97	100%

(4) 四期开发物业类型配比见表5-3-6。

表5-3-6　四期开发物业类型配比

物业类型	占地面积/Ha	建筑面积/万 m^2	物业配比(占总建筑面积)
商业	1.55	2.79	2.24%
多层住宅	4.94	6.92	5.56%
高层住宅	45.92	114.8	92.20%
总计	52.41	124.51	100%

(5) 五期开发物业类型配比见表5-3-7。

表5-3-7　五期开发物业类型配比

物业类型	占地面积/Ha	建筑面积/万 m^2	物业配比(占总建筑面积)
别墅	28.28	16.97	29.75%
多层住宅	25.05	35.07	61.48%
水上运动俱乐部	2.78	5.00	8.77%
总计	56.11	57.04	100%

(6) 六期开发物业类型配比见表5-3-8。

表5-3-8　六期开发物业类型配比

物业类型	占地面积/Ha	建筑面积/万 m^2	物业配比(占总建筑面积)
别墅	24.52	14.71	14.97%
多层住宅	13.11	18.35	18.67%
高层住宅	26.08	65.20	66.36%
总计	63.71	98.26	100%

(7) 项目总体物业配比见表5-3-9。

表5-3-9　项目总体物业配比

物业类型	占地面积/Ha	建筑面积/万 m^2	物业配比(占总建筑面积)
商业	13.86	24.94	4.75%
别墅	134.29	80.58	15.35%
多层住宅	125.04	175.05	33.35%
高层住宅	90.05	225.13	42.89%
高尔夫酒店	7.92	14.26	2.72%
水上运动俱乐部	2.78	5.00	0.94%
总计	373.94	524.96	100%

第五部分　交通系统建议

静态交通和动态交通构筑整个交通系统，并且两者相互关联、互相影响。动态交通主要指“人—车—路”三者的结合。静态交通是交通的一种静止形式，主要指停车场、道路标志和其他交通附属设施。

5.1　动态交通建议

本项目的交通系统是整体人车共存、局部人车分流的形式。但是小汽车大量进入住宅区，在给居民生活带来了便利的同时，也产生了诸多的负面影响，如果社区交通环境不能得以有效控制，将会影响到居民的居住环境和生活质量，其主要表现有：挤压公共活动空间；居住区开放绿地受到侵蚀；居民交通安全受到威胁；破坏居住区的空间秩序和景观质量；汽车噪声及废气污染环境等方面。这些都与本项目节能生态低碳环保的设计理念相违背。

另一方面，“以人为本”的人文思想是本项目规划设计的重要理念之一。这就要求在进行道路总体规划以及道路空间设计时，要充分考虑人的行为特点和居民之间的交往习惯，不能一味地将重点放在如何满足汽车的行驶与停放上面。要符合人在道路上活动的特点和活动的多样性需要，塑造道路复合空间。避免出现汽车成为街道的主人，人成为街道生活的附属品。

综合分析，本社区道路设计面临的问题是：

站在城市运营可持续发展的高度，本居住区中哪些原属于社区内部的道路应赋予城市道路的职能，作为城市空间共享？

节能生态低碳环保的理念如何在交通系统中体现？

多层、低层的高档住宅区中人车共存的解决方式？

社区道路空间的设计如何能协调人车关系，恢复社区公共交通空间的活力？

1. 本项目的道路架构建议

本项目社区内道路为五级道路体系——市政道路、居住区级道路、小区级道路、组团级道路、散步道及宅间小径。

（1）一级是市政道路。周边的外环市政道路形成了本项目道路的基本构架。

（2）二级是居住区级道路。居住区级道路是整个居住区内的主要干道。主要包括龙形、凤形两条环线以及中部纵向干线，红线宽度不应小于20m，以两边设置非机动车道及人行道的方式分隔不同交通流线，保证人行、车行的和谐安全。

（3）三级是居住小区级道路。小区级道路在中高档住宅区内日常主要考虑以非机动车与人行交通为主，但是必须预留出应急性交通的功能，如消防车和救护车的通达性，路面宽度6~7m；在高档住宅区内要考虑人车混行的方式，路面宽度8~9m，若出于铺设供热管线的需要，建筑控制线之间的宽度不宜小于14m。

（4）四级是组团级道路。组团级道路是进出组团的主要通道，在中高档住宅区内一般按一条非机动车道和一条自行车道双向计算，路面宽度4~5m；在高档住宅区内路面需加宽至5~6m。

（5）五级是散步道及宅间小径。小区人行散步道是小区内的人行主要脉络。将散步道于组团内设置，宽约1~2m，并设计人性化、完善的步行系统，使居民交流休闲更为方便快捷。

宅间小径宽约1m，主要于组团庭院内及街区次级道路旁设置，建议辅以林木、小品、音乐及座椅，增强休闲功能和曲径通幽的感觉（图5-3-1）。

这些道路的选定一方面是出于周边城市人流、车流出行的便捷通达性考虑，另一方面是体现本居住区内的公共服务区的对外开放性。但是要遵循的基本原则是不能使过多外来交通干扰侵入社区内部，打扰居民生活宁静及安全，尽可能保持组团间的封闭。

2. 设计舒适安全的步行系统

节能生态低碳环保的理念在居住区交通系统中的体现，最好的理想模式莫过于减少汽车的快速行驶，减少尾气排放，以完善宜人的人行交通体系，倡导鼓励居民的步行交通及非机动车交通。

在同等距离的条件下，人们是否愿意步行与步行系统是否方便舒适有很大关系。安全、便捷和光照条件好的人行道，可以鼓励人们步行、近距离活动或自行车外出。

步行交通系统设计应曲折多变且视野开阔、结构布局自由灵活而空间流畅，贯穿于社区内部的各个活动空间。

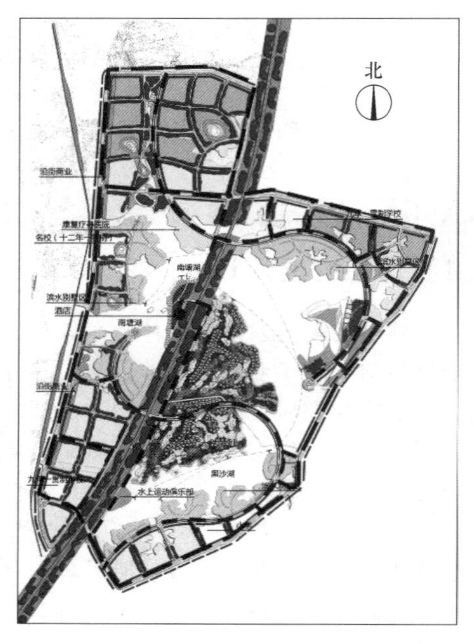

图 5-3-1 本居住区中城市道路示意图

3. 多层、低层的高档物业区人车共存的解决方式

对于高档住宅来说，车入各家各院是最为体贴、人性化的交通方式。但是另一方面，高档物业的居民对于生活质量的要求更高，必须保证高档物业区生活环境的高品质，汽车大量驶入组团的噪声、尾气以及安全问题无疑是令人头疼的干扰因素。汽车的进入有时难免会阻断住宅通向游憩场所的步行交通，形成安全隐患，汽车还会给游憩空间造成非人性化的心理压力和环境污染，使人们不愿意停留。为使高档物业区人车和谐共存，建议考虑采取尽端路与“woonerf”交通模式相结合的方式。

采取树枝状的尽端路插入高档物业组团的宅前，将车辆停放于自家车库或楼宇前的绿化草坪，或者在尽端路的端头开辟出一个小型的绿化地面停车区域，道路上也可以适当安排停车。组团内其余道路通过缩窄道路宽度或者设置水泥墩限制汽车通行。在尽端路之外，是车无法通行的人行空间，限制了车行的范围，尽可能减少汽车对居民生活空间的侵蚀，也为儿童老人预留了安全的休闲空间。

在生活性街道上小汽车使用与儿童游戏之间冲突的解决办法：采用的方法是重新设计街道使两种行为得以共存。通过植被、座椅、花圃等设计来强化环境与视觉效果。行人可以自由地使用全部道路空间，而其平面布置又使得小汽车司机感到似乎是在自家花园内行驶。在行人、儿童游戏、小汽车交通混杂的交通条件下，通过别具匠心的设计，迫使汽车减速，从而使行人安全与环境质量均得到保障。它不仅解决了居住区道路的安全问题，同时通过合乎环境行为学的景观环境设计，重新使街道空间充满人性的魅力（图 5-3-2）。

“woonerf”是一种起源于荷兰的庭院式交通模式，通过采用限制车行道宽度、缩小转弯半径、限制车行道直线段长度，以及在路面设置障碍或标志等措施来限制车速，使车速保持在 12~19km/h。基于对汽车交通的控制，重视街道文化和交往空间，在组织住区交通方面有着其独到之处，是解决人车共存较好的一种模式。“woonerf”鼓励步行和自行车，使得街道为公众所用。恢复街道空间的生活机能，使之更富有活力和人情味，为居民的休憩、日常交往、儿童活动等提供良好环境，美化街景。这种体系曾在欧美国家推广，日本、新加坡等国家也曾效仿。

在设计上一般可以采用以下几种方式：①限制居住区内道路直线段的长度和宽度。②修建道

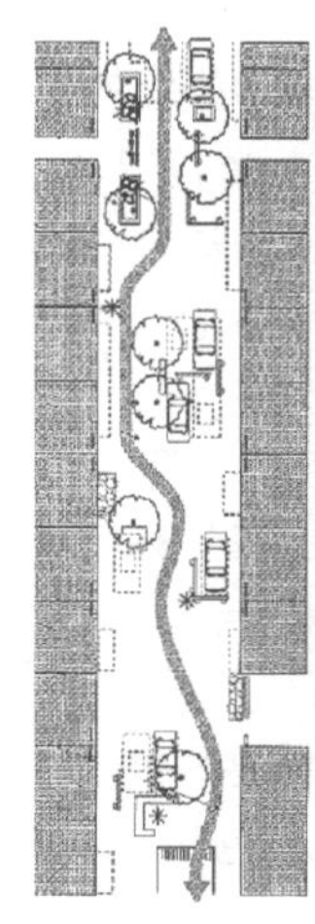

图 5-3-2　“woonerf”实景

路小拱、瓶顶，抬高交叉口平面高度及路面铺装形式，这些方式都可以人为限制车速及车流量，以保证居民的生活安全。

建议在这部分组团中，长于 100m 的车行支路都设计成曲线式或折线式。其中折线式可以直接在一般小区支路上隔一段间距就左右相间设置一些景观小品、树池、花钵等，阻碍车辆全速直行。

4. 道路空间设计

本项目所采用的人车混行模式在解决居住区人、车冲突时，其手段是对道路进行细致的设计，使两种行为得以共存，使各种类型的道路使用者都能公平地使用道路进行活动，以此来改善住区交通环境。研究表明：当汽车速度降低到步行者的速度时，汽车所产生的危害，如交通事故、噪声和振动等也大为减轻。实践证明，对街道的交通采取多弯线型、缩小行车宽度、不同的路面铺砌、路障、驼峰以及各种交通管制手段等技术措施来设计居住区的生活化交通模式，人行与车行是完全可以合道共存的。

（1）车行主干道虽然人车共存，但是人车流线尽量分离。沿车行道左右各辟出 1～2m 宽度的人行道，通过地面铺装颜色、绿化隔离带等办法与车行道显著分开，人车各行其道，平面分流，互不干扰。最常见的就是利用些许高差变化，在车行道两侧利用路牙变化，抬起一个高度，使人行与车行分离。

但这种方式仅限定车行，对人行的限定作用不大。这种人车平面分流也存在以下问题：在实际工程中，因为这种“人车分行”交通基本在同一层面上水平分割，而行人总是选择较短的路径，而不是更安全但更长的路径。除此之外，这种方式也无法满足节约用地、提高空间利用率的要求。

因此在人行道与车行道之间设置密植不易通行的灌木带，可以用来有效界定人行交通。人行道与绿化相邻，以形成饶有趣味的街景。如果将这种方式再做进一步的延伸，还可以通过设计下沉广场、缓步台阶、绿化平台等手法，将人行与车行安排在不同标高的平台上，有效地避免人车交叉相扰。

深圳华侨城社区内的交通道路是采取绿化带分隔、高差变化以及地面铺装差异相结合的方式，在视觉和路面标高上限定交通流线，其人行道采取浅灰色铺装，与红色的自行车道高差十几厘米，而自行车道与机动车道又有密植的绿化分隔，高差半米至 1m 左右，将人车共存的交通系统做得非常人性化。

（2）限制汽车的具体措施。在行人、儿童游戏、小汽车交通混杂的交通条件下，通过改变道路形态和增加人性化设施的设计，如设置减速拱、道路瓶颈、抬高交叉口等方式来限制车速，从而使行人安全与环境质量均得到保障，提供人行、车行、停车、游憩相混合的形式，它能够维护街道的传统特色，成为人们乐于使用的户外活动场所。限制汽车的具体措施有以下三种方法可以参考。

第一种是通过平面上改变道路形态，限制道路直线段的长度和宽度，主要有折线式和曲线式设计，这两种方法在前面高档物业区的交通中已经提到过，在视觉上强调的是一种不连续性，目的也是为了降低车速，使人车混行的道路畅而不通。还有一种就是凸垛设计，或用种植材质和色彩有差异的铺地方法。

第二种是利用冲击效应，使用驼峰和凸条等减速拱以及道路凹凸铺装等迫使汽车减速。

第三种是运用视觉效应，利用凸垛、种植带使车道变窄；或者是彩色铺地、砌块组合铺地，在单行道、交叉口利用色彩与质感的差异引起视觉的注意。

另外在不同功能道路的交叉口、不同交通流线的交汇分流处，注意设置车行障碍墩，防止汽车侵入人行空间。

这些道路空间的设计配合建筑群体及景观的变化，可共同形成丰富多样的空间形态，这种空间景观形态变化的多样性为设计师发挥自己的想象力、创造出宜人的居住环境提供了宽广的发挥余地。

5.2　静态交通建议

1. 车位比建议

建议本项目整体的户数车位比应以1∶1设计，其中包含地下车库及地面停车位。

2. 停车场设计

为了确保商业与住宅的车位的充足，我们建议采用地上与地下停车相结合的方式，以地下停车为主，地上停车为辅。在小高层、高层组团内采取地下停车的方式，但由于地下车库的建设成本较高，不建议盲目做大面积，宜多个组团规模集中建造。地面停车可与绿化园林有机结合，利用植草砖丰富美化停车环境。以下是有关机动车停车场规划设计中的一些原则：

1）机动车停车场内的停车方式应以占地面积小，疏散方便、保证安全为原则。

2）停车场车位指示标，包括吸引外来车辆和本项目业主所属车辆的停车位指示标，都应指示醒目、示意明确。

3）地下车库的出入口应有良好的视野，距离交叉路口须大于80m，停车场内的主要通道宽度不得小于6m。

4）停车位车位指示标大于50个时，出入口不得小于2个；大于500个时，出入口不得少于3个。出入口之间的净距不应小于7m。

（1）地下车库设计建议。

1）建议一：半地下阳光车库。这种设计可以解决建筑成本、操作成本等问题。这类地下停车场建筑在建筑物底下，但是不完全深埋并封闭在地底，四面都有开口或天窗让光线、空气进入停车场。在地下停车场上部栽植花草，增加绿化面积，形成丰富的空间层次和创造良好通风采光条件的车库。

2）建议二：全地下车库。考虑到芜湖当地的气候条件，设计全地下车库也可以利用阳光中庭进行通风采光，即在车库的较为中心位置设置通风天井，进行绿化种植，即可为车库提供充足的通风采光。或者在设计地下停车场时可开辟封闭的玻璃天窗，既可以让地下场所里活动的人获得天然的光线，又可解决冬天气候寒冷对地下车库的影响。

在地表设置地下车库的采光井，丰富了地下车库景观，大大改善地下车库的通风、通气、采光等实际问题。但是另一方面地下车库的采光井不论是做成玻璃金字塔还是天井绿化，都要做好安全防护，防止幼儿在玩耍中发生意外。

（2）地下车库的设计要点。布局上要充分利用地面绿地下部设置停车库，使其使用率最大化。

根据停车库容量越大车道所占比例越小，即停车库的使用效率越高的设计原理，应该尽可能地把地下停车空间集中在一起，以形成整体的停车空间来提高相同面积下的停车数量。采用如下具体方法：利用项目集中绿地进行设置。利用方案中的中央绿地，下部作停车空间，地面则规划成绿化花园，最大程度保证地下停车库空间的完整性。

1）地下停车库的平面布置可以利用边角设置设备用房。要充分利用停车库内无法利用的边角位置，用作机房或者人防的口部建筑等，而把柱网跨度较大且较规整的区域用作停车用途。中央为停车区域，周边为机房等辅助用房。

对本项目而言，业主的车辆主要为中小型轿车。因此建议本项目地下停车库以中型轿车4.9m 长×1.8m 宽×1.8m 高为设计的标准车型尺寸，据此，停车位尺寸应为（5~6）m 长×（2.5~3）m 宽，车库车道的宽度及转弯半径也应据此数据进行设计。

2）地下车库的剖面设计——层高建议值。针对中小型轿车和小型客货车的高度以及人的空间感觉等因素，加上铺设通风、消防设备管道的空间要求，停车库的结构净空应在 2.8m 以上，加上普通 8m 跨距的结构层厚度 0.7m，地下停车库的层高约在 3.5m 以上。

地下车库的剖面设计要处理好不同的层高要求。地下停车库要与各种机房结合在一起进行设计，变配电、空调机房的净高要求一般都在 4m 以上，两种不同层高要求的功能部分必须合理地利用地下空间。建议：提高车库部分的地面标高，降低机房部分标高，这种情况必须做好机房给水排水构造措施。

3）地下车库与人防工程的结合。根据经验，完全建成人防工程是不便于停车的，因为防爆的要求使得人防地下室是一个封闭的空间，室外的汽车就无法进入其中。为解决此问题，争取建筑空间的利润最大化，建议把人防工程的一部分（一般是人防室的一部分外墙）待建，平时留作汽车的通道，而把人防工程的一些核心部分在初期就建成。这样战前只需封堵未完成的防爆墙，便可在极短的时间内完成从地下停车库到人防工程的转换。

（3）地面绿化停车场设计。

1）传统停车位。传统停车位为混凝土、花岗石等硬质地面形式。优点是停车比较方便，缺点是占地多，不能计算绿地面积。地面受太阳辐射反射强度较大，特别是在高温夏季，车内温度可达 60~70℃。

2）植草砖（植草格）停车位。用混凝土或塑料结合植草砖作为地面的停车位。优点是植草部分可以吸收太阳的热能，地面太阳辐射强度较传统停车位弱，并且可计入 20%的绿地面积，即每个停车位可计算 $18m^2$×20%的绿地。缺点是植草砖的植物因土壤较少，若水分再供给不足，易死亡。另外，因土壤疏松的因素，容易使女士的高跟鞋后跟陷入植草格中。

3）轮压式停车位。这种停车位充分考虑汽车的左右轮距，将其十分人性化地融入绿地景观中。优点是首先解决了大面积硬质铺装上太阳辐射的反射，车轮的位置下是硬地，而车身底盘下和周围全都是绿地，车位可以全部计入绿地面积。在设计时甚至还可将 1.2m 宽的硬地在绿地内延伸，形成园路。缺点是其与周围环境融为一体，开始使用时居住者不易识别，且不习惯。

4）花境式停车位。花境式停车位是将停车位与花境、园路结合起来设计的一种停车位。停车位两侧是花境，用多种彩色植物和花境植物组成层次丰富的花境，停车位入口是一条园路，并且可以作为延伸的循环式园路。利用花境式停车位不失为绿地与停车泊位结合设计的范例，既不破坏绿地，又能很好地利用空间。可以在花园洋房的宅间绿地或者别墅的庭院绿化中采用。

5）花架式停车位。将花架的景观效果与停车位有机地结合在一起，把花架设计成美观别致的生态式园林小品，既具有遮阴效果供人休息，又可利用花架的立体空间作为停车泊位。

各种停车泊位比较分析见表5-3-10。

表5-3-10　各种停车泊位比较分析

停车位类型	占有绿地面积	景观效果	造价/泊位	其他
传统式停车位	$18m^2$	不好	550~1000元	太阳反射大、暴晒、易发现停车位
植草砖停车位	$18/5m^2$	一般	800~1000元	易陷鞋后跟、易发现停车位
轮压式停车位	不占绿地	好	1200~1500元	不易发现，需指示牌说明
花境式停车位	不占绿地	很好	1500~2500元	不易发现，需指示牌说明
花架式停车位	不占绿地、不占建筑面积指标	与园林小品结合、景观丰富	1万~1.5万元	易发现，需专门设计配合完成、遮阴效果好

有一种折中办法是可以运用普通道路实面砖配合草坪铺设停车位，一样可以丰富空间景观，又可以实现停车的功能。

而轮压式停车位和花境式停车位不占绿地面积，造价适中，且能达到一定的景观效果。花架式停车位不占绿地面积和建筑面积指标，遮阴、景观效果好，但其造价高。这三种停车位设计都可以在不同组团中酌情考虑混合选用。

3. 人性化交通标志及其他交通附属设施建议

（1）设立人性化的、详尽的交通导示系统。在交叉路口设立社区导示牌，指明各方向的主要建筑和功能分区，方便陌生访客便捷地知道整个小区的布局。同时要设立道路上的安全提示标识牌、路面上铺装的交通导示等。

同时也要注意园林景观的导示系统，重要的园林景观、建筑小品都应该设立景观导示系统，不仅可以彰显出开发商的文化素养，也可以陶冶小区业主的审美情趣。

（2）自行车停车位设置。出于鼓励环保低碳的生态交通方式的理念，应当在交通设置中考虑自行车、电动车、摩托车这类非机动车交通工具的停放问题。建议适当设置一小部分自行车棚和车架，为社区居民悉心考虑生活细节，体现本社区环保生态低碳节能的理念。

第六部分　建筑设计建议

本项目产品类型主要包括：独栋别墅、联排别墅、叠拼别墅、花园洋房、多层、小高层、高层、公共建筑等。根据本项目的建筑风格定位，我们的建筑风格应该是多样化与多风格并存的“欧陆建筑博览会”。特别是高档物业，应以组团为单位，展示多种建筑风格，汲取欧洲建筑精髓，酝酿各种异域风情，打造一场豪华的视觉盛宴。

在实际应用中，我们不应完全照搬各种风格的所有元素，而应对其进行简化、修改，注入现代元素特征，使之符合中国消费者的需求。

6.1　各产品建筑设计建议

1. 小高层、高层建筑设计要点

(1) 小高层、高层采用现代风格，现代风格建筑应体现健康、时尚、清新、明快、积极向上的精神风貌。强调建筑的经济性和实用性，积极采用新材料、新结构，并在建筑设计中发挥新材料、新结构的特性。坚决摆脱过时的建筑样式，放手创造新的建筑风格。通过简洁的处理手法，从而在建筑外观上获得新的视觉效果。

(2) 小高层、高层建筑应尽量采用南北通透的设计，多采用一梯两户、一梯三户、两梯五户、两梯六户设计。

(3) 色彩。我们建议用灰白色、赭黄色等柔和的颜色，应淡雅不宜过于浓重，同时也比较容易与高档物业的欧陆风格搭配。色彩的选用应充分考虑建筑特色与项目其他建筑的协调及目标消费群的喜好。本项目中的高档物业风格多样，但大多都为暖色调。针对消费者的接受心理，并与高档物业的风格相呼应，小高层、高层选择的颜色不宜过多，一般2~3种为好。同时要尽量使颜色调和，其中包括色调、明度和彩度的调和。

2. 独栋、联排、叠拼等别墅物业

别墅物业主要分布在自然资源较为丰富的区域，在设计中要以具有最好的景观资源为重点。设计要点为：

1) 别墅是本项目的高档产品，在立面设计上要新颖别致，突出其档次感，与市场同类产品形成差异。

2) 突出各组团自身风情，强化组团风格特点。如各欧陆风格典型特征的强调与打造，外墙细节的雕琢。

3) 通过露台、屋檐、阳台、窗等细部设计使其具有分明的层次感；通过这种空间层次的转变，使立面不致单一和呆板。

一期产品建议以西班牙风格为主，总体考虑是：

1) 西班牙风格比较贴近市场需求，有较浓厚的欧陆风情。

2) 市场对西班牙风格的接受度较高。

3) 在所有的欧陆风格里面，西班牙风格是比较朴实的一种，在投入成本方面较为理想。

4) 西班牙风格比较容易通过外廊、露台、退台等形式形成凸凹虚实阴影变化，营造出非常优美的变化曲线。

目前芜湖市场上已经有一些西班牙风格的建筑（芜湖碧桂园、东部星城），但都做得比较一般、平庸。本项目要通过创新的设计、新颖的布局以及一些细节的处理，真正地把西班牙风格的浓郁异域风情释放出来，在实景营销体验中真正打动消费者。本项目可以在门廊上适量采用一些石材、基座使用石料等，提升我们的档次，但不宜过多增加造价成本。

3. 花园洋房和多层

花园洋房、多层是本项目重要组成部分，主要承担了别墅等高档物业与高层、小高层的衔接、过渡，其设计要点如下。

1) 采用三段式的结构。新古典主义，西班牙风格等都有典型的三段式结构，上中下大多有明显的色彩分段。

2) 在花园洋房的立面上巧设露台，利用露台营造层层退台的视觉效果。一方面能够增强外立面的变化曲线，提升美感；另一方面露台算作赠送面积也能成为一大卖点，层层退台也能让客户拥有更好的景观视野，从而将花园洋房与普通多层更明显地区分开来。

3）多层立面上的具体建筑符号不必过多，有异域风情即可，即所谓简欧风格。

4. 公共建筑

（1）商业建筑。商业建筑总体以现代风格为主。居住区级商业中心、小区级商业中心在设计时应将其噪声和气味对周围环境的影响减至最低程度，设计上需要考虑到不同功能区的有效划分。如金都檀宫的花木城大市场，服装、建材、肉菜市场等没有很好地分开布置，导致整体环境较差，我们当引以为戒。

商业街设计要点：

1）采取沿街两层商铺的规划布局。

2）要求框架结构，一层层高不低于4.5m，二层层高不低于2.8m。每个商铺的标准商业面积建议为40~60m^2，可以根据实际需要自由组合。

3）处于一期的路段采用西班牙风格，与一期建筑风格相辅相成。

4）要注意商业街休闲空间的营造。可以利用部分建筑退让，营造一定尺度的小型公共空间，以供游客休息或品茶，同时也可营造一种温馨宜人的商业气氛。

（2）营销中心。营销中心是项目形象展示的关键点，将有效承载外界对整个项目的形象感受。一期营销中心建议设置在项目西侧的风情商业街上，由打通的商铺组成，在社区配套还不完善的情况下，这里的展示面最好。后期建议营销中心移至滨水酒店内。

（3）医疗、教育及其他。根据我们的建筑风格定位，医疗、教育及其他公共建筑都采用现代风格，以起到跟各个组团不同风格的串联、点缀、搭配效果。

6.2　各建筑风格要素设计

1. 现代风格

（1）立面。现代风格的立面简洁明快，但是并不代表着简单。在实际设计过程中现代风格的外立面往往容易缺少特色、线条单一。可以考虑在顶部做成一定的高差起伏，局部配以少量的铝板、钢结构、装饰性木构架和玻璃雨篷等现代装饰材料，利用空调机位、窗口、阳台等功能要素，做一些修饰性的建筑符号，使建筑立面既有韵律的重复，又有体块的穿插，以求给外立面带来一点变化和灵气。

（2）顶部处理。在采用平顶时，要结合屋面斜窗、屋顶部分装饰构件等形成曲折变化、层次分明的顶部线条。但装饰构件等面积不宜过大，以免给建筑戴上“大帽子”，影响美观。

（3）阳台设计。阳台的设计对于建筑立面来说比较关键，许多楼盘立面的成功很大程度上是阳台的设计新颖。现代风格强调的是立面的简洁、时尚、清新、明快，因此我们在阳台的设置上要呼应该种风格，设置弧形阳台或其他造型简洁的阳台，增加立面的线条感。

（4）单元入口。对于本项目而言，小高层与高层建筑风格若采用现代风格，单元入口要与之相协调，建议采用简洁的智能玻璃门作为入口。既可以与简洁的现代风格相符，又可以彰显业主现代时尚的生活品位。

另外要注意的就是，入口设置一定要做到人性化，尽量为残疾人、老年人等出行的方便性考虑。

2. 欧陆风格

（1）色彩。欧陆各种建筑风格基本上在色彩方面都有自己的鲜明特色，在实际设计过程中我们要充分尊重这一点。在具体处理的过程中可以通过适度的调和以达到更好的展示效果。

（2）顶部。屋顶设置成坡屋顶，用材以陶制瓦或琉璃瓦为主，坡屋顶隔热效果显著，造型美观、个性鲜明，较为适合别墅、花园洋房等楼层较低的建筑，结合屋面斜窗、屋顶部分装饰构件等形成曲折变化、层次分明的顶部线条。

（3）烟囱、塔楼。烟囱、塔楼都是很多欧陆风格建筑的典型特色，是占领了房屋“制高点”的元素，也是体现建筑外立面形象的一个重要组成部分。塔楼还可以设计成八角窗，增加户型亮点。烟囱、塔楼的外形设计应该尽量避免式样单一，而突出各自特色。

（4）门廊与柱廊。门廊是集休息、雨篷和室内外转换等功能于一身的空间，实现建筑物室内外不同功能的联结，是高档住宅的“门面”。门廊与柱廊是欧陆风格的重要组成部分，设计的好坏直接影响建筑的档次感。本项目风格多样，每种风格的门廊与柱廊设置应该都有自己的特色。

另外一点必须要强调的就是，各种风格的入口、门，包括入户门、花园门等，在样式、特色上可以做得各具特点，但是尺寸要相对一致。否则在施工的时候，不同尺寸的门就必须要分开定做，而不是成批购买，所需成本将会大大地提高，生产时间也将更长。

（5）基座。基座用材要从牢固的角度考虑，反映到立面上的表现一般是体现大气、厚重的感觉，可以考虑使用毛石，成本较低，且具有自然感。

（6）阳台、露台、栏杆。本项目采用欧陆风格的基本为高档物业，在阳台设计上应以开放式的观景阳台为主。立面上采用各种风格相应的风情阳台，营造一种柔和、内敛、尊贵的生活氛围。露台也是别墅物业的一个重要组成部分，合理设计露台将会为客户的户外生活休闲带来更多的舒适便利性，精心的露台设计配上适当的绿化将营造出丰富的生活氛围。同时通过黑色铁艺栏杆、花卉的装饰，使得立面看起来更加美观、生动。

（7）窗。欧陆风格的窗户设计大都有自己的特色，如西班牙建筑风格中常常采用长窗，意大利风格常采用比较窄小的窗户，法式风格屋顶一般都会有精致的老虎窗，英式风格的窗户常常分割成很多个小网格状。

但是这些窗户构造大多不符合我国居民的生活需求，建议在保留各风格自身优点的基础上，采用外飘窗、凸窗、八角窗，其设计不仅可以使立面丰富又可给户型增加亮点。但在设计过程中要注意技巧，若设计不当便会影响建筑整体的美观，可以考虑将凸出部分修整成弧形，线条和缓优美，并加上一定的修饰，以达到锦上添花的效果。

（8）空调机位。空调机位处理不当极易在建筑外立面上留下一个个污点，裸露的空调机更会严重影响外立面的美观。本项目在建筑设计中应考虑到空调机位的设置，可以利用百叶窗等进行遮挡。

第七部分 园林景观设计建议

7.1 整体定位

“立足生态节能，多主题园林，五级绿化”——在整个项目园林景观的规划建设过程中，必须根据本项目的整体形象立意定位与园林景观定位来进行，注意突出表现“节能”“生态”与“环保”等核心概念要点。每个不同风格的建筑组团选定与其风格相应的园林景观风格主题相适应，再根据园林景观主题选择相应的植物、园林建筑景观种类、雕塑小品种类等，通过其内在的韵味与外在的色和形，充分展现不同园林景观风格的特色。

7.2 重要景观节点设计建议

园林景观设计总原则：注意结合项目地块的原有自然景观资源，对地块进行保护性的生态开发。同时，还要注意对各种园林景观风格的组成元素做适当变化而不完全照搬，以迎合并引导消费者的品位。营造健康、养生、休闲的高档交流活动空间，创造全新的生活理念，建造出一个生态环保、以人为本的园林体系。

1. 龙凤主景观轴

(1) 设计原则。根据其现代风格园林景观的定位，通过融合一系列现代与传统的造园手法，以或抽象，或具体，或简洁，或流畅，或明快的表现形式进行平面布局的设计与空间组织。需要注意的是龙凤主景观轴与其所经过的景观节点的协调性与过渡的自然性。另外，在选择花树种类时，要注意讲究花和树的观花、观叶、观果特点，以达到四季有景的效果。

(2) 龙凤主景观轴的构建如图5-3-3所示。

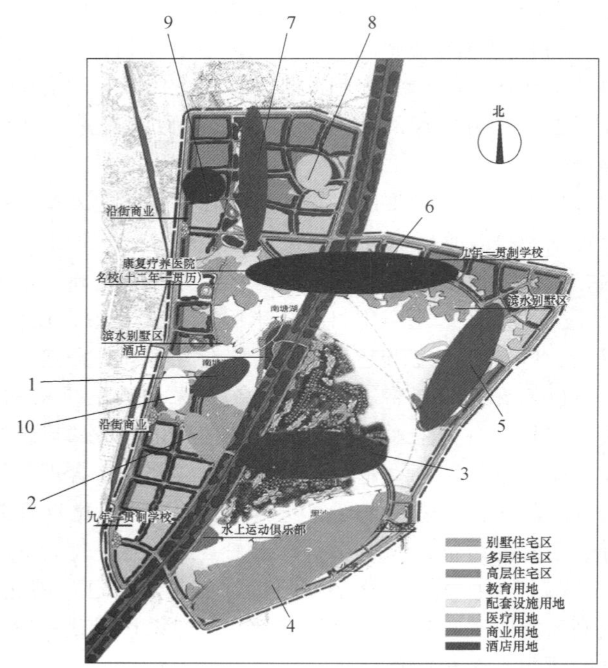

图5-3-3　龙凤主景观轴的构建

1—龙头半岛　2—龙颈部位　3—龙躯干部分
4—龙尾部位　5—凤头部位　6—凤身部位
7—凤尾部位　8、9、10—山体景观

1) 龙形主景观轴。龙形主景观轴分为四段景观节点，包括节点1——龙头半岛，节点2——龙颈部位，节点3——龙躯干部分，节点4——龙尾部位。

① 龙头半岛。在龙形主景观轴的构建上，龙头半岛是打造其形象的核心部位，重在打造其精神气质。为了彰显独栋别墅组团的独特地位，并保障其安全性、私密性和景观独享性，以营造出龙头半岛与众不同的气质和气势，建议在组团入口设置与别墅建筑风格相匹配的具有欧陆风情的铁艺门，以此把半岛与外界分隔开来。另外，在组团内设置一座与景观风格相衬的小型花坛或者有独特内涵的雕塑小品。

② 龙颈部位。实际上，龙凤主景观轴大部分是行车道路。其园林景观主要由这几个部分构成：行道树、铺地、道路两旁的灌木绿化带和草地绿化带，分布于道路两边的花坛（行道树栽种于花坛中以减少占地面积）或位于道路中间的隔离绿化带等。

建议行道树首选高大粗壮的法国梧桐，备选的是樟树。道路两旁的灌木绿化带选用四季常青的冬青。

③ 龙尾部位。建议在地块南部龙尾部位尽端与市政路交接处设置一座小区次入口广场，它的园林景观风格与龙形景观轴整体保持一致，建议设计成以水为主题的小绿化广场。

2) 凤形主景观轴。

① 凤头部位。凤头部位是湿地公园的组成部分，两者都是现代园林风格景观，因此其规划设计参照湿地公园相应的景观节点规划设计建议进行。

② 凤身部位。凤身部位为了体现“凤”的颜色绚丽多彩，建议把行道树的树种改为红叶。它的学名为黄栌，是观赏树木，主要看叶。樟树是四季常绿的树种。考虑到冬季的时候红叶早已经凋零完毕，樟树的绿色此时就将会成为“凤”形景观轴的主色调，确保了园林景观四季的可

观赏性。因此，建议把这两个树种作为行道树间隔而种。而道路两旁的灌木绿化带则建议选用映山红。这是一种花叶俱美的植物。

③ 凤尾部位。凤尾部位根据园林景观概念的定位，建议结合山体公园进行立体式现代风格的园林景观营造，以增强其层次感、观赏性。

营造山体公园景观时，在保护好原有的景观植被不受破坏的基础上，建议可适量地播种映山红、黄栌和柿子树等一些树叶颜色会在四季的交替中发生明显变化的树种。这样一来可以让山体公园的景观与“凤”形景观轴相互呼应，从高处的山顶一直延伸下来到山脚下的平地处都是一片漫山遍野的色彩斑斓，形成一种壮丽的整体美感；二来可以让“凤”形景观轴的色彩具有多样性，成为名副其实的如凤凰羽毛那样绚丽多彩的美丽景观。

建议在北部景观绿化带与市政路交接处也设置一座以水为主题的入口广场。其规划设计建议可参考南端龙尾部位尽端的入口广场。不过其规模要相对大些。

此广场主要包括一个从南塘湖引来活水的流动水景观，一小段绿化景观走廊，一系列休闲桌椅等景观元素。与水相关的景观可以是一些水生物造型的雕塑作品，如美人鱼造型、蚌壳造型、海螺造型、海豚造型等一些惹人喜欢的动物造型。这些雕塑作品与流动的水系一起构成一幅立体的水景观。考虑到安全问题，水系也不宜太深。

建议通过开挖一组宽 1m 多、深不到半米的活水小溪，把南塘湖中的水引入其中，并贯穿整个北部景观绿化带上的各个景观节点，一直蜿蜒到入口广场。在小溪流经的地方安放一些供人行走的石头以形成小径，适当设置一些别具风味的小桥和休憩的休闲桌椅等。

小溪水系的流向由南向北延伸、蜿蜒。同时，在水系的两旁模仿凤尾羽毛的形状，适当排布栽种一些绿化植物和设置一些可参与性的水景景观。为了营造凤尾的色彩斑斓、四季景观的可观赏性，建议呈带状的绿化带同时栽种几种不同品种、在不同季节观赏不同部位（比如花、果、叶等）的灌木类植物。每个植物品种作为一小段绿化段，将所有绿化段组合、连接起来就形成了一扇栩栩如生的凤尾。

在位于南塘湖的一端，建议设置一段沿湖岸而走的亲水栈道，这样可以更能突出“水”这个主题。

2. 高尔夫球场景观

（1）设计原则。要彻底地贯彻本项目“生态、节能、低碳、环保”的核心理念，并在此基础上表现出高尔夫球场景观应有的效果。

（2）高尔夫球场入口。高尔夫球场景观是本项目整体形象对外展示的窗口之一，对项目整体形象档次的提升起着至关重要的作用，而球场入口则是球场给人的第一感官印象的点睛之处。建议采用欧陆风格的入口设计，突出强调大气、豪华、庄重的特点。

（3）高尔夫球场内部景观。

3. 湿地公园景观

（1）设计原则。湿地公园景观体系的构建重在体现“生态、环保”的理念。主要进行原生态式的开发建设，即只在其中增加一些湿地公园必要的基础设施，不做任何大规模人工痕迹的开发。

（2）湿地公园的构建。为了实现人们亲近自然的想法，建议设置一些亲水平台或者滨水栈道。为了体现公园的文化内涵丰富性，可设置一些不同造型、有不同背景故事的小桥。为了让公园实现寓教于玩、寓乐于玩的功能，还可以合理设置一些小型鸟类观测站和观景台等。

1）公园出入口。建议在湿地公园与市政道路连接的地方设置出入口，在入口处设置一座带有公园名称的主题式大门，既要简约又要能够突出湿地公园的主题，以此表现“生态和环保”

的理念。

2）道路、滨水栈道与桥。

① 道路：为了实现保护性开发湿地公园的理念和尽量节省建设成本的目标，其道路建议用实地铺设的道路与架空的栈道相结合的方式建设，宽度在 2m 以内。在地势比较低洼的地方设置架空式栈道，在地势相对高的地方则以水泥铺设道路。

② 滨水栈道：建议在不干扰鸟类集中活动栖息的沿湖水岸合理设立几段滨水栈道，宽度在 2m 以内，并与公园内的道路联通。

③ 桥：为了丰富湿地公园的景观与文化内涵，一座座拥有不同故事背景的桥是不可缺少的。在湿地公园内的沟壑与水洼之上，架设造型各异而又有不同故事背景和名字的小桥，并与公园道路网衔接，形成一个完整的湿地公园交通网。

3）观鸟台和观景台。观鸟台和观景台是湿地公园必不可少的组成部分。一来可以使参观者能够很方便地找到最佳的观测场所；二来可以把参观者对鸟类的干扰程度降到最低，最大限度地实现人与自然的和谐共存。

建议把观鸟台和观景台合二为一，这样可以节约建设成本。但应该把观鸟台和观景台各自的功能完善并合理分区。如一端是观鸟台，另一端就是观景台，以免景观游览者干扰观鸟爱好者的活动。另外还可以适当设置一些独立的观景台。通过架空式的宽不到 2m 的栈道把它们连接起来，形成一个湿地公园的观景路线网络。

7.3 其他景观节点设计建议

1. 组团的入口设计

重点考虑一期组团的入口广场。建议设计一座与本项目形象立意有密切联系的具有象征意义的雕塑或建筑造型，并配置相关主题的建筑装饰小品，以形成一个独特的入口广场景观。

由于本项目一期组团的建筑风格为西班牙风格，因此入口广场的设计采用西班牙风格，以使组团的建筑风格和园林风格协调一致。

2. 湖岸景观的营造

本项目仅湖水面积就超过 4000 亩，是营造园林景观的宝贵资源。另一个无法回避的客观问题，就是本项目湖岸线极其蜿蜒曲折，并且经过的物业类别不尽相同。因此，建议湖岸景观的营造应根据每段湖岸所经过的物业类别的相应景观风格特色来进行。大致分为如下几种：

（1）别墅物业湖岸景观。本项目的绝大多数湖岸都为别墅物业所占据。营造此处湖岸景观一定要注意与别墅物业整体的园林景观协调、吻合。建议在沿岸设置相应风格特点的安全护栏，休闲桌椅，甚至一些亲水平台，如伸入水中的小栈道、台阶等。沿湖岸的驳岸地带则种植低矮的花丛和灌木丛绿化，并用大小适中的石头把驳岸砌好。

（2）高尔夫湖岸景观。高尔夫湖岸景观为了实现景观的丰富性和多样性，在不同地段的湖岸做不同的绿化构建。比如在有别墅沿岸分布的地段，就尽量做得美观而具有层次感。可以根据所在地段物业的园林风格特色，沿岸有选择地种上一些观赏性乔木、灌木和草皮作为绿化带。在绿化带不靠湖的一侧再设置散步道和健身道，并适当布置一些休闲桌椅和可参与性的雕塑小品或其他设施，如小喷泉，伸入水中的小栈道、小码头、台阶等。在没有别墅物业分布的湖岸地段，其岸坡地带的绿化和球场地面一样，只铺种草皮而不做其他绿化建设。

（3）湿地公园湖岸景观。湿地公园湖岸景观的营造本着“环保、生态”的理念，不再予以任何人工痕迹的建设。但是，在湖岸建设有滨水栈道的地方一定要设置相应的安全护栏，并在显眼处设置安全提示铭牌。

（4）其他湖岸景观。一般物业和康复疗养医院的湖岸景观可以营造得相对简单而又美观。比如沿湖岸栽种一些不会长得很高的乔木或者灌木，以免影响湖岸物业的景观视野；驳岸地带则种植一些草作绿化；适当设置一些散步道或者健身道，靠湖一边就增设一段结构简洁而又美观的安全栏杆，在栏杆内侧适当增添一些休闲桌椅。

经过酒店物业的湖岸则沿湖设置一段滨水栈道走廊，设置一些具有酒店特色和功能的休闲桌椅等设施，供顾客在此消遣。既能增加酒店的使用空间，又能最大化地利用湖景资源，一举两得。

（5）湖心岛景观的构建。湖心岛在整个园林景观体系中地位特殊，是其四周景观走廊的向心点所在。它四周远离湖岸，独处于龙头半岛不远处，犹如古代传说中龙口所含之珠。为营造一种向心驱动的态势，建议四周所有能看到湖心岛的建筑组团园林景观轴都朝向这颗“龙珠”。

在湖心岛的景观构造上，建议在岛中做一座亭，并配置一些桌椅等休闲设施。在岛的四周设置供人登岛用的小码头、栈道和亲水的台阶等便利设施。在沿岛的岸边栽种以赏叶为主的乔木，再配以一个能把岛围绕一圈的既能赏花又能赏叶的灌木绿化带。这样的景观既有层次感，又能四季有景可赏。

3. 组团内部空间的营造

（1）组团内绿地景观的营造。组团内部的绿地景观，其功能重在环境的美化，为组团内的业主提供一个休闲娱乐、邻里交流的空间。其景观组成应当具有丰富而又有层次感的特点，还应注意具有可参与性。

建议根据每个组团的园林景观风格设定相应的与水有关的景观主题，因为大多数人都喜欢亲近水。特别是炎热的夏天，可参与性的水景园林就是大人与小孩活动的好去处。这些水设施可以是小假山跌水，可以是小喷泉水柱，可以是流动的溪流水系等不一而足。在水景的周边再配备一些供人休憩和娱乐的桌椅、散步道、健身道和绿化植物等景观元素形成一个完整的组团内部景观。

（2）屋顶花园的营造。屋顶花园是体现本项目“生态、节能、低碳、环保”等理念的重要节点。它除了具有基本的美化功能之外，还具有节能生态环保、休闲娱乐、增强邻里交流等功能。

7.4　景观元素设计建议

1. 文化墙

由于本项目采用了多种建筑风格和园林景观风格，在每个不同风格的建筑组团的入口处应设置一堵介绍相关文化背景的文化墙，既能增添项目的文化氛围，又能介绍一些相关的知识，一举两得。

2. 休闲设施

社区内各景观节点的周边一定要设置适量的休闲座椅或石桌石椅，更有助于聚集人气。注意供人休息的座椅要沿园林的边缘设置，因为人们总是习惯于在公共活动空间的边缘休憩，以便于向最大的空间展开视线领域。座椅最好设置在可以遮阴的位置，这样更具人性化。

3. 温馨提示

以人为本，人性化的服务将会在这些温馨提示中得到体现。

4. 植物铭牌

本项目采用多种园林景观风格，将会选用大量不同种类的花草树木，对于多数人来说这些植物的名称及用途是陌生的。可利用社区中的一角对花草逐一介绍，此举既能增加植物景观的参与性，增添项目的文化气息，提升园林景观的文化形象，又能寓学习于游赏之中。

5. 无障碍通道

不仅要考虑残障人士、老人、孕妇、儿童等弱势群体生活的便利性，还要考虑普通业主日常生活的安全性。比如在阶梯边缘划上黄色防滑警示线、出入口的感应自动门、在有高差处设置无障碍坡道等。

6. 园林小径及散步道

在园林小径的铺设上要体现趣味性和人性化。对地面要细致地布置草坪、植物及铺装；在小径的延伸方向及铺设布置方面，甚至可以先让人们在草地上自由地随意行走，等在草地上面留下了清晰的足迹形成路径之后，再根据已有的路径去铺设。这样铺设出来的小径能够体现出大多数人的意愿，实现园林小径的铺设合理化、最优化。

散步道是除主要人行景观大道以外的纯人行的道路，主要分布在小区内部，一般宽约1m。

部分散步道可设置为健康步道，即在散步道上铺鹅卵石、小碎石，人赤足走过可以按摩足底穴位达到健身康体之目的。

7. 可参与性景观装饰小品

园林景观装饰小品包括绿色构件、雕塑、垃圾箱、路灯等一些起装饰作用的物件。它们作为园林景观的点缀，在园林的整体打造中甚至起着画龙点睛的作用。精致、生动的小品能够突出园林景观节点的主题，也可以增添园林景观节点的文化内涵，将主题诠释得更加完美。

8. 景观绿墙

项目围墙可采用两种方式设置。一种是采用通透性较好的铁艺围墙，围墙上用绿色植物或攀爬性的花卉铺装。另一种是营造绿篱围墙，通过专项培育攀缘植物将项目外墙设置为自然的绿色植物围墙。这样的围墙将充分体现本项目“生态、节能、低碳、环保”的核心理念。

第八部分　户型设计建议

8.1　设计出发点

“地产万家事，得失尺寸心”。户型设计优秀与否，关系到业主数十年的居住质量，在我们看来尤为重要。“买不买房看环境，掏不掏钱看户型”，这也是在实践中总结得出的宝贵经验。

从户型设计理念和发展轨迹看，由“同质化产出”到“个性化研究”的产品供给发展趋势，是回应客户需求、与市场对接的最恰当表达。我们在户型设计方面，必须符合舒适性、科技性、区域性、迎合性、前瞻性原则，真正做到“以人为本”，一切从客户居住需要出发。

8.2　户型设计要点

户型设计目标——舒适·便利·超值。

1. 居住的舒适性

户型设计自然采光，通透，方正实用，做到四大光明，七大分区，各个功能空间尺度基本合理、科学。

一套好的户型，尽可能做到每一个房间都间隔方正，少点“金角银边”，谨防多边多角的“钻石房”的出现，如此不仅利于家具摆放，也有利于提高实用面积，增加舒适性，也符合中国人的居住习惯。

（1）“四大光明”。厅、卧、厨、卫，四大功能空间一定要有明窗采光、通风，这是现代生活的必然趋势和发展潮流。一些在设计中依然存在暗卫、暗厨的户型，已经越来越不受市场的欢迎。为消费者提供更舒适、更科学、布局更合理的房子，这是开发商的责任。在引入潮流理念的过程中，开发商也可以树立自身品牌形象，得到消费者的认同。

（2）“七大分区”。按照功能分区的原则，进行动静分区、公私分区、干湿分区、洁污分区、主次分区、内外分区、卫浴分区。这些分区，各有明确的专门使用功能，既有动静的区别，又有小环境的要求。在平面设计上，应正确处理各个功能区的关系，使之使用合理而不相互干扰。

（3）尺度合理。户型的尺度合理与否，评判的标准在于能否真正做到人性化设计，做到从业主的居住便利和客观需要出发。比如，大户型在面积增加的同时是否相应增加了功能空间：工人房、储物间、工作阳台、休闲运动空间等；而小户型单位关注重点在于功能空间使用上的灵活性、舒适性、经济性。

（4）布局科学。户型的设计应尽量做到方正，各功能空间的衔接应科学合理，功能布局要紧凑，走道面积或功能不确定的面积应尽量减少，方正户型进深不大，利于采光、通风。

2. 必须落实节能环保住宅的规范和要求

节能环保住宅的打造要求户型设计必须按照相应的规范和要求进行，体现为通风、采光、节能的设计，以及管道、线路的规划布局。

3. 景观的均好性

本项目内景观资源丰富，除了高档物业沿湖分布，中高档物业也会享受到水景、山景等，在户型设计时，应周全考虑景观的最大化及均好性，入户花园、阳台、窗户设计都要充分考虑观景面。如何延景入室是户型设计时要重点考虑的问题，增加入户花园、阳台、露台、凸窗等创新设计元素，都是增加景观面的常规手法。

4. 注重通风、采光等健康性因素的合理运用

每套住宅的卧室和使用面积在 $10m^2$ 以上的起居室（厅）均应直接采光，且至少应有一间卧室或起居室（厅）具有良好的朝向，能直接获得日照，一般为南向，南偏东或南偏西不可大于 45°。

合理的户型应有 2~3 个朝阳房（厅），3 房的南面宽度应在 10~12m。小高层的进深在 12~14m，高层的进深在 14~16m，采光、通风都应满足基本要求。

5. 创新户型的设计要点

（1）常见复式及错层的设计要点。

1）复式住宅给予住户的空间层次感很强，功能分区也能做得十分到位，其隐秘效果远非平面户型和错层式所能比拟。

2）复式房的室内楼梯是不容忽视的重要内容。户内楼梯宽度不宜小于 80cm，否则不仅行走不方便，家具也难以搬上去。楼梯的位置安排也颇有讲究，一般设于厅堂的角落，以避免占用过多的空间。

3）而“错层式”则是平面户型与复式户型之间的折中主义者。它通过将同一层面中的部分抬高 1m 或半米，从而有效地实现日常生活中所涉及的起居、饮食、休闲、娱乐、社交、学习等活动都可在不同的功能层面上进行，较好地满足了人们对现代家居的需求。

（2）赠送手法补充推荐——N+1、N+2、N+M 户型。

1）两旁的花架销售时不计面积，但业主完全可以封闭改造增加 1 房、2 房乃至 3 房。

2）从现场的毛坯房可以清楚地看到，入户通道的两侧花架，是不计算建筑面积的“赠送部分”，而长长的入户通道也只计算一半面积。

3）现场的样板房将通道的两侧花架，全部铺板隔房，这些在毛坯房可以看到的“花架”无影无踪，连同通道，一并成为堂而皇之的“赠送面积”与“赠送房间”。

4）“N+1，N+2”户型：N 为二房单位、三房单位、四房单位，增加赠送可以隔成一间房或两间房的空间。说白了，就是把其中的一间房，或两间房的外墙打掉，换成栏杆，成为一个进深如同房间的凹阳台；待入伙后，再将栏杆换回外墙，成为房间。

5）“N+M”户型：N 是指建筑的房间面积，M 是指赠送面积。N=1、2、3 房，M=3、4、5 房等。

8.3 各功能分区尺度设计

1. 住宅六大基本功能

一套住宅应具备六大基本功能，即起居、饮食、洗浴、就寝、储藏、工作学习，这些功能根据其开放程度可以大体分为公、私两区；根据其活动特点可以分为动、静两区。

公共区：供起居、会客使用，如客厅、厨房、餐厅、门厅等。

私密区：处理私人事务、睡眠、休息，如卧室、卫生间、书房等。

动区：活动较频繁，有较多的干扰源，如走廊、客厅、厨房等。

静区：要求安静，活动相对比较少，比如卧室、书房。

2. 各功能区的设计尺寸

根据户型面积不同，小户型经济住宅强调基本生活要求；普通型住宅强调主要功能齐全和空间的灵活适应性；豪华型住宅强调创造高质量的生活环境，注重细节突出个性。

（1）卧室、书房。较理想的卧室面积应在 12~15m^2 之间。卧室的使用面积：主卧不应小于 15m^2、双人卧室不应小于 10m^2、单人卧室不应小于 6m^2。

按照卧室的使用定位不同分为主卧、次卧等。主卧室的面宽一般不应小于 3.6m，面积在 15~18m^2，中小套型主卧室的面宽不应小于 3.3m，次卧的面宽不应小于 3m，面积在10~13m^2。

次卧分为父母房、儿童房、客房。儿童房 10m^2 左右完全可以达到舒适。一张宽 1.2m 长 2m 的儿童床、一张书桌、一个衣柜再加上一个小游戏空间，10m^2（2.7m 宽、3.6m 深）的儿童房已足够。

书房面积应在 10~15m^2。有一种作法是把书房设置进主卧中，并设置转角窗户等情景空间，这类书房对面积要求不高，6~10m^2 即可。

工人房或者保姆房的面积为 5~7m^2，尽量做到明窗设计。

（2）客厅。通常情况下，户型的楼型结构基本上已经决定了客厅的尺度。即使是豪宅，客厅的进深不宜超过 12m。一般客厅的使用面积，小套型、中套型不应小于 12m^2，大套型不应小于 15m^2。较理想的客厅面积在 21~30m^2 之间，客厅的开间以 4.5m 为宜，最大不应超过 5m，大户型最小不应小于 4.2m，否则会影响居住者看电视的效果。小户型的开间最小也不应小于 3.6m，过大或过窄都与人们的家居生活规律有冲突。而在通常情况下，进深与开间之比不宜超过 1.5，否则也将会因过于狭长影响使用。从观看电视的人体工程学上研究，客厅以 5m 开间为最佳。

双层挑高客厅的设计，在高档物业里可以提升物业档次，在普通户型中则可以实现赠送一层面积的功效，本案可以多加借鉴。

（3）餐厅。餐厅要求尽量靠近厨房，采光通风要能够得到保证。位置要求相对集中，相对独立，不要变成过道。一些错层户型中，将餐厅和厨房设计在不同层面上，女主人炒菜完毕需要登楼梯才能将菜送到餐桌上，显得很不人性。餐厅和客厅空间宜相对独立，既有关系又有分隔。如独立设计，最好做成明餐厅，净宽度不宜小于 2.4m。

（4）厨房。根据建设部的住宅性能指标体系，3A 级住宅要求厨房面积不小于 8m^2，净宽不小于 2.1m，厨具的可操作面净长不小于 3m；2A 级面积不小于 6m^2，净宽不小于 1.8m，可操作面不小于 2.7m，1A 级则分别是 5m^2、1.8m 和 2.4m。即使是中小户型，面积也不应小于 4.5m^2。

厨房的净宽度单排布置设备的，不应小于 1.5m，双排布置设备的，不应小于 2.1m。流程按洗、切、烧的顺序合理布置。宜配一服务阳台，并设污洗池。灶台的预留位置便于安装抽油烟机。

（5）卫生间。卫生间分区按照洗、卫、浴三个空间各自独立，互不干扰。洗脸池单独在卫生间门口占 $1m^2$ 左右，淋浴器用磨砂玻璃隔断与坐便器分开，实现三种功能可以同时使用。

布局上，卫生间应设在公共使用方便的位置，单卫的户型应该注意接近卧室以方便晚间使用；卫生间门不应直接开向客厅和餐厅，也不宜对着入户门。值得注意的是，为了防止湿气过重影响人体健康，卫生间最好不要和卧室共用一面墙。为了节省投资将设备管线集中设置，因而厨房和卫生间应靠近设置。从面积角度来看，带浴缸的卫生间净宽度不应小于 1.6m，淋浴的净宽度不宜小于 1.2m。

（6）阳台。南北通透的房子应尽可能设计南北双阳台，生活阳台可以放洗衣机、晾晒衣服，观景阳台可以摆放盆栽花草之类。

在一些豪华户型里，对于观景阳台的处理近几年比较流行的方法是设计为双层挑高，高度一般达到 6m，高大、明朗。通过上下错开设计，使得上下两户的业主站在阳台上均可以享受较好的景观视野，各自有两层的空间。而且，按照规定可以赠送一半面积，比较受业主欢迎。

（7）入户花园。入户花园是近年来中高档楼盘户型设计必选的设计元素，代表的是较高的生活品质，是居家生活空间的新突破，增加住户的休闲空间。

一般设置在入户门里的侧边，从数平方米到十几平方米乃至几十平方米，可供业主栽种花草用。在形式上类同于阳台，赠送一半面积。有一些开发商为了增加营销亮点，允许并鼓励住户把入户花园封闭起来，变成一个完整的面积，实现买两房赠送一个小房间，很受欢迎。

（8）露台。露台的设置既能够彰显高档物业的档次，其本身也可以作为赠送面积，提高物业价值。露台可以最大限度地贴近自然，利用露台享受自己的户外空间，体会生活的舒适与惬意。考虑到芜湖当地天气，业主打理的难度较高，此部分面积不宜过多过大。

（9）窗户。外飘窗是户型设计里比较常见的手法，飘窗尺寸从 40~80cm 乃至更大的都有，不过要注意安全防护设施的处理。外飘窗在营销上也可以成为赠送面积的亮点之一，不仅可以增加通风采光面，便于观景，又可计入赠送面积中，受到多数消费者的喜爱，是内赠送的常见手法。

本案户型设计中，考虑到芜湖当地天气，外赠送不如内赠送更贴合实际。因此，对于此类内赠送手法可以多加应用。按实际情况，可设置 180°、270°转角飘窗，既丰富立面变化，亦可借此增加亮点。

（10）功能室。大户型满足住户的各类需求，设置各类功能房提升居住品质。一般健身房、储藏室各占 $4 \sim 5m^2$，这样的面积分配，基本保证了功能的安置，符合当前人们生活使用的需求和习惯。

8.4　户型设计中应注意的其他要点

1. 滞销户型往往出现的设计误区

1）客厅大而不当，对着客厅的门多，无隐蔽空间。

2）客厅的采光口小或采光口凹槽深，使客厅较暗。

3）客厅视野差，窗不应正对墙面。

4）客厅的形状不好或尺度不合理。

5）卫生间或者厨房出现暗房。

6）餐厅面积过小或过大。

7）主卧室的宽度小于3m或面积过小。

8）户内交通线长。

9）卫生间距主卧室远。

10）对着客厅的卫生间无前室。

11）四居室的户型，主卧室不带专用卫生间以及无储蓄空间。

12）功能分区不合理。

13）各功能空间面积比例不当。

2. 赠送面积设计注意事项

1）大凸窗设计会带来诸如外墙保温、外墙渗漏等问题，需要开发商在材料、建筑设计上下功夫。

2）凸阳台和凸入户花园一定要注意进深，太深容易影响房间和下一层的采光，太浅则难以形成围合成圈，喝茶、聊天、打牌的庭院感觉。入户花园应该与户内保持一定高差，否则无法填浮土种花草，不能达到真正花园的效果。

3）退台式大露台，相关的防漏水、外墙保温等需要特别设计，以防止大露台漏水、外墙保温达不到标准等。此外，尽量保证私密性的露台才具有实用性。曾有楼盘由于设计缺陷，楼下露台完全暴露在楼上的视野中，使用起来极不舒适。

4）赠送地下室存在一定争议，按照相关规定半地下室应该属于业主共有空间，如果只送给一楼住户则有可能侵犯了其他业主的合法权益。所以，一定要让律师做一份严密的解释条款。

5）共享梯厅无疑增加了业主对楼梯、过道的使用率，多出部分会为客户节省很多空间，但对电梯的配置要求较高。

3. 别墅户型的设计要求

1）拥有完善而独立的功能分区，各区域之间互不干扰。

2）主、仆流线分离，减少交叉。

3）主人的生活拥有绝对的私密性与舒适性。

4）注重主要生活房间的视觉感受（如主卧、起居厅）。

5）适当考虑双主卧设计，同时注意双主卧间的联系性，或者考虑书房兼做临时主卧的功能。

6）公共活动区域具有宽敞的空间及便利的设施。

7）注重配套房间（如浴室、厨房）的舒适性及景观条件。

8）注重赠送空间的运用。

9）户外空间（如楼电梯、入户门厅）具有专属性。

8.5　各物业户型设计建议

1. 户型配比定位（表5-3-11）

表5-3-11　户型配比定位

户型	面积区间/m^2	户数比(%)	备　注
一房一厅一卫	40~60	5	主要设置在高层、小高层
两房两厅一卫	65~85	15	主要设置在高层、小高层，部分设置在多层
三房两厅一卫	90~110	15	主要设置在小高层和高层，部分设置在多层
三房两厅两卫	100~130	20	主要设置在花园洋房和小高层，部分设置在多层和高层
四房两厅两卫	150~180	15	主要设置在花园洋房，部分设置在小高层和高层
叠拼别墅	200~250	5	—
联排别墅	250~300	10	—
独栋别墅	300~400	15	—

2. 各物业五星设计建议

（1）独栋别墅（3层）见表5-3-12。

表5-3-12　独栋别墅户型建议

户　型	面积/m²	套数比(%)	户型结构
五房两厅三卫	300~350	65	独栋
六房三厅三卫	350~400	35	
平均户型	343	100	—

1）全明设计，户型方正，拥有完善而独立的功能分区，各区域之间互不干扰，注意厨房的上层不应压着卫生间。

2）主卧应注重私密性及享有豪华、舒适、完善的功能空间。主卧设置单独卫生间、衣帽间、独享大露台等。可考虑在主卧内设置书房，也可单独设置书房、娱乐室，面积10~15m²；主卧区内部功能注意动静分区。

3）多做赠送，尤其是凸窗、露台、前庭后院以及客厅的挑高设计、转角窗、入户花园、隐藏式衣柜（鞋柜）等创新赠送手法均尽量应用。

4）整体户型做到满足“大开间、大尺度”的豪华户型设计基本要求，各功能空间尺度应与整体户型面积尺度相应对称，公共活动区域具有宽敞的空间及完善的设施。设置保姆房、储物室等功能房。

5）应设置地下或半地下车库。

（2）联排别墅（3层）见表5-3-13。

表5-3-13　联排别墅户型建议

户　型	面积/m²	套数比(%)	户型结构
四房两厅三卫	250~280	75	四联排、六联排
五房两厅三卫	270~300	25	双拼
平均户型	270	100	—

1）要把握好面宽与进深的比例，做到南北通透，尽可能做大面宽。

2）注意户型内功能合理分区、流线顺畅合理、室内采光最大化，注意上层的卫生间不应压着下层的厨房。

3）可通过设计中空内庭院增加室内采光度，内庭院可与餐厅结合设计，做成观景餐厅。

4）多做户型赠送，比如中空庭院、转角凸窗、露台等。

5）采取退台形式，注意控制露台面积不宜过大。

6）主卧层的面积也不宜过小。

7）应设置地下或半地下车库。

（3）叠拼别墅（4.5层）见表5-3-14。

表5-3-14　叠拼别墅户型建议

户　型	面积/m²	套数比(%)	户型结构
四房两厅两卫	200~240	50	跃层
五房两厅两卫	230~250	50	
平均户型	230	100	—

1）全明设计，户型方正，分区清晰，布局合理，注意上层的卫生间不应压着下层的厨房。

2）合理分割庭院，保证每户享有独立的出入口。

3）露台、飘窗、转角窗、入户花园、隐藏式衣柜（鞋柜）等创新元素均尽量应用。

4）停车位均按照地面停车设置。

（4）花园洋房（4.5层）见表5-3-15。

表5-3-15　花园洋房户型建议

户　　型	面积/m^2	套数比(%)	户型结构
三房两厅两卫	110~140	70	平层
四房两厅两卫	150~180	30	跃层、复式
平均户型	137	100	—

1）全明设计，户型方正，功能分区清晰，布局合理，相比多层或高层户型应强调宽阔、舒适。

2）建议采取退台的形式，丰富室内空间变化，但须控制露台面积。

3）可参考之前叠拼别墅的做法，每层入口相对独立，如考虑成本则可将1~2层入口独立开设，3~5层共用出入口。

4）所有楼层引入露台、飘窗、转角窗、入户花园、隐藏式衣柜（鞋柜）等创新元素，实现户户有赠送，家家有亮点。

5）主卧均设置独立卫生间、衣帽间，140m^2以上户型考虑设置书房、储藏室。顶层复式户型中，客厅可以采用双层挑空的形式。

6）洋房建议采取地面停车的形式。

7）厨房（L型）、餐厅相对集中，便于管线敷设、安装。

8）保证3个房（厅）靠南采光，基本单位开间满足采光通风要求。

（5）多层（6层）见表5-3-16。

表5-3-16　多层建筑户型建议

户型	面积/m^2	套数比(%)	户型结构
两房两厅一卫	75~85	30	平层
三房两厅一卫	100~110	30	平层
三房两厅两卫	110~130	40	平层
平均户型	104	100	—

1）全明设计，户型方正，功能分区清晰，布局合理。

2）引入飘窗、转角窗、入户花园、隐藏式衣柜（鞋柜）等创新元素，实现户户有赠送，家家有亮点。

3）厨房（L型）、餐厅相对集中，便于管线敷设、安装。

4）保证3个房（厅）靠南采光，基本单位开间满足采光通风要求。

5）停车以就近地面停车位和路边停车为主。

（6）小高层、高层见表5-3-17。

表5-3-17　小高层、高层户型建议

户　　型	面积/m^2	套数比(%)	户型结构
一房一厅一卫	40~60	5	平层
两房两厅一卫	65~85	35	平层
三房两厅一卫	90~110	20	平层
三房两厅两卫	100~125	35	平层
四房两厅两卫	150~165	5	复式、跃层
平均户型	96	100	—

1）全明设计，户型方正，分区合理，经济实用。

2）一梯两户、一梯三户、两梯五户、两梯六户，尽量南北向布局，主卧、客厅尽量靠南或景观面设置。

3）小高层、高层公摊较高，在户型创新上多加应用提高得房率。

4）均保证有2~3个朝阳房（厅），设置南北均有阳台，一个为观景阳台，一个为生活阳台，阳台以封闭式为主，考虑气候特征。

5）小高层、高层户型面积大于110m^2时主人房应设置衣帽间，其他功能性空间根据面积大小酌情设置。

6）厨房（L型）、餐厅相对集中，便于管线敷设、安装，各功能分区合理。

7）引入入户花园、飘窗、转角窗、隐藏式衣柜（鞋柜）等创新元素。

8）停车位以地下停车为主，部分就近地面停车。

9）该部分户型设计主要体现“经济、实用、超值”的理念。

8.6　优秀户型推荐

1. 独栋别墅户型推荐

建筑面积336.2m^2，赠送面积110.09m^2。该户型最大的亮点是半地下车库、超大露台等赠送面积的设计非常多，而且赠送的空间实用率很高，可以将6房改为8房，改造的房间面积跟一般卧室无异。其次，这个户型设计中主卧层拥有相当奢华的空间尺度及功能布局，极大满足了主人的品质需求及舒适性。唯一的缺点就是对于整栋别墅的尺度来说，厨房的面积显得略为狭促，本案应引以为戒，豪华独栋别墅的各功能空间尺度应相应对称。

2. 联排别墅户型推荐

万科十七英里的双拼别墅户型，285.58m^2四室三厅一厨三卫。该户型值得本案借鉴的是其独特的住宅流线设计，巧用山地地形的不同标高入户，实际上入户层是2楼。这种独特的流线设计将主卧层和次卧层以公共服务层区隔开来，一来节省了主人通往主卧的交通路线，二来避免了通常主卧设在顶层时使用面积小、尺度难以舒适展开的窘迫，使主卧区功能配置及空间更舒适豪华，三是完全杜绝主卧与次卧之间的干扰，极大保护了主卧的私密性。此外，这个户型的赠送面积非常多。但是有一个缺点就是上、下层卫生间的设计不能做到对应设计，不方便上、下水管道设置。

万科第五园联排别墅户型，三层230m^2三房两厅两庭三卫（有大量赠送）。该户型一层除了前庭之外，在客厅与餐厅之间还围合成一个挑空中庭，不计销售面积，但业主完全可以在一、二层再行改造增加房间，或者设计为室内游泳池、花园之类。一层与二层实现明显的分区，一层主要是餐厅、客厅、厨房、工人房等“动”区，二楼则为卧室、书房等。二层主卧靠南设置，功能齐全，衣帽间、独立卫生间、阳台等增加居住品质。其他房间也尽量照顾了景观视野和采光通风。

在户型设计中，引入内外飘窗、各类阳台，是增加面积、提升景观视野以及满足采光通风要求的通常作法。外凸设计针对窄长户型采光面不足而为，仅仅是空间布局的细微变化，却形成了独具特色的情景空间，无疑给业主居住带来了高品质享受。

3. 花园洋房户型推荐

该户型为6+1花园洋房，交通组织有特色。设计保证每户均有独立出入口，如一层从南面靠边庭院花园中进入，中间两层从南面中间花园进入，五、六层从北面楼梯出入。住户机动车均可在地下室直接停车。该户型采光面充足，景观视野丰富，功能空间布局组织合理。

4. 四房两厅两卫户型推荐

建筑面积 170m²，四室两厅两卫，得房率 82%，该户型最大的亮点在于入户花园的设计，将观景阳台和入户花园直接相连，形成景观回廊。业主进入客厅后可通过落地推拉门进入观景阳台，在景观环廊中享受到生活情趣。这样的设计按照规定还可以赠送一半面积，提高了实际得房率，采光通风性强，更提升了整个户型的档次与居住品质。

166m² 四房两厅两卫花园洋房一层设计。主卧设置豪华，不仅设独立的卫生间，还设置书房；厨房与生活阳台相连，避免油烟进入卧室；房间方正，动静分区明显。

5. 三房两厅户型推荐

该户型为小高层、高层优秀户型，三房两厅两卫。入户花园赠送一半面积，同时也可以入住后让业主自行隔断，增加房间，提高实际得房率。客厅开间 4.7m，客厅与生活阳台相连，增加客厅的观景和采光面，动静分区明显，凸窗的设置使各个卧室有较好的采光与通风。

万科第五园，96m²，三房两厅一卫。该户型设计紧凑、经济，全明设计。满足业主的生活起居基本需求，各功能分区比较合理，扁平户型布局进深浅、开间大，有利于满足通风采光的要求。

万科第五园，106m² 三房两厅两卫，全明设计，户型方正。南北双阳台，客厅与餐厅采光通风均好。三房布局合理、紧凑。整个户型分区明显。主卧靠南设置，凸窗、单独卫生间设计增加了卧室的居住品质。此外，入户采取玄关设计，厨房采用“U”形结构。

6. 两房户型推荐

万科 74.72m² 的两房两厅户型，得房率 84%。该户型南北通透，有生活阳台、独立玄关、分离式卫生间设计，并且卫生间距离卧室较近，卧室都带凸窗，兼顾了可以做到的所有功能空间。

万科小洋房公寓户型，68m² 两房两厅，得房率 88%。该户型南北通透，U 形厨房的设计使用效率更高，四件套分离式卫生间非常人性化，卫生间距离卧室较近，卧室都带凸窗，南北还设计了双露台。面积紧凑，但室内的空间尺度舒适，居住品质较好。

第九部分　节能环保建筑设计

建筑节能的技术途径，主要依靠减少围护结构的散热以及提高供热、制冷系统的热效率两个方面。前者要求加强门窗、外墙、屋顶和地面的保温隔热，后者则要求系统设备合理配套，运行控制调节灵活，并有能量计量装置。

9.1　优化建筑规划设计

在建筑规划阶段，要慎重考虑建筑物的朝向、间距、体型、体量、绿化配置等因素对节能的影响，改善热环境。从节能和热环境考虑，建筑物以南北向为好，避免东西向，主要房间宜设在冬季背风和朝阳的部位，减少围护结构的散热量。要注意建筑间距，使建筑南墙的太阳辐射面积在整个采暖季节中不因其他建筑的遮挡而减少。

9.2　提高围护结构节能的科技含量

建筑物的能耗是由其围护结构的热传导和冷风渗透两方面造成的。试验表明，住宅围护结构的耗热量，要占建筑采暖热耗的 1/3 以上。为降低能耗，要从单项如墙、顶、门、窗等围护结构着手，重视其热工特性，设计中应该找出其经济热阻，同时还必须考虑其围护结构的吸热性和热容性指标。

9.3　墙体节能

一般的单一墙体材料往往难以同时满足保温、隔热要求，因而在节能的前提下，应考虑空心砖墙及其复合墙体技术。复合墙体越来越成为当代节能墙的主流。其一般做法是，用砖或钢筋混凝土作承重墙，并与绝热材料复合，绝热材料主要有岩棉、矿棉、玻璃棉、聚苯乙烯、膨胀珍珠岩、加气混凝土等。复合墙的做法有三种：①内保温，净绝热材料在外墙内侧、施工简易，目前应用较广泛。②外保温，将绝热材料复合在承重墙外侧，这样热稳定性好，可避免冷桥，居住较舒适，但外保温要经得起日晒雨淋和冰冻的侵袭。③中间保温，将绝热材料设在外墙中间，可取得良好的保温性，但要填充密实，避免内部空气对流，并要做好内外墙体间的拉结。

9.4　屋顶节能

屋面的节能措施要点，其一是屋面保温层不宜选用密度较大、导热系数较高的保温材料，以免屋面重量、厚度过大；其二是屋面保温层不宜选用吸水率较大的保温材料，以防屋面进行湿作业时因保温层大量吸水而降低保温效果，如选用吸水率较高的保温材料，屋面上应设置排气孔以排除保温层内不易排出的水分。现在，一些建筑的屋面保温，采用岩棉板保温层代替常规的沥青珍珠岩或水泥沫聚苯板、上铺防水层的正铺法为多，另有一种倒铺法，即聚苯板设在防水层以上，使防水层不直接接受日光暴晒，以延缓老化，但聚苯板应采用挤出法生产的闭孔型，不与屋面黏结，上用压块（卵石或混凝土薄板）固定。近年来坡顶屋面发展较快，这种屋面较便于设置保温层，可顺坡顶内铺钉玻璃棉毡或岩棉花毡，也可在顶棚上铺设上述绝热材料，还可喷、吹或直接铺设玻璃棉、岩棉、膨胀珍珠岩等松散材料作为屋面保温层。

为防止大量辐射热侵入室内，应在屋顶设高效隔热层，这是减少空调耗能的一个重要构造措施。

9.5　采用高效、经济的节能型建材和先进的构造技术

建筑业承担着节约建材生产能源、房屋日常使用能耗的义务和责任。一些轻质墙体材料、屋面材料、门窗材料、保温隔热材料、密封材料等各种节能型建材，能够大量节约建材生产能耗、房屋使用能耗。另外，只要选择好适应当地条件的经济合理的技术，增加4%~7%的建筑造价，可以达到节能30%的效果；增加9%~15%的建筑造价，节能50%的目标也是可以达到的。

9.6　尽可能利用环境能源，减少矿物能的消耗量

建筑节能主要包括两个方面：一是节约，即提高供暖（空调）系统效率和减少建筑本身所散失的能源；二是开发，即开发利用新能源，从环境中获得廉价的自然能源（热能或冷能）。比如使用太阳能采集器，夏季制冷、冬季为室内提供补偿热量，提供热水等。

9.7　对采暖系统及空调系统的节能要求

要从合理规划和选择采暖设备开始，改善采暖供热系统的设计和运行管理，以提高锅炉的运行效率。加强管道的保温，以提高室外管道的输送效率。应积极发展新型绿色能源供热。

从尽可能节省制冷设备用能的角度考虑，最好的方法莫过于不使用制冷或利用通风设备即可降低室内温度，如抑制在室内产生热、促进室内的热吸收、减少热量进入室内、引导热量向室外散失。

第十部分　专业技术要求

10.1　结构设计要求

小区建筑物均按照国家有关规范进行设计。

各建筑物总图及单体设计应符合国家和地方消防、节能和抗震等有关规范的规定。根据不同的建筑类型选择不同的结构形式，前提是要经济、安全。

1. 框架结构

安全系数高、空间划分灵活，但土建成本较高、施工周期会加长。

2. 短肢剪力墙（梁板式）

由于它的墙肢短，给住户提供了多种划分的可能性。

由于它的墙肢短，混凝土用量减少，减轻了结构自重，利于抗震。

土建造价低。

由于采用传统的梁板式结构，若选用中央空调送风，风管的布置较为困难，不利于装修。

10.2　建筑设计

1）单元门：带楼宇对讲系统的防盗保安门。

2）户门：应为三防门，并满足防火规范对防火等级的要求。

3）地下室人防门：应符合人防规范的要求。

4）外窗及阳台门：塑钢、透明玻璃。

5）屋面防水：可选用 SBD 改性沥青，水乳型氯丁胶三布九涂或聚氨酯防水层。

6）地下室外墙防水材料：可选用 SBS 改性沥青防水卷材，水乳型氯丁胶二布六涂或非焦油聚氨酯防水涂料。

7）厨房及卫生间防水：可选用水乳型氯丁胶二布六涂或非焦油聚氨酯防水涂料。

8）屋面保温：120mm 厚憎水珍珠岩板，适当考虑采用一些节能环保屋面新保温材料。

9）外墙采用内或外保温形式。

10）外墙饰面材料：一般采用外墙砖，色彩参照透视效果图，建筑设计图集一般统一选用安徽省建筑设计标准图集，特殊构造做法可以单独设计或选用其他图集。

10.3　给水排水设计要求

1）小区消防系统（消火栓与自喷系统）建一泵站（水泵及水池），放在高层地下室。生活用水系统按供水压力及建筑物高度确立，各分区以 0.4MPa 为依据，低区供水压力 0.4MPa，高区供水压力 0.8MPa，采用无吸程变频恒压供水设备，分高低区供水，生活泵房设于地下室。

2）各卫生间预留电淋浴器用插座，同时与厨房毗邻的卫生间预留用燃气热水器的可能。

3）各给水系统就近设置计量设备，水表选用 IC 卡表。

4）空调冷凝水有组织排放，排至室外散水。

5）室内给水排水管道集中隐藏布置，在满足使用需求的情况下，尽量减少管道，以提高建筑面积的实用率、增强户内空间美观性。

6）卫生洁具在施工图中作好预留孔洞。

7）给水管道立管推荐使用钢材塑复合管，支管可选用 PPR 给水塑料管，排水管道推荐使用排水承插铸铁管。

8）所有厨房均设地漏，所有地漏均选用防返溢塑料地漏。

9）给水排水管道进出口位置及方向见甲方提供的市政管网条件。

10）采用先进节能和可靠的给水系统。

11）集中设置太阳能供热供暖系统。

12）考虑洗衣机位设计（机位可在阳台）和家庭清洁给水排水需要。

13）建筑立面尽量避免外露管道，注意外立面的美观。

10.4　电气及电信设计要求

1. 强电

1）每户用电容量：根据国家康居示范工程要求，每户用电量可按6kW考虑，所有户型均为IC卡电表，且设于户外。

2）户内各插座回路应设漏电开关，卫生间内设等电位接地端子，插座一般0.3m暗装（卫生间、厨房、空调插座除外），空调插座在预留时必须和预留空调机位置一致，这一点必须和暖通专业配合。

3）各户内每房间至少应设两个插座，面积大于30m^2的房间应酌情增加。

4）户内各空调回路、卫生间回路（电淋浴器）插座应分回路设计（线径至少按4mm^2考虑），照明回路2.5mm^2线径，采用BV-500导线穿钢管暗设。

5）整个小区在作负荷计算时要考虑到道路照明及室外泛光，环境照明的容量，在作外网设计时要作道路照明设计。

2. 弱电

小区各户应设有的系统：设计单位在作设计时仅作消防报警系统，其他弱电系统的设计由专业弱电公司完成，设计单位的电专业（也包含其他专业）应与专业弱电公司密切配合。

1）有线电视系统：各户内应在客厅和主卧处设有线电视插座。

2）电话系统：每户设8芯电话线、两个电话插口。

3）门禁、楼宇对讲系统：各户应设门禁和楼宇对讲系统。

4）防盗系统：整个小区周边要设防盗系统，并在小区主要入口设视频监控系统。

5）宽带系统：小区局域网，每户一个宽带网插口。

6）高层必须设自动火灾报警系统，并与小区控制监测中心联网。

自动火灾报警系统、宽带系统、防盗监控系统的联网主机房设在物业管理中心。

10.5　管道暖通设计要求

1）会所各功能空间采用柜式空调。

2）住宅户内依面积需要，在大面积户型的客厅内可考虑未来业主设置柜式空调的需求，其余厅房应考虑安装分体式空调。建筑立面要考虑空调室外机位（如隐藏于凸窗下），其留位大小符合分体空调室外机规格，且不影响建筑外观。

3）要求空调室内外机的设计方便检修安装并集中排放冷凝水。

4）采用管道天然气系统。

5）天然气系统设计应注意满足国家有关规范要求。

6）按照太阳能供热设备需要，设计分户式太阳能供热系统。

10.6　消防设计要求

1）按照消防规范完成系统设计，并按消防系统的要求配置控制中心、水泵房等设备用房与消防防排烟井道。

2）消防道路及地面设施考虑与园林绿化结合设计。

10.7　建筑新材料的选用

1）氟涂料。

2）纳米涂料。

3）泡沫玻璃。

4）石材蜂窝板。

5）浮雕涂料。

6）塑胶仿实木材料。

第十一部分　设计成果及成果提交要求

11.1　设计成果要求

1. 方案说明书（含各项经济技术指标）

2. 图件

（1）规划部分。

1）区位图。

2）现状图（含路网红线及用地界线）。

3）总平面图，分期建设图。

4）带现状数字化地形图（电子版地形图）的总平面图。

5）平面定位图。

6）竖向设计图。

7）工程管线设计图（标明平面位置、管径、主要控制点标高及相关设施）。

8）高层建筑日照分析图。

9）建筑层数及编号图。

10）各幢建筑面积明细表一份。

11）其他反应设计意图的图件。

12）公共建筑配套设施布局图。

13）安全防范设施布置图。

14）附住宅户型的建筑面积、套型建筑面积及户数一览表（分为 $90m^2$ 以上及 $90m^2$ 以下）。

（2）建筑部分。

1）每幢建筑单体平（平面须表明每层建筑面积及总面积）、立、剖面设计图（需注明空调机位及外墙材料，沿街商业建筑标明店招位及广告）；明确各层使用功能。

2）沿街建筑单体和内部典型建筑单体的彩色效果图。

3）沿街非住宅建筑亮化设计方案。

4）其他反应设计意图的图件。

11.2　成果提交要求

1）电子光盘文件两套，光盘内容特殊要求：建筑单体分层将其建筑的外框做成多段线，并标注建筑面积。

2）建议 1∶1500 沙盘模型一个（或模型尺寸在 3000mm×5000mm）。

3）展板一组，包括总平面图、渲染鸟瞰图、渲染单体图、标准层户型图，采用 A1 大小装裱。

第十二部分　设计文件提交要求

12.1　深度要求

方案设计文件深度应符合国家现行规范、规定和安徽省芜湖市有关方案设计阶段的设计深度要求。

12.2　设计文件规格及数量

设计文件统一采用 A2 规格装订，数量为一式十二份。

（深圳市天同房地产顾问有限公司）

【报告点评】

此报告是一篇完整的房地产规划设计建议书，内容充分完善，面面俱到。一个楼盘项目规划设计所涉及的内容均在报告中有体现，而且内容描述详细、到位，可谓是细致入微，细细读来，慢慢回想，整个楼盘竟在脑海中浮现。

报告的另一个特点是，项目总体立意“东方威尼斯”，但在规划设计上却不是单纯的复制一个威尼斯，而是着重于对项目有重要意义的两湖之水的打造，以打造项目独有的特色。

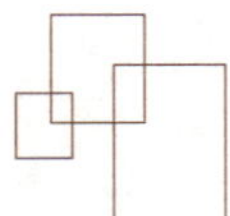

四、河北唐山城市公园创意产业园项目定位及产品建议书

报告目录

报告正文

第一部分　项目本体条件解析

1.1　区位价值

1. 城市公园环境价值

1）城市中央公园、快速发展中的生态新城，难以复制的水化率。

2）项目位于唐山市负氧离子浓度最高、最生态宜居的城市中央公园——城市公园生态风景区内，也是唐山市城市结构中最稀缺的资源核心。

城市公园有400hm^{2}绿化面积，30万株植树，20万m^{2}栽植草坪，以及令人惊喜的水化率和负氧离子浓度已成为珍稀的城市绿肺。

3）南部采煤沉降区生态建设工程2002年获得“中国人居环境范例奖”，2004年被联合国授予“迪拜国际改善居住环境最佳范例奖”。

4）城市公园生态城规划——91km^2，功能定位于以塌陷区生态修复、工业文明、抗震精神、现代艺术与文化创意为主要特色，以政务、休闲、运动、观光为主要功能的城市型综合功能区。

5）城市公园生态城将以政务中心建设带动大规模的高品质办公、商务、居住开发，未来唐山市将成为一轴双中心的新格局南部中心。

2. 区域配套价值

1）高端休闲度假资源汇集的城市休闲格局已然形成。

2）随城市公园区域功能规划的确定，区域文化气质迅速抬升。

3）目前在建设的休闲类配套设施——紫天鹅庄、温泉酒店、温泉山庄、农家乐、茶博园、国际美食城、老唐山市风情小镇等。

4）目前在建设的文化类配套设施——陶瓷展览研发院、书画院、博物院、影视城、钢铁研发中心、工业设计中心、艺术创意中心等。

5）目前在建设的专业类配套设施——汽车4S园、五金城、灯具城、石材城、家居城等。

3. 道路规划

1）城市公园生态城道路规划促进与老城区、外环高速路的联系，现有的路网通达性明显增强。

2）城市主干道、次干道、滨湖主干道直接连接本案，通达性极好。西面迎宾大道已经开通，建设南路延伸段经过项目北边界与“五金之路”复兴路相交。恒正项目作为连接唐港高速和城市公园的桥头堡，是进入城市公园的第一门户。

1.2　地块价值

（1）聚首文化创意产业园，与生俱来的深厚文化底蕴。城市公园生态核心一线资源+环城河+断裂带景观长廊，交通便利快捷，天然风情商业。

恒正项目的整体造型，在城市公园优美的环境映衬下形成了独特和精致的建筑风格。一期和二期设计风格的无缝连接，给项目带来最大的附加值。

（2）用地布局及容积率、限高等指标决定商业“街区”的项目属性。恒正项目新建一期占地约10亩，容积率1.53，建筑面积1.04万m^2。一期已经动工建设。恒正项目拟建二期占地约22亩，容积率1.53，建筑面积2.2万m^2。目前处于整体规划定位阶段。

（3）地块进入性。项目目前由岳各庄路进入地块，本体北侧和东侧与岳各庄路和唐柏路相连，南侧有规划道路与唐柏路相连。

（4）地块制约性。受东侧的收容所和不规则地形、地震断裂带影响（表5-4-1）。

表5-4-1　项目主要技术经济指标

地类	名称	占地面积		建筑面积		
		平方米	亩	地上/m^2	地下/m^2	地下车位/个
商业用地	新建	5431	8	8289	2141	49
	待建	14600	22			
基本信息	绿化率	35%				
	容积率	1.53				

（5）地块商业价值。位于城市公园门户，三圈核心；文化支撑，中高端街区引领周边商业。

1）本项目所在位置唯一且稀缺，交通便利。

2）依托文化创意园深厚文化底蕴。

3）本项目作为区域内连接城市公园的中高端街区，必将引领周边商业。

1.3　项目发展目标

（1）之于企业。跨行业品牌经营，创造新的价值增长点。

（2）之于城市公园。体验式主题街区，与城市公园商圈互补共赢。

（3）之于市场。天生丽质的特色项目，唐山市风情商业新名片。

1.4　项目属性界定

（1）介于城市公园生态城快速发展阶段。

（2）区位资源不可复制。

（3）中小规模商业街区。

第二部分 项目发展背景分析

2.1 唐山城市规划发展分析

1. 在新一轮唐山市城市规划中，城市公园生态城将成为唐山市新的政务中心和城市休闲中心

（1）城市定位。以能源原材料和基础工业为主的国家级新型工业基地、环渤海地区重要的经济中心城市和京津冀国际港口城市、新型生态宜居城市。

（2）城市职能。

1）中心城区——京津冀重要的生活居住和产业服务中心，全市政治、经济、科技、教育、文化中心。

2）唐山市未来将重点建设空港新城、凤凰新城、城市公园生态城及曹妃甸新城，这其中，城市公园生态城和曹妃甸生态城是重中之重，我们称之为“发动机”。

（3）城市公园生态城规划。$91km^2$，将成为唐山市新的政务中心和城市休闲中心。

2. 城市公园生态城的规划推动区域发展，吸引了大量的投资商和知名企业进入城市公园，带动整个区域人口、消费增长

1）众多一线城市开发商已签约进驻。

2）绿城地产、新加坡仁恒集团、北京新华联、正和恒基，有意向开发的还有万科地产。

3）这些一线开发商的进入将推动该区域整体品质的提升，带动区域发展。其他开发商如红星美凯龙、开滦集团、唐山市城投温商集团、庞大汽贸等专业知名企业。

3. 2016年城市公园大事记

唐山市国际园艺博览会的举办，将给城市带来巨大的经济效益和影响力。选址城市公园的乘数效应，对城市公园生态新城的影响更直接和显性。

沈阳世园会开幕的第一周，就取得了极大的成功。沈阳“世博园”共接待国内外游客176万人次，最多的一天达到34万人，平均达到25.1万人。世园会结束后其对沈阳经济社会的促进作用已经显现。为沈阳城市未来发展带来了巨大的乘数效应，对全市旅游、信息、现代传媒和中介服务等第三产业的发展也起到了前所未有的拉动作用。沈阳世园会的举办使棋盘山地区的土地价格升值了五倍，拉动GDP增长100亿元以上，沈阳城市建设水平提前了五到十年。

2.2 唐山市商业销售市场分析

1. 现有商业分析

城市公园新商圈随着城市公园新城快速发展脱颖而出，主打旅游休闲美食。

唐山市主要商圈分布在路北区和路南区。市级商圈：①新华道商圈；②北新道商圈；③远洋

城商圈。专业市场：④新天地商圈。新型商圈：⑤凤凰新城商圈；⑥城市公园新商圈。

唐山市新华道商圈形成时间较久，地位稳固。其他商圈多为在3~5年逐渐形成的新商圈，商业物业形态均以百货店为主，业态较为单一，市场竞争激烈。老商圈商业表现：体量大总价高，业态单一，竞争激烈（表5-4-2）。

表5-4-2 唐山市现有商圈概况

项目名称	临近商圈	主力面积/m^2	销售均价/（元/m^2）	总价/万元
新华贸	新华道商圈	400	35000	1400
万达广场		150	40000	600
渤海新世界		100	35000	350
景泰翰林	远洋城商圈	150	13000	195
世纪花园		180	14000	252
东方银座		200	23000	460
唐人起居	新天地商圈	150	18000	270
新天地购物乐园		250	16000	400
金色家园	北新道商圈	140	18000	252
天元帝景		280	14000	392
尚座		180	30000	540
玫瑰庄园		320	20000	640
瑞景国际公寓		60	20000	120
新华1号		300	30000	900
鹭港·未来城	凤凰新城商圈	150	15000	225
梧桐大道		150	14000	210

2. 周边商业分析

（1）项目所在的城市公园商圈正处于启动期，规划总量较大，业态为旅游美食、汽车文化、五金灯具等为主。

1）城市公园生态城目前仍处于启动阶段，区域内人气不足，配套设施尚在建设阶段，未形成大规模商业氛围。

2）现有人群日常消费主要通过南新道沿线及复兴路沿线的商业，而大宗百货消费仍然要依赖于唐百商圈和小山商圈。

（2）项目周边主要商业供应，主要为两大休闲MALL+一条改造复兴路+专业市场。

1）城市公园休闲美食广场。本项目用地总面积约133.8亩，建设面积为10万m^2，单栋面积340~12000m^2不等，共32栋，现在意向价格为9000~15000元/m^2，2009年8月开工，预计2010年7、8月建筑完工，2010年年底开业。

2）老唐山市风情小镇。项目总占地450亩，建筑面积约为30万m^2，属于开滦国家矿山公园二期工程，设计由西洋风韵、南土熏风、民俗风情、婚庆广场、露天剧场五大板块构成。

3）唐山市国际五金城。项目沿街5栋楼1~3层作为商业配套，建筑面积1.5万m^2，30个铺左右，单个铺面积在500m^2左右，预计2010年6月对外出售，意向价格20000元/m^2，整个项目2010年5月开始动工建设，预计2011年5月开业。

4）文化创意产业园。项目预计在2011年2月之前全部竣工完成，届时可实现3500~4500人的办公规模，文化创意园商业供给总计2.5万m^2。

5）复兴路改造。复兴路鸿基袜厂区域改造涉及复兴路以东、花园街以南、花园南北街以西、南刘屯北街以北180多亩的区域，其中包括居民357户。复兴路鸿基袜厂区域改造项目计划投资9亿元，建设住宅12.2万m^2、商铺7.8万m^2。

目前在本项目周边已规划或在建的商业供应量约为40万m^2，其中大体量项目两个，业态主要以休闲娱乐、餐饮住宿、文化创意、专业市场配套为主。预计在未来3~5年进入市场，预计消费人口超过10万，消费人群主要来自于主城居民、城市公园旅游、经商业主、美食汽车消费人群等中高端客户。

3. 文化创意园所持商业

（1）文化创意园总部规划说明。项目计划总投资6.5亿元，总建筑面积17万m^2。将按照一级开发的模式，由路南区城市建设投资有限公司开发建设，着力打造“三大中心”。

1）陶瓷文化创意中心。结合唐山市陶瓷文化，在园区内建设集设计、研发、展示、鉴赏于一体的陶瓷文化创意中心，提升唐山市传统陶瓷资产档次和水平。

2）画家创意展示中心。与陶瓷文化创意中心相呼应，高标准建设书画家村，把名家、名画、名瓷结合起来，使其成为书画家创作、交流、展示、交易的理想场所。

3）工业设计创意中心。传承唐山市近代工业文明，吸引各类工业设计、研发企业入驻园区，进行新产品新工艺设计，为传统工业上档升级提供智力支撑。据创意产业园工作人员所述，在全面完工后预计整个区域就业人数在3500~4500人左右。

（2）周边人群消费结构分析。未来两年，白领和私营业主等中高端人群稳定，旅游和经商的流动人口越来越多。主要人群结构为中高端消费人群，潜在消费类型为中高端购物、商务休闲旅馆、特色餐饮。

（3）文化创意园客户群体及消费类型。

1）城市公园。客户群体：旅游全国各地人群，年轻白领。主要消费类型：旅游购物、餐饮、旅馆。

2）文化创意园。客户群体：艺术创作、私营业主。主要消费类型：中高端购物、餐饮、商务休闲。

3）汽车4S园。客户群体：购车客户、4S从业者。主要消费类型：中端购物、餐饮。

4）专业市场。客户群体：各地私营业主，流动经商人口。主要消费类型：餐饮、商务休闲、旅馆。

5）软件园。客户群体：年轻IT白领。主要消费类型：中高端购物、餐饮、商务休闲。

4. 周边商业市场小结

1）本项目的商业街区不具备成为休闲美食和专业市场中心的可行性。

2）本项目特性：唯一全部可售、主题街区、规模小短平快，具有爆发力。

3）未来2~3年，本项目周边存有巨大的中高端消费力量。

4）周边中高端消费的购物、休闲、高端商务产品稀缺。

5. 商业投资敏感点

1）多数客户认可商业投资是稳定、安全的投资渠道，并热衷参与。

2）大多数客户看重城市公园生态城未来发展规划。

3）商业投资客户关注点：投资回报率、地段、人流量、主力店未来发展。现售商业项目中销售面积约在100~500m^2，总价在200万~1400万元之间。零售面积大、总价高。更多客户对于总价低、独立产权、未来增值性好的商业街铺需求强烈。

6. 恒正项目商业发展研判

1）唐山市消费力越来越高，但中高端购物消费向京津外流。

2）城市公园大发展带来的商业街区发展大机遇。

3）低总价产品缺失，独立产权可分割街铺受认可。

4）专属中高端的购物、休闲、商务类风情街区成为热点机会。

第三部分　成功案例借鉴

3.1　杭州湖滨国际名品街

1. 概况

（1）位置。位于杭州市最繁华的商业及旅游休闲区——湖滨地区，临西湖，隔街与五星级杭州凯悦大酒店为伴。

（2）简介。由34家国际著名品牌专卖店围聚而成，主要经营国际品牌服饰、箱包、珠宝、手表、皮草、家居、美容及中西式餐饮等，由世界著名品牌商直接经营或指导经营。其中包括中国地区第二家分店的法拉利、瑞士欧米茄手表、意大利顶级服饰乔治·阿玛尼等。

（3）特点。作为商业形式的一个独到创新，采用专卖店集聚的形式，有别于传统的柜台组合形式，有着统一的形象、宣传和推广，统一的物业管理，与其他自然形成的商业街区不同。通过品牌引领、产业集聚，合力推进当地服务业发展，进一步提升城市生活品质。

2. 借鉴点

（1）交通。最大化消费休闲人群的人流互动空间，交通动线清晰。

（2）建筑。通过文化主题的运营承载体设计，提升商业价值，同时赋予街区“生命力”。

（3）业态。功能分布合理，街区业态实现最大化功能互补，让过往人流实现逗留时间最大化。

（4）环境。通过环境营造，让主题街区成为城市风景的一部分，旅游业的一个卖点，充分的利用建筑小品装点街区空间。

3.2　北京奥特莱斯

1. 概况

（1）项目定位。名品折扣购物中心。

（2）位置。位于别墅密集的朝阳区香江北路。

（3）建筑风格。纯欧美式outlet，以欧美小镇建筑风格为主，美式奥莱商业街。

（4）建筑形式。各商铺之间紧密相连，形成一个集购物、文化、娱乐、休闲的超完备商业空间。

（5）品牌种类。国际精品、运动休闲、时尚女装、绅士男装、皮具 、皮鞋与配饰、家具内衣、美食天地。

2. 借鉴点

（1）交通。远离市区喧闹且交通便利，与市区的商业区有着鲜明的差别。

（2）建筑。独特建筑风格形成独特商业集群，成为城市中一道有别于其他购物场所的欧美购物小镇业态。

（3）业态。功能明显，业态分明，独特的品牌效应，吸引特立的消费群体。

（4）环境。商业广场不但需要良好的商业规划，更需要较强的配套服务能力，以保证项目的持续发展。

3.3　南京沃阁恋馆

1. 概况

（1）地址。南京江宁区隐龙路9号 。

（2）简介。沃阁恋馆，一座来自台湾的纯正汽车旅馆。历时3年筹备，耗资3000万元，仅打造6大馆28种主题的47间奢华套房，现已落户江宁开发区翠屏山风景区与牛首山森林公园的环抱之中。专为独具品位的都市男女，全情营造无与伦比的超浪漫、极奢华的约会场所。面积近4500m^2。

（3）经营现状。自2008年开业以来，备受广大消费者喜爱，现已成为南京高级商务应酬、恋人休憩放松、家庭度假的理想场所。入住需提前预约。

2. 借鉴点

（1）交通。远离市区喧闹且交通便利，私密性强建筑。

（2）建筑。独特建筑平面布局带来独特私密高端酒店体验，成为城市非主流特色酒店，功能明显。

（3）品牌。独特的品牌效应，吸引特立的消费群环境。

（4）配套。与项目本身购物休闲业态互补互动。

第四部分　项目整体定位与发展策略

4.1　客户定位

1. 核心客户

热衷投资不动产，有一定经济基础的人群，多为年轻的自主经营者、市区内企事业中层以上领导人士。

1）财富水平：中高端财富阶层。

2）置业特征：见多识广，二次或者多次购买商业投资。对新鲜产业新城规划有一定的理解，有一定的投资经验和前瞻性。

3）需求敏感点：投资回报率高。

2. 重要客户

餐饮、娱乐等品牌产业客户，具备很强的支付能力的经营者。

1）财富水平：中高端财富阶层并有经营经验者。

2）置业特征：对他们而言，投资价值已经远远超出日常居住功能，更多是一种身份和档次的象征。

3）需求敏感点：未来规划潜力大。

3. 边缘客户

其自身对商业需求不高，虽对项目感兴趣但承受价格水平有限的客户。

1）财富水平：中低端财富阶层。

2）置业特征：具有投资商业梦想，但迫于经济实力有限，购买慎重，对于存在风险的项目望而止步。

3）需求敏感点：关注价格。

4.2　产品定位策略

1）利用主力店招商如北京奥莱、沃阁恋馆、餐饮中高端品牌作为标杆，标定项目整体形象和影响力。并以大带小，配以休闲风情主题和特色商务精品，达到街区商业共赢。

2）以利润最大化为原则，采用分割小商铺、低总价、独立产权出售。利用高端风情街区形象，刺激消费客户对于稀缺产品强烈的占有欲望，在满足广大投资客户需求的同时，最大化地挖掘利润。

3）产品定位取向：购物、品牌折扣、商务休闲、街区体验。

4.3　项目形象定位

项目商业街区形象的定位应以拉高项目整体形象，保持与城市公园生态城和所在区域文化产业园形象的一致性为主，通过合理规划创造本区域乃至本市商业典范，其商业形象概括为：①现代购物、时尚体验；②引领唐山市商业街区的最先进形态；③主题街区标杆。

4.4　项目发展策略

1. 近期利润目标

1）采用分割小商铺，独立产权出售的方式。

2）高单价、低总价适应于广大投资客户，尽快旺销，资金快速回笼。

2. 长期利润目标

1）新型汽车旅馆入住项目，公司自持，实现长期利润。

2）引进汽车酒店型商业，位于项目内街道位置，既可以避免很多商业开发内街滞销和后期经营不善等弊端，同时又作为公司自持资产，实现长期利润目标，此外，特色酒店还能拉升项目档次。

3）主力店的以大带小，实现街区商业共赢，实现长期利润。

3. 项目开发节奏

1）唐山市综合商业街区市场处于初期阶段。城市公园区域发展初期阶段，情景街区和专业主题街区的稀缺资源价值体现处于初期阶段。

2）影响项目长期利润目标尚需要输入条件（如富有唐山市地标性的广场建设、周边配套附加值培育、城市公园成熟度、高端购物休闲方式认知等）。

3）单纯的主题商业街区产品在进入市场初期市场认知度低的情况下必然影响项目的去化速度和市场美誉度。项目运作初期的策略方向在于，顺利回笼资金打开局面，保证项目安全运行，产品策略层面需要现金流产品在前期开发保证项目能成功运作。

第五部分　产品设计优化建议

5.1　成功街区规划特点

以建筑、景观焦点为中心，以曲径、短街、窄巷、小尺度共享空间营造愉悦的休闲购物空间，加上顺畅方便的交通和停车。

5.2　本项目产品设计优化建议

1. 规划设计应充分考虑本项目定位，着力打造项目的核心竞争力

1）商业立面表现上要体现项目特色风格，形象包装上与周边街铺拉开距离。

2）合适的内街布局、室内外空间体量，充分考虑未来变化的可能性。

3）在沿街商业街和广场设置室外咖啡座和亲密休憩空间，体现商业街邻里尺度的亲和性。街区建筑规划按现有框架，街区连接可采用木栈桥或其他和景观类元素相统一的材质来设计。

2. 体现街区精神

1）主要以商铺为主的商业街区形式，街区设计富于变化、饶有趣味，并能创造参与的、体验的、自由的、多元化的消费及休闲环境。

2）多做小铺，使每个商铺能够充分体现街区带来的商业价值。

3）所有的商铺全部临街，使街铺面积最大化。

4）内街二层设置统一的公共卫生间和商业物管用房。

5）特殊业态的商铺应考虑相应的配套设施，如排油烟设施、污水处理、环保要求等。

6）原则上以小铺为主，各主入口端头可设计成由各单元可组合的大铺，供主力店和品牌店入驻。

5.3 主要产品设计优化建议

1. 沿街风情街、outlet 主力店

1）开间：4.2~6m，主力店按招商决定。

2）进深：10~12m，一般不超过15m。

3）开间进深比：多为1∶3，一般不超过1∶4。

4）层高：一层5.4m，二层3.6m。

5）停车位：对停车位要求不高。

6）配套设施：有足够的电力供应即可。

2. 特色餐饮、汽车旅馆

1）开间：8~12m，汽车旅馆开间4.5m。

2）进深：12~15m，一般不超过25m。

3）开间进深比：多为1∶2.5，一般不超过1∶5。

4）层高：一层5.4m，二层3.6m，三~五层3.0m。

5）停车位：餐厅门前须有足够的停车位（重要）。

6）配套设施：电力不少于$20kW/100m^2$，有充足的自来水供应，有隔油池，有油烟气排放通道，有污水排放、生化处理装置。

5.4 产品设计优化内容

1. 标识体系设计原则

1）步行街主入口（公交线路站点位置调整、昭示最好位置）环境小品设计。

2）设置清晰、风格统一的区域导示、标识体系以及路面、铺面铺装系统。

3）外立面风格以现代/欧式风情为主，体现宜人的购物环境。

4）外立面色彩柔和、明朗、富于变化。

5）商场橱窗形式应适合不同业态的要求，并丰富街区的变化。

6）在门、窗等的设计的同时需要充分考虑环境、建筑立面和景观元素。

7）广告位的设置和形式、空调位的安置等问题。

8）汽车旅馆部分与商业部分和谐统一。

2. 步行体系设计原则

1）尺度适当的通道（包括街区）和景观元素要搭配得当。

2）考虑二层商业外部直接通达性（以电动扶梯或者滚筒电梯的方式）以及部分街区商业楼宇之间的空间连接性。

3）二层商业之间连通设计要充分考虑人群流动效应，有机地形成二层商业街的人流合理化流动。

4）多层次的、不需太多的广场（除商业主入口）、绿化大型空间，诠释街区式生活的含义 。

3. 人流、车流、物流组织系统设计原则

1）与本项目开放式街区定位相结合，需要仔细、重点处理的关系。

2）购物人流方向与汽车旅馆方向互不干扰。

3）汽车旅馆居住人流便于到达商业街区。

4）处理好园区车流和商业车流的关系，保证顺畅。

4. 停车场设计原则

1）有为商业街区专门设置的停车场。

2）临近主要交通节点。

3）与商业街区各区域店铺连接方便。

5. 生态体系设计原则

1）不需要大片的绿化空间，点式的即可。

2）结合街道主要节点或者店铺的绿化。

3）考虑商业一层、二层进行适量绿化空间，增加二层、三层商业购物乐趣。

（河北捌零房地产经纪有限公司）

【报告点评】

本篇报告是一份创意园区的定位及产品建议报告，这同普通房地产的产品建议报告的不同之处在于这是对整个园区活动的有序开展进行产品建议，而不是仅仅着眼于某一类物业的产品建筑设计提出较多的建议，这篇报告的意义在于提出较新的对整个园区产品具有指引性的意见。

由于以城市公园为概念的创意园在国内的案例相对较少，所以报告中也用部分笔墨对创意园的定位进行阐述，一份符合市场的产品建议报告都是根据其自身定位来设计相应产品，以求满足整个园区的需要。

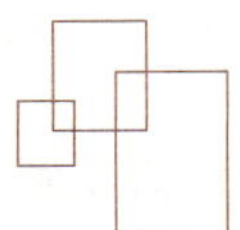

五、河南柘城项目产品设计建议书

报告目录

报告正文

第一部分 客户置业需求调研

1.1 客户基本分析

1. 调研目的

分析客户置业的关注点和敏感点，掌握客户的置业特征（面积需求、价格承受、区域选择、对配套和景观的偏好），寻找项目目标客户，为项目打造产品提供客户支撑。

2. 调研对象

1）项目周边（未来大道、迎宾大道）经济实力较强的私营业主和商铺。

2）现有已入住的规模较大的社区（金沙府西花园、黄山小区、新地港湾）业主。

3）项目周边的事业单位员工及企业职员（北关医院、工商银行等）。

4）项目周边的乡镇客户（主要为北部和东部乡镇）。

3. 调研形式

一对一问卷调研。

4. 调研数量

发放问卷数量120份，收回有效问卷105份。

1.2 调研结果分析

1. 性别与年龄

受访客户年龄层次丰富，代表了社会主力购房人群（图5-5-1、图5-5-2）。

1）受访客户年龄集中在25~50岁之间，既有财富的创造者，又有财富的积累者，代表了市场主力购房人群。

2）25~34岁的年轻客户更注重工作、生活的便利程度；35~50岁的客户更注重生活的便利程度。

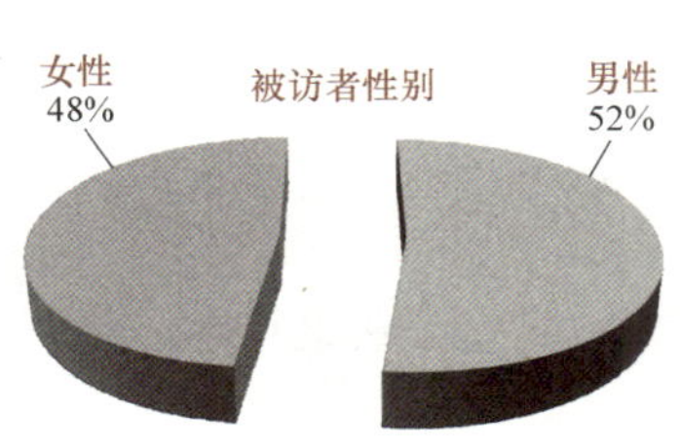

图 5-5-1　被访者性别构成

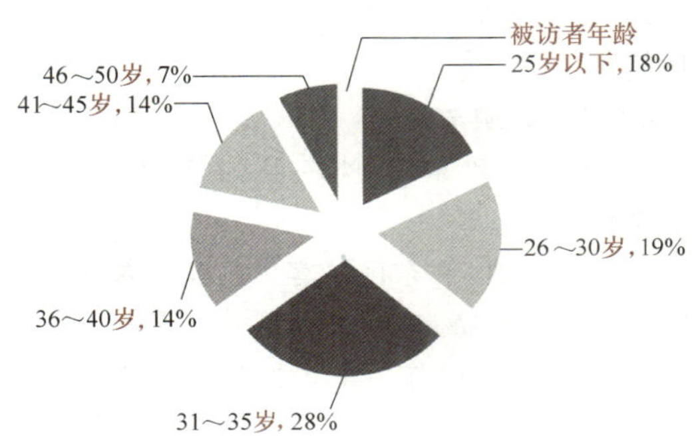

图 5-5-2　被访者年龄构成

2. 性别与年龄

家庭人口基数适中，以三口、四口之家为主，一定程度上决定了三房产品置业需求旺盛（图 5-5-3、图 5-5-4）。

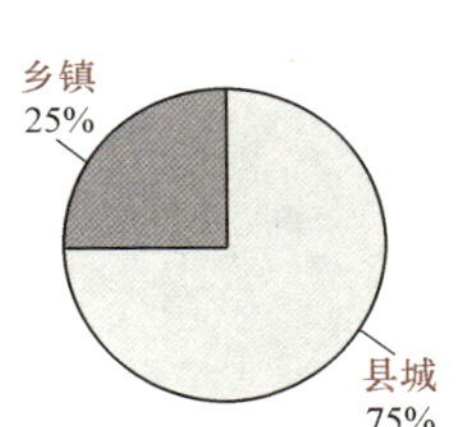

图 5-5-3　被访者居住区域

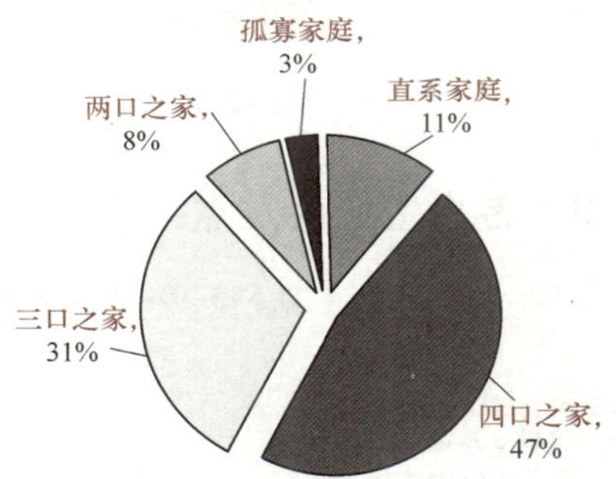

图 5-5-4　被访者家庭结构

1）受访客户中居住区域在县城的客户占比 75%，乡镇客户占比 25%。

2）家庭人口结构相对集中，三口之家、四口之家占比超过 75%，这在某种程度上决定了客户置业的面积需求。

3. 职业与居住面积

职业以个体户、事业单位员工、公司职员为主，现有居住面积集中在 90～140m^2（图 5-5-5、图 5-5-6）。

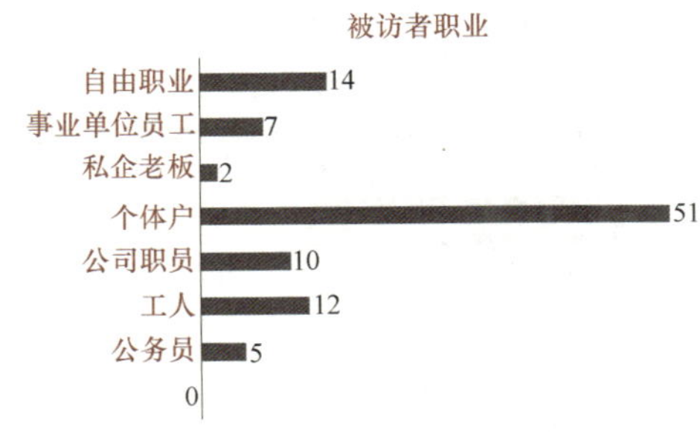

图 5-5-5　被访者职业构成

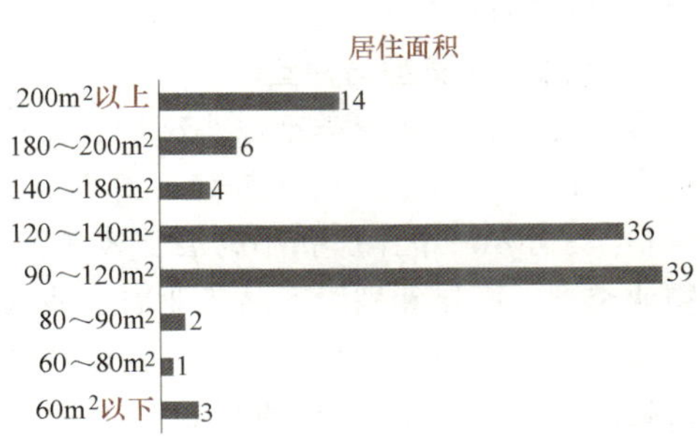

图 5-5-6　被访者居住面积分布

1）受访客户职业以个体户、事业单位员工、公司职员等为主，具备一定的支付能力。

2）受访者居住面积集中在 90～140m²，由于乡镇占有一定比例，居住面积超过 180m² 的客户比例较大。

4. 职业区域与用途

柘城北区和东区客户认知度高，置业用途以首次置业和二次置业为主（图 5-5-7、图 5-5-8）。

1）柘城北区和东区是客户置业的首选区域，占比分别达到 70% 和 23%，反映出受访客户具有较强的区域性特点。

2）受访客户以首次置业和二次置业为主，占比分别达到 67% 和 31%，具有较强的置业欲望。

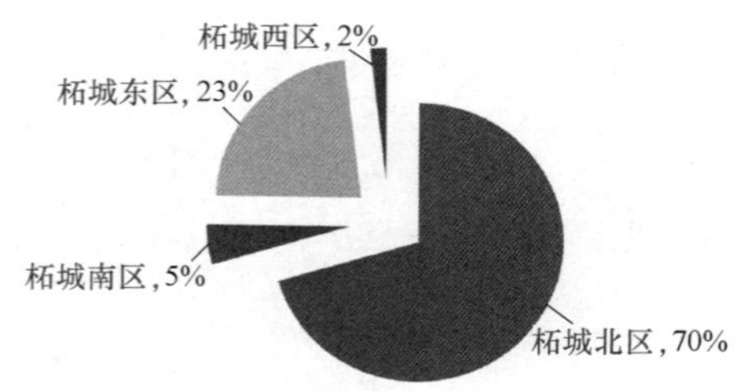

图 5-5-7　被访者置业区域

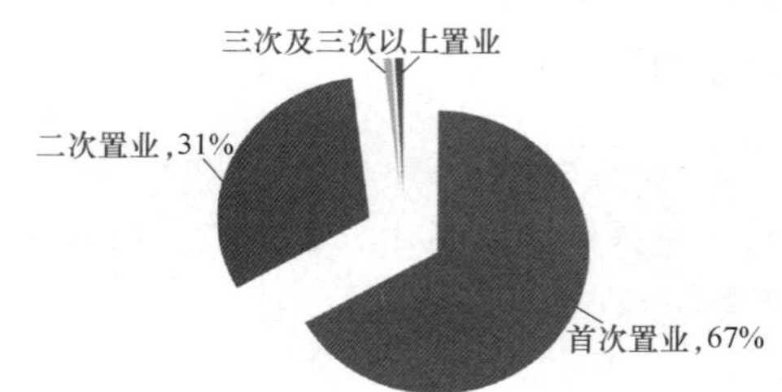

图 5-5-8　被访者置业用途

1.3　客户置业关注点

1. 考虑因素（图 5-5-9～图 5-5-11）

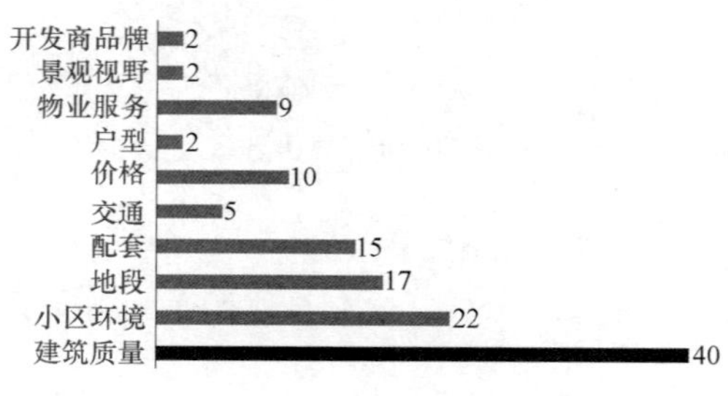

图 5-5-9　被访者首要考虑因素

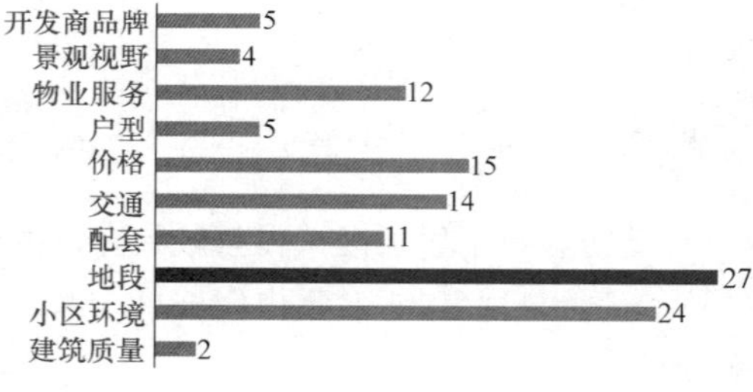

图 5-5-10　被访者第二看重因素

建筑质量和地段是受访客户最为看重的因素，其次是价格和户型。

2. 考虑物业类型与户型

客户置业首选物业类型以小高层、洋房为主，置业户型以三房为主（图 5-5-12、图 5-5-13）。

1）受访客户中洋房和小高层是客户置业首选的物业类型，高层和别墅产品置业需求偏低。

2）在置业户型方面，三房为客户首选户型，占比超过 80%，大两房和四房也占有一定比例，小两房和五房产品置业需求偏弱。

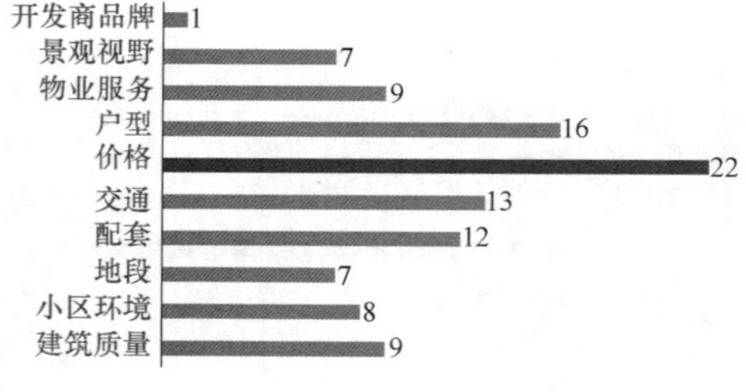

图 5-5-11　被访者第三看重因素

3. 需求面积与价格承受（图 5-5-14～图 5-5-16）

1）首选户型面积集中在 90～140m²，占比超过 90%。

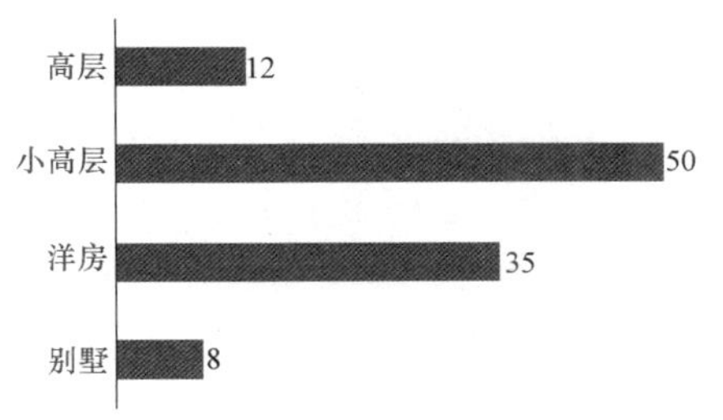

图 5-5-12　被访者首选物业类型

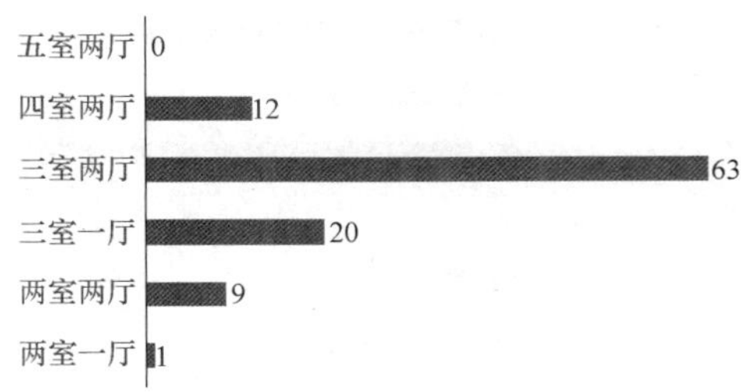

图 5-5-13　被访者首选户型结构

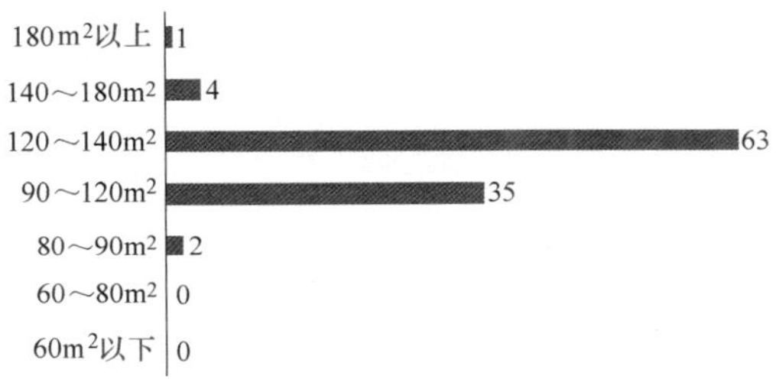

图 5-5-14　被访者首选户型面积统计

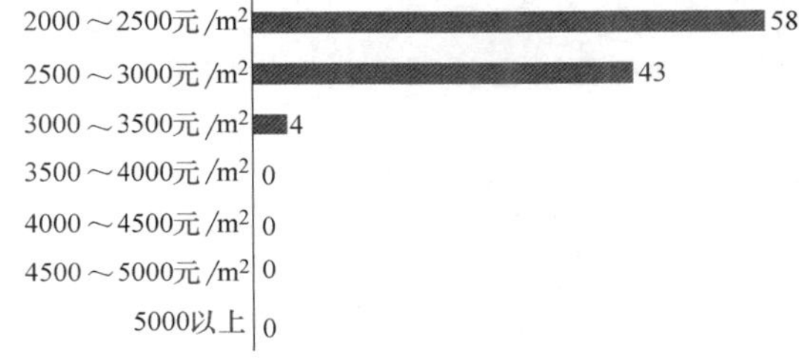

图 5-5-15　被访者单价承受能力

2）单价承受方面，普遍接受的价格集中在 2000～3000 元。

3）总价承受方面，主要集中在 25 万～45 万元之间。

4. 内部配套（图 5-5-17～图 5-5-19）

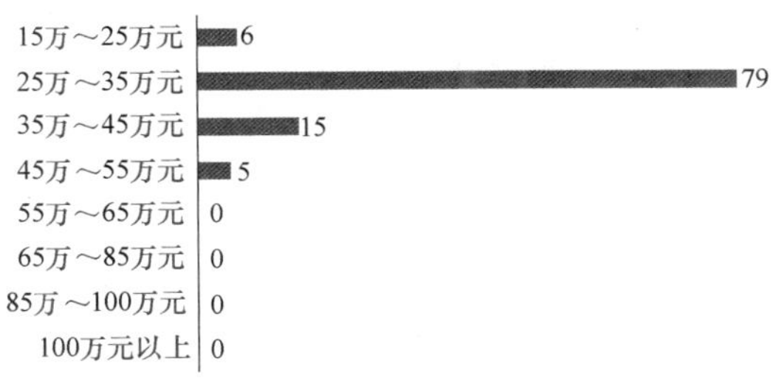

图 5-5-16　被访者总价承受能力

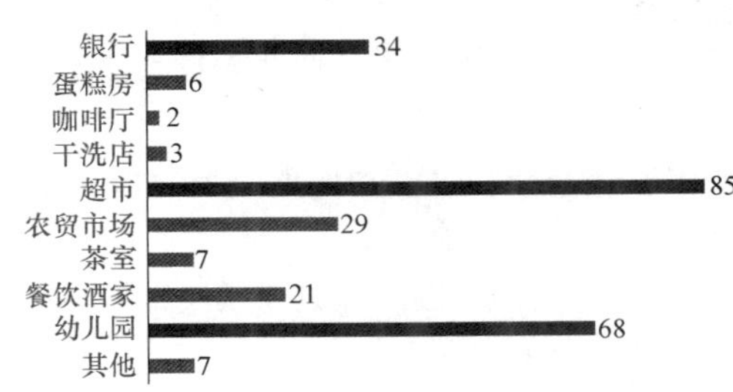

图 5-5-17　被访者基本生活设施关注

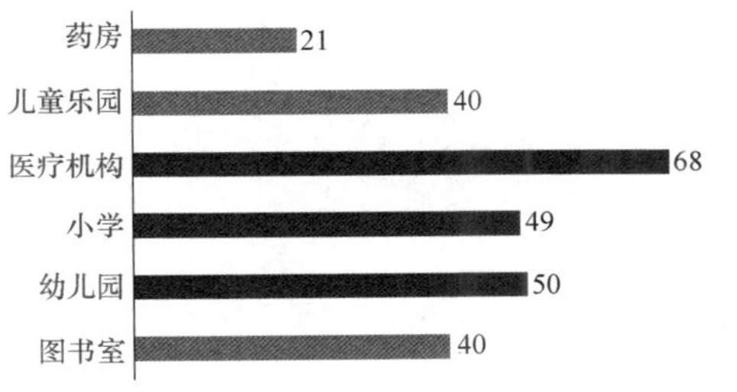

图 5-5-18　被访者文教医疗设施关注

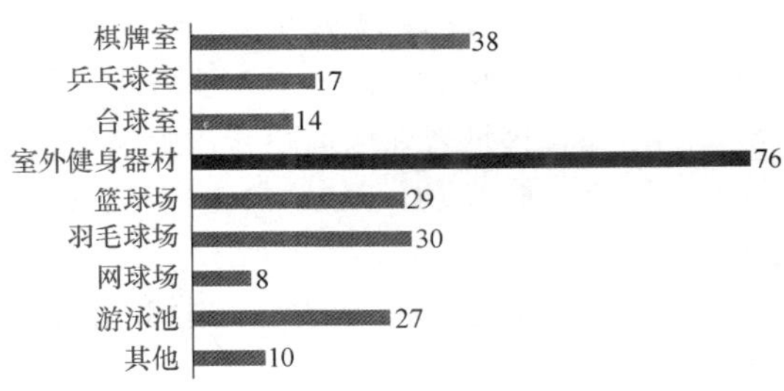

图 5-5-19　被访者休闲运动设施关注

超市、幼儿园、医疗机构、健身器材等是受访客户最为看重的内部配套。

5. 内部景观（图 5-5-20、图 5-5-21）

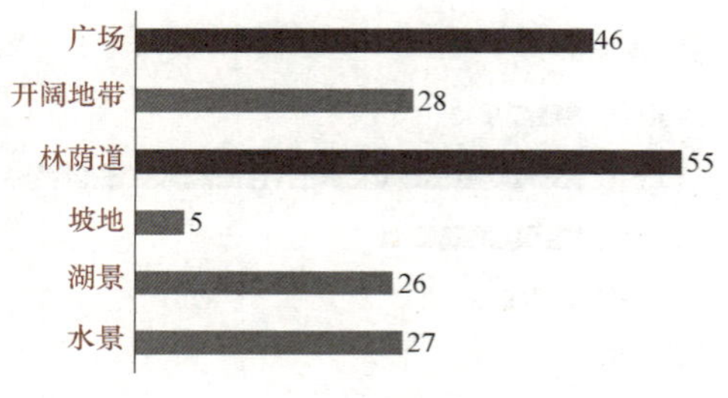

图 5-5-20　被访者最关注景观元素

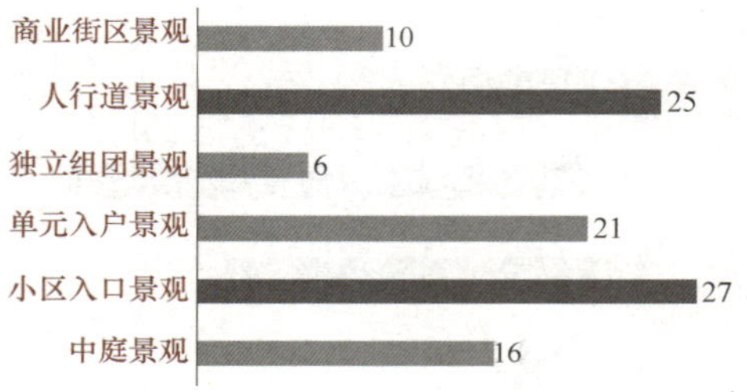

商业街区景观 10
人行道景观 25
独立组团景观 6
单元入户景观 21
小区入口景观 27
中庭景观 16

图 5-5-21　被访者最看重景观部分

1）受访客户最为看重的景观元素是广场和林荫道，湖景、水景也具备较高的认知度。

2）在最为看重的景观部分方面，人行道景观、小区入口景观最受重视。

6. 物业外围配套（图 5-5-22、图 5-5-23）

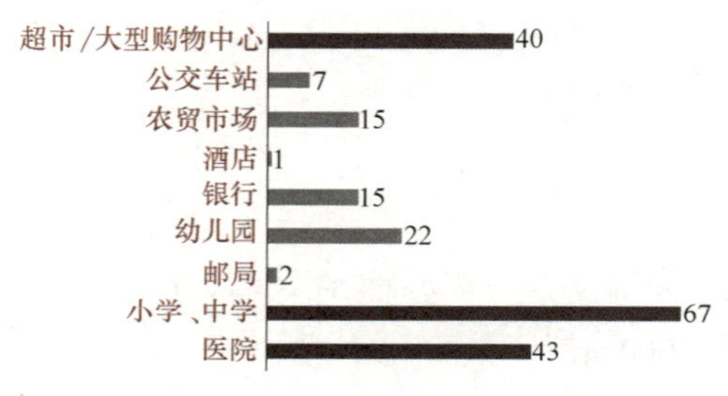

图 5-5-22　被访者关注的公共配套

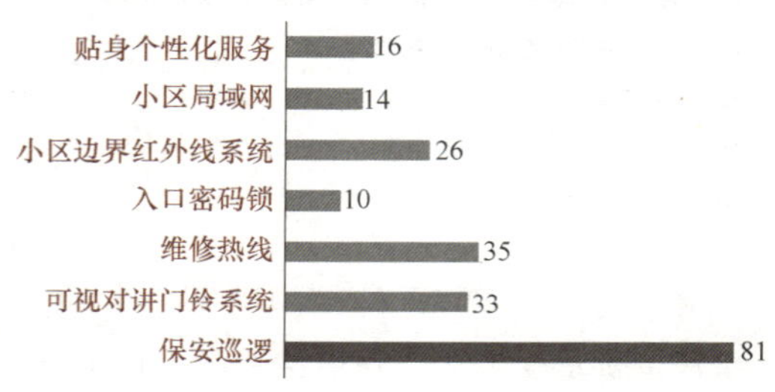

图 5-5-23　被访者注重的物业服务设施

1）受访客户最为关注的公共配套是学校、医院和大型商超，教育和日常生活配套的丰富程度在某种程度上决定着他们的置业选择。

2）受访客户对于物业服务和科技配套的认识有限，后期有较大的培育潜力。

7. 问题汇总

（1）当总价与各项功能发生冲突时，是偏重功能和面积的考虑，还是偏重总价的考虑？调研结果如图 5-5-24 所示。

1）当总价与各项功能发生冲突时，62%的受访客户更偏重考虑功能和面积，30%的受访客户偏重总价考虑。

2）受访客户对于居住的舒适度要求更高，总价并非决定性因素。

（2）对新城区学苑路区域的感觉如何？是否会考虑在该区域购房？调研结果如图 5-5-25 所示。

1）65%的受访客户会考虑在学苑路区域购房，35%的受访客户不会选择该区域置业。

2）考虑在该区域置业的客户主要看重：新城区、发展潜力、交通条件、环境良好。

3）不考虑该区域置业的客户：位置偏远、生活不便利、发展前景不确定等。

（3）在新城区学苑路区域购房会选择怎样的物业类型（多层、小高层、高层），能接受的价格是多少？调研结果如图 5-5-26 所示。

1）选择多层的客户占比 59%，选择小高层的客户占比 30%，选择高层的客户占比 11%。多层、小高层的客户接受度高。

2）在接受价格方面，多数客户认为该区域的价格应该在 2500 元/m^2 左右，客户接受的价格极限为 3000 元/m^2。

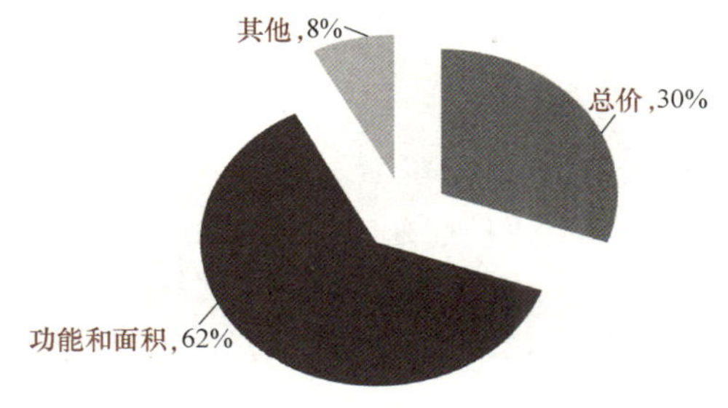

图 5-5-24　冲突问题考虑

图 5-5-25　冲突问题考虑

（4）请问现在的住房性质（自建房、商品房、家属院），是否有换房的打算，对现在的住房不满意的地方有哪些？调研结果如图 5-5-27 所示。

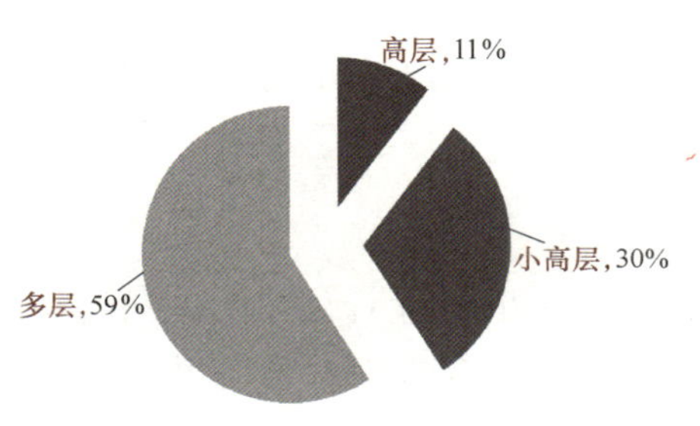

图 5-5-26　冲突问题考虑

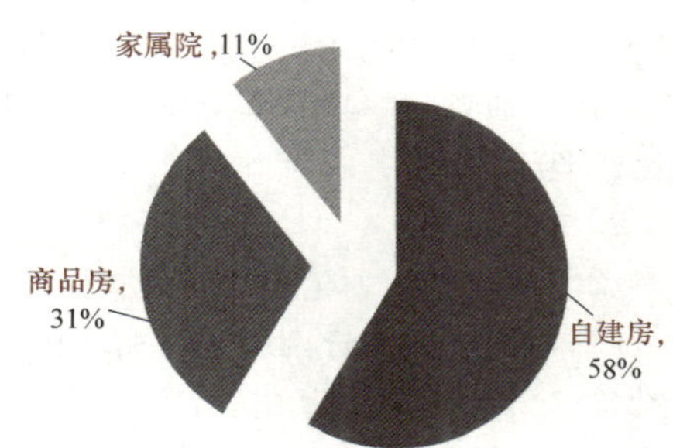

图 5-5-27　冲突问题考虑

1）在所有的受访客户中 58%为自建房，31%为商品房，11%为家属院。潜在首次置业客户基数大。

2）物业服务差、社区环境差、配套缺乏、交通条件等为客户对现有住房不满意的集中点。

8. 访谈小结

1）客户对项目所在区域认可度较高，物业类型更倾向于多层和小高层。

2）客户置业的主力产品为 120~140m^2 的三房，两房和四房产品客户需求较弱，对价格的抗性逐渐减弱。

3）客户越来越追求品质和享受，既注重周边配套的便利程度，又看重内部配套的丰富性，开始关注园林景观和物业服务。

第二部分　产品定位

2.1　项目形象定位

1）品质化精品生活。

2）智雅生活场。

3）生态居住示范区。

2.2　项目市场定位

打造柘城“中高端”品质示范产品，树立区域市场行业标杆和典范。

2.3 项目产品定位

项目产品定位为柘城·中高端生态滨河大盘。

1. 项目本体

配套不成熟，但景观资源突出，有一定规模优势。

1）项目区位：位于长江新城区，区域未来向好，但项目周边目前处于待开发状态，客户熟知度不高。

2）项目规模：总占地超过400亩，总建筑面积超过50万m^2，属于大体量开发项目，但与同区域的华盛新城、联盟新城项目相比，规模不占优势。

3）环境资源：项目西侧临古黄河，东侧临小沙河，北侧有规划大型市政公园，外部环境资源得天独厚。

4）配套资源：目前长江新城的配套资源多集中在未来大道沿线，项目周边区域配套资源匮乏，科教卫生、生活配套等较少，附近临近村庄缺乏生活氛围。

5）交通条件：项目南侧临城市主干道学院路，未来将成为新区的形象干道，路况较好，交通比较顺畅。

2. 市场竞争

竞争很激烈，去化表现一般，三房为主力产品。

1）市场供需：近两年来，柘城市场年均新增供应面积在30万m^2左右，目前主要在售项目存量超过200万m^2，其中长江新城区潜在开发量超过150万m^2。市场竞争激烈，须差异化考虑，以便突破市场压力。

2）量价表现：目前市场主要项目均价维持在2400~2600元/m^2，项目所在区域的个别项目价格偏高，其中联盟新城3500元/m^2、新质新城2700元/m^2、星河湾2900元/m^2。进入2014年以来市场整体去化形式较差，整个市场去化15万m^2左右。

3）主力产品：目前柘城市场仍处于房地产市场发展的初级阶段，客户的认知度还多停留在地段和产品方面，目前市场上供应量最大同时去化最快的产品为110~140m^2的三房，两房、四房或面积更大的产品客户接受度差。

3. 客户敏感点

三房为主力需求、配套需求提升、客户培植潜力大。

1）客户置业考虑因素：建筑质量、地段、价格和社区环境是客户置业主要考虑的因素，客户对高品质住宅区的概念还比较模糊。

2）主力需求：柘城市场高端置业客户数量有限，市场主力需求以120~140m^2的三房为主。

3）景观要求：客户对于居住环境的要求愈来愈高，良好的园林景观是客户置业重要的考量因素，也是项目的发力点之一。

4）配套需求：客户对于配套的要求以基本生活类为主，教育、医疗、停车等配套备受关注，对高端享受型配套的认知水平有限。

4. 产品打造原则

重视珍惜资源、合理利用资源，倡导一种生活主张和一种生活模式。

1）产品上：抓市场主流产品，适度进行产品创新。

2）价格上："随行就市"，打造高性价比产品。

3）不需要做到"面面俱到"，注重公共空间的精细化，建标上不超越。

4）塑造差异化卖点，增加附加值。

第三部分　产品设计建议

3.1　建筑设计建议

1. 建筑表现

1）入口大堂：有进深较大的入口和宽广的门廊，入口部分进行精装修，具有仪式感的入口彰显主人身份。

2）入户门厅处设立信息发布系统、业主信件箱、订奶箱等。

3）路铺转换：道路转角、台阶、组团区域路面铺设做精细转换处理。

4）外立面表现：分期逐步提升品质，伴随价格的上涨。

5）楼栋参差错落：建筑参差错落，建筑颜色与露台、社区组团景观形成鲜明色彩对比。

6）道路色系区分：在车道、步道、消防通道的铺设上，以高低、色差进行区分。

2. 建筑细部

本项目立面材质建议采用分段式设计，在底层客户视线可及的范围内建议采用面砖，上部建议采用真石漆，最大化控制成本。

1）从定位上看，项目定位中高端，需要从建材上突显产品档次和价值。

2）从工程造价的角度及现阶段涂料处理技术，真石漆的外部感官完全可替代面砖。

3）建议底层采用面砖，体现项目品质感，其余部分选择真石漆，最大化控制成本。

3. 建筑强化

1）建筑小品：小品延续建筑符号，增强视觉冲击。

2）建筑符号：从建筑延伸到配套，统一风格重复使用。包括大堂、景观小品、售楼部装修等。

3）门窗、玻璃：在门窗选材、密封处理上严格按标准执行；玻璃采用双层中空双玻，起到节能、保温、降噪作用。

4）建筑空间：露台、南北双阳台等的运用，可以最大化利用建筑本身的设计来汲取室外的景观、阳光。

5）空调室外机位：保证隐蔽性和安装维修的便利处理。

6）水电路：水电线路规范并做标识，卫生间下水管道用螺旋管道减少噪声处理。

4. 建筑创新

（1）架空层。架空层可为项目增加价值支撑，成为重要的价值感知点，建议可打造架空层泛会所，增加小区生活氛围。

项目架空层可承担项目更多的配套功能，例如架空层泛会所的打造能够成为项目产品的价值增长点，同时可以给业主或客户更多的价值感知。

（2）大堂精装。在墙体及顶棚上设计多种具有艺术感的镂空，可增强入户大堂通风与采光，也可增强入户大堂可观赏性。

1）墙体镂空可增强入户大堂通风与采光度，使入户大堂通透感更强。

2）装饰石材镂空，内部镶嵌灯光，增强墙体变化感与美感。

3）顶棚镂空，营造出较强的视觉效果，增强艺术气息。

3.2　景观设计建议

作为客户置业越来越关注的因素，活动空间、运动设施、园林水景及细节打造将成为体现档次的重要标准之一。

从市场调研出发：

1）客户对生活品质要求的提高必将导致其对景观要求的相应提高，现有社区粗糙的景观体系已不足以满足客户日益挑剔的需求。

2）在竞争较为激烈的市场中，每个项目都力求在各方面提升竞争力，景观则是体现项目品质的关键因素之一，因此，可预见未来市场景观营造水平将不断提高。

景观设计主要从这四点入手：景观节点、园林打造、园林细节、景观小品。

1. 奢华入口

气派、开阔的主入口，着重体现褐石风情的低调、尊贵，体现项目高端住宅的品质形象。奢华的入口形成强烈的门户感，体现大宅奢华阔绰之气势。

1）主入口设计要契合项目整体形象。

2）在主入口处设计大型水景展示。

3）在主入口设置社区精神之锚，如雕像。

2. 景观轴线

根据规划特点，将景观轴与社区内主干道相结合，打造景观节点，强调“可到达”的步移景换的效果。

景观节点设计要点与原则：

1）景观节点内部动线曲折，层次丰富，避免重复。

2）各景观节点主题化演绎（如水世界、康乐园、花缤纷、书香地）。

3）充分利用架空层等不计容积率的灰空间，扩大节点景观范围。

4）在节点内部、节点之间要有小尺度且体系化的景观节点加以穿插。

3. 景观打造

设置中心循序浅水系，打造如以活水、花海、运动、教育为主题的景观组团，保证社区最大景观面。

节点式园林打造：

1）打造以活水、花海、运动、教育为主题的节点式园林。

2）抬——抬地设计，人工设置一定的地貌起伏，营造园林的层次感。

3）映——中央水景，水映“园”（景点、植被），“园”衬托建筑。

4）入——浸入式园林，建筑架空层的硬地和植被搭配，打造不同组团的自然休闲空间。

5）游线——循环、双边的园林步行径。

4. 景观细节

（1）高大的乔木、精致的灌木、鲜艳的花丛装饰道路，并与景观轴连接，景观自然过渡。

1）内部道路曲线化，营造曲径通幽的景观变化。

2）道路与植物无边际过渡，弱化道路的边际感。

（2）符号标识应与小区建筑风格相统一，展现项目高贵形象。

1）统一视觉符号的反复运用塑造统一的社区形象。

2）别致的楼牌标识分布于各组团内部，增强不同区域的可识别性，并建立统一的视觉识别体系。

（3）各组团节点设置小广场、凉亭、廊道等共享空间，为业主提供休闲、共享的活动空间。

1）公共空间要体现共享性和开放性。

2）保证公共空间和私密空间相互区隔，互不干扰。

（4）过渡处理，通过园林和水景等缓冲建筑造成的压迫感，营造宜居氛围。

（5）小尺度、小空间的景观小品随处可见，展现项目风格特色。

1）景观小品充分体现建筑风格和材质感。

2）景观小品不应只是用于观赏，而是可以全民参与的设施，搭配休憩平台以提升可参与性。

3.3　户型设计建议

1. 户型设计原则

（1）基本原则。

1）适当控制面积：两房、紧凑三房、实用三房突出“性价比”，舒适三房和四房突出“舒适度”。

2）将面积合理性和居住的舒适度综合考虑，张弛适度的设计、打造“物有所值”的产品。

（2）基本要素。

1）一般情况下主卧和客厅朝南，北向观景时客厅朝北主卧朝南。

2）动静分区，干湿分离。

3）大面宽，短进深。

（3）补充要素。

1）主卧套间，明厨明卫，步入式衣帽间等。

2）扩大室内观景面。

3）通过半室外空间增强与外部空间的联系。

2. 户型设计

（1）功能房间设计分析见表5-5-1。

表5-5-1　户型设计分析

户型	设计原则	对应客群	户型面积	设计要素	设计要点
舒适四房	位置、资源	高端客户，有较强支付能力，看重生活品质，注重产品的标签形式及身份感	140～144m²	南北通透，两卫以上、全明设计的前提下，可使用干湿分离，大面积阳台等手法提高舒适度	大面积观景阳台设计，达到室外景观延伸效果，卫生间干湿分离，提高舒适度，主客卧分离设计，保障私密性，主卧独立衣帽间，方便实用
舒适三房	舒适度、景观	有一定经济实力的改善型客户，看重项目优质环境的打造，注重生活品质的提升	130～135m²	整体采光面要充足，尤其主卧采用大转角飘窗或弧形采光面，达到卧室采光及观景效果，主卧明卫设计，科学合理，增加居住舒适性	主客卧分区，保障私密性；独立衣帽间和主卧明卫设计，方便舒适；大面积观景阳台，包揽窗外美景，生活舒适惬意
紧凑三房	功能、赠送面积	首次置业或首改置业客户，追求居住的舒适度，但多少受经济实力的制约	105～125m²	整体采光面要充足，空间的划分更注重实用性	厨房设计紧凑，时尚实用，阳台、飘窗等作为赠送面积，增加室内空间，提升舒适生活品质
两房	布局、赠送面积	地缘性首次置业客户，临近工作地点或老家，看重高品质的项目规划	80～90m²（85m²、89m² 2+1户型）	南北通透或纯南向采光，功能丰富，南向大面积采光	可结合赠送面积，提高性价比，增加功能实用性，南向大面积采光设计，达到充分采光及观景效果

（2）入户花园。外界与室内的过渡，增加室内面积，提高居住舒适度。

（3）观景阳台。进深不小于2.2m，既可形成借景入室的效果，也可扩充居家的使用空间。

赠送10%～15%面积，主卧室L形步入式转角凸窗、外飘窗、南北双阳台等运用，临街高层赠送面积要在10%～15%之间。

（4）步入式衣柜。较大面积房间内设置步入式衣柜，活动面积在4m^{2}以上。

（5）独立洗衣房。洗衣间与冷阳台有效连接，同步实现洗衣、晾衣一体化的动线流程。

（6）动静分区。主人活动区与其他共有区域严格分开，设置独立的主人活动区，即将原有的主卧室放大为主卧区，可以包括独立的西式小厨房、休息区、衣帽间、洗漱、洗澡、卫生区、工作学习的小书房等。

（7）凸窗。建议广泛采用观景凸窗设计，增强室内空间感和采光面。

3. 户型配比建议

（1）电梯洋房户型配比建议见表5-5-2。

表5-5-2 电梯洋房户型配比

户　　型	户型形式	面积区间/m^2	套数	分配比例
紧凑三房	3+2+1	110～119	12	11.1%
舒适三房	3+2+2	120～129	48	44.4%
阔绰三房	3+2+2	130～139	30	27.8%
四房	4+2+2	140～145	18	16.7%
合计			108	100%

（2）小高层户型配比建议见表5-5-3。

表5-5-3 小高层户型配比

户型	户型形式	面积区间/m^2	套数	分配比例
两房	2+2+1	85	20	5.2%
	2+1	89	18	4.5%
紧凑三房	3+2+1	105～115	80	20.2%
舒适三房	3+2+2	116～125	130	32.8%
阔绰三房	3+2+2	126～135	130	32.8%
四房	4+2+2	143	18	4.5%
合计			396	100%

4. 户型分布建议

洋房层层退台，一楼均送50m^{2}左右院子。

3.4 配套设计建议

1. 教育配套

高标准双语幼儿园+知名小学（黄岗小学），提升项目美誉度，后期将作为项目的核心卖点。

2. 物业服务

建立项目独具特色的物业服务体系。

1）聘请知名物业管理公司管理或全程顾问，前期即可介入，在宣传中提升项目的高端形象。

2）建立智能化高标准的物业管理架构，提供人性化的酒店式管理服务。

3）针对高端产品，采用独立的组团式管理，提供更加细致入微的服务，如洋房组团服务部。

3. 医疗配套

完善区域内配套设施，将社区医疗卫生服务引入小区内部。

4. 商业配套

建议设置集中式商业，经营业态主要包含大型品牌超市、餐饮及服务等。

1）集中式商业在满足本社区基本需求的同时也可以辐射周边。

2）单层商业规模要达到3000m^2以上，方能满足品牌商家需求。

集中式商业建议：集中商业建议两层，面积建议在5000m^2左右，主要引入大型品牌超市。

5. 科技配套

结合市场与客户分析，建议采用安装成本较低，却能体现项目特色与增加项目竞争力的产品。

（1）社区公共直饮水系统。直饮水水质纯净，口感甜润，管网系统通过变频泵循环用紫外线杀菌消毒保鲜，确保直饮水无二次污染，使每时每刻的直饮水新鲜可口。直饮水非常适应于现代城市住宅小区、学校、办公大楼的需求，可以提高人民生活质量。

（2）地板辐射采暖系统。地板辐射采暖是以温度不高于60℃的热水作为热源，在埋置于地板下的盘管系统内循环流动，加热整个地板，通过地面均匀地向室内辐射散热的一种供暖方式。

（3）雾森系统。“雾森系统”就是采用高科技的手段把水以极细微的水粒喷出，形成颇似自然雾气的白色水雾，犹如“雾的森林”。改善空气质量，美化环境，以保湿、防尘、降温、造景为目的，在自然园林、环境景观等方面应用广泛。在项目中可作局部运用。

（4）灭蚊灯系统。光催化灭蚊器采用风机的涡流让蚊子风干脱水而死，没有电击捕蚊器的“啪啪”噪声，没有高压能防止意外。因此它更安全、可靠。针对项目水系景观设置，让住户在享受美景的时候拒绝被蚊蝇叮咬。

（5）垃圾处理系统。随着生活步伐的前进，人们对物质生活的需求不断提高，垃圾处理器带给人们的不仅是方便，更多的是惊喜，其轻轻一按，几十秒的时间，随着机器轻轻地转动，垃圾都将随水流进入下水系统。厨房不再有难闻的异味，蟑螂、蚊蝇等恼人的害虫将无踪迹，细菌从此也不再有藏身之处。垃圾处理器加盟让家务成为一项轻松而简洁的工作。安全可靠、快捷方便、环保节能。

（6）一键通呼救系统。如果遇到紧急情况需要求助，家里需要提供医疗看护和家政服务，社区的“空巢老人”该如何处理？一键通呼救系统可以让老人足不出户，就享受到相应的医疗服务，为家人安全保驾护航，让住户无后顾之忧。

（7）智能化系统。一卡通、门禁系统、燃气泄漏报警系统、背景音乐系统、彩色可视对讲系统、社区监控系统等。

6. 其他配套

（1）电梯（选用大品牌的适当价位产品）。

1）候梯区设立座位，方便等候并放置物品。

2）轿厢壁上离地0.9m和0.75m处均有扶手设置。

3）电梯配备光电管装置，防止夹伤。

（2）公共楼梯（选用大品牌的适当价位产品）。

1）楼梯转角处设置易识别的颜色和材质。

2）采用带平台的折跑楼梯。

（3）自行车棚及充电装置。楼宇间配备自行车、电动车车棚，并配备充电充气场所。

3.5　专业设计建议

依托项目定位、区位条件、市场机会点等，建议以生活类底商为主，不做专业市场。

3.6 展示设计建议

1. 景观示范区

(1) 黄河古道滨河生态景观带：呈现生态滨河风景。

(2) 褐石建筑景观示范区：展示褐石建筑及文化。

(3) 黄河古道滨河生态景观带景观打造建议：

1) 充分利用黄河古道水面，强调生态主题。

2) 增强景观的参与性和互动性（强调与水面的互动性）。

3) 圈定为项目专属生态走廊（不对外开放）。

2. 精装样板间

奢华精致的样板间。

1) 样板间的视觉冲击力极强，建议两套样板间：欧式和现代。

2) 模拟两个不同美国中产家庭，设定家庭成员并对每个成员进行描述，依此设计样板间。

3) 体现出富足和优雅的中产家庭生活场景。

（郑州深蓝房地产咨询有限公司）

【报告点评】

本文实际上是一篇客户市场调研报告和产品设计报告的组合。本文行文十分大胆新奇，不从传统的竞争市场开始调查，不去获取可能失真的市场数据，而是直接通过潜在购买者处调查，得出最真实的客户需求，立题新颖，调查翔实，结论中肯。在产品设计方面，由于是住宅物业，根据前期客户市场调查，相应的在住宅产品设计上有比较多的小创意，特别是提出在不需要设置的专业市场方面也给出了充足的理由，因此，只有掌握真实的数据资料，才能言之有物，做好房地产策划工作。

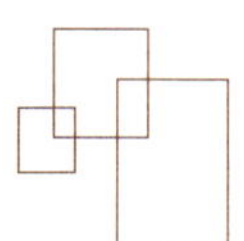

六、山东烟台俊城国际项目户型设计建议书

报 告 目 录

报 告 正 文

第一部分　市场调研情况初步分析

经过对周边项目的调研，我们对本区域市场特点有如下几点总结：

1）“南部新城”区域市场销售价格在均价 4000~5000 元/m^2 之间。

2）区域市场主力户型集中在 70~90m^2 左右，以两居室为主。

3）市场主流总价在 35 万~50 万元之间。

4）区域内户型设计较为单一，户型创新较少。

5）区域内项目品质多较为平庸，未出现具有引领区域市场能力的项目。

第二部分　客群定位

项目整体形象定位于综合品质高的学院派人文社区。考虑到项目的开发周期有可能相对较长，应通过区分不同物业类型、物业品质、总价范围，以满足不同档次的客户需求。因此项目的客群定位不是一成不变的，应该结合开发计划进行合理调整，逐步走高。

项目主要客群定位为：

1）原当地居民（项目前期及后期的主要构成人群）。

2）中高学历青年（项目热销期核心客群）。

3）投资客户（项目热销期核心客群）。

4）IT 及娱乐从业者（中后期随商业的衍生客群）。

5）教师及二次置业（本区高端产品的购买者，中期主要客群）。

客群集中于烟台地区，外地客户购买量视未来烟台开放程度决定。

而在进入成熟期后，项目的吸引力将辐射更大范围，项目所针对的目标客户也将从南城逐渐向芝罘区甚至整个烟台市扩展。

第三部分 项目整体设计建议

3.1 各分区整体定位

1. 项目整体分区

项目主要由 A、B、C 三区及部分公建组成，如图 5-6-1 所示。

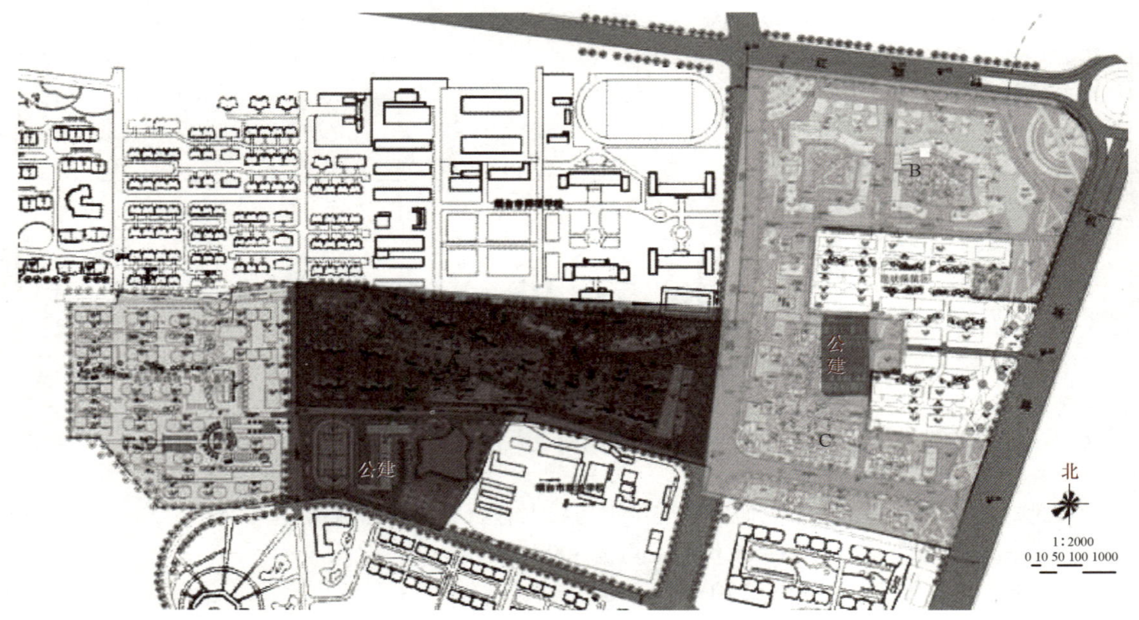

图 5-6-1 A、B、C 地块分布

2. 各地块优劣势分析

（1）A 地块。

1）优势。地块相对比较完整，临主干路部分较少，拥有较好的自然条件，有做高品质项目的可能性。而在该区域商业的面积较少，同时拥有大面积的多层、低层住宅，容易形成良好的居住氛围。

2）劣势。地块形状较为狭长，同时由于地势整体过低，容易对规划造成一定的影响。

（2）B 地块。

1）优势。地块相对比较完整，有做组团景观的可能性，对于提升项目价值有很大帮助，同时该地块位于交叉路口处，商业价值较高。

2）劣势。由于位于路口，对居住品质会造成一定的影响。

（3）C 地块。

1）优势。临青年南路部分较长，有很好的商业价值。

2）劣势。地块狭长，同时有道路穿过，很大程度上影响了项目的整体性；同时，东侧的现状楼对项目的品质将造成一定影响。

3. 分区定位

纯从居住品质方面看，经过以上分析，对三个分区可以得出如下结论：A>B>C。

因此在住宅部分，建议三个分区定位如下：A：中高档住宅区；B：中高档住宅区；C：中档住宅区（考虑安置部分回迁户）。

3.2 整体规划设计建议

今日的房地产理念已经不是十几年前的陈旧观念，越来越多的引领客户需求的规划设计新观念成为优秀项目的有力支撑点，不断推陈出新是取胜的关键，因此在规划设计中应强调理念的营造。

1. 强调“均好性”理念

在规划设计上以“均享”为原则，让每个住户都能尽可能平等地享受资源，都能获得等同的价值回报。要达到“均享”的目的，就要“分散”到每幢住宅前，每个院落里，甚至每户的窗前。也就确定了在社区的规划框架中要布置出多个景观“亮点”，实施“均享”理念。

1）强调景观的均享，强化窗前的视觉效果。

2）人车尽可能分流，以停车不破坏景观为主。

3）强调日照、朝向均好。

本项目既要照顾烟台地区客户对日照、朝向的要求，又要兼顾户户看景的需要进行设计，尽量使每户窗前有景，做好社区内园林建设，实现全景观设计。

2. “价值定位”理念

1）在规划的过程中，不是单纯追求平面构图，重要的是确定价值区域。

2）依确定的价值区域，确定每栋住宅中每户的户型，而不是先确定户型比。

3）反复调整低价位区的比例，消除低价位区，化不利为有利。

3. 重视谷地、草坪、树林、硬质景观的价值

对本项目建议加强具有特色的绿化景观设计，尤其是可以巧妙针对A区自然落差形成的山谷进行产品设计。而B、C区域虽然同样拥有地址自然落差，但是由于拆迁等不确定因素的影响，目前规划难以做出很强的针对性。

3.3 各分区产品搭配建议

根据对A、B、C三个地块的价值判断，得出了如下理解：

1）对于价值最高的A地块，应以价值的培育作为未来操盘的重点。因此，在此地块应尽可能多地保证低层、多层产品的出现，以提升项目整体档次，同时，在对该地块高层建筑的处理上，也应适当的采取组团化设计，以保证其中心景观区的形成。

2）对于居住价值相对较低的C地块，应主要用于解决资金的快速回收和还迁问题，因此产品应严格控制面积，以保证销售速度。

3）对于B地块，则应以市场主流产品作为产品定位，保证项目品质和销售速度的平衡。

基于以上理解，对项目各分区产品搭配做出了如下方向性建议：

1. 住宅部分

1）产品建筑形式为“低层+多层+高层”，其中低层及多层部分主要出现在A区，即A区为“低层+多层+高层”的组合，而B、C区均为纯粹高层产品。

2）户型面积搭配应整体满足“70/90”政策要求，根据各区定位不同，设计时应将超过90m^{2}的大户型多配置在A区低层及多层部分内，B区以市场主流的80~90m^{2}产品为主，而C区

则考虑以市场主流的 80~90m² 产品与满足还迁要求的 50~60m² 产品的结合。

由于拆迁等客观因素的影响，目前 B、C 区设计仅处于初级阶段，未来应结合市场的实际情况与拆迁进展情况及拆迁实际要求另行设计。

2. 商业部分

根据对 A、B、C 三区居住及商业价值的分析，建议尽可能地减少 A 区内的商业面积，同时将商业主要集中在 A、B、C 三区临青年南路或红旗路的部分。

3.4　立面风格建议

1）立面建议采用简约的现代风格，可考虑在 A 区塑造欧洲小镇的格调。材料运用注重质感体现，反映了俊城国际明显的风格。

2）利用简洁的现代建筑语言，加上色彩、材质的处理，配以不同的层数组合，使建筑群体高低有序，并且产生丰富的天际轮廓线。

3）单体设计除考虑其本身的精致，也要兼顾到整个群体的风格。在墙身屋顶色彩及端部造型都从整体效果把握做相应处理，使各期建筑风格统一富有变化。

4）建议利用窗户及阳台做适当的处理以提供趣味性的立面元素。

第四部分　A 地块户型设计建议

4.1　产品配比

A 区住宅产品建筑形式应为“低层+多层+高层”的组合，以下将分别对这三类产品的面积配比进行建议说明。

1. 低层

在低层类产品中，建议考虑采用叠拼别墅形式的类别墅产品。由于大面积户型在市场未来应属于稀缺产品，因此，低层的产品不宜设计得过分保守，建议此部分产品面积控制在 180~240m² 之间。

2. 多层

多层作为拉升俊城国际项目档次的重要支持，在设计时应更多地针对中高端客户。建议以面积较为适中的三居室（120~140m²）作为此部分的主力户型。此部分产品应多为花园洋房类产品。

多层面积配比见表 5-6-1。

表 5-6-1　多层面积配比

居室	面积/m²	占比
二居室	80~90	15%~22%
三居室	120~140	70%~75%
跃层	160~120	5%~15%

3. 高层

在高层产品中，由于是作为项目初期面市的产品，建议对高层产品的户型面积进行一定的控制，此部分产品应以功能较为全面的二居室为主，同时考虑部分个性化的二居跃层。

高层面积配比见表 5-6-2。

表 5-6-2　高层面积配比

居室	面积/m^2	占比
一居室	40～60	5%～10%
二居室	70～90	60%～65%
三居室	90～120	15%～20%
跃层	90～10	10%～15%

4.2　户型设计建议

1. 户型设计总体原则

1）考虑到烟台的气候及居住特点，朝向尽可能以正南向为主，最大限度地满足日照的需要。

2）注意把握房间尺度，适合功能的需要。

3）注意娱乐会客区和生活休憩区的分离，在功能上互不干扰，保证了卧室的私密性。

4）户型布置动静分区，户内交通顺畅面积紧凑。

5）强调室内外空间的互动。

6）强调户型设计中引入新理念。

2. 低层户型设计原则

1）强调各个空间的舒适度，尤其应注重“大主卧空间”的设计。

2）室内考虑部分采用共享空间的处理形式。

3）可以考虑除客厅之外再单独设立一个家庭厅。

4）卧室不宜过多，应在增加卧室面积的同时赋予卧室更多的功能性。

5）尽可能通过增加面宽来增加室内空间的采光。

3. 多层户型设计原则

1）强调主卧空间的舒适度。

2）可以考虑部分“反烟台常规”式的户型设计，避免“三卧室均朝南”等落后设计。

3）建议尽可能增加面宽。

4）可以考虑除“横厅”的设计，在此情况下可以接受三个卧室中只有主卧朝南。

5）可以考虑错层式设计。

6）考虑还原洋房退台式设计。

4. 高层户型设计原则

1）以控制面积为主要出发点，强调户型的功能性，对部分空间可以在保证功能性完整的同时对面积进行合理压缩。

2）尽可能避免两居室“客厅朝北，双卧室朝南”式的传统设计。

3）可以考虑小户型两居跃层式设计。

4.3　细节处理

1. 外檐

1）低层及多层外檐应考虑使用部分贴砖处理，体现品质感。高层及小高层外檐应考虑以涂料处理为主。

2）在外檐的处理中，还应富有变化性，以窗户、阳台、露台等空间的变化处理来丰富建筑的外形，同时增加户型的变化。

2. 飘窗

建议多采用飘窗设计，以增加户内实用空间。

3. 花园、露台等室外空间

在多层中，应尽可能实现首层带花园，其他各层有露台的设计。

4. 阳台

建议采用双阳台设计，即在封闭阳台外面设置景观阳台，即可满足观景需要，也可遮挡烟台的风沙天气。阳台设计成别致的造型，增加楼体的立面效果。增加灵活、生动的局部效果，体现以人为本、时尚、悠闲社区的定位。

4.4　A 区配套

1. 商业配套

为了保证项目一期能有较好的高档住宅氛围，建议将商业配套设施主要集中在后期开发的地块内。减少 A 区商业配套面积，并将商业配套集中配置在临青年南路一侧。

2. 会所配套

由于该地块定位于中高端，建议针对中高端客户配置一个中等规模的会所（2000m^2 左右），考虑到与其他各期的共用问题，建议将会所设置在青年南路一侧（可作为售楼处使用，不要求必须为独立建筑）。

（烟台市安居房产代理有限公司）

【报告点评】

本文是项目中某一个地块的户型设计建议，相对于大型报告来说，本文略显简单，但是由于这是户型设计建议书，所以在前期的市场调查部分及产品定位部分直接略去中间过程，简短点明项目的调查结果及定位内容，留出更多篇幅书写户型设计内容。

因此，在撰写策划报告内容时，要注意详略得当，简明扼要地指出其他和主旨有关联性但不是文章主题的内容，让整体显得重点突出，主旨明确。

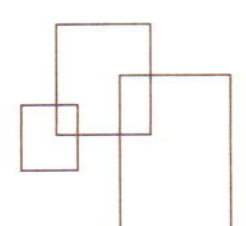

七、江苏昆山淀山湖项目方案及深化设计任务书

报告目录

报告正文

第一部分 项目概况及用地分析

1.1 地理位置

1. 项目位置

本项目地块位于上海、苏州、杭州三角地区的中心，坐落在昆山市淀山湖东北岸边，与上海旭宝高尔夫俱乐部毗邻（注：上海旭宝高尔夫俱乐部是亚洲十大高尔夫球场之一，消费客群层次较高）。

1）东面：彭远泾港，河道呈南北流向，河面宽约 20m，水质较好，可直通淀山湖，机械船 15 分钟便可到达。河面上有围养的鱼塘，河道东面有少量的农民自建房。彭远泾港河道是本项目东面的界线。

2）南面：建设中的中旭路，东西走向，路面宽 7m，中旭路南面是旭宝高尔夫俱乐部。中旭路距旭宝高尔夫俱乐部围墙约 16m。本项目南接中旭路。

3）西面：潮山港，河道南北流向，河面宽约 20m，水质较好，河道两侧是农田和少量的农房，潮山港河道是本项目的西边界线。

4）北面：永利路，东西走向，西起复行路，东至永利路，道路快车道宽约 16m，双向四车道，路面较好，行驶车辆较少，慢车道路幅宽 6m。道路两侧有大面积的农田和鱼塘，永利路是本项目地块的北面界限。

2. 宗地周边情况

宗地南靠旭宝高尔夫球场及中旭别墅区，西边为信义别墅区，北边为淀山湖镇，东北及东边被工业区围绕。

1.2　项目地块概况

项目规划总占地面积约为 66 万 m^2。项目整个地块呈不规则四边形，东面、西面有少量的农房，地块现状为大面积的农田和鱼塘。

本项目地块东西河道均可直通淀山湖。且东边河道稍窄，但航行时间较短；西边河道较宽，但航行时间稍长。该地块水资源很丰富，内部有纵横交错的河道，地下水的水层较浅、土质不好。由永利路至旭宝高尔夫俱乐部的旭宝路南北横穿该地块，该路面宽 15m。地块中间有一贯穿东西向的河流，被旭宝路分开，由一座桥相连，整体水系呈“H”状分布。该地块被自然的划分为四块。

1. 交通分析

本项目坐落在昆山淀山湖东北岸边，隶属淀山湖镇，本项目距离上海人民广场 41.5km，距离虹桥机场 28km，距离青浦工业园区 11km，距离昆山 28km，距离苏州 48km，距离淀山湖 3km，周边的工业区较多，道路交通系统设施完善，交通便捷。

具体交通道路网见表 5-7-1。

表 5-7-1　交通道路网

道路名称	道路走向	主要连接
沪青平高速	东西	青浦、上海
苏虹机场路	东西	苏州、虹桥机场
同三高速公路	南北	浙江、杭州

2. 周边配套设施情况

地块周边的居民稀少，周边生活机能和商业的配套设施不完善，目前区内的生活机能主要集中在淀山湖镇中心，具体情况见表 5-7-2。

表 5-7-2　周边项目概况

距离	主要生活配套/商业网点
3～5km	学校：淀山湖中学、淀山湖中心小学、淀山湖幼儿园 医院：淀山湖医院 银行：中国银行、建设银行、农业银行、信用社 超市：华联超市、华润超市 商业：淀山湖商厦、淀山湖商城 其他：文化娱乐中心、休闲度假中心

该地块周围正在开发的中旭、信义项目均为别墅项目。这两个项目都是中高档别墅，套型面积偏大，且中旭项目的绿化已基本做好。

3. 气候气象

昆山地属亚热带湿润季风气候区，一月均温 2.5 摄氏度，七月均温 28 摄氏度，无寒冬酷暑，全年气候宜人。

4. 淀山湖地区人文文化介绍

淀山湖位于上海市青浦区和江苏昆山市境内，是上海地区最大的淡水湖，被称为上海“后花园”，湖水面积 62km^2，为杭州西湖的 12 倍。

淀山湖湖水清澈，泊湾盘曲，岸线多变，形成了独特的淀山湖风光。淀山湖南岸的仿古大观园，水上运动场，上海国际乡村俱乐部等景点和建筑互连成片。

淀山湖湖畔北侧昆山境内，目前仅建有旭宝高尔夫俱乐部，其他综合配套不尽完善，与淀山湖上海境内的人文环境及配套有较大差距。

第二部分　项目定位及客源定位

2.1　项目定位

运动、休闲、健康、养生，演绎度假文化的生态别墅社区。

2.2　客源描述

以 30~45 岁具有一定素养、文化品位较高的城市中产阶级中上层为主要的潜在客户群体。

第三部分　项目设计要点及要求

3.1　总体规划建议

1. 规划设计原则

1）贯彻“以人为本”“尊重自然”、建设生态型，适于现代生活的，又具有鲜明个性的人性化居住空间。尊重人性和自然规律，力求做到产品生态化、环境生态化、社区规划生态化，将本项目打造成为一个集休闲、运动健身、健康养生和生态居住为一体的带有度假特征的别墅社区，创造一个低容积率、低密度、低污染、低噪声、高鲜氧的健康生态环保的高品质住宅群体。

2）设计主题围绕度假文化，在建筑设计风格上体现地中海风情。

3）在规划用地以及建筑产品设计上，遵循经济合理的原则，充分考虑产品的性价比。同时要考虑项目的可操作性和可持续性，以便于项目的分期开发和分期销售。项目设计应高度重视景观设计，建筑设计与景观设计相互配合，以充分达到两者的相互协调，强调建筑、景观及周边环境的融合。

4）针对目标客群的消费特征，设计充分体现具有度假特征的别墅社区特点与风格。

5）设计理念必须与项目开发的思路相协调。

2. 规划设计要点

1）规划面积：约 66 万 m^2。

2）用地性质：居住用地。

3）容积率：0.23~0.28。

4）建筑高度：别墅 2 层为主≤10m（可局部 3 层）；酒店式公寓≤6 层（≤20m）。

5）绿地率：≥50%。

6）建筑退让。退用地边界：东侧≥10m，南侧≥20m，西侧≥10m，北侧≥20m，沿旭宝路两侧≥20m；退河道控制线：西侧≥10m，东侧≥10m；退让的面积不能做建筑，但是可以做景观及室外活动用地。

7）配套设施：生活会所、运动会所（主）；相关生活配套设施；警卫室等相关管理、服务设施。

3. 规划设计建议

（1）功能分区。分为别墅区、酒店式公寓、主会所（运动会所）、生活会所、公共商业、户外活动区、示范区（样板区）、售楼处等。

（2）构图方式。可以采用组团式构图，整个小区分为若干个独立的组团，各个组团之间一方面要相互独立，另一方面要相互呼应，组团间可以绿化景观、水系或者道路系统区隔。每个组团统一在项目总体规划特色的同时要有各自的核心景观，即在满足均好性的同时具备差异性，形成不同居住组团各自的特色景观。

（3）社区配套。社区配套分为主会所、生活会所、酒店式公寓和公共商业四个部分，根据其定位、功能以及目标消费客群的差异性，结合其服务半径，合理布置不同配套的不同位置。

（4）道路系统。

1）交通道路应合理分流，减少对居住的影响。住区道路系统要分级明显，架构清楚。

2）在保证通达性的同时要考虑经济性，考虑尽量多的南北朝向的别墅，压缩道路面积，在最大程度上增大庭院面积，保证私家庭院的完整性。

3）交通中以人为本，不能让车流干扰居住环境，有条件可人车分流。交通道路要以方便居民出入、迁居，满足消防、救护需要，减少对住户的干扰。尽量在机动车道两侧或一侧考虑步道，保证行人安全，并且考虑无障碍系统设计，真正做到以人为本。

4）道路设计要以保证住户的安宁和私密性为原则进行布置，从而达到通达性、安全性、方便性、经济性、一体性和多层次性的要求。

5）组团内道路设计可参考 RMJM 公司方案中交通道路系统设计。

（5）社区入口。分为主入口、别墅住区入口、会所商业入口和服务性入口。

1）主入口：该入口为整个项目入口，紧密结合整体规划，并充分考虑景观设计、交通组织设计，力求做到充分体现其形象性、标志性，在第一时间给人以强烈的视觉冲击力。

2）别墅住区入口：别墅区住区的入口，设计中要考虑到交通组织设计，并且要尽量便于今后的物业管理。

3）会所/商业入口：该入口针对会所、商业区的人流和车流，将其与别墅区分开，避免干扰别墅区业主的日常生活。

4）服务性入口：该入口是仅为管理服务人员及服务车辆专设，如垃圾车、工具车，物业管理服务人员可以直接出入，平时不对住区业主开发。该入口应该比较隐蔽、便捷，以便于内部管理。

（6）车位配比。

1）别墅区考虑一定的访客车位。

2）酒店式公寓车位不低于 0.5 车位/户，并考虑一定的访客车位，尽量设置地上停车位。

3）会所及商业配套部分设置地上停车位。

3.2 独栋别墅产品建议

1. 产品风格建议

1）抛弃纯现代建筑风格，吸收地中海周边传统别墅的典雅风格特征，同时能充分体现项目的度假型特征和时代精神，满足现代生活方式。

2）采用坡屋顶，立面建议部分以石料、花岗石砖、面砖或仿天然花岗石砖贴面等与涂料搭配，使立面体现出强烈的质感，以提高产品整体的品质感。

3）每个建筑单体尽量考虑与景观的融合，使两者共同体现本规划设计的特色。

2. 产品类型及配比

1）根据市场分析建议，产品类型包括独栋别墅、酒店式公寓及相关配套。

2）面积配比。

从市场的角度出发，参照主力户型总价及所需实现的功能，建议独栋别墅的主力面积为

250m² 左右。其详细套型配比见表 5-7-3。

表 5-7-3 详细套型配比

	单体面积/m²	数量配比
独栋别墅	220~260	60%
	300~340	25%
	400 左右	15%

3. 一期开发范围及房型配比

（1）位置。旭宝路西侧地块、旭宝路、中心公园、生活会所、中心湖主体将旭宝路西侧地块作为整体考虑，保证该地块的完整性，提升地块价值。

通过对旭宝路的亮化改造以及旭宝路两侧景观的建设，提升整体项目形象，为后期项目升级打好基础。

（2）分期说明。

1）第一片区。开发顺序：项目主广场→售楼处及示范区→第一片区别墅→中心湖主体开挖、中心公园广场建设、生活会所建设（注："→" 表示逻辑先后关系，"、" 表示并列关系）。

完成项目主广场的建设，为项目的推出作准备，增强项目冲击力。

完成售楼处及示范区建设，给客户一个更加直观的冲击，使项目具备销售条件。

售楼处及示范区完成后，推出第一片区别墅。通过该片区产品入市，验证项目定位，为后期产品优化作准备。

建设第一片区别墅、配套及景观，完成该片区内旭宝路出行及两侧景观建设。

完成中心公园广场、中心湖、生活会所的建设，通过这些工程，优化区域环境，增强客户信心。

2）第二片区。开发顺序：第一片区别墅→第二片区别墅→旭宝路及两侧景观。

一片区销售完成后，紧随其后推出第二片区。该片区南靠高尔夫球场，位置优于第一片区。在客户保持项目新鲜感的同时，开始利用生活会所及中心公园、中心湖作为卖点，创造第一个销售高潮，提高销售速度。

建设第二片区，完成片区内旭宝路的出新及两侧景观建设，使旭宝路成为项目的宣传大道，再次提升项目形象，为后期开发提供一大卖点。

第二片区销售结束后，已完成整个项目开发体量的 30% 左右，并实现相应的销售额，为项目后期开发奠定基础

（3）房型配比见表 5-7-4。

表 5-7-4 一期房型配比

	单体面积/m²	数量配比
独栋别墅	220~260	70%
	300~340	20%
	400 左右	10%

4. 产品房型及功能建议

（1）设计原则。根据市场定位报告，本项目为具有休闲度假特征的别墅社区，因此，在房型的功能布局上要符合休闲度假型别墅的特点，要契合目标客户的喜好。应体现舒适性、功能性、合理性、私密性、美观性和经济性。布局在社交、功能、私人空间上应该进行有效分隔。

（2）功能区建议。一方面，由于别墅单体面积较小，不可能把每一个功能区都做得尽善尽美；另一方面，客户需求千差万别，对房间功能的定义也有自己的想法。因此对各功能区灵活定

位，给客户充分的自由，也尽量提高空间的利用率。

以下是对几个主要的功能区说明：

1）客厅：作为度假别墅内主要的公共活动功能区，客厅主要是满足家庭和度假同伴公共活动的需求。建议客厅尽可能朝南，保证采光，并尽量考虑与室外景观的沟通，部分户型可以考虑在客厅外接一个阳光露台，尽量增强与室外的交流，在有可能的情况下尽量考虑挑高。

2）厨房：厨房要把握其尺度的合理性，320m^2 以上户型在尺度上可考虑设置中西厨房。

3）主卧、主卫：充分考虑采光和与室外景观的呼应，其中主卧卫生间要舒适、宽敞、通透，给业主自由装修的空间。

4）更衣室：满足一般性要求即可。

5）车库及车位：250m^2 左右的部分户型建议采用室外车位；室外车位要与庭院景观以及公共景观设计相结合，在材质、色彩上要尽量自然，注意与整体景观相协调。320m^2 左右的户型可以配置单车库，部分户型再加一个室外车位；400m^2 左右的户型可配置室内双车库。

6）露台：①一层露台：此部分露台主要的功能是作为室内外空间的过渡区，也是室外活动的重要区域。②二层露台：尽量保证足够的露台空间，给人与大自然充分接触的机会。

7）游泳池：400m^2 以下的户型不考虑游泳池，但考虑管线接口；400m^2 以上的户型部分可配置游泳池，游泳池的设计应与建筑及庭院整体考虑，增强其实用性。

8）工人房：工人房设计以经济合理为原则，设独立的卫生间。

9）私家游艇码头：水岸边可以穿插部分的亲水码头、亲水平台，以增强景观效果以及实用功能，与整体规划和景观设计相结合，在功能定义上具有多样性，可以作为庭院景观或者公共景观的一部分，作为业主活动、休憩和亲近自然的一个空间。

10）壁炉：部分户型考虑设置壁炉。

（3）主要功能尺度建议。

1）220～260m^2 左右户型尺度见表 5-7-5。

表 5-7-5 220～260m^2 左右户型尺度

内部功能	数　量	辅助功能	主要尺度
客厅	1		开间≥5m
餐厅	1		
厨房	1		
主卧	1		开间≥4.5m
主卫	1	步入式更衣间	面积≥12m^2
次卧	2～3	有一个可作书房	
卫生间	2		面积≥6m^2
车库	1		部分室外车位
工人区	1	工人房、独立卫生间	10m^2 左右
其他功能空间		由设计方酌情考虑	

2）300～340m^2 左右户型尺度见表 5-7-6。

表 5-7-6 300～340m^2 左右户型尺度表

内部功能	数　量	辅助功能	主要尺度
客厅	1		开间≥6m
家庭室	1		
餐厅	1		
厨房	1	中西厨房兼顾	

（续）

内部功能	数　量	辅助功能	主要尺度
主卧	1		开间≥4.5m
主卫	1	步入式更衣间	面积≥15m^2
次卧	3~4	有一个可作书房	
卫生间	2		面积≥6m^2
车库	1		单室内车库
工人区	1	工人房、洗衣房、独立卫生间	10m^2 左右
其他功能空间		由设计方酌情考虑	

3）400m^2 左右户型尺度见表 5-7-7。

表 5-7-7　400m^2 左右户型尺度

内部功能	数　量	辅助功能	主要尺度
客厅	1		开间≥6m
家庭室			
餐厅	1		
厨房	1	中西厨房兼顾	
主卧	1		开间≥4.5m
主卫	1	步入式更衣间	面积≥15m^2
次卧	3~4	有一个可作书房	
卫生间	2		面积≥6m^2
车库	1		双室内车库
工人区	1	工人房、洗衣房、独立卫生间	12m^2 左右
其他功能空间		由设计方酌情考虑	

（4）单体庭院建议。

1）庭院是单体建筑的补充和衬托，力求最大限度地完善不同方位的院落与室内在行动、视线、景观等关系的处理。考虑私家庭院与公共景观之间的融合。私家花园的围合形式力求多样化，丰富视觉效果，同时考虑对私密性的保护。

2）庭院尺寸建议见表 5-7-8。

表 5-7-8　庭院尺寸建议

户型/m^2	单位占地	花园面积
220~260	≥0.8 亩	≥400m^2
300~340	≥1.0 亩	≥500m^2
400	≥1.2 亩	≥600m^2

（5）产品升级建议。

1）后期部分产品要考虑市场需求的升级，调整产品的类型，对产品面积、功能进行调整。

2）在后期预留比较大的单体基地位置，以便后期根据市场情况推出高总价产品。

（6）样板区建议。

1）样板房：在样板区别墅中共选择十套左右作为样板房，用来展示别墅室内户型特色以及功能分区，并在 250m^2 左右、320m^2 左右、400m^2 左右三类户型中各选择一套较典型的户型进行精装修。

2）售楼处：总面积为 700~800m^2，共两层。

内部主要空间分布：①一层：模型区、放映区、贵宾洽谈区。②二层：办公区。③模型区：面积不小于 25m×15m，放置一个大模型以及若干单体模型，边缘布置 3~4 组洽谈桌。④放映区：大约为 30~40m^2，用于放映三维动画影片，布置成家庭影院的样子。客户进入售楼处后，首先由业务员带到这里观看三维动画影片，对项目有一个感性理解后才参观模型。贵宾洽谈区：建议做1~2个相对私密的“红酒雪茄”室（一大一小），内部可分别容纳3~4人、5~6人，用以进行深度洽谈和未来签约之用。⑤办公区：所有办公室都集中在二层。

3）景观：整个景观区形成一个较为完整和独立的景观区，并考虑与后续小区的结合。

3.3　酒店式公寓建议

酒店式公寓共10000m^{2}左右。

1. 位置建议

希望能从酒店式公寓的功能及性质考虑，尽量与主会所或商业配套区设计在一起，以满足其对配套服务的需求。在道路系统中要充分考虑到尽量减少对别墅区域的干扰。

酒店式公寓的位置要能考虑到它的南北朝向的景观。

2. 总体格局

如果与主会所规划在一起，可利用主会所作为酒店式公寓的大堂。如果是与主会所分开设计，需考虑大堂或类似其功能的设计。

建筑形式采用条型或点式布局，避免筒子楼或传统公寓的形式，建议4~6层退台式的形式，考虑电梯。

3. 立面风格

建议采用坡屋顶，古典与现代风格相结合的外立面，整体风格要与别墅风格一致，并且要与社区公共环境以及社区外围环境有机地融合。

4. 套型建议

（1）功能空间布局。酒店式公寓应该既有公寓的私密性和居住氛围，又有高档酒店的良好环境和专业服务。小面积套型（建面40m^{2}左右）可考虑无厨房设计，以保证其他空间的舒适度。考虑项目的度假性和休闲性，体现其浪漫生活方式，可结合退层式的外立面设计阳台、大露台、大飘窗或落地窗，格局要紧凑，通透、简洁明了。要能够针对客源，从他们希望的生活方式去考虑设计套型。要具备客厅、卧室、卫生间、阳台、厨房（无厨房设计的尽量考虑预留上下水）的功能。

（2）面积尺度。酒店式公寓单体建筑面积在40~60m^{2}左右。面宽不小于3.6m，卫生间的尺度充分考虑到起居的舒适性，可考虑半通透设计。厨房的尺度仅满足其简易功能即可，有厨房的套型建议就近设置一个餐厅区域。

（3）套型配比见表5-7-9。

表5-7-9　套型比例配比

	单体面积	设计比例
酒店式公寓	40m^{2}左右	50%
	60m^{2}左右	50%

3.4　社区公共配套

1. 会所配套分布位置建议

1）商业配套应尽量在地块北侧永利路路边。

2）生活会所的位置尽量深入到小区中心，使其服务半径能有效地覆盖小区。

3）运动会所的摆放位置要考虑三个原则，一是要处在商业配套和生活会所中间，作为二者在项目整体布局上的连接；二是要考虑其对外的开放性，不能过于深入小区腹地；三是要尽量处于园区主干道的旁边。

2. 会所功能建议

（1）生活会所：总建筑面积 2300m²。包括一个 1500m² 左右的主要生活会所，位置在中心湖景区。

在组团中心设置 200m² 左右的小型辅助生活会所，数量在四个左右，总面积 800m² 左右。用以体现组团主题特色，并在功能划分上根据不同组团的需要有所侧重，相互补充。

1）主生活会所功能建议。

中西餐吧：300～400m²（可分区提供简餐、咖啡、酒水等）。

医疗保健室：50～100m²。

宠物寄养中心：30～50m²。

商务中心：20m²。

自助银行 ATM 机，摆放在适当地方。

洗衣店：50m² 左右。

家政中心+园艺房：共计 50m²。

儿童托管中心+儿童活动室：共计 100m²。

便利店：100m² 左右。

2）休闲配套建议。

红酒雪茄吧：200～300m²（包间形式）。

小型健身中心：100m² 左右，考虑更衣。

总计：1500m。

（2）辅助生活会所功能设置建议。

户外活动场所配套会所，提供更衣、饮料等服务场所。

高尔夫果岭会所，设置休息区、设备陈列区、更衣区、饮料区等。

特色咖啡屋等并请设计方根据各组团建筑特色和景观主题提出相关功能设置建议。

（3）运动会所（主会所）：总建筑面积 7000～8000m²。

1）基本配套。

超市：300～400m²。

美容美发店：100m²。

乒乓球馆：6 张乒乓球桌+休息区。

壁球室：2 个壁球室+休息区，桌球室，共计 4 张球台（2 张美式球台、2 张思诺克球台）。

健身中心：分为器械区和跳操区，共计 600m²。

洗浴中心：初步定为 600m²，如考虑酒店式公寓住户可增加。

游泳池：（室内 25m×15m）+更衣区+儿童戏水区+休息区。共计 1000m²。

2）中档配套。

羽毛球馆：600m²（初步估计）。

小型电影院：800～1000m²，可与会议中心结合。

多媒体会议室：4～6 个包间，共计 300m²。

餐饮：面积在 800m² 左右。

3）创新配套。

武术馆（剑术、搏击等）：200m²。

射箭馆：500m²。

星级水上俱乐部：200m²（室内交流区及配套）。

总计：约7000～8000m²。

3. 商业配套

基于本项目开发规模较大，在整体布局上可考虑在靠近地块北面永利路区域预留一定的商业配套区域，建筑面积在10000m²以上。作为对会所的补充配套，要求以对外服务型为主。

4. 室外露天活动场所

1）主要面向本社区业主，兼对外服务。露天活动场所可以使人与大自然亲密接触，引导其健康的户外生活方式。

2）设计时要体现本项目绿色、健康、休闲的特点，同时要将与周边环境景观融合，尽量与其做成景观的一部分。

3）所包括的活动项目可以由设计师自行决定，要考虑服务半径，尽量做到均好性，使得每个组团都有其自有的活动场所和项目。

4）参考的活动项目：标准室外网球场、多功能草坪（室外足球、排球、藤球）、丛林垂钓烧烤区（结合水岸绿化考虑）、水上休闲运动项目。

3.5　景观设计建议

1. 总体景观设计建议

充分利用基地的自然状况，并加以研究和利用，注重空间关系的处理和发挥，使之与整体建筑风格相融合和协调，其中包括道路的布置、水景的组织、路面的铺砌、照明设计、小品的设计、公共设施的处理等。并且，总体景观设计必须呼应总体规划设计整体风格的主题，硬质景观要同绿化等软质景观相协调。

要把握以下原则：

1）景观设计要体现项目休闲度假的特色。

2）考虑分期开发，每个组团在项目总体景观特色下，要有自己鲜明的景观主题。

3）南部组团在景观设计中要充分考虑利用现有的旭宝高尔夫景观资源，可以增加部分地块起伏。

2. 私家园林景观设计建议

1）别墅的庭院绿化是根据不同的户型特征进行庭园绿化，别墅是非常个性化的，所以在庭院绿化上根据不同户型的建筑特征进行设计，运用不同的造景手法，植物搭配形式来突出每种户型的个性特征，营造出层次丰富、多意境的空间景观效果，做到移步换景。

2）植被选择要适应当地气候特征。

3）采用借景的手法，充分利用周围的自然元素，使庭园环境与公共环境和谐统一。

4）设计过程中要考虑多种围合方式，保证私家花园的私密性、完整性，要有其独有的特征，具有其标志性。

5）选用以符合当地气候条件的高大树种植物作为庭园的观赏植物，渲染出别墅庭院温馨、休闲的私密空间气氛。

3. 公共景观设计建议

本项目地块有大量的鱼塘和农田，地势基本没有高低起伏，较为平坦，河道面积较大，水资源丰富。但是，另一方面与周边其他的项目相比较，本项目不临淀山湖，因此，内部自身的景观营造就显得尤为重要。分析本项目基地条件，尽量利用现有资源，考虑生态环境，并按生态要

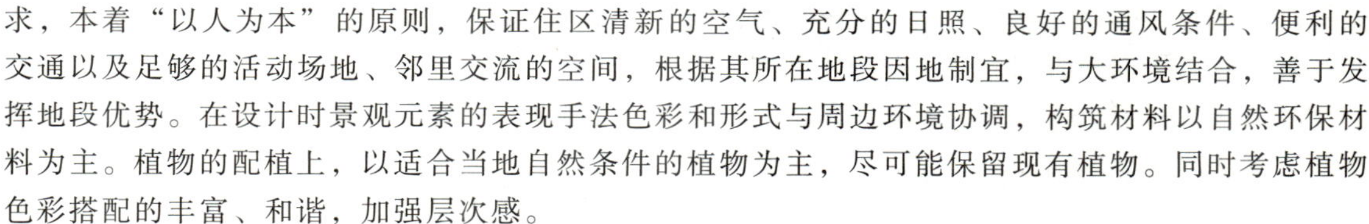

求，本着“以人为本”的原则，保证住区清新的空气、充分的日照、良好的通风条件、便利的交通以及足够的活动场地、邻里交流的空间，根据其所在地段因地制宜，与大环境结合，善于发挥地段优势。在设计时景观元素的表现手法色彩和形式与周边环境协调，构筑材料以自然环保材料为主。植物的配植上，以适合当地自然条件的植物为主，尽可能保留现有植物。同时考虑植物色彩搭配的丰富、和谐，加强层次感。

4. 道路景观设计

1）环境景观道路要求道路有生动曲折的布局，要通过道路引人入胜，引导居住者进入情景之中，要做到“出人意料，入人意中”，通过巧妙布置，给人带来美的感受。

2）道路线型要优美流畅、容易认知，道路系统清晰、断面组织与路面铺装合理。

3）道路两旁的植物配置要有层次性且在主景观道路两旁设置休憩场所，增加人文气息。

5. 水体景观设计

本地块的水资源丰富，水景将是公共景观的主体，因此，水景的设计在整个景观设计中将占有极其重要的地位。

由于本地块有天然的水资源，因此，水景设计的时候要考虑天然水景和人工水景相结合的方式。在水景设计的过程中，不仅要考虑景观手法和文化表现，还要同步考虑水质的保护和治理问题。

水景运用应该注意与小区空间环境尺度匹配，并应协调与植被用地的关系。水体形态、大小尺度应与小区建筑、交通组织，彼此协调统一，构成呼应关系。

水景设计应注意其观赏视点的设置和安排，处理好与建筑、植物、山石、路径、场所等空间关系，全面兼顾不同视角、方位的视觉轴线的景观效果，以及构图的平衡、匀称，空间层次的丰富与和谐等。同时，还应充分运用水中倒影的构景作用以扩大景观空间，使景观空间因“水”而活。

可利用人工半岛、人工小岛、水生植物以及小桥、廊桥等为隔断，来丰富水面的空间层次，并以此延伸人的视觉空间，产生以小见大的空间感受。

第四部分　递交设计文件的内容

4.1　设计成果用地现状、区域分析图

1）规划总平面图（含经济技术指标）。

2）规划空间结构分析。

3）景观、绿化规划图。

4）交通系统分析图。

5）日照分析图。

6）用地竖向规划图。

7）综合管线规划图。

8）鸟瞰图。

9）主要街景彩色立面图。

10）反映设计意图的透视图（总数不少于 3 张）。

11）地下室平面图。

12）道路断面与地下空间、管线处理分析图。

13）单体主要平面布置图、立面图、剖面图。

14）组合平面布置图。

15）项目主要出入口等节点放大图。

4.2　设计成果形式及数量

1）方案文本提供数量为4~6本。

2）方案设计成果为1份光盘。

3）供展示的彩板1套。

4.3　方案数量

要求在出正式方案前提供不少于两个规划方案供比较选择，经讨论确定后出正式文本。

（杭州尚锐房地产策划有限公司）

【报告点评】

这并非一篇完整的规划设计报告，而是在签订合同之前所作的简单规划设计报告，也可看作是规划设计任务书。具体内容需要签订合同并讨论确定后方能编写。

此报告虽简单，但其中也有值得学习的地方。首先作项目及用地分析，得出项目定位——“运动、休闲、健康、养生，演绎度假文化的生态别墅社区”，和客户定位——以30~45岁具有一定素养、文化品位较高的城市中产阶级中上层为主要的潜在客户群体。接着后续的规划设计均是围绕着项目定位和客户群而展开，这样不会让最终规划设计结果偏离市场。

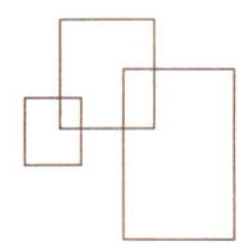

八、广东深圳绿景梅林项目规划设计任务书

报告目录

报告正文

第一部分　项目概况

1.1　项目区位

项目位于香蜜湖北侧、福田中心区北，北部近邻梅林水库与塘朗山，南部近莲花山公园，地理位置优越。具体位置为梅林路与北环大道交汇处，为关内中心罕有的居住商业用地。

1.2　项目四至

项目分为1和2地块，1地块西至公交站，东至下梅林民房，南至2地块，北至下梅林成片民房；2地块西至××旧小区，东至下梅林民房，南至北环大道，北至2地块。

1.3　项目现状

地块平整，地块内有300多年古榕树，具有一定文化资源积淀及人文景观价值。

1.4　项目景观

项目三面看山一面向海，具有较好的景观资源，高层单位可观塘朗山、莲花山山景及梅林水库。

第二部分　主要技术经济指标

主要技术经济指标见表5-8-1。

表 5-8-1 主要技术经济指标

地块编号		2-08	2-09
用地性质		二类居住用地	二类居住用地
容积率		6.5	6.8
建筑密度		45%	45%
绿地率		30%	30%
车位		200	1100
用地面积		5196m²	27153m²
总建筑面		33774m²	184640m²
总建筑面合计		218414m²	
住宅建筑面积	精品住宅	105414m²（含 10000m² 回购返迁房）	
	服务式公寓	20000m²	
	返迁房	53000m²	
	合计	178414m²	
商业建筑面积		40000m²（7000m² 为返迁面积）	

第三部分 项目发展目标及定位

3.1 项目发展目标

期望本项目成为：

1）集深圳改革开放 30 年与绿景 15 年经验的精华作品。

2）深圳房地产新的标杆，全国房地产学习的新样板。

3）建立绿景地产市场领先企业形象，实现品牌增值。

4）实现经济效益与社会效益最大化。

3.2 项目定位

1. 客户定位

1）核心客户：福田约占 60%～70%。

2）重点客户：罗湖、南山、关外区域约占 20%～30%。

3）游离、偶得客户：珠三角、港澳约占 5%～10%。

2. 档次定位

高端/中高端产品、高端形象。

3. 整体物业定位

后中央时代 · 21 万 m² · 都会梦想住界。

4. 整体形象主题定位（图 5-8-1）

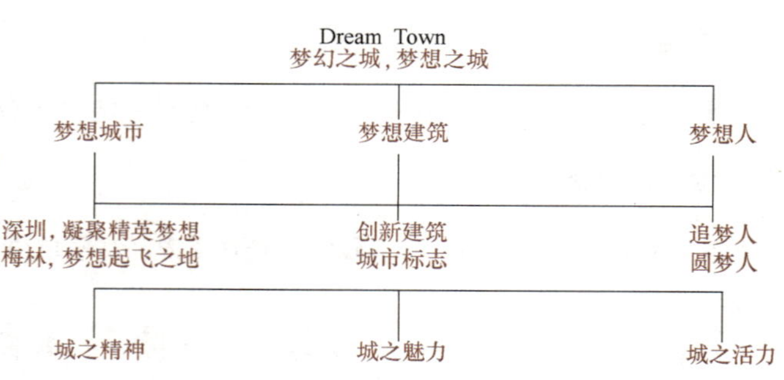

图 5-8-1 形象主题定位

5. 商业主题定位

Simple Life · 梅林-泛 CBD · 简单生活方式中心。

注：6 合 1——Simple Life 新主张，涵括欢聚、美食、资讯、娱乐、会员、购物 6 种现代都市最为主流的消费

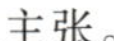

主张。

6. 户型产品定位

本项目住宅部分分为 3 大块，分别为精品住宅、服务式公寓、返迁房，由于各板块的特殊性，户型定位也将分块确定，具体见表 5-8-2～表 5-8-5。

表 5-8-2　精品住宅户型定位

户型	建筑面积 /m^2	实际房型	送面积比	实用面积 /m^2	建面配比	分面积比例	分套数	套数	套数比	借鉴案例
一房	45～55	1+1\1.5 房	15%～20%	52～66	8%	60%	112	173	13%	诺德国际
	55～60	小复式一房	70%	94～102		40%	61			天健时尚
两房	65～75	2+1 户型	25%～30%	81～98	45%	40%	271	627	47%	玲珑寓
	80～85	大 2+1(或 2+2)户型	30%	104～111		40%	237			金域华府
	80～89	复式 2 房	70%	136～151		20%	119			曦湾
三房	85～89	舒适 3 房	30%	111～116	38%	50%	236	447	34%	诺德国际
	95～110	3+1	30%	124～143		50%	211			公园大地
四房	70+50	两代居双拼	25%	150	9%	40%	32	73	6%	溪山/龙岸
	135～150	舒适 4 房	20%～25%	162～188		40%	28			诺德国际
	150～180	享受型 4 房	20%～25%	180～225		20%	13			依云伴山

注：1. 上述测算总建筑面积按 105414m^2 计，共约 1320 套，户均面积 80m^2。
2. 平层户型 1140 套，复式户型 180 套，平层占套数比约 86%，复式占套数比约 14%。
3. 本户型配比满足 90/70 要求，建筑面积在 90m^2 以下的户型占总建筑面积比 75%以上，而实际使用面积在 90m^2 以上的近 90%。

表 5-8-3　服务式公寓户型定位

单间		一房		两房		三房		四房		总套数	总面积 /m^2
面积/m^2	套数	面积/m^2	套数	面积/m^2	套数	面积/m^2	套数	面积/m^2	套数		
45～55	30	60～65	100	75～85	80	95～120	20	—	—	230	18250

注：参考奥克伍德沙河世纪店。

表 5-8-4　服务式公共设施面积建议

前台	300	会所	600
后勤	400	餐厅(早餐)	200
商务中心	300	面积合计	1800

表 5-8-5　返迁房户型配比

户型	建筑面积	建面配比	分面积比例	分套数	套数比
两房	75～85m^2	30%	—	212	39%
三房	95～110m^2	55%	50%	153	28%
	120～130m^2		50%	121	22%
四房	140～160m^2	15%	—	57	11%

注：返迁房面积遵循以下原则。1. 避免与精品住宅户型产生冲突。2. 满足当地村民的主流需求。3. 成本控制，传统居家户型，做户型创新设计，在整体立面风格上协调一致。

第四部分 规划设计理念原则

4.1 规划设计思路

规划设计思路如图 5-8-2 所示。

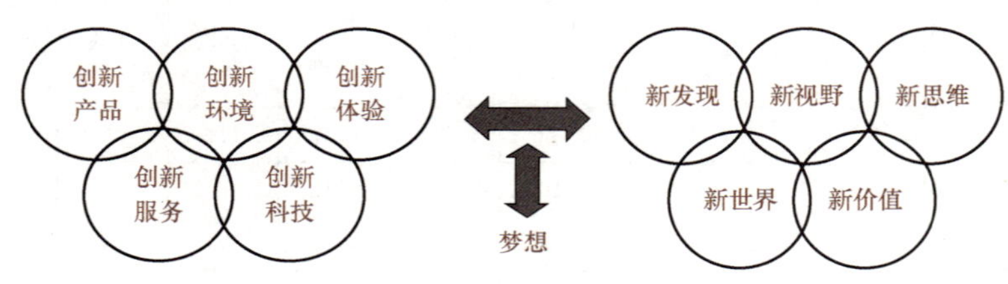

图 5-8-2 规划设计思路

4.2 规划设计理念

1. 总体规划设计理念

都会新地标，创意 IN 生活。

2. 总体规划设计理念详解

（1）倡导全新高品质都市生活。

1）都会中心的优质生活。

2）绿色健康的生态生活。

3）城市精英的品位生活。

4）舒适休闲的便利生活。

（2）提供高尚创意生活空间。

1）多样化创新创意的效能户型。

2）开放、健康的居住空间。

3）主题生态立体的环境空间。

4）高尚完善细致的配套。

4.3 规划设计原则

1. 开放化（Open）——共享空间营造关键点

1）公共空间。

2）过渡空间。

3）开放空间。

2. 国际化（International）——与世界优质生活同步

1）国际化视野：开放的、包容的、多元化的、和谐的、共赢的。

2）国际化理念：现代的、简约的、人性的、个性的、绿色节能的。

3）国际化品质：精细的、精致的、先进的、细节化的。

3. 人性化（Humanistic）——人文关怀体现于建筑设计的细节

1）无障碍设计。

2）舒适的休憩空间。

3）多样化的亚空间。

4）自然的过渡空间。

4. 精细化（Refined）——精细化追求是品质感的体现之一

1）精细化于环境。

2）精细化于建筑。

5. 效益化（Beneficial）——追求经济效益、社会效益、环境效益的协调统一

1）经济效益。

2）社会效益。

3）环境效益。

第五部分　规划设计建议

5.1　建筑形态

1）项目两地块容积率分别高达6.5与6.8，应是高层建筑住宅小区。但为优化社区的环境和居住舒适度，可考虑发展超高层建筑。

2）对于超高层的量应在优先考虑社区空间舒适的前提下，再结合市场接受度、地块开发风险、建造成本等综合考虑。

5.2　建筑风格

为把项目打造成创时代的新作品，同时结合项目区位、地块条件、发展定位，建议本项目建筑风格为：时尚+质感+生态+适度公建化，打造“东方月光宝盒”风格立面。

（1）阿联酋公寓综合体。取材于传统中东文化图案，这种立面造型图案在白天是遮蔽酷暑阳光的遮阳装置，在夜晚通过照明装置将纹样映射得流光溢彩，好似当地传统的阿拉伯宝盒。震撼的视觉效果，为阿联酋地区司空见惯的高楼林立创造了清新一景。

（2）参考项目1：龙湖MOCO。外部表皮提供一种隔离层：充气后作缓冲层，建造绿色可持续建筑。

5.3　住宅户型建筑设计建议

1. 满足住宅的合理性标准

1）住宅户型在满足其定量的性能标准时，还需满足住宅的合理性标准。户型室内“四明设计”，住宅户内，实现“明厅、明房、明厨、明卫”，除了储藏室、衣帽间、小户型的卫生间外，所有房厅均能实现自然通风采光。

2）塔楼内公共空间实现“明电梯间、明消防楼梯、明公共走道”，即公共空间能够自然通风采光。

3）保证合理的户型空间布局，户型方正实用。

4）每户至少两个阳台。

5）每户预留鞋柜空间。

6）动静分区（四房以上大户型可采用跃式分区——2~3级踏步）。

7）三房及以上户型户户有开敞的景观视野。

8）三房及以上户型保证主卧向南，客厅尽可能向南。

9）公用卫生间干湿分离，方便使用。

10）三房及以上户型餐厅相对独立，能够自然采光通风；大三房及以上户型设步入式衣帽间。

按以下次序最大化安排理想朝向，也是客户对朝向的选择：南向>东南向>西南向>东向>东北向>北向>西向>西北向，方向朝向>自然景观>小区景观。

具体如图5-8-3所示。

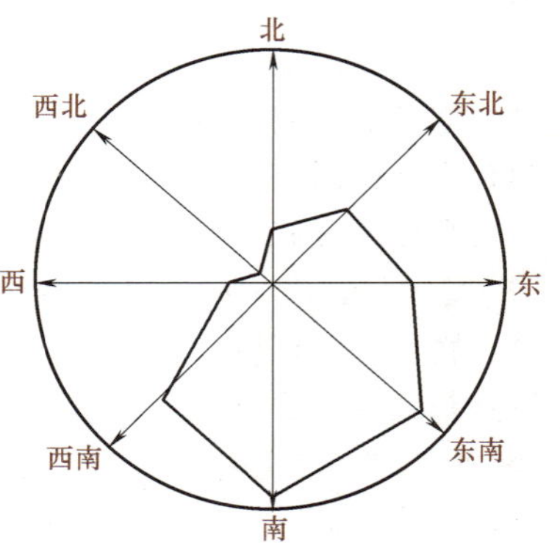

图5-8-3　客户朝向选择示意图

2. 满足住宅性能标准要求（表5-8-6）

表5-8-6　住宅性能标准要求

户型性能标准(套内面积)	四房	三房	二房	一房
主卧室使用面积/m^2	≥16	≥14	≥12	≥10
次卧室使用面积/m^2	≥12	≥10	≥10	≥8
客厅使用面积/m^2	≥25	≥20	≥15	≥10
客厅开间/m	≥4.3	≥3.9	≥3.6	≥3.2
客厅进深/m	≥5	≥4.2	≥3	≥3
餐厅使用面积/m^2	≥12	≥10	≥9	≥6
生活阳台进深/m	≥2	≥1.58	≥1.5	≥1.2
景观阳台开间/m	≥4	≥3	≥2	≥1.5
景观阳台进深/m	≥1.8	≥1.5	≥1.5	≥1.0
厨房使用面积/m^2	≥8	≥6	≥4	≥3
厨房净宽/m	≥2.1	≥1.8	≥1.8	≥1.5
厨房厨具操作面长/m	≥3	≥2.7	≥2.4	≥2.1
单间卫生间使用面积/m^2			≥3.5	≥2
双卫生间总使用面积/m^2	≥8	≥7	≥6.5	
层高/m	≥2.8			

3. 在设计上给客户以真正的实惠

利用建筑设计规范，“偷面积”赠送客户。以下为可以“偷”面积的一些参考方法。

（1）凸窗：①可拆卸凸窗；②可打掉隐藏式凸窗梁。

（2）隐藏式衣柜。

（3）入户花园。

（4）露台、阳台。

（5）空中庭院：①内庭院；②空中过道。

（6）格栅、花架。

（7）小复式。

4. 户型设计参考案例（图 5-8-4～图 5-8-13）

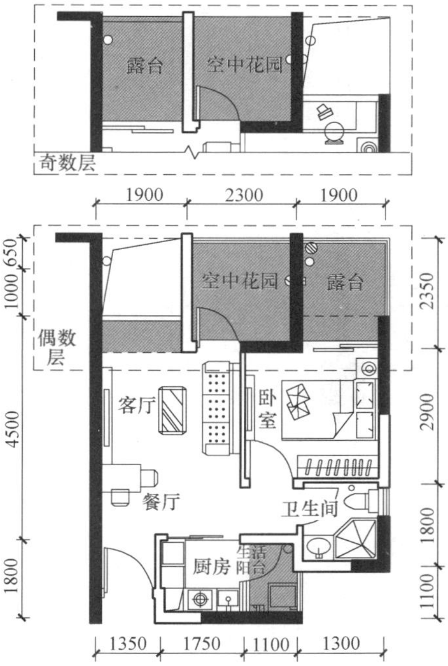

图 5-8-4　1+1 户型示意图

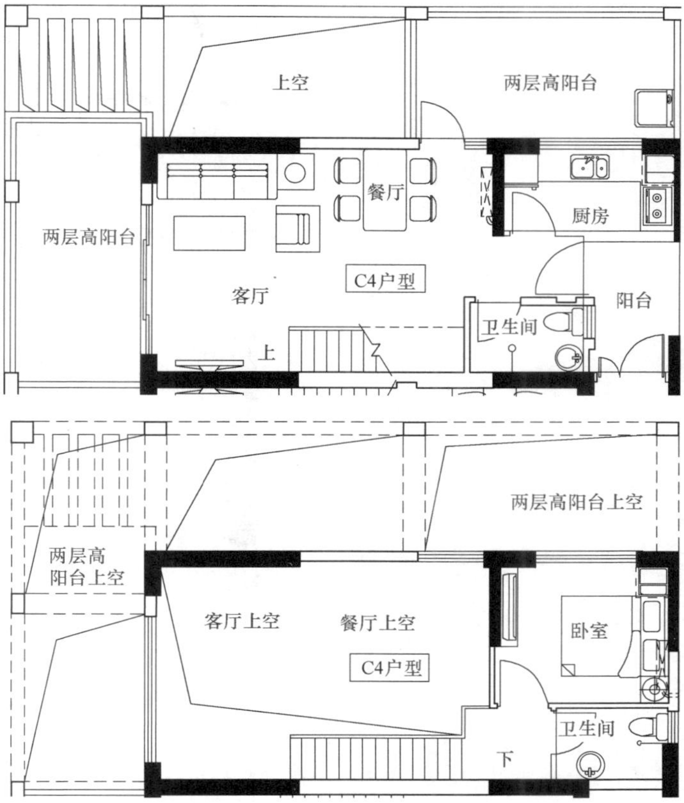

图 5-8-5　复式 1 房示意图

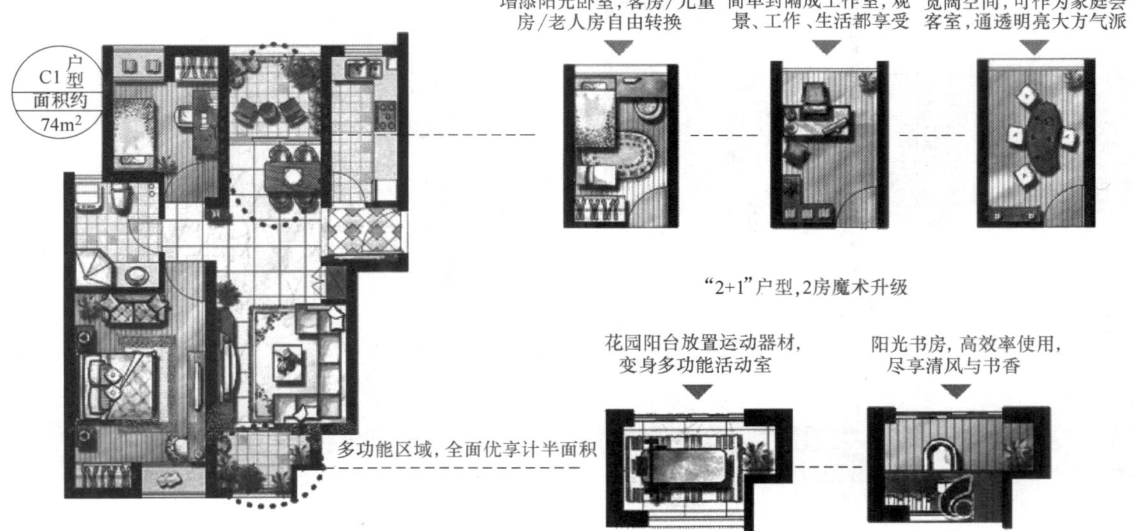

图 5-8-6　2+1 户型示意图

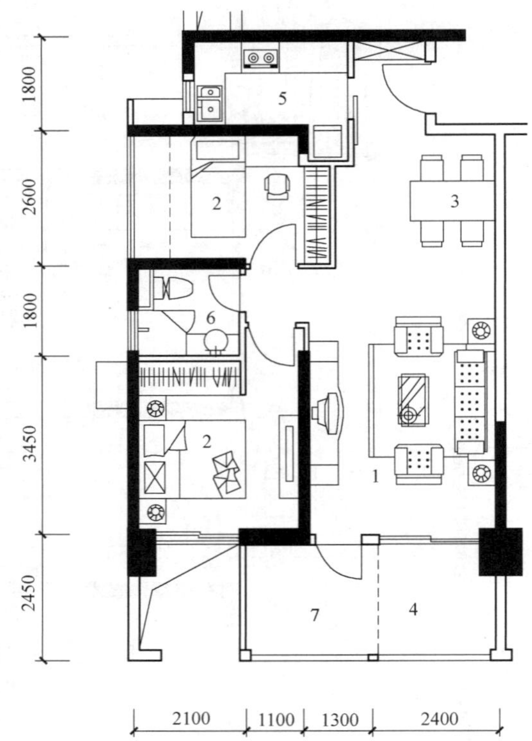

图 5-8-7　大 2+1 或 2+2 户型示意图

1—客厅　2—卧室　3—餐厅　4—露台

5—厨房　6—卫生间　7—阳台

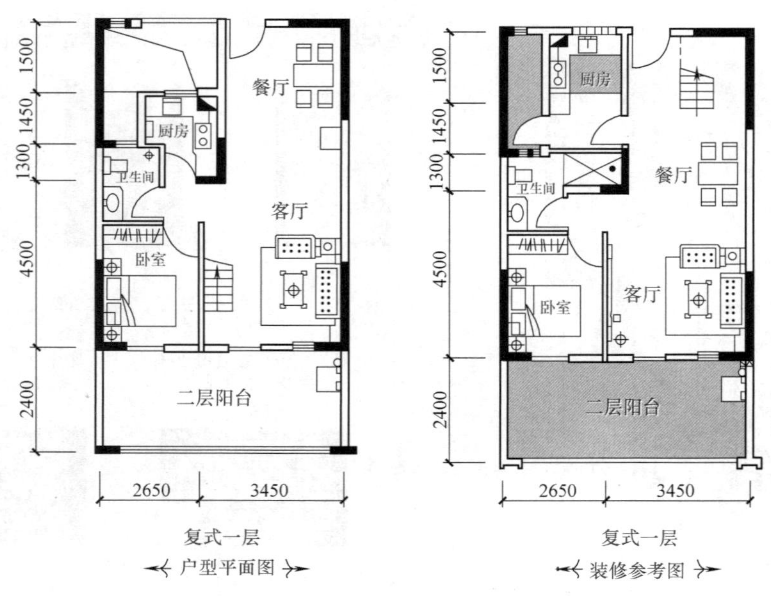

图 5-8-8　复式 2 房户型示意图

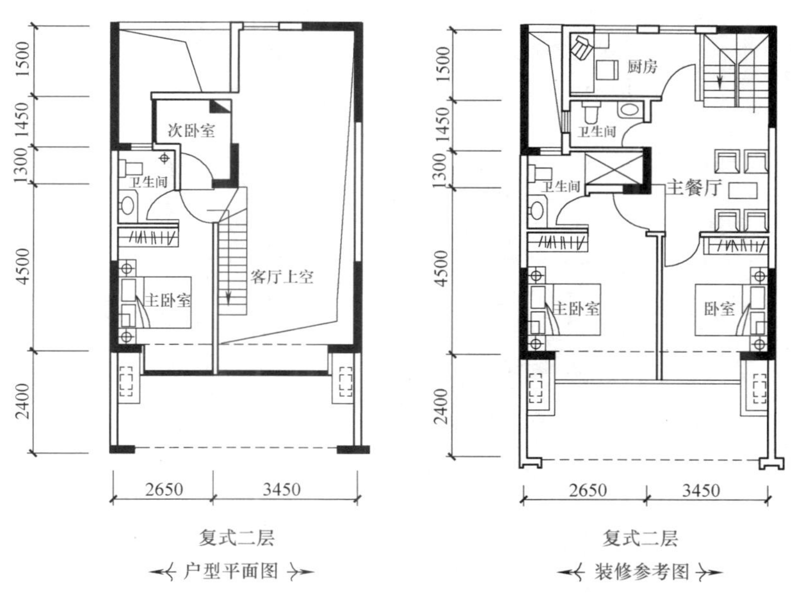

图 5-8-8 复式 2 房户型示意图（续）

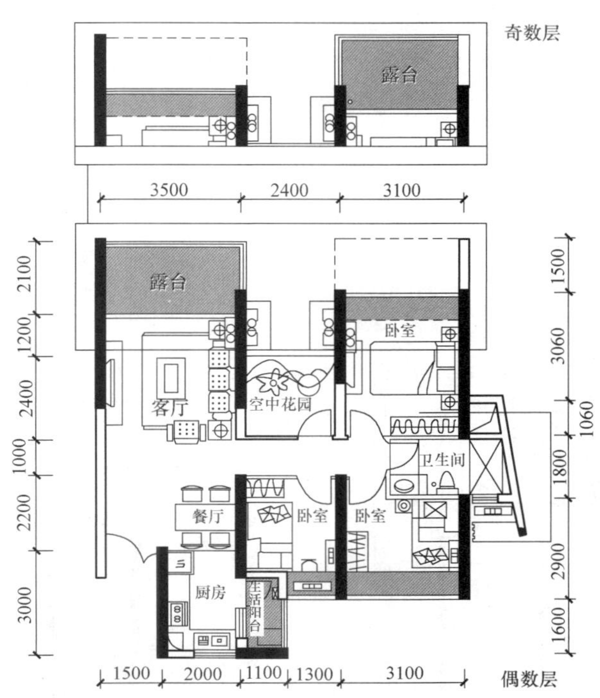

图 5-8-9 舒适 3 房户型示意图

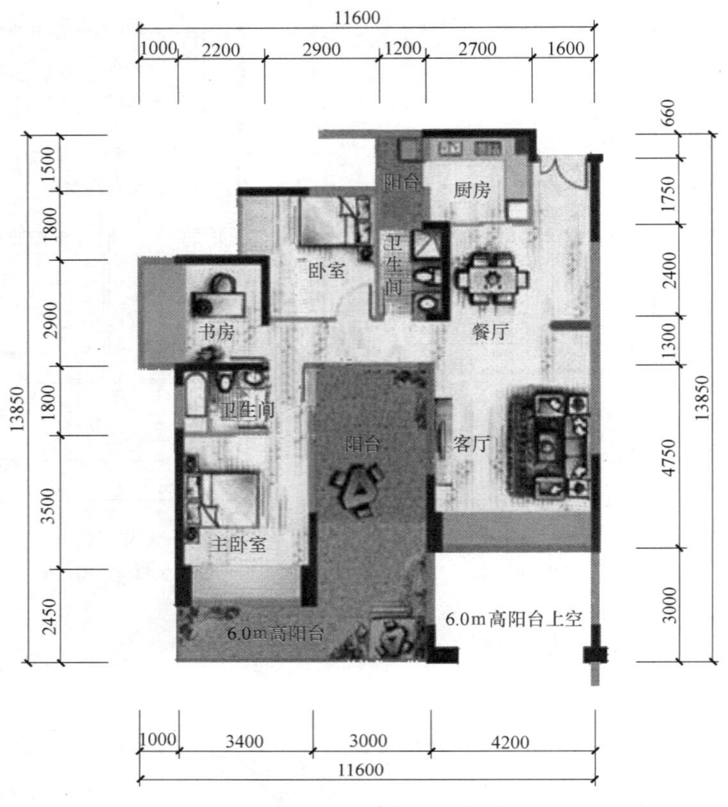

图 5-8-10　3+1 户型示意图

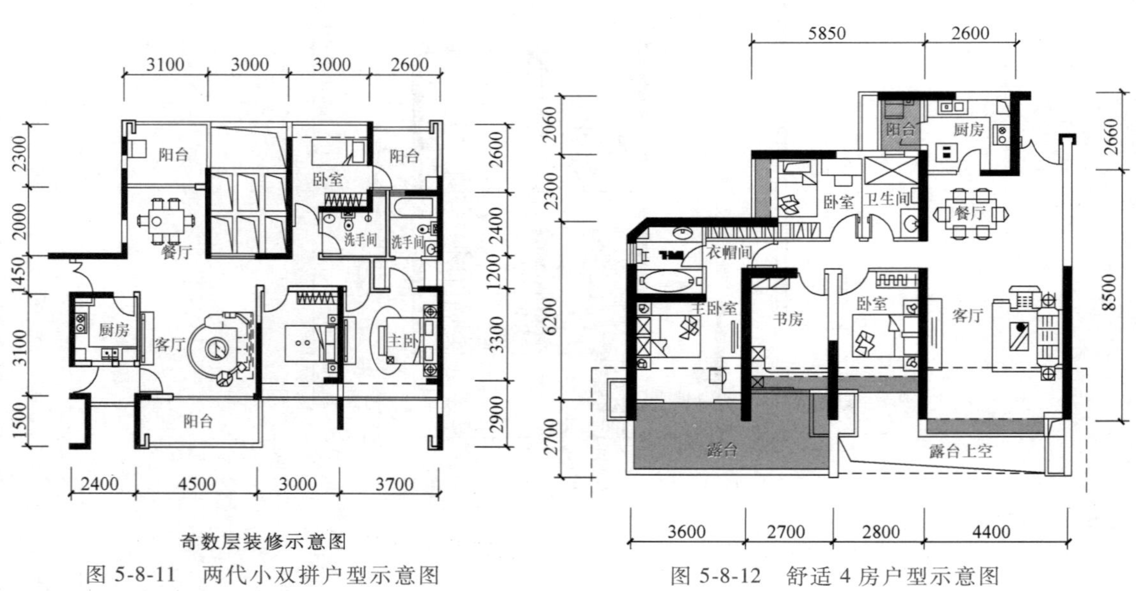

奇数层装修示意图

图 5-8-11　两代小双拼户型示意图

图 5-8-12　舒适 4 房户型示意图

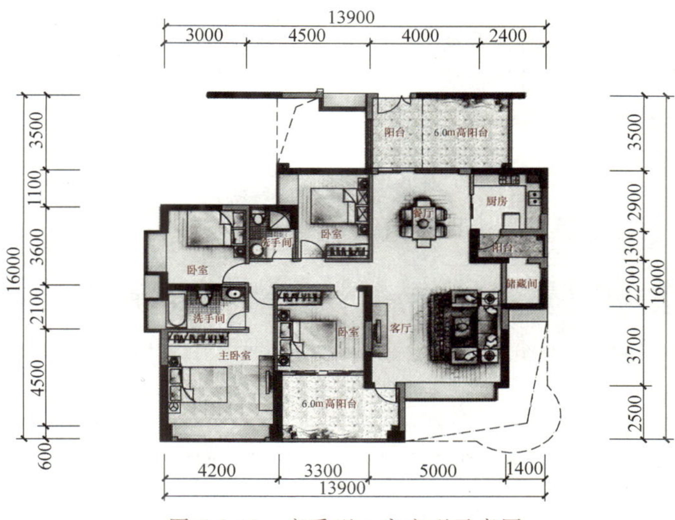

图 5-8-13　享受型 4 房户型示意图

5.4　产品细节品质提升建议

1. 社区单元入口

特色石材设计，内透的质感。

1）社区入口并不张扬和金碧辉煌，却利用大块石材分割，呈现出内敛的气质。

2）私密性设计感并存

2. 入户大堂

首创 9m 高通廊式水景大堂。

1）高度：9m 高，超越一般豪宅高度。

2）通廊式：两单位住宅厅练成一体通廊，形成大纵深、大气势。

3）品质环境装修：石材贴面、鲜花点缀、灯光调和、小水景。

4）服务：大堂设服务台，摆放休闲座椅，提供轻音乐。

3. 电梯厅

精致、质感、舒适。

1）装修材料：大理石材，少量钢化镜面。

2）环境装饰：精致绿化点缀，清新的导示。

4. 地下车库

车库大堂，嫁接豪宅人性配置，与入户大堂形成双大堂设计。

1）地下车库采自然光，节能舒适。

2）地下车库的灯光指引加上温馨的绿化景观。

3）私家车位提供内置式工具柜，让细节关怀无处不在。

4）地下车库入口绿化与导示。

5.5　园林环境建议

1. 园林主题概念

Vision garden——视觉花园，视觉所到之处皆是花园。

1）深圳首创都市农夫自助式生活园林。

2）一个多维的、充满生机的、可观可感的立体花园社区。

3）城市梦想人闹市打拼后回归自然、回归宁静的城市港湾。

2. 园林主题概念构成（图 5-8-14）

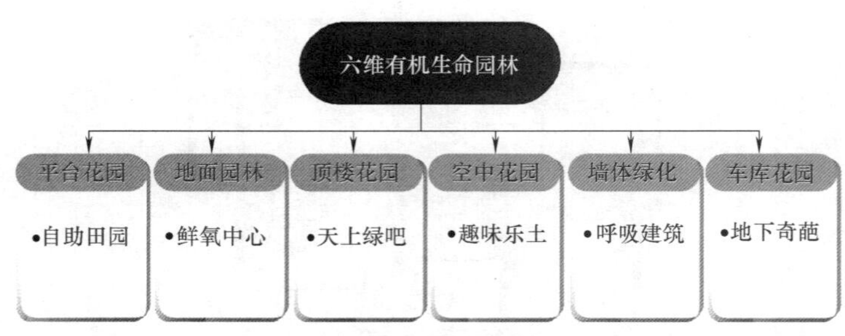

图 5-8-14　园林主题概念构成图

3. 各园林主题打造

（1）地面园林——园林风格：中式人文水景园林。

1）以 300 多年古榕树为依托，突出人文的保护与再生。浓荫华盖，山溪林语，绿色沿石阶盘旋而上，溪水跌落流下，山石、木桥、石凳可远观也可游玩。

思考点：项目所在有百年古榕，可作为项目标准性园林景观之一，与之相配合，可打造客户最为熟悉的中式水景园林。

2）以树为魂，以水为脉，环境的静雅与灵动。通过不同种类树木的搭配形成不同季节的高低错落，以高大单杆木本科植物为主，搭配系列灌木，体现层次感，空间通透性较强。

水系的运用，形成社区观赏性较强的流动水系，同时水系与植物协调搭配。注重景观中人的参与性、可享性。

（2）平台花园——深圳首创“都市农夫”自助式园林。

1）在平台花园建立自助式花园，开辟业主 DIY 绿色园地、少儿植物普及园地，可由业主自发认领。

2）绿色园地，可种植各种农作物，实现有机种植，同时利用植物普及园地让社区小朋友认识各种植物。实现园林与教育、园林与有机种植的很好结合。

3）平台设高尔夫推杆练习场。

（3）顶楼花园。

1）亲近天空的绿意，充分利用屋顶进行绿化，真正让项目成为绿色建筑。

2）选择阳性的、耐旱、耐寒的浅根性植物，同时是属低矮、抗风、耐移植品种。

（4）车库花园。

1）花园与生态停车场的结合。

2）地下车库设计采用局部镂空，增加采光通风，通过绿化加强地下停车库的采光、空间通透感，并增加景观特色导示。

（5）墙体绿化。通过墙体立面的绿化，打造诗意清新的生态新气象。

4. 案例参考：台湾绿园道诚品书店

第一座会呼吸的文化创意中心。

装载十五万棵植栽的"都市立体花园"，理念与实践、梦想与挑战，第一座会呼吸的购物中心。其独一无二的植生墙，由铁线蕨、黄金葛及朱蕉等二十几种共一万五千多株本土植物组成，景观专家黄博正任绿园道植生墙总工程师，依照每一面墙日照时间及温湿度，配以鹅掌藤、马樱丹、吊兰、法国铁苋等植物，因其强壮、生命循环周期短的特质，可增加植栽面积，将植栽分置三千多个装满特殊介质的植生盒中栽培。

创新的部分，不仅是利用植物根部可以生长在土壤、水面或是沙地上等，而是在平面上不需要土壤，支撑系统非常轻，可以装设在任何大小的墙面上，甚至在室内没有任何自然光的密闭空间，如地下室停车场，植物种类的挑选取决于当地气候优势的种类。

5.6　配套设施建议

1. 会所设置及主题（图 5-8-15）

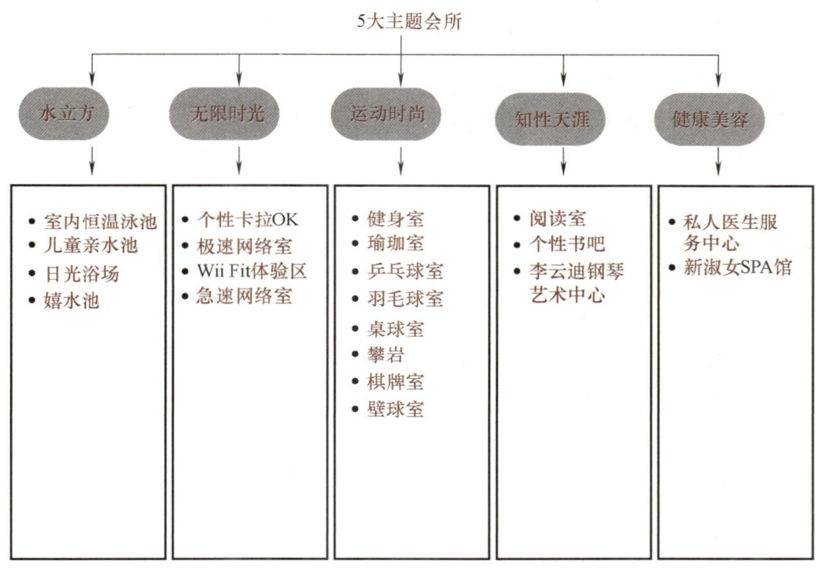

图 5-8-15　5+1 主题会所架构图

注：总面积约 2600m^2。

2. 会所主题分解

（1）水立方。水立方功能区划见表 5-8-7。

表 5-8-7　水立方功能区划

功能设施	面积建议
室内恒温泳池	400m^2
儿童亲水池	50m^2
日光浴场	200m^2
戏水池	100m^2

（2）无限时空。

1）个性卡拉 OK。设计个性的包间，设泡脚池或喷流式泡沫澡盆的地方等，一边泡脚一边握上麦克风，保证身心舒畅如临仙境。另外还配备了 DVD、电视游戏、家庭剧场装置的店。面积建议 200m^2。

2）Wii Fit 体验区。Wii 于 2006 年 12 月上市，是定点设置型游戏机。2007 年 9 月底截止，全世界的销售量达 1317 万台。Wii 的有趣之处首先要算是一边活动身体一边操作。一会儿挥动带有传感器的遥控器，一会儿把传感器倾斜，就能够简单地操作。Wii Sports 如同实际体验打棒球或网球等运动的感觉，非常新鲜。2008 年 12 月上市的 Wii Fit 还有一边看着画面，一边进行身体平衡的游戏以及瑜伽等运动，试图让人们愉快地增进健康，不仅小孩子，全家人都可以享乐。建议面积为 $100m^2$。

3）急速网络室。舒适环境，超快速度，极速下载中心，超前的网络体验。建议面积为 $100m^2$。

（3）运动时尚。设置全方位运动区，具体建议见表 5-8-8。

表 5-8-8 运动时尚区区划

功能设施	面积建议
健身室	$100m^2$
乒乓球室	$70m^2$
瑜伽室	$100m^2$
羽毛球室	$200m^2$
桌球室	$100m^2$
攀岩	$50m^2$
棋牌室	$150m^2$
壁球室	$100m^2$

（4）知性天涯。

1）阅读室+个性书吧，建议面积为 $100m^2$。

2）李云迪钢琴艺术中心设立钢琴培训中心，以明星效应扩大项目品牌力，并不定期邀请李云迪举办钢琴表演，建议面积为 $300m^2$

（5）健康美容。

1）私人医生服务中心：私人医疗咨询服务、私人健康顾问服务、私人养生保健顾问服务、重点提供牙医、急诊服务。

2）新淑女 SPA 馆。香薰水疗馆将提供全系养生水疗保健服务，专门的水疗池，让客户享受更多健康与保健的服务。

3. 架空层泛会所

休闲座椅、按摩道、绿化带、简易运动设施等打造生活新天地。

4. 其他重要设施——室外游泳池

（1）首创动感水幕泳池。在泳池边设立水景幕墙，与泳池形成互动，展现情景式游泳体验。建议面积为 $800m^2$。

（2）其他重要设施。

1）篮球场，建议面积为 $450m^2$。

2）网球场，建议面积为 $700m^2$。

5.7 智能化新材料建议

1. 从安全角度——五重安防系统

1）小区周边的智能探测器。以主动式红外感应器为探测设备，安装在围墙顶，构成面型防护体系，对任何攀越进入围墙的侵入行为进行探测。

2）大堂门禁识别系统。

3）自动识别业主身份电梯。须持有 IC 卡才能乘坐电梯，在轿厢刷卡时，目的楼层按钮自动登录。

4）智能门锁。

5）室内防盗防火报警系统。室内安防报警包括防盗报警、火灾报警和煤气泄露报警。室内所有的安全探测装置，都连接到智能终端，对其状态进行监测。

2. 环保节能角度

1）太阳能光电技术和太阳能光热技术是指利用太阳能电池将白天的太阳能转化为电能由蓄电池储存起来，晚上在放电控制器的控制下释放出来，供室内照明和其他需要。

2）废水回收处理系统。

3）节水器具使用大量节水型龙头、节水型便器、节水型水箱配件、节水型淋浴器以及节水型喷灌产品等节水型产品，每月可节省用水 40%～50%。

4）高性能保温隔热玻璃门窗系统门窗型材：采用断热铝合金窗，不变形，不传音，保温、隔热、隔音效果最佳。窗户采用 LOW-E 玻璃也称为遮阳型 LOW-E 玻璃，防止阳光直射引起视觉炫目，保证室内私密性及美学性，同时滤过紫外线，防止对家具、衣物的损害。双功能保温隔热 LOW-E 中空镀膜玻璃，中间填充导热系数极低的惰性气体。

5）降噪处理。

6）室内同侧排水系统。

3. 从健康角度

1）对空气的利用——置换新风系统。

2）对温度、湿度的控制——毛细血管恒温恒湿恒氧中央空调系统。

3）对水的利用——直饮水处理系统。

4）对垃圾的处理——中央垃圾管道收集系统。

5.8　商业设计建议

1）商业致力于打造为深圳最具特色和市场知名度的新兴商业消费目的地。

2）商业按照区域型综合 MALL 形式设计。

3）商业要打破传统商业价值分块格局，以整体价值作为最高价值。

4）商业设计要有前瞻性，应考虑与未来地铁的接驳。

5）商业设计要将交通组织放在首位，合理便捷的车流人流动线安排。

6）商业与住宅的互动与分隔。

7）商业的外立面要有大手笔。

第六部分　设计成果要求

规划设计方案包括以下文件：

（1）彩色规划总平面图一份，比例 1∶500。

（2）规划方案设计文本 10 本，规格为 A3 幅面，内容至少包括：

1）设计说明，表达规划设计构想，设计意向。

2）现状分析（地形、交通、植物）。

3）规划总平面图。

4）日照分析图。

5）消防分析图。

6）交通分析图（道路与停车场）。

7）规划结构分析图。

8）配套设施布置分析图。

9）景观分析图。

10）视线分析图。

11）总体剖面图。

12）道路及竖向设计图。

13）小区各道路断面图。

14）小区管理模式分析图。

15）产品设计，要求各种产品类型的平面、立面、剖面、效果图，包括立面材料与说明。

16）配套设计，包括商业及其他配套设施的平面、立面、剖面、效果图，包括立面材料说明，特别是商业的交通组织、人流动线等。

17）其他节点（如居住区入口、泛会所等）的详细设计。

18）表现部分：总体鸟瞰图，组团景观，沿街部分立面，沿小区主轴景观，组团景观，广场，商业等。

19）项目综合技术经济指标表。

20）分期技术经济指标表。

21）户型面积分布表。

（3）所有内容的电子文件（光碟）两份。

（4）社区模型一份。

（5）其他。

第七部分　设计时间计划

设计过程中将进行一次或多次中期交流，具体时间、方式协商确定，但至少应安排以下一次中期交流。具体交流时间安排见表5-8-9。

表5-8-9　交流时间安排

设计阶段	开始时间	提交时间	备注
方案深化设计	8月3日	9月5日	含修改时间

注：具体时间由甲方确定。

（深圳德思勤投资有限公司）

【报告点评】

这是一篇完全不同于前面类型的规划报告，因为该设计任务书是直接由甲方出具给乙方的文件，乙方根据该设计任务书中所列要求，在规定时间内完成设计要点。该设计任务书的来源多依据为开发商服务的策划机构所出具的策划规划报告，也就是前面所涉及的几个案例，开发商再根据其自身需求整理形成该规划设计报告。

规划设计任务书一般由城市规划限定的规划指标，前期策划的发展目标、定位，规划设计建议，成果要求和时间计划组成，具体项目酌情增加内容，旨在为规划设计单位限定设计方向，使开发商和规划设计单位在思想上能达到统一，让规划设计单位更明确开发商所思所想。

第六章

房地产营销策划报告

指引

一、上海淀山湖上海岛庄园项目营销报告

二、安徽合肥横埠建材大市场营销策划报告

三、贵州贵阳世纪文化广场商业项目营销策略报告

四、河南平顶山住宅项目销售策划报告

五、湖北武汉金桥 · 官湖上城项目营销策划报告

六、湖南新化县湘中金源商埠商业项目招商策划报告

七、江苏高沟仿古商业步行街营销策划报告

八、辽宁沈阳五洲商业广场开盘阶段营销策划报告

九、青海大通民贸新天地商业地产策划报告

十、山东青岛长江国际项目整体营销报告

十一、房地产十大营销手段和趋势

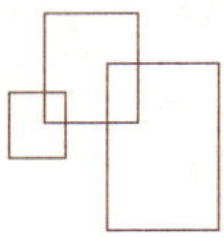

一、上海淀山湖上海岛庄园项目营销报告

报 告 目 录

报 告 正 文

第一部分　项 目 分 析

1.1　市场分析

1. 宏观经济与房地产市场

2013 年上半年一季度，中国宏观经济延续 2012 年年底的反弹趋势表现尚好，但二季度以来已经出现明显回落征兆，同时，新一届政府执政后，将经济结构转型步伐逐渐加快，短期之内恐怕将给经济带来阵痛，可以预期到的是，2013 年下半年国内经济数据将明显滑坡（图 6-1-1）。

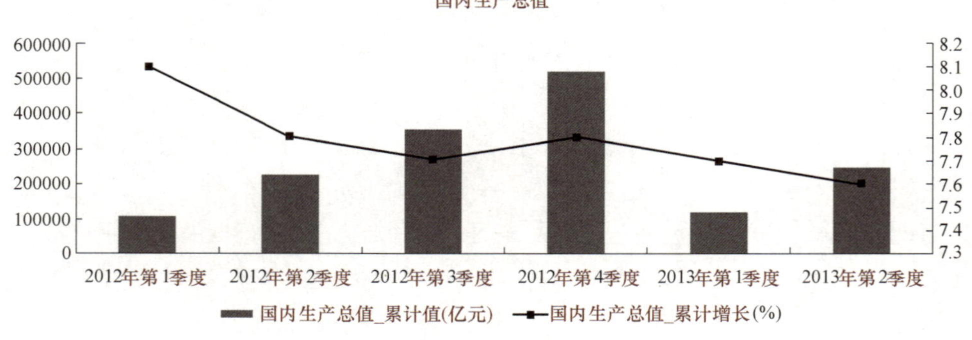

图 6-1-1　近年来国内生产总值

（数据来源：国家统计局，品鼎研究中心整理）

由于 2013 年宏观经济面临的不确定性增强，新一届政府执政第一年经济不太会被允许出现过于快速的下滑，从而使房地产业作为当前少有的景气行业和经济增长的重要支柱，保持了较大幅度的增长。

从房地产开发投资来看，2013 年 1～5 月中投资额达 26798 亿元，同比 2012 年同期增长了 20.60%，同比增速正走出 2011、2012 连续两年的下跌趋势，在经济企稳回升、房地产调控政策失效的背景下，行业信心逐步回升，房地产行业开发投资力度明显加大（图 6-1-2）。

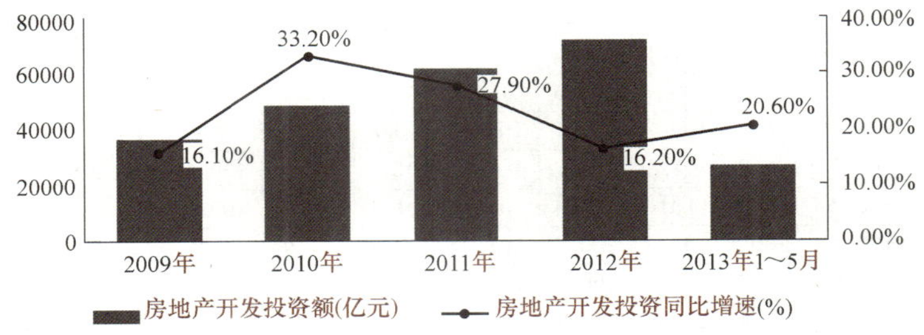

图 6-1-2 2009 年～2013 年 1～5 月全国房地产开发投资及同比走势

（数据来源：国家统计局，品鼎研究中心整理）

房地产市场方面，延续了 2012 年年底的回暖态势，政策环境较为宽松，被压制的市场需求开始逐步释放，全国市场成交量也普遍高于往年同期水平。2013 年 1～5 月全国商品房销售面积为 3.91 亿 m^2，同比 2012 年同期增长 35.60%（图 6-1-3）。

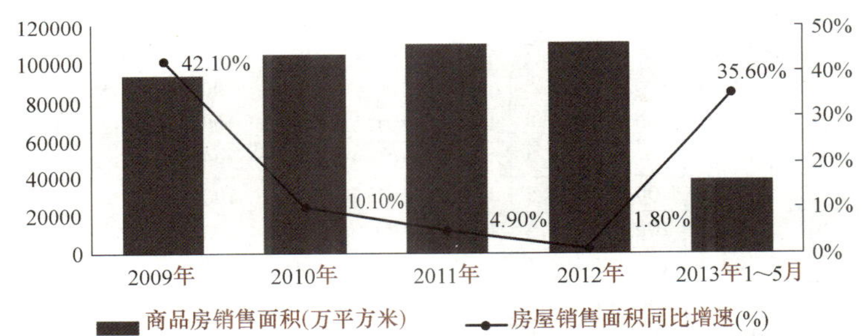

图 6-1-3 2009 年～2013 年 1～5 月全国商品房销售面积及同比走势

（数据来源：国家统计局，品鼎研究中心整理）

根据统计局最新发布的数据，全国 70 个大中城市住宅销售价格指数中，只有温州和包头住宅销售价格环比下跌，其他城市均保持了不同程度的增长，尤其是以上海、杭州、南京等地为代表的“长三角地区”，2013 年以来住宅销售价格一直保持了稳定的增长（表6-1-1）。

表 6-1-1 全国 70 个大中城市住宅销售价格指数

地区	2013 年								2012 年				
	8 月	7 月	6 月	5 月	4 月	3 月	2 月	1 月	12 月	11 月	10 月	9 月	8 月
北京	100.9	101.3	101.3	101.3	101.4	102.1	102.4	101.6	100.8	100.6	100.2	100.1	100.1
天津	100.4	100.5	100.3	100.4	100.7	101.4	101.4	100.5	100.2	100.4	100	100	100.3
石家庄	100.8	100.5	101.2	100.5	100.7	101.2	101.2	100.7	99.7	100.4	100	100.2	100.2
唐山	100.2	100	100.1	99.9	99.9	100.6	100.3	99.9	100	100.3	99.9	100.2	99.9
秦皇岛	100.9	100.6	100.5	100.6	100.8	100.7	101.1	100.3	100.4	99.9	100.1	100.1	100.3
太原	100.9	100.9	101.2	102	101.3	100.7	101.1	100.3	100.6	100.3	100	100	100.2
呼和浩特	100.7	101.2	101	101.4	99.9	100.2	101.3	101.1	100.1	100.4	99.9	99.6	99.6
包头	99.9	100.6	100.1	101.1	100.5	100.9	101.8	100.6	100.1	100.3	100.1	100.1	100
沈阳	100.8	101.1	101	101.8	102	101.1	101.4	101.5	100.2	100.4	99.7	100.1	99.9
大连	100.4	100.7	101.1	101.3	101.4	101	101.1	100.5	100.2	100.2	100.2	100.1	100.2
丹东	100.8	101	100.8	100.8	100.7	101.1	100.9	100.4	100.3	100	100.2	99.8	99.5

（续）

地区	2013年								2012年				
	8月	7月	6月	5月	4月	3月	2月	1月	12月	11月	10月	9月	8月
锦州	101.4	101	101.2	100.9	100.9	100.3	101.2	100.3	99.8	100.7	99.8	99.9	99.8
长春	100.9	100.7	100.9	101	101	100.8	101.1	99.8	100.5	99.7	100.3	100	100.3
吉林	100.7	100.5	101	101.1	100.5	100.8	100.7	100.7	100	100.5	100	100.1	99.7
哈尔滨	100.7	100.4	101.3	100.7	100.9	101	100.9	101.1	100.4	100.6	99.1	100.1	100
牡丹江	100.2	100.3	100.6	100.7	101.1	100.9	100.8	100	99.9	100.4	100	99.8	99.8
上海	101.5	101.6	101.8	101.4	101.7	102.7	101.9	101.1	100.6	100.2	100	100	100
南京	100.7	100.7	100.9	101	101.4	101.5	101.5	100.9	100.6	100.2	100.1	100.1	100.2
无锡	100.2	100.3	100	100.5	100.5	101.3	100.6	99.9	99.9	100.1	99.9	100	100.5
徐州	100.9	100.9	100.8	101	100.9	101.4	101	100.8	100	100.3	99.9	99.9	99.9
扬州	100.5	100	100.8	100.8	101.1	100.5	100.6	99.8	100.7	99.9	100	99.9	100
杭州	101.1	100.7	101	100.8	101.4	101.2	100.9	100.9	100.3	99.9	99.7	100.3	100.3
宁波	100.7	99.9	100.8	100.7	100.6	100.2	101.2	100.6	100	100	99.7	99.8	99.6
温州	99.9	99.6	100.2	100.4	100	99.9	99.6	100	100	99.2	99.6	99.2	99.6
金华	101.1	101.1	100.3	101	100.4	100.8	100.2	100.4	100.9	100.3	100	99.7	99
合肥	100.6	100.9	100.7	100.8	100.8	100.7	101.1	100.6	100.4	100.3	100.3	100	100.1
蚌埠	100.5	100	100.4	100.6	100.2	100.5	100.4	100.4	100.3	100	100	99.9	100
安庆	100.6	99.9	100.5	100.6	100.3	101	100.6	99.8	100.1	100.3	100.1	100	100
福州	100.5	100.6	102.4	100.4	101.6	101.3	101.8	100.8	101.1	100.2	99.9	100	100.3
厦门	101	102.1	101.6	101.3	101.7	102	101.6	101.5	100.5	100.2	100.1	100.1	100.1
泉州	100.5	100.9	100.4	100.6	101.5	100	100.7	100.5	100.1	99.9	100	100	99.9
南昌	100.6	100.4	101.1	100.9	100.7	101.6	101.5	100.3	100.5	100	100.2	100.2	100.4
九江	100.5	99.9	100.6	101.2	100.4	100.6	100.9	100.4	100.4	100.2	100	100	99.9
赣州	100.7	101	99.9	100.4	100.5	101.6	101.2	100.9	100.4	100.1	99.9	99.8	99.9
济南	101	101	100.5	100.6	101.1	100.9	100.9	100.8	100.4	100.1	100.1	100.1	100.2
青岛	101.2	100.8	100.8	100.9	100.7	101	101.3	100.7	100.5	100	100	99.6	99.9
烟台	101.1	100.7	100.5	100.3	100.8	101.4	100.8	100	100.3	99.9	100.2	100	99.8
济宁	101.2	100.6	101.2	100.4	100.8	101.2	101	100.3	100	100.3	99.9	100.1	100.3
郑州	100.8	101.7	101	100.9	101.5	101.8	101.6	101.3	100.4	100.2	100.2	100.1	100.2
洛阳	100.6	101.1	100.6	100.7	100.9	100.4	101.3	100.2	100.2	100.2	100	99.9	99.9
平顶山	101.2	100.7	100.8	100.7	100.7	101.4	101.1	99.9	100.3	99.8	100.2	100	100.2
武汉	101	100.8	100.8	100.9	101.1	100.9	101.2	101.1	100.7	100.5	100.2	99.9	100.1
宜昌	101.3	100.5	100.6	101.1	101.2	101.2	100.7	100.6	100.4	100.3	100.1	100.2	100.4
襄樊	100.7	100	100.8	101.2	101.4	101.3	100.7	100.6	100.4	100.4	100.2	100.2	100
长沙	101	101	100.8	101.1	101.2	101.6	101.3	100.9	100.1	100.6	100.2	100.1	100.2
岳阳	100.5	100.2	101.2	101	100.9	101.1	100.4	100.2	100	100	100.1	99.9	100
常德	101.1	100.4	100.6	99.9	100.7	101	100.8	100	100.9	100.1	100	100	100.1
广州	101.7	101	101	101.5	102.1	102.5	103.1	102	101.2	100.6	100.4	100.4	100.3
韶关	100.5	100.8	99.9	101.4	100.7	100.4	101.1	100	100.2	100.5	100.2	100.4	100
深圳	101.4	100.8	101.6	101.9	101.8	102.7	102.2	102.2	101	100.6	100.4	100.1	100.1
湛江	100.9	100.7	100.8	101	100.6	100.6	101.1	100.8	100.4	100.5	100.3	100	100
惠州	100.8	100.6	100.9	100.7	100.6	100.7	100.7	100	100.3	100.2	100.3	99.8	99.9
南宁	100.8	101.1	100.8	101.5	100.7	101.6	101.2	99.8	99.9	100.1	100.3	100.2	100
桂林	101	101.9	101.6	102.8	100.6	100.7	100	99.9	99.9	99.9	100	99.9	100.2
北海	100.9	100.9	101.1	100.8	101	100.9	101	100	99.7	100.4	100.1	99.8	100
海口	0	100.2	100	100.3	100.1	100.2	100.2	99.7	99.8	100.5	100	99.9	100.1
三亚	100.6	100.3	100.2	99.9	100.6	100.6	100.4	100.3	100.4	100.1	99.9	100	100
重庆	100.9	100.5	100.6	100.7	101.1	101	100.9	100.9	100.4	100.5	100.2	99.9	100.2
成都	100.8	100.3	100.9	101	101.8	100.9	100.8	101	100.4	100.4	100	100.1	100

（续）

地区	2013年								2012年				
	8月	7月	6月	5月	4月	3月	2月	1月	12月	11月	10月	9月	8月
泸州	101	101	99.9	100	100.8	101.1	100.8	100.5	100.5	100.9	99.7	99.9	100.1
南充	100.7	100.8	101.8	101	101	101.4	101.2	101.2	100.7	100.5	100.1	100.2	100.2
贵阳	0	100.6	99.9	100.7	101.1	100.7	100.7	100.4	100.2	100	100.2	100.2	100.1
遵义	101	100.2	100.3	100	100.5	100.5	101	100.8	100.4	100.1	100.2	99.6	100.5
昆明	100.7	100.3	100.5	100.6	100.6	100.9	100	100.3	100.6	100.5	100	100.2	100
大理	101	100.3	100.6	100.7	100.4	100.7	100	99.9	100.2	99.9	99.8	100	99.9
西安	100.9	101	100.9	101.1	100.9	101.1	100.8	100.6	100.2	100.1	100.2	100.3	100.3
兰州	101.1	100.5	101.1	100.6	100.8	101.1	100.9	100.3	100	100.4	99.9	100	100
西宁	101.1	100.9	101.1	101.2	100.8	100.5	101.4	100.2	100.2	100.4	100.4	100.2	100.4
银川	101.3	100.6	100.9	100.8	100.9	100.5	100.5	100.3	100.4	100.5	100.1	100.3	100.4
乌鲁木齐	100.9	100.7	99.9	100.7	101.2	101	101.5	101.1	100.3	100.6	100.5	100.3	100.2

（数据来源：国家统计局，品蠡研究中心整理）

总体而言，2014年、2015年两年内我们认为房地产市场发展将稳步向上。

首先，由于国外经济环境和国内经济结构转型，影响到宏观经济的不景气，加之新一届中央领导层逐渐表现出来“去行政化”的作风，短期内房地产调控政策进一步加码的可能性不大。同时，“新型城镇化”作为长期制度建设的关键和本届政府的重要关注点，新兴城镇化方案的落地以及与此相关的土地制度、地方政府制度改革，将为房地产生长期发展提供支持（表6-1-2）。

表6-1-2 2013年上半年房地产政策盘点

2013年上半年房地产政策盘点	
2013年2月20日	国务院常务会议研究部署房地产市场调控工作，提出五条调控措施即国五条，并在3月1日发布国五条细则(《关于继续做好房地产市场调控工作通知》(国办发(2013)17号))，随后中央及各部委密集表态，坚决落实国五条调控精神
2013年2月22日	国土资源部在京召开全国房地产用地管理和调控工作报告会，对于各地2013年土地供应工作提出了五点意见：一要保证充足的增量，在编制2013年的住宅用地供应计划时，要统筹考虑，提前安排；二要快速释放存量，要加大工作力度，促其尽快形成住房上市；三要继续加大盘活闲置地力度，按照新的《闲置土地处置办法》，加大工作力度。四要运用多种手段，均衡供地。另外，还要保持正常的地价形成机制，坚持通过市场配置土地资源，按供求规律保持土地供应总量，消除异常信号及波动，避免地价信号被利用，造成市场恐慌
2013年3月5日	第十二届全国人民代表大会第一次会议开幕会上提出2013年保障性安居工程的建设目标是：基本建成470万套、新开工630万套，并继续推进农村危房改造
2013年3月8日	吴邦国在十二届全国人大一次会议第二次全体会议中明确指出，2013年全国人大常委会要抓紧研究制定五年立法规划，并继续审议土地管理法修正案草案。除了重新修订《土地管理法》，还有《农村集体土地征收补偿条例》《集体经营性建设用地流转指导意见》等法案也会相继出台，从而规范农地出让市场、确保农民权益，并将农民纳入土地市场的交易主体
2013年4月9日	住建部发布《关于做好2013年城镇保障性安居工程工作的通知》，明确要求各地适当上调收入线标准，有序扩大住房保障覆盖范围；在2013年年底前，地级以上城市要明确外来务工人员申请住房保障的条件
2013年5月24日	国务院批转发改委《2013年深化经济体制改革重点工作的意见》，意见中要求扩大个人住房房产税改革试点范围，随后发改委相关人员在记者见面会中明确表示房产税扩围2013年将会有具体动作
2013年6月19日	国务院总理李克强主持召开国务院常务会议，研究部署金融支持经济结构调整和转型升级的政策措施，并在会议中明确表示支持居民家庭首套自住购房

（信息来源：互联网，品蠡研究中心整理）

2. 上海、苏州区域房地产市场分析

(1) 上海房地产市场情况。

1) 2012年土地成交情况。上海2012年全市成交商品房用地138宗，成交总面积为505.19万m^2，比2011年下降24.8%，成交总金额737.58亿，比2011年下降20.1%。

从成交走势来看，大量商品房用地集中在第四季度成交。其中，9月商品房用地成交69.46万m^2，占全年商品房土地成交的13.7%；10月商品房用地成交59.08万m^2，占全年商品房土地成交的11.7%；11月商品房用地成交93.80万m^2，占全年商品房土地成交的18.6%；12月商品房用地成交82.57万m^2，占全年商品房土地成交的16.3%（图6-1-4）。

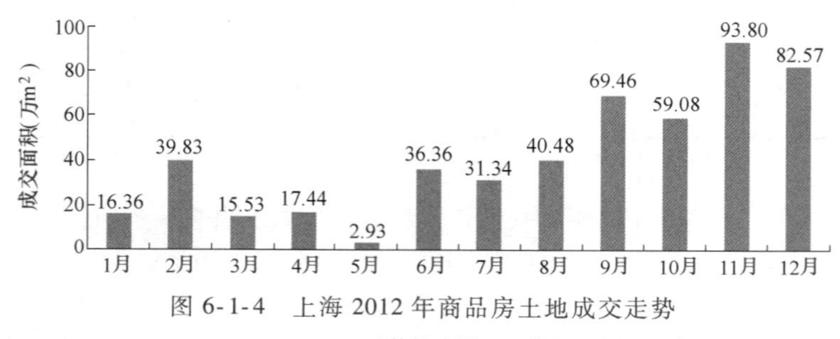

图6-1-4　上海2012年商品房土地成交走势

（数据来源：上海国土局，品鑫研究中心整理）

值得注意的是，2012年四季度，上海共诞生了4块总价地王、2块单价地王。其中，57亿元成交的虹口区海门路55号地块，更是成为2012年全国总价地王。

结论分析：随着2012年调控效果的退散，房地产市场调整趋于平和，开发企业陆续增加土地储备，但全年土地成交情况依然比2011年有所降低，势必对未来两年上海房地产市场商品房的供应产生影响，未来市场将出现“供小于求”的局面，将产生房地产投资客群“外溢”情况，为上海周边投资项目带来一定的契机。

2) 2012年商品房成交情况。2012年上海一手房市场（不含动迁房与配套房）共成交1256.97万m^2，比2011年增长14.3%，成交均价为22278元/m^2，比2011年微增1.5%。与2011年相比，2012年成交面积稳定上升，均价涨幅保持稳定，基本实现了中央宏观调控的目标。

2012年成交量的稳定增长，主要得益于刚需的拉动，投资、投机性需求难觅身影。主要分析从走势来看，上海6月、11月和12月商品房成交最为活跃，仅这3个月成交的面积就达438.26万m^2，占全年总成交面积的34.9%，传统的投资旺季“金三银四”和“金九银十”则表现平平（图6-1-5）。

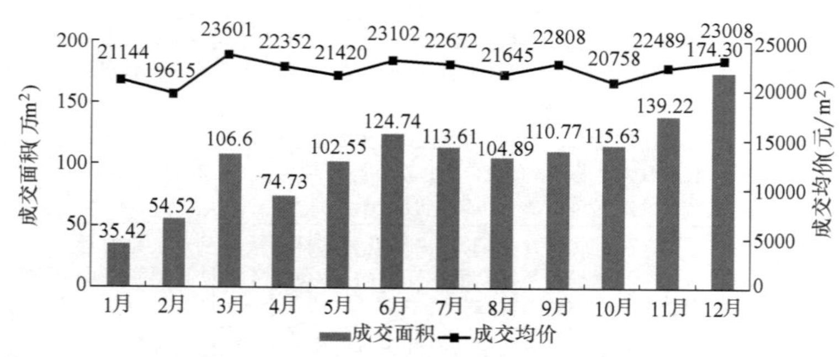

图6-1-5　上海2012年商品房成交走势

（数据来源：品鑫研究中心）

其中6月商品房成交面积为124.74万m^2，11月成交面积为139.22万m^2，12月成交面积为174.30万m^2。全年的成交均价整体波动不大，一直维持在22000元/m^2左右。

结论分析：回顾2012全年的市场变化，房地产传统的销售旺季并没有迎来投资客群的出手，但随着刚需市场的逐步释放，在6、7月出现了淡季不淡的市场行情，第三季度的成交持续释放，以及11、12月年底不断冲高的成交量，可以判断，投资客群伺机出手，整体楼市将继续升温。

3）2013年上半年上海房地产市场运行特点。

① 量价齐升，供需关系实现逆转。品鑫研究中心监测数据显示，1~5月，全市商品住宅成交面积487.9万m^2（预计6月100万m^2，1~6月约590万m^2），同比增长81%，成交均价23508元/m^2，同比上升7.2%。新增供应面积402.8万m^2（预计6月130万m^2，1~6月约530万m^2），同比增长45%。新房市场供需两旺，但成交量增幅明显高于供应量增幅（图6-1-6）。

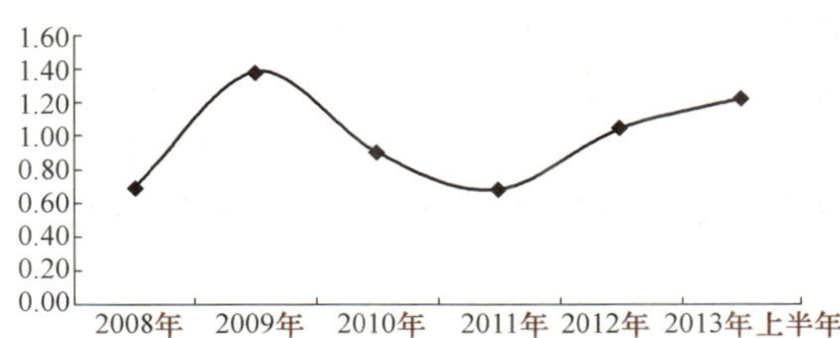

图6-1-6　2008~2013年上半年上海商品住宅销供比

（数据来源：品鑫研究中心）

存量数据：根据6月17日监测数据显示，当前全市商品住宅可售面积为1048万m^2，同比下降9.2%；其中公寓住宅730万m^2，同比下降12.4%。由于刚需及改善型需求显著升温，普通公寓住宅存量下降的趋势比较明显（表6-1-3）。

表6-1-3　上海新房供需关系对照

时间段		新增供应面积/万m^2	环比	成交面积/万m^2	环比	成交均价/(元/m^2)	环比	供需关系
2010	上半年	435	-46.4%	329	-65.3%	21208	18.8%	供>求
	下半年	642	47.6%	591	79.6%	22147	4.4%	供>求
2011	上半年	536	-16.5%	365	-38.2%	22424	1.3%	供>求
	下半年	532	-0.7%	318	-12.9%	21651	-3.4%	供>求
2012	上半年	368	-30.8%	367	15.4%	22491	3.9%	供=求
	下半年	523	42.1%	535	45.8%	22530	0.1%	供=求
2013	上半年	530	1.3%	590	10.3%	23941	6.4%	供<求
	下半年	→		↑		↑		供<求

（数据来源：品鑫研究中心）

② 房价上涨压力增大，2013年将成为新一轮调控以来房价上涨最快的一年。成交价格来看，商品房价格同比上涨达到7%~8%，并且呈现普涨。其中重点楼盘、热销楼盘的价格涨幅已经达到10%~15%，这些楼盘对于整体房价上涨起到带动作用。并且，自2012年下半年开始，已经至少12个月持续环比上涨，经过叠加效应，房价上涨幅度被放大，并且导致涨价的预期盛行，加速购房者的入市节奏。如果以目前的趋势持续到年底，2013年将成为自2010年以来房价涨幅最快的一年，房价同比涨幅将超过15%（图6-1-7、图6-1-8）。

③ 土地持续升温，带动中长期房价上涨预期，普通商品住宅供地少。截止到6月中旬统计，2013年上半年全市共出让经营性土地400万m^2，建筑面积773万m^2，约完成2012年全年的48%。由于大多数地块均以高溢价成交，土地出让平均楼板价已经由2012年的5948元/m^2，上涨至8973元/m^2，涨幅51%。土地价格存在明显的上涨趋势，并对于周边房价产生中期上涨的间接利好。

上半年，普通商品住宅土地供应并未呈现增加趋势。在经营性土地成交结构中，按建筑面积计算，住宅用地（含商住）约为 480 万 m^2，占比为 62%。其中商品住宅（含商住）出让建筑面积为 201 万 m^2，占比仅为 26%。动迁配套房用地 279 万 m^2，占比为 36%。其他均为商办、商业等商服用地，占比为 38%。

按照 2013 年上半年的新房成交量，当前的土地供给只能勉强满足 1/3 的市场需求。另外，根据对 1~6 月出让的 25 幅商品住宅用地的统计中，平均容积率只有 1.7，纯住宅用地容积率只有 1.5。55%的地块楼板价低于 10000 万元/m^2。

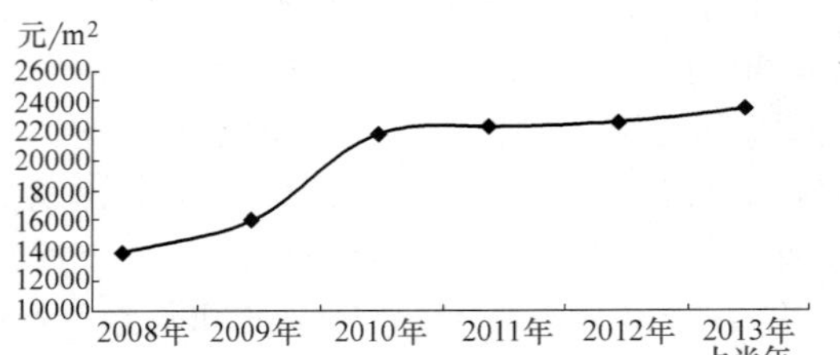

图 6-1-7　2008~2013 年上半年上海商品住宅成交均价走势

（数据来源：品蠡研究中心）

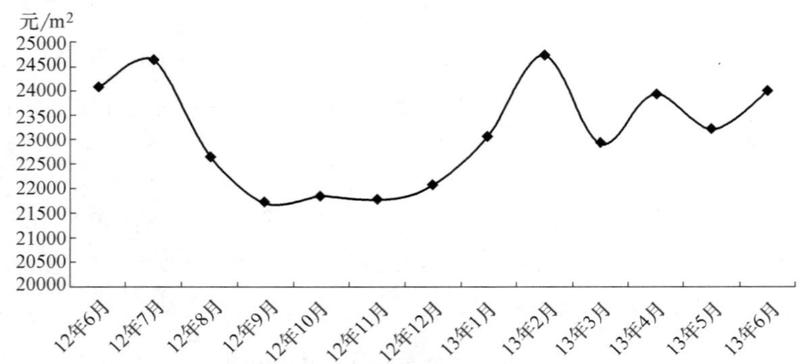

图 6-1-8　近一年上海商品住宅成交均价月度走势

（数据来源：品蠡研究中心）

（2）苏州房地产市场情况。

1）2012 年土地成交情况。2012 年苏州土地成交总面积为 559.12 万 m^2，同比减少了 199.32 万 m^2，跌幅 26.28%；年度土地总出让金额 323.95 亿元，同比减少了 174.66 亿元，跌幅 35.03%（图 6-1-9）。

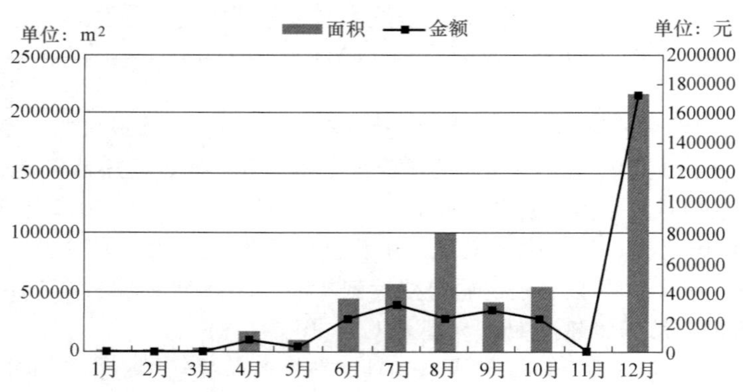

图 6-1-9　2012 年苏州月度土地出让走势

（数据来源：苏州国土局，品蠡研究中心整理）

全年土地市场则表现为“先抑后扬”的态势，整个上半年的土地出让面积仅有 81.91 万 m^2，而下半年则集中释放了 477.21 万 m^2，特别是 12 月的土拍更是迎来了 217 万 m^2 的密集供应，与

2011 年同期形成鲜明对比，房企在二级市场销售业绩的不断改观，也是影响 2013 年土地市场表现的主要原因。

结论分析：整体来看，2012 年苏州房地产市场一级市场和二级市场呈现出较大的不均衡发挥态势，虽然住宅市场跑量十分明显，不过受到中央一再强调的坚持房地产调控不动摇影响，房企的拿地信心不足，同时城镇住宅用地推地规模的相对有限，对于出让面积及出让金额的稳定发挥影响突出。但随着房地产市场的整体趋暖，未来二级市场上会呈现供需相对平衡的局面。

2）2012 年商品房成交情况。2012 年苏州楼市成交量表现异常火爆，1 月市场在短暂的调整之后，从 2 月住宅市场在新建商品住宅及政策性住房的双重影响下，月均去化量多次冲高至万套以上。

2012 年苏州楼市成交回暖明显，成交量同比倍增，成交面积同比大涨 99.18%。经过了 2010~2011 年政策环境的不稳定与对后期楼市的观望，让购房者延迟了购房时间，到了 2012 年，购房者已经适应了政策，且推出了鼓励首套房购买者的利好政策，压抑的需求集中爆发，出现了成交量倍增行情（图 6-1-10）。

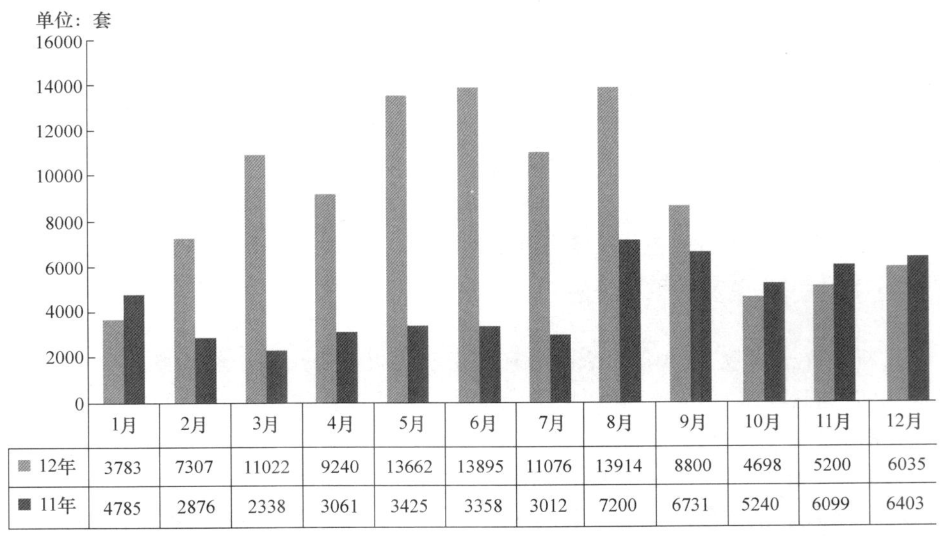

	1月	2月	3月	4月	5月	6月	7月	8月	9月	10月	11月	12月
12年	3783	7307	11022	9240	13662	13895	11076	13914	8800	4698	5200	6035
11年	4785	2876	2338	3061	3425	3358	3012	7200	6731	5240	6099	6403

图 6-1-10　2012 年苏州住宅成交量同比图

（数据来源：品驫研究中心）

苏州商品住宅新增上市面积小幅度上涨，2012 年 1~12 月，苏州市区累计新增上市面积为 647 万 m^2，同比增幅为 2.09%。虽然商品住宅供销双双上涨，但是成交涨幅明显高于供应量涨幅，2012 年苏州市场表现较好，销供比整体达到 0.93（图 6-1-11）。

商品住宅成交均价，一方面受到保障房的稀释作用，另一方面万元及以下的刚需住宅产品是签约主力，1~9 月苏州住宅成交均价水平均在同期以下，而从三季度末开始政策性住房成交量大幅缩水，同时高端改善物业签约量增强，均价开始攀高，市场呈现出量价齐升的回暖局面（图 6-1-12）。

结论分析：从苏州房地产市场走势来看，目前市场刚需市场已经有效释放，改善型需求有所提高。土地市场方面开发商购地热情高涨，各房企土地储备较充足，表明开发商对未来市场的信心进一步增强，预计 2013 年楼市成交将继续增长，但鉴于不确定的风险性因素（楼市政策及市场

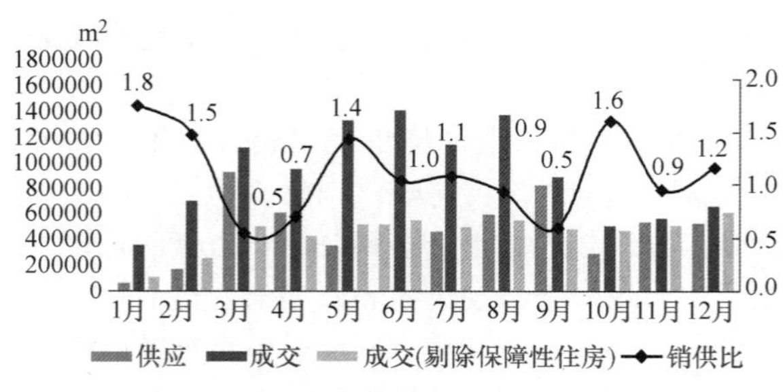

图 6-1-11　2012 年苏州楼市住宅市场供求走势

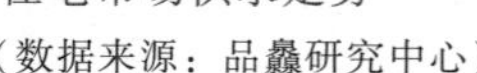
（数据来源：品鑫研究中心）

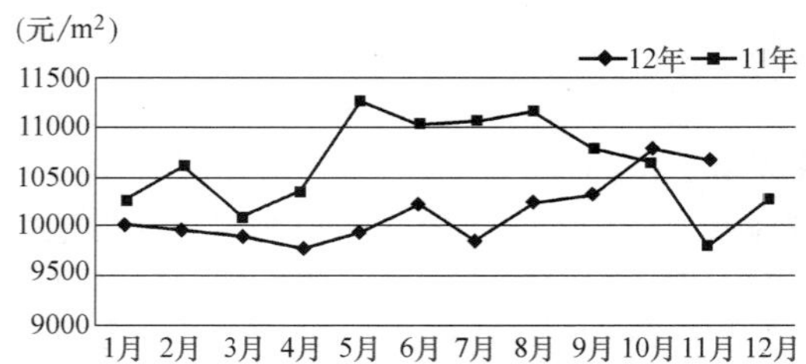

图 6-1-12　2012 年苏州住宅各月成交均价同比图

（数据来源：品鑫研究中心）

存货不足，和开发商开发节奏等）影响，楼市像 2009 年报复性反弹可能性较少，成交企稳可能性较大。目前市场个别区域已经出现供不应求的市场状况，降价的可能性较少，但大幅上涨在限购及限贷的宏观环境下可能性不大，未来房价将呈现稳中略涨的态势。

3）2013 年上半年苏州房地产市场运行特点。

① 上半年成交量高于 2012 年同期，“国五条”对市场影响明显小于 2010 年的“国十条”。2013 年上半年商品住宅房新批上市面积 333.34 万 m^2，同比上涨 14.04%，环比下跌 6.09%。商品住宅成交面积则为 335.43 万 m^2，与 2012 年同期相比呈现一个明显的上涨趋势，增幅达到 29.54%，而环比则略有下跌 2.41%。

1 月受 2012 年年底购房潮的影响，市场成交热度不减；2 月住宅成交较 1 月显著下滑，春节假期为主要因素；3 月受月初国务院发布的“国五条”细化政策的影响，以及传统的“金三银四”销售旺期，开发商抢时间开盘，购房者抢时间购房推升了 3 月的楼市成交量；经过 3 月的恐慌性购房潮，4 月楼市观望情绪渐浓，楼市降温明显；5 月、6 月楼市则处于一个相对稳定的状态。

② 苏州新建价格指数 2013 年以来持续环比上涨，仅 6 月出现小幅下跌。苏州新建价格指数自 2012 年 12 月连续 6 个月环比上涨。据统计显示，苏州商品住宅均价自 2012 年 11 月以来连续 6 个月环比上涨，直至 6 月才出现小幅下跌。

2013 年上半年住宅均价均超过 1.2 万元，5 月最高涨至 12729 元/m^2。环比来看，3 月环比涨幅达到 2012 年 8 月以来的最高水平（2.55%），二季度起受“国五条”政策等影响，涨跌幅度不大，基本保持平稳状态，4~6 月分别为 0.99%、1.29%和-0.28%。

同比来看，上半年涨幅持续扩大，5 月同比增幅达到 10.73%，为 2012 年 1 月以来的最高值。

③ 苏州上半年成交 36 宗住宅地块，土地出让金为 199.90 万元，溢价率为 37.75%。2013 年上半年，苏州成交的 78 宗地块中，其中纯住宅用地仅 13 宗，商服用地 40 宗，商业、住宅混合型用地 21 宗，定销房用地 4 宗。

根据苏州市区 2013 年度国有建设用地供应计划总量为 1540.97 万 m^2，其中住宅、商服分别是 447.74 万 m^2、308.98 万 m^2，共 756.72 万 m^2。然而虽说上半年苏州推地积极，但是也仅成交 33.41 万 m^2，相比全年的供应计划有较大差距，可见，下半年苏州推地频率将不断走高。

随着近期品牌房企踊跃拿地，以及苏州市场庞大的刚性需求及改善型需求，下半年住宅价格上涨预期依然存在，但是产品同质化竞争激烈，房价走势将以平稳为主，难有较大增长。

3. 上海、苏州区域别墅市场分析

2012 年上半年，别墅市场经历了两次“禁墅令”的政策洗礼。

一是 2 月 22 日国土部公布的《关于做好 2012 年房地产用地管理和调控重点工作的通知》中，再次强调停止别墅类用地的土地供应，“不得以任何形式安排别墅类用地。”。

再则就是6月，国土部和发改委日前联合印发《关于发布实施〈限制用地项目目录（2012年本）〉和〈禁止用地项目目录（2012年本）〉的通知》规定，明确限定住宅项目“容积率不得低于1.0”。

由于此次限制政策首次有发改委参与，各职能部门协同作战，打“擦边球”的成本和难度将大大增加，将从操作层面进一步将别墅类房地产开发项目挡在“闸门”外。这些因素，导致了别墅市场的“越禁越热”，成交一路攀升的局面。

（1）上海别墅市场发展情况。2013年上半年上海别墅共成交2750套，共计成交面积达63.96万m^2，在成交套数和成交面积上同比2012年上半年分别上涨31.07%与39.22%。在成交量总体上升的情况下，价格也渐渐上升，上半年成交均价为28153.3元/m^2，同比上涨31.01%。

通过对2013年前三个月的别墅产品成交情况统计分析，联排别墅市场供不应求，成交价格稳步上升。独栋别墅供应需求两旺，不过独栋别墅房企表现出谨慎心态，多批少量成为主流（图6-1-13～图6-1-17）。

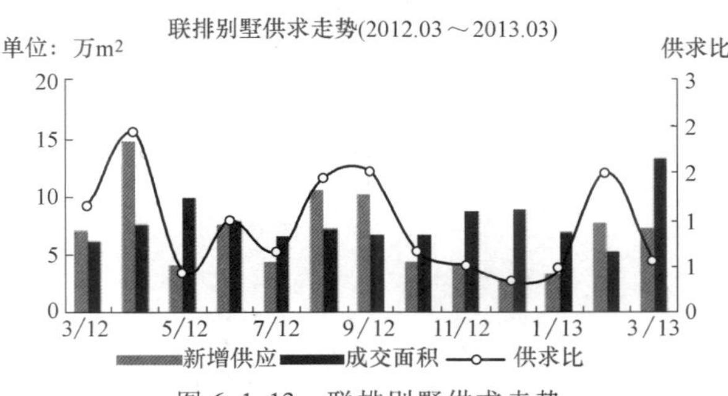

图6-1-13　联排别墅供求走势

（数据来源：品蠡研究中心）

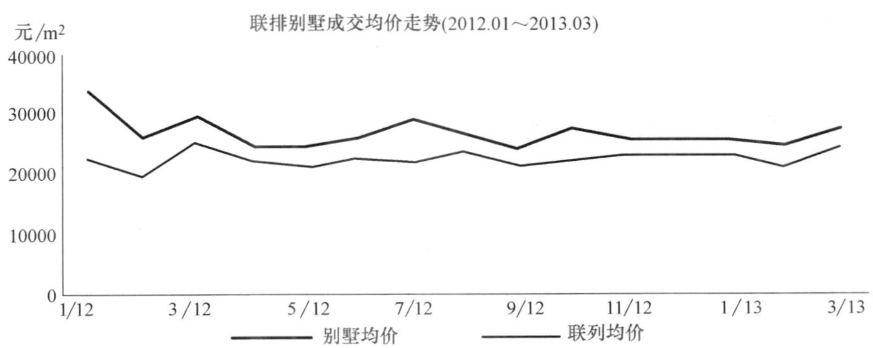

图6-1-14　联排别墅成交均价走势

（数据来源：品蠡研究中心）

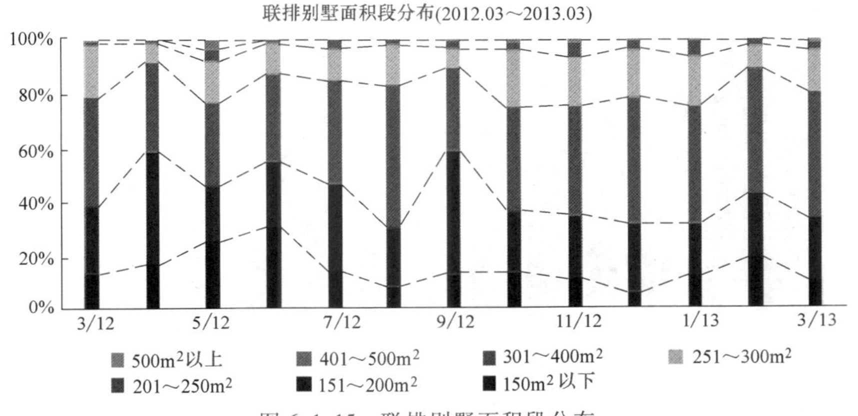

图6-1-15　联排别墅面积段分布

（数据来源：品蠡研究中心）

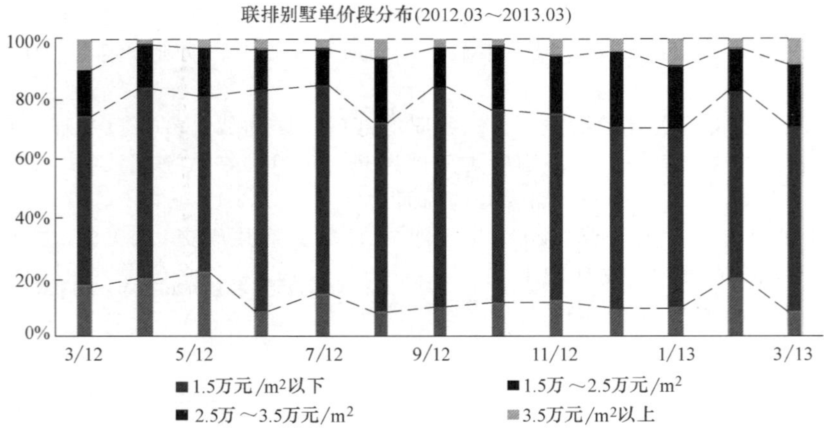

图 6-1-16　联排别墅单价段分布

（数据来源：品鑫研究中心）

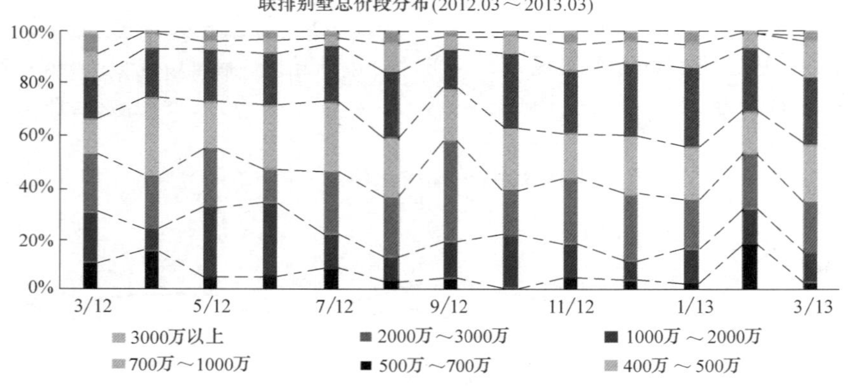

图 6-1-17　联排别墅总价段分布

（数据来源：品鑫研究中心）

其中，联排别墅成交情况分析来看，主力户型面积集中在 150~250m² 之间，成交单价集中在 1.5 万~3.5 万元/m² 之间，成交总价在 225 万~875 万元之间（图 6-1-18~图 6-1-22）。

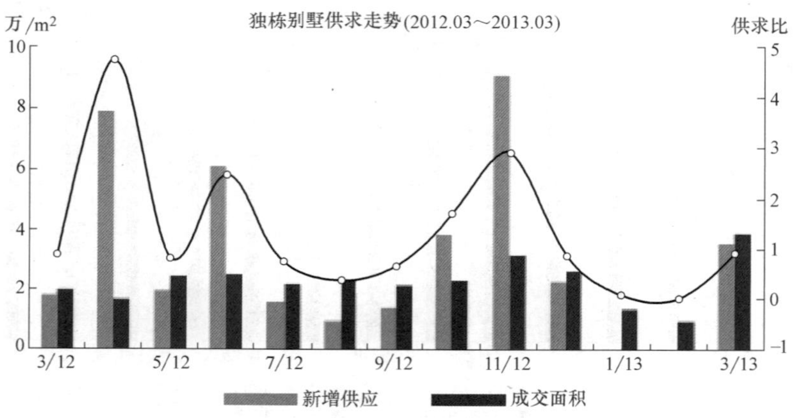

图 6-1-18　独栋别墅供求走势

（数据来源：品鑫研究中心）

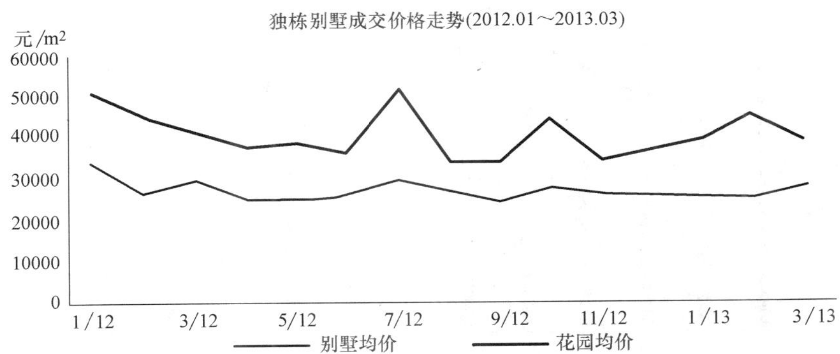

图 6-1-19 独栋别墅成交价格走势

（数据来源：品蠡研究中心）

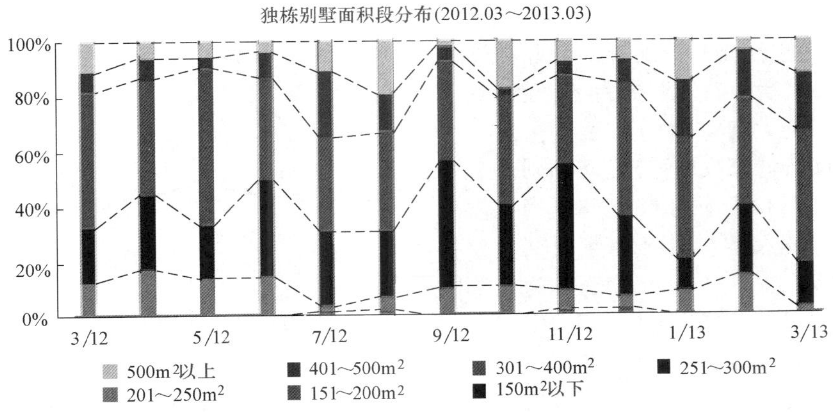

图 6-1-20 独栋别墅面积段分布

（数据来源：品蠡研究中心）

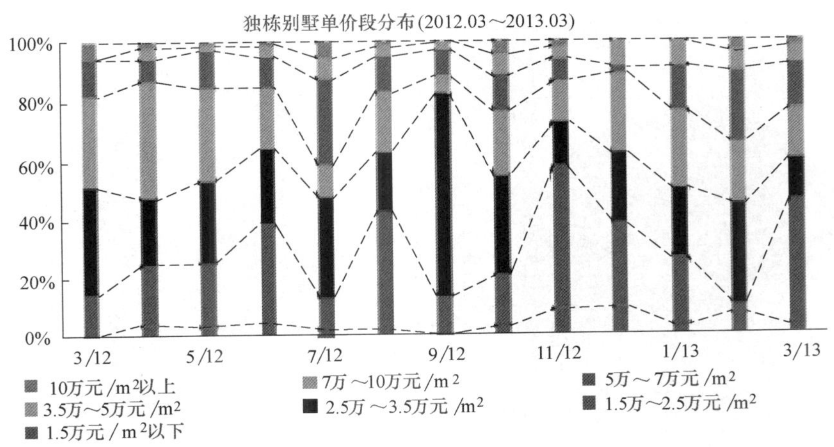

图 6-1-21 独栋别墅单价段分布

（数据来源：品蠡研究中心）

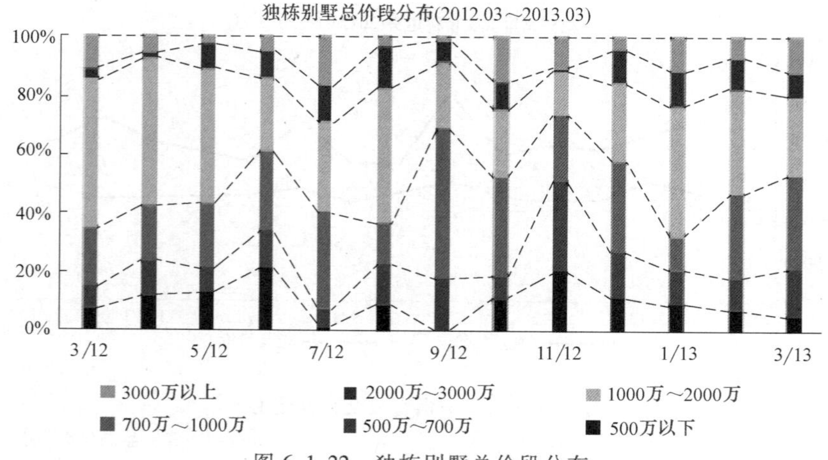

图 6-1-22　独栋别墅总价段分布

（数据来源：品蠡研究中心）

独栋别墅成交情况分析来看，主力户型面积集中在 300～500m² 之间，成交单价集中在 2.5 万～5 万元/m² 之间，成交总价在 750 万～2500 万元之间。

（2）苏州别墅市场发展情况。苏州别墅市场 2012 年 1～12 月共计成交 1855 套（监控样本为苏州在售 64 个别墅项目），同比 2011 年增加了 361 套，增幅为 24.16%。别墅产品在楼市低迷期表现出了较强的抗跌性，并以其品质的优越确保了价值的稳定性和可增长性，引起了经济实力较强的投资者的关注（图 6-1-23）。

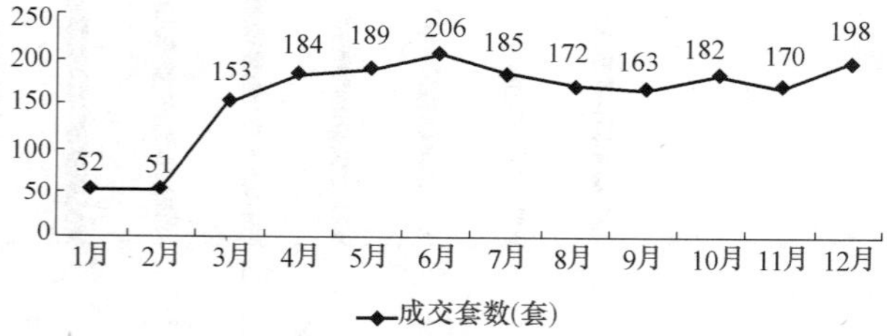

月份	1月	2月	3月	4月	5月	6月	7月	8月	9月	10月	11月	12月
成交套数(套)	52	51	153	184	189	206	185	172	163	182	170	198

图 6-1-23　2012 年苏州别墅销量走势

（数据来源：品蠡研究中心）

从别墅成交结构看，联排和叠加类产品是别墅房源中销售最好的，其中联排别墅销售占比达 51%；主力成交面积主要集中在 300～350m²，占总量的 19%，250～300m²、350～400m² 次之（图 6-1-24、图 6-1-25）。

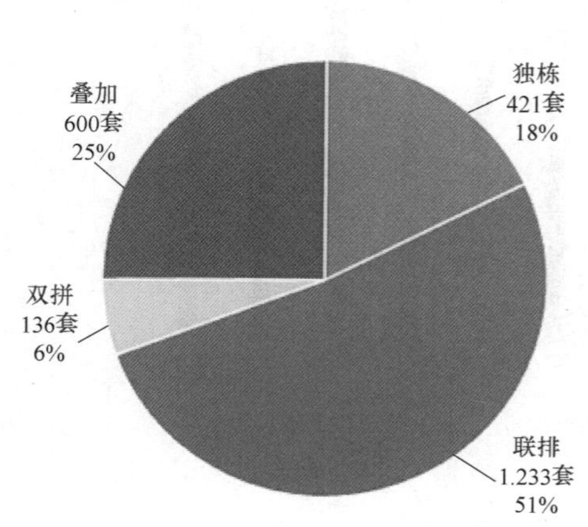

图 6-1-24　2012 年全市别墅类型成交套数占比

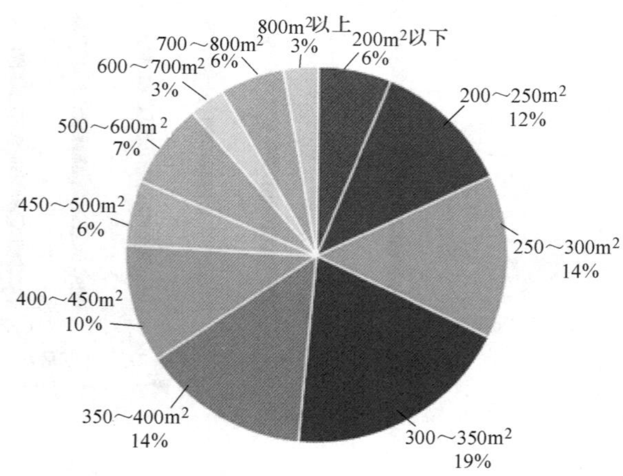

图 6-1-25　2012 年全市别墅类型成交面积段占比

（数据来源：品蠡研究中心）

2013年上半年虽然受到“新国五条”的政策影响，别墅市场延续了2012年的市场热度，2013年1~6月在售的65个别墅项目共成交803套，同比下跌3.8%，环比下跌21.3%（图6-1-26）。

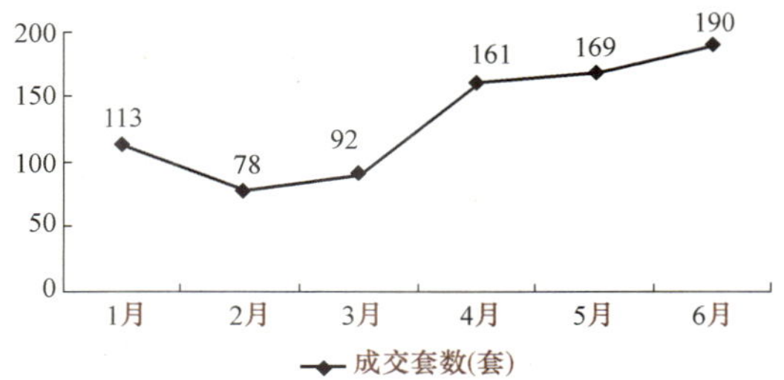

图6-1-26　2013年上半年苏州别墅各月成交套数一览

（数据来源：品蠡研究中心）

从近期的苏州别墅市场供求关系来看，成交量赶不上供应量，消化缓慢，暂时是供大于求的局面。但二季度开始一直保持上涨的态势，也反映出苏州别墅市场购买潜力巨大（表6-1-4）。

表6-1-4　2013年下半年苏州别墅上市量

区域	销售状态	楼盘名	推盘时间	产品类型	面积范围	价格范围	推新量	纯新盘
园区	在售	中信森林湖	7、8月	联排	$300m^2$	400万/套	待定	否
园区	在售	雅戈尔璞墅	下半年	别墅			29幢	否
园区	在售	仁恒观棠	未定	别墅	$258\sim310m^2$	未定	待定	否
姑苏区	在售	梧桐公馆	未定	别墅		未定	待定	是
新区	待售	新创悦山墅	预计7月	联排	$286\sim318m^2$	315万~430万/套	待定	是
新区	待售	TOP未来	预计7月	联排、双拼、独栋	$316\sim515m^2$	600万/套	待定	是
新区	待售	远雄御湖园	下半年	别墅	待定	待定	待定	是
吴中	在售	锦泽苑	下半年	别墅		待定	三期	否
吴中	待售	胥江一号	7月	别墅	$226\sim284m^2$	待定	10套	是
吴中	在售	东山会	下半年	独栋	$380\sim500m^2$	待定	40套	否
吴中	待售	金山别墅	预计7月	半山小豪宅、叠院别墅、联院别墅	联排$180m^2$、$220m^2$、$250m^2$	待定	待定	是
吴中	在售	中海独墅岛	待定	轻奢别墅	$161\sim180m^2$	待定	待定	否

（数据来源：品蠡研究中心）

4. 市场分析结论

在连续两年的房地产市场调控下，市场需求依然在逐步释放。与此同时，国内经济转型调整，房地产行业依然作为重要的经济支柱，在“保增长”方面发挥着举足轻重的作用。同时，新型城镇化的发展，也给房地产市场带来了新的发展契机，促进投资和需求的全面增长。未来两年内，房地产行业将保持稳步增长。

以上海为龙头的“长三角经济区”一直是中国经济发展的重要引擎，同时，社会经济的发展也促进了房地产市场投资的需求。上海、苏州这样的重要经济城市，即便在房地产宏观调控的背景下，市场需求依然强劲，推动市场稳步发展。

作为房地产领域稀缺的资源型产品——别墅，一直是投资市场所重点“关照”的对象，凭借这资源稀缺、保值等核心特点，带动着房地产市场的投资需求。在上海这样的一线核心城市，千万级的独栋别墅产品，一般是投资焦点，倍受关注；而苏州市场上，受到总价的影响，独栋产品稀缺。

1.2　项目概况

1. 项目区位属性

（1）解密淀山湖——区位属性。淀山湖位于上海市青浦区和江苏昆山市境内，是长江三角洲各经济旅游名城的中心地带，邻近上海和苏州，地理环境优越，是上海地区最大的淡水湖，湖水面积62km^2，为杭州西湖的12倍。不可复制的水资源，使得淀山湖区域成为大上海稀缺的湖水环境，和大上海国际度假区选址首选地。

区域东连上海，距上海虹桥国际机场28km，西接苏州，距苏州市区48km，南接318国道，北连312国道、沪宁高速公路和沪宁铁路，苏虹机场路穿镇而过，贯穿中国南北的国内最长的同三高速公路（从黑龙江同江至海南三亚），就在淀山湖镇东3km处。区域东连苏虹机场路，苏州轨道交通2号支线与上海城市轻轨20号线将在淀山湖对接，项目区域交通十分便捷。

淀山湖上海岛庄园项目位于昆山市锦溪镇淀山湖国际旅游度假区，距昆山市区25km，距苏州市区45km，距上海市中心50km。与上海在区位上的天然联系，使板块被纳入“大上海”的范畴，而板块也作为上海远郊别墅区被人们认知。

从交通条件上看，项目周边拥有陆、海、空全面的立体交通体系。基地周边路网交通发达，沪宁高速、苏沪高速、沪青平高速与上海、昆山、苏州对接，车程均在1小时以内，交通极为便利。项目与虹桥国际机场车程约半小时，促进了国际客户目的性度假消费，将奠定项目辐射长三角高端客户群的交通基础。

淀山湖上海岛庄园项目驱车5分钟可到达上海青浦城区，半小时跃入上海市中心，距上海虹桥机场28km，不足半小时即可到达。项目区位条件良好，辐射周边上海、苏州、昆山、无锡、嘉兴、湖州等经济强区，足以吸引高端客群置业。

（2）解密淀山湖——景观及配套。淀山湖是国家AAAA级旅游景区，拥有大上海不可复制的湖水景观资源，周边景区林立。作为上海母亲河黄浦江的源头，淀山湖人文文化资源丰富，环湖周边区域的周庄、锦溪、朱家角、西岑等江南水乡古镇，拥有众多的历史人文古迹，成为环淀山湖区域主要的旅游观光区。并且高端度假、商务配套设施齐全，游艇俱乐部、酒店、马会俱全，为高端度假人士、居住人士提供顶级物业与服务，项目所在区域现已成为西上海高端国际别墅生活区和度假区。

区域内拥有众多国际级别的高端商务配套，大自然游艇俱乐部、梦莱茵帆船俱乐部、大自然马会、锦东大酒店（五星级商务酒店）、千岛会议酒店（超大型综合酒店）、旭宝高尔夫球场，为项目开发提供了强大的高端配套基础（图6-1-27）。

1）大自然国际游艇俱乐部、马会。大自然国际游艇俱乐部，由世界著名建筑师埃里克森设计，总建筑面积10490m^2，是集餐饮、住宿、会议、休闲娱乐、游艇综合服务于一体的五星级会所。设有120多个国际标准游艇泊位，有游艇、帆船、摩托艇等多种水上休闲项目。大自然游艇会拥有多匹高贵血统的马匹和全套完善服务。

2）区域高星级酒店。项目区域周边高星级锦东大酒店、千岛会议酒店、太平洋大酒店都为淀山湖区域高端度假客户、商务客户提供了高品质服务。

（3）解密淀山湖——发展机遇。“大虹桥商区”作为长三角重要的交通枢纽，建成后有效带

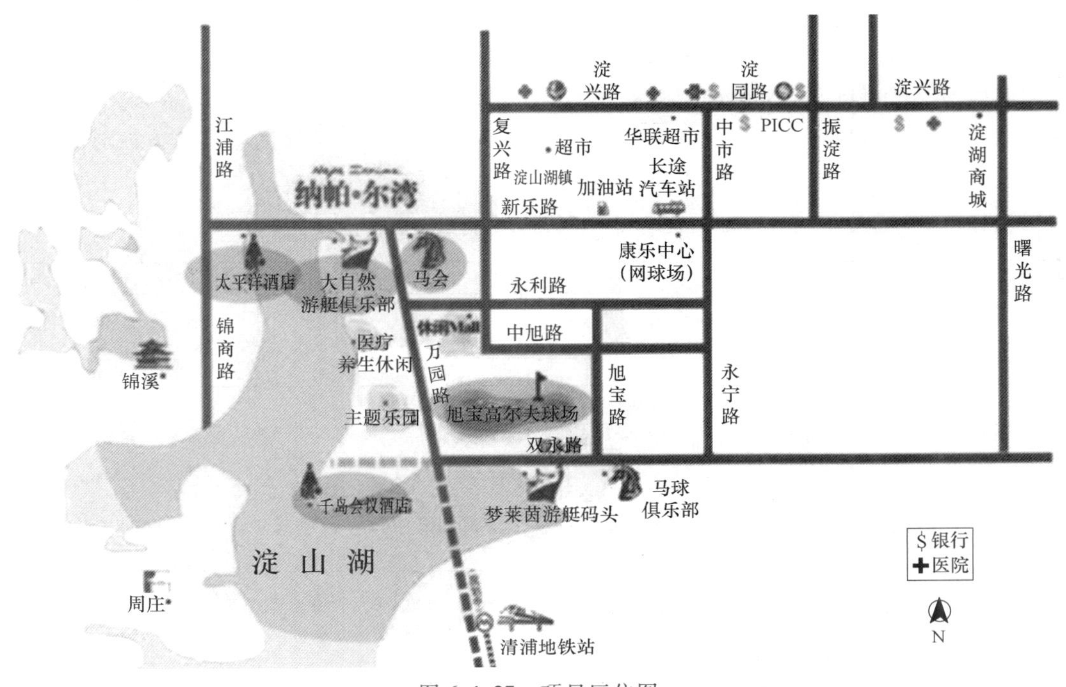

图 6-1-27　项目区位图

动了周边环境整体发展。建成后的虹桥为枢纽中心，以多个区域、多个功能定位于一体，发挥产业集群效应，辐射服务长三角。

虹桥商务区处于沪宁、沪杭、虹桥机场、地铁交界处，交通十分便利，成为连接长三角和泛长三角两小时经济圈的中心，打造为主要服务于整个长三角地区的“大上海 CBD”。

（4）解密淀山湖——产业规划。规划的航空产业园将为淀山湖区域带来全方位的新机遇和多类人群的导入。

淀山湖航空产业园启动区规划总面积 3.65km^2，东起道褐浦，西至复兴路，南起北苑路，北至可麻河（与千灯交界）。规划建成昆山市重要的高端制造业基地、长江三角地区重要的航空零部件生产基地。

淀山湖航空产业园将秉持“生态、节能、环保”理念，坚持全球定位和配套发展、互补发展的原则，紧紧抓住国家实施大飞机项目、中国航空工业战略性调整和全球航空产业布局调整的发展机遇，以航空维修、航材物流为切入点，不断拓展航空产业发展领域、积极发展飞机零部件加工制造、航空教育培训与研发、航空工业旅游等项目，努力建成在国内外航空产业领域具有较大影响力、较强竞争力，集产学研于一体的航空产业基地。

2. 项目区域别墅市场概况

（1）别墅市场区属关系。项目所在的淀山湖别墅区位于苏州昆山与上海交界之处，项目周边主要别墅区有淀山湖、阳澄湖、苏州金鸡湖、苏州太湖、上海佘山等 5 个。项目所在的淀山湖别墅区，以及比邻的阳澄湖别墅区，均处昆山地区，同为湖光水景资源优质的湖区别墅。阳澄湖别墅区主要受苏州和昆山辐射，淀山湖别墅区则更多受上海影响，与上海共享“淀山湖”超大湖景资源，自然注定了淀山湖别墅区的“大上海”归宿。淀山湖别墅区早已突破了区属的限制，更多受到上海的辐射。

（2）淀山湖别墅区市场概况。淀山湖别墅区由北岸的昆山片区和南岸的上海朱家角片区构成，目前在售项目多集中在北岸。目前区域在售楼盘总量在15个左右，主要集中在昆山片区，朱家角片区则以中信泰富、绿洲江南园为代表。

淀山湖别墅区项目产品以独栋别墅占据主流，建筑风格丰富，两岸主打产品档次高低各异，但受到地缘影响，别墅主力总价大体为南“千万”北“百万”，即上海区域内的独栋别墅总价在千万级，而昆山地区的主力户型总价在百万级别（表6-1-5）。

表6-1-5　淀山湖别墅区主要别墅项目

区域	项目名称	投资商/开发商	规模	主力产品形态	面积段/m^2	销售价格/(元/m^2)
昆山区域	时代御湖	昆山时代房地产开发有限公司	占地1300多亩	联排别墅	600~800，每栋送270~280的地下室	总价800万~2000万元
	纳帕溪墅	昆山钟鼎房地产开发有限公司	占地19万m^2，建筑面积约10万m^2	合院别墅	250~300	22000
	云湖御墅	昆山中浙置业发展有限公司	占地225亩，建筑面积6.2万m^2，71栋独栋	独栋别墅	448~838	24000~30000
	富力湾	上海富力房地产开发有限公司	占地67万m^2，建筑面积约28万m^2	独栋别墅、双拼别墅(经济型)	独栋220~250 双拼175~184	独栋18000~20000 双拼12000~13000
	淀山湖壹号	昆山中旭房地产开发有限公司	占地34万m^2，建筑面积约7万m^2	独栋别墅	1000~2000	40000~70000
	淀山湖绅园	昆山豪威房地产开发有限公司	占地6.8万m^2，建筑面积约5.4万m^2，278栋	独栋别墅、联排	独栋500~600 联排250~280	独栋30000~60000 联排12000~14000
	耀江淀湖桃源	耀江集团	占地66万m^2	独栋别墅、双拼别墅(经济型)	独栋226~276 双拼172	独栋22000 双拼14000
	长泰淀湖观园	昆山淀湖观园置业有限公司	占地26万m^2	合院别墅	合院250~360	25000
上海区域	湖庭	昆山金杰房地产开发有限公司	占地24万m^2，建筑面积4.8万m^2	独栋别墅	600~1000	40000~60000
	海上湾	上海丰泽置业有限公司	占地17万m^2，建筑面积7万m^2	独栋、联排别墅	独栋330~360 联排200~300	独栋30000 联排20000
	海源别墅	上海上实湖滨新城发展有限公司	占地31万m^2，建筑面积约4万m^2	独栋别墅	300~500	100000
	江南华府	上海住富房地产开发有限公司	占地10万m^2，建筑面积约1.8万m^2	独栋别墅	1800(在售)	总价1.2亿，精装修标准10000/m^2

（数据来源：品蠡研究中心）

（3）淀山湖别墅区重点别墅项目。

1）纳帕尔湾。

项目关键词：精装、湖居、围合式庭院。

项目地址：淀山湖镇新乐路1666号。

开发商：昆山建兴置业有限公司。

占地：14.63 万 m^2，建面：7.4 万 m^2。

开盘时间：2009 年 11 月 28 日，入住时间：2010 年 9 月。

容积率：0.49，绿化率：45%。

物业公司：绿城，物业费：3.8 元/(m^2·月)。

项目坐拥西上海淀山湖滨水国际社区。紧邻 63km^2 的淀山湖宽广水域，是一座湖居别墅园区。278 套精装别墅、300 余种名贵植物花草、丰富的建筑外立面，萃取了中国四合院建筑理念的精粹，创新性地设计了别墅围合式庭院的结构，合院别墅通过廊道连接到共享的中心庭院，而每栋别墅又各自拥有独立的庭院，这一设计理念，有效提高了土地利用率，并将私密与公开有机结合。

2）富力湾。

项目关键词：养生休闲居所、丹麦小镇、东南亚。

项目地址：淀山湖镇淀山湖，近新乐路。

开发商：富力房地产开发。

占地：67.4 万 m^2，建面：28.8 万 m^2。

开盘时间：2009 年 1 月 3 日，入住时间：2009 年 12 月。

容积率：0.35，绿化率：41%。

物业公司：天力物业，物业费：3.5 元/(m^2·月)。

富力湾位于淀山湖北岸板块，项目外依淀山湖、内拥度城潭，拥有非常稀缺的自然景观资源，项目打造成为上海及周边区域所共享的休闲养生居所。同时，项目内将建设大面积会所、商业街和其他生活配套设施，使得居住在此的人们完全可以在此享受到生活的便利。项目选择原味东南亚风情，利用通透感和丰富的院落使建筑与景观自然相融。每家每户都拥有精装私家园林，错落而层次丰富的植物将东南亚风情表现得淋漓尽致。

3）耀江淀湖桃源。

项目关键词：水景、生态、意境。

项目地址：淀山湖镇旅游开发区 K2、K3 地块。

开发商：耀江集团，装修状况：毛坯。

占地：898 万 m^2，建面：27 万 m^2。

开盘时间：2005 年 10 月 8 日，入住时间：2006 年 12 月 31 日。

容积率：0.3，绿化率：77%。

物业公司：高立国际，物业费：3.8 元/(m^2·月)。

淀湖桃源位于淀山湖最大的半岛岛尖上，三面环湖，内部天然活水引自湖内，个性化庭院组团，水系景观以水岸森林为主体，人车分流组团，简约唐风别墅，转进式设计，围合式别墅与禅境内庭结合，创造和谐第二居所。整体形象以创造自然生态环境为原则，以水岸森林为主体，整合各分区组团，形成步随景移的连续空间，创造生态化景观环境。沿岸景观整体大气，滨水空间强调光影效果。而内部水道则相对曲折，水岸以自然式草坡为主，结合平台、甲板等多样的景观处理手法，充满情趣。各别墅组团间的景观组团，成为表达整体景观意象的重要节点，以人性化的设计尺度，结合设计了公共景观带的水岸景色引入组团。

4）梦莱茵。

项目地址：淀山湖镇双永路 999 号。

开发商：昆山宝镇房地产发展有限公司。

占地：5.6 万 m^2，建面：1.8 万 m^2。

开盘时间：2006年10月1日，入住时间：2007年3月31日。

容积率：0.32，绿化率：46%。

装修状况：毛坯，物业费：3.5元/(m^2·月)。

梦莱茵地处上海与江苏交界处，淀山湖东岸，属于绝版的淀山湖别墅板块。周边生态环境保存良好，自然景观得天独厚。湖水面积62km^2，为杭州西湖的12倍。周边配套休闲娱乐设施齐全，拥有水上运动场、游艇俱乐部、高尔夫球场、钓鱼俱乐部、游泳场、保龄球场、射击场等。国际水准的彩虹岛高级水上休闲度假区，以及国际旅游度假区正在新建中。

5）福运马洛卡。

项目地址：淀山湖曙光路8号。

开发商：上海福运置业发展有限公司。

占地：2.8万m^2，建面：1.95万m^2。

开盘时间：2010年5月，容积率，0.65，绿化率：42%。

物业公司：江苏爱涛物业管理。

物业费：2.8元/(m^2·月)，装修状况：毛坯。

项目坐落淀山湖镇中心，纯天然护城河：三面环绕天然开阔河道，造就别墅生态环境。空间序列优化布局，规划采用独特的四级序列设计：由第一级外曲折幽长的环林荫道，依次进入第二级各围合庭院及其各户住宅；同时，第三级中心景观带长达270余米蜿蜒其中，与第四级各户独有的花园相融合或呼应。从开放的到围合的，再到各户独有的私密空间，鲜明的空间节奏，代表了别有情趣的生活方式和品质。独创院落式别墅组团布局，营造左邻右舍问寒问暖的温馨生活，既有私密的家庭生活，又有开放的社交生活，合理兼顾双重健康生活标准。各户均有露台、阳台或平台，配置宅前、宅后、宅侧或内庭式花园，主卧套房、客厅、餐厅等室内空间，既有采光，又具景观。

6）清水依瓦诺。

项目关键词：欧式古典、异域风情、湖岛别墅。

项目地址：张浦镇锦淀路88号。

开发商：上海中星集团昆山置业有限公司。

占地：26.4万m^2，建面：10.36万m^2。

开盘时间：2006年3月27日，入住时间：2006年12月31日。

容积率：0.3，绿化率：50%。

装修状况：全装修，物业公司：申城物业，物业费：2.98元/(m^2·月)。

清水依瓦诺双泽港和宿浦港环绕三面，成就独特的岛式构造。与亚洲最具盛名的旭宝高尔夫球场近在咫尺，毗邻A9、A30及苏沪高速公路。酒店式公寓、联体别墅、双拼别墅和各式独立别墅错落排布，更设有游艇码头、港湾、钟塔、吊桥……洋溢着浓郁的欧洲古典风情。

（4）淀山湖别墅区别墅供销。从销售率分析，重点调查的项目共推案2229栋别墅，成交1756栋，整体销售项目率达到约80%，销售情况良好，独栋类项目基本上可达到80%~90%的去化率，受到市场高度认可。随着区域两岸城大型项目开发建设，环湖休闲区将以高品质精品酒店、商务会议等高端配套继续为本项目区域提升价值，吸引更多上海客户，强化西上海、大上海高端度假区聚集地。

本项目销售期，独栋物业若以联排或双拼起步价格销售，将以高性价比抢占市场份额，为项目销售打开通路（表6-1-6）。

表 6-1-6　淀山湖区域别墅项目销售情况

项目名称	物业类型	总量/套	推出量/套	去化量/套	去化率
云湖御墅	独栋	80	35	25	71%
长泰淀山湖观园	联体	144	96	46	48%
纳帕尔湾	联体	278	278	265	95%
富力湾	双拼、独栋	943	793	552	70%
耀江淀湖桃源	联体、独栋	—	750	652	87%
福运马洛卡	联体	—	86	62	72%
淀山湖绅园	双拼、独栋	191	191	154	81%
合　计			2229	1756	79%

（数据来源：品蠡研究中心）

从淀山湖昆山区域在售独栋产品面积段来看，主力面积段需要 400~600m^2，淀山湖壹号独栋面积达到 1000~2000m^2，已与淀山湖上海区域顶级独栋物业项目产品持平。

本项目作为紧临湖区的独栋项目产品，主力面积考虑略高于市场，提供升级版豪宅别墅，同时考虑部分作顶级别墅物业产品，提升项目整体档次（表 6-1-7）。

表 6-1-7　淀山湖区域别墅项目产品面积段

项目名称	联体/m^2	双拼/m^2	独栋/m^2
云湖御墅			448~838
淀山湖壹号			1000~2000
纳帕尔湾	230~290		
淀山湖绅园		240~270	500~600
长泰淀山湖观园	250~360		
富力湾		178~185	376~434
耀江淀湖桃园	172		226~500

（数据来源：品蠡研究中心）

（5）淀山湖别墅区市场产品分析。通过对淀山湖别墅区的别墅项目及产品分析，价格层次“南高北低”，供给销量“南少北多”，物业结构“南两极化、北多元化”。

本项目作为区域内的独栋别墅社区，结合物业本身及高端配套服务，厚积薄发，打造大上海高端别墅度假社区，吸引上海、昆山两地高端置业人士，未来几年销售期将成为市场主力供应方，市场已成熟，销售前景看好（表 6-1-8）。

表 6-1-8　淀山湖别墅区市场产品分析

比较类别	北岸（昆山）	南岸（上海青浦）	本案启发
板块发展	在区域外具备一定的认知度，但此前配套不完善，对于上海客户认知度一般	上海传统自然风景别墅区之一，泛淀山湖板块开发最早、最为成熟的次板块	借势增进认同感，拉近区属关系
供应结构	供应集中在中低端的经济型别墅，中高端项目的供应量相对较小	高端别墅物业数量较多，但在售项目有限，未来仍将有一定的供给量	把握需求发展动向，寻求产品发展空间，实施差异化定位
	区域内产品类型多样，总价跨度很大	中低端项目的供应量相对匮乏	
	供应量大，项目大多具有一定规模，且产品类型呈多样化趋势	产品类型呈现两极化趋势，高端产品的独栋别墅市场认可度较高	
销售情况	部分高端别墅通过极致产品的打造以及内部通路的建立，去化速度相对理想	高端别墅目前的供应量减少，去化有所放缓	产品适销对路，营销推广特色化，抢占市场先机
	低端别墅通过大力的媒体宣传和区域炒作，去化速度较 2009 年之前有了明显提升，部分品牌项目凭借其品牌、规模、价格等优势具有不错的去化速度	低端别墅在加大宣传力度后，成交有所起色，目前在售项目量不大	

（6）淀山湖别墅区置业客户。

1）置业客群分析见表6-1-9。

表6-1-9　置业客群分析

比较类别	北岸(昆山)	南岸(上海青浦)	本案启发
客户来源	高端物业——以长三角一带私营业主为主,少量在长三角区工作的外籍华人 中低端物业——上海地区金领及长三角小型私营业主为主	高端物业——以在上海工作以及在上海有分支机构的私营业主为主 中低端物业——以上海地区金领以及部分对区域看好的投资客为主	立足昆山及上海,放眼长三角近邻
购买动机	作为投资或度假使用,少量昆山当地客户用作自住	高端物业——作为第一居所和收藏的比例较高,投资比例较低 中低端物业——主要关注物业的低价,投资和度假的比例较高,离上海市区较远的车程阻碍了中低档物业客户购买后用作第一居所的可能性	投资、度假为主,休闲、自住为辅
需求特征	主要关注周边环境、物业的性价比及板块未来的升值潜力	高端物业——看重板块在上海境内稀缺的自然资源及人文环境	稀缺的超大景观资源,国际化的产品及服务需求
关注焦点	稀缺的超大湖景资源 低总价,高性价比 投资潜力巨大	稀缺的湖景资源 高端产品品质 板块认知度高,圈层身份象征符号 看好政府配套规划前景	借势南岸的影响力及配套,描绘无界别墅圈层蓝图

2）淀山湖区域别墅置业客户主要有五类群体构成。

① 上海大型企业家阶层及私营老板。在上海拥有第一居所，购买淀山湖别墅主要为休闲放松享受“5+2”生活所用，同时兼顾长线投资。

② 昆山当地企业中高层管理人员。在昆山投资生活，购买淀山湖别墅不仅是因其具备良好的自然景观资源，而且其同时拥有完善的、高档次的配套设施，是身份和地位的象征。

③ 顺势而出的投资客户。“别墅禁地”政策的反复重申使得别墅在未来可能成为投资的相对热门产品，别墅物业奇货可居，升值潜力是他们购买淀山湖别墅的主要考量因素。

④ 昆山及青浦地区高薪阶层/政府机关工作人员。购买淀山湖别墅作为第一居所，注重社区品质与配套，身份感与生活圈子，追求生活情趣。

⑤ 上海、昆山大型企业。购买淀山湖别墅作为企业商务会所接待、洽谈、开会，企业高管会议、股东会，要求项目社区提供酒店式服务、商务宴会服务。

本项目客户群体将锁定上海、昆山私营企业主、大型公司企业家、职业经理人以及两地商务会所需求企业。

3. 项目总体规划和产品及相关配套

（1）项目用地规划。昆山淀山湖庄园房地产发展有限公司开发的项目为“淀山湖上海岛庄园”，项目位于昆山市锦溪镇淀山湖开发区内。南临淀山湖，地块及周边河道众多，东侧有一内湖，西侧临别墅区和农田，总用地面积215951.1m^2（即323.93亩）。

项目主要建筑单体包括各类别墅158幢，总建筑面积149518.20m^2。其中：游艇俱乐部1幢，建筑面积4839.4m^2；会所1幢，建筑面积5135.75（含地下建筑面积）m^2；酒店式公寓面积7040.05m^2；各类别墅158幢，建筑面积为92858.93m^2；158幢别墅单幢面积为200～1000m^2；其他公建配套面积为450m^2。容积率0.509，建筑密度17.6，绿地率45%。

（2）项目开发现状。本项目计划分两期进行，第一期开工面积为26762.22m^2，可售面积为19747.11m^2，共29幢，33户，单幢别墅25幢，计25户，单体面积为635.16～1212.9m^2，双拼别墅4幢，共8户，单体面积分别为236.27m²与229.73m²。本项目一期占地面积50亩。

同时，整个项目的大景观已经初步完成，项目商业高端配套设施游艇俱乐部、游艇码头、精品酒店客房、人工沙滩、水上泳池已建成。

（3）项目建筑规划设计。项目启用一流设计团队，国际大师手笔倾力打造——在建筑设计上由美国波士顿国际设计集团负责，景观设计由国际著名景观设计大师Mark S. Mahan主笔，为每户业主提供精装花园设计，打造精品独栋别墅。

项目所有独栋别墅设计均采用欧洲风格，全石材外立面，配置私家花园及泳池，独栋户型面积分别约为400~500m²、500~800m²、800~1500m²不等，满足不同业主的高品位奢华生活需求。

（4）项目景观资源。项目位于国家AAAA级旅游景区内，拥有自然生态环境、大面积的湖面景观、浓厚的人文底蕴、罕有的地热温泉资源，优越的景观优势、资源优势，让项目物业极具高价值，拥有开阔的水域资源，坐拥优越度假资源。

同时，项目与时代御湖、淀湖观园等项目相比，本项目具有私人沿淀山湖的湖岸线，小区整体并没有受到市政环湖大道的影响，并且充分利用了淀山湖原有的水系，引入并建造了大型的人工内湖，做到户户亲水，游艇可直接停靠在别墅后花园私人码头。

（5）项目高端配套设施建设。项目规划开发高端配套设施，包括游艇码头、人工沙滩、世界温泉水疗区、网球场、高尔夫球场、跑马场、篮球场、足球场，并有具有各国风格的绿色餐厅、酒家、会议中心、会展中心、艺术馆、书屋、茶馆、咖啡吧、红酒雪茄吧、精品酒店和购物中心等配套设施，全面满足业主的工作、交际和生活需求。其中已完成的项目包括游艇俱乐部、游艇码头、精品酒店、大型人工沙滩、水上泳池，在建工程包括绿色餐厅、购物中心、足球场、篮球场、网球场，其他工程也将陆续建造完成。

项目社区内部高端配套设施和淀山湖区域高端配套设施，将成为项目打造高端度假社区的基础，也是吸引高端客户群体与物业销售的支撑。

（6）项目周边重点配套项目——“两岸城”。2012年立项两岸城项目，这个项目将会带动淀山湖区域档次、服务等级、价值升级。

“两岸城”由首创青旅共同投资300亿元开发，“两岸城”由古镇区、古镇拓展区、民国城、台湾农业创意观光园区以及环湖休闲区五个主题功能区组成。其中，环湖休闲区将以精品酒店、商务会议、养生运动、高端度假物业等功能为主，构建环湖休闲带，并打造兰花岛、玫瑰岛、紫罗兰岛等多个花卉岛主题酒店、会所等。项目紧临环湖休闲区，此区域将成为高端度假物业聚集地。

4. 项目概况总结

1）淀山湖上海岛庄园项目拥有广阔的湖面水面资源和稀缺的温泉资源，而整个淀山湖区域本身已成为西上海高端别墅度假区，所以项目土地价值高，开发高端度假别墅社区条件十分成熟。同时“两岸城”的进驻开发，将使淀山湖更加巩固其成为上海高端度假别墅区。

2）项目一期开发完成，整体景观营造也已初步完成，加上重大高端配套设施建设已完成，项目已具备样板段现房销售的条件，加强样板房装修、精致社区花园景观，将会极大加强客户实地体验，促进销售。

3）项目周边高端配套设施现已成熟，区域高端别墅区价值确立，区域别墅基准价格已确定，本项目现在正是大规模开发的时机，项目高端精品别墅物业价格价值高。

1.3　项目定位

1. 项目SWOT分析

（1）优势（STRENGTH）。

1）区位优势得天独厚。项目位于长江三角洲中心地带，东向 30km 可达国际化都市——上海，北侧 25km 是新兴科技城市——昆山，西向 40km 更是长三角中心城市之一——苏州。

2）交通便捷。周边分布沪宁铁路、沪宁高速公路、312 国道、318 国道、沪青平高速公路等区域性交通大动脉，机场路和苏沪高速公路穿境而过，距上海虹桥机场和浦东机场分别仅有 28km 和 80km，水上运输线由淀山湖经黄浦江可顺流直抵上海港，交通网络四通八达，出行极为便捷。

3）自然人文环境良好。淀山湖作为国家 AAAA 级风景区规划和建设规范，景色秀美，气候宜人。周边旅游资源极为丰富，如水乡古镇同里、周庄、锦溪、千灯，历史悠久，人杰地灵，文化底蕴深厚。西南方是建设中的淀山湖旅游度假区，已成为周边城市成功人士和富裕阶层的休闲度假胜地。

4）独享湖岸线，水面资源独特。地块位于淀山湖边，拥有独享的湖岸资源。不可复制的淀山湖自然景观资源是区域别墅市场的最大卖点，是得天独厚的休闲生活区域，能共享淀山湖水景，自然环境优越。

5）项目配套设施规划完善。项目配套设施有精品酒店、游艇码头、人工沙滩、湖边泳池、绿色餐厅等高档设施，奢华的配套设施可满足业主在工作、生活、社交多方面的实际需求。

6）区域潜在客源丰富。长江三角洲是由上海、苏州、南京和杭州等 10 多个大中型城市组成的世界第六大城市群，经济发展迅速，文化教育高度发达，人文素质优良，在今后相当长一段时期内将是中国经济成长的火车头。经过 20 余年的高速发展，长三角区域积累了大量的民间财富，出现了相当多一批奋斗多年终获成功的企业家、外企高级白领和高级知识分子，他们希望拥有一种自然风景优美怡人、文化氛围浓郁的生活环境，而淀山湖度假区别墅群满足了这部分人的需求。

（2）劣势（WEAKNESS）。

1）附近生活机能缺乏。本案附近没有任何生活配套设施，业主解决日常生活需要主要依靠小区内会所的相关配套和镇区的商业设施，因此，本案的位置特点更多满足业主休闲度假的需求。

2）行政地缘抗性较大。项目地缘属于江苏昆山，在销售上可能会对上海本地客户产生一定抗性。

（3）机会（OPPORTUNITY）。

1）受益于“大虹桥枢纽中心”的发展。未来虹桥交通枢纽的建成将大大提升区域价值，同时导入大量上海地区客源。

2）周边配套发展日趋完善。淀山湖度假区内，大自然国际俱乐部、旭宝高尔夫球场等高档次别墅配套设施随多个项目的建成将日益完善。

3）别墅用地资源稀缺。淀山湖度假区内已没有土地批租或者征用了，土地的稀缺性较大，为项目土地今后升值留有空间。

4）周边居住集聚效应明显。目前淀山湖旅游度假区有一大批别墅项目在建和已建成入住，相信在未来两年内将形成一个更加成熟完善的居住社区，而优越的环境将使度假区成为一个理想的高档居住区。

5）城建规划方面的利好。淀山湖区域倡导环保科学的发展理念与合理的经济布局，优化产业结构，改善人居环境，建设一个经济繁荣、环境优美的绿色城区。目前已形成了以新苑高科技工业园、欧美工业园、民营工业区、旅游度假区、现代化农业示范区五大区域的产业格局。环境优美和谐、社区功能完善，积极发展环保型高科技产业结构，创建美好的人居和创业环境，引入

更多外缘客群。

（4）威胁（THREAT）。

1）近期内竞争楼盘较多。从2005年以来，项目周边别墅项目上市量将急速放大，淀山湖旅游度假区内将有15个以上度假别墅项目开盘销售，他们的销售将给本案带来一定的冲击。

2）房地产市场仍然存在宏观调控的政策威胁。当前政策对于房地产市场打压的风险始终存在，市场不确定因素仍然较多。

2. 项目总体定位

（1）项目市场定位分析。本项目地块具有特定的优势，最大限度地挖掘地块的潜在价值：

1）淀山湖中心位置，区位条件绝佳；不可复制的湖面资源，视野开阔。

2）周边高端配套设施完善，高端度假生活蓝图；地块区位交通良好，半小时可到上海，交通便捷。

3）淀山湖区绝版土地，水面景观资源与交通的完美结合，成熟的客户价值认知以及成熟的高端配套设施，这些都决定了项目地块具备打造湖区高端别墅度假社区的条件。

（2）项目市场定位。

1）大上海滨湖休闲度假区。

2）中国峰层人士的度假行宫。

3）集独栋别墅、精品酒店、会议中心、高尔夫、温泉、人工沙滩、游艇俱乐部等为一体。

3. 项目客户分析

（1）淀山湖别墅区域置业客户属性分析。别墅，作为一种房地产产品，由于总价的因素，限制了它的客源层，如何在有限的客源中找准自己的目标客源，是项目成败的重要因素。

目前，市场上的别墅，在用途上分为居住型别墅以及度假型别墅，这两类别墅都有其客源层。因此，我们在进行别墅客源定位之前首先必须明确项目的类型。居住型别墅的客源注重别墅的居住舒适度及便利度；而度假型别墅的客源则更注重别墅的内、外部环境。

当然一个别墅可同时满足居住以及度假的两种需求，但这类产品在市场上比较少，他们的客源也不单纯是居住型与度假型的累加。

而本项目就是少数能同时满足这两种需求的产品，既有淀山湖丰富的旅游资源，又有比较便利的交通环境。如何为其寻找特定的客源层，以区隔于单纯的度假或居住型别墅客源是比较重要的。

我们通过对别墅市场客源的分析，不难发现，中高端产品的客源主要集中在三个领域。

（2）客源背景。

1）经济领域的精英。经济领域的客户一般有：企业主（私营企业主、公司股东、公司老板、部分国企老总级）、企业高级白领、金融证券等行业客户、各类投资机构、各类投资客。

2）文化领域的精英。文化领域的客户一般有：学者（教授、专业领域专家等）、医者（医院领导、医生）、文化界人士（如作家）、媒体工作者、演艺界人士、艺术家等。

3）政治领域的精英。政治领域的客户一般有：高级公务员。

（3）购买动机。

1）改善居住条件。

2）休闲度假。

3）事业有成、提升身价。

4）功成身退，颐养天年。

5）保值增值。

6）投资炒作。

7）办公场所。

8）接待朋友、洽谈商务。

中高端产品的客源很大程度上是事业的成功者，他们在进行置业的同时，会考虑经济效益，因此，保值增值无疑是所有客户都关心的。而这些成功人士考虑置业时，第三方面因素（提升身价）无疑或多或少更会影响他们的选房。

因此，保值增值、提升身价是绝大多数客户的共同需求。由此延伸出对产品的要求就是“内部舒适典雅、外部尊贵大气”。

（4）客源分布。上海客户占70%，本地客户占10%，其他区域客户占20%。

（5）客户的消费需求分析。

1）周围的环境与景观。通过对多个别墅产品的调研不难发现，大多数客户会把环境作为首选。山水、林木、绿化率、容积率、建筑覆盖率等都是客户会考虑的。内部的园艺景观也是他们考虑的范围。

2）建筑品质、风格、户型等。建筑品质、建筑外观风格、户型设计是购房者越来越关注的问题。在别墅产品发展初期，这些方面曾被忽略，但随着市场竞争越来越激烈，这些方面已经成为产品的重要卖点。

3）配套。配套可以分为：生活配套、交通配套、休闲娱乐配套。

这些都是与生活密切相关的。也许有了这些配套并不一定会促进销售，但若没有这些配套却一定会影响其销售。

本案所在的淀山湖镇，在这几方面是比较成熟的。

4）物业管理服务水平。随着市场的发展，生活水平的提高，物业管理已经逐渐成为考量小区的比较重要的标准。目前的物业管理已经不仅仅是为了保安的需求，很大程度上需要更贴心的服务。

5）价格。虽然说在购置高端产品时，价格的敏感度比购买低端产品低，听购房者讲过这样一句话“都已经花了几百万买别墅了，还会为了省十几万而买个朝北的别墅吗?”。但是，相应的价格必须要与相应的产品相适应，客户在进行价格考量时同样将会考虑性价比。

6）投资回报率。投资回报率是投资客最为关心的问题。

4. 项目客户定位

（1）客户描摹。

1）身份标签型客户。

他们经常参加企业里的董事大会，主持战局；或者到新开的工厂或品牌店剪彩；或陪客户或朋友打Golf；或各种名利场私人聚会；或参加大型公益活动。

2）自然资源偏好型客户。

环境要让自己非常喜欢，要么有山，要么是水，崇尚自然、享受低分贝生活，爱着纯净的山和水。

沐浴晨曦中的朝阳，聚集新动力，在城市之外拥有一片属于自己的花园。

3）生活方式满足型客户。

他们年轻时梦想就是在繁华处有一方属于自己的天地，可以俯瞰整个城市的光景。

恍惚中觉得俨然是城市的主人，走得远了，见得多了，想得明白了，喧闹并不是自己所需。平和、静谧、舒适的品位生活才是生活的真谛。

城市边缘，景色深处、私密空间，在卧房休憩、在书房思考、在花园踱步，拥有一栋城市别

墅，换种生活方式——做生活的品鉴师。

4）区域认同型客户。

你该知道我们的东部是上海未来的明珠，你该知道“富人区”已经成为我们区域的代名词。

投资跟着规划走，资源会向明天趋步。

这里有山、有水、有景色，这里有财富、有规划、有未来。而我要做的，就是在这里有一幢房子，在这片金色区域——我们活在当下，我们看到未来。

（2）客户标签：沉稳务实、地缘性强、重视人文。

标签关键词：山水、品味、私享湖泊、城市别墅、生活方式、定制化、富人区、成功圈层、新区规划、文化娱乐。

（3）客户属性。

1）他们是谁。总之，本项目的客层至少是一群社会精英阶层。即使不是富豪，也一定是社会中坚力量。年龄层无须太大，我们可绝对不是退休物业。其实，他们的内心是一匹野马，极度向往抛开一切世俗烦扰的生活。

2）他们身在何处。白天，他们活跃在国际大都市的各个地方。也许是在松江新城某地的股东会议上，主持战局；也许是在青浦新开的工厂或品牌店剪彩；也许陪客户在佘山、汤臣打Golf；又也许在陆家嘴金融区的集团并购会上欲擒故纵，收放自如或是参加慈善拍卖会。或许他们刚好在考虑，当他们想放松的时候，他们开始考虑一种全新的“5+2”生活方式，将休闲享受融入自己每周的日常行程中。白天做梦，天高海阔是最起码的。

3）他们购买的目标。建筑形态非常有特色，环境要让自己非常喜欢（要么有湖，要么是海）非常有品位。安全性和自我性是第一要旨，可随时在自家院落里下棋，可以随时在家门口打场高尔夫，可以随时在自家大阳台上SPA，可以随地而坐，来一场家庭BBQ聚会。可以真正体会到和工作日不一样的生活方式，摆脱压力和烦恼，与大自然来一个亲密接触，让身心有百分百的释放，做到“5”与“2”的完全分离。

4）为什么会选择这里。至少他们还没有达到绝离城市的境界和退休的年龄，只能作短暂的停留、喘口气，继续回到欲海中游泳，他们总渴望过一段不被打扰的日子，更或许此事无关低调，只与个人享乐和隐私有关。

而本项目能做的就是替这些尊贵的住户和宾客抵挡所有的麻烦和骚扰。

他们需要独自居住，他们需要寄情山水，他们需要释放自我。

无论工作日你身在何方，在干什么，都能在这里找到最宁静，最不受干扰的栖息港湾，他们在意居住环境的珍稀远甚于建筑本身。

（4）本案客户定位见表6-1-10。

表6-1-10　客户定位

客户来源	客户属性职业特征	购房目的/需求	客户比例
上海	享受兼投资	崇尚“5+2”生活理念，对生活品质有着较高的要求，对良好的天然资源有较高的热情	50%
	投资客	上海房价高企，投资门槛高，走出上海，前往附近的江浙一带寻找房地产投资方向，淀山湖独特的自然资源是其投资升值主要的考量因素	30%
江苏/浙江	投资客	昆山靠近上海的地段成为投资的重点，大量海外资金纷纷落户昆山以及苏州，所以带来了大量的投资客在苏州金鸡湖和昆山淀山湖边寻求高档房产投资	10%

（续）

客户来源	客户属性职业特征	购房目的/需求	客户比例
昆山	私营企业主（自住兼投资）	注重身份、地位与生活圈子，需求面积较大，注重产品立面与环境景观	10%
	政府机关工作人员（享受兼投资）	注重品牌社区及私密性较强的高尚住宅，需要完善的配套与服务，低调购买，需求面积适中	

5. 项目销售价格定位

（1）销售价格定位。

1）估价思路。市场比较法的核心是运用相类似的项目作为样本，通过对影响房地产价格因素的分析，从而得到评估项目最可能实现的合理价格。

2）样本选取。样本必须具有参照意义，样本选取原则：相近原则，相近地段会有更多的相近因素；成功原则，只有成功的楼盘才具有参考意义；功能原则，样本楼盘必须具有相同的功能定位。

在以上原则的指导下，我们调查了与本案可比的别墅产品，选取了其中具有参考价值的个案作为本案的比较对象。

3）别墅价格定价。遵循以上定价原则，结合经济技术开发区可比物业的竞争因素以及价格，可参照的楼盘主要有云湖御墅、淀山湖绅园和耀江淀湖桃源（表 6-1-11）。

表 6-1-11　别墅价格拟合系数

比较内容（指标）	权重	云湖御墅		淀山湖绅园		耀江淀湖桃源	
		拟合程度	比较系数	拟合程度	比较系数	拟合程度	比较系数
湖面区位	15%	0.95	0.143	1.1	0.165	1	0.150
房型设计	15%	0.95	0.143	1.2	0.180	0.92	0.138
立面设计	15%	0.95	0.143	1.2	0.180	0.92	0.138
社区景观	15%	1	0.150	1.15	0.173	0.92	0.138
外部环境	10%	1	0.100	1	0.100	0.92	0.092
配套设施	10%	1	0.100	1.1	0.110	0.92	0.092
建材设备	10%	0.95	0.095	1.1	0.110	0.92	0.092
物业管理	10%	0.95	0.095	1	0.100	0.92	0.092
合计	100%		0.969		1.118		0.932

将各比较对象的市场价格经比较后得出此项目别墅的参考定价，见表 6-1-12。

表 6-1-12　别墅加权价格

对比案例	均价/（元/m^2）	比准得分	权重	加权价格/（元/m^2）
云湖御墅	25000	0.968	45%	11628
淀山湖绅园	40000	1.118	20%	7159
耀江淀湖桃源	22000	0.932	35%	8262
本案				27049

本案价格推算：

公寓价格＝云湖御墅参考的定价×45%权重＋淀山湖绅园参考的定价×20%权重＋耀江淀湖桃源参考的定价×35%权重＝27049 元/m^2

注：权重＝各比较对象的比较系数/三个比较对象的比较系数之和。

据以上数据分析，目前本项目独栋别墅销售价格估价为 27049 元/m^2，这是一个通过市场比

较得出的数据，项目预计 2014~2016 年为现房强销期，区域价格还有略微上涨的幅度。

（2）项目销售价格策略。本项目需要抢占市场份额，2014~2016 年大规模销售，因此采取高性价比价格销售，项目现在时点评估价格为 27049 元/m^2，销售价格以市场行情价 85%左右销售项目，略高于市场独栋别墅底价（22000 元/m^2），销售价格均价定为 22500 元/m^2（毛坯）。

第二部分 项目营销策略及销售模式

2.1 项目营销策略

1. 项目总体营销策略

项目的总体营销策略要以“稳中求胜”为营销原则，以现房产品“体验式营销”为基础，以“明确目标受众、优化产品组合、稳定速度、实现利润”为前提，最终实现——项目目标客户“充分积累”，项目锁定客户“分层收敛”，项目成交客户“稳步消化”。

（1）营销策略核心——产品。什么样的产品，决定什么模式的营销策略。传统的豪宅别墅项目，因其产品属性独特，投资门槛高，客户资源小众等特点，往往销售周期较长。项目除传统的营销模式外，以创新的产品塑造，开拓新的销售渠道及目标客群，缩短项目营销周期，实现项目利润最大化。

结合项目自身特点，充分发挥高端配套设施、湖面、景观等核心价值，为打造项目独特的度假产品属性，项目将聘请台湾晶华酒店管理集团作为项目产品的管理方，将项目打造成为“分时度假投资产品”和“经营投资回报产品”，利用两种创新销售模式，推动项目销售工作快速开展，形成资金回笼效率最大化。

一方面，使投资项目的投资客户能够获取投资额（别墅总售价）每年 10%的投资回报，面向投资客户不仅仅提供别墅产品，而是依托台湾晶华酒店管理集团的强大酒店市场资源，实现为项目投资客户提供以“现金+分时度假”的投资回报，增强市场关注度，提升项目投资价值，促进项目销售。

另一方面，成立项目专属“资产管理公司”，将项目面积 1000m^2 以上的大面积别墅物业进行统一资产管理，将其交由台湾晶华酒店管理集团进行统一的酒店经营，打造奢华高端商务会所，承接长三角地区外资企业及私营企业的商务接待。同时，将资产管理公司进行股份化改制，公司股份有偿出让给长三角地区私营企业主，使其成为资产管理公司的股东、投资人，并承诺投资人实现每年 4%的经营投资回报，实现高总价物业以资产管理方式拆分“产权”出售，扩大项目目标客户群体，快速促进销售。

（2）营销策略核心——渠道。为保证项目在别墅市场的消化量和营销渠道的建设管理，项目特聘请行业专业的豪宅项目销售团队——香港品矗地产集团，作为项目专业的销售管理公司。以其多年的行业经验和全面的管理体系，短期内完成销售业绩，抢占市场。

依托专业销售管理公司的现场销售管理，使项目的人气和服务兼顾，销量和质量共保，制造专属于本案的低调热销，满足高端客群即求安全又不从众的购买需求。与此同时，根据实际销售阶段，利用专业销售管理公司的高效执行能力，打造体验、口碑、圈层多角度立体销售模式，稳健推进项目各阶段销售，稳步提升项目销售业绩。

（3）营销策略核心——圈层。豪宅目标客户的基本特征就是“高端化、小众化”，把这群目标客户当作一个圈层，通过针对他们的一些信息传递、体验互动，进行精准化营销。目前，很多高端项目中，好多高端项目的营销中，此类“圈层营销”已经发挥不少作用。

项目要充分发挥自身资源优势，依托台湾晶华酒店管理集团的高端服务体系，利用项目已建成的游艇俱乐部、游艇码头、精品酒店、大型人工沙滩、水上泳池等配套设施。由专业的销售管理公司开拓广泛的高端“圈层”，在项目上举办各类体验营销活动，在圈层内部传递项目价值信息的同时，锁定购买意向强烈的目标客户，开展销售工作。同时，在圈层外树立项目精神层面的附加值，形成项目社会口碑宣传，达到圈层外“高调”、圈层内“内敛”的营销效果，以吸引更多目标客户群体。

2. 项目现场展示策略

项目现场展示是客户引导及体现项目核心价值的关键，项目要通过有效的现场展示手段，使目标客户群体能够有效地被引导到项目地，并且通过项目现场环境、景观、服务等细节展现，给项目贴上奢华的标签。

（1）项目外围导视。

1）项目外围指引。项目处在上海绕环线高速与A9高速公路连接区域，以及苏州绕城高速和苏沪高速连接区域，投资户外高炮广告牌，发布项目高端形象广告信息，告知过往目标客户群体。

同时在前往大观园的金商公路，以及前往项目的锦商公路上增设蓝白牌，让客户能够顺利抵达项目地。

2）项目现场昭示。位于锦商公路的入口处，将项目标志物上的项目名称字进行亮化（每天到夜间22点前，字体灯光开启）。同时，在入口处设置安保岗亭，打造尊荣体验第一站，让客户直观地感受到项目形象。

同时，在项目自锦商公路的入口大门进入项目基地不远处，设置入口桁架，发布项目规划信息，以及适时更换发布项目营销推广活动信息，增强项目信息发布更新效率。

（2）项目意向客户接泊。项目准备5部宝马汽车和1部豪华进口房车，专门负责接送项目预约意向客户。为方便项目意向客户看房，所有客户均统一安排在上海虹桥枢纽中心接泊，让意向客户体验虹桥枢纽中心为项目带来的交通便利优势，同时，利于大上海城市圈的目标客户拓展。

（3）项目现场展示。

1）项目现场功能展示布局方案。

项目营销中心——售楼。

项目景观体验中心——游艇码头、水边泳池、内湖、人工沙滩。

项目销售一期样板段——一期31栋欧陆风格别墅区。

项目销售一期看房通道——由售楼处通往销售一期样板段的路径。

2）项目营销中心——售楼处。项目售楼处设置在项目湖边已建成的精品酒店一层，一方面利用精品酒店的高档室内装修环境，即增添项目奢华品质，又节省营销成本；另一方面，精品酒店位于项目临湖的水岸边，并设有游艇码头、水边泳池等高端配套，可以增强客户的项目体验感受，提高客户对项目价值的认知。

利用精品酒店大堂吧作为接待中心，作为客户到访的初次接待区域，并利用大堂吧的经营优势，及时为到访客户提供茶点服务。同时，在酒店大堂设置项目三维声光沙盘，体现项目高科技技术的运用，提升项目品质。酒店大堂和大堂吧时刻播放高雅音乐作为背景音乐，给到访客户带来音乐盛宴。最后，利用酒店二楼小型会议室，作为项目洽谈、签约VIP室，给客户提供专享的私密空间，满足客户的身份需求。

在售楼处室外的停车场，以及项目入口处，要设置专职的安保人员和引导人员，服务客户的第一次接待。同时，对于这些专职从事接待的安保和引导的员工，针对项目基本情况进行基本培训，使其能够顺利地解答客户初到项目现场提出的基本疑问。

3）项目销售一期样板段。将项目目前已建好的一期工程31栋别墅区，作为项目一期销售的样板区。在现有项目建设完毕的环境基础上，做好每户内部园林景观维护工作，通过点滴细节展现项目奢华品质。

与此同时，在项目销售一期样板段区域内，增设形象保安巡视岗，通过物业安保服务细节，给客户带来私密、安全的切身体验，增强项目高品质的诉求。

除了对项目销售一期样板段的外部环境进行打造外，还要对项目销售一期样板段的样板房进行品质塑造。邀请香港十大顶尖设计师之一，拥有香港大学建筑学学士、城市规划硕士等多个显赫学历的梁志天大师，为项目量身打造4套欧美风情的主题样板间（欧陆风情样板间2套，北美风情样板间2套，分别打造一套现代风格，一套传统风格），演绎欧陆与北美的异域风情，实现现代与传统的时光交汇。同时，邀请中国第六代导演的代表人物贾樟柯导演，为4套样板间拍摄文化展示片。通过文化与名人的结合演绎，塑造项目高贵品质。

4）项目景观体验中心。依托项目已经建设完成的游艇码头、水边泳池和人工沙滩等配套区域打造项目营销阶段的景观体验区，供到访客户休闲、观景，使客户在了解项目前期阶段就能够充分体验到项目的优质景观资源。

同时，提高景观体验区的环境维护要求，做到水质清澈、绿植养护到株，营造优美的园林氛围，并对园林景观细节进行人性化与精细化打造，如观光路、铁艺路灯（与道旗结合）、井盖绿化等。其次，增设景观体验区的互动设施——休闲桌椅、运动设施、休息亭等，引入欧陆风情元素的雕塑、小品等，增加其在园林中的运用。

5）项目销售一期看房通道。项目营销中心售楼处距项目销售一期样板段存在一定距离，因此，在项目看房通道包装上，要加强通道的导视系统，能够引导客户快捷顺畅地到达项目销售一期样板段。

3. 项目形象推广策略

报纸、户外、网络等传统媒体一直是房地产项目销售过程中形象推广的有效手段，但对于本项目而言，定位为高端奢华度假别墅，且总价高、产品性质独特，能够接受的群体仅仅是小范围的。单纯依靠传统的形象推广手段，无疑是用大炮打蚊子，不但效果收之甚微，同时营销成本也会直线攀升。

因此，本项目的形象推广策略结合项目自身属性，以及目标客群的特点，突破传统的推广模式，建立有效的项目信息推广渠道，使项目信息能够高效推广，并广泛认知，最终促进项目销售。

项目的形象推广策略应当以传统方式（宣传手册、户外、网络等）为基础展示渠道，使社会（重点是项目目标宣传客群外围群体）对项目形成高端奢华品质的主观认知，然后，通过营销活动等现场体验及目标客群互动的形式，直接俘获项目目标客群，使之深刻认知、认可、认同项目，在项目中获得满足及归属感，最终形成销售。

（1）形象推广传统渠道。在项目形象推广过程中，传统渠道的选择，更应当注重质量，而不是一味地关注数量。推广当中运用的宣传物料也好，选择的媒体也好，既要满足项目高品质的自身特色，同时也要注重效果，达到向目标客群外围高调宣传项目奢华的目的。

1）项目宣传物料。项目销售手册的设计制作，要体现精致、奢华，但不是单纯的作为项目宣传工具对外发布，更重要的是体现出项目高贵的品质，使受众之人能够产生爱惜之情，甚至不禁收藏。通过与邮局联合发行淀山湖景区纪念邮票手册，与淀山湖景区管委会联合拍摄景区风光片及旅游手册等，将这些高档物料作为项目宣传楼书。

2）户外媒体。户外媒体的选择和发布内容，主要以完成项目形象展示和外围导视拦截目标客群即可。

3）报纸杂志。主要依托项目营销活动、制造的新闻点进行软性宣传，不在此类媒体上发布硬性广告，防止被埋没在广告海洋当中。

4）网络媒体。重点利用社交媒体、无线APP等新兴网络技术，展示并宣传项目特色，以及营销活动新闻。充分利用社交媒体和无线APP的特点，运用病毒营销，免费地、无线广度地宣传项目，使之在社会上（目标客户群体外围）对项目形成高调、神秘、奢华的认知，达到“外围”高调，“内部（目标客群）”低调的效果。

（2）活动营销的推广策略。根据项目营销推广工作需要，活动营销总体分为三类，一类是项目大事件营销活动，另一类是项目营销事件活动，最后一类是项目圈层营销活动。

1）项目大事件营销活动。结合项目自身特点，创建社会关注度较高的“大事件”，形成舆论聚焦，引起社会广泛关注。

① 大事件一：城市价值论坛。以城市发展为话题，以阐述自然与城市的关系为讨论焦点，邀请业内知名学者、专家，聚集项目举办相关论坛互动。

目的是通过高端活动的举办，提升项目价值，同时引起社会精英层面关注，并适时通过各类信息渠道，邀请其亲临现场观摩互动。一方面，借此活动汇集而来的社会精英（项目目标客户）可以体验项目现场环境及品质，同时项目营销人员也可进行现场低调销售宣传，突显项目资源稀缺、品质奢华的形象，刺激社会精英圈层购买欲望。

② 大事件二：EMBA高端培训基地。与上海、北京和香港三地的知名EMBA培训机构合作，在项目设立培训站，定期聚集机构的学员，聚集项目进行授课培训。项目则利用自身酒店、会所等高端配套，为其提供日常教学、生活、社交服务。

目的是通过与此类培训机构合作，直接吸引高端人群前往项目，借机挖掘客户，并开展营销工作。

③ 大事件三：海外名校说明会。与大使馆合作，在项目处举办海外名校说明会，通过各类信息渠道邀请社会精英人士（项目目标客群）参加。以子女教育头等大事，吸引目标客群前往项目，并借机挖掘目标客户。

2）项目营销事件活动。通过项目各类具有社会影响力的营销时间，制造营销活动，邀请目标客户参与，并开展相关营销销售工作。

① 项目营销事件一：项目形象代言，提高项目公众影响力。邀请江苏昆山籍的知名艺人——张馨予，以“淀山湖的女儿”为主题，邀请其为项目形象代言人，并组织相关活动，提升项目形象，引发目标客群关注，参加相关活动，挖掘目标客户。

② 项目营销事件二：项目文化体验之旅。利用香港知名建筑设计师梁志天设计的精装样板房，以及中国知名导演贾樟柯拍摄的文化主题情景宣传片，举办项目文化成果交流展示，为项目植入高层次的文化元素，引起目标客群的共鸣。

通过邀请各界文化名人，齐聚项目，开展论坛、讲座，并借机邀请社会精英人士（目标客群）参加活动，挖掘项目目标客户。

③ 项目营销事件三：项目销售开盘活动及投资说明会。利用项目的营销工作节点，安排相关的销售开盘或投资说明会，并要求社会知名人士参加，引起社会高度关注，制造社会舆论，吸引目标客群。

3）项目圈层营销活动。利用项目目标客群经常活动的各个圈层，举办针对性的“圈层营销”，依托项目资源特色，广泛联合各圈层举办各类跨界营销活动，如车展、名烟、名酒、投资说明会等，吸引目标客群参与，并借机挖掘项目目标客户。

各类圈层营销活动主题：

摄影大赛及摄影文化展——吸引高端摄影群体，进行圈层营销。

奢侈品品牌巡展——共享奢侈品品牌资源客户。

收藏艺术（绘画）展览——吸引收藏界的高端客群，挖掘目标客户。

名车、名烟、名酒交流会——共享圈层资源，通过社交类活动，进行圈层营销。

社会各类论坛、颁奖发布会——吸引目标客户群体，挖掘客源。

企业、行业协会联谊会——吸引目标客群，挖掘客户资源。

与目标客户举行各类文化、体验互动活动——增强目标客户对项目品牌、产品、环境的认知，通过资源整合，提升项目价值。

2.2　项目销售模式

1. 项目传统物业产权销售模式

传统销售模式是项目营销最基本的销售工作，由项目专业销售代理公司——香港品鱻地产集团，招聘专业的高端物业销售顾问，并进行统一形象（配置统一的服饰、销售工具等）、统一培训、统一销售接待等，使其具备专业的高端物业销售技能，完成项目销售工作。

通过销售人员对目标客户介绍项目卖点，并带领其体验项目环境，感受项目品质。使客户能够完整地感受项目所带来的特有生活方式及投资价值，并对项目价值产生高度认可，满足其精神层面的各种需求，从而使客户独立投资项目物业产权，完成项目销售工作。

此传统的销售模式是项目基本的销售工作，但因项目自身高端置业的特点，目标客户挖掘难度大，客户投资决策周期长等特点，此销售模式工作效率往往较低，并需要大量的营销宣传推广投入。

2. 项目分时度假产权销售模式

项目分时度假产权销售模式，是依托项目酒店管理合作方——台湾晶华酒店集团，将项目打造成为产权式酒店进行销售，使投资客户获得包括分时度假时限在内的投资回报。

（1）名词解释。

1）产权式酒店——是由个人投资者买断酒店客房的产权，即开发商以房地产的销售模式将酒店每间客房的独立产权出售给投资者。每一套客房都各拥有独立的产权，投资者如购买商品房一样投资置业，将客房委托给酒店管理公司分取投资回报及获取该物业的增值，同时还获得酒店管理公司赠送的一定期限的免费入住权。其实质就是迎合普通老百姓的不动产投资理财需求。

2）分时度假——是把酒店或度假村的一间客房或一套旅游公寓，将其使用权分成若干个周次，按 10~40 年甚至更长的期限，以会员制的方式一次性出售给客户，会员获得每年到酒店或度假村住宿 7 天的一种休闲度假方式。并且通过交换服务系统会员把自己的客房使用权与其他会员异地客房使用权进行交换，以此实现低成本的到各地旅游度假的目的。

（2）本项目分时度假产权销售运作模式详解。

第一步——项目开发商：将某栋别墅按照台湾晶华酒店集团的要求进行精装修设置（每平方米精装修标准 10000 元，含设计费用），使其达到台湾晶华酒店集团经营要求。

第二步——投资业主：购买项目开发商已完成的某栋精装修别墅，并与台湾晶华酒店集团签署 10 年物业委托经营管理协议。

第三步——台湾晶华酒店集团：接受投资业主委托的某栋精装修别墅，进行日常酒店经营。同时，按照此别墅的销售总价，每年提供给投资业主 4%的现金回报，以及 4%的台湾晶华酒店集团旗下产权酒店消费抵用金。消费抵用金当年有效，可在台湾晶华酒店集团旗下任意产权酒店（包括本项目酒店，但需提前预约，并不保证在投资业主所投资的物业住宿消费，或根据台湾晶华酒店集团管理要求进行消费），全额抵用住宿消费和半额抵用餐饮、娱乐、休闲消费等（酒店服务费用另计）。

第四步——投资业主与台湾晶华酒店集团签署的物业委托经营管理协议到期后，投资业主可根据自身情况，继续与台湾晶华酒店集团签署委托协议，或者回收别墅物业，自行居住使用。

此销售模式，将项目赋予投资价值，结合项目自身度假资源，委托知名酒店管理公司——台湾晶华酒店集团进行经营管理，产生投资回报，使投资业主获得现金和消费双重回报奖励，提升项目投资价值，促进项目销售。

3. 项目股权投资回报销售模式

项目股权投资回报销售模式类似上文提及的分时度假产权销售模式，但其主要针对项目追求奢华品质，注重投资价值，但处于成长期的目标客户群体。该客户群体对高端物业有置业投资需求，但因处于成长阶段，资本实力暂时无法满足项目产品投资要求。或因项目个别产品户型过大，无法一次买断其产权。对于此类客户或情况，利用股权投资回报销售模式，降低投资门槛，吸引更广泛的目标客群，提高项目销售效率。

本项目投资回报销售运作模式详解：

第一步——项目开发商：将某类别墅（面积超过 1000m^2 的独栋别墅）按照台湾晶华酒店集团的要求进行精装修设置（每平方米精装修标准 10000 元，含设计费用），使其达到台湾晶华酒店集团经营要求。

第二步——成立独立资产管理公司，将此类别墅产权作为资产，纳入该资产管理公司名下。

第三步——由该资产管理公司与台湾晶华酒店集团签署 10 年物业委托经营管理协议，将此类别墅交由台湾晶华酒店管理集团经营管理，产生经营收益，并支付台湾晶华酒店管理集团经营管理成本。

第四步——将成立的独立资产管理公司股份化，按照别墅资产总额作为股份基数，对社会（目标客群）公开出售股份（100 万股，即 100 万元投资额起步），吸纳社会（目标客群）投资资金，使投资客户成为资产管理公司股东，同时，也使开发商快速回笼资金。

第五步——独立资产管理公司承诺为投资股东，将项目经营产生的收益，以每年投资额的 4% 作为股份投资回报，承诺投资期限 10 年，到期后原价赎回投资股东的资产管理公司股份。

第六部——到期资产管理公司股份赎回后，开发商可根据市场情况，将别墅再次独立出售，获取房产 10 年的溢价收益。或者继续沿用此模式，再次进行投资融资，低成本使用 10 年投资资金。

此销售模式有效地解决了项目部分物业产权过大，总价过高的问题，降低了项目投资门槛，有效地吸纳更广泛的目标（如中小企业私营业主、政府普通公务人员等）客群投资项目。

4. 酒店管理集团简介

（1）集团简介。晶华丽晶酒店集团为亚洲首屈一指的酒店营运管理集团，同时也是相关产业界、股票上市公司中的领导品牌，不论是在经营绩效或是顾客满意度方面，都有着卓越且令人赞赏的优异表现。

集团成立于 1991 年，旗下拥有世界顶级酒店——REGENT（丽晶）、华人市场的首选——SILKS PLACE（晶英）以及强调便利与舒适的商务设计型旅店——JUST SLEEP（捷丝旅）三个酒店品牌。秉持着优势延伸的原则，集团的经营版图也扩展到豪宅与顶级出租公寓的物业管理，例如台湾的第一豪宅——新光信义杰仕堡、上海第一豪宅——汤臣一品即是由晶华优秀的团队进驻服务的。

2010 年 6 月，晶华丽晶酒店集团自美商 CARLSON 公司手中收购世界顶级酒店品牌——REGENT（丽晶）之全球品牌商标及特许权，接手 REGENT（丽晶）在欧洲、亚洲、美洲以及中东地区已签约的管理及筹建中的旅馆经营工作，另拥有位于加勒比海 REGENT SEVEN SEAS CRUISES（丽晶七海邮轮）的品牌特许权。丽晶酒店目前在北京、柏林、普吉岛、新加坡、台北和特克斯凯恩斯已开始营运，而在未来三年，丽晶也预计在巴厘岛、阿布贾比、卡塔尔多哈、蒙特内哥罗和吉隆坡等地设置酒店。

以“追求卓越”为经营理念的晶华丽晶酒店集团，持续致力于加强经营管理对象的竞争力，务必使每一项产品都能成为该市场领域中的领导者。

（2）产权式酒店品牌——LUXUS。LUXUS 酒店集团是参照一种全新的商业运作模式，以酒店客房销售为主，通过与全球星级产权式酒店合作，形成一个产权式酒店联合体。通过 LUXUS 精英商旅卡向全球征收会员，凡 LUXUS 会员均可至各合作酒店享受会员价。LUXUS 酒店集团的客房全部源自精选的四、五星级酒店，这些酒店都有着完善的配套和服务。

LUXUS 酒店国内联盟成员：上海红楼国际大酒店、苏州四季商旅酒店、宿迁枫华丽致酒店、宁波海曙枫华丽致酒店、威海卫大厦、北京八福精品酒店、长春国际会展中心大饭店、扶松宾馆、榆树市千元广厦宾馆、千元富民酒店、四平贵宾楼饭店、萨满欢乐谷、上海龙通商务酒店、长白山金水鹤国际酒店、美豪酒店常熟店、深圳市东方山水酒店（机场店）、广州南峰酒店、美豪酒店西安莲湖店、黑龙江昆仑大酒店、北京保利大厦、天津胜利宾馆、山西黄河京都大酒店、大同宾馆、运城桃源国际酒店、武汉帅府饭店、渤海明珠酒店、天源温泉大酒店、三亚宝盛海景大酒店、三亚半山半岛帆船港酒店、三亚盛福源大酒店、三亚湾红树林度假世界、海角 7 号酒店度假公寓、桂林金水湾国际大酒店、桂林民丰国际大酒店、南宁市邕桂大酒店、维也纳国际酒店（北海北部湾广场店）、宁波文昌大酒店、红星文化大厦、美丽华大酒店、泰和大酒店、湘城大酒店、长白山千元宝石度假酒店、南京大观视界酒店、苏州金澄锦江国际酒店、美豪酒店北京店、成都润和酒店、红珠山宾馆、深圳鸿源酒店投资管理有限公司、黄山柏晶戴斯酒店、、美豪酒店上海多伦路店、美豪酒店上海长寿店、三亚巴哈马度假酒店、威海汤泊温泉度假酒店、威海天沐温泉度假村、东方桃源亚卡地尔酒店、维也纳酒店（南昌火车站店）、芜湖国信大酒店、吉林和合会馆、鲁班国际酒店、峨眉山神龙大酒店、浙江佳源酒店投资管理有限公司。

（备注：以上酒店明细截至 2013 年 6 月，联盟成员仍在高速发展中，计划 2015 年年底，联盟成员达到 500 家以上，覆盖中国、东南亚及欧洲、北美等区域。）

第三部分　项目营销执行

3.1　项目总体销售推案计划

1. 项目开发建设时序安排

（1）项目开发时序原则。

1）现房销售原则：项目以高端物业面市，需要提供完善的景观、配套和样板段，以实景体验震撼客群，加强客户信心，促进销售。

2）整体价值最大化：充分挖掘项目内部的协同开发价值，先期开发高端配套、景观，促使别墅物业得到高溢价，使项目整体价值最大化。

3）建设、销售原则：2013~2014 年大规模建成现房、样板房，2014~2016 年进入项目强销期，均稳销售。

（2）项目开发时序计划。项目一期 18364.90m²，已办理竣工并取得了房产证，一期房产 31 套 18364.90m²，已经销售的 5 套 3086.82m²，余 26 套 15278.08m² 可售；项目整体可售面积为 136703.75m²。

项目二期开发建设中，已有 30 栋在施工建设当中，并且年内完成主体建设工程，2014 年一季度成外部景观建设。

其余项目二期开发未建设的 97 栋将在 2014 年分三期开工建设，并在年底完成项目主体建设工程和外部景观建设。

项目二期开发建设工程分三期施工建设。

首先，在 2014 年一季度完成一期的建筑主体结构施工，并在建筑主体结构施工完成后的 3 个月，完成别墅外围景观及小区环境、道路建设。

其次，在 2014 年二季度完成二期的建筑主体结构施工，并在建筑主体结构施工完成后的 3 个月，完成别墅外围景观及小区环境、道路建设。

最后，在 2014 年三季度完成三期的建筑主体结构施工，并在建筑主体结构施工完成后的 3 个月，完成别墅外围景观及小区环境、道路建设。

最终，在 2014 年完成项目主要别墅区的施工建设，2015 年上半年完成项目景观环境的养护工作，将项目整体环境全面呈现市场。

2. 项目总体销售目标

根据报告上文确定的项目初始销售价格，每平方米 22500 元的销售单价测算，项目规划 159 栋别墅可售面积 130，267.79m²，初步测算项目保底销售额为 29.31 亿元。

根据工程计划和市场同类产品去化周期推算，项目销售周期应在 3 年左右时间，并且项目销售价格平均每年上调 18.5%，最终，项目销售目标为 36.01 亿元（表 6-1-13）。

表 6-1-13 项目销售推案计划

时 间	推案房源数量
2014 年(一季度)	40 套
2014~2015 年(一季度)	45 套
2015~2016 年(一季度)	56 套
2016 年	18 套

3. 项目总体销售计划

结合项目开发建设进度，以及项目销售目标，项目总体营销执行计划分为 4 个阶段：项目品牌建设期、项目产品热销期、项目产品强销期、项目销售清盘期（表 6-1-14）。

表 6-1-14 项目总体销售计划

销售阶段	销售目标	销售阶段	销售目标
项目品牌建设期	6.55 亿元	项目产品强销期	14.92 亿元
项目产品热销期	9.96 亿元	项目销售清盘期	4.56 亿元

（1）项目品牌建设期。是项目整体形象和品牌亮相阶段，是目标客户发现项目价值之旅。

（2）项目产品热销期。是项目销售第一次引爆，通过项目品质的包装与诉求，形成目标客户收藏项目产品之旅。

（3）项目产品强销期。是项目品质和品牌的深入解析阶段，通过一系列圈层体验营销，树立市场口碑，完成项目品质和品牌的市场建立，是目标客户传承项目价值之旅。

（4）项目销售清盘期。是项目通过营销和品牌等升华，使项目形象和价值达到全新的高度，完成目标客户认定项目品牌之旅。

3.2 项目阶段销售执行计划

1. 第一阶段：项目品牌建设期

（1）主要销售工作目标及内容见表 6-1-15。

表 6-1-15 主要销售工作目标及内容

销售执行阶段	项目品牌建设期
起止时间	2014 年 1~3 月
工作目标	打开渠道通路，展开形象，做好项目蓄水的各项准备工作，为前期蓄客作准备 通过各类推广渠道以及营销活动，以及拓展组电话开发联系，完成 500 组有效意向客户积累 完成项目本阶段推盘 40 套别墅，销售率达到 75%，销售金额目标 4.81 亿元
营销活动	大事件营销——举办城市发展论坛，讨论城市发展与自然环境协调共进 邀请政府主管领导及房地产行业内知名专家、环境保护专家等，并邀约政府及行业相关组织与会，邀请媒体全程报道，最终使与会人员规模达到 150 人。同时，启动项目认筹工作 营销事件活动——LUXUS 产权酒店联盟签约仪式，暨项目投资说明会。邀请政府旅游主管部门领导出席，并邀请项目前期关注客户参与，最终与会人员规模达到 150 人，并同期开始正式对外开盘销售 圈层营销活动——联系项目周边昆山、上海青浦等区域的企业、行业协会，邀请其组织协会会员领导前往项目举办例行联谊活动，活动每月双休安排 1 场，每场接待人员规模 50 人，10 月、11 月、12 月三个月共举办 12 场联谊活动，由项目方提供免费场地及负责与会人员食宿，并负责包车接送 圈层营销活动——联系汽车、名烟、名酒、奢侈品等品牌，举办跨界营销推广活动，10 月、11 月、12 三个月每月举办一场，每场接待人员 100 人，有项目方免费提供场地，并提供冷餐酒水服务
销售活动	项目认筹达到 500 组 项目开盘销售
推广工作	项目形象推广导入，形象推广主题确定 完成项目外围导视，户外大牌、“蓝白”指示路牌等设置 完成项目现场售楼处布置 完成项目样板段环境整改 完成项目一期销售通道环境布置及整改 完成项目景观体验中心区环境整改及保养 完成项目宣传物料设计及相关制作工作
销售工作	运用传统物业产权销售模式、分时度假产权销售模式和股权投资回报销售模式三种销售模式开展销售工作

（2）营销工作计划时间安排，如图 6-1-28 所示。

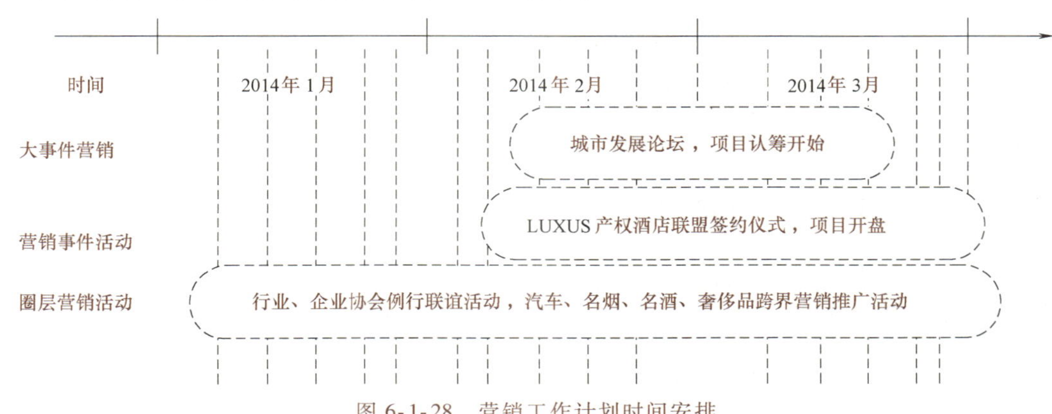

图 6-1-28 营销工作计划时间安排

1）1 次城市发展论坛大事件营销活动。

2）1 次 LUXUS 产权酒店联盟签约仪式的营销实践活动。

3）每月 4 场圈层营销活动。

4）每月 1 场跨界营销活动。

通过各项高频次的事件营销和全面的圈层跨界营销，可为项目带来 1200 多人次现场体验。

（3）销售工作计划安排。以传统物业产权销售模式和分时度假产权销售模式销售别墅 31 套（已售 5 套，实际剩余 26 套）。

以股权投资回报销售模式销售别墅 10 套。

在销售过程中，可根据目标客户购买意向，将股权投资回报销售模式调整为传统物业产权销售模式，以供实力目标客户购买。

（4）推广费用预算见表 6-1-16。

表 6-1-16　推广费用预算

项　　目	费　　用	备　　注
户外大牌、“蓝白”指示路牌等设置	300 万元	两块户外大牌签订 3 年协议，设置 3 处“蓝白”指示路牌 此费用不记当年营销推广成本，平均 3 年计入后 3 年营销费用当中
现场售楼处布置	100 万元	设置三维电子沙盘展示系统，此费用不记当年营销推广成本，平均 3 年计入后 3 年营销费用当中
5 辆宝马接送客户专车	500 万元	此费用不记当年营销推广成本，平均 3 年计入后 3 年营销费用当中
现场样板段及景观体验中心环境布置、整治成本	50 万元	
现场及样板段服务安保人员成本	9 万元	配置 10 名形象保安，3 个月的人员工资及福利
大事件营销活动成本	80 万元	包括活动组织费用，邀请专家及相关媒体红包，媒体专家接待费用等
营销事件活动成本	50 万元	包括接待政府领导，媒体红包等费用
企业、行业协会定期联谊会	每场活动（2 天）、每人接待费用标准 1200 元 费用共计 72 万元	包括交通接待，食宿安排，会议场地等费用
跨界营销活动	每场活动费用 20 万元 共计 60 万元	包括场地费用，冷餐费，活动物料费用
宣传物料制作	50 万元	包括楼书、海报、宣传单页、户型单页等
费用合计	1271 万元	分摊费用未计入

注：以上费用仅为预算，最终以实际发生为准。

2. 第二阶段：项目产品热销期

（1）主要销售工作目标及内容（表 6-1-17）。

表 6-1-17　主要销售工作目标及内容

销售执行阶段	项目产品热销期
起止时间	2014 年 4～2015 年 3 月
工作目标	完成当期销售三次新盘推盘工作，每次推盘规模 10 套左右，制造稀缺势头，打开热销局面 完成样板段样板房的设计及装修施工工作，全面公开客户体验

（续）

销售执行阶段	项目产品热销期
工作目标	完成项目形象包装工作，提升项目整体品牌 通过各类推广渠道和营销活动，以及拓展组电话开发联系，完成100组有效意向客户积累 项目销售均价达到26000元/m^2 完成项目本阶段共推盘45套别墅，以及上阶段尾盘别墅的清盘销售，销售率达到75%，销售金额目标11.02亿元
营销活动	大事件营销——举办EMBA学习研讨论坛。联系上海、北京、香港等地的EMBA培训机构，邀请其在项目上设置特别课程，带领当期学院在项目上进行授课、培训、生活、交流等活动，由项目方免费提供相应场地和接待费用。每季度设置一次此类课程，每次课程邀请学院数达到30人 大事件营销——举办海外名校留学说明会。联系上海大使馆，如新西兰、澳大利亚、马来西亚等，针对该国的留学业务进行说明，并组织相关留学机构共同组办，有项目方提供场地和午餐补助。此活动每半年举办一次，每次邀请人数200人。选定一期活动，安排项目推盘对外开盘销售一次 营销事件活动——项目样板房公开主题文化之旅，并邀请项目前期关注客户参与，最终与会人员规模达到150人，并同期安排项目推盘对外开盘销售一次 营销事件活动——项目形象代言人发布会，并邀请项目前期关注客户参与，最终与会人员规模达到150人，并同期安排项目推盘对外开盘销售一次 圈层营销活动——持续联系项目周边苏州、昆山、上海青浦、嘉兴、湖州等区域的企业、行业协会，邀请其组织协会会员领导前往项目举办例行联谊活动，活动每月安排1场，每场接待人员规模50人，共举办12场联谊活动，由项目方提供免费场地及负责与会人员食宿，并负责包车接送 圈层营销活动——联系汽车、名烟、名酒、奢侈品等品牌，举办跨界营销推广活动，每月举办一场，每场接待人员100人，有项目方免费提供场地，并提供冷餐酒水服务 圈层营销活动——联系各界社会活动组织，邀请其在项目举办相关颁奖、论坛等活动，进行跨界营销，有项目方提供场地，以及冷餐服务，每场接待人员100人，每月组织一次该活动
销售活动	项目开盘销售
推广工作	完成项目样板段样板房打造 完成项目形象代言人发布活动推广 各类营销活动、跨界圈层营销活动组织与实施 通过媒体、网络，持续发布项目活动信息
销售工作	运用传统物业产权销售模式、分时度假产权销售模式和股权投资回报销售模式三种销售模式开展销售工作

（2）营销工作计划时间安排，如图6-1-29所示。

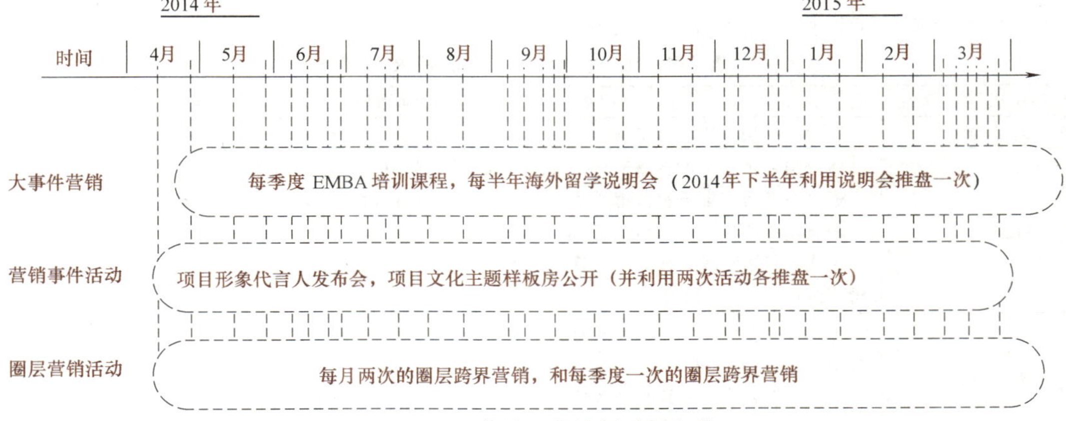

图6-1-29　营销工作计划时间安排

营销工作包括：①每半年 1 次海外留学说明会大事件营销活动；②每季度 1 次 EMBA 研讨论坛大事件营销活动；③1 次项目形象代言人发布会营销事件活动；④1 次项目主题文化样板房公开营销事件活动；⑤每月 3 场圈层、跨界营销活动。通过频繁的事件营销和全面的圈层跨界营销，可为项目带来 4000 多人次的现场体验。

（3）销售工作计划安排。传统物业产权销售模式和分时度假产权销售模式销售新推案别墅 30 套。股权投资回报销售模式销售别墅 13 套。

在销售过程中，可根据目标客户购买意向，将股权投资回报销售模式调整为传统物业产权销售模式，以供实力目标客户购买。

（4）推广费用预算，见表 6-1-18。

表 6-1-18　推广费用预算

项　　目	费　　用	备　　注
现场及样板段服务安保人员成本	36 万元	配置 10 名形象保安，12 个月的人员工资及福利
大事件营销活动留学说明会成本	每场费用 15 万元 费用共计 30 万元	提供自助午餐和场地费用等
大事件营销 EMBA 培训论坛	每场费用 10 万元 举办 4 场 费用共计 40 万元	提供学员住宿、就餐、聚会场地，接送车站等费用
营销事件形象代言人签约活动成本	80 万元	包括接待嘉宾、媒体红包，以及接待等费用
项目形象代言人代言广告费	300 万元	平均 3 年计入营销费用成本
营销事件样板间发布会签约活动成本	50 万元	包括接待嘉宾、媒体红包，以及接待等费用
企业、行业协会定期联谊会	每场活动（2 天）、每人接待费用标准 1200 元 费用共计 72 万元	包括交通接待，食宿安排，会议场地等费用
跨界营销活动	每场活动费用 20 万元 每月 1 场，每季度 1 场 共计 320 万元	包括场地费用，冷餐费，活动物料费用
宣传物料制作	20 万元	包括海报、宣传单页、户型单页等
费用合计	948 万元	每年分摊费用 400 万元

特别说明：以上费用仅为预算，最终以实际发生为准。

3. 第三阶段：项目产品强销期

（1）主要销售工作目标及内容，见表 6-1-19。

表 6-1-19　主要销售工作目标及内容

销售执行阶段	项目产品强销期
起止时间	2015 年 4 月 ~2016 年 3 月
工作目标	完成当期销售三次新盘推盘工作，每次推盘规模 10 套左右，制造稀缺势头，延续热销局面 通过各类推广渠道和营销活动，以及拓展组电话开发联系，完成 1000 组有效意向客户积累 项目销售均价达到 30000 元/m^2 完成项目本阶段共推盘 56 套别墅的销售，以及上阶段尾盘别墅的清盘销售，销售率达到 75%，销售金额目标 14.52 亿元
营销活动	大事件营销——持续举办 EMBA 学习研讨论坛。每季度设置一次此类课程，每次课程邀请学院数达到 30 人 大事件营销——持续举办海外名校留学说明会。此活动每半年举办一次，每次邀请人数 200 人。选定一期活动，安排项目推盘对外开盘销售一次

（续）

销售执行阶段	项目产品强销期
营销活动	营销事件活动——邀约前期成交业主，举办业主联谊会，前期业主可携带两名朋友及家人共同参加，每次接待人数300人，每年举办2次业主联谊活动。选定一期业主联谊活动，安排项目推盘对外开盘销售一次 圈层营销活动——持续举办企业、行业协会例行联谊活动，跨界营销推广活动，各界社会活动组织跨界营销活动。每月组织2场跨界营销活动，每场接待人员100人。每月组织一次企业家联谊圈层营销活动，每场接待50人。根据销售聚客情况，选定一场活动开展项目推案开盘销售
销售活动	完成三次项目开盘销售
推广工作	各类营销活动、跨界圈层营销活动组织与实施 通过媒体、网络，持续发布项目活动信息
销售工作	运用传统物业产权销售模式、分时度假产权销售模式和股权投资回报销售模式三种销售模式开展销售工作

（2）营销工作计划时间安排，如图6-1-30所示。

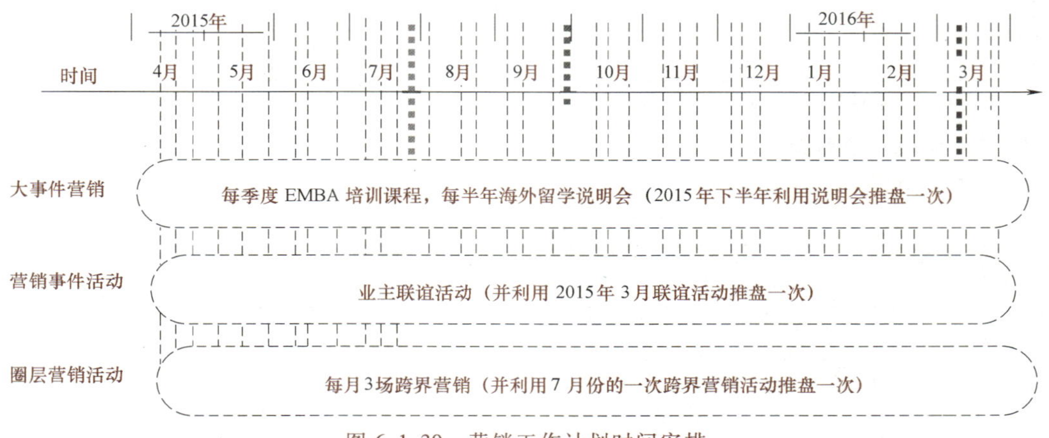

图6-1-30 营销工作计划时间安排

营销工作包括：①每半年一次海外留学说明会大事件营销活动；②每季度一次EMBA研讨论坛大事件营销活动；③全年2次业主联谊活动；④每月3场跨界营销活动。全年通过各类活动，为项目带来4500人次的现场体验。

（3）销售工作计划安排。传统物业产权销售模式和分时度假产权销售模式销售新推案别墅35套。股权投资回报销售模式销售别墅21套。

在销售过程中，可根据目标客户购买意向，将股权投资回报销售模式调整为传统物业产权销售模式，以供实力目标客户购买。

（4）推广费用预算，见表6-1-20。

表6-1-20 推广费用预算

项目	费用	备注
现场及样板段服务安保人员成本	36万元	配置10名形象保安，12个月的人员工资及福利
大事件营销活动留学说明会成本	每场费用15万元 费用共计30万元	提供自助午餐和场地费用等
大事件营销EMBA培训论坛	每场费用10万元 举办4场 费用共计40万元	提供学员住宿、就餐、聚会场地，接送车站等费用

（续）

项　　目	费　　用	备　　注
业主联谊会活动费用	每场活动费用 20 万元 举办 2 场 费用共计 40 万元	联谊会活动场地、礼品、宣传物料费用
业主联谊会接待	业主接待标准每人 300 元 每场接待业主 300 人 举办 2 场 费用共计 18 万元	联谊会用餐费用（含酒水）
企业、行业协会定期联谊会	每场活动（2 天）、每人接待费用标准 1200 元 每月举办 1 场 费用共计 72 万元	包括交通接待，食宿安排，会议场地等费用
跨界营销活动	每场活动费用 20 万元 每月 2 场 共计 480 万元	包括场地费用，冷餐费，活动物料费用
宣传物料制作	20 万元	包括海报、宣传单页、户型单页等
费用合计	736 万元	每年分摊费用 400 万元

注：以上费用仅为预算，最终以实际发生为准。

4. 第四阶段：项目销售清盘期

（1）主要销售工作目标及内容，见表 6-1-21。

表 6-1-21　主要销售工作目标及内容

销售执行阶段	项目销售清盘期
起止时间	2016 年 4～12 月
工作目标	完成当期销售一次新盘推盘工作 通过各类推广渠道和营销活动，以及拓展组电话开发联系，完成 700 组有效意向客户积累 项目销售均价达到 35000 元/m^2 完成项目本阶段共推盘 18 套别墅的清盘销售，以及上阶段尾盘别墅的清盘销售，销售金额目标 5.91 亿元
营销活动	大事件营销——持续举办海外名校留学说明会。此活动举办一次，每次邀请人数 200 人。并安排项目推盘对外开盘销售 营销事件活动——邀约前期成交业主，举办业主联谊会，前期业主可携带两名朋友及家人共同参加，每次接待人数 300 人，举办 2 次业主联谊活动 圈层营销活动——持续举办企业、行业协会例行联谊活动，跨界营销推广活动，各界社会活动组织跨界营销活动。每月组织 3 场，每场接待人员 100 人，每月组织一次该活动。根据销售聚客情况，选定三场活动开展项目推案开盘销售
销售活动	项目最后一次新推案开盘销售
推广工作	各类营销活动、跨界圈层营销活动组织与实施 通过媒体、网络，持续发布项目活动信息
销售工作	运用传统物业产权销售模式和分时度假产权销售模式两种销售模式开展销售工作

（2）营销工作计划时间安排，如图 6-1-31 所示。

营销工作包括：①完成 1 次海外名校留学说明会活动；②完成 2 次业主联谊活动；③每月举办 3 次跨界营销活动。全年可为项目带来 3000 多人次直接体验。

（3）销售工作计划安排。最后珍藏 18 套独栋别墅在当年择机一次推出，采用传统物业产权销售模式和分时度假产权销售模式销售新房房源，完成项目最后一次新推案销售工作。

项目存量房源继续按照前期制订的销售工作计划安排实施销售，当年内对项目实施销售清盘。

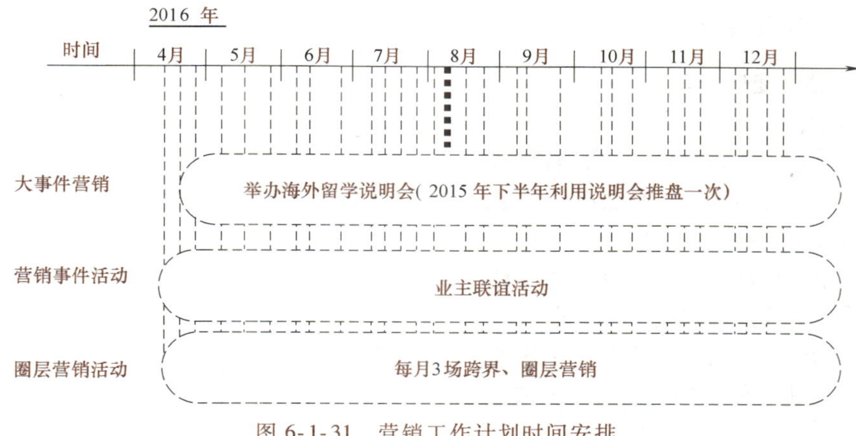

图 6-1-31　营销工作计划时间安排

（4）推广费用预算，见表 6-1-22。

表 6-1-22　推广费用预算

项　　目	费　　用	备　　注
现场及样板段服务安保人员成本	36 万元	配置 10 名形象保安，12 个月的人员工资及福利
大事件营销活动留学说明会成本	每场费用 15 万元 举办 1 场 费用共计 15 万元	提供自助午餐和场地费用等
业主联谊会活动费用	每场活动费用 20 万元 举办 2 场 费用共计 40 万元	联谊会活动场地、礼品、宣传物料费用
业主联谊会接待	业主接待标准每人 300 元 举办 2 场 费用共计 18 万元	联谊会用餐费用(含酒水)
企业、行业协会定期联谊会	每场活动(2 天)、每人接待费用标准 1200 元、每场接待 50 人 每月举办 1 场 费用共计 54 万元	包括交通接待，食宿安排，会议场地等费用
跨界营销活动	每场活动费用 20 万元 每月 2 场 共计 360 万元	包括场地费用，冷餐费，活动物料费用
宣传物料制作	20 万元	包括海报、宣传单页、户型单页等
费用合计	543 万元	每年分摊费用 400 万元

注：以上费用仅为预算，最终以实际发生为准。

5. 项目总体销售金额及营销费用测算表（表 6-1-23）

表 6-1-23　项目总体销售金额及营销费用测算表

时　　间	销售目标	营销费用	费用占比
2014 年(一季度)	6.55 亿元	371 万元	0.57%
2014~2015 年(一季度)	9.96 亿元	1048 万元	1.05%
2015~2016 年(一季度)	14.92 亿元	1136 万元	0.76%
2016 年	4.56 亿元	943 万元	2.07%
合计	35.99 亿元	3498 万元	0.97%

注：以上营销费用的成本不包括专业销售公司的销售佣金费用。

3.3　项目营销保障措施

1. 完整的销售团队

（1）来客保障：1个专业拓展团队+1条拓展热线。除传统销售接待团队外，销售代理公司——香港品鼎地产集团将针对项目特别成立专案拓展小组，主动出击，结合项目目标客户特点，直接拜访寻找意向客户，如联络各高端品牌商进行圈层营销，联络各企业、行业协会邀约到项目举行联谊会，联络各社会团体邀约到项目举办各类活动等，并且协助合作单位完成活动的策划、组织与实施，保证项目既定目标客户到访量。

同时，为项目成立专案电话拓展小组，通过品牌、银行、保险等渠道获取高端客户信息，实施高端商务电话营销，主动推荐项目并邀约目标客户到访项目了解详情。

（2）销售团队总体架构，如图6-1-32所示。

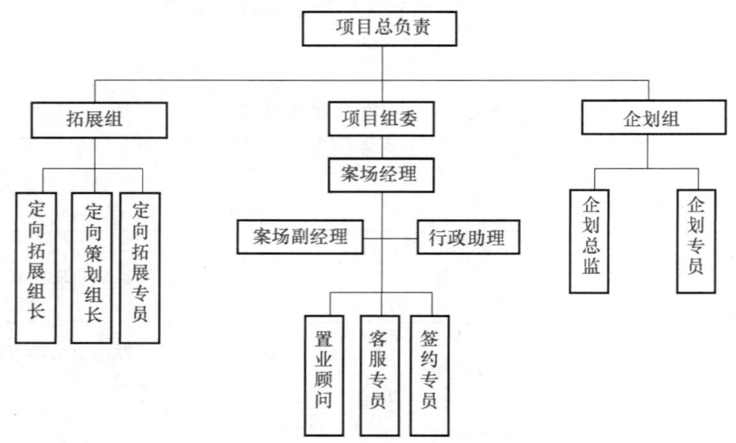

图6-1-32　销售团队总体架构

销售团队人员构成：销售团队管理成员，4人，包括项目总负责人、销售经理、企划负责人、拓展小组负责人。

其中，销售部门配置案场副经理（主管）、行政助理、置业顾问（5~8人）、客服专员（2~3人）、签约专员（2~3人），共计16人。拓展小组配置定向拓展策划主管、定向活动拓展专员（4人）、定向电话拓展专员（4人），共计9人。企划部门配置企划专员和主案策划，共计2人。销售团队人员配置（满编）31人。

2. 营销团队服务体系保障

（1）销售计划管理。其核心内容是销售目标在各个具有重要意义方面的合理分解。这些方面包括品种、区域、客户、销售人员、资金回款。销售方式和时间进度，分解过程既是落实过程也是说服过程，同时通过分解也可以检验目标的合理性与挑战性，发现问题可以及时调整。

合理的、实事求是的销售计划，在实施过程中既能够反映市场危机，也能够反映市场机会，同时也是严格管理，确保销售工作效率、工作力度的关键。分解目标后定期按计划跟进目标执行状况，根据宏观环境评估销售目标的合理区间，必要时进行适当的调整。

（2）销售人员行动过程管理。围绕销售工作的主要工作，管理和监控业务员的行动，使销售人员的工作集中在有价值的项目上。包括制订月销售计划、月行动计划和周行动计划、每日销售报告、月工作总结和下月工作要点、流动销售预测、竞争产品分析、市场巡视工作报告、周定点拜访路线、市场登记处报告等。

（3）客户管理。核心任务是热情管理和市场风险管理，调动客户热情和积极性的关键在于利润和前景；市场风险管理的关键是客户的信用、能力和市场价格控制。管理手段和方法有客户资料卡、客户策略卡、客户月评卡等。

（4）结果管理。销售人员行动结果管理包括两个方面。一是业绩评价，二是市场信息研究。业绩评价包括销售量和回款情况、销售报告系统执行情况、销售费用控制情况、服从管理情况、市场策划情况、进步情况。信息研究包括本公司表现、竞争对手信息，如质量信息、价格信息、品种信息、市场趋势、客户信息等。

3. 营销团队管理控制保障

（1）完善的管理制度。日常管理系统配套的客户销售管理制度与各项销售管理制度搭配，使销售管理制度系统配套、互相制衡，并有相应的销售管理政策与之相匹配，最大限度地调动销售人员积极性。

（2）完整的计划销售。营销团队管理的基本法则是，制订销售计划和按计划销售。具体内容有：在分析当前市场形势和企业现状的基础上，制订明确的销售目标、回款目标和其他定性、定量目标；根据目标编制预算和预算分配方案；落实具体执行人员、职责和时间。

（3）全面的信息反馈。信息是企业决策的生命。销售人员身处市场一线，最了解市场动向，目标客户的需求特点、竞争对手的变化等，这些信息及时的反馈，对项目营销决策有着重要的意义。另一方面，销售活动中存在的问题，迅速向上级报告，以便团队管理层及时做出对策。

（4）全程的客户管理。对客户销售管理有方，客户就会有销售热情，会积极地配合项目的各项营销策略，最终实现项目销售；如果管理不善，就会导致销售风险。客户销售管理的过程尤为重要，需要在销售全程对客户进行管理，如客户对项目卖点关注、营销活动的参与程度、项目销售价格反馈等，都是项目对客户销售管理的细节过程，影响着项目营销工作的最终决策。

4. 营销阶段项目物业服务体系的建立

项目住宅嫁接酒店配套功能与物管服务功能，整体社区打造泛酒店社区概念，更符合高端客户对服务的需求。

项目社区服务体系超越了常规物业管理的范畴，成为核心产品不可或缺的一部分，也是社区价值兑现的关键。项目启用五星级酒店式管理参与别墅物业管理，意味着有力的配套支持和顶级服务品质的承诺，以酒店服务为基础，提供额外的增值点，强化执行力，使社区服务具备竞争力（图 6-1-33）。

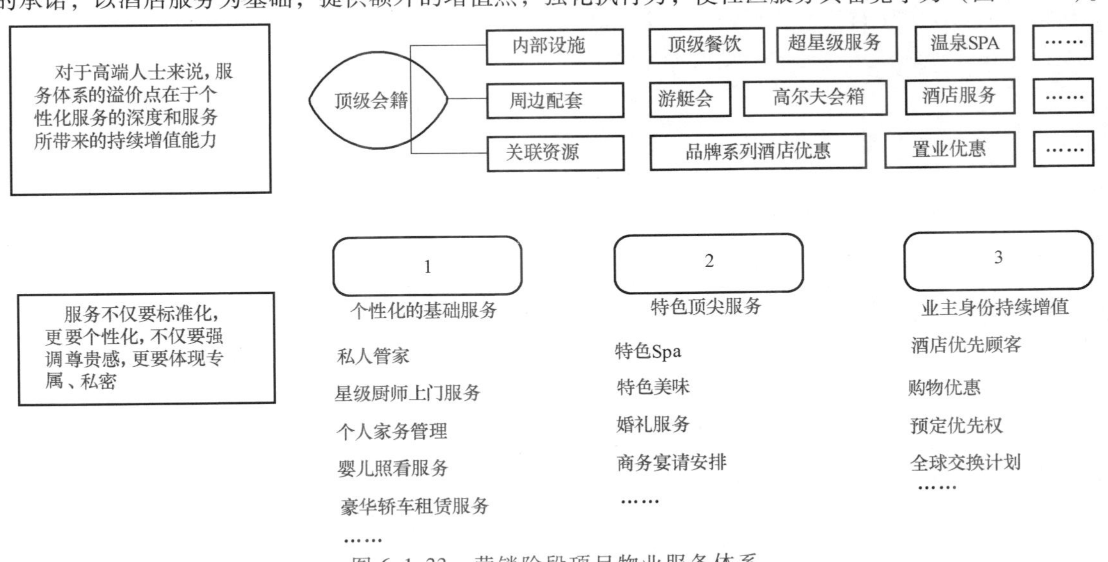

图 6-1-33 营销阶段项目物业服务体系

强化服务标准，持续提升个性化深度（图 6-1-34）。

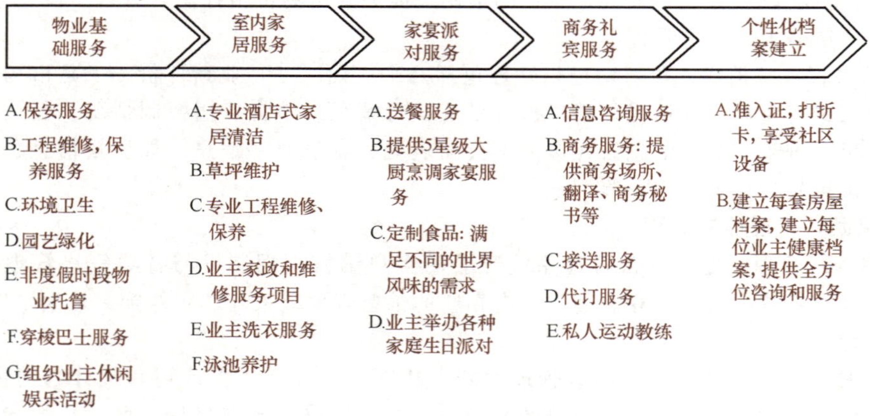

物业基础服务	室内家居服务	家宴派对服务	商务礼宾服务	个性化档案建立
A.保安服务 B.工程维修，保养服务 C.环境卫生 D.园艺绿化 E.非度假时段物业托管 F.穿梭巴士服务 G.组织业主休闲娱乐活动	A.专业酒店式家居清洁 B.草坪维护 C.专业工程维修、保养 D.业主家政和维修服务项目 E.业主洗衣服务 F.泳池养护	A.送餐服务 B.提供5星级大厨烹调家宴服务 C.定制食品：满足不同的世界风味的需求 D.业主举办各种家庭生日派对	A.信息咨询服务 B.商务服务：提供商务场所、翻译、商务秘书等 C.接送服务 D.代订服务 E.私人运动教练	A.准入证，打折卡，享受社区设备 B.建立每套房屋档案，建立每位业主健康档案，提供全方位咨询和服务

图 6-1-34 物业服务深化

淀山湖上海岛庄园除了打造高端别墅物业，还将提供酒店式服务，聘请台湾晶华酒店集团管理团队提供优质全面的酒店管家服务，以此提升整体项目价值，促进高端别墅物业的销售。

（中原地产代理（深圳）有限公司）

【报告点评】

此报告是一篇纲要性的营销策划报告，通篇近三分之二的内容是在作市场分析和项目分析，其中重点地分析了上海和苏州的别墅市场情况。后半部分是项目营销策划和销售模式，这部分内容主要是纲要性和相对简单的，很多内容甚至只给了一个“名词解释”的定义性话语。这是因为这个是一篇签订合同前的策划报告。在职业培训教程第 9 章的房地产策划报告中，曾讲过“从与客户是否签订合同来分：有纲要策划报告（签合同前）和实际策划报告（签合同后）两种。”。该报告就属于前一种，但比纲要性策划报告要更加的详细，内容也更为丰富，虽没达到实际策划报告的标准，不过也显示了策划代理方的策划思路和实力。如果双方签订了营销策划代理合同，策划代理方还要对项目策划方案进行修订、深化，使营销策划报告的内容更加完善，更吻合市场，更具操作性。

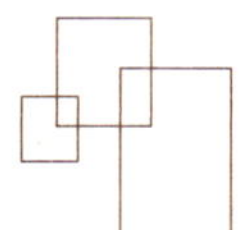

二、安徽合肥横埠建材大市场营销策划报告

报告目录

报告正文

第一部分 概 要

八十年代初，家庭装修入户打造平板木家具，八十年代后期，家庭装修，家具呈现规模手工制造，九十年代中期，家庭装修家具从组合柜到独立柜，九十年代末，家庭装修国外品牌开始进军中国，与国产家具争夺市场。现在，无论国产家具还是进口家具在设计思想方面都越来越智能化、人性化。它会更好地便利于消费者，服务于消费者。

合肥汇福装饰工程有限公司于2001年开始进入合肥装饰市场。公司成立七年来在装饰行业有着良好的信誉与口碑。随着市场需求的多样化，消费者对家庭装修要求日显多层次化。企业经营面临新的市场环境，为此根据市场的实际情况，制订切合实际的方案，以实现企业整体良好运作。在一段时间的市场调研后，我们对建材装饰大市场的基本情况进行了了解，从市场调查、建材大市场规划情况看，应该说合肥建材大市场在区域市场竞争中是处于相对有利的态势，但同时面临市场容量小、启动迟、风险大等实际困难，这就要求推广过程中立意要高、看得要远、做得要细、创意要新。尤其在建材大市场总体规划和工程问题上及售后服务等，更应该在一个持续而强大的核心策略统合下，在产品规划、售场包装、销售策略、广告推广等每一方面下足百分百的功夫，形成整合的营销态势。

本计划内容是针对我们企业的实际情况，在不违反公司原则，不损害公共利益，较现实地贴近市场实际情况的前提下，对目前市场情况进行的调查与分析，详细分析了机会和问题点。在此基础上确定营销目标、营销策略、广告策划和行动方案等。

本案要旨：

1）从地方市场实际出发完成建材大市场的定位包装。

2）从目标消费者行为特征出发制订务实销售策略。

3）从资源整合的视角打造建材大市场的独特诉求主张（即 USP）。

4）紧紧围绕目标市场展开宣传、销售。

5）一期是基础，二期是重点，三期成规模。

第二部分　装饰市场分析

2.1　市场情况调查及分析

目前安徽装饰建材销售市场处于无序、混乱状态，这是由于商场的分布不集中。其次，家具商场中，好美家、百安居、中州家具、明珠广场家具城可为首屈一指。再次，部分商家盲目从商，没有做市场调研，也没给自己所经营的商品合理的定位。这对装饰建材市场要形成良性经营的态势十分不利。针对安徽合肥目前市场无序竞争的情况，我们应该做大量的市场调研，在这种混乱无序的状态下求生存。但是最主要是这么多混乱而繁多的商场，没有一个一站式的大商场（家庭装饰所用的一切材料）给那些忙于工作和事业的消费者提供一个一站式装饰购物中心。本方案旨在为安徽合肥 2008 年度营销工作提供决策的依据和具体实施方案。

1. 人们对居家产品的八个要求

1）品牌家具备受青睐，越来越多的消费者开始重视装饰建材的品牌。

2）对绿色环保家具的需求将是 2012 年以至今后的消费热点。

3）多功能、大开间、特大号家具的需求增加。

4）随着 IT 事业的日新月异和各种传媒资讯的快速发展，传统的办公概念也在改变，一种新型的家用办公家具、家电家具包括许多融入高科技的纯功能性家具呈现出增长势头。

5）保健家具成新宠，音乐床、按摩椅、磁性床垫、电子摇床等保健家具也将风行。

6）厨卫家具。具有各种功能组合及阻燃和易清洗的厨房及卫浴家具将日渐成熟。

7）老年家具。进入 2002 年的中国已带有明显老龄化社会特征，所以，适合老年人生活起居，更具人性化的老年家具市场将十分诱人。

8）户外休闲系列家具。随着人们居住以外空间的不断延伸，庭院、泳池、平台、阳台等地需不同质地、款式的休闲家具点缀其中，此类家具中的铁艺家具和古朴自然的木松家具最受欢迎。

2. 装饰建材家具市场需求趋势判断

（1）“三位一体”家具受青睐。这主要是指集高档保值、观赏与实用于一体的家具。拿出万元存款，购买那些材质上佳、工艺精良的家具，由于它们都具有很高的观赏性、保值性与实用性，是当今高、中收入家庭的首选。如传统的红木类家具，由于其在舒适化、工艺化、系列化等方面不断地更新完善，因此，这两年受到很多家庭的青睐。还有市场热销的韩国实木工艺套装家具，其制作工艺精美细腻，特别是一些细节如衣柜门上的立体图案、桌腿的设计等，都让人感到新鲜。再如意大利进口的不锈钢整体橱柜，售价均在 10 万元以上，但仍不乏买家。

（2）“休闲型”家具前景广阔。随着人口老龄化的逐渐到来及居住面积的不断扩大，休闲型家具进一步显示出它的巨大魅力。宽大舒适的布艺沙发、卧室睡床、厨卫高中档家具、设施等。将在合理的价位中走进更多的家庭。此外，一些价格适中的彩色手工艺品如竹藤系列家具，也将成为热门之一。

（3）“别致型”家具领导新潮流。家具的生命力之一在于造型上的创新。如今的年轻一代思想少有约束，因此，更偏爱造型别致的家具，以体现自己的个性。如大量使用精美工艺玻璃、金属的新颖家具，造型简洁明快，具有强烈的时代感，有着较好的前景。

（4）“功能型”家具大放异彩。所谓功能型家具，即能充分利用房内小空间的多功能实用家具。随着家庭装修业的不断规范和成熟，一些家具厂商将对室内家具进行“量身定做”，如壁橱、壁柜、书柜、综合型电视柜等，在配合室内装修的同时，将两者艺妙结合，使室内环境更为协调统一、布局合理。

2.2　项目区域环境调研

1. 区域经济环境概述

区域经济的发展，人口及人均收入水平的增长，城镇化的快速进程，必然带动建材产业的发展。

项目所属的区域为现代化城市建设的重要组成部分，主要经济增长点为人流、物流、资金流的主要集散地。本案最理想的位置为西南门，是投资重点和热点区域，升值空间巨大。项目周边配套在本市相对齐全，交通方便、人气旺、氛围好，西南门位置是开发的黄金用地。

2. 周边环境调研

1）周边地区商业形态分布较多，以后人气较旺，有利于商业的发展。

2）周边地区暂无大型专业装饰建材商场形态，处于市场空白点。

3）周边餐饮业依靠众多企业单位辐射和周边小区的人气支撑，但分布零散，难以形成规模效应。

4）周边教育、医疗、金融资源丰富。

5）交通状况良好，交通便利，便于出行。

2.3　项目周边商业业态调研

本项目周边商业业态以商品零售为主但不够全面，目前整个合肥还没有装修装饰家用电器等——一体化的大型装饰商场，其他商业形态如中州家具、瑶海等也占有一定比例，但发展相对滞后没有形成特色和全面规模效应，因此本项目作为专业类装饰建材市场的发展空间相对较大，发展前景较好。

据调研得出，本项目总面积与周边其他在售在建项目的比较，存在面积较大、规划过于单调的问题，但行业定位明确，相对风险较小。

第三部分　项目自身分析

3.1　SWOT分析

1. 优势（S）

1）本项目地点交通便利，装饰建材行业前景看好。

2）项目周边资源丰富、人气较旺，商业氛围较浓厚。

3）片区成熟，作为安徽区域省会城市的发展趋势明显，区域位置具有不可复制性，发展潜力无限。

2. 劣势（W）

1）本案商铺为连体销售，行业定位面较窄。

2）作为商业区与生活住宅区存在较大的差别，因而为开发商工作增加了难度。

3）位于闹市区，受周边环境制约较大。

3. 机会（O）

1）市场的低层次竞争，城市规划蓝图日益彰显，本项目刚刚起步，可针对环境特性量身打造，加强适用性。

2）项目周边商业业态以小型便利店为主，差异化不明显，大型商业形态和专业商业形态发展滞后，给本项目市场定位带来机会。

3）区域经济发展平稳，开发建设迅速，政府大力支持，销售风险相对较小。

4）随着地区经济的发展及对周遍地区的影响扩展，商铺住宅需求进一步扩大。

5）项目在区域市场是空白产品，短期内所面临机遇大于风险。

4. 威胁（T）

1）项目周边商业形态单调，对整个社区商业有一定影响。

2）竞争对手为现房（主要是雄姿商贸城），如明珠广场、中州家具。商业配套还在完善与规划中的项目空置较多，会分流一部分客户。

3）本案总体量较大，市场消化存在风险。

3.2　消费者分析

安徽人新居装修及配套家具，户均8万~10万元。

1）安徽人装修，到处跑着买家具建材、主材的问题。据安徽合肥装饰行业的一项最新调查表明，购买装修辅材到一个地方，购买主材到一个地方，购买软装饰品到一个地方，购买家具到一个地方，调查显示有大半消费者都说装修是一件烦心又费心的事。都说目前市场上的确缺少一个价格又实惠、品质有保障的装饰购物中心。

2）据安徽合肥装饰费用的一项最新调查表明，在596位受访对象中，购买五件套家具，准备花4万元左右的有51.14%，比三年前的调查上升了38.44%。这样，加上厅房家具，估计每户配置家具的费用在3万~4.8万元之间，这个数据与安徽市建材行业的调查结果吻合。

3.3　竞争对手分析

（1）装饰建材购物中心——瑶海家具广场、明珠广场、中州家具广场。

1）占有地利、人和的优势，且长期经营，市场扎根深，但始终局限于地方性。

2）价位较低，产品质量较好，拥有中、低层消费的一部分群体，但品种单一。

3）地方保护及一部分消费者的地方消费意识较强，这也是对本地品牌的发展起到了推波助澜的作用。

（2）外地品牌——好美家、百安居。

1）进入安徽市场较早，运作时间较长，是全国连锁。

2）先期广告力度较大，终端促销较频繁。

3）市场铺货率高

3.4　产品分析

1）质量：本案装饰建材购物中心在市场的定位为中高档产品，所有物品都是具有成熟市场的品质过硬且有一定知名度的品牌产品。艺术性、环保性及设计理念都走在装饰剪裁产业的前列，且在安徽树立了自己高质量的信誉。

2）广告形象：极具文化底蕴、性感优雅、时尚新颖、简约别致、低婉高贵及绿色环保。

3）品种：装饰装修公司、建材、五金、地板地砖、客厅餐厅家具、办公家具、厨卫家具、卧房家具等所有装饰需要物品。

4）产品定位。通过调查分析，装饰建材购物中心用户的年龄趋向中年化，其中在30~50岁年龄段就占70%。这就要把目标顾客放在中年人身上，通过对装饰建材购物中心价位的分析，可以看出使用装饰建材购物中心的为有一定经济实力的中年人，对消费的职业及收入进行分析，可以得出商人及大企业工作的高级白领所占比例最大。因此要以私企老板、独资及合资企业的高级职员为目标顾客群，因为他们工作比较繁忙。

3.5 机会和问题分析

1. 机会点分析

据专业人士介绍，我国加入WTO后，进口装饰建材家具关税已从22%下调至11%，而现在将再次下调到5.5%。2005年，进口装饰建材家具关税将下调至零。在北京等一些城市，进口降价之风越刮越烈，5折左右的随处可见。进口装饰建材家具比国产装饰建材家具贵，究其原因主要是设计、品质两大优势。此外，从国外进口装饰建材家具，其费用除含有在当地购买装饰建材家具的进货成本和经销商合理的利润之外，还有运至国内所涉及的报关费，届时我们的成本将下降。那么我们的价格将被更多的消费者所接受。

2. 问题点分析

首先，到2005年，进口家具关税下调至零时，届时只要拥有进出口权的企业就可以进口装饰建材家具，我们的竞争对手将急剧增加。出售进口装饰建材家具的也将急剧上升。

国产装饰建材家具从品质到价格也都在给进口装饰建材家具形成一定的市场压力，“国内超国外，小厂超大厂”这样的口号已经在经销商的耳边响起。随着经济全球化的快速发展，能源共享已经不再是新鲜事，这一举措快速提高了国内产品的质量。国内厂商占有廉价劳动力，低廉运输成本等优势。给经销进口装饰建材家具的商家形成了又一大压力。

其次，我们企业的人力不足，是目前应该着手解决的一个不可忽视的问题，在企业不断扩大的事实前，我们应该及时地配备各岗位的相应人员，只有这样销售质量才能从最根本点上提高。

再次，别的企业的产品价格高，也是影响销售的另一因素，企业产品受广大消费者青睐的同时，价格是制约消费的一重要因素，我们产品的价格在国内还不能走进百姓的家庭，所以我们在整体营销的同时，要降低运营成本。把降低成本所得到的利润回馈给消费者，使我们的产品能够被更多的人所接受。

3.6 营销定位

我们希望通过营销方案的实施及全体职员的努力，争取2010年使安徽装饰建材购物中心在安徽的市场份额提升一个百分点。使我企业的产品销售区域扩展到安徽各市、县。逐步使合肥装饰建材购物中心在安徽地区具有一定的品牌影响力。

1. 营销策略

1）品牌理念。安徽装饰建材购物中心让你对生活充满信心。品牌的质量与服务都让你感到高贵与舒适。

层次：运用空间机能与美学并重，创造丰富的空间层次效果，倡导一种自由组合的家具革命，通过拆合进行巧妙的变幻，表现时空动感，完成功能转换，运用多功能化拓展空间，成为2012年的家具设计主题。

交融：西方与东方、古典与现代、简约与华贵、自然与人文、感性与理性，不同材质、不同色泽，在或对称平衡，或理念冲突中达成协调之美。

自由：倡导自由自在自乐的生活方式，也是2012年家具流行的主题。从遥远国度带来的原始生命感，融入现代居家理念，享受生活的自由品味，纵情徜徉于无我之精神境界，在有限的空间中营造无限想象。

休闲：面对外在生活压力，家是心灵的港湾，是休养生息的憩园，用色彩挥洒的恣意空间，让生活休闲而感性，丰富心灵，正是生活中的一种满足。重视生活品质的今日，除赋予家具美观及形式等要素外，休闲因素也不容忽视。

2）绿色环保。简约、环保、自然、人性化的家居让生活充满色彩。

简约：简单即美，追求家具的本质，简洁流畅的线条，柔和的色彩，和谐的结构，抛弃繁缛，拒绝琐碎，演绎轻快、简洁的清新风格。

环保：健康、环保观念渗入家具设计的细节，使用纯木、藤、竹、纸等绿色天然材质和涂料，让家居与环境和谐共融。

自然：如一份童年的回忆，重回心灵的故乡，贴近自然的质感和色彩，流泻返璞归真的纯真感觉，朴素却充满自信，精简而不乏味，在居家空间中亲近并享受自然。

人性化：体贴、健康、实用、功能、舒适、智能化、人体工程学、以人为本的设计理念，使家具不仅是一种生活用具，更是一种生活方式、工作方式、休闲方式，满足人们对生活的理解与希望。

2. 服务策略

在市场高度竞争的今天，我们一定要提高自身素质，提高服务质量。赢得更多消费者的信任。销售工作要站在消费者的角度审视消费，想顾客之所想，争顾客之所急。我们要从点点滴滴做起。

1）做好店内销售的服务工作。

2）要制作客户留言簿，积极听取消费者的意见。

3）及时处理售后服务工作。

4）定期向高端客户做电话回访。

第四部分　项目定位阐述

从目前本项目的各个方面来看，作为装饰建材购物中心，其经营特色、产品特色都很重要，装饰建材购物中心经营特色需要人为灌输，给出合理的定位，例如在内部的经营业态上做好文章，这就要求我们在规划行市、概念的赋予和市场的传播等方面都要有特色，使投资客与置业者眼前一亮，同时也更加有利于整个市场的经营管理与消费引导。

根据项目所在地段、市场特点及市场整体状况综合分析，本项目定位为专业性装饰建材大市场，市场前景看好，可操作性较强。项目建成后将是安徽合肥最大的专业装饰建材市场，可以吸引广大客商长期入驻经营，改变合肥建材装饰材料分散、自由贸易状况，使合肥市建材交易市场走向规模化、规范化，布局合理化，可以使每位客户不用再为装修购买装饰建材家具而烦心，对合肥市现代化建设快速健康的发展有着深远意义。

（1）本项目“装饰建材购物中心”定位客观因素分析。

1）随着周遍地区快速的城市化进程，以及四个工业园区的兴起，对建材需求量会越来越大，而专业建材市场的定位，是针对弥补合肥商业业态缺口设计的，如此巨大的供需矛盾是本项目建材市场增值的第一个保障。

2）本项目位处交通核心区域，汇聚巨大的人流、物流、资金流，装饰地段优势得天独厚。此类地段装饰建材购物中心稀缺性强，是其增值的第二个保障。

3）在与住宅、酒店、综合物业商铺等房地产品种的比较中，建材类与整个地区经济发展气候的关联度最大，随着区域经济的高速发展，它不仅能产生商业利润，同时不受房屋折旧因素影响，不因房龄增长降低其投资价值，价格具有无可比拟的刚性，这是其增值的另一个保障。

4）在“十七大”规划中，本项目处于城市重点规划范畴之内，因而其市场投资前景拥有有力保障。

（2）本项目“装饰建材购物中心”定位主观因素分析。本项目的商铺规划及位置定向，另其商铺数量总面积达 8000m^2，可容纳上千多家融资商，规划为品种繁多的大型装饰建材市场，可满足消费者一站式购足购好的专门化需求。针对以上特点，对本项目进行品牌效应推广，使本项目给人以集中、专业、齐全、有特色的建材卖场印象，形成规模效应，营造专业类装饰建材中心据点，让消费者在产生购买建材念头时，第一反应就是本案，从而塑造本案安徽合肥建材市场的领导地位，成为合肥第一专业装饰建材购物中心，产生品牌联动效应，从而达到项目商铺快速销售的目的，并且能因市生财，财市两旺。

第五部分　项目招商建议

5.1　招商思路

本案以装饰装修，出售建材经营为主，租售并举，以获取稳定、良好的投资回报为目标，针对建材市场“无大户不稳，无小户不活”的规律，紧紧围绕本项目的经营策略，将有号召力的大品牌、名牌商户引入商场作为牵头商户，对此大商户主要以租赁为主，所以必须尽量将租赁条件放宽，让其进驻，再利用品牌、名牌商户的号召力吸引其他散户。这是项目争取最大投资回报的重点和难点。

本项目总投资预计达 1000 万元，总面积 8000m^2 左右，应开辟出几处大型形态的商铺，在此招商期间采取直接联系大建材商让其入驻。其他品牌店采用直接联系厂商或地区经销商的形式招商，可以通过辅助广告来向厂商、经销商、投资者传达信息，从而达到凝聚效应。

5.2　经营方式

虽然以装饰装修，出售建材经营为主，但仍要从经营的角度去培育市场、培育商户，形成一个良性的经营主体市场，整个合肥建材大市场才会真正成市，并促进市场的健康、良性推进。所以推荐几种招商方式以供参考和借鉴。

（1）加盟店。建议采用一些高知名度、在行业内有极大影响力、对当地消费有极大吸引力的大品牌。

（2）商品代销。由经营者设立专柜，商户按一定的价格提供货源（价格根据货品而定），经营者将其商品价格上浮，再放到专柜内出售，货品售出后与商户结算，上浮部分利润由经营者获得。这种做法，商户在资金上承担一定的风险，而且对商品又不可能以较大的折扣经营。所以经营者的利润较少，但承担的风险也小，建议对商品生产的商家使用以上办法，避免经多重环节增加商品成本，以提高商品的竞争力。

（3）保底分成。保底分成是指经营者制订一个合理的分成比例，确定最低的营业额度作为保底线，营业额高于保底线按制订的比例分成，低于确定的营业额度不作分成的一种方法，其是将商铺租给商户使用。此方法能减轻商户在租金上的压力，但如果商户对当地市场了解不深，将难以吸引其进驻。此方法对外地的商户不宜采用，但对了解本地市场的枞阳地区商户可以实行。

（4）合作分成。合作分成是指从营业额中提取一部分作为商场的回报（提取额度根据各行业而定），开发商跟商户共同承担市场风险，共同分享利润的一种方法。此种方法风险由发展商与商户共同承担，使商家消除市场的顾虑。发展商亦可根据商户的品牌，及在当地的受欢迎程度和营业者的信心，利用此办法，与商家共同分享利润，争取商户进驻本商场。建议在招商工作中主要采用此方法。

（5）纯租金。发展商直接将商铺租给商户使用，收取固定的租金，商户自己经营，自担风险。此办法中发展商虽无任何风险，但会使商场缺乏统一经营、统一管理的形象。

建议此办法在面积较大的独立铺使用。上述几种方法，将在本项目招商时组合使用，根据具体情况灵活变通，以保障发展商的利益。

5.3　目标买家分析

现时的商铺市场，私人购铺的比例持续稳定，机构团体购买力则逐渐萎缩，投机炒作之风仍然存在，但投资保值的比例不断上升。综合以上分析及项目实际情况，现主要面向的销售对象有：

1）经济条件相对宽裕，收入较高，并且希望将手头资金用作投资保值的买家。

2）以自主经营为主的买家。

3）在镇中心区域已拥有或租有商铺的业主。

4）项目及周边住户，可经营、可投资。

5.4　选择促销方案

（1）价格递增方式。制订一准确终止日期（如正月初十）或第一批销售套数（如100套），以哪个先达为准，超过以上数字的，销售的商铺价格以5000元为一个递增额度，之后根据市场反应，确定第二个递增标准数字。促使买家尽早决定购买意向，加快成交速度，快速回笼资金。

（2）互利经营概念。在原价上提高5%，从成交额里提取5%的金额作宣传基金，开业后定期投资广告，如定期在宣传折页上刊登市场经营的物品及筹办的促销活动，开业后成立业主委员会监督基金投放情况。

第六部分　营销策略

6.1　营销思路

鉴于本项目是装饰建材大卖场，所以其市场定位与经营都得与之相匹配，并且其在推广过程中，会形成一定的影响，在买家心里形成了一定的形象轮廓。所以在操作过程中，可借助媒体推广的影响力，建议以现在VI系统进行延伸，并达到一举两得的效果，从而达到互相利用和相互推动的作用。这样也同时节约了推广成本。

1）环境再销售。通过对建材大市场的外部包装和内部的装修，加强项目的整体氛围，抢夺客户的眼球，以达到宣传和推广的作用。

2）通过VI系统的延续，营造鲜明的主题。

3）通过已有的项目定位，营造一个鲜明的专业建材市场的主题，锁定其目标用户。

4）集中“轰炸”，对物业进行先包装，突出显赫之处，让各界人士认识并感知到这里投资、置业、购物是一种荣耀和自豪，证明是明智之举，是经济实力的象征。

5）营造公司的品牌形象。其包装环节，经过VI系统，形成强烈的视觉冲击力的品质形象占领目标市场，从表面的感知阶段过渡到内在感知阶段。要拥有市场就得拥有领导市场的品牌，这是在未来持续经营过程中必不可少的一部分，也是未来公司保值、升值的必备要素。

6）强化后期公司管理。①让经营者放心；②让住与商真正结合，真正促进，相互不受到影响和干扰。

7）突现项目的特色。安徽合肥在建和即将要建的项目较多，而且项目周边发展也颇为迅速，这对于项目而言，并不是价格的问题，关键是持续经营问题，所以在项目的推广过程中，除了项目的特点、卖点需要趁热地反复推介，给公众留下深刻的印象，同时还要为经营者作推介，使得大众消费者认知、认同该专业市场的经营。

8）管理模式

对品牌实行目标管理，把合肥装饰建材购物中心、管理部门和经营户紧密联系起来，形成一体的利益链。

6.2 营销策略

本项目无非是自主招商经营、出售或出租经营，在营销方面从以下几点考虑：

1）大力宣传项目的品牌形象，丰富其市场形象内涵。

2）在对建材大市场的定位要做到家喻户晓，并且在宣传中保持策略的一致性。

3）重点突出项目区位优势和环境配套优势，突显项目的精品化，营造建材超市氛围，在管理经营方式上做到“人无我有，人有我精”。

4）通过各种活动，引导人流。

5）抓住主要客户群，随时寄送相关项目资料。

6）物业管理不可忽视，包括项目的住宅部分，可考虑成立一个物业公司进行管理，提高物业的影响力和知名度，营造一个星级的购物环境。

7）高调入市，先声夺人。

8）抢先占领市场，扩大社会影响，提高项目的影响力，滚动发展达到经营目标，并以相当优惠的价格吸纳主力店进驻。

9）做旺市场，持续经营是首要目的，也是后续开发的必要保障。

6.3 推广计划的制订

1. 推广思路

由于本项目商业形态定位为区域市场空白点，其商业环境得靠发展商自己营造，所以，项目应采取“以点带面”的操作方式进行项目的租售推广，其思路如下：

1）有针对性地寻找主力店目标客户，掌握进驻商场的第一批客户，使商场经营稳定。

2）全面推广，以主力商家带动吸引品牌店目标客户。掌握进驻商场的零散客户，使商场经营活起来。

3）深度推广，吸纳零散客户及投资者。将持观望态度的目标客户吸引过来。

2. 销售推广工作计划

（1）第一阶段：地面进攻（点）主力店的引进（表6-2-1）。

（2）第二阶段：全面出击（面）品牌店、主力店的引进（表6-2-2）。

表 6-2-1　第一阶段工作重点与安排

工作重点	安　排
寻找主力店目标客户	主力店的选择、联系、合作的洽谈
VI 系统及广告设计	宣传单张、横幅、平面设计、VI 系统的设计
户外广告、传单、公交广告、电视广告	公交广告、广告牌、地方电视广告设计
现场包装	由策划公司、开发商共同完成
所有平面资料制作	由策划公司完成

表 6-2-2　第二阶段工作重点与安排

工作重点	安　排
寻找品牌目标客户	选择品牌客户，联系客户，以传真、直邮的形式介绍项目并洽谈（厂商—区域经销商—目标客户）
树立项目品牌，全面发掘潜在客户	以电视、电台、横幅、单页广告作全面宣传
	对品牌店客户跟进工作，对零散客户跟进工作
	悬挂主力店进场等字样条幅

（3）第三阶段：打响经营品牌，促进一期租售工作全面完成（表 6-2-3）。

表 6-2-3　第三阶段工作重点与安排

工作重点	安　排
新的目标客户的发掘、零散客户的跟进	主力店的装修
	品牌店的进场、装修
	吸引潜在客户进场
经营品牌的提升	新闻通稿的形式宣传

注：以上三阶段推广时间由开发商根据项目的进展速度进行调控。

3. 推广前期营销配合

1）名人、名牌：为使初期销售进入良性阶段，推出一次嫁接名人的活动，营造“名人、名牌”的立体概念，并借机在合肥及周边立体引爆合肥建材大市场，形成第一轮的品牌宣传攻势。

2）高调定位市场：合肥第一专业市场、抢占合肥财富第一制高点、路宽大物流配送等，如此高调定位合肥建材大市场，从项目初期开始，为以后发展成功启动打下扎实基础，也为在市场的后期能成为真正的大市场、大物流定下了基调。

3）整合立体宣传：结合合肥市的实际及项目特点，整合立体宣传，前期以传单直投为主，重点启动合肥市的所有公交车体广告，同时考虑施工现场广告牌的制作发布、营销内部的整体布置包装等，后期将根据项目推进情况，考虑合肥电视台、合肥相关媒体的宣传配合，为以后经营销售营造氛围。

第七部分　相关规划建议

7.1　总体规划位置设计建议

建筑群体及布局组合：充分审视现有地块，总体布局采用包围排列方式。

公共空间：中央区域及分区域合理连带，沿线布置少量花草树木等。

道路规划：充分方便物流车辆出入，采用环线布置，分流有序。

本店铺规划：沿内环线路所设的一、二层联体，纵深不宜超过 12m。

7.2　室内装修风格设计主张

采用新古典主义和现代主义结合的设计风格。

新古典主义：建筑外观吸取欧陆风格，但加以简化，配以大面积墙面和玻璃或简单线条构架，装饰味相对简化，追求轻快、明晰的效果。

现代主义：以体现时代特征为主，没有过分的装饰，一切从功能出发，讲究造型比例适度，空间构图明确美观，强调建筑外观的明快、简洁和实用，但又富有朝气的生活气息。

7.3　户型划分及配套建议

1）从市场需求来看，中小户型商铺、实在之选是当地市场的主题，所以建议项目主力户型面积集中在 90~120m^2 左右，另可适当搭配少量 200~250m^2 的户型。

2）建议开发商考虑适量大户型设计，根据项目定位风险分析及市场需求细分，本项目开发大户型不可或缺，易产生连带作用，进而影响整个楼盘销售。但不宜过多，否则也容易产生滞销，不利于开发商回收资金，建议主力户型套型以二室半为主，半室可赠送。

第八部分　结　束　语

我们在评估目前合肥建材大市场的时候，努力以最大限度缩短销售周期和尽量实现项目市场价值优化的原则出发，制订这样一个“开源节流、定向销售、整合传播、过程制胜”的整体营销策略，期望借此迅速完成横埠建材大市场初期的销售工作。

从市场推广的立场来看，我们希望加大对初期销售宣传体系的建立，从整个项目几个周期开发来看，这笔支出是值得的。它可以加速资金回笼，将销售期大幅度缩短。另外，也可以在市场和业内制造话题，有利于本项目的关注度和形象的提升。

当然，合肥装饰建材购物中心的销售不是几幅图片、几句话就可以解决的。但可以肯定的是营销模式的更新、销售阶段性策略的把控将是决定其后期销售市场战役成功与否的关键。基于我对项目的介入度有限，本案存在不足之处在所难免，我将在不断了解调查的基础上加以完善。此方案所提供的项目营销思路及意图只是一个大的框架，许多细节部分还有待在项目销售中加以进一步细化和充实。

（合肥合纵连横房地产营销策划有限公司）

【报告点评】

此报告是建材市场在正式营销招商之前制订的营销策划报告，从整个安徽省的装饰市场开始分析，其中细致地分析了消费者的需求、竞争对手。也对项目自身进行剖析，如项目的SWOT 分析、产品分析以及存在的问题和机会等。从而引申出招商建议、营销策略和推广计划。整体报告结构相对完善，但也如报告作者在结束语所说的，此方案报告所提供的项目营销思路及意图只是一个大的框架，许多细节部分未能一一在报告中细化和充实。或许因为如此，整体行文逻辑存在些许瑕疵，有一定的混乱。

报告中所写均有强烈的目的性，不浪费笔墨书写华而不实的文章，通篇行文点到即止，言简意赅。

1）从地方市场和竞争对手实际调研出发，了解市场的空白。

2）从消费者出发，了解市场真正的需求。

3）产品定位、项目定位、规划建议、经营方式等，为项目从营销的角度把关。

4）招商、营销、推广均能围绕目标市场进行策略定位。

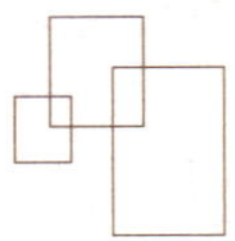

三、贵州贵阳世纪文化广场商业项目营销策略报告

报告目录

报告正文

第一部分　项目品牌理念

1.1　项目主题

1. 项目主题提炼分析

主题，即文章的中心思想，表达文章中心思想的词或词组叫主题词。是一个项目在进行推广宣传时贯穿始终的一根红线。其目的在于将一个项目的所有亮点“珍珠”串联在这根红线上，她是项目“品牌”的核心、项目的灵魂、告之项目目标客户“我是什么?”的一句直白或具有想象空间的话。

2. 项目主题定位：小十字尚品金铺

本项目是一个“时尚生活主题商场”功能项目，主要功能体现在零售、餐饮、娱乐三大功能上。

1）“小十字”代表本项目传统的、知名的、直观的商业口岸。

2）“尚品”是目前在传统已经不知不觉沦为保守后，人们迫切寻找到的一个更光鲜的“包装纸”，她是用有形的实物展现出的外延。而“尚品”已经成为形容一个事物外观的新颖词汇。它是时髦而为世人所崇尚的，既不像“前卫”那么曲高和寡，又不像“漂亮”那么浅薄，更不会像“经典”“优雅”“时尚”显得那么老套。通过“尚品”表现出的是精品零售、餐饮环境、娱乐方式、购物场所、休闲场景、卖场装饰等，这都表现出时尚的元素与符号。

3）“金铺”是直指本项目为一个具有投资效益的商业物业，代表投资回报高的引导词汇。

4）“概念”存在就是被感知，这句唯心主义的哲学命题，对于房地产广告推广而言，却可以说是基本正确的。因为，与其他类型的日用消费品而言，房地产产品不但总价高，而且涉及的技术含量——这里是指需要消费者加以分析、加以理解的技术含量，要远远高于其他产品。所以，如果我们不采取一种深入浅出、形象直观的传达方式，客户单凭自己的知识结构，很难对房地产产品的性能属性，有一个全面清晰的把握。

这就是为什么房地产市场广为流行“概念”的原因。“概念”实际上是一种传达的综合化、简明化、通俗化，等于借助于一个概括性的诉求点，向客户传达一个较为复杂的技术问题。通俗一点讲，这是一个翻译的过程，是借助感性的语言，说明一个理性的问题，借助一个非技术性的语言，说明一个技术性的问题。

我们除了要重视“硬价值（产品）”外，还要重视“软价值（宣传）”，并且要借助不同的概念，来传达这些软件。总之，我们不能是“一类产品，二类包装，三类价钱”，相反，我们应当做到“二类产品，一类包装，一类价钱”——好的东西必须让客户明确的感知，而产品的缺陷，就应当采取措施，淡化客户的感知程度，从而用感知引导存在，强化我们在客户心目中的价值感。

1.2　项目形象

1. 项目形象塑造

什么是形象？它是能引起人们的思想或感情活动的具体活动和姿态。企业或产品形象就是人们对企业或产品的一种看法。是以感知过的事物形象为内容的记忆。通常以表象形式存在，所以又称“表象记忆”。它是直接对客观事物的形状、大小、体积等具体形象和外貌的记忆，直观形象性是其显著的特点。大多数人的形象记忆均属混合型。

产品是品牌的基础，但产品不能自动升华为品牌。只有当人们将产品内在的品质特性及开发者对产品所倾注的感情充分发掘、提炼出来并有意识地赋予产品以人格化、个性化并为视听觉形象时，“产品”才真正升华为“品牌”。因此形象设计是塑造品牌的首要工作，只有鲜明的个性形象才能体现相应的产品地位，才能激起目标消费者的美好联想和购买冲动。

2. 项目总名称锁定：“鸿基·尚品天地”

1）“鸿基”为贵阳开发企业品牌。

2）“尚品”是“时尚商品”之意，也是“时尚”一词的演绎。

3）“天地”指新兴购物场所，是“购物天地”“休闲天地”的意思。

3. 项目形象提炼

房地产项目的形象一般只是采取VI应用系统，而对整体的CIS系统没有进行充分的利用与使用。CIS系统就是通过整合MI、BI和VI来运作，塑造具有鲜明个性特征的良好的企业形象，赢得消费者的信赖与支持，从而为企业产品的生存发展创造广阔的空间和良好的机遇。

MI——产品理念、目标描述，产品文化精神描述（需要通过推广诉求、炒作、活动、样板展示来实现）。

VI——基本要素设计，标识、标准字、标准色等，应用识别系统设计，内部应用系统、外部应用系统（该部分就是广告公司设计的LOGO系统）。

BI——公司职员行为规范（敝司在此只重点针对“置业顾问”）。

（1）名称提炼。本项目商业板块名称：鸿基·尚品天地。

（2）VI形象。VI系统为产品的视觉形象，其主要视觉点在名称的设计及使用上。同时进行系列延展，达到整体上、系列上的一致性。本项目的VI只对项目总名称设计LOGO，其他部分不作LOGO设计，设计方案由广告公司进行设计。

（3）产品形象。

通过销售/招商接待中心形象——体验产品的品质、档次、格调。

通过商场外立面包装部分形象——展示商场的独特、环境、氛围。

通过现场包装形象——演绎本项目的形象概念。

4. 项目核心概念

价值——尚品天地价值，贵阳人感到新奇，目标消费者感到有新去处，以在“尚品天地”消费而自豪，投资者看到财富，经营者实现收益，开发者有成就感。

5. 项目 SLOGAN——尚品价值·新锐商业形态

1）我们无须做“只可意会，不可言传”的想象式概念，也无须“搜肠刮肚”去创新商业业态名称。

2）“尚品天地”的价值就是在小十字口，一个有特色商业与甲级写字楼标志性建筑中，聚集特色餐饮美食、新奇娱乐场所、高雅休闲吧类、出售精品服饰/居饰、充满闲情逸致氛围的一个消费场所。

3）它比“大十字”另类，一个聚集了好吃、好玩、好看、时尚、文化的主题商场。

1.3 项目品牌

品牌是成功的基础，品牌是某类商品（服务）的名称、标志、符号等的组合，它在长时期内建立起来的市场定位和个性，以及经营者的商誉形象，为广大的消费者所认同及接受。成功的品牌都拥有极高的知名度与美誉度，往往在市场中居于领导地位。

对于房地产而言，品牌的内涵是为社会公众提供合理的、人性化的“建筑空间”，并赋予其具有现代精神、个性化的生活方式及价值。而对商业物业而言，品牌的内涵还有一层意义——为一个城市打造一个独特、繁华的商业场所，创造一个经营持久、稳定、个性的购物环境及价值。

对于品牌，可以这样更形象地描述：品牌是一条苏伊士运河，它缩短了产品和消费者之间的距离；具有唯一性、权威性和排他性；而且，具有承载多种产品的能力；品牌具有公信力；为社会和市场公认，值得信赖；品牌具有生生不息的创新能力，品牌具有生命力，它需要成长、需要维护，因此必须具有永不间断、永不枯竭的创新能力。

1. 品牌核心策略

（1）品牌核心——尚品天地·新休闲式主题消费场所。人类的本能是追求美好和成功，梦想是美好和成功的源动力。梦想是基于人类对过往的经验投射于将来而于此刻创造性的行动。我们只有不断努力，唯有成就价值方能实现梦想，因“增添新兴商业业态”的梦想，成就“尚品价值”。

（2）品牌主张——尚品价值。

（3）品牌定位——首席主题商业业态。

（4）品牌利益点——价值就是增值。

2. 品牌延伸

1）硬件品质、责任的延伸：开发商努力追求物业硬件品质的质量成为一种责任。

2）优质服务、信誉的延伸：从购买者进入我们的视线开始，就进行各个环节的优质服务直至进入后期持续良好经营发展，都将信誉与承诺贯穿始终。

3）创新意识、能力的延伸：产品、推广、销售、招商、经营、物管各个环节的创新，以圆梦的努力来体现“时光价值”。

3. 品牌资源的价值

品牌的核心价值：社会公信力——尚品价值。首先，本项目拥有的品牌资源使企业吸引了一群忠诚度高的消费者，品牌资源共享度高。其次，品牌可以协助消费者进行市场区隔。再次，品牌提升了项目物业的价值，项目可以借助产品自身定位的“唯一性”以及营造的现有品牌效应，使自己的产品附加值更大化。

4. 品牌的建立

品牌关键支撑点：自然空间、娱乐空间、情景空间、人文空间、商业空间、商务空间、休闲空间。

品牌建立：黄金口岸·新兴时尚生活主题商城。

1.4　项目优势卖点

卖点是从卖方角度出发的一种说法，就是你在卖什么。这个问题看似简单，其实本身也就简单，但是我们的卖者却把它变得非常的复杂而不可捉摸。通过卖点这种类似魔法的手段，卖电视不叫卖电视，而叫作卖扫描、线束、拉幕、上网、保护视力……

卖点是市场营销中引发消费者购买欲望的一种销售手段或技巧，具体地说是企业为展示自己产品的特点、优点，而提炼的语言和演示。从消费者对卖点理解的难易程度，我们将卖点分为两类，一类是令消费者特别容易理解的语言和演示，我们称之为“写意派”；另一类是极为专业的语言和演示，我们称之为“写实派”。卖点具有明显的排他性，如果有两个企业产品都提炼出同样的卖点，那这个卖点其实就不具有了“卖点”的生命价值。从这一点又可以看出，一个产品卖点的生命周期，是以竞争对手推出相同或同类的卖点为终结的。

卖点在市场营销战中虽然是件轻型武器，但有时却可以决定一场战役的胜败。卖点同时是件攻击性武器，不是防御性武器，这也是市场一线人员喜欢他的重要原因，在他们的信条中有“进攻就是最好的防御”这一条。

卖点在市场中的本身缺陷主要表现在，攻击目的不具隐蔽性、生命周期短、容易和对手陷入卖点的恶性攻击循环。另外，因为卖点制造者本身的原因，市场上出现了大量违反商业道德的虚假卖点。卖点本身固有缺陷是与其对市场的推动作用一起到来的，所以企业在对它的运用中应扬长避短。卖点如果操作不当对市场具有很强的破坏性，这里的“操作不当”准确地说是“提炼虚假卖点”。虚假卖点就是一些故弄玄虚、哗众取宠、无中生有的卖点。虚假卖点短期内可能对市场销售工作起到推动作用，但他的最终虚假面目大多会被消费者、媒体、政府等社会公众揭开，从而使企业陷入公共危机当中。

从营销角度分析，卖点在很大程度上是种销售技巧，不是有些卖家所说的“概念营销”。美国营销专家沃尔特·里斯顿先生对“概念营销”有句评价，“在整个美国，概念或观念是一种新的货币”。可见，“概念营销”是基于企业市场的发展方向和产品的，是企业形成增强核心竞争优势的执行战术，而卖点相对来说仅仅是件轻型武器。

1. 卖点梳理

（1）区域卖点。“尚品天地”就在小十字——贵阳的核心商圈中。

（2）资源卖点。每天10万人流。富水中路传统成行成市的精品、休闲、餐饮街区。

（3）规划卖点。精品服饰、休闲餐饮、数码影视——自然分区、汇集人流、聚集财富。

（4）经营卖点。新兴时尚生活主题商城——大型商家/品牌入住。

（5）承诺卖点。发现尚品价值——我们的十大承诺。放心投资——“零欺诈”。

（6）品牌卖点。整合资源——实力。将品质变为责任——打造尚品价值。

（7）价格卖点。您置业——我月供。投资尚品价值——实现收益梦想。

（8）优惠卖点。政策支持——投资优惠。

（9）文化卖点。改变传统商业形态——倡导休闲式消费文化。

2. 卖点组合

（1）概念推广组合。

“主题商业业态”是什么？

“尚品价值”在哪里？

“休闲消费”是什么？

“投资引导”如何投资商业物业？

（2）硬性推广组合。

发现尚品价值——我们的十大承诺。

放心投资——“零欺诈”。

新兴时尚生活主题商场——某某商家/品牌入住。

人流、商流、资金流——六统一、一确定。

您置业——我月供。

投资尚品天地——实现收益梦想。

投资分析——购买尚品价值。

第二部分　营销策略

2.1　营销计划

1. 营销阶段

主要是将本项目具体开展营销活动的时间阶段进行恰当的安排。其间涉及工程施工进度、商品房销售旺季、竞争态势、前期准备工作等要素。

2. 营销准备阶段工作内容

（1）时间：20天时间。即从2003年9月26日~2003年10月15日之间。

（2）工作：该阶段必须完成的工作有：

1）整体营销方案确定。

2）推广整体计划确定。

3）系列软性文章拟写完成、系列户外选择/画面设计完成。

4）销售资料、投资手册、招商手册、DM、媒体广告平面设计完成，礼品、提袋、水杯、认购书、返租合同、租赁协议书、销售合同文本等印刷完成。

5）售楼处调整完成；售楼处一切办公用品、展板、布置完成。

6）销售人员、财务及物管相关人员培训、考评完成。

7）涉及正式政府给予销售的优惠政策及其他问题落实、确定。

8）获得商品房预售许可证，现场包装、装饰、环境景观调整完成。

9）物业管理方案确定、管理条例确定、管理费确定。

10）商业管理公司成立、管理办法确定。

3. 营销执行计划

（1）形象期。

1）时间：2003年10月1日（周三）~10月15日，15天时间（国庆“贵阳房交会”开始）。

2）主题：形象展示，展板告知，软性文章推广，储备目标客户。

3）要求：该阶段必须达到的目的：

① 形象展示，重点突出本项目整体功能、概念。

② 现场解答、收集目标客户（投资者、商家）意见。

（2）引导期。

1）时间：2003 年 10 月 15 日～10 月 18 日（周六），3 天时间。

2）主题：借写字楼销售开盘大势，投资分析引导活动——投资分析会，硬性推广，集束轰炸，突出投资价值；商铺单独推广，集束曝光，突显商铺量少与投资机会少的紧缺性。

3）要求：该阶段必须达到的目的：

① 目标客户签订认购书与商品房买卖合同之间的时间必须控制在一周内，避免销售时间延长，出现冷落。

② 不能出现销售环节中服务与解答目标客户提问时无法答上的情况。

③ 销售价格、销售物业控制是两大关键点，节奏与时机必须进行有效把握。

④ 该阶段也是写字楼销售开盘的时候，商铺与写字楼推广可能出现冲突，建议分开目标客户群；如果借写字楼势头较好，可减少后期推广投入；如果效果只是突出了写字楼，后期必须具有针对性地强势推广商铺。

（3）旺销期。

1）时间：2003 年 10 月 18 日～11 月 18 日，控制在 30 天时间。

2）主题：投资价值、商业经营特色、主力商家入住信息；紧扣“目标营销”“信誉营销”“服务营销”主题。

3）要求：该阶段必须达到的目的：

① 总体实现商业物业资金回收目标。

② 重点控制销售价格的“低开高走”。

③ 注重“销售返租与主力商家入住、物业销售与物业沉淀、物业管理与商业经营管理特色、产权办证与开业时间”等问题的承诺。

（4）招商期。

1）时间。

① 主力店：

2003 年 10 月 1 日～2003 年 11 月底：主力店客户初步接洽。

2003 年 12 月 1 日～2003 年 12 月底：主力店客户筛选洽谈。

2004 年 1 月～2004 年 2 月底：主力店客户合作意向洽谈、确定。

2004 年 2 月～2004 年 2 月底：主力店客户技术要求及合同洽谈。

2004 年 3 月～2004 年 4 月底：主力店客户装修。

② 非主力店。

2003 年 10 月～2003 年 12 月底：非主力店客户初步接洽。

2004 年 1 月～2004 年 2 月底：非主力店客户筛选洽谈，确定合作意向，签订合作合约。

2004 年 3 月～2004 年 4 月底：非主力店客户装修。

2）主题：品牌大商家入住、主力/主题店确定、开业时间全面确定。

3）要求：该阶段必须达到的目的。

① 对主力商家借“房交会”初步接触，储备商家源。

② 外出对主力商家进行招商、洽谈、定意向书。

③ 与主力商家/小商家签订租赁合同。

④ 租金确定与控制。

（5）招商推广期。

1）时间：2003 年 11 月 18 日～12 月 18 日，控制在 30 天时间，与销售进行交叉。

2）主题：告知经营定位、什么大商家入住、对小商家招商。

3）要求：该阶段必须达到的目的。

① 经营定位特色，继续引起消费者关注。

② 告知什么样的主力、主题商家加盟。

③ 对剩余物业继续销售、对小商家进行告知性推广。

（6）扫尾开业期。

1）时间：2003 年 12 月 18 日~2004 年 1 月 18 日，30 天时间，春节前结束。

2）主题：告知商家装修时间、工程进度、开业时间、领取产权证通知。

3）要求：该阶段必须达到的目的。

① 开业进度告知，继续引起市民关注。

② 对剩余物业进行销售清尾、告知商家装修时间等。

③ 做好交房工作与物业管理的完善；作好入驻的验收、办证工作。

2.2 营销内容

1. 开盘销售执行方案

（1）销售方式。以发放放号表的形式积蓄意向客户，吸引市场关注。

（2）排号优惠。放号表每张 10000 元，作为购铺的意向金，可退。持放号表选铺，可享受总价的 9.8 折（除付款方式优惠），前 100 名可享受总价的 9.7 折（签订合同后）。放号表三天时间内有效，三天内可以自由转让：三天内必须转订（签订认购书），否则无效。凭放号表选择的客户在签订认购书 7 天内可免费更名两次。

（3）排号数量。具体数量待正式销售前一个月确定，客户依序登记，先到先购，在放号表上注明号数，并盖章确认。每位客户凭身份证购买，每人限购两张。

（4）放号时间（另行确定）。每半小时一轮，每轮十人进行选择。

（5）选择方式。报纸媒体、电话通知、张贴告示告知领取放号表的客户选择具体时间。客户到销售接待中心后，在放出物业中选择自己中意的物业单位，告知销售人员，由销售人员在控台确认后，签字认可并在销控板上贴“已售”标识（分开商铺楼层的选择时间）。

（6）控台职责。对物业单位进行控制性推出；对客户预订的物业进行登记并做好记录。

（7）保安职责。4~6 人，3~5 人对排队客户维持秩序，1~2 人在销售接待中心内维持秩序。

（8）客户预约：

1）对整理好的意向客户电话通知，告知物业发售信息。

2）报纸发布排号方式和优惠政策，吸引客户关注。

3）鸿基集团公司内发起邀请，告知推广空间吸引职员或亲属到现场排队。

（9）客户跟踪。在一定时间内对领取放号表的客户进行追踪，督促到现场转定。

（10）后续衔接。接受陌生客户拜访；所有意向客户均通知转定，并邀请在某日到现场参加开盘仪式（不签订正式销售合同）。

（11）正式开盘。请政府官员、建委官员、经济学家、合作单位等到场，9：00~10：00 时举行开盘仪式（另有开盘活动计划）。

（12）签订合同。签订认购书的客户到财务室签订正式合同，全天。

2. 预热期客户摸底及客户积累方案

（1）推广储备。通过“集束立体式”整体推广的有效执行，接受目标客户现场、电话、朋友介绍来收集意向客户名单。

（2）现场安排。从第一个广告推出开始，专线电话就必须确定与向外公布，置业顾问开始进入现场接待解答、登记，接听电话、登记。

（3）摸底调查。重点摸清意向客户对面积、价格、付款方式、办证时间、开业时间五个方面的摸底内容收集。

3. 现场执行策略（图 6-3-1）

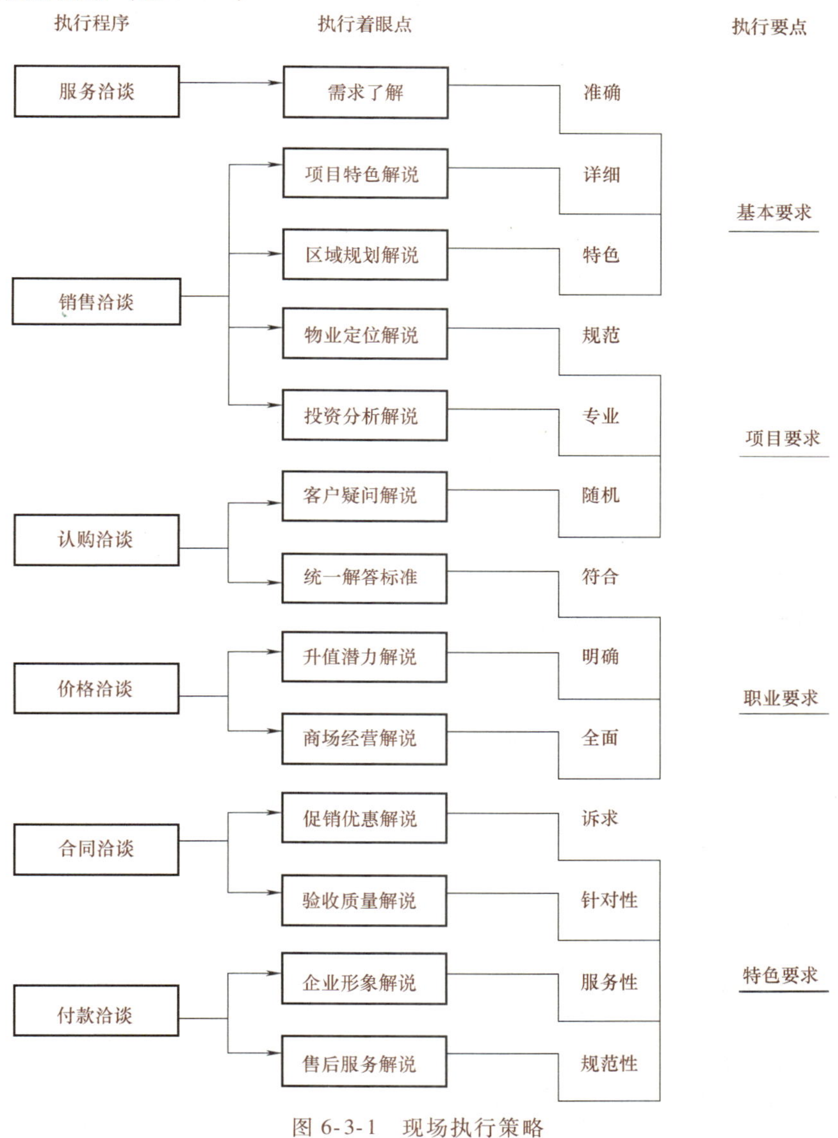

图 6-3-1　现场执行策略

2.3　开盘时机

1. 开盘必备条件

1）现场包装调整：只需对富水中路建筑外立面进行调整，更换形象画面。

2）销售执行准备：有关销售环节的人员；宣传资料；办公、销售用品；培训；销售计划；价格系统完成。

3）宣传广告准备：形象、卖点、主题、广告计划、广告文案、软性文章、系列平面创意完成。

4）物业管理准备：物管管理办法确定、物管费确定。

5）商业管理公司：商业管理顾问选择确定，商业管理公司成立，管理条例确定。

6）目标客户积累：内部放号认购完成，储备了相当的客户量。

7）销售开盘活动：活动安排准备妥当。

2. 开盘必备工作

（1）现场包装。

1）工地围墙施工、装饰、绿化、清洁、指示牌、彩旗完成。

2）户外广告牌、灯箱布置完成。

3）入口大门、道路行道、看样板房通路、指示牌完成。

4）现场售楼接待中心：

展示厅：主要为模型展示区域布置。

洽谈桌：由于本项目整体档次较高，为体现客户的尊贵性，可专设一间“尊席洽谈室”与一般客户洽谈区域分开。

招商/销售区：形象接待台，形成整体销售接待形象。

播音系统：主要产生背景音乐、演示电视片和广播销售情况。

资料展示（展板）：含销售控制板、产品说明板、产品形象、景观背景板、购买流程板、物业、开发商、设计商等说明板、“零欺诈”承诺板等。

（2）人员培训。

1）人员招聘：根据贵司产品档次，结合目标客户服务需求，对销售人员的形体、基本素质、沟通能力进行筛选。

2）人员培训：从服务意识、礼仪礼节、专业知识、项目特色、对手情况、管理规范“六大系统”进行系统培训，最后达到——“服务舒心”“解答放心”“购买开心”的水平，严格考核上岗。

3）人员编制：共8人，销售环节有销售主管1名，现场置业顾问6名，现场营销顾问1名。

（3）人员安排。

财务环节：财务收款2名轮流，确保随时有人——2人（开发商）。

签订合同：签合同员2名轮流，确保随时有人——2人（开发商）。

银行按揭：办理按揭2名轮流，确保随时有人——2人（银行）。

公证/律师：各1名，“零欺诈”、合法性解答——2人（公证/律师所）。

鉴证办理：交易鉴证办理1~2名，提高效率——2人（开发商）。

物管环节：保安4名轮流，销售接待中心随时有2名。

销售接待中心保洁2名轮流，确保随时有人——6人（物管商）。

合计：20人编制（工程环节不在此列）。

（4）销售资料。

1）资料类：投资手册、招商手册、DM、认购书、预算表、价格表、户型图册、交铺标准、认购须知、付款方式、按揭流程、返租须知等。

2）效果图：整体平面、立面（白/夜）、商场场景效果图、细部等。

3）模型：总模。

3. 开盘时机选择

（1）竞争强弱。本项目主要几个竞争对手项目目前都处于尾盘销售，尚未开业阶段；而本项目工程形象已经突显，定位较准，推广有特色就能抵消对手的强势，并同时达到造势目的。

（2）外部机会。可借10月将召开的“贵阳秋季房交会”外部时机展示本项目，储备客源。

（3）销售旺季。根据全国房地产商品房销售旺季常规经验看，每年的九月到第二年的三月之间为销售旺季。当然，每个地区又根据消费习惯、气候条件等有所变化，该旺季主要是消费者收益、资金运作等必要条件形成的。

（4）时机选择。2003年10月中旬开盘。

2.4 营销创新

1. 常规营销理念存在的问题

（1）传统营销模式的盲目性。以广告为主要手段的传统营销模式，主要追求信息的传播面，越广越好，而不管信息的接受者是不是目标消费群，抱着一种“逮住一个算一个”的心理，目标不十分明确，盲目性强，针对性弱。

（2）传统营销模式的低效性。由于传统营销模式以广告为主要手段，以巨额的广告费作为代价，因而信息的有效到达率非常低，广告效果差，如果从每个成交客户所花的广告费用来衡量的话，效率非常之低。

（3）传统营销模式信息传播的不对称性。传统营销模式的信息传播主要通过报纸、电视等媒体，信息的传播是单方向的，即销售者可以将信息（楼盘的情况）传达给消费者，但消费者的信息（有无需求等）是无法传播、反馈到发展商那儿的，因而造成了信息传播的不对称性，无法将消费者的反映及时反馈，也无法给营销带来进一步的沟通和交流机会，无法达到及时的双向互动。

（4）传统营销模式缺乏服务性。对于一些高档消费豪宅来讲，服务是至关重要的，因为服务能够彰显出购买者身份的尊贵，衬托出产品的品质，对于豪宅来讲，服务更是项目的竞争法宝，而传统的营销模式在服务过程中的大众化，是无法彰显出项目和目标消费者的尊贵，远远满足不了目标客户群的要求的。

（5）传统营销模式与商铺销售的错位性。商业物业不管是价格、区位、硬件设施、软件系统等都注定是为少数投资者准备的，不可能是大众的消费品，利用大众传播方式推广，跟常规住宅写字楼楼盘去比拼，争买家，不能很好发挥商铺的销售渠道，更降低了项目作为商铺投资应有的价值。

2. 营销理念的创新

（1）“投资引导营销”。在早期投资购买商铺的投资者可能都有苦难言。商铺不是街铺，投资购买与后期开业经营情况息息相关。投资上当、开业经营不理想、投资者对投资回报的顾虑等问题困扰着许多的投资者。哪种情况下、哪种商铺才是最佳的投资目标就成为投资引导营销的关键。

投资收租：购买铺位而不经营，出租、收租获利，或增值后转手获利的一种投资行为。

投资自营：购买商铺、街铺自己经营；减少租金支付而无产权的一种投资经营行为。

商街街铺：底商商铺，无公摊，独立经营，寻求成行成市、人流效果与收益的铺位。

商场铺位：独立商场或底商集中式经营空间，要求整体经营成效，管理与经营、业态定位、业种组合、品牌特色、招商结果、经营推广等成为是否能稳定收益的关键。

商业管理：独立对商场进行持续发展经营的管理机构，是对商场整体营运管理、商家管理、经营管理、推广企划、商家调整、提高商家产效的一种经营管理公司，它将直接涉及商家是否愿意进入开店？什么样档次商家进入？平方米产效如何？投资者租金收益稳定增长、不愁铺位出租，一铺养三代，回报快等一系列问题。

在明确上述环节后，投资者还应该了解什么？

时下，全国投资商铺的热潮在各个大城市一浪高过一浪，通过多年的商业项目运作，发现一些投资商铺的关键因素，当这些关键因素必备时，投资这种商铺就一定能稳妥地收回投资，就能使开发商、商家、投资者、经营者做到“四赢”。

1）投资引导模式。软性文章炒作——硬性平面推广——投资分析活动三个环节。

2）软性炒作主题。

商铺所在区域位置、商铺所在区域商机、人流量、区域消费者的购买能力、消费习惯。

区域的宏观经济政策、政府城市商业规划、“商圈”内的商业状况。

投资的商铺增值空间有多大、“商圈”同类物业的租金售价、目前“商圈”内入驻商家的状况。

准备投资物业的商业业态定位、是否统一招商、通过统一招商的入驻商家是哪些？

商业管理公司是谁？物业管理费用是多少？

商铺的划分情况、铺位的大小和划分在后期是否便于出租、每年收益是否稳妥？

铺位拥有使用权的时间、开发商的“五证”是否齐备？投资回报是多少？

铺位装修交付标准、整个商场风格如何？

如何选择投资地段？老商业区（成熟商圈）和新兴商业区（新开发、规划商圈）的区别？

投资物业形态的收益比例分析？

如何选择街铺、大中型生活社区商铺、住宅低层商铺（底商）、步行街商铺、专业市场商铺、现代百货商场铺位、主题商场商铺等类型？

投资“放心”程度？商场开业时间等。

3）中心主题——“六统一、一确保”。

六统一：统一定位、统一规划、统一经营、统一招商、统一管理、统一推广。

一确保：确保投资收益长期、稳定。

4）投资分析会。根据前期储备目标客户群的数量，选择一个时间，确定一个场所，制订分析内容，确定投资分析专家，进行商铺的投资分析与解答投资者疑问。

（2）“服务营销”。

1）“服务营销”概念。传统营销常常出现的问题：坐等上门客、接待无礼节、销售人员无积极性、无激励机制、管理松散、解答不清、缺乏专业顾问水平、不跟踪目标客户、整体配合度差、全员营销意识差等问题。而“服务营销”是指从主动找客、礼仪礼节到位、解答准确完善、具有煽动性、团体配合默契、系统介绍专业水平高、跟踪目标客户意识强出发，形成“贴身营销”特色。

2）“服务营销”系统。“服务营销”重在使目标客户感到：

“服务舒心”——真正让客户感到什么是“上帝”。

“解答放心”——客户所有疑虑被解除。

“购买开心”——买到客户满意的居所，不会后悔。

（3）“信誉营销”。

1）“信誉营销”概念。长期房地产商品房销售中存在大量欺诈行为，消费者处于被动无奈的境地。开发商追求最大化利润与消费者利益无法得到保障之间的矛盾突出。政府不断出台规范政策，开发商也不断有“对策”，必然使消费者更加理性，最终导致很多开发商“走麦城”，已成为“信誉危机时代”。这就要求开发商必须守“信誉”重“承诺”。

2）“信誉营销”基点。2003年是全面贯彻党的十六大精神的第一年，也是《中华人民共和国消费者权益保护法》颁布10周年。作为依法成立对商品和服务进行社会监督的社会团体，中国消费者协会充分认识到全面建设小康社会对消费环境提出了新要求，确定2003年主题为“营造放心消费环境”。

什么是消费者要求的放心消费环境?

开展“营造放心消费环境”年主题活动所说的“放心消费环境”是指依据《消费者权益保护法》和其他相关法规，消费者的九项基本权利最大限度地得到切实保障，真正实现消费者购买商品和接受服务的“零风险”和“零欺诈”，商品售后服务诚信、负责，侵害消费者合法权益的不法行为得到及时、公正处理，消费者不会因“担心”经营者的欺诈行为而降低消费意愿，消费者的弱势地位逐步得到改善，真正成为市场经济中与经营者平等的主体。消费者在生活消费过程中享受舒适和便利，获得精神上、心理上的满足和乐趣。这也是现实条件下消费者希望的“放心消费环境”。

当前影响消费环境的主要问题有哪些?

① 假冒伪劣产品屡禁不绝，已经成为我国经济生活中的一大社会痼疾，严重地损害了国家、集体、消费者个人的利益，甚至直接危及消费者的身体健康和生命、财产安全。

② 价格欺诈。当前新兴消费领域的价格问题越来越突出，例如商品房、汽车以及医疗、电信等服务行业，价格缺乏标准和透明度，价格欺诈现象时有发生，消费者反映强烈。

③ 格式条款。格式条款的提供者往往利用其优势地位，在格式条款中列入一些不平等条款，消费者由于自身的弱势地位，对格式条款只能被动接受。这些格式条款无视消费者意愿，明显违反了公平原则。格式条款对消费者合法权益损害的典型表现在保险等服务领域以及垄断行业和公用事业领域。

④ 以虚假广告为代表的虚假宣传。相当多的经营者采用虚假广告、包装、说明书等形式，故意隐瞒产品的真实性能、主要成分、使用方法等，对必须说明的内容含糊其辞或故意夸大功效，引诱消费者上当。

⑤ 强制交易。突出表现在一些公用事业单位和垄断行业的经营者，利用其优势地位，采用合同、声明、通知、店堂告示等形式，单方面设定消费者义务，强行推销、强制消费者接受商品和服务项目。

⑥ 消费纠纷解决不及时，消费者救济不够。目前，消费者投诉（包括申诉、起诉）仍然面临着举证难、鉴定难、解决难、执行难的局面，有的消费纠纷久拖不决，在一定程度上激化了社会矛盾，消费者十分不满。开展营造放心消费环境年主题活动重点关注哪些领域?十大领域中，商品房及相关的建材、装修行业排在第三位。

3）“信誉营销”策略。

① 卖“五心”铺——“物业放心、经营省心、投资稳心、收益开心、养老安心”。

② 确保业主“知情权”——投资过程“透明”“公证”。

③ 承诺新闻发布会——要求开发商、建材商、设备商、工程施工商、代理商、广告商、物业管理商全部签字/盖章，承诺自己范围内的质量保障体系。新闻媒体参加曝光，公证、律师公证解答。

4）八大承诺。

承诺一：确保工程质量验收。贵州鸿基房地产开发有限公司确保“尚品天地”进场经营符合政府标准。在“尚品天地”进场装修时，“鸿基公司”公示如下验收文件：

① 贵阳市建筑工程规划验收合格证

② 建筑工程消防验收意见书

③ 贵阳市建设工程环保验收合格证

④ 贵阳市电梯（扶梯）验收结果通知单

⑤ 贵阳市工程验收档案认可书

⑥ 贵阳市民防工程竣工验收证书

⑦ 贵阳市燃气工程验收证书

⑧ 住宅质量保证书、住宅使用说明书

承诺二：全部按套内单位卖——实际套内建筑面积短缺，缺一赔二（最后通知为准）。鸿基公司郑重承诺：在“尚品天地”交付铺位时，如实际交铺套内建筑面积少于商品房买卖合同约定套内建筑面积，鸿基公司将按缺一赔二的原则，对业主进行现金赔偿。

承诺三：落订后一周内无理由退铺。客户在交付购房订金，签订认购书一周内，尚未签订商品房买卖合同之前，可无理由退铺。

承诺四：购铺各项费用严格按照国家规定标准执行。业主签订商品房买卖合同后，鸿基公司在办理银行按揭业务、产权登记等相关手续时，代收的相关费用将严格按国家规定的标准执行。

承诺五：商铺所有权保证。自“尚品天地”综合验收合格之日起，除业主自身原因外，鸿基公司将保证业主在合同约定的时间内取得房屋产权证。

承诺六：零费用入伙。“尚品天地”业主，在入伙时免交以下费用，包括装修费、装修期间垃圾清运费。

承诺七：严格按照国家规定组织、协助成立业主委员会。“尚品天地”正式公布交铺之日起，物业管理由鸿基公司委托某物业管理有限公司管理。收铺率达50%以上时，物管公司将协助业主成立业主委员会。

承诺八：返租保障。鸿基公司郑重承诺：“尚品天地”除严格按照国家规定对返租协议进行公证，对返租两年内的按季支付租金。

说明：本承诺未说明事宜，鸿基公司将严格按照与业主签订的商品房买卖合同执行。

5）推广承诺。对投资手册、DM、正式发布报纸平面广告等内容承诺：本资料所涉及内容，经贵阳市工商管理局广告处审核，可作为商品房买卖合同的附件。

上述策略贵司可根据具体情况选择承诺标准。

第三部分　广告策略

3.1　推广计划及策略

1. 筹备期

筹备时间：2003年9月26日~2003年10月15日，20天。

筹备策略：专业人干专业事、高标准要求、通力协作、及时沟通、严格控制、提高效率。

筹备内容：

1）所有涉及营销推广的策略全面确定。

2）所有涉及制作、印刷物料的平面设计完成、定稿。

3）现场包装、销售接待中心布局设计、执行、装饰完成。

4）第一阶段各项活动计划确定，所涉及单位、人员衔接确定工作完成。

5）迎接正式销售的价格策略、主力商家、招商策略最终确定。

6）参加“开盘”的活动、展场布置设计制作、销售物料准备、人员安排完成。

7）10 月 08 日开始软性炒作。

达成目标：“万事俱备、只等‘开盘’”正式开始进入——引导期。

2. 引导期

推广时间：2003 年 10 月 15 日~2003 年 10 月 18 日，4 天。

广告策略：以硬性平面推广和相关系列主题活动为主，软性新闻以炒作、活动新闻、DM、户外广告为辅。

销售策略：客户咨询登记、老客户通知、DM 派发、进行“投资引导营销”炒作

主题内容：

1）承诺性新闻发布会。

2）炒作整体商业概念。

3）项目所在商圈总体概念引导。

达成目标：项目引爆市场、逐渐加温、吸引目标客户、储备客源。

3. 公开期

推广时间：2003 年 10 月 18 日正式开盘直到 10 月 31 日结束，13 天。

广告策略：“集束轰炸”式硬广告为主，配合软性文章、派发 DM、活动策略。

销售策略：收集目标客户，根据客源量确定首期推出单位，调节、控制价格，把握销售控制单位。

主题内容：

1）商圈篇。

2）定位篇。

3）分析篇。

4）承诺篇。

5）经营篇。

6）开盘放号炒作，开盘活动运作。

7）投资分析研讨会活动配合。

达成目标：储备媒体、递加增值空间、争取首期推出单位全部认购一空，力争完成可销售总量的 30%。

4. 强销期

推广时间：2003 年 11 月 1 日~11 月 30 日，30 天。

广告策略：以密集的广告对市场进行轰炸，配合软性文章、DM 策略。

销售策略：根据首期销售情况，推出第二、三批销售单位，调整价格策略，强化服务营销策略。

主题内容：以卖点为诉求点，将“菜”（卖点）一盘盘端出来，形成一桌丰盛的“宴席”，将项目完整地展示于投资者面前。

达成目标：引导投资新概念、迅速建立市场知名度和树立品牌，将销售引向高潮；力争完成可销售总量的 50%。

5. 持续期

推广时间：2003 年 12 月 1 日~2004 年 1 月 15 日，45 天。

广告策略：以定期广告的形式缓慢延续，用活动、告知性推广提示项目情况，结合节日制造一些热点。

销售策略：跟踪老客户，促成“母鸡生蛋效应”，促销优惠手段。

主题内容：

1）工程进度篇。

2）质量篇。

3）形象篇。

4）软性跟踪式新闻系列。

5）业主/商家联谊活动。

达成目标：不断树立本项目的形象，进一步树立项目品质、特色、即将形成的旺市、品牌效应，力争完成可销售总量的10%。

6. 扫尾期

推广时间：2004年2月5日~2004年2月28日，23天。

广告策略：以间断式硬广告，结合项目即将完工、验收、装修、配合公关活动。

商务策略：完善商业管理公司工作，营销与物业管理、商务管理移交，协助办理产权手续等。

主题内容：

1）提前封顶、完工，承诺是金，全部兑现。

2）最后金铺，绝版机会。

3）工程验收情况。

4）交铺、交证通知。

5）元宵业主酒会/业主委员会成立活动。

6）服饰品评会、咖啡品评会。

7）招商完成、商家进入装修等。

达成目标：将尾货全部消化掉，实现100%销售，进入开业经营阶段。

3.2 推广计划及策略说明

1. 开盘日期

由于本项目准备时间短，炒作、推广周期短，期间广告公司广告表现能力有可能出现问题等，建议不单独做商铺正式销售的开盘活动，只借写字楼开盘活动之势。

2. 推广计划

我司只是从宏观上提出初步计划，详细计划制订应要求广告公司在此基础上再另行细化到具体时间段。敝司会根据广告公司提供的详细执行计划进行修订，给予修订意见后报呈贵司批示执行。因此，希望贵司同步要求广告公司在敝司初步方案基础上尽快提供推广实施执行计划。

3. 推广策略

我司提供的策略也是粗线条的策略，但可供贵司与广告公司进行选择性细化，再由广告公司提供推广策略实施细则，敝司会根据该系列实施细则的可执行性、可操作性、必要性进行修订，再提交贵司审核批示执行。

4. 商业策略

关于系列实施执行方案，如商铺排号执行计划书价格/销售单位实施控制计划书和商城管理条例等（商业顾问公司提供），届时在正式确定本报告的基础上，另行提交贵司审核、批示执行。

招商作为商业项目运作中较为重要的环节，其针对的人群有其独特性，这就决定了传统的房地产推广传播组合并不适合招商过程中的推广传播。由于目标人群相对集中，有共同的特点，本项目招商推广的传播将按以下策略进行组合：

以招商手册、招商宣传单张、目标人群集中地点的户外广告为推广传播的基础手段。

以公关活动为招商推广的重要传播途径。

以报纸软性文章炒作制造招商的良好氛围。

以报纸硬性广告和阶段性产品促销（模特）作为推广辅助手段。

制订以上的传播策略主要基于以下原因：

项目招商面临的最大难题是本项目所在位置并非大十字商业区的中心位置，而处于商圈的边缘，而且项目所具备的历史文化价值需要通过一定时间的推广宣传，使之商业附加值得以提高。

软性文章炒作在一定程度上可以弥补这方面的弱势，引导目标客户关注项目的远期价值。

公关活动是集中目标客户，形成客户与客户、客户与发展商之间互动氛围的最好方式，且对项目的口碑宣传有较好的促进作用。

租赁招商客户相对集中，地点相对明确，户外广告一方面可以帮助树立项目品牌的形象；另一方面可以强制性让客户接触到项目信息，成为其日常生活、经营过程中一旦有需要就可以想到的信息。

招商工作很难通过推广达到立竿见影的成绩，更多是潜移默化的效果；报纸广告、DM 广告相对费用高，有效时间短，只是在发布招商信息时可以借用。因此，招商主要采取一对一的形式直接开展。

5. 招商基础资料

（1）DM 宣传单张。DM 宣传单张是本项目在招商启动时，向外派发的招商推广宣传品，派发的主要对象是本项目的目标客户及潜在的目标客户群体，通过宣传单张的发放，可以配合媒体的租赁招商广告宣传推广，有效地将本项目的招商信息传递到目标客户手中；与营销的 DM 必须进行分开制作。

制作要求：内容简单、明了，版面设计简洁，具有强烈的视觉冲击力，便于携带。

（2）投资手册/招商手册。投资手册/招商手册将是本项目商铺销售/招商工作开展期间，面对目标客户商家最直接的推广宣传品，招商手册主要包含项目外观图、项目地理位置、租赁招商条件、楼层平面图、招商联系方式等几项内容，招商手册要求精美，设计简洁，让客户通过阅读招商手册就能了解项目的各项具体情况。

制作要求：准确反映本项目的区位+商业、主题商业定位，突出项目的经营管理特点及业态组合，人流商机。

（3）商铺临时订租协议、租赁合同。商铺临时订租协议是已有入驻项目意向的商家客户与业主签订的协议，内容主要包括具体商铺位置、面积、租金、押金、租赁年限等，商家在签订此协议的同时必须交纳一定金额的订金，此协议的签订，也标志着对商家招商工作的成功。商铺正式租赁合同是商家在签订了订租协议后，与商场签订的关于商铺租赁条件、商铺使用规定、商场管理等具体约定的最终合约。

3.3　推广准备

1. 外部推广准备

1）VI 系统核心及延展部分：项目总名称、标志（LOGO）、标准色、标准字体、延展内容设计并确定。

2）、应用设计、制作、印刷部分：名片、信封、信纸、挂旗、礼品袋、纸杯、销售人员胸卡、认购书、排号卡、客户登记表、购买预算表制作、印刷。

3）现场包装运用部分：工地现场视觉包装、建筑物主体施工中包装、销售接待中心外部包装、销售接待中心展板吊牌、效果图、导示牌、接待台卡、模型、整体布局、保安人员安排等。

4）销售资料部分：投资手册、招商手册、DM单张、产品承诺书、户型图、销售控制板、销售价格表、付款及购买流程图等制作、印刷。

5）媒体推广部分：报纸平面系列设计、广播稿拟订、软性文章撰写、户外平面设计、车身广告设计、灯箱设计、彩旗设计、POP设计等制作。

6）系列活动执行计划与方案部分：媒体执行计划、开盘活动执行方案、系列活动计划及实施方案等。

2. 内部文本准备

1）商品房买卖合同文本（购买并对约定条款进行前期确定，财务、律师审核）。

2）认购书样本（2003年10月8日前提供）。

3）租赁意向书文本（2003年9月25日前提供）。

4）租赁协议样本（2003年9月25日前提供）。

5）返租协议样本（商业顾问公司提供）。

3. 准备工作责任控制

智尊项目组：负责本项目全部基础资料的整理、提炼；提供推广总体策略；提供参考资料；监控、修订广告公司系统工作。

广告项目组：负责拟订媒体执行详细计划；所有营销资料的设计方案；资料制作/布置执行。

活动项目组：由广告项目组牵头组织，智尊配合调整，礼仪等相关公司执行。

总控制流程：各项目组提供书面资料——智尊项目组审核签字——开发商审核签字——执行。

3.4 推广策略

1. 推广目的

存在就是被感知，这句唯心主义的哲学命题，对于房地产广告推广而言，却可以说是基本正确的。因为，与其他类型的日用消费品而言，房地产产品不但总价高，而且涉及的技术含量——这里是指需要消费者加以分析加以理解的技术含量，要远远高于其他产品。所以，如果我们不采取一种深入浅出，形象直观的传达方式，客户单凭自己的知识结构，很难对房地产产品的性能属性，有一个全面清晰的把握。

这就是为什么房地产市场广为流行“概念”的原因。“概念”实际上是一种传达的综合化、简明化、通俗化，等于借助于一个概括性的诉求点，向客户传达一个较为复杂的技术问题。通俗一点讲，这是一个翻译的过程，是借助感性的语言，说明一个理性的问题，借助一个非技术性的语言，说明一个技术性的问题。

除了要重视“硬价值”外，还要重视“软价值”，并且要借助不同的概念，来传达这些软件。总之，不能是“一类产品，二类包装，三类价钱”，相反，应当做到如何将尚品天地的价值最大化——好的东西必须让客户明确地感知，而产品的缺陷，就应当采取措施，淡化客户的感知程度，从而用感知引导存在，强化项目在客户心目中的价值感。

2. 入市策略

前期的筹备工作告一段落，该是让劳动成果亮相的时候了。然而，一个新项目的入市，绝不像轻松表白“我来了”那么简单，它或许无须轰轰烈烈的仪式，但一定要有精心统筹的策略。

速变速动，把握最佳入市时机。新经济时代的核心是速度经济，不是比大小、优劣、好坏，而是比快慢。房地产市场变量因素很多，它们来自于政府、施工单位、消费者、经济环境等诸多方面，这些无疑都加大了开发商的风险。

入市的核心要诀既要抢先又要准备充分，项目在正式开盘前必须要有一段时间的客户储备时间。引导期间，尽管项目没有宣称正式开盘，也应认为已开始入市。对于该阶段一定要把握适度。从经验上看，引导期不宜持续太长，因为市场受众的兴趣持久力是有限的，胃口被吊的时间太长，反而容易对项目丧失信心。

让领先独特之处为目标客户清晰认知，是先入为主的入市策略之一。因此，产品差异化仍是赢取市场的策略先导。市面上项目很多，而单体消费者的信息接收量是有限的。因此，必须让新项目带来耳目一新的感觉，借以吸引受众。平庸如常的面孔只能使人们的接受视野更加混乱。

在塑造产品特质方面，USP 即“独特的销售主张”可谓功不可没，要让新项目跳出来，必须赋予它准确鲜明的特点并且坚持下去，利用重复刺激的手法使目标人群加深印象。

另外，简约远胜于繁复。项目的特色有一两点足矣，过多反而让人无所适从。

让已有品牌效应强化项目形象。现在的品牌塑造多停留在项目品牌上，但从长远规划看，项目品牌必须上升至企业品牌，才会有持久的生命力和延续性。因为市场环境不断变化，产品更新换代速度日益加快，项目品牌可能随着销售期的结束而逐渐为人们所淡忘。

尽量缩短宣传攻势显效周期。尽管决定销售命运的因素在于产品本身，但在入市期，产品业已定型，此时大展身手的便是包装和宣传了。

初出茅庐的新项目都面临一个市场培育期。在这段时间内，目标群体对产品从点滴接触到深入认知。由于市场上的不可控因素及竞争状况的加剧，对开发商的销售周期提出了严峻的要求。在压缩整个销售周期的目标之下，缩短引导期至关重要。只有把这段时间尽量缩短，才能使项目尽快步入热销期和稳销期。

很多销售成功的经验表明，无论盘子体量大小，采用何种包装手段、创意招数及媒体组合策略，新项目在入市 2~3 个月内才被广泛吸引关注，此期间内项目的知名度和目标群体对项目的认知度应达到较高水平，才能有利于项目形象的有效塑造和顺利销售，否则将会面临被动的局面。

3. 加强广告效力

广告打动消费者，不止靠富有创意的想象力。长期以来，广告公司及其客户一直承受着与日俱增的压力。一种品牌所需的广告量与其财力所能承受的广告量之间存在着越来越大的差距。更糟的是，有迹象表明，广告并不像过去那样总能击中目标。因此，必须仔细研究产品，直至找出它的优势。并非所有产品都生而平等。研究表明，成功的新产品中只有 74% 在消费者调查中胜过竞争对手；而广告失败的新产品中仅 24% 具有卓越品质。然而，广告界长久以来却坚信，只要巧加包装就能使产品在市场所向披靡。因此，广告业必须将目光重新回到产品本身，努力寻求能打动顾客的产品优势，设法把这些优势融入广告之中。仔细研究产品并不能解决广告中的所有难题，但能加深人们对产品的了解，使广告更富成效。

4. 广告上的法律问题

目前的房地产纠纷中，许多购房者都说后悔听信了广告的宣传，实际的房屋和报刊广告相差甚远。那么，房屋广告究竟有什么样的法律效力？发展商不能兑现广告中的许诺怎么办？购房者能依据广告内容追究他们的责任吗？目前国家政策提出“房地产广告必须作为商品房买卖合同附件”的要求，使得我们有必要明确本项目推广中涉及广告的法律性质问题。

(1) 广告内容应区别对待。如果开发商将在广告中的某些许诺购房者的条款写到正式的“购房合同”中，这时就已经不是广告，而是合同条款了，其法律效力是明确、有效的。但同时也有一些广告语不能或没有变成合同条款，我们所讨论的是这些广告。这些广告由于其内容的明确程度不同，性质也不同，应当区别对待。

（2）要约邀请、邀约。有些广告内容属宣传所需的夸张性语言，目的是为了引起注意，制造声势、氛围，并没有明确的指标，如“黄金商铺”“铺位首选之地”和“一铺养三代”等词。这些广告仅仅构成了要约邀请，没有法律上的约束力。

什么是要约邀请呢？《合同法》第十五条规定：“要约邀请是希望他人向自己发出要约的意思表示。寄送的价目表、拍卖公告、招标公告、招股说明书、商业广告等为要约邀请”。开发商发布上述广告，只为引起人们的注意，唯一目的是吸引广大的客户向自己打来电话，发出要约。至于究竟是不是“理想居所”或“居家首选之地”，完全由客户自己认识和决定，开发商并没有作许诺，所以无须为此承担责任。

有些广告则完全不同，标明了价格、位置、装修条件、物业管理条件、配套设施设备、赠送的物品或优惠等，我认为这些广告已经构成了一种要约，具有法律意义上的约束力。

什么是要约？《合同法》第十四条规定：“要约是希望和他人订立合同的意思表示。”该意思表示应当符合下列规定：① 内容具体确定；② 表明经受要约人承诺，要约人即受该意思表示约束。

构成要约的广告是希望和他人订立合同的意思表示，而前面我们所说的构成要约邀请的广告，也是希望和他人订立合同的意思表示。

两者如何区别呢？他们的区别就在于内容是否具体确定以及开发商是否受该广告约束。

一般的广告仅仅是一种要约邀请，但如果其确实就房屋质量、价格、位置或配套设施设备、赠送物品等重要方面做出明确的说明，并且确实是这些方面对购房者最终做出购买决定起着极大作用，那么就可以认为其内容是具体确定的。这些广告内容都是针对购买其房屋的客户而言的，说明只要客户与发展商签订房屋买卖合同，并且双方没有其他改变广告内容的意思表示，发展商就应该受广告约束，向客户提供广告中提到的优惠和便利。

《合同法》第十五条规定：“商业广告的内容符合要约规定的，视为要约，这种广告就不再是简单的要约邀请，而是一种要约。”要约到达受要约人时生效，就是说构成要约的广告在发布后即具有一定的法律效力，发布广告的发展商不能够轻易改变其广告许诺。

3.5　推广咨询提炼

1. 推广主题

一般来讲，一个项目总有几个主要诉求点，几个次要诉求点，除了投资手册外，几乎任何一种媒体形式的每次内容表现，都是以一个主要诉求点结合几个次要诉求点来加以展示的。

实际操作中，归纳总结出来的几个主要诉求点往往轮流作为广告的主题来强打，而且，当其中一个主要诉求点被选为广告的主题时，其他的几个主要诉求点则与次要诉求点一样，有选择地作为广告主题的专一表现，可以最大限度地吸引目标客源；精心安排的广告主题的轮流展示，则可以保持项目的常新常亮。

有时，我们会发现，广告主题的选择好像并没有涉及产品的主要诉求点，而是和都市的四季变化、热门话题和生活习俗等密切相关。其实，这样的广告不是没有主题，而是主题相对隐蔽，创作者试图以亲和的姿态和近距离的角度来吸引客户，间接地引导大众对产品的兴趣。

广告主题的轮流安排也不是无序的，它是和广告周期的安排和广告诉求点的内容紧密相连的。而在产品引导期和公开期，广告同样是紧密相连的。

在产品引导期和公开期，广告主题多以产品的规划优势，项目的地段特征为主，通过形象的着力介绍，让一个新兴的事物尽快为客户所注目和了解。

到了项目的强销期和持续期，除非产品有特别的优势，价格攻势往往成为广告的主要内容。在客户对产品了解的基础上，通过价格优惠折让和某些服务方面的承诺促使成交量迅速扩大。

2. 卖点提炼

（详见第一部分）

3. 投资手册设计建议

由专业广告公司提出初步意见，敝司提供修订建议。在此敝司提出要求：

（1）真实可信。投资手册是项目销售信息的集合。它主要面对的是客户，重要性自然是不言而喻的。我们首先应该对自己的项目、对自己的客户群体、对自己的信誉负责任。所以投资手册的内容必须真实。另一方面，今天的客户是日渐成熟的消费者，他们对项目的各种构成要素，包括发展商的实力与诚意等都有自己的评判。从法律角度看，投资手册是开发商对客户在某种意义上的承诺，其内容、数据都应该是严肃认真的，任何夸张、虚伪和差错都是不明智的和不允许的。投资手册设计完成后，贵司不妨请自己的律师审查一遍，防止出现法律偏差与纠纷。

（2）全面翔实。从宣传本项目和客户的购买心理以及成功的投资手册文案等各种角度分析，投资手册大致应包含以下内容：项目的地理位置是客户第一关心的问题，因此，应在投资手册的显要处予以标明。位置图应尽量准确，表现交通条件、周边商业、配套与物业环境。项目的景观最好有一张体现本项目特色的视点效果总图，表现建筑物外立面、环境绿化、景观、交通组织等内容。在投资手册的其他位置，可以补充给出建筑物局部立面，表现商场场景、铺位等最具特色的细部处理。如是现房部分，采用现场照片来表现物业项目的实际景观，这对销售会有较好的作用。

另一个细节问题，往往被忽视。细心的客户会发现，投资手册上的立面图、视点图表现的建筑外墙颜色与模型的颜色相差甚远。此事虽小，却往往给客户留下开发商随意改变或举棋不定的印象。项目平面图要放入整个商场的平面图。不然，对客户很不方便。客户无法比较和了解同一平面内各铺位的相互关系、电梯楼梯的位置，使客户十分茫然。因此，有必要在投资手册中提供标明各个铺位的项目平面图。建议一定要给出每一铺位中的面积指标，并注明是销售面积还是使用面积。车位与车库情况、车库出入口位置、车库形式等都是客户选择本项目关心的问题。应对项目的各种设备如采暖、通风、空调、电梯、给水、安防、智能化、供电、通信、热水、燃气等配套设备的形式与标准给予明确的承诺。

（3）项目的装修标准。说明项目的内部装修标准：铺位装修的内容。说明项目的外装修及公共部位装修标准：外墙材质、饰面材料；入口大堂、每层公共走廊、电梯前室、楼梯的装修标准等。项目的配套内容这一部分也应是大为强调的内容。比如，业种、位置、内部交通条件等。

（4）特别说明。建设一个项目就是为客户们设计一种生活，打造一种商业文化。作为成功的项目，不仅要为客户建造优质的硬件环境，更要在项目之初就策划好为客户提供怎样的软件环境，为入住的业主提供什么样的服务，以及服务的内容与标准、物业公司的信誉与业绩、商业管理特色与信誉。因此，如果有成熟的设计不妨在自己的投资手册中给予特别说明，来强调项目的特色。

（5）设计考究。投资手册不仅是销售信息的载体，更是沟通开发商与消费者——客户的桥梁。怎样捕捉客户的目光，是开发商普遍关心的命题。投资手册的设计要精美、考究、有个性、有特色，这才是吸引客户的重要手段之一。成功投资手册的语言应该是优美、朴实、睿智、深刻的，切忌广告色彩太浓；投资手册的插图、照片要精炼、到位，切忌漫无边际、张冠李戴、过分夸张。

（6）携带方便。很多项目花了相当多的资金来制作投资手册，投资手册的确也很精美，可是有一点被忽视了：投资手册开本做得很大，公文包装不下，客户携带非常困难。投资手册的开本要大小适中，便于携带；字体清晰，与纸张颜色的反差不大。

3.6 媒体策略

1. 广告媒体的组合

各色各样的户外媒体、印刷媒体和报章杂志、广播电视等媒体在信息传播的功能方面各有所长也各有所短，它们在广告活动中起着各自的作用。

为了更好地发挥媒体的效率，使有限的广告经费收到最大的经济效益，应该对不同类型的媒体在综合比较的基础上，加以合理的筛选、组合，以期取长补短，以优补拙。

因为房地产的“不动产”特质，它的常用广告媒体一般为户外媒体、印刷媒体、报刊媒体三大块。

户外媒体：因为位置固定，比较偏重于项目周围的区域性客源。

印刷媒体：可以定向派发，针对性和灵活性都较强。

报刊、广播、电视媒体：则覆盖面广，客源层多。三者取长补短，是房产广告的三驾马车。

2. 广告周期

1）“纵”方面：一个完整的广告周期由筹备期、引导期、公开期、强销期和持续期这五个部分组成。

筹备期、引导期：广告媒体的安排以户外媒体和印刷媒体为主，销售接待中心的搭建，样本房的建设，展板的制作以及大量的DM、投资手册的定稿印刷等，占据了工作的主要内容。报刊媒体的安排则除了记者招待会外，几乎没有什么。

公开期、强销期：广告媒体的安排渐渐转向以报刊媒体为主。户外媒体和印刷媒体此时已经制作完成，因为相对的固定性，除非有特殊情况或者配合一些促销活动，一般改变不大，工作量也小。而报刊媒体则开始在变化多端的竞争环境下，节奏加快，以灵活多变的特色，发挥其独特的功效。

持续期：各类广告媒体的投放开始偃旗息鼓，销售上的广告宣传只是依靠前期的一些剩余的户外媒体和印刷媒体来维持，广告计划也接近尾声。

2）“横”方面：其实也贯穿于广告周期的五个阶段，但在项目强销期的时候要求特别高。

一个高价位的项目，它的媒体组合的理想三维广告空间是这样设计的：客户在飞机上看到航空杂志中的项目广告，下飞机后坐汽车回市区，在主要道路上则看到同样内容的户外看板。晚上翻开当地晚报，该楼备用的广告已赫然在目，第二天听早上广播新闻，同样的信息又飘然而至……视觉听觉的多重刺激，将在最大限度上挖掘和引导目标客源，以配合销售人员的现场锁定行为，创造最佳的销售业绩。

3. 各阶段媒介策略

1）开盘前：以软性新闻炒作为主。

2）开盘间：硬广告进行“集束轰炸”，使项目一夜成名。

3）中期：硬广告和公关活动结合，软性宣传配合。

4）后期：公关活动推动、业主的口碑相传和“传销”（业主向亲朋好友介绍）。

5）全过程：以DM、投资手册贯穿项目销售全过程。

4. 媒介组合

1）报纸媒体（必选，其中以贵阳发行量最大的报纸为主导媒体）。

2）电视媒体（可不选）。

3）广播媒体（可不选）。

4）杂志媒体（可不选）。

5）销售资料（必备）。

6）车身媒体（可选）。

7）户外媒体（必备）。

8）现场包装（必备）：

① 销售接待中心：保安、保洁、外立面、说明看板、指示牌、灯箱、彩旗等。

② 沿途到销售接待中心：围墙、绿化、彩旗、灯箱、导视牌等。

③ 活动及开盘礼仪：布置、彩旗、台子、空飘、气拱门或气柱等。

④ 看铺位沿途：保安、保洁、道路、车辆、绿化、导视牌、景观等。

9）促销活动：各种活动以促销、目标营销为目的。

3.7 媒介运作策略

1. 媒介运作策略

1）前期——软性炒作。

2）后期——爆发，硬性推广，活动配合，品牌塑造。

2. 经验总结

人们总是相信自己愿意相信的东西，我们项目的角度和消费者一样吗？我们的广告对人也必须像我们平时对面貌一样，专注于他们的需求。宝洁用销售的25%来了解消费者——消费者买的不是产品本身，而是感觉。而中国的企业利用不到1%的销售额来了解消费者。我们80%的销售来自我们接触的所有客户的20%。90%的广告损失是因为以太过炫耀的方式表现出了个人目的而造成的。

在70%以上的品牌当中，广告的确产生了某种层次的效果，但这些效果多半是短暂性的。同时具有长期与短期效果的只有46%。拥有较成功广告活动的品牌平均价格比广告较不成功的品牌高了22%。大额商品销售额的25%是经购买者的介绍——在一个人的生活圈子里，他所接触到的可产生类似购买行为的人最多可达250个左右，由熟人介绍产生购买行为最大，因此，我们必须要求“服务营销”对口碑的产效。

3. 炒作构想

（1）软性文章炒作。在现今的销售宣传中，硬广告越来越难以得到买家和应，而软性文章、软性新闻、软性硬广告由于其不像硬广告那么张扬，说教性较弱，阅读性、知识性较强，受众对其接受的程度较高，因此，在销售过程中，要创造各种卖点，举办多种活动，使报纸上关于项目的新闻报道、文章不断，引导和吸引目标客户密切注意，达到预期“锁定”目标客户“关注度”的目的。软性文章要充分利用好报纸及投资手册两个媒介。

（2）报纸软性及新闻。报纸的软性文章炒作分两个阶段进行，在前期主要对项目所处的区域进行商圈炒作，将商圈炒热以后；转入对项目的稀缺资源、文化概念炒作；进而进入对“尚品天地”价值的炒作，将“尚品天地”商业定位的独有性进行大分析，提出新的文化商业新概念，将注意力集中到项目身上，给市场形成潜移默化的概念。

4. 公关活动构想

公关活动运作的好坏是房地产销售成功与否的“撒手锏”，要设计一系列的公关活动，贯穿项目的整个销售过程，并针对销售的不同对象、不同时期，采取不同的公关活动，并以这些活动作为载体，达到事半功倍的效果。公关的作用表现在：

——树立发展商品牌形象，加强社会亲和力。

——培育物业品牌形象。

——将无形化有形，赋予物业附加值。

——建立良好的传媒关系，利用软广告促进销售。

——建立发展商与客户之间的良好沟通渠道。

——促进物业销售，进而达至畅销，完成销售目标。

因而，项目的公关活动需要长期持续地坚持下去，与硬广告、软性宣传和新闻炒作实现互动，互相为用，也是目标营销的一种辅助手段。

公关活动分为两部分，一部分是为了配合“目标营销”，而针对各选定的目标消费群度身定造的，另外一部分是面向整个社会的公益性活动，活动的开展主要结合节假日和各种社会性公益事业。具体活动方式与内容将根据物业销售节奏、社会活动、时令活动、政府公益活动相结合。

3.8　推广预算

1. 广告预算的编排

就房地产销售而言，广告预算大致应该掌握在项目销售总金额的2%～3%之间。大的公司因为有充足的资金保证，往往是根据计划来确定预算的。而大部分中小型公司，因为财力有限，广告预算基本上是量力而行，有时甚至是阶段性的滚动执行，销售结果一旦不尽如人意，广告预算便停止执行。

1）筹备期：因为包括接待中心、样品屋在内的大量的户外媒体，印刷媒体的设计制作的工作量是相当大的，再加上其他准备工作，所以广告费的支出是比较大的，一般约占总预算的50%左右。

2）引导期/公开期：报刊媒体的费用开始上升，其他的销售道具因为已全部制作完成，则很少再产生费用，一般约占总预算的15%左右。

3）强销期：报章杂志、广播电视的广告密度显著增加，广告费用又陡然上升；另一方面，为了推动销售上台阶，穿插其中的各项促销活动又免不了，因此大量的广告预算是必不可少的。这个时候的广告预算约占总量的30%左右。

4）持续期：广告预算则慢慢趋近于零，销售也开始结束，一般约占总预算的5%左右。

在所有的广告支出中，若从相对节约、比较常规的角度来分析，销售前期的接待中心、样品屋等的设计和建设费用是一大块；贯穿销售始终，持续性的报章杂志的发布费用则是另外一大块。这两大块预算项目约占总的广告预算的70%～80%。

有广告预算的安排，便有广告效果的评判，对投入和产出的认真计算是企业生存的基本准则。在具体的产出还未实现以前，广告预算的编排是否科学，是否经济则应该是依从由市场调研而来的营销决策，并且在执行的过程中，不断地进行回馈和调整。

2. 本项目推广预测

可用销售总额的3%进行总体预算。即：具体预算将由广告公司根据媒体选择、媒体组合、执行计划、媒体探价、活动测算、制作物品测算进行整体预测。

第四部分　价格策略

4.1　定价分析

1. 本项目涉及开发成本的因素

土地成本：土地出让金、征地补偿、拆迁补偿费。

前期费用：规划、勘探、设计费、可行性研究费、三通一平费用、开办费、企业管理费。

前期工程费用：配套设施建设费、投资方向调节税、征地管理费、安置费、供电用电负荷费、供水管网补偿费、工程质量监督费、工程安全监督费、报建费、建筑工程监理费。

基础配套：道路工程、排污工程、绿化带工程、供水工程、供电工程、智能化系统、电梯/扶梯交通设施、通信工程、燃气工程、砌坡墙体治理等费用。

建筑安装：包括住宅、公建配套、红线内外工程成本等部分。

不可预见：不可预见的工程和费用或预算外追加费用，据经验值计算。

营销费用：根据销售目标及销售方式综合考虑，总预算控制在可销售总额的5%。

交易税费：根据房地产开发有关税费文件计算。

物管费用：物业管理/商业管理前期顾问费及后期托管或自管成本费用预测。

2. 开发成本预算

3. 开发商收益预期

4.2 租售价格调研统计

1. 商业物业市场销售情况

以近期贵阳市在售商业物业为统计量。

(1) 主要竞争项目的调查及分析，见表6-3-1~表6-3-4。

表6-3-1 恒生大厦调查及分析

项目名称	恒生大厦
地理位置	富水中路与正新街交界
发展商	贵阳汇明房地产开发公司
物业管理公司/收费标准	包在租金内
开发规模及相关数据	1520m²/层，共4层，6082m²；楼层层高4.5m
开发时间/开发进度/开发概况	1F~4F整场出租，租金80万/月，商场预计2003年10月入驻
销售水准	出租
销售环境/销售人员素质	售房部除平面图外，无任何销售工具，销售人员形象、谈吐极差
项目相关销售资料	DM、平面图
环境状况	商业氛围不足，人流不大
模型内容及效果	无
项目地块环境/周边设施	商业断层，周边商业不发达
项目优劣罗列	商场设计不合理；体量太小；人流动线设计不佳
片区项目分布及竞争状况	恒生大厦夹在本项目与贵山城市花园之间，由于规模小无法与该两项目竞争
综合评述	虽然该项目未售，但由于商场自身的问题，未来经营方向如何也是一个问号

表6-3-2 贵山城市花园调查及分析

项目名称	贵山城市花园
地理位置	富水北路与省府路交界
发展商	贵州海恒地产开发经营有限公司
物业管理公司/收费标准	包含在租金内
开发规模及相关数据	总建面2万m²，Prices-Mart进驻
开发时间/开发进度/开发概况	筹建中，2004年5月底交房，准备8月开业
销售周期	出租
销售环境/销售人员素质	售楼处位于富水北路与省府路交界，人流量大。售楼部通透，售房部的外包装有极强的销售亲和力（热烈）。销售人员说辞目的可以达到，但缺乏深层次的讲解和煽动，无接待任务的销售人员职业规范较差

（续）

项目名称	贵山城市花园
项目相关销售资料	海报、DM
宣传手法	报纸、户外、软新闻
宣传资料收集清单	海报、报纸广告、DM
付款方式	一次性付款、按揭付款(住宅)
价格制订及调整状况	出租
物业特色及内容	体量大,目前将经营大卖场
环境状况	交通便利
模型内容及效果	大气,有直观效果
项目地块环境/周边设施	靠近商业旺区,易聚集人气
项目地块环境/周边设施	地块位置较好,虽周边商业环境不太理想,但因自身经营超市,会带旺周边商业
项目优劣罗列	地理位置好;商场定位有特点
片区项目分布及竞争状况	有一定的唯一性,对周边商业不构成威胁
综合评述	是目前贵阳出租物业中较成功的案例,以商场定位取胜

表 6-3-3　名彩春天调查及分析

项目名称	名彩春天
地理位置	正新街中段
发展商	贵州兴居房地产开发有限公司
物业管理公司/收费标准	是"联营"性质,不存在其他费用
开发规模及相关数据	商场两层,每层约 $2500m^2$,联营
开发时间/开发进度/开发概况	2001 年开发,预计 2003 年 10 月开业
销售周期	2002 年年初至今
销售水准	商场销售 5 成
项目相关销售资料	售楼书、模型、展板、DM
宣传手法	报纸
促销手法	统一经营管理
宣传资料收集清单	DM
付款方式	5 成 10 年
物业特色及内容	小面积铺位,统一经营
环境状况	商业位置不理想,曝光度不足
项目地块环境/周边设施	位于街道内,周边商业氛围极差
项目优劣罗列	地理位置不佳、人气不足、商场内部设计死角多、动线设计不合理
片区项目分布及竞争状况	时代广场
综合评述	商场所处位置不理想,商家以个体户为主, 无主力客户支撑,给以后经营带来很大难度

表 6-3-4　中山大厦调查及分析

项目名称	中山大厦
地理位置	中山路和富水南路交界
发展商	A 栋:贵州康泰地产、B 栋:贵州华天房地产
销售代理商/广告推广	A 栋:自销、B 栋:千一地产代理机构
物业管理公司/收费标准	A 栋:5 元/m^2、B 栋:3 元/m^2
承建商	贵阳市第二建筑工程公司
开发规模及相关数据	商场 4 层,每层共约 $2100m^2$
开发时间/开发进度/开发概况	2001 年开发,预计 2003 年 12 月开业
销售周期	2002 年年初至今
销售水准	商场销售不佳,首层尚有少量铺位因体量大价格高未售出
销售环境/销售人员素质	售楼处太小,没形象;销售人员业务能力差
项目相关销售资料	售楼书、模型、展板、DM

（续）

项目名称	中山大厦
宣传手法	报纸
宣传资料收集清单	DM
付款方式	5成10年
物业特色及内容	大面积铺位销售，自行经营
环境状况	商业位置理想，但周边商业不佳，人气不足
模型内容及效果	死板，没表达性
项目地块环境/周边设施	周边商业氛围涣散，档次偏低
项目优劣罗列	商场内部设计不合理。无统一规划，将导致商场将来无法经营
片区项目分布及竞争状况	百货大楼
综合评述	商场所处位置理想，但发展商卖后不再经营管理，给以后经营带来很大难度

（2）竞争物业销售价格统计，见表6-3-5。

表6-3-5 竞争物业销售价格统计

物业名称	销售均价	楼层均价	租金均价(使面)	租金单价	经营方式
中山大厦	首层约3.5万元	1F:3.5万元	1F:300元/m^2	按照10年收回投资预测	卖光不管
		2F:1.5万元	2F:150元/m^2		
恒生大厦	无		1F~4F:135元/m^2	80万元/月	出租
贵山城市花园	无		1F~2F:50元/m^2	10万元/月	出租
名彩春天	2万元	1F:2.2万元	22%扣点		联营
		2F:1.5万元			
钻石广场	不详	不详	22%扣点		联营

相关结论：通过对周边主要竞争项目的调查，我们看到这些商场自身经营都存在着各方面的问题。老字号商场的经营方式与现代商业经营规律严重相背离，楼层分布、商品组合、价值实现等都与现代商业、消费存在较大的差异，虽然像商城这样的老商场所拥有的一大批固定消费者并不计较商场装修、购物环境等，但市场全方位的竞争将不会留下任何一块死角。

另一批新开业的商场经营时间均在半年左右，其经营管理及内部结构等方面都大同小异，必须面临调整和长时间的市场培育。无论新与老，朝着现代消费者的消费要求靠拢将是必行之路，了解消费者的消费需求、消费习惯、消费态度、消费爱好，投其所好，采取相应的市场策略，找准市场定位，对相应的环节采取相应的对策，形成特色化、差异化的经营，其市场前景是巨大的。

2. 零售商铺租金价格部分

以本项目最近区域商铺租金进行统计，见表6-3-6。

表6-3-6 最近区域商铺租金统计

街道	业种	品牌	面积/m^2	租金/(万元/月)	上期	押金	租金单价套内/(元/(m^2·月))
富水中路	服装	古田希	12	1	1季度1交	1月房租	830
富水中路	服装	非凡	12	0.35	1季度1交	1月房租	290
富水中路	服装	伊势丹	40	1.1	1季度1交	1月房租	275
富水中路	服装	千黛阁	30	1	1季度1交	1月房租	333
富水中路	服装	纳帕佳	80	2	1季度1交	1月房租	250

3. 餐饮店铺租金价格部分

贵阳市餐饮业整体档次较低，正处于发展阶段。中低档及部分高档餐饮主要分布于云岩区，位于南明区新华路附近的中高档餐饮较集中。通过对主城区12条餐饮街道的调查。本地餐饮业发展滞后，以苗家风格的特色为主，顾客对于经营场地的环境要求不高，规模上具有民族风格的商家大多是在近郊自行修建物业来经营的。大部分餐饮都选择临街1、2层，租金区间价格在30~110元。

4.3　定价策略

1. 开盘价格策略选择

好的开端往往也意味着成功了一半。因此，在楼盘价格策略中，开盘定价是最为关键的一步。在此我们拟对价格走势进行定性分析，讨论楼盘的价格走势与地产营销的整体效果的关系，以确保明确的价格战略。

在房地产营销中，价格是与产品、市场、销售、形象、宣传推广互动的策略，需要依阶段性营销目标不同而调整，价格高了要降低，低了可调高。问题的关键是，对本项目来说，是低价开盘以后逐渐走高好呢？还是高价开盘待完成初步销售目标后再低价清货好？

2. "低开高走"策略优劣分析

（1）"低开高走"的好处。

1）价廉物美是每一个购房者的愿望。一旦价格比消费者的心理价格低，给消费者以实惠感，就容易聚集人气。消费者知道了发展商"先低后高"的战略后，因其中包含着升值空间，也容易成交。而开盘不久迅速成交，能促进士气，提高销售人员乃至全体员工的自信心，以更好的精神状态开展日后工作。

2）低价开盘，价格的主动权在发展商手里，何时调高，幅度多少，可根据市场反应灵活操控。

3）资金回笼迅速，有利于其他营销措施的执行。

4）先低后高实现了前期购楼者的升值承诺，发展商与项目容易形成口碑。

（2）"低开高走"不利处。

1）低价低利润是必然的结果。

2）低价很容易给人一种"便宜没好货"的感觉，损害楼盘形象。

3. "高开低走"策略优劣分析

（1）"高开低走"的好处。

1）便于获取最大的利润。

2）同价未必高品质，但高品质必然需要高价支撑，因此容易形成先声夺人的气势，给人以楼盘高品质的感觉。

3）由于高开低走，价格是先高后低，或者定价高折扣大，消费者也会感到一定的实惠。

（2）"高开低走"不利处。

1）价格高，难以聚集人气，难以形成"抢购风"，楼盘营销有一定的风险。

2）先高后低虽然迎合了后期的消费者，但无论如何，对前期消费者是非常不公平的，对发展商的品牌有一定影响。

4. 定价综合分析

实际上，无论是高开低走，还是低开高走，都不是绝对的，销售过程中的价格变化是较为微妙的。作为发展商，关键的问题是要在楼盘定价的前期，综合权衡物业形态、品质、市场态势、消费者心理，寻找合适的机会点，这样才能真正赢得市场。否则不考虑楼盘销售的成交量以及时间成本，将会受到严峻的市场考验，风险亦在其中。从以上分析我们可以看出，高开低走策略适合以下楼盘：

1）具有创新性独特卖点。

2）产品综合性能上佳，功能折旧速率缓慢。

因此不管决定选择哪种策略，重要的是对市场有清醒的认识、对楼盘有客观的分析，对策略执行细密周详的计划，对价格与其他营销措施的配合有充足的准备，而且在市场营销中应不断对其进行价格曲线的维护，这样才能达到整合营销的效果。

在通常情况下，新开楼盘的价格有一个较为自然的市场定位过程，预售期往往采用低开高走，经较低的价格吸引人气，逐步小幅慢走，至准现房或现房期，售价相对稳定。而对于清盘期的“鸡头鸡脚”，可以予以酌情让价销售，对于开发商而言，通过售价策略加快资金回笼，让投入所产生的回报得到最大限度的保障。

对楼盘的营销策略，其价格定位主要可以从以下几个方面去进行。

首先，楼盘的开盘或早期推荐，策划销售是个关键，开头的成功，可以扩大市场的占有份额，价格策略一般可以采取成本价或略高于成本价及建议售价。

其次，可以通过对同类区域、同类楼盘的质素比照分析，在满足客户承受能力的前提下最大限度地挖掘市场的有效需求进行定价。

其三，是由于楼市的可变性较强，价格定位则应根据市场总体走势，此时应特别重视对客户群体目标各种不同需求的心理价位研究，所推出的价格定位极需具备相应的竞争能力。

其四，是楼盘的营销必须注重物业的内在品质，不同档次的楼盘，在其价格的定位上应该是物有所值，充分反映物业的价值所在。楼市中有些楼盘推出实价销售，想方设法在物业的质量和附加值上做文章，让楼盘的价格充分体现其价值的含金量。

其五，是注重营销的前期参与性，楼盘从规划、设计开始就让营销先行参与，利用专业头脑，专业知识，专业手段来提升楼盘的品位，使楼盘从开发到销售，处于一种较为理性的调度之中，为有一个合理的价格定位积累依据。

5. 价格策略建议

建议采取：准确定价、均衡策略、缓慢增高。

4.4 价格制订

1. 价格制订依据

市场比较法将作为本项目定价的基本依据，同时根据竞争对手和区域市场租金进行“收益法”计算，将综合采用不同的定价方法进行参考从而定出项目的基本均价。

2. 销售价格参考值（表 6-3-7）

表 6-3-7 竞争项目价格参考

物业名称	楼层均价	租金均价(使用面积)
中山大厦	1F:3.5 万元/m^2(几乎是卖使用面积)	1F:300 元/m^2
	2F:1.5 万元/m^2	2F:150 元/m^2
恒生大厦		1F~4F:135 元/m^2
贵山城市花园	整体出租给超市的租金	1F~2F、50 元/m^2
名彩春天	1F:2.2 万元/m^2	22%扣点
	2F:1.5 万元/m^2	

3. 租金价格参考值

零售街铺租金：250~800 元/(m^2·月)（套内面积计）。

餐饮店铺租金：30~110 元/(m^2·月)（套内面积计）。

4. 租金收益返算法

投资一个商业铺位的成本回收期为：12.5 年时间，收益率为 8%。

本项目租金设定为：

一层：250 元/(m^2·月)（使用面积计，第一年）。

二层：130 元/(m^2·月)（使用面积计，第一年）。

三层：50 元/(m^2·月)（使用面积计，第一年）。

例：一层销售价格：250 元×12 月×12.5 年 = 3.75 万元/m^2（套内面积）

建筑面积售价：45%的公摊×租金递增幅度 5%(每年累计递增)×修正值

$$售价=[\sum_{1}^{n}可比楼盘售价\times(1+影响因素修正1+\cdots+影响因素修正 n)\times权重系数]\times项目修正系数$$

计算价格为：3.8 万元/m^2（使用面积）。

5. 项目均价

一层部分：均价为 3.8 万元/m^2（使用面积价格）。

二层部分：均价为 2.3 万元/m^2（使用面积价格）。

三层部分：暂不考虑出售。

4.5　付款方式

遵循尽快收回资金的原则和为客户提供多种投资渠道的原则出发，主要采取以下几种付款方式：

1）一次付款：9.5 折（针对有较强经济实力的客户，以较高折扣吸引其采用一次性方式购买）。

2）分期付款：9.7 折（首付三成，三个月后付五成，两成交房时付款，针对流动资金不充足，资金不能及时到位，又不愿做按揭的客户）。

3）银行按揭：9.8 折（最高成数/年限：五成十年，针对一部分有一定的投资能力，但风险意识较高，抗风险能力不强的投资客户，银行按揭可以让客户实现“以租养铺”，规避风险）。

4）付三缓二：9.9 折（五成按揭，首付三成，两成入住或开业付款，针对一部分投资能力较差，风险意识较高，并且担心工程质量、交房问题的客户，和部分自营户，此种交房方式可以减轻客户对工程的顾虑及其资金的压力）。

5）付三免二：无折（首付三成，免两成以租金冲抵，返租三年，不付租金，扩大目标投资客户群）。

4.6　返租分析建议

1. 问题

销售是次要问题，良性经营是重要环节；如果既要经营好，又要销售好，就必然涉及“返租”问题，原因如下：

1）一个新兴商场第一、二年内，必然会涉及商家租赁后，是否能赚钱的问题，小商家可以选择，而大商家、品牌“羊头”商家，必然压低租金。

2）在本项目经营初期，就会出现实际租金收益无法与实际销售价格之间持平的问题。

3）贵司既要卖、又要经营好，将涉及具体实施中选择与组合的问题，即一种是，既是品牌经营户又愿意购买铺位（本项目一层门口两个铺位就是这种情况）；一种是只投资收益不经营（纯购买投资者）；一种是既有投资者又有投资经营者（两种需求都有，如果都采取，势必本项目在前期经营中会出现混乱，无法进行经营）；一种是只销售部分，留大部分（销售部分采取全部“返租”但对门口已出售部分除外，自留部分出租，等经营良好后再出售或“以租待售”）。

4）如何进行销售与经营？建议销售先期自己经营出租，具体比例经贵司考虑后确定，再另行计算收益。销售部分必须统一进行“返租”经营，才能有效保障本项目前期正常开业经营；根据对国内商业物业销售方式分析看，按照 8%返租标准进行“两年返利”销售是符合商场销售商铺的惯例。

2. 项目投资分析

按照8%返利计算，以案例总投资50万元计：

1）50万元投资本项目商铺，均价38000元/m^2，50万元能购买13m^2（使用面积）。

2）50万元购买本项目商铺，按照8%返利12.5年收回，即每年应收回4万元。

3）按照五成十年按揭贷款，25万元，月供为2817.875元/月。

4）按照8%的返利，每月3333.33元/月的返利。

5）租金为250元/（m^2·月），铺位租金收益为：13×250＝3250（元/月）。

6）租赁税为：3333.33×12% ＝400（元）。

7）上述租金收益扣除12%的租赁税（营业税3%、城建税0.3%、房产税4%、个人所得税3%、其他1.7%），该部分税将由小业主在每月租金（返利）中扣除。这样，业主在8%的返利时每年将返利与月供、税的差额为：

$$(3333.33-400-2817.875)\times12=115.455\times12=1385.46(\text{元/年})$$

按照这种方式计算，贵司返租额为：［3333.33－3250（实际租金收益）］/13＝83.33元/13m^2＝6.41(元/(m^2·月))（贴补额非常小）

根据上述测算，开发商不会出现贴补问题。如果开发商希望销售价格提高到“中山大厦”的建筑面积价格销售，按照这种实际租金进行两年返租经营，势必要出现贴补问题。

3. 建议

为了不让贵公司在前期背负高返利带来的压力，又能使投资者愿意投资，建议：2年按照8%进行返利。2年带租返利解决了投资者月供款的压力，同时又缓解了因商场初期经营租金有可能无法达到预期支付返利时间长带来的压力，并能有效地引导投资客户，较快实现销售、商场开业、无长期返租压力，使投资客户乐意购买、初期经营顺畅，开发商、投资者、商家、管理者“四赢”的结果。

（贵州伟业地产营销策划有限公司）

【报告点评】

报告开篇即从项目品牌理念入手，详细分析了项目主题、形象、品牌、优势等，实则是分析得出了项目的诉求点和卖点，是整个营销策划的基础部分。

接着的营销策划部分内容比较简单、不全面，仅有营销计划、内容、开盘时机和创新营销，其中创新营销提出了投资引导营销、服务营销和信誉营销三大营销理念，有别于传统的营销方式，更加高效、灵活、有针对性，特别是投资引导营销在商业物业营销过程中起到的效果更加显著。

广告策略部分，由于项目有专业的广告公司负责广告推广部分，则该部分多为纲要性策划，只是给建议性意见。

最后的价格策略包含了定价分析、租售价格调研、定价策略、价格制订、付款方式、返租分析等六大部分。内容详细、丰富，各方面考虑周到，使得定价和策略更加准确可行。

报告通篇来看，有重点、有要点、有创新点。其中所得出的策略或建议均是有根有据，并非空穴来风，让报告更具可操作性和高效性。然而，报告有一致命的缺陷，房地产营销策划的最终目的是把房子卖出去，而买房子的是客户，营销策划简单来说就是怎样更快、更有效地让客户来买房子，因此营销策划中客户群的分析与定位是必不可少的，可此报告却没有该部分内容。

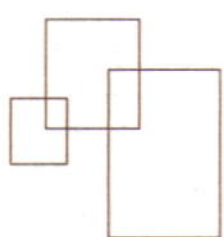

四、河南平顶山住宅项目销售策划报告

报告目录

报告正文

第一部分　市场分析

1.1　平顶山经济与社会发展现状

（1）快速的经济增长构筑了房地产发展平台。2006～2009年平顶山GDP保持快速增长，城市GDP和人均GDP都保持着快速的发展势态，较快的城市发展速度为房地产行业的持续发展提供了良好的平台（图6-4-1）。

（2）经济以服务业为中心，增长迅速。2009年平顶山全年完成地区生产总值1124.6亿元，按可比价格计算，比2008年增长10％，经济总量跃上新台阶。其中，第一产业完成增加值105.4亿元，增长4%；第二产业完成增加值735.1亿元，增长10.4％；第三产业完成增加值284.2亿元，增长11%。人均生产总值达到23050元，比2008年增长9.4%。一、二、三产业的结构由2008年的9.5：65.2：25.3变化为9.4：65.3：25.3。非公有制经济完成增加值596亿元，占生产总值的比重为53%（图6-4-2）。

（3）城市居民可支配收入呈阶梯状递增，消费型城市特征明显。2010年上半年城市居民可支配收入达到103.25%，同比2003年增长了6.61%。消费型城市特征逐渐明显（图6-4-3）。

（4）小结：城市GDP及人均GDP均呈明显上升趋势。城镇居民水平稳步提升，消费支出比例逐渐增大。数据表明平顶山房地产市场存在着巨大潜力。

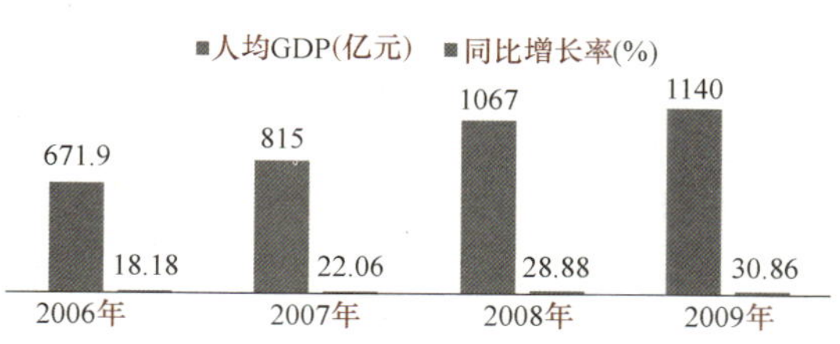

图 6-4-1 平顶山 2006～2009 年人均 GDP

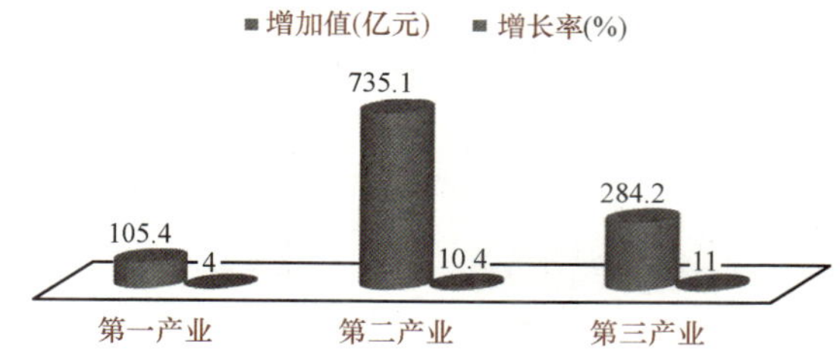

图 6-4-2 平顶山 2009 年一、二、三产业对比分析

图 6-4-3 平顶山城市居民可支配收入占全省比重

1.2 区域市场分析

1. 区域概况

（1）区域范围界定。平顶山市位于河南省中南部，平顶山有着得天独厚的地理位置和丰富的自然资源，源远流长的历史文化以及雄厚的经济实力，自然吸引了大量的人来这里考察、投资、旅游等。

本项目所在区域位于平顶山市新华区，项目以北邻近十二矿路及平媒十二矿公司，南邻平安大道、东高皇乡，东临吕庄村路，西邻平陕东路。

（2）规划前景。依托交通组织，平媒集团和大型汽车交易市场、汽车服务行业的延伸及城市新体的发展，将更加优化区域经济结构，促进区域经济持续快速发展。

2. 区域发展现状分析

（1）经济水平逐渐提高。城市以东经济逐渐呈平稳的发展态势，平顶山市新华区及卫东区的经济随着商业逐渐的加大、大型社区的增多、周边汽车产业的聚集及城中改造的发展，以及政府政策的指引推动，逐步发展起来。

（2）交通便捷，路网畅达。建设路、平安大道等是出入平顶山市的主要道路，占据了平顶山东部两个方向出城区的主通道。同时，距城市中心大约 30 多分钟车程，交通十分便利。

（3）矿产资源丰富。城东区域所占矿产资源是全市的二分之一，且带动的其他业态产业相继而生。为区域发展提供强有力保障。

第二部分 项目分析

2.1 项目价值分析

1. 项目概况

1）区位：项目位于新华区平陕东路以东，市十二矿以南、吕庄村以西、平安大道以北，属于十二矿生活区内。

2）总占地面积：约 15 亩。

3）容积率：3.19。

4）总建筑面积为 31097.39m^2，其中住宅总建筑面积为 23295.8m^2，商业总建筑面积为 1795.2m^2。

2. 地块价值解析

（1）基本地形地貌——地块成正方形，高差起伏大约在 10m 以内。

（2）景观分析。在项目整体景观视觉方面，因项目呈西高东低，南低北高地势。西向：平顶山脉边缘带，景观相对一般；南向：居民住宅区，顶层住户则可远观最大化，景观相对较差；北向：由十二矿公司整体遮住；东向：主要为村镇多树木，但整体景观资源相对一般。

（3）污染及噪声分析。项目处在十二矿公司及运煤铁轨附近，其中的噪声对项目存在一定影响，且十二矿厂区及周边煤渣存放对周边人居生活造成的气体尘埃污染较大，气体污染主要来自十二矿中高大烟囱及通风井口，影响相对较大。

（4）风向、日照分析。平顶山具有明显的季节变化。冬季盛行偏南风，夏季盛行准北风，春、秋两季为冬夏季风交替时期，风向变化较大，但以偏南风的频率最大。全年实际日照时数在1500~2100 小时之间，属中等偏多地区。从日照百分率（实际日照时数占可照时数的百分比）来看，全年平均日照百分率，城市中心可达 30%~40%，其他各地都在 40%~45%之间，季节分布则以夏季较多，冬、春较少，7、8 月日照率多在 50%以上，2 月是一年中日照最少的月份，绝大部分地区不足 80 小时。

（5）周边现状分析。本地块周边目前西侧紧靠十二矿路，临平煤十二矿总公司，城东区交警大队，英才中学、平煤卫校，二、三类工业区，十矿六号风井、十二矿东风井。

（6）周边配套资源分析。项目所在区域周边配套资源主要包括：

1）购物场所：周边 1km 范围内无大型购物场所。项目所在区域属于正在开发建设区，周边各项配套设施相对缺乏，且档次较低，无大型超市和集中商业。

2）文化教育：英才中学、平煤卫校、平顶山第二十三中。

3）医疗卫生：平煤十二矿医院、河南煤炭卫校附属医院、漯河铁路医院平东分院。

4）餐饮、娱乐、运动：东馨苑。

5）生活服务：目前生活服务配套仅有周边低档次商铺，待周边众多高档楼盘入住后，将有进一步的改善。

6）景观资源：平顶山东山脉带、平顶山山顶公园。

7）公交线路：2 路、33 路、19 路都从平安大道经过。

2.2　项目 SWOT 分析

1. 项目 SWOT 分析及行动手段

（1） S——优势（Strength）。

1） 未来二、三类工业城市中心。随着城市工业化进程加快，城市立体交通网络的建立，项目区域未来将成为二、三类城市工业中心区，区域发展潜力巨大。

2） 交通便利。从城市外围交通看，平安大道、平陕东路等交通网络均途经此区域；从城市内循环交通看，本项目所在区域属于未来工业中心区，至中心路中心商业圈大约 30 分钟公交路程，地块所在区域通过平安大道、平陕东路等两条南北向与东西城市主干道等，同城市中心保持便捷的交通。

3） 区域竞争。本项目从周边环视发现在售楼盘极少，部分在售楼盘都在离本项目较远的地方。区域竞争压力小，有利于销售的执行。

4） 企业实力。作为有着平顶山多年开发房地产经验的开发商，实力强劲，具备打造强品质项目。

5） 核心优势。地段、交通、竞争小。

行动手段：

Action 1：发挥地段与区域交通优势，合理规划设计，建立产品使用性优势。

Action 2：抓住竞争优势小，建设小型主题园林形成良好的内部景观环境。

Action 3：发挥规模优势，提升项目品质，形成城市工业中心中型品质生活社区。

Action 4：企业品牌与项目品牌互动及树立形象、信心。

（2） W——劣势（Weakness）。

1） 噪声、气体尘埃污染严重。受十二矿、十矿风井口、平煤地铁路的影响，项目受其气体污染及噪声较为严重，使项目居住品质有所降低。

2） 周边人口密度低。由于受到项目所在位置的影响，项目周边没有大型商业区域且周边生活人口密度比起市中心相对较低。

3） 核心劣势。噪声污染、人口密度低。

行动手段：

Action5：通过新技术、新材料、新工艺解决环境及嘈杂的噪声污染问题。

Action6：加大宣传力度，通过多种途径来引导消费者对产品、发展商的认识，从而形成市场引导型产品。

Action7：充分挖掘地块价值，规划合理的沿街商业业态，通过商业实现项目收益的同时，提升项目形象和楼盘档次。

Action8：以产品高性价比赢得市场——在建筑设计上应尽最大地可能提高单位实用率；在总价格上进行严格控制，使实际按揭压力尽可能低于置业者预期的水平，打消置业者的顾虑；强调小高层及多层住宅的利益点，培养小高层、多层住宅置业的优越性。

（3） O——机会（Opportunity）

1） 平顶山工业区规划的实施。在政府对城东概念规划下，未来项目所在区域将成为工业的核心地带，将享有未来工业核心区域的相关配套优势。

2） 城东市场的发展。随着城区规模的扩大，城东房地产市场进一步发展成熟，区域配套进一步完善，大量实力开发商与品质项目随即落定于此，将大大提升区域品质。

3） 置业心理的改变。城市化进程的加快，置业者置业心理发生转变，更多客户更愿意体验生态和谐生活。

4）核心机会。平顶山的规划实施、城东市场的发展、置业心理的改变。

行动手段：

Action9：紧紧抓住平顶山规划发展、城东市场大发展机会，选择合理时机入市。

Action10：有效把握客户心理需求，充分挖掘卖点，迎合置业者心理改变。

（4）T——威胁（Threat）。

1）城南、城北、城西成熟片区项目对项目周边客户的蚕食，形成客户分流。

2）调控政策。受新政影响，从年初国家房产新政策的不断出台，使得产品创新成为了项目突破户型面积控制的关键。

3）经济适用房、廉租房大面积修建。根据2010年国家发改委实施大力加强经济适用房及廉租房的建设，无疑对商品房市场形成威胁。

4）核心威胁。客户分流、经济适用房的大面积开发、调控政策的实施。

行动手段：

Action11：高举高打，实现快速销售，形成项目市场火爆局面。

Action12：缩短开发周期，及时与市场灵动。

2. 项目发展策略

根据项目SWOT分析及应对分策略，综合考虑制订如下项目发展总策略，见表6-4-1。

表6-4-1 SWOT分析及应对分策略与发展策划

SWOT组合战略	项目发展策略	行动纲领	行动手段
S. O战略利用机会强化优势	“资源整合，建立优势”的市场竞争策略	整合多方资源，建立竞争优势，形成项目“竞争壁垒”	打造内部配套，构建优尚社区生活 有效把握客户心理，迎合消费者置业需求
O. W战略利用机会减轻劣势	“体验式营销，快速销售”的市场营销策略	抓住市场机会，以文化营销弱化项目劣势，并通过商住互动实现顺利销售	紧抓城市发展机遇，引导消费
W. T战略弱化劣势应对挑战	“产品创新，提升品质”的产品开发策略	以产品创新提升产品品质，树立差异化的市场形象	运用新技术、新材料、新工艺解决项目噪声问题 通过产品创新、户型创新，提升产品品质 以产品的高性价比来赢得市场
S. T战略发挥优势规避威胁	“打造自身产品优势、强占先机”的风险控制策略	充分发挥项目优势，在竞争威胁较小的前提下抢先入市，打“时间差”来规避市场风险	依托区域先天条件，通过打造内部产品品质，实现产品自身增值，把握入市时机，快速应对市场反应

2.3 项目分析总结

1. 地块价值判断

综合本地块未来配套完善、开发条件成熟，未来区域发展，商业、教育价值等优势，我们认为本项目适于开发城市灵动化生活社区（含居住、商业、健身等功能），但同时要防止噪声干扰。

2. 项目的评价

地块拥有竞争低优势、规模优势、沿街商业配套优势以及企业实力优势；同时，项目也存在区域形象弱、环境嘈杂、尘埃污染、缺乏可利用景观、噪声污染等不利因素以及未来市场变化及市场供求变化等不确定因素影响，这些也是项目需要解决的问题。基于地块本身具有的开发条件，我们认为本项目应在市场环境与项目条件相结合的情况下，在上述开发策略的指引下进行定位与规划，建立独特竞争优势。

第三部分　项目定位

3.1　背景综述

根据上述市场与本身优劣势分析，总结本项目住宅发展策略的市场背景如下：

1）平顶山市房地产正处于快速发展时期，这种快速发展态势仍将持续一段时间；未来房地产价格仍将保持一定的增幅；房地产开发的主战场将从城市中心向外转移。

2）平顶山中高档高层住宅市场目前尚处于成长阶段，无论在产品设计、营销推广等方面尚有较大的发展空间。

3）地段、小区内环境、价格、物业管理服务是消费者购买住宅的主要考虑因素。

4）城东区域小高层、多层产品的客户群为经商人士、教师、公司高层、私营业主等，另一主要客户群为周边村庄客户和外地投资者等也占据了一定比重。

5）目前城东板块大部分项目在无太多外部景观与配套资源依赖的情况下，均通过对项目本身品质的打造，实现其价值。

6）随着平顶山规划的实施，城东片区的进一步发展，区域未来商品住宅供应量将达到一定比例；鉴于上述市场形势，本项目在定位时应充分考虑消费者的需求，在满足消费者需求的基础上进行产品自身创新，形成差异化的市场定位 ，从而战胜区域概念并获得预期利润。

3.2　项目物业定位

1. 项目整体物业定位

结合市场分析与项目自身情况，我们将项目整体物业定位为：

1）建立自身品牌的物业管理团队。

2）引进国际化的物业管理模式，为社区提供 24 小时管家服务并运用高科技的安全设备。

2. 项目住宅部分物业定位

根据前面的分析，综合考虑市场条件及项目自身开发条件影响因素，项目住宅部分物业定位：小群体、大影响的都尚社区。

释义：

——小群体，一样有大作为。

——独：具有特色唯一性强、尚：时尚概念性社区的景观住宅项目。

——倡导现代城市生活，注重邻里关系。

3.3　项目客户定位

1. 主力客户群

基于本项目区位性、环境特性等因素。确立了本项目目标客户包括三层：平煤集团下属企业客户群；项目周边村镇及其他中小型企业客户群；经商等少数投资客户。

通过对周边进行了解并结合项目自身优劣势，分析出本项目主力客户群特征：

1）该区域经济收入相对稳定（28~40 岁）人士。

2）附近平煤集团十二矿、十矿、八矿在职员工及高管。

3）个体经营者，周围村镇客户群。

4）家庭构成特点：以三口之家为主，辅两口之家、单身、三代同局。

5）购房目的：改善性住房作为终极置业或者工作便利性及过渡性居所。

2. 目标客户群来源

（1）区域内客户。即在项目区域内生活、工作或居住的客户，主要包括一些企事业单位客户，如：平煤集团下属单位、个体经营者、中小型企业高层管理者等。

（2）平安大道沿线。集中了如汽车维修、汽车美容、汽车4S店和中型企业等中高层收入客户，其中也包括私营业主及个体等客户。

（3）周边村镇客户。集中了东高皇乡、上徐村、庆庄、何庄、赵庄村等部分客户群体。这其中置业倾向多以使用性两房及舒适性三房为主。

3.4　项目形象定位

1. 形象定位

通过前文对目标客户群的分析确定，希望在他们身上找出其心理、性格、喜好、追求等方面的共同点，以此作为项目形象定位的基础依据。形象定位为：生活·繁忙·尽在出入之间。

2. 案名建议

（1）建议案名一：华丰·茗苑。

“华丰”：开发商名称。

“茗苑”：切合项目中端定位，符合项目意境。

（2）建议案名二：阳光·丰园。

“阳光”：以利用阳光小区为目的，给周边客户群体造成一种模糊概念。

“丰园”；收获，家园，公司名字、提升知名度。

3.5　价格定位

从类比项目的价格分析表中可以看出，目前城市中心小高层价格大都在3800~4300元/m²之间，本项目产品定位于中档小高层住宅，其价格应居于UP青年公社与高煜·阳光100市场价格之间，即2800~3500元/m²（表6-4-2）。

表6-4-2　竞品项目价格

项目名称	均价/(元/m²)
Up青年公社	3500
冠京枫林湾	2900
高煜·阳光100	2850
豫森·时代新城	3800

综合考虑本项目所在地段、物业定位、形象定位、客户定位、自身素质条件以及销售条件和速度要求后，建议将本项目的物业档次定位为中高档品质、中低档价格、超值物业；其价格定位于多层住宅2500~2800元/m²左右，小高层住宅2800~3200元/m²左右。通过以上结论得出本项目的多层均价在2600元/m²左右，小高层均价在2900元/m²左右（注：具体价格根据形象导入期及认筹时客户来访量最终而定）。

3.6　项目定位总结

1）主力客户：项目周边生活、工作或居住的客户，主要包括一些企事业单位客户，如平煤下属企业十二矿、十矿、八矿、工业园企业等；平安大道沿线专业大市场经商、私营业主等大中型企业客户；周边乡镇客户。

2）整体物业定位：小群体、大影响都尚生活社区。

3）物业档次：中高档。

4）市场形象：生活·繁忙·尽在出入之间。

5）主力户型：以 100～130m^2 三房为主。

6）价格定位：多层均价 2600 元/m^2 左右，小高层均价 2900 元/m^2 左右。

第四部分　营销氛围

4.1　包装总纲

项目包装包括基础系统、应用系统两大部分。

对项目进行包装的目的，是使项目形成高品质形象感，并给客户带来未来居住形象的感受，以此支撑并提升项目的价格定位。

在基础系统即 VI 部分中，本项目的 Logo 建议以成熟的中性色彩，形象式的设计，隽细的字体，很好地诠释项目的人文气质。鉴于本项目目标客户年龄层集中在 28～40 岁之间，客户档次定位高，购房心理成熟。在项目的包装延展、形象树立上，要紧密配合项目定位，以都尚化、功能式、幸福家园为中心，强化项目现代气质。充分考虑目标客户的理解习惯、品位、心理诉求特性，表现手法上要不落俗套，通过温馨、成熟、产品领先的表现形式，现代气派的表现手法，吸引目标客户对项目产生强烈的认同感、归属感，促成销售，提升开发商的品牌形象，拉升价格。

4.2　应用系统

应用系统包括营销通路包装、卖场形象包装、宣传形象包装三部分：

1. 营销通路包装

营销通路主要指引导客户进入营销现场的路径，主要包括通路组织、地盘包装。

本项目现场最大的劣势，是距城中心有一段路程距离，项目主要的建筑则在十二矿路南，从视觉上在建筑没有成型的时候，不易发现项目的所在地，再加上旁边的住宅建筑的阻挡，更降低了项目的品质感。因此要精心设计通路，确保客户能够及时地获取项目的信息，顺畅地抵达项目营销现场。

项目现场作为目标客户和行人关注的地方，是项目宣传最经济和直接的媒体，可以吸引注意力，营造卖场氛围。本项目可作展示的面积只有临着十二矿路，地盘整体形象展示力不强，只能做少量的围墙形象展示。

（1）通路组织。现场施工通路与销售通路截然分开，互不影响，便于客户参观卖场。施工机械、物料从单独的路口进出，弱化工地凌乱的施工形象。

（2）项目现场包装。

1）工地围墙。本项目基地面积大，周边长，但临十二矿路的展示面较小，所以更要将围墙做得醒目。围墙画面高度做 3.5m 高，离地 1m 高。在形象设计上造型新颖，色彩鲜明，营造销售展示氛围。

2）营销通路包装。本项目建筑期长，因此，营销场所应设置一个长期使用的销售地点，完成整个销售期的销售工作。售楼处的建筑风格与项目建筑形体保持一致，昭示竣工后小区实体形象。

2. 室内售楼处设计

由于销售中心面积有限，在设计上应保持简约、大气的风格，造型处理上充分表现项目的建筑特色；采取富有现代简约式特色的设计元素，突出项目的现代化定位；色彩处理以淡雅为主，色系选择要借鉴基础形象用色，简而精，不要使用过多色彩，为后续广告公司装饰留有一定空间，用材考究，突出楼盘尊贵气质。

3. 宣传形象包装

形象宣传包装包括单页、户型折页、宣传册、促销礼品等，目前多数已经投入使用，在新的销售中心建成后应该增添部分新的宣传包装。

第五部分 销售实施

5.1 销售总体战略及目标

1. 销售目标

2011年年底实现整体项目70%销售率，不积压利润，按时按量完成销售任务。

2. 销售阶段及进度

前期销售过程，将销售工作分为五个阶段：内部认筹期、强销期、持续期、冲刺期、尾盘期。

3. 销售进度

（1）整体销售进度，见表6-4-3。

表6-4-3 整体销售进度

销售阶段	销售时间	相应工程进度	销售套数比例	累积销售套数比例
内部认筹期（认筹期）	2011.6~8	前期拆迁，做地基，部分楼层出地面到1、2层	0	0
强销期	2011.10.1国庆前	建到3~5层，样板房开放	52%	52%
持续期	2011.12~2012.01	小高层建到8层，样板房开放	18%	70%
冲刺期	2012.2~3	小高层封顶，样板房开放	17%	87%
尾盘期	2012.4~5	小高层外立面脱落内部装饰	13%	100%

（2）说明。

1）整体项目销售周期约12个月。

2）在销售期为8个月时整体销售率达到70%。

3）项目周期较长，前期销售进度安排得比较平稳，并为后期销售制造良好的销售环境。

5.2 销售阶段工作安排

1. 内部认购期

1）不同户型选出部分单位进行市场初探。

2）考核客户对项目的初步认知。

3）价格初探。

4）积累客户资源。

2. 强销期

1）完成了项目认知，价格初探后，针对到访客户进行分类分析，相应调整定位。

2）解筹，筛选前期积累客户。

3）提升销售均价。

4）利用各种媒体渠道、组合推广，与其他同片区项目拉开产品差异，将销售工作推入第一个销售高潮。

3. 持续期

1）楼层户型全面放开，逐步提升销售均价。

2）利用工程形象，举办各类促销活动，刺激市场。

4. 冲刺期

1）充分利用工程形象及现场包装，将销售工作推入第二个销售高潮。

2）举行各类促销活动，媒体联动，刺激市场。

3）结合工程形象，将销售均价拉至最高阶段。

4）多层冲刺期，利用户型差异，价格差异，目标客户差异，同时促动前后产品销售率拉升。

5. 尾盘期

1）结合销售均价给予客户一定优惠。

2）利用即将成为现房的因素，加速客户成交。

3）销售主力转向下一阶段，利用多数资源，促进下阶段销售。

6. 综上所述

多层和小高层的销售过程，要求各销售环节紧密衔接，以树立项目品牌形象为主，稳定提升销售率。任何一个环节的失误，都将严重影响后续销售阶段的工作开展。因此，在执行过程中，必须严格把握此时市场形势，严格按照既定的销售进度进行，每月不积压任务，一旦出现销售瓶颈，及时调整营销思路及手段，使销售工作顺畅完成，否则难以按时按量实现销售目标，影响公司的利润回报。

5.3　销售前期准备工作

解筹前准备工作内容主要包括：施工现场包装、营销现场包装、销售物料准备、解筹现场包装、解筹现场布置、解筹前后宣传推广方案确定及资料准备、销售组织工作及开盘条件准备。

1. 各销售阶段价格控制

为了在销售中各阶段保持销售畅旺，积聚人气，分阶段安排不同价目表，对各销售阶段进行有步骤地价格控制。根据市场普遍接受程度，考虑到尾盘适当降价，前期价格涨幅控制在7%~8%之间。

2. 项目整体价格控制（表6-4-4）

表6-4-4　项目整体价格控制

销售时间	销售阶段	销售率	价格上升幅度
强销期	2011.9~10	52%	2%~3%
持续期	2011年春节前	18%	2%
冲刺期	2011.12~2012.3	17%	2%
尾盘期	2012.4~5	13%	1%~2%

3. 促销手段

目前处于营销前期阶段，暂定7月进行认筹，10月进行选房活动，解筹当天可根据客户的一次性或按揭情况在原有的优惠金额上一次性再优惠2%，按揭再优惠1%，给予激发购房欲望。

解筹后一周内保持本优惠不变（一次性再优惠2%，按揭再优惠1%），解筹一周以后，优惠方式改为一次性优惠2%，按揭优惠1%。

在冲刺期和尾盘期可采用部分优惠政策，予以激发客户购买欲望，例如额外优惠、赠送家电、赠送物业管理费等。

第六部分　宣传推广策略

6.1　广告目标

正确锁定本项目的目标受众，根据该群体的消费特点及阅读习惯，通过有效的广告诉求，树立本项目在竞争中的最佳形象，赢得更高的概念附加值，在目标受众心中形成独特或唯一的概念以支撑竞争实力。

6.2　广告诉求

目前广告主题暂定："生活、繁忙 尽在出入之间"（后补：华丰·佳苑　您未来生活的诠释；现代生活现代城；新世界打造——经典新生活；生活的理想——就是——理想的生活）。

1. 主诉求点

产品特质——开启独尚高品位人居新时代。

建筑特色——简约的造型，典雅的色彩，流畅合理的布局，错落有致的建筑气势。

物业管理——专业的物业管理公司，带来先进管理理念和经验。

2. 辅诉求点

发展商品牌——华丰置业的开发实力与经验。

高智能化配置（此点有待公司确定内容）。

6.3　广告风格

本项目在形象推广阶段，建议采用以酒红色为主要色调，提高项目的品味与形象，整体风格定于稳重、高雅、视觉冲击感强的形象，突出大气的韵味。解筹期间根据解筹盛况、项目备受关注的场景和项目旺销的盛况来吸引市场关注。后期推广要改虚为实，着重体现产品的细致化，无论色彩、画面意境均要落到实处，采用系列的、色彩明丽的、售卖性强的诉求风格，并结合本项目基础形象设计，采用动感的节奏进行推广，打动客户。

广告节奏的把握上，强调独尚社区、品质感、品牌度，自然过渡到后期的强势热销，分卖点逐一诉求，占有市场，拉开档次，规避同类产品竞争。

本项目名为"华丰·佳苑"，主卖点，尤其是项目整体一定要以保持浓郁的人居生活氛围为主，因此，色彩上不能出现过多过于跳跃性的元素，而是以成熟、稳重的色彩及广告表达方式，诠释项目本质。

6.4　阶段安排

宣传推广需配合项目销售策略计划进行，在各阶段，尤其是销售前期要手法新颖，富有力度，集中强势投放，形成轰动效应，中、后期在工程形象日趋建起的情况下，借前期宣传效应的余波，以大品牌、大社区形象作承接，节奏平稳地进行促销。

具体宣传推广流程，分为四大战略阶段：形象导入→强势刺激→持续延展→再度强化。

6.5　费用预估

本项目总推广费用建议不超过整体销售收入的1%。

项目推广资金安排，本着节约资源，提高单边收益的原则，主要费用将以前期投放为主，后期投放为辅。

（平顶山市爱家房地产营销策划有限公司）

【报告点评】

此报告由宏观经济、SWOT分析、项目定位、营销氛围、销售实施、宣传推广六大部分组成一篇简练的营销策划报告。从整体框架和内容来看，这是一篇前期的营销策划报告，注重项目自身，而且剖析得很详细，从SWOT详细的分析并给出相应的“行动手段”可看出。

但报告唯独对整个市场环境和竞争性项目的分析相对较少，分析不够详尽与透彻，这使得报告中对项目的定位、销售和推广的策略少了几分说服力。同时也对报告的可行性、可操作性提出疑问。

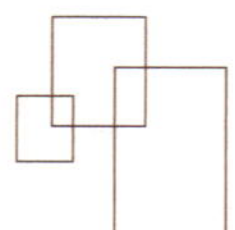

五、湖北武汉金桥·官湖上城项目营销策划报告

报告目录

报告正文

第一部分　市场分析

1.1　宏观市场发展分析

1. 市场维稳

2008~2009年的住宅市场，属于典型的“V”型反转，市场大起大落，价格调整速度与幅度均出现大幅摇摆，不利于市场健康发展，也不利于消费者正常理性消费，同时带来了一定的社会问题。

包括以王石为代表的一种声音认为一系列指标表明一些主要城市泡沫已然存在，并且这个泡沫终将破灭，并称万科为此已提前准备。另一种声音认为中国正处在特殊时期，城市化等一系列因素影响房地产投资连续高速增长，所以目前尚无泡沫可言。

不论是否有无泡沫，一个不争的事实是房价上涨过快，楼市投机严重。房地产社会属性突显，社会矛盾在不断加大。“国四条”的推出，营业税“2改5”、打击囤地等一环接一环的调控措施表明了政府挤出楼市泡沫的决心，目前政府已定调为维护房地产市场的健康稳定运行。

2. 国进民退

2009年土地市场“国进民退”的现象表现得十分明显，六成高价地王国企制造，而民企纷纷退居城市边缘或二级城市求发展。一边是国企挟着巨大的资本优势攻城略地，另一边则是民企在激烈竞争和各种高成本压力下，开发项目面积“雪崩瓦解”。

“国进民退”最终真实地反映了4万亿元刺激计划和巨额信贷投放的巨大效应，从一个侧面也反映了2009年房价飞速上涨与巨额社会流动性不无关系，随着国家保八战略的成功实现，“调结构”成为下一步主要目标，资金的投入方向必定会发生变化，可以预见2010年行情不可能回到2009年。

3. 近期房地产调控措施分析（表6-5-1）

表6-5-1 近期房地产调控措施

推出时间	主要内容
2009.12.9.	营业税征收“2改5”
2009.12.14.	“国四条”颁布
2009.12.17.	要求分期缴纳全部土地出让价款，限期原则上不得超过一年，首次缴纳款比例不得低于全部土地出让金50%
2009.12.18.	确定2010年将建180万套廉租房，130万套经济房，要求各地清理各种房产优惠政策，重新收紧楼市
2010.3.10.	国土资源部颁布《关于加强房地产用地供应和监管有关问题的通知》
2010.3.22.	国土资源部叫停住房用地出让，反映出政府此轮对房地产市场的调控力度将大于之前
2010.3.23.	78家央企退出房地产行业，短期内对市场走势的影响有限
2010.4.14.	国务院常务会议要求，对贷款购买第二套住房的家庭，贷款首付款不得低于50%，贷款利率不得低于基准利率的1.1倍
2010.4.17.	对不能提供1年以上当地纳税证明或社会保险缴纳证明的非本地居民暂停发放购买住房贷款

2009年中国宏观经济战略为保证至少8%的GDP增幅，目前基本已经提前实现，而2009年中国GDP增幅主要靠政府投资和社会投资带动，除了汽车消费和家电下乡外，消费并未对2009年中国经济做出较大贡献，而外贸由于国际金融危机的影响，2009年不可能有好的表现。

因此，显而易见，2009年8%以上的GDP增幅中以房地产和基础设施建设为主的投资起了主要带动作用，这种现象说明了两个方面的问题，第一，2009年的房价快速上涨是中国解决现阶段经济困局的主要手段导致；第二，这一增长方式只能解决现阶段矛盾，不能解决根本性问题，必须是贸易、消费、投资共同增长。

2010年国家将着手落实经济结构调整，加强对新兴产业和中小企业的支持，从短期效果看，会抑制房地产价格的非正常快速上涨，但长期将利于房地产市场发展。

因此，2010年市场必然存在调整风险，特别是下半年房地产资金投放量会相对比上半年至少要少10个百分点，主要表现在：

1）房地产资金投放量的减少，一旦存款准备金上调或加息，对住宅市场的成交量价必定会发生影响。

2）房地产相关政策的调整以及监管力度的加强，包括原有优惠政策的收回将不可避免。

4. 宏观政策由“极度宽松”到“适度宽松”

2009年初以来信贷急剧放大，下半年才有所收紧，前11个月新增信贷量高达9.2万亿元，预计全年新增贷款为9.5万亿元左右，创历史最高水平。

截至2009年11月，房地产累计开发投资资金总额达到3.13万亿元，同比增加17.8%。

12月的中央经济工作会议强调继续保持积极的财政政策和适度宽松的货币政策，预计2010年银行信贷将真正实现“适度”宽松，新增信贷或在7.5万亿元左右，但流向房地产方向的信贷会相对减少，因此对于广大开发商而言，最主要的是确保2010年的现金到位，关键是2010年上半年的销售业绩。

5. 市场发展趋势分析

趋势一：社会矛盾加剧，直接刺激房地产相关政策的变化与出台。

趋势二：房地产业2010年资金流入量预计将大幅减少。

1.2 武汉房地产市场分析

1. 2009年武汉房地产市场回顾

（1）成交分析——“V”型反转催生楼市风险。2009年，武汉乃至全国住宅市场经历了“V”型反转，特别是近10万亿元的巨额信贷的注入以及房贷优惠政策，促使2009年5月以来，武汉市商品房成交量连续半年月销万套左右，创造了武汉成交记录。

（2）供应分析——供应紧张，2010年上半年房价必然偏高。2009年全年新增供应仅为82019套，同比减少24.35%，可见新增供应明显不及2008年。主要是由于市场低迷时期开发商对未来预期不足，导致动工积极性明显降低，从而反映在2009年有效供应不足。计算2008年剩余约6万套房源，2009年可售房源在15万套左右，即2010年剩余可售房源在6万套左右，考虑成交惯性作用，2010年上半年供求关系必定紧张。

（3）趋势分析。

趋势一：2010年上半年供求关系依然紧张，6月后开始缓和。

趋势二：成交量价处于高位，但开始小幅减少。

趋势三：面对房价的快速上升，政策将逐步展开调控。

趋势四：2010年上半年房价调整可能性不大，但是下半年风险加大，主要源于供应量的加大，房价的快速上涨导致有效需求不足以及后期政策的调整。

对本项目的建议：加快开发进度，开盘时间宜早不宜晚，防跌不防涨，同时注重产品抗风险能力的营造和市场竞争力的打造。

2. 近期武汉房地产市场分析

（1）5月房地产市场情况。商品房新增供应44.83万m^2，其中商品住宅新增供应37.9万m^2，较4月分别减少63.3%和62.0%，在经历传统的“金三银四”之后，在楼市调控的新政之中，5月主城区商品住宅新增供应明显大幅减少。

商品房竣工面积和商品住宅竣工面积分别是61.15万m^2和55.17万m^2，相比4月的23.21万m^2和20.56万m^2分别增加163.46%和168.34%，竣工一定程度上会转变为新增，将来一段时间市场商品住宅供给量会加大。

商品房新增成交比和商品住宅新增成交比分别为0.56和0.73，5月当月表现供小于求。

成交量大幅下滑，成交均价原地踏步：5月成交套数4572套，较4月7189套下滑36.4%，成交均价6643.86元/m^2，较上月仅上涨0.7%。

（2）武汉各片区成交均价，见表6-5-2。

表6-5-2 武汉各片区成交均价

片区	5月均价元/m^2	4月均价元/m^2	变化	涨幅	同比去年
汉口中心区	9675.73	9453.98	221.75	2.35%	31.29%
古田片区	7130.74	7008.20	122.54	1.75%	31.58%
二七、后湖片区	6368.02	6493.79	-125.78	-1.94%	31.50%
东西湖片	4787.01	4768.71	18.30	0.38%	28.27%
武昌中心区	8856.66	8823.21	33.45	0.38%	39.59%
青山区	6719.13	6673.96	45.17	0.68%	36.37%

（续）

片区	5月均价元/m²	4月均价元/m²	变化	涨幅	同比去年
南湖片	6843.35	6819.52	23.82	0.35%	31.14%
关山片	6465.53	6231.41	234.12	3.76%	26.17%
汉阳中心区	8583.32	8332.75	250.57	3.01%	52.87%
沌口片	5227.10	5115.06	112.04	2.19%	20.66%
城区均价	6643.86	6698.02	45.84	0.69%	20.48%

片区成交均价与4月环比，关山片、汉阳中心区、汉口中心区、古田片、沌口片涨幅较大。与2009年同期相比，各片区成交均价均上涨20%以上，其中汉阳中心区上涨达52.87%。

（3）武汉各片区成交套数，见表6-5-3。

表6-5-3 武汉各片区成交套数

片区	5月销售套数	4月销售套数	变化/套	涨幅	同比去年
汉口中心区	884	1102	-218	-19.78%	-31.63%
古田片区	111	334	-223	-66.77%	-63.37%
二七、后湖片区	461	649	-188	-28.97%	7.46%
东西湖片	780	1248	-468	-37.50%	-9.83%
武昌中心区	696	1199	-503	-41.95%	-50.29%
青山区	44	77	-33	-42.86%	-93.43%
南湖片	409	596	-187	-31.38%	-40.90%
关山片	720	1104	-384	-34.78%	-40.50%
汉阳中心区	361	611	-250	-40.92%	-66.36%
沌口片	106	269	-163	-60.59%	-38.37%
城区套数	4572	7189	-2617	-36.40%	-43.60%

5月各片区成交套数较上月均明显下滑，其中古田片、沌口片下滑达60%以上，而与2009年同期相比，各片区成交量基本也明显下滑，主城区成交量与2009年同期相比整体下滑43.6%，与上月环比下滑36.4%。

（4）市场分析小结。

1）虽然受宏观调控影响力，武汉房地产市场增速明显，仅5月武汉房价环比涨幅是全国平均水平的6.5倍。

2）成交量出现大幅下滑，值得本项目警惕，尤其是沌口片区5月成交量环比下滑60.59%。

3）市场观望气氛浓厚，“价涨量跌”的行情必然促使市场进行调整，尤其是远郊楼盘，更需要修炼好内在品质，以抵御市场风险。

1.3 沌口片区房地产市场分析

6月2日，经过长期酝酿、招商洽谈，万达集团正式摘取沌口体育中心北侧180亩土地，将建设一个40万m²的商业综合体。这一新闻，再一次将视线焦点聚集在沌口开发区这一片热土之上。

2010年5月16日，是开发区18周岁生日，进入“成年”阶段。这一片土地上，汇集了7家整车生产企业、汽车年产能接近100万台；背后站立着160家零部件企业，近百家汽车销售企业，两年内，汽车产量有望过 100 万台，产值 1000 亿元，直指“中国车都”。不仅仅是汽车方阵，海尔、美的、冠捷、唯冠等，形成电子电器产业的集群效应，将成为区内第二个产值过百亿的战略性支柱产业。再加上商服、医药、物流等产业，1700 家大中型企业，使得区域经济体量不断壮大，发展潜力越来越强。

作为劳动力相对密集的区域，不断壮大的产业集群，即将发展至 60 万人的区域人口，为片区房地产发展带来坚实的基础。地铁、六湖联通、万达广场、陶家岭 800 亩汽车城、会展中心、奥特莱斯购物中心，再加上王家湾商业中心地位的确立，更将增添开发区的魅力，吸引市内、周边区域购房置业者。

随着区域经济强劲发展，传统的区域房地产格局也正在迅速变革。今天，沌口大盘再也不仅仅局限于南国明珠、金色港湾，也不局限于东风阳光城、湘隆时代广场，抑或是千年美丽等别墅。万科、万达、观澜御苑等名企、名盘，将在加剧区域内部竞争的同时，提高片区房地产的整体形象和价值；而四片新区即将启动的超大规模改造项目，一旦入市，将为武汉房地产市场投下重磅炸弹，沌口必将成为汉阳发展的新热点。

1.4　宏观市场分析总结

1. 宏观经济对房地产的影响

2009 年，武汉 GDP 预计将达到 4500 亿元，接近 2005 年深圳的水平，与目前的无锡、青岛、大连相当，但是不到 6000 元的均价却比这些城市低 10% 以上，所以相对而言，武汉市近期房价仍然有较大的上升空间，尽管目前全国房价上涨过快。

同时武汉属于湖北地区向心力最强的城市，“1+8”城市圈人口接近 3500 万，按照目前城市化进程，有近 1800 万人的城镇人口，随着城市化进程的加快和武汉城市地位的进一步提升，其房价还有进一步上涨空间。

2. 金地、万科、万达布局汉阳

岁末，金地、万科、万达相继布局汉阳，完成了其武汉三镇布局，预示着汉阳即将进入高房价时代。

金地在汉阳四新地块所取得的地块，楼面价近 2300 元/m^2，万科在沌口拿地，楼面价近 2600 元/m^2，而万达取得的沌口体育中心北侧的土块。

说明了开发商目前均不差钱，同时也预示着汉阳房价在未来将出现新一轮的上涨。而由于汉阳向来是价格洼地，因此在未来，随着汉阳房价的上涨，武汉整体均价将会被快速抬升。

3. 武汉房地产发展趋势分析

武汉投资前景长期看好，支撑楼市上行。随着经济、交通、资源等逐步发展完善，各大开发商纷纷将眼光转投至武汉等具有投资前景的省会城市，必定会带动整个武汉房地产市场的发展，因此武汉市场长期看好，特别是汉阳、青山等投资洼地，其居住价值正逐步体现。

4. 趋势预测及本项目投资策略建议

（1）趋势预测。

趋势一：2010 年上半年市场回调可能性不大，下半年风险加大。

趋势二：住宅市场信贷投放将会明显少于 2009 年。

趋势三：汉阳地区将会走出价值洼地。

（2）策略建议。

策略一：加快本项目开发进度，建议本项目 2011 年上半年实现销售，应对市场防跌不防涨。

策略二：应对万科、万达、金地进军汉阳沌口开发区，建议提升本项目整体品质，以增加项目抗风险能力。

策略三：注重项目产品竞争力与品牌竞争力的营造。

1.5　区域楼盘调研分析

1. 沌口板块楼盘调研

（1）东合·官湖郡，见表 6-5-4。

表 6-5-4　东合·官湖郡调研情况

开发商	东合置业有限公司	地址	原东风设计院地块
容积率	2.1	绿化率	61.2%
用地面积	51724m²	建筑面积	132722.5m²
总栋数	13 栋(6 栋联排别墅、8 栋高层)	总户数	1090 户
楼层状况	联排别墅 4 层、高层住宅 18~28 层	建筑结构	框架剪力墙
主力户型	联排别墅:230~250m²; 9#楼高层 88m²2 房平层,130m²3 房跃层	好销户型	2 房、3 房、别墅
		滞销户型	7#、8#楼高层顶层复式
商业面积	3000m²	商业层数	2 层
停车条件	528 个车位(地下车库及地面停车)	交通条件	597 路、501 路、599 路
交房标准	毛坯	开工时间	一期 3.8 万 m²,2009 年 2 月动工
工程进度	一期主体施工已封顶	交房时间	一期 3.8 万 m²,2010 年 10 月交房
小区配套	半岛双苑设计,双桂飘香、寄槐雅苑、海棠春坞、荷塘月色等八大景观中心		
物业公司	东合物业管理有限公司	物业费	1.5 元/(m²·月)
开盘时间	2009 年 11 月 8 日	销售率	别墅 30 套,剩余 5 套;7#、8#楼已售罄
销售情况	9#楼预计 2010 年 9 月开盘		
销售价格	联排别墅均价:12000 元/m²		
	高层均价:5000 元/m²(7#、8#楼)		
优惠政策	联排别墅:一次性优惠折扣(98 折);银行按揭优惠折扣(99 折)		
	高层:一次性优惠折扣(99 折再 99 折);银行按揭优惠折扣(99 折)		
成交价格	联排别墅均价:11800 元/m²		
	高层均价:4950 元/m²(7#、8#楼)		
主要卖点	9#楼复式 3 房 6m 层高、半岛地形、后官湖湖景、62.1%绿化率		
主广告语	澄净致远·环湖美别墅		

（2）东风阳光城 4 期，见表 6-5-5。

表 6-5-5　东风阳光城 4 期调研情况

开发商	东风汽车房地产有限公司	地址	武汉经济技术开发区观湖路
容积率	2.23	绿化率	42.1%
建设面积	100716.35m²	总建筑面积	259489.29m²
总栋数	21 栋(分期 4 个组团,1 组团 5 栋高层)	总户数	2395 户,一组团 438 套
楼层状况	2 栋 32 层、1 栋 18 层、2 栋 14 层	建筑结构	框架剪力墙
主力户型	小高层:2 房 2 厅 88~89m²,3 房 2 厅 118~122m²;高层:2 房 2 厅 89m²,3 房 2 厅 86~135m²		

（续）

开发商	东风汽车房地产有限公司	地址	武汉经济技术开发区观湖路
商业面积	4 期含一座中心会所，约 5000m^2	商业层数	规划不详
停车条件	约 219 个车位（地下车库及地面停车）	交通条件	501 路、599 路
交房标准	毛坯	开工时间	一组团 2009 年 4 月动工
工程进度	一组团 2 栋 14 层、18 层主体施工已封顶，2 栋 32 层主体施工到 16 层	交房时间	一组团 2011 年 10 月交房
周边配套	教育：开发区一中、神龙小学、东风阳光城幼儿园、神龙幼儿园、育才幼儿园		
	商业：中百仓储、武昌量贩		
	金融：邮政储蓄、五大商业银行		
	医疗：神龙医院		
小区配套	5000m^2 中心会所、室外篮球场、网球场、游泳池、室内羽毛球场、乒乓球馆、帕菲克健身中心		
物业公司	武汉东风物业管理有限公司	物业费	1.5 元/（m^2 · 月）
开盘时间	1#（14 层）、5#（32 层）2009.11.8 开盘	销售率	1#、5#楼已售罄
销售情况	2#（14 层）、3#（18 层）、4#（32）预计 2010 年 9～10 月开盘		
销售价格	1#、5#楼销售均价 5000 元/m^2		
优惠政策	1#、5#楼开盘优惠：5 万元抵 6 万元，一次性付款 98 折，按揭付款 99 折		
成交价格	1#、5#楼成交均价 4750 元/m^2		
主要卖点	60 万 m^2 大规模、东风品牌、成熟社区、配套齐全		
主广告语	一小城 · 一家人		

（3）鸿亚 · 湖墅观止，见表 6-5-6。

表 6-5-6　鸿亚 · 湖墅观止调研情况

开发商	武汉鸿亚假日置业有限公司	地址	汉阳天鹅湖大道 6～9 号
容积率	0.89	绿化率	56.0%
建设用地面积	418 亩	规划面积	约 26 万 m^2
总栋数	一组团 46 栋（独栋别墅 12 栋，双拼别墅 16 栋，四拼别墅 15 栋，小高层 3 栋）	总户数	一组团 320 户（别墅 104 套，小高层 216 套）
楼层状况	联排别墅 4 层、小高层住宅 12 层	建筑结构	框架剪力墙
主力户型	独栋别墅：165～333m^2；双拼别墅 210～217m^2；四拼别墅 197～207m^2。小高层：2 房 71～79m^2、3 房 93～114m^2	好销户型	湖景别墅、瞰湖小高层
		滞销户型	四拼别墅、中低楼层小高层
停车条件	一组团共有 214 个车位，联排室内 92 个，独立别墅室内 34 个，小高层设置有 88 车位		
交房标准	毛坯	开工时间	一组团 2009 年 9 月开工
工程进度	一期主体施工已封顶	交房时间	一组团 2011 年 3 月交房
小区配套	5 重景观节点，6 维艺术文园景观		
物业公司	武汉鸿厦物业管理公司	物业费	别墅 1.4 元/（m^2 · 月），小高层 1.2（元/m^2 · 月）
开盘时间	一组团开盘 2010.5.9	销售率	别墅销售 21 套，小高层销售 73 套
销售情况	一组团开盘当天别墅销售 18 套，以临湖双拼为主；小高层销售 65 套，以瞰湖房源为主		

（续）

开发商	武汉鸿亚假日置业有限公司	地址	汉阳天鹅湖大道 6~9 号
销售价格	别墅均价：独栋别墅 16000 元/m^2，双拼别墅 10000 元/m^2，联排别墅 8000 元/m^2		
	小高层均价：4080 元/m^2，起价 3380 元/m^2		
优惠政策	别墅：独栋别墅总价减 20 万~25 万元，双拼别墅总价减 15 万元，四拼别墅总价减 10 万元，且一次性付款 97 折，按揭 98 折		
	小高层：总价优惠 1 万元，且一次性付款 97 折，按揭 98 折		
成交价格	别墅均价：独栋别墅 14900 元/m^2，双拼别墅 9100 元/m^2，联排别墅 7350 元/m^2		
	小高层均价：3860 元/m^2，起价 3180 元/m^2		
主要卖点	塔尔山半岛、后官湖一线湖景、稀缺别墅产品、石材别墅		
主广告语	叹为观止的湖边别墅		

（4）博学华府，见表 6-5-7。

表 6-5-7　博学华府调研情况

开发商	武汉佳诚房地产开发有限公司	地址	汉阳开发区博学路新江大道旁
容积率	3.5	绿化率	36.0%
建设面积	18990m^2	总建筑面积	75000m^2
总栋数	4 栋高层（2 栋 25 层，2 栋 28 层）	总户数	920 户
户型结构	2 梯 6 户	建筑结构	框架剪力墙
主力户型	3 房：107m^2、113m^2、135m^2；2 房：88m^2、91m^2、95m^2；1 房：41m^2、45m^2、50m^2	好销户型	107~135m^2 三房、41~50m^2 一房
		滞销户型	88~95m^2 两房
停车条件	230 个停车位（地下停车库及少量地上停车位）	交通条件	70、202、204、205、208、585、596、597、599、708 路公交
交房标准	毛坯	开工时间	2009 年 9 月整体开工
工程进度	一期主体施工已封顶	交房时间	2010 年 8 月整体交房
周边配套	教育：三角湖小学、开发区一中、外国语学校、神龙小学、神龙幼儿园、幼才幼儿园		
	商业：东合、中百超市等		
	金融：邮政储蓄、五大商业银行		
	医疗：神龙医院		
	其他：东风总部、神龙总部、可口可乐、海尔集团		
小区配套	IMV 中央新风系统、6m 挑高入户花园		
物业公司	佳康物业管理公司	物业费	1.2 元/（m^2·月）
开盘时间	2009 年 9 月 12 日	销售率	整体销售率达 70%，剩余房源约 150 套
销售情况	共分四个组团推盘，四组团为一栋 28 层高层，主要剩余 88~95m^2 朝南两房，约为 100 套		
销售价格	两房、三房销售均价 6200 元/m^2，一房销售均价 6700 元/m^2		
优惠政策	90m^2 以上户型单价减 50 元/m^2，90m^2 以下户型单价减 30 元/m^2		
成交价格	两房、三房成交均价 6150 元/m^2，一房成交均价 6670 元/m^2		
主要卖点	沌口中心地段，紧临江汉大学、新风系统		
主广告语	会呼吸的好房子		

（5）海天幸福小城 2 期，见表 6-5-8。

表 6-5-8　海天幸福小城 2 期调研情况

开发商	武汉海天实业集团有限公司	地址	汉阳沌口华中汽车批发市场旁
容积率	1.38	绿化率	37.0%
建设面积	138000m^2	总建筑面积	一期 4.3 万 m^2，二期 3.2 万 m^2
总栋数	1 期 8 栋多层，2 期 1 栋 18 层高层	总户数	920 户（一期 512 套，二期 408 套）
户型结构	2 梯 8 户	建筑结构	框架剪力墙
主力户型	3 房：103m^2；2 房：75m^2、86m^2、93m^2；1 房：52m^2	好销户型	103m^2 三房、52m^2 一房
		滞销户型	93m^2 两房
停车条件	80 个停车位	交通条件	205 路、599 路
交房标准	毛坯	开工时间	—
工程进度	一期主体施工已封顶	交房时间	2010 年 12 月交房
周边配套	教育：洪山小学、三角湖小学、武汉外国语学校、开发区一中、开发区二中、金色摇篮幼儿园		
	商业：中百仓储大型超市、湘隆商业中心		
	金融：邮政储蓄、五大商业银行		
	医疗：神龙医院、沌口医院		
	其他：中国移动、各式餐厅、大型蔬菜市场、美食一条街、活动中心		
小区配套	—		
物业公司	武汉逸景物业管理公司	物业费	1.3 元/（m^2·月）
开盘时间	2009 年 6 月 28 日	销售率	一期售罄，二期销售率达 70%
销售情况	二期剩余房源主要集中在 12 层以上，以 2 房剩余量最大，剩余约 100 套		
成交均价	成交均价 4600 元/m^2		
主要卖点	海天汽配城；二期部分户型可观珠砂湖；中小户型，居住办公兼备		
主广告语	小户型、大幸福		

（6）人信千年美丽 4 期，见表 6-5-9。

表 6-5-9　人信千年美丽 4 期调研情况

开发商	湖北人信房地产开发有限公司	地址	汉阳知音湖畔
容积率	0.74	绿化率	35.3%
建设面积	163859.3m^2	总建筑面积	94914.9m^2
总户数	450 户	楼层状况	3 层
主力户型	184m^2、196m^2（四期连排别墅）		
停车条件	450 个车位（地下车库及地面停车）	交通条件	597 路、501 路、599 路
交房标准	毛坯	开工时间	2010.4.15
工程进度	四期一组团即将封顶	交房时间	2011.7
周边配套	教育：开发区一中、三角湖小学、江汉大学、神龙小学、沌口小学、开发区实验育才幼儿园		
	商业：金凯购物广场、时代商业中心，中百超市		
	金融：招行、农行、中信实业银行、中国工商银行、中国银行、建设银行		
	医疗：神龙医院、江汉大学医院、沌口医院、卫生防病中心等		
	其他：武汉体育中心，东风总部等		

（续）

开发商	湖北人信房地产开发有限公司	地址	汉阳知音湖畔
物业费	多层 0.8 元/(m^2·月)、联排别墅 1.5 元/(m^2·月)、独栋别墅 2.0 元/(m^2·月)		
开盘时间	2010.7	销售率	97%
销售情况	3 期剩余花园洋房 2 套，临湖独体别墅 5 套，联排别墅 4 套		
销售价格	三期花园洋房均价：4300 元/m^2（仅剩 3 套）		
	三期联排别墅均价：8300 元/m^2，三期独立别墅均价：18000/m^2		
优惠政策	四期认筹政策：到场即可获 VIP 卡，直接冲抵现金 3 万元，开盘缴纳 1 万元诚意金，VIP 卡可升级为钻石卡，开盘购房可享受 10 万～15 万元不等优惠		
主要卖点	现代中式别墅、绝美自然景观、荣膺“湖北名盘”和“中国名盘”等多项大奖		
主广告语	千年烟雨巷，美丽最江南		

（7）湘隆时代大公馆住宅，见表 6-5-10。

表 6-5-10 湘隆时代大公馆住宅调研情况

开发商	武汉湘隆房地产开发有限公司	地址	沌口宁康路湘隆时代商业中心
容积率	1.91	绿化率	43.6%
建设面积	200000m^2	总建筑面积	167065m^2
总栋数	11 栋	总户数	1292 户
楼层状况	小高层 11 层，高层 26 层	建筑结构	E 区为框剪结构、C 区为框架结构
主力户型	剩余房源主力户型两房 80m^2、三房 120m^2、147m^2	商业面积	120000m^2
停车条件	800 个车位	交通条件	597、596、205、202、585
交房标准	毛坯	交房时间	2008.12.31
工程进度	已全部封顶		
小区配套	咖啡吧、酒吧、绿地广场、商业步行街、帕菲克国际健身俱乐部		
物业公司	武汉金棕榈物业管理有限公司	物业费	1.3 元/(m^2·月)
销售情况	最后一栋高层（22 层）预计 10 年 7 月开盘		
销售价格	目前剩余房源销售均价 7100 元/m^2		
优惠政策	一次性付款以及贷款购房均为 98 折		
主要卖点	多样户型、完善配套、中式管家公馆服务		

（8）沌口片区房地产市场小结。

1）整体楼盘开发体量大，开发周期长，物业类型多样化，小高层、高层、别墅、洋房等物业均有开发。

2）沌口楼盘价格相对于汉阳中心城区，仍处于低谷，价格优势明显。

3）良好的生态环境、丰富的水系资源，沌口郊区物业宜居已逐步得到市场认可。

4）房地产开发市场容量巨大，住宅销售率高，入住率较低。

5）生活商业娱乐配套设施相对缺乏，社区商业受到入住率的影响进程缓慢，一定程度上影响投资者投资信心。

2. 王家湾板块同类型楼盘调研

（1）南国明珠 3 期（芯片人社区），见表 6-5-11。

表 6-5-11　南国明珠 3 期调研情况

投资商	新亿胜武汉置业发展有限公司	区位	汉阳龙阳大道 95 号
容积率	1.5	绿化率	40%
产品形式	多层、小高层	建筑风格	地中海风格
总栋数	11 栋	总户数	665
楼层状况	11 层、6 层	建筑结构	框架
户型配比	一房 50～60m^2、两房 80～89m^2、小三房 100～105m^2、三房 115～13m^2		
商业形态	4 层裙楼底商	交通条件	70、204、205、208、413、553 等
外墙材料	涂料	外墙颜色	米黄
交房标准	毛坯交付		
物业公司	武汉澳雅物业管理有限公司	物业费	2 元/月、无电梯 1.5 元
开盘时间	预计 3 期开盘时间在 2010 年 6 月中旬		
主要卖点	70 万 m^2 超大成熟社区		
主广告语	芯片人社区		

（2）西山林语，见表 6-5-12。

表 6-5-12　西山林语调研情况

投资商	世纪万通地产	区位	汉阳大道延长线
建筑面积	5 万 m^2	建筑面积	11 万 m^2
容积率	1.9	绿化率	35%
产品形式	二房、三房、四房	建筑风格	新古典主义
总栋数	6 栋	总户数	1100 户
楼层状况	11 层、18 层	建筑结构	框剪
户型配比	2 房 20%、3 房 70%、4 房 10%		
商业层数	1 层	商业面积	约 3 万 m^2
停车条件	481 个车位	交通条件	26、3101
周边配套	教育：德才小学、德才中学、玫瑰园小学、二桥中学		
	商业：摩尔城、家乐福、沃尔玛、大洋百货、欧亚达家居、社区中百超市		
	金融：建行、农行、汉口银行、工行、交行		
	医疗：社区医疗中心		
	购物：王家湾商圈		
开盘时间	预计项目于 2010 年 7 月中旬开盘		
主要卖点	景观、户型（80～100m^2 小三房）较好		
主广告语	世界向左、我们向西		

（3）观澜御苑，见表 6-5-13。

表 6-5-13　观澜御苑调研情况

投资商	武汉汉阳造地产开发有限公司	区位	汉阳芳草二路
用地面积	2.5 万 m^2	建筑面积	80 万 m^2
容积率	3	绿化率	35%
产品形式	高层		
总栋数	32 层/28 层	总户数	800 多户
楼层状况	2 栋 32 层、2 栋 28 层	建筑结构	框架结构
停车条件	少量车位	交通条件	708 终点
交房标准	毛坯交付	交房时间	2012 年
物业公司	武汉鹦鹉洲物业服务有限公司	物业费	1.5
开盘时间	2010 年 9 月	销售率	未开盘
销售顺序	分为 A、B 两个地块，A 地块作为还建房交付，B 地块作为商品房（共 4 栋全部推出）		
价格	均价	住宅预计 6000 元/m^2 左右	
主广告语	观澜御苑 80 万 m^2 湖畔锦城		

（4）金太阳 · 米兰小镇 2 期，见表 6-5-14。

表 6-5-14　金太阳 · 米兰小镇 2 期调研情况

投资商	金太阳（湖北）房地产开发有限公司	区位	龙阳大道芳草路 3 号
建筑面积	5.31 万 m^2	建筑面积	7.97 万 m^2
容积率	1.5	绿化率	35%
产品形式	多层、小高层	总户数	905
停车条件	地上 160 个 地下 260 个	交通条件	204、205、208、413、553、585、596、597
交房标准	毛坯交付		
小区配套	幼儿游乐设施、欧式商业街		
物业公司	武汉俊海物业管理有限公司	物业费	多层 0.7 元 小高层 1.2 元
开盘时间	2010 年 5 月中旬	销售率	40%
销售顺序	已推出 300 多套，已售 100 多套		
价格	小高层均价 5900 元/m^2，其中小户型 6150 元/m^2		

（5）嘎纳印象 3 期，见表 6-5-15。

表 6-5-15　嘎纳印象 3 期调研情况

投资商	武汉中恒新科技产业集团有限公司	区位	沌口
用地面积	5.4 万 m^2	建筑面积	22 万 m^2
容积率	3.39	绿化率	35%
产品形式	超高层	建筑风格	欧式
总栋数	12	总户数	1600
楼层状况	18 层 4 栋、32 层 8 栋	建筑结构	框架
户型配比	32 层 2 梯 6 户、70m^2 占 33%、80m^2 占 33%、90m^2 占 33%	好销户型	2 改 3
商业形态	4 层	商业面积	2 万 m^2

（续）

投资商	武汉中恒新科技产业集团有限公司	区位	沌口
商业层数	4层	景观特色	地中海欧式风格
停车条件	1000个	交通条件	208、205、204、597、708等
外墙材料	涂料	外墙颜色	土黄色
开工时间	2010年1月		
工程进度	9号楼施工到14F，5号施工到3F	交房时间	2012年6月
交房标准	毛坯交付		
开盘时间	6月中下旬	销售率	2期还剩两套
价格	约6000元/m^2左右		
主广告语	城首，成熟		

（6）王家湾片区房地产市场小结。

1）整体楼盘开发体量有限，物业类型以小高层、高层、写字楼为主。

2）片区整体发展逐步成熟，王家湾片区普通住宅项目直逼钟家村片区房地产项目，价格与其不相上下。

3）商业配套完善，家乐福、工贸家电、国美电器、好美家、金马凯旋家居、摩尔城、沃尔玛、大洋百货纷纷落户王家湾。

4）目前已形成完善的立体交通网络，中环线、外环线两条城市快速路，地铁3号线、4号线将改善王家湾片区交通环境。

3. 直接竞争楼盘对比分析

（1）对比分析，见表6-5-16。

表6-5-16　直接竞争楼盘对比分析

楼盘名称	东风阳光城	官湖郡	官观上城
区域地段	观湖路	车城南路	大沌路
建设规模	60万m^2	13万m^2	10万m^2
交通配置	多路公交直达	2路公交直达	无公交车
配套设施	内外配套齐全	配套匮乏	配套匮乏
规划特点	组团式布局	错落式布局	排列式布局
建筑风格	现代简约	现代简约	海派风格
园林风情	院落园林	现代时尚	水景园林
企业品牌	国企品牌	国企品牌	国企品牌
销售价格	5000元/m^2	5000元/m^2	待定
面积区间	88~135m^2	88~130m^2	85~130m^2

（2）与东风阳光城4期分析对比。

1）项目优势分析。

① 紧临后官湖，具备湖景资源。

② 物业形态丰富，产品包括：多层、小高层、高层。

③ 建筑密度较低，楼间距更开阔。

2）项目劣势分析。

① 项目地段较偏，周边商业配套不足。

② 建筑规模较小，项目配套简单。

③ 地块不规整，建筑排布受影响。

（3）与官湖郡项目分析对比。

1）项目优势分析。

① 官湖郡项目地块内包括原有办公建筑，后期管理难度较大，本项目地块相对完整，居住私密性与安全性较强。

② 本项目户型结构以 1 梯 2 户、2 梯 2 户、2 梯 3 户为主，与该项目相比，本项目户型采光通风更佳，居住舒适度更占优势。

③ 本项目设计有观景形象主轴，有利于项目形象树立及展示，该项目主要以湖景为主，内部景观营造较弱。

2）项目劣势分析。

① 本项目非一线临湖，观湖效果不如该项目。

② 该项目地段相对较好，周边商业配套相对成熟。

（4）针对性策略建议。

1）以项目品牌为先导，突出项目国企品牌，通过开发品牌与竞争对手站在同一高度。

2）与公交集团协商，能将 208 路向本项目延伸。

3）做好样板景观、样板物业和样板房的营造，通过情景化营销打动客户。

4）充分利用“太子湖 1 号”的客户资源，形成双项目营销模式，扩大客户资源。

5）尽可能提前入市，提前抢占市场，通过会员营销提前锁定目标客户。

4. 区域内其他重要项目调研

（1）武汉金地城。2009 年 10 月，金地集团以 12.83 亿元斩获四新片区居住类用地，规划总净用地面积为 306556m^2，约 459.83 亩，平均容积率为 1.9，规划总建筑面积 685000m^2，其中住宅面积 562110m^2，主要由联排别墅、叠拼别墅、花园洋房、高层组成，总户数 5441 户，总停车位 3045 个，开工时间为 2010 年 7 月，竣工时间于 2012 年 9 月，预计此项目将由 2011 年下半年至 2012 年上半年度正式入市。

（2）沌口万达广场。2010 年 6 月 2 日，万达集团斥资 3.5 亿元，成功摘牌武汉经济技术开发区 159 亩土地，将建设武汉经开万达广场。

沌口万达广场西北临东风大道，南与武汉体育中心相邻，将建成集大型商业中心、休闲娱乐中心、五星级酒店、客房数不少于 150 套的快捷酒店、高级写字楼、精品公寓、商业步行街为一体的大型城市综合体。

（3）万科金域蓝湾。2009 年 12 月 24 日万科地产关联企业武汉万威咨询有限公司，以 13.58 亿元总价拿下武汉房地产市场沌口板块，该板块东临博学路，南岭车城西路，西临神龙大道，北临三角湖路 320 亩土地。

住宅土地为 70 年限，容积率 2.5，楼面地价 2545 元/m^2，规划居住用地面积 213340m^2，地上总建筑面积 533736m^2，地下车库及设备用房面积 11571m^2。

此地块拟建金域蓝湾建设项目，主要建设住宅楼、商业、会所酒店式公寓、幼儿园、居委会、物业管理和地上、地下停车场等容积率 2.5，建筑密度 14%，总户数 5511 户。

（4）蔡甸和记黄埔项目。2007 年 11 月 2 日，和记黄埔以 14.21 亿元人民币竞得一宗住宅兼商服用地。该地块用地面积达 77 万 m^2，约 1156 亩。地块位于知音湖畔，周边有疗养院、知音度假村、南湖度假村和多福度假村等配套设施。按规划要求，该地块将规划为一座拥有 600 个房间的五星级酒店以及住宅。

武汉蔡甸区住宅/酒店项目将兴建的一个集酒店、会所、居住、办公、休闲于一体的功能复合区。项目分 A、B、C、D 四块区域建设，建设内容主要包括：五星级的地中海风情酒店、高档会所、高层住宅、多层住宅以及环湖景观绿化带等。

（5）世茂嘉年华。世茂嘉年华项目总投资规模达到400亿元人民币以上，将依托知音文化的悠久历史，自然生态的环境优势，建设辐射华中区域一流的、生态型、地标性互动式体验中心和室内主题乐园，主题乐园占地约800亩，建筑总量50万m^2以上，将成为国内最大的室内主题乐园。世茂嘉年华项目将于2010年年底前开工，3年初具规模，5年整体完工。

建成后，将形成位于武汉近郊集商业、旅游、酒店、会展、办公、创智园、总部基地、居住、休闲等功能于一体的绿色生态宜商宜居新城。

（6）武汉中国健康谷。2009年6月，香港大通公司与蔡甸区政府正式达成协议，拟投资48亿元，在蔡甸开发建设面积约150万m^2的“武汉中国健康谷”。该项目集医疗、康复、疗养、体检、健身、养生、妇幼保健、养老、中医中药推广与展示、健身器材展销等功能于一体，并定期举办国际健康论坛、健康知识讲座以及国际学术交流等大型活动。该项目在相关前期准备完成的基础上，建设期5年。一期工程主要是" 同济社区"，该社区将利用我市医疗资源，建设同济专家公寓、同济国际学术交流中心以及同济分院等。

（7）分析小结。

1）板块价值提升。随着万科、金地、和黄、世茂等知名品牌开发商进驻沌口经济开发区及相临蔡甸板块，板块联动知名度提升效应明显，区域市政公用配套进一步完善，将吸引更多住宅中高端客户，其购房置业的可能性大大增强。

2）产业方向转型。万达、和黄、世茂、大通物流的到来，将改变沌口至蔡甸的房地产发展模式，从单一的工业、住宅地产开发，逐步转变成为集居住置业、厂房写字楼、医疗保健、旅游休闲、观光购物于一体的多元化复合型开发模式。

3）投资人群增多。万达、和黄、世茂项目立项，将带动省内外乃至全国各地大批置业投资者前来汉阳经济开发区、蔡甸板块投资兴业，对区域商业配套发展完善极为有利。

4）竞争压力加剧。本项目未来将与知名开发商同场竞技。从综合质素来看，万科、金地从品牌影响力、项目规模、产品种类等方面均优胜于本项目，本项目面临与此类开发企业争取有限客群的处境。

第二部分　项目分析

2.1　项目分析

1. 项目经济指标

规划总用地面积：56659m^2。

可建设用地面积：56205m^2。

规划总建筑面积：99353m^2。

其中：居住建筑面积：97731m^2，其他建筑面积：1850m^2。

总户数：954户。

建筑密度：16.37%。

容积率：1.77。

绿地率：59.3%。

注：根据调整后的项目规划，本项目共7栋高层（18F）、4栋小高层（12F）、2栋多层（5~6F）。

2. 项目规划方案分析

（1）低密度，提升居住舒适度。本项目容积率上限为1.8，如按传统规划全部布置小高层，

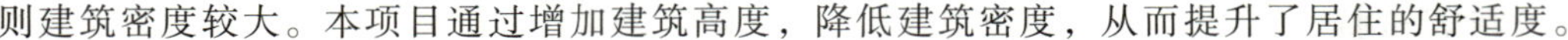

则建筑密度较大。本项目通过增加建筑高度，降低建筑密度，从而提升了居住的舒适度。

（2）超宽楼间距，预留足够空间打造形象景观。本项目高层楼间距最大达到80余米，形成超宽楼间距，预留足够的空间打造景观形象，而且最大限度保证高层产品的采光与通风效果，大大提升了项目的整体品质与档次。

（3）内外双水景规划，做足项目水景文化。以国内先进的景观规划理念，形成“小桥人家”和“玉带缠身”的小区水景规划，与后官湖形成内外双水景，充分利用地块的水景资源优势。

（4）适当拔高建筑高度，有利于高楼层的观湖。本项目通过适当拔高建筑高度，使部分高楼层住宅实现良好的观湖效果，最大限度地提升产品形象。

（5）开放式景观主轴及形象广场，有利于前期项目形象树立。本项目形象景观主轴及广场，可在项目开发初期面世，利用样板景观树立项目整体形象，为项目营销提供有力支持。

（6）海派建筑风格，建筑形象气质与市场形成差异化。本项目采用的海派建筑风格，与区域其他项目建筑风格形成差异化，且本项目的海派建筑风格更具品质感，具备良好的形象气质，是本项目文化营销的亮点。

2.2　周边环境

1. 项目地块四至关系

本项目南、西均为荷塘，北面为打鼓渡河，东面紧临大沌路。

项目北面可远观后官湖，东面紧临湖泊，西北面远眺知音湖，生态环境良好，空气清新，具备丰富的湖景资源。

2. 交通及配套

项目紧邻大沌路，距江汉大学、开发区一中仅3分钟车程，步行10分钟左右，距武汉体育中心车程8分钟。

目前，本项目周边配套暂不完善，交通出行多依赖私家车辆，目前仅208路、213路公交线路到达项目地块或周边，超市、医院、学校等生活配套主要集中在江大、体育中心周边，距本项目尚有一定距离。

2.3　项目产品分析

1. 项目产品统计（表6-5-17）

表6-5-17　项目产品统计情况

编号	户型	建筑面积/m^2	套内面积/m^2	套数	比例
A1	二房二厅一卫	89.22	86.11	46	61.13%
A2		90.03	86.92	22	
A3		93.7	89.24	140	
A4		87.89	83.79	138	
A5		94.84	85.89	140	
A6		96.01	85.28	116	
B1	三房二厅一卫	105.87	100.89	84	24.03%
B2		112.96	103.78	44	
B3		109.94	105.6	108	
C1	三房三厅一卫	139.01	134.47	54	5.5%
C2		131.23	126.81	18	9.16%
C3		131.82	121.9	72	
合计				982	

2. 高层产品分析

项目高层户型包括：A3、A4、A5、A6、B3、C1、C2、C3 户型。

（1）A3、A4、A5 户型分析。

1）两梯三户，板点结合，户型通风采光效果较佳。

2）A3、A4、A5 户型均为 $90m^2$ 两房，面积适中，投资自用兼备，是本区域畅销产品。

3）该户型主要分布在景观主轴两侧，观景效果良好，可充分发挥项目形象景观优势。

（2）A6 户型分析。

1）一梯两户设计，板式结构，方正实用，采光通风效果极佳。

2）A6 户型均配有超大入户花园，2 房变 3 房，户型优势明显。

3）A6 户型建筑面积约 $96m^2$，使用面积超过 $100m^2$，使用率超过 100%，是本项目两房中最实惠的户型。

（3）C1、C2 户型分析。

1）两梯两户，纯板式结构，户型通风采光效果极佳。

2）C1、C2 户型建筑面积分别为 $139m^2$、$131m^2$，适合区域内高端客户的需求。

3）C1、C2 户型结构合理，主要分布在景观主轴两侧，形成前后观景的效果。

4）C1、C2 户型观景效果较好，主卧、客厅可观小区景观大道或湖景，是本项目楼王产品之一。

（4）B3 户型分析。

1）两梯两户，纯板式结构，户型南北通透，通风采光效果极佳。

2）B3 户型建筑面积为 $109m^2$，属于紧凑型三房，对于三房需求客户而言，具备低总价、低首付的优势。

3）B3 户型虽然面积仅 $109m^2$，但客厅及主卧面积较大。

4）B3 户型南北皆可观景，主卧、客厅可观小区景观大道或湖景。

（5）C3 户型分析。

1）两梯两户，纯板式结构，且带有入户花园，该户型卖点鲜明。

2）C3 户型建筑面积为 $131m^2$，是区域内三房的主力面积区间，符合自用型客户的需求。

3）C3 户型是三房的主力户型，且位置与结构较佳，是本项目高层的楼王产品之一。

3. 小高层产品分析

项目小高层户型包括：A6、B1、B2 户型。

（1）A6 户型分析。

1）小高层 A6 户型结构与高层类似，仅少一部电梯。

2）小高层 A6 户型位于项目腹地，楼间绿化丰富，区域人口密度较低，舒适度较高。

（2）B1 户型分析。

1）两梯两户，纯板式结构，户型南北通透，通风采光效果极佳。

2）B1 住宅建筑面积为 $105m^2$，属于紧凑型三房，对于三房需求客户而言，具备低总价、低首付的优势。

3）B1 户型主卧及客厅面积较大，具备较高的舒适居住度。

4）B1 主要位于小区南侧，拥有良好的采光及观景效果。

（3）B2 户型分析。

1）两梯两户，独栋单元，浅进深、大面宽，居住舒适度较高。

2）B2 户型建筑面积为 $107 \sim 109m^2$，仅部分户型为 3 房 2 厅 2 卫户型，功能更为完善。

4. 多层产品分析

项目多层户型包括：A1、A2 户型。

1）多层主要位于项目地块最南侧，全部为一梯两户设计，采光及观景效果极佳。

2）A1、A2 户型共 64 套，面积在 89~90m^2，低总价，低首付，销售压力较小。

5. 产品分析小结

（1）中小户型为主。本项目产品 61% 为 2 房 2 厅 1 卫户型，且户型面积在 90m^2 左右，属于中小户型住宅项目。

（2）高层产品占主导。本项目高层户型数量占比最大，户型包括 2 房 2 厅 1 卫、3 房 2 厅 1 卫、3 房 2 厅 2 卫，面积涵盖 90~130m^2。

（3）板式高层项目。本项目户型结构基本以板式为主，部分户型为纯板式结构，区域少有的优势户型结构。

（4）投资与自用兼备。项目主力户型面积在 90~100m^2，低总价，低首付，适合区域自用与投资客户需求，属于投资自用兼备的产品。

2.4 项目 SWOT 分析

1. 项目优势

（1）品牌优势。本项目投资商为“中铁大桥局武汉置业发展有限公司”，其开发品牌“中铁金桥”影响力较大，且“太子湖一号”项目良好的销售业绩与影响力，为本项目提供了强大的品牌保障。

（2）自然环境优势。本项目位置处于后官湖、知音湖、三角湖中心，紧临后官湖，远眺知音湖。周边自然环境良好，空气清新，有山有湖，可利用的自然资源较为丰富。

（3）学院配套优势。本项目周边配套有江汉大学、开发区一中、三角湖小学等，学院及教育配套资源优势较为明显。

（4）建筑品质优势。本项目采用的海派建筑风格，极具品质感与高雅气质，沿袭了“中铁金桥”一贯的开发理念，精致的建筑外立面与精细化的建筑品质，是本项目立足区域的核心优势。

（5）景观规划优势。本项目因地制宜，充分利用地块地形，将“小桥人家”的景观规划与大气磅礴的湖景资源相结合，形成内外双水景的规划优势。

（6）物业形态优势。1.8 容积率按传统规划理念，主要以小高层为主，必须牺牲建筑密度，使居住舒适度受到影响。但本项目通过调整建筑高差，大大降低了建筑密度，丰富了项目的产品类型，提升了项目居住舒适度。

2. 项目劣势

（1）交通劣势。项目周边的交通设施较为贫乏，出行主要依靠私家车，目前仅 208 路、213 路公交线路到达本项目及周边。

（2）商业配套劣势。项目周边商业配套暂不成熟，主要商业配套集中在江大与体育中心周边，与本项目有一定的距离。

（3）地块完整性劣势。本项目地块被“水上人家”分隔，对项目整体规划造成一定的破坏，对项目整体居住品质有一定的影响，不利于项目高档住宅的形象树立。

其次，本项目与大沌路之前存在一片旧厂房，不利于项目形象展示，对本项目入口造成极大的影响，建议开发商将该厂房一并收购，纳入项目整体规划方案。

3. 项目机会

(1) 万达、万科、金地抢占沌口，必将带动区域价值升值。随着万达、万科、金地等地产大鳄进军汉阳及沌口板块，必将带动沌口开发区的土地价值升值，进而推高住宅房价。

尤其是“开发区万达广场项目”的启动，将改善区域内商业配套落后的局面，对沌口板块整体商业配套有极大的带动作用。

(2) 开发区板块逐步成熟，客户认可程度逐步提升。随着近年来，开发区房地产项目逐步增多，区域内的房地产开发日益成熟，客户对开发区的认可度也有极大程度的提升，将为本项目入市创造良好的外部环境。

(3) 世茂嘉年华、健康谷、和记黄浦商贸大型项目启动。随着世茂嘉年华、健康谷、和记黄浦商贸的逐个启动，汉阳片区的整体形象将得到改善，“汉阳新区”的规划发展，将为本项目带来前所未有的机遇与发展。

(4) 开发区经济发展增速不减。武汉经济技术开发区被喻为“中国车都”，1993 年 4 月经国务院批准为国家级经济技术开发区。

截至 2008 年，开发区内规模以上工业企业阵容大变，产值 10 亿元以上的企业增长五成，从 8 户上升到 12 户，同时，配套商共同成长，带动开发区主要经济指标飘红。

数据显示，2008 年开发区规模以上工业企业达 217 户，比 2007 年度增加 53 户。其中，产值过 10 亿元的企业 12 户，比 2007 年增加 4 户。

随着开发区内企业实力不断加强，为房地产消费带来强大的支持，从根本上保障区域内房地产项目的需求量稳步扩大。

4. 项目威胁

(1) 市场竞争日趋激烈。随着万科、万达、金地等房企进军汉阳及沌口板块，再加上原有的竞争项目，后期本项目将面临严峻的市场竞争，而且对手的实力均不容忽视。

(2) 借壳开发增加项目不确定性。本项目地块开发权采用“企业股权收购方式”取得，增加了项目在开发过程中的不确定性。

(3) 宏观调控效力初显，后续走势难以判断。目前，宏观调控效力已经显现，之后走势如何，难以判断。本项目面对宏观调控，应把握“快速开发”原则，避免政策风险。

2.5　项目针对性策略建议

(1) 通过项目强化品牌，通过品牌反哺品牌。本项目开发品牌“中铁金桥”在汉阳地区拥有较强的知名度与美誉度，可通过本项目的成功操作，强化“中铁金桥”的开发品牌，更可以借助“中铁金桥”品牌实现项目价值最大化，形成项目与品牌的互补目的。

(2) 与“太子湖 1 号”项目形成联动营销，充分利用企业资源。由于本项目与“太子湖 1 号”均处于武汉经济技术开发区，且地理位置相距不远，客户区域存在一定的关联性，所以，建议本项目与“太子湖 1 号”项目形成联动营销，包括广告推广整合、营销活动整合、客户资源整合等，充分利用彼此的优势资源，提升销售效率。

(3) 启用看房电瓶车，缩短客户距离感。目前仅 213 路公交车途径本地块，208 路公交总站距本项目依然有 500m 左右的距离，造成客户看房极为不便，建议本项目在启动之初，为售楼部配备 2~3 台看房电瓶车，以便接送客户看房。

(4) 以项目品牌、品质、产品为推广核心，与市场形成差异化。与周边其他项目相比，本项目湖景并不占优势，所以，本项目如何做好品牌、品质、产品的卖点推广，突出项目可靠的品牌、优质的品质、自用投资兼备的产品，与市场形成差异化，是项目营销推广的核心。

(5) 充分利用现有水景资源做文章。本项目位于后官湖畔，应充分利用现有水景资源，做好水景的文章，对于高层的中高楼层，发挥观湖优势，对于小高层、多层及高层的中低楼层，以小区内水景及超宽楼间距为优势，使各类型产品均有其核心优势。

(6) 吸引商业配套，填补项目商业配套空白。由于本项目周边商业配套较为薄弱，建议本项目引进一家综合超市进驻项目商业，给予进驻商业一定的补贴，丰富项目商业配套。

第三部分 项目定位

3.1 目标客户定位

与汉阳老城区不同，这里没有过多的中老年人群，没有不急于购房的客群，更多是属于对经济技术开发区对刚性需求，但是，纵观沌口板块，针对中青年置业客户的中小户型项目供应量明显不足，或许可以解释为什么类似东风阳光城、官湖郡等项目的热销。

1. 购买取向决定因素分析

对于沌口板块的房地产市场而言，区域物业价值相差较大，从过万元的别墅、洋房到三千元的小高层、高层，使用区域并没有形成一个统一性的价格体系。

分析区域客户购买取向的决定因素，有助于认清区域客户的购买动机与购买因素：

喜好：自主型购买人群。

品质：判断型购买人群。

性价比：比较型购买人群。

跟风：跟从购买人群。

2. 项目主力客户群体类型画像

项目位于武汉沌口开发区范围，在客观存在上属于武汉市汉阳远城区板块，故此，目标市场仍然以沌口区域为主，市内客户为辅。结合项目的产品特性和质量、景观因素，改善性居住需求和投资性购买需求仍将占到较大比重；其次，受价格诱因影响，首次置业需求也将是项目的一个主要目标市场。

整个项目的开发销售周期预计为 2~3 年时间，结合项目自身的特点，首期目标市场主要表现为刚性置业和投资性需求。开发区各大中型企业、江汉大学、开发区一中、大桥局设计院、长江水利委员会研发中心等大型企事业单位，开发区众多企业的职工都是本项目的潜在客户，本集团内部定向团购的市场也是首期的主要市场范围。

3. 目标客户深度分析定位

目标客群的分析，将从客户组成类型、客户来源、消费心理和购买动机、收入水平、年龄特征几个方面着手分析。

(1) 第一圈层客户。沌口区域大中型企业和高科技企业员工，出于结婚、入户、改善住房条件的需要，以青年置业为主。

从区域发展前景来看，此区域是汉阳中心区延续性发展空间的城市地带，汉阳、沌口聚集了大量制造、科技型企业，已经成为沉淀和吸纳高层次、高收入置业群体的密集区域。

另一方面，越来越多的企业、大专院校进驻本区域，随工作地点考虑居住变化的客群，也会选择在区域内购房。

(2) 第二圈层目标客户。汉口区域、汉阳区域因价格因素而来的置业群体。

这类客户多分布在汉阳、汉口水厂一带区域，这类群体因拆迁、住房升级换代、家庭人口增加、结婚等因素需要购房，又难以承受市中心高昂的房价，需要在相对便利、价格较低的区域购房。

此类客户对价格比较看重，同时也关心项目周边的交通、配套，以及项目自身的环境、品质。

（3）第三圈层目标客户。投资性客户，以及周边县市来汉购房置业人群。

投资者则表现为头脑冷静，具有剖析事物本质之能力，熟知地产投资回报规律，了解区域发展潜力。

一部分投资客户表现出很强的兼用性，自住与投资兼顾，为了经商及居住的方便，利用宽裕的资金购置住房，选择发展潜力比较大的物业，购买后先自住，待三年五年后，再转手，从中获取利润。

4. 自用型目标客户来源

（1）开发区各类企业中拥有较稳定收入的中青年白领、技术人员。他们相对比较年轻，在此置业一部分是出于投资目的，另一部分是为了日常工作方便就近买房安家，这类企业数量众多，主要集中在沌口板块。

这些企业在本项目销售过程中值得逐一上门推荐，主要包括：

1）汽车生产：神龙公司、东风总部、东风本田公司、中誉汽车、长安汽车、斯贝卡专用汽车、吉远汽车。

2）汽车零配件：友德汽车电器、中生汽车电器、东风汽车零部件、东顺汽车配件厂、东神轿车专用件、神龙轿车零部件、云鹤汽车座椅、海天实业、保得汽车配件、台湾万兴、台湾瑞利、德国SEW传动设备、东风模具冲压、理研汽车配件、法雷奥车灯、佛吉亚全兴汽车座椅、神龙汽车塑胶件、耀华汽车玻璃、沌口武钢新基地、武钢17万吨剪配中心等。

3）电器电子：海尔、美的、唯冠、冠捷、中国普天、飞利浦分公司、艾德姆衡器、中恒电子、银泰电池等。

4）食品饮料：可口可乐、顶益、顶津等。

5）印刷包装：晨鸣纸业、南洋印务、惠典包装、鑫新龙包装等。

6）日用化工：丝宝集团、今晨集团等。沌口开发区各工业园企业。

（2）开发区各行政部门、事业单位职员及江大青年教师。沌口开发区各级行政机关公务员、开发区行政事业单位职员，他们收入稳定，且有一定积蓄，以养老型购房及为子女结婚购房为目的。

而江大的青年教师由于参加工作时间不长，还不能获得福利分房资格，所以，在周边区域购房，成为他们置业的主要途径，尤其是中小户型，将成为他们的首选置业目标。

（3）项目周边及王家湾片区的原居民。这部分客户出于结婚、拆迁、改善型需求等原因在开发区购房。

（4）区域客户挖掘策略。对于区域内竞争对手来说，本项目拥有“中铁金桥”的国企背景实力，在针对沌口板块自用型目标客户的推广中，建议强化自身产品优势，建立项目的价值体系。

诱导核心关键词——国企实力、海派建筑、板式户型、区域发展潜力。

5. 投资型目标客户来源

（1）开发区、王家湾片区私企老板及中小商户经营者。随着武汉摩尔城、海天乐购项目的建成与启动，王家湾片区将吸引越来越多的私企老板与中小商户经营者进驻，随着“经济技术开发区万达广场”的启动，沌口板块的投资价值将被重估，他们也将成为本项目重要投资客户群体之一。

（2）项目周边企业高管及江大高级教师。本项目周边企业众多，这些企业高管待遇及收入稳定，而且具备投资经验，根据东风阳光城、官湖郡的成交客户调研，沌口的企业高管是这些楼盘的主要投资客户群体。

其次，本项目紧临江汉大学，对于学校的高级教师而言，多数已经拥有两套以上的住宅，投资住宅也是他们的主要投资渠道之一，本项目与江汉大学仅500余米，必将是这部分高级教师的主要关注楼盘之一。

（3）投资型目标客户挖掘策略。万达、万科、金地等地产企业纷纷抢占沌口板块，尤其是“经济技术开发区万达广场”项目的启动，必将提升整个沌口板块的投资价值，填补区域商业配套。

而且随着开发区土地价格不断高涨，未来区域的房价必将随之上涨，投资价值不言而喻。

诱导核心关键词——万达广场、地铁3号线、投资价值、生态环境、湖景资源。

3.2　项目形象定位

1. 项目核心价值提炼

品牌价值——中铁金桥，央企实力品牌。

产品价值——中小户型，投资自用兼备。

环境价值——临后官湖与知音湖，湖景资源丰富。

学院价值——连接江汉大学，学府气质，文化名宅。

区域价值——区域配套逐步成熟，土地价值高涨。

2. 项目形象定位

（1）项目形象定位。项目形象以“精致、美感、文化、学院”为核心，突出项目产品的品质感与建筑风格的美感，以差异化的形象定位，在竞争激烈的区域市场中脱颖而出，所以本项目形象定位建议为“学府气质·海派印象建筑”。

1）学府气质：体现项目周边良好的教育文化氛围，通过学府楼盘的形象前缀，导入项目“学府气质”楼盘的价值观。

2）学派印象建筑：本项目异域化的建筑风格，极具海派印象，是区域内少有的精致楼盘，通过对建筑风格的包装，体现项目独特的气质。

（2）项目核心推广主题定位：居高·瞰湖·观天下。

1）居高：本项目以高层为主，以“居高”表明项目的建筑特征。

2）瞰湖：项目湖景资源是本项目自然景观的核心卖点，尤其是结合高层住宅，有利于高层产品的价值最大化。

3）观天下：表现出项目住宅的品质感与建筑气质，拔高项目档次定位，突出住宅的尊贵感，与目标客户形成心理共鸣。

备选核心推广主题：

1）居高·阔景·悠然人生。

2）阔景美宅，诗意栖居。

3）阔景之上·醉美生活典范。

3. 项目推广调性定位

（1）项目推广调性研判。本项目推广调性以建筑风格为载体，结合项目自然观景资源，突出项目精致的、美感的、气质的、观景湖的高层建筑特征。

（2）项目LOGO。LOGO由两部分组成，整体简洁而稳重。咖啡色的主色调，与本项目建筑立面色彩相呼应，强调了居住环境的自然性与高贵性，圆形的建筑效果图，唯美，令人充满遐想。

“金桥”的前缀是开发企业的品牌标志，与前期项目形成连贯性。

“官湖上城”的字体变形不但具有一定的美感，而且与项目的柔性气质相吻合。

“学府气质·海派印象建筑”的定位，是项目鲜明的形象定位。

3.3　项目企业品牌推广主题定位

推广主题定位：中铁金桥，一个有成就的品牌。

通过分析中铁大桥局与“中铁金桥”品牌的关系，使“中铁金桥”品牌得到更有力的推广支撑。

建议本项目在品牌推广阶段，以“中铁金桥”的品牌成就为推广核心，展示“中铁金桥”的品牌价值。

通过对项目开发品牌“中铁金桥”的推广，不仅有利于项目价值的提升，更是强化“中铁金桥”在区域内的影响力，提升企业整体竞争力。

3.4　价格定位分析

1. 价格定位策略

本项目价格定位采用“市场比较法”进行分析，以本项目各项指标为10分满分，主要竞争楼盘包括：东风阳光城（4期）、官湖郡（1期）、海天幸福小城（2期）、博学华俯（4组团）、湖墅观止（小高层）。

通过综合评定分析，确定本项目入市阶段的价格定位（均价）。

2. 项目价格定位分析（表6-5-18）

上述列入综合市场评估的楼盘，其价格经调研如下：

1）东风阳光城（4期）：1组团首推1栋高层与1栋小高层，整体成交均价4750元/m²，高层与小高层平均层差为20元/m²。

2）官湖郡（1期）：联排别墅与2栋高层，高层成交均价4950元/m²。

3）海天幸福小城（2期）：高层成交均价4600元/m²。

4）博学华俯（4组团）：高层2房、3房成交均价6150元/m²。

5）湖墅观止（小高层）：6月成交均价3860元/m²。

表6-5-18　项目各要素权重

要素＼项目	东风阳光城（4期）	官湖郡（1期）	海天幸福小城（2期）	博学华府（4组团）	湖墅观止（小高层）	本案
地理位置	12	10	8	11	8	10
小区规模	13	10	11	10	12	10
繁华程度	12	10	9	11	9	10
交通配套	11	10	8	11	9	10
商业配套	12	10	9	11	10	10
自然景观	9	11	8	9	12	10
园林景观	11	10	8	9	11	10
教育人文	10	10	8	11	9	10

（续）

要素 \ 项目	东风阳光城（4期）	官湖郡（1期）	海天幸福小城（2期）	博学华府（4组团）	湖墅观止（小高层）	本案
社区配套	13	10	9	10	11	10
产品户型	10	10	9	9	9	10
品牌实力	10	10	8	8	7	10
项目品质	10	10	9	9	10	10
综合评比	133	121	104	119	117	120
可比价格	4750	4950	4600	6150	3860	
权重	20%	20%	10%	20%	30%	

本项目理论销售基价为：

（4750×133×20%+4950×121×20%+4600×104×10%+6150×119×20%+3860×117×30%）÷120≈4808元/m^2。

根据楼盘竞争环境，本项目理论销售基价可权比修正为4800元/m^2。

注：本项目最终销售价格将根据项目上市时间与市场环境进行修正，具体销售价格在项目正式认购前一个月制订。

3. 价格浮动

（1）价格浮动原则。本项目价格的浮动策略，依然采用“低开高走”的一套成熟的、稳步获利的模式，价格始终保持向上的浮动轨迹，低开的目的是为了吸引市场的视线，其线路是为了提升价格。在低开高走的过程中主要是控制价格和户型、楼层的配比，价格的控制主要是调价频率和调价幅度。

（2）价格浮动策略。价格浮动的策略，一是根据销售的不同阶段，按照认购价、开盘价、热销价、清盘价等几个明显提升的价格水平进行，逐步将价格提升；二是在销售进展过程中，结合房源销控随时进行调整价格，在市场供求的基础上进行实际价格跳点，每种房型销售3~5套，剩下的货量在原价基础上进行价格跳点。

（3）价格浮动幅度。本项目价格浮动的最理想模式是保持“微幅频调”，一般每种房型销售20~30套跳点一次，每次为1%~1.5%。调价新近几天，可配以适当折扣等促销策略，作为价格局部过渡，有新生客源流时，再撤销折扣。

（4）价格监控。价格调节频率的关键是虚实转换，每次调价后物业总有一种市场的瞬间断层，难以有圆整的市场曲线。没有市场客户积累基础面主观调价，不仅会影响购买人气，并且会直接影响成交：没有导入要领，价格调高后前期客户会有积极影响，但对洽谈客户也有一定副作用；只有在市场相对热销的前提下，才能进行调价，即使有虚的成分，也可逐级盘实。

因此，价格在什么时候调整，每次调整多大幅度，都需要以销售进展速度为依据。另外，随时掌握竞争对手的价格变化，将为本项目价格调整提供参考依据。

第四部分　销售策略

4.1　项目营销模式

1. 集群行销

与传统的营销模式不同，集群行销模式重点在于“走出去，锁定客户”，利用巡展、巡演、派单、上门拜访等方式，主动出击，寻找目标客户。

项目销售部将组织销售员在沌口片区、王家湾开展集群行销，营销策划小组负责排查分析客户类型和分布范围，对目标客户集中的区域，如政府机关、企事业单位、学校等上门拜访。

不定期在沌口金凯购物中心和王家湾摩尔城等商场、超市等人流密集地段进行派单及巡演，进行点对点的销售。

集群行销的优势在于：

1）直接有效，与客户面对面沟通。

2）把握主动权，能取得实效。

3）节省推广成本。

2. 会员制营销

建议开发商成立“金桥会”，通过会员营销创新项目销售模式，将会员制营销贯穿项目整个销售流程。会员制营销的优势在于：

（1）提前锁定客户。将会员制营销结合项目认筹，提前锁定目标客户。

（2）增加项目营销附加值。通过会员制，客户可享受物业代租、免费索取会员刊物、优先选房权、老带新优惠等，提升项目营销附加值。

（3）企业品牌强化。通过贯穿项目全程的会员制强化开发企业的品牌，有利于开发商长期战略的实施。

3. 活动营销

活动营销的意义在于，抓住目标客户的消费心理、消费习惯、关注问题和日常行为特征，通过精心组织一系列主题推广活动，对客户进行集群式的轰炸，引起目标客户心理共鸣，和轰动性效果，烘托项目人气。

而且活动营销具有针对性强、成本低等特点。活动营销组织的成功，对促进销售将起到事半功倍的效果。

结合本项目以及目标客户的特点，建议举办以下形式的活动：

（1）“金桥会”成立仪式暨年终答谢会。

活动目的：整合开发商项目资源，展示“中铁金桥”品牌理念。

活动内容：集合“中铁金桥”品牌旗下的楼盘，成立“金桥会”客户俱乐部，通过会员营销形成品牌竞争力。

建议邀请前期楼盘的业主代表，参加此次“金桥会”启动仪式，并发布本项目信息，现场进行意向登记。

活动地点：星级酒店会议室（建议香格里拉大酒店）。

（2）见证“金桥品质”——官湖上城品质见面会。

活动目的：整合项目卖点，为客户展示“官湖上城”项目的品质与理念。

活动内容：通过项目说明会的方式，展示本项目的规划、园林、建筑、开发商实力等卖点，突出“官湖上城”项目对品质的高要求，以及项目环境优势及人文生活概念。

活动地点：项目现场销售中心。

（3）官湖上城项目开盘仪式。

活动目的：利用开盘活动造势，形成集中销售，制造项目热销的局面。

活动内容：项目认筹达到目标后，建议举行开盘活动，包括开盘仪式、演出、抽奖等内容，通过活动造势促进项目认筹转签。

活动地点：项目现场销售中心。

（4）海派印象之旅——欧洲七国品质游。

活动目的：开盘热销阶段，通过“欧洲七国品质游”抽奖活动引发热销高潮。

活动内容：以欧洲七国抽奖为主要噱头，配合现场热销气氛，与项目定位相吻合，不断的制造出幸运客户，带动处于将签约的客户，引领热销高潮。

同时，建议项目举行一场启动仪式，邀请幸运客户及意向客户参加，扩大活动影响力。

活动地点：项目现场销售中心

（5）海派印象摄影展暨欧洲七国游摄影展。

活动目的：欧洲游活动的补充活动，利用摄影展，形成项目与客户之间的互动，强化项目品质生活的推广理念。

活动内容：征集旅游业主在欧洲拍摄的照片，并根据客户的选票评选获奖作品，形成项目活动营销的连续性。

建议举行一场颁奖仪式，邀请业主及意向客户参加，同时，所有投票客户均有机会参加抽奖活动，通过活动吸引客户关注，制造炒作话题。

（6）家装设计大赛。

活动目的：在项目尾盘阶段，通过家装设计大赛，导入项目现房概念。

活动内容：建议与武汉知名家装设计公司联合举行，并向业主征集家装设计创意，所有购房客户均可免费获得参赛设计作品（限一套）。

将设计作品在售楼部进行展示，结合项目样板间，以情景化营销打动观望客户。

（7）其他主题性营销活动。

在项目的工程节点、销售节点及节日，举办主题性营销活动，配合项目销售，如五一节、儿童节、端午节、中秋节、国庆节等。

4. 联动营销

本项目可与“太子湖1号”项目实行联动营销，两个项目的营销中心分别设置双方的销售资料及广告，由区域营销总监全面负责两个项目的销售工作，双方的销售员可同时销售两个项目，利用销售软件进行实时销售控制。

建议开发商为两个项目配备一台看房车，方便接送两个项目的看房客户，充分利用双方的客户资源。

在营销推广过程中，双方的广告均附带对方的楼盘信息，形成“双项目”营销模式，提升推广效率，充分整合双方的客户资源、广告资源、渠道资源。

4.2 项目营销总纲

1. 项目营销阶段划分

项目前期接待阶段　　2010年10月起，接待点为太子湖售楼部

项目入市启动阶段　　2010年12月~2011年3月中下旬

一组团认筹阶段　　2011年4月初~5月上旬

一组团开盘热销阶段　　2011年5月中旬~8月底

二组团加推认购阶段　　2011年9月初~2012年1月底

项目尾盘销售阶段　　2012年2月初~5月底

2. 项目营销活动时间节点排期

“金桥会”成立仪式暨年终答谢会　　2010年12月18日

见证“金桥品质”暨官湖上城品质见面会　　2011年4月9日

官湖上城项目开盘仪式 2011 年 5 月 7 日
海派印象之旅——欧洲七国品质游 2011 年 9 月 17 日 ~10 月 28 日
海派印象摄影展暨欧洲七国游摄影展 2011 年 11 月 26 日 ~12 月 18 日
家装设计大赛 2012 年 2 月 18 日 ~4 月 8 日

3. 项目分期销售策略

(1) 项目施工建议。建议本项目采用整体施工，分组销售的策略，减少销售风险，通过少量供应，形成“局部卖方市场”，且多层与小高层施工进度要稍快，通过分组团销售的策略，可以加快项目资金回笼速度，减轻项目资金压力。

(2) 一组团销售统计。一组团为 2 栋多层、4 栋小高层、1 栋高层，房源共计 312 套住宅。通过分组团开发，使一组团物业形态更为丰富。包括多层、小高层、高层，有利于项目首期销售。

(3) 二组团销售统计。二组团为 6 栋高层，房源共计 670 套住宅。二组团施工进度略缓于一组团，通过一组团销售，提高项目销售价格，避免高层价格抗性。

而且，二组团高层在入市阶段，项目有充足的时间打造样板景观，使高层销售得到有力支持。

4.3 项目各阶段营销策略

1. 项目入市启动阶段

时间：2010 年 12 月 ~2011 年 3 月底。

营销策略执行：

1) 售楼部装修：售楼部建议设置在项目大门入口底商，包括沙盘、展板、谈判桌椅、文件柜、背景墙、门头招牌、吊旗、防撞条、液晶电视、售楼部导视牌等。

2) 销售物料准备：包括楼书、海报、户型单页、销售百问、销讲资料、工程排期表、名片、水杯、信纸、“金桥会”会刊印刷、会员章程、会员招募、VIP 卡等。

3) 项目现场包装：包括项目围墙广场、导视牌、路旗广告等。

宣传推广启动：包括户外广告、电视台广告、DV 宣传片、短信平台、巡展等。

4) 金桥会启动仪式：项目入市之初启动“金桥会”，利用会员营销快速树立项目形象，实现开发商楼盘的资源整合。“金桥会”启动仪式活动时间建议为 2010 年 12 月 18 日。

在此之前，可利用太子湖 1 号售楼部，开始本项目前期接待蓄水工作。

2. 一组团认筹阶段

时间：2011 年 4 月初 ~5 月中上旬。

营销策略：

1) 一组团认筹：一组团认筹建议时间为 2010 年 4 月初 ~5 月中上旬。

2) 认款方式：客户交纳 5000 元“入会费”，可享受一组团开盘优先选房权及开盘额外优惠，具体优惠政策将在后期方案中确定。

3) 销售筹备：包括“金桥会”入会协议、优惠政策、一组团认筹方案。

4) 看房通道：售楼部至工地现场的道路平整，两侧的围墙要安装，并在看房通道上方搭建安全维护。

5) “中铁金桥”品质见面会活动：活动时间建议为 2010 年 4 月 9 日。

6) 样板景观：建议项目样板景观在一组团认筹前完工，建议样板景观安排在小区主入口广场，连同售楼部周边景观共同施工。

3. 一组团开盘热销阶段

时间：2011 年 5 月中旬～8 月底。

营销策略：

1）一组团开盘：建议开盘时间 2010 年 5 月 7 日。

2）开盘条件：一组团共计 312 套住宅，会员招募数量须达到 600 批以上，才能保证项目开盘销售的成功。

3）开盘活动：项目一组团开盘时间建议为 2010 年 5 月 7 日。

4. 二组团加推认购阶段

时间：2011 年 9 月初～2012 年 1 月底。

营销策略：

1）二组团加推：建议二组团加推时间为 2010 年 9 月 17 日，"欧洲七国品质旅游"抽奖活动同时展开，配合项目销售。

2）销售策略：二组团采用直接认购的方式进行销售，且在一组团开盘后，客户依然可交纳 5000 元"入会费"，与前期"会员"一样享受二组团开盘优惠政策。

3）欧洲七国游：二组团开盘建议与"欧洲七国游"活动同期展开，利用活动造势，而且通过抽奖送旅游刺激销售，活动时间建议为 2011 年 9 月 17 日～10 月 28 日。

4）海派印象摄影展：在二期团开盘热销阶段，兴办"海派印象摄影展"，通过活动造势，吸引市场关注，推广项目口碑，形成连续热销，活动时间建议为 2011 年 11 月 26 日～12 月 18 日。

样板房：建议在二组团加推上市前，项目样板房具备使用条件，样板房建议在小区主入口高层，选择 1～2 套户型进行装修，并对公共部分按交房标准进行装修。

5. 项目尾盘销售阶段

时间：2012 年 2 月初～5 月底。

营销策略：

1）清盘策略：利用项目交房前期的"现房阶段"，主打项目现房牌，通过"家装设计大赛"，突出项目现房优势，"家装设计大赛"活动时间建议为 2012 年 2 月 18 日～4 月 8 日。

2）项目交房时间：建议本项目交房时间为 2012 年 5 月 1 日，即项目开盘后 12 月具备交房条件。

3）清盘优惠策略：清盘阶段，建议避免通过降价等手段进行清盘，通过增加项目产品附加值等方式，促进尾盘销售，如赠送"知名设计大师"全套家装设计方案等方式。

4.4　促销策略

1. 认筹优惠

本项目在没有正式开盘前，主要以认筹方式锁定客户，客户除了享受"低开高走"的低价外，另外给予一定的折扣优惠。

2. 付款方式优惠

为稳定本项目的价格体系，在项目开盘后，客户仅享受付款优惠，引导客户在项目开盘前认筹并签约，形成集中开盘的火爆局面。

3. 老客户带客奖励

已经购买商铺的老业主成功介绍新客户购买，可获得一定的现金奖励。

4. 节日促销优惠

在五一、十一、中秋、元旦、春节等节假日，对购买商铺的客户给予一定的小额优惠。

除上述优惠条款以外，一般对客户购买住宅再没有任何方式的价格优惠，如因关系客户购买需要给予折扣，开发商需有书面盖章文件交由我司，方能办理额外优惠。

4.5　项目工程节点建议

项目工程节点建议见表6-5-19。

表6-5-19　项目工程节点建议

时间	工程要求
2010年10月	沙盘在太子湖1号售楼部摆放到位,开始前期接待
2010年12月底	现场售楼部具备使用条件
2011年4月初	入口广场的样板景观完工
2011年4月初	一组团具备销售条件
2011年8月底	二组团具备销售条件,样板房完工
2011年11月初	项目外立面呈现
2012年1月底	项目园林施工,主入口景观主轴完工
2012年4月底	项目具备交房条件

第五部分　推广策略

5.1　推广总策略

将官湖上城和太子湖1号两个项目绑定，太子湖1号高层与官湖上城项目联动推广，广告资源、客户资源共享。形成“一区双城”的格局，两个售楼部均对两个项目同时进行推荐，同时可以销售两个项目的房源。

在项目推广前期、中期，充分利用太子湖1号广告资源、客户资源，为本项目进行推广和客户蓄水。如太子湖1号楼体巨幅广告、沿街大型广告牌等，均可为本项目借用。

在正式对外投放的户外广告、报纸广告、房交会、巡展巡演等，均可以两个项目联合推广。

5.2　项目分阶段推广策略

1. 项目推广阶段划分（图6-5-1）

2. 阶段性推广主题

(1) 形象推广期。

宣传推广主推：“居高·瞰湖·观天下”。

备选：“阔景美宅，诗意栖居”或“城献2010，阔景美宅留住悠然一生”。

(2) 认筹蓄势期。

宣传推广主题：“沌口大风暴：万达来了！地铁来了！官湖上城来了！”。

备选：“江大旁·学府气质·上城风度”和“80米阔绰楼间距，大手笔演绎上城风范”。

(3) 开盘热销期。

宣传推广主题：“80m阔绰楼间距，大手笔演绎上城风范”。

备选：“官湖上城，绝美生活示范区恭迎全城品鉴”和“官湖上城，360°景观轴上的上层生活”。

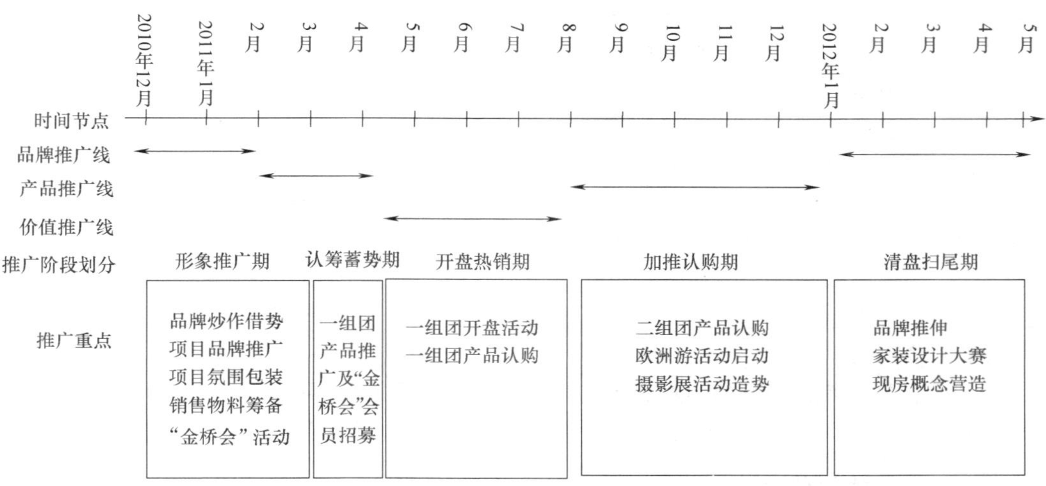

图 6-5-1　项目推广阶段划分

（4）加推认购期。

宣传推广主题："臻居官湖上城，上风上水，大美再现！"。

备选："景观轴心高层惊艳亮相，官湖上城献礼沌口！"。

（5）清盘扫尾期。

宣传推广主题："上层之上，经典海派印象建筑诚邀全城品鉴"。

备选："官湖上层，炫美现房恭迎全城品鉴"。

5.3　宣传推广主要渠道

1. 主要推广渠道

本项目以户外、报纸、巡展作为主要推广方式。

（1）户外广告。

1）公交车身。根据目标人群出入地点，建议投放 208 路、585 路公交车身广告，可辐射覆盖东风大道、汉阳大道、建设大道等城市主要干道。

2）沌口电瓶车。建议选择沌口开发区的电瓶车投放车身广告，电瓶车在开发区作为内部交通的重要工具，具有较大的覆盖面。

3）户外广告牌。可选择地点有汉阳体育馆附近，王家湾十字路口，太子湖项目周边、金凯家居。在户外选择上需要提早进行，由于项目周边大盘云集，所以需要提防重要地段被预订。

4）候车亭。候车亭广告对"上班族"有特别的关注效果，在价钱不高的前提下效果不亚于大型户外。建议路段为东风大道沿线、开发区腹地，特别是竞争性楼盘附近的车站候车亭。

（2）报纸广告。报纸广告无疑是最多、普及性最广和影响力最大的媒体广告，其具有传播速度较快、信息传递及时、信息量大、说明性强等优势，所以在项目推广过程中，报广将作为最主要的媒体广告宣传方式。

可选择武汉市优势报刊刊登，如武汉晚报、楚天都市报、晨报等。

（3）巡展、巡演。可在江大、沌口开发区企业及行政单位周边进行巡展，主动联系单位购房客户，利用巡展派单定向推广。

在节假日或周末，可在金凯购物中心、王家湾摩尔城等商业中心进行巡演，配合销使派单及现场展台，吸引客户关注。

建议本项目巡展、巡演可与“太子湖1号”项目联合推广，不仅节省推广成本，更可以形成规模优势，以不同的产品吸引不同的客户群体。

2. 其他推广渠道

（1）电梯框架广告。电梯内展示广告也是近年才突显其宣传效果，可将此类广告设置在周边入住率较高的小区电梯内、沌口大型企业办公大楼电梯内、汉口金融片区知名写字楼电梯内。

（2）网络广告。网络广告具有信息容量大、覆盖范围广、实时性与持久性、动态效果强等优势，在项目推广上，应该建立项目自身的网站系统，发布楼盘信息和活动信息，后期可作为业主交流平台。

同时，还需要在主流房地产网站上发布楼盘信息，制作连接至项目自身的网站，可选择亿房、搜房等专业网站。

（3）短信群发。短信群发的客群捕捉能力很强，并且价格低廉。投放时间主要集中在开盘期与尾盘期，以及在节假日发送问候、促销信息，建议使用定点范围群发。

5.4　目标客户针对性推广

（1）针对江大教师。建议本项目可联合江汉大学开展多种主题活动，如江大专场项目说明会、住宅投资讲座、赞助学校内部的各类主题活动等，通过主题推广活动，在江汉大学内打响项目品牌知名度，吸引教师关注。

（2）针对开发区企业员工及行政单位公务员。将项目宣传资源定期投送到开发区企业及行政单位的通勤车、办公室、宿舍等区域，同时，在上下班高峰时间段，安排销使进行定点派单，配合展台进行推广。

（3）针对“中铁金桥”老业主。做好老业主（包括半山花园、港湾花园、凤凰华庭、太子湖1号等已开发楼盘老业主）的服务性工作，对老业主带客给予奖励。

定期向业主寄发“金桥会”会刊，提升业主对“中铁金桥”品牌的忠诚度，在老业主群体中开展内部推广。

（4）针对中铁大桥局设计院关系客户。本项目有一批定向房源销售给中铁大桥局设计院，可利用此次机会，将“金桥会刊”及项目宣传资源进行集中派发，并邀请定向客户参与本项目营销活动，利用客户口碑宣传本项目。

5.5　项目包装策略

1. 售楼部包装

（1）售楼部位置建议。建议本项目售楼部设置在项目小区主入口底商，建议面积为200m^2。

（2）售楼部平面布置建议，如图6-5-2所示。

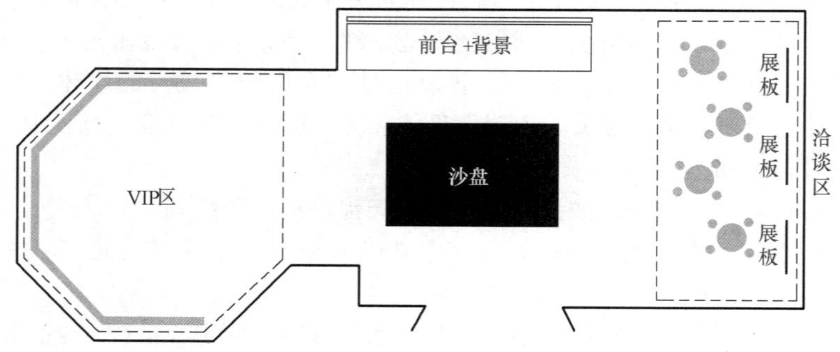

图6-5-2　售楼部平面布置建议

2. 项目现场包装

（1）大沌路沿街面。大沌路是本项目唯一的沿街面，更是本项目重要的形象展示面，本项目在施工期间，沿大沌路沿线设置围墙广场，高度建议6m，并根据不同的销售阶段更新围墙广告画面。

（2）大沌路导旗。建议项目工地现场至江大路口，沿线设置项目导旗广告，方便客户到现场看房，同时，也可起到拦截“千年美丽”和“湖墅观止”终端客户的目的。

（3）售楼部导视牌。建议在208终点站、售楼部外各设置一块导视牌，方便客户到达现场，建议高度为9m。

3. 样板景观包装

建议本项目在一组团认筹启动前，小区主入口景观及广场先期施工，作为项目样板景观，项目样板景施工建议包括地面硬化、花池、树阵、大门造型、景观小品、部分景观主轴水景。

4. 样板商业包装

建议本项目在一组团开盘前，对沿街商业抢先施工，作为项目样板工程之一，样板商业包括地面硬化、景观小品、休闲景观、商铺外立面、橱窗广告贴画、商铺招牌等。通过样板商业包装，展示项目系统样板工程，树立项目整体形象。

5. 样板房包装

建议本项目在二组团装修3套样板间，作为项目样板工程的重要组成，样板房户型建议为A3、A4、A5户型，楼层建议为2层或3层，并将样板间公共部分按交房标准施工。

6. 样板物业

建议本项目正式启动后，力争在小区样板景观区、样板房、现场营销中心均配备物业管理人员，包括保安、保洁、物业客服人员，通过样板物业营造、强化项目品质楼盘的形象，促动客户购买欲望。

7. 项目楼书构思

楼书作为本项目重要的销售资料，是体现项目品牌、展示项目档次与形象的重要渠道，建议本项目制作一本精美的楼书，与“金桥会”会刊搭配使用，本项目楼书结构建议见表6-5-20。

表6-5-20　项目楼书构思

序号	主题	页数	标题	内　容	备注
1	封面封底	P01 P40		封面：企业及项目LOGO 封底：开发商、地址、电话、地图、免责条款	跨页
2	扉页	P02～P03	谨以有风度的建筑，献给有风度的人	引言	跨页
3	简介	P04～P05	学府气质，海派印象建筑	鸟瞰图、项目简介	
4	品牌篇	P06～P09	建筑的阅历——以建桥的心志建造住宅	P06：篇章起始页，主标题 P07：桥梁图片 P08～P09：企业品牌简介，大桥局建设成果、开发楼盘图片	
5	区位篇	P10～P17	建筑的智慧——下一站，沌口	P10：篇章起始页，主标题 P11：区域标志性图片 P12～P13：开发区发展介绍 P14：行——地铁、公交	

（续）

序号	主题	页数	标题	内容	备注
5	区位篇	P10~P17	建筑的智慧——下一站，沌口	P15：购——王家湾、万达、金凯、湘隆、江大配套商业	
				P16：学——江汉大学、开发区一中、一小、武汉外校	
				P17：玩——体育中心、江大体育馆、世贸嘉年华	
6	规划篇	P18~P25	建筑的胸襟——居高，瞰湖，观天下	P18：篇章起始页，主标题	
				P19：立面效果图	
				P20：超低密度，奠定优雅气质	
				P21：高层景观视野	
				P22：超宽楼间距	
				P23：海派印象建筑	
				P24：建筑的美学	
				P25：数字的意味	
7	景观篇	P26~P31	建筑的柔情——大湖之上，宁静致远	P26：篇章起始页，主标题	
				P27：湖景效果图片	
				P28：超低密度的住宅，超高密度的风景	
				P29：大湖之上，360°瞰湖视野	
				P30：灵感加美感的园林	
				P31：玉带缠身，柔情似水	
8	户型篇	P32~P37	建筑的尺度——全板户型，阔景人生	P32：篇章起始页，主标题	
				P33：户型室内效果图	
				P34~P37：主力户型图	
9	结尾	P38~P39	结束语		跨页

5.6 宣传推广预算

1. 总费用预算

本项目住宅总建筑面积97731m²，如按理论销售基价4800元/m²估算，本项目住宅可实现的销售额约为46910万元。

本项目营销推广费用比例建议为总销售额的1%，即本项目营销推广费用预算约460万元。

2. 广告预算阶段分配比例（见表6-5-21）

表6-5-21 各阶段广告预算比例

阶段	形象推广期	认筹蓄势期	开盘热销期	加推认购期	清盘扫尾期
比例	30%	20%	15%	15%	20%

3. 广告媒介分配比例（表6-5-22）

表6-5-22 各广告媒介分配比例

媒介类型	卖场及工地包装	报纸	户外	印刷品	巡展公关活动	网络	其他
分配比例	10%	20%	30%	5%	25%	5%	5%

第六部分　现场销售执行方案

6.1　销售管理构架

整个销售管理构架如图 6-5-3 所示。

整个组织结构由两个项目组成，分别为太子湖 1 号项目及金桥 · 官湖上城项目，两个项目由一个销售总监统一管理，又分别下设一名销售经理、五名置业顾问以及五名销使形成各自的销售团队配置。

两个售楼部之间使用销售软件实现客户资源、房源信息以及销售进度等信息共享，双方直接联网查阅，便于沟通，以此来实现不同区域对两个项目进行同步销售的目的。

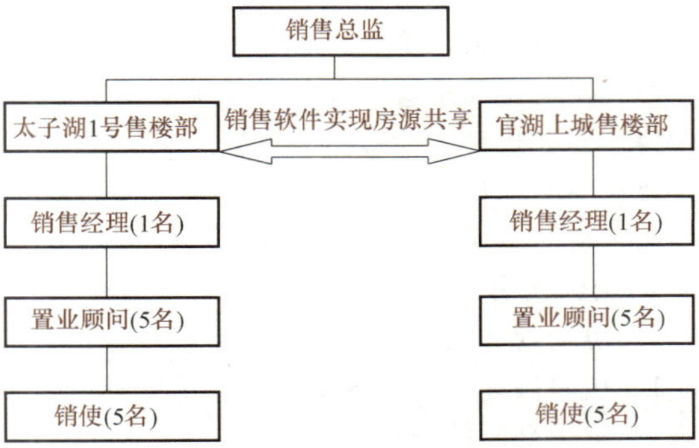

图 6-5-3　销售管理构架

6.2　岗位职责

1. 销售总监

1）参与公司对总体发展目标的制订。

2）参与公司发展的相关关系分析。

3）制订公司销售管理细则。

4）制订公司销售工作的内部激励和奖惩办法。

5）销售人员的招聘工作。

6）协同人力资源部制订销售人员的薪酬计划。

7）对全体销售人员培训计划的制订和实施。

8）项目销售计划的核实、审定和监控。

9）协同市场部门对竞争对手的资料搜集。

10）综合平衡各销售团队的能力、经验和特长。

11）针对具体的销售业绩差的项目进行专案研究。

12）及时向公司报告项目销售情况。

13）对执行项目的工作实施情况进行考核、绩效评估。

14）组织项目销售人员和销售经理或主管的系统培训。

15）协调项目内各个相关部门之间的关系。

16）协调解决客户纠纷。

17）客户长期售后服务和跟踪。

2. 销售经理

1）全面负责售楼部的销售业务，保证本售楼部的工作能顺利正常地自行运作，保证项目全过程无客户激烈投诉。

2）指导楼盘客户积累工作，协助分析销售原因并找出应对方法，指导销售。

3）负责销售控制，人员考勤及现场纪律。

4）协助销售谈判，负责签约的最后把关。

5）按时提交各项工作报告，各种数据分析报告。

6）保证本售楼部无重大责任事故发生，负责妥善处理好售楼部的突发事件。

7）按时完成当班日志。

8）负责合同审核工作。

9）各种销售物料计划。

10）负责物业管理、工程、信贷、财务方面的相关对接。

11）每天下班前用电话或报表的形式向营销策划小组报告当班情况。

12）负责售楼部工作计划的制订与执行。

13）主持每天早会、晚会及周例会。

14）专业售楼人才培养与培训。

15）参与制订推盘计划、销售计划，完全负责计划的执行。

16）公司下达的其他工作任务。

3. 销售秘书

1）协助现场项目总监、销售经理负责现场纪律、人员排班及考勤。

2）按时做好现场来电来访数据的统计。

3）负责合同的审核工作。

4）根据销售物料计划的准备与落实。

5）每天下班前当面或电话向现场项目总监、销售经理报告当班情况。

6）协助主持早、晚会，且记录好每天工作日记。

7）负责日报表、周报表、月报表的统计制订工作。

8）每日制作房地产信息剪报。

9）营销部各类合同的归档与管理工作。

10）及时核对销控表。

11）营销部客户资料的整理与管理工作。

12）营销部内部计算机资料与数据的管理和更新。

13）负责售楼部固定资产及办公用品的建档与发放工作。

14）协助财务部人员进行客户收款及按揭工作。

15）协助策划人员进行销售数据的统计、整理工作。

16）协助物业部门进行客户入住手续的办理。

4. 置业顾问

1）客户现场接待、楼盘推荐讲解和销售目标的完成。

2）客户详细资料建档、接待、销售与服务情况的记录和汇总。

3）客户的跟踪服务和售后服务工作。

4）销售合同的执行与完成。

5）协助相关部门催款以及办理相关按揭、交房等手续。

6）完成销售部每月下达的销售任务及其他任务。

7）积极参与市场调查，作好信息和市场信息的收集和反馈工作。

8）加强学习，努力提高业务能力。

9）现场清洁卫生工作。

6.3　工作制度

1）作息时间：

（夏季）上午 8：00~12：00　　下午 13：30~19：00

（冬季）上午 8：30~12：00　　下午 13：00~18：30

休息日：每月休息三天，在市内的项目不能连休，在武汉以外的项目可以累计在一起休假，项目部采取轮休制度，不允许两个以上的员工在同一时间内休假（星期四至星期天及节假日不得休息）。

注：一切以工作需求为先，午休时间各部门必须至少留 3 个或以上的人员值班。特殊情况的，销售案场作息时间另行调整。

2）员工必须服从上司、严于职守，严格服从上司的工作安排和调配，按时完成任务，不得拖延、拒绝或终止工作；坚守岗位，认真、负责完成自己从事的工作；对上司的工作安排无条件执行是第一原则。如有违反的，将处以 100~500 元/次的罚款，或者调换工作岗位，性质严重的，公司将予以开除。

3）员工应准时上班，不准迟到、早退和旷工。

4）员工在工作时间应坚守工作岗位，接待来访，业务洽谈等应在洽谈区内进行。

5）上班时间不得在接待区吃东西或吸烟、不得高声喧哗、聊天，如有违者给予罚款 30 元/次。

6）销售案场每天应坚持开早、晚会制度，对工作进行安排及总结，且形成会议纪要；公司主管领导将不定期对例会纪要进行抽查，如发现没有召开例会或记录的，对项目总监和销售秘书处以 100 元/次和 50 元/次的罚款；没有召开例会的由项目总监承担罚款责任，没有会议纪要记录的由销售秘书承担罚款责任；每天早会时，先安排 15~20 分钟的时间进行礼仪练习，5 分钟左右的时间背诵司训，5 分钟左右的时间安排当天的销售工作；早会和晚会可以由项目全体员工轮流主持。

7）员工必须按编排表值班，不得擅离职守，个人调离、调换更值时需经销售总监或销售经理同意。如有违反的，罚款 50~100 元/次。

8）员工必须实事求是地向上司汇报工作，坚决杜绝欺骗或阳奉阴违等不道德的行为。

9）员工必须发挥高效率和勤勉精神，对所从事的工作认真、负责、精益求精。

10）员工必须遵循“守法、廉洁、诚实、敬业”的精神，不得玩忽职守影响公司的正常运作秩序。

11）专职人员必须全力开展公司的售房业务，不得销售其他公司的产品、不得将公司客户资料对外透露、不得向竞争对手（楼盘）私下泄露公司或项目任何资料，违者一经查实，即被公司解聘，处以 2000~20000 元/次的罚款，并扣发所有未结工资、佣金及奖金。

12）员工必须以高度的敬业精神和耐心诚恳的态度对待客户，均须做到“笑脸相迎，笑脸相送。”若出现与客户公开发生冲突的，不论正确与否，一律取消当月佣金和奖金（无佣金和奖金的，扣除当月 50% 的工资），事态严重的，予以解聘。

13）任何销售人员不得以虚假资料、夸大的言辞欺骗客户，一旦有客户举报的，经查实处以当事人 100~1000 元/次的罚款。

14）任何管理人员不得向公司和合作单位隐瞒、虚报或假报工作情况，在给公司的报表中须实事求是的汇报项目部阶段性工作情况；一经查实有隐瞒、虚报、假报行为的，将对项目部负责人处以 300~2000 元/次的罚款，性质严重的，公司将撤销其职务，且扣发其所有未结算的佣金和奖金。

15）任何人员不得以公司或个人名义收取客户的任何款项，客户交纳的房款或其他款项须直接由开发商的财务人员收取。员工以任何名义收取客户款项的，公司将对该员工和主要负责人各按收取款项的2~10倍进行罚款；金额巨大，且触犯法律的，公司将移交国家执法机关进行处理。

16）严禁任何人以工作之便为其他单位和个人通过提供业务或业务信息（如广告制作、广告发布、装修宣传、产品推广等）而收取客户支付的任何好处费。违反该条款规定的，一经发现和查实，将对当事人和其负责人按收取好处费的5~10倍进行罚款，没有收取好处费的处以500~2000元/次的罚款，罚款在工资和佣金中扣除，情节严重者经查实一律被公司开除，且扣除所有未结工资、佣金及奖金；金额巨大，且触犯法律的，公司将交国家执法机关进行处理。

17）严禁任何人员在未经得公司书面同意的情况下参与炒房、为客户提供中介服务并收取好处费、中介费等行为，一经发现，当事人和主要负责人将被处以1000~10000元/次的罚款，性质严重的，公司将停止发放当事人及负责人所有未结算的佣金及奖金。

18）严禁任何人以任何原因及形式用公司（或开发商）名义给客户或其他人员予以任何承诺，并签署任何协议、承诺、字条等，违反该条款规定的，一经发现，将对当事人处以2000~10000/次的罚款；性质严重或给公司造成经济损失的，公司将取消当事人所有未发放的佣金和奖金，并追究法律责任；且公司不承担其行为所引起的任何法律责任。

19）任何人不得挪用、贪污客户款项，或向公司报销虚开发票，违者经查实的，按违纪金额的5~10倍进行罚款，严重的移交司法机关处置。

20）售楼部办公用品由销售秘书向公司申请领取和保管，员工领取时须向售楼部主要负责人申请同意后，在销售秘书处签字领取。

21）售楼部设有的销售接听热线电话，任何人不得打出，接听时须简短明了，不得长时间占用，更不准作为私话使用，如有违反的，将处以50~200元/次的罚款。

22）项目部实行销售总监安全事故负责制。销售总监对员工驻外期间的安全承担责任。如果出现安全事故的，当出现人员严重伤残或死亡的，公司将取消销售总监该年度的所有佣金（包括已发放的部分）、奖金的发放；当出现轻微伤残的，公司将对销售总监处以1000~5000元/次的罚款。

23）项目部员工除正当恋爱关系外，不允许与公司内部或外部人员有不正当的关系发生，如因此引起纠纷或对方找到公司闹事而给公司造成不良影响的，公司将处以500~3000元/次的罚款，性质严重且影响公司正常运营的，公司将予以开除，且取消发放其所有未结算的销售佣金等。

24）非管理人员的手机每天8：00~22：00须保持开机，管理人员的手机每天24小时内须保持开机，未开机者或开机状态下30分钟内联系不上的，非管理人员罚款50元/次，管理人员罚款100元/次。

25）任何人员在上班时间不得喝酒，违者予以口头警告且罚款50元，屡教不改者公司将予以严厉处分；因公司应酬或组织活动等特殊情况的除外。

26）销售部员工因工作需要与甲方进行沟通时，应将需沟通的工作事项汇总后上报销售总监，由销售总监统一协调解决，任何人不得私自将工作事项直接反映给甲方，如有违反的，罚款100~500元/次。

6.4 礼仪规范

1. 礼貌、礼仪

注意同事之间或与客户之间的礼貌是公司每个员工必须具备的基本素质；每个员工上班或下班时要与同事及上司或合作单位的领导及员工相互问好、再见。

2. 心态、情绪

上班期间，每个员工要注意调整好自己的心情及工作热情，不能将工作以外的情绪带到工作环境中来，情绪（心情）会相互影响，公司提倡的是一种“积极、健康、向上”的工作氛围。

3. 服务宗旨

营销部门的员工在工作中要保持笑容，绝对不允许与客户发生纠纷或伤害性语言，要倡导“客户永远是对的”的服务宗旨；如有违反的，不管对与错，公司将对参与员工罚款100~500元/次，情节严重的将予以开除。

4. 文明规范

销售案场严禁抽烟及乱丢纸屑杂物，不准随地吐痰，违者罚款30元/次，并将被公司书面警告，其处罚次数将影响对员工的绩效考核。

5. 服务态度

1）友善。用微笑来迎接客人，与同事和睦相处。

2）礼貌。任何时刻均应使用礼貌用语，“请”“您”“谢谢”和“对不起”等礼貌用语要经常使用，不讲粗言秽语或使用蔑视性和污辱性的语言。

3）热情。工作中应主动为客户着想，提供周到服务。

4）耐心。对客户的要求应认真、耐心地聆听，并耐心地介绍、解释。

6. 举止要求

（1）站姿。躯干挺直，头部端正，面露微笑，目视前方，两臂自然下垂。

（2）坐姿：

1）轻轻落座，避免扭臂寻座或因动作太大引起椅子乱动及发出响声。

2）接待客人时，落座在座椅的1/3或2/3之间，不得靠在椅背上。

3）落座时，应用两手将裙子向前轻拢，以免坐皱或显出不雅。

4）听客人讲话时，上身微微前倾，不可东张西望或显得心不在焉。

5）两手平放腿上或桌上，不要托腮或玩弄任何物品。

6）两腿自然放平、并拢，不得跷二郎腿，不得不停抖动。

7）工作时不得照镜子，涂抹口红等。

（3）交谈：

1）与人交谈时，必须保持衣着整洁。

2）交谈时，用柔和的目光注视着对方，面带微笑，并通过轻轻点头表示理解客人谈话内容。

3）与人交谈时，不可整理衣着、头发、看表等。

4）不得以任何借口顶撞、讽刺、挖苦、嘲弄客人。

5）称呼客人时，要用“某先生”或“某小姐或女士”，不知姓氏时要用“先生您”或“小姐或女士您”。

6）任何时间招呼他人或提请别人注意时均不能用“喂”字样。

7. 着装要求

1）员工上班时必须保持着装得体、干净整洁，仪容端庄、精神饱满。

2）男士上班时间须穿西装打领带或衬衣打领带，皮鞋要保持干净光亮，男士不得留长发，头发长度最长不能及耳，不得留胡须，要每天修剪。

3）女士不得浓妆艳抹，须淡妆上岗，不得佩带过多的饰品，头发不得披散，须穿黑色皮鞋、淡色丝袜，不得涂有色甲油，忌用过多香水或气味刺激性强的香水。

4）员工上班时需穿公司统一制服和佩带工作牌，如没有穿制服或佩带工作牌的，每次罚款30元。

8. 执行与监督

1）销售部是公司一线销售业务对外的窗口，任何人员须严格按以上礼仪规范要求自己，且为公司树立良好的对外形象。

2）项目部的礼仪规范的监督实施由销售总监和销售秘书负责，如有发现违反的，销售总监和销售秘书须在第一时间内提出警告且按规定进行整改和罚款。

3）如公司人员发现或现场人员反映有违反礼仪规范而没有监督整改的，公司除对当事人提出通告批评且罚款外，将对销售总监处以100元/次的罚款和对销售秘书处以50元/次的罚款。

6.5 电话接听准则

（1）电话接听的基本要领：礼貌、准确、高效。

（2）带着微笑接听，以电话赢得友谊，同时，接听时端庄的姿势会使你有良好的心境。

（3）接听电话的礼貌用语："您好，×××"或"早上好"等，切忌以"喂"作开头。

（4）接听客户电话时，声调应表现出友好、亲切和动听的接待态度。

（5）对于客户的询问，应简单明了地给予解答，在登广告时应注意在给客户清晰明了地解答的同时，尽量将解释的时间缩短，邀请客户到达楼盘现场咨询。

（6）呼应：在电话中的长时间沉默，会使对方产生误会，或猜疑你没有认真听，因此，应在适当的时候附和，如"是""对""嗯""很好""请继续说"等。

（7）接错或打错电话时，应避免生硬地说："你打错了"，而应礼貌地说"这是××××售楼部，电话号码是×××，您要打的电话号码是多少?"，这样不会使对方难堪。

（8）当对方激动或言辞过激时，仍应礼貌待客，保持冷静、平静对答。

1）以柔克刚：待对方讲完后，平静地表述自己。

2）沉默是金：用停顿、沉默相待，只听对方叫骂，不随声附和，不反驳，也不打断对方，先让对方发泄。

3）冷处理：听完后表示："您的意见我可以向上级反映，有结果我会马上通知您，好吗?"。

（9）通话过程中应突出重点，应注意：

1）口齿清楚。

2）语速不要过快。

3）语音、语调要注意调整。

4）语音适中，如当信号出现问题时，注意不要叫喊。

（10）在通话结束时，对客户表示感谢"谢谢"和"再见"，待客户先挂断电话后再挂电话。

（11）对客户电话数量以及详情进行登记，最后相关负责人及时填写和汇总。

（12）再次给客户打电话时，应注意与对方的通话时间，以避免打扰客户的休息。

6.6 客户接待准则

1）售楼员按每天签到顺序接待客户，若轮到的售楼员不在或正接待客户时，则跳过。

2）项目经理负责监督调整现场客户接待的秩序，尽量做到公平合理，并保证每个来访客户能及时得到售楼员的主动接待。

3）售楼员轮到接待客户，必须做好准备工作，并主动迎接客户。

4）售楼员不得挑客户，不得令客户受冷遇；不论客户的外表、来访动机，售楼员都要全力接待。

5）售楼员不得以任何理由中断正在接待的客户，而转接其他客户。

6）售楼员不得在客户面前争抢客户。

7）售楼员不得在其他售楼员接待客户的时候，主动插话或帮助介绍，除非得到邀请。

8）每个售楼员都有义务帮助其他售楼员促成交易，其他售楼员的客户来访，售楼员必须立刻与原售楼员联络，得到同意并了解情况后才能继续接待。

9）售楼员不得递名片给他人的客户，除非得到原售楼员的同意。

10）售楼员不得私自为客户进行炒房，否则公司将予以严重处理。

11）售楼员接待客户完毕，必须送客户出售楼处，并不得在客户背后谈论、辱骂或取笑该客户。

12）每个售楼员都有义务做电话咨询，并鼓励客户来访现场售楼处，除非客户来现场时主动找某售楼员，否则仍以楼盘轮流到的售楼员作为客户接待登记人。

13）售楼员不得以任何理由阻止客户落定，不得做出损害公司利益的行为，一旦发现，严肃处理。

6.7　客户登记制度

为加强客户管理，增强销售人员的客户跟踪意识，为客户提供更好的服务，要求销售人员在客户登记上做到仔细认真。

1）客户接待实行现场统一登记，统一存放，专人管理，销售人员必须严格按规定，认真做好客户接待登记，详细记录客户信息，并以此作为客户成交的重要依据。

2）销售人员使用统一发放的个人客户登记本。

3）销售人员个人客户登记本由项目经理签字确认并统一发放。

4）公用客户登记本和个人客户登记本必须一致。

5）个人登记本实行专页制，登记本每一页只可记录一位到访客户的情况。

6）个人客户登记本实行编号制，对每一位客户进行编号，以客户到访的先后次序为顺序，且要与公用客户登记本一致。

7）销售人员须将客户的到访日期、客户姓名、联系方式、客户需求、客户反馈意见等信息记录清楚，且要与公用客户登记本信息一致。

8）客户有效期为七天。即客户到访登记之日起七天之内，销售人员要进行客户跟踪，过期作废。如该客户之后到访，事先并未要求找寻原销售人员，其他销售人员可以进行接待，如成交业绩属后者，原销售人员不得与之分单。

9）如同一客户再次到访或销售人员与之进行电话联系，销售人员到访日期、需求、反馈意见、接待情况等详细情况记录在客户的专页，有效期可以顺延七日。

10）个人登记本不得留空页、断号、漏登，如出现立即通知销售经理，由销售经理签字注销或确认。

11）在有效期内任何销售人员都有责任、有义务在原销售人员不在的情况下，为其做好义务接待，其接待新客户机会保留。

12）如个人登记本已登记完毕后，可向销售经理领取，销售经理必须签字确认。

13）销售经理必须不定期地对销售人员的个人登记本进行抽查，如发现有登记空页、断号或者是客户情况登记不清、客户跟踪有作假等情况，可按公司规定进行处罚。

14）公用登记本出现客户登记冲突的，以有效期为准，并以先登记者为准。

6.8 销售接待流程

1. 迎接客户

（1）基本动作。

1）客户进门，每一个看见的销售人员都应主动招呼“欢迎光临”，提醒其他销售人员注意。

2）销售人员立即上前，热情接待。

3）帮助客户收拾雨具，放置衣帽等。

4）通过随口招呼，区别客户真伪，了解所来的区域和接受的媒体。

（2）注意事项。

1）销售人员应仪表端正，态度亲切。

2）接待客户或一人，或一正一副，以二人为限，绝对不要超过三人。

3）若不是真正客户，也应照样提供一份资料，作简洁或热情的接待。

4）没有客户时，也应注意现场整洁和个人仪表，以随时给客户良好印象。

2. 介绍产品

（1）基本动作。

1）交换名片，相互介绍，了解客户的个人资讯情况。

2）按销售现场已规划好的销售路线，配合灯箱、模型、样板间等销售道具，自然而又重点地介绍产品（着重于地段、环境、交通、生活配套设施、楼盘功能、主要建材等的说明）。

（2）注意事项。

1）侧重强调本楼盘的整体优势。

2）用自己的热忱和诚恳感染客户，努力建立与其相互信任的关系。

3）通过交谈，正确把握客户的真实需求，并据此迅速制订自己的应对策略。

4）当客户超过一人时，注意区分其中的决策者，把握他们相互间的关系。

3. 购买洽谈

（1）基本动作。

1）倒茶寒暄，引导客户在销售桌前入座。

2）在客户未主动表示时，应该立刻主动地作试探性的介绍。

3）根据客户所喜欢的单元，在肯定的基础上，作更详尽的说明。

4）针对客户的疑惑点，进行相关解释，帮助其逐一克服购买障碍。

5）适时制造现场购买氛围，强化其购买欲望。

6）在客户对产品有70%的认可度的基础上，设法说服他下定金购买。

（2）注意事项。

1）入座时，注意将客户安置在一个视野愉悦的便于控制的空间范围内。

2）个人的销售资料和销售工具应准备齐全，随时应对客户的需要。

3）了解客户的真正需求，了解客户的主要问题点。

4）注意与现场同事的交流与配合，让现场经理知道推荐的是哪一套房源。

5）注意判断客户的诚意、购买力和成交概率。

6）现场气氛营造应该亲切自然，掌握火候。

7）对产品的解释不应含有夸大、虚构的成分。

8）不是职权范围内的承诺应报经现场经理通过。

4. 带看现场

（1）基本动作。

1）结合工地情况和周边特征，边走边介绍。

2）按照户型图，让客户切实感觉自己所选的户型。

3）尽量多说，让客户始终被你所吸引。

（2）注意事项。

1）带客户参观工地的路线应事先规划好，注意沿线的整洁与安全。

2）嘱咐客户戴好安全帽，带好其他随身物品。

5. 暂未成交

（1）基本动作。

1）将销售海报等资料备齐一份给客户，让其仔细考虑或代为传播。

2）再次告诉客户联系方式和联系电话，承诺为其作义务购房咨询。

3）对有意向的客户再次约定看房时间。

4）送客至大门外。

（2）注意事项。

1）暂未成交或未成交的客户依旧是准客户，销售人员都应态度亲切，始终如一。

2）及时分析暂未成交或未成交的真正原因，记录在案。

3）针对暂未成交或未成交的原因，报告现场经理，视具体情况，采取相应的补救措施。

6. 填写客户资料

（1）基本动作。

1）无论成功与否，每接待完一组客户后，立刻填写客户信息登记表。

2）填写重点：客户的联络方式、客户对楼盘的要求条件、成交或未成交的真正原因。

3）根据客户成交的可能性将其分类为：A——很有希望、B——有希望、C——一般、D——希望渺茫四个等级，以便日后有重点地追踪访询。

4）一联送交现场经理检查并备案建档，一联自己留存，以便日后追踪客户。

（2）注意事项。

1）客户资料表应认真填写，越详尽越好。

2）客户资料表是销售员的聚宝盆，应妥善保存。

3）客户等级应视具体情况，进行阶段性调整。

4）实行早晚例会制度，由现场销售总监每日定时召开早间和晚间工作会议，依客户资料表检查销售情况，并采取相应的应对措施。一经发现未召开例会的，对销售总监处以50元/次的处罚。

7. 客户追踪

（1）基本动作。

1）繁忙间隙，按客户等级与之联系，并随时向现场经理口头报告。

2）对于A、B等级的客户，销售人员应将其列为重点对象，保持密切联系，调动一切可能条件，努力说服。

3）将第一次追踪情况详细记录在案，便于日后分析判断。

4）无论最后是否成交，都要婉转要求客户帮忙介绍客户。

（2）注意事项。

1）追踪客户要注意切入话题的选择，勿给客户造成销售不畅、死硬推销的印象。

2）追踪客户要注意时间的间隔，一般以3-6-10-15-25-35-60-90天为宜。

3）注意追踪方式的变化：打电话、寄资料、上门拜访、邀请参加促销活动等。

4）两人或两人以上与同一客户有联系时，应该相互通气，统一立场，协调行动。

8. 成交收定

1）收定金，催缴尾款。

2）签合同，相关文档备案。

3）日常客户关系的维护，婉转要求客户帮忙介绍客户。

6.9　业绩判定及考核

（1）由销售秘书编制客户接待轮流表，然后按此表轮流接待来访客户，电话仅作义务咨询。

（2）售楼员接待来访客户，首先应礼貌、巧妙地探询出该客户是否来过，若来过应将该客户交给先接待过的同事。

（3）售楼员接待来访客户，必须认真填写客户信息登记表，以作为今后售楼员结算佣金、奖金的依据。

（4）客户有效期为七天，即客户到访登记之日起七天之内，此期间内销售人员要进行客户跟踪，过期作废；如该客户之后到访，事先并未要求找回原销售人员，其他销售人员可以进行接待，如成交业绩属后者，原销售人员不得与之分单；如同一客户再次到访或销售人员与之进行电话联系，销售人员到访日期、需求、反馈意见、接待情况等详细情况记录在客户的专页，有效期可以顺延七日。

（5）甲售楼员接待过的客户，在登记有效期内（以客户信息登记表为依据）来到售楼现场，甲若未辨认出来，该客户也未找甲，而由乙售楼员接待，而乙售楼员也未主动询问该客户是否来过，并可能出现以下情况时：

1）客户在与其他售楼员交谈中，甲辨认出来。

2）客户未落定，走后甲想起来。

3）客户决定落定（马上交款），甲辨认出来。

4）客户落定后，甲辨认出来。

5）4）情况中的客户，后又带来的新客户。

6）客户在第二次、第三次来时，甲还未辨出来，然后出现1）~4）的情况。

特规定：

1）出现1）、2）、3）情况时，甲售楼员应马上向项目经理反映，由项目经理协调，由甲重新接待该客户，成交佣金奖金算给甲。

2）出现4）情况时，甲和成交的售楼员按7∶3分成，即甲70%，成交的售楼员30%。

3）出现5）情况时，应由甲接待，成交后佣金奖金算给甲。

4）出现6）情况时，佣金奖金算给成交的售楼员。

（6）如甲售楼员接待的客户第一次来时只拿了资料和甲的名片就离开，第二次来时甲不在，由乙售楼员接待，乙做了大量的工作促使成交，佣金奖金按（3~4）:（7~6）分成，即甲（3~4）:（7~6），比例的确定由甲、乙双方协商解决，协调不成由项目经理根据甲乙的劳动付出予以裁定。

（7）夫妻一方第一次到售楼现场，甲售楼员接待，未成单；其配偶第二次来，乙售楼员接待，并用夫妻一方或双方姓名落定，奖金甲乙双方各得1/2；若第二次未落定，第三次夫妻双方一块来，则仍由甲售楼员接待。

(8) 售楼员有相互协助的义务和责任。当同事的客户来到售楼现场，而同事又不在时，其他售楼员应帮助接待，并设法促成交易或帮忙办理其他手续。对此类协作，售楼员可接待下一个客户。

(9) 对一进售楼现场就表明其推销或看装修的身份，并且只拿一份资料就走或直接去看样板房的客户，可不算接待，售楼员可接待下一个客户，但售楼员对此类客户只能给资料，不能留名片或手机，否则视为接待客户。接待老客户带来的新客户，视接待客户一次。

(10) 允许售楼员休息时自愿上班。

(11) 已成单客户带朋友：

1) 亲自带朋友来算原售楼员（即使原售楼员不在现场）的业务。

2) 朋友听介绍后自己上门的作新客户按轮流接待计算。

(12) 私下与保安或开发商工作人员达成协议从中留客户电话达成成交，按公单计算。

(13) 中介朋友介绍客户给售楼员，原则上售楼员私下与中介人协议佣金奖金分配。

(14) 不得放弃义务协助和不得因义务协助而争单。

(15) 因公事接待轮空，可补接，其余情况原则上视为自动放弃，特殊情况可与项目经理议定。

6.10 优秀员工奖与销售冠军奖

1) 公司每月设立优秀员工奖和项目销售冠军奖，各设立一名，获评优秀员工和销售冠军的员工在公司网站上进行公布，且给予200~1000元/次的现金奖励。

2) 优秀员工的评比标准：当月的考勤（10分）、当月的工作量（15分）、当月工作成效满意度（50分）、当月工作协作精神（10）、无重大违纪（5分）、在公司网站发表专业（行业）文章（10分）。

3) 销售冠军评比标准：该项的评比须在个人完成了当月公司规定的个人销售任务的基础上才能参与。

销售业绩（60分）、成交率（5分）、约客量（5分）、见客量（5分）、对练满意度（5分）、客户满意度（5分）、团队协作意识（5分）、考勤（5分）、无重大违纪（5分）。

6.11 激励机制

(1) 销售经理采取竞争上岗制，对销售经理每三个月进行一次考评。

(2) 销售经理考评指标参照销售冠军评比标准。

(3) 销售经理如果连续三个月不能完成个人销售任务的或者连续三个月所带部分的业绩排在第二位的，则其不再担任销售经理职务，而直接从事置业顾问岗位工作。

(4) 销售经理岗位采取演讲竞聘的形式产生。

(5) 销售经理岗位演讲竞聘的评比标准：

1) 个人销售业绩：前一考评阶段个人销售总业绩在项目部排在前四位的才有资格参加演讲竞聘（50分）。

2) 团队协作精神：工作态度的积极性、协作热情与能力（10分）。

3) 如何带领团队开展下一考核阶段的工作：如何坚持及改进对练、如何去寻找客户、如何约客、如何回访、如何去做推广、如何去管理团队、如何建立自己团队的激励机制等（15分）。

4) 对下三个月的销售业绩目标的展望及如何实施：下一考核阶段团队的销售业绩总

目标。

5）行业从业经验：从业时间年限、公司服务时间（5 分）。

6）演讲竞聘表现：演讲口才、演讲激情（10 分）。

（武汉亚展地产顾问有限公司）

【报告点评】

报告首先从宏观经济的角度出发，再到武汉房地产市场分片区分析，并细化到竞争性项目的分析中去，同时也有拿项目跟竞争性项目进行优劣势的对比分析，真正做到竞争性项目竞争性分析。在分析完项目大环境的情况后，报告从项目基本情况、周边环境、产品分析、SWOT 分析等各方面进一步对项目自身进行分析，从而做到知彼后知己。有了上述的分析作为基础，紧跟着对项目进行定位，制订销售策略和推广策略，最后也制订了现场销售执行方案。

同时报告所提到的“集群行销”“会员营销”和“活动营销”，有着独到的见解，三者互为补充，若配合恰当，可得到更加的营销效果。

通观全文，行文流畅，思路清晰，逻辑明确，有根有据，面面俱到，是篇值得他人学习的全案营销策划方案。

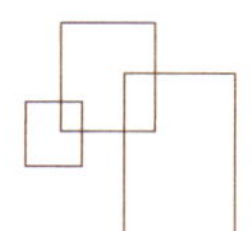

六、湖南新化县湘中金源商埠商业项目招商策划报告

报告目录

报告正文

第一部分　前　言

通常所说的招商，是针对商场经营户进行的一种租赁推广，往往是在商业物业成为现房（或准现房）阶段着手，因为经营户把场地作为生产工具，相当关注其使用价值，只有在商业物业可以投入使用时，他们才会对物业产生更直接、更迫切的需求，其即租即用的介入特点，决定了他们不会在物业的推广销售之初（期房时），谈及租赁的具体事项。

就“湘中·金源商埠”项目实际情况而言，前期招商是一种行销方式，即在此工作中接触商业物业的终端客户，于访谈时传播产品概念，深刻了解他们的使用情况，从而检测产品品质、校正产品定位。

一个完整的招商方案应该具备“健全计划、订好政策、选准渠道、提炼主张、强化执行”五大环节。否则，一“招”失误，满盘皆输。唯有如此，招商才能落地，产品方能顺利进入下一阶段。保障招商五大环节顺利实施的“4P+M”招商模式是目前国际上较为流行的一种运作方法。

招商“4P+M”包括：招商计划（Plan）、招商政策（Policy）、招商渠道（Place）、招商促进（Promotion）和招商管理（Mnangement）。

招商实质卖的是一个商业机会或商业计划。告诉商家带来何种价值（招商计划）；带来多少价值（招商政策）；通过什么推荐渠道（招商渠道）；如何告诉商家（招商传播）；如何有效执行价值交换（招商管理）。招商“4P”主要指招商策略，“M”主要指招商策略执行，只有将5项统一起来才是个完整的招商方案。即：

1）制订一个计划——招商计划 M'plan。

2）订好一套政策——招商政策 M'policy。

3）选准一组渠道——招商渠道 M'place。

4）提炼一个主张——招商促进 M'promotion。

5）强化一个执行——招商管理 M'Management。

因此，根据新化县实际的市场状况与商业分布现状，再结合天华南路项目的规划布局与工程进度，我们在招商“4P+M”营销策划思路的基础上制订了“湘中·金源商埠”项目招商方案。

第二部分 项目概述

2.1 项目概况

1. 项目基本情况

本项目位于湖南省新化县旧城天华南路，北起天华广场与新化火车站相隔50m，南接资江二大桥西端接线工程，全长1190m，项目总建设用地约240亩，其中道路及绿化用地150亩，房屋建设用地90亩，建筑密度30%，容积率2.0，绿地率25%；规划总建设面积30万 m^2，一期开发建设面积22万 m^2，其中住宅约5.9万 m^2、商铺8.48万 m^2。改建的天华南路将成为新化未来主要的景观大道，改造后全长1.2km。

项目一期总投资2.3亿元，规划设计成五个功能区，即从天华南路广场向南依次为前区、商住区、中心绿岛广场休闲区、商贸区和桥头公共广场设施区，是2007年度新化县政府市政重点建设工程之一。

2. 项目地貌状况

项目占地240亩，规划总建设面积30万 m^2。一期开发建设面积22万 m^2。地块很平整，没有拆迁，呈一字型展开，北面和新化火车站相隔50m，南接资江二大桥西端接线工程，地块相对平整。

3. 项目主要经济技术指标

项目总建设用地：240亩。

道路及绿化用地：150亩。

房屋建设用地：90亩。

建筑密度：30%。

容积率：2.0。

绿地率：25%。

4. 项目周边楼市状况

新化房地产市场目前建设规模不大，2006年全县完成城建基础设施总投资2.6亿元，城镇化水平达到18.5%；完成固定资产投资6.33亿元，较2005年增长13.5%。

目前已启动的项目：金龙·风景家园（住宅，30000m^2）、明源阳光购物公园（商业，52000m^2）、新康园经贸中心（高层商住，32000m^2）、阳光小区（商住，住宅67000m^2，商业13000m^2）、湘中·金源商埠（商住，300000m^2）等。

即将启动的项目：香槟山名苑（高层住宅，200000m^2）、新化瓷厂住宅楼项目（未定名，建设用地 110 亩）等。

5. 项目周边楼市现状

就项目周边来说，类似物业主要是新化温州商业广场、明源阳光购物公园、新康园经贸中心，三个项目商业体量总和大体与本项目相当；新化温州商业广场已于 2006 年正式营业，整体经营状况一般；明源阳光购物公园是集生态商业、智能商务、白金星级酒店、高品位休闲娱乐业、著名品牌专卖店为一体的步行商业街项目，目前已招商的企业包括佳惠超市、桂林人餐饮、通程电器、众一百货（鞋类）、康一馨药业连锁。

6. 区域商业现状

新化商业集中在老城区天华中路、天华南路区域，就项目周边来说，类似物业主要是新化温州商业广场、明源阳光购物公园、新康园经贸中心，三个项目商业体量总和大体与本项目相当；新化温州商业广场已于 2006 年正式营业，整体经营状况一般；明源阳光购物公园是集生态商业、智能商务、白金星级酒店、高品位休闲娱乐业、著名品牌专卖店为一体的步行商业街项目，目前已招商的企业包括佳惠超市、桂林人餐饮、通程电器、众一百货（鞋类）、康一馨药业连锁。

1）亿客隆服装超市：主要经营中低档服饰，面积约 1000m^2，经营情况较好。

2）欧亚名品服饰商城：经营面积约 1000m^2，新开业，与亿客隆服装超市相对而开，经营档次略高于亿客隆超市。

3）日盛商都：新化目前唯一的综合性商场，配备有电动扶梯，面积约 5000m^2，商业业态比较齐全，但属于个体组合、分散经营，档次不高，2006 年 10 月开业。

4）新化温州商业广场：温州商业广场建筑面积约 30000m^2，以 3 层建筑、独立门面为主，配备有电动扶梯。1 楼、2 楼经营状况较好，有多家品牌专卖店入驻经营，3 楼和部分 2 楼未能实现招商，整体经营状况不是非常理想。

5）幸福树电器：该商场属品牌电器连锁企业，经营面积约 800m^2。

6）西苑超市：面积约 1800m^2，为单纯生活超市类型，经营情况较好。

2.2　项目所属地域市政规划布局及未来发展分析

1. 市政规划布局

目前，新化县处于房地产市场大规模开发起步阶段，当地消费者尤其是 1.5 万余人的公务员队伍，对改善居住条件、提升居住质量的需求极其旺盛，更加注重生态和品质；同时，由于城市化进程的加快和城市规模的不断扩大，城区人口逐年增加，县域经济呈现大商业、大市场的轮廓，传统商业区吸附力较强，但设施老化、档次偏低，出现商业档次断层，消费群对县城中高档百货、购物中心等新商业业态的需求旺盛，将有效推动城市对商业地产的需求。2007 年新化县在建和待建项目体量较大，建筑面积预计超过 80 万 m^2，总投资将超过 8 亿元，由于市场需求旺盛，房地产市场销售价格将会迅速上涨。

新化当地人口众多，经济粗放，人均收入不高，公务员基本收入在 1400~1500 元/月，外出务工人员占全县总人口的 1/4。

2007 年新化房地产市场将展开空前激烈的客户争夺战，销售手段和促销组合将层出不穷，从而进一步带动建材、就业、装饰、广告、餐饮、娱乐等行业大规模的发展，城市建设和城市发展将迈上一个新台阶。

2. 项目未来发展分析

自 2006 年以来，央行连续 3 次调高银行金融存贷款利率，导致按揭贷款所承担的利息负担加重，虽有效遏制了国内房地产价格过快上涨，但也打击了一部分购买者购置房地产的积极性，特别影响了以投资为主要目的的购买群体；同时，国家相关部委不断出台二手房买卖的相关限制措施，更使投资客户望而却步，最典型的是温州炒房团大部分撤出国内房地产投资市场后，转而向金融、证券、制造行业等进行投资，也延缓了房地产市场价格过快上涨。

就本项目来说，以上情况对项目有所影响，但影响不大，由于新化属于三级房地产市场，区域内房地产发展程度不高，潜在购买群体巨大，且新化处于房地产市场发展起步阶段，大量握有资金的目标客户群正在积极寻找投资方向，是本项目的利好所在；但从另一个方面说，由于新化温州商业广场整体经营情况一般，且存在明源阳光购物公园和新康园经贸中心的客户分流的情况，本项目必须作好项目定位和招商工作，否则将会影响项目营销进度。

2.3　项目定位

1. 住宅部分

住宅定位：开放式居住小区，大视野、大配套、大景观的城市时尚商业带。

2. 商业部分

商业定位：融餐饮、娱乐、运动、休闲、旅游、文化、购物为一体的景观时尚商业街。

商务定位：集酒店、SOHO、LOFT、企业会所等多种形式的非传统型人性化景观商务办公空间。

3. 项目总体定位

湘中·金源商埠是融住宅、酒店、商业、商务为一体，具现代、时尚、国际化特征，临近紫江的景观建筑综合体。

4. 项目产品建议

本项目在规划时设计了前区、商住区、中心绿岛广场休闲区、商贸区和桥头广场公共设施五个大板块，定位是合理的，但特点不明显，商业氛围不浓厚。同时鉴于商业地产的需要，建议做以下策略调整：

（1）中心大道的建设应提前。商业招商需考虑周边配套，因此配套工作应将大的工程进度提前，如32m宽的中心大道，必须优先建设，才能对招商对象有所吸引。鉴于此，建议应将管网铺设、道路建设、灯光照明提前，不要与主体建筑工程完工相隔太久时间，才能有效吸引招商对象实地考察并完成招商。

（2）绿化、雕塑、小品等布局。根据以上项目定位，应在沿途全部考虑绿化隔离带和中心绿化带，两个广场均配备音乐喷泉、浮雕等，整个商业景观应更多地采用湖湘文化浓厚的雕塑小品，突出古味古韵；中心广场的浮雕可采用长卷的形式演绎湖湘文化的变迁；桥头广场公共设施区则考虑现代感十足的雕塑，以配合现代化的产权式酒店。

另本项目应每隔400m左右设置公交站牌，开通城市公交线路，以方便市民和游客观光购物；同时由于本项目被32m宽的道路隔断，应每隔300m左右设置过街人行横道，设置红绿灯，或设置人行天桥，以方便旅游观光、购物休闲，有机地将东西两侧商业进行联系。

5. 配套设施

1）广场、道路两旁适当设置座椅，方便人们休息。

2）广场、红绿灯处设置监控，保护人民生命财产安全。

3）公交站牌应设置顶棚，便于人们遮风避雨，同时设置座椅和广播，方便人们休息。

4）可设置帮扶低保户和残疾人的爱心报刊亭或公共收费厕所，作为政府解决再就业困难人群的实际工作。

5）车位根据实际情况采取路边临时停车位与广场地下停车位相结合形式进行。

6. 园林景观

打造现代商业的生态化、休闲性特色，注重以小品、花台、盆栽、水景、本土树木、植物、建筑外部垂直绿化等，表现立体园艺思想。

景观营建上化整为零，做到随处见景、步移景换，景观除了可观赏以外，还要有亲和力，满足人们的参与性。如水体，可做成供孩子嬉戏的旱地喷泉，绿地、植物旁一定要有座椅等，留得住人休憩。

7. 配置标准

原则：中档适用，控制成本。

公用部分：观光电梯、公共步行楼梯、外走廊、内走廊，预留空调室外机位、预留商铺广告位、集中设男女公用卫生间（带洗手面台）。

室内部分：一楼安装通风管道、二楼设预留厨卫位置上下水接口、烟道、厨卫地面作防水处理；标准商铺安装玻璃弹簧门、水电入户、一户一表、清水房。

2.4 项目产品与业态规划

1. 一期产品介绍

住宅销售面积：5.9 万 m^2

商业销售面积：8.48 万 m^2

1）项目户型：

两室一厅一卫一厨：80m^2　　两室两厅一卫一厨：98m^2

三室两厅一卫一厨：128m^2　　三室两厅两卫一厨：123~142m^2

五室两厅三卫一厨：218m^2

2）复合式：

四室两厅三卫一厨：181m^2　　五室两厅一卫一厨：171~180m^2

五室两厅三卫一厨：200m^2

2. 项目业态规划

（1）总体规划。根据对新化市场的深度研究与分析后，针对天华南路项目的市场定位与业态组合，将本项目由北向南分为前段、中段与末段三个街区。其业态分布为：

天华南路前段：规划为小型餐饮、旅游商品、小百货、经济型宾馆、银行网点、便利超市等微型商业，主要考虑商家赢利水平、承租能力等因素。

天华南路中段：商业规划主要以大型百货商场为主，主要经营金银首饰、品牌服饰、皮鞋皮具、化妆品、IT 通信、大型超市，以金融服务、邮政、影楼等作为补充配套。

二楼补充娱乐、休闲、健身等业态。以茶楼、酒吧、书吧、网吧、电玩、KTV、台球室、健身中心、皮肤护理、美容美体、发艺中心、足浴、保健按摩为主力店。

天华南路末段：重点以引进品牌酒楼、名火锅、特色餐饮等为主。同时，补充星级酒店、大型洗浴中心、商务会所等业态。

（2）重点部分业态细分。

后街：中心开花，再配绿叶。商业着重考虑以大型农贸市场、大型水产市场以及装饰材料、灯具、窗帘布艺、床上用品等与家居生活息息相关的专业性卖场为主，补充鲜花、甜点屋、文具书店、音像店等。

二楼：业态组合，让商业街动起来。以大型超市、家用电器、电玩、KTV 为主，形成以商业配套、生活超市、量贩式娱乐等大开敞、大卖场集合的综合性商业 MALL。

13#~16#楼：旗舰入住，舞动全城。重点以大型百货商场、购物中心业态组合规划为主。其中，底层以购物为主，主营时尚前卫、流行新潮、品牌旗舰店，其种类尽量按商业特点引导聚合。

3. 项目功能分区说明

规划设计成五个功能区，即从天华南路广场向南依次为前区、商住区、中心绿岛广场休闲区、商贸区和桥头广场公共设施。

（1）前区。应结合火车站广场实际情况定位为地方特色小吃、旅游商品、特色工艺品、农副产品等为主的商业街区，突出小商品特色。

（2）商住区。突出社区商业的特点，以餐饮、小型超市、经济型酒店、服饰、银行网点、社区医院、美容美发、书店等为主，适当考虑酒吧等休闲娱乐场所。

（3）中心绿岛广场休闲区。应命名为具有浓郁梅山文化特色的广场，如蚩尤文化广场、梅山文化广场等，将前区与本区连为一体，同时本区有一大型商场和商务写字楼，应将综合性商场、写字楼、旅游休闲进行统一、有机的结合。

（4）商贸区。为本项目的重点区域，从中心绿岛广场的商业开始到本区，为商业最为集中的区域，主要集中大型餐饮、品牌服饰、高档家电、数码电子产品、家居饰品、婚纱摄影、西餐、咖啡厅、金融证券等；背街主要考虑酒吧、KTV 等时尚娱乐场所。

（5）桥头广场公共设施区。为本项目的收官区域，也是最高档的城市中心商务区，广场应时尚、简约，周边配套有金融证券、保险等营业网点，酒店应考虑三星级以上的产权式酒店，且酒店应优先建设，提升整体形象，在运营后可协助本项目回笼资金，且坚定欲投资本项目商业企业的信心。

第三部分　项目 SWOT 分析

3.1　地块优劣式分析

1. 优势

1）规模优势：240 亩项目规模，具有规模优势。

2）配套设施可以自我完善：项目地块较长，使项目更具吸引力。

3）自然环境好：项目地块的水资源良好，景色优美。

4）区位发展前景看好：位于城市战略发展重点区域的核心，高起点规划与政府加大基本建设投资力度对项目利好。

2. 劣势

1）治安环境暂不乐观，靠近火车站。

2）项目周边住房影响项目形象，尤其是后街旁边的住房。

3）道路没整治好，南面基本没什么人群。

3.2　竞争市场 SWOT 分析

1. 项目的优势分析（S）

1）政府组织建设，项目信誉度高，资金到位确保工程进度的顺利进行。

2）项目区位优势明显，规划设计超前，政府统一招商、统一返租，将会打消顾客的心理顾忌。

3）新化地区商业地产竞争压力不大，且各自的规划具有一定互补性，相互冲击较小。

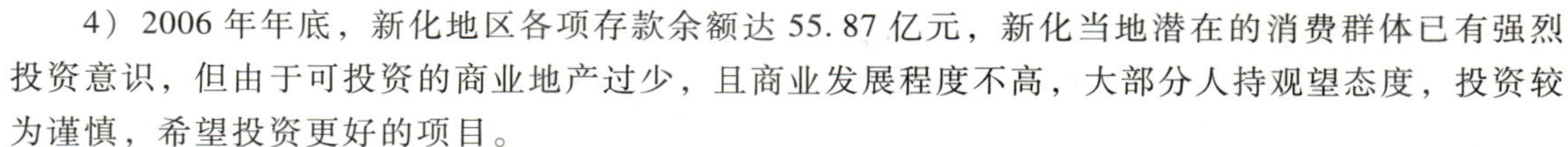

4）2006年年底，新化地区各项存款余额达55.87亿元，新化当地潜在的消费群体已有强烈投资意识，但由于可投资的商业地产过少，且商业发展程度不高，大部分人持观望态度，投资较为谨慎，希望投资更好的项目。

2. 项目的劣势分析（W）

1）由于该项目位于新化县老城区，目前人气不旺，流动人口少，周边配套不齐，商业氛围尚未形成。

2）由于本项目是新化第一个大型商住项目，且商业占据了8.48万m^2，为了打造专业市场，需要政府加大力度，进行行业规范整治，将各个零售店铺集中到湘中·金源商业项目来。

3. 项目机遇的分析（O）

1）新化房地产市场起步较晚，为本项目的开发提供了充足的市场空间。

2）新化自然景观旅游业发展迅猛，流动人口消费总额有望大幅攀升。

3）专业批发市场规模不大，档次不高，环境一般，管理有待提高，为专业市场升级提供了机会。

4）由于本项目是旧城改造项目，同质竞争楼盘较少，商业物业具有较大的升值空间。

5）私营矿主、企业老板、机关干部及在外创业回乡置业者有投资预期，为新化商业地产的发展提供了后备资源。

6）未经过商业和国际国内一流主力店的洗礼，外来商业品牌正加紧布点，为商业地产开发提供了机会。

4. 项目的威胁分析（T）

1）新化处在商业地产的萌芽期，行业整合洗牌，外来资本进入，但房地产企业素质良莠不齐，整体市场开发规模较小。

2）没有花园小区生活概念，物业管理滞后，生活配套设施不全。

3）本土化销售运作，无市场先进营销理念，开发和后续管理“两张皮”，重销售、轻经营，投资置业无保障。

4）银行及国家政策宏观调控、税收等因素制约。

第四部分　项目营销策划

4.1　营销策划构思与设想

1. 总体构思

创造一种对公共领域的共同理解；不同功能与审美层面实现统一；建筑的多样性；个性与自我的表达。

2. 总体设想

一处多样化、开放型居住形态的商业场所；一种生活、休闲、交流、购物行为的黏结剂；一个衔接个性化生活方式与商业化社区公共生活的网络体系；体现区域化商业核心。

4.2　营销策划推广主题

信赖——信赖源自政府的公信力、态度的体现以及人文关怀。

推广手段：主题活动、软性宣传。

冲击——意识形态立体推广。

推广手段：户外、车身、视频、报媒全方位视觉及理念输出。

感动——融入其间，渐进地体验式情景营销。

推广手段：体验馆、示范区。

诱惑——最不在乎价格的客户也希望获得更高的性价比。

推广手段：促销优惠策略、会员优惠，以及不同销售阶段给予不同程度的优惠。

4.3 策划营销指导性理念

一站式——两极消费——多重功能。

诠释：

一站式：方便、快捷、高效，一站式购物消费。

两极消费：满足不同消费群体的需求。

多重功能：提供多元化的消费场所，满足不同的层次需要。

——此为打造好湘中·金源商埠的指导理念。

4.4 项目营销策划推广总体策略

总体策略：先商后市——以商养市——以商养商。

第一步、招商先行：所谓兵马未动，粮草先行。本项目的招商工作将贯穿于项目始末，前期的招商也是项目开盘热买的重要因素之一。

第二步、引进商家：通过营销推广和广告所带来的视觉和心灵上的冲击，将会为我们前期的招商工作带来意想不到的效果，会使大批商家关注我们的项目，最终入住。

第三步、优惠政策：取得一定的优惠政策也是本项目的关键因素之一。也会使我们的客户对本项目有了更进一步的认识和了解。

第四步、提升价值：通过以上步骤的实施与完成，本项目良好的口碑、核心地段的体现、先进营销理念的灌输必将会全面提升项目的品牌和经济价值。

第五步、加快销售：招商的实施、商家的入住、较好的优惠政策、价值和品牌的进一步提升都是我们项目热卖的必要条件。

4.5 营销策划总体战略——领先者战略

项目总体量较大，进入销售的商用房住宅品质高，宜于走综合型、规模化的特色道路，同时利用产品的品质营造尊贵感。

湘中·金源商埠属于政府投资项目，在新化的影响很大，属于品质较高的大型综合性商住项目。具有相当的品牌号召力和知名度。品牌的影响力是具有长远战略意义的。

由于新化市场产品规划定位的特殊性，建议采取“放水蓄势、集中歼灭”的营销战略，早推广、早积累，集中兵力，一举拿下。综合运用各种营销手段，分期分批采取短平快制胜，此策略一则可以节约、控制营销成本，二则更有利于回收资金。

整个营销工作应紧扣两大主题：一是创新、二是发展。

创新，开发商进行产品规划设计与营销定位突破——打造新化第一个综合型的新商业地产项目。创新，项目产品包括商业街、公寓住宅、星级酒店三位一体，无论是产品形态、产品配置、产品配套、产品管理、产品服务，均处处体现创新精神，实现房地产全方位攻略。加倍提升产品综合竞争实力。

发展，新化经济社会的发展，是项目赖以生存发展的土壤。新化人的思想观念在变化发展，使项目得到包容和接纳。

4.6　价格体系

1. 价格策略

目前常用的价格策略：

（1）价格竞争策略。以低于竞争者的价格赢得市场。好处有四：①短时间内聚集人气，扩大影响；②让利于早期客户，团结他们共享增值乐趣；③始终给求购者以涨的感觉，符合客户买涨不买跌的消费心理；通过提价，使销售变速，掌握市场的主动权。

（2）差异化竞争策略。在同一加价水平上，通过采取与其他楼盘相差异的产品设计与形象包装、主题定位等，形成差异性价格。这一策略诸多竞争对手已在运用，有一定竞争力，但在市场中与其他竞争对手只能形成拉锯，而非绝对优势。

（3）全面领先竞争策略。即以我为主，突破市场价格，开发引领市场潮流、性价比高的产品，从而取得全面领先的市场价格领导地位。

建议项目商业部分前期选择差异化竞争策略，中期开始选择全面领先竞争策略。项目住宅部分前期选择价格竞争策略，中期开始选择全面领先竞争策略。

2. 价格浮动原则

根据目前全国市场所有商住项目以及我司多年操盘经验和对新化地区整体市场的深入调研，我司认为本项目价格浮动应根据以下方面进行：

1）低价入市，低起高走。

2）运用销控随时调整价格走势。

3）宣传炒作提高价格，其实一切的价格都在我们的掌控当中。

4）热销时期采取每天变价的形式，让观望客户立即下定。

5）销售持续期可采取：提高价格、大打折扣的方法，实行“明降暗升”的价格定价。

3. 价格体系

（1）制订原则。

1）把握差异化价格竞争策略，同竞争楼盘进行全方位差异化比较。

2）确定景观、动线、噪声、楼层差为内部定价的调整因素。

（2）制订方法。

采取了比较法和权重法相结合的方法对项目均价水平进行综合权衡。

1）比较法定价：即对比同类项目销售价格。

① 资金的时间价值修正。

② 区域因素及个别因素修正。

③ 市场对比法修正价格表。

④ 均价的确定。

2）权重定价法：即根据项目所在区域环境的影响指数进行修订。

结合体量相近、品质相近、项目位置处于同区域、建筑规划及户型配比相近性等条件，作为楼盘定价参考。

4. 楼栋调价要素及调价细则

（1）调价原则。以对影响项目价格各因素进行排等级综合打分的方式对楼栋、户型单元进行综合分值统计，并对分值进行修正得出楼栋、房型单元的价差关系，作为价格制订的依据。

（2）调价要素及细则。

栋差：

景观要素：分为“东南西北”四项，每项根据主要景观要素采取单项打分，然后进行四项分值的累计叠加。

动线要素：根据各楼宇到商业街的距离长短排等级进行逐项打分，然后分值累计叠加。

噪声要素：根据对小区产生噪声的因素分为几个子项，再根据对各楼宇的影响程度排等级。

楼层差：

多层的楼层调整方法采用“金3银4两边递减”法，即3、4层价格最高，价位依次朝两边递减，楼层差为10元/m^2。

4.7 目标客户分析

1. 市场目标群的分类

1）看动机：经营型客户、投资型客户、投机型客户。

2）看职业：政府公务员、事业单位职员、个体工商户、其他私营业主、民营企业高层管理者、民营企业老板、矿山老板、外出务工经商返乡人士。

2. 市场目标群的偏好

1）经营户：物以致用，注重实效，看重物业的硬指标，使用功能。置业方式上以租赁为主，主张现房消费。

2）投资者：在乎收益，以购买为主，立足中长期目标。看重物业外部环境（如地段升值潜力等）。

3. 市场目标群的建立

1）在项目前期发放VIP会员卡，通过营销推广吸引新化地区乃至全省、全国有购买力的商家成为VIP会员。

2）通过项目品牌、价值的逐渐提升，让所有的投资客户群体感受到“早投资早赚钱”，从而进一步提升项目的潜在价值。

3）引导已经购买或者已经招租的客户成为营销推广和宣传的口碑，从而使本项目在新化地区形成良好的口碑效应。进而保障本项目“全国开花、新化结果”的成功招商。

4. 市场目标群的培育

1）引导有实力的商业或企业投资客户购买。

2）引导现有的小商小贩扩大经营规模，进入规范化的市场。

3）利用已有的客户资源介绍潜在投资客户。

4）吸引有空余资金，但无良好投资渠道的潜在客户群对本项目进行投资。

5. 市场目标群的分析

根据对天华南路项目市场定位和商业业态分区及布局的分析，潜在的市场目标群如下：

（1）县城中小投资者。非经营户、买断工龄者，都有投资或出租收益要求。这类投资者一般较理性，多选择一次性付款或分期付款。

（2）周边乡镇投资者。这类投资者以乡镇企业主、乡镇公务员为主。他们的投资理性比前者要差，只要广告传播鼓动力强，就足以打动其投资，但这类投资者更看重物业位置和外立面，所以在推广上要注意区位优势的渲染、案场包装和现场气氛的营造。

（3）中小企事业机构。这类投资者一般采用租赁的方式，多为办公、营业使用。他们比较看重物业在当地的口碑形象和地位。

（4）大型商业机构。这类投资者的投资行为非常理性，通常要经过一段时间的市场研究和可行性分析，然后才做出投资决策。他们的投资一般采用长期租赁方式，而且越是品牌知名度高的商家所付租赁费用越低。但是这类机构的到来，可以聚集人气，增加商业氛围，大大提升物业的价值。

（5）公务员。政府部门公务员和事业单位职员，希望有自己的生财之道，他们先知先觉，通过购置门面进行理财。

（6）矿山老板。主要考虑投资商业地产，一般不自己经营；但如果场地理想，会涉足餐饮、洗浴保健等行业的经营。

4.8　物管建议

通过咨询顾问，组建物管公司（含商业管理）进行专业管理服务，或者聘请专业名牌商业物业管理公司作顾问服务。

重点提供：工商、税收法规咨询、商情咨询服务、商业展示促销、品牌商家结盟、招商、代租代售商铺等，全方位服务，让经营户有归宿感，确保商业经营成功。

物业管理公司介入时机建议，鉴于本项目开发周期较长，规模大，在加上体量庞大的商业，建议商业物管公司提前介入，参与项目相关功能配套设施的建议。

第五部分　销售策划

5.1　营销手段

销售执行是对项目整体营销策划方案的具体实施过程，其中最关键的是营销手段的组合。

（1）销控手段。从实际操盘的手段来说，应先推出部分地段好、价值高的商铺进行拍卖，抬升整体销售价格。然后将价值中等的商铺和价值一般的商铺一并推出，将最好的商铺进行销售控制，或根据客户积累量将最好的商铺限量推出，引发抢购，进而带动价值一般的商铺自然销售。

（2）销控原则。住宅和商铺的销控原则是一致的，即根据市场变化随时调价，如每批次销售量达到20%可将价格上涨5%。

（3）制造恐慌。开盘一段时间后，运用消费心理学的营销手段，对外宣传“封盘”信息，刺激客户下定购买，再将涨价的产品推出，引发新一轮抢购。

（4）价格策略。应充分考虑稳健性原则，采取“低开高走”的价格策略，根据市场实际情况随时对价格进行调整，做到“有市有价”，达到“不脱离项目、不脱离市场、不脱离客户”的“三不”原则。

（5）销售说辞。在不违背法律法规原则的基础上，结合项目实际情况，对产品适度夸张，引导消费。在不诋毁其他楼盘的情况下，强调项目优势、淡化项目不足，形成新化房地产市场的有效互补，毕竟应站在政府角度综合考虑市场情况，如果将别的项目做成“烂尾”项目，是政府和消费者都不愿意看到的情况。因此，如何联合各个开发企业和销售单位共同打造有序、健康的新化房地产市场，将是需要探讨的课题。

（6）服务原则。以体验式营销为基础，以五星级酒店式服务为原则，强调客户消费的尊崇感和尊贵感，以满足客户购买过程中的“虚荣”心理。

（7）销售方式。坐销、行销、巡展、房交会、乡镇宣传、城际宣传、群众性活动、拍卖、特价、大型路演等多种销售手段结合的方式。

（8）销售工作三原则。最专业的知识、最勤奋的工作、最务实的态度。

（9）销售中心细节处理：

1）采用软质沙发而非硬质塑料座椅。

2）放置水果糖等，体现轻松氛围。

3）着装新颖独特，亮丽动人。

4）所有员工必须主动与客户成为朋友，产生“树枝效应”。

5.2 促销措施

（1）缴纳诚意金。可考虑缴纳一定的金额享受翻倍的折扣，如住宅缴纳1000元可抵2000元（含本金），缴纳2000元可抵4000元（含本金）；或商铺最高可享受缴纳10000元抵20000元（含本金）等。

（2）成为VIP会员。对外宣传成为VIP会员以后才能享受折扣或参与促销优惠，其他的客户只能按照正常的销售折扣执行，增加有效客户的积累。

（3）折扣方式。如产品滞销可考虑“明升实折”的销售手段。

（4）特价（商铺）房。每周可推出1~2个品质较差的特价住宅或商铺进行促销，吸引客户眼球。

（5）1+1销售模式。一个老客户介绍一个新客户成交的，老客户可享受一定的奖励，新客户可享受一定额外折扣。

（6）竞猜、抽奖、赠送。可采取抽奖、猜入驻商家、家庭比赛等形式设置奖品进行奖励，奖品可为购买商铺（住宅）赠送空调、汽车等各种形式，在全城掀起认知、熟知本案的高潮。

5.3 付款方式

1）按揭：住宅99折，商业97折，住宅首付至少30%，商业至少50%。

2）分期：签订认购协议或合同为第一次，付款50%；三个月内为第二次，付款40%；半年内为第三次，付款10%。住宅享受98折，商业96折。

3）一次性：住宅97折，商业95折，签订认购协议或合同支付完毕。

4）尾盘销售策略：按揭可考虑交一缓二七成按揭方式：

楼价1成：落定后3日内到售房部签署正式买卖合同时付清（定金在内扣除）。

楼价2成：由签约之日起6个月内付清（交付时间最迟不超过交房时间）。

楼价7成：于落定后30日内办理由专业银行提供最长20年按揭贷款手续支付。

5）免契税、免配套费、送物管费等方式为每批次尾盘消化均可采取的手段。

5.4 销售道具

1. 楼书

1）产品版——规格大概6个版面，设计要求简约、大气、现代，能充分展现发展商实力和品牌特征，并包含项目规划理念、商业定位及规划、投资盈利分析、户型设计理念、专家解答、装修说明及专家建议、建材物料等在内，翔实有据地说服消费者认同本案。

2）文化版——规格大概6个版面，充分体现项目的文化内涵，主要从情感诉求上打动消费者，可包含项目设计的文化阐述、高层高尚生活的描述，社区文化理念的传播等，和产品版楼书一刚一柔，充分调动阅读者的购买欲望。

3）招商版——招商楼书可单独制作，也可和整个楼盘的楼书一起制作，主要体现商业规划、商业潜力、商业保障、政府支持等方面的信息，消除投资客户的心理顾虑，同时对商业经营客户进行有效引导。

2. 海报

海报俗称DM单，针对性强，可根据项目销售进度不定期地推出，主要阶段为：

（1）项目形象建立。全面阐释本项目的总体定位，以商业为主、住宅为辅。

（2）住宅开盘。针对住宅定时、定点、定位推出。

（3）商业开盘。重点宣传商业的增值、返租、定位等方面，提升顾客购买欲望，全面积累客户。

（4）招商宣传。通过商业的准确定位，针对性地对商业规划、商业分区、增值潜力等进行宣传，在区域内形成轰动效应，达到短期内迅速积累客户的目的。

3. 户型单页

包含住宅和商铺，风格配合楼书，设计上清晰明了，不必追求花巧的设计。

4. 手提袋

作为流动性强，具有很大使用价值的宣传资料，其手提袋必须牢固耐用，才能起到其应有的宣传效果。

5. 沙盘模型

本项目的沙盘包括整体规划的大沙盘、商业沙盘和住宅沙盘，商业沙盘又是其中的重点，因此，应考虑制作重点商业区的沙盘，如13～16#楼的沙盘可独立制作，即可引导顾客购买，又能消除购买顾虑。

6. 户型模型

对于本项目来说，户型模型不是重点，可针对主力户型制作，非主力户型提供户型单页和图纸即可。

7. 礼品

本项目的礼品为阶段性的，每次的量不宜过大，而应根据销售节奏、季节变化、客户积累量等各个方面的综合因素制作，如夏季可考虑遮阳伞。另可根据不同客户发放，如缴纳诚意金的客户即为VIP会员，可发放一套咖啡杯、刀具等，而经过咨询但未缴纳诚意金的客户则发放雨伞、笔、开瓶器等小礼品。

礼品类型：台灯、鼠标垫、卡通杯、餐具、咖啡杯、茶具、书签、精美书籍、台历、刀具、雨伞、气球等，从生活细节处打动消费者，传播“湘中·金源商埠”品牌，推广当地文化。

8. 展板、X展架

主要起流动宣传作用，设计精美、携带方便，便于项目做巡回展览、广场促销、外出宣传使用。内容含项目名称、销售热线、招商电话、代理公司、开发公司名称等，且费用较低。

9. 多媒体展示

制作DVD以短片的形式介绍项目，结合不同的语言在不同的地区推广。适用于售楼处及展会，现场销售时以滚动形式播出，烘托现场热烈气氛。

5.5　销售流程

1. **销售流程**（图 6-6-1）

2. **接待流程**（图 6-6-2）

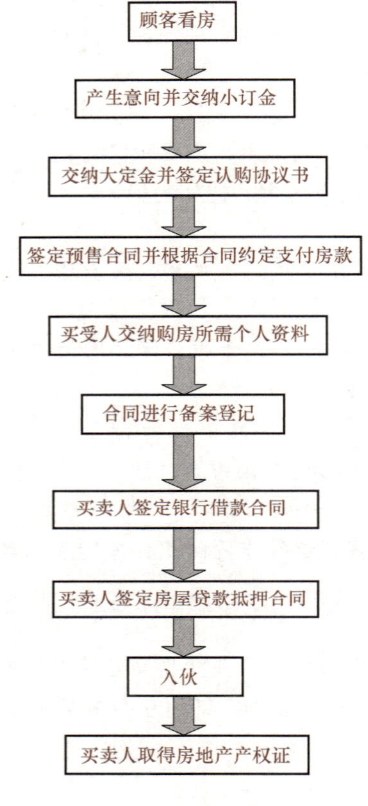

图 6-6-1　销售流程

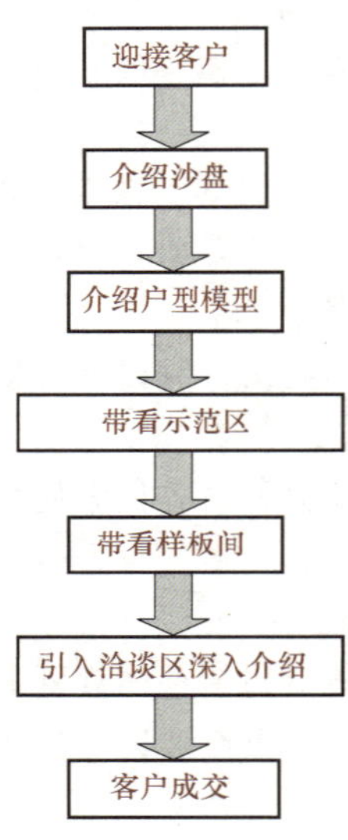

图 6-6-2　接待流程

第六部分　招 商 策 划

6.1　市场分析

1. 市场状况

“湘中·金源商埠”项目商业市场体量较大，销售会有一定的阻力。天华南路、天华中路上集中了新化县 2/3 的大型商业物业。其中日盛商都、新化温州商业广场、新化商贸中心等几大密集的专业商场同在相隔不足一条商业线上。一些规模不大的小商业门面更是无以计数，其他多数以小商铺单一的经营形式存在，综合型商城有其发展的空间和市场吸引力。

2. 目标客户

1）中小型经营商家：主要针对本地商家和个体经营散户。

2）大型商业机构：国内知名大型商场、连锁超市等。

3）国内外品牌代理：国内外品牌连锁店、经销商等。

4）大中型餐饮、娱乐机构：本地特色餐饮、省内连锁娱乐休闲中心等。

总而言之，就是要有租铺的需要，同时又租得起，并且能够做出决定的客户。

3. 客户购买准则

通过调查、实地走访客户，入租店铺主要考虑以下因素：地理位置、人流量、租铺价格、投资回报率、区域购买能力、商铺配套设施、商铺知名度、商场管理和宣传，而地理位置、人流量、租铺价格及投资回报率是客户入租的决定性因素。

6.2 竞争分析

1. 竞争对手及其市场运作模式

1）新化温州商业广场：整体租赁销售，销售代理品牌和自行发展分租。

2）日盛商都：以租赁的模式进行分租和装饰，商铺进行统一的管理。

3）新化商贸中心：采用灵活经营模式，既有商场员工自行承包经营，又有代理商、销售商租赁其商铺以及专柜和租赁相结合的模式。

2. SWOT 分析

（1）优势。综合型商业物业，具有专业性、规模性，易吸引经销商；地理优越，人气足，地块乃世袭传统商业宝地，颇得消费者和商家认同，在市场中很有感染力；商场管理、服务优势；营销推广优势；项目在建筑设计、业态选择、配置配套、总体实施等各方面形成领先竞争地位，充分保障项目良性发展及其赢利空间。

（2）劣势。新建商场没有老客户，目标客户资料数据不足，商场还没有树立品牌形象，没有各种销售数据，作为招商支持，没有成功租户典范。

（3）机会点。项目启动正值湖南城市大建设宏观背景，时逢新化县历年经济社会发展上升后的旧城改造、区域拆迁新转机；大众产生更为丰富的消费需求，中高档消费场所呼之欲出；新化民间资本积累相对丰厚，需要新的投资理财品种。

（4）威胁点。天华南路商业氛围也逐渐形成，先入为主，构成明显竞争；竞争对手（潜在对手）有开发同样主题商场的可能，商场招商过于频繁，客户没有过多耐心，厂商相对数目较少；周边潜在商业房地产项目，出现多头竞争态势，分化市场份额。

6.3 商铺产品与服务

1. 商铺简介

1）商业物业采用有选择的专业化模式，选择综合型商业业态作为目标市场，更具市场需求吸引力。

2）位于天华南路靠近火车站核心商圈，地理位置优越，有区域人群支撑，人气旺盛。

3）商业配套设施齐备、环境优良、投资回报率高。

4）可根据客户需求、适当地调整店铺。

2. 服务与支撑

1）物业管理为入租店铺和顾客提供一个舒适安全的环境，包括卖场的环境、设备的保护、安全保卫、管理等。

2）租户管理造就优良的店铺，包括对租户的教育辅导、经营分析、店铺调整、调节管理等。

3）营销管理提升商城的客流量和销售额，包括对各店铺进行营销支援，并举办统一的广告宣传和促销活动。

4）成立专门的招商服务机构，致力于整个商业气氛的营造，商场品牌形象的树立与推广。

5）协调各租户与工商税务、公安、卫生等管理机构的关系，争取政府政策支持。

6.4　招商目的

和其他许多大型商业物业在推广之初即进行主力店招商一样，“湘中·金源商埠”的招商工作具有两个目的：一是提前告知客户产品信息，使其产生印象，形成一定的市场阻隔效应，起到锁定目标的作用；二是通过与主力店互动洽商，并把此过程作为推广题材加工炒作，造势鼓动真正的购买者，扫除顾虑、树立信心，更早更快下单。

由此可见，“湘中·金源商埠”的招商意义已远远超出招商本身的原有效果。它对于扩大项目知名度，培养物业美誉度有更好的影响。

6.5　招商定位

1. 项目招商定位

根据现场调研和商业运作经验，建议将该街区分为三部分定位招商。

1）商业街北段：主要以经营小商品、服装、鞋、小餐饮、招待所、网吧等为主。

2）中段：定位较北街区略高，走中、高端专业品牌卖场，打造城市的高端消费、娱乐区域。

3）南端街区：以经营中、高档餐饮业、茶楼、健身等为主，可辅以经营中、高档次的家具、居饰品补充。

2. 招商行业组成

1）饮食类：梅山小吃、湖南本地特色餐饮，大型品牌餐饮、德克士、肯德基、永和豆浆大王等。

2）联通、电信、中国移动营业厅、铁通网络等。

3）服装鞋包类专卖店：金利来、雅戈尔、耐克、阿迪达斯、百丽、哈森、七匹狼、劲霸等品牌店。

4）水果、副食品市场：水果、副食品、糖烟酒、家用五金、小电器、清洁用品等。

5）农贸市场：蔬菜、生鲜、肉禽、海鲜水产。

6）IT 电器街：计算机、手机专卖及其配件、电子产品、电动玩具及小电器。

7）汽摩配修专业市场：汽摩配件、修理、汽车美容等（后街部分门面）。

8）娱乐休闲：KTV、歌舞厅、酒吧、网吧、桑拿按摩、洗浴中心、茶艺、美容美发等。

9）建材家居装饰城：建材、家具家私、床上用品、家居饰品、工艺陶瓷等（后街部分门面）。

10）大型购物中心和超市：国内连锁、品牌大卖场。

11）其他行业：银行、医院、邮政、幼儿园等。

6.6　招商区域

“湘中·金源商埠”作为新化县老城中心的大型商业物业，其综合性强、建筑形态别致、经营业态丰富，是当地的新产品，在推广之初需作引领，同时，借势销售也不失为搅动人气的好办法。因此，招商区域的首选地应该是就近的商业相对活跃的城市，如娄底、长沙、重庆、成都等，这些地方规模化的商业机构多，有实力的经营户集中，他们的介入（就是在洽谈）也有借题发挥、促进销售的作用。

另外，对于周边的县城，如冷水江、怀化等，新化县又相对具有中心号召力，通过外出招商、行销推广，在产品创新领先的情况下，易于扩大客户范围，争取到邻帮的投资者，抢占到更多的市场份额。

6.7 招商对象

“湘中·金源商埠”项目在开发推广、销售租赁方面，志当存高远，应打造品牌化物业，力争做新化县的商业第一。据此目标选择招商对象，坚持取舍原则，在扩大行业领域的同时，应注重引进精品和领头羊，尤其是那些新兴经营业态的旗舰型商家，理当积极接触，诚恳洽谈，不惜让利进行招商，他们对提升“湘中·金源商埠”的物业附加值极有功效。

6.8 招商策略

1. 招商总规划

1）成立招商突破小组：挑选最优秀的招商人员参加招商突破小组，选择最有机会进行突破的客户市场，给予招商突破小组必要的权力和资源（系统支持、媒体、资源、补贴），在一定限期内明确达到招商目标。

2）区域客户市场突破：在最有机会的区域市场，由突破小组负责在当地招商。根据每个客户市场不同，设计不同的招商渠道和策略，运用各种招商方式力争在较短时期内取得一定效果。

3）区域市场提升：充分利用入租客户资源，通过其扩大招商范围和影响，特别是通过区域市场行业领导者的影响；辅以广告和销售支持、吸引更多的客户。

4）区域市场交换、深挖：负责不同区域的小组，互相交换区域市场，以便发挥各小组不同的优势，争取一些不接受以前招商小组、招商方式的客户和以前招商小组没有发展的客户。

2. 招商策略：立足新化、面向全省、走向全国

以新化为重点，在确保新化地区招商工作全面、顺利开展的同时，招商部门安排出40%的招商力量。效果理想的情况下，在保证新化地区招商指标的同时，随时调整省内（及全国）招商力度。

根据对天华南路项目商业业态的规划和定位，将按照“先商后市、以商养市、以商养商”的方针展开全面招商工作。

产品策略：在招商恳谈中虚心听取商家意见，勇于按商业规律调整校正产品，以期更好地满足经营使用要求，完善物业的价值。

营销策略：引进专业的商业经营管理公司，加强产品的软件建设，提升产品的附加值，把招商当作推广销售的有力手段，建立健全现代大营销思想，坚持立体营销观念，除了向先进地区学习引进外，也不放过对兄弟县镇的客户挖掘。

资源策略：充分利用钧天置业顾问及项目骨干人员的客户资源，广泛团结湘渝两地及其他城市各大中商业机构的主管级人士，挖掘实力商家、精品商家。

据点策略：以新化县“租赁销售中心”为大本营，分别组建招商行销队伍、招商坐销队伍，采用租售并举的方式，做好招商积累工作，建立招商行销网络，全员展开互动性招商工作。

多渠道推广：结合“湘中·金源商埠”产品打造特色和项目实际情况，针对招商客户制订相应的政策，通过电视专题片、精美印刷品、人员传播等手段，使信息更快、更准地到达目标客户，举办集中式的主题说明会推荐产品。

3. 具体招商操作程序

1）熟悉本招商项目的相关内容，客户问询的准备。

2）收集需招商行业的相关资料，进行分类、分区整理。

3）通过各种新闻、广告、杂志、媒体或展会发布信息，对招商进行前期渗透。

4）充分认识自身优势，做好一份吸引人的招商书及相关宣传资料。

5）建立一个良好的招商支持系统，各方面协调支持招商工作。

6）适当策划一些专题配套活动，扩大影响，提高商场知名度。

7）建立目标客户数据库，对招商员的招商工作，包括电话联系、走访、跟进、签约等，实时做好记录。

8）招商专员每周上报招商情况，分析、总结、交流、招商经验和心得，处理客户反馈信息，适时调整招商策略。

4. 招商广告策略

（1）现场招商广告。对商场及周边环境进行包装，突显商场入租竞争力，吸引路过的潜在客户，同时增加来访客户成交率。

（2）媒体广告。建议选择目前在各地州市较受欢迎的平面媒体，《娄底日报》投放时间根据工程进度及招商状况而定。

（3）其他适当考虑网络广告、展会和专业杂志。

5. 招商部制度及职责

1）客户资料的收集和筛选。市场调研和竞争对手工艺研究、目标、潜力。客户的锁定，客户资料的分类管理。

2）电话拜访和面访。电话拜访约见的要点，面访前准备，面访的过程控制和记录，面访的技巧、潜力、重点、成交客户的面访区别。

3）数据报表的填写，拜访记录填写；招商周报，日报及总结；重点客户的会谈纪要报告；预签协议客户操纵要求及通报。

4）客户的维护和跟进：协议的签订，客户争议的处理、收款的协助。

5）内部沟通。招商部内部联系沟通；其他有关部门的工作协调与联系。

6. 招商后期管理

1）客户足以影响商场的发展，要让客户持续在商场经营，商场必须努力经营，获取客户的信赖。

2）维护老客户，对于商场在营运、财力、管理、品质上有莫大的影响，应当加强与老客户的联系，及时解决其所提出的问题。

3）商场每年都可能会丧失若干旧客户，因此要采取计划性客户储备与拓展。

4）培养忠诚客户，使其产生持续入租行为，并帮助商场向外宣传，建立口碑。

5）对客户做未来分析，包括客户数量、类别等情况的未来发展趋势，争取客户的手段等。

6.9　招商阶段划分

“湘中·金源商埠”项目招商工作拟分为三个阶段，即前期招商蓄势准备阶段，中期招商宣传造势推广阶段，后期招商攻坚阶段。每个阶段都有针对性的客户群体和招商目标。

招商蓄势阶段：签订代理合同即开始进行招商筹备。此阶段将大范围地接洽各地商家，扩大产品知名度，对反馈信息进行评估，对项目招商计划做出动态调整。同时引进专业的商业经营管理公司，加强产品的软件建设，提升产品的附加值，树立投资者信心。

招商推广阶段：开盘前一个月。此阶段将对前期接洽商家进行筛选，展开针对性的公关活动，对商家后期经营的可行性进行深入的调查和研究，并且制造事件、提供推广素材，如召开招商洽谈会或新闻发布会，为项目创造新的卖点，充分发挥其促销作用，形成第二个销售高峰。

招商攻坚阶段：开盘后第一个月起。此阶段将集中新化县政府招商力量与开发商和代理商的人力、财力，对意向性较强的商家进行强力营销，并最终确定进驻商家。该阶段力图在销售的中后期又掀起新一轮“湘中·金源商埠”项目投资的热潮。

6.10 招商方式

1. 招商的方式

（1）直接交流招商。将安排招商专员到城区和周边城镇，对各行业的商家采取派发招商手册、DM单、电话营销、纸媒广宣等方式，并深入沟通和联系，了解商家的意向和需求，给予适当的优惠方式和措施，有针对性地选择商家招商。重点引进本地商家。

（2）通过县政府组织的招商引资洽谈会招商。在招商过程中，将参加以县政府主导的招商会，通过前期的市场宣传和项目的推广，组织大小商家参加，作项目的详细介绍推荐，辅以政府的招商优惠政策，达到招商的目的。

（3）自主招商。利用在重庆、四川等地积累的客户资源和网络，进行重点城市的招商工作。

（4）利用现代通信手段招商。对外地商家（包括外地国内产品厂家和经营商、国外品牌的国内代理、国内内销分支等）运用电话、传真、网络等手段招商。

2. 商家比例分配

招商阶段，招商的比例计划为：新化地区招商占50%左右；省内招商占30%左右；全国招商占15%左右；预留出5%的比例，作为机动或炒作。其中，新化地区招商所占比例不得超出整体的60%；省内招商、全国招商的比例可根据实际情况扩大，扩大部分可占用本地招商份额；根据招商实际情况，如果招商火爆，可加大预留部分的比例（例如10%）。

3. 后街

放水养鱼模式。先入驻，前三个月从营业额提取一定比例充当租金，其后则按租金收取。

6.11 招商时间安排及实施

1. 时间安排

招商前期准备工作阶段为：合同签订于2007年5月31日。

正式招商时间确定为：2007年6月1日~2007年12月31日。

以新化为重点的招商工作，招商比例按计划控制在总体的50%以内。同时负责外埠招商工作人员在本地进行外地招商工作。外埠招商设2个月试探期，如果反应良好，则由负责人员做出报告提交招商部，由招商部做出外埠实地设点招商计划（包括地点选择、招商规模、策划广告宣传配合、费用预算等），报请审批。

2. 招商实施内容

招商人员的招聘工作：为了更好地完成项目的招商工作，需要根据需求进行招商队伍的建立。由于项目属性的特殊性，以及工作进度和工作强度的实际要求，对招聘人员进行严格的从业经验及工作能力方面的考量。

招聘原则：对商业专业的招商人员，必须具有本行业从业3年以上招商经验，优先考虑从事过商业房地产项目的招商工作、招商策划等方面的工作经验或从事相关行业市场招商。

招商部人员招聘计划：总人数为5人（暂定）。

6.12 招商租金付款方式

1）合同期内一次性付款加免租期。

2）合同期内分期付款加免租期。

3）合同期内分季度付款加免租期。

6.13　招商费用预算

按多年的招商经验，商业面积招商的费用在总销售额的1.5%左右。

注：此方案仅对项目整体招商的思路进行阐述，在执行的过程中将对项目的招商计划做出相应的动态调整和细化。

第七部分　项目包装推广

7.1　推广主题

1）休闲娱乐性、综合性：（与传统商业物业比较）融餐饮、娱乐、运动、休闲、旅游、文化、购物为一体的多功能休闲娱乐建筑群。多种业态共同托市，打造新化最大规模的休闲娱乐商业中心。

2）品牌传承：政府携手开发商共同打造，实力雄厚，信誉卓著。打造新化名片的精品开发理念。

3）地块优势：（与其他商业和住宅项目的比较）具有优异的景观特征；成熟的休闲景观商业区和景观住宅区；区域开发热潮方兴未艾，良好的发展潜力和升值预期。

4）产品优势：（与新化其他项目的比较）国际先进开发设计理念在新化的展现；精心打造具现代、时尚、国际化特征，再加上商业、住宅、商务互动的多功能景观综合建筑群，必将会成为新化商住物业开发的里程碑。

5）观景性：（与其他商业比较）中心绿岛广场休闲区和桥头公共广场设施区的建造，再加上临近紫江，凭窗览胜，江景、夜景、城市景观尽收眼底。

6）时尚性、国际性：由世界著名设计公司导入国际先进建筑设计理念精心设计，紧追世界潮流；引入国际著名商业经营品牌，与世界同步。

7）建筑特色：融合地块特点、打造景观优势和新化消费模式，最大化表现建筑的观景特性和休闲娱乐特征。现代、时尚的建筑特色，既是新化的，又是世界的。

8）未来前景：区域发展热潮，升值潜力可观；里程碑式的商业建筑群，新化未来商业发展潮流；政府的大力支持，良好经营的保证。

9）商业核心广告语：湘中黄金宝地·尽揽天下财富。

7.2　推广诉求

1）逛街就逛“湘中·金源商埠”——景观时尚商业街。

2）湘中·金源商埠——领航商业革命浪潮。

3）湘中国际化商业中心——新化CBD。

4）永不寂寞——24小时休闲娱乐不夜城。

5）岂止醇酒、音乐和美食——融餐饮、娱乐、运动、休闲、旅游、文化、购物为一体的多功能休闲娱乐综合体。

6）这里，与世界同步——世界著名商业经营品牌集中地。

7）世界的风采，新化的骄傲——秉承世界领先潮流，世界顶级设计公司精心打造的建筑巨作，新化最具特色的休闲娱乐建筑群。

8）钻石地段，恒久美丽——巨大的升值潜力和投资价值。

9）融餐饮、娱乐、运动、休闲、旅游、文化、购物为一体，现代、时尚、国际化的景观时尚商业街。

7.3　广告推广方式

1. 媒介参考

房地产的广告载体种类十分繁多，现有媒体主要如下：电视、报纸、杂志、电话、短信、DM 单页、路牌、公交车广告、网站、礼品、促销活动等。

1）报纸：具有阅读人群多，保留时间长，有较好的公信力，传达信息及时，信息量大等特点，适合传播房产信息，例如《娄底日报》《娄底晚报》《娄底广播电视报》《新化通讯》和《今日新化》等。

2）电视广播：形象生动、立体感强，能吸引广泛的客户群体，树立形象品牌。

3）车身广告：流动性强，活动范围大，持续时间长，能较好地表现品牌形象。

4）站牌、路牌：是一种很有亲和力的户外广告媒体，灯箱可以很好体现楼盘的档次。

5）户外：选择人气较旺的各十字路口圆盘广告和墙体广告。

6）售楼书：楼书、DM 单页，成本低，投入灵活，覆盖范围广。同时可以运用业务员派送 DM 单页，上门拜访，带客上门等方式，在适当的条件下可通过保险公司的业务员进行强强联手，联系客户，以为业务提成的方式来拓宽客源。

7）辅助：利用商务车下到各乡镇宣传配合业务员派发 DM 单页。另外还可考虑短信、开盘促销活动、横幅、拱门等形式配合。

8）针对该项目卖点较多及面对的客户群体和本项目规模较小，本身素质优秀等特点，建议本项目选择以下媒体推广组合方式：报纸、车身广告、站牌、户外、楼书、DM 单页为重点，其他媒体少量配合。

2. 广告推广阶段性划分

1）在项目前期预热时段因为项目品牌和项目自身的价值还没得到人们的认可，所以建议大量采用报纸、电视广告、车身广告、户外广告、站牌路牌等多种广告宣传形式全面出击，迅速在本地区建立项目影响力。

2）在项目开盘时段因为我司在项目前期已经在本区市场以及全国重点城市营销推广工作所造成的项目影响力，所以建议此时段应以大型开盘活动为主，同时配合中小型促销活动和相应的媒体辅助一同展开。

3）在项目持续阶段媒体的投入量应相对降低，此时段项目的宣传口碑是项目最主要的卖点，所以项目应以业主联欢会、感动新化等主题鲜明针对性强的活动为主。

4）在项目尾盘期所有的广告投放量降至最低，此阶段广告已经不再是营销推广的重点，广告投放的主要目的已经不是宣传卖点，而是以回报客户，加强客户对自己经营物业的信心为重点，甚至营销推广的侧重面将转移至为业主做宣传。

3. 广告推广投放频率

以多年实践经验和本区市场其他楼盘媒体投放频度为考量，建议项目媒体投放频度如下：

2007 年 4~7 月：报纸媒体采访、集中释放，户外震撼面市，其他媒体少量配合。

2007 年 7~9 月：社会活动、车身广告、站牌、楼书、DM 单页立体轰炸，全方位进行广告整合推广，全力打造项目品牌，体现项目商业价值。

2007 年 9～12 月：主要以 SP、PR 活动为主，辅以报媒、电视广告。

2008 年 1～6 月：项目第一阶段营销工作继续冲刺，广告展开最后的全面攻势。

7.4 活动推广方式

1. 活动举办思路

主题活动作为本项目推广的重要辅助工具之一，需在各阶段全力配合当期的主题，此也为钧天公司设计系列主题活动的目的所在。

主题活动中，前期推广以大众性、人文类活动为主，注重前期形象塑造，树立品牌知名度及良好的项目形象，中期加重节庆日活动、商业类活动力度，注重感染客户心灵，沟通情感，后期则以促销类活动为主，辅助商业类活动，推动销售进程并进一步塑造品牌形象。商业类活动作为系列活动的主线，贯穿始终。

2. 活动时间安排（表 6-6-1）

表 6-6-1　活动时间安排

时间	2007 年 4 月	2007 年 4～6 月	2007 年 7～9 月	2007 年 10 月～2008 年 5 月
节点	筹备期	预热期	开盘强销期	持续期
目的	形象塑造、树立知名度	情感沟通，加强客户认同感	推动销售进程，塑造项目品牌形象	推动销售进程，塑造企业品牌形象
相关活动	项目会员成立 中国传统文化及现代行为艺术对撞表演	项目会员主题活动 产品说明会	开盘庆典 专家导购 展示两书 景观发布会	“认邻居”活动 秋季房交会 楼盘促销活动

3. 推广活动列举

（1）商业街区开放嘉年华会。将活动分为多个区域同时开展，让全家老少都有各自喜欢的快乐节目，分区可参照如下建议：风情商业街展示区、游戏互动区、陶艺区、大型商家活动促销区、摄影展示区等。

（2）中国传统文化活动及现代艺术表演撞击。以中国传统文化活动，包括书法比赛、民间武术、风筝艺术、脸谱艺术、剪纸艺术、茶道艺术等与现代艺术的表演进行撞击，突显商业街时尚、怀旧又不失现代的特色。

（3）十一国庆——欢乐假日。为客户和业主准备七天的节日大餐：体验街区，乐队现场演奏，用音乐打造好时光；现场陶艺制作，体验亲手创造的喜悦；宝贝游戏天地，精美冷餐会等。

7.5 会员推广方式

1. 项目会员发展思路

金源会成立伊始，项目会员会作为项目面世的一个形象工具，以公益性的大众活动树立项目形象，达到广泛征集客户的目的（表 6-6-2）。

表 6-6-2　会员发展安排

时段	角色定位	功能设计	主要工作内容
2007 年 5～6 月	主导角色	尽可能多地寻找/聚集客群 以点带面的传播项目文化理念	问卷访谈 座谈会 大客户推荐会 多渠道会刊发放 联盟商家加盟 1 次大型客户联谊

（续）

时段	角色定位	功能设计	主要工作内容
2007 年 6~7 月	主导角色之一	聚集有共性的客群 客户甄别 项目理念推广	会刊 主题活动 会员积分优惠出台
2007 年 7~8 月中	辅助角色	项目全面推广 客户保持/积累 企业理念传播	会刊 主题活动
2007 年 8 月中~12 月	辅助角色	项目告捷推广 客户保持/积累	会刊 主题活动 积分兑现

2. 项目会员工作重点

（1）会员招募。作为一个新鲜的俱乐部组织，良好的体系组织已经具备，但仍需不断扩展会员招募渠道，在目前阶段，建议“主动出击”，通过信件（会刊）行销、户外（T 型牌）展示、大客户单位巡展等手段积累客户资源，并需要在成立伊始筹备系列大型推广活动，打下良好群众基础。

（2）积分回馈计划。积分回馈计划作为吸引会员及维系会员的重要手段，建议在后期不断完善积分方式、会员级别评定、奖励兑付、积分流程，力争趋至尽善尽美。

（3）商家联盟需谨慎挑选。商家联盟的数量并不是体现项目会员优势及会员尊贵身份的必要一项，合作商家的品质是否一流、承诺的优惠能否兑现、类别是否符合会员的实际需求这些才是实实在在的东西。

建议在挑选联盟商家时需要把握宁缺毋滥的原则，严格甄选。

（4）会刊需成为最重要的沟通工具。项目会员创立伊始，与会员之间的联系难免处于比较分散的状态。

如何使会员有归属感？

如何加强与会员之间的联系？

如何让会员了解项目的信息？

此三大问题能否解决好也是项目会员成功的关键，会刊也应势而生，在制作原则上不能简单作为楼盘的宣传手册，原则需把握“可读性”与“质量”，在时机成熟时，可推出商业版与时尚版，注重与会员的双向交流沟通，在传达项目精神的同时，也不断鼓励会员踊跃投稿，发表自己的心声。

7.6 平面表现

1. Ⅵ系统表现（图 6-6-3）

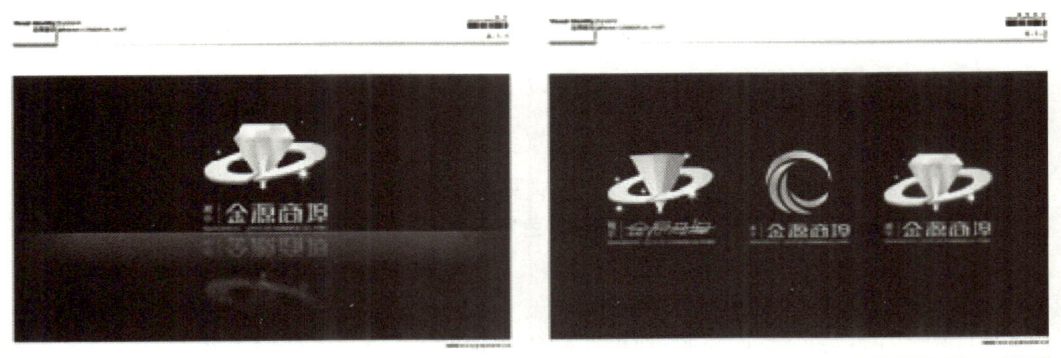

图 6-6-3　Ⅵ系统表现

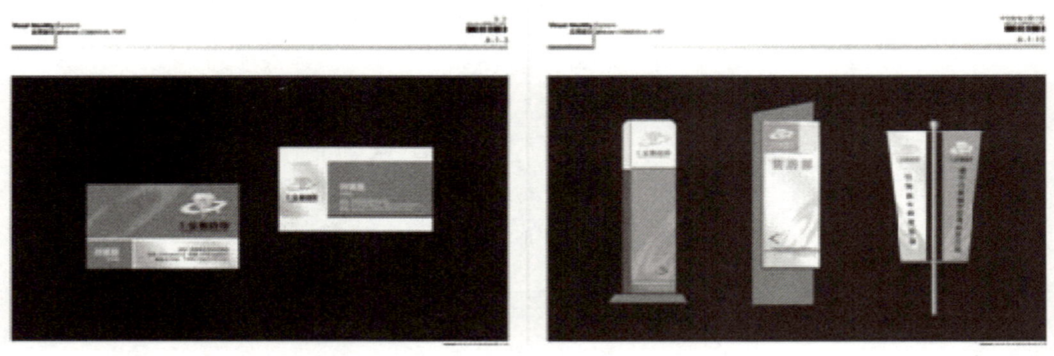

图 6-6-3　Ⅵ系统表现（续）

2. 广告平面表现（图 6-6-4）

图 6-6-4　广告平面表现

第八部分　项目会员

8.1　项目会员

贯穿项目全程运作始末，对发展商而言意义更加深远。

暂且对“项目会员”在不同营销阶段的角色定位和功能设计、工作内容作一界定。

8.2　项目会员发展思路

成立伊始，项目会员会作为项目面世的一个形象工具，以公益性的大众活动树立项目形象，达到广泛征集客户的目的。

8.3 项目会员工作重点

1. 会员招募

作为一个新鲜的俱乐部组织，良好的体系组织已经具备，但仍需不断扩展会员招募渠道，在目前阶段，建议“主动出击”，通过信件（会刊）行销、户外（T型牌）展示、大客户单位巡展等手段积累客户资源，并需要在成立伊始筹备系列大型推广活动，打下良好群众基础。

2. 积分回馈计划

积分回馈计划作为吸引会员及维系会员的重要手段，建议在后期不断完善积分方式、会员级别评定、奖励兑付、积分流程，力争趋至尽善尽美。

3. 商家联盟需谨慎挑选

商家联盟的数量并不是体现项目会员优势及会员尊贵身份的必要一项，合作商家的品质是否一流、承诺的优惠能否兑现、类别是否符合会员的实际需求这些才是实实在在的东西。

建议在挑选联盟商家时需要把握宁缺毋滥的原则，严格甄选。

4. 会刊需成为最重要的沟通工具

项目会员刚创立伊始，与会员之间的联系难免处于比较分散的状态。

如何使会员有归属感？

如何加强会员之间的联系？

如何让会员了解项目的信息？

此三大问题能否解决好也是项目会员成功的关键，会刊也应势而生，在制作原则上不能简单作为楼盘的宣传手册，原则需把握“可读性”与“质量”，在时机成熟时，可推出商业版与时尚版，注重与会员的双向交流沟通，在传达项目精神的同时，也不断鼓励会员踊跃投稿，发表自己的心声。

（湖南省卓越汇房地产营销策划有限公司）

【报告点评】

此报告作者在前言部分提到：一个完整的招商方案应该具备“健全计划、订好政策、选准渠道、提炼主张、强化执行”五大环节，报告化整为零，在项目营销策略、销售策划、招商策划、包装推广等部分分别阐述了五大环节的细致安排。同时报告在第二部分项目概述中，分析了项目自身情况、市场情况和客户需求，同时也留意到城市未来的规划发展，使得报告能吻合现在市场需求，也能跟得上未来几年的发展。

在市场未成型之前，市场氛围不够浓烈之时，报告提出“先商后市、以商养市、以商养商”的营销策略，对营销和招商有着自己独到的见解和丰富的经验。再观整篇行文流畅，思路清晰独到，可圈可点，难能可贵。

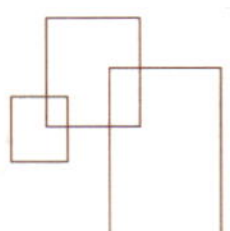

七、江苏高沟仿古商业步行街营销策划报告

报告目录

报告正文

第一部分　市场调研与项目竞争力分析

1.1　城镇背景及宏观经济环境分析研究

高沟是涟水县第一大镇，全镇人口11万人，接近于一个准县城的人流量，是老牌亿元乡镇。高沟距离县城有35km之遥，一般消费基本集中在镇子上，如果周边的乡镇向高沟合并，届时总人口将达到50万人，商业潜力较大。

1. 高沟产业情况

高沟本地无矿产资源，无支柱工业，镇西工业园有10家左右中小企业，对地方经济拉动作用不明显；高沟重要支柱产业为食品业。高沟为国家重要生猪供应基地，年可供生猪100万头。今世缘酒厂几乎贡献高沟50%的GDP，另外，捆蹄业、鸡糕业对高沟经济也有不小的拉动作用。高沟房地产业处于起步阶段，房价偏低，目前住宅均价在1600元/m^2左右，商铺均价在3500元/m^2左右。高沟镇政府将拿出10亿元资金，将高沟打造成苏北新农村第一镇，副县城标准。

2. 居民生活

全镇居民人均可支配收入6117元，比2014年增加7.2%。

人均消费支出4352元，比2014年增加11.0%。

在岗职工平均月工资1800元，比2014年增长12.8%。

农民人均纯收入3302元，比2014年增加5.7%。

人均生活消费支出2104元，比2014年增长3.7%。

经济的稳定持续发展是批发零售商业发展的基础，居民收入的稳步提高是批发零售商业发展

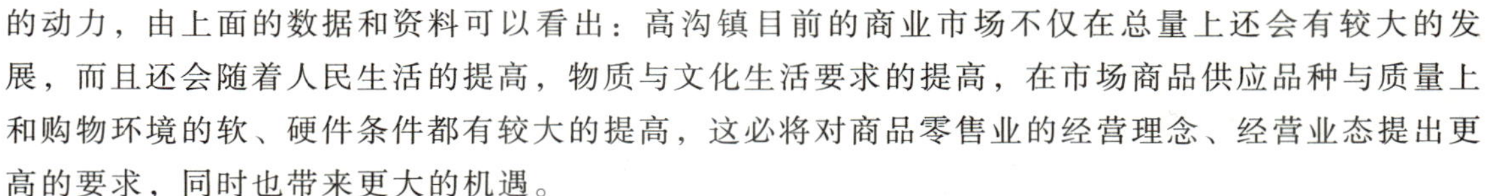

的动力，由上面的数据和资料可以看出：高沟镇目前的商业市场不仅在总量上还会有较大的发展，而且还会随着人民生活的提高，物质与文化生活要求的提高，在市场商品供应品种与质量上和购物环境的软、硬件条件都有较大的提高，这必将对商品零售业的经营理念、经营业态提出更高的要求，同时也带来更大的机遇。

3. 城市规划与目标

根据“两沟一河”的规划目标：到 2020 年，“高沟镇人口将达到 15 万人，高沟将建设成为涟水县的副县城。

高沟实施“政府南迁，中心南移”战略，镇政府将向常园村张桥迁移，今世缘酒厂将向许庄扩大规模，未来的土地供应量将持续放大。

政府南迁将带动部分人口及商家南迁，形成新的居住及商业中心，对老镇区的人口及商业有一定的分流效应。目前高沟常住人口 5 万人，加上外来人口大概在 8 万人左右，高沟镇整体人口 11 万人，新镇区的形成，也可拉动 2 万左右的乡村人口入镇，同时，政府南迁将降低老镇区本来就不成熟的商业气氛，对本项目的开街会有一定的负面影响。

福达置业将在老汽车站旧址建设高沟文化商业步行街第一街，培育美食、娱乐、文化经营特色，使之成为名副其实的高沟“新天地”，同时镇政府将迅速完成中桥路的街景规划，按照苏州观前街、南京湖南路的标准，把中桥路一带建设成为集购物、休闲为一体的商业步行街，与第一街连成一片，承接高心路的城市繁华氛围，与我们的古街遥相呼应，成为高沟商业文化景观节点。

1.2　高沟镇区商业市场整体情况研究

1. 总体概况

位置上、交通上以及对周边乡村辐射面的优势与发展，有力地促进了商贸流通的日趋活跃。目前全镇拥有各类规模商品市场 10 多个，年成交额近 10 亿元。

2. 针对性商业环境分析

纵述高沟镇商业物业从数量看，经营业态种类比较齐全，数量较多，但都停留在低价经营管理水平，缺乏良好经营，购物环境，商业形象有待提升，管理水平有待提高。专业的商业步行街商业形态还没有形成。

3. 商铺权属形态分析

本市商铺在权属上分为业主自有经营和出租给他人两种形式。大部分为商户自有物业，其中不少为自建房，如某家具城为商户自建近 $1000m^2$。临街商铺以出售为主，位置不同，租售水平相差较大。

4. 市场格局

目前，整个高沟镇商业市场由北向南可以划分为如下几个部分：

（1）西南商圈。以今世缘酒厂为中心布置的周边业态，以宾馆酒店餐饮、汽车服务为主，含部分配套零售，即将开市的今世缘商贸城将形成新的商业中心。

（2）老街。以高心路、中桥路、老汽车站为中心，涵盖老镇区各类业态，高心路是目前全镇最繁华地段。老汽车站即将开发第一街，中桥路将开发中桥国际商城，商业格局将得到较大的改善。

（3）明珠广场。今世缘东路与老 326 交叉口，以宾馆酒店为主，商铺底商空置率高，业态混杂，有建材、家电、种子农药化工、社区店等，人气不高。

（4）新车站商圈。含明珠双语学校、华禹外国语学校，周边商业主要是餐饮住宿、汽车服务，提供车旅配套，商业氛围很差。

（5）镇政府商圈。含本镇最大的菜市、服装小商品市场。菜市大部分摊位空置、服装小商品市场开市率不到10%，大部分门市沦为仓库甚至废品收购点。

（6）总结。整个高沟镇市场分布布局上相对比较集中，重点市场以高心路为轴心，中桥路、今世缘东路为两翼扩张，形成了一定市场的专业性和规模性，批发与零售同步发展。在业态上未能形成集群效益，混杂散乱，不利于商业的良性发展。在经营商品品种与经营者的来源上均有较强的本土色彩，外来的商户处于弱势。

1.3　目前在售、在建商铺情况

1. 整体概况

从市场与商铺来看，目前在建在售的市场与商铺总体数量不多，主要是一些原有街区的改造以及住宅小区的沿街店面。

销售情况相对还可以，但后期普遍有一定难度。

从价格上看3000元/m^2为价格集中区，位置是决定因素，从面积上看以40m^2左右为集中区，面宽在3~5m之间。主力总价在12万~20万元之间。

从销售的形式看，目前高沟镇的市场与商铺销售比较简单，基本上没有什么投资分析，也没有什么主题性，对于市场与商铺的未来没有清楚明确的概念和界定。

2. 典型个案情况

（1）案例名：今世缘商贸城。

位置：老汽车站西北方。

规模：总建筑面积12万m^2，一期6万m^2商业综合体将完工。合计框架结构商铺有398套，住宅458套。

规划：商城按大城市步行街格局设计，西大门正对涟水三院和S236（淮高路），东大门正对今世缘酒厂，北大门紧接S326，街区内部设计配套了两个大型休闲广场，日后将作为高沟文化娱乐活动指定场所。

售价：单位商铺在80~120m^2之间，价格3000~4500元/m^2。

销售情况：住宅售罄，商铺已启动招商，尚有部分商铺在售。

（2）案例名：水岸人家。

位置：S236与六塘河交叉口。

规模：建筑面积约10万m^2，700多户住宅。

规划：沿街及内街建筑一层商铺，2~6层住宅。

售价：住宅均价超过1200元/m^2，商铺3000元/m^2。

现状与进度：全部竣工，部分交付。住宅销售90%以上，底楼商铺销售70%。

（3）总结。通过市场调研及上述相关资料可以看出，目前高沟商业市场基本具备以下几个特点。

1）在建及已售商铺门面房较多，短时间内供大于求，租售招商普遍存在难度。

2）商铺空置率居高不下，如今世缘东路外街大面积空置，全镇小区内街几乎都是90%以上空置。

3）业态混杂，状况混乱，不利于商业市场的良性发展。

4）不同区域地段售价差别不大，价格压制在3000~4500元/m^2之间的窄小空间。

1.4　本项目概况

（1）地理位置。东临高东新村，西近农民别墅、书香苑、高沟中心小学，南临今世缘东路，北达老326省道，南北两侧长200m左右。

（2）交通条件。交通十分便利。

（3）周边配套。好又多超市近在咫尺，高沟中心小学、书香苑、农民别墅近百米之遥，人气较旺。

（4）周边环境。百年老街，历史底蕴浓厚，北近高阳战役英雄纪念碑，为本镇唯一历史人文景观。

（5）商业氛围。高沟古街在位置上靠近以今世缘东路主线，明珠广场为中心的商业圈，接近高沟最繁华商街高心路，因此本案从商品零售角度来说都具有相当的先天地段位置优势。

（6）规划环境。从城市的未来规划可以看出本案在高沟古街的地位与位置优势在将来城市的功能布局中会得到一定的巩固与发展，由于政府规划南迁，这种巩固与发展有相当的不确定性。

1.5　项目SWOT与竞争力分析

1. 项目SWOT分析

（1）S：项目优势分析。

1）地段位置的优势。

2）本案重新策划，而且目前其他个案已有出租、出售、推广在前，可以进行本案的诊断，较好地了解其他个案的规划定位，从而便于调整，做到因势利导。

3）本案规模很大，便于做大型专业市场。

（2）W：项目劣势分析。

1）古街目前的租户比较混杂，如豆腐坊、成衣坊、幼儿园，没有统一规划与管理。

2）古街为步行街，货车无法穿行，不利于货物运输。

3）古街过于狭长，不利于积聚人流。

4）意向客户反映，古街商铺物业品质不高，4m层高，相对于今世缘商贸城的4.4m层高，不够大气；门的造型容易让人联想到公共厕所，而且展示面太小，不利于经营；窗户玻璃太薄，隔音效果及安全性差。

5）街心的几个大水池阻隔人流，不便于积聚客源。

6）敞开式经营的商业步行街与住宅相对封闭的物业管理相矛盾。

7）项目没有统一定位和统一的商业布局，目前的租户比较混杂，而且免租两年也没有招到有实力、影响力的商家，租期自5月起，如果强行清理劣质商家将造成遗留问题，也会影响整体招商计划，这部分商铺将成为整体商业规划定位及招商运作不和谐的因素。

8）重新进行营销策划，操作时间短，不能有效地进行前期的宣传与招商铺垫，提升形象，使投资者和商家较早地注意，改变态度，避免认知模糊，引起有效的关注和购买意向。缺乏预备客户积累。

9）市场现有的商业用房的价格普遍不高，前期招商失败的负面影响会打击投资客的信心。

（3）O：项目机会点分析。

1）古街是县政府旧城改造的重点形象工程，本商圈内的人流量将会有一个大的增加与提升，从而使本案的价值可以有较大的增加。

2）部分商家经营者经过多年的发展和累计，已经具有相当的资本积累，本案的出现无疑为他们提供了一个新的机会。

3）随着经济的稳定持续发展，居民收入的稳步提高，在市场商品供应品种与质量上和购物环境的软、硬件条件都有较大的提高，这必将对商品零售业的经营理念、经营业态提出更高的要求，同时也带来更大的机遇。

4）随着高沟交通的进一步发展，副县城的集群效应会进一步突现。商流、物流、人流的交往会更加方便，其辐射力与影响力将会进一步地加强，这对于商业会起到一个大的促进作用。

（4）T：项目威胁点分析。

1）今世缘商贸城、第一街、中桥国际商城如雨后春笋，相继出现，古街与其相比，物业品质、市场前景不被普遍看好，商铺价值难以大幅提升。

2）市场对商业地产的产权、使用权、销售与租赁的概念混淆，利弊得失判断不清，观念上的滞后会成为本案以销售为目的的招商的巨大抗性。

3）当地房地产同类项目如第一街文化商业步行街的开发，目标客户市场造成分流，并加剧了市场竞争的残酷性。

4）镇内其他大中型商业设施、商业建筑的开发以及主要街道、好地段的住宅小区的沿街铺面的市场供应对本案形成竞争压力，造成了商铺在相当程度上的供过于求，使所有商铺都吃不饱，放空闲置，且在价格上形成一定的打压。

2. 项目竞争力综述

高沟镇商业物业从数量看，经营业态种类较齐全，数量较多，高沟镇商圈格局已经成形，主要商区和市场各具特色，在消费者、经营者和投资者心中形成一定的心理积淀。但大多商业物业都停留在低价经营管理水平，缺少良好经营、购物环境，形象有待提升，管理水平有待提高，而且作为一种城市商业文化、生活文化的专门商住合一的步行街商业业态、生活形态还没有形成。竞争对手层出不穷，商业市场竞争已到了白热化阶段。本项目须因势利导，化弊为利，在竞争中胜出。

综上所述，认为本项目的竞争力必须立足于、体现在：

（1）位置。千年古镇次级商圈，高沟人自己的商业文化步行街。

（2）项目定位。特色经营，在商业业态、商业模式、商业环境等方面拉开与其他商业和市场的形象与距离才能突现个性；贴近生活，提升生活，打造生活新空间。

（3）租售价格。必须物超所值，让人心动产生行动；同时运用价格杠杆策略要科学分析，再深入，不可简单地加减了事。

（4）经营理念与服务特色。必须在软件方面系统、完善、一步到位，首先让消费者耳目一新，树立起本案形象，进而曲径达雅，给镇民、商家以信心，镇民有信心则消费没问题，消费没问题则经营没问题，经营没问题则商家有信心，商家有了信心则出租没问题，出租没问题则投资者的利益回报有保障，回报没问题则出售可以顺利进行，从而形成商业繁华，商业繁华则使人产生坐拥繁华、闹中取静之心理，最终形成良性循环。

（5）推广系统。动之以情，晓之以理，先卖文化，先卖主力店，先卖服务，先卖管理，先卖形象，以情切入，做到感人、诱人，从而口碑相传，提升形象；同时继以具体的理性价值诉求，做到在商言商，有根有据，以理服人，最终使目标客户、消费者实实在在地真切感受崭新的商业业态，享受崭新的消费生活，从而产生情感升华、情感积淀，使本案成为高沟镇民生活的不可分割的一部分，苏北商界新标志。

3. 项目价值分析

本案商铺作为一个商业性的房地产项目，买家购买目的一般不是为了最终消费，而是为了货币向更多的货币转化：不论是自营客和投资客其购买意图都是为了将资金投入，进而产生商业上的收益与增值。而任何商城的价值就是他们充当了实现这一过程的载体。自营客与投资客不同在于：自营客是亲自去实现货币升值的过程，投资客借助租户和市场来完成。因此，商铺价值对于不同的买家考虑核心因素是不同的：因为自营客会容易向投资方向转变，而投资客也比较关心租户的经营收益预期。此外，由于购买商铺买家所付出的货币成本量相对消费品而言一般较大，所以此类购买行为基本上呈现理性化、谨慎化，一个理性的、引导性的、现实性的投资价值分析是买家购买过程的催化剂，是必备的文本材料。只有比较全面地阐述高沟古街的价值内涵、才能给市场一个最具说服力的投资理由。

从以下五个方面分析本案物业的价值所在，以期挖掘物业的价值内涵，拓展物业的市场认可度：

1）与区域内类似商家的经营盈利能力相比较，得出本案未来经营盈利的预期。

2）对售价采用市场比较法，得出本案的售价在市场上相比的优劣势。

3）租金倒算法，用本案可能的市场租赁行情，除以预期年投资回报率，得出市场可被接受的销售价格，同时也是购买者对本案投资价值判断的重要依据。

4）从保障体系分析，本案在经营管理和物业管理上的特征，得出本案未来价值的保值性能。

5）区域的发展和类似物业一般增值性展望物业的增值空间。

6）从城市化的发展进程看本物业的发展趋势。

第二部分　项目市场定位及概念设计

2.1　本案定位研判

根据对目前高沟镇场的调查与研究，结合本项目的特点，基本可以认为：

1）定位上必须立足现实、前瞻时代、寻求空白、突现个性、树立形象，建立地位，继以商业带动住宅，从而形成商住合一的消费生活新空间。

2）以高心路为龙头的核心商圈地位目前无法撼动。唯有错位经营，迂回路线，才可能在另一阵地建立新标志，成为 NO.1。

3）目前高沟镇商业竞争日益白热化，唯有个性化、特色化经营才能脱颖而出。

4）体现、提升城市形象与商业文化的一个有特色的、以经营中高档服饰类精品为主的集购物餐饮、休闲、居住为一体的步行街没有形成。

5）本项目定位要延续高沟传统经营种类，又引进现代先进商业模式，在发挥传统优势基础上全面提升商街价值。

6）操作上必须针对目前商界短期行为、浮躁心理的泛滥，不争一时，立足大众，走特色经营之路，树精品意识，求品牌，求长远。

7）任何档次经营业态业种都可做成名牌，做成精品，磨刀不误砍柴工，从经营上能够保证商家的利益，因为特色而具有较高的知名度与美誉度，保证了商家的利益，也就保证了租金。

8）若今后租金有强的保证，那么投资者收益可以越来越好，长远收益大，物业就会升值幅度大，可以吸引投资者。

9）品牌感、价值感可以将本案的潜在价值趋于最大化，后劲充足，会越来越好，价格也可炒上去。

10）本案需做到管理运营上规范和高水平，不会杂乱无章。

11）本案需在高沟树立起商业文化标志地位，从而成为高沟镇民离不开的第三度生活空间。

2.2　定位策略思想

1）市场细分差别化策略。

2）比附策略。

3）NO.1 策略。

4）情感营销策略。

5）商业文化营销策略。

6）合作竞争策略。

2.3　定位建议

1）集购物、餐饮、休闲、居住于一体的高沟镇标志性生活空间。

2）高沟人民归属感的真正象征。

3）如果说以高心路为中心的核心商圈是高沟的繁华所在，那么我们就是一个休闲时尚、写意生活，品涵历史底蕴、感受时代脉动的生活空间。

2.4　本项目目标客户定位

1. 终端消费者市场定位

（1）类型。

1）高沟镇有固定收入者（中等），包括部分高收入阶层。

2）周边县镇旅游购物者。

3）其他外地来此工作、商旅人员。

4）其他消费者。

（2）消费心理。

1）讲究消费实惠，又追求时尚潮流。

2）注重品牌、讲究一定档次。

3）地域情结浓厚，注重亲情，有家庭归属感。

4）寻求自我认可、身份定位，心理平衡感。

2. 投资经营者类型与心理

（1）类型。

1）目前市场的经营客。

2）专门的投资、投机炒家。

3）外地招商的目标客户，包括强势品牌租赁客和联营客户。

4）新市场的挖掘。

（2）消费心理。

1）对商铺的经营具有一定的经历或体会。

2）看重拥有一份家产，具有保值增值心理。

3）有不动产与金融投资意识。

4）较好的理性思维与比较概念。

5）投机炒作心理。

2.5　项目命名

1）建议命名。

2）总案名：大宋元年。

3）商铺案名：十里开封。

4）分区案名：欢乐谷、大名府、小红城、镜花缘、上河城。

第三部分　项目商业规划及运营建议

3.1　商业规划建议

1. 业种分布

知名品牌服饰、鞋帽、皮具箱包、钟表、眼镜、工艺礼品、酒吧茶室、游艺、婚纱摄影、化妆品、美容、通信器材、音像制品、超市、风味小吃、金融网点等。

成人服饰（男区、女区）、儿童服饰、运动休闲用品等。

2. 业态分区

1）时尚街区：服饰类时尚品，超市、金融保险服务等——命名：凯旋广场。

2）艺术街区：工艺品、鲜花店、蛋糕房，婚纱摄影等——命名：香水巴黎。

3）儿童天地：儿童美食、儿童玩具、儿童游戏城等——命名：快乐宝贝。

4）美食街区：特色小吃、文化主题餐饮如风波庄等、特色食品店如本地的捆蹄、鸡糕等——命名：大食代。

5）休闲街区：特色休闲、酒吧、歌舞厅、古文化题材特色宾馆——命名：梦回大宋。

3. 业态解析

1）具体体现、细化本项目定位，又从档次上与周边拉开了差距，虽然档次的提升与消费者对项目定位、周边商业环境产生差距，但能够有效确保未来其品位和档次。

2）档次的提升可能对老高沟古街的传统消费的吸纳产生一定的抗性，但可吸纳新的消费群体，而且一层临街、只限档次和性别，赋予了经营客的选择面和自主性，使招商、招租和销售又有针对性。

3）增设超市、金融网点等，完善住宅配套，提升项目价值。

4）此种业种分布匠心独运，为市内仅见，让消费者感受到截然不同的购物体验。

4. 市场背景

周边缺少超市、金融网点等生活配套设施，随着附近旧城改造进程，对周边配套要求更多。随着社会经济的发展程度不断提高，市民消费总量、消费水平也将不断提高，这必将对业种档次、业种分布模式提出更高的要求，而业态重组、特色经营是商业发展的时代主题，且与高沟古街商业步行街的规划思路相协调。

5. 商态模式

内部设计风格建议：休闲、时尚。

铺位概念设计：一楼室外步行街格局，各商铺各自独立间隔。

软环境：售货服务员统一着宋朝古装、统一上岗培训。管理人员和商城服务人员均佩戴胸卡，走一种规范化、一体化的服务模式。

硬环境：总体上视觉通透、易选用亮色为主基调、突出商业氛围。增加广告灯箱、楼内导购招牌、公共廊道吊旗效果等。

另外，要有所体现千年古镇沉淀的历史商业文化，可再增设一些古物、雕塑小品，强化古文化商业氛围。

3.2　招商运营

1. 经营管理建议

建议聘请专业的商场管理顾问公司作本项目的经营管理顾问单位，一方面能够切实确保高沟古街的经营管理的有序进行，另一方面也是本项目的一个极具竞争力的卖点和优势，能够极大促进本案的销售和招商。

高沟古街是店中店模式，由专业的市场策划机构做以全程商业推广策划，在形象推广方面导入 CI 战略，在经营上导入 CS 战略，并由专业的从业人员组建市场推广部门成为经营公司的核心机构。高沟古街全年度将有计划地组织统一的市场营销推广活动，高密度的媒体广告推广和各类大型公关、节日性活动，有效地带动每个店铺的销售增长，而且规模性的整体广告使得每个店铺所摊的广告成本和促销收益比值达到最小。同时高沟古街聘请国际物业管理公司做物业管理顾问，向业主提供全面、专业、周到的人性化服务。为确保高沟古街规范、良性的运营，将先进的管理理念导入当地零售行业，成为高沟镇的样本项目。引入全新的管理理念，做到统一管理，自主经营，规范管理、灵活经营相结合，分权和集权相统一、管理与服务相统一。根据具体管理方案也可采用自主经营，服从统一监督。特制订高沟古街管理制度，旨在通过保障物业所有者权利、规范业主经营行为、提高高沟古街整体的商业竞争力。

2. 高沟古街管理组织架构

关于架构的有关说明：

（1）高沟古街管理委员会的组成及基本职能。

组建：由高沟镇工商局、国税局、地税局、消费者协会、质量检测委员会、公安局联合组建。

基本职能：对于高沟古街的整体运营和市场管理进行直接领导和监督，代表政府管理高沟古街的运营，是高沟古街内的最高权利和纠纷裁决机构。有权监督审核高沟古街的管理制度和营运工作。

（2）高沟古街有限公司的组建和基本职责。

组建：由上级管理部门核准成立高沟古街有限公司，委派对高沟古街进行全程经营管理。

基本职责：

1）制订整体和阶段市场经营战略目标和执行策略并负责贯彻执行。

2）具有 CIS 导入和推广的职责，具体在于规范和执行“十大统一”：统一营业员服饰、统一营业员管理制度、统一服务培训、统一产品质量监控、统一的广告推广、统一的物业服务、统一的信息服务、统一的门面装饰格调、统一的经营理念、统一的服务标准。

3）CS（顾客满意）战略具有倡导和监控的职责。

4）逐步建立并完善 MIS 系统。

5）直接向业主负责，对高沟古街的各单元店铺执行统一有效的管理与服务，维护业主的合法权利。

6）严谨、公正地执行高沟古街的经营管理制度。

7）监控物业管理公司的工作。

（3）高沟古街业主委员会的组成及基本职责。

组建：在业主代表中推选产生，5~8 名常委、1 名首席常委。

基本职责：

1）向高沟古街有限公司提出有关高沟古街经营和管理的合理化建议。

2）对高沟古街物业管理公司的工作进行监督和评估建议并有权提出更换物业管理公司。

3）有权代表业主向管理委员会提出和高沟古街经营管理系统和物业管理公司之间的纠纷解决要求。

3. 关于收费的列项及建议

高沟古街管委会的收费标准（定额营业税另计）、物业管理公司的收费标准、及市场推广的统一收费标准，建议这些收费按清单列支，并合并统一收取。

3.3　从经营管理与物业管理看物业的价值保障

从本案的经营与物业管理的角度来看，以下众多因素为高沟古街的价值提供了保障。

1. 经营管理

1）统一管理，整体布局，塑造全新的经营理念。

2）定期的各类促销，公关活动。

3）特色的商品定位，对进驻品牌的严格筛选，杜绝假冒伪劣。

4）独特格局划分，流畅的行进路线。

5）与各政府部门联手，成立经营委员会，协调各方面关系。

2. 物业管理

1）专业物业公司的加盟，带来全新物业管理理念。

2）严格的物业管理措施，商业常保持清洁，塑造经久不衰的物业形象，达到保增值效果。

3）专业的安保系统，使顾客安心放心购物。

4）定期对各项设备进行检查与维修，保障日常运行形为，为商业活动的开展提供保障。

3.4　从区域和城市的发展看价值前景

高沟古街将按照南京湖南路、苏州观前街的标准，通过业态定位、招商运营将其打造成为集购物、休闲、饮食、服务、娱乐、居住为一体的商业步行街，与其东侧的明珠广场相呼应，形成文市合一的高沟“夫子庙”。本区域的定位非常富有特色，与其他区域规划改造形成错位，与以高心路为中心的核心商圈形成互补，届时高沟古街的形象、地位将有很大的提升，对高沟镇民的生活产生更大的影响。

3.5　本项目价值综述

总地来说，本项目所在区域的商业的盈利水平与租金水平是所调查的区域中最低的，与周边类似商家相比，从盈利能力、租金水平、售价等方面来看，本项目目前的投资价值不具有优势。

但从项目价值提升的角度来看，宏观经济的良好发展势头，城市化进程的加快，高沟古街步行街改造方案的实施，经营与物业管理带来的价值保障，本项目扭转、提升形象加速本项目的实现和保证工程质量，发展商的实力和信心，形象包装和营销策划，本项目的市场定位和商业规划设计水平等，这些因素将使本项目的价值得到很大的提升，尤其是本项目精确的市场定位、超前的商业规划理念将是商业运作成功，价值得以提升的最重要因子。

第四部分　项目行销策略

4.1　总体战略

（1）招商上。租售结合。

（2）经营上。通过经营权与所有权明晰，实现商铺的经营与投资的统一管理。

（3）管理上。综合规划，协调布局，统一管理。

（4）宣传上。在理性分析的基础上，强调物业的增值性与坐享其成的收益比例，强化本案在高沟镇商业格局中的重要地位。

（5）机会点。

1）项目先天的地理因素和商业基础在本地和外地经商客中有一定的知名度，有潜在的外部客源待机进入。

2）老汽车站区域改造工程，使原有经营户急需寻找新的经营场所。

3）一些经营同类业种的商街（项目）由于软硬件等多方面陈旧和落后已经不能满足经营客的正常或扩大经营的要求，很多经营客对此表示不满，期待能有改观。

4）高沟镇就业压力较大，新的市场形成对待业群体来讲有一定的吸引力。

5）项目工程进展符合当地人购买现房的消费习惯。

6）目前证券投资市场低迷，部分股民有转向投资的需求。

（6）困难点。

1）人们能接受较高的租金，但对于销售总价和单位面积销售价格心理价值较低。

2）目前高沟古街商铺经营水平低下，利润额和租金较低，影响本项目价值判断。

3）项目没有统一定位和统一的商业布局，目前的租户比较混杂，如豆腐坊、成衣坊、幼儿园，而且免租两年也没有招到有实力、影响力的商家，租期自5月起，如果强行清理劣质商家将造成遗留问题，将会影响整体招商计划，这部分商铺将成为整体商业规划定位及招商运作不和谐因素。

4）古街为步行街，街心的几个大水池阻隔人流，不便于积聚客源，不利于货物运输。

5）意向客户反映，古街商铺物业品质不高，4m层高，相对于今世缘商贸城的4.4m层高，不够大气；门的造型容易让人联想到公共厕所，而且展示面太小，不利于经营；窗户玻璃太薄，隔音效果及安全性差。

4.2　本策略执行中必须预见和理解的问题

1）招租的商家必须有利于商铺的销售与投资价值，必须有利于商铺的整体价值；只有这样招租才能不影响出售，促进销售，使商场的概念得以实现；使人们对本商场的定位与印象得以逐步攀升。

2）租与售的分离，可能一定程度上会造成经营使用与投资的矛盾；因此要进行相应的有针对性的宣传，要使许多自卖自用的购铺行为转向自买他用，并突出树立一种这才是真正的投资的概念；同时在宣传和对客户的劝说过程中说明出租是成功的投资，自买自用不仅是成功的投资，而且更是事业的、商业的成功，赚钱更多。

4.3　战略背景

1）如不进行销售控制，顾客先到先选，想买哪儿就买哪儿，那势必造成两个不良结果，一是与客户的谈判力下降，客户不会珍惜简单得来的东西；二是后期销售难以跟进，当好的位置不经保留，而被随意选走时，余下的鸡头鸡脚只有滞销了。

2）如不进行统一管理，而是按照常规运作，将经营权与产权统一，由小业主自行管理，那势必造成管理混乱，各为一摊。整个商业布局凌乱不整，新的商业模式不能形成，默然消失在芸芸众商家之中，而不显其特色。

4.4　目标客户与相应的销售措施

根据本案的市场定位将目标客户群分成以下三类：

1. 单纯的租客

选择租赁方式，将租下的商铺直接用于个人经营。

措施：选择主力店或品牌店提供免租服务。

2. 投资客

将物业作为一种投资手段，在买下物业后再转租或转售，以期从中获得长期的投资回报或转售价差，从而达到资金保值增值的目的。

措施：针对此类投资客的招商措施是带租约销售。即前三年按比例返还每年的租金，而同时商街管理者保留物业的经营权，即实现所有权与经营权相分离，此举有利于各商铺进行统一协调与统一管理。

目前高沟古街实际租金并不高，只要第一年保证开业率先把市场做旺，不怕达不到预期值。

3. 经营客

一般将买下的物业自己作经营使用，即扮演了以上两者的结合体，既拥有了物业的产权，也拥有了物业的经营权。

措施：即使其买下了所有权，但前三年商铺的经营权仍归统一管理，直至三年后才可由小业主自行管理。

在推出买断产权的销售招商策略，与以前的交付保证金后定期交租金的形式大有不同，而市场对一次性买断产权的新方式，在观念上接受程度有一定的不适应性。综合目前市场同类商铺的售价和租金水平，我们入市不能过高于人们对单位价格的心理期望，所以我们认为比较可行的价格策略并为价格低开高走和升值预留一定的空间，并以租金倒算的方式计算每平方米建筑面积年租金的计量更利于买家接受。

4.5　行销渠道

1. 行销渠道分析

根据高沟镇目前的商业结构以及第三产业的增长方式来看，随着社会的发展，当资本意识逐渐为人们所接受后，投资方式将越来越多元化，投资不动产也将越来越受人们的欢迎，这是经营权与所有权可以部分剥离的基础与前提。同时，资本市场也在越来越多地打破地域界限。不论是在距离上还是形态上都处于一种相互渗透的状况，从商业角度，不论是商品的种类、品牌，还是经营者，这种状况都得以体现。

1）针对本地目标客户群体采用推拉相结合的招商形式，以现场销售和业务员针对性主动出击拜访的形式相结合。做好招商现场的形象工作和完善的宣传资料。

2）对三淮地区及周边县市展开一定的宣传以吸引商家和投资客。

3）针对外地经营客采取异地招商形式，主要是吸引品牌商家。

4）锁定温州、温岭、乐清、义乌、常熟、海宁、南京、台州等重点地区。

5）招商会的诉求重点在于良好的商业前景和高额投资回报。

6）招商推广需点、面结合，“面”上做好前期宣传造势和媒体广告，“点”上通过特殊渠道获取目标客户名单，招商会前期寄发招商资料和邀请函。

7）高沟镇：前期所要抓住的重点客户，他们其中相当一部分是私营经商者或自己置业，即以自营客为主，大多用于经营活动。

8）周边城市：与本地的置业者相比较他们主要的目的更侧重投资。

9）招商的目标所在地，是吸引品牌商家，建议推广重点可以从目前已发展相对成熟的苏南、浙江等地。

2. 行销总体策略

采用售租结合的方式分阶段实施具体策略：前期侧重销售，吸引自营客和自觉投资客的进入，同时做好招租准备，中期以租赁和联营的方式，选择引进一批中高档知名品牌，以体现商铺的商业价值，以租促售，最后过渡到带租约或送租约销售。

1）分阶段分批限量出售，使市场一直保持需求旺盛的势头。

2）趋利避害，招商策略实施充分结合当地的人文和目标客户的心理特点。

3）运用市场反应所聚集的商业氛围与居住人气，通过本公司周密、详细及合理的销售策略与现场销售人员的销售技巧吸引广大置业者，消化剩余部分房源，最终完成销售目标。

4.6 行销渠道方式类型

针对本案的商业特点，为了尽快地回笼资金并实现投资价值的最大化，实现即定的销售目标，可以采用以下几种行销售渠道。

1）广告传播：报纸、杂志、电视、户外媒体等。

2）现场营销：现场客户积累，二次关系营销，电话访客等。

3）踏街派单：由于此地租赁者较多，以上门服务的形式服务。

4）关系营销：公司关系，相关协作单位等。

5）公关活动：

① 专家专题研讨会，如高沟古街商业发展研讨会等。

② 投资价值研讨会，购买者现身说法等。

③ 举行邀请参观的形式，让一些当地名人发表看法等。

④ 记者招待会。

⑤ 政府协作。

6）促销活动：抽奖、赠品、三年带租约销售。

4.7 包装与现场策略

（1）原则。

1）销售识别系统要与将来经营系统统一起来。

2）形象宣传与理性诱导相互结合。

（2）要素。CI识别应用系统/户外广告/DM/进驻本项目商品品牌经营要求以及本项目管理服务实施细则/置业投资专业推荐函等。

4.8 现场策略

1）气氛营造：突出品质、突出亲和力。

2）功能区分：划分为展示区、接待区、洽谈区、签约区、样板屋区及模型区等各个功能的分块，使销售氛围专业而舒适。

3）接待规范：建立较现代的礼仪性制度、对客户接待要有程序化，信息与讲解要逐步深入，前后有逻辑关系。

4）现场包装展示要素：效果图/层次单位分隔/销售单元控制图/周边商业环境介绍/定位解释/单位商铺收益测算/商家经营要求与商场服务细则/灯箱/展板等。

第五部分　项目推广策略

本项目营销推广是配合招商计划并与之结合成有机整体的推盘系统，是建立在对目标客户的深入分析和对其核心价值的充分设计和阐述中形成的。

根据前面对于目标客户的分析和判断来确认目标客户构成：

1）本地市场的经营客。

2）专门的投资、投机炒家。

3）外地招商的目标客户。

4）租赁客和联营客户。

以上四类客户共性是会比较理性地分析投资或置业的可行性，购买决策中会综合考虑多方面因素，购买商铺所考虑的重点归根结底是投资的回报率和升值潜力以及投资安全性，购买一种对未来的信心和我们对未来的承诺是他们面对期房销售的共性之一，目标客户群体对商业前景心理认知度越高其购买可能性就越大，如何解决好他们对未来商业前景的期望的问题是项目推广的核心问题。

5.1 推广目的

1）通过传播渠道的选择使尽可能多的目标客户了解到本项目的利好消息。

2）通过包装推广及竞争优势的诉求建立起目标客户群对未来前景的心理高期望和高认同。

3）通过公关和广告等一些传播手段的整合，强化目标客户群的购买信心，最终产生购买行为。

5.2 总体战略

1. 策略依据

1）市场因素：中低档次物业的相对过剩与精品意识的普遍缺乏。

2）本案租与售的交叉，近期卖铺与远期经营之间的矛盾。

3）竞争因素：周边个案的市场方向、规模面积及其租售价格水平，存在租售竞争与经营竞争的双重竞争压力。

2. 推广思路

（1）推广顺序上。首先，使目标客户认识到我们的产品，要确立本项目是一个富有特色、以崭新的形象出现项目的概念，这个印象的塑造与传达要广泛化、社会化，既要针对购铺的目标对象，又要力求在社会上形成影响力。

（2）面与点兼顾。再次，说明本物业的投资价值，强调本项目是一个很优质的投资项目。即要在作好其形式——商业文章的基础上，作好其本质——不动产投资的文章，力求对本项目的经营者和投资者形成感性与理性的双重诱惑，既动之以情，更要晓之以理。从而进一步认识到我们的产品给予购买者的价值（投资回报、提供扩大生意的平台、就业、升值）进而产生购买欲望、再进一步考证风险等利害关系后产生购买行为。

（3）项目推广的总体思路。势诱、色诱、利诱三条红线有机结合，三管齐下的集中阶段性推广攻势，即我们对于三大策略的有效整合，结合项目的招商阶段性，不同阶段突出不同的策略重点。

3. 策略原则

（1）推广概念的把握。

1）项目形象——我们一定要有信心说我们是一个富有特色的项目，不论是商业业态，经营管理，服务规范，还是配套设施，购物环境上。

2）投资价值——我们一定要有根有据很理性地论述我们的表现，一定是获利比较高的，而且是有保障的、长远的。

（2）推广手法与形式。

1）要广告、公关、新闻、促销活动等多重并举，相互配合；尤其是有政府部门参与的公关活动、研讨会和有力度的新闻炒作，把项目宣传为政府的民心工程、形象工程。充分发挥政府对项目的支持，通过新闻造势、现场造势，形成热销、俏销的局面，利用羊群心理促进更多的人关注或购买。

2）推广内容、时机的把握一定要具有针对性，要具有竞争、合作的思想。

3）在其竞争项目招商的时候我们就可以把我们的品质形象、投资价值、高沟古街的发展前景进行广告和传播，和其他项目发展商联手共建高沟古街步行街及庙市合一的淮安“夫子庙”。

5.3　具体策略

1. 势诱

所谓势诱即制造大势所趋，以势压制对方，造成购买者心理上不得不买的强大压力。本案可借高沟古街整体改造方案的出台和实施，发展商投资主体、案名更换的契机，具体可开展如下活动：

（1）召开专家研讨会。对高沟古街城市规划与发展进行专题讨论，从而吸引媒体的关注，提升广大消费者的兴趣。

软性文章：可采用“建设高沟人自己的湖南路”提升高沟人的购物理念空间、享受。

（2）领导重视与市府举措。利用发展商与政府领导的关系，邀请政府官员出面对本项目点评，同时结合公关活动，表达市政府领导对本项目的重视，并且表明政府为了改造高沟古街，将采取怎样的举措，支持高沟古街的建议，从而坚定购买者的消费信心。

（3）企业理念。借助项目推广，广泛传播蓝盾公司的企业理念、开发理念及公司管理层对项目寄予的情怀，来阐述开发商将以社会责任为重，以社会效益为主，经济效益为次，真正让利给广大的消费者，从而树立起自体的长久口碑与品牌。

软性新闻可采用对董事长的专访。

（4）成立“高沟古街”管理委员会。由“高沟古街”公司组织，联合高沟镇的工商、税收、物价及打假，公安及消费者协会等政府部门共同组成“高沟古街”管理委员会，一起指导与监督商场的日常经营活动。由于有了政府部门的介入，可大大增加终端顾客及租售客对商场的信心，并将协力营造一个良好的商业环境。

2. 色诱

所谓色诱，即以商场本身具备的各项先、后天优势尤其地理位置，商业基础，定位的新、特优势；商业环境和动线及商业管理上都上了一个台阶；开发商的先进市场管理理念和管理经验；政策优势、配套优势、物业管理优势等保障良好营业前景的优势；吸引顾客，将商场的各个创新、闪光之处充分展示在消费者面前，使他们相信本商场确实物有所值，物超所值。其具体实施步骤如下：

（1）“三赢”理念，品牌的诞生。

1）配合大量的媒体宣传，强化质量、统一管理、服务意识，使消费者充分认识到“项目为顾客创造了前所未有的购物空间”，营造“购物不再是质劣价假，混乱拥挤，而是一种乐趣”的购物理念。

2）使投资者相信，投资“高沟古街”，能带来超值的资金回报，使经营者看到消费者对项目的拥护，增强其经营信心，相信投资“高沟古街”必能带来良好的经营收益。

（2）商态、格局——步行街店中店。在商态、格局上充分借鉴发达城市已经广为成熟的步行街店中店格式，如南京的湖南路、苏州的观音街等。

（3）周边地区高档的硬件配置与优雅舒适的环境氛围。此方面着重于建材选用和软性装饰，环境氛围上的营造，力求使消费者真正感受到本项目的品质。

（4）规范的服务准则。在日常的经营服务上，以严格准则来规范行为。使本商场不仅在周边地区硬件设施方面上了台阶，而且在软件的服务方面同样更上层楼。

3. 利诱

1）对项目价值进行分析总结，以简洁、直观的手法展示给消费者，告诉他们本项目的物超所值，以理性的分析，激发他们的投资热情。

2）大力度的广告宣传，强化人们对于这一投资品种的关注度。

3）请已购业主现身说法，讲述购买物业的增值性，此举更具亲和力，易于人们的接受与认可。

5.4　推广阶段策略

根据招商策略的阶段性划分，配合招商，本案的推广阶段也分为四个阶段：

1. 市场导入期（蓄势期）：8月中旬~9月上旬

（1）推广策略。这一阶段的推广以势诱为主，借新闻炒作和政府方面对项目的肯定，以最快的速度提升项目美誉，改变、提升形象，吸引目标客户的关注，做好高沟古街步行街改造对高沟镇商业格局的影响（城市风景线）的研讨会的公关活动，由政府要员、学者专家提升项目的价值和未来市场预期。推广的销售物料主要在异地配合招商发放。

（2）诉求重点。高沟古街的改造对高沟镇商业格局的重大影响，受到市政府的高度重视，和社会各界热烈追踪。高沟古街的出现使高沟古街进入了一个崭新的历史时期。

（3）知名度传播。

1）户外广告：建议在高沟古街与今世缘东路交叉口、汽车站等地点树大型广告牌。

2）意见征集活动或者其他征集：可以用“顾客喜欢什么样的商场环境设计、商业服务、商品品牌？”等为题；也可征集高水平的物业公司、室内装潢公司等。

3）销售人员以及项目前期筹备管理人员招聘。

4）针对性选择本地、外地市场派发宣传材料，接受租售、招商预约登记。

（4）形象价值提升。项目追踪报道：利用软广告借社会新闻炒作之机作追踪系列报道，改变、提升项目形象如：发展商访谈、政府官员访谈、专家访谈、市民访谈、业界同行访谈等。

（5）社会新闻炒作。

1）主题：高沟古街的改造与高沟古街的定位经营。

2）推进思路：高沟古街步行街改造对高沟镇商业格局的影响。

3）应该从整个高沟古街的角度，合作竞争，挖掘商业老街的历史底蕴、庙市文化内涵以提升高沟古街的整体形象，使之成为高沟镇民消费、生活不可分割的一部分。

4）蓝盾合作竞争理念、行为提升的认知。

5）中心项目的蜕变、提升——高沟古街。

（6）项目的价值研判。

2. 公开发售强销期9月中旬~10月中旬

推广策略：以色诱和利诱为主、势诱为辅，突出项目的竞争优势、文化品位和价值分析。以硬性的形象广告、软性新闻和派单方式将业主通讯录和楼书、投资分析等物料直接送到目标客户手中。在价值分析中对可比性项目的情况作以明确的诉求。

3. 强销持续期：10 月下旬~12 月上旬

(1) 推广策略。以利诱为主，在《淮海晚报》和《涟水广播电视报》上对项目投资价值作以详尽的阐述，诉求重点放在高回报、低风险的诉求上。同时搞好开盘节日氛围的营造和热销阶段售楼现场的销售促进工作。做好项目管理委员会的第一次座谈会的炒作与宣传，加强人们对投资保障的认同度。

(2) 价值提升。新闻炒作，高沟镇商业发展论坛，角度建议。

4. 第四阶段持销期：2012 年 1 月中旬~3 月带租约和送租约销售

推广策略：节约成本为原则，减小广告投放密度。诉求重点是前期的项目各方面的进度，主要以发放业主通信为媒体形式。带租约、送租约销售促销活动。

5.5 媒体使用

1) 现场：势诱、利诱、色诱三大策略需要有机地结合使用。

2) 大众媒体：当地人对地方性报刊和电视媒体认同度不高，地方性媒体的发行量和覆盖率及权威性远不如《淮海晚报》，涟水广播电视报由于其特殊的内容，发行量较大、覆盖率最高，报纸阅读周期长、持久性好。

3) 建议做软性广告选择《涟水日报》《淮海晚报》和地方台的新闻节目同时做，配合大型公关活动的炒作硬性。广告建议媒体：《淮海晚报》；常规性卖点诉求和形象广告选择《涟水广播电视报》。

注：硬性形象广告选择整版形式推出，也可能有跨版的形式推出。

公关活动和节日期间选择售楼处附近的暂时性户外媒体如淮海路沿街彩旗、售楼处门前的气球及高沟古街东、西路口等。

4) 户外移动媒体：客车（由高沟发往全国各地的）上的发放宣传材料（样本、投资分析、业主通讯录、邀请函等）。

5.6 推广语

1. 主题推广语

1) 高沟古街 · 大宋元年。

2) 高沟镇民的宋朝生活空间！

诠释：强调本项目定位，融入市民的日常生活，对市民生活的重要性，成为市民生活不可分割的一部分。

2. 广告推广语

1) 高沟古街——千年古街，宋朝时光。

诠释：突出本项目两大卖点。

2) 走，逛逛高沟古街去！

诠释：语气亲切自然，发自内心的认可感、归属感，诉求于消费者情感心理。

5.7 业务执行策略

销售阶段划分：

1. 第一阶段：市场导入期

目标：解决知名度形象问题。

时间：8 月上旬~9 月中旬。

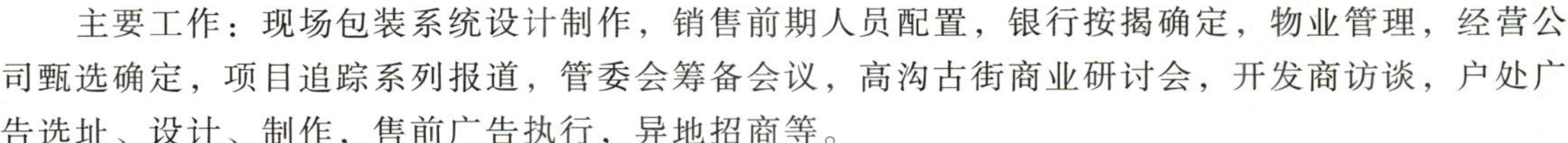

主要工作：现场包装系统设计制作，销售前期人员配置，银行按揭确定，物业管理，经营公司甄选确定，项目追踪系列报道，管委会筹备会议，高沟古街商业研讨会，开发商访谈，户处广告选址、设计、制作，售前广告执行，异地招商等。

2. 第二阶段：公开发售强销期

目标：重视本地投资客的消化；拟内部认购完成 30%，主要吸纳经营客。

时间：9 月中旬 ~10 月下旬。

主要工作：举行有关推广活动、举办有关说明会，广告宣传，展示前一阶段异地招商成果，派单引导目标客户，开盘告知等。

3. 第三阶段：强销持续阶段

目标：吸纳经营客和投资客并重，拟完成销售计划的 70% 以上。同时进行租赁、联营客户的登记引进。并着手带租约和送租约销售工作的准备。

时间：10 月下旬 ~12 月上旬。

主要工作：广告宣传，开盘典礼，同时进行租赁、联营客户的登记引进，准备带租约和送租约销售工作，吸纳经营客和投资客，热销阶段售楼现场的销售促进工作，项目管理委员会座谈会的炒作与宣传等。

4. 第四阶段：持销期

目标：带租约和送租约销售。

时间：2012 年 1 月中旬 ~3 月。

主要工作：广告宣传，以租促销，开业公告等。

（江苏风行今日营销策划有限公司）

【报告点评】

编写营销策划方案的目的，是为项目销售进行前期准备，为楼盘销售进行计划安排，促进楼盘快速完成去化。这是在市场调研、项目分析、市场定位、目标客户群定位等基础上进行的，再而对楼盘做出营销和推广两方面的策略、计划和动作，甚至有些还涉及规划和运营，此方案报告正是这样一篇完整而典型的营销策划报告。

编写营销策划方案，最重要的是根据实际情况运用最新和富于创新的营销理念，制订最符合项目和市场的策略，以达到快速销售的目的。

此方案报告在营销方面运用了“行销”和“售后返租”的策略，行销完全不同于传统的坐销，最大的创新点在于找准客户群，主动出击，可以更大限度地挖掘潜在客户，增加成交率。售后返租中的带租约销售、返租、统一管理使得经营者和投资者加大信心，利于销售推进。

在推广方面，结合了项目特色、销售策略、运营管理等方面的优势和精心安排，制订势诱、色诱、利诱的三诱策略和详细的推广计划，吸引客户的目光，提高项目的知名度和价值，增大客户信息，加速销售去化。

报告整体行文流畅，思路清晰，结论有根有据，目标明确，安排细致，可见作者策划和文字功底。

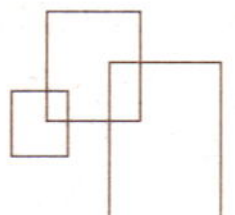

八、辽宁沈阳五洲商业广场开盘阶段营销策划报告

报 告 目 录

报告正文

第一部分 前 言

五洲商业广场开盘阶段营销策划方案，是按照五洲商业广场的总体战略思想，结合项目核心概念以及市场竞争态势而制订的营销计划方案。本方案主要围绕营销目标，明确各个阶段的事项及具体工作安排；使得整个推广活动有计划、步骤的开展。

本方案旨在为五洲商业广场的全程营销推广提供一个科学合理的操作思路、指导营销推广工作使其顺利开展，实现发展商的预期目标。

第二部分 开盘期营销策略核心思考

2.1 关于项目定位的思考

项目定位为全天候时尚休闲购物公园。

1）全天候：五洲商业广场实现了沈阳首个公园式室内商业步行街，特别适宜东北地区的气候状况，寒冷的冬季也可以尽情地逛街、购物，再也不用担心风吹雨打、日晒雨淋，真正实现了全天候一站式的时尚休闲购物。

2）时尚休闲购物公园：五洲商业广场设计有大量的景观设施和大量的娱乐休闲设施，全新的业态组合，时尚的体验消费模式，可以让消费者在发现中体验逛街的乐趣，这就是五洲商业广场的精彩所在。

3）“全天候时尚休闲购物公园”的定位是项目的核心竞争优势所在，是项目领先市场、区隔竞争对手、提升增值潜力的重要支持点，对项目定位的推广应该贯穿于整个营销阶段。

2.2 关于目标客户群细分的思考

目标客户的细分是项目不断发掘新市场机会的有效手段，分析不同消费者的不同需求程度，进而可以发现更多的市场机会和对策。

1. 成熟大投资客

他们是专业投资者，最为关注的就是地块的升值潜力和长久的回报机会；他们一般具有一定的社会地位和身份，需要特殊的接待和洽谈服务。在项目开盘营销过程中，充分挖掘此类客户群是实现销售目标的重点。

2. 中小投资者

容易受大投资客和项目销售情况的影响，因为手头资金有限，所以他们要考虑更多的问题，如商铺的总价和回报率。在初期，这一批投资者大多会处于观望的状况，等待合适自己的价位和付款方式、促销机会等。

3. 投资经营者

他们需要一个经营的理想平台。对于经营者的最终目的是要促成销售获取利润，他们主要会考虑：区域消费能力、商业位置、交通、优秀的硬件设施及经营管理等几方面。

对客户进行有效分类，依据不同客户的核心需求，细分客户，才能有的放矢，充分挖掘目标客户的潜力和及时调整项目的营销策略。

另外，因为本项目的业态形式决定客户范围广，因此在销控方面，应针对各种不同类型的客户推出各种不同类型的商铺，但必须分区域整体做好销控，所售商铺不能过于分散，以免影响今后统一开业经营。

2.3 VIP客户的营销策略思考

就五洲商业广场大体量的销售面积而言，积累一定数额的大客户，对拉动和影响其他中小投资者购买商铺和加快销售速度都有积极作用，因此有必要对大客户采取针对性的营销策略。

1. 客户分级

1）一次性购铺累计金额达1000万元以上——超级大客户。

2）一次性购铺累计金额达200万~1000万元——大客户。

3）一次性购铺累计金额达200万元以下——普通级客户。

2. VIP客户的优先待遇

为了充分挖掘大客户的投资潜力，建议五洲商业广场将有意向的一次性购铺金额达200万元以上者，设为VIP客户并发放VIP贵宾卡。VIP客户将享有优先选铺权和价格优惠待遇；特殊大客户可安排公司总监级以上的领导接待洽谈。

建议VIP客户的额外折扣：依据购铺总金额不同，给予除任何公开折扣以外的92~95折不等的额外折扣，如：一次性购铺累计金额达1000万元以上——92折；一次性购铺累计金额达200万~1000万元——依据购买总金额的93~95折不等。

2.4 关于泛销售方式的思考

凭借过往的经验，“人脉传播”是一种行之有效的销售推广形式。每个人都有自己的活动圈子，其中一部分朋友或者是客户有可能就有投资或经营商铺的想法，通过朋友介绍朋友，并体现一定比例的薪酬，不但可以加快项目相关信息的传播，还可以直接促进项目的销售速度，低成本高效率地实现销售目标。因此，建议五洲商业广场招聘兼职人员来执行这一“泛销售”手法，招聘人员重点考虑沈阳在职住宅项目的售楼人员、从事保险的业务人员等。

具体操作思路：

1）主要媒体的发布全版招聘广告，以项目的前景和直销人员收入，吸引业内人士。

2）直销人员需进行培训考核，并建立严格的管理和考核制度，优胜劣汰。

3）进行人员的储备，吸纳其中的优秀者加入正式销售人员队伍。

4）直销人员数量根据需要调整。

5）直销业务提成奖励额度设置高于现场销售，如成交提成比例为3‰以上，提成额上不封顶，以提高其积极性。

2.5 “先招商、后销售”的策略思考

主力商户的进驻，是提升项目投资信心的有效手段。在项目的开发前期，主要是通过对主力商户和大型品牌店的招商，蓄积客户，树立项目良好的品牌形象，吸引更多的投资客户，带动项目的销售。

招商先行，是开发商实力和信心的表现，通过良好的招商造势，体现开发商持续经营、做旺市场的责任心，带动销售的火热进行；由招商先行可以带来“未开先旺”“永续经营”的市场效应，可以刺激观望型投资客的购买欲望，增强其投资信心。

1. 推出永续经营工程，倡导理性投资

经过“沈阳万达”的开业经营失败事件之后，一方面投资者更加理性，一方面对大型商业项目后续经营的重要性有了更深的认识。

万达项目的现状对于五洲商业广场来说，是机遇也是挑战。我们必须要正面面对万达事件，以事实说话，倡导永续经营和理性投资是针对万达事件，恢复市场信心的核心。

永续经营之道主要是为投资者、经营户搭建一个很好的经营平台，通过项目的持续经营形成良好的口碑，不断提高项目的商业价值以谋求更广阔的商业发展空间，建立起沈阳商业项目的新典范。

2. 五洲商业广场“永续经营工程”核心要点

（1）会员俱乐部计划。拥有一批固定高质量的消费者是商场旺场的保证，实行会员制购物计划，甚至可以在招商经营客户的同时，实行消费招商，也就是在开业之前发行消费者会员金卡，为招商的顺利进行提供炒作机会。

（2）统一招商、统一经营计划。实施全国招商推广计划，招商能力是影响商场经营能否持久经营的重要因素，全国招商，引入具有强大影响力的品牌店经营，保证旺场。由专业商业管理公司和物业管理公司担任管理顾问，组织统一经营。

（3）品牌经营，名店经营计划。从大型品牌店到百货主力店，从实力经营到品牌经营，五洲商业广场将代表沈阳商业的最高形象，以开发商品牌、项目品牌、经营商家的品牌、塑造沈阳商业新形象。

（4）购物：休闲：餐饮为5：3：2合理经营比例计划。根据国内外商场经营的经验，大型综合性购物中心的购物、休闲、餐饮的合理比例为5：3：2，该比例能够合理处理商场中不同目的的消费人群的分布，最大限度地获取商场效益。五洲商业广场的经营比例，建议在此比例的基础上，根据招商实际情况，合理调整，以适应沈阳市场的实际情况。

（5）业主委员会管理计划。成立商场管理委员会，邀请业主代表参加，具有一定的管理权和商场监督权力，保证商场管理合理有序进行。

（6）“百城万店无假货”计划。申请加入“百城万店无假货”协会，树立五洲商业广场无假货的社会现象，执行“假一罚十”购物政策。

(7) 商业培训计划。组织商场的经营户和投资者进行专业的商业培训，丰富他们的商业知识，加强投资意识；文明经营，树立五洲商业广场良好的商业作风。

(8) 规模化推广计划。在商场的营销阶段，经常性组织营销推广活动，统一进行促销、展示、公益活动等，投放一定量的活动，吸引人流。

3. 卖点不可一次推完，保持持续的推广热点

开盘是项目营销的关键节点，但过分依赖开盘，毕其功于一役的想法是不太现实的。因此应全盘考虑项目的营销全过程，项目卖点不可一次或某一阶段推完，保证在每个阶段都有热点和刺激点，保持营销的持续性。开盘前的卖点很多，如何规划和保留应作为策略思考的重点，如主力店的进驻可考虑在开盘陆续推出，增加开盘后项目的销售能量。

第三部分　开盘期阶段性营销推广策略

3.1　开盘期销售目标

1. 开盘期的销售目标

3 月 1 日~5 月 31 日实现总销售额达 3 亿~5 亿元。

2. 目标分解

1) 5 月 1 日前交纳诚意金客户累计达 500~800 个。

2) 5 月 21 日前交纳诚意金客户累计达 1000 个。

3) 至 5 月 22 日开盘前消化 VIP 客户，购买金额累计 2 亿~3 亿元。

4) 5 月 22 日开盘后至 5 月 31 日完成销售目标 2 亿~3 亿元。

3.2　开盘时机的选择和营销阶段划分

1. 开盘时机的选择——5 月 22 日正式开盘

项目开盘成功，一炮而红，需要相当成熟的条件，基于此考虑，建议于 5 月 22 日进行公开发售：

1) 各项销售准备工作全面就绪，包括人员、场地等。

2) 前期预热与蓄客充分，拥有相当数量的准客户，确保成交额。

3) 项目的主力店及品牌商家的招商进度和商场的可售商铺相关手续进度的影响。

4) 承接在房交会期间的势能，促进开盘成交，吸引客户的注意。

2. 开盘期营销阶段划分

(1) 形象导入期/蓄客期（3 月 1 日~3 月 31 日）。该阶段营销重点目的是通过项目市场前期的形象宣传推广和招商，让市场对项目地段、定位、经营优势等多方面的全面认知。

建议前期以软文和新闻的形式切入市场，启动全球招商，并通过举办高规格的活动和适量的报纸硬广，以及户外、现场包装、电台广告等建立项目的高端形象，以此引发政府、媒体、社会、市场对项目认同和高度评价。同时，先行进行整体地块的外围包装，进行销售中心环境的建设，接受市场买家的咨询和预先的登记。

(2) 投资引导期/优先认购期（4 月 1 日~5 月 21 日）。开盘期营销推广的关键阶段。通过更为深入的推广及针对本项目的系统性炒作，以产品推介说明会和投资论坛、房交会为契机，从投资的角度引导潜在客户，结合项目的优势诉求项目投资增值潜力、投资回报、促销手段等，现场开始接受优先登记认购，客户交纳诚意金，享有开盘购铺。VIP 客户可以优先选铺和办理购铺

手续。

（3）公开发售期（5 月 22 日~5 月 31 日）。延续前期的销售强势，采用集中式销售的选铺大会的形式，展开全面销售，确保项目的“开门红”；并通过成功的销售为后续阶段造势，增强客户的信心，形成旺销的势头。

（4）强销延续期（6 月）。承接公开发售的势能，以旺销带动对犹疑型客户诉求，并开拓更广的客户层次，用全新的卖点、全新的营销手段保证项目持续旺销，在推出商铺的选择上，应总结开盘阶段的经验和不足，进行必要的调整。

3.3　各阶段营销推广计划

1. 形象导入期/蓄客期：3 月 1 日~3 月 31 日

（1）推广目标。本阶段主要以招商为主（特别是主力店的招商），以强势品牌打造沈阳商业地产的典范，树立项目定位鲜明的市场形象和知名度，唤起市场对本项目的关注度；同时开始接受购铺者进行意向登记，为开盘储蓄客源。

（2）销售目标。累计意向客户达 500 个以上。

（3）卖点策略，见表 6-8-1。

表 6-8-1　形象导入期卖点策划

主要卖点	市场推广语
优越的地段优势;绝佳的投资前景;良好的商业前景	五洲商业广场引领太原街商业全面升级
全天候、一站式的时尚休闲购物	全天候时尚休闲购物公园
全新的业态组合,时尚的体验消费模式	体验消费,最大限度延长顾客停留时间,刺激消费欲望

（4）营销推广策略。通过全球招商的启动，以“先招商、后销售”的经营模式建立投资者的信心（该阶段不公布主力品牌店，待到时机成熟时再适时举办主力店进驻签约仪式）；通过广告和事件行销在全社会建立项目的高端形象。从 3 月初开始接受意向登记，积蓄前批客户；对登记的客户进行分类，着重对 VIP 客户进行一对一的重点营销。

通过炒作五洲商业广场形象品牌，拉开五洲商业广场销售的序幕。在项目的形象宣传方面侧重于经营保障举措，目的是让政府、媒体、社会、市场对项目认同和高度评价。另外，要让市民了解五洲商业广场与以往项目的差异性，充分领略五洲商业广场各种优势。

（5）销售手段。

1）完成销售现场的包装，继续对销售人员进行实战培训；组建直销团队，完善有关销售的管理和奖励制度。

2）在辽宁省其他目标区域（如周边富裕的县市）设分销点，进行巡回展销；首先可选择鞍山等一两个城市进行试点，摸索出一套成熟经验，再进行大规模的推广。

3）针对重点区域，用 DM、夹报的形式定点投放和派发（如服装、皮具等专业市场）。

4）联系相关的专业行业协会，有目的地寻找高端客户群体。

（6）事件行销。

1）活动一：东北商业大会暨项目推介说明会和全球同步招商发布会。

① 活动目的：由政府有关部门牵头，五洲商业广场与《经济观察报》《辽沈晚报》联合主办“东北商业大会”，组织邀请东北地区著名的企业、品牌商户、著名的商业专家、东北商业巨头、投资者以及媒介举办一次高标准、高规格的东北商业高峰论坛。在分析东北的商业发展前景、沈阳商业及太原街的商业发展地位的同时，推介五洲商业广场，宣布全球招商正式展开。

② 活动时间：3 月底或 4 月初。

③ 活动地点：沈阳某星级酒店会议中心。

④ 操作要点：

a. 与《经济观察报》等全国知名经济类报社和沈阳市相关政府机构、《辽沈晚报》社合作举办，确保论坛的公信力和影响力。

b. 注重会前的新闻和广告的宣传，加强会后媒体关于项目的宣传报道力度。

c. 邀请政界、商界以及国内知名的专家参加，以提高活动的规格；专家学者、著名经济界人士，以增加社会影响力。

d. 把握好活动与项目的关系，不必太强化活动的商业性。

2）活动二：辽宁巡展会、东北巡展会和重点城市房展会。

① 活动目的：五洲商业广场作为沈阳一个体量相当大的商业项目，仅仅依靠本地的消化，销售量始终有限，并且难以保证较快的销售速度。因此，有必要有效地组织销售人员走出去，到重点的外地市场进行巡展，参加当地的房展会，进行定点展示与销售（可与当地优秀的销售代理公司或报社合作），消化当地有效客源。

② 活动时间：3~4 月。

③ 操作要点：

a. 联系当地销售代理公司负责销售，给予提成奖励。事先前往当地，收集代理公司的名录，并与当地媒体等联系，了解当地知名的代理公司，与其联系，共同讨论合作意向。

b. 设点作展示。在当地具有知名度的酒店或购物中心，设临时展场，运用小模型、易拉宝展板、现场播放影视宣传片等形式进行展示和推介。

c. 在当地媒体投放广告。在当地主要媒体，以软性新闻与硬性广告相结合的形式推广，吸引当地客户群的关注。

d. 组织当地有意向客户来沈阳参观。当达到一定数目的客户时，组织他们前往沈阳，来到项目所在地参观，并组织专门的恳谈会，向其传播项目的各项竞争优势。

2. 投资引导期/内部认购期：4 月 1 日~5 月 21 日

（1）推广目标。本阶段前期主要侧重于从投资的角度引导潜在的理性客户做出投资抉择，后期主要侧重于快速消化 VIP 客户，并通过一系列活动迅速提升项目知名度，以带动新客户为开盘蓄势。

（2）销售目标。

1）累计交纳诚意金的意向客户达 800~1000 个以上。

2）至 5 月 22 日开盘前消化 VIP 客户，购买金额累计 2 亿~3 亿元。

（3）卖点策略，见表 6-8-2。

表 6-8-2 投资引导期卖点策划

主要卖点	市场推广语
投资回报高、稳、快	投资太原街，首选五洲铺
升值潜力、投资回报、投资时机、促销优惠等	品牌商家的圈地运动 中小投资者的提款机

（4）营销手段。

1）接受意向客户优先认购登记，交纳诚意金 1 万元者在开盘购铺时可获得额外 99 折优惠。

2）利用投资论坛等活动，深化和拓展客户，为项目积蓄客源。

3）通过房展会活动，迅速提升项目知名度，吸纳大量意向购买力。

4）深化项目宣传，令市场认知与接受“全天候时尚休闲购物公园”的优势定位和由此带来的投资潜力。

5）制造价格悬念，形成市场热点话题，引起更大范围内的关注。

6）继续进行巡展，总结经验，大规模推广。

（5）事件行销。

1）活动一：推出永续经营工程。

① 活动目的：沈阳投资者在沈阳万达商业广场经营不善等事件的影响下，开始逐步趋于理性化消费。五洲商业广场举办本次永续经营工程，一方面是为了让投资者充分认识到本项目区别于万达商业广场的诸多优势；另一方面也坚定了他们的投资信念，形成项目良好的人际传播，带动更多的意向客户。

② 活动时间：4 月。

③ 活动地点：商贸饭店召开新闻发布会。

④ 操作要点：

a. 定“永续经营工程”具体内容，并做出承诺。

b. 召开新闻发布会推出《五洲商业广场永续经营宣言》。

c. 媒体的全方位炒作，在媒体上引起全社会的讨论。

d. 设置“五洲商业广场建议抵万金”配套奖励活动，引发市民的广泛参与，形成强势传播。

e. 将活动过程和要点制作成宣传资料，延续活动效果。

2）活动二：金饭碗计划——金饭碗竞猜活动。

① 活动目的：以“买五洲商业广场商铺就等于是买了一个金饭碗”的创意，制造轰动效应。一方面可以吸引大量人气，所有参观的客户，都可以参与竞猜，形成项目的快速有效传播；另一方面也促成更多的意向客户买铺。

② 活动时间：5 月 12 日~22 日。

③ 活动地点：现场售楼部、春季房交会现场。

④ 操作要点：

a. 5 月 12 日房交会正式公布活动开始，开盘后公布中奖者。

b. 制作一只超级金饭碗（重量 10 公斤以上），在活动现场进行展示，并由专人看管。在四周建立黄线区，参观者不得超越黄线区。到晚上下班后由武警押送至安全的地方，媒介跟踪报道，进行持续性话题。

c. “金饭碗”重量竞猜活动，只要来现场者填妥个人资料后均可参加竞猜，将其猜想的重量写在表格上投入竞猜箱中，每一个身份证号码只可有一次竞猜机会，在公开发售日由当地公证部门评选出最接近重量的 10 位客户，优胜者可获 1000 元左右的袖珍版“金饭碗”一只。

d. 买铺的买家均可获袖珍版“金饭碗”一只，可根据客户要求在碗底刻上客户的名字或内容；

e. 开盘日工作任务比较重，建议在开盘后一周左右公布中奖名单和颁奖，掀起开盘后的又一高潮。

3）活动三：沈阳春季房展会。

① 活动目的：组织参加沈阳的春季房展会，增加项目的知名度，吸引更多的潜在投资客户和经营户。

② 活动时间：5 月 12 日~16 日。

③ 活动地点：沈阳春季房展会现场。

④ 操作要点：

a. 参展物料的充分准备，项目对外形象和品牌的包装。

b. 销售物料的充分准备，包括促销礼品。

c. 金饭碗计划——猜金饭碗活动正式启动。

3. 公开发售期：5 月 22 日~5 月 31 日

（1）推广目标。一炮而红打开市场，达到短期快速大量成交。

（2）销售目标。5 月 22 日开盘后至 5 月 31 日完成销售目标 2 亿~3 亿元。

（3）卖点策略，见表 6-8-3。

表 6-8-3　公开发售期卖点策划

主要卖点	市场推广语
开盘盛况、升值潜力	百年等一铺，机会仅一次
买到就是抢到	开盘必特价，特价必升值

（4）营销手段。通过集中式认购选铺热销，来实现销售目标。

（5）事件营销。

1）活动名：选铺大会。

2）活动目的：制造项目热销的场面，促成客户快速购买，集中快速消化部分单位，并通过新闻炒作可提高项目的形象及宣传，增强品牌效应。

3）活动时间：5 月 22 日。

4）活动地点：现场销售中心。

5）操作要点：

① 意向客户按事前规则开始认购选铺。

② 正式选铺前公布商铺真实的价格。

③ 媒体造势，引起社会的强烈关注。

④ 在开盘前对 VIP 客户进行提前消化，开盘前根据情况制订推铺的计划。具体原则是：开盘推出的商铺种类（各价格区间、商铺位置）比较齐全，能满足到各不同客户层面的要求；保留部分“铺王”用于后期的拍卖、部分特色铺（如小面积商铺）作为后期的热点；具体情况在完成铺位划分后再进行专项的讨论。

（6）集中式开盘选铺的两种方式及选择。

1）集中式选铺：开盘前进行登记，集中在开盘期进行统一选铺。

2）两种方式：

① 第一种方式：集中时间内一次消化。优先登记的客户不按先后顺序，在开盘当天统一进行选铺，选铺后办理认购手续；采取这种方式要求有足够的场地和销售接待人员，否则可能因为客户等待时间过长造成流失。解决途径：增加销售人员，设置数十个销控，将可售部分分区域销售；用计算机快捷选铺。

操作要点：

a. 分区域销售、增加销控。在销售大厅内将可售商铺按照一定的规定，将其划分为若干个区域进行销售控制。每一个区域设置一个销控人员，便于加快销售速度和管理。

b. 用计算机快捷选铺。发展商和公证处先用计算机软件设置选铺程序，客户按规定交纳 10000 元/铺的定金后，由销售人员带到选铺处，只要用手指一按选择按钮，即可快速选中自己需要的商铺，再由销售人员带到财务处办理相关手续。

② 第二种方式：分时段选铺。买家是按优先登记认购的顺序分若干天进行选铺，因此买家会根据筹号顺序来确定各自的入场时间，开售之日人流会比较平均，客户的购买紧迫感因为有充足时间考虑，而变得较为冷静，尤其是筹号排在后面的买家，由于未必能选购到心仪的单位，且没有现场气氛的推动，购买热情由此而降低，甚至会放弃即场购买的决定。

但此方式操作起来比较容易控制，对人员、场地也要求不高。

比较上述两种方式，各有优缺点，如果销售人员数量足够、素质较高，组织得力，可采取第一种方式；如果人员较少，时间紧迫，准备不足，可考虑采用第二种方式。

4. 销售延续期——6 月

（1）推广目标。强化品牌知名度，建立品牌美誉度；利用前期热卖，再次抛起销售高潮。

（2）销售目标。消化新推单位（具体目标根据开盘成绩确定）。

（3）卖点策略，见表 6-8-4。

表 6-8-4 销售延续期卖点策划

主要卖点	市场推广语
好商铺，不愁卖	五洲商业广场开盘创销售奇迹
全新商铺推出	错过一次不可再错第二次

（4）推广策略。延续公开发售的热销口。

（5）事件营销。

1）活动一：铺王拍卖会。

① 活动目的：选择 10 套左右位置较好（如首层内街）的商铺，进行现场拍卖，邀请全国最著名的拍卖师亲自主拍，以拍卖带动商铺不断升值的势头，加快理智型客户的入场决策。

销售推广，是一个不断提升客户心理价格的过程，在项目开盘旺销后，举行铺王拍卖会将更提高项目售价的期望值，一般来说买商铺是买涨不买跌，通过举行铺王拍卖会预示商铺良好的升值空间，从而形成销售的势能，达到项目的旺销。

② 活动时间：6 月。

③ 活动地点：待定。

④ 操作要点：

a. 媒体的前期宣传炒作预热。

b. 铺王拍卖会流程的确认。

c. 全国最著名的拍卖师的聘请。

2）活动二：超级名模秀。

① 活动目的：让沈阳市民亲身体验时尚生活，进一步深化项目的体验休闲、时尚购物的核心定位，促成剩余单位的销售。

② 活动时间：6 月。

③ 活动地点：项目现场。

④ 操作要点：

a. 邀请超级名模。

b. 在超级名模表演的同时，穿插超级名模模仿有奖秀。

3.4 五洲商业广场开盘阶段营销推广重点

开盘阶段营销推广重点见表 6-8-5。

表 6-8-5 开盘阶段营销推广重点

阶段和时间	准备工作进度	推广策略	推广目标	事件行销
形象导入期/蓄客期 （3 月 1 日~3 月 31 日）	启用销售中心 销售资料印刷完毕；制作 VIP 贵宾卡；销售人员招聘及培训	建立五洲商业广场领导者形象，拉开全面推广序幕 接受意向登记，积蓄客户 通过政界、业界与新闻媒介进行渗透式推广 启动全球招商，为销售作铺垫	建立项目鲜明有力的形象和知名度 建立市场对项目的认识 开始接受购铺者进行意向登记	东北商业大会暨项目推介说明会和全球同步招商发布会 启动辽宁巡展会、东北巡展会、重点城市房展会
投资引导期/内部认购期 （4 月 1 日~5 月 21 日）	销售现场的准备 确认业态分布和可售商铺范围，完成多数主力店和品牌商家的招商	进行意向登记，收取诚意金 利用投资论坛深化和拓展客户 通过房展会活动，为开盘强势蓄客 深化项目宣传，提升市场信心 为开盘创造坚实的口碑和舆论基础 制造价格悬念，形成市场热点话题	完成 VIP 客户的提前消化 继续为开盘储备意向客户	永续经营工程 金饭碗计划——猜金饭碗；投资论坛 春季房展会
公开发售期 （5 月 22 日~5 月 31 日）	将选铺大会和开盘活动准备充分	以震撼性手法开盘，制造轰动效应 成功建立项目品牌	一炮而红打开市场，达到短期快速大量成交	金饭碗计划——公布金饭碗重量竞猜获奖者的名单 选铺大会
销售延续期 （6 月）		延续公开发售的热销口碑	强化品牌知名度，建立品牌美誉度 利用前期热卖，再次掀起销售高潮	铺王拍卖会 超级名模秀

第四部分 开盘期营销费用

4.1 总费用

按照本阶段设置的销售总额，营销推广费用约为：5 亿元×2% = 1000 万元。

4.2 费用分配

广场销售推广费用组成预算见表 6-8-6。

表 6-8-6 五洲商业广场销售推广费用组成预算

费用名称	费用组成	说明(单价×数量)	总额/元	费用预算	比例
宣传资料与物料	楼书	50×3000(个)	150000	221000	2.32%
	折页	3×5000(个)	15000		
	投资指南	10×3000(个)	30000		
	走销单张	1×5000(个)	5000		
	认购书与认购须知	1×3000(个)	3000		
	奖品与礼品		10000		
	制作购房 VIP 卡	10×300(个)	3000		
	巡回展展板		5000		
现场包装	展板和背景板	300×10(个)	3000	59100	0.62%
	围墙/围挡	300×6×30(元/m^2)	54000		
	室内吊旗	3×500(个)	1500		
	户外吊旗	30×20(个)	600		
推广活动	东北商业大会/东北商业高峰论坛暨项目推介说明会和全球同步招商发布会		500000	2270000	23.87%
	辽宁巡展会、东北巡展会、重点城市房展会		500000		
	推出永续经营工程		20000		
	金饭碗计划——猜金饭碗		50000		
	投资论坛暨主力店进驻签约仪式		50000		
	春季房展会		700000		
	铺王拍卖会		100000		
	选铺大会		50000		
	超级名模秀		300000		
电台广告	广播电台(含开盘直播)		150000	150000	1.58%
报纸广告	辽沈晚报		2000000	4000000	42.06%
	沈阳日报		1500000		
	其他报纸		500000		
户外广告	户外路牌广告牌		1500000	1700000	17.88%
	路旗		200000		
公关费用	媒体记者费用		10000	10000	0.11%
电视广告	三维及电视广告制作		200000	700000	7.36%
	投放		500000		

（续）

费用名称	费用组成	说明（单价×数量）	总额/元	费用预算	比例
沙盘	整体规划模型		200000	200000	2.10%
	不可预见费		200000	200000	2.10%
合计	9510100				

（沈阳道一房地产营销策划有限公司）

【报告点评】

此报告并非全案营销策划报告，只是开盘期的一个阶段性营销策划报告。报告是按照五洲商业广场的总体战略思想，结合项目核心概念以及市场竞争态势而制订的营销计划方案。本方案主要围绕“开盘热销”这一营销目标，明确蓄客期、内部认购期、公开发售期、销售延续期四个阶段的事项及具体工作安排，使得整个推广活动有计划、步骤地开展。

报告确定了销售客户群，从而制订了“泛销售”“先招商，后销售”、各个阶段的营销推广策略。这其中最大的亮点是报告根据客户群多数是投资客的特点，制订“先招商，后销售”的营销策略，达到了增强客户投资的信心，为销售提供助力。同时又制订“泛销售”政策，可让销售渠道更加多元化，覆盖面更广，挖掘更多的潜在客户，也可加大客户成交率。

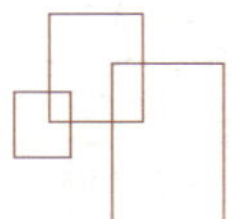

九、青海大通民贸新天地商业地产策划报告

报 告 目 录

报 告 正 文

第一部分　引　言

本次对大通民贸大都会的营销策划方案希望找到和塑造能融合本项目混合业态的推广主题概念和强势卖点。以强势的整合传播体系，贯穿独特的风格将项目形象展示给目标客户，全面契合新富精英阶层的置业标准，最终实现市场推广目标。

对于大通民贸大都会项目的市场研究，是一件富有激情与创造力的事，决定了本次营销策划方案报告也如其本身一样充满着难度，更具有与生俱来的冲击力。

如何将如此庞大而复杂的推广体系理顺、理清，并且富有执行性？

如何从种种困难与矛盾中找出正解，解决变数及不确定的风险？

如何构架一个从战略到战术到战役一气呵成，打动市场的市场攻击体系？

如何建立一个战略发展体系及战略性发展平台，实现项目高中低多种推广平台的立体推广体系？

一个项目的推广成功，需经多方面努力及细致铺排，而这些工作必须经多方面的专业人士担当，本项目的市场定位、形象包装、广告及宣传策略等工作，均需严谨地执行。本策略仅做概要性阐述，并将随市场变化情况适时调整。房产是开发商品牌的载体，产品的定位与开发理念，需与开发商的经营理念相一致，才能使品牌深入人心。将“用心、品位、感动大通”作为民贸大都会项目的开发理念。“用心”是企业行为的准则，也是立足业界、长远发展的根本；“感动大通”是开发理念的核心，指对人性的关注，体现在建筑设计、功能配套等方面对人需求的关怀；“品位”指产品质量方针和品质保障。

第二部分　市场解析

2.1　大通县概况

大通县地处青海省东部农业区北部，属省会西宁市辖县，全县总面积3090km²，辖22个乡、

6个镇，41万人，人口密度129人/km^2。2012年大通县主要经济指标（此内容为政府工作报告中公布官方数据），农业人口35.4万人，占总人口的79.2%，耕地面积69.65万亩。主要农产品有：油菜、蚕豆、马铃薯、蔬菜、小麦等。2009年完成农业总产值13亿元，增长8.6%；农民人均纯收入4643.8元，增长20.1%，比全市低55元，比全省高1297元。大通是全省的工业县。境内有工业企业192户，其中，规模以上企业42户（中央及省属驻县企业21户），已形成有色金属、电力、建材、化工和机械装备制造为主导的工业体系。2009年完成工业总产值（现价）125.2亿元，占省、市的比重分别为11.6%、21%。大通是全省的生态县，森林覆盖率达38.1%，水资源总量6.9亿m^3，承担着西宁市70%以上的城市供水任务，境内有国家森林公园察汗河、鹞子沟、老爷山、娘娘山风景区等特色生态景观。大通是全省的民族县。1986年经国务院批准成立为回族土族自治县，有汉、回、土、藏、蒙古等24个民族，少数民族人口21.9万人，占总人口的48.7%，其中，回族13.5万人、土族4.6万人、藏族3.1万人、蒙古族0.5万人。民族文化丰富多彩，舞蹈纹饰彩陶盆、大通皮影、刺绣、农民画、剪纸、“六月六”花儿会等民族文化丰富多彩。

2.2 项目介绍

1. 地块四至

北面：北依建国西路。

西面：西临大通县桥头镇政府。

东面：东临人民路。

南面：南靠大通县政府不到100m。

2. 主要规划指标

土地面积：项目占地约13.83亩，总用地面积为9224.12m^2。

用地性质：住宅用地。

容积率：4.98。

地下建筑面积：5100m^2。

地上建筑面积：17600m^2。

商业裙楼可销售建筑面积：13000m^2。

住房建筑可销售面积：14000m^2。

建筑形态：独栋综合商住楼，其中，住宅部分为29层，商业裙楼四层。

3. 地块周边规划

1）项目所处位置属于大通县的核心地带，是大通县的商业中心。

2）周边配套设施档次与项目档次存在差异，有待提高。

3）本案处于核心市区，其西面的重车过往会对居住者的居停安全带来隐患，周边噪声较大，扬尘较大。高层视野方面，东向视野开阔面山，周边建筑比较陈旧，这些都可能成为销售的滞点；目前地块周边商业仅有位于建国西路上的大通百货大楼在建中，地块属于大通县核心区域，周边再没有其他大型市场、超市和商业经营。

4）项目位于市中心，有4路、5路、6路、7路、9路和13路公交车可从本项目抵达。项目的外部交通优势很明显，门前有227国道（即宁张公路），北临门源回族自治县，南接青海省省会西宁市，西临海北藏族自治州，东临互助土族自治县。

5）政府规划缺乏商业宏观调控，社区的功能性要求其配套设施的完善，但目前在规划上只能看到大的框架，大型生活配套暂时还不很完善，方便小区居民的功能性设施需要我们在建设之初就人性化的通盘考虑，怎么便利怎么做，同时了解其他周边项目的设施建设，做到不雷同，但便利。

4. 其他配套设施现状

1）政府机构：大通县政府、水务局、法院、检察院、房管所、桥头镇镇政府和农牧局。

2）教育：桥头小学、大通县第六中学。

3）医院：大通县医院、706医院、红十字医院、骨科医院和博爱医院。

4）娱乐：飞鱼网吧、2008量贩KTV和海之梦洗浴。

5）景观：老爷山景区。

5. SWOT分析

（1）优势（STRENGTH）。

1）地段优势：位于核心商圈，紧邻政府机关，积蓄的客源有较好的基础；该项目住宅南向展开，充分沐浴阳光，前端开阔无阻挡。

2）交通优势：交通比较便捷，进出便利，居住成本较低。

3）后发优势：开发单位信心备至，态度决定项目成功。

4）规模优势：独一高层鹤立，建筑外立面颜色瞩目，周边建筑无从旁出，项目形象斐然；老牌居住位置，历史文化彰显现代人居活力。

（2）劣势（WEAKNESS）。

1）项目区域绝对人口较低，购买群也仅限于本地人群，因此可选范围较小。

2）项目容积率大，公摊系数高，居住功能性或受影响。

3）除建筑本体用地外，小区缺乏公用地块，景观、活动场地受到很大的局限。

4）周边系桥头镇客流密集区，小区内的安全、安保、卫生等的隐患较大。

5）区域文化问题：大通的文化基础就是县乡结合文化，缺乏系统性、规范性和大同底蕴，和住宅的销售文化有一定的抵触，建筑目前的文化基础一般都比较时尚，在领导一种潮流，比如国际村为什么要叫国际村，香格里拉为什么要叫香格里拉，锦绣江南为什么要叫锦绣江南，海德堡更离谱，为什么要叫海德堡，西宁的生物园区为什么有个深圳印象，其实归根结底就是对所在区域文化改良的一个包装手段，这个手段并不是一个噱头，其根本意义其实就是给钢筋混凝土的建筑赋予文化的灵魂，从而在销售上形成大同文化的融合，因此首先建议在目前的主推案名上增加辅助案名，在报建名称外加辅助销售案名，一方面是为了将企业品牌形象导向深入，一方面呼应不断加深的销售基础，由此降低营销费用，同时因该项目系以商业为主的项目，案名力图展示项目的商业特质和丰富多彩的商业内涵。

（3）机会点（opportunity）。

1）大通是工业县，社会经济发展迅速，而且收入也在逐年提高，使市民购买力得到了有效的提高。

2）目前当地住宅、商业房产市场产品较为单一，雷同性大，这就为本案细分目标市场、提供差异化产品、顺利入市提供了较大的契机。

3）大通本地家庭代际数少，年轻人成家多会另购新房，为市场提供了有效的客源。

4）本地政府旧城改造的力度逐步加大，为房产市场的发展提供了有力的支撑。

（4）威胁点（threaten）。

1）大通县本身对周边地区辐射力较小，客源局限性较大，尤其临近西宁，削弱其作为区域中心城市的辐射力。

2）近年来大通经济有了很大的发展，但相对而言大通本地居民对房价的承受力还相当受限。而购买力较强的客源选择在西宁投资购房可能性较大。

3）区域住宅三级市场并不活跃，购房自用仍然是大通县市民的主要购房目的，同时对房产的增值保值作用无明确认识，房地产投资意识薄弱。

4）宏观调控政策的影响：随着政府通过金融手段与政策控制对房地产市场调控力度的加大，市场操作不成熟的地区受到较大冲击，居民形成房价迟早要降的判断，加剧了持币观望心态的出现。

5）近年来大通经济有了很大的发展，但相对而言大通本地居民对房价的承受力还相当受限。而购买力较强的客源选择在西宁投资购房的可能性较大。

第三部分　客户分析

3.1　目标消费群定位

先前（市场分析及产品建议报告中）经过阐述，已经确定了产品走中档偏高的路线，而作为一个中高档楼盘，它所面对的客户群也必然是有选择性的。由消费群金字塔的结构也可以看出，中高档消费群数量并不为多，但要求并不为低，可以说对于“质”与“价”的平衡与协调，他们是几类消费群体中最头痛的族群。介于本项目为大盘属性，市场客户定位方面应尽可能扩大客源，故此，客源基本上以中等、中高等阶层客户为主，一网打尽式客户定位，现从区域上作逐一分析。

1. 客源区域

1）一级区域：大通县主城区内。

2）二级区域：大通县主城区以外的其他县乡及车程在 1 小时内的周边城镇。

2. 客源职业

私营业主、个体经营者，大通县在外务工者，大通县本地政府公务员，企业高级管理人员，学校、医院、银行等企事业职工，大通县本地效益较好的企业职工，富裕进城的农民。

3. 客源购房目的

1）新增型：新婚或分家的购房，拆迁购房，外出务工返乡购房。

2）改善型：改善原有住宅环境和居住层次的。

3）工作型：因为工作原因来大通县，为了工作方便的人群。

4. 吸引客源种类

1）以个体买家为主，集团客户为辅。

2）立足于中高收入阶层，争取吸引工薪阶层。

3.2　主力客源分析

本案体量住宅 14000 万 m^2，客源定位为公务员阶层、当地富裕阶层、工薪阶层、返乡置业者四大主力群体。一期确定以公务员阶层为客源群体的引导者，以吸引带动主力群体和其他购买力群体的购买，从而达到提升本案品质形象和顺利去化的目的。

1. 公务员阶层

（1）收入状况。公务员阶层在当地属于中高收入人群，见表 6-9-1。

（2）未来居住需求。

1）25 岁以下人群：一般是处于工作起步阶段，经济基础薄弱，购买商品房承受能力有限，这类人群大部分暂时没有考虑购买商品房，少数在父母经济支持的情况下考虑购买，是市场的潜在需求者，主力房型需求为二房，面积 90m^2 左右。

表 6-9-1　公务员阶层状况

年龄	职业	年收入	家庭结构
25 岁以下	公务员	1 万~2 万元	独身
25~35 岁	公务员	1 万~3 万元	独身或新婚夫妇或有未独立子女家庭
36~45 岁	公务员	2 万~4 万元	有未独立子女或独立子女家庭
46 岁以上	公务员	4 万元以上	有独立子女家庭或子女已成家

2）25~35 岁人群：一般是事业处于发展和稳定阶段，在父母经济支持的情况下，打算购买商品房作婚房使用或从原父母家中分离，独自生活。这类人群不全部是目前的需求者，但是很明显他们具有更强的购买力，是市场的潜在需求者，主力房型需求为二房和三房，面积 90~110m^2。

3）最需要关注的人群是 36~45 岁的年龄段群体：这类人群事业已经稳定，并有较大的发展，他们已经有了较为牢靠的经济基础，开始打算购买商品房以改善目前的居住条件，因而这部分人群是现实的主流需求者，主力房型需求为三房，面积 110~120m^2。

4）另一较为值得关注的人群是 46 岁以上人群：他们多在国家机关部门担任领导职务，家庭年收入一般在 4 万元以上，收入水平在大通县属于高层阶级，二次置业购买商品房以改善居住品质的愿望较为强烈，主力房型需求为三房以上，面积 130m^2 以上及别墅产品。

2. 富裕阶层

（1）收入状况，见表 6-9-2。

表 6-9-2　富裕阶层年收入状况

年龄	职务	年收入	家庭结构
30~45 岁	企事业中层干部	3 万~4 万元	新婚夫妇或有未独立子女家庭
46 岁以上	企事业领导	4 万元以上	有未独立子女家庭或独立子女家庭
25~45 岁	私营主	3 万元以上	独身、新婚夫妇或有未独立子女家庭

富裕阶层包括私营主、事业单位领导、中层干部和企业效益好的领导、中层干部等。

（2）居住现状。企事业领导及中层干部居住环境以单位自建房为主，为改善居住环境，现已有相当数量的企事业领导及中层干部购买了商品房。私营主自建房屋和与父母同住比例较高，为追逐更高生活品质，购买商品房的比例逐年增加。

（3）未来居住需求。

1）企事业领导。家庭年收入一般在 4 万元以上，二次甚至多次置业购买商品房以改善居住品质的愿望较为强烈，主力房型需求为三房以上，面积 130m^2 以上及别墅产品。

2）企事业中层干部。收入相对已步入稳定期，因此存在购买大面积户型的经济实力，但同时存在由于要抚养未成年子女、需要负担一笔很大的支出，因此不确定因素较大，从而导致在对购买商品房的面积及户型需求上相对均匀分布。其中由于家庭人口的要求该类家庭对三房需求比重稍大，面积 110~130m^2。

3）私营主家庭年收入 3 万元以上，由于年龄结构及收入的不等，需求户型也不尽相同。25~35 岁区间相对需求户型以三房为主，面积 110m^2 左右；36~45 岁区间相对需求户型以三房及以上为主，面积 110~120m^2 及以上。少数私营主会考虑购买别墅。

3. 工薪阶层

（1）收入状况。工薪阶层年收入1万~3万元，包括企事业单位基层员工、教师、退休职工等。

（2）未来需求。工薪阶层鉴于家庭收入的不足，需求主力户型以二房及三房为主，面积90~120m^2。

1）单身人群：由于家庭人口单一以及购买力约束的问题，相应的对户型及面积要求相对较小，主要集中在二房户型，面积需求主要集中在90m^{2}左右区间。

2）新婚夫妇家庭：购买力较单身人群稍胜一筹，该类家庭人口以两人为主，因此面积需求属于中下等，但部分家庭考虑到今后不久的时间内存在由于生儿育女使家庭人口有扩展的可能，因此该类家庭在对户型及面积需求上也有一定向上扩展的要求。另一部分家庭由于家庭成员年纪较轻总体收入不高，受总价约束，在户型面积需求上也存在向下缩小的空间，综合而言，该类家庭对面积的需求主要集中在90~110m^{2}这个需求空间，户型主要需求为二房或小三房，但受今后家庭发展空间的影响在110~130m^{2}这个面积范围内也存在一定需求。

3）子女未独立家庭：该类家庭由于主要家庭成员工作及收入相对稳定，但同时存在由于要抚养未成年子女，需要负担一笔很大的支出，因此不确定因素较大，从而导致该类家庭在对购买商品房面积及户型需求上相对均匀分布。其中，由于家庭人口的要求该类家庭对三房需求比重稍大。

4）子女已成家的家庭：由于子女已经成年并独立成家，原有之家庭进入了空巢期，多数家庭的人口又回复至两人，因此受居住人口减少及退休后收入减少的影响，该类家庭户型需求主要集中在110~130m^{2}区间。

4. 返乡置业者

（1）收入状况。大通县是一个劳务输出大市，全市外出务工人员达到5万人，返乡置业者为一潜在的有效需求群体。外出务工人员以体力劳动为主，决定了这个阶层主导是中低收入阶层，但从中分化出来的置业者，其外来收入高于一般大通人均收入，相对大通县的房价水平，具备较强的购买力，同时出于对外出城市的向往和生活的习惯，往往会选择在城市安居（表6-9-3）。

表 6-9-3　返乡置业者情况

务工类型	年限	年收入	家庭结构
体力型	10年	1万~2万元	单身、新婚夫妇或有未独立子女家庭
专业型	5年	4万元以上	有未独立子女家庭或已婚
技术型	5~8年	2万~4万元以上	已婚夫妇或有未独立子女家庭

（2）居住现状。目前外出务工群体在大通县的居住条件是以原有私房为主，且以农村居民为主，居住条件较差。随着城市化步伐的加快，大通县城市人口将从目前的40万人达到2013的45万人，在这一过程中，对照大通县城经济发展的背景，返乡置业者占有绝对大的比重。

（3）未来需求。外出务工家庭，需求商品房主力户型以二房、三房及带阁楼的大面积住房为主90~120m^2，部分面积在130m^{2}以上。

具体房型的目标客户：

二居室：新婚夫妇、单身一族、老年夫妇等。

三居室：经济较好的企事业职工、私营企业职员、一般公务员、两代同堂家庭。

四居室：经济收入超高阶层，追求家居舒适型及两代同堂的家庭。

3.3　目标消费群购买心理及需求分析

1. 目标消费群购买心理分析

本案的中等及中高等阶层目标消费群应当定位于改善住房的再次购房消费群或多次置业者中，他们的消费需求不低，对房型、小区的生态、文化环境等有一定的要求，但在房价方面却表现出相当的谨慎，因为目前大通县的不同楼盘和地段的选择具有一定的差异性。现将着重分析他们对住宅产品的购买心理及行为。

心理想要的是：

1）宽敞舒适的房型。

2）高质量的居住环境。

3）有一定规模的小区。

4）高标准的社区文化需求。

2. 目标消费群需求分析

1）公务员阶层：90~120m^2，二房和三房。

2）富裕阶层：90~120m^2，二房和三房，130m^2 以上的四房复式。

3）返乡置业者：90~120m^2，130m^2 以上，复式楼。

4）工薪阶层：90~120m^2，二房和三房。

总体需求小结：主力为 90~120m^2 二房、三房，部分 130m^2 以上的四房、复式。

第四部分　营销策略

4.1　策划思路

通过调查发现，目前大通县已经面市的住宅产品尚在发展阶段（特别是中高档产品、大型住宅社区），另外消费者的消费理念相对不是很成熟，大部分居民认为“小区的绿化、景观、环境是一个中高档小区必须具备的基本硬件条件”。我们的项目地块地处城市中心，又和老爷山景区隔路相望，空气清新，坐拥繁华。

1. 产品定位

结合项目特点，结合区域的市场环境分析，针对本项目周边尚有规划和在建的大面积的竞争体量，因此确定本项目的产品定位为中高端的“品牌社区”路线。

2. 我们的目标

提升地段价值、创新生活理念。

3. 我们的策略

由人文景观引入、以坐拥繁华为契机，塑造大通民贸大都会的高端品牌形象。赢得消费者认同；借品牌与地域规划之势而上，撬动区域市场；项目自身胜出；同时通过行为主张，产品、景观差异性跳出周边竞争楼盘。

4.2　卖点梳理

1. 大通规模最大的社区

本项目是大通县目前规模最大的上商业地产项目，也将成为大通房产开发项目的典范。

2. 区位

位于政务商业住宅核心地段，未来的城市核心，市政规划的重点，区域发展潜力大且具有较高的投资价值，市场前景看好。

3. 建筑规划设计

交通组织合理，功能分区明确（商业配套设施与住宅相互促进），住宅布置合理，景观系统明确，公建配置完善。

4. 户型

大社区，多样化、人性化的户型设计，可以提升购房者的居住品质。

5. 品牌开发商，品质有保障

在项目开发阶段以严谨的管理，规范的施工，和热忱的服务理念以提高开发企业的知名度，让客户认可项目开发企业为品牌企业，以实现品牌开发、品质保障，这是购房者愿意接受的信息。

6. 人文

打造二期仿古一条街，以大通，为人们勾画出一幅华丽、多样、繁荣、淳厚、雅俗共赏的人文画卷。

7. 文化积淀

（1）桥头镇——桥头风烟，演绎历史故事。这里依山傍水，放眼望去，老爷山景区就在眼前，大通河穿过桥头奔流而下，站在这个台地上向南望去，你不禁会被前人选择聚居地时表现出的智慧所折服。这面台地依山面水，阳光充沛，视野开阔，草木葳蕤，即便在今天也是一处不可多得的繁衍生息之所。

（2）桥电——一个曾经在西宁历史上响当当的名字。而当年的桥电是大通居住历史上第一个大型社区，更成就了独属于这类厂矿社区的独特社区文化和历史积淀，在这些个社区里，医院、学校、饭馆食堂、农贸市场等应有尽有，露天电影，发小们从玻璃弹、猴皮筋、辣子面馍馍到弹弓仗、烧窑，永远比没有社区的孩子们获得更多的滋润和荣耀，问任何一个孩子你是哪的，他都会骄傲地告诉你，我！桥电的！而荣耀还不仅仅是这里居住的人们。一段历史和一代人的故事都是这片土地上所承载的厚重历史积淀。而这些，就是一个老牌社区的辉煌故事，这里人杰地灵，这里无从旁出，这里独树一帜。

现在的故事：城市越来越大，城市的内涵越来越多，以前的厂矿社区都逐渐地被纳入到城市核心发展规划中，成了城市发展的重要组成部分。高速公路延伸到了县城，青新铁路成了连接边陲的重要交通枢纽，已经形成的各个小区正在茁壮成长，这个片区在不远的将来就会呈现出无与伦比的潜质；高原亲和人居环境跃然而出，核心地区世外桃源实现大隐于市的品位追求。从这些地段属性而言本案的地段特点是优于其他竞争个案的优势条件。

8. 配套

高起点的配套功能，满足人们日常生活物质和精神层面的双重需求。

9. 管理

专业管理公司的统一管理，为人们的生活提供安全、妥帖、管家式的多样性服务，营造舒适、宁静又不失私密的生活空间。

10. 卖点营造：客户聚焦

针对四大阶层的不同心理需求，结合每期推出的迎合某一特定阶层心理需求的不同产品，见表 6-9-4。

表 6-9-4　不同阶层的卖点分析

序号	阶层	卖　点
(1)	公务人员阶层	1)塔尖阶层人群的聚居地
		2)政务新区理想的居所
(2)	富裕阶层	1)与政府官员为临,有事业发展基础
		2)购买能力强
(3)	工薪阶层	1)一次置业享受一生
		2)社区品质与自身生活需求相匹配
		3)受口碑宣传影响大
(4)	劳务输出阶层	1)强调性价比
		2)跟风及攀比心理
		3)虚荣心强
		4)渴望被尊重和认同

4.3　价格策略

1. 采取低开高走的价格策略

以几套相对偏低单价或总价的住宅价格作为市场价格切入，采用低幅多频方式提价，逐步推出略高于市场价格的主力价位，营造不断升值的趋势。

第一阶段：通过高端形象推广，积累客户意向，带动市场，聚集人气。

第二阶段：物超所值的高性价比入市，形成“老百姓住得起的好房子”的市场印象。

第三阶段：低幅多频调价，价格逐渐涨幅，产生“升值”的市场印象，同时铸造平稳、幅度较大的价格走势。

2. 低价辅助策略：低单价低总价体现

正式销售时，挑选几套位置、景观一般的房型及面积较小的房型。以较低单价或较低总价首先推出，消除客户对本项目高端形象所带来心理价位的抗性。

4.4　营销通路

1. 营销展示中心

考虑到大通县的市场特点和消费习惯，现场营销是本项目的主要去化通路。营销中心作为项目形象展示的窗口和销售的前沿阵地，直接影响买家的选择。井然有序的购买氛围，良好的购买体验将给购房者带来更为持久的心理好感，有助于提升项目软价值。

因此，营销中心的包装和服务成为营销推广工作的重要组成部分。充实营销中心的各方面资料和装备，从所见、所闻全方位让买家了解信息；营销中心除具备硬件资料（如模型、效果图、楼书等资料）外，还需高素质、专业的销售人员。

（1）营销中心选址。设置于项目地块西北角，面积约 200m^2。

（2）销售现场分区。销售现场分为模型展示区、控台、洽谈区、签约区、意象表现区、看板展示区、办公区七个区域。

（3）装修风格。简洁、大气，注重细节。色调和谐、高雅，以米色、淡绿色等色调与标准色和谐搭配，营造高贵氛围。巧妙使用冷暖色调搭配，以标准色为主，辅有靓丽暖色，既有商业气氛，又不失轻松活泼。内部充分运用灯光、水、玻璃、绿色植物的交和作用，使场地内外通透绿意浓浓并具有现代气息。

（4）现场氛围营造。

1）视觉体系。

意象表现区：摄影、油画、建筑作品欣赏。

看板展示区：数码高精度输出，在墙面布设。看板色调与营销中心整体风格相匹配，进行项目内容的展示说明。

各功能标牌：如销售人员标牌、接待处、签协议处、交款处等标牌，让买家明确功能，突出运作专业性。

样板间：充分展示户型的各种功能，直接引导客户产生购买欲望。其专门的装修设计及空间布局可供业主参考。

2）听觉体系：背景音乐系统。选择的曲目符合楼盘特色，即崇尚自然，清新宜人。作为辅助，可以放一些古筝曲或小提琴协奏曲。注意曲风的统一和格调的一致。

建议曲目：乐队班得瑞（BANDARI）的音乐辑。班得瑞来自瑞士，它是由一群年轻作曲家、演奏家及音源采样工程师所组成的一个乐团，他们的音乐来自自然，营造自然。班得瑞是一群生活在瑞士山林的音乐精灵。他们一旦开始执行音乐制作，便深居在阿尔卑斯山林中，直到母带成品完成。置身在自然山野中，让班得瑞乐团拥有源源不绝的创作灵感，也拥有最自然脱俗的音乐风格。每一声虫鸣、流水，都是深入瑞士山林、湖泊，走访瑞士的阿尔卑斯山、罗春湖畔、玫瑰峰山麓等地记录下来的。班得瑞这个梦幻般的抒情演奏乐团，将属于瑞士的湖光山色融入每一个音符，都代表着来自内心的层层感动。

3）味觉体系。为来访客户奉上一杯清茶，寓意一份亲情。现场配备咖啡，以体现现代商业氛围。

4）触觉体系。营销中心内各接触面圆润光滑、手感温润，最重要的是一尘不染。配备专门的保洁员，随时确保环境的整洁。

5）嗅觉体系。嗅觉是有记忆的，在售楼处古典隽永的氛围下，薰一炉香，淡雅清新，沁人心脾。可摆放造型优美的干花，塑造高尚的情调。服务人员使用统一品牌的香水，营造清雅氛围。

6）综合感觉体系。售楼员的言谈举止，音容笑貌给予客户美好的心理感受，良好的专业素养使其确信项目的整体素质，从而对本项目充分认可。

（5）营销中心的CI系统。

1）VI。标准色的使用，整体装修布置的风格协调与社区的整体定位相一致。员工衣着得体，色调温馨大方。款式时尚而脱俗，可选用改良式旗袍或中式立领套装，男士以西装为主。

2）BI。员工举止得体大方，亲切礼貌。把每日的宣誓程序安排在售楼处前广场，让每天的仪式成为一道亮丽的风景展示在客户面前。

3）MI。与开发理念和社区的整体定位相吻合：追求自然，崇尚真诚。要求员工待人诚恳，工作认真负责，对待客户细心周到。

2. VIP营销

以VIP卡的形式建立一种客户优先权，其重要功能是增强客户的归属感，购卡者享有优先选房权。VIP卡实行实名制，单卡只限购房一套。购卡客户可以在开盘时享受一定的优惠，如享受九八折优惠，视情况还将享受社区各项收费服务的优惠（如会所健身、免费阅览、物业增值服务等，具体待定）。

（1）VIP卡（直销）推广目的。VIP卡（直销）的主要目的是营造紧缺感，促进购买；由会员活动引起的市场扩大效果，促进客户带动其亲朋购买。

1）捕捉市场信息，锁定目标客户；积聚客源，为形成热销奠定基础。

2）根据客户认购状况及反馈信息，能迅速调整销售策略和定价系统。

3）VIP卡（直销）优惠政策对客户有一定的吸引力，且能加速产品去化。

4）增强客户对社区的认可，树立项目及企业形象，扩大影响力。

（2）推广时间：开盘前三个月左右开始。

1）售卡。

① VIP卡可分为银卡、金卡、白金卡三种，分别以每张20000、30000、50000元的售价对外发售。

② 每张卡上印有一个预约号码，根据先来后到的顺序进行发售。

③ 在开盘当日购房者可根据每张卡的不同等级享受不同的折扣价格优惠（优惠视具体情况调整），白金卡折扣最多，金卡次之，银卡最低。

④ 规定VIP卡不可以转让，并限量发售，适时公布优惠政策，并配合有力的促销，表现其稀缺性与珍贵性。

2）活动步骤。

① 通过悬挂横幅、DM派发、报纸广告、电话通知等方式进行活动的宣传预热。对所有意向登记客户进行预约，可用发函的形式，详细告知认购的时间、方式，以及VIP卡的优惠情况。

② 开盘前三个月左右，正式发卡出售，售卡当日可在售楼处门口举行公开售卡活动，购卡者附赠小礼品，并填写详细客户资料。

③ 每张VIP卡附登记表一张，除意向者个人资料外，具有小型市场调查功能，接受信息反馈。如目前职业、对物业管理的要求等。

④ 活动期间售楼处接待客户，提供宣传资料，进行客户登记，并进行初步分析和选择，由业务员保持联系，但不提供价格及不接受预订。

⑤ 为保持开盘期间楼盘良好形象，开盘后三天内不予办理退卡手续，其余时间均可办理退卡。

⑥ 根据发卡情况，控制销售节点，配合预售手续，进入选房阶段。

3）选号。

① 待房型图，面积基本确定后，可进行选房。预计安排在开盘前10天左右进行。

② 按VIP卡的卡号先后顺序进行选房，力图使现场井然有序。

③ 开盘转大定：开盘之日公布价格，已选房客户可以转为大定，也可以在开盘七日后办理退卡。

④ 大定客户签约：开盘之后安排大定客户陆续签约。

4）效果预期。

通过本次活动进行市场预热，将起到很好的市场宣传效果，营造紧缺气氛；意向客户在购卡过程中提供的需求信息为下一步销售策略的制订和产品定价提供有力的参考；VIP卡（直销）的市场过滤作用将有效地锁定目标客户，阻隔竞争对手。

4.5　营销推广

1. 推广策略及遵循原则

（1）总体策略。以产品本身的优势为基础，用发展的前景做支撑，以便利的交通，完善的

配套为辅助，以优美的社区景观为诱惑，全面开展攻心战略。

（2）策略诠释。以总体策略为纲要，充分作好销售前的各项准备工作，把各销售节点把握好，作好总体推广计划。

本案广告以精要为主线，户外、报纸、电视为主要媒体，同时辅以路牌、围墙、车身、广播与电视。报纸广告基本采用半版与整版两种模式，开盘前适当辅以软文来炒作。

（3）营销推广原则。在本项目的营销推广中应始终把握三个原则：

一是抓住本项目实际卖点，让产品说话，即产品优势诉求原则。

二是未来价值现在化原则，即核心地段核心稀缺性物业价值的超前呈现。

三是项目发展商品牌形象优势。

（4）销售进程掌控。价格走“低开高走”的路线，以特价房（仅有5套）掀起抢购风潮，而后以50元/m^2为一涨幅，低幅多频整理。一方面强化包装及宣传，提高市场预期价格；另一方面，结合产品提高附加值。并且尽可能缩短销售。另外需做好小高层与多层价格配比，以实现销售均价略超过预期的销售均价。进入销售期间以后，根据现场实际销售情况来适当调高销售价格。

2. 整合营销传播总体策略

（1）广告策划。充分应用各种有效广告手段，保证信息传播畅达。市场引导信息传播、形象塑造、心理引导、情报反馈。

（2）销售活动。销售节点控制/销售手段/促销活动组织。促进销售刺激购买欲望，达成有效需求。

（3）公共推广。公关活动组织/新闻策划。形象塑造树立项目鲜明品牌形象，形成核心客户群。

（4）产品包装。产品包装、营造差异竞争支撑点，形成差异化优势，成就可持续发展资源。

（5）整合营销传播目的。

1）产品树立品牌。

2）销售顺利去化。

3）企业可持续发展。

（6）整合传播平台。引入全新的房地产“平衡论”，把如何平衡项目的强势差异化和弱势差异化作为营销策略的主要矛盾来解决。

调动一切资源，利用一切手法，力争在项目公开发售时造成轰动一时的人流量，在尽可能短的时间内清空一期产品，瞬间制造热销局面，创建品牌社区，用高端的客户服务理念介入，做出有市场竞争力的二期产品并顺势推出。

三位一体的整合传播平台，针对各期的不同任务，选择不同的平台组合向受众传达信息。通过高度的资源整合预见性地考虑未来的市场走势和区域房地产发展格局，挑拨并放大消费者未来的生活与工作的矛盾，物质与精神的矛盾，投资与自住的矛盾，让已买了（非本案）房子的人们后悔，让未买房的人们期待。

整合传播平台：“公关活动+新闻媒体+广告组合”。

3. 总体策略

通过环境营销的手法，用公关活动和媒体两种工具做“窝”，用广告“钓鱼”。整个营销过程以公关活动为主要节点展开媒体造势和炒作。

4. 与客户的交流界面：价值观

让客户从我们引导的角度去衡量价值，挖掘其内心深处的巨大矛盾和不平衡并不断放大，直至其发现了本案，我们在整个传播过程中要做到：表面的价值引导——不买不要紧，但绝对不能不看。深层次的价值导向关键：我们有的别人无法学去，如果有人来到了项目，我们就有把握让他相信，这里是他最需要的。“这里”是我们在他心中建立起最“好”的标准。看了之后再去看别的项目，就找不到这种感觉。如果一个人从小孩子开始就习惯用上了刀叉吃饭，那么西餐就可以源源不断地卖给他。

5. 案名以及 LOGO

辅助案名（1）：傲城　　　　　　（傲城商业广场）

辅助案名（2）：缤纷·新天地　　（缤纷·新天地商业广场）

辅助案名（3）：宽域　　　　　　（宽域时尚生活广场）

辅助案名（4）：华彩城　　　　　（华彩时尚生活馆）

6. 推广总精神

1）开发理念：傲临核心·品味缤纷（媒体、软文）。

2）推广理念：贵胄、宅第、恭迎傲临天下（客户）。

7. 营销推广工作的阶段划分及工作要点

（1）推广核心策略：整体品牌形象+分期推广。树立大都会的品牌及整体项目优势，打造“大通社区”、营造核心 CBD、“大通居住板块”的大盘概念。

（2）推广策略。大通——民贸大都会——文明迁徙的方向是国际都会，人居归往的境界是国际都会，城市演绎的结果是国际都会。

（3）主推广语。文化、阳光、自然、金色生活！

我希望你是面对美食时才花心——美食店。

我希望始终如一的你，有一天野一点——KTV。

我希望被电影感动时，身边只有你——电影院。

我希望你只是从身边溜过，而非错过——溜冰场。

我希望吸引万人视线的你，眼中只有我——摄影店。

我希望陪你走过漫漫人生路，一双鞋怎够？——鞋店。

我希望你的魅力不仅来自内在，更有外在——服饰店。

我希望在众多时尚新宠中，仍然最爱是我——数码店。

我希望不论我变成什么样，你一样爱我——形象美容店。

我希望陪你的每一天，你依然是那样美丽动人——化妆名品店。

我希望每个结婚纪念的日子都能为你增添一样你心仪的首饰——周大福。

我希望我们能够共同构筑家生活——家世界。

我希望……

再多希望，民贸大都会也能为您一一实现。

（4）主导诉求。建筑品质、居住品质。

唯有工作充满绿色，商务才算健康（谁说：绿色只能是市外得风景？/在民贸大都会——我们实现了）。6000m^2 空中花园，东方韵律的景点，错落有致，超额绿色，坐拥更多健康。环境影响人的一生，让生命与绿色共舞，生生不息。这里依山傍水，放眼望去，老爷山景区就在眼前，大通河穿过桥头奔流而下，站在这个台地上向南望去，你不禁会被前人选择聚居地时表现出的智慧所折服。这面台地依山面水，阳光充沛，视野开阔，草木葳蕤，即便在今天也是一处不可多得的繁衍生息之所。

工作应当充满创意（在大堂接待客人，在空中花园讨论方案，在会所签订合同，在咖啡馆开周会)。

献给心灵的空中花园(闹中以静,别有洞天/大通最大的空中花园)。

静心、思远、俯瞰、临天下(在这里,回家的你身心可以得到无阻无碍的放松,写意中西特色餐厅,令您不出门便可尝尽天下美食,一应俱全的健身娱乐设施,令人乐而忘返的阅览室,在您阅读生活的同时,也可以品茗书香的浓郁,也是显赫无价的黄金社交圈,无论是休闲娱乐,还是品茗聊天,在这里都可以找到同声同气的知己!)。

生活就应当充满格调。

生活就应当充满活力。

生活就应当充满乐趣。

8. 推广思路

以建筑、居住品质为主诉求,强化建筑品质,并兼顾“大通民贸大都会”的区位环境与品牌实力。

商汇枢纽,终身繁华。礼遇尽显荣耀,让每一位业主在此可极尽奢华的人生巅峰享受。

4.6 一期市场和策略

1. 各大战役,各自为营,营造卖点刺激型消费者

规避一般大型楼盘战线过长造成的市场反馈逐渐弱化的弊病,在保证项目整体形象统一的基础上,发挥各自卖点。

2. 创意发想点

它无我有,它有我精。

3. 居住环境的优势

1)居住氛围:大通居住核心区域。

2)潜力地段:大通县 CBD 核心地段,稀缺房源,最具升值潜力的区域。

3)产品创新:规划高起点、品质高要求,结合生态、科技、文化、时尚等多重元素,着力打造一个现激情与传统文化、人本与自然最佳结合的传世社区。

4)品牌保证:开发商在行业内创建的优秀口碑,以及设计、营销、管理等品牌资源的整合,形成一个强大的品牌平台。

4.7 整体营销战略

1. 强势推广

先塑项目形象,开展影响力大、关联性强的事件行销及公关营销,形成口碑,以“势”压人,完成市场形象突破。

2. 主动出击

变坐销为行销,充分利用开盘前期的时间空隙,牢牢抓住核心客户,同时影响其周边人群,积累客户。

3. 灵活应变

及时注意市场变化、跟踪客户反馈,迅速调整行销方式和推广策略,密切观察竞争对手策略调整,预判销售态势,及时应变。

4. 快速去化

用多种促销手段,活跃现场气氛,缩短销售周期,平稳去化。

4.8 入市策略

1. 入市时机的选择

根据工程进度、可预售条件及客户积累情况进行开盘时间的选择，初步定为2012年11月。

2. 入市策略

（1）高品质产品。采用以人为本的设计理念，以大盘入市、品牌开发铸造品质生活；同时采用高品质建筑材料及在产品规划和户型多样、户型面积合理等方面来满足市场需求。

（2）强势品牌形象。形象差异化，以VI视觉系统冲击本案第一直观形象力，以VI系统的延展性演绎本案的核心理念，以专业的销售团队和服务过程铸造品牌形象。

3. 实施手法

利用政府市政改革的新闻报道，宣传基建良好。借势提升本案发展潜力，铸造品牌价值。

4. 通过节假日和项目推广节点举办事件营销活动

以高品质产品为面、以体验式购房为点展开全方位的宣传活动，达到产品去化目的。

4.9 付款方式及类型

1. 一次性付款

传统意义上的一次性付款一般是一次性交足总价款或先交95%房款，余款在入住后付清，并享有一定优惠折扣。这种付款方式对资金充足者或有一定积蓄者有一定意义，可以一次付清，并可享受较大折扣；对开发商来说可以快速回笼资金，资金周转灵活，与消费者形成互惠互利。但对不能一次交足房款者有较大限制，可能会因此损失一批购房者。

2. 银行按揭

银行按揭付款方式主要是由购房者以所购房产作为抵押物，由银行支付六至七成房款。

3. 分期付款

4. 付款方式优劣对比分析（表6-9-5）

表6-9-5 付款方式优劣对比

<table>
<tr><th>付款方式</th><th>优　点</th><th>缺　点</th></tr>
<tr><td>一次性付款</td><td rowspan="2">快速回笼资金
手续简单
节约时间
有利于购房者在购买力不足时采用，能够吸引更多的购房者，促进销售</td><td>对不能一次交足房款者有较大限制，可能会因此损失一批购房者</td></tr>
<tr><td>银行按揭</td><td>办理手续比较复杂
回笼资金速度较一次性付款慢</td></tr>
<tr><td>分期付款</td><td>有利于购房者在购买力暂不充足时采用，能够吸引更多的购房者，促进销售</td><td>费时费力，资金压力大
资金回笼速度最慢
当工程进度慢时，购房者会向开发商施加压力</td></tr>
</table>

5. 付款方式组合

由付款方式优劣对比分析及本项目资金回收速度可以得出一次性付款和银行按揭比较适合本项目。

项目付款方式在传统的付款方式基础上通过变通可以在付款方式上采取一定的灵活性，其目的是方便购楼者选择，便于项目销售。

6. 付款方式方案建议

1）一次性付款：首付80%，余款在项目封顶时交清。

2）银行按揭，购房者只需交付定金，银行提供七成按揭，余款由开发商提供。购房者约定时间把欠款交给开发商。

3）与多家银行签订合作协议供客户选择，同时也为购买多套住房的客户提供方便。

4）如银行按揭，开发商尽量选择“工商银行”“农业银行”，相对于“中国银行”“建设银行”而言，手续简便、过程简单、放贷迅速、节约客户时间及相关材料，利于开发商快速回笼资金。

4.10 推广策略

一个楼盘销售是否成功，最重要的是对销售资源的整合。销售资源的整合不仅建立在小区建筑与环境上，而且营销策划执行及广告策略也相当关键。同时通过切实有效的传播，将具有独特价值的信息，最快速准确地传达给目标消费者，让消费者对项目产生感性及理性认识，最终实现销售。从目前而言，项目开盘至关重要，大量工作将集中在开盘前后，本次广告策略将着重针对此阶段论述。

1. 总体策略：大盘、品质、品牌，打造大通尊贵生活社区

1）全方位推广，形成有效媒体攻势（报纸、电视、路牌、地盘内外包装、人员促销）。

2）品牌先导，形象跟进，有效扩大客户层面带动销售。

3）配合销售进度，广告宣传有力引导和紧密配合销售工作，按计划逐步展开。

注：地盘内外包装是指在项目施工期，为了防止施工场面的欠佳形象给受众带来滋扰和负面影响，对场地进行一定的美化和包装（如围墙、展示中心、看房通道、绿化景观等处理），以消除或降低施工对目标和潜在客户的影响，保持项目的最佳形象。

2. 总体广告营销策略

突出产品形象策划、强调环境优势、注重观念唤醒、以情感诉求，借观念及情感共鸣，以及结合系列推广活动，在短时间内形成最广泛的认知及轰动，最终完成品牌提升及顺销之目标。

3. 媒体通路整合

（1）户外看板。

位置选择：大通市中心、大型高炮、楼宇广告等，可能的话建议在大通县中心街口设置电子看板，吸引眼球。

广告内容：项目整体形象广告。

户外广告特性：户外媒体的时效性较长，且容易识别，受众面广，让观众记忆深刻。对广告诉求要求简练、明了、响亮。对企业或是产品的品牌树立起推波助澜的作用，效果标新立异。

（2）电视台。

投放方式：冠名播出，可选择大通县电视台房产报道栏目冠名。

电视广告特性：扩大信息覆盖面，发布信息详细，受众面可涉及大通市区及周边乡镇，并能即时传递项目的近况和相关信息。

4.11 推广部署

1. 营销工作流程安排（表 6-9-6）

（1）准备期。

1）推广背景。项目正式启动，工作即将开始。需要进行市场的预热引导，包括对本产品形象定位的前期推广，树立开发商在当地的公众形象。

2）推广目的。为项目树立综合形象，即进行项目品牌建设，试探市场反应，为今后的推广打下良好基础。

表 6-9-6　营销工作流程

阶段	工作任务	主要工作内容	媒体应用
工作准备期	①完成各项销售道具的准备 ②耳语传播、酝酿 ③确立企划方案细部内容 ④售楼处施工完成	①平立面确定 ②VI 系统设计 ③广告宣传作业程序确定 ④售楼处包装、定点看板制作 ⑤销售准备	①工地围墙、看板 ②重点据点户外看板 ③报纸软文
引导试销期	①贵宾卡销售及选房 ②形象推广工作展开 ③完成现场准备工作 ④传达本案销售信息	①各项推广活动开展 ②以电话拜访方式告知公司既有客户做先期销售 ③信函广告寄发 ④来人来电统计及追踪 ⑤排定媒体计划 ⑥预告公开日期	①户外看板，电子楼书 ②电视广告 ③报纸广告 ④信函广告/DM 派发 ⑤车身广告 ⑥横幅/布幔/罗马旗
公开强销期	①扩大宣传面，开发潜在客源 ②延续试销期热潮进入第一阶段强销 ③集成掌握来人来电之成交	①来人来电最后过滤 ②实施销售控制 ③景观初现 ④盛大开盘 ⑤举办推广、促销活动，报纸、海报等媒体配合	①定点看板 ②电视报纸广告 ③DM/海报 ④售楼处外包装 ⑤网站
持续销售期	①第二阶段强销 ②促进签约 ③抗性产品促销 ④在总体规划指导下，保证一期分阶段推出的产品顺利去化	①客户反应统计分析 ②媒体反应总结 ③适时调整销售策略，适应各阶段产品的特性 ④后续活动适时展开，营造阶段销售高潮	①定点看板 ②海报、广告 ③软新闻稿 ④网站
尾盘销售期	①困难产品突破 ②未成交客户分析及追踪 ③尾盘去化 ④为二期产品的全面推广做好准备	①将潜在客户进行再过滤 ②对剩余产品在不影响项目整体形象的前提下采取机动作法 ③二期产品卖点提炼，策划案完成	①海报、广告 ②软新闻 ③网站

3）宣传渠道。以施工工地围墙包装、售楼处（营销中心）营造，定点看板等户外广告为主。适当参加类似户型评比等活动，先期进行市场导入。

4）推广主题。强调产品形象定位，形成差异化竞争。

5）广告目的。项目形象推广，全面提升项目软价值。

物业价值分为硬价值和软价值，前者是成本加利润，没有弹性；后者是目标客户对物业的认知和感觉，弹性极大。由于商品住宅市场客户可选择性较大，在购买行为发生时，起决定因素的是在理性分析基础上的感性判断。软价值的判断是一个感性过程，增强软价值的最有效方法是物业形象包装和广告促销宣传。

6）推广手段。

① 利用各种媒介手段，使目标客户从对物业形成良好的主观软价值认同，逐步从欣赏到信任到最后实现购买，多方位、多角度包围客户，帮助他们去除种种顾虑并下决心购买。

② 利用户型评比等活动契机，先期介入市场，营造市场关注。

③ 利用展会等活动进行形象展示。

④ 进行现场形象包装，完成主要交通干道户外广告（兼作导视牌）的发布，营销中心、工地现场的包装，以释放项目信息，营造销售气氛。

⑤ 根据工程进度策划宣传主题，如奠基仪式等，进行软性新闻宣传。

7）广告形式。

① 报纸软文。

② 户外广告——繁华路段大型户外看板。

发布目的：传递项目住处，烘托渲染气氛，加强视觉冲击力。

针对人群：主要干道行人。

③ 工地包装。工地作为买家最为切身关注的地方，是宣传最经济和有效的场所，工地形象不仅直接与物业和公司形象有关，还能够营造销售气氛。

工地看板：表明物业的名称和位置，直接与工程形象相关联。

工地围墙：明确发展商和项目性质，进行楼盘形象展示。

气氛营造：利用彩旗等宣传物品，吸引人们的注意力，营造成人气旺、整洁、有序的施工现场。

（2）引导试销期。

1）推广背景：完成售楼处现场准备，正式入场进行销售准备。通过特色招聘，树立品牌形象；进行贵宾卡销售，阻隔竞争对手，形成先期成交。

2）推广目的：充分展示企业形象，突出产品卖点，引起广泛社会关注。

3）推广主题：结合项目外在、内在特质，进行项目优势的详细展示，以不同的卖点如地段区位、规划布局、技术资源、景观特色等几个方面形成系列广告。

4）宣传渠道：销售中心现场展示、电视广告、DM 派发、罗马旗、横幅、网站、车身广告等。引导试销期的广告形式以报纸广告和电视广告为主，目的在于信息的尽可能告知。宣传推广以报纸硬广告为主，同时配合相应的销售新闻宣传和营销活动（特色招聘会、贵宾卡发售），以迅速扩大知名度和建立信任感。

（3）公开强销期。广告促销信息和销售状况信息心理施压——媒体持续炒作，使心理上感觉物业及地盘在持续升温——各种类型的互动活动组织实施提升人气。

1）推广背景：经过前期的广告宣传，已在市场上引起强烈反响，积累的客户需要在该阶段消化，宣传重点转为销售情况，价位优势等具体卖点的推广。

2）推广目的：以强力销售与强势推广，引起社会巨大反响，成功塑造形象。

3）推广主题：阐释社区定位的内涵，明确差异化竞争的实质，对确定的一些优惠条件给予明确的诠释和公布，使本案在当地及周边地区形成关注热点。强化对进驻品牌的宣传，起到联动作用。

4）宣传渠道：报纸广告（配合软文）、户外广告、DM、社区期刊、电视台、网站等多种媒体配合；盛大开盘典礼的广告效应。

（4）持续销售期。

1）推广背景：趁开盘后的持续热销，采取均频率、中版面的持续宣传策略，并利用房展会等契机，最大程度提高销售率。

2）推广目的：主题定位深化，延续广告效应，保持适当的见报或出镜率，保持社会形象的稳定。

3）推广主题：工程进度、销售状况、阶段促销活动以及分批入市之产品的特点。

4）宣传渠道：适当的电视广告、软性报纸稿、DM 派发等。增加软性宣传，减少硬性广告密度的方法控制广告、补充广告诉求的不足。在景观组团完成初步划分和景观营造后，可以通过开展业主树木认领、业主联谊会等形式活动加强与老客户的联系，通过口碑传播带动潜在市场。

4.12　外发宣传系统

1）售楼书：设计风格与其高档的定位相一致，内容全面，对楼盘进行全方位介绍，制作精良。

2）DM 及折页：售楼普及资料，时效性较强，可配合楼盘推广的一些活动进行信息告知。

3）手提袋：流动媒体宣传。

4）礼品：可以使用小幅仿制油画，与社区主题音乐相配合的音像制品（代表喜悦/浪漫/品位/服务），结合 LOGO 制作的吉祥物等赠送签约客户，增加亲和力和扩大人际传播，同时提升了项目的文化品位。费用低、美观、实用，用于传递信息，制造销售热点。

5）影视资料：主要指电子楼书，以优美的画面和配乐，充分展现楼盘特色和具体功能，给客户留下完美的印象，使楼盘的形象得到生动体现，最大程度提升项目的综合品位。

6）大通民贸大都会的特色刊物：《大通——民贸大都会：幸福的方向》。

4.13　阶段销售周期划分及策略

1. 第一阶段：预热市场

（1）主要任务。

树立形象：详细介绍项目信息资料、诉求核心卖点（广告诉求、销售说辞）。

客户积累：聚集核心客户，试探团购意向。

减少抗性：缩短客户对项目地段的心理距离。

招商信息：为沿街商铺进行招商登记活动，收集市场资料。

（2）推广策略。形象广告+事件行销活动。

（3）核心主题。中央商圈展现商业底蕴，紧邻政府耸立前途无限，整体环境形成中央氛围，商业价值才是升值保障。

（4）推广思路。区域形象、地位、潜力→项目在区域中的地位以及自身的高品质形象，树立区域的高尚居住生活板块及项目在此板块中的“首席”地位。

（5）重要节点。

1）当 VIP 卡（直销）销售至 40%～50%，集中认购房号，正式进入认购下定。如市场反馈情况较好，可举办公开排号活动，启动媒体宣传热销造势；如情况不理想，则单独通知前期 VIP 客户至售楼处认购房号。

2）排号活动后至开盘日之前，继续销售 VIP 卡，购卡客户可直接认购房号。

3）根据认购情况制订销控表，并在售楼处公开发布。

（6）活动操作：VIP 卡（直销）活动。

1）记名出售（7～8 月）：购买客户签订认购协议书，此卡在正式销售期可抵购与卡售价同等的房款。

2）“赠”卡（6 月）：制作加印“赠”字的特别卡，赠送大通县的社会名流。

3）执行细则。

① 两种 VIP 卡优惠程度一样。

② VIP 卡只在内部认购期内出售，从正式开盘之日起，将停止推出此卡。

③ 签订一套房屋认购协议书者可以购买一张 VIP 卡，即签订房屋销售合同时，一套房屋合同只能使用一张 VIP 卡。可享受特别优惠。

④ 记名使用 VIP 卡，持卡人不能更换；无“赠”字 VIP 卡购买后可以退卡。

2. 第二阶段：聚集客户

（1）主要任务。

1）火爆开盘：展开正式公开销售，形成火爆场面。

2）集合目标群：通过热销形势，首批引入核心目标客户群。

（2）销售策略：活动推广、现场销控、口碑营销。

（3）核心主题：“高性价比产品，高品质生活”。

（4）预期效果：实现开盘时期的尽快去化，冲击市场。

（5）推广思路：项目品质、生活品质、形象主导。

（6）重要节点。

1）延续前阶段的热烈气氛，促进销售进度。

2）通过活动连续掀起五月热潮，营造旺盛人气和开盘热销氛围。

3）开盘日举办优惠促销活动，团购（三人以上优惠 3%，5 人以上优惠 5%等）开盘促销，并停止 VIP 卡的销售。

（7）开盘活动。

1）活动目的：以开盘活动聚集人气，并针对性地展开实销手法，引爆市场。

2）活动主题：大通民贸大都会，盛情开盘。

3）举办地点：售楼部门前。

4）举行时间：10 月中下旬。

5）活动准备：

① 在售楼部门前设置 10m×6m 的主持台一座。主持台后设横跨 10m 大彩虹门一个，两侧树立柱；设置礼仪钢炮九门；主持台南侧安置嘉宾签到处。

② 户外布置：跨街彩虹门，横幅：20~30 条，空飘氦气球，下方悬挂条幅，在工地外围布置 6~10 个氢气球。

③ 道具准备：楼书、宣传资料；贵宾礼品、认购客户礼品；音响设备；礼仪公司道具；红地毯；气球、剪彩红绸；彩绸、礼炮、贵宾花。

6）开盘仪式。军乐队演奏/鸣炮/领导嘉宾上台/主持人激昂优美台词，宣布仪式开始，介绍活动背景及出席嘉宾/致辞：开发商、领导、物业管理公司代表/剪彩（彩屑礼炮发射向主席台上空、礼仪乐队奏乐、礼炮齐发）/主持人结束语/放飞气球，寓意放飞对美好生活的梦想/领导、来宾参观售楼部及工地。

7）媒体宣传推广。为配合开盘活动在多个媒体上进行综合的广告攻势，争取在开盘期间将项目的市场知名度再向前推进一大步，广告宣传包括报纸广告、软文、电视滚动字幕等多种手段。另一方面，通过开盘当日到活动现场的新闻单位以新闻的形式发布项目开盘及热销的相关信息，更客观，更权威。

8）开盘优惠促销活动。

① 赠送精美礼品：开盘当天到售楼部来咨询的意向客户都可获得精美礼品。

② 转盘抽奖：开盘日签订合同的客户可以获得转盘游戏资格一次，奖品包括铂金钻戒、名品家电。

3. 第三阶段：持续销售期

（1） 主要任务。

1） 通过销控，逐步推出产品，巩固品牌形象。

2） 销售服务：付款方式、物管费用等详解，为业主办理入住手续，同时展开准现房强势销售局面。

3） 创造良好口碑，提升市场接受面，拓展客户层面。

（2） 销售策略。口碑营销、实景展示。

（3） 预期效果。在前期销售的基础上实现突破，力争实现80%的销售额。

（4） 推广思路。产品主导、高性价比、景观、规划设计/户型、开发商品牌等卖点分类阐述。

（5） 重要节点。

1） 正式推出会员积分制，鼓励老客户介绍。

2） 在信息传播渠道上转向选择电视滚动字幕方式。

3） 上门客户逐渐减少的时间段，采用派发宣传资料的方式变被动介绍为主动信息传播，置业顾问主动深入市场，直接面对目标客户。

（6） 活动安排。

1） 会员积分制。

① 执行方式：签约业主即能成为会员，可参加积分，而后每再次购买一套（包括后期开发产品）或每介绍一个新客户签约成功，可获得积分，按积分抵物业管理费。

② 执行细则。

新客户的界定：在售楼部没有客户记录的，界定为新客户。

按套数积分：新客户一次购房套数则为老客户的积分数，每一套积1分；老客户自己再次购买，同样每一套积1分。

奖励办法：每积一分，赠送1年物业管理费。

折现：可在购房合同中注明，按交房时规定的物业管理费一次性折抵购房款。

2） 派发DM宣传资料。

① 活动目的：拓展客户面，同时一对一直接将项目信息传达到终端客户，扫除市场盲点。

② 派发地点：市中心繁华商业地段、项目周边居住区。

③ 派发方式：分散发和固定点发放两种方式。

④ 派发数量：根据实际情况制订计划。

4. 第四阶段：阶段促销期

（1） 主要任务。延续前期销售势头，促进剩余产品销售。

（2） 推广策略。持续软文传达。

（3） 核心主题。依据销售、市场、客户分析挖掘产品诉求点。

（4） 预期效果。强化品牌优势、社区优势、产品优势，促进销售，巩固品牌形象。

（5） 操作节点。

1） 通过社区医疗咨询活动项目宣传，塑造项目及开发商“用心、品位、感动大通”的品牌形象，扩大产品知名度，为后期产品的开发和市场投放奠定基础。

2） 派发宣传资料、老客户介绍新客户、优惠活动等方式促进尾盘的销售完成。

（6） 活动操作。

1） 活动目的：社区服务品质高。

2）活动方式：与人民医院合作成立“社区医疗服务中心”，在会所进行现场健康咨询，并为每位业主在医院总部建立健康跟踪档案。以后该中心医护人员将定期到社区举行健康咨询及健康保健知识宣传，还可定期进行健康体检，业主不出社区就可享受专家级健康服务。

3）活动效果：华府诚心为业主打造优秀社区。

4）派发 DM 宣传资料。

活动目的：拓展客户面，同时一对一直接将项目信息传达到终端客户，扫除市场盲点。

派发地点：市中心繁华商业地段、项目周边居住区。

派发方式：分散发和固定点发放两种方式。

派发数量：根据实际情况制订计划。

（西宁国册房地产营销策划机构）

【报告点评】

此报告涉及的项目分商业和住宅两个部分，报告只做商业营销策划。报告用了大部分来分析与定位客户群，并以此为基础，制订营销策略。通观全文，无论编写套路还是内容均是中规中矩，但却也有几个大的特点：

1）报告对客户群的分析详细、到位，这是接下来所有营销推广工作的基础，准确的客户分析与定位，是营销策划成功的一半。

2）在现场氛围营造部分，以客户的角度通过五官感受去布置营销中心，营造最佳的销售氛围。要成事要讲究“天时地利人和”，具备良好销售氛围的营销中心，就已经得到“地利”优势了。

3）各销售周期节点工作计划和安排有条不紊，事无巨细，安排细致，更可贵的是能根据各节点的特点来安排恰当的营销推广工作。

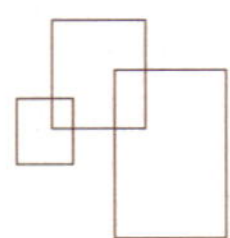

十、山东青岛长江国际项目整体营销报告

报 告 目 录

报 告 正 文

第一部分　项 目 解 析

1.1　项目特质综合解读

1）区位特质——长江西路，西海岸 CBD 辅助区。

2）规划特质——西海岸 CBD 延伸。

3）景观特质——长江西路唯一海景 SOHO。

4）商业特质——长江路商圈共荣体。

5）居住特质——西海岸新兴山海景观中高档聚居区。

6）产品特质——大型商业综合体，地标建筑。

1.2　项目 SWOT 分析

1. 优势

1）升值潜力巨大：地处开发区 CBD 边缘区域，海上嘉年华的开工和南侧山体公园的规划使得本区域升值前景巨大，如图 6-10-1 所示为项目周边规划解析。

2）开发区首席海景 SOHO：近海面山，长江路唯一的全海景资源使本项目具备较强的排他性。

3）氛围渐浓：周边众多中高端住宅项目的开发提升了地块价值。

4）产品：小户型低总价，非常适合投资和过渡性居住。

5）交通：周边均为交通主干道，交通便利。

2. 劣势

1）成本：商业用地，五成首付，投资成本增加，无形降低投资回报率。

2）人气：人气不足，商业氛围短时间内不易形成；短时间内公共交通提升力不足。

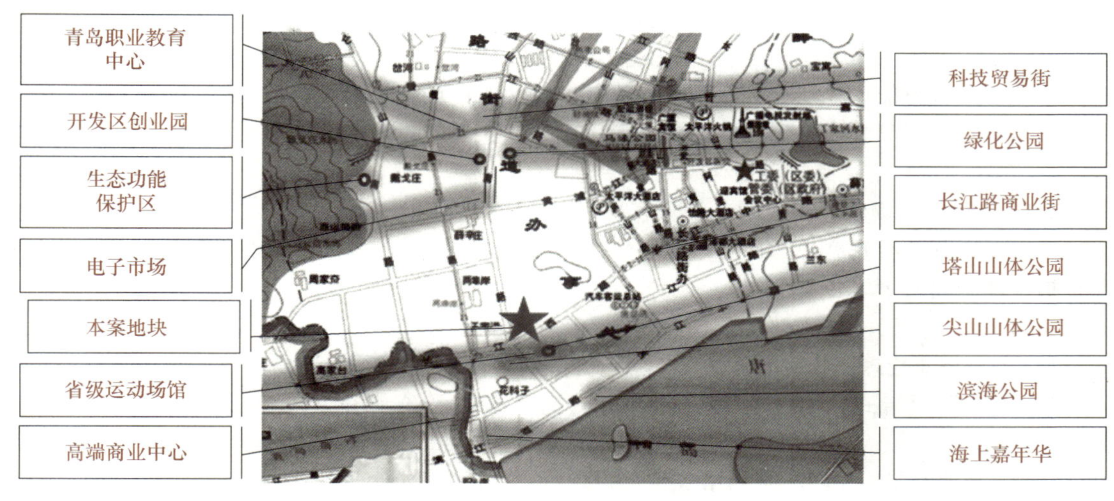

图 6-10-1 项目周边规划解析

3）时机：项目入市较晚，客户易被周边项目分流。

3. 机会

1）胶黄一体是大势所趋，本项目地处胶黄中心地段，商业前景较好。

2）海上嘉年华项目的启动很好地打开了该区域在省内乃至全国的知名度。

3）开发区2020年146万人口的发展规划，为本项目提供了巨大的市场空间。

4. 威胁

1）开发区房地产市场压力较大，打击了购房者的信心。

2）国家政策对投资行为的不提倡，金融危机导致投资者的信心不足。

3）开发区大体量的商业存量，潜在竞争激烈。

1.3 销售潜在问题及核心策略解析

根据前期开发区SOHO、公寓类产品的销售经验，本案销售过程中可能会出现哪些主要问题？其原因如何？怎样化解？

1. 南北向成交客户购房目的略有不同

北向购房客户均为投资转售客户，关注投资回报率，最为关心价格和周边规划。南向购房客户有一部分为自用客户，关注海景资源、采光，对价格关注程度较低。

策略：

1）南北向房源价平均价差拉大至2000元。

2）销讲中重点讲解区位、周边规划和景观，将其讲透。

3）吸引投资客户最佳方案为北向房源以售后返租形式销售，若开发商无法认同也可以物业代理租赁经营，但后期必须有投资保障。

2. 南向7层以下，北向10层以上滞销

南向购房客户购房出发点主要为海景，7层以下景观受到一定影响。北向客户购房出发点为性价比，对于采光景观要求极低。

策略：

1）南向房源价增加7层跳跃式价差。

2）北向房源价降低价差，在一定时期可采用“一口价”促销手段。

3）以性价比和海景作为项目核心卖点推广。

3. 本地客户成交率极低，外地客户成交率较高

本地客户首付能力较低，对海景偏好较低。外地客户更易于引导。

策略：加大引导型户外和网络广告推广力度，减少报广投入。

4. 成交抗性主要来源于投资保障低

2010年后期市场走势不明朗，投资客投资信心受到影响。

一大部分外地投资客户购房需求兼顾短期居住、度假、养老需求，在其房屋空闲时段增加产品价值最能吸引该类客户。

策略：

1）提出物业代理租赁经营方案增加客户投资保障（此项必须与开发商争取）。

2）提出类酒店式物业服务理念，可以侧面提高产品价值和实际租金，提高客户投资回报率。

3）针对投资兼居住客户提出第五代居住理念："在假日给自己一个私人的空间"。

4）针对纯投资客户提出"最具投资价值物业产品"的理念。

第二部分　项目定位解析

2.1　目标客户群

1. 客户购房目的

第三空间实际签约客户模型，如图6-10-2所示。

由于本案为商业用地，有一定自用办公客户。综合分析本案购房目标客户结构应该为：投资出租转售50%、投资兼度假15%、伴读或养老3%、投资兼短期居住20%、自用办公10%、自用居住2%。

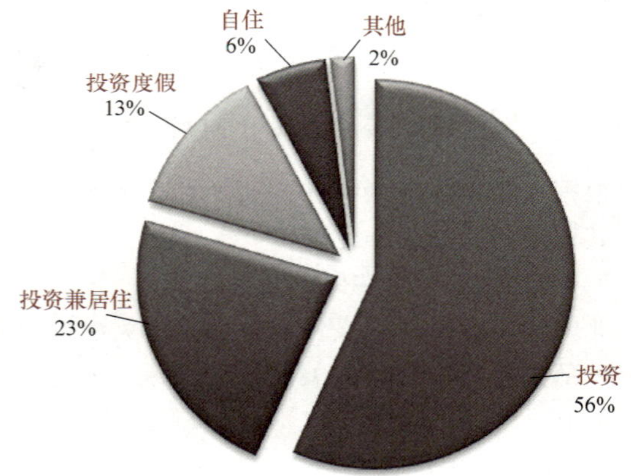

图6-10-2　第三空间实际签约客户占比

2. 客户来源构成

参考千禧龙花园三期投资性服务公寓成交客户资料，由于本案为商业用地，外地客户比例相对千禧龙花园三期略少，本地及青岛投资客户将略多，预估本案的实际成交客户来源地如下：

1）开发区客户20%。

2）青岛市区客户20%。

3）青岛市五市客户5%（胶南为主）。

4）省内其他城市客户25%（潍坊、东营、济南、淄博等内陆城市为主）。

5）省外客户30%（东三省、北京、内蒙古、山西、新疆等内陆或能源城市为主）。

3. 潜在客户特征描述

1）性别：男性置业群体为主，女性置业群体所占比例较少。

2）年龄：35~45岁之间，处于个人事业上的成长成熟期。

3）学历：首次学历多在大专以上，多数接受过良好教育，文化教育程度相对较高。

4）职业：私营企业主占据主要比例，其他为公务员（处级以上）、大学教师（特级教师以上）、国有大中型企业中、高层（石油、化工、船厂、能源企业、莱钢等其他重工企业）。

5）家庭状况：已婚、大多为已有子女，但子女多处于中小学成长阶段，同时客户各自父母仍健在，家庭纵向结构较为完整。

6）置业特征：二次置业以上群体占据绝对比例，很多客户具有多次置业经历，在不同城市或不同地区拥有多处房产。

7）财产情况：本案客户资产实力非常强劲，有车比例极高，其家庭月收入均在10000元以上，其个人或家庭在财产结构上较为丰富，不仅拥有多处不动产，还拥有股票、基金、期货等至少一种的证券类资产，其理财投资理念非常现代，财富心态较为理性。

8）生活形态：生活态度积极向上，热衷享受，热衷体验新生事物，每年至少有一次以上的旅游。

9）目标客户群分析小结：根据以上描绘对本案的客户做出了如下定位：城市中坚。他们是社会的中坚力量，承担着过多的工作压力和生活压力。他们的成长奋斗与生活经历促使他们养成了独自承担压力的工作与生活习惯，养成了极强的独立判断能力与自我认知意识。其长期频繁的商务、政务活动让这部分人把来自于朋友的信息作为一个重要的信息来源，又因为他们有较强的攀比心理及追求认同的心态，所以他们在特定的圈子内具有很强的影响力，同时也受到来自圈子的影响。

4. 客户推销策略

基于以上特性我们在销售的过程中要充分抓住这些特点，有针对性地作出推销重点：

1）针对他们判断迅速，做事果断的特点，我们在营销的过程中要果断频繁地制造营销的紧迫感，促使成交。

2）因为他们关注点较为广泛，尤其是对于经济金融的关注，对于财富关注的特点，作为置业顾问应尽量多地了解实事新闻、经济金融知识、投资热点等信息，以便于能够更好地与客户进行沟通，提供投资理财的相应建议，以专业能力赢得客户的信任。

3）因为他们存在攀比心理，追求认同感与社会层次的归属感的特性，所以在销售行为上我们要做好接人待物的细节工作，表现出对这类客户的高度认同及事业与生活上的肯定，赚取客户的好感，促使成交。

4）基于此类客户交往广泛，个人对所属圈子具有较强的影响力。而其个人也较易受圈子影响的特征，我们需要充分做好客户的服务工作，增强客户的归属感、尊贵的荣耀感与优越感，以促发该客户将我们的产品信息在其交往的圈子里进行信息辐射传递，形成口碑传播，达成客带的目的。

2.2　项目定位

1. 市场特征简述

（1）纯写字楼市场平淡，需求量极少。开发区目前写字楼市场平淡，虽然在售产品销售周期较长，不利于资金快速回笼，而且纯写字楼的模式不够灵活，商住SOHO产品不失为一个较好的产品模式。

（2）高端小户型酒店式公寓市场较为火爆。开发区2009年内出现的小户型公寓销售情况整体较好，达利广场一期推出的小户型公寓以高于周边30%的价格的情况下半年内销售一空。第三空间为当时开发区最高价格的项目之一，开盘3月内实现销售160套，由于经营回报等确定滞后，后期销售平淡。

（3）低端小户型公寓市场较为平淡。随着高端小户型公寓销售火爆，开发区后期出现了一些以多层写字楼改造而来的小户型公寓，如首府、青青小筑等，但由于其形象不符合目标客户需求，后期销售极为平淡。

（4）定位策略。

1）功能定位以中高端小户型SOHO公寓为核心，同时兼顾部分酒店式公寓功能。

2）注重项目形象包装，塑造高端项目形象。

3）规避商业用地特征，忌给客户留下项目为“写字楼”的印象。

2. 项目产品功能

毫无疑问长江国际的目标客户是以投资为购买目的的。所以产品功能必须是以投资为主要功能，其应为以提供给客户良好服务作为投资卖点支撑和获利保障的高级SOHO公寓产品。

从功能设置、装修配套及服务上满足被服务型客户的使用需求。从产品形态以菜单式精装修为主，提供后期经营管理保障满足投资群体的投资需求，最终实现项目客户价值链三位一体的统一，赢得市场青睐。简而言之：本产品就是以投资为主要目的，以全面的高品质服务为获利保障的“投资型SOHO小户型海景公寓”。

3. 项目产品定位

我们的定位须符合区域发展要求：连接开发区以及胶南的核心区域，西海岸CBD的核心辅助区，西海商业区的西延，以及西海岸文教板块的人文氛围的形成。

1）区域定位要求：长江西路板块——以三级教育体系为核心的人文环境。

2）目标客户定位：以资本流为创富基础的创富人群，理性消费观念，强调项目的收益。

4. 项目整体定位

1）区域标杆：同等级产物的先锋品，突破一个时代的标记。

2）产品属性：超前产品设计理念，多功能的商业物业。

3）集群式体量：满足客户多样的产品需求，引领西海岸全新的创富时代。

4）项目整体定位：西海岸首席财富综合体。

首席财富综合体的解读：我们给客户传递的是一种全新的财富观念，不是处于生存阶段的财富观念，它是一种建立在财富的积累超出生活必需的基础上，人对财富观有了新的认识，一种敏锐的眼光，善于用财富进行投资，实现新的财富积累，而“长江国际”就是这种投资产品。

5）主体部分定位：西海岸首席海景SOHO——投资/居住/办公。

首席海景SOHO的解读：

居住：长江国际倡导的是一种新的居住理念，它有别于传统的居家概念，是一种强调自我回归、高品质享受的自我空间。

办公：长江国际给开发区中小企业一个崭新的发展平台，它不需要企业大量的投资，就可以赋予企业良好的形象和办公环境，是发展型中小企业的孵化器。

第三部分　运营建议

3.1　项目运营策略

1. 运营策略分析

SOHO类产品属于投资性公寓，目前投资型公寓运营策略主要有两种模式。

（1）包租。包租须向客户承诺固定回报，回报方式有分红、固定收益率，或保底收益率加分红，免费居住权。酒店式公寓投入使用后，酒店管理公司每个付款周期（每年或半年）按约定回报方式向购房者支付收益，包租期满后将房屋使用权交还购房者。

1）分红模式：经营方将每年租金收益减去经营费用，盈利部分按投资额比例向各投资人支付回报。

2）固定收益模式：年为总购房款的6%~8%。

3）包租期限：包租期一般为从楼盘入住开始5~10年。

4）免费居住权：为购房者提供一定时间的免费居住期，一般为10~20天/年。

5）包租优势：增强投资客户购买信心，促进产品销售进度。

6）包租劣势：回报过高，为避免给后期经营方造成压力，普遍将3年回报金额加入房价中，会将房价拉高。

（2）不包租。由公寓经营管理方与投资业主建立互信关系，并向投资业主提供租赁服务，从中收取佣金。

1）不包租优势：经营方无须承担回报压力；投资业主自住、租住灵活方便。

2）不包租劣势：由于没有包租承诺，业主投资信心转而建立于良好的地段、品质与后期长期稳定的专业服务，从而对物业管理提出了更高的要求。

2. 项目运营策略建议

（1）包租方案。北向房源包租5年，3年租金一次返还，每年返还6%（已含装修折旧费，每套每月约为2000元），由喜庆城经营管理有限公司统一运营，客户必须选定1200元/m^2装修标准（含家具家电），物业费、水电费由喜庆城经营管理有限公司承担。

南向房源不予包租，客户可选择800元/m^2装修标准（不含家具家电）或1200元/m^2装修标准（含家具家电），客户可以委托喜庆城经营管理有限公司代理租赁，并交纳租赁金额40%的服务费用。

现北向房源均价（底价）为5063元/m^2，只需报价均价高于6174.4元/m^2即可。

（2）不包租方案。由台湾龙城物业与投资业主签订委托租赁协议，向投资业主提供租赁服务，从中收取租赁金额40%的服务费用。

龙城物业为租户提供每日家政保洁、床单换洗服务。

3.2　企划建议

1. 企划诉求

（1）广告总精神：岛城最具投资价值的海景SOHO。

在投资产品普遍低迷的情况下，只有体现出投资价值的领先性，才能变低迷为簇拥，成为市场的赢家。

（2）总精神的支撑：最具投资价值的区域/最具投资价值的地段/最具投资价值的产品/最具投资价值的服务。

2. 企划主轴

（1）最具投资价值的区域。

1）青岛开发区是青岛乃至山东地区发展最快的区域，也是发展潜力最大的区域，这里是投资的最佳选择。

2）自2000年至今，开发区年均GDP增速为30%，综合经济实力列国家级开发区第4位。世界500强投资青岛地区项目共60余个，其中有46个落户开发区。

3）海尔、海信、澳柯玛、中石化、中船重工、一汽、中集等一批国内知名企业纷纷入区，后期发展潜力无限。前湾港是全国最大的集装箱港口。

4）这里有“亚洲第一滩”美誉的金沙滩，这里有“海上西湖”美誉的唐岛湾，这里有山东省及沿黄河流域唯一的保税区。

5）虽然这里2001年至今房价已经翻了8倍，但是目前仍然与青岛主城区拥有同样景观、环境、配套的地段价格差2倍。1年后这里5分钟就可以到青岛，到时这里的价值将会更高。

（2）最具投资价值的地段。

1）开发区CBD商务核心区：包括步行街、众多高端写字楼、高档购物中心环绕周边。

2）政治核心区：开发区管委、海关、商检、政法等机关环绕。

3）高尚休闲娱乐中心：海上嘉年华、两座山体公园、生态保护区、高尔夫球场、游艇俱乐部。

4）中央居住区：项目位于长江路中央居住区内，周边环绕各大高端的居住小区。

5）旅游度假区：项目南侧的唐岛湾旅游度假区是按照5A级旅游度假区规划的西海岸的水上运动及商务功能中心。

（3）最具投资价值的产品。

1）虽然目前市面上存在多种投资形式，如股票、基金、期货、债券、黄金。

2）投资房产，不但能享受房价稳步上升带来的回报率，而且房子是实实在在的产品，具有极强的实用价值，只要买了就可以马上获得租金收益。

3）长江国际三期在房产投资方面更具有优势，以小户型为主，主力户型为50~70m^2，总房款少，好租赁，目前，长江中路以南的小户型房屋是最稀缺的，升值潜力大，真正享受小投资大回报。这就为业主的投资增加了一道保险锁。

4）3.2m的层高在保证了星级酒店所需的配套和规划需要的同时也给您一个更大的空间。

5）产品全部为精装修交付，为业主免除了装修的噪声污染，还节省了装修时间。

6）产品相比普通酒店，房屋内部都可以设立有厨房，给租赁者家的感觉，更能受到租赁市场的欢迎，也能保证业主的投资收益。

（4）最具投资价值的服务。

1）长江国际交付时，一楼将设豪华大堂，在大堂内有专业的经营中心，经营中心会设对外窗口，负责对外出租和出售，免除您投资的后顾之忧。提供此类服务的产品虽然在青岛为数不多，但是在上海、北京、深圳等高端城市已经发展得相当完善并得到了投资客户的认可与追捧，因此这种产品在青岛市场的前景是非常好的，我们的这类产品除了能给业主带来房地产本身的升值收益外，还将带给业主的是高额的运营收益。

2）这种产品在楼市大涨长虹的阶段业主可以选择最佳时机出售。在楼市低迷的时期，长江国际也不会受到太大影响，因为良好的运营保障了此类产品的经营收益，有收益的产品就是投资的最佳选择，它的价格又怎么能够随着整个房地产市场滑落呢？

3）台湾喜庆城经营管理有限公司已经强强入驻长江国际，为业主提供后期统一运营服务，确保业主后期收益。

4）台湾龙城物业管理有限公司，为业主提供真正的酒店式管家服务，确保业主后期产品的价值。

3.3　价格策略

1. 项目价格策略简述

1）价格原则——“低开高走+小步快跑”。原则上开盘后每销售50套价格上涨200元，并在销售前期把消息散播出去，便于使项目在开盘后，营造市场价格稳步上升的良性局面，给客户以信心，并使潜在客户受到刺激，产生购买的欲望；同时为根据市场状况进行价格调整提供充足空间。

2）价格重心——根据开盘时间定于7月中旬（3月中旬启动销售蓄客），预计开盘后将会持续3个月的销售旺季后转入淡季，建议本案项目销售重心前倾，争取开盘时期能有高的销售业绩，同时制造旺销气氛，在中后期适当控制销售节奏，制造紧张气氛，配合项目中后期价格的走高，坚定投资者的信心。

3）入市节奏——良好的项目入市的节奏感把控，便于对项目销售进度的掌握，每个时段按照不同楼层推出房源，能够针对不同的销售时期有针对性地进行价格调整。避免由于战线过长而达不到应有的促销效果。

2. 价格应对预案

蓄客时期推出占产品总面积20%的房源（约100套，部分销控）作为内部认购，产品推出后预测可能出现以下4种情况。

（1）第一种情况，见表6-10-1。

表 6-10-1　产品推出预测一

户　型	销售比例	户　型	销售比例
南向5~10层	60%	北向5~10层	60%
南向10层以上	60%	北向10层以上	50%

应对预案：开盘立即调整价格，根据具体情况可上涨200元/m²。

（2）第二种情况，见表6-10-2。

表 6-10-2　产品推出预测二

户　型	销售比例	户　型	销售比例
南向5~10层	80%	北向5~10层	30%
南向10层以上	90%	北向10层以上	10%

这种情况反映南向户型受到市场欢迎，表明景观卖点已被客户接受。而北向户型由于对于投资者吸引力度还不够，导致销售不理想。

应对预案：开盘价格进行结构性调整，价格均上涨300元/m²，北向房源增加投资回报率，固定回报点数增至7%。

（3）第三种情况，见表6-10-3。

表 6-10-3　产品推出预测三

户　型	销售比例	户　型	销售比例
南向5~10层	30%	北向5~10层	80%
南向10层以上	50%	北向10层以上	50%

这种情况纯投资类带有固定回报返租的产品户型受市场欢迎。海景公寓受市场上产品集中放量影响较大，同时第五代居住理念的概念没有深入人心。

应对预案：加大对“长江路唯一海景SOHO”主题的宣传，以原定的销售价格开盘。

3.4 项目营销策略

1. 项目推盘节奏

本项目主体仅为一栋楼，但是超过500套，体量较大。由于目前市场难测，如果入市时整栋推出，必将造成营销手段不灵活，而且不能持续的制造销售热点，这样的话将逐渐让客户对本项目心理疲劳，造成本项目销售不力的现象，这样势必会影响销售。

所以根据本项目的产品功能定位以及产品属性，本项目的推盘策略：根据产品的不同进行分批开盘销售，按照自下往上的顺序进行销售。这样也有利于本项目价格的不断递增，以及销售风险的规避。同时也可以根据客户的需求及时调整项目的产品功能定位以及不同风格的产品装修范围。

2. 营销策略提示

（1）项目整体营销策略。

1）树立项目富有个性的及无法复制的地域和品牌概念，强调少数人才能拥有的、限量的投资条件。

2）不直接、简单地卖硬件，摈弃叫嚣、喧闹的广告格调，挖掘硬件能给予目标群体的利益点，使之形成对产品的认同。

3）要通过广告本身蕴涵的商务气息来塑造项目的品质，同时又体现发展商稳健而又内敛的大家风范。

4）要体现周到细致，处处为业主着想的服务理念。

5）不失时机地根据现场销售情况对目标消费群体进行打压式的刺激，促进项目的销售。

6）活动的策划和实施，从认知角度进一步刺激目标消费群体。

（2）项目销售策略。

1）走“蓄水之路”。通过正式推广前的有利时机（开盘前这段时间），提前对项目进行强势推广，根据客户的有效积累情况和反馈结果对所有计划和决策进行调整以达到更好的销售预期，在目标客户可接受的最长时间段内将产品推入市场。

2）走“品牌营销”之路。推出一对一特色物业销售服务（体验式营销），以服务树立产品的品牌之一，提升楼盘品质；同时凭借销售现场的环境、沙盘及户型模型等众多销售工具的有效组合来提升体验式营销的质量。

3）走“捆绑营销”之路。与符合产品消费者购买力的品牌联合，开展相关活动。

4）走“服务营销”之路。与品牌装修公司联合，提供超值服务；全权代办产权及购房落户政策手续，实行购房“一站式”服务；名牌物业介入并提供物业咨询及服务；联合相关商家为客户提供真正的VIP享受。

5）走“消费心理营销”之路。根据房地产销售特点，推广“商品房反季销售”，并进行相关的促销活动。

6）走“先租后售”之路。对于商住SOHO部分，可以根据情况适时实行先招租后销售的策略进行销售，让客户看到实质回报后进行销售，可达事半功倍之效。

（3）项目推广手法。

软文轰炸——撬动市场。

广告投放——双管齐下。

现场支持——强化形象。

活动配合——客户维护。

本项目在营销手法上、在销售策略上采取有序积累、集中消化的策略进行，先进行客户积累，然后进行集中消化，尽可能最大限度地抓住客户，促成销售。从推广线、团购线同时推进，有序而紧密地实施各阶段计划。

推广线——积极拓展营销推广渠道，以大营销战略实施营销步骤。

为了使该项目一面市，就能迅速形成市场认知，需加快销售节奏，提高资金回笼速度。针对本项目的营销渠道采取多渠道同时推进的策略。

渠道组合上以“现场展示+户外广告+样板间强势引导+媒体广告+推介活动+事件营销+网络+电话直销”的形式开展营销，具体为：

1）现场昭示：充分利用项目现场的昭示作用，对销售和工地现场包装进行形象昭示。

2）户外广告：在长江路以及进出青岛的重要路段进行户外广告发布。

3）样板间：为满足营销需要和客户要求，在项目主体达到要求时尽快设立样板间。

4）媒体广告：软文以及硬广相结合，持续其保证稳定的见报率（半岛、早报）。

5）推介活动：以产品推介会以及新闻发布会的形式对社会以及团购单位进行项目展示。

6）事件营销：保持敏锐的市场敏感度，结合重大节日以及事件进行事件营销。

7）网络：选择青岛强势网络平台，以广告以及新闻的形式开展网络攻势，促成销售。

8）电话直销：利用本公司积累的客户以及相关渠道的客户，积极开展电话营销。

（4）团购线。团购是目前市场情况下不可忽视的重要渠道之一，本项目将抓住一切可以利用的资源进行项目的营销达成。可以适当地给予团购客户一定的优惠。

团购目标设定：

1）市场自发组织的团购团（购买5套（包括5套）以上）。

2）目标单位（外贸公司、中小企业）。

3）通过网络媒体、平面媒体、房展会组织的团购团。

4）其他符合团购（购买5套（包括5套）以上）条件，并于规定时间内到场的购买者。

（中国烨隆集团（青岛）有限公司营销策划部）

【报告点评】

报告首先运用SOWT、问题及策略的模式来做项目解析，接着作项目定位和客户定位，项目的“西海岸首席财富综合体”的定位让人耳目一新，不同于普遍存在的“城市综合体”的概念，让项目内涵更具体、更吸引人。报告的另一个特点是，以运营和企划的方式做营销策划，从而得出项目的诉求点、运营策略、价格策略、营销策略、推广手法等。

报告在营销策略方面虽然提出多种策略思路，但多是纲要性的，缺乏具体的操作细节，应对这部分内容加以深化。

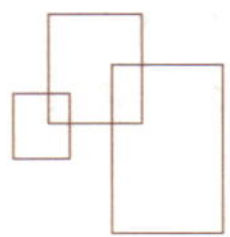

十一、房地产十大营销手段和趋势

报告目录

报告正文

第一部分　全民营销

这是2013年度房地产营销第一热词，多数人会提到碧桂园。

全员营销是像星巴克这样的对内部员工的营销。全民营销的主体包括内外部，除了员工，还包括供应商、股东以及政府，只要能带来客户都属于营销队伍的一员，这是全民营销和全员营销最大的差别。其实在菲利普·科特勒的经典营销理论中，营销本来就是全面营销，包括方方面面。

从前的顺驰、2012年的绿城、2013年的碧桂园，他们已经在走全民营销的模式。这个模式打破企业原有的销售部门，其他部门包括工程、采购、成本、物业等，都在卖房子。如此，它的指导思想是什么？著名管理学家彼得·格鲁克说，企业只有两种使命，一个是创新，一个是营销。对于企业来讲，凡事无非涉及三个层面，钱、人、事。“钱”，是商业模式的创新；“人”，是管控模式、组织架构的创新；钱和人归为创新。还有一个“事”，上升到项目的层面是营销，不管你卖的是有形的产品、无形的服务，还是体验，最后通通定义都是结果导向，是有人埋单。

全员营销也好，全民营销也好，那都是顺其自然的东西了，为什么前台不能卖房子，为什么广告公司、施工单位不能带客户？完全可以，只要你把佣金制度设计好，把管控模式设计好，把“钱”和“人”处理好，全民营销就能成为一个顺理成章的事。

全民营销并非适合所有房企。曾经有家房企员工问我，说我们能不能学碧桂园，发动集团在各地公司的人加入销售队伍，因为不做全民营销的话就是各自为战，云南的在云南卖，海南的在海南卖，河南的在河南卖。

我要说的是，并不是所有的房企都适合“全民营销”的模式，这和公司的管控模式紧密关联。你能不能调动起来，要看：第一，有没有说动就动的执行力和企业文化；第二，有没有足够大的客户量和员工量。你一共就两城市，四个楼盘，没几个老客户，没几个供应商，你做什么全民营销啊？客户量大、集权式管控的企业才适合做全民营销。第三，薪酬制度要先设计。

虽说不是每家房企都适合开展全民营销的销售模式，但它的确是一种趋势，因为竞争会越来越激烈，供应量越来越多，首次置业会越来越饱和，这时候你会发现要去抢客户，就得发动全民营销的战争。结果是会形成更集中的大企业，小企业玩不起。

第二部分　电商营销

很多人在质疑房地产能不能做电商的时候，以易居为代表的房地产电商企业已经在大踏步地往前走。易居电商销售额每年的增幅是非常可观的。房地产卖的是一张房产证、一张发票、一把钥匙，这和买车是一样的，你买的其实不过与汽车一样都是个权益。

有人问，“双十一”光棍节时，易居电商为什么没有像淘宝、京东等电商平台那样大搞促销？淘宝上虽有万科在杭州卖房，也只是一家企业在一个城市的行为。房产电商和淘宝、京东等传统电商是不一样的。

大众点评的老总张力讲网络公司发展的趋势时说，第一代网站是雅虎、新浪这一类的门户网站，其实就是网络版的新闻社；第二代是谷歌、百度这种搜索工具类的网站；第三代是Facebook、微博、QQ、微信社交类平台；现在是第四代，以大众点评、美团为代表的网站，是O2O电商网站的代表。易居购房网走的就是这样的一个模式。

有些房企在考虑要不要做电商的时候，很多大企业已经大踏步地在做了，除了跟易居电商合作的这种模式，万达、绿城都在建自己的电商平台。2014年房产电商的趋势将会更加明显。

第三部分　品类营销

消费者都有一个求新、猎奇的心理。在营销学里，迎合消费者这种心理的营销策略叫创建新品类。比如营养快线，以前牛奶和果汁，但没有牛奶加果汁，把这两样东西“跨界”放在一起就成了一个新的品类。用地产的案例来讲，在地产领域里有几个经典的案例就是品类营销的代表，比如万科的情景洋房，龙湖的合院别墅。这些是区别于洋房和别墅的新品类，“唯我独有”。

为什么会说2014年房地产品类营销会是趋势？

实际上结合房地产的不动产特性，房地产的产品是由两部分组成，土地和土地上的景观建筑物。前面讲万科和龙湖的案例，都是针对景观建筑的新品类。能不能在土地上创建新品类？三亚的万科森林度假公园，就是这样的一个全新品类。公园是公共项目，是政府行为，现在一个开发商建了个项目叫度假公园，它就是一个新品类，比起度假综合体半山半岛，我不和你们叫一个品类名称，因为你们的牌子已经树立好了，我不可能竞争过你，而我是度假公园，我是NO.1。

再插播一个李亚鹏在丽江的旅游度假项目，它不叫旅游度假村，也不叫什么旅游综合体，也不叫度假公园，它叫艺术小镇，它就是一个新品类。

第四部分　资本营销

买房实际上也是购房者的资产配置问题。以前所谓投资性购房的逻辑是，你是买住宅还是买写字楼，是出租还是出售。现在有新的逻辑——你的资产是准备买黄金、基金，还是买不动产？如果你选择了投资不动产，这种资产在目前的市场态势下你可以想象五年十年后会是什么价值，而且你可以把这些资产抵押出去，再拿钱去做其他投资——它是一个金融问题而不仅是房地产的事情。

那么在开发商的营销策略里，客户买入的价格和卖出的价格差额将是重要方面，考虑的是客户投资商业不动产还是住宅不动产的回报。尤其对于豪宅，未来都要做一个私人资产或者说是私人金融管理这个方向的考虑。

现在国家放宽了金融政策，各种创新此起彼伏，比如乐居贷。在这样的大背景之下，假如我有一个写字楼，或几栋别墅，那我是不是能够去抵押贷款。以前的投资要么租要么卖，现在的投资，它是一个金融产品，这是一个很大的转变。杭州有个开元酒店集团，现在已经去香港做房产信托，将酒店资产做成一份份权益卖出去。照这样下去，未来我们的房产营销标的可能都变了！不再是房子，而是金融产品。我们现在签的是房屋买卖或租赁合同，未来我们买的就是多少份权益。这个趋势 2014 年不会太明显，但是后年就不好说了。

房地产营销，现在并不只是卖房子。

第五部分　大品牌营销

什么是大品牌营销，一个字，就是要“大”，像万科和恒大，是大家都知道的两个房地产企业。万科走的是传统的品牌营销道路，做物业管理，做社区文化，做企业文化，做领袖代言等，因为做得早所以全国人民都知道。恒大没几年的历史，但是它也做到了，它做的都是地产之外的事——排球、足球、音乐、饮用水…… 恒大是大品牌营销的典型代表。除了恒大，所有集团企业、多元化企业都应该去做大品牌营销。以华润为例，华润小径湾热销之后的新闻稿就四个字“打通华润”，那个项目里有华润大学，华润的养生养老基地，这都是华润集团的资源导入。

那些非集团企业也同样需要大品牌营销。如果说华润和恒大是自家资源的内部打通，那么小企业可以打开思路说所有全世界的品牌都是我的。

非品牌房企开发一个楼盘，可以请知名设计师去设计，知名物业公司去管理，售楼处可以全是名牌供应商的东西，做活动可以请名人——所有的营销都用知名的东西去包装，只是我这个开发商不出名。

半山半岛太著名了，只是开发商不著名。大部分小房企在营销上就想我们没有大企业的品牌力，但换个角度就豁然开朗了，全世界都是你的。大企业有大企业的营销，小企业有小企业的出路。以前买房子都是地段、价格问题，但是现在不全是了，消费者要看品牌。而品牌企业会做得越来越好，那么非品牌企业就得借力打力，让那些品牌企业助你达到营销的目的。大品牌营销会成为一个趋势。

第六部分　自媒体营销

自媒体营销的趋势已经成为定势，目前处在由小到大的过渡阶段。

先更正一些对自媒体的错误观念。第一个是很多人将自媒体等同于新媒体，新媒体只是一个相对的时间观念的区分，一百年前报纸也是新媒体。自媒体是传播模式的巨大转变。自媒体，即借助微博、微信等工具平台，自己发声音。第二个误解是自媒体等于企业做官方账号，不管是微博还是微信，这只是做了一部分。比如 SOHO 中国的自媒体，不仅包括其官方账号，潘石屹、张欣的个人微博也是重要的组成部分。除此之外，还可以细分出很多账号，比如潘石屹语录、

SOHO 中国高管的微信朋友圈等。自媒体营销，还包括用好行业以及跨界的自媒体，用第三方的声音为自己说话。第三个误区是认为自媒体营销是一个可有可无的小众营销。统计数据表示，在 2012 年中国互联网的移动端用户已经大于 PC 端了。以后我们买房子还要去看杂志、翻报纸吗?自媒体的趋势是不可避免的、是不可逆转的。

十五年前压根就没有网络，十年前就没有社交网络，五年前还没有微博……现在这些平台已经为营销人所用，那么接下来的营销还会有什么创新？我们年轻一代营销人的机会就在这里——自媒体营销，这也是多数年长的营销人不屑去玩的。我们要想尽快地去舞台上去表现自己，不能只想着走他们的老路，这样是无法超越他们的。一个人的价值就在于他的不可替代性。这就是我们年轻一代弯道超车的好机会。从另一个角度说，现在的消费者主要都是年轻一代，是自媒体的参与者和体验着，所以必须依靠社交网络做自媒体营销。

第七部分　粉丝营销

粉丝营销是对应的概念，从企业的角度就是品牌，从消费者的角度就是粉丝。有人说只要一个品牌有一千个脑残粉，那么他卖什么都可以了，不管你推什么，他卖都会去买，然后推荐别人去买。特别去关注某个品牌然后去扩散分享它的内容，这就是粉丝。企业也能操作，那个叫客户关系管理，有社交网站就有粉丝，现在就是粉丝和品牌零距离的时代。

万科、龙湖、绿城都是粉丝营销的典范，2013 年的碧桂园也是。

从前我们叫种子客户，现在我们叫脑残粉。从前我们强调重复购买，推荐购买，现在我们讲“关系营销”。牛文文说，粉丝经济时代，最重要的是“喜欢”与“转发”。结合自媒体营销趋势，大品牌营销趋势，各位房企品牌营销决策者，你该知道自己要做什么了。

不知道？看看小米吧！

第八部分　精准营销

大数据时代的信息量如此庞杂，我买一个 300 万 m^2 的大平层，网上有一大堆资料，我该选哪个？这是消费者苦恼的地方。从开发商的角度，有消费者要找 300 万 m^2 大平层的项目却没有找到我。那么你就需要一个精准营销。

易居以云呼叫为核心的精准数据库营销就是这方面的实例。售楼员通过微信卖房子，也是非常典型的精准营销。

举个例子，它称为微信陪聊服务营销。在认识之后，通讯录同步微信，建立了二次联系，因为双方已经建立起一定的信任度，偶尔会沟通一下，朋友圈点赞，对方也不会抵触。在对方空闲时候做一些销售工作，比如客户在候机延误时，无聊时你去语音下。前提是你的微信个人号头像、ID、朋友圈定位清晰，让客户可以记住，喜欢并且愿意转发。

在信任的基础上，交易更易达成。现在的微信营销还只是个人微信加上公众平台，可以同步攻克一些技术上的问题，比如把微信上的客户联系内容导入 Excel 再导入到销售管理系统，那就直接变成了线上的客户销售平台，这个在 2014 年一定是非常靠谱的精准营销的方法。

第九部分　体验营销

《体验经济》书中写道：在体验经济时代，每个人都是演员。

就拿过生日来说，从吃蛋糕到办一个生日餐，再到举行一个主题生日派对，时代就是这样进步的。十块钱，一千块钱再到十万块钱，都是过一个生日。最近你可能还知道的跨界的体验，从印象系列实景山水演出到又见五台山、又见平遥室内“穿越”演出，再到八小时超长、舞台与观众穿越的话剧《如梦之梦》。体验经济时代，品牌不断超越。

地产也是这样，最早的动迁房只是一个壳子，高级一点的就不只是房产本身了，而是服务，保安的微笑，业主的生日祝福等，杰出代表就是龙湖，花花草草各个触点都做得非常好。售楼处就是客户体验的地方，我们得做样板房，做示范区，做这些东西其实都是做客户体验。

2014 年，这个趋势将会越来越明显。体验不只是现场营造，也是终端体验，如何让消费者在移动互联触点上喜欢你，这个很重要，是交互设计，互动传播，体验营销的关键。

第十部分 点评营销

变革的时代，无法阻挡。

现在的消费者，对品牌信息，不相信权威，只相信伙伴。不会去看官方的，但会去看点评的，当然，消费者很难判断，哪些是水军的，哪些是真实的，哪些是独立第三方测评的。

地产人网的房企点评也是第三方的点评营销，它的大概念就是相信伙伴。大众点评、汽车之家的模式，值得房地产行业人士思考。餐饮行业的试吃，酒店行业的试睡，有了体验后再去评价，对其他人是最接地气的引导和建议。

买房是件特别复杂的事情，我们能不能去听专业人士的评价？专业人士是独立第三方，可能是新型的导购员什么的，我觉得这是一个趋势。如果有一个软件，像克而瑞房价系统，如果能做到很精准，输入上海南区 300 万元的价格等条件后出现专业的评价以及其他伙伴对这些楼盘的点评，这不是很靠谱的信息吗？这是颠覆性的营销模式。

自媒体营销复合点评营销，两大趋势告诉我们，房地产行业 2014 年最热的是自媒体第三方评价，这是一群不是靠车马费可以摆平的独立发声者，这是一群从影响业内逐步影响消费者的一群 KOL（意见领袖）。少数领跑房企已经开始实践。

（房策网）

【报告点评】

房地产营销手段千千万万，各有特色，在不同的地域、不同的项目，不同的营销手段起到的作用也不同。随着社会的发展，特别是互联网的发展，营销手段也在不断的变化中，不断地出现新的营销手段，让房地产营销竞争更为剧烈，营销手段稍有跟不上脚步，可能会影响整个项目的营销进度。

报告在此列举了十大营销手段，也是未来发展的一个预测，给各位同行一个参考。或许在未来不久，其中一个营销手段发展趋势将颠覆传统，创造一个又一个的销售神话。在这个房地产大浪淘沙的时代，一个互联网的时代，什么都有可能发生。

第七章

房地产广告策划报告

指引

一、河南安阳恒大华府广告策划报告

二、广西东兴海景国际大酒店整合推广策划报告

三、河南许昌“星海湾”健康主题推广思路报告

四、广东广州保利香槟国际2014年3月营销推广计划

五、地产广告文案之最文案

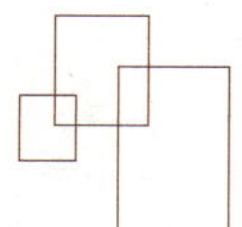

一、河南安阳恒大华府广告策划报告

报告目录

报告正文

第一部分　前　　言

本策划方案宗旨是在于提高产品销售，塑造提升产品形象。本方案在于为安阳未来楼盘项目“恒大华府”为提供一个准确定位广告方向做出战略性指导。在对本地市场现状进行深入细致的了解和研究分析的前提下，找出“恒大华府”的资源与机会，以达到或超出安阳“恒大华府”的原定销售计划，并为恒大集团在安阳本地树立坚实的品牌基础，以至于集团可进一步达成开发二期、三期、四期的项目计划。

第二部分　市场分析

1.1　河南安阳市房地产市场分析基本状况

安阳市属于四线城市，房地产市场未到成熟期。安阳市有世界文化遗产——殷墟，被誉为甲骨文之乡，有中国八大古都之称。安阳市有高速有效的物流体系，且地处中原贯通南北与西部地区。正值2011年安阳爆发“金融危机”，安阳市地产业纷纷进入低谷。安阳属于工业城市，有大批大型企业，如安钢、大唐发电。这意味着安阳市有着诱人的市场潜力（房地产业复苏期）和低廉的劳动力市场。从2000年以前的消费住房以经济适用房为主到目前以商品房为主流住房消费。

2013年安阳市全年完成房地产投资135.8亿元，相比2012年增长15.9%，商品房销售面积399.35万m^2，同比增长18.2%，销售额127.2亿元，同比增长29.5%，楼盘均价为4136.2元/m^2，同比增长21.43%。从销售情况来看房价分别为3500~4000元/m^2、3000~3500元/m^2，销售套数比例分别为35%和20%左右。

现有楼盘基本情况：在东区有名的房产有华强城、碧桂园、凯旋广场、万达广场、恒基房产的恒基华庭、恒祥房地产的巴黎春天、中泰房地产的中泰万象城、翌琦阳嘉置业的翌琦新印象、邯郸房地产的博地院、河南美巢的美巢蓝钻、安阳城房置业的金都瑞园、安阳四房房地产的缔盛广场、安阳中信伟业的安鑫苑，安阳宜居房地产的紫薇一号等。它们都有一些缺点主要表现在以下方面：

1）一些楼盘定位和推广不是很规范，忽视了楼盘的品牌建设，忽略了楼盘的内涵建设和潜力挖掘，导致后继开发力不足。

2）有的没有服务概念，主要表现在售后服务差，物业管理不规范，一些业主不是在享受服务而是在忍受服务，造成小区口碑不好。

3）一些小区规划自然融合概念不足，人为景观痕迹太明显，公区分摊面积过大，造成潜在消费者的心理顾忌。

4）一些项目举办活动不能明确活动主题，并未给销售提供有利的潜在消费者信息。

1.2　安阳市同类住宅调查统计

“同类”定义为具有高层、小高层的住宅小区，现将安阳市北关区和文峰区一些具有竞争力的小区进行对比分析如下。

安阳东部市政周边住宅群，市政府周边配套设施十分完善、道路整洁、环境良好，公园与体育馆等配套设施使生活环境更加舒适。总体来说，市政周边建筑群是全安阳消费者购房的不二选择。

1. 万达广场

1）拥有极高的品牌效应。

2）周边市政、文娱配套设施十分完善。

3）优秀的可供投资地产。

4）住宅与商业广场太近，环境嘈杂不够舒适。

2. 安阳碧桂园

1）花园洋房。

2）品牌地产。

3）优秀的投资地产。

4）恬静舒适，空气质量优于市区。

5）园林景观优美可在自家花园DIY。

6）离市中心较远。

7）用绿色的生活时尚来吸引高级白领、投资者、社会成功人士。

8）市场营销反应良好。

9）别墅型住宅购买群体局限性。

10）周边配套设施不完善。

3. 安阳义乌商城二期

1）小户型。

2）临近商业地段。

3）市政设施完善。

4）合理的住宅区商业地段布局，临近商业区但并不喧闹。

5）义乌商贸城商业地段是本地和周边县城的百货批发点，也是大型餐饮和娱乐聚集地，存在潜在卫生和安全隐患。

4. 紫薇一号二期、三期

1）宜居生态地产离尘不离城。

2）一期销售很好，后期服务及时到位，在当地赢得了好口碑。

3）楼间距密集。

5. 美巢蓝钻

1）价格低。

2）楼盘三年未封顶。

3）现市场面临楼市低谷，资金链断裂。

4）销售团队不够强大。

6. 东方明珠

1）学区房。

2）80%住房属于国企单位内部员工房，小区住户整体素质高。

3）无公交站点，交通不便利。

7. 香格里拉二期

1）学区房临近市一流高中。

2）楼间距密集。

3）物业管理不当。

8. 安阳世贸中心

只是一个连体楼，属于复合型建筑没有自身小区。

9. 榕树湾

1）位于市中心，配套设施齐全。

2）有很高的投资价值和升值空间。

3）小区设施齐全。

4）在拥挤的市中心地段能拥有地下车库是一个理想的居住小区。

5）离火车站200m，来往人员繁杂，存在安全隐患。

10. 翌琦新印象

1）小户型，有公寓房。

2）位于市中心，配套设施齐全。

3）居住密集，人均生活环境很小。

4）离火车站较近，存在安全隐患。

11. 凯旋广场

1）地理位置优越。

2）地处市中心商业地段但周边建筑不密集。

3）交通便利。

4）离安阳市旅游景点100m。

5）四周开阔有中心广场，面对安阳文峰塔，有周边小溪经过。

1.3 消费者分析

根据安阳市房地产市场调查报告得出消费者购房心理和对住宅的要求如下：

1）环境规划一定要好，各种配套设施一定要齐全。

2）要让消费者产生荣誉感，在买房之后更愿意参与老带新活动。

3）高绿化率，由于安阳风沙较大，几乎所有消费者都认为高绿化率是十分必要的，安阳消费者对于居住环境的要求已越来越高。

4）小区及周围的配套设施基本要求为医院、商场、超市、菜市场、大型广场等。

5）60%左右的消费者优先选择购买多层住宅，因为多层住宅价格比高层住宅低，公摊面积也少很多。25%左右的消费者优先选择小高层。13%左右的消费者优先选择高层，原因是视野开阔空气清新。2%的消费者优先选择别墅、二手房和其他（对于消费者购买住宅的意向抽查，抽查对象是30~55岁男士100人）。

6）市区内工薪阶层几乎没有别墅的购买欲望。

7）针对青年消费者，希望小区内能有体育设施进行锻炼，对于作为未来子女婚房的家长，房屋价格不是首先考虑的因素，小区内配套设施与居住舒适程度才是第一选择。

8）消费者对于物业管理的要求：①安全、卫生、房屋维修、园林、特殊（家政服务等）。②物业服务公司与业主增加联系、加强沟通。③增加一些社团活动，如广场舞、麻雀棋牌社团等。

第三部分 项目分析

3.1 项目优势分析（安阳恒大华府）

1）开发商：恒大集团。

2）地段：周边1500m内有安阳市第六人民医院、市政府、市一中分校、体育馆、易园（公园）和市政广场。

3）价格：由于地价较低，据调查（平均50000~70000元/亩）节省了大量购地成本。房价有回旋余地并有银行贷款支持，可按揭买房减轻了消费者购房压力，消费者买房不是一时冲动而是比较后的谨慎行为，这一点是本案拉动销售的最大着力点。

4）物业管理：智能科学的管理，保证了业主的现代化需求。恒大集团旗下设有专属物业分公司，具备国家一级管理资格，是全市最高级物业管理公司，员工最低学历是本科以上高素质人员，物管可以作为一大卖点。

5）小区设计建设：小区设计以“精品官邸名宅”为主题，优美的7800m^2人造湖、喷泉、欧式雕塑共同组成了全安阳独一无二的水尚花园小区。更有恬雅的林荫小道贯穿东西两端直通现代文艺广场，艺术、休闲、自然环境浑然一体，相得益彰。

6）小区内配套设施齐全：配备场地面积14000m^2大型综合运动中心，内含游泳池、篮球馆、羽毛球馆、壁球馆、乒乓球馆、网球馆、桌球馆、健身房等多个场馆。还配备高档会所、超市、地下地上停车场地和自助饮水机等。

7）偏离工业区，远离工业污染区。

8）精装修：满屋名牌，9A精装。

3.2　项目劣势分析

1）交通：楼盘附近300m内无公交站点，几乎没有过路的出租车，交通状况是消费者考虑买房的关键要素，但由于安阳市电动车普及，因此交通问题显得并不是十分的重要。如何解决交通问题是我们应当提到日常行程中去的一项工作，消费者可以不在意并不代表他们不需求，也不代表我们可以不做出行动。有了便利的交通就可以吸引到更多消费人群。

2）楼盘外环境：楼盘外环境是我们的劣势，东侧离高速公路30m，西侧与北侧是大型货车的主要交通枢纽。每当11月、12月、1月、2月雾霾严重。周边房屋杂乱，多是附近村民砖瓦房，没有步行可到达的大型购物休闲场所和市政设施。

3）精装修：既是优势也是劣势。如果由于装修问题影响品牌口碑，那么2期、3期销售会受到影响。

4）房屋设计：恒大地产室内结构是按照南方传统设计的，部分户型对于北方地区并不是十分恰当。保姆间对于中原和北方来说需求不高而且设计面积太小不人性化。一些户型4个卫生间。对100户4个卫生间的户型业主进行抽查，100%的住户从来不使用其中一个卫生间。91%的住户认为3个卫生间已足够使用。74%住户认为2个卫生间足够使用。46%的住户已经把保姆间装修改造成了储藏间。54%的住户直接把保姆间当作储物间来使用。

3.3　竞争对手分析

1. 万达广场

1）位于市政府南侧30m，步行15分钟内可以到达的地方有市第六人民医院（三类甲等）、市政府广场、体育馆等。配套齐全，商业区建成之日即可称为安阳市地标型建筑。

2）项目资金雄厚，有资金可作必要周转以应付市场变化。

3）整体项目规划在安阳尚属首例。相比其他项目，无论在住宅档次、小区设计、投资资金等都处于明显优势。此地段楼价有明显上升趋势，况且本市项目众多但大盘太少，具有文化商业底蕴的楼盘太少，真正意义上具有投资价值和优秀的上升空间的更少。万达广场众多优势齐聚之。

4）交通便利：有公交专线，且公交车经过火车站、客运站、各大景点和市级医院、北大街购物步行街等豪华地段。万达广场就是商业购物中心，不需要出行，1km内生活、休闲、餐饮、娱乐一应俱全。豪华的售楼中心和专业高素质的销售团队也是体现品牌优势的重要名片。

5）劣势：环境嘈杂，无人文生活小区广场。

2. 香格里拉二期

1）交通便利：小区门口有公交站点，且车站经过火车站等各大景点市级医院等商业地段。

2）市政设施完善，15分钟内步行可到万达广场、市政府、第六人民医院、体育馆、易园、市一中分校。

3）劣势：小区楼间距小，步行街走道窄小无停车场，小区配套设施不完善。2013~2014年两年内业主委员会已更换两个物业公司。

3. 紫薇一号二期

1）高绿化低居住密度。

2）小区周围配套设施完善，地理位置优于香格里拉和万达广场。

3）品牌号召力：一期在安阳地区赢得了好口碑，在前几年安阳市金融危机时对安阳楼市造成了不小的冲击，经过这一时期的优胜劣汰，现以安阳宜居、城房置业、中信伟业为代表的房地产公司在经过了几年的地产操作后，已经积累了相当多的经验，成了房地产市场的强势品牌。并且在安阳消费者口中有着好口碑。紫薇一号的开发商安阳宜居就是其中之一。

4）劣势：楼盘附近300m内无公交站点，几乎没有过路的出租车。楼盘东侧和南侧是大型货车的交通枢纽。年末与年初同样面临雾霾问题，这是安阳的普遍问题。

3.4 项目定位分析

安阳恒大华府楼盘可定位为："精品官邸名居"。

1）区位：市府央区，优势不可复制。地处安阳城市发展主轴心地带。京广高铁全线贯通后，高铁板块的安阳新区异军突起，东移南扩的城市框架规划，东区的日渐繁荣和安东新区的进一步扩容，未来发展前景无限，预期发展升值空间和潜力不可估量。

2）产品：臻品豪宅，重回悦居真意。恒大地产17年，200余城经验之大成，产品甄选，精益求精。96m^{2}典雅两房，117m^{2}精致3房，130～155m^{2}华美3房，172m^{2}奢品4房，全系臻品，户户观景、南北通透、超高实用率、观景飘窗、客厅瞰景大阳台，客货分梯，百米超扩楼间距，尽情采光纳景，20%超低建筑密度，40%超高绿化率，公园里的悦居世家，复兴生活本源。

3）精装：满屋名牌，国际9A精装标准。标准源自追求，细节决定品质。恒大不仅仅践行自身的品牌路线，而且在材料的选择上同样注重品牌。恒大与海尔、西门子、立邦、美的、罗格朗、亚科波罗等几十家升级版国际品牌组成战略联盟。恒大华府，9A国际标准精装豪宅，改变了人们的居住环境、居住观念，更重要的是一种经恒大诠释的全新理念。

4）园林：皇家园林，私家公园美轮美奂。水尚花园，千亩宜居御湖城。不曾亲临，无以感动；不曾眼观，无以震撼。恒大华府，8万m^{2}皇家园林，再造一座私家公园，小区整体采用经典欧式造园法，集合欧洲园林的尊贵和中国传统园林的优雅，引进森林绿化理念，百余种名贵树种，千余株全冠移栽，让皇家园林名副其实，营造出属于现代的都市森林养生生活理念。

5）配套：奢华空前，倾情演绎高端品质。1900余个超大全地下停车场和智能停车系统，下车即可快捷入户；5200m^{2}五星级豪华装修的皇家会所，规划有商务中心、超市、豪华茶餐厅、音乐室、国医馆、跆拳道馆等众多休闲生活娱乐设施，万余平欧陆风情商业街，规划有超200m^{2}精品超市、320特效小吃、近百余平方米的商业银行网点及便民大药房等便利店铺，让业主享受尊贵奢适、休闲品质之便利生活；后期国际品牌双语幼儿园、小学初中等一站式梯级精英教育配套，让业主尊享奢适品质生活的同时，也让业主的孩子赢在起跑线上。不仅如此，恒大华府还致力打造家门口的配套：530m^{2}健身活动天地，几十种户外运动设施。社区里的运动天堂；近10种儿童娱乐设施，使每个孩子有更广阔的运动场所。

6）售后和物业：贴心服务，温暖业主心灵交汇。恒大售后服务中心，以专业化的服务团队，标准化的服务流程，完善的规章制度和以客户为导向，"急客户之所急，想客户之所想，全心全意为客户服务"的宗旨，为每位客户提供优质、高效、贴心的售后服务，为客户解决在项目销售、签约、交楼、办证等环节中的一切问题，让客户生活放心，居家舒心，出门安心，事事顺心，为客户服务是我们的职责所在。恒大金碧物业，是恒大旗下具有一级资质的物业体系，引入"对焦式"全新理念，以纯正英式管家服务，丰富的生活知识、扎实的专业素养，24小时全天候保障业主生活的舒适无忧，为业主提供最尊贵的"管家式"360度贴心服务。

7）正是因为拥有区位、产品、精装、园林、配套、售后和服务等多重优势，客户可以享受官邸之生活氛围，无论在硬件配套或软件服务上面，恒大华府都可以给客户带来一种高端、大气的感觉。而且开发商是如日中天的恒大集团，更能给客户带来荣誉感和对未来小区规划的信赖感。因此，"官邸"正是楼盘之主题，由于安阳"恒大华府"95%是精装房，价格定在当地房价上层无可厚非。

8）项目价格策略：高开可低走，保持品牌支撑，预留楼盘销售力。视销售进度和市场大环境外部因素让价是本案的策略。

9）项目价格定位。确定高开的基础价格时，除考虑东区大楼盘的售价也应考虑楼盘定位价，根据万达广场 5000 元/m^2，香格里拉 4400 元/m^2，紫薇一号 4300 元/m^2，凯旋广场 5000 元/m^2。对于自身和对手的优势，本小区均价精装修房 5600 元/m^2 基本合理。

3.5　核心价值分析

1）安阳恒大华府核心定位是“精品官邸名居”。以恒大品牌之优势，安阳顶级小区配套设施、优质的物业服务售后团队为基础，购房即送价值 1500 元/m^2 精装修为卖点，营造出臻美奢华，他无我有、他有我优、他优我强的豪门盛宴。

2）健康舒适就在身边，安阳市缺少全民健身氛围，缺少运动设施。忙碌了一天，回到家中可以与家人一同享受的并不只有坐在客厅中看看电影，每个家庭都可以走出家门去大型会所边听舒适的音乐边享受星级的服务，也可以换上运动装备走进运动中心酣畅淋漓一番，我们还专门为中老年棋牌爱好者和广场舞爱好者准备了专用场地，为客户组织社团活动，享受恒大华府，享受精彩生活。

第四部分　推广策略界定

4.1　目标消费群界定

从安阳“恒大华府”项目本身的定位和素质出发，结合高档住宅的销售特点界定“恒大华府”目标消费群及其相关特征如下。

1）目标消费者：安阳市国企、事业单位工作人员。中小型私营业主，为子女结婚作婚房储备的中年人群。

2）消费人群年龄：30~55 岁。

3）中年白领消费人群，对小区有高档次的要求，有“物有所值”的消费心理，他们追求品位，但他们又是商人，有商人的交易本性，更习惯追求“物超所值”。

4.2　卖点界定

1）区位：市府央区，优势不可复制。

2）产品：臻品豪宅，重回悦居真意。

3）精装：满屋名牌，国际 9A 精装标准。

4）园林：皇家园林，私家公园美轮美奂。水尚花园，千亩宜居御湖城。

5）配套：奢华空前，倾情演绎高端品质。

6）售后和物业：贴心服务，温暖业主心灵交汇。

第五部分　广 告 策 略

5.1　广告宣传目的

1）把项目宣传与如日中天的恒大品牌做有机结合，“恒大集团强势入驻安阳”打造安阳第一官邸名居。

2）树立品牌形象与项目底蕴，与其他无底蕴小品牌楼盘相区别。

3）把“恒大华府”塑造成品质与口碑相迎，人文与环境齐鸣的安阳第一品牌。

4）促进楼盘销售，为其成为“安阳市冠军楼盘”提供动力。

5.2 总体策略

1）借助恒大品牌形象在消费者和潜在消费者心中植入官邸名居的概念，使之成为消费者在朋友圈中的话题。

2）与竞争对手相区别：不直接卖环境或卖配套设施，而是把整体包装成一种概念——超出普通楼盘的概念。因为他无我有，他有我优，他优我强势。别人是一点强卖一点优势，我们是全面强，卖新商品住宅新概念。因此要通过广告来提高消费者品位，而这种品位又使消费者触手可及。既不张扬，又不失大家风范。

5.3 楼盘形象

1）豪华、高端、物超所值、有品质、有成就感。

2）人文娱乐、运动休闲之度假胜地，处处体现出对生活品质的追求和对业主的尊重。

3）精品物业，同一物业公司在不同小区中的内部评比竞争，更能体现出恒大集团给业主超一流服务的向往。

5.4 分期广告的整体策略

1）引导期：信息原则。通过广场大银幕、公交车载体、移动广告载体告知广大市民目标消费者，以“精品官邸名居”定位设计目的，“恒大华府”正在建设，即将隆重推出。用一些手段引起消费者的好奇心，好奇恒大集团会用什么样的作品来轰动安阳，同时转移目标消费者对其他楼盘的注意力。形成对“恒大华府”的期待心理。并可适当做“内部销售”引导目标客户群对楼盘的看法。

2）公开期：感官原则搭配实体原则。以活动与广告塑造项目品位，完成形象沉淀，使公众对项目形成进一步认可，为开盘积蓄资源，加深和巩固公众的注意力和集中度，制造“火热事件”。开发潜在消费者，积累资源与固定消费者意向同时进行，并不断推出活动回馈消费者增加项目影响力。开盘同时开放9A精装样板房，排号分批观看，给消费者视觉冲击和购房紧迫感。同时在各大媒介强势推出以“精品官邸名居”为定位的“恒大华府”。物超所值的享受，购买的不仅仅是商品住宅，给消费者更多的是被亲朋好友羡慕，对生活品质美好期待的向往。

3）拓展期：根据已有销售情况进行多期项目规划。

4）续航期：将后期所余的房屋产品进行重新修正广告策略，改变已不适当的广告方向，做最后冲刺，以达到最圆满的成绩。

5.5 广告主题及口号

1. 广告主题

广告主题：豪华配套、卓越品质、享受生活。

1）豪华：满屋名牌，国际9A精装标准。

2）品质：配套齐全，在小区内即可感受到繁华商业街、高档会所、运动中心等优雅的生态园林，7800m² 湖畔打造出安阳独一无二的大自然风景。

3）享受：不是人人都能在竞争激烈的社会中有一份快乐的享受，正是因为成功才能拥有享受，项目本身对于业主的尊重也能陪衬出业主高贵的身份地位。骏马送美女，宝剑赠英雄，全国知名物业品牌正是为业主量身定做，让业主生活舒心，出门放心，事事顺心。

2. 广告口号

广告口号："恒大华府" 精品官邸名居。

1）精品官邸名居，更进一步核心为项目诉求，有利于诉求的目标性。

2）广告口号与广告主题一脉相承，有利于相互照应。

3）精品官邸名居，有种高端大气舍我其谁的气魄，无数恒大经典项目案例来证实这种高调是名副其实的，与"恒大华府" 的形象定位十分契合。

4）精品官邸名居即是对"恒大华府" 从设计理念到硬件设施等综合素质定位的确认，又是对消费者心理高端追求的直接表达。

5.6 广告创意原则

1）广告创意原则：创意原则必须体现主题，即：豪华配套、卓越品质、享受生活。

2）电视、互联网、户外、车体的视听设计要高端、大气、前卫、不落俗套。以突显出表现高端人群高品质生活的特点。

第六部分　营销活动建议

6.1 营销渠道及人员促销建议

1. 三线式营销

三线式营销，即明线、暗线、隐线。

1）明线是传统的销售方式，通过建设售楼部，成立电话销售热线设置样板房，以参加房交会、会展等方式公开发售。

2）暗线是以点代面，通过优惠活动依靠准业主与潜在消费者之间的口头传播。通过在目标消费人群聚集地展开广告销售。

3）隐线是通过与目标集团公司合作，订单式销售。

2. 人员培训与管理

建设一支高效优质的售楼队伍，售楼人员的思想需是开放、务实、条理清晰且有计划。与顾客接触时他们承担了楼盘的第一印象，他们必须能体现项目的定位，有修养、有风度、有气质。务实是必须熟练懂得房屋交易的合法合理程序，业务必须准确到位，交易动作语言标准化。以充分体现出开发商的规范与成熟。获得潜在客户的信任与好评，严谨有任何损害楼盘形象的言行。

6.2 营销公关活动建议

1. 策划用意

奠基典礼：一定要声势浩大，由许家印主席与市长和市主要领导班子共同参加，邀请一线、二线歌手真情献唱，同时以明星效应和获奖摇号的方式吸引 2000～5000 人前来观看。同时邀请全市各大学以及网上报名参加长走大会，以奠基典礼处为起点，以殷墟为终点。连接了现代化

“精品官邸名居”与“商殷帝都”的高贵气息。

2. 活动内容

1）艺术家作秀。

2）发布会典礼。

3）艺术家作秀。

4）发放卡片预留电话姓名信息，以及对未来恒大华府期望的留言。并回收准备抽奖。

5）有奖抽奖环节。

6）新闻发布会及颁发奖品。

3. 爆炸性新闻

某名人在项目购得一套房产，房号为 X-X-XXXX。

用意：集团主席级别的建筑装修标准，为了让潜在消费者提高信任度。

6.3 系列活动建议

每周一小活动，每两周一大活动，每当国家法定节假日举办相应的大型优惠活动。

注意点：活动举行目的要明确不要为了活动而活动。用间接方式吸引目标潜在客户时要考虑全面。

第七部分 媒体策略

7.1 媒体目标

1）在公众心目中要树立楼盘的品牌形象。

2）利用品牌知名度扩大项目影响力。

3）力求“恒大华府”销售顺利，并能引起销售高潮。

4）使小区形成良好的口碑效应。

7.2 目标群众

从安阳“恒大华府”项目本身的定位和素质出发，结合高档住宅的销售特点界定“恒大华府”目标消费群及其相关特征如下。

1）目标消费者：安阳市国企、事业单位工作人员。中小型私营业主，为子女结婚作婚房储备的中年人群。

2）消费人群年龄：30~55 岁。

3）中年白领消费人群，对小区有高档次的要求，有“物有所值”的消费心理，他们追求品位，但他们又是商人，有商人的交易本性，更习惯追求“物超所值”。

4）注重生活品质，有一定经济基础，比较讲究物有所值。事业有成希望获得别人的称赞，有种事业有成的豪情，内心向往高品质舒适生活。

7.3 媒介策略

1）销售准备期：所有制作类的设计和制作、工地围墙和户外看板等销售工作的准备。

2）引导期：作为初期信息传播，重点以引起消费者好奇心与期待，吸引购买者注目和行为为主。邀请报社、电台、新闻记者发布软性新闻、重点围绕“恒大华府”定位、“豪华配套、卓越品质、享受生活”作重点宣传，配合硬性广告形象宣传，针对既有客户和目标潜在客户发 DM 广告。

3）公开期：准备一切媒体运作及印刷资料，一旦正式开盘，随着强销期的来临，大量的报纸广告，结合强有力的业务推广，如电话追踪、DM 等立体促销攻击全面展开。

4）续销期：将广告后期所余的房屋产品进行重新修正广告策略，改变已不适当的广告方向，做最后的冲刺，以取得最圆满的成绩。

5）补充：以报纸、电视、传单广告为主要媒体，配合电台、DM 广告、促销活动和现场广告，形成强烈的宣传攻势，科学地增加与目标客户的接触频次。在销售的同时利用软性广告，用新闻炒作的形式宣传销售情况以形成一种新闻热点。适当使用户外媒体以保持宣传的持久性。定期检讨既定媒介策略组合，根据客户反映以及竞争对手的作法及时调整更换媒介组合。根据前期销售情况及客户反馈的意见和所剩房屋的状况，对广告诉求及表现形式做出调整，继续以宣传单为主的立体广告攻势，并对老带新进行进一步挖潜。以媒体炒作和促销活动作为销售辅助。

7.4　媒体分析及选择

1）报纸媒体：《安阳日报》《安阳法制报》《安阳广播电视报》是安阳影响力较大的报纸媒体、阅读率高、读者层次在 30~55 岁年龄阶段。建议作为此次宣传活动的主要报纸媒体。

2）户外媒体：建议从动工到封盘在施工工地外围树立 3D 效果图，在开盘前三个月，在文化宫广告屏幕播放广告，在沃尔玛前广场、文峰立交桥、人民大道、广播电视大厦前广场树立大型户外广告牌。车体广告选择 3 路、2 路、1 路、48 路、38 路。在繁华地段适当选择霓虹灯、LED 屏等户外媒体。

3）广播媒体：安阳交通台覆盖面广，影响大，虽然针对性差但是成本较低可作为长期高容量投放方式。

4）印刷媒体：长期派发宣传单可作为有效宣传手段之一。但要有选择性地针对目标群体发放。

5）互联网媒体：可在新浪、搜狐等地产类板块网络媒体上宣传楼盘信息。

7.5　广告预算分配

1）广告总额应该占销售总额的 5%左右。“恒大华府”建筑面积为 S，均价为 R，广告预算为 $S\times R\times 5\%$，其中 80%计为广告投入，20%作为流动资金。

2）媒体费用计划为：电视 20%+互联网 30%+报纸 5%+广播 5%+户外 25%+宣传单 5%+其他 5%+不可预见费 5%。媒体费用计划占广告投入总额 60%。

3）表现制作类计划占广告投入总额 6%。

4）SP 活动、公关计划占广告投入总额 30%。

5）礼品制作计划占广告投入总额 4%。

第八部分　方 案 说 明

8.1　建议

1）在进行促销、公关活动、媒体活动时必须互相照应，以确保每次活动都能达到相关目的。人员协调必须准确，要树立活动负责人。每次活动都要有媒介负责人，能够保证相关信息及时有力的报道宣传。

2）交通及道路建设问题，开发商必须说服政府，与政府合作由政府出面，开发商承担一部分费用用来解决道路改造问题。同时开通专线公交，是本项目交通上的一项重要问题。

3）价格是一种随市场变化的东西，价格应视开盘后的销售环境来定，遇高走高，遇低走低。

4）暗线和隐线销售十分重要，在当前房产市场不景气的情况下，全“商品化住宅”会受国家政策和市场环境影响，所以需要全面建设暗线和隐线两条销售通路。

8.2　广告文案脚本建议

（1）霓虹灯、LED屏。

1）满屋名牌，9A精装——恒大华府。

2）精品物业，一流配套——恒大华府。

3）高端品质，舒适生活——恒大华府。

（2）电视广告脚本示例1。

画面1：豪华会所内部画面从左到右展示部分格局。

画面2：运动中心内部，游泳馆从左到右展示部分格局。

画面3：篮球馆从右到左展示部分格局。

画面4：顺着林荫小道向湖面和住宅楼展示画面。

恒大标志与恒大地产艺术字出现在画面的右下角停留两秒钟。

背景音乐：从画面1到画面4一直播放着柔和的音乐，最后一个中年人用沉稳的语调随着恒大标志的出现念出“恒大华府”四个字。

（3）电视广告脚本示例2。

画面1：豪华会所内部画面从左往右停留在两个穿着清凉夏装的女子身上，她们正坐在会所圆桌两端喝咖啡。

画面2：从两个喝咖啡女子的上衣画面，用一些制作手法把会所从右往左的镜头替换成游泳馆休息区，随着镜头的从右往左，出现了几个孩子在游泳池里玩水球，一个小女孩把水球掷给她的玩伴。

画面3：篮球馆中一个少年接住了上一画面小女孩掷出去的水球，但是这个水球已用特技手段变成了篮球。他接住了篮球又把篮球传给了他的爸爸，他爸爸直接一步上篮打板进球。儿子开心地喊出“YEAH!”，同时镜头对着父子，父子双手在胸前拍手以示庆祝。

画面4：画面中所有出现过的主要角色坐在家里一同吹蜡烛，非常温馨的画面。同时右下角出现恒大集团标志与“恒大华府”艺术字。

背景音乐：从画面1到画面4一直播放着柔和的音乐，最后一个中年人用沉稳的语调随着恒大标志的出现念出“高端品质、舒适生活”的广告语。

（4）电台广告示例1：大黄鸭活动。

女孩：“爸爸这里是哪呀？”

爸爸：“这里是恒大华府。”

女孩：“可是这里为什么会有那么大的黄色东西呢。”

爸爸：“那是大黄鸭，那可是一只明星鸭呦！”

女孩：“和唐老鸭是好朋友吗？”

爸爸：“当然啦！”

结尾旁白：2014 年 7 月 1 日至 7 月 7 日。大黄鸭隆重入驻恒大华府，还有气垫床、泡泡圈等 20 余种游乐设施可供小朋友欢乐。不要错过呦！

（5）电台广告示例 2。豪华配套，9A 精装，高端品质，舒适生活。享受高品质生活，其实就在身边——恒大华府。

（6）汽车喷绘示例。画面构成是恒大官邸的效果图，主要突出湖面和园林的占地面积大的特点。

（7）广告语示例：①豪华配套、卓越品质、享受生活。②高端品质、舒适生活。③一半公园一半家。④千亩宜居御湖城。⑤世界级皇家园林，国际级航母配套，满屋名牌 9A 精装。

（8）报纸：（户外）广告示例。主题是用"恒大华府"独一无二的小区环境突出"豪华配套、卓越品质、享受生活"。画面构成，以小区实际的湖景与茂林为主题画面，画面要求简洁，有视觉冲击力。外加小区名、发展商名以及专线电话。

广告语：豪华配套、卓越品质、享受生活。

（王冠澎）

【报告点评】

这是一篇完整而又典型的楼盘广告策划方案报告，共涉及了市场分析、项目分析、推广策略界定、广告策略、营销活动建议、媒体策略六大部分主体内容。通篇行文流畅，策划思路明确，结构完善，可作为广告策划的典型范本。

报告多处对消费群、优势诉求点、竞品进行详细的分析与定位，从而更好地制订广告策略和营销策略，使得此报告更具实操价值。

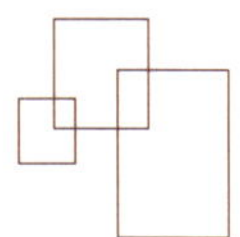

二、广西东兴海景国际大酒店整合推广策划报告

报 告 目 录

报 告 正 文

第一部分　市 场 分 析

作为区内新兴的三线城市，2008 年的东兴房地产市场与过去的两年相比，更进一步升温，市场的格局也产生了很大的变化，具体呈现的将会是以下三个主要特点。

1.1　供应量

1）以东盟大道为主轴的开发热点区域逐渐形成，东盟大道两旁的十几个楼盘将在 2008 年全面开发和销售。

2）外地资本全面进入东兴地产市场，寻求各种开发机会，下半年预计将会有一批新项目启动。

3）东兴政府划拨万泥一百多亩土地供别墅开发，带动金滩旅游地产的发展。

1.2　房价

1）在钦北防地区房价一路飙升的大背景下，东兴市商品房均价将在下半年突破 3000 元/m^2。

2）一批高品质项目的上市，将会使东兴房地产市场开始出现明显的价格差异化。

3）国家对泛北部湾经济合作区的扶持政策逐步落实，为东兴房地产市场的发展和房价的上升提供巨大的推动力。

1.3　品质

1）在经历商品房消费的初始启蒙阶段后，消费者将更加关注楼盘的综合品质。

2）随着更多的新楼盘上市，差异化的楼盘特色品质将会更加吸引消费者关注。

1.4　总结

在宏观和微观市场都存在利好因素的背景下，品质超群和更具特色的楼盘注定将成为2008年东兴地产界的胜者。

第二部分　项目SWOT分析

2.1　项目优势分析（S）

1）地理位置优越，离金滩仅200m。

2）交通便利，位于金滩转盘口，四通八达。

3）自然环境优美，周边绿树成荫，可安静享受海边度假乐趣。

4）12层登高望远，为万泥地标性建筑。

5）装修豪华，四星标准装修，是目前万泥最高档旅游度假酒店。

6）配套齐全，融住宿、餐饮、娱乐、会议于一体，填补万泥酒店业空白。

7）引入全新产权式酒店投资概念，容易吸引投资者关注。

8）户型适中，总价不高，首付较低，投资门槛低。

2.2　项目劣势分析（W）

1）作为防城港和东兴第一个产权式酒店，市场会存在一定的观望情绪。

2）周边度假酒店已经营较长时间，有一些稳定客源，会对本项目造成一定影响。

2.3　市场机会分析（O）

1）北部湾经济合作圈建设捷报频传，为项目开发增添宏观利好因素。

2）东兴全力打造金滩品牌5A级风景区，本项目可成为政府旅游发展战略的重要一环。

3）中越边境游即将重新开放，为东兴旅游业发展带来最强劲的推动力。

4）中越边贸合作日益发展，东兴民间购买力增强，投资欲望不断上升。

5）带薪休假政策逐步落实，三日短假增多，扩大区内短线旅游市场。

6）其他发达省份游资纷纷进入广西寻找投资渠道，拥有极好投资前景的本项目，可能会吸引部分游资的关注和青睐。

2.4　市场威胁分析（T）

2008年国家宏观调控政策未明，房地产市场有可能受到冲击，但考虑到奥运因素和经济软着陆的指导思想，对于房地产市场的遏制不会太明显。

2.5　总结

项目自身和外部所具有的优势条件都非常多，但作为一个对于当地消费者来说非常崭新的投资型物业来说，如何做好消费者的前期投资教育工作，并通过浅显易懂的广告语言，使项目的品质和投资回报前景更快地深入到消费者的心里，将是推广中所要解决的两个最重要的问题。

第三部分　消费者分析

广告的作用，就是构筑一座项目与消费者沟通的桥梁。因此，在厘清项目特点之后，还要对消费者的方方面面有全面的认识和熟知，抓住最广大目标人群的共通点，并以此概括出最佳的传播语言和传播途径，去吸引目标人群，引导市场需求。

3.1　产权式酒店投资者类别

1）通过长期租赁，以租金形式与土地自然增值获取收益的本地投资者。

2）通过房产价格上涨，进行低吸高抛获取一定收益的本地及外地投资客。

3）有一定投资意识及资金，并喜欢与家人一起享受旅游休闲生活的外地游客。

4）通过购买物业以用于接待、度假及会议，并在闲时用于租赁以获取收益的本地及外地投资企业。

3.2　目标投资者特征分析

1. 年龄特征——中年为主

客户群的年龄跨度约为25~60岁间，其中主力客源年龄跨度为30~50岁，约占90%，因此可以得出投资者年龄特征以中年为主（图7-2-1）。

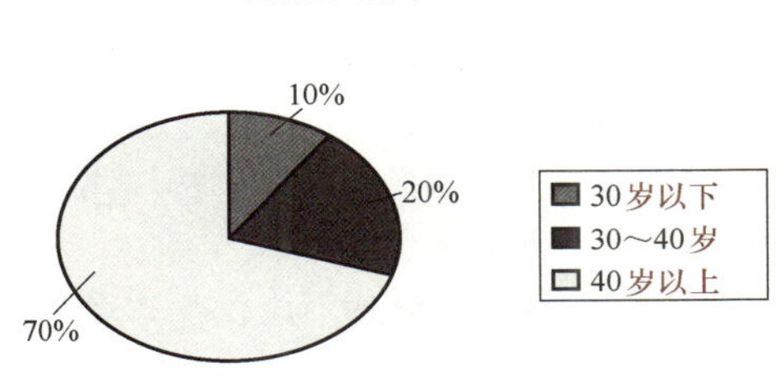

图7-2-1　目标投资者年龄占比

2. 职业特征——政商人士为主

考虑到东兴是一个以进出口贸易为主要经济支撑点的城市，可以分析出本项目的目标投资者以政府机关公务员和商业人士为主。商业贸易业者约占20%，境外或外地人士在东兴工作或投资的约占25%，公务员约占15%，自由职业者及小型私人企业主约占30%，其他约占10%。

3. 收入特征——大中城市白领标准

根据东兴官方统计和民间摸底调查，本项目的目标投资者月收入为以下四个层次：

1）月收入10000元以上，约占30%。

2）月收入5000~10000元，约占30%。

3）月收入3000~5000元，约占30%。

4）月收入3000元以下，约占10%。

4. 学历特征——中学文化者为主

东兴是一个边贸城市，教育发展水平低于南宁等区内主要城市，且传统的边境贸易方式对于文化水平要求也不高，中国社会30岁以上人群学历也普遍较低，所以可以分析出本项目目标投资者的学历层次：

1）大专及本科以上学历者，约占30%。

2）中学学历者，约占60%。

3）中学以下学历者，约占10%。

5. 投资心理特征

投资者投资物业的初始心态各有不同，但终极一点都是获得丰厚的投资回报，因此需要分析出本项目不同类别的目标投资者的共同投资心理特征，以便用更贴近他们的推广方式和渠道，去推广本项目。

1）注重项目总价、首付和月供，对于十来万的总价及几万元的首付能轻松接受。

2）有稳定可靠的投资收益，收益率要高于银行存款利率，风险要比证券交易低。

3）在可以预见的未来十年内，项目有充足的升值空间和潜力。

4）注重项目的品质和配套，以求项目的升值有充分的硬件保证。

5）看好防城港、东兴及金滩未来的发展前景。

6. 信息渠道特征——注重口碑传播效应

1）东兴作为一个中小城市，消费者接收信息的渠道主要是相互间的口碑传播、户外、活动及电视。

2）在人与人相互之间关系更紧密的东兴，口碑传播更使消费者信服，也更容易产生效应。

3）在业余休闲生活方式相对匮乏的东兴，人流密集场所的户外主题活动更容易吸引消费者的关注，信息传播也更直接和快捷。

4）因文化层次普遍不高，简单明了的信息更容易被投资者所理解和接受。

3.3　总结

根据以上六个特征的分析，可以得出本项目目标投资者一个比较清晰的轮廓——更信赖口碑效应，希望通过投资获取长远收益的中年中等文化富人阶层。

第四部分　项目推广定位

投资型项目的价值感不应仅仅体现在建筑本身和精神层面的价值，更应体现在投资者获得比预想中更好的投资回报时所获得的那种满足感。

简单地说，住宅型项目，除了实用的居住作用外，消费者购买时考虑更多的是项目的气质和概念是否符合自身精神方面的需求，所以可以从建筑风格和居住理念上切入进行推广，也就是说可以往“虚”的方向上说；而投资型的产权式酒店，由于是投资手段，投资者购买时更看重的是投资前景和实际的投资回报，因此就要从价格、投资收益及升值潜力方面进行推广，推广风格是“以实为主，虚实结合”。

4.1　推广定位原则——差异化、互动式、实证化

目前社会上投资渠道日趋多样，东兴本地各类地产项目也逐渐增多，而本项目销售推广时间短，开发体量不大，推广费用不高，要使有限的推广资金达到最优的推广效果，在广告大战中脱颖而出，只能在“巧”“奇”“实”三字上做文章。

1. 巧——差异化推广提升项目品质

1）与东兴市区住宅和商业项目求差异，突出强调万泥的优美景色和产权式酒店的投资优势。

2）与万泥的酒店求差异，突出强调四星装修配套齐全等硬件优势。

3）在防城港和东兴地产项目的推广上求差异，引入全新推广理念和手段。

2. 奇——互动式推广传播良好口碑

1）以一个新颖长期系列性活动，贯穿整个项目的营销周期，保持长期的曝光率。

2）单个活动突出参与度和互动性，使投资者在活动的过程中更好地切身了解项目。

3. 实——实证化推广强化购买信心

1）以政府政策和文件以及权威媒体报道作宏观立足点，强化投资者对东兴和金滩经济和旅游业发展的信心。

2）以旅游发达地区经营成功的产权式酒店作类比实证，以翔实和丰富的投资回报数据，强化投资者对产权式酒店和本项目的信心。

3）以购买商铺、投资股票和银行储蓄等传统投资手段作类比实证，以回报率和风险系数等客观翔实的数据，强化投资者的购买信心。

4.2　主题推广语

在明确项目的推广定位原则，及项目卖点和消费者特征之后，可以分析得出海景国际大酒店在推广中所要表达的三个要素：

1）万泥金滩畔，风景优美。

2）四星装修，度假休闲娱乐综合体，万泥唯一。

3）投资型产权式酒店，未来可长期获取丰厚回报。

由这三个要素，可以得出海景国际大酒店的主题推广语：金滩畔 · 海景居 · 体验生活之美。

第五部分　推广策略分析

本项目营销周期不长，但主营销过程都在夏季旅游高峰期。因此必须针对每一个销售节点，制订切实可行的推广策略，以不高的推广费用，使项目的预热、旺销和收尾冲刺阶段很好地衔接在一起，同时做到每一个销售节点都有推广亮点，更好地为销售服务。

5.1　推广阶段划分

1）上市期——5、6 月：该阶段为项目开工启动仪式和首次开盘阶段。

2）强销期——7、8 月：该阶段为项目二次重点开盘阶段。

3）冲刺期——9 月：该阶段为项目三期开盘收尾阶段。

5.2　分阶段推广策略

1. 上市期

（1）推广目标。

1）更快更广地将项目基本信息传播给目标投资者。

2）通过各种推广手段拔高项目品质。

3）通过互动式活动吸引目标投资者关注，并到售楼部现场参观和购买。

（2）推广手段。

1）平面媒体。

① 南国早报。南国早报为区内最强势的平面媒体，宣传覆盖面广。但该媒体广告费用高，且因广告客户众多，信息干扰大，适合大项目长时间宣传。对于本项目来说，单纯的硬广告投入并不可取，只能采取一些软性宣传手段，以通过权威媒体的适当曝光，提高项目品质，并吸引区内其他城市投资者的关注。

a. 项目开工典礼邀请南国早报《南国楼市》栏目记者到场，配发图文报道。

b. 项目促销及开盘活动邀请南国早报《南国楼市》栏目记者到场，配发图文报道。

c. 尽力促成南国早报《家周刊》或者《南国楼市》做一期“北部湾地产巡礼”专题报道活动，本项目可作为参展楼盘参加活动。

②《南宁晚报》。《南宁晚报》为南宁市强势平面媒体之一，发行量达 8 万份，其《黄金楼市》周刊在广西地产界也拥有一定的影响力。但该媒体不覆盖防城港及东兴地区，不适宜作为项目固定销售信息的发布渠道，可作为活动的媒体承办单位，以增强活动的影响力。同时在项目的进度节点上也可邀请该报记者到场报道，以引起区内投资者的关注。

a. 项目开工典礼邀请南宁晚报《黄金楼市》栏目记者到场，配发图文报道。

b. 项目促销及开盘活动邀请南宁晚报《黄金楼市》栏目记者到场，配发图文报道。

c. 以南宁晚报《黄金楼市》作为“金滩小姐”活动评选的媒体承办单位，发动南宁及周边地市的模特参加比赛。

③《防城港日报》。《防城港日报》作为防城港市唯一一份报纸，其影响力覆盖防城港、东兴、上思的政府机关和事业单位，在当地对于公务员有比较权威的影响力。但该媒体内容与南国早报等都市类报纸相比较古板，不过因为费用较低，且能影响本地公务员的购买行为，所以可作为本地主要宣传平面媒体。

a. 项目开工典礼邀请《防城港日报》时政部记者到场，在新闻版配发图文报道。

b. 项目促销及开盘活动邀请《防城港日报》时政部记者到场，在新闻版配发图文报道。

c. 以《防城港日报》作为“金滩小姐”活动评选的媒体支持单位，发动防城港、东兴、上思的模特参加比赛。

d. 5 月起每周四，项目开盘前两周每周三、周五，在《防城港日报》中夹派精美 DM 海报，吸引公务员关注。

④ 广西电信 VIP 杂志《第 e 信息》。广西电信 VIP 杂志《第 e 信息》是一份发行量五万本左右的高档 DM 杂志，以广西电信全区 VIP 客户及高档消费场所消费者为目标客户，目前已覆盖全区 14 个地市，在防城港地区也有一千多本的发行量。该杂志是目前广西发行量最大和覆盖面最广的 DM 杂志，而且拥有广西电信多年经营下来所获得的高端人群发行网络，读者群特征与本项目目标投资者特征高度吻合，且广告费用低，合作形式丰富，可作为硬广告及软性活动的 DM 杂志宣传平台，并放置在售楼部作为高档销售物料。

a. 在 6 月出版的《第 e 信息》封底刊登整版硬广告。

b. 以《第 e 信息》作为“金滩小姐”评选活动的杂志支持媒体，并在 6 月出版的《第 e 信息》内页刊登“金滩小姐”评选活动信息。

2）户外媒体。户外媒体的作用是在特定区域内以户外广告的形式，宣传项目的基本信息、形象及活动信息，吸引特定区域户外流动人群的注意力。

① 灯杆旗。

a. 北仑大道两侧。

b. 金滩牌坊至项目靠海一侧。

② 导示牌。

a. 东兴城区拐入金滩 T 字路口左侧。

b. 金滩牌坊后 T 字路口靠海一侧。

c. 项目旁大转盘。

d. 明利宾馆门口绿化带。

③ 地盘包装。

a. 工地围墙喷绘。

b. 工地周边彩旗。

c. 明利宾馆前大门两侧喷绘。

d. 明利宾馆门口两侧大理石圆柱喷绘。

e. 明利宾馆门口玻璃喷绘。

2. 强销期

(1) 推广目标。

1) 针对产品提价和旺销的情况，以复合型滚动式活动，提高项目人气和关注度。

2) 加大媒体宣传力度，为项目优良品质提供权威宣传保证。

3) 新老客户联谊活动，向更多的潜在目标投资者传播项目口碑。

(2) 推广手段。

1) 平面媒体。

① 南国早报。项目促销及开盘活动邀请南国早报《南国楼市》栏目记者到场，配发图文报道。

② 南宁晚报。

a. 项目促销及开盘活动邀请南宁晚报《黄金楼市》栏目记者到场，配发图文报道。

b. 在每一期南宁晚报《黄金楼市》，辟出半个版，以新闻报道形式报道“金滩小姐”评选活动的及时信息，并宣传本项目。

③《防城港日报》。

a. 项目促销及开盘活动邀请《防城港日报》时政部记者到场，在新闻版配发图文报道。

b. 每周《防城港日报》均对“金滩小姐”活动评选的进程做图文报道，并刊登在时政新闻版，增加活动的权威性。

c. 7 月起每周四，项目开盘前两周每周三、周五，在《防城港日报》中夹派精美 DM 海报，吸引公务员关注。

d. 邀请《防城港日报》时政部记者多写关于金滩旅游发展的文章，以从媒体的权威高度，热捧金滩旅游地产的未来。

④ 广西电信 VIP 杂志《第 e 信息》。

a. 在 8 月出版的《第 e 信息》封底刊登整版硬广告。

b. 在 8 月出版的《第 e 信息》内页刊登“金滩小姐”评选活动信息。

2) 户外媒体。户外媒体的作用是在特定区域内以户外广告的形式，宣传项目的基本信息、形象及活动信息，吸引特地区域户外流动人群的注意力。

① 灯杆旗。

a. 北仑大道两侧。

b. 金滩牌坊至项目靠海一侧。

② 导示牌。

a. 东兴城区拐入金滩 T 字路口左侧。

b. 金滩牌坊后 T 字路口靠海一侧。

c. 项目旁大转盘。

d. 明利宾馆门口绿化带。

③ 地盘包装。

a. 工地围墙喷绘。

b. 工地周边彩旗。

c. 明利宾馆前大门两侧喷绘。

d. 明利宾馆门口两侧大理石圆柱喷绘。

e. 明利宾馆门口玻璃喷绘。

3. 冲刺期

（1）推广目标。

1）营造“一房难求”的宣传氛围，吸引和催促投资者尽快购买。

2）结合销售优惠政策，通过户外主题宣传活动，吸引东兴市区投资者购买。

（2）推广手段。

1）平面媒体。

①《南国早报》。项目促销及开盘活动邀请《南国早报》《南国楼市》栏目记者到场，配发图文报道。

②《南宁晚报》。

a. 项目促销及开盘活动邀请《南宁晚报》《黄金楼市》栏目记者到场，配发图文报道。

b. 在“金滩小姐”评选活动结束后，在9月第一个星期的《南宁晚报》的《黄金楼市》栏目中，辟出半个版，以新闻报道形式报道及时信息，并宣传本项目。

③《防城港日报》。

a. 项目促销及开盘活动邀请《防城港日报》时政部记者到场，在新闻版配发图文报道。

b. 在“金滩小姐”评选活动结束后，在下一周周《防城港日报》时政版上，辟出半个版，对“金滩小姐”大赛做一个回顾性的图文报道，并宣传本项目。

c. 9月起每周四到项目销售结束，在《防城港日报》中夹派精美DM海报，吸引公务员关注。

2）户外媒体。户外媒体的作用是在特定区域内以户外广告的形式，宣传项目的基本信息、形象及活动信息，吸引特定区域户外流动人群的注意力。

① 灯杆旗。

a. 北仑大道两侧。

b. 金滩牌坊至项目靠海一侧。

② 导示牌。

a. 东兴城区拐入金滩T字路口左侧。

b. 金滩牌坊后T字路口靠海一侧。

c. 项目旁大转盘。

d. 明利宾馆门口绿化带。

③ 地盘包装。

a. 工地围墙喷绘。

b. 工地周边彩旗。

c. 明利宾馆前大门两侧喷绘。

d. 明利宾馆门口两侧大理石圆柱喷绘。

e. 明利宾馆门口玻璃喷绘。

（广西南宁金日房地产营销策划有限公司）

【报告点评】

报告是属于酒店项目的整合推广方案报告，主要侧重于推广策略，详细地列举了各个销售阶段的广告媒体选择、广告主题内容、广告投放点等。在报告中，制订推广策略是在市场分析、项目SWOT分析、消费者分析和推广定位四个部分详细分析确定后得出的，通观全文，短小精悍，有依有据，策划思路明确清晰，稳中带着谋而后定的智慧。

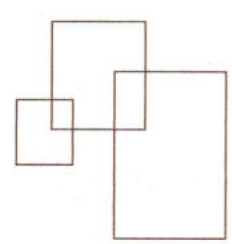

三、河南许昌“星海湾”健康主题推广思路报告

报告目录

报告正文

第一部分　市场及项目概况

1.1　B13号地分析

1. 地理位置分析

根据许昌市“东移北扩”的发展规划，B13号地位于许昌市东城区天宝路与魏文路交叉口以北，位于许昌市之中心魏都区范围内。根据目前许昌市的地块开发状况来分析，魏都区天宝路以南已经大部分开发完毕，几年内许昌势必迅速开发魏都以北。

2. 周边配套

1）学校：点点幼儿园、许昌市一中分校、东城区第一高中、文博高中、许昌学院东校区。

2）医疗：许昌市人民医院、许昌博爱乳腺病医院、中山医院、市中心医院、凤凰医院。

3）银行及邮政：许昌银行、邮政银行。

4）休闲：坐18路公交20分钟可到新玛特商场，胖东来生活广场等大型购物广场，周边有许昌迎宾馆，湘味坊等宾馆酒店。

5）公交车：有九个公交车站点，最近的有18路公交和2路公交，交通便利。

1.2　竞争对手分析

从周边竞争对手进行分析：B13号地主要面对的竞争对手有3个。分别是恒大绿洲、空港新城、奥体花城三个楼盘。

1）恒大绿洲地理位置在学院路与天宝路交汇处，均价5400/m^2。项目特色为花园洋房，精装修。总建筑面积72万余平方米，共3784户。交通配套京港澳高速出口，临近高铁站。是此次项目的强大竞争对手。

2）空港新城地理位置在东城区天宝路与新107国道交汇处，装修方面有毛坯和精装修两种。均价4500元/m^2，总建筑面积不低于110万m^2。是我们的平行竞争对手。

3）奥体花城目前已经销售完毕，进入了二手交易时期。二手交易对我们公司的项目冲击很大。据调查，奥体花城的二手房售价普遍在 $4000/m^2$ 的价格以下。根据国家规定商品房未满五年进入市场进行交易需要交纳 5.6% 的营业税，那么同一手交易相比，它的实际成交价在 $4200/m^2$ 左右，仍然对我们此次的项目冲击很大。

4）从地产商圈的角度来分析：地产的商圈比较大，包括了市、县、乡。目前许昌市在售或未售楼盘共 60 个，其中正在销售的楼盘共 35 个。待售楼盘为 25 个，还有数个准备动工的潜在竞争对手。

1.3 项目 SWOT 分析

1. 机会

1）许昌市总人口 456 万人，大约有 100 万户。目前许昌市的地产开发项目共 60 余个。现房不足十万户，市场需求未满足。

2）公司项目在许昌市魏都区。就周边的县乡来看，项目具有强大的竞争优势。

3）国家 GDP 不断上涨，GDP 上涨房价就会上涨。国民经济上涨房价反而下降就是不正常。

4）国家政策的出台是为了使房价稳定增长，而非降价。

2. 威胁

1）竞争对手强大，竞争激烈。恒大集团是许昌市政府招商引资的企业。在拿地方面，恒大所拿到的地远低于市场价，再加上企业实力强大，对公司项目具有很大的威胁性。

2）政府出台的房产限购，以及即将出台的房产实名制都对房产的销量造成了很大影响。

3. 优势

1）金石地产是许昌本土企业，具有 20 年的发展历程。过往所做的项目大多是豪宅并且取得了不错的市场信誉。B13 号地位置为许昌市魏都区，在市的核心发展范围内，发展前景好。

2）项目中有接近一万平方米的绿化地带。可以充分利用这个优势打造 B13 号的核心竞争力。

4. 劣势

1）需要重新培养销售团队。

2）面对激烈的竞争形势，对市场的可操作性难度加大。和上市龙头公司相比，企业综合实力较弱。

1.4 项目客户群定位

项目占地 165 亩，总建筑面积 $290000m^2$，住宅用地。因地理位置相比市中心较偏，周边商业未发展完善，相对于魏都区的地理来分析，稍微偏北，因此走刚需路线合适。

（1）从商圈的角度分析，许昌市四县一区的潜在顾客所占比例。

许昌市中心——50%　　许昌县——45%

禹州市——2%　　长葛市——1%

鄢陵县——1%　　襄城县——1%

（2）从公司项目位置来分析，项目主要面对的目标客户群有三类。

1）20~30 岁年龄阶段的消费者，他们购房需求主要是结婚或者是为结婚做准备，占总需求的 45%。资金来源 25 岁以下的主要是父母为其置业自己再出一部分钱，26 岁以后的有一部分是自己置业，这一部分消费者由于实力所限大多数会考虑 $80m^2$ 左右的房子。还有较少一部分是因为工作的需要而购房，他们一般是自由职业者，不需要每天上班，家就是他们的办公室，这类顾客一般会购买地理位置非常好的房子。在许昌这类人很少，就近主要集中在郑州。

2）31~50岁年龄阶段的消费者，他们的购房需求主要是换房，因为现有的住房已经变成旧房，或者是因为发展得好，有足够的资金购买房产。还有一部分是为了投资，使资金保值，占总需求的40%。

3）50岁以上年龄的消费者，安享晚年。他们到了这个年纪，孩子的房子、婚姻基本安置好了，自己需要一个安享晚年的小房子。两室的 $70m^2$ 左右是他们考虑的范围。还有一部分希望同子女住在一起或者是子女希望同老人住在一起，一般需求 $120m^2$ 左右的房子，占总需求的15%。

第二部分　推广策略

2.1　市场推广

1. 确定推广方向

（1）健康的重要性。健康为什么重要呢？因为完美人生的三大标准是健康、财富、自由。什么对我们是最重要的，我认为是健康，因为健康是对一个人影响最大的因素。曾有人用这样一组数字“10000000000”来比喻人的一生，这里的“1”代表健康，而“1”后边的“0”分别代表生命中的事业、金钱、地位、权力、房子、车子、家庭、爱情、孩子等，这是不是说明这个人非常成功呀？这个人生活中拥有很多的财富。假如有一天丢了一个“0”或两个“0”对这个人有没有关系，有，不会太大。假如没有了健康这个“1”，后面的“0”再多对这个人还有意义吗？失去了健康就失去了一切！所以健康是第一位的。曾有人说，权力是暂时的，财富是后人的，唯有健康才是自己的。

（2）消费者对健康生活环境的需求。居住小区外环境的质量直接影响着居民的生活质量。居民生活质量提高不了就会影响人们的健康。城市的环境质量在很大程度上反映该城市乃至国家不同时期社会政治、经济、文化和科学技术发展的水平。

近年来人们对居住环境的认识水平与需求不断提高。在居住环境质量方面，居民已从仅仅关注居住的内部空间，到追求享有高质量的居住小区外环境，以满足其生态健康的居住要求。公司通过对生态健康居住小区外环境构成的研究，建设具有科学性的生态健康居住小区，为消费者的健康保驾护航。

2. 制订推广策略

（1）确定竞争对手。B13号地目前主要面临两个主要竞争对手，恒大绿洲和空港新城。

（2）恒大绿洲的卖点和特色。项目介绍：位于学院路与天宝路交汇处。项目规划用地288亩，其中规划有 $72000m^2$ 刚需住宅，$5200m^2$ 五星级会所，$67000m^2$ 商业街，$8000m^2$ 大湖，$4000m^2$ 幼儿园，号称9A精装。

1）卖点。

① 号称数千万打造的大门。

② $8000m^2$ 的人工湖，并且人们只能观赏不能走进去体验。

③ 幼儿园。

④ 项目中间所打造的五星级会所（目前确定大部分收费）。

⑤ 精装修。

2）缺点。

① 人工湖维护成本高，难以维护管理。

② 第十六、十、十一、十七这四栋楼设计不够合理。

③ 精装修带来的高价，高价抑制销路。

④ 项目景观打造费用成本高。

（3）空港新城的卖点与缺点。

1）卖点。

① 目前空港的均价为4600元/m^2。

② 赠面积，其中有一款88m^2的房子赠送13.5m^2的面积。这里从契税上可以为消费者节省1%，让消费者买房真真切切地占到了便宜。有一句话说："消费者不是要买便宜，而是要感觉到占了便宜。"

③ 活动优惠幅度比较大，一环扣一环六重优惠。对消费者吸引力很大。

④ 园林景观好。

2）缺点。

① 客户定位范围太大，从43~138m^2，风格有SOHO公寓、写字楼、复式，满足的客户群较散。

② 小户型目前还不是用于此地，会影响销售速度。

通过以上两个竞争对手的营销策略分析。空港新城和恒大绿洲的特色以及卖点，避其锋芒走实惠路线，找出自我产品的卖点。

2.2　确定推广主题——健康

① 宣传广告语（有两句广告可选其一）：

"康臻优品，畅享生活。"

"健康人生，品质生活。"

② 符号元素设计：文帅所设计的"四叶草"标志。

③ 宣传文段：

水木清华，叠翠流金。

这不仅仅是优美景色，更是生态健康的演绎。

星海湾——带着绿意、阳光款款走来。

节能、绿色、环保、100%停车位……

净化环境，舒享生活。

2.3　营销推广活动

1. 活动一：太极宗师

（1）前言：

才朋抒挤捺须认真，周身相随人难进。

任他巨力人来打，牵动思量拨千斤。

引进落空合既出，粘连粘随就屈伸。

（2）活动时间：蓄客期。

（3）活动地点：文峰塔广场。

（4）活动内容：邀请陈氏太极拳第十九代传人——陈长流亲临现场，进行太极传授。

（5）活动操作：对蓄客期所积累的客户发活动邀请。

2. 活动二：为爱向前冲

（1）前言：

不是一声“我爱你”，而是一声“在一起”。

相恋多年的你们，就在这一刻拥有了只属于你们的幸福港湾。拼搏多年的你实现了对她的诺言，这一天你们是幸福的主角。

（2）活动时间：开盘期。

（3）活动地点：星海湾营销中心。

（4）活动内容：在活动规定时间内推出 3 套特价婚房——最合适的爱情婚房，让爱安家落户，每户优惠为总房价的 15%~8%之间（建议商定）。

（5）活动要求：参与活动的业主必须符合以下条件：

1）首付必须为 60%以上。

2）在活动期间情侣双方必须提供结婚证原件及复印件（结婚证领取时间为 2013 年本年）。

（6）活动思路解析：

现在购房刚需有三大原因：

1）由结婚所产生的刚需。

2）由养老所产生的刚需。

3）由工作需要所产生的刚需。

3. 活动三：金石送幸福

（1）前言：

房子是你的，名牌家电是你的，风景也是你的。

美好的你，拥有美好的一切。

（2）活动时间：守盘期。

（3）活动地点：星海湾营销中心。

（4）活动内容：售楼期间凡是购楼的业主，均送名牌家电一件。

（5）思路解析：当房子销售进入守盘期，房价渐渐提升，销售生命周期从成长期进入成熟期，销售遇到瓶颈，举行各种活动吸引顾客促进销售。

2.4　蓄客期推广

1）2013 年 6 月 6 日~2013 年 10 月 28 日，蓄客期。

2）4 月 22 日~10 月 8 日，金石会会员征募蓄客。

3）通过各种硬广软文，树立项目特色蓄客。

4）通过各类圈层活动，扩大刚需客户范围。

5）通过各类区域营销推介会，扩大四县一区范围蓄客数量。

6）近期重点营销任务：2013 年 6 月初开工仪式，通过传统媒体与刚需客户活动的结合，描绘区域和项目特色价值，说透项目定位，迅速抢占区域刚需市场，树立消费者心目中的刚需形象，成为准顾客及社会热议话题（表 7-3-1）。

表 7-3-1 蓄客期 6 月 6 日~10 月 28 日各月主要营销框架主线内容

蓄客期		营销框架内容	媒体组合	位置或类型
6 月	6 日前	6 月广告主线品质篇： “康臻优品，畅享生活。” “健康人生，品质生活。” 在金石会所有联盟商家大堂接待处摆设直投资料 6 号之前完成“星海湾”楼书等物料制作	A B C D E	市区人流量密集区或项目地块方圆 2km 主干道户外大牌 1 块儿 禹州、长葛、鄢陵与许昌城市交通必经地段 1 块儿 项目围墙广告、临时接待中心装修包装完毕 许昌晨报通版硬广、新闻软文、电台、电视台 5 秒广告+新闻软文、网媒、手机短信
	6 日	开工奠基仪式：邀请冯仑作为项目开工仪式嘉宾参加项目开工仪式和产品推介会，政府相关要员、业界同行、相关媒体、娱乐明星、金石新老客户、金石全员普天同庆“星海湾”开工登场	A B C D E	许昌晨报整版硬广、新闻软文、手机短信
	11 日	产品推介会：邀请地产界名人，做项目讲解		许昌晨报整版硬广、新闻软文、手机短信
	25 日	网站推广：向“搜房网”“许昌房地产网”“中华地产网”“中原楼市网”“聊宅网”“楼盘网”等各大楼市网站投入售楼信息		策划部人员进行专项工作洽谈
7 月	15 日	关系营销：金石公司老客户专场推荐会	C D E	许昌晨报硬广、晨报新闻软文，手机短信
	18 日	公益营销：成立一个大学生基金，凡“星海湾”业主家庭的孩子考上公立大学，赞助学习经费 3 万元	C D E	许昌晨报硬广、晨报新闻软文，手机短信
	22 日	区域营销：联合禹州高端消费机构举行项目禹州专场推介会	C D E	许昌晨报硬广、晨报新闻软文，手机短信
	29 日	学区房：做项目学区房的软文推广，抓住客户培养孩子的心	C D E	许昌晨报硬广、晨报新闻软文，手机短信
8 月	6 日前	8 月广告主线小区配套篇： 建筑与科技珠联璧合，艺术与人文交相辉映 楼宇外观设计、建筑材料、小区绿化配套	A B C D E	市区人流量密集区或项目地块方圆 2km 主干道户外大牌 1 块 项目围墙广告、临时接待中心装修包装完毕 许昌晨报通版硬广、新闻软文、手机短信
	6 日	茶艺节：邀请茶叶经销商、项目客户举行茶艺节论坛，观看茶叶表演及品茶等	C D E	许昌晨报硬广、晨报新闻软文，手机短信
	15 日	许都公园水文化节：泼水节，儿童嘉年华才艺大赛	C D E	许昌晨报硬广、晨报新闻软文，手机短信
	20 日	区域营销：联合长葛高端消费机构举行项目长葛专场推介会	C D E	许昌晨报硬广、晨报新闻软文，手机短信

（续）

蓄客期		营销框架内容	媒体组合	位置或类型
9月	25日前	9月广告主线情感篇： 在一起，拥抱幸福和甜蜜 对你的爱经得起时间的考验	A B C D E	市区人流量密集区或项目地块方圆2km主干道户外大牌1块儿 项目围墙广告、临时接待中心装修包装完毕 许昌晨报通版硬广、新闻软文、手机短信
	25日	区域营销：联合鄢陵高端消费机构举行项目鄢陵专场推介会	C D E	许昌晨报硬广、晨报新闻软文，手机短信
	17日	关系营销：公司金石达、东方明珠、凤凰城、公司关系客户专场推介会	C D E	许昌晨报硬广、晨报新闻软文，手机短信
10月	10月广告主线营销中心即将开放大力宣传片： 倾力打造健康实用的绿色生态小区 10月28日盛大开放		A B C D E	市区人流量密集区或项目地块方圆2km主干道户外大牌1块儿 项目围墙广告、临时接待中心装修包装完毕 许昌晨报通版硬广、新闻软文、手机短信
	10日	项目内刊，详细楼书，向所有圈层客户邮寄详细楼市和邀请函，聚集客户，在售楼中心开放当天进行金石卡认筹	C D E	许昌晨报硬广、晨报新闻软文，手机短信
	15日	全部回访和建立客户档案系统，进行重点客户筛选，准备开盘	C D E	许昌晨报硬广、晨报新闻软文，手机短信
	28日	开放仪式："星海湾"营销中心开放仪式(赠礼品)	A B C D E	许昌晨报硬广、晨报新闻软文，手机短信
6~10月物料准备：各媒体系列成形广告、楼书、系列软文、项目工地系列包装、演唱会系列物料、认筹卡、折页、户型单页、假日广场楼书、产品手册、手提袋、名片、纸杯、胸卡、信封、档案袋、项目整体形象宣传片等				
A户外大牌　B公交站牌广告　C晨报硬广　D晨报新闻、软文　E手机软文　F电视广告、新闻　G电台广播、新闻　H网媒　I网络硬广　J DM直投				

（河南金石地产有限公司策划部）

【报告点评】

报告在经过地块分析、竞争分析、SWOT分析、客户群定位后，制订了项目推广策略，确定了市场推广、推广定位、推广主题、推广活动等。项目最大的亮点在于一切推广和广告均围绕项目主题“健康”和客户群而展开，使得推广和广告活动具备延续性，更有效，影响更广泛和深远。特别是最后蓄客期推广部分，根据时间和销售节点特征，详细安排了推广和广告活动，制订了每月、每个节点的推广主题内容，确定了广告媒体组合策略。

随着生活水平的提升，但生活的环境质量却在降低，健康问题越来越突出，“健康”也越来越受关注，楼盘推出“健康”的主题，若项目硬件条件跟得上的话，这将是吸引客户、打开市场的好牌。

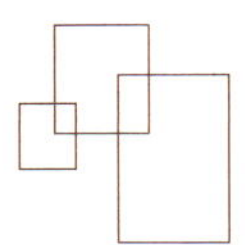

四、广东广州保利香槟国际2014年3月营销推广计划

报告目录

报告正文

第一部分　销售背景

1.1　2月竞品动态（截至2月17日，表7-4-1）

2月竞品动态分析见表7-4-1。

表7-4-1　2月竞品动态分析

竞品项目		金地艺境	保利达翠堤湾	中房上东花墅	龙湖紫都城	五月花	金地铂锐
销售套数		13	10	18	2	2	8
高层	面积/m^2	76、80、90	64、77、92、144	45、77、85、91	55、79、88、115		75、79、87、117、130
	价格/(元/m^2)	起价 5600 均价 6500 最高价 6800	起价 5680 均价 6500 最高价 6900	起价 7000 均价 7500 最高价 8000	起价 7000 均价 7500 最高价 7900		起价 7000 均价 8000 最高价 9000
小高层	面积/m^2	81、82、86、88	65、76、77、80、92、115	41、80、94、105		91、92、94、106、116	
	价格/(元/m^2)	起价 5600 均价 6500 最高价 6800	起价 5680 均价 6900 最高价 7300	起价 8200 均价 8600 最高价 9300		起价 7900 均价 8500 最高价 9200	
多层、洋房	面积/m^2	88、90、135、144、168		33、72、80、82、91、122		95、107、125、135、155	130、150、170、220
	价格/(元/m^2)	起价 6200 均价 8700 最高价 9000		起价 7700 均价 8200 最高价 9000		起价 9100 均价 9800 最高价 13500	起价 10000 均价 13000 最高价 17000

（续）

竞品项目	金地艺境	保利达翠堤湾	中房上东花墅	龙湖紫都城	五月花	金地铂锐
优惠活动	一次性98折、贷款99折、老带新99.5折、公积金贷款没有折扣、新春99折	减5000元、贷款98折、一次性97折、认购98折、开盘98折	一次性98折、贷款99折	7000元抵5万、一次性98折、贷款99折、老带新99折	一房一价93折、付款方式一次性97折（贷款99折）、7天按时签约99折、老带新99折、经理折扣99折	一次性98折、贷款99折老带新99.5折、开盘优惠98折
日来访量/人	20	20	8	20	7	13
推广方式	无	直销、房交会、微信、地铁报、辽沈晚报	无	沈城楼市、电话营销、直销	无	围挡、老带新

1.2　竞品小结

1）区域内刚需置业特征明显，各项目成交主要受价格因素影响。

2）本案竞品项目中，中房上东花墅、保利达项目依托价格优势大量掠夺区域客户，且与本案相邻，对本案形成较大影响。

3）金地艺境，为本案新增竞品项目，虽然区域不同，但是距离较近，户型及价格都将对本案形成一定的影响。

4）目前各项目均未进行2014年推货计划，但区域内高层产品为主的方向不会改变，高层同类产品竞争压力较大。

1.3　剩余产品情况（以下统计数据时间截至2014年2月18日）

1. 已推未售房源统计（表7-4-2）

表7-4-2　已推未售房源统计

产品类型	楼号	数量/套	消化/套	剩余/套
多层	30#	48	48	0
	31#	24	21	3
	32#	24	20	4
	33#	36	31	5
	34#	36	34	2
	35#	36	31	5
	36#	36	16	20
	38#	36	28	8
	40#（½）	12	8	4
多层小计		288	237	51
小高层	41#	144	138	6
	42#	108	104	4
	43#（½）	54	35	19
	44#	108	92	16
	46#	108	85	23
	47#	102	72	30
	49#	108	75	33
	50#	108	61	47
	51#	108	100	8
小高层小计		948	762	186
合计		1236	999	237

小结：

一期已推售18栋，其中40#和43#均只推出一个单元，共计1236套房源，消化999套，剩余237套，消化率为80.8%。剩余房源集中在高层109m² 房源、多层顶层及一层房源。

2. 已推未售房源户型去化统计（表7-4-3）

表7-4-3　已推未售房源户型去化统计

产品类型	小高层						多层			合计
户型编码	A1	A2	A3	B1	B2	B3	C1	C1′	C2	—
户型面积/m²	65	86	109	50	75	108	109	109	124	835
总套数	160	160	160	156	156	156	72	72	144	1236
成交套数	140	140	123	141	149	69	60	62	115	999
剩余套数	20	20	37	15	7	87	12	10	29	237
去化比例	88%	88%	77%	90%	96%	44%	83%	86%	80%	81%

小结：

目前已推房源，整体已经去化超过80%，为了避免销售进入瓶颈期，出现销售下滑的局面，应及时进行新品的入市加推。

第二部分　营销推广策略

2.1　阶段性工作目标

1）为确保项目全年任务指标的完成及二期产品的蓄客销售，需要对一期存量产品快速清尾。

2）对一期未推产品进行集中蓄客，为3月的集中开盘去化，做好准备。

2.2　阶段策略

1）借助现场活动和保利三房月线上活动，迅速吸引市场关注，为新品加推做好蓄客准备。

2）确定主要媒体渠道，加大报广、户外、软文等多种形式的宣传力度，制造强势的市场声音。

2.3　策略分解

1）线上推广借助保利三房月，释放项目新品入市市场声音，进行蓄客。

2）线下通过保利香槟月，进行现场活动，氛围营造，为销售营造环境。

3）增加渠道和媒体推广力度，拓展有效客户资源。

第三部分　营销执行

3.1　销售执行

1. 一期产品加推

1）2月22日开始对一期未推产品进行集中蓄客。

2）加推时间建议：3月22日。

3）推售货量，见表7-4-4。

表 7-4-4　一期推售量

楼栋	性质	高度/m	楼层	住宅面积/m^2	套数
37#	住宅	17.4	6F	4373	36
39#	住宅	17.4	6F	4373	36
40#	住宅	17.4	6F	1465	12
43#	住宅	57.9	18/1D	4710	54
45#	住宅	57.9	18/1D	8371	108
48#	住宅	57.9	18/1D	9420	108
合计				32712	354

2. 推售产品统计（表 7-4-5）

表 7-4-5　推售产品统计

产品类型	楼 号	户型					
		C1-109m^2	C1′-109m^2	C2-124m^2	—	—	—
多层/套	40#一个单元	18	24	42			
多层小计/套		36					
		A1-65m^2	A2-86m^2	A3-109m^2	B1-50m^2	B2-75m^2	B3-108m^2
小高层/套	43#一个单元	54	54	54	36	36	36
小高层小计/套		354					

3.2　渠道执行

1. 外展点拓展

在保证营销中心正常接待客户的前提下，组建销售小分队，寻找若干外展场地，每一个外展派遣一名置业顾问常驻，配置销售物料与现场派单人员。实现每一名置业顾问就是一个售楼处，变坐销为行销，将项目信息精准投放（图 7-4-1，表 7-4-6）。

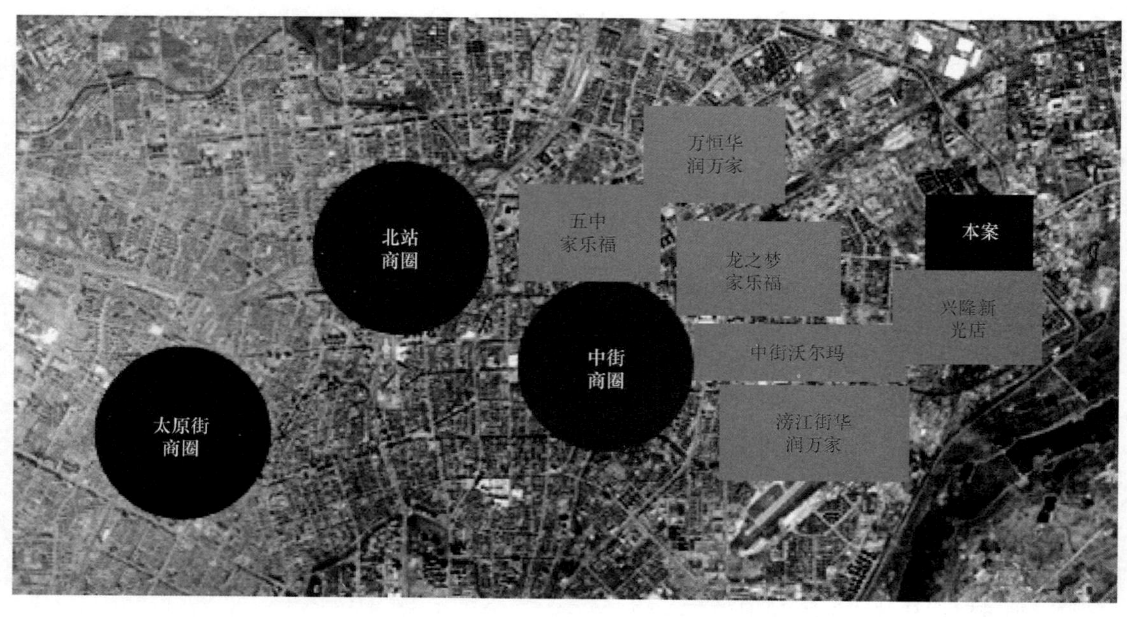

图 7-4-1　外展点拓展分布

表 7-4-6 外展点概况

展位名称	展位位置	展位大小	租赁时长	备　注
家乐福(五中店)	室内	$3\sim5m^2$	全年	注重形象 要求品质 必须装修
家乐福(龙之梦)	室内	$3\sim5m^2$	全年	注重形象 要求品质 必须装修
华润万家(万恒店)	室内	$3\sim5m^2$	全年	注重形象 要求品质 必须装修
华润万家(滂江街)	室内	$3\sim5m^2$	全年	注重形象 要求品质 必须装修
兴隆百货(新光店)	室内	$3\sim5m^2$	全年	注重形象 要求品质 必须装修
中街沃尔玛或步行街	室内、外	$1\sim2m^2$	周六、日	注重形象 要求品质 必须装修

2. 户外媒体资源调整（表 7-4-7）

表 7-4-7 户外媒体资源调整

类别	街路	点位	主要功能	形式
新增	北顺城路	乐购楼顶	客户引流	LED
	五爱市场	韩国城	品牌占位、圈客	LED
	奉天街	陆军总院	品牌占位、圈客	LED
	联合路	竞品附近	竞品截留	户外
	东北大马路	竞品附近	竞品截留	户外
	东陵西路	项目附近交通岗	客户引流	交通蓝牌
原有	青年大街	高登酒店	品牌占位	保留
	五爱市场	五爱针织城	品牌占位、圈客	调整
	盛京医院		品牌占位、圈客	保留
	太原街		品牌占位、圈客	保留
	二环桥		竞品截留	保留
	桃仙机场		品牌占位	减持
	沈河热电		客户引流	保留

3. 企事业单位宣讲

通过与其他高端消费场所进行异业合作，进行项目资料的展示，让产品信息能够直接与有效客户形成直面效应。建议场所见表 7-4-8。

表 7-4-8 企事业单位宣讲建议场所

类别	渠道名称	拓展方式	其他要求
企事业单位	华晨宝马	派单、宣讲	人数至少 50 人
	华晨金杯	派单、宣讲	中午时段在员工食堂
	606 所	派单、宣讲	中午时段在员工食堂
	黎明发动机	派单、宣讲	中午时段在员工食堂

4. 商圈覆盖（表 7-4-9）

表 7-4-9 商圈覆盖情况

类别	渠道名称	拓展方式	其他要求
大型商超	五爱市场	外展、内刊、直投	展位靠近门口或电梯口
	南塔鞋城	派单	安排直投人员对商户投递

5. 自有社区老业主资源（表 7-4-10）

表 7-4-10 自有社区老业主资源情况

类别	渠道名称	拓展方式	其他要求
自有社区	保利花园	园内宣传	宣传位置
	保利海上五月花	园内宣传	宣传位置

6. 异业合作（表 7-4-11）

表 7-4-11 异业合作情况

类别	渠道名称	拓展方式	其他要求
异业合作	华通丰田 4S 店	零钱封	3~4 月派发
	中晨华通雷克萨斯	零钱封	3~4 月派发
	上海大众东陵路展厅	零钱封	3~4 月派发
	广本路安店	零钱封	3~4 月派发

第四部分 推广执行

4.1 推广策略：

1. 线上推广

以保利三房月为主要推广诉求，结合项目自身 $109m^2$ 产品，进行卖点优化与集中推介，带动项目整体的销售。同时，释放新品加推信息，重点进行蓄客，为开盘奠定良好基础。配合短信、网络、户外等多种媒体组合形式，尽快完成一期产品清尾工作。

2. 线下推广

线下推广配合线上宣传，精准释放产品信息，积极寻找拓客渠道，形成圈层传播。建议增加户外点位，形成良好的市场形象。微信、微博等公众信息平台与线上推广同步，由于朋友圈进行转发的影响力度较大，带动身边好友关注，建议在微信公众平台举行“点赞有礼”或“转发朋友圈”有礼等活动。扩大项目在潜在客户群中的知晓度。

3. 营销活动

配合保利三房月的线上推广炒作，进行各个案场的活动配合，由于三房普遍适用于各年龄段客户群体，因此选择以“家庭”为主线开展大规模的系列暖场活动。拟定以“情——亲情——真情”为主题的“欢乐家庭节”。

4.2 推广目标

1）存量去化。

2）释放新品信息，锁定有效客户群体，促进成交。

4.3 推广主题

推广主题为“保利三房月 沈河法式学区房全城瞩目”。

4.4 推广主诉求

（1）保利三房月。男人每个阶段都有保利三房（50 万级对位奋斗男甜蜜三房；70 万级对位进取男幸福三房；100 万级对位收获男黄金三房）。全城海量供应，每个好男人必能选一套。

（2）沈河法式学区房。区域发展成熟再升级，生活配套完善，龙之梦、兴隆百货近在咫尺。地段、交通、学区优势突显。

（3）新品加推。50~124m^2 电梯小高层、宽景多层典藏新品上市。

4.5　媒体排期

1. 报纸广告排期（表 7-4-12）

表 7-4-12　报纸广告排期安排

发布时间	发布媒体	规格	主诉求
3.3(周一)	沈城楼市	整版	保利三房月，沈河法式学区房全城瞩目 50~124m^2 电梯小高层、宽景多层典藏新品上市
3.5(周三)	地铁报	半版	
3.10(周一)	沈城楼市	整版	开年开香槟，3.22. 即将开盘 50~124m^2 电梯小高层、宽景多层典藏新品上市
3.12(周三)	辽沈晚报	整版	
3.13(周四)	华商晨报	半版	
3.17(周一)	沈城楼市	整版	1 小时 300 套，保利香槟国际荣创热销神话 50~124m^2 电梯小高层、宽景多层典藏新品上市
3.18(周二)	华商晨报	整版	
3.24(周一)	沈城楼市	整版	保利香槟国际开盘持续热销，新品续势加推 50~124m^2 电梯小高层、宽景多层典藏新品上市
3.31(周一)	沈城楼市	整版	保利香槟国际开盘持续热销，新品续势加推 50~124m^2 电梯小高层、宽景多层典藏新品上市

2. 软文排期（表 7-4-13）

表 7-4-13　软文排期安排

发布时间	发布媒体	规格	主诉求
3.7(周五)	华商晨报	半版	保利三房月，沈河法式学区房备受推崇 50~124m^2 电梯小高层、宽景多层典藏新品上市
3.14(周五)	地铁报	整版	保利香槟国际学区房席卷沈城，现正火爆认筹中 50~124m^2 电梯小高层、宽景多层典藏新品上市
3.19(周三)	沈阳晚报	半版	3 月 22 日，保利香槟国际开年新品盛世开盘 50~124m^2 电梯小高层、宽景多层典藏新品上市
3.27(周四)	地铁报	半版	1 小时 300 套，保利香槟国际开盘引爆沈城楼市 50~124m^2 电梯小高层、宽景多层典藏新品上市

3. 短信排期（表 7-4-14）

表 7-4-14　短信排期安排

发布时间	针对人群	主诉求
3.4(周二)	短信公司高端人群资源库	新品信息+产品卖点+活动邀约
3.13(周四)	老业主、意向客户	新品信息+产品卖点+活动邀约
3.18(周二)	短信公司高端人群资源库	新品信息+产品卖点+活动邀约
3.21(周五)	老业主、意向客户	新品信息+产品卖点
3.26(周三)	短信公司高端人群资源库	新品信息+产品卖点

4.6　活动建议

配合保利三房月的线上推广炒作，进行各个案场的活动配合，由于三房普遍适用于各年龄段客户群体，因此选择以“家庭”为主线开展大规模的系列暖场活动。拟定以“情——亲情——真情”为主题的“欢乐家庭节”。

1. 活动一：3月1日~2日——保利“HAPPY家庭节”启幕

每户家庭都可以参加，小选手和爸爸妈妈一起参与。

（1）真情挑战。

1）小朋友帮父母系鞋带。

2）我的理想家——搭积木。

3）家庭踢毽子。

4）家庭掷飞镖。

5）家庭呼啦圈。

6）垒水果色拉拼盘等比赛。

（2）心心相印。老婆帮老公打领带。

（3）亲子表心意。

1）孩子表演，父母竞猜。

2）家庭三人两足。

2. 活动二：3月8日~9日——花漾女人、食尚魅力

以妇女节为背景的美食活动，邀请客户参加。

（1）母女“姐妹花”照相留念。

（2）邀请高端美容院讲师，现场进行美容SPA体验会。

3. 活动三：3月15日~16日——早教活动

邀请亲亲袋鼠早教机构专门针对到场客户做一场关于早教的讲解和互动参与活动。

4. 活动四：3月22日~23日——融情乐园

“家庭环保”作品展，收集并展出家庭利用废弃物品制作的各种环保小作品。

5. 活动五：3月29日~30日——情系永恒——“牵手夕阳”寻找幸福老人

“牵手夕阳”寻找幸福老人，寻找度过金婚、银婚的幸福老人，收集他们的感人经历和珍贵相片，并在售楼处进行评选。

（保利地产香槟国际项目组）

【报告点评】

此报告是一份月份推广策划报告，由于楼盘正处于销售状态，则通牌报告侧重点在于实际执行上。其中内容能从实际出发，所有营销动作和广告动作均是为了达成目标，具备了很强的目的性和实操性。

1）分析竞品情况，了解项目销售和存量情况，制订本月份加推产品量。

2）根据市场情况营销推广策略和加推产品情况，安排各个营销渠道的推进工作。

3）结合营销、市场、产品制订了推广主题、广告诉求点、广告媒体安排等。

4）根据项目客户群情况，制订了每周不同主题的暖场活动。

营销广告策划是时刻跟着市场和项目推售情况的，能根据市场的变动和推售情况快速反应，制订一系列有效的阶段性应对措施，那么这就是一篇成功的策划方案。

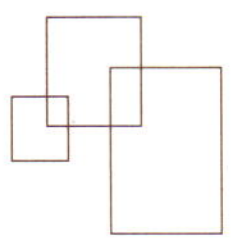

五、地产广告文案之最文案

报告目录

报告正文

第一部分　最实效的创意

桃源居（深圳）——七岁可上清华！

前博思堂戴仲华之作，一聪明活泼的女孩儿，一剂真正的USP，通杀天下可怜父母。博思堂鼎盛时期的作品，令同案作品显得矫揉造作，相去千里；也再次证明了小戴的创意能力，仅此可见一斑。

原文引用：

七岁可上清华！

七岁的孩子上清华这似乎有些不可思议，但在宝安桃源居这确实是事实。

9月29日深圳清华实验学校入驻桃源居举行签约仪式，2002年9月开学，学区总占地16万 m^2，规划有清华幼儿园、小学、初中、高中。所有学校均按国家标准设置，师资力量一流，针对桃源居业主采用优先、优价、优惠入学政策。

社区内，不仅为孩子准备了教育一体化的配套设施，还附设子女家政培训中心。在这里无论您的年龄大小都能找到人生中每一个阶段的在校学习机会，让您体会到真正大社区给您带来的方便与优越。

第二部分　最具沟通力的创意

草山先生住所（台湾）——“草山生活”系列六款。

台湾高手詹伟雄之作，恬静平和、洗尽铅华的心情片断，借朴实、冲淡的构图执行娓娓道出，可谓淋漓尽致。之后詹的离去，是中国广告的损失。

原文引用：

（1）多久没听过有人唤我“林桑”了，直到有天下午，在草山……

董事长下了班，最痛苦的身份就是董事长。即使散步在仁爱路口，打拳在台北中山纪念馆，休闲服里总得备上一叠厚厚的名片，应付斜地里闪出来的客户、长官与陌生朋友。应付一个嘈杂的社会尽要名片，让人既注意你，但又忽视你；享受真正宁静的生活，却仅要一个微笑的颔首，最简约的礼数，譬如草山的邻人。

宁静的山，沉默的树，不会吵着身份、地位、成就；山雾、叶落、溪涧、飞鸟、自然的作息熏陶了草山先生们的人生视野，即使是朴实的店家，在浅浅的一声“林桑”间，你也会觉得她是一位生活的智者。

选择宁静的住所与环境，应该在草山。

（2）独角兽！金刚！坦克！孙子们要玩具，我说：“来，阿公给你们弹珠”。——那是秋天在苗圃里捡的柏树种子……

“文明，使存折里的财富越来越多，却使人与人的游戏场所越来越少！”这是梭罗《湖滨散记》里的感叹，而台北许多人抱怨的则是连选择一座湖滨的权力都没有了。种子、草蔓、树枝、竹签、黏土、卵石，曾是多少台湾孩童的玩具，它们取之不竭，无所竞夺，而且拉近了孩童的心灵。这些孩童，陆续长成为台湾的企业家、决策者，成为父亲、也成为祖父，拥有着大理石般厚实的智慧，他们唯一无法回应的答案，是孙子们伸出的双手——“独角兽”“金刚”“坦克”。让孩子们与阿公一起嬉乐的游戏场，台北少了一座湖滨，却还有座阳明山。

14000hm^2 国家公园的田野教室，无数的种子弹珠，九十三种鸟类与一百五十三种蝴蝶，让阿公的智慧、自然的启蒙，共鸣进入台湾下一代的心中。

（3）住上草山的那一天，儿子问我想做什么？我说：“去呷碗地瓜汤吧……”。

一碗热腾腾的地瓜汤，一种朴实的六十年代台北生活融和了红地瓜的甜味和土味，在九十年代的台北，已经消失了三十年。

耿直的农夫，实在的小店，安静的邻居，从不大声说话的草山先生们，老老实实地活出生活的脾气，脚踏丰饶的火山岩，定时收割水稻、地瓜与海芋；买卖口说为凭，相信诚实、信用与道义，住所的短墙，总是任常春藤活泼攀爬。

（4）飞弹让股市大跌的隔天清晨，我来到这里，水的温度告诉我——留在台湾。

人生有很多抉择，等待着决定，“但千万别在城市里下决定。”松下幸之助有次对着一万三千位松下同仁说：“应该到自然中去！”。京都桂离宫的枯山水，那片雪白的白石水纹，多次给予了幸之助智慧的企业经营灵感，使松下渡过了大战后的阴霾；而另一个让他感激的自然导师，则是温泉。他的许多发明——电器开关，安全插座……都是在滚烫的泉水中成型的。

“休息，就是让身体休养，让心学习”，几乎已成了他的成长名言。阳明山是台北人常来休息的地方，但如果将家选择在草山，每天的人生都有休养，都能学习，譬如仰德大道那位老而弥坚的作家林语堂。

温泉，古道，松林，荒径……自然生态的节奏与韵律，从容启迪草山先生的智慧，比任何一本“危机处理”企管教科书，都要来得果敢明快！

（5）生活愉快吗？一位立委朋友来电问，我说：“草山的树和人，都那么挺直腰杆地生活着……”。

树，生活在台北最委屈的，人也是。

树的叶子上，满布着汽车排放的油灰，根部被覆盖的是大小工程的砂石污泥，而人呢？总畏缩地生活在玻璃窗后，在夏天的冷气房里，以秋天的毛衣御寒。

环境的污染使人的身体无法健康，也使得人心很难康健。要在台北挺直腰杆地生活，与要求公园里一棵树的纯然翠漾，同样困难。

所以，台北公园路灯管理处有苗的苗圃，选择在草山，一棵大安公园里强韧的巨树，必先要在草山度过山风雨露滋润的童年，才有够强的生命力。

人，应该也是，四季分明的气候，新鲜洁净的空气，调节各种温度的变化，给予心灵身体自然开放的舒展机会，交错的古道步径，带领着双脚勇于去探险，让四肢活络，使腰杆挺直。

（6）你知道吗，直到三十九年后的今天，我才真正读完一套福尔摩斯全集……

匆忙的城市，总是递给居住者一张不自由的时间表，赛车、会议、应酬、出差，接送来往的异国客户……看，秘书的冷峻行事历，完全拒绝着人心的一些真正愿望，譬如，安静地读完一套福尔摩斯全集。

在台北要求事业成就的城市逻辑里，如何寻得一方空间，可以安静地实现愿望，让生活丰富起来！

唯一的答案是阳明山。

宛如东京的箱根，纽约的长岛，透过适当的距离，草山及时地将人拉出城市刻板的时间表，予人实现各种愿望的机会。到巴拉卡公路上就着晨光阅读，在大屯山芒草房写生，与湖山村的种兰老农博一盘围棋，或者只是什么也不做地散步，体验真正的丰富人生。

第三部分 最形而上的创意

GELSS 是建于果岭上的上层建筑（北京）——体现了“母体、宫殿”“意识决定形态”等含义。

原创、震撼、唯美、大气。中国地产创意诉求之最。以拿来主义带领一个远郊楼盘创造出市场奇迹，如先知摩西带领犹太人走出埃及，此为强强联手所创造的真正的市场神话，由此其广告商红鹤传播机构居功至伟。

原文：

上苍 上界 上谕 上层

上苍，不仅是偶像，是存在于世间的爱，

上界，对超越生死轮回界线人生观的世俗理解，

上谕，自然万物的规律，违背这一起码原则将受到惩罚，

上层，受人尊敬的苦行僧，以普度人民疾苦为己任，

我们希望内心善良，生活美好，

我们选择舒适居所，

我们追求真、善、美，

名利场，风月场，角斗场。

在名利中淡泊名利，在风月中远离风月，在角斗中停止角斗，出淤泥而不染是上层境界。

意识决定形态。

世界发展依赖创新意识，地产界依赖，我们也依赖。

依赖一个强大支点，支起新的架构，颠覆已知经验，开启教育功能。

创新意识改造旧程序，创新意识决定新形态。

母体，宫殿。

人类的潜意识中永远保持着对元卧室（UTORUS）的回归渴望，SLASS，让每一个疲倦之人归隐母体，回归这非凡的人间宫殿。

第四部分　最布尔乔亚的创意

波托菲诺（深圳）——“质朴的浪漫，自在的优雅”“在纯水岸，到处弥漫着一种高雅的气息”和“每次数数木栈道，结果都会不一样”……

黑弧作品。无论从对目标客户思想、行为、品位、情趣的描摹上，还是在实景建筑构图、运色上，均与其目标客户——富商、艺术大师等现代知富阶层达成高度一致，是中国地产广告中沟通最到位的一个。

原文：

质朴的浪漫，自在的优雅

眼前的一幕，已为少数人拥有的奢侈

在一天中的随意时刻，带上自己的爱犬

在湖中的木栈道上遛遛、坐坐

湖边的柳枝打着水面

摇曳着自己水中的倒影

大半天里，就这么坐着

如果是晴朗的夜晚，还有萤火虫在旁边飞舞

生活的格调，就这样散散落落地弥漫开来

日升月落间，思绪就随着湖水宽广起来……

回归质朴，享受单纯——波托菲诺，纯水岸——联排别墅，多层豪宅

在纯水岸

浪漫是一种经典的生活

几十年来浪漫生活的憧憬在这里尽情上演

早上，提一壶水，在自家的花园里浇灌花草，作一个花工

定时敲响的圣菲诺钟声悠扬传来，该是收工的时候

中午，透过阁楼的天窗，思绪随着白云、小鸟一起放飞

下午坐在湖边树荫下的长椅上，漫无边际地思考

看远处倒在湖里的山影、树影，近处杨柳拂打着水面，小鱼欢快地畅游

甚至，你还可以在树荫下小睡一会

不用担心会有人过来打扰

生活的剪影，在纯水岸，幻变成经典的生活享受

——浪漫的纯水岸

在纯水岸
到处弥漫着一种高雅的气息
或许他们出现在同一天的新闻上
或许相会在一个高峰的论坛上……
许许多多的名家、明星、大师、富商在纯水岸就这样不期而遇
一个微笑，一个亲热的招呼替代了所有的寒暄
相同的世界观、相通的语言、相近的学识
汇聚成纯水岸高雅的生活格调
——高尚的纯水岸
在纯水岸
每一个细节都闪耀艺术光彩
这可能是世界上最艺术化的社区了
千百年来绚丽的光彩在这里重现
在那些巴洛克、哥特，或其他什么的廊柱、喷泉、水池之间
在那些水井盖、地板上……
艺术的光影斑斑驳驳，每一个节点似乎都在诉说着一个故事
历经风雨洗刷依然清晰可见
——艺术的纯水岸
波托菲诺纯水岸
弥漫着一种悠闲的生活气息
7 万 m^2 清澈的燕栖湖水阻断了所有的喧嚣与压力
围护出一个理想生活的彼岸，一个悠闲放松纯意式豪宅社区——纯水岸
这里有纯意大利建筑、沿湖木栈道、湖畔会所、水边休闲街、有咖啡、有艺术……
有浓浓的意大利风情，唯独没有俗世的纷扰
这里是一个真正还原了生活本质的家，从容优雅
许多的富商、名家、大师因为热爱这里而比邻而居
相近的学识、相似的品位而有了无拘无束的交往
空气里也弥漫着一种悠闲的生活气息
悠闲的纯水岸

第五部分　最具思想境界的创意

硅谷别墅（深圳）——“人与人的差别，要远远大于人与猴子的差别”“一栋别墅不足以改变世界，却能改变你对世界的看法”等六款。

博思堂又一力作，看似武断的话语饱含更多正面意义，发人深省，催人奋进。

(1) 人与人之间的差别，要远远大于人与猴子的差别。物以类聚，人以群分，实在自然不过！那么，汇聚在新世界豪园的是怎样一群人？他们有品。否则，何以欣赏五星级欧式会所那长长的外廊、粗粗的立柱、斜斜的瓦顶（一切以再原始不过的原木、石、砖建构而成）。他们有识。要不然看不出长条状、带高度私密内院的主体别墅，连同那严格的空间序列透露出的十九世纪欧洲人本意韵。他们成功。不然，我们的价格早已令他们悄然离去……新世界豪园一期别墅及尊贵会所认购登记现已开始，敬请亲临沙河西路西新世界豪园会所售楼现场参观登记。

（2）浪费是一种美德。在新世界豪园，我们铺了一条430m的林荫大道（路面每块石头均由手工打磨），修了一片3000m^2的喷泉广场，我们还筑了一座133m长、占地20000m^2的五星级欧式会所（从西餐厅、酒吧、健身中心、室内外泳池到国际幼儿园、超市、网球场、阅览室，应有尽有），更不用说那个6000m^2的欧式公园，连同一个10800m^2的郊野公园……这些土地这些空间，完全可以更功利地去使用，可是，我们宁愿让他浪费。如果这也算是一种浪费……新世界豪园一期别墅及尊贵会所认购登记现已开始，敬请亲临沙河西路西新世界豪园会所售楼现场参观登记。

（3）理智告诉我：现在是二十一世纪的第一年。情感告诉我：此刻是十九世纪的某一天。稳踞半山中央，三面悬崖，新世界豪园，俨然一座十九世纪的欧洲城堡。穿过430m长的林荫道，越过大拱门，眼前是一座3000m^2的喷泉广场。越过第二道门岗，来到自家大门。从室外门廊到门厅、到小客厅兼书房，再从廊道前往楼梯间、大客厅、餐厅、酒吧。轻启落地窗，在阳台上凝望前院、内庭和后院。白云悠游。这一整套严格的空间序列，模糊了此刻与一百年前欧洲贵族生活的时空界线——新世界豪园一期别墅及尊贵会所认购登记现已开始，敬请亲临沙河西路西新世界豪园会所售楼现场参观登记。

（4）一幢别墅不足以改变世界，却可以改变您对世界的观点。特区内面积最大的独立别墅群——新世界豪园，八月二十八日盛大揭幕！

一期别墅及尊贵会所认购登记现已开始，敬请亲临沙河西路西新世界豪园会所售楼现场参观登记。

它的源头在十九世纪。

走过430m长的林荫大道（路面每块石头均由手工打磨）、来到3000m^2的喷泉广场，面对嬉戏欢歌的流水、跌宕多姿的棕榈树，让思绪在十九世纪欧洲贵族时光里尽情徜徉，而那颗为物质主义心动已久的心，也终于恢复平静。3000m^2，相信足以让您释放心灵，释放自己！世界豪园一期别墅及尊贵会所认购登记现已开始，敬请亲临沙河西路西新世界豪园会所售楼现场参观登记。

（5）大隐隐于市，小隐隐于野。在深南大道与北环路之间的铜鼓岭半山上，新世界豪园稳踞中央！置身硅谷湾畔，东临大沙河及名商高尔夫，紧挨深圳市迎宾大道沙河西路，新世界豪园——特区内面积最大的独立别墅区，欧风摇曳，第一次将繁华同静谧糅合得如此不着痕迹，耐人寻味……在市区，拥有一幢自己的别墅，阁下意欲如何？新世界豪园一期别墅及尊贵会所认购登记现已开始，敬请亲临沙河西路西新世界豪园会所售楼现场参观登记。

（6）在物质主义甚嚣尘上的日子里，浪漫主义悄然勃兴。物极必反。二十世纪贵族的精英，越来越渴望摆脱物质的重负，回归一百年前欧洲贵族的浪漫时光。占地20000m^2的新世界豪园五星级欧式会所（从西餐厅、酒吧、健身中心、室内外泳池到国际幼儿园、超市、网球场、阅览室，应有尽有），构建的正是这样一份您企盼已久的人文天地。再原始不过的石、砖及泥土，构成墙面和地面，一切均洗尽铅华，流露出真正的贵族趣味。新世界豪园一期别墅及尊贵会所认购登记现已开始，敬请亲临沙河西路西新世界豪园会所售楼现场参观登记。

第六部分　最具情调的创意

蔚蓝海岸（深圳）——“极品的生活，就是挥霍得起阳光与空气的亲水生活。”加全国金奖之另外六款。

尽致（中国）三剑侠蒲石、程鸿蔚、夏天健极致表现、交相辉映，却也无法回避中国最好的地产广告却有着“叫好不叫座”的无奈现实。引以为傲还是引以为戒，在当下游戏规则极不公平的现实市场里，可以真正考验一个广告商。

原文：

极品的生活就是
挥霍得起阳光与空气的亲水生活
阳光，沙滩，椰树，吊床，遮阳伞，全有热烈浪漫的元素……
不是法国的地中海，不是五星级的酒店，是蔚蓝海岸的棕榈滩公园。
棕榈滩漫步公园占地 $25000m^2$，
包括一个水主题的休闲会所，一个拥有宽大天幕的游泳池，
一个波光粼粼的园林泳池，一个精巧的按摩泳池；
围绕棕榈滩的是 9 个总面积超过 $60000m^2$ 的亲水花园，
整个蔚蓝海岸里无处不活跃着水的精灵。
水是吉祥的，珍贵的，灵性的，象征着充沛的生命，
高贵的生活总是因为水的濡染。
在蔚蓝海岸生活，
亲水将是你的生活方式，是你和邻里情感沟通的方式。
到蔚蓝海岸去，享受极品生活。
在蔚蓝会所，我找到了
把阳光搅拌到咖啡里的那种感觉
闪耀国际花园城市的精粹
这不是一角宁静的海湾，这是蔚蓝海岸的棕榈滩泳池，
面积 20000 多平方米——相当于一个小型社区！
你或许会赞叹即便五星级酒店的泳池也没有如此的气魄！
整个漫步广场功能、层次分明，身临其境时，
你会发现她和你并不是隔离的，而是紧紧相拥在一起的。
面对她就像重逢久别的亲人，心里满是熟悉的感动。
有人说人类起源于海洋，
所以对水的依恋悠远而深沉。
到蔚蓝海岸来，你会发现这种亲水情节原本就是命中注定。
而亲水的灵动生活，已然成为未来城市栖居的理想主流。
叫她多喝水，她说到泳池喝。
我说，泳池的水怎喝得？
一脸的讶异递向她。
她说，多少年没挨过水了，
都不知自己还会不会呢。
现在是自己的家，
喝几口有什么？
看着她急傲傲地下去。
我想，
这就是女人吧，
给了她爱，给了她保护，
她竟一下扎了进去。

连浴巾都不要拿。
女人真好玩。
你也带上自己的女人来蔚蓝海岸看看？
有些真情需要实地考察。
她爸爸才回来，穿着我的拖鞋。
怪怪的，我游泳那么好，
女儿偏不跟我学。
居然跟我说不安全。
她爸出差三个月。
装修都是我盯着忙完的。
大半个暑假赶女儿下来玩，
她竟说作业没做不完不肯。
现在看着就来气。
说什么跟爸爸练习水中憋气，
一下午就这么泡，
都不知要不要吃饭。
不常说妈妈的“小棉袄”吗？
我啥时才能穿。
遇到双层电梯，我先上去再下来。
我住 13 楼。
常常等到的是双层电梯。
坐上去再走下来，
是热天里偷步的一个小办法。
楼梯间我看得多了，
不是因为这层取巧，
我还很难发现连这里都有装修。
通通透透的观景大窗。
光光亮亮的防滑地砖。
像船舷似的梯扶手。
其实一切也没什么。
买楼时也没听谁说起过这些。
不经意中看到些许常规中的意外，
说忍不住当心情说说。
喏，腿老翘不直的，不就是你宝贝儿子？
你儿子跟你一样，
做什么都不规矩！
现在看到了吧，
这种学校才能改变他的习惯！
你没上好学那是你的事，
你儿子学不会你那一套，
就非得有点真本事！

你现在当然感觉好啦，
什么事都不用你管，
你看你看，
你儿子看见我们了！
快走！
我不认识她，我只知道，她和我住同一栋楼。
深圳气候怪，
说下雨就下雨。
出电梯口时，
我发现外面下着雨，很大。
我站那儿走不走地犹豫着。
她进来了，
顺手把雨伞和一个温暖的笑递给我……
那个半天的下午里，
我都为自己住这个地方兴奋。
挑上一个好家，
遇上一些好人，
这种感觉蛮不错。
伞好轻。好透明。
她长什么样子？好像一身白裙？
她住哪一层呢？
伞怎么还？

第七部分　最具亲和力的创意

丽江花园（广州）——“呼吸是每个人的权力，而选择呼吸则是你的专利”“人总需一些时间去享受，但你藉享受花时间”“街道上，没有喧哗，没有烦嚣，亦没有陌生人”……

精信出品。精信是做地产广告最好的一家，案例不多，却都是精品。原因是地产不足成为其主业，最多给地产商把个脉、诊个断。

原文：

每天，都会遇到邻居，遇到朋友，遇到小孩……

从容，是生活的唯一韵律，活得出众，活出生活优雅节拍。棕榈滩掬水别墅，邻近便捷和优越，每项配套设施，只为更方便愉悦的生活贴身打造。感觉是酣然的，离家咫尺之遥，银行、邮局、医院、学校错落有致；踏出家门，休闲、购物、美食信手拈来，随意选择本身已是享受。私家泳池、网球场、住客会所内，身心皆陶醉于另一境界。这只是生活的基本，却是别人眼中的奢侈，每天，阳光或星星透过玻璃天窗来家中探访；私家花园旁的潺潺青溪与家中音乐合唱；月色下，沿着宁静长街读夜的温柔；聪明屋智能配置体验至高别墅典范。棕榈滩掬水别墅的家，活出高一点的生活定义，自然而然，感一份与众不同……但绝不会遇到些许麻烦。

华美青溪，家中流淌，掬水而乐，悠然独享。

华美青溪，依屋流淌，私家花园直接亲水，是为掬水别墅。

独拥一方私家水道，坐享一份盎然雅趣。

望江单位，迎习习江风，观星灯渔火，写意无限。

“聪明屋”配置，感受未来非凡！

示范单位由著名室内设计师高文安先生倾心演绎。

丽江花园棕榈滩，堪称 TOWNHOUSE 别墅至高典范！

窗外，看到阳光，星星，小鸟……

唯独看不到人和车。

每间屋都有窗，但不是每个窗外都会引发遐想，棕榈滩掬水别墅的立体全景天窗外，是一方奥妙天空。家中仰望，别人只看到宽敞的楼层，掬水别墅内看到的是天际的空间。这就是棕榈滩独有的别墅生活。棕榈滩小区配套成熟，独拥私家水道和宁静长街，聪明屋智能配置，打造掬水别墅的家，让您的生活基本，成为别人眼中的奢侈。

街道上，没有喧哗，没有烦嚣……

亦没有陌生人。

一样的生，不一样的活。棕榈滩掬水别墅的街道，不只是穿越的路，亦是连贯全区无垠空间的通道。夜幕下，街灯亮起，漫步于区内六条雅致长街，私人空间的感受，在家中，亦在家门外。棕榈滩小区配套成熟，独拥私家水道和玻璃天窗，聪明屋智能配置，打造掬水别墅的家，让您的生活基本，成为别人眼中的奢侈。

家里面，不时传来阵阵音乐声，欢笑声……

潺潺流水声却从不间断。

别墅是我的家；掬水，是您私家的玩意。棕榈滩掬水别墅内，私家水道依屋流淌，蜿蜒于区内无限空间。无论在家中掬水，或是水道旁漫步，水波荡漾间，别墅生活的空间在棕榈滩无限延伸。棕榈滩小区配套成熟，独拥立体全景天窗和宁静长街，聪明屋智能配置，打造掬水别墅的家，让您的生活基本，成为别人眼中的奢侈。

是花园在室内，还是客厅在室外？

花园，是别人客厅外的景色，却是您客厅内的雅致点缀。棕榈滩掬水别墅的内庭花园，让您客厅的一角成为家中独特的风景。阳光，清风，雨露，家中探访自然的空间和别墅生活的空间在这里融为一体。棕榈滩小区配套成熟，独拥私家水道和宁静长街，聪明屋智能配置，打造掬水别墅的家，让您的生活基本，成为别人眼中的奢侈。

爱与人亲近，亦想远离人群。

棕榈滩掬水别墅，拥有丽江花园美善的人文氛围和成熟配套，

令都市的便捷与自然的静谧和谐共处。

仰望：巨幅透天大窗，朝迎晨曦，晚接繁星，期待如约而至的星月童话。

俯首：华美清溪环区蜿蜒流淌，传递邻里之间的脉脉温情。

棕榈滩掬水别墅——建筑、自然、都市的完美融合。

第八部分　最具生活细节的创意

四季花城（深圳）——“那一刻，突然明白，四季花城的动人，是在美丽之外的”“相互依靠着，日子是温暖而甜蜜的”等。

蓝创继东润枫景之后又一跨域力作，都是名作，但名作并不代表最好。由此证明原创现在已不是广告公司的努力方向，而资本及效益才是。

原文：

那一刻，突然明白，四季花城的动人，是在美丽之外的。

夜色降临，四季花城的灯亮了，人们都从繁忙的白天回来，回到了夜晚的温暖甜蜜中。晚归的人们，远远地望见四季花城暖暖的灯盏，那一瞬间，突然明白——四季花城的动人，原来是在美丽之外的。

三年了，四季花城从诞生到成长、成熟，越来越多的人选择在这里居住。社区内，人们礼让谦逊、互助互爱，一种和谐、信任、真诚、默契的氛围正在这里形成。

四季花城深知，和家人在一起，是每个深圳人的梦想。夜色中，安静的灯盏，似乎也能听到一家人在一起的欢笑声。

5 月 1 日，四季花城 6 期即将开盘。如果你也是一个热爱家庭生活的人，如果你也感动于黑夜里等待的灯火，如果你也喜欢聆听家人的笑声，那么请你也一起来，感受四季花城与众不同的动人之处。

是的，四季花城的动人，是在美丽之外。

总有一盏灯，为晚归的人守候，
灯盏在夜色里，点亮一种温暖，
一种只有家才有的温暖。
才有了对家的思念。
留一盏灯，给晚归的人，
在夜色初降时，悄悄亮起。
像孩子的等待，
像家人的惦念。
使远方回来的人，
突然被一种情感击中。
只是一把折扇，却可以让人年轻很多，
好看的折扇，扭秧歌用的折扇，
老人们喜欢的折扇，
常常在四季花城舞动的折扇。
不会孤单的折扇，
永远快乐的折扇。
一个折扇认识了另一个折扇，
一个折扇帮助另一个折扇，
折扇越来越多的日子，
折扇像一首快乐的歌。
相互依靠着，日子是温暖而甜蜜的
刚来深圳时，相互支持着生活。
在每个清晨和夜晚，没有人知道，
他们有过多少甜蜜，多少磨难，
或者，是没有人在乎。
现在，日子慢慢好起来，
他们也有了更多想法。
但爱情将越来越明媚。
没有人会怀疑，

这个下午已是阳光灿烂。
放心吧，孩子们从来不缺少欢笑，
放下书包，孩子们从来不缺少欢笑，
他们可以在滑板车上，
或者是在门前的沙堆里，
或是在滑梯上，让欢笑满溢。
放下书包，孩子们从来都是欢笑的天使，
当你看到他们，会不会觉得开心。
所以，现在请不要打扰我们，
让欢乐继续上演，直到你已找回久违的童年。

第九部分 最小资的创意

左岸（广州）——“左岸，我的收藏室”“左岸，我的冥想室”“左岸，我的视听室”系列。

房子不仅仅是房子，家也不仅仅是家，年轻人的思路与视角就是这么独特，要品位，更要出位。创意简约清新，现代自然。

原文：

左岸，我的收藏室
那是临水的居所，可以在窗边眺望小船浅浅划过
在看得到风景的房间中，不知道风是在哪一个方向吹
在左岸，湖光山色即是你的收藏室
满目的风华景致即是你收藏室里最为弥足珍贵的极品
一草、一木、一鸟、一鱼、一叶
一花、一石、一船、一桥、一星、一月……
湖光山色揽纳你如居如室……
左岸，身与心的停靠所在
灵魂憩息的彼岸
左岸，我的冥想室
在左岸，三面临水，八面来风
在水与风的邀约中，灵魂将浪漫地飞翔，思绪将自由地呼吸
在左岸，湖光山色即是你的冥想室
满目的风华景致即是你收藏室里最为弥足珍贵的极品
一草、一木、一鸟、一鱼、一叶
一花、一石、一船、一桥、一星、一月……
湖光山色揽纳你如居如室……
左岸，身与心的停靠所在
灵魂憩息的彼岸
左岸，我的视听室
左岸依水而筑，清溪从门前漫过，涟漪随脚印迭起
人文与自然得以完美结合，满溢自由和飞扬气度
在左岸，湖光山色即是你的视听室

自然天籁之音，即是你视听室里永恒的曼妙音乐
风声、雨声、溪流声、瀑溅声、江涛声
叶落声、花语声、鸟鸣声、虫叫声……
湖光山色揽纳你如居如室
左岸，身与心的停靠所在
灵魂憩息的彼岸

第十部分 最佳反响诉求创意

万科花园新城（沈阳）——“这是一个万科花园新城的广告，假如到目前为止，你还没听说过它的名字……”等六款。

又一金奖获得者作品。画面简洁、现代，诉求不随俗流，是出奇制胜的奇葩。

原文：

1. 这是一个万科花园新城的广告
假如你还不知道它在哪里
假如你还需要在广告的右下角看位置示意图
那么，翻过这一页吧，朋友
第二期 105~200m^2，3100 元/m^2 起价，T：24223355 24223365

2. 这是一个万科花园新城的广告
假如到目前为止，你还没听说过它的名字，虽然是你的朋友数量有限
假如到目前为止，还没有一个朋友向你提起过它，那你显然不在恰当的社交圈里活动
那么，翻过这一页吧，朋友
第二期 105~200m^2，3100 元/m^2 起价，T：24223355 24223365

3. 这是一个万科花园新城的广告
假如在第一眼我们还不能深刻地打动你
假如在你到达我们这里的 5 秒钟之内，你还不能产生拥有它的欲望
那么，翻过这一页吧，朋友
第二期 105~200m^2，3100 元/m^2 起价，T：24223355 24223365

4. 假如第一眼你还不能认出这是哪里
假如你还需要看到更多的图片和文字说明
那么，翻过这一页吧，朋友
第二期 105~200m^2，3100 元/m^2 起价，T：24223355 24223365

5. 这是一个万科花园新城的广告
假如看到这张取自现场实景的照片，你还想象不到它里面住着什么样的人
假如透过这扇门，你还不能想象里面的客厅以及卫生间有多大
那么，翻过这一页吧，朋友
第二期 105~200m^2，3100 元/m^2 起价，T：24223355 24223365

6. 这是一个万科花园新城的广告
如果你以为这是一个高手制作的效果图，显然你很久没有去过哪儿了
如果你以为这是一幅国外某住宅的照片，显然你还不知道它在哪儿
那么，翻过这一页吧，朋友

第二期 105~200m²，3100 元/m² 起价，T：24223355 24223365

第十一部分 最喧嚣的创意

阳光带，海滨城（深圳）——“您还选择住在上个世纪的深圳吗?”。

一片蓝天，一句话。姿态太高、话说得过满、不符合社会顶层人士圆满低调的做人风格，这是风火做豪宅的通病：广告出位固然重要，但在尽力招徕的同时，也要考虑是否也招来了非议，希望跟詹伟雄他们学学。

第十二部分 最具煽动力的创意

美林香槟小镇（北京）——七天创镇记、七宗醉。

出自北京广告新锐罗大佐之手，新潮、奇怪、张扬兼超级做作，符合当下崇洋媚外、喜新厌旧的世风及审美特征、情调，中国广告业（尤其是北京）又一拿来主义之典范。

上帝七天创造了世界，香槟小镇的七天之旅

1. 创造了美林香槟小镇

“我想，香槟小镇将来的生活，就应该像“啵”的一声响起美好瞬间的定格”

2. 一次关于香槟小镇的真实体验

“在全世界，香槟代表着成功、快乐、节日”

“在法国，香槟代表着上等、品位、稀有”

“在香槟小镇，香槟代表着 286 位生活大师”

3. 真实的香槟少之又少

“没经过修剪的葡萄架，被马车打磨了上百年的鹅卵石”

“还有那些天生就站在那儿的杨树、梧桐树”

“也许自然才是最好的园林设计师”

4. 自然的脉络，香槟小镇

“法国给我印象最深的不是巴黎，而是去往香槟区的路上”

“优秀、资深的设计师都知道——最容易学到的是法国建筑的浮华，最难学到的是法国建筑的简约”

5. 法国设计师留学日记

第 1 天，巴黎、香槟、温榆河。

晴，风力 3~4 级车速 140 迈，行程从巴黎到亚丁——香槟区。

还没进入香槟区，我就已被路边香甜的空气和自然的景色灌醉了！

在距巴黎 15 分钟的地方我停了下来，我看到分布高速公路旁的一排排低层漂亮房屋。它们很和谐地和周围的树木融合在一起。

巴黎——高速路——香槟区 CBD——高速路——美林香槟小镇，同样的高速路，同样的畅快里程，同样离尘不离城的——诗意生活。

天竺区——北京第 1 代私家成熟高尚生活区。温榆河——北京最富阳光水意的生活栖息地。美林香槟小镇——天竺核心区。西距温榆河仅 500m。门前京顺、机场两大高速路专线直通 CBD。

第 2 天，只允许在五分之一的地面生长房子。

晴，风力 3~4 级步行，行程：汉斯——未名的自然小镇。

没有任何人工斧凿的痕迹，这个法国小镇就像天然生长在这块土地上一样，所有的房子都是自然排列的，却又冥冥中有一秩序。美林香槟小镇，应该像香槟区的自然村镇一样天然。

0.47 超低容积率，18.3%超别墅建筑密度，只允许在五分之一的地面上生长房子。自然，错落，三叶虫式总规布局，再现葡萄原乡小镇天然意趣。

第 3 天，简约，建筑的第一秩序。

晴，风力 3~4 级，车速 140 迈，行程从巴黎到亚丁——香槟区。

法国给我印象最深的建筑不是巴黎，而是在巴黎去往香槟区的路上。

优秀、资深的设计师都知道——最容易学到手的是法国建筑的浮华，最难做到是法国建筑的简约。

留法设计师担纲设计，原质感立面，完全现代简约设计美学。

别墅罕有“剪力墙”结构。无梁、无柱，空间更高，更实用。

双拼别墅，联排别墅，13 种户型彰显大家风范。

私家花园，上下露台，地下私人会所，豪华全功能主卧。

第 4 天，自然是伟大的园林设计师。

晴，风力 3——4 级步行，行程：葡萄农场。

在自然界，你找不到一条直线。没经过人工修剪的葡萄架，被马车打磨了上百年的鹅卵石，还有那些天生就站在那的杨树、梧桐树——也许，自然才是最好的园林设计师。

51%豪奢绿化率，生命、时间双广场，亚西风车园林，花园私有最大化！

75000m^2 流水园林，缓坡入水设计，栈桥、白沙滩再现自然原生水趣。

第 5 天，运动的乐趣，让每个人成为朋友。

多云，风力 1 级，车速 60 迈，行程农田舞会，小镇酒吧。

在法国香槟小镇，劳动的乐趣让每一个人都成为朋友。在美林香槟小镇，运动的乐趣让每个人都成为朋友。

4200m^2，铁架结构，玻璃幕墙、现代风格运动主题会所。

内设穹顶泳池、壁球、乒乓球、网球、桑拿、健身等高尚运动场所，运动的乐趣无所不在。

一想到回家，去小镇的车子就骄傲起来。

“把对时间和路的抱怨——留给风吧”，车子说。

“一到三元桥就掉头不见了，永远不听话的家伙！”，红绿灯说。

“北京时间 5 点，回家的心情追不上回家的速度！”，我说。

门前京顺、机场两大高速路，杨林大道出口 800m。365 日快捷归家路，CBD 人士第一居所。

说起温榆河，TOWNHOUSE 的心不由得嫉妒了。

“10 年，终于交到一个不一样的朋友”，别墅说。

“30 个 10 年，我等了 300 年”，温榆河说。

“如果，如果一切可以重来！”，TOWNHOUSE 的爸爸说。

天竺核心，温榆河畔，第一代高尚别墅区。区域内十几个别墅项目，40 个国家、地区约 5000 人已经落户，其中一半为外国人士。

《愤怒的葡萄》在这儿可不只是斯坦贝克的小说。

“愤怒！午睡的时间总有人来找我乘凉！”，葡萄藤说。

“愤怒！不要把我看作风景，在法国我可是用来做香槟的！”，葡萄说。

人和葡萄的故乡——其实是同一个。

——来自《愤怒的葡萄》第 173 页

第十三部分　最具民族自豪感的创意

耕天下（北京）——“500 年前，它还是一株年轻的龙柏，站在树边的中国人姓朱，号永乐。”等。

豪宅一定要和历史联系起来才有生命力，而这个历史一定要匹配目标客户，五千年的中国历史文化，取之不尽用之不竭，以上即是最好的证明。

原文：

500 年前，它还是一株年轻的龙柏，

站在树边的中国人姓朱，号永乐。

古树后的石门是地祇坛南门——棂星门，始建于明朝嘉靖十一年（公元 1532 年），正是法国法兰斯瓦一世迁居卢浮宫的第四年。

500 年后的今天，在中国朋友家的圆弧观景厅内，我们读起了多年前的旅居故事。

中国人自古就习惯把自己围起来，

大抵是太喜欢墙的缘故。

住在这里的中国朋友，祖上姓乌拉尔汗，一个中国满族正黄旗的姓氏。他的祖辈曾作过吏管北京的“京北伊”，少时深宅大院的记忆，曾伴他度过多年的旅居生涯。他说他的根同这个皇城古都是血脉相通的，他必须回到这里。

中国最早的私家泳池，出自汉代皇家苑囿。

当然，并未建在天台之上。

中国西汉年间的游泳活动颇为盛行。

公元前 183 年，汉武帝于都城长安上林苑内修建了专供王室成员游泳活动的“太液池”。

这大概是中国最早的私家游泳池了。

而把游泳池建在天台上，就算到了柯比意设计拉侯西别墅的 1932 年，

仍引起了很大反响。

不要误以为这是帕拉第欧的“圆厅别墅”，

窗外的皇家园林怎能与维琴察的山色雷同。

1532 年，建筑大师帕拉第欧设计了“圆厅别墅”。

由于建在了意大利维琴察的一座小山丘上，因此四面皆可看到美丽的景色。

今天，站在耕天下的“圆厅”内，窗前的中国皇家园林同样令人赞叹，美不胜收。

耕天下能与《唐人笔记》中所记载的“豪宅”同日而语吗？

关于“豪宅”一词的记载可以从中国早期的《唐人笔记》中找到。

但于 21 世纪的今天，我们已没有必要再去究其根源，

因为今日“豪宅”一词的含义与概念，已全然被现代科技与人文重新改写。

从巴黎西岱 LE PROCEOPE 的 40 杯咖啡到北京公馆的两盏清茶……

据说当年常常光顾巴黎波蔻伯咖啡馆（1686 年创建）的伏尔泰，每天喝 40 杯咖啡。

不知他能否知晓：在世界东侧，古坛墙龙柏之下，中国清王朝的第四位皇帝，

亲耕之余，喝去两盏清茶。

“深宅大院”于今天是个新鲜的话题，

其背后常隐藏一段关于家族变迁的故事。

住在这里的中国朋友祖上曾吏管北京的“京北尹”，

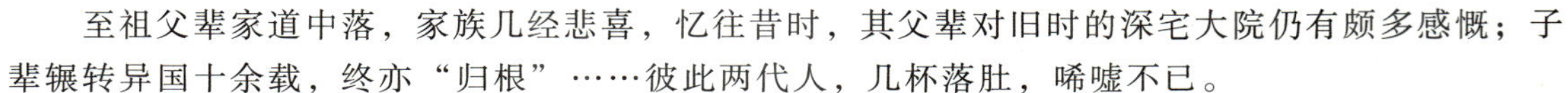

至祖父辈家道中落，家族几经悲喜，忆往昔时，其父辈对旧时的深宅大院仍有颇多感慨；子辈辗转异国十余载，终亦“归根”……彼此两代人，几杯落肚，唏嘘不已。

（房策网）

【报告点评】

广告文案良好的创意和创新，能让楼盘广告更加吸引客户、引起客户的共鸣，真正达到促进销售的目的。但往往广告文案的创新却是最困难的，需要策划和文案人员有深厚的文字功底，更要对项目和市场有自己独特和深刻的理解，也要仔细分析客户的消费心理等。一则广告文案的创意不易，但已经发行的广告创意却不在少数，我们可以吸取其中的创意，再根据实际情况来进行有效的广告创新。“站在巨人的肩膀上”，我们可以更快、更有效地想出广告创意，故摘录业内公认的广告创意文案佳文于此，供各位学习。

第八章

房地产二次策划报告

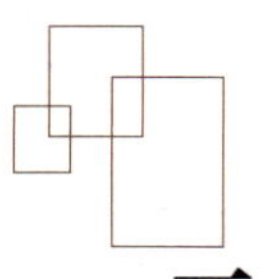

一、浙江杭州广厦天都城项目二次策划定位报告

报告目录

报告正文

第一部分　天都城项目定位篇

1.1　天都城项目定位思考

天都城项目定位思路模型如图 8-1-1 所示。

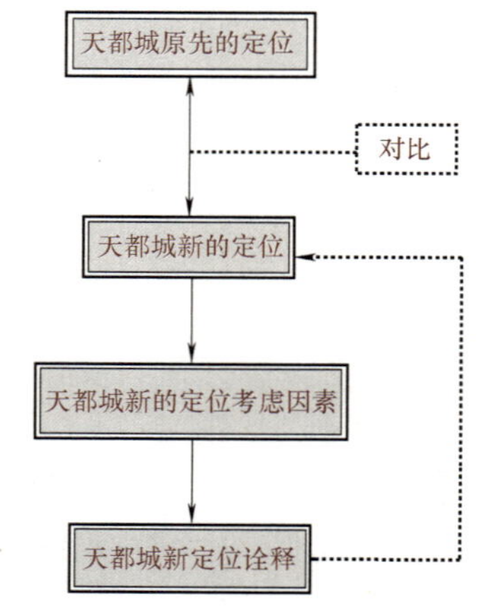

图 8-1-1　天都城项目定位思路模型

1.2　天都城项目原先定位

中国第一座国际生活示范城市。

1.3　现在天都城项目核心形象定位

广厦·天都城——畅意国际生活。

1.4　新的核心形象定位考虑因素

（1）由于项目原先的定位概念已经在市场上做了长期大量的推广工作，并且项目原先的定位已经深入人心，预订天都城项目的客户都知道天都城是一个国际生活示范的卫星城，如果我们要将此深入人心的定位全部推翻重新定位，势必会冒着很大的市场风险，同样还要投入比原先更为巨大的广告宣传费用。同时，天都城的规模优势在原先的定位中得到很好的体现，这个也是项目的实际状况，因此没有必要将其推翻，只是将其在原先显著的定位

加以淡化些。

(2) 现在天都城新的定位是抓住原先项目所诉求的最中心点，杭州市民记忆中最深刻的内容，在此基础上我们做了一个第一步的调整和休整，这个调整是项目总体方案调整的最稳妥的一步，不会在市场上和已经预订的客户中产生巨大的负面效应。

(3) 新的定位与老的定位差别是新的定位主要力推一种生活方式，而原先的定位只是完成整体项目在开始时必须做的第一步——项目推荐的工作。由于本项目的特殊性，当市场全部了解项目状况后，应该做一个比较稳妥的转型工作，从项目本身出发进行诉求，这个时候当人们认识了项目后，应该告诉他们在这样的项目中，你将会是怎样的生活，这样的生活你会得到什么，这些你得到的内容，是无法从其他项目上得到的，这个就是天都城大项目的优势所在。

1.5　新定位诠释

新定位——广厦·天都城。

1. 广厦·天都城——杭州卫星城的代名词

(1) “城”给人的感觉就是大，这和天都城6579亩的宏大占地面积相得益彰，一个“城”字将天都城的规模和体量表现得淋漓尽致。

(2) “都+城”就是城市的概念，它给人的第二感觉是繁华，里面是应有尽有，是居家生活的一个好地方，这个也符合当初营造天都城的概念和想法——准备把它做成一个杭州新（副）都市中心的初衷和想法。

(3) “天”表达出来项目无限的美丽，勾画出来的人间仙境的美妙图画，总体给人一种“此景只应天上有，人间难得几回闻”的感觉。

(4) “天都城”在前期通过大量的市场推广工作，已经在杭州市民心目中奠定了杭州第一大项目的市场形象，已经将天都城是杭州第一个卫星城的概念深入人心，给整个杭州市居民勾画出一幅美丽的居住家园的蓝图。

(5) “广厦”作为天都城该项目的投资和开发商，从发展商品牌战略的角度来考虑，在项目前期应该充分发挥广厦集团在杭州市场上强有力的实力背景，带动项目的先期开发运作，给当地购买者一个强有力的信心和实力的保证，在天都城项目中后期，可以通过天都城的项目成功操作，带动提升广厦在房地产方面的品牌优势，让当地购房者清楚知道，广厦不仅是实力的象征，更是优质精品楼盘的保证。希望通过“天都城”项目使广厦房产跻身杭州第一品牌房产开发商的行列，与绿城、南都、坤和这些杭州品牌房地产商并驾齐驱。

2. 畅意

畅意——舒适、悠闲、生态的生活环境，高品位、高品质、有内涵的生活方式。

(1) 居住层面上的超越——“畅意”让人联想到舒畅、写意，在房地产项目中怎么能够让人感受到舒畅呢？当然是项目所在区域环境优美，有山有水；社区内配套齐全，居家便利、人性化的居住氛围和气息，满足人们居住所需的等各个方面和层次的需求；从个人居住的空间来讲，合理且满意的居住空间环境，高质量的物业管理和私密安全的个人居住空间，这是畅意在第一居住层面上的超越需求。

(2) 附加价值层面的超越——“畅意”第二层面不仅仅是超越居住需求，而是附加价值或者是小资生活方式的体现。在这个层面上应该更加注重生活品质和质量，处处体现出天都城大社区、大配套、高起点所带来的高品位生活的意境。充分利用天都城多而全的便利配套服务，全面结合观光旅游、美食天地、购物广场、运动中心、休闲娱乐、医疗教育等优势，塑造出天都城独有浓郁的社区文化氛围。

（3）文化及个人内涵上的超越——“畅意”第三层面上的超越将是天都城社区文化内涵和社区核心精神上的超越。这一层面上的超越基础，只有航母式的复合房产项目才可以充分地表现出来。随着房地产日渐成熟和杭州购房者对居住要求的不断提高，买房已经不仅仅是为了单纯地满足人们的居住需要，而是他整个生活的一个不可分割的重要部分，也是他品位和追求的价值体现。这应该是“马斯洛需求理论”的第五重的价值表现——自我实现的需要，因为这已经是将住宅本身完全融入了个人生活，也是自我整体表现的一个重要方式。我们不是简单地在卖房子，也不是单纯的一个社区，而是要表达这个时代、这个社会中特定的群体特征，因此只有充分考虑到这点，才能够让客户在购房的同时，感觉实现了马斯洛需求理论的第五重——自我实现的需要，这才是“畅意”最高层面的超越。

3. 国际生活

国际生活——是令人无限向往和憧憬的美好生活方式。

（1）“国际”——首先天都城的项目就从高起点开始，无论在建筑规划、景观、建筑等方方面面，结合国际团队来为“天都城”规划一个全新恢宏的版图，开创杭州国际化生活新起点。

（2）“国际”——从第二点来讲，是一种大的包容，无论是建筑形态、建筑风格还是生活方式，因此天都城拥有广阔的规模，可以有足够的胸襟包容各种优秀的事物，形成自己独有的国际化风格魅力。

而由于项目本身目前的规划设想以法式为主，法式是国际中的一个部分。法国给人一种最浪漫的感觉，法式生活给人一种最有品位的生活方式，然而本项目在新的规划调整中将结合目前已有的规划做进一步的调整和完善，将大量穿插国际化的因素，将不局限于法式，日后它将建成一个真正意义上的国际化的生活社区，无论在建筑、景观、配套及生活方式方面，它将成为一个全新意义上的国际化生活社区和文化精髓。

（3）“生活”——随着杭州市民的居住环境、可支配收入及品位等方面的不断提高，已经不再满足原先单纯的居住需要，他们需要更好的居住环境和氛围，也就造成目前杭州房地产开发项目越来越注重整个社区的营造，从杭州整个社区硬件营造来看，它已列入中国房地产开发和营造的第一流水准范畴内。并且从房地产开发趋势来看，不断满足购房者的需求是一个大趋势，像从“原先的4P转向4C，然后进入现在的需求整合时代”。广厦集团也充分认识到这种趋势变化，因此无论在前期规划还是先造景后造房等种种细节上充分表现出广厦房产已经决定将“天都城”营造成一个杭州最好的生活社区的决心和战略决策。

（4）“国际生活”——这个概念充分考虑到项目已经在市场上建立的认知度，并继续维持项目原先“中国第一座国际生活示范城市”的概念，做进一步的调整和修正，将项目的主诉求点述说得更加清晰明确，同时加深市场对项目的认识，同时也为项目开始整体转型做出最稳妥的第一步，因为这个概念的述求在文字上基本变化不大，但是这些文字所述求的重点开始变化，开始更加突出以购房者为导向，开始明确倡导性地提出“国际生活”方式的概念。从项目伊始到现在，广厦房产一直希望天都城能够给杭州市民带来一种新的、国际化的、舒适的生活环境和方式，广厦房产原本就希望“天都城”提供这样一个良好的环境，希望吸引符合这样好的环境的优秀人士前来居住，从而从软、硬件方面全面突显出天都城是杭州真正意义上的国际生活社区的样板工程的初衷和目的。

4. 畅意国际生活

（1）畅意国际生活——倡导杭州新时代居住的新方式和新理念。

通过上面各细分点的阐述，我们现在很明确地知道该项目的核心形象定位。现在我们要做的是生活方式的诉求和表达，希望通过向生活方式的转变，从而可以从购房者的立场来帮助他们完成对天都城的梦想蓝图。

（2）“畅意+国际生活”——从根本上提出天都城的目的是“开创一个新的国际生活的样板空间”。用杭州本地话来读“畅意国际生活=创意国际生活”，这样也比较符合项目初衷和最理想化思想。因为天都城这个项目体量巨大，已经开创了杭州复合房产的先河，同样也开创和倡导了杭州新时代居住的新方式和新理念。

5. 广厦·天都城，畅意国际生活

一座国际化风格建筑的社区，融合国际文化与生活的方式，涵盖商业、教育、运动、医疗、科教、娱乐等设施与服务，蕴藏丰富旅游开发资源和配套完善的国际化高品位花园新城市。

第二部分 天都城项目分析篇

2.1 项目分析综述

由于本项目不是一般意义上的房地产项目，它是一个集房地产、旅游、休闲运动于一体的泛地产项目，因此在天都城的项目分析上存在着很大的困难点，传统意义上的SWOT分析，已经不适合天都城项目了。因此为了让大家都十分了解天都城项目的各种概况，我们将项目从以下四大部分进行阐述。

本篇SWOT项目分析共分为①社会因素；②企业因素；③项目因素；④竞争因素四个大的因素，而每个大因素都会包含不同的各项小因素，针对每个小因素做出一个SWOT分析，以便大家充分认识天都城的各个方面。

2.2 项目综合分析

1. 社会因素类

（1）区位因素。

1）经济总量。据初步统计，2002年杭州全市实现国内生产总值（GDP）1780亿元，按可比价格计算，比2001年增长13.2%，连续十二年保持两位数增长。产业结构继续得到调整，第三产业实现增加值765亿元，增长14.6%。三次产业比例由2001年的7.1∶50.6∶42.3调整为6.3∶50.7∶43.0，第三产业增加值占国内生产总值比重提高0.7百分点。人均国内生产总值达2.8万元，比2001年增长12.4%，按现行汇率折算达到3400美元。

2）财政收入。2002年，杭州全市财政收入继续快速增长，2002年全市财政总收入达257.14亿元，比2001年增长28.2%，其中地方财政收入118.32亿元，增长34.6%。

（2）Strength（优势）。

1）城市竞争能力优势。杭州是中国房地产市场最具竞争力的20个城市之一，房地产行业整体水平高，无论从相关的房地产政策法规、市场和购房者来讲，相对全国很多地方比较成熟和规范，因此也就只有在这样一个成熟的市场和购房环境下，天都城所倡导的生活方式才可能实现，并得到市场和购房者的认同与理解。

2）历史优势。“上有天堂，下有苏杭”“山清水秀，七大古都”的历史留给了杭州无尽的品牌财富，而天都城项目位于杭州这个美丽的旅游城市，870亩的欢乐四季公园作为天都城房地产项目的强有力的优势，一定可以让居住在天都城内的业主，充分感受到杭州这个城市的美丽，以及切切实实感受到天都城所倡导和营建的生活方式是何等的美丽与畅意。

3）区域经济发展态势优势。杭州市地处我国经济最发达的长江三角洲，人均GDP高，人均可支配收入高，人均消费能力、潜力大，对生活质量要求高，从而也促使了杭州房地产价格一直持续走高。只有足够购买力的市场和房产价格走高的情况，天都城项目才会面临无限的成功契机。

4）区域核心优势。杭州市是经济发达的浙江省唯一单一的核心城市，是全省的政治、经济、交通、文教、卫生、旅游的中心，对全省的地市县具有很强的吸引力与辐射力，像天都城作为杭州第一个真正意义上的卫星城，完全有机会吸引周边省内市场的人群前来购买天都城。

（3）Opportunity（机会）。

1）发展趋势因素。随着社会城市化进程的加剧，浙江省的政治、经济、文化、交通将会全方位地向杭州集中，城市的发展更加迅速，也符合杭州市政府提出的“大杭州”的概念，以及“住在杭州”的一个目标，以此为背景，将会对杭州的房地产发展起到极大的推进作用和无限的商机。

2）区位连带因素。杭州处于中国经济最发达的长三角的区域内，以余杭为中心，车程以1.5小时为半径圆的辐射范围内，有长江三角洲1.5亿元高收入群体，人口稠密，可支配收入高，消费能力与潜力巨大，这个市场带动了杭州整体的经济增长，同样也为杭州的房地产与旅游业提供了强有力的支撑，随着长三角之间的互动日趋和谐完美，整个杭州乃至余杭的发展机会不可限量。

（4）区位SWOT分析：本项目位于杭州市，而历史以及现状留给杭州无尽的财富，七大古都，长三角的区域范围内，世界第六大城市群，这些都是历史与区位赋予在杭州的天都城项目强有力的优势和发展机会。而且，这些优势和机会大都涵盖了杭州这个市场大环境，说明天都城项目有一个良好的市场基础，关键在于天都城如何充分结合好项目本身优势，与杭州这个大市场完美地融合在一起。

2. 区域环境因素

（1）Strength（优势）。

1）撤市变区。余杭撤市变区，增强了余杭与杭州市的联系，余杭已经成为杭州的一个新区，并且也将形成杭州的一个新的副中心城市的城市新格局，这点来讲，余杭的发展前景更为广阔，对于天都城项目来讲，已经在行政上摘掉“郊县”的帽子，从而会得到更多的整体市政的配套优势支持。

2）卫星城镇。临平作为杭州市的三个卫星城市发展重点之一，对于其他区来讲，有很大的空间与潜力，天都城作为临平的一个重点卫星城，势必也将是临平发展的重中之重，这将为天都城的发展提供良好的市场基础。

（2）Weakness（劣势）。

1）消费者心理因素。在杭州市，尤其是老市民的心理仍旧认为余杭仍是一个不发达和不方便的地方，他们选择在此购房多多少少都会有点顾虑，包括现在一些中青年人对天都城所在的区域认同感还是很低的，这个状况也是十分自然的，天都城项目所处的位置目前状况并不是十分的完善，是存在很多需要改进的地方，因此关键是我们怎么去营造一个卫星城，怎么去避免这个不利点。

2）宗地现状因素。目前该区域除了还在逐步完善中的欢乐四季公园，剩余的部分基本上还是大量的农田和耕地等，整体上来讲天都城的项目用地尚未有完善的开工迹象，并且在项目第一至三期的用地上，项目准备动工的痕迹也不明显，包括现场工地围墙等都没有设置，让已经预定的人群到现场无法知道第一至三期的具体位置在哪里。与此同时，天都城项目的周边道路状况也是十分令人担忧的，从项目宗地的总体来讲，目前的状况是十分令人担忧的，是极需要进一步的完善。

3）天都城项目周边景观因素。杭州分布着众多的自然、人文、人造景观，但是在临平地区，项目周边，这类景观是少之又少，非常贫乏，并且项目周边的黄鹤山和上塘河并没有给项目带来足够的可借鉴资源优势，并且上塘河的污染还需要进一步的整治，虽然天都城周边有山有水，但是这个山和水并不是天都城的项目卖点，有很多地方反而给天都城项目带来不利的因素。

4）消费热点板块因素。杭州市民较为普遍接受的近郊楼盘主要分布在城西的三墩区块、富阳银湖开发区、之江和滨江区等地区，这些区域内的物业类别有普通的住宅和别墅两种。而天都城项目位于杭州市北部，与这些热点板块有一定距离，并且天都城所在区域的住宅板块并没有成为市场消费的热点。但是和这些热点板块对比分析，同样属于郊区板块，并且我们的产品类型和销售价格处于一个价格范围带中，那么本项目将会和这些热点板块产生竞争冲突，对于那些已经是市场消费热点的板块来讲，天都城同样以郊区板块的产品来讲是处在明显的不利因素中的。

5）工业分布因素。杭州市北部是杭州的传统重工业比较密集的地方，由于重工业对噪声、水、环境等存在多方面的影响以及破坏，而天都城项目又位于工业周边，容易促使消费者产生一定的心理抗性。

（3）opportunity（机会）。

1）区域未来发展的规划因素。杭州市大力革新原有的城市布局，顺利地实施萧山、余杭撤市变区，形成了以“一主三副”为主城的“大杭州”新格局，处于“临平城”规划范围内的天都城，将成为杭州重点建设的城市中心区域之一，尤其在市政府一系列利好政策的强力支持下，可以清晰地看出天都城在整个杭州的城市发展中，将被赋予舒缓城市人口，承担起中央居住区的重要功能，成为新世纪新杭州的城市副中心。

2）区域旅游市场的空白点。杭州的旅游市场主要是以自然观光和佛教旅游为主，虽然近几年有大量的人造景点兴起，相对而言，度假旅游在杭州比较缺乏。杭州市政府提出“住在杭州”的口号，希望把杭州建设成为全国“最适宜居住的城市”，这给房地产和旅游带来了无限的商机。余杭区东部没有知名的旅游景点，市场基本处于有待开发状态，处在天都城项目地块中的黄鹤山，如果通过开发商富有成效的规划，那么就可以为杭州市民描绘出一幅美丽的生活画卷，这不仅能够带动欢乐四季公园旅游产业的发展，也对天都城住宅项目起到推动作用。

（4）Threaten（威胁）：市政规划对消费者潜移默化的影响。在杭州市政规划中，东部和南部为主要居住的发展方向，西部和北部由于受到各种自然、社会因素的制约，阻碍了城市向外的扩张，但是目前城西已经形成了杭州居住郊区化的雏形，虽然政府计划、总体规划在某种程度上可以左右城市布局变化的方向，但只能停留在宏观的层面上，而最终的事实还是要靠市场去发挥作用，但是由于政府宣传、市政配套等因素的局限性，在某种程度上给项目开发增加了相应的难度，同样也会因政府的宣传等因素，潜移默化地影响消费者的消费行为。

（5）区域 SWOT 分析。从天都城项目所处的余杭星桥镇的总体形式来看，有优势，也有劣势。但是，所有的优势稍显单薄，所有的机会似乎还要时间来验证，而劣势、威胁却是实实在在的，通过综合所有优劣点的权重来看，区域因素是天都城项目的一个劣势，需要时间来改变这一切。

3. 市政因素

（1）Strength（优势）：33929 工程临丁路的建设通车。目前，杭州市区的交通状况尚不尽如人意，杭州市政府为了进一步完善和整治杭州市的交通状况，开始实施 33929 工程，基本上完成杭州市区道路的“两纵两横”骨架网络，把 8 大城区、钱江新城以及各开发区、高教园区“一网兜进”，基本实现半小时交通圈。到 2003 年年底，基本完成 33 条道路、9 座桥梁、2 条隧道和

9个入城口的建设。两年大会战建设工程将缓解制约杭州城市化进程的交通“瓶颈”，为五年内在市区形成“一环、三纵、三横”的道路主骨架，完全实现半小时大都市快速交通圈奠定基础。33929工程中的临丁路——绕城公路入城口将在2002年年底建设完成并且通车，由于天都城原先的天平路将会与临丁路相衔接，这样将会给本项目和外界的交通带来极大的便利因素。

（2）Weakness（劣势）：教育、医疗卫生、给水排水、电力、电信、燃气等因素。在天都城项目的规划中，预计会有12万人左右的居民入住天都城，这些居民所需要的教育、医疗、卫生、给水排水、电力、电信、燃气等市政问题，就目前状况而言，都不能解决，都需要开发商大笔的投资改善。

目前项目周边的污水排放设置为1万m^3/日，项目的需求是3万m^3/日；项目周边能够为项目提供的35kW（升级后可达到110kW）的星桥变电站不能满足项目规划用电13.6万kW的需求；有4000门电话的星桥镇电信局完全不能满足1万门电话的需求。

（3）opportunity（机会）：规划得晚，建设得晚，建设品质就会越高。目前天都城项目周边没有完整以及满足项目要求的市政配套设施，但是，随着项目的发展进度，市政配套会逐步完善，而越是晚建设的市政配套，就会越完善，就会考虑越周到，就会避免越多以前考虑不周的问题，就会越适应消费者当前的消费者需求，相信随着天都城项目的不断开发建设，这些市政配套等问题将会尽快得到规划和建设完善。

（4）Threaten（威胁）：市政建设的未知速度。市政配套的速度快，可能对项目不会产生负面影响，但是，如果建设速度慢，那么将直接影响项目的美誉度、项目的知名度，从而直接影响项目的销售，因此市政配套建设我们无法控制，我们必须着重加强小区和项目本身的营造。

（5）市政SWOT分析。人少、地荒、缺乏生气以及配套设施还很滞后是对目前宗地的总体评价。而我们对天都城项目市政后期规划的高品质期望仅仅是期望，不可能对项目产生较大的销售影响。但是一旦没有市政的配套，就不可能有百姓满意的生活，就没有项目的成功。市政因素，是项目的一个较大的劣势与威胁。

4. 交通因素

（1）道路交通。2001年一年，杭州全市公路路网建设又有新发展。绕城北线二期、绕城东线暨下沙大桥工程项目贯通，杭宁高速公路杭州段、杭金衢高速公路杭州段开通。全市新增公路里程166.3km，其中高速公路里程68.6km。年末公路里程6560.48km，其中高等级公路里程1336.15km。

（2）城市建设。33929工程（全面实现33条道路、9座桥梁、2条隧道、9个入城口建成和整治的目标）建设首战告捷。复兴立交、文晖立交、望江立交、南山路、上塘路高架（文晖路至轻纺路）及02省道绕城公路西线入城口等工程已建成通车，城区的路网布局得到进一步完善。城市环境综合治理取得新成效。全年完成市区37条道路的环境综合整治，整治道路66km；全年拆除违章建筑77万m^2；整治房屋立面1521幢，完成屋顶“平改坡”200幢。全年城镇基本建设和更新改造投资中用于道路、给水排水、公用事业、电力等基础设施建设的投资183.78亿元，比2001年增长20.1%。

城市公共交通快速发展。2002年年末市区公交线路238条，比2001年年末增加44条；公交营运线路总长度达3007km，增加549km；公交营运车辆2775辆，增加537辆；全年公共汽车和电车客运量61712万人次。一大批新型公交车上路运营，市民乘车环境得到较大改善。水、电、气的供应能力提高，服务进一步规范。全年市区供水量52095万t，比2001年增长0.2%，生活用水量26000万t，增长1.1%。市区用电量156.61亿kW·h，比2001年增长17.6%，其中居民生活用电18.76亿kW·h，增长11.8%。2001年年末市区居民家庭人工煤气用户18.39万户，比

2001年增长9.5%。

（3）Strength（优势）。

1）杭州交通枢纽因素。杭州是华东交通主枢纽之一，同时更是浙江省的水、陆、空交通中心，便利的交通使人的大范围转移以及流动日益增多，对于项目而言，就有可能有更多的消费者选择杭州这个城市，选择天都城项目的可能性。

2）天都城项目交通因素。天都城项目距离余杭临平镇5.3km，目前去杭州市中心车程约为40分钟，距上海170km，项目毗邻320国道、杭州外环高速公路、临丁路、沪杭高速公路。便捷的大交通环境，和四通八达的公路网络，对旅游产业来讲可以方便游客度假休闲，对天都城的住宅项目来讲，可以享受便捷的交通路网，同时还可以享受郊区田园式的生活方式。

（4）Weakness（劣势）。

1）交通现状不容乐观。就目前而言，通往天都城的道路并不是十分的好，项目周围的道路十分狭窄，并且道路整体都不是十分平整。并且从市区内到天都城走高速干道还有收费的问题和路程变远的问题，但是从其他非高速干道上到达天都城，则道路状况实在是差强人意，极需改善，否则对项目的推广极为不利，并且给日后小区业主的出入带来极大的不便利性。

2）轨道交通的改线影响巨大。杭州市一期轻轨的改道，促使天都城项目交通方便、快捷、准时的优势荡然无存。

（5）opportunity（机会）。

1）政府未来二号线的规划。杭州市规划的轨道交通二号线经过天都城项目并且会有至少一个停靠站点，弥补了交通的缺陷，丰富了交通的可选择性，增加了天都城项目的附加值。

2）政府形象工程的规划。杭州市规划的33929工程中有涉及天都城项目的道路规划，政府高角度的规划，可以让项目与整个市政道路，乃至整个城市的融合程度更高，这样就会更加吸引消费者，剔除消费者的陌生感。

（6）Threaten（威胁）。政府规划的不预期性。由于有了轨道一号线的教训，轨道二号线的规划，同样存在大量的不确定性因素，如果再次出现反复，可能会对项目影响极大，在营销推广上要慎重考虑宣传轨道交通一项。

（7）交通SWOT分析。天都城项目目前交通状况十分不理想，未来的规划有很多的美丽憧憬，但是，憧憬能否实现，要打个问号，憧憬什么时候能够实现，还要打个问号。当然，从所列出的优劣分析来看，有一些问题对项目的影响不会很大，但是，二号线的影响是至关重要的。所以，综合评定来看，交通对于项目来讲，目前并没有足够的优势，但是到将来它的优势将有可能突显出来。

5. 产业结构因素

（1）消费市场。杭州2001年消费市场持续较旺。全年实现社会消费品零售总额523.53亿元，比2001年增长14.1%。其中市区426.36亿元，增长14.2%；五县（市）97.17亿元，增长13.6%。分行业看，批发零售贸易业零售额347.09亿元，增长17.4%；餐饮业55.28亿元，增长27.7%；其他行业121.16亿元，增长1.1%。

连锁超市发展迅速。2001年年末市区有连锁经营企业43个，连锁门店735个，年销售额达到60.99亿元，比2001年增长57.1%。

（2）Strength（优势）：杭州市总体产业结构。杭州市第一、第二、第三产业结构比例由2001年的7.1：50.6：42.3调整为2002年的6.3：50.7：43.0，第三产业所占比例的提升说明产业结构更加合理，人均收入增加，可支配收入增加，对项目而言，消费者的增多成为可能，一旦人们的收入水平得到持续增长，他们对生活质量的要求也会增长，这样良性的经济增长趋势，会在日后一段时间内，增加目前居住环境的购房群体数量，也会增加投资房产的群体数量，有助于整体房地产市场的持续稳健的发展。

（3）Weakness（劣势）：余杭区产业结构有待提高。余杭区产业结构比例由2000年的12.8：54.3：32.9调整为2001年的12.3：54.0：33.7；与杭州市同期平均水平相比，其中第一产业高出5.2个百分点，第二产业高出3.4个百分点，第三产业低于平均水平8.6个百分点。这充分说明余杭区的量化以及结构状况在杭州市总体范围来讲还是处于一个中等偏下的水平，项目所处的区域产业机构处于杭州市中等偏下的水平，也就是说当地的产业环境比较其他地区还有差距。购买天都城的那些群体至少应该是杭州平均收入水平的中等人士，并且在该区域内的居民自身的居住条件都还可以，加上该区域整体经济收入偏低，造成了天都城吸引区域客户的困难性增加，一旦一个项目不能有一定数量比例的区域客户前来支持这个项目，这个项目在整体销售上会面对很多困难。

（4）opportunity（机会）：差距产生提升的可能。虽然目前余杭区的产业结构落后于杭州市的平均水平，但随着杭州市整体经济水平的不断提升和产业结构的不断完善，余杭区的产业结构调整与提升的空间将会很大，随着产业区域、产业结构和区域群体的需求不断提升，加之天都城项目日后规模效应日见显现，会有很大的可能去吸引区域消费者前来购买天都城。

（5）产业结构SWOT分析。杭州市的产业结构是非常健康与良好的。但是，产业结构只能说明人们的收入结构、收入水平。虽然这对项目来说是个优势。这一点，对于所有处在杭州的房地产项目都有，但是余杭区的产业结构水平对天都城来讲不是一个优势，从长久来看只能算是一个机会，它对项目目前的利好影响不是很大。

6. 杭州以及余杭房地产状况因素

（1）杭州以及余杭房地产状况。杭州2001年完成房地产投资196.37亿元，比2000年增长39.4%。建筑业继续保持较快发展。全年建筑业增加值129亿元，比2000年增长10.6%。各类房屋施工面积2722.35万m^2，增长17.4%；房屋竣工面积834.41万m^2，增长0.5%。

2001年，杭州房地产业继续发展。全年商品房施工面积1876.7万m^2，比2000年增长29.5%；竣工面积529.41万m^2，增长23.6%。商品房销售面积414.55万m^2，比2000年增长14.1%。

居民居住条件进一步改善。全年完成住宅建设投资162.86亿元，比2000年增长56.3%；住宅施工面积1577.77万m^2，竣工面积464.49万m^2。2001年年末市区居民人均居住面积12.5m^2，农民人均住房面积52.7m^2，分别比2000年提高1.3m^2和3.7m^2。

2001年四季度，杭州市房地产业经济景气状况延续一季、二季、三季的高位态势。反映本行业企业生产经营状况的企业景气指数为168.2。调查显示，三季度新开工面积增加的企业占23.8%，景气指数为117.1，比上季和2000年同期分别上升7.8、24.3；完成投资增长的企业占44.0%，景气指数为135.4，处在“较为景气”区；商品房预售、销售面积景气指数分别比2000年同期上升8.8、17.8；商品房销售价格稳步上涨，本季的商品房销售价格为145.5点，分别比三季、二季、一季和2000年同期上升11.8、7.1、16.3和40.8。企业盈利状况良好。54.7%的房地产企业反应利润总额增加，景气指数比上季和2000年同期分别上升4.5、5.7。

（2）Strength（优势）。

1）杭州市房地产行业发展良好。杭州市房地产开发势头迅猛，房地产业已成为主导产业。1998年以来，杭州市房地产开发实际完成投资额的年增长幅度在17%以上。2002年完成房地产投资额196.4亿元，同比增长39.4%。其中完成商品房住宅建设投资148.3亿元，占房地产开发总建设投资的75.5%。2002年房地产业对GDP的贡献率达11.6%，同比增长17.1%，为城市经济发展做出了重大贡献，房地产行业已经成为杭州市的主导产业之一，从这一点来讲为天都城塑造了一个非常优秀的市场和消费的空间，天都城项目只有在杭州整体房产前景持续良性发展的前提下，才会得到巨大的成功契机。

2）房地产市场购销两旺。1998 年以来，房地产预售总量年均保持在 260 万 m^2 以上，其中住宅预售总量每年基本保持在 210 万 m^2 以上。2002 年住宅施工面积 1455 万 m^2，住宅开工面积 714.7 万 m^2，竣工面积 412.5 万 m^2。销、预售面积 673.2 万 m^2，是住宅竣工总量的 163.2%。与此同时，2002 年经济适用房新开工面积 118 万 m^2，同比增长 3.4%，竣工 97 万 m^2，同比增长 86.5%。也只有在这样一个购销两旺的市场下，才会有机会产生“工作在城市，生活在郊区”的可能性，并且才有机会让天都城所倡导的生活方式在已购房群体中得到认同。

3）房地产市场经营更加规范。老市区土地市场管理规范，收购储备效果显著，房地产供应结构逐步优化，明令禁止土地炒买炒卖行为。这表现在：一是供地总量和结构合理。从老市区房地产供给结构和房屋空置可以得到充分反映，2002 年 1~10 月，高、中、低价位住宅供应量分别为 3974 户、16319 户、5313 户，分别占住宅供应总量的 15.6%、64.2%、20.2%，空置面积只有 1.5 万 m^2。二是禁止了土地炒买炒卖问题，营造了房地产市场规范运行的环境。只有一个规范的房地产运作环境，才会带动杭州房地产的良性发展，符合杭州市政府的“住在杭州”的口号，以便吸引更多的外区域人士入住杭州，这样有助于天都城下阶段向周边外区域推广。

（3）Weakness（劣势）。

1）虽然房地产行业发展很好，但是存在结构问题。虽然杭州市近几年房价总体一直上升，但上涨绝对量不一。除此之外，虽然杭州市房地产市场供销两旺，但是城区供销矛盾大大高于郊区区域。总体而言，城市绝对量的增长高于郊区，西湖等风景区的增长高于其他地区，天都城项目所处的区域增长绝对量并不是很好，上涨空间不容乐观。

2）行业风险增加。杭州市房地产贷款增长过快，银行资金在房地产生产、消费资金中的份额较大，银行风险有所增加。目前杭州房产过热现象已经引起中央的注意，并且央行已经着手对房地产开发和销售的贷款等问题提出新的要求和方式，天都城作为一个长期开发销售的项目，一定会在将来面对更为规范和严格的国家新政策，针对如何规避行业风险，天都城应该着手从长期开始准备。

（4）opportunity（机会）。

1）杭州市房价总体一直上升。根据杭州市房地产交易所提供的数据，从 2000 年到 2002 年 10 月，老市区房产交易平均价格分别为 3426 元/m^2、3703 元/m^2 和 4043 元/m^2。据浙江省城市经济调查队统计资料显示，商品房价格从 1998 年的 3278 元/m^2，增长到 2002 年上半年的 4749 元/m^2，涨幅达 44.8%，而同期 GDP 增长速度达到 53%，虽然杭州市的房地产增长的绝对量与增幅都很高，但是从综合 GDP 与物价的增幅来看，房价上涨仍具有较大的空间，消费者持续消费成为可能。这个市场空间给本项目的规划调整带来一定量的市场接纳度，也有助于天都城这样的相对价格较低的项目吸引更多市区的购买群体。

2）余杭房地产市场发展势头良好。房地产业呈迅猛发展势头。2001 年全年商品房施工面积 189.2 万 m^2，竣工面积 76.7 万 m^2，分别比 2000 年增长 58.6%和 107.3%，有良好的市场发展势头，说明市场对该区域已经开始慢慢接受，只要杭州的购房市场开始接受余杭这个市场，天都城将会在将来面临无限的发展空间和价格的上涨。

（5）Threaten（威胁）。

1）行业发展周期因素。从中国房地产行业的发展周期规律来看，6~8 年是一个周期，好的区域会维持在 10 年左右，杭州市房地产已经持续 6 年以上的火热，其中近 5 年内没有跌落，高度繁荣的背后可能暗示着危机，如果行业出现下滑，出现波动，对于大盘天都城来说，损失惨重，特别是项目的开发模式是以“大手笔”的开发方式的话，天都城一定要密切关注和分析杭州房地产市场状况。

2）增长的预期防范因素。余杭区的房地产发展势头过猛，2001 年商品房施工面积 189.2 万 m^2，竣工面积 76.7 万 m^2，分别比 2000 年增长 58.6% 和 107.3%，正所谓有涨必有跌，大涨的同时预示危机的到来。虽然余杭区域的增长主要集中在西面部分，我们应该可以看出余杭西面是整个余杭房产的支柱，如果西面的房产开始出现危机，作为余杭北面的天都城项目势必会受到一定的关联效应。

（6）房地产行业 SWOT 分析。杭州房地产近些年来发展一直欣欣向荣，这对于处于杭州的天都城来讲，有了一个好的市场环境，那么天都城项目的成功相对而言更容易些，但是，还要根据项目的具体情况具体分析。繁荣的背后到底是什么，也许大厦将倾，也许是杞人忧天，也许是更好的发展前景。总而言之，好的市场环境，对项目来说还是优势，也是机会。

7. 政府、政策因素

（1）居民收入和储蓄。城乡居民生活水平不断提高。据抽样调查，全年市区居民人均可支配收入 11778 元，比 2000 年增长 8.1%；人均生活费支出 9215 元，增长 5%。全年农民人均纯收入 5242 元，比 2000 年增长 7.1%；人均生活费支出 3957 元，增长 13.7%。

居民储蓄继续增加。2000 年年末城乡居民储蓄存款余额 1183.4 亿元，比 2000 年年初增加 241.55 亿元，其中城镇居民储蓄存款余额 949.23 亿元，比 2000 年年初增加 209.54 亿元。

（2）城市环境。深入实施“蓝天、碧水、绿色、清静”工程，城市环境质量进一步改善。2000 年年内关停污染企业 153 家，省市重点工程——七格污水处理厂一期工程建成运行。全市工业固体废物综合利用率 94%，工业废水排放达标率 96%，二氧化硫排放达标率 93%，烟尘排放达标率 97%，粉尘排放达标率 92%。市区区域环境噪声等效声级 56dB，城市交通噪声平均值 68dB。

加强城市绿化建设，城市生态环境得到改善。2000 年市区新增绿地面积 770 万 m^2，2000 年年末市区园林绿地面积达到 7772hm^2，公共绿地面积达到 1373hm^2，建成区绿化覆盖率 35.98%，市区人均占有公共绿地面积 7.85m^2。杭州市荣获“国际花园城市”称号。

（3）Strength（优势）。

1）政府的居住规划。从杭州市整体规划中，3 万～5 万人规模的居住区设置 40～45 个，其中主城设置 30～40 个，主城设置在城中、城东、城北等地。天都城项目处在城北区域，是杭州市政府规划中的一个居住区，这样，从政府得到的优惠政策与政府支持，肯定大于不是政府规划的居住区域，加之天都城项目已经列入杭州市城市规划的范围内，天都城将会得到更多的发展优势。

2）余杭区政府的规划。余杭区大力发展旅游项目的开发，在新一轮的经济发展规划中，把旅游行业视为新兴行业和新的经济增长点。余杭区把度假旅游作为重点开发项目，天都城的四季公园就是迎合了区政府的规划。

（4）Weakness（劣势）。

1）住房贷款利率影响。国家政府贷款利率调整，虽然提升了投资壁垒，有利削弱房地产泡沫，但同时也增加了为了改善居住条件、无房者实现愿望的难度。政府出台的这条政策会对所有的开发商普遍产生影响，当然，对天都城来讲，“杀伤力”要小于其他楼盘。

2）政府规划的城市发展方向。杭州市政住宅的发展中，东部、南部已经明确成为城市的发展指向，重点区域是下沙和滨江，西部、北部由于受各种自然、社会因素的制约，阻碍了城市向外的扩张，这将促使人们在心理上对天都城产生误区与障碍。

（5）opportunity（机会）。政府城市发展方向的规划。近些年来，杭州市政府提出的“游在杭州、住在杭州、创业在杭州”的大城市发展思路，要把杭州建设成为“最适合居住的城市”。以此来讲，杭州房地产市场将会面向全省、面向全国，为房地产开发提供了广阔的市场空间。从目前政府的思路、口号来看，可谓“旺名不旺地”，在这个时候，天都城项目应该积极加大和加快项目的开发力度，争取做出一个示范单位来，吸引更多的人居住在天都城。

（6）Threaten（威胁）。

1）房价全国关注。最近正在举行的人大会议上，有很多的人大代表提出了当前中国房产价格过高的问题，其中杭州房地产价格已经在前一时间引起国家的重视，这势必会影响国家对此做出相应的政策调整，如果真的出台政策，那么影响的就不是一个两个项目，而是包括天都城在内的所有项目。

2）政府换届影响。由于天都城项目开发周期过长，政府换届、政策变更，对于天都城这个依靠很多政府政策的项目而言，将会产生不可预估的影响。

（7）政府政策 SWOT 分析。虽然政府会换届，或政府有可能会有政策限制，但是，政府的种种服务还是服务于市民，是为将杭州建成更美好的花园城市，相信随着杭州的不断发展，天都城会有一个更广阔的成长空间。政府因素，对于项目而言，是一个优势和机会。

8. 住宅郊区化因素

（1）Strength（优势）。

1）城市发展进程的需要。随着城市发展的进程，城市的中心区域，往往成为公众共同享用的地方，不再是个人的专署，取代高层住宅的将是办公场所、娱乐场所、广场、商业场所等各种公众场所。天都城正是位于卫星城区的项目，适应潮流的发展。

2）开发趋势的需要。市内土地资源稀缺，市内土地寥寥无几，商品房开发的后续储备不足，开发成本大大增加，房产价格也将不断上涨，这同样也大大增加了开发风险，但是购房群体的承受度不会和房价一样同比例上涨，因此选择住宅郊区化也是日后购房和开发的趋势。

3）消费心理逐步形成。住宅郊区化的心理正在逐步形成。当一个城市城市化水平发展到相当的水平以后，逆反效应开始产生，摆脱喧闹、拥挤的城市，选择高品位、高生活质量、高标准的低容积率的住宅，那些更贴近自然的住宅将成为一种时尚。

4）消费群体逐步形成。从省城市经济调查队的调研数据来看，每百户杭州居民中中学生与小学生的比例为 14∶11，这充分说明杭州市目前年龄结构问题，中青年群体的上升，婚姻、住房问题的显现，无足够的积蓄、高月收入是他们的普遍特点，这为项目提供了一片稳定的消费群体；由于城市中，寸土寸金，对于那些中等收入的家庭以及需要改善住房条件的人来说，天都城这种高品质的郊区住宅将处于他们的选择范围之中。

（2）Weakness（劣势）。购买群体的接受度。住宅郊区化的概念，人们接受还要待以时日。目前住宅郊区化的概念刚刚形成，要想人们普遍接受，还要慢慢培植，还要人们慢慢地领悟，要让这些群体认同这样的概念，天都城必须加快项目的开发建设，将天都城项目的优势尽快展现给购房群体，让他们接受和喜欢。

（3）opportunity（机会）：有待勾画和实现的梦想。人们对住宅郊区化的理解还不是特别深刻，他们只是对住在郊区有着一种美好的梦想，这个就需要我们去营造和完善他们的梦想。我们一边有目的地宣传引导，一边开发营造。因为目前市场上没有可和天都城相比较的项目，因此，只要我们努力去营造，一定可以将天都城实现。

（4）Threaten（威胁）：低成品低品位的思维误区。发展商选择在郊区开发，首先是因为土地成本比较低，这样其销售价格也不会像市区内一样的高，希望通过低价格来吸引购房者前来购买。但是从消费者的考虑出发，选择住宅郊区化，有部分人是因为市区内的价格因素，但是根据杭州市目前的状况分析发现，那些购买郊区住宅的人对居住的要求会很高，也就造成，很多郊区低价位、低品质的住宅销售不掉的状况，因此如果我们不能正确认识清楚郊区化住宅的本质现象，会产生“低价位、低品质”的认知，降低项目营建成本的投入，这样对项目会造成很大的威胁。

（5）住宅郊区化 SWOT 分析。假以时日，人们对住宅郊区化的消费心理形成，那个时候，对项目而言，就是发展的黄金时期。天都城项目的开发周期在未来 6~10 年内，未来3~4 年，杭州市很多大盘一期项目将可以陆续入住。随着各家开发商项目的烘托，和开发商住宅郊区化理念的培植，住宅郊区化已经渐入人心了。住宅郊区化对天都城项目而言，绝对是优势。

9. 企业自身因素

（1）Strength（优势）。

1）资金实力。作为一家上市公司，企业的资金雄厚，综合竞争能力强。这为项目的成功开发提供了坚实的资金保障。

2）品牌效用。广厦品牌，在杭州、浙江乃至全国，都是一个品牌，品牌优势在消费者心理具有良好的美誉度，对广厦每一个开发的项目都是优势。

3）人才优势。凭借广厦的品牌形象以及资金实力，更能笼络到能为自己出谋划策的人才，有了优秀的人才，就有项目成功的保障。

4）建筑实力。广厦是建筑行业的排头兵，是质量的保证。

5）行业经验。广厦不仅仅是一个有钱的“入门汉”，也是一个拥有一定行业经验的开发商，并且成功开发了一些项目，只有那些有经验的开发商，才能够得到市场消费者的认可。

6）政府关系。广厦集团，与国家建设部，省、市政府具有良好的关系。有了良好的政府关系，可以让项目在相关的市政配套中得到很多实惠与保障。

（2）Weakness（劣势）。

1）品牌误区。广厦作为一个品牌，更多地体现在建筑行业，改变这种消费者潜意识的认识，需要广厦做出长久不懈的努力。这种改变，要通过开发商不断地推出项目，得到市场的认可，再用项目反培植、拓展品牌，这是一个反复的过程，这样会保证项目的成功，开发商不仅受益一个项目，同时受益终生。

2）人才瓶颈。容易吸引人才，不意味着就有好的人才，就目前项目状况而言，经营旅游产业，需要大批专业经验丰富的人才。这些人才对项目先期开发的四季公园的成功运营以及维护很重要，直接关系到项目的成功与否。

3）开发经验与能力。广厦作为房地产开发商而言，开发项目有限，而且分散，开发如此大的项目更是头一回，大盘的开发与普通楼盘的开发不可同日而语。天都城对于广厦来说既是机会，也是考验，一个 6579 余亩的项目，压力大，对开发商的要求很高。

4）市场营销掌握能力。在市场经济条件下，不仅仅是好的产品就能够得到市场的认可，有效的市场营销、广告宣传、促销手段都会拉动市场需求，吸引消费者，目前杭州市场上除了绿城和南都还做得比较优秀，其余很多的发展商还需要进一步的加强。

（3）opportunity（机会）。

1）品牌综合多样化。对于广厦来讲，天都城是一个可以以最快速度树立广厦房产品牌形象的项目，让人们重新认识广厦的品牌，广厦不仅仅是有实力，是建筑行业排头兵，同样在房地产行业也是佼佼者，在旅游方面也出类拔萃，物业管理方面也十分优秀……希望通过天都城这一个项目，重新塑造广厦的品牌，建成一个综合多样化的品牌形象。

2）成功模式的可借鉴性。广厦已经不止一个类似天都城这样大体量的项目，如果天都城项目操作成功了，可以为广厦的其他项目提供一个可借鉴的模式，可以在其他地方同样开发建设卫星城市，做到企业经营城市的第一品牌。

（4）Threaten（威胁）。

1）经营能力。对于广厦开发商而言，天都城与欢乐四季公园的开发不仅仅是普通房地产开发的概念，也是一个泛地产的概念，对于企业而言，可能是一个经营概念，经营房地产，经营旅游公园，但是泛地产的概念不仅仅是短期的问题，关键还是要看能否长久经营，这对开发商的考验极大。

2）项目利益。项目最终的利益是在最后开发的项目上，因此前期的运营投入应该谨慎注意，避免先期投入过大，造成后期承担高额的开发成本，增加后期的风险性，这样的话，将减少发展商的直接利润。

（5）开发商SWOT分析。雄厚的资金实力、良好的行业品牌、得到广泛消费者的认可，这都是广厦吸引消费者、投资者，乃至有才之士的资本。但是，广厦还需要把这些资源良好的嫁接到天都城项目中来，有了各种资源作为保证，并不能保障项目的成功，只是成功的概率增大而已。开发商，是项目的一大优势。

10. 项目体量、规模因素

（1）Strength（优势）。

1）规模优势。项目体量大，规模也大，配套功能齐全等。最集中的体现就是规模效应和降低成本。

2）品牌维护。广厦集团可以利用这个在杭州乃至浙江都非常知名的项目提升广厦作为房地产开发商在业内的知名度与美誉度。

3）长远角度。从长远角度考虑，规模优势将会成为房地产巨大的卖点。

（2）Weakness（劣势）。项目体量大、规模大，对项目的小区规划、公共建筑配套、社区管理等方面提出很高的要求，在规划和经营这样一个项目的时候，需要极大的投入度和准确性，这就意味着项目操作的难度大。

（3）opportunity（机会）：可持续性发展。有利于企业规划可持续性发展的概念，稳定广厦作为房地产开发商的业务质量，增加可持续性收入。

（4）Threaten（威胁）：各方压力。体量大、规模大，耗用众多人力、物力、财力等，以及有太多的不可预见因素，一旦稍有不慎，会给广厦集团带来极大的负面效果。

（5）项目体量规模SWOT分析。大有大的好处，小有小的优点。但是，这些都是站在某一个角度讲的。大，肯定是优点多过缺点的，但是要看谁来操作。就广厦集团操作天都城项目而言，集团没有操作过如此大，甚至是没有操作过接近这么大的项目，困难可想而知，但是，如果操作成功，广厦的收益不仅仅是名利双收，还有更为宝贵的经验。天都城项目，对广厦集团来说，是机会，更是威胁。

11. 项目开发周期因素

（1）Strength（优势）：总体资金投入小。作为这么一个大的项目，因为它的开发周期较长，当项目启动后，项目的资金投入就会相应的减少，主要靠滚动资金来开发完成项目整体运作。

（2）Weakness（劣势）。

1）工程施工影响。开发周期长，施工周期就长，早期入住的客户肯定会受到后期项目建筑时各种噪声的影响。

2）不可控因素影响。开发周期长，项目要调整的因素多；开发周期长，不可预见、不可控制的因素多。

（3）opportunity（机会）：可以及时调整。由于项目的开发周期比较长，可以及时根据实际情况调整项目的规划和配套，将先前没有考虑到的问题及时加以解决和完善。

（4）Threaten（威胁）。

1）人员连贯性、人员素质要求。项目具有很长的开发周期，每个周期可能都需要不同的开发思路、操作手法，对操作人员要求很高。

2）项目的连贯性和平稳性。由于项目实在是太大，一旦出现任何偏差，会直接影响项目日后的开发和运营，因此项目的关键是平稳性和衔接性好，否则给项目造成的后果是无法预计的。

（5）项目开发周期SWOT分析。开发周期长，遇到的问题就多；遇到的问题多，操作难度就大；操作难度大，项目遇到的阻力就大。开发周期过长，对项目而言，是一个威胁。

12. 项目前期因素

（1）Strength（优势）：项目的市场形象已经确立。由于天都城在市场上已经建立了一定的市场知名度，并且在杭州购房群体中已经树立了卫星城的概念，这对项目日后的推广带来极大的便利性和利好性。

（2）Weakness（劣势）。

1）项目的形象和工程进度。作为天都城在市场推广已经有很长时间了，但是项目整体的工程进度还是比较缓慢，给已经预订的购房者在信心方面带来一定的不利因素。

2）对项目的认识程度不够。在市场上虽然很多人都知道天都城，也知道天都城是一个卫星城的概念，但是他们对天都城具体是什么，并能够给购房者具体带来什么好处并不是很清楚和了解。

（3）项目一期开发SWOT分析。单就项目前期开发而言，既有好的地方，也有不足的地方，但是如果考虑到前期开发结束以后所带来的连锁反应，那是不可估量的。容，则兴，落，则败。这对于天都城来说，绝对是机会与威胁并存，但是，从广厦投入的精力、物力、财力来看，以及广厦积极的态度，这绝对是一个机会。

13. 项目的公建配套因素

（1）Strength（优势）：规划上的优势。由于天都城住宅目前还没有真正的开始建造，从规划上来看，天都城在项目内的规划配套设施还是比较完善和全面的，基本上满足了作为一个卫星城所需要的各种配套要求。

（2）Weakness（劣势）：实用上的不方便性。从项目已经开始推出的50万m^2来看，每个小区内部的配套设施还是相对比较弱的，它们基本主要是依靠社区的大配套，给日后入住的业主在实际生活中会带来一定的不便利性。

（3）opportunity（机会）：重新完善。由于项目的主要交通干道的问题，项目的整体规划需要重新调整完善，在这么一个天赐的良机面前，根据实际情况可完善先前没有考虑完善的部分，让天都城变得更加合理与舒适。

（4）Threaten（威胁）：重复性。由于项目的体量实在是太大，并且是逐步分区开发建设，项目首先要满足每个小区的生活配套问题，还要考虑到整个项目的大配套问题，那么我们就需要慎重考虑到项目每一个环节，避免项目在共建配套上的重复性。

（5）项目体量规模SWOT分析。由于项目目前还没有开始建设，共建配套的问题已经在入住前出现，加上规划调整的问题，正好能够在此同时完善天都城共建配套的种种不足部分，加以完善修改，这个对本项目来讲是一个绝好的机会。

14. 主题公园因素

（1）Strength（优势）：正确的开发思路。先造景观，再造房屋，先聚人气，后聚财气。随着主题公园的试营业，主题公园已经在社会中形成了一定的知名度与影响度，对项目的整体形象与销售都会起到积极的作用。

（2）Weakness（劣势）：完善尚需时日。目前，主题公园只是试运营阶段，要想满足具有十分“挑剔”眼光的杭州市民，还要假以时日不断的完善，但是目前过早的公开欢乐四季公园对天都城项目并不会带来足够的帮助，反而会降低欢乐四季公园对购房人的神秘吸引力。

（3）opportunity（机会）：不断完善调整。欢乐四季公园已经正式试营业了，这样可以充分了解旅游者对欢乐四季公园的感觉，使得欢乐四季公园还可以在不断的完善过程中加以调整，让其更加能够为天都城住宅服务，也能开创出杭州一个新旅游景点。

（4）Threaten（威胁）：考验开发商对公园项目的经营与创新能力。旅游项目，是有类别的，观光旅游，讲的是历史；佛教朝拜，讲的是持之以恒；人造景观，讲的创新；度假旅游，讲的参与，正所谓，只有沟通，才有可能。而欢乐四季公园，是一个人造与自然结合的项目，是一个房地产与旅游度假相结合的产业。但是，项目的现状和规划与人们心中的期待相差甚远，如何将此弥补并且长久地经营下去，对广厦集团来讲是一个严峻的考验。

（5）项目体量规模 SWOT 分析。如果把欢乐四季公园作为住宅项目的一个附属品，那么若欢乐四季公园项目的繁荣得到市民的认可，则会促进天都城项目的销售。但是，这种连带效应是依据欢乐四季公园项目的现实状况的。欢乐四季公园对天都城住宅项目来说是一个机会，但是从经营欢乐四季公园的角度来考虑，那么它将是一个十分严峻的考验。

15. 竞争因素

（1）Strength（优势）。

1）第一个卫星城。从市场上来看，其他项目在规模体量上都要比本项目要小（除了南都的良渚文化园），但是作为杭州第一个具有真正卫星城概念的项目——天都城，其他项目都是望尘莫及的，包括南都的良渚文化园，虽然其体量比本项目要大，但是该项目还在规划中，在市场推广和购房群体中，天都城已经占得先机，并树立了第一个杭州卫星城的概念。

2）欢乐四季公园。我们和竞争项目相比，欢乐四季公园是本项目的一个明显优势，其他竞争个案到目前为止都没有像天都城那样拥有这样主题鲜明的公园优势，这点是其他项目无法比拟的。

3）项目规划。在天都城的项目规划中具有非常多的优势，这些在项目内部的优势是其他项目无法相提并论等，特别是天都城规划的大气更是令人叹为观止的，如欢乐大街和五星级度假会所等，这些都是天都城在项目规划中无可争议的强有力的优势点。

（2）Weakness（劣势）。

1）区域板块的认知度。从市场上来看，同样作为余杭区，市场上对余杭西面的接受度要明显比北面的接受度要高，这是因为西面是杭州房地产最先起步的地方，并且西面已经形成了一定居住氛围的雏形。项目所在地的区域不仅比余杭西面市场认知度要低，并且同样要比南面的滨江板块要弱很多，目前滨江板块已经是大杭州房地产开发的一个新热点，并且滨江板块还将持续升温。

2）与大杭州的发展战略不符。杭州整体规划发展的方向是，以主城为基础，沿跨江、沿江两条轴线，向东和向南发展，严格控制向西发展。由于北面发展受到已有工业区的阻隔，且与市中心、水源和排污口反向而驰，基础设施费用高，使本已纵横失衡的城市地域结构更不合理，影响城市交通的合理组织。

（3） opportunity（机会）。

1） 深化复合地产的优势。天都城只有充分利用其规模优势，发挥欢乐四季公园对房地产项目的带动作用，以及房地产项目对欢乐四季公园的促进作用，将这两点作一良好的整合，突出天都城项目复合地产的优势，从而进一步加深表现天都城所倡导及营造的生活方式，对项目的定位做出深化阐述，不再以单纯房地产的项目进行推广，而是以整合的复合地产概念优势进行出击。

2） 功能配套。天都城因为项目规模大，配套齐全，这是项目一个绝好的优势点，只有充分将项目的配套功能加以完善和尽快投入使用，这样才会给天都城项目带来无限的推广销售机会，只有让人们充分感受到天都城所带来的舒适和便利性，才可以让天都城进入一个实质性的飞跃阶段。

（4） Threaten（威胁）。

1） 价格、产品的竞争。在和目前现有的大盘和近郊楼盘竞争时，这些项目和天都城价格基本上处于一个价格范围带内，并且很多大盘和近郊楼盘所处的区域要比天都城所在区域市场认可度高，同样这些项目不乏优秀的别墅产品，在同样的近郊板块，价格基本上也在一个范围带内，很容易直接产生价格和产品之间的竞争。

2） 购房群体的争夺。购买近郊项目的群体十分清楚，并且这些群体对区域的依赖性相对比较弱，因此他们的区域选择范围就比较大，在置业时会注重更多的部分。在同样的价格范围带内，近郊的项目会对这些购房群体产生争夺，这样势必造成天都城和这些项目的竞争不仅仅是项目的竞争，更是置业板块和生活方式之间的竞争。

3） 未来市场的因素。由于天都城项目体量大，相应的开发周期和销售周期也比较长，这样未来市场很多的不确定因素对天都城项目的影响很大，无论从政策、购房群体还是市场竞争等方面，都会对天都城造成很多不可预测的威胁因素。

（5） 项目体量规模 SWOT 分析。从竞争因素分析来看，天都城在该因素状况内，首先面对的是威胁，至于项目的机会主要是看广厦房产如何去做和把握的问题，因此我们应该充分认识到这个严峻的状况，才可以充分挖掘项目的优势，从而去化项目的不利因素。因此从竞争因素上来评判，首先是威胁，机会也是有的，主要看天都城怎么去把握的问题。

附注：以上的竞争因素主要考虑的方面是杭州目前 1000 亩体量以上的楼盘，加上对余杭、滨江、富阳、萧山等近郊板块的对比分析，由于现在只是项目定位报告，因此不具体针对个案进行分析，只是对该竞争因素作一总体概述，等到日后产品营销时再进行具体的竞争分析。

第三部分　可借鉴项目分析篇

3.1　综述

由于天都城的项目体量巨大，在杭州是一个泛地产的创举，为了确保天都城项目的操作成功，我们希望可以通过其他市场上一些大项目的成功操作经验或者某些优秀的推广模式，以供天都城参考及借鉴。

由于天都城项目在杭州是一个创举，因此在杭州基本上没有一个可以完全值得借鉴的项目，加上杭州的房地产开发要比上海、深圳和广州等城市滞后，因此我们将通过对其他比杭州房地产更为发展成熟的城市中的某些项目进行分析，以此希望能够给天都城一个启迪，但是由于本篇报告的时间原因，我们将只先推荐上海某些成功项目的开发推广方式进行分析阐述，希望能够得到广厦的共鸣。

3.2　可借鉴项目分析

1. 联洋新社区

（1）社区范围。联洋新社区东起罗山路，西至民生路，南起锦绣路，北至杨高路，构成了联洋新社区。联洋新社区总占地面积为 $2km^2$，社区总建筑面积为 250 万 m^2。

（2）联洋品牌理念的确立。品牌，不仅仅是一个名称，也是一种关系和一种商业文化。品牌维系着生产商、产品、消费者之间的良性互动关系。这种关系贯穿整个企业活动的各个方面、各个环节、各个发展阶段，从而使“品牌”成为囊括整个企业文化的符号。同时，品牌往往与商业活动联系在一起。对于消费者，它意味着超越物质使用与情感的满足，属于高层次的消费需求。联洋新社区的品牌建设将赋予住宅超越空间和功能主义的巨大附加值。这一点是符合现代消费观念和新经济理念的。

联洋集团从分析自身优势入手，确立自己的品牌内涵。联洋新社区拥有 $2km^2$ 的土地，在地理位置上占据了极大的优势。它西临浦东行政文化中心，毗邻上海科技馆、浦东图书馆，南对 140 万 m^2 的世纪公园，东南则是数平方公里的高档别墅区，因此联洋新社区具有建设高档住宅优越的条件。1999 年，联洋人明确了“联洋新社区——创造新生活”的品牌定位和核心价值。围绕这个定位点以及价值核心，联洋开始搭建整个品牌的具体框架。

（3）联洋品牌策略的实施。在一个成熟稳定的市场中，只有当有策略的创意和有效的传播处于良性循环中，并且这两者时刻贯穿品牌运作的全过程时，品牌才能脱颖而出。也就是说，成功的品牌离不开有策略的创新和有效的传播。

（4）塑造整体社区品牌，确保品牌内涵统一。联洋集团为了防止不同楼盘开发商思路不同会破坏社区的整体性，提出了“统一规划、统一开发、统一管理”的经营模式并形成了整体性开发，统一集中配套，区域性管理的整体化社区理念。

1）整体性开发。联洋集团自己并不是包干 $2km^2$ 土地的所有建设，而是把沪上高品质的开发商请进来。这样联洋可以从具体的操作中解脱出来，专心承担整体开发设计师、规划师的角色。

第一步，联洋从同济大学城市规划与建筑研究所请来所长吴志强教授担纲，制订了联洋新社区“引导性规划”。规划中导入一整套国际上先进的城市住宅建设理念和高端的技术支持，涵盖了建筑、绿化、交通、文化等方面的设计思路，使整个社区的开发具有完整性和统一性，确保了居住的生态环境和人文环境。在“引导性规划”的实施过程中，联洋公司将此规划报请规划委员会审核批准，使之成为政府的规范性文件，起到了引导和监督的作用，使每一家开发商有了统一建造方向。这样一来，整个联洋新社区虽然有十家开发单位，但均服从整体规划，保持着统一的基调，朝着最具人性化居住空间的方面发展。联洋的诞生被称为“人性空间的中心坐标”；清水园的卖点在于“生活源·不于此”；水清木华在于小园林般的雅致；罗丹广场更是弥漫着人文气息的时尚空间。

第二步，联洋与进入社区的上实、天安、仁恒等业界十大知名开发商联合，按引导性规划分别开发各街坊。并为了社区建设的统筹兼顾、综合协调，开创性地建立了“联洋新社区企业联合会”，在发扬各自品牌特色的前提下，协调各家开发单位进行社区整体开发。两项措施从宏观上确保了品牌运作的一贯性。

2）统一性配套。为了整合社区资源，在社区的开发过程中，联洋新社区实施集中配套的新模式，建设了联洋邻里中心，形成商住分离的模式。集中配套，一方面资源配置更合理，另一方面避免了各开发商重复投资、重复建设，实现资源最大程度上的合理配置，和规模效应。

联洋在许多街坊刚刚启动的情况下，先建起了高起点、全功能的邻里中心，学校、超市、俱乐部等一应俱全。尤其是按四星级酒店标准建设的 laya 俱乐部，占地面积达1.4 万 m^2，集商务别墅、豪华客房、中西餐厅、钢琴酒吧、健身中心、棋牌等于一体，为满足社区居民的休闲、健身、娱乐创造了优良的条件。

3）区域性管理。这主要是从物业管理方面进行的整合处理。目的是建立一个多元化、综合性、高档次的物业管家系统和一个人共享、设备共享、信息共享的“整体物管”大框架。

目前，负责社区管理的联洋港力物业已经接管了联洋新社区、联洋花园、天安花园、进才中学等近 20 个项目的综合物业管理，涉及住宅、办公、商业、文教、体育等多类型、多层次物业，管理面积逾 50 万 m^2，并还拥有上海第一支社区女骑警安保巡逻队。同时，联洋新社区率先实行社区管理信息化系统，通过局域网将社区内各种信息和服务汇聚到“一网了然”。而“社区一卡通”更是使持卡者可以在社区内所有服务场所和项目中通行无阻，以满足客户需求及与供应方形成良好的合作关系，在沟通和强化管理中，为业主的日常生活带来方便。

（5）创建优质的品牌社区，依托品牌景观实体。

1）物质景观。策略的创新确保了联洋新社区规划的统一性、配套服务的整体性和管理的有效性。种种努力最后都落实在联洋集团精心打造的高品质生态居住社区。

整个社区虽然由不同的开发商建造，但是都遵循了“联洋新社区——创造新生活”的品牌定位。无论是水清木华、金色维也纳，还是联洋华庭、联洋新苑，都追求以人为本的景观设计原则。整个社区的大景观营造独具匠心，楼盘绿化面积达到 50%以上。

尽管联洋新社区南有 140 万 km^2 的世纪公园，东临富有 2.26km^2 草坪的汤臣国际高尔夫俱乐部，北接花团锦簇的世纪大道，西靠花树繁盛的浦东行政文化中心，但是，联洋新社区的版图上还是圈下了 52.31%的绿化空间。为了克服建筑因层层延展从而遮挡了社区北面住户绿景的问题，联洋集团在社区的东部和北部开凿了一条连贯的水系，并围绕它建立了一片融合水体与植被的绿化走廊，以确保联洋的每一个住户都能生活在绿色的环抱中。

在社区总体空间朝向上，联洋并未受传统的“面南背北”设计的影响，而是选择了面朝西南世纪公园，从而更好地利用了“世纪公园”这一外在资源。规划师还在临近世纪公园的地块中辟出一条绿色走廊，让世纪公园满目的苍翠沿着走廊引入社区内，五条绿色走廊为社区建起了一个巨大的呼吸系统，与社区建筑形成“相互欣赏，相互补给”的模式。另外，考虑到上海的亚热带海洋性气候，水、气、光、热都会影响微生态环境，所以规划了合围和封闭结构的通风体系使住户能在自然条件下更为舒适地生活。

在社区立面和景观视野规划上，为了与浦东中央行政文化中心特点相协调，也为了利用世纪公园这一景观，联洋新社区的整体采取了西低东高、南低北高的走势。自罗山路望联洋，楼群自南向北渐次升高，到小区中央时又急转直下，一路走低，跨过北部水系后再度扬起……宛若是大自然的音符。在联洋新社区如峰峦般起伏的楼群中，每一幢建筑物因周边大环境的变化而变化，形成一派世纪都会、文化名邦的气象。

社区的空间结构更是采取了通透的设计理念，以保证由绿化和水域组成的中央开敞空间的开阔性和流畅性，沿中心绿化带只设置低密度的建筑，然后向两侧逐渐增加密度，使得景观相对优越的地段得到高标准的利用，同时也在空间上形成更开阔的视觉通道，使更多的建筑得到观景的视线。此外，联洋规划师还要求开发商把临近中心绿化带的建筑物底层架空，达到强化开敞空间带的通透性、层次感和立体感的作用，以使更多的人可以享用这一共有的生态和景观资源。

2）文化景观。除了对建筑景观和自然景观进行强力打造外，联洋集团还强调社区人文景观的创造。社区的真谛在于提高居民的生活质量，这将直接影响每一个社区的生命力。因为，建筑是物质的，物质空间是有限的；而精神和文化是无限的，只有两者结合，才富于社区的生命力。

联洋8848足球队、联洋新社区中国围棋棋圣赛、罗丹广场、联洋建筑博物馆等具体运作，都是丰富社区文化的尝试，但这还是外在的。文化是不能被赋予的，社区的内在动力来源于居住者之间的交流。因此，联洋新社区公共文化设施的建设，就是努力创造未来社区居民的交流大环境。人与人接触、互动，就会有精神和文化的碰撞，就会有思想和方法的交流。联洋人把对新社区文化教育的期待，落实到文化空间的建设和沟通氛围的培育上，其中最有特色的就是开放式教育和无围墙管理。学校与社会（社区）是没有隔阂的，社区里的大人、小孩都在一种直接的交流中生活。

3）商业景观。无论自然环境、人文环境多么和谐的一个居住小区，它始终避不开商业的参与。但是，如何协调社区品牌营造中，自然、文化与利益之间的关系，的确是一个关键。

联洋集团采取的是慎选合作伙伴的策略。不同市场定位的开发商进来对应不同市场诉求的楼盘，从而在社区的整体市场推出中形成错位竞争、优势互补的融洽格局。既考虑到社区整体风格大环境的协调，又考虑到市场运作的有效，联洋集团可谓用心良苦。

（6）有效的品牌推广，提升品牌总体价值。这其实是一个品牌的有效传播问题。联洋新社区从开发之初便十分注重品牌的推广。在定位明确后不久，联洋公司便注册了“联洋新社区”商标。此外，联洋集团还调动一切可用的营销手段宣传推广“联洋新社区”品牌。

1）社区特点。

① 新的社区规划。小区定位为上海市最大的高品质生活居住区，总建筑面积250万m^2，并请同济大学资深教授编制联洋新社区的引导性规划，引入了许多新的理念，规划出了多元复合功能的生活家园，以满足人们对新的生活方式的需求。新的规划体现了以下特点：

——以人为本，让居住者有真正的家园感受。

——生态互动。倡导人与自然互动的生活理念，社区绿地总面积32.26hm^2，建筑布局借鉴中国古代园林的手法，整个小区营造了一个全面的共享绿地环境。

——集中配套。从当代清水园出发，步行50m便可到达14.68万m^2的社区中心——联洋邻里中心。

② 新的生态环境。在新社区的南部，有占地1.4km^2的世纪公园，1.2km^2的低密度别墅区和2.26km^2的高尔夫球场。这些以绿地为主的功能设施在新社区南部形成占地近5km^2的生态型绿化带，使联洋新社区具有了上海最优的绿化和生态环境，可谓得天独厚。优质的空气，优质的水，鸟语花香，绿茵丛丛。

③ 新的文化氛围。联洋新社区毗邻浦东行政文化中心区，这里将是今后的浦东文化中心，同时也是整个浦东的心脏地带。中心区内设有新区政府办公楼、上海科技城、青少年活动中心、图书馆等文化设施。同时，新社区内拥有上海信息城、电信大厦等功能建筑。近日已正式开工的新上海国际博览中心、东方艺术中心也环绕四周。这里将和人民广场隔江呼应，成为上海市两大文化聚集地。

2）社区组成。

① 罗丹广场。1880年罗丹先生以但丁的《神曲》为模本塑造了“思想者”，放置于巴黎装饰艺术博物馆入口，他为这件雕塑取名为“地狱之门”。以后，罗丹先生将“思想者”独立放大，制作了5个石膏模。第一个模子翻制了两件，现存于法国的罗丹博物馆和罗丹故居，其他3个模子翻制了共19件，离开了故乡，长途跋涉去了美国、日本、比利时等地；1998年起开始翻制最后一个模子，到今天已制作了8件，放置在联洋新社区的“思想者”为第6尊。

罗丹广场，一个开放、和谐的空间，一个充满情趣的创意广场，面积为15266m^2，在这里，满眼绿意，环境优雅。位于广场中央的思想者，青铜铸造，目光凝重深邃，若有所思，依旧沉湎于永恒的思索中。这样的一个空间凝聚着深深的人文情结，成为人们日常休闲之地。

② 大型综合性商业中心。联洋邻里中心内设有大型综合性商业中心，分为北区和南区，占地面积为 50920m^2，总建筑面积为 71300m^2。

③ 小型商业中心。位于景色优美，环境清幽，游人如织的罗丹广场西侧，占地面积为 13422m^2，建筑面积为 17621m^2，设有中国银行 24 小时自助银行、中餐厅、黎家信形象设计中心、西式快餐店、联华超市、意大利商品展示中心等。

这是一个具有星级标准的服务体系，从日常用品到高档商品、顶级品牌，无不提供便捷周到的服务。

④ 联华超市。位于罗丹广场以北，占地面积 1800m^2。

⑤ 进才中学。进才中学是 20 世纪 90 年代上海开办的第一所现代化寄宿制学校，是 AFS 定点学校，国际派遣优秀学生赴美国、瑞士等国留学。进才中学国际部、基础实验部进驻联洋新社区，新校舍占地面积 30868m^2。新校做了如下全新的教学尝试：

ⓐ开放式的校园，小班化、个性化教学，突破传统教育模式，使孩子们的个性得到充分的发掘。ⓑ多媒体教学引进课堂、初中教学采用英汉双语制。

⑥ 医疗福利中心。联洋医疗中心为业主提供日常保健咨询、治疗，建筑面积 8019m^2，容积率 0.9，特设老年康复中心，从个人卫生、饮食起居、居室卫生、医疗康复四个方面给予老人全方位的贴心照顾：形式多样的精神赡养、宾馆式的星级服务、各种房型的舒适居所、24 小时医疗保健。

⑦ 天主教堂。金家巷天主教堂建于明朝崇祯年间，此教堂与高丽教会有历史渊源。1845 年 8 月 17 日，韩国六品修士金大建在此堂祝圣为神父，他也是韩国第一位神父。1988 年 4 月，韩方派专人送来一块 0.24m^2 的纪念碑，上面刻着金大建神父的生平简述及纪念他诞辰 150 周年的字样。1995 年，金大建神父纪念堂落成，该堂也成为中韩两国文化交流的场所。

新建成的金家巷天主教堂将坐落在联洋邻里中心地块，占地面积 3600m^2，建筑面积 1500m^2。

3）联洋新社区区域项目市场研究。“联洋新社区住区”位于浦东新区中心地段，区域外围四条干道：杨高路、罗山路、民生路与锦绣路相交形成了四通八达的交通网络，加上地铁二号线的全线贯穿，交通条件无与伦比；周边占地面积近 140hm^2 的世纪公园与围绕其间的几条绿化带交相辉映，共同构成了独特的自然生态景观。

“联洋新社区”是迄今为止上海市最大的中高档住宅规划区。其开发理念较为先进，在开发模式上先由联洋集团对整个社区进行规划，然后由其他的开发商拿地分批开发，这样有效保证了这一区域的整体性和规范性。经过几年的发展，此地区精品楼盘层出不穷，成为孕育购房热点的最佳“土壤”。通过对这一区域在售项目的调查和分析，发现本区域楼盘主要呈现以下几个基本特点，并加以简述分析。

① 项目规模。根据对联洋社区 6 个楼盘进行调查分析，目前在售项目以大中型规模为主，总建筑面积普遍大于 10 万 m^2。其中 10 万～15 万 m^2 的规模占 50%，15 万～20 万 m^2 的规模占 33%，20 万 m^2 以上的所占比例不多，其中最大的天安花园总建筑面积达 36 万 m^2。

由于区域内项目规模较大，其整体规划较好，在周边产生较大影响，市场接受程度良好。其中天安花园、第九城市、水清木华等都具有较高的知名度。

② 建筑类型。受区域位置和地块容积率的限制，该地区在售项目以高层、小高层混合住宅为主，占 50%。其次，纯多层和纯小高层在区域内所占比例相当。多层、小高层、高层的混合项目比例较少。区域内无纯高层的项目。受土地成本的影响，未来区域内纯多层项目将会减少，小

高层和高层将继续作为这一区域的主要建筑类型，同时区域内加大了低层别墅项目的开发，使此区域内的品质得到进一步的提升。

③ 规划布局。区域内楼盘布局以围合式和组团式为主，分别占被调查项目总数的 50%和 33%，这与该地区的建筑形态有关，半围合式、围合式和组团式布局易于营造中央绿化，对小高层、高层混合型的项目比较适合。

“买房就是买环境”，这种观念在很大程度上表明了除房屋本身以外社区环境的重要性。有些楼盘之所以受欢迎，与其社区环境（包括建筑形态、景观设计在内）的营造不无关系。以“华丽家族花园”为例，由于引进了主体景观设计，结合较大的社区活动空间，为居住者创造出了丰富多样、跳跃式的生活小品。从而迎合了众多购房者追求居住质量的要求。

目前，此地区内景观楼盘较多，形成一种“公园借景、小区内景、景观互融”的格局。这种“借外景造内景”的“双景设计”住宅采用“在绿化中放置景观”的形式，通过形态与空间的合理布局形成景象通视，实现了社区景象共享，营造出一个带风景的社区和看得见风景的房间。

④ 主力房型与面积。本区域内楼盘以 3 房和 4 房作为主力房型。以 3 房为主力房型的楼盘占调查样本总数的 72%，剩余 28%的项目以 4 房作为主打房型。主力 3 房的面积控制在 126～164m^2，主要集中在 130～150m^2 这一段。主力 4 房的面积在 176～226m^2。

在户型设计上，此区域内楼盘都不约而同地遵循了“简约实用”的风格。首先，房屋内部结构采用了大开间设计，结合大型落地玻璃幕墙，利用双阳台或三阳台多面采光、取景。房屋细部设计（如衣橱、储藏室等）简约，以充分利用生活空间为原则。同时，楼盘外立面线形也极力追求简洁明快。目前在售楼盘以面积在 140m^2 左右的三房为主。4 房和复式房由于其面积较大，开发商一般将其放置在小区最好的位置，从而受到购房者的青睐，因此，在房型配比上有上升趋势。2 房虽然有一定的数量，但仍然不是市场消费的主体，但是随着未来年轻购房者的增多，此区域内 2 房的销售形势将会逐步看好。

⑤ 售价分析。对本区域在售项目进行调查，均价在 6000～7000 元/m^2 范围内所占的比例最高，占 50%，均价在 9000 元/m^2 以上的项目占 33%，5000～6000 元/m^2 占 17%。

由于各开发商采取进入市场的策略不同，取得的效果也不尽相同。第一种策略为“低价进入策略”，此类项目中以“御景园”较为典型。开始预售时其平均价格在 5000 元/m^2 左右，这一价位相对于区域同类型项目来说较低，因此受到目前主体市场中低消费者的欢迎。相对应的另一种策略是“高价进入策略”，典型项目如“天安花园”，由于该项目获得土地时转让价格较高，而且定位在高档外销房市场，所以目前该楼盘的平均售价超过万元，最高单价已经达到 14000 元/m^2，除了总价高达 200 万元以上的房型较难去化外，目前销售率已达到 90%以上。

⑥ 客源分析。通过对区域内楼盘个案已成交客户的统计和分析现得出以下结论。

a. 客源区域。此区域所处陆家嘴金融贸易区与金桥出口加工区之间，本区域客源的地域性较为广泛，其中浦东本区客户约占客户总数的 25%，全市各区客源占 57%，外省市客源占 10%，境外客源占 8%。浦东本区域客源主要以改善居住条件和动拆迁户为多。全市性客源购房动机主要是世纪公园周边良好的生态环境和联洋社区的发展前景。由于这一地区交通、商业环境改善、未来地段增值前景无限，用于出租的投资客比例也有上升趋势。此外，外来人员购房增多不仅激活了整个区域房地产市场，更使得该区域房地产销售目标和策略重心发生了转移。

b. 客源行业。对已成交客户的统计发现，金融贸易业、IT 业、服务业和制造业的客户比例最高，四者之和约占 82%，这与周边区域的产业结构密切相关。

随着陆家嘴金融贸易区和金桥出口加工区的不断完善，制造业、金融业的客户比例将会增加。

此外，陆家嘴金融贸易区的成熟也将衍生出服务业（如购物、宾馆、餐饮、休闲旅游）在当地的发展。随着服务业、旅游业的发展，未来区域客源的行业也会随之发生变动，上述几类行业客户的比例有望进一步的提高。

c. 客源职务分析。对成交客户的统计分析发现，该区域中以6000~7000元/m^2的成交价位居多，目标客户以私营业主、中高等收入的企业中高级主管、专业人员和公务员为主，四者之和将近75%。企业高级经理由于周边别墅类物业的影响，占15%。普通职员受到房价的限制占5%。

（7）主要诉求点。占地面积140.3hm^2的世纪公园是该区域一直以来宣传的重点，同时也是围绕其周边各楼盘的主要卖点之一。通过对“御景园”“华丽家族花园”“水清木华”“天安花园”等几个公园周边主要楼盘进行调查分析，不难看出，世纪公园的绿色景观仍然是影响该地区楼盘销售的重要因素。各楼盘中朝向世纪公园一方的房屋更受欢迎，而且平均售价高出其他朝向房屋200~1000元/m^2不等。

许多发展商利用世纪公园的地理优势，采用借景手法，使小区与公园融为一体，既增加了天然景观，又提高了生态含量。所以，同地段、同档次的楼盘相比，采用“双景设计”的楼盘销售情况要好于其他类型。随着外来人员以及年轻高薪阶层购房者的增多，一些能将公园绿景很好地融入“居住视野”的住宅将会成为购房者的首选。

区域楼盘特点总结：

1）此社区所处区位优势明显，项目以大中型规模为主，在周边区域内产生较大的影响。

2）区域内住宅以高层和小高层为主。

3）区域内多采用半围合式的布局。

4）主力房型以3房为主。

5）区域内多数项目的均价在6000~7000元/m^2范围内。

6）区域内多数项目以生态为主力诉求点，通过大环境的优势及小区内部氛围的营造来吸引购房者。

2. 万科地产造镇战略

（1）郊区化是中国城市发展的必然趋势。

1）逆城市化现象。自英国工业革命开始，工业发展使乡村人口不断流向城市，同时也使得乡村中的城市特质不断增加，城市化进程不断推进。但当经济发达国家城市化进入完善时期时，人口却开始从大中城市向城市郊区和小城镇迁移，这种现象最早出现在20世纪70年代的美国，并被B·J·L·贝利（B. J. L. Berry）命名为“逆城市化”，后来在英国等欧洲发达国家也出现了类似的城市化过程。这一现象的内涵，体现了一种更高层次的城市化过程，其实质是一种全社会范围的城市化。

J·赫伯斯（J. Herbers）在《美国小城镇的兴起》一文中分析道，美国在“逆城市化”过程中，小城镇之所以得到发展，主要是工业扩散和高速公路网发展的结果。一方面在工业扩散过程中大量的企业迁到远离城市的郊区，而另一方面高速公路网的完善，使得人们能够从大中城市迁移到小城镇和靠近公路的乡村去居住。

经济发达国家在经过这一过程后，城市化过程趋于完善，形成了发达的城乡一体化的城镇体系，这一体系的形成不仅大大消除了城乡之间传统的对立局面，而且还逐渐形成一种全新的社会生活方式。

2）郊区化是中国城市发展的必然趋势。国际经验表明：人均GDP达到1000美元时，住宅建设和城市化速度加快。城市化水平在30%～70%时，是城市化发展最快的时期。现在，我国特别是东部发达地区已经进入这个起跑线。据此，权威部门预测未来10年，我国城市人口将由3.7亿人发展到6.3亿人，城市化水平达到45%。打破城乡分割，我国的城市化进程就会成为一个大规模、多层次、多区域的经济系统重组过程。

上海和广州是中国大陆城市化进程最快的两个城市。广州成功地形成了番禺、花都等新市镇。上海的“十五”规划着力推进新城和中心镇的建设，其政策聚焦在“一城九镇”。到2005年，上海郊区城镇化水平将从现有的45%提高到60%左右，到2020年更上一层楼，将达到75%以上。

上海的人口地域分布正在发生重大变化，人口迁移已经呈现出一个核心趋势，即市区人口向市郊结合区扩散、农村人口向市郊结合区集中。

（2）万科地产全力推动新市镇发展。

1）遍布全国的万科地产新市镇项目。万科的系列化产品——“城市花园”是中国地产行业第一个成熟的全国性品牌。从上海万科城市花园开始，万科先后在北京、天津、沈阳、深圳、成都发展了多个以城市花园命名的大规模住宅区。坚持“以人为本”的原则，以整体的规划、完善的配套、出色的物业管理，塑造低层、低密度和高绿化率的生活空间。①深圳：四季花城；②上海：城市花园、优诗美地、假日风景；③北京：城市花园、青青家园；④沈阳：城市花园、花园新城；⑤天津：花园新城；⑥武汉：四季花城；⑦成都：城市花园。

2）上海万科的新市镇运动。

①中国新市镇运动发展的成功实践——上海万科城市花园。上海万科城市花园，是万科进入上海的极具前瞻性的大型项目，该项目位于闵行七宝，占地千亩，1992年动工，至今已竣工50多万平方米，销售率100%，创建了首个全国性地产品牌——万科城市花园，是上海目前已竣工居住的最大规模的住宅区。通过兴建大量配套设施，导入大批高素质人口，使七宝镇成为一个现代意义上的新市镇，该项目也成为中国最早的近郊大规模住宅区之一。

② 上海万科新一代造镇计划。在城市花园成功的基础上，上海万科分别在宝山、浦东、闵行落实了数个大型社区项目，正式启动新一代造镇计划，这些项目集中于外环线沿线，规模均在500亩以上。

万科新一代造镇计划目标：a. 促进人们的成长，终生享受丰富多彩的生活；b. 创造一个可以用语言、行动自由表达内心世界的环境；c. 教育氛围要在社区内随处可见；d. 最大限度地安排丰富的休闲活动；e. 便于社区内进行思想与信息的交流；f. 住宅规划要适合各种收入阶层；g. 保护树木、草坪与河流，处理好人与自然的关系。

万科新一代造镇计划原则：a. 项目规划有相当的开发规模和人口数量，容积率低；b. 方便接驳交通干道及城市快速捷运系统；c. 科学规划，以步行为功能分布的基本尺度；d. 配套齐全，合理配比及布置；e. 生态环境良好，并尽可能予以保护；f. 在多元的建筑形态和社区活动中培养社区归属感。

3）万科新一代造镇计划实例——万科假日风景。

① 具相当规模：a. 位于闵行区莘庄镇上海四大居住示范区之一的春申城示范基地，占地900亩；b. 规划总建筑面积约55万m^2，人口约1.6万人；c. 规划分五期开发，一期占地125.4亩，建筑面积11.1万m^2，容积率1.28，规划住宅单位798户。

② 以人为本的规划设计：a. 规划设计由日本、澳大利亚等四地建筑师完成，并结合万科十三年大规模住宅社区开发的经验；b. 充分考虑市民生活的各种需求；c. 建筑形态多样，和谐统一。

③ 接驳城市捷运系统：项目距离地铁莘庄站 1.7km，车程 3 分钟，距离地铁莲花路站 3.5km，车程 10 分钟左右。

④ 充分完善的配套设施：具有幼托、学校、商业、金融、文化体育、社区服务等配套设施总计 53234m^2。

⑤ 设计建造市镇中心：a. 假日广场是集中性的市镇中心（Town Center），占地面积 10000m^2，建筑面积 8000m^2，包括餐饮、休闲娱乐和购物，现已全部建成；b. 是社区中各个功能区域的自然交汇节点；c. 易于人们的到达，是鼓励居民步行活动的公共空间；d. 采用嘉年华会式设计，购物空间和休闲空间自然结合。

⑥ 注重生态保护：a. 保留原生树木及水系；b. 由河海大学教授专题研究水系改建方案，疏浚河汊，形成活动水系；c. 小区四周加设 10～40m 绿化带；d. 70000m^2 郊野公园、湖滨公园等绿色休闲空间。

⑦ 创建新市镇的人文精神：a. 多元、现代、开放的社区；b. 充满活力、积极、亲切温馨的生活方式；c. 重视家庭生活，同时与自然相融洽；d. 具有鲜明主题和极具凝聚力的社区精神，使人们产生归属感。

（3）万科品牌与产品的分析研究。万科发展的战略目标定位于中国房地产住宅的“领跑者”。

1）万科品牌建立分析。“万科地产”是中国大陆市场的一个全国性品牌，类似这样的品牌还有港资背景的中国海外、新鸿基、新世界等。万科的品牌意识不是在 1988 年经营房地产时才萌生的，而是在之前营销 SONY、NATION、JVC 电器产品期间产生的。在实战中，日本公司的品牌战略包括经营理念、营销手段、售后服务等均为万科人学习模仿。比如，万科物业管理的概念来源于电器贩卖后的服务概念，也就是“客户第一”的体现。日本 SONY 等优秀电器公司，是万科的第一位老师。1988 年，在进入房地产的第一个项目的策划阶段，万科考察了在特区已经建成的住宅小区，从概念、规划、管理三个标准判断，值得万科学习模仿的不是住宅小区，而是深圳华侨城的整体规划思想和已经建成运营的“锦绣中华”景区。之后，万科组织人员到欧美、澳洲、日本、新加坡、中国香港等地区进行房地产同行考察学习。经过比较，确定新加坡、日本、澳洲、中国香港四个地区为学习重点；毗邻香港，近水楼台，开始学习长江实业，20 世纪 90 年代中期则把焦点对准新鸿基地产。

“深房”的规模开发曾是万科的追赶目标；中国海外的成本控制工程管理也是万科学习的榜样；北京华远的融资渠道、北京现代城的创新精神、昆明官房的社区规划、河南建业的资源集中、西南交大的智能小区、招商地产的区域规划、上海金桥的新区统筹、深圳金地的精益求精……

万科从介入房地产行业开始，就将物业管理作为房地产开发的一项售后服务保障措施，并在管理服务上提出一定要超前要求，将物业管理作为房地产开发中的一个重要环节和品牌支撑。

由于万科在国内各大城市的拿地成本均较高，而由高地价带来的高建设成本，万科地产只有坚持“高来高走”的原则，即只有建高档的房，才能售高价，才能有经营利润回报，才能使新拓展的房地产业继续下去，这就要求将小区塑造成精品。而塑造精品除了小区精心的规划、设计、施工外，最主要的还有塑造管理服务精品，所以，万科就将物业管理服务超越单纯的对物业进行维修、维护、打理，更强调为小区住户营造一种高品质的生活氛围，引导一种全新的生活方式，以人为本，以客为尊，着重自然沟通。从一开始就制订了严格的标准，强调低容积率，增加绿化面积，体贴周到的家政服务，高品位的社区文化活动，泳池的水达到饮用标准，甚至住户可将房门钥匙留在管理处。

万科物业管理的精品概念，可以浓缩成一个公式：“高品质服务=认真+创新+顾客需求”。

万科物业管理模式从深圳到上海、北京等地无不体现这一精神。依托集团，万科物业作为万科集团参与竞争的地产品牌支撑，从其发展之初就得到了集团的大力支持和扶植，包括资金上的支持。由于物业管理的自身特点决定其本身是微利行业，所以，企业的发展如果仅仅靠企业自己的资本积累发展壮大会比较困难，这一事实万科无从回避。过去曾经有人说“万科的物业管理是赔钱的”，但它为集团的房地产市场开拓、销售及利润的实现做出了巨大的贡献。同时，在这一过程中，万科物业迅速发展壮大，开始独立参与市场竞争，在参与市场中，寻求发展机会，并且取得市场的广泛认同，树立了良好的品牌形象。

目前万科物业不仅实现了规模经营，管理的小区达到了收支平衡，实现了良性循环，公司持续超越顾客不断增长的期望，开中国物业管理之先河，先后推出“共管式物业管理模式”“酒店式物业管理模式”“无人化管理模式”和“个性化物业管理模式”；又将物业管理的内涵提升到一个新的境界，进一步巩固了公司在行业内的领先地位。

2）万科经历的六代产品。万科地产从开发初始，即立足于做精品，为客户提供满意的产品和服务，万科推出“万科城市花园”品牌，以其精心的规划设计、良好的工程质量、完善的物业管理确立了行业竞争优势。万科开发的各代城市花园产品虽针对不同时期和地域的市场需求表现出各自的特色，但其核心要素始终保持相对统一，并不断完善。

（4）分析综述。

1）第一代。最早在深圳开发的天景花园、荔泉别墅，此时，商品房市场刚刚启动，万科产品以追求生活质量的私营业主为主要客户，小而精，辅以完善的物业管理。

2）第二代。跨地域经营的上海、北京等大规模的居民住宅小区，凭借规模优势引入国外先进的规划设计理念，配套完善，注重绿化、环境和社区文化的营造，拥有良好的社区管理。

3）第三代。由卖方市场转入买方市场时推出的沈阳城市花园，采取低价入市的策略，在不降低开发水准的基础上加快开发节奏，争取市场。

4）第四代。地产市场再度复苏的1996年推出的深圳景田、桂苑城市花园，根据以人为本的原则，以人的需要为出发点，进行规划设计，引入新围合式概念，强调人与人的亲情和沟通，在中国首创人车分流设计，充分体现人的价值，项目整体风格更为成熟和细致。

5）第五代。顺应郊区化住宅发展趋势的天津万科新城、深圳四季花城项目，注重住宅产业化发展，融入环保和高科技的含量。

6）第六代。是以打造新一代造镇计划为模式的城市花园完全升级版，有更加完善的物业管理系统。

（5）分析小结。万科，已经超越了单纯的房地产企业意识形态。在很多知道万科这个名字的人心目中，万科凛然以一种文化和生活方式的姿态存在。更可怕的是，这些人不只是普通的买万科房子的消费者，更涵盖了所谓的社会精英阶层——文人、学者、专家、企业管理者、白领阶层、自由职业者……

能够吸引社会资源对自身的关注和倾斜，可能是万科文化最大的成功。这也是其品牌的最重要组成部分——人文关怀。

不论是对市场，还是对客户，对内部力量还是对社会资源，万科都给予应有的尊重。正是这种充满人性关怀的尊重，使万科超越了普通企业的精神意识，获得了更大程度的社会认可。懂得尊重、关心别人的人，总会受欢迎，企业也是一样。万科品牌的核心价值，正是这样一种对人性的尊重和关怀。这种强调个性、尊重他人的人文情怀，在万科的“投诉文化”“主题精神年”、《万科周刊》以及年轻而又敬业的职业经理人群中，得到了最好的体现。

因此，万科在造镇模式中、在对产品的设计中沿袭万科一贯的以人为本，营造品牌文化的传统，并在此基础上不断地超越与发掘新的内涵，并且提出新城市主义理论，正是基于这一出发点，使万科品牌始终以人为本，将房地产作为一项目新兴综合性产业来运作，并在中国房地产界始终是新观念新思想的尝试者。

3. 可借鉴项目总结

前面我们一共举了在两个造镇的例子，但是这两个项目各有各的特点，他们各有各的原因和状况，但是两者都取得了成功，希望这两个例子能够给我们一些启发。

（1）开发模式。

① 联洋新社区——采取的是总体规划和管理，将 $2km^2$ 的项目分割给不同的发展商去进行操作。

② 万科模式——采取一家独自去开发和管理经营一个城镇住宅的开发模式。

（2）开发经验。

① 联洋新社区——由于发展商以前并没有做过这样大规模的房产项目，采取的是比较稳妥的方式去操作该项目，并且在宏观上把握得相当成功。

② 万科模式——由于万科拥有丰富的房地产开发经验，独自开发过很多大规模的房地产项目，他已经有足够的经验和实力去单独操作一个造镇的房地产项目，但是他的造镇模式也经历不断的休整和完善，最简单的理由是，万科毕竟是中国房地产第一品牌。

（3）社区营造。从联洋新社区和万科造镇来看，他们都在倡导一种生活方式，在他们所造的城镇中，他们享受到的是什么样的生活方式，他们能够提供给购房者什么好处，就如我们项目定位中所提及的三重超越，造镇项目最终落实到的就是生活方式的营造，万科在这点做得非常的好，万科的住宅已经是文化和生活品位的象征和代名词，因此他们吸引了很多社会上有文化品位的人士前来购买万科住宅，因为这些购房人觉得只有万科造的社区才匹配他们的生活品位，从这点可以看出，万科在生活方式上的倡导是中国最优秀和最值得借鉴的。

第四部分　天都城目标客户篇

4.1　天都城座谈会定性研究报告

1. 座谈会背景

为了定性了解杭州潜在房产客户，特别是天都城项目目标客户对卫星城概念的认知、对小资生活的理解和认同状况、对社区文化的需求和认知，以及他们对主题公园的认知，我们于 2003 年 3 月 22 日下午，通过两场座谈会，收集了大量目标客户的信息。座谈会邀请的与会者均为年龄在 25~50 岁之间，至多在两年内有购房愿望，家庭年收入在 5 万元以上的目标客户。客户在参与座谈会时被分为两组，第一组是年龄在 35~50 岁之间的已拥有一套甚至一套以上住房，仍希望购置住房用于改善居住条件、子女分户或投资的客户；而第二组客户是年龄在 25~35 岁，第一次购置住房用于居住的年轻人。

2. 座谈会主要发现

从座谈会的主要研究目的来看，是希望通过座谈会了解客户对卫星城、小资生活、社区文化和主题公园的看法。从座谈会的实际操作来看，以上目的基本达到。由于座谈会的主要任务是对客户定性的深层次的认识，没有足够样本量的支持，所以，所有的发现只能作为参考，而不能直接作为决策的依据，从而得出相应的结论，只有通过定量研究，得出定量分析结论的数据和信息，才能为决策提供直接的支持。但，即便如此，在项目前期定位的过程中，定性研究的主要发现仍是产品定位的主要依据。

3. 目标客户对卫星城的认知

（1）对卫星城的定义。从总体认知水平上看，目标客户对“卫星城”概念的认知比较模糊，“卫星城”在目标客户中并没有形成一个很明确的概念系统，虽然天都城项目作为一个卫星城的存在已经获得了大多数客户的认同，但，对于卫星城的认知仍不明确，在未加提示的条件下，客户并不能自觉地由天都城联想到卫星城。

（2）卫星城的构成要件。在客户看来，卫星城应满足如下的一系列要素。

1）城区的主要功能为居住：以居住为核心目的的社区；卫星城应该就是生活区；卫星城这个概念是从国外引进的，城中心区为上班地，要住就到外面。

2）与中心城区有一定的距离，在30分钟车程以内：应该是以一个城区为中心，交通方便，上班时间在30分钟以内。

3）通信和信息网络设备配套相对较为齐全：网络设备齐全，如有线电视、计算机网络、局域网、卫星电视等；网络覆盖整个社区；小区智能化、监控及管理也是非常重要的。

4）生活配套设施要求齐全，但未必要大：周边环境达到要求，如娱乐、购物、健康、学校等最好都有；必须配套齐全，小、中学一定要有，但大学不一定，可以考虑；物流、采购、娱乐齐备，能做到不用出小区就能娱乐；大商场可以没有，不一定要有如银泰等大商场，大卖场要有，如家乐福等；卫星城与城内的设施差不多，各种设备也应差不多，尤其是医疗及学校等均有，与生活密切相关的必须要有。

5）建筑形态以别墅、排屋和多层为主，不应出现高层：卫星城应比较松散，建筑应该是低密度的；高层决不可以考虑。

6）环境清新舒适，较少污染，有现代感：感觉干净，没有白色污染。

（3）卫星城的主要优势。

1）环境优势，包括自然环境和居住环境；绿色植物多，空气好，不向中心城区那样拥挤；居住在绿色、清新、密度低的环境里，感觉会很好。

2）配套除了齐全之外，更显先进：小区设备、设施先进完善；在其他居住区没有的设备，卫星城也应该有。

3）生活节奏相对舒缓：卫星城的生活应该比较悠闲；买卫星城的房屋就是为了避开市中心区域的许多弊端，包括拥挤的生活。

4）房屋产品价格相对较低：价格便宜，同样的价格可以买到更大面积的住房，剩下的钱可以买车；价格低是考虑在卫星城购房的一个主要因素。

（4）卫星城的主要劣势。

1）小区的安全没有完全的保障：卫星城在安全上并不能完全让人放心，它安静，空气好，但不防盗。

2）对配套设施的依赖程度更强：十分担忧设备不到位；有配套设施，但不可能很多。

3）与中心区域的距离可能形成潜在的问题：交通一定要便利，应通过地铁等方式缩短与中心城区的距离。

4. 目标客户对小资的认知

（1）对小资的定义。目标客户对小资有较为明确的认知，他们认为小资是一个褒义的词汇，没有任何不利的因素存在，他们对小资的定义：高收入、高生活品质、高品位、高学历和高度独立自主，一个自我意识强烈的、具有一定超前生活示范性的人群。

（2）小资的生存状态。

1）小资是一种平凡人的存在方式：成功人士就不是小资，其应为普通人士，不应为公众人物；小资很普通、平凡，不应是出名人物

2）类似于SOHO，生活安排相对自由：有点像SOHO，在家能办公，自己接业务自己做，收入高，生活清闲；

不用买菜，由家政服务完成。

3）泡吧、阅读、旅游和音乐是小资生活的主要表现：比如泡泡酒吧，听听音乐，平时看看书；经常出去旅游。

4）追求体现文化内涵的生活空间和生活方式：衣食住行均有高品位；有文化，大学毕业是最起码的；有能力，懂得享受生活；有自己的生活目标，生活上简化，艺术消费较高。

5. 目标客户对社区文化的认知

（1）社区文化与社区活动在认知上具有一体性，即目标客户认为社区文化既社区活动。

1）小区内搞活动，如“学雷锋”“三・一五”等都可以称为社区文化。

2）宣传栏就是社区文化。

3）搞一个节日活动，联络感情，邻里沟通。

（2）社区文化是一种体现物业品质和产品文化内涵的载体，其直接体现是社区活动。

（3）社区活动的参与者或目标人群年龄偏大，在年轻人中，对当前社区文化的认同程度并不高，但对社区文化有较高的期待。

1）与年轻人无关，为老年人组织的，没有时间和精力参与。

2）社区文化应该与30~40岁之间年龄的人关系较大。

（4）年轻人对社区文化的参与程度不及年龄较大的人士，但对社区文化有更高的认知。

1）社区文化就是要营造宽松、文明、轻松的感觉。

2）社区文化不是社区服务，但社区服务必须体现社区文化。

3）社区服务可能破坏社区文化，但社区服务和社区文化之间的关系密切。

6. 目标客户对主题公园的认知

（1）主题公园对目标客户的居住区域选择没有明显的吸引力。

1）购房主要考虑房子本身的吸引力，而不是看主题公园。

2）对主题公园兴趣不大，房价不能因为有主题公园而太高。

3）社区周围如有主题公园一定会考虑购买，但价格不能太高。

4）要看是不是喜欢这个主题公园，否则不会购买。

（2）目标客户对主题公园存在于住宅边没有明显的抗性。主题公园噪声之类的污染，不会影响对其周边住宅的选择。

（3）主题公园的娱乐内容应体现参与性、野趣性、非都市性和便利性。

1）平时生活节奏忙，节假日希望能享受原始的感觉，但不能原始得太厉害。

2）活动适合不同类型的人，即可以追求野趣，又可以享受现代。

3）对年轻人而言，主题公园应该可以开Party。

4）服务一定要到位。

5）对年轻人，最好不要固定主题，但一定要新颖。

6）最好有水幕电影，高科技的，刺激、新鲜。

（4）主题公园应该是原生态的，建筑较少，绿色活动空间较多的活动场所。

1）原生态的环境，人造风景不宜过多，空旷的感觉。

2）主题公园是原生态的。

3）主题公园应该有大片的绿色草地，可以露营和野餐。

7. 座谈会其他发现

（1）畅意——一种新的生活。畅意就是悠闲的，没有生活压力的，自由自在的一种生活方式，心情是舒畅的，空气是清新的。

（2）余杭、萧山——杭州卫星城区域。在杭州，只有余杭和萧山可能会有卫星城。

8. 座谈会小结

1）目标客户对卫星城有一定的认识，但仍需引导；目标客户对卫星城的选择主要基于相对便宜的物业单价、较好的自然环境、较为完备的公共建筑配套设施、没有压迫感的建筑形态和它所代表的那种悠闲轻松的生活方式。

2）对小资的认知，目标客户有着较为一致的看法，即小资是一种褒义的表达方式，是有钱、有闲、有文化、有品位的一个代名词，小资生活是目标客户的向往，但他们并不认为小资是一种高不可攀的生存状态。

3）对于社区文化，有客户将其认识提高到了品牌的概念，但并不是所有的目标客户都可以接受社区文化的概念，现有的社区文化对年轻人并没有太大的吸引力，以品牌概念推出年轻人社区文化的概念会得到大多数青年的支持和认同。

4）主题公园对住宅产品的推出，其作用是中性的，但适合年轻人的主题公园，配以能吸引人重复参与的活动对购房区域选择有一定的影响。

5）“畅意生活”可以是天都城在当期与客户沟通的一个主要诉求点。

4.2 天都城项目客户研究定量研究报告

1. 研究概况

天都城项目，本次客户研究采用了街头拦截式访问的定量研究执行方式，于2003年3月22、23日两天，委托浙江天放企业咨询事务所，在武林广场杭州大厦一侧和元华购物中心延安路一侧进行拦截、访问，共取得有效样本300个。

本次研究针对的是两年内有购房愿望的，家庭年收入在5万元以上的本地购房者。本次研究对被访者没有做任何配额上的要求，所以，其研究结论基本反映了当地潜在客户对住宅产品的总体需求情况。

本次研究收集的有效样本为300个，其置信度为90%，置信区间为85%~95%。

2. 数据总体分析

1）从被访者的居住区域、现工作区域和希望购买住宅的区域看，西湖区和滨江区是对潜在客户吸引力最大的两个区域，西湖区作为一个已有多年开发经历，已经积聚了相当一部分人气的成熟区域，同时高校区和商务区的存在，是吸引大量潜在客户的主要原因；而滨江区则是由于高新技术开发区的存在，吸引了大量的年轻就业人群，同时规划中的钱江四桥也使滨江区与市中心区域的交通状况得到了很大的改善，由此成了许多年轻白领的首选购房区域。相对而言，其他区域对潜在客户的吸引不如该两区域，但也可以看出，当地居民对离开市中心区域，选择郊区卫星城并没有太大的抗性，相反，这还可能是一种趋势（表8-1-1）。

表8-1-1 各区域状态分析

区域	现住区域/人	工作区域/人	希望购置区域/人
上城区	56	68	47
下城区	70	70	62
西湖区	66	77	105

（续）

区域	现住区域/人	工作区域/人	希望购置区域/人
江干区	40	30	22
拱墅区	50	33	19
余杭区	4	4	6
滨江区	8	10	30
萧山区	2	4	9
其他	6	6	2

2）从当前居住的楼型看，老式和新式多层是最多的，而已居住在小高层和高层产品中的居民并不多，由此可见，杭州当地的多层和小高层住宅没有得到很好的开发和推广（表 8-1-2）。

表 8-1-2　当前居住的楼型分析

楼型	人数/人	百分比
新造多层	63	20.86%
老式多层	153	50.66%
小高层(带电梯)	30	9.93%
高层	21	6.95%
旧式里弄	11	3.64%
棚户私房	5	1.66%
别墅	3	0.99%
其他	15	4.97%

3）当前杭州居民的居住面积主要集中在 40～80m^2 之间，全部居民的家庭居住面积为 66.68m^2，如果户均按 3 人计算，则目标客户的整体居住水平为人均 19.96m^2（表 8-1-3）。

表 8-1-3　居住面积分析

面积/m^2	人数/人	百分比
20 以下	4	1.32%
20～40	54	17.88%
40～60	88	29.14%
60～80	76	25.17%
80～100	40	13.25%
100～120	23	7.62%
120～140	7	2.32%
140～160	6	1.99%
160～180	1	0.33%
180～200	1	0.33%
200～220	2	0.66%

4）从现在居住的房型来看，两房一厅一卫是该客户群的主要居住状态，所以可以说当地的客户其居住水平已绝对处于温饱之上了，但与小康的生活水准还有一定的差距，这主要体现在书房和储藏室的拥有量相对较少（表 8-1-4）。

表 8-1-4　房型分析

	卧室/人	客厅/人	餐厅/人	书房/人	卫生间/人	厨房/人	阳台/人	储藏室/人
0 间		21	160	261	5	16	56	244
1 间	70	264	141	41	274	286	229	56
2 间	183	17	1		20		15	1
3 间	41				2		2	1
4 间	5							
5 间	1				1			
6 间	1							
平均	1.99	0.99	0.47	0.14	1.08	0.95	0.88	0.20

5）就满意度而言，客户对房型和楼型的满意程度相当接近，对楼型的满意程度略高于对房型的满意程度（表 8-1-5）。

表 8-1-5　户型满意度分析

	房型/人	百分比	楼型/人	百分比
非常满意	13	4.30%	9	2.98%
比较满意	84	27.81%	66	21.85%
一般	95	31.46%	101	33.44%
比较不满意	72	23.84%	84	27.81%
非常不满意	36	11.92%	41	13.58%

3. 需求分析

（1）从楼型看。新式多层和小高层是客户接受程度最高的两类产品，而对其他产品的需求相对较为平均，当地客户对高层住宅的认同程度异乎寻常的低（表 8-1-6）。

表 8-1-6　楼型需求分析

	人数/人	百分比
新造多层	130	43.05%
老式多层	12	3.97%
小高层（带电梯）	100	33.11%
高层	38	12.58%
旧式里弄	1	0.33%
棚户私房		
别墅	17	5.63%
其他	4	1.32%

（2）社区规模是客户关注程度并不高的一个指标。但从数据上看，客户较为接受的社区规模在 5 万～20 万 m^2 之间，计算总体平均数，则数据显示，客户最为接受的社区规模是在14 万 m^2 左右（表 8-1-7）。

表 8-1-7 社区规模分析

规模	人数/人	百分比
5 万 m^2 以下	26	8.61%
5 万~10 万 m^2	68	22.52%
10 万~15 万 m^2	61	20.20%
15 万~20 万 m^2	73	24.17%
20 万~25 万 m^2	43	14.24%
25 万 m^2 以上	31	10.26%

（3）目标客户对房型面积的选择相对比较集中。选择 80~100m^2 之间的客户占了 28%，选择 100~120m^2 的客户占了 33%，而客户的总体选择面积平均数为 105m^2（表 8-1-8）。

表 8-1-8 客户对房型面积分析

面积/m^2	人数/人	百分比
20 以下	0	0.00%
20~40	2	0.66%
40~60	16	5.30%
60~80	28	9.27%
80~100	86	28.48%
100~120	102	33.77%
120~140	37	12.25%
140~160	16	5.30%
160~180	7	2.32%
180~200	4	1.32%
200~220	3	0.99%
220 以上	1	0.33%

（4）在客户对房型的选择中。卧室的数量由现在居住的两房向三房倾斜，而对客厅和餐厅的需求也有明显的上升，但从需求的未满足程度上看，客户对书房和储藏室的未满足程度是最高的，然后依次为餐厅、阳台、卫生间、卧室、客厅和厨房；客户对厨房的需求是比较稳定的（表 8-1-9、表 8-1-10）。

表 8-1-9 客户对房型的需求分析

	卧室/人	客厅/人	餐厅/人	书房/人	卫生间/人	厨房/人	阳台/人	储藏室/人
0 间		1	48	111				
1 间	3	234	250	184	165	298	222	195
2 间	129	67	4	7	130	3	71	4
3 间	162				7		4	1
4 间	6						2	
5 间	2							
平均	2.59	1.22	0.85	0.66	1.48	1.01	1.27	0.68

表 8-1-10 客户对居住功能分析

	卧室	客厅	餐厅	书房	卫生间	厨房	阳台	储藏室
未满足程度	30.17%	23.49%	80.42%	382.93%	37.23%	6.29%	44.91%	237.70%

（5）对周边配套的需求分析。

1）在各项配套设施中，小区周边的医院受到了客户最大的关注，对“小区附近必须有医院”的同意程度达到了1.61（“1”为完全同意，“5”为完全不同意），较其他指标均为高。

2）小区周边的公园是小区居民生活必不可少的一个组成部分，但由于小区内部组团绿化的增加，居民对公园的依赖程度并不高，对“小区附近有没有公园并不重要”的不同意程度相对较低，只有3.42。

3）小区周边的百货公司和大卖场并不是客户最为关切的，这可能与百货公司和大卖场的喧闹和长时间的排队付款有关，对“附近必须有百货公司和大卖场”的同意程度指标为2.09。

4）运动的生活方式在一定程度上已经影响到了所有的客户，客户对运动场所可能会带来的不愉快并没有太大的感觉，对于小区中运动设施的需求还是较大的。

5）对客户而言，小区中的小学的重要程度要高于小区中的中学，客户认为小区中应该有小学，而是否有中学则并不重要。

6）银行对客户的重要性非常重要，客户认为小区周边应该有银行，而对邮局的重要程度则没有太高的认知，认为邮局有与没有并不重要。

7）小区周边必须有公交站点，客户对公共交通的关注程度相当高，公交站点的远近在一定程度上影响到了客户对小区的选择。

8）客户对中型超市的依赖程度要远大于便利店，这可能与便利店的相对高价和夜间的低利用率有关。

9）对于小区周边的娱乐场所和大中型餐饮，客户的态度较为一致，均没有太大的认同，可见居民对娱乐场所和“享受类餐饮”的接受程度并不高，起码在生活区周边是这样的。

（6）对小区配套的需求分析。

1）杭州当地居民对水景的接受程度较高。

2）会所对居民的影响力并不大，这可能与会所的知名度和尝试率有较大的背离有关，客户普遍都知道会所的存在，但对于会所的实际功能和提供的具体服务并没有切身的感受。

3）与会所不同，虽然小区服务中心同样是一个相对较为新兴的概念，但客户对它的需求程度较高。

4）对于小区的高科技配套设施，客户表现出了一定的不成熟，对于远程抄表系统的认同程度大大低于对于宽带的需求，但从另一个角度看，客户是相当前卫和有包容精神的。

5）客户对小区的安全更多的是依赖于小区物业提供的服务，对于门禁系统客户的认知程度明显较低。

6）客户对绿化的要求相对较高。

（7）客户对居室厅的需求。

1）厅的功能区分应该是明确的，即客厅和餐厅应该是分开的。

2）客厅应该是宽敞的，但不一定要气派。

3）客厅的朝向并不是最重要的，但客厅必须采光充分。

4）餐厅的朝向相对客厅其重要程度更低。

5）客户对餐厅和客厅的功能界定相当清晰。

（8）客户对卧室的需求。

1）卧室的朝向和采光非常重要，无论是主卧室还是次卧室。

2）卧室的阳台和主卧室的独立卫生间的重要程度是相当的。

3）卧室的面积并不重要，但卧室应该有一定的阅读空间。

（9）空气、交通和配套是客户认为卫星城最具吸引力的地方。而规模、名校和国际学校是最不具吸引力的地方（表8-1-11）。

表 8-1-11　客户认为最具吸引力排行

内容	评分	排序
空气清新	2.08	1
交通便利	2.90	2
配套设施齐全	4.00	3
水质优良	4.21	4
医护配套全面	5.41	5
风景秀丽	5.59	6
有文化底蕴	6.05	7
规模宏大	7.59	8
名校林立	8.40	9
国际学校	8.65	10

（10）客户对有参与性的旅游项目有更大的兴趣（表 8-1-12）。

表 8-1-12　客户对有参与性的旅游的兴趣

项目	人数/人	百分比
露天篝火晚会	48	16.05%
情人岛	28	9.36%
露营	46	15.38%
迷你高尔夫	24	8.03%
滑草	11	3.68%
水上乐园	45	15.05%
迷宫	4	1.34%
其他	92	30.77%

（11）客户对天都城的物业。可接受单价在 2300~3500 元/m^2 之间，总体可接受单价的均值为 2760 元/m^2，总价在 37 万~57 万元之间（表 8-1-13）。

表 8-1-13　客户可接受单价分析

家庭月收入	单价/(元/m^2)	总价/万元
4000~5000 元	2300	37.84
5000~6000 元	2706	40.73
6000~7000 元	2649	44.55
7000~8000 元	3199	50.58
8000~10000 元	3532	52.69
10000 元/m^2 以上	3929	57.92

（12）客户较为接受的是简装的住宅，对精装的物业兴趣不大（表 8-1-14）。

表 8-1-14　客户对精装的物业分析

装修程度	人数/人	百分比
毛坯	124	41.06%
简装	146	48.34%
精装	31	10.26%

4.3　目标客户定位和描述

1. 客户类别

根据以上的定性和定量研究，我们认为，天都城项目的目标客户可以分为两类，我们将他们分别命名为分巢独立型和康居型。这两类消费者的确切定义如下。

（1）分巢独立型。年龄在26~30岁之间，家庭月收入在5000~7000元之间，该类客户以专业技术人员和私营企业的一般职员为主，他们接触最多的报纸媒体为《钱江晚报》和《都市快报》，主要也是通过这两个媒体获得房产方面的信息，报纸广告和房展会对他们的影响是最大的，他们的购房目的主要是结婚的婚房和独立居住，这群人的特点是年轻、对未来的生活充满信心，当前财富积累不多，但当前收入相对较高，生活中有想法，对待生活有热情，向往小资生活，追求有品位的生活，懂得生活情趣，想象力丰富，但消费行为相对保守。

（2）康居型。年龄在36~45岁之间，家庭月收入在4000~8000元之间，该类客户以专业技术人员及政府和国有企业的一般职员为主，他们接触最多的报纸媒体为《钱江晚报》《都市快报》和《杭州日报》，主要也是通过这三个媒体获得房产方面的信息，报纸广告和房展会对他们的影响是最大的，他们的购房目的主要是改善居住条件，获得更为安逸的生活。这群人的特点是事业有成或相对较为稳定、对未来的生活有一定的期待，当前财富积累较多，但当前收入相对较低，希望改变当前的生活状态，要求更为舒适、舒缓，更少生活压力的生活，有追求小资生活的倾向，消费行为相对保守。

2. 需求分析

两类客户在人群中的比例大致相等，即对于这两类客户而言，在房型配置及小区和周边配套与公共建筑配套的配比基本可按1：1的标准完成。

（1）分巢独立型需求研究。

1）房型。以三房为主，绝大多数房型配以功能分割明确的两厅，少数房型可以控制厅的面积，以一厅完成两个厅的功能，但应考虑以满足客厅的功能为主要目的。对书房的需求并不明显，但应考虑在满足卧室的前提条件下，适当比例的加入部分“2+1”和“3+1”房，比例基本控制在60%左右。该类客户中具有大专学历，家庭月收入在5000~6000元之间的客户对书房的未满足程度最高。对两卫生间的需求同样不明显，所以只要在三房中考虑两卫生间的配置即可，纯两房（不计“2+1”房）只需配置一个卫生间即可。工作阳台和储藏室应考虑配置。

2）楼型。该类客户较能接受前卫时尚的产品，所以小高层是满足该类客户低端需求的较好选择，而排屋则是该类客户高端产品的较好选择。

（2）康居型需求研究。

1）房型。以两房为主，绝大多数房型配以功能分割明确的两厅，两个厅的功能必须明确，特别是客厅。对书房的需求较为明显，应考虑在满足卧室的前提条件下，适当比例的加入部分“2+1”和“3+1”房，比例基本控制在70%左右。对两卫生间的需求同样较为明显，主要从生活便利的角度出发，考虑对两卫生间的需求，所以只要在三房中考虑两卫生间的配置即可。对工作阳台和储藏室的需求较为明显，应考虑配置。该类客户中收入在6000~7000元之间的家庭对储藏室的需求未满足程度最高。

2）楼型。该类客户较能接受传统的产品，所以多层是满足该类客户低端需求的较好选择，而小高层和排屋则是该类客户高端产品的较好选择。

（3）需求研究结论：两类客户在配套设施和公建上的需求与客户总体大致相当。

第五部分 天都城项目建议篇

5.1 项目的核心价值体系

本项目的核心形象定位是“广厦・天都城——畅意国际生活”，倡导的是一种生活方式的营造，同时由于天都城项目体量巨大，是一个新城市的概念，由此项目的核心价值体系就是——广厦・天都城是“新城市主义理论”的倡导者和实施者。

1. 核心价值的概念

天都城造城计划以新城市居住主义为理论指导，以新城市居住主义的规划设计理念为核心。

2. 新城市居住主义理论规划设计核心思想

（1）重视区域规划，强调从区域整体的高度看待和解决问题。

（2）以人为本，强调建成环境的宜人性以及对人类社会生活的支持性。

（3）尊重历史与自然，强调规划设计与自然、人文、历史环境的和谐。

（4）全新的新城市主义打造全新的人与人之间的和谐交往关系。

3. 新城市主义理论的目的

（1）修复大城市区域现存的市镇中心，建立新的城市中心，恢复强化其核心作用。

（2）整合重构松散的郊区使之成为真正的邻里社区及多样化的地区。

（3）保护自然环境。

（4）珍存建筑遗产。

4. 广厦・天都城的新城市居住主义

回归的新城市居住主义理论——使居住成为极度现代科技文明到与自然回归的和谐过渡。

诠释：在这里提出新城市主义概念，旨在跳出本项目的区域限制，以城市概念作为产品的外延，建议把此项目打造成城市项目的延伸，并延续一直提出的打造一个新城镇理论的完善和升级。

杭州作为长三角地区最为发达的地区之一，代表着中国先进的现代文明的一个方面，现代科技的发展给人类居住带来的既有方便快捷的一面，同时也改变着传统的居住生活观念，太科技化的生活感觉像是一块人工合成的金属，外表精致时尚，但太过于坚硬、紧张、缺乏人性化的柔软与闲散，居住永远要从居住者的本身需求去寻找切入点。

本项目所处的大环境区域是代表了中国先进科技的发展地，而这种发展对人性是排斥的，对聚集人气会有影响，本案要作为杭州一个最人性化的与自然相生相融的新城市主义概念的核心，不仅要在规划思路中充分体现新城市主义理论，也要起到一个平台与过渡的功能。

回归的新城市主义——核心价值内涵的最大化挖掘。

5. 广厦・天都城新生活方式构成表现

产品功能设计上最大化挖掘价值。本项目属于综合性复合型开发的项目，所以根据本项目目标客户切身需求的研究，特地度身设定七大功能模块，构成本案整体服务功能系统，也是本案卖点的最大挖掘。

1）住宅居家功能模块。此功能为本项目的主要模块，主要表现在住宅区舒适的居家生活，高尚生活社区的营造。

2）旅游度假休闲娱乐功能模块。风格国际化的住宅区带来异国情调的生活氛围，各种休闲配套设施的完善不仅提升居家品质，也为吸引游客，树立特色品牌形象而服务。

3）功能配套模块。满足现代人生活的各种需要，无论从便利性还是舒适性，无论从精神上还是物质上，无论从日常生活还是享受追求上，社区的功能配套都应该做到完善与便利，以满足游客和社区内不同人士的不同需求。

4）商业购物功能模块。以特色购物和商业服务提供居住与旅游的双重便利，突出本案特色。

5）运动社区功能模块。设施完善的健身中心，提供各种运动方式的体育会所，不仅为业主提供便利，也为游客提供更多选择。

6）教育社区功能模块。在社区内形成系统的教育园区的概念，既带动社区文化建设，为区域内教育提供选择与便利，也为长远的发展奠定基础。

7）社区文化功能模块。结合天都城项目的自身状况，做好以上6大功能模块，形成天都城独有社区文化的综合模块。

6. 新城市主义生活方式

（1）新城市主义文化的建立——邻里关系重建的开发模式。天都城造城计划与单一的楼盘项目不同，复合型概念已是毋庸置疑的开发模式，而新城市居住主义社区文化的建立对于项目的定位表现是非常重要的，新城市居住主义模式，更加注重邻里街坊社区建设、功能复合、环境保护、挖掘并创建该区域新的文脉与文化。

配套功能中，在目前项目周边配套极其不完善、人气冷清、商圈没有形成的情况下，广厦要树立天都城临平的中心坐标形象，人气交流与聚集的场所，要代替部分政府职能，建立完善的配套与功能性服务场所，也是为市场推广制造卖点。

（2）成立城市业主委员会（共管式的物业管理理念）。天都城业主委员会与广厦物业管理机构共同管理城市的服务与社区文化建设。

社区业主委员会由业主自行选举产生，有一定的任期，重点负责对社区文化建设，传播新城市主义社区理念，倾听业主的心声，吸纳良好的建议，建立沟通的平台。社区内的日常事务的处理和决定都由社区委员会协调业主共同决定，在运动、教育、社区文化建设方面主持实施与决策。

7. 天都城·新城市居住主义确立的基础

（1）天都城作为临平板块的中心地标，建立辐射整个杭州地区的共享平台。

（2）新城市主义生活，最适合居住的社区概念的确立。我们要树立杭州市区内最适合居住的人性化新城市主义生活社区概念，并贯穿到整个临平和大杭州板块建设的总体规划中去，因此在市场推广中把三个区域的概念进行捆绑，相辅相成，三者关系作为一个整体来进行推广，才有利于发挥地块最大价值。

（3）天都城建立项目共享平台。杭州区域作为长三角区域中最为发达的城市之一，整体城市发展快速，但是临平该区域房地产市场并不如整个杭州整体大市场这么火热，区域整体的房地产还是很薄弱，而天都城新城市主义生活就是要扭转这一观念，作为临平的新城市中心的坐标，不仅仅是居住的核心也要形成人群交流、购物、商业、休闲娱乐的核心，并以此带动整个临平的住宅整体形象和价值提升的引擎工程。它不仅仅是一座造城运动的大型建筑工程，更是引入临平和天都城的人气，建立更人性化的特色消费娱乐居住概念的引领者。并以此为核心，造就一个新的休闲娱乐胜地和商业圈，使整个天都城和临平的形象提升到一个新的平台。

而如何将天都城—临平—杭州市三者联系起来，最后影响整个大杭州房地产业，最直接有效的方式是建立三者之间的共享平台。

1）共享形象平台。高科技运用到城市的先进完善的管理系与物业管理中来，而人性化的舒适居住环境又弥补了高科技缺乏人性、过于坚硬的一面，临平的良性发展为房地产发展注入活力，而天都城的发展又为临平区域营造更适合居住的环境，因此两者是息息相关、相互补充的，在整体形象推广中临平与天都城是不可分离的，因此我们在产品规划上面不应该仅仅考虑天都城项目本身的要素，还应该考虑到临平的状况，即临平缺什么，天都城就弥补，临平有什么好的地方，天都城就将它融合在一起，这样天都城和临平将成为一个大整体，有助于项目的成功推广和品牌形象的树立。

2）共享功能平台。根据工作小组前往杭州的市场调查显示，发现杭州市区在很多配套功能上都很完善，但是临平这里相对较弱，很多共建配套远远落后于市区，这给天都城带来了很多发展契机。我们可以在此建设小剧场、小艺术中心、远程教育中心、医疗保健中心、体育中心、图书馆等公共设施，作为与临平的共享功能平台的相互补充。除此之外，建议广厦与政府部门协商，将规划中的一个或两个项目与政府合作进行，并划入天都城的整体规划中去，作为一道亮点，如艺术中心、远程教育中心等。

3）共享生活平台。临平的生活功能配套极为单一、档次较低，几乎没有形成较为集中和完善的商业区，天都城要营造的饮食、购物、医疗、服务等方面的内容应该对外开放，在整个临平区域内形成资源互补的生活共享平台。这样可以吸引更多的区域客来入住天都城，也可以尽快实现以天都城为中心的杭州副中心城镇的规划设想。

4）共享休闲娱乐平台。作为生活的配套，人性化最大的功能表现就是休闲娱乐的功能，也为人际交流提供平台，开放式绿地、景观营造、公园、广场、湖泊等，聚集与引导人流，因此我们应该充分发挥天都城体量大、配套全的优势，将小区内的休闲娱乐的功能不局限于小区业主使用，而是扩展到整个临平区域。

5）共享运动教育平台。运动教育功能是天都城造城中不可缺少的，天都城的教育共享功能可以与杭州著名的大学建立资源共享互补的功能平台，建立以基础教育为主的，从幼儿教育到中学教育的基础教育园区概念，具体可以与杭州重点学校合作，以重点中学的牌子吸引学生与家长，或是全面引入全封闭式管理的全外教管理模式。吸引项目的业主、临平和杭州市居民的子女入学。

运动共享功能则可以俱乐部形式发展会员，全部对外开放，营造设施齐备的运动社区概念，形成运动、教育、居家一体化。

6）共享文化平台。以人性为本的新城市居住主义文化的概念导入本项目是本案的特色之一，而新城市主义文化的传播与交流将作为一个重要的共享平台，使项目品味提升，强化产品的定位。建议由业主委员会组织，并在天都城内定期举行陶冶情操，培养气质与修养的广场音乐会、画展、主题聚会、摄影展和各类艺术培训班等文化交流活动，将文化这一主线与居家生活具体联系起来。

广厦可以与政府联合规划艺术中心，将其划入临平的整体造城计划中去，这个中心除了戏剧、音乐、表演、展览、欣赏等功能外，还可以作为会议、聚会、电影等的用途。将其建设成为临平最大的艺术活动的空间，也可建设成为临平区域内的艺术教育基地。

7）共享网络信息平台。建议在整个社区里建立局域信息网络，便于区内信息交流与发布，区内物业的管理，商业、娱乐、休闲、运动、教育等功能之间的沟通与信息发布，会员制管理等，使业主足不出户就可第一时间掌握区内动态，并实现信息互动，实现信息资源共享，符合现在数字化时代的需求，同样也是国际生活方式的写照。

8. 本案产品特征与目标客户的综合对接分析（图 8-1-2）

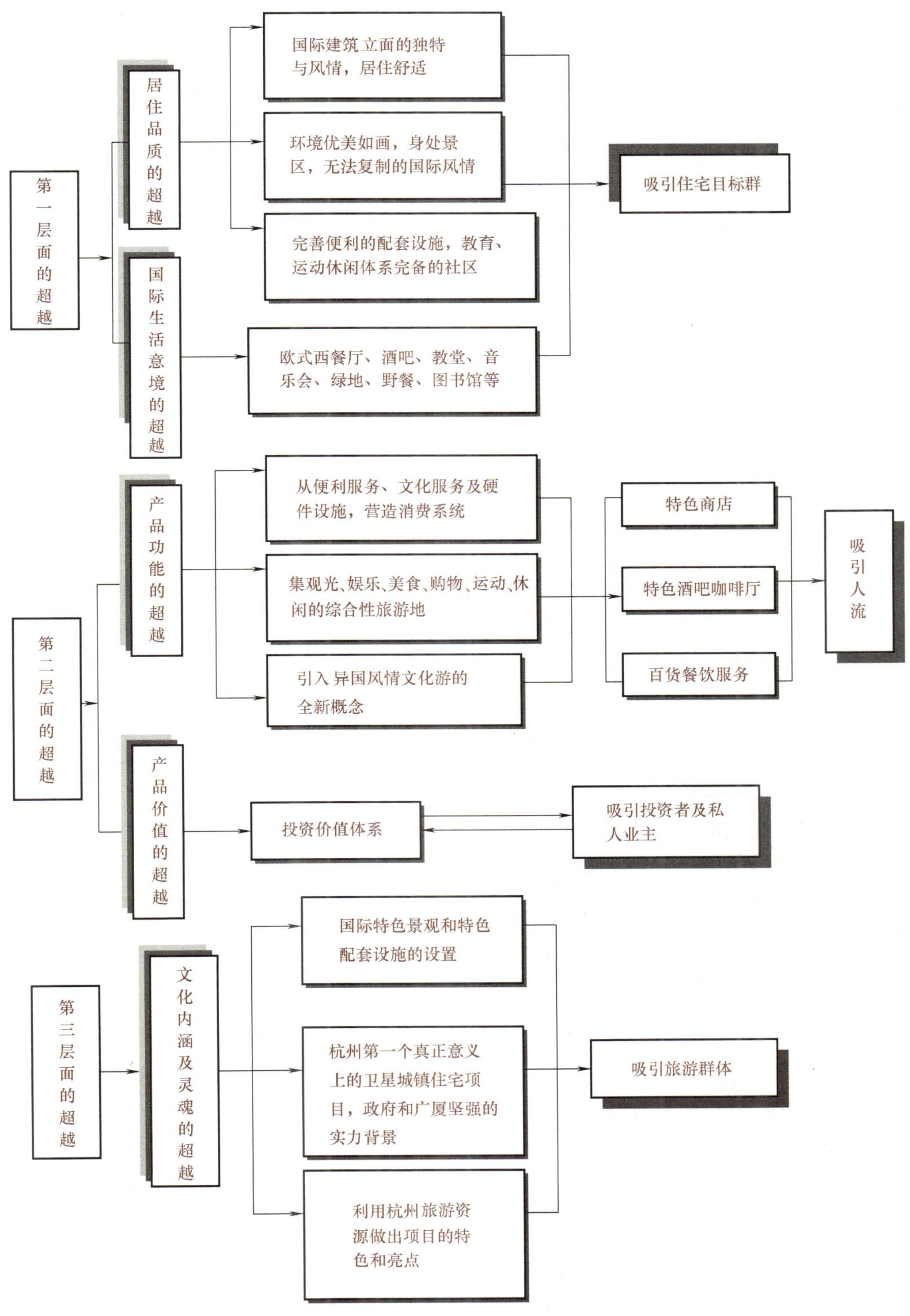

图 8-1-2　产品特征与目标客户的综合对接分析

5.2　产品建议

1. 规划设计建议总则

本案在杭州市场上属于较为特殊的产品，在其规划设计上也投入了很大的人力和物力，在总体规划设计基本定型的原则之上，我们从市场规律出发提出一些建议，仅供开发商参考。

1）由于本项目的住宅与旅游将相互依托着进行推广，在将来进入实际入住阶段时，旅游区与住宅区的相互干扰是必将存在的一个问题，加之有部分住宅分布在商业街附近，噪声、安全与私密性将是规划设计上要解决的重要问题，因此在景点的设置也需要有一定的考虑，合理解决住宅区与旅游区的分割。

2）在住宅区的几个组团里，我们看到很多居住单元住宅，在朝向上没有兼顾到户户朝南的配置，在销售上可能会带来问题，从杭州房地产消费的习惯来看，房屋的朝向问题是影响销售的重要因素之一，如规划中的住宅排向，会出现没有日照的死角，这也是规划中需要解决的问题之一。

3）本项目面积较大，各个组团的住宅区相对较独立，在生活设施、购物方面需要更便捷的服务，建议在各相对独立的组团里也规划一些小型会所、便利设施、小型运动场地，中心绿地等更为良好的配套，这些小的设施以基本上满足每个小区内部居民日常生活需要来配置，至于其他大的共建配套设施可以安排在欢乐大道和天都路上，这样符合大集中、小分散的原则。

2. 第四、五期规划建议

（1）第四、五期轴对称式规划建设。建议项目在南面的住宅部分和共建设置方面是以埃菲尔铁塔为中心对称的方式进行规划，也只有这样的规划才可以弥补项目第一至三期存在的共建配套不足和因路网改变而从南向北开发的不利因素，这样做的中心对称方案可以将欢乐大道的规模优势充分体现出来，同样只有这样的气势才符合天都城这样宏大的体量，也只有这样才可以满足天都城项目的客户需要。

（2）公共建筑带动住宅。在此规划当中，建议欢乐四季大道的公共建筑建设应该和住宅部分同时开工建设，并且该部分的公共建筑配套应该和项目的住宅部分共同销售，希望这部分的公共建筑配套和项目住宅部分能够同时投入使用，这样首先可以先满足目前已经开发项目业主日后入住的需要，其次考虑欢乐四季大道作为天都城项目的交通主干道的重要地位，只有先完成天都城欢乐四季大道的公共建筑部分，为天都城树立起一个形象标志后，才能对日后剩余的住宅销售推广带来极大的帮助和推广作用。当欢乐四季大道的公共建筑部分投入使用后，可以让入住的小区业主感受到天都城带来的便利生活，让他们感受到畅意的生活。

3. 一主一副双中心规划建议

（1）一主一副双中心规划建议。由于本项目原先在埃菲尔铁塔这里设置了一个社区中心圈，在天都路和天明路设置了一个运动功能半圈，觉得天都城这个项目应该有两个功能相辅相成的中心圈比较合适，建议可以将原先的运动半圈做成一个副社区中心圈。一旦天都城有一主一副中心圈的话：①可以将每个中心圈的功能细化，将商业和运动休闲等加以区分，这样便于社区功能的管理和运作；②由于项目比较大，只有一个中心圈会给日后居民的实际使用带来一定的不便利性；③由于欢乐大道的拓宽，会增加天都路的宏观性，但是缺少了隐秘性，这样通过一主一副双中心圈可以让整个道路的路面呈弧形结构，增加小区住宅的私密感。

（2）一主一副中心圈和欢乐大道的功能建议。我们要充分考虑到这一主一副中心圈的功能互补和协调性，并且也要考虑到和欢乐大道之间的关系，因此我们在此将这三个主功能作一阐述。由于欢乐大道的开阔性和作为天都城的门面作用，建议欢乐大道的功能配套应该体现为天都城的特色街，这里是天都城的一个亮点和特色风情的展现，以特色购物街为主要形式，以满足小区居民日常生活购物、休闲为主体考虑，同时增加社区的品位感。这里可以安排一些品牌专卖店、咖啡馆、西餐厅、工艺品商店和 PUB 等有品位的中高档享受型的配套设施。

在“埃菲尔铁塔”这里的主中心圈，我们将建议建设成以商业、休闲、文化、医疗主体社区大配套为主要功能配置，这里可以配置一个大型的集中会所、医院、SHOPPING MALL、大卖场、文化科技图书馆、金融证券服务等。作为天都城项目的一个最重要的中心圈，应该起到一个辐射、涵盖和延续的作用，这样这个主中心圈可以延续欢乐大道的休闲功能，并且也会将副中心圈的学校文化和运动的功能作一个有序的衔接（表 8-1-15）。

表 8-1-15　配套设施情况

配套设施名称	位　　置	体量大小/万 m^2
大的集中会所	原写字楼	3~6
医院	原体育场的东面	6~10
SHOPPING MALL	原写字楼的对面	6~10
大卖场	原写字楼西南侧	3~5
文化艺术科技中心	原写字楼的左侧	2~5

副中心圈建议建设成为学院区，这里将集中社区内的小、中学以及特色学院。这样考虑的因素是将学校集中在社区的中心，并且所有学校的资源可以共享，有助于日后社区集中接送低年龄的孩子上学回家，并且也是社区主中心圈的功能辐射。

4. 路网规划建议

1）至于社区的路网结构有着一个特殊性，这主要考虑第一至三期的布局问题和新的城市规划将造成项目欢乐大道的拓宽问题，也就造成了天都城项目在内部很多路网结构调整上存在很多的困难。

2）因此，和睦港东面的路网结构基本上没有大的改变必要，主要因为考虑项目目前的状况，至于和睦港项目西侧的路网势必需要重新调整。再者由于欢乐大道的拓宽，将呈现给世人一条宽广笔直的路网，而且因为原先规划的运动半圈的路网可以充分利用起来，结合拓宽后的欢乐大道，保持原先天韵路的连接，形成原先保持的环形路网。这样让副中心圈形成和保持一定的便利性。

3）由于欢乐大道的拓宽，并且项目的开发方式也是从南向北进行开发，尽量避免原先的道路路网结构被打乱，也避免住宅规划的呆板，不要做成完全对原先住宅的对称，还是按照原先的设计方案会比较符合整体规划和项目的目前状况特性。

5. 建筑风格建议

1）关于小区的建筑风格我们觉得可以突破原先的单纯法式建筑风格的局限，应该可以采取其他的建筑风格，包括欧式、现代以及后现代的建筑风格。

2）这些建筑风格应该根据大路网的结构加以区分考虑，在一个大的路网范围内设置一种大主题风格，在这个大主题风格内部，再具体到小区内部路网的结构进行同一大风格下的小变化。如果某一个大路网区域定位成欧式建筑风格，那么我们在这个区域内就造成欧式风格，然后再对这个区域内的小路网进行建筑风格的调整，我们可以在欧式风格内设置法式、英式、丹麦式等。因为天都城项目比较大，完全可以容纳不同大风格的建筑风格，但是为了避免给人视觉上的混乱，大路网将在此显现出它的作用。

3）目前欢乐大道旁的建筑风格还是建议维持法式建筑风格，因为主要考虑原先 50 万 m^2 的项目因素在内，再者欢乐大道现在是天都城项目的门面，不能给人在视觉上造成混乱的感觉，因此不仅是欢乐大道还是欢乐大道旁边要建的建筑，还是考虑维持原先的法式风格，因为其是最适合项目自身状况的。

6. 建筑形态建议

1）在建筑形态上天都城项目应该增加一些别墅产品，但是这些别墅产品不建议建设开发单体别墅，我们可以建些联体别墅、叠加别墅的产品，这样一可以丰富天都城的产品类型，其次也可以通过这些别墅类型来提升项目的居住品质感和项目的销售价格。避免近郊住宅是低档项目的代名词，所以增加些别墅对天都城项目形象绝对有好处。

2）这些别墅产品可以设置在原先的天隆苑和天禧苑的位置，这个位置首先是靠欢乐四季公园比较近，第二是这里临水（上塘河），这些因素可以支持低端的别墅产品，同时这个区域离天都城的主副中心圈也不是很远，也比较适合别墅的居住需求，至于剩下的部分单元的位置可以考虑建设以多层为主的建筑形态，但是这些区位中可以增加部分叠加和夹层住宅的产品，从而丰富这些区位内的建筑产品类型。基本上建议多层住宅占本项目的70%，TOWNHOUSE 占本项目的20%，叠加别墅占本项目的10%。

7. 产品面积建议

1）从市场调研结果和相关的市场资料发现，现在在杭州市场上购房的主力群体的购房动机是“改善现有的生活居住质量和环境”，从这点上正好符合了天都城项目定位，符合天都城所倡导的国际生活方式。

2）但是从购房的消费群体的总体价格承受能力考虑，其能承受的范围是30万~45万元，超过45万元的住宅在该区域销售会十分困难。由于买房首先考虑的是总价承受能力，同时我们还要考虑到天都城项目日后销售单价的上涨空间的问题，也就决定了项目的单套面积不可能十分的大，但是同样又要满足购房群体的“改善现有的生活居住质量和环境”的需求。

3）因此建议二房的面积应该控制在80~90m^2，在三房的设计中应该加些110m^2左右的小三房，而三房二卫的单套面积范围在120~130m^2之间，至于有些大面积房应该控制在150m^2左右，但是这些大面积房占项目推出比例不应该很高，主力应该以2房2卫和3房2卫为主，至于小面积的1房也应该少设置，因为项目原先已经有2050套单身公寓产品，这个总量对天都城这个区域来讲已经很庞大了。

4）因此对房型配比建议基本上是以二房和三房为主，小（一房）和大（四房）房型基本上是起到补充和作为规划设计调整上的考虑因素。

5）对建议的房型大配比再进一步做一个细分分析（表8-1-16）。

表8-1-16　房型大配比分析

房型	面积范围/m^2	占的小比例	占总体比例
一房一卫	30~40	70%	1.4%
	40~50	30%	0.6%
二房一卫	80~85	40%	18%
二房二卫	85~90	60%	27%
二加一房	90~100	30%	15%
三房一卫	115~120	20%	10%
三房二卫	120~130	50%	25%
三加一房	135~140	50%	1.5%
四房三卫	150	40%	1.2%
四房以上	150以上	10%	0.3%

通过表8-1-16可以清楚地看出目前我们针对的是那些想更换原有居住房的目标客户群，在

主力的二房和三房希望能够满足他们居住舒适性的考虑，故以主力的二房二卫和三房二卫为主力产品，同样考虑这些购买群体的经济承受能力，也穿插了一些一卫的房型，特别是增加了一定比例的“2+1”和“3+1”房的房源，这个主要是结合购房群体的居住需求和经济承受能力来考虑的，有效地减少他们购买的面积，但是又能够满足他们改善居住品质的需求，并且这样的房型配比，可以试探出客户对改善他们居住品质的要求到底有多么强烈，同样为下一阶段别墅产品做一个前期的准备。

特别要注意的是四房以上的房型如果一旦做复式，不要用在5楼和6楼按照传统意义上将楼底板面积做两层，再挑空，然后再做露台的方式，这样会直线拉升大面积房源在总体中的比例和单套面积，我们可以做一些“夹层”产品，这样既可以满足复式的居住需要，同样又有效地减少单套住宅的面积，从而降低单套住宅的总价，提升单套销售面积的单价。

8. 产品价格建议

1）购房群体在考虑购房时是以个人承受总价为基础考虑的，从市场资料分析发现，购房群体所接受的总价为30万~45万元，其中35万元左右的占绝对主力，按照市场主力购房群体的购房目的是为了“改善现有的生活居住质量和环境”。

2）在这种状况下，我们在房型面积的设置上不能一味地减小，否则就不能满足购房群体“改善现有的生活居住质量和环境”的需求，那么无论项目总价是否符合他们的要求，其中会有很多人不会考虑前来购买本项目。

3）既然这样，我们必须将购房承受总价和舒适居住的基本面积要求（见以上面积建议）相结合来考虑，天都城项目最低的销售价格是2700元/m^2，目前多层住宅最高接受的销售价格是3200元/m^2。如果要突破该价格上限，则需要在日后大配套完成后，天都城形象基本形成一定的规模效应后，才建议突破该价格上限。

4）既然我们知道了项目的价格范围，建议项目日后推出的价格不应该过高，不能使用“低开高走”的策略，因为我们现在所设计的居住区还没有正式全面开始投入建设，并且住宅部分的共建配套也没有投入建设，因此对于项目实际居住来讲，并没有形成一个很明显的居住空间和氛围。

5）同样我们在价格上还应该注意到，天都城项目体量的巨大特性，传统意义上的“低开高走”的策略是不能适合本项目的，如果我们每次开的组团都比原先高，就算每次均价涨50元/m^2，我们可以计算得出，日后我们的销售均价是多么的高，市场接受度的问题我们不能不考虑。

6）如果不采取“低开高走”的价格策略，很多人会担心，买“天都城”的住宅是不是没有增值空间这个问题。其实我们必须要知道，天都城项目的核心价值体现不是表面销售价格的增长，而是让入住的业主感受到天都城所提倡的生活方式，在满足了他们的生活方式的情况下，增值的问题将会由三级市场来体现，我们可以通过三级市场的价格再来指导二级市场的销售价格，因此我们要从市场和实际出发，不能按照我们的想法去涨价，因为天都城这个项目销售周期太长的原因，如果价格涨得太快，市场会不接受我们所制订的价格。

7）因此建议接下来的项目销售价格开始应该以市场为价格指导，因为天都城大量的共建配套还没有做出来，价格不宜开得太高，同样这样的价格建议可以防止日后三级市场的价格对新开项目的价格冲压，造成新开项目的销售节奏缓慢的窘境。

9. 单次推出体量建议

1）由于天都城的体量实在是很大，每次开发的总建筑面积也是相当惊人的，因此考虑到这个问题，对消费者做了一个市场调研，最终结果发现目前杭州市民可以接受的一个组团面积范围是总建筑面积在15万m^2左右。根据房地产的开发体量来讲，一般一次性开发的总建筑面积在

10 万 m^2 左右，最大值为 15 万 m^2。这主要是考虑到项目开发的投入资金和市场的承受力的问题。

2）在项目推案体量上必须还要注意天都城的体量实在是很大，因此在做市场容量分析的时候，一定要做三级市场的分析，如果没有做三级市场的分析，只是从二级市场的供给量考虑，是完全错误的。因为原先已经销售掉的面积已经滚入三级市场内，这些天都城早期的房源对我们每次新推案量所造成的影响是非常巨大而且是可怕的。

3）由于天都城的项目状况特性，我们建议天都城每次开发的体量为 15 万 m^2，最大不宜超过 20 万 m^2，否则该组团的内部配套会投入很大，并且市场容量的问题我们也不需考虑。从目前的因素考虑，我们建议天都城在近一年之内的每次推案体量在 10 万～15 万 m^2 左右，不宜突破目前 15 万 m^2 推案量 10%的上涨空间。

10. 社区文化建立与配套设施建立

社区文化的建立对于项目的定位体现是很重要的，国际生活的体现不仅仅是建筑风格的多样化和国际化，更重要的是要把国际文化融入到社区文化中，真正体现纯国际化的生活方式，这样才能吸引真正有品位的业主，也才能体现天都城的文化内涵。

考虑到住宅区的配套设施与旅游是不能完全分割的，住宅区的完善配套能够拉动商业的发展与旅游的兴旺，可以带来长期的商业利润。因为我们对产品的定位是畅意国际生活，那么畅意国际生活方式的体现就是靠配套的特色，这也是我们以后销售和市场推广中的亮点：

（1）休闲购物类。

1）商业步行街。

① 这是在规划中就提到过的，这条商业街的功能不仅是为给天都城的居民增加便利，为旅游增添亮色，更重要的是它可以增加很多天都城的功能，如欧式风味的西餐厅、工艺品商店、欧式的 PUB 更是人们除了家里待得最多的地方，这种 PUB 的功能不仅仅是酒吧，它代表了一种文化，一种人与人之间的交流。

② 这些店铺建议以小面积分割为主，并且这些店铺以两层为主，底下每层的空间为 50m^2 左右，并且这些店铺应该是方正、整齐且可自由分割的，在建筑设计上尽量减少梁和柱，让店铺的购买者尽量获得更多的实际使用面积。

③ 这些店铺所经营的内容应该统一进行分配指导，店铺在立面风格上也要做到统一，在管理上也要由广厦进行统一管理。这些店铺的功能分布在靠近主中心圈内应该以餐饮服务、特色专卖店为主，在天都大道入口处可以安排一些工艺礼品店和以高品位的享受商业为主，这样从外可以提升天都城的形象，在内便于小区业主的生活需要。

④ 这些商业步行街在推广和招商上应该马上开始准备，我们希望能够通过共建配套来带动天都城的住宅销售，并且满足首期入住业主的需要。

2）会所建议。

① 本项目的综合会所应该设置在“埃菲尔铁塔”中心圈内的原写字楼处，该会所的面积在 3 万～6 万 m^2。

② 这个综合型会所主要的设施是将每个组团内的小会所没有配备或者简单配备的功能在此集中设置，如奥林匹克花园那样在一层中集中开设很大的单项运动场地，因为运动是一个集体性的活动，人越多会玩得越开心，就拿羽毛球来讲，我们可以在这个会所中开设一个大的羽毛球馆，可以供 10～20 对人员同时进行运动。因此这个大会所，不是需要大的投入和很多不同的功能设施，而是场地大，并以大众性运动为主，关键是可以同时供应很多人一起参与运动，可以主要设置一些室内壁球、网球、室内攀岩、沙滩排球、桌球、游泳池等。南国·奥林匹克花园的会所就是一个非常好的例子。

③ 该综合型会所不仅仅是传统意义上的会所功能，它应该同时具备会所应有的功能，同时还应有专业的运动市场、商店、美食等的配套，所以建议此会所可以与运动休闲中心相联系起来，建立成一座设施较为完善的以国际化运动场馆为主的运动型俱乐部。

④ 该综合型的会所内部应该将国际化贴心大管家物业的家政服务中心放在里面，该家政服务中心主要是为小区业主提供个性化的服务。因为会所原本在功能上的包容性很强，同时会所也在社区中心，便于小区居民和家政服务中心的联系。这些家政服务中心设置在该位置也有助于家政服务的实际操作，比如代为托管孩子（学校就在会所旁边）、代为购物（SHOPPING MALL 和大卖场都在会所旁边）等。这个家政服务中心目前也应该在开始筹划建设中。

⑤ 另外，建议应该在各组团社区内也设置小型会所，小型会所的功能在于满足业主的基本生活需求。

3）SHOPPING MALL 建议。

① 该 SHOPPING MALL 设置在原写字楼的对面，总建筑面积为 6 万 ~10 万 m^2。它的功能应该是集购物、餐饮、娱乐于一体的“巨无霸”式的现代化商业中心，它不仅是为天都城项目提供服务，更是可以辐射到临平板块。

② 该 SHOPPING MALL 不仅应该有大规模的名牌专卖店、首饰珠宝廊、中外餐饮区，同样还应该有多功能会议厅、游戏中心、计算机城、电影院等，它应该是一个相当国际化、现代化、多元化的购物天堂，是时尚中心和休闲乐园。这样的一个 SHOPPING MALL 将会是本项目所倡导的国际化生活最好的支撑，它将会成为杭州的又一个热点。

③ 该 SHOPPING MALL 同样应该跟随功能配套先行的原则，在项目目前的阶段也应该开始筹划和招商工作。上海的正大广场作为一个真正的 SHOPPING MALL 将会给我们一个非常好的启迪和借鉴作用。

4）大卖场的建议。

① 天都城这个大卖场将建设在原写字楼西南侧，预计该大卖场的总建筑面积应该在 3 万~5 万 m^2。

② 由于天都城总体规划吸引 12 万人口，根据上海居民集中区域，基本上是 10 万人口配置一个大卖场，但是在高度密集的居住区内、在半径 1km 内会同时设置两三个卖场，总建筑面积都为 2 万 ~3 万 m^2 的大卖场。

③ 这个大的卖场主要的功能是为了满足天都城内部 12 万人口的基本生活需要，因为每个小区内部的超市和便利店等只能满足社区内部最基本的生活需要，至于更多样化的生活用品只能依赖这个大卖场来实现。

④ 该大卖场应该跟随功能配套先行的原则，在项目目前阶段也应该开始筹划和招商工作，如果现在还不开始前期准备工作的话，担心日后已经预订掉的 50 万 m^2 体量的业主，日后入住天都城时在日常生活方面会极为不便，并且仅仅靠社区内部的一些便利店是远远无法满足这些日后入住业主的需求。

（2）运动类。

1）青少年足球训练基地。

① 足球的乐趣是培养孩子们的意志力、团队精神，享受这种团队合作带来的快乐，并在训练中培养更多的生活乐趣与体验。我们目前已具备了可以利用的资源，建议在天都城成立社区业主委员会，由业主委员会牵头与业主协商成立社区青少年足球训练基地，设置专门的训练场地，并且还可以与杭州区域内的小学、中学联系起来，对喜欢足球运动的孩子给予专业的教练培训，充分利用场地资源，给孩子们一片欢乐的天空。

② 该青少年足球训练基地可以设置在主中心圈和副中心圈之间的位置。由于副中心圈已学校林立，这样便于孩子从学校到基地来训练，同样，该基地也可以弥补由于学校内部的体育设施场地不足可能引起的问题，这样可以为学校提供很好的配合作用。

③ 该青少年足球训练基地可以等项目完成100万m^2体量的推案量后开始进行招商，但是该基地可以先行建设起来。因为该基地应该要等到有一定量的小区业主开始入住再投入使用，这样可以带动项目日后的工作，现在所急需解决的是小区业主入住后切身的生活需要，所以该部分训练基地可以放到第二阶段进行。

2）户外运动场所。

① 这个户外运动场所建议紧靠青少年足球训练基地和原先的医院大楼。

② 会所只能提供室内运动的空间，现在有很多人喜欢在室外或者草坪上运动，那么我们必须开辟这样一个户外运动场所，这样不仅能够满足小区业主户外运动的需求，也为整个社区留出了一大片绿地空间，同样可以供小区的业主在此休憩、散步。

③ 该户外运动场所和青少年足球训练基地同时进行营建。

（3）教育类。

1）常规类小、中、大学学校。

① 根据余杭市场的统计资料发现，整个余杭人口数量为79.54万人，其中非农人口仅为17.37万人。在余杭区有幼儿园67所（613个班）、小学164所（1494个班）、初中34所、高中7所、职业中学5所。

② 根据上述数据发现天都城作为一个12万m^2的社区，其教育资源配置需要大的投入。由于我们体量比较大每次开发的组团相当于其他一般房地产项目的总体量，因此在做小区内部公共建筑配套时应该按照一般房地产项目来配置。

③ 建议每个小区内设置一个小学，以满足小区内业主的需要，同样这样的配置比较适合小学生的个性特点。建议在3个组团内还必须配置一个中学。

④ 也可以将常规类型的中、大学设置在社区的副中心圈内，因为先前将该副中心圈定位为文化教育区，在这里就是天都城的学院基地。希望在此处将常规类的学校都集中设置在这里，这样便于管理和教育资源的互补与整合。

⑤ 建议小学可以按照每个组团住宅的配套开始建设，但是集中的中、大学学校应该尽快开始抓紧时间建设，或许应该尽快将这部分学校的一部分开始建设，以满足先期入住小区的业主需要。

2）建立国际化教育，从幼儿园至大学阶段的终生教育基地。

① 前面提到了常规中、小学学校的建设问题，同样，还建议天都城应该建设一个终生教育的国际学校，它将从幼儿园至大学阶段全部接受国际化的教育培训。

② 该国际化终生学校建议建设在“天都路—星都路—天韵路—和睦港”这个独立的区域中。

③ 建议在此类学校的设立中，也与国际对口学校授权合办，或引进全封闭式的外教授课形式，招收区域内比较富裕的人士或者杭州市区内外商投资企业的外籍孩子的入学问题。

④ 这些国际化的学校建议以小班的形式进行有针对性的教育。不过这个国际化的学校目前应该开始筹划，这个将会是本项目的一个强有力的卖点支持，因此其建设也应该尽快。

3）建立特色的教育基地。

① 该特色教育基地建议建设在“天都路—星都路—天韵路—和睦港”和国际化学校一个区域内，只不过是将它们在规划上重新规划划分布局。

② 该特色教育基地内可以以和知名大学合作或授权的形式，设立大专、职业教育、艺术、

音乐、表演、英语培训中心等培训类学科。

③ 这些特色教育基地和国际化终生教育学校一起建设与规划，但是特色教育基地可以比国际化终生教育学校开班时间晚些，这只是对天都城教育类的功能进行补充和完善。

（4）艺术文化类。在天都城的国际生活城内，应该设置一些集中的酒吧及中小餐厅，并且可以在欢乐四季公园内设置，戏剧、舞蹈、音乐、歌剧等在露天剧院内表演，这也是天都城是国际文化的重要组成部分的表现，这样可以将住宅和欢乐四季公园进行功能上的共享。

1）露天歌剧院。

① 在欢乐四季公园内的歌剧院，同时可以作戏剧、音乐、表演等，还可以具有会议、聚会、电影等用途。

② 这个露天歌剧院主要是在欢乐四季公园原有的基础做一个调整就可以完成和实现。

③ 这个露天歌剧院可以和住宅项目分开进行，但是它的完善工作也要马上开始，因为欢乐四季公园已经开始对外开放，这样的话，也就造成了这个露天歌剧院的工作时间被提到前面，当露天歌剧院完善好后，可以为天都城住宅项目提供支撑作用，并且天都城项目也可以带动这个露天歌剧院的人气。

2）文化艺术科技中心。

① 天都城的文化科技中心可以设置在原写字楼的左侧，总体建筑面积为3万~5万m^2。

② 文化艺术科技中心内可设立图书馆、美术展示厅、艺术作品展等，可以对国际文化与历史的发展作一个较全面的介绍，也是中外文化与交流的理想场所，同样也是社区知识文化氛围的体现。

③ 这个文化艺术科技中心应该马上开始准备，希望能够通过共建配套来带动天都城的住宅销售，并且满足首期入住的业主对文化艺术的需要。

3）音乐广场。

① 音乐是高雅的生活享受，在节假日里，国外很多人都喜欢在广场上聚会聊天，谈天说地，听音乐，放松心情。可以利用欢乐四季公园的广场做出一个综合娱乐性的聚会场所。

② 可以通过完善欢乐广场的功能，将这个欢乐广场做成一个真正的欢乐广场，让音乐和欢乐结合在一起。

③ 这个音乐广场只需要在原先的欢乐广场上增加一些硬件的投入就可以完成了，这个工作也应该马上完成，毕竟欢乐广场对天都城来讲是非常重要的形象工程。

4）绿地公园。

① 在社区里绝对不能缺的是一块绿地，这块绿地最好是设在靠欢乐四季公园的河边位置，国外很多人喜欢在阳光明媚的日子里和家人在绿地上野餐，我们可以给小区居民在工作之余，提供一个让他们放松、休息和家人团聚的场所，供他们在绿地上散步、谈心。

② 因为有了欢乐四季公园这个大公园，所以在这里面就不再加绿地公园的内容，想将该绿地公园和室外运动场所相结合，这样可以最大化地利用项目的土地资源和配套资源，其次运动需要绿地，室外运动和绿地休憩相辅相成，因此建议将户外运动和绿地公园相结合。

③ 该绿地公园将和户外运动场所同时进行营建。

（5）医疗类。

1）根据杭州医疗的相关资料发现，整个杭州床位数为27063张，市区床位数为20523张，其中医院的床位数为23520张，家庭床位数为17770张。

2）建议将社区综合医院设置在原医院位置的场所，即公共运动场的东面，根据以上这些数据分析出天都城需要的床位数为830张左右，但是从长久发展的眼光来看，天都城这个综合性医院应该可能需要预备1000张床位。

3）为什么需要这么多的床位，首先要确保项目业主的需要，同样也要将医院的功能辐射到周边地区。

4）这家医院应该是综合性的医院，因为项目周边没有好的医院，我们离开市区有一定的距离，所以其所覆盖的群体很广，从孩子到老人，从男人到女人，应该是家综合性的医院。因此建议医院的总建筑面积在6万~10万 m^2 之间。

5）这个医院应该尽快建设，为早先的业主提供相应的便利。希望能够和杭州知名医科大学合作。

（6）单个组团类。

1）由于本项目的体量巨大，也就造成了本项目单次每个开发的组团总建筑面积相当于一般房地产项目的总体量，因此在每次开发的组团内应该按照一个一般的房地产项目来看待。

2）无论在产品规划设计、绿化景观、水体景观、物业管理、智能化等方面都应该按照一个封闭的小区去做，应该将每次开发的小区做到最好，要满足国家“康居工程”的基本要求。

3）其次还要注意的是，虽然天都城会有充足的商业和公建配套，但是在小区里面还是要放置一定的公建配套和日常所需要的商业，如小会所、24小时便利店、小饮食店等。因此小区内的这些公建配套和商业等应该是以小而全，散点式分布为主，充分考虑小区业主的切身生活需要。

（7）智能化类。

1）在小区智能化方面除了要做到满足传统的智能要求，还需要加强。无论是安保、三表出户（或远程抄表），还是宽带、紧急求助系统、智能一卡通等，都应该对智能化的设施预留管线，随着时代的发展随时更新。

2）建议与国内著名信息产业公司合作发展，聪明人住聪明房子，建成全新智能化网络住宅。透过高容量（100M）的光纤网络，不仅使用户可以高速上网，同时还能享受功能齐全的网络服务，且每月只需支付低廉的费用。网上银行服务、网上贸易、住宅办公室、股市财经专讯、电子传真等，用户可以全面掌握市场脉搏，运筹帷幄。借助带宽达100M的网络平台，将建立独立社区网站，提供包括网上游戏、业主交流空间、个性化网页、社区商家服务等服务，让住家拥有一个并非虚拟的网上世界。而物业管理亦借此资源，形成社区安保网络监控系统、访客对讲系统、紧急求助系统、智能一卡通服务系统等诸多功能强大的新型管理服务网络。

（8）其他类。

1）天都城的幼儿园和养老院的数量都还不够，并且分布还是需要调整，随着城市老龄化的进程，且天都城销售周期长，因此应该多考虑放置一些幼儿园和养老院。

2）还有一些问题我们暂时没有提出建议，如日后的物业管理人员、教工、医护人员等的住宿问题等，这将放置日后再进行商议。

第六部分　天都城项目旅游篇

6.1　项目旅游资源与房地产之间的关系

在天都城这个项目中，有房地产项目、旅游度假功能，那么应该考虑清楚，天都城到底什么是主体，我们的发展侧重点是什么？虽然讲“先造公园后造房产，先聚人气后聚财气”这个战略思想是正确的，但是应该清楚地知道，天都城是一个房地产住宅项目，而不是一个旅游度假项

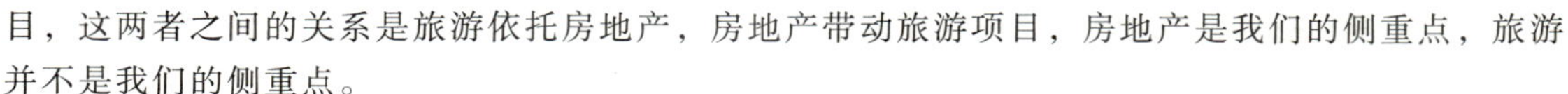

目，这两者之间的关系是旅游依托房地产，房地产带动旅游项目，房地产是我们的侧重点，旅游并不是我们的侧重点。

6.2　项目旅游开发类型定位

以纯正欧式文化嫁接入旅游资源，以旅游资源促进房地产开发，形成异域文化游与休闲度假市场。

6.3　人类生活追求的过程

人类生活追求的过程如图 8-1-3 所示。

图 8-1-3　人类生活追求的过程

在对人类居住行为的研究之后得出结论，人们对生活的追求有一个从浅至深、由表及里的过程，即观光、旅游、休闲、度假，最后是居家。这代表着人类在不同阶段的不同心理需求，这里的居住也不仅是一间可以避雨的房子，而是代表一个适于生活的环境，一种舒适的生活方式。这是人类生活需求的最高阶段。

旅游的多样性，给天都城提供了一个以休闲度假为旅游特色的市场切入点。它也可以满足几个功能：在做旅游的时候，它是旅游项目；在做房地产的时候，它是配套项目。它营造了优美舒适的欧式环境，为房地产开发奠定了基础；也满足了人们对旅游休闲业的新要求——参与性强、个性化消费，也使得房地产项目得以顺理成章的启动。

6.4　杭州旅游市场类型分析

杭州作为中国旅游城市，旅游业在杭州非常兴旺，每年有大量的中外游客会从四面八方聚集到杭州观光旅游，杭州无论从自然风光旅游、名胜古迹旅游、历史文化旅游、商业购物旅游、都市风光旅游还是人造景观旅游都十分的发达与繁荣。

杭州在国际与国内的地位决定了旅游业的前景光明，然而在上述的几种主要旅游类型里，以房地产和旅游作嫁接的情况却属于稀有，本项目产品的定位在一定程度上要依托杭州旅游业的利好趋势，这一良好的机遇，另一方面也面临着巨大的考验，就是项目若以旅游产品出现是不是能吸引游客，能吸引住哪种类型的游客，如何做出产品的特色来，怎样使这一景点具有长久的生命力，都将是我们要解决的问题和面对的挑战。

而从上述旅游景点情况也可以看出，只有以文化为积淀的旅游地才能够长久的保持它的魅力与吸引力，而我们的项目除了照搬国际的建筑物，也要具有真正的国际内涵才可以使天都城具有生命力并有利于发展商进一步的品牌发展与扩张。

旅游目标客户群随着旅游产品定位的不同也存在着很大的差别，这种差别的产生是由于旅游产品所带给消费者的需求是不同的，不同的消费者会根据自己的需求去选择不同的产品，而产品的特色是吸引消费者的重要因素。我们也可以看到，纯景观的旅游产品只能吸引到大部分外地的客源，而嫁接有商业、其他娱乐消费的旅游产品却不仅吸引了外地消费者也吸引了本地大部分消费客源，从而也带动了当地经济的良性循环发展。如以历史文化为依托，且巧妙地嫁接入时尚商业元素的上海新天地，就是一个极具代表性的成功例子。

所以必须比较清晰地定位天都城的旅游消费目标客户群体，了解他们的需求是什么，才能提供更好的资源，并带来更为明确的发展前景。

6.5 天都城旅游目标市场模拟图

天都城旅游目标市场模拟如图 8-1-4 所示。

从图 8-1-4 中，可以得出旅游客户群的定位：以天都城项目和杭州本地客户群为主体，且以外地客源为辅的具有中等经济能力和文化品位的群体。

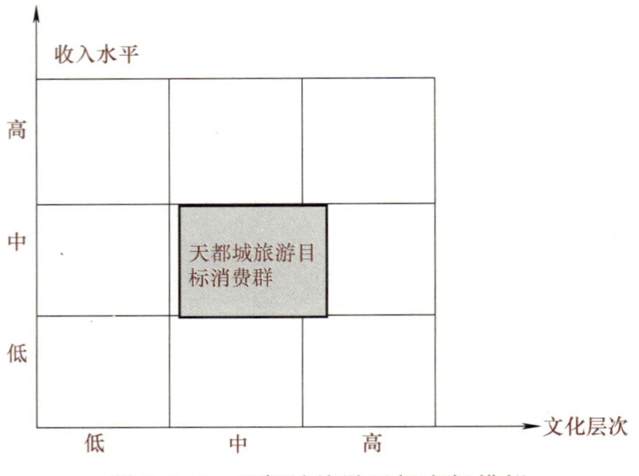

图 8-1-4 天都城旅游目标市场模拟

6.6 天都城旅游项目的经营管理建议

由于欢乐四季公园作为天都城的一个附属项目，加上广厦在主题公园上的管理没有什么好的经验优势，并且欢乐四季公园在日后的经营管理上要求很高，且预知因素很难把握，因此建议欢乐四季公园应该找一家有经验的公司作为管理顾问，或者由自己经营管理，至于欢乐四季公园与天都城住宅的业主之间的联动关系，首先是从优考虑，但是必须要清楚地知道，欢乐四季公园应该是一个单独可以产出经济效益的项目，凭目前的状况和对日后的经营管理方面的综合考虑，我们还是应该先找家专业的顾问公司作为咨询或者代为管理，这样可以给欢乐四季公园带来良好的收益前景，等到欢乐四季公园成熟后，并且广厦也掌握了主题公园经营管理的方式方法后，再由自己负责经营不失是一个稳妥的方案。就此点，我们还望能够与广厦进行进一步的沟通。

（戴德梁行物业顾问有限公司）

【报告点评】

一般来说，任何房地产开发项目在开发建设前，均是有作过项目定位，定位好之后一般不会也不要轻易改变，因为项目定位关系到项目的成败，除非项目定位真的错了，让项目在营销或运营中备受艰难困阻。可事实上，出现定位错误的项目比比皆是，至于原因多种多样，有市场和环境方面的客观原因，有当时策划不准确的原因，也有项目自身原因……

项目进行二次策划，首先要检讨以前的定位思路，要清楚为什么错误，错在哪。再从实际出发对项目进行二次策划和诊断，相当于再从零开始出发，重新策划定位。

此报告就是一个完整的二次策划报告，就如报告起初所写的先拿原先定位和新定位进行对比，再考虑定位因素，并诠释新的定位。报告也最终重新策划定位：项目综合分析、可借鉴项目分析、目标客户分析、项目建议。报告最后用旅游的概念来打造项目也让人耳目一新。

项目有原先的定位“中国第一座国际生活示范城市”，经过二次策划后变成了“广厦·天都城——畅意国际生活”，由原先高高在上且呆板的标语式定位，变成了更为真实、符合市场、贴近生活的写意式定位，不得不说是一种进步。

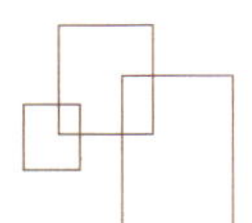

二、山东青岛天幕美食城商业项目招商运营建议报告

报 告 目 录

报 告 正 文

第一部分 青岛简介

1.1 青岛历史及概况

青岛地区昔称胶澳。1891 年（清光绪十七年）清政府决议在胶澳设防，青岛由此建置。1892 年，调登州镇总兵章高元率部移驻胶澳。1897 年 11 月，德国以“巨野教案”为借口强占胶澳，并强迫清政府于 1898 年 3 月 6 日签订《胶澳租界条约》。从此，胶澳沦为殖民地，山东也划入了德国的势力范围。第一次世界大战爆发后，1914 年 11 月，日本取代德国侵占胶澳，进行军事殖民统治。

第一次世界大战结束后，中国人民为收回青岛进行了英勇斗争。1919 年，由于青岛主权问题，引发了著名的“五四”运动，迫使日本于 1922 年 2 月 4 日同中国政府签订了《解决山东悬案条约》。1922 年 12 月 10 日，中国收回胶澳，开为商埠，设立胶澳商埠督办公署，直属北洋政府。其行政区域与德胶澳租界地相同。1929 年 4 月，南京国民政府接管胶澳商埠，1922 年 7 月设青岛特别市。1930 年改称青岛市。

1938 年 1 月，日本再次侵占青岛。1945 年 9 月，国民党政府在美国支持下接收青岛，仍为特别市。1949 年 6 月 2 日，青岛解放。新中国成立后，青岛改属山东省省辖市。1981 年，被列为全国 15 个经济中心城市之一；1984 年 4 月，被列为全国 14 个进一步对外开放的沿海港口城市之一；1986 年 10 月 15 日，被国务院正式批准在国家计划中实行单列，赋予省一级经济管理权限；1994 年 2 月，被列为全国 15 个副省级城市之一。

1.2　青岛地理位置

青岛市地处山东半岛南部，东、南濒临黄海，东北与烟台市毗邻，西与潍坊市相连，西南与日照市接壤。对外交通系统由海港、机场、铁路、公路和管道五种交通运输方式组成。

青岛港是世界上吞吐量过亿吨的 16 大港口之一，港口外向度全国领先；青岛高速公路通车里程居全国副省级城市之首；青岛以市南区为中心，形成了几个“小时经济圈”：一小时都市圈，一小时车程可辐射涵盖整个青岛所辖的七区五市；三小时服务圈，三小时可辐射至周边县、市和其他港口城市（如日照、连云港、威海等），涵盖整个山东半岛；八小时腹地圈，八小时的车程便可辐射到北京、天津、河南、河北、安徽、江苏等地。青岛有着天然的海陆形势，众多的优良港湾，历史上从秦代开始就对琅琊湾有过开发，以后对丁字湾的金口、胶州湾的板桥镇、塔埠头和青岛口，以及近、现代对大港和前湾的开发，使青岛与上海、广州、天津、大连并称为中国五大外贸口岸。青岛既是华北南部、华东北部和西北地区进出口物资的主要集散地，也是太平洋国家与欧亚大陆国家联系的纽带。

1.3　青岛市经济

2008 年青岛经济综合统计：初步核算，2008 年青岛市实现生产总值（GDP）4436.18 亿元，增长 13.2%。其中，第一产业增加值 223.4 亿元，增长 1.4%，第二产业增加值 2255.45 亿元，增长 11.1%，第三产业增加值 1957.33 亿元，增长 17.1%。三大产业的比例关系由 2007 年的 5.4∶51.6∶43 调整为 5.1∶50.8∶44.1。

宏观经济效益稳步提高。2008 年全市财政总收入实现 1251.6 亿元，增长 16.9%；地方财政一般预算收入 342.4 亿元，增长 17.0%；地方财政一般预算支出 369.4 亿元，增长 15.0%。税收保持平稳增长，全年国税系统组织税收收入（含海关代征）714.38 亿元，增长 23.8%；地税税收收入 206.12 亿元，增长 13.1%。市场物价过快上涨得到控制。全年居民消费价格上涨 4.7%。八大类商品价格“六升两降”，食品、烟酒及用品、衣着、家庭设备用品与维修服务、医疗保健和个人用品、居住六类商品价格分别上涨 11.7%、3.3%、3.9%、3.6%、0.7%和 3.6%；交通和通信类、娱乐教育文化用品及服务类价格分别下降 1.1%和 1.5%。主要工业品出厂价格上涨 5.3%；原材料、燃料、动力购进价格上涨 15.9%。房屋销售价格上涨 5.1%；房屋租赁价格上涨 6.5%。

国民经济和社会发展存在的主要问题是：产业结构调整任务仍很艰巨，金融危机对全市经济特别是工业生产和出口产生一定程度的影响；节能减排压力较大；就业形势不容乐观；城乡居民持续增收难度加大等。

1.4　青岛行政区域划分

1994 年市区行政区划调整后，区级建制为：市南、市北、四方、李沧、崂山、城阳、黄岛七区。2004 年年底，辖上述七区和即墨、胶州、胶南、平度、莱西等五市（县级）。

1.5　城市属性特点

无论是青岛的历史沿革，还是目前的城市现状，都体现出青岛是一个多元文化特质的城市。这种符号非常强烈地写进了青岛的城市规划、建筑、民情风俗乃至各种经济产业。

青岛的多元文化特质主要包含以下几个方面：

1. 海洋文化特色

从自然地理上看，青岛优美绵长的海岸线形成了青岛海洋文化的物质基础；从历史上来看，青岛原属东夷海岱文化区域，青岛先民自古在这一临海地区生存生活、繁衍发展，其生活模式、思想观念、审美情趣及其相关物质创造和文化创造，都不可避免地具有海洋文化特色。人们称青岛是“东方瑞士”，绿树、红瓦、碧海、蓝天。栈桥、八大关、崂山、海水浴场、海鲜、海派建筑等乃至青岛人的生活审美情趣都带有海洋特色。青岛还是一个海洋科技城、海洋产业城，它的经济与海洋有着密不可分的联系。

2. 国际文化特色

青岛是中国最早的14个沿海开放城市之一，青岛也是吸引国际投资最多的城市之一，在青岛，外资企业多达数万家，常驻青岛的外国人士高达5万人以上，每年青岛还要吸引数十万计的外国游客，青岛还举办了多个世界性的节日：国际啤酒节、海洋节、时装周等。这些都表达了青岛的开放性和国际化。

3. 工业文化特色

青岛是一个品牌之都，在青岛，集中了许多中国乃至世界性的知名工业品牌，人们称之为青岛现象。权威机构调查表明，青岛的城市综合竞争力位居中国城市前九位。青岛工业基础已经成为这个城市可塑性最大的财富。

4. 人居文化特色

青岛是中国最适宜人居的城市之一，青岛的自然地理、气候、经济基础、历史特点、旅游度假资源，都十分致力于发展人居产业，近年来，青岛热度不减的房地产市场也充分证明了这一点。最近，青岛又荣获中国人居环境奖，无疑又强化了这种形象。

5. 艺术特色

青岛也是一个艺术之都，青岛出了很多文艺人才，青岛的建筑、雕塑、人文古迹、一年一度的文化艺术节等都在阐释着青岛的艺术城市形象。

6. 齐鲁文化特色

尽管青岛是一个典型的移民城市，但地处齐鲁大地，或多或少融入了齐鲁文化的一些特性，充分体现了山东人的优秀品格：忠厚、认真、直率、诚实、热情，这种性格贯注到城市中，就变成了最珍贵的道德力量，青岛人正是以这种精神创造了许多奇迹，包括青岛的名牌现象。

1.6　青岛商圈分布

首先，要了解青岛市的商圈分布。目前，青岛市区主要有以下几大商圈：市南区香港中路商圈、中山路商圈、台东商圈、四方海云庵商圈、李沧商圈等。

青岛市区目前比较成熟、辐射范围较大的有三大商圈：位于市南区的香港中路商圈、中山路商圈以及市北区台东商圈。三大商圈的功能划分及特点不同，重点了解一下此三大商圈。

1. 市南区

（1）香港中路商圈。市南区香港中路为目前青岛市中央商务区，汇集了各大商业巨头——大型购物超市、大型高档百货、高档写字间、星级酒店等高端消费场所及实力雄厚的国内外大型企业办公室，是目前青岛市土地价值最高的区域。

（2）中山路商圈。中山路商圈为青岛历史最为悠久的商圈，其商业氛围经过了长久的沉淀，到中山路购物已成为当地居民的消费习惯，也是外地游客到青岛的必游之地。近几年，由于香港路及青岛东部商业的崛起，中山路在一定程度上受到影响，但历史的积累使中山路不会短期内落寞，加之市政对中山路的重新规划及改造，相信中山路在相当长的一段时期内仍然是青岛重要的商圈之一。

2. **市北区**（台东商圈）

台东商圈云集了一大批国内外优秀的商业零售企业巨头，利群、百盛、沃尔玛、三百惠、法宝、国美等地处这一商圈的核心地带；而在其边缘地带，家乐福、佳世客、富时莱等大型商场觊觎着从这个商圈里截留稍远一点的客源。

市北区作为居民集聚区，旺盛的人气成为发展商贸业的资源。该区深挖人气消费资源，大力实施“商贸兴区”战略。从2004年开始，对台东三路商业步行街进行了综合整治，将步行街两侧21座商住楼6万余平方米的墙面进行统一彩绘，形成了独特的彩色画廊；聘请专家进行亮化设计，将夜晚的台东三路装扮得灯火通明。台东商贸区释放出极大的集聚和辐射能力，不仅聚集了利群商厦、万达购物广场等大型企业，还带动形成了台东餐饮小吃街、台东女人街、台东旅游小商品街等配套专业街。台东商圈正迎来它历史上最辉煌的时期。

台东最显著的特点是：人气旺——不论何时走过台东商业街，总是人流如潮，晚上人挨人人挤人的拥挤场面更是体现其他商业街无法抗衡的人气；店铺多——台东的大小商铺一家挨一家，目前台东很少有空置的铺位出租。

天幕城位于市北区台东商圈，紧邻登州路啤酒街，因此，此次市场调查区域划分重点是市北区，同时，对其他区域类似物业经营模式及相关行业经营情况进行重点调查。

1.7　青岛市北区规划

近年来，青岛市市北区在商业街建设中，着重围绕特色做文章，推进特色商业街建设，以特色商业街为依托打造优秀的特色城区。市北区现已建成青岛啤酒街、青岛文化街、台东三路商业步行街、青岛科技街、青岛婚纱摄影街和青岛家具街6条特色商业街，总长度超过6km，聚集商家2000多家，为全区经济带来了商机和活力，有力地推动了城区经济的发展。其中，青岛啤酒街目前日均客流量达到3500人次，年营业额将突破6000万元，成为国内外独具特色的啤酒餐饮文化特色街；青岛文化街集聚商家300余家，年交易额可达5亿元，成为集文化娱乐、购物休闲为一体的文化特色街；台东三路商业步行街节假日流量达到50万人次，成为全市最繁华的商贸区之一；青岛科技街成为青岛乃至半岛地区IT产品的集散中心；青岛婚纱摄影街集聚了25家专业婚纱摄影店，年营业额近亿元，成为全市婚纱摄影最集中的区域；青岛家具街汇集了29家大型家具专卖店，成为目前全市面积最大、品种最全的家具一条街。

目前，青岛市市北区正全力打造高新区新产业园地、中央商务区、小港湾、科技街、浮山商圈、特色街、创意产业园七大载体，并且取得了显著的成效。是特色街、创业园区、民生创业小老板工程，为中小企业创业提供了优良发展环境，为民营经济发展做出了卓越贡献。随着七大载体逐渐形成和彰显，必将为企业发展和创业，提供更加优良的环境和一流的服务，成为经济发展，促进社会就业的巨大孕育之地。

市北区正在建设青岛新世纪美食街、市场三路韩国风情街、桑梓路花鸟鱼石街、威海路珠宝街、台东六路餐饮街、泰山路烧烤小吃街和浮山商圈等7个特色街区。以特色街区为支撑的特色经济，已成为市北区实现科学发展的强力助推器。

市北区新建特色街区实行高起点规划、高标准建设、高质量招商，努力提升经济、社会、环境效益。打造具有影响力的儿童乐园；规划建设“地景大道”，突出“旅游、商业、文化”主题，以即墨路、德平路、辽宁路、贮水山公园、科技街原地下人防设施为基础，建设集旅游、购物、休闲、娱乐为一体的多元化休闲旅游产业中心，打造一处旅游休闲的地下新景观。

另外，建设红酒坊，建设红酒文化展示带、红酒博物馆、都市白领阶层休闲聚会品尝美酒的酒吧和红酒专卖店等设施，为居民群众和游客开辟文化娱乐场所。

改造建设德国风情街，按照“修旧如初、修旧如新”的思路，正确处理好新旧建筑的整体风格，突出德式建筑元素，恢复历史建筑风貌，营造新的城市形象，打造集金融商贸、特色旅游、影视文化、休闲娱乐为一体的异域风情街；建设青岛世界旅舍亚洲风情街，对内蒙古路东段的日本箱根驿站、蒙古包等项目进行建设，打造具有亚洲风格的旅馆街区。

实施榉林山综合整治，完善基础设施，建设婚庆展览馆和婚纱外拍基地等设施，打造集休闲娱乐、婚纱摄影、婚庆展示于一体的婚庆文化基地。市北区还将进一步完善已有特色街的功能。天幕城在成功创建国家4A级旅游景区的基础上提升业态、丰富内涵；即墨路古建筑商贸区加强管理、规范经营，美林富地商城加快招商，大鲍岛干海货大厦也将建成开业；体育街、台东三路商业步行街、家具街、婚纱街、文具街、电子街将完善批发、会展、节庆、休闲功能，在各自的行业领域中做大做强做优，打造全市最知名的行业产品交易集散地。

小结：市北区的整体规划和一系列动作可以看出，青岛市力图将市北区打造成为集各种文化特色于一身的特色旅游街区，天幕城作为市北区重点项目，得到了政府的大力支持，相信通过对天幕城项目现有问题进行改进，加上新一轮的宣传推广和合理的运营管理，天幕城项目会呈现一番新的景象。

1.8　青岛旅游市场分析

2008年下半年以来，由美国次贷危机引发的全球性金融危机日益蔓延，对我国经济社会的负面影响也日渐显现。而旅游消费作为“非刚性需求”，受到冲击尤为严重。根据国内旅游抽样调查结果，青岛市2008年共接待国内游客3389.53万人，仅比2007年增长4.01%，远低于2007年16.35%的增幅，也低于2003~2007年18.47%的平均增幅。

在此背景下，要实现2009年以旅游业为龙头，突出发展第三产业的年度目标，必须重点抓好开发国内客源市场、培育新增长点、优化服务环境等三个方面工作。现将2008年青岛市国内旅游市场构成情况分析如下：

（1）观光、休闲仍是出行主要目的，家庭、结伴是出行最佳方式。问卷调查结果显示，2008年青岛市接待的国内（含本地一日游）游客中，有37.18%的游客是以“观光/游览”为目的，有25.39%的游客是以“休闲/度假”为目的，两项合计超过国内游客总数的六成，显示出“红瓦绿树，碧海蓝天”的美丽自然景观，仍是青岛独具魅力的旅游资源。另有13.55%的游客以“商务旅行”为目的，10.43%的游客是为了“探亲访友”。以“会议”“文化/体育/科技交流”及“购物”为目的的国内游客，分别占到3.46%，1.60%和1.20%。

调查结果同时显示，有55.17%的国内游客选择与“家庭或亲朋结伴”的出行方式，另有23.74%的国内游客选择“个人”独自出行，选择“单位组织”和“旅行者组织”的游客分别占10.51%和4.76%。另外5.83%的游客选择“其他”方式。

（2）中青年游客构成国内市场主力，非城镇居民旅游消费有待提高。从年龄分组来看，25~44岁的中青年游客占据了青岛市国内旅游市场的半壁江山，达到国内游客总数的51.32%。而这个年龄段的游客也是工作、收入相对比较稳定的群体，应是青岛市发展国内旅游产业必须大力拓展的对象。15~24岁的青年游客和45~64岁的中老年游客比重基本相当，分别占到国内游客总数的24.19%和20.73%。

从城乡分布来看，城镇居民所占比重较大，占到所有国内游客的87.41%；受经济收入、消费观念等因素影响，非城镇居民仅占12.59%，这一群体已成为发掘国内旅游市场潜力的重要取向。随着“山东人游山东”“青岛人游青岛”等旅游促销活动的深入开展，应积极引导非城镇居民走出家门，在广泛参加各种乡村游、庙会游等特色活动的基础上，逐步提高他们的旅游消费水平，在刺激消费、拉动内需的同时，进一步活跃青岛市国内旅游市场。

从职业构成来看，企事业人员所占比重最大，占到国内游客总数的 22.05%；其次是服务销售人员，占到总数的 16.26%；学生排在第三位，占到总数的 14.15%；公务员、专业/文教人员排在第四、五位，分别占国内游客总数的 11.88%和 11.03%。

（3）省内游客比重趋于稳定，沿海较发达地区是主要客源地。在 2008 年所有接受问卷调查的 5320 名国内游客中，省内游客为 2419 人，占受访者总量的 45.47%，与 2007 年 45.85%的比重基本持平，可见金融危机等不利因素，并不只是对远程游客有影响。在省外游客中，北京、江苏、辽宁三省市所占的比重最大，分别达到 6.00%，4.61%和 3.65%；排在四到六位的，依次是浙江、上海和广东。可见，沿海经济较发达地区依然是青岛市国内游客的主要客源地，相邻省份如河北、河南等地游客数量仍有待提高，要进一步发展青岛市国内旅游产业，在巩固原有客源地的基础上，更要在周边省市加大宣传力度（表 8-2-1）。

表 8-2-1　2008 年青岛市国内游客客源地分布

客源地	百分比(%)	客源地	百分比(%)
山东	45.47	湖北	1.62
北京	6.00	湖南	1.48
江苏	4.61	江西	1.45
辽宁	3.65	福建	1.15
浙江	3.52	云南	1.03
上海	3.05	甘肃	0.73
广东	2.80	广西	0.70
黑龙江	2.74	重庆	0.64
河北	2.73	青海	0.64
吉林	2.42	贵州	0.47
天津	2.39	海南	0.45
陕西	1.99	内蒙古	0.38
河南	1.90	新疆	0.23
四川	1.88	宁夏	0.15
安徽	1.86	西藏	0.09
山西	1.80		

在所有接受访问的省外游客中，有 45.99%的游客是第一次来山东，有 38.99%的游客是第二或第三次来山东，其余 15.02%的游客来过山东四次以上。如何开发新的旅游项目，提高旅游服务质量，让来过山东的游客再来山东，来过青岛的游客再来青岛，是必须认真研究的课题。

（4）文物古迹、山水风光引人入胜，朋友、家人信息来源最受信赖。在青岛市各种丰富多彩的旅游资源和特色旅游项目中，“文物古迹”最受国内游客欢迎，有 39.06%的游客对这方面的旅游活动最感兴趣；另有 20.58%的游客最感兴趣的旅游项目是“山水风光”，其余的旅游项目感兴趣的游客人数都在 10%以下。充分挖掘青岛市文物古迹资源，加速开发文化、山水风光相结合的新景区，将是青岛市 2009 年进一步吸引国内游客的必由之路。

在信息时代，要了解掌握旅游目的地的资料可以通过媒体、网络、宣传材料等众多方式。调查结果显示，朋友或家人推荐仍是获取相关信息的主要渠道，占全部国内游客的31.88%；另有18.06%的游客通过电视了解，通过杂志、网络、报刊渠道了解旅游信息的分别占到国内游客总数的13.87%、12.22%和12.14%。

(5) 旅游市场价格较为合理，旅游设施及服务得分普遍下降。当被问及“您认为青岛市旅游价格是否合理时?”，有81.75%的游客回答“合理”，仅有7.70%的游客回答“不合理”，另有10.55%的游客选择“说不清”。游客对青岛市目前国内旅游市场的价格水平比较认可，尤其是2008年5月以来，中山公园等一批重点景区及全市公厕免费对游人开放，进一步降低了国内游客来青岛市的旅游成本。

为深入了解国内游客对青岛市各项旅游设施的评价情况，综合考察各旅游要素服务质量，在调查问卷中采取了打分的方式，请受访者对青岛市各种旅游设施及服务质量进行评价，满分为5分，最低为1分。汇总结果显示，青岛市2008年旅游接待设施的综合得分为3.97分，得分最高的旅游设施为宾馆/饭店-4.12分，最低的是景区厕所-3.66分。不仅综合评价低于2007年的4.08分，各分项得分也普遍低于2007年的水平，这也给青岛市国内旅游市场敲响了警钟。

第二部分　天幕城概况

2.1　地理位置

天幕美食城项目位于台东商圈和辽宁路IT科技商圈之间，是连接青岛东西部地区的枢纽，北起辽宁路，南至登州路，贯通青岛啤酒街、青岛婚纱一条街和青岛文化街三条特色街，东临台东商贸区，西接辽宁路科技街。区域位置得天独厚，商业氛围浓厚，人口众多，自古就是青岛的商贸集散地。

2.2　项目规划定位

天幕城总长度约460m，总建筑面积10万m^2，总营业面积7万m^2，天幕面积8900m^2，分由1~13号楼构成。是目前青岛市乃至全省唯一集旅游、餐饮、娱乐、休闲等多种功能于一体的室内步行商业街，主要汇集中华八大菜系名吃，高品位美味生活体验，低价位实惠消费，打造青岛市市民消费休闲娱乐一站式体验中心。

项目由穹顶内步行街和步行街两侧的特色建筑构成，内街外立面以青岛老建筑、现代建筑原型为依托，把胶澳总督府、亨利王子饭店、青岛市民大礼堂、胶澳帝国法院、青岛花石楼、大港火车站等20多处具有代表性的老建筑做成微缩景观浓缩于此，形成了一道独特的万国建筑风景线。内街穹顶由北京电影学院以西方绘画艺术营造天幕景观，再配以造型独特的街区小品、水幕喷泉、演艺广场等，是青岛市区内唯一融传统人文景观、现代艺术创作于一体的专业美食街区，实现了古典艺术与现代时尚的和谐共鸣，充分展现了东西方古今建筑文化的浓厚艺术神韵。

2.3　天幕城的荣誉及潜力

天幕城是青岛市北区重点规划扶持项目，2008年被评为“2008山东最具成长力景区”，2009年被山东省旅游行业协会授牌为“国家4A级旅游景区”。

第三部分　市场调研报告

3.1　市场调查的目的

（1）对青岛市商业环境进行摸底，了解宏观市场，对天幕城目前所处的市场环境有初步的认识。

（2）以市北区为重点，从各个角度对市北区的商业整体情况进行详细了解，为下一步天幕城的招商提供有力的市场依据。

（3）围绕天幕城的辐射区域，对消费环境进行调查，了解当地消费习惯和消费潜力，力求在保证现有客源的基础上寻找、挖掘潜在客源。

（4）着重了解市北区以及整个青岛类似物业的分布情况、经营情况以及市场竞争情况，帮助天幕城项目正确的定位、招商及运营。

（5）深入分析市场对天幕城项目带来的各方面的影响、支撑，为日后的营销推广提供有用的资料和依据。

3.2　市场调研范围及重点

本次市场调研以市北区为重点，围绕整个青岛市区展开，对青岛市整体的各种商业业态进行摸底了解。对青岛市区整体商业情况做初步的认知，并着重掌握市北区的各种商业模式的经营运作情况及基础数据，为下一步天幕城招商工作的展开做充分的前期准备工作，以便于准确、有效地进行招商工作。

3.3　调研内容

1. 业态分类（表8-2-2）

表8-2-2　行业业态分类调查

行业	调查项目
酒店	品牌、经营面积、经营年限、连锁数量、经营情况、消费群体、近期拓展计划
写字楼	品牌、物业体量、租赁价格、装修标准、物业管理等费用、停车位、可提供的各种附加服务
餐饮	品牌、经营面积、经营年限、菜系、档次、连锁数量、经营情况、消费群体、拓展计划
娱乐	青岛著名娱乐场所品牌、特点、经营情况、消费群体等
旅游、民俗文化	青岛市旅游文化特色、各种节日、青岛以及胶东民俗、旅游消费情况、特产等

2. 调研具体数据及分析

（1）餐饮。

1）青岛餐饮现状分析。

① 青岛市目前餐饮状况。青岛市属沿海旅游城市，经济发达，居民消费水平相对较高。餐饮业健康快速发展，呈现出点高面广、结构完整、特色突出的鲜明特征。目前青岛餐饮市场面积已逾420万m^2。2007年全市餐饮业零售额达到162.65亿元，增长速度为历史之最，2008计划实现210亿元，增幅仍将居社会消费品零售各行业首位。

青岛餐饮市场整体消费市场呈现逐年快速增长的趋势，同时本土品牌连锁大型餐饮企业也在迅速崛起，以良友、怡情楼、小绍兴、海梦圆等为代表的一批餐饮企业借鉴国际化餐饮企业管理经验，以综合性大店为重点，以连锁经营为扩张手段，同时结合不同区域的消费特点作不同定位，经营规模快速膨胀，2007 年营业额均超过 1 亿元，良友更达到 2.5 亿元以上，预计在 2009 年还会有 4~5 家店营业额突破 1 亿元。据统计，目前青岛市有 24 家中高档规模的专业酒店，拥有连锁门店 42 家，年营业额超过 20 亿元。从人均消费水平来看，青岛餐饮市场非常丰富，呈现多元化发展趋势，既有顶级的高端商务宴请场所，也有切合大众消费水平的餐饮消费场所，高、中、低端餐饮呈现扁平快化良性发展。

② 青岛市主要餐饮市场板块分布。青岛餐饮市场的形成主要由两方面原因促成：由政府调控引导，打造特色餐饮美食街，进行合理的商业网点规划和历史的沉淀自发自然形成餐饮网点。

青岛餐饮市场分布相对集中化，餐饮结构趋于合理，主要集中于以下区域：青岛市闽江路、云霄路、漳州路美食街，泰山路特色美食街，登州路啤酒街，台州商圈周边餐饮，汉口路、镇江路、敦化路餐饮集中区。

青岛餐饮未来 5 年发展趋向研究。过去 10 年，是青岛餐饮业蓬勃发展的黄金时期，整个行业经历了从无序到有序，从小草到参天大树的逐步发展壮大。餐饮业在经济中的比重，从无足轻重的位置飞速增长到年营业额 200 亿元，已成长为青岛经济发展不可忽视的重要力量。

就目前国内餐饮发展趋向，认为青岛未来几年餐饮会出现如下情况：

a. 商务餐成为热点。伴随着青岛经济的飞速发展，各类商务人士在外用餐会逐步增多，会议餐和商务宴请将会成为又一个增长点，并且还会呈现出两极分化的可能，高档宴请和商务用餐都将会有极大的发展前途，形成齐头并进之势。

b. 旅游休闲餐饮将会逐步升温。伴随着青岛奥帆赛的成功举办，青岛国际旅游城市形象的扩大影响，人们消费水平的不断提高和旅游热的持续升温，旅游用餐和休闲用餐将会有更大的发展。

c. 中式快餐将走出低谷，并且会逐步占有相当的市场份额。经历了 10 年的卧薪尝胆之后，中式快餐已经有了一定的规模，相信他们会吸取以前的经验和教训，在应对西式快餐挑战的过程中，逐步发展并成长壮大。

d. 高档消费将会趋于理性，家常菜将持续流行。高档菜品火遍了大江南北，一度给人留下了“旧时王谢堂前燕，飞入寻常百姓家”的印象，从价位上来看，能消费得起的人毕竟是少数。在经历了最初的辉煌之后，目前市场上经营燕、鲍、翅、参者鱼目混珠，加之高档消费日益趋于理性，将会导致经营状况不佳者退出市场。而家常菜由于迎合了人们的消费心理和口味习惯，且价位低，大众化，能很好地满足工薪阶层和城乡居民的饮食需求。我们有理由相信，家常菜定会拥有一个比较稳定的消费群体，并将持续火爆下去。

e. 天然、绿色、健康和保健食品将会越来越被人们认可和追捧。随着生活水平的提高，各个年龄段的消费者都将会注重饮食营养和饮食健康。

f. 连锁经营加速发展，企业规模逐渐壮大。特许经营加盟连锁进入青岛市场是近几年的事，但在短时间内已经有了长足的发展。而目前的市场情形则比较混乱，经过几年淘汰后，国内知名的餐饮连锁慢慢开疆裂土，瓜分青岛市场，本土的餐饮大鳄也会快速地拓展，做大做强，树立良好的形象，提供更加完善和优惠的服务。

g. 大众化经营的市场空间不断延伸。假日消费与家庭私人消费继续看好，大众经营品种和餐饮食品开发不断加快，服务由以流动人口、工薪阶层为主，向家庭厨房和社区服务延伸，更好地满足人民群众的基本生活需求。

h. 特色经营更加突出，行业水平明显提高。

综上所述：在未来几年内，餐饮业将会走上快速、健康发展的快车道，但市场的残酷竞争，将有一批不适应市场竞争的企业会被逐步淘汰，取而代之的是会诞生一批竞争力强、有发展前途的现代化餐饮公司。

2）青岛餐饮集中板块市场调研分析。

① 闽江路、云霄路美食街周边区域分析。

a. 区域描述。该区域南至香港中路，北至江西路，东至燕儿岛路，西至南京路，依托香港中路 CBD 商圈发展迅速，形成了青岛市最大的集餐饮、休闲、娱乐为一体服务型区域。

b. 规模及经营特征。区域集中了 104 家餐饮商家，总营业面积逾 36000m^2。该区域餐饮商家基本以海鲜、川菜、时尚特色主题休闲餐厅、鲁菜等为主，主力店营业面积皆在 800m^2 以上，日营业额 2 万元以上，汇聚了老转村、渔码头海鲜坊、唐家老院子、海港渔村、小绍兴等一批知名品牌餐饮商家。

c. 区域服务功能及消费人群。该区域主要以商务宴请、旅游消费、朋友聚会、家庭会餐为主，满足青岛市餐饮休闲的需求，辐射整个青岛市区。

d. 区域人均消费水平。区域消费相对档次、消费环境、经营氛围在青岛市独树一帜，以高档餐饮、中档餐饮为主，人均消费均在 50~80 元之间。

e. 区域服务功能配套设施。区域是经过政府引导，倾力规划的核心餐饮街区，目前停车位、餐饮休闲环境、周边消费环境非常完善，与休闲娱乐、商务办公、购物等场所距离较近，吸引了大量的人流。

f. 个案调研数据研究（表 8-2-3）。

表 8-2-3　闽江路、云霄路餐饮美食街网点商家访谈汇总

商家名称	经营档次	经营情况	规模/m^2	租金/(元/(m^2·天))	地　址
岛城一汤	中低档(羊汤)	一般	400	2.6	闽江路 109 号
蜀香苑	中档(川菜)	好	2500	2	闽江路 118 号
彤德莱	中低档(火锅)	好	240	3.1	闽江路 141 号
老转村川味	中高档(川菜)	较好	2000		闽江路 158 号
吉食来	大众快餐	较好	250	2.5	闽江与云霄路交叉口
渔码头海鲜坊	中高档(海鲜,各大菜系)	好	1600	1.1	云霄路 24 号
三宝粥店	中档	好	900	2.5	闽江路 158 号
大清花饺子	中档	好	1200		香港中路 56 号
俏三湘	中档	较好	600	3	闽江路 109 号丙
粥全粥到	中档	较好	800	2.8	闽江路 120 号
唐家老院子	中高档(川菜)	好	1300	2	闽江三路 18 号
小绍兴酒店	中高档(各菜系)	较好	1000	2.2	云霄路 100 号

小结：通过调研可以初步得出，本区域平均租金水平在 1.1~3.5 元/(m^2·天)。

② 泰山路烧烤美食街区域分析。

a. 区域描述。该区域位于辽宁路与普吉路之间，最早形成于 2001 年，依托辽宁路科技街和周边传统居住区，形成了市北区极具特色的餐饮街之一。

b. 规模及经营特征。该区域全长 300 余米，为单边营业街，经营规模较小，主要以一、二层商住楼底商经营，共有餐饮商家 23 家，总营业面积约 7200m^2。主要经营青岛海鲜、啤酒、烧烤、家常菜。淡旺季经营较为明显，目前该街区餐饮消费呈现逐年下滑。

c. 区域服务功能及消费人群。该区域周边是传统的居住区，主要是服务于该区域周边居民和科技街办公人群餐饮消费需求。一般以家庭会餐、朋友聚会为主，旅游季节时部分少量旅游人群消费。

d. 区域人均消费水平。区域人均消费水平在 20~45 元之间，该区域以中低档餐饮为主。

e. 区域服务功能配套设施。该区域位于市北区居住集中区，道路沿线、周边设施较为陈旧，周边停车位约 100 个，休闲娱乐功能配套商家基本没有，店面消费环境较差。

f. 个案调研数据研究（表 8-2-4）。

表 8-2-4　泰山路烧烤美食街网点商家访谈汇总

商家名称	经营档次	经营情况	规模/m^2	租金/(元/(m^2·天))	地　址
七星椒风味菜馆	中档(川菜海鲜)	较好	360	1.7	流亭路 6 号
大祥烧烤	低档(烧烤)	一般	160	1.4	泰山路 26 号
华中店	中低档(海鲜烧烤)	较好	400	1.8	泰山路 14 号
青岛驴肉王酒店	中低档	一般	380	1.5	青海路 27 号
蜀乐园	中低档	一般	220	1.6	泰山路 30 号

小结：通过对样本店的研究，初步得出本区域平均租金水平为 1.4~1.8 元/(m^2·天)。

③ 登州路啤酒街周边餐饮调研分析。

a. 区域描述。该街区为市北区政府打造的以啤酒文化为主题的特色餐饮街，于 2005 年正式开街营业，紧邻青岛啤酒厂和青岛啤酒博物馆，知名度较高，吸引了大量的旅游观光人群及周边居民消费人群。

b. 规模及经营特征。该区域由登州路、宁海路、广饶路周边餐饮构成，餐饮商家共计 61 家，总营业面积逾 2500m^2，主要经营以青岛啤酒为特色的海鲜烧烤、家常特色菜、海鲜鲁、川、粤菜系，淡旺季明显，目前呈现高中低档共同发展态势。

c. 区域服务功能及消费人群。该区域在青岛市知名度较高，旅游季节吸引大量旅游人群，主要满足旅游客群的消费需求。高中低档合理配置，满足周边居民就餐、宴请需求。

d. 区域人均消费水平。该区域人均消费餐饮水平约 30~80 元之间。区域内高中档餐饮基本完善。

e. 区域服务功能及配套设施。该区域服务休闲配套设施较为完善，沿街和广场有充足停车场，便民服务设施配置完备，就餐环境较好。店面就餐环境高中低档不同，整体相对良好。

f. 个案调研数据研究（表 8-2-5）。

表 8-2-5　登州路啤酒街及广饶路、宁海路部分餐饮商家汇总

商家名称	经营档次	经营情况	规模/m^2	租金/(元/(m^2·天))	地址
锦香顺	低档(家常菜)	较差	70	1.3	延安一路 1 号
酒香源	低档(海鲜)	较好	80	2.2	登州路 77 号
激情餐厅	中低档(海鲜家常菜)	较好	300	2.4	登州路 77 号
中国台北传奇	中高档(海鲜粤菜)	较好	700	2.6	登州路 56-9 号
美达尔烤肉	高中低档(烧烤)	好	2500		延安一路 4 号
海八旗	低档(海鲜家常菜)	较好	100	1.8	登州路 77-12 号
东东龙虾	低档(龙虾)	一般	45	2	延安一路北口
东北蒸饺王	中低档(东北菜)	较好	600	1.3	辽宁路 72 号
老尧子鱼馆	中低档(家常菜)	一般	323	0.8	广饶路 22 号
家艺妙厨私家菜馆	中低档(家常菜)	一般	120	1.3	延安一路 1 号

小结：本案周边啤酒街明显有淡季和旺季划分，4~11 月为旺季，店均营业额在 5000~8000 元之间。淡季较为冷清，普遍低迷，营业额在千元以下。租金平均水平在 0.8~3.3 元/(m^2·天）之间。

④ 台东商圈周边餐饮调研分析。

a. 区域描述。该街区位于台东商圈内，在商业氛围和人气旺盛的带动下，自台东八路至台东六路自然形成了餐饮店密集，经营成熟、品类齐全的餐饮聚集区。

b. 规模及经营特征。该街区餐饮门店 50 余家，营业面积接近 2 万 m^2，高中低档、参差不齐相互交错分布，品牌餐饮、个人大排档共存。以川菜、火锅、时尚主题餐厅等为主。

c. 区域服务功能及消费人群。该区域主要以面向整个台东商圈各阶层消费人群，部分旅游假日购物人群。主要以家庭聚餐、商务宴请、朋友聚会为主。

d. 人均消费水平。人均消费水平在30~70元之间。

e. 区域服务功能及配套设施。该区域服务休闲配套设施较为完善。店面就餐环境高中低档不同，整体相对良好。在整个台东商圈的带动下，商业环境浓厚，服务配套设置全面，停车位置优越。

f. 个案调研数据研究（表8-2-6）。

表8-2-6 台东商圈部分餐饮商家汇总

商家名称	经营档次	经营情况	规模/m^2	租金/(元/(m^2·天))	日营业额/元
万和春酒店	中档(家常菜)	较好	1000	2.3	13000
亮来顺	中档	较好	1500	1.7	20000
摸错门	中低档	好	400	2.2	10000
顺泰酒店	中档	好	800	2.8	12000
维来客	韩国料理	一般	300	2.5	6000

小结：通过本次初步调研可以得出，台东商圈餐饮商家平均租金水平在1.7~2.8元/(m^2·天)之间，差异较为明显。

（2）商务（星级）酒店。近年来，青岛旅游经济发展迅速，纷至沓来的中外游客，为青岛饭店业市场创造了丰富的客源，也迅速带动青岛饭店业的腾飞。而作为青岛饭店业的主导力量，星级饭店始终保持强劲增长。便宜、卫生、实惠，是经济型酒店最大的吸引力，据不完全统计，2007年青岛经济型酒店凭借200元左右的单天低房价、自助式服务以及与四星级酒店不相上下的卫生标准，在旅游及商务人群中很有市场，差异化、特色化将是青岛酒店业的立足根本。

1）青岛部分商务（星级）酒店连锁情况，见表8-2-7。

表8-2-7 青岛部分商务（星级）酒店连锁情况调查

序号	品牌	地址	距本案的距离	经营年限	连锁数量
1	亚海大酒店	青岛市华阳路6号	1.5km	10年	
2	美嘉利时代酒店	青岛市辽宁路98号	500m	1.5年	
3	逸羽连锁酒店	青岛市辽宁路72号	500m	2年	全国共3家,青岛1家,北京2家
4	莫泰168(华阳路店)	青岛市华阳路7号	1km	2年	青岛3家,市北区1家,市南区2家
5	利群大酒店	青岛市台东三路77号	1.8km		青岛无连锁,淄博潍坊各1家
6	锦江之星(中山路店)	青岛市堂邑路5号	3km	2年	青岛共7家,市北区1家

2）青岛部分商务（星级）酒店规模、房价及入住情况，见表8-2-8。

表8-2-8 青岛部分商务（星级）酒店规模、房价及入住情况调查

序号	品牌	房间数量/间	房价/元		入住率
			淡季	旺季	
1	亚海大酒店	129	120	350	80%
2	美嘉利时代酒店	137	100	300	70%~80%
3	逸羽连锁酒店	188	90	300	80%
4	莫泰168	168	120	180	85%~90%
5	利群大酒店	104	100	250	80%
6	台东大酒店	102	169	299	70%~80%

小结：作为知名旅游城市，多数商务酒店的经营情况比较乐观，即使在旅游淡季，商务酒店的入住率也都保持在70%以上。

旺季多数可以达到95%以上，入住一般需要提前预订房间。

商务酒店以价格优势占据了一大部分酒店市场，以装修档次和配套标准的不同价格略有浮动，多保持在100~200元/(天·间)之间。

目前一部分商务酒店在青岛仍有拓展计划，但对地段位置的选择比较慎重。

（3）写字楼。

1）青岛写字楼市场概况。

① 写字楼市场综述。青岛作为山东省内最大的经济贸易中心，集中了山东最大的写字办公楼群，自1999年以来，写字楼的开发建设速度加快，呈现跨越式的增长。自改革开放以来青岛先后由第一代普通型商务写字楼发展到综合型仿国际标准写字楼，1999年以后过渡到以第三代智能型商务写字楼为主，目前正在动工和形成的格局主要以建造第四代国际型顶级商务写字楼为主。

在金融危机影响下，自2008年下半年开始，多家公司暂停扩租计划、缩减办公及租金开支，对青岛来说作为写字楼最主要客户的外贸行业遭受影响较大，青岛写字楼整体市场需求下降、写字楼空置率上升、租金下降，写字楼交易市场也不活跃。

② 区域市场调研分析。

a. 青岛写字楼板块分布。青岛市写字楼市场经过多年发展已经形成明显的区域特征。主要聚集在以下板块：核心CBD区域（延安三路以东、福州路以西、香港中路沿线区域）；山东路沿线区域；中山路及八大峡周边区域；辽宁路周边区域等。崂山海尔路周边的商务区，西海岸长江路周边区域正在发展为新的写字楼聚集区域。

b. 区域特征。

CBD核心区域——2004年，青岛中央商务区规划确定，将延安三路以东、福州路以西、香港中路沿线区域规划为青岛市的政治、经济、商业中心区域。将该区域建成集行政办公、餐饮商贸、商住及文化娱乐为一体的国际商务中心区，该区域的规划建设将以高层、超高层的商务办公楼为主。市南区已建成可使用写字楼120余座，总建筑面积达到400多万平方米。

山东路沿线区域——山东路是横贯青岛市的南北主干道，山东路的升级改造，印证了城市的发展过程。现在的山东路已经形成了一个集行政办公、餐饮商贸、商住及文化娱乐为一体的“钻石地段”，目前沿线有各类写字楼四十多座，已成为除香港路、东海路之外，高档写字楼、高档住宅最密集的区域之一。山东路商务大道的定位是辐射山东半岛经济圈的区域性中央商务区。

辽宁路周边区域——辽宁路周边多以商住两用楼为主、客源以中小企业为主，因青岛市科技街带动，促使客户的类型多为电子、科技产业。该类企业对此区域办公地点的需求有限，未能拉动专业写字楼的大幅发展，但也形成了一定规模的写字楼初步板块。

③ 区域各物业租赁价格分析。

CBD核心区域——本区域分别在香港中路、延安三路东段、福州南路选取10家样本写字楼做专项研究（表8-2-9）。

表8-2-9　写字楼基本情况调查（一）

物业名称	租金/(元/(m^2·天))	物业费/(元/(m^2·天))	物业地址	物业情况
新世界大厦	2	5.86	福州南路9号	
福泰广场	2.2		香港中路18号	共28层有地下停车场
时代广场	2.23	5.6	香港中路52号	
青岛国际金融中心	3.3(含物业费)		香港中路59号	10万m^2,58层,有地下停车场
联合大厦	2.3(含物业费)		南京路11号	建筑面积2.4万m^2
颐和国际大厦	2~2.5		香港中路10号	42层,有地下停车场
福林大厦	2	4.78	福州路东侧	2.6万m^2,有地下停车场

小结：通过对样本写字楼的调研，初步可以得出本区域的平均租金水平在1.8~3.3元/(m^2·天)，物业管理费在4.78~6.2元/(m^2·天)，物业能基本满足商务停车需求，配套设施完善，以高层、超高层写字楼为主。

山东路沿线区域——本区域分别在山东路南段、中段、北段选取5家样本写字楼做专项研究（表8-2-10）。

表 8-2-10　写字楼基本情况调查（二）

物业名称	租金/(元/(m^2·天))	物业费/(元/(m^2·天))	物业地址	物业情况
国华经典	2	3.4	山东路7号	商住两用+办公写字楼
金浮大厦	2.2	5	山东路22号	
深业中心大厦	2.3	5.5	山东路9号	33层,共计7.7万m^2
曼哈顿广场	1.43	租金含物业费	山东路18号	46730m^2,有地下停车场

小结：通过对样本写字楼的调研，初步可以得出本区域的平均租金水平在1.43~2.2元/(m^2·天)，物业管理费在3.4~5.5元/(m^2·天)，物业能基本满足商务停车需求，配套设施完善，以高层、中高档写字楼为主。

辽宁路周边区域——本区域分别在辽宁路东段、中段、西段选取写字楼做专项研究（表8-2-11）。

表 8-2-11　写字楼基本情况调查（三）

物业名称	租金/(元/(m^2·天))	物业费/(元/(m^2·天))	物业地址	物业情况
方联大厦	1.5	2	延安三路中段	10层1万m^2,无地下停车场
双碟大厦	0.8	1	延安路海信立交旁	17层商住两用,13000m^2
金环广场	1.2	1.2	海信立交东北侧	商住两用,32000m^2,22层
中联u谷产业园	1.5~1.8	暂免	上清路	整体6万m^2,旧厂房改造
恒泰大厦	1.1	租金含物业费	辽宁路127号	纯办公楼,引用孵化器的概念,但无相应服务

小结：通过对样本写字楼的调研，初步可以得出本区域的平均租金水平在0.8~1.8元/(m^2·天)，物业管理费在1~2元/(m^2·天)，物业设施已陈旧落后，已经无法满足该区域商务办公需求，配套设施完善，以中高层、中低档写字楼为主。

中山路周边区域——本区域分别在中山路周边选取3栋写字楼做专项研究（表8-2-12）。

表 8-2-12　写字楼基本情况调查（四）

物业名称	租金/(元/(m^2·天))	物业费/(元/(m^2·天))	物业地址	物业情况
百胜商务中心	1.2	6.68	中山路(栈桥旁边)	45层中档装修
中山路写字楼	1.5	暂免	中山路	15层精装修
东方贸易大厦	1.1	租金含物业费	胶州路140号	租金含水费、暖气、空调、宽带、电梯费用

小结：通过对样本写字楼的调研，初步可以得出本区域的平均租金水平在1.2~1.5元/(m^2·天)，物业管理费在1~2元/(m^2·天)，物业设施已陈旧落后，已经无法满足该区域商务办公需求，配套设施完善，以中高层、中低档写字楼为主。

④ 区域各物业入住客户群分析。经过初步调研分析，CBD、山东路沿线区域高档写字楼客户群以青岛市大中型企业、外资企业中国分公司或办事处、国内知名企业山东办事处为主，主要涉及金融、房地产、外贸、工业等行业。

辽宁路周边区域、中山路周边区域目前写字楼客户群以青岛中小型企业、国内中小型企业山东办事处、个人自主创业等为主。

2）写字楼调研结论。

① 写字楼市场经过快速发展时期，目前体量增长趋于平缓，受大环境影响，出租率降低，

写字楼开发周期延长。

② 写字楼市场以智能化写字楼为主，存在较大体量的综合性仿国际化写字楼，正逐步向国际性写字楼发展。

③ 写字楼市场存在大量市场需求支撑点，仍需对市场进行细分。

④ 写字楼市场缺少一站式服务办公环境设施，尤其是针对大学生创业办公商务的需求。

（4）休闲娱乐。休闲娱乐从地理区域来看较为松散，主要集中在香港中路闽江路、云霄路附近，以及台东商圈延安三路、辽宁路、台东八路附近。商业氛围或餐饮休闲氛围、交通便捷是此业态重要的依赖环境。

1）青岛洗浴商家（表 8-2-13）。

表 8-2-13　青岛部分洗浴商家抽样调查

商家品牌名称	经营情况	档次价位	联系地址	备注
上海滩(洗浴)	生意较好	58 元/位	市南区云霄路 106 号	40 个车位以上
雍庭洗浴俱乐部	一般	38 元/位	闽江路 232 号	20 个车位
金贵都洗浴中心	基本满场	38 元/位或 58 元/位	香港中路 30 号民航 4 楼	停车位 100 个以上
满庭芳洗浴	生意较好	38 元/位	宁夏路 120 号	停车位 20 个以上
白梨缘商务俱乐部	生意一般	60 元/位	太湖路 25 号	停车位 50 个以上

小结：洗浴行业经营情况的好坏有着多方面的原因，并非单纯地理位置、所属区域可以决定其经营情况，对于洗浴行业来说，环境、装修的标准、硬件设施、配套、服务以及性价比等因素对其经营情况起着重要的作用。

2）青岛 KTV（表 8-2-14）。

表 8-2-14　青岛部分 KTV 抽样调查

商家品牌名称	经营情况	档次价位	联系地址	备注
海乐迪 KTV	晚间满场	中包 69/小时　大包 76/小时	香港中路 60 号	30 个车位
馨东方 KTV	生意一般	中包 38/小时　大包 48 元/小时	太平角 6 路	停车位 20 个以下
大红灯笼 KTV	夜场满场	最低消费 380 元,480 元、880 元/包间	云霄路 108 号	停车位在 40 个左右
大家乐 KTV	夜场满场	中包 47 元/小时　大包 59 元/小时	台东八路	停车位 60 个以上
男孩女孩 KTV	基本满座	中包 58 元/小时 大包 68/小时	香港中路 61 号	停车位 50 个以下

小结：大型 KTV 经营情况的好坏多数取决于其音响设施的好坏以及音响效果；其次是内部装修环境及服务；地理位置固然重要，但若各种软、硬件条件过硬，则其上客率仍可以达到较为满意的效果。

3）青岛电玩娱乐城（表 8-2-15）。

表 8-2-15　青岛部分电玩娱乐城抽样调查

商家品牌名称	经营情况	档次价位	联系地址	备注
今生电玩	人气较低,规模小,设施落后	小规模电玩城	数码科技街	停车位 20 个左右
当代娱乐城	生意较火爆,以电玩和台球为主,设施环境较好		当代广场 3、4 楼	停车位无,且 100m 内无停车位置
大玩家娱乐城	生意较为火爆		万达广场顶楼	

小结：以上电玩城均位于人气旺盛的商业区域内；同一区域内，经营规模及硬件设施直接影响上客率；电玩城对地理位置的要求相对较高。

（5）民俗文化。

1）民俗文化街区及景点。

民俗文化街：青岛民俗文化街（天后宫）。

地址：青岛市太平路 19 号。

概况：省级重点文物保护单位——青岛天后宫，始建于明代成化三年（公元 1467 年），是一处集天后文化、海洋文化和民俗文化于一体的著名人文景观，也是青岛前海风景线上一处极具民族风格的古建筑群，历经五百余年风雨淘洗而幸存至今，弥足珍贵，堪称青岛历史变迁的一个生动缩影。

1996 年，遵照文物“修旧如初”的原则。青岛市政府拨巨款将其重新修复，并辟为青岛市民俗博物馆。现有建筑面积 $1500m^2$，前后两进院落，殿宇十六栋，分别为天后圣母殿、龙王殿、督政府、六十甲子星宿神殿，供奉天后、龙王、文武财神、六十甲子星宿神等诸神像。其余殿房有民俗博物馆举办的天后文化、民间工艺品和民风民俗各项展览，常年对外开放，接待中外宾客。

这里是青岛市区一处著名的文化旅游景观，也是研究青岛民风民俗的重要基地。

2）青岛特色民俗节日。

① 海云庵庙会（糖球会）。

a. 海云庵简介。海云庵坐落在青岛四方区海云街 1 号，始建于明代，迄今已有 500 余年历史，为道教庙宇。庙内有南北唱殿堂两座，正堂供奉观音老母，南殿供奉比干、关羽，左右配殿供奉龙王、老君。古时，海云庵属崂山太清宫下院，长年驻道士 3 人。

b. 海云庵糖球会由来。海云庵之名源自一个古老的传说。相传 500 多年前的一天，海中漂来一根巨大的圆木，上面载着一家老少。人们把他们救上岸后，才知他们的渔船在海里出了事，多亏漂来这根圆木，才使全家幸免于难。当地百姓认为这是神的庇佑，遂用这根圆木建起了一座庙宇。因为庙宇附近是大鹤鸟群居栖息的地方，又长年云雾缭绕，就根据“海为龙天地，云是鹤家乡”之意，命庙名为“海云庵”，庙前一条街为“海云街”。每年第一个大潮日，也就是大圆木漂来的那一天——正月十六，为开庙逢会日。这天，邻近村民就会前来进香许愿，祭扫神灵，祈求丰收和海上平安。各地艺人赶来献艺，商贩设摊叫卖，人群熙熙攘攘，热闹非凡。由于庙宇附近盛产山楂，商贩们多用它做成糖球在庙会上叫卖，久而久之，海云庵庙会便被民众称为“海云庵糖球会”。

新中国成立后，政府对海云庵这一历史遗迹加以保护。1982 年 12 月将其列为市级文物保护单位，1990 年筹款对庙宇进行了全面修复。同时对糖球会这一深受群众欢迎的民俗节日加以正确引导，使之集文化、体育、经贸、旅游于一体，文化搭台，经贸唱戏，以民俗活动为主，淡化迷信习俗，会期也从 1 天延长至 3 天。

c. 海云庵糖球会活动及特色。如今，每逢庙会日，四面八方的游客蜂拥而至。会上，茂腔、柳腔、皮影、杂耍、剪纸、年画、秧歌大赛、锣鼓大赛等民间艺术活动丰富多彩；山楂、软枣、山药豆、橘子瓣等品种不同、造型各异的糖球令人垂涎；各类手工艺品、风味小吃又让人应接不暇。每年前来赶会的中外游客都在百万人以上。

1990 年，“海云庵糖球会”被列为国家重点旅游项目。

② 云溪庵庙会（萝卜会）。云溪庵俗称“下村庙”，位于现今的台东道口路。始建于元代，属道教庙宇。庙内供奉玉皇大帝、太上老君、关帝圣君神像，归崂山太清宫管辖。建庙时，因庙前有清清的河水流过而得名。

过去，这里出产的萝卜又脆又大，民间又有“正月初九吃萝卜不牙疼，可防百病”的说法，因而萝卜就成了庙会上的主要商品。逢庙会日，人们来这里卖萝卜、买萝卜、吃萝卜，久而久之，云溪庵庙会就被人们称为“萝卜会”。

云溪庵因地势低狭，年久失修，在青岛建置初期庙宇被毁，但萝卜会却一直延续下来。如今的萝卜会，从正月初九到正月十一，会期 3 天。会上商家云集，人流如潮，各类商品琳琅满目，每年都有 4000 多个摊点，与会人员达百万人次。围绕萝卜做文章是萝卜会的一大特色，商业部门和各地商贩调运来大批品种不同的萝卜，仅 1994 年一届即售出各种萝卜 9 万公斤。

由文化部门组织的集食品、艺术于一体的萝卜艺术雕刻大赛，得到了各大宾馆、饭店的响应（因为食品雕刻已成为高雅宴会的象征），海天大酒店、黄海饭店、华天大酒店等星级宾馆每年都派出特级厨师和雕刻高手参加比赛。一个个普普通通的萝卜，在他们的刻刀下，转眼间变成“百鸟朝凤”“二龙戏珠”“雄鹰展翅”以及四季花卉等栩栩如生的艺术品，令围观群众赞叹不已。另外，由百名民间艺术工作者参加的剪纸、编织、布贴画、纸贴画等现场表演比赛，同样受到广大群众的赞赏。

在萝卜会上，富有民间特色的工艺品市场、观赏类商品市场格外受人青睐。字画、盆景、奇石、雕塑、花鸟虫鱼、民间玩具、各类编织品、旅游纪念品摊点前都聚集着大批顾客，书画市场在这里也显得生机勃勃。近几年的萝卜会，届届有突破，年年有创新，已成为岛城春节后第一个有影响的民间节日盛会。

总结：地方民俗勾勒并突显了青岛文化中的城市特色，而青岛能够为世界留下深刻记忆的，也正是囊括了民间传统文化在内的城市特色人文风貌。能够反映青岛人文风貌的，远不止于五花八门的传统民间工艺与民间小吃，还有近百年来青岛民间居住形式的里院建筑；具有浓郁地方特色的戏剧茂腔、柳腔；以妈祖为代表的沿海民间民俗信仰及各种民族文化节等。青岛是一个现代化的城市，近几年，青岛在发展城市现代化的同时，也在保护及发展民俗文化，向世界展示着地方民俗特色文化，使之成为青岛旅游亮点。

（6）旅游文化及消费。

1）青岛旅游文化商业景点。

a. 青岛啤酒博物馆简介。青岛啤酒博物馆坐落于 1903 年建设的青岛啤酒厂——登州路 56 号。该博物馆集青岛啤酒的历史发展历程、深厚的文化底蕴、先进的工艺流程、品酒娱乐、购物为一体，实乃国内外游客走进青岛啤酒、了解青岛啤酒的魅力舞台。

青岛啤酒博物馆投资 2000 余万元人民币，由国内外著名的设计师设计，是世界先进、国内一流的啤酒博物馆。其建筑外墙为仿欧洲古典建筑风格，内部展出面积为 6000 多平方米，共分为百年历史和文化、生产工艺、多功能区三个参观游览区域。百年历史和文化通过详尽的图文资料，向游客展示了啤酒的神秘起源、青岛啤酒的悠久历史、青岛啤酒的荣誉、青岛国际啤酒节以及外界知名人士参观、访问的情况。

生产工艺流程区域展示了青岛啤酒的老建筑物、老设备及车间环境与生产场景，重现啤酒生产历史的原貌。

多功能区域一层为品酒区、购物中心，能容纳百余名游客，可以品尝各种新鲜的青岛啤酒；二层设有互动娱乐设施，运用高科技，使游客在娱乐的同时感受到青岛啤酒文化。

b. 青岛贝雕。青岛贝雕是以珍稀螺壳为原料，巧用其天然色泽和纹理形状，精心雕琢成平贴、半浮雕、镶嵌、立体等多种形式和规格的工艺产品。现有七大系列近千件花色品种，主要以花鸟、人物、山水、静物等为题材，珠光晶莹，古朴典雅，具有鲜明的装饰性和观赏性。适合大型宾馆、会议大厅等楼堂装饰的巨幅壁画、大型座屏，富含艺术魅力，可以突显厅堂雍容华贵和浓郁的文化气息；贝雕旅游系列纪念品、首饰品、立体摆件、风景小画屏等便于携带，或做旅游纪念或馈赠亲友，深受游客钟爱。青岛贝雕以构图新颖、工艺精湛、色彩绚丽、寓意深切的特色而享誉中外。

青岛贝雕工艺品厂 1962 年建厂，是全国唯一生产经营贝雕工艺品的大型专业企业。厂区占地面积 12000m^2，厂房面积 9000m^2。产品以构图新颖、工艺精湛、色彩绚丽、寓意深切的特色而享誉中外，产品畅销国内各地及世界四十多个国家的地区，还承担国家的各级政府部门对外文化交流的礼品制作及国家重要堂馆的装饰任务。在北京人民大会堂、毛主席纪念堂、中南海贵宾厅、北京海洋博物馆、首都机场及各地大型宾馆、会议大厅都以该厂产品作重点装饰。青岛贝雕工艺品厂是青岛唯一一家生产贝雕的正规厂家，商品展示厅面积约 300m^2，目前很少有消费者自发到此购物，以接待旅游团及单位团购为主要销售方式。

小结：青岛贝雕在其自身特色以及档次上都具有一定的优势，其工艺精湛、外形美观，极具鉴赏和收藏价值，同时具有一定的地域特色，是典型的旅游产品。

目前市场上所销售的贝雕产品多数为非正规厂家生产，品质参差不齐。

正规生产厂家的贝雕工艺品受到广大旅游者的欢迎，具有开发价值及潜力。

前期天幕城开街青岛贝雕工艺厂曾经受市北区邀请在天幕城内进行过为期一个月的展示，但由于成本原因暂不考虑进驻项目。

2）青岛主要旅游消费市场。

① 青岛即墨路小商品批发市场。青岛市即墨路小商品市场建于 1980 年 11 月，市场占地面积 14800m^2 建设面积 6800m^2，以即墨路、李村路为中心，横跨 4 条支路，拥有 1300 多个摊户，1987 年上市品种 11000 多种。据统计，该市场开放 7 年来，总成交额达 3 亿多元，成为居民、游客购物观光的重要场所。

“地下商业”是青岛颇负盛名的一大特色，青岛市内主要有即墨路小商品批发市场，龙山地下商业街，火车站益群地下商业街，中山商城，以及汇泉地下商业街。即墨路小商品批发市场历史悠久，是改革开放最早时期形成的，是当时规模最大的小商品批发市场，和当时武汉的汉正街齐名。即墨路小商品批发市场现在也是人气最旺的市场，商品批发零售，品种齐全。市场分为地上 2 层，地下 2 层。地上 1 层有手表等的贵金属卖场及民族工艺品、首饰、玉器等。地上 2 层是箱包、鞋帽、袜子、运动服等。地下 1、2 层是以女性的流行服装为主，也有男士西服、衬衫、牛仔、编织工艺品、音像制品等。

② 青岛中山路商业街。20 世纪初，中山路南段欧式居住区奠定了这条路的风格和基调——日本占领青岛以后城市商业中心的扩张，20 世纪 30 年代之后岛城商业的一枝独秀，百年中山路成为青岛历史进程的缩影。

3）青岛特色节日。

① 青岛啤酒节。青岛国际啤酒节始创于 1991 年，每年在青岛的黄金旅游季节 8 月的第二个周末开幕，为期 16 天。节日由国家有关部委和青岛市人民政府共同主办，是融旅游、文化、体育、经贸于一体的国家级大型节庆活动。啤酒节的主题口号是“青岛与世界干杯!”，经过十四届的举办，青岛国际啤酒节已逐渐成为青岛这座美丽海滨城市的一张亮丽的城市名片，在国内外具有相当的知名度和影响力。节日由开幕式、啤酒品饮、文艺晚会、艺术巡游、文体娱乐、饮酒大赛、旅游休闲、经贸展览、闭幕式晚会等活动组成。节日期间，青岛的大街小巷装点一新，举城狂欢；占地近 500 亩、拥有近 30 项世界先进大型娱乐设施的国际啤酒城内更是酒香四溢、激情荡漾。节日每年都吸引 20 多个世界知名啤酒厂商参加，也引来近 300 万海内外游客举杯相聚。

② 中国青岛海洋节。作为青岛市的重要节庆品牌，是当今中国唯一以海洋为主题的节日，创始于 1999 年，举办时间定在每年的 7 月。海洋节依托风光秀丽的海洋风景带，发挥青岛“中国海洋科技城”的优势，荟萃现代节庆之精华，活动内容丰富，涵盖了开幕式、海洋科技、海洋体育、海洋文化、海洋旅游、海洋美食、闭幕式等几大板块数十项活动，成为 7 月青岛一道亮丽的风景线。国家海洋局、青岛市人民政府主办的海洋节至今已举办了七届，首届海洋节和第二

届海洋节是青岛市旅游局、文化局、科技局、科委、政府政策调研室、重大节庆办公室、园林局等政府部门承办，自第三届海洋节起，由青岛市市南区人民政府承办。

青岛海洋节以“拥抱海洋世纪，共铸蓝色辉煌”为主题，以保护海洋、合理开发利用海洋资源和实现人类经济与社会可持续发展为目标，在倡导科技创新、发展海洋经济和国际友好合作等方面做出了积极不懈的努力。

首届青岛海洋节主要活动设计为八大板块、二十三个重点项目：开幕式、海洋文化娱乐、海洋科技、海洋体育、海洋餐饮、海洋旅游、海港与城市、闭幕式。

③ 中国田横祭海节。“人海相谐、兴我家邦”，中国田横祭海节于3月20日~3月22日，在即墨市田横镇盛大举行。节庆期间，即墨市将举办规模空前的祭海典礼、开船仪式及摄影大赛、钱文忠教授主题演讲、国家级非物质文化遗产展演、民间美术和手工技艺展演、灯谜竞猜等系列活动。

田横镇祭海民俗已有500多年历史，是渔民在漫长的耕海牧渔生活中创造的一种独具地域特色的渔家文化。每年谷雨前后，渔民们在修船、添置渔具等生产准备工作就绪后，选个黄道吉日把渔网抬上船，便开始祭海，因此又称“上网”。历经500年的传承洗礼，特别是近年来经过当地政府的精心策划、包装和推介，田横祭海节已发展成为全国渔文化特色最浓郁，原始祭海仪式保存最完整、规模最大的民俗盛会。每年都吸引大量中外游客及全国各地的民俗、经济政策研究等方面的专家慕名前来。2008年，田横祭海节被列入第二批国家级非物质文化遗产名录，并荣膺首届节庆中华奖“最佳公众参与奖”。

小结：青岛市旅游景点及旅游消费市场较多并且都具有一定的历史特色；青岛旅游业发达，特色节日丰富；青岛暂时没有集各地民俗特色、各种特产于一体的消费市场。天幕城可利用此市场空白丰富目前的消费种类，吸引更多客户群体。

（7）市场调研总结。

1）餐饮市场。总体看来，青岛餐饮市场高档品牌主要还是集中在市南区区域，市北区主要以中低档餐饮及排档为主，并且淡旺季上客率有比较明显的差异，而市北区主力消费群体的消费能力也相对弱于市南区。

天幕城位于市北区区域，经问卷调查，首先，相当一部分青岛市民对天幕城的定位并不明确，不了解天幕城具体以经营什么为主，另外，对天幕城有着一定认知的市民，基本上均反映天幕城餐饮价位高、菜品一般，并表示如无特殊需求不会到天幕城消费。

通过此次问卷调查，主要反映出目前天幕城餐饮经营情况不理想的几大原因：

第一，前期开街时宣传力度不够，没有持续性、计划性的宣传推广活动的后期跟进，以至于市民对天幕城没有一个准确、清晰的认识。

第二，由于缺少统一的运营管理，没有对经营者进行相关规范，在开街伊始火爆期对菜品价格进行了上调，降低了市民的热情，产生了抵触情绪，致使天幕城内餐饮上客率骤然降低。

综上所述，若想改善天幕城目前的经营状况，首先，需要系统地宣传推广计划，制订一套从前期告知性的宣传到后期持续性的推广计划，并坚持执行。更重要的是，组建天幕城运营管理团队，对天幕城经营业主进行统一、规范的管理，避免初次开街后乱调价的情况再次发生，以保证后期正常运作。

2）酒店市场。依托青岛旅游市场的消费资源，商务酒店在青岛仍然有市场，位于天幕城周边的商务酒店多数在旅游淡季的上客率也保持在70%以上，旺季可达到95%，入住通常需要提前预订房间。天幕城位于台东边缘，鉴于所处区域及周边环境，2号楼5、6层应定位为商务酒店，入住价格不宜过高。

目前青岛部分连锁商务酒店在本市有拓展计划，但对选址要求较高，天幕城在物业的结构方面需要进行部分改进，同时加大宣传力度。

3）写字楼市场。据调查，青岛高档写字楼主要集中于市南区，所调研物业中，租金价格在1.8~3.3元/(m^2·天）不等；另外市北区天幕城周边写字楼较为集中的区域在科技街，租金约0.8~1.6元/(m^2·天）不等。物业管理费根据写字楼的档次和物业服务收费标准有很大差异，部分写字楼租金含物业管理费。

科技街写字楼多被称以“孵化器”的名称，但实际均无法提供孵化器应提供的服务，“孵化器”对这些写字楼来说只是一个简单的名称，没有体现其功能。天幕城应利用此市场空白，把握时机，针对大学生创业孵化器概念，完善孵化器的各项功能，同时加大宣传力度，通过各种宣传、推广活动，将“孵化器”的概念形象化、具体化，让大众认识天幕城大学生创业孵化器与市场上其他写字楼的差异，了解天幕城所提供的附加服务，充分体现天幕城大学生创业氛围。相信天幕城通过将完善的创业孵化器推向市场，再加以市场的宣传推广，可以吸引更多人对天幕城的关注，从而达到出租的目的。

4）休闲娱乐市场。由于青岛是旅游城市，因此休闲业比较发达，主要针对旅游消费群体。由于政府对娱乐业的限制较多，青岛娱乐多数以大众型的娱乐模式为主。KTV、电玩娱乐城为主要娱乐场所。此类业态的经营一方面取决于所在地理位置，另一方面，其本身硬件设施、服务等情况也直接影响到其经营情况。

天幕城目前拥有一家娱乐城，内有演艺广场及电玩娱乐，经营情况一般，与目前天幕城业态单一有一定的关系，此类业态通常处于区域性商业氛围较为浓厚的位置，娱乐的同时可以就近就餐、购物等，天幕城目前餐饮业态已饱和，需增加其他可形成消费的商业业态，业态的丰富可增加人气，从而带动娱乐城的经营。

5）民俗、旅游文化市场。近几年，青岛在大力发展现代化城市建设的同时，也在努力发扬当地民俗文化事业，有民俗协会这样的相关组织，对发展民俗文化产业起了推动作用。

旅游产业是青岛的支柱产业之一，特殊的地理位置、高速发展的城市建设、历史文化的遗留、当地民俗特色，都吸引着大批的外地游客到此旅游度假。旅游必定带来消费，合理的利用青岛的旅游市场，把握旅游人群的消费心理和消费习惯，针对其特点打造特色旅游景区、旅游消费市场，并结合当地的特色节日举办小规模的关联性、主题性的节日活动，改善天幕城目前人气不足的情况，增加项目的经济收入。

因此，天幕城项目应对目前单一的业态进行补充，将天幕城打造成为集餐饮、娱乐、购物于一体的商业综合体，并进行合理的运营管理，才是长远发展的根本。

第四部分　天幕城的问题及调整建议

4.1　天幕城目前存在的问题

1. 项目业态定位问题

潜在消费力挖掘缺少途径和手段：

（1）无主力业态。未能以差异化锁定目标消费群体，非目标消费群体也无法转换为有效客户。

（2）无主力品牌。缺少品牌效应和相应拉动。

（3）单一业态入住数量不足。缺少规模效应和消费选择。

（4）单一业态入住企业的运营管理水平有限。

2. 目前消费人流与目标客户出现偏差

（1）目前采集客户信息反馈最多是建筑装修及4A旅游景色和旧厂房利用。前期推广导向及操作与预期实现商业价值定位出现严重偏差从而人流多为无效客户。

（2）旅游资源拉动无有效载体转为经济效益。

（3）动线设计局限使单个顾客滞留时间有限未能提供转为经济效益的机会。

（4）旅游景区单纯表现在外延景观，未提供增值服务及延伸产品从而转换为经济效益。

（5）目前主力业态经营时间的局限，使现有人流大都无有效的时间转为经济效益。

（6）辅助设施人性化缺失：座椅少、停车场距离较远、多层停车速度缓慢等丧失部分转为经济效益的机会。

3. 招商规划欠缺，实施秩序较为混乱

（1）招商缺乏时间规划。

1）开街时间仓促，在招商率不足、商户处于筹备状态的条件下强行开街，对项目本身产生无法挽回的不利影响。

2）开街后推广和招商策略节奏未及时调整，跟进后期招商，逐渐形成目前经营现状。

3）对招商预期值过高，忽略了市场导入期和培育期，已入住的商家经营惨淡。

4）受奥运、经济环境、旅游淡旺季的影响，内疾外患。

（2）招商客户缺乏方向规划。

1）招商未实现品牌化：主力品牌未明确。

2）招商未实现差异化：业态及现入驻多局限于本地，招商过程与本地、异地行业协会的协作、沟通缺乏。

3）招商客户质量缺乏审核：部分入驻企业实力有限，频繁换手；急功近利，有损声誉；且部分属首次创业型，无从业经验。

（3）招商客户经营环境规划。政府形象工程与商业化运作产生长期矛盾，未及早预见沟通并作统一化解。

（4）招商品牌规划。业态单一、经营不良的现状已成为本地市民和行业内的共识，品牌美誉度和招商吸引力大打折扣。

（5）招商实施秩序混乱。资料单一，基础数据掌握不全面；前期投入人力精力有限，后期多头行动，目的性、统一性、协调性不足。

4. 原定租赁价格体系定位出现问题

（1）租赁期不足，与品牌企业选址原则不符。

（2）市场培育期未作考虑，影响经营者心态。

（3）改造成本巨大，经营者不舍得投入，未作有益折让。

（4）价格体系对比机械，出现偏离。

5. 区位优势、项目优势未在定位中体现

（1）辽宁路电子一条街、台东商圈的商务需求的区位优势没有体现。

（2）当前毕业学生就业需求没有体现。

（3）临近啤酒城、啤酒街区位优势没有体现。

（4）旅游景区资源的深度开发没有体现。

（5）2号楼一楼的内街差异化购物的导入。

（6）内街老建筑与青岛乃至胶东民俗文化的深度结合。

（7）政府扶持的财税政策没有体现。

6. 市场推广实施未达到持久有效

（1）商户推广投入资源有限，促销活动点状分散，未形成持续性。

（2）招商率和投入产出比例影响整体品牌推广，更无持续性。

（3）品牌推广思路在形象工程与商业价值之间游离，方向偏差。

（4）项目状态缺乏业态、品牌亮点要素，不易深度挖掘。

7. 物业设施改造利用方面

（1）导视系统。

1）外立面独立性、凸显性不足。

2）7号入口没有明显的标识引导。

3）车流、人流引导标志实用性不足。

（2）街区光线暗淡，无法形成有效的商业气氛。

（3）音响播放系统利用率低。

（4）内街通透，冬夏两季温度让人无法长时间滞留。

4.2　天幕城定位调整建议

1. 天幕城是什么

（1）以民俗文化为卖点。

（2）以休闲产业为亮点。

（3）以餐饮经营为落点。

（4）天幕城应该是青岛的地区文化、休闲特色体验街区。

2. 消费力挖掘

（1）增加购物的布局（利用内街空闲位置设移动造型购物亭），导入胶东民俗文化产品，青岛旅游产品的售卖与展示，餐饮延伸产品售卖（目的性消费客流）。增加民俗、文化表演，应季（啤酒节、萝卜会、糖球会、国际演艺、啤酒文化交流等）阶段性展示及表演（非目的性消费客流）。

（2）2号楼一楼定位为旅游产品超市，并导入24小时营业店。

（3）异地鲁、粤、川菜系品牌主力的引进，形成品牌的差异化。

（4）2号楼二~四层楼“大学生创业孵化器”的创立与打造。

（5）2号楼五~六层楼全国知名商务型酒店和特色经济型酒店招商引进。

（6）全国知名休闲、健身、当地特色娱乐行业的招商引进。

3. 人流引导

（1）品天下美食、赏青岛独有风光尽在天幕民俗风情美食街的复合主题持续宣传。

（2）购物、表演、娱乐增加长时间滞留人流；办公、住宿产生部分固定消费人流。

（3）旅游资源有效吸引节假、旺季客流。

（4）整合资源定期发放旅游、餐饮券促进吸引旅游淡季、非节假日人流。

（5）增加景点循环讲解器，视频播放器讲解景区；增加明信片、徽章等初级必要的旅游纪念品；增加资源性长时间滞留人流。

（6）明确购物（10：00~18：00）、餐饮（12：00~15：00、18：00~21：00）、娱乐（18：00~2：00）的经营时间，增加目的性滞留人流。

（7）增加代驾、导游等增值服务，增加座椅、车辆升降梯等服务型设施。

4. 规范招商秩序

（1）与区政府的深度沟通，取得项目招商运营环境营造的共识。

(2) 对招商时间节点明确量化规划，抓执行。

(3) 举办系列说明会、招商会、投资洽谈会、启动仪式、重新树立形象，去除不利影响。

(4) 引进品牌，与目前经营的本地主力餐饮、行业协会深度沟通。

(5) 明确市场导入、市场培育期并达成共识，入住业户一定返还、补偿。

(6) 重点考察北京、上海、成都、广州的餐饮街，民俗街与当地行业协会，迅速沟通，达成意向。

二次招商的方向：

(1) 运用走出去、请进来的招商策略。

(2) 招商方向：济南、北京、上海、重庆及台湾连锁品牌。

(3) 直营连锁品牌——目标客户定向直接招商。

(4) 特许连锁品牌——吸引投资者的间接招商。

计划在2009年的5月由洪舜泰通过相关的行业组织邀请北京、上海、济南及台湾的约三十家左右的连锁品牌，在青岛参加以天幕城为商家选址目标的“天幕城投资与招商洽谈会”，利用事件营销的手段吸引青岛的投资者加盟品牌入驻天幕城，同时扩大天幕城的品牌知名度与招商的力度。

5. 价格体系重新定位

(1) 分业态、分时期、分物业结构制订单体价格方案。

(2) 适当延长免租期。

(3) 经营商户提供9~12个月的导入培育期。

(4) 合同期分客户品牌、业态拟定为：3年、5年、10年、15年。

6. 区位项目优惠的迅速体现

(1) 商务型宾馆和特色经济型宾馆。

(2) 大学生创业孵化器的大力拉动，投资说明会、媒体推介等系列活动推广。

(3) 各国啤酒、啤酒设备、啤酒饮具的经销商引进。

(4) 旅游景区（自身）产品售卖区导入，24小时店面的引进。

(5) 工商税务优惠政策的申请，贷款、保险、金融机构的引入。

(6) 报社、电视、广播等宣传媒体鼎力扶植。

7. 营销推广方案的制订

(1) 半年度推广方案制订。

(2) 半年度营销方案制订。

(3) 营销、推广方案资金的落实。

8. 物业改造

(1) 增加街区灯光的增设。

(2) 增加内外街导视系统的设置。

(3) 1、2、7号楼外立面改造。

9. 明确招商责任

(1) 某代理商独家招商，与天幕城建立月度工作计划、总结例会制度。

(2) 梳理原有招商档案，回访分析，设计招商资料。

(3) 重新统计各项数据。

(4) 建立系统招商流程，加强课件管理、培训管理。

第五部分　天幕美食城招商建议

根据青岛餐饮的发展趋势，在大量市场调研的基础上，针对目前天幕城现状，进行二次互补性招商是有必要的，而且是提高天幕美食城核心竞争力，打造市北区餐饮名片的前提。

二次性互补招商——在肯定前一次项目定位招商的基础上，针对目前存在问题与不足进行补救性招商，更好地提高市场的竞争力，为后续运营管理提供坚实的基础。

5.1　招商原则

1. 引进主力商家，主力商家先行

目前本案餐饮 13 家，但缺乏在青岛具有品牌影响力、超聚客能力的大型餐饮店，我们在招商第一步就需引进国际或国内品牌具有号召力的大型特色餐饮商家。主力商家引进的成功与否一定意义上影响着整个项目的发展前景。

2. 大客户、品牌商家优先

本案立足点是“特色美食街”，所以引进大客户、品牌商家是形成本案特色，提高竞争力的先决条件。大客户、品牌商家经营面积较大，运营管理较成熟，适应市场能力强，可考虑给予一定的免租期或优惠。

3. 同类不同质，同质差异化经营

餐饮是本案的主导功能，在筛选和招商过程中必须严格控制餐饮品牌的差异度，错位经营，避免形成恶性竞争，促进本案后期长远经营与管理。

4. 分区功能优势互补，集群效应最大化

餐饮是本案主导功能，为有利于本案长期发展，增加辅助功能，形成功能互补配套，例如增加部分购物、娱乐功能性商家，发挥集群最大集聚效应，缩短本案培育期时间。

5. 店面形象及风格与整体项目建筑风格相符

目前本案已经被评为“国家级 4A 级风景区”，项目在文化与建筑上把青岛的老建筑缩影至本案，形成了具有高度美感和特色文化相结合的产物。所以坚持所筛选的商家不与本案建筑相冲突，坚持商家店面形象及风格与本案建筑风格紧密结合。

6. 租金收益最大化

项目成功收益最终以租金的收益来衡量，在业态合理规划组合、准确定位后，应考虑到后期租金收益的最大化，不能以前期的租金收益来衡量和筛选商家。

5.2　招商策略

1. 引进特色型本地餐饮商家，不忽略引入重量级的品牌餐饮商家

请到的本地的餐饮商家在青岛具有强大的号召力，但是与国内知名品牌餐饮商家还有一定差距，引入重量级餐饮商家，使天幕城管理水平、服务水平都上升到一个新的层次，具有强大的可持续发展力。

2. 从宏观中来，到微观上去

招商工作必须要处理好理论与现实、宏观与微观之间的平衡，宏观具有指导意义，微观具有执行可行性。从宏观上来分析指导餐饮的招商。针对目前二次调整招商，可以借鉴和运用招商创意竞标方式进行调整招商。

3. 环环相扣，紧密衔接

招商工作还应当具有系统性，因为招商工作的每一处设计，都与后期的经营绩效息息相关，都与项目开发运营目标的实现息息相关。传统的招商工作将招商与经营割裂了，至少没有统筹的、全局性的考虑，针对本案现状，招商必须考虑到后期运营管理，并与之紧密衔接。

4. 店铺面积、租金杠杆控制商家质量

店铺面积越大，支付的租金总额就越高，租户的实力也就越强，以达到用面积和租金来筛选租户的目的。

5. 餐饮业适宜实施集中分布与分散分布相结合的混合经营的原则

根据人流动线的合理规划，让人流更好地在区域内流动，留住消费人流，可以分散布局，但又不失集中分布、形成混乱经营，更有利于吸引大量人流来消费。这需要在沿街增设商亭，增加部分购物和休闲功能。

6. 政府支持进行各渠道挖掘商家资源

本案为市北区重点扶持项目，倾力打造的特色美食街区，在招商上可以依托政府优势，以政府部分税收减免等方式来吸引商家入驻。通过政府的招商引资推介会，借政府信息平台来吸引重量级品牌商家入驻。

7. 挖掘青岛餐饮文化，打造“吃在青岛”的天幕城餐饮文化

将“吃在青岛”的文化引入天幕城，有利于提升天幕城的聚客号召力，这就不仅仅需要一句口号而是切合实际的执行。需继续丰富青岛当地有名小吃、特色小吃、民俗风情小吃等，甚至在一定程度上来说，这些“吃”可以不为谋利，而是作为提升核心竞争力的一种手段。

8. 以商招商——商户裙带作用

商人的存在是为谋利而生，他们对于项目的认可，比我们任何的宣传手段都行之有效，可以通过他们的裙带关系进行招商，给予引荐商户一定的优惠奖励措施。

5.3　招商方向与对象

在市场调研的基础上，根据餐饮业发展的趋向，结合目前本案实际情况认为商家资源的招商和筛选工作需从以下着手，短时间力求突破点。以短平快迅速引爆转变目前天幕城所处的窘状。

1. 青岛本土连锁餐饮商家资源

近几年青岛餐饮飞速发展，涌现了一大批特色知名品牌商家，营业额过亿元的近 20 家，在青岛当地具有无可比拟的优越性和号召力。他们更熟悉青岛的餐饮业环境，有一套较为成熟的管理经营模式。

2. 山东省内知名连锁品牌餐饮商家

省内知名品牌连锁餐饮商家 2008 年本土扩张较快，经过短暂的休整和淘汰后，它们更有生命力，对于市场的把控能力更强，拓展速度明显提升。

3. 补充国内连锁知名品牌餐饮商家

经过对青岛餐饮市场的详细研究和论证后，针对目前青岛餐饮市场的空白或薄弱环节，进行针对性的招商，引入国内有影响力的餐饮商家切实可行。青岛时下流行的主要是鲁菜、川菜、粤菜、湘菜，虽几大菜系发展较为完备，但仍存在较大细分的空间。

4. 中华名吃、山东青岛名吃、民俗文化产品

将“吃在青岛”的文化引入天幕城，有利于提升天幕城的聚客号召力，这就不仅仅需要一句口号而是切合实际的执行。需继续丰富青岛当地有名小吃、特色小吃、民俗风情小吃。

5. 行业协会招商暨招商推介会和恳谈会

本公司是山东第一家本土商业地产策划机构，与各大餐饮协会保持着良好的战略合作关系，通过协会牵头举办一系列招商推介会和恳谈会。

6. 青岛本地旅游产品厂家及经销商

针对目前天幕城4A旅游景点的优势，借助青岛啤酒博物馆吸纳的人气，需增加满足旅游消费购物功能，需要在青岛本地筛选出具有青岛特色的旅游文化产品，面向青岛乃至胶东半岛旅游产品生产厂家及经销商。

7. 青岛本地特产、民俗风情文化艺术产业

青岛自古即以海鲜食天下，海产品加工一直为青岛优势产业之一，目前海产品销售持续走俏，引入本地名牌质优产品。

青岛的民俗文化艺术一直未能深度挖掘，未能与现代艺术人文生活完美融合，本案条件得天独厚，应运而生，正好与传统的民俗文化艺术完美契合。青岛本地的剪纸、贝雕、糖球会文化等都可成为本案旅游购物功能的亮点。

5.4　招商租金政策建议

1. 租赁合同期及租金递增

根据本公司与各大知名连锁商家多年合作所知，多年从事商业招商运营工作经验所得，对青岛餐饮市场调研得出初步结论。建议租赁合同期限及递增率如下：

1）知名酒店和知名休闲娱乐商家的租赁期限为8~12年。租金递增率一般不超过5%。

2）小型知名特色餐饮和普通类型商户的租赁期限3~5年。租金递增率一般不超过5%。

2. 租金价格

通过本次对青岛餐饮市场的调研，初步得出登州路啤酒街周边租金水平在0.8~3.3元/(m^2·天)，均价为2.05元/(m^2·天)，通过对青岛其他餐饮美食街的调研，以竞争对手租金分析为依据，结合本案目前经营情况，依据“放水养鱼”的招商政策。

建议平均租金水平不高于1.5元/(m^2·天)。在免租期装修期的基础上，日租金水平在1.1~1.8元/(m^2·天)之间最为合适。

3. 租赁优惠政策

(1) 主力店优惠政策。主力店的进入是整个项目的整体形象及对商家吸引力提升的一个重要步骤，所以为了确保主力店的进入，可适当对主力店提供相对优厚的招商政策。

1）专项的租金条件及优惠政策。

2）召开签约新闻发布会。

(2) 品牌商户（大户）优惠政策。为了确保各行业巨头顺利入驻项目，以带动其余中、小户的入场，在对其招商的过程中，可适当对其提供一定优惠政策，使其入场（表8-2-16）。

表8-2-16　品牌商户（大户）优惠政策

商户类型	行业龙头商户	普通行业大户
大户资格审核标准	1)品牌:国内知名连锁品牌 2)面积:需求面积在800m^2以上 3)行业影响力:行业内龙头商户具有较大影响力,能带动大量其他商户入场 4)合作态度:积极配合项目推进过程中的各项工作与活动	1)品牌:本地具有成熟经营模式的商家,具有一定经营实力 2)面积:需求面积在400m^2以上 3)行业影响力:行业内具有较大影响力商户,能带动部分其他商户入场 4)合作态度:积极支持本项目的推进与发展

（续）

商户类型	行业龙头商户	普通行业大户
租金优惠政策	在普通优惠政策基础上租金可再享受8.5折优惠 在普通优惠政策基础上租金可再享受9折优惠	市场统一形象，同时活跃市场的商业气氛 户外墙体大型广告牌只送给主力商户一年，其他商户有需要须另行租用或优惠租用；其他品牌商户可租用场内小型广告牌

另外附设：

1）优先选铺权。

2）免费制作DM宣传单页。

3）免费为其作形象宣传。

（3）优惠促租措施。为了促进各类商家的尽快签约，早日达到本项目的招商目标，在短期内形成热租的场面，在保证开发商基本利润的基础上，作减免部分租金的优惠。

1）增加商户装修期优惠（装修期不在免租期内）。通常市场都会给予商户免租装修期，以便于商户装修、办理证照等开业筹备事宜，越大的商户装修期越长，大型餐饮店和主力店的装修期将长达四个月至半年或以上，小商户也会要求给予装修期一个月。具体装修期将视项目的装修程度而定，在招商时根据大小商户，制订标准的免租装修期限。

2）送广告宣传牌使用权。除了外立面的几幅大型广告牌外，市场内各独立商铺预留广告位，以保持市场统一形象，同时活跃市场商业气氛。

户外墙体大型广告牌只送给主力商户一年，其他商户有需要须另外租用或优惠租用；其他品牌商户可租用场内小型广告牌。

第六部分　针对天幕城2号楼的建议

6.1　2号楼概况

2号楼位于天幕城西侧，依邻寿光路，交通便捷，周边商业氛围浓厚，是青岛市传统的居民聚居区。总建筑面积20568.02m^2；主体建筑地上六层，地下一层；整体毛坯未装修。负F1为地下停车场，F2、F3（部分）为升降停车场，可同时泊停约200辆车。商用面积15992m^2，停车场面积4575.54m^2。两部升降观光梯，一部直梯。大开间自由分割框架布局，中央天井共享空间，服务配套设施较为齐全，水电水通道基本合理（表8-2-17）。

表8-2-17　2号楼具体数据

楼层	建筑面积/m^2	商用面积/m^2	实用层高/m	柱间距/m	进深/m	布　局
F1	2574.71	2574.71	2.5	7.2	22	大开间自由分割框架布局
F2	2574.71	1493.34	1.95	7.2	22	分隔为独立包间共计20间
F3	2574.71	1654.54	2.75	7.2	22	大开间自由分割框架布局
F4	3558.09	3558.09	2.55	7.2	22	大开间自由分割框架布局
F5	3356.02	3356.02	2.75	7.2	22	大开间自由分割框架布局
F6	3356.02	3356.02	2.55	7.2	22	大开间自由分割框架布局

6.2　天幕城2号楼招商方案

1. 2号楼初步定位

本项目主要面向青岛市旅游消费人群、创业办公人群，满足青岛市旅游人群购物餐饮住宿需求，为青岛市就业创业大学生提供发展平台，创造良好的就业孵化环境，为市北区居民提供一站式消费购物休闲娱乐场所。依托周边浓厚的商业氛围，立足众多的居民消费人口，把握得天独厚的人文风景，充分挖掘青岛旅游消费人群。

2. 业态设计

（1）2号楼F1层定位：旅游特色购物广场。本项目一层商用面积2574.71m²，除去用于5、6层商务酒店的大堂150m²（后有对商务酒店的阐述）、30%的过道面积，可利用的商业面积约为1697m²，若分割为20m²左右的商铺，约可以分为85间商铺。对一层进行分割后，以小型商铺的形式进行出租，出租方式灵活，有利于提高租金价格。

针对本案被评为国家4A级景区，紧邻青岛市啤酒博物馆，南依青岛特色啤酒街的条件，吸引了大批游人前来观光旅游购物就餐，但是周边没有以旅游纪念品为主题的购物场所，经过大量调研数据研究，目前市场呼唤一个具有现代经营理念的旅游购物广场。因此，1楼建议以旅游纪念品、工艺礼品、当地特色等消费品为主，适当增加时尚生活用品等日常消费品。

（2）2号楼F2、F3、F4层定位：大学生创业孵化器（方案一）。

1）孵化器的概念。孵化器，英文为incubator，本义指人工孵化禽蛋的专门设备。后来引入经济领域，指一个集中的空间，能够在企业创办初期举步维艰时，提供研究、生产、经营的场地，通信、网络与办公等方面的共享设施，系统的培训和咨询，政策、融资、法律和市场推广等方面的支持。

2）天幕城孵化器规划。就本项目而言，预计将2~4层打造为大学生创业孵化器，可利用面积为6705.97m²，其中2层1493.34m²，3层1654.54m²，4层3558.09m²。

① 写字楼基础设施配备。孵化器作为商务写字楼，首先需要具备写字楼的基础功能，如电源、电话线、网线接口等。

② 2号楼孵化器功能分区。我们把天幕城2号楼打造为大学生创业孵化器，并且切实的发挥孵化器的各项功能，因此需要分割出部分空间，作为服务区，设置综合办公室、物业办公室及财务室等几个重要的服务部门（表8-2-18）。

表8-2-18　功能区分布

功能区	数量	单体面积	总面积/m²
大堂接待区		100m²	100
小型会议室	3间	40m²/间	120
中型会议室	1间	60m²/间	60
贵宾室洽谈	2间	30m²/间	60
商务中心	1间	100m²/间	100
综合服务部	1间	100m²/间	100
物业办公室	1间	60m²/间	60
财务室	1间	30m²/间	30
功能区总面积	630m²		

注：此功能分区为前期规划，最终以实际情况为准。

3）基础设施配备及费用。为了充分实现孵化器的各种功能，为入住的创业者提供便捷、完善的服务，天幕城需要添加以下基础设备（表8-2-19）。

表8-2-19　基础设施配备及费用

设施	数量	单价/元
复印机	1台	35000
传真机	1台	2500
打印机	1台	3400

（续）

设　施	数　量	单价/元
装订机	1 台	2900
胶装机	1 台	22000
裁纸刀	1 台	300
计算机	8～10 台	20000～25000

注：总费用约 86100～91100 元，此设施配套及费用以实际支出为准。

4）人员配置，见表 8-2-20。

表 8-2-20　2 号楼孵化器人员配置

岗　位	人数	薪资支出/(元/月)	职　责
前台接待	2 人	2000	客户接待、指引、登记等日常服务性工作
行政文员	2 人	2000	各种文件的管理工作，帮助客户做收发、打印文件等基础工作
物业管理人员	2～3 人	2400～3600	物业设施的日常维护、维修工作
手续代办人员	1 人	2000～2500	入驻公司的注册、登记，相关证件的办理及协助工作
财务人员	2 人	3000～3500	负责写字楼自身及客户委托的财务工作
保洁人员	3 人	2100～2400	日常保洁工作
负责人	1 人	3500～4000	各项事务的统一管理工作
安保人员	3～4 人	2400～4000	日常安保工作

注：服务人员的支出大概每月 19400～24000 元，年支出约为 232800～288000 元/年（费用以实际支出为准）。

5）楼层功能分配。

2 层：楼层建筑面积 1493.34m^2，走廊按照占 20%计算，则可使用面积 1194.63m^2，减去功能服务区 630m^2，男女卫生间约 40m^2，办公区面积约 524.63m^2。

3 层：楼层建筑面积 1654.54m^2，走廊按照占 20%计算，可利用面积 1323.63m^2，男女卫生间约 50m^2，办公区面积约 1273.63m^2。

4 层：楼层建筑面积 3558.09m^2，走廊按照占 20%计算，则可使用面积 2846.47m^2，男女卫生间各两间，分布于楼层两端，约 100m^2，办公区面积约 2746.47m^2（表 8-2-21）。

表 8-2-21　办公室面积配比

楼层	可用面积/m^2	单层办公室配比				合计
		25m^2	30m^2	50m^2	60m^2	
2 层	524.63	10 间		5 间		15 间
3 层	1273.63		30 间		6 间	36 间
4 层	2746.47	41 间	40 间	10 间		91 间
合计	4544.73	51 间	70 间	15 间	6 间	142 间

注：经初步统计，2 号楼 2～4 层可容纳 25～60m^2 的办公室约 142 间，根据具体规划拟定后期招商及推广方案。

6）招商对象：孵化器根据功能的不同及规模大小等因素设置不同的配套服务设施及服务人员。天幕城 2 号楼 2～4 层的定位为大学生创业孵化器，主要针对准备自己创业的大学毕业生。

特点：①资金有限，投资较小；②经验不足。

以上特点，决定了大学生创业所受到的障碍主要来源于投资费用、前期相关手续的申请与办理，以及后期公司运作起来时由于管理经验不足出现的问题。

天幕城之所以定位为大学生创业孵化器，主要针对以上特点，为其寻找解决问题的方法，提供相关的服务及帮助，为大学生创业者提供一个适合自己发展的理想办公场所。我们提供的不仅仅是一间办公室，而是更多的配套服务与支持，使“孵化器”不仅仅停留在概念上，而是切实的落实到天幕城项目，创造青岛市第一家真正实现“孵化器”功能的写字楼。

孵化器吸引创业者的优势：在创业孵化器，业主的一切要求仅需一个电话或一次网上传输，无须另外操作人员。操作人员月薪按 800 元/月计算，加上养老保险和医疗保险，一年下来，一个操作人员的全部费用应在 18000~24000 元之间。对一个业主来讲，一年的复印张数在 3 万~10 万张之间，单价 0.3 元/张，年费用约为 6000~30000 元；梳式装订套数一年在 80~200 套之间，单价约为 10 元/套，年费用约为 800~2000 元，胶装标书一年在50~100套之间，单价约为 20 元/套，年费用约为 1000~2000 元。总体算下来每个业主的文件复印及装订费用，每年在 7800~34000 元之间。

也就是说每个业主每年在人力物力上要省 25800~58000 元的费用。按这个数字计算，业主在天幕城 n 年要省多少钱？

7）租金收益。

① 办公室出租租金。本项目办公室以小面积为主，拥有各项附加服务，因此租金价格可略高于周边市场。但项目前期为了能够吸引客户，租金价格建议低开平走，前期租金建议控制在 1.6 元/(m^2·天)，2 号楼可用于办公出租的面积为 4544.73m^2，平均每天的租金收益约为 7272 元，平均年租金收益约为 2617920 元。

② 附加服务的收益。会议室租赁收益；小型会议室租用价格：1000 元/天；中型会议室租用价格：1300 元/天。

若以平均每月每间会议室租用 10 天来算，租用会议室的租金收益为 33000 元，年租金约 396000 元。

③ 财务服务收益。天幕城可租赁办公室共 142 间，按出租率 80%计算，则可出租办公室 114 间，若其中 50%需要财务服务，则有 57 家公司需要提供此服务，若每月服务费按每家 500~800 元计算，财务方面年收益约为 342000~547200 元。

经过初步预算，天幕城大学生创业孵化器的办公室租金以及以上各项附加服务费可为天幕城创造约 3365280~3570480 元的年收益。

（3）2 号楼 F2、F3、F4 层定位：酒店式公寓（方案二）。

1）酒店式公寓的概念。酒店以公寓的形式对外出租，每个房间的面积约在 40m^2 左右，房间除配备基础设施之外，另外配置简单灶具。

2）租赁形式。以中长期租赁为主，一般租赁最短时间为 15 天以上（视实际情况而定）。

3）配套服务。由于该房间类型以中长期出租为主，无须每天清扫房间，因此多数时间只需要日常的保洁服务，退房或客人特别要求时提供房间清洁服务。

4）目标客户。驻外工作人员、旅游度假的游客等。

5）相关部门人员配置及费用支出。

前台接待登记人员：1 名，月支出 1000~1200 元。

收款人员：1 名，月支出 1000~1200 元。

保洁人员：3~4 名，人均月支出 800~1000 元，月总支出 2400~4000 元。

酒店式公寓所需要的员工支出约为 4400~6400 元/月，年支出约为 52800~76800 元/年（费用以实际支出为准）。

6）租金收益。天幕城 2~4 层商用面积为 6705.97m^2，除接待办公区约 60m^2 以及杂物间每层 1 间 10m^2，则剩余可利用面积为 6615.97m^2，以每个房间 40m^2 计算，可以分割对外出租的房间 165 间。

以每个房间月租金 1800 元，平均入住率 80%计算，则酒店式公寓可创造 2851200 元的年收益。此业态最大的优势便是一次性投入，后续管理较为简单，无须庞大的经营、物业管理服务队伍，节省了人力资源的支出。

（4）2号楼F5、F6层：商务酒店。经过对青岛商务酒店的市场调研，可以看出，商务酒店以较经济的价格以及方便、快捷等特点，依托青岛的旅游市场，多数经营状况比较理想。

目前，青岛市已有7天连锁酒店、雅悦商务酒店、爱尊客连锁酒店、锦江之星等多家商务连锁酒店，经营状况多数乐观，部分商务酒店视情况发展连锁店，青岛经济型商务酒店及特色酒店仍然有发展空间。

天幕城计划引进知名连锁酒店品牌，将2号楼5层、6层作为此类型商务酒店，酒店大堂设于2号楼1层，约150m^2，5层、6层商用面积约6712.04m^2，作为出租房间（具体做法由酒店商家根据自身的不同要求而定）。

3. 2号楼招商原则

（1）主力商家先行，品牌商家优先。进行主力商家招商工作，选择品牌号召力强、租金价格高、符合商业档次规划的商家入驻经营。主力店的确定对物业形象价值、人流汇聚、卖点推广、散户的招商、租金提高等方面都将会带来极其重要的促进作用。

（2）严格把关，先紧后松。商家经营能力强弱直接影响项目的生命力，不加以甄别而使大量辐射区域小、经营能力不强的商家进驻，不仅难以保证项目经营收益实现，一旦被市场淘汰，势必使整个项目陷入困境。

（3）立足长远经营，给予市场信心。引进专业的商业运营管理顾问，体现开发商立足长远经营的决心，以高起点赢得经营户的信任，此外，专业和优质的软性管理和服务对本项目日后的经营管理起到很好的支持作用，立足长远经营，低门槛高标准引入商户。

4. 招商策略

（1）政策引导，政府扶持。本案为市北区重点扶持项目，先天优势明显，契合社会发展趋向，响应国家鼓励大学生创业就业政策，在此积极与政府、共青团合作共同扶持和鼓励就业大学生创业，以创立创业基金等方式，吸引大批中小企业、大学生创业者入驻创业孵化器。

（2）物业长期持有，专业运营管理。物业产权明晰，由政府和海润集团长期持有，由专业的运营管理公司管理，为项目保驾护航。租金、物业费用合理收取，商家经营后顾无忧，立足长远，展望未来，携手共赢乃本案发展之理念。

（3）企业家梦想财富摇篮，商家纳财宝地。本案位居商贸腹地，传统商业繁华之地，商脉鼎盛，影响深远。旅游特色的开发已形成了较大影响，此后必然吸引大量以民俗旅游为特色的商家入驻经营，形成集购物、餐饮、休闲、住宿为一体的新兴商贸重镇。

（4）以商招商——发挥商户的连带作用。商家关系网络为我所用，是招商的一个重要方式，基于此可节省大量人力物力，对于商家连带招商，给予此群体部分优惠或奖励措施。

5. 2号楼招商方向与对象

（1）国内省内知名品牌商务连锁酒店。具有品牌影响力的酒店，作为本案的主力品牌店，影响具有深远意义：降低本案风险，便于招商；知名品牌入驻拉升项目形象，提升物业价值，拉高项目租金；长期固定经营稳定项目持久发展。

对此根据本案物业条件、周边消费群体、商业氛围、经济消费能力等一系列科学技术手段，选取知名度高的品牌商家进行招商。

（2）青岛本地知名名牌经济型连锁酒店。青岛本地近年来涌现了一批经营管理较成熟，运作较标准的本土品牌商务酒店，对此我们作为主力店或次主力店引入本案。本土企业在当地具有较高知名度，拥有大批稳定客群，也是本案之所求。

（3）青岛创业人员及小型公司。青岛作为沿海开放城市，商贸气氛浓厚，尤以外贸业突出，吸引了大批的创业者来青岛投资创业，同时也有本地众多自主创业人员加入。同时国家实施了一系列鼓励大学生就业创业的举措，也是本案创业孵化器的强力支撑点。创业孵化器所具备的方便快捷、节约成本、高效的特点吻合当地创业需求。

（4）青岛旅游产品生产厂商及经销商。针对目前天幕城4A旅游景点的优势，借助青岛啤酒博物馆吸纳的人气，需增加满足旅游消费购物的功能，需要面向青岛乃至胶东半岛旅游产品生产厂家及经销商甄选出青岛特色的旅游文化产品。

（5）青岛海产品及崂山茶等特产厂商及经销商。青岛自古即以海鲜食天下著称，海产品加工一直为青岛的传统特色优势产业，在旅游消费与购物功能完美契合的今天，把此产业引入天幕城也是切实所需。在青岛本地选取引入知名企业或者商家的海产品销售直营、形象店。崂山茶叶与崂山养生文化一直在中国的道家传统文化中占有一席地位，具有深远的影响，但市面目前鱼龙混杂，使旅游者望而却步，这就需要在本地引入正宗品牌崂山茶及养生文化理念融入本案，这也必将成为本案之亮点。

（6）青岛特色礼品、小商品、工艺礼品厂商及经销商。引入青岛礼品、小商品商家作为吸引人气带动消费的必须，满足旅客及当地居民之所需。主要以青岛本地礼品、工艺品厂家及经销商为招商对象，同时兼顾青岛附近周边小商品经营商家。

（7）招商方向综论。本案目前招商方向主要以国内省内品牌酒店作为重中之重来执行，青岛本土酒店作为辅助备选方案，由于各方面条件限制，力争品牌店，立足本土连锁品牌店；孵化器主要立足于青岛市区创业办公人群；青岛旅游特色广场招商以产品直销厂商约占20%，青岛经销商、小商品工艺品商家约占80%。

6. 2号楼招商政策及优惠政策建议

（1）招商政策。任何新兴商业物业从开业—兴旺—达到合理的租金水平，这就需“招商、养商、留商”，各个过程均需要一定的时间来进行培育，培育时间的长短根据市场所处的位置、商业环境、市场规模、项目自身定位、商业业态、竞争环境等的不同而有所差异。为此，建议以“放水养鱼”的招商政策，从三个方面对市场进行培育：

合理的业态规划：有选择性地引入品牌经营管理成熟的商家。

租金优惠及免租期：开业前1~2年给予商户不同程度的租金优惠，同时对签订长期租赁合同的商户提供一定的免租期。

持续合理的运营管理：市场的后期经营管理也是商户十分关心的问题，需引入专业的商业管理运营公司。市场的经营管理不仅需要专业的人才，还需要投入一定的宣传推广费用。

（2）优惠政策。

1）主力品牌专项租金优惠政策：主力品牌商家享受专项的租金条件和优惠政策；优先选铺权；增加装修免租期；广告位使用权；免费形象宣传权；签约发布会等。

2）品牌大客户优惠政策：品牌大客户享受租金8折优惠条件；免费形象宣传等。

3）普通客户优惠政策：根据招商实际进度另行制订。

（3）租赁期限及递增建议。

1）品牌商务连锁酒店的租赁期限为8~12年。租金递增率一般不超过5%。

2）特色旅游产品商户的租赁期限3~5年。租金递增率一般不超过5%。

3）创业孵化器办公租赁期限为1~3年。租金递增率一般不超过6%。

7. 2号楼招商执行管理

（1）招商团队组建。为方便招商工作的组织统筹与日后的客户服务管理工作的统一性，商业项目组将建立一个由商业总监负责制的招商小组。发展商负责协调日常招商工作、对接招商总监，项目小组其他人员工作由项目总监根据项目进度需要安排。

主要分主力、次主力品牌商家招商小组，综合旅游风俗创业商家招商小组，招商团队架构如图 8-2-1 所示。

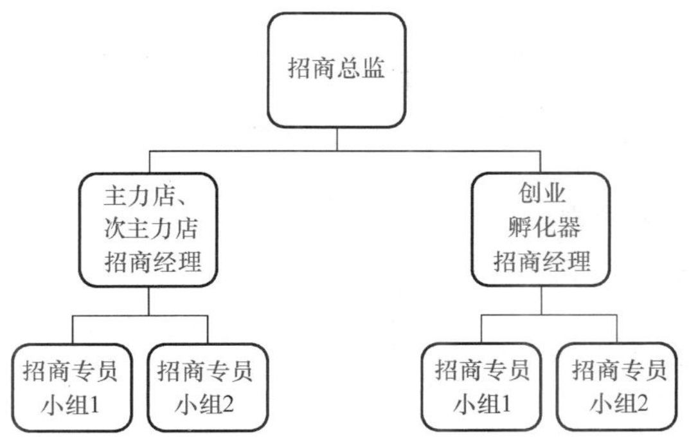

图 8-2-1　招商团队架构

（2）招商工作流程。为了便于更好地开展本项目的招商工作，根据项目的总体营销战略和项目定位建立了一个标准的招商执行流程，使得招商工作可以有目的、有步骤地进行（图 8-2-2）。

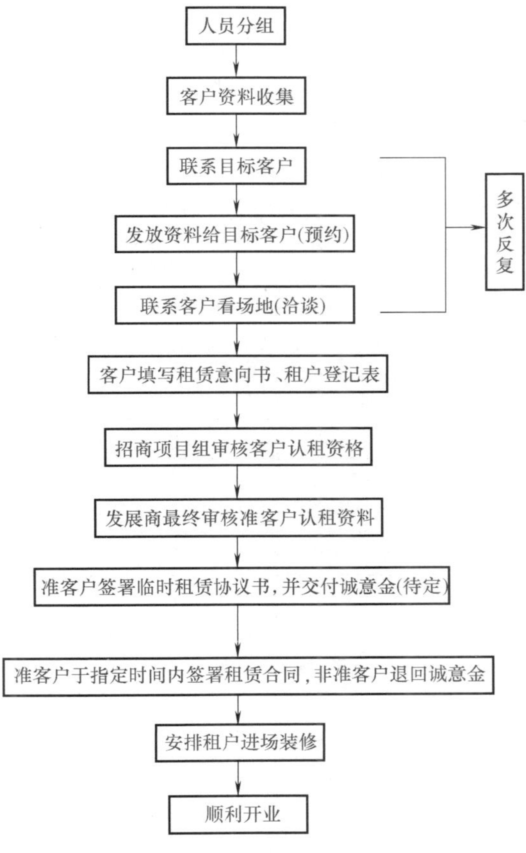

图 8-2-2　招商工作流程

（3）招商管理控制。

1）招商人员质素管理。针对招商人员进行上岗前岗位培训；招商分类分级等管理手段都是有效的方式。

2）招商项目的质量控制。招商并不是越多越好，而是要有符合项目的目标市场定位的商家。

3）招商项目的风险控制。对有意向的商家经营稳定性要进行一定的调查分析，优先选择经营稳健、管理有序、行业商誉好的经营商作为合作伙伴，避免盲目招商带来的隐性风险。

4）招商项目的进度控制。项目筹备期全方位招商工作有别于营业后调整性招商，它要求的主要是在有限时间内需要完成整个项目招商率在 80% 以上，不然为项目后期管理运营埋下隐患。

8. 2 号楼招商阶段计划安排（表 8-2-22）

根据项目目前进度，招商阶段大致划分为：

（1）招商筹备期。

（2）重点客户招商期。

（3）正式招商（散户）阶段。

（4）招商持续阶段。

（5）开业。

9. 2 号楼招商推广营销计划

（1）招商推广流程，如图 8-2-3 所示。

（2）招商推广节点计划。

1）招商预热阶段工作安排，见表 8-2-23。

表 8-2-22　2 号楼招商阶段计划安排

招商阶段	起止时间	时间长度	工作目标	工作内容
重点客户招商洽谈期	2009-05-01~2009-07-01	2个月	主力商家筛选意向基本锁定 意向客户初步接洽	1)商家资源的储备筛选 2)主力品牌商家的洽谈 3)招商工作准备 4)品牌客户商家的初步洽谈
招商诚意签约期	2009-07-01~2009-09-01	2个月	主力客户、厂商、大客户基本确定 影响力品牌客户意向确定	1)目标客户签约,若工程允许,部分主力客户可入场装修 2)普通品牌客户继续进行招商 3)目标大客户继续跟踪与洽谈
正式招商(散户招商)	2009-10~2010-01	3个月	散户招商至开业前,保证项目顺利营业	1)与散户谈判看场 2)与普通品牌客户签订正式租赁合同
招商持续期	2010-01~2010-04	3个月	散户持续招商	散户招商完毕,入场
试营业	2010-04-01~2010-05-01	1个月	试营业,合适商家选择	合适商家选择完毕,进入旺场试营业期
开业	2010-05-01		盛大开业	开业庆典系列活动

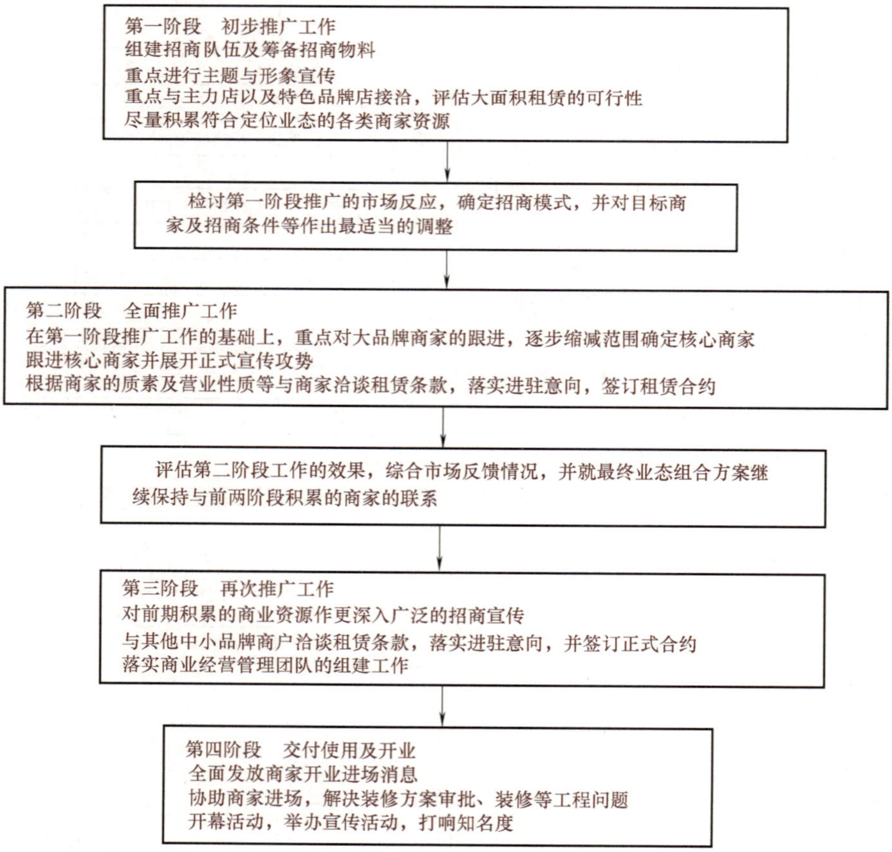

第一阶段　初步推广工作
组建招商队伍及筹备招商物料
重点进行主题与形象宣传
重点与主力店以及特色品牌店接洽，评估大面积租赁的可行性
尽量积累符合定位业态的各类商家资源

↓

检讨第一阶段推广的市场反应，确定招商模式，并对目标商家及招商条件等作出最适当的调整

↓

第二阶段　全面推广工作
在第一阶段推广工作的基础上，重点对大品牌商家的跟进，逐步缩减范围确定核心商家
跟进核心商家并展开正式宣传攻势
根据商家的质素及营业性质等与商家洽谈租赁条款，落实进驻意向，签订租赁合约

↓

评估第二阶段工作的效果，综合市场反馈情况，并就最终业态组合方案继续保持与前两阶段积累的商家的联系

↓

第三阶段　再次推广工作
对前期积累的商业资源作更深入广泛的招商宣传
与其他中小品牌商户洽谈租赁条款，落实进驻意向，并签订正式合约
落实商业经营管理团队的组建工作

↓

第四阶段　交付使用及开业
全面发放商家开业进场消息
协助商家进场，解决装修方案审批、装修等工程问题
开幕活动，举办宣传活动，打响知名度

图 8-2-3　招商推广流程

表 8-2-23　招商预热阶段工作安排

招商预热阶段	
时间	2009-05-01 至 2009-07-01
工作内容	1)本地主力店商户意向排查 2)确定大户和次主力店意向 3)本地商家招商会 4)对外地商户的初步联系
推广内容	形象宣传:1)倡导旅游消费新理念,树立行业标杆,创业圆梦的摇篮 2)项目地理、交通、规划优势 信息宣传:1)主力店进驻炒作 2)新闻发布会、论坛活动
推广策略	1)报纸硬广深化项目形象,推出项目优势(5 月份启动) 2)报纸软文进行战略伙伴的炒作,新闻发布会等活动的报道(5 月份启动) 3)专业经营管理顾问、主力店签约新闻发布会(5 月初)
营销活动	1)本地主力店及有影响力的经营大户推介会 2)新闻发布会、论坛等社会活动 3)招商推介会,邀请本地及外地知名商家参与,并诚意预定
包装策略	招商部现场(招商流程、招商手册、招商物料的完备)
达成目标	推出项目优势、炒作战略联盟、形成社会影响力及轰动效应,为招商诚意登记造势,同时对经营业态进行适当调整

2）招商诚意签约阶段工作安排，见表 8-2-24。

表 8-2-24　招商诚意签约阶段工作安排

招商诚意签约阶段	
时间	2009-07-01 至 2009-09-01
工作内容	1)与主力店签订正式协议 2)次主力店和知名品牌店洽谈 3)济南、青岛招商推介会
推广内容	形象宣传:天幕城形象宣传 信息宣传:1)诚意预定火爆 2)论坛活动 3)招商政策 4)主力店签订新闻发布会
推广策略	1)保持市场的持续热度 2)报纸软文传递诚意登记火爆信息 3)大型零售商业行业论坛新闻发布会
推广方式	1)报纸硬广发布 2)软性文章炒作 3)新闻发布会、论坛等社会活动 4)电视广告 5)户外广告牌
达成目标	热点不断,主力店、次主力店签订正式协议,为实现散户招商奠定基础

3）正式招商阶段工作安排，见表 8-2-25。

4）招商持续阶段工作安排，见表 8-2-26。

表 8-2-25 正式招商阶段工作安排

正式招商阶段	
时间	2009-10 至 2010-01
工作内容	与次主力店和知名品牌店签订正式租赁合同
推广内容	信息宣传:1)正式招商信息 2)招商火爆信息
推广策略	1)报纸软文传递招商主力商家进驻信息 2)各行业论坛新闻发布会
推广方式	1)报纸硬广发布 2)软性文章炒作 3)事件营销 4)电视宣传
包装策略	招商部现场包装、条幅悬挂、户外广告牌更换、内部设计展示
达成目标	以短平快之势迅速引爆市场实现招商目标,主力店、次主力店写字楼出租各旅游知名品牌店 60%~70%签订协议

表 8-2-26 招商持续阶段工作安排

招商持续阶段	
时间	2010-01 至 2010-04
工作内容	与其他知名的品牌店和散户签订正式租赁合同,做好市场开业前的准备
推广内容	信息宣传:1)主力店及大户进驻宣传 2)招商政策
推广策略	1)报纸软文传递招商以来商户进驻的信息 2)相关阶段的优惠促销活动
推广方式	1)报纸硬广发布 2)软性文章炒作 3)电视广告
达成目标	延续招商诚意预定的良好势头,实现散户 90%以上的招商率

10. 招商媒体推广配合

(1) 报纸媒体为主。报纸媒体在招商过程中举足轻重，原则上保持连续性的硬报纸广告稿及短篇软文广告配合。媒体选择将侧重于影响力较大的媒体，宣传内容主要以招商为主，并结合招商阶段性工作。

(2) 户外广告为辅。户外广告媒体是一种效果最持续且费用合理的媒体。建议在台东、中山、科技街等商圈，青岛火车站等添加相关招商内容的户外广告牌或道旗进行户外广告宣传。

(3) DM 直邮（商务信函、EMAIL）。DM 直邮是最直接且实效的方式。DM 直邮可直接锁定目标群客户，如展览会参展商家、餐饮协会商家等。物料配合：招商手册或阶段性宣传海报。

(4) 电视媒体。电视作为立体、可视媒体，可让目标群更为直观地了解项目情况。考虑到项目的超前定位、建筑特色与目前青岛市情况，在制作形象广告片的基础上，建议与青岛电视台联系，以电视台的专题采访报道形式，定期报道项目餐饮文化与餐饮经营进展、项目定位与经营理念、先进的配套设施、主力商户的进驻，突出强调先租先赢的趋势等。

11. 2 号楼招商工作准备

(1) 现场物料准备。

1) 招商手册（包括项目简介及各项目内部结构和功能图）。

2）招商折页、DM单张。
3）现场VI（手提袋、便笺纸、水杯、小礼品等）。
4）招商细则（商户准入标准、条件及其他规则）。
5）招商流程。
6）招商合同（租赁意向书、租赁合同、登记表、相关协议等）。
7）商业管理守则。
8）工作人员工作牌。
（2）媒体广告准备。
1）印刷品。
招商手册：突出项目概念，印制力求精致，体现项目形象。
DM：目标投递。
商户资格审查表：标准文本，体现专业形象。
2）户外。
广告牌：现场、招商处。
路牌：主要道路、人流聚集广告牌。
3）报纸：《齐鲁晚报》《半岛都市报》《青岛晚报》。
（3）相关文件文案准备。
1）土地使用权证。
2）建设用地规划许可证。
3）建设工程规划许可证。
4）开工许可证。
5）投资许可证。
6）建筑规划红线图。
7）建筑设计平面图。

第七部分　项目的运营管理建议

7.1　统一的运营管理与商业地产的意义

运营管理是商业地产的核心，是商业地产收益和物业价值提升的源泉。在住宅地产市场都在逐渐抛弃那种“打一枪换一个地方”的短线操作模式的当下，高投资、高回报、高附加值、专业性极强的商业地产项目更加不能以一种想要速战速决或者杀鸡取蛋的心态来操作，以免丧失自己的商业核心竞争力和本来可以得到的更大的经济利益。在项目前期招商基本完成，各种商业业态进入具体运营阶段以后，能否实现可持续发展，很大程度上取决于后期的运营管理是否能把松散的经营单位和多样的消费形态，统一到一个经营主题和信息平台上。

统一的运营管理已经被公认为是商业地产成功运作的必要条件，也是现代商业地产管理运营的精髓。它一般包含四个方面的内容：统一招商管理、统一营销推广、统一服务监督和统一物业管理，显然，这四方面的内容不仅仅是一个物业管理公司可以承载的。我们当然可以通过资源整合来完成经营管理，比方说：由外部专业的招商团队进行规划和招商，由专门的广告公司来做项目的整合推广，再由物业管理公司来做其他的管理工作。但是，随之而来的问题是：各方的协调、各方的利益，谁来主导、谁来负责等一系列的潜在矛盾让统一的经营管理变成了一句空话。经过无数商业项目的实践，目前最为稳妥有效的方法是成立一个专门针对项目的商业运营管理公司/团队，或隶属于开发公司，由开发公司投资组建；或由开发公司专聘商业管理公司，委托其对项目进行管理、服务；其任务就是要制订适合项目、可执行性强的运营管理方案并组织管理实施。

成功的大型商业地产项目的经营运作往往是三个部分的交叉循环，分别是招商、留商和养商，其中的前期策划、招商环节又可以独立出来，作为后期工作的基础。所谓留商，关键是要想办法让经营户赚钱，只有经营主体在商业上能够生存，有了足够的回报，才能缴纳租金和各种管理费用，整个项目才算盘活，发展商才能获得效益。如何能帮助经营户赚钱呢？首先要懂得经营项目。在商业地产市场逐渐成熟、商业业态日益丰富的今天，商业项目要想脱颖而出，必须具备广泛的知名度即让更多的人知晓并乐于到达，增加消费机会，但知名度的建立并非一蹴而就，它需要一个过程；同时，运营者对消费者需求的了解、消费者心理的把握也需要一个时间过程，比如业态的设置是否能有效满足需求，促销活动内容是否被充分认同，光色是否适宜，背景音乐是否能带来喜悦心情等。只有经过时间的打磨，彼此才能相互准确地传递信息并反馈到调整方案中；检验修正的效果是否有必要进行再次修正，仍然需要一个过程。在一些高端的、大型的商业项目中，这甚至是一个中长期的过程。这就是所谓的“市场培育期”的概念。正确认知培育期存在的必然性，通过聚集人气、稳定租户心态、树立项目的良好公众形象等措施缩短它存在的时间，并将由此带来的负面影响降到最低，这就是在解决留商的问题。至于养商，关键还是在于根据项目自身的硬件设施和运作模式来制订一套合理、安全、完善的物业管理方案和制度，并加以应用。项目的运营管理操作没有绝对的范本，其实质就是结合项目本身的特性，充分合理地运用一些特有的资源，完成商业经营管理和商业物业管理两部分的工作。

7.2　项目的商业经营管理

这里谈到的商业经营管理主要是指项目开业之后、经营期间的一系列商业管理活动，包括商业运营管理公司的人员管理，持续性的招商及业态管理，租赁政策与经营优化管理，整体形象的策划推广与长效促销活动管理，财务管理和其他服务性管理等。

1. 人员管理

人员管理是整个商业经营管理体系中最重要同时也是最困难的一环，这里所指的人员管理主要是一个成熟的商业运营管理公司的组织架构。

经营层面：总经办主要包括总经理、副总经理、经理助理，其中总经理是决策人，副总经理主管业务、行政等工作。

管理层面：办公室主管人事、行政和总务等工作；财务部主管资金运作和各项费用的核算、规范征收；招商部主管招商营运工作；营销策划部主管品牌推广、形象塑造、组织促销活动等工作；物业部统管物业管理、设施维修和保安、保洁等工作。

2. 招商管理

招商管理是一项贯穿项目始终的长期工作，从项目规划定位起就应该建立一套完整的招商管理制度和知识框架体系，对开业前和开业后的招商工作进行合理分解。开业前，招商管理的主要职能是项目的业态定位、业态布局、招商招租、商业咨询；为项目引入品牌店、专业店，达到业态、业种的合理配置，努力缩短项目的“导入培育期”。而开业后，在很长的一段时期内，由于经营适应性差别、商家个人原因、市场自然淘汰等各种因素使得存在着10%～15%的商家流动率，招商部此时仍旧需要进行项目的招商工作，并要根据当下的市场格局、竞争环境、消费者偏好等情况的变化，随时对招商方案做出调整。另外，招商部日常职责还包括为租赁经营户或租赁户提供品牌厂商引进、选择和对接服务。

3. 经营、服务管理

为了协调解决开发方、经营户与管理公司之间的冲突、矛盾，也为了反馈各方信息从而搭建三者与消费市场之间的沟通桥梁，统一服务监督要落实到运营管理公司的经营、服务管理工作中。经营、服务管理包含的内容多而杂，主要是围绕指导、协调、服务、监督经营户的日常经营活动展开，保证整个项目的高效运转。

（1）指导经营管理。组织经营户成立管理委员会，指导制订明确的制度和规则。对项目进行统一的形象（CIS）策划和管理，指导经营户的装修风格并要求遵守规定的经营区域营业时间（各业态有所不同）。针对经营不善、不符合整体发展规律的个别商家，及时运用政策扶持、调研市场、经营建议、运营整改等软性措施和适当硬件支撑，若仍不能很好适应市场，及时清理，更换新鲜血液，保持市场竞争力和良性循环轨道。

（2）协调多方关系。与经营户之间保持良好的沟通合作关系；协调经营者之间的紧张关系，增进经营者之间合作；当经营户与消费者发生纠纷时，协调双方的矛盾关系。

（3）提供客户服务。设立客户服务中心，为经营者提供国家政策、商品信息、市场动态、商业竞争状况、商业行业发展趋势等信息服务。提供传真、文印、信件收发、书报订阅等有偿服务。

（4）监督维护管理。维护整个项目的经营纪律、信誉，协助工商、税务、卫生、消防等部门的管理。

4. 促销活动管理

这里之所以将促销活动管理从广告推广管理中独立出来，是以一种探讨的心态来推敲其适用度和可行性。

促销活动管理是普遍应用于大型超市、购物中心、专业卖场等项目为短期内聚敛人气、推广产品、品牌、提升销售量的一种最为行之有效的管理方式。内容是：运营管理公司为项目策划制订好全年的促销活动计划，分为日常促销与节假日促销两个部分。根据项目运作进度和供求市场变化，以项目整体或部分品牌为单位，如期举办各种类型、各种主题的促销活动，如统一折扣优惠或限时优惠等。所发生的费用预先与业主/经营户沟通预算，对实际发生的费用按照承租户销售额的一定比例进行分摊。

由于本项目的经营定位是餐饮美食街，不能进行统一的收银管理，也不具备定期的新品发布或者季节性的折扣促销契机，所以建议将本项目的促销活动管理分为由运营管理公司策划组织的定期的配合推广/公关活动所做的促销和由管理委员会策划运营管理公司配合组织实施的不定期促销活动两个部分。促销活动由于涉及商家的让利，所以前期的计划和沟通是最重要的环节，利用活动的策划方案和活动计划来寻求商家的赞助，当然可以大大减轻发展商的经济压力，但是在最初的市场培育期内，发展商自行出资举办有主题、有创意、可延续的活动，这种方案的可行性较强。当项目度过了最初的市场培育期进入成长成熟阶段的时候，商家已经从促销活动中得到了品牌的提升、人气的带动、实际的经济回报，而运营管理团队也通过对之前活动的投入及效果进行评估，总结经验，修改完善出了更加适宜的促销活动策划方案，此时发展商再对商家收取一定赞助费，并根据所得的赞助资金有计划地进行控制，对成本支出进行预算，若所得资金与支出形成差额，还可以为发展商提供额外的资金收益。

5. 广告推广管理

广告推广管理是项目经营管理的重要组成部分，也是目前本项目最急待开展的工作。作为海滨旅游城市，从 4 月份起整个青岛已经进入了旅游旺季，如果现在还不能制订出行之有效的推广计划，本项目将会错过重整旗鼓的黄金时期。

（1）增加天幕城的人气要依靠持续、系统的广告传播及推广活动。由于天幕城前期商家经营出现的某些问题，造成天幕城目前人气不足的现象。若想要改善目前的状况，首先要找准问题所在，并针对目前存在的问题对症下药，对物业进行改善，立足长期发展的目标，制订完整而切合项目自身特点的运营方案并执行到位，配合新一轮品牌宣传，使天幕城项目能够以其特点和优势吸引更多的消费者。

（2）战略目标。天幕城目前虽有商家进驻，但因多种原因商家的经营情况均不理想，项目人气不足，未达到理想的运营。尤其目前 2 号楼招商遇到障碍。为使项目正常并良好的运作起来，使开发商、物业持有者及经营者能够达到三赢的理想效果，创造更丰厚的价值，建议在物业进行改善的同时，做充分的营销推广工作，以使项目可以在更短的时间内成功。

（3）推广思路。首先，要明确本项目的基本定位策略。本项目定位为“以民俗文化为卖点”“以休闲产业为亮点”“以餐饮经营为落点”的青岛地区文化、休闲特色体验街区。因此，我们的营销推广中心便围绕其三大特点展开。另外，开发商的品牌及政府扶持政策使本项目有着强有力的支撑，而青岛市政府对市北区的一系列改造计划也为天幕城描绘了一幅未来前景的蓝图。品牌的推广不仅对项目本身是一种宣传，更重要的意义在于最大限度地提高企业形象，并逐步形成积累，为日后的发展铺平道路。

综上所述，本项目的宣传应该立足于项目形象、突出项目特色，以品牌及政策为支撑展开。在宣传方面，我们通常将公共传播媒体、印刷媒体、户外媒体宣传以及营销活动作为主要途径。打造天幕城的新形象。

（4）宣传内容。

1）品牌宣传。品牌是一个项目良好发展的根基，品牌实力是项目良好运作的支撑，因此，立足长期发展，品牌宣传是一个项目宣传重要的组成部分。

天幕城项目开发商是山东海润集团，海润集团实力雄厚，在青岛乃至全国有着较高的知名度，本项目应利用海润集团的品牌影响力，将品牌实力作为宣传重点之一，提升项目形象。

2）项目宣传。立足项目本身，深度挖掘项目优势，从视觉、听觉给客户传递项目信息及发展前景，利用推广活动与客户产生互动，从而达到客户认可并进驻天幕城的目的，实现招商目标。

（5）宣传方式。应用常规媒体做硬性广告传播和软性新闻煽动；互动性营销推广活动作为周期性推广。以阶段性轰炸式广告和长线活动推广相结合的方式进行推广，让客户了解天幕城开发背景、经营业态等一系列情况。

1）常规媒体宣传。

① 户外广告。户外广告主要起形象展示作用，画面要求主题鲜明、视觉冲击力强、能够瞬间引起客户兴趣并留下深刻印象。

② 报纸广告。作为常规媒体，在信息传递方面，报纸效果仍然在整个大媒介中是最好的，因此，天幕城新一轮开街及各项活动、优惠政策等信息，仍然需要通过报纸宣传来传达。

③ 印刷品。包括楼书、折页、宣传单页等印刷品，很大程度上可以代表一个楼盘的形象，通常楼书以概念性内容为主，折页、宣传单页等内容则相对更加实际。

天幕城目前对外宣传的印刷品只有折页，天幕城并非新开项目，而楼书的成本较高，因此可以不印楼书，但考虑到宣传推广的需要，建议天幕城增加其他印刷品广告，并丰富广告内容。

④ 电台。听觉广告，广告陈述时间较短，内容以案名及电话为重点，作为视觉广告的辅助宣传。

⑤ 网络推广。网络推广从推广形式到内容都相对比较灵活，并能够产生互动，以带有趣味性的方式介绍项目，可提高网站浏览者的兴趣，加深印象。

从费用方面来看，网络的宣传费用较低，宣传时间较长，是适合作为长线推广的一种方式。

2）营销活动。

① 商务酒店及写字间的宣传。

② 新闻发布会。

亮点：创业孵化器概念的引入。

推广目标群体：年轻创业者及初次创业者。

推广形式：新闻发布会。

推广内容：介绍企业孵化器的概念、用途以及特点。

③ 招商推荐会。

时间：待定。

地点：待定。

目标人群：正在创业或者准备创业的各界人士。

活动内容：以小型商家展示会的形式，邀请商家进行品牌宣传及招商活动，吸引创业者参加展示会，过程中合理融入天幕城创业孵化器的宣传。

活动目的：通过品牌商家的招商活动，吸引创业者，通过天幕城的平台让创业者找到合适的项目，并届时推广天幕城大学生创业孵化器的概念和服务模式，以达到招商目的。

④ 海润创意产业评选。

时间：待定。

目标人群：正在创业或者准备创业的各界人士。

活动内容：借招商说明会的余热，以海润集团的名义，举办创意产业的评选，对评选出的优秀的、有发展前景的产业、行业给予一定的奖励（活动形式参照中央电视台赢在中国）。

奖励形式：奖励创业基金；进驻天幕城写字间，在一定期限内免收租金。

活动目的：其根本目的是通过活动吸引广大创业者的注意及兴趣，从而达到进驻天幕城的目的。

⑤ 高端及商务用品新品发布会：为笔记本式计算机、商务手机等相关产品新品发布会提供场地。

3）商铺的宣传推广。

亮点：天幕民俗风情美食街。

推广期宣传活动：

① 天幕城开街仪式。

时间：天幕城开街当天。

地点：天幕城内街广场。

活动内容：文艺表演、天幕城特色餐饮品尝、有奖问答、互动交流活动。

活动目的：聚集人气，宣传天幕城及其业态，制造开街当天火爆气氛，传递开街信息，让更多的人了解天幕城，改变市民对天幕城的原始印象。

② 民俗风情美食节。

活动时间：待定。

活动地点：天幕城。

目标群体：各种餐饮消费人群。

活动内容：举办各种主题性的餐饮活动，展示天幕城现有餐饮商家的特色。

活动目的：让更多的消费者认识天幕城的餐饮及其特色，改变消费者心中天幕城餐饮价位高的认识。

③ 系列民俗风情节。

活动时间：待定。

活动地点：天幕城内街广场。

目标群体：旅游者、当地居民等。

活动内容：展示青岛及青岛周边地区特色民俗文化，邀请民间艺人展示各家精湛民间手艺。

活动目的：吸引更多旅游及本地人士到天幕城参观并有较长时间停留，产生消费。

6. 财务管理

由专门的财务部门负责规范各种费用的核算和收取，针对在项目内从事经营活动的经营户，出台相关的收银管理办法。

7. 其他管理

包括歇业及租赁管理；与经营户所组成的管理委员会之间的沟通、辅助和协调工作。

7.3 项目的商业物业管理

项目的物业管理一般包括保安、保洁的管理，项目硬件设施的维护，水电气、环境及装修装饰等多方面的管理工作。以下是物业管理服务的一些主要职能（仅供参考）：

（1）物业共用部位的维修、养护、管理。房屋共用部位、共用设施设备小修实行报修、约修制度，水不过天，电不过夜，零修、小修及时率98%，合格率100%；急修随报随修；市政公用设施通知行业管理部门处理。

（2）物业共用设施设备的运行、维修、养护和管理。共用的上下水管道、雨水管、水箱、加压水；电梯、天线、供电线路、通信线路、照明、供气线路、消防设施、监控报警系统等；绿地、道路、路灯、沟渠、池、井；其他公益性文体设施和共用设施设备使用的房屋等。

（3）物业共用部位和相关场地的清洁卫生，垃圾的收集、清运及雨水管、污水管道的疏通。公共部位的保洁、通畅，不被占用；提供完善的环卫设施。

（4）公共绿化的养护和管理。

（5）车辆停放管理。

（6）公共秩序维护、安全防范等事项的协助管理。

（7）装饰装修管理服务。

（8）物业档案资料管理。

（9）其他服务。

（山东黑马房地产顾问有限公司）

【报告点评】

这是一篇商业项目招商运营建议报告，既然需要寻找房地产策划机构对项目目前的招商运营情况进行诊断，就证明项目的营销存在问题。如果只是营销方式上的一些小问题，策划机构就可以在进行充分市场调研的基础上，提出修正意见并协助房地产开发商进行整改，若策划机构经过调研后发现项目存在的问题比较严峻，则项目可能就需要重新调整定位，再次赋予项目新的精神内涵，但目前房地产策划机构素质良莠不齐，若调整后的定位和营销策略由于不吻合市场，还是不能解决项目的问题，就需要再次调整，这对房地产一个项目的开发是非常不利的。

这类二次策划报告主要注重市场调研部分，因为只有在深入的市场调研后，才能真正找出项目存在的根本问题，才能提出行之有效的解决办法（如精准的市场定位，可执行性强的营销策略等），救项目及开发公司于水火之中。

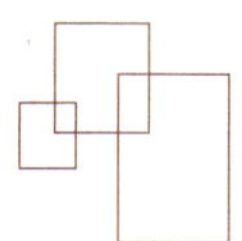

三、广东广州黄埔珠江嘉园开盘及前期营销策略检讨报告

报 告 目 录

第一部分　数据统计

1.1　收筹情况

（1）客户有效来电：4 月 21 日 ~6 月 7 日累计来电，见表 8-3-1。

表 8-3-1　客户有效来电登记

日期	4 月 21 日 ~ 4 月 27 日	4 月 28 日 ~ 5 月 4 日	5 月 5 日 ~ 5 月 11 日	5 月 12 日 ~ 5 月 18 日	5 月 19 日 ~ 5 月 25 日	5 月 26 日 ~ 6 月 1 日	6 月 2 日 ~ 6 月 7 日	合计
数量/组	90	78	61	42	68	88	181	608
比例	14.80%	12.83%	10.03%	6.91%	11.19%	14.47%	29.77%	100.00%

（2）客户有效来访：4 月 28 日 ~6 月 7 日累计来访（表 8-3-2，图 8-3-1）。

表 8-3-2　客户有效来访登记

日期	4 月 28 日 ~ 5 月 4 日	5 月 5 日 ~ 5 月 11 日	5 月 12 日 ~ 5 月 18 日	5 月 19 日 ~ 5 月 25 日	5 月 26 日 ~ 6 月 1 日	6 月 2 日 ~ 6 月 7 日	合计
数量/组	137	90	80	214	206	149	876
比例	15.64%	10.27%	9.13%	24.43%	23.52%	17.01%	100.00%

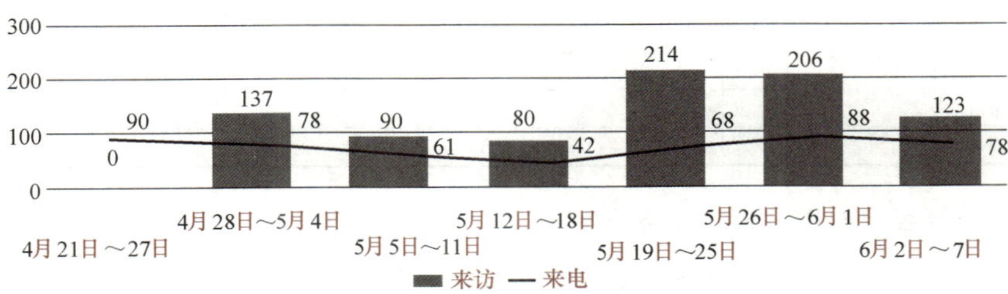

图 8-3-1　客户有效来电来访数量统计

（3）电商认筹：5 月 1 日 ~6 月 7 日累计认筹 168 个。

（4）诚意金转筹：5月31日~6月7日累计转筹61个。

1.2　成交情况（截至6月10日）

成交套数：43套。

成交面积：3966.99m²。

成交金额：4409.0549万元。

成交均价：11114元/m²。

1.3　成交数据分析

（1）转化率分析（表8-3-3）。

表8-3-3　转化率分析

项　目	总数	开盘当天到场/组	成交数/组	成交比例
转筹客户	61组	61	28	46%
未转筹电商认筹客户	107组	56	12	21%
未下筹旧客户		51	2	3%
新到场客户		31	1	4%
合计	168组	199	43	74%

（2）成交单位分布（6月8日~6月17日）（表8-3-4）。

表8-3-4　成交单位分布

户　型	10栋						6栋				合计
	01	02	03	04	05	06	01	02	03	04	
面积/m²	100	78	78	100	90	90	121	130	105	105	
2~10层	2	0	3/2	3	5	6	1	0	0	0	22
11~20层	1	0	3	5	2	7	0	0	0	0	18
21~30层	0	0	0/1	1	0/1	4/1	0	0	0	0	8
30层以上	0	0	0	0	0	0	0	0	0	0	0
价格表均价/(元/m²)	12622	12622	11366	11075	10720	10800	14044	14396	13567	13287	
成交均价/(元/m²)	12484		11211	10999	10446	10862	15936				
合计	3	0	9	9	8	18	1	0	0	0	48

（3）来访未成交筹客户原因分析（表8-3-5）。

表8-3-5　来访未成交筹客户原因分析

原　因	客　户　数	比　例
选不到合适楼层	2	6%
单位价格偏高	28	85%
限购限贷影响	2	6%
仍在考虑	1	3%
合计	33	100%

（4）未到访筹客户原因分析（表8-3-6）。

表8-3-6　未到访筹客户原因分析

原　因	客　户　数	比　例
对楼市后市不乐观放弃购买	5	9.80%
限购限贷影响	4	7.84%

（续）

原　　因	客　户　数	比　　例
单价过高	6	11.76%
客户出差未回	12	23.53%
联系不上	6	11.76%
已购其他项目	10	19.61%
资金问题，需分期半年以上	8	15.7%
合计	51	100%

1.4　成交客户分析

（1）成交客户置业次数（表 8-3-7，图 8-3-2）。

表 8-3-7　成交客户置业次数分析

置业次数	首次	二次	多次
套数	39	2	2
比例	90%	5%	5%

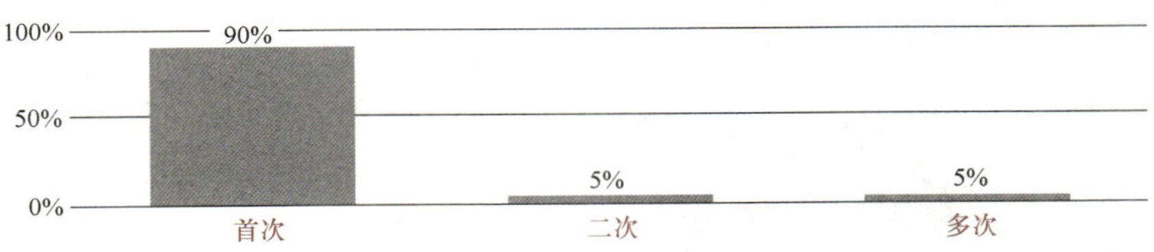

图 8-3-2　成交客户置业次数占比示意图

（2）成交客户居住、工作区域（表 8-3-8，图 8-3-3）。

表 8-3-8　成交客户居住、工作区域分析

工作区域	永和	科学城	原黄埔	开发区	天河	东圃车陂	增城	其他
套数	8	10	6	4	9	2	0	4
比例	19%	23%	14%	9%	21%	5%	0%	9%

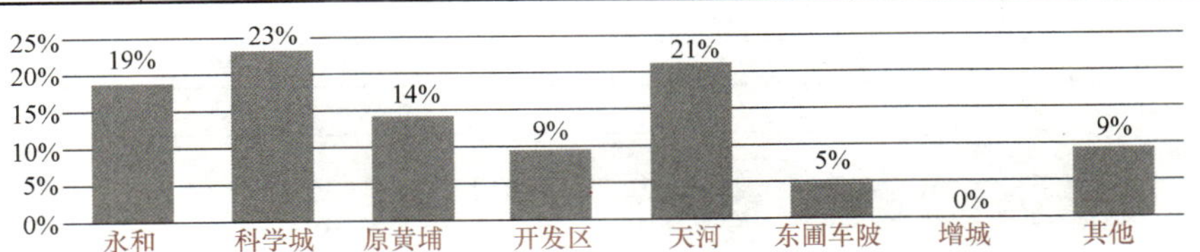

图 8-3-3　成交客户居住、工作区域分布占比示意图

（3）成交客户获知途径（表 8-3-9、图 8-3-4）。

表 8-3-9　成交客户获知途径分析

媒体	户外广告	报纸	地铁广告	楼体灯字	短信	朋友介绍	巡展	单张	网络媒体	电话邀约	二手带客
数量	0	6	2	8	3	12	2	4	6	4	37

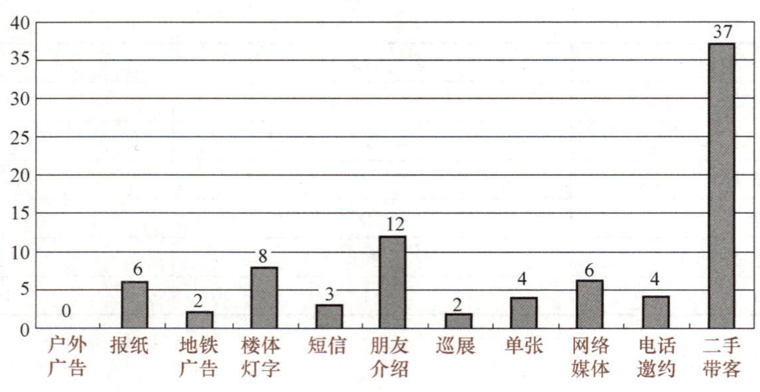

图 8-3-4 成交客户获知途径占比示意图

（4）成交置业目的（表 8-3-10，图 8-3-5）。

表 8-3-10 成交客户置业目的分析

购买目的	自　住	投　资
套数	41	2
比例	95%	5%

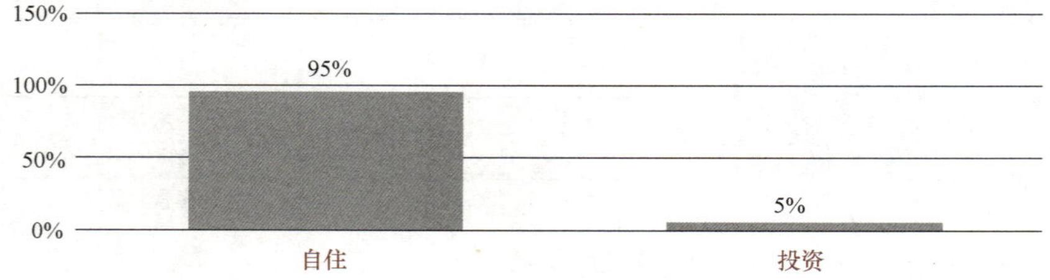

150%
100%
50%
0%
95%
5%
自住
投资

图 8-3-5 成交客户置业目的占比示意图

（5）成交客户付款方式（表 8-3-11，图 8-3-6）。

表 8-3-11 成交客户付款方式分析

付款方式	公积金		商业贷款	一次性	半年分期
	纯公积金	组合			
套数	4	20	14	4	1
合计	24		14	4	1
比例	56%		33%	9%	2%

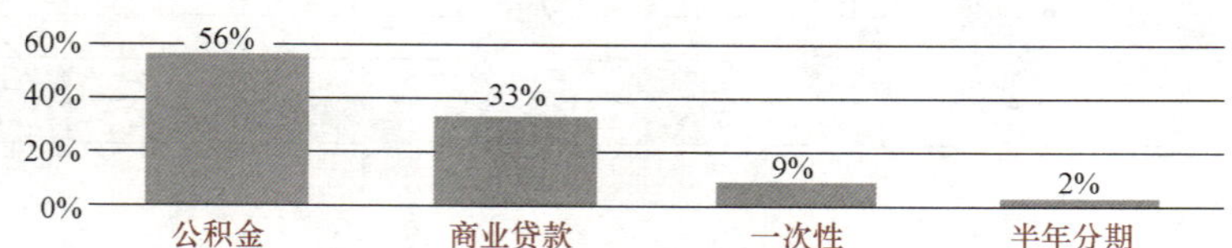

图 8-3-6 成交客户付款方式占比示意图

（6）按揭付款客户首付成数分析（表 8-3-12，图 8-3-7）。

表 8-3-12 按揭付款客户首付成数分析

按揭客户首付成数	30%	50%	60%	70%
套数	34	1	1	2
比例	79%	2%	2%	5%

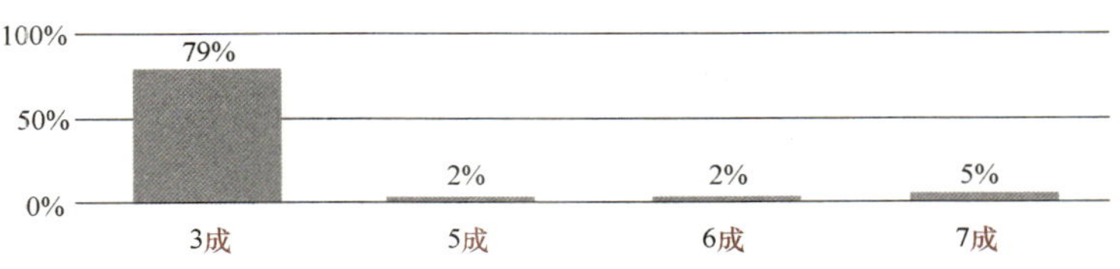

图 8-3-7　按揭付款客户首付成数占比示意图

1.5　签约情况（6月8日~6月17日）

（1）签约概况（表 8-3-13）。

表 8-3-13　签约情况登记

时间	6月9日	6月10日	6月11日	6月12日	6月13日	6月14日	6月15日	合计
套数						2		2
面积/m^2						180.7		181
金额/元						1928123		1928123
均价/(元/m^2)						10670		10670

（2）目前签约进度（表 8-3-14）。

表 8-3-14　目前签约进度

目前已成交套数	应签约套数		未到签约日期套数
	已签约套数	应签未签套数	
48	2	41	5

（3）应签未签原因（表 8-3-15）。

表 8-3-15　应签未签原因分析

原因	折扣	等同贷	公司员工	资金不足	处理名额	银行资料收集中	申请退房	合计
客户数	3	8	4	14	6	5	1	41

第二部分　原因思考

2.1　市场因素

这并非珠江嘉园一个项目的问题，4月底开始，市场交投迅速冷却，各项目来电到访成交数据大幅下滑，4月19日中海誉城开盘成交300套的业绩不复再现，市场观望气氛越发浓厚。端午假期，中海誉城和金色梦想争先开盘，成交可以用惨淡形容。

2.2　自身因素

1）真正蓄客是从4月28日销售中心和示范单位正式对外开放开始的，蓄客周期不足。

2）开盘节点多次调整，未能适应市场变化做出快速反应，导致营销节奏被打乱。

3）客户来电统计数据显示，来电量少于来访量。

4）线上推广面没有铺开。

5）铺垫周期不足。

6）线上推广未能击中目标客户。

7）推广渠道和手段单一，未能形成行之有效的组合拳。

8）产品推广上未能充分挖掘并有效输出产品价值形成产品竞争力。

9）客户来访统计数据显示，客户来访量集中在一二手联动启动后。

10）目标客户定位不准确，最终确定目标客户配比是在启动一二手联动前后，前策阶段，内部一直在目标客户定位方面存在较大分歧。

11）目标客户和线下推广区域锁定后，执行层面未能较好到位。

12）作为全新项目，道路指引系统配套较晚。

13）项目所在区域交通较不便利，配套巴士落点配置较少。

14）针对竞品项目截客手段不到位。

15）团购拓客业务未充分展开。

16）价格定位输出较晚，客户意向迟迟无法落实。

成交情况两面看，从市场大环境下的区域性横向对比看，成交保持平均水准，成交转换率也高于竞品水平，但从企业目标实现角度看，成交不理想。

2.3 价格问题

从数据统计结果看，大部分到场客户因为价格原因未能成交。刚需客户无论对总价还是单价都极为敏感，哪怕总价几千元差价也会斤斤计较。

1）价格定位存在较大的市场落差，策略上未为市场下行预留调整空间。9字头线上输出是把双刃剑，吸引关注的同时亦将项目的市场心理价位定位在较低水平。付款条件（付款期限和首付比例）不够灵活。

2）销售人员在促客成交方面未能充分端正惯性思维，未能针对刚需客户的实际需求和实际情况有针对性地进行引导和灌输。

第三部分 面临最大问题

1）网签是场硬仗，市场竞争白热化，竞争对手极有可能通过暗降截留嘉园的已成交客户。

2）新客来电、到访量严重不足。

3）价格相对周边竞品项目竞争力稍显不足。

第四部分 解决方案

4.1 销售线

1. 确保网签，加速回款

（1）选择按揭付款方式的客户占比超过90%，网签受按揭行同贷影响，为确保网签率，已要求客户严格按照认购书约定的付款期限先行缴付楼款，加大锁客力度。

（2）针对客户首期款筹措难度较大，在不违反付款方式和相应期限规定的前提下，通过手账方式同意客户分期缴付首期款。首期款付清并获得按揭行同贷后办理网签。

（3）积极配合并协助客户办理各项按揭手续，提高按揭审核效率。

(4) 积极配合协助未具备网签条件的非按揭付款方式客户扫除网签障碍，并主动为具备网签条件的客户准备网签所需各项文件。

(5) 要求销售人员适当保持与认购客户的充分沟通，确保客户对项目的各项资讯有明晰的了解。

2. 以老带新，挖掘新客

(1) 针对陪同认购客户到场的亲友进行有效的传染式营销，增加以老带新机会。

(2) 将开盘时的2万元优惠，包装成购房代金券赠予客户。

(3) 建议增设泛销售奖励或旧业主介绍成交双向奖励措施。

(4) 继续跟进未成交客户，争取成交。

(5) 针对未成交筹客户和未转筹客户进行适当的逼迫式营销，关键时刻适当动用特别折扣诱导其成交。

(6) 系统性灌输项目优势，并配合具有利益驱动的现场活动打动客户再次到访，提高成交概率。

3. 适当放宽付款条件

(1) 降低公积金及混合按揭付款客户入市门槛，通过释放公司领导特批优惠折扣或将开盘98折优惠调整暗转为额外的付款方式折扣，以加大对客户谈判筹码，同时加大针对该类折扣的管控力度，避免个案成为“大货”。

(2) 原则上采取先抓成交再抓到账的策略，针对首期款筹措有难度的客户适当放开付款期限，事实上，在设计“开盘即价格执行方案”董事会决议时，已将付款期限的灵活度考虑在内，但在销售管控上，仍然要求代理公司在输出对客户谈判时，逐步释放相关利好，并配合财务手账与明源系统流程相结合的模式，在确保网签到账的前提下，尽可能地为客户提供相对宽松的付款条件。

4. 促使销售团队改变市场上升周期守株待兔的思维模式

要求并主导团队走出去，把外向型拓客作为与现场销售同等重要的销售手段，利用购房代金券结合销售资料，针对萝岗地区企事业单位及政府机构进行渗透性推销。

(1) 加大一二手联动力度。扩大一二手联动规模，引进更多二手代理机构进入营销体系，在现有的商务条件基础上，进一步优化递进式佣金结算体系，吸引满堂红、中原、裕丰等二手代理机构参与带客销售；扭转二手销售人员之前内线作战的乱象，把外线截客作为主要战术，并加大call客力度。

(2) 强化销售人员专业技能培训，进一步提高对客户沟通能力。

1) 调整并优化销售团队人力资源配置。

2) 通过前期观察、培训考核及开盘期间的表现，调整、优化销售团队人员配置。

5. 适时推出毛坯销售策略

如市场继续下行，成交平缓但急需资金回笼的情况下，建议10栋B梯的价格调整与10栋A梯相当，同时降价1500元/m^2带毛坯发售。

4.2 推广线

(1) 以“线上提升项目形象，线下拓展目标客户”为核心策略，形成行之有效的媒体组合。

(2) 报广主打形象和产品卖点。

(3) 派单、举牌、call客等传统手段负责重点区域渗透。

(4) 加大看房团带客的投入力度。

（5）引入活动机构在丰富现场气氛的同时打造具有一定性价比和市场影响力的主题活动。

（6）进一步加大网络营销的力度，丰富推送转发内容，结合实体活动和事件营销扩大在微博、微信、论坛等社交网络平台的影响力。

（7）进一步加强区域性导视系统的发布规模和覆盖面。

（8）优化电商资源，进一步挖掘电商模式下的全媒体组合潜力。

（9）尽快更新并优化楼体灯字、外围桁架的内容和形象。

（10）加大有针对性地拓客力度，形成与萝岗产业人口的良性互动。

（11）一方面扩大目标人群的覆盖区域，另一方面萃取锁定主要目标人群日常居住、消费和活动区域，把线下推广手段做足做透。

（广州珠江实业开发股份有限公司营销部）

【报告点评】

该报告由四大部分组成，首先，对项目销售情况进行分析，从收筹情况、成交情况、客户分析、签约情况四个方面入手，以销售现场获得的数据为基础进行研究。其次，对项目滞销的原因进行思考，寻找项目存在的问题，最后决定紧抓销售及推广这两个终端，提出切实可行的方案策略。

虽篇幅较短，但其对项目的研究分析是在销售数据的基础上进行的，因此较贴近真实情况，提出的策略可执行性也较高。

第九章

物业管理策划报告

指引

一、辽宁沈阳银信商座物业管理顾问方案

二、贵州贵阳乌当区保利春天大道项目别墅区物业服务方案

三、广东惠州峰璟国际商务大厦物业管理方案

四、内蒙古呼和浩特春华水务水岸小镇H区时尚商业广场物业管理服务方案

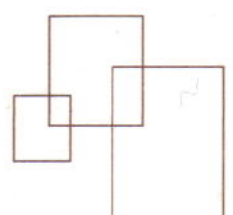

一、辽宁沈阳银信商座物业管理顾问方案

报告目录

报告正文

第一部分　项目概况

银信商座位于沈阳市和平区民主路78号，为市中心黄金地段，紧接民主广场、市文化宫，地处政府办公区、宾馆区、公园区三区合一的焦点位置。项目占地9593m^2，总建筑面积达52000m^2，绿化率高达25%。集酒店式公寓、商业住宅为一体。作为沈阳深银信房地产开发有限公司鼎力推出的作品，开发商对项目精益求精，精心雕琢，加之项目优越的地理位置，合理丰富的商业规划，保证了银信商座必将成为沈阳经典楼盘的典范之作。

为保证银信商座高起点的物业管理水平及服务质量，并力求在较长时期内保证银信商座内各物业具备保值、升值的潜力，享有“中国第一管家”美誉的深圳市中海物业管理有限公司（以下简称“顾问商”）凭借其在物业管理领域十几年的丰富管理经验、先进的管理模式、一流的管理人才，有决心、有信心成功承接银信商座项目的物业管理顾问工作，将ISO 9000质量管理体系、ISO 14001环境管理体系和酒店式物业管理、健康式物业管理、商务全程式的全新理念全程导入到该项目的物业管理工作中，全心全力为即将入驻的每一位业主展现一个安全、清洁、优美、舒适、方便、和谐的生活和工作环境，让每一位业主切身体会到中海物业高品质的服务。

第二部分　顾问方式概述及顾问期限确定

2.1　顾问方式概述

1）为保证银信商座项目有一个高起点的物业管理水平及服务质量，中海物业（以下简称

“顾问商”）将指导沈阳深银信房地产开发有限公司（以下简称“发展商”）聘请的物业管理公司（以下简称“管理商”）负责银信商座项目物管工作的具体实施运作，以便利用中海物业公司在人力资源、管理经验、管理模式以及规范化的服务体系等诸方面的优势能为广大业主提供高品质的物业管理服务。

2）双方合作关系一旦确定，顾问商将把银信商座的物业管理工作列入中海物业相应的策划、考核、检查、评比序列中，由公司组建顾问团及委派驻场顾问，根据银信商座的具体情况，负责跟踪其对外租售、竣工验收、投入使用以及日后的物业管理工作，指导管理商制订全套管理方案、程序文件、管理制度、服务质量标准等，并督促其有效运行，按照双方约定的顾问服务内容为管理商提供全方位、全过程、专业化的顾问管理服务。

3）考虑到银信商座项目物业类型较为多样，其设施设备也较为复杂，其管理难度随之加大，故为保证管理目标的实现及更有力地推行中海物业管理模式，顾问商将于顾问实操指导阶段派驻一名物业管理资深人士担任驻场经理，作为管理商管理的实体“核心”，并辅之以公司顾问团以及公司各专业部门、专业公司的技术支持，结合银信商座物业管理工作的实际需要定期赴现场进行考察指导，根据项目现场发现的问题及时针对性地提出整改建议与整改措施。在公司顾问团与驻场顾问二者的共同努力下，将为管理商日后的物业管理工作打下良好的基础。

4）顾问商提供顾问管理服务的目的在于为管理商培养一支高水准、高质素的管理队伍，同时中海物业良好的品牌效应也必将促进银信商座物业的租售；在顾问期限内，顾问商允许发展商就银信商座项目向外界使用“中海物业顾问管理”等文字进行宣传推广。

顾问服务方式如图 9-1-1 所示。

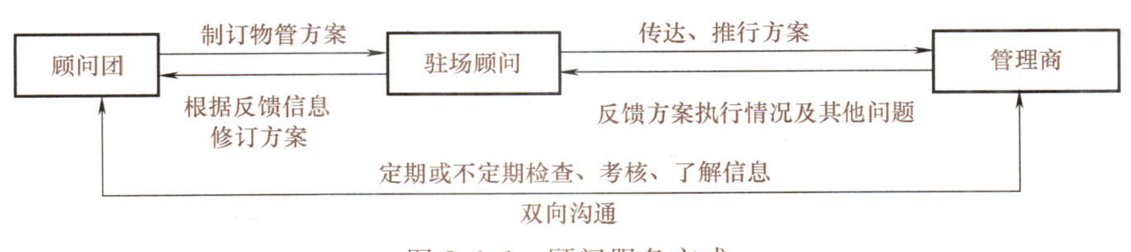

图 9-1-1 顾问服务方式

2.2 顾问期限

顾问期限预计共计二十五个月（以项目入伙时间为准）。顾问期分前期介入、实操指导和服务质量跟踪三个阶段。其中前期介入阶段为 10 个月，实操指导阶段为 12 个月，自银信商座物业入伙之日前两个月起计，服务质量跟踪阶段为实操指导阶段结束后首三个月。

2.3 驻场顾问和顾问团工作职责

1. 驻场顾问工作职责

根据项目的实际情况，在实操指导阶段（物业入伙前两个月起）顾问商将于项目现场派驻一名物业管理资深人士担任驻场经理，常驻现场负责以下各类工作：

1）全面考察项目，收集关于针对该项目类型的物管法规、人文情况，并将这些信息传递给顾问商的该项目顾问团。

2）将顾问团针对本项目制订的物业管理具体计划付诸实施。

3）将项目物业管理计划推行过程中遇到的情况、问题和执行进度及时反馈给顾问团，以获得技术支持，并协助管理商落实解决。

4）协助顾问团人员对项目进行实地的考察、评审、监督整改等工作。

5）日常物业管理工作的培训、指导、咨询。

6）紧急事故的应对与处理技巧。

2. 顾问团工作职责

顾问团由一批有着丰富管理专业经验的物业管理专家组成，分别于前期介入、实操指导和服务质量跟踪三个阶段针对项目进度并结合发展商的需要定期赴现场考察指导，以下为建议各阶段赴现场的时间，供参考：

（1）前期介入阶段——首次考察、工程交接验收阶段。

（2）实操指导阶段——入伙后的正常管理期。

（3）服务质量跟踪阶段。

顾问团（约3~5人）于前期介入阶段、实操指导阶段和服务质量跟踪阶段三个阶段的考察次数总共不超过五次，顾问团具体赴现场的工作时间将配合发展商的工程进度和项目的实际需要来安排。

顾问团主要负责的工作如下：

1）由顾问团根据驻场顾问及每次考察、评审所传递、获得的信息，凭借中海丰富的管理经验为项目度身订造一整套物业管理实施方案，完成合同约定的各项工作内容。

2）负责解决物业管理工作中的重点和难点等。

3）定期对项目管理商进行全方位考核，并提出整改意见。

4）对驻场顾问的工作予以考察、评价和完善。

顾问工作安排见表9-1-1。

表9-1-1 顾问工作安排

工作阶段	人员构成	工作方式	现场工作安排
前期介入（10个月）	顾问团3~5人，驻场经理1人（开盘前后各一个月）	定期赴现场考察指导	建议赴现场工作两次
实际指导（12个月）	顾问团3~5人	定期赴现场考察指导	建议赴现场工作两次
	驻场顾问1人	常驻现场作日常指导	本阶段内常驻现场实地工作
服务质量跟踪（3个月）	顾问团3~5人	定期赴现场考评指导	建议本阶段末赴现场工作1次

注：除上表中所列顾问团定期赴现场考察的安排之外，在顾问期内，顾问商还可应发展商及管理商的要求，并结合顾问管理服务的实际需要，不定期派遣顾问团人员到项目施工现场进行实地工作指导，并对管理商进行相应的考核评价。顾问团不定期赴现场的费用另计，收费标准为人民币6000元/次（往返差旅费及现场食宿由发展商承担）。

说明：

1）顾问团人员将根据各阶段工作内容要求，由包含有质量管理、机电设备、土建、空调、消防、电梯、楼宇智能化、园艺绿化、酒店管理等物业管理需涉及的各专业资深管理人士组成，并长期为该项目服务。

2）顾问期限内，顾问团除完成上表中提及的现场工作外，同时将全程跟进项目的竣工验收、投入使用以及之后的日常物业管理工作，并随时提供相应的咨询指导服务。

3）为了配合发展商的开盘销售工作，顾问商将在项目开盘前后的一个月派驻场经理一名。

4）对售楼人员进行物业管理方面的培训、职业礼仪培训、售楼现场的布置及人员岗位职责指导，对楼盘销售、广告宣传、销售人员等进行工作中关于物业管理方面的指导。

第三部分　顾问管理工作范围

顾问管理工作主要有：

1）房屋建筑本体共用部位的维修、养护和管理。包括楼盖、屋顶、梁、柱、内外墙体和基础等承重结构部位、外墙面、楼梯间、走廊通道、门厅、设备机房等。

2）房屋建筑本体共用设施设备的维修、养护、管理和运行服务。包括共用的上下水管道、落水管、照明、天线、中央空调、加压供水设备、配电系统、楼内消防设施设备、电梯、中水系统等。

3）本物业规划红线内属物业管理范围的公用设施的维修、养护和管理。包括道路、室外上下水管道、化粪池、沟渠、池、井、绿化、室外泵房、路灯、停车场等。

4）本物业规划红线内的附属配套服务设施的维修、养护和管理。

5）专业装修工程质量监理与装修管理。

6）公用绿地、花木的绿化养护与管理。

7）公共环境的酒店式清洁服务。包括公共场地、房屋建筑物共用部位垃圾的收集、清运等。

8）交通、车辆行驶及停泊秩序与安全的专业管理。

9）对本物业实行二十四小时全封闭式安全管理，确保安全。

10）管理与物业相关的工程图纸、租用户档案与竣工验收资料。

11）接受物业使用人就房屋自用部位、自用设施及设备的专业维修、养护提出的委托并合理收费。

12）全方位商务服务支持。

13）协助管理商向物业使用人收取物业管理服务费等政府规定的各项费用，维护全体物业使用人的公共利益。

14）理礼并用、德法共行，对物业使用人违反物业管理法规政策的行为进行处理。

第四部分　顾问管理工作内容

4.1　前期介入阶段

1. 时限界定

由签约之日起至银信商座入伙之日前两个月。

2. 结合物业管理角度在项目施工验收阶段提供合理化建议

为今后开展物管工作及控制管理成本打下良好的基础，同时为进入实操指导阶段做好充分的准备工作。

（1）由顾问团对项目进行实地考察。通过研读、消化、理解发展商所提供的项目方案、可行性研究报告、初步规划、设计施工图、项目模型等资料，了解项目的规划意图、设计内容和规范，确定项目档次，协助管理商对管理档次进行定位。

（2）顾问团根据项目实际情况。从提高物业管理水平的角度，就设备设施的维修保养、楼宇绿化保养、楼宇智能化建设、保安队伍建设、社区文化建设等内容提出合理化建议，就相关问题给出整改意见。

（3）根据顾问商长期从事物业管理实践积累的丰富经验。从物业管理的角度对项目的各种设施、设备、材料的设计、选型、选材、安装等方面提供专业建议，使发展商在项目的投入上既能准确把握未来业主的实际需要，又有利于日后物业管理的成本控制及提高管理质量。

1）考查整体工程进度，协助发展商各专业工程的阶段性实施进度计划提议方案。

2）建筑设计（地下、地面、裙房、标准层、屋面）是否满足物业管理的需求。

3）设备机房的环境、通风是否满足要求。

4）对楼宇室外空调机位置确定，冷凝水的排放处理等问题的建议。

5）根据清洁管理经验及物业规划要求，提出垃圾房的建造位置和建造价格建议。

6）管理用房位置确定的原则及设计、装修标准，管理用房位置的参考意见以及管理用房的布局。

7）在不增加发展商总投资的情况下，为配合国际环保理念的推行，对适当设置一些环保设施，如感应式开关、自闭式水喉、分类垃圾箱（房）等提出建议。

8）在空调工程施工前，根据设计图纸从节能和便于管理的角度提出对设计的修改建议；在空调设施安装时，为便于以后维修管理，对需改变安装位置和工艺的地方提出建议。

9）从消防设施设计布局、产品选型等方面提出建议。

10）根据国家消防规范及公安消防主管部门的审核意见对设计中的缺陷（例如布局不合理造成人力浪费等），提出纠正及修改建议。

11）根据物业所在地的气候特点，审查植物设计图纸，选择因地制宜的环境绿化植物，使其既美观又方便长期养护，对不利于以后物业管理的问题提出调整建议。

12）从治安管理、员工生活、社区文化活动需要等方面提出修改建议。

13）根据公共部位建筑材料的选用情况，提供保洁标准和程序建议。

14）对建筑外墙的选材和设计提供专业建议，以方便外墙清洗，使之保持长久的美观。

15）根据项目规模、物业管理目标及服务范围、深度、当地行业管理相关法规政策等，对管理商的机构设置、定岗定编、各级各类员工的任职条件和素质要求等提出建议。

（4）从业主/住户使用的角度，提出专业建议。

1）从居家生活及安全角度考虑，提出是否增设安防设施的建议。

2）用电负荷是否满足现代家庭需要。

3）住户门是否有明显标识。

4）是否有方便残疾人进出、行走的通道，是否有非机动车停车位。

（5）从智能化的角度，提出专业建议。

1）考察整体工程进度，提出智能化工程的阶段性实施进度计划。

2）针对发展商对智能化工程的要求，对原智能化设计提出合理化建议，并根据当前市场情况，提出增加智能化功能的建议。

3）根据发展商的最终要求提出智能化系统设计方案，方案要求功能完善、先进，设计合理、实用。

4）协助发展商对多家智能化系统设计方案进行优化选择，从性能价格比等多方面确定最优方案，并对智能化设备的选型提出建议。

（6）从环保的角度，提出专业建议。

1）根据顾问商在给水排水、供电、垃圾处理等方面的节能、环保的成功经验提供专业建议。

2）根据会所增设的项目及小区配套设施（如泳池、餐饮等），从节能和环保角度，提出建议。

(7) 从物业管理角度提供专业咨询、服务以降低成本提高效益。

1) 物业周边围栏、岗亭、垃圾中转站的位置、规格及标准等。

2) 公共部分装修材料的选用。

3) 协助发展商对多家电梯品牌进行优化选择，从性能价格比等多方面确定最优方案，最终帮助拟定电梯品牌、型号、规格。

4) 满足消防规范的前提下，提供最新的设备技术或施工方法；协助发展商选择性能稳定、质量可靠、售后服务良好的消防产品和分包商。

5) 根据管理商要求，提供我方在建筑给水与排水方面的技术、设计、施工等的成功经验。

6) 根据项目和各项工作的程序提供测算实际需要配备的人员和费用的咨询。

7) 解答发展商及管理商关于物业管理相关法规、政策的咨询或提供相关法规、政策文本。

(8) 在施工过程中，协助发展商监督各专业工程的进展情况，尽力提高工程施工质量，确保工程按计划完工，同时可以降低日后物业设备管理难度。

(9) 指导发展商监督各专业设备安装和调试工作，确保工程质量。

(10) 指导发展商组织各专业工程、设施设备的验收工作。对不合格处提出整改意见，由发展商责成有关施工单位进行整改，然后进行复验，最后协助收集验收报告。

1) 指导发展商及管理商制订工程、设备验收程序及发现相关问题的处理程序。

2) 指导开发商进行资料验收，包括产权资料、工程技术资料等。

3) 楼宇质量及使用功能的检验。

4) 公共配套设施设备的验收。

5) 协助制订工程及设备的验收记录。

(11) 根据物业项目档次定位、物业当地管理费市场情况和当地政府物价主管部门有关物业管理收费政策，指导发展商制订物业管理收费标准。

(12) 配合发展商楼宇营销宣传、推广工作之需要，提供中海物业企业简介、主要业绩证书、在管物业图片及资质等级证书等资料。

(13) 配合发展商楼盘租售工作。

1) 对售楼现场人员进行物业方面的培训、职业礼仪培训。

2) 指导现场保安人员进行交通指挥、车辆管理、导向工作。

3) 指导物业现场人员对关于楼盘物业管理方面的问题进行答疑。

4) 对楼盘宣传资料中关于物业管理方面的问题，提出专业化建议。

(14) 小区会所前期建议。

1) 会所的规模和格局：根据小区的面积、住户数量以及小区所处的位置和环境，向发展商提出会所的规模和格局建议。

2) 会所的功能设置：根据市场情况结合小区特点（住户的结构性质等），提供较合理的功能配置方案，尽量做到全面而实用。

3) 会所项目的面积要求：根据项目特点和市场需求，测算出精确的（某些体育项目）、科学又合理的面积数据。

4) 会所的装修格局：会所装修的格局和用料与会所的后期经营有着密切的关联，应结合小区环境和项目要求，提出相宜的装修建议。

5) 会所的器材配置：向发展商提出较为详尽的器材清单和器材合理功能搭配等方面建议。

6) 会所的节能要求：会所的许多项目与 ISO 14000 环境管理相关，如泳池的节能和药污染、餐饮业的排污、娱乐项目的噪声等，顾问商将对此提供专业的处理建议。

7）会所的管理和经营：包括会所的管理方案、管理章程、经营模式、经营价位以及人员配备等方面的建议。

4.2　实操指导阶段

合作期限：共12个月，由本物业入伙之日前两个月起计，又分为前期筹备、集中入伙、装修搬迁和正常管理四个时期。

1. 前期筹备期

指物业入伙前，中海协助管理商从机构组建、人员培训到为物业入伙作相应筹备的工作时期。

（1）在发展商需要对物业设施设备系统进行增加、减少或改动时，协助发展商进行整改，并提供切实可行的方案和解决办法，确保系统的稳定。

（2）协助管理商建立各专业管理模式、机构设置、拟定人员编制。

（3）协助管理商根据物业项目实际情况，测算物管成本，提出物业管理收费标准，报当地政府物价部门审批。

1）人工费用测算。

2）设备耗能费用测算。

3）设备维修保养费用测算。

4）清洁定额费用测算。

5）园艺绿化项目的定额费用测算等。

（4）协助管理商选聘各专业物管工作人员，组建工作队伍。

1）提供人员配置及相应素质要求的具体方案。

2）协助对招聘人员进行笔试、面试、实操考核。

3）协助管理商培训各专业物管工作人员，以确保人员素质。

4）提供员工入职及岗前培训参考计划，并协助做好培训计划。

5）协助拟制员工在职培训年度规划，并对规划实施进度、落实情况等进行跟踪检查和指导。

6）协助对操作工进行操作培训。

7）协助对操作工进行常见故障诊断及设备管理培训。

8）就管理商员工外培事宜提供咨询和协助。

（5）协助制订入伙交接验收标准及实施程序。

（6）指导管理商准备设备移交、接管验收的相关资料，协助管理商与发展商之间各类专业设施设备的交接与验收工作（包括各专业工程的竣工资料的交接工作等）。

（7）指导管理商对设备外观出现的缺陷进行整改，对运行中的设备进行节能改造以利于提高设备管理质量。

（8）协助管理商按ISO 9000体系标准编制各项管理制度及建立相关资料、文件。

1）提供管理运作所需的工作程序蓝本，并结合项目实际协助管理商进行修订、充实和完善。

2）协助建立各专业设施设备移交的有关手续、资料、文件和程序。

3）协助制订各专业设施设备管理规章制度、设备操作规程及维修保养标准、程序和措施。

4）协助制订设施设备运行记录监控的有关程序和文件。

5）根据设计图纸及操作手册等协助制订相关操作指导书、安全规程、应急处理方案、维修保养方案等指导性文件。

6）协助制订消防、给水排水、水泵、机电设备等项目管理方案。

7）协助管理商制订清洁保洁标准和程序，编制清洁作业指导书。

8）协助制订园艺绿化操作标准，拟制绿化养护规范。

9）提供员工手册和人事管理制度示范文本，指导并协助编制员工手册及人事工作相关制度。

10）根据项目配套设施情况，协助编制项目年度社区文化活动规划。

11）提供质量管理相关的各种记录表格、样本，并结合项目管理目标和质量要求协助管理商进行修订和取舍。

12）结合会所的实际，协助制订一套完善的管理制度；协助发展商做好会所宣传工作；协助制作宣传广告册、会徽、广告牌、会员卡等。

13）协助制订项目公众制度。

14）协助设置会计账簿，建立会计核算体系。

15）协助建立健全财务管理制度。

（9）协助管理商建立各专业原始技术资料、维修保养记录等档案；并就物业管理档案资料的整理提供咨询和指导。

1）产权资料：项目批准文件、用地批准文件等。

2）技术资料：规划图、竣工图、工程合同、隐蔽工程验收签证等。

3）物业资料：住宅区基本资料、商业网点资料、娱乐设施资料等。

4）住户入住资料：入伙通知书、业主公约等。

5）其他相关资料。

（10）协助管理商制订日常物业管理所需设备、材料清单，协助编制对外分包项目的评审、质量控制等有关程序，协助评价和选择各专业分包方。

（11）指导会计核算，帮助进行财务成本分析，提高经济效益。

（12）协助制订入伙前工作计划。

（13）指导管理商从创优的角度，根据市/省/国家级优秀物业管理小区的考核评比标准，对各专业设施设备的维修保养、园艺绿化清洁、物业管理档案资料、创优资料提出专业改进建议。

2. 集中入伙期

指业主在发展商书面通知前来入伙的时限内集中到物业现场收楼、验楼、办理入伙手续的工作时期。本期时间短、工作量大、环节多，需丰富的工作经验及工作技巧。如何将有限人力资源合理分配到各个工作环节中去，使入伙工作得以有条不紊地进行，并给业主留下良好的最初印象即成为集中入伙期工作的难点。因为集中入伙期是业主第一次与物业管理机构打交道，第一印象的好坏，将决定物业管理机构日后长期物管工作能否得到业主的配合而轻松、顺利地开展。

为此中海物业将提供以下顾问服务，以保证入伙工作顺利进行，为今后物业管理的正常进行打下良好的基础。

1）指导成立入伙期各工作组，制订各个工作组责任制度。

2）指导制订入伙工作流程，紧急应变方案等。

3）协助发展商有关部门在集中入伙期间实行联合办公，提供一条龙服务。

4）场景布置：根据制订的场景布置方案摆放花篮、盆景，悬挂条幅对联高挂气球等。

5）设置导向路标，安排引导人员，使业主在办理入伙手续、收楼过程中感到方便。

6）管理处与发展商之地产部、财务部在入伙接待处进行联合办公，实行一条龙服务。

7）指导管理商在业主办理入伙手续的同时，提供给业主相应资料及物件，如钥匙、开户存折、业主公约、住户手册等。

3. 装修搬迁期

指业主办妥入伙手续后，为其物业进行二次装修，直至搬迁入驻的工作时期。此时物业管理公司的工作难点有二：

1）面对大量不同的装修单位和素质较低的装修工人，如何利用有效的管理手段和一定的管理力度对其加以控制，保护公共设施设备，不侵害业主公共利益，同时又监督装修质量，避免遗留安全隐患等。

2）业主入驻有先有后，怎样兼顾先入驻业主的正常生活和后入驻业主的顺利装修，如何将两者有效地隔离开来，从而避免被有效投诉，也是一个棘手的问题。

为此，中海将提供一整套根据长期实践经验总结出来的行之有效的管理办法，有效帮助解决以上问题，主要内容包括：

1）指导建立严格的装修审批程序。

2）指导建立装修单位进场管理工作流程。

3）指导建立各业主/用户的装修档案。

4）指导建立装修日常监督管理制度等。

5）指导建立装修现场验收制度。

6）指导建立装修单位退场管理工作流程。

7）指导建立各业主/用户的入住管理办法。

4. 正常管理期

指物业现场大部分小业主的二次装修工作已基本完成，银信商座环境的维护、机电设备的保养等日常物管工作均已规律开展的工作时期。

此时中海主要提供的顾问服务内容有：

（1）通过日常工作中的实际运作进一步完善物业公司之管理机构组建、人员培训及管理等行政方面事务。

（2）指导建立严格的封闭化安全管理制度，包括保安巡查制度、紧急情况处理制度等。

（3）指导建立清洁、园艺绿化操作考评管理制度。

（4）指导建立财务管理制度、财务人员岗位责任制。

（5）指导建立机电设备维修保养管理制度。

（6）按照 ISO 9000 国际质量保证体系标准建立物业管理规范及相应文件并将其切实贯彻到日常管理工作之中。

（7）顾问团定期对项目进行考评，并就各专业所涉及的内容、范围进行全面检查，指出问题，分析原因并提出整改意见，跟踪纠正落实情况：

1）各项管理规章制度、岗位、部门职责及其执行情况。

2）按 ISO 9000 标准对管理商的各专业设备管理体系运行状态、维修、保养情况进行检查。

3）根据管理商运作过程的实际情况，对涉及各专业管理的文件进行修正补充。

（8）会所的开业筹备及正式投入运转后的指导。

1）对会所设备设施的完善与否提出整改建议：现场考察已装修配置完毕的会所，根据会所的装修格局和功能设置，若发现器材配置不够完善，达不到营业要求，及时向发展商提出建议，以期达到预期效果。

2）提供人员配置、素质要求以及人员培训的具体方案：如果要代管会所，就需对人员进行实操培训演练。

3）结合会所的实际，提供一套完善的管理制度（包括会员章程、各娱乐点管理制度、员工管理制度、经营方式、经营价格等），并制作成册。

4）开业前的宣传：制作宣传广告册、会徽、广告牌、会员卡等，协助发展商做好宣传工作。

5）会所的装饰：开业前，须对会所进行全面装点，增加喜气，渲染气氛。

6）开业酬宾：开业之日，邀请业主、发展商以及相关人员前来观摩娱乐，了解会所、热爱会所。

7）会所运转指导：服务人员工作流程、顾客消费方式（单次消费、各类消费卡；会员消费、贵宾消费等）、消费价格、营业时间、账务管理等。

（9）建立日常管理资料。保洁管理相关记录、保安管理相关记录、出租屋管理相关记录、车辆管理档案、装修管理档案、工程返修档案、设备管理档案、社区文化档案等资料。

4.3　服务质量跟踪阶段

合作期限：实操指导阶段结束后的三个月。

服务质量跟踪阶段是中海的顾问团在驻场顾问撤出一段时间后，再次实地考察项目，对项目物业管理机构进行全面的检查、考评，检验其管理水平是否稳定的同时提供相应的咨询辅导工作。如果有服务质量下滑的迹象，考察团将提出相应的整改意见，并要求物业管理机构限期完成整改，以确保中海物业所提供的顾问服务质量持续稳定。

1）顾问团对项目现场进行考核评价，并就各专业相关内容在运作中存在的问题或不足，给出书面整改意见及建议。

2）解决遗留的疑难问题，协助整理各专业图纸及资料，保证设备的完好，确保交接工作顺利完成，物业管理正常运行。

3）根据管理商的需要提供物管工作各专业咨询服务。

第五部分　顾问管理目标

5.1　管理总体目标

在中国市场经济中崛起的中海物业，以其良好的经营业绩，众多的优秀人才，成熟的管理模式，有能力、有信心指导管理商使银信商座项目成为沈阳市物业管理的经典楼盘，为发展商及管理商树立良好的市场口碑。

1）管理定位。企业化、专业化、一体化管理服务的原则。通过我们的指导与建议，促使管理商充分利用并完善银信商座的各种配套系统，配置精干的高素质管理人才，全面实现现代化物业管理。将银信商座项目管理成为文明、安全、清洁、优美、舒适、方便的人文社区，成为沈阳市独具特色的商住楼宇。

2）效益定位。社会效益、经济效益、环境效益兼顾的原则。充分利用顾问商专业化管理特长和成本管理经验，通过有效控制管理成本，开展多渠道的有偿服务，指导管理商合理地开源节流。

3）服务定位。以人为本，服务第一的原则。“让您和您的子孙后代永远满意”是顾问商不变的承诺，“为您提供安全、清洁、优美、舒适、方便的生活和工作环境”是顾问商永恒的追求，为此，顾问商将采取“驻场顾问 + 顾问团”的工作方式投入严格的质量控制手段，保证管理商的服务质量符合上述要求。

5.2 管理目标承诺

中海物业凭借长期物业管理软件输出的经验，在发展商提供必要的合作条件的基础上，我们对银信商座项目的物业管理质量做出如下郑重承诺：

1）执行国家有关法律及各级政府物业管理主管部门规定的各项标准。

2）保质保量、按时完成全部工作内容。

3）物业一经入伙即按照 ISO 9000 国际质量管理体系进行管理，符合 ISO 9000 国际质量管理体系的标准要求。

第六部分　顾问服务设想

6.1 整体设想

中海物业经过十多年的实践摸索，不断总结、不断发展，形成了一套严谨、先进的管理模式，并转化成公司独特的管理优势。对于银信商座项目，我们将把这些管理优势通过顾问输出的形式，全部运用到实际工作之中，全力以赴，指导和协助管理商塑造精品，树立品牌。

1. 酒店式物管概述

为顺应时代发展和满足业主的需要，不断提高和自我完善物业管理水平，中海物业管理公司于 1999 年开始导入现代酒店管理理念和技术，将“物业管理”提升为“物业服务与管理”，即明确地提出了物业管理企业的本质是“服务业主，而不是管理业主”，把物业管理行业真正提高到一个新的理论高度。中海物业管理公司在成功运作“中海物业酒店式物业管理模式”的基础上，本着“业主至上，服务第一”的中海服务精神，围绕“一切以满足业主需求为中心”的工作原则，又正式推出“大管家”的服务模式，即“酒店式物业管理模式”第二代升级版，使物业管理和服务工作整体上升到一个新的水平。

（1）以业主为中心，提供酒店式专业化服务。传统的物业管理企业，多依照“物业管理条例”和“业主公约范本”制订一套规章制度与约束条件，然后要求各位业主（住用户）遵照执行，较少考虑业主的实际感受；但酒店式物业管理，完全是以业主为核心，实行“针对性服务项目设计、菜单式系列特色服务”，推出例如私人区域清洁服务；接飞机、火（汽）车服务；代客洗衣服务；代订酒店客房服务等，通过训练有素的、具有星级酒店服务水准的物业从业员，提供热情、高效、优质的酒店式专业化服务。

（2）以星级酒店为样板，营造温馨、遐意的服务氛围。酒店业是整个服务行业的代表与典范，酒店的经营理念是“宾至如归，即让客人住在酒店如住在家里般温暖和舒适”，客人在酒店里可以得到超凡的享受，体会到作为消费者的尊贵与自豪。而相对物业管理来说，就是保安、维修和清洁卫生，服务机械而且呆板，缺少感情色彩。中海物业管理公司的酒店式物业管理模式则将酒店服务与物业管理有机地结合起来，倡导“让业主住在家里如住酒店般尊贵和方便”，让业主在自己拥有的物业空间里，也同样能享受到只有在酒店里才可能提供的服务，例如大堂里设接待服务总台，由彬彬有礼、形象、气质俱佳的服务中心的接待员 24 小时恭候服务；大厦里见不到穿着保安制服的保安员，改为由技术监控和便衣巡视代替等。无论是发展商，还是业主、住用户，让他们每一刻都可以从心里感受到与众不同的尊贵和自豪。

（3）强调服务意识，提高服务效率。传统的物业管理企业，依然采用行政管理模式中的

“办公室”组织编制，但酒店式物业管理模式则改设“服务中心”。一是把以物业管理公司“办公”为主，改成以为业主“服务”为主，更加突出物业管理行业服务的特性，摆正了物业管理公司与业主之间的主宾关系；二是调整了作业流程，服务中心已成为内部指挥中心和对外信息沟通的唯一渠道。设置服务中心后，采取“一站式服务”和“首接责任制”，也就是当业主来到服务中心时，哪一位接待员第一时间接待的，他就有责任负责协助解决该业主的一切需求，而不能让业主跑来跑去，到处找人，直到业主满意离去为止。

很多服务行业里的工程维修服务都是按部就班地按照既定工作计划有序进行的，就是偶有客人投诉或其他服务需求，也必须排队等待，逐步解决。只有在酒店行业里，客人的投诉或需求才是永远摆在第一位的，“客人就是上帝”不是一句空洞的口号，绝不能让客人有一丝的不满存在，即所谓零缺点服务（100-1<0，提供的服务必须百分百合乎标准，达到客人的要求。假如有一点不合格，其结果不是99分，而是小于0分）。酒店式物业管理，就是把酒店行业的这种“服务意识”和“服务效率”导入到物业管理行业中来，使得“客人的投诉有回音，故障维修处理不过夜”，努力达到业主（住用户）的满意率为百分之百。

（4）调整组织架构，实行科学化管理。传统的物业管理企业的项目管理处，将员工分为管理层和操作层两大级别，存在权、责不清，人人负责而人人都负不了责的现象，严重影响员工的士气；对外服务与管理透明度不高，业主有需求找到管理处办公室，但至于应该具体找谁来处理却又摸不着头绪。而酒店式物业管理，采用星级酒店管理模式，在内部组织结构上按照现代企业制度的四级管理体制和垂直领导法则重新设置，达到了权、责、利的统一；从财务收支、内部管理、后勤保障、资源经营四个目的出发，管理处下设财务部、行政部、管家部和经营部四大部门。在对外服务和接待上，服务中心提供一站式服务；又将所有能提供的服务项目、服务时间、联系电话、服务价格等信息，汇编成服务指南派发给业主，既加大了管理与服务的透明度，又方便了业主的查询与联系，使得双方的信赖感大大加强，从而奠定了优质服务的基础。

（5）建立信息网络平台，为客户提供全方位后勤支援与保障。传统的物业管理企业，仍然还停留在管理处不涉及经营项目的狭隘观念里，仅靠收取微薄的物业管理费来维持整个社区的正常运行，由于可调动使用的资金有限，所以在社区文化的建设、服务环境改善、服务层次的提升等方面捉襟见肘。更何况如果物业管理成本一旦失控，更是入不敷出，陷入亏损的尴尬境地。酒店业与物业管理行业最大的不同之处就是具有的经营性（酒店所有服务项目的设置都是以经济效益为中心）。所以具备资源经营思想是酒店式物业管理模式的另一重要特点，充分利用小区的既有资源，广泛建立和编织社会合作网络，为业主和业户提供全方位的后勤支持和保障。例如会议室、洽谈室的出租；写字楼租售代理；票务代理、房屋清洁、餐饮外卖等特色服务；电梯广告和户外广告位的招租等，通过对自有资源的不断挖掘和整合，吸引各路商家争先惠顾，一是在社会上树立良好的企业形象，使物业保值升值；二是广开财源，为提升管理水平和改善服务环境赢得必需的资金，减轻发展商、业主、物业管理企业的投入负担。

（6）营造社区精神，倡导“无为而治”的物业管理崇高境界。社区文化建设，是物业管理行业的一个老话题、新课题。传统物业管理行业的社区文化建设一直以来都仅仅停留在组织业主搞搞文体活动的浅薄层次，将社区文化片面地理解为小区里的文体活动。而中海物业酒店式物业管理模式所倡导的社区文化，核心就是社区精神的建设与营造，通过环境文化、行为文化、制度文化、精神文化达到引导、约束、凝聚、娱乐、激励、改造的目的，最终建立良好的社区关系和形象，实现“无为而治”“氛围管理”“寓管理于服务之中”的物业管理的至高境界。例如组织社区有目的地向政府部门、街道办事处、当地驻军、学校等捐赠；举办慈善舞会；特定的日子派代表访问敬老院、孤儿院、部队、医院、残疾人学校等社会福利机构，参加社会上公益活动；挖掘业主潜力，在酒吧定期举办用户收藏品讲座与观赏、酒类品赏等专题活动；邀请知名作家、文学家、音乐家到社区内与用户举办专题交流，如签名售书、电影观赏、音乐讲习等。

2. **酒店式服务项目**（服务指南）

经过在多个项目成功实施酒店式物业管理的实践，中海物业积累了丰富的经验，我们将对银信商座提供全天候、全方位、全过程的酒店式服务的顾问指导。

(1) 特约私人区域卫生清洁。服务中心卫生清洁人员会在您指定的时间段内完成办公区域的卫生清洁工作。您可以填写卫生清洁预约卡，离开时交给服务台，也可以直接致电服务中心。此服务需至少提前一天预约。

(2) 家庭花艺服务。业主可致电服务中心预定插花，由花房上门提供样本照片供客人选择，在指定时间送到。此服务需至少提前三小时预定。

(3) 医务服务。为了业主的保健卫生，设立医务保健室，24小时当值，备有常规药局，日间更有资格医师提供专业安全的意见。此项服务仅限本物业住（用）户及其亲友使用。

(4) 特约接机、车服务。信誉良好的营业车队，为业主接送机场、车站和公务游览。

(5) 邮政服务。代寄收邮件、信件、小型包裹、EMS、DHL、UPS等邮政业务。可直接留在大厅服务台并登记签收或致电服务中心上门收取。收费按国家邮政标准执行。

(6) 票务代理。机票、火车票24小时接受预定。免收服务费。

(7) 物品代购服务。由业主指定物品品牌、地点和指导价格。派人替业主购物，并由业主支付指定的交通方式费用。业主须提前填妥授权书和支付货款。

(8) 饮品小食平价即送服务。在业主致电20分钟内送到。

6.2 健康式物业管理

健康物业管理模式是参照国家《健康住宅建设技术要点》要求，以促进业主身心健康为目的，在传统物业管理的基础上提出，采用现代化、复合型的管理手段，结合社会各方面的资源，全面保障业主生活质量的、全新的物业管理模式。

“健康物业管理模式”由日常物管中心和健康物管中心两大部分组成。其中日常物管中心（环境管理中心）的功能是完成传统物管的维修、清洁、保安、园林养护等基础服务环节，维持居住环境的舒适、健康。为业主提供健康生活指引：

1) 节约用水：作好居所“三包、四水”、一水多用、尽量少用长流水等。

2) 减少水污染：因地制宜种植室内植物、不要到饮用水源游玩、选用环保型洗涤剂等。

3) 节约用电：随时关灯、不开长期灯、采用节能灯具等。

4) 减少尾气排放：少开私家车等。

5) 控制噪声污染：公共场所不要大声喧哗，养成轻开轻关、轻拿轻放的习惯，控制电器音量等。

6) 珍惜纸张：多用草稿纸、开展“减卡救树”等活动。

7) 少用一次性用品等。

“健康物管中心”的主要功能是实现《健康住宅建设技术要点》里对于“健康环境的保障”的目标，我们将设立健康档案管理、医疗保健服务、24小时求助中心、社区文化中心和健康交流俱乐部等职能部门，全方位地保障健康生活理念的延续。

首先，在环境保障中的保健方面，我们设立健康中心，包括为业户提供健康测评，度身设计健身计划和心理健康指导，建立完善的住宅保健服务。

1. 健康档案管理

为银信商座内所有常驻业主设立专门的健康档案，对业主身体健康的变化做出跟踪记录和更新，随时为业主提供身体健康状况的报告，对比不同时期的健康数据，并实行计算机系统自动化管理，每个业主均拥有自己的专用密码，只能由自己和专门的管理人员调用和查阅，以便于为客户制订和提供科学的运动、监督、营养、恢复、咨询等健康服务。

1）在环境保障中的安防方面，利用银信商座完善的监控系统和巡更系统，进行 24 小时全天候管理，业主在紧急情况下，可通过住宅内的急救自助系统与小区内特设的 24 小时求助中心联系，以及时采取相应的救助措施，物业公司员工四分钟到达紧急集合地点，并在第一时间与社会相关机构取得联系，使事件得到妥善处理。

2）在小区康体设施方面，我们有户外的公共设施设备，分布上尽量面面俱到，不过于集中，有意识地引导人流分向。业主走出院外就有活动，采用“三三制”经营会所，满足业户大众体育健身的需要，也使经营成本降低。

2. 医疗保健服务

小区设医疗保健服务站，为业主提供日常的医疗保健服务；定期组织小区业主进行常规身体检查，以便及时发现隐藏疾病，保证身体健康；特设亚健康咨询中心，专门为业主提供调整“亚健康”状态的咨询、恢复服务，为业主生理、心理的健康提供全方位服务。

以上各项特色服务项目收费标准将在项目入驻前于用户手册和服务指南中明确标价。

6.3　商务全程式

中海物业本着“以人为本”的服务理念，考虑到银信商座物业所处的优越地理位置，以及其本身的功能设置中有酒店式公寓这一情况，同时考虑到银信商座必将成为沈阳市商业旺盘这一特点，并且从银信商座租售角度出发，拟选择该项目作为在沈阳市首家推行“商务全程式”写字楼物业管理服务这一全新物业管理模式的示范项目。

“商务全程式”写字楼物业管理模式的宗旨是：通过整合内部优势和调动一切可以利用的外部资源，最大限度地满足物业使用人各方面（特别是商务活动方面）的需要，并以此为基础，建立一种开放式的服务延伸体系，根据物业使用人新的商务需求，不断更新服务内容与服务形式，真正实现“商务全程式服务”。

“商务全程式”写字楼物业管理模式基于未来进驻银信商座的企业在办公资源配备方面，很难达到本身的实际需求，例如没有独立会议室，不愿购置复印机乃至公务车，不愿配备专业秘书等，而顾问商“商务全程式”服务模式可以使以上问题轻松得以解决，真正为使用人提供一个既方便周到又花费不多的商务环境。

“商务全程式”写字楼物业管理模式具体构成举例：

1）配置公共秘书，为规模较小的企业提供电话接听、前台礼仪及部分后勤服务。

2）成本价提供办公区域花卉出租、公务车出租等服务。

3）在发展商提供硬件的基础上，提供公共会议室的预定、预留、布置等服务。

4）设立功能齐全的商务中心，提供包括打字、复印、传真等一系列的办公服务。

5）建立家园服务网平台，提供各项配送服务。

“商务全程式”写字楼物业管理模式是顾问商根据写字楼使用人的特点与需求，制订的一整套商务后勤服务解决方案，此模式推广前的良好远景和推广后的不俗效果，对于银信商座的租售，无疑有极大的促进作用。

6.4　员工培训

作为最宝贵的资源，人力资源的开发与管理成为保证企业可持续发展的原动力。中海物业经过十几年的发展，形成了自己独具特色的人力资源开发体系。为了促进管理商的规范化运作，并保证其逐步实现市场化生存，中海物业将运用自身的培训体系，指导管理商开展员工培训工作，逐步提高员工的整体素质，建立一只精干高效的员工队伍。

1. 培训总体思路

1）培训范围全员性。银信商座物业管理水平的提高，仰仗全体从业人员的共同努力，因此要把全体员工都列入培训范围，防止“水桶效应”（即水桶的容量由水桶上最短的木板所决定）。

2）培训内容系统性。搞好物业管理需要专业知识和技能，同时也离不开其他相关的知识和能力。安排培训内容应当着眼于提高员工的综合素质，不能单打一。我们将制订系统的培训内容，提高广大员工的综合素质。

3）培训组织层次性。由于员工的基础不同，所以其接受能力、求知取向也不尽相同。在组织培训时，我们将从各自可以接受、乐于接受的起点出发，分层施教。

4）培训重点实用性。既要十分重视理论灌输，更要着重强调技能提高。培训工作的开展，将始终注意紧密围绕银信商座物业管理工作的实际，旨在提高员工解决本岗位实际问题的能力以及处理复杂物业纠纷的能力。

5）培训方式灵活性。员工培训工作的实施是一个复杂的实务过程，必须充分调动上级与下级、组织与个人、内部与外部各个方面的积极性。实施的方式和方法将因时、因地、因人制宜，不拘一格。

6）培训目标超前性。我们的目标在于永远保持国内行业领先地位，培训工作无疑要为实现这一目标服务。因而将不断拓展和更新培训内容，面向未来，不断丰富充实员工的知识储备。

2. 培训内容框架

（1）岗前就业培训。指物业管理员工上岗之前，对其进行的地产公司及物业公司背景、职业要求、岗位责任和奖励办法、行为规范等方面的教育。

（2）职业素质培训。指按照中海物业管理从业人员的一般要求，对所有员工进行的国家时事政策、企业规章制度、质量保证体系、消防知识、日常礼仪等公共课目的培训。

（3）专业实务培训。指为了使员工更好地适应工作岗位的技术业务要求，所进行的岗位应知应会知识和技能的培养训练。

（4）专题强化培训。指为了进一步提高管理服务水准，所进行的针对性较强、内容相对集中、时间比较连贯的培训。

主要培训内容见表9-1-2。

表9-1-2　主要培训内容

工种	序号	培训内容	培训时间	培训方式
全员	1	公司企业文化	1课时	集中授课
	2	物业管理基础知识	1课时	集中授课
	3	物业管理基本法规	1课时	集中授课
	4	工作岗位职责和质量标准	1课时	集中授课
	5	物业管理行业的职业道德及修养	1课时	集中授课
	6	公司人事及福利待遇政策	1课时	集中授课
	7	公司《员工手册》	1课时	集中授课
	8	公司文件体系	10课时	集中授课
	9	物业管理各专业综合常识	3课时	集中授课
	10	公司规章制度、部门设置	1课时	集中授课

（续）

工种	序号	培 训 内 容	培训时间	培训方式
服务中心	1	如何处理业主的投诉	1 课时	集中授课
	2	操作和服务礼节礼貌	1 课时	集中授课
	3	礼节礼貌及服务意识	1 课时	集中授课
	4	物业管理法规知识	1 课时	集中授课
	5	公司文件体系知识	1 课时	集中授课
维修班	1	服务业的礼节礼貌及服务意识	1 课时	集中授课
	2	机电设备的养护和维修知识	2 课时	综合
护卫班	1	服务业的礼节礼貌及服务意识	1 课时	集中授课
	2	保安工作知识	3 课时	综合
机电工程	1	服务业的礼节礼貌及服务意识	1 课时	集中授课
	2	强电知识讲座	1 课时	综合
	3	弱电知识讲座	1 课时	综合
	4	空调维修保养知识讲座	1 课时	综合
	5	各岗位工作流程	3 课时	集中授课
电梯	1	服务业的礼节礼貌及服务意识	1 课时	集中授课
	2	电梯维修保养知识	1 课时	综合
清洁绿化	1	服务业的礼节礼貌及服务意识	1 课时	集中授课
	2	各岗位职责	1 课时	集中授课
管理层人员	1	外培（各类物业上岗证）		
	2	新员工岗前培训	3 课时	集中授课
	3	服务意识与市场意识培训	2 课时	集中授课
	4	读书培训	1 课时	集中授课
	5	人员参加外培	2 天	集中授课

注：以上培训内容将根据项目的实际进展情况灵活调整。

3. 授课方式

（1）课堂讲授。由指定的教员向受训员工宣讲某一课题或讲解某一方面的内容。比较适用于员工较多的普及型讲座。

（2）集体研讨。驻场人员组织培训对象就某一主题进行深入广泛的探讨和交流。便于在各抒己见的基础上达成共识。

（3）视听教学。运用电视机、录像机、录音机、计算机和图片等展示手段向受训员工传输有关知识和信息。使受训人员直观感受相关实际案例。

（4）现场模拟。让培训对象扮演特定角色去完成预先设计好的活动。有助于提高实际工作能力。

（5）样板示范。由水平较高的员工给受训员工做示范表演或单向传授。给培训对象的印象较为深刻，效果较为巩固。

（6）指导自学。列出规定书目并倡导和动员员工自己找时间学习，实施起来更加灵活。

4. 管理商派员培训

管理商可选派人员赴顾问商所管楼盘参加培训，培训方式分理论学习和现场参观两种形式。

（1）理论学习。

1）内培：由顾问商培训部组织物业管理专业资深人士，以课堂讲授、视听教学和交流研讨的方式，从理论上系统地阐述物业管理及其相关知识。

2）外培：由顾问商代为安排选派人员考取《物业管理人员上岗证》的相关事宜。

（2）现场参观。将安排在顾问商下属物业管理处进行，由顾问商培训部及物业管理处人员陪同，实地参观顾问商管理的物业项目，通过眼看、耳听、咨询、解答等方式亲身体验顾问商日常物业管理工作的高标准、严要求。

培训期限：理论学习内培、外培与现场参观，一般分别为 3~5 天。

培训日程安排：根据管理商提供选派人员的人数及培训日期而定。

选派培训人员往来差旅费、培训期间的食宿及外培相关的报名费、资料费由发展商自行承担。

第七部分　顾问费用

顾问费用合计人民币 56 万元整，分阶段报价见表 9-1-3。

表 9-1-3　顾问费用

工作阶段	工作期限	管理目标	顾问费用
前期介入阶段（预计 10 个月）	自签约之日起至银信商座物业入伙之日前两个月	结合物业管理角度提供合理化建议，为今后开展物管工作及控制管理成本打下良好的基础，同时为进入实操指导阶段做好充分的准备工作	18 万元
实操指导阶段（12 个月）	自银信商座业入伙之日前两个月起计至物业入伙之日后十个月	保证前期筹备、集中入伙和装修期工作的有序开展，并为进入物业正常管理期工作打下基础	36 万元
服务质量跟踪阶段（3 个月）	实操指导阶段结束后的首三个月	完成本项目物业管理顾问结案工作，提交顾问工作总结，并提出本项目物业管理远期发展规划	2 万元
合计	56 万元		

备注：1）本方案的顾问工作安排和工作期限的界定均以银信商座物业为基础，如物业入伙日期有所变动，则工作安排和工作期限将相应做出调整。

2）发展商如选派人员赴顾问商本部或所管楼盘参加培训（人员不超过 3 名，培训时间不超过 15 天），发展商需支付顾问商内培费（含现场培训实习费）三万元整。

3）发展商需另外承担驻场顾问和顾问团往返本项目现场所需的各项差旅费用及提供上述人员在本项目现场工作期间的食宿。

（深圳市中海物业管理有限公司）

【报告点评】

物业管理服务分为两种，一种是前期介入的物业顾问咨询方案，一种是后期介入的物业管理方案。该方案属于物业顾问咨询方案。

前期物业顾问咨询方案是从项目设计开始就提前介入，参与物业建设项目的优化，对物业实施超前管理，更好地促进发展商项目的销售工作，并为完善物业建设提出建设性意见，避免物业建成后的使用和管理问题。物业前期介入管理是后期管理的基础。

该顾问咨询方案从顾问管理工作的范围、工作内容、工作目标、工作服务设想及费用方面进行阐述，系统地梳理了前期顾问咨询工作的各个方面，是一篇比较中肯的前期物业解决方案。

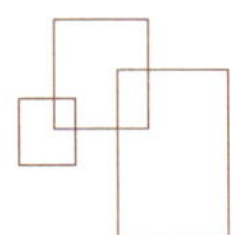

二、贵州贵阳乌当区保利春天大道项目别墅区物业服务方案

报告目录

报告正文

第一部分　项目基本介绍

1.1　项目位置

保利·春天大道位于贵阳市乌当区南部梅兰生态林区一带，紧临水东路，南抵水口寺，北接东山，为控规二类居住用地，距乌当区中心仅1km多路程，距市中心大十字仅有5.5km，约12分钟的车程，规划市政道路（春天大道）东西贯穿其中，在东侧与水东路相接。项目与国家4A级风景区保利国际温泉及乌当区唯一的五星级酒店保利富豪酒店为邻，山、水、林、泉自然天成。项目被生态保护林区紧密包围，项目内地势为谷地，坡度较缓，南明河自项目东部蜿蜒而过，同时项目内还拥有珍贵的绿化林带。与规划为生态旅游用地的车家寨地块隔河相望，优美舒适的自然环境和超凡脱俗的人文气质，营造出超然出世的高尚生活社区，演绎临水而居的超然人生。突出表现在以产品规划及环境方面均体现一种现代的、人文的内涵，充分展现现代城市规划理念。产品个性鲜明、结构丰富，不仅设计有创新，更体现了开发商以人为本的精神，配套完善，满足了业主的需求。

1.2　项目基本信息

保利·春天大道别墅区位于项目核心位置，是以尊重自然、再造自然、融入城市空间环境这一观念为核心，总体布局以人为本，通过一系列与环境相融的人性化设计，创造出尊贵、自然、优雅的人居社区，使别墅居民真正感受到亲和、随意、自由的生活方式，让建筑融入环境，以显山露水作为环境和景观设计的理念，更能显示建筑与环境共生，人与自然和谐共存的意境。在大庭院中构筑的别墅，既保证小区整体空间与环境的协调，又关注人的主观感受对精神的需求。

保利·春天大道别墅为联排别墅，尺度小巧，形体丰富，成为环境有机的一分子，为小区最高端物业。设计从提高环境质量入手，兼顾气候、日照、防灾、防盗的功能，强调别墅的居住性、安全性、舒适性、标准性、多样性和智能化需求。明厅、明厨、明卫、明梯、明厕，使别墅视野良好，通风顺畅，散热迅速。每栋别墅均有两个或两个以上朝向，视野开阔，较好地解决了采光通风和日照要求。别墅平面设计中突出了多元性、合理性，明确功能和面积分配，动静分区、主次分区、洁污分区。房间比例尺度宜人，并强调了私密性。厨卫集中布局，有利于管道的隐藏敷设和厨卫产品的整体化。

第二部分　物业管理服务事项及管理办法

2.1　管理原则

为实现即定管理目标，追求最佳的环境效益、社会效益和经济效益，小区物业管理将始终把握以下原则：

（1）服务第一，管理从严的原则。“服务第一”是小区物业管理的宗旨，因此管理中要秉承“以人为本”的管理理念，从业主的需求出发，强化服务机能，丰富服务内涵，提供优质、周到、及时的服务。“管理从严”是服务的保障和基础，包括对物业的维护管理、员工的管理以及对业主不适当行为的管理和劝阻，建立严格、周全的管理制度，实施依法管理、从严管理、科学管理，以确保物业管理服务收到应有的成效。

（2）专业管理与业主自治管理相结合的原则。在日常管理中，要充分发挥两个积极性，即物业管理公司的积极性和业主（业主委员会）的积极性。物业管理公司应当尊重并按照广大业主的要求，通过管理处对物业实施专业化的管理，同时努力争取业主（业主委员会）的支持配合，使其能正确使用和维护物业，并自觉遵守业主公约，共同创建文明社区。

（3）物管为主、多种经营的原则。在搞好日常管理和常规服务的同时，从小区的实际出发，开展一系列服务性的多种经营，既满足广大住户的不同需求，又增强物管公司的造血功能，增加经济积累，以利于更好地为住户服务。

2.2　管理办法

1）实施全程物业管理，在开发建设期从开发商、业主及专业物业管理公司的角度对物业提出合理化建议，构筑一个优秀的物业管理硬件环境。

2）成立项目物业管理处，配备专业管理人员，实施专业化管理。

3）在物业公司现有资源的基础上，充分借鉴行业先进管理经验，积极培养高素质的管理人才，为服务项目组建一支高素质的物业管理队伍。

4）导入ISO 9000质量管理理念，紧密结合小区具体实际，制订一套切合实际的规章制度，确定一系列高标准的物业管理行为规范，以制度促管理，寓管理于服务，建立富有亲和力的管理和服务模式。

5）运用CS系统（顾客满意战略）一切从业主的利益出发，全心全意为业主服务，因地制宜地开展社区文化活动，促进小区精神文明建设，改善住户的生活质量。

6）严格遵守当地政府有关物业管理法规、制度，制订切实可行的管理方案，与业主签订各项协议，依法约束双方行为。

7）根据小区特点，优化管理手段，提高管理水平和管理效率。

8）依照市场化、企业化的运作方式，开展多元化经营，提供全方位服务。

2.3　管理目标

小区管理工作应参照地方和全国物业管理优秀小区评定标准，确保业主满意率达到90%以上，做到道路环境整洁优美，治安状况井然有序，同时搞好社区服务和文化建设。

2.4　服务事项

（1）公共服务项目（费用含物业管理费）。

1）24小时保安值班、巡逻、消防和车辆管理。

2）公共场所保洁。

3）公共绿化园艺保养和培植。

4）住宅区生活垃圾收集和倾倒。

5）公共设施设备的维护和保养。

（2）免费代办服务。

1）代收代缴水电费。

2）代收代缴有线电视。

3）代办报刊订阅。

4）代叫出租车。

5）代请保姆。

6）代办电话开户。

7）代订酒店客房。

8）代订生日蛋糕、花篮。

9）代聘装潢设计、施工单位。

10）代订飞机、轮船、汽车、火车票。

11）代为搬运单件货物。

12）组织区内业主联谊、文化、体育活动。

13）电话及访客留言转告。

14）组织各种展销活动。

（3）特约服务项目。

1）寒假、暑假学生活动。

2）临时照看孩童。

3）钟点家政服务。

4）老人、病人护理。

5）宠物托管。

6）礼仪服务。

7）代为举办小型家庭宴会。

8）代管房屋。

9）代理房屋租赁、转售。

10）传真、复印、打字、文件翻译。

11）住宅水电设施维修。

12）四季花卉、盆景供应及代为养护。

13）服装洗烫。

14）提供泊车位。

15）私家花园草坪修整。

16）机动车辆清洗。

2.5　具体方案

小区的物业管理由早期物业管理介入阶段（物业预售至交付前三个月）与前期物业管理实施阶段（物业交付前三个月至业主委员会成立）组成。在实际操作中，应分阶段落实相应工作。

1. 第一阶段/早期物业管理介入阶段

从业主、开发商及物业管理专业角度，对物业的规划设计、建筑安装、设施配置、设备选型等方面提出合理化意见和建议，使之既符合物业管理的要求，又满足广大业主的需求，尽可能地减少疏漏，避免遗憾，保证质量，节约成本。

管理内容：

1）从政策法规的角度，提供相应物业管理意见及依据。

2）参与评审物业规划设计及建筑面积设计图纸，提出相关改善及改良的建议。

3）从管理的角度，评审设施设备的选配，减轻后期管理的压力。

4）提供有关公建配套设备设施的改良意见。

5）提供小区环境设计的相关意见。

6）提供机电安装及能源分配的相关管理意见。

7）提供功能布局、用料更改的相关管理意见。

8）提供有关楼宇材质保护的具体管理意见，减少因施工对材质造成的损伤。

9）提供标识系统设计、配置的相关管理意见。

10）参与甲方市场营销中与物业管理有关事宜的协调和沟通。

11）参与甲方物业单体竣工验收和综合验收。

2. 第二阶段 / 前期物业管理阶段

前期物业管理阶段可分为接管验收管理、业主入伙管理、保安管理、消防管理、绿化保洁管理、房屋及公共设备设施管理、水系使用管理、财务管理、质量管理、档案资料管理、人力资源管理、社区文化建设等方面。

（1）接管验收管理方案。为确保小区的环境、建筑和设施设备等符合有关法规政策及规划设计的要求，维护业主的合法权益，为日后物业管理工作的展开奠定基础，物业接管前必须进行严格的验收工作。接管验收管理方案见表 9-2-1。

表 9-2-1　接管验收管理方案

方　案	管 理 内 容	管 理 措 施
接管验收管理方案	(1)了解物业建设的基本情况,与开发商及时沟通,确定接管验收时间 (2)编制物业接管验收计划,确定物业验收的标准、方法和日程安排 (3)与开发、设计、施工单位一起,依照接管验收标准,对物业进行现场初步验收,并将验收结果记录在物业交接验收表上,同时要求施工单位对验收中存在的问题限期整改 (4)与开发、施工单位一起,对物业进行现场复验,直至符合规定的要求和标准 (5)与开发、施工单位联合进行物业交接: 1)核对、接收各类房屋和钥匙 2)核对、接收各类图纸资料,并加以整理归档 3)核对、接收各类设施设备 4)核对、接收各类标识	(1)组建接管验收小组,负责接管验收工作 (2)开展接管验收培训,提高对接管验收重要性的认识 (3)掌握物业验收的标准和程序 (4)制订接管验收规程,按程序办理接管验收手续

（2）业主入伙管理方案。在办理业主入伙手续时，为业主提供方便、快捷、及时、周到的服务，对于塑造管理处的形象，给业主留下良好的第一印象具有重要作用，因此必须重视业主入伙工作的管理（表 9-2-2）。

表 9-2-2 业主入伙管理方案

方 案	管 理 内 容	管 理 措 施
业主入伙管理方案	(1)准备业主领房所需资料 (2)布置业主入伙现场,为业主办理领房手续提供一条龙服务 (3)按领房流程办理领房手续: 1)凭业主所持的入伙通知单和各类必备证明,发放交房资料 2)收回业主按规定填写的各类表格,收取业主应缴纳的费用 3)陪同业主验房,办理领房手续 4)对验房交接中发现的房屋质量问题,经业主确认后,填写业主验收交接表,并与业主约定时间,及时解决	(1)制订业主领房程序,准备所需资料 (2)按照业主领房程序,确定工作流程 (3)策划业主入伙现场布置方案 (4)热情接待,百问不厌,虚心听取业主意见 (5)按规定办理业主入伙手续

（3）安保管理方案。在小区管理中，适当运用现有的科学技术手段与管理手段，依靠各种先进设备、工具和人的主观能动性，维护小区物业和业主的安全，是物业管理工作的重中之重，最为广大住户所关注，因此需在小区中切实施行常规防范与技术防范相结合的 24 小时全天候保安管理（表 9-2-3、图 9-2-1）。

表 9-2-3 安保管理方案

方 案	管 理 内 容	管 理 措 施
安保管理方案	(1)常规防范:采取定岗执勤与巡逻执勤相结合的方式,协助公安机关维护小区公共秩序,防止和制止任何危及或影响物业、业主(物业使用人)安全的行为 1)门岗的任务: 礼仪服务(向业主行举手礼或注目礼) 维护出入口的交通秩序 对外来车辆和人员进行验证、登记和换证 制止身份不明人员、衣冠不整者和闲杂人员进入小区 严禁携带危险物品进入小区 遇到外来人员将大件物品带出小区,即与物主核实,并作登记 为业主提供便利性服务 2)巡逻岗的任务: 按规定路线巡视检查,不留死角 巡查车辆停放情况,保持道路畅通,做好安全防范工作 对小区内的嫌疑人员进行问询防范 小区及楼宇安全、防火检查 装修户的安全检查 防范和协助公安部门处理各类治安案件 防范和制止各类违反小区管理制度的行为 (2)技术防范:应用安全报警监控系统,对小区内的安保情况实施24 小时监控,确保小区安全 1)对可疑或不安全迹象采取跟踪监视和定点录像措施,并及时通知值班安保,进行现场处理 2)值班安保接到治安报警,迅速赶到现场酌情处理,并把情况反馈到监控中心,监控员对报警处理情况作详细记录,留档备查	(1)实行半军事化管理,制订安保管理和奖惩制度,严格付诸实施,以增强安保人员的工作责任心 (2)强化安保人员的内务管理,开展系统化军事素质培训,提高安保人员的思想素质和业务技能;制订紧急事故处理办法,定期组织演习 (3)加强安保人员的行为规范教育,服装统一,佩证上岗,语言文明,举止得当 (4)严格执行安保巡更点到制度,确保巡逻质量 (5)监控中心定期检修、保养,确保监控设备完好 (6)保证监控、值勤记录详细完备,建立安全管理档案

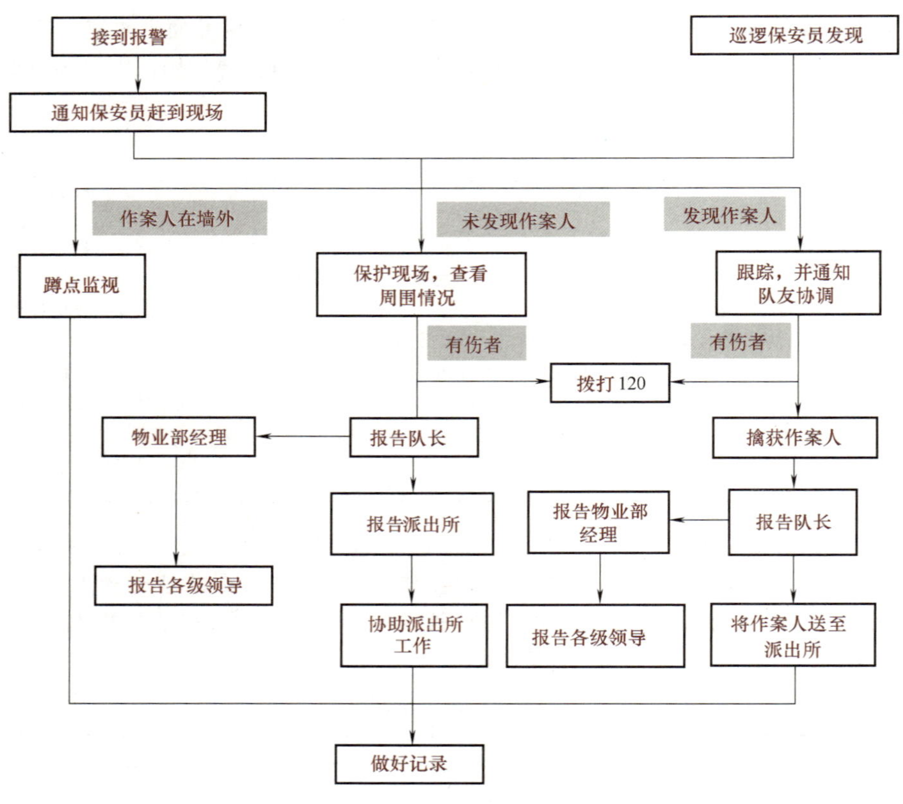

图 9-2-1　治安情况处理流程图

(4) 消防管理方案。消防管理是物业安全管理的重点，因此要根据消防法规的要求，结合实际，切切实实地做好消防安全工作，确保业主的生命财产安全（表 9-2-4、图 9-2-2）。

表 9-2-4　消防管理方案

方　案	管理内容	管理措施
消防管理方案	(1)做好消防设施、器材的管理 (2)保持消防通道的畅通 (3)加强小区装修期间的消防安全管理 (4)严禁违章燃放烟花爆竹 (5)严禁携带、储藏易燃易爆物品 (6)防止电器短路、管煤泄露等引发火灾因素	(1)制订并落实消防管理制度和消防安全责任制，做到责任落实，器材落实，检查落实 (2)制订消防事故处理预案，防患于未然 (3)建立义务消防队，每月组织一次消防安全学习，每季组织一次消防演习 (4)定期进行消防检查，预防为主，防消结合，发现隐患，及时消除 (5)做好消防器材、设备的检查保养，使之始终处于完好状态 (6)制止任何违反消防安全的行为 (7)积极开展防火安全宣传教育，定期向业主传授消防知识 (8)发生火灾，及时组织补救并迅速向有关部门报警

(5) 绿化保洁管理方案。绿化保洁直接关系到小区形象及业主生活居住环境，也是测定环境质量的一个重要指标（表 9-2-5）。

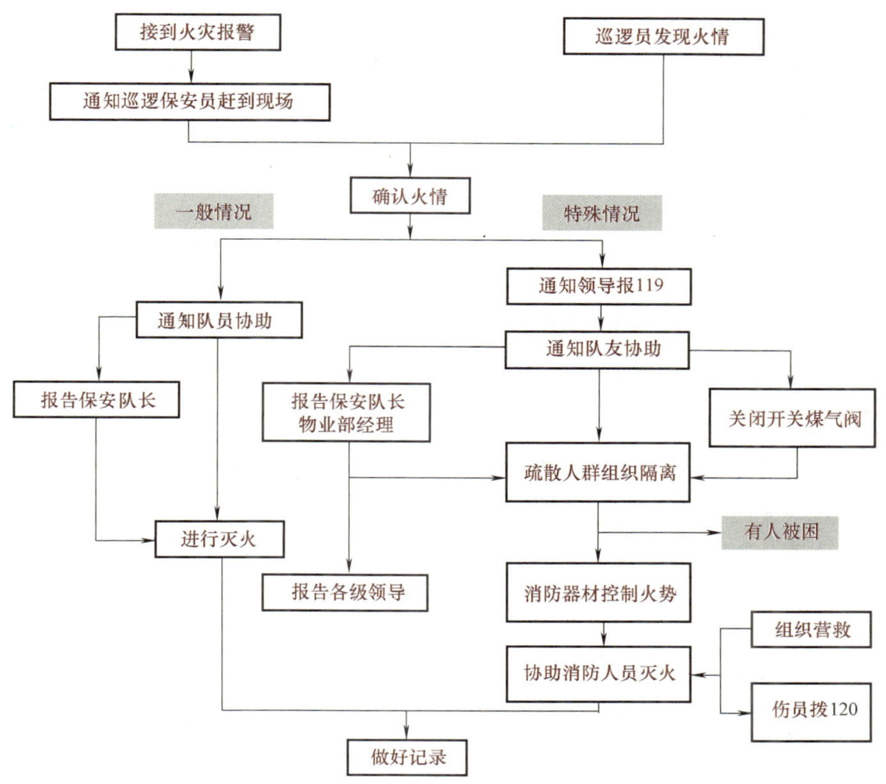

图 9-2-2 消防情况处理流程图

表 9-2-5 绿化保洁管理方案

方 案	管 理 内 容	管 理 措 施
绿化保洁管理方案	(1)绿化养护:绿化工应做到管理日常化、养护科学化 1)根据气候,给花木适量浇水 2)根据花木长势,给花木适量施肥,适当松土 3)及时清除杂草、枯枝,春秋两季定期修剪花木,对损坏花木及时扶正、整修或补苗 4)制订预防措施,防治病虫害 5)做好恶劣天气花草树木的保护工作 6)定期修剪草坪,使其生长茂盛,平整美观 (2)清洁卫生:通过日常保洁工作,使小区公共环境和公共部位整洁,公共设施洁净、无异味、无破损 1)小区道路及公共区域地面每天保洁两次,随时清除各类污渍、积水,定期清洗外墙面,公共绿化区域每天保洁两次 2)每天 10 点前收集垃圾一次,确保垃圾袋装化,并扎紧袋口,以免渗漏 3)每周对垃圾桶进行清洁、消毒,每月对垃圾房消毒两次 4)各类公共照明、消防等设施,每月保洁两次 5)公共过道每天保洁两次,环卫设备、电表箱盖、水表箱盖、大门、扶手、栏杆、台阶(含踢脚线)每天保洁两次,共用门、窗每天保洁两次,外墙定期清洗 6)下水道等排污管道定期清理一次 7)告示牌、指示牌等每天保洁一次 8)春夏秋季每周在害虫滋生地用药灭虫一次(冬季每月一次) 9)电梯轿厢每天保洁两次,每日对电梯厅门及轿厢门滑轨进行一次清洁 10)对违反环境卫生管理规定的行为进行制止	(1)建立绿化保洁制度,按月制订养护计划,按操作规程规范操作 (2)加强业务培训,增强专业技能,聘请专业人员指导养护 (3)落实"三查"(绿化或清洁员工自查、管理员巡查、管理处主任抽查),加强日常监督检查,按月考核,确保绿化服务满意率 95%以上、保洁服务满意率 95%以上 (4)强化行为规范管理,服装统一、标识齐全、言行文明

（6）房屋及公共设施设备管理方案。房屋管理，尤其是共用设施设备的管理，直接影响到小区的形象、物业的使用年限及使用安全，直接关系到业主的生活与居住安全（表9-2-6）。

表 9-2-6 房屋及公共设施设备管理方案

方 案	管理内容	管理措施
房屋及公共设施设备管理方案	(1)房屋公共部位管理:根据现状,小区内房屋可分为已领房、空置房和公共用房 1)业主已领房 房屋交付时,及时与业主签订业主公约,书面告知房屋装修管理规定,并建立业主档案 加强装修管理,对违章装修行为及时予以制止,情节严重者,提请有关行政管理部门依法处理 加强外立面管理,屋顶不得擅自安装任何设施设备,外墙面不得擅自改变颜色,户外不得安装保笼,阳台无堆放杂物现象 做好房屋公共部位的维护、保养,发现破损,及时维修,确保房屋的安全、美观;装修结束后,及时进行房屋公共部位的修缮与养护 2)空置房(含业主托管房) 管理处应每月通风打扫一次 对房屋和设施定期检查(包括墙面、管道、门窗、电源线路、水电表),发现问题或尽快处理,或及时通知业主 3)公共用房 做好公共用房(会馆、公共设施用房)的维护、保养,发现破损,及时维修,确保房屋的安全、美观 (2)设备设施维护 1)公共水电设备设施定期巡查,发现损坏,及时维修 2)公共卫生设施每周检查一次 3)对住户自用水电设施报修,应按规定填写有偿服务联系单,确保维修及时率与合格率	(1)加强装修户管理,督促业主做好装修前期申报工作,并经常进行现场检查,发现问题及时制止 (2)维修人员持证上岗,操作规范,维修及时 (3)强化维修人员技术培训,提高业务素质 (4)建立维修人员值班制度,确保维修及时率与合格率达 98% 以上,且设回访制度和记录 (5)实施分线管理,依靠公司技术协作,分项做好日、周、月运行状况记录,确保房屋及配套设施完好率达 98% 以上

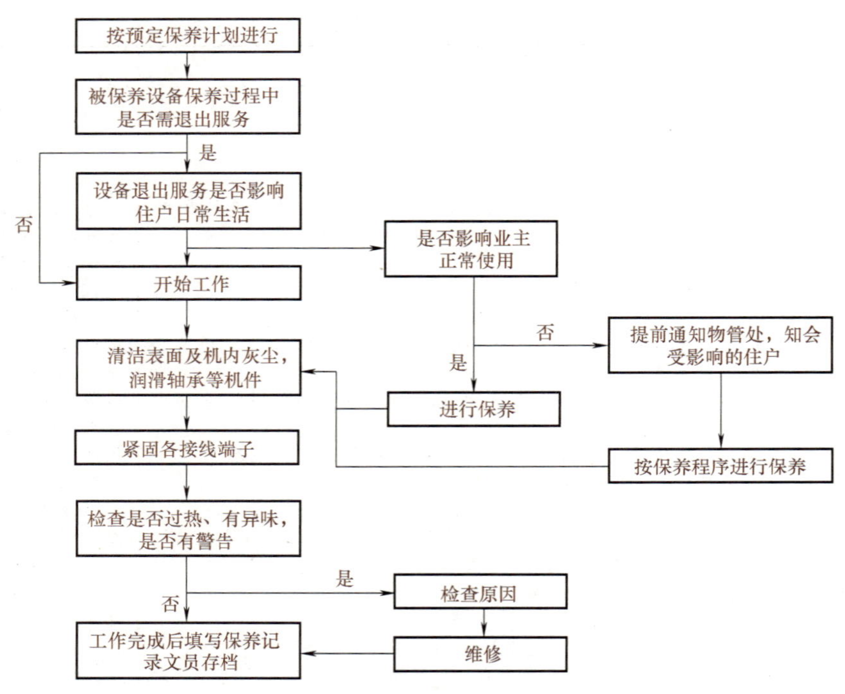

图 9-2-3 公共设施设备保养工作流程图

（7）水系使用管理方案。通过有序的管理，确保小区水系运行正常，有效节省管理成本（表 9-2-7）。

表 9-2-7　水系使用管理方案

方　案	管理内容	管理措施
水系使用管理方案	（1）定期巡查泵房设施，确保设施设备运行正常 （2）定期清洁蓄水池，保持水质洁净 （3）专人管理蓄水池，定时开放	（1）测算水系运行成本，结合小区实际，制订使用规定 （2）建立设施设备档案，做好巡检记录 （3）按规定操作，发现异常，及时报修

（8）财务管理方案。通过财务管理，在改善财务状况的条件下，不断扩大财务成果，提高企业经济效益（表 9-2-8）。

表 9-2-8　财务管理方案

方　案	管理内容	管理措施
财务管理方案	（1）加强现金收支管理 （2）搞好财务核算 （3）及时统计物业维修更新费用使用情况，每半年公布一次（每年公布一次） （4）做好年度预算和决算工作 （5）认真审核报销票据，严格控制费用报销 （6）及时掌握财务收支状况，做好财务分析，为领导决策提供依据	（1）加强现金收支管理 （2）搞好财务核算 （3）及时统计物业维修更新费用使用情况，每半年公布一次（每年公布一次） （4）做好年度预算和决算工作 （5）认真审核报销票据，严格控制费用报销 （6）及时掌握财务收支状况，做好财务分析，为领导决策提供依据

（9）质量管理方案。导入 ISO 9000 质量体系标准，实施全面质量管理，有助于实现“以人为本”的管理理念，有助于实现决策、计划与控制、协调的结合，实现既定的质量目标（表 9-2-9、图 9-2-4）。

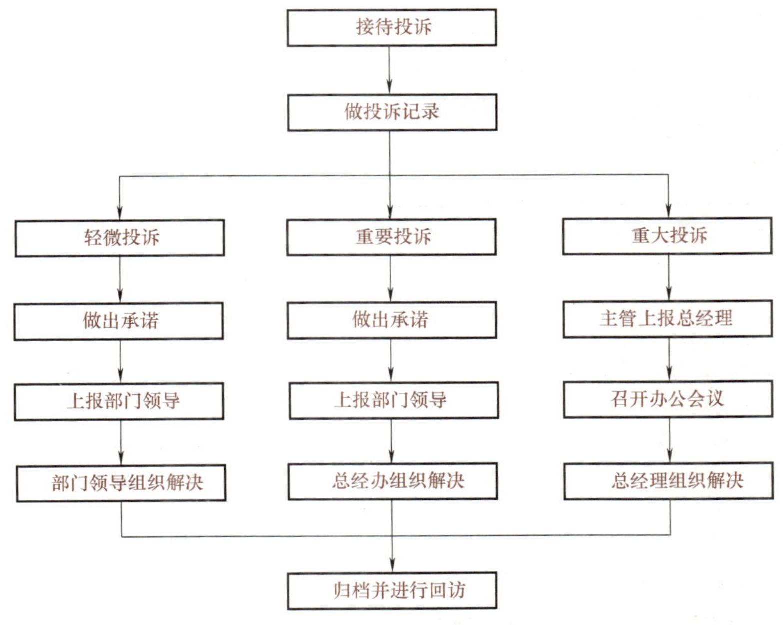

图 9-2-4　业主投诉处理流程图

表 9-2-9 质量管理方案

方 案	管理内容	管理措施
质量管理方案	(1)参照 ISO 9000 质量体系标准要求,制订小区质量工作计划 (2)实施所制订的工作计划和措施 (3)对照计划,检查执行的情况和效果,及时发现和总结存在的问题 (4)根据检查的结果,采取相应的措施,巩固成绩、吸取教训	(1)抓好管理人员的质量学习,开展质量管理培训教育工作,不断提高质量意识 (2)制订质量责任制,保证质量管理工作落到实处 (3)接受公司对小区管理工作的现场指导 (4)配合公司开展质量体系审核,发现问题及时纠正,对系统性的问题制订整改方案

(10) 档案资料管理方案。加强小区的档案资料管理,有助于保存小区的历史资料,维护管理的连续性和规范化,便于房屋及设施设备的检查、维护、更新和与业主的沟通、联系(表 9-2-10)。

表 9-2-10 档案资料管理方案

方 案	管理内容	管理措施
质量管理方案	(1)工程档案。从接管开始的所有工程技术、维修、改造资料、各种竣工图及各类设施设备资料等 (2)业主档案。所有业主购、租房合同(复印件),业主基本情况登记表、装修申请表和住户健康状况登记表等 (3)财务档案。逐年形成的小区财务收支报表、物业维修基金使用报表等 (4)文件档案。有关物业管理法规政策、公司文件等 (5)管理资料。绿化资料、日常巡查(清洁、维修、保安)记录、值班记录,车辆管理记录监控记录、荣誉资料等	(1)制订档案制度,并严格执行 (2)专人管理(由负责内勤的管理员担任),专室专柜,编目造册,存放有序,并且尊重业主隐私,保守秘密 (3)科学管理,确保档案资料完整、齐全,确保档案完好率达 100% (4)逐步实现智能化管理,及时可靠的掌握相关信息,提高管理水平

(11) 人力资源管理方案。一流的物业需要一流的管理,一流的管理需要一大批高素质的管理人才和专业技术人才,而人才的管理与培训,对于保持员工的高质量,提高物业管理的水平,具有十分重要的意义(表 9-2-11)。

表 9-2-11 人力资源管理方案

方 案	管理内容	管理措施
人力资源管理方案	(1)按照合理的人才结构,配置各类人才 (2)任人唯贤,量材录用 (3)开展业务培训,全面提高业务素质 (4)进行业绩考核,优胜劣汰	(1)制订岗位责任制,做到责、权、利分明 (2)建立约束与激励相结合的运行机制,充分调动工作积极性 (3)加强思想作风建设,树立全心全意为业主服务的观念和企业的品牌意识 (4)岗前培训与在岗培训相结合,走出去培训与请进来培训相结合 (5)全面考核,做到公开、公平、公正

(12) 社区文化建设。在小区倡导做文明业主,弘扬社会主义精神文明和道德风尚,积极开展丰富多彩的文化娱乐体育活动,有助于加强与业主的联系和沟通,有助于实现"以人为本"的管理理念(表 9-2-12)。

表 9-2-12 社区文化建设

方　案	管理内容	管理措施
社区文化建设	(1)重视社区文化氛围的营造 (2)每年组织业主文化娱乐不少于四次,以丰富业主生活,加强业主之间的沟通联系 (3)开展经常性的健身活动 (4)组织业主参加社会公益活动,加强小区与外界的联系 (5)根据项目的实际客户群体,定期举办各类主题的沙龙活动	(1)拟订社区文化建设计划,主任负责,专人专项管理,日常活动与大型活动相结合 (2)运用 CIS 系统(企业形象识别系统),对社区文化建设进行整体策划 (3)运用多种形式向业主宣传物业管理知识,使广大业主了解并支持物管工作 (4)开展走访和谈心工作,加强与业主的沟通 (5)加强联络,搞好协作,充分利用小区的各项健身设施,积极开展有偿专项文娱体育活动,多渠道筹集活动经费 (6)创造条件,提供教练指导,使社区健身活动正规、健康、内容丰富、形式多样

第三部分　物业服务设想及策划

3.1　物业服务理念设想

保利·春天大道别墅区业主具有以下特征：

1）层次较高的 CEO 、高级管理人员、公司负责人、企业家、政界人士等。

2）经常性接触的对象多为家庭主妇、业主家属、保姆和孩子 。

3）对身份地位的认同要求和服务档次的要求很高，私密性要求较高 。

4）对高尚社区活动的参与有较高热情，特别是会所的相关活动。

5）因为文化观念和行为习惯的不同，对物业管理的要求差异较大。

6）需要更加个性化的装修风格，更多的装修建议。

7）更关注周边的生活配套设施是否能给其带来更多的便利。

服务理念：璞琨（Boutique）——人性化、专属化、个性化。

1. 璞琨（Boutique）服务理念的概述

“Boutique” 原意为“精品”，从 20 世纪后期开始被延伸应用为一种精细化的酒店服务模式继而风行欧洲。从 21 世纪初被率先引入国内高档酒店业及高档商业的服务，成为国内一流的、精细化、人性化服务的标志。并逐步成为国际大都市酒店、高端公寓、写字楼等各类高端服务业的高标准服务要求。

保利春天大道旨在打造贵州第一家遵循 Boutique 物业服务理念的物业管理项目，以“人性化、专属化、个性化”的服务原则，追求一种完全以人的需求和尊重为核心的管家式、精细化物业服务方式，深度实现人性关怀。为业主提供 24 小时的不间断服务，真正让居住者享受高枕无忧的尊贵生活享受。依托保利物业、项目以及集团公司强大的资源平台，扩大物业服务范畴。不仅能提供基本的传统物业服务项目，更能为业主直接提供诸如“家庭顾问、租赁代理、保姆服务”等高品质、高附加值、超预期的管家式精品酒店服务。

2. 璞琨（Boutique）服务理念的解构

（1）人性化设计。一切服务内容、服务要求及服务标准均从实际服务对象出发。具体包括两个层次，首先按照性别、年龄、文化等标准对服务对象进行细分，然后进一步剖析各部分客户相应的需求项目、需求特征及需求偏好，以之为依据对服务体系、服务配套设施、服务内容、服务标准进行设计。使服务真正做到来源于人性需求并回归和满足人性需求，最大化满足客户或业主的需要。比如“针对老年人或婴幼儿提供的人性化服务”等。

（2）专属化服务。除为业主/客户提供高标准的基本物业服务之外，超出传统物业服务的外延，为业主提供在普通社区无法享受到的，私人管家式的，能够体现个人价值感、成就感、尊崇感的服务。比如家庭健康顾问服务、家庭装修顾问服务等。

（3）个性化需求。从“璞琨”的三要素来看，核心是“以‘个人’为本”的专属服务理念。因此，立足客户年龄、性别、职业、心理特质、文化特质等因素，对各类居住人群进行细化的区分。打破传统物业管理的条框式标准，提供针对性的、超常规的、差异化的物业服务。真正体现对人的尊重，体现个性化和差异化。

3.2　物业服务体系的策划

璞琨（Boutique）之于保利春天大道别墅区服务体系的搭建如图 9-2-5 所示。

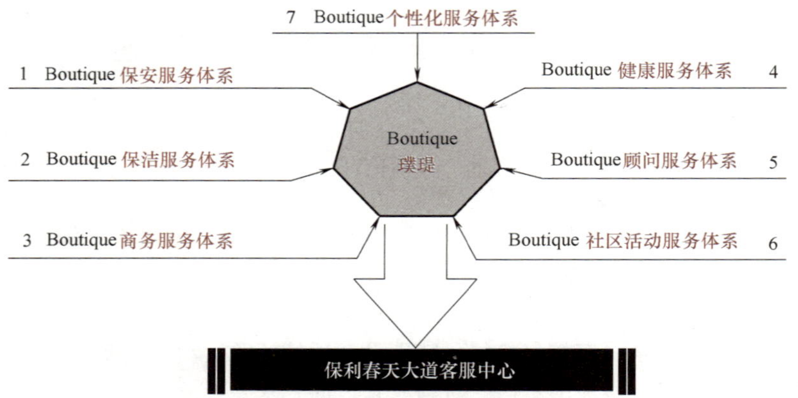

图 9-2-5　保利春天大道别墅区服务体系

3.3　前期销售阶段服务细化建议

1. 前期销售阶段物业服务原则建议

1）贯彻社区整体的“Boutique”物业服务理念，全面贯彻“人性化、专属化、个性化”的服务原则。

2）把客户需求作为提供服务的源头，以关心客户、关怀客户、善待客户作为服务的出发点与归宿点。

3）贯彻双向沟通意识，多聆听来自客户方面的意见和建议。

4）从传统物业管理突出对于“物”的管理向全面服务过渡，突出对于“人（客户）”的生理、心理需求提供满意的服务。

5）注重创新和细节，提供超出客户普通心理预期的高附加值服务内容。

6）以便利客户购房、最大限度使客户感到满意为目标，建立完善、系统的综合服务体系。

7）全面服务，全员参与。即以物业服务公司聘请的保安、保洁、客服专员等专业人员为服务主体，同时全体销售人员积极参与。

8）建立物业服务的“三级监督考评机制”。即专业服务人员、销售人员自我监督考评，客户监督考评，专业服务人员及销售人员相互监督和考评。

9）使用统一的视觉、行为、理念识别系统规范所有服务体系和服务细节。

10）从客户的实际需求出发设计每一项服务内容及操作细节，并进行动态的调整，及时更新或补充新的服务内容设计。

2. 前期销售阶段服务内容细化建议

（1）保安服务体系内容建议见表 9-2-13。

表 9-2-13 保安服务体系内容建议

服务内容	操作细则	执行人员
以统一的视觉、行为和理念识别系统规范售楼处保安队伍	项目 VI 系统统一规范保安人员制服、名片、工卡、执勤单、保安服务手册等所有的视觉物料且别墅区保安人员服装区别于其他区域	—
设立“三段式”保安门岗	在售楼处最外围主入口一侧设立第一门岗，在停车区设立第二门岗，在售楼处一楼大堂入口处设立第三门岗；客户进入主入口时由第一门岗敬礼，微笑致意；对开车客户引导给停车区第二门岗（停完车后再由第二门岗引导给第三门岗）；对步行客户引导给大堂入口第三门岗	门岗保安
门童式迎宾服务	参照高档酒店专业门童迎宾礼仪，从微笑、基本动作等细节进行系统的专项培训，并实施过关考核；遇开车客户，第一和第二门岗配合引导客户停车后，主动为客户打开车门，并微笑致意“先生/女士您好，这边请”。然后第二和第三门岗配合，由第三门岗微笑为客户打开售楼处大堂门，并引导进入销售区；遇有步行客户，除不需要引导客户停车及为客户打开车门外，流程同上	门岗保安
24 小时安保巡逻，三班循环，白天采用军列式换岗仪式	要求简单、实用、仪式感强烈，由此体现保利物业服务的规范性	巡逻保安
引导客户泊车服务	停车区建议招聘两名女保安，增加亲和力，降低全是男性保安带给客户的局促感；无论晴天雨天，有专人为客户提供专业的泊车引导服务；迎接时应等到客户将车辆停稳、主动为客户打开车门并交由门童后结束，客户离开时须目送客户驶离售楼处并对客户挥手致敬后引导结束	女泊车员
短时私人保安服务	应客户要求，在客户到工地看房或到附近银行取款等情况下，认真做好登记后，可为客户提供最长不超过 1 小时的短时私人保安服务	机动保安
出租车召叫服务	没有开私家车来的客户，在客户离开售楼处时由第一门岗礼貌地主动询问客户是否需要代叫出租车，客户同意后到路边为客户召叫出租车，直至召叫成功并主动为客户打开车门，目送客户离开后方可返回岗位	门岗保安
为来访车辆铺设挡光锡纸	防止夏天汽车在阳光下直射导致车内温度过高	女泊车员
配备微型麦克对讲设备	专业沟通及体现道具营销	各岗位保安
失物招领服务	现场如发现有客户遗失的物品，则及时登记并保存，同时通过电话、电子屏等方式提供招领服务	保安内勤
物品临时存放保管服务	对随身携带物品较多的客户，应主动询问是否需要寄存，征得客户同意后详细登记并存放，客户凭牌号取回寄存物品	保安内勤

（续）

服务内容	操作细则	执行人员
电动车免费充电服务	对骑电动车的客户，保安人员引导客户停至专门的非机动车停车区，然后询问客户是否需要充电，征得客户同意后予以充电	保安内勤
出租车信息登记服务	凡乘出租车来售楼处的客户，由保安人员第一时间予以详细登记，登记内容包括“日期、时间、往/返说明、出租车号、登记人员”	女泊车员

（2）保洁服务体系内容建议见表 9-2-14。

表 9-2-14　保洁服务体系内容建议

服务内容	操作细则	执行人员
以统一的视觉、行为和理念识别系统规范售楼处保洁队伍和保安服务	项目 VI 系统统一规范保洁人员制服、名片、工卡、执勤单等所有的视觉物料	—
售楼处烟灰缸内铺湿润纸巾，避免烟灰散落，并进行实时动态清洗	白天售楼处营业时间，保洁人员应实时动态巡视各接待区域的烟灰缸，并及时清理，原则上每个烟灰缸烟头达到 3 个就应清理，清理脏烟灰缸时，应微笑着说“对不起，打扰一下，换下烟灰缸。”然后用干净的烟灰缸替换掉，并及时将脏烟灰缸清洗出来	营业大厅保洁员
每日两次集中收集垃圾袋并随手更换	每日中午 12:00 和下午售楼处下班后集中清理、更换垃圾袋，做到收集点周围整洁、无散落、无异味	营业大厅保洁员
每月集中清洗一次售楼处外墙	每月集中清洗一次，清洗时间定在下午售楼处下班后及次日售楼处上班前，确保不影响售楼处内正常营业	
免费擦鞋服务	在售楼处一楼大堂入口处摆放擦鞋机一部，客户可自由清洁皮鞋购置一批一次性拖鞋，客户进入样板房参观前统一换穿一次性拖鞋，同时将客户皮鞋编号后统一保管，并人工擦亮；每周两次对售楼处所有照明设施进行地毯式巡检，及时清理或更换	样板间保洁员
样板房专人实时动态清理服务	每个保洁员负责一个样板房，保持室内地板、家具清洁，做到地板无脚印及灰尘，家具无灰尘，在客户参观样板房时，对于一些易碎物品应给予礼貌的提醒。每接待完一批客户后，即随时对样板房内的地面、软装物品摆放等进行清理	样板间保洁员
卫生清洁分区规定、值日规定、完成标准上墙张贴机制和清扫登记卡制度	在卫生间、样板房、洽谈区等主要区域的醒目位置进行张贴，吸引客户注意，彰显售楼处保洁服务的规范性，进一步增进客户对售楼处卫生环境的认可	区保洁专员
售楼处白天营业期间各区域动态实时清洁机制	—	营业大厅保洁员
保洁人员实行编号制度，白天营业期间相互沟通时只报个人编号，不报姓名	—	保洁主管
各主要卫生责任区分别设立一名主要负责人，各片区责任保洁员配备微型麦克对讲设备，方便沟通	—	分区保洁专员
保洁人员人人随身携带鞋套，非瓷砖或者非水泥地上清扫时，必须穿上鞋套	—	各岗位保洁员
卫生间每日需打扫 3 次，早中晚各一次，做到地面无水，无垃圾，台盆周边无积水，便池干净	—	卫生间保洁员

（续）

服务内容	操作细则	执行人员
售楼处内部鲜花、盆栽的定期定时养护及更换	—	苗木养护专员
售楼处外围植物养护服务	保持植物的百分百成活，无枯草、烂叶，无灰尘，定期清理叶面灰尘	苗木养护专员
卫生间坐便器或蹲便器旁边设置扶手，方便残疾人士使用	—	卫生间保洁员
宠物登记及临时托管服务	对带宠物进入售楼处的客户，由保洁人员登记后予以专人看护	客服内勤
地面拖洗后放置温馨提示牌	保洁人员凡是使用较湿的拖布擦洗地面后，均须在主要人行处放置警示牌，标注“地面清洗，小心滑倒”类似的文字和符号提示	营业大厅保洁员
客户用过的水杯、咖啡杯及时消毒	给客户上咖啡等饮品时，须在杯子上贴上“已消毒”字样，并在客户每次用完后及时消毒	餐点服务员

（3）商务、健康、顾问及文教休闲服务体系内容建议见表 9-2-15。

表 9-2-15　商务、健康、顾问及文教休闲服务体系内容建议

项　目	服务内容	操作细则	执行人员
商务服务体系	基本信息咨询服务	火车、飞机航班查询，常用电话号码查询，周边公交咨询，高速及轮渡开行情况查询等服务	商务服务内勤
	免费上网服务	在售楼处一楼大堂开辟一处免费上网处或开通无线网络覆盖，并设置计算机两台，供客户查询相关信息	商务服务内勤
	一楼大堂开辟小型商务服务中心	免费为客户提供复印、收发传真、扫描等服务	商务服务内勤
	电子屏商务信息滚动播出服务	在售楼处安装电子显示屏，每天除播放楼盘信息外，还可滚动播放 24 小时天气预报、财经新闻、时政要闻、高速公路信息、轮渡开行信息等商务资讯	商务服务内勤
	为客户提供手机充值服务	信用卡充值或申办空中充值服务点	客服内勤
	为客户提供附近的酒店预订服务	建立市区各主要酒店信息库，应客户要求提供预订餐厅或客房服务	商务服务内勤
	应客户要求提供网上机票/车票预定	—	商务服务内勤
	气象预报服务	利用气象局声讯电话为客户提供未来 1~7 天天气预报服务	商务服务内勤
	设专人提供语音广告服务	欢迎词、服务须知等内容，视现场人数多少循环播出	商务服务兼广播员
顾问服务体系	高级置业顾问提供家庭式的购房、卖房等顾问服务	凡在售楼处正式登记的客户，可享受私人管家式的、关于个人购房、卖房、房屋信贷等方面的专业顾问服务	售楼人员
	物业维修及家居清洁管家式顾问服务	凡在售楼处正式登记的客户，可享受私人管家式的、关于个人名下房产相关使用规则、物业维修的专业顾问服务和预约上门服务、家居清洁服务（只收基本维修成本、不以营利为目的）	维修及家政专员
	家庭装修顾问服务	凡在售楼处正式登记的客户，可享受私人管家式的、关于个人家庭装修风格、装修方案、建材采购等方面的专业顾问服务	维修及家政专员
	为限定范围的居家设备提供 24 小时紧急维修特约服务	售楼处设立 24 小时特约维修热线，由专人负责接听，收到客户提出的诸如“水管爆裂”等突发性事件并经核实符合限定服务范畴等规定的，立即联系相关技术人员予以出诊抢修	客服专员、技术人员

（续）

项　目	服务内容	操作细则	执行人员
文教休闲服务体系	西式咖啡、饮品服务	在售楼处开辟专门的西式饮品区，提供纯正西式咖啡吧式的现磨咖啡和其他饮品服务（夏天冷饮、冬天热饮），使用制作精美的饮品茶点菜单供客人选择，菜单配图并配多种语言	餐点服务员
	开辟专门阅览区	在客户休息等候区设置书架，摆放都市休闲读物、家庭装修、项目工程月报、会刊、楼市图、联盟商家刊物、少儿读物等书籍刊物，提升项目的品质形象和人性化关怀	商务服务内勤
	定期少儿兴趣辅导班服务	售楼处开辟专门场地，定期联系相关培训机构举办少儿兴趣辅导班，如音乐、舞蹈、英语等	客服专员

（4）其他个性化服务体系内容建议见表9-2-16。

表9-2-16　其他个性化服务体系内容建议

服务内容	操作细则	执行人员
保姆短时代看服务	客户进入案场并经由销售员正式接待后，服务人员应立刻上前主动询问是否需要代看小孩，征得客户同意后进行书面登记，然后带小孩至售楼处儿童游乐区代为看管	客服儿童托管员
在女卫生间开辟化妆台，为看楼的女客户提供补妆服务	在女更衣室开辟专门的化妆场地以及名牌粉底霜等基本补妆物料，服务人员应根据女客户的实际情况适时主动提示、告知客户可以提供补妆场地，但不要强制要求客户补妆，避免引起客户反感	卫生间保洁员
衣物、物品寄存服务	为带较大或较多随身物品（如雨伞等）、外套（风衣等）等的客户提供物品寄存服务。在售楼处设置专门的物品寄存安全柜，遇有随身物品较多、较大或较重的客户由服务人员主动提示客户可以为其提供安全的物品寄存服务，征得客户同意后将物品编号排好后寄存在相应的安全柜中，并发给客户相应的取物标牌	客服内勤
用电瓶车为由售楼处至工地现场的客户提供接送服务	在售楼处门前和工地样板区各自停放一些电瓶车，为客户提供接送服务	客服专员
服务满意度调查服务	在售楼处一楼大堂一侧设置满意度调查卡片箱，分为“非常满意、基本满意、不满意”三项，待客户准备离开前，由专门的服务人员递上一张服务满意度调查卡片，告知客户可将卡片放入卡片箱进行服务的满意度调查	客服内勤
卫生间提供休闲娱乐类图文印刷品张贴服务	在卫生间设置小型框架，张贴休闲娱乐或益智类的图文资料，并定期更换	商务服务内勤
中午为客户提供点心服务	提供简单的西式点心，方便客户中午用餐	餐点服务专员
设置手机加油站	方便客户手机充电	客服内勤
现场所有引导牌均用中英文对照标示	契合项目定位，渲染高端生活氛围	客服内勤
设立专门的客户留言区	客户可以就服务质量、建筑品质、户型设计、社区配套等多方面提出相应的建议，用以提高服务水平，同时了解客户的真实需求	客服内勤
售楼处提供儿童娱乐区服务	在售楼处一层设置出一块区域为儿童娱乐区，装饰儿童趣味，摆放小型木马、卡通公务滑梯、跷跷板、小电瓶车等儿童娱乐设施，专人负责照顾客户带来的儿童，以避免儿童来访感到枯燥无味以至哭闹影响大人看房，并吸引儿童流连忘返以延长客户看房时间，有利于客户下次来访	客服部 婴幼儿托管员
为带婴幼儿的客户提供婴幼儿休息及看护者陪护休息服务	售楼处备有婴幼儿摇篮式睡床，当婴幼儿需要睡眠时，主动登记作好相应标志后由专人看护，同时为陪护的大人在旁边提供专门休息的椅子	客服部 婴幼儿托管员

（续）

服务内容	操作细则	执行人员
印刷保利物业服务指南，摆放在醒目位置	客户可免费取阅，能够清楚了解保利物业的品质服务	商务服务内勤
创办《春天会》会刊，向客户约稿	将发生在售楼处的员工与客户间的点滴小事以故事的形式加以记录，充分体现对客户的尊重	商务服务内勤
客户投诉处理服务	在案场开辟专门的投诉服务处和客户投诉意见簿，由专人接待处理客户的投诉，以“高效、快捷、热情、满意”作为服务标准	客服专员
24 小时紧急用车服务	限定紧急用车的情况，设立 24 小时特约用车热线，由专人负责接听，收到客户提出的紧急用车申请并经核实符合限定服务范畴规定的，立即联系紧急用车司机提供出车服务	客服专员紧急用车司机

（贵阳永诚物业管理有限公司）

【报告点评】

这是一篇针对高端别墅定制的后期物业管理方案。该高端别墅物业管理方案重点从物业管理提供商的服务理念进行阐述，进而纵深为各种解决方案，这些为业主提供的解决方案是有别于其他普通物业类型之外的各项专业、友善型的私有服务，比一般物业管理方案更人性化，更细致化。

市场上有众多物业管理公司，房地产发展商选择一家物业管理提供商的依据有哪些，除了物业管理提供商提供的服务内容全面，服务质量优秀之外，其所能提供的独特之处、用心之处，更是发展商考虑的重点，正因为如此，该别墅物业管理方案才能让人眼前一亮，进而脱颖而出。

三、广东惠州峰璟国际商务大厦物业管理方案

报告目录

报告正文

第一部分 项目基本介绍

峰璟国际商务大厦位于惠州江北中心区，是惠州市的行政中心、商务中心和文化中心，将被打造成为惠州未来的CBD（中央商务区）。峰璟国际的开业势必将会吸引众多世界五百强企业进驻这一区域，其一流的设施设备，一流的地理位置等都决定了峰璟国际写字楼将代表惠州最新一代世界顶级标准的纯商务写字楼。

要打造一流的甲级写字楼就必须紧跟国际潮流，形成管理的国际化、人性化、智能化，空间的舒适性和实用性，与其数字化、节能化相结合，为客户提供安全、舒适、便捷、商务的星级化管理是我们今后努力的目标。

第二部分 管理目的和范围

2.1 管理目的

1）保持物业的完好程度。通过加强对大厦整体物业的维护、养护和对客户提供的服务，防止因使用不当而损坏物业。

2）维护大多数客户的利益，加强宣传，与客户一起，共同营造一个安全、舒适、和谐的娱乐、购物及办公环境。

3）加强宣传和管理，引导广大客户正确使用物业、公共设施设备和场地。

4）加强对大厦实行社会化、专业化、一体化管理，不断提高服务管理质量，维护和提高德威物业公司的社会声誉。

5）以良好的服务维护和提高德威地产的社会声誉和德威物业公司的管理品牌，促进房产开发、销售、物业管理的良性循环，使该大厦物业保值升值。

2.2　管理范围

管理范围为峰璟国际商务大厦。

第三部分　管理原则、方式和内容

3.1　管理原则

本着“优质、诚信、创新”的管理方针，实行“以人为本、真诚服务、报效社群、创物业品牌”为服务宗旨，把峰璟国际商务大厦管理成惠州一流的商业写字楼旺地。

3.2　管理方式

公司依据国家《物业管理条例》及相关法律法规，全权委托惠州德威物业管理有限公司对峰璟国际商务大厦实行综合一体化管理。德威物业管理有限公司在管理合同期内对峰璟国际商务大厦负责制订年度管理目标和签订经济目标管理责任书，独立核算，实现社会效益、经济效益和环境效益的同步发展。

3.3　管理内容

1）对发展商委托的物业负责收取租金及管理费等。

2）大厦房屋建筑本体共用部位（天面、梁、柱，内外墙体和基础等承重结构部位，外墙面、楼梯间、走廊通道、门厅等）的维修养护和管理。

3）大厦及外围公共部分的秩序维护（租赁房屋范围内的治安秩序和安全防盗措施由使用方自行负责）。

4）公共绿化、公共环境（包括公共场地、房屋建筑物公用部位及外墙）的卫生清洁，垃圾的收集，清运（不含商场内的垃圾和管理）。

5）室内外停车场的管理。

6）大厦房屋建筑本体共用设备设施（共用的上下管道，共用照明，供水设施，商业配电系统、消防控制中心及办公楼的设施设备等）的维修、养护、运行和管理。

7）大厦规划红线内属物业管理范围的公共设施（道路、室外上下水管道、化粪池、沟渠、沙井、绿化、地下泵房、路灯、室内外停车场等）的维修、养护和管理。

8）大厦内的各项配套服务设施的维修，养护和管理（不含商场内部设备设施）。

9）物业及物业管理档案、资料。

第四部分　总体目标和分项指标

4.1　总体目标

在委托管理合同期内按照“安全、清洁、优美、舒适、方便”的目标进行管理服务，并承诺峰璟国际商务大厦所有建筑物及配套设施完善、竣工验收合格，交付使用一年内达到惠州市物业管理优秀大厦的管理标准，两年内达到省优标准，三年内达到国家示范大厦的管理标准。

4.2　分项指标

1）顾客满意率95%以上。

2）管理服务年有效投诉率5‰以下，处理率、回访率100%。

3）房屋完好率、公共设施完好率98%以上。

4）卫生、消杀、环境绿化市级达标率100%。

5）维修及时率、合格率100%。

6）因管理责任造成的重大刑事案件、进场进库机动车被盗事故为零。

7）杜绝因管理责任造成的重大火灾事故、安全事故。

8）费用年收缴率在98%以上。

9）保证提供充足的资源。

第五部分　开业初期具体管理思路

5.1　管理工作

1）成立峰璟国际商务大厦管理处，委派管理处经理、机电工程师。

2）管理员、水电维修工到位，其他管理人员分步到岗，落实管理用房和员工宿舍，了解隐蔽工程及管线的走向，做好各项筹备工作。具体组织架构配置见表9-3-1。

表9-3-1　组织架构配置

序号	岗位	人员编制	职　责
1	管理处经理	1人	负责大厦的全面管理
2	机电工程师	1人	主要负责设施设备管理
3	安全管理员	1人	主要负责消防、安全管理
4	行政管理员	1人	主要负责文档、清洁绿化管理
5	收费员	1人	负责收费工作、接待来访等
6	水电工	10人	负责设施设备的维护
7	护卫员	36人	负责大厦的安全巡查
8	清洁工	10人	负责大厦的整体清洁
9	绿化工	1人	负责大厦的环境绿化

5.2　前期介入工作

在大厦施工阶段管理处组成一个2~3人的前期介入小组，最好是在开业的三个月之前，与开发商、施工单位衔接介入大厦的施工管理，完善物业的使用功能，改进物业的具体设计，更好地监理施工质量，为竣工验收和接管验收打下基础，就房型的设计、供电供水、污染处理、电信、道路、绿化、管线走向、服务配套设施及平面布局等方面提出建设意见。主要做好以下几方面的工作：

1）审阅设计图纸，提出有关楼宇结构布局和功能方面的改良建议。

2）提出设备配置或容量以及服务方面的改良意见；指出设计中遗漏的工程项目。

3）熟悉线路管道的铺设走向，对设备安装的质量进行监督、调试等。

5.3　接管验收工作

成立接管验收小组，了解大厦的设备设施，熟悉设备的构造、性能、强弱电、给水排水的走向及存在问题，填写有关质量记录，以便尽快得到解决。做好以下统计表：

1）移交接管验收遗留问题统计表。

2）公共配套设施接管验收表。

3）公共配套设施接管验收遗留问题统计表。

4）机电设备接管验收遗留问题统计表。

1. 峰璟国际商务大厦资料的移交接管（表 9-3-2）。

表 9-3-2　移交接管

项　目	资料类型	具体资料
资料的移交接管	产权资料（复印件）	(1)项目批准文件 (2)用地批准文件
	政府职能部门验收合格资料	(1)市政部门验收意见 (2)环保部门验收意见 (3)供电部门验收意见 (4)质量监理部门验收意见 (5)园林绿化部门验收意见 (6)供水部门验收意见 (7)房产管理部门验收意见 (8)消防部门验收意见 (9)规划设计部门验收意见 (10)有线电视工程验收合格证 (11)其他有关资料
	工程技术资料（原件）	(1)大厦竣工总平面图 (2)道路绿化竣工图 (3)电力竣工图 (4)给水、排水、消防竣工图 (5)电话电视线路竣工总平面图 (6)路灯竣工图 (7)建筑、结构、电气、水道竣工图 (8)泵房及水池建筑、结构、电气、水道竣工图 (9)其他相关图纸
	设备资料（原件或复印件）	(1)水泵房设备有关合格资料 (2)闭路监控系统合格证、线路图 (3)发电机合格使用说明书 (4)消防控制系统资料 (5)电梯设备有关合格资料 (6)其他必要的有关资料

2. 接管验收程序

1）开发商通知管理处接管验收。

2）管理处验收小组按程序文件“接管入伙控制程序”核对所接收的资料，签发验收复函。

3）管理处验收小组同移交人对房屋质量、使用功能、外观质量、公共配套设施设备等进行接管验收。

4）对验收中发现的质量问题，由验收小组填写各类质量遗留问题统计表，约定期限由移交人负责整改，并商定时间复核。

5）对室内物件无明显不全，符合检验标准要求的房屋由管理处接收锁匙，承担保管责任。

3. 房屋接管验收项目及标准

1）验收项目：梁、柱、板主体，墙体，分户铁门，阳台护栏、供水系统、排污管道、地漏、窗户、水表、电表、有线电视系统等。

2）验收标准：参照建设部颁布的《房屋接管验收标准》及满足使用要求。

4. 公共设施接管验收项目及标准

1）验收项目（基础设施）：天面、有线电视系统、消防设施、照明灯具、绿化、道路、车库、沙井、检查井、化粪池、围墙设施等。

2）验收标准：参照建设部颁布的《房屋接管验收标准》以及达到设计要求。

5. 公共设备接管验收项目及标准

1）验收项目：供水、消防、电梯、闭路监控、发电机、变压器等。

2）验收标准：各项设备验收合格证及达到设计使用要求。

6. 接管前的准备工作

1）编制客户租赁的工作方案。

2）核实拟定的各类人员的配备和到位情况。

3）了解员工宿舍的落实情况，筹备员工饭堂。

4）准备租赁的相关资料，作好各种表格和资料的印刷。如客户手册、物业管理合同、租赁合同、客户登记表、档案袋、装修申请表、装修巡查表、各种标示牌，装修管理守则等。

5）拟定物品采购计划。

第六部分　大厦日常管理运作

6.1　管理原则

全面推行 ISO 9000 管理体系。大厦内日常机电运行、房管事务、治安、车辆、清洁、绿化、社区文化、设施维护保养统一纳入公司 ISO 规范运作范畴，严格执行安全护卫工作手册、环境管理工作手册、消防工作手册、办公室工作手册、管理处工作手册、财务工作手册、维修保养工作手册，注重每一个服务项目的人员培训、考评，加强日检、周检、月检。

6.2　房管事务

管理处的日常房管事务管理，按照公司 ISO 管理体系维修保养工作手册规范运作。具体工作见表 9-3-3。

表 9-3-3　房管事务管理

工作安排	8:00~8:30 处理客户申报投诉;8:30~9:30 巡视 9:30~12:00 跟踪监督;14:00~15:30 整理档案 15:30~16:30 巡视;16:30~18:30 走访、回访	考核标准

（续）

工作内容	跟踪监督	日常:3遍/天	
	巡视	日常:2遍/天	
	走访	随时	
	回访	处理率:100%,回访记录100%	
检查内容及处理方法	日检项目	①装修巡视②投诉接待③违章检查④车辆管理⑤治安⑥清洁⑦绿化⑧维修⑨机电设备⑩员工宿舍⑪内务巡视	
	处理方法	(1)记录巡视发现的问题,搜集客户的反馈意见 (2)对巡视中发现的问题,分类进行处理 1)填写管理日记表 2)发现维修不合格的,填写维修记录,安排维修 3)即行关闭轻微不合格项 4)发现违章行为按“违章处理规定”执行 5)发现严重不合格,填写纠正措施报告	
	周检项目	全面检查大厦各项工作,着重对房管日检中发现的不合格项进行检查处理	
	处理办法	管理处经理对发现的不合格项及时整改,严重不合格项填写纠正措施报告,并上报公司工程维修部	
考核标准	平时日检、周检、月检按ISO管理体系考核标准		

6.3　设施设备管理

峰璟国际大厦的设施设备全部是采用国际领先的材料，设施设备管理是重中之重，大厦最主要的设备由发电机、高低压配电系统、水泵系统、中央空调系统、消防报警系统、智能道闸系统、监控系统等系统组成。要做好设施设备的维护，确保大厦的安全，在设施设备的管理上要做好以下工作。

1）建立健全水电班组织机构：根据大厦的设施设备规格高的情况，管理处需设置一名具有丰富经验的机电工程师主要负责设施设备的维修、保养，设施设备的正常运转；随时检查各种设施、设备的技术状况，及时提出维修解决办法，制订维修计划和方案，负责设施设备的接管验收工作，负责公共用水用电统计汇总及分析，公共水电费的分摊方法。管理处需招聘10名具有在大厦设施设备管理经验，具有相关特种操作证书的水电工，分为设备运行班和维修班两个班，设备运行班按24小时三班运转，每班2个人，共6人，保证设施设备24小时正常运行；维修班上白班共4人，负责日间设施的日常维修。具体岗位设置见表9-3-4。

表9-3-4　水电班岗位设置

序号	岗　　位	人员编制	值班时间
1	班长	1人	08:00~12:00;14:00~18:00
2	设备运行班	2人/(班×3班)	主班：上午8:00~12:00;下午14:00~18:00 副班：中午12:00~14:00;下午:18:00~0:00 夜班：0:00~8:00
3	维修班	3人	08:00~12:00;14:00~18:00
		合计:10人	备注:每10天换班一次

2）建立健全各项规章制度：主要建立各项设施设备的运行操作规程，设备管理制度，各种设施设备的运行记录，年度保养计划，水电工培训计划，有偿服务方案维修方案等。

3）制订详细的写字楼公共水电费分摊测算方法，根据大厦的特点，节能降耗。

4）与供电局、自来水公司、消防局、施工安装等做好沟通协调工作，发现设备存在隐患，及时安排人员维修，确保大厦设施设备的正常使用。

5）大厦及公用设施机电运行、养护运作按照公司 ISO 管理体系维修保养工作手册规范运作。具体工作见表 9-3-5。

表 9-3-5　维修组工作

主要内容	运行组	值班：保障大厦供水供电、电梯空调等正常运作并做好记录 巡视：巡视设备房和设备运行情况，做好巡查记录 秩序：搞好设备房的物品管理，加强安全防范工作
	维修组	负责机电设施、设备的各项维修、保养工作，并做好记录 定期清洁所管设备和设备房；负责对设备设施进行全面巡视、检查，发现问题及时处理
检查项目及处理方法	检查项目	①低压配电柜②干式变压器③柴油发电机④水泵⑤水池、水箱⑥风机⑦闭路督控系统⑧对讲报警系统⑨空调设备⑩火灾报警控制系统⑪气体自动灭火系统⑫消火栓⑬疏散出口指示灯⑭自动喷水灭火系统⑮烟、感系统⑯干粉灭火器
	处理方法	按照公司 ISO 标准，对轻微不合格项进行整改，严重不合格项填写纠正措施报告上报公司工程维修部
考核标准	日常周检、月检考核按 ISO 质量标准 年终考核按国家“优秀示范大厦”标准考核	

6.4　日常维修养护

大厦及公用设施维修、养护运作按照公司 ISO 管理体系维修保养工作手册规范运作。具体工作见表 9-3-6。

表 9-3-6　大厦及公用设施维修、养护运作工作

工作安排	机电运行：24 小时 8:00～8:30 处理申报投诉；8:30～10:00 跟踪监督 10:30～12:00 维修养护；14:00～15:30 巡视维修养护 15:30～17:00 整理记录；17:00～18:30 回访	
主要工作	房屋本体	室内：小修 30 分钟，一般故障 2 小时，不超过 8 小时，较难故障 3 天内，48 小时跟踪验证
		楼梯、墙面：发现问题按原样及时修复，每年全面检查 1 次，4～5 年全面修补刷漆 1 次
		天面：每年全面检查 1 次，每年雨季前须检查 1 次，发现破损及时修补
	公共设施	室内污水系统：每月检查 1 次，发现问题及时修补
		道路车场：每天检查 1 遍，随坏随修
		天线：每月检查 1 遍，随坏随修
		明暗沟：每周检查 1 遍，随坏随修
		供水电气：每月细查 1 遍，即坏即修，中大型维修通报公司工程维修部协作
		楼道灯：每月检查 1 遍，即坏即修
检查项目及处理方法	检查项目	①地基基础②梁柱板主体③墙体④顶棚⑤楼梯扶手⑥公共门窗⑦隔热层、防水层⑧水箱水池⑨天面扶栏⑩消防设施⑪信报箱⑫标识⑬楼板地面砖⑭上、下雨污水管⑮设备房⑯道路⑰电缆沟盖板⑱路牙⑲给水排水⑳路灯㉑清洁设备㉒娱乐设施
	处理方法	按照公司 ISO 标准，对轻微不合格项进行整改，严重不合格项填写纠正措施报告，并上报经理处理
考核标准	日常周检、月检考核按 ISO 管理体系标准 年终考核按国家建设部考核标准	

6.5 治安、消防、车辆管理

治安、消防工作是大厦管理的重点，大厦的安全要实行 24 小时治安监控管理制度，具体管理思路如下：

1）建立健全安全保卫组织机构：根据大厦的实际情况，管理处设 1 名安全管理员下设 3 名护卫班长，每班 12 名护卫员的护卫队伍，主要负责大厦安全、消防、车辆管理工作。具体岗位设置见表 9-3-7。

表 9-3-7 安全保卫组织机构岗位设置

序号	岗位	人员编制	值班时间
1	班长	1 人/班	主班:上午 8:00~12:00 下午:14:00~18:00; 副班:中午 12:00~14:00 下午:18:00~0:00; 夜班:0:00~8:00 （每 10 天换班一次）
2	东门岗	2 人/班	
3	南门岗	2 人/班	
4	广场巡逻岗	2 人/班	
5	车库巡逻岗	2 人/班	
6	监控室	1 人/班	
7	楼层巡逻岗	2 人/班	
合计:12 人/班×3 个班=36 人			

2）完善公共区域的安全防范设施：要招标安装购置一批高性能的治安防盗系统，消防报警系统等，采取技防和人防相结合。

3）建立健全各项规章制度：根据实际情况，制订一套完善的各岗位操作流程、标准、规章制度，员工奖罚制度，规范员工的行为，做到奖惩有依据。每月评选一次优秀员工，每年评选一次优秀员工表彰先进。

4）每年通过考核采取员工竞争上岗机制，制订详细的竞争上岗计划。

5）定期为护卫员进行培训：制订详细的年度、月度培训计划，培训内容主要是岗位操作技能，服务意识，礼节礼貌，公共区域如何巡查，岗位职责，规章制度，突发事件的处理、案例培训，消防安全知识等。

6）要定期给员工组织安排一些员工业余生活活动，加强宿舍管理，提高员工团队凝聚力。

7）定期组织护卫员进行大厦消防演练，紧急集合演练，培训消防知识，确保员工熟悉大厦消防设施设备，能快速启动消灭火灾隐患。

8）加强沟通了解员工思想状况：管理处应该通过定期召开员工座谈会，各班班会，与员工单独沟通的方式，了解员工的思想状况，稳定员工队伍，避免员工非正常流失。

9）与当地派出所紧密联系，接受当地派出所的指导。

10）按照公司 ISO 质量体系安全护卫工作手册和消防工作手册规范运作。具体工作见表9-3-8。

表 9-3-8 安全保卫组织机构工作内容

工作安排	定岗检查	进出口、停车场:24 小时
	流动巡查	消防设施:1 遍/月 大厦安全、违章行为、车辆停放 24 小时 车辆保管:24 小时 突发事件:90~120 秒内,责任保安或车辆管理员到达现场
	学习训练	训练:1 次/天 演练:1 次/月 培训:按公司制订的培训计划

（续）

<table>
<tr><td rowspan="2">检查项目及处理方法</td><td>检查项目</td><td>1）查可疑人员、外来人员
2）查违章停车、违章装修
3）查室外施工、搭建情况
4）查乱摆卖现象
5）查高空抛物、乱扔垃圾现象
6）查破坏绿化、占用绿地现象
7）查漏水、漏电、漏气现象
8）查房屋本体设施和公共设施情况</td></tr>
<tr><td>处理方法</td><td>按照公司 ISO 管理体系标准，对轻微不合格项即时纠正或报相关主管处理，严重不合格项填写纠正措施报告，并上报经理处理</td></tr>
<tr><td>考核标准</td><td colspan="2">平时按 ISO 管理体系考核标准
年终按国家建设部规定的考核标准</td></tr>
</table>

6.6　治安、消防、车辆管理

清洁绿化管理也是大厦管理的一面镜子，作为一个综合性的甲级写字楼，需要具备高标准的清洁卫生服务，为客户提供舒适、整洁的环境，大厦开业初及开业后要做好以下工作：

1）大厦开业初期的拓荒工作：可采用招标投标方式聘请惠州具有专业保洁能力的公司进行一次大厦的全面拓荒工作。或者自行组建清洁工队伍，具体岗位设置见表 9-3-9。

表 9-3-9　清洁岗位设置

序号	岗位	人员编制	值班时间
1	清洁班长	1 人/班	早班:06:30~11:30;晚班:14:00~17:00
2	广场岗	2 人/班	早班:06:30~11:30、19:00~22:00;晚班:11:30~19:00
3	车库岗	2 人/班	早班:06:30~11:30;晚班:14:00~17:00
4	大堂岗	1 人班	早班:06:30~11:30;晚班:14:00~17:00
5	消防通道岗	1 人/班	早班:08:00~12:00;晚班:14:00~18:00
合计:7 人/班×3 个班=10 人 备注:每 10 天换一次班,每月 1 日、11 日、21 日为换班时间			

2）开业后的清洁卫生管理工作，也可分为外包管理或自行管理两种，外包管理的优点在于可以利用专业清洁公司的清洁技术和清洁工具为大厦提供专业的清洁，目前商业性的写字楼多采用此种方式，可以有效地节省人力、财力开支，待一年之后可自行管理。

3）大厦清洁绿化工作的重点是：做好广场的保洁，广场地面油迹、污迹、口香胶迹较多，容易污损地面，要通过专业的清洁药剂及时清除，广场需安排 2~3 名清洁工轮班保洁，车库及写字楼公共区域的保洁，可根据写字楼不同的上、下班时间，进行合理的岗位调整。

4）制订详细的规章制度，岗位操作规程、标准、岗位导引书等，并对员工进行培训。

5）重点每年需至少对外墙进行一次清洗，每月对广场地面用洗地机清洗一次。

6）按照公司 ISO 质量管理体系环境管理工作手册规范运作（表 9-3-10）。

表 9-3-10　清洁工作内容

<table>
<tr><td>工作安排</td><td colspan="2">6:00~7:30 通道清扫;7:30~8:00 垃圾清运;8:00~9:00 道路清扫;9:00~12:00 大堂、电梯轿厢清洁;14:00~14:30 垃圾清运;14:30~17:00 楼面保洁</td></tr>
<tr><td rowspan="3">工作内容</td><td>地面清洁</td><td>每月用大面积冲刷一次;随时巡回保洁</td></tr>
<tr><td>楼间保洁</td><td>清扫 3 遍/周;清洗 2 遍/月</td></tr>
<tr><td>垃圾清运</td><td>清运 2 遍/天;洗车 1 遍/天</td></tr>
</table>

（续）

工作内容	电梯轿厢	保洁 2 次/天
	通道大堂	每小时拖扫 1 次
	外墙	清洗 1 次/年
	消杀	1 遍/月
检查项目及处理办法	检查项目	1）马路、人行道、绿化地、排水沟 2）停车场、岗亭 3）垃圾箱、垃圾中转站、化粪池 4）污、雨水井和沙井 5）电梯、楼道、楼梯、走廊、楼道灯具 6）墙面、窗、扶手、电子门、消防栓、管、电表箱、信报箱等 7）天面 8）值班室、办公室、卫生间 9）除四害
	处理办法	按公司 ISO 管理体系标准，对轻微不合格项自行关闭，严重不合格项上报管理员和经理并提出整改方案加以纠正
考核标准	日常日检、周检、月检按 ISO 质量考核标准 年终按国家建设部标准考核	

6.7　绿化养护管理

按照公司 ISO 质量体系环境管理工作手册规范运作（表 9-3-11）。

表 9-3-11　绿化养护工作内容

工作安排	6:30～9:30 浇水、施肥；9:30～12:00 除杂草、整形、造型、保洁、剔除枯枝叶；14:00～16:00 杀虫、补缺、保洁；16:00～18:30 浇水、施肥	
工作内容	整形造型	2 次/月
	施肥	春秋各 1 遍
	浇水	因时因地制宜按需供水；浇水时间夏季早晚为宜，冬季中午为宜
	除杂草	中耕 1 遍/季；平时 1 遍/天，下雨天除外
	补缺	视缺苗情况及时补缺
	杀虫	1 遍/月，发现害虫立即消灭
检查项目及处理方法	检查项目	1）乔木整枝、造型修剪；花卉、树木施肥 2）灌木、绿篱、树木、草地、花卉浇水 3）除杂草 4）补栽补种 5）治病杀虫 6）清理枯枝落叶、绿地石块 7）松土 8）防风防涝
	处理办法	按照公司 ISO 管理体系标准，对轻微不合格项进行整改，严重不合格项汇报公司质管部门，并提出纠正措施
考核标准	日常按 ISO 质量考核标准；年终按国家建设部标准考核	

6.8　客户租赁的管理

租赁流程图：看房——洽谈——签订租赁合同——发相关资料——抄水电表——交费——发放锁匙——归档（表 9-3-12）。

表 9-3-12　租赁流程

看房程序	工作内容
看房	管理员陪同客户查看所租用的房屋，并填写房屋租赁登记表
洽谈	价格、期限、注意事项等
签订合同	租赁合同
发放资料	客户手册；租赁合同；客户登记表
抄水电表	水电维修工与客户抄水电表底数
收费	按合同约定计收租金及管理费
发放锁匙	发放给客户该房锁匙
归档	把客户的有关资料进行归档，并存入计算机

6.9　房屋维修工作的管理

房屋维修工作流程如图 9-3-1 所示。

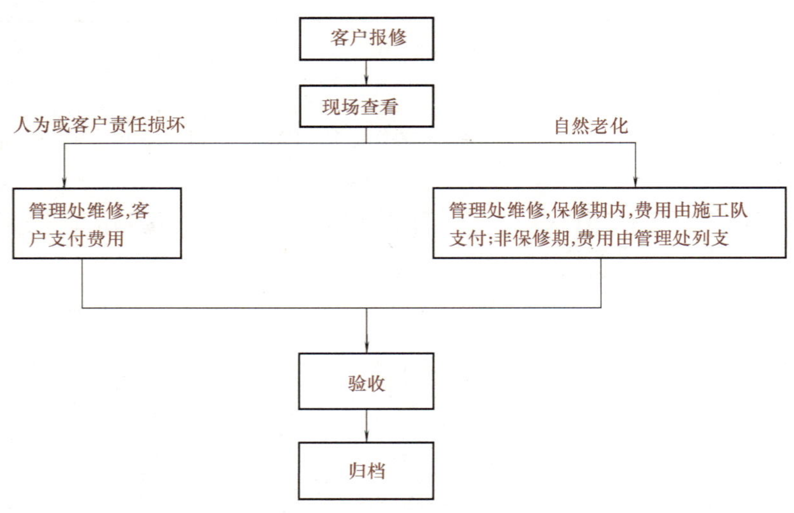

图 9-3-1　维修工作流程图

第七部分　主要管理思路

7.1　系统培训

为确保峰璟国际商务大厦管理早日走上正轨，实现管理目标的承诺，公司将严格按照 ISO 质量体系文件的培训规定，科学系统地对管理人员进行全面培训，确保管理人员 100%持证上岗，全员年培训率达 100%，合格率达 100%。

7.2　建立认证体系

从接管开始在峰璟国际商务大厦推行 ISO 质量管理体系实施管理，在半年内建立运行体系并达到认证的条件。

7.3　安全防范

采取人防、技防和宣传相结合的原则，确保峰璟国际商务大厦随时处于安全状态。

（1）加强制度落实。

1）根据地理位置、周边环境，合理布岗，由各护卫班轮流换防，责任承包。

2）要求护卫员严格按照公司 ISO 物业管理体系文件安全护卫工作手册规范运作，文明执勤，规范上岗。对照护卫员日常行为，严格执行由安全管理员负责护卫员的日检、管理处经理负责周检、公司管理者代表组织月检的逐级检查制度，确保护卫员队伍的素质和服务水准。

3）专人负责调控中心，确保 24 小时全方位监控。

4）加强岗位。护卫员拟设固定岗、巡逻队，整个大厦 24 小时全方位检查，明确责任区，划分责任人。

5）坚持查岗制度。护卫队长、管理员、管理处经理按公司 ISO 程序文件规定的频率不定期夜间查岗，并根据查岗情况给予通报，漏岗、脱岗者按公司规定处罚。

6）加强大厦内流动人员及外来人员管理和防范，建立商户和流动人员档案，并定期核查。

7）落实安全责任制，明确责任人。公司与管理处、管理处与护卫队长签订治安目标管理责任书，明确责任和工作标准，并分级跟踪验证、考评。同时，各级领导又是防火责任人，全体护卫员、清洁工、水电工都是义务消防员和治安应急分队队员。

（2）加强车辆管理。峰璟国际商务大厦是集商业、娱乐、办公为一体的综合大厦，今后的车辆停放、车辆管理难度较大。我们将采用防盗、防劫车辆的智能 IC 管理系统进行严格管理，在车场安装 24 小时智能监控系统，确保在场在库车辆被盗率为零。

7.4　清洁卫生

维护峰璟国际商务大厦良好的硬件设施，尤其是搞好各层大堂的设施及部分高档办公室的保养，拟购置意大利超宝洗地机、吸尘吸水机、刨光机各一台，从先进的设备配置着手，加强对清洁工的培训，并定期做好大堂地面的抛光处理，从而达到最佳的维护、保养。

7.5　宣传活动

编制峰璟国际商务大厦客户手册，详细介绍德威物业管理公司的服务宗旨，企业精神以及公司与管理处可以提供的服务项目，物业管理各项法规、客户须遵守的管理规定等。主要内容有公司介绍、峰璟国际商务大厦概况、管理处的人员分工、如何投诉和提出建议、租金及管理费缴交注意事项、装修规定、租赁事宜、保洁规定及措施、安全措施；水、电、气的使用和管理规定、物业管理用途的限制、电视接收管理规定、公共设施管理规定、宠物管理规定、安装空调机的规定、防火须知、噪声限制、泊车、常用电话号码以及处罚规定等。手册一户一册并签字领取。

7.6　VI 设计

从管理峰璟国际商务大厦前期开始即导入Ⅵ企业形象视觉识别系统，建立统一的Ⅵ标识、标牌系列。包括大厦平面图、公共设施指示牌、宣传栏、卫生、绿化、消防警示牌等，塑造峰璟国际商务大厦高尚、文明的文化氛围。ISO 的规范运作和 VI 的有效结合所产生的良好的物业管理效应必将提高峰璟国际商务大厦的知名度，从而达到提高德威物业管理公司的知名度，促进峰璟国际商务大厦物业的保值和升值。

7.7 智能化建设

接管后，拟在峰璟国际商务大厦接通互联网，运用科耐物业管理系统、EOE 企业内部管理网络，迅速与公司各职能部门及其他住宅区管理处进行信息交流，从而使大厦的管理水平达到智能化的高度。

7.8 管理目标

管理处要设定较高的管理目标，一年内参评“惠州市物业管理示范大厦”，三年内参评“全国物业管理示范大厦”。

第八部分 收费内容、标准及需说明的事项

8.1 物业服务费收费标准

物业服务费收费标准详见表 9-3-13。

表 9-3-13 物业服务费收费标准

物业分类	价格
写字楼	6~8 元/(m^2·月)
商场	8~10 元/(m^2·月)
汽车库/车位	8~10 元/(m^2·月)

8.2 水费

水费收费标准详见表 9-3-14。

表 9-3-14 水费收费标准

分类	价格	备注
商业用水	3.38 元/m^3	按实际用量加自来水损耗及公共用水分摊用量向甲方缴纳，由甲方代收代缴
公共用水	3.38 元/m^3	包括广场喷水池、大厦清洁绿化用水等按实分摊，由甲方代收代缴

8.3 电费

水费收费标准详见表 9-3-15。

表 9-3-15 水费收费标准

分类	价格	备注
自用电	1.0366 元/度	按实际用量加变损和电网损耗分摊用量向甲方缴纳，由甲方代收代缴
公共用电	1.0366 元/度	包括公共照明、智能电子监控、电梯电费、二次供水电费等按实分摊，由甲方代收代缴

8.4 临时停车服务费

临时停车服务收费标准见表 9-3-16。

表 9-3-16　临时停车服务收费收费标准

车　型	临时停放计费		按月停放计费		说　明
	8:00~22:00	22:00~次日 8:00	露天停车场	室内停车场	
小型车(2 吨以下(含 2 吨),人货两用车,20 座(含 20 座)以下各类型客车	5 元	10 元	200 元	250 元	跨时段计费: 1)临时停放不足 15 分钟不得收费 2)停放时间在 3 小时内的(含免费时段)按第一时段标准计收 3)停放时间超过 3 小时的(含免费时段),按第二时段标准计收 4)同一车辆在同一个停车辆 24 小时内多次进出停放的,收费总额不能超过两个时段标准之和计费
大型车(2 吨以上 10 吨以下,20 座以上大客车)	5 元	10 元	200 元	250 元	
摩托车	100 元/月(暂定)				

8.5　装修管理费

1）装修押金：10 元/m^2。

2）装修管理费：5 元/m^2。

3）办理装修施工许可证及装修管理规定：每份交纳工本费 20 元。

4）办理施工人员出入证：每人交纳工本费用 5 元。

8.6　中央空调使用费

每年 3~10 月共计 8 个月，按 13 元/(m^2·月）单价向甲方交纳中央空调使用费（包含中央空调所使用的电费)。

8.7　大厦外墙清洗费

根据清洗的实际价格，每年清洗 1~2 次，由客户按实分摊。

8.8　说明事项

1）写字楼客户员工车辆停放费的收取标准，可采取月包干方式。

2）每层两台小中央空调，办公写字楼的中央空调的计费方式建议按排气量（或面积）计费。

第九部分　需完善及购置设备费用

9.1　管理用房和管理经费来源

(1）管理用房。开发商应提供管理用房，并具备基本办公及居住条件。

(2）管理经费来源。

1）管理服务费：商业广场管理服务费收费标准按物价部门批准的价格收取。

2）车辆停放费、车辆场地使用费。

3）向客户提供多种有偿便民服务费如广场活动使用费。

4）其他政策规定应收取的费用。

（3）增收节支措施。

1）增设一些客户欢迎的便民有偿服务项目，以弥补管理经费。

2）根据“精干、高效”原则，推行 ISO 国际标准规范管理。在保证 ISO 人力、财力、物力资源的同时，选拔一专多能型管理人才，精减人员，提高工作效益。

3）抓好大厦的综合管理，加强巡视监督，杜绝违章和人为破坏公共设施现象，尽量减少维修费用的支出，从而降低管理成本。

9.2 设备购置

（1）办公用品费用明细见表 9-3-17。

表 9-3-17 办公用品费用明细

名　称	数　量	单价/元	总额/元	备　注
摩托罗拉对讲机	17 部	1500	25500	含两电一充
计算机	3 台	4500	13500	
打印机(激光)	1 台	1800	1800	
复印机	1 台	8000	8000	
沙发	2 套	2500	5000	
会议桌	1 套	6000	6000	
印刷各种表格	1 批	5000	5000	
文件柜	2 个	450	900	
经理办公桌	1 套	2500	2500	
办公桌	10 张	250	2500	
办公椅	15 张	30	450	
彩印客户手册	200 本	10	2000	
衣柜	17 个	250	4250	
铁架床	20 张	230	4600	
各类员工服装			12700	
小计			94700	

（2）保洁工具费用明细表见表 9-3-18。

表 9-3-18 保洁工具费用明细

名　称	数　量	单价/元	总额/元	备　注
电动喷雾器	1 台	2000	2000	
垃圾桶	17 套	900	15300	
垃圾车	4 辆	800	3200	
果皮箱	30 个	250	7500	
多功能擦地机	1 台	3800	3800	
刨光机(打蜡机)	1 台	7800	7800	
高压水枪	1 台	3700	3700	
其他			500	
小计			43800	

（3）维修工具费用明细表见表 9-3-19。

表 9-3-19 维修工具费用明细

名　称	数　量	单价/元	总额/元	备　注
冲击钻	1 把	2000	2000	
磨机	1 台	500	1000	
台钻	1 套	2000	2000	

（续）

名　称	数　量	单价/元	总额/元	备　注
手电钻	1 把	300	1000	
套筒扳手	1 套	300	300	
开口扳手	1 套	150	150	
梅花扳手	1 套	200	200	
活动扳手	1 套	150	150	
大活动扳手	2 把	100	200	
液压钳	1 套	500	500	
12 级铝合金梯	1 把	500	500	
电焊机	1 部	1000	1000	
万用表	2 个	190	380	
钳形电流表	1 个	150	150	
切割机	1 台	1200	1200	
管钳	4 把	500	500	
打牙机	1 套	600	600	
台虎钳	1 套	300	300	
货架			200	
工具袋	4 个	40	160	
绝缘手套			300	
转速表	1 个	300	300	
兆欧表	1 个	500	500	
其他			2500	
小计			16090	

（4）合计费用见表 9-3-20。

表 9-3-20　综合费用

项　目	费用/元
办公用品	94700
环保工具	43800
维修工具	16090
合计	154590

（惠州市德威物业管理有限公司）

【报告点评】

这是一篇主要针对办公物业的物业管理方案。办公物业中会时常出现租售办公空间情形，所以该物业管理方案除了提供基本的管理思路、管理原则及运作模式外，还特意列出了各项收费内容、收费标准及各收费事项说明，这也是针对办公物业应该提出的管理方案。该物业管理方案也还提出了一部分前期介入阶段所提供的服务，这在后期物业管理方案中不多见，这也是该管理方案的亮点。

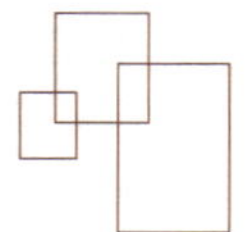

四、内蒙古呼和浩特春华水务水岸小镇H区时尚商业广场物业管理服务方案

报告目录

报告正文

第一部分 项目定位及管理模式

1.1 项目概况

春华水务水岸小镇 H 区时尚商业广场（以下简称：本商业广场），占地面积 63852.552m²，总建筑面积 120699m²，拥有 1004 多个停车位，是呼和浩特市如意开发新区最大的专业时尚商业广场。本商业广场雄踞新城市中心，有着得天独厚的地域和交通优势，紧邻首府铁路新东站、110 国道、京藏高速的交汇地段，40 分钟可通达包头市、鄂尔多斯市，未来乘坐高铁两小时可直达北京等地，是内蒙古首府西部开发经济圈的交通核心枢纽。

本商业广场是时尚产业经济走廊，位于多年待发形成的成熟商贸财富区，周边聚集了党政机关办公区、内蒙古白塔机场、国际博览中心和成行成市的商业街道，是呼和浩特市政府规划的如意开发新区产业基地，为本商业广场建设奠定了成功的基础。本商业广场以成为如意开发区乃至全国最大的现代化、品牌化、规模化的专业市场为目标，规划上立足于现代商业流通格局，以满足办公、贸易、物流、营销、交流的经营需要，本商业广场进行功能配套、功能分区规划设计，必将成为内蒙古首府新区商业广场的第一品牌。

1.2 项目分析及定位

1. 项目分析

(1) 物业属性。本商业广场属专业商业项目，占地 63852.552m^2，面积大，容积率低，楼宇分散，开放式专业商业物业管理，物业管理服务上对本商业广场的安全管理、商户服务、本商业广场的 VI 设计、环境管理是重点。

(2) 服务对象。本商业广场属专业商业项目，商户主要为两类：一是租赁的经营租户，二是置业采购的商户。

2. 物业服务项目定位

(1) 安全：全面安全防范服务体系，真正达到人人无忧。全面安全防范服务体系以零事故率、零故障率为目标，以预警式安全防范为核心，包括治安安全、设备安全、消防安全、交通（车辆）安全等内容。

(2) 舒适：优质物业管理服务创建和谐、优美、清洁、文明、生态的经营环境。实行以租户商户为中心的管家式物业管理服务模式，寓管理于精细服务之中，使租户商户尽享尊贵服务。

(3) 现代：应用最新物业管理服务体系，提供本商业广场物业管理服务。

(4) 一站式：提供包括房屋本体及设备设施维保、安全管理、清洁服务、绿化养护、车辆管理等在内的一站式物业管理服务，使租户专心经营。

(5) 高效：快速服务响应机制，保证及时满足租户需求。全面应用现代通信技术、物业管理服务信息平台、计算机管理系统，商户需求尽在掌握之中。

3. 本商业广场物业管理服务要点

(1) 树立本商业广场物业整体形象。通过环境形象、广场楼宇形象的控制、设备和公共设施的管理、治安和交通管制以及管理服务人员行为规范等专业服务，塑造本商业广场良好整体形象。

(2) 安全管理。安全管理将成为本商业广场物业管理服务的重中之重。开放式物业管理，人员和车辆流动量大，既要加强日常规范化管理，又要充分考虑各种意外情况可能带来的安全隐患，提前做好预防措施，要求员工对本商业广场环境和应急方案都非常熟悉，真正做到有备无患。

(3) 商户服务。商户服务是本商业广场物业管理中的核心工作，一切管理服务以租户需求为中心。为本商业广场的经营商户提供规范的一站式物业管理，使这些租户有一个安全舒适和谐的经营环境，同时营造浓厚的商业氛围，使租户能赚钱赢利；另一方面物业管理中要与租户建立良好的关系，真诚为租户服务，从而留住租户的心，培养忠诚租户，通过租户良好的口碑，宣传水岸小镇商业广场，不断介绍新租户进驻，使公司不断发展壮大。

1.3 物业管理服务模式

本项目物业管理服务应采用全程一站式物业管理服务模式，即负责以下物业管理服务事务：

1）本商业广场房屋本体建筑物、设备、设施的维修、管理。

2）本商业广场车辆安全管理。

3）本商业广场环境保洁。

4）本商业广场绿化养护管理。

5）本商业广场消防管理。

6）本商业广场公共秩序维保和安全防范。

7）物业商户服务及物业管理服务档案、资料的建立、保存。

8）本商业广场的广告展位、铺位、停车场等经营管理。

9）租户其他需求服务等。

第二部分 物业管理服务目标及承诺

2.1 目标承诺

在物业管理服务过程中，承诺达到的目标：创建安全、文明、舒适的本商业广场环境。分项具体目标见表9-4-1。

表9-4-1 分项具体目标

序号	项目	标准	承诺指标
1	房屋本体完好率	95%	每栋楼房及配套设施部分，不得出现外墙及顶棚破损和污锈迹现象，排水管安装统一有序，无任何乱搭建、乱悬挂、乱张贴现象。无擅自改变房屋本体用途、栋号，引路标识无缺损，修缮制度或报修措施得到落实
2	设备设施完好率	95%	建立健全维修保养制度及操作规程；定期巡查，即坏即修；保证各项设备设施处于适用状态
3	维修工程质量合格率	98%	所有维修工程均有详细的维修及验收记录；主要工程要建档造册，并由质量人员签署验收合格单
4	服务回访率	98%	服务完成后，对用户进行回访，并针对回访情况提出整改措施，使得用户满意
5	绿化完好率	95%	花草树木配置得当，长势良好，修剪整齐美观、无病虫害、无践踏
6	保洁完好率	98%	建立健全检查制度；公共区域不得出现大面积或大宗垃圾，小宗垃圾（烟头、纸屑、痰迹）每$100m^2$控制在1处。整体环境及设施清洁，定期进行杀菌消毒
7	消防事故发生	1‰以下	建立健全本商业广场消防工作制度，定期由专人负责对消防栓及其他消防设施进行检查测定，并填写检查标示及记录，对重点部位制订出预防措施，定期进行培训和演习，安全检查员进行日常巡视，发现隐患及时下达整改通知书进行整改
8	商户有效投诉处理率	99%	对商户投诉由专人负责处理，建立投诉处理档案
9	服务及时率	95%	接到服务通知，10分钟内到达现场；小修限时服务，中修不过夜
10	治安案件发生率	2‰	保安员队伍实行军事化管理；实行24小时巡逻制度，定期进行军事素质和业务素质考核；保安员熟悉本商业广场情况，言行规范，文明执勤
11	商户满意率	95%	采用调查、走访、回访相结合的手段，采集商户信息，确保满意率逐步提高

2.2 目标保障措施

在多年的物业管理服务实践中，不断学习与创新，不断吸取先进的管理理念和技术，形成了一整套成熟管理模式，将采取以下措施，以保证本商业广场管理目标的实现。

1. 建立以服务为宗旨的管理体系

（1）针对本商业广场将建立以服务为宗旨的经营管理体制，准确识别、快速响应商户需求，实现商户价值最大化。

（2）以服务为宗旨的经营管理体制的核心服务系统吸取星级管理的先进理念，将星级管理与物业管理服务有机结合而形成的物业管理服务体系。

1）微笑：要求物业管理服务人员无论何时何地何种情况，都对商户报以主动、真诚、自然、友善的微笑。

2）卓越：要求物业管理服务人员对每一项即使最细微的服务，都要作为自己的庄严使命，做到无与伦比的出色。

3）准备：要求物业管理服务人员做好随时为商户服务的准备工作，做到忙中有序、纹丝不乱。

4）看待：要求物业管理服务人员把每一位商户都看作需要帮助的贵宾，使之享受一致的贵宾礼遇。

5）邀请：要求物业管理服务人员要在每次服务结束后，都要热情恳请商户允许自己为商户再次提供服务。

6）创造：要求物业管理服务人员主动进行服务现场改善与服务创新，不断提高服务技能。

7）关注：要求物业管理服务人员要时刻关注每一位商户，让商户感受到自己是被关心、被尊重的，并主动发现商户的潜在需求，及时主动地为商户提供服务。

通过服务系统的实施，将使本商业广场物业管理服务水平达到一个新的高度。

2. 推行 ISO 9001 质量管理体系

在本项目的服务过程中，将引入 ISO 9001 质量管理体系，通过标准化管理，保持物业服务水平的稳定性、可靠性。

服务质量控制方法——制度资源保障。

物业管理服务体系的“三性一率”，即有效性、适宜性、充分性和效率是保证体系健全和运作的关键。

“说到、做到、持续有效”是实施 ISO 9001 的一条基本原则。“说到、做到”容易理解、实施，而如何做到体系持续有效运行却是难以把握的。通过 ISO 国际标准与物业管理服务实践过程中的不断研究，将提高有效性的一些方法措施提炼出来。以下即为公司在体系有效性方面制订的措施：

（1）三个规范的建立。首先，将公司所提供的服务活动进行一次细分，然后在作业指导书中，将细分出来的每一项服务活动制订出服务的规范、服务提供的规范和服务质量控制的规范。

1）服务的规范。服务的规范规定了服务以及服务应达到的标准和要求，即服务质量标准。在推行 ISO 9001 之初，明确公司应向商户提供哪些服务，这些服务又由哪些分项服务进行支撑；每一项服务的分项和服务的定量及定性的质量指标制订出来后，才能在执行中落到实处。

2）服务提供的规范。服务提供的规范明确了每一项服务活动怎样做，以保证服务规范的实现，也就是将服务过程的每个工作阶段的若干个质量活动程序化，从而对它的每一步骤进行控制。

ISO 9001 就是靠对每一个“过程”的控制而最终使整项服务不出漏洞。在制订服务提供的规范时需注意的是各个工作阶段的接口不留空白之处。

3）质量控制的规范。质量控制的规范规定了怎样去控制服务的全过程，即怎样控制服务质量环节各个阶段的质量，特别是服务提供过程的质量。制订质量控制规范，包括以下四个方面的内容：

① 识别关键活动。

② 分析关键活动，选出标准并加以控制。

③ 规定特性评价方法。

④ 建立控制手段。

质量控制的规范与服务的规范和服务提供的规范相互衔接，形成一个完整的文件化体系。为了评价公司的所有服务质量活动是否开展得有效，并且达到公司本身及商户的要求，还开展了两个评定工作。

（2）两个评定的建立。当三大规范制订后，随即开展的是两个评定工作，即服务质量的内部评定工作和外界评定工作（包括商户和社会）两种检查监督机制，通过以上的检查来避免出现不合格服务的倾向，以消除商户的不满意。服务质量的优劣最终还是取决于商户的感受和评价，在这里注意以下几点：

1）对在服务中和服务后的商户评价给予同样重视。

2）采取多种形式和方法，引导商户对服务质量作出评价。

3）对商户的评价进行统计和全面的分析，排除主观因素的干扰，得出结论。

4）若商户有不满意倾向，立即采取纠正措施补救，并使商户能够觉察到。

当商户评定和内部评定不一致时，会吸取商户提出的有益的意见、建议，并将内部评定和商户评价所提出的问题和建议加以统计分析处理，这对服务的改进是最有效的方法

“三个规范和两个评定”是公司在服务质量形成过程中，为达到控制员工行为、提高体系运作有效性、增加商户满意度为目的而制订的服务质量控制体系。另外，公司还把对员工的持续培训和考核看作是维持和提高质量体系有效性的关键之一，公司始终认为持续培训和考核是加强员工工作能力和增强服务意识的必要手段。

3. 贴心管家服务

在本商业广场推行贴心管家服务，以商户服务部为中心，合理配备保安员、维修工、清洁工等服务人员，随时满足商户的服务需求；公司建立了一套成熟和行之有效的系统，定期回访商户，使商户未想到的公司已做到，使“人性化”服务得到充分体现。

4. 专业化操作，持续改进

坚持以商户为中心，不断满足商户需求，不断完善管理制度，提高物业管理服务水平是物业管理成功之本。

第三部分　物业管理服务方案

3.1　组织机构

项目整体架构（图 9-4-1）

说明：

（1）架构设置原则是精干高效、分工协作，物业公司实行物业部经理负责制。

（2）物业部内部实行垂直管理，减少管理层次，提高效率。

（3）各职能部门职责：

1）管理部：负责本商业广场日常事务管理工作。

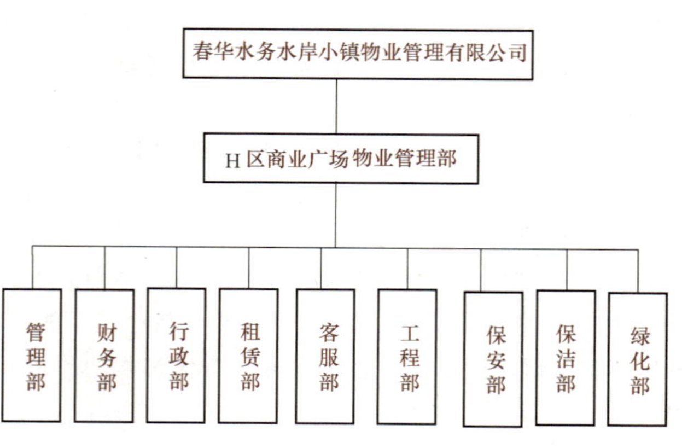

图 9-4-1　项目整体架构

2）财务部：负责本商业广场财务管理，财政收支，财务核算等工作。

3）行政部：负责本商业广场内部行政事务、广告策划制作、大型各类商业活动策划等工作。

4）租赁部：负责本商业广场铺位招商出租、租金政策的制订、商户变换更替等工作。

5）客服部：接受商户咨询，处理商户投诉。

6）工程部：负责房屋本体及设备设施维修、养护、水电管理等工作。

7）保安部：负责本商业广场安全管理和秩序维护、停车场、车辆管理工作。

8）保洁部：负责本商业广场清洁卫生、垃圾清运、消杀工作。

9）绿化部：负责本商业广场绿化养护、花卉培育工作。

3.2　人员编制及职责

1. 管理人员：人员编制 7 人（表 9-4-2）

表 9-4-2　管理人员设置

人员设置	人数/人	任职资格	职　责
经理	1	大学专科以上学历；中级以上职称；三年以上物业管理服务经验	1）对物业部员工进行培训，工作进行检查、指导 2）建立、健全物业部各项规章制度，并组织实施 3）负责物业管理服务质量的评定和服务水平的提高 4）负责本商业广场的商业氛围营造和商户入租率的提高 5）协调处理与政府主管部门、租商户等各方关系
客户服务人员	6	中专以上学历；初级以上职称；三年以上商户服务和市场拓展工作经验	1）负责处理商户投诉、咨询，负责商户回访、商户意见收集 2）协助处理所管辖区域商户问题和广告位、铺位的经营管理 3）负责建立商户档案和物业部资料（运行记录、巡查记录、值班记录、保养记录、检查记录、维修记录等） 4）协助物业部经理对各部门工作进行检查、监督

2. 工程技术部：人员编制 34 人（表 9-4-3）

表 9-4-3　工程技术部人员设置

人员设置	人数/人	任职资格	职　责
主管部长	主管 1 人 部长 2 人	中专以上学历；中级技师以上职称；5 年以上相关工作经验	1）负责本部门的工作安排 2）负责制订本部门的工作计划，做好工作总结 3）负责房屋及设施设备的检修计划，组织编制设备的预防性维修保养，并负责组织实施
值班电工	8	职高以上学历；持相关专业上岗证；一年以上相关工作经验	1）配电房必须设锁，闲人免进。进出配电房应放好防鼠挡板 2）每班做好巡查记录，变配电运行记录表、设备故障处理表 3）对高（低）压操作及检修必须按规定使用电工绝缘工具、绝缘鞋、绝缘手套、测电笔、接地线，而且在保护人监护下执行操作 4）需要停电进行线路检修时，首先需要检查电梯是否已停在一楼并确定轿厢内无人员的情况下，方可进行操作 5）要执行停、送电操作，必须办好有关手续，坚持工作挂牌制度。凡要执行高压部分及低压母联开关时，未经主管人员批准，不许操作。停电拉闸、检修停电要挂标志牌 6）禁止用超长金属物在带电低压柜上工作 7）严格执行岗位职责，遵守交接班制度和安全、防火、清洁卫生制度 8）配电房室内温度控制在 40℃ 以下 9）停电时应先断开各分路的空气开关，再断开各回路控制柜的隔离开关，然后再断开多功能断路器，最后再断开总隔离开关。禁止带负荷拉刀闸（隔离开关） 10）送电时首先检查各分路是否断开，然后合电源总隔离开关，多功能断路器，各分回路控制隔离开关，最后按各分路的空气开关的顺序依次合闸送电 11）在恶劣的气候环境下，要加强对设备的特巡，当发生事故时，应保持冷静，按照操作规程及时排除故障，并做好记录

（续）

人员设置	人数/人	任职资格	职　　责
维修工	16	职高以上学历；具相关专业上岗证；一年以上相关工作经验	1）房屋本体维保的内容：外墙面，公共屋面，公共通道门厅，楼梯间上、下水主管，房屋本体承重及抗震结构部位 2）给水排水上下水管道 3）检查消防系统的正常性

3. 保安部（表 9-4-4）

表 9-4-4　保安部人员设置

人员设置	人数/人	任职资格	职　　责
主管部长	1	高中以上学历；退役军人；三年以上相关工作经验	1. 固定岗 1）24 小时严密监视本商业广场外围各种情况，发现可疑或不安全迹象，及时通知主管部长就地处置，且随时汇报动态情况，直到问题处理完毕 2）掌握本商业广场出入客人各类人员动态 3）对进出车辆进行查实登记、疏导秩序 2. 巡逻岗 1）负责职责范围内秩序维护，防止发生事故，每小时巡视一次 2）巡查、登记公共部位设施、设备完好情况 3）对管区内的可疑人员、物品进行盘问、检查 4）制止本商业广场内发生的打架、滋扰事件 5）驱赶本商业广场内的散发广告等闲杂人员；负责火警、匪警的验证，负责紧急事件的应急处理 6）回答访客的咨询，必要时为其导向 7）指挥车辆的停放，保证消防通道畅通 3. 消防中心 1）实行 24 小时值班制 2）值班人员保持高度的警觉性和高度的责任心，能熟练操作设备 3）值班人员在工作期间不得擅自离开工作岗位 4）控制中心出现报警信号，首先打电话到报警部位查明情况，如若误报，立即消除，如发现异常情况或火警，立即报警 5）值班人员应填写设备运行记录，值班过程中发现误报应填写时间、地点等
领班	6	高中以上学历；两年以上相关工作经验	
保安员		初中以上学历；通过保安员上岗培训；退伍军人尤佳	

4. 绿化部：人员编制 3 人（表 9-4-5）

表 9-4-5　绿化部人员设置

人员设置	人数/人	职　　责
园林工	3	1）熟悉本商业广场的绿化布局和个人包干地区的职责范围，以及花草树木的品种数量，并逐步掌握花草树木的种植季节、生长特性、培植管理方法等 2）对花草树木要定期清除杂草、防治病虫害、松土、施肥，并修理枯病枝、伤害枝等，更换死亡苗木，浇水 3）要保证绿化场地不留杂物、不缺水、不死苗、不被偷窃，遇到有违章违法行为要及时加以劝阻，不听劝阻的要及时报告保安人员和主管人员，协助对其劝阻和处置 4）完成上级领导交办的其他任务

5. 保洁部：人员编制 47 人（表 9-4-6）

表 9-4-6　保洁部人员设置

人员设置	人数/人	任职资格	职　　责
部长主管	部长 1 人 主管 2 人	中专以上学历，两年以上工作经验	1）负责整个本商业广场室内及公共部分清洁卫生的管理工作 2）负责本部门员工的培训及考核工作 3）完成上级领导交办的其他工作
清洁员	44		1）负责包干范围内的保洁工作，按照工作制度实施保洁 2）完成上级领导交办的其他工作

6. 财务部（表 9-4-7）

表 9-4-7　财务部人员设置

人员设置	人数/人	任职资格	职　　责
财务部长/主管会计	1	大专学历以上，相关经济学专业，有相关工作经验	1）负责财务管理工作，编制财务计划落实完成计划的措施，严格执行会计法和会计准则 2）组织搞好财务核算工作，建立各级经济活动分析制度，挖掘增收节支潜力 3）掌握资金活动和经营成果情况，当好领导参谋 4）监督执行国家各项财经政策、法规，严格控制各项费用的开支 5）负责会计凭证和会计报表的审核和各类经济档案保管归档 6）负责员工工资、各项津贴等发放和审核 7）完成领导交办的其他任务
出纳	依据实际所需而定	中专学历以上，基础会计	1）负责公司管理服务费银行托收、现金银行存款的收支、管理、记账结算工作 2）做好收费统计、核算及催收工作 3）负责建立健全现金、银行存款日记账和其他账目，定期核对、账目清晰、手续完备、账账相符、账表相符、日清月结、准确无误 4）严格执行财务制度，不得挪用公款或私自借支；完成领导交办的其他任务

7. 租赁部（表 9-4-8）

表 9-4-8　租赁部人员设置

人员设置	人数/人	任职资格	职　　责
主管部长、租务管理助理	依据实际所需而定	大专以上学历，有工作经验	1）负责制订公司年度招商租赁计划及实施细节，并予以实施 2）负责对外招商租赁业务的承接、洽谈 3）做好市场调查研究，及时了解市场信息，做好市场信息汇总和综合分析，掌握同业动态，为公司相关决策提出供依据 4）负责沟通与租户的关系，做好相应的公关工作 5）做好租户档案的分类整理工作 6）做好领导交办的其他工作

8. 行政（人事）部（表 9-4-9）

表 9-4-9　行政部人员设置

人员设置	人数/人	任职资格	职　　责
主管部长、策划设计助理	依据实际所需而定	大专以上学历，有相关工作经验，有成功策划工作案例	1）负责了解当前国家的方针、政策，贯彻落实执行公司各项指令，深入调查研究，为公司决策层提供决策依据 2）负责公司工作计划、总结、规章制度等各类文件的起草审核工作 3）负责公司对外联络工作，组织安排、接待、参观等公关活动 4）做好公司各部门之间的协调工作，做好公司办公用品采购、入库、领用等管理工作 5）负责公司人事安排、招聘、录用、转正、调配、离辞等管理工作，检查公司各部门的考勤工作 6）负责公司员工饭堂、宿舍管理等后勤保障工作，车辆调度和管理等工作 7）负责制订公司员工培训计划，提高员工素质和实际工作能力 8）负责公司广场的商情、广告、宣传、设计、制作及大型各类活动策划、布置、管理等工作

9. 管理部（表 9-4-10）

表 9-4-10　管理部人员设置

人员设置	人数/人	任职资格	职　责
主管部长、助理管理员	依据实际所需而定	大专以上学历，管理学毕业，五年相关工作经验	1）负责实施本商业广场的房屋主体的管理、公用设施的管理、保洁绿化工作等 2）负责本部门岗位职责、各项规章制度的贯彻落实 3）督导所属部门人员贯彻执行，保证各项工作保质、保量、安全、及时顺利地完成 4）制订公用设施的维修养护、更新改造计划，上报批准后组织实施 5）督导保洁、绿化员工按操作规程和服务标准做好本职工作 6）定期进行抽查巡视，发现问题及时处理

3.3　项目运作管理控制

严谨有序的运作流程，是确保服务质量的有效保证。通过不断的实践和完善，形成一套成熟的、行之有效的管理控制体系。

1. 整体运作流程（图 9-4-2）

2. 信息反馈与处理系统（图 9-4-3）

信息是重要的经营管理资源，一直注重信息的采集、分析、处理、利用。

信息由管理中心汇集、分析，避免重要价值信息的错漏。

工作指令由管理中心发出、操作层执行和反馈，避免信息无效沉淀。

3. 监督检查控制（图 9-4-4）

内外兼顾的监督检查体系保证公司运作的透明与公开。定期与不定期检查方式相结合，保证公司运作全程受控。

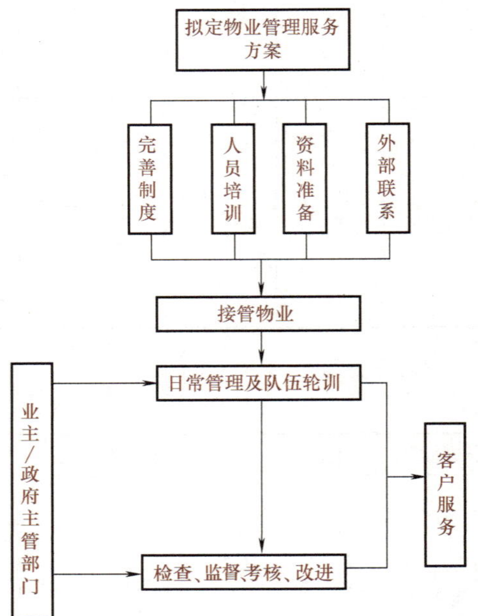

图 9-4-2　整体运作流程

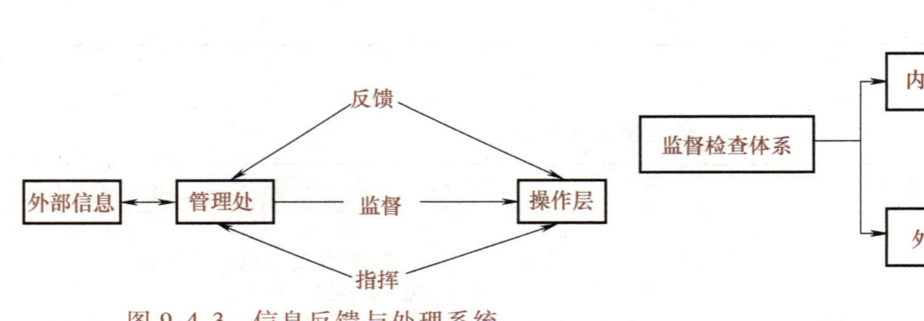

图 9-4-3　信息反馈与处理系统

监督检查体系
内部检查
物业部日检
专业部门不定期检查
公司检查
外部检查
政府主管部门考评
客户满意度调查

图 9-4-4　监督检查控制

4. 主要业务管理控制

（1）通用服务控制系统，如图 9-4-5 所示。

服务快速响应机制，保证商户需求及时得到满足。

服务信息反馈机制，保证公司与商户沟通无障碍。

（2）物业部工作流程，如图 9-4-6 所示。

（3）物业维保工作流程，如图 9-4-7 所示。

（4）清洁服务工作流程，如图 9-4-8 所示。

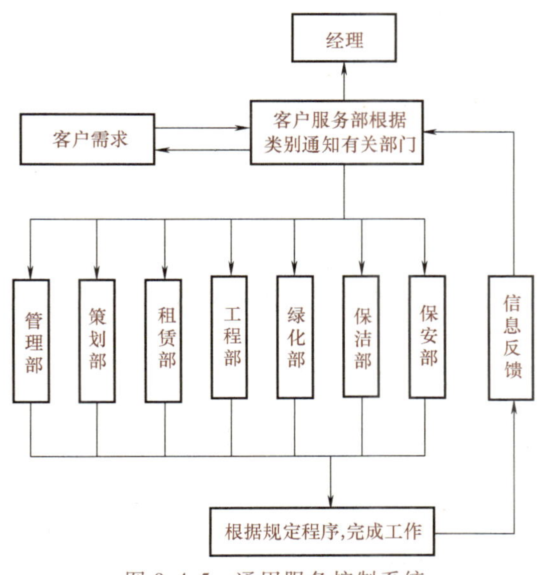

图 9-4-5　通用服务控制系统

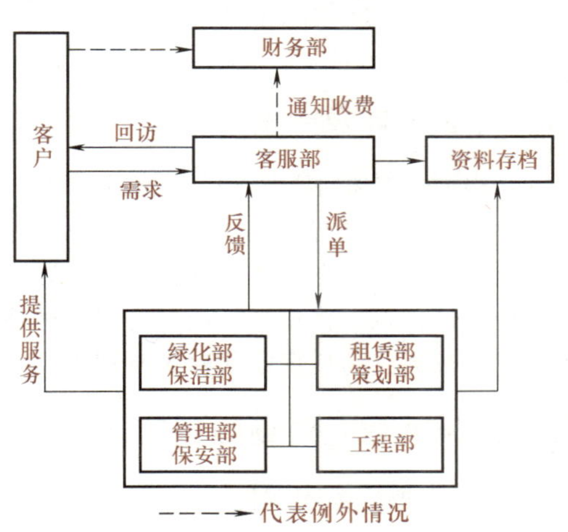

图 9-4-6　物业部工作流程

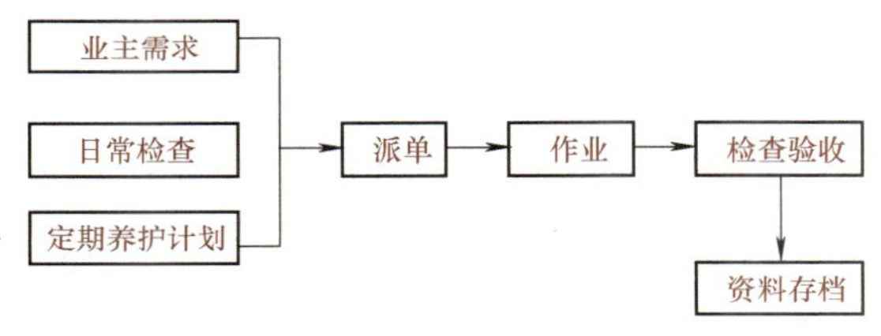

图 9-4-7　物业维保工作流程

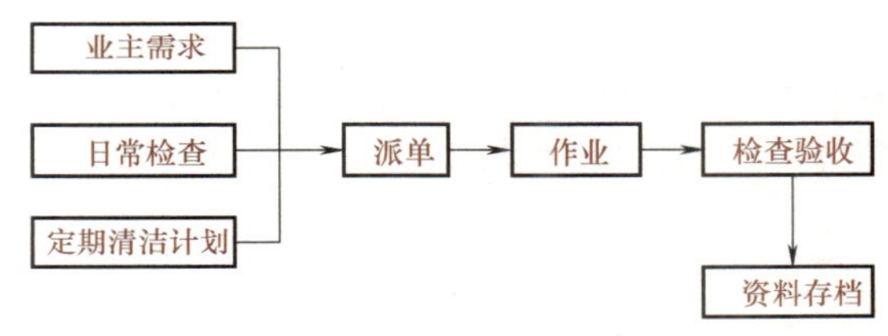

图 9-4-8　清洁服务工作流程

（5）安全管理工作流程（图 9-4-9）。

（6）纠正措施控制系统，如图 9-4-10 所示。

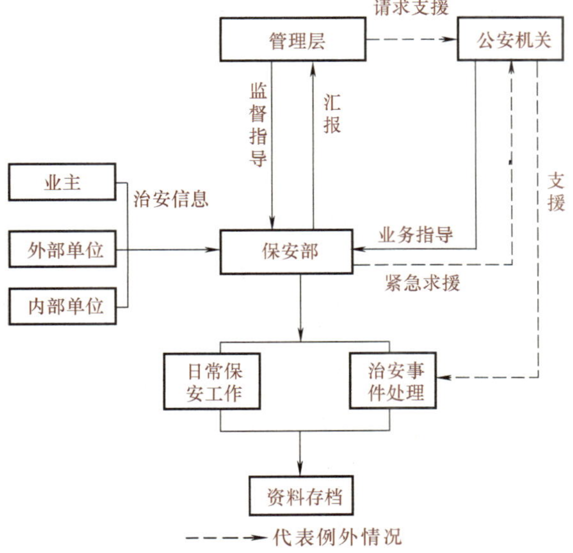

图 9-4-9　安全管理工作流程

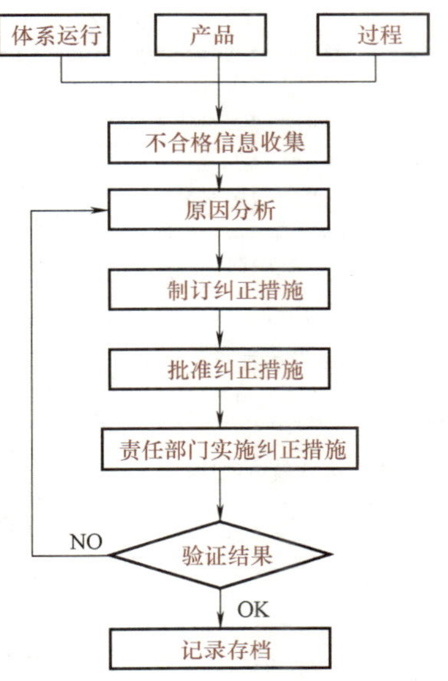

图 9-4-10　纠正措施控制系统

通过纠正措施的实施，防止损害进一步扩大和不合格重复产生。

第四部分　房屋本体及公用设施维保方案

4.1　房屋本体及公用设施维保总要求

1）根据建筑物的特点，制订详细的维保计划和实施细则，为日常维保工作开展奠定基础。

2）定人定岗进行房屋本体查勘，确保房屋本体和公共设施的安全，正常使用。

3）严格控制维保工作时间，确保不影响正常办公活动。

4）保证维保工作质量，确保房屋本体建筑物美观耐用，延长其使用寿命。

5）建立完善的房屋本体建筑物档案。

4.2　房屋本体建筑物维保管理范围

根据本商业广场建筑特点，认为房屋本体建筑物维保管理主要包括以下内容：建筑物承重结构部位（包括基础、梁、柱、板、屋顶）、房屋本体的抗震结构部位（包括构造柱、梁、墙等）、公共外墙面、楼梯间、金属护栏、公共通道、屋面等。

公共设施的维保范围：区域内道路、外围护栏、旗杆、值班室、停车场、标识导向、防雷设施等。

4.3　业务结构

业务结构类型如图 9-4-11 所示。

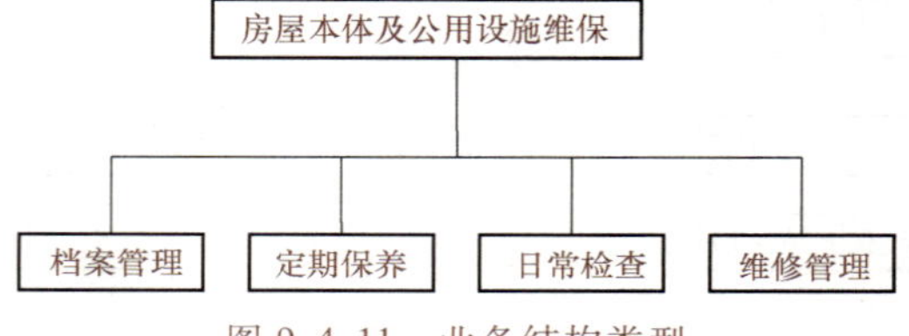

图 9-4-11　业务结构类型

4.4　房屋本体及公用设施的维保管理

1. 房屋本体日常维保计划及实施方案（表 9-4-11）

表 9-4-11　房屋本体日常维保计划及实施方案

序号	项　目	日常维保	
		内　容	实施效果
1	房屋本体承重及抗震结构部位	根据养护计划实施保养	1)安全、正常使用 2)功能完好
2	外墙面	根据养护计划实施保养	无鼓无脱、无渗水无违章、整洁统一
3	公共屋面	1)每天检查一遍，发现问题，及时处理 2)小修及时修补	1)无积水、无渗漏 2)隔热层完好无损 3)避雷网无间断
4	公共通道门厅、楼梯间	1)每周检查一次，发现问题，及时处理 2)小修及时修补	1)整洁，无缺损、无霉迹 2)扶手完好，无张贴痕迹
5	上、下水主管	1)每天检查一遍，发现问题，及时处理 2)小修及时修补	上、下水通畅，无渗漏

2. 公用设施日常维保计划及实施方案（表 9-4-12）

表 9-4-12　公用设施日常维保计划及实施方案

序号	项　目	日常维保	
		内　容	实施效果
1	道路、停车场	每年对行车标示翻新一次，每天检查一遍，发现问题，及时处理；小修及时修补	1）平整无积水无缺损，完好率 99%以上 2）标示清楚
2	本商业广场路灯	包括围墙灯、公共路灯、楼道灯，每年对灯杆刷漆一次；每天检查一遍，发现问题，及时处理；小修及时修补	照明正常，根据季节和商户要求调整开关时间，完好率 98%以上
3	公共门窗、洗手间	每周巡视检查一次，发现问题，及时处理；小修及时修复	门、窗，洗手间功能完好
4	标示	每天检查一遍，发现问题，及时处理；小修及时修补	完好
5	防雷	防雷测试一年一次，每周检查一遍，发现问题，及时处理；小修及时修补	设施性能良好
6	值班室	每天检查一遍，发现问题，及时处理；小修及时修补	完好

4.5　房屋本体档案管理

完备的档案是管理活动的基础。针对房屋本体管理，形成了一套较完善的档案管理体系。

（1）档案分类。

1）基础资料类：包括各种图纸、资料。

2）工作记录类：包括维修、保养记录等。

（2）档案的归集。

1）基础资料类应于接收物业时编号归档。

2）工作记录类应于每月月终编号归档。

（3）档案的使用。基础类资料应汇编成册，分发至相关部门，作为业务活动的重要参考资料。工作记录类资料应定期归档、统计分析，作为部门业绩考评及外部单位对公司业绩评定的重要资料。

4.6　房屋本体的维保管理

维保管理是房屋本体建筑物管理的基础性工作，主要通过下述方式开展养护工作。

1. 计划性的保养管理

每年年初根据建筑物情况制订年度养护计划，每季度根据年度计划编制季度计划。

计划性的保养管理主要为清洁、刷漆等日常保养项目，保养范围为全面养护。

2. 例外保养管理

当由于气候等原因需要增加保养内容的，会启动例外保养管理机制。例外保养管理机制是针对特殊情况进行的，保养范围为专项保养。

3. 日常检查

日常检查工作主要由工程技术部负责，通过日常检查收集的信息为制订养护计划提供依据。

4. 房屋本体建筑物的标识管理

1）在每层楼电梯厅和疏散楼梯处设楼层号标志，每层楼电梯厅设防火疏散示意图（其中应注明电梯、消火栓、警铃、住户门、疏散楼梯的位置)，安全出口灯箱。

2）本商业广场商户入口处设大楼总平面图、不锈钢宣传栏。

3）设置警示牌，如："设备重地 非公勿入""机房重地 闲人免入""高压带电 打开危险""库房重地 烟火禁入""线路工作 请勿合闸""高压危险 请勿靠近""设备故障 暂停运行"等。

4）设指示牌标识，并应在适当位置设置导向牌。

5. 工作要求

1）做好查勘鉴定工作：为了掌握房屋本体的使用情况和完损状况，管理公司应做好房屋本体的查勘鉴定工作，以确定采取何种维修措施。

2）编制维修计划：管理公司应根据勘查结果，编制维修计划，维修计划包括施工计划、施工力量计划、材料供应计划、资金使用计划。

3）维修计划的执行和控制：配备专业的施工人员，制订完善的维修工作流程；对于较大规模的维修，采用分包方式进行。

4）商户服务部设立报修热线，随时接听商户报修电话。

5）维修人员根据商户部通知立即赶赴维修现场，实施维修；短时间内不能完成的，应向商户服务说明原因，并尽可能采取临时处理措施，以避免损害进一步扩大。

6. 房屋本体建筑物养护规程

1）巡查。工程技术部应安排专人定期巡查区内房屋本体建筑物质量情况，发现问题，及时维修，并做好记录。

其他部门在日常工作中应留意房屋本体建筑物质量情况，发现问题，及时向工程技术部报告。

2）养护。

计划内养护：工程技术部每年应制订总体养护计划，每月制订具体养护计划并组织实施，养护计划既要全面，又要有所侧重。

临时养护：遇到天气灾害等特殊情况，工程技术部应提前进行预防性养护，灾害过后，再进行修复性养护。

3）维修。

小修：对于一般小修业务，工程技术部应组织维修人员即时进行修复，并做好记录。

大中修：对于大中修业务，工程技术部应编制预算，报商户审核同意再行实施；对于紧急情况，应当采取临时处理措施，以防损害扩大。

第五部分　设施、设备的维保管理方案

5.1　基本情况

本商业广场设施、设备主要包括给水排水、供配电、消防、智能化监控等各个子系统，其中制订相应的工程设备管理制度，通过运用科学合理的管理方式，确保各项设备设施正常运作，为商户的生产、生活提供可靠保障。

5.2　设施、设备的维保管理总要求

1）实行全面设备（设施）管理制度，强化设备的基础管理工作，维修和定期保养相结合。

2）制订和落实工作程序，每件事务和工作都有明确合理的程序，程序中的重要环节有统一

的报表文件以及具体的经办人、责任人。

3）各专业商户管理人员必须根据责任范围内设备、设施的实际情况，制订出适合于各分系统、设施的规章制度、维修保养规程，力求在实际运作过程中行之有据、做之有理。

4）运行值班人员负责设备、设施的运行操作及日常巡视检查工作，并做好每天的运行记录，运行中发现问题及时通知维修人员进行处理。

5）维修人员负责设备、设施的维修保养工作，并做好维修保养记录。

6）完善设备、设施信息管理系统，对每项设备、设施分类建立电子档案，并保持实时更新。

5.3　设备管理维保内容及质量标准

1. 给水排水系统维保内容（表 9-4-13）

表 9-4-13　给水排水系统维保内容

序号	项　目	工 作 要 求	质 量 标 准
1	给水管道	每月检查一次，随时清通管道	管道通畅，保证供水，外观无明显破损
2	阀门	每月检查一次，每周巡视检查一次，发现问题，及时处理；小修及时修复	无明显漏、滴、跑现象，开关灵活
3	化粪池	清掏一年一次	无外溢
4	压力表	每月检查一次，每周巡视检查一次，发现问题，及时处理；小修及时修复	显示值正常，外观完好
5	机械润滑	每月检查一次，每季度加油	保证设施正常运转，无缺油、机械故障
6	排水管道	每月检查一次，随时清通，小范围除锈刷漆	外观完好，无堵塞
7	落水管、地漏道	每月检查一次，每周巡视检查一次，发现问题，及时处理；小修及时修复	天台、地面落水管口无明显杂物堵塞
8	井盖	随时检查，每周巡视检查一次，发现问题，及时处理；小修及时修复。每半年刷漆一次	无明显破裂、损坏
9	泵体	每季一次检查，发现问题报告	运行正常

2. 供配电系统维保内容（表 9-4-14）

表 9-4-14　供配电系统维保内容

序号	项　目	工 作 要 求	质 量 标 准
1	电缆头	日常检查，小修即坏即修	无不良接触、良好
2	温控、湿控	日常检查，小修即坏即修	外表清洁，显示正常，固定可靠
3	绝缘鞋、手套	每年送检	
4	断路器	日常检查，小修即坏即修	标号清晰，性能良好
5	指示灯、按钮、转换开关	日常检查，小修即坏即修	外表清洁，标号清晰，固定可靠
6	电容无功补偿	每日检查，电容及时更换	电容补偿三相平衡
7	指示灯、保险	日常检查，小修即坏更换	正常使用
8	配电屏对地测试	日常检查	接地良好
9	整体保养	每月一次	
10	配电房全面保养	每年两次	
11	变压器性能检测	每两年一次	

3. 室内外照明系统维保内容（表 9-4-15）

表 9-4-15　室内外照明系统维保内容

序号	项　目	工作要求	质量标准
1	公共通道照明	日常检查,小修即坏即修	灯开关正常,线路完好
2	楼梯照明	日常检查,小修即坏即修	灯开关正常,线路完好
3	洗手间照明	日常检查,小修即坏即修	灯开关正常,线路完好
4	应急灯、安全指示灯	日常检查,小修即坏即修	

5.4　给水排水系统管理

（1）运行管理。

1）给水排水系统包括生活给水系统、消防给水系统、消防喷淋系统、排水系统。

2）运行专人专职管理，严格执行持证上岗制度，定岗定人。

3）实行 24 小时值班制度。

4）消防系统定期进行试运行，确保系统安全可靠。

（2）维修保养。

1）制订科学合理的维修保养计划并组织实施。

2）维修操作人员合理配置，严格执行持证上岗制度。

3）加强日常巡视、检查，切实执行“应修尽修、全面保养”的方针。

4）提高管网工作效率，有效处理管网系统的跑、冒、滴、漏现象，减少损失，以达到节能、经济运行的目的。

（3）应急预案。

1）遇有事故，及时抢修，限水、停水 24 小时前通知商户。

2）检查漏水的准确位置及所属水质，并在许可能力下，立即设法制止漏水，若不能制止，应立即寻求支援，在支援人员到达之前尽量控制现场，防止损坏扩大。

3）观察周围环境，漏水是否影响各项设备，如电力设备、线缆等。

4）利用沙包等物件堵箱，防止漏水渗入电机等重要设备。

5）利用现有工具，设法清理现场。

6）如漏水可能会导致索赔等问题，须拍照存档以作日后证明。

7）日常巡视、检查时，应留意渠道及排水是否有淤泥、杂物，随时加以清理，以免堵塞。

8）如该部位曾经有水浸记录，平时应准备足够沙包，作为爆水管及雨季应急之用。

5.5　供配电系统维保管理

（1）运行管理。

1）工程技术部应根据不同设备、设施的性能、技术指标等，合理制订出维保计划及相应的操作和维修保养规程。

2）运行值班人员应严格按照值班规定实行 24 小时值班制，对大楼变压器室、高低压配电室等有关设备、设施进行巡回检查，同时做好相应记录。

3）运行值班人员在日常设备、设施操作过程中必须严格按安全操作规程进行，执行（工作票、操作票）制度，牢固树立“安全第一”的思想，确保人身和设备、设施的安全。

4）运行值班人员必须留意和掌握供电设备、设施的运行状况，发现隐患，及时报告故障，并做好详细记录。

（2）维修保养管理。

1）维修人员进行日常维修保养工作必须严格按照电气维修管理规定及各种设备、设施的维修保养操作规程进行，并按要求做好安全保障措施和技术措施。

2）维修人员应熟悉、掌握大楼各系统所有照明器具情况，认真做好维修工作、更换工作。

3）合理设计公共场所照明控制线路，如露天场所的照明可以采用光电控制，采用节能灯源，以达到节能、经济运行的目的。

4）工程技术部应定期组织人员对供配电系统进行全面的、系统的检查、调试，并根据实际需要充分做好合理用电调配和节能工作。

（3）应急预案。

1）在即将发生台风、暴雨时，工程技术部应组织人员对所有供配电系统进行预防性检查，多方位监视，同时做好抢修工作准备。灾情过后，对供配电系统进行一次全面检查，发现问题及时处理。

2）发生火灾时，运行值班人员应立即报警并切断火灾区域电源，积极灭火。事后，必须对供电设备、设施进行全面检查方可恢复供电。

3）发生故障，及时抢修，短时间不能完成抢修的，应通知商户。

4）限电、停电应提前 24 小时通知商户。

（4）临时用电管理。

1）为保障用电安全，临时用电实行申请制度，商户在拉线用电前，应填写临时用电申请表，经物业部经理审批后方可临时用电。

2）用电期间，运行值班人员应根据用电情况，认真做好巡视、检查工作及进送、停电，保证供电。

3）用电后，维修及运行值班人员应积极配合商户作好临时用电的拆除工作，同时，进行认真检查，保证安全，不留隐患。

5.6　消防系统维保管理

（1）运行管理。

1）实行 24 小时值班制度。

2）运行值班人员应密切注意消防系统运行情况，并做好记录。

3）对于系统报警信号，值班人员应立即通知报警区域保安，并做好记录。如为误报，应通知维修人员进行维修。

（2）维修管理。

1）每月对系统维修保养一次。

2）每年对系统进行两次性能检测。

3）重要项目委托专业公司进行。

5.7　服务承诺

1）商户有关工程方面的咨询 10 分钟内到达现场。

2）出现意外停电、水管渗漏等紧急事件保证 5 分钟内到达现场。

3）急修及时完成，一般维修当天完成。

4）客人被困电梯 10 分钟内解救。

5）各项维修业务返修率低于 1%。

5.8 操作规程

1. 高低压配电房的管理及操作规程

1）配电房必须设锁，闲人免进。进出配电房应放好防鼠挡板。

2）值班期间禁止从事与工作无关的一切事情，不得擅离职守。

3）接班人员未到位，当班人员不得离开工作岗位。

4）每班做好巡查记录，填好变配电运行记录表和设备故障处理表。

5）值班人员必须熟悉触电急救方法。

6）对高（低）压操作及检修必须按规定使用电工绝缘工具、绝缘鞋、绝缘手套、验电笔、接地线等，而且在保护人监护下执行操作。

7）需要停电进行线路检修时，首先需要检查电梯是否已停在一楼并确定轿厢内无人员的情况下，方可进行操作。

8）要执行停、送电操作，必须办好有关手续，坚持工作票制度。凡要执行10kV高压部分及低压母联开关时，未经主管人员批准，不许操作。停电拉闸、检修停电要挂标志牌。

9）禁止用超长金属物在带电低压柜上工作。

10）严格执行岗位职责，遵守交接班制度和安全、防火、清洁卫生制度。

11）配电房室内温度控制在40℃以下。

12）停电时应先断开各分路的空气开关，再断开各回路控制柜的隔离开关，然后再断开多功能断路器，最后再断开总隔离开关。禁止带负荷拉刀闸（隔离开关）。

13）送电时首先检查各分路是否断开，然后合电源总隔离开关，多功能断路器，各分回路控制隔离开关，最后按各分路的空气开关的顺序依次合闸送电。

14）在恶劣的气候环境下，要加强对设备的特巡，当发生事故时，应保持冷静，按照操作规程及时排除故障，并做好记录。

2. 消防系统操作规程

（1）主机控制器。

1）查询：

按下菜单［Menu］按钮到下一级菜单，选择菜单上需要查询信息前面相应数字的数字按钮。

退出查询按返回［Esc］按钮返回到上一级菜单。

2）联动：

查看是否为自动（黄色灯亮）。

联动设置：通过菜单上“系统设置”到下一级菜单，选择“联动设置”再到下一级菜单选择“自动”或“手动”。

快速查找联动信息：在菜单上选择“联动信息”到信息栏，同时按下“［Shift］+回路（0、1、2、3）”能快速找到相应的回路，再通过上下（▲、▼）按钮查找需要的信息。

命令状态修改：在菜单上选择“联动命令”到信息栏，在信息栏上对“命令状态”进行修改，按［2］键为“已发出”，按［3］键为“未发出”。

3）故障：先按［停止］键或［消音］按钮对警铃消音，否则按［复位］按钮对系统复位。如果主机死机请立即通知工程部处理。

（2）消防广播。

1）通过“联动信息”查看消防广播是否为“已发出”，否则通过“联动命令”进行修改。

2）合上动放盘上电源开关，将音量调节器调到“3”。

3）按下紧急广播按钮，再按下话筒按钮。

4）广播时在广播录放盘内装上磁带同时录音。

5）使用电子语音时按下“电子语音”按钮可自动广播。

（3）消防电话。按下相应的电话按钮即可通话。

3. 工程技术部交接班制度

1）值班人员应按统一安排的班次值班，不得迟到、早退、无故缺勤，不能私自调班、顶班。因故不能值班者，必须提前征得主管人员同意，并按规定办理请假手续，才能请假。

2）交接班双方人员必须做好交接班的准备工作，准时进行交班。交接班的准备工作包括：查看运行记录，介绍进行状况和方式，以及设备检修、变更等情况；清点仪表、工具；检查设备状况等。交班时，双方在值班记录上签字。

3）在下列情况下不得交接班：①在事故处理未完成或重大设备启动或停机时；②交接班准备工作未完成时：③接班人员未到时；④主管人员指定替代值班人员未到时；⑤接班人员有酒醉现象或其他神志不清情况而未找到顶班时。

4. 工程技术部运行值班制度

1）必须坚守岗位，不得擅自离岗，如因工作需要临时离岗，必须有符合条件的人替岗，告知时间及去向。实行轮班就餐制。

2）根据操作规程及岗位责任制的要求，按时巡查，按规定做好设备运行情况记录。

3）巡查时必须要做到“看、听、嗅、摸、记”。

4）如出现设备故障，而当班人员不能处理，应及时上报。

5）值班人员接到报修时，通知相关人员进行维修。如特急维修，值班人员应及时维修。

第六部分　环境保洁管理方案

6.1　基本情况

本商业广场容积率较低，楼宇分散，洗手间、公共通道、大堂等公用部位面积较大，人员流动和车辆较多，所以更强调保洁人员要定编定岗，达到卫生不留死角。

6.2　保洁项目及频次

保洁项目及频次见表 9-4-16。

表 9-4-16　保洁项目及频次

项　目	工作内容	清洁频次
绿地	捡拾垃圾杂物	1 次/日
污水管井	排清污水和垃圾	清理 1 次/月、疏通 1 次/年
排水沟	清洁	1 次/日
垃圾箱	垃圾清运、清洁	日产日清 2 次/日
消防栓、标示牌	擦拭	1 次/周
出入口栏杆	抹尘、清洁和保养	1 次/周
停车场	清扫	1 次/日
喷水池	清洗	1 次/月
电梯	擦拭	1 次/日

6.3　保洁质量标准

本商业广场外公共环境保洁标准：区域内无积水、无杂物、无明显污渍、无明显泥沙；指示牌无黑灰；垃圾日产日清，无堆积垃圾；污水管井、排水井眼看检查井内壁无黏附物，井底无沉淀物，水流畅通，井盖上无污渍污物；喷水池水面无杂物，池底洗净后无沉淀物，池边无污迹。

卫生间保洁标准：保持地面明亮，无杂物、无污迹；瓷砖墙面清洁无污迹；洗脸台面无积水及干水迹；镜面明亮无水迹；厕所清洁无异味、臭味；纸巾每天供应多卷，洗手液定期补充；便器清洁、无黄渍；风口清洁无灰尘，顶板、墙角、灯具目视无灰尘、蜘蛛网。

办公区域保洁标准：地面、台面和地毯无明显污渍、无明显灰尘，垃圾及时收集。

本商业广场消杀标准：采用环保药剂，本商业广场无成群蚊虫、蟑螂等害虫滋生。

6.4　保洁工作要求

1. 室外公共环境保洁

（1）保洁范围。本商业广场公共场地及道路、绿地、停车场等。

（2）保洁程序。

1）上午：在本商业广场商户上班前对公共场地及道路、停车场、绿地等进行清扫，重点是枯枝落叶的清扫和纸屑等杂物的收集；对标识牌进行清洗、擦拭。

2）下午：在中午就餐后再次对公共场地及道路、停车场、绿地等进行清扫，重点是对烟头、纸屑等垃圾的清理；对垃圾箱进行清理，及时更换垃圾袋。

3）及时对排水管、沟进行疏通，防止堵塞。

4）注意事项：

① 清扫地面时，注意行人，避免在人流高峰期进行。

② 冲洗地面时，如地面湿滑，应设置提醒标识。

2. 洗手间保洁

（1）保洁范围。洗手盆、便池、镜面、地面、墙面等。

（2）保洁程序。

1）准备好保洁工具及物料。

2）敲门，看是否有人，若有则稍候，若无则进入，并把“正在清洁”指示牌入置门外。

3）每天两次重点清理卫生间。

4）打开门窗通风，用水冲洗大小便器，用夹子夹出小便器内的烟头等杂物。

5）清扫地面垃圾，清倒垃圾篓，换新垃圾袋后放回原位，保持垃圾桶容量不超过2/3。

6）将洁厕水倒入水勺内，用厕刷沾洁厕水刷洗大小便器，然后用清水冲净。

7）用湿毛巾和洗洁精擦洗面盆、大理石台面，墙面、门窗标牌。

8）先将湿毛巾拧干擦镜面、窗玻璃，然后再用干毛巾擦净。

9）用湿拖把拖干净场面，然后用干拖把拖干。

10）喷适量香水或空气清新剂，小便斗内放入樟脑丸。

11）每两小时进行保洁一次，清理地面垃圾、积水等。

12）每月用干毛巾擦灯具一次，清扫顶板一次。

13）撤离：收集所有清洁工具、物料，撤除“正在清洁”指示牌。

14）每次巡回保洁填签到卡。

（3）注意事项。

1）清洁洗手间时，应竖立“正在清洁”指示牌，以便商户注意并配合。

2）清洁洗手间所用的工具要专用，且清洁面盆、厕盆工具要分开，使用后定期消毒，并与其他工具分开保管。

3）保洁人员应注意自我保护，保洁时带保护手套和口罩，预防细菌感染，防止清洁剂损害皮肤。

4）应避免在洗手间使用高峰期清洗洗手间。

5）注意洗手间的通风，按规定开关通风扇，以节约能源。

6）及时补充厕纸。

3. 垃圾存放要求

根据具体情况，设置垃圾桶、垃圾箱、垃圾车、烟灰桶等垃圾存放容器。

1）存放容器按垃圾的种类和性质配备。

2）存放容器要按垃圾的产生量存置在各个场所。

3）存放容器要易存放、易清倒、易搬运、易清洗。

4）有些场所的存放容器应加盖，以防异味散发。

5）垃圾存放容器要保持清洗。

4. 垃圾收集要求

1）及时收集清除本商业广场内所有垃圾，在正常情况下，垃圾桶内的垃圾不能超过桶容积的2/3。

2）收集清运时，用垃圾车或垃圾袋装好，不能将垃圾散在楼梯和楼上。

3）收集烟灰、烟头时，必须确认烟头完全熄灭，以防火灾。

4）收集清运垃圾时，要选择在适宜的通道和时间。

5）保洁人员收集清运垃圾，要注意卫生，戴口罩和防护手套，工作完毕后要洗手消毒。

6）存放垃圾容器应定期刷洗。

7）垃圾日产日清。

8）垃圾存放地要定期杀虫、消毒。

5. 本商业广场消杀工作

（1）灭四害工作。

1）公共区域灭四害每半月一次，根据四害繁殖情况增加灭杀次数。

2）具体操作方法：投药、喷药、设卡及清理死角卫生，断绝四害食物。

3）保证灭四害效果达到国家环卫部门标准要求。

4）采用国家批准的低毒、环保型药剂，使用后对人、畜无害，不造成环境污染。

5）消杀效果保证：

灭鼠标准：采用移板法检测，阳性率≤3%。

灭蚊标准：积水采用目测法检测，水体中有蚊幼或肾的阳性积水率≤3%，成蚊采用诱捕法检测，诱捕率≤1只/半小时。

灭蝇标准：采用诱捕法检测，阳性率≤3%。

灭蟑螂标准：采用目测法检测，成虫阳性率≤3%，卵鞘阳性率≤2%，蟑迹阳性率≤5%。

（2）预防白蚁工作。

1）每月对区内所有建筑物和绿化物进行两次定期检查。

2）发现建筑物或绿化物有可疑白蚁危害，应立即采用以下措施进行防治：

诱杀法：将装有药物的箱子放在白蚁出入的地方，引诱到箱中集中扑杀。

喷药法：将高效药物喷洒在白蚁活动的地方和巢内，使白蚁互相传染中毒身亡。

烟熏法：在白蚁巢内放药物烟熏，将白蚁熏死。

3）将已死的白蚁收集集中处理。

第七部分 绿化管理方案

7.1 基本情况

本商业广场绿化包括草坪、灌木类、乔木类、绿篱等，绿化的养护内容包括浇灌排水、施肥、修剪造型、中耕除草、绿化设施维保、病虫害防治等。

草坪绿化，主要为观赏型草坪，分布在本商业广场办公楼旁、中心花坛。

灌木类、乔木类、室外花卉以绿篱等绿化植物为主，主要分布在道路两侧、建筑物周围。

盆栽绿化，主要摆放在本商业广场入口、楼宇大厅等。

绿化管理作为本商业广场物业管理的重要组成部分之一，对本商业广场环境有着重大影响。

7.2 绿化管理目标

1）草坪——平整清洁无杂草。

2）花坛——土壤疏松无垃圾。

3）树木——生长茂盛无枯枝。

4）树形——美观完整无倾斜。

5）绿篱——修剪整齐无缺枝。

6）时花——定期更换保常青。

7.3 业务结构

绿化管理业务结构，如图 9-4-12 所示。

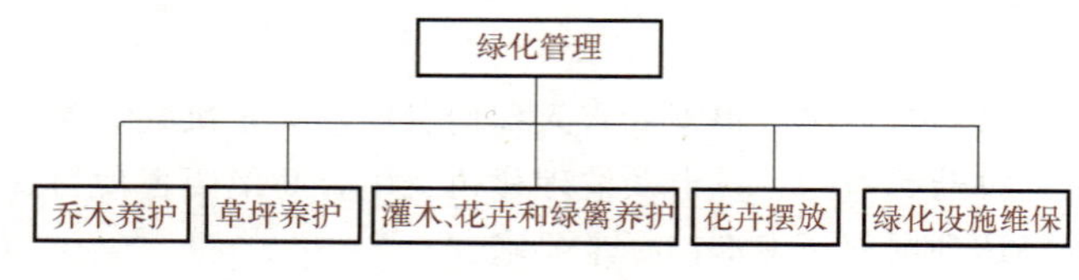

图 9-4-12 绿化管理业务结构

7.4 乔木养护

（1）乔木的修剪。乔木整形效果应与周围环境协调，行道树修剪保持树冠完整，枝叶密度适宜，内膛不空又通风透光，剪口平整，无伤口、下垂枝、萌蘖枝及干枯枝。对于陡长或不规则枝杆，可于春秋两季多次进行剪除，清掉枯老枝杆，截口与枝位平齐。

（2）乔木的淋水、施肥。行道树应使用水枪进行喷淋，便于清洗灰尘。每年春秋重点施肥两次，有机肥配合无机肥共同使用，注重碳、磷、钾肥的使用，以提高乔木的抗病性。施肥量根据树木的种类和生长情况而定，种植三年以内的乔木和树穴植被的乔木要适当增加施肥量和次数，肥料要埋施，先打穴或开沟，施肥后要回填土、踏实、淋足水、找平，避免肥料外露。

（3）乔木的病虫害防治。建立病虫预警制度，保证在病虫害发生的早期进行杀灭。

为减少对本商业广场工作、生活的影响，杀虫灭害工作通常将安排在节假日或夜晚进行，并选用环保、低毒药剂。

（4）实施细则。

1）浇水洗叶：即时处理。

2）整形修剪：每月1次。

3）松土培土：每年1次。

4）施肥：每年两次。

5）喷药：每季一次，并根据植物病虫情况增加次数、药量。

6）绿地清洁：即时处理。

7.5　草坪养护

（1）草坪的修剪。草坪的修剪主要是促使草的根系分蘖，增加草的密度，从而达到美化作用。根据珠海地区的天气，草坪一般高度在5～10cm为宜。为提高草坪的抗热和耐旱的能力，将在温度低的季节和生长旺的季节剪得低一些，在炎热的夏季留高一些。每次修剪长度不超过叶子的30%，修剪时机掌握在草苗有50%～60%达到适合修剪的高度进行。

（2）草坪的灌溉。草坪在初植期出苗前为保证草床湿润，需勤浇水，每次少浇水，以促进根系生长分蘖。出苗后在生长期和干旱期要勤浇水、浇透水。草坪在施肥后要及时浇水，以利于草苗吸取更多的养分。整体标准是每天的淋水量不低于该草种该规格的蒸发量。由于喷灌和浇水等方式会加重叶部病害的发生，浇水时间通常选择在晴天的上午，以便及时地降低叶面的湿度，提高草种的抗病能力。

（3）草坪的施肥。草坪的肥料分为化学肥料和有机肥料两种。通常的化学肥料主要是硫酸铵、碳酸铵、尿素等，在施肥过程中将氮肥、磷肥、钾肥配合使用，这三种肥料的配合比率定为5：4：3为宜。施肥量为每平方米1～1.5kg。有机肥包括堆肥、饼肥、人畜粪肥等，施肥量为每平方米1.5～2.5kg。

（4）草坪的除杂。草坪的杂草清除包括人工清除和药物清除两种，在初植之前，先在播种区域浇足水分，促使播种区内的杂草出苗，之后彻底清除杂草，最后再播种草苗。草坪的人工清除杂草主要是用小刀或小锄把杂草连根挖出，也可使用剪草机将杂草剪断，使其丧失繁殖能力。化学药物清除杂草，将使用除草剂如敌草隆等药物进行。一般草坪杂草分为阔叶草及单子叶杂草，在每年5月初至5月中旬，用药剂1000倍至1500倍溶液通过叶面喷施，15～20天后，再大型施药一次，同时根据草种生长情况以及杂草情况适时除杂，以保证草坪的草种纯度达到95%以上。

（5）草坪的病虫害防治。草坪的病害主要有黑粉病、炭疽病等，草坪的病害采用杀菌剂来防治，常用的杀菌剂主要有多菌灵、百菌清等。草坪的虫害主要有小地老虎、蝼蛄等，用溴化钾杀小地老虎，使用90%的敌百虫1000倍溶液喷杀黏虫。将采用生物防治的方法，减少对环境的污染。用药物防治时，一般选择在晚上或节假日进行，以减少对本商业广场工作、生活的影响。

（6）草坪的更新复壮。草坪的更新复壮多采用断根、施肥、重新栽植、覆沙土等方法。草坪覆沙土可以防善草坪结构以及土壤的结构，调整草坪根系的分布，增强透气性。重新栽培将用全部翻整挖出的办法，多用以扩大草坪的面积。将对被破坏或其他原因引起死亡的草坪植物及时种补植物，使草坪保持完整，无裸露地。

（7）实施细则。

1）除杂草：生长季节（4~10月），每月除杂草3次，非生长季节每月除杂草1~2次，要求连根拔除。

2）修剪边角。

3）平整草地：利用冬季保绿铺平，以保持绿地平坦。

4）补植：对因生长不良等造成的裸露地，及时密植草地并加强保护。

5）淋水、施肥：草地淋水主要安排在干旱少雨季节，1~2天淋水一次；每个月一般施肥一次，以保持良好的长势。

7.6 灌木、花卉和绿篱养护

1. 灌木、花卉和绿篱的修剪

1）灌木：注意观察，根据景观设想的要求，定时修剪，自然形态的灌木类，则保持相宜的比例，以达到最佳的观赏效果。整形球型类的灌木，在生长旺盛的夏季每月应修剪2次，日常每40天修剪1次，保持球体的结实、圆润、美观。对开花类灌木的修剪应避开花期，开花期尽量不进行修剪或只进行轻度的修剪，以保持花期开花繁茂。

2）花卉：及时修剪花卉的公枝、旁枝、弱小枝，定时修剪花卉黄叶、残花。

3）绿篱：要求修截面平直整齐。

2. 灌木、花卉和绿篱的喷淋和施肥

灌木、花卉和绿篱等观赏性植物使用有机肥应充分腐熟，这样可以把有机物中的病原物及害虫彻底杀死。使用无机肥料时，将调节氮、磷、钾的比例，适量增施磷、钾肥，以提高植物的抗病性。对这些观赏型植物，通常选择在秋天施肥，保证每年大型施肥一次。由于喷灌和浇水等方式会加重植物叶部病害的发生，将采取沟灌、滴灌方式进行。通常浇水时间安排在晴天的上午，以便及时地降低叶面的湿度，整体的标准是每天的淋水量不低于该种植物的蒸发量。

3. 灌木、花卉和绿篱的病虫害防治

本商业广场内植物害虫众多，吮吸植物汁液的害虫有蚜、蚧、叶蝉、叶螨等体型较小的害虫。

食叶害虫主要有风蝶、枯叶蛾、叶蜂等。

蛀食树干的害虫主要有天牛、吉丁甲类等害虫。

针对这些虫害，会采取以下综合防治法：

1）减少病虫源，在花坛、林带周围铲除杂草，切断害虫的中间宿主。冬季清理枯枝集中焚烧或掩埋，对树干刮除老树皮并涂上石灰水，结合整枝，适当修剪花木并集中处理，可减少越冬虫源。

2）化学防治，对害虫主要采取防治，在害虫爆发前及时防治。对危害叶部的害虫，主要采取触杀、胃毒、熏蒸、内吸功能的化学药剂，不同的害虫有不同的选择。吮吸植物汁液的害虫，要用熏蒸、内吸类药剂。食叶类害虫主要使用触杀及胃毒类药剂。为减少对本商业广场工作、生活的影响，通常安排晚上或节假日进行病虫害防治工作，并采用生物药剂或灯光诱杀、潜所诱杀、人工防治等方法。

4. 灌木、花卉和绿篱的除杂

观赏植物里面的杂草极容易给植物带病虫害，同时又影响植物的整体美观。通常杂草有狗尾草、马唐等，除杂通常采用低位修剪及喷施除草剂的方法。除杂后保证植物根系不受损伤，不留枯草，尽量避免杂草种子脱落。

5. 灌木、花卉和绿篱的补植方法

及时清理死苗，力求规格与原来植株接近，保证良好的景观效果。

6. 实施细则

1）松土除杂草：对于尚未郁闭的绿篱，每月松土除杂草 2 次，已郁闭的绿篱每清除寄生藤 2~3 次，养护面松土除杂草 1 次，为防止草坪长入，5~6 月、8~9 月各修边 1 次，修边宽度 30cm，修边一定要整齐、有美感。

2）修剪整形：保持 0.7~1.8m 高，上面平整，边角整齐，线条流畅，新梢 10cm 以上即修剪，一般生长季节，新梢 10cm 以上即修剪，一般生长季度 4~10 月，每月修剪整形 3 次，非生长季节每月修剪 2 次。

3）施肥：每月追复合肥一次，每年根据其长势和覆盖率情况适当施基肥 1~2 次，基肥0.5~1kg/m^2，复合肥 0.1~0.15kg/m^2，施肥方法以撒施为主。

4）补植：对养护不当等造成死苗要及时补种，一般应补回原来的种类，并力求规格与原来的相近。

5）淋水：施肥和补植需加强淋水，补植后一个星期内每天淋水一次，施肥时加强淋水，一般情况下 2~3 天淋水 1 次。

6）本商业广场入口：主要用于陪衬与烘托正门的标志性主景，摆放时注意颜色的协调性与空间搭配的层次性，能够直接衬托出主景，进而体现出本商业广场特有的景观。因此在品种选择上以小植物为主。花卉颜色的搭配和花卉品种可根据季节进行调整和更换，一般每月更换一次。

第八部分　本商业广场安全管理方案

8.1　基本情况

本商业广场占地面积较大，特别是有较长的临街路段，开放式管理，给本商业广场的安全管理增加了困难，本商业广场安全管理工作应贯彻“预防为主、综合治理”的原则，以消防安全、本商业广场秩序维护为中心，建立一支训练有素的管理队伍，人防、技防相结合，科学定岗、依法管理，为本商业广场创造一个安全、稳定的环境。

8.2　安全服务目标

1）确保控制和减少各种事故的发案率，营造安全、舒适的工作环境。

2）确保本商业广场内全年治安稳定。

3）消防设施完好率 100%。

8.3　业务结构

安全管理业务结构，如图 9-4-13 所示。

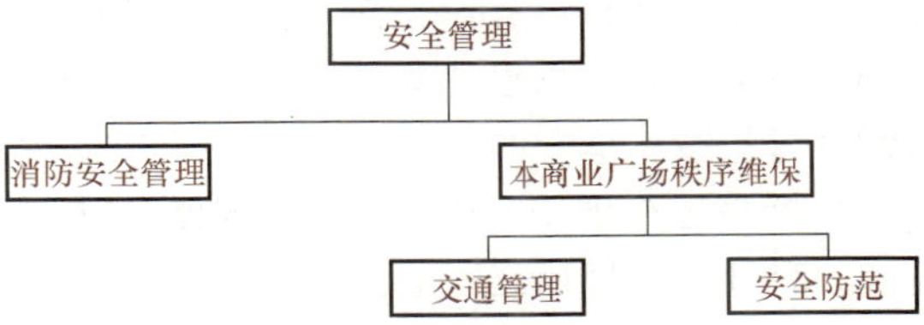

- 安全管理
  - 消防安全管理
  - 本商业广场秩序维保
    - 交通管理
    - 安全防范

图 9-4-13　安全管理业务结构

8.4　安全管理的实施措施

1. 岗位设置

根据本商业广场现状，占地面积大、围墙长、流动人口多，采用定人、定岗、定责，各负其责，按岗位工作流程执勤。

2. 保安体系三个机制

1）激励机制：奖罚分明，鼓励见义勇为，塑造本商业广场安全模范英雄，物质奖励与精神奖励并重。

2）竞争淘汰机制：在保持保安部队伍相对稳定的基础上，建立竞争淘汰考评机制，设末名淘汰，激励上进，创安全新品牌。

3）监督机制：让商户参与监督，定期收集商户对保安工作的意见、建议。

3. 安全管理措施

（1）成立快速应急分队。

目的：及时处理各种突发事件。

适应范围：本商业广场物业部全体员工。

快速应急分队的建制分为三组：一组为快速反应组，队员由所有保安员组成，分三班全天候24小时执勤。二组为快速支援组，队员由公司保安员机动巡逻队组成。三组为预备组，队员由物业部员工组成。

（2）任务。

1）确保本商业广场商户人身财产安全，并结合技防、物防、人防，确保防范重点，明哨和暗哨相结合，定时和不定时巡视，检查可疑点，实行全天候巡逻、监视。

2）发生突发情况时，快速组成员要在第一时间内赶到现场，按照分工，各负其责，机智、灵活、勇敢、果断地处理各种案例并做好请示汇报。

3）防盗措施，根据管理经验，盗窃常在商户上班期间或夜间进行，为此，对重点部位安排人员巡视。

（3）建立三参与的安全网络。

1）根据“互动式物业管理”的管理理念，与商户建立安全公约，商户参与安全管理群防群力，发生可疑情况时，监控中心及时指挥相关人员赶赴现场处理。

2）物业部全体员工均为“安全大使”，联合参与抓安全，一旦发现可疑人员、物品，立即报警，及时处理、控制。

3）与辖区派出所建立密切关系，利用现代化的通信工具和设备，建立安全大网络联动机制，以本商业广场消防中心为指挥中枢，办公楼保安为基础，以公司保安机动巡逻队组成为快速反应力量及时有效地控制各类事故案件的发生。

（4）制订科学的安防内部管理方式。

1）科学全面，严格目标管理，一级抓一级，层层抓落实，严格的质量管理体系及岗位责任制，建立健全各项规章管理制度。

2）严格的考核、奖罚、晋升、辞退制度，多样化激励队员的工作热情。

3）及时细致的思想教育工作，团结向上热情饱满的工作，确保治安的正常工作秩序不受到干扰和阻碍。

4）严格进行培训考核，合格后方可上岗，实行24小时巡视、巡查。

5）24小时不间断巡查本商业广场，慢步巡查楼层，分时间段重点巡查，尤其是在商户关门期间。

6）采取多看、多问、多查的方法，不放过任何一个可疑点。

7）加强保安员的法律教育，尤其是加强《治保安理处罚条例》的学习，增强其法制观念

8.5 安全管理岗位职责

1. 门岗

1）24小时严密监视本商业广场外围各种情况，发现可疑或不安全迹象，及时通知保安班长就地处置，必要时可通过对讲机向队长或客服中心报告，且随时汇报动态情况，直到问题处理

完毕。

2）掌握本商业广场出入客人动态、熟悉由本岗进出的商户及其经常交往的社会关系情况。

3）对于进入本商业广场进行作业的各类车辆做好盘查、登记。

4）认真做好执勤记录，严格执行交接班制度，做到交接清楚，责任明确。

2. 机动巡逻岗

1）协助客服中心向商户提供特约服务；监管本商业广场内的人员活动情况，维持管区内秩序，防止发生事故。

2）巡查、登记公共部位设施、设备完好情况。

3）对管区内的可疑人员、物品进行盘问、检查。

4）制止本商业广场内发生的打架、滋扰事件。

5）驱赶本商业广场内的散发广告等闲杂人员；负责火警、匪警的验证，负责紧急事件（如火灾、台风等）的应急处理。

6）回答访客的咨询，必要时为其导向。

7）指挥车辆的停放，保证消防通道畅通。

8.6　消防管理

1. 消防控制中心管理

1）实行24小时值班制。

2）值班人员必须具备高度的警觉性和高度的责任心，能熟练操作设备。

3）值班人员在工作期间不得擅自离开工作岗位。

4）控制中心出现报警信号，首先打电话到报警部位查明情况，如若误报，立即消除，如发现异常情况或火警，立即通知当班保安人员。

5）值班人员应填写设备运行记录，值班过程中发现误报应填写时间、地点等。

2. 动火作业审批制度

1）本商业广场动火作业实行审批制度。

2）需动火作业单位预先向物业部提交书面申请，申请应包括动火作业内容、作业部位、责任人、现场监控人、动火作业人员、起止时间及防范措施等内容。

3）物业部审查申请是否符合要求，做出同意动火或驳回申请的决定。

4）动火作业现场必须配备灭火器材。

5）物业部安排消防安全管理人员到现场监控动火作业情况。

6）动火作业完成后，由作业单位负责清理动火现场，并向物业部申报完工验收。

7）物业部检查无安全隐患，签发验收意见。

3. 消防设施设备管理

消防设施器材的配备：

1）本商业广场应根据《消防法》《建筑防火规范》等规定，配备相应的消防设施、设备、器材，消防设施、器材由消防管理人员登记造材，以备查询。

2）本商业广场消防设施、设备、器材的更新、改造、增补，由物业部提出方案，经商户审核同意后实施。

3）消防管理人员每月对消防设施、设备、器材检查一次，主要项目有消防栓、防火门、消防指示灯、应急灯等，并做好相应记录。

4. 消防知识培训

1）管理公司通过宣传栏、通知、公告方式向商户传达消防工作情况。

2）积极参加社会各项消防活动，参加公安消防部门举办的各种培训、学习。

3）定期对全体物业管理人员进行消防基础知识、灭火技能等训练，进行考核。

5. 安全检查工作

（1）建立三级安全检查机制。

1）一级检查由员工自检、互检结合进行，发现问题，及时处理。

2）二级检查由部门领导实施，针对重点区域、管理死角进行。

3）三级检查由公司领导实施，重点检查和抽查相结合。

（2）安全隐患的整改。

1）若检查发现火灾隐患，检查负责人应填写整改通知单，送达责任单位。

2）责任单位在接到整改通知后，应组织人员对安全隐患及时进行整改，管理公司应提供协助。

3）整改完成后，检查负责人应组织人员对安全隐患进行复查，并记录复查结果。

6. 消防应急预案

（1）火情报警。

1）任何人发现火情都应立即报警，在本商业广场各楼层内可用力按压手动报警器进行报警，在楼层外及时通知就近区域保安，也可打119电话向市公安消防队报警。

2）消防控制中心接到准确火情报警信号后，立即通知本商业广场消防负责人，同时通知本商业广场应急消防分队赶赴火场进行灭火。本商业广场消防负责人根据火警情况拨打119电话报警，报警时说出火灾地点，和种类、大小、报警者姓名及发现火情时间。

（2）组成义务应急消防分队。本商业广场消防负责人接到确认火灾警报后，立即召集当值员工组成义务消防应急分队，一般分成六个组：

1）指挥组：由本商业广场消防负责人、保安部队长、消防控制中心负责人、公安消防队负责人组成。

2）设备组：由工程部当值员工组成。

3）疏散组：由保安部部分当值员工及保安部应急分队组成。

4）灭火组：由保安部部分当值员工及保安消防应急分队组成。

5）警戒组：由保安部门负责。

6）后勤组：由行政员工组成。

（3）各组织相互协作，履行职责，扑灭火灾，将火灾损失减至最少。

指挥组职责：负责组织、指挥本单位员工进行灭火救人工作。

1）接到火灾报警确认报告后，立即召集保安部、工程部等其他当值员工，组成义务应急消防分队在消防控制中心或者火灾现场组织指挥灭火救人工作。

2）组织火情侦察，掌握火势发展情况，确定火场的主要方面及时召集力量。

3）向各部门各小组下达疏散、救人、救物、灭火、供水等任务，并检查执行情况。

4）公安消防队到达火场后，及时向公安消防负责人报告火场情况，带领员工统一服从火场总指挥的领导。

设备组职责：工程部各专业员工，得到本商业广场发生火灾信息时，应迅速赶到消防中心并与火灾现场相互结合，投入灭火战斗。

1）消防控制中心值班人员的职责即“火灾操作规程”。

2）自动报警器显示火警信号后，立即通知报警区域保安前往报警点检查核实。

3）火灾确认后，立即通知上一级主管领导，火灾地点、火灾情况。

4）通知各部门启动相应的消防设施，包括排烟风阀、风机紧急广播、客梯回归首层停止使用，切断非消防用电源，通知高压房启动发电机（防排烟阀及切断电源，应首先开启本层及相邻上下两层，然后根据情况在逐步向上开启，电源也逐步向上切断）。

5）打119电话报告火灾地点、火灾种类、火势大小、报警人姓名，请求市公安消防队支援。

6）消防控制中心人员应注意观察联动台面板信号灯，做好记录，发现设备故障，通知设备组员工前往修理。

7）利用通信器材保持同火灾现场的联系，保持同应急消防分队指挥组、公安消防队负责人的联系，协调火场指挥员工作。

电器小组职责：发电机投入运行，保证消防用电的电力供应，确保切断火灾非消防动力和照明电源，根据火情扩展切断全楼非消防电源。

机管小组职责：接好室外首层中途加压水泵入水水源三个以上接口，随时启用，保证消防水源供应，协助市消防中队队员接好室外消防水车入水。

电梯小组职责：让所有客梯回归首层，保证消防电梯正常运行，其他电梯停止运行，引导市消防队队员乘消防电梯到达火灾现场。

空调、自控小组职责：关停非消防用所有空调设备，开启火灾层相应排烟加压风机和上下层及本层排烟、加压风扇，逐步向上开启风阀。

广播小组职责：开启紧急广播设备（录音带），通知火灾层及上下层商户采取相应设施，逐步扩大到本商业广场广播。

其他人员职责：积极协助保安部灭火救人，引导群众疏散，保护公共财产。

疏散组职责：

1）携带开门斧等消防工具，乘电梯或走楼梯先赶往火灾层及相邻上下层疏散，抢救被困群众，然后逐步疏散火灾层以上群众。

2）组织群众有秩序地从楼梯安全离开，先选路径往首层室外，其次是楼顶天台。

3）注意关好防火阀，开启排烟加压风阀，逐步检查有无群众没有撤离危险区。

4）利用通信工具保持与消防控制中心的联系，抢救大厦内重要物资及伤员。

5）具体视火灾情况实施如下：

若某一层某一部位起火，且燃烧范围不大时，应先只通知着火层及其上下层的人员疏散。若楼层起火时，楼层人员较多，用以疏散的电梯应派专人操作，同时，叫着火层人员疏散到下两层，以争取时间。

若某一防火区起火，且大火已将楼梯间封住，致使着火层以上人员无法从楼梯间疏散时，可将人员疏散到楼顶，从相邻未着火楼层的楼梯间往地面疏散。

人员疏散时，应先考虑年长者和女性。

灭火组职责：

1）携带手提灭火器，开门斧等消防工具赶到火势现场，在火源上、下、左、右周围，使用灭火器材阻止火势蔓延，根据火势大小种类，可选用合适的灭火器材和数量。

2）初期火灾可用手提灭火器，消防栓小栓，大火可用消防栓大拴喷水灭火。

3）一旦火灾被扑灭，应立即关停消防栓水源，以防水灾。

警戒组职责：

1）负责外围警戒，维持现场秩序，确保消防车辆准确、快速停泊在有利地位展开灭火工作。

2）灭火期间。防止本商业广场内财务等部门发生盗窃事件。

后勤组职责：

1）将抢救出来的财物登记保管好。

2）现场医护、接待、处理好疏散下来的人员。

7. 保安部人员仪容仪表规定

（1）着装规定。

1）统一着装，要求举止文明，大方、端庄，精神抖擞。

2）穿黑色皮鞋，服装整齐、干净、笔挺。

3）不得佩戴饰物，口袋内不宜装过多物品，制服外不得显露个人饰品。

4）禁止披衣、敞怀、挽袖、卷裤腿、戴歪帽。

5）制服便服不得混穿，外出时不准穿制服。

（2）形象规定。

1）经常检查，保持仪表整洁。

2）不准留长发、蓄胡子、留长指甲，蓄发不得露于帽外，帽沿下发长不得超过1.5寸，不留长发，发长不超耳屏，鼻毛不得长出鼻孔。

3）精神振作，姿态良好，抬头挺胸，不得弯腰驼背，不得东倒西歪，不手背手，叉腰或将手插入衣袋，着装后不准吸烟、吃零食、搭肩挽臂。

4）不得哼歌曲，吹口哨，听录音机，看书报，不准长时间接打电话。

5）不得随地吐痰，乱丢杂物。

6）不挖耳抠鼻孔，不得敲桌椅，跺脚或玩弄其他物品。

7）做到微笑服务，对待商户及来访人员友善、热情，严格遵守公司使用文明礼貌用语的有关规定，上岗前，必须检查衣帽、领带及装备是否穿戴整齐，班长应在列队前检查或予以纠正。

8）穿着统一制服时，在本商业广场内行进，严格遵守两人成行，三人以上成列的规定，精神振作，步伐一致，严禁嬉笑打闹。

8. 对讲机使用管理规定

1）对讲机为工作时传达信息、发布指令、汇报情况使用，使用时语言必须文明，不得粗言秽语。

2）对讲机使用时，先按接话键再讲话，对讲机离嘴的距离宜为5cm左右，用平时讲话音量即可，严禁大喊大叫。

3）当对讲机有人通话时，非特殊情况不得抢话，使用时语言要清晰简短，一般应想好再讲话。

4）禁止用对讲机讲与工作无关的话题。应随时检查对讲机是否保持在最佳的接受状态。

5）禁止用对讲机作指挥棒，为商户、来访人员指引路线。

6）使用对讲机指挥时音量须调到适当位置，持机人应做到随叫随应。

7）不许将对讲机交给无关人使用。

8）要爱护对讲机，必须轻拿轻放，对讲机不得碰撞磕地，使用对讲机时频率及音量应调至适当位置，不得淋水或用手直接拉提天线。

9）谁损坏、丢失，由谁负责赔偿，造成不良影响的，依照公司制度追究责任。

10）门岗队员负责电池充电，严格控制好充电时间，避免过充，缩短电池的使用寿命。

9. 保安部内务整理制度

1）保安人员的宿舍设置应方便生活，整齐划一，符合卫生要求。

2）床铺整理干净，铺垫整齐，被子叠好放于床头一侧，地面保持洁净，每天安排保安人员轮流打扫房间卫生。

3）收看电视节目一般不超过晚上10：00，其他时间收看，应调小音量，不干扰他人正常休息。

4）宿舍内严禁打牌赌博，未经批准，严禁带外来人员留宿。

5）宿舍区内严禁喧哗，夜间交接班后不得影响他人休息。

10. 消防值班岗位制度

（1）消防值班室必须由专人值班，闲人免进。

（2）必须熟练掌握中央报警系统操作程序。

（3）随时检查消防系统运行是否正常，消防系统设置状态（自动）。

（4）定期检查消防设施设备。

（5）警报（误报、火警）处理：

1）误报：打印查清报警回路及地址编码，判断故障原因并作相应处理。

烟感器：检查烟感器是否灯亮，如灯亮，拆下烟感器片刻后再重新装上灯灭，否则烟感器坏，更换。

手动报警器：是否人为按下，复位即可。

消防栓报警器：报警器玻璃是否破裂，若是则更换。

2）火警：确认火警，应及时拨打119火警电话报警，并讲明起火地点及可燃物类型。

通知工程部人员切断起火点电源。

及时通知公司领导。

控制火势，组织人员疏散，疏导交通，随时与消防部门联系，及时准确引导消防队到达现场。

11. 本商业广场楼层巡逻人员操作规程

1）熟悉本商业广场的地形，详细了解巡逻管区的路线，掌握本商业广场的人员、车辆流动情况。

2）执勤时，时刻高度注视、细心观察本商业广场的事物动态，对在本商业广场的可疑情况及可疑人员要大胆询问、盘查，发现违法犯罪或损坏本商业广场设施的行为要立即制止，发现火灾事故、隐患要立即报告公司领导及报警。

3）白班巡逻人员要协助商户服务部作来访接待高级客人及保卫工作，同时管理确认本商业广场车辆均停好，维持本商业广场清洁卫生。

4）晚班的人员检查楼层里各公司的门锁、玻璃窗、消防系统是否正常，如在检查过程中有异常或损坏应做详细记录，并及时上报队长，由队长第二天通知工程部人员维修。

5）定期检查灭火器，消防栓及其他消防设施是否处于良好的工作状态。

6）严格实行联动巡逻制，加强各个岗位间的联系。

7）根据楼层员工上下班规律，准时开门、关门、开灯、关灯。

8）交接班时一定在岗位上，交接人员要相互行军礼严禁在宿舍交接。

9）流动巡逻人员装备完整、服装整齐、精神焕发、步伐平稳上岗。

第九部分　物业管理服务VI企业形象识别视觉系统

9.1　基本思路

VI系统是企业形象工程中最直观的外在硬件系统，它是企业理念的核心，以视觉传播为途径，以展示企业特点、个性，提升企业形象，获取公众认同为目的。

将在本商业广场导入VI企业形象视觉识别系统，建立统一的VI标识、标牌系统，包括公共设施指示牌、工作服标识、卫生、绿化、安全消防警示牌，塑造本商业广场高尚、文明的文化氛围。

9.2 标识标牌的设置、使用范围

(1) 服务人员。在提供服务的过程中对工作人员进行不同工种分类标识，采取佩戴工卡及制服的方式，最大程度上方便商户对员工识别。

(2) 区域标识。本商业广场内的功能区域较多，给管理带来一定难度，针对本商业广场的功能、特征及视觉冲击力的要求，来协助商户提升及完善本商业广场内标识。

(3) 文明、文化、警示标识标牌。为营造文明、文化气息浓厚的本商业广场氛围，对绿化品种进行适当标志，增设爱护绿化植物、小品的提示语及社会公德用语。在危险区域设置安全警示标牌。

9.3 标识标牌的设置要求

(1) 便于观察。设计的大小、比例应考虑视觉的因素包括高度、距离等，应朝向视觉效果好的方向。

(2) 便于识别。用图形和符号进行标识，便于实施，不易被人为因素变动其标识内容和位置。

(3) 具有可追溯性。有追溯性要求的标识不允许有涂改，需要进行追溯的标识应具有唯一性。

9.4 环境策划及VI系统方案

1) 创造优美的环境，把生态观念、绿化环保等现代环境新概念引进本商业广场，利用公司拥有自己的苗圃资源，精心选用配置与本商业广场环境相适应的盆栽，设计艺术鉴赏水平高的绿化造型，并且做到内外绿化一致，相得益彰，使本商业广场的小环境和大环境能得到合理配置。

2) 根据国际习惯，建立统一的与国际接轨的视觉识别系统，采用中英文对照的形式，其基本内容包括基本要素部分和应用要素部分。

9.5 标识管理

(1) 安全标识。在容易发生危险的部位应设置明显的警示标识，防止人不慎触及危险，发生意外。

(2) 铭牌标识。本商业广场内的设备、设施、管道、管井众多，为了便于管理和维保，应设置相应的铭牌标识，予以区分。铭牌内容主要包括：本商业广场标志、设备名称、型号、编号、放置位置、责任人等信息。

对管道、管井设置铭牌的同时还需要对管道进行标识，予以区分管道的用途。

(3) 操作指引标识。为规范设施、设备的操作流程和维修、保养流程，应在各主要设备旁、设施旁设置保养、维修、操作的指引标识。

(4) 临时性标识。当工程进行中或设备、设施保养中无法使用时，或者使用效果有差异时，现场放置临时性的指引标识，方便使用人的使用或对使用人做出相关指引。

(5) 标识的保养和维保。在各管理人员日常巡查过程中须对各标识的完好情况、清洁情况、时效性等进行检查，发现缺损的应安排及时更换，发现过期的及时撤换。

（北京市北宇物业服务公司）

【报告点评】

这是一篇针对商业中心的物业管理方案。由于商业中心人流量大、人员复杂、活动密集的特性，常常会给物业管理公司带来巨大挑战。由于物业类型的特殊性，本物业管理方案从物业管理的本质入手，重点强调对房屋、各设备设施、环境绿化、安全及导视导流方面的管理及解决方案的提供，完成物业管理的服务目标及承诺。

当然，后三篇物业管理方案都是从不同物业类型入手，展现不同物业类型所需要的物业管理方案，别墅物业所提供的是私有型、人性化服务；写字楼物业提供的是前后期服务并举；商业中心提供最庞大的基础管理服务。当然，物业类型还有很多，任何物业都有其特殊性，只有分别对待，才能找出其真正的解决之道。

报告涉及的公司名录

（按报名次序排列）

海南锦诚房地产咨询策划有限公司
济南世联怡高房地产营销策划公司
北京龙行天下传媒文化有限公司
广州万欣房地产代理有限公司
深圳世联行地产顾问股份有限公司
戴德梁行物业顾问有限公司
上海聚泰房地产经纪有限公司（新聚仁机构）
成都雅本房地产顾问有限公司
绿地集团京津房地产事业部市场研究部
南京扶策置业服务有限公司地产研究中心
郑州（河南）世创房地产营销策划有限公司
北京中投信德国际信息咨询有限公司
北京鼎峰地产投资顾问有限公司
山东盛世行房地产投资顾问有限公司
中原地产代理（深圳）有限公司
南宁恒创房地产经纪有限公司
天津新创汇业房地产经纪咨询有限公司
深圳市天同房地产顾问有限公司
河北捌零房地产经纪有限公司
郑州深蓝房地产咨询有限公司
烟台市安居房产代理有限公司
杭州尚锐房地产策划有限公司
深圳德思勤投资有限公司
合肥合纵连横房地产营销策划有限公司
贵州伟业地产营销策划有限公司
平顶山市爱家房地产营销策划有限公司
武汉亚展地产顾问有限公司
湖南省卓越汇房地产营销策划有限公司
江苏风行今日营销策划有限公司
沈阳道一房地产营销策划有限公司
西宁国册房地产营销策划机构
中国烨隆集团（青岛）有限公司营销策划部
房策网
广西南宁金日房地产营销策划有限公司
河南金石地产有限公司策划部
保利地产香槟国际项目组
山东黑马房地产顾问有限公司
广州珠江实业开发股份有限公司营销部
深圳市中海物业管理有限公司
贵阳永诚物业管理有限公司
惠州市德威物业管理有限公司
北京市北宇物业服务公司

新书推荐

《房地产策划师职业培训教程》（第 2 版）　　黄福新 等编著

本书是一部房地产策划师职业培训教材，系统地介绍了从事房地产策划师职业应具备的房地产策划基础知识、基本原理和操作技能。本书由从事几十年的房地产策划师基于多年的策划实战、培训经验撰写而成，具有全面性、系统性、专业性和可操作性等特点，适用于房地产策划师职业资格培训机构作为培训教材，也适合有志于从事房地产策划职业的人士阅读，还可作为普通高校、成人高校、职业技术院校的建筑类、房地产类、工程管理类等专业或相关学科的参考教材。

书号：978-7-111-52596-7　　定价：118.00 元

『扫一扫立即购买』

《房地产项目精确定位与前期策划实务》（第 2 版）余源鹏 主编

本书全面讲述了房地产项目整体定位和前期策划的理论和具体实务。本书包括全面实用的理论和众多成功的案例，内容全面，分析到位，并按照房地产项目整体定位和前期策划实操的顺序编写，具有流程化和模块化的特征，便于参考。本书适合作为全国房地产项目投资、开发和经营企业领导决策人士的参考用书，是广大房地产策划师和项目前期策划人士职业提升的实用读本，也是房地产专业师生的优秀参考教材。

书号：978-7-111-53104-3　　定价：65.00 元

『扫一扫立即购买』

《商业地产经营宝典——商业地产项目经营管理实操一本通》　余源鹏 主编

本书是一本理论与实操相结合的内容全面的有关商业地产经营管理工作的全程指南，内容包括五部分，分别为商业经营管理公司的组建与内部管理，商业地产项目招商管理，商业地产项目营运管理，商业地产项目企划管理，商业地产项目物业管理。本书写作建立在多年研究、多方面的资料搜集和分析基础上。本书能够帮助商业地产经营管理行业的相关从业人士更好地进行商业地产的经营管理工作。

书号：978-7-111-52405-2　　定价：58.00 元

『扫一扫立即购买』

《房地产开发流程——房地产项目报批报建实操一本通》　余源鹏 主编

本书是一本理论与实操相结合的内容全面的有关房地产项目开发流程的报批报建实操指南书，按房地产项目开发需要的五证进行实操指南，本书适合房地产开发企业开发部、投资部、发展部、项目拓展部、前期管理部等投资开发部门的管理人士和从业人员参考阅读。

书号：978-7-111-52369-7　　定价：48.00 元

『扫一扫立即购买』

亲爱的读者：

感谢您对机械工业出版社建筑分社的厚爱和支持！

联系方式：北京市百万庄大街 22 号机械工业出版社　建筑分社　收　邮编 100037

电话：010—68327259　　E-mail：cmpjz2008@126.com

新书推荐

《商业地产入门培训手册——商业地产开发流程与从业专业知识一本通》

余源鹏 主编

本书是专门为商业地产从业人员快速入门而编写的实效、简练、全面的参考书，涵盖了房地产和商业地产各方面的相关基础知识，商业地产项目开发全流程的相关知识，以及后期项目交易与经营管理的相关知识，列举了大量涉及商业地产的概念，并针对一些常见的问题进行解答。全书共分为3章，讲的是所有商业地产从业人士都应该了解的知识，分别为商业地产专业知识培训、商业地产开发全流程的相关知识培训、商业地产项目交易与经营管理的相关知识培训。

书号：978-7-111-51477-0　　定价：35.00元

『扫一扫立即购买』

《执掌房地产——房地产业务运作管理流程8大关键》 余源鹏 主编

本书是一本理论与实践操作相结合的内容全面的有关房地产开发关键性业务运作管理流程的书，用十章的内容全面讲述了房地产开发关键性业务管理流程的方方面面。本书为房地产公司各部门的经营管理提供了众多优秀的房地产开发关键性业务运作管理流程，适合房地产公司的董事长、董事、总经理、副总经理、总监等公司高层管理人员决策参考阅读，同时也是各部门经理、主管人员职业提升的必备读本。

书号：978-7-111-51439-8　　定价：59.80元

『扫一扫立即购买』

《招商——商业地产项目招商策划与执行实战指南》（第2版） 余源鹏 主编

本书对商业地产项目招商的策划管理与执行进行全面阐述，是一本内容全面的商业房地产项目招商的参考书。本书包括大量商业地产招商的成功案例，并配以详细深入的分析，适应现在商业地产项目招商的策划、管理和执行实战的需求。本书适合房地产开发公司、房地产顾问策划公司、房地产招商代理公司、商业房地产顾问公司、商业房地产项目经营管理公司和房地产广告公司的从业人士阅读参考。

书号：978-7-111-50363-7　　定价：78.00元

『扫一扫立即购买』

《房地产基础知识——房地产入门培训一本通》 余源鹏 主编

本书结合最新的房地产政策法规编写，全面讲述了房地产行业最重要、最常用的四部分基础知识，包括房地产及其产权基础知识，房地产开发全过程基础知识，房地产交易与营销基础知识，房地产规划与建筑工程基础知识。本书编写脉络清晰，便于读者快速查阅所要了解的内容。本书是为房地产从业人员快速入门而编写的实效、简练、全面的培训书籍，适合房地产相关企业和单位用于员工专业知识培训，也适合读者自学阅读。

『扫一扫立即购买』

书号：978-7-111-47317-6　　定价：35.00元